李清轩	李登贵	杨世钰	杨柱才	吾敬东	吴　震
邱铁皓	佟锦华	谷　方	宋正海	张广保	张立文
张良一	张朝松	张锋宾	陈　来	陈　勇	陈　霞
陈卫平	陈占国	陈迎年	陈居渊	陈俊民	陈增辉
陈耀庭	奉　松	武国骥	郁振华	罗秉森	周子东
周良发	周桂钿	周继旨	周翰光	郑万耕	郑克强
孟　和	赵　武	赵庆麟	胡　啸	胡孚琛	钟肇鹏
施忠连	施炎平	洪　波	贺圣迪	夏乃儒	夏光辅
顾文炳	钱宪民	徐必珍	徐国利	徐顺教	徐新元
衷尔钜	高振农	郭美华	剧宗林	陶月华	陶格涛
黄明同	黄修明	黄海鹰	黄德志	龚友德	彭媛媛
葛荣晋	戢斗勇	傅凤英	谢贵安	谢祥皓	鉴传今
廖健华	赛吉拉夫	翟廷瑨	黎振国	颜先辉	潘富恩

《中国哲学大辞典》(修订本)编纂处

主　　任　何元龙　余　岚

责任编辑　张良一　于鹏彬　廖健华

助理编辑　霍　飞　孙闻泽

特约审读　王瑞祥

责任校对　杨桂珍　蔡亚宜　路永敏　郑浩珺　左钟亮

装帧设计　姜　明

中国哲学 大辞典

ZHONGGUO
ZHEXUE
DACIDIAN

上海辞书出版社

《中国哲学大辞典》(修订本)编委会

（按姓氏笔画为序）

主　编　张岱年

副主编　刘鄂培　张立文　陈卫平　夏乃儒　束尔钜　潘富恩

编　委　于鹏彬　王中江　方立天　白　奚　朱义禄　刘鄂培

许抗生　吾敬东　李书增　吴　震　张立文　张岱年

陈　勇　陈卫平　周继旨　胡孚琛　洪　波　夏乃儒

束尔钜　黄明同　戢斗勇　谢祥皓　翟廷瑨　潘富恩

《中国哲学大辞典》(修订本)主要撰稿人

（按姓氏笔画为序）

于鹏彬　王　平　王　卡　王　颢　王中江　王全根

王启发　王泽文　王铁军　中浮子　方　兴　方立天

艾　智　业露华　田光辉　史向前　白　奚　包　勇

包赛音　冯国超　兰永海　朱义禄　朱伯崑　朱贻

伍雄武　刘仲宇　刘海静　刘鄂培　刘康德　刘静

关增建　江晓原　许抗生　孙玉杰　苏　辉　李

李　刚　李大华　李中华　李凤鸣　李书增　李

李延良　李远国　李志林　李国文　李学如　李

目　录

凡　例

一、本辞典选收中国哲学方面的术语、学说、范畴、学派、组织、事件、会议、人物、著作、刊物等词目约 6 700 条。

二、本辞典所收词目，包括中国哲学的各个阶段以及各个分支。“哲学大辞典系列”中另有《马克思主义哲学大辞典》等多种，因此，马克思主义在中国的传播及中国共产党主要领导人的有关内容等，按分工，另在相关大辞典中反映。

三、正文按学科分类编排，编排方式主要从便于查检考虑，并不代表某种体系或划分。有些两个分支学科、类别交叉的人物或著作词目，酌由一个学科选收，另一个学科或类别只收词目，并注明“释文见××类”。在“中国古代哲学”这一大类中，因“中国古代政治哲学”分支学科中的人物、著作条目与各历史时期相关人物、著作多有重叠，故不单独设类。在“中国近现代哲学”这一大类中，各分支学科的术语、学派、人物、著作均不再单独设类。

四、在词目汉语拼音索引、词目笔画索引中，汉字相同而内容不同的词目，用楷体酌作区别性括注。这些括注仅便于查检考虑，并不代表某种学科归属或划分。

五、学说上已有定论的，按定论介绍，尚无定论的，则以一说为主，诸说并存。

六、历史纪年，辛亥革命前用旧纪年，夹注公元纪年；辛亥革命后用公元纪年。

七、本辞典资料截止到 2012 年底。

分类词目表

总　　论

通　　论

基本范畴与重大争辩

中国古代哲学

名 词 术 语

中国哲学的萌芽

先秦哲学

儒家哲学

墨家哲学

魏晋南北朝哲学

隋 唐 哲 学

宋 元 哲 学

明代哲学

明清之际哲学

清代哲学

中国佛教哲学

道教哲学

中国古代政治哲学

中国古代历史哲学

中国古代军事哲学

中国古代科学哲学

经　　学

学派、事件

学　　派

并　称

事件、会议

人　物

先　秦

秦　汉

魏晋南北朝

隋　　唐

宋　　元

明　代

明清之际

清代

佛　　教

道　　教

中国古代历史哲学

中国古代军事哲学

中国古代科学哲学

经　　学

著　　作

先　　秦

秦　　汉

魏 晋 南 北 朝

隋唐

宋元

明代

明清之际

清　　代

佛　　教

道　教

中国古代历史哲学

中国古代军事哲学

中国古代科学哲学

经　　学

中国近现代哲学

名 词 术 语

学派·组织·思潮

人　　物

著作　刊物

中国少数民族哲学

总　　论

通　　论

中国哲学史　哲学思想、理论在中国产生和发展的历史。其发展的三千多年的历史，大致上可划分为三个主要时期：(1)奴隶制及其向封建制转变时期的哲学。当于殷周之际。为中国哲学的萌芽期。(2)封建时期的哲学。它贯穿于中国封建制的确立、发展以至衰落的历史中。包括春秋战国、秦汉、魏晋南北朝、隋唐五代、宋元、明、明清之际、清(鸦片战争前)等时期。为中国古代哲学。(3)从封建制经半殖民地半封建社会向社会主义社会转变时期的哲学。自鸦片战争至中华人民共和国成立。为中国近现代哲学。

天道观问题是中国古典哲学关于世界本元的根本观点。殷周时期把"天"视为人格化的"天帝"或"上帝"，为支配自然和人事社会的最高主宰，以"天"的意志为"天命"。然而人们又把在日常生活中所需的金、木、火、水、土五种物质作为宇宙间的根本元素。当时还有阴阳观念。认为宇宙中流通着阴阳两种气，并以此解释自然界中的现象，如伯阳父论地震，把阴阳和气结合起来。古《易经》将早期八卦观念系统化，以为宇宙主要由天(乾)、地(坤)、风(巽)、雷(震)、水(坎)、火(离)、山(艮)、泽(兑)八种物质元素构成。认为人类和物质既是对立，又是统一的。它们交互配合而演化出万事万物，具有朴素辩证法观点。

春秋战国时期是中国奴隶制全面崩溃、封建制逐步确立的时期。各思想学派竞相提出自己的政治主张和哲学理论，出现"百家争鸣"的繁荣局面，其中以儒、道、墨、名、法最为著名，影响也最大。

儒家以孔子、孟子、荀子为代表。孔子的学说以仁为核心，又以孝悌为仁之本。在世界观上相信有人格意志的"天"，但又把"天"看成是自然之物；在认识论上，承认"生而知之"，又强调"学而时习之"，注重"学"、"思"结合。孔子的后继者孟子提倡性善说，认为人的本性中含有仁义礼智的萌芽，即"四端"。主张通过"尽心"的修养以恢复先天的善性。轻视感性知识，"耳目之官不思而蔽于物"，片面夸大了"心之官则思"的思维功能。荀子是先秦唯物主义的总结者。强调"天"的物质性，提倡"制天命而用之"。知识论上主张"知之，不若行之"，"行之，明也"的观点。认为感性活动当与思维活动的结合使人在认识过程中"解蔽"而不发生错觉。反对孟子性善说，提出性恶论，认为人性在于后天的改造。

墨家以墨子为代表。反对孔子的天命观而提倡强力论，然而又宣扬天志、明鬼。倡导"兼爱"。提出判断言论是非问题的"三表"法。后期墨家在认识论上提出"心之察"和"不可偏观"的思想，从而在一定程度上克服了墨子狭隘经验主义的局限。

道家以老子和庄子为代表，老子认为世界的本元是无形的"道"，以否定人格化的"天"。提出"反者，道之动"，讲事物的对立面转化，有较丰富的辩证法思想。在认识论上主张"不行而知"、"绝圣弃智"，否定实践活动在认识中的作用。庄子认为"道"是"自本自根"、"无为无形"。认识论上主张"以神遇"，反对"以目见"，抛弃耳目等感官的认识。并认为"彼亦一是非，此亦一是非"，否认客观真理的存在。

名家以惠施、公孙龙为代表。惠施"历物十事"的十个命题，主要通过事物的异同关系，强调异同的相对性。然而将事物视为异同合一，没有差别，否认事物的质的规定性和差别性。公孙龙肯定名是实的称谓，但主张"白马非马"和"离坚白"之说。把事物的属性各自独立、彼此分离而不相联系，由此陷入形而上学。

法家的集大成者韩非，总结和发展了前期法家如商鞅、慎到、申不害等关于"法"、"势"、"术"思想，形成一套以"法治"为中心的政治思想体系。他批判地改造老子关于"道"的学说，汲取了朴素辩证法思想。强调"参验"(观察、检验)对于认识的重要性，主张"因参验而审言辞"、言行一致。

秦汉时期，儒家学说已被地主阶级全盘接受，并加以神秘化，成为封建统治所独尊的官方哲学。董仲舒为实现西汉政治上的"大一统"而使学术思想不能有"异论"、"异道"，提出"罢黜百家，独尊儒术"，为保证君权的至高无上，提出了"君权神授"的理论。认为"天者，万物之祖"，"人之为人，本于天"，宣扬天人感应的神学目的论。认识论上反对"观于众物"，主张“内视反听”。认为通过“本心”的自我修养便可“达天意”。东汉初，王充与汉代神学化的儒学展开“两刃相割，二论相订”的论争，认为天是元气构成的，批驳了人格化的天。认识论上强调“知物由学，学之乃知”。认为“事有实验，以效实然”。人们对事物认识的真伪是由客观事物之“实”的检验来决定的。提出“无无体独知之精”的命题，坚持了无神论的立场。

魏晋南北朝时期的哲学思想十分复杂，老庄思想和神仙思想泛滥，儒道合流的“玄学”成风，佛教传入后也逐渐盛行起来。出现儒、道、佛同时统治着整个社会的思潮。何晏、王弼提出以无为本的“贵无”论，认为“道者，无之称”。天地万物都由虚无的“道”产生，又提出“崇本息末”说，以“无”即道为“本”，天地万物为“末”。认识论上强调“言不尽意”，以为人的语言、概念不能反映事物的真相。向秀、郭象提出万物皆“自生”、“独化”，各种事物都是绝对孤立存在，单独变化，没有任何因果联系和规律可循。嵇康、阮籍在哲学上有二元论倾向，一方面认为万物由“元气”产生，另一方面又认为有更微妙的“至物”存在，它是属于神秘的非物质性的彼岸世界的。晋代道教的代表人物为葛洪。他倡“玄道”，“玄道者，得之乎内”，宣称通过内心修炼和吞食金丹而能成仙。晋代佛教般若学也很盛行，“般若”即是佛教所讲的最高智慧，在“玄学”影响下，般若学分成“本无宗”、“即色宗”、“心无宗”三大派，这三派都认为物质世界和人类社会都是虚幻的，唯精神本体“般若”才真实。东晋末僧肇继以用“物不真空论”、“物非真物、象非真象”说明一切事物都是虚幻的。玄学占统治地位的魏晋时代还有唯物主义者傅玄、杨泉、欧阳建等人。杨泉提出水是自然本原。傅玄提出“以异致同，天地之道也”，以对立统一为普遍规律。欧阳建著《言尽意论》，认为语言能表达真理，驳斥“言不尽意”观点。南北朝时期，由于封建统治阶级的提倡，佛教逐渐成为占统治地位的思想。在它宣传的因果轮回的思想中，“神不灭”论是佛教唯心主义的支柱，因此“神灭”论和“神不灭”论的论争，就成了南北朝时期哲学论争的焦点。无神论者范缜提出“形神相即”的观点，认为精神依赖形体而存在，用“质用”关系说明形神，较彻底地解决了形神问题。

隋唐五代时期在哲学思想上的论争，是南北朝佛教与反佛教斗争的继续和发展。唐代的统治者推崇道家思想，同时也重视佛教和儒家思想的统治。在佛教方面，以法相宗即唯识宗和禅宗为代表，在道教方面以司马承祯为代表。法相宗在中国的创始人是玄奘。他认为“外界”只是“唯识所变”，世界上所有事物都是由人的主观精神即所谓“识”变现出来。禅宗是中国佛教史上最重要的宗派之一，以六祖慧能为主要代表，不立文字，以“无念为宗”。要求人们的主观精神永远处于绝对独立境地。主张以“本心”领悟真理，破除“我执”和“法执”，否定人的主观认识客观世界的能力和人对客观世界真实存在的信念。道家司马承祯不重视炼丹等方士之术，注重研究“修心”。要人们“收心离境”，做到“不著一物，自入虚无”，达到绝对虚无的境界。韩愈用儒家道统学说反对佛教，但宣扬天命论，认为人的命运由“天”安排。发挥董仲舒的人性说，把人性分为上、中、下三品。韩愈学生李翱主张性善情恶说，“人之所以为圣人者，性也，人之所以惑其性者，情也”。柳宗元和刘禹锡反对韩愈的天命论。在“天”的问题上作了专门的探讨。柳宗元认为天地万物皆由元气构成，“天”没有意志，不能祸福于人，“天人各不相预”。刘禹锡揭示了“天命”论的宗教迷信的根源在于“昧于理”，是不了解客观规律而信天命的缘故。

两宋至明清(鸦片战争前)是封建社会从繁荣到衰落的历史时期，在这七百多年中，哲学的根本问题环绕着“理”与“气”、“心”与“物”的问题而展开。“知”与“行”问题则是这个时期认识论论争的焦点。宋代理学为这一时期的统治思想，理学开山祖周敦颐以“无极”为世界最高本原，认为“无极而太极”，从而产生阴阳、五行、万物。提出了一系列理学的重要范畴和命题。程颢、程颐提出“天下只有一个理”的命题，建立了以“理”为世界本原的理学理论基础。张载坚持唯物主义元气说，认为“太虚即气”，提出并阐述“一物两体”、“不有两则无一”的对立统一的学说。王安石不属于理学家，他认为“道”是天、自然、元气。认为事物是矛盾地存在着的，由于事物内部矛盾而引起无穷的变化，“耦之中又有耦焉，万物之变遂至无穷”。

南宋的朱熹为理学的集大成者。他综合当时各种学说“集长去短”，汲取当时自然科学成果，建立完整、系统的理学体系。朱熹虽讲“理本气末”、“知先行后”，但强调“理气相依”、“知行相须”，有不少合理因素，在论事物变化的“渐化”和“顿变”的两种形式及其相互关系时，则有超乎前人的新贡献。南宋功利学派的陈亮反对理学家“道德性命”之说，提出“夫盈于宇宙之间无非物”的观点。叶适坚持“物之所在，道则在焉”，认为“道”或“理”都存在于“物”之中。与朱熹齐名的陆九渊为“心学”派的代表。提出“心即理”，“宇宙便是吾心，吾心即是宇宙”的命题。明王守仁在陆九渊心学的基础上进一步发挥“天下无心外之理、无心外之物”，认为世界一切事物都由“心”所派生。“心者，天地万物之主也，心即是天”。又把“心”称为“良知”、“灵明”或“天理”，在知与行的关系上，认为“知”先于“行”，“行”由“知”所决定，强调“知行合一”。实际上取消人们的实践活动对于“知”的决定作用。唯物主义者王廷相提出“万理皆出于气，无悬空独立之理”。批评理学家理本气末的观点。在知行观上强调“行”对于认识事物，获得“真知”的重要性。

明清之际，中国社会经济有了资本主义萌芽的新因素，这就使一些进步思想家能站在当时新思潮的角度上，总结、批判、改造以往传统哲学，将中国古代唯物主义别开生面地推向一个新的水平。以王夫之及同时代的顾炎武、黄宗羲为代表的哲学家便肩负起这样的历史任务。王夫之气一元学说比之前人有重大突破，他对“气”的概括，“气，其所有之‘实’也”，更接近于哲学上的“物质”范畴。在认识论上提出“因所以发能”、“能必副其所”，人的认识能力谓“能”，有待于主体作用的客体叫做“所”。客观必决定主观，主观必须符合客观。知行问题上提倡“行则知之”、“知行相资”的观点。清颜元提出“手格其物而后知至”，强调“习行”对认识的重要作用。戴震在历史上第一次尖锐指出“后儒以理杀人”，深刻地揭露了封建礼教的本质，指出程朱学派“以理为气之主宰”的错误。“有血气，夫然后有心知”，认为人先有物质性的感觉器官，然后才有思维活动“心知”。在认识论上提出人的认识是由“自然”到“必然”的过程，“人能明于必然”，人唯有把握“必然”才能达到真正的自由，“故归于必然，适完其自然”。

中国近现代经历了从半殖民半封建社会向社会主义社会的历史的转变。从1840年鸦片战争以后中国逐步沦为半殖民地半封建国家，经过太平天国、戊戌变法、义和团运动，到辛亥革命结束了封建专制。1919年“五四”运动起进入新民主主义革命阶段，直至1949年建立中华人民共和国，从此中国走上了社会主义道路。中国近现代哲学的酝酿准备时期，以龚自珍、魏源、郑观应为代表，其自然观基本上属于中国传统哲学的范围。“但开风气不为师”，他们是具有资本主义萌芽思想的地主阶级改革派，有变易发展的思想。戊戌变法时期，资产阶级改良派把西方自然科学的进化思想与中国传统的变易思想相结合。康有为用进化理论去阐明社会历史问题，梁启超以进化史观否定了传统的“一治一乱”的循环史观。谭嗣同主张“以心挽劫”，革除封建专制。以“以太”代替“气”本原。严复认为宇宙万物是由于“质、力相推”而成。辛亥革命时期，孙中山提出知难行易的学说，论述行先知后、知行转化的问题。

“五四”时期，马克思主义传到中国，一些先进分子首先接受唯物史观，从经济关系和阶级斗争上去说明社会变革和历史发展。“五四”以后，瞿秋白和李达宣传辩证唯物主义自然观的基本观点，说明世界是物质统一体的发展过程，“物质”是独立于意识之外的客观存在，又为意识所反映等马克思主义最基本的观点。毛泽东总结中国革命实践，撰写了《实践论》等著作，进一步发展了马克思主义认识论；《矛盾论》则是深刻阐述对立统一的矛盾运动，论证人类社会由低级到高级阶段的发展规律。以毛泽东为主要代表的中国共产党人把马克思主义和中国革命实践结合起来，形成了具有中国特色的唯物辩证法理论。

从中国哲学的历史发展来看，有以下的特点：其一，中国封建时代的哲学有充分的发展，历史悠久。有较高形态的封建社会哲学。其二，中国长期的封建社会正统思想一直是“以儒为宗”，入世思想浓重，讲道德教育，不重宗教说教。其三，中国传统哲学与伦理学联系密切，本体论、认识论与道德论相互渗透。其四，中国哲学具有丰富朴素辩证法思想传统，有自己独特的传统概念范畴，形成自己独有的特色。中国哲学对人类文化史有巨大贡献，在世界上有深远影响。

先秦哲学 秦王朝统一中国以前时期哲学思想、理论的统称。

其发展、演变大致可分为哲学萌芽、诸子前哲学和诸子哲学三个阶段。

在哲学萌芽阶段，哲学与原始宗教相联系，主要表现为相信灵魂不死和对自然物的崇拜。到了殷周时期，上帝神权观念流行，统治者自称代表上帝天神来统治人民。周灭殷后，天命观念占主导地位，但对天人关系的理解较前有所变化。周朝统治者提出“天命靡常”和“敬德保民”的思想。认为殷王由于“不敬厥德，乃早坠天命”（《尚书·康告》）。上天只授命于有德并能保民的统治者，“皇天无亲，唯德是辅”（《左传·僖公五年》引《尚书·蔡仲之命》）、“天视自我民视，天听自我民听”（《孟子·万章上》引《尚书·泰誓》）。这一时期以《易经》和《洪范》为代表的早期阴阳、五行思想，虽未摆脱宗教神学的束缚，但也表现出了科学思维的萌芽同宗教和神话幻想的某些联系。

西周末年到春秋时期，先秦哲学进入了诸子前哲学阶段。这时，奴隶主阶级的统治发生了危机，科学有了一定的发展，天命神权观念发生了动摇，在《诗经》中出现了疑天、责天的思想，并对统治者的暴政表示不满。一些比较开明的贵族和卜、史一类的人物，进一步发展了原始的阴阳、五行思想，对自然界的变化作了某些唯物主义的解释，表现出了无神论的倾向，同时还提出了较多的朴素辩证法思想。伯阳父、史伯、管仲、医和、子产、晏婴、史墨等人是这一时期哲学思想的主要代表。

春秋末年，奴隶制危机进一步加深，贵族垄断文化知识的局面被打破，私人讲学开始在民间出现，形成了儒家、墨家、道家、法家等学派，先秦哲学进入诸子哲学阶段。孔子创立了儒家学派。他虽然相信天命，但对鬼神采取怀疑态度；提出“仁者爱人”；主张“学”与“思”并重；政治上重德治，轻刑罚；提出恢复周礼。儒家对后世产生了重大影响。孔子死后，“儒分为八”，其中孟轲和荀况代表的两个派别最有影响。孟轲提出性善论，主张法先王；荀况提出性恶论，主张法后王。两派有着较明显的分歧和对立。在哲学上，孟轲有较明显的唯心主义，荀况有较明显的唯物主义。但两派都标榜自己继承了孔子的思想。到了战国初期，墨翟创立了墨家学派，提出天下要“兼相爱，交相利”。在他的哲学思想中，包含了非命尚力和尊天事鬼的矛盾。墨翟死后，“墨离为三”。到战国后期，墨家一派克服了墨子哲学中的宗教迷信成分，在认识论、逻辑学和自然科学的研究方面作出了较大贡献。道家学派的创始人是老子。老子提出了以“道”为核心的比较系统完整的宇宙观，表述了正反两方面相互对立和转化的朴素辩证法思想。庄子继承和发展了老子的哲学思想，他通过相对主义走向了怀疑论和不可知论。稷下学派提出了“精气”说，对“道”作了唯物主义的解释，后来他们又和名家、法家的某些思想相结合，发展为黄老之学。战国初期的李悝，和后来的商鞅、申不害，为法家学派的建立奠定了基础。到了战国末期，韩非集法家思想的大成，提出了法、术、势相结合的法治主义，并吸收老子和荀子哲学思想中的合理因素，形成了自己的唯物主义思想体系。名辩思想的早期代表人物是春秋末年的邓析。到了战国时期的惠施和公孙龙，专门讨论名实关系和概念的同异离合问题，形成了名家学派。他们对事物的同一性和差别性作了探讨，对古代逻辑学的发展作出了一定的贡献。战国时期的阴阳家以驺衍为代表，他把本来具有朴素唯物主义因素的阴阳五行说加以神秘化，用五行生克的顺序来说明王朝的更替，提出"五德终始"说，为新兴政权的建立提供理论依据。除上述学派之外，先秦诸子之学还有兵家、农家、纵横家、杂家等。兵家学派在论证战争的攻守胜败中，推动了古代朴素辩证法的发展。其他各家也都在当时的百家争鸣中占有一定的地位。

先秦哲学是中国哲学的发端，并形成了中国哲学发展的第一个高潮。这时的哲学家们广泛探讨了有关宇宙、人生、思维方法等各方面的问题，孕育了以后各个历史时期各个学派哲学观点的萌芽和基础，对中国哲学的发展产生了深远的影响，为中国哲学在世界哲学中的历史地位奠定了基础。

秦汉哲学 秦汉时期哲学思想、理论的统称。其发展、演变大致可分为三个阶段。(1) 封建统一帝国统治思想的探索阶段。《吕氏春秋》既是先秦百家争鸣濒临终结时各家思想互相融合的体现，又是探索大一统的封建帝国统治思想的发端。秦王朝奉行"以法为教"、"以吏为师"，其统治思想主要采纳了法家的主张。然而秦王朝的严刑峻法的统治，仅存十五年即被农民起义推翻。汉初统治者一方面沿袭秦制，另一方面接受秦覆亡的教训，全力探索封建统治的新思想。黄老之学、陆贾、贾谊、司马迁等都是这种探索的代表。以道家思想为主干，兼采儒、墨、名、法、阴阳思想，这是汉初以黄帝、老子命名的黄老之学区别于先秦道家的主要特色。西汉中期出现的《淮南子》，大体上也是如此。(2) 汉朝统治思想的确立和巩固阶段。以西汉武帝独尊儒术到东汉章帝白虎观会议，历时二百年。汉武帝采纳董仲舒的建议，"罢黜百家，独尊儒术"。董仲舒为适应巩固中央集权的需要，建立了"天人合一"、"天人感应"的客观唯心主义体系，被奉为汉代的官方哲学。其学说是儒家思想与阴阳家思想的结合，同时也兼容了刑名法术。一方面"屈民而伸君"，强调君权的尊严；另一方面又"屈君而伸天"，以天意来限制君权的膨胀。西汉末年以后，经学由于和王权的矛盾以及内部的分歧，产生今文经学、古文经学和谶纬经学三大支派，并展开长期的争论。汉章帝主持白虎观会议，"讲五经异同"，编出钦定的《白虎通义》，以求经学思想的统一。经学获得绝对权威，但也从此而僵化。与神学目的论以及谶纬迷信相对立，先后出现了扬雄、桓谭、王充等哲学家。尤其是王充所建立的天道自然的朴素唯物主义体系，提出元气为天地万物之根本，系统地批判了当时流行的鬼神迷信、圣贤崇拜、神仙方术以及世俗迷信，为该时期哲学思想的最高成果。汉代儒家思想处于独尊地位，但道家思想也有发展。严遵所著《老子指归》发展老庄思想，探讨了宇宙本体的"无"、"有"等问题，为魏晋玄学的思想渊源之一。(3) 东汉末年的社会批判思潮阶段。东汉后期社会各种矛盾激化，社会各阶层都动荡不安。神学经学已不再能挽救当时严重的社会政治危机。为了消除社会弊端，缓和阶级矛盾，恢复封建秩序，涌现了王符、崔寔、仲长统、荀悦等批判家。他们对神学经学的批判和结合现实的社会政治问题，探讨了本末、名实、天道和人事关系、才性、纲常名教的最高依据等问题，为魏晋玄学的产生准备了必要的思想条件。

秦汉时期哲学发展的主要特点为：(1) 宗教神学在思想领域里占据统治地位。儒学的神学化导致了儒学独尊地位，儒学的独尊又进一步促进其神学化。封建统治者把儒学同政权、神权结合，助长了宗教迷信的泛滥。尤其是东汉统治者大力提倡图谶，使谶纬迷信益加泛滥成灾。与此同时，道家思想也经历了一个神学化过程。早期道教(包括太平道、五斗米道和魏伯阳的金丹道)在东汉形成与发展，虽还不能与神学化了的儒学相抗衡，但已形成声势，对后世也有深远的影响。(2) 宇宙论问题与形神关系问题成了哲学论争的中心。围绕着宇宙万物是神创造的还是物质演变的论争，相继出现以董仲舒为代表的神学目的论的"或使"说，与《淮南子》的机械论的"或使"说，后由王充的元气自然论的"莫为"说作出较为正确的结论。围绕形体与精神孰主孰从问题，桓谭、王充等吸收了当时天文学、医学等自然科学的成果与宗教迷信开展了斗争。(3) 三次农民大起义以及汉代科学技术的进步深刻地影响着该时期哲学发展的面貌。秦末、西汉末与东汉桓灵时期三次农民起义，都在哲学上有所反映。汉代以《黄帝内经》、《九章算术》、《氾胜之书》为代表的科学思想以及天文学中的盖天、浑天、宣夜三家天体结构的理论，都直接推动了汉代唯物主义和无神论思想的发展。

魏晋南北朝哲学 魏晋南北朝时期哲学思想、理论的统称。在369年中，只有西晋统治的35年是统一的，其余时间政局持续分裂，这决定了魏晋南北朝哲学的多元化特点。这一时期的哲学思想，主要有魏晋玄学，南北朝佛学，以及儒教经学和道教思想。

魏晋玄学是继两汉神学经学衰微，思想界复杂多变之后，以简约、精致、思辨性强、覆盖面广的形式出现的。正始年间，何晏、王弼凭借《老子》、《庄子》、《周易》三玄阐发玄学贵无理论。认为"有之所始，以无为本。欲将全有，必反于无"(《老子注·四十一章》)，提倡"天地万物以无为本"，来会统多变全有的现象界。并强调"崇本息末"、"举本统末"，变秦汉宇宙生成论为魏晋宇宙本体论，在理论思维上有了一个很大的发展。就本体论而言，郭象反对有一个世界万物的主宰,认为万物是自生独化。裴頠则强调万物是自然产生,“本体”就是“有”,提出“崇有”思想。王弼贵无理论的现实意义是以自然为本,名教为末,玄学家的末流则以此为放荡虚浮根据,因而受到裴頠对自然无为的批评和郭象对儒道自然名教的调和。阮籍、嵇康则因对司马氏集团虚伪礼教的反感,表现出反儒的倾向,并提出“越名教而任自然”的命题。玄学家在取三玄阐发玄旨时还强调发挥义理之学,提出了与玄学本体论一致的“得意忘言”、“得意忘象”等方法。欧阳建则对此作了批评,强调言尽意论。除此之外,魏晋年间还有一些哲学家以其他形式提出自己的思想,杨泉提出“立天地者水也,成天地者气也”的自然观。鲍敬言针对门阀士族的腐朽堕落提出“无君论”思想。东晋时期,玄学与佛学趋于合流。名士与名僧以讲佛教般若学来补充、发挥魏晋玄学,产生佛教玄学。其后又出现佛教般若学的六家七宗。当时中国僧人对佛教理论有了深入研究,已不满足于对外来佛典的翻译,而是结合中国实际,有所创新、发展形成佛教中国化。并因统治者的支持,佛教在南北朝占据统治地位及形成一个特殊的僧侣阶层。此时的佛教学者鸠摩罗什及弟子僧肇等在关中形成一个般若学研究中心,道安及弟子慧远等在庐山形成一个兼容大小乘的佛教研究中心,道生则阐述了独创的涅槃佛性论。

南北朝时,佛教宣扬灵魂不灭、转生轮回、因果报应。适合了当时统治者欺骗人民和自我麻醉的需要,但也遭到一批反佛学的无神论者的反对,导致当时神灭与神不灭之争。东晋末年的戴逵、南朝初的何承天,以东汉桓谭“烛火喻形神”的神灭思想反对神不灭和三世轮回。范缜继承发展前人的无神论思想,宣传富贵贫贱皆是自然现象,否认萧子良宣扬的佛教思想。其后范缜又作《神灭论》和《答曹舍人》,论述“形神相即”和“形质神用”思想,批判了佛教神学的理论基础神不灭论。范缜思想克服了先秦以来唯物主义者以烛火喻形神理论上的缺陷,将无神论推向新的阶段。

魏晋南北朝时期,道教也得到进一步的发展,并由民间的原始道教上升成为统治者服务的道教。当时道教代表人物有葛洪、寇谦之、陶弘景。在道教哲学上,葛洪等视“道”为造化之根、神明之本及天地之元。道教徒还将“道”人格化为神,将老子神化为天尊等。葛洪、陶弘景还大力提倡炼丹以求秘方长生之术,其中还保存着不少药物学、原始化学及天文学科学知识。

魏晋南北朝时期的佛教和道教在诸如生死、形神等问题上看法不同,但也互相吸收。北朝寇谦之撰《老君音诵诫经》,模仿佛教戒律形式;南朝陶弘景撰《真诰》记述真人弟子学佛,吸取佛教地狱转生说。佛教中也有学道教炼丹求长生思想影响的地方。其时佛教和道教还存在互相为争夺宗教正宗地位的斗争。

魏晋南北朝时期,儒教经学尽管丧失独尊地位,但还是官方肯定的维护封建宗法制度的经典依据,仍保持着思想文化上的正宗地位。王肃是魏晋朝廷典章礼制的重要顾问。何晏的《论语集解》和王弼的《周易注》构成玄学经学。东晋偏安江左,经学也得到发展,韩康伯以玄学解《易》,范宁集解《春秋穀梁传》等。其时经学力破汉代经学家法界域,融合儒道,义理、训诂并行不悖。南朝经学因封建宗法制度的需要,在政治、伦理、哲学等方面都有经注。并在训诂之学、义理之学方面得到很大发展。北方少数民族因社会制度的需要,更热心于儒教经学。并因北朝封建制度的建立,道德风俗的树立,更热衷于训诂典章制度,呈现出南北不同的学风。

魏晋南北朝的儒、道、释三教之间存在着互相排斥和互相争辩的情况。互相争辩又促使三教互相融合,这为以后宋明理学的产生打下了基础。

隋唐五代哲学 隋唐五代时期哲学思想、理论的统称。隋唐时代的统治者为了巩固其封建政权,推行儒、道、释三教并用的政策,然而“三教”之间既有融合、相渗透的一面,又有相互斗争的另一面。因此这一时期哲学的一大特点是:不同的思想家表现出各自不同的思想倾向,有的既排佛又尊天命,也有的不排佛又主张元气论。

隋代王通提出儒、道、释“三教可一”的主张,但明确以儒为主体。唐初傅奕、吕才从儒、道立场出发,指斥佛教非华夏正统,破坏中国传统伦理弃君弃父。傅奕以佛徒为“不忠不孝,削发而揖君亲”(《请废佛法表》),认为兴建寺院乃浪费资材而耗国力,强调“生死寿夭,由于自然”(《旧唐书·傅奕传》)。吕才批判了当时流行的迷信思想,指出卜宅禄命、丧葬、吉凶等“事不稽古,义理乖僻”(《叙葬书》),表现了无神论的观点。

在唐代统治阶级的支持下,寺院经济迅速发展。隋唐佛教宗派林立,主要有以智𫖮为代表的天台宗,宣传“一切诸法,皆由心生”。天地万物是心之一念的产物。以玄奘为代表的法识唯识宗,主张“万法唯识”,介绍翻译印度无著、世亲一派烦琐的佛教哲学。以法藏为代表的华严宗,提出“理事相即”的理论,认为本体和现象圆融无碍,但都是“心”之所现。以慧能为代表的禅宗是典型的中国化的佛教,宣扬“即心即佛”,佛存在于每个人心里,只要自悟便可成佛,由于其修持方法简便而广泛流传民间。

道教哲学在唐代也有发展,司马承祯提出“修心主静”说,是以摒除闻见、抛弃知识为唯一的宗教修养方法。并不重视炼丹、服食、法术变化的神仙方术,偏重于道教的宗教理论的研究。

中唐以后韩愈、李翱从维护儒家正统地位出发,提出“道统”说,认为儒家学说从尧、舜以来源远流长,代代相继。从而与佛教传法系统抗衡,韩愈第一次把儒家的仁义道德抽象到本体论,即以儒家道德法则为中心的客体精神“道”为最高范畴:“吾所谓‘道’也,非向所谓老与佛之道也”(《原道》)。韩愈反佛,然而信天命,认为“人生由命非由他”(《赠张功曹》),“贵与贱,祸与福存乎天”(《与卫中行书》)。韩愈的弟子李翱修正韩愈“性情三品说”,提出了性善情恶的命题，认为人之性就其本质而言，都是善的，凡是情都是恶的，将情置于性的对立面，人唯能去情复性才可达到圣人的精神境界。复性的途径是“视听言动，循礼而行”，“忘嗜欲而归性命之道”，最后要停止一切思虑，“弗虑弗思，情则不生”（《复性书》）。这种复性说要求人们去掉一切不利于封建制度的情感欲望。它在理论上以孟子性善说为核心，又吸取了佛教禅宗佛性说。韩愈、李翱为加强唐代封建集权统治，开启以后的宋明理学起了重要的作用。与韩愈同时的柳宗元，提出“统合儒释”的主张，认为佛“不与孔子异道”（《送僧浩初序》）。在哲学上，认为万物由“元气”产生，提出“天人不相预”的观点，批判各种神学迷信。指出“力足者取乎人，力不足者取乎神”（《非国语·神降于莘》），认为人类社会历史的发展“非圣人之意也，势也”（《封建论》）。这同韩愈“如古之无圣人，人之类灭久矣”的观点相反。与柳宗元在政治、哲学思想上相一致的刘禹锡，提出天和人都是有形的物，“天，有形之大者也；人，动物之尤也”（《天论》上），世界万物“乘气而生”，认为空、无也是物，“空者，形之希微者也”（《天论》中）。否定自然界有绝对真空的存在。他又提出“天人交相胜”、“还相用”之说，认为人类社会和自然界有不同职能，各不能替代，但有相互作用。提出“理”、“数”、“势”三个重要范畴，以解释客观世界的变化，认为事物都有自己的“规律”（理），规律对事物具有必然性（数）。事物的必然性，决定了事物发展的趋势。

隋唐哲学在中国古代哲学发展中，是上承魏晋玄学、下开宋明理学的重要环节。

宋元哲学 宋元时期哲学思想、理论的统称。其特点是以理学为统治思想。理学以儒为宗兼采佛、道，成为中国封建社会后期的官方哲学。

理学开创于北宋初期。名儒孙复、胡瑗、石介提倡“以仁义礼乐为学”，在诠释儒家经典过程中，不重章句训诂而以阐述义理为主，开启义理治经的风气，被后人称为“宋初三先生”。

宋代理学最主要的代表有“濂洛关闽”四个学派。濂即濂溪学派，以周敦颐为代表，在其《太极图·易说》中提出“自无极而太极”的命题，论述宇宙生成和万物化生的问题，认为世界是从无形的“太极”那里派生出来。洛即洛学，以程颢、程颐为代表，提出“天下只有一个理”，“理”为哲学的最高范畴，它生成一切，支配一切。故认识论上主“格物穷理”，修养论上主“存理灭欲”，人生观上主“安于义命”，强调一切依理而行，而“理者，礼之谓也”，实际上是以封建等级制原则“礼”为准绳。关即关学，在理学中是一个很特殊的学派，以张载为代表，提出“太虚即气”的命题，肯定物质的“气”是世界的本体，又进而指出气是运动变化的，运动的原因在于气有阴阳两体的相反“两端”，因气有阴阳，故任何事物都有阴阳。天地间的一切变化无非是“二端”交感作用。他说“天地变化，两端而已”。又说：“二端，故有感；本一，故能合。”事物是既对立又统一，“不有两则无一”。张载论“两”“一”关系，是中国古代辩证法史上的一个重要贡献。闽即闽学，以朱熹为代表，他深得二程（颢、颐）理学思想的精髓，总结北宋以来理学家的各派学说并融会贯通，其理学思想的核心是天理论，以理气说为中心内容，认为“有是理便有是气，但理是本”，然而肯定张载“一物两体”的说法，指出“凡事无不相反相成”。在关于阴阳二气的宇宙演化说中曾论证海陆变迁的现象，此外对日蚀、月蚀、虹、潮汐等均作出较符合于科学的理解。

与朱熹同时而互有论辩的是理学内部的心学派代表人物陆九渊。他建立以“心即理”为核心的心学体系，以“心”为万物根源的实体，颠倒心物关系，提出“宇宙便是吾心，吾心即是宇宙”。否认客观世界是认识的泉源，主张“发明本心”便可达到“知”。但他强调主观能动作用，主张“收拾精神，自作主张”。对旧权威和教条有所怀疑。

与理学派、心学派鼎足而立的还有以叶適和陈亮为首的永嘉学派和永康学派，被称为功利学派。他们与北宋李觏、王安石的功利思想有一定渊源关系。陈亮提出“王霸并用，义利双行”，认为仁义和功利是相辅相成的。叶適也认为“无功利，则道义者，乃无用之虚语尔”（《习学记言》卷二十三）。在宇宙观上，认为“夫形于天地之间者，物也。皆一而有不同者，物之情也”（《叶適集·进卷·诗》）。与理学家“理先气后”说相对，明确指出“物之所在，道则在焉”（《习学记言》卷四十七）。

南宋理学家中还出现以“博杂”著称的，以吕祖谦为代表的吕学，它在学术上一方面力图调和“朱学”与“陆学”之间的矛盾，另一方面又接受永嘉学派经世致用的思想，其与一般理学家不同之处，在于极重视对历史的研究，觉察到“国之存亡，只看下情通塞”（《杂说》），并对下层百姓的作用有所重视，“盖国之根本，全在小民，其兴其亡，不在大族，不在诸侯，不在奸雄、盗贼，止在小民之身”（《书说·召诰》）。

蒙古族贵族入主中原，改号元朝。元世祖忽必烈崇尚儒学。名儒姚枢、许衡、赵复，广集程朱之书，传授二程、朱熹之学，使黄河以北始知理学。在理学北传中最主要的人物当推许衡。在宇宙观上，他认为“天即理也”，“有理而后有物也”。又说“心与天地一般”，“心”与“理”“一以贯之”，都可“宰万物，统万事”（《鲁斋遗书·语录下》）。与许衡齐名的有吴澄，人称“南吴北许”。他主张折中朱陆，认为天地间阴阳二气“以理为之主宰”。为学重“遵德性”，“学必以德性为本”。强调“存心”、“明理”。许衡和吴澄为学少创见，皆有朱陆思想合流的倾向。在元代传播程朱理学或融合朱陆思想者外，独尊陆九渊心学的则有赵偕，他认为“万物有存亡”，但“心”是亘古长存不灭的（见《题修永斋》）。当时与理学家思想相异，不愿屈从元统治的学者，则有邓牧，他认为人世间由“定数”支配，反映出亡国逸民的悲观情绪，指责南宋末官吏的腐败，幻想出现“废有司，去县令，听天下自为治乱安危”的社会（《伯牙琴》）。

元代也涌现了重要的科学家郭守敬、赵友钦、朱世杰等人。在他们的科学思想中透露出无神论的观点。元末的谢应芳疾恨世俗迷信，作《辨惑编》一书，专反对鬼神迷信。史学家马端临的治史，排除神秘主义五行说，著《文献通考》，反对以象数学观点解释历史。在历史观上表现出唯物主义思想因素。宋元时期的哲学思想，特别是程朱理学，对中国后期封建社会的哲学发展有极大的影响。

明代哲学 明代哲学思想、理论的统称。明代社会的阶级矛盾和民族矛盾不断加剧，与此同时，中央集权的君主专制主义进一步强化，封建统治阶级日趋腐朽。经济发达地区开始出现资本主义萌芽，市民阶级力量日益增强，市民意识开始萌芽，明代哲学在这种社会历史环境中产生。

明代哲学可分为三大流派。(1) 为朱熹之学。明代先是朱学流行，它作为官方哲学，是科举考试的依据。最初由曹端接其绪，曹端以为性为万物之本，“性即理”(《存疑录序》)，太极不是气，而是理之别名。薛瑄为明朝朱学之大家，提出天地之间只有理气，“其可见者气也，其不可见者理也”(《读书录》卷一)。针对朱熹理在气先的说法，强调理气不可分离。又主张“一气流行，一本也”(《读书录》卷三)，已接近气本论。其后有胡居仁，一生致力于敬，专讲穷理尽性至命。明朝后期朱学代表人物有东林学派的顾宪成、高攀龙。顾宪成强调“识性”，说“吃紧只在识性”，“心之所以为心，非血肉之谓也，应有个根底处，性是已。舍性言心，其究也必且堕在情识之内”(《小心斋劄记》)。高攀龙为学主格物，认为明德一事，“由格物而入者，其学实，其明也即心即性。不由格物而入者，其学虚，其明也是心非性”(《论学书》)。他们最不满王阳明无善无恶一语，辩难不遗余力，以为坏天下教法，自此言始。总有明一代言，朱学在理论上无多大发展。(2) 为心学，它发端于吴与弼。吴与弼提出“寸心含宇宙，不乐复如何”(《道中作》)，主张以“吾心”作主宰。其弟子陈献章针对朱熹分心与理为二的倾向，指出万理具于吾心，吾心即是万理，此理非他，“即吾心中正而纯粹精焉者也”(《粤秀山白沙书院记》)，它“无内外终始，无一处不到，无一处不运，会此，则天地我立，万化我出，而宇宙在我矣”(《与林君博》)。陈献章的弟子湛若水进一步发挥师说，他们都在理论上为心学的兴盛创造了条件。王守仁集心学之大成，提出“心外无理”，“心外无物”之说，以为吾心是天地万物的“灵明”、“主宰”，天下事虽千变万化，都不出“此心之一理”(《博约说》)。又提出“致良知”说，规定“良知是个自家的准则”(《传习录》下)，强调人们须去除私欲之蔽，恢复固有良知，并致良知于万事万物之上，使“事事物物皆得其理”(《传习录》中)。主张“知行合一”说，以为知与行是“一个工夫”，“知是行的主意，行是知的工夫；知是行之始，行是知之成”(《传习录》上)，甚至提出“一念发动处便即是行”(《传习录》下)。心学至此形成精致、完整的理论体系，能满足当时社会多方面的需要，很快盛行于天下。后分为许多派别，其中以王艮创立的泰州学派影响最大。此派主张“百姓日用即道”，要求“尊身立本”、“率性所行”、“纯任自然”(《明儒学案·泰州学派》)，有挣脱封建礼教束缚的倾向。又以为圣愚之别只在“觉”、“迷”之间，只要一明本心，即可成为圣人，因此禅学色彩更浓。明朝后期心学开始衰落。(3) 为气学。明初刘基指出人与万物皆由气化而成，说“夫天，浑浑然气也”，人是天之子，“假于气以生之”(《郁离子·麋虎》)，继承了张载的气一元论。明朝中期气学在批判心学中发展。罗钦顺指责王守仁“安于禅学”(《与林次崖佥宪》)，他虽极力推崇程朱，但不赞成朱熹“理气为二”的思想，提出“盖通天地亘古今，无非一气而已”，气运行变化有其理，“千条万绪，纷纭胶轕而卒不可乱，有莫知其所以然而然，是即所谓理也”(《困知记》卷一)，以气一元论解决理气关系。王廷相推崇张载，发展气本论，提出气不论有形、无形皆为气，“气有聚散，无灭息”(《慎言·道体》)。在理气关系上，认为气是理之体，理是气之具，理出于气，提出“气有变化是道有变化”(《雅述》上篇)。对明清之际王夫之颇有影响。

明代哲学的重要成果是产生了初步的启蒙思想。最初是由李贽批判封建蒙昧主义和封建传统观念，提出“是非无定质”，“亦无定论”(《藏书·世纪列传总目前论》)，认为经书不过是圣人因病发药，随时处方，不能作为“万世至论”(《焚书·童心说》)，主张改变千百年来“以孔子是非为是非”的现象。又提出平等思想，反对歧视妇女，主张男女婚姻自由。

明代哲学对社会产生了广泛的影响，其中官方哲学维护了封建统治秩序，然而它包含的许多有价值的思想促进了文学、艺术的繁荣，尤其是它的精神所培育的许多伟大人格，推动了中国社会历史和文化的发展。

明清之际哲学 明末清初时期哲学思想、理论的统称。其特点是：(1) 试图对宋明理学作批判的总结；(2) 提倡经世之用，注重实际；(3) 批判封建专制主义，含有民主主义新思想。

在清兵入关镇压农民起义，清王朝建立，民族矛盾、阶级矛盾激化和资本主义萌芽在江南出现的背景下，明末清初出现了黄宗羲、顾炎武、王夫之、方以智、朱之瑜、陈确、傅山、李颙、唐甄等一批进步思想家、哲学家。他们代表了明清之际哲学的主流。

明清之际哲学的内容主要为：(1) 反对君主专制，要求平均地权。黄宗羲在《明夷待访录》中，要求以“天下之法”来代替封建专制主义的“一家之法”；乃至声称：“为天下之大害者，君而已矣。”王夫之也提出“循天下之大公，天下非一姓之私”(《读通鉴论·末叙论一》)。唐甄说：“自秦以来，凡为帝王者皆贼也。”(《潜书·室语》)进步思想家的这些反对君主专制的言论，在中国思想史上具有重要的意义。还在起义农民“贫富均田”的口号影响下，提出了平均地权的种种设想。从限制土地兼并、缓和阶级矛盾的幻想出发，或主张土地公有，平均“授田”(黄宗羲)；或主张“有其力者治其地”，“平天下者，均天下而已”(王夫之)；或主张“亟夺富民之田”，“有田者必自耕”(颜元、李塨)。这些社会改革主张虽与农民起义的纲领有着质的区别，但与农民大起义充分暴露了社会矛盾和资本主义萌芽的发展，有着内在的联系。(2) 将古代朴素唯物主义和朴素辩证法思想推上新的高峰。在理气(道器)关系上，王夫之等人用朴素唯物主义与朴素辩证法相结合的气一元论反对唯心主义的“天理”论。王夫之说：“细缊太和，合于一气”(《张子正蒙注·太和》)；“阴阳者气之二体，动静者气之二幾”，把宇宙万物看作是气之动静、聚散的产物，并且具有一定的秩序，强调“理在气中”。又说：“天下唯器而已。道者器之道，器者不可谓道之器也。”(《周易外传》卷五)顾炎武也肯定了气是天地万物的本原，说：“盈天地之间者气也。”在道器关系上则主张“非器则道无所寓”(《日知录·形而下者谓之器》)，正确回答了客观事物的规律与具体事物的关系。方以智从自然科学的研究中得出了“一切皆气所为也，空皆气所实也”的结论，并阐明了“物有其故”，即“物理”、“物则”，反对“舍物以言理”。在心物、知行关系上，明清之际进步思想家强调认识来源于外物，“知”依赖于“行”。王夫之提出“形也、神也、物也三相遇而知觉乃发”的唯物主义认识论，批判程朱的“知先行后”和陆王的“知行合一”，主张“行可兼知，而知不可兼行”。方以智主张“以知还物”，认为正确的认识应该符合事物的本来面目。在心性问题上，反对用先验的道德规律去戕害人性；还批判了道学家“存天理，灭人欲”之说，提出“天理即在人欲之中”，“人欲之大公，即天理之至正”等命题。在辩证法思想方面，强调“一物两体”、“有一则有两”等命题。王夫之对于对立与统一、物质与运动、本质和现象、主观与客观等辩证关系的阐述，在很大程度上克服了以往朴素唯物论所具有的机械性、命定论等弱点。(3) 开辟了一代重实际、重实证的学风。指出宋明以来“空谈性理”的腐朽学风，使一般知识分子在理学的桎梏下，“足不出户”，“游谈无根”，“置四海之穷困不言”，而终日讲“危微精一之说”(顾炎武)；平日高谈“为生民立命，为万世开太平”，一旦国家有事，则“蒙然张口，如坐云雾”(黄宗羲)，并认为这种“蹈虚”、“空谈”的学风是祸国殃民的根本。由此提出“言必征实，义必切理”，“事关民生国命者，必穷源溯本，讨论其所以然”(潘耒《日知录序》)，注意“经世致用”。正是在这种学风的影响下，明清之际思想家们能够从社会生活的矛盾联结与客观历史的变动过程中，深刻认识到一些历史运动的辩证规律，从而形成了哲学发展的高潮。

明清之际哲学大胆批判了封建专制主义，但未能发现新世界；即使提出了某些未来社会的设想，也都披上了“三代之法”、“六经之旨”的外衣。新思想与旧传统的纠葛，形成了独创和因袭、内容和形式、活的与死的之间的重重矛盾。明清之际哲学对中国近代哲学发展有深刻影响。

清代哲学　清代哲学思想、理论的统称。其发展大致可分为三个阶段：(1) 清代初期。这一时期的哲学一般与明末的哲学合称明清之际哲学。参见“明清之际哲学”。(2) 清朝统治巩固时期。(3) 1840年鸦片战争后清朝衰落时期。这一时期的哲学一般与中华人民共和国成立前的哲学合称中国近代哲学。参见“中国近代哲学”。

清代哲学(主要指清中期的哲学)的特点为：从“经世致用”转向训诂考据之学，形成了以“乾嘉学派”为代表的一代学风。“乾嘉学派”在整理古籍上做出了较大的成绩，在方法上也有科学性，但他们中的多数人有脱离实际政治的倾向。他们推崇顾炎武为一代汉学的开山祖，但只继承了顾氏的治学方法(如考证上的归纳法等)，而失去了顾氏“明道救世”的那种锐气。后来虽然也出现过颜元、戴震这样的著名学者，与程朱理学展开斗争，但颜元强调“习行”，戴震强调“知”，各自强调一个方面，有形而上学的倾向。同时“乾嘉学派”对近代“疑古派”却有极大的影响，在方法论进代化过程中也有过积极的作用。在当时也产生了一些独立思考的哲学家，代表人物有颜元、章学诚、戴震等。颜元在世界观上强调“理气融为一片”，具有泛神论的倾向；在“心物(知行)”上，强调“习行”，比前人更鲜明地提出了唯物主义观点。对“格物”作了新的解释，说：“格即手格猛兽之格，手格杀之格。”(《四书正误》卷一)以为格就是亲自动手去做。又说：“手格其物，而后知止”(同上)，强调“知”对于“格”的依赖关系。还认为人的德性和学问究竟如何，不能只看口说笔写，还须在“习行”中得到验证，“吾谓德性之用而见其醇驳，口笔之醇者不足恃；学问以用而见其得失，口笔之得者不足恃”(《年谱》卷上)。颜元强调“习行”、“践履”在认识、德行形成过程中的作用，有合理因素。但他片面强调感性经验，把人的认识、德性和才能对实践的依赖关系简单化，有经验论的倾向。史学家章学诚在论道、论学方面发表了一些唯物主义见解。强调“道”是事物的规律，提出“道寓于器”、“即器以明道”的主张。继承清初“经世致用”的传经，提出“六经皆史”、“六经皆器”说，认为“古之所谓经，乃三代盛世典章制度，见于政教行事之实”(《经解上》)，否定了“六经”的传统权威。主张考证史料与发挥义理相结合，把治经引向治史。开学术思想摆脱经学束缚的风尚。认为治史除重史才、史学、史识外，更应重史德。说：“能具史识者，必知史德，德者何？谓著书者之心术也！”又说：“盖欲为良史者，当慎辩于天人之际，尽其天而不益以人也。尽其天而不益以人，虽未能至，苟允知之，亦足以称著述者之心术矣。”认为写史者要根据历史事实和历史发展的自然理势，作出客观的判断，或褒或贬，都不用个人的私见，不考虑个人得失。“心术”端正，才会有真知灼见，加上才学，才能写出好史。章学诚还严格区别了“学有宗主”(学问的大旨)与“学有门户”(一派之私见)。认为学要宗主，但不可有门户。学有宗主，自可求大同，存小异；不见宗主，不讲大旨，只讲私见，自然夸大小异成门户之事。戴震生活在清朝的全盛时期。当时资本主义的萌芽有了新的发展。戴震对理学的批判，在一定程度上反映了市民阶层的要求。他批判宋明理学是“忍而残杀之具”(《孟子字义疏证·权》)，“人死于法，犹有怜之者；死于理，其谁怜之！”(《孟子字义疏证·理》)这是“五四”以前对封建礼教的最勇敢的抗议。还直接鞭挞了封建统治者的暴行，说“在位者肆其贪，不异于寇取”。指出社会的祸乱是由于统治者“贪暴以贼其民所致”(《原善》卷下)。在理气、道器关系上，肯定了张载“由气化有道之名”的观点，认为阴阳之气是实体，阴阳五行的变化运动过程就是道；而理(“条理”、“分理”)则是指事物运动的特殊规律，“察之幾微”，把握事物内在的本质，就可以区别各类事物的“分理”。强调“理”依赖于“物”，说：“举凡天地、人物、事为，虚以明夫不易之则，曰理。所谓则者，匪(非)自我为之，求诸物而已矣。”(《绪言》上)在心物关系上，明确指出物质是精神的本原，“有血气斯有心知”(《原善》卷上)。“味也、声也、色也在物，而接于我之血气；理义在事，而接于我之心知。”(《孟子字义疏证·理》)有肉体才有精神，有感性才有理性。他还严格区别了真理与意见，说：“心之所同然始谓之理，谓之义；则未至于同然，存乎其人之意见，非理也，非义也。”(同上)真理是天下万世公认为不可易的，而个人的意见往往掺杂主观的东西而不免有所蔽。所以绝不能执著意见当作真理。

中国近现代哲学 1840年鸦片战争至中华人民共和国成立时期哲学思想、理论的统称。

其特点为：(1)“中国向何处去”这一时代的中心问题表现为“古今、中西”之争，并制约着中国近现代哲学的发展；(2)马克思主义哲学中国化过程中产生了毛泽东哲学思想体系。

其发展、演变可分为旧民主主义革命和新民主主义革命两个时期。

旧民主主义革命时期哲学的内容主要包括：(1)关于变易、进化的发展观。活跃于1840年前后，以龚自珍、魏源为代表的一批地主阶级改革派，以“三世”变易观为理论依据，针砭时弊，要求改革。魏源提出“师夷之长技以制夷”的主张，要求人们学习西方的先进技术，以抵御西方资本主义的侵略。太平天国时期的思想家洪秀全、洪仁玕等人从西方基督教那里吸取了“上帝”观念和“平等”思想，要求在地上建立“天国”。戊戌变法时期，康有为、谭嗣同、严复、梁启超等最早在中国提出了比较系统的资产阶级哲学思想。他们围绕“中国向何处去”这个中心问题，以西方进化论思想为理论武器，论证了国家的独立、自强和发展。康有为用进化论解释历史，并把“公羊三世”说与《礼记·礼运》篇中的“大同”、“小康”联系起来，认为历史从据乱世到升平世，再到太平世，是人类社会进化的普遍规律。谭嗣同积极宣传“日新”进化的观点。认为“地球之运，自苦向甘”，人类社会是沿着“逆三世”、“顺三世”的轨道向前进化发展的。他在《仁学》中猛烈抨击了封建伦常各教，说它是“据乱世之法”，变法维新首先必须变革“三纲五常”。严复翻译了《天演论》，将西方的进化论系统地介绍到中国。他认为只有实现社会历史观和世界观的真正转变，用“力今胜古”、“日进无强”的进化论思想来武装中国人的头脑，才能树立中华民族自主、自强、自立的信心。辛亥革命前后资产阶级革命派的代表章炳麟、孙中山等人也相信进化论。但改良派认为进化是渐变，革命派则认为进化包含有跃进、突变。孙中山把整个宇宙的进化分为无生命的物质进化、生物进化和人类社会进化三个时期。认为人类社会进化，经过了“洪荒时代”、“神权时代”、“君权时代”，现在已到了“民权时代”。他还把进化与革命联系起来，指出进化过程中的革命突变是不可避免的，并强调人们的主观能动作用，提出“突驾”说，批评了改良派“断难躐等”，必须“拾级而上”的思想，认为这是“反夫进化之公理也，是不知文明之真价也”(《中国民主革命之重要》)。(2)关于认识论问题。近代伊始，魏源重新对知行问题进行了考察。他既反对理学空谈性理，也不满汉学专搞训诂，强调“及之而后知，履之而后艰”。认为要获得真正的知识，必须通过亲身的经历和观察。严复介绍了西方近代的唯物主义经验论，主张认识必须从客观事物出发，“即物实测”。他批评陆、王心学是“心成之说”，“强物就我”，即主观唯心论。在方法论上严复倡导科学的归纳法。章炳麟在知行关系上强调行，提出“竞争出智慧，革命开民智”的命题。他说：“人心之智慧，自竞争而后发生，今日之民智不必恃他事以开之，而但恃革命以开之。”(《驳康有为论革命书》)这里包含有社会实践观点的萌芽。孙中山提出“知难行易”学说，认为理论的建设和知识的探索是最重要的，也是十分艰巨困难的事，但又强调行是知的开端，先有行然后才有知。(3)西方近代自然科学的传入对中国近代哲学的影响。康有为、谭嗣同、严复、章炳麟、孙中山等都不同程度地将生物进化论、天文学、天体力学、物理学，尤其是关于电、磁、热、光等学说引入自己的思想体系，用来说明自己的宇宙观和方法论。他们对宇宙天体的形态和运动规律都作了比较准确的描述，认识到恒星、行星和星系之间的关系，并通过理论概括，肯定了宇宙的无限性和宇宙运动变化的绝对性。但他们往往不能将各自的与自然科学相联系的唯物主义和辩证法思想贯彻到底。严复在认识论上有实证论的倾向；康有为以精神性的“元”、“仁”作为世界的本原；谭嗣同也认为“仁为天地万物之源”等等。他们有时还夸大人的思想、意志的作用，引导到唯心主义。(4)佛学在近代复兴的趋势。谭嗣同的仁学体系中的一个重要部分，就是经过改造的佛学思想。章炳麟在被捕入狱后，开始学佛，并想建立一种新的宗教以激励人心。他把变革现实的希望寄托在“心力”上。

新民主主义革命时期哲学的内容主要为：(1)马克思主义哲学的中国化。在“五四”前后，在十月革命的影响下，马克思主义在中国广泛传播，马克思主义哲学的传播与发展成为中国近现代哲学的主流。马克思主义哲学通过下列环节实现中国化。第一，同各种错误思想作斗争。从“问题与主义”论战开始，经过多次的论战，如1920年前后的“中西文化”论战，1923年的“科学与玄学”的论战，30年代初的关于中国社会性质和中国史的论争，30年代中的“唯物辩证法”的论争，抗日战争时期对“唯生论”和

“力行哲学”的批判等等。第二，在革命阵营内部反对“左”右倾错误思想、克服教条主义和经验主义。毛泽东写的《实践论》、《矛盾论》、《论持久战》、《新民主主义论》等著作，标志着马克思主义哲学中国化的一个崭新阶段。第三，在各个文化领域中运用辩证唯物主义与历史唯物主义的观点和方法。鲁迅、郭沫若、侯外庐等在文学艺术、历史、中国古代思想史等方面作出了重要的贡献。(2) 中国传统哲学的发展。从20世纪20年代开始，中国出现了一批在大学里讲课并著书立说的专业哲学家，他们在逻辑学、中国哲学史和中国佛教史等方面进行学术研究，各自建立了自己的哲学体系。熊十力糅合儒佛，建立了“新唯识论”体系。认为本体即本心，大用流行，“翕”凝成物，“辟”运为心，相反相成。这在唯心主义形式下包含有某些辩证法因素。冯友兰的“新理学”把程朱理学与新实在论相结合，自立唯心主义哲学体系，在逻辑理论上达到了较高水平。金岳霖的《论道》、《知识论》，批评罗素的“唯主方式”(即主观唯心主义)，提出“所与是客观的呈现”的观点，表现出唯物主义倾向。他还提出了概念具有“摹状与规律”双重作用的新理论。

中国近现代哲学是中国哲学史发展的一个崭新阶段。中国资产阶级始终没有形成博大精深的哲学体系，缺乏较高的思辨水平。马克思主义哲学中国化过程中产生的毛泽东哲学思想体系，成为中国人民认识世界和改造世界的伟大思想武器。毛泽东哲学思想体系科学、正确地回答了“古今、中西”之争，解决了“中国向何处去”这一时代的中心问题，为民主主义革命和社会主义革命提供了科学的理论工具。

中国佛教哲学　通常指汉语系中国佛教哲学。传入中国后佛教哲学与中国传统哲学相结合的产物。中国哲学、中国佛学的重要组成部分。

佛教东汉时传入中国，当时被看成神仙方术的一种。安世高传译小乘佛典，支娄迦谶传译大乘佛典，佛教教义开始同中国传统思想相结合。

魏晋时，佛教思想与魏晋玄学合流，形成般若性空学说，出现“六家七宗”，即本无、即色、识含、幻化、心无、缘会和本无异七宗。其后僧肇撰《不真空论》等，阐述了不真即空的思想，批判了“六家七宗”说，把中国佛教的般若理论推向高峰。

南北朝时，形成了许多佛教学派(师说)。其中主要有：以讲习、研究《涅槃经》为主的涅槃师；以发挥《成实论》思想为主的成实师；以钻研《阿毗昙心论》为主的毗昙师；以弘扬《十地经论》为主的地论师；以研习《楞伽经》为主的楞伽师；以阐发《摄大乘论》为主的摄论师等等。这些师说，在中国思想界的影响深远，为后来隋唐时期逐步建立中国佛教宗派、形成中国特有的佛教哲学奠定了基础。

隋唐时期，佛教与儒、道并称三教。三教之间相互斗争，相互影响。佛教进入鼎盛时期，建立了各种独立的宗派体系，形成了各具特色的中国佛教哲学。其中较有影响的主要派别有：

天台宗，创始者为陈、隋之际的智𫖮。其主要思想为“实相”和“止观”，以实相阐明理论，用止观指导实修。“实相”即“诸法实相”，其内容包括“一念三千”和“三谛圆融”等。“一念三千”指千差万别、包罗万有的三千世间，本来存在于“一念”之心中。“三谛圆融”指“空”、“假”、“中”，“虽三而一，虽一而三，不相妨碍”，“一念心起，即空、即假、即中”。“止观”即“修行观法”。用“一念三千”和“三谛圆融”两层实相说，作为修行观法，实修“一心三观”。唐湛然又提出“无情有性”说，认为草木瓦石也有佛性。

三论宗，创始者为隋吉藏。其主要思想是“诸法性空”的“中道实相”论。认为一切诸法，皆从众多因缘和合而生，所以无自性，亦即性空。为了随顺世俗的常识，而说有缘起的诸法。把缘起法与性空统一起来即中道。不离性空而有缘生诸法，虽有缘起诸法，也只是假名，仍是毕竟空，名为“中道实相”。为阐明这一理论，更提出“真俗二谛”和“八不中道”说。二谛是为教化众生而假设的言教。世界森罗万象皆因缘而生，空幻不实，但在世俗人看来却是真实的存在，此为“俗谛”；在得道的“圣贤”看来，皆空无实体(无自性)，此为“真谛”。“有”与“空”都还是“假名”，二者合起来，非有非空，才是中道实相。“八不中道”即是用“八不”来说“中道”，认为生灭、断常、一异、来去这四双八类，都是邪执偏见，只有一一用“不”字来否定，才能悟入空有不二的中道。

法相宗，亦称唯识宗。创立者为唐玄奘及弟子窥基。其主要思想以五法、三自性、八识、五种姓为总纲，以转依(转识成智)为宗旨。“五法”即名、相、分别、正智、如如，是对世间和出世间一切法的概括。“三自性”即遍计所执性、依他起性和圆成实性。“八识”即眼识、耳识、鼻识、舌识、身识和意识、末那识、阿赖耶识。“五种姓”即菩萨定性、独觉定性、声闻定性、三乘不定性、无性有情。认为无性有情永远得不到解脱。此宗主张外境非有，内识非无，建立“唯识无境”的基本理论。该宗还运用佛教逻辑(因明)，对后世有一定影响。

华严宗，又称贤首宗。创始者为唐法藏。其主要思想是法界缘起论，认为“一真法界”是世界的最高本原。并用“四法界”(事法界、理法界、理事无碍法界、事事无碍法界)、“六相”(总相、别相、同相、异相、成相、坏相)、“十玄门”(同时具足相应门、因陀罗网境界门、秘密隐显俱成门、微细相容安立门、十世隔法异成门、诸藏纯杂具德门、一多相容不同门、诸法相即自在门、唯心回转善成门、托事显法生解门)等理论，以阐明无尽缘起的意义。华严宗已接触到哲学上的本质与现象的关系，提出了理事无碍的观点，标志着认识的深化。华严宗的宗密主张融合华严与禅宗，提倡教禅一致，并进一步调和儒、道、佛三家思想。

禅宗，创始人传为菩提达摩。后又分为南北两宗。中唐以后，北宗不传，慧能的南宗取得禅宗正统地位，以后又分为“五家七宗”。其主要思想为提倡心性本净，佛性本有，见性成佛。主张舍离文字义解，直彻心源。认为"于自性中,万法皆见;一切法自在性,名为清净法身"。一切般若智慧,皆从自性而生,不从外入,若识自性,"一悟即至佛地"(《六祖坛经》)。

密宗,亦称"密教"。其主要思想是以性空无相的法性理体为基础。认为世界万物、佛和众生都是由地、水、火、风、空、识"六大"所造。前五大为色法,属胎藏界;识为心法,属金刚界。色、心不二,金、胎为一。两者赅摄宇宙万有,而又皆具众生心中。众生依法修行,口诵真言,手结契印,心作观想,三密相印,可以即身成佛。在中国弘传"纯密"并正式形成宗派,始于善无畏、金刚智、不空等。

律宗,亦称"南山律宗"。创立者为唐道宣。该宗理论上阐发不多。其主要学说"戒体论",谓受戒弟子在受戒时心中接受戒法,心理上就产生一种防非止恶的功能,亦即是一种对于戒法的信念和奉持戒法的意志。

净土宗,创立者为唐善导。其主要宗旨是以修行者念佛行业为内因,以弥陀的愿力为外缘,内外相应,往生极乐净土。认为只要一心专念阿弥陀佛名号,日至万声、十万声,死后就能往生净土(西方极乐世界)。

三阶教,亦称"三阶宗"或"普法宗"。创立者为隋信行。三阶教把全部佛教按"时"、"处"、"人"(机)分为三阶:第一阶是正法时期,所处世界是"净土"、"佛国",人是佛、菩萨,修持的是大乘一乘佛法。第二阶是像法时期,所处世界是五浊诸恶世界("秽土"),人是凡圣混杂,流行大小乘(三乘)佛法。第三阶是末法时期,所处世界也是五浊诸恶世界,人都是戒见俱破的世间颠倒众生,应当信奉三阶教,普信一切佛乘及三乘法。

宋元时期,佛教各派趋于融合,佛教思想与儒学进一步交融,佛教某些基本教义为理学所吸收。宋元以降,中国佛教哲学思想没有新的发展,主要是提倡禅教一致、禅净合一。

近现代,佛教一度在中国复兴,形成一系列新的佛教哲学思想。其中主要有:欧阳竟无的"佛法非宗教非哲学"、吕澂的"佛法不离世间"、熊十力的"新唯识论"、太虚的"人间佛教",等等。

中国佛教哲学有其自己的特点。(1) 主要弘传大乘佛学思想,并以发挥空、中道、实相、六度等学说为主,其中比较重要的有无住涅槃、缘起性空和唯识说等。(2) 是印度佛教思想和中国传统哲学思想相结合的产物。佛教传入中国不久,便通过用中国固有的思想来理解、翻译佛经,很快同中国传统思想结合起来。魏晋时期与玄学合流。隋唐时,佛教哲学思想与儒、道思想互相渗透、互相融合。宋明时期,佛教的基本哲学思想更为理学所吸收。(3) 在理论上发展充分,且有独创性。南北朝时,一些僧人在传译佛典过程中,能独立思考,加以发挥,从而出现了种种师说。隋唐时更形成各种宗派,有些宗派(如禅宗等)基本上摆脱了印度佛教的羁绊,走向独立发展的道路。(4) 主要是为佛教宗教唯心主义哲学体系进行论证、解释和发挥的,但在论证、解释过程中,也透露出一些合理的因素。如华严宗和禅宗提出了许多重要概念,分析了心和物、主体和客体等的关系,含有一定的辩证法因素。法相宗运用严密的逻辑分析方法,把世界上一切事物和现象,包括物质和心理现象,归纳成五位百法,进行详尽的论述,其内容包括了宇宙观和人生观,心理学和伦理学以及认识论、因果论、真理论等各个方面。特别是它运用的佛教逻辑(因明),在中国逻辑思想史上占有重要地位。所有这些都对中国哲学思想的发展起一定的推动作用。(5) 渗透到道德、文化、艺术等各个领域。在道德方面,它提出的"庄严国土,利乐有情"的道德原则和"五戒"、"十善"、"四摄"、"六度"等道德精神,丰富了社会道德的内容。

中国佛教哲学对中国哲学和文化作出了有益的贡献。它在客观上促进了中国无神论和唯物主义思想的深化,构成了中国哲学史的重要一环。同时对日本、朝鲜等地的哲学和文化也有广泛、深远的影响。

道教哲学 道教对于人和自然、人和社会、人和神的关系的神学认识。中国哲学的重要组成部分。

道教以道名教,其基本信仰是道教思想的继承和改造。它沿用道家哲学概念,在发展衍化中又吸取儒释的内容,具有鲜明的中国宗教神学特点。

道教创立于东汉末年。先秦道家到两汉时已经演化出带有神秘主义色彩的黄老道和方仙道,道教继承了它们的神秘主义部分。将"先天地生"、"周行而不殆,可以为天下母"的"道"作为其宇宙生成及其运行的理论基础,《太平经》称"道"是"万物之元首,不可得名者。六极之中,无道不能变化。元气行道,以生万物,天地大小,无不由道而生者也"。将作为"天地根"的"玄牝"作为长生不死的方术的理论基础,五斗米道的《老子想尔注》称"生,道之别体也","道教人结精成神","道人当自重精神,清静为本",《老子想尔注》和《太平经》都述及长生之方术。将小国寡民、清静无为的思想作为社会观的出发点,《太平经》宣传"太平"的社会理想,主张"太者大也,乃言其积大行如天","平者,乃言其治太平均,凡事悉理,无复奸私也"。《老子想尔注》将"道"神化,称其散形为气,聚形为太上老君。魏晋南北朝时期,道教哲学的发展重点仍在于阐述宇宙生成论和神仙观,东晋道教学者葛洪在《抱朴子内篇》中称"道也者,所以陶冶百氏,范铸二仪,胞胎万类,酿酝彝伦者也"(《明本》),并进而从神仙观角度释"道"为"玄","其唯玄道,可与为永"(《畅玄》),辩说神仙之存在以及成仙之可能。齐梁道士陶弘景认为得道成仙就要养神炼形,"为仙者,以药石炼其形,以精灵莹其神,以和气濯其质,以善德解其缠,众法共通,无碍无滞。欲合则乘云驾龙,欲离则尸解化质"(《答朝士访仙佛两法体相书》)。隋唐五代和北宋时期,道教思想逐渐体系化,以道为核心的自然观、社会观和神仙观等渐趋完整。五代道士杜光庭在《道德真经广圣义》的"叙经大意解疏序引"中称"《道德经》者乃天地之至妙,有天道焉,有人道焉,有神道焉,大无不包,细无不入，宜尊之焉”。以道贯串天人神的各方面，分列三十八条，有教人主“以无为理国”、“以修道于天下”、“以道理国”、“以无事法天”、“不以尊高轻天下”、“无事无欲”；教诸侯“政无苛暴”、“不尚淫奢”、“不习翫兵黩武”；教人“保道养气，以全其生”、“崇善去恶”、“积德为本”、“忘弃功名，不耽俗学”、“不贪世利”、“不务荣宠”、“体命善寿不亡”、“修身外身而无为”、“理心虚心而会道”，等等。南宋以后，道教思想以探究人的禀赋为重点。全真教派以《道德经》、《般若心经》、《孝经》作为主要经典，将三教融一定为立教制度，变肉身永存、白日飞升、不死不灭的“神仙”为“气神相结”、“打坐修行”者，并且称“孝养师长、父母，六度万行方便，救一切众生，断除十恶，不杀生，不食酒肉，邪非偷盗，出意同天心，正直无私，曲名曰天仙”（《重阳真人金关玉锁诀》）。元代以后，全真南北宗修行入手之法虽异，但以“性命”为目标却相同。“精生魄，血生魂。精为性，血为命。人了达性命者，便是真修行之法。”“精血者，是肉身之根本；真气者，是性命之根本。”而了达“性命”，就是精气神凝炼成金丹，返真还元，心离凡世，全真而仙。清代全真道士闵小艮进而阐述人身之本在心，“心有天赋之性在焉。中正，性之体；刚健，性之用，性即天心也”（《读吕祖师三尼医世说述管窥》），因而治心就要“刚健中正”。

道教哲学作为一种中国的神学哲学，其特点为：(1) 对超自然力量的崇拜和对自身力量的信念并重，“大道”生育天地，运行日月，长养万物。但道可以因修而得，“道之在我之谓德”（《宋徽宗御注西升经序》）。人寿可以因方术而善终，灾难可以因祈禳而免除，地狱之苦可以因超度而解脱。(2) 对彼岸世界的向往和对此岸生活的追求并重。道教描述神仙之境：“有长年之光景，日月不夜之山川。宝盖层台，四时明媚。金壶盛不死之酒，琉璃藏延寿之丹，桃树花芳，四年一谢，云英珍结，万载圆成。”（《桓真人升仙记》）但又将人间的名山大岳称为洞天福地，“上天遣群仙统治之所”，人可以修行正道升而为仙真。《西升经》说：“我命在我不在天，还丹成金亿万年”，人之生命存亡，年寿长短，决定于自身。只要养于修道养生，安神固形，就可以长生不死。因此，道教创造了多种修道养生的方术，如炼丹术、服食、导引、吐纳、守一和房中术等，祈求保神固根，形神合道，长生久视。(3) 出世思想和入世态度并重。道教以恬静无欲为宗旨，“其事在于少思寡欲，其业在于全身久寿”（《抱朴子内篇·释滞》），因而学道之人应内视反听，超然世外。但在世，就不能逃避社会，修仙应“以道济世，不因世废道”，认为“有道而无权，岂能于凶人败类而能安之怀之也哉”（清闵小艮《吕祖师三尼医世说述》）。

道教哲学在其发展中曾吸收过儒、释的思想，但也对儒、释两家学说发生影响。特别是宋明理学，把宋代道士陈抟的《无极图》改造成为解释宇宙发生和发展过程的《太极图》，吸收隋唐道教的虚静思想提出“主静”学说。明清期间，三教融一成为中国哲学思想发展的主流，道教也保持着对中国思想发展的影响。

中国古代政治哲学 中国古代政治的本质及其发展规律的理论与学说。因大一统格局的长期存在，中国古代政治本质上是皇权政治。为皇权政治提供统治合法性的理论与学说，就是中国古代哲学家的核心。黄老之学在汉初、名法之治在曹魏时期，一度盛行过，但在古代中国占主流地位的是儒家。

先秦是中国古代政治哲学的雏形期，两汉是它的形成期，两宋为其定型期。明清两朝承继宋代余绪，未有多大变化。诸子的政治哲学是它的思想渊源。到汉武帝独尊儒术后，董仲舒的神学化儒学为它构建了基本框架。宋代理学对它作了理论加工，去掉了神学色彩，而以“天理”论与“理一分殊”论为更精致的形式出现。

与先秦百家争鸣的局势相适应，当时政治哲学众说纷纭。在秦汉以后大一统的时代里，主要是法家尚法贵公的法治、阴阳五行家的学说、墨家的尚同与尚贤论，为兼融各家的儒学提供了思想资料。作为先秦政治哲学的总结者，荀子的礼法兼施、王霸并用的理论，开启了以儒家为主、兼融各家的新路径，为大一统时代的儒家政治哲学提供了基本理路。

秦汉以后的儒学，是以先秦原始儒学为主，兼融了法家、墨学与阴阳五行家后的产物。天命论及与此相关的君权神授论、民本思想、名教（礼教）之治，是儒家政治哲学的主要内容。

天命论是儒家政治哲学的精神支柱。宣称“天”是至高无上、主宰一切的超自然的神灵。人的吉凶祸福、王朝的兴衰成败，都是天意决定的。君王的统治是“天”授命的结果。天命论在商周就有了，以后一直被视为皇权的渊源所在。孔子有“畏天命”之说，孟子认同天意：“天与贤，则与贤；天与子，则与子。”（《孟子·万章上》）汉儒匡衡在汉成帝即位时上疏：“臣又闻圣王之自为动静周旋，奉天承亲，临朝享臣。”（《汉书·匡衡传》）董仲舒以天人感应论对它作了理论化的建构，“受命之君，天意之所予”（《春秋繁露·深察名号》）。天作为有意志的人格神，为社会的等级制度作出了规定：“仁义制度之数，尽取之天。”（《春秋繁露·基义》）君权神授论让皇权的权威性不容置疑，而大一统王朝作为庞大的政治系统，其安全运行的前提是皇权的合法性问题。君王常以“真命天子”自居，朱元璋宣称，“天以子民之任付于君”，“朕膺天命三十有一年”（《明史·太祖本纪》）。宋明理学把有着神学色彩的天人感应论，发展为精致化的“天理”论。“天理”不仅是产生万物的宇宙本体，也是皇权至上与等级制度的化身。如朱熹断言，“君尊于上，臣恭于下，尊卑大小，截然不可犯”，是“各得其理”的结果（《朱子语类》卷八十六）。这种没有神学光环的“理一分殊”，更好地满足了专制统治的需要。到明清两代，“奉天承运”，为皇帝对臣民颁布敕令、发布诏书的常用开首之语。

民本思想由孔孟提出，为后世继承与发展，为统治者所接受，成为历代王朝的治国之道。民本思想在孔子已见端倪，孟子作了完整的论述。“民为贵，社稷次之，君为轻。”(《孟子·离娄下》)孟子是从民心的向背，为得失天下关键的角度提出的。与之相配的有“制民之产”的经济主张，即给民众以土地为其安居乐业的保障。孟子认为，民众是社会财富的来源，是战争胜负的决定力量，是王朝兴亡的关键所在。这为后世所接受。三国时吴国大将陆逊说：“国以民为本，强由于民力，财由民出。”(《三国志·陆逊传》)被视为暴君的隋炀帝，在认识上是认同民本思想的：“民唯国本，本固邦宁，百姓足，孰与不足。”(《隋书·炀帝纪》)经受过隋末农民起义冲击的唐太宗强调，“民为国之先”(《帝范·君体》)，告诫太子李治要懂得“君舟民水”的道理：“水能载舟，亦能覆舟，尔方为人主，可不畏惧！”(《帝范·纳谏》)“清代三大儒”之一的黄宗羲对君主专制有激烈的指责，把民本思想发展到了古代的高峰：“天下之治乱，不在一姓之兴亡，而在万民之忧乐。”(《明夷待访录·原臣》)断言不能养民、利民的君主是不称职的，治理天下最简单的方法是满足民众的欲望。他的这些主张，是为了改善民众在君主专制下的生存状态，纠正皇权政治的弊端，但并无否定之意。

名教之治被历代王朝视为立国之本，而最有力的提倡者是儒家。名教亦称礼教，是以等级名分为核心的礼义教化的总称。渊源于孔子的“正名”。董仲舒视之为治国根本：“治国之端在正名。”不同身份的人，在社会上应该如何行动，均是由其“名”所规定。“受命之君”，“故号为天子者”；“为大夫者，宜厚其忠信，敦其礼义”；“民者，瞑也。”(《春秋繁露·玉英》)把符合大一统要求的政治观念与道德规范立为名分，要求人们按照礼所规定的去恪守职分。礼就是“贵贱有等，长幼有差，贫富轻重皆有称者也”(《荀子·富国》)。统治者以之对民众进行教化，这叫“以名为教”，其具体内容就是三纲五常，被称为“平章天下”(袁宏《后汉纪》)的神器。孔孟对三纲五常有过论述，但着眼于血缘亲情，如“仁之实，事亲是也；义之实，从兄是也”(《孟子·离娄下》)。董仲舒则归于神秘的“天意”：“王道之三纲，可求于天。”(《春秋繁露·基义》)他又把阴阳学说附会在天人感应论下，为名教的合理性作论证：“阳贵阴贱，天之制也。”(《春秋繁露·天辨在人》)这种“天制”在人世就感应为等级制度：“君为阳，臣为阴；父为阳，子为阴；夫为阳，妻为阴。”(《春秋繁露·基义》)朱熹把它精致化了，视为宇宙本体“天理”的化身：“仁义礼智信岂不是天理，君臣父子兄弟夫妇朋友岂不是天理。”(《朱文公文集》卷五十九)当治国神器的名教一旦出现了弊端，历代儒家学者采取的不是抛弃的办法，而是为名教寻找更具说服力的理论。由名教之治，衍生出了德主刑辅、伦理政治一体化等内容，这也是中国古代政治哲学的组成部分。其影响一直持续到晚清，如张之洞的“中体西用”说，他断言是永恒不变的“中体”，即传统的纲常名教。

中国古代历史哲学 中国古代思想家对社会历史的本质、发展演变和经验教训系统深入的认识和总结。它探讨的主要问题包括：关于天人关系，对天命与人事、天人合一、天人相分等做了不同回答；关于历史本质，提出了道本论、气本论、五行论、仁本论、理本论、心本论或良知论等；关于历史动力，分别将气、道、仁、理和欲等视为社会历史发展的决定力量；关于历史发展形式，提出治乱相循、崇古非今和朴素进化等思想；关于历史发展进程，有重势说、理势合一说、王霸之辩等；关于人的历史地位与作用，提出圣王创世(或创制)说、帝王史观和民本史观等；关于君民关系，提出君本论、君客论和民本论等。

先秦是中国古代历史哲学的建立时期，这一时期提出了中国古代历史哲学的基本范畴和命题。夏商时期，人们对远古的认识大都通过神话传说体现出来，往往将天或神视为社会历史发展的主宰，实为神意史观或天命史观。西周初期，统治者重视殷商灭亡的历史教训，提出“我不可不监于有夏，亦不可不监于有殷”(《尚书·召诰》)，力求获得对历史发展的规律性认识；并萌发人本史观，提出“天命靡常”，告诫统治者勤于人事才能稳定统治地位；意识到民众的力量，“保民”才能“享天之命”(《尚书·多方》)。春秋初期，轻天命、重人事思想进一步发展，如虢国史嚚说：“国将兴，听于民；将亡，听于神。神聪明正直而壹者也，依人而行。”(《左传·隐公十一年》)《周易》是春秋时期系统反映中国历史哲学代表作，其把“生生”视作历史发展动力，“富有之谓大业，日新之谓盛德，生生之谓易”，肯定社会历史是不断发展、生生日新的进步过程，体现对社会历史发展的辩证和深刻认识；提出“一阴一阳之谓道”，认为阴阳二气交合变化是天地万物和社会历史发展的动力；主张“唯识所变”，阐明了人类社会的结构和伦理秩序及礼义的形成，肯定这是一种自然的历史过程。《周易》体现出对人类历史演变的深刻理性思考，其人文精神和变易思想奠定了中国古代历史哲学发展的基本方向。

春秋战国时期是中国古代历史哲学的发展时期。儒家的开创者孔子主张“述而不作，信而好古”(《论语·述而》)，重视探讨历史发展规律和总结历史经验，创造性提出“仁”的范畴和“仁者爱人”的命题，仁既是社会历史本体，也是历史评价最高标准；主张“时措从宜”的发展观，“时措，言得其时而用”(《礼记·中庸》)，以适应春秋时社会发展；对鬼神持存疑态度，但主张天命论；提出儒家民本论，主张“修己以安百姓”(《论语·宪问》)，对民要“富之”和“教之”。孟子发展了孔子以仁为核心的历史观，在历史发展上，提出了“一治一乱”的循环论；将社会历史发展归结于贤良明君，“五百年必有王者兴，其间必有齐世者”(《孟子·滕文公下》)；倡导“法先王”，“言必称尧舜”；首倡“民贵君轻”的民本论，“得其心，斯得民”，“得其民，斯得天下”(《孟子·尽心下》)。荀子是先秦儒家思想的总结者，主张“法后王”的进步史观；重视人事，明确提出“明于天人之分”的历史观，主张“制天命而用之”(《荀子·天论》)；对民众的地位作用提出新认识，提出爱民说，“君者，舟也；庶人者，水也。水则载舟，水则覆舟”（《荀子·王制》）。道家创始人老子用“道”诠释天地万物直至社会历史的本质、生成和变化，“道生一、一生二、二生三、三生万物”（《老子·四十二章》）；崇尚自然，认为社会历史运动应像自然那样，自本自根、自然而然、自生自息；反对社会文明进步，追求小国寡民的社会，重视人的地位，“域中有四大，而人居其一焉”（《老子·二十五章》），视人与天、地同等重要；认识到民众是历史发展的重要力量，“圣人常无心，以百姓心为心”（《老子·四十九章》），“民不畏威，则大威至”（《老子·七十二章》）。庄子把道家思想发展成以个人本真与自由为价值取向的内在生命哲学，赋予道以精神生命，“夫道有情有信，无为无形，可传而不可受，可得而不可见。自本自根。未有天地，自古以固存”（《庄子·大宗师》）；在社会历史复古方面走得更远，主张人类应回到与动物刚分离的“至德之世”，“夫至德之世，同与禽兽居，族与万物并”（《庄子·马蹄》），这里没有国家与道德约束，人与天地万物融为一体；秉持“消极无为”的天道观，对现实社会采取“心斋”和“坐忘”的人生逃避态度。墨家的创始人墨子是小生产者代言人，在天人关系上，认为天有人格和意志，能干预社会生活，“顺天意者，兼相爱，交相利，必得赏；反天意者，别相恶，交相贼，必得罚”（《墨子·天志上》）；否认历史发展规律，认为历史发展就是天意、人意矛盾统一的循环，但主张“非命”和“尚力”，肯定人力在社会发展中的作用；倡导“兼相爱，交相利”，认为人的不相爱导致了社会祸乱；鼓吹“爱民”和“利民”，主张“非攻”和“节用”。先秦法家发展经历了两个时期，前期以商鞅为代表，后期以法家思想集大成者韩非为代表。商鞅将社会历史发展分为三个阶段，“上世亲亲而爱私，中世尚贤而悦仁，下世贵贵而尊官”（《商君书·开塞》）。韩非认为，上古之世“构木为巢”和“钻燧取火”，中古之世“天下大水，而鲧、禹决渎”，“近古之世，桀、纣暴乱，而汤武征伐”，“上古竞于德，中古逐于智谋，当今争于气力”（《韩非子·五蠹》）。法家主张“法后王”，商鞅认为“三代不同礼而王，五霸不同法而霸”，“治世不一道，便国不必法古”（《商君书·更法》）。韩非认为王政要随社会发展而改变，“世异则事异，事异则备变”、“古今异俗，新故异备”，决不能以“先王之政，治当世之民”（《韩非·五蠹》）。强调经济是社会发展和稳定的根本，商鞅把发展农业作为国家之本，韩非从经济生活寻找历史发展变化的原因；重视法治的社会与政治功能，认为人皆有好利恶害和喜利畏罪之心，只能用法律来制裁。阴阳家代表驺衍把“阴阳”与“五行”结合起来构建宇宙论，以解释社会历史发展；视“五行”为天地万物之本，以“小物”为起点推演整个世界的构成，“必先验小物，推而大之，至于无垠”（见《史记·孟子荀卿列传》）。而“小物”就是水、火、木、金、土五种基本元素；用五行相生相克来解释历史变迁，认为水胜火、火胜金、金胜木、木胜土、土胜水，朝代便受五行相继而更替循环，“五德终始”说为统治者寻求政权合法性提供了神学依据。

两汉魏晋到隋唐是中国古代历史哲学全面展开和深化时期。随着西汉“罢黜百家，独尊儒术”的实施，儒家历史哲学成为主流。西汉董仲舒建立了取法于天的天本论历史哲学，要人类社会取法于天和按照天的规则行事；提出“人副天数”的天人感应说，认为社会历史就是在天与人相互感应下发展的；糅合阴阳五行说和公羊说，提出“三统三正”的循环史观，认为历史上的王朝更替就是三统的依次循环，在改朝换代时，必须在历法制度礼节上有相应的改变，“改正朔，易服色”，以便“顺天志”。西汉史学家司马迁批判阴阳五行说的唯心论，认为天是自然和有运行规律的，“夫春生夏长，秋收冬藏，此天道之大经也，弗顺则无以为天下纲纪。故曰四时之大顺，不可失也”（《史记·太史公自序》）。注重人的历史作用，《史记》创设纪传体充分体现了以人为历史主体、以人事为历史中心的思想；重“势”，认为存在着制约和影响社会历史发展的客观力量，即“势”；超越“重农抑商”思想，主张发展工商业，肯定功利主义，“天下熙熙，皆为利来；天下攘攘，皆为利往”（《史记·货殖列传》）。东汉王充持唯物历史发展观，认为天道自然无为和有发展规律，否定天人感应的谶纬迷信，认为社会历史是进步的，针对言必称“三代”的复古论，指出汉高于周；认为社会治乱、道德兴衰与人民物质生活密切联系，“夫饥寒并至而能无为非者寡；然则温饱并至而能不为善者希”（《论衡·治期》）。魏晋“玄学”反映了人们的精神由现实世界转入抽象世界。玄学的代表人物王弼提出以“无”为万物本体，认为历史的治乱只是现象，背后亘古不变的“无”才是其本质所在；提出“治众者至寡”的圣人史观，认为圣人是最理想的统治者，指出历史境遇决定个人历史活动的成败，即使有九五之尊位，体刚居中，若“不遇其应，命未流行”，亦“得地而不食，含章而未发”（《周易注》），主张社会历史活动要“随时”，“随时之义大矣哉！”唐代柳宗元继承和发挥荀子“明天人之分”的思想，否定汉代以来的“天人感应”论，提出“天人不相预”思想；认为社会历史发展有其客观趋势和必然性，即“势”，既非天命和神意的结果，更非圣人和帝王意志的产物，指出郡县制代替封建制是历史发展的内在要求，“封建非圣人之意也，势也”（《封建论》）。倡导民本论，认为只有推行仁政、得到百姓支持才能长治久安，“是故受命不于天，于其人；休符不于祥，于其仁”（《贞符》）。刘禹锡发展了自然之天的思想，认为天地万物是客观存在的，受客观规律（数）制约，“夫物之合并，必有数存乎其间焉；数存，然后势形乎其间焉”（《天论》）；继承荀子“制天命而用之”的思想，提出“天与人交相胜，还相用”（同上），对自然的客观作用与人的主观能动作用作了辩证回答，对天人关系作了重要发展。

宋元明清时期出现了融儒释道为一体的宋明理学，将中国哲学推向新阶段，历史哲学方面也进行了系统总结和批判，到明清时期显示出向近代历史哲学转型的征兆。北宋王安石主张历史进化，强调历史发展的自然规律，认为社会发展是不以人的意志为转移的，人们只能顺变而不能守恒，在社会历史发展中人要发挥能动性，指出就万物产生而言是出于自然，就万物生长而言则要依靠人力；认为圣贤创造和推动了社会历史发展，“星历之数、天地之法、人物之所，皆前世致精好学圣人者之所建也”(《礼乐论》)。北宋司马光继承发挥天人相分思想，认为“天之所不能为，而人能之者，人也；人之所不能为，而天能之者，天也”(《司马温公文集·天人》)。强调礼的社会决定地位作用，“国家之治乱本于礼”(《司马温公文集·谨习疏》)，人的活动符合礼则治，逆于礼则乱；主张历史渐变论，反对王安石激进的变革思想。宋代理学奠基者程颢、程颐视“天理”为天地万物和社会历史产生的总根源和支配力量，认为社会历史发展要受天理支配，违背天理、顺从人欲将使社会历史倒退；强调以道治天下，将道德置于一切人类价值之上，一切历史活动都以“道义”为标准；将历史发展分为天理流行的三代和人欲横行的后世，“先王之世，以道治天下，后世只是以法把持天下”，“三代之治，顺理者也。两汉以下，皆把持天下也”(《遗书·师训》)，指责汉唐以来的历史；继承发展孟子的历史循环论，认为社会历史现象表现为气的运动变化，呈现周期性盛衰变化。南宋朱熹是理学的集大成者，他试图建立“天理”与“史事”相互支撑的历史哲学体系，将史事视为天理的展现；秉持圣贤史观，认为社会发展是由圣贤帝王意志决定的，“一有聪明睿智能尽其性者出于其间，则天必命之以为亿兆之君师，使之治而教之，以复其性，此伏羲神农黄帝尧舜所以继天立极”(《大学章句序》)。历史发展是由王道向霸道的不断退化，“三代专以天理行，汉唐专以人欲行，其间有与天理暗合”(《寄陈恭甫书》)。功利学派代表人物陈亮反对程朱的历史退化观，主张历史进化说和王霸论，重视人的社会主体地位和作用，“天下大势之所趋，天地鬼神不能易，而易之者人也”(《陈亮集·酌古论》)。视经济为国家的根本，财为“天下之大命”，主张农商并重，“商借农而立，农赖商而行，求以相补，而非求以相病”(《陈亮集·四弊》)。叶適亦属南宋功利学派，提出“皇极”本体论，视皇极为“道德之本，众理之会”，总天下万物之极，“皇极无不有也”(《水心别集·皇极》)。明代王守仁是宋明儒学中心学的集大成者，他将儒家心性论推向极致，提出良知(心)本体论，心即“良知”，“吾心之良知，即所谓天理也”(《传习录》中)。“良知”即天地万物存在的根据；君主之心决定了社会历史发展，“人君之心，天地万物之主也，礼乐刑政教化之所由出也”(《悟真录》三)。宣扬历史复古论，视“三代”以前社会为仁政昌盛期，“三代”以后一代不如一代，“仁义”被“功利”淹没，逐步成为人欲横流“人消物尽世界”(《传习录》下)。明清之际思想家提出历史哲学的诸多新命题，将中国古代历史哲学推向高峰，体现了向近代转型的某些精神。黄宗羲批判传统君民论，提出“天下为主，君为客”的命题；在痛斥君主专制的同时，对未来社会作了构想，“有治法而后有治人”(《明夷待访录·原法》)。认为好的制度法律远大于君臣的作用；适应明中晚期工商业崛起的社会现实，提出“工商皆本”的主张；继承变易史观，强调社会变革的重要，“消长得失，治乱存亡，生乎天下之动，极乎天下之变”(《易学象数论》)。注重变革的社会条件，即“时”，变革只有适“时”，才能取得成功。顾炎武力倡经世致用的实学，对理本论提出批判，认为世界的本质是气，“盈天地之间者，气也”。主张“人定能胜天”，反对天决定人事的思想，“君子将有为也，将有行也……‘死生有命，富贵在天。’若是则无可为也，无可行也”(《日知录·占筮》)。提出“顺势而变”的历史发展观，“天下势而已矣”，废诸侯、制郡县是社会历史发展的必然，是势所必至。“秦虽欲复古之制，一一而封之，亦有所不能。”(《日知录·郡县》)王夫之对中国历史哲学作了全面总结，提出“今胜于古”历史进化思想；指出社会历史发展有必然发展趋势和内在规律，是理势合一的结果，“势者事之所因，事者势之所就，故离事无理，离理无势。势之难易，理之顺逆为之也”(《尚书引义》卷四)。对天人关系作了新论证，认为人可以正确认识和把握自然规律，提出“以人造天”的天人观，“尽知其必有之变而存之于心，则物化无恒，而皆豫知其情状而可动”(《张子正蒙注》)。清代戴震提出“生生不息”的历史发展观，认为构成事物的“气”是不断变化的，“气化流行，生生不息”(《孟子字义疏证》)。正是“气”的不断变化才使人类历史不停向前发展，“一阴一阳，盖言天地之化不已也，道也。一阴一阳，其生生乎，其生生而条理乎！”(《原善》上)对人的本质进行新思考，提出“理存于欲”，批判道学家理欲观的残酷无情，“人死于法，犹有怜之者；死于理，其谁怜之！”(《孟子字义疏证》)戴震历史哲学鲜明的批判性和人本性，具有了强烈的新时代精神。鸦片战争时期，龚自珍和魏源面对封建统治面临的内忧外患，吸取今文经学的三世说和变易史观，对社会历史问题作了深入系统的考察，其历史哲学体现出更鲜明的近代色彩，揭开了中国近代历史哲学发展的序幕。

中国古代军事哲学 亦称“中国古代兵家哲学”。表现于中国古代军事(兵事)活动与军事(兵事)著作中的哲学思想。中国古代哲学的一个分支。哲学的本质在于从整体上把握客观世界的根本规律，以及这些规律在不同时空领域中多姿多彩的表现形态，这就使哲学思维无时不在，无处不在。兵事活动，是古代国家或集团之间所发生的一切军事、政治与外交的斗争，集中体现了客观世界中最丰富、最现实的变化规律，这就使兵事活动与兵学著作蕴含了十分丰富、深刻、系统的哲学思想。如《孙子兵法》、《孙膑兵法》等，一切优秀兵学撰著均包含了哲学思想。一切典型的军事战例，也都表现了非主观臆测所可预想的客观变化，体现了不以人的意志为转移的客观规律，兵事活动的极其强烈的实践性，促使它蕴含了十分丰富的唯物主义精神与辩证的思维。所以，兵家哲学是中国古代哲学中最为丰富、最为真切、最具有说服力的哲学理念。唐人杜牧指出：

“孙武所著十三篇，自武死后凡千岁，将兵者有成者有败者，勘其事迹，皆与武所著书一一相抵当，犹印圈模刻，一不差跌。”（《注孙子序》）足见兵家哲理之正确、信实。明人戚继光则叹曰：“兵法其武库乎？用兵者其取诸库之器乎！兵法其药肆乎？用兵者其取诸肆之材乎！”“孙武之法纲领精微莫加矣！”（《纪效新书·自序》）阐明兵法哲理具有广泛的适用性。明末茅元仪言：“先秦之言兵者六家，前《孙子》者，《孙子》不遗；后《孙子》者，不能遗《孙子》。”（《武备志·兵诀评序》）兵法哲理不仅广泛适用，而且贯通古今。当今世界奉《孙子兵法》为兵学圣典，奉孙子为“兵圣”，其所以能贯通古今、涵盖世界，原因就在于其兵法哲理之深邃宏博，威力无穷，真切地反映了兵事活动的客观规律。中国古代军事哲学，大致可分为先秦兵家哲学、汉唐兵家哲学和宋元明清兵家哲学三个阶段。

先秦兵家哲学是中国古代兵家哲学的奠基时代。主要成就是奠定了中国兵学的理论体系。上古至春秋战国，中国战争经历了上古部族战争的时代，三代“以礼治军”的时代，春秋战国权谋变诈战争的时代。《汉书·艺文志》：“《易》曰‘古者弦木为弧，剡木为矢，弧矢之利，以威天下’，其用上矣。后世燿金为刃，割革为甲，器械甚备。下及汤武受命，以师克乱而济百姓，动之以仁义，行之以礼让，《司马法》是其遗事也。自春秋至于战国，出奇设伏，变诈之兵并作。”上古部族战争的基本经验是“修德振兵”，由于文献阙漏，其经验主要零星存于史籍载录中。三代战争的基本经验是“以礼治军”，仁义、礼让为主要特征，《军礼司马法》（即残存至今的五篇《司马法》）及《周礼》中的《春官宗伯》（“军礼”）、《夏官司马》是其基本文献。权谋变诈之战大致以郑庄公小霸为起始，左丘明《春秋左氏传》、《国语》，以及《战国策》等历史文献，集中反映了这一时期的战争经验。作为上述三大阶段战争经验的集结与升华，则是孙武所撰《孙子兵法》的出现，其书系统完备地反映了上古三代至春秋战国战争经验的精华，既准确把握了三代“以礼治军”的精义所在，又系统总结了春秋战国诡诈战争的谋略精华，并且充分体察了中国古代特定时空下的天时、地利及中国战场的多种形态与军队情实，从而形成了一套系统完备的战略思想体系、战术理论体系，为其后中国兵学的整个发展历程，确立了坚实有效、不可移易的基石。继孙武之后，吴起、孙膑、商鞅、尉缭又各有兵法问世，更多立足于战国史实，对《孙子兵法》作了十分丰富、切实可行的补充，特别是《孙膑兵法》的补充与推进，使孙子兵学理论体系更加臻于完美。

汉唐兵家哲学是中国古代兵家哲学整理、应用与发展的时代。先秦兵学已为中国兵学建立了完备的理论系统，然经秦皇焚书，楚汉战乱，典籍多有损毁。汉初重振文化，兵学也随之重新兴起：“张良、韩信序次兵法，凡百八十二家，删取要用，定著三十五家”（《汉书·艺文志》），后为诸吕盗走。汉武帝时，又有军政杨仆收集整理，并“纪奏兵录”，然未能详备。至汉成帝河平三年（前26），复命光禄大夫刘向校理经传诸子诗赋，步兵校尉任宏校兵书，此次校理，成果集中反映于刘歆《七略》之中。后，《七略》内容被班固“删要”收录于《汉书·艺文志》。其中《兵书略》集中国古代兵书之大成：计有“兵权谋”十三家，“兵形势”十一家，“兵阴阳”十六家，“兵技巧”十三家，共五十三家，七百九十篇，图四十三卷，另有《军礼司马法》百五十五篇移入于礼类，《太公》、《管子》等移入于道家。至此，中国兵学作为一门独立学科始见清晰。对于兵学的运用，汉初以太公与孙子两家为主流：张良所学为《太公兵法》，韩信所用为《孙子兵法》。其后，将帅战场用兵则多以《孙子兵法》为尊。至汉末，曹操订正《孙子》十三篇并为之作简明注解，之后，则《孙子兵法》独享盛誉，三国沈友、王凌、张子尚，南朝梁孟氏，隋萧吉，唐李筌、杜佑、杜牧、陈皋、贾林等纷纷为之疏解。唐初，唐太宗李世民与李靖君臣对论兵事，通篇集中讨论了《孙子兵法》，对其中奇正、虚实等范畴作了发挥，形成《唐太宗李卫公问对》，此书成为秦汉之后唯一一部与先秦六书并立于《武经》中的兵学专著。后杜佑撰《通典》，其书《兵典》十六卷，明确以《孙子兵法》为纲，自言：“语有之曰：‘天时不如地利，地利不如人和。’诚谓得兵术之要也。以为孙武所著十三篇，旨极斯道，故知往昔行师制胜，诚当皆精其理。今辄捃摭与孙武书之义相协，并颇相类者纂之，庶披卷足见成败在斯矣。”（《通典·兵一·兵序》）至此，不仅兵家战将奉《孙子兵法》为圭臬，兵学撰著亦明确以《孙子》为灵魂。

宋元明清兵家哲学是中国古代兵家哲学大发展的时代。这一时期社会矛盾、民族矛盾的复杂化，武器形态的多样化，以及后期抵御外侮的斗争，都促使社会人群对兵学关注。此期兵学主要特点，一是传统兵学形成两大传承系统，即《武经》系统、《十家注》系统。二是结合当时战争形态的变化，逐步深化、细化，更具有针对性。北宋神宗元丰年间，为适应武学教授与武举考试的需要，诏令国子司业朱服、武学博士何去非编定《武经》，元丰三年（1080）三月开始，元丰六年（1083）十一月编定，计收《孙子》（附魏武帝注）三卷，《吴子》二卷，《司马法》三卷，《唐太宗李卫公问对》三卷，《尉缭子》五卷，《黄石公三略》三卷，《六韬》六卷。此后，《武经七书》的注解、教授即成为兵学传承的一条主线。北宋哲宗年间，吉天保集结了《十家孙子会注》，计收魏晋隋唐及宋初注解《孙子》者十一人，依初刊顺序，依次为：曹操、李筌、杜牧、陈皋、贾林、孟氏、杜佑、梅尧臣、王皙、何氏（何延锡）、张预。由于《十家会注》集结了魏晋以来注解《孙子兵法》的精粹，故面世之后多次重印，至清代孙星衍又对其书作了大量补充、订正，使之成为中国兵学传承的又一条主要线索。《武经》与《十家注》，轴心均在于以《孙子兵法》为主体的传统兵略。结合宋代之后具体战争形态进一步深化、细化、具体化的工作，主要有北宋曾公亮、丁度《武经总要》，明戚继光《纪效新书》、《练兵实纪》，茅元仪《武备志》等。这些书的主要特点均在于细化到战争实施中的具体操作。作为兵学原理，无出于前代兵学；作为战争操作，则不可脱离后者。

中国古代科学哲学 中国古代对于科学发展中一些根本性问题的哲学思考。中国古代科学哲学的基本特征是，一方面是从对现实的科学观察研究中得出哲学结论，一方面是反过来用这些哲学结论整理当时的科学材料。先秦时期，传统的宗教观念认为，世界由神祇主宰，引人注意的自然事件，都是神对人的指示。代表性说法是《易传》的“天垂象，见吉凶”。宗教观念促进人们辛勤地观测天象和各种自然现象，以探测天意，预知吉凶。观测的结果发现，许多所谓天象，其实与人事吉凶并无关系。在此基础上，老子、庄子等得出了天道自然的结论。天道自然观念认为物的运动都是出于自己本性，不是由于他物作用的结果。战国末到汉初，人们发现了大量的物与物在不接触情况下相互作用的事件。比如慈(磁)石吸铁，“鼓宫宫动，鼓角角应”即声音共振现象。人们把这种现象叫做“感应”，并认为这是一种普遍存在的现象。西汉董仲舒把这种结论推到极端，建立了天人感应学说。东汉时期，王充发现，所谓天人感应事件，不是巧合，就是故意附会。经过大量观察研究，他恢复了天道自然的结论。新的天道自然结论不否认物与物在不接触的情况下可以感应，但认为这种作用要受距离和物本身能量状况的限制。天道自然的结论使人们认为，一切都是可能的。被认为是奇怪的东西，不过是见识少的缘故。魏晋南北朝时期，人们搜集着各种奇奇怪怪的材料，出现了许多博物学著作。根据“人道本于天道”原则，人们还把“任其自然”，即放任自己的本性作为社会行为的原则。对自然认识的进一步发展，人们发现，事物在静止状态下的秩序，或者运动时呈现的法则，在自然界和人类社会都具有普遍性。这个普遍的秩序和法则被称为“理”或者“天理”。理或天理被认为是自然而然的，不是人为的。认识理，是人们行动正确的前提。南宋时期，朱熹把“格物致知”提到空前高度。格物致知在科学上的表现，就是认识对象之理。近代西方学术刚传入不久时，“格致”曾是和 science 对应的概念。中国古人曾经把自己发现的自然界秩序和法则构造成各种各样的哲学体系，其中最重要也是流传最广的，就是阴阳五行体系。阴阳五行是中国古人对物质世界的分类，他们认为，阴阳五行包括了世界上一切事物和现象。并认为是阴阳五行的组合构成了一切事物，一切运动都是阴阳五行的运动，从而把他们已经发现的一切都纳入阴阳五行体系之中。其中最有效运用、最长期坚持阴阳五行体系的，是中国古代医学。阴阳五行之外，中国古人还用卦象、干支、音律符号，或者自创的符号，去描述事物普遍的秩序和法则。其中最著名的有西汉孟喜创造的卦气说，扬雄创造的“太玄”体系，北宋司马光创造的“潜虚”体系，邵雍创造的“皇极经世”体系，南宋蔡沈创造的“洪范皇极”体系等。中国古人认为，“气”是构成世界万物的质料。气是连续性的物质基本形态，并且是物与物相互感应的中介。每个物不仅有自己的形体，也伴随着能和它物相互感应的气。气是有种类的，气的相互感应遵循着“同类相感”，不同类不能感应的原则。中国古人还认为，气中固有形成人的精神的“神”或“理”。气在聚合成人时，气中的“神”或“灵”，就形成人的精神。理，就形成人的本性。气在聚合成其他事物时，气中的神或理也没有消失。原则上，中国古人认为，必须是经过验证的结论才是正确的结论。有些人曾为验证自己的结论进行实验。由于历史条件限制，实验未能成为中国古人认识自然的基本手段。

中国无神论史 否定一切宗教信仰和鬼神迷信的学说在中国形成、发展的历史。它的发展与中国社会的生产力、科学技术发展的水平、政治斗争的状况，以及与传统哲学唯物主义发展的状况密切相关。其主要内容为：对天命、鬼神、灵魂观念的批判；对佛、道等宗教的批判；对各种封建迷信的批判。其历史发展经历了六个时期：

自殷周之际至西周末年的萌芽时期。该时期的主要特点是对天命迷信、鬼神迷信、卜筮迷信的怀疑与初步批判，与此同时重人思想的抬头。突出的代表有：申缙提出“妖由人兴”(《左传·庄公十四年》)；史嚚认为“国将兴，听于民；将亡，听于神”(《左传·庄公三十二年》)；叔兴针对“六鹢退飞”的异常现象指出“吉凶由人”(《左传·僖公十六年》)；医和反对鬼神致病说，论述“淫生六疾”的六气病因说(《左传·昭公元年》)；子产斥灾异迷信，提出“天道远，人道迩”，天道与人道不相干的观点(《左传·昭公十八年》)。此时无神论的理论形态尚未出现。

自春秋末到战国末，为中国古代无神论的形成时期。经过孔子“不语怪、力、乱、神”(《论语·述而》)，“敬鬼神而远之”(《论语·雍也》)的人本主义倾向与老子的“道法自然”的自然为本倾向，中国古代无神论思想渐趋成熟。不仅出现如“以巫治巫”反对巫术迷信的勇猛斗士西门豹(《史记·滑稽列传》)，而且产生了以理论形态出现的无神论思想。如《管子·内业》提出以“气”为万物之本原说：“精也者，气之精者也”，“凡物之精，比则为生，下生五谷，上为列星”，“凡人之生也，天出其精，地出其形，合此以为人”。完全排斥了神创世说与天命论。荀子是该时期无神论思想的杰出代表。他主张天道自然，“天地合而万物生，阴阳接而变化起”(《礼论》)，肯定天为自然的无意志的天，区分天、人有不同的职分，认为人定胜天，人可“制天命而用之”(《天论》)。又对当时流行的灾异、鬼神、卜筮、相术等迷信进行了批判。

秦汉时期，为古代无神论理论体系的产生时期。在以“天人感应”为特征的神学目的论和谶纬神学的带动下，各种鬼神迷信、卜筮迷信猖狂地向无神论反扑。无神论者艰难地进行着斗争。杨王孙著《裸葬论》坚持无鬼论，扬雄对谶纬迷信、神仙方术的否定，桓谭抨击图谶迷信，又以烛火喻形神否定人死后灵魂为鬼的妄言，张衡认为图谶“欺世罔俗”，应予“禁绝”，都体现出不与占统治地位的神学妥协的无畏精神。王充无神论体系的形成，是这一时期最重大的成果。王充以“疾虚妄”为己任，著《论衡》，用唯物主义的气一元论观点，批判了谶纬神学、目的论、神仙方术和形形色色的世俗迷信。主张“天道自然”，“万物自生”（《自然》），提出“物自然”、“物自生”、“物自成”观点，与神学目的论、感应说、谴告说相对立。在形神关系上，提出：“形须气而成，气须形而知。天下无独燃之火，世间安得有无体无知之精？”（《论死》）认为人死而“精气灭”，“血脉竭”，“形体朽”，“成灰土”，“何用为鬼？”（同上）又分析了鬼观念产生之根源在于人“得病寝衽，畏惧鬼至，畏惧则存想，存想则目虚见”（《订鬼》）。驳斥了“人死为鬼，有知能害人”的迷信。还对汉以来各种术数和巫术迷信进行了全面的批判。

魏晋南北朝时期，是无神论围绕着形神关系问题与佛教开展激烈辩论的时期。由于佛教的广泛传播，灵魂不灭、轮回报应说产生很大影响，所以无神论与有神论在形神问题上的交锋不可避免。杨泉认为“人含气而生，精尽而死”，“比如火焉，薪尽而火灭，则无光矣……人死之后，无遗魂矣”（《物理论》）。何承天也认为：“生必有死，形毙神散，犹春荣秋落，四时代换，奚有于更受形哉？”（《达性论》）又以事实证明“杀生者无恶报，为福者无善应”（《报应问》）。范缜是该时期最杰出的无神论者。他不顾梁武帝和王公朝贵六十余人围攻，坚持真理，“辩摧众口”，表现出机智无畏的战斗精神。所著的《神灭论》为长期以来的“形神之辩”的总结。他肯定“形神相即”，“形存则神存，形谢则神灭”，又提出“形质神用”，“形者神之质，神者形之用”，并用刀刃与锋利的关系来比喻形神之间的体用关系，较之以往的薪火之喻更胜一筹。

唐至清时期，为中国古代无神论发展的高峰时期。在唯物主义的“气一元论”的理论支持下，在天文学、医学等自然科学发展的配合下，无神论者逐渐形成空前的规模。唐代柳宗元、刘禹锡从唯物主义自然观出发，在天人关系上，提出“天人不相预”、“天人交相胜”的无神论观点，反对天有意志论和天命论，但未对当时盛行的佛教神学进行批判。北宋张载在“太虚即气”的气一元论支持下，批判佛教“以心法起灭天地，以小缘大，以末缘本”（《正蒙·大心》）之荒谬。指出佛教所谓“实际”，是“以人生为幻妄，以有为为疣赘，以世界为阴浊”（《乾称》）的虚妄之言。明清之际王夫之继承发展张载的气一元论，把对佛、道宗教神学的批判推进到新的高度。指出佛教“以真为妄，以妄为真”（《周易外传·无妄》），是颠倒地看待客观世界，而道教的虚无哲学“以得为妄，以丧为真，器外求道，性外求命”，也是“颠倒生死”（同上）。还进一步分析佛教唯心论的认识论根源在于“‘能’其‘所’，‘所’其‘能’，消‘所’以入‘能’，而谓‘能’为‘所’”（《尚书引义·召诰无逸》），颠倒了“能”与“所”，主观认识与客观对象之间的关系。在与以“风水”为代表的封建迷信的斗争中，出现了郑樵、谢应芳、王廷相、熊伯龙等一批无神论思想家。郑樵著《通志》，揭露“析天下灾祥之变而推之于金、木、水、火、土之域”然后以“时事之吉凶加以附会的“妖学”。谢应芳撰《辨惑编》，主张“正风俗、息妖妄”，用事实经验驳斥当时流行的世俗迷信（包括疫疠、巫觋、丧葬、相法、禄命、方位等）。王廷相也对祥瑞灾异、五行方术、轮回报应等世俗迷信作了有力的批判。他批判“风水”迷信：“死者气已散为清风，体已化为枯腐，于生者何所相涉？而谓其福荫于子孙，岂非荒忽缪悠无著之言乎？”（《雅述》下篇）编著《无何集》的熊伯龙更是一位反神学迷信的集大成者。他把王充以后历代有关无神论的言论都搜集在书内，并详加评论。

鸦片战争后的中国近代无神论时期。中国近代资产阶级无神论的出现有以下一些特点：一、其反对有神论和宗教迷信的斗争往往与资产阶级民主革命相联系；二、以机械唯物论为理论基础；三、斗争锋芒所指由佛道宗教迷信，扩展到基督教神学迷信。章炳麟是该时期无神论的代表人物。他继承了中国古代唯物主义自然观，又接受了达尔文生物进化论，对上帝创世说、天命论与神学目的论进行了批判。提出：“唯物之说犹近平等，唯神之说，崇奉一尊，则与平等绝远也。欲使众生平等，不得不先破神教。”（《无神论》）对基督教宣扬上帝是“无始无终，全知全能，绝对无二，无所不备，故为众生之父”的说法，一一加以驳斥。但又要建立“无神的宗教”，反映他有向宗教妥协的一面。此外，朱执信辨析宗教神学的危害与耶稣是人不是神的文章，易白沙的《诸子无鬼论》揭露神权是政治的工具，都在当时产生过积极影响。

十月革命后，马克思主义传入中国，中国无神论史进入到一个崭新的历史时期。马克思主义无神论以辩证唯物主义为理论基础，以自然科学最新成果为支持，是最彻底的无神论。在社会主义现代化建设进程中，它是人民群众同一切有神论世界观、一切沉渣泛起的封建迷信进行斗争的思想武器。开展无神论的宣传教育，是社会主义精神文明建设的一个重要组成部分。

经学 中国历代训解和阐发儒家经书之学。语初见于《汉书·兒宽传》：“（兒宽）见上，语经学。上从之。”起源常被追溯到春秋战国时代的子夏和荀子。西汉武帝“罢黜百家，独尊儒术”，立五经博士，以通经作为进选人材的标准，治经、尊经成为当时的社会风尚，使经学大盛。遂成为中国封建文化的正统。西汉董仲舒用阴阳五行说解释《春秋公羊传》，开创今文经学。西汉末，陆续发现用古文字写成的经书，刘歆请立学官，和太常博士们争经学正宗，开始经学中古文与今文两派的争论（参见“今文经学”、“古文经学”）。东汉末，兼容今、古文的郑学盛行。魏晋南北朝时，南朝的经学称为“南学”，北朝的经学称为“北学”。南学受玄学、佛学影响，陆续编出比注更详细的“义疏”。此外，还就《礼记·中庸》发挥天命心性学说，成为宋明理学的渊源。北学以章句训诂为主，墨守东汉旧说。唐初，孔颖达等奉唐太宗命编《五经正义》，作为科举取士的依据。唐代经学结合南学约简、以玄学释经和北学深芜、引用谶纬的特点，形成义疏之派。宋代经学发展为理学。它虽依儒家经籍立论，但志在阐述义理，兼谈性命。元仁宗时，以宋儒经注取士，理学遂占统治地位。明清之际顾炎武等主张“通经致用”，反对理学而倡朴学。清乾嘉时期，学者继承古文经学的传统，以训诂考据方法治经，兼及古籍整理和语言文字研究，形成“乾嘉学派”。清中叶以后，庄存与、刘逢禄等“常州派”学者复兴今文经学，后康有为利用今文经说议论时政，“托古改制”，为变法维新寻找理论依据。至五四时期以“科学”与“民主”为旗帜，发动打倒孔家店运动，经学才告终结。其沿革变迁、辩争分合、盛衰消长，和整个封建社会政治思想、学术文化的发展演变密切相联。对史学、文学、艺术的影响也很大。历代经典，共有《易》、《书》、《诗》、《周礼》、《仪礼》、《礼记》、《春秋左传》、《春秋公羊传》、《春秋穀梁传》、《论语》、《孝经》、《尔雅》、《孟子》等十三经。历代经学著述，是研究中国封建社会历史和思想文化的重要资料。

基本范畴与重大争辩

天 中国哲学史范畴。天，本意颠，即指人的头顶，《说文》：“天，颠也。”殷周时指上帝，即最高的人格神，它主宰人间的一切。“丕显文王，受天有(佑)大命”(《大盂鼎》)，“天命玄鸟，降而生商”(《诗经·玄鸟》)。春秋时这种主宰之天的观念受到怀疑，范蠡说：“天道盈而不溢，盛而不骄，劳而不矜其功。”(《国语·越语下》)孔子所说的天，有时指主宰之天，也有时指自然之天，“天何言哉？四时行焉，百物生焉，天何言哉？”(《论语·阳货》)墨子提出“天志”，“吾所以知天之爱民之厚者有矣”(《墨子·天志中》)。老子则认为天是自然的无意志的物质性的天空，“天地不仁”(《老子·五章》)。庄子明确区分天与人，“无为为之之谓天”(《庄子·天地》)，认为天是人以外的自然界。否定了人格化的天之存在。荀子也提出“明于天人之分”，并说：“列星随旋，日月递照，四时代御，阴阳大化，风雨博施……皆知其所以成，莫知其无形，夫是之谓天。”(《荀子·天论》)反对“措人而思天”的消极态度，主张“制天命而用之”(同上)的人定胜天的思想。西汉董仲舒将儒学宗教化，讲“人副天数”，认为人与天同类，可以互为感应。“人之(为)人本于天，天亦人之曾祖父也。”(《春秋繁露·为人者天》)东汉王充反对天人感应说，认为“天道无为”(《论衡·物势》)，万物自生。天是固体的物质存在，“夫天者，体也，与地同”(《论衡·祀义》)。唐柳宗元、刘禹锡在《天对》、《大论》中对天作了专门论述。柳宗元批判了“天命”说，指出：“古之所以言天者，盖以愚蚩蚩者耳。”(《断刑论》下)又说：“圣人之道，不穷异以为神，不引天以为高。”(《非国语·料民》)认为宣传有神论的“天”是不合“圣人之道”的。刘禹锡提出“天”与“人”“交相胜”的思想，指出：“天之能，人固不能也；人之能，天亦有所不能。”(《天论》上)觉察到人之社会特性和“天”之自然界特点的区分，“天之道在生植，其用在强弱。人之道在法制，其用在是非”(同上)。在宋明理学中，天是宇宙的本原，已没有作为有意志的主宰之天的意义。天被看做自然的，是人的心性的根性，道德的依据。北宋张载以天为气，天即太虚，太虚即气，“由太虚，有天之名”(《正蒙·太和》)。程颢提出“天者理也”(《遗书》卷十一)，认为天就是理。又说：“只心便是天，尽之便知性，知性便知天。”(《遗书》卷二上)程颐也认为“自理言之谓之天，自禀受言之谓之性，自存诸人言之谓之心”(《遗书》卷二十二上)，天、理、性、心只是一事。南宋朱熹所说之天，不出于程颐所说之范围。陆九渊发挥程颐的观点，提出“宇宙便是吾心，吾心即是宇宙”，心便是天。明王守仁也说：“心即天，言心则天地万物皆举之矣。”(《答季明德》)认为心和天一样无所不包，“心即道，道即心，知心即知道、知天”(《传习录》上)。明清之际王夫之、清戴震等言天，基本上发挥张载太虚即气的观点。“阴阳二气充满太虚，此外更无他物，亦无间隙，天之象、地之形，皆其所范围也。”(王夫之《张子正蒙注·太和》)“天道，阴阳五行而已矣。”(戴震《孟子字义疏证》)中国哲学中的天，约有三义：其一指人头顶上的苍苍然的天空(亦即自然之天)；其二指超自然的至高无上的人格神，有意志能创造万物，并主宰一切，亦称为帝(亦即主宰之天)；其三指义理之天。

天命 中国哲学史范畴。周时关于天命的观点，主要是指上天的命令或任命，与后世指命运、定数意义的天命有歧。如：“上帝既命，侯于周服；侯服于周，天命靡常。”(《诗经·大雅·文王》)这是天命思想发展的初级阶段。春秋战国时期，儒家主张尽人事而待天命。孟子的天命，已非谆谆之诰命，而是具有人力所不可改变的必然趋势的意义。因此，他给天命作了这样的界说：“莫之为而为者，天也；莫之致而至者，命也。”(《孟子·万章上》)天命犹如一种必然性。譬如：“吾之不遇鲁侯，天也。臧氏之子焉能使予不遇哉？”(《孟子·梁惠王下》)天命相似于不可抗拒的命运。荀子之天，也指命运、时遇而言。“人之命在天，国之命在礼。”(《荀子·天论》)他在《天论》中解释说：“楚王后车千乘，非知也；君子啜菽饮水，非愚也，是节然也。”是就时遇而言的。君子重人为而轻天命，小人则轻人为而重天命。荀子还认为要“制天命而用之”，这在一定意义上反对了命定论。唐代刘禹锡分析批判了宿命论。他认为天地万物之间只有理、数、势，而无所谓命，人们把一种人力所不能及、不能把握的必然性，误当作天或命的支配，其实，“水与舟二物也。夫物之合并，必有数存乎其间焉。数存，然后势形乎间焉。一以沉，一以济，适当其数乘其势耳。彼势之附乎物而生，犹影响也”(《天论》中)。这里“数”指事物的规定性，“势”指事物的必然趋势。在江湖中行船，或沉或济，是有一定的规律可循的。当事物发展处于稳定的时候，人们容易看到其规定和必然性，把握其规律，当事物急剧变化时，就不易掌握。但这并非天命，而是理、数、势的作用。这是刘禹锡的独到之见。韩愈照搬儒家天命论而毫无创造性。他把人的贫富贵贱归之于天命："贤不肖存乎己，贵与贱、祸与福存乎天，名声之善恶存乎人。存乎己者，吾将勉之，存乎天，存乎人者，吾将任彼而不用吾力焉。"(《与卫中行书》)命之穷通，不是人力所能改变的。明初，刘基反对天能降祸福于人的天命论，他在解释现实社会中的祸福现象时，提出阴阳交错互胜思想。他说："气有阴阳，邪正分焉。阴阳交错，邪正互胜，其行无方，其至无常，物之遭之，祸福形焉，非气有心于为之也。"(《诚意伯文集·天说上》)

道 中国哲学史范畴。考其原变，约具八义：❶指道路、规律。《老子·四十章》："反者道之动。"反是道所运动的规律。老子屡说天之道，人之道，均有规律、法则之意。但老子之道被虚托孤立化了，韩非恢复了其事物之道(规律)的涵义。"道者，万物之所然也，万理之所稽也。"(《韩非子·解老》)就这意义上说，理是具体事物的规律，道是事物的总规律。❷指自然界万物的本体或本原。老子把道作为哲学最高范畴，"道，可道也，非恒道也"(《老子帛书》甲本)。把恒常的道与具体可言说的道区分开来，使道具有形而上学的性格。虽然老子也讲天之道、人之道，但都属于可道之道，而非恒常之道。恒常之道，在天地之先。"独立而不改，可以为天地母，吾未知其名也，字之曰道。"(《老子帛书》乙本)是一个超越一切相对的绝对。而《左传》、《国语》以及《论语》、《孟子》所说的先王之道、君子之道、人生之道，"朝闻道，夕死可也"，"吾道一以贯之"(《论语·里仁》)，"得天下有道"，"得其民有道"(《孟子·离娄上》)等等，都属于可言说的道。《管子》四篇(包括《心术》上下、《白心》、《内业》)，以气名道，从本质论方面改造发展了老子的道。《心术上》载："道在天地之间，其大无外，其小无内。""凡道无根无茎，无叶无荣。万物以生，万物以成，命之曰道。"(《内业》)《管子》四篇对于道的规定，与气相类。"灵气在心，其细无内，其大无外"(同上)。这里细与小相通，道与气同质。《管子》四篇论道，与气、物相联系，同荀、韩相类。"万物为道"，"夫道者，体常而尽变"(《荀子·解蔽》)，都从本质论着眼。庄子进一步发挥老子本体论与生成论统一结构的特点，认为道既是生天生地的基始，又是万物存在的普遍根据。"夫道，有情有信，无为无形；可传而不可受，可得而不可见，自本自根，未有天地，自古以固存。神鬼神帝，生天生地；在太极之先而不为高，在六极之下而不为深，先天地生而不为久，长于上古而不为老。"(《庄子·大宗师》)❸指一或原初的混沌状态。秦汉之时，儒家董仲舒一反老子道在天地之先的观点，主张"道之大，原出于天，天不变，道亦不变"(《汉书·董仲舒传》)，重新树立天的最高权威。《吕氏春秋》承道家思想，糅合儒、墨、法、阴阳各家，以道为一。"道也者，至精也，不可为形，不可为名，强为之(名)，谓之太一。"(《吕氏春秋·大乐》)以太一或"一"名道，是把道看作"视之不见，听之不闻，不可为状"(同上)的混沌未分的状态。《黄老帛书》亦陈述了道为"一"的思想，即将太一简化为一。《道原》篇对"道"描绘说："恒无之初，迥同大虚，虚同为一，恒一而止。湿湿梦梦，未有明晦，神微周盈，精静不兜(熙)。"道作为天地的本原，是一种混沌未分的原始状态，可称为一。"一者，道其本也。"(《十六经·成法》)本是本然，非道之本体。《淮南子》"采儒墨之善，撮名法之要"，它明确道为一，始于一。"道始于一，一而不生，故分而为阴阳。"(《淮南子·天文训》)这是对《老子》"道生一"的大胆篡改，把"生"改为"始于"，道与一便是同步范畴。谓之篡改，是因《老子帛书》乙本亦作"道生一"，恐当时无"道始于一"的《老子》本。作为"一"的道，便是一种混沌未分的原始物质状态。"所谓一者，无匹合于天下者也。"(《淮南子·原道训》)一是一个无限的宇宙全体，"夫无形者，物之大祖也"，"一所谓无形者，一之谓也"(同上)。❹指无、本。扬雄讲道为玄，是道向无转化的中介。《太玄经·玄图》："夫玄也者，天道也，地道也，人道也，兼三道而天名之，君臣父子夫妇之道。"魏晋时王弼以道为无："道者，无之称也，无不通也，无不由也。况之曰道，寂然无体，不可为象。"(《论语释疑》)上半句"三无"是说明道的性质和功能的，是对下半句无体的描述，而道的无形无名，是相对于有形有名说的，"道，无形不系，常不可名。以无名为常，故曰'道常无名'也"(《老子道德经注》)。无形、无名的道为本，有形、有名的物为末，道本形末，即道的本质是无。"穷极虚无，得道之常"(同上)，实即"以无为本"。无是万物的共同本体和万物存在的根据。这是对《老子》思想的发挥。❺指理、太极。宋代程颢、程颐以道为理，"此理，天命也。顺而循之，则道也"(《遗书》卷一)。"上天之载，无声无臭，其体则谓之易，其理则谓之道"(同上)。顺理便是道，道是无声无臭之理。此理此道，只有本体论的意义。同时，二程以道为理，此道此理，便是伦理纲常。"为君尽君道，为臣尽臣道，过此则无理。"(《遗书》卷五)君臣父子之理，就是要尽君臣父子之道。此理，是君臣父子等级关系的反映，是君仁、臣忠、父慈、子孝的伦理观念。朱熹继承二程。认为："道即理。"指出："阴阳迭运者，气也，其理则所谓道。"(《周易本义·系辞上传》)道便是理，道与理不仅同为形而上，而且与器、气等形而下相对。然而，他又说："道字包得大，理是道字里面许多理脉。又曰：道字宏大，理字精密。""道是统名，理是细目。"(《朱子语类》卷六)朱熹弟子陈淳论道与理，"道字较宽，理字较实，理有确然不易底意"(《北溪字义》卷下)。朱熹又说："一阴一阳之谓道，太极也。"(《朱子语类》卷七十四)"道是太极。"(《朱子语类》卷九十四)道便自我确定为总天地万物之理。两者同体而异名："语道体之至极，则谓之太极，语太极之流行，则谓之道。虽有二名，初无两体。"(《答陆子静》)陈淳解释说："谓道为太极者，言道即太极，无二理也。"(《北溪字义》卷下)道为理、为太极，在朱熹哲学逻辑结构中均为最高范畴，是天地万物的根源，又是人类社会的最高原则。❻ 指心。陆九渊提出"道未有外乎其心"(《敬斋记》),直把程朱的本体"道"融于主体,即"心"之中。弟子杨简发挥为"道在人心,人心即道"(《大雅一》),视道、心为一,"非心外复有道"(《临安府学记》)。明湛若水继承陈献章的心学传统,提出"道本于心"(《格物通・学校五》),"道原于实心"的思想,主张"道心事合一"(《答欧阳崇一》)。王守仁集心学之大成,以心即道,"心体即所谓道,心体明即是道明,更无二"(《传习录上》),心与道无二。因而,"要实见此道,须从自己心上体认"(同上),不需要向外求索。以心言道的心学派,与当时以理言道的道学派及以气言道的气学派构成了鼎足之势。❼ 指气。张载认为:"一阴一阳不可以形器拘,故谓之道"(《横渠易说・系辞上》)。不能拘泥于"形而上者谓之道,形而下者谓之器"的区分,天地万物都统一于气,"德,其体,道,其用,一于气而已"(《正蒙・神化》)。道是气运动变化的过程,"由气化,有道之名"(《正蒙・太和》)。这个气,便是阴阳之气,"阴阳合一存乎道"(《正蒙・诚明》)。合阴阳之气,便是道。"气之生即是道是易。"(《横渠易说・系辞上》)气是无形体的形而上和有形体的形而下的统一。所以,气是道,而与二程以"有形总是气,无形只是道"(《遗书》卷六)有异。王廷相与张载相似,否定作为精神本体的道或理。他主张只有元气,元气之上"无道、无理",道与理在元气之中。因此,以道为气,"道寓气中"。"有形亦是气,无形亦是气,道寓其中矣。"(《慎言・道体》)这样,道亦具有气的特性,"元气无息,故道亦无息。是故无形者道之氐也,有形者道之显也"(同上)。有形、无形是气的表现形态,亦是道的归或显的不同状态。太极、元气、阴阳三者虽表现形式不同,但其实是一个东西,"三者,一物也,亦一道也"(《太极辩》)。王夫之虽"希张横渠之正学",继承张载、王廷相以来气的思想,但在道的解释上,却有区别。"道者,天地人物之通理,即所谓太极也。"(《张子正蒙注》卷一)"天即道,为用,以生万物。"(同上)有以道为理、为太极、为天的意思。尽管如此,王夫之在道器、理气关系的论述中,认为"道者器之道"(《周易外传・系辞上传》),"理即是气之理",提出"道在器中"、"理在气中"的思想。道与理的区别就在于:"道者,一定之理也。于理上加一定二字方是道。"(《读四书大全说》卷九)这样,"理与气元不可分作两截",在某种意义上亦可说,道与气原不可分作两截。戴震认为:"道,犹行也,气化流行,生生不息,是故谓之道。……阴阳五行,道之实体也。"(《孟子字义疏证》卷中)以气化或阴阳之气为道或道之实体,道便是气。❽ 指人道。近代康有为、严复、谭嗣同、梁启超等人吸收了西方资产阶级自由、平等、博爱和天赋人权思想,对中国传统的道进行改铸,而赋予资产阶级人道主义的内涵,作为冲决封建三纲五常的武器。他们宣称"人皆天所生","人人直隶于天",人际之间是"至平等"的,"人人自立自由"(《论语注》卷五),如压人的自立自由,就是悖天定的公理,是"失人道独立之义而损天赋人权之理者也"(《大同书》甲部)。康、谭等以男女不平等为背逆"人道自由,人权天赋之义"的。严复称"侵人自由者,斯为逆天理,贼人道"(《论世变之亟》)。同时,他们把西方的博爱同中国传统的仁爱相融合,"仁也以博爱为本","有仁而后人道立"(《论语注》卷三)。孙中山又把人道主义与社会主义相结合:"社会主义者,人道主义也。人道主义,主张博爱自由平等,社会主义之真髓,亦不外此三者,实为人类之福音"(《社会主义之派别与方法》),从而使道获得新生。

天道与人道 中国哲学史的一对范畴。道分天道与人道。子产较早提出这对范畴。《左传・昭公十八年》(前 524)记载:"天道远,人道迩,非所及也。"把天道与人道区别开来,一是指自然现象,一是指人事现象,引申犹今天所说的客体与主体。孔子很少讲这方面问题,孟子曾说:"诚者,天之道,思诚者,人之道也。"(《孟子・离娄上》)《中庸》亦说:"诚者,天之道也,诚之者,人之道也。"作为天道的诚,便有外在于个体的意思;作为思诚或诚之者的人道,便内在于个体,亦含客体与主体之别。《周易・说卦》讲天、地、人三道,较孟子多一地道。《系辞传》亦讲三才之道,"易之为书也,广大悉备,有天道焉,有人道焉,有地道焉"。《易》所以讲三道,盖与八经卦皆三画有关,或"兼三才而两之故六"(《周易・系辞下》),天、地、人各有两,六画而成卦。因考虑天道与地道都是指客观事或物,属于客体范围,所以将地道合于天道,而不独立地道。佛教讲天道、人道,是作为六道之一,与这里所说天道、人道异趣。(佛教所谓"天",即 Deva,与"神"字同义。认为人在"六道"中轮回,"六道"指天道、人道、阿修罗道、畜生道、饿鬼道、地狱道。上三道亦可称为"三善道"。《大智度论》三十曰:"善有上中下,故有三善道,天人阿修罗。"天道由上品之善所赴,人道由中品之善所赴,阿修罗道由下品之善所赴,下三道亦称三恶道。)简言之,天道是指世界的存在及其存在的形式,人道是指人、人的价值、伦理道德、人的认识(包括自然、社会、人生、思维规律)以及历史观点等,包括客体、主体以及主体对客体的认知。天道与人道,分属于自然与社会两个不同的领域。中国古代有以天(道)与人(道)相合,有以天(道)与人(道)相分,亦有以天(道)与人(道)交相胜、还相用,即既对待又统一。

天道 与"人道"相对。春秋时已经常使用。当初包含天象的变化过程和以此推测人事吉凶祸福的双重含义。既有科学因素,又有神学迷信成分。如《国语・周语下》记单襄公语:"吾非瞽、史,焉知天道?"又如伪《古文尚书・汤诰》:"天道福善祸淫,降灾于夏,以彰厥罪。"但也有一些先驱者怀疑天道主宰人事的言论。如郑国子产认为"天道远,人道迩,非所及也"(《左传・昭公十八年》)。先秦时期的"天人之辩"围绕"天道"与"人道"关系而展开。孔子很少直接谈"性与天道",对鬼神置疑,却又未敢背弃天命观念。墨子"非命",但又讲"天志"。老子最早提出天道自然无为的思想,认为"人法地,地法天,天法道,道法自然"(《老子・二十五章》)。范蠡也认为

“天道盈而不溢，盛而不骄，劳而不矜其功”，“天道皇皇，日月以为常”（《国语·越语下》）。《庄子·天道》强调天道运行不止：“天道运而无所积，故万物成。”荀子称天道为天行，认为“天行有常”，而人应“制天命而用之”（《荀子·天论》）。《吕氏春秋·圜道》以盖天说释天道：“天道圜，地道方”，“精气一上一下，圜周复杂，无所稽留，故曰天道圜”。东汉王充反对天能以灾害谴告人类的观点，认为“夫天道，自然也，无为。如谴告人，是有为，非自然也”（《论衡·谴告》）。明清之际王夫之比较全面地论述了天道与人道的联系与区别：“人之道，天之道也；天之道，人不可以之为道者也”（《续春秋左氏传博议》卷下）。人的活动法则也遵循自然规律；但人不能以天道作人道，只能“相天”，发挥主观能动性以辅助自然，治理自然。清戴震认为“天道，五行阴阳而已矣，分而有之以成性”（《原善》），人性、物性都由天道分得而成。参见“天道与人道”。

人道　与“天道”相对。人事、人伦、为人之道。人道观念于春秋时已出现，子产说：“天道远，人道迩。”（《左传·昭公十八年》）孔子很少讲天道，他讲的道，主要指人道。他以“仁”为人生之理想，仁的内容是“己欲立而立人，己欲达而达人”（《论语·雍也》）。做人的最高准则是做仁人，“志士仁人，无求生以害人，有杀身以成仁”（《论语·卫灵公》）。孟子言“舍生取义”（《孟子·告子上》），认为实行仁义，就是人伦之至。提出为人要“富贵不能淫，贫贱不能移，威武不能屈，此之谓大丈夫”（《孟子·滕文公下》）。墨子强调兼爱互助，主张为人之道要“兼相爱，交相利”（《墨子·兼爱中》）。老子、庄子则主张“无为”，老子说：“不自见故明，不自是故彰，不自伐故有功，不自矜故长，夫唯不争，故天下莫能与之争。”（《老子·二十二章》）庄子说：“无为而尊者，天道也；有为而累者，人道也。”（《庄子·在宥》）认为人道应效法天道，“恬淡寂寞，虚无无为，此天地之平，而道德之质也”（《庄子·刻意》）。荀子认为人是最可宝贵的，特别重视人的作用，“道者，非天之道，非地之道，人之所以道也”（《荀子·儒效》）。主张“制天命而用之”，以人力改造自然，使之尽善尽美。后来的儒家对此虽有不同程度的发挥，但大体不出孔孟所述的范围。《中庸》强调“诚”为人之道，“故君子诚之为贵”，诚的内容即仁、义、礼等，即本之于孟子“诚者天之道也，思诚者人之道也”（《孟子·离娄上》）。西汉董仲舒论辩仁义最详，以为“以仁安人，以义正我”，“仁之法，在爱人，不在爱我；义之法，在正我，不在正人”（《春秋繁露·仁义法》）。在具体内容上发挥了孔孟的人道观点。宋代的程朱理学根据孔孟之道而提出的人道观，在封建社会后期影响很大。北宋程颐以“敬”为求仁的根本功夫，要人们专心致志于“理”（封建伦理纲常），达到“与理合一”的境界。“圣人与理为一，故无过不及，中而已矣。”（《遗书》卷二十三）南宋朱熹亦以“居敬穷理”为修养的基本功夫，要求人们去私欲，返于天理，“仁者，本心之全德。……心之全德，莫非天理，而亦不能不坏于人欲；故为仁者，必有以胜私欲而复于礼，则事皆天理，而本心之德，复全于我矣”（《四书章句集注》）。程朱认为灭人欲、存天理即尽人之道，以其人道观为维护封建制度服务。明清之际王夫之提出“以人道率天道”（《思问录·内篇》），“先天而天弗违，人道之功大矣”（同上）。其所说人道的内容虽仍不外“仁义”，但强调人改造自然的能力和作用，有一定积极意义。清戴震批评程朱“以理杀人”，认为“居处、饮食、言动，自身而周于身之所亲，无不该焉”（《孟子字义疏证·道》），人道即人伦日用、身之所行，与孔孟程朱所说有所不同。参见“天道与人道”。

气　中国哲学史范畴。❶构成天地万物的始基。气的观念起源甚早。西周末伯阳父认为：“天地之气，不失其序。”（《国语·周语上》）春秋时医和提出：“天有六气。六气曰阴阳风雨晦明也。”（《左传·昭公元年》）战国时，开始出现把气视为构成万物的原始材料的思想。《老子》把“气”纳入其哲学体系：“万物负阴而抱阳，冲气以为和。”《管子·内业》进一步提出“精气”说，“精也者，气之精也”，“凡物之精，此则为生。下生五谷，上为列星”，还认为人的精神也由“气”构成。庄子又提出万物为一气之变化的见解：“人之生，气之聚。聚则为生，散则为死……故曰：通天下一气耳。”（《庄子·知北游》）《荀子·王制》：“水火有气而无生，草木有生而无知，禽兽有知而无义。人有气有生有知亦且有义，故最为天下贵也。”认为气为有生有知东西赖以存在的基础。两汉时期，气的学说吸收了自然科学的成就，有了进一步发展。西汉董仲舒认为：“天地之气，合而为一，分为阴阳，判为四时，列为五行。”（《春秋繁露·五行相生》）同时，又给“气”赋予道德属性：“阳为德，阴为刑”（《举贤良对策》），将春夏秋冬的变化说成是“气”的喜、乐、怒、哀的表现。又说：“阳气仁而阴气戾。”（《春秋繁露·王道通三》）东汉王充认为“天地合气，万物自生”（《论衡·自然》），还强调“气”是无意识的：“气也，恬澹无欲无为无事者也”（同上），“气若云烟，云烟之属，安得口目？”（同上）北宋张载对气的学说作了重大的发挥。他认为一切都是一气聚散变化而成，“太虚无形，气之本体，其聚其散，变化之客形尔”（《正蒙·太和》），“知虚空即气，则有无隐显，神化性命，通一无二”（同上）。认为气内在的矛盾，是气变化的原因，“一物两体，气也。一故神，两故化”（《正蒙·参两》）。还认为气之本体不生不灭，“气之为物，散入无形，适得吾体；聚为有象，不失吾常……聚亦吾体，散亦吾体，知死之不亡者，可与言性矣”（《正蒙·太和》）。程颐则认为气有生灭：“凡物之散，其气遂尽，无复归本原之理。”（《遗书》卷十五）南宋朱熹也认为：“未有天地之先，毕竟也只是理……有理便有气，流行发育万物。”（《朱子语类》卷一）明清之际王夫之对气本体论学说作了进一步概括：“凡虚空皆气也，聚则显，显则人谓之有；散则隐，隐则人谓之无。神化者，气之聚散不测之妙，然而有迹可见；性命者，气之健顺有常之理，主持神化而寓于神化之中，无迹可见……盖阴阳者气之二体，动静者气之二幾，体同而用异则相感而动，动而成象则静，动静之幾，聚散、出入、形不形之从来也。”（《张子正蒙注·太和篇》）近代严复曾以原子论和牛顿力学来说明“气”，他说：“今夫气者，有质点（原子）有爱拒力之物也，其重可以称，其动可以觉。”（《名学浅说》）又曾以气来解释“以太”，《天演论·真幻》：“于最清气名伊脱者，照成光浪。”❷ 指一种精神状态、道德境界。孟子认为“至大至刚”的“浩然之气”是“集义所生”的（见《孟子·公孙丑上》）。《管子·内业》：“是故此气也不可止以力，而可以安德。”《孙膑兵法·延气》：“合军聚众，〔务在激气〕。”❸ 指气数、命运。《程氏遗书》卷十八：“问：‘上古人多寿，后世不及古，何也？莫是气否?’曰：‘气便是命也。’”

形而上与形而下 中国哲学史的一对范畴。“形而上”指无形或未成形质；“形而下”指有形或已成形质。《易·系辞上》：“形而上者谓之道，形而下者谓之器。”“形乃谓之器。”唐李鼎祚《周易集解》引唐崔憬言：“形质之中有体有用。体者，即形质也；用者，即形质上之妙用也。言有妙理之用以扶其体，则是道也。其体比用，若器之于物，则是体为形之下，谓之为器也。”认为形而上为用、为道，形而下为形质、为体、为器，形而上不离形而下。唐孔颖达《周易正义·系辞上》：“道是无体之名，形是有质之称；凡有从无而生，形由道而立。是先道而后形，是道在形之上，形在道之下。故自形外已上者谓之道也，自形内而下者谓之器也。”谓形而上为无体无形，形而下为有质有形，形而上产生形而下。宋以后，形而上与形而下成为哲学讨论的重要问题。北宋张载谓：“形而上者是无形体者，故形而上者谓之道也；形而下者是有形体者，故形而下者谓之器。无形迹者即道也，如大德敦化是也；有形迹者即器也，见于事实即礼义是也。”（《横渠易说·系辞上》）程颐谓：“所以阴阳者是道也；阴阳，气也。气是形而下者，道是形而上者。”（《遗书》卷十五）南宋朱熹谓：“理也者，形而上之道也，生物之本也；气也者，形而下之器也，生物之具也。”（《答黄道夫》）明清之际王夫之则认为：“形而上者非无形之谓，既有形矣，有形而后有形而上”，“器而后有形，形而后有上。”（《周易外传》卷五）强调没有脱离形而下而存在的形而上。清戴震则提出：“形谓已成形质，形而上犹曰形以前，形而下犹曰形以后。”（《孟子字义疏证·天道》）他把未成形质的都看作“形而上”，把已成形质的都看作是“形而下”。

形而下 见“形而上与形而下”。

阴阳 中国哲学史的一对范畴。本义是指日照的向背。《说文通训定声》：“侌（阴）者见云不见日，昜（阳）者云开而见日。”后遂用以指两种相互对立的气或气的两种状态。《国语·周语上》：“天地之气，不失其序；若过其序，民乱之也。阳伏而不能出，阴迫而不能烝，于是有地震。”《左传·昭公元年》：“天有六气……六气曰：阴、阳、风、雨、晦、明也。”《老子·四十二章》：“万物负阴而抱阳。”战国时阴阳概念则进一步被用来称谓世界上两种最基本的矛盾势力或属性。凡动的、热的、在上的、向外的、明亮的、亢进的、强壮的等为阳，凡静的、寒的、在下的、向内的、晦暗的、减退的、虚弱的等为阴，并认识到阴阳的相互作用对万物的产生和发展的重要意义。《庄子·天道》：“静而与阴同德，动而与阳同波。”《庄子·田子方》：“至阴肃肃，至阳赫赫。肃肃出乎天，赫赫发乎地，两者交通成和，而物生焉。”《管子·乘马》：“春秋冬夏，阴阳之推移也；时之短长，阴阳之利用也；日夜之易，阴阳之化也。”《易传》对阴阳概念作了重要的发挥，《易·系辞上》：“一阴一阳之谓道”，认为阴阳的相互交替作用是宇宙间的根本规律，并用阴阳来比附社会现象，引申为上下、君民、君臣、君子小人、夫妻等关系，《易·坤》：“阴虽有美含之，以从王事，弗敢成也，地道也，妻道也，臣道也。”以驺衍为代表的阴阳家则“深观阴阳消息而作怪迂之变”（《史记·孟子荀卿列传》）。《黄帝内经》则以阴阳来探索各种疾病的根源。《黄帝内经·素问·阴阳应象大论》：“阴阳者，天地之道也，万物之纲纪，变化之父母，生杀之本始，神明之府也。治病必求于本。故积阳为天，积阴为地。阴静阳躁，阳生阴长，阳杀阴藏。阳化气，阴成形。”还以阴阳来区分人身之五脏六腑，作为治病的依据。西汉董仲舒强调“阳尊阴卑”，《春秋繁露·阳尊阴卑》：“恶之属尽为阴，善之属尽为阳。阳为德，阴为刑。刑反德而顺于德……阳气暖而阴气寒，阳气予而阴气夺，阳气仁而阴气戾，阳气宽而阴气急，阳气爱而阴气恶，阳气生而阴气杀，是故阳常居实位而行于盛，阴常居空虚而行于末。”北宋李觏提出：“天降阳，地出阴，阴阳合而生五行。”（《删定易图序论一》）邵雍认为：“动之始，则阳生焉；动之极，则阴生焉，一阴一阳交，而天之用尽之矣。”（《观物内篇》）“阳以阴为基”，“阴以阳为唱”，“阳体虚而阴体实也”（《观物外篇》）。周敦颐认为：“太极动而生阳，动极而静，静而生阴。”（《太极图说》）张载则认为：“阴阳者，天之气也”（《张子语录》中），“浮而上者阳之清，降而下者阴之浊，其感遇聚散，为风雨，为雪霜，万品之流形，山川之融结，糟粕煨烬，无非教也”（《正蒙·太和》）。南宋朱熹认为：“阴阳只是一气，阳之退便是阴之生，不是阳退了又别有个阴生。”（《朱子语类》卷六十五）杨万里则说：“阴阳未分谓之太极，太极既分谓之阴阳，其为天地之道也。舍阴阳以求太极者，无太极；舍太极以求天地者，无天地。”（《诚斋易传》卷十七）将朱熹的先于阴阳二气的太极（理），还原为阴阳未分的元气，以为太极与阴阳是合二而一的。明何瑭提出“阳为神阴为形”之说，“阳为神，阴为形，形聚则可见，散则不可见，神无聚散之迹，故终不可见”（《阴阳管见》）。王廷相批评此说，认为“以神为阳，以形为阴，此出自释氏仙佛之论”（《答何柏斋造化论》）。明清之际王夫之认为：“阴阳者气之二体。”（《张子正蒙注·太和篇》）他主张乾坤并建、阴阳相合，“阳非孤阳，阴非寡阴，相函而成质，乃不失其和而久安”（《张子正蒙注·参两篇》）。

阴 见“阴阳”。

阳 见"阴阳"。

理 中国哲学史范畴。主要指法则或规律。最早出现于战国，孟子说："心之所同然者何也？谓理也，义也。"(《孟子·告子上》)以理为当然的准则，属于道德伦理范畴。《庄子》、《荀子》、《韩非子》等书中"理"字屡有出现，其含义或谓物之形式，"物成生理谓之形"(《庄子·天地》)，"短长大小方圆坚脆轻重白黑之谓理"(《韩非子·解老》)，或谓物之法则和规律，"判天地之美，析万物之理"(《庄子·天下》)，"可以知，物之理也"(《荀子·解蔽》)。但先秦所谓理，乃指一物之理，"万物各异理"(《韩非子·解老》)。三国魏王弼认为理是宇宙万物的"所以"即万物赖以产生和存在的根据，"物无妄然，必由其理"(《周易略例·明象》)，"夫识物之动，则其所以然之理，皆可知也"(《周易注·乾文言》)。唐华严宗将世界分为"事法界"(形形色色的现象世界)和"理法界"(指清净的本体世界)，并提出"理事无碍"的命题。认为："理不碍事，纯恒杂也；事恒全理，杂恒纯也。由理事自在，纯杂无碍也。"(《华严义海百门》)北宋张载视"理"为物质运动的规律，说："天地之气，虽聚散攻取百涂，然其为理也，顺而不妄。"(《正蒙·太和》)二程则以理为总一之理，视为宇宙之本原。程颢提出"天理"说，"天者理也"(《遗书》卷十一)，"吾学虽有所授受，天理二字，却是自家体贴出来"(《外书》卷十二)。认为宇宙是生生不已的变化大流，人生之最高境界就是要与万物一体。程颐也以理为宇宙之本原，认为一切事物皆有其所以然，"天下物皆可以理照，有物必有则，一物须有一理"(《遗书》卷十八)，但"一物之理即万物之理"(《遗书》卷二上)。还注重分别形上形下，"离了阴阳便无道，所以阴阳者是道也。阴阳气也，气是形而下者，道是形而上者"(《遗书》卷十五)。认为形而上之道即最根本之理，支配形而下之气。人生之道在于居敬穷理，与理为一。南宋朱熹发挥程颐的观点，对理作了系统的论述。提出理即"太极"，生阴阳之气即气由理所生。"天地之间，有理有气。理也者，形而上之道也，生物之本也；气也者，形而下之器也，生物之具也。"(《答黄道夫》)认为理是根本，即道。"有是理，便有是气，但理是本。"(《朱子语类》卷一)还根据程颐所说"性即理也"，认为人的本然之性为理，内容是仁义礼智，"性是实理，仁义礼智皆具"(《朱子语类》卷五)。"道是在物之理，性是在己之理。然物之理，都在我此理之中"(《朱子语类》卷一)。二程、朱熹所说之理，既指事物法则和规律，也指伦理道理。陆九渊提出心即理，"人皆有是心，心皆具是理，心即理也"(《与李宰书》)。明王守仁亦主此说，"心外无物，心外无言，心外无理，心外无义"(《与王纯甫》)。"虚灵不昧，众理具而万事出"(《传习录》)。均认为理存在于心中，求理只需作心上工夫。王廷相继承和发挥了张载的哲学思想，提出"理根于气"的观点，"万理皆出于气，无悬空独立之理"(《太极辩》)，"理载于气，非能始气也。世儒谓理能生气，即老氏道生天地矣"(《慎言·道体》)。明清之际王夫之以理为秩序，"理者天所昭著之秩序也"(《张子正蒙注·动物篇》)。认为气是根本，理依赖于气，"气者理之依也，气盛则理达。天积其健盛之气，故秩叙条理清密，变化而日新"(《思问录·内篇》)。清戴震谈理，注重分析，以为理乃事物中之区别，"理者，察之而幾微必区以别之名也，是故谓之分理"(《孟子字义疏证·理》)。事物各有其理，求理就在于求得一事物的必然之理，"实体实事，罔非自然而归于必然，天地人物事为之理得矣"。反对程朱讲宇宙一元之理，强调理"一本万殊"，"不徒曰事物之理，而曰理散在事物。事物之理必就事物剖析至微而后理得。理散在事物，于是冥心求理，谓一本万殊"(同上)。其对理的解说较为透彻。

理气 中国哲学史的一对范畴。理指法则、规律，气指构成万物的始基。北宋张载首先把理气作为一对哲学范畴提出："天地之气，虽聚散攻取百涂，然其为理也，顺而不妄。"(《正蒙·太和》)他认为宇宙的根本是气，而气的千变万化都有一定的法则(理)。程颢、程颐认为理和气相依不离而以理为本。程颢说："生生之谓易，是天之所以为道也。天只是以生为道，继此生理者只是善也。"(《遗书》卷二上)以理为宇宙生生不已的法则，理虽不离事物，但仍以理为形而上之道，实即以理为根本。程颐认为万物皆成于气，而气之所以然，即是理，理才是宇宙的根本。"一阴一阳之谓道。道非阴阳也，所以一阴一阳，道也。"(《遗书》卷三)所谓道即最根本之理，由它主宰阴阳之气。南宋朱熹明确提出"天下未有无理之气，亦未有无气之理"(《朱子语类》卷一)，理气相互依存。但又认为"未有天地之先，毕竟也只是理。有此理，便有此天地。若无此理，便亦无天地，无人无物，都无该载了。有理，便有气流行，发育万物"(同上)，主张理先气后。明王廷相、明清之际王夫之和清戴震继承张载的气的学说，反对理先气后说。王廷相认为："理载于气，非能始气也。"(《慎言》)"理根于气，不能独存也。"(《横渠理气辨》)王夫之作了更详细的论述，认为气乃宇宙之根本，理依赖于气，无气则无理。"天人之蕴，一气而已。从乎气之善而谓之理，气外更无虚托孤立之理也。"(《读四书大全说》卷十)"言心言性，言天言理，俱必在气上说，若无气处则俱无也。"(同上)离开了气、心、性、天、理均不存在。戴震认为理是生生气化流行的历程，理就是气化流行的条理，存在于生生气化的过程中。"生生者化之原，生生而条理者化之流。"(《原善》)气化是根本，条理本于气化。

道器 中国哲学史的一对范畴。"道"指无形的法则或规律；器指有形的事物或名物制度。最早提出这对范畴的是老子："朴(道)散则为器。"(《老子·二十八章》)认为道在器先。《易·系辞上》："形而上者谓之道，形而下者谓之器。"也认为道在有形的器物之前。宋代开始对道器关系展开争论。北宋程颢说："形而上为道，形而下为器，须著如此说。器亦道，道亦器。"(《遗书》卷一)他虽然认为道不离器，但仍分别形上形下，以形而上为道，亦即以道为本。程颐认为一切事物皆有其所以然，此所以然是事物之根本,即为道。"'一阴一阳之谓道',道非阴阳也,所以一阴一阳道也"(《遗书》卷三)。"离了阴阳便无道,所以阴阳者是道也。阴阳气也。气是形而下者,道是形而上者。"(《遗书》卷十五)强调阴阳之气受形而上的道支配。南宋朱熹对道器问题作了详细论述,"凡有形有象者皆气也,其所以为是器之理者则道也"(《与陆子静书》)。又以理气概念解说道器,"理也者,形而上之道也,生物之本也;气也者,形而下之器也,生物之具也"(《答黄道夫》)。道是物之本,但生物须有气,气为生物之具。明清之际王夫之主张唯器论,"天下唯器而已矣,道者器之道,器者不可谓之道之器也","无其器则无其道"(《周易外传》卷五)。还认为形而上的道和形而下的器"统之乎一形"(同上),均由阴阳一气所派生,道即在器之中。清戴震提出另一解释:"形谓已成形质。形而上犹曰形以前,形而下犹曰形以后。阴阳之未成形质,是谓形而上者也,非形而下明矣。"(《孟子字义疏证·天道》)是把未成形质的阴阳看作是形而上的"道",把已成形质的阴阳看作"形而下"的"器"。近代郑观应主张道本器末,以道指中国传统伦理道德,以器指西方科学技术。谭嗣同还以体用论述道器,"故道,用也;器,体也。体立而用行,器存而道不亡"(《短书》),器变道亦变,以此作为变法的理论依据。

器 见"道器"。

道德 中国哲学史的一对范畴。孔子主张:"志于道,据于德。"(《论语·述而》)这里的"道"指理想的人格或社会图景,"德"指立身根据和行为准则。孟子继承了孔子的思想,也主张"尊德乐道"(《孟子·公孙丑下》)。因儒家以仁义为道德的重要内容,故其也以道德仁义并称,并须与礼相结合,《礼记·曲礼上》:"道德仁义,非礼不成。"《荀子·劝学》:"故学至乎礼而止矣,夫是之谓道德之极。"道家反对儒家的道德说,认为"失道而后德,失德而后仁,失仁而后义"(《老子·三十八章》)。所谓仁、义等德行是人为的,是对自然的道的破坏。把"道"作为万物的本原或普遍规律,把"德"作为事物从"道"所得的特殊规律或特性。《老子·五十一章》:"道生之,德畜之……万物莫不尊道而贵德。"认为万物由道而生,由德而长,道与德是万物发生和发展的根据。庄子提出:"德兼于道"(《庄子·天地》),道是全,德是分。"形非道不生,生非德不明"(同上)。要求"通乎道,合乎德,退仁义,宾礼乐"(《庄子·天道》)。并认为道德的根本属性是虚静无为,"恬惔寂寞,虚无无为,此天地之平而道德之质也"(《庄子·刻意》)。韩非继承和发挥了道家的思想,提出:"道有积而德有功,德者道之功。"(《韩非子·解老》)认为德是道的功用。唐韩愈则继承和发挥了儒家的思想,强调:"仁与义为定名,道与德为虚位。"(《原道》)认为道与德作为概念可以为儒、佛、道共同使用,但儒家的道德必须以仁义为内容,"凡吾所谓道德云者,合仁与义言之也"(同上)。北宋张载从气一元论出发作了解释,"德,其体;道,其用,一于气而已"(《正蒙·神化》),认为"德"是气之体,"道"是气之用。南宋朱熹则认为,得道于心谓之德,"德者,得也,得其道于心而不失之谓也"(《论语集注·述而》)。明清之际王夫之则从道德原则和道德实践的结合上讲道与德,说:"行而有后知有道,道犹路也;得而后见有德,德犹得也。"(《思问录·内篇》)清戴震也说:"一阴一阳,流行不已,生生不息。主其流行言,则曰道;主其生生言,则曰德。"(《原善》)

得 见"道德"。

有无 中国哲学史的一对范畴。有,指有形、有名、实有等。无,指无形、无名、虚无等。最早提出这对范畴的是老子,他说:"无名,天地之始;有名,万物之母。"又说"天下万物生于有,有生于无"(《老子·四十章》),"道生一,一生二,二生三,三生万物。万物负阴而抱阳,冲气以为和"。又认为无比有更为根本、重要,说:"三十辐共一毂,当其无,有车之用。""有之以为利,无之以为用。"(《老子·十一章》)庄子继承了老子的思想,认为无并非完全不存在,而是万物的根本或本原。"泰初有无,无有无名,一之所起,有一而未形。"(《庄子·天地》)"万物出乎无有,有不能以有为有,必出乎无有。而无有一无有。"(《庄子·庚桑楚》)注重有和无的统一性,"有有也者,有无也者,有未始有无也者,有未始有夫未始有无也者。俄而有无矣,而未知有无之果孰有孰无也"(《庄子·齐物论》)。又注重有和无的相对性,认为有和无无法分清,存在和非存在之间的界限无法区分,"因其所有而有之,则万物莫不有;因其所无而无之,则万物莫不无"(《庄子·秋水》)。后期墨家则认为"无不必待有,说在所谓"(《墨子·经说下》)。"若无焉,则有之而后无。无天陷,则无之而无。"(同上)主张根据具体事物来分析有无关系。魏晋时期,有和无的关系成为当时哲学讨论的主要问题。何晏说:"有之为有,恃无以生。"(《道论》引《列子·天瑞》注)王弼认为"天下之物皆以有为生,有之所始,以无为本。将欲全有,必反于无也"(《老子注·四十章》)。认为天地万物得以存在,是由于以无为本。万物要保全自身,就必须保持其本体"无","不能舍无以为体也"(《老子注·三十八章》)。但又认为"无"不能离开"有","无不可以无明,必因于有"。因而主张要"崇本举末"或"崇本息末",即以无统有。裴頠、郭象等人则反对此说,主张以"有"为根本。裴頠说:"至无者无以能生,故始生者自生也。自生而必体有,则有遗而生亏矣。生以有为已分,则虚无是有之所遗者也。"(《崇有论》)认为不能从虚无中去寻求事物产生的本原,产生有的都是有。郭象认为:"无既无矣,则不能生有。"又认为有也不能生存,"夫有之未生,以何为生乎?故必自有耳","岂有之所能有乎?此所以明有之不能为有,而自有耳"。由此提出"生生者谁哉?块然而自生耳"(《庄子·齐物论注》)。东晋僧肇在《不真空论》中提出非有非无论,认为万物虽不真实,但并非不存在,而是有非实有,无非实无;万物是假有,然而假有不是空无。强调有和无的统一性,万物既是有,也是无。北宋张载认为,有无只是气变化的不同形态:"气聚,则离明得施而有形,气不聚，则离明不得施而无形。方其聚也，安得不谓之客(有)；方其散也，安得遽谓之无?"(《正蒙·太和》)气是有，气散而无形，幽隐不可见，气聚象而有形，明析可见，因而"圣人仰观俯察，但云知幽明之故，不云知有无之故"。否认有绝对的虚无存在，"知太虚即气则无无"(同上)。明清之际王夫之继承和发展了张载的观点，进一步辩证地说明有和无的关系。认为无是相对于有说的，没有"有"也无所谓"无"，而无也必有待于有。"明有，所以为明；幽有，所以为幽。其在幽者，耳目见闻之力穷，而非理气之本无也。"主张有和无统一于气，"凡虚空皆气也，聚则显，显则人谓之有，散则隐，隐则人谓之无"(《张子正蒙注·太和篇》)。由此"可见谓之有，不可见遂谓之无，其实动静有时而阴阳常在，有无无异也"(同上)。并指出有无是相对而言的，"既可曰无矣，则是有而无之也"；"今使言者立一无于前，博求之上下四维古今存亡而不可得穷矣"(《思问录·内篇》)，没有孤立独存之所谓"无"。

有 中国哲学史用语。见"有无"。

无 中国哲学史用语。见"有无"。

心 中国哲学史范畴。孟子最先注重心的作用。认为"心"有先验的道德本性，"恻隐之心，仁也；羞恶之心，义也；恭敬之心，礼也；是非之心，智也"，"仁，人心也"(《孟子·告子上》)。又认为"心"是思维器官，为五官之主宰的"大体"，"心之官则思。思则得之，不思则不得"，"从其大体(心)为大人，从其小体(耳目之类)为小人"(同上)。还以"心"为知觉、意识，"权，然后知轻重；度，然后知长短；物皆然，心为甚"(《孟子·梁惠王上》)。《管子·心术上》亦将心作为思维器官，"心之在体，君之位也；九窍之有职，官之分也"。荀子提出"以仁心说"(《荀子·正名》)，认为心为藏"仁"的道德本性。又认为："心居中虚，以治五官，夫是之谓天君。"(《荀子·天论》)西汉董仲舒以心为气的主宰："凡气从心；心，气之君也。"(《春秋繁露·循天之道》)西晋傅玄又提出"心者，神明之主，万物之统也"(《傅子·正心》)。隋唐佛教以心为一切精神现象的总称，泛指一切精神现象。如"三界唯心"，"一心三观"。与"识"、"意"概念相同。在法相宗中为第八识"阿赖耶识"的别名。北宋邵雍则以心为宇宙的本体，"心为太极"(《观物外篇》)，"物莫大于天地，天地生于太极，太极即是吾心，太极所生之万化万事，即吾心之万化万事也"(《渔樵问答》)。张载认为知觉属心的一部分，"合性与知觉，有心之名"(《正蒙·太和》)。南宋朱熹也说："心者，人之知觉，主于身而应于事者也。"(《朱子语类》卷五)朱熹承受张载"心统性情"说，以为心是统一于性和情的，"性是未动，情是已动，心包得已动未动"，"心统性情也"(同上)。陆王学派提出"心即理"的命题。"天之所以与我者，即此心也。人皆有是心，心皆具是理，心即理也。"(陆九渊《与李宰书》)明王守仁认为："致吾心之良知者，致知也；事事物物皆得其理者，格物也；是合心与理而为一者也。"(《答顾东桥书》)又以心为天地万物之主，"人者天地万物之心也，心者天地万物之主也。心即天，言心则天地万物皆举矣"(《答季德明书》)。明末刘宗周受陆王心学的影响，认为"天地万物之外，非一膜之能囿。通天地万物为一心，更无中外可言。体天地万物为一本，更无本心可觅"(《刘子全书·语录》)。把心发展为通于天地万物的精神本体。明清之际黄宗羲提出"心即气"的论点，说："盈天地之间皆气也"(《明儒学案·蕺山学案》)，又说："盈天地皆心也"(《明儒学案序》)，还说："心即气也。"(《孟子师说》卷二)认为世界的本质即气即心。顾炎武也用气禀来解释精神，说："气之盛者为神。神者，天地之气而人之心也。"(《日知录·游魂为变》)王夫之认为心是思维器官，知觉是心的特殊功能，心有认识作用。"一人之身，居要者心也，而心之神明，散寄于五脏，待感于五官……一官失用，而心之灵已废矣。"(《尚书引义》)近代，对"心"范畴的研究更加深入，龚自珍提出"自尊其心"的命题，有近代人文主义的思想因素。谭嗣同为了"冲决网罗"，强调"心力"的作用。

性 中国哲学史范畴。一般指人性，亦有"天性"、"物性"等义。自春秋末孔子提出"性相近也，习相远也"(《论语·阳货》)以后，关于性的来源、内容、性质，以及性与人的本质等问题，各家异说，纷纭复杂。在性的来源上，告子提出"生之谓性"(《孟子·告子上》)。战国末荀子发挥说："生之所以然者谓之性。"(《荀子·正名》)认为性是生而具有的"不可学，不可事"的。《礼记·中庸》提出"天命之谓性"。北宋二程发挥说："天之付与之谓命，禀之在我之谓性"(《遗书》卷六)，程颐又说："在天为命，在人为性"(《遗书》卷十八)，认为性即天之禀命如此，故称性为"天命之性"。东汉王充提出性由"气禀"，"禀气有厚泊，故性有善恶也"(《论衡·率性》)。明清之际王夫之提出"习成而性与成"。在肯定人有"初命"之性，即"先天之性"的同时，又强调有"后天之性"。"先天之性天成之，后天之性习成之也"(《读四书大全说》卷八)，认为"后天之性"是"因乎习之所贯"而"自取自用"所造成的。在性的内容及其性质上，告子提出"食色，性也"(见《孟子·告子上》)。指"饥而欲食，寒而欲暖，劳而欲息，好利而恶害"(《荀子·性恶》)的自然本能。告子认为"性无恶无不善"，无所谓道德价值。荀子则赋予"恶"的评价，得出"性恶"的结论。《庄子·马蹄》提出性本"素朴"、"自然"，"无知无欲"、"无善无恶"。"同乎无知，其德不离；同乎无欲，是谓素朴。素朴而民性得矣。"三国魏王弼谓"万物以自然为性"，人也以"自然"为性，"虚静"朴实，"无善无恶"。此乃道家之说。孟子提出"性善"，认为人性即指仁义礼智"四端"之心，它们是为善之"才"，"乃所谓善也"(《孟子·告子上》)。根据上述三说而演化出种种名目繁多的说法。据"食色，性也"而引申，有战国时法家的人性"自为"(利己)，明末李贽的人性即"私心"，明清之际黄宗羲的"人各自私"、"自利"，至近代资产阶级思想家也多持此说；综合"食色，性也"、"性善"、"性恶"诸说而发挥之，有战国时世硕等人“以为人性有善有恶”。两汉时,“董仲舒贤孙(荀)孟之书,作情性之说”(《论衡·本性》),认为“天两有阴阳之施,身亦两有贪、仁之性”(《春秋繁露·深察名号》)。并把“性”分为已善、有“善质”、无“善质”三等,扬雄谓:“人之性也,善恶混”(《修身》),王充也认为性有上、中、下之分。至唐代,韩愈正式提出“性三品”说。而李翱则主张“性善情恶”。宋理学从“理”、“气”关系论性,提出人具“天命之性”和“气质之性”。前者即“天理”所赋,“无不善”;后者为气禀所成,“有善与不善”,是恶的根源。明王守仁则从“心”一元论出发,认为“心之体,性也,性即理也”(《答顾东桥书》)。又说:“性一而已”,“无不善”,是“吾心之良知”,既是“天理”,又是“天理之昭明灵觉处”。王夫之合“理”与“欲”言性,指出:“盖性者,生之理也。……故仁义礼智之理,下愚所不能灭。而声色臭味之欲,上智所不能废,俱可谓之为性。”(《张子正蒙注·诚明篇》)清颜元更以“气质”一元否定分性为“天命之性”和“气质之性”,指出:“形性不二”,“形”即气质,认为:“气质正性命之作用,而不可谓有恶,其所谓恶者,乃由‘引蔽习染’四字为之祟也。”(《存学编》卷一)以后又有戴震“血气心知,性之实体”(《孟子字义疏证》中)之说。“血气”,指感官及其感性功能;“心知”,指思维器官及其理性功能。“人生而后有欲,有性,有知。三者,血气心知之自然也。”(《孟子字义疏证》下)又说:“有血气,则有心知;有心知,则学以进于神明,一本然也。”(同上)其所谓“性善”,特指“心能辨夫理义”,察乎事物而不谬的机能。并据以否定“宋儒以理与气质为二本”的观点。此外,尚有佛教的“佛性”之说,意为成佛的原因(“佛因”)和可能性。东晋竺道生是其代表。从心与理两方面言之:既内在于众生本性之中,“佛性即我”,“本有佛性,即是慈念众生也”(《大般涅槃经集解》);又以“理”即佛教真理为佛性,“从性故成佛果,理为佛因也”,“成佛得大涅槃,是佛性也”(同上)。并首先提出包括一阐提人在内的众生皆有佛性的观点。在性与人的本质上。孟子在与告子的辩论中首先探讨了这一问题。认为食、色之欲的自然本能不能谓之人性,“性”者,应是“人之所以异于禽兽”的本质属性。以后,儒家一般都以道德之性(善性)视为人的本质。理学家虽承认人有感性情欲,但都把“无不善”的“天命之性”视为人的本质。中国哲学史上关于“性”的学说,十分丰富,其中不乏自然人性论之说,而主流则是德性人性论。并通过为性与命、性与心、性与习诸关系的讨论,直接为回答人之所以有善、有恶,或何以不能为善、何以可善可恶提供了心理根据;也为各种道德价值观和道德修养论提供了理论基础。

诚 中国哲学史范畴。本义谓诚实不欺或真实无妄。先秦思孟学派着重阐发其哲学、伦理学含义。子思说:“诚者,天之道也;诚之者,人之道也。”(《中庸》)又说:“诚者,物之终始,不诚无物。”(同上)认为“诚”是天道的本质,世界万物得以存在的根据,主张圣人以诚为性,自有明善的本能,“自诚明,谓之性”;贤人则通过学、问、思、辩而“明乎善”,从而达到诚的境界,“自明诚,谓之教”。强调“惟天下至诚”,就能尽其性,尽人之性,尽物之性,“则可以赞天地之化育,可以赞天地之化育,则可以与天地参矣”(同上)。“诚”作为道德意识,既“可以前知”,又“至诚如神”合天人为一,起着赞助天地化育的作用,“是故君子诚之为贵”。孟子则据子思之意再加发挥,提出“诚身有道”的观念,又说:“至诚而不动者,未之有也,不诚未有能动者也。”(《孟子·离娄上》)认为“诚”作为一种道德意识是对“善”的坚定信念和真实感情,以此行德,必能感动别人。“反身而诚,乐莫大焉。”(《尽心上》)以达到“诚”的境界为最大的快乐。战国末荀子以“诚”为天地四时“有常”的根据。“天不言而人推高焉,地不言而人推厚焉,四时不言而百姓期焉,夫此有常以至其诚者也。”(《荀子·不苟》)君子修养也当“致诚”,“君子养心莫善于诚,致诚则无它事矣。”强调:“诚者,君子之所守也,而政事之本也。”(同上)《大学》言“诚”,重在“诚意”。“所谓诚其意者,毋自欺也。”以此作为正心、修身、齐家、治国、平天下的根本。唐李翱援佛入儒,发挥了《中庸》的思想。“诚者,定也,不动也。”(《复性书》)是心处于“动静皆离,寂然不动”的至静状态。并视其为“圣人之性”。又说:“其心寂然,光照天地,是诚之明也。”(同上)主张通过“灭情复性”达到“诚”。其说对宋明理学影响很大。北宋周敦颐将“诚”纳入《易传》的宇宙论体系。提出“以诚为本”的命题。“诚者,圣人之本。‘大哉乾元,万物资始’,诚之源也。‘乾道变化,各正性命’,诚斯立焉,纯粹至善者也。”(《通书·诚上》)“诚”既是宇宙的精神实体,又是道德的本原。“圣,诚而已矣。诚,五常之本,百行之源也。”(《通书·诚下》)而唯有通过“无欲”、“主静”才能达到“诚”的境界。张载提出:“天人异用,不足以言诚。”(《正蒙·诚明》)认为“至诚,天性也”(《正蒙·乾称下》),“人能至诚,则性尽而神可穷矣”(同上),“故君子诚之为贵”(《正蒙·诚明》)。二程用以为养心之功,“识得此理,以诚敬存之而已”(《遗书》卷二上)。朱熹则断言:“诚者,真实无妄之谓,天理之本然也。”认为圣人“真实无妄,不待思勉而从容中道,则亦天之道也”(《中庸章句》)。明清之际王夫之认为“诚者,天之道也,阴阳有实之谓诚”(《张子正蒙注·太和》),“是天理之实然,无人为之伪也。”(《张子正蒙注·诚明》)用以表述自然规律的客观实在性。而人者诚实无妄,“则循物无违而与天同化”(同上),“一乎诚,则尽人道以合天德”(《读四书大全说》卷三),大大发展了传统的“诚”的内涵。

心性 中国哲学史的一对范畴。指“心”和“性”及其关系。孟子以为性在于心,为人之性的仁义礼智四端,都蕴藏于人的心中。“君子所性,仁义礼智根于心。”(《孟子·尽心上》)性根系于人心,尽心则能知性。“尽其心者,知其性也,知其性则知天矣。”(同上)荀子强调心的作用,认为心可以改变本性。“性之好恶喜怒哀乐,谓之情。情然而心为之择,谓之虑;心虑而能为之动,谓之伪。”(《荀子·正名》)本性所表现的喜怒哀乐之情，由心所控制（“择”），心的思虑活动称为“伪”。故人性的改变决定于心的“动”。“化性起伪”乃心“感物而有知”的自然作用的结果。北宋张载提出：“合性与知觉，有心之名。”（《正蒙·太和》）“心统性情者也。”（《张子语录》）认为性是根本的，有性便有知觉，便成为心。“心”是包含着性及由感物（知觉）而起的情。程颐对心、性、情的关系作了进一步的解释，“性之本谓之命，性之自然者谓之天，性之有形者谓之心，性之有动者谓之情，凡此数者皆一也”（《遗书》卷二十五）。心是蕴藏着性的有形之物，性之动谓之情。南宋朱熹承此说，提出“心之未动则为性，已动则为情，所谓心统性情也”（《朱子语类》卷六二），以心主性情。明王守仁认为“心即性，性即理”（《传习录》上），主张心与性无可区别。明清之际王夫之作了新的解释，“程子统心、性、天于一理……盖言心言性，言天言理，俱必在气上说，若无气处则俱无也”（《读四书大全说》卷十），用气来解说心性的关系。清戴震说：“性者，分于阴阳五行以为血气、心知、品物，区以别焉”（《孟子字义疏证·性》），“心之于理义，一同乎血气之于嗜欲，皆性使然耳。”（《绪言》卷上）认为心、性都是自然的属性。

知行 中国哲学史的一对范畴。“知”指认识、知识、道德意识等；“行”指行动、行为、实行等。在中国古代，知行问题不仅涉及认识论，而且涉及伦理道德和统治术。《左传·昭公十年》：“非知之实难，将在行之。”《书·说命中》：“知之非艰，行之惟艰。”都强调了认识的实行，认为实行比知晓道理更困难、更重要。先秦儒家承认天赋的道德意识，孔子说：“生而知之者上也。”（《论语·季氏》）认为有天赋的、不必行的知。孟子发挥孔子思想，提出：“人之所不学而能者，其良能也；所不虑而知者，其良知也。”（《孟子·尽心上》）把仁义礼智等道德意识都看作是人心中先天固有的。道家则认为真知应为神秘直觉，提倡“涤除玄览”、虚极、静笃的“不行而知”（《老子·四十七章》）。但在老子那里，“不行而知”又有“我无为而民自化”（《老子·五十七章》）的意思，也是一种统治术。庄子发挥老子思想，认为只有在“堕肢体、黜聪明、离形去知”（《庄子·大宗师》）的状态中，才能达到真知。后期墨家和荀子等强调“知”来源于感觉经验。《墨子·经说上》：“知也者，以其知过物而能貌之。”《荀子·正名》：“心有征知，征知则缘耳而知声可也，缘目而知形可也。”荀子还说：“知之不若行之……知之而不行，虽敦必困”（《荀子·儒效》），强调实行的重要。韩非则从统治术的角度发挥了老子的“不行而知”说，《韩非子·主道》：“人主之道，静退以为宝。不自操事而知拙与巧，不自计虑而知福与咎。”宋以后，知行问题受到更多的注意。北宋程颐认为知先行后，知难行亦难，提出：“以知为本。”（《遗书》卷十五）“人力行，先须要知，非特行难，知亦难也。”（《遗书》卷十八）南宋朱熹提倡知行相须，不可偏废，认为：“知之愈明，则行之愈笃，行之愈笃，则知之益明”（《朱子语类》卷十四）但说：“论先后，知为先；论轻重，行为重。”（《朱子语类》卷九）这是离行而知的先验论。明王守仁提出知行合一，“我今说个知行合一，正要人晓得一念发动处，便即是行了”（《传习录》下）。王廷相则批判程、朱、王守仁等人的说法，指出：“行得一事即知一事，所谓真知矣。”（《与薛君采》）明清之际王夫之认为：“知行相资以为用。”（《礼记章句》卷三十一）强调：“知非先，行非后，行有余力而求知。”“行可兼知，而知不可兼行。”“君子之学，未尝离行以为知也必矣。”（《尚书引义·说命中二》）至近代，知行问题的讨论有了新的发展。谭嗣同说：“吾贵知，不贵行也。知者，灵魂之事也；行者，体魄之事也。”“真知则无不能行矣。”（《仁学》）强调了“知”。章炳麟则认为：“人心之智慧，自竞争而后发生。今日之民智，不必恃他事以开之，而但恃革命以开之。”（《驳康有为论革命书》）强调了“行”。孙中山提出“知难行易”，认为“不知而行”，“行而后知”，“知而后行”是人类发展的三个时期，强调“以行而求知，因知以进行”（《孙文学说》）。

格致 中国哲学史的一对范畴。首见于《礼记·大学》：“欲诚其意者，先致其知；致知在格物。”东汉郑玄注：“格，来也；物犹事也。其知于善深，则来善物；其知于恶深，则来恶物；言事缘人所好来也。”（《礼记注疏》）北宋司马光专撰《致知在格物论》一文，指出现实社会生活中善和是者少而恶和非者多，是因为“物诱之也，物迫之也”。比如桀、纣、盗跖，其所以反善为恶，就是不能战胜自己的私欲之心或外物之蔽。从这个意义来理解“致知在格物，格犹扞也，御也，能扞御外物，然后能知至道矣”（同上）。二程从各个角度和层次论证了格物致知，构筑了格物致知论系统，主要包括以下要点：其一，对格物致知的界说。“格，至也，如祖考来格之格。”（《遗书》卷十八）“格犹穷也，物犹理也，犹日穷其理而已也。”（《遗书》卷二十五）物的内涵很广泛，既指理、主体以外的事物，又指“性分之物”等。“物者，凡遇事皆物也。”（《外书》卷四）“格，至也；物，事也。事皆有理，至其理，乃格物也。”（《外书》卷二）其二，格物致知的途径和方法。“如何可以格物？曰：但立诚意去格物，其迟速却在人明暗也。明者格物速，暗者格物迟。”（《外书》卷二十二上）“凡一物上有一理，须是穷致其理。”（《外书》卷十八）格物穷理的方法便是积习和贯通。“若只格一物便通众理，虽颜子亦不敢如此道。须是今日格一件，明日又格一件，积习既多，然后脱然自有贯通处。”（同上）其三，格物致知的宗旨。“致知，但知止于至善”（《外书》卷七），“要在明善，明善在乎格物穷理”（《外书》卷十五）。这是从认知论向道德论的转向。另外还有从道德论向政治论的转向，“人之学，莫大于知本末终始。致知在格物，则所谓本也，始也；治天下国家，则所谓末也，终也”（《外书》卷二十五）。胡宏继二程格物致知之学，强调：“致知在格物。物不格则知不至，知不至则意不诚，意不诚则心不正，心不正而身修者，未之有也。是故学为君子者，莫大于致知。”（《知言·大学》）致知是推致吾心固有的知，并非指通过与客体事物相接触，由耳目获得的知识，“彼夫随众人耳目闻见而知者，君子不谓之知也”(同上)。格物是作为致知的手段，穷究事物之理是为了致心中之知。“是故儒者莫要于穷理，理明然后物格而知至，知至然后意诚而心不乱。”(《胡宏集·姜嫄生稷》)张栻继格训至说，“格，至也；格物者，至极其理也。此正学者下工夫处”(《答江文叔》)。以格物为至极其理，与二程、胡宏同。所谓致知，“知者，吾所固有也，本之《六经》以发其蕴，泛观千载以极其变，即事即物身亲格之，超然会夫大宗，则德进业广有其地矣”(《送张荆州序》)。朱熹综合前人格物致知论的成果，全面系统发展格物致知论，构筑了理论体系。指出：“格，至也；物犹事也，穷至事物之理，欲其极处无不到也。”(《大学章句》第一章)“格，尽也，须是穷尽事物之理。若是穷得三两分，便未是格物，须是穷尽得到十分，方是格物。”(《朱子语类》卷十五)所谓致知，“致，推极也；知，犹识也。推极吾之知识，欲其所知无不尽也”(《大学章句》第一章)。“知者，吾自有此知。此心虚明广大，无所不知，要当极其至耳。”(《朱子语类》卷十五)穷极事物之理，便是认识不断深入的过程，“格物，谓于事物之理，各极其至，穷到尽头，若是里面核子未破，便是未极其至也”(《朱子语类》卷十八)。格物必须由表及里，由浅入深。认识亦层层递进，而获得真理性。致知除指吾心固有的道德知识外，亦指主体认识能力，“盖人心之灵，莫不有知”(《大学章句·格物致知补传》)。“知者，因事因物皆可以知，觉则自心中有所觉悟。……盖知是知此一事，觉是忽然自理会得。”(《朱子语类》卷五十八)朱熹探讨了格物与致知的相互关系。认为就两者相分而言，“格物，是物物上穷其至理；致知，是吾心无所不知。格物是零细说，致知是全体说”(《朱子语类》卷十五)。陆九渊认为理无二理，“天下事事物物，只有一理，无有二理，须要到其至一处”(《语录下》)。穷理、明理便是这一理，不需要从“一物上有一理”地去穷至。“到某这里，只是与他减担，只此便是格物。”(《语录下》)朱陆格物致知同异，成为当时和后来学者论争的问题，并由此形成以格物为主导的外向型认识和以致知为主导的内向型认识。叶適沿前者而讲格物致知：“《中庸》曰：‘诚者物之终始，不诚无物。’是故君子不以须臾离物也。夫其若是，则知之至者，皆物格之验也。有一不知，是吾不与物皆至也；物之至我，其缓急不相应者，吾格之不诚也。”(《水心别集》卷七)元明以后，格物致知仍主要朝内向型与外向型两个方向发展，其间虽也有交错的复杂情况，但基本倾向是清晰的。薛瑄尊奉朱学，以复性为宗。认为格物之物便是“耳目口鼻身心皆物也”(《读书录》卷二)，“圣贤之书，六艺之文，历代之政治，皆所谓物也”(同上)。指出格物是物与感官相接应中“求其是处”(《读书录》卷三)。或“求至极之理”(《读书续录》卷五)，吴与弼之学得自朱学，但初显偏离朱学的倾向。比如其为学强调“圣人教人，必先格物致知以明其心，诚意正心以修其身”(《励志斋记》)。“与弼之学，实能兼采朱陆之长，而刻苦自立。其及门陈献章得其静观涵养，遂开白沙之学。”(《四库全书总目》卷一七〇《康斋集》提要)陈献章认为，“唯在静坐，久之然后见吾此心之体，隐然呈露”(《复赵提学佥宪》)。超越程朱以读书为格物穷理，“六经，夫子之书也；学者徒诵其言而忘味，六经一糟粕耳。一开卷尽得之矣。非得之书也，得自我者也。盖以我而观书，随处得益”(《道学传序》)。许衡则认为，“知其性是物格，尽其心是知至也”(《许文正公遗书》卷二)。格物致知便是知性尽心，从而发展出王守仁的致良知说。王守仁指出：“若鄙人所谓致知格物者，致吾心之良知于事事物物也。吾心之良知，即所谓天理也。致吾心良知之天理于事事物物，则事事物物皆得其理矣。致吾心之良知者，致知也；事事物物皆得其理者，格物也，是合心与理而为一者也。”(《答顾东桥书》)他对格物作了新解：“物者，事也。凡意之所发必有其事，意所在之事谓之物。格者，正也。正其不正以归于正之谓也。正其不正者，去恶之谓也；归于正者，为善之谓也，夫是之谓格。”(《大学问》)以格训正，便舍弃其认识论意义，而使之成为纯粹价值论问题。王守仁所谓知，便是良知；致知，即“致吾心之良知”(《传习录》上)。之所以要格物，是由于人容易动于欲，蔽于私。格物就在于去私欲之蔽而正心明知。王守仁的弟子钱德洪把良知实现工夫看成格物。“格物之学，实良知见在功夫，先儒所谓过去未来，徒放心耳。见在功夫，时行时止，时默时语，念念精明，毫厘不放，此即行著习察，实地格物之功也。于此体当切实，著衣吃饭，即是尽心至命之功。”(《论学书》)王艮亦有所创新，提出“淮南格物说”，在当时思想界很受重视。“越中良知，淮南格物，如车之两轮，实贯一毂”(赵贞吉《王艮墓铭》)，王艮淮南格物以格物知本、立本安身为主旨。“身与天下国家，一物也，唯一物而有本末之谓。格，絜度也。絜度于本末之间，而知本乱而末治者否矣，此格物也。物格，知本也；知本，知之至也。”(《答问补遗》)王畿认为，“致知者，致其固有德性之知。非推极知识之谓。格物者，格其见在应感之物，非穷至物理之谓”(《慈湖精舍会语》)。格物不是穷至物理，而是应感之事实；致知并非推致知识，而是推致吾心之良知。

形神 中国哲学史的一对范畴。在《孟子》中，形字四见，“神”字三见。形有形状、形体之义。“不为者与不能者之形何以异?”(《孟子·梁惠王上》)“有诸内，必形诸外。”(《孟子·告子下》)对于神，孟子主要还是从有意志的人格神方面去理解。“使之主祭，而百神享之，是天受之。”(《孟子·万章上》)《管子》在解释意识起源和人的精神活动时说：“凡人之生也，天出其精，地出其形，合此以为人。”(《管子·内业》)《庄子》继续这种探讨：“精神生于道，形本生于精，而万物以形相生。”(《庄子·知北游》)若依上句“夫昭昭生于冥冥，有伦生于无形”来看，便是无，似乎是无生有的命题，如成玄英疏曰：“夫无形之道，能生有形之物。”不过在道与有物之间，有一精神环节。“留动而生物之形，形体保神，各有仪则，谓之性。”(《庄子·天地》)“形体保神”和“形本生于精”，蕴含着精神逻辑在形体之先的观点，也有形神可离为二，又可合而为一的思想。庄子所说的形神已含范畴的意义。荀子肯定有形体然后才有精神。“形具而神生，好恶、喜怒、哀乐臧焉，夫是之谓天情。耳、目、鼻、口、形，能各有接而不相能也，夫是之谓天官。”(《荀子·天论》)又说：“形则神，神则能化矣。”(《荀子·不苟》)《礼记》：“魂气归于天，形魄归于地，故祭求诸阴阳之义也。”(《郊特牲》)《礼记·祭义》载：“气也者，神之盛也；魄也者，鬼之盛也，合鬼与神，教之至也。众生必死，死必归土，此之谓鬼。骨肉毙于下，阴为野土。其气发扬于上为昭明……此百物之精也，神之著也。”认为鬼是魄，是形体，死后腐烂归于土，所以，鬼就是归的意思，神是精神，死后离开形体，成为气，到处游荡。《淮南子》继承了形神离合的思想，“精神者，所受于天也；而形体者，所禀于地也”(《淮南子·精神训》)，并具体描述了胎儿的发育过程，即三月而胎，六月而骨，七月而成，十月而生的个体生命的产生过程。这样，形神观就更具体化与科学化了。个体生命一旦形成，它便具备三个要素，即形、神、气。“形、神、气志，各居其宜，以随天地之所为。夫形者生之舍也，气者生之充也，神者生之制也。一失位则三者伤矣。”(《淮南子·原道训》)“神制则形从，形胜则神穷。”(《淮南子·诠言训》)贵神而贱形，恰是“形具而神生”的反命题。如果说《淮南子》以形神与养生相联系，那么司马谈所说便直接与生死问题相连接，触及形神范畴的实质。他说：“凡人所生者神也，所托者形也。神大用则竭，形大劳则敝，形神离则死。死者不可复生，离者不可复合，故圣人重之。由是观之，神者，生之本也，形者，生之具也。”(《史记·太史公自序》)《黄帝内经·灵枢·邪容》说：“心伤则神去，神去则死矣。”神去人死，仍是“神者，生之本”的思想。“恬淡虚无，真气从之，精神内守，病安从来？”(同上)桓谭继承《淮南子》的烛火之喻，明确论述了烛火与形神的关系。他说：“精神居形体，犹火之然(燃)烛矣。如善扶持，随火而侧之，可毋灭而竟烛。烛无，火亦不能独行于虚空，又不能后然(燃)其灺。灺犹人之耆老，齿堕发白，肌肉枯腊，而精神弗为之能润泽内外周遍，则气索而死，如火烛之俱尽矣。”(《新论·祛蔽》)这是一种形死神灭的观点。东汉王充说：“形须气而成，气须形而知。天下无独燃之火，世间安得有无体独知之精？”(《论衡·论死》)把形体与精神关系比喻为烛火的关系，“人之死，犹火之灭也；火灭而耀不照，人死而知不慧，二者宜同一实。论者犹谓死〔者〕有知，惑也。人病且死，与火之且灭何以异？火灭光消而烛在，人死精亡而形存，谓人死有知，是谓火灭复有光也”(同上)。认为人死神亡而无知。佛教传入中国以后，在与中国传统思想的结合中，便有神不灭、因果报应与形神论相联结的情况。《西域传论》载：“精灵起灭，因报相寻。”形神论在神灭、神不灭的论争中，掀起了一个高潮。阮籍在讲“天地生于自然”时，主张形神自然结合。“不害于物而形以生，物无所毁而神以清，形神在我而道德成，忠信不离而上下平。”(《达庄论》)天文学家杨泉作《物理论》，从“成天地者气也”出发，论证形神关系。“人含气而生，精尽而死。死犹澌也，灭也。”后来戴逵也沿用薪火之喻，批评神不灭论。他在《流火赋》中说“火凭薪以传焰，人资气以享年，苟薪气之有歇，何年焰之恒延？”(《器物部·火》，见《初学记》卷二十五引)这种理论上的破绽，就被道教和佛教用来论证道佛的学说。葛洪曾说：“形者，神之宅也。故譬之于堤，堤坏则水不留矣。方之于烛，烛糜则火不居矣。身劳则神散，气竭则命终……气疲欲胜，则精灵离身矣。”(《抱朴子·至理》)慧远针对汉以来精粗一气、神形俱化的思想，说明神精形粗。“夫神者何邪？精极而为灵者也。”(《沙门不敬王者论》)此外，神有传异形的功能。如“火之传于薪，犹神之传于形。火之传异薪，犹神之传异形。前薪非后薪，则知指穷之术妙；前形非后形，则悟情数之感深”(同上)。再者，慧远反驳了形神俱生俱灭论。他说：“假令神形俱化，始自天本，愚智资生，同禀所受。问所受者，为受之于形邪？为受之于神邪？若受之于形，凡在有形，皆化而为神矣。若受之于神，是以神传神，则丹朱与帝尧齐圣，重华与瞽叟等灵，其可然乎？”(同上)南朝天文学家何承天以科学观察为基础，批判了因果报应说，他认为：“生必有死，形毙神散，犹春荣秋落，四时代换，奚有于更受形哉？”(《达性论》)他还进一步阐述了形神关系说：“形神相资，古人譬以薪火。薪弊火微，薪尽火灭，虽有其妙，岂能独传？”(《答宗居士书》)而神不灭论者却反驳说：“观三圣设教，皆云〔神〕不灭。其文浩博，难可俱载。止举二事，试以为言。《祭义》云：‘唯孝子为能饗亲。’《礼运》云：‘三日斋必见所祭。’若谓饗非所饗，见非所见，违经背亲，言语可息。神灭之论，朕所未详。”(《敕答臣下神灭论》)后范缜《神灭论》一出，“朝野喧哗”，内外震动。范缜说：“形者神之质，神者形之用；是则形称其质，神言其用，形之与神，不得相异也。”(《梁书·范缜传》)“神之于质，犹利之于刃，形之于用，犹刃之于利。利之名非刃也，刃之名非利也。然而舍利无刃，舍刃无利。未闻刃没而利存，岂容形亡而神存？”(同上)唐孔颖达在注释古文献中，涉及形神、魂魄问题。“人之生也，始变化为形，形之灵者，名之曰魄也。既生魄矣，魄内自有阳气，气之神者，名之曰魂也。魂魄神灵之名，本从形气而有，形气既殊，魂魄亦异，附形之灵为魄，附气之神为魂也。”(《左传·昭公七年》疏)宋元明清时期，形神问题的性质已与范缜之前的情况有异，不是神灭神不灭之争，而是本质、本体与作用、功能之论。周敦颐认为：“唯人也得其秀而最灵。形既生矣，神发知矣，五性感动而善恶分。”(《太极图说》)朱熹在解释周敦颐这句话时，作了发挥：“‘形既生矣’，形体阴之为也；‘神发知矣’，神知阳之为也。盖阴主翕，凡敛聚成就者，阴为之也；阳主辟，凡发畅挥散者，阳为之也。”(《朱子语类》卷九十四)王廷相在《答何柏斋造化论》中批评何瑭的“神为阳，形为阴”的形神二元论，实际上是对朱熹“形体阴之为也，神知阳之为也”的批判。他说：“神者，形气之妙用，性之不得已者也，三者一贯之道也。今执事以神为阳，以形为阴，此出自释氏仙佛之论，误矣。”熊伯龙是一个无神论者，他以“辟神怪祸福之说为主”，而定书名为《无何集》。王夫之把形神问题与认识论相联系，他说：“形也、神也、物也，三相遇而知觉乃发。”（《张子正蒙注·太和篇》一）形是指人的形体感觉器官，具有“视听之明，可以摄物，心知之量，可以受物”（《张子正蒙注·大心篇》）的功能。神是指精神现象或思维活动。“君子独言心者，魂为神使，意因神发，魄待神动，志受神摄，故神为四者之津会也。”（《思问录·外篇》）

体用 中国哲学史的一对范畴。❶ 体指形体、形质、实体；用指功能、作用、属性。《荀子·富国》：“万物同宇而异体，无宜而有用为人。”唐崔憬《周易探元》卷下：“凡天地万物，皆有形质，就形质之中，有体有用。体者，即形质也。用者，即形质上之妙用也。”认为天地是体，产生万物的功能是用；动物的形躯是体，灵识是用；植物的枝干是体，生性是用。明清之际王夫之以真实存在的“实有”为体，“实有”的功能、作用为用：“天下之用，皆其有者也。吾从其用而知其体之有，岂待疑哉？”（《周易外传》卷二）近代孙中山以物质为体，以精神为用：“中国哲学亦恒言有体有用。何谓体？即物质。何为用？即精神。”（《军人精神教育》）❷ 体指本体、本质，用指现象。三国魏王弼《老子注·三十八章》：“虽贵以无为用，不能舍无以为体也。”以“无”为世界本体。北宋王安石以静止状态的元气为体，以元气的运动为用：“道有体有用，体者，元气之不动；用者，冲气运行于天地之间。”（《老子注》）二程、南宋朱熹以“理”为体，以“象”为用：“至微者，理也，至著者，象也。体用一源，显微无间。”（程颐《易传序》）在性情关系上以性为体，以情为用：“仁，性也；恻隐，情也。性是体，情是用。”（《朱子语类》卷五）❸ 体指根本原则，用指具体方法。清张之洞《劝学篇·会通》：“中学治身心，西学应世事。”主张“中学为体，西学为用”，用西方的科学文化辅助中国的名教。严复《与〈外交报〉主人论教育》：“体用者，即一物而言之也。……故中学有中学之体用，西学有西学之体用，分之则两立，合之则两亡。”批评张之洞“中体西用”说割裂了体用关系。

动静 中国哲学史的一对范畴。老子最早从哲学上论述了动静关系。认为“反者，道之动”（《老子·四十章》），但又认为事物运动变化最终要归于虚静，“致虚极，守静笃……夫物芸芸，各复归其根，归根曰静，是谓复命”（《老子·十六章》）。《易传》强调变动，“刚柔相推，变在其中矣；系辞焉而命之，动在其中矣”（《易·系辞下》）。又认为动是刚，静是柔，“动静有常，刚柔断矣”（《易·系辞上》）。但亦认为“易无思也，无为也，寂然不动，感而遂通天下之故”（同上）。三国魏王弼从“以无为本”出发，进一步阐述了动静关系，“凡有起于虚，动起于静”（《老子注·十六章》），认为动起于静，又复归静。强调“天地以本为心者也。凡动息则静，静非对动者也”（《周易·复卦注》）。东晋僧肇提出“即动求静”说，认为“寻夫不动之作，岂释动以求静？必求静于诸动，故虽动而常静”（《物不迁论》）。北宋周敦颐分动静为两类，一类是“动而无静，静而无动，物也”；一类是“动而无动，静而无静，神也”（《通书·动静》）。认为具体事物的运动与静止是绝然分开的。南宋朱熹改造与发挥了周敦颐的动静观，提出“太极自是含动静之理”，以体用关系说明动静关系，“静即太极之体，动即太极之用”（《朱子语类》卷九十四）。认为：“若以天理观之，则动之不能无静，犹静之不能无动。”（《答张敬夫》）但又认为：“方其动时则不见静，方其静时则不见动。”（《朱子语类》卷九十九）并强调“然敬字工夫，贯动静而必以静为本”（《答张敬夫》）。明清之际王夫之提出“太虚本动”。认为“动静者乃阴阳之动静”（《张子正蒙注·大易篇》），运动即阴阳本身的运动，强调“动极而静，静极而动……方动即静，方静旋动，静即含动，动不舍静”（《思问录·外篇》）。并认为“是静因动而得常，动不因静而载一”（《周易外传》卷二），动是绝对的，故“废然无动而静，阴何从生哉！”（《思问录·内篇》）

一多 中国哲学史的一对范畴。指整体和部分、一般与个别、本体与现象之间的关系。佛教华严宗提出“一多相容”的命题，最早以“一多”作为一对范畴使用，法藏《华严经·义海百门》：“一多相由成立，如一全是多，方名为一；又多全是一，方名为多。多外无别一，明知是多中一；一外无别多，明知是一中多。”说明“一全是多”、“多全是一”的总体与个别的关系。“总”（指“一”）与“别”（“多”）相依的关系正是“若不别者，总义不成。由无别时，即无总故”（《华严一乘教义分齐章》）。但也指出“一中多，多中一”个别之间的相互包含的关系，即是“有一即有一切，却一即却一切”（《华严经·探玄记》）。又认为个别部分不同于总体，“多即非一是别相”。华严宗的这一观点对宋明理学的“理一分殊”说颇有影响。北宋邵雍、周敦颐皆以“太极”为“一”，由“太极”而派生天地万物。邵雍说“合之斯为一，衍之斯为万”（《观物外篇》）。周敦颐也说：“是万为一，一实万分。万一各正，小大有定。”（《通书》）二程认为“理”便是“太极”也是“一”。强调天下只有一个理，“万物皆是一理”，“一物之理即万物之理”（《遗书》卷二上）。南宋朱熹说：“万一各正，小大有定，言万个是一个，一个是万个。”（《朱子语类》卷九十四）又说：“万物各具一理，万理同出一原。”（《朱子语类》卷十八）从而论述个别和一般的关系。明清之际方以智汲取、改造华严宗的“一多”观点，说：“一是多中之一，多是一中之多，一外无多，多外无一，此乃真一贯者也。……若为一贯所得，是为‘死一’，非活一贯也。”（《一贯问答》）认为离开无数的各种各样的互相矛盾的事物（“多”）的那种绝对抽象、超然的“一”是不存在的。这是对“一多”范畴内容的丰富和发展。

变化 中国哲学史的一对范畴。“变”，本意是改变。《小尔雅·广诂》：“变，易也。”“化”，本意是教化。《说文》：“化，教行也。”变，《易经》两见：“大人虎变，未占有孚。”“君子豹变，小人革面。”（《周易·革卦》)《左传·僖公三年》:"公惧,变色。"又《昭公二十六年》:"工贾不变。"指改变脸色或不变职业。《论语》中有:"齐一变,至于鲁;鲁一变,至于道。"(《论语·雍也》)意指变革。在变化未成为对偶范畴的时候,变作为单一概念,已与道相联系。《老子》虽有丰富的辩证的思想,但无变字,却有化字。《老子》化字三见。"我无为而民自化"(《老子·第五十七章》),化有教化之义。"道恒无名,侯王若能守之,万物将自化。"(《老子·第三十七章》)变化两字连用,较早见于《孙子兵法》:"兵无常势,水无常形,能因敌变化而取胜者、谓之神。"(《孙子兵法·虚实篇》)变与化是在同一意义上使用,并没有区别变、化的不同含义。因此,变化还是一个概念,而非范畴。战国时期,变化由概念转变为范畴。《管子》载:"静则不变,不变则无过。"(《管子·心术上》)地道是静的,指一事物处在相对静止稳走不变的状态,然而变是自然社会的普遍现象。《心术》既单言变,又单言化:"虚而无形谓之道,化育万物谓之德。"(同上)孟子论变化,基本上是作为单一概念来运用的。他以变为改变,"诸侯危社稷,则变置"(《孟子·尽心下》)。认为化是教化,"夫君子,所过者化,所存者神"(《孟子·尽心上》)。庄子提出物化概念:"不知周之梦为胡蝶与,胡蝶之梦为周与?周与胡蝶,则必有分矣。此之谓物化。"(《庄子·齐物论》)公孙龙作《通变论》,可见变受到当时哲学家的重视。"曰:谓变非不变,可乎?曰:可。曰:右有与,可谓变乎?曰:可。曰:变只。曰:右。曰:右苟变,安可谓右?苟不变,安可谓变?"(《公孙龙子·通变论》)在《易传》中,变化是指一事物产生了新的状况或转化为新事物。"在天成象,在地成形,变化见矣。"(《系辞上》)"是故天生神物,圣人则之,天地变化,圣人效之。"(同上)"天地变化,草木蕃。"(《文言》)荀子也以变化连用,如"大道者,所以变化遂成万物也。情性者,所以理然不取舍也"(《荀子·哀公》)。《管子·七法》也曾说:"渐也、顺也、靡也……谓之化。"渐就是细微的、不显著的量变过程。如果说《系辞传》的"化而裁之,谓之变",是以化规定变的话,那么,荀子"状变而实无别而为异者谓之化",是以变说明化。这种相互规定,表现了变与化既相对而又统一的关系。

常变 中国哲学史的一对范畴。常,指"常道",固定不变的原则;变,指变革,具体措施等的改变。《淮南子·氾论训》:"故仁以为经,义以为纪,此万世不更者也,若乃人考其才而时省其用,虽日变可也。"董仲舒认为:"天之道,有序而时,有度而节,变而有常"(《春秋繁露·天容》),把常与变作为天道的两个方面。明王廷相主张"道有变有不变"(《雅述》上篇)。承认"道有变化","世间万世,变化起伏,浮沉得失,转盼之间,尽为陈迹"(同上)。但又认为"六经之道……万世不可易也"(《慎言·文王篇》)。"经者,常道也,可常以范世者也"(《雅述序》)。明清之际王夫之对常与变的关系作了较详细的论述,认为常相对变而言,常在变中,非变之外另有常,强调"变以贞常","变而不失其常,而后大常贞"(《周易外传》卷七)。又提出"执常以迎变,要变以知常"(《周易外传》卷六)。重视灵活运用这些原则"常"。因为"变在天地而常在人"(同上)。要人掌握一般原则,根据客观形势而作出相应措施。这一观点较深刻地揭示了常与变的关系。

消长 中国哲学史的一对范畴。《左传·隐公六年》:"善不可失,恶不可长。""不可长"已含有消的意蕴。春秋战国时期,消长由单一概念演变为对偶范畴。孟子较早提出消长的对偶概念:"故苟得其养,无物不长;苟失其养,无物不消。"(《孟子·告子上》)培养仁义道德之心,使人之所以为人,而与禽兽相别。《庄子》中讲大道的方向和万物的道理,"消息盈虚,终则有始。是所以语大义之方,论万物之理也"(《庄子·秋水》)。消息即指消灭与生长,或一消一长,与消长含义相同。《易传》扩展消长内涵,发展为对待范畴。《泰卦·象》:"内阳而外阴,内健而外顺,内君子而外小人,君子道长,小人道消也。"《否卦·象》与此相反:"内阴而外阳,内柔而外刚,内小人而外君子,小人道长,君子道消也。"消长在和君子与小人、健与顺、阴与阳、刚与柔、内与外等一系列概念、范畴网状相联结中,被定位为相对范畴。这一范畴又往往与消息范畴并用,而且含义大体相同。《易传》以后,消长(消息)范畴向两条理路发展,一是宇宙论理路,一是伦理观理路。前者以阴阳变易消息解释自然现象和社会现象,后者以公私理欲之别解释社会伦理现象,认为消长是兼综宇宙和伦理的方法原则。自汉至唐,消长(消息)主要运用于自然现象方面。《淮南子》以阴阳变易学说解释《乾卦》九三爻辞:"终日乾乾,以阳动也;夕惕若厉,以阴息也。因日以动,因夜以息,唯有道者能之。"(《淮南子·人间训》)以动息释阴阳、日夜,此息非生息、生长之义,而是休息、休止之意,与消息范畴不符。汉代孟喜和京房等以阴阳灾异释易,以推测宇宙气候、季节的变化和人事的吉凶。魏伯阳的《周易参同契》以六十四卦解释炼丹的全部程序。他以阴阳消长的十二消息卦,配以十二律,以明一月或一年炼丹用火程序。《参同契》认为炼丹用火与月亮盈亏、四时变化之间,有一种因果的必然联系。魏晋时期,玄学家论易重义理而斥象数。三国魏王弼易说取义不取象,以无为天地阴阳消长之根本,具有玄学家的特点。竹林名士中的阮籍在正始时曾作《通易论》,通过对六十四卦的卦义和次序解释,说明由乾到泰是先王治民的盛世,由同人到复,圣王兴而推行礼法名教,进入衰世,体现了乾辟阴阖,阴阳消长,刚柔相推的原则。南北朝时,玄学派易学与佛教开始结合,以易解佛。周弘正曾仕梁,著《周易义疏》,将六十四卦分为六门:天道门、人事门、相因门、相反门、相须门、相病门。认为如乾坤、泰否的顺序是讲阴阳消长盈虚的,是天道门。唐代易学,义理、象数并存。孔颖达以阴阳二气解释《周易》。"变化运行,在阴阳二气。故圣人初画八卦,设刚柔两画,象二气也。"(《周易正义》卷首)认为天地万物、人类社会都由阴阳二气所构成,并受其支配。阴阳消长变化便是变易的原理。

到宋代，邵雍的八卦和六十四卦方位图体现了阴阳消长的过程。就《伏羲八卦方位图》来说："震始交阴而阳生，巽始消阳而阴生，兑阳长也，艮阴长也。震兑在天之阴也，巽艮在地之阳也。"（《皇极经世·观物外篇》）周敦颐在《太极图说》中自无极而为太极，太极动静而生阴阳，由阴阳互为消长，从而构成阴阳相交之图，仍然遵循着阴阳消长的原理。张载将消息与盈虚对言，是消长之意。"君子道长，故非德之禁可以必行。"（《横渠易说》）把《周易》看作是讲道德，行仁义，穷理尽性，以提高人的道德境界的教本。二程认为天地万物中都蕴含阴阳之象、之数和对待。"万物莫不有对，一阴一阳，一善一恶，阳长则阴消，善增则恶减。"（《遗书》卷十一）消长范畴主要表现在"消长相因，天之理也。阳刚君子之道长，故利有攸往。"（《周易程氏传》卷二）"二阴长两阳消矣，故云消不久也。在阴阳之气言之，则消长如循环，不可易也。"（同上）以及"阳长将极，阴消将尽"（《周易程氏传》卷三），由此拓展了消长范畴的内涵。南宋朱熹继承邵雍、张载、程颐的易学。朱熹说，"易只消阴阳二字括尽"（《朱子语类》卷六十五）。"有阴则有阳，有善则有恶，阳消则阴长，君子进则小人退。"（《答吕伯恭》）"天地间只有阴阳二者而已，便会有消长。"（《朱子语类》卷六十七）消长既是善恶道德趋向，亦是君子小人伦理进路，它是指引各具对待性格的范畴变易的导向。从而使义利、公私范畴通过消长范畴而转化为天理、人欲。"天理才胜，私欲便消；私欲才长，天理便被遮了。"（《朱子语类》卷四十一）义利、公私、理欲都处在消长的过程中。陆九渊在与朱熹的辩论中认为，"一阴一阳之谓道，一阴一阳已是形而上者"（《与朱元晦》），因而道并非所以阴阳者。易道即是阴阳变易的过程。"易之为道，一阴一阳而已。先后始终，动静晦明，上下进退，往来阖辟，盈虚消长，尊卑贵贱，表里隐显……何适而非一阴一阳哉！"（同上）王守仁居龙场时，认为《周易·遁》卦阴渐长而阳渐消，然所以讲"遁，亨"，是因"其时阴渐长，阳渐消，故能自全其道而退巡，则身虽退而道亨"（《王文成公全书》卷二十六）。阳虽消，但四阳尚盛，九五居尊得位；阴虽长，但二阴尚微，六二处下应五。君子在位，小人新进，势微而顺君子；君子知可巡之时，然势尚可为，尽力匡扶，以行其道，使不速乱。这是王守仁对当时被贬处境的估计及其心态的反映。近代魏源基于对物极必反，而又相互联系的认识，说："消与长聚门，祸与福同根，岂惟世事物理有然哉?"（《默觚上·学篇七》）由于《易传》以阴阳为核心解释消长范畴，在较长的时期内，阴阳消长的思维模式支配了消长范畴的运用和功能的扩展。特别在易学思维发展的过程中，这种情况尤为突出。在消长范畴发展演变过程中，宋明理学家具有重要地位。理学家基于对易学研究的深厚功底，把消长范畴超越阴阳的支配，而与义利、公私、理欲相联系，用以解释义利、公私与理欲范畴之间的关系。这样消长范畴便作为由义利、公利到理欲，与从理欲反馈为义利、公利联系的载体和中介。

渐骤　中国哲学史的一对范畴。对事物量变和质变两种变化形式及其关系的见解。《易经》中的"渐卦"就包含着对于事物渐变过程的洞察，《易传》中则保留着更多关于量的积累而引起质变的思想资料。如"天地解（平静）而雷雨作，雷雨作而百果草木皆甲坼（生长）"。认为"雷雨"这种骤变现象是由"天地"之间平静缓慢的量变发展而来的。庄子则不承认质的骤变是由量的渐变而来的，"物之生也，若骤若驰，无动而不变，无时而不移"（《庄子·秋水》）。东汉王充指出："夫物之生长，无卒成暴起，皆有浸渐。"（《论衡·道虚》）事物的生长都有"浸渐"的量变过程，离开了"浸渐"便无"暴起"的可能。北宋张载亦认为"然暴亦因有渐"（《正蒙·神化》），例如"雷霆感动虽速，然其由来亦渐矣"（《正蒙·参两》）。南宋朱熹发展了这一观点，提出"化是渐渐移将去，截断处便是变"（《朱子语类》卷七十五），含有渐进过程中的中断即骤变之意。明王廷相、吕坤则只讲渐变而不讲骤变。王廷相说："四时寒暑，其机由日之进退……不可骤变也。"（《慎言·乾运》）吕坤认为"天地万物只是个渐，故能成，故能久，所以成物"。"渐至非骤至，骤至则激"（《呻吟语·天地》）。明清之际王夫之继承发展了张载、朱熹的渐骤观，认为事物在隐微的渐变过程中已有质变的因素，指出"质日代而形如一"，但事物量变到一定的阶段，也就"变而生彼"即"推故而别致其新"了。例如"盖阴阳者恒通，而未必其相薄；薄者，其不常矣。阳忽薄（迫）阴而雷作，阴忽薄阳而风动，通之变也"（《周易外传》卷七）。说明"雷作"、"风动"的这种暴烈的骤变是由阴阳的"恒通"到"相薄"（对抗）的渐变而来的。

聚散　中国哲学史的一对范畴。聚，本意是众人相会。《说文》："聚，会也。从㐺取声。"有聚会、聚集、聚合、凝聚的意思。《说文》："散，杂肉也。"杂肉而不成块，显得杂乱的样子。引申为分散等。散有杂乱、分布、分派、分离、分散的意思。聚散对待，即聚的反面就是散，反之亦然，但又相互联系。春秋时，已萌发聚散概念。《左传·哀公十七年》："楚白公之乱，陈人恃其聚而侵楚。"杜预注："聚，积聚也。"聚为积聚、集聚之义。《国语·齐语》载："畜散而无育。"韦昭注："散，谓失亡也。"聚散，便有积聚和散失的意思。《孟子》聚字三见，"地不改辟矣，民不改聚矣，行仁政而王，莫之能御也"（《孟子·公孙丑上》），皆有积聚、聚集的意思。"父母冻饿，兄弟妻子离散"（《孟子·梁惠王上》），离散有分散的意思。《孙子兵法》中聚散亦为单一概念。聚有聚众的意思："凡用兵之法，将受命于君，合军聚众，交和而舍。"（《孙子·军争》）《庄子》较早把聚散两个范畴相连接，"人之生，气之聚也。聚则为生，散则为死。若死生为徒，吾又何患！故万物一也"（《庄子·知北游》）。生与死不断变化，互为始终，循环相继。由是进一步探讨了聚散范畴本身的相对相成。"安危相易，祸福相生，缓急相摩，聚散以成。"（《庄子·则阳》）《易传》论聚散，表达为聚分。"方以类聚，物以群分。"（《周易·系辞上》）《吕氏春秋》记载："昔古朱襄氏之治天下也,多风而阳气畜积,万物散解,果实不成。”(《古乐》)畜积与散解对言,积有积聚之意,散有离散之义,与聚散义近。东汉王充继承了《庄子》聚则生、散则死的思想,说:“血者,生时之精气也。人夜行见磷,不象人形,浑沌积聚,若火光之状;磷,死人之血也,其形不类生人之形也。”(《论衡·论死》)西晋郭象在注《庄子》“人之生,气之聚也。聚则为生,散则为死”时说:“俱是聚也,俱是散也。”(《知北游注》)生与死都是气的聚散运动形态,这种聚散运动,只是生与死的一种存在形式。晋韩康伯撰《系辞注》,发挥聚散范畴,说:“精气烟煴,聚而成物,聚极则散,而游魂为变也。游魂,言其游散也。”唐孔颖达在《周易正义》中,论述了聚散范畴,“气氤氲积聚而为万物也。游魂为变者,物既积聚,极则分散,将散之时,'浮游精魂,去离物形,而为改变”(《系辞上疏》)。成玄英认为:“气聚而生,犹是死亡徒类,气散而死,犹是生之本始。生死终始谁知纪纲乎,聚散往来变化无定。”(《庄子·知北游疏》)聚散对偶范畴,从先秦终唐之时,基本上未脱《庄子·知北游》所创“人之生,气之聚也,聚则为生,散则为死”的路数。然而把聚散推向本体论的中介范畴和聚散内涵的规定,及其相互关系的展开,应归之于宋明理学。北宋张载对聚散范畴作了全面的论说:“气之聚散于太虚,犹冰凝释于水。”(《正蒙·太和》)作为气的存在形式的太虚,他认为是与气的聚散运动不可分离的。“天地之气,虽聚散、攻取百涂,然其为理也,顺而不妄。”(同上)聚与散还是相与统一的,“两体者,一聚散也,清浊也,其究一而已。”(同上)二程也论及由气的聚散而成物的思想,“物生则气聚,死则散而归尽”(《遗书》卷二下)。“物生者,气聚也,物死者,气散也。”气的聚散运动形态,体现为物生、物死。南宋朱熹不同意张载以气为世界本体,朱熹抨击张载气的聚散说是大轮回。但朱熹在论述气的内涵时,仍然把聚散作为气运动变化的形态。“人物之始,以气化而生者也。气聚成形,则形交气感,遂以形化,而人物生生,变化无穷矣。”(《太极图说注》)“人所以生,借气而凝聚造作,精气聚也。”(《朱子语类》卷三)明清之际王夫之使聚散范畴更加丰富和具体。“阳之性散,阴之性聚,阴抱阳而聚。”(《张子正蒙注·太和篇》)聚散既是气有规律的运动形式,又是自然而然的,非有主宰者。“聚而成形,散而归于太虚,气犹是气也。……聚而可见,散而不可见尔,其体岂有不顺而妄者乎!”(同上)“聚而不失其常……散而仍得吾体。”(同上)聚散作为气的有规律的运动,是“理势之自然”。“气之聚散,物之死生,出而来,入而往,皆理势之自然,不能已止者也。不可据之以为常,不可挥之而使散,不可挽之而使留,是以君子安生安死,于气之屈伸无所施其作为,俟命而已矣。”(同上)实际上反映了聚散范畴承担了气与物范畴以及其他范畴之间的联系,并通过互相联系而构成中国哲学范畴系统。

两一 中国哲学史的一对范畴。《周易·泰卦》爻辞的“无平不陂,无往不复”,可谓两一观念的萌芽。《老子》的“有无相生”,指出了对立面的相互依赖关系。《易传·系辞上》的“一阴一阳之谓道”,明确指出了“道”之统一体中的阴和阳的对立。北宋张载首次将“两”与“一”作为一对哲学范畴而提出:“两不立则一不可见,一不可见则两之用息。”“不有两则无一。”(《正蒙·太和》)阐明了事物统一中有对立,对立中亦有统一。认为对立面的矛盾作用是变化的原因,“一故神,两故化”(《正蒙·参两》)。南宋朱熹也认为:“凡天下之事,一不能化,唯两而后能化。”(《朱子语类》卷九十八)蔡沈亦说:“非一则不能成两,非两则不能致一。”(《洪范皇极·内篇》)明清之际方以智反对“执二迷一”、“丧二求一”的错误倾向,提出“有一必有二,二本于一”,“合二而一”(《东西均》)。王夫之继承和发展了张载的思想,说:“两端者,虚实也,动静也,聚散也,清浊也,其究一也。”“非合两而以一为之纽也。”(《思问录·内篇》)既承认“由两而见一”(《张子正蒙注·太和篇》),同时又指出:“非有一,则无两也”,“一体之立,故两之用行”(同上)。明确提出,所谓“一”是指“两”(对立双方)的相互依赖,交参互涵的关系,并非指在“两”之外,另有个与“两”相对立的“一”。这一澄清,具有重要意义。

性命 中国哲学史的一对范畴。指“性”与“命”及其关系。儒家孟子首先谈性命的关系。“存其心,养其性,所以事天也。殀寿不贰,修身以俟之,所以立命也。”(《孟子·尽心上》)又说:“莫之致而至者,命也。”(《孟子·万章上》)认为命是在人事之外的天所决定的,而性则是天道在人或物身上的具体体现。孟子认为一切莫非“性”,也莫非“命”,但对感性和理性、声色和理义应作区别。感官和声色,不是人类的本质,“君子不谓性”,而只看作“命”。理性和仁义,是人类的本质,“君子不谓命”,而只看作“性”。孟子以为,仁义礼智是“求则得之,舍则失之,是求有益于得也,求在我者也”;而色货利是“求之有道,得之有命,是求无益于得也,求在外者也”(《孟子·尽心上》)。孟子对“性”与“命”的区别不同于孔子“道之将行也与,命也;道之将废也与,命也”的观点,具有更多的积极进取精神。《易传》讲性命则赋予哲学上的意义。《易·乾彖》:“乾道变化,各正性命。”认为自然界变化现象具有必然性和个别性质的特点。《礼记·乐记》:“方以类聚,物以群分,则性命之同矣。”其所谓性命乃指事物类聚群分的自然特性。《易·系辞》又说“穷理尽性以至于命”。认为人们可以从了解事物的特性而进一步认识其必然性。东汉王充区别性命,以性指人性,以命指人的命运。“性与命异,或性善而命凶,或性恶而命吉。操行善恶者,性也;祸福吉凶者,命也。”(《论衡·命义》)反对性之善恶能决定命的祸福吉凶的说法。用元气说来解释性命,“初禀自然之气”,“命谓初所禀得而生也,人生受性则命受矣”(《论衡·初禀》)。荀悦认为“夫生我之制,性命存焉尔。君子循其性以辅其命。休斯承,否斯守,无务焉,无怨焉”(《申鉴·杂言下》)。人生下来就自存有性与命,如果命运好就顺其自然本性发展,命运不佳则谨慎自守,不可“循其性”而听凭自然。北宋张载提出："天所命者通极于性……性通乎气之外，命行乎气之内，气无内外，假有形而言耳。"（《正蒙·诚明》）认为命只是气发展的自然规律，与性相通。性是具于形体的特性。又说："穷理尽性，则性天德，命天理。"（同上）这里所谓性指事物的自然特性，命即指自然而不能改变、阻止的一般规律"天理"。程颐说："心即性也。在天为命，在人为性，论其所主为心，其实只是一个道"（《遗书》卷十八），坚持传统观点。明清之际王夫之说："天以其理授气于人谓之命，人以其气受理于天谓之性。"（《读四书大全说》卷十）又说："夫性者生理也，日生则日成也。则夫天命者，岂但初生之顷命之哉。"（《尚书引义·太甲二》）强调与动物由初生的"命"决定其一生不同，人性每天都在生成发展着，"未成可成，已成可革"（同上）。清戴震说："大戴礼记曰：'分于道谓之命，形于一谓之性'。分于道者，分于阴阳五行也。"（《孟子字义疏证·性》）

性情 中国哲学史的一对范畴。指"性"与"情"及其关系。《孟子·告子上》："乃若其情则可以为善矣，乃所谓善也。若夫为不善，非才之罪也。"东汉赵岐注："性与情相为表里，性善胜情，情则从之。"孟子认为，情乃性之才质，其本然都是善的。西汉董仲舒认为性有善有恶，性为仁，性中之恶者为情，情为贪。"天两有阴阳之施，身亦两有贪仁之性……安得不损其欲而辍其情以应天？"（《春秋繁露·深察名号》）刘向认为性有善恶，情亦有善恶，但性情的善恶相应一致。"性情相应，性不独善，情不独恶。"（见荀悦《申鉴·杂言下》）唐韩愈亦持此说，认为："性也者，与生俱生者也；情也者，接于物而生者也。"（《原性》）并将"性"和"情"分为互相对应的上、中、下三品（参见"性情三品说"）。李翱则主性善情恶论，指出："人之所以为圣人者，性也；人之所以惑其性者，情也。"（《复性书》）北宋王安石认为性无善恶而情可善可恶，说："性生乎情，有情，然后善恶形焉，而性不可以善恶言也。"（《原性》）同时还强调"性"与"情"是一致的，"性者，情之本；情者，性之用。故吾曰：性情一也"（《性情》）。宋儒对性情的看法，主要有性善情恶论和性情善恶一致论两种，但其论性情时提出了气质之性、义理之性（天地之性）等思想，与前人已大不相同，对后世影响颇大。

因革 中国哲学史的一对范畴。指新旧事物间有因袭的一面，也有变革的一面。"因"范畴初见于《论语·为政》："殷因于夏礼，所损益可知也；周因于殷礼，所损益可知也；其或继周者，虽百世可知也。"将"因"与"损益"相联系，认为对以往事物的继承中是有所增、有所减的。"革"始见于《易传》："天地革而四时成，汤武革命，顺乎天而应乎人，革之时大矣哉！"（《彖传》）在《杂卦传》中又说："革，去故也。"西汉扬雄正式把"因"与"革"作为一对哲学范畴。他说："道有因无因乎？曰：可则因，否则革。"（《法言·问道》）又说："夫道有因有循，有革有化。"（《太玄·玄莹》）承认新旧事物之间既有继承同时又有变革。北宋王安石提出"三十年为一世，则其所因，必有革。革之要，不失中而已"（《周官新义·附考工记》卷上），主张"世必有革，革不必世也"（同上）的历史进化观点。明王廷相继承和发展上述思想，认为"善继政者因之。故有所损益而民不骇，有所变革而民相信"（《慎言·御民》）。认为社会历史发展的过程是新旧事物间的继承和对旧事物的变革。

文质 中国哲学史的一对范畴。文指事物的形式表现；质指事物的内容、本质。《论语·雍也》："质胜文则野，文胜质则史，文质彬彬，然后君子。"意谓实朴的内容乃是"礼"的根本，华丽的形式则是"礼"的表述。北宋程颐指出"质必有文，自然之理。必有对待，生生之本也，有上则有下，有此则有彼，有质则有文"（《二程集·粹言》），说明事物的内容（质）和形式（文）是"必有对待"的关系。南宋朱熹也说："凡物之理，必先有质而后有文，则质乃礼之本"（《四书章句集注》），强调内容决定形式。明清之际王夫之认为，"形者，言其规模仪象也，非谓质也"，"质日代而形如一"（《思问录·外篇》）。事物外部形体有时看不出明显的变化，而其质却不断变化。

终始 中国哲学史的一对范畴。指宇宙的始终。老子认为宇宙有始，这就是道，是一切之所本，"天下有始，以为天下母"。庄子认为宇宙是没有始终的，"未有天地可知耶？……曰可，古犹今也……无古无今，无始无终，未有子孙而有子孙可乎？"（《知北游》）又谓"穷则反，终则始，此物之所有"（《则阳》）。北宋邵雍持天地有终始说，"易之数穷，天地终始，或曰，天地亦有终始乎？曰，既有消长，岂无终始"（《观物外篇》）。程颢则以为天地"亦无始，亦无终，亦无因甚有，亦无因甚无"（《二程遗书·明道语录》），其观点与先秦庄子相似。南宋朱熹提出"动静无端，阴阳无始"（《朱子语类》卷九十四）蔡沈亦认为"阴之终，阳之始……万物之终，万物之始也"（《洪范皇极·内篇》）。天地终始相续不绝，而整个宇宙是无终始的。明清之际王夫之认为："以理求之，天地始者今日也，天地终者今日也。其始也，人不见其始；其终也，人不见其终。其不见也，遂以为邃古之前，有一物初生之始；将来之日，有万物皆尽之终，亦愚矣哉！"（《周易外传》）天地万物是日新不已地变化着，具体的事物是有始终的，但宇宙是无始终的。

兼独 中国哲学史的一对范畴。是古人对群己关系的表述。孟子提出"得志泽加于民，不得志修身见于世。穷则独善其身，达则兼善天下"（《孟子·尽心上》）。认为个人能参政当为民谋福，若无缘参预政治者，则独善其身。但先秦哲学家中有重"兼"而不讲"独"，亦有专讲"独"而不谈"兼"者。如"墨子兼爱，摩顶放踵，利天下，为之"，而"杨子取为我，拔一毛而利天下，不为也"（同上）。孟子认为墨子和杨朱在"兼"和"独"的问题上，各执一偏。北宋张载进一步发挥了孟子兼独关系的观点，说："立必俱立，知必周知，爱必兼爱，成不独成。"（《正蒙·诚明》）又说"民吾同胞，物吾与也"（《正蒙·乾称》），并立志"为天地立心，为生民立命，为往圣继绝学，为万世开太平”(同上)。强调个人(独)当以群体(兼)利益为前提。南宋胡宏补充了孟子所说之意,“穷则独善其身,达则兼善天下(孟子语)者,大贤之分也。达则兼善天下,穷则兼善万世,圣人之分也”(《知言》)。认为不预政时不仅要独善其身,而且要立言垂范,功于后世。

五行 中国哲学史的一对范畴。五行两字相连为一辞,始见于《尚书·甘誓》。若五行作为金、木、水、火、土,便已见于甲骨、金文。《尚书·洪范》:“箕子乃言曰:我闻在昔,鲧陻洪水,汩陈其五行。……一五行:一曰水,二曰火,三曰木,四曰金,五曰土。”《尚书大传》:“水火者,百姓之求饮食也,金木者,百姓之所兴作也,土者,万物之所资生也,是为人用。五行即五材也。”(《洪范》,《尚书正义》引)《洪范》的五行为五种物质功用的思想,在《左传》和《国语》的一些记载中得到了证实。《左传·文公七年》记载:“水、火、金、木、土、谷,谓之六府,正德、利用、厚生,谓之三事。”《左传·昭公二十五年》记载:“其生六气,用其五行,气为五味,发为五色,章为五声。”《国语·鲁语上》亦载:“及地之五行,所以生殖也。”所载五行,皆有功用意味,并与五材、五味、五色、五声相对应。史伯说:“夫和实生物,同则不继。……故先王以土与金、木、水、火杂,以成百物。”(《国语·郑语》)在中国哲学史上第一次把五行作为抽象的哲学命题,用理性思维的形式,说明物与五行的内在关系。此后,在《管子》的《幼官》、《五行》诸篇中,都提到五行思想。《管子·水地》篇以水为万物本原的思想,是《洪范篇》以水为五行之首的发展。《荀子·非十二子》批评了子思和孟子:“略法先王而不知其统,犹然而材剧志大,闻见杂博。案往旧造说,谓之五行。甚僻违而无类,幽隐而无说,闭约而无解。案饰其辞而祇敬之曰:此真先君子之言也。子思唱之,孟轲和之,世俗之沟犹瞀儒,嚾嚾然不知其所非也,遂受而传之,以为仲尼子游为兹厚于后世。是则子思孟轲之罪也。”但思孟五行说的内容,《荀子》只字未提。《孟子》亦无五行的解释,即使传说为子思所作的《中庸》中,亦未提及五行为何物。1973年12月长沙马王堆三号汉墓出土了《老子》甲乙本,甲本卷后附有古佚书四篇,其中一、四两篇有人以为是思孟学派佚著。思孟五行说为仁、义、礼、智、圣(信、诚)。此五种德行,是被上升为道德律令的阶级意志;而原初的五行,是披着神学外衣的宇宙构成图式。思孟把五行释为五种德行,试图将道德理想转化为道德实践。后期墨家恢复五行的原初含义,如《经下》云:“五行毋常胜,说在宜。”《经说下》解释说:“五,合水土火,火离然。火铄金,火多也。金靡炭,金多也。合之府水,木离木。若识麋与鱼之数,唯所利,无欲恶。”秦汉时期,五行思想与阴阳相结合,形成了一股思想潮流,影响政治、经济、生活、道德、自然科学等各个方面。驺衍所倡导的五德终始和五行生克理论,在《吕氏春秋》和秦始皇那里得到回应。“始皇推终始五德之传,以为周得火德,秦代周德,从所不胜。方今水德之始,改年始,朝贺皆自十月朔。”(《史记·秦始皇本纪》)《黄帝内经》不仅用五行解释事物之间的普遍联系,而且以此揭示事物之间的结构关系。“夫五运阴阳者,天地之道也,万物之纲纪,变化之父母,生杀之本始,神明之府也,可不通乎?”(《素问·天元纪大论》)“五运”即木运、火运、土运、金运、水运的简称。又说:“木得金而伐,火得水而灭,土得木而达,金得火而缺,水得土而绝,万物尽然,不可胜竭。”(《素问·宝命全形论》)五行生胜,是使“高者抑之,下者举之,化者应之,变者复之”(《素问·气交变大论》),有保持整体平衡的功能。五行胜复,是使“胜至则复,无常数也,衰乃止耳。复已而胜,不复则害,此伤生也”(《素问·至真要大论》)。董仲舒的《春秋繁露》的五行观具有神学理性的特点,是对于天人关系的粗糙的比附。他说:“天有五行……木五行之始也,水五行之终也,土五行之中也,此其天次之序也。木生火,火生土,土生金,金生水,水生木,此其父子也。木居左,金居右,火居前,水居后,土居中央,此其父子之序,相受而布。……故五行者,乃孝子忠臣之行也。”(《春秋繁露·五行之义》)这种固定化了的普遍法规的进一步演化,便是被谶纬神学所用,《白虎通义·五行》说:“五行者……言行者,欲言为天行气之义也。地之承天,犹妻之事夫,臣之事君也。”直至汉末刘熙《释名》,才改变了这一状况,《释名》说:“五行者,五气也,于其方各施行也。”杨泉著《物理论》,在元气论的思想体系中容纳了五行思想。“所以立天地者,水也。夫水,地之本也,吐元气,发日月,经星辰,皆由水而兴。”对水的功能作了充分的评价。为何说“所以立天地者”是水?是因为“水土之气,升而为天。……夫地有形而天无体,譬如灰焉,烟在上,灰在下也”。他以五行为五气,认为天地是由水、土等气构成的。欧阳修在《新唐书·五行志》中说:“万物盈于天地之间,而其为物最大且多者,有五……其用于人也,非此五物不能以为生,而阙其一不可,是以圣王重焉。夫所谓五物者,其见象于天也为五星,分位于地也为五方,行于四时也为五德,禀于人也为五常,播于音律为五声,发于文章为五色。”五行为维持人的生命所不可缺少的物质,并以五行为轴心,辐射于天、地、人、四时、音律、文章等,而有不同的对应物。《宋史·五行志》粗略总结了以往的五行观:“天以阴阳五行化生万物,盈天地之间,无非五行之妙用。人得阴阳五行之气以为形,形生神知而五性动,五性动而万事出,万事出而休咎生。和气致祥,乖气致异,莫不于五行见之。……故由汉以来,作史者皆志五行,所以示人君之戒深矣。自宋儒周敦颐《太极图说》行世,儒者之言五行,原于理而究于诚。”或以五行为五气、五种物质元素,或以为五性、五常,或以为是天的致祥致异的显现发展。五行思想在宋时有了很大发展。首先,宋明理学的开创者周敦颐把五行作为从无极到万物化生进程中的一个环节。“阳变阴合,而生水火木金土,五气顺布,四时行焉。”(《太极图说》)五气便是五行。五行如何生物?阴阳二气与五行的交感凝合,而成男女、万物。五行是凝合成万物的质料(朱熹称为“生物底材料”)。而新学代表王安石在五行观上与周敦颐也有相似之处。在王安石的哲学逻辑结构中,道或太极是其最高范畴,它是阴阳两气的统一。阴阳两气变合而生五行,“阴极而生寒,寒生水”,“阳极而生热,热生火”,“阳动以散而生风,风生木”,“阴止以收而生燥,燥生金”,“阴阳交而生湿,湿生土”(《洪范传》)。由五行相互作用而产生的事物的形状、气质、颜色、声音、味道、性情等各异。五行在构成纷繁复杂的万物时,亦构成人的形体,赋予人以生命和意识。“五行者,成变化而行鬼神……地二生火,其于物为神”,“天三生木,其于物为魂”,“天五生土,其于物为意”(同上)。这样,五行是包括人在内的万物存在的基础,“天播五行于万灵,人固备而有之”(《原过》)。其次,朱熹集理学之大成,构筑了比较完整的“原于理而究于诚”的五行结构。在朱熹哲学逻辑结构的气-物阶段,五行是不可缺少的材料。“天地生物,五行独先,何事而非五行,七者衮合,便是生物底材料。”(《太极图说解·集说》)这种材料,朱熹也称为质,“有这质,所以做得物事出来”(《朱子语类》卷一)。既为生物质料,如何构成物?“天地始初,混沌未分时,想只有水火二者,水之滓脚便成地。今登高而望,群山皆为波浪之状,便是水泛如此……然水之极浊便成地,火之极清便成风霆雷电日星之属。”(同上)“盖五星皆是地上木火土金水之气,上结而成。”(《朱子语类》卷二)天体(五星、日月等)的起源,地质的变迁,都是五行质料的造作,人亦不例外。“只是一个阴阳五行之气,滚在天地中,精英者为人,渣滓者为物。”(《朱子语类》卷十九)又说:“五行虽是质,他又有五行之气……阴阳二气,截做这五个,不是阴阳外别有五行。”(《朱子语类》卷一)因此阴阳两气相磨而成宇宙,即五行构成天地。再次,明清时,王廷相、王夫之等继承了王安石的五行观,试图对以前被歪曲了的五行观加以纠正,以恢复作为五种物质元素的本来面目。王廷相认为五行生克乃出自异端邪术,是古今之大惑,亦不符合起码的自然界生物的道理,“五行家曰:‘金生水。’自今观之,厥类悬绝不体,厥理颠倒失次,安有生水之理?……五行家曰:‘水生木。’无土将附木于何所?水多火灭土绝,木且死矣,夫安能生?”(《答顾华玉杂论》)并指出由于正道湮窒,怪诞纷起,有以五行附会脏腑、四时、星纬地理,有以附会生命之术,又附会于阴阳造化,由渐而极。甚至有“金木之气生人”,“与水火并立而为生人物之本源”的怪论。王廷相还批判五行灾异、风水地理迷信之说。他总结说:“元气者,天地万物之宗统。有元气则有生,有生则道显。”(《慎言·五行》)天地万物的本原是元气,元气是物之原,造化之本。王廷相对历史上的五行说,一一历数,予以批判,清除其谬误,纠正其附会,剔除了汉以来五行对应结构的非理性成分。王夫之继续纠正五行观上的异端邪术。他指出,京房之配卦气,医者之配五藏,黄冠以配神气魂魄,后又有星命、相术等,皆说五行,实“则挟五行以摇荡人心”,以惑天下。即使是以《洪范》之“貌、言、视、听、思配五行,为比拟之说以实之,似矣,而实不然也”(《尚书引义》卷四)。它是“强其似以求配也,于五事之敬用也奚益,其不似也奚损”(同上),既无捍益,何必强配。王夫之认为,五行就是五种物质元素,“有木而后有车,有土而后有器,车器生于木土,为所生者为之始”(《周易外传》卷一)。五行作为物质元素是不灭的,“车薪之火,一烈已尽,而为焰,为烟,为烬,木者仍归木,水者仍归水,土者仍归土,特希微而人不见尔”(《张子正蒙注·太和篇》)。王夫之一方面把物质不灭思想援入五行;另一方面又指出五行的局限性。综观中国哲学中的五行范畴,约有四义:(1)指五种物质元素,水、火、木、金、土。中国历史传说中的燧人氏、伏羲氏、神农氏,都与火、水、木、土、金有关。如燧人氏钻木取火,人们把他说成是火的发明者。由于火的发明,引起社会生活的伟大变革,才使人类从“同与禽兽居,族与万物并”(《史记·五帝本纪》)的状况中解放出来。伏羲氏教民渔畋,其方法是“焚林而畋,竭泽而渔”(谯周《古史考》)。神农氏制耒耜,耕而食。可见,人对于水、火、木、金、土五行的掌握,是同人与禽兽相区别同步的。从五种物质元素的意义上理解五行,与其性质相类的相应对象有:五材、五色、五方、五虫、五味、五臭、五气、五官、五脏、五腑、五体、五谷等等。《管子·水地》曾以水作为世界多样性的统一,即世界的本原,具有宇宙论的意义。(2)指五种道德行为。五行学说从自然领域推向社会领域,便设立五行之官,管理祭祀等。五行从祭祀的仪礼而转化为一种合乎仪礼的行为规范。因此,五行被看做五常,即仁、义、礼、智、圣,后又被当作仁、义、礼、智、信等五种伦理道德规范。(3)指五种心理活动或情感意识。五行学说再从社会领域推向人身的内在世界,便有喜怒、呼笑、忧悲、哭呻等。这就使五行有可能被人格化,从而赋予意识的性格。(4)指天的意志显示物和理借以造作万物的质料。作为被意识化了的五行,就为至上神——天,显示对人间的赏罚提供了媒介,天的意志就是通过火、水、木、金、土等的灾异传达给人间。这样,五行成为天人感应的感应物。后来,天人感应受到批判,五行虽然被还原为五种物质元素的原初涵义,但又被纳入理的哲学逻辑结构,作为本身无情意、无造作的理返回到现实世界的中介,也就是理借助于气的凝聚造作万物的具体材料。

太极 中国哲学史范畴。该词始见于战国时。庄子说:“夫道……在太极之先而不为高,在六极之下而不为深。”(《庄子·大宗师》)《周易·系辞上》载:“是故易有太极,是生两仪……”西汉《淮南子》说:“然以掌握之中,引类于太极之上,而水火可立致者,阴阳同气相动也。故至阴耀耀,至阳赫赫,两者交接成和而万物生焉。”(《淮南子·览冥训》)高诱注曰:“太极,天地始形之时也。”东汉班固在《汉书·律历志》中论太极:“太极元气,函三为一。极,中也。”《易纬》中多处讲到太极,是作为天地万物起源中的一个重要环节。《周易乾凿度》:“易始于太极,太极分而为二,故生知也,天地有春秋冬夏之节,故生四时；四时各有阴阳刚柔之分，故生八卦。”《乾凿度》修改“易有太极”为“始于太极”，太极便成为最高范畴，是天地（空间）、四时（时间）的派生者，然后生万物。这是一个宇宙生成论的模式。虞翻在注解《周易》时，释太极为太一：“太极太一，分为天地，故生两仪也。”（《周易集解·系辞上》）魏晋南北朝隋唐时期，玄学家、儒家、佛教、道教都对太极范畴有所丰富和发展。三国魏王弼对《周易·系辞》解释说：“演天地之数，所赖者五十也。其用四十有九，则其一不用也。不用而用以之通，非数而数以之成，斯易之太极也。”（《系辞上传》）晋皇甫谧的《帝王世纪》根据《易纬·乾凿度》说：“天地未分，谓之太易。元气始萌，谓之太初。气形之初，谓之太始。形变有质，谓之太素。太素之前，幽清寂寞，不可为象，惟虚惟无，盖道之根。自道既建，由无生有。……天成于外而体阳，故圆以动，盖道之实。质形已具，谓之太极。”佛道两教亦论太极。宗密说：“即彼始自太易，五重运转，乃至太极，太极生两仪。”（《原人论》）《道藏·三始论》说：“天地者起于太易，太易者不可见也……二气其济，交成太素，至之太极，太极至二仪而生八卦。”尽管把《乾凿度》的五运变为三始，但基本的框架结构承自《乾凿度》。《道藏·上方大洞真元妙经图》说：“粤有太易之神，太始之气，太初之精，太素之形，太极之道。无古无今，无始无终也。”（《洞玄部·灵图类》）道士成玄英在注疏《庄子》时说：“太极，五气也。六极，六合也。且道在五气之上。”（《庄子·大宗师疏》）北宋理学家中，有受道教影响较深的象数学者刘牧说：“太极者，一气也，天地未分之前，元气混而为一，一气所制，是曰两仪。”（《钩隐图》卷上）邵雍也说：“太极一也，不动生二，神也”（《观物内篇》），“太极，道之极也”（同上）。认为“太极”是“一”，是宇宙的本原，是绝对的精神，“太极不动，性也；发则神，神则数，数则象，象则器，器之变复归于神”（同上）。“太极”之发（活动）便是“神”。就人来说“神统于心”，故“心为太极”；就天地来说“人之神则天地之神”，故“道为太极”（同上）。周敦颐提出“无极而太极”、“太极本无极”（《太极图》），承袭道家以无为本的思想，其“太极”乃指虚无。南宋朱熹以“理”或“太极”为哲学的最高范畴。“太极只是一个理字”（《朱子语类》卷一），“总天地万物之理，便是太极”（《朱子语类》卷九十四），“圣人谓之太极者，所以夫指天地万物之根”（同上）。朱熹“理先气后”、“以理为本”的观点，即是以“太极”即“理”为世界的本原。北宋张载则以气解释“太极”，他说：“一物而两体，其太极之谓与！阴阳天道，象之成也。”（《正蒙·大易》）又说：“一物两体气也。”（《正蒙·参两》）南宋叶適否定有离开具体事物而存在的“太极”，“夫极非有物，而所以建是极者，则有物也”（《进卷·皇极》）。批评道学家“太极生万物”的观点，说明在有形之“物”的前提下，才能有无形的太极。坚持了以物为本的思想。

和合　中国哲学史范畴。和合两字都见于甲骨文、金文。和的初义是声音相应和谐；合的本义是上唇与下唇的合拢。殷周之时，和与合是单一概念。《国语·郑语》较早提出“和合”范畴：“商契能和合五教，以保于百姓者也”。《国语·郑语》记载西周末年史伯论和同，他批评周幽王排弃明智有德之臣和贤明之相，而宠爱奸邪昏庸、不识德义的人。这是“去和而取同”。他说：“夫和实生物，同则不继。以他平他谓之和，故能丰长而物归之，若以同裨同，尽乃弃矣。故先王以土与金、木、水、火杂以成百物。是以和五味以调口，刚四支以卫体，和六律以聪耳，正七体以役心，平八索以成人，建九纪以立纯德，合十数以训百体……周训而能用之；和乐如一，夫如是，和之至也。”（《国语·郑语》）是对周幽王“声一无听、物一无文，味一无果，物一不讲”（同上）的弃和而取同的抨击。孔子基本上继承《左传》、《国语》的和同思想。他认为为政应和。所谓和，是宽和猛两极的相济：“政宽则民慢，慢则纠之以猛，猛则民残，残则施之以宽。宽以济猛，猛以济宽，政是以和。”（《左传·昭公二十年》）“礼之用，和为贵。先王之道，斯为美，小大由之。有所不行，知和而和，不以礼节之，亦不可行也。”（《论语·学而》）治国处事，礼仪制度，以和为价值标准。在处理人与人的关系中，“君子和而不同，小人同而不和”（《论语·子路》）。老子说：“道生一，一生二，二生三，三生万物。万物负阴而抱阳，冲气以为和。”（《老子·第四十二章》）《管子》说：“畜之以道，养之以德。畜之以道，则民和；养之以德，则民合。和合故能习，习故能偕，偕习以悉，莫之能伤也。”（《管子·幼官》）墨子从“兼相爱、交相利”思想出发，认为和合是处理人与社会关系的根本原理、原则，“内者父子兄弟作怨恶，离散不能相和合。天下之百姓，皆以水火毒药相亏害”（《墨子·尚同中》）。又说，“昔越王勾践，好士之勇，教训其臣，和合之”（《墨子·兼爱中》）。君臣、诸臣之间都能和合，国家才会富强。孟子虽没像《管子》、《墨子》那样以和合相连并举，但把和作为人的主要特征，而提高到与天时、地利并举。“天时不如地利，地利不如人和”（《孟子·公孙丑下》），认为天时、地利、人和三者相比较，人和是最重要的。儒道虽异，然天地阴阳和合而化生万物，儒道却相似。“四时迭起，万物循生，一盛一衰，文武伦经；一清一浊，阴阳调和，流光其声。”（《庄子·天运》）“夫明白于天地之德者，此之谓大本大宗，与天和者也；所以均调天下，与人和者也。与人和者，谓之人乐；与天和者，谓之天乐。”（《庄子·天道》）《易传》认为，乾坤是万物的资始资生。“乾道变化，各正性命，保合太和，乃利贞”（《周易集解》卷一），这里“太和”，即和合。“太和”朱熹注为“阴阳会合冲和之气也”（《周易本义》卷一），亦有合和与和合之意。“嘉会足以合礼，利物足以和义”（《周易集解》卷一），美的会合就合乎礼，使物各得其所利，就与义相应和。合是相对立两要素的和合，“乾，阳物也；坤，阴物也，阴阳合德，而刚柔有体，以体天地之撰，以通神明之德”（《周易集解》卷九）。荀子和《易传》一样，继承史伯“和实生物”的思想，认为“列星随旋，日月递炤，四时代御，阴阳大化，风雨博施，万物各得其和以生，各得其养以成”（《荀子·天论》），“天地以合，日月以明，四时以序，星辰以行，江河以流，万物以昌"（同上），合就是和合。法家韩非从不同角度论和。"大奸唱则小盗和，竽也者，五声之长者也，故竽先则钟瑟毕随，竽唱则诸乐皆和。"（《韩非子·解老》）《吕氏春秋》与《荀子》一样，把合作为万物产生的根源。"夫物合而成，离而生。知合知成，知离知生，则天地平矣"（《吕氏春秋·有始》），文中"合"是指天地阴阳的和合，如父母的结合，形成婴儿之体；离是指一物脱离另一物而独立，如婴儿脱离母体而生。《吕氏春秋》所说的合，实乃和合。"天地有始，天微以成，地塞以形。天地合和，生之大经也。"（同上）吕氏天地有初始的说法，与庄子对于天地有无初始的追根究底的诘难异趣，天地阴阳微而生物，塞以成形。生的大道是两个对立事物的合和。《乐记》认为，音乐以其和声，使人与社会、人与人关系进入和合境界，"是故乐在宗庙之中，君臣上下同听之，则莫不和敬；在族长乡里之中，长幼同听之，则莫不和顺；在闺门之内，父子兄弟同听之，则莫不和亲。故乐者，审一以定和，比物以饰节，节奏合以成文，所以合和父子君臣，附亲万民也"（《礼记·乐记》）。和合的这种形上学的性格，在《淮南子》中有所展开。"天地之合和，阴阳之陶化万物，皆乘人气者也"（《淮南子·本经训》），天地和合阴阳之气，化生万物。天地阴阳为对待两极，"天地之气，莫大于和。和者，阴阳调，日夜分，而生物。春分而生，秋分而成，生之与成，必得和之精"。（《淮南子·氾论训》）并对"和"作明确规定，和就是阴阳对待两极的调和、统一。汉高诱注："和，故能生万物。"（《淮南子·氾论训》）董仲舒认为，合也是自然、社会、人伦中最普遍、最基本的原则、原理。"凡物必有合，合必有上，必有下；必有左，必有右；必有前；必有后；必有表，必有里。有美必有恶，有顺必有逆，有喜必有怒，有寒必有暑，有昼必有夜，此皆其合也。"（《春秋繁露·基义》）王充思想与董仲舒异趣。"天地合气，万物自生，犹夫妇合气，子自生矣。"（《论衡·自然》）三国魏嵇康以和乐是人对于玄远之境、人格理想的追求。音乐的来源是"天地合德，万物贵生。寒暑代往，五行以成。故章为五色，发为五音"（《声无哀乐论》）。"音声有自然之和，而无察于人情。"嵇康所谓"至和"、"太和"，是对于超尘轶俗、逍遥太和之境的追求。《太平经》在方法论上突破传统"太极生两仪"的二分法、一分为二法。《太平经》虽亦运用阴阳概念，但采取三分法，认为"凡事悉皆三相通，乃道可成也"（《太平经》卷四十八）。万物三分才能相通，三者同心相合，才能造就事物，达到和谐，"父母子三人同心，共成一家；君臣民三人共成一国"（《太平经》卷四十八）。《太平经》所谓"中和"，是指"主调和万物者也"（《太平经》卷十八至三十四），"阴阳者，要在中和，中和气得，万物滋生"。《老子想尔注》继承《太平经》和合思想。《太平经》主张三分而合，三合相通，即指阴、阳、和或太阳、太阴、中和三者，中和最贵。《老子想尔注》亦曰："道贵中和，当中和行之"，"不如学生，守中和之道"（同上）。张伯端发挥《参同契》的思想，撰《悟真篇》。他认为"坎电烹轰金水方，火发昆仑阴与阳，二物若还和合了，自然丹熟遍身香"（《悟真篇》卷中）。佛教对于人和万物现象的生起说，与道、儒异趣，认为纷纭万象的世界万物都由因缘和合而起。"由此有法至于缘已和合升起，是缘起义。"（《俱舍论》卷九）和合是指"众缘聚会"（《大乘百法明门论疏》卷下）。大乘中观学派认为，不仅众生空，而且法亦空。"因缘和合故有，皆是虚妄。"（《大智度论》卷三十一）这是以"无为法"破"有为法"，"无为法"是指自身无独立自性，它通过对"有为法"的否定实现。从因缘与结果来说，有缘有果，无果无所谓缘，有果才称缘。"若众缘和合，而有果生者，和合中已有，何须和合生？若众缘和合，是中无果者，云何从众缘，和合而果生？"（《观因果品》）宗密认为，"悟此身但是众缘，似和合相，元无我人"（《原人论》卷下），既知我人本空，又为谁去贪嗔痴？故毋须执著。

中和　中国哲学史范畴。《说文》："中，和也"，非中之本训，而是其转义。和，《说文》："相譍也。"中和作为相联系的概念，始见《左传》："先王之乐，所以节百事也，故有五节，迟速本末以相及，中声以降。五降之后，不容弹矣。于是有烦手淫声，慆堙心耳，乃忘平和，君子弗听也。"（《左传·昭公元年》）。孔子说："君子和而不同，小人同而不和。"（《论语·子路》）和作为多样性统一，犹能取各种不同意见而求得和谐，而不附和相同意见，以其作为君子与小人的区别，而带有明显的伦理道德色彩。其弟子有子说，"和为贵"（《论语·学而》）。孔子从中发展为"中庸"，庸即以平常的定理来用中，使中达到美和佳的状态。"中庸之为德也，其至矣乎！民鲜久矣。"（《论语·雍也》）孔子拈出中庸作为最高道德准则，便是以中和为常道。只有"允执厥中"（《论语·尧曰》），诚实地执著最美而至当不移的中，且实行中庸之德，"不得中行而与之"（《论语·子路》），才能进入中和之美的境界。《老子》曰："万物负阴而抱阳，中气以为和。"不仅中与和对称，而且为阴阳和协的气。孟子继承孔子，认为执中并非无灵活的变通："子莫执中，执中为近之。执中无权，犹执一也。"（《孟子·尽心上》）"天时不如地利，地利不如人和。"（《孟子·公孙丑下》）人和即人与人之间的和睦、和谐。《易传》除发挥得中、时中、尚中等观念外，其所说"中"也有中道、中庸的意思，"大哉乾乎，刚健中正"（《乾文言》）。认为主体按和的原则践履，"履和而至"，"履以和行"（《系辞下传》），便能达到和谐平安，即中和之美境界，亦即"太和"，"乾道变化，各正性命。保合太和，乃利贞"（《乾象》）。庄子的中即自然，"游于羿之彀中，中央者，中地也，然而不中者，命也"（《庄子·德充符》）。荀子给中以规定："曷谓中？曰：礼义是也。"（《荀子·儒效》）"中"即合乎礼义，合乎先王之道，"先王之道，仁之隆也，比中而行之"（同上），"文理情用相为内外表里，并行而杂，是礼之中流也"（《荀子·礼论》）。仪式和感情内外配合，就是中和的礼。《吕氏春秋》则融合儒道，而重乐的潜移心灵，默化性情，有助于道德教化的功能："凡乐，天地之和，阴阳之调也。”（《吕氏春秋·大乐》）中和也是天地万物生生的基本原则，“天地合和，生之大经也”（《吕氏春秋·有始》）。《礼记·乐记》的中和观与《吕氏春秋》相近。《乐记》认识到音乐的本质在于人内心情感的发动，“凡音者，生人心者也，情动于中，故形于声”。又说，“乐者，天地之命，中和之纪，人情之所不能免也”。但《乐记》中和范畴的内涵规定还不够清晰，而《礼记·中庸》就较明确：“喜怒哀乐之未发谓之中，发而皆中节谓之和。中也者，天下之大本也；和也者，天下之达道也。致中和，天地位焉，万物育焉。”（《中庸》第一章）朱熹注：“天下之理皆由此出。”（《中庸章句》）和是达道，朱熹注：“天下古今之所共由。”（同上）《淮南子》排斥外在的本体道一生万物，认为一作为单质、单性概念，犹史伯所说的同，不能产生新事物。因此说：“道始于一，一而不生，故分而为阴阳，阴阳合和而万物生。”（《淮南子·天文训》）“和者，阴阳调，日夜分而生物。”（《淮南子·氾论训》）阴阳异质相和合而生万物，“其德优天地而和阴阳，节四时而调五行”（《淮南子·原道训》）。董仲舒解释和为天地生物的本原与社会伦理的最高规范。“天有两和，以成二中”，“成于和生必和也，始于中止必中也”（《春秋繁露·循天之道》）。“中者，天下之所终始也，而和者，天地之所生成也。夫德莫大于和，而道莫正于中。中者，天地之美达理也，圣人之所保守也。《诗》云：‘不刚不柔，布政优优。’此非中和之谓欤！是故能以中和理天下者，其德大盛；能以中和养其身者，其寿极命。”（同上）董仲舒从政治、道德、性情、养身等方面，论证主体人的中和与客体天的中和相融合。“中者，天地之太极也，日月之所至而却也，长短之隆不得过中，天地之制也。”（同上）“和者，天之正也，阴阳之平也，其气最良，物之所生也。”（同上）刘劭《人物志》于中和观，与儒家又有相似之处：“凡人之质量，中和最贵矣。中和之质，必平淡无味，故能调成五材，变化应节。”（《人物志·九征》）阮籍的《乐论》认同传统音乐中和之说。“夫乐者，天地之体，万物之性也。合其体，得其性，则和；离其体，失其性，则乖。”（《乐论》）隋唐时期，王通撰《中说》，发挥儒家中和之说，以阐发中和为宗旨，正如阮逸在《文中子中说序》所说：“大哉，中之为义。在《易》为二五，在《春秋》为权衡，在《书》为皇极，在《礼》为中庸。谓乎无形，非中也；谓乎有象，非中也。上不荡于虚无，下不局于器用，惟变所适，惟义所在，此中之大略也。中说者，如此而已。”即“中”非无形，非有象；非虚无，非器用；上不荡，下不局；不偏不倚，无过不及；惟变惟义，所适所变，这便是中的规定性。王通认为在当下之中。“天下之危，与天下安之；天下之失，与天下正之。千变万化，吾常守中矣。”（《文中子中说·周公篇》）守中而应万变，譬如中国帝制的延续，是中和之力。“皇始之帝，征天以授之也。……齐梁陈之德，斥之于四夷也。以明中国之代，中和之力也。”（《文中子中说·问易篇》）这是以正统儒家社会伦理释中和。北宋司马光专撰《中和论》。他认为“适宜为中，交泰为和”（《四言铭系述》）。将《尚书·大禹谟》的“允执厥中”和《中庸》的中和联系起来，说明中和的本质、功能和意义。张载亦将中和本体化，“大中，天地之道；得大中，阴阳鬼神莫不尽之矣”（《经学理窟·义理》）。二程又回到了《中庸》所讨论的中和上来。程颐曾与吕大临反复辩论中和。吕大临认为，“中者道之所由出”。程颐不同意这个提法，他认为“中即道也”。“中也者，所以状性之体段。”（《遗书》卷十七）这不是说“中即性也”，以性是本体存在，而是说所以状性的是中，犹“所以阴阳者道也”；又如天圆地方，不可谓方圆为天地，方圆只是天地存在的状态，性是形而上本体中存在的状态。“中止可言体，而不可与性同德。”（同上）后程颐在重新审察“中止可言体，而不可与性同德”时，觉得不妥，“谓‘不可与性同德’，字亦未安”，认为“中者性之德，却为近之”。“又如前论‘中即性也’，已是分而为二，不若谓之性中”（同上）胡宏承程颐的中体和用说，但胡宏非以心有体用，而是道有体用，或性有体用。“中者，道之体；和者，道之用。中和变化，万物各正性命而纯备者，人也，性之极也。”（《知言·往来》）朱熹自己把对中和的探究分为“旧说”与“新说”两个阶段。中和旧说以朱熹37岁时答张栻四书为代表。虽朱熹论《中庸》与张栻不合，但亦受张栻影响。中和新说大致为：其一，以心之体用说否定“心为已发，性为未发”的中体和用或性体心用说。其二，以心为主，贯通“性情之德，中和之妙”（《答张敬夫》第四十九书）。其三，除心的中与和、未发已发外，也指性情的中与和、未发已发。“喜怒哀乐，情也；其未发，则性也。无所偏倚，故谓之中；发皆中节，情之正也，无所乖戾，故谓之和。”（《中庸章句》）明王守仁虽是心学集大成者，但在中和问题上与陆九渊有异，而与朱熹相近。他吸收朱熹中和体用说，“盖体用一源，有是体，即有是用，有未发之中，即有发而皆中节之和。今人未能有发而皆中节之和，须知是他未发之中亦未能全得”（《传习录》上），中和、未发已发非有先后或两个阶段，而是本质与现象、本体与作用的体用一源。明清之际王夫之论中和，遵循“本末具鉴”的认知原则，以为未发已发的中和，“是儒者第一难透底关”（《读四书大全说》卷二）。认为《中庸》“喜怒哀乐之未发谓之中，发而皆中节谓之和”之说，其前提和出发点是客观现实的人的心理情感，“四情之未发与其已发，近取之己而即合乎道之大原，则绎此所谓而随以证之于彼。浑然未发而中在，集然中节而和在”（同上）。取己以证于未发已发，以为中和便是实在的。中便落到“未喜、未怒、未哀、未乐”的实处，和也落到“可喜、可怒、可哀、可乐”的实处，而非空虚无实。中和均有实在的负载或承担者，譬如不偏不倚谓之中，若“空虚无物，以无物故，则亦无有偏倚者”，只有“必置一物于中庭，而后可谓之不偏于东西，不倚于楹壁”（同上），才是真中和，“皆真知实践之言也”（同上）。这种认知理性的进路，淡化了中和道德的形上学的品格，凸显了感性生命实体。

和同 中国哲学史的一对范畴。和，指不同的、对立的东西和合、统一；同，指相同的东西的简单相加或同一。始为西周末年史伯所提出，认为和与同是有差异而又有联系的一对范畴。《国语·郑语》："夫和实生物，同则不继。以他平他谓之和，故能丰长而物归之；若以同裨同，尽乃弃矣。"意谓不同东西的和合才能导致事物的产生，而相同东西简单相加，则事将无成。史伯认为事物都是多样性的统一。春秋时晏婴进一步发挥了史伯的和同思想。认为五味相和，"济其不及，以泄其过"，方能成为美羹，"若以水济水，谁能食之？若琴瑟之专壹，谁能听之？同之不可也如是"（《左传·昭公二十年》）。晏婴不仅承认事物是多样性的统一，而且提出"相反相济"的观点，如"清浊、小大、短长、疾徐、哀乐、刚柔、迟速、高下、出入、周疏，以相济也"（同上）。他还提出君臣关系应和而不同："君所谓可，而有否焉，臣献其否，以成其可；君所谓否，而有可焉，臣献其可，以去其否。"（同上）孔子也以"和同"推论人伦关系，认为："君子和而不同，小人同而不和。"（《论语·子路》）

仁义 中国哲学史范畴。《说文》："仁，亲也，从人从二。"惠栋释为："仁者，人也，相人偶亲之也。"（《惠氏读说文记》）《说文》"义，己之威仪"，段玉裁注："威仪字用之谊者，人所宜也。"殷周之际，仁义作为单一概念而未对举或对称。仁义对举，早于孔子与孟子。"背施无亲，幸灾不仁，贪爱不祥，怒邻不义，四德皆失，何以守国？"（《左传·僖公十四年》）这里仁指协调国家内部人际间的关系，义指调节国与国之间的关系。认为只有处理好这四种关系，才能守国。"体仁足以长人，嘉德足以合礼，利物足以和义，贞固足以干事。"（《左传·襄公九年》）老子从自然无为的价值观出发，否定仁义，"绝仁弃义，民复孝慈"（《老子·第十九章》）认为仁义是在理想学说或境界废除后出现的，"故大道废焉，有仁义"（《老子·第十八章》）。孔子突出了仁，以仁为最高道德原则和人生理想，从而建构了仁学。孔子曰："夫仁者，己欲立而立人，己欲达而达人。能近取譬，可谓仁之方也。"（《论语·雍也》）："仲弓问仁。子曰：'出门如见大宾，使民如承大祭。己所不欲，勿施于人。'"（《论语·颜渊》）从正反两方面的道德实践方向，体现仁者爱人的道德规范。对于义，孔子认为是君子应具的高尚道德情操和行为，"君子义以为上，君子有勇而无义为乱，小人有勇而无义为盗"（《论语·阳货》），也是调节勇而使之不乱、不盗的价值导向，"见义不为，无勇也"（《论语·为政》）。墨子也提倡仁与义，"仁人之事者，必务求兴天下之利，除天下之害"（《墨子·兼爱下》）。所谓"兼相爱"的兼，不仅蕴含仁爱，而且包涵义理。"兼即仁矣，义矣。"（《墨子·兼爱下》）墨子贵义，"万事莫贵于义"（《墨子·贵义》），义是最高的价值标准。孟子批判墨子，而将仁义观建构在心理性的超功利的基础之上；他把孔子作为道德行为规范的仁义，转而向内，从内在心性意义上讲仁义。孟子说："恻隐之心，仁之端也；羞恶之心，义之端也。"（《孟子·公孙丑上》）孟子以义具有与仁同样的道德价值，所以孔子主张"杀身成仁"，孟子强调"舍生取义"。孟子仁义并举，且以仁义既相联系，又相区别。"居恶在？仁是也；路恶在？义是也。居仁由义，大人之事备矣。"（《孟子·尽心上》）道家崇尚自然无为，以仁义为有为，有为是虚伪无诚。"爱利出乎仁义，捐仁义者寡，利仁义者众。夫仁义之行，唯且无诚，且假夫禽贪者器。"（《庄子·徐无鬼》）仁义成为贪得无厌的工具。"仁义之端，是非之涂，樊然散乱"（《庄子·齐物论》），"黄帝始以仁义撄人之心"（《庄子·在宥》），便扰乱人心，使得"天下脊脊大乱"（同上），"仁义之不为桎梏凿枘也"（同上），如同刑具一般。因此，"说仁邪？是乱于德也；说义邪？是悖于理也"（同上），仁义是乱德悖理的罪魁。由此认为只有"攘弃仁义，而天下之德始玄同矣"（《庄子·胠箧》）。《易传》与庄子异趣，肯定仁义，并以仁义为人道的最高准则，"立人之道，曰仁与义"（《周易·说卦传》）。荀子继承孔子、《易传》，而与孟子稍异。"仁者爱人，爱人故恶人之害也；义者循礼，循礼故恶人之乱之也。"（《荀子·议兵》）把仁义放在爱人与害人、循礼与暴乱的正负两方面的涵义中，以凸显仁义正面的内涵。"仁，爱也，故亲。义，理也，故行。"（《荀子·大略》）如果说庄子追求个体人性的自然，否定性外之物仁义的束缚，那么，韩非则从多角度否定仁、义。其主要观点有：第一，古不适今。"故文王行仁义而王天下，偃王行仁义而丧其国，是仁义用于古而不用于今也。"（《韩非子·五蠹》）第二，仁义与法制不两立。"行义示则主威分，慈仁听则法制毁。"（《韩非子·八经》）第三，仁义与政治伦理实践相脱离。"夫垂泣不欲刑者，仁也；然而不可不刑者，法也。先王胜其法不听其泣，则仁之不可以为治亦明矣。"（《韩非子·五蠹》）"故举先王，言仁义者盈廷，而政不免于乱。"（同上）第四，服势与仁义。孔子"海内说其仁，美其义而为服役者七十人，盖贵仁者寡，能义者难也。故以天下之大，而为服役者七十人，而仁义者一人"（同上）。《吕氏春秋》主张德治，容纳法治，以仁义与爱利为一。"仁也者，仁乎其类者也。"（《吕氏春秋·爱类》）以爱人类为仁。"义者，百事之始也，万利之本也。"（《吕氏春秋·无义》）汉初，陆贾建议刘邦"行仁义，法先圣"（《新语·道基》）。贾谊与陆贾一样强调仁义，提出不要简单地批判其为虚伪或欺骗。"仁义恩厚，此人主之芒刃也；权势法制，此人主之斤斧也。势已定，权已足矣，乃以仁义恩厚因而泽之，故德布而天下有慕志。"（《新书·制不定》）扬雄论仁义，无越于传统的规定，"理生昆群兼爱之谓仁也，列敌度宜之谓义也"（《太玄经·玄摛》），"仁以人之，义以宜之"（《法言·问道》）。王充以儒家为宗。认为儒学的可贵，就在于"通仁义之文，知古今之学也"（《论衡·别通》），这也是人之所以为人而贵于"夷狄者"。仁义是人性所本有，"夫上世之士，今世之士也，俱含仁义之性"（《论衡·齐世》），也就是人所具有的五常之性，"五常之道，仁、义、礼、智、信也"（《论衡·问孔》）。王弼根据《老子》"失道而后德，失德而后仁，失仁而后义，失义而后礼。夫礼者，忠信之薄而乱之首”(第三十八章)的逻辑顺序,作了解释。上德不求不为,有德而无德名,唯道而用。失道而后德,便是有为有求,并陷入得失、成败、善恶矛盾的下德,“凡不能无为而为之者,皆下德也,仁义礼节是也”(《老子道德经注》第三十八章)。仁义作为下德有为的表现,“故有宏普博施仁爱之者”(同上)的上仁,仁义“名虽美焉,伪亦必生”(同上),便是虚伪的。有所仁爱必有所不仁爱,“爱不能兼,则有抑抗正真而义理之者”(同上)。爱有所偏,便产生“忿枉枯直,助彼攻此”(同上),这就是为之而有以为的上义。仁义的产生是道德的丧失,社会扰乱不和谐的结果。郭象把有为与无为、仁义与自然人性调和起来,使不能超越现实与必须超越现实统一起来,证明名教就是自然,仁义即是人性。“夫仁义者,人之性也。”(《庄子·天运注》)唐韩愈、柳宗元等发动古文运动,其实质是儒学复兴运动。韩愈说:“仁与义为定名,道与德为虚位。”(《原道》)韩愈以其中国儒家文化承传者主体自觉的责任感,重建儒家仁义道德规范。“凡吾所谓道德云者,合仁与义言之也,天下之公言也。老子之所谓道德云者,去仁与义言之也,一人之私言也。”(同上)以老子绝仁弃义为私言,是一个人的意见。韩愈以他所建构的合仁与义的道德规范为天下共同的原则。韩愈重新确定仁与义的内涵为:“博爱之谓仁,行而宜之之谓义。”(同上)两宋时,仁义之辩,不是停留在两者的规定与关系上,而是提升为道德形上学,据此而重新规定、解释仁义。周敦颐在“立太极”与“立人极”的统一中,即宇宙本体与道德本体的一体结构中,定位为“圣人之道,仁义中正而已矣”(《太极图说》)。仁义是人的道德情感之心与道德行为的适宜,“爱曰仁,宜曰义”(《通书·诚幾德》)。从宇宙论角度解释仁义,“天以阳生万物,以阴成万物。生,仁也;成,义也”(《通书·顺化》)。张载批判道教以仁义为人的真性、人性的丧失,而恢复儒家以仁义为人性的传统。“仁义人道,性之立也……仁义其性。”(《横渠易说·说卦》)人性由于仁义道德伦理才得以建构,“性天经,然后仁义行”(《正蒙·至当》),仁义是人性的体现。至于仁与义的关系,张载认为:第一,仁常义动。“义,仁之动也,流于义者于仁或伤;仁,体之常也,过于仁者于义或害。”(同上)第二,仁性义知。“仁通极其性,故能致养而静以安;义致行其知,故能尽文而动以变。”(同上)第三,仁无体义无方。“义以反经为本,经正则精;仁以敦化为深,化行则显。义入神,动一静也;仁敦化,静一动也。仁敦化则无体,义入神则无方。”(《正蒙·神化》)二程认为,人从万物的生生之理体验天地万物一体的仁义,并非局限于形体,而是对于自我形体的超越。因此必须把仁放大,“仁者无对,放之东海而准,放之西海而准,放之南海而准,放之北海而准”(《遗书》卷十一)。“仁者以天地万物为一体,莫非我也。”(《程氏粹言》卷一)“仁者,浑然与物同体。义、礼、知、信皆仁也。”(《遗书》卷二上)朱熹认为,“仁也者,天地所以生物之心,而人物之所得以为心者也”(《克斋记》)。“仁者爱之体,爱者仁之用。”(《朱子语类》卷二十)仁与义的内涵不同:“仁者,心之德,爱之理;义者,心之制,事之宜也。”(《孟子集注》卷一)明王守仁从心学的立场,规定仁义。“心一而已。以其全体恻怛而言,谓之仁;以其得宜而言,谓之义;以其条理而言,谓之理。不可外心以求仁,不可外心以求义,独可外心以求理乎!”(《传习录中》)明清之际王夫之对仁义作了比较全面的论述。其主要观点为:第一,仁义之源,为清明之气。“气自生心,清明之气自生仁义之心。”(《读四书大全说》卷十)第二,仁义是人之所以为人的本质特性。“人之所以异于禽兽者,其本在性……故恻隐、羞恶、恭敬、是非,唯人有之,而禽兽所无也;人之形色足以率其仁义礼智之性者,亦唯人则然,而禽兽不然也。”(同上)第三,仁义之心与知觉之心的同异。“前既释仁义之心与知觉运动之心虽同而实异,今此又概言心而即已别乎小体。若以此所言心为仁义之心,则仁义为实有而思为虚位。”(同上)

王霸 中国哲学史的一对范畴。王与霸,指王道与霸道。《尚书·洪范》:“无偏无陂,遵王之义;无有作好,遵王之道。”王已蕴含王道之义;而且载“无偏无党,王道荡荡;无党无偏,王道平平;无反无侧,王道正直”(同上)。王道是道德价值标准。霸在春秋诸侯国纷立中为诸侯之长或首领。鲁庄公十五年,齐侯、宋公、陈侯、卫侯、郑伯会于鄄,“齐始霸也”(《左传·庄公十五年》),霸即称霸或霸主。“士之二三,犹丧妃耦,而况霸主?霸主将德是以,而二三之,其何以长有诸侯乎?”(《左传·成公八年》)《左传》已王霸相连并举,“亲有礼,因重固,间携贰,覆昏乱,霸王之器也”(《左传·闵公元年》),指霸王的方法。《论语》中,王指有德政的君主,“如有王者,必世而后仁”(《论语·子路》)。孔子认为使仁大行的王,便是行王道者。“先王之道,斯为美。”(《论语·学而》)霸诸侯,就是凭借实力以号令诸侯。“管仲相桓公,霸诸侯,一匡天下,民到于今受其赐。”(《论语·宪问》)《老子》有时以侯王连称,“侯王得一以为天下正”(《老子·第三十九章》)。公正无私便可以为天下王,“容乃公,公乃王,王乃天”(《老子·第十六章》),为天下王就可以与天相通。但《老子》无见霸字。《管子》屡次王霸相连并举:“君有霸王之心,而夷吾非霸王之臣也。”(《管子·霸形》)“霸王之形,象天则地,化人易代,创制天下,等列诸侯,宾属四海,时匡天下。”(《管子·霸言》)墨子赞扬王道,认为与他所倡导的兼相爱思想合。“周诗即亦犹是也。周诗曰:‘王道荡荡,不偏不党;王道平平,不党不偏。’其直若矢,其易若底,君子之所履,小人之所视。”(《墨子·兼爱下》)孙武在诸侯争霸、战争频繁的形势下总结用兵之道,他认为:“夫霸王之兵,伐大国,则其众不得聚;威加于敌,则其交不得合。”(《孙子兵法·九地》)战国时,孟子对长期以来给人民带来痛苦的诸侯争霸战争持深恶痛绝的态度。“以力假仁者霸,霸必有大国;以德行仁者王,王不待大。”(《孟子·公孙丑上》)认为:“五霸者,三王之罪人也;今之诸侯,五霸之罪人也。”(《孟子·告子下》)对于王道的理想社会，认为："使民养生丧死无憾也。养生丧死无憾，王道之始也。"(《孟子·梁惠王上》)又说："霸者之民驩虞如也，王者之民皞皞如也。"(《孟子·尽心上》)荀子作为先秦思想文化的总结者，进一步论述王霸之别：其一，王争取人民的归服，霸争取邻国的拥护，两者根本有异。"王夺之人，霸夺之与"(《荀子·王制》)。其二，王者推崇礼，霸者注重法。"隆礼尊贤而王，重法爱民而霸。"(《荀子·强国》，又见《天论》和《大略》)其三，义的确立可称王天下，信的树立可称霸诸侯。"用国者，义立而王，信立而霸。"(《荀子·王霸》)西汉董仲舒尊崇王道，而别王与霸。"王者爱及四夷，霸者爱及诸侯"(《春秋繁露·仁义法》)，王霸虽都爱人，但范围有异。东汉王充认为，"高汉于周，拟汉过周"(《论衡·恢国》)，"论汉已有圣帝，治已太平"(《论衡·须颂》)，以证汉代为王道之治。隋王通认为，"甚矣，王道难行也"(《中说·王道》)。"王道盛则礼乐从而兴焉。"(《中说·事君》)王通对王道的尊崇，是出于对南北朝分裂战乱暴政的忧患，对社会安乐的向往和救世救民的胸怀。宋王安石撰《王霸》篇，"仁义礼信，天下之达道，而王霸之所同也"(《王霸》)。所谓道同只是用同而名异，究其原因，是因为心异。"而其所以名者则异，何也？盖其心异而已矣。"(同上)二程认为，"诚心而王则王矣，假之而霸则霸矣，二者其道不同，在审其初而已"(《论王霸札子》)。并认为道不同就在于"得天理之正，极人伦之至者，尧舜之道也；用其私心，依仁义之偏者，霸者之事也。王道如砥，本乎人情，出乎礼义，若履大路而行，无复回曲。霸者崎岖反侧于曲径之中，而卒不可与入尧舜之道"(同上)。邵雍根据其象数学来安排人类历史的时间演变，他把时间分为元、会、运、世，把中国历史的过程分为皇、帝、王、伯(霸)。"皇之皇以道行道之事也，皇之帝以道行德之事也，皇之王以道行功之事也，皇之伯以道行力之事也。"(《观物内篇》之十)南宋一次著名的王霸之辩，是在朱熹与陈亮之间展开的。这个论争的本旨是关于道的历史蕴涵和如何流传的问题，而具体论争焦点是道所体现的王霸义利之别，论争分歧的实质是功利之学与心性之学差异的呈现。朱熹认为，汉唐以来利欲之私流行，便不能行王道，而只能行霸道。陈亮肯定霸道本于王道，王霸便有相统一、相渗透处。如王道的三代也有征伐、谋位的霸道。"若三皇五帝相与共安于无事，则安得有是纷纷乎。"(《又乙巳春书之一》)朱熹也认为管仲"其心乃利欲之心，迹乃利欲之迹"(《答陈同甫》)。陈亮主张王霸并用的统一论，在当时有较大的影响。王守仁则视王与霸不两立。"三代之衰，王道熄而霸道猖，孔孟既没，圣学晦而邪说横。"(《答顾东桥书》)明清之际黄宗羲对王与霸加以分疏。他认为："王霸之分，不在事功而在心术。事功本之心术者，所谓'由仁义行'，王道也；只从迹上模仿，虽件件是王者之事，所谓'行仁义'者，霸也。"(《孟子师说》卷一)王夫之按传统的观点，对王霸作了较详尽的规定："王霸之分，学术邪正之辨，即世运盛衰之别也。王之所以异于霸者无他，仁而已矣。"(《四书训义》卷二十七)王夫之以仁作为划分王霸的尺度，而与黄宗羲以心术为王霸之分，形异而实同。"王者以清心寡欲为本，而无欲之极，天下为公，推而行之，其教之养之之政，一本于恻怛之至诚；霸者异是，其心利欲之心也，其政富强之政也。时虽假仁以行，而不足泽及斯民。故天下之戴王者无已时，而霸者则暂服而终离。"(同上)近代康有为撰《王霸》篇，其思想格调、价值评价与王夫之大异其趣。"王霸之名义，盖自古有之。"(《孟子微》卷三)认为项羽代秦有天下，自称西楚霸王，"此霸王盖为诸王之霸，即天子之义，而臣诸王者，可知称霸与称王无别"(同上)。

经权 中国哲学史的一对范畴。《太平御览》卷八二六资产部引"经，织从丝也"，指织布的经丝。徐灏《说文解字注笺》："凡为布帛必先经而后纬，故经始、经营、经常之义生焉。"经常是其引申义。《说文》："权，黄华木，从木雚声。一曰反常。"徐灏认为权"借为权衡之权，今所谓秤锤也。衡主平，秤物之轻重"(《说文解字注笺》)。《说文小学答问》认为，"经典权字恐本作卷"。权、卷相通。权谋、权变均是引申义。《尚书·酒诰》："迪畏天，显小民，经德秉哲。"孔安国《传》释"能常德持智"。蔡沈《书经集传》训为"经其德而不变"，经为经常不变之义。"厥既得人，则经营。"(《尚书·召诰》)经营指规度、筹划、营造的意思。权有权宜、权变的意思。"上刑适轻，下服；下刑适重，上服。轻重诸罚有权。"(《尚书·吕刑》)孔安国《传》释为权宜。蔡沈解释为"权者，进退推移，以求其轻重之宜也"(《书经集传》)，与孔同。《尚书》无见经权对偶。《易经》中经字两见，"颠颐，拂经于丘颐，征凶"(《颐·六二》爻辞)，"拂经，居贞吉"(《颐·六五》爻辞)，但无见权字。《周易集解》引王肃曰："经，常也。"《诗经》中经、权多见。"经始灵台，经之营之，庶民攻之，不日成之。"(《诗·大雅·灵台》)经营，有营造、建筑的意思。"旅力方刚，经营四方。"(《诗·小雅·北山》)经营，有筹划的意味。"今也每食无余，于嗟乎！不承权舆。"(《诗·秦风·权舆》)"不能与贤人图事，权臣擅命也。"(《诗·郑风·狡童》)孔颖达疏："权者，称也。所以铨量轻重，大臣专国之政，轻重由之是之谓权臣也。"权臣即掌握了权力的大臣。《左传》中已见经权并提，宣公十二年，晋军救郑，到了黄河，听说郑楚已讲和，这时对于是否渡河进军，三军首领的意见有分歧，上军士会说："芳敖为宰，择楚国之令典，军行，右辕，左追蓐，前茅虑无，中权，后劲。百官象物而动，军政不戒而备，能用典矣。……德立、刑行、政成、事时、典从、礼顺，若之何敌之？见可而进，知难而退，军之善政也。兼弱攻昧，武之善经也。子姑整军而经武乎！"(《左传·宣公十二年》)权为权谋、谋略，经为治理、筹划。二者并非在经常与权变意义上的对待概念。《论语》中经字一见，"自经于沟渎而莫之知也"(《论语·宪问》)。自经即自缢、自杀。权字三见，"谨权量，审法度，修废官，四方之政行焉"(《论语·尧曰》)。权是度量衡，即量轻重的衡量。另二权具有哲学概念范畴的意义,"可与共学,未可与适道;可与适道,未可与立;可与立,未可与权"(《论语·子罕》)。"虞仲、夷逸,隐居放言,身中清,废中权。"(《论语·微子》)战国时,孟子对经权思想有所发展。"君子反经而已矣。经正,则庶民兴。"(《孟子·尽心下》)这里反经与"反经合道为权"的反经含义有异。这可以从孟子权与礼的对偶中得到印证。"嫂溺不援,是豺狼也。男女授受不亲,礼也;嫂溺,援之以手者,权也。"(《孟子·离娄上》)赵岐注:"权者,反经而善也。"孟子的这种思想蕴含,被汉代学者所发展。《庄子》经权多见。经有常义,"缘督以为经,可以保身,可以全生"(《庄子·养生主》)。权有变、动之义,"全然有生矣,吾见其杜权矣"(同上),指闭塞的生机开始活动。权也有权力之意,"亲权者,不能与人柄"(《庄子·天运》)。荀子的经权论既与王霸范畴相联系,也与礼法相联结,而构成范畴系统。"道也者,治之经理也"(《荀子·正名》),把道作为治理国家根本常理。在此基础上能做到"不治观者之耳目,不赂贵者之权势,不利便辟者之辞,故能处道而不贰"(同上),遵守正道而无二心。经与权虽未对称,但在语意上相互联系。若"众庶百姓亦从而成俗于不隆礼义……则地虽广,权必轻,人虽众,兵必弱"(《荀子·王霸》)。隆礼义是与权之轻重相关联。要成为"上可以王,下可以霸",人主必须"知明制度权物称用之为不泥也"(《荀子·君道》)。西汉董仲舒不仅肯定"权虽反经,亦必在可以然之域,不在可以然之域,故虽死亡,终弗为也"(《春秋繁露·玉英》),而且亦肯定礼分经礼与变礼。"春秋有经礼、有变礼……妇人无出境之事,经礼也;母为子娶妇,奔丧父母,变礼也。明乎经变之事,然后知轻重之分,可与适权矣。"(同上)在经与变发生冲突,不能两全时,就需分辨孰轻孰重,这样才可权相适宜。王充从人性论角度,论证"反经合道"。他认为孟子主性善论,"中人以上者";荀子主性恶论,"中人以下者";扬雄倡善恶混,"中人也"。"若反经合道,则可以为教"(《论衡·本性》)。魏晋南北朝时,关于经与权的论争,继续汉以来的说法。三国魏王弼认为,"权者,道之变。变无常体,神而明之,存乎其人,不可豫设"(《论语释疑》皇侃疏引)。晋韩康伯继承王弼思想注《系辞传》:"权,反经而合道,必合乎巽顺,而后可以行权也。"(《周易注》)北宋王安石变法,就是对"祖宗之法不可变"的常规原则的批判,而主张变祖宗之法。这种"反经合道"理论,正是其变法的合理性的理论根据。"天下之理固不可以一言尽,君子有时而用礼,故孟子不见诸侯;有时而用权,故孔子可见南子。"(《再答龚深父论语、孟子书》)礼作为常规的经,是不可改变的。但王安石认为,礼与权都是君子所操作的工具,"若有礼而无权,则何以为孔子"(同上)。王安石肯定汉学的"反经合道为权"论,邵雍先否定其半,二程又否定其半,而主经即权论。邵雍说:"汉儒以反经合道为权,得一端者也。"(《皇极经世·观物外篇下》)所谓权,"权所以平物之轻重,圣人行权,酌其轻重,而行之合宜而已。故执中无权者,犹为偏也"(同上)。二程对汉儒"反经合道为权"取否定态度。"汉儒以反经合道为权,故有权变权术之论,皆非也,权只是经也。自汉以下,无人识权字。"(《论语集注》卷五引)认为权即经,这便有把两者等同之嫌。依二程的理解,若以反经合道为权,权就会产生权变术的弊端。"世之学者,未尝知权之义,于理所不可,则曰姑从权,是以权为变诈之术而已也。"(《程氏粹言》卷一)朱熹论经权,一是要阐发孟子观点,二是要解决程氏经即权与汉儒"反经合道为权"的冲突。他对程氏之说作了修正,坚持他的既对待又统一的哲学思维。"然以孟子嫂溺援之以手之义推之,则权与经亦当有辨。"(《论语集注》卷五)由此认为"经自经,权自权"(《朱子语类》卷三十七)。经与权分而为二,"权与经,不可谓是一件物事。毕竟权自是权,经自是经"(同上)。经与权是常与变之别,"经者,道之常也;权者,道之变也"(同上)。经与权是普遍性与特殊性之别,"固是不同:经是万世常行之道,权是不得已而用之,大概不可用时多"(同上)。朱熹弟子陈淳撰《字义详讲》,专列经权范畴。陈淳批判汉儒的反经合道,认为:"既是反经,焉能合道?"(《北溪字义·经权》)依他的理解,经即是道,则反经合道为自相矛盾。但他又与朱熹一样取汉儒"经与权相对"(同上)说。"经所不及,须用权以通之"(同上),"经是日用常行道理,权也是正当道理,但非可以常行,与日用常行底异"(同上)。明清时期,经权论争继宋元而未衰,且进一步深入。王守仁在回答"孟子言执中无权犹执一"时说:"中,只是天理,只是易,集时变易,如何执得?须是因时制宜,难预先定个规矩在。"(《传习录》上)否定执一。执一即是"立定个格式"(同上),指经而言,权与经有别。权是权变,而非常规的经,要因时制宜,以适应时势的需要。然权变以中作为最高价值标准。近代康有为在经权论上仍称赞孔孟的反经合道说。"《孟子》:'权然后知轻重。'盖转移而后得其平,变置无常而后得其正,谓之权。"(《论语注》卷九)肯定权而后得其正。若执常而不知变,"执一而不知时中,则为拘儒小儒而害大道矣"(同上)。他批评程颐攻击《公羊传》的权义,"己所不知,削孔子之大义,令圣人之大义日亡,此则宋儒之割地偏安也"(同上)。由于不知反经合道为权,而有国弱民贫,割地偏安之患。康有为主张,"时措有宜,变通尽利,其以行权,固有反经而合道者"(同上)。此道是"孔子之道,主于时,归于权"(同上)。

理势 中国哲学史的一对范畴。理的本义是指玉、石的纹理,又指顺其纹理而治玉,而引申为治理、条理等。许慎《说文解字》无势字,《说文新附》:"势,盛力权也。"春秋战国时,理、势都是单一概念、范畴。《老子》通行本有"道生之,德畜之,物形之,势成之"(第五十一章)。《管子·七法》:"明于机数者,用兵之势也。"孟子言:"虽有智慧,不如乘势。"(《孟子·公孙丑上》)乘势指趁有利形势,而推行王政。商鞅提出理势对举范畴:"圣人知必然之理,必为之时势,故为必治之政……丽丽巨巨,日走千里,有必走之势也;虎豹熊罴,鸷而无敌,有必胜之理也。圣人见本然之政，知必然之理，故其制民也，如以高下制水，如以燥湿制火。”(《商君书·画策》)必然之理与必为之势，必走之势与必胜之理，理势对举。慎到把势作为重要政治原则：“贤而屈于不肖者，权轻也；不肖而服于贤者，位尊也。尧为匹夫，不能使其邻家；至南面而王，则令行禁止。由此观之，贤不足以服不肖，而势位足以屈贤也。”(《慎子·威德》)韩非在《难势》篇中全文引用慎到这段话，并认为，“夫势者，非能必使贤者用己，而不肖者不用己也。贤者用之则天下治，不肖者用之则天下乱”(《韩非子·难势》)。又说：“君执柄以处势，故令行禁止。柄者，杀生之制也；势者，胜众之资也。”(《韩非子·八经》)权柄与威势相辅相成。荀子以儒家思想为旨归，主张势贤兼重。“明主急得其人，而暗主急得其势”(《荀子·君道》)。《吕氏春秋》着重于社会政治，在于总结得失，开创未来，表现出兼收并蓄的倾向。《慎势》篇承慎到、韩非势的观念，“诸侯不欲臣于人，而不得已，其势不便，则奚以易臣？权轻重，审大小，多建封，所以便其势也”(《吕氏春秋·慎势》)。贾谊总结了秦速亡的经验教训，认为归根到底，乃是专恃权势，仁义不施。“仁义恩厚，此人主之芒刃也；权势法制，此人主之斤斧也。势已定，权已足矣，乃以仁义恩厚而泽之，故德布而天下有慕志。”(《新书·制不定》)“高者难攀，卑者易陵，理势然也。”(《新书·阶级》)王充撰《物势》篇，说明万物竞争，依靠气势。“夫物之相胜，或以筋力，或以气势，或以巧便。小有气势，口足有便，则能以小而制大。”(《论衡·物势》)王符比较详细讨论了理与势的关系，他说：“势有常趣，理有固然。富贵则人争附之，此势之常趣也；贫贱则争去之，此理之固然也。”(《潜夫论·交际》)诸葛亮作《兵势》、《地势》、《情势》、《击势》等篇，认为行兵作战取决于天、地、人三势，“善将者，因天之时，就地之势，依人之利，则所向者无敌”(《将苑·兵势》)。刘勰把势范畴运用于文学理论，撰《定势》篇，讲文章变化趋势。“势者，乘利而为制也。”(《文心雕龙·定势》)文章是“因情立体，即体成势”，“文之体势，实指强弱”(同上)。理势作为中国固有的范畴，也为印度传来的佛教所吸收。《明报应论》将理与势对举：“会之有本，则理自冥对；兆之虽微，势极则发”(《弘明集》卷五)。道教葛洪把道教神仙理论加以精致化、系统化。他把理势相联并举：“乐极则哀集，至盈必有亏。故曲终则叹发，燕罢则心悲也。实理势之攸召，犹影响之相归也。”(《抱朴子·畅玄》)理与势犹影与响。乐极与哀集，至盈与有亏，都是客观的道理、原则，也是必然趋势。这里理与势都是自然而然的。从道教长生的观点来说，人无不乐生畏死，“然荣华势利诱其意，素颜玉肤惑其目……此皆不召而自来，不学而已成，自非受命应仙，穷理独见”(《抱朴子·至理》)。唐柳宗元认为封建制和郡县制作为历史的客观存在，都有其现实存在的合理性，都不是主观的意志或意愿所能决定的。就封建制来说，“更古圣王尧、舜、禹、汤、文、武而莫能去之，盖非不欲去之也，势不可也。势之来，其生人之初乎？不初，无以有封建。封建，非圣人意也”(《封建论》)。宋元明之时，理势范畴在先秦和秦汉至唐的多方面发展的基础上，无论在广度的开发还是在深度的发掘上，都有新的发展。周敦颐在《通书》中撰《势》篇，“天下，势而已矣。势，轻重也”。把势解释为轻重。张载论理势，理已具天理品格。“‘舜、禹有天下而不与焉’者，正谓天理驯致，非气察当然，非意志所与也；必曰舜、禹云者，余非乘势则求焉者也。”(《正蒙·诚明》)朱熹适逢高宗内禅，孝宗即位，诏求直言，便应诏上封事。他指出，帝王之学不可以不熟讲，修攘之计不可以不早定。“方今天命之眷顾方新，人心之蕲向方切，此亦陛下端本正始，自贻哲命之时，因时顺理乘势有为之会也。”(《壬午应诏封事》)即使“少迟数年之久，而理得势全，名正实利，其与讲和请地，苟且侥幸，必不可成之虚计”(同上)。陆九渊认为理势关系犹如道势，既对立又统一。“窃谓理势二字，当辨宾主。天下何尝无势，势出于理，则理为之主，势为之宾，天下如此则为有道之世……反是则为无道。”(《与刘伯协》)明清之际，王夫之对理势作了明确的规定。指出所谓理，其一，是指历史必然趋势中所呈现的原则、原理和规律性。“理者，当然之宰制。”(《四书训义》卷三十一)其二，“理，当然而然，则成乎势矣”(《读四书大全说》卷九)。其三，“顺必然之势者，理也”(《宋论》卷七)。所谓势，其一，是指历史发展过程中的必然趋势。“凡言势者，皆顺而不逆之谓也；从高趋卑，从大包小，不容违阻之谓也。”(《读四书大全说》卷九)其二，“势，既然而不得不然，则即此为理矣”(同上)。势是不得不这样的既然趋势，是历史发展的不可避免的必然性。其三，“势者，亦自然之气机”(《四书训义》卷三十一)，是事物发展自然而然的内在动因所呈现的趋势。这样，理作为历史必然趋势的规律性的呈现，相似于合理的或合理性；势作为历史发展的必然趋势，相类于现实的或现实性。并探讨了理与势的辩证关系。其一，理势相依不离。“言理势者，犹言理之势也，犹凡言理气者，谓理之气也。”(《读四书大全说》卷九)其二，理势相辅相成。“顺逆者理也，理所制者道也；可否者事也，事所成者势也。以其顺，成其可；以其逆，成其否，理成势者也。循其可则顺，用其否则逆，势成理者也。”(《诗广传》卷三)其三，理势相因相动。“理与气不相离，而势因理成，不但因气。”(同上)其四，理势相激相易。封建制被郡县制所代替，两千年来中国实行郡县制，这是“势之所趋，岂非理而能然哉”(《读通鉴论》卷一)。近代康有为用西方自由平等博爱的公理来解释中国固有的理，他又继承中国固有理势范畴，说明了公理与时势的关系。“时势之所在，即理之所在，公理常与时势相济。”(《答南北美洲诸华商论中国只可行立宪不可行革命书》)“理者天道之条，本于天，成于势，积于人。”(《长兴里讲学记》)“势生道，道生理，理生礼。”(《春秋董氏学》卷六上)理必须符合势的要求，势亦必须与理相适应，理势相济相成，即相互统一。

能所　中国哲学史的一对范畴。《说文》：“能，熊属，足似鹿，从肉以声。能兽坚中，故称贤能，而强壮称能杰也。”《说文》：“所，伐木声也。”段玉裁注：“伐木声，乃此字本义。用为处所者，假借为处字也，若王所行在所之类是也；用为分别之词者，又从处所之义引申之。”所与能对偶，便是人的能力所能到达的客体对象。殷周时，能与所是单一概念。“下民其咨，有能俾乂。”（《尚书·尧典》）洪水浩浩滔天，人民愁苦叹息，谁有能力治理洪水。“知人则哲，能官人。”（《尚书·皋陶谟》）“人之有能有为，使羞其行，而邦其昌。”（《尚书·洪范》）能，指主体的才能、能力，以及进一步提高主体人的道德行为的能力。所，《尚书·大诰》：“天閟毖我成功所”，蔡沈注：“天之所以否闭艰难，国家多难者，乃我成功之所在。”（《书经集传》卷四）所可训为处所。“王敬作所，不可不敬德”（《尚书·召诰》），王以敬作为自己的处所。《周易》：“鼎有实，我仇有疾，不我能即”（《鼎·九二》爻辞），“不我能即”为“不能即我”的倒文，能有能够的意思。所，言在此寄居的处所，“旅琐琐，斯其所，取灾”（《旅·初六》爻辞）。又指平常所不可想象。“涣有丘，匪夷所思”（《涣·六四》爻辞），所是助词，构成名词性结构。春秋战国时，能称为贤者，是当时常用语，“若弃德不让，是废先君之举也，岂曰能贤”（《左传·隐公三年》）。也作能够讲，“明恕而行，要之以礼，虽无有质，谁能间之”（同上）。《论语》中能指主体的能力，“以能问于不能，以多问于寡”（《论语·泰伯》）。能是自身所具有的力量。对象物能接受主体能力的施予，便是所。所指处所，“譬如北辰，居其所而众星共之”（《论语·为政》）。所与动词或动词语连用而成名词语，“有所不行，知和而和，不以礼节之，亦不可行也”（《论语·学而》）。《管子》四篇以“所以知”与“所知”区分主体的知与对客体的知，“其所知，彼也；其所以知，此也”（《管子·心术上》）。《孟子》能作能力、才能，“贤者在位，能者在职”（《孟子·公孙丑上》），所作处所，“子谓薛居州，善士也，使之居于王所”（《孟子·滕文公下》）。王所即王的居所。《孟子》同《管子》一样，也讲到所知，“晋国天下莫强焉，叟之所知也”（《孟子·梁惠王上》）。所知是主体认识的对象。后期墨家对主体认识能力与客体认识对象作了分疏，且有较清晰的论述。关于主体认识能力，“知，材也”（《墨子·经上》），“知也者，所以知也，而必知，若明”（《墨子·经说上》），“知其所不知，说在以名、取”（《墨子·经下》）。知指能知，能知必有所知，也有所不知。庄子明确提出能知与所知概念。“故知止其所不知，至矣。孰知不言之辩，不道之道？若有能知，此之谓天府。”（《庄子·齐物论》）荀子提出：“所以知之在人者谓之知，知有所合谓之智。所以能之在人者谓之能，能有所合谓之能。”（《荀子·正名》）《淮南子》认为：“凡学者能明于天人之分，通于治乱之本，澄心清意以存之，见其终始，可谓知略矣。”（《淮南子·泰族训》）汉唐时期，中国传统的所以知与所知，能与所范畴，同印度传入的佛教理论中的能缘与所缘，能知与所知等相结合，使能与所范畴得到丰富和发展。在印度部派佛学时期上座部的《舍利弗毗昙》中，把十二处分为两大类，以感觉（眼处、耳处、鼻处、舌处、身处）、思维（意处）为内六处，或称六根，是认识的能；与六根相对的色、声、香、味、触、法为外六处，亦称为六境，是认识的所。陈那在《观所缘观》中提出所缘和能缘的概念，有能与所的意思。东晋时，僧肇在《般若无知论》中论证了能与所及其关系。“般若即能知也，五阴即所知也。所知即缘也。夫知与所知，相与而有，相与而无。相与而无，故物莫之有；相与而有，故物莫之无。”（《肇论·般若无知论》）天台宗慧思认为佛是能觉，涅槃是所觉，“佛名为觉，性名为心，以此净心之体非是不觉，故说为觉心”（《大乘止观法门》）。道士成玄英在疏释《庄子·德充符》“一知之所知”时曰：“一知，智也。所知，境也。能知之智照所知之境，境智冥会，能所无差，故知与不知，通而为一。”认识主体的认识客体对象的能力，是主体本来具有的智慧，认识的发生，并非所知的境（客体对象）作用于认识主体，而是能知的智慧观照认识客体对象之境。然而，“境有大小，智有明暗，智不逮者，不须强知。故知止其分，学之造极也”（《庄子·齐物论疏》）。宋明时期，道学家亦沿用能与所这对范畴。王夫之曾评说：“朱子所云：‘非以一心求一心，只求底便是已收之心。’亦觉与释氏‘无能、无所’，‘最初一念，即证菩提’，‘因地果生’之说无以别。”（《读四书大全说》卷十）认为朱熹与佛教一样，都混淆了主体认识功能与客体认识对象的界限。只有“识得所求之心与求心之心本同而末异，而后圣贤正大诚实之学不混于异端”（同上）。但王夫之并不完全否定佛教能所理论，而是批判地吸取，“能所之分，夫固有之，释氏为分授之名，亦非诬也”（《尚书引义》卷五）。能所统一关系有这样几方面：其一，从体与用的关系来看能与所，“乃以俟用者为所，则必实有其体；以用乎俟用，而以可有功者为能，则必实有其用”（同上）。其二，从发与副的关系而言能所，“体俟用，则因所以发能；用用乎体，则能必副其所。体用一依其实，不背其故”（同上）。其三，从思与位的关系来说能所，“所谓能者即思也，所谓所者即位也，《大易》之已言者也”（同上）。其四，从己与物的关系说明能所，“所谓能者即己也，所谓所者即物也，《中庸》之已言者也”（同上）。

无极与太极 中国哲学史的一对范畴。朱熹和陆九渊争论周敦颐《太极图说》首句“无极而太极”，而揭橥“无极”二字，出于《老子》：“复归于无极。”（《老子·二十八章》）故南宋陆九渊说：“吾圣人之书所无有也。”（《与朱元晦》）太极二字出于《周易·系辞》，“是故易有太极”。无极而太极这种结合，是由宋明理学的开创者周敦颐完成。他出入佛、道，援佛、道入儒，从“本然之全体”上建立了思辨的哲学逻辑结构，为理学家出入佛、道开辟了新路，为建立理学体系提供了楷模。作为周敦颐思想之纲的《太极图说》，扼要明确地说明了无极太极—动静—阴阳之间的联结：“自无极而为太极。太极动而生阳，动极而静；……阴阳，一太极也。太极本无极也。”周敦颐的《太极图说》脱胎于道士陈抟的《无极图》。清初朱彝尊在《经义考》中说：“《无极图》乃方士修炼之术。……在道家未尝诩为千圣不传之秘。周子取而转易之为图……更名之曰《太极图》，仍不没无极之旨。"此说甚有见地。邵雍对太极作了多层次的规定：其一，道为太极。"以道生天地，则天地亦万物也。道为太极。"（《皇极经世·观物外篇》）其二，心为太极。"心为太极，人心当如止水则定，定则静，静则明。"（同上）其三，性为太极。"太极，不动，性也。发则神，神则数，数则象，象则器，器则变，复归于神也。"（同上）张载用"太虚即气"的命题来表示太虚是无形、无感、至静，就太虚具有这些特性来说，犹如周敦颐的无极；气是客形，客形即相当于形质已具的太极。"太虚即气"的命题，实即"无极即太极"的命题。后二程在《易序》中说："太极者道也，两仪者阴阳也。阴阳，一道也。太极，无极也。万物之生，负阴而抱阳，莫不有太极，莫不有两仪，絪缊交感，变化不穷。"太极是道，与邵雍同。太极是无极，也符合邵雍的思想逻辑。朱熹综合周、邵、张、程思想，对无极与太极范畴作了发挥。朱熹作《太极图解》和《太极图说解》，认为无极即是无形，"无极者无形，太极者有理也。周子恐人把作一物看，故云无极。"（《朱子语类》卷九十四）。"无极只是极至更无去处了，至高至妙，至精至神，更没去处。濂溪恐人道太极有形，故曰无极而太极，是无中有个至极之理"（同上）。陆九渊认为，太极之上不能加无极，他在《与朱元晦》书中说："《易大传》曰：'《易》有太极。'圣人言有，今乃言无，何也？作《大传》时不言无极，太极何尝同于一物，而不足为万化根本耶？"继朱、陆以后，无极太极之辩成为一个重要的哲学问题，论争达四百余年，其主要倾向大体有四：其一，宗朱说者，恪守有余，而少发挥。如朱熹门人黄榦、陈淳以及元许谦、吴澄等。许谦说："无极者，周子形容太极之妙，二陆先生适不烛乎此，乃以周子加无极字为非。盖以太极之上不宜加为无极一重，而不察无极即所以赞太极之语。周子虑夫读易者不知太极之义，而以太极为一物，故特著无极二字以明之，谓无此形而有此理也。"（《许白云先生文集·答或人问》）其二，宗陆说者，既坚守陆说，又有所发挥。如杨简认为："人心即《易》之道也。"（《杨氏易传》卷九）道即太极，太极即心。后来王守仁承继陆九渊心学，并进而集心学之大成。虽于无极太极无多论述，但对太极动静之说有所发挥。他说："太极生生之理，妙用无息，而常体不易。太极之生生，即阴阳之生生。就其生生之中，指其妙用无息者而谓之动。……指其常体不易者而谓之静。"（《答陆原静书》）其三，折中朱、陆，以求和会。如王柏对朱熹释"无极而太极"为"无形而有理"提出异议："无极而太极一句，某非敢妄疑先哲，但疑其既是无形而有理，则图中图像非形而何？"（《鲁斋集·回赵星诸书》）认为从《太极图》的图形来说，是有几何图形而非无形，因此说，无形而有理不精确，有未善处。然王柏又为朱熹回护："太极无形无象，本不可以成图，然非图则造化之渊微，又难于模写，不得已画为图像。"（转引自《宋元学案·濂溪学案》）其四，批判朱、陆，以发展无极太极之学。王廷相承叶適的批判精神，认为太极就是天地未分的气。"太极之说，始于'《易》有太极'之论，推极造化之源，不可名言，故曰太极。求其实，即天地未判之前大始浑沌清虚之气是也。"（《太极辩》）吴廷翰亦坚持无极与太极的一体性。他说："'无极而太极'，本无可疑。盖太极者，言此气之极至而无以加尊称之也。无极者，又所以释太极之义。若曰'太极者，乃'无极之谓。故下文亦曰'太极本只是无极'，又曰'无极之真'，而不言太极，见无极只是太极。（《吉斋漫录》卷上）无极与太极并非二极，而是统一的。方以智就其哲学逻辑结构的整体而言，与朱熹不同，但就不落有无而言，似有相似之处。"太极者，犹言'太无'也。'太无'者，言不落有无也。"（《东西均·三征篇》）不落有无一边，便是非有非无，亦有亦无，它不是简单的有或无。这样，太极就是有与无的一体，亦即有极与无极的一体。"有极与无极相待，轮浸而贯其中者，谓之落有，不可也，谓之落无，不可也，故号之曰太极。"（《易余·太极不落有无说》）无极与有极相对待，实乃一体而二名。王夫之亦从这两方面的意义上发挥无极与太极。他说："无极，无有一极也，无有不极也。有一极，则有不极矣。无极而太极也，无有不极，乃谓太极。"（《思问录·内篇》）"如实言之，则太极者，乾坤之合撰，健则极健，顺则极顺，无不极而无专极者也。无极，则太极未有位矣，未有位，而孰者为乾坤之所资以生乎？"（《周易外传》卷五）并非乾坤之先有太极，太极乃是乾坤凝合为一的统一体。因此，太极既无不极，又无专极。无极是太极未有位的状态。

无极 中国哲学史范畴。《老子》通行本第二十八章载："知其雄，守其雌，为天下溪。为天下溪，恒德不离，复归于婴儿。知其白，守其辱，为天下谷。为天下谷，恒德乃足。恒德乃足，复归于朴。知其白，守其黑，为天下式。为天下式，恒德不武。恒德不武，复归于无极。"历来有人认为，从"守其黑"到"复归于无极"是后人窜入。但《老子》帛书甲、乙本均有此句，甲本抄写年代当在战国，不是汉以后人的窜改。这段文字里复归于婴儿、朴、无极，都是对道的描述，如无知无欲的婴儿，原始的纯朴，无穷无限的无极，这种对道的性质的多层次、多方面的规定，是老子对本体道的深刻认识。反映出无极作为道的属性范畴，开始为哲学家所重视和运用。庄子承继老子，多次言及无极。"吾惊怖其言，犹河汉而无极也。"（《庄子·逍遥游》）又说："入无穷之门，以游无极之野。"（《庄子·在宥》）《逸周书》中记载："正人莫如有极，道天莫如无极。道天有极则不威，不威则不昭，正人无极则不信，不信则不行。"（《命训解》）《淮南子》论无极说："故穷无穷，极无极，照物而不眩，响应而不乏，此之谓天解。"（《淮南子·原道训》）所谓穷极无极，若无极作空间无限或无边无际讲，就是要极至此无限。"运乎无极，翔乎无形"（《淮南子·泰族训》），是讲空间的无限。"终而复始，转于无极"（《淮南子·要略》），似指时间的无限。无极也是指一种精神状态。"精神澹然无极，不与物散而天下自服。故心者形之主也,而神者心之宝也。”(《淮南子·精神训》)是讲精神恬静得没有穷极。东汉张衡论证宇宙形成时讲到:“宇之表无极,宙之端无穷。”(《灵宪》)《太平经》说:“不在之在,在乎无极。无被之极,极乎太玄。太玄者,太宗极主之所都也。”(《太平经·太平金阙帝晨后圣帝君师辅历纪岁次平气去来兆候贤圣功行种民定法本起》)老子被奉为大圣神人,他无所不能,无所不在,在乎无极。在《太平经》看来,“无极之极”,即是有极,有极之太玄,就是极主的都所。“今愚生以为天上乃无极而正,独与此下地为合乎?”(《太平经·无乐得善人文付火君诀》)“天上无极之三光各异,自有自然元气阴阳……即太乎矣。”(同上)“地下无极阴阳各异,自有自然元气阴阳……即太平矣。”(同上)天上无极与地下无极相对。《周易参同契》也讲到无极:“往来洞无极,怫怫被容中。”这是讲涵养本原功夫。三国魏王弼说:“然则道、玄、深、大、微、远之言,各有其义,未尽其极者也。然弥纶无极,不可名细,微妙无形,不可名大。”(《老子指略》)东晋僧肇说:“然则物不异我,我不异物,物我玄会,归乎无极。”物与我不相异,物我相通而归于无穷极。《列子》记载:“无则无极,有则有尽,朕何以知之?然无极之外复无无极,无尽之中复无无尽,无极复无无极,无尽复无无尽,朕以是知其无极无尽也,而不知有极有尽也。”(《汤问》)无是无限,有是有限。张湛注:“或者将谓无极之外更有无极,无尽之中复有无尽,故重明无极复无无极,无尽复无无尽也。”无极之外还有无极,是无所穷极,无尽之中还有无尽,是不可穷尽。《列子》又载:“含万物也故不穷,含天地也故无极。”(同上)郭象在注《庄子》“其卒无尾,其始无首”句时说:“运转无极。”(《庄子·天运注》)就是运转于无穷极之中。“万物万化,亦与之万化,化者无极,亦与之无极。”(《庄子·大宗师注》)变化无穷,就是指万物具有无穷的变化。佛道两教,均运用无极这个词。佛教还借以翻译佛经。支谦把《般若波罗蜜经》译为《大明度无极经》,把般若(智慧)译为大明,取《老子》“知常日明”之意,把波罗蜜(到达彼岸)译为度无极,取《老子》“复归于无极”之意,也就是说达到与道合一的境界。康僧会译《六度无极经》(即《六度集经》)八卷,祇多密译《大智度无极经》四卷,竺法护译《无极宝三昧经》二卷。这里的度无极,均有到达彼岸涅槃境界的意思。《超日明三昧经》说:“尔时世尊,与无央数百千之众眷属围绕,而为说法,讲大乘业无极之慧。”(《大正藏》卷十五)又说:“行大智慧度于无极。”(同上)《九箴篇》云:“无上大道君治在五十五重,无极大罗天中玉京之上,七宝玄台金床玉几,仙童玉女之所侍卫。”(《广弘明集·辨惑篇》)《道藏·上方大洞真元妙经》:“上方开花无极。”又《道藏·宝玄经》:“一号自然,二号无极。”《道藏·灵宝自然经诀》:“太上玄一真人曰:太上无极大道,无上至真。”道士成玄英疏《庄子》“入无穷之门,以游无极之野”说:“反归冥寂之本,入无穷之门,应变天地之间,游无极之野。”(《庄子·在宥疏》)就是无穷极之地。唐柳宗元出入佛道,统合儒释。他在《天对》中说:“乌傒系维,乃縻身位!无极之极,漭弥非垠。”南宋陈淳在《北溪字义》卷下说:“无极之说,始于谁乎?柳子《天对》曰:‘无极之极。’康节《先天图说》亦曰:‘无极之前,阴含阳也,有极之后,阳分阴也。’是周子以前已有无极之说矣。”

公私 中国哲学史的一对范畴。公私是中国哲学范畴系统中通贯始终而又在现代普遍使用的范畴。殷周时期,由于私有制早已出现,便有公与私相对待的概念。公也指祖宗,称先公,亦指君或尊贵之称。私是指私家,“无或私家子狱之两辞”(《尚书·吕刑》),不可仅听信一家之言而有所私袒。《周官》中有“以公灭私,民其允怀”句。《诗经·小雅·大田》中有“雨我公田,遂及我私”,反映了井田制的先公后私的关系。公指公事,“夙夜在公”。《春秋左传》中则有明确的公私关系的价值指向,“私仇不及公,好不废过,恶不去善,义之经也,臣敢违之?”(《左传·哀公五年》)儒家孔子还无明确公私对待概念,孔子认为,“敏则有功,公则说”(同上),公平使人民高兴,偏私人民便不悦乐,在孔子深层意识中蕴含尚公鄙私思想。孟子便十分显明地把公与私对立起来,“方里而井,井九百亩,其中为公田。八家皆私百亩,同养公田;公事毕,然后敢治私事,所以别野人也”(《孟子·滕文公上》)。通过对井田制的解说明显体现出先公后私的价值取向。荀子“人论,志不免于曲私,而冀人之以己为公也”(《荀子·儒效》)。同样提倡主体行为活动的抉择与取与以公为原则,“君子之能以公义胜私欲也”(《荀子·修身》)。儒家公私观基本可谓先公后私,忠公无私,反对多私和以私抉择、取与。道家老庄与儒家志趣有别,《老子》无公私对待概念,“知常容,容乃公,公乃王”(《老子·第十六章》)。“不以其无私欤?故能成其私”(《老子·第七章》)。《庄子》与《老子》同,无公私对待概念。“天无私覆,地无私载,天地岂私贫我哉?求其为之者而不得也。”(《庄子·大宗师》)墨家主张兼相爱、交相利,批判自爱、自利以及自私。墨子赞扬:“此言文王之兼爱天下之博大也,譬之日月兼照天下之无有私也。”(《墨子·兼爱下》)管子学派明公私之别,给公私作了规定:公指公平无私或公法,“天公平而无私,故美恶莫不覆;地公平而无私,故大小莫不载”(《管子·形势解》)。慎到的学说,《庄子·天下》曾概括为“公而不党,易而无私”。法家集大成者韩非对公私的内涵作了明确规定:“古者仓颉之作书也,自环者谓之私,背私谓之公。公私之相背也,乃仓颉固已知之矣。”(《韩非子·五蠹》)《吕氏春秋》在首卷《孟春纪》便专著《贵公》、《去私》两篇,阐述公的价值、地位和意义,以及私的危害和去私的必要。“昔先圣王之治天下也,必先公,公则天下平矣。平得于公。尝试观于上志,有得天下者众矣,其得之以公,其失之必以偏。”(《吕氏春秋·贵公》)《淮南子》认为,公私不两立,“公道通而私道塞矣”(《淮南子·主术训》),“公道不立,私欲得容”(《淮南子·说山训》)。贾谊鉴于秦末以来道德的沦丧,在《道术》中提出五十六对道德范畴,其中对公私范畴规定为“兼覆无私谓之公，反公为私”(《新书·道术》)，这是公与私的相互界说。《礼记·礼运》提出了天下为公的大同理想：“大道之行也，天下为公。”董仲舒认为“人法天而立道，亦博爱”(《汉书·董仲舒传·对策三》)。魏晋玄学家王弼从道家系统来诠释公私。王弼在注释《老子》“非以其无私邪？故能成其私”时说：“无私者，无为于身也。身先身存，故曰‘能成其私也’。”(《老子注》第七章)以无为于自身释无私。嵇康发挥道家自我精神，由无私心杂念而超越自我。他认为越自我而无私心，就在于越名教而任自然，“论公私者，虽云志道存善，口无凶邪，无所怀而不匿者，不可谓无私。虽欲之伐善，情之违道，无所抱而不显者，不可谓不公”(《释私论》)。隋唐时期，王通认为公私之分，“夫能遗其身，然后能无私，无私然后能至公，至公然后以天下为心矣，道可行矣”(《中说·魏相》)。韩愈以他自己合仁义所说的道德，是“天下之公言”，以老子去仁义所说的道德，是“一人之私言”。柳宗元以公私为价值标准，衡量中国长期论争的封建制与郡县制的国家体制的优劣。“汤武之所不得已也。夫不得已，非公之大者也，私其力于己也，私其卫于子孙也。秦之所以革之者，其为制，公之大者也；其情，私也，私其一己之威也，私其尽臣畜于我也。然而公天下之端自秦始。”(《封建论》)北宋周敦颐则认为，公与私两种道德价值，与“立人极”的道德本体相联系，公是为圣的内涵之一：“圣人之道，至公而已矣。或问：‘何谓也？’曰：‘天地至公而已矣。’”(《通书·公》)张载以公私区别君子与小人，认为“小人私己”，“君子公物”。“君子于天下，达善达不善，无物我之私。”(《正蒙·中正》)二程把公私范畴比较系统地与义利、理欲范畴联系，而构筑范畴系统。他们对公私给予时代的解释：“仁者，公也。”(《遗书》卷九)“凡人须是克尽己私后，只有礼，始是仁处。”(《遗书》卷二十二上)只有克私才能仁，仁方能公。“理者天下之至公，利者众人所同欲。苟公其心，不失其正理，则与众同利。”(《周易程氏传》卷三)还认为：“公则一，私则万殊。”(《周易程氏传》卷十五)一即是同，万殊有差异便不同。二程基于对公私的规定，认为“圣人以大公无私治天下”(《周易程氏传》卷一)，从而达到“至公无私，大同无我，虽渺然一身，在天地之间，而与天地无以异也”(《程氏粹言》卷一)的境界。南宋朱熹十分重视公私之辩。他说：“人只有一个公私。”(《朱子语类》卷十三)“己者，人欲之私也；礼者，天理之公也。一心之中，二者不容并立。”(《论语或问》卷十二)朱熹与湖湘学派争论仁与公私的关系，而与功利学派则争论王霸、理欲与公私的关系。陈亮认为“有公则无私，私则不复有公。王霸可以杂用，则天理人欲可以并行矣”(《又丙午秋书》)。叶適则认为，私是主体为满足生存物欲价值的需要，“有己则有私，有私则有欲，而既行之于事矣”(《进卷·春秋》)。明王守仁在公私观方面与朱熹相近。他主张“喜怒哀乐，本体自是中和的。才自家着些意思，便过不及，便是私”(《传习录》上)，“君子之学，为己之学也，为己故必克己，克己则无己。无己者，无我也。世之学者，执其自私自利之心，而自任以为为己”(《书王嘉秀请益卷》)。李贽认为：“夫私者，人之心也。人必有私而后其心乃见，若无私则无心矣。”(《德业儒臣后论》)为私的价值合理性作论证。明清之际黄宗羲表述了相似的观点：“有生之初，人各自私也。”(《明夷待访录·原君》)这是人的生理需要。王夫之则认为“一姓之兴亡，私也，而生民之生死，公也”(《读通鉴论》卷十七)，明确公天下与私天下的界限。随着西学东渐，公私价值观念发生渐变，私与欲受到一些思想家的重视。清戴震主张“天下之事，使欲之得遂，情之得达，斯已矣”(《孟子字义疏证·才》)。近代，开一代之风气的龚自珍专撰《论私》篇，阐明私是天、地、人的普遍现象。“天有私也”，“地有私也”，“日月不照人床闼之内，日月有私也”(《论私》)。梁启超把中国旧伦理与西方新伦理作了比较，认为中国旧伦理必须从“一私人对于一私人之事”中挣脱出来，既讲公德，亦不忽视私德。“道德之本体一而已，但其发表于外，则公私之名立焉。人人独善其身者谓之私德，人人相善其群者谓之公德，二者皆人生所不可缺之具也。”(《新民说·论公德》)孙中山以公天下为其社会理想。“人类进化之目的为何？即孔子所谓‘大道之行也，天下为公’。耶稣所谓‘尔皆得成，在地若天’。此人类所希望，化现在之痛苦世界而为极乐之天堂者是也。”(《孙文学说》)“天下为公”就是“大同世界”，“人人不独亲其亲，人人不独子其子，是为大同世界；大同世界，即所谓天下为公”(《军人精神教育》)。综观中国哲学史，公私范畴是通过中和范畴，由心性范畴转化而来的。公私范畴的横向发展是通过消长范畴转变为理欲(天理人欲)范畴。公私范畴的上行运动是义利范畴，下行运动是善恶范畴。由心性范畴到义利、公私、善恶范畴，又构成三位一体的联结。

健顺 中国哲学史的一对范畴。健的本意是刚强、有力。顺的初义为顺水势而流，引申为顺玉石的纹理而治玉，又引申为顺从、顺应等义。在殷周时健顺是单一概念。作为对偶范畴，健与顺见之于《周易》的《泰卦·彖》：“天地交而万物通也，上下交而其志同也，内阳而外阴，内健而外顺。”内健是指乾卦的本质是健。“天行健，君子以自强不息。”(《周易·乾·象》)健有自强、刚强的含义，“大哉乾乎，刚健中正，纯粹精也”(《周易·乾·文言》)。乾为阳、为刚、为健，故为阳刚、为刚健，“刚健而不陷”(《周易·需·彖》)。与乾相对之坤卦，象征阴，尚柔、尚顺。“至哉坤元，万物资生，乃顺承天。”(《周易·坤·彖》)万物生于地，然独阴不生，所以地以柔顺上承乎天，而后万物生。“牝马地类，行地无疆，柔顺利贞。”(同上)“坤，顺也。”(《周易·说卦》)“坤道其顺乎，承天而时行。”(《周易·坤文言》)又由于“坤至柔”(同上)，所以，柔顺并称。“明夷，内文明而外柔顺。”(《周易·明夷·彖》)“夫乾，天下之至健也，德行恒易，以知险；夫坤，天下之至顺也，德行恒简，以知阻。”(《周易·系辞下》)《易传》以健顺描述宇宙万物的生长、事物的本质属性和功能，以及道德意识与行为,使之起着联系天道、地道、人道的阴阳、刚柔、仁义的作用,从而抽象为范畴。但在先秦时,这一范畴并未引起哲学家的普遍关注。荀子仍然在顺应、顺从这个意义上使用顺字,“体据固而心势诈,术顺墨而精杂污”(《荀子·修身》)。荀子由性恶而礼而法,韩非便由性恶而尚法,主张顺民,“凡奸臣,皆欲顺人主之心,以取信幸之势者也”(《韩非子·奸劫弑臣》)。《吕氏春秋》认为,功名的成就、举事的成败、国家的盛衰,其要就在于能否顺民心。“先王先顺民心,故功名成。”(《吕氏春秋·顺民》)西汉《淮南子》也在传统含义上运用顺字,“圣人呼吸阴阳之气,而群生莫不喁喁然然,仰其德以和顺”(《淮南子·俶真训》)。董仲舒以顺逆对举,“逆顺自著,其幾通于天地矣”(《春秋繁露·深察名号》)。东汉魏伯阳撰《周易参同契》,托《周易》以发明修丹之大旨。“乾健盛明,广被四邻,阳终于巳,中而相干。……道穷则反,归乎坤元,恒顺地理,承天布宣。”(《周易参同契》中编)三国时虞翻《周易注》认为“健,乾;说,兑也。以乾阳获阴之和,故决而和也”(《周易集解》卷六引)。“故顺乎天应乎人,坤为顺也。”(《周易集解》卷七引)以乾之义为健,坤之义为顺。坤顺于乾天,乾健决于坤阴。魏晋时,王弼明确指出“健也者,用形者也”(《周易注·乾》)。“坤也者,用地者也。”(《周易注·坤》)坤地的柔顺与乾天的刚健,构成了对偶范畴。“夫体无刚健,而能极物之情,通理者也。以柔顺之德,处于盛位,任夫文理者也。”(同上)健顺两者虽品德有异,但都能极物之情而通达物理,而起着联结其他范畴的作用。隋唐时期,孔颖达受李世民诏撰五经义训。他在《周易正义》中对健顺加以训释:“健是乾之训也,顺者坤之训也。”(《周易正义》卷一)乾之训为健,是因“纯阳刚健,其性刚强,其行劲健”(同上);坤之训为顺,是因“坤是阴柔,以和顺承平于天”(同上)。北宋张载则认为乾阳健,坤阴顺之所以然,乃形而上“太虚之气,阴阳一物也,然而有两体,健顺而已”。健顺是太虚阴阳之气的两体,即一而二;健顺两体根源于太虚之气,即二而一。健顺作为太虚之气的两体的象是一种动态的过程。“苟健顺、动止、浩然、湛然之得言,皆可名之象尔。”(《正蒙·神化》)程颐进一步对健顺范畴作了分疏和规定。“乾,健也,健而无息之谓乾。”(《周易程氏传》卷一)“以刚、健、中、正、纯、粹六者,形容乾道。”(同上)南宋朱熹对健顺范畴的内涵予以规定:“乾只是个健,坤只是个顺。纯是阳,所以健;纯是阴,所以顺。至健者惟天,至顺者惟地。所以后来取象,乾便为天,坤便为地。”(《朱子语类》卷六十八)这里论述的次序是,乾坤—健顺—阴阳—天地。朱熹以阴阳为所以健顺以及健顺内涵、性质的内在根据,“健是察得那阳之气,顺是察得那阴之气”(《朱子语类》卷十七)。明清之际王夫之对健顺范畴的规定更为深刻具体。“易简者,唯阳健阴顺而已。”(《张子正蒙注·太和篇》)健顺具有阴阳的性质。但这种性质在形上学本体太和中是浑沌未分的。“太和本然之体,未有知也,未有能也,易简而已。而其所涵之性,有健有顺,故知于此起,法于此效,而大用行矣。”(同上)“健顺合而太和,其几必动,气以成形,神以居理,性固具足于神气之中,天地之生人物,人之肖德于天地者,唯此而已矣。”太虚也具有健顺之理。“天惟健顺之理充足于太虚而气无妄动,无妄动,故寒暑化育无不给足。”(《张子正蒙注·天道篇》)健顺对待具有普遍性,“阳健阴顺,积阳以纯健而乾成,积阴以纯顺而坤成。……至健而易,至顺而简,易简而险阻知,唯其纯也”(《周易外传》卷六)。就健顺范畴的相互依赖、相互渗透而言,王夫之提出“健顺相资”和“相济而和”的命题。“知性知天,则性与天道通极于一,健顺相资,屈伸相感,阴阳鬼神之性情,皆吾所有事,而为吾职分之所当修者矣。”(《张子正蒙注·诚明篇》)健顺之性为仁义之所属,又与善恶相联结,健顺范畴便成为仁义与善恶的中介。

善恶 中国哲学史的一对范畴。《说文》:“善,吉也,从誩从羊,此与义美同意。”恶,《说文》:“过也”,过失、过头等,即人有过,不善为过。有过而人憎恶他,亦为恶。《今文尚书》中有“世选尔劳,予不掩尔善”(《尚书·盘庚上》),“无有远迩,用罪伐厥死,用德彰厥善”(同上)。以有功劳、勤劳为传统美德。“用罪”,蔡沈《书经集传》:“犹言为恶。”“用德”,犹言为善,隐含善恶对待。《古文尚书》中善与恶便是对偶范畴:“彰善瘅恶,树之风声”(《尚书·毕命》),表彰善的道德行为,消除恶的非道德行为,以树立为善的社会风气,促进自我与社会的完善。这种思想在《左传》中得到印证。“善不可失,恶不可长……为国家者,见恶,如农夫之务去草焉,芟夷蕴崇之,绝其本根,勿使能殖,则善者信矣。”(《左传·隐公六年》)要以农民除草绝根的精神去恶,不使其生长,使善得到弘扬和发展。《国语》善恶对偶。“夫民劳则思,思则善心生;逸则淫,淫则忘善,忘善则恶心生。”(《国语·鲁语下》)善心与恶心的道德意识,是在民劳或逸的社会环境、实践上产生的。韦昭注曰:“民劳于事,则思俭约,故善心生”,而不是先验的。就渗透于外在的道德实践活动而言,“若罚之是罚善也,罚善必赏恶,臣何望矣”(《国语·晋语》)。“赏善罚奸,国之宪法也”(同上)。在道德实践活动中,由于评价标准不同而有不同判断,这种评价不一定与赏善罚恶的宪法相同。孔子比较自觉地以仁为道德评价标准:“子曰:‘唯仁者能好人,能恶人。’”(《论语·里仁》)“好仁者,无以尚之;恶不仁者,其为仁矣,不使不仁者加乎其身”(同上),而去评价、判断人与事的善恶。老子不像孔子从正面规定善人,而从负面说明善人。“道者,万物之注也,善人之葆也,不善人之所保也。”(《老子帛书》)善人与恶人都离不了道,然“天道无亲,恒与善人”(同上),永远亲爱善人。《管子》中善恶对举,“仲父已语我其善,而不语我其恶,吾岂知善之为善也”(《管子·四称》)。墨子善恶对言,“有谗人,有利人,有恶人,有善人”(《墨子·杂守》),是对于人的道德整体评价。墨子又说:“时年岁善,则民仁且良;时年岁凶,则民吝且恶。”(《墨子·七患》)战国时,孟子认为善是人通过道德活动而实现所追求的目的。这样便可“以善养人,然后能服天下”(《孟子·离娄下》),以完善个人和社会。道德活动以善为目的,它受主体的欲望、需要、兴趣的制约。所以孟子主张性善论,“人性之善也,犹水之就下也”(《孟子·告子上》)。庄子承认善与恶道德评价的对象的实存性,“为善无近名,为恶无近刑”(《庄子·养生主》),又认为善与恶道德评价又是相对的,“善人不得圣人之道不立,跖不得圣人之道不行”(《庄子·胠箧》)。盗贼所具有圣、勇、义、智、仁五种道德,也是善人所具有的。善人之所善、所恶,恰是盗跖之所恶、所善,以恶为善,或以善为恶,无绝对的界限。《易传》认同儒家善恶道德评价,“积善之家,必有余庆;积不善之家,必有余殃”(《周易·坤文言》)。善与恶所指称的对象有一个逐渐积累的过程。在这里运用道德评价功能是有意义的,它可以通过“君子以遏恶扬善”(《周易·大有·象》),积小善,去小恶。荀子主性恶论,“人之性恶,其善者伪也”(《荀子·性恶》)。然人性恶是可以变化的,比如说“见善,修然必以自存也;见不善,愀然必以自省也;善在身,介然必以自好也;不善在身,菑然必以自恶也”(《荀子·修身》)。善与不善对言,不善即恶。韩非说,“其于说议也,称誉者所善,毁疵者所恶”(《韩非子·八奸》),实能察过,不使群臣相互议论。韩非认为君主之患在于信人,信人便制于人,比如大臣相互勾结,以蒙蔽君主。《吕氏春秋》认为人的欲望和恶是先天的,“天使人有恶,人弗得不辟。欲与恶所受于天也”(《吕氏春秋·大乐》),不是人为所能造成或变易的。汉初陆贾认为,法的功能是在诛恶,“夫法令者,所以诛恶,非所以劝善”(《新语·无为》)。贾谊认为“夫行者善则谓之贤人矣,行者恶则谓之不肖矣”(《新书·修政语下》),以善恶行为作为贤不肖的分界。董仲舒直探人性善恶的来源,“人受命于天,有善善恶恶之性”(《春秋繁露·玉杯》)。从主体道德修持来看,善恶不管大小,都需举善去恶,“善无小而不举,恶无小而不去”(《春秋繁露·盟会要》)扬雄试图调和孟、荀性善与性恶论,提出善恶混的主张:“人之性也,善恶混。修其善则为善人,修其恶则为恶人。”(《法言·修身》)王充则认为“察气有厚泊,故性有善恶也”(《论衡·率性》),三品性中“中人之性,在所习焉。习善而为善,习恶而为恶也”(《论衡·本性》),是可以通过修持、习俗来改变的。魏晋南北朝时,王弼调和儒、道人性学说,主张“今云近者,有同有异,取其共是。无善无恶则同也,有浓有薄则异也,虽异而未相远,故日近也。”(《论语释疑·阳货》)郭象从人性自然出发,主张忘善恶,任自然。“忘善恶而居中,任万物之自为,闷然与至当为一。”(《庄子·养生主注》)“忘善恶,遗死生,与变化为一。”(《庄子·大宗师注》)超越善恶,不作善恶的道德评价或价值判断。隋唐时,孔颖达等纂《五经正义》,主张“遏匿其恶,褒扬其善”(《周易正义·大有》),表彰善,惩罚恶。韩愈从人的本质属性上分辨善恶,承袭董仲舒以来的性三品说。“上焉者,善焉而已矣,中焉者,可导而上下也,下焉者,恶焉而已矣。”(《原性》)与此相应,“情之品,有上中下三”(同上)。人性善恶评价的标准和内涵,便是仁、义、礼、智、信。就佛、道而言,慧远把佛教因果报应论与中国世俗的因果感应等结合起来,提出“夫善恶之兴,由其有渐”(同上)。此实乃援中国儒家积善余庆,积不善余殃。佛教禅宗法眼宗的延寿认为,佛与“一阐提”都有善恶,“诸佛不断性恶,能现地狱之身;阐提不断性善,常具佛果之体”(《万善同归集》卷中)。《太平经》承继汉时对先秦人性善恶的综合思想,以“天地之性,半阳半阴,阳为善,主赏赐;阴为恶,恶者为刑罚,主奸伪”(《太平经·太平经钞壬部》)。阳善阴恶,以阴阳二气为善恶二性的根据。《老子想尔注》宣传善恶报应,它解释《老子》“天地不仁”、“怪人不仁”曰:“仁于诸善,不仁于诸恶”,“仁于善人,不仁恶人”。以仁与不仁作为善恶评价的标准以及施于善恶对象的报应。葛洪称“览诸道戒,无不云欲求长生者,必欲积善立功,慈心于物,恕己及人”(《抱朴子·微旨》)。然而,世俗之人“善事难为,恶事易作”(同上),而需要修炼德行。成玄英立善恶两边,“夫善恶二途,皆由圣智者也”(《庄子·胠箧疏》)。比如“所不善者,桀、跖也;所以善者,圣迹也”(同上),夏桀、盗跖之恶,圣贤之善,“善恶既著,赏罚系焉。慕赏行善,惧罚止恶”(《庄子·在宥疏》)。宋元时,周敦颐认为道德评价的根据是动机。从人的本性而言,因人的生成是“二五之精,妙合而凝”,所以“五性感动而善恶分”(《太极图说》)。人作为物质形式的生成与作为人性形式的生成亦相对应。邵雍认为,善恶有显微之分,人见其显,鬼神知微。不同人对善恶有不同选择,“君子乐善,小人乐恶。乐恶恶至,乐善善归”(《伊川击壤集·君子吟》)。这种选择与后果相对应。注重从效果来判断、评价善恶。司马光采性三品说而否定善恶混,“善至多而恶至少,则为圣人;恶至多而善至少,则为愚人;善恶相半,则为中人”(《司马文正公集》卷二十四)。张载提出天地之性与气质之性实以突出至善的天地之性,而以气质之性来容纳善恶混的中人、愚人之性,以协调人性理想与现实之间的矛盾。二程吸收张载的人性二分说,认为天命之性是“极本穷源之性”,是性之本,是善的,是理的显现,可称“性即理”;气质之性,是“受生之后谓之性”,即“生之谓性”(《遗书》卷三),有善有恶,是气在造作过程中与生俱来的,因此称“性即气”。王安石在人性善恶的种种论争中,批判众说。他认为孟子、荀子、扬雄、韩愈等人论性,是把情和习当作性,“诸子之所言,皆吾所谓情也、习也,非性也”(《原性》)。由于诸子陷溺于情之善恶或习于善恶,“善恶者,情之成名而已矣”(同上),“习于善而已矣,所谓上智者;习于恶而已矣,所谓下愚者;一习于善,一习于恶,所谓中人者”(《性说》)。苏轼在性无善恶这点上与王安石同,“夫善恶者,性之所能之,而非性之所能有也,且夫言性者,安以其善恶为哉”(《扬雄论》)。朱熹认为道德评价的标准和根据是天理,“性即天理,未有不善者也”(《孟子集注·告子章句上》)。与天理相对应的是人欲,它是“恶底心”。“人欲有未尽，是以除恶常不能去其根”（《戊申延和奏札五》）。陆九渊力排众议，直承孟子性善说。“人性本善，其不善者，迁于物也”（《语录上》），“见到孟子道性善处，方是见得尽”（同上）。“人之资质不同，有沉滞者，有轻扬者”（《语录下》），资质低的人，往往利胜义而陷于恶；二是物欲和私意的迁累，“为恶为私，心之邪也”（《赠金溪砌街者》）。王守仁说：“心之本体，则性也。性无不善，则心之本体本无不正也。”（《大学问》）“心之本体哪有不善？”（《传习录下》）然而王守仁持“天泉证道”说：“无善无恶是心之体，有善有恶是意之动，知善知恶是良知，为善去恶是格物。”（同上）王夫之从批评超越的形而上道德本体而回到感性人生。认为从善的来源而言，是由于理善则气无不善，讲性不能离理气之善，“言性之善，言其无恶也。既无有恶，则粹然一善而已矣”（《思问录·内篇》）。“人之性只是理之善，是以气之善，天之道”（《读四书大全说》卷十）。这是“继之者善”，是一种潜在的可能性，并不等于“成性”，成性的善恶主要取决后天的习，即经验和实践。王夫之称潜在善性为“先天之性”，称习为“后天之性”。“先天之性天成之，后天之性习成之”（《读四书大全说》卷八）。习成之的后天之性有善有恶，“吾取夫物而相习以成后天之性者亦无不善矣”；“习之所以能成乎不善者，物也”，“物以移习于恶而习以成性于不善矣”（同上）。从而把先天与后天、理性与感性统一起来。这种统一论为后天的习争得了决定善恶的权利，这与其说是对于先天之性的承认，不如说是对于后天经验和实践的重视。颜元针锋相对批判气质性恶论，他与陈确同持气质皆善论。“若谓气恶，则理亦恶，若谓理善，则气亦善。盖气即理之气，理即气之理，乌得谓理纯一善而气质偏有恶哉！”（《驳气质性恶》）戴震认为人性是对于兽性和物性的超越、净化和排除。“性善者，论人之性也。”（《孟子字义疏证》卷中）口、目、耳、鼻、身对于味、色、声、臭、安逸等情欲的需要，便是性和善，“所谓人无有不善，即能知其限而不逾之为善，即血气心知能底于无失之为善”（同上）。知道节制自己的欲望而符合仁义礼智的限定便是善，正确处理情感欲望而无偏差也是善。此善并非先验的道德本体，而是现实人的道德行为的评价。主体人的善恶道德行为是主体自身的选择，“人莫大乎智足以择善也；择善，则心之精爽进于神明，于是乎在”（《原善》卷中）。人的最大特性，是能自觉运用自己的聪明智慧对于善加以选择，以此来规范处理人的交往活动和各种关系，这就是人性与物性的区别所在。近代龚自珍批判君主专制对于个性的压抑和摧残，主张个性解放，因此反对用先验的道德理性为纲常名教作论证，倡导性无善恶论。“龚氏之言性也，则宗无善无不善而已矣，善恶皆后起者。”（《阐告子》）认为善恶皆后起，还人以人的自作主宰的选择善与恶道德行为评价的自由。康有为将中国传统道德观念与西方文化结合起来，在解释孟子性善论时，借用西方资产阶级的平等、自由、独立概念并加以改造。“言性善者，平世之法，令人人皆有平等自立，故其法进化向上为多。”（《孟子微·总论》）“人人性善，尧舜亦不过性善，故尧舜与人人平等相同。此乃孟子明人人当自立，人人皆平等，乃太平大同世之极。”（同上）康有为后来倾向于性善论，严复却批判性善论，认为孟子既主爱有差等，又倡人人有恻隐之心，两者实相矛盾。严复指出，若爱有差等，恻隐便有差异，不可能对人人都平等，若对人人有恻隐之心，爱就没有差等。至于“荀子性恶而善伪之语，诚为过当。不知其善，安知其恶耶？”（《天演论》卷下按语）“世间不能有善无恶，有乐无忧，二语亦无以易。盖善乐皆对待意境，以有恶忧而后见。使无后二，则前二亦不可见。”（《天演论》卷上按语）善恶是天择以后的事。严复认为善恶道德评价的前提和标准是自由。谭嗣同主性善论，他以西方近代自然科学中作为光的媒介的以太来解释性。“性一以太之用，以太有相成相爱之能力，故曰性善也。”（《仁学》卷上）这种“相成相爱之能力”，也是仁的内容，仁便是相互平等、自由、博爱的原则。章炳麟对西方进化论有所修正，认为生物进化与退化并进，善恶并进，并不是一方直线进化，“若以道德言，则善亦进化，恶亦进化”（《俱分进化论》）。并指出善恶并进的根据和原因：“善恶何以并进？一者由熏习性。生物本性无善无恶，而其作用可以为善为恶。”（同上）佛教唯识学认为，第八识的阿赖耶识即种子识，本身无善无恶，“无复无记”的“本有种子”，第六识意识是有善有恶的“始起种子”，前六识熏习种子，受熏习种子便显现善恶。“种子不能有善而无恶，故现行亦不能有善而无恶”（同上）。生物愈进化，善恶之力亦愈进。但章炳麟认为，就中国而言，“自宋以后，有退化而无进化，善亦愈退，恶亦愈退，此亦可为反比例也”（同上）。

天人之辩　中国哲学史中关于天与人、天道与人道或自然与人为关系的辩论。从先秦开始，贯串整个中国哲学史。殷周时“天命”观念处于支配的地位，“天”被当作是主宰一切的最高的神。春秋时子产首先提出：“天道远，人道迩，非所及也，何以知之？”（《左传·昭公十八年》）对“天命”观念产生怀疑。春秋末至战国时期，“天人之辩”成为哲学论争的中心问题。孔子虽然相信天命，但很注重人为，“人能弘道，非道弘人”（《论语·卫灵公》）。他提出的“仁”、“智”统一思想，强调人的理性自觉。孟子的态度和孔子相近，讲天命，但崇尚人为，更甚于孔子，提出“尽其心者，知其性也；知其性，则知天矣”（《孟子·尽心上》）。老庄学派提出人应当顺从自然。“人法地，地法天，天法道，道法自然。”（《老子·二十五章》）“无为为之之谓天。”（《庄子·天道》）荀子批评庄子“蔽于天而不知人”的消极态度，强调“人有气有生有知亦且有义，故最为天下贵也”（《荀子·王制》）。他既把“天”看作“行有常”的自然的天，提出要“明于天人之分”，又主张“制天命而用之”。西汉时期，围绕着“天人感应”问题展开争论。董仲舒所建立的庞杂的天人合一和天人感应思想体系，杂糅了天命论和阴阳五行学说。他虽说要“天人之道兼举”（《春秋繁露·如天之为》），但更强调顺天道。东汉王充吸收了当时天文学的成就，提出“天有形体”说，认为天体是由元气组成的，是自然无为的，但“虽为自然，亦须有为辅助”（《论衡·自然》）。唐中期“天人之辩”又出现高潮。柳宗元用元气来解释宇宙的起源和宇宙的无限性。刘禹锡对天与人的职能作了区分：“天之能，人固不能也；人之能，天亦有所不能也”，提出“天与人交相胜”（《天论》上）的观点。宋代理学家大都从“物我合一”论证天人合一。北宋程颢发挥张载《西铭》篇的思想，提出“仁者浑然与物同体”，“天地之用，皆我之用”（《遗书》卷二上）。南宋朱熹认为“总天地万物之理，便是太极”（《朱子语类》卷九十四），一切是“太极”的体现，“在天曰命，在人曰性，在物为理”。并认为：“人不胜天久矣。古今祸乱莫非天之所为，而一时之士，教以人力胜之，是以多败事而少成功，而与不免焉。”（《晦庵先生文集》卷七十一）明王廷相不同意朱熹的论点，提出“天人交胜”的命题。说：“尧尽治水之政，虽九年之波而罔鱼鳖；汤修救荒之政，虽七年之亢而野无饿殍。人定亦能胜天者此也，水旱何为乎？故国家之有灾殄，要之君臣德政足以胜之，上也。”（《慎言·五行篇》）把“人定胜天”的作用限于“君臣德政”的范围内，以最明确的语言论证了“人定胜天”思想。吕坤也力倡“人定真足胜天”的思想，并从改造自然和改造社会两方面进行了论证。明清之际王夫之较多提到“天人合一”，指的是天人交互作用。他认为自然的天是气之“升降飞扬，莫之为而为万物之资始者”（《张子正蒙注·太和篇》），但人不能“任天”，而要“相天”、“造命”，“以人道率天道也”（《思问录·内篇》）。清戴震提出必然与自然的区别，“夫人之异于物者，人能明于必然；百物之生，各遂其自然也”，又“适完其自然”（《孟子字义疏证·理》）。近代，严复、孙中山继承和发挥了我国古代“天人相胜”的思想，严复主张“与天争胜”，批评斯宾塞的“任天”思想，认为进化虽是自然法则，但人在进化面前并不是消极无为的，强调“人力”、“合群”在进化中的作用。孙中山也主张“人事胜天”，并把自然科学引入“天人之辩”，以求解决人如何胜天的问题。

义利之辩 中国哲学史与伦理思想史中对义利关系的争论。指道德原则、规范与物质利益、欲求之间的关系及其辩论，其实质为道德价值观的问题。“义者，宜也”（《中庸》），指人们的思想行为符合一定的道德标准；“利”指利益、功利，主要指物质利益、欲求。源起于春秋战国。自春秋起，已有“言义必及利”（《国语·周语上》）、“事利而已”（《左传·襄公二十七年》）和与此对立的“思义为愈”（《左传·昭公十年》）的见解。由春秋而战国，儒家创始人孔子重义轻利，认为“君子喻于义，小人喻于利”（《论语·里仁》）。主张“见利思义”、“义然后取”（《论语·宪问》），强调以义来制约人的行为。孟子进一步认为，“何必曰利？亦有仁义而已矣”（《孟子·梁惠王上》），把义与利对立起来。墨家则以为，义之可贵在于利人：“义可以利人，故曰天下之良宝也。”（《墨子·耕柱》）道家持自然无为的观点，对儒墨两家均作了否定，“绝仁弃义，民复孝慈；绝巧弃利，盗贼无有”（《老子·十九章》）。以韩非为代表的法家，从人人皆“自为”的角度出发，认为人不会有利人或爱人的道德信念。荀子兼综儒墨，既讲“重义轻利行显明”，又说“泛利兼爱德施均”（《荀子·成相》）。提出“义与利者，人所两有也”（《荀子·大略》）的见解。但在道德价值观上，则主张“先义而后利者荣，先利而后义者辱”（《荀子·荣辱》）。西汉董仲舒提出，“正其谊不谋其利，明其道不计其功”（《汉书·董仲舒传》），成为后世正统儒家义利观的宗旨所在。宋明理学家大多认为仁义和功利是互相排斥的。程颐说：“不独财利之利，凡有利心，便不可。”（《遗书》卷十六）朱熹以为，“凡事不可先有利心，才说着利，必害于义。圣人做处，只问义边做”（《朱子语类》卷五十一）。他们又把义利之辩引申为公私之辩和理欲之辩。宋代功利主义思想家的观点与此相反。李觏主张，“人非利不生，曷何不可言？……焉有仁义而不利者乎？”（《李觏集·原文》）王安石以为“理财”为治国之本，“理财乃所谓义也”（《王文公文集·答曾立公书》），为传统的“义”作了新的价值规定。陈亮、叶適倡事功之学，陈亮认为，“禹无功，何以成六府？乾无利，何以具四德？”（《宋元学案·龙川学案》）叶適说：“既无功利，则道义乃无用之虚语耳”（《习学记言》卷二十三），都以功利作为评价人的行为的价值标准。明李贽指出：“夫欲正义，其利之也；若不谋利，不可正矣。”（《德业儒臣后论》）颜元一反董仲舒之意而提出“正其谊以谋其利，明其道而计其功”（《四书正误》卷一）的主张。近代以来，西方近代意义上的功利论被介绍到中国。严复抨击儒家道义论，认为“几率天下祸仁义”，断言“功利何足病”，以为“民之所以盼盼勤劳者，为利进耳”，以西方功利论重新估价义利之辩。又强调：“庶几义利合，民乐从善，而治化之进不远欤。呜呼！此计学家最伟之功。”（《原富》按语）主张把追求个人私利与社会发展结合起来。梁启超著《乐利主义泰斗边沁之学说》，以为“人而无利己之思想者，则必放弃其权利，驰掷其责任，而终至，于无以自立”。就两千多年的义利之辩演变而言，儒家重义轻利的道义论占据着统治地位，功利论只在先秦、两宋、明清之际有过短暂的高涨。

名实之辩 中国哲学史中对名实关系的研究和争论。春秋时期，“名实相怨”，邓析首先作《刑名》一书以正之，并提出“按实定名”、“循名责实”的主张。孔子强调以名正实，以为“名不正则言不顺，言不顺则事不成”（《论语·子路》），主张按周礼规定的等级名分来纠正“礼乐不兴”、“刑罚不中”的现状。墨子提出“取实予名”，强调知与不知之别“非以其名也，亦以其取也”（《墨子·贵义》）。后期墨家对名、实关系作了详细分析，认为“所以谓，名也；所谓，实也”（《经说上》）。指出有物才有名，无物便无名：“有实也，而后谓之；无实也，是无谓也。”（《经说上》）名的作用在于“拟实”、“举实”，倘若名不符实，就会产生错误：“过名也，说在实。”（《经下》）名家尹文以“形”

为实，主张“名以检形，形以定名”（《大道》），考察了“同名异实”、“因名以得实”、“因名以失实”等异常情况下的名实关系。公孙龙著《名实论》，系统地论述了名实关系，认为“夫名，实谓也”，名之于实应该“物以物其所物而不过”；实之于名应该“实以实其所实而不旷”。以“白马”与“马”之间的名、实比较，提出“白马非马”之论，“欲推是辩，以正名实而化天下”（《迹府》）。荀子在考察“新名”（又称“散名”）的形成时，提出了“约定俗成”、“稽实定数”，作为“制名之枢要”。韩非也很重视名实关系的研究，提出了“名实相持而成，形影相应而生”（《韩非子·功名》）的思想。东汉徐幹认为“名者，所以名实也。实立而名从之，非名立而实从之”（《中论·考伪》）。三国魏王弼提倡辩名核实，认为“名生于形”，“故有此名必有此形”，“不能定名，则不可与论实”（《老子指略》），但又认为“名必有所分”，“有分则有不兼”，所以名不能完全反映实。西晋欧阳建认为名完全能反映实：“欲辩其实，则殊其名；欲宣其志，则立其称。名遂物而迁，言因理而变。”名、实间的关系犹“声发响应，形存影附，不得期与为二矣”（《言尽意论》）。明清之际王夫之认为：“名非天造，必从其实”（《姜斋文集·知性论》），名是“通已往将来之在念中”（《尚书引义》）的理性认识。

善恶之辩 见“善恶”。

有无之辩 见“有无”。

道器之辩 见“道器”。

形神之辩 见“形神”。

理欲之辩 “天理与人欲之辩”的简称。中国哲学史与伦理思想史中关于道德规范与物质欲望之间的关系的论辩。最初见诸《礼记·乐记》：“夫物之感人无穷，而人之好恶无节，则是物至而人化物也。人化物也者，灭天理而穷人欲者也。”已有把“天理”与“人欲”对立的倾向。但又认为“饮食男女，人之大欲存焉”（《礼记·礼运》），并不否认物质欲望的合理性。后世对此有“以理节欲”、“存理灭欲”、“理存于欲”三种见解。西汉董仲舒、西晋裴頠主张“节欲”：“圣人之制民，使之有欲，不得过节，使之敦朴，不得无欲。”（《春秋繁露·保位权》）裴頠也提出“欲不可绝”，把满足人们物质欲求视为全身保生的前提。认为纵欲会失“天理之真”，而倡导“节欲”（《崇有论》）。宋明理学家吸取李翱的“性善情恶”说，融进佛道“灭欲”、“无欲”的成分，主张“存理灭欲”。程颐说：“人心私欲，故危殆；道心天理，故精微。灭私欲则天理明矣。”（《遗书》卷二十四）朱熹更强调：“革尽人欲，复尽天理”。陆王学派也主张排除人的物质欲求。王守仁认为，“去得人欲，便识天理”（《传习录上》）。南宋叶適则反对“存理灭欲”说，“以天理人欲为圣狂之分者，其择义未精”（《习学记言序目》）。自明代中叶，遂产生“理存于欲”的思想。李贽断言，“穿衣吃饭即是人伦物理”（《焚书·答邓石阳》），肯定“人伦”奠基在“穿衣吃饭”的物质生活中，强调“千万其心者各遂其千万人之欲”（《明灯道古录》）。明清之际，许多思想家肯定人的私欲存在之客观与必然。傅山认为，“私者，天也”（《霜红龛集》卷三十二）。顾炎武主张，“天下之人，各怀其家，各私其子，其常情也”（《亭林文集·郡县论五》）。黄宗羲明言，“有生之初，人各自私也，人各自利也”（《明夷待访录》）。陈确认为，“天理正从人欲中见，人欲恰好处即天理也。”（《无欲作圣辨》）“天理”不能离开“人欲”而单独存在，强调两者的统一。王夫之也指出，“人欲之各得，即天理之大同”（《读四书大全说》卷四）。清代中叶，戴震激烈批评宋明理学“以理杀人”，主张“欲根于血气，故日生也”（《孟子字义疏证·性》），肯定欲为人之根于生理上的本性，无法绝灭。又明确提出：“理者，存乎欲者也”（《孟子字义疏证·理》），以为一切道德观念离开人的情欲就无法存在。由此提出“理也者，情之不爽失也，未有情不得而理得者也”（同上），并以“正情遂欲”为理想人格的标准，“圣人之道，使天下无不达之情，求遂其欲而天下治”（《与某书》）。戴震的见解比较全面与深刻。

理气之辩 见“理气”。

古今、中西之争 在近现代中国的西学东渐中，由如何向西方学习，进而对自己的传统进行反省，以寻求救国救民的真理而形成的争论。近现代中国政治思想及哲学领域争论的重要问题之一。对“古今”、“中西”，不同阶级有不同的理解，在不同历史阶段，它的含义也是变化的。龚自珍说：“自古及今，法无不改，势无不积，事例无不变迁，风气无不移易。”（《上大学士书》）认为从国家的法制、时代的趋势，到政事条例、社会风气，一切都是不断变化着的，“古人之世，倏而为今之世；今人之世，倏而为后之世”（《释风》）。魏源重新提出荀子的论点，说：“善言古者必有节于今”（《皇朝经世文编叙》），还提出“师夷之长技以制夷”，力主向西方学习军事技术，建立近代工业，以抵制外来侵略。龚、魏的主张标示着近代“古今”、“中西”之争的开始。龚、魏虽主张变革，但他们认为封建主义的“道”是不变的。“器变道不变”是早期改良派的主张，也是洋务派“中体西用”的理论来源。太平天国农民革命领袖洪秀全是向西方学习的先驱者之一。他把原始基督教中的平等思想，同中国古有的大同思想和农民革命传统中的“等贵贱，均贫富”、“均田免粮”等革命要求相结合，发展成为相当完备的农民革命纲领。1898 年的戊戌变法运动，中国资产阶级首次显示了自己的政治力量，将“古今”、“中西”之争推到了一个新阶段。康有为是托古改制派，他从西方学来了进化论、天赋人权论和资产阶级共和国的理论，并把它与传统相结合，作为他变法维新的理论根据。严复是真正懂得西学并认真比较了中西哲学特点的人。他认为中西事理其最不同而断不可合者，莫大于“中之人好古而忽今，西之人力今以胜古”（《论世变之亟》）。严复认为“古今”、“中西”之争是相互联系的。“中学”是中国固有的封建制度和封建文化，“西学”则是资本主义制度和资本主义文化。他又说：“中之人以一治一乱、一盛一衰为天行人事之自然，西之人以日进无疆，既盛不可复衰，既治不可复乱，为学术致化之极则。”（同上）“中国委天数，西人持人力”（同上）。严复介绍西学，力图用西方的“力今胜古”的进化论来反对维护旧制度的天命论和历史循环论。他以为只有实现了世界观和历史观的根本转变，用进化论武装中国民众，才能树立中华民族自主、自立和自强的信心。但是进化论并不能回答“古今”、“中西”之争。用进化论来解释历史，无论是用“物竞天择、适者生存”的观点，还是用“社会有机论”，即主张社会各个部分要互相合作的观点，归根到底是不科学的。在认识论上，严复反对“心成之说”（即先验论），章炳麟强调“竞争出智慧”，孙中山提出“行其所不知以致其所知”，虽都有合理因素，但严复偏于经验论，章炳麟偏于思辨哲学，而同进化论相联系，他们都把人看做是生物学、人类学上的“种”，没有社会实践观点，不能从人的社会性、从人类的历史发展去考察认识论问题，因而也就不能科学地解决知和行、认识与实践的关系问题。哲学上这些缺陷，使他们无法解决“中国向何处去”的问题。1919 年的“五四”运动标志着中国由旧民主主义革命向新民主主义革命的转变。“五四”新文化运动鲜明地提出了科学和民主的口号。这是一场广泛而深刻的思想解放运动。陈独秀、李大钊、胡適和鲁迅等，对以孔学为代表的封建思想展开了空前猛烈的批判，鼓励人们向西方学习，向西方寻找真理。“古今”、“中西”之争发展到了一个新的阶段。但是，第一次世界大战使西方资本主义的矛盾和危机更加表面化、尖锐化，从而暴露了西方文明的弱点。西方思想界有些人就把视线转向东方，想从东方文明寻找精神支柱。西方文明已告破产，东方文明是救世的福音，这是当时中国思想界流行的一种看法。梁漱溟作《东方文化及其哲学》，对东西文化进行了探讨，强调要继承中国儒学的传统，这是变相的“中体西用”论；胡適等人则主张“全盘西化”（或“充分世界化”），实即资本主义化。他们各执一个片面，都是形而上学观点。正是在“五四”时期，在十月革命的影响下，马克思列宁主义传入中国，中国的先进分子找到了这个最先进的武器，并把它作为观察国家命运的工具。对中国马克思主义者来说，西方文化的最高成就是马克思主义。马克思主义也是“西学”。但是，马克思主义必须同中国的革命实践和中国的优秀传统相结合，使它中国化，取得民族的形式。至于对西方的资本主义文化，则应采取分析的态度。一方面要学习他们科学的、先进的东西；另一方面又要抵制腐朽的东西。对“中学”也要具体分析。对中国传统文化中的科学性、民主性的精华，必须继承和发扬，而对于封建性的糟粕则应坚决推倒。在马克思主义中国化的历史过程中，一直持续着“古今”、“中西”之争，最后由以毛泽东为代表的中国共产党人作了总结。这就是运用马克思主义理论具体分析中国情况，总结中国革命的经验，从而对中国的国情有了越来越清楚的认识：旧中国是一个半殖民地、半封建社会，具有地大、物博、人口众多、政治经济发展极不平衡的特点，有悠久的文化，有农民革命的传统等。基于这种国情，中国的民主主义革命必须由无产阶级来领导，建立以工农为主体的统一战线，通过武装斗争的形式，走农村包围城市的道路，完成反帝反封建的任务；而在民主革命完成以后，中国革命便将及时地转变为社会主义革命，进行社会主义建设。这便是毛泽东在《新民主主义论》等著作中对近百年来“古今”、“中西”之争所作的总结，也是对“中国向何处去”这一问题的科学回答。毛泽东的这一科学回答，是通过对历史和现状分析得出来的，也可以看做是通过一百多年来“古今”、“中西”之争而获得的理论成果。从这个意义上说，近现代中国的“古今”、“中西”之争的重大意义，就在于它为解决“中国向何处去”的问题准备了理论前提。“西学”在中国真正发生影响的除进化论和马克思主义外，其他形形色色的西方思潮、流派也被介绍到中国来，在哲学领域中，如实证主义思潮，非理性主义思潮，就是对近现代中国较有影响的两股思潮。马赫主义、实用主义、逻辑实证论，属于实证论流派；尼采、柏格森哲学以及后来的存在主义等，则属于非理性流派。在当时特定的条件下，西方思潮对中国的影响，有时并不完全取决它本身，而往往要取决于当时中国的社会历史条件。由于近现代中国哲学的发展与西方近代科学有密切的联系。因此，除了西方哲学、社会科学外，尽力吸收西方的自然科学成就，也是近现代中国“古今”、“中西”之争的重要内容之一。

中国古代哲学

名词术语

中国哲学的萌芽

中国原始思维 指我国原始社会的原始人群的思维或认识活动。在阶段上它位于史前即有文字记载以前时期，更具体地说就是指处于包括旧石器时代和新石器时代在内的整个石器时代先民的思维。我国大量的旧、新石器时代遗址的发掘、考古与少数民族地区原始文化遗存的调查、考证，都为原始思维研究提供了新的材料。

思维的发生可以追溯至人类之前，在一些较高等的动物尤其是灵长类动物身上思维已经有所萌芽，人类最初的思维也即原始思维的萌芽可以看做是上述萌芽的延续。思维的发生与脑的进化密切相关。对比南方古猿、北京人和山顶洞人，可以清楚地看到这一进化过程。据研究，南方古猿的脑量平均为502毫升，北京人的脑量平均约为1 088毫升，山顶洞人即智人的脑量为1 300—1 500毫升，与现代人基本一致。脑的变化与原始人的实践和观察活动紧密相关，一些学者指出其中反复而稳定的反馈非常重要。而实践和观察活动对于思维的意义已经可以得到现代神经心理学、儿童心理学和发生认识论的有效证明。

原始人最初的实践和观察活动是在旧石器时代的采集和狩猎活动中发展起来的，其中最重要的发明就是制作各种工具，尤其是打制石器。据推测，中国的旧石器时代大致应当开始于两三百万年前。1960年，考古工作者在山西省芮城县西侯度村的早更新世地层中发现了石制品、烧骨以及带切痕的鹿角和动物化石，据古地磁断定，其年代距今180万年。1965年，考古工作者又在云南元谋上那蚌村附近发现了石制品以及炭屑和动物化石，据古地磁断定，其年代距今170万年。中国的旧石器时代约在1万年前结束。上限可推至距今1万年左右的阴山岩画在一定程度上能为我们提供当时采集与狩猎活动的某些消息。从早期岩画的内容来看，主要是各种动物，包括大角鹿、鸵鸟、北山羊、野马、野驴、羚羊、马鹿、驯鹿、野牛等。通过原始人对于各种动植物的描绘，我们可以看出他们观察事物的一些方法和态度，如普遍具有写实、具象与象征、抽象结合的风格。在文献记载方面，《山海经》所记载的相当部分内容有可能是远古先民采集知识的直接遗存，它通过一代又一代人的记忆与传说被保留下来。《山海经》已有一定的分辨与分类思维的运用，这一思维在近现代人类学研究中也已得到印证。

旧石器时代之后是新石器时代，它位于原始社会的末期。中国的新石器时代约开始于1万年前，结束于距今5 000年前后。在新石器时代，中国原始先民的思维有了质的飞跃。这一时期，各种经验类知识获得极大的发展，其中包括石器、陶器、纺纱、建筑等制作技术以及农耕、畜牧、医疗技术与知识，另外，物候、天文、历法等观察类知识也因为农耕活动的需要逐渐发展起来。各种石器工具的出现不仅反映了人们对相应工具原理的认识，也体现了经验思维的积累及其精细化。例如有柄类工具的使用表明原始先民对杠杆原理与动量原理等已有经验的把握，而斧、锛、楔子等尖劈类工具的分工则反映了思维的细化程度。陶窑式样由卧穴式向竖穴式的发展也反映了经验的积累和发展，而蛋壳陶的出现则是思维精细化的生动体现。对物候和天象的观察在这一时期伴随着农业的需要而发展起来。1972年至1975年，考古工作者在河南郑州大河村新石器时代遗址中发掘出大量绘有纹饰的彩陶片，先后两次碳14年代测定显示，它们大约距今有5 000年左右的历史。这些彩陶片上的纹饰有相当一部分与天象观察相关，其中有太阳纹、月亮纹、星座纹等，甚至有对日晕的真实记录。此外，原始农学、生物学以及医疗知识也都促进了经验、观察与直观、直觉思维的发展。又契刻符号在新石器时代中后期已经出现，其对文字的产生与思维的发展也产生深刻影响。

在原始社会，观察活动对于思维的发展有着特殊的意义。新石器时代的观察活动一方面有可能导致分辨、分类思维的深入。这一思维成果不仅有可能被保存在《山海经》这一典籍中，也有可能被保存在《尔雅》这一典籍中。如同《山海经》一样，《尔雅》也有可能是经无数代积累和遗传而致，其中保存了大量属于新石器时代的栽培、驯化以及分辨、分类知识，包括《释草》、《释木》、《释虫》、《释鱼》、《释鸟》、《释兽》、《释畜》。同时，这样一种分辨与分类也有可能积极促成语词的发展。新石器时代观察活动的另一个重要方面体现在思维开始显现出由定性向定量发展的迹象。1963年，英国天文学家发现位于索尔兹伯里的巨石阵实际上是一座新石器时代根据太阳方位以定季节的天文台，中国考古工作者受此启发也在山东莒县发现了类似的观测方式。1987年，考古工作者又在河南濮阳西水坡发现一座仰韶时期墓葬(45号墓)，有学者认为该墓穴实际尺寸反映出分至日昼夜关系非常合理。所有这些都表明定量思维可能已经开始。此外，一些具有中国特点的思维形式也可能从新石器时代晚期就已经开始形成，例如对“象”的关注。这种“象”的意识有可能产生于采集、狩猎、陶器、天象观察等不同活动中，例如《夏小正》中的物候观“象”方法，其完全可能有更为久远的历史。

上述知识与思维的发展也进一步导致相应观念的发展。中国原始先民从很早起就已经有了二分对立的观念，在仰韶文化和屈家岭文化中都有二分对称、对立的图纹，其应当是二分对立观念萌芽的标志，是二分观念发展历程的最早形式。中国原始先民也从很早起就有了与后来五行观念相关的四方、五方观念，新石器时代广泛出现的各种文化中的十字纹、米字纹即是重要证据，其对后来五行观念的产生有着重要影响。天人关系观念也早在新石器时代就已经萌芽，江苏连云港将军崖岩画反映的是农耕文化中的天人关系观念，内蒙古阴山岩画反映的是畜牧文化中的天人关系观念。与此同时，宜地、宜时这样一些观念也可能在原始社会就已经产生，现代民族学研究对此可以提供相关的证明，20世纪50年代一些仍处于原始社会的少数民族如怒族、独龙族均有类似的观念。甚至在早期的天象观察、观测中也可能已经有了天道即自然法则和规律观念的萌芽。这些观念在很大程度上是思维的结晶。

原始思维有若干重要特征，中国原始思维也不例外。原始思维有很强的功利性，这与原始知识和宗教的功利性密切相关，这种功利性在中国早期巫术与占卜活动中有明显的体现。原始思维一方面表现出很强的具体性特征，中国早期的各种经验知识都体现了这种具体性，同样，从分辨到分类再到语词的发展也都体现了这种具体性，而这也与现代人类学研究的结论相一致。另一方面原始思维也表现出强烈的整体性特征，包括早期阴阳观念的萌芽、五行观念的萌芽以及天人关系观念的萌芽都在不同程度上反映了这样一种特征。原始思维还有强烈的互渗特征，即在认识主体与认识客体之间存在着关系。应当说，这样一种思维特征在中国原始思维中也是有所体现的，例如原始宗教活动中的通神方式，这反映在阴山岩画中，也反映在良渚文化等的祭祀仪式中，后来《国语·楚语下》中所记载的“绝地天通”也是反映的这样一种观念与思维特征。此外，象征、比类也是原始思维的一个重要特征。这种象征、比类特征体现在彩陶纹饰上，体现在形容事物的方式上，在一定意义上，它也体现在原始占卜观看兆象的活动中，这一活动与后来商周时期的占卜活动有着内在的联系。

中国原始宗教 我国原始社会的原始人群中所形成的原始状态的宗教。宗教崇拜根源于敬畏心理和依赖心理，原始宗教是此类心理及整个宗教崇拜历史的发端。中国原始宗教观念遗存在北方可以追溯到北京山顶洞人，在南方可以追溯到江西仙人洞洞穴遗址。北京山顶洞人距今1.8万年左右，位于旧石器时代将要结束的时期。其已经有了一定的葬式，在死者遗骸旁有赤铁矿粉末，还有作为随葬品的石珠、骨坠和有孔兽牙等装饰品，这很可能是灵魂观念的最早萌芽。江西仙人洞洞穴遗址距今约1万—8 000年，它是我国目前已发现的新石器时代最早的遗址。该遗址出土有石器和陶器，出土人骨被大石所压与陶器上涂朱现象可能与原始宗教的灵魂观念以及巫术仪式有密切关系。

原始宗教崇拜首先是自然崇拜，原始先民认为神灵无处不在，正如庄子所说：“水有罔象，丘有峷，山有夔，野有彷徨，泽有委蛇。”(《庄子·达生》)由于农耕活动对气候天象的依赖，对风雨雷电、日月星辰的崇拜逐渐取得越来越重要的地位，内蒙古阴山岩画、江苏连云港将军崖岩画都反映了这种崇拜观念。类似观念也在民族学的研究中得到证明。图腾崇拜也是原始宗教的重要形式。图腾最初应与狩猎和采集活动有关，也是母系氏族社会的产物。陕西西安半坡仰韶文化遗址、临潼姜寨一期遗址都有大量并十分相似的人面纹与鱼纹，这很可能是鱼图腾的体现。河南陕县仰韶文化庙底沟类型则大概属于鸟图腾部落，浙江杭州余杭的良渚文化也可能属于鸟图腾文化。而结合自然崇拜与图腾崇拜，一些更具想象力的神灵即崇拜对象也会出现，例如龙。与此相关，祭祀活动也渐渐产生，新石器时代晚期的辽宁牛河梁红山文化遗址是我国迄今发现的时代最早的大型祭祀中心。而良渚文化遗址与三星堆遗址，则保存了由氏族部落集团向国家过渡时期的宗教现象的宝贵资料。例如良渚文化遗址中出土有大量祭天地的玉璧、玉琮等礼器，而四川广汉三星堆一、二号祭祀坑中种种遗存表现了殷墟时代蜀地先民“柴尞祭天”、“瘗埋祀地”、“庪悬祭山”的盛大祭祀仪式。研究者认为，这些祭祀礼器与仪式已经与后世的祭祀活动有了联系。

祖先崇拜是原始宗教另一个重要内容。在很大程度上，图腾崇拜也是祖先崇拜的重要源头。生殖崇拜与祖先崇拜与氏族延续密切相关，红山文化遗址所发现的女性裸体塑像是母系氏族社会生殖崇拜的生动证明，进入父系氏族社会后男性生殖器即“且”崇拜普遍盛行。祖先崇拜也通过葬式反映出来。如江苏常州圩墩相当于马家浜文化的墓葬是一座典型的母系氏族公共墓地。四川巫山大溪遗址墓地早期属于母系氏族社会的繁荣时期，晚期则已经出现了父系氏族社会的萌芽，因此该墓地具有过渡性质。齐家文化中成年男女合葬墓居多，应当已经是父系小家庭时期。红山文化遗址所发现的女神庙和女神头像是母系氏族社会女性始祖崇拜的典型例证，而父系氏族社会的男性始祖崇拜主要体现为英雄与文化传说，其在神话中有所反映，也在民族学研究中得到证实。

原始占卜与巫术也已经出现。目前我国已知新石器时代的卜骨主要以两个地区最为集中，分别是黄河中下游地区的龙山文化和黄河上游地区的齐家文化。已经发现的新石器时代最早的卜骨是位于黄河中下游的河南淅川下王岗遗址出土的仰韶文化晚期的羊肩胛骨，上有烧灼痕。在黄河上游地区，如甘肃武威皇娘娘台齐家文化遗址中，牛、羊、猪的胛骨为数甚多，其中有 26 片为经过占卜用的胛骨都有明显的灼痕。相同水平的占卜在西南少数民族如凉山彝族中也有发现。原始占卜形式的出现也意味着命运观念的产生。巫术最早体现在各种镇石和含玉现象中，也体现在不同的葬式中，岩画和彩陶图纹对巫术现象也有所记录，在新石器时代中后期遗存中，法器已经广泛出现。学者们普遍注意到良渚文化中“玉琮”的巫术意义，指出琮的方圆象征着地和天，中间的穿孔具有沟通或贯通天地的作用，因此认为琮是贯通天地的一种法器，而掌握这种法器的也即是巫、觋。《国语·楚语下》中所记载的上古颛顼时代“绝地天通”的故事也与巫、觋有关。现代民族学研究也证实原始社会普遍具有巫或萨满信仰。

中国原始神话 原始时期产生于中华大地的各类神话。具有想象和幻想的特征，是先民原始思维形成、发展的产物，也是后人研究原始思维的重要载体。

按载体，可分为文字神话（如《三五历纪》）和口传神话（如彝族的《阿细的先基》由口传而整理成）。按内容，可分为创世神话（如盘古开天辟地说，见《艺文类聚》引《三五历纪》；女娲炼石补天说，见《淮南子·览冥训》）、天体神话（如“羲和生十日”说，见《山海经·大荒南经》；“羿射十日”说，见《淮南子·本经训》）、人类起源神话（如女娲抟土造人说，见《风俗通义》；“天地交合生人”说，见纳西族《东巴经》；“猴子变人”说，见彝族《门咪间扎节》）、英雄神话（如“精卫填海”说，见《山海经·北山经》；“夸父追日”说，见《山海经·大荒北经》和《海外北经》；“仓颉造字”说，见《世本·作篇》、《淮南子·本经训》）等。

原始神话和原始宗教有着千丝万缕的联系，但两者还是不同。原始宗教是教人拜倒在神的意志之下，由神来主宰人的命运；原始神话则是借叙述神的行事来表达人类征服自然的雄心和不甘屈服于命运的意志。原始宗教中的巫术也是通过某种虚幻的方式去控制自然，它与神话之间的关联很难割断，但仍然可以作这样的判断：巫术往往导致神秘主义，而原始神话则含有哲学和科学的胚芽。

原始神话含有哲学和科学的胚芽，具体体现在以下几个方面：

首先，中国原始神话表达了先民不断增强的求知欲。对于依靠原始思维所不能解释的各类重大问题，先民们都要去求索，并有所解释。例如：说“日中有踆乌”（《淮南子·精神训》），既要解释太阳有黑子，又要解释太阳为何能在天穹飞行。说“共工怒触不周山”，使“天倾西北”（《淮南子·天文训》），是欲解释中国大地为何西北高而东南低。说“西北海之外”有“烛龙”，“其瞑乃晦，其视乃明”（《山海经·大荒北经》），是欲解释北极光。

其次，中国原始神话反映了先民基于经验事实，并作相当细致的观察。神话记叙“尧之时……猰貐、凿齿、九婴、大风、封豨、修蛇，皆为民害”（《淮南子·本经训》），其中的猛兽凶禽，决非随意编造，而是以古代的猛兽、野猪、蟒蛇、水怪、鸷鸟为原型，加以夸张而成。又如传说“神农尝百草之滋味，一日而遇七十毒”（《淮南子·修务训》），正因为先祖们遍尝百草，才能体验各种药草的性能。再如“鲧禹治水”的传说，叙述鲧以土堵水而未成，而其子禹尽力沟洫，平定了水患（见《山海经·海内经》），反映了先民治理洪水泛滥的经验。

再次，中国原始神话反映了先民已开始提出一些带有世界观意义的问题。譬如天地缘何而始、世界统一于何物等问题，神话中有种种猜测。汉族神话中有盘古开天辟地、死后化生万物之说。“天地浑沌如鸡子，盘古生其中……一日九变，神于天，圣于地”（《三五历纪》），盘古“垂死化身。气成风云，声为雷霆，左眼为日，右眼为月，四肢五体为四极五岳，血液为江河，筋脉为地里，肌肤为田土，发髭为星辰，皮毛为草木，齿骨为金石，精髓为珠玉，汗流为雨泽，身之诸虫，因风所感，化为黎甿”（《绎史》卷一引《五运历年纪》）。我国西南地区少数民族神话中也有牛化生为万物之说。这些推测是借助幻想提出的。但是带有世界观意义的世界生成演化统一的图式，毕竟是提出来了。

最后，中国原始神话中的丰富想象，具有推动人们去不断探索的魅力。诸如补天、填海、射日、奔月、做木鸢、造飞车、千里眼、顺风耳、飞毛腿、找不死药等，不只是具有艺术性的幻想，而且是人类探索自然的精神体现。它在激励人们不断进行科学探索方面，具有永久的魅力。

夏商周断代工程 研究夏商周三代年代学，建立夏代和商代前期年代框架、复原商代后期和公元前 841 年前西周各王比较准确的年代的中国国家“九五”计划重点科技攻关项目。项目于 1996 年 5 月正式启动，到 2000 年取得阶段性成果，编制出《夏商周年表》。中国古代文明是人类历史上四大古代文明之一。中华民族的五千年文明独立起源，绵延流传、从未中断。但长期以来，中国古代年表公认可依据的绝对年代，只能追溯到西周晚期的共和元年，即公元前 841 年，此前历史尚未建立起年代学标尺。夏商周三代是中华文明由勃兴到繁盛的重要时期，因此，这一项目对探求中国历史悠久的文化源流和研究人类文明史，均具有重要意义。

夏商周断代工程是由历史学、考古学、文献学、古文字学、历史地理学、天文学和测年技术等学科的专家学者联合实施的系统工程，采用人文社会科学和自然科学相结合、多学科交叉研究的技术路线。其研究途径主要有两条：对传世文献和甲骨文、金文等古文字材料进行搜集、整理、鉴定和研究，对有关的天文历法记录通过现代天文计算推定其年代；对有典型意义的遗址、墓葬资料进行整理和分期研究，并作必要的发掘，取得系列样品，进行常规和 AMS(加速器质谱计)的 ^{14}C 测年。

根据各历史阶段的研究条件的差异，夏商周断代工程提出了以下具体目标：西周共和元年(公元前 841 年)以前各王，提出比较准确的年代；商代后期(商王武丁以下)各王，提出比较准确的年代；商代前期，提出比较详细的年代框架；夏代，提出基本的年代框架。

夏商周断代工程于 2000 年 11 月正式公布其标志性成果《夏商周年表》。初步确定夏朝起始年代约为公元前 2070 年，夏商分界约为公元前 1600 年，盘庚迁殷约为公元前 1300 年，商周分界为公元前 1046 年，并排出西周 10 王在位年代和商后期 12 王大致在位年代。随着考古学资料的逐渐丰富和科学手段的逐渐进步，夏商周断代工程开创的多学科结合的三代年代学研究，还将继续进行下去。

这一工程的成果，对中国哲学史的起源和萌芽研究，也有较重要的基础性意义。

天人合一 指天道与人道、自然与人为相通、相类和统一。中国古代思想家一般都反对天与人相互敌对的观点，讲求天与人的统一。关于天与人统一的种种观点，形成了关于天人合一的不同学说。《易·乾卦·文言》："'大人'者与天地合其德，与日月合其明，与四时合其序，与鬼神合其吉凶，先天而天弗违，后天而奉天时。"把天人合一看做人生理想的境界。孟子提出："尽其心者，知其性也；知其性，则知天矣。"(《孟子·尽心上》)认为人与天相通，人的善性是天赋的，认识了自己的善性便能认识天，要求通过尽心、养性等途径，达到"上下与天地同流"。《中庸》也提出类似的观点："唯天下至诚，为能尽其性；能尽其性，则能尽人之性；能尽人之性，则能尽物之性；能尽物之性，则可以赞天地之化育；可以赞天地之化育，则可以与天地参矣。"庄子则认为，天与人本来就是合一的。"天地与我并生，而万物与我为一。"(《庄子·齐物论》)只是因为人们的主观区分，才破坏了天与人的统一。主张："圣人未始有天，未始有人，未始有始，未始有物，与世偕行而不替。"(《庄子·则阳》)顺应自然，消除一切差别，天人混一不分。《吕氏春秋》则提出："人物者阴阳之化也，阴阳者造乎天而成者也。天固有衰嗛废伏，有盛盈坌息；人亦有困穷屈匮，有充实达遂，此皆天之容物理也。"(《知分》)还认为天与人同类相应，"雨云水波，无不皆类其所生以示人"，"成齐类同皆有合，故尧为善而众善至，桀为非而众非来"(《应同》)。西汉董仲舒继承和发挥了《吕氏春秋》的观点，强调天与人以类相合，认为"天人之际，合而为一"(《春秋繁露·深察名号》)。"人有三百六十节，偶天之数也；形体骨肉，偶地之厚也；上有耳目聪明，日月之象也；体有空窍理脉，川谷之象也。"(《春秋繁露·人副天数》)"天亦有喜怒之气，哀乐之心，与人相副，以类合之，天人一也。"(《春秋繁露·阴阳义》)宋以后思想家则多发挥孟子与《中庸》的观点。北宋张载说："天地之塞，吾其体；天地之帅，吾其性"，"儒者则因明致诚，因诚致明，故天人合一"(《正蒙·乾称》)。二程认为："天人本无二，不必言合"(《遗书》卷六)，"天、地、人只一道也"，"在天为命，在人为性，论其所主为心。其实只是一个道"(《遗书》卷十八)。明清之际王夫之还说："惟其理本一原，故人心即天；而尽心知性，则存顺没宁，死而全归于太虚之本体，不以客感杂滞遗造化以疵类。圣学所以天人合一，而非异端之所可溷也。"(《张子正蒙注·太和篇》)关于天人合一的各种学说，都力图追索天与人的相通之处，以求天人之协调、和谐与一致，此实为中国古代哲学的特色之一。

天行 《周易》用语。❶指天体或自然的运行变化。《易·乾·象》："天行健，君子以自强不息。"认为人们应仿效天体永恒强健的运行而努力不息。《荀子·天论》："天行有常，不为尧存，不为桀亡。"主张天人相分。❷即"天道"。《易·蛊·彖》："终则有始，天行也。"《易·剥·彖》："君子尚消息盈虚，天行也。"

二气 指阴气和阳气。《易·咸》："二气感应以相与。"《朱子语类》卷四："然而二气五行交感万变，故人物之生有精粗之不同。"有时也指阴阳不调和。《淮南子·说山训》："天二气则成虹，地二气则泄藏，人二气则成病。"

太和 太，通"大"，至高至极；和，和谐。《易·乾·彖》："保合太和，乃利贞。"其谓保持与合顺至极的和谐，乃能有利。北宋张载用以形容气的细缊未分状态。《正蒙·太和》："太和所谓道，中涵浮沉、升降、动静相感之性，是生细缊、相荡、胜负、屈伸之始。……不如野马细缊，不足谓之太和。"南宋朱熹认为太和是阴阳二气会合的状态。"太和，阴阳会合冲和之气也。"(《周易本义》卷一)明清之际王夫之释为阴阳气神相和："太和之中，有气有神。神者非他，二气清通之理也。不可象者，即在象中。阴与阳和，气与神和，是谓太和。"又释为和之至："太和，和之至也。""未有形器之先，本元不和，既有形器之后，其和不失，故曰太和。"(《张子正蒙注·太和篇》)

生生 中国古代哲学用语。语出《周易》。❶指事物不断产生、变化。《易·系辞上》："生生之谓易。"唐孔颖达疏："阴阳变转，后生次于前生，是万物恒生，谓之易也。"后来思想家多本《易》义，以述宇宙万物时时在变化之中，无一息之停之意。北宋周敦颐说："二气交感，化生万物，万物生生，而变化无穷焉。"(《太极图说》)张载认为："生生，犹言进进也。"(《横渠易说》)程颐反对张载的万物为一气之聚之说，提出"真元之气"才为万物本原："天地之化，自然生生不穷，更何复资于既毙之形，既返之气，以为造化？”（《遗书》卷十五）清戴震把“生生”看做是运动变化的源泉和自然规律之所本：“生生者化之原。生生而条理者化之流。”（《原善》）“由其生生，有自然之条理。……惟条理是以生生，条理苟失，则生生之道绝。”（《孟子字义疏证·仁义礼智》）❷指生育万物之仁德。《易·系辞上》：“日新之谓盛德。生生之谓易。”已含有赞扬阴阳生育万物之仁德的意思。清李塨认为：“生生即仁也，即爱也，即不忍也，即性情也。”（《论语传注问·学而一》）戴震也有类似之说：“仁者，生生之德也。”（《孟子字义疏证·仁义礼智》）近代康有为也认为：“仁……在天为生生之理。”（《中庸注》）

化生 万物由阴阳二气之交感而产生、变化的过程。《易·咸·彖》：“天地感而万物化生。”三国魏王弼注：“二气相与乃化生也。”北宋周敦颐《太极图说》：“二气交感，化生万物。”明清之际王夫之认为：“气化者化生也。”（《尚书引义·太甲二》）肯定万物的化生就是气的运动变化。

絪缊 同“氤氲”。原指一种孕育着动荡和矛盾的混沌状态。语出《易·系辞下》：“天地絪缊，万物化醇。”南宋朱熹注：“絪缊，交密之状。”后被用来形容作为万物本原而又混沌未分的气的一种运动状态。北宋张载《正蒙·太和》：“太和所谓道，中涵浮沉、升降、动静相感之性，是生絪缊、相荡、胜负、屈伸之始。”明清之际王夫之注：“絪缊，太和未分之本然。”

鬼神 指精气的运动变化。语出《易·系辞上》：“精气为物，游魂为变，是故知鬼神之情状。”《管子·内业》：“凡物之精，此则为生。下生五谷，上为列星；流于天地之间，谓之鬼神。”以后哲学家亦多以气的往来屈伸变化释“鬼神”。东汉王充《论衡·论死》：“鬼神，阴阳之名也。阴气逆物而归，故谓之鬼；阳气导物而生，故谓之神。”北宋程颐认为鬼神是“造化之迹”（见《中庸章句》）。张载《正蒙·太和》：“鬼神者，二气之良能也。”《正蒙·动物》：“至之谓神，以其伸也；反之为鬼，以其归也。”南宋朱熹说：“神，伸也；鬼，屈也”，“鬼神只是气，屈伸往来者气也”（《朱子语类》卷三）。明清之际王夫之则认为：“天之气伸于人物而行其化者曰神，人之生理尽而气屈反归曰鬼。”（《张子正蒙注·神化篇》）亦作鬼和神的合称。鬼，迷信者以为人死后精灵不灭，称之为鬼；也指万物的精怪。神，宗教及神话中所幻想的世界的主宰。《墨子·明鬼下》：“若使天下之人偕若信鬼神之能赏贤而罚暴也，则夫天下岂乱哉！”

法象 事物现象的总称。语出《易·系辞上》：“是故法象莫大乎天地，变通莫大乎四时。”北宋张载《正蒙·太和》：“盈天地之间者，法象而已矣。”明清之际王夫之注：“示人以可见者，此而已矣。”（《张子正蒙注·太和篇》）一说可见而无定形者，谓之象；有定形者，谓之法。一说“凡所取法之现象或意象，皆谓之‘法象’”。

元亨利贞 《周易》“乾”卦卦辞。历来解释不一。《易·乾·文言》以此来解释君子之仁、礼、义、正四德，“元者善之长也，亨者嘉之会也，利者义之和也，贞者事之干也。君子体仁足以长人，嘉会足以合礼，利物足以和义，贞固足以干事。君子行此四德者，故曰：‘乾，元亨利贞’”。唐孔颖达疏：“《子夏传》云：元，始也；亨，通也；利，和也；贞，正也。”北宋李觏认为：“元以始物，亨以通物，利以宜物，正以干物。”（《删定易图序论》五）张载说：“天下之理得，元也；会而通，亨也；说诸心，利也；一天下之动，贞也。”（《正蒙·大易》）南宋朱熹则以元亨利贞来比附春夏秋冬、仁礼义智，“元者，生物之始，天地之德莫先于此，故于时为春，于人则为仁，而众善之长也。亨者，生物之通，物至于此莫不嘉美，故于时为夏，于人则为礼，而众美之会也。利者，生物之遂，物各得宜，不相妨害，故于时为秋，于人则为义，而得其分之和。贞者，生物之成，实理具备，随在各足，故于时为冬，于人则为智，而为众事之干”（《周易本义》卷一）。近人尚秉和发挥为“元亨利贞，春夏秋冬，东南西北，仁义礼智，一二三四”，此四字“括尽易理”（《周易尚氏学》）。据近人考释，元，大也；亨，即享，祭也；利，有利；贞，占问；元亨利贞意为，举行大享之祭，筮遇此卦，乃有利之占问（高亨）。一说，元，大也；亨，通也。利贞，利于贞问。元亨、利贞是两个吉占。

两仪 指天地。《易·系辞上》：“易有太极，是生两仪。”唐孔颖达疏：“不言天地而言两仪者，指其物体；下与四象相对，故曰两仪，谓两体容仪也。”《周易乾凿度》：“《易》始于太极，太极分而为二，故生天地。”两仪有时也指阴阳。南宋俞琰《俞氏易集说》：“仪也者，一阳一阴对立之状也。《尔雅》云：‘义，匹也’，谓其阴阳相并也。”《太极图说》：“太极动而生阳，动极而静，静而生阴……分阴分阳，两仪立焉。”

四象 《易大传》提出的宇宙发生理论中的一个环节。《易·系辞上》：“易有太极，是生两仪，两仪生四象，四象生八卦。”但四象之解说历来不一。三国吴虞翻释为：“四象，四时也。”（见《周易集解》卷十四）唐孔颖达认为：“四象者，谓金木水火。”（《周易正义》卷七）北宋张载说：“四象即乾之四德，四时之象。”（《横渠易说·系辞上》）但又说：“吉凶，变化，悔吝，刚柔，易之四象与！”（《正蒙·大易》）北宋邵雍认为：“四象谓阴阳刚柔。”（见《周易折中》卷十四）其《先天卦位图》标明四象为太阴、少阳、少阴、太阳。明清之际王夫之认为：“天地之四象，阴阳刚柔也；易之四象，则吉凶悔吝也。”（《张子正蒙注·大易篇》）清惠栋却认为：“四象谓分二、挂一、揲四、归奇。”（《周易述》卷十五）

彖 指《易经》的卦辞。《易·系辞上》：“彖者，言乎象者也。”彖，断也。卦辞依卦象以论断吉凶。唐孔颖达疏：“彖谓卦下之辞言，说乎一卦之象也。”有时也指《彖传》。《易·乾·彖》唐孔颖达疏：“夫子所作彖辞，统论一卦之义。或说其卦之德，或说其卦之义，或说其卦之名。”

爻 ❶构成《易》卦的基本符号。有“—”和“- -”两种。“—”是阳爻，爻题中用“九”表示；“- -”是阴爻，爻题中用“六”表示。每三爻合成一卦，可得八卦。两卦（六爻）相重可得六十四卦。《易·系辞下》认为，爻的图像是仿效天下万物变化运动的产物，故曰：“爻也者，效天下之动者也。”唐孔颖达疏：“谓每卦六爻皆仿效天下之物而发动也。”❷指爻辞。《易·系辞上》：“圣人有以见天下之动，而观其会通，以行其典礼，系辞焉以断其吉凶，是故谓之爻。”参见“爻辞”。

卦 《周易》中象征自然现象和人事变化的一套符号。以阳爻（—）、阴爻（- -）相配合而成。三爻组成的卦共八个，《周礼》称为“经卦”，通称八卦。六爻（即两个经卦）组成的卦共六十四个，《周礼》称为“别卦”。古时用以占吉凶。参见“八卦”。

八卦 亦称“经卦”。《周易》中的八种基本图形。用“—”和“- -”符号，每卦由三个爻组成。名称是：乾（☰）坤（☷）震（☳）巽（☴）坎（☵）离（☲）艮（☶）兑（☱）。《易经》六十四卦皆由八卦两两相重组成。八卦起源于原始宗教的占卜。《易传》认为，伏羲“始作八卦，以通神明之德，以类万物之情”（《系辞下》）。认为八卦主要象征天、地、雷、风、水、火、山、泽等自然现象，每卦又象征多种事物。并认为，“乾”、“坤”两卦在“八卦”中占特别重要的地位，是自然界和人类社会一切现象的最初根源。

乾 《周易》八卦之一。由三阳爻组成，卦形为☰。又六十四卦之一，乾下乾上，卦形为䷀。象征天，阳性。《易传》认为，乾的作用在使万物发生，《易·乾·象》：“大哉乾元，万物资始，乃统天。”《易·系辞上》：“乾知大始。”又《易·说卦》认为：“乾，健也。”“乾，天也。”又以象征多种事物和属性，如君、父、玉、寒、大赤、良马等。一说“乾”当为斡，指北斗，以象征天体。

坤 周易八卦之一。由三阴爻组成，卦形为☷。又六十四卦之一，坤下坤上，卦形为䷁，象征地，阴性。《易传》认为，坤的作用在使万物成长，《易·坤·象》：“至哉坤元，万物资生，乃顺承天。”《易·系辞上》：“坤作成物。”又《易·说卦》：“坤，顺也。”“坤也者，地也，万物皆致养焉。”又以象征多种事物和属性，如臣民、小人、布、釜、吝啬、均、文、众等。一说“坤”也作𡊩，人立地上之意。

乾坤 《周易》中的两个卦名。乾象征天、阳性，坤象征地、阴性；后因以指宇宙间两种最基本的相互对立的物质势力或属性。《易·系辞下》：“乾，阳物也；坤，阴物也。”“夫乾，天下之至健也……夫坤，天下之至顺也。”《易·系辞上》：“乾道成男，坤道成女；乾知大始，坤作成物；乾以易知，坤以简能。”“成象之谓乾，效法之谓坤。”并认为乾坤在《周易》中占着特别重要的地位，“乾坤，其《易》之缊邪！乾坤成列，而《易》立乎其中矣。”《易·乾·象》还认为：“大哉乾元，万物资始，乃统天。”“至哉坤元，万物资生，乃顺承天。”把乾坤看做是万物产生的根源。由于乾坤代表着宇宙间两种最基本的对立的势力，又是万物产生的根源，故其象征意义十分丰富。既是天地的象征，又是日月、男女、父母、君臣、刚健与柔弱等一系列对立统一事物的象征，又常作为世界的代称。历来的中国哲学家都十分重视，并不断加以发挥。如明清之际王夫之说：“乾坤首建，极阴阳之至盛，以为变化之由，故曰：‘乾坤，其《易》之门邪！’”（《周易外传》卷七）《帛书周易》乾坤作“键”、“川”。

震 《周易》八卦之一。卦形为☳。又为六十四卦之一，震下震上，卦形为䷲，象征雷霆。《易·震·象》：“洊雷，震。”洊，重复；谓连续打雷。又以象征多种事物和属性。如《国语·晋语四》：“震，雷也，车也……震，长男也。”《左传·闵公元年》：“震为土。”《易·说卦》：“震，动也。”

巽 《周易》八卦之一。卦形为☴。又六十四卦之一，巽下巽上，卦形为䷸。象征风。《左传·庄公二十二年》：“巽，风也。”又《易·巽·象》：“随风，巽。”引申为顺服、懦弱，如巽懦。《易·说卦》又以象征多种事物和属性，如木、高、长女等。

坎 《周易》八卦之一。卦形为☵。又为六十四卦之一。坎下坎上，卦形为䷜。象征水。《国语·晋语四》：“坎，水也。”《易·坎·象》：“水洊至，习坎。”《易·说卦》又以象征多种事物和属性，如沟渎、隐伏、弓轮等。

离 《周易》八卦之一。卦形为☲。又为六十四卦之一，离下离上，卦形为䷝。象征火。《左传·昭公五年》：“离，火也。”《易·说卦》又以象征多种事物，如日、电、目、戈兵等。又说：“离也者，明也，万物皆相见，南方之卦也。”一说“离”通“罹”，指遭祸。

艮 《周易》八卦之一。卦形为☶。又为六十四卦之一，艮下艮上，卦形为䷳。象征山。《左传·昭公五年》：“艮，山也。”《易·艮·象》：“兼山，艮。”《易·艮·象》：“艮，止也。”《易·说卦》又以象征多种事物，如径路、小石、门阙等。又说：“艮，东北之卦也。”后亦以艮指东北方。一说“艮”指集中视力，有所注意。

兑 《周易》八卦之一。卦形为☱。又六十四卦之一，兑上兑下，卦形为䷹。象征沼泽。《易·兑·象》：“丽泽，兑。”《易·说卦》又以象征多种事物，如少女、畜牲等。

六爻 周易六十四卦中每卦卦画的基本构成。八卦各有三爻，六十四卦皆两卦相重，故有六爻。其位次为自下而上，分别标以“初”、“二”、“三”、“四”、“五”、“上”之爻题。上两爻象天道之阴阳，下两爻象地道之柔刚，中两爻象人道之仁义（见《说卦》）。“六爻之动，三极之道也”（《易·系辞上》），谓其变动象征着天道、地道、人道的变动。

卦辞 说明《周易》六十四卦每卦要义的文辞。各卦卦形下有卦名和卦辞。如贲卦卦形下写：“贲。亨、小利有攸往。”“贲”是卦名，“亨、小利有攸往”就是卦辞。

爻辞 说明《周易》六十四卦中各爻要义的文辞。

为各卦内容的主要部分。每卦六爻，每爻有爻题和爻辞。爻题皆为两字：一个字表示爻的性质，阳爻用“九”，阴爻用“六”；另一个字表示爻的次序，自下而上，为初、二、三、四、五、上。如乾卦初爻：“初九：潜龙，勿用。”“初九”是爻题，“潜龙，勿用”是爻辞。

象 《周易》中用以指称现象。《易·系辞上》：“见乃谓之象，形乃谓之器。”《周易》的卦用来象征自然和社会现象，故亦称象，或称卦象。《易·系辞上》：“圣人有以见天下之赜，而拟诸其形容，象其物宜，是故谓之象。”《易·系辞下》：“是故易者，象也；象也者，像也。”唐孔颖达疏：“谓卦为万物象者，法象万物，犹若乾卦之象法像于天也。”

大象 《周易》各卦所附《象传》中说明一卦卦名卦义的部分。见“《象传》”。

小象 《周易》各卦所附《象传》中说明各爻爻辞的部分。见“《象传》”。

统天 《周易》用语。万物统属于天。《易·乾·彖》：“大哉乾元，万物资始，及统天。”唐孔颖达疏：“乃统天者，以其至健而为物始，以此乃能统领于天。”南宋朱熹认为乾元“贯乎天德之始终，故曰统天”(《周易本义》卷一)。

天德 在中国古代哲学中，有不同的含义。《周易》中指天的刚健特性。《易·乾·象》：“用九，天德。”因乾卦六爻皆九，纯阳皆动，象征“天行健”的特性。《庄子》中指天道自然无为的德性。《庄子·天地》：“玄古之君天下，无为也，天德而已矣。”《庄子·刻意》：“虚无恬惔，乃合天德。”在先秦古籍中，也有指符合仁义的政治与道德境界。墨子称“兼爱”为顺天意，合仁义，“上利乎天，中利乎鬼，下利乎人，三利无所不利，是谓天德”(《墨子·天志中》)。《荀子·不苟》：“诚心守仁则形，形则神，神则能化矣；诚心行义则理，理则明，明则能变矣。变化代兴，谓之天德。”《荀子·王制》：“夫是之谓天德，是王者之政也。”《礼记·中庸》：“苟不固聪明圣知达天德者，其孰能知之?”至宋，又有以此指不被人欲所蔽的天赋道德。北宋程颢认为“圣贤论天德，盖谓自家元是天然完全自足之物，若无所污坏”(《遗书》卷一)，“人心莫不有知，惟蔽于人欲，则亡天德也”(《遗书》卷十一)。

天文 《周易》用语。指日月星辰等天体在宇宙间分布运行的现象。《易·系辞上》：“仰以观于天文，俯以察于地理。”唐孔颖达疏：“天有悬象而成文章，故称文也。”又《易·贲·彖》：“刚柔交错，天文也。”三国魏王弼注：“刚柔交错而成文焉，天之文也。”东汉高诱注《淮南子·天文训》篇名：“文者，象也。天先垂文，象日月、五星及彗孛……故曰天文。”

人文 社会制度、文化教育等社会现象。《易·贲·彖》：“文明以止，人文也。……观乎人文，以化成天下。”唐孔颖达疏：“圣人观察人文，则诗书礼乐之谓，当法此教而化成天下也。”《后汉书·公孙瓒传论》：“舍诸天运，征乎人文。”唐李贤注：“人文犹人事也。”

顺化 指应顺和辨识自然与人伦变化的规律。《易·革·彖》：“汤武革命，顺乎天而应乎人。革之时大矣哉!”《易·贲·彖》：“观乎天文以察时变，观乎人文以化成天下。”

盈虚 “盈”指充满、盈溢、有形等；“虚”有虚空、无形等义。《易·丰·彖》：“日中则昃，月盈则食，天地盈虚，与时消息。”意谓日中则西斜，月圆则亏缺，天地万物一盈一虚，随时变化。又《庄子·秋水》：“察乎盈虚，故得而不喜，失而不忧，知分之无常也。”《庄子·知北游》则抹杀盈虚的差异，“谓盈虚衰杀，彼为盈虚非盈虚，彼为衰杀非衰杀”。《列子·周穆王》认为“一体之盈虚消息，皆通于天地，应于物类”。

来复 《周易》用语。犹复归。《易·复》：“反复其道，七日来复，利有攸往。”唐孔颖达疏：“欲速反之与复而得其道，不可过远，唯七日则来复，乃合于道也。”近人高亨《周易大传今注》卷二：“出行者往返于道中，七日可以复归；有所往则有利。”

既济 《周易》六十四卦之一。离下坎上，卦形为䷾。象征水在火上。济，本义为渡水，引申为成就、成功；既济，事已成之义。但有患而济之，不如有备而无患。《易·既济·象》：“水在火上，既济。君子以思患而豫防之。”三国魏王弼注：“存不忘亡，既济不忘未济也。”又《易·杂卦》：“既济，定也。”又《易·序卦》：“有过物者必济，故受之以既济。”意谓人有小过，改过自新，则事必有成，故“小过”卦后继以“既济”卦。

未济 《周易》六十四卦之最后一卦。坎下离上，卦形为䷿。象征火在水上。济，本义为渡水，引申为成就、成功；未济，事未成之义。《易·未济·象》：“火在水上，未济。君子以慎辨物居方。”又《易·序卦》：“物不可穷也，故受之以未济。”意谓一事既成，未成之事尚多，故“既济”卦之后继之“未济”卦。

明夷 《周易》六十四卦之一。离下坤上，卦形为䷣。象征日落地中。引申为君子而蒙难。《易·明夷·彖》：“明入地中。明夷，内文明而外柔顺，以蒙大难，文王以之。”又引申为君主外晦而内明的权术。《易·明夷·象》：“明入地中。明夷，君子以莅众用晦而明。”

日新 指事物的天天更新。《易·大畜·彖》：“日新其德。”《易·系辞上》：“日新之谓盛德。”称颂阴阳生育万物之大德。《管子·内业》：“敬慎无忒，日新其德。”指“人德”日新。《礼记·大学》：“汤之盘铭曰：苟日新，日日新，又日新。”西汉扬雄《法言》：“使之利其仁，乐其义，厉之以名，引之以美，使之陶陶然之谓日新。”指“为政”日新。北宋张载《正蒙·大易》：“富有者，大无外也；日新者，久无穷也。”明清之际王夫之解为：“阴阳一太极之实体，唯其富有充满于虚空，故变化日新。”(《张子正蒙注·太和篇》)指出宇宙间万事万物乃由简到繁、由低级到高级的不断进化过程。“天地之德不易，而天地之化日新。今日之风雷非昨日之风雷，是以知今日之日月非昨日之日月也。”(《思问录·外篇》)人的指甲、头发、肌肤亦日新变化，“人见形之不变而不知其质之已迁……恶足以语日新之化哉!"(同上)人类社会亦不断变化,"世益降,物益备"(《读通鉴论》卷十九)。要求人们顺应外界的客观变化,"推故而别致其新"(《周易外传》卷二)。

大衍 《周易》蓍筮用语。"大"指至极;"衍"指演算。《易·系辞上》:"大衍之数五十。"晋韩康伯注引王弼曰:"演天地之数,所赖者五十也。"唐孔颖达疏引京房曰:"五十者,谓十日、十二辰、二十八宿也。"后亦称五十为"大衍之数"。今有人考"大衍之数五十"后脱去"有五"二字。《易·系辞上》称:"天数二十有五,地数三十。"用这五十五个数可推演天地间一切变化。

化醇 《周易》用语。万物因阴阳二气之和会而发生的普遍变化。《易·系辞下》:"天地絪缊,万物化醇。"唐孔颖达注:"唯二气絪缊,共相和会,万物感之变化而精醇也。"清焦循注:"醇与淳同,不偏化一物也。"

小成 《周易》用语。指初成八卦。《易·系辞上》:"十有八变而成卦,八卦而小成。"唐孔颖达疏:"小成者,象天地雷风日月山泽于大象略尽,是《易》道小成。"意谓《易》成八卦只是初步象征自然事物,故为小成。引而申之,成六十四卦,才能象征万物。

幾 指事物出现前的细微朕兆。《周易·系辞下》:"幾者动之微,吉凶之先见者也。"唐孔颖达注:"幾是离无入有,在有无之际,故云动之微也。""有无之际",指事物将要出现而尚未出现时的状态。《周易》要人通过卜筮预见事物出现前的朕兆,以趋吉避凶。盛赞这种预见能力,"知幾其神乎!"强调"君子见幾而作,不俟终日"。《管子》和《庄子》说的"幾"指潜藏于物种内部的一种契机和朕兆,在适当条件下可形成新的物种,意近"胚胎"。《管子·水地》:"万物莫不尽其幾,反其常者,水之内度适也。"唐尹知章注:"幾,谓从无以适有也。"《庄子·至乐》:"种有幾,得水则为㡭(继)。"唐陆德明《经典释文》引司马云:"万物虽有朕兆,得水土气乃相而生也。"北宋周敦颐以"幾"来表述人性形成过程中善恶开始分化的阶段。"诚,无为;幾,善恶。"(《通书》卷七)认为,人先天具有的善性来自世界的本体"诚",经过神奇的变化进入"幾",开始出现善恶的分化。"寂然不动者,诚也;感而遂通者,神也;动而未形,有无之间者,幾也。……幾微故幽。"(《通书》卷八)明清之际方以智用"交"、"轮"、"幾"说明事物发展变化的三个阶段。"交也者,合二而一也;轮也者,首尾相衔也。幾有动静往来,无不交轮,则真常贯合于幾可征矣。"(《东西均·三征》)认为能"知幾",才能预见事物的发展变化:"〔豫〕之〔解〕'介于石',孔子叹其知幾",又认为"幾"中包含着事物进一步发展变化的端倪。"幾者,微也、危也、权之始也,变之端也。"(同上)王夫之认为"幾"则"有在人之幾,有在天之幾。成之者性,天之幾也"(《尚书引义·太甲二》)。

数 在中国古代哲学中,有多种含义。❶指易数。《周易》以筮数说明事物现象的生成变化。《左传·僖公十五年》:"龟,象也;筮,数也。物生而后有象,象而后有滋,滋而后有数。"《易传·系辞上》:"参伍以变,错综其数,通其变,遂成天下之文;极其数,遂定天下之象。"❷指自然之理。《荀子·富国》:"万物同宇而异体,无宜(义)而有用为人,数也。"《吕氏春秋·贵当》:"性者,万物之本也。不可长,不可短,因其固然而然之,此天地之数也。"❸指天神复制万物的模式。西汉董仲舒提出"人之形体,化天数而成"(《春秋繁露·为人者天》),并用"月数"、"五行数"、"四时数"说明人之所以有"大节十二分","内有五藏","外有四肢"(见《春秋繁露·人副天数》)。后又推演为气数,即命运。南朝刘峻《辨命论》:"将荣悴有定数,天命有志极。"❹"六艺"之一。古代学校教育内容之一。《周礼·地官·保氏》:"教之六艺",即礼、乐、射、御、书、数。❺指技艺。《孟子·告子上》:"今夫弈之为数,小数。"《淮南子·原道训》:"詹何娟嬛之数。"东汉高诱注:"詹何、娟嬛,古善钓人名;数,术也。"❻指术数。见"术数"。

顺天应人 《周易》用语。指变革必须合乎时宜,顺应人心。《易·革·彖》:"汤武革命,顺乎天而应乎人。革之时大矣哉。"意谓汤、武变革桀、纣的统治之命,是合乎时宜又顺应人心的行动,必然取得成功。

革故鼎新 《周易》用语。破旧立新。"革"和"鼎"是六十四卦中的二卦,《易·杂卦》释:"革,去故也;鼎,取新也。"后因以革故鼎新并称。

天尊地卑 《周易》用语。语出《易·系辞上》:"天尊地卑,乾坤定矣;卑高以陈,贵贱位矣。"晋韩康伯注:"天尊地卑之义既列,则涉乎万物贵贱之位明矣。"《易传》用阴阳、刚柔之相摩、相荡,说明宇宙之发生、变化是天高上,地卑下,以示人事之尊卑、贵贱。历代统治者多用以论证社会等级与统治秩序的合理性和永恒性。

刚柔相摩 《周易》用语。两种对立的势力(刚柔)相互作用。《易·系辞上》:"刚柔相摩,八卦相荡。"唐孔颖达疏:"阳刚而阴柔,故刚柔共相切摩,更递变化也。"又《易·系辞上》:"刚柔相推而生变化。"

极深研幾 《周易》用语。穷究深奥,研求微妙。《易·系辞上》:"夫《易》,圣人之所以极深而研幾也。"唐孔颖达疏:"言《易》道弘大,故圣人用之,所以穷极幽深,而研核幾微也。"明清之际王夫之则认为:"天下非特有深也,累浅而积之,则深矣。天下非特有幾也,析大而详之,则幾矣。……圣人之于天下,鼎鼎焉,营营焉,爱而存之,敬而尽之,存其志,尽其务,其不敢不忍于天下者,以是为极深而研幾也。"(《周易外传》卷五)

开物成务 《周易》用语。圣人用《易经》揭示事物的真相,确定事务的方法。《易·系辞上》:"夫易,开物成务,冒天下之道,如斯而已者也。"唐孔颖达疏:"言易能开通万物之志,成就天下之务。"北宋程颐《易传序》:"易……其为书也,广大悉备,将以顺性命之理,通幽明之故,尽事之物情,而示开物成务之道也。”

观物取象 《易传》的哲学、美学观点。指模仿自然界和社会生活中具体事物的感性形象，确立具有象征意义的卦象。《易·系辞下》：“古者包牺氏之王天下也，仰则观象于天，俯则观法于地，观鸟兽之文与地之宜，近取诸身，远取诸物，于是始作八卦”，指明八卦等《易》象由观物取象而成的过程和方法。《易》“成天下之文”（《系辞上》），《易》象的形成、确立与艺术形象的创造显然有相通之处。“圣人有以见天下之赜，而拟诸其形容，象其物宜，是故谓之象”（同上），“象也者，像此者也”（《系辞下》）。艺术形象正是对于这些“物象”的模拟。模拟是从“观物”到“取象”的过程，只有观察天地之文以及它们的交感、聚散，才能根据自己的直接感受，提炼、概括、创造出象征物象的艺术形象。这一观点论述了艺术形象与客观事物之间的再现关系，与《左传》“铸鼎象物”同为中国古代现实主义美学思想的滥觞，对后代美学思想和艺术创造产生深远的影响。

探赜索隐 《周易》用语。指探寻和索求事物深奥、隐晦的道理。《易·系辞上》：“探赜索隐，钩深致远，以定天下之吉凶，成天下之亹亹者，莫大乎蓍龟。”唐孔颖达疏：“探，谓窥探求取；赜，谓幽深难见。卜筮则能窥探幽昧之理，故云探赜也。索，谓求索；隐谓隐藏。卜筮能求索隐藏之处，故云索隐也。”表现了古人对卜筮作用的迷信。一说赜，杂也；探赜，谓探究复杂之事物。后亦转指对深奥的义理、典故的探究。

近取诸身 《周易》用语。指从观察和摹略身边的事物现象着手。《易·系辞下》，“近取诸身，远取诸物，于是始作八卦。”唐孔颖达疏：“近取诸身者，若耳目鼻口之属是也；远取诸物者，若雷风山泽之类是也，举远近则万事在其中矣，于是始作八卦。”意谓观察和摹略身边事物，以至各种自然事物之后，才制作了八卦。

远取诸物 《周易》用语。广泛地观察和取法自然事物。详“近取诸身”。

以象尽意 《周易》用语。象，卦象；意，本意。用卦象充分表达人的思想。《易·系辞上》：“子曰：‘书不尽言，言不尽意。’然则圣人之意，其可见乎？子曰：‘圣人立象以尽意。’”认为著作和语言都不能把人们的思想表达得尽善尽美，但各种卦象却可以把人们的思想充分表达出来。

原始反终 《周易》用语。“原”即源，探源；“反”，即推及。探明事物的起因可以推及事物发展的结果。《易·系辞上》：“故能弥纶天地之道，仰以观于天文，俯以察于地理，是故知幽明之故，原始反终，故知死生之说。”亦作“原始要终”。《易·系辞下》：“《易》之为书也，原始要终，以为质也。”

当名 《周易》用语。意为恰当的名称。《易·系辞下》：“当名辨物，正言断辞。”认为要用恰当的名称（概念）辨别事物，用正确的语言作出判断。

类族辨物 《周易》中提出的逻辑方法。用类的范畴察辨事物之同异。《周易》认为世界万物“方以类聚，物以群分”（《易·系辞上》），故“君子以类族辨物”（《易·同·象》）。南宋朱熹释：“类族辨物，言类其族辨其物。且如青底做一类，白底做一类，恁地类了时，同底自同，异底自异。”“类族是就人上说，辨物是就物上说。”（《朱子语类》卷七十）《易传》主张用卦象（类概念）分别类族，辨察事物之同异。

以同而异 《周易》用语。同，共同点；异，差异。找出共同点，将不尽相同的事物归为类。《易·睽·象》：“上火下泽，睽，君子以同而异。”睽，互相排斥。然而《睽》卦的上卦离（代表火）与下卦兑（代表泽）均包含着一个阴爻两个阳爻，同属阴卦。火与泽虽然相互排斥，但也有共同点，可以归为一类。南宋朱熹释：“就其异处以致其同，此其所以为同也。”（《朱子语类》卷十七）《易传》中还列举许多例子，说明事物之间虽然存在各种差异，但这些事物之间也有共同点，只要找出其共同点，就可以归为类。“天地睽而其事同也，男女睽而其志通也，万物睽而其事类也”。故应运用“类”概念来分析事物。

消息 “消”指消亡；“息”指增长。指天地万物不断消亡和发生的过程。《易·丰·彖》：“日中则昃，月盈则食，天地盈虚，与时消息。”《庄子·秋水》：“年不可举，时不可止，消息盈虚，终则有始。”西晋郭象注：“变化日新，未尝守故。”又《庄子·盗跖》：“面观四方，与时消息。”面向四方的变化，随时间的推移或减或增地变化。

变 指变化、变通。《易·系辞上》：“一阖一辟谓之变”，又“化而裁之谓之变”。唐孔颖达疏：“阴阳变化而相裁节之，谓之变也。”《黄帝内经·素问·天元纪大论》认为：“物生谓之化，物极谓之变。”把事物产生的变化，叫做“化”，把事物超出一定极限的变化，叫做“变”。北宋张载却认为：“变，言其著；化，言其渐。”（《易说·乾卦》）“‘变则化’，由粗入精也；‘化而裁之谓之变’，以著显微也。”（《正蒙·神化》）把显著的变化叫做“变”，把精微的变化叫做“化”。明清之际王夫之则认为：“变者，阴变为阳；化者，阳化为阴。”（《张子正蒙注·大易篇》）

穷则变 《周易》用语。“穷”，指穷极、穷尽。谓事物发展至极就要发生变化。《易·系辞下》：“《易》穷则变，变则通，通则久。”唐孔颖达疏：“言《易》道若穷，则须随时改变。”这种思想常被后人作为变法改革的理论依据之一。

变则通 《周易》用语。指变化显示宇宙万物由往至来的过程。《易·系辞下》：“穷则变，变则通，通则久。”《易·系辞上》：“往来不穷谓之通。”一说通犹贯通、开通。唐孔颖达疏：“所以须变者，变则开通得久长。”

通则久 《周易》用语。指事物因变通方能长久并显现出过程来。《易·系辞下》：“穷则变，变则通，通则久。”唐孔颖达疏：“言易道若穷，则须随时改变。所以须变者，变则开通得久长。故云通则久也。”

同归殊涂 “涂”通“途”。亦称“殊途同归”。

《周易》用语。谓所走的道路虽然不同,结果却一样。《易·系辞下》:“天下同归而殊涂,一致而百虑。”唐孔颖达疏:“言天下万事终则同归于一,但初时殊异其涂路也。”明清之际王夫之因以指万物多样性的统一。“‘天下同归而殊涂,一致而百虑’,一本万殊之谓也。”(《周易外传》卷六)

殊途同归 即“同归殊涂”。

一致百虑 《周易》用语。思虑的方法或问题虽不同,而结果却是一样。《易·系辞下》:“天下同归而殊涂,一致而百虑。”唐孔颖达疏:“所致虽一,虑必有百;言虑虽百种,必归于一致也。”

穷神知化 《周易》用语。穷究事物之神妙,认知事物之变化。《易·系辞下》:“穷神知化,德之盛也。”唐孔颖达疏:“穷极微妙之神,晓知变化之道,乃是圣人德之盛极也。”北宋张载用以指一种排除耳目感觉和人为思虑的内心体验的功夫。《正蒙·神化》:“神,天德;化,天道”,“《易》谓‘穷神知化’,乃德盛仁熟之致,非智力能强也”,“‘穷神知化’,乃养盛自致,非思勉之能强”。

见幾而作 《周易》用语。指察知事物细微的征兆而旋即行动。《易·系辞下》:“幾者,动之微,吉之先见者也。”又说:“君子见幾而作,不俟终日。”唐孔颖达疏:“言君子既见事之幾微,则须动作而应之,不得待终其日。”

微显阐幽 亦称“显微阐幽”。《周易》用语。指显示和阐明细微幽隐之事。《易·系辞下》:“夫《易》彰往而察来,而微显阐幽。”唐孔颖达疏:“阐,明也。谓微而之显,幽而阐明也。”

显微阐幽 即“微显阐幽”。

阴阳合德 《周易》用语。“德”指属性、性质。意为阴阳的属性相通相合。《易·系辞下》:“阴阳合德,而刚柔有体。”唐孔颖达疏:“若阴阳不合,则刚柔之体无从而生;以阴阳相合,乃生万物,或刚或柔,各有其体。”

否极泰来 《周易》用语。“否”(䷋)、“泰”(䷊)是《周易》六十四卦中的两个卦名。天地交通谓之“泰”,不交通谓之“否”。“泰”则安吉顺利,“否”则危难失利。意指事物发展到一定程度,就要转化到它的对立面。“否”可转化到“泰”,“泰”亦可转化到“否”。《易·序卦》:“泰者,通也。物不可以终通,故受之以否。”

继善成性 中国古代关于德性来源和成就德性的学说。语出《易·系辞上》:“一阴一阳之谓道,继之者善也,成之者性也。”认为阴阳对立变化的法则(“道”)是没有不善的,它在人和事物上体现出来就成为性。对此历来有不同的解释。南宋朱熹说:“道具于阴而行乎阳,继言其发也,善谓化育之功,阳之事也。成言其具也,性谓物之所受,言物生则有性,而各具是道也,阴之事也。”(《周易本义·系辞上》)认为道本身包括阴阳两个方面。阳的作用是显示事物的变化发展“化育之功”,阴的方面则是“道”处于未发之际,是事物原有的本性。朱熹弟子陈淳进而作出与其师说略有不同的解释:“‘继’、‘成’字与‘阴’、‘阳’相应,是指气而言;‘善’、‘性’字与‘道’字相应,是指理而言。”(《北溪字义·性》)以为事物的“继”和“成”属于阴阳之气的作用。“善”和“性”则是指“道”或“理”而言。陆九渊从心学的角度提出:“‘继之者善也’乃独归之于人。‘成之者性也’又复归之于天,天命之谓性也。”(《象山先生全集·语录下》)意谓“善”乃存于吾心,而“性”则归于天。北宋张载说:“继继不已者善也,其成就者性也。”(《横渠易说·系辞上》)“不舍(指仁义)而继其善,然后可以成人性矣。”(同上)认为人性未成之初,“则善恶混”,经过去恶从善,然后才成善之性。明清之际王夫之认为继往开来是事物的普遍规律,“继之则善矣,不继则不善矣。天无所不继,故善不穷。人有所不继,则恶兴焉”(《周易外传》卷五),用朴素的辩证法观点作了新的解释。

书不尽言 指书录未能详尽记载圣人之言。始出《易·系辞上》:“子曰:书不尽言,言不尽意,然则圣人之意,其不可见乎?”认为圣人深远之意虽然一时不易领会,但通过问学并非不可理解。

乐天知命 《易传》用语。指安于天命。《易·系辞上》:“乐天知命故不忧。”唐孔颖达疏:“顺天施化,是欢乐于天;识物始终,是自知性命。顺天道之常数,知性命之始终,任自然之理,故不忧也。”南宋朱熹则认为:“既乐天命,而又知天命,故能无忧。”(《周易本义》卷三)认为贫贱、富贵、吉凶、祸福皆由天命,应处之泰然。是一种宿命的态度。

自强不息 指一种自主自立、勤勉不懈的奋发进取精神。语出《易·乾·象》:“天行健,君子以自强不息。”意思是说,天的运行以其自身的力量,刚健不懈、永不止息;君子以“天”为法,也应发挥自己的能动性,努力进取,决不懈怠。表现在“进德”上,如南宋朱熹所释:“盖是刚健粹精,兢兢业业,日进而不自已。”(《朱子语类》卷六十九)不断地提升自己的道德境界,完善自己的人格;在“修业”上,就应不畏艰险,“有为于天下”,取得事业上的成功。《周易》认为,君子自强不息,要与时俱进,顺应变化的潮流,《乾·文言》说:“君子进德修业,欲及时也”,“终日乾乾,与时偕行”。这里包含有变革、“日新”之义。同时,强健有为但不可妄行,不可过刚,要符合“中正”原则。“大哉乾乎,刚健中正,纯粹精也。”(《乾·文言》)“刚健中正”也即“刚中”,《乾·象辞》说:“刚中而应,行险而顺。”朱熹说:“健,故不息。”(《朱子语类》卷六十八)“自强不息”,要在“自强”,《淮南子·修务训》指出:“自人君公卿至于庶人,不自强而成功者天下未之有也。”而要自强,就要有“锲而不舍”的坚毅品格,要有“克己”“自胜”的精神,就要有“浼(同勉,勤奋)焉日有孳孳(同孜孜),毙而后已”(《礼记·表记》),即不达目的誓不罢休的精神。“自强不息”所包含的丰富内涵,在长期的文化传承和社会实践中积淀为中华民族文化的优良传统。

厚德载物 意为以宽厚之德包容万物,使万物各遂其生。语出《易・坤・象》:“地势坤,君子以厚德载物。”“坤”为地之德,《说卦》:“坤,顺也。”《坤・象辞》释“坤”德说:“至哉坤元,万物资生,乃顺承天。坤厚载物,德合(借为追,及也。)无疆。含弘光大,品物咸亨。”意谓地顺承天道,生养万物。其体厚能载万物,其面广能包容万物,万物得以皆美。君子取法于地,也应“厚德载物”。即君子应效法大地的胸怀,以宽厚之德包容万物和他人,使之都得以各遂其生,也包含了对事和人的一种兼容并包的宽容精神,与孔子“君子和而不同”(《论语・子路》)义通,唐韩愈的“博爱之谓仁”(《原道》)、北宋张载的“民胞物与”(《正蒙・乾称上》)等思想,皆与“厚德载物”一脉相承。与“天行健,君子以自强不息”一起,构成了中华民族文化的一大优良传统。

修辞立其诚 《周易》用语。“修辞”指建立言辞。“诚”指思想诚正。修辞立其诚指建立言辞以表现自己的美好品德。《易・乾・文言》:“子曰:‘君子进德修业。忠信所以进德也;修辞立其诚,所以居业也。’”认为在“进德”与“修辞”相较,应首先“进德修业”,然后才“修辞立其诚”。“修辞”是为了“立诚”,“立诚”乃是“修辞”好坏的标准。春秋时已将“立德”看得重于“立言”。《左传・襄公二十四年》:“豹闻之,大上有立德,其次有立功,其次有立言。虽久不废,此之谓不朽。”将“立德”列在“不朽”之首,认为“立言”要受到“立德”的影响。“言”、“辞”是传达思想感情的,思想感情、道德品质的差异,必影响言辞的表现,形成言辞的优劣。《周易・系辞下》:“将叛者,其辞惭。中心疑者,其辞枝。吉人之辞寡。躁人之辞多。诬善之人,其辞游。失其守者,其辞屈。”要建立好的言辞,应有好的思想品德。这种将言辞的建立与品德修养联系在一起的观点,成为文品与人品相统一的传统思想。另一方面,又认为言辞对于德业也有重大影响。《易・系辞上》:“君子居其室,出其言善,则千里之外应之”,“居其室,出其言不善,则千里之外违之”,故“修辞”可达到“立诚”之目的。

立象以尽意 《周易》用语。意谓圣人用确立《易》象的办法来充分表达自己的意念。《易・系辞上》:“圣人立象以尽意”,说明“象”与“意”的联系。“象”指具体可感的形象;“意”指思想、情意。“象生于意,故可寻象以观意”(王弼《周易略例・明象》)。“象”对于“意”的表现,应注意以小喻大,以少总多,由此及彼,由近及远的特点:“其称名也小,其取类也大;其旨远,其辞文;其言曲而中,其事肆而隐。”(《系辞下》)《易传》明确提出“象”与“意”的关系,强调艺术形象对于作者情意的表现作用,对中国古代美学思想有很大影响。

物相杂,故曰文 《周易》用语。本指阴阳两类的爻相交错形成《易》卦之文,象征着天、地、人三才。借指多种线条、色彩等的交叉组合结构所呈现出来的形式的美。《易・系辞下》:“《易》之为书也,广大悉备。有天道焉,有人道焉,有地道焉。兼三才而两之,故六;六者,非它也,三才之道也。道有变动,故曰爻;爻有等,故曰物;物相杂,故曰文;文不当,故吉凶生焉。”认为《易》的内容广大完备,包括天、地、人三才之道。《易》卦的六爻象征天、地、人三才,其中上、五两爻象天,四、三两爻象人,二、初两爻象地;虽爻分为六,表现仍为三才之道。又认为天地人之道有变动,阴阳两爻随之交换变动而象征之,故称为爻。爻有阴阳两类,象征阴阳两类事物,故称作物。阴阳两类事物相互交错而形成八卦形式。由其形式的确当与否,象征着社会人生的吉凶。反映其强调阴阳两类对立统一的思想和多种事物复杂交错所构成的多样审美形式的美学观点。

命 原指天命。《诗・周颂》:“昊天有成命。”一般指必然性、命运、命定。孔子主张“知命”,认为“不知命,无以为君子也”(《论语・尧曰》)。孔子说的“命”意谓人力所无可奈何者。如说“道之将行也与?命也。道之将废也与?命也。公伯寮其如命何!”(《论语・宪问》)孟子主张“立命”、“正命”。“莫之为而为者,天也。莫之致而致者,命也。”(《孟子・万章上》)“夭寿不贰,修身以俟之,所以立命也”,“尽其道而死者,正命也”(《孟子・尽心上》)。认为命运非人力所致,唯顺受其自然。荀子讲命不同于孔子、孟子,主张制天命。“从天而颂之,孰与制天命而用之?望时而待之,孰与应时而使之?”(《荀子・天论》)墨子主张“非命”,认为“命之为暴人之道”,“执有命者不仁”(《墨子・非命上》),反对听任命运而无所作为。东汉王充否定天有意志,但从元气自然论出发认为:“有生死寿夭之命,亦有贵贱贫富之命。”(《论衡・命禄》)以为寿夭贫富都由气禀命定,显然有宿命论倾向。南北朝时刘峻作《辨命论》,发挥了王充的思想,认为:“命也者,自天之命也。定于冥兆。终然不变,鬼神莫能预,圣哲不能谋。”(《梁书・刘峻传》)北宋程颢讲命,但强调:“儒者只合言人事,不合言有数,直到不得已处,然后归之于命可也。”(《外书》卷五)明清之际王夫之提出“造命”。“唯能造命者,而后可以俟命;能受命者,而后可以造命。”“惟循理以畏天,则命在己矣”(《读通鉴论》卷二十四)。认为只要认识和遵循事物的必然性,人就可以主宰命。道家比儒家更多讲命。儒家虽讲命,但不废人事,道家则不谈人事,专言天命。庄子主张安命,“知其不可奈何而安之若命”(《庄子・人间世》)。提倡“无以人灭天,无以故灭命”(《庄子・秋水》)。完全否定了人的主观能动性。另外,先秦各家对命还有不同的解释。《鹖冠子・环流》:“命者,自然者也。”把命看做是事物变化的自然过程。《大戴礼记・本命》:“分于道谓之命。”认为命是从道所得的具体事物的必然性。

天命 指上帝的旨意和命令。天命的观念起源甚早,古人对自然和自己的命运无能为力,因而归之于上帝的旨意和命令,而统治者则以天命为自己统治之根据。殷代,天命观念甚为流行。《尚书・汤誓》:“有夏多罪,天命殛之。”《诗・商颂・玄鸟》:“天命玄鸟,降而生商。”周代统治者继承了殷人的天命观,认为:“天乃大命文王”,“惟助王宅天命”(《尚书·康诰》)。但周人已对天命有怀疑,《诗·大雅·文王》:"天命靡常。"甚至责难天命,《诗·大雅·荡》:"疾威上帝,其命多辟。"春秋以后,先进的思想家已不复信天命。叔兴说:"吉凶由人。"(《左传·僖公十六年》)子产说:"天道远,人道迩,非所及也。"(《左传·昭公十八年》)但天命的观点后仍长期保留着。

元命 指天命。《尚书·多士》:"惟时天罔念闻,厥惟废元命,降致罚。"意谓君权是天赐予的,并能对君王的德行进行赏罚。故元命即享国之大命。

大命 天命。上天赐予帝王赏善罚恶的权力和使命。最早出现于《尚书·商书》:"天监厥德,用集大命,抚绥万方。"(《太甲上》)《尚书·周书》中使用已较普遍。周初青铜器大盂鼎上铸有:"丕显文王,受天有大命。"为君权神授说之滥觞。

洪范九畴 中国古代关于治理国家必须遵守的九种根本大法。《尚书·洪范》:"天乃赐禹洪范九畴。"西汉孔安国传附会《易·系辞上》:"河出图,洛出书,圣人则之。"以为夏禹据洛水神龟的花纹而作九畴。周灭商后,箕子向周武王陈说。近人多疑其说(参见"洪范")。"九畴":一曰五行。即水、火、木、金、土。二曰敬用五事。即貌、言、视、听、思。三曰农用八政,即食、货、祀、司空、司徒、司寇、宾、师。四曰协用五纪。即岁、月、日、星辰、历数。五曰建用皇极,即无偏无陂地统治臣民。六曰乂用三德,即正直、刚克、柔克。七曰明用稽疑,即用占卜来解决疑窦,预测吉凶祸福。八曰念用庶征,即雨、旸、燠、寒、风等天时反映了人事的休咎。九曰向用五福,威用六极,即赐以寿、富、康宁、攸好德、考终命五福;示以凶短折、疾、忧、贫、恶、弱六极。反映了一个严整的宗教神权统治体系。认为天和上帝主宰着自然界和人类社会的一切活动,龟筮可以预卜人事的吉凶祸福,国家的治乱兴衰会影响天时和自然界的变化。成为君权神授、"天人感应"等神学迷信的理论根据。但其中以"五行"解释自然现象,含有朴素唯物主义因素。为后来构成"范畴"一词的由来。

九畴 即"洪范九畴"。

河图洛书 在中国古代,最初指天赐的祥瑞。《尚书·顾命》:"大玉、夷玉、天球、河图在东序。"《管子·小匡》:"昔人之受命者,龙龟假,河出图,洛出书,地出乘黄。今三祥未见有者。"《易·系辞上》:"河出图,洛出书,圣人则之。"汉人则以河图洛书来解释《周易》八卦和《尚书·洪范》的来源。认为伏羲时有龙马出于河,伏羲取法于其身上的花纹而画八卦。夏禹时有神龟出于洛,禹根据其身上的文字而作洪范九畴。(据《汉书·五行志》、《尚书·顾命》伪孔安国传)另有人认为河图洛书均为伏羲作《易》之根据。南宋朱熹本道士陈抟及邵雍等人所说,于其《周易本义》首列"河图"、"洛书",以九为洛书,十为河图。明清之际黄宗羲、清胡渭等均对宋儒说表示疑义。据近人高亨推测,河图洛书可能是古代地理书。

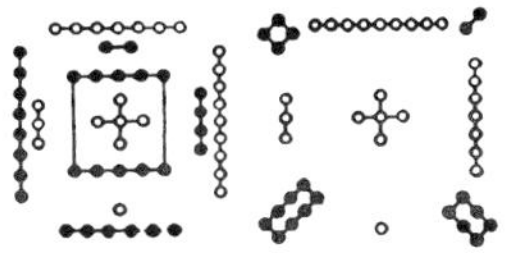

河图洛书图

六极 指洪范九畴之一。指六种惩罚。《尚书·洪范》:"六极:一曰凶短折,二曰疾,三曰忧,四曰贫,五曰恶,六曰弱。"意即统治者用夭折、多病、多忧、贫穷、丑陋、懦弱六种惩罚戒人遵守天命和王命。有时也指义同六合。指上、下、四方。《庄子·应帝王》:"以出六极之外,而游无何有之乡。"唐成玄英疏:"六极,犹六合也。"

八政 指洪范九畴之一。古代国家施政的八个方面,亦指所设的行政机构和官吏。《尚书·洪范》:"一曰食,二曰货,三曰祀,四曰司空,五曰司徒,六曰司寇,七曰宾,八曰师。"唐孔颖达疏:"八政者,人主施政教于民有八事也。"意谓统治者应勤农业,求资用,敬鬼神,建房屋,明礼义,管治安,礼宾客,整军旅,各设机构和官吏,以主其事,以教其民。反映了当时政治和经济生活的基本内容。

三德 指洪范九畴之一。指古代统治者治服臣民的三种手段。《尚书·洪范》:"三德:一曰正直,二曰刚克,三曰柔克。"意即正曲为直,压制强横不顺的,怀柔安分守己的。后也指《周礼》中提出的三种品德。《周礼·地官·师氏》:"一曰至德,以为道本;二曰敏德,以为行本;三曰孝德,以知逆恶。"即以中和之德为根本;仁义顺时之德为行为之准则;尊祖爱亲之德以别人之善恶。后泛指三种品德,随文而异。

五事 指洪范九畴之一。指古代统治者修身的五个方面。《尚书·洪范》:"五事:一曰貌,二曰言,三曰视,四曰听,五曰思。貌曰恭,言曰从,视曰明,听曰聪,思曰睿。"意谓人君要做到貌庄正,言谨慎,视清明,耳聪敏,思通达。

五品 品,等级秩序。《尚书·舜典》:"百姓不亲,五品不逊。"对此历来解释稍异:孟子解释为君臣、父子、夫妇、长幼、朋友;孔安国传:"五品,谓五常。"唐孔颖达疏:"一家之内尊卑之差,即父、母、兄、弟、子是也。"

五典 亦称"五常"、"五教"。中国古代关于家庭伦理的五种道德规范。《尚书·舜典》:"慎微五典,五典克从。"孔安国传:"五典,五常之教:父义,母慈,兄友,弟恭,子孝。"

五福 洪范九畴之一。指五种福祉。《尚书·洪范》:"一曰寿,二曰富,三曰康宁,四曰攸好德,五曰考终命。"意为统治者用长寿、富贵、康宁、美德、善终五种福祉劝人为善。

九德 九种美德。《尚书·皋陶谟》:"亦行有九德":"宽而栗,柔而立,愿而恭,乱而敬,扰而毅,直而温,简而廉,刚而塞,强而义。"意谓宽宏大度而又严肃恭谨，性情温和而又办事认真，与人和顺而又处事果断，为人正直而又态度温和，放得开而又能收得住，性情刚正而又不鲁莽，强劲勇敢而又合道义。认为这些是统治者所必须具备的品德。《逸周书·常训》也有“九德”之说，指“忠、信、敬、刚、柔、和、固、贞、顺”。“九德”一词为中国古籍中所常见，内容随文而异。

五纪 洪范九畴之一。指统治者必须掌握四时节气的五个方面。《尚书·洪范》：“五纪：一曰岁，二曰月，三曰日，四曰星辰，五曰历数。”并强调“协用五纪”。认为统治者应该上考之星辰（节气），下考之历数（节气之度），根据日月运行来校定历法，正确地使用历律，按照天时节气，授民以四时，才能百谷丰稔，国家安宁。

贞悔 ❶ 古代占卜方法之一。用龟甲取象为卜；用蓍草取象为占，亦称筮。《尚书·洪范》九畴之七“稽疑”：“曰贞曰悔…… 占用二。”唐孔颖达疏：“贞，正也。”东汉郑玄注：“悔之言晦。晦，犹终也。”故卦象以贞为始，悔为终。❷《周易》用语。《易·咸》：“贞吉悔亡。”三国魏王弼注：“贞然后乃吉，吉然后乃得亡其悔。”故《象传》曰：“未感害也。”贞即吉，亦作利于占筮；悔有悔恨、凶之意。❸ 为《周易》卦画上下体名称。六十四卦卦画有六爻，下面三爻为下体，曰贞；上面三爻为上体，曰悔。

明德 昭彰道德。《尚书·康诰》：“丕显考文王，克明德慎罚。”《左传·成公二年》：“明德，务崇之谓也。”唐孔颖达疏：“务崇之谓务欲崇益道德。”《易·晋·象》：“君子以自昭明德。”孔颖达疏：“谓自显明其德也。”《礼记·大学》则以“明德”指完美的德性，提出：“大学之道在明明德”，以显明完美的德性，作为大学的纲领之一。南宋朱熹加以发挥：“明德者，人之所得乎天而虚灵不昧，以具众理而应万事者也。”（《四书章句集注》）认为“明德”是人们天赋本然的善性。

玩物丧志 《尚书》用语。指醉心玩赏或迷恋于某物而丧失积极进取的志气。《周书·旅獒》：“不役耳目，百度惟贞，玩人丧德，玩物丧志。”强调“不作无益害有益”，“不贵异物贱用物”（同上），唯有不玩犬马，不宝远物，不育珍禽奇兽，才能不消磨志气，达到功成、民足、人安的目的。

不役耳目 《尚书》用语。意谓不要以声、色自役。《周书·旅獒》：“不役耳目，百度惟贞。玩人丧德，玩物丧志。”孔颖达疏：“不以声、色自役，则百度正。”如果使耳、目沉湎于声、色享乐，百事皆不用心，结果就有“丧德”、“丧志”的危险。告诫统治者不能一味追求声、色之美的感官享受，反映了一种主张审美活动应该受到政治功利、伦理道德约束的观点。

八音克谐 《尚书》用语。意谓八类乐器发出的不同声音，应在整体上达到和谐。《虞书·舜典》：“八音克谐，无相夺伦，神人以和。”八音，指用金、石、土、革、丝、木、匏、竹八种不同材料制成的乐器。金指铜钟，石指石磬，木指木制的柷、敔，革指鼓，竹指箫，匏指笙，土指埙，丝指琴瑟。八类乐器在发音上各有所长，“金尚羽，石尚角，瓦丝尚宫，匏竹尚议，革木一声”（《国语·周语下》）。认为应注意不使它们的次序发生混淆，以便演奏的音乐达到和谐，反映了中国古代追求以“和”为美的理想。

和 指不同事物的统一、和谐或掺和。西周末年始作为哲学概念出现。《国语·郑语》载史伯认为“以他平他谓之和”，并提出“和实生物”的观点，认为不同因素的统一，才能使事物得以产生和发展。春秋末期，晏婴等人论“和”，进一步发展了史伯的思想。晏婴认为“和”既是多样性的统一，“若以水济水，谁能食之？若琴瑟之专壹，谁能听之？”（《左传·昭公二十年》）又是对立面的统一，如“清浊、小大、短长、疾徐、哀乐、刚柔、迟速、高下、出入、周疏，以相济也”（同上）。伶州鸠提出“政象乐，乐从和”（《国语·周语下》）的观点。孔子进一步强调了“和”的社会功能，提出“君子和而不同”（《论语·子路》），“宽以济猛，猛以济宽，政是以和”（《左传·昭公二十年》）。孔子论“和”，包含了保持适度，无过不及的中庸的含义，这为以后的儒家所强调。《中庸》：“发而皆中节，谓之和。”南宋陈淳《北溪字义·中和》：“那恰好处，无过不及，便是中。此中即所谓和也。”“和”还被看成是人和自然的重要德性之一。《周礼·地官·大司徒》：“六德：知、仁、圣、义、忠、和。”《礼记·乐记》：“乐者，天地之和也。”西汉董仲舒《春秋繁露·循天之道》：“德莫大于和……和者，天之功也，举天地之道而美于和。”“和”甚至被作为德行教化的根本内容之一。《周礼·地官·大司徒》：“以六乐防万民之情，而教之和。”道家等学派常以阴阳二气之调和、统一释“和”。《老子·四十二章》：“万物负阴而抱阳，冲气以为和。”《庄子·天运》：“一清一浊，阴阳调和。”《淮南子·氾论训》：“天地之气，莫大于和。和者，阴阳调，日夜分而生物……阴阳相接乃能成和。”

和实生物 西周末史伯用语。《国语·郑语》：“夫和实生物，同则不继。以他平他谓之和，故能丰长而物归之。若以同裨同，尽乃弃矣。”“他”谓诸物互为他物，比如咸甜，咸是甜的他，甜是咸的他。咸味加甜味就是“以他平他”，也就是和；咸味加甜味可以产生另一种味道，即“和实生物”。“故先王以土与金、木、水、火杂以成百物”。参见“和生”。

和生 “和实生物”思想的概括。《国语·郑语》载史伯说：“夫和实生物，同则不继。以他平他谓之和，故能丰长而物归之，若以同裨同，尽乃弃矣。故先王以土与金、木、水、火杂以成百物。”又《中庸》言：“致中和，天地位焉，万物育焉。”“和实生物”与“和”、“育万物”，其义相近。《易·系辞下传》释义：“天地絪缊，万物化醇，男女构精，万物化生。”荀子阐发“和实生物”，云：“天地合而万物生，阴阳接而变化起。”（《荀子·礼论》）“万物其和以生。各得其养以成。”（《荀子·天论》）“合而生”、“和以生”，即和合化生。天地间万物千差万别，却各自因“和”而生生不息。

五材 ❶ 指五种具体事物。《左传·襄公二十七年》:"天生五材,民并用之。"西晋杜预注:"金、木、水、火、土也。"《考工记》:"以饬五材。"东汉郑玄注:"此五材,金、木、皮、玉、土。"也作"五才"。《后汉书·马融传》:"五才之用,无或可废。"❷ 指五种德性。《六韬·论将》:"所谓五材者,勇、智、仁、信、忠也。"

象数推衍 中国古代一种比附和演绎推断的方法。《左传·僖公十五年》:"龟,象也;筮,数也。物生而后有象,象而后有滋(滋生),滋而后有数。"这为"象数"一词起源。《周易》通过八卦形式来推测自然和社会的各种变化,"参伍以变,错综其数,通其变遂成天下之文,极其数遂定天下之象"(《易·系辞上》),是为象数推衍的开始。此后,汉儒孟喜、京房等说《易》,用八卦与阴阳之数预言灾变,加强了象数推衍的主观迷信色彩,但也包含了一些天文、历法、乐律的知识。至北宋理学家邵雍、周敦颐等,融合《周易》和道教思想,制定了一种完备而神秘的象数推衍体系。他们运用了一分为二、二分为四、四分为八……一些简单的等比级数的抽象概念,对宇宙间一切事物加以主观附会,从"象"以"顺观"物理,从"数"以"逆推"变化。以此说明现实世界,并推测过去和未来。

六气 指阴、阳、风、雨、晦、明。《左传·昭公元年》:"天有六气……淫生六疾。六气曰:阴、阳、风、雨、晦、明也。"《庄子·逍遥游》:"若夫乘天地之正,而御六气之辩。"唐成玄英疏:"六气者,李颐云:'平旦朝霞,日午正阳,日入飞泉,夜半沆瀣,并天地二气为六气也。'又杜预云:'六气者,阴阳风雨晦明也。'又支道林云:'六气,天地四时也。'"

神 ❶ 指有人格的神灵。殷周时极为普遍。"昔我先王之有天下也……以供上帝山川百神之祀"(《国语·周语中》)。至春秋鬼神观念渐衰,如史嚚说:"国将兴,听于民;将亡,听于神。"(《左传·庄公三十二年》)孔子说:"祭如在,祭神如神在。"(《论语·八佾》)又说:"敬鬼神而远之。"(《论语·雍也》)对鬼神的存在持怀疑态度。❷ 指微妙的变化。《易·系辞上》:"阴阳不测之谓神。"荀子也以神指自然界错综复杂的变化,"列星随旋,日月递照,四时代御,阴阳大化,风雨博施,万物各得其和以生,各得其养以成,不见其事而见其功,夫是之谓神"(《荀子·天论》)。宋代学者讲神,还具有变化的内在动力的意思,如北宋张载认为:"惟屈伸动静终始之能一也,故所以妙万物而谓之神。"(《正蒙·乾称》)"天下之动,神鼓之也"(《正蒙·神化》)。程颢亦讲神,"冬寒夏暑,阴阳也;所以运动变化者神也"(《遗书》卷十一),和张载所说相似。

两 指事物相互对立并相互依存的两个方面。《左传·昭公三十二年》:"(史墨)对曰:'物生有两……体有左右,各有妃耦(配偶),王有公,诸侯有卿,皆有贰也。'"

物生有两 春秋史墨用语。事物都有相依存的对立面。他认为:"物生有两、有三、有五、有陪贰。故天有三辰,地有五行,体有左右,各有妃耦。"(《左传·昭公三十二年》)对"天道"和"人道"中对立统一现象作概括,为朴素辩证法思想的萌芽。

文物昭德 《左传》用语。指用礼乐典章制度等显示君王之美德。"君人者,将昭德塞违,以临照百官,犹惧或失之,故昭令德以示子孙。""夫德,俭而有度,登降有数。文物以纪之,声明以发之,以临照百官,百官于是乎戒惧而不敢易纪律。"(《左传·桓公二年》)孔颖达疏:"昭德谓昭明善德,使德益章闻也。""德在于心,不可闻见,故圣王设法以外物表之。"认为宫室建筑、饮食和味、冠带革履、服饰文章、车饰旌旗等外物,皆可作为昭明善德之用,反映了奴隶主统治阶级对自己的衣、食、住、行都提出了美化要求,并以此作为自己美德之象征。

铸鼎象物 《左传》用语。意谓模拟物象铸之于鼎。"铸鼎象物,百物而为之备,使民知神奸。"(《左传·宣公三年》)杜预注:"象所图物著之于鼎。"认为鼎上所铸物象,来源于对客观存在的"百物"的模拟,而"百物为之备"则有利于人们从中分辨神奸,区别好坏与美丑。这一命题论述了青铜艺术,特别是青铜器纹饰同现实的关系,反映了中国古代对于图像与物象关系的最早的认识。

乐以安德 《左传》用语。指乐具有使人安于道德的教化作用。《左传·襄公十一年》:"夫乐以安德,义以处之,礼以行之,信以守之,仁以厉之,而后可以殿邦国,同福禄,来远人,所谓乐也。"认为乐能使君主安于道德,行礼守信,厉仁处义,有利于国家的强大和政权的巩固。从伦理道德与政治两个方面肯定了乐的社会作用。这一观点与师旷所述的"乐以风德"、《乐记》中的"乐以象德",均从不同侧面强调了"乐"与"德"的联系。

三不朽 春秋穆叔(叔孙豹)的人生价值观。他认为:"大上有立德,其次有立功,其次有立言,虽久不废,此之谓不朽。"(《左传·襄公二十四年》)"立德",具有完善的道德;"立功",建树社会的功业;"立言",倡立正确的言论。三者虽有层次等第,但皆具"不朽"之价值。与之相反,"若夫保姓受氏,以守宗祊,世不绝祀,无国无之。禄之大者,不可谓不朽"。从道德价值和社会长远效果上论述了"三不朽",为后世大多数思想家所肯定。东汉末徐幹充分肯定人生"存道"、"立德"、"弘义"这三者的不朽意义,说:"夫形体固有朽弊消亡之物,寿与不寿,不过数十岁;德义立与不立,差数千岁,岂可同日言也哉?"(《中论·夭寿》)认为人生的精神价值高于人的形体存在。近代魏源提出"立德"与"立功、立言、立节"相结合的"四不朽"的主张,认为:"无功、节、言之德,于世为不曜之星;无德之功、节、言,于身心为无原之雨。"(《默觚上·学篇九》)进一步发展了古代"三不朽"的思想。

五教 即五常之教。中国古代的一种家庭道德教育。语出《左传·文公十八年》:"使布五教于四方,父义、母慈、兄友、弟恭、子孝,内平外成。"后为儒家所承袭。《孟子·滕文公上》:"父子有亲,君臣有义,夫妇有别,长幼有叙,朋友有信。"参见"五典"。

知易行难 中国古代的一种知行观。语出《左传·昭公十年》:"非知之实难,将在行之。"认为知道一件事情并不难,难在付诸行动。其中含有反对知与行脱节的意思。又伪《古文尚书·说命中》:"非知之艰,行之惟艰",并认为"王忱不艰",强调了"知"对于"行"的重要性。北宋程颐虽肯定"知之非艰,惟行之艰"命题,但提出"行难,知亦难"(《遗书》卷十八)的见解,强调了"知"的作用,得出了"知先行后"的结论。南宋朱熹又回到知易行难的传统见解上,认为"《书》曰'知之非艰,行之惟艰',工夫全在行上"(《朱子语类》卷十三),强调道德践履的重要性。明清之际王夫之则认为"故'知之非艰,行之惟艰',艰者先,先难也,非艰者后,后获也"(《尚书引义·说命中二》),得出"行先知后"的结论,与程朱的"知先行后"观点相对立。

知 有知识和认识能力两种含义。《左传·昭公十年》已提出:"非知之实难,将在行之。"《尚书·说命中》:"知之非艰,行之惟艰。"战国荀子认为人具有感知的能力,在与外界接触过程中获得知识,"所以知之在人者,谓之知,知有所合谓之智"(《荀子·正名》)。又指出:"凡以知,人之性也,可以知,物之理也。"(《荀子·解蔽》)承认人有认识客观事物之理的能力。后期墨家认为知识在于人能正确反映所见的客观之物。《庄子·庚桑楚》也说:"知者,接也",有同样的意思。东汉王充提出"知物由学,学之乃知,不问不识"(《论衡·实知》),强调后天的学习为知识的来源。三国魏王弼提出"不行而虑可知",说:"得物之致,故虽不行而虑可知也;识物之宗,故虽不见而是非之理可得而名也"。(《老子注·四十七章》)还说:"如其知之,不须出户;若其不知,出愈远愈迷也。"(同上)北宋张载将知识分为"见闻之知"和"德性之知",把两者的关系对立起来。他说:"见闻之知,乃物交而知,非德性所知;德性所知,不萌于见闻。"(《正蒙·大心》)承认一般的感性知识来源于"物交",但否认"见闻"为理性(德性)知识的基础。程颐以为知识是先天固有,与生俱来的,"知者吾之所固有"(《遗书》卷二十五)。南宋朱熹也说:"知者吾心之知"(《答江德功》),但又说:"知,谓说其事之所当然"(《四书章句集注》),把知识作为对事物"所当然"的道理或规律的认识。明王守仁认为知识是主观自生的东西,"心之灵明是知"(《传习录》上)。明清之际王夫之确认知识不是先天固有,而是来自后天的见闻活动,"原知见之自生,资于见闻"(《思问录·内篇》)。清颜元提出"知无体,以物为体;犹之目无体,以形色为体"(《四书正误》)。近代魏源认为"及之而后知,履之而后艰,乌有不行而知者乎"(《默觚·学篇二》)。对知的性质和来源作了唯物主义的理解。

行 与"知"相联系。指行动、行为、实行等。《左传·昭公十年》已提出:"非知之实难,将在行之。"荀子提出:"不闻不若闻之,闻之不若见之,见之不若知之,知之不若行之,学至于行之而止矣。"(《荀子·儒效》)强调"行"为认识的途径。《老子》认为"圣人不行而知",知与行是相对立的。宋理学家程颐、朱熹均主张"知先行后"说,"须以知为本。知之深,则行之必至,无有知而不能行者"(程颐《遗书》卷十五)。"行"只是作为启发内心先天良知的手段。明王守仁其所谓"行"指人主观意念的活动,认为"一念发动处,便即是行了"(《传习录》下)。又说:"行之明觉精察处便是知,知之真切笃实处便是行。"(《答友人问》)否定了"行"所具的实际活动的内容。王廷相强调亲身的"履事"、"实历"为认识的基础,提出:"行得一事即知一事,所谓真知矣。"(《与薛君采》)明清之际王夫之批评陆王心学"以其所知为行",提出"知行相资以为用"(《礼记章句》卷三十一)。强调"行"为根本,"君子之学,未尝离行以为知也必矣"(《尚书引义·说命中二》),以人们后天的实践为认识的基础。近代孙中山则提出"知难行易"、"行先知后",使行具有了实践的意义。孔子又指躬行,为其四教之一。《论语·述而》:"子以四教:文、行、忠、信。"南宋朱熹《四书章句集注》引程颐的解释:"教人以学文修行而存忠信也。"

乐而不淫 《左传》用语。指艺术品在情感表现上应有节制而不过度。吴公子季札观赏周乐赞美《豳风》说:"美哉,荡乎!乐而不淫,其周公之东乎?"(《左传·襄公二十九年》)杜预注:"乐而不淫,言有节。"宋朱熹注:"淫者,乐之过而失其正者也。"(《论语集注》)该用语反映出春秋之际对"中和之美"的崇尚。孔子亦云:"《关雎》乐而不淫,哀而不伤。"孔安国注:"乐不至淫,哀不至伤,言其和也。"

赢缩转化 《左传》用语。指进退变易。《国语·越语下》:"得时无怠,时不再来,天予不取,反为之灾。赢缩转化,后将悔之。"三国吴韦昭注:"赢缩,进退也;转化,变易也。"马王堆汉墓帛书《称》:"短者长,弱者强,赢绌变化,后将反施。"

乐以风德 《国语》用语。指乐具有宣扬美好德性的教化作用。语出师旷论乐:"夫乐,以开山川之风也,以耀德于广远也。风德以广之,风山川以远之,风物以听之,修诗以咏之,修礼以节之"(《国语·晋语八》),"夫德广远,而有时节,是以远服而迩不迁"(同上)。韦昭注:"风,风宣其德,广之于四方也。"中国古代美学认为"乐"与"德"不可分离,"乐"是"德"的表现,"乐"以歌颂神明、祖先、圣人之功德为内容。晋郤缺曰:"九功之德皆可歌也,谓之九歌。"(《左传·文公七年》)吴公子札称赞《大武》"美哉,周之盛也",称《韶濩》"圣人之弘也",称《韶箾》"德至矣哉"(《左传·襄公二十九年》)!均表明"乐"在宣扬、彰明美德上的作用。

政象乐 《国语》用语。指政事相象于音乐。周景王二十三年(前522),伶州鸠劝谏景王铸大钟时所提出。"夫政象乐,乐从和,和从平。"(《国语·周语下》)认为政事有上下、迩远、神人、阴阳之"和",音乐亦有阴阳、清浊、大小、徐疾之“和”，为政求“和”譬如为乐求“和”。音乐之“和”可作为政事之“和”的反映与象征。音乐具有“省风”、“养性”、“安德”、“治世”等社会作用，音乐之“和”又有助于政事之和。州鸠并认为：“大昭小鸣，和之道也。和平则久，久固则纯，纯明则终，终复则乐，所以成政也，故先王贵之。”（同上）韦昭注：“言政象乐也。”反映出春秋之际思想家以音乐之“和”要求政事的思想。

乐从和 《国语》用语。指乐要求调和。周景王二十三年（前522），景王欲铸大钟，并以此询问乐官州鸠。伶州鸠在与景王辩论什么是美感的过程中，提出“政象乐，乐从和”的见解。认为“乐”之“和”，首先是音乐声、律之“和”。“乐从和，和从平。声以和乐，律以平声”，“物得其常曰乐极，极之所集曰声，声应相保曰和，细大不逾曰平”（《国语·周语下》），主张各种声音相互呼应，大小适度，达到音乐“和”与“平”的境界。“乐”之“和”源于“天地之和”。演奏“和平之声”，遂能“气无滞阴，亦无散阳，阴阳序次，风雨时至，嘉生繁祉，人民和利，物备而乐成，上下不罢，故曰乐正”（同上）。为春秋时期人们追求的一种最高的美，对古代乐论颇有影响。《乐记》所述“大乐与天地同和”，“乐者，天地之和也”（《礼记·乐记》），即由“乐从和”而来。

先秦哲学

儒家哲学

仁 儒家伦理思想的核心范畴。《说文》：“仁，亲也，从人，从二。”始见于春秋时期，“爱亲之谓仁”（《国语·晋语一》），“不背本，仁也”（《左传·成公九年》），“仁不怨君”（《国语·晋语二》）；“参和为仁”（《左传·襄公七年》），“爱人能仁”（《国语·周语下》）。具有孝父、忠君、惠民、爱人等义。孔子“贵仁”，提出一个以“仁”为核心，仁礼结合的政治、伦理学说。“仁”既是指人们内在的心理意识，又是指人所行为的基本准则和道德规范。“仁”以爱人为基本规定，“樊迟问仁，子曰‘爱人’”（《论语·颜渊》）。“成仁”是人生追求的最高价值。主张“君子务本，本立而道生。孝弟也者，其为仁之本与”（《论语·学而》）。“仁”以孝父敬兄为先，又扩大为“泛爱众”，爱父兄以外的氏族其他成员。其具体德目另有忠、信、恭、宽、敏、惠、智、勇等。认为“爱人”重在“惠民”，“博施于民而能济众”。又主张“克己复礼为仁”（《论语·颜渊》）。“爱人”应以“礼”为节度，要符合宗法等级制度，“非礼勿视，非礼勿听，非礼勿言，非礼勿动”（同上）。倡导仁、礼互补，文质统一。“文质彬彬，然后君子”（《论语·雍也》）。并提出“己欲立而立人，己欲达而达人”（同上）和“己所不欲，勿施于人”（《论语·颜渊》）的“忠恕”之道，作为“行仁之方”。后孟子作了发挥。明言：“仁者爱人。”（《孟子·离娄下》）又说“亲亲而仁民，仁民而爱物”（《孟子·尽心上》）。“施仁政于民”（《孟子·梁惠王上》）。将仁的伦理发展成以仁政治民。又把仁与义相统一，“仁，人心也；义，人路也”（《孟子·告子上》）。主张“居仁由义”，“不偏爱人”，应“老吾老，以及人之老；幼吾幼，以及人之幼”（《孟子·梁惠王上》）。并提出“仁”是“仁心”，即“不忍人之心”，是人人所“固有”的天赋德性，从人性论角度论证“仁”的来源。进而断言：“先王有不忍人之心，斯有不忍人之政。”（《孟子·公孙丑上》）强调由“仁心”以行仁政。另先秦时与儒家相对立的墨家提出：“仁，体爱也”（《墨子·经上》），人己一体，爱人如同爱己。并主张“仁而无利爱”（《墨子·大取》），爱人不能出于利己的考虑。但必须以利人为目的，“孝，利亲也。”（《墨子·经上》）反对“有爱而无利”，体现了功利主义的特点。东汉末《太平经》认为：“天地所以行仁也，以相推通周足，令人不穷。”认为“不助君子周穷救急，为天地之间大不仁人”（《太平经》卷六十七），反映了劳动人民平等互助的美德。孔、孟的“仁”，是封建社会正统伦理思想的中心观念，对后世儒家影响极大。西汉董仲舒以“天人合类”的神学宇宙观将“仁”神圣化：“仁之美者在于天，天，仁也。”“察于天之意，无穷极之仁也。人之受命于天也，取仁于天而仁也。”（《春秋繁露·王道通三》）主张：“王者承天意以从事，故任德教而不任刑。”（《对策》）强调承天意以行仁政是君王权威的根本。又认为“爱人”，就是要求“平易和理而无争也。如此者，谓之仁”（《春秋繁露·必仁且智》）。唐韩愈“攘斥佛老”，把仁义视为圣人相传的“道统”。指出“博爱之谓仁”（《原道》）的新解，主张“一视而同仁，笃近而举远”（《原人》）。北宋张载提出“民，吾同胞；物，吾与也”（《西铭》）。主张“爱必兼爱”（《正蒙·诚明》），不仅爱一切人，而且要使“物被常爱”。但又提倡“爱自亲始”（《横渠易说·上经》），认为“夷子谓‘爱无差等’，非也”（《语录》）。仍未摆脱宗法等级制的束缚。北宋二程区别“仁”与“爱”：“爱自是情，仁自是性，岂可专以爱为仁？”（《遗书》卷十八）“仁”包括义、礼、智、信诸德，是“全体”。又认为“盖仁者体也，义者用也”（《遗书》卷四）。南宋朱熹进而提出“仁包五常”（《论语或问》卷十五），突出“仁”在“五常”中的地位。其所谓“天理”，即以“仁”为核心内容，并以此作为世界万事万物的本原和三纲五常之本体，把“仁”升华为宇宙道德本体论的高度。南宋陆九渊和明王守仁则据“心即理”之说，以为“仁”、“心”合一。王守仁说，“心一而已，以其全体恻怛而言谓之仁”，“不可外心以求仁”（《答顾东桥书》）。在形式上与程朱有别。顾炎武视“仁”为“天下兴亡”之责任，提出“仁以为己任，死而后已”（《病起与蓟门当事书》），发挥了“仁”的积极一面。近代康有为、谭嗣同皆以“爱力”释仁，康有为说：“仁从二人，人相偶，有吸引之意，即爱力也。”（《中庸注》）谭嗣同又以“通”释之，称“仁以通为第一义”，认为“通之家为平等”（《仁学》）。赋予“仁”以近代资产阶级的“博爱”、“平等”新义。反映了维新派的改良主义特点。

义 儒家哲学与伦理范畴。指通过内心的自我调节使思想行为符合一定准则。《中庸》:“义者,宜也。”《说文》:“宜,所安也。”与“不义”对举,具有“善”的价值,又常与礼、仁连用。春秋时周内史兴说:“行礼不疚,义也。”(《国语·周语上》)称行事适宜于礼为“义”。儒家作了发展。孔子提出“君子喻于义”(《论语·里仁》),“君子义以为上”(《论语·阳货》)。以“义”为君子立身之本,又主张“见利思义”(《论语·宪问》)。孟子称:“人皆有所不为,达之于其所为,义也。”(《孟子·尽心下》)“敬长,义也。”(《孟子·尽心上》)“羞恶之心,义也。”(《孟子·告子上》)以“义”为“人之正路”(《孟子·离娄上》),及内心固有的道德原则。又倡导“舍身而取义”。荀子说:“行义以礼,然后义也。”(《荀子·大略》)“遇君则修臣下之义,遇友则修礼节辞让之义,遇贱而少则修告导宽容之义”(《荀子·非十二子》),是则“贵贵、尊尊、贤贤、老老、长长,义之伦也”(《荀子·大略》)。在具体形式上表现为忠、孝、悌、敬等道德要求。主张“唯义之为行”(《荀子·不苟》),“垂死持义而不挠”(《荀子·荣辱》)。汉儒董仲舒强调“义者,心之养也”(《春秋繁露·身之养重于义》)。认为“义之养生人大于利矣”(同上)。提倡人生应以“行义”为价值方针。宋理学家认为“义者,心之制,事之宜也”,“义”又规定为“天理之所宜”(朱熹《论语集注》)。在先秦,墨家以利人,利天下解释“义”,称:“义,志以天下为芬,而能能利之,不必用。”(《墨子·经说上》)肯定“义”为“天下之良宝”(《耕柱》),强调:“万事莫贵于义。”法家“唯法为治”,视“法”为臣民行为的唯一准则,以“明法制,去私恩,夫令必行,禁必止”为“人主之公义”(《韩非子·饰邪》)。把“义”认为行为之所宜、之所“当然”,以“为义”、“行义”为行为价值的评价标准,“义”又往往与“利”对举,形成“义利之辨”,成为贯穿于中国哲学与伦理思想史的一个基本问题。

礼 泛指中国古代的宗法等级制度以及与此相应的礼节仪式和道德规范。礼,繁体字“禮”。《说文》:“禮,履也。所目(以)事神致福也。从示从豊,豊亦声。”“豊,行礼之器也。”最初指祭神的器物和仪式。“殷人尊神”,执礼器以事神;所执礼器按祭祀者的身份、等级而定,此种法规,即谓礼制。《尚书·君奭》:“故殷礼陟配天,多历年所。”意谓殷礼能同上天参配,所以享国长久。周因于殷礼又有所损益,建立起一套更为完备、严格的礼制,史称“周礼”。包括“仪”和“礼”两方面。除规定祭祀、朝聘、军事、婚丧等所应遵守的仪式,其主体部分的礼,核心是“君君、臣臣、父父、子子”的奴隶主宗法等级制,包括立子立嫡之制,宗法及丧服之制,封建子弟之制、君天子臣诸侯之制,庙数之制,同姓不婚之制等。以此纲纪天下,实行礼治。“礼,经国家,定社稷,序民人,利后嗣者也。”(《左传·隐公十一年》)“礼”,“国之干也”,“政之舆也”(《左传·襄公二十二年》)。同时,又包含一系列道德规范,“君令臣共,父慈子孝,兄爱弟敬,夫和妻柔,姑慈妇听,礼也。”(《左传·昭公二十六年》)以后,儒家对“礼”进行了各种论证。孔子为维护和改造“周礼”,提出“仁”——“礼”统一的伦理模式。认为“仁”是“礼”的道德心理基础,以保障礼的实行,“人而不仁,如礼何?”(《论语·八佾》)“克己复礼为仁”(《论语·颜渊》)。“礼”又是行仁的节度。使“礼”由人们行为的外在约束成为人心的内在要求。主张“为国以礼”,对民“齐之以礼”,打破了“礼不下庶人”的界限。荀子是封建礼制的理论奠基者,称:“礼者,人道之极也。”(《荀子·礼论》)指人们所当为的最高准则和道德规范。礼使“贵贱有等,长幼有差,贫富轻重皆有称者也”(同上)。是谓“群居和一之道”。又视“礼”为“法之大分,类之纲纪也”(《荀子·劝学》),是“治辨之极”,“强国之本”(《荀子·议兵》)。《礼记》对“礼”又作了详尽的论述。“夫礼者,所以定亲疏,决嫌疑,别同异,明是非也。”(《曲礼上》)“所以治政安居也”(《礼运》);“非礼无以辨君臣、上下、长幼之位也,非礼无以别男女、父子、兄弟之亲,昏姻疏数之交也。”(《哀公问》)并对君臣上下、父子兄弟、宦学事师、班朝治军、莅官行法、祷祠祭祀、供给鬼神、婚姻丧葬等礼节仪式,作了具体规定。成为封建社会实行礼制的经典依据。北宋李觏认为:“夫礼,人道之准,世教之主也。”“饮食,衣服,宫室,器皿,夫妇,父子,长幼,君臣,上下,师友,宾客,死丧,祭祀,礼之本也。曰乐,曰政,曰刑,礼之支也。”“曰仁,曰义,曰智,曰信,礼之别名也。”(《直讲先生文集·礼论第一》)视“礼”为封建社会政治制度、生活方式和道德规范之总体。宋儒确立“理也者,礼也”的命题,对“礼”作哲学本体论证明。朱熹认为:“礼谓之天理之节文者,盖天下皆有当然之理,但此理无形无影,故作此礼文画出一个天理与人看,教有规矩,可以凭据,故谓之天理之节文”(《朱子语类》卷四十二),对“礼”作了形而上的理论总结。

利 泛指利益或功利。有公利和私利之分。在先秦,各家都对利有所论述。《论语·里仁》:“放于利而行,多怨。”北宋邢昺疏:“人每事依于财利而行则是取怨之道。”此指个人之利,私利。对君主之利,有的崇之为“公利”,有的斥之是“私利”。在道德价值观上,常与“义”对举。墨家“尚利”,以“兴天下之利”为行为的价值取向,并用以作为区别善、恶的标准,强调:“义,利也。”(《墨子·经上》)肯定了利与义的统一。法家韩非视利己(“自为”)为人的本性。并称君利为“公利”,臣利为“私便”,认为人各“利异”,公私相背,强调“塞私便”而“立公利”。道家崇尚“自然”,主张“绝巧弃利”,超乎“利害之端”。儒家“轻利”,尤贱私利。斥求利是“小人”的品性,盗跖的行为。“君子喻于义,小人喻于利”(《论语·里仁》),“欲知舜与跖之分,无他,利与善之间也。”(《孟子·尽心上》)荀子承认“虽尧舜不能去民之欲利”,但又视“利”为“恶”的根源,“保利弃义,谓之至贼”(《荀子·修身》)。汉儒董仲舒更以为“利者,盗之本也”(《春秋繁露·天道施》)。“故君子终日言不及利”(《春秋繁露·玉杯》)。提出:“正其谊(义)不谋其利,明其道不计其功”(《汉书·董仲舒传》)。使儒家的道德价值观具有非功利的道义论特点。宋明理学家进而认为:“不独财利之利,凡有利心便不可”(《二程遗书》卷十六),“盖只以利为心则有害”(《二程遗书》卷十九)。主张“不论利害,唯看义当为与不当为”(《二程遗书》卷十七),“不顾利害,只看天理当如此”(《朱子语类》卷二十七)。与之相对立,南宋陈亮、叶適则强调“功利”的道德价值,“既无功利,则道义乃无用之虚语耳”(《习学记言》卷二十三)。明李贽肯定私利的合理性,“夫欲正义,其利之也;若不谋利,不正可矣”(《德业儒臣后论》)。清颜元以“富天下”、“强天下”为大利,提出:“正其谊以谋其利,明其道而计其功”(《四书正误》卷一),把计谋功利视为道义的目的。近代进步思想家引入西方功利主义,批判传统儒家的“贱利”思想,肯定私利并与他利相结合。严复主张“开明自营”,即“大利所存,必其两益”(《天演论》导言十四《恕败》按语)。“五四”时期,又有陈独秀等人的“自利利他主义”,认为要利己就必须利他、利群,主张以个人利益为基地,调节利己与利他的关系。参见“义利之辩”。

德力之争 中国古代关于人生价值问题争论的一个重要方面。“德”,指道德意识、道德行为;“力”,指生命力、意志力、体力、国力。孔子开始区别了力与德,并表示了重德轻力的倾向。他说:“骥不称其力,称其德也。”(《论语·宪问》)又说:“桓公九合诸侯,不以兵车,管仲之力也。如其仁,如其仁!”(同上)墨子强调“力”的价值,认为人与别的动物不同是在于“赖其力者生,不赖其力者不生”(《墨子·非乐上》)。认为禹汤文武之治,“故以为其力也”(《墨子·非命下》),体现了德力统一的思想。孟子虽不完全轻视“力”的价值,曾说:“智,譬则巧也;圣,譬则力也”(《孟子·万章上》),但把“以力服人”与“以德服人”对立起来,认为“以力服人者,非心服也”,“以德服人者,中心悦而诚服也”(《孟子·公孙丑上》)。荀子兼重德力,他说:“全其力,凝其德。力全,则诸侯不能弱也;德凝,则诸侯不能削也。”(《荀子·王制》)韩非崇力贬德,认为“上古竞于道德,中世逐于智谋,当今争于气力”(《韩非子·五蠹》)。其“力”,上为权力,下为勇力。东汉王充再次提出德力并重观点,认为“治国之道所养有二:一曰养德,二曰养力”,主张“文武张设,德力具足”(《论衡·非韩》)。其“力”,不仅是指像“壮士之力”、“农夫之力”之类的“筋骨之力”,而且还包括“儒生之力”、“贤儒之力”之类的“以学问为力”,强调了知识的价值。王充的这些观点,在中国古代社会没有引起足够的重视。长期来占统治地位的儒家思想只重视“德”之崇拜,很少注意“力”的价值。

力命之争 中国古代关于人为与天命、人为与自然、人的主观能动性与客观规律性关系的争论。是天人之辩的组成部分。酝酿于先秦,发展在汉魏,总结于唐代。孔子虽相信天命,但又注重人为,既“畏天命”,又“知其不可为而为之”(《论语·宪问》)。墨子否定命定论,提倡“非命”,注重人为,强调“赖其力者生”(《墨子·非乐上》),但又用“天志”来解释自然界和人类社会的一切现象。孟子也讲天命,但不否定人为的作用。他把人的生死寿夭、富贵贫贱看做是“求在外者”,是天命所决定的,把仁德修养、仁政实施等,看做是“求在我者”,可由人的主观努力达到的(见《孟子·尽心下》)。庄子认为“命”是“不知吾所以然而然”(《庄子·达生》),反对人对命运进行干预。荀子提出要“明于天人之分”,天与人有不同的职分,但人能按自然规律以控制自然,做到“人有其治”,“制天命而用之”(《荀子·天论》)。这是对先秦时期力命之争的总结。两汉以后,唯心主义的天命论长期占据支配地位。董仲舒建立了“天人合一”的天命论理论体系,强调一切“受命于天”,因此都要“顺命”(《天人对策》三)。神学目的论的“或使”说抬头,导致西汉末年谶纬神学的泛滥。东汉王充提出“气自变”、“物自生”的“莫为”说,但他把社会历史发展的客观必然性归之于“命”、“数”,没有彻底摆脱命定论的影响。魏晋时期,力命之争突出起来。王弼提出“天命无妄”的观点,主张“不为事主,顺命而终”(《周易注·坤》)。嵇康则肯定人为的作用,反对“自然之命不可求”的宿命论思想,认为人的性命固然是自然的禀赋,但能否“尽性命”则要看人的主观努力。郭象创立“独化”说,认为“故造物者无主,而物各自造”(《庄子注·齐物论》),否定造物主和神学目的论,但又强调“性自得”,“命自致”,其目的是要人们“冥然以所遇为命”(《庄子注·人间世》)。唐代力命之争达到新的高度。禅宗、李筌都重视人的主观能动作用,但都将其夸大,前者着意在“一念顿悟全体圣心”,后者欲得出成仙的结论。韩愈也强调主观能动作用,但又认为“贤不肖,存乎己;贵与贱,祸与福,存乎天”(《与卫中行书》)。柳宗元、刘禹锡则以唯物主义观点对力命之争作了批判的总结。刘禹锡提出事物运动在于自身的矛盾性,“祸福之胚胎也,其动甚微;倚伏之矛盾也,其理甚明”(《因论·儆舟》)。柳宗元反对用宗教天命论来解释历史,主张“天人不相预”,还运用“势”的范畴来说明历史的演变。刘禹锡进一步提出“天与人交相胜”,强调“人力胜天”在于“明理”,而“明理”在于认识“势”中之“数”,一切运动变化都是“当其数,乘其势”(《天论》)。

孝 儒家伦理思想的重要范畴。原意为子女对父母的敬重、奉养和服从。始见于西周文献。《尚书·酒诰》:“肇牵车牛,远服贾,用孝养厥父母。”《诗·周颂·载见》:“率见昭考,以孝以享。”以奉养父母、祭祀先祖为“孝”的基本规定。用以维护宗法制度,“孝子不匮,永赐尔类”(《诗·大雅·既醉》)。并视“不孝”为“元恶大憝”,当“刑兹无赦”。春秋末孔子提出“孝弟也者,其为仁之本与”(《论语·学而》),又引“君子笃于亲,则民兴于仁”,“慎终追远,民德归厚”加以说明,突出“孝”的尊亲之义。指出:“今之孝者,是谓能养,至于犬马,皆能有养,不敬,何以别乎?”(《论语·为政》)又强调“无违”父志,即服从父命。孟子也说:“孝子之至,莫大乎尊亲。”(《孟子·万章上》)称“不孝有三,无后为大”(《孟子·离娄上》),其目的在于延续宗法制度。荀子主张“从义不从父”(《荀子·子道》)。认为从父命应以使父安、父荣为宜，反对把“从命”绝对化。以后，随着封建制度的巩固，统治者不断强化孝道。“夫孝，三皇五帝之本务而万事之纲纪也”。“刑三百，罪莫大于不孝”（《吕氏春秋·孝行览》）。又认为孝是“德之本”，奉之为“天之经”，“地之义”，倡导“以孝治天下”（《孝经》）。把孝提高到“百行之首”的地位。两汉、魏晋时，“孝”成为“三纲”的一大德目，确定“父为子纲”。并引孝入律，“不孝”被法定为“十恶之首”。至宋以后，更有“君要臣死，臣不得不死”，“父要子亡，子不得不亡”的训条，被理学家进一步绝对化为“天理”之必然，“父子君臣，天下之定理，无所逃乎天地之间”（《程氏遗书》卷五）。又提倡“愚忠”、“愚孝”。“孝”与“忠”、“节”一起构成了封建道德的三大行为规范。此外，墨家也主张事父以孝，但突出指养亲，“孝，利亲也”（《墨子·经上》）。道家反对儒家把孝纳入仁义范畴，认为提倡仁义，反而会破坏孝慈的纯朴性，主张“绝仁弃义，民复孝慈”（《老子·十九章》）。法家韩非从“法治”原则讲“孝”，认为孝只是子迫于父的威严而不得不为的“养父”行为，是父“教笞”、“用严”的结果。汉代道教《太平经》提出：“人亦天地之子也，子不慎力养天地所为，名为不孝之子也。”（《太平经》卷九十六）“使父母老无所依”，“饮食大恶，希得肥美，衣履空穿，无有补者”，为“不孝”（《太平经》卷一百一十四）。把孝定为供养父母的义务，一定程度上反映了劳动群众的朴实意识。

悌 亦作“弟”。儒家用语。指敬重兄长。“能以事兄谓之弟”（《荀子·王制》）。孔子说：“弟子入则孝，出则弟。”（《论语·学而》）《孝经》指出：“君子之事亲孝，故忠可移于君；事兄悌，故顺可移于长。”参见“孝弟”。

孝弟 亦作“孝悌”。儒家伦理思想。指孝顺父母，敬爱兄长。是孔子“仁”的学说的根本。“孝弟也者，其为仁之本与。”（《论语·学而》）认为孝弟的目的在于巩固上下宗法等级秩序，“其为人也孝弟，而好犯上者鲜矣；不好犯上，而好作乱者，未之有也”（《论语·学而》）。强调进行孝弟方面的伦理思想教育，“谨庠序之教，申之以孝悌之义”（《孟子·梁惠王上》），从而使社会能长治久安。

孝悌 即“孝弟”。

孝悌忠信 亦称“四德”。儒家伦理思想。《大戴礼记·卫将军文子》：“孝，德之始也；弟，德之序也；信，德之厚也；忠，德之正也。参也，中夫四德者矣哉。”儒家以此为做人的美德。

恭宽信敏惠 春秋孔子关于“仁”的五个德目。《论语·阳货》：“子张问仁于孔子。孔子曰：‘能行五者于天下，为仁矣。’请问之，曰：‘恭、宽、信、敏、惠。’”“恭”，自敬自重；“宽”，与人宽厚；“信”，守信于令、于事；“敏”，治事敏疾；“惠”，即“养民也惠”，“因民之所利而利之”（《论语·尧曰》）。能行此五者于天下，就能“恭则不侮，宽则得众，信则人任焉，敏则有功，惠则足以使人”（《论语·阳货》）。

温良恭俭让 儒家提倡的五种品德。语出《论语·学而》：“子贡曰：‘夫子温、良、恭、俭、让以得之，夫子之求之也，其诸异乎人之求之与？”南宋朱熹注：“温，和厚也。良，易直也。恭，庄敬也。俭，节制也。让，谦让也。”（《论语集注》）认为孔子具备温和、善良、严肃、节俭、谦逊的品德，因而得到别人的信任。后成为中国传统道德的一部分，为后世儒家所称颂。

仁智勇 亦称“三达德”。智，亦作知。仁智勇，亦作智仁勇。儒家认为君子必备的三种基本品德。由春秋孔子所首倡。《论语·宪问》：“子曰：‘君子道者三，我无能焉：仁者不忧，知（智）者不惑，勇者不惧。’”北宋邢昺曰：“仁者乐天知命，内省不疚，故不忧也；知者明于事，故不惑；勇者折冲御侮，故不惧。”（《论语注疏》）孔子认为仁智勇三者互相联系，以仁为根本，说：“知者利仁”（《论语·里仁》），“未知，焉得仁？”（《论语·公冶长》）视知即智，“知人”，“知礼”，服务于行仁。又说，“仁者必有勇，勇者不必有仁”（《论语·宪问》），“见义不为，无勇也”（《论语·为政》），只有以仁为核心，三者齐备，才是君子的理想人格。《中庸》发挥孔子的思想，称：“知、仁、勇三者，天下之达德也”，并以“好学”、“力行”、“知耻”加以解释，说：“好学近乎知，力行近乎仁，知耻近乎勇。”又与孟子所谓“父子有亲、君臣有义、夫妇有别、长幼有叙、朋友有信”相配合，强调：“天下之达道五，所以行之者三”，以为“知斯三者”，“则知所以修身”，“知所以治人”、“知所以治天下国家矣”，进一步把仁知勇三者视为修齐治平之政治实践的根本。宋代的二程还提出“诚”统仁智勇的思想，谓：“诚者，止是诚实此三者。三者之外，更别无诚。”（见朱熹《中庸章句》）

三达德 中国儒家提倡的君子所必备的三种品德。即仁、知、勇。详“仁智勇”。

忠信 儒家伦理思想。《论语·学而》：“主忠信。”忠指诚恳，积极为人；信指真诚。南宋朱熹《论语集注》：“人不忠信，则事皆无实，为恶则易，为善则难，故学者必以是为主焉。程子曰：‘人道惟在忠信……若无忠信，岂复有物乎？’”孔子强调以忠信为主，把它作为道德学问的基础，“忠信，礼之本也”。认为“十室之邑，必有忠信如丘者焉”（《论语·公冶长》）。孟子把忠信作为天爵的组成部分。“仁义忠信，乐善不倦，此天爵也。”（《孟子·告子上》）荀子将其视为道的主要内容。“道也者何也？曰：礼让忠信是也。”（《荀子·强国》）

笃敬 春秋孔子用语。指行为忠厚严肃。《论语·卫灵公》：“言忠信，行笃敬，虽蛮貊之邦，行矣。”南宋朱熹注：“笃，厚也。”意为言语忠诚老实，行为忠厚严肃，即使到了别的部族国家也是行得通的。

忠恕 春秋孔子伦理思想的重要范畴。《论语·里仁》载曾子语：“夫子之道，忠恕而已矣。”南宋朱熹注：“尽己之谓忠，推己之谓恕。而已矣者，竭尽而无余之辞也。”（《论语集注》）孔子认为，“忠”、“恕”相通而有别。“忠”要求积极为人，“己欲立而立人，己欲达而达人”（《论语·雍也》）。“恕”要求推己及人。《论语·卫灵公》：“子贡问曰：‘有一言而可以终身行之者乎?'子曰:'其恕乎！己所不欲,勿施于人。'"意即"我不欲人之加诸我也,吾亦欲无加诸人"(《论语·公冶长》)。孔子又称为"能近取譬"(《论语·雍也》)。由人同此心出发,将心比心,推己及人;"施于己而不欲",推知人亦不欲,故"亦勿施于人"。同样,我之所欲,推知人亦所欲,故能"己欲立而立人,己欲达而达人"。忠恕是实行"仁"的基本途径和方法,即"为仁之方"。为后儒所继承,成为儒家伦理思想的重要组成部分。

恕 见"忠恕"。

忠 春秋孔子的伦理范畴。《说文》:"忠,敬也,尽心曰忠。"孔子论忠有多处,其弟子曾为之概括"夫子之道忠恕而已矣"(《论语·里仁》)。朱熹注:"尽己之谓忠,推己之谓恕,而已矣者,竭尽而无余之辞也。"(《论语集注》)孔子认为忠乃表现于与人交往中的忠诚老实。有如全心全意为君主效劳,"臣事君以忠"(《论语·八佾》);是否真心实意地替人谋事,"为人谋而不忠乎?"(《论语·学而》);人必须忠于自己的职守"居之无倦,行之以忠"(《论语·颜渊》);对朋友的不是之处应"忠告而善道之"(同上)。而"忠焉能勿诲乎"(《论语·宪问》)。提倡"主忠信"(《论语·学而》)。自汉以后,"忠"遂成为一个重要的政治道德范畴。

克己复礼 儒家的道德原则和修养方法。由孔子首倡。《论语·颜渊》:"颜渊问仁。子曰:克己复礼,为仁。一日克己复礼,天下归仁焉。"克制自己不正当的感情欲念,"非礼勿视,非礼勿听,非礼勿言,非礼勿动"(《论语·颜渊》),使思想行为符合礼的要求。南朝梁皇侃《论语义疏》:"克犹约也,复犹反也,言若能自约俭己身,返反于礼中,则为仁也。"后世正统儒家据此发挥,作为道德修养的基本原则和方法。朱熹以为"克己"即胜自身之私欲、"复礼"在返归天理之节文,称:"为仁者必有于胜私欲而复于礼,则事皆天理,而本心之复全于我矣。"(《论语集注》)

志 中国古代哲学史和伦理学史用语。语出《论语》:"苟志于仁矣,无恶也"(《里仁》);"博学而笃志"(《阳货》)。以"志"为心之所向,有趋向、期必之意。墨子提出"合其志功而观"(《墨子·鲁问》),以"志"表示人的思想动机,并用"天志"作为衡量万物的规矩和区分是非、善恶的标准。孟子"尚志",以"志"为其重要的哲学概念:"夫志,气之帅也;气,体之充也。夫志,至焉;气,次焉。故曰:持其志,无暴其气。""志壹则动气,气壹则动志也。"(《孟子·公孙丑上》)要求学者如"羿之教人射,必志于彀"那样"志于道"、"志于仁"。西汉董仲舒主张"重志":"礼之所重者在其志"(《春秋繁露·玉杯》)。南宋陈淳则对"志"作了概括:"志者,心之所之。之犹向也,谓心之正面全面向那里去。"(《北溪字义》)明王守仁进一步发挥孟子的思想,视"志"为人的一切精神、言行的主宰,说:"志不立,天下无可成之事","立志而圣则圣矣,立志而贤则贤矣"(《教条示龙场诸生·立志》)。

信 儒家提倡的伦理范畴。本意为诚实不欺、恪守信用。《国语·周语上》:"礼所以观忠、信、仁、义也……信所以守也。"《左传·昭公二年》:"忠、信,礼之器也。"以"信"为行礼的必备品德之一。孔子把"信"视为"仁"的主要德目,"能行五者于天下,为仁矣"。"五者","恭、宽、信、敏、惠"(《论语·阳货》)。主张"敬事而信"、"谨而信"(《论语·学而》)。并引作为治民、用人、交友的重要原则。认为:"上好信,则民莫敢不用情"(《论语·子路》),又说:"信则人任焉。"(《论语·阳货》)"与朋友交而不信乎?"(《论语·学而》)孟子进而把"朋友有信"纳入"五伦"规范。西汉董仲舒作总结说:"夫仁、谊、礼、知、信五常之道,王者所当修饰也。"(《举贤良对策一》)确立了"信"在儒家道德规范体系中的重要地位。释"信"为诚实而不隐瞒其情,"著其情所以为信也……竭愚写情,不饰其过,所以为信也"(《春秋繁露·天地之行》)。并认为不限于"朋友之交",主要是指臣德,"为人臣者比地贵信而悉见其情于主"(《春秋繁露·离合根》)。南宋朱熹认为"信"与"仁、义、礼、智"四德的关系是:"信"涵盖四德,体现于四德。"信是诚实此四者,实有是仁,实有是义,礼、智皆然。如五行之有土,非土不足以载四者"(《朱子语类》卷六)。又说:"信便是真个有仁义礼智,不是假。"(《朱子语类》卷二十)实际上是指对封建伦理纲常的诚实信念。中国古代其他学派对"信"也有所论述。《墨子·经上》:"信,言合于意也。"《管子·小问》:"泽命不渝,信也。"法家则强调"赏罚必信",同时又主张"固术而不慕信"(《韩非子·五蠹》),以此否定"信"的道德价值。

敬 儒家所倡导的道德品质。指恭敬、尊重。即下对上、幼对长的道德要求。如"事君以敬"、"兄爱弟敬"、"事上也敬"、"敬父"、"敬长"。

意 中国古代哲学史用语。指意见,意念,本意。《论语·子罕》:"子绝四:毋意、毋必、毋固、毋我。"主张处事接物据实际情况灵活掌握。这里的"意"指主观意见。《礼记·大学》:"欲诚其意者,先致其知。"意谓要使人的意念真实无妄,必须首先达到"知"的境界。后期墨家把"意"作为认识论中的用语,《墨子·经下》:"意未可知,说在可用,过仵。""意"是否可达到"知"是有条件的,故"智(知)与意异"(《墨子·大取》)。强调"意"必须经过实际的检验,才能判定正确与否。《墨子·经说上》:"意、规、圆,三也俱,可以为法。"以规、圆喻认识手段和方法,认为人的一种设想应结合和利用"规、圆"之类的工具,通过实际活动使设想成为现实。魏晋时代以"意"为重要的哲学范畴。意谓本意,曾在"言不尽意"和"言尽意"的问题上展开争论。王弼对《周易》所讲的言、象、意的关系作了玄学的解释。认为"忘象者,乃得意者也;忘言者,乃得象者也。得意在忘象,得象在忘言"(《周易略例·明象》),否定图像、语言而求神秘的本"意"。西晋欧阳建《言尽意论》提出:"言不畅志,则无以相接。"肯定语言能表达人的思想本意。宋明时期理学家对"意"作各自解释。南宋朱熹说:"意者,心之所发也。"(《大学章句》)认为意是心上一念之发。陈淳认为:“意者,心之所发也,有思量运用之义。”(《北溪字义》)杨简说:“一则为心,二则为意;直则为心,支则为意;通则为心,阻则为意。”(《绝四记》)将心、意对立,以意作私意来解释。王守仁不仅肯定“心之所发便是意”,而且还认为“意之所在便是物”(《传习录》),以论证其“心外无物”的观点。明末刘宗周却以为意不是心之所发,而是先天蕴藏于心的,“故意蕴于心,非心之所发也”(《刘子全书·语录》)。

中 儒家伦理思想。《论语·尧曰》:“允执厥中。”要求在思想和行动上都能做到无过无不及,符合中道。《礼记·中庸》:“喜怒哀乐之未发,谓之中,发而皆中节谓之和。中也者,天下之大本也;和也者,天下之达道也。”认为人的喜、怒、哀、乐的情感在还没有被激发的时候,既不喜也不怒,无哀亦无乐,其心境是无所偏倚的,故谓之中。西汉董仲舒认为“中”不是《中庸》指的情“未发”之时,而是指已发之“情”应保持无过无不及的状态。“喜怒止于中,忧惧反之正”(《春秋繁露·循天之道》)。北宋邵雍说:“以物喜物,以物悲物,此发而中节者也。”(《观物外篇》)南宋胡宏亦说:“圣人发而中节,而众人不中节也。中节者为是,不中节者为非。”(《知言》)儒家传统不主无情,而主“节”情,将人的思想感情容纳在封建伦理道德的规矩之中,做到无过不及,与佛、道主无情说不同。

慎 春秋孔子伦理思想的概念之一。指一种待人、处事的谨慎态度。《论语·为政》:“子张学干禄,子曰:‘多闻阙疑,慎言其余,则寡尤;多见阙殆,慎行其余,则寡悔。’”《论语·学而》:“敏于事而慎于言。”朱熹注曰:“慎于言者,不敢尽其所有余也。”(《论语集注》)不仅言语上谨慎,在思想行为上也必须谨慎。《论语·述而》:“子之所慎:齐、战、疾”,此为孔子尤为谨慎的三事。《论语·学而》:“曾子曰:‘慎终追远,民德归厚矣。’”朱熹《集注》曰“慎终者,丧尽其礼”。然孔子又言“慎而无礼则葸”(《论语·泰伯》),反对在实行礼的时候畏缩不前。孔子思想的承继者,思孟学派的代表作《中庸》说:“审问之,慎思之。”又说:“莫见乎隐,莫显于微,故君子慎其独也。”朱熹注曰:“隐,暗处也,微,细事也。独者,人所不知而己所独知之地也。言幽暗之中,细微之事,迹虽未形而幾则已动,人虽不知而己独知之。则是天下之事无有著见明显而过于此者。是以君子既常戒惧而于此尤加谨焉。”(《中庸章句》)

温 儒家所提倡的一种品德。意为温和、温顺。孔子平时的言行举止、待人接物都显得温和,因此他的弟子子贡赞颂他“温、良、恭、俭、让”(《论语·学而》),《论语》描绘他平时的神态“温而厉、威而不猛、恭而安”(《述而》)。儒家最重视中庸之道,主张无过无不及,又提倡君子不争,所以相应地强调温的品德。孔子提出,人们进行道德修养时要在九个方面进行反省,即作“九思”,其第三思即为“色思温”(《论语·季氏》),孔子弟子子夏谈到君子的神态时说:“君子有三变:望之俨然,即之也温,听其言也厉”(《论语·子张》),描绘了儒者应有的风貌。

耻 儒家伦理用语。一般指羞恶知耻。道德主体自觉其思想、行为为非而油然产生的羞愧自责之情。也指对不道德行为的一种评价或指斥,即可耻。思想史上多指前者。孔子已有关于“耻”的言论,提倡“行己有耻”(《论语·子路》)。认为士对自己不善的动机和行为应有羞耻之心,这样才能“不辱君命”,履行所承担的使命和责任。又说:“知耻近乎勇。”孟子将“羞恶之心”视为人之天赋“良心”的主要内容。指出:“耻之于人大矣。”“人不可以无耻,无耻之耻,无耻矣。”(《孟子·尽心上》)“无羞恶之心,非人也。”(《孟子·公孙丑上》)认为“知耻”是人之为“人”的基本规定。强调“知耻”对于成就道德人格的重要性。南宋朱熹说:“耻便是羞耻之心,人有耻则能有所不为。”(《朱子语类》卷九十七)又说:“知耻是由内心以生,闻过是得之于外,人须知耻,方能过而改,故耻为重。”(《朱子语类》卷九十四)陆九渊强调要“耻所耻”,“圣贤所贵乎耻者,得所耻者也。耻存则心(本善的‘天理’之心)存,耻忘则心忘”(《杂说》)。指出:“人而无耻,果何以为人哉?”(《人不可以无耻》)管仲将“耻”纳入“国之四维”。“礼义廉耻,国之四维;四维不张,国乃灭亡。”(《管子·牧民》)顾炎武指出:“四者之中,耻为尤要。”(《日知录·廉耻》)明吕坤也说:“五刑不如一耻。”(《呻吟语·治道》)晚清龚自珍更有“明耻”一说,“士皆知有耻,则国家永无耻矣。士不知耻,为国之大耻”(《明良论二》)。认为庶人无耻,辱其身、家而已,而“士无耻,则名之曰辱国;卿大夫无耻,名之曰辱社稷”。如果合天下之人皆无耻,“举辱国以辱其家、辱其身,混混沄沄,而无所底”,如此,“则何以国?”(同上)据此抨击了寡廉鲜耻的腐败现象。近代康有为承朱熹所说,认为:“人有所不为,皆赖有耻之心。如无耻心,则无事不可为也。”并进而提出:“风俗之美,在养民知耻。”(《孟子微》卷六)体现了中国传统伦理思想对“耻”、“知耻”的高度重视。

俭 春秋孔子伦理思想的概念之一,指推行礼制与待人处事中的节俭行为。孔子重视培养俭的品质,并亲身实行,他的弟子子贡颂扬他“温、良、恭、俭、让”(《论语·学而》)。孔子特别强调在实行礼的时候要遵循俭的原则,因为礼少不了玉帛之类物品,如若陷于形式主义,就会刻意铺张,追求奢侈,这会破坏礼。因此孔子将俭视为“礼之本”,鲁国人林放问礼之本时,孔子回答说:“大哉问!礼,与其奢也,宁俭;丧,与其易也,宁戚。”(《论语·八佾》)尽管过分俭也会有弊病,但是如若奢侈,危害就会更大,他说:“奢则不孙,俭则固。与其不孙也,宁固。”(《论语·述而》)“不孙”,即不顺,意为违背礼,这是孔子深恶痛绝的,因此他一再提倡俭。

贞 儒家伦理用语。意为正,遵循正道。孔子说:“君子贞而不谅”(《论语·卫灵公》),南宋朱熹注:“贞,正而固也。”(《论语集注》)孔子以为君子应坚持正道，不应无原则地守信用。《易·乾》卦辞有“元、亨、利、贞”，《易传》释贞为贞正之德。《易·乾·文言》说：“‘贞’者，事之干也”，“贞固足以干事”，以为贞德是百事之主干，君子坚持正道足以干事。

恒 儒家提倡的一种道德品质，意为恒心。儒家以为践仁、道德修养是一个长期的过程，不能没有恒心。孔子说：“善人吾不得而见之矣，得见有恒者，斯可矣。亡而为有，虚而为盈，约而为泰，难乎有恒矣”（《论语·述而》），是说见不到善人，但能看到有恒心的人也可以，那些空虚却装作充实，穷困却装作富足，这样的人难于有恒心。孔子又说：“南人有言曰：‘人而无恒，不可以作巫医。’善夫！‘不恒其德，或承之羞’”（《论语·子路》），也是强调恒心的重要性。

克 春秋孔子伦理思想的概念之一。指一种克制、好胜的道德行为。《论语·颜渊》：“颜渊问仁。子曰：‘克己复礼为仁，一日克己复礼，天下归仁焉。为仁由己，而由人乎哉？’”南宋朱熹解释说：“克，胜也。己，谓身之私欲也”（《论语集注》），把“克”解释为克服、克制。清初颜元不同意此说，指出“按‘克’，古训‘能也’，‘胜也’，未闻‘克去’之解；‘己’古训‘身’也，‘人之对’也，未闻‘己私’之解”（《四书正误》卷四）。清经学家江声看法与颜元相似，他说：“‘克’训‘肩’亦训‘任’，‘克己复礼’，以己肩任礼也”（《论语竢质》卷中）。今人赵纪彬取此说，释“克”为“竭尽肩力，堪胜重任之义”（《论语新探·仁礼解放》）。此外，《论语·宪问》又云：孔子弟子原宪问“克、伐、怨、欲不行焉，可以为仁矣？”子曰：“可以为难矣，仁则吾不知也”，此处“克”训好胜。

让 意为谦让。儒家所提倡的一种道德品质。孔子提倡让，并身体力行，其弟子称颂他的品格时说：“夫子温、良、恭、俭、让。”（《论语·学而》）孔子说：“不能以礼让为国，如礼何？”（《论语·里仁》）认为即使是参加竞争性的活动，也要做到谦让，“君子无所争。必也射乎！揖让而升，下而饮。其争也君子”（《论语·八佾》）。强调让是一种高尚的政治品质，周朝君主祖先泰伯把王位让给三弟季历（即周文王的父亲），同二弟避居吴国，由此受到孔子的高度赞扬。孔子说：“泰伯其可谓至德也已矣，三以天下让，民无得而称焉。”（《论语·泰伯》）孔子以为，能以礼让治国，人们就不会相互争斗攻伐，人们之间就能保持和睦的关系，社会就会安宁，“能以礼让为国乎，何有？”（《论语·里仁》）然而孔子又认为，人们面对应尽的责任和义务时不能推让，而要勇于承担，说：“当仁不让于师”（《论语·卫灵公》），意为人们应以仁为己任，在实践仁这种事情上，就是对老师也不必谦让。

刚 刚直，春秋孔子所肯定的美德之一。《论语·公冶长》：“子曰：吾未见刚者，或对曰：申枨。子曰：枨也欲，焉得刚。”包咸注：申枨，鲁人。宋邢昺疏：“正义曰，此章明刚……刚谓质直而理者也，夫子以时皆柔佞，故云未见刚者，或对曰申枨者或人闻孔子之言乃对曰申枨性刚，子曰：‘枨也欲，焉得刚。’”孔子肯定刚直是人的美德之一，而与多情欲者迥然不同。《论语·子路》：“刚毅木讷近仁”，认为“刚”已接近于仁的境界。然而孔子又认为具有刚直品质的人必须善于学习，说“好刚不好学，其蔽也狂”（《论语·阳货》）。

直 意谓正直、耿直、正派。其源可上溯到夏代。相传皋陶提出“直而温”（《尚书·皋陶谟》），列为“九德”之一。先秦各家给以不同的解释。孔子首先予以强调。《论语·阳货》：“古之愚也直，今之愚也诈而已矣。”《论语·为政》：“举直错诸枉，则民服；举枉错诸直，则民不服。”孔子把“直”视作内心所具有的道德意识：“人之生也直，罔之生也幸而免。”（《论语·雍也》）老子提出“直而不肆，光而不耀”（《老子·五十八章》），认为正直并非无所顾忌，强调凡事适可而止。韩非释为公正地执法：“所谓直者，义必公正，心不偏党也”（《韩非子·解老》）。《易·坤·文言》：“君子敬以直内，义以方外”，是强调内心正直与行事合义的统一。《吕氏春秋》则释为士敢于耿直谏言：“贤主所贵莫如士。所以贵士，为其直言也。言直则枉者见矣。人主之患，欲闻枉而恶直言。”（《贵直》）

慈 春秋孔子伦理思想概念之一。指父母爱子女之情。孔子提倡孝慈，即子女对父母孝敬，父母对子女慈爱。鲁国宰相季孙肥问孔子：“使民敬、忠以劝，如之何？”孔子答道：“临之以庄，则敬；孝慈，则忠；举善而教不能，则劝”（《论语·为政》），认为只有对父母孝顺，对子女慈爱，才会受到他人竭诚相待。经儒家的长期提倡，孝慈遂成为中华民族的道德传统。

惠 惠爱、恩惠。儒家用语。意指施利与民。《尚书·皋陶谟》：“安民则惠。”孔安国传：“惠，爱也。爱则民归之。”《国语·周语中》：“宽肃宣惠，君也……惠所以和民也。”孔子把“惠”作为“仁”的重要表现之一，主张“养民”以惠。认为：“惠则足以使人”（《论语·阳货》），施舍恩惠便能指使众人，又指出：“君子惠而不费”（《论语·尧曰》），要“因民之所利而利之”（同上），而不是别有用心地收买人心。并认为“能行五者（恭宽信敏惠）于天下，为仁矣”（《论语·里仁》）。孟子将“惠”和“仁”看成是道德上的两个不同层次，“分人以财谓之惠，教人以善谓之忠，为天下得人者谓之仁”（《孟子·滕文公上》）。南宋朱熹对此句的解释是“分人以财，小惠而已……为天下得人者，而其恩惠广大，教化无穷矣，此其所以为仁也”（《孟子集注》）。认为分赐给穷人一点财物，只能算是小恩小惠，而如果在此基础上推广而泛爱天下人，便可达到“仁”的境界。孟子还将“惠民”作为“仁政”学说的一项主要内容。后泛指施利于人。

恭 恭敬、肃穆的态度。儒家伦理概念。《尚书·洪范》：“貌曰恭”，“恭作肃”。唐孔颖达疏：“貌戒惰容故恭……貌当严正而庄敬也。”孔子把“恭”作为“仁”的重要表现之一。认为：“恭则不侮”

(《论语·阳货》),做到了“恭”就不会受到侮辱。但强调“恭”必须以“礼”为准则,“恭而无礼则劳”(《论语·泰伯》)。孟子发挥孔子的思想,认为“恭敬之心,人皆有之”(《孟子·告子上》),“恭”是人心中天赋固有的。并提出:“责难于君谓之恭。”(《孟子·离娄上》)

友 儒家伦理道德的“五伦”之一。指交友之道。孔子提出“无友不如己者”(《论语·学而》),反对违心地交友,说:“匿怨而友其人,左丘明耻之,丘亦耻之。”(《论语·公冶长》)强调交友要有所选择,“益者三友,损者三友:友直、友谅、友多闻,益矣;友便辟,友善柔,友便佞,损矣”(《论语·季氏》)。对朋友的态度是:“子贡问友,子曰忠告而善道之,不可则止,毋自辱焉。”(《论语·颜渊》)又“曾子曰,君子以文会友,以友辅仁”(同上)。朱熹注:“友所以辅仁,故尽其心以告之,善其说以道之,然以义合者也,故不可则止,若以数而见疏,则自辱矣。”(《论语集注》)相互的忠告、善诱是朋友间义务,然而朋友仅是“以义合者也”。如果不听劝告而背离于善道的,也就可以中止劝说,以免自讨没趣。

文 春秋孔子四教之一。《论语·述而》:“子以四教:文、行、忠、信。”清刘宝楠《论语正义》:“文,谓诗书礼乐,凡博学、审问、慎思、明辨,皆文之教也。”主要指礼乐制度和文化知识。

公 为政公平,处事公正。孔子视之为圣王至治之道的基本原则之一。初见于《论语·尧曰》:“宽则得众,信则民任焉,敏则有功,公则说(悦)。”孔子视“公”与私情相对立,又申明公平举贤之意,说:“善哉祁黄羊之论也。外举不避仇,内举不避子,祁黄羊可谓公矣。”(见《吕氏春秋·去私》)《吕氏春秋·贵公》篇强调:“昔先圣王之治天下也,必先公,公则天下平矣。”《礼记·礼运》则以“天下为公”解释“大道之行”,称“为公”者当“选贤与能,讲信修睦,故人不独亲其亲,不独子其子”。

教 指教诲。儒家伦理概念。《中庸》:“修道之谓教。”又:“自诚明,谓之性;自明诚,谓之教。”南宋朱熹注:“贤人之学,由教而入者也。”孟子强调教育的重要性,“饱食暖衣,逸居而无教,则近禽兽。”(《孟子·滕文公上》)《荀子·修身》:“以善先人者谓之教。”认为教人者必须为人表率。

德 指道德,品德。周代统治者甚重德。《尚书·君奭》:“天不可信,我道惟宁王德延。”《尚书·召诰》:“惟王其疾敬德,王其德之用,祈天永命。”认为王者的道德行为是其统治的根据。春秋以后,德的涵义进一步丰富。《左传·文公元年》:“忠,德之正也;信,德之固也;卑让,德之基也。”还有“吉德”、“凶德”之分。《左传·文公十八年》:“孝、敬、忠、信为吉德,盗、贼、藏、奸为凶德。”孔子认为:“主忠信,徙义,崇德也。”(《论语·颜渊》)提倡“德治”,要求“为政以德”(《论语·为政》)。但在个人品德方面,他主张“大德不逾闲,小德出入可也”(《论语·子张》)。又区分“君子之德”和“小人之德”(《论语·颜渊》)。以后,儒家多发挥孔子之说。《孟子·尽心下》:“动容周旋中礼者,盛德之至也。”又主张“以德行仁者王”(《孟子·公孙丑上》),把统治者的品德看作实行统治的条件。道家反对儒家的学说,提出“失道而后德”,又说:“上德不德,是以有德;下德不失德,是以无德。”(《老子·三十八章》)认为清静无为,不有意讲求德行的人才是有德。庄子也说:“帝王之德,以天地为宗,以道德为主,以无为为常。”(《庄子·天道》)“知其不可奈何而安之若命,德之至也。”(《庄子·人间世》)此外,对于德的具体涵义,各家还有不同的说法。《周礼·地官·大司徒》:“六德:知、仁、圣、义、忠、和。”《管子·正》:“爱民无私曰德。”《鹖冠子·环流》:“所谓德者能得人者也。”《韩非子·二柄》:“庆赏之谓德。”

德行 道德品质和道德行为的简称。《周礼·地官·师氏》:“敏德以为行本。”郑玄注:“德行,内外之称。在心为德,施之为行。”《论语·先进》:“子曰:‘从我于陈蔡者,皆不及门也。德行:颜渊、闵子骞、冉伯牛、仲弓。言语:宰我、子贡。政事:冉有、季路。文学:子游、子夏。’”在“德行”、“言语”、“政事”、“文学”四科目中,“德行”居于首位。对以后的道德教育产生重要影响。

至德 指最高的道德境界。其内容随文而异。孔子认为:“泰伯其可谓至德也已矣。三以天下让,民无得而称焉。”(《论语·泰伯》)又说:“中庸之为德也,其至矣乎!”(《论语·雍也》)《周礼·地官·师氏》:“一曰至德,以为道本。”东汉郑玄注:“至德,中和之德。”《中庸》提出:“苟不至德,至道不凝焉。故君子尊德性而道问学,致广大而尽精微,极高明而道中庸。”认为君子循乎中庸之道,能致极广大精微而达于至德。《孝经》则以孝道为至德,“先王有至德要道”,要道,即指孝道。道家的所谓“至德”,其立意志趣则与儒家有别。参见“至德之世”。

大德 春秋孔子用语。大节。与“小德”相对。《论语·子张》:“大德不逾闲,小德出入可也。”

小德 指小节。见“大德”。

杀身成仁 春秋孔子的伦理主张。《论语·卫灵公》:“子曰:‘志士仁人,无求生以害仁,有杀身以成仁。’”认为“成仁”比“求生”更重要,决不能为求生而损害仁德;宁可牺牲自己的生命也要成全仁德。孟子也认为:“生亦我所欲也,义亦我所欲也;二者不可得兼,舍生而取义者也。”(《孟子·告子上》)反映了儒家以完善德性为最高价值的人生宗旨。对后世志士仁人产生了积极的影响。宋末民族英雄文天祥临刑前作《衣带歌》说:“孔曰‘成仁’,孟曰‘取义’,惟其义尽,所以仁至。读圣贤书,所学何事,尔今尔后,庶几无愧。”

仁且智 儒家对理想人格的一种规定。春秋孔子将仁与知(智)并提,说:“知(智)者利仁”;“未知,焉得仁?”(《论语·公冶长》)强调仁、智的统一。其弟子亦以“仁且智”称道孔子人格。孟子引子贡之语:“学不厌,智也;教不倦,仁也。仁且智,夫子既圣矣。”（《孟子·公孙丑上》）荀子也说：“孔子仁知且不蔽……故德与周公齐，名与三王并。”（《荀子·解蔽》）秦以后，儒家多以此为理想人格的主要内容。董仲舒提出“必仁且智”。指出：“莫近于仁，莫急于智”，“仁而不知，则爱而不别也；智而不仁，则知而不为也”（《春秋繁露·必仁且智》）。北宋王安石撰《仁智》一文，认为“未有仁而不智者也，未有智而不仁者也”。清戴震说：“仁且智者，不私不蔽者也。”（《原善》下）体现了儒家人道（仁爱）原则与理性原则的统一，突出了道德实践的自觉要求。

仁者安仁 春秋孔子的伦理思想。《论语·里仁》：“不仁者不可以久处约，不可以长处乐。仁者安仁，知者利仁。”认为不具备仁德的人，不可以长久地居于穷困，也不可以长久地居于安乐。而仁者以“得仁”为安，即以完善德性为满足；“求仁而得仁”是人生的最高理想。在理论上体现了道德义务论的特点。

仁者不忧 春秋孔子的伦理思想。《论语·子罕》：“知者不惑，仁者不忧，勇者不惧。”以为有仁德的人经常乐观而不知忧虑，不仁者不可以长久地居于穷困，也“不可以长处乐”。又认为“君子忧道不忧贫”（《论语·卫灵公》），以“得仁”为满足，即所谓“仁者安仁”（《论语·里仁》），虽“饭疏食饮水，曲肱而枕之，乐亦在其中矣”（《论语·述而》）。强调道德的内在精神价值。是儒家评价人生价值的一个重要原则。

为仁由己 春秋孔子主张的修养方法。《论语·颜渊》：“颜渊问仁。子曰：克己复礼为仁。一日克己复礼，天下归仁焉。为仁由己，而由人乎哉？”何晏、邢昺疏：“言行善由己，岂由他人乎哉！言不在人也。”朱熹《论语集注》：“又言为仁由己而非他人所能预，又见其机之在我而无难也。”仁是孔子的最高道德理想和标准，实行仁德修养全靠自己，此实强调自律。在承认有客观标准（如见贤思齐等）的同时，又强调主观自觉，具有一定的合理性。孔子还提出：“仁远乎哉？我欲仁，斯仁至矣。”《论语·述而》程颐注解：“为仁由己，欲之则至，未有力不足者也。”（《论语解》）

仁之方 春秋孔子用语。达到仁的方法或途径。《论语·雍也》：“能近取譬，可谓仁之方也已。”朱熹注：“譬，喻也。方，术也。近取诸身，以己所欲譬之他人，知其所欲亦犹是也，然后推其所欲以及于人，则恕之事而仁之术也，于此勉焉，则有以胜其人欲之私，而全其天理之公矣。”（《论语集注》）朱熹的这一解释，基本上合乎“仁之方”的意思，但也夹杂着理学家“理欲”观的角度的理解。

仁之本 为仁、行仁的根本。“有子曰：‘其为人也孝弟，而好犯上者，鲜矣；不好犯上，而好作乱者，未之有也。君子务本，本立而道生。孝弟也者，其为仁之本与！’”（《论语·学而》）以孝弟为仁的根本，符合孔子思想。有人问孔子为何不从政，他说：“《书》云：‘孝乎惟孝、友于兄弟，施于有政。’是亦为政，奚其为为政”（《论语·为政》），又说“孝慈则忠”（同上），认为孝弟对政治关系极大。二程发挥了孔子这一思想，认为“孝弟为仁之本”是说行仁自孝弟始，孝弟是仁之一事，说：“谓之行仁之本则可，谓是仁之本则不可。盖仁是性也，孝弟是用也，性中只有个仁、义、礼、智四者而已，曷尝有孝弟来。然仁主于爱，爱莫大于爱亲，故曰‘孝弟也者，其为仁之本！’”（见朱熹《论语集注》）

志于道 孔子提出的“士”应具备的一种立志追求真理的精神。也为孔门教育之根本目的。《论语·述而》：“子曰：‘志于道，据于德，依于仁，游于艺。’”《论语·里仁》亦云：“士志于道，而耻恶衣恶食者，未足与议也。”意谓读书人立志学习和追求真理，但又以吃穿不好为耻辱，同这种人是没有什么好谈论的。《论语》中的“道”，有道理、真理、正当的方法、做人的最高标准等涵义。志于道的“道”即指此而言。孔子对学习与追求这种“道”看得极重，故有“朝闻道，夕死可矣”（同上）之志。

据于德 以道德为根据。《论语·述而》：“子曰：‘志于道，据于德，依于仁，游于艺。’”朱熹解“据”为“执守之意”；“德”为“得”。意即“得其道于心而不失”。郑玄注：“德，三德也。一曰至德，二曰敏德，三曰孝德。”《论语》中的“德”，均含有道德、品质之意。孔子重视道德的价值，主张根据道德来处理政事，此即构成了他的德治思想。“为政以德，譬如北辰，居其所而众星共之。”（《论语·为政》）“道之以德，齐之以礼，有耻且格。”（同上）认为用德化来治理社会，人民不但知道廉耻，而且人心也会归服，就像群星环绕着北极星一样。他反对单纯以杀戮行事，主张统治者用自己的道德榜样来感化人民，如对季康子云：“子为政，焉用杀？子欲善，而民善矣。君子之德风，小人之德草。草上之风，必偃。”（《论语·颜渊》）

依于仁 以仁道为凭借。《论语·述而》：“子曰：‘志于道，据于德，依于仁，游于艺。’”“仁”是孔子思想体系的核心。他主张处理各种问题都要依靠仁道。对人，要“爱人”（《论语·颜渊》），要“己所不欲，勿施于人”（《论语·卫灵公》），“己欲立而立人，己欲达而达人”（《论语·雍也》）。对己，要“克己”（《论语·颜渊》），要“修己以敬”（《论语·宪问》），“刚毅、木讷”（《论语·子路》）。对事，要坚持真理，“当仁不让于师”（《论语·卫灵公》），甚至牺牲生命，在所不惜：“无求生以害仁，有杀生以成仁。”（同上）孔子最终的教育目的就是用仁道精神来培养“士”、“成人”、“贤人”等；其最高的政治理想就是追求实现仁道，以达到“天下为公”的大同世界。

大德小德 儒家伦理思想用语。孔子曾以此指大节与小节。《论语·子张》：“大德不逾闲，小德出入可也。”朱熹注：“大德、小德，犹言人节、小节。”“言人能先立乎其大者，则小节虽或未尽合理，亦无害也。”后董仲舒以“经”释“大德”，以“权”释“小德”（见《春秋繁露·玉英》）。有时指较高或最高的德与一般或较低的德。《孟子·离娄上》：“天下有道，小德役大德，小贤役大贤。”东汉赵岐注：“有道之世，小德小贤乐为大德大贤役，服于贤德。”《礼记·中庸》：“小德川流，大德敦化，此天地之所以为大也。”郑玄注：“小德川流，浸润萌芽，喻诸侯也；大德敦化，厚生万物，喻天子也。”

不忧不惧 春秋孔子认为君子修身所要达到的一种境界。《论语·颜渊》：“司马牛问君子。子曰：‘君子不忧不惧。’曰：‘不忧不惧，斯谓之君子已乎？’子曰：‘内省不疚，夫何忧何惧？’”《论语·宪问》：“子曰：‘君子道者三，我无能焉：仁者不忧，知者不惑，勇者不惧。’”《论语》中本讲“忧”、“惧”者，如“君子忧道不忧贫”（《卫灵公》），“必也临事而惧”（《述而》）等。此处之“不忧不惧”系指未曾有违背道德的言论行为，在进行自我反省时，从而不感到有愧。此也即有仁有勇之意。

慎言慎行 春秋孔子关于对言行减少错误和懊悔的要求。《论语·为政》：“子张学干禄。子曰：多闻阙疑，慎言其余，则寡尤。多见阙殆，慎行其余，则寡悔。言寡尤，行寡悔，禄在其中矣。”孔子在此认为，人的言行很难不犯错误而懊悔，只求少犯错误，少点懊悔。减少错误和懊悔的办法：一是要闻见广博，对有所怀疑之处，加以保留；二是对其中不怀疑而足以自信部分，说出去和实行起来，也要谨慎。《论语》中，常言、行并提：“言忠信，行笃敬”（《卫灵公》），“敏于事而慎于言”（《学而》），“讷于言而敏于行”（《里仁》），“听其言而观其行”（《公冶长》），“君子耻其言而过其行”（《宪问》），“先行其言而后从之”（《为政》）。在主张言行一致的前提下更强调行检验言，都包含言行要谨慎，反对轻率狂慢之意。《荀子·王霸》中引孔子的话说：“知者之知，固以其多矣，有以守少，能无察乎！”此“守”与“察”也是“慎”之意。故南宋朱熹曰：“多闻见者学之博，阙疑殆者择之精，慎言行者守之约。”（《论语集注》）

思不出位 儒家主张的思想修养。《论语·宪问》：“曾子曰：‘君子思不出其位。’”此语编列在孔子说“不在其位，不谋其政”之后。要求修养做到思虑问题时，立足于自己所处之地位，不超越名分。“君子思不出其位”，原出于《易·艮·象》：“兼山，艮；君子以思不出其位。”曾子用以阐发“不在其位，不谋其政”。《中庸》：“君子素其位而行，不愿乎其外。”朱熹《四书集注》引范祖禹注解：“物各止其所，而天下之理得矣。故君子所思不出其位，而君臣、上下、大小，皆得其职也。”意为从思想上不僭滥侵越，能安守本分。

无违 春秋孔子对孝亲的一种解释。《论语·为政》：“孟懿子问孝。子曰：‘无违。’”“樊迟曰：‘何谓也？’子曰：‘生，事之以礼；死，葬之以礼，祭之以礼。’”即对父母生事葬祭不违背礼节。以后儒家对孔子这一思想作了发挥。如《孟子·滕文公上》引曾子语说：“生，事之以礼，死，葬之以礼，祭之以礼，可谓孝矣。”清黄式三《论语后案》：“古人凡背礼者谓之违。”故“无违”即对父母养生送死，做到毋违背礼节之意。《论语·里仁》中有“事父母，几谏，见志不从，又敬不违，劳而不怨。”“又敬不违”与“无违”义近。朱熹解无违为“不背于理”（《论语集注》）。

修己安人 春秋孔子道德修养与社会政治相结合的思想。《论语·宪问》记子路问怎样才算是君子。孔子回答之“修己以安人”，“修己以安百姓”。修己以安人，即加强自身的道德修养来使人们安乐。宋邢昺《论语正义》：“安人者人谓朋友九族。”清刘宝楠《论语正义》解为：“安人者，齐家也。”近人杨伯峻则认为此人“系指士大夫以上各阶层的人”（《论语译注》）。南宋朱熹《论语集注》：“人者，对己而言。”则为泛指社会上普遍的人们。

辅仁 儒家关于择友慎交以帮助培养仁德的思想。《论语·颜渊》：“曾子曰：‘君子以文会友，以友辅仁。’”用文章学问来结交朋友，通过有文章学问的朋友以帮助培养仁德。辅仁是儒家提高修养的一种手段。是孔子弟子曾参对孔子重视择友慎交思想的发挥。孔子主张结交正直的、信实的、广闻博见的益友，益友可以使自己增进仁德。要“友其士之仁者”（《论语·卫灵公》）。

直枉 春秋孔子指人之品德正直与邪曲。《论语·为政》记鲁哀公问如何使百姓服从。孔子答之“举直错诸枉”。《论语·颜渊》记弟子樊迟问知，孔子答之“举直错诸枉，能使枉者直”。邢昺《论语正义》解“错”为废置，朱熹《论语集注》释为舍置。近人杨伯峻《论语译注》解“举直错诸枉”为“把正直的人提拔出来，放在邪曲人之上”。《论语》中多次提到“直”与“枉”。如“人之生也直，罔之生也幸而免”（《雍也》），“质直而好义”（《子路》），“直哉史鱼”（《卫灵公》），“枉道事人”（《微子》）等。孔子赞成品德公平正直之人，指斥邪曲之人，“恶乎佞者”（《先进》）。

狂狷 春秋孔子用语。“狂”指志气激昂。“狷”指谨厚拘守。《论语·子路》：“不得中行而与之，必也狂狷乎？狂者进取，狷者有所不为也。”认为两者各堕于一偏，不合乎中庸之道。南宋朱熹对此有所发挥。“行，道也。狂者，志极高而行不掩；狷者，知未及而守有余。盖圣人本欲得中道之人而教之，然既不可得……故不若得此狂狷之人，犹可因其志节而激厉裁抑之，以进于道。”（《论语集注》）“狂狷”者经过教育可成为“中道”的人。朱熹称赞“狂狷”是耿直忠贞之士，“狂狷是个有骨肋的人”，“狷者虽非中道，然这般人终是有筋骨……直是有节操”（《朱子语类》卷四十三）。

为己为人 春秋孔子区别两种人的修养目的。《论语·宪问》：“子曰：‘古之学者为己，今之学者为人。’”何晏、邢昺《论语注疏》引西汉孔安国注解说：“为己，履而行之；为人，徒能言之。”程颐《论语解》：“为己，欲得之于己也。为人，欲见知于人也。”为己为人，意为古之学者（或君子）修养的目的，是使自己的学问道德充实完备，现今之学者（小人）只不过装饰自己给别人看看而已。

正己 儒家主张的品德修养，即以仁德端正自身。孔子提出过："其身正，不令而行；其身不正，虽令不从。"(《论语·子路》)朱熹解"大人，德盛而上下化之"，大人"无意无必，惟其所在而物无不化，惟圣者能之"(《论语集注》)。意为要使天下人和物事同归于正道，在于修身正己上做出榜样。

正身 端正自身。春秋孔子的政治与伦理主张。《论语·子路》："子曰：'苟正其身矣，于从政乎何有？不能正其身，如正人何？'"强调治理国政，事情行得通，得到百姓信从，端正自己，能为人表率非常重要。孔子的道德思想与政治思想密切相连，强调个人的道德修养与治国平天下一致。能正身即能正民。《论语·颜渊》："政者，正也。子帅以正，孰敢不正？"用仁德来端正自己，即以德化民。《礼记·大学》发挥这一思想，提出以修身为本的"三纲领"(明明德、亲民、止至善)，"八条目"(格物、致知、诚意、正心、修身、齐家、治国、平天下)。

无适无莫 春秋孔子主张的待人处事坚持"义"的原则。《论语·里仁》："子曰：'君子之于天下也，无适也，无莫也，义之与比。'"清刘宝楠《论语正义》引东汉郑玄注："适，读为匹敌之敌。"即仇敌之敌。莫，"郑音慕"。南朝梁皇侃《论语义疏》："无适无莫，无所贪慕也。"为无所为仇，无所羡慕之意。何晏、邢昺《论语注疏》："此章贵义也。适，厚也；莫，薄也；比，亲也。言君子于天下，无适无莫，无所贪慕也，唯义之所在也。"意为无亲疏厚薄之意。郑玄、皇侃、邢昺之注解均从伦理道德意义理解为孔子主张待人处世所持之原则。程颐《论语解》："君子之于天下，无必往也，无莫往也，惟义是亲。"朱熹引谢良佐解："适，可也。莫，不可也。无可无不可"，是从处理事而言，则为另一解说。

弘毅 儒家所提倡的一种美德。《论语·泰伯》："曾子曰：'士不可以不弘毅，任重而道远。仁以为己任，不亦重乎？死而后已，不亦远乎？'"程颐《论语解》："弘大刚毅，然后能胜重任而远到。"朱熹《论语集注》释为："弘，宽广也。毅，强忍也。非弘不能胜其重，非毅无以致其远。"《论语·子张》："执德不弘"，此"弘"亦为坚强意。章炳麟《广论语骈枝》："《说文》：'弘，弓声也。'后人借强为之，用为'彊'义。此'弘'字即今之'强'字。《说文》：'毅，有决也。'任重须强，不强则力绌；致远须决，不决则志渝。"故弘毅意为刚强果决。

大节 儒家所提倡的为国家社稷的气节。《论语·泰伯》："曾子曰：'可以托六尺之孤，可以寄百里之命，临大节而不可夺也，君子人与？君子人也。'"何晏、邢昺《论语注疏》："大节谓安国家，定社稷。""夺，谓倾夺也。"即国家存亡危急紧要关头，能置个人生死于度外，毫无动摇屈服之气节。此种气节，又称大德。《论语·子张》："子夏曰：'大德不逾闲，小德出入可也。'"讲大节操不能偏离。孟子称颂的"富贵不能淫，贫贱不能移，威武不能屈"(《孟子·滕文公下》)，是此种大节的表现。儒家的气节观对后世志士仁人有很大的鼓舞作用。

直道而行 春秋孔子称誉的一种正直品德。《论语·卫灵公》："子曰：'吾之于人也，谁毁谁誉？如有所誉者，其有所试矣。斯民也，三代之所以直道而行也。'"朱熹《论语集注》："直道，无私曲也。""善其善，恶其恶，而无所私曲"。清刘宝楠《论语正义》："无所阿私，谓无所阿比，以私意毁誉人也。"《论语》中称赞柳下惠不以"枉道而事人"，以"直道而事人"(《微子》)，称赞史鱼无论是邦有道无道都能做到行直"知矢"(《卫灵公》)。

崇德 儒家道德修养概念。意为提高和完善品德。《论语·颜渊》："子曰：主忠信，徙义，崇德也。""子曰：善哉问！先事后德，非崇德乎？"何晏、邢昺《论语注疏》：崇德，"充盛道德"。朱熹解："先事后得，犹言先难后获也。为所当为而不计其功，则德积而不自知矣。"(《论语集注》)孔子认为，品德的主要内容是忠、信意识和行义。人们应以忠诚、信实道德意识为本，能改变自己不善的意念而服从义实行义；通过日积月累的修养就能提高和完善品德。

修己 春秋孔子提出的君子应重视修身的概念。孔子在回答弟子子路问怎样才能算是一个君子时说："修己以敬。""修己以安百姓。"(《论语·宪问》)用庄敬严肃来修养自己，用庄敬严肃来使人们和天下百姓安乐。清刘宝楠《论语正义》："凡安人安百姓皆本于修己以敬。"孔子最担忧的是"德之不修，学之不讲"(《论语·述而》)，并通过《诗》、《书》、《礼》、《乐》等来向学生传授"修己"之道。

躬行 儒家指亲身实行。《论语·述而》："文，莫吾犹人也。躬行君子，则吾未之有得。"意为谈论文献学问，我大概与别人差不多，如果在生活实践中做一个君子，那我还未完成。在道德修养上，孔子重视身体力行，《论语·述而》："子以四教：文、行、忠、信。"把"行"与文、忠、信并列，"教人以学文修行而存忠信也"(程颐《论语解》)。反对言行不一，"君子耻其言而过其行"(《论语·宪问》)。此"行"指个人道德修养活动。

敬事 春秋孔子关于立人处事的道德原则。"敬事供上曰恭。"(《逸周书·谥法》)《尚书·立政》亦曰："以敬事上帝，立民长伯。"意为敬谨从事，恭谦侍奉。春秋时期，孔子提出"修己以敬"的命题，作为自身道德修养的基本要求；但"修己以安百姓"，"修己"是为着处人行事的需要，故又提出："居处恭，执事敬，与人忠。"(《论语·子路》)认为："道千乘之国：敬事而信，节用而爱人，使民以时。"(《学而》)主张"敬事"要以专一、诚信、有节制的态度，谨执其事而取信于民，进而将之引申为治政、处事、为人的一个基本原则。但孔子尤重事上为敬，称君子之道有四："其行己也恭，其事上也敬，其养民也惠，其使民也义。"(《公冶长》)提倡"事君，敬其事而后其食。"(《卫灵公》)此外，孔子还强调"敬事"应以"敬心"为先，说人与犬马"皆能有养；不敬，何以别乎？"(《为政》)注力于阐发"敬事"范畴的伦理内涵，使之合乎孔子倡导的孝悌之道和重义轻利观念，由此发展成先秦儒家的一个重要道德原则。以后宋儒以"敬事"与"笃恭"并提,朱熹称:"恭主容,敬主事;恭见于外,敬主乎中"(《论语集注》)。又说:"敬者一心之主宰而万事之本根,倡明涵养须用敬,进学则在致知"(《四书或问》)的信条。"敬事"原则又演变为理学家所乐道的宇宙人生论的基本原理。

知耻 儒家伦理用语。指对自己的过错自觉羞耻。春秋末孔子首倡"行己有耻"(《论语·子路》)。认为士对自己不善的动机和行为应有羞耻之心,这样才能"不辱君命",履行所承担的使命和责任。后历代儒家都有所论述。如南宋朱熹说:"知耻是由内心以生,闻过是得之于外,人须知耻,方能过而改,故耻为重。"(《朱子语类》卷九十四)参见"耻"。

有耻 儒家伦理用语。春秋末孔子首倡"行己有耻"(《论语·子路》)。"有耻"与"无耻"相对,"道之以政,齐之以刑,民免而无耻;道之以德,齐之以礼,有耻且格"(《论语·为政》)。朱熹注:"免而无耻,谓苟免刑罚,而无所羞愧,盖虽不敢为恶,而为恶之心未尝忘也。礼,谓制度品节也。格,至也。言躬行以率之,则民固有所观感而兴起矣,而其浅深厚薄之不一者,又有礼以一之,则民耻于不善,而又有以至于善也。"(《论语集注》)

行己有耻 孔子用语。意指用羞耻心约束自己的言行。《论语·子路》:"子贡问曰:'何如斯可谓之士矣?'子曰:'行己有耻,使于四方,不辱君命,可谓士矣。'"孟子有云:"耻之于人大矣,为机变之巧者,无所用耻焉。不耻不若人,何若人有?"(《孟子·尽心上》)

有耻且格 孔子用语。意指人有知耻之心,则能自我检点而归于正道。语出《论语·为政》:"道之以德,齐之以礼,有耻且格。"清魏源也表达类似看法:"天下有重典而不为酷者,惩一儆百,辟以止辟是也;有最轻之典而人莫敢犯者,有耻且格是也。"(《军储篇一》)

群而不党 合群而不闹宗派。孔子赞成的一种品德。《论语·卫灵公》:"君子矜而不争,群而不党。"朱熹注解:"和以处众曰群。然无阿比之意,故不党。"(《论语集注》)明刘宗周《论语学案》:"群者,油油与人。不党,则非徇物矣。此君子持世之准也。"清刘宝楠《论语正义》:"群易于党",能群而不党,故可贵。《论语》中有:"吾闻君子不党"(《述而》),"君子周而不比"(《为政》),"君子和而不同"(《子路》),其义一致。

乡愿 儒家对无节操者的贬称。《论语·阳货》:"乡愿,德之贼也。"北宋邢昺注:"谓人不能刚毅,而见人则愿其趣响容媚而合之,言此所以贼德也。"孟子更具体指出其特点:"言不顾行,行不顾言。……阉然媚于世也者,是乡愿也。""同乎流俗,合乎污世,居之似忠信,行之似廉洁,众皆悦之,自以为是,而不可与入尧舜之道,故曰:'德之贼也。'"(《孟子·尽心下》)南宋朱熹又进而指斥说:"乡愿是个无骨肋底人,东倒西擂,东边去取奉人,西边去周全人,看人眉头眼尾,周遮掩蔽,惟恐伤触了人。"(《朱子语类》卷六十一)历来被视为言行不一,阿谀奉承,同流合污,没有骨气的小人。

乐而忘忧 春秋孔子自言好学不倦的精神。《论语·述而》:"其为人也,发愤忘食,乐以忘忧,不知老之将至云尔。"孔子虽承认有生知,但以学知自居。《论语·述而》:"我非生而知之者,好古,敏以求之者也。"《论语·公冶长》:"十室之邑,必有忠信如丘者焉,不如丘之好学也。"程颐、朱熹均以孔子好学精神解释此"忧乐"。程颐《论语解》:"发愤至于忘食,自乐能忘其忧,老将至而不知,好学之笃耳。"朱熹《论语集注》:"未得,则发愤而忘食;已得,则乐之而忘忧。"

安贫乐道 儒家思想,意为安于贫困生活,以守道为乐。孔子以为生活的真正意义在于行道,说:"朝闻道,夕死可矣"(《论语·里仁》),人们如果按照道生活,即使生活贫困,精神上也是愉快的。子贡问:"贫而无谄,富而无骄,何如?"孔子回答说:"可也,未若贫而乐,富而好礼者也。"(《论语·学而》)孔子力倡"忧道不忧贫"(《论语·卫灵公》)的精神,提出"士志于道,而耻恶衣恶食者,未足与之议也"(《论语·里仁》)。他经常赞颂那种在贫困生活中自得其乐的精神,说:"饭疏食,饮水,曲肱而枕之,乐亦在其中矣"(《论语·述而》),并且赞扬他的弟子颜回说:"贤哉,回也!一箪食,一瓢饮,在陋巷,人不堪其忧,回也不改其乐。贤哉,回也!"(《论语·雍也》)为守道、行道,甘于贫困,后成为儒家的传统。如孟子认为:"天将降大任于是人也,必先苦其心志,劳其筋骨。饿其体肤,空乏其身,行拂乱其所为。"(《孟子·告子下》)

依仁游艺 春秋孔子用语。依仁,指归依于仁;艺,指礼、乐、射、御、书、数六艺,游艺,指涉历游观各种艺事。《论语·述而》:"子曰:'志于道,据于德,依于仁,游于艺。'"指明依仁与游艺的联系是"依于仁"还须"游于艺"。"游于艺"为对技艺的训练与掌握,其中包括对带有技艺性质的乐及与之相联系的诗、歌、舞的涉历和掌握,而"游"则是掌握已达到自由"游戏"的境界,它使人获得的自由感受,实即审美感受。孔子让学生子路、曾皙、冉有、公西华"各言其志",独倾心于曾皙所述理想:"暮春者,春服既成,冠者五六人,童子六七人,浴乎沂,风乎舞雩,咏而归"(《论语·先进》),即为"依仁游艺"思想的形象体现。

刚毅木讷 春秋孔子用语。指四种近于仁的品德。《论语·子路》:"刚、毅、木、讷,近仁。"刘宝楠《论语正义》注引王肃解:"刚,无欲;毅,果敢;木,质朴;讷,迟钝。有斯四者,近于仁。"意谓不屈于贪欲,见义必为,朴质无文,慎于言谈。又作"刚毅"、"木讷"解。朱熹《论语集注》引杨氏注则作:"刚毅则不屈于物欲,木讷则不至于外驰,故近仁。"认为是达于仁德的修养之方。

成人 儒家关于人格培养的学说。意谓成德之人。《论语·宪问》:"子路问成人。子曰:'若臧武仲之知，公绰之不欲，卞庄子之勇，冉求之艺，文之以礼乐，亦可以为成人矣。’曰：‘今之成人者何必然，见利思义，见危授命，久要不忘平生之言，亦可以为成人矣。’”提出了理想的和现实的两种不同“成人”标准。战国末荀子以“德操”为“成人”的基本要求：“德操然后能定，能定然后能应，能定能应，夫是之谓成人。”(《荀子·劝学》)视“成人”为内自定而外应物的全德者。后儒沿用此语，其内容则随各家所持价值标准之不同而异。南宋朱熹以为：“成人，犹言全人”，“浑然不见一善成名之迹，中正和乐，粹然无复偏倚驳杂之”，“非圣人之尽人道，不足以语此”(《论语集注》)。并以“醇儒”为“成人”的唯一标准。陈亮不同意朱熹之说。指出：“亮以为学者，学为成人。而儒者亦一门户中之大者耳。秘书(朱熹)不教以成人之道，而教以醇儒自律，岂揣其分量则止于此乎？”认为诸儒所谓“才德双全，智勇仁义交出而并见者”，虽亦可为“成人”，“但有救时之志，除乱之功，则其所为虽不尽合义理，亦不自妨为一世英雄”(见朱熹《答陈同甫书》八)。

成身 儒家提出的人的行为合乎天道与人情所能达到的修养境界。《礼记·哀公问》载孔子答鲁哀公问：“古之为政，爱人为大，不能爱人，不能有其身，不能安土，不能乐天，不能乐天，不能成身。”又说：“不过乎物”即为成身。孔颖达疏：“不能乐天者，身既失，业不知已过所招，乃更怨天，是不能爱乐于天也。”“不知乐天，不自知其罪，将谓天之滥罚罪恶之事，无所不为，是不能成身。”《孔子家语·大昏解》：“仁人不过乎物，孝子不过乎亲，是故仁人之事亲也如事天，事天如事亲，此谓孝子成身。”又说：“行己不过乎物，谓之成身。不过乎物，合天道也。”意为侍奉父母，谨守孝道就是成身。

内省 中国古代儒家的一种道德修养方法。指自我内心的省察。孔子最早提出：“内省不疚，夫何忧何惧？”(《论语·颜渊》)孟子作了发挥，提出“君子必自反”，以此为“尽心”、“养性”的道德修养的手段。宋明理学家进一步以此为一种涵养功夫，认为道德修养常需“唤醒”本心，“收敛此心”，使之“不昏昧”、“不放纵”，从而使心“自做主宰处”，“自然知得是非善恶”。明王守仁认为内省表现为内心“省察克治之功”。

三省 亦作“三省吾身”。儒家主张内省的一种修身功夫。《论语·学而》：“曾子曰：‘吾日三省吾身。为人谋而不忠乎？与朋友交而不信乎？传不习乎？’”省即反省、省察。三，表示多次。程颐认为，“曾子之三省，忠信而已。”(《论语解》)指的是自我反省的内容。朱熹说：“曾子以此三者日省其身，有则改之，无则加勉”(《论语集注》)，肯定这种经常虚心自我检查精神。

三省吾身 即“三省”。

自讼 春秋孔子用语。指一种自我修养的方法。《论语·公冶长》：“已矣乎！吾未见能见其过而内自讼者也。”包咸注：“讼犹责也。”意谓对自己的过错进行内心的自我批评，亦即道德上的自我制裁。

中庸 儒家倡导的一种宇宙观、方法论和道德境界。中，有中正、中和、不偏不倚等义；庸，有平常、常道、用等义。语出《论语·雍也》：“中庸之为德也，其至矣乎！”以“中庸”为最高的美德。要求“事举而中”，反对“过”和“不及”。子思作了发挥，不仅以“执其两端用其中于民”(《中庸》)释“中庸”，而且赋予“中庸”以“中和”新义，视之为天地万物的法则，并以此作为道德修养的要求。指出：“喜怒哀乐之未发，谓之中；发而皆中节，谓之和。中也者，天下之大本也；和也者，天下之达道也。致中和，天地位焉，万物育焉。”(同上)认为感情处于“中和”状态，就能保证本性因无情欲之蔽而发扬光大，进而达到使“天地位”、“万物育”即天人合一的极境。由此提出“极高明而道中庸”的主张，既要求“高明配天”，又要求“择乎中庸”，从而使“拳拳服膺”于封建道德“而弗失之矣”，即所谓“君子之中庸也，君子而时中”(同上)。后儒释“中庸”多以此说为据，但又各异趣。东汉郑玄曰：“庸，常也。用中为常道也。”(《礼记注·中庸》)三国魏何晏谓：“庸，常也。中和可常之德。”(《论语集解·雍也》)北宋程颢、程颐则认为：“不偏之谓中，不易之谓庸。中者，天下之正道；庸者，天下之定理。”(《遗书》卷七)“中庸，天下之正理。德合中庸，可谓至矣。”(《论语解》)南宋朱熹说：“中庸者，不偏不倚，无过不及，而平常之理。”(《中庸章句》)

中行 春秋孔子哲学、伦理思想。指能履行中正之道者，即合乎中庸道德者。《论语·子路》：“不得中行而与之，必也狂狷乎。”汉包咸注：“中行，行能得其中者。”清凌鸣喈《论语解义》谓：“中行者，依中庸而行者在《易》《复》四《益》三，四称中行，谓孚中以行，可与之自治治人也。”行，道也，后也称为“中道”。《孟子·尽心下》：“孔子不得中道而与之，必也狂狷乎！”

允执其中 孔门传诵的历史上的尚中观念。意谓为政宜保持中正之道。《论语·尧曰》记尧禅位于舜时语：“天之历数在尔躬，允执其中，四海困穷，天禄永终。”朱熹认为此“是夫子诵述前圣之言，弟子类记于此”(《朱子语类》卷五十)。近人钱穆则认为《尧曰》篇“全不著子曰字，是否孔子语，尚不可知”(《论语新解》)。但“允执其中”的尚中观念对孔子中庸思想的形成产生影响是无疑的。又古文《尚书·大禹谟》有“允执厥中”语，并非是“允执其中”之原型，倒可能是梅赜伪造古文《尚书》时辑《论语·尧曰》中“允执其中”语而糅入的。

一以贯之 春秋孔子认识论、方法论之命题。谓以统一的原则把所有的知识贯穿起来。《论语·里仁》：“子曰：‘参乎！吾道一以贯之。’”皇侃疏：“贯，犹统也。吾唯一道以贯统天下万理也。”朱熹释：“一以贯之，犹以一心应万事。”(《朱子语类》卷二十七)又《论语·卫灵公》记载：“子曰：‘赐也，汝以予为多闻而识之者与？’对曰：‘然，非与？’曰：‘非也，予一以贯之。’”孔子认为“多闻”只是认识的基础，而

“一以贯之”是通过“思”把经验上升为理论。《论语》记孔子两言“一以贯之”，但他未明言贯穿其道之“一”其义为何，遂产生后世的种种解释。如谓“忠恕”、“仁”、“礼”等。曾子所说的“夫子之道，忠恕而已矣”(《论语·里仁》)，这与《论语·卫灵公》所记：子贡问曰：“有一言而可以终身行之者乎？”子曰：“其恕乎。”其意一致。而“忠恕”即“仁”之内涵，故以“仁”为“一”与以“忠恕”为“一”是相通的。

两端 事物统一体的对立的两个方面。语出《论语·子罕》：“有鄙夫问于我，空空如也。我叩其两端而竭焉。”这里“两端”作始终解，并无哲学含义。北宋张载总结和吸取以往《周易》和道家有关事物阴阳对立统一的思想，提出其独具体系的“二端”学说。《正蒙·太和》：“其阴阳两端，循环不已者，立天地之大义”，“天地变化，二端而已”。认为事物的对立矛盾是普遍存在的，并以“两端”为天地万物运动变化的根源。南宋朱熹又进一步作了论述，“统言阴阳，只是两端，而阴中自分阴阳，阳中亦有阴阳”(《朱子语类》卷九十四)。发挥了张载的观点，认为“两端”即事物的矛盾，矛盾中又有矛盾，任何统一物总是存在对立的两个部分，“‘一’是一个道理，却有两端”(《朱子语类》卷九十八)。明清之际王夫之肯定事物的对立是气的对立：“一气之中，二端既肇，摩之荡之，而变化无穷”(《张子正蒙注·太和篇》)，继承和发展了张载的“二端”学说，为中国古代朴素辩证法思想作出重要贡献。

叩两端 春秋孔子提出的一种思维认识方法。《论语·子罕》：“子曰：吾有知乎哉？无知也。有鄙夫问于我，空空如也。我叩其两端而竭焉。”孔子自认为自己并非一切都知，但当有人问难时，他只需对所问之事叩其两端，就可尽知。叩，击也、问也、发也。刘宝楠《论语正义》：“叩者，反问之也。”“叩两端”即认真追问或分析所问之事的两个方面。在孔子思想中，其两端可以是互补，也可以是互相排斥。例如，《论语·为政》中记载了孔子对“孝”的回答是：“生，事之以礼；死，葬之以礼，祭之以礼。”孔子认为，“孝”包括生与死两种情况，只要明确了“孝”在长辈生时与死后的不同要求，就算叩“孝”之两端而竭(尽)。而当鲁哀公问“何为则民服”时，孔子则曰：“举直错诸枉，则民服；举枉错诸直，则民不服。”(同上)即是明确了“举直错诸枉”(举正直之人，废邪枉之人)与“举枉错诸直”(举邪枉之人，废正直之人)是两种一正一反(相排斥)的办法，就可算是对“民服”一事叩其两端而竭(尽)。尽管孔子还没将“叩两端”明确作为一种逻辑的方法提出，但它实际上已是一种思维认识的方法，并包含了逻辑思维的启蒙因素，所以历来受到一些逻辑史家的关注。参见“两端”。

过犹不及 春秋孔子哲学思想的方法论命题。意谓超过事物一定的界限与未达到一定界限同样是错误的。《论语·先进》：“子贡问：‘师与商也孰贤？’子曰：‘师也过，商也不及。’曰：‘然则师愈与？’子曰：‘过犹不及。’”师与商，是孔子弟子子张和子夏。又《礼记·仲尼燕居》也有相似记载：“子曰：‘师，尔过，而商犹不及。’……子贡越席而对曰：‘敢问将何以为此中者也？’子曰：‘礼乎礼。夫礼所以制中也。’”郑玄《礼记注》：“过与不及，言敏钝不同，俱违礼也。”朱熹《论语集注》：“道以中庸为至，贤智之过虽若胜于愚不肖之不及，然其失中则一也。”“过犹不及”命题含有辩证法因素，即关于事物的质规定着量的界限，“过”与“不及”都会影响事物质的改变。

执中 后儒概括孔子中庸哲学的用语。孔子吸收“允执其中”(《论语·尧曰》)等殷周以来的尚中观念创立“中庸”哲学。后中庸方法又被称作“执两用中”。相传子思所作《中庸》记孔子言曰：“舜好问而好察迩言，隐恶而扬善，执其两端，用其中于民。”“执两用中”又简称为“执中”。《孟子·尽心上》：“杨子取为我，拔一毛而利天下，不为也。墨子兼爱，摩顶放踵利天下，为之。子莫执中，执中为近之。”但是子莫的“执中”有别于孔子的“中庸”。所以孟子说：“执中无权，犹执一也。”(《孟子·尽心上》)朱熹也认为执中“非谓只于二者之间取中。当厚而厚，即厚上是中，当薄而薄，即薄上是中。”又说：“不然，此乃‘子莫执中’也，安得谓之中？”(《朱子语类》卷六十三)

和而不同 孔子用语。谓和谐而不苟同。《论语·子路》：“君子和而不同，小人同而不和。”“和”指不同事物的和谐与统一，“同”指相同东西的简单相加或绝对同一、唯一。孔子认为，君子善于与不同意见和思想的人平等以待、相互尊重、取长补短、和谐相处，而不盲从附和，也不唯我独尊。孔子这一观点是对春秋时史伯、晏婴关于“取和而去同”思想的继承和发挥。

同而不和 见“和而不同”。

学思 指学习与思考及其关系。孔子乃学思兼重，并用互济。他说：“学而不思，则罔。思而不学，则殆。”(《论语·为政》)又说：“吾尝终日不食，终夜不寝，以思，无益，不如学也。”(《卫灵公》)在学与思两者之间，学为基础。他说：“吾尝终日不食，终夜不寝，以思，无益，不如学也。”(《论语·卫灵公》)学思结合，才能有所得。孔子对子贡说：“赐也，女以予为多学而识之者与？”又说：“非也，予一以贯之。”(同上)“多学而识之”指“学”，“一以贯之”由于“思”。仅以多学，难以达到“一以贯之”。故孔子多次强调“思”，他提倡“再思”(《论语·公冶长》)、“三思”(《荀子·法行》引)与“九思”(《论语·季氏》)。不过，孔子所说“思”之内容，多偏重于个人之道德修养。他说：“见利思义。”(《论语·宪问》)其弟子子夏也说：“博学而笃志，切问而近思，仁在其中矣。”(《论语·子张》)孟子尤重思，以“思”为“心之官”所特有之作用，认为心之所思即是理义(见《孟子·告子上》)。后世儒者多继承孔子之重思，而都有所发挥。北宋程颢强调“不深思则不能造于道，不深思而得者，其得易失”(《二程遗书》卷二十五)。明清之际王夫之较深入地论述了学与思的关系：“大抵格物之功。心官与耳目均用，学问为主，而思辨辅之，所思所辨者，皆其所学问之事。致知之功，则唯在心官思辨为主，而学问辅之，所学问者，乃以决其思辨之疑。”（《读四书大全说·大学》）感性经验（学）与理性思维活动（思）两者是相互依联而不可分割的。

刚柔 春秋孔子哲学、伦理思想的一对范畴。刚，刚毅、坚强；柔，温柔、宽容。孔子不赞同老子以柔胜刚的贵柔思想，而主张刚柔相济，在两者之中，他更强调“刚”。他认为“刚毅木讷近仁”（《论语·子路》）。刚毅坚强，为人所难能，故孔子叹曰：“吾未见刚者。”（《论语·公冶长》）孔子认为子路之强勇，似之而非，告之曰：君子之刚强品德指“和而不流”，“中立而不倚”，“国有道，不变塞焉”，“国无道，至死不变”（《中庸》引）。还认为刚毅之品德必须靠“好学”来养成，否则“好刚不好学，其蔽也狂”（《论语·阳货》），而通过博学慎思，能达到“虽柔必强”（《中庸》）。孔门推崇刚毅品德，但也认为温柔也是一种美德。孔子弟子盛赞其“夫子温、良、恭、俭、让”（《论语·学而》）。孔子还认为“宽柔以教”的政策，不失为一种刚强的体现。

进止 春秋孔子哲学思想中关于事物运动的前进与停止的一对范畴。孔子说：“譬如为山，未成一篑，止吾止也。譬如平地，虽覆一篑，进，吾往也。”（《论语·子罕》）朱熹注：“盖学者自强不息，则积少成多；中道而止，则前功尽弃。其止其往，皆在我而不在人也。”（《论语集注》）《荀子·宥坐》也有类似记载：“孔子曰：‘如垤而进，吾与之；如丘而止，吾已矣。’”进而不止，奋斗不已，体现了孔子的人生哲学。然而孔子也非绝对否定“止”。他在谈到颜渊时说：“惜乎！吾见其进也，未见其止也。”（《子罕》）对颜渊“进益未止，痛惜之甚”（马融注）。他在谈到子路和冉求具有相当于大臣的才能时说：“所谓大臣者，以道事君，不可则止。”（《先进》）意谓该进则进，该止则止，视仁道推行的情况而定。

变化 春秋孔子哲学思想的概念。指演变、发展。《荀子·哀公》载孔子语曰：“大道者，所以变化遂成万物也。”《大戴礼记·哀公问五义》也记有此语。又《易·系辞上》载孔子言曰：“知变化之道者，其知神之所为乎。”此指卦爻之变化。然孔子时代尚无“变化”这一复合词。《论语》中仅见“变”字。如孔子说：“齐一变，至于鲁；鲁一变，至于道。”（《论语·雍也》）反映孔子变化观的，除“变”这一概念外，尚有“权”与“损益”。总之，孔子也讲变化、发展，但偏重于权变、渐变，而未言彻底的变革。

时 春秋孔子哲学思想中关于事物变化的时间条件的概念。孔子十分重视对“时”的把握。在治理国家上，他主张“敬事而信，节用而爱人，使民以时”（《论语·学而》）。在乡党日常生活中，他“不时，不食”（《论语·乡党》）。在出仕从政上，孔子“可以仕则仕，可以止则止，可以久则久，可以速则速”（《孟子·公孙丑上》）。故孟子赞扬“孔子，圣之时者也”（《孟子·万章下》），是圣人中识时务者。孔子还将“时”与持“中庸”相结合，提出“时中”概念。《中庸》记孔子语曰：“君子之中庸也，君子而时中。”（参见“时中”）《荀子·宥坐》记孔子言曰：“遇不遇者，时也；贤不肖者，材也。君子博学深谋不遇时者多矣！”认为时机并非完全可由人的主观所能把握。

同 春秋孔子哲学思想的范畴之一。与“和”范畴相对，指事物的绝对等同。《论语·子路》：“子曰：‘君子和而不同，小人同而不和。’”其思想渊源于西周末史伯提出的“同则不继”（《国语·郑语》）与春秋末晏婴认为“若以水济水，谁能食之？若琴瑟之专壹，谁能听之？同之不可也如是”（《左传·昭公二十年》）。朱熹注“和而不同”曰：“和者无乖戾之心，同者有阿比之意。”（《论语集注》）然而孔子并非绝对排斥“同”。如他提出：“道不同，不相为谋。”（《论语·卫灵公》）清黄式三《论语后案》：“君子与君子有时意见不同，行迹不同，而卒能相谋者，其道同也。”

思 春秋孔子表述思维、思考的一个概念。孔子最先明确提出和强调思维的作用。意指思维、思考、思索。《论语》一书中多次论及了“思”，“思”不限于指形式逻辑的思维形式，但思维中至少也包括形成判断和进行推理在内，而且主要是指推理过程。孔子论“思”：一是论思和行的关系，《论语·公冶长》记载：“季文子三思而后行”，孔子听后说：“再（思），斯可矣！”孔子虽说想两遍就可以，但这并不是要否认三思，而是强调要再思、多思，实际上包括了严格正名和反复推理在内。孔子还论述了思和学的关系，《论语·为政》：“学而不思则罔，思而不学则殆。”因此孔子极力主张“学”和“思”的结合。这里“学”和“思”的过程就包括由已知（学）到未知的推理认识（思）过程。孔子又论述了思和感知的关系，《论语·季氏》中提出“君子有九思”，这里的“思”也包含有推理过程在内，如“视思明，听思聪”等，即只有通过“思”的推理过程，才能由视或听的感知达到“明”和“聪”的理性认识阶段。孔子强调只有通过“思”的推理过程，才能由感性上升到理性，才能由已知到达未知，才能正确指导行动。肯定了“思”的作用，实际上就等于肯定了推理的作用。孔子强调思维的作用，对中国古代逻辑的发展极为重要。

三思 孔子认识论的概念。指瞻顾过于周详之思考。《论语·公冶长》：“季文子三思而后行，子闻之，曰：‘再，斯可矣。’”季文子，鲁大夫季孙行父。“生平盖祸福利害之计太明，故其美恶两不相掩，皆三思之病。其思之至三者，特以世故太深，过为谨慎。”（清宦懋庸《论语稽》）也指君子于三种情况应善加思索。《荀子·法行》曾记孔子言曰：“君子有三思”，“少思长，则学；老思死，则教；有思穷，则施也。”《孔子家语·三恕》篇中也有相似记载。

观 春秋孔子哲学思想的概念。指着眼人体的观察。孔子说：“视其所以，观其所由，察其所安。”（《论语·为政》）视、观、察三者有浅深之次序。皇侃疏曰：“观，广瞻也。”（《论语注疏》）是在“视”的基础上，把握“从来经历处”（同上）。朱熹也认为“观比视为详矣”（《论语集注》）。孔子重视“观”，认为士要善于“察言而观色”(《论语·颜渊》)。他强调要注意“观”之全面性,要从言行统一上进行观察。他说:“始吾于人也,听其言而信其行;今吾于人也,听其言而观其行。”(《论语·公冶长》)判断一个人是否“孝”,也得在其父在世时“观其志”,并在其父没时“观其行”(《论语·学而》)。孔子还注意从反面来进行观察,他提出:“观过,斯知仁矣。”(《论语·里仁》)

因 春秋孔子哲学范畴。因,依据,继承。孔子说:“殷因于夏礼,所损益可知也;周因于殷礼,所损益可知也。”(《论语·为政》)孔子认为有万世不易之常道,“其道必因,其所因之道曰礼”(王夫之《四书训义》)。孔子哲学思想体系中尚未提炼出一个与“因”相对的“革”这一范畴。而提出与“因”相对的“损益”范畴已有变易之义。但后世的儒者常把孔子所提出的“因”进一步加以绝对化。如朱熹认为上引《论语》《子张问十世可知章》,“此一章‘因’字最重”,“所因,谓大体;所损益,谓文为制度,那大体是变不得底”(《朱子语类》卷二十四)。

生死 在对生死的态度上,儒家主张尽人事而听天命,不去追问死后及未来之事。《论语·先进》:“敢问死。曰:未知生,焉知死。”孔子注重人生现实,认为人生最根本的道理是“修己安人”,“成己成物”,“己欲立而立人,己欲达而达人”。首先是自我的完善,然后完善别人。儒家亦重视“死”,所以“颜渊死,子哭之恸”(同上)。但又强调为了自我的完善可以“舍生取义”“无求生以害仁,有杀生以成仁”(《论语·卫灵公》)。因此孔子对于人生主张尽其在我,积极有为,而对于死则归之天命,听其自然,亦即“死生有命”《论语·颜渊》。

知命 春秋孔子的哲学命题。在孔子思想中,命有时也指天命。命已含有客观必然性的意思。孔子自谓“五十而知天命”(《论语·为政》)。又说:“不知命,无以为君子也。”(《论语·尧曰》)对于前者,朱熹注:“天命,即天道之流行而赋予物者,乃事物所以当然之故也。”(《论语集注》)对于后者,程颐注:“知命者,知有命而信之也。人不知命,则见害必避,见利必趋,何以为君子?”(《论语集注》所引)认为认识了人生当然之道义与职责,才能成为君子。

知人 春秋孔子的认识论命题。意指如实地了解一个人。《论语·颜渊》:“樊迟问仁。子曰:‘爱人。’问知。子曰:‘知人。’”朱熹注:“知人,知之务。”(《论语集注》)如实地了解人,是人们认识的根本任务。孔子认为,只有通过详细考察人们的言行,才能“知人”,“不知言,无以知人也”(《论语·尧曰》)。“始吾于人也,听其言而信其行;今吾于人也,听其言而观其行。”(《论语·公冶长》)

生而知之 春秋孔子关于知识来源的命题。与“学而知之”并提。《论语·季氏》:“生而知之者,上也;学而知之者,次也;困而学之,又其次也;困而不学,民斯为下矣。”孔子把人分为生而知之者、学而知之者、困而学之者、困而不学者四等;但在知识来源上,则认为只有“生而知之”和“学而知之”两个途径。南宋朱熹注:“生而知之者,气质清明,义理昭著,不待学而知也。”(《论语集注》)认为“生而知之”是“不待学而知”;对此,后人有两种理解:一是一生下来,不接触外物,不向别人学习,就有一切知识;一是生下来后,经过一段时间,才有某种知识,这种知识不是从别人那里学来的。二者的共同点是知识不是向别人学来的,不同点是,具备知识的时间有长有短,所具知识的内容有偏有全。孔子自称“我非生而知之者,好古,敏以求之者也”(《论语·述而》)。又说:“盖有不知而作之者,我无是也。多闻,择其善者而从之;多见而识之,知之次也。”(同上)今有人认为“生而知之”,指自己首创的知识。孔子曾自称“述而不作”(同上)。“作”,意谓“开始”、“创作”。《礼记·乐记》:“作者之谓圣,述者之谓明。”因为是首创,这些知识当然不是向别人学来的。那就只能被称为“生而知之”。因此“生而知之者,上也”,只不过是对首创者、发明家的肯定和赞扬。可备为一说。

学而知之 春秋孔子关于知识来源的命题,意指知识经过学习才能掌握。在知识来源上,与“生而知之”并提。但孔子更强调“学而知之”。他自称为“知之次也”,属“学而知之”者。综观孔子言行,其“学而知之”有三种途径:一是学习古代文献,“好古,敏以求之”(《论语·述而》);二是向别人学习,如“三人行,必有我师焉。择其善者而从之,其不善者而改之”(同上)。“入太庙,每事问”(《八佾》)。“问礼”于老子(《史记·孔子世家》);三是自己在实践中摸索、体会,如说:“吾少也贱,故多能鄙事”(《论语·子罕》)。以为通过此类学习途径,可以克服各种认识弊端,又主张学思结合,称“学而不思则罔,思而不学则殆”(《为政》)。

困而学之 春秋孔子关于知识来源的命题。意指在行中有所不通再去学习。困,谓窘迫;受窘。《论语·季氏》:“生而知之者,上也;学而知之者,次也;困而学之,又其次也;困而不学,民斯为下矣。”孔子把人分为四等;实际上,他肯定知识的来源只有两个途径:“生而知之”和“学而知之”。对于“学而知之”,孔子又分别为两种情况:一种是自觉地进行学习,从而掌握知识;一种是原本不进行学习,只是在行事遇到困难时,遂发愤学习,从而获得知识。郑玄注:“已临之而有不足,乃始学而知之。”尽管“困而学之”,比自觉进行学习主动性要差一些,但通过学习把握知识这一点与前者一样。可见“困而学之”仍属“学而知之”范畴。

上知下愚 春秋孔子关于人的认识能力和知识水平的命题。《论语·阳货》:“唯上知与下愚不移。”“知”通“智”,意谓聪明、智慧。朱熹引程颐注曰:“此与上章当合为一。”盖上章为:“子曰:‘性相近也,习相远也。’”按程、朱之意应合为:“子曰:性相近也,习相远也。唯上知与下愚不移。”对“上知”与“下愚”,历来解释不同。孔安国注:“上知不可使为恶;下愚不可使强贤。”朱熹注:“人之气质相近之中,又有美恶一定,而非习之所能移者。”(《论语集注》)程颐则曰:“人性本善,有不可移者何也? 语其性则皆善也,语其才则有下愚之不移。所谓下愚有二焉:自暴自弃也。人苟以善自治,则无不可移,虽昏愚之至,皆可渐磨而进也。惟自暴者拒之以不信,自弃者绝之以不为,虽圣人与居,不能化而入也,仲尼之所谓下愚也。”(朱熹《论语集注》引)朱熹把“上知”与“下愚”看做是气质之性的同中之异,断言非后天习染所能移;程颐把“上知”与“下愚”仅仅看作人们才能上的差别,只是由于主观上的懈怠才不能移、不能化。这就肯定了,这种才能上的差异,在客观上是有“移”的可能。程颐之释似更近乎孔子本意。

泛爱众 儒家用语。《论语·学而》:“弟子入则孝,出则悌,谨而信,泛爱众而亲仁。”《广雅》释“泛”为“博”。孔子主张,后生小子在父母跟前应尽孝,走出父宫,行于兄弟之间应敬爱兄长。慎其言而信于言。博爱大众,亲近有仁德的人。“众”,指父兄以外的氏族其他成员;由孝父、敬兄而至于“泛爱众”,体现了儒家由近及远、由亲而疏的爱人原则。唐韩愈提出,“博爱之为仁”(《原道》),北宋张载主张,“民,吾同胞;物,吾与也”(《西铭》),是对孔子“泛爱众”思想的发展。

见利思义 春秋孔子用语。《论语·宪问》:“见利思义,见危授命,人要不忘平生之言,亦可以为成人矣。”认为:“君子义以为上”(《论语·阳货》),“君子义以为质”(《论语·卫灵公》)。主张取利、得利应以“义”为依据,不取不义之财。“不义而富且贵,于我如浮云”(《论语·述而》)。为处理义、利关系的准则,体现了一种道义至上的价值观。

见得思义 儒家的修养方法。孔子提出的君子的九思之一。《论语·季氏》:“君子有九思:视思明,听思聪,色思温,貌思恭,言思忠,事思敬,疑思问,忿思难,见得思义。”北宋邢昺疏:“见得思义者,言若有所得,当思义然后取,不可苟也。”(《论语注疏》)意即不可得不义之财。

见贤思齐 春秋孔子道德修养方法。《论语·里仁》:“见贤思齐焉,见不贤而内自省也。”“齐”者,效法看齐之谓。认为见人之贤、德之善,应“冀己亦有是善”,“不徒羡人而甘自弃”(朱熹《论语集注》);见不贤者,则应反省自身,努力消除或防止类似的缺点,以引为自戒。强调严以律己,自戒内省。

见危授命 春秋孔子的伦理命题。意谓当国家遇到危急情况时,君子应该挺身而出。《论语·宪问》:“见利思义,见危授命,久要不忘平生之言,亦可以为成人矣。”孔子一贯提倡自我牺牲精神,认为仁义、道义高于生命,为了维护原则,必要时人们应该牺牲自己的生命,所以他又说:“志士仁人,无求生以害仁,有杀身以成仁。”(《论语·卫灵公》)孟子在此基础上提出“舍生取义”(《孟子·告子上》),“志士不忘在沟壑,勇士不忘丧其元”(《孟子·滕文公下》),儒家这些思想都有助于培养士大夫的英雄豪杰精神。

己所不欲,勿施于人 春秋孔子用语。《论语·卫灵公》:“其恕乎!己所不欲,勿施于人。”指一种处理人我关系的伦理原则和实现“仁”的方法,即所谓“恕”道。详“忠恕”。

和为贵 春秋孔子用语。《论语·学而》:“礼之用,和为贵,先王之道斯为美。”“和”即和谐、和调。认为礼的作用最重要的在于使不同等级人之间既森严有别,又相互和谐(不争),即所谓“和而不同”(《论语·子路》)。又说:“知和而和,不以礼节之,亦不可行也。”(《论语·学而》)以礼节之,则能“和而不流”,是“中庸”之道在行礼中的体现。为儒家处理人际关系的一条基本的伦理原则。

以德报德 春秋孔子的伦理原则。与“以怨报德”相对。《论语·宪问》:“或曰‘以德报怨’,何如?子曰:‘何以报德? 以直报怨,以德报德。’”“以直报怨”,《礼记·表记》作“以怨报怨”。“子曰:‘以德报德,则民有所劝;以怨报怨,则民有所惩。’……又说‘以德报怨,则宽身之仁也;以怨报德,则刑戮之民也。’”郑玄注:“宽犹爱也,爱身以息怨,非礼之正也。”以为孔子反对“以德报怨”和“以怨报德”,而主张“以德报德”,以爱心、仁德回报有德者。

以直报怨 春秋孔子所说的一种德行。《论语·宪问》:“或曰:‘以德报怨,何如?’子曰:‘何以报德? 以直报怨,以德报德。’”朱熹注:“于其所怨者,爱憎取舍,一以至公而无私,所谓直也。”(《论语集注》)孔子不赞成“报怨以德”,主张以公平正直原则回报怨恨。《论语·公冶长》:“匿怨而友其人,左丘明耻之,丘亦耻之。”此非以直报怨,故孔子认为可耻。参见“以德报德”。

犯而不校 春秋孔子所赞同的一种德行。指君子不与触犯自己之人计较的宽容气度。语见《论语·泰伯》。曾子曰:“犯而不校。”清刘宝楠《论语正义》认为“校”应作“挍”,并引东汉包咸注:“挍,报也。言见侵犯不报。”按“挍”即“校”字,系隶书之变体。朱熹《论语集注》:“校,计较也。”犯而不校,意为遇见侵侮自己的言行,能持宽容态度不与之计较。与《论语·宪问》中之“以德报怨”、“以直报怨”思想一致。《中庸》中有“宽柔以教,不报无道”,也是宽容柔顺待人,对横逆不道言行,不计较个人恩怨之意。

犯而勿欺 孔子所主张的事君之道。《论语·宪问》:“子路问事君。子曰:‘勿欺也,而犯之。’”意谓:不要欺骗君主,但也不要怕冒犯他。犯:谓犯颜谏诤。勿欺:一说即犯颜谏诤;一说指言过其实近于欺。朱熹认为“子路性勇,凡言于人君,要他听,或至于说得太过,则近乎欺”(《朱子语类》卷四十四)。孔子主张的“犯而勿欺”的事君之道对后世儒者影响很大。如孟子说:“君子之事君也,务引其君以当道,志于仁而已。”(《孟子·告子下》)认为君子服事君王,其根本之点在于助其推行仁政。如一味逢迎君王的错误主张,则是“长君之恶其罪小,逢君之恶其罪大”(同上)。荀子也认为事君应采取“忠信而不谀,谏诤而不谄”,“调而不流,柔而不屈”(《荀子·臣道》)的态度。

礼之本 春秋孔子对礼之实质的概称。《论语·八佾》:"林放问礼之本。子曰:大哉问!礼,与其奢也,宁俭;丧,与其易也,宁戚。"邢昺疏:"奢与俭、易与戚等俱不合礼,但礼不欲失于奢宁失于俭,丧不欲失于易宁失于戚。"(《论语注疏》)朱熹认为:"礼贵得中。奢易,则过于文,俭戚,则不及而质,二者皆未合礼。然凡物之礼,必先有质而后有文,则质乃礼之本也。……俭者,物之质;戚者,心之诚,故为礼之本。"(《论语集注》)指出孔子此言在注重礼的实质,顺从事物的本来之道。主张把礼建立在理性自觉的基础上,成为人性的自然要求,而不应只讲求礼的形式。

齐礼 "齐之以礼"的简称。孔子用语。《论语·为政》:"子曰:道之以政,齐之以刑,民免而无耻;道之以德,齐之以礼,有耻且格。"意谓治理国家,用政法来规范,用刑罚来整饬,人民只是暂时地免于罪过,却没有廉耻之心;如果用道德来诱导,用礼来整饬,人民不但有廉耻之心,而且人心归服。《礼记·缁衣》:"夫民,教之以德,齐之以礼,则民有格心;教之以政,齐之以刑,则民有遯心。"此语可看作是对孔子所言的最早解释。这里"格心"与"遯心"相对成文,"遯"即"遁",逃避。与逃避的意思相反是亲近、向往、归服。所以,"有耻且格"可解释为人民不仅有廉耻心,而且人心归服。《大戴礼》有孔子答卫将军文子云:"以礼齐民,譬之于御则辔也;以刑齐民,譬之于御则鞭也。"亦反映了儒法两家政治手法与主张的不同。

立于礼 孔子的政治、伦理主张。据《论语·泰伯》记载:"子曰:兴于诗,立于礼,成于乐。"意谓"诗"三百可以使人振奋,"礼"可以使人立足于社会,"乐"(孔子以为"乐"的内容和本质离不开礼,因此,常常"礼乐"连言)可以使人所学得以完成。《论语·尧曰》:"子曰:不知命,无以为君子也;不知礼,无以立也;不知言,无以知人也。"按朱熹解释,人不知命,则见害必避,见利必趋,何以为君子?不知礼,则耳目无所加,手脚无所措,怎能立于社会?而人的言语得失,表现了他的邪、正、善、恶,不知言,何以知人。这里的"立于礼"与《论语·季氏》篇中孔子对伯鱼(伯鱼名鲤,孔子之子)说:"不学礼,无以立",意旨相同。又据《论语·为政》记载,孔子在叙述自己成长过程时说:"吾十有五而志于学;三十而立,四十而不惑。"这里所指的"立",亦是指"立于礼",孔子三十而懂得礼义,立足于社会。

讲信修睦 儒家的道德主张。《礼记·礼运》:"孔子曰:……大道之行也,天下为公。选贤与能,讲信修睦。"信,以诚相待、言而有信。意谓尧舜盛世,大道之行,不以天下之大私其子孙,而天下之圣贤公共之,是时所讲习者诚信,所修为者和睦。反映了儒家对尧舜禹时代道德风尚的美化和向往,并转化为伦理规范加以提倡。

厚葬久丧 春秋孔子在丧葬制度上遵从周礼的主张。孔子主张厚葬久丧,其弟子宰我曾对此提出异议。《论语·阳货》:"宰我问:'三年之丧,期已久矣。君子三年不为礼,礼必坏;三年不为乐,乐必崩。'""子曰:'予之不仁也,子生三年,然后免于父母之怀。夫三年之丧,天下之通丧也。予也有三年之爱于其父母乎!'"但孔子又认为厚葬必须合于周礼,周礼没有规定的不当厚葬。《论语·先进》:"颜渊死,门人欲厚葬之,子曰:'不可。'门人厚葬之。子曰:'回也视予犹父也,予不得视犹子也。非我也,夫二三子也。'"这是因为颜回不是孔子的亲生儿子,根据颜回的身份、地位,按照周礼,不能厚葬。

事人 春秋孔子用语。《论语·先进》:"子曰:未能事人,焉能事鬼?"事,事奉。邢昺疏:"事人,若子事父,臣事君。"(《论语注疏》)朱熹注:"非诚敬足以事人,则必不能事神。"(《论语集注》)孔子注重现实人生,故以人事为先。

尽美尽善 孔子的美学观点。指美与善都要达到尽可能理想的程度。《论语·八佾》:"子谓《韶》:'尽美矣,又尽善也。'谓《武》:'尽美矣,未尽善也。'"认为《武》舞表现武王以征伐取天下,乐、舞形式上是美的,道德内容上是"未尽善"的。明确提出美与善的矛盾与区别:从美的观点看是完满的,从善的观点来看,则未必完满。认为《韶》舞表现尧、舜以德受禅,是"尽美"又"尽善"的,美与善可以在矛盾中求得统一,强调在充分肯定美的意义和价值的前提下,追求美与善的和谐。为儒家追求的最高理想。

哀而不伤 与"乐而不淫"同为春秋孔子关于艺术批评的美学准则之一。《论语·八佾》:"子曰:《关雎》乐而不淫,哀而不伤。"《左传·襄公二十九年》载季札观乐,有"哀而不愁"之说。哀者,人之情也,"伤者,哀之过而害于和者也"(朱熹《论语集注》)。和,乃"心平德和"。晏婴说:"先王之济五味,和五声也,以平其心,成其政也,声亦如味。……君子听之,以平其心。心平德和。"(《左传·昭公二十年》)孔子以"哀而不伤"来强调人的尊严,强调对生命的肯定,极力反对过度哀伤和毁伤生命,即使临丧亦应"丧致乎哀而止"(《论语·子张》)。艺术的社会功用在于使人致善。因此应把握"哀而不伤"的尺度,不致把悲伤的情感过度地渲染为无限的伤感。"哀而不伤"、"乐而不淫"的审美尺度亦反映了孔子"过犹不及"(《论语·先进》)的审美原则。参见"乐而不淫"。

乐而不淫 与"哀而不伤"同为孔子关于艺术批评的美学准则之一。意即乐而不能失其正。吴公子季札曾赞周乐曰:"美哉,荡乎,乐而不淫,其周公之东乎?"(见《左传·襄公二十九年》)孔子也称赞《关雎》:"乐而不淫,哀而不伤。"(《论语·八佾》)《关雎》为周南国风诗之首篇,言后妃之德,宜配君子,求之未得,则不能无寤寐反侧之忧;求而得之,则宜其有琴瑟钟鼓之乐,盖其忧虽深而不害于和,其乐虽盛而不失其正。"淫者,乐之过而失其正者也。"(朱熹《论语集注》)哀、乐本性情之极致也;能哀能乐,不失其节是谓诗之教,孔子屡闻《关雎》,赞美其义,叹其声之美盛洋洋盈耳(刘宝楠《论语正义》)。孔子主张诗教当注重人之性情。“乐不至淫，哀不至伤，言其和也”(刘宝楠引孔注)。体现孔子力倡儒家“中庸”的美学观，对后世文学艺术批评影响深广。参见“哀而不伤”。

思无邪 春秋孔子用语。《诗经》中已有“思无邪”一语，“思无邪，思马斯徂！”(《诗·鲁颂·駉》)但《诗经》中“无邪”指牧马人放牧时专心致志的神志。而“思”为语气词，并无实意。孔子借用“思无邪”，作为对整部《诗经》的评价。《论语·为政》：“《诗》三百，一言以蔽之，曰‘思无邪’。”赋予“思无邪”与原来不同之新意，即“归于正”(包咸注)。邢昺疏：“为政之道在于去邪归正。”(《论语注疏》)朱熹注：“盖诗之言美恶不同，或劝或惩，皆有以使人得其情性之正。”(《诗集传》)孔子以“思无邪”评价《诗经》，正是欲使学诗成为伦理道德的教化手段。

兴于诗 春秋孔子关于美育的理论。在《论语·泰伯》中提出：“子曰：‘兴于诗，立于礼，成于乐。’”认为学《诗》为修身的第一个项目，要成为一个君子应首先学《诗》。孔子重视《诗》的教化作用，提出：“《诗》三百，一言以蔽之，曰‘思无邪’。”(《论语·为政》)“不学《诗》，无以言。”(《论语·季氏》)认为《诗》不但能使人获得政治、伦理、历史、自然等多种知识，而且能陶冶人的情感，使人按照仁人君子的要求进行自身的修养。这一观点触及艺术的社会作用问题，表明孔子对美育的重视。

成于乐 春秋孔子关于美育的理论。在《论语·泰伯》中提出：“子曰：‘兴于诗，立于礼，成于乐。’”认为君子修身始于学诗，完成于学乐，通过学习乐可造就人。孔子重视乐对于人的感染作用，认为人格的圆满、完成、完善，赖于乐的感化作用。“子曰：‘若臧武仲之知，公绰之不欲，卞庄子之勇，冉求之艺，文之以礼乐，亦可以为成人矣。’”(《论语·宪问》)智、廉、勇、艺皆不足为成人，只有复加以礼乐，才可成为人格完善的君子，从乐对于人性感染陶冶作用的角度，肯定了艺术的重要意义。

君子 中国古代对有才德者之通称。与“小人”相对。孔子说：“君子道者三，我无能焉。仁者不忧，知者不惑，勇者不惧。”(《论语·宪问》)即以具备知、仁、勇三德者为“君子”。并认为“君子喻于义，小人喻于利”(《论语·里仁》)。《大戴礼记·哀公问五义》：“所谓君子者，躬行忠信，其心不买(置)；仁义而已，而不害不知；闻志广博，而色不伐；思虑明达，而辞不争。犹然如将可及也而不可及也。”《白虎通义·号》：“或称君子者何？道德之称也。”有时亦与“贤人”义通。《诗·鄘风·载驰》：“大夫君子，无我有尤。”汉郑玄笺曰：“君子，国中贤者。”另有指贵族或统治者。《尚书·无逸》：“君子所其无逸，先知稼穑之艰难，则知小人之依。”唐孔颖达疏引郑玄曰：“君子，止谓在官长者。”孟子说：“无君子莫治野人，无野人莫养君子。”(《孟子·滕文公上》)

小人 中国古代通常用作对无德者的贬称。与“大人”、“君子”相对。原指地位低下的劳力者。《国语·鲁语》：“君子务治，小人务力。”孔子赋予伦理学含义，说：“君子喻于义，小人喻于利。”(《论语·里仁》)《礼记·中庸》：“仲尼曰：君子中庸，小人反中庸。”《大学》：“小人闲居为不善。”《韩诗外传》卷六：“无仁义礼智顺善之心，谓之小人。”明代王守仁说：“大人者，以天地万物为一体者也，其视天下犹一家，中国犹一人焉。若夫间形骸而分尔我者，小人矣。”以道德境界之不同划分“大人”与“小人”。“大人”能自然灵昭“天命之性”，“小人”则昧于一己之身，“自小之耳”。参见“君子”。

圣人 中国古代指才智道德至高者。儒家理想人格的典范。因不同学派价值标准之异而内涵有别。儒家以“人伦”道德至极者为“圣人”。以尧、舜、禹、汤、文、武、周公、孔子等历史人物为圣人形象。孔子追求以“仁”为核心，仁、知、勇统一的理想人格，认为“圣人”比君子、仁人的道德境界更高。后世儒家推崇孔子，并以“仁且智”为“圣人”的道德内涵。孟子指出：“圣人，人伦之至也。”(《孟子·离娄上》)“仁且智，夫子既圣矣。”(《孟子·公孙丑上》)但又将“圣”和“神”联用，说：“大而化之之谓圣，圣而不可知之之谓神。”(《孟子·离娄上》)东汉赵岐注：“大行其道，使天下化之，是为圣人；有圣知之明，真道不可得知，是为神人。”汉儒言“圣”一般都以此为据。王充提出“圣者不神，神者不圣”的命题，强调“贤圣者，道德智能之号”(《论衡·实知》)，对后世有重要影响。墨家以“兼爱”为标准，认为尧、舜、汤、文、武诸王之所以“名之曰圣人”，以其“兼爱天下也”。道家反对儒墨，主张“绝圣弃智”，但有自己的“圣人”观。老子以法“道”之“无为”为圣人。“圣人不行而知，不见而明，不为而成”(《老子·四十七章》)。庄子以超世脱俗、“忘我”“无己”而获得“逍遥”为圣人。“若夫乘天地之正，而御六气之辩，以游无穷者，彼且恶乎得哉！故曰：至人无己，神人无功，圣人无名。”(《庄子·逍遥游》)魏晋时郭象注《庄子》，则以儒道合一的观念解之，称：“圣人虽在庙堂之上，其心无异于山林之中。”(《逍遥游》注)古人还常以“圣王”并举，认为“神圣者王”。荀子说：“天下者，至大也，非圣人莫之能有也。”(《荀子·正论》)以为唯有“圣人”才能为帝王。

贤人 中国古代泛指有才能和德行之人。意常与“君子”同。往往“圣贤”并举，宋儒有“圣贤气象”之说，但认为贤人的才德次于圣人。

善人 孔子用语。指道德高尚之人。《论语·述而》：“子曰：善人，吾不得而见之矣；得见有恒者，斯可矣。”有恒者，如孟子所言那样“无恒产而有恒心”的士君子，善人则德性更高，孔子亦视之为师：“三人行，必有我师焉：择其善者而从之。”(同上)又称：“子张问善人之道。子曰：‘不践迹，亦不入于室。’”(《论语·先进》)另指善于治政者。《论语·子路》：“善人为邦百年，亦可以胜残去杀矣。”

圣王 儒家所称三代以前至治盛世时的君王，原专指尧舜禹，因其设礼义、定制度、大治天下而被孔、孟奉为圣人。后引申指“用之于礼义战胜”、“贵勇敢强有力”的“盛德之士”。孟子主张“法先王”，申明：“有人于此，入则孝，出则悌，守先王之道”（《孟子·滕文公下》），此“先王”即指先圣之王（圣王）。荀子批评孟子“略法先王而不知其统”（《荀子·非十二子》），称：“圣王有百，吾孰法焉？”认为“欲观圣王之迹，则于其灿然者矣，后王是也”（《荀子·王制》）。也以圣王为先王。然《礼记·礼运》提出：“圣王修义之柄、礼之序，以治人情，故人情者，圣王之田也。修义以耕之，陈义以种之，讲学以耨之，本仁以聚之，播乐以安之。”认为后世有持先圣治国之道，以修礼、陈义、讲学、本仁、播乐为要务，致上下结合、不使危乱，“达天下之大顺”者，亦可称圣王，故“圣王所以顺民之情者”，不局限于先王而言。《礼记》又提出：后世君子如有“用之于礼义战胜”致“民顺治而国安者”，亦可称圣王。认为“圣王之贵勇敢强有力”者，即“贵其能以立义”、“贵其敢行礼义”也，“天下无事，则用之于礼义。天下有事，则用之于战胜。用之于战胜则无敌，用之于礼义则顺治。外无敌，内顺治，此之谓盛德。故圣王之贵勇敢强有力如此也”（《聘义》）。

有道 春秋孔子用语。与“无道”相对。指合乎理想原则的社会秩序和政治生活局面。孔子提出：“天下有道，则礼乐征伐自天子出”；“天下有道，则政不在大夫。天下有道，则庶人不议”（《论语·季氏》）。认为“有道”即是在君臣定位，强化君主权威前提下合理治民。又说：“天下有道，则见”（《泰伯》）；“邦有道，则仕”（《卫灵公》）；“邦有道，危言危行”（《宪问》）。表现为贤人君子并出，勤于辅政，忠于职守，国人言行正直。“有道”有时也指有道德的人，如《论语·学而》说：“君子食无求饱，居无求安，敏于事而慎于言，就有道而正焉。”

无道 春秋孔子用语。与“有道”相对。因违背“天下有道”的理想和原则而出现社会秩序混乱、政治昏暗的局面。孔子提出：“天下无道，则礼乐征伐自诸侯出”，“陪臣执国命，三世希不失矣”（《论语·季氏》）。批评卫灵公“无道”，而“无道则隐”（《泰伯》），仁人君子皆归隐不仕。强调制止无道，不在刑杀。《论语》有季康子问政：“如杀无道，以就有道，如何？”孔子对曰：“子为政，焉用杀？子欲善而民善矣。君子之德风，小人之德草。”（《颜渊》）

学道 学习礼乐以明理。《论语·阳货》：“君子学道则爱人，小人学道则易使也。”君子指王公士大夫的子孙，小人指寻常百姓的后代，道指礼乐。刘宝楠《论语正义》：“乐至则无怨，礼至则不争，揖让而治天下者，礼乐之谓也。则学礼乐，自知相亲相敬之道，故爱人也。”又说：“礼义立，则贵贱等矣；乐文同，则上下知矣。民知事贵敬上之道，故易为上所使也。”学道一说，反映了孔子人皆须学的思想，同时也体现了孔子的阶级立场。

文质彬彬 春秋孔子用语。指君子应具的基本品格。《论语·雍也》：“子曰：‘质胜文则野，文胜质则史，文质彬彬，然后君子。’”文，孔子四教（文、行、忠、信）之一。据清刘宝楠《论语正义》解：“文，谓诗书礼乐，凡博学、审问、慎思、明辨，皆文之教。”主要指礼义制度及其教化推行。质，与“文”相对，是对礼义制度的诚敬之心。文质为循礼过程的内外两个基本方面，应合于“彬彬”的原则，即互相适应而表里一致。内心有敬而外不中节谓之“野”，虽合礼节而内心不诚则谓“史”。强调人的道德心理与行为方式的统一。

乐节礼乐 春秋孔子用语。以得到礼乐的调节为快乐。“益者三乐，损者三乐。乐节礼乐，乐道人之善，乐多贤友，益矣。乐骄乐，乐佚游，乐宴乐，损矣。”（《论语·季氏》）指出人的快乐存在着有益与有害的差别。凡是由于行动受到礼乐的调节而获得的快乐，是有益的；从荡游忘返、饮食荒淫取得的快乐，则属有害。强调礼乐之美所引起的感官愉悦有着社会伦理的内容，不同于单纯的生理快感。

乐山乐水 春秋孔子用语。指精神品质不同的人对自然美的欣赏各有爱好。《论语·雍也》：“知者乐水，仁者乐山。知者动，仁者静。”朱熹注：“知者达于事理，而周流无滞，有似于水，故乐水；仁者安于义理，而厚重不迁，有似于山，故乐山。”（《论语集注》）仁者、智者各从自然对象上看到与自己道德品质的相通之处，故有“乐山”、“乐水”之好。触及自然美对社会生活的联系、对道德品质的象征作用。战国时荀子发展了“乐山乐水”的思想，提出“君子比德”说，肯定君子对自然美的观赏是出于“比德”动机。其后，董仲舒在《春秋繁露》、韩婴在《韩诗外传》、刘向在《说苑》中进一步对这一命题进行解释与发挥。

兴观群怨 孔子关于诗的认识和教育功用的规定。孔子曰：“《诗》，可以兴，可以观，可以群，可以怨；迩之事父，远之事君；多识于鸟兽草木之名。”（《论语·阳货》）兴者，“感发志意”（朱熹），“引譬连类”（孔安国）。一释“兴，起也，言修身当先学诗”（何晏引包咸注）。孔子要求诗通过联想来知晓社会人生的道理，从而为礼教政治服务。观者，“观风俗之盛衰”（郑玄注）。即通过学诗来观察一定社会国家的道德风尚及人们的心理状态，并可见出作者的心志。群者，“群居相切磋”（孔安国）。意谓诗可以交流协和人们的思想感情，保持社会和谐，即朱熹所释的“和而不流”。怨者，“怨刺上政”（孔安国）。可以通过诗对现实社会政治生活进行批评。兴、观、群、怨是孔子的一个重要的美学思想，它总结了从远古至春秋的历史年代里人们对艺术认识的美学内容，开创了中国美学史上重视艺术的社会认识功用和情感教育特征之传统，对后世影响较深。王夫之认为：“于所兴而可观，其兴也深；于所观而可兴，其观也审。以其群者而怨，怨愈不忘；以其怨者而群，群乃益挚。”（《薑斋诗话·诗绎》）就是从诗通过形象，通过联想的方式认识世界、通过情感抒发而陶冶个体、感染个体，从而使个体自觉地把社会伦理规范当作自己的要求这一特征进行阐发。但孔子的这一美学思想又明显地具有伦理学特征。

绘事后素 孔子的美学命题。原为画法术语。《周礼·考工记·画缋》:"凡画缋之事后素功。"素者,白采也。郑玄注:"绘,画文也。凡绘画,先布众色然后以素分布其间,以其成文。"孔子与子夏论诗,子夏问:"'巧笑倩兮,美目盼兮,素以为绚兮,'何谓也?"子曰:"绘事后素。"曰:"礼后乎?"子曰:"起予者商也,始可与言《诗》已矣!"(《论语·八佾》)孔子以"绘事后素"为喻,即"暗喻美女虽有倩盼美质,亦须礼以成之"(郑玄注);郑玄引《论语》"绘事后素"为解,谓有美好面庞和美丽眼睛的女子,再加上白粉或白丝勾勒就绚然分明;《礼记·礼器》有:"甘受和,白受采,忠信之人,可以学礼",绘事后素,即谓有了美质,再加之脂粉则更显其美。如果一个人有忠、信的品质,加上彬彬有礼,就显得更加文雅高尚,子夏乃由"绘事后素"而体会到"礼后"之理。反映了孔子在"质"与"文"间,重质的倾向,"子曰:'丹漆不文,白玉不雕,宝珠不饰,何也?质有余者,不受饰也。'"(见《说苑·反质》)

乐可知 孔子的文艺思想。《论语·八佾》:"子语鲁太师乐,曰:'乐其可知也。始作,翕如也,从之,纯如也,皦如也,绎如也。以成。'"意谓器乐演奏的全过程是可知的。刘向《说苑·修文》载:"孔子曰:'……钟鼓之声,怒而击之则武,忧而击之则悲,喜而击之则乐,其志变,其声亦变。'"孔子不仅认为音乐的形式美是可知的,其抒发的内容也是可知的。乐与诗同,感发心志也,以乐可以观志。又"孔子学鼓琴于师襄,而谕文王之志,见微以知明矣。"(《淮南子·主术训》)音乐既有观志的特征,因此就不能为"乐"而"乐"。故孔子说:"乐云乐云,钟鼓云乎哉?"(《论语·阳货》)孔子还认为乐能沟通人们的思想情感。《论语·微子》:"楚狂接舆歌而过孔子曰:'凤兮凤兮!何德之衰?往者不可谏,来者犹可追。已而,已而!今之从政者殆而!'孔子下,欲与之言。趋而辟之,不得与之言。"另有"孺悲欲见孔子,孔子辞以疾。将命者出户,取瑟而歌,使之闻之。"(《论语·阳货》)乐可知,还在于"乐者通伦理者也"、"乐者德之华也"(《礼记·乐记》)。由乐可知其善恶:"子曰:'由之瑟奚为于丘之门?'门人不敬子路。子曰:'由也升堂矣,未入于室也。'"(《论语·先进》)乐正雅颂得所之事,而"子路鼓瑟有北鄙之声""杀伐之气",孔子恶之:"今由也匹夫之徒……有亡国之声,岂能保七尺之身哉!"(见刘向《说苑·修文》)孔子这一思想对后世影响颇大。

温柔敦厚 儒家对诗教目的与效果的一种概括。意为温和宽厚。《礼记·经解》:"孔子曰:'入其国,其教可知也:其为人也,温柔敦厚,《诗》教也。'"孔颖达疏:"温,谓颜色温润,柔,谓情性和柔。《诗》依违讽谏,不指切事情,故云温柔敦厚,是《诗》教也。"认为《诗经》中作品虽然对王室政治有所讽刺,但并不作直接尖锐的揭露,故能教人以温柔敦厚。它要求诗歌必须对人进行伦理道德的教化,使人性情柔和,待人宽厚,遵守礼教,并以此作为治国之本的一个方面。

有教无类 春秋孔子的教育主张。教育没有族类、种类的区别。把教育对象扩大到统治阶级成员以外,打破了周礼"学在官府",只准"国之贵游子弟学焉"(《周礼·地官·师氏》)的教育成规,推动了古代教育制度的改革和文化教育事业的发展。

举一反三 孔子提出的一种演绎类推方法和教学方法。《论语·述而》:"不愤不启,不悱不发,举一隅不以三隅反,则不复也。"朱熹《论语集注》:"愤者,心求通而未能之意。悱者,口欲言而未能之貌","物之有四隅者,举一可知其三。反者,还以相证之义"。孔子教人,常常引而不发,不急于告之全部结论。孔子认为如学生不能由一隅(角)而反思(推及)三隅,就不能再教他。这一方法更明确地限于由已知到未知的同类(四隅相同)相推。孔子认为只要是同类,都可用这种类推方法相推。如孔子就常常要求学生能"闻一知二"或"闻一知十"(《论语·公冶长》),因已知之"一"与未知之"二"或"十"都属同类。

温故知新 春秋孔子用语。从温习旧有的知识中获得新的理解和体会。《论语·为政》:"温故而知新,可以为师矣。"三国魏何晏《论语集解》:"温,寻也。寻绎故者,又知新者,可以为人师矣。"认为"知新"是在"温故"的过程中获得的。南宋朱熹作了阐述和发挥。将"温故"和"知新"两者看作辩证的联系。"温故方能知新,不温而求新,知则亦不可得而求矣"(《朱子语类》卷二十四)。又说:"新者只是故中底道理,时习得熟,渐渐发得出来。"(同上)没有"故"的知识基础,就不能有"新"的发展。肯定知识是一个积累的过程,但"知新"也必须涤去陈腐的"旧见"。指出"若不濯去旧见,何处得新意来"(《朱子语类》卷十一)。

小辨 春秋孔子所反对的一种思维方法。辨,区别,明察;小辨,细微之别。实即指诡辩。孔子认为:"辨而不小。夫小辨破言,小言破义,小义破道。"(见《大戴礼记·小辨》)《孔子家语·好生》篇载:孔子曰:"小辨害义,小言破道。《关雎》兴于鸟,而君子美之,取其雄雌之有别;《鹿鸣》兴于兽,而君子大之,取其得食而相呼;若以鸟兽之名嫌之,固不可行也。"可见孔子所说之"辨"指从实质上区分事物,小辨则指惑于名称而不知大义、大道,故曰"小辨害义"。以小辨理政,则无以明察为政之道,故"小辨害治"(《说苑·谈丛》),强调治国安邦必明大道、大义,方可依礼行事,纠缠于名词之细微区别则必失误。

九思 春秋孔子哲学、伦理思想的概念。指君子在求知、修身中应有九种思考。孔子说:"君子有九思:视思明,听思聪,色思温,貌思恭,言思忠,事思敬,疑思问,忿思难,见得思义。"(《论语·季氏》)意谓当其视,思考视明与否;当其听,思考听清与否;其脸色,考虑温和否;其容貌仪态,考虑庄矜否;其言语,考虑忠诚与否;其工作,思虑认真与否;其遇疑,考虑向人请教与否;其欲怒,考虑后患与否;其见可得,思虑当义与否。朱熹引程子曰:"九者各专其一”，又认为九思“非杂然而思也”（《朱子语类》卷四十六）。

三愆 春秋孔子用语。指言论失时的三种过错。《论语·季氏》：“侍于君子有三愆：言未及之而言，谓之躁；言及之而不言，谓之隐；未见颜色而言，谓之瞽。”即不该说而说，该说时不说，不能察颜观色而随便发议论。反映了孔子的处世思想。

三戒 春秋孔子用语。指戒色、戒斗、戒得。《论语·季氏》：“君子有三戒：少之时，血气未定，戒之在色；及其壮也，血气方刚，戒之在斗；及其老也，血气既衰，戒之在得。”属儒家道德修养的内容。

三友 春秋孔子用语。指三种交友之道。分有益的和有害的两类。《论语·季氏》：“益者三友，损者三友。”有益的指：“友直，友谅，友多闻。”有害的指：“友便辟，友善柔，友便佞。”北宋邢昺疏：“直谓正直，谅谓诚信，多闻谓博学。以此三种之人为友则有益于己也。”“便辟，巧辟人之所忌以求容媚者也。善柔谓面柔和颜悦色以诱人者也。便，辨也谓佞而复辨，以此三种之人为友则有损于己也。”（《论语注疏》），孔子强调慎重择人取友，把朋友列为人伦之一。主张交友以信。不要交于己无益有损之友，“无友不如己者”（《论语·学而》），“以友辅仁”（《论语·颜渊》），要通过交结益友，以帮助培养仁德。

三乐 春秋孔子用语。指人生的乐事。分为有益和有害的各三种。《论语·季氏》：“孔子曰：益者三乐，损者三乐。乐节礼乐，乐道人之善，乐多贤友，益矣。乐骄乐，乐佚游，乐宴乐，损矣。”有益的三种爱好：得到节制的礼乐，宣扬别人的好处，广交品德高尚的朋友。有害的三种爱好：骄侈，游荡，饮食荒淫。“乐节礼乐”、“乐骄乐”之前后二“乐”有别，前之“乐”意为爱好或嗜好，相当于“好之者不如乐之者”（《论语·雍也》），“知者乐水，仁者乐山”（同上）之“乐”。后之“乐”则为“乐其可知也”（《论语·八佾》）之“乐”。孔子认为，有益的爱好可以增进仁德，有害的爱好则损害仁德。为增进仁德，应做有益的爱好，不做有害的爱好。孟子提出君子有三乐，并加以具体阐述。《孟子·尽心上》：“君子有三乐，而王天下不与存焉。父母俱存，兄弟无故，一乐也；仰不愧于天，俯不怍于人，二乐也；得天下英才而教育之，三乐也。”除强调孝悌关系，为人处事中的乐事外，还特别重视为本阶级教育和培养人才，并以此为乐。此外，《列子·天瑞》提出为人、为男、为泰的三乐。反映了魏晋时代门阀士族腐朽的享乐观。

三变 春秋孔子用语。指君子道德风貌的三种表现。《论语·子张》：“君子有三变，望之俨然，即之也温，听其言也厉。”意谓从仪表上见其稳重庄严，与之交往时感其谦和可亲，听其言论认真确切。为孔子提倡的道德君子处事为人时应有的气度。

三畏 春秋孔子用语。《论语·季氏》：“君子有三畏：畏天命，畏大人，畏圣人之言。”认为必须敬畏主宰者的意志，周天子和各国诸侯的命令，文、武和周公传下的典籍训诰，不可违抗。

五德 儒家指温、良、恭、俭、让五种德性。《论语·学而》：“子贡曰：夫子温、良、恭、俭、让以得之。”南宋朱熹注：“五者，夫子之盛德，光辉接于人者也。”（《论语集注》）

浩然之气 战国孟子用语。指通过内心修养逐渐积累道义精神而产生的一种正义气概。《孟子·公孙丑上》：“我善养吾浩然之气”，“其为气也，至大至刚，以直养而无害，则塞于天地之间。其为气也，配义与道，无是馁也。是厚义所生者，非义袭而取之也。”南宋朱熹注：“浩然，盛大流行之貌。气，即所谓体之充者。”“至大，初无限量，至刚，不可屈挠，盖天地之正气。”（《孟子集注》）它盛大无限，不可屈挠，可以发挥出气吞山河的伟力。并认为具有浩然之气，可“使其行之勇决，无所疑惮”、“事皆合义”、“无所愧怍”（同上），达到“富贵不能淫，贫贱不能移，威武不能屈”（《孟子·滕文公下》）的道德境界，也体现了一种伟大的人格精神美。后世视为高风亮节和天地正气。

正气 亦称“浩然正气”。通常指大义凛然、坚贞不屈的气节操守。源自孟子的“浩然之气”。是通过修养集义与道而生的一种恢弘的精神气质，体现为“富贵不能淫，贫贱不能移，威武不能屈”（《孟子·滕文公下》）的“大丈夫”气概。后儒称之为“德操”、“名节”、“风骨”。宋末民族英雄文天祥身陷囹圄，不畏强暴，坚贞不屈，写下气壮山河的《正气歌》：“天地有正气，杂然赋流行，下则为河岳，上则为日星，于人曰浩然，沛乎塞苍冥。”“当其贯日月，生死无足论！”把“浩然之气”表述为“正气”——“浩然”，升华为崇高的民族气节和人格操守。随着《正气歌》和文天祥英雄事迹的广为流传，“浩然正气”成为大义凛然、坚持真理，不畏强暴，以身殉国的崇高品格和民族气节的代称，成为志士仁人和革命战士的精神支柱。参见“浩然之气”。

养气 战国孟子的一种修养方法。即“我善养吾浩然之气”（《孟子·公孙丑上》）。其“气”指一种无所畏惧、不可动摇的正气（或正义气概）。认为，养气首先要“持其志，无暴其气”，无论在何种情况下都不可动摇对道义的意志和信念。同时，“配义与道”，遵循道德规范，注意平时的道德意识和行为的积累。做到“心勿忘，勿助长”，“直养而无害”，久而久之，使气达到“至大至刚”、“塞于天地之间”的境界。参见“浩然之气”。

大体 战国孟子用语。指心。与“小体”相对。《孟子·告子上》：“从其大体为大人，从其小体为小人。”东汉赵岐注：“大体心思礼义，小体纵恣情欲。”（《孟子注疏》）南宋朱熹注：“大体，心也；小体，耳目之类也。”（《孟子集注》）意谓心是思维的器官，能思仁义，使人成为君子；耳目之类易被利欲蒙蔽，使人陷为小人。孟子还认为：“先立乎其大者，则其小者弗能夺也，此为大人而已矣。”（《孟子·告子上》）

小体 战国孟子用语。指耳目等。与“大体”相对。详“大体”。

天爵 战国孟子用语。爵，本指官位，这里指天赋予人的道德品质，对人爵而言。《孟子·告子上》："有天爵者，有人爵者。仁义忠信，乐善不倦，此天爵也；公卿大夫，此人爵也。"南宋朱熹《孟子集注》："天爵者，德义可尊，自然之贵也。"意谓善良的道德品质是天然生成的，爵禄官位是授予的，前者较后者更尊贵。

人爵 战国孟子用语。对天爵而言。指公卿大夫等官职禄位。《孟子·告子上》："有天爵者，有人爵者。仁义忠信，乐善不倦，此天爵也；公卿大夫，此人爵也。"又说："古之人修其天爵，而人爵从之。今之人修其天爵以要人爵；既得人爵，而弃其天爵，则惑之甚者也，终亦必亡而已矣。"（同上）意谓人应先完成道德修养，然后取得官位，而不应以道德作为得官的手段，得官后即放弃道德修养。

求放心 战国孟子用语。指通过找回丧失的"本心"，恢复善性，培养善德。《孟子·告子上》："学问之道无他，求其放心而已矣。"认为，"本心"即"良心"，是人皆有之的天赋德性，是人之为善的根源；其所以"为不善"，并非本性有别，在于后天受"物欲"所蔽而丧失天赋"良心"所致。道德修养的根本要求，就是"求其放心"，使天赋的本善"良心"不被陷溺，并扩而充之，达到至善的境界。亦即"存心"、"养心"，尤其强调"养心莫善于寡欲"，对宋明理学的"存理灭欲"和"复其初"（即"复性"）的道德修养论有重大影响。

先知先觉 儒家用语。认识与觉悟先于众人的人。孔子已有类似的论述。《论语·季氏》："生而知之者，上也；学而知之者，次也；困而学之，又其次也；困而不学，民斯为下矣。"《孟子·万章上》引伊尹言："天之生此民也，使先知觉后知，使先觉觉后觉也。予，天民之先觉者也。予将以斯道觉斯民也。非予觉之，而谁也。"东汉赵岐注："觉，悟也。天欲使先知之人悟后知之人。我，先悟觉者也。我欲以此仁义之道，觉悟此未知之民。"南宋朱熹注："知，谓识其事之所当然。觉，谓悟其理之所以然。觉后知后觉，如呼寐者而使之寤也。"（《孟子集注》）

后知后觉 认识与觉悟愚钝之人。详"先知先觉"。

践形 "践"指履；"形"指形色。践形指人性体现于形色。《孟子·尽心上》："形色，天性也；惟圣人然后可以践形。"清焦循注："形色即是天性……惟其为人之形、人之色，所以为人之性。圣人尽人之性，正所以践人之形。"（《孟子正义》）认为"形色"（泛指人的身体、感觉、欲望等）原是"人性善"的外部表现，但只有圣人才能通过"形色"把这一固有本性体现出来（"践"）。南宋朱熹认为"性即理"，说："惟圣人有是形，而又能尽其理，然后可以践其形而无歉也。"（《孟子集注》）明清之际王夫之重践形，以践形论证理欲统一："形之所成斯有性，情之所显惟其形。故曰：形色天性也，惟圣人然后可以践形。"（《周易外传》卷一）并以"践形"为人生准则："人之体惟性，人之用惟才。……形者性之凝，色者才之撰也。故曰汤武身之也。谓即身而道在也。……性焉安焉者，践其形而已矣。"（《尚书引义》四）清戴震亦讲践形，把"践形"看作是人的形质利用不失于"人之道"者。"人之形，官器利用大远于物，然而于人之道不能无失，是不践此形也，犹言之而行不逮，是不践此言也。"（《孟子字义疏证·才》）与王夫之的观点颇相近。

四端 战国孟子用语。指仁、义、礼、智四德的端绪、萌芽。《孟子·公孙丑上》："恻隐之心，仁之端也；羞恶之心，义之端也；辞让之心，礼之端也；是非之心，智之端也。"是人皆有之的四种天赋的道德属性。"非由外烁我也，我固有之也，弗思耳矣。故曰：'求则得之，舍则失之。'"（《告子上》）只要充分发挥"四端"之心，即可成就"四德"之善。并由此论证人性本善，为后儒的性善论和道德先验论奠定了理论基础。南宋朱熹发展了孟子这一思想，提出性情、体用之说。认为四端是情，仁、义、礼、智是性，"恻隐、羞恶、辞让、是非，情也；仁、义、礼、智，性也。心统性情者也"（《孟子集注》）。性是心之未发，情是心之已发，"未发则具仁、义、礼、智、信之性以为之体，已发则有恻隐、羞恶、恭敬、是非、诚实之情以为之用"（《朱子语类》卷四）。有体而后有用，情是性的表现。但由情可以知性之有，即"因用以著其本体"。

恻隐之心 战国孟子用语。指同情心。《孟子·告子上》："恻隐之心，人皆有之。"《孟子·公孙丑上》："恻隐之心，仁之端也。"南宋朱熹注："恻隐，善恶，辞让，是非，情也"，"端，绪也"（《孟子集注》）。人都有同情心，同情心是仁的萌芽，是先天就有，与生俱来的。

羞恶之心 孟子指一种天赋的羞耻心。《孟子·告子上》："羞恶之心，人皆有之。"又认为人天生就有的羞耻心是"义"的萌芽："羞恶之心，义之端也。"（《孟子·公孙丑上》）

恭敬之心 孟子指一种天赋的谦让心。又称"辞让之心"。《孟子·告子上》："恭敬之心，人皆有之。"人天生就有的礼让心。是"礼"的萌芽。"辞让之心，礼之端也。"（《孟子·公孙丑上》）

是非之心 孟子指一种天赋的分辨是非之心。《孟子·告子上》："是非之心，人皆有之。"人天生的分辨是非的思想（能力）是"智"的萌芽："是非之心，智之端也。"（《孟子·公孙丑上》）

良知 先天具有的道德善性和认识本能。语出《孟子·尽心上》："人之所不学而能者，其良能也；所不虑而知者，其良知也。"其表现如"孩提之童，无不知爱其亲者；及其长也，无不知敬其兄也"（同上）。指"恻隐之心人皆有之"这类与生俱来的仁、义、礼、智的"善端"。又认为"仁义礼智皆根于心"，故"良知"为心之本体，"我"之主宰，一切意识和德性皆出于此。后世学者所说"良知"，大都没能超出孟子原意。北宋张载说"诚明所知，乃天德良知"（《正蒙·诚明》），视"良知"为先天为善的"德性之知"。明王守仁作了进一步阐发，以"良知"作为其哲学体系的基础。认为“良知”为“人人之所同具也”，“不假外求”，“见父自然知孝，见兄自然知弟”（《答顾东桥书》）。又认为：“良知者，心之本体。”“心之虚灵明觉即所谓本然之良知。”（同上）“良知”亦是“天理之昭明灵觉处，故良知即是天理”（《答欧阳崇一书》），“良知只是个是非之心，是非只是个好恶”（《传习录》下）。认为私欲乃“良知之蔽”，从而提出“致良知”。进而断言：“良知是造化的精灵”，“天地无人的良知，亦不可为天地矣”（同上）。肯定“良知”为天地之源和万物变化的主宰。近代章炳麟则专以“是非之心”言“良知”，断言：“良知犹佛家言本觉”（《葑汉昌言》），以佛学观点解释“良知”。

良能 天生具备的实现天赋道德观念的能力。语出《孟子·尽心上》：“人之所不学而能者，其良能也。”南宋朱熹注：“良者，本然之善也。”（《孟子集注》）但没有指出与生物性本能的区别。明清之际王夫之《张子正蒙注·乾称篇》：“耳目官骸亦可状之象，凝滞之质，而良知良能之灵无不贯彻，盖气在而神与性偕也。”认为良能有“灵”有“神”，耳目官骸的本能为“凝滞之质”，耳目官骸没有“良知良能之灵”的贯彻，就不能使人成为秀而灵者。提出了良能与耳目等感官的生物性本能的区别。李颙则明确指出“良能”为人人具有的“灵原”，说：“人人具有的灵原，良知良能，遂感而应。”（《二曲集·学髓》）参见“良知”。

良贵 战国孟子用语。指人天生的善性美德。即“天爵”。《孟子·告子上》：“人人有贵于己者，弗思耳。人之所贵者，非良贵也，赵孟之所贵，赵孟能贱之。”南宋朱熹《孟子集注》：“贵于己者，谓天爵也。”“人之所贵，谓人以爵位加己而后贵也。”“能以爵禄与人而使之贵，则亦能夺之而使之贱矣。若良贵，则人安得而贱之哉？”意谓天生的善性美德，别人是无法剥夺的。

仁义 儒家伦理思想的核心范畴。春秋战国时期，仁义并举，始于墨子：“今天下王公大人士君子，中情将欲为仁义，求为上士。”（《墨子·尚同》）《老子》又有“大道废，有仁义”之说。在儒家，孔子言仁、义。孟子把两者统一起来：“人之所以异于禽兽者几希，庶民去之，君子存之。舜明于庶物，察于人伦，由仁义行，非行仁义也。”（《孟子·离娄下》）以“仁义”为处理人伦关系的基本原则。并与“利”相对，“何必曰利，亦有仁义而已矣”。又说：“人皆有所不忍，达之于其所忍，仁也；人皆有所不为，达之于其所为，义也。”（《孟子·尽心下》）两者的关系是：“仁，人心也”，即爱人之心；“义，人路也”，即要求区别行为之所当为与不当为。爱人要根据“义”的原则，“居仁由义”，爱所当爱。但强调以“亲亲有术”、“爱有差等”为前提。《易传》则以“天、地、人三才之道”立论，提出：“立人之道，曰仁与义。”汉儒董仲舒以人我之别释仁义：“《春秋》之所治，人与我也。所以治人与我者，仁与义也。以仁安人，以义正我。……仁之法，在爱人，不在爱我；义之法，在正我，不在正人。我不自正，虽能正人，弗与为义；人不被其爱，虽厚自爱，不予为仁。”（《春秋繁露·仁义法》）主张察“仁义之别”以“纪人我之间”，维护等级关系之不乱。唐韩愈攘斥佛老，复兴儒术，认为：“凡吾所谓道德云者，合仁与义言之也。”（《原道》）并释仁、义为：“博爱之谓仁，行而宜之之谓义，由是而之焉之谓道，足乎己无待于外之谓德。”（同上）用“仁义”概括儒家所谓“道德”，视之为儒家“道统”的核心，首开宋明理学（道学）的先河。

仁义礼智 亦称“四德”。中国儒家伦理思想的基本范畴。春秋时自孔子始分别述之，孟子进而系统化、理论化为一有机序列。《孟子·离娄上》：“仁之实，事亲是也；义之实，从兄是也；智之实，知斯二者弗去是也；礼之实，节文斯二者是也。”智为道德理性，礼指礼仪文饰，两者皆服务于仁、义。“四德”皆来源于天赋的人性“四端”之心。后儒又加一“信”字，合为“五常”。西汉董仲舒《举贤良对策》：“夫仁、谊（义）、礼、知、信五常之道，王者所当修饰也。”并用以配合“三纲”。南宋朱熹将“五常”表述为“四德”。认为“信”即体现于四德，不必与仁、义、礼、智并举。“信是诚实此四者，实有是仁，实有是义，礼智皆然。如五行之有土，非土不足以载四者。”（《朱子语类》卷六）而四德之中又以“仁”为统摄，提出“仁包四德”。并把“四德”升华为形而上的“天理”，“且所谓天理，复是何物？仁义礼智，岂不是天理！”（《朱子文集》卷五十九）又说：天理中“含具万理，而纲领之大者有四，故命之曰仁义礼智”（《朱子文集》卷五十八）。对“四德”作了客观唯心主义的哲学总结，使之成为宇宙的本体、道德的本原。

人伦 儒家用语。《说文》释“伦”为“辈”，引申为“同类之次”，又释为“道”。其义为同类事物按次序而各有其道。就人类言，即指人际关系之次及其道德要求。《论语·微子》已有“大伦”一词，以概括“长幼之节”、“君臣之义”。孟子首倡“人伦”，其内容较“大伦”有进一步扩展：“人之有道也，饱食、暖衣、逸居而无教，则近于禽兽。圣人有忧之，使契为司寇，教以人伦：父子有亲，君臣有义，夫妇有别，长幼有叙，朋友有信。”（《孟子·滕文公上》）概括了封建社会的主要伦理关系。并认为尧舜等圣人是人伦的楷模，“圣人，人伦之至也”（《孟子·离娄上》）。《荀子·儒效》也说：“人主之所以为群臣寸尺寻丈检式也，人伦尽矣。”《礼记·中庸》视之为“天下之达道也”，后儒又直称为“五伦”。同时又提出“伦理”一词。

性善论 中国古代一种主张人性本善的理论。战国时孟子首先提出。他认为人性即“人所以异于禽兽”的本质属性，具体指“恻隐”、“羞恶”、“辞让”、“是非”等四种道德心理，它们是仁、义、礼、智四德的根始：“恻隐之心，仁之端也；羞恶之心，义之端也；辞让之心，礼之端也；是非之心，智之端也。”其皆“非由外铄我也，我固有之”，“凡有四端于我者，知皆扩而充之矣，若火之始然，泉之始达。”（《孟子·公孙丑上》)肯定"四德"之善是"四端"之心的扩充和发展,此"乃若其(人性'四端')情,则可以为善矣,乃所谓善也"(《孟子·告子上》)。并视此"善性"为"不虑而知"的先验"良知","不学而能"的天赋"良能",合而谓之"良心"。南宋朱熹注:"良者,本然之善也。"(《孟子集注》)又认为本善之性是"圣人与我同类者",为"人皆有之"的人类共性,主张人性平等,肯定"人皆可以为尧舜"。而人有为不善者,其原因不在于人性本身,是由于后天环境浸染和主观不努力,从而"放其良心"、"失其本心"所致。"富岁子弟多赖,凶岁子弟多暴,非天降才殊尔也,其所以陷溺其心者然也。"(《孟子·告子上》)后儒的人性论虽各具形式,但大多都肯定人性中具有为善的心理根据,并赋予"无不善"的价值规定,以为人性之根本。北宋程颐说:"孟子所言,便正言性之本。"(《二程遗书》卷十九)成为中国古代人性论的基本倾向。

性无善无不善 战国告子的人性论观点。语见《孟子·告子上》。从"生之谓性"立论,认为人的自然属性本不具道德意义,善恶的产生乃后天习俗所致。"性犹湍水也,决诸东方则东流,决诸西方则西流。人性之无分于善不善也,犹水之无分于东西也。"(《孟子·告子上》)还以杞柳为喻:"性犹杞柳也,义犹桮棬也;以人性为仁义,犹以杞柳为桮棬。"看到"性"和"仁义"道德的联系与区别,对以后人性论的发展产生了一定的影响。北宋王安石认为性生情,"有情然后善恶形为",情"当于理",则善;"不当于理",则恶。"而性不可以善恶言也"(《原性》)。明清之际王夫之提出"性日生则日成","习成而性与成",认为纯疵、善恶并不决定于初生"顷命"之性,而主要由后天"习成",体现于现实人性即"成性"之中。近代康有为曾肯定告子之说:"凡论性之说,皆告子是而孟子非。"认为:"性者,生之质也,未有善恶。"(《万木草堂口说》)而人之为善或为恶则决定于后天的"学",否定了善恶天赋的道德先验论。

生之谓性 中国古代的一种人性界说。由战国告子提出。《孟子·告子上》:"告子曰:'生之谓性。'"又说:"食色,性也。"认为生而具有的食、色自然本能就是人的本性。以为"人性之无分于善不善也,犹水之无分于东西"(同上)。是一种典型的自然人性论的观点。以后,战国末荀子谓:"生之所以然者谓之性"(《荀子·正名》),"若夫目好色,耳好声,口好味,心好利,骨体肤理好愉佚,是皆生于人之性情者也。"(《荀子·性恶》)韩非说:"夫民之性,恶劳而乐佚。"(《韩非子·心度》)北宋王安石的"性情一也":"喜、怒、哀、乐、爱、恶、欲未发于外而存于心,性也;喜、怒、哀、乐、爱、恶、欲发于外而见于行,情也。"(《性情》)清颜元的"男女者,人之大欲也,亦人之真情至性也。"(《四存编·存人编》)和戴震的"血气心知,性之实体也"(《孟子字义疏证》上),都从不同角度体现了"生之谓性"的特点。至近代,康有为曾明确表示:"性者,生之质也,未有善恶"(《万木草堂口说》),认为"求乐免苦",即是人的本性,肯定了告子的人性界说。

才性 指才与性的关系。才指材质;性指人之本性。在先秦时孟子以人生来具有的仁、义、礼、智四端为性,故认为人性皆善,"若夫为不善,非才之罪也","不能尽其才者也"(《孟子·告子上》)。肯定了才与性是一致的。东汉王充认为人性有善、中、恶之分,故由不同的人性而决定各异的才质。"人性有善有恶,犹人才有高有下也,高不可下,下不可高。"(《论衡·本性》)宋儒亦常谈才性,北宋程颐说:"性出于天,才出于气";"才则有善与不善,性则无不善"(《遗书》卷十九)。南宋朱熹以"才"为"性"的先验的能力,"人之有才者,出来做得事业也。是它性中有了,便出来做得"(《朱子语类》卷五)。"人有是性,则有是才。性既善则才亦善"(《孟子集注》)。肯定性善才亦善,与程颐之说稍异。清颜元认为:"才非他,即性之能也;气质非他,即性情才之气质也。"气质是纯善的,舍气质则无所谓性,故"性、情、才之皆善"(《存性篇》卷一)。与二程说法不同,戴震则以才为性的外在表现,"各如其性,以有形质,而秀发于心,征于貌色声曰才"(《原善》);"由成性各殊,故才质亦殊。才质者,性之所呈也"(《孟子字义疏证·才》)。才与性是相依存而不可分的。

尽心知性 儒家倡导的一种反省内心的认识方法和道德修养方法。《孟子·尽心上》:"尽其心者,知其性也,知其性则知天矣。"东汉赵岐注:"性有仁义礼智之端,心以制之,惟心为正。人能尽极其心,以思行善,则可谓知其性矣;知其性,则知天道之贵善者也。"认为心、性、天三者是统一的。恻隐、羞恶、辞让、是非之心是人性,即仁义礼智之端,充分发挥心之善端,便能认识人性,并能进而认识"天"。宋明以后理学家发挥了孟子的思想。南宋朱熹认为,性是心中所具之理,"尽心知性"即为尽心知理,"极其心之全体而无不尽者,必其能穷夫理而无不知者也"(《孟子集注》)。明王守仁则认为,性是心之体,"尽心即是尽性,惟天下至诚为能尽其性,知天地之化育"(《传习录》上)。

反求诸己 战国孟子用语。指反躬自责,对自己的行为进行自我反省。《孟子·公孙丑上》:"仁者如射,射者正己而后发,发而不中,不怨胜己者,反求诸己而已矣。"认为践履道德好比射箭,如果没有达到预期目的,就应反躬自责,检查自己的动机和行为是否端正。"爱人不亲,反其仁;治人不治,反其智;礼人不敬,反其敬。行有不得者,皆反求诸己,其身正而天下归之。"(《孟子·离娄上》)只要自己的行为、动机端正,自会得到天下人的归顺和拥戴。与孔子的"内自省"、"内自讼"相一致,都是道德修养的一种方法和途径。后世又有"躬自厚而薄责于外"、"自责以备"而不"责人以备"、"责己严,责人宽"之说,皆与"反求诸己"义通。

知类 孟子关于对种类关系的比较、分析、类推从而认识类的本质的认识方法。他用"知类"的方法,试图揭示人类区别于动物的本质。认为"凡同类者,举相似也"(《孟子·告子上》)。既然人类于

"味"、"声"、"色",有"同耆"、"同听"、"同美",那么"至于心,独无所同然乎?心之所同然者何也?谓理也,义也"(同上)。如果对人性的本质不认识、不追求,而只注意非本质的枝节,孟子称之为"不知类"。如"人有鸡犬放,则知求之;有放心,而不知求"(同上)。对"非疾痛害事"的次要方面,知其"不若人",而"心不若人,则不知恶,此之谓不知类也"(同上)。

知言 中国古代哲学用语。"知",指分析、了解。即通过言辞而察知其真意。《论语·尧曰》:"不知言,无以知人也。"《孟子·公孙丑上》:"何谓知言?曰:'诐辞知其所蔽,淫辞知其所陷,邪辞知其所离,遁辞知其所穷。'"南宋朱熹注:"人之有言,皆本于心……即其言之病,而知其心之失。"(《孟子集注》)孟子又说:"我知言,我善养吾浩然之气。"(《孟子·公孙丑上》)孟子认为自己有两个长处:一是"知言";二是"善养浩然之气"。"知言",主要是善于分析四类言辞:不全面的言辞,即"诐辞";过分的言辞,即"淫辞";不合正道的言辞,即"邪辞";掩饰理穷的言辞,即"遁辞"。不仅如此,孟子认为"知言"还在于进一步找到四类言辞的症结所在。这就是"诐辞知其所蔽,淫辞知其所陷,邪辞知其所离,遁辞知其所穷"(同上)。要真正做到"知言",必须遵循"知人论世"(《孟子·万章下》)和"以意逆志"(同上)两条原则。

淫辞 孟子指邪恶惑乱之辞。《孟子·滕文公下》:"距杨墨,放淫辞,邪说者不得作。"孟子的"淫辞"指杨朱、墨翟的学说。孔子之后,诸子百家蜂起,孟子从儒家角度认为:"处士横议,杨朱、墨翟之言盈天下。""杨氏为我,是无君也;墨氏兼爱,是无父也。无父无君,是禽兽也。"(《孟子·滕文公下》)故孟子以"正人心,息邪说,距诐行,放淫辞"(同上)为己任。"淫辞"另有过分失实之意。《孟子·公孙丑上》:"淫辞知其所陷。"赵岐注:淫辞为"淫美不信之辞"。参见"知言"。

去利怀义 战国孟子用语。《孟子·告子下》:"为人臣者怀仁义以事其君,为人子者怀仁义以事其父,为人弟者怀仁义以事其兄,是君臣父子兄弟去利怀仁义以相接也,然而不王者未之有也。"反之,"君臣父子兄弟终去仁义怀利以相接,然而不亡者未之有也"。认为君臣父子兄弟皆为"利吾",以利相待,就会使人人"后义而先利,不夺不厌",造成"上下交征利而国危矣"(《孟子·梁惠王上》),并视"为利"为盗跖之志,争夺之源,把利与义对立起来,由此提倡"何必曰利?亦有仁义而已矣!"(同上)反映了孟子的义利观。

舍生取义 战国孟子用语。指以道义为人生最高价值。《孟子·告子上》:"生亦我所欲也,义亦我所欲也;二者不可得兼,舍生而取义者也。"认为对于人生来说,"义"的价值比生命更为需要,且"人皆有之"。"一箪食,一豆羹,得之则生,弗得则死,嘑尔而与之,行道之人弗受,蹴尔而与之,乞人不屑也"(《孟子·告子上》)。即使是饥者、乞丐,宁愿饿死也要维护自己的人格尊严。认为人若树立了这样的人生价值观,就能"不为苟得",不避患难,做到"富贵不能淫,贫贱不能移,威武不能屈"(《孟子·滕文公下》),以至"舍生而取义"。这种"大丈夫"气概,在历史上产生了积极的作用。与孔子"杀身成仁"、墨子"贵义于其身"、荀子"畏患而不避义死"一起,成为中国传统道德的优良部分。

亲亲仁民爱物 儒家伦理思想。以为君子用恩应循先亲、次民、后物的次序。《孟子·尽心上》:"君子之于物也,爱之而弗仁;于民也,仁之而弗亲。亲亲而仁民,仁民而爱物。""物",凡可以养人者也,故当爱育之,但不施于仁;"民",得天下之本,故当施以仁政,推恩于民;"亲",己之血缘亲族,故当亲之。东汉赵岐注:"先亲其亲戚,然后仁民;仁民然后爱物。用恩之次也。"言"亲"、"民"、"物"有别,故"君子布德,各有所宜"。南宋朱熹进而认为:"亲亲、仁民、爱物,三者是为仁之事。亲亲是第一件事。"(《朱子语类》卷二十)体现了中国封建社会爱有差等的原则。

仁内义外 战国告子的伦理主张。《孟子·告子上》:"告子曰:'食色,性也。仁,内也,非外也;义,外也,非内也。'"认为爱亲(仁)出于我所乐为,"吾弟则爱之,秦人之弟则不爱也,是以我为悦者也,故谓之内。"而敬长(义)则从乎外在之长者而为,"长楚人之长,亦长吾之长,是以长为悦者也,故谓之外也。"《管子·戒》谓:"仁从中出,义从外作",其义亦然。孟子则以为仁和义皆出于我心中之所悦为。义不在长者,生于我对长者的恭敬。后期墨家进而驳诘说:"仁,爱也;义,利也。爱、利,此也;所爱、所利,彼也。爱,利不相为内、外;所爱,所利亦不相为外、内。"(《墨子·经说下》)认为爱(仁)、利(义)都是内,所爱、所利皆为外,而"仁内义外"说却把以"仁,内也;义,外也,举'爱'与'所利'也"(同上)。把"(能)爱"与"所利"联系起来,偷换了"义"的含义,逻辑上犯了不同类相举即"狂举"的错误。

执一 孟子用语。指固执一义,不知变通。《孟子·尽心上》:"执中无权,犹执一也。所恶执一者,为其贼道也,举一而废百也。"东汉赵岐注:"执中而不知权,犹执一介之人,不知时变也。"

仁义为美 战国孟子用语。指仁义等道德精神的美。《孟子·公孙丑下》:"齐人无以仁义与王言者,岂以仁义为不美也?"认为人的内在道德精神能够表现于人的外在形体。"君子所性,仁义礼智根于心,其生色也,睟然见于面,盎于背,施于四体,四体不言而喻。"(《孟子·尽心上》)表现于外在形体的道德精神同样能引起人的审美愉快。"仁之实,事亲是也;义之实,从兄是也。""乐斯二者,乐则生矣;生则恶可已也,恶可已,则不知足之蹈之手之舞之。"(《孟子·离娄上》)反映出孟子把美与善相联系,并把人格精神视为审美对象,认为它能带来审美快感的观点。

充实之谓美 战国孟子用语。指个体通过自觉的努力,把他的仁义等善的本性扩展贯注于全人格之中，并表现于外在的感情形式，即成为美的人。《孟子·尽心下》："可欲之谓善，有诸己之谓信，充实之谓美。"东汉赵岐注："充实善信，使之不虚，是为美人，美德之人也。"（《孟子注疏》）孟子将个体人格分为善、信、美、大、圣、神六等，认为美的人必须具有仁义道德的内在品质，并表现充盈于外在形式。这一命题发展了孔子关于美与善内在一致性的观点，对后代学者影响颇大。西汉扬雄提出："君子言则成文，动则成德"，"以其绷中而彪外也。"（《法言·君子》）北宋张载明确提出"充内形外之谓美"（《正蒙·中正》）。

与民同乐　战国孟子的政治伦理思想。《孟子·梁惠王下》："今王鼓乐于此，百姓闻王钟鼓之声，管竽之声，举欣欣然有善色而相告曰：吾王庶几无疾病与，何以鼓乐也？……此无他，与民同乐也。"认为王能施仁政于民，民由是受到惠益，故王鼓乐而民有喜色，上下和调，而王天下。"今王与百姓同乐，则王矣。"东汉赵岐说："人君田猎以时，钟鼓有节，发政行仁，民乐其事，则王道之阶，在于此矣。故曰：'天时不如地利，地利不如人和。'"（《孟子注疏》）体现了儒家"仁政"说的基本思想。

助而不税　战国孟子思想。《孟子·公孙丑上》："耕者助而不税，则天下之农皆悦。"助，井田制的政策，东汉赵岐注："助者井田什一，助佐公家治公田。"孟子提倡井田制，《孟子·滕文公上》说："方里而井，井九百亩，其中为公田。八家皆私百亩，同养公田。公事毕，然后敢治私事。"种公田就是"助"。孟子认为只要种好公田就不必再征税。为孟子提出"无敌于天下"的五项政策之一。参见"法而不廛"。

法而不廛　战国孟子思想。《孟子·公孙丑上》："市廛而不征，法而不廛。"廛（chán 蝉）市房。《礼记·王制》："市廛而不税。"郑玄注："廛，市物邸舍。税其舍不税其物。"孔孟都强调"德治"，但孟子的思想更趋实际。他认为要使国家"无敌于天下"应采取五项政策，使"士"、"商"、"旅"、"农"、"天下之人"都高兴。"法而不廛"就是使"天下之商皆悦"的一项政策。孟子认为应该在市场上提供储藏货物的场地并免除税征，依法征购货物而不让它堆滞在场地上。《周礼·地官·廛人》郑众注："其有货物久滞于廛而不售者，官以法为居取之，故曰'法而不廛'。"

讥而不征　战国孟子思想。《孟子·公孙丑上》："关讥而不征，则天下之旅皆悦。"讥，查问。《礼记·王制》："关讥而不征"孔颖达《正义》："讥谓呵察，公家但呵察非违，不税行人之物。"只稽查而不征税是孟子提出能"无敌于天下"的五项政策之一。参见"法而不廛"。

知天　战国荀子用语。指顺应自然而役使万物。《荀子·天论》："其行曲治，其养曲适，其生不伤，夫是之谓知天。"认为人正确利用认识器官，适应自然，就能"知其所为，知其所不为"，使"天地官而万物役"（同上），做到言行都合治，奉养都适度，一生都不受损伤，这就是"知天"。

天人之分　肯定天与人、自然界与人类社会的不同和区别的观点。战国荀子首先明确提出"天人之分"，"天行有常，不为尧存，不为桀亡……强本而节用，则天不能贫；养备而动时，则天不能病；修道而不贰，则天不能祸……故明于天人之分，则可谓至人矣。"（《荀子·天论》）认为自然界有其自己的运行规律，它不会因为人而存亡，与人类社会的贫病灾祸没有必然的联系，贫富祸福是人自己造成的。否定了天有意志，可以主宰人的命运的观点。并强调人能认识和利用自然界，"制天命而用之"。唐刘禹锡著《天论》，也强调天人之分，认为："天，有形之大者也；人，动物之尤者也。天之能，人固不能也；人之能，天亦有所不能也。""天之道在生植，其用在强弱；人之道在法制，其用在是非。"并且提出："气雄相君，力雄相长，天之能也"；"义制强讦，礼分长幼，右贤尚功，建极闲邪，人之能也"。在自然界是气强有力者占先，在人类社会中是礼义贤者得尚，认识到自然界和人类社会的发展具有不同的准则。

制天命　战国荀子用语。《荀子·天论》："大天而思之，孰与物畜而制之！从天而颂之，孰与制天命而用之！"与其思慕、歌颂天之宏伟，不如宰制天而使之为人所用，做到"天之所覆，地之所载，莫不尽其美，致其用"（《王制》）。吸收了道家天道自然无为的合理成分，又克服了庄子"蔽于天而不知人"（《解蔽》）的消极思想，提出人定胜天、改造自然的思想。

天官　战国荀子用语。指耳、目、鼻、口、形体等感觉器官。《荀子·天论》："耳目鼻口形能各有接而不相能也，夫是之谓天官。"认为认识首先要"缘天官"，通过感官和外界事物接触。人的视、听、嗅、味、触等感觉器官的职能不能互相代替和借用。

天官意物　战国荀子用语。《荀子·正名》："凡同类同情者，其天官之意物也同；故比方之疑似而通。是所以共其约名以相期也。"认为人类的感官对同类事物的感觉、印象是相同的，经过比较、归类，按其相似的方面起一个通用的名称（形或概念），以交流思想。参见"天官"。

天君　战国荀子用语。指人的思维器官"心"。《荀子·天论》："心居中虚，以治五官，夫是之谓天君。"认为"心"的作用高于感官，能验证、辨别感官的认识，但又强调其须依赖天官。

天职　战国荀子用语。指自然的职能。《荀子·天论》："不为而成，不求而得，夫是之谓天职。"认为四时运行，百物生养，是自然的职能。提出："天职既立，天功既成，形具而神生"（《天论》），正是由于自然的职能和功效，人才具备了形体，精神也随之而产生。

天情　战国荀子用语。指人类自然具有的情感、欲望。《荀子·天论》："形具而神生，好恶喜怒哀乐臧焉，夫之谓天情。"唐杨倞注："天情，所受于天之情也。"

天养　战国荀子用语。指人类利用自然界的万物来养活自己。《荀子·天论》："财非其类以养其类，夫是之谓天养。”唐杨倞注：“财与裁同。”饮食、衣服，与人异类，裁而用之，可使养口腹形体。

天政 战国荀子用语。指人类正常生活需要遵守的自然规则。《荀子·天论》：“顺其类者谓之福，逆其类者谓之祸，夫是之谓天政。”适应人类生理需要来奉养人是福；反之，是祸。

天德 指符合仁义的政治与道德境界。《荀子·不苟》：“诚心守仁则形，形则神，神则能化矣；诚心行义则理，理则明，明则能变矣。变化代兴，谓之天德。”《荀子·王制》：“夫是之谓天德，是王者之政也。”《礼记·中庸》：“苟不固聪明圣知达天德者，其孰能知之？”指不被人欲所蔽的天赋道德。北宋程颢认为“圣贤论天德，盖谓自家元是天然完全自足之物，若无所污坏”（《遗书》卷一），“人心莫不有知，惟蔽于人欲，则亡天德也”（《遗书》卷十一）。另墨子称“兼爱”为顺天意，合仁义，“上利乎天，中利乎鬼，下利乎人，三利无所不利，是谓天德”（《墨子·天志中》）。

天功 战国荀子用语。指天生养万物的自然功效。《荀子·天论》：“万物各得其和以生，各得其养以成，不见其事而见其功，夫是之谓神。皆知其所以成，莫知其无形，夫是之谓天〔功〕。”唐杨倞注：“言天道之难知，或曰当为夫是之谓天功。”

征知 战国荀子用语。“征”指验证。“知”指知识。心所具有的验证、辨别感官认识的能力。《荀子·正名》：“心有征知。征知，则缘耳而知声可也，缘目而知形可也。”认为没有心的“征知”，“心不使焉，则黑白在前而目不见，雷鼓在侧而耳不闻”（《解蔽》），但又强调指出征知对天官（感觉器官）活动的依赖，“然而征知必将待天官之当薄其类然后可也”（《正名》）。

虚一而静 战国荀子用语。《荀子·解蔽》：“人何以知道？曰：心。心何以知？曰：虚一而静。”虚，不以已有知识妨碍所将接受的新知识，“不以所已藏害所将受，谓之虚”；一，不以见他物而分心，妨碍认识此物，“不以夫一害此一，谓之壹”；静，不以胡思乱想扰乱正常的思维。“不以梦剧乱知，谓之静。”意谓虚心、专一而冷静地观察事物，才能获得正确的知识。强调心达到“虚一而静”，便可使理性达到“大清明”状态，以至万物“莫形而不见，莫见而不论，莫论而失位”（同上）。体现了荀子在认识论上具有朴素唯物主义反映论，也触及要求在审美过程中排除物欲杂念、聚精会神的特点。对后代的审美理论影响较大。

形具神生 战国荀子用语。指人的形体具备以后就会产生精魄情感。《荀子·天论》：“形具而神生，好恶喜怒哀乐臧焉，夫是之谓天情。”在形神关系实即物质与精神关系上，主张精神依赖于物质、为物质所派生。这一观点为东汉桓谭、王充，南朝齐梁时范缜继承和发展。

大清明 战国荀子用语。指认识上完全透彻、无所偏蔽的境界。《荀子·解蔽》：“虚壹而静，谓之大清明。”荀子作为儒者，他的哲学认识论不仅接受了孔子“学知”、“思明”的思想，而且还深受稷下黄老学派的影响。“大清明”概念的提出即是如此。孔子虽然也曾讲过通过“浸润”、“肤受”般的经验之日积月累，达到“明”的境界（见《论语·颜渊》），但荀子的“大清明”显然来自《管子·内业》：“鉴于大清，视于大明。”荀子以为“人心譬如槃水，正错而勿动，则湛浊在下而清明在上，则足以见须眉而察理矣。”（《解蔽》）即是说如果“心”能保持“大清明”状态，不为外物所干扰，就可以全面认识事物而不为一隅所蔽，并能够判定是非，解决嫌疑。所谓“万物莫形而不见，莫见而不论，莫论而失位。坐于室而见四海，处于今而论久远，疏观万物而知其情，参稽治乱而通其度，经纬天地而材官万物，制割大理，而宇宙理矣。”（同上）以为达于“大清明”状态也即达于圣人之道。参见“虚一而静”。

性恶论 战国荀子关于人性本恶的理论。主张论性必先明“性伪之分”：“不可学，不可事而在人者，谓之性；可学而能，可事而成之在人者，谓之伪。”（《荀子·性恶》）“目好色，耳好声，口好味，心好利，骨体肤理好愉佚”等不待事而后生的感性欲望就是“人之所生而有”的自然本性。礼义道德则是后天的人为。强调：如“从人之性，顺人之情，必出于争夺，合于犯分乱理而归于暴，故必将有师法之化，礼义之道（导），然后出于辞让，合于文理，而归于治。用此观之，然则人之性恶明矣，其善者伪也”（同上）。认为孟子视人性为善，“是不及知人之性，而不察乎人之性伪之分者也”（同上）。否定善的先验论，而赋予人的自然属性以恶的价值评价，或以自然属性为后天行为恶的根源。据此论证了礼义的起源和礼法兼治的必要性和合理性。同时又为“化性起伪”的道德教育和道德修养提供了理论依据。其所谓的“性”，实即后儒所说的“情”。汉以后，由于正统儒家一般都尊德性而贬情欲，“性恶论”的影响不及“性善论”大，但在“情”的问题上，如唐李翱的“性善情恶”，宋程朱理学的所谓“气质之性”等，实际上都吸取了荀子的观点。清戴震指出：“荀子之所谓仁义，即宋儒之所谓理；荀子之所谓性，即宋儒之所谓气质。”（《绪言》下）

化性起伪 战国荀子的伦理思想。从“性伪之分”立论，认为人“好利而恶害”之性虽“天之就也”，“然而可化也”；而礼义道德虽“非吾所有也，然而可为也”（《荀子·儒效》），是可以通过人的努力即“起伪”而积成的。“故圣人化性而起伪，伪起而生礼义，礼义生而制法度”（《性恶》）。又说：“凡所贵尧舜君子者，能化性起伪。伪起而生礼义，然则圣人之于礼义积伪也，亦犹陶埏而生之也。”（同上）如同陶匠和土而生器，圣人和有德君子也是变化本性而人为努力的结果。对此，又称之为“性伪合”。“性伪合，然后成圣人之名”（《礼论》）。肯定圣人并非天生而道德也非天赋，提出“强学而求”、“积善成德”的道德修养论。

性伪之分 战国荀子用语。《荀子·性恶》:"不可学不可事而在人者,谓之性;可学而能可事而成之在人者,谓之伪。是性伪之分也。""性"即天生者,"凡性者,天之就也,不可为不可事"(同上)。"若夫目好色,耳好声,口好味,心好利,骨体肤理好愉佚,是皆生于人之性情者也;感而自然,不得事而后生之者也。"(同上)"伪"即人为,指礼义道德。"礼义者,圣人之生也,人之所学而能所事而成者也(同上),"非故生于人之性也"。从而区别了人性与道德的不同来源。是"明于天人之分"在伦理思想中的贯彻和体现。为荀子伦理思想的基本的理论前提。

礼义 儒家用语。《国语·周语上》载周内史兴言:"成礼义,德之则也。"战国末荀子说:"夫贵为天子,富有天下,是人情之所同欲也。然则从人之欲,则势不能容,物不能赡也。故先王案为之制礼义以分之。"(《荀子·荣辱》)从"生之自然之谓性"的观点出发,论证"礼义"之缘起及作用。认为"礼"指"贵贱之等,长幼之差,知愚能不能之分"(同上);"义"谓分而"各得其宜",各当其称,使贵贱长幼皆有所节,是对礼制正当性的规定。"义"又指宜于等级关系的道德规范,是使等级之分(礼)得以实行的道德力量。同时,"义以分则和",行义以等级之分为据则能和谐等级关系,"和则一,一则多力,多力则强,强则胜物"(同上)。故礼义相须。又强调"礼义"由圣人所作,"故圣人化性而起伪,伪起而生礼义"(《荀子·性恶》)。其意为后儒所承沿。

礼以养欲 战国荀子用语。关于礼义起源及其功能的思想。意谓用礼来调节人们的财物之欲。《荀子·礼论》:"人生而有欲,欲而不得,则不能无求,求而无度量分界,则不能不争。争则乱,乱则穷。先王恶其乱也,故制礼义以分之,以养人之欲,给人之求。使欲必不穷乎物,物必不屈于欲,两者相持而长,是礼之所起也。"认为凡人皆有财物之欲,且"穷年累世,不知不足",而社会的财物有限,就造成了无限之欲与有限之物的矛盾。由此必导致争乱。于是就有圣人出来"制礼义以分之,使有贫富贵贱之等"(《王制》),将有限的财物按等级之别实行有节度的分配,从而使人们的欲望各自得到适当的满足,"上贤禄天下,次贤禄一国,下贤禄田邑,愿悫之民完衣食"(《正论》),"故礼者养也"(《礼论》)。以为礼义制度及其道德规范的功能,在于调节不同等级之间的利益关系,使人类得以"群居和一"。

三本 荀子用语。指"礼"的起源的三个根本前提和"礼"的三个根本内容。《荀子·礼论》:"礼有三本:天地者,生之本也;先祖者,类之本也;君师者,治之本也。……故礼,上事天,下事地,尊先祖而隆君师,是礼之三本也。"荀子认为天地、先祖、君师为"礼"的起源的三个根本的前提,故把事天地、尊先祖、隆君师作为礼的三个根本内容。

群居和一之道 简称"群道"。战国荀子用语。指以礼义道德协调社会关系达到群体和谐。《荀子·荣辱》:"夫贵为天子,富有天下,是人情之所同欲也。然则从人之欲,则势不能容,物不能赡也。故先王案为之制礼义以分之,使有贵贱之等,长幼之差,知愚能不能之分,皆使人载其事而各得其宜,然后使悫禄多少厚薄之称,是夫群居和一之道也。"认为人能群,但若顺从人的利欲去追求有限的财物,"则不能不争"。故先王制定礼义,分别等级,从而使有限之物按等级之别实行有节度的分配,人人当其位而得其宜,社会就能和谐不争,亦即所谓"不同而一"。又说:"人何以能群?曰分。分何以能行?曰义。故义以分则和,和则一,一则多力,多力则强,强则胜物。""群道当,则万物皆得其宜,六畜皆得其长,群生皆得其命……圣王之制也。"(《王制》)进一步表述了作为"群居和一"礼义道德的社会协调功能。

义分则和 战国荀子关于构建和谐社会的基本思想。《荀子·王制》:"(人)力不若牛,走不若马,而牛马为用,何也?曰:人能群,彼不能群也。人何以能群?曰:分。分何以能行?曰:义。故义分则和,和则一,一则多力,多力则强,强则胜物。"("义分则和",《荀子》宋本作"义以分则和"。元刻本作"义分则和"。王念孙以为宋本"以"字衍,王先谦《荀子集解》依王说校改。)"义分则和"与"礼"有着密切关系。即所谓"礼之用,和为贵"(《论语·学而》)。"礼别异","等贵贱","义"乃是"礼别异"("分")的一种完美状态。"义"者,宜也,适当之谓。"义分",谓上下贵贱等级分别适当,所谓"贵贱有等,长幼有差,贫富轻重皆有称者也"(《荀子·富国》)。"贵贱有等,则令行而不流;亲疏有分,则施行而不悖;长幼有序,则事业捷成而有所休。故……义者,分此者也。"(《荀子·君子》)此为"义分"的内容。"义"具体表现为各等级的行为规范,用来调节君臣上下的关系。所谓"内节于人而外节于万物者也,上安于主而下调于民者也。内外上下节者,义之情也"(《荀子·强国》)。社会各等级分得合宜,又各有其适宜的行为规范,即所谓"义分相须";如此,则各等级各安其分,各得其宜,"无相夺伦",互不侵犯,恰到好处,社会整体上达致有序和谐,即所谓"义分则和"。

公 公,通常指公道、公共利益;私,通常指私心、私人利益。公与私和义、利、理、欲有密切联系。在先秦,公与私往往同义与利相联系。荀子称"义"为"公义"、"公道";"利"为"私欲"、"私事"。所谓"以义制利",就是"公义胜私欲"(《荀子·修身》)。韩非认为公与私相对立,"背私谓之公,公私之相背也"(《韩非子·五蠹》)。认为"私义行则乱,公义行则治"(《饰邪》),主张"去私心,行公义"。西汉初期贾谊认为"兼覆无私谓之公,反公为私"(《新书·道术》)。把公与私对立起来。宋明时期,公私不仅同义利相联系,而且还同理欲相并提。北宋程颢、程颐说:"义利云者,公与私之异也。"(《粹言·论道篇》)南宋朱熹认为"人只有一个公私"。"义"、"天理"是"公","利"、"人欲"是"私"。陆九渊也认为公私"其实即义利也"(《与王顺伯》)。明李贽说:"夫私者,人之心也。""若无私,则无心矣。"(《德业儒臣后论》)明清之际傅山说:"私者,天也。"(《霜红龛集》卷三十五)顾炎武认为,“天下之人,各怀其家,各私其子,其常情也”(《亭林文集》卷一)。均肯定私心、私利的存在有其客观的必然性,批判理学家的“义利理欲之辨”。王夫之则说:“天理、人欲,只争公私诚伪。”(《读四书大全说》卷六)认为“天理”是“公”、“诚”;“人欲”是“私”、“伪”。参见“公私”。

私 见“公”。

师法之化 战国荀子用语。孔子已主张通过礼法与教化来导引民心和校正恶习,说:“道之以政,齐之以刑,民免而无耻;道之以德,齐之以礼,有耻且格。”(《论语·为政》)又说:“礼乐不兴,则刑罚不中;刑罚不中,则民无所措手足。”(《论语·子路》)荀子明确提出,“故必将有师法之化、礼义之道,然后出于辞让,合于文理而归于治”(《荀子·性恶》)。师法,谓君师与法制的教化。“故有师法者,人之大宝也;无师法者,人之大殃也。人无师法则隆性矣,有师法则隆积矣”(《荀子·儒效》)。是荀子“化性起伪”学说的一个重要内容。以为人之性莫不“好利”、“疾恶”、“好声色”,顺此发展则“争夺生而辞让亡”;“残贼生而忠信亡”;“淫乱生而礼义文理亡”(《荀子·性恶》)。故强调,凡“人之性恶,必将待师法然后正,得礼义然后治(同上)”。

积善成德 战国荀子用语。道德品行的积累、形成过程。《荀子·劝学》:“积善成德而神明自得,圣心备焉。”认为人性本恶,“固无礼义”,通过“强学而求”、化性起伪才形成一定的道德品质。这是一个坚持不懈、不断积累的过程。“不积跬步,无以至千里;不积小流,无以成江海。骐骥一跃,不能十步;驽马十驾,功在不舍。锲而舍之,朽木不折;锲而不舍,金石可镂。”(《荀子·劝学》)道德修养也当如此。

君子比德 指以自然对象之美来比喻、象征君子之美德。《荀子·法行》:“夫玉者,君子比德焉。温润而泽,仁也;栗而理,知也;坚刚而不屈,义也;廉而不刿,行也;折而不挠,勇也;瑕適并见,情也;扣之,其声清扬而远闻,其止辍然,辞也。”认为玉色柔润、有秩序、有条理等自然属性,可以象征君子仁、智、义、勇等美好的德性,故君子以玉比德。孔子已提出“智者乐水,仁者乐山”(《论语·雍也》)。荀子进一步阐释了君子“见大水必观焉”的理由,以及如何以大水比喻君子之德:“夫水,大遍与诸生而无为也,似德。其流也埤下,裾拘必循其理,似义。其洸洸乎不淈尽,似道。若有决行之,其应佚若声响,其赴百仞之谷不惧,似勇。主量必平,似法。盈不求概,似正。淖约微达,似察。以出以入,以就鲜絜,似善化。其万折也必东,似志。”(《荀子·宥坐》)西汉董仲舒在《春秋繁露》、韩婴在《韩诗外传》、刘向在《说苑》中,对“君子比德”的命题都有所阐发。

和而不流 战国荀子用语。意为中正平和的音乐能使民性和谐而不流漫放纵。《荀子·乐论》:“夫声乐之入人也深,其化人也速,故先王谨为之文。乐中平则民和而不流,乐肃庄则民齐而不乱。”强调合乎礼的音乐对民心有着感染和教化作用,“乐在宗庙之中,君臣上下同听之,则莫不和敬”;“父子兄弟同听之,则莫不和亲”;“长少同听之,则莫不和顺”(同上)。又认为乐能统一人们的行动,使人们不流漫放纵,“故乐者,天下之大齐也,中和之纪也”(同上)。

德操 战国荀子用语。指有德而又能操持。亦谓德之操行。《荀子·劝学》:“伦类不通,仁义不一,不足谓善学。……全之尽之然后学者也。……是故权利不能倾也,群众不能移也,天下不能荡也。生乎由是,死乎由是,夫是之谓德操。”以为至死坚持全尽仁义道德,就是“德操”。并视“德操”为成人即成德之人基础,“德操然后能定,能定然后能应,能定能应,夫是之谓成人”(同上)。

荣辱 既指对他人作道德评价时所产生的赞美和憎恶,也指作为自我评价时的满足或内疚等自我感觉。通常“好荣恶辱”即是“君子小人之所同”(《荀子·荣辱》)。但不同的学派有不同的荣辱观,如儒家孟子认为“仁则荣,不仁则辱”(《孟子·公孙丑上》)。荀子也主张“先义后利者荣,先利而后义者辱”(《荀子·荣辱》)。儒家以仁、义等为判定荣辱的标准。但主张功利主义的墨子却认为“强必荣,不强必辱”(《墨子·非命下》)。与此相近,《管子·牧民》认为:“仓廪实,则知礼节;衣食足,则知荣辱。”他们以事功等为荣辱的标准。古代思想家一般都认为“荣辱之责在乎己,而不在乎人”。荀子对此问题作了进一步分析,把荣分为“势荣”和“义荣”,辱也分为“势辱”和“义辱”,认为“君子可以有势辱而不可以有义辱;小人可以有势荣而不可以有义荣。有势辱无害为尧,有势荣无害为桀”(《荀子·正论》)。

义荣 战国荀子用语。《荀子·正论》:“志意修,德行厚,知虑明,是荣之由中出者也,夫是之谓义荣。”“义”即礼义道德的总称。意谓一个人的道德认识明确,道德意志坚定,道德行为高尚,就会受到人们的赞誉,是为“义荣”。荀子此说的目的是要人们恪守封建道德规范。

义辱 战国荀子用语。《荀子·正论》:“流淫污僈,犯分乱理,骄暴贪利,是辱之由中出者也,夫是之谓义辱。”“污”即秽行;“僈”通漫。意谓因贪图私利、违背纲常、恶行横暴、咎由自取而受到社会的普遍谴责。

势荣 战国荀子用语。指因权势、地位而受到的尊荣。《荀子·正论》:“爵列尊,贡禄厚,形势胜,上为天子诸侯,下为卿相士大夫,是荣之从外至者也,夫是之谓势荣。”认为由于高官厚禄、权势地位等外在条件而受到尊敬和赞赏是“势荣”,这并不值得称道和追求,甚至应该蔑视。

势辱 战国荀子用语。指因遭受外在的诬陷等而受的屈辱。《荀子·正论》:“詈侮捽搏,捶笞膑脚,斩断枯磔,藉靡舌(后),是辱之由外至者也,夫是之谓势辱。”“膑脚”即刖掉膝骨;“枯”指弃尸(暴尸);“磔”即车裂;“藉”即“系”;“靡”借为“縻”,也就是“系”;“舌(后)”据前人考证为“后缚”之误。意谓由于被人诬陷而遭受屈辱以至刑戮,是外面强加的污辱，即“势辱”。荀子认为真正的君子有时也免不了“势辱”，但君子却绝对不能有“义辱”。

度量分界 战国荀子关于物质分配的原则。《荀子·礼论》：“人生而有欲，欲而不得，则不能无求，求而无度量分界，则不能不争。争则乱，乱则穷。”要解决人类社会“欲多而物寡”的矛盾，必须确立一种按“礼义”（封建等级制度）来分配物质生活资料的“度量分界”，“使欲必不穷乎物，物必不屈于欲，两者相持而长”（同上）。

形不胜心 战国荀子用语。指注重于心术而非重于看其形体。《荀子·非相》：“形不胜心，心不胜术。”认为“形相虽恶而心术善，无害为君子也。形相虽善而心术恶，无害为小人也”。古代的桀、纣，“长巨姣美，天下之杰也”，但却是后世公认的恶人；古代的圣人，有的长相并不美，“仲尼之状，面如蒙倛；周公之状，身如断菑”，却被后人奉为道德的典范，“故相形不如论心”。反映了荀子认为人的内在美胜于外在形象美的观点。

美善相乐 战国荀子用语。指美善结合，相得益彰。《荀子·乐论》：“故乐行而志清，礼修而行成，耳目聪明，血气和平，移风易俗，天下皆宁，美善相乐。”“尽美尽善”为儒家最高的音乐美学理想，孔子曾赞颂《韶》说：“尽美矣，又尽善矣。”（《论语·八佾》）荀子认为作为美与善相统一的礼乐，有着导乐与导德的双重作用。“乐者，所以道乐也。金石丝竹，所以道德也。”（《荀子·乐论》）它既能使人获得审美的快乐，“乐者，乐也，人情之所必不免也”，又能陶冶性情，“感动人之善心”，“其化人也速”（同上）。导乐与导善两者的结合，就是“美善相乐”。这一命题反映出荀子对儒家美善统一观念的进一步发展，对后人影响颇大。

移风易俗 指音乐具有的转移风气、改变习俗的社会功能。语出《荀子·乐论》：“故乐行而志清，礼修而行成，耳目聪明，血气和平，移风易俗，天下皆宁。”认为声色之欲，“皆生于人之情性者也”（《荀子·性恶》），与生俱来，只能“心止之也”（《荀子·正名》）。但对于心，则只能用乐来感染，从内部促使人的情感自然而然地发生变化，“乐以治心”（《礼记·乐记》），由“治心”而引起社会风气、习俗的改变。（同上）并进一步阐述了礼乐移风易俗的社会职能：“乐也者，圣人之所乐也：而可以善民心，其感人深，其移风易俗，故先王著其教焉。”（同上）

辨（辩）说 战国荀子用语。指辩论、论证、推理。《荀子·正名》：“期不喻然后说，说不喻然后辩。”判断不能表达清楚思想，就进行推理，推理还不能说清道理，就进行辩论。荀子认为：“辩说也者，心之象道也”，辩说就是通过理性思维活动反映客观规律。他还对这种思维活动作了具体解说：“辩说也者，不异实名以喻动静之道也。”（同上）强调辩论双方必须运用相同的概念名称，对事物的本质及其规律作出清楚的解释。还提出辩说中应遵守“正其名”、“当其辞”、“辩异而不过”、“推类而不悖”、“辩则尽故”等一系列逻辑规则，并将辩说分为圣人之辩、君子之辩、小人之辩三类。荀子辩说理论是名、墨关于“辩”与“说”理论的继承和发展，但他又因为政治伦理观念的不合而否定名、墨诸子的辩说理论，斥之为“小人之辩”。这一矛盾反映出荀子思想的局限性。

圣人之辩 战国荀子用语。他把辩分为圣人之辩、士君子之辩、小人之辩三种。“不先虑，不早谋，发之而当，成文而类，居错迁徙，应变无穷，是圣人之辩者也。”（《荀子·非相》）其辩说纯熟而精当：不经思虑、谋略，就自然会判断恰当、议论合乎逻辑、合乎统类，无论怎样的变化都能应付裕如。

士君子之辩 战国荀子用语。他把辩分为圣人之辩、士君子之辩、小人之辩三种。“先虑之，早谋之，斯须之言而足听，文而致实，博而党正，是士君子之辩者也。”（《荀子·非相》）“君子之言，涉然而精，俛然而类，差差然而齐。彼正其名，当其辞，以务白其志义者也”（《正名》）。除政治伦理方面的要求外，荀子把对士君子之辩的逻辑要求概括为：名正、辞当、统类、明白、精细、前后一致、“言而足听”、“文而致实”。

小人之辩 战国荀子用语。他把辩分为圣人之辩、士君子之辩、小人之辩三种。认为“小人之辩”是“听其言则辞辩而无统，用其身则多诈而无功，上不足以顺明王，下不足以和齐百姓。然而口舌之均，噡唯则节，足以为奇伟、偃却之属，夫是之谓奸人之雄”（《荀子·非相》）。荀子所谓小人之辩包括“诱其名”、“眩其辞”、没有条理、不伦不类等逻辑错误。但荀子主要以政治伦理为标准，来区别君子之辩和小人之辩，“小人辩言险，而君子辩言仁也”（同上）。

共名与别名 战国荀子用语。表明外延间属种关系的一对名。共名为一类事物共有的名，相当于属概念；别名为一类事物中的部分事物的名，相当于种概念。如动物与马、马与白马。荀子认为概念间属种关系是相对的，共名与别名的差异也是相对的。如“马”对“白马”而言是共名，但对“动物”而言又是别名。故共名和别名之间又可相互推演。“物也者，大共名也。推而共之，共则有（又）共，至于无共然后止。”（《荀子·正名》）“鸟兽也者，大别名也。推而别之，别则有别，至于无别然后止。”（同上）表明荀子有了关于概念间概括和限制的推演的认识：共名沿“共”的方向推演是概括，概括的终止点是外延最大的大共名。如“物”，“物”是外延最大的名，不能再概括。别名沿“别”的方向推演是限制。限制的终止点是外延最小的大别名。但荀子举“鸟兽”为大别名的例则不妥。因为“鸟兽”尚未至于“无别然后止”处，还可沿“别”的方向再限制。在大共名和大别名之间可进行许多层次的推演。荀子对名的分类和分析较之后期墨家简单地将名分为“达”、“类”、“私”又进了一步。

别名 见“共名与别名”。

大共名与大别名 战国荀子用语。“推而共之，共则有共。至于无共然后止。”（《荀子·正名》）对共名进行概括，其概括的终止点，即外延最大的名叫大共名；“推而别之，别则有别，至于无别然后止”（同上）。对别名进行限制，其限制的终止点，即外延最小的名叫大别名。参见“共名与别名”。

大别名 见“大共名与大别名”。

同名和异名 战国荀子用语。《荀子·正名》：“知异实者之异名也，故使异实者莫不异名也，不可乱也，犹使同实（原作“异实”，据杨倞注改）者莫不同名也。”主张事物同实则同名，异实则异名，名、实的同异，不能混淆。

单 战国荀子用语。《荀子·正名》：“同则同之，异则异之；单足以喻则单，单不足以喻则兼。”唐杨倞注：“单，物之单名也。兼，复名也。喻，晓也。谓若止喻其物，则谓之马；喻其毛色，则谓之白马、黄马之比也。”单名指内涵较少的概念，兼名指内涵较多的概念，两者是从属关系。

制名枢要 战国荀子用语。“制名”即创制新名；“枢要”即要领。制定名称、概念的要领、原则。荀子在《正名》篇中，提出了六条制名原则：(1)“同则同之，异则异之”。事物相同，其名也同，事物相异，其名也异。名的同异依实的同异为转移。(2)“单足以喻则单，单不足以喻则兼”。名是用语词表达的，如果用一个字足以表达某种实，就只用一个字去表达；如果一个字不能表达某种实，就用几个字去表达。(3)遍举用“共名”，偏举用“别名”。需要普遍称谓某一类对象时，就运用这一大类的名；需要限定称谓某一小类对象时，就运用这一小类的名。(4)“约定俗成”。必须考虑到各社会成员之间的生活、交往的共同经验和习惯。(5)“径易不拂”。制定的名称尽可能直截了当，准确清楚。(6)“稽实定数”。通过考察事物的多少来制定数量名称。这些原则，涉及形式逻辑的规律，概念的分类、推演和社会约定性等。有重要逻辑意义。

稽实定数 战国荀子用语。制定名称概念的原则（制名枢要）之一。通过考察事物实体的多少来确定数量名称。“物有同状而异所者，有异状而同所者，可别也。状同而为异所者，虽可合，谓之二实。状变而实无别而为异者，谓之化，有化而无别，谓之一实。此事之所以稽实定数也。此制名之枢要也。”（《荀子·正名》）荀子认为数量之名，应与事物的实际数量相符合。如两头牛，状同而各站在不同地方（异所），应谓之“两头牛”（二实）。一个人，从幼年到老年，外形在变但并非别个人的实体，这叫做化，有化而无别，应谓之“一个人”（一实）。强调要从空间（“所”）、时间（“化”）和事物的性质、属性（“状”）诸方面去分析事物数量以确定概念名称。

制名以指实 战国荀子逻辑命题。制定概念、名称以反映客观实在。《荀子·正名》：“故知者为之分别制名以指实；上以明贵贱，下以辨同异。贵贱明，同异别；如是，则志无不喻之患，事无困废之祸，此所为有名也。”荀子总结先秦“名实”之辩，强调名反映实，名实要相符。明确指出“制名以指实”的目的是明贵贱，别同异，使人们交流思想处理政事不致发生困惑和障碍。

约定俗成 战国荀子用语。制定名称概念的原则（制名枢要）之一。“名无固宜，约之以命，约定俗成谓之宜，异于约则谓之不宜。名无固实，约之以命实，约定俗成谓之实名。”（《荀子·正名》）认为事物名称并非在它一产生时就合宜。社会成员间约定命此名，沿而成习固定下来就是宜名，异于此约定之名就不是宜名。名与实的关系并非固定不变，名称是以实在为转移的。社会成员间约定命某名指称某实，沿而成习固定下来，就是实名。有了这种约定俗成的名，“远方异俗之乡，则因之而为通”（同上），人们思想交流才成为可能。

以类行杂 战国荀子用语。类，统类。行，察。杂，泛指万物。用统类审察万物。《荀子·王制》：“以类行杂，以一行万。”“以类行杂”和“以一行万”义近，即用一以贯之的大道理去审察万物之理，具有演绎性质。荀子重视这种演绎思维方法，主张以后王之法为大前提来推及一切以为现实政治服务。

隆正 战国荀子用语。指推理论证的大前提。“凡议，必将立隆正然后可也，无隆正，则是非不分而辨讼不决。”（《荀子·正论》）但荀子以政治上“圣”和“王”相结合成的王制作为推理论证的大前提，“天下之大隆，是非之封界，分职名象之所起，王制是也”（同上）。

辨合 战国荀子用语。指符合、接触。“凡论者，贵其有辨合，有符验。故坐而言之，起而可设，张而可施行。”（《荀子·性恶》）主张立论应符合实际，并能在实际中得到验证。荀子还批评孟子的“性善”论，“无辨合符验，坐而言之，起而不可设，张而不可施行，岂不过甚矣哉！”（同上）一说辨合指正确的分析和综合。

符验 战国荀子用语。《荀子·性恶》：“凡论者，贵其有辨合，有符验。”强调立论要符合实际并能在实际中得到验证。参见“辨合”。

散名 战国荀子用语。名的一种类型。相对于刑名（刑罚名称）、爵名（爵位名称）、文名（礼节仪式的名称）而言的另一部分概念名称。散名又分为两类。一类是反映自然万物的概念名称，它们由人们按已形成的习俗约定而成。因而与刑名、爵名、文名一样，也是后王所因循的“旧名”，“后王之成名：刑名从商，爵名从周，文名从礼。散名之加于万物者，则从诸夏之成俗曲期”（《荀子·正名》）。另一类是反映人本身的概念名称，如性、情、虑、伪、知、能、病、命等。它们需要后王的辨察和重新厘订，“散名之在人者也，后王之成名也”（同上）。

实名 战国荀子用语。反映事物的概念名称。名的一种类型。与“宜名”、“善名”相应。《荀子·正名》：“名无固实，约之以名实，约定俗成谓之实名。”认为这种概念所反映的事物并非一开始就固定，而是由社会约定俗成的。

宜名 战国荀子用语。名的一种类型。与"实名"、"善名"相应。《荀子·正名》:"名无固宜,约之以命,约定俗成谓之宜,异于约则谓之不宜。"认为名本没有相应的确定内容,人们约定其反映什么,就是合适的名;倘若违反了人们的约定内容,就是不合适的名。

善名 战国荀子用语。一种比较完美的概念名称。名的一种类型。与"宜名"、"实名"相应。《荀子·正名》:"名有固善,径易而不拂,谓之善名。"它具有呼其名即晓其意和不需要作任何解释的特点。

期 战国荀子用语。指判断。《荀子·正名》:"实不喻然后命,命不喻然后期,期不喻然后说,说不喻然后辨。故期、命、辨、说也者,用之大文也,而王业之始也。"所谓"命之不喻然后期",即命了名还不能明白,就要用判断来表达。

三惑 战国荀子用语。指"惑于用名以乱名"、"惑于用实以乱名"和"惑于用名以乱实"三种诡辞。荀子认为:"凡邪说辟言之离正道而擅作者,无不类于三惑者矣。"(《荀子·正名》)并剖析了"三惑"的实质,提出了破斥的方法。参见"用名以乱名"、"用实以乱名"、"用名以乱实"。

用名以乱实 战国荀子所列"三惑"之一。《荀子·正名》:"'非而谒楹','有牛马非马也'。此惑于用名以乱实者也。"荀子认为"牛马"这个概念事实上也反映马。"牛马非马"命题断定"牛马"这个类概念不能单独地反映马这个对象,这是用"牛马"之名乱马之实的诡辩。对这种诡辩,"验之以名约,以其所受悖其所辞,则能禁之矣。"(同上)用名的约定俗成的含义去检验,就可以接受正确的名,而抛弃错误的名。《正名》篇中有关"用名以乱实者也"的这一段文字,尚有几种不同句读和解释,或疑有错落。如"非而谒楹"四字,一说改为"非而谓盈",即把相互排斥的说成相互包含的。

用名以乱名 战国荀子所列"三惑"之一。《荀子·正名》:"'见侮不辱','圣人不爱己','杀盗非杀人',此惑于用名以乱名者也。""见侮不辱"是宋钘学说,宋钘认为"明见侮之不辱,使人不斗。人皆以见侮为辱,故斗也,知见侮之为不辱,则不斗矣"(见荀子《正论》)。"圣人不爱己"、"杀盗非杀人"是墨家主张。《墨子·大取》"爱人不外己,己在所爱中",《墨子·小取》:"爱盗非爱人也,不爱盗非不爱人也,杀盗非杀人也。"一说"圣人不爱己"似为庄子之意(见杨倞《荀子注》)。荀子认为"辱"是共名,分为"义辱"、"势辱"两个别名。"见侮不辱",是用"辱"名抹煞了"义辱"、"势辱"的区别。"圣人(爱人)不爱己"、"杀盗非杀人",则片面强调了别名与共名之间的区别。对这种诡辩,"验之所为有名,而观其孰行,则能禁之矣"(《荀子·正名》)。就是说,检验这些名的创制原因,并考察这些名在人们思维活动中的普遍运用,就能破斥"用名以乱名"。

用实以乱名 战国荀子所列"三惑"之一。《荀子·正名》:"'山渊平','情欲寡','刍豢不加甘,大钟不加乐',此惑于用实以乱名者也。""山渊平",为惠施命题。惠施"历物十事"中有"天与地卑,山与泽平",唐杨倞认为"山渊平"即"云山与泽平也"(《荀子注》)。"情欲寡",为宋钘命题。宋钘认为"人之情欲寡,而皆以己之情为欲多,是多也"(见《荀子·正论》)。"刍豢不加甘,大钟不加乐"可能为墨子思想(杨倞《荀子注》)。荀子认为,"名"反映(期)许多(累)事物(实)的共性,有其确定的取舍标准。不能以特定的个别的事实来否定"名"的确定的含义。如"山"、"渊"这两个"名"的确定含义中有"不平"的意思,若以"山"、"渊"高低的相对性,以某山某渊相平的特定事实来否定"山"、"渊"不平这一确定的含义,就是"用实以乱名"。对这种诡辩,"验之所缘(无)以同异,而观其孰调,则能禁之矣。"(《荀子·正名》)用感官去接触外物,分析事物之间的同异所在,考察如何以感性事实为基础而形成"名"的过程,就能驳倒这种诡辞。

统类 战国荀子用语。意指统括天下事物的普遍性的道理。它是儒家"一以贯之"思想的大前提。荀子认为,圣人之知的标志即掌握统类,"多言则文而类,终日议其所以,言之千举万变,其统类一也,是圣人之知也"(《荀子·性恶》)。又认为大儒也能掌握统类,他们即便遇到从未见过、听过的突然事件,也能根据已掌握的普遍性知识正确地断处:"倚物怪变,所未尝闻也,所未尝见也,卒然起一方,则举统类而应之……是大儒者也。"(《儒效》)这种举统类以推论具体事物的思维活动具有明显的演绎性质。

以类度类 战国荀子用语。度,推理。《荀子·非相》:"圣人何以不可欺?曰:圣人者,以己度者也。故以人度人,以情度情,以类度类,以说度功,以道观尽,古今一也。"并认为"以类度类"根据是"类不悖,虽久同理,故乡(向)乎邪曲而不迷,观乎杂物而不惑,以此度之"(同上)。只要"类"相同而不悖乱,就能面对邪曲,辨察杂物而不迷惑。

解蔽 战国荀子用语。关于解除认识上的蔽塞的逻辑主张。《荀子·解蔽》:"凡人之患,蔽于一曲,而暗于大理。"认为人之患在于被事物的某一方面所蒙蔽,而看不见全面的根本的道理,例如"欲为蔽,恶为蔽;始为蔽,终为蔽;远为蔽,近为蔽;博为蔽,浅为蔽;古为蔽,今为蔽。凡万物异则莫不相为蔽,此心术之公患也。"(同上)事物的所有差异,都可以使人只见一面不见另一面而成为蔽塞。这种片面性又和人们主观上往往对自己的知识和经验的积累有所偏爱有关,"私其所积,唯恐闻其恶也;倚以所思以观异术,唯恐闻其美也……岂不蔽于一曲而失正术也哉!"(同上)为解蔽,强调发挥"心"的认识作用,认为心做到"虚"、"壹"、"静",就能知"道",以"道"为衡量一切的标准就能不受蔽塞而认识万物。并以其"道"衡量诸子,批评"墨子蔽于用而不知文,宋子蔽于欲而不知得,慎子蔽于法而不知贤,申子蔽于势而不知知,惠子蔽于辞而不知实,庄子蔽于天而不知人"(同上)。"慎子有见于后,无见于先;老子有见于诎,无见于信；墨子有见于齐，无见于畸；宋子有见于少，无见于多。”（《天论》）荀子这种分析“蔽”的方法带有辩证思维的特色。

亲民 《大学》用语。意为教育人民。“大学之道，在明明德，在亲民，在止于至善。”唐孔颖达疏：“亲民者，言大学之道在于亲爱于民。”（《礼记正义》）南宋朱熹则以“亲民”为“新民”，说：“程子曰：‘亲，当作新’……新者，革其旧之谓也，言既自明其明德，又当推以及人，使之亦有以去其旧染之污也。”（《大学章句》）主张不仅要自己实践道德，而且要以道德去感化他人。

诚意 儒家道德修养方法。诚，指真实无妄；意，指心之所发。《大学》：“欲正其心者，先诚其意。欲诚其意者，先致其知。”“所谓诚其意者，毋自欺也。”南宋朱熹注：“诚，实也。意者，心之所发也。实其心之所发，欲其一于善而无自欺也。”作为“自修之首也”（《大学章句》）。明王守仁强调诚意是正心的前提，“意无不诚，而心可正矣。”（《大学问》）提出：“欲诚意，则随意所在某事而格之，去其人欲而归于天理，则良知之在此事者无蔽而得致矣，此便是诚意工夫。”（《传习录》下）明清之际王夫之说：“诚意者必不自欺，而预禁自欺者亦诚意之法。互相为成也。”（《读四书大全说》卷一）

诚明 诚，指诚实无欺或真实无妄；明，指光明、明白。语出《中庸》：“自诚明，谓之性，自明诚，谓之教。诚则明矣，明则诚矣。”认为人本具有诚实无欺、明白识物的本性，通过教育可以使人明白事理，真实无妄而恢复原有的本性。属于道德修养的范畴，但也含有认识论的意义。唐李翱《复性书》：“道者至诚也，诚而不息则虚，虚而不息则明，明而不息则照天地而无遗。”认为圣人有“诚明”的本性而能明照天下，通达天下的事理。北宋周敦颐在《通书》中提出“诚精故明”，把“明”作为对宇宙本体“诚”的精深体会。南宋朱熹说：“诚则无不明矣，明则可以至于诚矣。”（《中庸章句》）承继《中庸》和李翱之说。北宋张载认为：“自明诚，由穷理而尽性也；自诚明，由尽性而穷理也。”（《正蒙·诚明》）明王守仁则说：“良知无所伪而诚，诚则明矣。自信，则良知无所惑而明，明则诚矣。”（《传习录》中）“诚明”的核心是“致良知”。明清之际王夫之作了唯物主义的解释：“诚者，天之道也，阴阳有实之谓诚。”（《张子正蒙注·太和篇》）“诚与道，异名而同实者也。”（《尚书引义·康诰》）以“诚”作为宇宙一般规律。“明非但知之谓也。《或问》兼安行言之，为尽其义”（《读四书大全说》卷三）。认为“明”是对客观规律的认识和把握，是知行的统一。又认为“明”是一种正确的预见：“明则诚者也，豫也。”（同上）以知行关系阐述诚与明的关系，赋予新的内容：“明诚合一，则其知焉者即行矣，行焉者咸知矣。”（《读四书大全说》卷四）

明诚 儒家伦理思想。《礼记·中庸》：“自诚明，谓之性。自明诚，谓之教。”南宋朱熹注：“先明乎善，而后能实其善者，贤人之学。由教而入者也，人道也。”（《中庸章句》）参见“诚明”。

正心诚意 儒家倡导的一种道德修养境界。《礼记·大学》：“欲修其身者，先正其心；欲正其心者，先诚其意；欲诚其意者，先致其知；致知在格物。”正心，指心要端正而不存邪念；诚意，指意必真诚而不自欺。认为只要意真诚、心纯正，自我道德完善，就能实现家齐、国治、天下平的道德理想。为后儒所推崇。宋代程颐说，进修之术，“莫先于正心诚意”（《遗书》卷十八）。朱熹也赞之为“万世学者之准程”（《朱文公文集》卷七十八《复斋记》）。明王畿以先天与后天区别正心与诚意：“正心先天之学也，诚意后天之学也。”认为“心本至善”，而“吾人一切世情嗜欲，皆从意生”，“始有不善”，故须在“先天心体上立根”，则“意所动自无不善”（《三山丽泽录》）。王守仁以为“心之本体，本无不正，自其意念发动，而后有不正”，故强调意诚为心正的前提，“意无不诚，而心可正矣。”（《大学问》）刘宗周则强调“心之主宰曰意，故意为心本”（《学言下》）。认为“意”是至善无恶的，主张“不沿良知而揭慎独”（《思复堂文集》卷七《候毛西河先生书》）。

大学之道 《大学》中关于修身治国之道。即“三纲领八条目”。“大学之道，在明明德，在亲民，在止于至善。”“此三者，大学之纲领也。”（朱熹《大学章句》）“明明德”，唐孔颖达疏：“在于章明己之光明德。”“亲民”，南宋朱熹释为“新民”，意为“去其（民）旧染之污”而日新。“止于至善”之“止”，汉郑玄注：“犹自处也”，意为人应知其所当处，即《大学》所说的“为人臣止于敬，为人子止于孝，为人父止于慈，与国人交止于信”。又将道德修养与治理国家相结合，提出：“古之欲明明德于天下者，先治其国；欲治其国者，先齐其家；欲齐其家者，先修其身；欲修其身者，先正其心；欲正其心者，先诚其意；欲诚其意者，先致其知。”“此八者，大学之条目也。”（朱熹《大学章句》）并认为此八者有先后顺序，即：格物，致知，诚意，正心，修身，齐家，治国，平天下。又置“修身”为“八条目”的中枢和关键，“自天子以至于庶人，壹是皆以修身为本”。将个人的道德意识修养看成是治天下的根本。表明了儒家对于道德修养的高度重视。参见“格物致知”、“正心诚意”、“修齐治平”。

三纲领八条目 南宋朱熹对《大学》所言“大学之道”的概括。朱熹认为，《大学》中提出的“明明德”，“亲民”，“止于至善”，“此三者，大学之纲领也”（《大学章句》）；而“格物”，“致知”，“诚意”，“正心”，“修身”，“齐家”，“治国”，“平天下”，“此八者，大学之条目也”（同上）。详“大学之道”。

修齐治平 修身、齐家、治国、平天下的简称。儒家伦理学说。强调个人的道德修养是国治世宁的基础。语出《礼记·大学》，源于先秦儒家。孔子说：“苟正其身于从政乎何有？不能正其身，如正人何？”（《论语·子路》）主张“修己以安百姓”（《论语·宪问》）。孟子以为“君子之守，修其身而天下平”（《孟子·尽心下》）。荀子则进一步提出“闻修身，未尝闻为国也。君者，仪也；民者，景也；仪正而景正”（《荀子·君道》）。视人君自身的行为为决定国家治乱成败的条件。《大学》兼综孔、孟、荀三人的见解，使之系统化，并强调家庭为联系个人与社会的重要中间环节：“古之欲明明德于天下者，先治其国；欲治其国者，先齐其家；欲齐其家者，先修其身。”认为修身是齐家治国的前提，唯有个人通过修心养性，成为合乎封建道德要求的人，方能使家庭内部做到长幼有序，社会上做到尊卑有别。强调“一家仁，一国兴仁”，“国治而后天下平”，而这种政治秩序的稳定均基于个人道德修养的基础，故倡言“自天子以至庶人，壹是皆以修身为本”。突出道德对政治所具有的能动作用，对后世影响很大。南宋朱熹把此四者与“格物”、“致知”、“诚意”、“正心”，称为“大学之条目也”。

絜矩之道 儒家用语。一种以推己及人为方法的道德行为模式。源于孔子的“忠恕”之道。荀子也认为：“圣人者，以己度者也，故以人度人，以情度情。”（《荀子·非相》）《礼记·大学》明确提出：“上老老而民兴孝，上长长而民兴弟，上恤孤而民不倍，是以君子有絜矩之道也。”继而释之说：“所恶于上，毋以使下；所恶于下，毋以事上。所恶于前，毋以先后；所恶于后，毋以从前。所恶于右，毋以交于左；所恶于左，毋以交于右。此之谓絜矩之道。”东汉郑玄注：“絜犹结也，挈也。矩，法也。君子有挈法之道，谓常执而行之，动作不失之。”南宋朱熹则以“度”释“絜”，以“所以为方”释“矩”。认为絜矩指推己以度他人他物，使万事都符合规范，即“因其所同，推以度物，使彼我之间各得分愿”（《大学章句》）。

学问思辨行 儒家提倡的一种认识和修养的方法。指学习、寻向、思考、辨析及最后付之于行的过程。孔子最初提出学与思的结合，“学而不思则罔，思而不学则殆”（《论语·为政》）。《易·乾·文言》也有“学以聚之，问以辨之”之说。后《礼记·中庸》补充发展为：“博学之，审问之，慎思之，明辨之，笃行之。”简称“学问思辨行”。认为：“果能此道矣，虽愚必明，虽柔必强。”南宋朱熹作了发挥，视为“格物穷理”的途径和方法。认为“学之博然后有以备事物之理，故能参伍之以得所疑而有问。问之审然后有以尽师友之情，故能反复之发其端而可思。思之谨则精而不杂，故能自有所得而可以施其辨。辨之明则断而不差，故能无所疑惑而可以见于行”（《中庸或问》）。重视在博学基础上进行“参伍”比较，提出疑问，然后与师友反复讨论以促进思辨，而后可“见于行”。

尽性 中国哲学史用语。指充分发挥自己以及人物之本性。《礼记·中庸》：“唯天下至诚，为能尽其性，能尽其性，则能尽人之性；能尽人之性，则能尽物之性。”认为充分发挥自己的本性最为重要，以此为基础，才能进而发挥他人和万物的本性。以后哲学家多发挥《中庸》之义，对“尽性”作了不同解释。东汉郑玄认为：“尽性者，谓顺理之使不失其所也。”（《礼记正义》）北宋张载说：“圣人尽性，不以见闻梏其心，其视天下，无一物非我。”（《正蒙·大心》）这里的“尽性”是指一种不依靠感性见闻的直觉的认识方法。南宋朱熹认为“尽性”即为穷尽心中之天理。《答廖子晦》：“夫性者，理而已矣……盖谓尽其所得乎己之理，则知天下万物之理初不外此。”明王守仁则认为“尽性”便是“致良知”。《答顾东桥书》：“学问思辨笃行之功……扩充之极，至于尽性知天，亦不过致吾心之良知而已。”

率性 儒家伦理思想。指按照天赋的本性准则行事。《礼记·中庸》：“天命之谓性，率性之谓道，修道之谓教。”东汉郑玄注：“率，循也。循性行之是谓道。”（《礼记正义》）南宋朱熹认为“性即理也”，故注：“人物各循其性之自然，则其日用事物之间，莫不各有当行之路，是则所谓道也。”（《中庸章句》）

中和 儒家伦理和审美思想。指不偏不倚不乖戾。《礼记·中庸》：“喜怒哀乐之未发，谓之中；发而皆中节，谓之和。中也者，天下之大本也；和也者，天下之达道也。致中和，天地位焉，万物育焉。”唐孔颖达疏：“未发之时，澹然虚静，心无所虑，而当于理，故谓之中……情虽复动，发皆中节限，犹如盐梅相得，性情和谐，故云谓之和。”（《礼记正义》）《荀子·乐论》：“故乐者，天下之大齐也，中和之纪也，人情之所必不免也，是先王立乐之术也。”又说：“乐中平则民和而不流。”宋明理学有所发挥，北宋程颐说：“喜怒哀乐未发谓之中，中也者，言寂然不动者也，故曰天下之大本。发而皆中节谓之和，和也者，言感而遂通者也，故曰天下之达道。”（见《近思录》卷一）南宋朱熹则解为性、情，认为：“喜怒哀乐，情也。其未发，则性也。无所偏倚，故谓之中。发皆中节，情之正也。无所乖戾，故谓之和。”（《中庸章句》）明王守仁认为“未发之中，即良知也，无前后内外，而浑然一体者也”（《传习录》中），“知得过不及处，就是中和”（《传习录》下）。

中道 即“中行”。儒家伦理思想。指能行中正之道。与“中庸”义相近。《论语·子路》：“不得中行而与之，必也狂狷乎。”《孟子·尽心下》引为：“孔子：‘不得中道而与之，必也狂狷乎！狂者进取，狷者有所不为也。’孔子岂不欲中道哉？”《荀子·子道》：“上顺下笃，人之中行也。”东汉赵岐《孟子注疏》：“中道，中正之大道也。”南宋朱熹认为：“所谓中之道者，乃即事即物自有个恰好底道理，不偏不倚，无过不及。”（《答张敬夫》）与“中庸”不偏不倚，无过无不及之义相近。为儒家最高道德标准。《礼记·中庸》：“诚者不勉而中，不思而得，从容中道，圣人也。”

天命 指先天自然的禀赋。《礼记·中庸》：“天命之谓性。”唐孔颖达疏：“天本无体，亦无言语之命，但人感自然而生，有贤愚吉凶，若天之付命遣使之然，故云天命。”（《礼记正义》）宋以后理学家多发挥《中庸》之义。北宋程颢说：“言天之自然者，谓之天道。言天之付与万物者，谓之天命。”（《遗书》卷十一）南宋朱熹说：“命，犹令也，性，即理也。天以阴阳五行化生万物，气以成形，而理亦赋焉，犹命令也。

于是人物之生,因各得其所赋之理,以为健顺五常之德,所谓性也。”(《中庸章句》)把人们的道德观念和人性的善恶说成是先天自然的禀赋。陈淳认为命一字有二义,有“以理言者”,指主宰之天理;有“以气言者”,指气禀之厚薄与清浊(见《北溪字义》)。

配天 先秦儒家思孟学派表达天人合一思想的概念。《中庸》:“博厚配地,高明配天。”朱熹注:“此言圣人与天地同体。”又《中庸》:“凡有血气者,莫不尊亲,故曰配天。”朱熹注:“配天,言其德之所及,广大如天也。”(《中庸章句》)其思想渊源于西周。如《诗·周颂·思文》:“思文后稷,克配彼天。”周人灭殷后以自己的祖宗神配享上帝。又《诗·大雅·文王》:“无念尔祖,聿修厥德。永言配命,自求多福。”提出敬德以配天命。

和而不流 儒家伦理思想。善于与人相处而又不随波逐流。《中庸》:“故君子和而不流,强哉矫。”认为君子之能称为刚强者有四,“和而不流”为第一点。

七情六欲 “七情”语出《礼记·礼运》:“何谓人情?喜、怒、哀、惧、爱、恶、欲,七者弗学而能。”认为“七情”是人的自然本能,但不能任其发展,“故圣人修义之柄,礼之序,治人之情”。后儒多沿用此说,主张“以性制情”、“以性统情”,并进一步把性与情对立起来。唐李翱认为,人之性纯粹至善,而“人之所以惑其性者,情也”(《复性书》)。视“七情”为恶,主张“忘嗜欲而归性命之道”。“六欲”,语出《吕氏春秋·贵生》:“所谓全生者,六欲皆得其宜也。”汉高诱注:“六欲,生、死、耳、目、口、鼻也。”指生之欲、死之恶和声、色、芬香、滋味之欲。后人将“七情”与“六欲”并举,泛指人的各种感情和欲望。佛教以色欲、形貌欲、威仪姿态欲、言语音声欲、细滑欲、人想欲为“六欲”。

时中 儒家伦理用语。指立身行事时时合乎中庸之道。语出《易·蒙》:“蒙亨,以亨行时中也。”唐孔颖达疏:“言居蒙之时,人皆愿亨,若以亨通行之,于时则得中也,故云时中也。”(《周易注疏》)《礼记·中庸》说:“君子之中庸也,君子而时中。”孔颖达疏:“言君子之为中庸容貌,为君子心行而时节其中,谓喜怒不过节也。”(《礼记正义》)意为使喜怒哀乐无过无不及,时时合乎中庸要求,以遵循人伦道德。参见“中庸”。

止于至善 指达到和处于理想的道德境界。《礼记·大学》:“大学之道,在明明德、在亲民、在止于至善。”唐孔颖达疏:“在止于至善者,言大学之道在止处于至善之行。”(《礼记正义》)宋以后理学家多发挥《大学》思想。南宋朱熹认为“止于至善”便是尽天理之极。《大学章句》:“止者,必至于是而不迁之意。至善,则事理当然之极也。言明明德、新民,皆当至于至善之地而不迁,盖必其有以尽夫天理之极,而无一毫人欲之私也。”明王守仁则认为:“至善者,性也。性元无一毫之恶,故曰至善。止之,是复其本然而已。”(《传习录》上)

慎独 中国儒家道德修养用语。指在无人觉察的闲居独处时,尤须谨慎地对待自己的行为,自觉遵循道德要求。《礼记·中庸》说:“道也者,不可须臾离也,可离非道也。是故君子戒慎乎不睹,恐惧乎其所不闻,莫见乎隐,莫显乎微,是故君子慎其独也。”东汉郑玄注:“慎独者,慎其闲居之作为。”《大学》说:“诚于中,形于外,故君子必慎其独也。”以为慎独要“诚其意”而“毋自欺也”,从道德心理对“慎独”作了阐发。南宋朱熹则以理学的观点进行发挥。认为对待人所不知而己所独知的微细之事,君子之心应“常存敬畏”,不敢疏忽,此“所以存天理之本然而不使离于须臾之顷也”,“所以遏人欲于将萌而不使其滋长于隐微之中”(《中庸章句》)。将“慎独”作为“存天理”的重要方法。真德秀又以“主敬”说释“慎独”:“盖戒惧慎独者,敬也。”(《西山答问》)明末刘宗周贯通本体论、认识论、人性论和修养论,以“心学”论“慎独”。认为“独”即“至善之所统会也”,是“本心”、“良知”,为“物之本,性之体”。“而慎独者,格之始事也”(《刘子全书》卷十二)。“千古相传只慎独二字要诀,先生(指王守仁)言致良知,正指此。”(《刘子全书》卷十三)又说:“独即天命之性所藏精处,而慎独即尽性之学。”(《刘子全书》卷五)视“慎独”为能使人的道德修养达到“尽性”的必要途径。

达道 《中庸》用语。人所共由的准则。《中庸》:“天下之达道五,所以行之者三。曰:君臣也,父子也,夫妇也,昆弟也,朋友之交也。五者,天下之达道也。”南宋朱熹注:“达道者,天下古今所共由之路。即《书》所谓五典。孟子所谓父子有亲,君臣有义,夫妇有别,长幼有序,朋友有信是也。”(《中庸章句》)

亲亲有术 儒家伦理思想。指亲亲、爱人皆据礼而行,应有亲疏远近、上下尊卑之别。语出《墨子·非儒下》:“儒者曰:‘亲亲有术,尊贤有等。’言亲疏尊卑之异也。”《礼记·中庸》作“亲亲之杀,尊贤之等。”《荀子·大略》说:“亲亲,故故,庸庸,劳劳,仁之杀也。”是“术”与“杀”通。唐杨倞注:“差等也。”与墨家“爱无差等”相对,强调需先明亲疏之分、贵贱有等。做到“亲疏有方,则施行而不悖”(《荀子·君子》)。体现了儒家以维持宗法等级秩序为前提的“仁爱”原则。

尊德性 尊崇天赋之善性。《礼记·中庸》:“君子尊德性而道问学。”认为君子既要尊崇天赋的善性,又要通过学习来培养善性。宋以后理学家发挥了《中庸》的思想,把“尊德性”和“道问学”看做是两种不同的治学和伦理修养方法。南宋朱熹《中庸章句》:“尊德性,所以存心而极乎道体之大也;道问学,所以致知而尽乎道体之细也。”认为“尊德性”是指存心养性的道德修养,“道问学”是指格物致知的道德学习。朱熹较注重“道问学”,陆九渊则注重“尊德性”。朱熹《答项平父》:“大抵子思以来,教人之法,惟以尊德性、道问学两事为用力之要。今子静所说专是尊德性事,而熹平日所论却是问学上多了。”“尊德性”和“道问学”成为朱、陆两派在方法论上的重要争端。明王守仁则认为,“尊德性”和“道问学”是目的和手段的关系。《传习录》下:“道问学即所以尊德性也。”“如今讲习讨论,下许多功夫,无非只是存此心,不失其德性而已。”

道问学 见“尊德性”。

礼乐 礼与乐的并称。礼,泛指中国奴隶社会和封建社会等级制的社会规范和道德规范。乐,指礼仪活动中的诗歌、音乐、舞蹈。儒家十分重视礼乐。孔子已将“礼乐”并称用来概括周代的典章制度和文化教养活动。提出“礼乐不兴,则刑罚不中”(《论语·子路》),将礼乐作为对百姓进行教化的重要内容,认为君子修身必须学习礼乐,礼乐能使人成为人格完满的“成人”。“若臧武仲之知,公绰之不欲,卞庄子之勇,冉求之艺,文之以礼乐,亦可为成人矣。”(《论语·宪问》)学习礼乐不能仅仅满足于形式:“礼云礼云,玉帛云乎哉? 乐云乐云,钟鼓云乎哉?”(《论语·阳货》)离开“仁”的原则,礼乐不过是一个空洞的形式:“人而不仁,如礼何;人而不仁,如乐何?”(《论语·八佾》)强调“乐”须以“礼”为本,合于“礼”的“乐”才是真正的“乐”,否则就是“淫乐”。荀子亦提出“先王贵礼乐而贱邪音”,“乐行而志清,礼修而行成”(《荀子·乐论》),强调以礼导乐,乃是先王的“立乐之方”。《礼记·乐记》则从礼、乐的产生及社会职能上阐述了两者不可偏一。“王者功成作乐,治定制礼”,“作乐以应天,制礼以配地,礼乐明备,天地官矣”。认为礼与乐虽有区别,“乐者为同,礼者为异”,“乐由中出,礼自外作”,但两者作用一致,“礼乐刑政,其极一也”,“礼乐皆得,谓之有德”(同上)。《礼记》还进一步阐述了礼乐相成的思想,“达于礼而不达于乐,谓之素;达于乐而不达于礼,谓之偏。”(《礼记·仲尼燕居》)与儒家不同,墨家则从“节用”原则出发,指责儒家“繁饰礼乐以淫人”,“弦歌鼓舞以聚徒,繁登降之礼以示仪”,“其道不可以期世,其学不可以导众”(《墨子·非儒下》)。法家从实用功利出发,也对礼乐采取否定态度,韩非称“好五音”为导致国家衰败的“十过”之一,认为儒家的繁文缛节之礼,是颠倒了“貌”与“实”的关系,“礼繁者实心衰也”(《韩非子·解老》)。自汉董仲舒以后,随着儒家思想居于统治地位,礼乐并举遂成为对后世有重要影响的思想。

乐者天地之和 《礼记》用语。《礼记·乐记》:“地气上齐,天气下降,阴阳相摩,天地相荡,鼓之以雷霆,奋之以风雨,动之以四时,暖之以日月,而百化兴焉,如此,则乐者天地之和也。”认为音乐源于并反映“天地之和”,天地万物“流而不息,合同而化,而乐兴焉”(同上)。礼乐的制作必须依循天地的法则,“大乐与天地同和”(同上)。又认为礼乐的作用也在于达到“天地之和”:“是故大人举礼乐,则天地将为昭焉。天地䜣合,阴阳相得,煦妪覆育万物,然后草木茂,区萌达,羽翼奋,角觡生,蛰虫昭苏。”(同上)将礼乐的社会作用从“和民性”、“和上下”扩大到“和”天地、造化育,反映出它受到战国末期兴起的“天人感应”论与阴阳五行说的影响。

乐由天作 《礼记》用语。指乐按天的法则作成。《礼记·乐记》:“乐由天作,礼以地制。过制则乱,过作则暴;明于天地,然后能兴礼乐也。”明确提出礼乐制作应当法天地的主张。认为天地相荡,阴阳相摩,各种事物的运动、融合、转化,孕育了乐的形成。“圣人作乐以应天,制礼以配地,礼乐明备。天地官矣。”音乐应法天地,以音乐之和反映天地之和。“乐者,天地之和也。”(同上)这一命题,阐明了乐的兴起、制作、特征与天的联系,表明战国末叶及汉初正在兴起的“天人感应”说对《礼记·乐记》作者的影响。

乐通伦理 《礼记》用语。《礼记·乐记》:“乐者,通伦理者也。”指明了礼乐在伦理上的教化作用,强调音乐艺术必须纳入礼的规范,认为乐有着“合和父子君臣,附亲万民”的作用,“君臣上下同听之,则莫不和敬”;“长幼同听之,则莫不和顺”;“父子兄弟同听之,则莫不和亲”(同上),使礼所确定的上下左右、尊卑贵贱的社会等级秩序得以维系和巩固,反映了儒家的美学思想。

乐和民声 《礼记》用语。指用乐具有调和人们声音的社会作用。《礼记·乐记》:“礼节民心,乐和民声,政以行之,刑以防之。礼乐刑政,四达而不悖,则王道备矣。”继承儒家以“和”为最高理想的思想,提出“乐者敦和”(同上),把音乐的社会作用阐释成“和”,从“天理”与“人欲”的对立上,强调“乐和民声”的社会作用。认为乐对民声的调和首先表现在“善民心”,“感人深”,“移风易俗”。亦表现在能调和人的喜怒哀乐之情,使之感情和平,“皆安其位而不相夺也”(同上)。从个人内在感情之和,到所发声音之和,到民声之和,正是音乐的审美特性所起的作用。

功成作乐 《礼记》用语。意谓君王功业成就了才作“乐”。《礼记·乐记》:“王者功成作乐,治定制礼;其功大者其乐备,其治辨者其礼具。”儒家美学思想认为,制礼作乐是先王对百姓施行教化的手段,“乐”能使上下关系和睦,“礼”能使尊卑、贵贱等级分明,“礼”、“乐”相济,就可保持一种既等级森严又和谐融洽的统治秩序。而“礼”、“乐”的制作,需待“功成”、“治定”之时。儒家所推崇的先王之乐,均是圣王取得天下之后,为表扬功德而制作的,故音乐又可成为先王功业的象征:“夫乐者,象成者也。揔干而山立,武王之事也。发扬蹈厉,太公之志也。《武》乱皆坐,周、召之治也。”(同上)

制礼作乐 《礼记》用语。《礼记·明堂位》:“成王幼弱,周公践天子之位,以治天下”,“朝诸侯于明堂,制礼作乐”。儒家美学思想认为,先王在夺取天下,大功告成之后,应当制礼作乐,用乐歌颂自己的功德,用礼规定必须遵守的尊卑、贵贱的等级秩序。“王者功成作乐,治定制礼,其功大者其乐备,其治辩者其礼具。”(《礼记·乐记》)礼乐制作的目的在于调节“人欲”,使其符合“理”,“是故先王之制礼乐也,非以极口腹耳目之欲也,将以教民平好恶,而反人道之

正也。”(同上)

礼乐相成 《礼记》用语。指礼与乐应当并用,两者相辅相成。《礼记·礼器》:“礼交动乎上,乐交应乎下,和之至也。”古代天子、诸侯于祭祀、朝贺、宴享活动中,奏乐与演礼相伴而行,礼仪举行的过程即音乐演奏的过程。《礼记》还从礼、乐的哲学属性、社会功用上论述了两者的相互影响与作用。认为,礼与乐在哲学上分属于阴阳一对范畴,“乐由阳来者也,礼由阴作者也”(《礼记·郊特牲》),阴阳和合,礼乐相成。在社会功用上,认为礼可以节事,乐可以导志,“礼乐刑政,其极一也”(《礼记·乐记》)。礼与乐两者应当兼达,不可偏废。“达于礼而不达于乐,谓之素;达于乐而不达于礼,谓之偏。”(《礼记·仲尼燕居》)

乐以象德 《礼记》用语。指乐具有引导欣赏者效法它所包含的伦理道德的教化作用。《礼记·乐记》:“乐者,所以象德也。”孔颖达疏:“谓君作乐以训民,使民法象其德也。”(《礼记正义》)认为君主圣贤是道德的典范,对百姓施行教化,要使民象君之德。为此圣王作“雅颂之声”,将反映人的情感的乐纳入礼的规范,既以乐来歌功颂德,又将体现君之德的礼乐作为教化百姓象君之德的手段。充分肯定了礼乐在感动人的善心、陶冶人的性情、培养人的德行上的作用。

乐以治心 《礼记》用语。指乐具有提高人们内心的修养的教化作用。《礼记·乐记》:“礼乐不可斯须去身。致乐以治心,则易直子谅之心,油然生矣。”孔颖达疏:“易谓和易,直谓正直,子谓子受,谅谓诚信”,“言乐能感人使善心生也。”(《礼记正义》)认为制礼作乐的目的、要求在于“治心”。把“足以感动人之善心”作为圣人“立乐之方”(《礼记·乐记》),因此调节“人欲”以适合“天理”,成为立乐的出发点。同时认为乐的社会功能也在于“治心”。“乐也者,圣人之所乐也:而可以善民心,其感人深,其移风易俗,故先王著其教焉”(同上)。肯定了音乐不仅能给人带来审美愉快,而且能在伦理上起到教化作用。

乐同礼异 《礼记》用语。指乐的功能和特点是“同和”,能协调人际关系;礼的功能和特点是“别异”,以划分贵贱等级。《礼记·乐记》:“乐者为同,礼者为异。”认为乐乃是“天地之和”的产物,因而对于个人、国家社会、天地宇宙,均能起到“同和”的作用:对于人,“乐和民声”(同上);对国家社会,“合和父子君臣,附亲万民”(同上);对天地宇宙,则能赞天地而成化育。而“礼者,天地之别也”。重在人与人之间的差异区分,因而能起到区分社会关系中的贵贱、宗族内部的尊卑的作用。儒家认为礼乐虽有区别,但又有联系,“礼乐皆得,谓之有德”(同上)。

立乐之方 《礼记》用语。指统治阶级的立乐之道。《礼记·乐记》:“先王耻其乱,故制雅颂之声以道之,使其声足乐而不流,使其文足论而不息,使其曲直、繁瘠、廉肉、节奏,足以感动人之善心而已矣,不使放心邪气得接焉:是先王立乐之方也。”提出圣王立乐有两个方面的标准和要求:第一,乐应合于“道”和能“感动人之善心”,认为人是有感情的,不能无乐,对乐的欲求为人情所不能免,但若不加以适当节制,又会引起混乱,为此先王制定“雅颂之声”,使这些音乐能引人快乐,却不使人放纵,强调将体现感情的音乐艺术纳入礼的规范的重要性。第二,乐应起到“合和”的社会作用,“审一以定和,比物以饰节,节奏合以成文”(同上)。使社会上不同等级、地位的人如君臣、长幼、父子兄弟都能通过音乐的欣赏和谐相处。

心物感应 《礼记》用语。认为音乐的产生是人心感之于物而形成于心的。《礼记·乐记》:“凡音之起,由人心生也。人心之动,物使之然也。感于物而动,故形于声,声相应,故生变,变成方谓之音。比音而乐之,及干戚羽旄,谓之乐。”歌、舞、诗等表情艺术,“三者本于心,然后乐器从之。”(同上)明确提出乐以情为本的观点。又提出音乐的产生作为人的心理活动过程,须经历由“物”到“心”再由“心”到“音”这样两个阶段,“感于物而后动”是“物”到“心”;“乐者,心之动也”是“心”到“音”。人心动不一,情感有异,所发出的声音也不一:“其哀心感者,其声噍以杀;其乐心感者,其声啴以缓”(同上)。这种心物感应说,肯定了物对心的本源作用,肯定艺术创作与现实生活的依存关系,同时又强调了“心”在音乐形成中的能动作用,成为中国古代美学史上“言志说”的理论基础,对古代美学思想和艺术创作均有很大影响。

道家哲学

自然 道家老子指万物非人为的本然状态。《老子·五十一章》:“莫之命而常自然。”《庄子·渔父》:“真者所以受于天也,自然不可易也。”《淮南子·原道训》:“因其自然而推之,万物之变不可究也。”三国魏嵇康《难宅无吉凶摄生论》:“百姓谓之自然,而不知所以然。”西晋郭象《庄子注·齐物论》:“天然耳,非为也,故以天言之。以天言之,所以明其自然也,岂苍苍之谓哉!”在中国古代哲学中,自然还有多种含义,如指无意识,无目的,无为无造。《庄子·德充符》:“常因自然而不益生也。”《韩非子·大体》:“守成理,因自然。”三国魏王弼《老子注·五章》:“天地任自然,无为无造,万物自相治理,故不仁也。”指道。三国魏何晏《无名论》:“夏侯玄曰:‘天地以自然运,圣人以自然用。’自然者,道也。”北宋程颢《遗书》卷十二:“一阴一阳之谓道,自然之道也。”指人的自然本性和自然情感。与名教相对。三国魏嵇康从反对名教出发,提倡纵欲以顺从人的自然本性。《难自然好学论》:“六经以抑引为主,人性以纵欲为欢,抑引则违其愿,从欲则得自然。”又指必然。《孟子字义疏证·理》:“由血气之自然,而审察之以知其必然,是之谓理义。自然之与必然,非二事也。”

道法自然 先秦道家基本思想之一。《老子·

二十五章》:“人法地,地法天,天法道,道法自然。”意谓宇宙间最根本的原则是自然,听任世界上所有事物的自生自灭而不加以干预最为高明,因而一切改造自然、改造社会的人为活动都应该取消,“辅万物之自然而不敢为”(《老子·六十四章》)。旨在反对儒家“有为”说。受这一思想影响,魏晋时何晏、王弼等援道入儒,宣称儒家提倡的礼法名教亦出于自然,二者的关系是本末而非对立。何晏说:“自然者,道也。”(《列子·仲尼》注引《无名论》)嵇康、阮籍等人则认为礼法名教与自然相对立。他们以道法自然说反对儒家的礼法名教。嵇康力倡“越名教而任自然”(《释私论》),以为“六经以抑引为主,人性以从欲为欢,抑引则违其愿,从欲则得自然。……仁义务于理伪,非养真之要术,廉让出于争夺,非自然之所出也。”(《难自然好学论》)阮籍则明确宣称“君子之礼法,诚天下残贼、乱危、死亡之术耳”(《大人先生传》)。只有道法自然的社会才是“至德”之世。

四大 春秋老子用语。指道、天、地、人。老子认为这四者都是宇宙间至大无限的存在,故称。《老子·二十五章》:“故道大,天大,地大,人亦大。域中有四大,而人居其一焉。”其中“道”最根本,“人法地,地法天,天法道,道法自然”(同上)。

道纪 中国古代哲学用语。道的原理、法则。《老子·十四章》:“执古之道以御今之有,能知古始,是谓道纪。”纪,理也。意为根据古之道的本原(“无”),以指导当今之事物(有),也就懂得了道的原理、法则。《管子·心术上》:“故必知不言、无为之事,然后知道之纪。”

一 中国古代哲学用语。❶指万物的普遍本质。《老子·三十九章》:“万物得一以生。”这里的“一”指“道”,《老子》以“道”为万物的普遍本质。韩非也认为:“道无双,故曰一。”(《韩非子·扬权》)《淮南子·诠言训》:“一也者,万物之本也,无敌之道也。”北宋张载以“气”为万物的普遍本质,故以“一”指“气”。《正蒙·诚明》:“湛一,气之本。”《正蒙·太和》:“知虚空即气,则有无、隐显、神化、性命通一无二。”❷指宇宙开初的混沌未分者。《老子·四十二章》:“道生一,一生二,二生三,三生万物。”《庄子·天地》:“泰初有无,无有无名,一之所起,有一而未形。”西汉董仲舒《举贤良对策一》:“一者,万物之所从始也。”《列子·天瑞》:“一者,形变之始也。”❸指同一、统一。与多(异)、二(两)相对。《庄子·齐物论》:“凡物无成与毁,复通为一。”“天地与我并生,而万物与我为一。”把天地万物都看成是同一的、无差别的。《吕氏春秋·大乐》:“一也者制令,两也者从听”,“知一则明,明两则狂”。把“一”与“两”对立,主张舍两法一。《黄帝内经·素问·阴阳离合论》:“阴阳者,数之可十,推之可百,数之可万,万之大不可胜数,然其要一也。”认为天地万物都可用阴阳的对立统一来概括。西汉董仲舒《春秋繁露·天道无二》:“天之常道,相反之物也,不得两起,故谓之一。一而不二者,天之行也。”主一去二,认为阴阳不构成矛盾。北宋张载《正蒙·参两》:“一物两体,气也。一故神(自注:两在故不测),两故化(自注:推行于一)。”《正蒙·太和》:“两不立则一不可见,一不可见则两之用息。”明确提出了对立统一的思想。

执一 先秦道家用语。“一”指道。抓住和掌握万事万物的根本,即执道。《老子》:“圣人执一,以为天下牧。”(引自帛书,通行本作:“圣人抱一为天下式。”)《管子·心术下》:“执一而不失,能君万物。”法家继承并发展了道家这一思想,不仅以“一”指道,而且指法和统一的权势。《韩非子·扬权》:“圣人执一以静,使名自命,令事自定。”《吕氏春秋·执一》:“王者执一而为万物正……执一,所以专之也。一则治,两则乱。”“执一”是法家法治理论的一个重要内容。

谷神 “道”的别称。春秋老子用语。“谷”指山谷,象征虚空;“神”指有变化莫测之意。《老子·六章》:“谷神不死,是谓玄牝。”三国魏王弼注:“谷神,谷中央无谷也。无形、无影、无逆、无违。”认为“道”虚无而又神秘莫测,是天地万物的根源。一说“谷”同“穀”。西汉河上公注:“谷,养也。”意为“道”能生养天地万物,故称“谷神”。

德 指事物从道所得的特殊规律或特性。《老子·五十一章》:“道生之,德畜之……万物莫不遵道而贵德。”认为“德”是万物发展的根据。庄子说:“物得以生谓之德。”“形非道不生,生非德不明。”(《庄子·天地》)《管子·心术上》提出:“德者,道之舍……德者得也,得也者,谓其所得以然也。”认为道在具体事物上的表现就是“德”,“德”为具体事物所得以然者。韩非也认为德是道的表现。《韩非子·解老》:“道有积而德有功,德者道之功。”

朴 春秋老子用语。指原始自然质朴的存在,即指“道”。《老子·三十二章》:“道常无名,朴虽小,天下莫能臣。”“朴”亦无名,称“无名之朴”。“朴散则为器。”(《老子·二十八章》)“朴”的散失,就成为世间的具体器物。但人们只要守雌、守辱,使“常德”充足,也能“复归于朴”。“朴”还可用来镇止一切欲望,使人“不欲以静,天下将自定”(《老子·三十七章》)。

复归于朴 春秋老子用语。道家关于人性复归的主张。《老子·二十八章》:“知其荣,守其辱,为天下谷。为天下谷,常德乃足,复归于朴。”“朴”,素材,指人的素朴天性,即无知无欲。认为能安于卑辱,甘于处下,就可使永恒之“德”充足,回复到“朴”的至德境界。

玄 中国古代哲学用语。春秋老子用以指幽深微妙、高远莫测的道。《老子·一章》:“故常无欲以观其妙,常有欲以观其徼。此两者同出而异名。同谓之玄,玄之又玄,众妙之门。”三国魏王弼注:“玄者,冥也,默然无有也,始母之所同出也。”玄即天地万物的一般规律和总根源“道”,它体现了万物无穷奥妙的变化作用。《黄帝内经·素问·天元纪大论》:“夫变化之为用也,在天为玄,在人为道,在地为化。化生五味,道生智,玄生神。”这里的“玄”是指天道、地道、人道的宇宙本体。西汉扬雄《太玄图》说:

“夫玄也者，天道也，地道也，人道也。”处于幽冥无形的阴阳之气中，由于阴阳的分合才有天地万物的产生。“玄者，幽攡万类而不见形者也，资陶虚无而生乎规，攔神明而定摹，通同古今以开类，攡措阴阳而发气，一判一合，天地备矣。”(《太玄·攡》)又有用以指精神性的本体。东晋葛洪《抱朴子·畅玄》：“玄者，自然之始祖，而万殊之大宗也。眇昧乎其深也，故称微焉。绵邈乎其远也，故称妙焉。”为创造天地万物之母，其作用能使“乾以之高，坤以之卑，云以之行，雨以之施。胞胎元一，范铸两仪，吐纳大始，鼓冶亿类”(同上)。其所述之“玄”反映了道教唯心主义的思想，与“道”、“一”相通。

玄德 道家指“道”自然无为的性质，亦指得道圣人的德性。《老子·十章》：“生而不有，为而不恃，长而不宰，是谓玄德。”任随万物的生长作为，而不有意地主宰，是道的玄德。《老子·六十五章》：“常知稽式，是谓玄德。玄德深矣、远矣、与物反矣，然后乃至大顺。”能常知世间的法则，是圣人的玄德，这与万物相反，却能最大地顺应自然。《庄子·天地》：“与天地为合，其合缗缗，若愚若昏，是谓玄德。”

玄牝 春秋老子用语。“玄”，深远；“牝”，雌性。指衍生万物的本原。《老子·六章》：“玄牝之门，是谓天地根。”言“道”似微妙的母体，是天地万物的根本。

玄通 春秋老子用语。“玄”，深远；“通”，通达。对得道人的赞美。《老子·十五章》：“古之善为士者，微妙玄通，深不可识。”“士”，一作“道”(据马王堆帛书乙种本)。言得“道”者深远而通达，非一般人所能理解。

玄同 道家用语。一种与“道”混同为一的境界。“玄”，玄妙深奥；“同”，齐同、均一。《老子·五十六章》：“塞其兑，闭其门，挫其锐，解其纷，和其光，同其尘，是谓玄同。”认为人只有杜塞耳目口鼻等认识器官，无知无欲，循应自然，泯灭差别，消除是非，才能使自己进入“玄妙齐同”与“道”混为一体的境界，从而认识“道”与天地万物。《庄子·胠箧》：“削曾史之行，钳杨墨之口，攘弃仁义，而天下之德始玄同矣。”

玄览 春秋老子用语。“玄”，玄冥；“览”，观察。指一种神秘直观的认识方法。《老子·十章》：“涤除玄览，能无疵乎?”河上公注：“心居玄冥之处，览知万物，故谓之玄览。”具体做法为：“塞其兑，闭其门，挫其锐，解其纷，和其光，同其尘。”(《老子·五十六章》)排除一切感性经验、语言概念和欲望，让内心宁静地体验和直观万物。帛书《老子》“览”作“鉴”。故近人认为“玄览”当为“玄鉴”，即玄妙的心境。保持心镜的洁净，便能观照万物。《淮南子·修务训》：“清明之士，执玄鉴于心，照物明白。”

玄鉴 春秋老子用语。指一种神秘玄妙的认识方法。马王堆汉墓帛书乙本《老子》：“涤除玄监(鉴)，能无疵乎?”“鉴”，通行本《老子·十章》作“览”。近人高亨《老子正诂》：“鉴者镜也，玄鉴者，内心之光明，为形上之镜，能照察事物，故谓之玄鉴。”参见“玄览”。

冲气 春秋老子用语。指含有阴阳激荡相互作用的气。《老子·四十二章》：“万物负阴而抱阳，冲气以为和。”《说文》：“冲，涌摇也。”意为万物包容着阴阳，阴阳二气互相作用而成和气。一说作盅气。《说文》：“盅，器虚也。”指一种肉眼看不到的“冲虚之气”。

恍惚 指一种若有若无、朦胧含蓄的存在状态，语出《老子》。是讨论“道”的存在状态。《老子·二十一章》：“道之为物，惟恍惟惚。惚兮恍兮，其中有象；恍兮惚兮，其中有物；窈兮冥兮，其中有精；其精甚真，其中有信。”又十四章：“是谓无状之状，无象之象，是谓惚恍。迎之不见其首。随之不见其后。”老子认为“道”的“恍惚”状态就是有与无的统一，同时也是实与虚、有限与无限、抽象与形象的统一，这也正是中国古代艺术意境的典型审美特征。

致虚极，守静笃 道家倡导的一种特殊的审美心态。语出《老子·十六章》。为了获得“大音希声，大象无形”的境界，也就是进入“道”的境界，老子认为主体必须要有“致虚极，守静笃”的心理状态，使自己忘掉周围的一切，也忘掉自身存在，这样就可与物同化，而完全顺应自然规律。为此，老子又提出“涤除玄览”。要求审美主体必须排除一切主客观因素的干扰，内心虚静，方能洞察宇宙，览知万物。老子关于虚静的论述，对后世影响极大。《庄子·天道》：“夫虚静恬淡寂寞无为者，万物之本也。”《管子·心术上》：“去欲则宣，宣则静矣；静则精，精则独立矣；独则明，明则神矣。……虚者，无藏也。”《荀子·解蔽》：“虚壹而静，谓之大清明。”“虚静”的审美心态在中国美学史上占有极为重要的地位。

涤除玄览 春秋老子用语。意为洗垢除尘，排除杂念，静观深照。《老子·十章》：“涤除玄览，能无疵乎?”要求人们对于“道”的观照，必须保持内心的虚静。“致虚极，守静笃。万物并作，吾以观复。”(《老子·十六章》)认为只有排除一切物质功利观念的干扰，保持心灵虚寂清静的状态，才能观照到道的循环往复、发展变化。这个观点涉及审美观照中的心理状态。战国时期管子学派、荀子、韩非子继承和发挥了老子的这种理论，荀子的“虚壹而静”(《荀子·解蔽》)，韩非的“虚则知实之情，静则知动之正”(《韩非子·主道》)，都与“涤除玄览”有渊源关系。庄子提出“心斋”、“坐忘”等关于审美心胸的理论，亦以此为发端。

虚 本义指空无，引申到哲学上，有不同含义。老子用以形容道的境界，“致虚极，守静笃”(《老子·十六章》)，“虚而不屈，动而愈出”(《老子·五章》)。庄子认为人达到无情无欲的虚寂状态，道便可于内心中体现出来，“唯道集虚，虚者，心斋也。”(《庄子·人间世》)西晋郭象注：“虚其心则至道集于怀也。”《管子》认为“天曰虚”(《心术上》)，指辽广的太空，并说“虚者，万物之始也”，为万物之所从出。荀子则从认识论的角度来解释，“不以已藏害所将受谓之虚”

(《荀子·解蔽》),主张虚心接受新的知识,反对囿于固有的成见。韩非承其师说,“虚者,谓其意无所制也”(《韩非子·解老》)。《吕氏春秋·有度》提出:“清明则虚,虚则无为而无不为也。”认为人应保持清醒的头脑,处于冷静虚寂的境地,做到表面上无为而实际上是无不为。以虚作为宇宙本原的,历史上的哲学家各作出不同的解释。西汉贾谊说:“虚者,言其精微也”(《新书·道术》),以虚为一种精微的气。《经法》说:“见知之道,唯虚无有”(《道法》),形容道本身是虚无有。“虚无刑(形),其裻冥冥,万物之所从生”(同上)。认为虚是“一”,为万物最初的始基,“虚同为一,恒一而止”(《道原》)。虚虽无形,但又是真实存在的,“知虚之实,后能大(太)虚。乃通天地之精,通同而无间,周袭而不盈”(同上)。虚为普遍存在于天地之间的“精”气。司马谈以为虚就是无常形的道。“虚者,道之常也。”(《史记·太史公自序》)北宋司马光认为“万物皆祖于虚,生于气”(《潜虚》),但他所说的“虚”是与有人格有意志的天联系在一起的,“天者万物之父也。……顺天之命者,天得而赏之”(《司马温公文集》卷七十四)。张载把虚看成是气的本然状态,“气本之虚则湛一无形”(《正蒙·太和》)。明清之际王夫之认为“两实(指阴阳)之中,虚故自然”(《老子衍》十六章),虚是阴阳之气的自然特性。又认为虚和实是气的不同形态,“实不窒虚,知虚之皆实”(《思问录·内篇》)。

无名　道家用语。“道”的别称。与“有名”相对。《老子·一章》:“无名天地之始,有名万物之母。……此两者同出而异名。”老子认为,无名比有名更能反映“道”的性质。“道”无形无象,“绳绳不可名”(《老子·十四章》),是不能用名称概念去把握的,故“道常无名”(《老子·三十二章》)。道乃“无名之朴”(《老子·三十七章》)。因为人们的具体需要,才开始出现名称,即“始制有名”(《老子·三十二章》)。但即便有了名,因为“名可名,非常名”的缘故,在使用的时候也要适可而止,“知止可以不殆”(同上)。庄子继承了老子的思想,认为:“泰初有无,无有无名。”(《庄子·天地》)又说:“圣人无名。”(《庄子·逍遥游》)将老子的“无名”思想引向极端。

有名　道家用语。与“无名”相对。见“无名”。

袭明　春秋老子用语。“袭”指藏。袭明,即内藏的聪明睿智。《老子·二十七章》:“圣人常善救人,故无弃人;常善救物,故无弃物。是谓袭明。”认为经常善于拯救人和物,是圣人内藏着聪明。一说:“袭”指因循。“明”指常道。“袭明”,即因循常道。

常名　春秋老子用语。指永恒不变的名称。“名可名,非常名。”(《老子·一章》)认为可以称呼的名都是应物而起的,它们随事物的发展而变迁,都不是永恒的。

众甫　春秋老子用语。指万物的开端。“甫”通“父”,亦作“众父”(见帛书《老子》乙种本)。《老子·二十一章》:“自古及今,其名不去,以阅众甫,吾何以知众甫之状哉?以此。”三国魏王弼注:“众甫,万物之始也。”言万物始于道,道为万物之所宗。

天门　❶万物自然出入之门,犹指万物之本原。《老子·十章》:“天门开阖,能为雌乎?”《庄子·庚桑楚》:“入出而无见其形,是谓天门。天门者,无有也,万物出乎无有。”唐成玄英疏:“天者,自然之谓也……自然为造物之门户也。”❷指“心”或“大道”。《庄子·天运》:“其心以为不然者,天门弗开矣。”唐成玄英疏:“天门,谓心也;一云大道也。”

天网　春秋老子用语。“网”指罗网。用以形容“道”包容一切的作用。《老子·七十三章》:“天网恢恢,疏而不失。”认为“道”像天网一样广大,网孔虽疏却牢笼万有而无漏失。后人借此比喻国家的法律。

常　指恒久、不易,变化的规律等。《老子·十六章》:“夫物芸芸,各复归其根。归根曰静,是曰复命,复命曰常。”认为万物归根复命的循环运动是恒久不易的。《易·系辞上》:“动静有常,刚柔断矣。”《管子·形势》:“天不变其常,地不易其则。”《荀子·天论》:“天行有常。”都认为自然的变化有其规律性。韩非则以“道”为常,《韩非子·解老》:“唯夫与天地之剖判也俱生,至天地之消散也不死不衰者谓常。而常者无攸易,无定理。无定理非在于常,是以不可道也。圣人观其玄虚,用其周行,强字之曰道。”

上德　春秋老子用语。指具有高尚道德的人。与“下德”相对。《老子·三十八章》:“上德不德,是以有德;下德不失德,是以无德。”凡出乎自然、不是人为地去追求“德”,才是至高的道德。这是老子“道法自然”的道德观。

不行而知　春秋老子用语。不用亲身经验就察知一切。《老子·四十七章》:“不出户,知天下。不窥牖,见天道。其出弥远,其知弥少。是以圣人不行而知,不见而名,不为而成。”认为圣人之知,不用亲身经验。圣人之成功,不用亲自作为。认为人的感觉知识都是有限的,不足以认识道和万物。只有排除感觉行为,“不行”、“不见”,静心冥想,以心直观,才能察知一切,为一种直觉的认识论。

不为而成　春秋老子用语。指圣人不用亲自作为而获成功。参见“不行而知”。

为道日损　春秋老子用语。指从事于道就在于时时减少人的知识和作为。与“为学日益”相对。《老子·四十八章》:“为学日益,为道日损,损之又损,以至于无为。无为而无不为。”认为从事于学,时时增加人的知识和作为;从事于道则相反。道是无为而自然的,任何人为都是对道的破坏。以儒家主益的态度为非,主张时时减损人为所添加的一切,“绝学”、“弃知”,达到“无为”,恢复自然纯朴的本性而“无不为”,宣扬了蒙昧主义。老子这一思想后为庄子所发挥,为“离形去知”、“坐忘”等学说之滥觞。

为学日益　春秋老子用语。意为从事于学问则时时增加人的知识和作为。与“为道日损”相对。参见“为道日损”。

绝仁弃义　道家用语。《老子·十九章》:“绝仁弃义,民复孝慈。”仁与义是儒家的基本思想。老子认为儒家力倡的“仁义”与自然之人性和纯朴之道德水火不容，它的出现乃是天下无道的标志。只有摒弃仁义，才能使民众恢复古朴之道德。庄子则进一步指出“仁义”为统治者利用以谋私，是天下一切祸乱的总根源，其谓“为之仁义以矫之，则并与仁义而窃之。何以知其然邪？……窃国者为诸侯，诸侯之门而仁义存焉”（《庄子·胠箧》）。认为“攘弃仁义，而天下之德始玄同矣”（同上）。老庄此说，与儒家关于仁义的观点截然对立。它对于后世某些进步思想家揭露封建道德的虚伪性具有一定启迪，同时也暴露了老庄道德虚无主义的倾向。

绝圣弃知 道家用语。指弃绝圣贤与智慧。《老子·十九章》：“绝圣弃智，民利百倍；绝仁弃义，民复孝慈；绝巧弃利，盗贼无有。”认为圣人无为，智者不言，儒家人为的仁、义、智慧等，是对自然的道的破坏。主张顺从自然，抛弃一切人为，使民无智无欲，以达到大治。否定人的能动性，也表现出反对社会文明进步的倒退的历史观。庄子发挥了这一思想，认为：“绝圣弃知，大盗乃止；擿玉毁珠，小盗不起。”（《庄子·胠箧》）韩非则从法治的观点继承和发挥了《老子》的思想，主张立法令而废圣智，认为“圣智成群，造言作辞”（《韩非子·诡使》）是国家乱亡的原因。

负阴抱阳 春秋老子用语。指万物皆含阴阳两气。《老子·四十二章》：“万物负阴而抱阳，冲气以为和。”是老子对万物存在形式的一种概括，也是对事物矛盾的普遍性的认识，具有朴素辩证法因素。

有无相生 老子的辩证思想。《老子·二章》：“有无相生，难易相成，长短相形，高下相倾，音声相和，前后相随。”汉严遵注：“无以有亡，有以无形……故无无则无以见有，无有则无以知无。”（见严遵《老子注》辑本）。此处的“有”和“无”是同难易、长短、高下等属同一层次的具体概念，“有无相生”是指有无相互依存，互为条件，包含有朴素的对立统一思想。

相反相成 事物间互相对立又互相作用。春秋末晏婴论“一气、二体、三类……以相成也；清浊、小大、短长……以相济也”（《左传·昭公二十年》），老子论“难易相成，长短相较”（《老子·二章》），当为“相反相成”思想之始。《汉书·艺文志》提出“相反相成”的概念：“仁之与义，敬之为和，相反而皆相成也。”

反者道之动 战国老子关于“道”的运动特点的概括。《老子·四十章》：“反者道之动，弱者道之用。”认为“道”总是向相反的方向复返运动。

无为 道家关于否定人为，强调顺物之自然的学说。老子认为宇宙的本原是“道”，“道”无为；人应依循“道”，故人也应无为。他说：“圣人处无为之事，行不言之教。万物作焉而不为始，生而不有，为而不恃，功成而弗居。”（《老子·二章》）又说：“为无为，事无事，味无味。大小多少，报怨以德。”（《老子·六十三章》）宣扬一任万物之自然。以“无为”为为，以无事为事。把“无为”作为道德的实践原则和高尚境界，“上德无为而无以为，下德为之而有以为”（《老子·三十八章》）。庄子更由无为而逍遥，以游心于四海之外的神秘精神生活为最高境界。“无为名尸，无为谋府，无为事任，无为知主。体尽无穷，而游无朕”（《庄子·应帝王》）。做到去名去谋，无事无知而完全听任自然。老庄在政治上主张无为而治，“为无为，则无不治”（《老子·三章》），“无为而万物化”（《庄子·天地》），表现了消极的处世思想。汉初黄老之术与刑名法术之学结合，采用“无为”治术，即“与民休息”的政策，对稳定社会秩序和发展生产起了一定作用。《淮南子》书中对老庄无为说作了修正：“所谓无为者，不先物为也。所谓无不为者，因物之所为也。”（《原道训》）认为遵循事物自然趋势（规律）而为，便是无为。“若吾所谓无为者……循理而举事，因资而立功”（《修务训》）。这种把不违背客观规律的作为称之无为，实际上是变相的有为论。

人性素朴 先秦道家对人性的见解和主张。《老子·十九章》：“见素抱朴，少私寡欲。”素朴，原义为未经雕琢的纯朴素材，与知欲相对，指少私寡欲或无知无欲。并以知欲未开的婴儿为喻，提出人性素朴（无知无欲）的观点。《庄子·马蹄》说：“夫至德之世，同与禽兽居，族与万物并，恶乎知君子小人哉！同乎无知，其德不离；同乎无欲，是谓素朴；素朴而民性得矣。”以此作为批判儒家仁义道德和提倡“无为”之治的重要根据。

六亲不和有孝慈 道家批判儒家伦理观念用语。语出《老子·十八章》。“六亲”古说不一。王弼《老子注》以父、母、兄、弟、夫、妇为六亲。“孝慈”则是儒家的重要伦理观点。《论语·为政》曰：“孝慈则忠。”孟子谓“尧舜之道，孝弟而已矣”（《孟子·告子下》）。儒家以父慈子孝为最理想的父子关系。老子则与此相反，认为孝慈只是六亲不和的产物，即亦六亲和睦则毋需孝慈。老子此说旨在否定儒家的孝慈观，对后世反对礼法名教起过一定影响。

不争 中国古代哲学用语。在不同的学派中有不同的含义。道家视其为一种天道自然准则。《老子·七十七章》：“天之道，不争而善胜。”并引申为人道上的谦下之德，说：“善用人者为之下，是谓不争之德”，包括“不自见”，“不自是”，“不自伐”，“不自矜”，不与人争先、争上。但强调“夫唯不争，故天下莫能与之争”（《老子·二十二章》）。实际是一种以不争为争的君人之术和处世之方。儒家以“不争”为仁德的要求。西汉董仲舒以“不争”释“仁”，“何谓仁？仁者恻怛爱人，谨翕不争”，即要求“无伤恶之心，无隐忌之心，无嫉妒之气，无感愁之欲，无险陂之事，无辟违之行”，于是，“其志平，其气和，其欲节，其事易，其行道，故能平易和理而无争也。如此者，谓之仁”（《春秋繁露·必仁且智》）。视“不争”为“节欲”、“寡欲”的表现，它既是“仁”的心理素养，又是“仁”的行为要求。

知足常足 全称“知足之足常足”。道家提倡的人生观。《老子·四十六章》：“祸莫大于不知足，咎莫大于欲得。故，知足之足常足矣。”认为不知满足而贪得无厌，就会招来祸殃，反而不足。唯有知道满足的“足”才是永恒的足。又说：“知足者富”（《老子·三十三章》），“知足不辱，知止不殆，可以长久。”（《老子·四十四章》）以此作为保持人生的安宁和幸福的准则。魏晋时嵇康发挥老子的思想，提倡“意足”为乐，主张精神上的自我满足，认为由此则“无适而不足”。

柔弱谦下 亦作“濡弱谦下”。春秋老子用语。语出《庄子·天下》。以为柔弱是“道”的作用，“弱者道之用”（《老子·四十章》）。并以水为喻，“天下莫柔弱于水，而攻坚强者莫之能胜”（《老子·七十八章》）。又说：“人之生也柔弱”、“万物草木之生也柔脆”。“柔弱”者生机盎然，胜过刚强。人的德行当“以濡（柔）弱谦下为表”（《庄子·天下》），即体现为不争、处下、守辱、取后，唯其如此，“故天下莫能与之争”。是一种以曲求全、以退为进的处世方法，也是一种“苟免于咎”的全生自保之术。

濡弱谦下 即“柔弱谦下”。

弱用之术 春秋老子提出的主张以柔弱胜刚强的观点。老子对当时社会作了深入观察，认为世界的本原是道，遵循“反者道之动”的规律，提出“弱者道之用”的“弱用之术”。认为一切事物都有正反两面的对立和转化，处在不同阶段的人和集体都可以以“弱”为手段达到“强”的目的。刚强在发展中会走向自己的反面，柔弱可以攻克刚强，是使事物达到目标的绝妙手法。所以应采取逆向思维的方法，用“弱用之术”来解决世间矛盾。并通过对事物发展规律的洞察推断出“坚强者死之徒，柔弱者生之徒”（《老子·七十六章》）。

功遂身退 亦称“功成身退”。春秋老子提倡的一种人生自保之术。《老子·九章》：“持而盈之，不如其已。揣而锐之，不可长保。金玉满堂，莫之能守。富贵而骄，自遗其咎。功遂身退，天之道。”认为物极必反，凡事不可追求盈满，“是以圣人去甚，去奢，去泰”（《老子·二十九章》），不走极端。功成名就，就应像月盈而亏，月满而缺一样，“果而勿矜，果而勿伐，果而勿骄”（《老子·三十章》），适可而止，以免祸殃。故曰：“知足不辱，知止不殆，可以长久”（《老子·四十四章》），是个人在复杂的政治斗争中得以自保的经验总结。作为一种人生哲理，又含有某种合理的伦理价值。历史上又称此为“持满之术”（《史记·楚世家》）或“持满之戒”（《后汉书·申屠刚传》）。

功成身退 即“功遂身退”。

持满之戒 亦称“持满之术”。见“功遂身退”。

见素抱朴 春秋老子用语。指外表单纯，内心朴实。《老子·十九章》：“故令有所属：见素抱朴，少私寡欲。”老子认为外素内朴，排除私欲，才能实现其提倡的政治上的“无为而治”。

少私寡欲 春秋老子用语。《老子·十九章》：“绝圣弃智，民利百倍；绝仁弃义，民复孝慈；绝巧弃利，盗贼无有。此三者，以为文不足，故令有所属，见素抱朴，少私寡欲。”以“大道”之时为至德之世。认为自人类有了聪明、智慧，产生了仁义、巧利以后，就废弃了“大道”。于是社会就出现了虚伪欺诈、六亲不和、国家昏乱。故应该“绝圣弃智”、“绝仁弃义”、“绝巧弃利”，使人减少私心，降低欲望，达于复归到无知无欲的素朴境界。

无欲 对物质生活欲望的压抑或禁制。始自《老子》。“不见可欲，使民心不乱……常使民无知无欲。”（《老子·三章》）“无欲以静，天下将自正。”（《老子·三十七章》）其所谓无欲实为“少私寡欲”，即人满足于其所得，反对过分的享受。庄子则认为“欲”将伤性害德，“将盈耆欲，长好恶，则性命之情病矣”（《庄子·徐无鬼》），主张“同乎无欲，是谓素朴，素朴而民性得矣”（《庄子·马蹄》）。荀子认为：“有欲、无欲，异类也，生死也，非治乱。”（《荀子·正名》）有生命就有欲望，有欲无欲与治乱无关，只在善于引导。三国魏王弼从“以无为本”出发，强调：“苟存无欲，则虽赏而不窃。私欲苟行，则巧利愈昏。”（《老子指略》）北宋周敦颐认为无欲是道德修养的最高准则和成为圣人的唯一途径。“圣可学乎？曰可。曰有要乎？曰有。请闻焉！曰一为要。一者无欲也”（《通书·圣学》）。

摄生 亦称“执生”（见帛书《老子》）。指保持生命。《老子·五十章》：“盖闻善摄生者，陆行不遇兕虎，入军不被甲兵。”战国末韩非发挥了《老子》的思想，认为“摄生”的根本在于“爱精神而贵处静”，无忿争害人之心。“无害人之心，则必无人害，无人害则不备人，故曰：‘陆行不遇兕虎’；入山不恃备以救害，故曰：‘入军不备甲兵。’”（《韩非子·解老》）

执生 即“摄生”。

长生久视 维持人生或国家统治之长久。《老子·五十九章》把“啬”作为“深根固柢，长生久视之道”。认为这是统治者“重积德”以维持统治长久的根本原则。荀子认为：“孝弟原悫，軥录疾力，以敦比其事业，而不敢怠傲，是庶人之所以取暖衣饱食，长生久视以免于刑戮也。”（《荀子·荣辱》）韩非提出，“德”和“禄”是人生之根本，“建于理者，其持禄也久”；“体其道者，其生日长”（《韩非子·解老》）。把“建于理”、“体其道”作为“长生久视之道”。《吕氏春秋·重己》则认为：长生久视在于顺生、“适欲”、“达乎性命之情”。世人“莫不欲长生久视，而日逆其生，欲之何益？”

至德之世 先秦道家提出的社会理想和道德理想。“至德”，得“道”之极，也即“大道”未亏。《老子·十八章》有：“大道废，有仁义。慧智出，有大伪。六亲不和，有孝慈。国家昏乱，有忠臣”以及“小国寡民”之说，已提出了以“大道”未亏为至德之世的构想。以后庄子学派进而作了发挥。《庄子·马蹄》：“夫至德之世，同与禽兽居，族与万物并。恶乎知君子小人哉！同乎无知，其德不离；同乎无欲，是谓素朴。素朴而民性得矣。”《庄子·天地》亦认为，“至德之世，不尚贤，不使能，上如标枝，民如野鹿，端正而不知以为义，相爱而不知以为仁，实而不知以为忠，当而不知以为信，蠢动而相使不以为赐”。其基本特征是，人人无知无欲，常保素朴天性，与万物浑然一体，没有仁义礼乐规范之设。无为自然，不知利害之端、是非之辨、愚智之别、善恶之名。人们按习惯行事，而不知其所然。“民居不知所为，行不知所之，含哺而熙，鼓腹而游。”（《庄子·马蹄》）实际是对原始社会道德蒙昧状态的理想化。认为圣人出、仁义设、善恶别，则是至德之世的蜕化，人类道德的堕落。既反映了道家对人类道德异化现象的批判精神，也体现了对人类道德进化所持的虚无主义立场。

三宝 春秋老子用语。《老子·六十七章》：“我有三宝，持而保之：一曰慈，二曰俭，三曰不敢为天下先。”

礼为乱首 先秦道家贬斥礼乐制度的基本观点。《老子·三十八章》：“夫礼者，忠信之薄，而乱之首。”《庄子·知北游》：“礼者，道之华而乱之首也。”儒家视礼为治国安邦及处世为人的根本。孔子曰：“恭而无礼则劳，慎而无礼则葸，勇而无礼则乱，直而无礼则绞。”（《论语·泰伯》）提出“一日克己复礼，天下归仁焉”（《论语·颜渊》）命题。孟子认为：“动容周旋中礼者，盛德之至也。”（《孟子·尽心下》）断言在治国安邦的过程中，“礼”的作用最大，甚至超过了“食”，“‘礼与食孰重？’曰：‘礼重’”（《孟子·告子下》）。荀子认为“礼者，法之大分，类之纲纪也”（《荀子·劝学》）。赋礼以法之含义。道家则以为“礼”是天下动乱不定的罪魁祸首，是人心不古、忠信荡涤无存的产物。老、庄此说，旨在反对儒家重礼之思想，对后世某些进步思想家反对虚伪的礼法名教颇有启迪。

大道废有仁义 道家批判儒家伦理观念的用语。《老子·十八章》：“大道废有仁义，慧智出，有大伪。”“大道”，指天地万物的总原则。“仁义”是儒家最重要的道德伦理观念。孔子说：“苟志于仁矣，无恶也。”（《论语·里仁》）又说：“行义以达其道。”（《季氏》）孟子谓：“吾身不能居仁由义，谓之自弃也。仁，人之安宅也，义，人之正路也。”（《孟子·离娄上》）以仁义为做人之最高准则。与此相反，老子则认为天下有道，毋需仁义。亦即仁义只是“大道”湮没之产物。此说旨在反对儒家仁义之说，对魏晋嵇康反对虚伪的礼法名教颇有启迪。嵇康认为社会上所以有虚伪和欺诈，都是“造立仁义”之恶果，说：“及至人不存，大道陵迟，乃始作文墨……造立仁义。……故六经纷错，百家繁炽，开荣利之途，故奔骛而不觉。”（《难自然好学论》）

神器 春秋老子用语。神秘之物，指国家政权。《老子·二十九章》：“天下神器，不可为也。”认为国家政权是神秘之物，不可取而为之，有为就要失败，只有“无为”才能治国。后世指帝王的统治地位为神器。《汉书·叙传上》：“神器有命，不可以智力求也。”颜师古引李奇注：“帝王赏罚之柄也。”

盗竽 亦作“盗夸”。盗贼首领，用以指先秦时民间的服文彩，带利剑，厌饮食，而资货有余者。《老子·五十三章》：“服文綵，带利剑，厌饮食，财货有余，是谓盗夸（竽）。”战国末韩非发展了《老子》思想。《韩非子·解老》：“竽也者，五声之长者也。故竽先则钟瑟皆随，竽唱则诸乐皆和。今大奸作，则俗之民唱；俗之民唱，则小盗必和，故服文采，带利剑，厌饮食，而资货有余者，是之谓盗竽矣。”明确把学者、言谈者、带剑者、患御者、商工之民作为国家必须首先加以剪除的祸害。

美恶相对 春秋老子用语。指美与恶（丑）相互比较、相互依赖而存在。《老子·二章》：“天下皆知美之为美，斯恶已；皆知善之为善，斯不善已。”认为美相对于恶（丑）而言，皆因天下皆知美之为美，才有与美相对立的丑。善与恶的关系亦然。这种依存关系，犹如“有无相生，难易相成，长短相形，高下相倾”（同上）一样。两者之间并无不可逾越的鸿沟，“唯之与阿，相去几何？善之与恶，相去若何？”（《老子·二十章》）

大辩若讷 春秋老子用语。大辩，探究事物本质及其规律的论辩；讷，出言迟钝。老子认为大辩的目的在于探明事物之“道”以获得真知，故大辩出言谨慎，状如讷讷难言。慎子亦有相近之说，“智之极者，知智果不足周物，故愚。辩之极者，知辩果不足以喻物，故讷。”（《慎子》逸文）老子的辩论态度对后世关于辩的研究有很大影响。

太虚 指广大的太空。《庄子·知北游》已说：“不过乎昆仑，不游乎太虚。”《黄帝内经·素问·五运行大论》：“地为人之下，太虚之中者。”认为大地飘浮在太空之中。《黄帝内经·素问·天元纪大论》：“太虚寥廓，肇基化元，万物资始，五运终天。”认为太虚是万物的本始。帛书《道原》：“恒无之初，迵同大（太）虚。”唐成玄英却认为：“太虚是深玄之理。”（《庄子·知北游》疏）北宋张载对太虚作了重要的发挥，把它看成是气的一种无形和清虚的状态。认为：“气之聚散于太虚，犹冰凝释于水，知太虚即气，则无无。”（《正蒙·太和》）“太虚无形，气之本体”，万物和人都是由气变化而成，太虚亦为万物和人的本体，“太虚者天之实也，万物取足于太虚；人亦出于太虚，太虚者心之实也”（《张子语录》）。另外，由于天空清虚无形，天也可称为太虚，“由太虚，有天之名”（《正蒙·太和》）。此外，张载还把“太虚”称为一种神妙的作用：“太虚为清，清则无碍，无碍故神。”（《正蒙·太和》）明清之际王夫之注：“气之未聚于太虚，希微而不可见，故清；清则有形有象者皆可入于中，而抑可入于形象之中，不行而至神也”，“其在于人，太虚者，心涵神也”（《张子正蒙注·太和篇》）。北宋程颐认为有形总是气，无形只是理，“亦无太虚，遂指虚曰：皆是理，安得谓之虚？天下无实于理者”（《遗书》卷三）。明王廷相用以指人性之本原：“太虚者，性之本始也。”（《慎言·道体》）王夫之认为，“太虚即气，絪缊之本体。”（《张子正蒙注·太和篇》），为宇宙的实体。

太初 天地未分前的混沌状态。其含义与“太一”、“太极”相近。最早见于《庄子》：“太初有无，无有无名。一之所起，有一而未形”（《天地》），“外不观乎宇宙，内不知乎大（太）初。”（《知北游》）唐成玄英疏：“大（太）初，道本也。”东汉班固《白虎通义·天地》将“太初”与“太始”、“太素”连用，谓：“始起先有太初，然后有太始，形兆既成，名曰太素。”又引《易纬乾凿度》：“太初者，气之始也；太始者，形之始也；太素者，质之始也。”成玄英认为：“太，初始也，元气始萌，谓之太初，言其气广大，能为万物之始本，故名太初。”（《庄子疏·天地》）孔颖达则将“太初”与“太一”、“太极”连用，“太极谓天地未分之前，元气混而为一，即是太初、太一也。”（《周易正义》卷七）为道教创世记说“洪元”——“太初”——“太始”……中的第二大世纪，此时才分别天地。宋以后，“太初”一词逐渐为“太极”、“无极”等范畴取代。

太一 “太”，至高至极；“一”，绝对唯一。“道”的别名。《庄子·天下》称关尹、老聃之学“建之以常无有，主之以太一”。《吕氏春秋·大乐》：“道也者至精也，不可为形，不可为名，强为之〔名〕，谓之太一”，并认为“太一出两仪，两仪出阴阳”，“万物所出，造于太一，化于阴阳”。《淮南子·诠言训》：“洞同天地浑沌为朴，未造而成物，谓之太一。”有时也为“元气”的别名。《孔子家语·礼运》三国魏王肃注：“太一者，元气也。”《礼记·礼运》唐孔颖达疏：“太一者，谓天地未分，混沌之元气也。极大曰太，未分曰一。其气既极大而未分，故曰太一也。”

大全 战国庄子用语。指天地万物的全部真理，即道。《庄子·田子方》：“微夫子之发吾覆也，吾不知天地之大全也。”唐成玄英疏：“若无老子为发覆盖，则终身不知天地之大全，虚通之妙道也。”

逍遥 亦称“逍遥游”。战国庄子用语。指人的精神绝对自由的意境。最早见于《诗·郑风·清人》：“二矛重乔，河上乎逍遥。”言悠然自得。《庄子·大宗师》：“芒然彷徨乎尘垢之外，逍遥乎无为之业。”唐成玄英疏：“彷徨、逍遥，皆自得逸豫之名也。”又《庄子·逍遥游》：“若夫乘天地之正，而御六气之辩，以游无穷者，彼且恶乎待哉?”认为只有达到“无待”，即“物物而不物于物”，才能逍遥。这是庄子自由观和人生理想的集中概括。后人对“逍遥”是否即“适性”有不同的见解。西晋郭象以“性各有分、各安其分”的性命论为依据，认为一切有待之物（包括人类），只要安于各自的性分，即是逍遥。“夫小大虽殊，而放于自得之场，则物任其性，事称其能，各当其分，逍遥一也”（《庄子注·逍遥游》）。东晋名僧支遁则反对此说，“夫桀跖以残害为性，若适性为得者，彼亦逍遥矣”（《高僧传》卷四）。认为逍遥是“玄感无为”，应变无穷，只有无待的至人才能达到。

造物者 亦称“造化者”。万物的形成者和变化者。道家用以指道。《庄子·大宗师》：“伟哉，夫造物者。”庄子认为，得道之人能与“造物者为人，而游乎天地之一气”（同上）。《淮南子·精神训》：“造化者之攫援物也，譬犹陶人之埏埴也，其取之地而已为盆盎也，与其未离于地也无以异。”北宋邵雍则以“神”为造物者，“所以造物者，神也”（《观物外篇》）。

常无有 道家用语。关尹、老聃学说的基本概念。《庄子·天下》称关尹、老聃“建之以常无有”。历来解释不同，一说“常无有”当为“常，无有”，意为“凝常无物”。唐成玄英疏：“建立言教，每以凝常无物为宗。”一说当为“常、无、有”，三者均为《老子》的基本概念（见马叙伦《庄子义证》）。

有待 战国庄子用语。“无待”的对称。指事物各有其所依存的条件。《庄子·逍遥游》：“此虽免乎行（指列子御风而行），犹有所待（有待于风）者也。”西晋郭象注：“非风则不得行，斯必有待也；唯无所乘者无所待耳。”庄子认为世间的人和物皆有所凭借、依赖，是有条件的，无绝对自由。只有“道”，超然万物，无所凭借，是“无待”的，得道之人“乘天地之正，而御六气之辩，以游无穷者，彼且恶乎待哉！”（同上）也“无待”而有绝对自由。

无待 “有待”的对称。见“有待”。

莫为 战国庄子用语。指天地万物自然变化而无主宰者。与“或使”相对。《庄子·则阳》：“季真之莫为，接子之或使。”“或使则实，莫为则虚。”唐陆德明释文：“莫，无也；或，有也。”莫为，谓天地万物、阴阳四时之变化，背后无物为之主宰；或使，则谓天地万物、阴阳四时的变化皆有主宰者。该说对后世天道观影响较大。

或使 天地万物发展变化有主宰者。详“莫为”。

至一 战国庄子用语。指一种极其和谐与统一的境界。《庄子·缮性》：“古之人，在混芒之中，与一世而得淡漠焉。当是时也，阴阳和静，鬼神不扰，四时得节，万物不伤，群生不夭，人虽有知，无所用之，此谓至一。”唐成玄英疏：“均彼此于无为，混是非于恬惔，物我不二，故谓之至一也。”明清之际王夫之则以“至一”指精神极其虚静的状态。《庄子解·人间世》：“至虚者至一也。”

坐忘 战国庄子用语。指端坐而浑然忘掉物我的精神境界。修养过程中的一个阶段。《庄子·大宗师》：“堕肢体，黜聪明，离形去知，同于大通，此谓坐忘。”西晋郭象注：“夫坐忘者，奚所不忘哉？既忘其迹（指仁义礼乐），又忘其所以迹者（指心智和形体），内不觉其一身，外不识有天地，然后旷然与变化为体而无不通也。”即通过静坐修养，彻底忘掉周围世界、自己的知识和形体，使身心完全与“道”融合相通，以此达到“无己”、“丧我”，“芒然彷徨乎尘垢之外，逍遥乎无为之业”（同上），超脱世俗的一切矛盾，实现精神上的绝对自由。庄子的“坐忘”，后成为道家的一种重要修炼方法。唐司马承祯著有《坐忘论》，详述坐忘方法。

心斋 战国庄子用语。“心”指精神作用；“斋”指斋戒。一种摒除情欲、保持虚静的精神状态。《庄子·人间世》：“惟道集虚。虚者，心斋也。”西晋郭象

注："虚其心则至道集于怀也。"庄子认为，耳目心智无法认识道，只有使精神保持虚静状态，才能为道归集，悟得妙道。与"丧我"、"坐忘"、"无己"义相近，是使精神获得绝对自由("逍遥")的根本途径。

物化 战国庄子用语。❶ 指变幻、幻化。《庄子·齐物论》："昔者庄周梦为蝴蝶，栩栩然蝴蝶也。……俄然觉，则蘧蘧然周也。不知周之梦为蝴蝶与？蝴蝶之梦为周与？周与蝴蝶则必有分矣。此之谓物化。"❷ 指事物发展变化。《庄子·则阳》："日与物化者，一不化者也。"西晋郭象注："日与物化，故常无我，常无我，故常不化也。"认为能时时顺应万物变化的人，便能守一不化。❸ 指人死亡。《庄子·刻意》："圣人之生也天行，其死也物化。"

大同 战国庄子学派所主张的忘形骸、忘物我而达到与道同体的精神境界。《庄子·在宥》："颂论形躯，合乎大同，大同而无己。"

旦宅 战国庄子用语。指人躯骸日新变化。《庄子·大宗师》："且彼有骇形而无损心，有旦宅而无情死。"唐成玄英疏："旦，日新也。宅者，神之舍也。以形之改变为宅舍之日新耳，其性灵凝淡，终无死生之累者也。"言圣人尽管形体时时变化，其本性却不变。一说旦宅作"怛侘"或"靼宅"，惊惧貌。

两行 战国庄子用语。指对是与非两方面的变化各任其自然，不辨可否。《庄子·齐物论》："是以圣人和之以是非而休乎天钧，是之谓两行。"西晋郭象注："任天下之是非。"庄子认为，众人皆以其所是，而非其所非，是非没有客观标准。圣人则不去辨别是非，使物我各得其所。

天均 亦作"天钧"。战国庄子用语。"均"，均齐；"钧"，陶钧。指一种自然均平的变化。《庄子·寓言》："万物皆种也，以不同形相禅，始卒若环，莫得其伦，是谓天均。"唐成玄英疏："始卒无端倪，是之谓天均。"意谓万物变化不停，始卒循环，无始无卒，处于自然均平变化的状态中。又《齐物论》："是以圣人和之以是非，而休乎天钧。"唐成玄英疏："天钧者，自然均平之理也。"认为应调和是非，使自己合于自然均平变化的道理。

天钧 即"天均"。

达生 战国庄子用语。指通晓人生之道。《庄子·达生》："达生之情者，不务生之所无以为。"西晋郭象注："生之所无以为者，分外物也。"庄子认为通达人生的人不应当超越本分而有所作为。后用以指一种自以为参透人生的消极处世态度。

环中 战国庄子用语。"环"指体圆而中空，立于环中，可以周转贯通。意喻道的枢要。《庄子·齐物论》："彼是莫得其偶，谓之道枢。枢始得其环中，以应无穷。是亦一无穷，非亦一无穷也。"西晋郭象注："夫是非反复，相寻无穷，故谓之环，环中，空矣；今以是非为环而得其中者，无是无非也。"庄子认为，人对是非进行无休止的争论，谁也不能说服对方，好像环之无端一样。只有把握住道的枢要，犹如把握住环之中空处一样，才可以应付无休止的是非争论。体现了庄子齐是非的思想。

天府 战国庄子用语。"天"指自然；"府"指府藏。指一种不用语言概念的直觉认识。《庄子·齐物论》："孰知不言之辩，不道之道？若有能知，此之谓天府。注焉而不满，酌焉而不竭。"庄子认为，语言概念都是有限的，而道是没有局限的，"大道不称，大辩不言"，运用语言概念无法把握道，只有抛弃语言概念，才能使认识像自然的府藏那样直接包容万有，全面而没有任何局限，才能真正认识道。唐成玄英以此作为圣人得道的一种境界，认为"体道大圣……万机顿起而不挠其神，千难殊对而不忤其虑，故能囊括群有，府藏含灵"(《庄子疏·齐物论》)。亦作"天符"。《吕氏春秋·知度》："唯彼天符，不周而周。"

灵府 战国庄子用语。"灵"指精神；"府"指处所。精神在人体中存留的处所，即心(思维器官)。《庄子·德充符》："死生、存亡、穷达、贫富、贤与不肖、毁誉、饥渴、寒暑，是事之变，命之行也。……不可入于灵府。"西晋郭象注："灵府者，精神之宅也。夫至足者，不以忧患经神，若皮外而过去。"人要乐天知命，不因外界事变使自己的精神受到干扰。

无己 战国庄子用语。指排除主观成见。《庄子·逍遥游》："至人无己，神人无功，圣人无名。"西晋郭象注："无己，故顺物，顺物而至矣。"意谓排除个人主观成见，顺应万物，便能达到"圣人"的境界。

无功 战国庄子用语。指顺应自然而不居功。老子认为，道生万物，"功成而不有"(《老子·三十四章》)，圣人效法道，"功成而不处"(《老子·七十七章》)。庄子继承了老子的思想。《庄子·逍遥游》："至人无己，神人无功，圣人无名。"西晋郭象注："今顺而不助，与至理为一，故无功。"认为圣人应顺应自然而不干预，使自己完全合于道。

道枢 战国庄子用语。枢，关键、枢要。《庄子·齐物论》："彼亦一是非，此亦一是非，果且有彼是乎哉？果且无彼是乎哉？彼是莫得其偶，谓之道枢。"唐成玄英疏："枢，要也。体夫彼此俱空，是非两幻，凝神独见而无对于天下者，可谓会其玄极，得道枢要也。"庄子认为"道枢"在于消除或超越一切差别和对立。

万物一马 战国庄子用语。《庄子·齐物论》："以马喻马之非马，不若以非马喻马之非马。……万物一马也。"庄子从"万物齐一"的角度强调"类与不类，相与为类"，反对名辩家们关于事物对象的分类分析，如"白马非马"等命题；认为天地万物可归为一类一物："天地与我并生，万物与我为一。"(同上)

天地一指 战国庄子用语。指，名称、概念。《庄子·齐物论》："以指喻指之非指，不若以非指喻指之非指。……天地一指也。"庄子从"万物齐一"的角度强调世界上只有一个对象("万物一马")，因而反对名辩家们关于名(指)的辨察分析，如公孙龙的"物莫非指，而指非指"，认为只需一个概念名称即可反映天地万物。

全生葆真 先秦道家关于人生的理想在于保全

个人的生命(生)和精神(真)的人生观。《淮南子·氾论训》载:"全生葆真,不以物累形,杨子之所立也。"《吕氏春秋·不二》谓:"杨生贵己。"言杨朱以为外物之养旨在全生,非以累形,故当"轻物重生",以"适欲"为"全生之道"。庄子一派亦有相似主张,然而方法与杨朱有别。《庄子·养生主》:"为善无近名,为恶无近刑,缘督以为经,可以保身,可以全生,可以养亲,可以尽年。"强调以"顺中"(缘督)的处世方法作为全生之道。指出色、声、臭、味等外物,"皆生之害也"。认为杨朱以此养生,虽自以为得,"非吾所谓得也"(《庄子·天地》)。

葆真 保持天生自然的真性。详"全生葆真"。

安时处顺 战国庄子用语。指安于和顺从自然。《庄子·养生主》:"安时而处顺,哀乐不能入也。古者谓是帝之县解。"唐成玄英疏:"安于生时,则不厌于生;处于死顺,则不恶于死。千变万化,未始非吾,所适斯适,故忧乐无错其怀矣。"庄子认为,死生等变化是自然过程,不可抗拒,只能顺从。

死生一条 亦称"齐死生"。战国庄子的生死观。《庄子·德充符》称:"胡不直使彼以死生为一条,以可不可为一贯者,解其桎梏,其可乎?""彼"指孔子。认为孔子好学,且以追求奇异怪诞的名声传闻于天下,实为人生的桎梏。要解其桎梏,就应以死生为无别。从相对主义出发,指出:"人生天地之间,若白驹之过隙,忽然而已。"(《庄子·知北游》)生命瞬息即逝,"方生方死,方死方生"(《齐物论》),无确定界限。又说:"人之生,气之聚也。聚则为生,散则为死。……故曰:通天下一气耳。"(《知北游》)就"体"(气)而言,"万物一府,死生同状"(《天地》)。若作此达观,就能"安时而处顺,哀乐不能入也"(《大宗师》),即可解脱是非、利害、死生等人生的一切桎梏,即悬解,而进入"逍遥"意境。

安之若命 战国庄子的人生哲学用语。意谓安于事变而顺从命运。《庄子·人间世》:"自事其心者,哀乐不易施乎前,知其不可奈何而安之若命,德之至也。"认为事亲、事君是天下之"大戒","无所逃于天地之间"。然而,"事若不成,则必有人道之患;事若成,则必有阴阳之患"(同上)。唯能虚其心而不为哀乐所易,知事奉君、亲为不可奈何必然之"命",则能泰然处之而"无患"。并进而主张"无以故灭命"(《庄子·秋水》),从而导致一种绝对的宿命论。

悬解 战国庄子用语。意在超越生死所系、哀乐之忧的束缚。《庄子·养生主》:"适来,夫子时也;适去,夫子顺也。安时而处顺,哀乐不能入也,古者谓是帝之县解。"县,通悬,系也。来,指生;去,指死。认为人受死生所系,而有悦生恶死之忧。然而生、死乃自然变化而已。若对生、死作如是达观,就能安于时变而顺乎自然,超乎生死之系而脱乎哀乐之忧,此即"帝之县解",亦即天然的解脱,从而可进入"逍遥"意境。

遁天倍情 战国庄子用语。"遁"指逃;"倍"指加。言人违反自然而增加俗情。《庄子·养生主》:"遁天倍情,忘其所受,古者谓之遁天之刑。"唐成玄英疏:"夫逃遁天理,倍加俗情,哀乐经怀,心灵困苦,有同捶楚,宁非刑戮!"庄子认为生死等变化是自然过程,应该顺应,不值得为之哀乐。违背自然,倍加感情,只是如同受刑,反映了其宿命论的观点。

缘督以为经 战国庄子倡导的为人处世之方,用以"保身"、"全生"。《庄子·养生主》:"为善无近名,为恶无近刑,缘督以为经,可以保身,可以全生,可以养亲,可以尽年。""督",原指身之一脉,"身后之中脉曰督"(王夫之《庄子解》)。庄子借之以喻"中"。"缘",顺也。"经",常也。以为人生处世当"顺中以为常也"(郭象《庄子注》)。《养生主》又以庖丁解牛明之:庖丁之刀解数千牛犹如新磨于砥石一样,因其于经络肯綮之微碍未尝以刀刃加之。以示处世养生应超乎善恶而居"中","处乎材与不材之间"(《庄子·山木》)。其意显然与儒家"中节"、"中和"之"中"有别。

虚己以游世 战国庄子学派用语。指一种人生处世之道。语出《庄子·山木》:"人能虚己以游世,其孰能害之!"以为人生"除患之术",要在"刳形去皮,洒心去欲",即所谓"虚己"。若此游世,则无心于事,人也就不会与我计较,故不会被人所害。

物无贵贱 战国庄子用语。一种相对主义的价值观和行为评价原则。《庄子·秋水》:"以道观之,物无贵贱。""贵",对善的美称;"贱",对恶的(负)鄙称。认为从"道"的观点来看,事物"无动而不变,无时而不移",没有相对的稳定性,其变化的时、空性是不可把握的。人的行为也无确定的善恶、贵贱的价值意义,"争让之礼,尧桀之行,贵贱有时,未可以为常也"(《秋水》)。进而指出:"与其誉尧而非桀,不如两忘而化其道。"(《大宗师》)主张放弃对行为的善恶评价,达到不辨善恶、贵贱的"道"的境界,陷入了相对主义。但认为道德评价因受时俗不同而异,反对善恶、贵贱价值判断上的独断论,则有一定的合理性。

师心 战国庄子用语。指以己意为师。《庄子·人间世》:"大多政法而不谍,虽固亦无罪。虽然,止是耳矣,夫胡可以及化,犹师心者也。"意为准则太多,而不便僻,虽陋劣亦也无罪过,但如此则不能感化别人,总还是以己意为师。庄子指斥不能彻底消除心中的一切见解而随顺自然者为师心,否定了人的主观能动性。又《庄子·齐物论》:"随其成心而师之,谁独且无师乎?"后人则以"师心"指刚愎自用,固执己见,如"师心自是"、"师心自用"。

虚室生白 道家用语。"虚室"即空室,指心灵;"白"指道。言心灵空虚,则能悟道。《庄子·人间世》:"瞻彼阕者,虚室生白,吉祥止止。"唐成玄英疏:"观察万有,悉皆空寂,故能虚其心室,乃照真源,而智惠明白,随用而生。白,道也。"后《淮南子》发挥了庄子的思想,"唯易且静,形物之性也。由此观之,用也必假之于弗用也,是故'虚室生白,吉祥止也'"(《俶真训》)。

滑和 道家用语。“滑”指乱；“和”指和谐。《庄子·德充符》：“不足以滑和，不可入于灵府。”唐成玄英疏：“滑，乱也。虽复事变命迁，而随形任化，淡然自若，不乱于中和之道也。”庄子主张任随自然变化，不因外事而扰乱内心的和谐。后《淮南子》继承了庄子的思想，提出：“圣人不以身役物，不以欲滑和。”(《原道训》)

见独 战国庄子用语。指能见到独一无二的道的境界。修身养心过程的一个阶段。《庄子·大宗师》：“朝彻而后能见独，见独而后能无古今，无古今而后能入于不死不生。”唐成玄英疏：“夫至道凝然，妙绝言象，非无非有，不古不今，独往独来，绝待绝对，睹斯胜境，谓之见独。”庄子认为，养生十九日便能达到“朝彻”(豁然贯通)的阶段，朝彻以后才能达到“见独”。进入“见独”的境界之后，人便能泯灭古今而不生不死。宣扬了神秘主义。

寥天一 战国庄子用语。指一种寂寥虚无与天合一的境界。《庄子·大宗师》：“安排而去化，乃入于寥天一。”西晋郭象注：“安于推移而与化俱去，故乃入于寂寥而与天为一也。”庄子强调顺应自然，但抹杀了人类对自然界的能动作用。荀子责其“蔽于天而不知人”。

衡气机 战国庄子用语。指调和身心，守气不动。《庄子·应帝王》：“乡示之以太冲莫胜，是殆见吾衡气机也。”唐成玄英疏：“衡，平也。即迹即本，无优无劣，神气平等，以此应机。”为庄子修身养性过程中的一个阶段。

杜德机 战国庄子用语。指隐住生机，使之不发。《庄子·应帝王》：“乡吾示之以地文，萌乎不震不正。是殆见吾杜德机也。”唐成玄英疏：“杜，塞也。机，动也。至德之机，开而不发。”为庄子修身养性过程中的一个阶段。

无朕 战国庄子用语。即无迹，指晦迹韬光。《庄子·应帝王》：“体尽无穷，而游无朕；尽其所受乎天，而无见得，亦虚而已。”唐成玄英疏：“朕，迹也。虽遨游天下，接济苍生，而晦迹韬光，故无朕也。”

浑沌 《庄子》用语。指寓言中的中央之帝。《庄子·应帝王》篇言南海之帝儵与北海之帝忽，为了报答中央之帝浑沌，为他开凿耳、目、口、鼻七窍。“日凿一窍，七日而浑沌死”。庄子借此说明顺应自然、排除人为的必要。后则用以指天地形成前宇宙间元气未分、自然和合的状态。同“混沌”。《淮南子·诠言训》：“洞同天地，浑沌为朴，未造而成物，谓之太一。”东汉王充《论衡·谈天》：“说易者曰：‘元气未分，浑沌为一。’”

尸居 战国庄子用语，指外表如尸体一样静止不动。《庄子·在宥》：“尸居而龙见，渊默而雷声，神动而天随，从容无为而万物炊累焉。”意谓寂然不动，才能动若游龙；默默无声，才能声大如惊雷，所以只有无为，才能治万物。

渊默 战国庄子用语。详“尸居”。

太冲 战国庄子用语。“太”指至极；“冲”指调和。指一种极其和谐的精神状态。《庄子·应帝王》：“乡吾示之以太冲莫胜。是殆见吾衡气机也。”庄子认为，人们修身养性到了一定的阶段，就能使心神达到一种极其和谐的状态，其外在表现是“不齐”，使人捉摸不透；内心则没有任何偏胜。这种修身的境界就是“太冲”。

天放 战国庄子用语。指放任自然。《庄子·马蹄》：“吾意善治天下者不然。彼民有常性，织而衣，耕而食，是谓同德，一而不党，命曰天放。”西晋郭象注：“放之而自一耳，非党也，故谓之天放。”庄子肯定“织而衣，耕而食”是民之常性，主张顺其自然发展。

机心 战国庄子用语。指机变之心。《庄子·天地》：“有机械者必有机事，有机事者必有机心。”唐成玄英疏：“夫有机关之器者，必有机动之务；有机动之务者，必有机变之心。”庄子认为人有机变之心则不能纯洁虚静。

纯白 战国庄子用语。指心灵纯洁清白。《庄子·天地》：“有机械者必有机事，有机事者必有机心。机心存于胸中，则纯白不备；纯白不备，则神生不定；神生不定者，道之所不载也。”唐成玄英疏：“机变存乎胸府，则纯粹素白不圆备矣。”认为人有机巧之心，心灵就不能保持纯净洁白的状态，就有碍于对道的掌握。反对人发挥主观能动性去认识和改造世界。

滑心 战国庄子用语。意为扰乱心情。《庄子·天地》：“趣舍滑心，使性飞扬。”唐成玄英疏：“趣，取也。滑，乱也。顺心则取，违情则舍，扰乱其心，使自然之性驰竞不息，轻浮躁动，故曰飞扬也。”认为取舍要适合人的自然之性，否则就会迷情失性。

反衍 战国庄子用语。指反复，向相反的方面发展。《庄子·秋水》：“以道观之，何贵何贱，是谓反衍。”唐成玄英疏：“反衍，犹反复也。夫贵贱者，生乎妄执也。今以虚通之理照之，则贵者反贱而贱者复贵，故谓之反衍也。”一说反衍亦作“畔衍”、“叛衍”，指漫衍。

反真 战国庄子用语。“真”，真性。指恢复真性。《庄子·秋水》：“无以人灭天，无以故灭命，无以得殉名。谨守而勿失，是谓反其真。”对自然变化不施加任何人为的干预，谨守本分而不失，就是恢复真性。并从齐死生观点出发，把人死也看做返回真性。《庄子·大宗师》：“而已反其真，而我犹为人猗！”

成心 战国庄子用语。指主观成见。《庄子·齐物论》：“夫随其成心而师之，谁独且无师乎？……未成乎心而有是非，是今日适越而昔至也，是以无有为有。”唐成玄英疏：“夫域情滞著，执一家之偏见者，谓之成心。”庄子认为，是非全由人的主观成见产生，因而不可能有真正的是和非，如一个人尚未出发去越国，就认为自己已经到了越国，是根本不存在的事。庄子反对主观成见，有合理因素，但把一切是非都看做出于“成心”，否认真理的绝对性，又导向相对主义。

天机 战国庄子用语。指人天生纯正的本能。

《庄子·大宗师》:“其耆欲深者,其天机浅。”人如果为后天欲望所陷,就会损害先天本能的纯正。《庄子·秋水》:“今予动吾天机,而不知其所以然。”

一曲 局部、片面。《庄子·天下》:“不该不遍,一曲之士也。”唐成玄英疏:“虽复各有所长,而未能该通周遍,斯乃偏僻之士,滞一之人,非圆通合变者也。”指认识片面的人,只能把握道的某个方面,而不能认识道的全体。《荀子·解蔽》:“凡人之患,蔽于一曲,而暗于大理。”唐杨倞注:“一曲,一端之曲说。”指被某一片面学说所蒙蔽,无法认识全面的根本的道理。

天损 战国庄子用语。指自然界或命运加于人的祸害。与“人益”相对。如饥渴寒暑等。人益,指人为的赐予,如名位利禄等。《庄子·山木》:“无受天损易,无受人益难。”西晋郭象注:“唯安之故易也。”“物之傥来,不可禁御也。”人要做到听凭命运的安排,逆来顺受,处之泰然,较容易。在人为的名位利禄面前能自持则难。

人益 战国庄子用语。指别人的赐予。详“天损”。

自化 战国庄子用语。指事物本身自然而然的变化。《庄子·在宥》:“汝徒处无为,而物自化。”

外化 战国庄子用语。指外在形体(指言语行动)的变化。与“内化”(内在心神的变化)相对。《庄子·知北游》:“古之人,外化而内不化;今之人,内化而外不化。”庄子提倡外化,非难内化。主张“外化而内不化”,即在外,人体行为顺物而变化;在内,人心精神凝静专一而守道。反对“内化而外不化”,即在内,人心精神逐物而变,不能凝静专一;在外,人体行为不能随顺事物变化而变化。

内化 庄子用语。内在心神的变化。详“外化”。

灵台 战国庄子用语。指心。《庄子·达生》:“工倕旋而盖规矩,指与物化而不以心稽,故其灵台一而不桎。”唐陆德明《经典释文》:“是与物化之,不以心稽留也。”唐成玄英疏:“任物因循,忘怀虚淡,故其灵台凝一而不桎梏也。”

天乐 战国庄子用语。指与自然和合而得之快乐。《庄子·天道》:“与天和者,谓之天乐。”唐成玄英疏:“仰合自然,方欣天道之乐也。”庄子认为,要与自然和合而享天乐,首先要“明白于天地之德”,通晓万物之本,故又说:“虚静推于天地,通于万物,此之谓天乐。”(同上)享受天乐,为庄子之理想人格。“知天乐者,其生也天行,其死也物化。静而与阴同德,动而与阳同波。”(同上)天乐合于“道法自然”之意。“整万物而不为戾,泽及万物而不为仁,长于上古而不为寿,覆载天地、雕刻众形而不为巧,此之谓天乐。”因而人知天乐,才能逍遥、自由。“故知天乐者,无天怨,无人非,无物累,无鬼责。”(同上)

至美至乐 战国庄子用语。指最高的美和最大的快乐。《庄子·田子方》:“老聃曰:‘夫得是,至美至乐也。得至美而游乎至乐,谓之至人。’”提出“游心于物之初”(同上),即游心于“道”,方可达到“至美至乐”的境界。认为“天地有大美”(《庄子·知北游》),“天地之美”在于道的自然无为,得到自然无为的“道”,就能“得至美而游乎至乐”。为了实现对于“道”的观照,必须排除胸中一切生死、得失、祸福的考虑,做到“外天下”(排除对世事的思虑)、“外物”(不计较物质利欲得失)、“外生”(将生死置之度外)。这种“无己”的精神境界的实现,正是得到“至美至乐”的先决条件,即进入审美境界,必须以实现个体人格自由为前提,揭示了最大自由与最高的美、最大的快乐的联系。

至乐无乐 战国庄子用语。指至极的欢乐在于无乐。《庄子·至乐》:“果有乐无有哉?吾以无为诚乐矣,又俗之所大苦也。故曰:‘至乐无乐,至誉无誉。’”(《庄子·至乐》)唐成玄英疏:“俗以富贵荣华铿金鎗玉为上乐,用美言佞善为令誉,以无为恬淡寂寞虚夷为忧苦。故知至乐以无乐为乐,至誉以无誉为誉也。”认为世俗的人以“身安、厚味、美服、好色、音声”为乐,以“身不得安逸、口不得厚味、形不得美服、目不得好色、耳不得音声”为苦,他们追求的不是真乐。而合于道,顺乎自然的“天乐”才是“至乐”。

六经陈迹 庄子后学对儒家经籍的批评。语出《庄子·天运》。假托老聃之口,认为“幸矣,子(指孔子)之不遇治世之君也。夫六经,先王之陈迹也,岂其所以迹哉?今子之所言,犹迹也,夫迹,履之所出,而迹岂履哉?”认为六经仅是先王们后天言行的踪迹,而不是先王们先天的自然本性的表现。玄学家向秀、郭象在《庄子注·天运》中将“迹”(指后天的)和“所以迹”(指先天的)作为哲学的中心问题而提出。前者指客观存在,后者指先天的本体。因此发挥说:“‘所以迹’者真性也,夫任物之真性者。其‘迹’则六经也。况今之人事,则以自然为履,六经为迹。”向秀、郭象从玄学家的角度,崇扬老庄“自然”真性为先天的天体,而贬低儒家经典——六经仅是先王们后天言行的记录,以此达到崇道贬儒的目的。

墨家哲学

兼爱 战国墨子用语。与“爱有差等”相对。指一种以人人平等相爱为特征的爱人原则。认为爱人当“兼”而不“别”,不分亲疏远近、尊卑上下,做到“爱无差等”(见《孟子·滕文公上》)。由此就能避免国与国、家与家、人与人相互攻伐、篡夺,实现天下和调,“故兼者圣王之道也,王公大人之所以安也,万民衣食之所以足也”(《墨子·兼爱下》)。否定了儒家“亲亲有术”、爱有差等的爱人原则,受到儒家批评,孟子说:墨子“兼爱”,“是无父也”;无父,“是禽兽也”(《孟子·滕文公下》)。后期墨家进一步认为“爱人,待周爱人,而后为爱人”(《墨子·小取》)。将“兼爱”推衍为具有博爱倾向的“周爱人”或尽“爱人”。

兼相爱,交相利 战国墨子的道德原则。与“别相恶,交相贼”相对。认为人与人之间的利害关系,遵循着对等互报的原则:“夫爱人者,人必从而爱之；利人者，人必从而利之。恶人者，人必从而恶之；害人者，人必从而害之。”（《墨子·兼爱中》）人各自爱、自利，就必然会相互“交别”，而导致彼此交恶。反之，如能不分亲疏尊卑、利益彼此，相互“兼”而不“别”，做到视人若已，“为彼犹为己也”，首先爱人、利人，就必然会人人相爱，彼此相利。墨子把“兼相爱”与“交相利”并提，体现了重视功利的特点。认为爱人必须表现为利人，利人是爱人的目的和内容。兼相爱必然会达到交相利，从而收到“生天下之大利”的效果。而别相恶则必然导致交相贼，其结果就会造成“天下之大害”。据此论证了“别”非而“兼”是。进而主张以“兼相爱，交相利”之法取代“别相恶，交相贼”，即“兼以易别”（《兼爱下》）。反映了当时在战乱摧残下的小生产者要求互助互利、相互平等以实现社会安宁的善良愿望。

体爱 战国时后期墨家用语。认为仁是体验自己去爱他人。《墨子·经上》：“仁，体爱也。”《经说上》解释说：“仁，爱己者非为用己也，不若爱马者。”爱己不是为了要使用自己，爱人也不是为了要使用别人，不能像爱马是为了使用马，出于利己的考虑。与“体爱”相对的是“利爱”，即为了个人的私利去爱人。因而又主张“仁而无利爱”（《墨子·大取》）。体现了后期墨家“仁”的利他主义倾向，是对前期墨家“兼爱”原则的发展。

爱人如己 战国墨子思想。认为爱人应“兼”而不“别”。他认为“爱人若爱其身”（《墨子·兼爱上》），“为彼犹为己也”（《兼爱下》）。与自爱不爱人、“亏人自利”的观点相对立，体现了墨子“兼爱”原则的根本特征。参见“兼爱”。

兼以易别 战国墨子思想。“兼”即“兼爱”或“兼相爱，交相利”；“别”即“交别”或“别相恶，交相贼”。认为以“别”为行为原则，必造成国与国相攻，家与家相篡，人与人相贼，“此天下之害也”；以“兼”为行为原则，必使诸侯相爱而不野战，家主相爱而不相篡，人与人相爱而不相贼，此“天下之大利者也”。“是故子墨子曰：‘兼以易别’”（《墨子·兼爱下》），即“以兼相爱，交相利之法”取代“别相恶，交相贼”。以求通过道德的手段实现“兴天下之利，除去天下之害”的社会理想。

爱无差等 战国墨家思想。爱人不应区别亲疏远近、尊卑上下。与儒家“亲亲有术”、“爱有差等”相对。语出墨者夷之。《孟子·滕文公上》：“之则以为爱无差等。”参见“兼爱”。

为贤之道 战国墨子提出的贤才标准。《墨子·尚贤下》：“为贤之道将奈何？曰：有力者疾以助人，有财者勉以分人，有道者劝以教人。若此则饥者得食，寒者得衣，乱者得治。”此言贤才标准。墨子认为“民有三患”，乃“饥者不得食，寒者不得衣，劳者不得息”（《墨子·非乐上》），故贤才应解民之患，主旨还在兼爱。子贡述孔子之学谓：“文武之道未坠于地，在人。贤者识其大者，不贤者识其小者。”（《论语·子张》）孔子则曰：“君子不器。”（《论语·为政》）是则孔子之所谓“贤”，主要着眼于德与才。反映出儒墨两家不同的“贤才”观。

兴利除害 “兴天下之利，除天下之害”的简缩语。战国墨子所倡导的社会理想和道德目标。“仁人之所以为事者，必兴天下之利，除去天下之害。”（《墨子·兼爱中》）详“兼以易别”。

天志 战国墨子用语。《墨子·天志》：“天为贵，天为知（智）。”认为天是有意志、有人格的最高主宰者，能对人赏善罚恶，“顺天意者，兼相爱，交相利，必得赏；反天意者，别相恶，交相贼，必得罚”。并认为天志是衡量人们行为是非的标准，“我有天志，譬若轮人之有规，匠人之有矩。轮匠执其规矩，以度天下之方圆，曰：中（符合）者是也，不中者非也。”墨子以天志为法仪，用以推行兼爱主张，儆戒统治者要行仁义作圣王，反对别相恶，交相贼，有别于殷周以来的天命观。

立天为仪 战国墨子的哲学思想。《墨子·天志下》：“子墨子置立天之（志）以为仪法”，一切以“天志”为规则，“上将以度天下之王公大人为刑政也，下将以量天下万民为文学、出言谈也”（《墨子·天志中》）。顺天之志则善，逆天之意则不善。因为“天之行广而无私，其施厚而不德，其明久而不衰，故圣王法之”（《墨子·法仪》）。孔子虽亦讲“天命”，如孔子说：“获罪于天，无所祷也”（《论语·八佾》），“天生德于予，桓魋其如予何？”（《论语·述而》）但孔子又说：“天何言哉？四时行焉，百物生焉，天何言哉？”（《论语·阳货》）孔子之“天”更多“自然”的含义而与墨子的人格化的天有所不同。反映出儒墨两家在这一问题上的不同观点与倾向。

立命怠事 战国墨子用语。用以批判孔学“天命”说。谓若以为一切在命定之中，则将怠于人事。《墨子·非命上》：“今用执‘有命’者之言，则上不听治，下不从事。上不听治则刑政乱，下不从事则财用不足。”故《墨子·非儒下》列举儒学之非，有“立命而怠事”一条。参见“强力非命”、“执有命者不仁”。

非命 战国墨子用语。《墨子·非命下》：“命者暴王所作，穷人所术（述），非仁者之言也。”墨子反对把人们的“贫富寿夭”等生活遭遇看成是天命注定的，主张“强力而为”。但还不能摆脱传统的鬼神观念，与非命论形成了矛盾。参见“强力非命”。

强力非命 战国墨子“非命”思想的完整表述。孔子主张“畏天命”（《论语·季氏》），孔子弟子说“死生有命，富贵在天”（《论语·颜渊》）。墨子则主非“有命”说。认为讲命是“暴人之道”，上用来讨好“王公大人”，使他们“不听治”，下用来阻止“百姓之从事”，使他们消极懈怠。上不听治则国乱，下不从事则民贫。有命论能导致国乱民贫，因此是“天下之大害”。所以“执有命者之言，不可不非”。主张强力于人事，谓“强必治，不强必乱；强必宁，不强必危，故不敢怠倦”，又谓“强必贵，不强必贱；强必荣，不强必辱”，“强必富，不强必贫；强必饱，不强必饥”，“强必暖，不强必寒”（《墨子·非命下》）。反映了儒墨两家在这一问题上的不同观点与倾向。

执有命者不仁 战国墨子对天命论的一种批判。孔子自言"五十而知天命"(《论语·为政》),又说"君子有三畏:畏天命,畏大人,畏圣人之言"(《论语·季氏》),说"小人不知天命而不畏也"(同上),孔子弟子子夏则以为"死生有命,富贵在天"(《论语·颜渊》)。针对儒家的天命论,《墨子·非命》中一再指出"有命"之说乃暴人之道。因为"有强执'有命'以说议曰:'寿夭贫富,安危治乱,固有天命,不可损益。穷达赏罚,幸否有极。人之知力不能为焉。'群吏信之则怠于分职,庶人信之则怠于从事。吏不治则乱,农事缓则贫。贫且乱政之本,而儒者以为道教,是贼天下之人者也"(《墨子·非儒下》)。参见"强力非命"。

节葬 战国墨家主张。墨家倡节葬,力反儒家厚葬久丧,认为"(儒)厚葬久丧,重为棺椁,多为衣衾,送死若徙,三年哭泣,扶后起,杖后行,耳无闻,目无见,此足以丧天下",这将使"国家必贫,人民必寡,刑政必乱",且"非圣王之道"。《墨子》中还有《节葬》篇,专倡节葬。

节身诲民 战国墨家观点。《墨子·辞过》:"节于身,诲于民,是以天下之民可得而治,财用可得而足。"王者与所有在上者若得节制一己身之欲,不求奢华,表率"节用",教诲万民,则天下治而财用足。因为"富贵者奢侈,孤寡者冻馁,虽欲无乱,不可得也"(同上)。孔子也曾认为治国要"敬事而信,节用而爱人,使民以时"(《论语·学而》),并说:"士志于道,而耻恶衣恶食者,未足与议也。"(《论语·里仁》)墨子则"量腹而食,度身而衣"(《墨子·鲁问》),较之儒者更为简朴。这也反映出儒墨在这一问题上的不同观点。

行不在服 战国墨家用语。表达节用的思想。墨子答儒者公孟子问"君子服然后行乎?其行然后服乎?"对曰:"行不在服。"并举齐桓公、晋文公、楚庄王和越王勾践之事,谓"此四君者,其服不同,其行犹一也"(《墨子·公孟》),说明服饰与行为并无必然联系。

言信行果 战国墨家主张为人处世的基本信条。《墨子·兼爱下》:"言必信,行必果,使言行之合犹合符节也,无言而不行也。"此既言言出必守信,行为必果敢,又言言行必相符合。又谓:"言不信者行不果。"(《墨子·修身》)在儒家中,孔子亦重信,《论语·学而》一章即有"主忠信"、"敬事而信"、"谨而信"、"言而有信"等语,因为"信则人任焉"(《论语·阳货》),"上好信则民莫敢不用情"(《论语·子路》)。但有时又以为"言必信,行必果,硁硁然小人哉"(同上),孟子则明谓:"大人者言不必信,行不必果,惟义所在。"(《孟子·离娄下》)反映了儒墨两家在这一问题上的不同观点与倾向。

三表 亦称"三法"。春秋战国之际墨子提出的"立言"或判定言论是非的三条标准。《墨子·非命上》:"言必有三表。"三表为:"有本之者,有原之者,有用之者。"即"上本之于古者圣王之事",要以历史上的经验为依据;"下原察百姓耳目之实",要以人们的直接经验为根据;"废(发)以为刑政,观其中国家百姓人民之利",还要付之于政治实践,看其是否符合国家、民众的利益。表明墨子的朴素唯物主义的经验论,是墨家逻辑学说的认识论基础。

三法 即"三表"。

三物 墨辩三个基本逻辑范畴的总称。包括"故"、"理"、"类"。《墨子·大取》:"三物必具,然后辞足以生。"清孙诒让《墨子间诂》:"三物,即指故、理、类而言之,谓辞之所由生也。"墨辩认为故、理、类三者是命题成立的充分条件。"夫辞以故生,以理长,以类行者也。"(《墨子·大取》)提出的命题不仅要有根据(故),而且必须在推论过程中申述理由,并按照"类"的原则进行推论。一说故、理、类"三物"相当于因明中的宗、因、喻"三支",相当于亚里士多德三段论中的大前提、小前提和结论(见谭戒甫《墨辩发微》)。

参 ❶ 表示由对立结合而成的统一物"一"。《墨子·经上》:"直,参也。"意谓"直",如三点成一线。《史记·律书》:"数始于一,终于十,成于三。"最先明确提出以三为全(一)的思想。北宋张载《易说·系辞上》:"极两是谓天参。数虽三,其实一也,象成而未形也。"《易说·说卦》:"地所以两分,刚柔、男女而效之法也。天所以参一,太极、两仪而象之性也。"认为太极为一,内含两(阴阳),称"天参"(天然的三)。参所含的两(阴阳)和解而统一,故在形体上仍然为一,又称"参一"。这种三一思想是关于对立统一规律的一种表述。❷ 表示"二",即对立面的比较、渗透、依存。《荀子·大略》:"是非疑,则度之远事,验之以近物,参之以平心。"主张对一切对立应持平。《韩非子·内储说上》:"卫嗣君重如耳,爱世姬,而恐其皆因爱重以壅己也,乃贵薄疑,以敌如耳,尊魏姬以耦世姬。曰:以相参也。"强调两者的对立和比较。东汉王充《论衡·案书》:"鸿知所言,参贰经传。"把"参"直接同为"参贰"。

知类 战国墨子首先提出的逻辑要求,指懂得事物之间相同或不同的关系。是进行事物之间的比较和类推的基础。墨子劝楚勿攻宋,面斥公输般说:"义不杀少而杀众,不可谓知类。"(《墨子·公输》)《礼记·学记》:"九年知类通达。"陈澔集说:"至于九年,则理明义精,触类而比,无所不通。"

察类 战国墨子用语。指分辨事物的类。《墨子·公输》:"义不杀少而杀众,不可谓知类。"认为"杀少"与"杀众"皆因"杀"而同类;以"不杀少"为"义"而又欲"杀众",系不知两者同类。人或以"禹征有苗,汤伐桀,武王伐纣,此皆立为圣王"诘墨子,墨子云:"子未察吾言之类,未明其故者也,彼非所谓攻,谓诛也。"(《非攻下》)认为伐无罪与伐有罪虽皆为"伐",却因所伐对象有罪与无罪之异而分为"诛"、"攻"两个不同的类。墨子在一些重要的辩论中坚持对事物的类的察辨分析,表明他已经注意到"类"概念在推论中具有重要的逻辑作用。

推类 指依据类的同异关系所进行的推理的统称。也指一种具体的推理形式。“推类”最早见于《墨子·经下》和《荀子·正名》。“类”是中国古代名辩学中关于定名、立辞、推理的一个基本概念。后期墨家明确区分了“类”与“不类”，认为类名所反映的对象之间的“类同”是“有以同”，部分属性相同；有的事物不能形成类，是因为“不有同”，即没有相同之处。强调“类”是确立名、辞、说、辩的根据和前提。推类的基本原则是“以类取，以类予”：推类必须限于同类事物，“止类以行之，说在同”；异类之间由于度量标准不同不能比较，“异类不比，说在量”。辟、侔、援、推等论式是推类的具体表现。荀子提出“以类度类”，认为推论的前提在于“类不悖”，同类事物因为有共同的属性故可以“以近知远”。由于客观事物的复杂性和认识的局限性，人们往往因为不知类而发生推论错误。《吕氏春秋》和《淮南子》列举有大量的事例说明推类的结论并非必然为真，并在更广泛的意义上概括出“类不可必推”的结论。嵇康进而提出“推类辨物，当先求之自然之理”，强调客观事物的发展规律既是认识的目的，也是立论的根据。

异类不比 墨家逻辑命题。异类，不同类；比，比较、推论。类比推理规则。《墨子·经下》：“异类不比，说在量。”认为不同类的事物不能比较推论，其原因在于衡量的标准不同。如：“木与夜孰长？智与粟孰多，爵、亲、行、贾四者孰贵？”（《经说下》）空间（木）与时间（夜）之间不能比较长短，智慧与粮食之间不能比较多少，爵位、亲属、操行、物价之间不能比较贵贱。

明故 墨子的逻辑思想。了解事物对象的原因，明白立论的理由。《墨子·尚贤中》：“依类明故。”认为任何一类事物之所以为某一类事物，都有它确定的客观根据，只有依类才能“辩其故”（《兼爱中》）。论辩时，应当明白双方的立论理由，做到“无故从有故”（《非儒下》），没有理由的服从有理由的。并认为只有了解事物存在的客观根据，才能正确地分辨事物的类。因此，“明故”对于“察类”有重要作用。“明故”与“察类”又都是明确概念和进行推论的基础。

五路 后期墨家用语。指眼、耳、鼻、舌、身五官。《墨子·经说下》：“惟以五路智（知）”，认为人须凭借五官感知和认识客观事物。又认为也有非感官所能直接认识的事物，如时间（久）。《经下》：“知而不以五路，说在久（时间）。”《经说下》：“久，不当以目见。”

虑 原意为思虑、谋划。《尚书·太甲下》：“弗虑胡获，弗为胡成。”《诗经·小雅·雨无正》：“旻天疾威，弗虑弗图。”哲学上意为思维。《墨子·经说上》说：“虑也者，以其知有求也，而不必得之。若睨。”以思维为获得新知的必要手段。南朝齐、梁范缜论述了“虑”与“知”的关系，认为知即是虑。“浅则为知，深则为虑。”（《神灭论》）明王廷相说“夫神性虽灵，必借见闻思虑而知”（《雅述·上篇》）。

亲知 后期墨家用语。指通过亲身观察和体验所获得的知识。《墨子·经上》：“知：闻、说、亲。”与闻知、说知同为“知”（识）之一。《经说上》：“身观焉，亲也。”通过自己的感官接触外界事物获得的直接知识。

闻知 后期墨家用语。指通过别人传授获得的知识。《墨子·经上》：“知：闻、说、亲。”清毕沅注：“所为知者有三”，闻知、说知、亲知。“知，传受之，闻也。”（《经说上》）又可分为两种，“闻：传、亲。”（《经上》）“或告之，传也；身观焉，亲也。”（《经说上》）传闻是被告知异时异地的事。亲闻是被告知现时现地的事，两者都是间接的知识。

说知 简称“说”。后期墨家用语。指通过思维推理获得的知识。《墨子·经上》：“知：闻、说、亲。”与闻知、亲知同为“知”（识）之一。《经说上》：“方（界域）不瘴（障），说也。”不受时间和地域的限制。

志行 后期墨家用语。“志”即动机和意志，“行”指行为或实践，“为”是客观效果。意为尚志力行，取得预期的效果。《墨子·经说上》：“志行，为也。”清毕沅认为这是解释《经上》“名、实、合、为”中的“为”的。故又有把“志”解释为“知”，即主观认识。反映了后期墨家知与行统一、动机与效果一致的思想。

志与功 中国古代用于表述动机与效果的用语。志即动机，功即效果。由先秦墨家学派提出。墨子主张“合其志功而观焉”（《墨子·鲁问》）。认为同样一种行为，可能会出于不同的动机，因此，对某一行为进行道德评价应结合动机与效果来考察。后期墨家进而提出“志工（功），正也”（《墨子·经说上》）。认为一种道德行为，应是好的动机与好的效果相一致（“正”）。同时又说：“志功不可以相从也”（《墨子·大取》），指出好的动机未必就有好的效果；只有努力地根据动机去行动（“志行”）才能取得实际的功效。强调志与功的统一。孟子也讲志功，《孟子·滕文公下》：“子何以其志为哉？其有功于子，可食而食之矣。且子食志乎？食功乎？”主张以功食禄。隋代王通以“心”和“迹”表述动机和效果。宋儒沿用，并在朱熹和陈亮的“王霸义利之辩”中展开了一场关于动机与效果关系的辩论。朱熹持动机论，以“察其心”即以动机为评价人物的根据，认为三代圣人出于“道心”，而汉唐之君以“利欲”为“心”，据以崇扬三代而贬薄汉唐。指出以成功“便谓其得天理之正，此正是以成败论是非”（见《与陈同甫书》六、八）。陈亮认为两者“相应”，相互统一，指出，汉唐之君既获“小康”之功，表明其“初心”并非一无是处，而朱熹所说，则是“功用与心不相应”，把动机与效果对立起来，否定朱熹的动机论。

宇徙久 后期墨家用语。指地域位置的变迁，必然伴随时间的更替。《墨子·经下》：“宇或（域）徙，说在长宇久。”《经说下》：“长宇，徙而有处宇，宇南北，在旦有（又）在莫（暮），宇徙久。”宇即空间，久即时间，徙即迁移，指地域的变动。说明事物在运动中，地域上的迁移，又表现为时间上的短长。反映了后期墨家的时空观。清王引之释为“此言宇徙，则自南而北，自东向西，历时必久，屡更旦暮，故云宇徙久”（见《墨子间诂》注引）。

久 后期墨家用语。一切时间的总称。《墨子·经上》：“久，弥异时也。”《经说上》：“久，古今旦莫（暮）。”弥即周遍。意为“久”贯穿和统括古今、早晚各种不同的时间，即泛指一切时间上的绵延。说明无限的一般时间由有限的具体时间所组成。具体的“久”，也称为“时”。《经说上》：“时，或有久，或无久。”后期墨家认为事物在空间的运动变迁必然伴随着时间的变化，时、空两者密切相关。《经下》：“宇或（域）徙，说在长宇久。”《墨经》还从事物的动静的变化上来考察：《经上》：“止，以久也。”“久”亦作“宙”。“久”、“宙”古音相近通用。

辞 指命题（判断）语句。最早出现于《周易》：“辩吉凶者存乎辞”，“系辞焉以断其吉凶”（《系辞上》）。认为“辞”是对现象的判断。孔子认为：“辞达而已矣。”（《论语·季氏》）“辞”是思想的表达。后期墨家也提出了与孔子相仿的“以辞抒意”的思想，但他们是把“辞”的“抒意”放在整个逻辑思维过程中加以考察，确立其地位的。“以名举实，以辞抒意，以说出故”（《墨子·小取》）。认为“辞以故生，以理长，以类行”（《大取》）。故、理、类是“辞”表达思想所不可缺少的三个要素。荀子发展了后期墨家关于“辞”的理论，从更深的层次即形式结构上分析了“辞”的逻辑意义，“辞也者，兼异实之名以论一意也”（《荀子·正名》），认为“辞”是通过几个不同概念的结合表达某一思想的思维形式。

辩 有争辩、推论两义。春秋时期，邓析“操两可之说”，教民兴辩，开创了先秦延续二百多年的名辩局面；并将“辩”分为大辩、小辩两种：“所谓大辩者，别天地之行，具天下之物，选善退恶，时措其宜”；“小辩则不然，别言异道，以言相射，以行相伐，使民不知其要”（《邓析子·无厚》）。墨子也颇重视“辩”的作用，提倡“辩乎言谈”（《墨子·尚贤》），主张“辩是非”（《修身》）、“辩其故”（《兼爱》），把“谈辩”作为“义事”的重要方面：“能谈辩者谈辩，能说书者说书，能从事者从事，然后义事成也。”（《耕柱》）但道家反对“辩”。老子主张“大辩若讷”，认为“善者不辩，辩者不善”（《老子·八十一章》）。孟子虽有“好辩”之称，却也不主张辩：“岂好辩哉？予不得已也。”表白他之“好辩”是“欲正人心，息邪说，距诐行，放淫辞”（《孟子·滕文公下》）。庄子也主张“大辩不言”（《庄子·齐物论》），认为万物齐一，事物之“类”无须区别，“是”即“不是”，“然”即“不然”，因而“辩有不辩”，“辩有不胜”，唯有“止辩”。后期墨家极力主张辩，并从逻辑上对辩论作了规定：“辩，争彼也；辩胜，当也。”（《经上》）“辩：或谓之牛，或谓之非牛，是争彼也。”（《经说上》）认为辩论双方的命题必须具有如“牛”与“非牛”的矛盾关系，双方必有一胜的辩论，才是正当有益的。还批评了庄子那种“辩无胜”的观点：“谓辩无胜，必不当。说在辨”（《经下》）。“俱无胜，是不辩也”（《经说下》）。《小取》篇则将“辩”作为一种重要的思维活动加以系统的考察分析。首先规定了辩的任务：“夫辩者，将以明是非之分，审治乱之纪，明同异之处，察名实之理，处利害，决嫌疑焉。”认为辩的思维过程及其基本形式是：“摹略万物之然，论求群言之比；以名举实，以辞抒意，以说出故。”并提出关于辩的基本原则：“以类取，以类予；有诸己不非诸人，无诸己不求诸人。”荀子认为辩的产生是因“圣王没，天下乱，奸言起，君子无势以临之，无刑以禁之。”（《荀子·正名》）辩的目的是使人“心之象道”认识真理，因而要求辩者“心合于道，说合于心，辞合于说，正名而期，质情而喻”（同上）。并提出“辩异而不过，推类而不悖，听则合文，辩则尽故”的辩论原则。还将辩分为“小人之辩”，“士君子之辩”，“圣人之辩”（《荀子·非相》）。推崇“圣人之辩”，赞成“士君子之辩”，反对“小人之辩”，并采取不辩止之的态度：“言而非仁义之中也，则其言不若其默也，其辩不若其讷也。”（同上）认为：“夫坚白同异，有厚无厚之察，非不察也；然而君子不辩，止之也。”（《荀子·修身》）韩非也认为“上不明，则辩生焉。”（《韩非子·问辩》）反对“辩士繁说”，主张“无用之辩不留朝”（《韩非子·八经》）。魏晋南北朝时期，清谈名理之风颇盛，对于“辩”亦有所分析研究。徐幹反对“利口”之辩，指出“俗之所谓辩者”，“美其声气，繁其辞令”，“不论是非之性，不识曲直之理，期于不穷，务于必胜”，自以为辩，却“不知木讷而达道者，虽口服而心不服”（《中论·核辩》）。认为辩的目的应是“求服人心，非屈人口”，因而“辩之为言，别也，为其善分别事类而明处之也”（同上）。并提出了辩的一系列规则。“辩之言必约以至；不烦而谕，疾徐应节，不犯礼教，足以相称；乐尽人之辞，善致人之志，使论者各尽得其愿而与之得解；其称也无其名，其理也不独显。若此，则可谓辩。”（同上）刘劭也对“辩”作了比较细密的分析。他把辩分为“理胜”与“辞胜”两种：“理胜者，正白黑以广论，释微妙而通之。辞胜者，破正理以求异，求异则失正矣。”（《人物志·材理》）并提出了“度所长而论之”；“以一言明数事”；“务释事本”；“下其盛锐，抉其本指，以渐攻之”；“指其所跌”；“征之使还”等六条关于辩的一般原则，对当时的名理清谈影响很大。

说 ❶ 亦称“辩说”。指把立辞的理由（根据）阐述出来的推论。《墨子·经上》：“说，所以明也。”《小取》：“以说出故。”“说”的作用就在于讲清道理，而讲清道理的办法就是推理中引出根据。荀子根据“说”的作用，把它列为比名（命）、辞（期）更高层次的思维活动，“实不喻然后命，命不喻然后期，期不喻然后说，说不喻然后辩”（《荀子·正名》）。并将“辩”与“说”合而为一，认为推论是在实、名一致的条件下，判断是非然否的方法：“辩说也者，不异实名，以喻动静之道也。”（同上）是人们心有所明之结果：“辩说也者，心之象道也。”对墨家关于“说”的理论作了科学的补充。❷ 即“说知”的简称。

效 墨家逻辑用语。立论的标准，相当于推理的法则。《墨子·小取》：“效者，为之法也。所效者，所以为之法也。故中效则是也，不中效则非也。”效，仿效；法，标准。《经上》：“法，所若而然也。”先有一个仿效的标准，然后检验立辞，凡符合这个标准的（“中效”），就可以推出其为“是”的结论；不符合这个标准的（“不中效”），就只能推出其为“非”。一说“效”指建立公式。又一说“效”指直言命题或必然命题。

譬 亦称“辟”，指一种推论形式。相当于类比推理。春秋末期，孔子首先提出了“能近取譬”的思维方法：“夫仁者，己欲立而立人，己欲达而达人。”（《论语·雍也》）强调由已知的个别情况推测未知的个别情况。在教育实践中，他重视类比方法的作用，要求学生“举一隅”则以“三隅反”（《述而》），“以一知二”、“以一知十”（《公冶长》），即由已知推及未知。墨家自墨子始，便对辟式推论相当注意，并广泛应用于实际。后期墨家将这种常用的类比方法列为七种论式之一，定义为：“辟也者，举他物而以明之也。”但又指出，由于“物有以同而不率遂同”的原因，辟式推论在“以类行”时应防止“行而异”，即超出合理范围的类推错误。战国中期名家代表惠施以“善譬”著称。他强调了这一方法的重要性，并将“譬”定义为：“以其所知喻其所不知而使人知之”（见《说苑·善说》）。战国末公孙龙亦善譬，并“假物取譬，以‘守白’辩，谓白马为非马”（《公孙龙子·迹府》）。曾以孔子论“楚王遗弓”、尹文与齐王论士等令孔穿明“白马非马”说。法家代表韩非，综合社会上不相容之事共存的现象，假“楚人有鬻盾与矛”之事，喻“为名不可两立”之理。今矛盾律之“矛盾”一词，即源于古代这一譬式推论。东汉王符评论韩非“矛盾之说”时，对“譬”的功用作了具体分析：“夫譬喻也者，生于直告之不明，故假物之然否以彰之。物之有然否也，非以其文也，必以其真也。”（《潜夫论·释难》）秦汉以后，一般都以“比类”、“类比”、“类推”取代“辟”、“譬”，如中医学中的“取象比类”，宋代理学中的“类推”等。但其论式、作用，并无两样。

辟 即“譬”。

谓 指称、指谓、称谓。名是用来称谓实的。先秦时名家尹文将名分为三种，其中之一即为“况谓之名”，如“贤愚爱憎”之类。墨家认为同一名称有“命”（旧作“移”，依梁启超校改）、“举”、“加”三种运用情况，《墨子·经说上》举例云：“谓狗‘犬’，命也。狗，‘吠’（旧作“犬”，依谭戒甫改），举也。叱‘狗！’加也。”认为用“犬”名称谓狗，就是“命”；举“吠”之属性说明狗，就是“举”；用名呼实，就是“加”。公孙龙从名、实关系的角度分析了“谓”：“谓彼而彼不唯乎彼，则彼谓不行；谓此而此不唯乎此，则此谓不行”（《公孙龙子·名实论》），提出了“唯乎其彼此”的“唯谓”正名原则。认为“夫名，实谓也”，因而“知此之不在此也，则不谓也”，“知彼之不在彼也，则不谓也”，强调“审其名实，慎其所谓”（同上）。明清之际程智宗公孙龙，也提出了“实不旷位，名不通位”（《守白论·十六目》）的“慎谓”逻辑要求。

侔 墨家逻辑用语。《小取》所列七种论式之一。大致相当于附性法推理。《墨子·小取》：“侔也者，比辞而俱行也。”《说文》：“侔，齐等也。”清孙诒让曰：“谓词义齐等，比而同之。”（《墨子间诂》）对判断的词项附加同一比词，构成推论形式。如：“白马，马也；乘白马，乘马也。”（《小取》）后期墨家认为比辞俱行，宜有限度，不可滥用，“辞之侔也，有所至而止”（同上）。并详细分析了语词中“是而然”、“是而不然”、“不是而然”、“一周而一不周”、“一是而一非”等五种不同类型的情况，指出因为“言多方，殊类，异故”等原因，在比辞而俱行时要分辨其同异，以免“转而危”，超出“侔”之限度而导致谬误。一说相当于复杂构成式的直接推理。

援 墨家逻辑用语。《小取》所列七种论式之一。相当于类比推理。《墨子·小取》：“援也者，曰：‘子然，我奚独不可以然也？’”援引对方所肯定的命题，通过类比论证自己的命题也应得到肯定。墨子常用援式推论，如：“且以尚贤为政之本者，亦岂独子墨子之言哉！此圣王之道、先王之书、距年（古书名）之言也。”（《墨子·尚贤中》）战国末公孙龙也曾用此论式为“白马非马”说辩护：“且白马非马者，乃子（孔穿）先君仲尼之所取也。……夫是仲尼之异楚人于所谓人，而非龙之异白马于所谓马，悖也。”（《公孙龙子·迹府》）一说“援”是从两个相似对象中进行类比，如其中一个对象具有某种性质，推出另一个对象可能也具有这种性质。

推 ❶ 即推理、推论。《墨子·经下》：“在诸其所然未者然，说在于是推之。”由已知推未知，就是推理。《朱子语类》卷三十四：“凡物有四隅，举一隅则其三理可推。”❷ 指《小取》所列七种论式之一。类推的一种方法。《墨子·小取》：“推也者，以‘其所不取之’同于‘其所取者’，予之也。是犹谓它者同也，吾岂谓它者异也。”取，选择、采用；予，推演。“其所不取之”即尚未被认识的对象；“其所取者”即已被认识的对象。“推”就是因“其所不取之”与“其所取者”属于同类而由已知类推未知。一说“推”是归谬式的类比推论。用对方的某一命题作为类推前提，得出一个对方不能接受的结论。又一说“推”是从已知的若干事例中分析其若干共同点，再推到若干未曾经验知道的事例之中，最后把所已知的结论推到未知事例中去的归纳推论。

为 后期墨家用语。指知识的一个种类。后期墨家首先作为认识论的重要范畴来考察。认为知识可分为七种：“知：闻、说、亲、名、实、合、为”（《墨子·经上》），把“为”列在知识种类的最后一项，含有强调“为”是认识的目的与验证的意思。并认为“为”是“志”（主观动机）与“行”（行为客观效果）的结合，“志、行，为也”（《经说上》）。还把“为”分为六种：“存、亡、易、荡、治、化”（《经上》），即求存、去病、交易、荡除、顺治、变化六种改造自然和社会的行为。以后的哲学家在“为”与“知”的关系上，常有不同的解释。西汉董仲舒认为“凡人欲舍行为，皆以其知先规而后为之。其规是者，其所为得……其规非者，其所为不得”(《春秋繁露·必仁且智》),主张知先行后。明清之际王夫之则认为“诚于为,则天下之亹亹者皆能生吾之心”(《思问录·内篇》),强调了行可兼知。

尽 墨辩逻辑用语。尽,全部,无一例外。表示对事物情况的全部断定。《墨子·经上》:“尽,莫不然也。”高亨《墨子校诠》:“尽者物之所然尽也。如云:‘物尽如此’,即物莫不如此。”表示全称判断。与“或”、“特”(表示特称判断)相对。

类 关于定名、立辞、推理的基本概念。早在商周时期,即有作为祭名出现的“类”,如“肆类上帝,禋于六宗”(《尚书·尧典》)。以后渐次改变含义,如《周书》:“言行不类,始终相悖”,具有“善”的意思。至春秋之际,随着人们认识程度的提高,对周围事物开始了朴素的分类,于是“类”又有“族类”、“物类”等新义,如“非我族类,其心必异”(《左传》)、“物象天地,比类百则”(《国语》)。春秋末,邓析的“动之于其类”,孔子的“有教无类”,反映了他们都已经注意到事物“以类聚”、“以群分”的普遍性;虽然还没有把“类”作为逻辑的范畴加以肯定,但已从“类”的角度去自觉地认识事物和比类推理。尤其孔子的“告诸往而知来者”(《论语·学而》)、“举一隅不以三隅反,则不复也”(《论语·述而》),已经把类推作为求知的重要思维方法。墨子赋予“类”以更多的逻辑意义,提出:“子未察吾言之类,未明其故也”(《墨子·非攻》),“义不杀少而杀众,不可谓知类也”,“臣以三事之攻宋也,为与此同类”(《墨子·公输》)。不仅把“类”作为分析事物的根据,而且明确地把“类”与“故”(理由)联系起来,作为立辞和辩说的基本原则。《易传》认为“天地睽而其事同,男女睽而其志通”,事物之间有差异也有共性,提出了“君子以同而异”的思想和“类族辩物”的逻辑方法。孟子对“类”的本质有了进一步的认识:“凡同类者,举相似也”(《孟子·告子上》),并提出了“知类”的逻辑要求。后期墨家继承并发展了墨子关于“类”的思想,将“类”概念作为墨辩逻辑体系中一个最重要的逻辑范畴。对“类”作了详细分析,把“类名”作为名的一种,明确了它的外延反映一类事物,如“马,类也;若实也者,必以是名也命之”(《经说上》),认为类名所反映的那些对象之间的“类同”是“有以同”,即部分属性相同;有的事物不能形成为类,是因为“不有同”,即没有相同之处。强调“辞以类行”,认为“立辞而不明其类,则必困矣”(《大取》)。把“类”作为推论的原则:“以类取,以类予”(《小取》),认为推论必须限于同类事物,“止类以行之,说在同”(《经下》)。认为异类之间不能作比较,因为它们的度量标准不同:“异类不比,说在量。”(同上)类推困难的一个重要原因,在于事物有多层次的类,“推类之难,说在大小”(同上)。公孙龙从正名实角度对不同层次的类名进行了察辨,赞赏尹文与齐王论士时“察士之类”的分析,提出了“白马非马”等命题。《吕氏春秋》既注意到了“类固相召”,认为事物因某些属性相同而可以各归其类,同类相应相推;也注意到了类同的差异性,提出“类固不必可推知”的思想,认为同类事物并不都能类推。荀子认为“类”的本质在于同理:“类不悖,虽久同理”(《荀子·正名》),把“类”作为立辞和推理的逻辑根据,“以类度类”,“推类而不悖”(同上),并把“以类行杂,以一行万”和“听断以类”(《荀子·王制》)作为一种基本的认识方法:“倚物怪变,所未尝闻也,所未尝见也,卒然起一方,则举统类而应之,无所儗怎(怍)”(《荀子·儒效》)。先秦诸子关于“类”的理论,给后人的思维活动以直接的指导。东汉王充认为不仅圣人可“揆端推类,原始见终;由闾巷论朝堂,由昭昭察冥冥”,而且“妇人之知”也能“推类以见方来”(《论衡·知实》)。至宋代,程颢、程颐赋予“类推”以演绎的含义,并作为一种基本的思维方法。朱熹对“类”的本质作了明确的表述:“就其异处以致其同,此其所以为同也”(《朱子语类》卷七十),赋予“类推”以归纳和演绎相结合的含义,而且作为一种基本的治学方法和教育方法运用于实践:“以类而推……是从已理会处推将去”(《朱子语类》卷十八),“事有日生者,须推类以通之,则告者不费而闻者有深益耳”(《答吕伯恭》)。明清之际王夫之提出“比类相观”的理论,主张通过对各类事物“或始同而终异,或始异而终同”的考察,分析事物之间同异伸屈的关系,逐步把握各类事物的本质,形成正确的类概念,“知此物所以成彼物之利”(《张子正蒙注·动物篇》)。“类”的理论对于中国古代各门科学的发展产生了深远影响,历史学、医学、农学等典籍中,根据“类”的原则进行推论而取得成果者屡见不鲜。

故 指事物的原因、条件,或推理论证的根据。墨子最先提出这一概念,强调“辩其故”(《墨子·兼爱中》),“依类明故”(《尚贤中》),“无故从有故”(《非儒下》)。后期墨家对“故”定义为:“故,所得而后成也。”(《经上》)凡事物必有其因而后成其果。并把故分为小故、大故两种,小故是“有之不必然,无之必不然”,即事物的必要条件;大故是“有之必然”,即事物的充分条件(见《经说上》)。并作为墨辩“三物”之一。“夫辞以故生,以理长,以类行”(《大取》),立论要有根据。“以说出故”(《小取》),在论证中要把论题所以能成立的根据阐述出来。孟子也强调“求故”的作用:“天之高也,星辰之远也,苟求其故,千岁之日至,可坐致也。”(《孟子·离娄下》)荀子认为:“辨异而不过,推类而不悖,听则合文,辨则尽故。”(《荀子·正名》)主张辩论中所提出的命题都须有充分的根据。反对名家的名辩内容,但也肯定其命题都有根据:“然而其持之有故,其言之成理。”(《荀子·非十二子》)《吕氏春秋》亦认为:“凡物之然也,必有其故。”这些论说中的“故”,指理由或根据。

大故 墨家逻辑用语。同“小故”相对。指充分条件。《墨子·经说上》:“大故,有之必然(“必”下原有“无”字,从梁启超校删)。若见之成见也。”有了“大故”,就一定有其相应的结果。如人看见物,需要诸多条件:人目的视力、光线、对象与人目间的适当距离等。这些条件齐备,人就一定能见到物。一说原文应校改为“大故,有之必然,无之必不然”(见孙诒让《墨子间诂》),指充分又必要条件。

小故 墨家逻辑用语。指必要条件。与"大故"相对。《墨子·经说上》:"小故,有之不必然,无之必不然。体也,若有端。""小故"只是构成某一结果的几个条件中的一个或一部分条件。就像构成"线"的"点",有了"点"不一定就构成为"线",但倘若没有点,就一定构不成线。

彼 ❶ 指一对互相矛盾的命题。《墨子·经上》:"彼,不可两不可也。"《经说上》:"或谓之牛,或谓之非牛,是争彼也。"对这对矛盾命题孰是孰非的争论,也就是对"彼"的争论。反映了墨家对矛盾判断的逻辑特征即"不可两不可"已有清楚的认识。一说"彼"指物质界的对象。"或谓之牛,或谓之非牛,是争彼也"。"彼"即指"牛"。❷ 指某一假设的事物对象。与"此"相对。战国公孙龙《名实论》:"其名正则唯乎其彼此焉。谓彼而彼不唯乎彼,则彼谓不行;谓此而此不唯乎此,则此谓不行。"《墨子·经说下》亦有"彼彼止于彼,此此止于此"一类语,其"彼"义与公孙龙用语同。

止 墨家的反驳方法。一种相当于反映命题之间矛盾关系的直接推论。《墨子·经上》:"止,因以别道。"别道,区别正确与错误。"类以行之"(《经下》)是其推论原则。如可以用"有人不会游泳"反驳"所有的人都会游泳",而不能用"有人不会打乒乓球"反驳"所有的人都会游泳"。墨家对"止"的两种具体论式作了分析。其一,《经说上》:"彼举然者,以为此其然也,则举不然者而问之。"辩论一方举出一个或一些事例,便推出一个普遍性命题("此其然也"),另一方则举出一个反例("举不然者")推翻这个普遍性命题。这是一个相当于用单称或特称否定命题,反驳全称肯定命题的推论。通过这种"止式"可以把对方提出的不够正确的普遍性道理("道")加以限制和纠正。其二,《经说下》:"(止)彼以此其然也,说是其然也;我以此其不然也,疑是其然也。"辩论一方根据一个错误的普遍性道理("此其然也")推出其中某物也必为"其然";另一方则通过指出这个普遍性道理的错误,对某物的"其然"表示怀疑。这是一个相当于用全称否定命题反驳单称(或特称)肯定命题的推论。

举 墨家逻辑用语。以一事物的特有属性来说明该事物。"谓"的三种运用情况之一。《墨子·经说上》:"狗,'吠',举也。"举"吠"这一特有属性说明狗,这就是"举"。参见"谓"。

必 墨家逻辑用语。相当于必然命题。《墨子·经上》:"必,不已也。"已当作己(从高亨校)。己,改也。《经说上》:"(必)谓臺执者也。若弟兄。"臺当作壹(从高亨校)。壹执者也,执一而不变,如有弟必有兄。"必也者可勿疑"(《经说上》),即指不应怀疑的必然命题。

加 墨家逻辑用语。"谓"的三种运用情况之一。运用名称呼具体之实。《墨子·经说上》:"叱:'狗!'加也。"指着一只狗,叱一声"狗!"这就是"加"。参见"谓"。

悖 指命题本身包含矛盾,或命题之间互相矛盾。《墨子·经下》:"'以言为尽誖(同悖)',说在其言。"《经说下》:"誖,不可也。之人之言可,是不誖,则是有可也。之人之言不可,以当,必不当"。"言为尽誖",言,命题;誖,作"假"义。若立论"以言为尽誖"为真(不假),"尽誖"之中便有"不誖"在,则立论自身矛盾而不能成立。《经下》还有"非诽者,誖。说在弗非"的分析,亦同此理。后期墨家所批评的"言尽为誖"论和"非诽"论,是一种"自语相违",即命题本身包含逻辑矛盾的错误。《公孙龙子·迹府》:"夫是仲尼异楚人于所谓人,而非龙异白马于所谓马,悖。"公孙龙所谓之"悖",是针对孔穿对同类命题作出了两个互相矛盾(一"是"一"非")的判断。

重同 墨家逻辑用语。后期墨家指名词之间的同一关系。《墨子·经说上》:"二名一实,重同也。"两个不同的名词,反映同一个对象。如"狗"与"犬"名虽为二而所指实则一,"狗"、"犬"即为重同关系。后期墨家曾以重同关系为据,批评名家"狗非犬"命题。《经下》:"知狗而自谓'不知犬',过也。说在重。"

体同 墨家逻辑用语。后期墨家指反映一个事物的各个部分的概念间的关系。《墨子·经说上》:"不外于兼,体同也。"兼,整体;体,部分。《经上》:"体,分于兼也。""体"是从"兼"中分化出来的。不外于兼,指不离开或不超出一个完整的事物对象。如将具有白、坚属性的"石"视为"兼",则反映其不同属性的白石、坚石两概念之间,便具有体同关系。一说各部分(体)相连接而构成一个整体(兼)称为"体同"。

合同 墨家逻辑用语。后期墨家指同一属概念之下两个反映不同对象的种概念之间的并列关系。《墨子·经说上》:"俱处于室,合同也。"室,喻指某一确定的认识范围。俱处于室,指共存于一个确定的范围。一说几个事物共处于同一空间,称"合同"。

类同 墨家逻辑用语。后期墨家指两个概念所反映的对象有部分属性相同。《墨子·经说上》:"有以同,类同也。"有以同,指两个对象之间有部分属性相同。如牛与马,都是四足兽,因而有部分属性相同,"牛"与"马"两概念之间便具有类同关系。具有类同关系的概念所反映的对象之间的关系,比具有合同关系的概念所反映的对象之间的关系疏远一些。一说指不同的个体具有相同的属性。

以类取,以类予 墨家推论的原则和基本方法。《墨子·小取》:"以类取,以类予。"取,即"法取同"(《经上》);予,《说文》:"予,相推予也。""以类取",指物以类聚,以同者取之。相当于归纳原则。"以类予",指同类相推,即基于类取所得的一般原理,推予同类其他事物。相当于演绎原则。一说"以类取"、"以类予"与"以说出故",是后期墨家所概括的三种基本的推理形式,相近于归纳推理、类比推理和演绎推理。又一说"以类取,以类予"仅仅具有演绎的性质。

或 墨家逻辑用语。《小取》所列七种论式之一。相当于选言判断、选言推理。《墨子·小取》:“或,不尽也。”不尽,有所选择。作为判断,如《经上》:“时或有久,或无久。”《经说上》:“或谓之牛,或谓之非牛。”作为论式,如“时或有久,或无久。始,当无久”(《经上》),可推出结论“非有久”,为由肯定到否定的选言论式。一说相当于特称判断,与“尽”(全称判断)相对。尽,全部断定;不尽,只断定一部分。

假 墨家逻辑用语。《小取》所列七种论式之一。相当于假言命题、假言推理。《墨子·小取》:“假也者,今不然也。”假,假设;今不然,尚未成为现实。是区别于“今已然也”(实然命题)的假言命题。如“若使天下相爱……则天下治”(《兼爱上》),“人若不盈无穷,则人有穷也”(《经说下》)。反映了早在《小取》成篇以前,墨家即已将“若……则……”作为假言命题的基本形式加以普遍运用。墨家很少孤立地讲假言命题,总把假言命题作为推理的一个前提来运用。因此,《小取》提出的“假”,不只是指假言命题,更主要是对假言推论式的概括。

法 墨家逻辑用语。标准、规则。《墨子·经上》:“法,所若而然也。”若:顺,循。《小取》:“效也者,为之法也。所效者,所以为之法也。故中效则是也,不中效则非也。”所效者必依法而作乃能中效。《经说上》:“意、规、圆三也俱,可以为法。”意,目的,预期之意想;规,工具或方法,如作圆之规;圆,规画之迹,指结果。欲“所若而然”即依法中效,则此三者必具。“法”对于同类事物具有普遍有效性。《经说下》:“方尽类,俱有法,而异,或木或石,不害其方之相合也。尽类犹方也,物俱然。”方形之物,俱循矩“法”而成。虽有木、石之异,但由于“法”同,而皆相类。万物亦然。墨家认为人的思维活动,也要有规则可循。《墨子·非命上》说:“言必立仪。”仪,即法。树立了言论的标准或规则,才能从形式上鉴别思维活动的对错。

命 墨家逻辑用语。指命名。即给事物对象取一名称。为“谓”的三种运用情况之一。《墨子·经说上》:“谓狗‘犬’,命也。”用“犬”称狗,这就是“命”。《荀子·正名》认为:“喻然后命,命不喻然后期”,当人们对某事物不明白,也说不出来时,就要用名去称呼它。有了名,还不明白,就要下个判断,用一句话去表达。

达名 墨家逻辑用语。《墨经》从外延方面划分的三种概念之一。反映事物最普遍属性的概念。《墨子·经上》:“名:达、类、私。”《经说上》:“名:物,达也;有实必待文多也。”认为“物”即达名,泛指一切物体。其外延最大,相当于哲学范畴。

类名 墨家逻辑用语。《墨经》从外延方面划分的三种概念之一。反映一类事物性质的概念。《墨子·经上》:“名:达、类、私。”《经说上》:“命之马,类也;若实也者,必以是名也。”认为“马”即类名,凡具有马形这一实体的都可以称为“马”。外延只限同类事物,故比达名小,比私名大,相当于普遍概念。

私名 墨家逻辑用语。《墨经》从外延方面划分的三种概念之一。反映单一事物的概念。《墨子·经上》:“名:达、类、私。”《经说上》:“命之臧,私也;是名也,止于是实也。”“臧”即私名。它只限于一个单独的事物,不能移称其他事物。其外延最小,相当于单独概念。

多方 墨家逻辑用语。指名词的歧义性。《墨子·小取》:“言多方,殊类,异故,则不可偏观也。”认为同一个名词,可以表示不同的概念,反映不同的对象,这是进行“比辞而俱行”的侔式推论时容易产生谬误的一个重要原因。

殊类 墨家逻辑用语。指类的差异。《墨子·小取》:“言多方、殊类、异故,则不可偏观也。”同一言辞,在不同的语言环境里可以指不同的类,因而在立辞时不能执其一以概其余。《经下》:“推类之难,说在之大小、特尽……”特,一类事物中的部分,个体;尽,一类事物的全体。认为推类之难在于类的范围有大小的不同,同类中的量又有部分和全体的区别。凡此类的差异是类推时容易产生谬误的一个重要原因。

异故 墨家逻辑用语。不同的条件或理由。《墨子·小取》:“言多方、殊类、异故,则不可偏观也。”认为在不同的语言环境中,同类的立辞往往有其不同的条件或理由。因此,在进行“以类予”的推论时,必须注意对不同条件或理由的区别分析,否则容易产生谬误。

是而然 《墨子·小取》所列侔式推论的五种情况之一。从一个肯定的命题(前提)推得另一个肯定的命题(结论)。《小取》:“白马,马也;乘白马,乘马也。骊马,马也;乘骊马,乘马也。获,人也;爱获,爱人也。臧,人也;爱臧,爱人也。此乃是而然者也。”“乃是而然”的原因在于侔式推论中不存在“言多方,殊类,异故”的情况,即推论过程中每个概念和判断都保持着确定性。这是侔式推论正确性的唯一保证。

是而不然 《墨子·小取》所列侔式推论五种情况中容易产生谬误的类型之一。从一个肯定的命题不能通过“侔”式而推出一肯定的结论。《小取》:“获之亲,人也;获事其亲,非事人也。其弟,美人也;爱弟,非爱美人也。车,木也;乘车,非乘木也。船,木也;入船,非入木也。……此乃是而不然者也。”因为“人”、“木”等名词在前后命题中所指含义发生变化,未保持确定,因而肯定的前提虽是正确的,肯定的结论则是错误的。

不是而然 《墨子·小取》所列的侔式推论五种情况中容易产生谬误的类型之一。《小取》:“读书,非书也;好读书,好书也。斗鸡,非鸡也;好斗鸡,好鸡也。……且出门,非出门也;止且出门,止出门也。……此乃不是而然者也。”(清毕沅校注本原缺“不”字,胡適、谭戒甫等据本段句式补之。)“读书”表示人的动作,“书”表示一类事物,主项与谓项既非同类，故这前一命题应为否定式。“好读书”与“好书”，则均表示人的一种喜好，主项与谓项既系同类，且谓项“好书”的外延大于主项“好读书”的外延，故这后一命题应为肯定式。前、后两命题之间既非“齐等”，当然也就超出了“侔”的限度，不能由前一命题的否定去推论后一命题亦否定，而只能保持前一命题为否定、后一命题为肯定的形式。

一周而一不周 《墨子·小取》用语。侔式推论五种情况中容易产生谬误的类型之一。周，普遍而不疏漏。《小取》：“爱人，待周爱人而后为爱人；不爱人，不待周不爱人；不周爱，因为不爱人矣。乘马，不待周乘马然后为乘马也；有乘于马，因为乘马矣；逮至不乘马，待周不乘马而后为不乘马。此一周而一不周者也。”认为下判断时，有时须普及一类事物的全体，议论(或命题)才能成立；有时不须普及至一类事物的全体，议论(或命题)也能成立。因而在侔式推论时，这两种情况之间不能“比辞而俱行”。

一是而一非 《墨子·小取》用语。侔式推论五种情况中容易产生谬误的类型之一。即肯定的前提是正确的，肯定的结论则是错误的；或者否定的前提是正确的，否定的结论则是错误的。《小取》：“居于国，则为居国；有一宅于国，而不为有国。桃之实，桃也；棘之实，非棘也。问人之病，问人也；恶人之病，非恶人也。人之鬼，非人也；兄之鬼，兄也。祭人之鬼，非祭人也；祭兄之鬼，乃祭兄也。……此乃一是而一非者也。”似乎同类的情况，其实却是异类，作出的判断也完全相反。这是两个判断“一是而一非”的原因。若不注意其中的“是”与“非”的区别，而去作“比辞而俱行”的类推，则必然会产生谬误。在反映事物的数量方面，由于语词在反映对象的单、复数情况时往往缺少明显的区别，所以也存在“一是而一非”的情况。例如：“一马，马也；二马，马也；马四足者，一马而四足也，非两马四足也。”

杀盗非杀人 墨家论题。《墨子·小取》：“盗，人也；多盗，非多人也；无盗，非无人也。奚以明之？恶多盗，非恶多人也；欲无盗，非欲无人也。世相与共是之。若若是，则虽‘盗，人也；爱盗，非爱人也；不爱盗，非不爱人也；杀盗，非杀人也’，无难矣。”墨家认为“盗，人也”命题中的“盗”与“杀盗，非杀人”命题中的“盗”所指不同(即“多方”)，从而将“是而不然”作为“杀盗非杀人”这一主张的逻辑根据。此命题一经提出，即遭到人们的普遍反对。因而后期墨家又以“子然，我奚独不可以然也”的援式推论进行了反驳：“此(‘杀盗非杀人’)与彼(‘多盗，非多人’)同类。世有彼而不自非也，墨者有此而非之……内胶而不解也。”(同上)但荀子仍然持反对态度：“‘杀盗非杀人也’，此惑于用名以乱名者也。”(《荀子·正名》)时至今日，人们对这一命题的逻辑分析仍然未能统一。一说《小取》对这个命题的论证合乎逻辑。一说墨家对这个命题的论证不合逻辑，推论中偷换了概念，因而是诡辩。

以名举实 墨家逻辑用语。用概念反映事物对象。《墨子·小取》：“以名举实。”名，名词、概念；实，事物及其属性。《经说上》：“所以谓，名也；所谓，实也。”举，反映，即概括客观事物的本质属性。《经上》：“举，拟实也。”《经说上》：“告以之名，举彼实也。”反映了后期墨家对概念的作用有较深刻的认识。

取实予名 对墨子名实思想的概括。指人们应就客观存在的事物取其所以然之理而予(断定)之以名。《墨子·贵义》：“非以其名也，以其取也。”不同于儒家的“循名责实”。

以辞抒意 墨家逻辑用语。用命题表达思想。《墨子·小取》：“以辞抒意。”辞，相当于命题；意，客观事物的种种关系反映在人们头脑中所形成的某种思想。后期墨家对思维三种形式之一的“辞”的作用进行了分析，并对抒意之“辞”提出了三个要求：“夫辞，以故生，以理长，以类行。”(《大取》)认为抒意之“辞”须有根据、合乎逻辑，并能举一反三推开去。否则，便会“妄”、“困”而不能正确表达思想。战国末荀子也有类似思想：“辞也者，兼异实之名以论一意也。”(《荀子·正名》)一说辞即命题、语句，意即辞所表达的命题。“以辞抒意”即以语句表达命题。

以说出故 墨家逻辑用语。通过推理申述理由。《墨子·小取》：“以说出故。”说，推理，论证；故，理由，根据；出故，申述理由。《经下》、《经说下》即为“以说出故”的实际运用。《经下》先立“辞”，《经说下》随后申述其“故”。

三本 墨子用语。指三种统治人民的方法或手段。《墨子·尚贤中》：“何谓三本？曰：爵位不高，则民不敬也；蓄禄不厚，则民不信也；政令不断，则民不畏也。”墨子把“高爵”、“重禄”、“断令”视为实现“尚贤使能”以治国的三种手段。

三务 春秋战国之际墨子用语。指当时“王公大人”的三项政治要求。为：“国家之富”、“人民之众”、“刑政之治”(《墨子·尚贤上》)。“天下贫，则从事乎富之；人民寡，则从事乎众之；众而乱，则从事乎治之。”“若三务者，此仁者之为天下度也。”(《节葬下》)认为达到“三务”的关键在于“尚贤使能”，还揭露统治者所推行的“厚葬久丧”等政策与“三务”相悖。

三患 春秋战国之际墨子用语。指百姓的三种患难。《墨子·非乐上》：“民有三患：饥者不得食，寒者不得衣，劳者不得息。三者，民之巨患也。”墨子揭露当时统治者“厚措敛乎万民”(同上)。

六辟 墨家用语。指喜、怒、乐、悲、爱、恶六种情欲。《墨子·贵义》：“必去六辟”，“必去喜去怒，去乐去悲，去爱(去恶)，而用仁义。”主张去六辟，而用仁义，以贯彻其兼爱主张，但并非要求完全排除人的欲念。

天贼 春秋战国墨子的政治伦理观念。指违反天意破坏兼爱者。《墨子·天志中》：“观其事，上不利乎天，中不利乎鬼，下不利乎人，三不利无所利，是谓天贼。”认为大国攻小国，大家乱小家，强凌弱，众暴寡，智谋愚，贵傲贱，违背天意，必受天罚。

太盛难守 墨家用语。指事物往往亡于其所长。《墨子·亲士》:"彼人者,寡不死其所长,故曰:太盛难守也。"并举锐者先挫、利刀先靡、甘井易竭、乔木先伐、孟贲之杀因其勇、西施之沉因其美等为例,告诫统治者只有亲士尚贤才能守盛。含有物极必反的意思。

巨(鉅)子 战国时期墨家对其领袖的尊称。《庄子·天下》说,墨家"以巨子为圣人"。巨子职位的继承人由上一代巨子指定,代代相传。墨子本人可能是第一代巨子。此外,据《吕氏春秋·上德》记载,孟胜、田襄子、腹𦏁等曾先后为墨家巨子。其弟子都愿为之赴火蹈刃。如从巨子孟胜死者一百八十三人。后代亦用以泛指学术上有巨大成就的学者。

名家哲学

名辩 先秦思想家围绕"名"的性质、内容、相互关系等问题展开的辩论以及关于"辩"的理论研究。春秋战国时期,社会经济政治发生大变革,名实"相怨"、"散乱"。邓析一方面作《竹刑》,主张"按实定名"、"循名责实"(《邓析子·无厚》),另一方面又站在士民一边"操两可之说,设无穷之辞"(刘向《校叙》),教他们刑名诉讼之法,"学讼者不可胜数",从而首开先秦名辩之风气。孔子主张"克己复礼,天下归仁"(《论语·颜渊》),便以主观的伦理概念为标准,强调"为政""必也正名"(《论语·子路》)。墨子也强调名实相符,提出鉴别言论的"三表"法,主张"取实予名"。老子则以"无名"论独立主张"大辩若讷"。名、儒、墨、道四家以"名"为中心,开始了一场历时数百年的争辩。战国中后期,名辩达到高潮。名家方面,先后涌现出一大批"辩者",尤以尹文、惠施、公孙龙为著。尹文提出"以名定形,以形检名"的思想,强调"名不可差"。惠施与一大批辩者承邓析"两可"论,提出了"天与地卑,山与渊平"等"历物十事",以及"火不热"、"鸡三足"等"二十一事",阐发他们对名的辩证认识。公孙龙从逻辑上对名、实关系作了分析和规定,比较系统地提出了"物以物其所物而不过","实以实其所实而不旷"、"位其所位"的正名理论。但墨、道、儒三家并不赞同名家的"坚白同异之辩"。后期墨家把名分为"达、类、私"三种,对"辩"的任务、原则和方法作了精细研究,认为"辩"的任务是"明是非之分,审治乱之纪,明同异之处,察名实之理,处利害,决嫌疑"(《墨子·小取》);辩应遵循"以类取,以类予"原则;"以名举实,以辞抒意,以说出故"是辩的基本方法。建立了中国第一个较为完备的逻辑学体系。庄子宗"无名"论,认为"天地一指","万物一马"(《庄子·天下》),以"止辩"反对名辩。荀子坚持儒家用名于政的立场,鄙视名、墨两家的"相鸡犬之可以为名",反对"析辞而为察,言物而为辨"(《荀子·解蔽》),认为名、墨两家虽然持之有据,言之成理,但"辩而无用","不可以经国定分"(《非十二子》)。赞成"言仁"、"中法"的"君子之辩",主张"有循于旧名,有作于新名"。要求"刑名从商,爵名从周,文名从礼";提出"约定俗成"、"稽实定数"等制作新名的原则。对名的作用、种类,以及概括、限制的方法及乱"名"的谬误等都有系统研究。认为"辩"产生于"说不喻",主张"辨而不过","辨则尽故"(《正名》)。把儒家的正名思想纳入了荀子正名逻辑的体系。韩非对"名"和"辩"的学说亦有所发展。中国古代逻辑学在名辩思潮中逐渐建立起来,故有人称中国古代逻辑学说为名辩逻辑。

名辩学 中国古代名学和辩学的合称。代表著作是《公孙龙子·名实论》、《墨经·小取》和《荀子·正名》。名学亦称为"正名学",主要指中国古代有关名实关系和正名的理论,内容涉及正名的对象和范围、目的和意义("所为有名")、正名的认识论基础("所缘以同异")、客观标准、基本原则("制名之枢要")和制止乱名("破三惑")等。辩学亦称为"论辩学",指中国古代关于辞(命题)、说(推理)和辩(论证)的学说,主要包括辩学的一般哲学基础、"以辞抒意"的命题学说、"以说出故"的推理学说、"以辩争彼"的论证学说、论辩的基本规律和规则等。名学和辩学均系阐述名、辞、说、辩等内容的学说,故两者的有机结合可总称为"名辩学"。从主要内容和基本性质看,中国古代逻辑构成名辩学的核心和重点,但名辩学并不等同于中国古代逻辑或中国逻辑史,因为名辩学还包含有大量哲学、认识论等非逻辑的理论。

形名 亦称"刑名"。"形"指形体、实体;"名"指名称、概念。形名指实体与名称的关系。认为事物的"形"和事物的"名"必须相当。这一主张出现甚早。《庄子·天下》引《故书》:"有形有名,形名者古人有之。"春秋时邓析"好刑名,操两可之说,设无穷之辞"(刘向《校叙》),主张"缘名而责形"(《邓析子·转辞》),"依形名","次赏罚"。战国时尹文、公孙龙等对形名均有研究。《尹文子·大道》分析了形与名的关系:"大道不称,众(形)有必名。(形)生于不称,则群形自得其方圆;名生于方圆,则众名得其所称也。"抽象无形的规律虽不能用名称谓,但由其所生的具体有形之物都有相应的名。指出了名正确指谓事物(形)的作用:"名也者,正形者也",进而提出了"形正由名,则名不可差"的逻辑要求。区别了具体概念(名)与抽象概念(名):"有形者必有名,有名者未必有形。"认为"形而不名,未必失其方圆白黑之实",但是"名而无形,不可不寻名以检其差",提出了"名以检形,形以定名,名以定事,事以检名"的形、名互验方法。公孙龙认为"马者,所以命形也;白者,所以命色也。命色者非命形也,故曰'白马非马'"(《公孙龙子·白马论》)。认为"马"与"白马"这两个名不能等同。法家把"刑名"与"法术"相联系,把"名"引申为法令、名分、言论等。提出"形名参同"原则,主张"君操其名,臣效其形"(《韩非子·扬权》),根据人臣的言行("形")给予一定的官位("名"),并"审合刑名",考核其言行是否符合其官位,以定赏罚,"人主将欲禁奸,则审合刑名者,言与事也"(《韩非子·二柄》)。认为"有言者自为名,有事者自为形。形名参同，君乃无事焉，归之其情”（《韩非子·主道》）。

刑名 即“形名”。

名 指概念、名词。与“实”相对。春秋时期，名家邓析就赋予“名”一词以逻辑的含义，主张“循名责实”，“按实定名”（《邓析子·无厚》）；认为“名不可以外务”（同上），反映实际对象时必须保持其规定性，不能任意超越界限。儒家孔子提倡“正名”，强调“为政”“必也正名”（《论语·子路》），认为“名不正则言不顺”（《子路》），意在按周礼规定的等级名分来纠正当时“礼乐不兴”、“刑罚不中”的现状。道家老子“以自隐无名为务”，认为“名可名，非常名；无名天地之始，有名万物之母”（《老子·一章》）。墨子更深入地考察了名实关系，认为“天下之君子不知仁”的原因“非以其名也，亦以其取也”（《墨子·贵义》）；批评“攻伐并兼”的诸侯“有誉义之名而不察其实”（《非攻》）。后期墨家对“名”进行了系统的研究，并把“名”作为墨辩逻辑的一个基本范畴。认为“声出口，俱有名”（《经上》），名是对实物的指谓：“所以谓，名也”（《经说上》）；名的作用在于“拟实”（《经上》），“举实”（《小取》），可以“摹略万物之然”（同上）；有了名，便可以“知其所不知”（《经下》），“言犹（由）名致”（《经上》），可以表达思想。并以反映事物的外延为标准，把名分为达名、类名、私名三种；提出了“彼彼止于彼，此此止于此”（《经说下》）的正名要求，反对“彼且此也，此亦可彼”（同上）。战国时名家尹文认为“名生于方圆”（《尹文子·大道》），概念产生于具体的有形之物。它有正确指称事物的作用，“名也者，正形者也”。提出“名不可差”的逻辑要求，指出“有形者必有名，有名者未必有形”。认为名而无形，不可不“寻名以检其差”。以名所反映的对象内容为据，将名分为命物之名、毁誉之名、况谓之名三种，并进一步作“名宜属彼，分宜属我”的“名分”分析。对名实之间的一些特殊关系，如“同名异实”等情况进行了考察。公孙龙认为“夫名，实谓也”（《公孙龙子·名实论》），因而，“正其所实者，正其名也”。提出了“物其所物而不过”、“实其所实而不旷”、“出其所位非位而位其所位”的正名规则，以及“以其所正，正其所不正；以其所不正，疑其所正”的正名方法。提出了“唯乎其彼此”的正名原则，主张“彼彼当乎彼，则唯乎其彼，其谓行彼；此此当乎此，则唯乎其此，其谓行此”（同上）。并用这一原则分析“白马”与“马”两个具有种、属关系的名，认为“白”命（反映）“色”，“马”命“形”，“命色形”非“命形”，所以“白马非马”（见《白马论》）。庄子吸取了老子的“无名”论，认为“天地一指”，“万物一马”（《庄子·齐物论》），无需辨察。荀子鄙视名墨两家“相鸡犬之可以为名”（《荀子·儒效》）的分析，继承孔子用名于政的传统，强调“正名”。认为法律伦理概念应有稳定性，主张“后王之成名，刑名从商，爵名从周，文名从礼”（《正名》）。认为“名也者，所以期累实也”，反映自然、人事的“散名”是人们“缘天官”，“成俗曲期”而成的。提出了“稽实定数”作为“制名之枢要”。名可以“明贵贱”，即用“爵名”规定封建等级制；可以“通志”，即交流思想：“远方异俗之乡，则因之而为通”；可以“壹于道德”、“谨于循令”，即用“刑名”驾驭臣下、约束百姓。根据名的字数，把名分为单名、兼名两种；根据反映对象的外延，把名分为共名、别名、大共名、大别名，并提出了别名到共名的“推而共之，共则有共”的概括方法和共名到别名的“推而别之，别则有别”的限制方法。将“约定俗成”的散名分为宜名、实名、善名等种类。建立了儒家的“正名”逻辑体系。法家代表韩非联系“法术”注重名的研究，主张“审名以定位，明分以辩类”（《韩非子·扬权》），认为“用一之道，以名为首。名正物定，名倚物徙”（同上），并提出“为名不可两立”的思维规律。西汉董仲舒将概念分为名、号两种：“号凡而略，名详而目”，“物莫不有凡号，号莫不有散名”（《春秋繁露·深察名号》），认为二者都是对“天意”的表达。与之相反，东汉徐幹认为“名者，所以名实也。实立而名从之，非名立而实从之”（《中论·考伪》）。三国魏玄学家何晏推崇老子的“无名”思想，专著《无名论》，认为“唯无名，故可得以天下之名名之”。王弼提倡辩名核实，又认为名不能完全地反映现实。西晋欧阳建则肯定“物定于彼，非名不辨”。鲁胜认为名是“通义之门，政化之准绳”，察形别色、分析有无、争两可、辨同异，都需要名。明清之际王夫之强调“名非天造，必从其实”，认为“知实而不知名，知名而不知实，皆不知也”（《知性论》），主张名、实统一。主张正名，“君子必正其名而立以为道。名者，人道之大者也”（《尚书引义》）。并强调“克念”，肯定名能够正确反映现实；认为名是“通已往将来之在念中”的理性认识，是“今与昨相续，彼与此相函”（同上）的思维过程。从而对中国古代关于名的理论作了唯物辩证的总结。

实 指事物、实体或实在。与“名”相对。春秋时期的邓析就已将“实”与“名”作为一对范畴加以分析，主张“按实定名”、“循名责实”（《邓析子·无厚》）。墨子也主张“取实予名”。后期墨家对“实”作了定义：“所谓，实也。”（《经说上》）公孙龙将“实”与“物”相别，从正名角度定义为：“物以物其所物而不过，实也。”（《公孙龙子·名实论》）赋予“实”以相当于概念内涵的意义，并作了“实以实其所实而不过”的逻辑规定。《荀子》中有“实名”：“名无固实，约之以命实，约定俗成谓之实名”（《正名》）。荀子还提出“稽实定数”，作为“制名之枢要”（同上）。明清之际王夫之强调“名非天造，必从其实”，认为“知实而不知名，知名而不知实，皆不知也”（《知性论》）。参见“名”。

正名 中国封建礼制思想中关于名实关系的一个原则。不同的思想家所说的“正名”，内容不尽相同。孔子首先提出“正名”，认为“名不正则言不顺，言不顺则事不成”（《论语·子路》）。以封建伦理概念作为正名标准，用“君君、臣臣、父父、子子”的等级制度约束人们循名守分，不得逾越。后期墨家认为“正名者，彼、此”（《墨子·经说下》），强调概念所反映的对象范围必须确定：“彼彼止于彼，此此止于此”，反对“彼且此也，此亦可彼”的不正之名。公孙龙持有同样的正名思想，认为“其正者，正其所实也；正其所实者，正其名也。其名正，则唯乎其彼此焉”（《公孙龙子·名实论》）。正名便是使名准确地反映实，此唯乎此，彼唯乎彼。《管子·心术上》提出：“物固有形，形固有名。此言不得过实，实不得延名。姑形以形，以形务名，督言正名。”认为正名即在于使形名相符。作为统治之道，君主应“以其形因为其名”，根据臣下的行为和地位，确定其相应的规范和名分。同时又“执其名，务其应”，根据既定的规范和名分来要求臣下行事。韩非继承了这一思想，《韩非子·扬权》：“用一之道，以名为首。名正物定，名倚物徙。故圣人执一以静，使名自命，令事自定。”以正名作为法治的原则。

两可之说 春秋末邓析的论说方法。对互相矛盾的命题（或现象）均采取认可态度。西汉刘向《别录》：“邓析好刑名，操两可之说。”《吕氏春秋·离谓》保存有一则邓析“两可之说”的记载：“洧水甚大，郑之富人有溺者，人得其死者，富人请赎之，其人求金甚多，以告邓析。邓析曰：‘安之，人必莫之卖矣。’得死者患之，以告邓析。邓析又答之曰：‘安之，此必无所更买矣。’”《吕氏春秋》认为“两可之说”是“以非为是，以是为非，是非无度，而可与不可日变。所欲胜，因胜；所欲罪，应罪”。今人一说“两可之说”并非“是非无度”的诡辩，而是要求名必须具有确定性的原则。

大辩 与“小辩”相对。春秋邓析用语。考察事物、增长知识的争辩。《邓析子·无厚》：“所谓大辩者，别天地之行，具天下之物，选善退恶，时措其宜，而功立德至矣。”认为这种对事物作考察分析的争辩，可以达到别同异、定是非、分白黑、理清浊的目的，帮助人及时地按规律办事。

小辩 与“大辩”相对。春秋邓析用语。知识浅薄、不讲逻辑的无益争辩。《邓析子·无厚》：“小辩则不然，别言异道，以言相射，以行相伐，使民不知其要，无他故焉，故浅知也。”认为这种故作标新立异、专门唱对台戏的争辩无益于人，究其原因，在于争辩者知识浅薄。

濠梁之辩 先秦庄子、惠施的一场论辩。《庄子·秋水》记载：庄子与惠子游于濠梁之上。庄子曰：“鯈鱼出游从容，是鱼乐也。”惠子曰：“子非鱼，安知鱼之乐？”庄子曰：“子非我，安知我不知鱼之乐？”惠子曰：“我非子，固不知子矣。子固非鱼也，子之不知鱼之乐，全矣。”庄子曰：“请循其本。子曰‘汝安知鱼乐’云者，既已知吾知之，而问我；我知之濠上也。”庄子从“万物与我为一”的“道通为一”论出发，因己游之乐而推及鱼“出游从容”亦乐；惠施则强调事物之间的差异性，否认庄子能够“知鱼之乐”。这一辩难，反映出“齐物”与“历物”两种截然相反的哲学思想。辩难的结果似乎是庄子取胜，但庄子最后所说的，犯了偷换概念的逻辑错误。

坚白同异之辩 战国时期关于“离坚白”、“合异同”的争辩。《庄子·秋水》：“合异同，离坚白……困百家之智，穷众口之辩。”惠施提出“合异同”：“大同而与小同异，此之谓小同异；万物毕同毕异，此之谓大同异。”（见《庄子·天下》）把“大同”和“小同”各归为一类，如视动物为“大同”，则视兽类为“小同”。把这种“大同”（动物）和“小同”（兽类）之间的同异关系，称为“小同异”，反映了事物种属关系之间的同异。其“毕同”，指万物之间都有的共同点；“毕异”，指万物间都有的不同点。把这种“毕同”、“毕异”之间的同异关系，称为“大同异”，揭示了事物同异关系的相对性，有其合理因素，但夸大了这种相对性，从而否定了“同”、“异”这两个概念的确定性。公孙龙提出“离坚白”，他以坚硬的白色石头为例说：“视不得其（石）所坚而得其所白者，无坚也；拊不得其所白而得其所坚者，无白也。”（《公孙龙子·坚白论》）认为由眼看时只见白，不见坚；手摸时只得坚，不得白，断定石头的“坚”和“白”两种属性是分离的，“坚”和“白”不能同时是石头的属性。他看到了事物内部属性的差异性，有合理因素，但他把这种差异性绝对化，否认了事物的属性在事物内部的统一性和联系性。后期墨家反对“坚白离”，提出“坚白盈”。说：“坚白不相外也。”（《墨子·经上》）又说：“石一也，坚白二也，而在石”，“无（抚）坚得白，必相盈也”（《墨子·经说下》）。认为“坚”、“白”两种属性同时存在于石中，视而不见坚，抚而不得白，是就人的感觉而言，在同一块石头上，坚和白都是弥满（盈）的，摸到了坚石，同时也就得到了白石。这是朴素唯物主义的“坚白相盈”说。荀子也反对“离坚白”和“合异同”。说：“坚白同异之分隔也，是聪耳之所不听也，明目之所不能见也，辩士之所不能言也。”（《荀子·儒效》）主张概念的同异应与事物本身的同异相符合：“同则同之，异则异之。”（《荀子·正名》）坚持了朴素唯物主义的名实观。庄子认为，坚白同异之辩导致各学派之间和有的学派内部的严重分歧。说：“窜句游心于坚白同异之间，而敝跬誉无用之言非乎？而杨、墨是已。”（《庄子·骈拇》）又认为墨家后学各派间“相谓别墨，以坚白同异相訾”（《庄子·天下》）。先秦各主要学派，都很重视“坚白同异之辩”这一名实问题的争论，通过这一争论，推进了先秦逻辑学和哲学认识论的发展。

合同异 惠施学派强调事物之间的同一性的观点。与“离坚白”相对。《庄子·秋水》：“合同异，离坚白。”《庄子·天下》所列惠施“历物十事”之第五事：“大同而与小同异，此之谓小同异；万物毕同毕异，此之谓大同异。”揭示事物同异关系的相对性，有其合理因素，但夸大这种相对性，从而否认“同”和“异”概念的确定性，把“同”和“异”合二为一，引申出事物之间不存在差别，“泛爱万物，天地一体”的相对主义结论。“合同异”的著名论题有“天与地卑，山与泽平”、“日方中方睨”、“物方生方死”、“南方无穷而有穷”、“今日适越而昔来”等。

盈坚白 亦称“同坚白”。后期墨家论辩的论题。与公孙龙学派的“离坚白”相对。“盈，莫不有也”

(《墨子·经上》),“盈,无所往而不得”(《经说下》)。认为石与坚、白析名为三,实指则一。“坚、白,不相外也”(《经下》),“无坚得白,必相盈也”(《经说下》)。坚、白两属性共存于一石,故抚坚石同时即得白石。“石,一也,坚、白,二也,而在石。故有知焉,有不知焉,可。”(同上)正因为坚、白同存于一石之中,故有“知”与“不知”之谓,即抚坚时知坚而不知白;见白时知白而不知坚。

离坚白 战国末名家公孙龙学派的基本观点。与“合同异”、“盈坚白”相对。强调同类概念之间的差异性。《庄子·秋水》:“合同异,离坚白。”《淮南子·齐俗训》:“公孙龙析辨抗辞,别同异,离坚白。”《公孙龙子·坚白论》认为,“白石”与“坚石”这两个同类概念,即便为同一对象之反映,其内涵亦有差异。以“唯乎其彼此”的正名原则衡量,是不能混为一谈,合称为“坚白石”的:“坚白石三,可乎?不可。二可乎?可。”事物诸属性之间不存在必然性联系,人们只能通过不同的感觉功能分别感知它们:“视不得其所坚而得其所白者,无坚也;拊不得其所白而得其所坚者,无白也。”坚、白两种属性既能存在于同一块石头,也能分别存在于不同的石头或其他事物:“物白焉,不定其所白;物坚焉,不定其所坚。”它们可以相离而独立存在。所以,认识了“白石”,不等于就认识了“坚石”,反之亦然。由于“离坚白”说对事物诸属性之间的统一性未加任何说明,因此遭到对立学派的反对,如后期墨家即持“盈坚白”说与其相对,“无(抚)坚得白……必相盈也”(《墨子·经说下》)。

白马非马 先秦时期名辩思潮中的主要论题。曾盛行一时。“夫刑名之家,皆曰白马非马也”(《战国策·赵策二》)。宋大夫兒说主其说而服齐稷下之辩者(见《韩非子·外储说左上》)。公孙龙著《白马论》加以充分论证,并以此闻名于时:“龙之所以为名者,乃以白马之论尔。”(《公孙龙子·迹府》)公孙龙从“唯谓”正名原则出发,以“实以实其所实而不旷”为标准,认为“马者,所以命形也;白者,所以命色也。命色者非命形也,故曰‘白马非马’”。并以“物以物其所物而不过”为标准,进而认为:“求马,黄、黑马皆可致;求白马,黄、黑马不可致。”分析了“白马”与“马”两概念的差异,“使白马乃马也,是所求一也。所求一者,白者不异马也。所求不异,如黄、黑马有可有不可何也?可与不可,其相非,明。”说明“白马”与“马”两概念在外延方面的差别:“以有白马谓有马;谓有马为有黄马,可乎?未可。”后期墨家则反对此说,认为:“有有于秦马,有有于马也”(《墨子·大取》),“白马,马也;乘白马,乘马也”(《小取》)。“白马非马”的论辩,对先秦名学的发展起了重要的促进作用。东晋时,白马非马论仍具影响,但已鲜为人通,“此论现存,多有辩之者。辩之者皆不能弘通,故阙而不论也”(张湛《列子·仲尼注》)。

历物十事 战国惠施的十个名辩命题。历,古作厤,有分辨、治理之意。历物,指普遍地考察分析事物的本质和规律。《庄子·天下》:“惠施……历物之意,曰:‘至大无外,谓之大一;至小无内,谓之小一。无厚不可积也,其大千里。天与地卑,山与泽平。日方中方睨,物方生方死。大同而与小同异,此之谓小同异;万物毕同毕异,此之谓大同异。南方无穷而有穷。今日适越而昔来。连环可解也。我知天下之中央,燕之北、越之南是也。泛爱万物,天地一体也。’”惠施曾“以此为大观于天下,而晓辩者”(同上)。西晋司马彪、唐成玄英等有注疏。历来评价不一,或认为这些命题片面夸大了事物之间的“同”而忽视了“异”,过分强调了事物的相对性而抹杀了相对性中的绝对性,否认了时间、空间、性质、关系等差别,导致了相对主义,变成概念游戏的诡辩。或认为这些命题反映了客观世界具有绝对性和相对性,在自然观上具有朴素唯物主义的辩证观点,而且其命题形式在定义方法和关系判断的运用上,对于中国古代逻辑科学的建立也具有积极的推进作用。

大一 战国惠施名辩用语。指无限的宇宙。与“小一”相对。出于《庄子·天下》所列惠施“历物十事”之第一事:“至大无外,谓之大一;至小无内,谓之小一。”无外,言无物可居其外;大一,谓无穷大。惠施用定义形式揭示了“大一”这个概念具有“至大无外”的内涵。

小一 惠施名辩用语。与“大一”相对。相当于几何学上的点。出于《庄子·天下》所列惠施“历物十事”之第一事:“至大无外,谓之大一;至小无内,谓之小一。”无内,言无物可居其内;小一,谓小到极点,即无穷小。惠施用定义形式揭示了“小一”这个概念具有“至小无内”的内涵。

无厚 战国时名家辩论的命题。与“有厚”相对。相传最早为春秋时邓析所用:“天于人无厚也,君于民无厚也,父于子无厚也,兄于弟无厚也。”但他所谓“无厚”主要是就社会伦理方面而言。《庄子·天下》所列惠施“历物十事”之一有“无厚,不可积也,其大千里”。顾实疏:“无厚即小一也。”几何学中的面是“至小无内”,没有厚度的,因而无体积可言,但是它有面积,而且可以大得无止境。就其体积说,无厚加无厚,仍然是无厚,犹零加零仍然是零。就其面积说,却可以“其大无外”至于千里(见冯友兰《中国哲学史新编》)。说明“无厚”与“厚”的差别不是绝对的,“无厚”之“小一”与“其大千里”之“大一”可以共存于同一事物中。刘向《邓析子校叙》云:“《邓析子》书其谓‘无厚’者,言之异同,与《公孙龙子》同类。”可见《公孙龙子》所佚著作中亦有“无厚”之论。名家的“无厚”之论,为儒家、法家所反对。《荀子·修身》:“夫坚白同异,有厚无厚之察,非不察也,君子不辩,止之也。”《韩非子·问辩》:“坚白无厚之辞章,而宪令之法息。”

大同异 战国惠施名辩用语。与“小同异”相对。出于《庄子·天下》所列惠施“历物十事”之一:“大同而与小同异,此之谓小同异;万物毕同毕异,此之谓大同异。”认为每一大类事物都有共同的性质,这是“大同”,每一大类事物中不同的种属又各有自己共同的性质，这是“小同”。如以动物为“大同”，鸟类则为“小同”。这种从种属关系来考察事物之间的同异的，称“小同异”。按共性说，万物都是物，故“毕同”；按个性说，每一物各具特性，故“毕异”。这种从万物的共性、个性来考察同异的，称“大同异”。惠施强调“大同异”，进而得出“泛爱万物，天地一体”（《庄子·天下》）的结论。《吕氏春秋·有始》中有关于这一条意义的解释：“天地万物，犹一人之身也；此之谓大同。众耳目鼻口也，众五谷寒暑也；此之谓众异。”庄子也有类似的观点，“自其异者视之，肝胆楚越也；自其同者视之，万物皆一也。”（《庄子·德充符》）后期墨家则反对万物“毕同毕异”说，认为“夫物有以同而不率遂同”（《墨子·小取》）。

小同异 惠施名辩用语。与“大同异”相对。详“大同异”。

辩者二十一事 先秦“辩者”提出的二十一个论题。见于《庄子·天下》。具体为：“卵有毛。鸡三足。郢有天下。犬可以为羊。马有卵。丁子有尾。火不热。山出口。轮不辗地。目不见。指不至，至不绝。龟长于蛇。矩不方，规不可以为圆。凿不围枘。飞鸟之景，未尝动也。镞矢之疾，而有不行不止之时。狗非犬。黄马骊牛三。白狗黑。孤驹未尝有母。一尺之棰，日取其半，万世不竭。”其中有些命题，如“卵有毛”、“鸡三足”等在《公孙龙子》、《荀子》等古籍中亦有记载。辩者曾以此二十一事“与惠施相应，终身无穷”。对“二十一事”的解释分歧颇大。一说这二十一个命题有的以惠施的观点立论，有的以公孙龙的观点立论，遂将“鸡三足”、“火不热”等十三事列为“离坚白”派论题，将“卵有毛”、“郢有天下”等八事列为“合同异”派论题（见侯外庐《中国思想通史》）。一说“二十一事”为辩者与惠施相应之论题，公孙龙乃辩者之徒弟，未逢其时，故不存在以公孙龙的观点立论者（见胡適《中国哲学史大纲》）。一般认为“二十一事”有朴素辩证法思想，其中也有一些属于诡辩。

鸡三足 战国时辩者的名辩命题。《庄子·天下》所列“辩者二十一事”之一。《公孙龙子·通变论》亦有此说，“谓鸡足一，数足二，二而一故三”。承认鸡足的“名”（概念）和鸡足的“数”（实体）不同，又把鸡足的“名”和鸡足的“数”相混同，混淆了概念和事物的关系，但其目的在于比较异类之间的差别。一说此命题是夸大抽象推论形式的错误（汪奠基《中国逻辑思想史料分析》）。

马有卵 战国时辩者的名辩命题。《庄子·天下》所列“辩者二十一事”之一。是对胎生动物胚胎发育史的猜测，认为胎牛的小马驹在胚胎发育的初始阶段是母腹中的卵。一说马有卵非正言实认为有，而是与庄子谓泰山为秋毫之末一样的比喻假说。

火不热 战国时辩者的名辩命题。《庄子·天下》所列“辩者二十一事”之一。顾实注：“火不自其热，待人之以为热而后热，故曰火不热也。”（《庄子天下篇讲疏》）一说“火”之概念不具有热之性质，知“火”之名，却不觉火之热，热属于火之物体，而概念不同于物体，故是一个揭示概念具有主观抽象性的哲学命题。

卵有毛 战国时辩者的名辩命题。《庄子·天下》所列“辩者二十一事”之一。宋谢希深注：“胎卵未生而有毛羽之性。”常识认为卵无毛，但辩者认为有羽或毛之动物既由卵发育而来，则卵中必有生毛之因素。一说有毛动物之卵有一个由“无毛”转化为“有毛”的转折点，在这一时刻，人可作“卵无毛”、“卵有毛”的（两可）判断。

山出口 战国时辩者的名辩命题。《庄子·天下》所列“辩者二十一事”之一。指具有与动物之口某些相似之处的自然现象，如山口、洞口，火山爆发、山泉涌出等。说明“口”一词有歧义性，可以作为不同的概念使用，揭示不同的事物属性。一说山本不自名为山，出乎人之口，呼以为山。且出乎人之口，呼以为某山某山，而后名为某山某山，故曰山出口（顾实《庄子天下篇讲疏》）。又一说山有要隘处称山口或关口，从山的变动过程所有毕异的概念而言，曰“山出口”（汪奠基《中国逻辑思想史料分析》）。

郢有天下 战国时辩者的名辩命题。《庄子·天下》所列“辩者二十一事”之一。郢，春秋战国时楚国的都邑。最初建都的郢在今湖北江陵西北，其后楚国曾迁都数地，凡迁都所至，当时皆称为郢。天下处处皆可谓“郢”，故谓“郢有天下”。一说“此盖由小一而转见其为毕同也。郢有天下者，犹后世之‘一物一太极’矣”（钱穆《惠施公孙龙》）。又一说“郢虽小，天下虽大，比起那无穷无极的空间来，两者都无甚分别，故可说‘郢有天下’”（胡適《中国哲学史大纲》）。

轮不辗地 战国时辩者的名辩命题。《庄子·天下》所列“辩者二十一事”之一。唐成玄英注：“夫车之运动，轮转不停，前迹已过，后涂未至，除却前后，更无辗时。是以轮虽运行，竟不辗于地也。”认为车轮滚动之时包含着辗与不辗的矛盾性质。反映了对运动的矛盾本质的朴素认识。

犬可以为羊 战国时辩者的名辩命题。《庄子·天下》所列“辩者二十一事”之一。认为犬、羊虽异，却因有许多属性相同而共为四足兽。揭示了事物之间普遍存在着共性，反映了辩者的“合同异”思想。一说犬羊之名皆人所命，若先名犬为羊，则为羊。

丁子有尾 战国时辩者的名辩命题。《庄子·天下》所列“辩者二十一事”之一。《埤雅》：“蝌蚪一名丁子。”成玄英注：“楚人呼虾蟆为丁子。”在从有尾的蝌蚪转化为无尾的虾蟆这一关节点上，它既是有尾的蝌蚪，又是无尾的虾蟆。在这一关节点上，人们既可作出“丁子有尾”的判断，亦可作出“丁子无尾”的判断。反映了名家的“两可”思想。

龟长于蛇 战国时辩者的名辩命题。《庄子·天下》所列“辩者二十一事”之一。认为就体形而言，蛇长于龟；就寿命而言，龟长于蛇。说明“长”一词有歧义性，可作不同概念使用，所作判断亦因此而异。

一说个别龟蛇的长短是相对的,既可说"蛇长于龟",亦可说"龟长于蛇"。

白狗黑 战国时辩者的名辩命题。《庄子·天下》所列"辩者二十一事"之一。唐成玄英认为辩者"颠反执情"而故意"指白为黑"。近人钱穆认为此命题含有相对论意义:"白狗之白,视之白雪之白,则白狗为黑矣。"(《惠施公孙龙》)一说是"取大同异而无视小同异"的命题,谓狗虽有白黑之分,但从共相的"狗"与"颜色"而言则同是狗同是色(汪奠基《中国逻辑思想史料分析》)。一说白以命色,狗以命形,因曰白狗。然白中有黑,而黑少白多,但谓黑狗则少白,但谓白狗则缺黑。谓之白黑狗则二色争明,皆为名实不符,故曰"白狗黑"(谭戒甫《公孙龙子形名发微》)。另一说白狗之白非绝对的白,狗之毛白,而狗眼则黑(冯友兰《中国哲学史新编》)。

指不至,至不绝 战国时辩者的名辩命题。《庄子·天下》所列"辩者二十一事"之一。"指"即名、概念,与"物指"相对;"绝"即尽,穷尽。认为抽象概念不涉及具体之物("不至"),故所反映之对象无穷无尽("不绝")。一说指作"视而可识,察而见意"解,乃谓无穷大或无穷小是视察不到的;即令视察到了,也达不到绝对的穷尽(见汪奠基《中国逻辑思想史料分析》)。

矩不方,规不可以为圆 战国时辩者的名辩命题。秦汉间汇编成册的《周髀算经》中也有"圆出于方,方出于矩"的分析。辩者从抽象的数学理论出发,认为矩所画之方(直的线段)可以构成圆,而规所画之圆可以分割成许多直的线段。指出矩中包含着圆(不方)的因素,规中也包含着方(不圆)的因素,从而强调了名所谓之实("形")的相对性。一说矩不能自为方,规不能自为圆,而用之为方圆者,在人不在工具。

凿不围枘 战国时辩者的名辩命题。《庄子·天下》所列"辩者二十一事之一"。"凿"即榫眼;"枘"即榫头。《楚辞·九辩》:"圆凿而方枘兮,吾固知其钼铻而难入。"南朝梁刘孝绰《答何记室》诗云:"纷余似凿枘,方圆殊未工。"凿、枘相应而生,但凿围枘是有条件的。"未工"之前,虽亦云"凿"、"枘",但它们并不能相合,即"凿不围枘"。同名为凿、枘,却有工与未工之别。是对事物之间条件性联系的分析,也是对名、实关系的分析。一说每一凿枘的调合,只是每一凿能围枘的先决条件,至于真正的凿与枘,还是"凿方"而"枘圆"即"凿不围枘",说明个别的调合不能改变普遍的存在性(见汪奠基《中国逻辑思想史料分析》)。

飞鸟之景,未尝动也 战国时辩者的名辩命题。《庄子·天下》所列"辩者二十一事"之一。景,影也。常识认为飞鸟之影随着鸟飞而动,"辩者"认为飞鸟虽动,其影则不能谓动。《墨经》亦提出"景(影)不徙说,在改为"。认为"景,二光夹一光,一光者景也",故"光至景亡"(《经说下》)。"影"的出现和消亡都在于光的变化,常识中的所谓影动,实由影的不断消失和出现造成的。反映了当时的光学知识,通过分析事物之间的联系和区别,揭示鸟动与影动是两个性质完全不同的概念。

镞矢之疾,而有不行不止之时 战国时辩者的名辩命题。《庄子·天下》所列"辩者二十一事"之一。"镞"即箭头。飞箭包含着既停(不行)又不停(不止)的矛盾性质。反映了对运动的矛盾本质的朴素认识。一说飞矢遇物而止是不行;然势不能止而深入物体之中,为不止。又一说飞矢达的,坚不能入,势必反却,此即不行不止之时。

黄马、骊牛,三 战国时辩者的名辩命题。《庄子·天下》所列"辩者二十一事"之一。晋司马彪释云:"牛马以二为三:曰牛,曰马,曰牛马;形之三也。曰黄,曰骊,曰黄骊;色之三也。曰黄马,曰骊牛,曰黄马骊牛,形与色为三也。""黄马"、"骊牛"除本身表示两个类以外,还可以结合为一个新的"黄马骊牛"类。反映了对概念转化的认识。

孤驹未尝有母 战国时辩者的名辩命题。《庄子·天下》所列"辩者二十一事"之一。辩者魏牟曾解释说:"有母非孤犊也。"幼驹有母之时,不能称之为孤驹;当成为孤驹之时,即已失去其母。在"孤驹"这一阶段,母体始终不存在。精确地揭示了"孤驹"这个概念的内涵,反映了辩者"唯乎其彼此"的正名实思想。

尺棰不尽 战国时辩者的名辩命题。《庄子·天下》所列"辩者二十一事"之一:"一尺之棰,日取其半,万世不竭。"竭,尽。认为一尺之棰虽为有限之物,但每日取"一半",所剩亦"一半";取之又取,虽有万世之功而仍有"一半"可剩。疑系针对惠施"至小无内"概念提出的反命题。因为任何事物永远可以一分为二,故不存在"至小无内"即不可再取之物。这是辩者对有限无限关系的朴素辩证的认识。

目不见 战国时辩者的名辩命题。《庄子·天下》所列"辩者二十一事"之一。《公孙龙子》中也有相同说法,《坚白论》云:"白以目见,目以火见,而火不见,则火与目不见而神见,神不见而见离。""石之白,石之坚,见与不见","于石一也,坚白二者,而在于石,故有知焉,有不知焉,有见焉有不见焉,故知与不知相与离,见与不见相与藏"。认为目之视物,受多种条件局限,如光亮度、物体的不同属性等。例如石的属性白色与坚硬,白色能见而坚硬不能见;但白色如无光线也不能见。缺少了这些条件,目不见物。一说指名实而言,抽象概念所反映的对象,目不能见。

狗非犬 战国时辩者的名辩命题。《庄子·天下》所列"辩者二十一事"之一。《尔雅》:"犬未成豪曰狗。"《说文》:"犬,狗之有悬蹄者也。"从"毕异"角度,对"狗"与"犬"两种稍有差异的事物对象加以区别,认为"狗"不同于"犬"。一说是关于同实异名的分析。若名实不离,则狗名狗实,犬名犬形,谓狗非犬为合理,若狗犬为一物两名,则二名重同,彼谓狗,此谓犬,但谓彼此而彼且此者不可,故"狗非犬"(汪奠基《中国逻辑思想史料分析》)。

天与地卑,山与泽平 战国时名家辩论的命题。《庄子·天下》所列惠施“历物十事”之一。《荀子·不苟》中亦有类似记载,“山渊平,天地比……是说之难持者也,而惠施、邓析能之。”有不同解释。宋林希逸疏:“天虽高,地虽卑,而天气有时下降,则亦为卑矣。故曰:天与地卑。山高于泽,而泽之气,可通于山,则山与泽平矣。”(《庄子口义》)认为事物的属性是相对的,因其所高而高之,则万物莫不高;因其所低而低之,则万物莫不低,故天与地、山与渊之间没有严格的高低分别,揭示了概念的相对性。一说这一命题抹杀了天地之间的上下区别和山渊之间的高低差别,具有诡辩性。

连环可解 战国时名家辩论的命题。《庄子·天下》所列惠施“历物十事”之一。对此后人所释不尽相同。唐成玄英疏:“环之相贯,贯于空处,不贯于环也,是以两环贯空,不相涉入,各自通转,故可解者也。”事物发展亦如连环,虽有连续性,但又可分解。宋林希逸疏:“两环相连,虽不可解,而其为环者,必各自为圆,不可相粘,不相粘则非连环矣。”事物内部包含着反对自身的因素,连环因环各不相粘而又非连环,因而既有不可解之属性,又有不必解之属性。一说所谓“物方生方死”,连环亦方成方毁,现为连环,忽焉而已非连环,故“连环可解”(见冯友兰《中国哲学史新编》)。说明“可解”与“不可解”这两个概念是有条件的,相对的。

日方中方睨,物方生方死 战国时名家辩论命题。《庄子·天下》所列惠施“历物十事”之一。方,刚刚;中,正;睨,偏斜。太阳刚升到正中就开始西斜;事物刚产生就趋于死亡。也表明“生”与“死”、“中”与“睨”这些概念的相对性。一说太阳的中、睨以及事物的生、死均产生于观察者的不同感觉。唐成玄英疏云:“居西者呼为中,处东者呼为侧”,“生者以死为死,死者以生为死”。太阳无绝对的正与偏,事物亦无绝对的死与生。

今日适越而昔来 战国时名家辩论的命题。《庄子·天下》所列惠施“历物十事”之一。历来有不同解释。高亨疏:“自起行之时地言之,则称此日为今日,称此行为适越;自抵越之时地言之,则称此日为昔,称此行为来,名虽有今昔之异,而此日未尝有二也;辞虽有适来之殊,而此行未尝有二也。名家因而同之,故曰今日适越而昔来。”(《庄子今笺》)梁启超亦疏云:“方言今,已成昔,故今日适越亦可云昔来。”(《庄子·天下篇释义》)在这一命题中,惠施认识到了“今日”之中包含着“昔”的因素,以此说明“今日”这个概念也是相对的、发展变化的。

南方无穷而有穷 战国时名家辩论的命题。《庄子·天下》所列惠施“历物十事”之一。马叙伦疏:“地形既圆,则竟无南方也。假立为南,南则又南,是南方无穷也。至于后可复南则止矣。是‘南方无穷而有穷’也。”《墨子·经说下》亦认为:“南者有穷则可尽,无穷则不可尽。”战国中期以前,一般认为中国东有海,西有沙漠,北有大山,唯南方如楚、越等国向南方继续扩展而未达止境,故南方似为无穷。至战国中期,人们方始认识到南方亦有海。根据这种知识,惠施以“无穷”和“有穷”相对比,说明无穷和有穷自身的同一都包含有差别,都包含有对立面。这些对立面是可以互相转化的(见冯友兰《中国哲学史新编》)。同时也说明“无穷”与“有穷”这对概念是相对的,人们对于“南方”这个概念的认识也是发展变化的。

天下之中央 战国时名家辩论命题。出于《庄子·天下》所列惠施“历物十事”之一:“我知天下之中央,燕之北,越之南是也。”晋司马彪疏:“燕之去越有数,而南北之远无穷;由无穷观有数,则燕、越之间未始有分也。天下无方,故所在为中;循环无端,故所在为始也。”说明燕之北,越之南都可视为天下之中央,故中央与旁的分别是可以互相转化的,空间概念都具有相对性。

天地一体 战国时名家辩论的命题。《庄子·天下》所列惠施“历物十事”之一:“泛爱万物,天地一体也。”章炳麟疏:“大同而与小同异,此物之所有。万物毕同毕异,此物之所无,皆大同也。故天地一体。”《吕氏春秋·有始》云:“天地万物,犹一人之身也,此之谓大同。”“一人之身”,正是“天地一体”之意。为惠施“历物之意”的一个结论(见冯友兰《中国哲学史新编》)。

羊合牛非马 《公孙龙子·通变论》中的命题。羊与牛可以归为一类,但马却不能归入这个类。认为羊与牛虽异,但某些属性如“有角”则“俱有”,因而可以归为一个类。马与羊、牛的相同之处较少,如“羊牛有角,马无角;马有尾,羊牛无尾”(谓无毛尾),所以不能归入羊、牛一类。但与鸡比较,则马与羊牛的共同之处较多,因而当概括为更大的类时,马可归入其类,鸡却不能归入,“与马以鸡,宁马”,与其鸡归入,宁可马归入。反映了公孙龙对“类”的条件性、相对性的认识。一说公孙龙对“羊合牛非马,牛合羊非鸡”命题的整个论证过程采用了违反划分规则的诡辩术。

牛合羊非鸡 《公孙龙子·通变论》中的命题。牛与羊可以归为一类,但鸡却不能归入这个类。认为牛与羊虽然在某些方面不尽相同,但有些属性如“有角”则“俱有”,因而可以归为一类。鸡与牛羊的相同之处却很少,如“牛羊有毛,鸡有羽”,虽均有足,但足数不同,所以鸡不能归入牛羊一类。反映了公孙龙对“类”的条件性、相对性的认识。参见“羊合牛非马”。

青以白非黄 《公孙龙子·通变论》中的命题。指青与白可以归为一类,黄却不能归入这一类。当时的五行观念认为青、白、黄都是正色,其中青方位在东,白方位在西,黄方位在中央。因此认为青、白东西相对,“不相与而相与”、“不相邻而相邻”,可以归为一类;黄则居处中央而不能归入青、白一类。但与杂色如“碧”相比,黄与青、白又相近,所以当扩展为一个较“青白”更大的类时，黄因属正色而归入，碧因属杂色而不能归入这个新的大类，“与其碧，宁黄。”与其碧归入，宁可黄归入。反映了公孙龙对“类”的条件性、相对性的认识。一说公孙龙对“青以白非黄、白以青非碧”命题的整个论证，将方位与颜色牵强附会地加以类比，采用了“不相干类比”的诡辩术。

白以青非碧 《公孙龙子·通变论》中的命题。白与青可以归为一类，但碧却不能归入这个类。当时的五行观念认为，白、青为正色，碧为杂色。白、青均为正色，故能归为一类；碧为杂色，故不能归入“白青”这个类。反映了公孙龙对“类”的条件性的认识。参见“青以白非黄”。

指 在中国古代哲学中，通常指概念。《庄子·天下》：“指不至，至不绝。”认为概念不可能完全反映事物，因为事物无穷无尽。《庄子·齐物论》：“以指喻指之非指，不若以非指喻指之非指也；以马喻马之非马，不若以非马喻马之非马也。天地，一指也；万物，一马也。”从“万物与我为一”的齐物观出发，否认事物之间的差异性，认为没有必要作概念间差别的讨论。后公孙龙与之相反，坚持对概念分析。“物莫非指，而指非指”(《公孙龙子·指物论》)。认为反映事物的具体概念(“物指”)与抽象概念(“指”)有区别；虽然“天下无指，物无可以谓物”，任何事物都需用概念才能得到反映，但“指也者天下之所无”，概念总是抽象的，不是实在之物(参见“指物论”)。明清之际程智宗公孙龙之说，将“指”分别为“真指”与“物指”两种，以区别具体概念与抽象概念。

物指 战国公孙龙用语。“指”与“物”的结合，事物的具体名称。《公孙龙子·指物论》：“天下有指无物指，谁径谓非指？”“指与物”为“物指”，犹“马与白”为“白马”，“石与白”为“白石”。“物指”与“指”的关系，犹“白马”与“马”的关系。一说指为事物的“德”、属性、现象形态，物指便作“物德”、事物属性、事物的现象形态解。

物莫非指 《公孙龙子·指物论》中的命题。万物莫不可以指称，亦即万物都有其相应的概念名称。一说“指”为“物德”即事物的属性，谓万物都由其属性构成。参见“指”、“《指物论》”。

二无一 《公孙龙子·通变论》中的命题：“曰二有一乎？曰：二无一。”认为此“一”与彼“一”，既已合为“二”，便只是构成“二”的因素而已，不能再与“二”这个新的复合概念同时独立存在。以“左”与“右”为例，既然“左”与“右”合而为一整体，则左、右只是组成此整体之一部分，此整体不再具有“左”或“右”之特有属性：“右可谓二乎？不可。左可谓二乎？不可。左与右可谓二乎？可。”(《通变论》)为公孙龙“白马非马”论的理论依据。“白马”是白色与马形之复合概念，因而是“二”，“马”则是白马之组成部分，故“白马非马”命题亦可抽象为“二无一”。

名分 指含有客观性或主观性两种不同成分的名称。《尹文子·大道上》：“我爱白而憎黑，韵商而舍徵，好膻而恶焦，嗜甘而逆苦。白黑、商徵、膻焦、甘苦，彼之名也。爱憎、韵舍、好恶、嗜逆，我之分也。”在社会政治方面，如“亲贤而疏不肖，赏善而罚恶。贤、不肖、善、恶之名宜在彼，亲、疏、赏、罚之称宜属我”。指出“彼之名”与“我之分”的区别，强调“名”与“分”两者之间关系的确定性，认为“定此名分，则万事不乱”。

捭阖术 《鬼谷子》中的一种辩术。捭，有开、言、阳等义；阖，有闭、默、阴等义。持相对之理，从正反两个方面进行辩说。“观阴阳之开阖以命物”，“达人心之理”，“见变之联(迹)”，揣情善摩。“或捭而出之，或捭而纳之”；“或阖而取之，或阖而去之”。根据需要，对事物的阴阳正反或强调这一面而贬抑另一面；或强调那一面而贬抑这一面，“无所不出，无所不入，无所不可”，诱使别人相信某种主张。

况谓之名 《尹文子》所列三种名之一。反映意识情感的概念名称。《尹文子·大道上》：“名有三科……三曰况谓之名，贤愚爱憎是也。”因其属于主观情感方面的概念，与“命物之名”有“彼”“我”之分别。如“白马”与“好马”，前者为命物之名，“形而不名，未必失其方圆白黑之实”，属“彼”(客观)；后者为况谓之名，这个概念旨在揭示对象的“好”，因而带有反映者的主观情感，属“我”(主观)。

毁誉之名 《尹文子》所列三种名之一。反映善恶贵贱的概念名称。《尹文子·大道上》：“名有三科……二曰毁誉之名，善恶贵贱是也。”这一类概念反映社会伦理方面的对象，因其“名而无形”而最需要“寻名以检其差”。

命物之名 《尹文子》所列三种名之一。反映具体事物的概念名称。相当于荀子的“散名”。《尹文子·大道上》：“名有三科……一曰命物之名，方圆白黑是也。”方圆白黑，均为有形之物。一方面，“名生于方圆，则众名得其所称”；另一方面，“名也者，正形者也”，“形正由名，则名不可差”。

法家哲学

申韩之术 战国时法家申不害、韩非关于君王控制臣下策略的理论。申不害言术，其主要内容“尊君卑臣”、“循名责实”，均为韩非所吸取和发展。韩非重视术，但又强调“以法为本”。后人言术，以申韩并称。《史记·李斯列传》：“明申韩之术，而修商君之法。”

执一以静 战国时期法家法治理论的一个重要内容。指君主掌握法和统一的权势，通过静观以处理国政。“执一”原为道家的重要主张，指掌握万物的根本“道”。法家加以吸取和熔铸。尸佼提出“执一以静，令名自正，令事自定”(见《群书治要》引《尸子·分事》)。韩非主张“圣人执一以静，使名自命，令事自定”(《韩非子·扬权》)。具体做法是：“事在四方，要在中央，圣人执要，四方来效”(同上)，君主抓住治国之根本，让臣下陈其言，效其行，以“形名参同”而定赏罚，便能虚静无为而达到天下之治。

事本禁末 亦作“务本禁末”、“崇本抑末”、“贵本贱末”。中国古代一种以农为本的政策和理论。本，指农桑；末，指工商。墨家已倡“固本”、“节用”之说(《墨子·七患》)。至战国中期法家才明确提出：“能事本而禁末者富。”(《商君书·壹言》)《管子》言：“好本事”(《立政》)，“禁文巧”(《牧民》)。韩非改“禁末”为“抑末”，主张“使其商工游食之民少而名卑，以趣本务而寡末作”(《韩非子·五蠹》)。农家也有类似反对“民舍本而事末”的思想(见《吕氏春秋·上农》)。事本禁末的政策和理论曾对秦统一中国有过十分积极的影响，并在我国的封建社会中长期占统治地位，对中国近代资本主义生产关系的产生和发展，则起了严重的阻碍作用。

务本禁末 即“事本禁末”。

贵本贱末 即“事本禁末”。

崇本抑末 即“事本禁末”。

远仁去智 先秦法家的主张。意指排斥仁义、除去智能。语出自《韩非子·说疑》：“故有道之主，远仁义，去智能，服之以法。”孔子既把仁作为最高的道德境界，又把仁作为一种理想政治，主张实行仁政，“如有王者，必世而后仁”(《论语·子路》)。为了实行仁政，不仅需要圣明的君王，还要有贤智之士，因而主张“举贤才”(同上)。法家则针锋相对提出“任法不任贤”、“任法而不任智”(见《艺文类聚》卷五十四)。商鞅认为，如果任智贤而不任法，必然造成“贵之不待其有功，诛之不待其有罪”(《商君书·慎法》)的后果。韩非进一步发展了这一思想，认为从“偃王仁义而徐亡，子贡辩智而鲁削”的历史事实中，可知“仁义辩智，非所以持国”(《韩非子·五蠹》)，“卑主危国者之必以仁义智能也”(《韩非子·说疑》)。由此提出“远仁去智”的政治主张。反映了儒法两家截然相对的观点。

耕战 亦称“农战”。战国时期法家、兵家所主张和推行的重农重战政策。吴起在楚变法时，曾推行“禁游客之民，精耕战之士”政策(见《史记·范雎蔡泽列传》)。商鞅强调农战为“治国之要”，“国待农战而安，主待农战而尊”(《商君书·农战》)。要求用刑赏的手段“入使民属于农，出使民壹于战”(《商君书·算地》)。兵家尉缭也主张：“使天下非农无所得食，非战无所得爵，使民扬臂争出农战，而天下无敌矣”(《尉缭子·制谈》)。孟子则抨击耕战，认为“此所谓率土地而食人肉，罪不容于死”(《孟子·离娄上》)。战国末韩非驳斥反对耕战的儒家，认为“聚敛倍农而致尊过耕战之士，则耿介之士寡而商贾之民多矣”(《韩非子·五蠹》)，国必将破亡削灭。耕战政策的推行，对秦统一中国产生过巨大的作用。

人皆自为 战国时期法家关于人皆利己的人性论理论。语出《慎子·因循》：“人莫不自为也。”商鞅也说：“民之于利也，若水之于下也。”(《商君书·君臣》)韩非继而作了系统的发挥。认为凡人“皆挟自为心也”，致使人人“异利”，互以“计算之心”相待，完全是赤裸裸的利害关系。指出，“自为心”是人的自然本性，不具有“仁”或“贼”的道德意义，而且不可改变。人不会“去求利之心，出相爱之道”，自愿地行善。据此揭露了儒家宣扬仁义道德的虚伪性，并论证了“赏罚可用”，进而得出“不务德而务法”的结论。这一理论是法家“法治”学说的重要理论根据。

诗书削国 法家批判儒家的语言，出于《商君书·去强》：“国用《诗》《书》……敌至必削国。”商鞅反对用《诗》、《书》一类儒家经典和思想治理国家。他说：“国用诗、书、礼、乐、孝、弟、善、修治者，敌至必削国，不至必贫国。不用八者治，敌不敢至，虽至必却；兴兵而伐必取，取必能有之，按兵而不攻必富。”(《商君书·去强》)并由此而提出“法治”。“国之所以治者三：一曰法，二曰信，三曰权。”(《商君书·修权》)

杂反之学 韩非用语。指儒、墨学说的驳杂不纯、互相矛盾。出于《韩非子·显学》：“夫冰炭不同器而久，寒暑不兼时而至，杂反之学不两立而治。”墨家主张薄葬，国君以为这是节约而给予礼遇；儒家主张厚葬，国君以为这是孝顺而予以礼遇。韩非认为，这种没有证据就下断语的做法，是愚蠢的；不能断定而作根据，就是欺骗。“无参验而必之者，愚也；弗能必而据之者，诬也。故明据先王，必定尧舜者，非愚则诬也。愚诬之学，杂反之行，明主弗受也。”(《韩非子·显学》)杂，指儒墨各派言论之驳杂、混乱；反，指儒墨主张与法家主张相背离。又指出“儒以文乱法，侠以武犯禁”(《韩非子·五蠹》)，都是推行法治的障碍。韩非认为，消除这种混乱的唯一出路，是排斥儒、墨两家，实行以法治国。

儒以文乱法 先秦法家对儒家的一种批判。意指儒家学派之人，援引古代的文献典章来扰乱国家的法律制度。出自《韩非子·五蠹》：“儒以文乱法，侠以武犯禁，而人主兼礼之，此所以乱也。”儒家主张《诗》、《书》治国，孔子“论次《诗》《书》”(《史记·儒林列传》)，以《诗》《书》为教育生徒的主要教材。针对这些思想，商鞅则提出“燔《诗》《书》而明法令”(见《韩非子·和氏》)的主张。韩非进一步发展了商鞅这一思想，主张君主非但不应礼遇儒生，还必须坚决清除其中的“以文乱法”者。认为扰乱法治习俗的“五蠹之民”中，首当其冲的是儒家学派之人。“乱国之俗，其学者则称先王之道以藉仁义，盛容服而饰辩说，以疑当世之法，而贰人主之心。”(同上)认为不除五蠹之民，国必破亡，朝必削灭。

法不求智 先秦法家的思想。意指用法治国而不求取智贤之人。儒家主张人治，孔子特别器重智贤之人，主张“举贤才”(《论语·子路》)，“尊贤”(《论语·子张》)，“见贤思齐”(《论语·里仁》)。针对这一思想，商鞅提出“任法不任贤”。指出：“举贤能，世之所以治也，而治之所以乱。”因为“世之所谓贤者，言正也；所以为善正者，党也。听其言也，则以为能；问其党，以为然。故贵之不待其有功；诛之不待其有罪也。此其势，正使污吏有资而成其奸险，小人有资而施其巧诈。初假吏民奸诈之本，而求端悫其末，禹不能以使十人之众，庸主安能以御一国之民?”(《商君书·慎法》)因此，明主“不可以须臾忘于法。破胜党任，节去言谈，任法而治矣”(同上)。认为举贤才的结果是“贵之不待其有功，诛之不待其有罪”(同上)。韩非发展了这一思想，把“法”与“术”、“势”结合起来。指出:“今人主处制人之势，有一国之厚，重赏严诛，得操其柄以修明术之所烛，虽有田常、子罕之臣，不敢欺也。”(《韩非子·五蠹》)由此得出结论:“明主之道，一法而不求智，因术而不慕信，故法不败而群官无奸诈矣。”(同上)

抱法处势 战国韩非的法治理论。《韩非子·难势》:“抱法处势则治，背法去势则乱。”抱法，指坚持执行政策法令;处势，指君主凭借独擅的权势去实行统治。“抱法处势”即把法和势结合起来，以势来保证法令的实施，达到天下之治。

公私相背 战国韩非用语。《韩非子·五蠹》:“古者仓颉之作书也，自环者谓之私，背私谓之公，公私之相背也，乃仓颉固以知之矣。”“公”即“人主之公利(公义)”，“私”即“人臣之私义”、匹夫之“私便”。从人“皆挟自为心”立论，认为君臣“利异”，因而“君臣异心”，公私相背。指出:“私行立而公利灭矣”，而“私义行则乱，公义行则治”(《韩非子·饰邪》)，进而主张“去私心，行公义”，以维护君主的专制统治。

参伍之道 指一种错综比较的认识方法。“参伍”语出《易·系辞上》:“参伍以变，错综其数。”通过爻位的错综比较以测事物的变化。韩非提出“参伍之道，行参以谋多，揆伍以责失”(《韩非子·八经》)，认为人的言论必须用事实、功效来验证，通过“行参”、“揆伍”以谋其功多，以责其过失。并提出人在自然界和社会的四种活动为验证的基本内容:“言会众端，必揆之以地，谋之以天，验之以物，参之以人，四征者符，乃可以观矣”(同上)，并据这一思想提出了“形名参同”的法治主张。

参验 参，比较;验，验证。判定真理的方法。《庄子·天下》已提出:“以参为验。”《楚辞·九章》:“参验考实。”韩非较系统地作了论述，“因参验而审言辞”(《韩非子·奸劫弑臣》)，“夫言行者，以功用为之的彀者也”(《问辩》)。主张通过对诸多情况的观察、比较，获得证验，进而判定认识的真理性和行为的价值。认为:“无参验而必之者，愚也。弗能必而据之者，诬也。”(《显学》)

形名参同 战国韩非用语。“形”指事物、形态;“名”指概念。“参同”指一致、相符。《韩非子·扬权》:“上以名举之，不知其名，复修其形。形名参同，用其所生。”《主道》:“有言者自为名，有事者自为形。形名参同，君乃无事焉，归之其情。”认为“名实相待而成，形影相应而立。”(《功名》)通过考察事物的实际情况而制定出相应的名。“循名实而定是非”(《奸劫弑臣》)，把名称与实际情况之间是否相符作为判断是非的标准。

循名责实 战国时期法家的法治主张。即君王按臣下官职名位来监督、考核其是否尽责。申不害首先提出“为人君者操契以责其名”(《申子·大体》)。韩非进一步提出“循名而责实”(《韩非子·定法》)，作为控制臣下之术。

审名明分 战国韩非用语。“审名”即审察名的含义，“明分”即区分事物的同异和界限。《韩非子·扬权》:“审名以定位，明分以辨类。”主张通过分析名的含义即给概念下定义来确定事物的位置，明确事物的界限，找出事物之间的差别，进而把它们归为不同的类。

众端参观 战国韩非用语。“端”即头绪;“参”即比较。认为要获得正确认识，必须多方观察比较，力避片面性。《韩非子·内储说上》:“主之所用也七术，所察也六微。一曰:众端参观。”把“众端参观”列为人主七术之首。并认为“观听不参，则诚不闻。听有门户，则臣壅塞”(同上)。参见“参验”。

大命 战国韩非用语。规律、法度。《韩非子·扬权》:“天有大命，人有大命。”清王先慎注:“昼夜四时之候，天之大命;君臣上下之节，人之大命。”

矛盾之说 战国韩非的学说。《韩非子·难一》:“贤舜则去尧之明察，圣尧则去舜之德化;不可两得也。楚人有鬻盾与矛者，誉之曰:‘吾盾之坚，物莫能陷也。’又誉其矛曰:‘吾矛之利，于物无不陷也。’或曰:‘以子之矛陷子之盾，何如?’其人弗能应也。夫不可陷之盾与无不陷之矛，不可同世而立。今尧、舜之不可两誉，矛盾之说也。”《难势》篇亦有此说，并云:“以为不可陷之盾，与无不陷之矛，为名不可两立也。”韩非不仅从具体的客观实际出发，认为“不相容之事，不两立”(《五蠹》)，而且从思维角度提出一个人不能同时肯定两个不相容的命题，在中国逻辑史上，第一次明确表述了普通思维的矛盾律的本质。韩非的“矛盾之说”对后世影响很大，为关心逻辑的思想家所普遍注意、肯定和运用。汉末王符虽不同意其具体的譬喻内容，认为韩非“不知类”，但对其方法基本肯定。三国魏嵇康运用此法驳“两可之说”，提出“矛盾无俱立之势，非辩言所能两济”，认为以“两许之言”求“两济”，必陷“矛戟之论”。东晋孙盛曾用此反驳老子《道德经》中自相矛盾处。唐刘禹锡说“祸福之胚胎也，其动甚微，倚伏之矛盾也，其理甚明”，则是辩证法的“矛盾”概念。

其他各家哲学

四维 《管子》用语。四种伦理规范，指礼、义、廉、耻。《管子·牧民》:“何谓四维?一曰礼，二曰义，三曰廉，四曰耻。礼不逾节，义不自进，廉不蔽恶，耻不从枉。”“礼”，指上下有节;有礼，人们就不会僭越等级限度，“则上位安”。“义”，指以法进仕;有义，就不会妄自求进，“则民无巧诈”。“廉”，指明察善恶;有廉，就不会掩饰恶行，“则行自全”。“耻”，指羞恶知耻;有耻，就不会顺从邪妄，“则邪事不生”。并以此作为治国之“四纲”，认为:“守国之度，在饰四维”，“四维不张，国乃灭亡”(同上)。明清之际顾炎武则认为:"礼义,治人之大法,廉耻,立人之大节。"(《日知录·廉耻》)20世纪30年代初,蒋介石以"立国救民"之名,主张"礼义廉耻,国之四维",并赋予其"规规矩矩"、"合乎国家的纪律"等"新义",作为"新生活运动"的"标的"和"中心"。

礼义廉耻 即"四维"。

耻不从枉 《管子》用语。意指有羞耻之心,人则不会跟着干不正之事。语出《管子·牧民》:"国有四维……何谓四维?一曰礼,二曰义,三曰廉,四曰耻。礼不逾节,义不自进,廉不蔽恶,耻不从枉。故不逾节,则上位安;不自进,则民无巧诈;不蔽恶,则行自全;不从枉,则邪事不生。"

道舍 指藏道的处所。《管子·心术上》以"德"为道舍,"德者,道之舍","无为之谓道,舍之之谓德"。韩非则以"虚心"为道舍,"喜之则多事,恶之则生怨。故去喜去恶,虚心以为道舍"(《韩非子·扬权》)。又《淮南子·诠言训》:"虚者道之舍也。"

精舍 《管子》用语。精气之舍宅,指心。《管子·内业》:"定心在中,耳目聪明,四肢坚固,可以为精舍。"唐尹知章注:"心者,精之所舍。"

灵气 《管子》用语。指一种细微、精灵的气。《管子·内业》:"灵气在心,一来一逝,其细无内,其大无外。"认为灵气,细小到没有内容可包,广大到无边无际。可以一来一逝,出入人的心中。

精气 中国古代哲学用语。指一种精灵细微的物质。《易·系辞上》:"精气为物,游魂为变,是故知鬼神之情状。"以精气的变化来解释鬼神。《管子·内业》:"思之而不通,鬼神将通之;非鬼神之力也,精气之极也。"还认为,精气"下生五谷,上为列星;流于天地之间,谓之鬼神;藏于胸中,谓之圣人"。不仅以精气来解释鬼神,而且把它看做自然万物以及生命和智慧的根源。《大戴礼记·曾子天圆》则认为:"阳之精气曰神,阴之精气曰灵。"以精气来解释神灵。后来思想家一般把精气看做一种构成人的生命和精神的东西。东汉王充说:"人之所以生者,精气也。"(《论衡·论死》)清戴震说:"知觉者,其精气之秀也。"(《原善·绪言下》)

禁攻寝兵 战国宋尹学派关于废除干戈,停止征战的主张。墨子曾提出"非攻",以反对战争。战国时宋钘、尹文继承和发展了墨子的思想,《庄子·天下》说他们主张"禁攻寝兵,救世之战"。唐成玄英疏:"寝,息也。防禁攻伐,止息干戈,意在调和,不许战斗。"今本《尹文子》亦有"禁暴息兵,救世之斗"(《大道上》)。

见侮不辱 战国宋钘的道德观。意谓受到欺侮而不以为耻辱。认为以此待人,即可消除争斗,止息战争。语见《庄子·天下》:"见侮不辱,救民之斗,禁攻寝兵,救世之战。"《荀子·正论》也说:"子宋子曰:明见侮之不辱,使人不斗。人皆以见侮为辱,故斗也。知其侮之为不辱,则不斗矣。"《尹文子·大道》亦言:"见侮不辱,见推不矜,禁暴息兵,救世之斗。此人君之德,可以为主矣。"试图通过对人"宽"、"恕"的道德手段以止息当时的诸侯战争。

情欲寡浅 战国宋钘观点。认为人的自然本性或物质欲求本来就不多,"人我之养毕足而止","情欲固寡,五升之饭足矣"(《庄子·天下》)。把人的物质欲望压低到最低限度,认为人只要能维持生存,超过这个限度,便是违背人的自然本性。由此,认为:"人之情,欲寡,而皆以己之情为欲多,是过也。"(见《荀子·正论》引)人的本性就是欲寡而不欲多,所以无须节制欲望,这种观点被荀子批评为"蔽于欲而不知得"。

自为 即为自己打算,认为趋利避害、自私自利是人的自然本性。战国时法家和稷下的黄老道家所持的人性论观点。稷下黄老学者慎到最早提出"人莫不自为也"(《慎子·因循》)的观点,田骈也认为"人皆自为,而不能为人"(《尹文子·大道上》引)。既然自为是人的天性,那就不能违背和取消,应该承认它的合理性,顺应它,并因势利导地加以利用。慎到指出:"用人之自为,不用人之为我,则莫不可得而用矣。"(《慎子·因循》)法家和黄老道家认为,由于人皆自为,所以人与人之间本质上就是一种利害关系。并认为人的这一本性正好可以被统治者所用,因人之好利而用赏,因人之恶害而用罚,这就是"因人之情"。

静因之道 战国时部分齐国稷下学士提出的认识原则。《管子·心术上》:"是故有道之君,其处也若无知,其应物也若偶之。静因之道也","因也者,舍己而以物为法者也"。认为正确的认识应该排除主观成见或损益,完全因循客观事物。有忽视认识的主动作用的倾向,但为法术之学提供了哲学基础。《韩非子·扬权》:"圣人之道,去智与巧……因天之道,反形之理,督参鞠之,终则有始,虚以静后,未尝用己。"

为我 战国杨朱人生观的基本思想。《孟子·尽心上》:"杨子取为我,拔一毛而利天下,不为也。"《韩非子·显学》谓:"今有人于此,义不入危城,不处军旅,不以天下大利易其胫一毛。"其本意是"轻物重生"(《韩非子·显学》),"不以物累形"(《淮南子·氾论训》),以求"全生葆真"(同上),即保全个人的生命和精神。认为天下大利,亦为身外之物,胫之一毛,却属于己之形体;能重生,虽富贵不以养伤生,虽贫贱不以利累形。"今吾生之为我有,而利我亦大矣。说其贵贱,爵为天子,不足以比焉;论其轻重,富有天下,不足以易之;论其安危,一曙失之,终身不复得。此三者,有道者之所慎也。"(《吕氏春秋·重己》)由此立论,为了"全生葆真",可以轻贱居位,不事君主,故孟子又说:"杨氏为我,是无君也。"(《孟子·滕文公下》)后儒亦多鄙薄杨朱"为我"之说。至近代,资产阶级维新派梁启超引以为"利己之德",主张"发明杨朱之学……以救中国"(《十种德性相反相成义》)。陈独秀认为杨朱"为我"正"说破了人生的真相"(《人生真义》)。把它与近代西方人性"利己"说视为同调,用以批判封建道德。

阴阳五行说 中国古代阴阳和五行两说的合流。以"术数"为基础而发展起来。始于春秋战国时的燕齐方士。《管子》称阴阳为"天地之大理",又说:"东方曰星,其时曰春,其气曰风";"南方曰日,其时曰夏,其气曰阳";"中央曰土,土德实辅四时出入";"西方曰辰,其时曰秋,其气曰阴";"北方曰月,其时曰冬,其气曰寒"。将阴阳和"五行"、"五方"、"四时"相配合,解释季节更迭和天象变化,为初始阴阳、五行说的自然哲学特征。战国末期阴阳家驺衍创"五德终始"论,"称引天地剖判以来,五德转移,治各有宜"(《史记·孟子荀卿列传》),把朝代更迭和阴阳消息、五行生克、五德终始进行牵强比附,以阴阳五行言人之历史,发展成唯心主义的历史循环论。《吕氏春秋》则用阴阳五行说的基本观点讲音律和历数,进而推测天体运行、万物生长和历史的演变,既有科学的成分,也有附会的臆测。西汉董仲舒"始推阴阳,为儒者宗",用儒家思想阐发阴阳五行说,认为"天地之气,合而为一,分为阴阳,判为四时,列为五行"(《春秋繁露·五行相生》),以阴阳五行解释天地起源和万物生成。又说:"天道之大者在阴阳,阳为德,阴为刑,刑主杀而德主生"(《举贤良对策一》),称"五行者乃孝子忠臣之行",赋阴阳、五行予道德的属性,进而提出"人副天数":"天地阴阳木火土金水九,与人而十者,天之数毕也。"(《春秋繁露·天地阴阳》)以天道运行、四时次序附会社会秩序,构制"天人感应"的神学目的论体系,开汉代谶纬神学之先河。阴阳五行说对后世哲学的发展产生很大影响。北宋周敦颐创"太极"说,称"五行一阴阳","阴阳一太极","太极本无极",确立了以太极阴阳为主要观念的宇宙论,为朱熹哲学体系提供了基本思维格局。王安石用阴阳二气的运行说明五行"皆各有耦","往来于天地之间而不穷"。清戴震肯定"阴阳五行,道之实体",说:"举阴阳则赅五行,阴阳各具五行也;举五行即赅阴阳,五行各有阴阳也"(《孟子字义疏证·天道》),对阴阳五行说作了唯物主义的阐发。

五德 中国哲学史用语。五行之德。战国末驺衍指水、火、金、木、土的天然德性。并以五行相生相克、终而复始的观点,解释历史上王朝的更替。参见"五德终始"。

五德终始 亦称"五德转移"。战国末驺衍关于历史变化的学说。《史记·封禅书》集解引如淳曰:"今其书有《五德终始》,五德各以所胜为行。"《史记·孟子荀卿列传》:驺衍"称引天地剖判以来,五德转移,治各有宜,而符应若兹"。认为土、木、金、火、水五种物质德性相克的循环变化,决定着历史上王朝的兴替和制度的改变。如夏、商、周三个朝代的递嬗,就是火(周)克金(商),金克木(夏)的结果。秦始皇以及西汉的统治者都用此说为自己的统治寻找理论根据。另外,还有五德相生说,即认为木、火、土、金、水相生的循环变化,决定着历史上王朝的兴替和制度的改变。如商、周、汉三个朝代的递嬗,是水(商)生木(周),木生火(汉)的结果(见《汉书·律历志》)。

五德转移 即"五德终始"。

大九州说 战国末阴阳家代表人物驺衍的学说。《史记·孟子荀卿列传》记述了驺衍的大九州说,大意是中国名曰赤县神州,神州内自有九州,此为《禹贡》所谓九州也,这是小九州;此外还有大九州,赤县神州为其中之一,外皆有四海环之,名曰裨海;如此的大九州天下共有九个,其外更有大瀛海环绕。这样中国便不是天下的全部,而只是其中的八十一分之一。驺衍的大九州说把中国和天下两个概念区分开来,打破了由来已久的中国即天下、天下唯有中国的传统观念。大九州说的提出,在当时就引起了震动,"此言诡异,闻者惊骇",一时广为流传。大九州说采取的是"以小推大"、"以近推远"的认识方法,"先验小物,推而大之"、"先序今,推而远之"、"先列中国……因而推之及海外"。这种方法类似于近代经验科学的方法,对于推动古代科学思想发展有一定意义。

和出于适 《吕氏春秋》用语。意谓和谐出于恰如其分。《吕氏春秋·大乐》:"日月星辰,或疾或徐,日月不同,以尽其行。四时代兴,或暑或寒,或短或长,或柔或刚。……形体有处,莫不有声。声出于和,和出于适。"又说:"何谓适?衷,音之适也。何谓衷?大不出钧,重不过石,小大轻重之衷也。黄钟之宫,音之本也,清浊之衷也。衷也者,适也。以适听适则和矣。乐无太,平和者是也。"《适音》谓:"欲之者,耳目鼻口也;乐之弗乐者,心也。心必和平然后乐,心乐然后耳目鼻口有以欲之,故乐之务在于和心,和心在于行适。夫乐有适,心亦有适。……夫音亦有适。"

正名审分 《吕氏春秋》用语。指正名实,审名分。分析了当时"名多不当其实","刑(形)名异充而声实异谓","求牛则名马,求马则名牛"等名实不符的现实情况,认为"不正其名,不分其职而数用刑罚,乱莫大焉"(《审分》)。因此主张"正名审分",使"人事其事,以充其名,名实相保,之谓知道"(《勿躬》)。并提出了"按实审名"和"督名审实"等"正名审分"的原则和方法。主张"按其实而审其名,以求其情;听其言而观其类,无使放悖"(《审分》)。"以其言为之名,取其实以责其名"(《审应》)。

辩议 《吕氏春秋》用语。即论辩、辩说。"辩议不可不为。辩议而苟可为,是教也,教大议也。辩议而不可为,是被褐而出,衣锦而入"(《用众》)。强调辩说的重要性,认为通过辩说可以取长补短,是教人的一种方法。主张正确的辩说:"凡君子之说也,非苟辩也;士之议也,非苟语也。必中理然后说,必当义然后议。"(《怀宠》)"不苟辩,必中法。"(《尊师》)认为正确的辩议必须中法、中理。反对"人以自是,反以相诽","言利辞倒,不求其实"(《察今》)的诡辩。

言以喻意 《吕氏春秋》用语。言,言辞、语言;意,思想、观念。通过语言表达思想。"言者以喻意","听言者以言观意"(《离谓》),"非辞无以相期"

(《淫辞》)。认为"夫辞者,意之表也"(同上)。语言和思想、判断是表里关系。没有语言,人们无法表达和交流思想。并强调"言意相离,凶也"(《离谓》)。反对言意相悖离。

类固相召 又称"类同相召"。同类可以相推。《吕氏春秋》中的命题。与"类固不必可推知"相对。"类固相召,气同则合,声比则应。鼓宫而宫动,鼓角而角动。……物之从同"。注意到了同类事物之间的相互联系,认为事物总是因为某些属性的相同而各归其类,因而同类事物之间可以相应相推。

类固不必可推知 《吕氏春秋》中的命题。与"类固相召"相对。认为"万物殊类异形"(《圜道》),"物多类然而不然"(《别类》),事物的分类十分复杂,许多事物貌似同类,实有差别。所以"类固不必可推知",同类事物并不都能进行类推,例如:"小方,大方之类也;小马,大马之类也;小智,非大智之类也。"《吕氏春秋》注意到了先秦名辩思潮中关于类推的一些理论成果,尤其对于后期墨家在《小取》篇中关于辟、侔、援、推四种类推过程中可能出现"行而异、转而危、远而失、流而离本"的分析,联系当时的思潮和思维实践再一次作了具体的阐发和概括。

秦 汉 哲 学

黄老之术 亦称"黄老道德之术"、"黄老术"。指黄老学派的学术。《史记·孟子荀卿列传》言慎到、田骈、接子、环渊,"皆学黄老道德之术"。汉初统治者颇崇黄老之术。曹参相齐时,"其治要用黄老术"(《史记·曹相国世家》)。陈平"少时家贫,好读书,治黄帝、老子之术"(《汉书·陈平传》)。"窦太后好黄帝、老子言,帝及太子诸窦不得不读黄帝、老子,尊其术"(《史记·外戚世家》)。至此,黄老之术大盛。其术主守道任法,无为而治。主张"是非有分,以法断之;虚静谨听,以法为符"(《经法·名理》)。强调"审其刑名","审名察形,刑恒自定,是我愈静,其恒自施,是我无为"(《十六经·顺道》)。还主张"省苛事,薄赋敛,毋夺民时"。黄老之术的推行,对于稳定西汉初期的政局,恢复和发展生产,起过积极的作用。

黄老道德之术 即"黄老之术"。

道生法 《经法》用语。《经法·道法》:"道生法。法者,引得失以绳,而明曲直者也。故执道者,生法而弗敢犯也,法立而弗敢废也。"虚无形的道是"万物之所以生","天地之道也,人之理(法)也"。法据道以立,道由法体现。这一命题集中表达了黄老学的学术主张,确立了黄老学的基本思路。它将道家的核心概念"道"与法家的核心概念"法"结合起来,揭示了道与法的基本关系——法是由道派生的,是道这一宇宙间的根本法则在社会领域的落实和体现。借此伸张法的权威性;进而申明君主的权力和意志也必须符合大道的要求,试图用大道来制约君权。这一命题首开整合道家与法家理论的先河,把道家哲理运用于论说法家政治,从"道"的高度论证了法治的必要性、可能性、公正性和权威性。

道法 "道"指一切事物的本原,"法"指法度。道法指体现道的根本法度。《管子》已提出"道法"的概念:"明王在上,道法行于国。"(《管子·法法》)荀子提出"壹于道法而谨于循令"(《荀子·正名》)。韩非认为"祸福生乎道法"(《韩非子·大体》),"道法万全,智能多失"(《韩非子·饰邪》)。另外,古人对道法关系也多有探讨。《孙子兵法·形篇》:"修道而保法,故能为胜败之政。"《管子·心术上》:"法出乎权,权出乎道。"《韩非子·饰邪》:"以道为常,以法为本。"1973年马王堆汉墓出土的古佚书《经法》,首篇以《道法》为名,认为"道生法"。"法者,引得失以绳,而明曲直者也。故执道者生法而弗敢犯也,法立而弗敢废也。"

本始 《经法》用语。指本原、原始。《经法·四度》:"执道循理,必从本始,顺为经纪。"认为动静、顺逆、生杀等,要按道寻求其本原,顺于天道。

虚无刑 即"虚无形"。指道。《管子·心术上》:"虚无形谓之道。"《经法·道法》:"虚无刑(形),其裻冥冥,万物之所以生。"《淮南子·原道训》:"虚无形,道之舍也",以为"虚无形"既是道的表现形态,又是道寄寓的归宿。

虚无形 即"虚无刑"。

虚无有 《经法》用语。指无执、无处、无为、无私。《经法·道法》:"见知之道,唯虚无有。虚无有,秋稿(毫)成之,必有刑(形)名。刑(形)名立,则黑白之分已。政执道者之观于天下也,无执也,无处也,无为也,无私也。"要求不固执己见,不先入为主,不受外物的牵制,不以私意判断是非曲直。

天极 《经法》用语。指天道的限度。《经法·国次》:"先屈后信(伸),必尽天极,而毋擅天功。"认为处事当先屈后伸,不可过度。当敌人强大时,要谨慎地避其锐势;当敌人衰弱时,必乘机征伐。对被征伐者,"必虚(墟)其国",使敌方完全丧失还击的能力。如果超过限度,"过极失当,天将降殃"。

正奇有位 《经法》用语。"正"指正常的、一般的方法;"奇"指变化的、特殊的方法。《经法·道法》:"正奇有位。"认为驾驭事物变化的"正"、"奇"方法,各有其确定的位置。对事物的恒常状态,可"以正相御";当事物超出常规变化时,则"以奇相御"。

以奇相御 《经法》用语。指用特殊的方法(奇)驾驭变化超出常规的事物。《经法·道法》:"变恒过度,以奇相御。"认为事物有其恒常状态,"天地有恒常,万民有恒事,贵贱有恒位,畜臣有恒度"(同上)。当事物变化超出常规时,则应改变以往(正)的控制方法,以奇相御。参见"正奇有位"。

握一知多 掌握根本方法,便可通晓万事。《十六经·成法》:"握一以知多,除民之所害,而寺(持)民之所宜。"一者,"道其本也",握一不失,就可以"知天地之祸福"。《文子·九守》:"能知一即无一不知也,不能知一即无一之能知也。"《鹖冠子·度万》:

"守一道制万物者，法也。"

循名厩理 《经法》用语。即循名究理。《经法·名理》："循名厩理之所之。"认为事物有刑（形）必有名，"天下有事，必审其名。"（同上）而"物各合于道者谓之理"（《经法·论》），故"审察名理终始者，是谓厩理。"（《经法·名理》）并认为"循名厩理"，"乃得名理之诚"（同上）。

循理用当 《经法》用语。指人的主观能动性和行为要符合客观规律。认为物合于道者即谓理，考察事物之理不能抱有成见，必须"虚静公正"，才能"得名理之诚"（《经法·论》）。理既是客观的，又必须见诸于人的主观认识，循理把遵从客观规律与人的主观能动性结合在一起。用当侧重讲人的行为与客观规律协调、平衡。认为"过极失当"是人之大忌。违反"天当"（同上），必定要受到惩罚，违反人当也必定遭殃。这一观点将天人关系有机结合，既强调政治作为要循自然，又规避了自然主义中的消极倾向。

声号 《经法》用语。即"名号"，又指号令。《经法·道法》："天下有事，无不自为刑（形）名声号矣。刑（形）名已立，声号已建，则无所逃迹匿正矣。"认为形名确立，即可号令天下，形名当则赏，不当则罚，则物自正，名自命，事自定。

先德后刑 《十六经》用语。《十六经·观》："先德后刑，顺于天。"认为万物春夏生长，秋冬衰亡，"春夏为德，秋冬为刑。先德后刑以养生。"圣人处事则须按此天道，"正之以刑与德"。刑与德两者相辅为用，犹如"日月相望，以明其当"，与儒家的政治主张相合。西汉董仲舒说："阳为德，阴为刑。""天以阴为权，以阳为经。""经用于盛，权用于末，以此见天之显经隐权，前德而后刑也。"（《春秋繁露·阳尊阴卑》）

三名 指正名、倚名、无名。《经法·论》："三名察则尽知情伪而不惑矣。""正名位而偃"，君臣上下各安其位；"倚名法而乱"，名不正则法乱；"强主灭而无名"，刚愎自强，主亡而无名。并主张正名，"谨守吾正名，毋失吾恒刑，以示后人"（《十六经·正乱》）。表现了秦汉之际儒法合流的思想。

神化为贵 《淮南子》用语。语出《淮南子·主术训》。意为君主以道德为本，从精神上感化民众是最有效的。《淮南子》在老子"行不言之教"的教化原则基础上，并吸收儒家的德治思想，提出统治者最为可贵的统治术，是以自己的德行为民众树立榜样，使民众服膺于统治者所倡导的道德，受感化而变得主动服从，从而治理天下。作者比较了精神感化、以仁义礼智禁民为非和赏贤罚暴三种不同治国之策的高下优劣："太上神化，其次使不得为非，其次赏贤而罚。""刑罚不足以移风，杀戮不足以禁奸，唯神化为贵。"（《主术训》）在《泰族训》中也指出："太上养神，其次养形；治国，太上养化，其次正法。"所谓神化，即是"圣人怀天气，抱天心，执中含和，不下庙堂而衍四海，变习易俗，民化而迁善，若性诸己，能以神化也"，由此认为圣人："块然报真，抱德惟诚天下从之，如响之应声，景之像形，其所修者本也。"（《主术训》）进而提倡"故圣人养心莫善于诚，至诚而能动化矣"（《泰族训》）。还提出"民之化也，不从其所言，而从其所行"，只有使民众心悦诚服，才是至高的统治术。

君形 《淮南子》用语。"形"指形体，"君形"指统帅形貌之物，即"神"。《淮南子》强调"神"对"形"的主宰作用："神贵于形也，故神制则形从，形胜则神穷"（《诠言训》）。并把神贵于形、以神制形的观点运用到艺术领域，认为："画西施之面，美而不可说；规孟贲之目，大而不可畏，君形者亡焉。"（《说山训》）艺术必须传神，才能使人产生美感。只注意表现创作对象的外表形体，忽视其内在的精神，则不能产生艺术的审美效应。认为艺术家的内在精神是创作的主宰，只有表现了艺术家内心的真情实感作品才能动人。

太一 《淮南子》中的概念。系继承《周易》的哲学本体论而提出。一方面，"太一"类似于"太极"，《诠言训》："洞同天地，浑沌为朴，未造而成物，谓之太一。"《要略》："混沌万物，象太一之容。"《本经训》："秉太一者，牢笼天地，弹压山川，含吐阴阳，伸曳四时，纪纲八极，经纬六合。""太一"具有与"太极"一样的内涵。另一方面，"太一"即是"一"，《原道训》："所谓无形者，一之谓也。所谓一者，无匹合于天地者也。卓然独立，块然独处，上通九天，下贯九野，圆不中规，方不中矩，大浑而为一。……是故视之不见其形，听之不闻其声，循之不得其身。……是故一之理，施四海；一之解，际天地。其全也，纯兮若朴；其散也，混兮若浊。……万物之总，皆阅一孔；百事之根，皆出一门。"高诱注："一，谓道也。……或说，一者，元气也。"为原始纯朴的混沌物即"元气"的代名词。

道始于一 《淮南子》用语。意为道是万物统一的基础。《淮南子》以"一"为世界的本原，指出："一也者，万物之本也"，"洞同天地，浑沌为朴，未造而成物，谓之太一"。作者认为天地万物"同出于一……分而为万物"，"道者，一立而万物生矣。是故一之理，施四海；一之解，际天地。"（《诠言训》）作者继承和改造了老子的"道生一"、庄子的"道通为一"和易传的"一阴一阳之谓道"，提出："道始于一。一而不生，故分而为阴阳二气，阴阳合而万物生。故曰一生二，二生三，三生万物。"（《天文训》）对王充的"元气未分，混沌为一"（《论衡·谈天》）思想有一定影响。

物类相应 《淮南子》用语。意为世界万物具有可分类性和普遍联系性，同类事物之间存在感应的作用。继承驺衍、《吕氏春秋》的思想，列举大量事物之间相互感应的现象，如"阴阳同气相动也"、人的情感和行为"精通于天"、"同声相和"（《览冥训》）、"以音相应"（《泰族训》）、"人主之情，上通于天"（《天文训》）、"天之与人有以相通也。故国危亡而天文变，世惑乱而虹霓见，万物有以相连，精祲有以相荡也。"（《泰族训》）作者得出结论说："夫物类之相应，玄妙深微，知不能论，辩不能解"（《览冥训》），"物类相动，本标相应"（《天文训》）。作者的目的，主要在于规范人的行为，特别是规范君主的行为，一旦行为不端，就将引来各种灾异的惩罚。这一思想影响到董仲舒天人感应新神学的形成。

与化推移 《淮南子》用语。继承和弘扬《易传》变易和趋时的思想，认为变化和发展是天地之常性、万物之恒理，客观世界是一个永无止境的发展变化过程。进而明确提出改革思想，指出："世异则事变，时移则俗易。故圣人论世而立法，随时而举事。""是故不法其已成之法，而法其所以为法。所以为法者，与化推移者也。夫能与化推移者，至贵在焉尔。"（《齐俗训》）在《氾论训》中，以殷变夏、周变殷、春秋变周"三代之礼不同，何古之从"的事实，说明"法与时变，礼与俗化……法令制度，各因其宜"。且站在民本观的立场，明确提出"苟利于民，不必法古；苟用于事，不必循旧。"在《泰族训》中，作者提出改革的目的在于匡救时弊，认为"圣人事穷而更为，法弊而改制，非乐变古易常也，将以救败扶衰，黜淫济非，以调天地之气，顺万物之宜也。"

无形无声 中国古代哲学、美学用语。道家认为"无"是万物的根本或本源，宇宙万物是"无"和"有"的统一。《淮南子》由此论述了美和艺术的产生和特点："夫无形者，物之大祖也。无音者，声之大宗也。""无形而有形生焉，无声而五音鸣焉，无味而五味形焉，无色而五色成矣"。认为"有生于无，实出于虚"（《原道训》）。无形无声的道是美和艺术的根源，由道产生出来的美是最高境界的自然之美，它是诉之人们感觉器官的物质对象，无限丰富而又不可穷尽。从审美角度来说，"视于无形，则得其所见矣；听于无声，则得其所闻矣"，"听有音之音者聋，听无音之音者聪，不聋不聪，与神明通"（《说林训》）。美是属于感觉范围而又超出于感觉的东西。审美活动离开"形"和"声"无法进行，滞留在对"形"和"声"的感知阶段，只能引起感官的快感；通过具体的"形"和"声"的物质媒介引起内心的体验，做到"不聋不聪，与神明通"，才能达到美的意境。因而美既是有形有声的，又是无形无声的。

阴阳和而万物生 《淮南子》的命题。继承和发展了《易传》的太和、中正观念，提出明确而系统的中和思想。认为阴阳之和是万物生成的根源，是自然界存在和发展的最佳状态，说："天地之气，莫大于和。和者，阴阳调，日月分而生物。春分而生，秋分而成，生之与成，必得和之精。……阴阳相接，乃能成和。"（《氾论训》）"阴阳和而万物生矣。"（《泰族训》）"天文者，所以和阴阳之气。"（《要略》）作者不仅认为万物生成和宇宙演化的根源在于阴阳之气的相互交感，而且认为人类社会也与自然界一样，应当遵循中和的法则，指出："天地之合和，阴阳之陶化万物，皆乘人气者也。是故上下离心，气乃上蒸，君臣不和，五谷不为。"（《本经训》）"故圣人怀天气，抱天心，执中含和，不下庙堂而衍四海，变习易俗，民化而迁善，若性诸己，能以神化也。"（《泰族训》）寄寓了作者对社会和谐安定、人们和平相处的期望。

为善易，为不善难 《淮南子》的哲学命题。语出《淮南子·氾论训》。认为性由道生，从而是无私无欲、安静恬愉的，并认为："人生而静，天之性也。"（《原道训》）只是人们嗜于外欲，蠢蠢而动，才产生恶。从这一性善论的前提出发，作者提出："天下莫易于为善，而莫难于为不善也。所谓为善者，静而无为也；所谓为不善者，躁而多欲也。适情辞余，无所诱惑，循性保真，无变于己，故曰为善易。越城郭，逾险塞，奸符节，盗管金，篡弑矫诬，非人之性也，故曰为不善难。"（《氾论训》）由于为善易而为不善难，"故圣人因民之所喜而劝善，因民之所恶而禁奸。"统治的原则是"原天命，治心术，理好憎，适性情，则治道通矣。"（《诠言训》）

无为者不先物为 《淮南子》的命题。意为应当从客观实际出发，尊重事物固有的规律，不凭一己之见恣意妄为。《淮南子》继承先秦道家的无为哲学，认为"无为者，道之宗"，"人主之术，处无为之事，而行不言之教"（《主术训》），"是故天下之事，不可为也，因其自然而推之"（《原道训》）。但其无为理论在继承道家的基础之上，吸收了儒法两家的理性精神，认为"所谓无为者，不先物为也；所谓无不为者，因物之所为。所谓无治者，不易自然也；所谓无不治者，因物之相然也。"（《原道训》）作者对老庄的消极无为思想进行了改造，批评消极无为，指出："或曰：'无为者，寂然无声，漠然不动，引自不来，推之不往。如此者，乃得道像。'吾以为不然。""若吾所谓无为者，私志不得入公道，嗜欲不得枉正术，循理而举事，因资而立权。……非谓其感而不应，攻而不动者。若夫以火熯井，以淮灌山，此用己而背自然，故谓之有为。若夫水之用舟，沙之用鸠，泥之用輴，山之用蔂，夏渎而冬陂，因高为田，因下为池，此非吾所谓为之。"（《修务论》）

因其性则天下听从 《淮南子》中的命题。语出《淮南子·泰族训》。意为认识和顺应民众的自然本性，因势利导地施以教化，民众就容易顺从。主张道德教育应当顺应人性，教化"非易民性也，拊循其所有，而荡涤之"，而应当"因其所喜以劝善，因其所恶以禁奸，故刑罚不用而威行如流，政令约省，而化耀如神"，"因其性则天下听从，拂其性则法县而不用。"并由此批评儒家的道德规范违逆了人的本性，"不本其所欲，而禁其所欲；不原其所乐，而闭其所乐；是犹决江河之源而障之以手也。"（同上）在《精神训》中，作者也批评"儒者非能使人弗欲，而能止之；非能使人勿乐，而能禁之"，并以颜回、子夏"夭死"或"失明"的例子，斥责儒家"迫性闭欲，以义自防"的结果是"形性屈竭"，"故莫能终其天年"。

百家之言，合道一体 《淮南子》中的命题。《淮南子》继承和发展了易传"穷道通意"的传统，以推崇道家学说的同时综合百家为宗旨，"总万方之指而归之一本"、"通殊类，非循一迹之路，守一隅之指"（《要略》）。认为："百家之言，指奏相反，其合道一体也。譬若丝竹金石之会乐同也，其曲家异而不失于体。”(《齐俗训》)《氾论训》:“百川异源而皆归于海,百家殊业而皆务于治。”《泰族训》:“圣人天覆地载,日月照,阴阳调,四时化,万物不同,无故无新,故能法天。天不一时,地不一利,人不一事,以是绪业不得不多端,趋行不得不多方。五行异气而皆适调,六艺异科而皆同道。……水火金木土谷异物而皆任,规矩权衡准绳异形而皆施,丹青胶漆不同而皆用,各有所适,物各有宜。”反映出《淮南子》集先秦诸子百家之大成,开创和强化了中华文化博采众长、海纳百川的包容性传统和特征。

佹辩 《淮南子》用语。即诡辩。“诋文者处烦挠以为慧,争为佹辩”(《淮南子·齐俗训》)。认为“佹辩”是为显示自己有智慧而用“繁文丽辞”进行的无理之辩。并认为“佹辩”,“久稽而不诀,无益于治”(同上)。

曲辩 《淮南子》用语。指烦琐之辩。“寸而度之,至丈必差;铢而称之,至石必过。石秤丈量,径而寡失;简丝数米,烦而不察。故大较易为智,曲辩难为慧”(《淮南子·泰族训》)。并认为曲辩无益于治,故“圣人不为”,“智者弗行也”。

元 ❶ 指天地万物之本原。《春秋繁露·重政》:“《春秋》变一谓之元,元犹原也。……故元者为万物之本。”《易·象》认为“乾元”、“坤元”分别为万物的“资始”、“资生”。❷ 指元气。东汉何休《春秋公羊·隐公元年注》:“元者气也,无形以起,有形以分,造起天地,天地之始也。”

一元 指宇宙混沌未开的原始状态和天地万物的本原。《春秋繁露·玉英》:“谓一元者,太始也。”《汉书·董仲舒传》:“《春秋》谓一元之意,一者万物之所从始也,元者辞之所谓大也。谓一为元者,视大始而欲正本也。”

元气 ❶ 指产生和构成天地万物的原始物质,或指阴阳二气混沌未分的实体。《鹖冠子·泰录》:“天地成于元气,万物乘于天地。”《论衡·谈天》:“元气未分,浑沌为一”;又《言毒》:“万物之生,皆禀元气。”道教也讲元气构成万物,如《太平经》:“夫物,始于元气。”但他们认为“道”乃“元气所起也”,才是天地万物的终极根源。唐柳宗元不仅肯定元气为宇宙万物之唯一根源,“庞昧革化,唯元气存”(《天对》),而且强调元气的运动是“自动、自休、自峙、自流”(《非国语》)的。❷ 指吉祥之气。《春秋繁露·王道》:“王正则元气和顺。”❸ 指人身中来源于父母的先天之气。《春秋繁露·天地之行》:“元气之流皮毛腠理也。”

天不变道亦不变 西汉董仲舒用语。天,指创造万物的主宰;道,指三纲五常等封建准则。意谓封建统治制度的根本原则不可变更。董仲舒《举贤良对策》:“道之大原出于天,天不变,道亦不变。”(见《汉书·董仲舒传》)把“道”与“天”并提,借天意神化“道”,以“天不变”论证“道亦不变”。认为一个王朝的灭亡,是其统治者背离了“道”。这一思想成为封建统治阶级的理论依据。

天人感应 西汉董仲舒关于天人关系的理论。在《春秋繁露》中提出。认为天和人相类相通,天能干预人事,人的行为也能感应上天。认为“天亦有喜怒之气,哀乐之心,与人相副,以类合之,天人一也。”(《春秋繁露·阴阳义》)天有阴阳,人亦有阴阳,“天地之阴气起,而人之阴气应之而起,人之阴气起,而天地之阴气亦宜应之而起,其道一也。”(《同类相动》)认为“国家之失乃始萌芽,而天出灾害以谴告之;谴告之而不知变,乃见怪异以惊骇之;惊骇之尚不知畏恐,其殃咎乃至。”(《必仁且知》)自然灾害和统治者的错误有因果联系。同时人们用某些宗教仪式,也能感动上天,促使它改变原来的安排。

天人相类 西汉董仲舒用语。指人化天而成,与天耦合。《春秋繁露·为人者天》:“人之为人本于天,天亦人之曾祖父也。此人之所以上类天地也。”这成为其“天人感应”神学目的论的根据之一。

天人相与 西汉董仲舒用语。指天人之间的相互关系。《举贤良对策》:“观天人相与之际,甚可畏也。”参见“天人感应”。

谴告说 西汉董仲舒关于天人感应的理论。《汉书·董仲舒传》:“国家将有失道之败,而天乃先出灾害以谴告之。”认为“天”对统治者经常通过符瑞或灾异进行赞赏或谴告,谴告是表示天对人君的“仁爱”。为董仲舒“天人感应”论的中心论点。

奉天法古 西汉董仲舒关于复古的理论。《春秋繁露·楚庄王》:“春秋之道,奉天而法古。……不览先王,不能平天下。”认为先王之道是天下之“规矩”,不可违背圣者法天,贤者法圣,这是治乱之分的“大数”(准则),古今通达之道理,故《春秋》之世事,“善复古,讥易常,欲其法先王也”。

以类相召 西汉董仲舒用语。指虽有差异但仍属同类的事物,能够互相感应。战国末《吕氏春秋》中即已提出“类固相召”的思想,认为事物因某些属性相同而可以各归其类。董仲舒认为:“百物去其所与异,而从其所与同。故气同则会,声比则应……鼓其宫则他宫应之,鼓其商而他商应之。”(《春秋繁露·同类相动》)“美事召美类,恶事召恶类。类之相应而起也,如马鸣则马应之,牛鸣则牛应之。”但又认为“相动无形,则谓之自然。其实非自然也,有使之然者矣”。在同类相动的现象背后,还有一个外在的动力即天的意志。把自然界“类同相召”的事例无限扩大,用来类推和比附社会现象:“帝王之将兴也,其美祥亦先见,其将亡也,妖孽亦先见,物固以类相召也。”(同上)使本来具有逻辑合理性的类推思想变成为天人感应说的理论依据。

灾异 西汉董仲舒天人感应神学目的论术语。认为国家的君主,如果在政治上有所失误,要是在失误的萌芽状态,天(上帝)就出现灾害加以谴告,谴告后还不改变,于是天就出现“怪异”加以警告,警告后还不改正,就会出现祸殃。小的称“灾”,表示“天之谴也”。大的称“异”,代表天对君主的惩罚,如日蚀、星陨、大水、大旱、地震等。董仲舒《贤良对策》:“国家将有失道之败，而天乃先出灾害以谴告之，不知自省，又出怪异以警惧之，尚不知变，伤败乃至。以此见天心之仁爱人君，而欲止其乱也。”孟京《易》学、齐诗及汉代的谶纬都讲“灾异”。《白虎通义·灾变篇》：“天所以有灾变何？所以谴告人君，觉悟其行，欲令其悔过修德，深思虑也。”灾异说对汉代的学术思想影响颇大。

比相生 西汉董仲舒关于五行相生的理论。《春秋繁露·五行相生》：“五行者，五官也，比相生，而间相胜也。”认为木、火、土、金、水的次序，是“无次之序也”（《五行之义》）。五行之间的关系为：“比相生”，即亲近的就相生，木生火，火生土，土生金，金生水；“间相胜”，即间隔的就相胜（克），如金（隔水）胜木；水（隔木）胜火；木（隔火）胜土；火（隔土）胜金；土（隔金）胜水。

间相胜 见“比相生”。

大一统 西汉董仲舒用语。指思想和法度的统一。《举贤良对策》引《公羊传》：“春秋大一统者，天地之常经，古今之通谊（义）也。”认为汉王朝要保持政治法纪的大一统，必须思想统一。提出“诸不在六艺之科，孔子之术者，皆绝其道，勿使并进”，建议罢黜百家，独尊儒术，一统思想，使“统纪可一，而法度可明，民知所从矣”（《汉书·董仲舒传》）。

常变 西汉董仲舒《春秋繁露》用语。在《公羊春秋》中，常变是作为处理国家大事的一项原则。即在正常的情况下，一般按原则行事，用常礼。但在特殊情况下，为了“应变”救急，则可通权达变，用“变礼”。《春秋繁露·精华》：“《春秋》之法，大夫无遂事。”“遂事”就是自我做主，专断其事。君主可以有专断权，大夫是君之臣，受君命行事，而不能自我专断。但又赞同《公羊传》所说大夫在特殊与紧急情况时，“有可以安社稷、利国家者，则专之可也。”并由此指出：“《春秋》固有常义，又有应变。无遂事者，谓平生安守也；专之可也者，谓救危除患也。”（《春秋繁露·精华》）“应变”贵在权衡利害轻重，总的来说利之中取其大，害之中取其小，通权达变是行道有方的高度体现。

调均 西汉董仲舒《春秋繁露》用语。董仲舒发挥孔子“不患寡而患不均，不患贫而患不安”的思想。“大富则骄，大贫则忧，忧则为盗，骄则为暴。”（《春秋繁露·度制》）认为要使社会安定、发展，就得“使富者足以示贵而不至于骄，贫者足以养生而不至于忧，以此为度而调均之”（同上）。这样才能使社会秩序安定。其具体办法就是保证人民百姓都能维持生活，不致饥寒，衣食无着。限制富贵豪强之家的兼并及经营垄断工商业，与民争利。这样就可使贫富的矛盾不会激化，使社会相对合理而不致发生暴乱。故《春秋繁露·度制篇》又称《调均篇》。

二端 即“小大”、“微著”。西汉董仲舒用语。“端”，始。他认为万事万物的产生都是由小而大，由隐微到显著。要防止灾异、祸乱的发生，应该研究灾异、祸患产生的根源，防患于未萌。“诚知小之将为大也，微之将为著也，吉凶未形，圣人所独见也。”（《春秋繁露·二端》）圣人的高明之处就是能由小知大，见微知著，有卓越的眼光和灵活、巧妙、适当的策略制止祸患、灾异于萌芽状态。

十端 西汉董仲舒用语。《春秋繁露·官制象天》：“天有十端，十端而止已。天为一端，地为一端，阴为一端，阳为一端，火为一端，金为一端，木为一端，水为一端，土为一端，人为一端，凡十端两毕，天之数也。”十端即十大要点、十大要素。董仲舒认为宇宙间万事万物都由此十端构成。万物皆天地所生，阴、阳、火、金、木、水、土是构成万物的基本元素。十端以天为始，即尊“天”之意。发明儒家“天地之性人为贵”的思想，以“人”为终，强调人在天地间的重要性，人上参天地，下育万物，充分肯定了“人”在天地间的价值和作用：“人之超然万物之上，而最为天下贵也。”（《春秋繁露·天地阴阳》）

改制 即新王改制。《荀子·正论》：“唯徙朝改制为难。”这是最早使用“改制”一词。西汉董仲舒师法荀卿，阐发《春秋》之义，首揭新王改制之说。认为历史上凡是改朝换代，必定有所变革，有些新的措施。这些变革就是“改正朔，易服色，殊徽号，易器械，别衣服”（《礼记·大传》）。“正”指每年岁首的月份，称为“正月”。“朔”指历法年开始的时刻。如夏朝建寅，以农历一月为“正月”，以平旦寅时为“朔”，色尚黑。汤革夏命，建立商朝，就改为建丑，以农历十二月为“正月”，以鸡鸣丑时为“朔”，色尚白。武王伐纣，建立周朝，革殷命，就变为建子，以农历十一月为“正月”，以夜半子时为“朔”，色尚赤。董仲舒为了适应汉王朝的建立，推《春秋》之义，提出“新王必改制”（《春秋繁露·楚庄王》）的理论。但正朔、服色、徽号、器械、衣服都只是形式上的改变，表示不因袭前代，与前朝的制度有所区别。而如封建的三纲五常、人伦道理，则并无改变，“王者有改制之名，无易道之实”（同上）。“天不变，道亦不变”，道不能改变。《公羊》家“改制”之说，后成为清末变法、改制的理论根据。近代康有为著《孔子改制考》，就是据董仲舒《公羊春秋》说加以论证、引申、发展，在近代思想史上，影响颇大。

性三品说 中国古代一种主张人性分为三等的理论。西汉董仲舒把人性分为上、中、下三等。认为“圣人之性”，受命于天，近于全善，是上品；“斗筲之性”，瞑而未觉，近于全恶，是下品；“中民之性”，可善可恶。东汉王充也据禀气的多少把人性分为善、中、恶三种，认为“无分于善恶，可推移者，谓中人也”。中人之性，“习善而为善，习恶而为恶”（《论衡·本性》），强调后天的教育对人或为善或为恶的决定作用，认为即使恶者，也可“教告率勉，使之为善”，进而得出人之善恶“亦在于教，不独在性”（《率性》）的结论。唐韩愈明确提出“性情三品”说，把性与情分为上、中、下三品。“与生俱”的性包括仁、义、礼、智、信五种道德品质，在三品中的比重各不相同，上品之性具有仁而行于其余四者；下品之性反于仁而违背其余四者；中品之性仁有不足，其余四者也杂而不纯。“上焉者，善焉而已矣；中焉者，可导而上下也；下焉者，恶焉而已矣。”“接于物而生”的情，包括喜、怒、哀、惧、爱、恶、欲。与性相应，情也分上、中、下三品。上品之情“动而处其中”，中品之情“有所甚有所亡”，下品之情“亡与甚，直情而行”。强调上品与下品之间不可移，同时认为“上者可教而下者可制”，通过后天的道德修养与“先王之教”，“上之性就学而愈明，下之性畏威而寡罪”(《原性》)，并以此反对佛教的灭情以见性之说。这一人性论至宋而息，但遗迹犹存，北宋李觏说：“今观退之之辨诚为得也，孟子岂能专之！”(《礼论》第六)

质朴谓之性 西汉董仲舒用语。《举贤良对策三》：“质朴谓之性，性非教化不成。”受荀子论“性”“不离其朴而美之，不离其资而利之”(《性恶》)观念的影响，认为“性之名非生与？如其生之自然之资谓之性。性者，质也”(《春秋繁露·深察名号》)。肯定了人性仅指与生俱来的一种可以成善或可以成恶的心理资质。就其可以教而成善而言，可谓性“有善质”，但“未可谓善也”。“圣人之性，不可以名性。斗筲之性，又不可以名性。名性者，中民之性。中民之性，如茧如卵，卵待复二十日而后能为雏，茧待缫以涫汤而后能为丝，性待渐于教训而后能为善。善，教诲之所然也，非质朴之所能至也，故不谓性。”(《实性》)自谓与孟子对人性的界定有别。指出：“吾质之命性者，异孟子。孟子下质于禽兽之所为，故曰性已善；吾上质于圣人之所善，故谓性未善。善过性，圣人过善。”(《深察名号》)其说为对民教化提供了理论根据。

性有善质 西汉董仲舒的人性论思想。详“质朴谓之性”。

命有三科 亦称“三命”。汉代儒家对个人之“命”的分类。指“受命”(“正命”)、“遭命”、“随命”。一曰“寿命”、“遭命”、“随命”。《礼记·祭法》郑玄注：“司命主督察三命”，孔颖达疏引《孝经·援神契》：“命有三科，有受命以保庆，有遭命以谪暴，有随命以督行。受命谓年寿也，遭命谓行善而遇凶也，随命谓随其善恶而报之。”《白虎通·寿命》说：“命有三科以证验：有寿命以保度，有遭命以遇暴，有随命以应行。”王充以气禀说释之：“传曰：‘说命有三：一曰正命，二曰随命，三曰遭命。’正命，谓本禀之自得吉也。性然骨善，故不假操行以求福，而吉自至，故曰正命。随命者，戮力操行而吉福至，纵情施欲而凶祸到，故曰随命。遭命者，行善得恶，非所冀望，逢遭于外而得凶祸，故曰遭命。”(《论衡·命义》)但王充不同意“随命”一说，认为“性与命异”，操行善恶与吉凶祸福并无因果报应关系。参见“命”、“性与命异”。

三命 即“命有三科”。

正义不谋利 “正其谊(义)不谋其利，明其道不计其功”的简称。西汉董仲舒的义利观。语见《汉书·董仲舒传》。《春秋繁露·对胶西王越大夫不得为仁》作“正其道不谋其利，修其理不急其功”。历史上多取《汉书》所载。要求自己的行为及其动机应以符合道义为价值取向，而不应以计谋功利为动机和目的。提出：“利以养其体，义以养其心。”(《春秋繁露·身之养重于义》)但两者当以“义养”为重，“养莫重于义”。认为“利者，盗之本也”(《天道施》)，是使人“忘义”的根源。“故君子终日言不及利，欲以而言愧之而已，愧之塞其源也。”(《玉英》)要成为“仁人”，就应正义不谋利。以为行为的道德价值仅在于正义、明道，而无谋利、计功可言。对以后儒家传统的道义论思想模式的形成有重大影响。北宋程颢主张“不论利害，唯看义当为与不当为”(《遗书》卷十七)。南宋朱熹说：“凡事不可先有个利心，才说着利，必害于义。圣人做处，只向义边做。”(《朱子语类》卷五十一)持功利论观点的学者则据义利统一观予以批判。南宋叶適指出：“仁人正谊不谋利，明道不计功，此语初看极好，细看全疏阔。古人以利与人，而不自居其功，故道义光明。后世儒者，行仲舒之论，既无功利，则道义者乃无用之虚语耳。”(《习学记言》卷二十三)清颜元认为，讲道德而“全不谋利计功，是空寂，是腐儒”(《习斋先生言行录》卷下)。并针对董仲舒的命题而提出：“正其谊以谋其利，明其道而计其功”(《四书正误》卷一)。

仁者爱人类 西汉董仲舒《春秋繁露》中的命题。“仁者，所以爱人类也。”(《春秋繁露·必仁且智》)“类”是孔子大义，董仲舒也很注重类，故有“同类相动”、“同类相感”、“类应”之说。认为人食鸡鸭猪牛羊等，因而人与禽兽不同类。孔子以“爱人”释“仁”(见《论语·颜渊》)，董仲舒更明确界定为“仁者，所以爱人类”，以阐发儒学要义。

伍比偶类 西汉董仲舒的类推方法。伍，作“多”解；“偶”，对。自称《春秋公羊传》的论述方法是“合而通之，缘而求之，伍其比，偶其类”(《春秋繁露·玉杯》)，“得一端而多连之，见一空而博贯之”(《精华》)。即用类比的方法从一端一孔出发，举一反三，进行无限制的推演。

质文两备 西汉董仲舒用语。“质”指符合仁义道德的思想感情；“文”指感性的形式美。《春秋繁露·玉杯》：“礼之所重者在其志……志为质，物为文。文著于质，质不居文，文安施质。质文两备，然后其礼成。”董仲舒继承孔子“文质彬彬”的观点，主张“质文两备”，但在质文之间，更强调质，认为如果“俱不能备而偏行之”则“宁有质而无文”，“先质而后文，右志而左物。”

先质后文 西汉董仲舒推崇儒术的政治主张之一。《春秋繁露·玉杯》：“然则《春秋》之序道也，先质而后文，右志而左物。”董仲舒认为“志为质，物为文”，“质文两备，然后其礼成”，礼制的外在形式必须与内心的虔诚相结合。两者之间，董仲舒更重其“质”，“礼之所重者在其志”。

美恶类相应 西汉董仲舒用语。指人与自然、审美价值和伦理道德之间的统一关系。其含义与“同类相动”相似，但更突出伦理道德在审美过程中的作用。在《春秋繁露》中提出。先秦儒家已用“比德”之说解释自然美,孔子提出:“知(智)者乐水,仁者乐山。知(智)者动,仁者静;知(智)者乐,仁者寿。”(《论语·雍也》)认为人的精神品质与自然对象有相似之处,有何种精神品格的人便赞赏与之相应的美。董仲舒则从“天人合类”出发,认为人的情感变化同自然现象之间有对应关系,因而“美事召美类,恶事召恶类,类之相应而起也”(《春秋繁露·同类相动》)。自然界和人类社会生活“有美必有恶”,是“天之所为”的结果。他将此观点引申于社会政事,认为自然界的美恶与人类社会政治、伦理道德活动和天的有意识有目的运行变化是一致的。统治者如果实行“五道”,“积善累德”,上天就会降下“美祥”甚至“天地之间,被润泽而大丰美”(《举贤良对策》),否则就会得到上天的谴责而降生灾异、妖孽,即降恶,具有神秘主义色彩。

同类相动 西汉董仲舒用语。他从天人感应的哲学出发解释同类相动的现象,提出“天亦有喜怒之气,哀乐之心,与人相副,以类合之,天人一也”(《春秋繁露·阴阳义》)。认识到被人格化了的某些自然现象(天)的变化同人的情感的变化有着同形同构的对应关系,“故气同则会,声比则应,其验皦然也。……美事召美类,恶事召恶类,类之相应而起也。”(《春秋繁露·同类相动》)强调“美恶相应”,突出了封建伦理道德活动与审美鉴赏、艺术创作的统一关系,但带有浓厚的神秘色彩。参见“美恶类相应”。

五常 ❶ 指五种道德意识和道德规范,即仁、义、礼、智、信。西汉董仲舒《举贤良对策》:“夫仁、谊(义)、礼、智、信五常之道,王者所当修饰也。”并用以配合“三纲”,构成中国封建社会正统的道德规范体系。参见“三纲五常”。❷ 指处理家庭伦理关系的五种道德规范,亦称“五典”。《尚书·泰誓》:“狎侮五常。”唐孔颖达疏:“五常即五典,谓父义、母慈、兄友、弟恭、子孝,五者人之常行。”❸ 即“五伦”。❹ 指“五行”,指金、木、水、火、土。《礼记·乐记》:“道五常之行。”东汉郑玄注:“五常,五行也。”唐孔颖达疏:“通达人情以五常之行,谓依金、木、水、火、土之性也。”

名教 以正名定分为主的封建礼教。先秦时期,孔子提出“正名”,以规定人们的名位和应守的职分。西汉武帝时,把符合封建统治利益的政治观念、道德规范等立为名分,定为名目,号为名节,制为功名,以之进行教化,称“以名为教”。其内容主要是“三纲”、“五常”。白虎观会议后,名教观念盛行。东汉末年,名教陷入危机。魏晋时围绕“名教”与“自然”的关系展开论辩。近代谭嗣同认为“俗学陋行,动言名教,敬若天命而不敢渝,畏若国宪而不敢议”(《仁学》)。提出要冲决名教之“网罗”。

三纲五常 简称“纲常”。中国封建社会的基本道德原则和道德规范。“三纲”指“君为臣纲,父为子纲,夫为妻纲”,要求臣、子、妻必须绝对服从于君、父、夫;“五常”即仁、义、礼、智、信五种道德规范和道德意识,用以保障实行“三纲”。正式倡于两汉,其源则可溯至先秦。孔子已强调“君君、臣臣、父父、子子”(《论语·颜渊》);《韩非子·忠孝》以“臣事君,子事父,妻事夫”为“天下之常道”。孟子提出仁、义、礼、智四德。西汉初贾谊则进而提出“人有仁、义、礼、智、信之行”(《新书·六术》)。至董仲舒始对此五德冠以“五常”之名,并作了详尽的界说。“三纲”观念亦由董仲舒首先使用,他把韩非的“三事”概括成“王道之三纲”,规定“君为阳、臣为阴,父为阳、子为阴,夫为阳、妻为阴”(《春秋繁露·基义》),以“阳贵阴贱,天之制”(《春秋繁露·天辨在人》)来论证臣、子、妻只能依附君、父、夫而行动,并提出“三纲五纪(五常)”(《春秋繁露·深察名号》)。谶纬神学循着董仲舒所确定的“三纲五常”的基本格局而行。《礼纬·含文嘉》说:“三纲谓:君为臣纲,父为子纲,夫为妻纲。”《白虎通·三纲六纪》引之,又作了更具体的规定和解释:“纲者张也,纪者理也。大者为纲,小者为纪,所以强理上下,整齐人道也。”而“六纪者,谓诸父、兄弟、族人、诸舅、师长、朋友也”。入宋以后,理学家对此作了形而上的论证。朱熹把“三纲五常”纳入“天理”的轨道:“其张之为三纲,其纪之为五常,盖皆此理之流行”(《论语集注》),又从“天理”论证“纲常千万年,磨灭不得”(《朱子语类》卷二十四),赋予“三纲五常”以超时空的道德绝对主义的性质。近代资产阶级思想家率以西方资产阶级的自由、平等、博爱的思想去批判“三纲五常”,谭嗣同从“仁一通一平等”的道德观点出发,视纲常名教为束缚人们身体与精神的“网罗”,以为“三纲之害”,“不唯关其口,使之不敢昌言,并锢其心,使不敢涉想”,倡言“冲决网罗”。主张在“五伦”之中废除四伦而只保留朋友一伦。陈独秀在新文化运动期间,指出“儒者三纲之说”,使人成为他人的“附属品”,“无独立自主之人格”(《一九一六年》)。认为“儒者三纲之说,为吾伦理政治之大原”,并望以“近世西洋之道德政治”去替代“儒者三纲之说”(《吾人之最后觉悟》)。

纲常 “三纲五常”的简称。

阳尊阴卑 亦称“阳贵阴贱”。西汉董仲舒的伦理主张。受《易传》“立天之道曰阴与阳”(《说卦》)、“天尊地卑,乾坤定矣”观念的影响,从神学目的论出发,吸取先秦阴阳家的思想,进一步将阴阳关系伦理化。说:“天道之大者在阴阳”(《举贤良对策》),而“阴者阳之助也,阳者岁之主也。天下之昆虫随阳而出入,天下之草木随阳而生落”(《春秋繁露·天辨在人》),以致“三王之正(正朔)随阳而更起。以此见之,贵阳而贱阴也”(《阳尊阴卑》)。并根据“天人合类”,认为“天下之尊卑随阳而序位”(《天辨在人》):“君为阳,臣为阴;父为阳,子为阴;夫为阳,妻为阴”(《基义》),也当宜为君尊臣卑,父尊子卑,夫尊妻卑。“故人主南面,以阳为位也。阳贵而阴贱,天之制也”(《天辨在人》)。并认为阴阳尊卑之道是永恒不变的,“道之大原出于天,天不变,道亦不变”(《举贤良对策》),从而论证“君为臣纲”、“父为子纲”、“夫为妻纲”即“王道之三纲”的神圣性和绝对性。

阳贵阴贱 即“阳尊阴卑”。

天伦 指父子、兄弟等天然的亲属关系。在中国奴隶制时代，宗法制度与国家制度合为一体。到了封建社会两者已分开，但宗法制度可以加强封建社会的人身依附关系，对于封建国家仍是需要的。儒家经学自觉利用宗法制来为封建国家服务。《白虎通》强调君权与父权结合，常把君与父并称，以为“君父大义”是一致的。说“臣之事君，犹子之事父”，“臣、子与君、父，共一义也”。儒家的伦理道德因天而神圣化，天子因天而神秘化、至上化。

中和为美 西汉董仲舒用语。春秋时期已产生以“和”为美的思想。西汉董仲舒从“天人合一”出发，认为社会中的一切美都建立在与天地自然的美的“类之相应”基础上，因而提出“天地之美恶，在两和之处”，而“夫德莫大于和，而道莫正于中。中者，天地之美达理也……和者，天(地)之正也”，“中者天之用也，和者天之功也，举天地之道而美于和”(《春秋繁露·循天之道》)。东汉《白虎通德论》把美视作神和上帝意志的体现，认为天地万物之美都是“中和”的“天德”的体现，因此社会生活也显出中和之美。

美于和 西汉董仲舒用语。指天地之美在于阴阳二气的和谐交融。“中者天之用也，和者天之功也，举天地之道而美于和。”(《春秋繁露·循天之道》)“和者，天(地)之正也，阴阳之平也，其气最良，物之所生也”(同上)。认为天地之美除了“仁”之外，还表现于“中和之美”。这种“中和”是一种具有一定神秘性的自然生命规律的和谐，是儒家“中庸”思想在自然中的应用。在此基础上，董仲舒还通过“天人合一”、“天人感应”思想将天之“和”贯彻于人之“和”，人性之阴阳合和即为美，政治人事之合乎礼仪即为美。参见“中和为美”。

性善恶混论 西汉扬雄的人性论观点。《法言·修身》：“人之性也，善恶混。修其善则为善人，修其恶则为恶人。气也者，所以适善恶之马也与!”认为在人的天性中，并具善、恶两种因素，两者混杂。而善人、恶人之分则决定于后天的修养；发扬善的因素则为善人，发扬恶的因素则为恶人。而人的气质，就是向善或向恶的凭借。其说是对孟子性善论和荀子性恶论的折衷。晋李轨《扬子法言注》说：“扬子之言，各极两家”。与战国时世硕认为“人性有善有恶”相近。

历史命定论 东汉王充的命题。王充认为：“汉盛于周。”(《论衡·宣汉》)肯定社会历史是不断进步的。但又说：“圣人之德，前后不殊，则其治世，古今不异。上世之天，下世之天也。天不变易，气不改变。……气之薄渥，万世若一。帝王治世，百代同道。”(《论衡·齐世》)同时还说：“世之治乱，在时不在政；国之安危，在数不在教。”“昌衰兴废，皆天时也”。年成丰歉“非政所致，时数然也”。(《论衡·治期》)王充认为：“天不变易”、“百代同道”，“皆天时也”，“时数然也”的看法，其实质就是否认了人在社会历史变迁中的能动作用，从而陷入了历史命定论。

自然命定论 东汉王充的命题。王充说：“夫禀气渥，则其体强，体强则命长。气薄则其体弱，体弱则命短。”(《论衡·气寿》)“人禀气而生，含气而长，得贵则贵，得贱则贱。”(《论衡·命义》)“富贵之福，不可求致；贫贱之祸，不可苟除也。”(《论衡·命禄》)“故夫富贵若有神助，贫贱若有鬼祸。……命则不可勉，时则不可力。”(《论衡·命禄》)王充认为，人禀元气而生，由于生命禀受的元气不同，而有贫富、贵贱、寿夭的区别。把个人的寿夭，同先天的气质相联系，有其一定的合理因素。但把人的贫富、贵贱、寿夭一切都归之于禀受元气的差异，而且认定“命”是不可勉强，不可力争，不能变易的，这就陷入自然命定论，由是而同化于神学命定论。

天道自然论 亦称“元气自然论”。东汉王充的命题。王充说：“谓天自然无为者何？气也。恬淡无欲，无为无事者也。”(《论衡·自然》)又说：“日朝出而暮入，非求之者，天道自然。”(《论衡·命禄》)“天道无为，故春不为生，而夏不为长，秋不为成，冬不为藏。阳气自然，物自生长；阴气自起，物自成藏。”(《论衡·自然》)“夫天道，自然也，无为。如谴告人，是有为，非自然也。”(《论衡·谴告》)由于天道自然无为，与政治人事无关，因而不能相互感应，也无所谓谴告，“夫人不能以行感天，天亦不随行而应人”(《论衡·明雩》)。由此而否定了天人感应学说。王充认为自己的学说是继承黄老的。他说：“虽违儒家之说，合黄、老之义也。”(《论衡·自然》)因为“黄、老之家，论说天道，得其实矣”(《论衡·谴告》)。

元气自然论 东汉王充的命题。王充说：“天地，含气之自然也。”“且夫天者，气邪？体也，如气乎？云烟无异。……是体也。如审然，天乃玉石之类也。”(《论衡·谈天》)“况天去人高远，其气莽苍无端末乎……(《论衡·变动》)“夫天者，体也，与地同。天有列宿，地有宅舍。宅舍附地之体，列宿着天之形。”(《论衡·祀义》)王充认为：天地是充满元气、永恒存在的物质性的自然物，不是超物质的人格神。他把日月星辰附着在天上看作如同房屋建造在地上一样，只是“天”离人高远而已。这种把天看做同地一样是有形的固体并不科学，但他认为天体充满莽苍无边无际如同云烟一样的气，名之为“含气之自然”，倡导元气自然论。实际上是对无形有情的人格之天的否定。

遇 东汉王充用语。在《论衡·逢遇》篇中，王充提出“仕宦无常遇”，“遇不遇，时也”的观点。认为：“进在遇，退在不遇。处尊居显，未必贤，遇也；位卑在下，未不愚，不遇也。”(《论衡·逢遇》)正如当时谚语所云：“力田不如逢年，善仕不如遇合 。”(《史记·佞幸传序》)光“善仕”还不行，还得遇合君王的赏识。在《论衡·命义》篇中更明确说：“遇者，遇其主而用也。”认为：“人有命有禄，有遭遇，有幸偶。”“幸偶”之“偶”，也作“遇”。《论衡·幸偶》：“由是以论，痈疽之发，亦一实也。气结瘀积，聚为痈，溃为疽创，流血出脓，岂痈疽所发，身之善穴哉？营卫之行，遇不通也。”裘锡圭《论衡》札记：“‘遇’当读为偶。”……“遇”与“偶”相通，谓偶然遭遇之意。《论衡》又有《偶会》篇，认为：“自然之道，适偶之数，非有他气旁物厌胜感动使之然也。”认为孔、孟不遇，“诚知时命当自然也”。汉高祖“命当自王”，韩信、张良“时当自兴”，“两相遭遇，若故相求”。何谓之“遇”？“不求自至，不作自成，是名为遇”（《论衡·逢遇》）。王充无法解释这种偶然性，只好归之于命。“凡人遇偶及遭累害，皆由命也”（《论衡·命禄》）。但王充对“遇”字的运用，比较灵活，有时又蕴含察言观色之意。《论衡·实知》：“春秋之时，卿、大夫相与会遇，见动作之变，听言谈之诡，善则明吉祥之福，恶则处凶妖之祸。明福处祸，远图未然，无神圣之知，皆由兆类。”此“遇”乃“案兆察迹，推原事类”之义。

偶 东汉王充用语。王充在《论衡》一书中，多次提到“偶”。既有篇名曰《幸偶》、《偶会》，也有说：“人偶自生”、“物偶自生”、“偶自然”（见《论衡·物势》）。他说：“夫以贤事贤君，君欲为治，臣以贤才辅之，趋舍偶合，其遇固宜。”（《论衡·逢遇》）“凡人操行有贤有愚，及遭祸福，有幸有不幸；举事有是非，及触赏罚，有偶有不偶”。（《论衡·幸偶》）“非唯人行，物亦有之”。“长数仞之竹，大连抱之木”，有的裁成器，有的遭废弃，“非工技之人有爱憎也，刀斧如有偶然也”（《论衡·幸偶》）。认为人的命运祸福，物事是非，甚至竹木的成器或废弃，蝼蚁的死活，野草的存亡，全都是偶然的。人有遭遇，有幸偶，都与“命”相联系。在无法解释的情况下，只好说：“凡人遇偶及遭累害，皆由命也。”（《论衡·命禄》）只能归之于神秘主义的宿命论。

物偶自生 东汉王充用语。人怎样诞生？万物如何产生？是历来思想家所探讨的命题。王充在《论衡·物势》篇中说：“儒者论曰：‘天地故生人。’此言妄也。天地合气，人偶自生也。犹夫妇合气，子则自生也。”“夫天不能故生人，则其生万物，亦不能故也。天地合气，物偶自生矣。”神学目的论者认为：人世间的人与物都是天“故生”，即有目的地生养出来。王充则认为：人与物都是天地合气“偶生”，即无目的地相结合而生育出来的。王充首先驳斥“天地故生人”的神学目的论虚妄谬论。既然天地不能故生人，那么天地也不能故生万物。而天地故生万物，应该使万物相亲相爱；但自然界的万物却互相残害。也有人说，“五行之气，天生万物”（《论衡·物势》）。但“五行相生相克”，不是相亲爱，而是相残害。王充肯定万物是“偶自生”，说：“夫天覆于上，地偃于下，下气烝上，上气降下，万物自生其中间矣。”（《论衡·自然》）认为天地是含气之自然，气和而物自生。万物也是含气之自然，得气而自成。比如：耕耘播种，成与不熟，就是由于得气不得气，这都是一种偶然的自然现象。但由于受当时科学水平限制，他只能以“偶自生”来解释万物的产生。

自生 东汉王充用语。指天和地无意识、无目的地产生人和万物。《论衡·物势》：“夫天地合气，人偶自生也。犹妇夫合气，子则自生也。”以“自生说”反对“天地故生人”、“天地故生物”的神学目的论。

触值之命 东汉王充用语。由外力导致身体受到伤害的命运。《论衡·气寿》：“凡人禀命有二品，一曰所当触值之命，二曰强弱寿夭之命。所当触值，谓兵烧压溺也。强寿弱夭，谓禀气渥薄也。”认为人除了因禀气不同导致身体本身有强弱的禀命外，还有因外力导致身体的伤害，从而改变命运。两种禀命不同的特点是，强弱寿夭之命可以由其禀气渥薄来判断身体的素质，以百岁为期，满之为寿，短之为夭，“禀寿夭之命，以气多少为主性也”。而触值之命由于外患往往具有偶然性、突发性，因而是不可预知的，“兵烧压溺遭以所禀为命，未必有审期也”。由此，王充批评孟子的道德性命说，认为：“夫孟子之言，是谓人无触命之性也。顺操行者得正命，妄行苟为得非正命，是天命于操行也。”（《论衡·刺孟》）

和气 东汉王充、王符用语。有多种含义。(1)指元气。王充认为：“上世和气纯渥，婚姻以时，人民禀善气而生，生又不伤，骨节坚定，故长大老寿，状貌美好。”（《论衡·齐世》）又说：“夫天地气和，即生圣人。圣人之治，即立大功。和气不独在古先，则圣人何故独优？”（同上）王符说：“元气窈冥，未有形成。……清浊分割，变成阴阳，阴阳有体，实生两仪，天地壹郁，万物化淳，和气生人，以统理之。”（《潜夫论·本训》）此处所说的“和气”，即指一种元气。是由道教最早倡之。认为人是自然之子，元气自化，分为阴阳，阴阳交合，和气生人。也就是意谓天地人三才异务，各循其道，人禀中和之气，而使宇宙平衡前进。(2)指中和之气。王充《论衡·齐世》：“是故，天本诸阳，地本诸阴，人本中和。三才异务，相待而成，各循其道，和气乃臻，机衡乃平。”王符《潜夫论·德化》：“民之胎也，合中和以成。”“故民之有心也，犹有种之有园也。遭和气，则秀茂成实。”又《潜夫论·班禄》：“是以官长正而百姓化，邪心黜而奸慝绝，然后乃能协和气而致太平也。”此处说的“和气”，是指“致中和”（《礼记·中庸》）的中和之气。是由儒家所倡导的，这种元气能使天地万物不偏不倚，各得其所，从而达到和谐的境界。但上述两种“和气”又往往是相互交叉，很难截然划分。王充、王符的论述，反映了汉代儒道思想合流的倾向。

光气 东汉王充用语。意为可以让人们感觉到的人体瑞应之气。王充以“气”说明一切事物，不仅万物分为阴气、阳气、土气、水气、火气等等，而且人有人气。人气因人而异，分为天子之气、善恶之气、仁气、光气、刑气等等。其中，光气是一种他人可感知的人的命运的征兆。他说：“凡人禀贵命于天，必有吉验于地。见于地，故有天命也。验见非一，或以人物，或以祯祥，或以光气。”“盖天命当兴，圣王当出……禀天光气，验不足言。”（《论衡·吉验》）光气不仅人可以感受到，而且动物也有感应，“邑县吉安，长吏无患，虎匿不见；长吏且危，则虎入邑，行于民间。何则？长吏光气已消，都邑之地与野均也。”（《论衡·遭虎》）这一观点被后世学者批评为具有天命论迷信色彩。

虚象 东汉王充用语。指虚幻的假象。王充认为：“夫以耳目论，则以虚象为言；虚象数，则以实事为非，是故是非者不徒耳目，必开心意。”（《论衡·薄葬》）如果捕风捉影，人云亦云。或者仅凭虚幻的验应，把实有的东西当作海市蜃楼，那都是错误的。因此判断事物的是非，不能仅凭耳闻目见，必须打开心扉（古人错误地认为“心”是思维器官），认真思考，以免被虚象所蒙蔽。是王充对狭猛经验论的批评。参见“以心原物”。

实事 东汉王充用语。王充说：“儒者说《五经》，多失其实。……故虚说传而不绝，实事没而不见。”（《论衡·正说》）“夫幽冥之实尚可知，沈隐之情尚可定，显文露书，是非易见，笼总并传非实事”（《论衡·书虚》）。“虚象数，则以实事为非”（《论衡·薄葬》）。“实事者谓亡秦恶甚于桀、纣”（《论衡·齐世》）。并由此批评儒者说经，多失其实。强调认识要符合实际，以“实事”反对“虚说”、“虚象”、“虚妄”。主张“核事理之情，定说者之实也”（《论衡·宣汉》）。“故虚妄之语不黜，则华文不见息；华文放流，则实事不见用”（《论衡·对作》）。以“情”和“实”来评判事理；以“实事”来罢黜虚妄之语、浮华之文。

实诚 东汉王充用语。即真诚、真美。王充在《论衡》中，多次强调“实诚”：“实诚在胸臆，文墨著竹帛，外内表里，自相副称，意奋而笔纵，故文见而实露也。”（《论衡·超奇》）“圣人作经气，著传记，匡济薄俗，驱民使之归实诚也。”（《论衡·对作》）认为其作《论衡》也在于世人多不实诚：“又伤伪书俗文，多不实诚，故为《论衡》之书。”（《论衡·自纪》）“虚妄显于真，实诚乱于伪，世人不悟，是非不定，紫朱杂厕，瓦玉集糅，以情言之，岂吾心所能忍哉！”（《论衡·对作》）认为蕴藏在胸中的真情实感，通过笔墨著之于竹帛。只有意气风发，才能笔墨恣肆，所作文章才能显现作者的真情实感、真美文思。古者圣贤写书作传，乃是为了“匡济薄俗”，教育百姓，使他们回归到淳朴真诚的世界。作者深感世间的伪书俗文，很多都不是作者的真情实感，因而写作《论衡》一书，“就世俗之书，订其真伪，辩其实虚”（《论衡·对作》）。认为：具有“实诚”的好文章，应该“论之应理，犹矢之中的。夫射以矢中效巧，论以文墨验奇”（《论衡·超奇》）。“《论衡》之造也，起众书并失实，虚妄之言胜真美也。”（《论衡·对作》）反映了王充“实事疾妄”（《论衡·对作》），以真美之言，批判当时流行的虚妄的神鬼迷信思想。

任耳目定情实 东汉王充用语。王充在《论衡·实知》中说：“实者，圣贤不能性（生）知，须任耳目以定情实。”指出即使圣贤也不可能生而知之。必须通过耳目这些感觉器官，才能了解实际情况，认识客观世界。主张感觉经验是认识的来源。这与他在同篇文章中说的“如无闻见，则无所状”是紧相呼应的。只要是“任耳目”，“可知之事，思之辄决；不可知之事，待问乃解”（同上）。说明人类在认识活动中，感性认识所起的重要作用。

达视洞听 东汉王充用语。指看得透彻，听得清楚。也就是无所不见，无所不闻。《论衡·实知》：“先知之见方来之事，无达视洞听之聪明，皆案兆察迹，推原事类。”认为要预见未来之事，不能靠所谓达视洞听的小聪明，而要靠案察事情发展的征兆痕迹，来推断溯源事物的本来面目。“凡圣人见祸福也，亦揆端推类，原始察终，从闾巷论朝堂，由昭昭察冥冥。”（同上）

以心原物 东汉王充用语。即用心（大脑）对事物进行认真思考。王充在《论衡·薄葬》批评墨家：“墨议不以心而原物，苟信闻见，则虽效验章明，犹为失实。”墨议，指墨子的《明鬼》。墨家右鬼，尊崇鬼神。王充主张神灭，无鬼。认为墨家主张薄葬，可是又提倡“右鬼”，是自相矛盾。究其原因，在于没有“以心原物”。古人限于科学水平，不了解大脑是思维器官，误认为“心”是思维器官。原，探究。王充认为假如只是草率相信耳闻目见，即使“效验”清楚，也可能“失实”。因此要明辨是非，必须“以心原物”，通过理性思维，才能探究事物的真相。

实知 东汉王充用语。语出《论衡·实知》。意指有根据的预测、判断。王充说：“实者，圣贤不能性（生）知，须任耳目以定情实。其任耳目也，可知之事，思之辄决；不可知之事，待问乃解。天下之事，世间之物，可思而知，愚夫能开精；不可思而知，上圣不能省。”王充认为，圣贤能够预知，是因为他们能够把握事物的征兆，得出正确的判断。指出：“先知之见，方来之事，无达视洞听之聪明，皆案兆察迹，推原事类。……无神怪之知，皆由兆类。以今论之，故夫可知之事者，思虑所能见也；不可知之事，不学不问不能知也。不学自知，不问自晓，古今行事，未之有也。夫可知之事，惟精思之，虽大无难；不可知之事，厉心学问，虽小无易。故智能之士，不学不成，不问不知。”他批评“儒者论圣人，以为前知千岁，后知万世，有独见之明，独听之聪，事来则名，不学自知，不问自晓”。他还揭露当时的谶纬迷信之虚妄，说：“谶书秘文，远见未然，空虚暗昧，豫睹未有，达闻暂见，卓谲怪异，若非庸口所能言。”但王充认为，有些事情即便是学习，也是不能知晓的，“圣人知事，事无不可知。事有不可知，圣人不能知。非圣人不能知，事有不可知。及其知之，用不知也。故夫难知之事，学问所能及也；不可知之事，问之学之，不能晓也”（同上）。

知实 东汉王充用语。意与“实知”略同，尤指有效验的论说。王充指出：“凡论事者，违实不引效验，则虽甘义繁说，众不见信。论圣人不能神而先知，先知之间，不能独见；非徒空说虚言，直以才智准况之工也。事有验证，以效实然。”（《论衡·知实》）并从先秦经籍中举出十六个事例，用“以子之矛，攻子之盾”的思想方法，依据事理，说明“圣人不能神而先知"(同上)。认为圣人不是天生的神物,根本不可能有什么先验的知识。同时,明确指出:"圣可学为。"任何人只要通过学习,就能掌握知识可能成为圣人。圣与贤虽然名号不同,也未必"才相悬绝,智相兼倍"。圣人的先知,只不过是在"巧商善意"、"广见多记"的基础上,"据象兆,原物类,意而得之"。是凭已有的知识经验,"见窍睹微,思虑洞达"(同上),据客观事物的征兆,开展积极思维,得出比较正确的推类判断的结果。

性知 东汉王充用语。指禀天之性而知。即生而知之,是先验性的知。王充指出:"天地之间,含血之类,无性知者。"(《论衡·实知》)又说:"圣贤不能性知。"认为"狌狌知往,鸨鹊知来",那是自然禀受的天性。圣贤不是狌狌之类的鸟兽,当然也不能"性知"。至于所谓"神而先知",那是巫妖作祟。圣贤既然不是巫妖,自然不可能"神而先知"。"圣人疾,贤人迟;贤者才多,圣者智多"(同上),虽有才智多少的差异,但圣与贤乃同党之人,他们都得通过后天学习才能获取应有的知识。

知物由学 东汉王充用语。指认识事物,都必须通过学习。"人才有高下,知物由学,学之乃知,不问不识。"(《论衡·实知》)不论人的才华高下,只有通过学习,才能认识世界,即使五帝、三皇都是聘有老师的。"所谓圣者,须学以圣"。只有通过学习,才能成为圣人。从而肯定后天学习的重要性。

神而先知 东汉王充用语。"论圣人不能神而先知,先知之间,不能独见,非徒虚说空言,直以才智准况之工也。"(《论衡·知实》)明确指出即使圣人也不可能"神而先知"。所谓"先知",亦只是对事物发展的预见,也不可能是凭空臆造的瞎说,而是要靠才能、智慧进行比拟、推断的结果。也是对西汉董仲舒的"预决吉凶"神学迷信的批判。

性与命异 东汉王充用语。《论衡·命义》:"夫性与命异,或性善而命凶,或性恶而命吉。操行善恶者,性也;祸福吉凶者,命也。或行善而得祸,是性善而命凶;或行恶而得福,是性恶而命吉也。"认为"性自有善恶,命自有吉凶",同时,"性命俱禀,同时而得,非先禀性后乃生命也。"(《论衡·初禀》)由此性之善恶与命之吉凶并无因果报应之理。但王充又认为:"命则不可勉",以为"贵贱在命,不在智愚;贫富在禄,不在顽慧"(《命禄》)。在否定当时流行的"天道福善祸淫"的"随命"说的同时,肯定贫富贵贱禀气而定的宿命论。

性命气禀 东汉王充关于人性的善恶皆由禀气而定的理论。他从元气自然论出发,以人禀气有厚薄、多少来解释人性善恶、贤愚之由来。"禀气有厚泊,故性有善恶也"。又说:"人之善恶,共一元气,气有少多,故性有贤愚"(《论衡·率性》)。并由此推断:"性有善不善,圣化贤教不能复移易也。"(《本性》)但又认为:"凡含血气者,教之所以异化也"(《率性》),"人之性善,可变为恶,恶可变为善"(同上),肯定了圣教习俗可以变易气禀本性。又以气禀释命。"命,谓初所禀得而生也"(《初禀》),"禀寿夭之命,以气多少为主性也"(《气寿》),"至于富贵,所禀犹性。所禀之气,得众星之精;众星在天,天有其象,得富贵象则富贵,得贫贱象则贫贱"(《命义》)。视命之寿夭、富贵均由禀气先天而定,陷入了宿命论。其说对后世儒学的人性论有一定影响。

言增其实 东汉王充用语。指言过其实,尤指经典书籍中虚妄不实的记载。王充在《论衡》的《语增》、《儒增》、《艺增》等篇中列举了大量古代经典著作和传说中的虚妄不实之处,并予以澄清。认为:"世俗所患,患言事增其实;著文垂辞,辞出溢其真,称美过其善,进恶没其罪。"言增其实的原因主要是"俗人好奇。不奇,言不用也。故誉人不增其美,则闻者不快其意;毁人不益其恶,则听者不惬于心",才会出现"闻一增以为十,见百益以为千"的现象。认为:"言审莫过圣人,经艺万世不易,犹或出溢增过其实。"在《问孔》篇中也指出:"夫贤圣下笔造文,用意详审,尚未可尽得其实",批评"世儒学者,好信师而是古,以为圣贤所言皆无非,专精讲习,不知难问"。

效验 东汉王充用语。"效"即立论的标准或根据;"验"即验证。论证一个正确命题的根据。"事有证验,以效实然"(《论衡·知实》)。认为经验事实是验证论断是否正确的标准。并指出:"凡论事者,违实不引效验,则虽甘义繁说,众不见信。"(同上)若没有经验事实为根据进行论证,那么再好的理论也是不会有人相信的。

揆端推类 东汉王充用语。"揆"即估量;"端"即开端。根据事物发生的初始情况类推事物发展的趋势。《论衡·实知》:"凡圣人见祸福也,亦揆端推类,原始见终;由闾巷论朝堂,由昭昭察冥冥。"王充认为圣人前知千岁,后知万世,非不学自知,而是"缘前因古,有所据状","放象事类以见祸,推原往验以处来。"(同上)并认为这种推理能力不仅圣人有,贤者亦有,甚至"妇人之知"也能"推类以见方来"(同上)。

察非 东汉王充用语。即"辨谬"。王充认为,辨谬需要思维正确。"心善则能辨然否","用明察非,非无不见"(《论衡·定贤》)。

口辩 东汉王充用语。与"心辩"相对。与事实相违,与道理相悖,言辞很动听,只能胜人以口,不能胜人以心之辩。认为与"心辩"相比,则"口辩"往往"辞好而无成"(《论衡·定贤》)。参见"心辩"。

心辩 东汉王充用语。指认识正确,有根据,讲道理,能使人心悦诚服,为世所用之辩。与"口辩"相对。王充认为"言得道理之心,口虽讷不辩,辩在胸臆之内矣"(《论衡·定贤》)。因此,心要明理,"心善则能辩然否"。并认为"心辩则言丑而不违,口辩则辞好而无成","故人欲心辩,不欲口辩"(同上)。

物气钧适 东汉王充用语。意为事物之间的联系与变化有一定的量的比例关系。王充说:"五行相胜,物气钧适。如泰山失火,沃以一杯之水;河决千里,塞以一掊之土,能胜之乎?非失五行之道,小大多少不能相当也。天地之性，人物之力，少不胜多，小不厌大。使三军持木杖，匹夫持一刃，伸力角气，匹夫必死。金性胜木，然而木胜金负者，木多而金寡也。积金如山，燃一炭火以燔烁之，金必不消，非失五行之道，金多火少，少多小大不钧也。”(《论衡·调时》)他认为：“敌力角气，能以小胜大者希；争强量功，能以寡胜众者鲜。天道人物，不能以小胜大者，少不能胜多。”(同上)

齐世 东汉王充用语。意为古今各个时代圣王之治相同，民众禀气均等。王充主张今昔相同，甚至今胜于昔。指出：“夫上世治者，圣人也；下世治者，亦圣人也。圣人之德，前后不殊，则其治世，古今不异。上世之天，下世之天也。天不变异，气不改更。上世之民，下世之民也，俱禀元气。元气纯和，古今不异，则禀以为形体者，何故不同？夫禀气等则怀性均，怀性均则形体同，形体同则丑好齐，丑好齐则夭寿适。一天一地，并生万物。万物之生，俱得一气。气之薄渥，万世若一。帝王治世，百代同道。”(《论衡·齐世》)他还在《宣汉篇》、《恢国篇》、《须颂篇》等篇中，用诸多历史事例，特别是用汉代威盛于前代的事实，批评今不如昔的传统思想。

为世用 东汉王充用语。“为世用者，百篇无害；不为用者，一章无补。”(《论衡·自纪》)强调文章要有现实意义，应具有“纯诚之化”和“礼义之化”的社会功用。前者指艺术的“真”、“实”，亦即使人明白事理的认识作用；后者指“劝善惩恶”的道德教化作用。“纯诚之化”是“礼义之化”的基础，“失实之议难以教，虽得愚民之欲，不合知者之心”(《论衡·薄葬》)这一思想与其崇真尚实的文学主张相一致，对后世强调文学“经世致用”的观点有一定的影响。

疾虚妄 东汉王充用语。疾，厌恶、憎恨。虚妄，虚假不实。语出《论衡·佚文》：“《论衡》篇以十数，亦一言也，曰疾虚妄。”王充主张“真美”，反对“空生虚妄之美”。认为审美观照必须以客观事实为依据，不应以“虚妄之美”为美而“悦而不舍”。强调文质相符，反对华文伪饰，“褒增过其实”，否定艺术创造的夸张和虚构。

真美 东汉王充用语。与“虚妄”相对。《论衡·对作》：“是故《论衡》之造也，起众书并失实，虚妄之言胜真美也。”“真”主要指对各种人物事件的论述评价必须合乎事实，不能“增益实事，为美盛之语”(同上)。要求美必须与真相统一。但王充不了解艺术真实和历史实录的区别，把文艺的“真”混同于日常感官经验的真，因而反对艺术创作的虚构和夸张。

德盛文缛 东汉王充用语。“德盛”指道德修养的充实完满，“文缛”指文学艺术形式的丰实多彩。《论衡·书解》：“德弥盛者文弥缛，德弥彰者人弥明。”认为文艺作品应当有质有文，“文实副称”，通过藻饰瑰丽的形式来表现充实深厚的思想内容。强调文艺创作中创作主体的“德”对创作对象的“文”具有决定作用，德盛才能文缛。认为“文由胸中而出，心以文为表”(《论衡·超奇》)，作者必先有“实诚在胸臆”，具有一定的道德修养，才能写出“文辞旋没，实情敷烈”，符合“真美”标准的文章。

心善无不善 东汉王充用语。语出《论衡·定贤》。意为善心决定其言行均为善。王充认为，“真贤集于俗士之间”，“贤者还在闾巷之间”。而知贤的方法则是“观善心也”。王充说：“何以观心？必以言。有善心，则有善言。以言而察行，有善言则有善行矣。……故心善，无不善也；心不善，无能善。”由此王充认为“虽贫贱困穷，功不成而效不立，犹为贤矣。故治不谋功，要所用者是；行不责效，期所为者正”。

有知学则有力 东汉王充的命题。意为有知识有学问则有力量。王充说：“人生莫不有力”，分体力和知(才)力两种。“《程才》、《量知》之篇，徒言知学，未言才力也。人有知学，则有力矣。文吏以理事为力，而儒生以学问为力。……博达疏通，儒生之力也；举重拔坚，壮士之力也。”(《论衡·效力》)又以管仲为例，指出“桓公九合诸侯，一匡天下，管仲之力”。所以，“论道议政，贤儒之力也”，“文儒才能千万人矣”。王充一方面推崇知学之力，认为“人生莫不有力，所以为力者，或尊或卑。孔子能举北门之关，不以力自章，知夫筋骨之力，不如仁义之力荣也”。另一方面，王充也指出：“故夫文力之人，助有力之将，乃能以力为功”。王充的“有知学则有力”这一哲学命题被誉为早于西方思想家培根的“知识就是力量”的名句。

精神依倚形体 东汉王充关于形神关系的命题。意为人的精神、意识依赖人的身体。王充指出：“人之精神藏于形体之内，犹粟米在囊橐之中也。”“人之所以聪明智慧者，以含五常之气也；五常之气所以在人者，以五脏在形中也。……人死，五脏腐朽，腐朽则五常无所托矣，所用藏智者已败矣，所用为智者已去矣。”“死而形体朽，精气散”，“精神本以血气为主，血气常附形体”。因此，精神与肉体的关系是“形须气而成，气须形而知”，“天下无独燃之火，世间安得有无体独知之精？”其结论是：“精神依倚形体”(《论衡·论孔》)。

道根 东汉王符用语。《潜夫论·本训》：“道德之用，莫大于气，道者之根也，气所变也，神气之所动也。”王符认为，对“元气”来说，“莫制莫御”，没有什么控制者、主宰者。所有自然现象，天地人物，变易吉凶，甚至鬼神，“莫不气之所为也”。天地人物一切都以“气”为根，“道”也是“气”派生出来，人世间一切都是由于“气”的“翻然自化”而产生。从而肯定了气一元论的宇宙观。

人事为本，天道为末 东汉仲长统用语。《昌言·阙题》：“从此言之，人事为本，天道为末，不其然欤？”仲长统所说的“知天道”、“信天道”的人，指的是“巫医卜祝之伍”。他们干的是“下愚不齿之民”、“昏乱迷惑之主”、“覆国亡家之臣”的事情。所谓“天道”，就是神学迷信，因此贬之为“末”。强调应该注重“人事”，即着眼于“布德生民，建功立业”，解决社会实际问题，因此尊之为“本”。主张“唯人事之尽耳，无天道之学也”。“唯贤是亲，勤恤政事”，以求得“政平民安，各得其所”(同上)。但他又主张“用天之道”即自然之道，“所贵乎用天之道者，则指星辰以授民事，顺四时而兴功业”。这里的“天”，则指星辰运行、四时变化等自然规律。要求人们利用自然，改造自然，争取农业丰收，造福人类社会，尽最大的人事。

务本抑末 亦作“崇本抑末”。王符的政治观。他针对汉末“今举世舍农桑，趋商贾”、“治本者少，浮食者众”(《潜夫论·浮侈》)的现实，较详尽论述了这一思想，指出：“故明君莅国，必崇本抑末，以遏乱危之萌，此诚治乱之渐，不可不察也。”(《潜夫论·务本》)并对“本”与“末”从更广角度予以考察，认为：“凡为治之大体，莫善于抑末而务本。”“夫为国者，以富民为本”。“夫富民者，以农桑为本，以游业为末。百工者，以致用为本，以巧饰为末。商贾者，以通货为本，以鬻奇为末。三者，守本离末则民富，离本守末则民贫”。以此作为国家贫富治乱安危的大策。

崇本抑末 即“务本抑末”。

公法 东汉王符用语。《潜夫论·潜叹》：“夫国君所以致治者，公也。公法行，则宄乱绝。佞臣之所以便身者，私也。私术用，则公法夺。”认为公与私相对立，自古而然。只有秉公执法，才能国泰民安。如果私术猖獗，以致公法不能执行，宄乱即生，国亦危矣！

伪假天威 东汉仲长统用语。《昌言·理乱》：“于斯之时，并伪假天威，矫据方国，拥甲兵与我角才智，程勇力与我竞雌雄，不知去就，疑误天下，盖不可数也。”仲长统认为，在社会各集团“角智”、“角力”复杂而激烈的斗争中，人们往往假借“天命”、“天威”在起作用，实际上是“人命”、“人威”的表现。反映出仲长统否定了神学目的论的说教，要求人们从社会历史自身发展变化中去认识历史、认识现实，是一种进步的社会历史发展观。

四患 东汉荀悦用语。《申鉴·政体》：“致治之术，先屏四患。”认为：实现天下太平之术，先要消除四种祸患。“一曰伪，二曰私，三曰放，四曰奢。伪乱俗，私乱法，放越轨，奢败制，四者不除，则政末由行矣。”(同上)因为虚伪会败乱风俗，自私会损害法制，放纵会偏离轨道，奢侈会破坏制度。认为如果风俗败坏，规矩就要荒弃，即使天地也不能保其常性。如果法制破坏，社会就要倾覆，即使君主也不能维持常度。如果偏离轨道，就要丧失礼制，即使圣人也不能保全正道。如果制度败坏，就要贪欲横行，即使四方万物也不能满足要求。

五政 东汉荀悦用语。《申鉴·政体》：“致治之术……乃崇五政。”“五政”，指做好五件政事，即“兴农桑以养其生，审好恶以正其俗，宣文教以章其化，立武备以秉其威，明赏罚以统其法”(同上)。认为要振兴农桑二业来供给百姓的生活需求，审查民情好恶来纠正不良风俗，发展文教事业来宣扬教化作用，建立武备以树立政府权威，严明赏罚以综理法令的实施。

美善同意 东汉许慎用语。意指美和善在作为美味的感官快感意义上相通。《说文解字》：“美，甘也。从羊，从大。羊在六畜，主给膳也。美与善同意。”甘，指适口，即羊之肥大能给人以味觉的快感，从字源意义上看，美的意义指向人们的味觉感官的愉悦性；而善则为“膳食”、“进膳”之“膳”的初写形式(徐中舒《甲骨文字典》卷三)；羊，“主给膳也”，人以羊为美味，故善有吉美之意。“同意”亦是从字源的角度来说，事物的审美和实用意义是结合的，而且往往是先有实用价值，而后再会产生审美价值。这种美学观在一定程度上肯定感官之于审美的基础和必要性。这与儒家以“尽善”、“尽美”、“比德”取善的伦理道德意义的美学观有所区别。

实立名从 汉末魏初徐幹提出的命题。 名实问题，是中国古代哲学家反复论辩的命题。先秦时孔子、公孙龙子、后期墨家都曾有所论述。徐幹面对后汉末年，崇尚德行矫情过甚，砥砺名节纯属虚伪的现状，凡指陈时事，力辟时弊，而归于孔、孟中正之道。他说：“君子之辨也，欲以明大道之中也。”(《中论·核辨》)因名其书曰《中论》。其主旨为了“上求圣人之中，下救流俗之昏者”(《中论序》)。针对当时辨者不论是非曲直，仅凭能说会道，“盖闻辨之名，而不知辨之实”(《中论·核辨》)的弊端，他主张：“名者，所以名实也。实立而名从之，非名立而实从之也。”(《中论·考伪》)并以通俗的语言说：“故长形立而名之曰长，短形立而名之曰短，非长短之名先立，而长短之形从之也。”“夫名之系于实也，犹物之系于时也。物者，春也吐华，夏也布叶，秋也凋零，冬也成实”(同上)，乃自然界变化的规律，非人力所能强为。他痛恨伪名，反对真伪相冒，是非颠倒，“名实不相当”(《中论·审大臣》)的现象。这种实立名从、名实要相当的理论，开创了汉魏名理之学的先河。

明哲穷理 汉末魏初徐幹提出的命题。为论证当时偏重才能、轻视德行的思想而提出。他提出“士或明哲穷理，或志行纯笃，二者不可兼，圣人将何取”(《中论·智行》)的问题，并认为宁取明哲。“明哲”，原于《诗·大雅·烝民篇》：“既明且哲，以保其身。”“明哲”也是与“志行”相对立的范畴，指才智而言，“志行”指品德。徐幹认为“夫明哲之为用也，乃能殷民阜利，使万物无不尽其极者也”(同上)。因为“明哲”能使民富财丰，万物尽其用。他还列举伏羲作八卦，文王增其辞，《书》美唐尧，直至汉高祖赖张子房权谋以建帝业，说明“盛才所以服人也”(同上)。并认为一个人只要富有才智，即使缺乏善行也无妨。因为“圣人贵才智之特能立功立事益于世矣”(同上)。只有“明哲”，才能“穷理”。只有明智睿哲之人，才能洞达事物之理。这种以为凭着才智就能建功立业的思想，反映了当时时代思潮的特点。

术数 一称“数术”。“术”指方术，“数”指气数。即以阴阳五行生克制化之理，附会各种迷信杂说，推测人和国家的气数和命运。渊源于古代巫和史官用以窥测天意和代表鬼神发言。《汉书·艺文志》列为天文、历谱、五行、蓍龟、杂占、形法等六种。并云："数术者，皆明堂羲和史卜之职也。"《四库全书总目·术数类一》："术数之兴，多在秦汉以后。要其旨，不出乎阴阳五行，生克制化，实皆《易》之支派，傅以杂说耳。"它固然是迷信，却也含有零碎的科学知识和技能。如"天文"和"历谱"包含着最早的天文学知识，"形法"含有生理学和地学的知识。后世称术数者，一般专指各种迷信方术，如星占、卜筮、六壬、奇门遁甲、命相、拆字、起课、堪舆、占候等。"术数"有时也指权术。主要指以刑名之道进行统治的方法。《管子·明法解》："明主者，有术数而不可欺也。"《韩非子·奸劫弑臣》："人主非有术数以御之也，非参验以审之也。"《汉书·晁错传》："人主所以尊显，功名扬于万世之后者，以知术数也。"张晏注："术数，刑名之术也。"臣瓒注："术数谓法制治国之术也。"

数术 即"术数"。

谶纬 一种神学迷信。流行于西汉末和东汉时。为当时封建统治者所倡导的官方正统的社会思想。"谶者，验也"（许慎《说文解字》），是一种"诡为隐语，预决吉凶"（《四库全书总目提要》）的宗教预言，又名"符谶"、"符命"，有的有图有字，名"图谶"。"纬，织横丝也"（《说文解字》），相对"经"而言，是以巫师、方士的迷信方术附会儒家的经义，假托天意圣教来言符箓瑞应。《四库全书总目提要》说："纬者经之义流，衍及旁义。"谶纬大体以《易经》中河图、洛书的神话传说和西汉董仲舒的天人感应说为理论根据，编造影射性的图谶符命，为巩固统治或改朝换代提供"天命"上的根据。谶与纬作为神学预言，在实质上没有多少区别，但就产生的先后来说，则谶先于纬，《史记》载："亡秦者，胡也"（《秦本纪》），以及"篝火狐鸣"、"鱼腹帛书"（《陈涉世家》）已开用谶之先声。汉初的京房易学、齐诗、公羊传中开始有后世纬书的成分。汉武帝以后，独尊儒术，经学地位提高，产生了依傍、比附经义的纬书。谶纬在西汉后期开始盛行，王莽"改制"，光武"中兴"都曾利用谶纬作为合法依据。光武即位，崇信谶纬，中元元年(56)"宣布图谶于天下"，使谶纬在东汉时达到极盛。当时称为"内学"，"士之赴趣时宜者，皆驰骋穿凿争谈之"（《后汉书·方术传》）。经过石渠阁和白虎观两次经学会议，在《白虎通义》中进一步完成谶纬与今文经学的结合，使谶纬神学在意识形态上遂居于统治地位。随着汉末的今古文经学的合流以及魏晋之际玄风的兴起，谶纬逐渐衰落，但在王朝更迭时，一般仍用来作为膺受天命的根据。从南朝刘宋开始禁谶，"及（隋）高祖受禅，禁之逾切，炀帝即位，乃发使四出搜天下书籍，与谶纬相涉者皆焚之"（《隋书·经籍志》）。后谶纬之书遂大部分失传。在《玉函山房辑佚书》中保留有纬书的一些片断。清殷元正《集纬》、清赵在翰《七纬》、清黄奭《汉学堂丛书》都有辑佚多种。1971年以来日本安居香山、中村璋儿编辑的《纬书集成》陆续出版，搜集较为完备。除去其中迷信部分，也含有某些天文、历法、地理、乐律、医学等方面的科学资料，如《河图》："地恒动不止"；《河图·开始图》："阴阳相薄为雷"；《春秋·元命包》："阴阳激为电"等等。

符谶 汉代谶纬神学的一种表现形式。谶纬是天命神学与今文经学相结合的产物。"谶"，是用宗教迷信诡秘性隐语以预言日后膺受"天命"的征兆。汉代巫师、方士、经师力图"证明"各种"谶"都是"符合"天命的昭示，是"天"、"神"之意的体现，故又称为"符"、"符命"或"符谶"。参见"谶纬"、"图谶"。

图谶 即"谶书"。是巫师或方士制作的一种隐语或预言，作为吉凶的符验，也常为王者膺受"天命"的征兆。《后汉书·光武帝纪》："宛人李通等，以图谶说光武云：'刘氏复起，李氏为辅。'"唐李贤注："图，河图也；谶，符命之书。谶，验也。言为王者受命之征验也。"有些附图的谶书也称为"图谶"。参见"谶纬"。

谶书 即"图谶"。

图纬 即指谶纬之书。《后汉书·张衡传》："中兴之后，儒者争学图纬。"《文选》蔡邕《郭有道碑文》"遂考六经，探综图纬。"李善注："图，《河图》也。纬，六经及《孝经》皆有纬也。"指河洛图谶及七经纬。

图录 亦作"图箓"。即谶纬之书。《后汉书·方术列传·谢夷吾传》"推考星度，综校图录"。

图箓 即"图录"。

纬候 即指谶纬之书。《后汉书·方术传序》"纬候之部"。李贤注："纬，《七经纬》也。候，《尚书中候》也。"谶纬中往往观测天文星象以候符命吉凶，故谶纬又称为"纬候"。

符纬 即"谶纬"。《宋书·庐陵王义真传》"协应符纬"。以谶纬之书，托为神灵，皆有符验，故称。

秘经 指"谶纬"。《后汉书·苏竞传》："孔丘秘经，为汉赤制。"李贤注："秘经，幽秘之经，即纬书也。"汉儒迷信谶纬者都认为谶纬书为孔子所作，秘密传授，故又称"孔丘秘经"。

符命 指天降祥瑞，以示帝王受命的符信。《汉书·诸侯王表》："班行符命。"相传文王之时"赤鸟衔丹书集于周社"。是周王朝受命之符。《礼记·中庸》"国家将兴，必有祯祥。"《吕氏春秋·应同》："凡帝王之将兴也，天必先见祥乎下民。"均指符命。汉代谶纬中，以孔子为黑帝之子，以鲁哀公十四年"西狩获麟"为孔子受命的符瑞。许慎《五经异义》曰："左氏说，麟是中央轩辕大角兽。孔子备《春秋》者，礼修以致其子，故麟来为孔子瑞。"（《礼记·礼运》正义引）公羊说则以获麟为孔子受命之瑞，又为周亡天下之异。

获麟 语出《春秋》哀公十四年（前481年）"春，西狩获麟。"《公羊传》："西狩获麟，孔子曰：吾道穷矣！"关于获麟的意义，公羊家认为有三种含义：其一为获麟而死，乃周朝将亡之征；其二麟的出现为孔子受命为汉帝制法之祥瑞；其三获麟而死为孔子将殁之征，故曰："吾道穷矣！"

血书端门 汉代纬书之说。《春秋·演孔图》云："得麟之后，天下血书鲁端门，曰：'趋作法，孔圣没，周姬亡，彗东出，秦政起，胡破术，书记散，孔不绝。'子夏明日往视，血书飞为赤鸟，化为白（帛）书，署曰：《演孔图》。中有作图制法之状。"（《公羊传》哀公十四年何休解诂及徐疏并引此文）"天下血书"的"下"为动词，鲁端门，即孔府的正门。《春秋·说题辞》亦有此说，文字略同。

太易 指宇宙形成过程中"未见气之前"的阶段。与《易传》中的"太极"、《老子》中的"浑成"含义相近。《列子·天瑞》篇："夫有形者，生于无形，则天地安从生？故曰：有太易，有太初，有太始，有太素。太易者，未见气也。""视之不见，听之不闻，循之不得，故曰易也。"参见"太始"、"太初"、"太素"。

太始 万物形成时的最初状态。《易纬·乾凿度》："太始者，形之始也。"《易·乾卦》："大哉乾元，万物资始。""大"同"太"。三国魏王弼疏："大哉乾元者，阳气昊大，乾体通广，又以元大始生万物，故曰大哉乾元。万物资始者，释其乾元称大之义，以万象之物皆资取乾元而各得始生，不失其宜，所以称大也。"又认为"太始"表现为气，《易·系辞传上》："乾知太始，坤作成物。"韩康伯疏："乾知太（大）始者，以乾是天阳之气，万物皆始在于气，故云知其太（大）始也。"参见"太初"、"太素"。

太素 构成宇宙万物始基的最初物质形态。"素"可作"质"解。《礼记·仲尼燕居》注："素，犹质也。"《白虎通义·天地》篇："形兆既成，名曰太素。"《易纬·乾凿度》："太素者，质之始也。"参见"太初"、"太始"。

幻化 指事物现象空无实性。《列子·周穆王》："穷数达变，因形移易者，谓之化，谓之幻。"后佛经中亦常提"幻化"："于一切法，知见通达，皆如幻化"，"以诸有情，自不能知，皆如幻化"（《大般若经·诸法平等品》）。"譬如幻化人，非无幻化人，幻化人非真人也"（僧肇《不真空论》）。

浑沦 《列子》用语。指事物形质初具，又未分离的状态。《列子·天瑞》篇："太始者，形之始也，太素者，质之始也。形质具而未相离故曰浑沦。浑沦者，言万物相浑沦而未相离也。"

生化 指事物的发展变化。先秦时多用"生生"、"化"、"变"等表示。《周易·系辞上》："生生之谓易。""化而裁之谓之变。"汉初，"生化"开始连用，《素问·天元纪大论》："物生谓之化。"《素问·五常政大论》："不知年之所加，气之同异，不足以言生化。"《列子·天瑞》："自生自化，自形自色。"魏晋以后，"生化"一词渐由"独化"（郭象）、"神化"、"变化"（张载）等取代，一般不再连用。

机 原意为控制矢发的弩牙。《说文解字》谓："主发谓之机。"后在社会政治、医学、哲学中被引用。《礼记·大学》："一家仁，一国兴仁……其机如此。"《淮南子·主术训》："治乱之机。"《素问·离合真邪论》："知其可取如发机……故曰知机道者不可挂以发，不知机者，扣之不发……"《列子·天瑞》："万物皆出于机，皆入于机。"隋唐佛教中亦将其宗教哲理称为"佛机"。宋儒则将事物发展的内部原因称为"机"，北宋张载说："凡圜转之物，动必有机，既谓之机，则动非自外也。"（《正蒙·参两》）

魏晋南北朝哲学

魏晋玄学 中国魏晋时期哲学思潮。以崇尚老庄思想，研究玄远幽深的学说为特征。当时哲学家凭借"三玄"（即《老子》、《庄子》、《周易》），取《老子》"玄之又玄，众妙之门"的"玄"的概念，以老释易，阐发玄学思想。玄学家大多是"名士"，他们以出身门第、容貌仪止和虚无玄远的"清谈"相标榜，成为一时风气。其代表人物有何晏、王弼、阮籍、嵇康、向秀、郭象、王衍等。

魏晋玄学产生的原因是：（1）汉代儒学衰败。汉代儒学在种种社会矛盾的冲击下呈支离破碎，尤以经学注疏、神学谶纬使人繁琐不堪，遂为汉魏思想家所摒弃，代以简约、精致的思辨哲学，即玄学；（2）汉代道家黄老之学的发展。黄老之学在汉代官方儒学发展之同时也得到发展。西汉末年的严遵、扬雄，东汉的王充、仲长统均在一定程度上吸取了道家崇尚自然无为思想，为魏晋玄学以道家自然无为调和儒道名教与自然的思想打下了基础；（3）汉末清议的演变。东汉末年政治腐败，名士们评议朝纲，裁量执政，并导致名士间的互相标榜，以求名声与官禄，遂开人物臧否风气。但因党锢之祸，名士们由具体品评人物发展到抽象谈论人物，由评人的偏执之性进而谈人的"中和之质"。而玄学家则在此基础上更远离人物品评的讨论，导致清谈老庄（玄谈）。

魏晋玄学经历了不同时期。（1）玄学开创的正始时期，代表人物为何晏、王弼。何晏"援老入儒"，作《道德论》、《无名论》，王弼作《老子注》、《周易注》，阐发玄学思想。提出"天地万物皆以无为本"，认为世界本体"无"是绝对静止，现象"有"是变化运动的。崇尚老庄无为而治，主张名教出于自然。（2）竹林时期，代表人物嵇康等。强调"老子庄周，吾之师也"。阮籍、嵇康的老庄学是玄学从老学发展到庄学的中间环节。阮籍、嵇康还从道家思想出发，提出"越名教而任自然"的命题，并借庄子逍遥遁世的思想，消极反抗司马氏的专制。（3）西晋元康时期，名士郭象在向秀《庄子注》的基础上"述而广之"，提出以庄学为主的"独化"本体论，并调和儒道名教与自然的关系。（4）东晋时期，玄学与佛学趋于合流，佛教的大乘讲"空"和老庄玄学讲"无"类似。在玄学盛行之下，佛教徒以玄学解释佛学，产生佛教玄学。以后僧肇在思想上对玄学作了总结，认为玄学贵无和崇有都有偏执，真谛应是有和无合而为一，从而导致魏晋玄学衰退，佛学盛行。

魏晋玄学具有高度抽象的思辨形式，其内容非常丰富。（1）世界的本原问题。魏晋哲学家以老庄哲学中的“有无”来讨论其本原问题。玄学贵无派的代表人物何晏、王弼将“无”作为世界的根本和万物统一的始基，认为“有”不能作为世界万物自身存在的根据，“有”只能依赖于本体“无”才能存在。何晏说：“有之为有，恃‘无’以生；事而为事，由无以成。”王弼也说：“天下之物，皆以有为生。有之所始，以无为本。将欲全有，必反于无也。”由此提出“以无为本”的本体论思想。王弼还从本末、动静、一多、体用等方面论证玄学贵无本体问题，从而改探讨现存万物的变化为探讨万物存在之根据，使秦汉时期的宇宙生成论转变为魏晋时期的宇宙本体论，开创了魏晋玄学这一哲学思潮。崇有论者裴頠反对玄学贵无思想，指出“夫至无者，无以能生”，认为自生之物以“有”为体，提出“济有者皆有”的思想。郭象也否认无能生有，声称“无既无矣，则不能生有”，“不能生物”。明确指出“上知造物无物，下知有物之自造”，提出万物“块然而自生”，认为万物自生独化于玄冥之境，表现出神秘主义的倾向。在其时世界的本原问题的讨论中，杨泉认为自然之物以“气”为体。(2) 自然与名教的关系。玄学贵无派人物一改先秦老庄崇尚自然反对礼教之特征，调和儒道之名教和自然。王弼从本末有无的哲学本体理论出发，认为名教是“末”，自然是“本”，“名教本于自然”。反对把名教规范与自然本性对立起来，用名教去抑制本性；还指出即使像孔子这样的圣人，也“不能去自然之性”，“遇之不能无乐，丧之不能无哀”。郭象不同意将名教与自然对立起来，认为名教完全合于人的自然本性，“仁义自是人之情性”。还不赞成把“有为”和“无为”对立起来，认为圣人“虽在庙堂之上，然其心无异于山林之中”，“虽终日见形，而神气无变；俯仰万机，而淡然自若”，能在“各安其天性”的前提下把“有为”和“无为”统一起来。强调儒家之名教即道家之自然的理论。出于反对司马氏集团宣扬的虚伪礼教，嵇康、阮籍则提出“越名教而任自然”的命题。嵇康“每非汤武，而薄周孔”。阮籍讥讽虚伪的礼法之士是寄生于裤中的虱子，认为儒家之徒借用“诈伪以要名”的礼法是“天下残贼、乱危、死亡之术”。但阮籍、嵇康并不反对维护封建伦理的名教，而强调真正礼乐的教化有效性。(3) 注老解易的方法。玄学的代表人物王弼、郭象等注重论述问题时的义理的发挥，反对偏执个别言象，提出“得意忘言”、“得意忘象”、“寄言出意”、“忘言遗书”的方法，使其方法与玄学贵无本体论一致起来，并一扫汉儒支离烦琐的解注方法。与王弼同时的荀粲反对“圣人立象以尽意”的方法，认为儒家典籍都是“圣人之秕穅”，“如象外之意，系表之言，固蕴而不出”，因此提出“言不尽意”论。欧阳建则持反对态度，认为“理得于心，非言不畅；物定于彼，非言不辩”，全面论证言尽意论。魏晋玄学之中，还曾发生过诸如才性四本、儒道异同、孔老优劣、圣人有情无情、声有无哀乐及性情关系、生死关系等问题的争论。

魏晋玄学是秦汉以来学术思想变化、思辨水平提高的必然产物，在中国哲学发展史上占有重要地位。它上承先秦两汉的哲学思想，下启隋唐佛学和宋明理学。

玄学 在中国哲学中，有多种含义。❶ 魏晋时期出现的一种研究玄远幽深学问的哲学思潮，当时亦称“玄远之学”。参见“魏晋玄学”。❷“形而上学”别称。“玄”出自《老子·一章》：“故常无欲以观其妙，常有欲以观其徼。此两者同出而异名。同谓之玄，玄之又玄，众妙之门。”“玄”即指“道”。它是超乎事物形质和经验之外，幽深微妙，高远莫测，对事物起支配作用的终极始基。《周易·系辞上》有“形而上者谓之道，形而下者谓之器”一语，“形而上”指无形无体无质的道，故将形而上学称为“玄学”。❸ 研究不可知本体的学说。近代“科学与玄学”论战中的“玄学”之称谓。丁文江认为，“玄学”研究的是“不可知的，存而不论的，离心理而独立的本体”，“这种不可思议的东西，始终没有大家公认的定义方法，各有各的神秘，而同是强不知以为知”(《玄学与科学》)。

贵无 魏晋时期一种以“无”为世界本体的哲学思想。与“崇有”相对。语出西晋裴頠《崇有论》：“遂阐贵无之议，而建贱有之论。”主要代表人物为何晏、王弼。先秦《老子》最早提出“有生于无”的命题，“天下万物生于有，有生于无”(《老子·四十章》)。魏晋玄学家加以发展和发挥，王弼说：“天下之物，皆以有为生，有之所始，以无为本。将欲全有，必反于无也”(《老子注·四十章》)。何晏也说：“有之为有，待无以生；事而为事，由无以成”(《道论》)。认为“无”(无名、无形、虚无)是“有”(有名、有形、实有)的根本，是天地万物的精神本原。西晋人在评述玄学贵无论特征时说：“魏正始中，何晏、王弼等祖述老庄，以为‘天地万物皆以无为本。无也者，开物成务，无往而不存者也’。”(《晋书·王衍传》)王弼还从有无、本末、体用、一多、动静等方面来论证“贵无”，认为“无”是本，是母，是体；“有”是末，是子，是用。“有”依靠“无”才能存在，“无”是世界的统一性，“有”是世界的杂多性。“贵无”运用到政治上，则主张君主以寡治众，“执一统众”，无为而治，并提倡“名教出于自然”。魏晋时期“贵无”说极盛行，当时“众家扇起，各列其说，上及造化，下被万事，莫不贵无”(裴頠《崇有论》)。由此导致裴頠“著崇有之论以释其蔽”(《晋书·裴頠传》)。

以无为本 魏晋玄学贵无派用语。以“超言绝象”的“无”为世界本体。王弼《老子注·四十章》：“天下之物，皆以有为生。有之所始，以无为本。”

名教与自然 魏晋时期政治伦理思想领域争论的中心议题。名教，亦称“礼教”，以封建等级名位及其道德规范为主要内容的礼义教化，渊于孔子“正名”主张，为儒家所倡导；“自然”，即道家老庄所主张的自然无为之“道”。魏晋时期，“时俗放荡，不尊儒术”，名士多“祖述老庄”，崇尚“自然”。“遂令仁义幽沦”，殃及名教。而门阀士族出于统治的需要，又必须维护名教。于是“名教”与“自然”的关系成为当时

"玄学"伦理思想的主题。《晋书·阮瞻传》载:"(王)戎问曰:'圣人(孔子)贵名教,老庄明自然,其旨同异?'"王弼主张"名教本于自然"。从天地万物皆"以无为本"立论,"无"即"道",其性为"自然"。认为"自然"与"名教"是"母"与"子"或"本"与"末"的关系,"仁义,母之所生,非可以为母。"(《老子注·第三十八章》)因而要维护名教,不能靠弘扬名教本身,必须"守母"、"崇本","顺自然而行",使民返朴归真、无知无欲,才能"存其子"、"举其末",达到"形名俱有而邪不生,大美配天而华不作。"(同上)以此调和名教与自然的矛盾,并为名教之治作了形而上的论证。嵇康则主张"越名教而任自然"(《释私论》),认为名教压抑人性,违背自然,"六经以抑引为主,人性以从欲为欢;抑引则违其愿,从欲则得自然。"(《难自然好学论》)把"名教"与"自然"对立起来,意在反对虚伪的名教。郭象从物各"自生"、"自化"的"独化"说出发,认为物各"自己而然",亦即"天然","非为也","故知君臣上下,手足内外,乃天理自然。"(《庄子·齐物论注》)提出"名教即自然"的主张。把"名教"与"自然"合而为一。自王弼到郭象关于"名教"与"自然"的论争,反映了儒道互补的历史过程;而玄学对于道家哲理的改造,为纲常名教提供了精致思辨的理论基础,把中国古代伦理思想的理论思维水平提到了一个新的历史高度,对以后宋明理学伦理思想产生了一定的影响。

唯才是举 曹操的思想。东汉末年,曹操初秉汉政,为了广罗人才,发布《求贤令》、《取士勿废偏短令》、《举贤勿拘品行令》,即《孟德三令》等一系列渴望求贤的诏令。曹操引古明今,强调"贤人君子"在政治、军事斗争中的重要作用。明确提出"唯才是举,吾得而用之"的主张,重点突出"士有偏短"、"举贤勿拘品行"的见解,选士用人不可求全责备。不论出身微贱、负有污辱之名、见笑之耻,或是仇人小吏,甚至不仁不孝之人,只要有治国用兵之术者,统在举荐之列。他还举商代的伊尹、傅说,春秋时的管仲,战国时的吴起,汉初的萧何、韩信、陈平等人为例,以说明君王必须"得贤人君子与之共治天下"之理。但他也认为,最理想的是"高才异质"的"至德之人"。说明他在倡导"唯才是举"的同时,依然注重德才兼备。

难 指论辩时应观点鲜明,针锋相对,相互诘难。三国时魏人刘劭《人物志·材理》:"若说而不难,各陈所见,则莫知所由矣。"如果在论辩中不相互诘难,只是陈述各自的主张,就无法把握论辩的焦点,达不到明辨是非,消除分歧,求得共识的目的。而善难者应"务释事本"、"征之使还"、"扶其本指,以渐攻之",即善于抓住问题的实质,通过证明使对方了解;一旦发现论题转移,应及时回到原论题去逐步加以辩驳。刘劭认为诘难不应诉诸感情,不应是意气之争,也不应用错误的东西去诘难对方。

理胜 指以追求真理、明辨是非为论辩目的,通过正确的推理和论证使论辩双方消除分歧、求得共识。三国魏刘劭《人物志·材理》:"夫辩,有理胜,有辞胜。理胜者,正白黑以广论,释微妙而通之。辞胜者,破正理以求异,求异则正失矣。"按刘劭在此关于论辩的分类,与理胜相对的是辞胜。辞胜是指仅仅以求异取胜为论辩目的的辩论。辞胜彰则正理灭。故刘劭提倡理胜之辩,而反对辞胜之辩。

辞胜 见"理胜"。

名理学 汉魏之际以考核名实和辩名析理的方法研究人物考察的一种思潮。"审察名理"之说,始于先秦的名家。名理学成为一种思潮,则发端于东汉末年的王符。王符针对当时"群僚举士"往往"名实不相副,求贡不相称"的现象,提出"选贤贡士,必考核其清素,据实而言","各以所宜,量材授任"(《潜夫论·实贡》)。曹操推行"唯才是举"政策,直接推动了名理学的发展。名理学在汉末魏初成为官方哲学,其内容也由具体人物的评论发展为抽象的人才标准以及才性关系的讨论。徐幹的《中论》提出"名者所以名实也,实立而名从之,非名立而实从之也"的名实观,使人才标准的研究上升到哲学的高度。刘劭的《人物志》所提出的考课法,不仅拟用于以考核百官,而且扩大到察举征辟。才性之辩,是名理学的一个重要课题。有言才性同(傅嘏)、才性异(李丰)、才性合(锺会)、才性离(王广)等四本之论。具体内容今已失传。正始之后,名理学被玄学所替代。

品题人物 汉末品评识鉴人物的风气。汉朝选官任士,用公府征辟地方察举的方式,按纲常名教的要求,来品评人物的品德。每月初,常选一题目,作为评论的对象,谓之"月旦评"。如当时名士乔玄、许劭曾评论曹操,"君清平之奸贼,乱世之英雄"(《后汉书·许劭传》)。南朝宋刘义庆《世说新语·识鉴》也有记载,只是"清平"改为"治世"。月旦人物,流为俗尚,讲目成名,具有定格,成为不成文的法度,谓之品题人物。

人物情性 三国魏刘劭用语。指人的才能出于情性。刘劭《人物志·九征》:"盖人物之本,出乎情性。"南北朝时刘昞注:"性质禀之自然,情变由于染习。"刘劭认为人禀阴阳以主性,体五行而著形。识鉴人物,可以相其外而知其中,察其章以推其微。即据人物之外形观察其内心之蕴涵。人之形容音声,均由外章以辨其情性,此谓精神之征。汉魏论人,最重神味。"征神见貌,则情发于目。"盖谓眸子传神,可以知人。在《人物志》中刘劭并作具体分析,认为人的表征有九:即指神、精、筋、骨、气、色、仪、容、言。如果质素平淡、中睿、外朗、筋劲、植固、声清、色怿、仪正、容直,可谓九征皆至,乃纯粹之德。如果九征有违,乃偏杂之材。就人之形容声色情味而知其才性,形质异而才性不同。才性有中庸、偏材、依似、间杂等各种品目。中庸乃圣人之德。故曰:"物生有形,形有神精;能知精神,则穷理尽性。"(同上)反映了刘劭以人物情性作为品鉴人物之根本依据。

校练名理 亦称"精练名理"、"校练名实"。汉魏清谈思潮中名理学用语。东汉末年,从品题人物而产生辗转提携、相互吹捧的流弊,以致出现"举秀才,不知书;举孝廉,父别居。寒素清白浊如泥,高第良将怯如鸡"(《乐府诗集·杂歌谣辞·后汉桓、灵时谣》)名实不符的现象。因而应运有"检形定名,控名责实"的名家。汉魏名家与先秦惠施、公孙龙等名家实有不同,其特点是喜论才性,品藻人物。其代表作是刘劭《人物志》。品鉴重名实,察人重考绩。南朝梁刘勰《文心雕龙·论说》:"傅嘏、王粲,校练名理。"《三国志·魏书·钟会传》:"[钟会]及壮,有才数技艺,而情学精练名理。"《后汉书·章帝纪上》:"[桓虞]稍迁南阳太守,表贤黜恶,校练名实,豪吏无所容其奸。"校练、精练犹考核,名理犹名实。都以辨名析理、循名责实为归趣。

易简 亦作"简易"。魏晋时人表达"老庄"思想的用语。"易简"原出《周易·系辞上》:"乾以易知,坤以简能。""易简而天下之理得矣","易简之善配至德"。韩康伯注:"天地之道不为而善始,不劳而善成,故曰易简。""天下之理莫不由于易简而各得顺其分位也。"认为易简化成万物,易简至善至德。阮籍《乐论》:"乾坤易简,故雅乐不烦;道德平淡,则五声无味。"将"易简"与"平淡无味"相联系。嵇康《声无哀乐论》:"古之王者,承天理物,必崇易简之教,御无无之治。"进而将"易简之教"与"无为之治"相提并论。王弼说:"大人在上,居无为之事,行不言之教。"(《老子注·十七章》)"道之出口,淡然无味。"(《老子注·三十五章》)"以无为为居,以不言为教,以恬淡为味,治之极也。"(《老子注·第六十三章》)其中所言:"无为"、"不言"、"无味"、"恬淡",说的都是"易简"。

简易 即"易简"。

崇本举末 三国魏王弼用语。意指抓住根本,带动枝节。《老子注·三十八章》:"守母以存其子,崇本以举其末,则形名俱有而邪不生,大美配天而华不作。"在哲学上,"本"即"无",指世界本体,"末"即万有,指现象。在政治上,"本"指自然无为,"末"指仁、义、礼、智。认为只要"以无为本",崇尚自然无为,就可以既有利仁、义、礼、智等封建道德的实行,又可避免产生虚伪造作、华而不实的社会弊病。参见"崇本息末"。

崇本息末 三国魏王弼的伦理观。"本"即"无"、"道",指世界本体;"末"即万有,指现象,包括政治人伦、纲常名教等。《老子注·五十七章》:"夫以道治国,则崇本以息末。"又《老子指略》:"见素朴以绝圣智,寡私欲以弃巧利,皆崇本以息末之谓也。"他以本体论上"有无本末"关系,论证名教乃出于自然之"道"。有鉴于东汉末年"王教之败"(徐幹《中论·遣交》),认为人为地弘扬名教,"功虽大焉,必有不济,名虽美焉,伪亦必生"(《老子注·三十八章》),势必导致"父子兄弟,怀情失直,孝不任诚,慈不任实"(《老子指略》)的虚伪之风,使名教沦为沽名钓誉的工具。强调保持人的素朴的自然本性是道德的根本,"兴仁义以敦薄俗,未若抱朴以全笃实"(同上)。认为真诚是道德的生命所在,要求顺乎自然本性,反对虚伪造作,"夫仁义发于内,为之犹伪,况务外饰而可久乎!"(《老子注·三十八章》)又以崇本息末作为治国之"道",要求"寡私欲"。还强调"上之所欲,民之从速也。我之所欲惟无欲,而民亦无欲而自朴也。此四者,崇本以息末也"(《老子注·五十七章》)。由于过分强调"本"(自然),孕育着对名教否定的因素。该说对嵇康的"越名教而任自然"说有很大影响。

举本统末 三国魏王弼用语。王弼在《论语释疑》中对《论语》子曰:"予欲无言"的释疑曰:"予欲无言,盖欲明本。举本统末,而示物于极者也。……是以修本废言,则天而行化"。"本",指"无";"末",指"万有"。"举",擎起。王弼主张擎起"无"来统摄万有。"万有群变",但其特性是有限的,即使发挥到最大限度,也不能完美无缺。因此必须"举本统末",才能无所偏缺,发挥万有无穷无尽的作用。"天何言哉?四时行焉,百物生焉,天何言哉?"(《论语·阳货》)因此只有"修本废言,则天而行化"。宇宙是以简驭繁,政事是法天道的,只要顺乎自然,就能无为而天下治。

以一制动 三国魏王弼用语。《周易略例·明象》:"夫动不能制动,制天下之动者,贞夫一者也"。"制",统御。"贞",正。《易·系辞下》:"天下之动,贞夫一者也。"王弼引《老子·二十六章》"静为躁君",《老子·三十九章》"万物得一以生,侯王得一以为天下贞",《老子·二十二章》"是以圣人抱一,为天下式"来释《易》。王弼认为:"一,数之始也,而物之极也。"(《老子注·三十九章》)"万物万形,其归一也。何由致一?由于无也。"(《老子注·四十二章》)"一",就卦象言,指其中起主导作用的一爻;亦指绝对静止的本体"无"。由此,在动与静关系中,王弼认为:静止为躁动之主,以静制动,把静看成是绝对的,把运动看成是相对的。在一与多的关系中,王弼认为:以一统众,故君王可以驾临天下。而万事万物的本源和归宿则都是"无"。所谓"以一制动",实则就是由无制动。这是"以无为本"的思想的延伸。

以寡治众 三国魏王弼用语。《周易略例·明象》:"夫众不能治众,治众者,至寡者也"。"众",就卦象言,指六爻;泛言之,则指万事万物,百姓庶民。"至寡",就卦象而言,指其中起主导作用的一爻;泛言之,则指万事万物之总根,指最高统治者。一卦六爻中,五阳而一阴,则一阴为主。如:"同人"、"履"、"小畜"、"大有"之例,则全部是一阴。五阴而一阳,则一阳为主。如:"师"、"比"、"谦"、"豫"、"复"、"剥"之例,全部是一阳。如乾卦,就卦象言,王弼注:"利见大人,唯二五焉。"六爻中则中爻二、五是起主导作用的。就人事而言,王弼注《象》曰:"万国所以宁,各以有君也。"君王是起主导作用的。寡者,也即本体"无",而圣人则是"体无"。由此强调儒家的纲常礼教与道家的无为而治相为表里,使名教与自然和谐统一。参见"以一制动"。

体用相即 “体”指形质，即本体或实体。“用”指形质的妙用、功用、作用。“相即”即相近。早在先秦，就有“体”与“用”的观念。《老子》讲“弱者道之用”。《论语》既讲“礼之本”，又讲“礼之用”。延至魏晋时期，体用才形成一对重要的哲学范畴。王弼最先赋予体用范畴以哲学本体论的重要意义，形成玄学体用观，并认为“体用相即”：“万物虽贵，以无为用，不能舍无以为体也。”又说：“以无为用，则物莫不载也。”（《老子注·三十八章》）反映了“体用一如，体即在用中”，“体用不二”（汤用彤《魏晋玄学听课笔记》）的思想。

体用玄通 玄通，指微妙相通。见“体用相即”。

用 中国哲学史用语。(1) 与“质”相对，表示质体的功能、功用。参见“形质神用”。(2) 与“体”相对，表示本体显示出来的现象和表现出来的作用。参见“体用”。

玄同彼我 魏晋玄学用语。“玄同”，源出《老子·第五十六章》和《庄子·胠箧》。彼我，指道、儒。语出《晋书·王坦之传》。王坦之尚刑名之学，尤非时俗放荡，不敦儒教。著《废庄论》。认为：“孔父非不体远，以体远故用近。”“庄子之利天下少，害天下多”，“庄生作而风俗颓”。以贬黜庄子，反对当时人们崇尚的虚无之风。并主张儒道融合。认为：“在儒而非儒，非道而有道，弥贯九流，玄同彼我。”晋李康《运命论》：“道德玄同，曲折合符。”李善注：“知者不言，言者不知，是为玄同。”晋鲍敬言也说：“万物玄同，相忘于道。”（葛洪《抱朴子·诘鲍》引）均含有类似观点。反映出魏晋时代道儒双方通过相互渗透、相互借鉴，在冥默中已玄妙地混同为一、弥贯九流。也反映了儒道同流发展相互影响的倾向。

玄同外内 魏晋玄学用语。“外”，指“外教”；“内”，指“内学”。郭象《庄子·大宗师注》：“玄同外内，弥贯古今。”其主要内容还是“自然与名教”之辩，乃至“圣”与“佛”的性质各是如何？按印度佛教原是一种出世解脱道。换言之，即是“内圣”，不一定要“外王”。但东晋思想家多是僧人，“名士”与“名僧”交流往来甚多。他们不拘礼法的行径，乃至谈吐的风流，都有相同互感。玄学是中华固有学术自然的演进，与印度佛教在理论上没有必然的联系，佛教非玄学生长之正因。但佛教给予玄学以丰富的材料，使玄学的理论更为深厚。同时，佛教受玄学洗礼后，使佛教玄学化，为我国人士所接受。如支道林的“即色游玄论”，就是发挥了郭象的玄学而建立的佛教理论。玄同外内，内外学说在冥默中玄妙地混同为一。正如汤用彤所说：“魏晋时代的佛学，也可说是玄学。”（《魏晋玄学论稿·魏晋思想的发展》）参见“玄同彼我”条。

名教本于自然 三国魏王弼的伦理观点。从“以无为本”的宇宙本体论立论，以“体用不二”立说，为名教的存在提供了哲学基础。认为“自然”即“道”，也即“无”，“道不违自然，乃得其性”（《老子注·二十五章》），“道者，无之称也。”（《论语释疑》）“万物虽贵，以无为用，不能舍无以为体也”（《老子注·三十八章》），万物即有名有形的具体存在物，包括天地万物、政治人伦、纲常名教在内，都不能离开“无”这个“体”而发挥功用。故名教即由“自然”之“母”化生出来：“仁义，母之所生，非可以为母。”（同上）属于客观唯心主义道德起源论。在如何维护名教的途径上，主张“守母以存其子，崇本以举其末”（《老子指略》）。先秦儒家重名教，道家尚自然。王弼则调和儒道伦理思想，以为“自然”与“名教”可以通过“体用”、“有无”、“本末”等逻辑范畴相联系，以论证封建等级制和纲常名教之合理性，为门阀士族的统治提供了伦理学上的依据。“名教本于自然”的提出，不仅以玄学伦理学替代了两汉的神学伦理学，而且规定了魏晋时代伦理发展的总方向（自然与名教之辨），也对宋儒以理性思辨为特征的伦理学说产生了一定的影响，构成中国伦理思想史上的重要一环。

圣人体无 三国魏王弼用语。认为圣人有天生“神明”智慧，可“超言绝象”，直接体悟真理（“道”或“无”）。据《魏志·钟会传》注引何劭《王弼传》的记载，裴徽与王弼曾有一段对话：“（裴徽）问弼曰‘夫无者，诚万物之所资也。然圣人（指孔子）莫肯致言，而老子申之无已者何也？’弼曰‘圣人体无，无又不可以训，故不说也。老子是有者也，故恒言无所不足’。”王弼从儒道合综的观点来论述孔高于老。认为因为孔子是体现“无”的，而老子却是由‘有’而后无。孔子是以述名教而实体无。反映了王弼从玄学的角度来论及孔子。

体无 圣人在精神上真正达到与“无”同体的境界。《世说新语·文学》篇：“王辅嗣（弼）弱冠诣裴徽，徽问曰：‘夫无者，诚万物之所资，圣人莫肯致言，而老子申之无已，何邪？’弼曰：‘圣人体无，无又不可以训，故言必及有。老庄未免于有。恒训其所不足。’”参见“圣人体无”。

约以存博 三国魏王弼用语。《周易略例·明象》：“繁而不扰乱，变而不忧惑，约以存博，简以济众，其唯象乎”。“约”、“简”，均为少之义，亦即指宗、主、一、道、无等。邢琦注：“简易者，道也，君也。万物是众，道能生物，君能养民。物虽繁，不忧错乱；爻虽变，不忧迷惑。”以为道能化生万物，君能养育万民。万物虽然纷繁博杂，但不能惑其君；世界之所以“繁而不乱，众而不惑”，就在于有“一”的主宰和制约。六爻虽然千变万化，但其根本，即宗、主、一、道、君、无等是不变的。亦即“主必致一也”。即：“品变积万，存之在一”（见邢琦注）。

简以济众 三国魏王弼用语。见“约以存博”。

言意之辩 魏晋学者对语言、概念能否表达思想的争辩。“言”即语言、概念；“意”即思想。《周易》中已提出“书不尽言，言不尽意”。魏晋时，以荀粲、王弼为代表，发挥这一思想，认为语辞不能表达事物深处的精微之理，强调只有忘“言”才能得“象”，只有忘“象”才能得“意”；“意”不仅可以独立存在，而且只有离开“言”和“象”才能获得。以欧阳建为代表，则认为言能尽意，强调事物的形色不依赖于“名”、“言”而独立存在，但“名”与“言”具有辨物和畅理的作用，“诚以理得于心，非言不畅；物定于彼，非名不辩”（《言尽意论》）。言意之辩对于揭示“名”和“言”在语言和逻辑上的本质与作用具有一定意义。

得意忘象 三国魏王弼用语。通常与“得象忘言”连用。意，指圣人的思想；象，指卦象；言，指卦辞、爻辞。王弼在《周易略例·明象》中认为：“夫象者，出意者也。言者，明象者也。”故“意以象尽，象以言著。故言者所以明象，得象而忘言；象者所以存意，得意而忘象。”卦象是用来表达圣人之意的，卦辞、爻辞是用来说明卦象的，明白了卦象的含义就可以忘掉卦辞和爻辞，懂得了圣人的思想就可以忘掉卦象。主张对《周易》的理解不必局限于辞和象，而要通过辞和象把握圣人的思想。在解《易》上提出一种与汉代象数学相反的义理之学。但他又把意与象、象与言的关系绝然对立和分割，认为“然则忘象者，乃得意者也；忘言者，乃得象者也。得意在忘象，得象在忘言”。“忘象以求其意，义斯见矣”。以卦象、言、意三者关系来说明忘掉言、象是得“意”的条件，只有忘掉了语言和物象，才能认识到思想和世界的本质“无”。南朝时始将其运用到艺术评论中，影响以后“意象”论的产生。

言不尽意 言，语言；意，思想。指语言不能够完整精确地表达思想。与“言尽意”相对。语出《易·系辞上》：“书不尽言，言不尽意。”《庄子》也多次论及言意关系，认为精奥之理难以言传，只可意会。魏晋玄学家发挥了这一思想。荀粲认为：“理之微者非物象之所举也。”（《三国志·荀彧传》注）事物深处的精微之理，非语言文字所能表达。王弼指出，“可道之盛，未足以官天地；有形之极，未足以府万物”。因而名（概念）总是取事物之部分特征（“有所分”、“不兼”）来反映事物；任何一个单独的概念不可能反映事物的整体和事物的规律（“失其常”、“失其真”）。认为“意以象尽，象以言著”。语辞虽然在人们认识事物的过程中曾起过工具性的作用，但是人一旦认识事物之理（“得意”）以后，语辞也便失去其作用，因为它们不可能如实地反映人所获得的事物之理。从而否认“名”（概念）对实的反映能力和“言”对“意”的表达作用。这一思想还影响到文学艺术，文学家认为真切隽永的审美感受难以用言语表达，强调文学的“文外之重旨”的表现艺术。参见“得意忘言”。

言尽意 魏晋时“三理”之一。言，语言；意，思想。指语言能够完整精确地表达思想。与“言不尽意”相对。西晋欧阳建《言尽意论》：“古今务于正名，圣贤不能去言，其何故也？诚以理得于心，非言不畅；物定于彼，非名不辨。”认为正确的概念（名）和判断（意）是表达思想、辨别事物的必要工具。概念和判断还可以随着事物的变化而发生相应的变化，“名逐物而迁，言因理而变”。概念、判断与事物及其规律的关系，“犹声发响应，形存影附”，因应相关，故“言无不尽”即言能尽意，概念、判断能够完整精确地表达人的思想，揭示事物的本质属性。

得意忘言 三国魏王弼用语。亦为魏晋玄学家关于“言意之辩”的一个重要论点。指一旦获得事物之理，即可抛却语言文字。嵇康认为：“吾谓能反三隅者，得意而忘言。”（《声无哀乐论》）“言不尽意”论的主要代表人物王弼认为，卦象是反映事物所包含之意义的；语言（指卦辞）是说明卦象含义的。因此，“可寻言以观象”，“可寻象以观意”（《周易略例》）。“存言”，是因为“未得象”；“存象”，是因为“未得意”。一旦“得象”，即可弃言；一旦“得意”，即可忘象。“犹蹄者所以在兔，得兔而忘蹄；筌者所以在鱼，得鱼而忘筌”（同上）。语言只是得意的一种工具，旨在得意。意既得，也就毋须乎工具。此说旨在论证“言不尽意”说。对“意”的重视，直接影响了后来“意象”论的诞生。

大衍义 三国魏王弼用语。对《易·系辞上》中“大衍之数五十，其用四十有九”一语的解释和发挥。原意指演卦的方法。王弼则释为：“演天地之数，所赖者五十也。其用四十有九，则其一不用也。不用而用以之通，非数而数以之成，斯易之太极也。四十有九，数之极也。夫无不可以无明，必因于有。故常于有物之极，而必明其所由之宗也。”（韩康伯《易·系辞》注引）用“一”象征世界本体“无”，用“四十有九”象征天地万物，以此发挥“以无为体，以无为用”的思想。

反本 复归于本源或根本。语出《礼记·礼器》：“礼也者，反本修古，不忘其初者也。”指人的本性。三国魏王弼主张“以无为本”，把本释为“无”，认为“复者，反本之谓也。天地以本为心者也。凡动息则静，静非对动者也；语息则默，默非对语者也。然则天地虽大，富有万物，雷动风行，运化万变，寂然至无是其本矣。”（《周易注·复卦》）

圣人有情 三国魏王弼的人性论观点。为反对何晏等人的“圣人无情”说而提出。认为“圣人茂于人者神明也，同于人者五情也。”（见何劭《王弼传》）喜怒哀乐欲乃人之自然属性，虽圣人孔子也不能无情，“颜子之量，孔父之所预在。然遇之不能无乐，丧之不能无哀”。但圣人与众人不同，具有超凡的“神明”，“圣人之情，应物而无累于物”。对于众人，应通过节欲制情，“体冲和以通无”（同上），才能臻于“圣人”的理想人格。认为人之性与“道”相通，是无善无恶的，情则有正邪之分；“情”能体现“性”则“正”，反之则“邪”；“不性其情，焉能久行其正？此是情之正也。若心好流荡失真，此是情之邪也。”（《论语释疑》）强调“性其情”即以“性”统制“情”，以此作为区分“情”的正邪的界限。

越名教而任自然 三国魏嵇康提出的观点。《释私论》：“矜尚不存乎心，故能越名教而任自然；情不系于所欲，故能审贵贱而通物情。”从自然人性论出发，反对世俗名教纲常，认为“名教”违背“自然”，“非自然之所出”，与人的自然本性相对立。“夫民之性，好安而恶危，好逸而恶劳，故不扰则其愿得，不逼则其志从”（《难自然好学论》），而名教则以繁文缛节“婴其心”、“检其外”、压抑“从欲为欢”的本性。主张摆脱名教束缚，恢复人的自然本性，“从欲则得自然”（同上）。认为名教礼法是社会欺诈和虚伪的根源，“及至人不存，大道陵迟，乃始作文墨，以传其意，区别群物，使有类族，造立仁义，以婴其心，制为名分，以检其外，劝学讲文，以神其教；故六经纷错，百家繁炽，开荣利之途，故奔骛而不觉”（《难自然好学论》）。指出名教使人“凭尊恃势、不友不师”（《太师箴》），主张“崇简易之教，御无为之治”，达生任性。认为这样便可“玄化潜通，天人交泰”（《声无哀乐论》），“君臣相忘于上，蒸民家足于下”（《答难养生论》），使人性达到一种不扰、不逼，“默默从道，怀忠抱义，而不觉其所以然”（《声无哀乐论》）的自然素朴的本然状态。

六经芜秽　三国魏嵇康用语。《难自然好学论》：“今若以明堂为丙舍，以讽诵为鬼语，以六经为芜秽，以仁义为臭腐，睹文籍则目瞧，修揖让则变伛，袭章服则转筋，谭礼典则齿龋，于是兼而弃之，与万物为更始。”针对将孔子和儒家经典神学化的历史事实进行揭露，并加以全盘否定。汉始自武帝独尊儒术。后汉章帝令群臣于汉宫白虎观讲说儒家经典的经义，除《易》、《诗》、《书》、《春秋》、《礼》、《乐》外，也还包括《论语》、《孝经》。“次序礼事、依准旧典，杂以五经谶记之文”（《后汉书·曹褒传》）。用图谶、纬书对儒家经义作神学的附会。魏晋时代由于社会政治发生重大变荡，自汉以来的庸俗化、神学化了的儒学统治思想界的神圣地位发生了动摇。嵇康站在崇尚老庄的玄学家立场，将儒家的典籍、文物，仁义，礼典都视为一堆腐臭与芜秽“兼之弃之”，揭露了六经成为人们争名夺利的阶梯，“故六经纷错，百家繁炽，开荣利之途，故奔骛而不觉”（《难自然好学论》）。但对六经中可继承的历史遗产也全加以摒弃，追求远古不知有“仁义之端，礼律之文”的“鸿荒之世”。也有全盘否定文化、教育价值的倾向。

非汤武而薄周孔　三国魏嵇康用语。“竹林七贤”之一山涛（巨源）推荐嵇康做官。康拒绝之，并作《与山巨源绝交书》。认为“每非汤武而薄周孔”，为“世教所不容”，及“刚肠疾恶，遇事便发，”这是“二不可”，加之“七不堪”，使他不宜任官，表示与司马氏不合作的政治态度。并宣称“老子庄周吾之师也”（《与山巨源绝交书》）。批判虚伪礼法，“以诵讽为鬼语，以六经为芜秽，以仁义为臭腐”（《难自然好学论》），“轻贱唐虞，而笑大禹”（《十疑集》）。并借“非汤武而薄周孔”揭露司马氏的禅让骗局，不满司马氏的执政，“季世凌迟，继体承资，凭尊恃势，不友不师，宰割天下，以奉其私。故君位益侈，臣路生心，竭智谋国，不吝灰沉”，“骄盈肆志，阻兵擅权，矜威纵虐，祸崇丘山”（《太师箴》）。然“非薄了汤武周孔”，在当时却关系非小，“嵇康于司马氏的办事上有了直接的影响，因此就非死不可了”（鲁迅《魏晋风度及文章与药及酒之关系》）。

六经未必为太阳　三国魏嵇康对儒家经学独断论的否定。《难自然好学论》：“今若以明堂为丙舍，以讽诵为鬼语，以六经为芜秽，以仁义为腐臭……则向之不学，未必为长夜，六经未必为太阳也。”针对当时有人将儒家六经譬之长夜中太阳，“长夜之冥，得照太阳”。加以驳斥，认为儒家经典中宣扬的礼教违反人自然的本性，“人性以从欲为欢……从欲则得自然”（同上）。嵇康的这种异端的言论被统治者定为“言论放荡，非毁典谟”（《晋书·嵇康传》）的罪名。后世宋明理学家中亦常有将六经或孔子来喻比太阳的，如朱熹就说过“天不生仲尼，万古长如夜”。明代李贽也曾讽刺过此语。

意足　三国魏嵇康用语。以精神上的自我满足为核心的人生理想。在《答难养生论》中提出。认为人心之所以不能保持自然本性，是由于为外物所累。为破除外物所累，就得除“五难”，即“名利不灭”、“喜怒不除”、“声色不去”、“滋味不绝”、“神虑转发”。除“五难”之关键在于“意足”：“世之难得者，非财也，非荣也，患意之不足耳。意足者，虽耦耕甽亩，被褐啜菽，莫不自得；不足者，虽养天下，委以万物，犹未惬然。”“意足”立足于“有立于中”，“则荣华不足顾”，“则酒色不足钦”，以为人生的真正快乐不在于外物的获取，而在于内心精神的自我满足，“以大和为至乐”，“以恬淡为至味”。断言“外物虽丰，哀亦备矣”，故视“名位为赘瘤，资财为尘垢”，这种“知足常乐”的人生理想，是嵇康在政治斗争中失意后的自我解脱的手段，但也反映了他不与世俗同流合污的独立人格。

心声二物　三国魏嵇康为论证“声无哀乐”而提出的命题。《声无哀乐论》：“心之与声，明为二物。”旧传春秋时叔向生子，叔向母闻其啼声而知有豺狼之心，必丧其家。嵇康反对此说，认为声音取决于发声器官，与其心性无关，不能由声音揆度人心。同样，乐器的音色和美与否，“无系于人情”，“器不假妙瞽而良，籥不因慧心而调”（《声无哀乐论》）。

声无哀乐　三国魏嵇康用语。肯定音乐的深刻感染力和人对于音乐的审美需要。认为“声音自当以善恶为主，则无关于哀乐；哀乐自当以情感而后发，则无系于声音”，“声之与心，殊途异轨，不相经纬”（《声无哀乐论》）。人之所以闻乐而动情，乃是“哀乐自以事会，先遘于心，但因和声以自显发”（同上）。对某些传统说法予以新解或大胆否定。认为传为孔子所说的“移风易俗，莫善于乐”，首先在于政治清明，社会和谐，人民安乐，“歌以叙志，舞以宣情”，然后圣人以乐“导其神气”、“迎其性情”，而非音乐本身的属性，即“风俗移易，不在此也”；“郑声，是音声之至妙”，感人至深，“先王恐天下流而不反”，荒废事业，故减损其妙音，“使乐而不淫”（同上）。其论点虽有偏颇之处，但体现了对音乐美的特殊性、音乐与审美心理间复杂关系的深入探讨。

七不堪　三国魏嵇康用语。在《与山巨源绝交书》中提出。山涛原与嵇康是知交，同为竹林之游。

后山巨源投靠司马氏，官选曹郎，随即升迁，欲荐举嵇康以自代。嵇康不肯出仕，答书峻拒，并与之绝交。书中列叙不能为官的缘由，“有必不堪者七，甚不可者二”。所谓“七不堪”者：一是“卧喜晚起”，不堪别人呼叫。二是喜“抱琴行吟，弋钓草野”，不堪吏卒守卫。三是生来就喜爬痒，不堪“裹以章服，揖拜上官”。四是向来不喜写信作书，不堪“堆案盈几，犯教伤义”。五是情意傲散，不堪“降心顺俗”、“诡故不情”。六是不堪与俗人共事，不堪“鸣声聒耳，嚣尘臭处”。七是世事繁杂，心不耐烦，不堪“官事鞅掌”、“机务缠心”。总之，是由于本性疏懒，雅好老庄，犹如孤松独立，不堪流俗。反映出嵇康对世俗的愤激，和不与山涛同流合污的品德。

二不可 三国魏嵇康用语。在《与山巨源绝交书》中提出。嵇康在《与山巨源绝交书》中讲了“七不堪”后，还讲了“二不可”。说：“非汤武而薄周孔”，此为“世教所不容”，“此甚不可一也”。“刚肠疾恶，轻肆直言，遇事便发”，“此甚不可二也”。“二不可”加“七不堪”，谓之“九患”，“统此九患，不有外难，当有内病，宁可久处人间耶”？正如他自己所预料的，由于不满司马氏集团专权，终于遭钟会构陷，为司马昭所杀。

矛戟之论 三国魏嵇康用语。指自相矛盾的言论。嵇康认为，论敌既说“寿夭不可求，甚于贵贱”，又说“善求寿强者必先知夭疾之所自来，然后可防也”；既说“彭祖七百，殇子之夭，皆性命自然”，又说“不知防疾，致寿去夭，求实于虚，故性命不遂”。“凡此之事，亦雅论之矛戟也”（《难宅无吉凶摄生论》）。“欲饰二论，使得并通，恐似矛盾无俱立之势，非辩言所能两济也。”（《答释难宅无吉凶摄生论》）反映出嵇康已经自觉地把不能自相矛盾作为论辩中的一项逻辑原则。一说矛戟之论是排中律的具体运用（侯外庐《中国思想通史》）。

才 通材。指材质、才能。《孟子·告子上》：“若夫为不善，非才之罪也。”南宋朱熹注：“才，犹材质，人之能也。人有是性，则有是才，性既善，则才亦善。”（《四书章句集注》）认为才和性同样都是天赋的，是善的。但是孟子并不否定客观的环境条件能改变人的材质，指出：“富岁，子弟多赖；凶岁，子弟多暴，非天之降才尔殊也。”（《孟子·告子上》）三国魏刘劭将人的才能分为“偏材”、“兼材”等。北宋张载认为“才”属于“气质之性”，故有善与不善的区别。“人之刚柔缓急，有才与不才，气之偏也。”（《正蒙·诚明》）南宋朱熹认为“才”是一种有作为的能力，“才是心之力，是有气力去做底，心是管摄主宰者”（《朱子语类》卷五）。才与“情”相近，“情与才绝相近，但情是遇物而发”（同上）。“情”是受外界刺激而表现出来的情感，“才”则是能应付事物的才能。参见“才性”。

才性 三国魏末清谈命题之一。指才能与性格的关系。详“才性之辩”、“才性四本”。

才性之辩 魏晋关于人的才能与德行、素质关系的争论。才，指人的才能。性有两方面的内涵：一指人的道德品质，一指人的才能所凭借的天赋素质。源于先秦诸子，儒家主张以德为主，墨家才德并重，法家重才轻德，道家才德兼黜。汉代选才，侧重人的道德品质：“行具而谓之贤，道修则谓之能。”（《魏志·傅嘏传》）汉末，社会大乱，群雄蜂起，用人重才成为一时风气。曹操主张“唯才是举”。魏晋时期，才性之争又作为“清谈”的命题之一而展开，有“才性四本”的辩难。《世说新语·文学》注引《魏志》：“四本者，言才性同，才性异，才性合，才性离也。尚书傅嘏论同，中书令李丰论异，侍郎钟会论合，屯骑校尉王广论离。”“才性同”、“才性异”涉及才能与道德品质的关系，“才性同”认为道德和才能不能分开，“才性异”主张才能比道德（行）更重要。《三国志·荀彧传》注引何劭《荀粲传》：“夏侯玄亦尝谓（傅）嘏、（荀）粲等曰：‘子等在世涂间，功名必胜我，但识劣我耳。’嘏难曰：‘能盛功名者，识也。天下孰有本不足而末有余者耶？’”傅嘏的说法属才性同，夏侯玄的论点属才性异。才性异的首倡者为曹操，继之者有徐幹、刘劭。徐幹说：“是故圣人贵才智特能立功立事盖于世矣”（《中论·智行》），刘劭强调“智者，德之帅也”（《人物志·八观》）。“才性合”、“才性离”涉及人的才能与天赋素质的关系。钟会主“才性合”，袁准也赞同此说，认为“贤不肖者，人之性也。贤者为师，不肖者为资，师资之材也。然则性言其质，才名其用明矣。”（《才性论》，《艺文类聚》卷二十一引）认为“性”指天赋的素质，“才”是作用的发挥；有什么样的素质，就发挥什么样的作用。“才性离”则认为才和性不是一回事，且两者没有任何关系。才性之辩实由东汉末年的人伦鉴识发展而来，作为魏晋清谈的重要内容之一，以品藻人物的形式出现，反映了当时对人的自我认识的深化。为中国思想史上一次较重要的争论。

才性四本 三国魏末清谈命题之一。“才”指材质、才能；“性”指本性、操行。关于才与性相互关系的四种学说，即才性同，才性异，才性合，才性离。详“才性之辩”。

四本 即“才性四本”。

才性同 见“才性之辩”。

才性离 见“才性之辩”。

才性异 见“才性之辩”。

才性合 见“才性之辩”。

三理 魏晋时期“声无哀乐”、“养生”和“言尽意”三种玄学理论。《世说新语·文学》篇：“旧云，王丞相（导）过江左，止道声无哀乐、养生、言尽意三理而已。然宛转关生，无所不入。”“声无哀乐”认为，声音不具有哀乐之情；“养生”认为，人只要导养得法，就能够延年益寿；“言尽意”认为语言能够完整、准确地表达思想。

玄风 魏晋名士兴起的一种清谈玄远的风尚。魏晋时期兴起一种崇尚老庄、谈玄尚远、辨析名理、品鉴人物的风气，由东汉末年的清议演变而来。始于三国魏何晏、夏侯玄、王弼等，形成正始(明帝年号)玄风，亦称正始之音。至晋王衍辈而益盛，向秀、郭象大畅玄风，延及齐、梁六朝不衰。其表现形式以清谈为主。清谈以《周易》、《老子》、《庄子》“三玄”为基本内容，重点集中在有无、本末、言意、名实、体用之辩。

名胜 亦称“名达”。魏晋时长于清谈的名士。《世说新语·文学》：“宣武集诸名胜讲《易》，日说一卦。”南朝梁刘孝标注：支道林“辩圣人之逍遥，当时名胜，咸味其音旨。”

名达 即“名胜”。

名士 (1) 先秦时指已知名而未出仕的人。《礼记·月令》：“[季春之月]勉诸侯，聘名士。”郑玄注：“名士，不仕者。”(2) 刑名之士。《史记·律书》：“自是之后，名士迭兴，晋用咎犯，而齐用王子，吴用孙武，申明军约，赏罚必信。”(3) 东汉末指刻意矫情，追逐名声之人。《后汉书·方术传》：“汉世之所谓名士者，其风流可知矣。虽驰张趣舍，时有未纯，于刻情修容，依倚道艺，以就其声价，非所能通物方，弘时务也。”(4) 魏晋时指有一定地位和名声的清谈家。《晋书·阮籍传》：“籍本有济世志，属魏晋之际，天下多故，名士少有全者，籍由是不与世事，遂酣饮为常。”

名通 指在诘辩中能用精妙的语言阐明玄理。《世说新语·文学》篇：“殷中军(浩)问：‘自然无心于禀受，何以正[证]善人少，恶人多?’诸人莫有言者。刘尹答曰：‘譬如写[泻]水著地，正自纵横流漫，略无正方圆者。’一时绝叹，以为名通。”

旷达 亦称“放达”、“通达”。魏晋时期崇尚自然，放浪形骸，不尊礼教的一种名士风度。《晋书·张翰传》：“翰任心自适，不求当世。或谓之曰：‘卿乃可纵适一时，独不为身后名邪?’答曰：‘使我有身后名，不如即时一杯酒。’时人贵其旷达。”裴頠《崇有论》：“奉身散其廉操，谓之旷达。”

放达 即“旷达”。

通达 即“旷达”。

三玄 指《老子》、《庄子》、《周易》三部著作。《颜氏家训·勉学》：“洎于梁世，兹风复阐，《庄》、《老》、《周易》总谓三元(玄)。”魏晋时期，何晏、王弼、向秀、郭象等，通过注解《老子》、《庄子》、《周易》，发挥自己的哲学思想，大畅玄风，在当时的思想界产生了巨大影响，这三部书一时成为名士们的必读书和清谈的中心内容。

清谈 ❶ 亦称清议。汉末魏初对人物的品评。《后汉书·郑太传》：“孔公绪清谈高论，嘘枯吹生。”唐李贤注：“枯者嘘之使生，生者吹之使枯，言谈论有所抑扬也。”❷ 亦称清言、玄谈、谈玄。魏晋时期流行的一种远离世事、崇尚虚无、空谈名理的风气。始于魏何晏、夏侯玄、王弼等。以《周易》、《老子》、《庄子》“三玄”为清谈的基本内容，摈弃世务，专讲本末、体用、有无、性命等抽象玄理。当时士人争相慕效，到西晋王衍辈而大盛。东晋后，佛学兴起，清谈之风渐衰。

玄谈 即“清谈❷”。

谈玄 即“清谈❷”。

玄妙 “玄”，黑色。原喻一种深远微妙的状态。《老子·一章》：“玄之又玄，众妙之门。”后指魏晋时期玄学家对世界本体的虚无之谈。裴頠《崇有论》：“是以立言藉于虚无，谓之玄妙。”

三语掾 掾，官职名。《世说新语·文学》篇：“阮宣子(修)有令闻，太尉王夷甫(衍)见而问曰：‘老、庄与圣教同异?’对曰：‘将无同。’太尉善其言，辟之为掾，世谓三语掾。”(《晋书》所记为王戎问阮瞻，其内容相同)“将无同”意为老、庄的自然无为思想与儒家的名教没有什么不同。阮修(或阮瞻)因三语而辟之为“掾”一事，反映了当时玄学和儒道的思想倾向。

浮华 汉魏时期文人雅士的游谈风尚。《后汉书·儒林传》：本初元年(东汉质帝年号)“自是游学增盛，至三万余生。然章句渐疏，而多以浮华相尚，儒者之风盖衰矣。”王充《论衡·自纪》：“浮华虚伪之语。”浮华之风，流行于汉末士族豪门子弟，原本是用来对抗宦官专权的手段。尔后，影响及于学术，学者不专心于经文章句，而喜欢游谈。从而兴起朋党浮华之风。有所谓“三君”(窦武、刘淑、陈蕃)、八俊(李膺、荀昱、杜密、王畅、刘祐、魏朗、赵典、朱寓)，以及“八顾”、“八及”、“八厨”等之称。至曹魏时，此风仍然流行。魏明帝时，又有四聪、八达、三豫之流。如夏侯玄、诸葛诞、邓飏、何晏、李胜、丁谧等。侍中董昭曾上疏曰：“窃见当今年少，不复以学问为本，专更以交游为业，国士不以孝悌清修为首，乃以趋势游利为先，合党连群，互相褒叹。”(《三国志·魏书·董昭传》)由是天下之士乃以朋党浮华逐名。由于朋党浮华左右选举，直接影响曹魏的用人制度和政权的巩固，历代魏帝无不深嫉浮华。太和四年(230)，魏明帝曾诏曰：“其浮华不务道本者，皆罢退之。”(《三国志·魏书·明帝纪》)并“斥免诸葛诞、邓飏等”(《三国志·魏书·董昭传》)人。但浮华中之夏侯玄、何晏等人为正始名士的领袖，也是正始玄学的发端者。反映出浮华之士的浮谈风尚与魏晋玄学的密切关系。

寄物瓶中 孔融反封建礼法的名言。孔融为东汉末“建安七子”之首，孔子第二十世孙。曾出为北海相，世称“孔北海”。汉献帝时，曹操当权，他应征入朝，常放言无忌，议论时政。有次他对祢衡跌荡放言，云：“父之于子，当有何亲？论其本意，实为情欲发耳。子之于母，亦复奚为？譬如寄物瓶中，出则离矣。”(《后汉书·孔融传》)《三国志·魏书·崔琰传附孔融》裴松之注引《魏氏春秋》也有记载，文字稍有出入。表明孔融对虚伪礼法的非难。后曹操因而借故孔融非孝，杀了孔融。

名士风流 指魏晋文人特有的风度、气韵。南朝宋刘义庆《世说新语·任诞》：“王孝伯言，名士不必须奇才，但使常得无事，痛饮酒，熟读《离骚》，便可称名士。”魏晋文人尚玄学，鄙礼法。“正始名士服药,竹林名士饮酒”(鲁迅《魏晋风度及文章与药及酒之关系》)。他们标榜心胸高远,心神超然,骄纵豁达,放浪形骸,故示清高,哗众取宠,被誉为“名士风流”。南朝宋刘义庆《世说新语·品藻》:“有人问袁侍中曰:‘殷仲堪何如韩康伯?’答曰:‘理义所得,优劣乃复未辩,然门庭萧寂,居然有名士风流,殷不及韩。’”这是魏晋时期战乱频仍,社会动荡不安,恶劣政治环境下文人们的处世哲学。

嘘枯吹生 东汉士大夫清议中的一种风气。东汉后期,士大夫阶层曾利用清议来褒贬人物、左右舆论、抨击时政。但清议中也出现了仅凭能说会道的辩才,以一己之私,随意抑扬学士大夫之贤与不肖的风气,名之为“嘘枯吹生”。《后汉书·郑太传》:“孔公绪清谈高论,嘘枯吹生,并无军旅之才,执锐之干。”唐李贤注:“枯者嘘之使生,生者吹之使枯,言谈论有所抑扬也。”参见“清议”。

名教中自有乐地 西晋乐广用语。 乐广,字彦辅,历任河南尹、太子舍人、尚书令。声望很高,时人称“乐令”。与王衍俱名重于时。时王澄、胡毋辅之等人任性放纵,不拘礼法。这些人“去巾帻,脱衣服,露丑恶,同禽兽。甚者名之为通,次者名之为达也”(刘义庆《世说新语·德行》刘孝标注引王隐《晋书》)。乐广笑曰:“名教中自有乐地,何为乃尔也!”(《世说新语·德行》)乐广善于清言析理,认为名教与自然并不矛盾。“乐广之论,并非特别推崇名教,而是本于玄学,立论以弃名教而任自然是有体无用,即隔裂体用”(见汤用彤《魏晋玄学论稿》)。因此,他虽然向往“神虽世表,终日域中”,“身在庙堂之上,心无异于山林之中”(郭象《庄子·逍遥游注》)的理想生活,但他却“清己中立,任诚保素”(《晋书·乐广传》),行为举止仍然保持儒家的风度。

体有 西晋裴頠用语。指以有为体。与“体无”相对。《崇有论》:“夫至无者,无以能生,故始生者,自生也。自生而必体有,则有遗而生亏矣。”认为世界的本源不是“无”而是“有”,“有”是绝对的,“无”是“有”的消失,是相对的。

崇有 魏晋时期一种“以有为体”的哲学思想。与“贵无”相对。主要代表人物是西晋裴頠。认为万物都是自生的,“自生而必体有,则有遗而生亏矣。”(裴頠《崇有论》)世界以“有”为体。“济有者,皆有也”(同上)。批评贵无派无中生有,以无为本的贵无思想和“口谈浮虚,不遵礼法,尸禄耽宠,仕不事事”的作风,提倡有为而治。

向郭逍遥义 后世学者对向秀、郭象《庄子》“逍遥游”解释的称谓。向,向秀。郭,郭象。据《晋书·向秀传》记载,向秀解《庄子》,发明奇趣,振起玄风,郭象又述而广之。向郭逍遥义义为:“夫小大虽殊,而放于自得之场,则物任其性,事称其能,各当其分,逍遥一也,岂容胜负于其间哉!”认为人不分贵贱,物不分大小,只要能自足其性,安守本分,就同样都是逍遥的。

独化 西晋郭象用语。指事物不假外力,自己变化。《庄子·齐物论》注:“若责其所待,而寻其所由,则寻责无极。卒至于无待,而独化之理明矣。”认为事物的产生和变化“外不资于道,内不由于己”(《大宗师》注),既没有外力的推动,也没有内在的根据,如果要寻找事物赖以产生的根源,则推上去永无穷尽,无所结果,必然得出事物是自己产生和自己运动的“独化之理”。

玄冥 “玄”,深远;“冥”,幽寂。原指一种昏暗幽深、神秘不可知的混沌状态。语出《庄子·大宗师》:“于讴闻之玄冥。”西晋郭象则认为“玄冥者,所以名无而非无也”(《庄子·大宗师》注)。其意指一种“有”与“无”的统一,并把玄冥与独化相联系,“未有不独化于玄冥者也”(《庄子·齐物论》注)。

自得 西晋郭象用语。(1)指以安于本性为满足。《庄子·逍遥游》注:“夫小大虽殊,而放于自得之场,则物任其性,事称其能,各当其份,逍遥一也。”(2)指一种无根据的变化,义近独化。《庄子·大宗师》注:“然则凡得之者,外不资于道,内不由于己,掘然自得而独化也。”认为事物之所以有变化,是自身固有的性分决定的。

相因 西晋郭象用语。意谓相互凭借、相互联系。《庄子·大宗师》注:“夫相因之功,莫若独化之至也。”认为事物之间虽有相互凭借、相互联系的一面,但各个事物本质上仍然是自生、独化的。

足性 西晋郭象用语。指本性自足,不假外求。《庄子·齐物论》注:“苟各足于其性,则秋毫不独小其小而大山不独大其大矣。”认为一切人和物都是“天性所受,各有本分,不可逃,亦不可加”。如果能够足于天然,安其性命,认识到自己的本性是自足的,那就不会以小羡大,就能安分守己,随遇而安。

游外宏内 亦作“游外冥内”。西晋郭象用语。指一种精神修养的最高境界。《庄子·大宗师》注:“故圣人常游外以宏(冥)内,无心以顺有,故虽终日见形而神气无变,俯仰万机而淡然自若。”游外即精神上因任自然,不为物累,游心于世俗之外;冥内即行为上不脱离世俗,不违背名教。游外冥内即不违名教而任自然的“内圣外王”之道。

游外冥内 即“游外宏内”。

无心顺有 西晋郭象用语。《庄子·大宗师》注:“游外以弘内,无心以顺有”。“无心”是就圣人的主观世界而言,“顺有”,是就对客观世界的态度而言。只有“无心”,才能“顺有”;只要“顺有”,就是“无心”。因此,“所贵圣王者,非贵其能治也,贵其无为而任其自为也”(《庄子·逍遥游注》)。庄子认为超现实的“方外”,高于现实中的“方内”;“无为”高于“有为”。而郭象则认为“无为”就是“任物之自为”,即顺着事物的本性去做。“任物之自为”,则圣人必能“无心而顺有”。庄子和王弼都讲“有生于无”,而郭象则说,“无不能生有”,“有”是“自有”,是“块然自生耳”(《庄子·齐物论注》)。玄学家追求玄远的世界,向往超世的理想,但仍然要生活在现实的尘世之中,那也就只能“无心而顺有”了。

圣人无心 西晋郭象用语。《庄子·缮性注》:“圣人无心,任世之自成,成之淳薄,皆非圣也。圣能任世之自得耳,岂能使圣得圣哉?”认为“圣人”应是无心于外物,而是任其自然,一切行为思考都是自当自至的“至理所趣,必自思之,非我思也,必自不思”(《庄子·德充符注》)。又认为:“物来乃鉴,鉴不以心,故虽天下之广,而无劳神之累。”(《庄子·应帝王注》)否定了思维活动能力。这种“无心”论,正是郭象所说的“内不觉其一身,外不识有天地”,达到“物我两忘”(《庄子·大宗师注》)蒙昧的境地。

顺性安命 西晋郭象用语。性即自性,命即性命。“命之所有者,非为也,皆自然耳。”(《庄子·天运注》)“达命之情者,不务命之所无奈何,全其自然而已。”(《庄子·养生主注》)先秦时孔子已说:“死生有命,富贵在天。”(《论语·颜渊》)孔子说的“命”,是指人力无可奈何者。郭象把性与命相联系,认为不做人力所无可奈何的事,就叫“知命”。“知命”,也就是顺其自然而已!顺自然即顺性,即无为而自化。“牛马不辞穿落(络)者,天命之固当也。”(《庄子·秋水注》)如果邪念起,则烦恼生。物各有性,人各有分,“非羡欲所及,则羡欲之累可以绝矣!”(《庄子·逍遥游注》)明乎此,“则死生变化,惟命之从也”(《庄子·大宗师注》)。物任其性,事称其能,名当其分,安分守己,就能达到怡然自得“逍遥”的精神境界。

自尔 西晋郭象用语。郭象在《庄子注》中常用“自尔”一词。如:“万物皆造于自尔”,“天机自尔,坐起无待”,“凡物云云,皆自尔耳”(《庄子·齐物论注》)。“则化与不化,然与不然,从人之于由己,莫不自尔”(《庄子·齐物论注》)。“付之自尔,而理自生成”(《庄子·人间世注》)。“既明物物者无物,又明物之不能自物,则为之者谁乎哉?皆忽然而自尔也”(《庄子·知北游注》)。“则无故而自尔也,自尔则无所稍问其故也”(《庄子·天运篇注》)。认为万物自生是“无故”,“无因”,而是自然而然。是“突然”、“掘然”、“歘然”、“忽然”、“块然”而自生的。“物各自然,不知其所以然而然”(《庄子·齐物论注》)。“自然”,就是“偶然”。

自性 西晋郭象用语。指每一事物都各自有各自的“性”,而且各自的“性”,都有其所能达到的一定限度。“物各有性,性各有极。”(《庄子·逍遥游注》)“夫天地万物,变化日新,与时俱往,何物萌之哉?自然而然耳!”“自然而然,则谓之天然。”(《庄子·齐物论注》)认为“自性”,是“自然而然”,是“天然”,是“自生”,“无待”的,不是其他事物所给予的。“自然耳,故曰性”(《庄子·山木注》)。“性”,就是“自然”。此“自然”,也即天然。“上知造物无物,下知有物之自造。”(《庄子注序》)任何事物都不是造物主造的,也不存在什么本体之无。“无”不能生“有”,“有”也不能生“有”,“然则生生者谁哉?块然而自生耳。”(《庄子·齐物论注》)任何事物都只能是“自生”,是自然而然而生。而非“他生”。如列子御风而行,这是列子的本性,“有风”、“无风”都不影响他御风而行的本性。这与“独化”的理论是相通的。参见“独化”。

性各有分 西晋郭象用语。他认为人“非如瓦石止于形质”(《庄子·达生注》),而是有性。然“性各有分”(《庄子·齐物论注》),穷达贵贱各异,或为君主臣妾,或为庖人尸祝,“各有所尚,而更相御用”(同上),社会由此才有“尊卑先后之序”(《庄子·天道注》)。并以宿命论的观点,提出人的性分,乃先天赋予,“天性所受”(《庄子·养生主注》),即由“不知其所以然而然”(《寓言注》)的“命”所决定的。既受之后,则至死不易,“知者守以待终,而愚者抱愚以至死”(《庄子·齐物论注》),人只能顺其命,适其性,安其分,“虽复皂隶,犹不顾毁誉而自安其业”(同上)。进而由相对主义立论,主张自足其性,认为如果“以形相对,则大山大于秋毫”(同上),确乎物有大小,寿有长短,人有贵贱;但“若各据其性分,物冥其极,则形大未为有余,形小不为不足。苟各足其性,则秋毫不独小其小,而大山不独大其大”(同上),贵贱穷达的差别,也就不复存在。

寄言出意 亦称“寄言显意”。西晋郭象用语。郭象《庄子注》曰:“夫庄子推平于天下,故每寄言以出意,乃毁仲尼,贱老聃,上掊击乎三皇,下痛病于一身也。”(《庄子·山木注》)郭象注《庄子》,以“寄言出意”的笔法,消弭庄子诋毁孔儒,鄙薄仁义,毁弃礼乐,攻击名教之思想,以明“内圣外王之道”。“内圣外王”,源于《庄子·天下篇》。意谓内备圣人之德,外施王者之政。郭象用王弼注《易》“得意在忘象,得象在忘言”(《周易例略·明象》)之说,寄托庄子之言,来表达自己的思想。认为取道家之旨,顺乎自然,就是“内圣”;取孔儒之旨,不废名教,就是“外王”。以自然御心,就是“内圣”;以名教御众,就是“外王”。圣人“常游外以弘内”(《庄子·大宗师注》)。“无心而任乎自化者,应为帝王也”(《庄子·应帝王注》)。“内圣”和“外王”是统一的。“圣人虽在庙堂之上,然其心无异于山林之中”。(《庄子·逍遥游注》)俯仰万机,而淡然自若。即肯定儒家的名教礼法,又倡导道家的自然无为,合善性命与治天下为一事,合儒道为一。郭象虽然赞誉庄子“其言宏绰,其旨玄妙”。但又说庄子虽然知道“以无为心”,却没有“与化为体”,尚不能称真正的圣人,只能说是“百家之冠”。反映出郭象按玄学思想诠释《庄子》,对庄子思想进行改造与发展。

寄言显意 即“寄言出意”。

仁义之迹 西晋郭象用语。出自《庄子·在宥注》:“夫黄帝非为仁义也,直与物冥,仁义之‘迹’自见,‘迹’自见则后世之心必自殉之,是亦黄帝之‘迹’使物撄也。”所谓“冥”,是无分别的境界,“迹”指外部表现,郭象认为万物自生,独化于“玄冥”之境,人只有“与物冥而循大变”(《庄子·逍遥游注》),才能获得绝对的精神自由,黄帝、尧、舜等圣王“诚能绝圣弃知,而反‘冥’物相”、“直与物冥”。于是仁义之“迹”便自然而然表现出来。如果“圣人”主观上有意要表现“仁义”,那么“圣迹既彰,则仁义不真,而礼乐离性，徒得形表而已矣”(同上)。郭象从玄学家的角度，否定儒家所宣扬的仁义道德的教条(“名迹”)。由此主张“仁义发中，而还任本怀，则志得矣”(《庄子·缮性注》)，要顺乎自然，非有所为地表现“仁义之迹”。

迹 指事物的形迹。与“所以迹”相对。所以迹，指事物的本性、真性。语出《庄子·天运》：“夫六经，先王之陈迹也，岂其所以迹哉。”西晋郭象加以发挥，以喻名教与自然的关系。“所以迹者，真性也；夫任物之真性者，其迹则六经也。”(《庄子·天运注》)认为因任自然是人的本性，遵循名教是任自然的表现，任自然即遵名教。

所以迹 见“迹”。

内圣外王 中国古代的一种理想人格。意为内修圣人之德，外施王者之政或外务社会事功。语出《庄子·天下》：“内圣外王之道，闇而不明，郁而不发，天下之人各为其所欲焉以自为方。”其具体内容随学派而异。先秦儒家已有圣王统一的思想，孔子认为内备仁德，外施德政方为圣人(见《论语·雍也》)。孟子认为：“圣人，人伦之至也。”(《孟子·离娄上》)又说：“行仁政而王，莫之能御。”(《孟子·公孙丑上》)荀子进而“圣王”并举，明确指出：“圣人者，尽伦者也；王也者，尽制者也。两尽者，足以为天下极矣，故学者以圣王为师。”(《荀子·解蔽》)“尽伦”为内圣，“尽制”为外王，两者统一是为最高的理想人格。道家也主张圣王统一，《庄子·天下》说：“圣有所生，王有所成，皆原于一。”但有自己的“圣王”观，认为圣人超然世俗，“游心”于“无何有之乡”，“顺物自然，而无容私焉”(《庄子·应帝王》)，不以王者自居，不以“为天下”为务，惟其如此，“而天下治矣”(同上)。魏晋时期郭象融合儒道，以道家“自然”原则去阐发儒家名教的合理与必然，提出：“通天地之统，序万物之性，达死生之变，而明内圣外王之道。”(《庄子注序》)认为圣人“虽在庙堂之上，然其心无异于山林之中”(《庄子·逍遥游注》)，“虽终日见形而神气无变，俯仰万物而淡然自若”(《庄子·大宗师注》)。合内圣与外王于一体，迎合了门阀士族既要清高之名，又不废一切现实权益的需求。宋明理学家的理想人格基本倾向是重“内圣”而轻“外王”。二程提出以孔、颜的“圣贤气象”为理想人格的标准。朱熹则明言“向内便入圣贤之域，向外便是趋愚不肖之途”(《朱子语类》卷一一九)。故反对陈亮的“事功之学”。以儒家内圣外王为主的理想人格，对中国社会的政治、伦理、哲学、文化产生深远影响，是中国政治伦理一体化格局形成的重要原因，也是中国社会士人与知识分子人生追求的理想目标所在。近代以来，冯友兰提出“只有圣人，最宜于作王”的主张，又认定“哲学”的主要任务是讲“使人成为圣人之道”，成“内圣外王之道”(《新原道·新统》)。海外现代新儒家共同强调“‘外王’是‘内圣’的延伸，内圣一定要通向外王”，赋予“外王”以现代政治的意蕴，亦即“新外王”。

名教即自然 西晋郭象关于名教与自然关系的观点。以物各“自生”、“自化”的“独化”说为基础，说明“自然”是不施人为力量而天然如此，“自己而然，则谓之天然。天然耳，非为也。故以天言之；以天言之，所以明其自然也。”(《庄子·齐物论注》)又说：“自然耳，故曰性。”(《庄子·山木注》)认为“仁义者，人之性也”(《庄子·天运注》)，包括仁义道德在内的名教，都是“自己而然”，“君臣上下，手足内外，乃天理自然”(《齐物论注》)。因而服膺仁义道德，恪守“尊卑先后之序”(《天道注》)，也是绝对合理，不可动摇的。名教即自然，又指“内圣外王之道”(《庄子注序》)，以为名教是“自然”合理的，那么圣人实行名教统治即从事“人事”也是“自然”合理的。不过，圣人虽处“人事”，但心又不执著“人事”，在精神上是逍遥自得的，即所谓：“夫圣人虽在庙堂之上，然其心无异于山林之中，世岂识之哉？”(《逍遥游注》)这一合儒道为一的伦理观，既肯定了儒家的名教之治，又高扬了道家的自然原则，反映了门阀士族借助名教图保“神器”(《庄子注序》)的政治需要，以及既要享乐又不废清高之名的心态。

自生 指自己生成。西晋裴頠《崇有论》：“始生者，自生也。”认为世界上最初的东西是自己生成的，不是从无中产生的。西晋郭象《庄子·齐物论注》：“无既无矣，则不能生有，有之未生，又不能生。然则生生者谁哉？块然而自生耳。”认为事物没有根据地突然产生。含有否定造物主的因素，但又否认事物的内部矛盾是其产生和发展的根据，而得出“故天下莫不芒(冥)也”(同上)，一切皆不可知的结论。

雅远 西晋裴頠用语。指不问世务。《崇有论》：“处官不亲所司，谓之雅远。”魏晋时期，在正始之音和林下之风影响下，诸名士为显示自己的清高，菲薄综世之务，轻贱功烈之用，崇尚虚无，空谈名理，这种风气被称为雅远。

道为仁义祖宗 东晋葛洪用语。《抱朴子·明本》：“夫道者，其为也，善自修以成务。其居也，善取人所不争，其治也，善绝祸于未起。其施也，善济物而不德；其动也，善观民以用心；其静也，善居慎而无闷。此所以为百家之君长，仁义之祖宗也。”认为道家的“道”才是仁义的源本。并尊道抑儒，说儒者“所爱者势利也”，“汲汲于名利”，而道家“所宝者无欲也”，“抱一以独善”。其结论是“道之为源本，儒之为末流”。

儒道异理 东晋葛洪用语。指出儒道两家的不同：“仲尼，儒者之圣也，老子，得道之圣也。……仲尼虽圣于世事，而非能沈静玄默，自守无为者也。”(《抱朴子·塞难》)道家讲“恬愉静退，独善守己，谤来不戚，誉至不喜，睹贵不欲，居贱不耻”而“儒者所修，皆宪章成事，出处有则，语默随时……德行积于衡巷，忠贞尽于事君”(同上)。葛洪认为“儒业多难，道家约易，吾以患其难矣，将舍而从其易焉”(同上)。以此为自己宣扬神仙道教进行辩解。

道本儒末 东晋葛洪用语。《抱朴子·塞难》：

"儒教近而易见，故宗之者众焉，道意远而难识，故达之者寡焉。道者，万殊之源也，儒者大淳之流也。"崇尚道教为本、为源，抑儒为末、为流。又明确提出："道者儒之本也，儒者道之末也。"(《抱朴子·明本》)葛洪虽有儒道双修的主张，但作为道教理论家，他更强调神仙之道的重要，以神仙之道为根本，说"凡言道者，上自二仪，下逮万物，莫不由之。但黄老执其本，儒墨治其末耳"(同上)。

得道之圣人 东晋葛洪用语。与"治世之圣人"相对。《抱朴子·塞难》："仲尼，儒者之圣也；老子，得道之圣也。"而"道意远而难识，故达之者寡焉。道者，万殊之源也。""得道之圣人"，必须是"弃交游、委妻子、谢荣名、损利禄……恬愉静退，独善守己，谤来不戚、誉至不喜，睹贵不欲、居贱不耻……出无庆吊之望，入无瞻视之责……众烦既损，和气自益，无为无忧、不怵不惕"。孔子虽"知老氏玄妙贵异"却"见老氏不从学道"所问的"止于民间之事而已，安能请求仙法耶?"故孔子不能从"得道之圣人"的老子那里求得仙法。

治世之圣人 东晋葛洪对孔子的评说。与"得道之圣人"相对。《抱朴子·塞难》："仲尼，儒者之圣。"其所从事的是"升降俯仰之教，盘旋三千之仪，攻守进取之术，轻身重义之节，欢忧礼乐之事，经世济俗之略，儒者之所务也"(《抱朴子·明本》)。"儒者，周孔也，其籍则六经也，盖治世存正之所由也，立身举动之准绳也。"其与道家"其治也，善绝祸于未起；其施也，善济物而不德；其动也，善观民以用心，其静也，善居慎而无闷"(同上)，是完全不同。因为"得道之圣人，则黄老是也。治世之圣人，则周孔是也"(《抱朴子·辨问》)。

仙人不必圣 东晋葛洪用语。《抱朴子·辨问》："夫圣人不必仙，仙人不必圣。"认为孔子等"俗所谓圣人者，皆治世之圣人，非得道之圣人"。以为"圣"即为："世人以人所尤长，众所不及者，便谓之圣。"有如棋圣、书圣、画圣等。有突出政治才能的人乃是"治世之圣人"。他们能"除残去贼、夷险平暴、制礼作乐、移不正之风，易流遁之俗，匡将危之主，扶亡征之国。"而仙人除"黄帝先治世而后登仙，此是偶有能兼之才者也"外，"按仙经以为诸得仙者，皆其受命偶值神仙之气，自然所禀"。这些"得仙者"是脱离世务和人群的"所以与世人异路而行，异处而止，言不欲与之交，身不欲与之杂"的。故仙人不必为治世之圣。反映了其重道轻儒的倾向。

圣人不必仙 东晋葛洪用语。《抱朴子·辨问》："夫圣人不必仙，仙人不必圣。"认为圣人与仙人是不同的，各有所长。指出"且大俗所谓圣人者，皆治世之圣人，非得道之圣人，得道之圣人，则黄老是也。治世之圣人，则周孔是也"(同上)。由于圣人是"安上治民"的，没有他们便"家无复子孙，国无复臣吏，忠孝并丧，大伦必乱"。但又强调指出，周公、孔子有"秘不告人"的"仙术"，他们"外托终亡之形，内有上仙之实"(同上)。葛洪有意将周公、孔子打扮成外儒术内神仙的人物，以为他的道教学说制造理论根据。

周孔为圣不得仙 东晋葛洪用语。语出《抱朴子·释滞》。此篇列举许多历史传说中的仙家和特异奇能者，却是"此皆周、孔所不能为也"。但认为"若圣人诚有所不能，则无怪于不得仙，不得仙亦无妨为圣人"。周公、孔子虽然"不得仙"，但仍然可以当圣人。据《抱朴子·塞难》篇所说，圣人当分为二种，有"仲尼、儒者之圣"；"老子，得道之圣"。又说"仲尼虽圣于世事，而非沈静玄默、自守无为者也……仲尼不免于俗情，非学仙之人也"。周、孔为儒者圣是不能成仙，而得道之圣的老子等，则是得道成仙的圣人。

九圣共成易经 东晋葛洪用语。《抱朴子·释滞》："夫天地为物之大者也。九圣共成易经，足以弥纶阴阳，不可复加也。"通常传说，《易》历三圣，谓伏羲画八卦，文王重为六十四卦，孔子作十翼。葛洪则谓九圣共成易经，盖指伏羲、神农、黄帝、尧、舜、夏禹、商汤、周文王、孔子。

放达为非道 东晋戴逵用语，语出《放达为非道论》，指斥元康年间的玄学放达思想。认为"竹林之谓放，有疾而为颦者也，元康之为放，无德而折巾者也"(《晋书·戴逵传》)。认为嵇康、阮籍等竹林七贤的放达是对专制统治的抗议，是有缘由的，而元康之际名士的放达是一种不负责任的人生态度，不可取，在他看来，"达"应当指达道而言，即符合儒家的伦理道德观念。他基本上站在儒学的立场上反对玄学家追慕"放达"而失其实的虚无放荡之风。他亦驳斥佛教因果报应说，主张"人资二仪之性以生、禀五常之气以育"(《释疑论》)，具有无神论思想。

简要 魏晋时人表达"老庄"思想的用语。南朝宋刘义庆《世说新语·文学》："南人学问，清通简要。"又《世说新语·赏誉》："裴楷清通，王戎简要。"清通，清新通达。简要，简约扼要。"汉学复杂，玄学简单。""自汉学至玄学之运动，即为自复杂具体之学问转变为抽象合理化之运动。"魏晋时人研究问题之方法与东汉人不同，"趋向简单、抽象、合理化之途径，要抓住那最重要的原理"。(汤用彤《魏晋玄学听课笔记》之一)参见"易简"。

麈尾风流 喻指魏晋南北朝时期的清流名士。麈为麋之一种，体大尾长，用其尾做成半椭圆形，饰之以玉柄，称作麈尾。当时名士清谈时常执麈尾以示名士的等级身份，故称清谈名士为麈尾风流。《世说新语·文学》："客问乐令'指不至'者，乐亦不复剖析文句，直以麈尾柄确几，曰：'至不?'客曰：'至。'乐因又举麈尾曰：'若至者，那得去?'"

言类悬河 亦作"言若悬河"、"言如悬河"。形容说话像河崖之水下泻，滔滔不绝。魏晋玄学家为了要清谈虚远，辩析玄理，大都能言善诘，堪称辩才。南朝齐王僧虔《诫子书》："郭象言类悬河，不自劳苦，何由至此。"《北史·裴蕴传》："蕴亦机辩，所论法理，言若悬河，或重或轻，皆由其口，剖析明敏，时人不能致诘。”南朝宋刘义庆《世说新语·赏鉴》：“王太尉(衍)云：‘郭子玄(郭象)语议如悬河泻水，注而不竭’。”《晋书·郭象传》：“太尉王衍每云：‘听象语，如悬河泻水，注而不竭。’”《书钞》九十八《语林》云：“王太尉问孙兴公曰：‘郭象何如人？’答曰：‘其辞清雅，奕奕有余，吐章陈文，如悬河泻水，注而不竭。’”

言若悬河 即“言类悬河”。

言如悬河 即“言类悬河”。

将无同 犹言莫非相同。意谓难道有什么不同吗？南朝宋刘义庆《世说新语·文学》：“阮宣子(修)有令闻，太尉王夷甫(衍)见而问曰：‘老庄与圣教同异？’对曰：‘将无同。’”宋程大昌《续演繁露·将无同》：“不直云同，而云‘将无同’者，晋人语度自尔也。”“语度自尔”，犹言说话的习惯。意谓老庄自然无为与儒家纲常名教没有什么不同。正如鲁迅所说：“总之，是一种两可、飘渺恍惚之谈罢了！”(《中国小说史略》附录《中国小说的历史变迁》)有时也省作“将无”。南朝宋刘义庆《世说新语·德行》：“太保(王祥)居在正始中，不在能言之流，及与之言，理中清远。‘将无’以德掩其言？”

形神相即 南朝齐梁范缜关于精神和形体相联系的理论。认为精神和形体“名殊而体一”，两者既相区别，又相联系，不可分离，“神即形也，形即神也。是以形存则神存，形谢则神灭也”(《神灭论》)。并强调精神不能离开形体而独立存在，“形者神之质，神者形之用”(同上)，彻底批判了佛教信仰者的“神不灭论”，发展了唯物主义和无神论思想。

隋唐哲学

三教可一 隋王通用语。王通《中说·问易》：“子读《洪范谠义》曰：‘三教于是乎可一矣。’”子，即文中子王通。《洪范谠义》即《皇极谠义》，为王通之祖安康献公王一所作。据书名可知，是解释皇极之义的著作。“皇极”，据清俞正燮解释：“极，中也。”(《癸巳存稿》卷一)自魏晋南北朝以来，儒、道、佛三教斗争日趋剧烈，梁武帝曾宣布佛教为国教，倡导三教合一，是以佛教为主，以三教归佛为宗旨。而王通则主张“共言九流”、“共叙九畴”(《中说·周公》)。认为三教可一，而不是合一。意思是：三教可以圆融，互相吸收，取长补短。主张吸收佛、道二教之长以补儒学之短，从而提高儒学在政治学术界的统治地位。

仁义发中 隋王通用语。《中说·问易》：“事之于命也，犹志之有制乎！非仁义发中不能济也。”王通主张仁义发中，不偏不倚。认为：“帝者之制恢恢乎，其无所不容。……千变万化，五常守中焉。”将“中道”作为他的思想核心。“大哉！中之为义，在《易》为二五，在《春秋》为权衡，在《书》为皇极，在《礼》为中庸。谓乎无形，非中也；谓乎有象，非中也。上不荡于虚无，下不局于器用，唯变所适，惟义所在。此中之大略也。《中说》者，如是而已！”(阮逸《中说序》)为政之要，乃在于执“中”，即坚守“中道”，就是仁义礼智信五常的统一。“五常一也”(《中说·述史》)仁义乃发于“中”。守“中道”就是守“仁义”，把“中道”思想贯彻于政务，就是施仁政。“政猛宁若恩，法速宁若缓，狱繁宁若简，臣主之际其猜也宁信。执其中者，惟圣人乎！”(《中说·关朗》)认为做到政恩、法缓、狱简、臣主信，就是“执中”。能“执中”者，乃圣人也。并只有恪守“中道”，才能“其卓然而不可动乎！其感而无不通乎！此之谓帝制矣。”(《中说·周公》)由此还提出“正主庇民”、“以天下为心”、“无私”、“无偏”(《中说·魏相》、《中说·事君》)等观点。

穷理尽性 隋王通在道德修养上的观点。语出《易·说卦》：“穷理尽性以至于命。”王通认为：“予谓周公之道，曲而当，和而恕，其穷理尽性以至于命乎！”(《中说·周公》)又说：“乐天知命，吾何忧？穷理尽性，吾何疑？”(《中说·问易》)并认为“穷理尽性以至于命”三者的顺序应是，先“知命”，再“穷理”，后“尽性”。要穷理，先要学《易》，用《易》来穷理。“不学《易》，无以通理。”(《中说·立命》)而要学《易》穷理，又必须先“知命”。所谓“命”，是指事物发展变化的客观必然性。“命之立也，其称人事乎！”(同上)“知命”，也就是“知人事”。认为必须先知人事之“命”，然后才能穷理，穷理就自然能尽人性。即尽人的仁、义、礼、智、信五常之本性。还由此提出“正其心”(《中说·事君》)的要求。首先倡明“人心”、“道心”的矛盾，以及防止“人心”泛滥，以扩充“道心”即“君子思过而预防之”(《中说·问易》)的道德修养任务。王通这一观点，对宋明理学的修养方法的形成与发展，具有重要意义。

尊道不尊帝 隋王通的社会发展历史观。王通认为社会历史的发展变化，不是天或天人感应所能左右的，而是道，即圣人之道，周公、孔子之道。他说：“圣人之道，其昌也潜，其弊也寝，亹亹焉，若寒暑进退，物莫不从之而不知其由也。”(《中说·周公》)“卓哉！周公、孔子之道，其神之所为乎！顺之则吉，逆之则凶。”(《中说·王道》)圣人之道，犹如神之所为，“物莫不从之而不知其由”。圣人之道乃社会历史的真正主宰。他还主张废黜昏君，举用明君，“所以康天下也”(《中说·事君》)。为天下太平，他赞赏霍光废昏举明，而且把它上升到尊道不尊帝的理论去认识。认为如果帝王无道，为了安国济民，谁都可以斥帝、反帝，甚至“废昏举明”。

来者胜昔 隋王通的社会发展历史观。鉴于魏晋南北朝的动乱情势，王通明确说：“人能弘道，焉知来者之不如昔也。”(《中说·问易》)他认为社会一时的动乱，终究改变不了社会历史不断向前发展的趋势。后宋儒程颐、朱熹、陆九渊都指责王通《续书》为何始于汉，甚至要以此治王通之罪。正说明王通没有神化尧、舜、禹三代，而歌颂了两汉七代之制。反映出王通已认识到历史是向前发展的，来者肯定会胜昔。

以性制情 隋王通用语。语出《中说·立命》：

"以性制情者，鲜矣！"王通继承西魏苏绰"性善情恶"论。认为人受阴阳之气以生，有情有性。性则为善，情则为恶。他说："人心惟危，道心惟微，言道之难进也。"(《中说·问易》)他追溯善恶的内心根源，认为："人心"与"道心"相对立，人心抑制了道心，因而"道"就很难前进。王通说的"道"，即中庸之道。先秦时荀子就说过："故《道经》曰：'人心之危，道心之微。'危微之心，唯明君子而后能知之。"(《荀子·解蔽》)王通加以应用与发挥，主张要"存道心，防人心"。而其关键则在于"以性制情"。所谓"性"，即指仁、义、礼、智、信五常之本。也就是要以五常来规范人的道德行为。

道统 儒家传道的系统。春秋时孔子所叙尧舜传授之言，为此说之本。"尧曰：咨，尔舜，天之历数在尔躬，允执其中，四海困穷，天禄永终。舜亦以命禹。"(《论语·尧曰》)战国时孟子继其说，认为"五百年必有王者兴，其间必有名世者"(《孟子·公孙丑下》)，"由尧舜至于汤，五百有余岁"，"由汤至于文王，五百有余岁"，"由文王至孔子，五百有余岁"(《孟子·尽心下》)，并自命继承孔子正统。西汉扬雄对孟子"五百年必有王者兴"一说提出异议时，亦论及儒家圣人序列，"或闻五百岁而圣人出，有诸？曰：尧舜禹，君臣也，而并；文武周公，父子也，而处；汤孔子数百岁而生。"(《法言·五百》)唐韩愈作《原道》以排斥佛、老(道教)，仿照佛教诸宗的祖统，正式提出"尧、舜、禹、汤、文、武、周公、孔、孟"关于道的传授系统说，以继承孟子自居，开宋代道学先声。南宋朱熹则以周(敦颐)程(颢、颐)上承孟子，自己又上接周、程。

存仁行义 唐韩愈对儒家"道"的内容的规定。为了建立儒家道统说，反对佛教、道教的理论，韩愈对"道"作一界说，认为儒家的"道"是仁存于内，义见于行的。"博爱之谓仁，行而宜之之谓义，由是而之焉之谓道，足乎已无待于外之谓德。仁与义为定名，道与德为虚位……凡吾所谓道德云者，合仁与义言之也"(《原道》)。仁与义是儒家固有用语。佛教、道教皆鄙薄而不取，但都同样以道德为哲学范畴。韩愈以为"道"是包含了存于内的"仁"到见于行的"义"，即从"治心"到"治国平天下"的过程。批评佛、道"欲治其心而外天下国家，灭其天常，子焉而不父其父，臣焉而不臣其臣，民焉而不事其事"(同上)。因此必以仁、义为定名，方可区别儒家与佛教、道教在"道"的界说上的不同。

情 中国古代哲学用语。指情感、情欲。孔子重视情感之正当的流露，"惟仁者，能好人，能恶人"(《论语·里仁》)。墨子主张兼爱之情，反对个人于一人一物偏爱之情，"必去喜、去怒、去乐、去悲、去爱、去恶，而用仁义！手足口鼻耳，从事于义！"(《墨子·贵义》)孟子对情的态度，与孔子大致相同，其所谓恻隐、羞恶、辞让等，皆以情当合道德原则。庄子认为"圣也者，达于情而遂于命"(《庄子·天运》)，主张"有人之形，无人之情"(《庄子·德充符》)。荀子不讲无情而注重对情的节制，"矫饰人之情性而正之"，"扰化人之情性而导之"(《荀子·性恶》)，《中庸》和《大学》对于情的看法，基本上与荀子一致。董仲舒以情为恶，主张"辍其情以应天"(《春秋繁露·深察名号》)。三国魏王弼综合儒道关于情的说法，主张以性统情，"然则圣人之情，应物而无累于物者也"(何劭《王弼传》)。唐韩愈认为情同性一样分为三等，"情之品有上中下三，其所以为情者七：曰喜、曰怒、曰哀、曰惧、曰爱、曰恶、曰欲。上焉者之于七也，动而处中。中焉者之于七也，有所甚，有所亡，然而求合其中者也。下焉者之于七也，亡与甚，直情而行者也"(《原性》)。认为人的情感能"动而处中"，符合封建道德原则，则属于上品之情。李翱说："性者天之命也，圣人得之而不惑者也，情者性之动也，百姓溺之而不能知其本者也"，"人之所以为圣人者，性也；人之所以惑其性者，情也。"(《复性书》)认为情干扰人的本性，阻碍善性的扩充。与其师韩愈之说有所不同。北宋程颢主张以情从理。"夫人之情易发而难制者，惟怒为甚；第能于怒时遽忘其怒，而观理之是非"(《答横渠先生书》)。南宋胡宏论情，以为"人以情为有累也，圣人不去情"(《知言》)，讲节情而不主无情。朱熹讲情，谨守《中庸》发而中节说，不主无情："性之所感于物而动，则谓之情。是三者，人皆有之，不以圣凡为有无也。……学者则当存心以养性而节其情也。"(《答徐景光》)明王守仁说："喜怒哀惧爱恶欲，谓之七情。……七情顺其自然之流行，皆是良知之用，不可分别善恶，但不可有所著。"(《传习录》)主张情当顺其"良知"之本然，只是不著私意便是了。清颜元反对无情之说："看圣人之心，随触便动，只因是个活心。"(《四书正误》)戴震讲情每与欲相并论，"性之征于欲，声色臭味而爱畏分。既有欲矣，于是乎有情"(《原善》上卷)。

性情三品说 唐韩愈的人性学说。认为性"与生俱生"，分为上、中、下三品，"上焉者，善焉而已矣；中焉者，可导而上下也；下焉者，恶焉而已矣"(《原性》)。性的具体内容为仁、义、礼、智、信。它们在三品中比重各不相同，"上焉者之于五也，主于一(指仁)而行于四；中焉者之于五也，一不少有焉，则少反焉，其于四也混；下焉者之于五也，反于一而悖于四。"(同上)情"接于物生"，具体内容为喜、怒、哀、惧、爱、恶、欲。情与性相对，亦分为上、中、下三品，上品之情为七情"动而处其中"；中品之情为七情动"有所甚有所亡，然而求合其中"；下品之情为七情动"亡与甚直情而行"。主张控制情欲，使之适"中"，符合封建伦理的基本原则。

复性说 唐李翱关于人性的理论。在《复性书》中提出。认为人的本性天赋，至善，圣凡无别，"性者，天之命也"，"人之性皆善"，"百姓之性与圣人之性弗差"，性生情，情明性。"无性则情无所生矣"，"情由性生"。"情不自情，因性而情；性不自性，由情以明"。性受到情(喜、怒、哀、惧、爱、恶、欲)的迷惑，"情既昏，性斯匿矣"，"故性不能充也"。人之情是"接物而生"，"情者，妄也，邪也"，认为性善情恶。主张成圣的关键是去情复性，认为通过“视听言行，循礼而动”，“忘嗜欲而归性命之道”；“能尽其性，则能尽人之性”，“能尽物之性”；“弗虑弗思”，“知本无有思，动静皆离”等修养方法，最后灭除妄邪的情欲，恢复至善的本性，进而达到“广大清明，照乎天地，感而遂通天下”的“至诚”境界，便是复性。

正名辨位 唐李翱用语。对《大学》中齐家治国原则的推衍。《大学》以“修身”、“正心”、“诚意”、“致知”、“格物”为齐家治国的前提。李翱说：“善理其家者，亲父子，殊贵贱，别妻妾、男女、高下、内外之位，正其名而已矣。古之善治其国者先齐其家，言自家之刑于国也。欲其家之治，先正其名而辨其位之等级”（《李文公集·正位》）。将正名作为齐家治国的前提，也是对孔子的正名思想的进一步发挥。

性善情恶 唐李翱的人性论观点。在《复性书》中提出。认为人之性包括性与情两方面，性乃与生俱来，出于“天之命”，是仁义道德之源；情则是接于外物而后生的，包含喜、怒、哀、惧、爱、恶、欲。名之曰“道德之性”。是人“其所以异于禽兽虫鱼者”的根本之点，也是人得以超凡入圣的内在根据。情则不然，“情者，妄也，邪也”，情动不息，“循环而交来”，使至善之性为情惑，因情害性，进而产生种种恶行。提出道德修养的根本任务在于“妄情灭息，本性清明”，亦即复性。其说与佛家“心性本觉，妄念所蔽”说相通，含有禁欲主义思想倾向，开宋明理学理欲对立论之端。

时变而礼不革 唐李翱用语，认为“礼”是永恒不变的。“礼之损益，知时之盛衰，因者谓时变而礼不革也。礼不革，则百世不衰也”（见《论语笔解》卷上）。《论语·为政》中说礼在因袭中，后代对于前代都是有所损益，在不同历史时期可以对礼作非根本性的局部修正。然而李翱在解释“论语”时，连礼的“损益”也完全否定。强调封建礼教为神圣不可侵犯，不能有任何变革。

夷夏大防 中国传统文化中的一种伦理价值观。夷，指少数民族，有时也泛指异邦；夏，即华夏之邦。夷夏，指民族区别，尤指文明程度与伦理道德方面的分野。春秋时期，孔子为了维护周礼，提出“夷夏之防”的思想，“夷狄之有君，不如诸夏之亡也”（《论语·八佾》），把是否奉行忠君孝亲之道，作为划分夷夏、区别文野的标志。孟子认为：“吾闻用夏变夷者，未闻变于夷者也。”（《孟子·滕文公》）秦汉以后，“明华夷之辨”的命题为儒家所继承。唐韩愈为了排斥佛教，维护儒家道统，重申此说，认为封建宗法等级制度及其伦理纲常，乃华夏之正统，而“佛本夷狄之人”，与中国文化殊异。尊佛无异于“举夷狄之法，而加之先王之教之上”（《原道》），主张罢黜佛教。明清之际王夫之，鉴于明亡于清的历史教训，也力倡华夷大防，“防之不可不严”（《读通鉴论》卷十四），认为华夷之别，在乎文野，华夏文明程度高，重“君臣父子之伦，诗书礼乐之化”（同上，卷三），而夷狄则法制疏略，衣食粗犷，“非我类者不入我伦”（《春秋家说》卷三中），我之仁义“非以施之异类者也”（《读通鉴论》卷四）。至近代，随着中国沦为半殖民地半封建社会，民族危机加深，人们习惯称西方为“夷”，故对夷夏之辨率多从反对侵略的爱国主义立场去理解。熊十力说：“自孔子作春秋，昌言民族主义，即内诸夏而外夷狄是也。但其诸夏夷狄之分，确非种界之狭陋观念，而实以文野与礼义之有无为判断标准。凡凶暴的侵略主义者，皆无礼无义，皆谓之夷。”（《读经示要》卷一）对“夷”不仅应“等诸鸟兽”，而且“必严厉诛绝之”（同上）。夷夏大防包含有大汉族主义和文化保守主义的消极因素，但对于加强华夏民族的凝聚力和维护民族文化有其积极意义。特别是在近代，由于融入爱国主义的新内容，又起了唤醒民众，反对外来侵略的历史作用。

生人之意 唐柳宗元用语。指重视人民的意愿和利益。认为朝代的兴废，政权的更替，社会的治乱，在人不在天，“受命不于天，于其人；休符不于祥，于其仁。惟人之仁，匪祥于天”，取决于是否重视人民的意愿和利益，得到人民的信任和支持，“受命于生人之意”（《贞符序》）。主张一切从对人有利出发。“圣人之道，不穷异以为神，不引天以为高，利于人，备于事，如斯而已矣”（《时令论》上），“圣人出于天下，不夏商其心，心乎生民而已”（《伊尹五就桀赞》）。并据此提出，社会由“生人之初”到“封建制”的发展，不以圣人主观意志为转移，而决定于“生人之意”造成的客观趋势。但又认为只有“仁”、“智”的圣人才能识“势”具“道”，符合于“生人之意”。

天人不相预 唐柳宗元用语。预，干涉。指天与人互相各不干涉。认为天地万物“特一气耳”。“彼上而玄者，世谓之天；下而黄者，世谓之地；浑然而中处者，世谓之元气；寒而暑者，世谓之阴阳。是虽大，无异果蓏痈痔草木也。”指出“天地，大果蓏也；元气，大痈痔也；阴阳，大草木也。其乌能赏功而罚祸乎？功者自功，祸者自祸。”（《天说》）天与人“各不相预”，“生植与灾荒，皆天也；法制与悖乱，皆人也。二之而已。其事各行不相预，而凶丰理（治）乱出焉”（《答刘禹锡天论书》）。

贵愚贱圣 唐柳宗元用语。认为居于尊贵地位的人也有愚蠢的，居于卑贱地位的人中也出圣贤。打破儒家所规定的贵贱圣愚地位不变的界限。说：“若贵而愚，贱而圣且贤，以是而妨之，其为‘理’本大矣。……使亲而旧者愚，远而新者圣且贤，以是而间之，其为理本亦大矣。”（《六逆论》）“贵而愚”和“贱而圣且贤”彼此之间的地位是应该改变的。并认为“使仲尼之志之明可得而夺，则庸夫矣；授之于庸夫，则仲尼矣”（《天爵论》）。认为孔子和“庸夫”的差异在于后天的努力学习，人的智愚不是固定不变。表现了柳宗元在传统儒家思想面前敢于标新立异的独立思考的精神。

功者自功，祸者自祸 唐柳宗元在《天说》中提出的命题。是同韩愈辩论天有无意志问题的重要论点。柳宗元明确指出，功绩，是自己建立的功绩。灾祸，是自己召来的灾祸。说明事情的成败，在于做事情的人，而不在于天和神。天“特一气耳”（《断刑论》下）。天只不过是充满元气的自然物，并无赏功罚祸的意志。“苍苍者焉能与吾事”（《断刑论》下）。苍苍的天不可能参与人事。因此：“欲望其赏罚者大谬。呼而怨，欲望其哀且仁者，愈大谬矣。”（《天说》）是对韩愈宣扬天能赏功罚祸的有力批驳。

敌存灭祸，敌去召过 唐柳宗元在《敌戒》中提出的命题。从“我作戒诗，思者无咎”（《敌戒》），告诫大家要居安思危出发，柳宗元认为：有敌人存在，警钟长鸣，倒能减少灾祸。如果敌人没有了，就会放松警惕，反而召来过错。已认识到事物相反相成的辩证关系。这是对“敌存而惧，敌去而舞”（同上）错误思想的有力批判。

统合儒释 唐柳宗元用语。《送文畅上人登五台山序》：“统合儒释，宣涤疑滞。”主张在以儒学为主的基础上，融合、吸收佛教思想，“服勤圣人之学，尊礼浮屠之事”（同上）。认为“浮图诚有不可斥者，往往与《易》、《论语》合，诚乐之，其于性情爽然，不与孔子异道”（《送僧浩初序》）。儒、佛有其共通之处可相吻合，而且也可以异中求同，“悉取向之所以异者，通而同之，搜择融液，与其大适”（《送元十八山人南游序》）。柳宗元虽也指出佛教本身存在“妄取空语”、“颠倒真实”（《送琛上人南游序》）的严重缺点，但认为佛教不追逐利禄的思想当为儒者所取，“且凡其为道者，不爱官，不争能，乐山水而嗜闲安者为多”（《送僧浩初序》）。这种“统合儒释”的观点，在中国文化史上有较大影响。

数存势生 唐刘禹锡用语。“数”与质量、形体义近，大体相当于事物的规定性（如天之数在于“形恒圆而色恒青，周回可以度得，昼夜可以表候”）。“势”大体相当于事物的规律性、必然趋势（如天之势在于“恒高而不卑，恒动而不已”《天论》）。认为，宇宙万事万物都必定有它自己的“数”和“势”，不能“逃乎数而越乎势”（《天论》）。“数”和“势”以物的存在为基础，“附乎物而生，犹影响也”。事物相合，由于各自“数”的不同，便产生“势”，“夫物之合并，必有数存乎其间焉，数存然后势形乎其间焉”，“数存而势生”（同上）。客观事物的变化，如两船同行，一沉一济，“适当其数，乘其势耳”。以“数”和“势”来解释事物的联系、变化的复杂情况及人们对自然界的认识和掌握，更深入细致地批判了“天人感应”说。

天人交相胜 唐刘禹锡用语。指天与人都各自以其特殊的“能”（功能、作用、能力）胜过对方。认为天和人都是有形的物。“天，有形之大者也；人，动物之尤者也。”（《天论》）天与人各有特殊的能，“大凡入于形器者，皆有能有不能”，“天之能，人固不能也；人之能，天亦有所不能也。”天与人，即自然与社会的职能不同，“天之所能者，生万物也”，“天之道在生植，其用在强弱”；“人之所能者，治万物也”，“人之道在法制，其用在是非”，故“天与人交相胜尔”。强调“人诚务胜乎天”，“以法胜天”（同上）。

收心离境 唐司马承祯用语。指一种修心主静的修炼方法。《坐忘论·收心》：“要须安坐，收心离境，住无所有，不著一物，自入虚无，心乃合道。”心里“不著一物”，不发生一点思想意识活动，才能合道。“若执心住定，还是有所，非谓无所”。修道者把离境（不想任何对象）作为唯一任务，只坚持（执）以“定”为对象去思虑，便是有对象（有所），不能达到摒弃对象的目的，反而会“令人心劳气发”，“又反成疾”。应当做到“心不著物，又得不动，此是真定正基，用此为定，心气调和，久益轻爽”，才能离境、收心、坐忘。对北宋程颢的“定性”说和周敦颐的“主静”说有直接影响。

五贼 唐李筌用语。指金、木、水、火、土五行之气。“五贼者，五行之气，则金、木、水、火、土焉。……所言贼者，害也，逆之不顺，则与人生害，故言贼也。”（《阴符经疏》）认为五行之气客观存在，其运行不以人的意志为转移。还明确提出了解和掌握阴阳五行的运行规律，免于贼害的观点。“心既知之，故使人用心观执五气而行，睹逆顺而不差，合天机而不失，则宇宙在乎掌中，万物生乎身上，如此则吉无不利，与道同游，岂不为昌乎？”（同上）

七气 唐李筌用语。指阴阳与金、木、水、火、土五行，共为七气。“天地则阴阳之二气，气中有子，名曰五行”。认为万物盗取了天地之气而成。言天地万物，胎、卵、湿、化、百谷草木，“悉承此七气而生长”（《阴符经疏》）。人盗取万物以资养其身。“人于七气之中，所有生成之物，悉能潜取以资养其身。”（同上）

道化 五代谭峭用语。指道是变化的。《化书·道化》：“道之委也，虚化神，神化气，气化形，形生而万物所以塞也；道之用也，形化气，气化神，神化虚，虚明而万物所以通也。”从道变化发展的结果（委）推论，它是由虚而神、气、形，有形的东西是造成万物滞碍（塞）的根源；从道的作用来说，它是由形而气、神、虚，虚是造成万物通达的根源。一切事物都在变化。“老枫化为羽人（即道士），朽麦化为蝴蝶，自无情而之有情也；贤女化为贞石，山蚯化为百合，自有情而之无情也。”（《老枫》）指出“古圣人穷通塞之端，得造化之源，忘形以养气，忘气以养神，忘神以养虚。虚实相通，是谓大同”。主张人的认识做到“道之委”和“道之用”的虚实统一（即形神统一），便可“无死生”，达到神化的境界。

宋元哲学

理学 亦称“宋明理学”、“道学”。宋明儒家的哲学思想。宋儒在诠释儒家经典过程中，一反汉儒偏重章句训诂的学风，以讲求儒学经义，探究名理兼谈性命为主，故理学又称“义理之学”。北宋张载说“义理之学，亦须深沈方有造，非浅易轻浮之可得也”（《经学理窟·义理》），意谓理学是具较深的思维理论和较高哲理性的学说。和以往哲学相比，理学具有糅合儒、道、佛三教归一的特点，它以传统的儒家伦理思想为核心，同时吸收佛学和道教的理论思维，作为补充。宋初名儒孙复、胡瑗、石介大力提倡“以仁义礼乐为学”，宣扬儒家道统说，开宋代以义理解经的风气，有“理学三先生”之称。但理学的实际创始人为北宋周敦颐，奠基者为二程（颢、颐）兄弟，至南宋朱熹始集大成，建立了一个比较完整的客观唯心主义体系。周敦颐在《太极图·易说》和《易通》中，已经以简洁的语言论述了宇宙生成和万物化生，提出了一切本于“太极”的观点，认为世界是从抽象无形的太极那里派生出来的。其提出的太极、理、气、性、命等一系列哲学范畴，成为宋代理学的基本范畴。二程提出了“万物皆只是一个天理”的命题，认为世界万物皆从“理”而产生，虽然世界上的具体事物千差万别，各不相同，但从“一理”的角度去考察，只能是“万物一体”。朱熹明确指出：“未有天地之先，毕竟也只是理，有此理便有此天地，若无此理，便亦无天地，无人无物。”（《朱子语类》卷一）理是先天地而存在的，把抽象的“理”提到永恒的、至高无上的地位。为学主“即物穷理”。在朱熹同时有陆九渊一派的主观唯心主义，提出“宇宙便是吾心”的命题，他以“发明本心”为宗旨，奠定了宋明理学中“心学”一派的基础。明王守仁发展了陆九渊的学说，认为“心外无物”，“心外无理”，断言“良知”、“灵明”为宇宙根源。为学主“致良知”，并强调“知行合一”说。在宋明时期，围绕对“理”的释义分歧，展开了唯物论和唯心论的论争。北宋张载视“理”为物质（气）运动规律，说“天地之气，虽聚散攻取百涂，然其为理也，顺而不妄”（《正蒙·太和》）。南宋陈亮也明确说“夫道非出于形气之表，而常行于事物之间者也”（《勉强行道大有功》）。明王廷相说“理根于气，不能独存也”（《横渠理气辩》）。认为“理”是“气”的运动变化的规律，“理”不能离“气”而独存。批评了程、朱学派所主的理本气末的观点。

宋明理学 即“理学”。

中国理学 指宋元明清时期以义理性命为主要内容的学说，是儒家思想的新的表现形态，它既是先秦、汉唐儒家思想的延续和发展，也是对外来异质文化选择、淘汰、吸收、整合的结果，它具有以儒为宗，兼采佛道“三教同源”的特征。理学有一个形成、发展、演变的过程，理学滥觞于中唐以后，在北宋奠定理学的基础，到了南宋形成了主流学派，同时理学的反对派也开始出现，而后理学的主流派逐步向官方的正统哲学发展。明中叶理学内部以王阳明为代表的反对派异军突起，风靡整个思想界。明清之际，理学进入其批判性的反思总结阶段。有清一代，理学虽仍被最高统治者奉为圭臬，但已不再成为思想和学术的主流。进入现代以后，有所谓“新理学”的出现，但它的实质与宋明理学已经有很大的不同。理学不仅是宋元明清（初）时期中国的主流思想，而且影响力延续至近现代，成为当代新儒学的直接的前身。此外，理学的影响还跨越了国界，涉及包括朝鲜、日本在内的整个东亚文化圈。例如朝鲜理学家郑梦周，朝鲜李朝时有“海东朱子”之称的李滉（退溪）。日本有德川时代的朱子学，成为当时最有影响的学派，越南有后黎朝的吴士连等。他们在朝、日、越等地传播理学思想，并有较大影响。

道学 宋儒的哲学。以继承孔孟“道统”，讲求“性命义理”之学为主。“道学”之名，始见于北宋。张载说：“朝廷以道学政术为二事，此正自古之可忧者。”（《答范巽之书》）南宋朱熹称二程之学为“道学”，“夫以二先生唱明道学于孔孟既没千载不传之后，可谓盛矣”（《程氏遗书后序》）。而后由元代宰相脱脱负责总编的《宋史》，将周敦颐、程颢、程颐、张载、朱熹等二十余人列入《道学传》。后用作理学的同义语。

义理之学 宋以来的理学。义理一词，最早见于《礼记·礼器》：“义理，礼之文也。”汉晋时指经义名理。宋以后则把讲求儒家经义、探究名理的学问，称为“义理之学”。北宋张载说：“义理之学，亦须深沈方有造，非浅易轻浮之可得也。”（《经学理窟·义理》）其所谓义理之学，亦指哲学。宋人注重以义理治经，在解释经义中系统阐述自己的哲学思想并自成体系。

性理学 亦称“性理之学”。指程朱派理学。本于程颐“性即理也”一语，以别于陆（九渊）、王（守仁）“心即理也”之说，故清儒以“性理之学”标举程朱派理学。

性理之学 即“性理学”。

气本论 指宋明理学中提倡以气为世界本原的一种学说。与理本论，心本论相对，主要代表有北宋张载，明王廷相、罗钦顺以及明清之际王夫之，清颜元、戴震等。持这种学说的思想家，继承和发挥中国古代精气说与元气说、建构了有一定逻辑体系的气本论哲学学说，该学说的主要观点是：（1）坚持气为世界的本原。北宋张载提出“太虚即气”的命题，“太虚无形，气之本体”（《正蒙·太和篇》），这是说无形的“气”是世界的本体，亦即是构成物质世界的最基本的元素。明王廷相认为“元气”是物质世界的基础和本原，认为在“元气”之外没有什么绝对独立的精神实体，他说：“天地未生，只有元气，元气具，则造化人物之道理即此而在，故元气之上无物、无道、无理。”（《雅述》上篇）王夫之“气”概念更接近于哲学史上的“物质”范畴，即指多种多样的客观实在，“气，其所有之‘实’也”（《张子正蒙注》卷九）。（2）坚持“理根于气”的观点。明王廷相说：“气游于虚者也，理生于气者也……理根于气，不能独存也，故曰神与性皆气所固有。”（《横渠理气辨》）“气为理之本，理乃气之载”（《太极辨》），明罗钦顺说：“气本一也，而一动一静，一往一来……而卒不克乱、有莫知其所以然而然，是即所谓理也；初非别有一物，依于气而立，附于气以行也。”（《困知记》）清颜元说：“理气融为一气。”（《存性编》）（3）坚持“气化不息”的运动变化观点。明清之际王夫之说：“气化者，气之化也。”（《张子正蒙注·太和篇》）清戴震说：“道犹行也，气化流行，生生不息，是故谓之道。”(《孟子字义疏证》)又说：“生则有息，息则有生，天地所以成化也。”(《原善》)整个宇宙都是处在“生生不息”的“气化流行”之中。

理本论 以“理”或“天理”作为本体范畴的哲学学说。以宋儒二程(颢、颐)和朱熹为代表，他们视“理”为世界的根本，而“理”则是精神性的抽象本体，“空阔净洁底世界”(朱熹语)。程(颢、颐)认为“万物皆只有一个天理”(《遗书》卷二上)，“有理而后有象、有象而后有数”(《粹言》卷一)。在理、气关系上朱熹更明确说：“未有天地之先，毕竟也只是理，有此理便有此天理。”(《晦庵文集·答黄道夫》)并指出“理也者，形而上之道也，生物之本也，气也者，形而下之器也，生物之具也”(同上)。“理”便是“形而上”决定天地万物存在的“生物之本”。程朱学派强调“理者，礼之谓也”，用哲学的形式论证了封建礼教、三纲五常等伦理制度的合理性，“宇宙之间，一理而已……其张之为三纲，其纪为五常，盖皆此理之流行，无所适而不在”(《文集·读大记》)。在理欲关系问题上，二程把物质欲望(“欲”)视为同道德(“天理”)相对立的东西，“人心莫不有知，唯蔽于人欲，则忘天德也”(《遗书》卷十一)。认为唯有通过内心的善(天理)恶(物欲)观念的斗争，“灭私欲则天理明矣”(《遗书》卷二十四)。朱熹对二程的理欲关系的看法作了某些修正和补充，提出“人欲中自有天理”(《朱子语类》卷十三)，“然天理人欲，同行异情”(同上)。他明确说“有个天理，便有个人欲”(同上)，又认为“人欲”如果“安顿”在“天理”所规定的“恰好处”，本身便是“天理”，如果人欲“安顿得不恰好”，就是“天理”的对立面。朱熹认为凡超越于“理”即封建道德原则规定的人欲，这是不容许的。故强调“遏人欲而存天理”(《孟子集注》卷二)，“天理人欲，不容并立”(《孟子集注》卷五)。于是又说“学者须是革尽人欲，复尽天理，方好是学”(《朱子语类》卷十三)。程朱的这种理欲观，曾受到宋代事功学派的陈亮以及明代思想家吕坤、李贽等人的批评。

心本论 即心学。代表人物有南宋陆九渊、明王守仁、湛若水等。将“心”看作宇宙万物的本原及其学说的核心，提出“心即理”；“心外无物”的命题，将宇宙万物看作是包含于主体“心”之中并与之融为一体，把客观事物之“理”与主体“心”等同起来，实际上用“心”取代了“理”。详“心学”。

性即理 宋明理学程朱派理论体系中的基本命题。首先由程颐提出。程颐在答学生问时说：“性即理也，所谓理，性是也。”“自理言之谓之天，自禀受言之谓之性，自存诸人言之谓之心。”(《遗书》卷二十二上)杨时解释说：“天命之谓性，率性之谓道，性命道三者一体而异名，初无二致也，故在天曰命，在人曰性，率性而行曰道。”(《龟山文集》卷十一)朱熹阐述程颐之论说：“‘性即理’一语，直是自孔以后，唯伊川说得尽这一句，便是个万说性根基。”(《思问录》卷一)又说：“性者，人物之所以禀受于天也。……自其理言之，则天以是理命乎人物谓之命，而人物受是于天谓之性。”(《朱文公文集·答郑子二》)在肯定理是天之根本、性是人之根本的同时，朱熹又指出性是“得于天之理”(《孟子集注·告子上》)，从而把两个根本统一起来。并认为性与形而下的气相对，是“形而上者”(同上)。“天下无性外之物”(《朱子语类》卷九十)，但人物之性有同有异。就同者言，“人物之生，同得天地之理以为性”；只气有异，“独人于其间得形气之正，而能有以全其性”(《孟子集注·离娄下》)。这个“正”与“全”是人所以异于草木禽兽之所在，而正、全是由于“仁义礼智之禀”(同上)。此仁义礼智之性即天之理。这样，就把人道上升为天道。程朱理学也因此被称为性理学。

心即理 宋明理学陆王派理论体系中基本命题。南宋陆九渊和明王守仁心学的核心理论。陆九渊之前，强调“心”的有程颢，他曾说，“心是理，理是心”(《遗书》卷十三)。而后，有谢良佐，说“心者，天之理”(《上蔡语录》)。王蘋说，“己心即圣人之心，万善万美具备”(《宋元学案·震泽学案》)。张九成说，“心即理，理即心”，“仁义礼智皆生于心”(《横浦心传》)。程颢是洛学创始者之一，其余多系其传人，故他被视为心学的先导。陆九渊以“心即理”为其理论体系之主旨，说“盖心，一心也，理，一理也，至当归一，精义无二；此心此理，实不容有二”(《与曾宅之》)。“四端者，即此心也；天之所以与我者，即此心也。人皆有是心，心皆具是理，心即理也。”(《与李宰二》)因此，“人心本善”(《语录上》)，为学只要“发明本心”(见《陆九渊年谱》)。至明代，先有陈献章以“诚”“凑泊吻合”“此心此理”(《明儒学案·白沙学案》)。湛若水说“心无内外”，包万物万理。王守仁进而说，“心即理也，天下又有心外之事、心外之理乎？(《传习录》)“合心与理而为一”，“使理不外吾心”(《王文成公全书·答顾东桥》)。在此基础上提出“致良知”学说。“心即理”命题与“性即理”有别，反映理学内部派别之分歧。

先天学 北宋邵雍的学说。他根据《周易》和道教思想(相传由五代末宋初道士陈抟递传而来)，制定了一个世界构造的图式，即所谓“先天八卦图”。用关于八卦方位和六十四卦次的排列，来推测自然和人事变化。认为此图“盖天地万物之理尽在其中矣！”(《观物外篇》上)并强调这种图式及其所根据的“象数”原理，在天地之先便已存在，故其图称“先天图”，其学称“先天学”。认为天地万物皆由“道”(或太极)而生，“天由道而生，地由道而成，物由道而形，人由道而行”(《观物内篇》)。其宇宙形成的过程是：“太极，一也，不动；生二，二则神也。神生数，数生象，象生器。”(《观物外篇》上)是象和数的演化过程，即太极生两仪，两仪生四象，四象生八卦，“八卦相错，然后万物生焉”。承认客观的抽象的道或太极为天地万物的本原。但又认为“道”或“太极”即为主观的“心”，“心为太极，又曰道为太极。”“心在天地前，天地自我出”(《击壤集·自余吟》)。强调：“先天之学，心法也。故图皆自中起，万化万事生乎心也。”(《观物外篇》下)把客观的“道”和主观的“心”混为一谈。

元会运世 简称"元会"。北宋邵雍用语。虚构的计算世界历史年代的单位。他把世界从开始到消灭的一个周期叫做一元。按照一年十二月，一月三十日，一日十二时辰，一时辰三十分的数目来附会计算天地历史时间。一元十二会，一会三十运，一运十二世，一世三十年，故一元之年数为十二万九千六百年。又说："一元在大化之间，犹一年也。"(《观物内篇》)认为世界的历史就是如此始而终、终而复始地不断循环。故得出"天地亦有始终乎？曰：既有消长，岂无始终"(《观物外篇》上)的结论。宣扬了整个自然界的一切事物都是从无生有，又由有归于无的观点。

元会 即"元会运世"。

一元 北宋邵雍计算世界历史循环的纪年单位之一。以年、月、日、时辰、分的数目附会计算天地历史时间，定一元为十二万九千六百年，用以指世界从开始到消灭的一个周期。

观物 北宋邵雍用语。《观物内篇》："夫所以谓之观物者，非以目观之也；非观之以目，而观之以心也；非观之以心，而观之以理也。"否定用感觉器官和思维器官去认识事物。参见"以物观物"。

反观 北宋邵雍用语。指一种求知的方法。《击壤集·乐物吟》："物有声色气味，人有耳目口鼻，万物于人一身，反观莫不全备。"认为人"目能收万物之色，耳能收万物之声，鼻能收万物之气，口能收万物之味"(《观物内篇》)。故天地万物具备于一人之身，人的认识不必外求，只要反观自身便可通晓一切。甚至天文、地理也可以从自己的指掌上反观得到。"是以指节可以观天，掌文可以察地，天地之理具乎指掌矣！"(《观物外篇》下)为主观唯心主义的认识方法。

以物观物 北宋邵雍用语。他认为："圣人之所以能一万物之情者，谓其能反观也，所以谓之反观者，不以我观物也。不以我观物者，以物观物之谓也。"(《观物内篇》)其"以物观物"并不是按事物本来面目来认识事物。"夫所以谓之观物者非以目观之也，非观之以目而观之以心也，非观之以心而观之以理也"(同上)。否定人通过耳目感官和思维器官来认识世界，把人的认识活动看成是心中之"理"的自我认识的过程，试图以此打破人我或物我的界限，达到"以一心观万心，一身观万身，一物观万物，一世观万世"(同上)。邵雍又认为："以物观物，性也；以我观物，情也。性公而明，情偏而暗。"(同上)认为文艺家按其先天象数学对于"物"的先验的概念来观察事物，摒除情感，空明其心，物我两忘，与物浑然一体，才能达到超于物而不牵于物的境界，观照一切物性。这是道学家的一种审美境界。为以后道学家摒情弃我而言志讲诗，使诗歌变成道学语录的理论基础。

洗心 宋明理学用语。指一种内心自省的修养方法。语出《后汉书·顺帝纪》："嘉与海内，洗心自新"，意谓涤除内心邪恶、悔过自新。宋儒用之作为内心自省的修养方法。北宋邵雍说："无思无为者，神妙致一之地也。圣人以此洗心，退藏于密。"(《皇极经世》卷一二)主张用神秘的无思无为洗涤内心，以排除外来物念的影响，凭直觉达到顿悟。程颢也说："一心可以丧邦，一心可以兴邦，只在公私之间。"强调"圣人以此洗心退藏于密"(《遗书》卷十一)。

无极 指无形无象的宇宙原始状态。《老子·二十八章》已提出："复归于无极。"《庄子·在宥》："入无穷之门，以游无极之野。"《列子·汤问》："物之终始，初无极矣。"北宋周敦颐根据道士陈抟《无极图》，在其《太极图说》中提出"无极而太极"(据清人考证，原应为"自无极而为太极"。见毛奇龄《太极图说遗义》)、"太极本无极"等说，有"有生于无"之意。后来宋儒一般都认为，太极就是世界的本原，并非太极之上或之外另有无极。南宋朱熹认为，无极是太极的形容词，把太极称为无极，"正以其无方所、无形状……以为通贯全体，无乎不在，则又初无声臭影响之可言也"(《答陆九渊书》)。陆九渊则以为"若实见太极，上面必不更加'无极'字"(《与朱元晦书》)，太极并不需要由无极来形容。明清之际王夫之认为："无极，无有一极也，无有不极也。……无有不极，乃谓太极。"(《思问录·内篇》)

无极而太极 北宋周敦颐用语。出自其《太极图说》。据南宋朱熹《记濂溪传》载，南宋初年，《太极图说》有两个版本，一本首句作"无极而太极"；一本首句作"自无极而为太极"。因而亦可有两种解释：一是太极本即无极，是以太极为宇宙本源和中心的观念，如《通书》的"五行阴阳，阴阳太极"；另一是太极本于无极，包含"有生于无"之意。对于上述的不同解释，南宋朱熹和陆九渊各持所见，有过争论。朱熹认为"无极而太极"即是"无形而有理"，"太极"是形而上的道。陆九渊认为不能离开心讲"太极"，更不承认"太极"之上还有"无极"。

一实万分 北宋周敦颐用语。"一"，指太极；"万"，指由太极化生的万物。《通书·理性命》："五殊二实，二本则一，是万为一，一实万分，万一各正，小大有定。"认为太极(一)是宇宙的本源，由它演化为阴阳(二实)，阴阳再生成五行(五殊，即金、木、水、火、土)，再由此组成各具特性的万物。这一思想为宋儒"理一分殊"说奠定了基础。

太极生阴阳 宋明理学用语。北宋周敦颐作《太极图说》，提出"太极动而生阳，动极而静，静而生阴。"朱熹发挥周敦颐观点，说："若论其生则俱生，太极依旧在阴阳里，但言其次序，须有这实理，方始有阴阳也……推其本，则太极生阴阳。"(《朱子语类》卷七十五)又说："太极所说，乃万物之初，阴阳之精，自凝结成两个，后来方渐渐生去，万物皆然。"(《朱子语类》卷九十四)"太极动而生阳，动极而静，静而生阴。"(《朱子语类》卷一)"动而生阳，静而生阴，说一'生'字，便是见其自太极来。今曰而，则只是一理，无极而太极，言无能生有也。"(《朱子语类》卷九十四)"在事物而观之，则阴阳函太极，推其本，则太极生阴阳。"(《朱子语类》卷七十五)这是说,从"事物而观","太极"和"阴阳"不相离,"阴阳"包含在"太极"里,而"推其本",也就是从事物的本源上看,则"太极"生"阴阳"。"太极"是第一性的,"阴阳"是第二性的。物质性的"阴阳"二气,是由精神性的"太极"决定的。"太极"和"阴阳"的关系,不是父子先后的关系,而是体和用的关系,"自太极至万物化生,只是一个道理包括,非是先有此而后有彼。但统是一个大源,由体而达用,从微而至著耳"(《朱了语类》卷九十四)。"太极"之理为体,阴阳五行之气和万物化生为用,有体则有用。阴阳之气和万物化生乃"太极"之理自身的显现,阴阳五行和万物化生是"太极"之理自身展开的过程,是逻辑的过程。

五殊二实 宋明理学用语。"五殊"即五行,指金、木、水、火、土;"二实"指阴和阳。语出北宋周敦颐《通书·理性命》:"五殊二实,二本则一,是万为一,一实万分,万一各正,小大有定。"认为由"太极"演化出对立的阴阳,"阳变阴合。而生水、火、木、金、土"(《太极图说》),并由此而生成万物。

潜虚 北宋司马光用语。指神明不测的虚无之道。语出《潜虚》。为宇宙的本源,"万物皆祖于虚","虚者物之府也"。"气"虽为万物"生之户",但气亦"祖于虚"。"虚"为派生万物的出发点和终极点,"人之生本于虚,〔虚〕然后形,形然后性,性然后动,动然后情,情然后事,事然后德,德然后家,家然后国,国然后政,政然后功,功然后业,业终则反于虚矣"。"气"则为性、命之源,"气以成体,体以受性,性以辨名,名以立行,行以俟命"。

新故相除 北宋王安石提出的命题。他把新旧代谢看作是自然界和人类社会的普遍规律。并力图用矛盾法则予以解释。他说:"有阴有阳,新故相除者,天(按即自然)也。有处有辨,新故相除者,人也。"(见《杨龟山集·字说辨》引《字说》)天地万物之所以运动、变化是由于自身固有的"有阴有阳"的矛盾对立而引起,有如"阴阳代谢,四时往来,消息盈虚,与时偕行,故不召而自来"(《老子注》),同样"人事岂能无聚散?"(《临川文集·次吴氏女子韵》)认为人事社会的复杂矛盾关系而引起革故取新的变革活动。王安石以为事物的新陈代谢是通过"其相生也,所以相继也;其相克也,所以相治也"(《洪范传》)。猜测到矛盾事物可以互相转化"有无之变,更出迭入,而未离乎道"(《老子注》)。"新故相除"的观点,也成为王安石变法思想的依据。他指出"古之所以为古,无异焉,由前而已矣;今之所以不为古,无异焉,由后而已焉"(《临川文集·原教》)。他认为历史的发展也是"新故相除"。"而天下事物相代乎吾之前,如吾知恒而已,则吾之行有时而不可通,是必度其变而时有损益而后可,故君子不可以不知损益"(《临川文集·九卦论》)不拘泥于祖宗之法,当因时制宜"是必度其变有损益而后可",可适当改革。

性不可善恶言 北宋王安石用语。认为人性中含有善或恶的因素,政治调整应根据时势,视人情而定。是其确立"改易更革"的理论基础之一。战国时告子首先提出"人性之无分于善不善也"(《孟子·告子》)。王安石承绪告子的学说,以情论性,认为"情"是可善可恶的,而"性"则是无善无恶的。"性生乎情,有情然后善恶形焉,而性不可以善恶言也。"性不可言善恶,善恶只是情之成名。王安石反对孟子、荀子的人性善恶说,认为:"性者情之本,情者性之用。"(《临川文集·性情》)

神心 北宋司马光用语。指一种可以仰穷天神、俯究地灵的全知能力。《法言注·问心》:"天者不为而自成,人者为之而后成,而同其际,使之无间隙,皆圣人神心之所为也。"认为"神心"决定自然界和社会的变动,沟通天人之间的互应关系。只有少数圣人和君王才具有。它有全知的能力,"可以钩深致远,仰穷天神,俯究地灵"(《太玄注·玄测》),圣人从"遗物离人,精思超诣"(《司马温公文集》卷七十一)中获得。以此论证封建统治者意志的神圣不可侵犯和无限的威力。

太虚即气 北宋张载用语。《正蒙·太和》:"知太虚即气,则无无。""太虚"一词初见于《庄子·知北游》:"不游乎太虚"及《黄帝内经》:"太虚寥廓。"指广大空间。张载认为虚即气,虚与气是同一物质实体的不同形态,虚和气是统一的,气是世界万物的本原。"太虚不能无气,气不能不聚而为万物,万物不能不散而为太虚。"(《正蒙·太和》)批判了佛学的"虚能生气"和"万象为太虚中所见之物"的唯心主义观点。

形溃反原 北宋张载用语。朴素的物质不灭思想。《正蒙·乾称下》:"形聚为物,形溃反原。"认为"气之聚散于太虚,犹冰凝释于水"(《正蒙·太和》),气在太空中的聚合分散,如冰在水中的凝固和溶解一样,是同一物质实体的不同变化形态,而气本身是不生不灭的。

客形 北宋张载用语。喻指气聚散变化的运动状态。《正蒙·太和》:"太虚无形,气之本体,其聚其散,变化之客形尔。"太虚,即宇宙时间、空间的总称。认为"太虚即气",太虚是气本然的"散"的形态,具体万物则是气暂时的"聚"的形态。事物无形和有形的变化都是气暂时("客")的"聚""散"。故"气聚则离明(眼睛)得施而有形,气不聚则离明不得施而无形,方其聚也,安得不谓之客,方其散也,安得遽谓之无?"(同上)

气化 指气变化生万物。《大戴礼记·曾子天圆》:"阳之专气为雹,阴之专气为霰,霰雹者,一气之化也。"认为雹霰等自然现象,都是气化的产物。北宋张载则以气化来说明道,《正蒙·太和》:"由气化,有道之名。"肯定"道"即"气化",亦即物质变化的过程。二程却认为,气化并不贯穿宇宙变化的全过程,"万物之始皆气化,既形然后以形相禅,有形化;形化长,则气化渐消"(《遗书》卷五)。明清之际王夫之认为:"气化者,一阴一阳,动静之幾,品汇之节具焉。"(《张子正蒙注·太和篇》)阴阳动静的变化,事物种

类和特性的形成，都是气化的结果。清戴震也说："阴阳五行运行不已，天地之气化也。"(《孟子字义疏证·性》)

形化 形体之间的联系变化。详"气化"。

著变与渐化 北宋张载提出的运动变化两种形式的学说。他在总结唐以前关于著变与渐化的思维成果的基础上，对"著"、"渐"两种形式的运动变化，作了详尽阐述。(1)对"渐化"与"著变"的界说。他说："变言其著，化言其渐。"(《横渠易说·经上》)他认为宇宙万物的运动变化有两种形式：一种是逐渐的"化"；一种是显著的"变"。(2)"化"和"变"虽然是事物运动变化的两种形式，但是它们之间是互相转化："变则化，由粗入精也；化而裁之谓之变，以著显微也。"(《正蒙·神化》)这是说著变引起渐化，是由粗大到精细的发展；而渐化积成著变，这是由精微到显著的发展。(3)"著"由"渐"来。气能够运动变化，在于内部有阴阳对立。"气有阴阳，推行有渐为化，合一不测为神。"(同上)一旦矛盾双方破裂，渐化积到一定程度，就会由"渐"变"著"，由缓变暴，发生质变。他说："《易》言'感而逐通'者，盖语神也。虽指暴者谓之神，然暴亦固有渐，是亦化也。"(《横渠易说·系辞上》)又说："雷霆感动虽速，然其所由来亦渐尔。"(《正蒙·参两》)把"变"与"化"的转变与气的阴阳对立联系起来，这正是他超乎前人的高明之处。张载关于运动变化的两种形式的学说，虽还较简单，但他对质量互变规律却初步作了机智而完整的阐述。

渐化 指万物在变化运动中的渐变。《周易》中的"渐卦"就包含着对事物渐变过程及其规律的猜测。韩非把事物的变化看作"皆非一日之积也，有渐而以至矣"(《韩非子·外储说右上》)。东汉王充认为任何事物的生长、发展都不是"卒成暴起"，而"皆有浸渐"的过程。北宋张载看到事物变化是"推行有渐为化"，明确提出了"渐化"的概念。还认为事物渐变到一定程度会引起显著的变化，"化而裁之谓之变，以著显微也"(《正蒙·神化》)，比前人更为深刻地揭示出事物发展的辩证过程。参见"著变与渐化"。

著变 北宋张载用语。《易说·乾卦》："变言其著，化言其渐。""著"指显著变化；"渐"指逐渐变化。认为："变则化，由粗入精也。化而裁之谓之变，以著显微也。"(《正蒙·神化》)著变能引起渐化，渐化的裁断就是著变。并指出著变都以渐化为基础，如"雷霆感动虽速，然其所由来亦渐尔"(《正蒙·参两》)。参见"著变与渐化"。

神化 北宋张载用语。《正蒙·神化》："唯神为能变化，以其一天下之动也。"他将事物具有奇妙和丰富内容的变化称为"神"或"化"。张载继承《易·系辞上》"阴阳不测之谓神"的思想，指出事物的变化运动渊源于事物内在的对立面，"一故神(自注：两在故不测)，两故化(自注：推行于一)"(《正蒙·参两》)。

一物两体 北宋张载用语。《正蒙·参两》："一物两体，气也。一故神(自注：两在故不测)，两故化(自注：推行于一)。"认为世界万物均为气的变化，气包含着阴阳对立的双方。由于有对立矛盾所以有变化运动，此则所谓"化"。又由于有对立的统一，所以有不测之妙用，此则所谓"神"。又说："物无孤立之理，非同异屈伸终始以发明之，则虽物非物也；事有始卒乃成，非同异有无相感，则不见其成。"(《正蒙·动物》)指出事物如无内含对立矛盾，则一物不成其为一物。

参两 北宋张载用语。《正蒙·参两》："一物两体，气也。一故神(自注：两在故不测)，两故化(自注：推行于一)。此天之所以参也。""地所以两，分刚柔男女而效之，法也。天所以参，一太极两仪而象之，性也。""两"即矛盾对立及矛盾双方的互相作用。"两故化"承认矛盾是事物变化的根本原因。"参"则是指事物的既对立而又统一的内在关系。

动非自外 北宋张载用语。《正蒙·参两》："凡圜转之物，动必有机，既谓之机，则动非自外也。"圜转之物，指日月大地等，认为日月大地等的运转都有其内在的动力，非有外力的推动。为强调事物运动由于内在原因决定的辩证法命题。

有对 由北宋张载明确提出的概念。《老子》、《易传》已具"有对"的思想，但未作为专门概念而提出。至宋代张载、二程、朱熹则论述较多。张载明确提出："有象斯有对，对必反其为。"(《正蒙·太和》)存在着的客观现象都是对立相争的。程颢也认识到："天地万物之理，无独必有对，皆自然而然，非有安排也。"(《遗书》卷十一)南宋朱熹在承认"有对"的普遍性的同时，又指出"有对"的复杂性。认为"虽说无独必有对，然独中又自有对。"(《朱子语类》卷九十五)事物对立双方又各自包含矛盾。明清之际王夫之注重对立双方的相互渗透、互为作用，认为："截然分析而必相对待者，天地无有也，万物无有也，人心无有也。"(《周易外传》卷七)事物间的一切对立，都不是单纯的对立，而是既对立又统一的。

见闻之知 北宋张载用语。指人们通过感官接触外界事物而获得知识。与"德性之知"相对。《正蒙·大心》："见闻之知，乃物交而知。"《正蒙·太和》："有识有知，物交之客感尔。"认为"闻见"是获得知识的基础，但"闻见不足以尽物，然又需要他。耳目不得则是木石；要他便合得内外之道。若不闻不见又何验?"(《张子语录》下)强调："今盈天地之间者，皆物也。如只据己之闻见，所接几何？安能尽天下之物?"(同上)但又认为"见闻之知"只是"小知"，不如脱离闻见的"德性之知"。

德性之知 北宋张载用语。指天赋的封建道德观念。与"见闻之知"相对。《正蒙·大心》："德性所知，不萌于见闻。"认为"德性之知"是主观自生的，不依赖于感官，"圣人尽性，不以见闻梏其心"，"大其心，则能体天下之物"(同上)，只要通过内心修养便可认识一切事物。它不是凭一般"智力"所能得到，

"乃德盛仁熟所致,非智力能强也"(《正蒙·神化》)。

气质 中国哲学史中指人的生理、心理的素质。北宋张载提出:"为学大益,在自求变化气质。"(《经学理窟·义理》)认为人们通过后天的习学,可以改变原有的素质。并提出人性有气质之性和天地之性的区别。南宋朱熹以为"人之所以生,理与气合而已"(《朱子语类》卷四),故人性有善与不善的区别,人的"本然之性"(即天地之性)只是理,无有不善。而人的"气质之性"则不然,"此性堕在气质之中,故随气质而自为一性"(《答徐子融》),随各人气质的不同而有善恶,由此而产生圣愚贤不肖的种种人物。明末刘宗周反对将人性分为天地之性和气质之性,他说:"义理之性即气质之本性。"(《蕺山语录》)明清之际王夫之亦主此说,并作了进一步论述:"质是人之形质,范围著者生理在内。形质之内,则气充之,而盈天地间,人身以内,人身以外,无非气者,故亦无非理者。"(《读四书大全说》)清颜元断定人性不能离开气质,没有人的形质就不存在先天的理义之性,说:"人皆可以为尧舜,其灵而能为者,即气质也,非气质无以为性,非气质无以见性也。"(《四存编·存性篇》)。戴震也认为性只是气质,"人之为人,舍气禀气质,将以何者谓之人哉?"(《孟子字义疏证》)除气质之外无所谓性。坚持气质即性的一元论观点。

气质之性 宋明理学用语。指由身体形质决定的生理本能、生存本能,主要指人的感性情欲。"天命之性"的对称。北宋张载明确指出:"形而后有气质之性,善反之,则天地之性存焉。"(《正蒙·诚明》)认为"气质之性"是偏驳不善的根源。"人之刚柔缓急,有才与不才,气之偏也。"(同上)程朱理学加以阐发。程颐指出:"性出于天,才出于气,气清则才清,气浊则才浊。"(《遗书》卷十九)南宋朱熹认为"天命之性"("性即理")和"以理与气相杂"的"气质之性"既有区别又有联系。"气质之性,固有善恶之不同"(《论语集注·阳货》)。气有清浊,禀其清者为圣为贤,禀其浊者为愚为不肖。罗钦顺、王廷相、王夫之、颜元、戴震都反对把人性分为"天命之性"和"气质之性",认为"气质之性"就是"本然之性"。颜元说:"非气质无以为性,非气质无以见性"(《存性编》)。认为性和气是统一的,都是善的,反对"气质之性"为恶的观点:"人之性命气质,虽各有差等,而具是此善。"(同上)

天命之性 亦称"义理之性"、"天地之性"、"本然之性"。宋明理学用语。与"气质之性"相对。《礼记·中庸》:"天命之谓性。"唐孔颖达疏:"天本无体,亦无言语之命,但人感自然而生,有贤愚吉凶,若天之付命遣使之然,故云天命。"宋理学人性论中都以先天禀赋言"天命"。认为天所赋予是命,人所禀受是性。北宋张载首次明确提出:"形而后有气质之性,善反之则天地之性存焉。"(《正蒙·诚明》)认为"天地之性"是善的,因为"命于人无不正";而"气质之性"则兼含善恶之可能。程颢、程颐说:"天之付与之谓命,禀之在我之谓性,见于事业(物)之谓理。"(《遗书》卷十八)南宋朱熹说:"命,犹令也。性,即理也。天以阴阳五行化生万物,气以成形,而理亦赋焉,犹命令也。"(《中庸章句》)认为"天命之性"是"纯乎理"、"命之理",强调"性是实理,仁义礼智皆具"(《朱子语类》卷五),先天地具备仁义礼智等道德观念。

义理之性 即"天命之性"。

天地之性 即"天命之性"。

本然之性 即"天命之性"。

民胞物与 北宋张载的伦理观点。语出《正蒙·乾称》:"乾称父,坤称母;予兹藐焉,乃混然中处。故天地之塞,吾其体;天地之帅,吾其性。民吾同胞,物吾与也。"认为人和万物都是天地所生,性同一源,本已阻隔。主张爱一切人、一切物,认为"凡天下疲癃残疾,惸独鳏寡,皆吾兄弟之颠连无告者也。"强调"立必俱立,知必周知,爱必兼爱,成不独成"(《正蒙·诚明》)。宣传了抽象的人性论与泛爱主义的伦理观,但其本意并非提倡平等,而为维护封建宗法制度。故言"大君者,吾父母宗子;其大臣,宗子之家相也"(《正蒙·乾称》)。后为程朱学派所继承和发挥,成为宋明理学伦理思想的重要组成部分。

心统性情 北宋张载用语。《张子全书·语录》:"心统性情者也。"他认为"合性与知觉,有心之名"(《正蒙·太和》),知觉为心之特质,能综合内外万殊,性之发为情,情亦在心中。也包含着性与情。南宋朱熹对此作了阐释:"横渠心统性情之说甚善,性是静,情是动,心则兼动静而言,或指体,或指用,随人所看。"(《朱子语类》卷六十二)又说"性是未动,情是已动,心包得已动未动。盖心之未动则为性,已动则为情,所谓心统性情也"(《朱子语类》卷五)。张载对"心"的含义所作的明确规定,对后来影响甚大。

变化气质 指通过后天学习改变人的生理、心理素质。北宋张载提出"天地之性"和"气质之性"的区别,认为"天地之性"至善,"气质之性"则有善有恶。由此提出"变化气质"的主张:"为学大益,在自求变化气质。"(《经学理窟·义理》)还认为"气质"不仅应当改变,而且能够改变,"变化气质与虚心相表里"(同上)。"虚心"能穷理尽性,使人性由"气质之性"返回到"天地之性"。二程也强调变化气质的重要性。朱熹以为变化气质的说法,"起于张程",赞之为"极有功于圣门,有补于后学","张程之说立,则诸子之说泯矣"(《朱子语类》卷四)。强调"人之为学,却要变化气禀","须是变化而反之"(同上)。还进一步把变化气质与"存理灭欲"的主张联系了起来,认为人所禀不好的"气质"是人产生"物欲"的基础,"其气质有清浊偏正之殊,物欲有浅深厚薄之异。"(《大学或问》卷二),"变了气质,还复本然之性"(《朱子语类》卷九十五),即克服"气质"所带来的"物欲",以恢复"天地之性"的"天理"。陆九渊也认为"人气质清浊不同"(《陆九渊集·语录上》),强调"学能变化气质"(《陆九渊集·语录下》)。

气禀 人生来对气的禀受。历代哲学家多有论述。《韩非子·解老》:“是以死生气禀焉。”认为气禀是人的生命来源。《论衡·命义》:“人禀气而生,含气而长,得贵则贵,得贱则贱。”认为人的生死祸福、贵贱寿夭皆由气禀所定。宋理学家则认为气禀形成人的气质之性,是人性善恶的来源。北宋二程认为:“人生气禀,理有善恶……有自幼而善,有自幼而恶,是气禀自然也。”“禀得至清之气者为圣人,禀得至浊之气者为恶人。”(《遗书》卷二十二上)

外气 宋明理学用语。与“真元之气”相对。指物质性的气。北宋二程(颢、颐)说:“真元之气,气之所由生,不与外气相杂,但以外气涵养而已。”又说:“人居天地气中,与鱼在水无异。至于饮食之养,皆是外气涵养之道。”(《遗书》卷十五)指出“外气”是由“真元之气”产生的,本身可聚成散灭,是人们“鼻息之间”、“饮食之养”所不可缺的生存“涵养”条件。

真元之气 宋明理学用语。指精神性的本体。与“外气”相对。二程(颢、颐)提出:“真元之气,气之所由生,不与外气相杂,但以外气涵养而已。”(《遗书》卷十五)认为“真元之气”本身不可聚成散灭,是独立存在的,一切物质性的气皆由其派生。但它可以寄寓于“外气”之中而不与之混同。以此论证程朱学派“理生气”、“理寓于气”的观点。

无对 宋明理学用语。指事物没有对立矛盾。北宋程颢提出:“学者须先识仁,仁者浑然与物同体。义礼智信,皆仁也。……此道与物无对。”(《遗书》卷二上)取消了主观抽象的“仁”与客观事物之间的界限。南宋朱熹强调精神本体“太极”(理)是“无对”的,说:“太极只是个一而无对者”(《朱子语类》卷一百)。同时他又将“心”看作是“无对者”,“夫心者,人之所以主乎身者也,一而不二者也,为主而不为客者也,命物而不命于物者也”(《观心说》)。把客观的“物”融人“天理”或“心”中,取消了物质和精神间的差别和矛盾。明王守仁认为主观意识的“良知”是宇宙的本源,是独一无二的“无对”的存在。他说:“良知是造化的精灵,这些精灵生天生地,成鬼成帝,皆从此出,真是与物无对。”(《传习录》下)

养心正志 宋明理学用语。北宋二程(颢、颐)的一种精神修炼方法。他们认为人的智、愚、贤、不肖的区别在于各人先天气禀的不同。说:“气有善不善,性则无不善也。人之所以不知善者,气昏而塞之耳。”(《遗书》卷二十一下)故需通过“养气”的方法来变化人的气质。但“养气”须先“养心”和“正志”。程颐说:“君子莫大于正其气,欲正其气,莫若正其志。”(《遗书》卷二十五)认为天赋“气禀”的稍偏,可以经过精神修炼的主观努力(“正志”)来纠正。即通过类似佛教禅宗“修心”、“守心”的修持方法,来达到“顺天理,去人欲”的目的。

主敬 宋理学家道德修养方法。北宋程颐说:“涵养须用敬,进学则在致知。”(《遗书》卷十八)所谓敬是指自我抑制的能力,“敬只是持己之道”(同上),使自己的思想能专一而不涣散,不为外物所牵引,“所谓敬者,主一之谓敬,所谓一者,无适(心不外适)之谓一”(《遗书》卷十五),如此“涵养久之,天理自然明”。南宋朱熹论敬更详,说:“敬只是此心自做主宰处”(《朱子语类》卷十二),并认为“若主敬致知,交相为助,则自无此蔽矣”(《答张敬夫》),把道德修养和求知活动结合在一起。

敬 宋明理学用语。指自我抑制的能力。详“主敬”。

定性 即“定心”。宋明理学用语。指不分物我,内外两忘的境界。语出北宋程颢《答横渠先生定性书》:“承教,谕以‘定性未能不动,犹累于外物’,此贤者虑之熟矣,尚何俟小子之言。”程颢复书回答张载关于定性的问题,认为:“所谓定者,动亦定,静亦定,无将迎,无内外。苟以外物为外,牵己而从之,是以己性为有内外也。”“以性为随物于外”,“是有意于绝外诱而不知性之无内外也。”主张保持不分物我,“内外之两忘”,应顺万事而不动情感的境界,使人不动心于物而内欲不萌,以支持其“存天理去人欲”的说教。

仁者浑然与物同体 北宋程颢提出的哲学命题。《识仁篇》:“学者须先识仁。仁者,浑然与物同体。礼、义、智、信皆仁也。”程颢认为“仁”的内容极为广泛,它是封建伦理道德的总称。礼、义、智、信都是仁的表现。“仁者,全体;四者,四支。仁,体也;义,宜也;礼,别也;智,知也;信,实也。”(《遗书》卷二上)“孟子曰:仁也者,人也;合而言之,道也。”(同上)仁既然可以解释为人,自己亦为人,故仁者,己也。认为“仁”是“与物同体”,不分内外物我,从而达到天人合一的最高道德境界。“仁者,以天地万物为一体,莫非己也。”(同上)“仁”者就是“己”,与万物在主观上浑然一体的精神境界,也就是程颢本人所说的“须是合内外之道,一天人,齐上下。”(《遗书》卷三)取消主观与客观的界限,融客观为主观。程颢主张:人应该随时检查自己是否真正具备这种精神境界,能自觉地识仁、存仁、守仁。“放这身来,都在万物中一例看,大小大快活。”(《遗书》卷二上)这样一来,就会感到仁者的快乐。“若未至仁,则天地为一身,向天地之间,品物万形,为四肢百体,夫人岂有视四肢百体而不爱哉。”(《遗书》卷四)因此,必须认清“仁”是自己所固有的道理,而不必舍己到客观世界(“外”)中穷索仁理,只要“诚敬存”自己所固有的“仁”就能达到仁的世界。程颢的这些论点,实是开启陆王心学的先河。

一物之理,即万物之理 北宋程颐理学思想的核心命题。程颐认为“理”不仅是天地万物的总根源,而且又是天地万物的最高准则,它总摄着自然和社会的一切,“天地万物之理……皆自然而然,非有安排也”(《遗书》卷十一),任何事物的存在总有它之所以然的原因,这个所以然就是“理”。“凡眼前无非是物,物物皆有理。如火之所以热,水之所以寒”(《周易程氏传》卷十九)。但程颐试图从各个具体事物的准则中抽象出共同的准则,于是以个别的规律代表一般规律,抹煞了两者的区别,“理则天下只是一个理，故推至四海而准，须是质诸天地，考诸三王不易之理”（《遗书》卷二上）。又说：“天下之理一也。途虽殊而归则同，虑虽百而其致则一。虽物有万殊，事有万变，统之以一，则无能违也。”（《周易程氏传》卷十九）程颐从天下只有一个理的前提出发，提出“理一分殊”的命题：“散之在理，则有万殊；统之在道，则无二致。”（《二程文集·易序》）存在于各具体事物的“散”、“殊”之“理”乃是那抽象、唯一的，作为天地万物本原之“理”所总摄，因此“一物之理即万物之理”（《遗书》卷二上）同出一源“则无二致”。程颐在“格物穷理”的认识方法上亦是如此。他说：“格物穷理，非是要穷尽天下之物，但于一事上穷尽，其他可以类推……如千蹊万径，皆可适国，但得一道入便可。所以能穷者，只为万物皆是一理。”（《遗书》卷十五）二程认为具体事物的“理”便是天地万物的普遍共同的“理”的观点，实质上抹煞了事物的个别和一般规律的区别，取消事事物质的差异，认为只要“穷”得“一草一木”之“理”便可通悟万全的、绝对的“天理”，二程的这一观点后为朱熹所发挥。

天地万物之理，无独必有对 北宋二程（颢、颐）的朴素辩证法思想命题。二程继承先秦以来朴素辩证法思想家“有对”论观点，认为世界上的一切事物都是矛盾地存在着，任何事物都有其对立面。程颢说：“天地万物之理，无独必有对，皆自然而然，非有安排也。”（《遗书》卷十二）又说：“万物莫不有对，一阴一阳，一善一恶。阳长则阴消，善增则恶减。”（《遗书》卷十一）程颐也认为：“质必有文，自然之理，理必有对待，生生之本也。”（《周易程氏传·贲》）二程认为世界上任何事物都不能孤立存在。程颐在谈到“一”与“二”的关系时说：“天下无不二者，一与二相对待，生生之本也。”（《周易程氏传·损》）关于事物既对立又统一的关系，程颢概括为“独阴不生，独阳不生”（《遗书》卷十一），程颐进而说：“如天地阴阳，其势高下其相背，然必相须而为用也。”（《遗书》卷十八）二程认识到世界事物之间的差别是客观存在，唯其有差别才构成了丰富复杂的世界。二程说：“天地阴阳之变，便如二扇磨，升降盈亏刚柔，初未尝停息，阳常盈，阴常亏，故便不齐……故物之不齐，物之情也。而庄周要齐物，然而物终不齐也。”（《遗书》卷二上）认为天地造化如同磨子一样，唯其“不齐”才能产生万物，并批评庄子的“强要物齐”的“齐物”论，取消事物客观存在的差异，事实上是“物终不齐也”。二程不仅肯定了事物的“无独必有对”的普遍性，而且认为矛盾的双方各自向相反方向转化“消长相因天之理也”（《周易程氏传·复》）。如草木之荣枯“其荣其枯，此万物一个阴阳升降大节也”（《遗书》卷二上）。但是二程的转化观尚未能摆脱循环论的倾向，“物理如循环，在下者必升，居上者必降……无往不复，言天地交际也，阳降于下，必复于上，阴升于上，必复于下，屈伸往来之常理也”（《周易程氏传·泰》）。二程的“有对”思想，当一接触封建等级制度之道时，便认为尊卑贵贱的社会等级制度是不可变动的，“高卑既别，贵贱之位分矣”（《程氏经说》卷一）。这就窒息他们在论述自然现象时所闪烁的对立转化的辩证法气息。

物极必反 指事物发展到极点，必然转向它的反面。这一思想起源甚早，《易·丰彖》：“日中则昃，月盈则食”。《老子·五十五章》：“物壮则老”，当其萌芽。《鹖冠子·环流》：“积往生跂，工以为师；积毒成药，工以为医。美恶相饰，命曰复周。物极则反，命曰环流。”北宋程颐明确指出：“物极必返，其理须如此。有生便有死，有始便有终。”（《遗书》卷十五）“物极必反”认识到事物转化的必然性，具有朴素辩证法因素，但古字“反”、“返”相通，也有循环论倾向。

己便是尺度、尺度便是己 北宋二程（颢、颐）的哲学命题。在确定“理”为世界本源的基础上，程颢提出“天人本无二”（《遗书》卷六）的命题，认为人和物都是“理”的体现者，“故有道有理，天人一也，更不分别”（《遗书》卷二上）。因此人们要明白“天理”，最好的方法是自我认识“观物理以察己，既能烛理，则无往而不识”（《遗书》卷十八），认为“理与己一”故“取诸身而已，自一身以观天理”（《二程外书》卷十一）。在认识的标准上，程颢提出“己便是尺度”的命题。他说：“人无权衡，则不能知轻重矣，圣人则是权衡也。”（《遗书》卷六）。这里的“权衡”乃是借喻认识的标准，认为“圣人”本身就是衡量一切事物的是非真伪的标准。推而论之，只要能和“圣人”一样，与“理”保持一致，自己也就成为权衡和尺度了。程颢说：“大而化之，只是谓理与己一。其未化者，如人操尺度量物，用之尚不免有差，若至于化者，则己便是尺度，尺度便是己。”（《遗书》卷十五）凡当人们一旦像圣人那样“大化”，使自己与理为一，就不需要什么权衡和尺度。就可以主观意识“己”来作为衡量事物的真伪是非标准，否认了认识正确与否的客观标准，这表现了程颢将“己”与“道”（“理”）相提并论，强调“理与心一”，对以后的陆王心学有直接的影响。

德性之知，不假闻见 北宋二程（颢、颐）认识论的一个基本命题。二程将人的知识分为二类即“闻见之知”和“德性之知”，指出：“闻见之知，非德性之知，物交物则知之，非内也，今之所谓博物多能者是也，德性之知，不假见闻。”（《遗书》卷二十五）程颐认为“德性之知”要比“闻见之知”更为根本。“闻见之知”是“物交物”而获得，其所知比较浅薄，而“德性之知”，则是发自内心“出于天”，完全不必通过闻见而获得，它实际上指的是良知良能，也就程颢“德性谓天赋天资，才之美也”（《遗书》卷二上）。又说：“良知良能，皆无所由，乃出于天，不系于人。”（同上）二程又从理学家“存天理灭人欲”的论点出发，认为“心”在与外物接触过程中，可能会被外物所迷，使良知受到蒙蔽。“人心莫不有知，惟蔽于人欲，则亡天德也”（《遗书》卷十一）。人心当与天理相感通，“心所感通者”（《遗书》卷二下）。然而“人心不能不交感万物，亦难为之不思虑。若欲免此，唯是心有主”（《遗书》卷十五）。为避免心不为外物所迁，惟要“固其心志”，使人心与天理保持一致而“有主”，保持

"心"的清静，犹如圣人之心，"如镜、如止水"(《遗书》卷十八)。二程过分强调内心的自发反应，在认识过程中，二程突出了"心"的作用。程颢说："耳目能视听而不能远气有限耳，心则无远近也。"(《遗书》卷十一)"心"有"无远近"、"无古今远近"理性认识的特点，然而二程割断了它与耳目视听的感性认识的基础。程颢则明确宣称："心尽天地万物之理，各当其分。"(《遗书》卷十四)要使"心"不外逸，"其要只在收放心"(《遗书》卷一)二程虽然偶尔承认"心无耳则不能视，目无心则不见"(同上)。但过分夸心"心"在认识中的作用，最后导致"德性之知，不假见闻"的结论。但二程在常识上并不否认闻见在认识中的作用，曾说："闻见如登九层之台"(《遗书》卷六)，又将知分为"常知"和"真知"；"真知与常知异，常见一田夫，曾被虎伤，有人说虎伤人，众莫不惊，独田夫色动异于众。若虎能伤人，虽三尺童子莫不知之，然未尝真知。真知须田夫乃是。"(同上书，卷十五)二程在批判佛、道"屏知见、息思虑"的观点时，也提出"穷至物理无他，唯思而已"(同上，卷四)，"人心如涌泉，汲之愈新"(《遗书》卷二十四)等合理的、颇有价值的看法。

豁然贯通 程朱理学用语。它与程朱理学的"格物致知"、"即物穷理"的思想直接有关。二程(颢、颐)认为"天下只是一个理"(《遗书》卷十一)，万物仅是这"一个理"的化身或体现而已，因此，"致知"在"明理"，"明理"则须"格物"，"穷理格物便是致知"(《遗书》卷十五)。他们说"格犹穷也，物犹理也，犹曰穷理而已"(同上)。在穷究抽象的先于物而存在的"理"的方法上，程颐说："今人欲致知，须要格物。物不必谓事物，然后谓之物也。自一身之中，至万物之理，但理会得多，相处自然豁然有觉处"(《伊川语录》)又说："须是今日格一件，明日格一件，积习既多，然后脱然有贯通处"(《遗书》卷十八)"贯通"须以"积习"为基础，"豁然有觉"是通过对"万物之理"的"理会得多"的积累。"贯通"是指认识活动的一种质的飞跃。朱熹在程颐的基础上，强调了"豁然贯通"在认识过程中的重要性。朱熹认为"豁然贯通"既是"格物"的结果，也是"致知"的完成。他在补《大学》"格物致知传"中指出："一旦豁然而贯通焉，则众物之表里精粗无不到，而吾心之全体大用无不明。"认为"贯通"须以"渐进"和"积累"为前提，反对那种不讲积累而专讲"顿进"的观点，指出："穷理之学，诚不可以顿进，然必穷之以渐，俟其积累之多，而廓然贯通，乃为积大体耳。"(《答王子实》)程朱上述的观点，在中国古代认识论史上具有一定的意义。

理与己一 北宋程颐用语。意谓主观意识"己"与道德规范"理"始终保持一致。程颐认为普通人同圣人的根本区别是：普通人只能勉强接受"理"的约束，"只是知循理"。而圣人却随处体现"理"，"理"的化身即圣人。"圣人与理为一，故无过，无不及，中而已矣"(《遗书》卷二十三)。圣人的主观意识"己"乃是衡量一切事物是非真伪的标准，"大而化之，只是理与己一。其未化者，如人操尺度量物，用之尚不免有差，若至于化者，则己便是尺度，尺度便是己"(《遗书》卷十五)。认为圣人与"理"完全一致，故圣人本身亦即权衡和尺度，并由此否认了认识正确与否的客观标准。从社会意义方面来说，"理与己一"是要求人们自觉遵循封建主义的道德规范。

主静 指以虚静恬淡为道德修养准则。始于《老子》。《老子·十六章》："致虚极，守静笃，万物并作，吾以观复。"《庄子·天道》："夫虚静恬淡，寂漠无为者，天地之平而道德之至也。"主张无为，反对有为的活动。佛、道都讲静，北宋周敦颐兼采两家思想，明确提出："圣人定之以中正仁义而主静，立人极焉。"(《太极图说》)认为主静是人生标准("人极")的要素。二程也受其影响。程颢说："性静者可以为学。"(《外书》卷一)南宋朱熹则不赞成完全主静，认为"当动而动，当静而静"(《答许顺之书》)，废动求静亦不足取，"然欲专务静坐，又恐堕落那一边去"(《答潘子善》)。明陈献章则专讲静坐，"为学须从静坐中养出个端倪来，方有可商量处"(《与贺克恭》)。明清之际王夫之批判主静说："甚哉！致虚守静之说，以害人心至烈也。"(《周易内传》四上)清颜元亦认为："宋人好言习静，吾以为今日正当习动耳。"(见《习斋年谱》)

养心正志 宋明理学用语。先秦时孔子重"志"，强调"志于道"(《论语·述而》)，"苟志于仁矣，无恶也"(《论语·里仁》)。孟子主张"养心莫善于寡欲"(《孟子·尽心下》)。北宋二程(颢、颐)发挥孔孟之说，以此为道德修炼之法。释养心为养性，认为气有清浊之分，故禀气而生之人有圣凡贤劣智愚之别。程颐曰："气有善不善……人之所以不知善者，气昏而塞之耳。"(《遗书》卷二十一下)对于"气昏而塞之"者而言，则须通过后天养气之功夫而改变不善之气质。程颐说："浩然之气，天地之正气，大则无所不在，刚则无所屈，以直道顺理而养，则充塞于天地之间。"(《遗书》卷一)指出"浩然之气"虽"至大至刚"，但"一置私意则馁矣"(同上)。要培养"浩然之气"，则首先要"正志"，即端正志向，其谓："君子莫大于正其气，欲正其气，莫若正其志。"(《遗书》卷二十五)认为只要毫不松懈地以"道"与"仁"养正心志，即可纠正天赋气禀之偏驳，而跻身于君子之列。

敬义夹持 北宋程朱学派倡导的道德修养方法。《周易·文言传》："敬以直内，义以方外，敬义立而德不孤。""敬"是自我操持的道德修养方法。程颐以"主一"、"无适"为"敬"："主一之谓敬"，"无适之谓一"(《粹言·论道篇》)。要求人们"无适"于人欲，"主一"于天理，故视"主敬"为"存理灭欲"的首要工夫。"纯乎敬，则己与理一"，反之，"一不敬，则私欲万端生焉，害仁，此为大。"(同上)程颐又以"集义"与"主敬"相配合，认为"敬只是持己之道，义便是知有是有非，顺理而行，是为义也"(《遗书》卷二十八)。视"集义"为理性自觉的"顺理"行为。二程认为："敬义夹持，直上达天德自此。"(《遗书》卷五)朱熹作了进一步发展，认为"敬只是此心自做主宰处"(《朱子语类》卷十二)。"敬则天理常明,自然人欲惩窒消治"。又为贯彻动静、有事无事的工夫,"无事时敬在里面,有事时敬在事上,有事无事,吾之敬未尝间断也"。故朱熹视"敬字工夫"为"圣门第一义"(同上)。强调"主敬"与"集义"的统一,认为"敬义不是两事","须敬义夹持,循环无端,则内外透彻"(同上)。

人极 指做人的最高道德标准。隋王通已用"人极"一词:"仰以观天文,俯以察地理,中以建人极。"(《文中子·述史篇》)此"人极"指为人的行为准则。北宋周敦颐说:"圣人定之以中正仁义(自注:圣人之道,仁义中正而已矣),而主静(自注:无欲故静),立人极焉。"(《太极图说》)"人极"指做人的最高准则,合这个准则的即为"圣人"。其具体内容是"仁义中正"的道德标准和"无欲"、"主静"的道德修养方法。

无思 宋明理学用语。指一种唯心主义的直觉说。唐李翱在《复性书》中提出:"知本无有思,动静皆离,寂然不动者,是至诚也。"以为知识的获得不是通过思虑,而是由于寂然不动的本心的"光照天地"。北宋周敦颐发挥了这种神秘主义的认识方法。他说:"无思,本也;思通,用也。幾动于彼,诚动于此,无思而无不通为圣人。不思则不能通微,不睿则不能无不通;是则无不通生于通微,通微生于思。"(《通书》)把认识过程看作是由思以至于无思,无思而后能无不通。他的思想融会儒道两家,讲思同于孟子,讲无思则同于庄子。

理一分殊 宋明理学用语。指宇宙间只有一个最高的"理",万物各自的理只是最高"理"的体现。北宋程颐称道张载《西铭》是"明理一而分殊"。并说:"万物皆是一理","一物之理即万物之理"(《遗书》卷二上)。南宋朱熹借用佛教"月印万川"说来解释:"本只是一太极,而万物各有禀受,又自各全具一太极尔。如月在天,只一而已,及散在江湖,则随处而见,不可谓月已分也。"(《朱子语类》卷九十四)将个别和一般绝对等同起来。朱熹又说:"万物皆有此理,理皆同出一原,但所居之位不同,则其理之用不一。"(《朱子语类》卷九十五)以此为封建社会"尊卑大小"、"各得其宜"的等级制度作论证。但他的理一分殊思想,从理与气的结合上看,又客观上承认统一理所体现的万物是各有差异的,在一般与个别的关系上有一定的辩证法因素。明罗钦顺、王廷相对程朱以来的"理一分殊"思想加以改造,以气为第一性的存在。罗钦顺说:"盖一物之生,受气之初,其理唯一;成形之后,其分则殊。其分之殊,莫非自然之理,其理之一,常在分殊之中,此所以为性命之妙。"(《困知记》)论证了事物的普遍规律"理一"与具体事物规律"分殊"的辩证关系。王廷相则进一步指出"理"不能离开"气"而存在,"故气一则理一,气万则理万。世儒专言理一而遗理万,偏矣"(《雅述》上),强调具体事物各有其特殊的规律。

理生万物 南宋朱熹用语。朱熹认为:"天地之间,有理有气。理也者,形而上之道也,生物之本也。气也者,形而下之器也,生物之具也。"(《朱文公文集》卷五十八)理是第一性,是创造万物的根本;气是第二性,是创造万物的材料。没有理也就不成其为事物,如他说:"如一所屋,只是一个道理,有厅,有堂。如草木,只是一个道理,有桃,有李。如这众人,只是一个道理,有张三,有李四,李四不可为张三,张三不可为李四。"(《朱子语类》卷六)这就是说,屋有厅、堂;草木有桃、李;人有张三、李四,这些事物之间的具体差别和联系,都是由一个根本的道理所决定的,是理的分殊的体现。这个最根本的、整体的"理"即"太极"。认为根据从"太极"到万物的宇宙生成模式,每一事物都是经过"太极"分化成阴阳二气,二气演化成五行,五行聚合万物的过程而产生的,从上向下推,事事物物都从一个本原上来,从下向上推,事事物物又都归源于一。所以,世界上有一个太极,万物中又各有一个太极,太极本身虽然是无动静、无生灭的,但一切具体事物的产生、变化、消灭都是由它那里来的。

理本气末 南宋朱熹用语。北宋二程已认为理和气相依不离而以理为本。"万物皆只是一个天理"(《遗书》卷二)。朱熹明确提出:"有是理,后生是气。""有是理便是有气,但理是本。"(《朱子语类》卷一)理是本体,可以派生出二气五行万物,而万物又复归于理。"二气五行,天之所以域受万物而生之者也。自其末以缘本,则五行之异,本二气之实。二气之实,又本一理之极。是合万物而言之,为一太极而已也;自其本而之末,则一理之实,而万物分之以为体,故万物之中各有一太极。"朱熹认为,理不仅是万物的产生者,而且在人消物尽之后,它也永恒地循环往复地运动着,而气则只是形成万物的材料,是第二性的。理既然能产生万物,因此理是先于物而存在,"未有天地之先,毕竟也只有理"(同上)。

理事 原为佛教用语。华严宗认为:"理"是整体的、绝对的、无差别的理性或本体界,"事"是具有差别性的事相或现象界;"事"为"理"所派生,"理"则是"事"存在的依据;断定"理"不仅存在于众生心中,也存在于一切事物之中。又以所谓"波、水"之喻,概括理事关系,称宇宙如大海,事如千差万别之起伏波浪,但波涛万顷,体唯一水,是为"理",故"事"以"理"为本体,理是"一",事是"一切",而水波互融,无碍一体,则"一即一切","一切即一",理事可圆通无碍,整个宇宙就成了"万法融通,互为缘起"的无穷无尽的关系之网。此说对宋代理学有很大影响,如南宋朱熹就由此引申出"理生万物"的理事说,认为:"即有此理,便有此气,即有此气,便分阴阳,以此生许多物"(《朱子语类》卷九十四),又认为:"事事物物,皆有其理,事物可见,而其理难知。即事即物,便要见得此理"(《朱子语类》卷七十五),视"理"为一般,既存在,贯彻于个别"事"中,又须"即事即物",才能识得此理。但强调"天下之理未尝不一,而语其分则未尝不殊"(《中庸或问》)。

格物致知 简称"格致"。中国古代认识论用语。初见于《礼记·大学》:"致知在格物,物格而后知至”，东汉郑玄注：“格，来也；物，犹事也。”宋以后对格物致知的解释甚多。程朱学派强调知识是先天固有的，但人们因受物欲的影响而丧失先验之知，主张通过“格物”或“即物穷理”去重新获得。北宋程颐说：“知者吾之所固有，然不致则不能得之，而致知必有道，故曰致知在格物”；“致知在格物，非由外铄我也，我固有之也，因物而迁，迷而不悟，则天理灭矣，故圣人欲格之。”（《遗书》卷二十五）对于“格物”，程颐解为：“格犹穷也，物犹理也，犹曰穷其理而已矣。”（《遗书》卷十八）认为人心受外物影响而产生欲念，使人心不正而泯灭了“知”，也就丧失了“天理”。为了要恢复人固有的先验知识和道德，就要通过“格物”。司马光更进一步将“格物致知”的“格”解释为“御”，说“格，犹扞也、御也，能扞御外物而后能知至道”（《司马文正公文集》卷七十一）。南宋朱熹说：“言欲致吾之知，在即物而穷其理。”（《四书章句集注》）程颐认为由“格物”而“致知”有一个过程，“须是今日格一物，明日格一物，积习既多，然后脱然有贯通处。”（《遗书》卷十八）并不否认接触事物是获得知识的途径。朱熹强调“致知”在“格物”中。“盖致知便在格物中，非格之外别有致处也”（《朱子语类》卷十八），还认为认识是无穷尽的，指出“致知有甚了期?”（《朱子语类》卷十五）与程朱的格物致知说不同。明王守仁认为：“天下之物本无可格者，其格物之功只在身心上做。”（《传习录》下）又释“格”为“正”：“格者正也，正其不正以归于正之谓也，正其不正去恶之谓也。”（《大学问》）他从“心外无物，心外无理”的论点出发，取消了认识客体的存在。南宋叶适在解释格物致知时说：“是故君子不可以须臾离物也。夫其若是，则知之至者，皆物格之验也；有一不知，是吾不与物皆至也；物之至我，其缓急不相应者，吾格之。”

格致 即“格物致知”。

致知 儒家用语。《礼记·大学》：“欲诚其意者，先致其知；致知在格物。”详见“格物致知”。

居敬穷理 宋理学家提倡的道德修养和认识方法。“居敬”出于《论语·雍也》：“居敬而行简。”“穷理”见《易·说卦》：“穷理尽性以至于命。”程朱派理学家认为“居敬”和“穷理”是求“仁”修养工夫的两个方面。北宋程颐说：“涵养须用敬”（《遗书》卷十八），“所谓敬者，主一之谓敬”（《遗书》卷十五）。又说：“居敬则自然简，‘居敬而行简’，则似乎简矣，然乃所以不简。盖先有心于简，则多一简矣。居敬则心中无物，乃是简也”（《遗书》卷二十二上），以“居敬”来排除物欲。南宋朱熹认为“居敬”即是保持“其心俨然肃然”（《答吕子约》），经常“身心收敛，如有所畏”（《朱子语类》卷十二）。而“穷理”则是欲知事物之“所以然”与“其所当然”的道理。“穷理者欲知事物人所以然与其所当然者而已”。并认为“居敬”和“穷理”不可分：“学者工夫，唯在居敬穷理二事，此二事互相发，能穷理，则居敬工夫益进，能居敬，则穷理工夫日益密。”（《朱子语类》卷九）强调“若能持敬以穷理，则天理自明，人欲自消，而彼之邪妄将不攻而自破矣”（《朱子文集》卷四十一），即可达到“存天理，去人欲”的目的。

穷理 指穷究事物的道理。《易·说卦》：“穷理尽性以至于命。”唐孔颖达疏：“穷极万物深妙之理。”宋以后理学家多谈“穷理”，主要指达到理想人格的途径，如“居敬穷理”、“格物穷理”、“穷理尽性”等。北宋程颐说：“穷理亦多端，或读书讲明义理，或论古今人物别其是非，或应事接物而处其当，皆穷理也。”（《遗书》卷十八）认为“穷理”即是道德的学习和践履。南宋朱熹认为：“上而无极太极，下而至于一草一木一昆虫之微，亦各有理……一事不穷，则阙了一事道理。”（《朱子语类》卷十五）又说：“是欲致吾之知，在即物而穷其理也。”（补《大学·传三五章》）认为“穷理”，包括对自然事物之理的认识。但又说：“心包万理，万理具于一心，不能存得心，不能穷得理；不能穷得理，不能尽得心。”（《朱子语类》卷九）视“穷理”为探究和发挥内心天理和善性的道德修养过程。明王守仁则认为：“心之体，性也。性即理也……穷理即是尽性。”（《传习录》上）“穷理”只是一种内心修养的功夫。参见“居敬穷理”。

义理 先秦时指普遍皆宜的道理。最早见于《礼记·礼器》：“忠信，礼之本也；义理，礼之文也。”汉晋指经义名理，《汉书·刘歆传》：“及歆治《左氏》……由是章句义理备焉。”宋以后把讲求儒家经义探究名理的学问称为“义理之学”。北宋张载《经学理窟》：“义理之学，亦须深沈方有造，非浅易轻浮之可得也。”清代曾将学问分为义理、辞章、考据三个方面。姚鼐《复秦小岘书》：“天下学问之事，有义理、文章、考据之分。”章学诚说：“义理存乎识，辞章存乎才，征实存乎学。”（《文史通义·说林》）又谓：“义理不可空言也，博学以实之，文章以达之。”（《文史通义·原道下》）在《周易》的研究中，“义理”又与“象数”相对而言。参见“象数之学”。

象数之学 用象数说《易》并推测宇宙或人生变化的一种学说。《左传·僖公十五年》：“龟，象也；筮，数也。物生而后有象，象而后有滋（滋生），滋而后有数。”为“象数”两字起源。事物都有一定的形象和数量。《易传》中本多言“象”言“数”之处。如《系辞上》：“参伍以变，错综其数，通其变遂成天下之文，极其数遂定天下之象。”并常以象数来解《易经》。这里的“象”，指卦象和爻象，即卦、爻所象之事物及其位置关系。“数”，指阴阳数和爻数。此后汉儒孟喜、京房等以象数之学说《易》，用八卦与阴阳之数预言灾变，但也包含一些天文、历法、乐律的知识。至北宋理学家邵雍，融合《周易》和道教思想，制定了一种烦琐而神秘的象数学体系，称为“先天学”。

本心 指心之本然。先秦时孟子已认为，“本心”即人天赋的道德观念或本能，如“舍鱼而取熊掌”，“舍生而取义”等。有些人言行不合道德，这是“失其本心”（见《孟子·告子上》）。南宋朱熹《孟子集注·告子上》：“本心谓羞恶之心……人所固有。”陆九渊发挥孟子思想，认为“心即理也”（《与李宰书》），“爱其亲者，此理也；敬其兄者，此理也；见孺子将入井而有怵惕恻隐之心者，此理也……敬此理也，义亦此理也；内此理也，外亦此理也……此吾之本心也”（《与曾宅之书》）。肯定一切封建道德为人心之所固有，本心是人的道德意识和行为的源泉。还提出“发明本心”的认识和道德修养的方法。

本心之知 宋明理学用语。指人心中固有的天理良知。先秦孟子首先提出“不虑而知者，其良知也”（《孟子·尽心上》），以“知”为人心所固有。北宋程颢说：“人心莫不有知，惟蔽于人欲，则忘天理也”（《遗书》卷十一）。又说：“以心知天”，“只心便是天，尽之便知性，知性便知天。当处便认取，更不可外求。”（《遗书》卷二上）认为“知”来源于内心。南宋陆九渊认定真知当求之内心，说：“人心至灵，此理至明，人皆有是心，心皆具是理。”（《象山先生全集·杂说》）又说：“孟子之尽心，尽此心也，故能知性知天。学者诚知所先后，则如木有根，如水有源。”（《象山先生全集·武陵县学记》）明王守仁主张一切外物都在自己的心中，他从“心外无事，心外无理，故心外无学”（《紫阳书院集序》）的观点出发，提出“吾心之良知即所谓天理也”（《答顾东桥书》）。又说：“夫物理不外于吾心，外吾心而求物理，无物理矣；遗物理而求吾心，吾心又何物邪？”（同上）强调天下万物之理皆蕴于吾心，故求知惟求“本心之知”。

天理 中国哲学史用语。始见《庄子·养生主》：“依乎天理，批大郤，导大窾。”指天然的分理。《韩非子·大体》：“不逆天理”，则指自然法则。至宋明，理学将其作为哲学体系的最高范畴。二程首次把“天理”视为宇宙万物的本体，“万物皆只是一个天理”（《遗书》卷二上）。“得天理之正，极人伦之至，尧舜之道也。”（《程氏文集》卷一）其“天理”既是自然法则的体现，又是封建伦理纲常。朱熹集“天理”观之大成，认为“合天地万物而言，只是一个理”（《朱子语类》卷一）。天理是天地万物的根源。“所谓天理，复是何物？仁、义、礼、智岂不是天理？君臣、父子、兄弟、夫妇、朋友岂不是天理？”（《朱文公文集·答吴斗南》）天理就是三纲五常。“性即天理，未有不善者也。”（《朱子语类》卷十二）天理为至善的天地之性。谢良佐说：“所谓天理者，自然底道理，无毫发杜撰。”（《上蔡语录》）赋予封建伦理规范以绝对的必然性。王守仁把封建道德与宇宙本体合而为一：“吾心之良知即所谓天理也。”（《传习录中》）理学家都把天理作为封建道德的基本原则，并与“人欲”相对立。明清之际，王夫之、陈确等力主天理与人欲的统一。戴震说：“天理者，节其欲而不穷人欲也。”（《孟子字义疏证·理》）视“天理”为自然法则，又是“人欲”的当然准则。

人欲 简称“欲”。指人的欲望嗜好和物质需求。孟子主寡欲：“养心莫善于寡欲。”（《孟子·尽心下》）荀子倡节欲：“欲虽不可去，求可节也。”（《荀子·正名》）墨家重苦行，认为“欲恶伤生损寿”（《经说下》）。道家讲无欲，主张“常使民无知无欲”（《老子·三章》）。宋明理学把人欲与天理截然对立起来，并演变为“理欲之辨”，主张“存理革欲”。朱熹对欲与人欲有所区别。以为欲是人们对于物质生活的正当要求，“若是饥而欲食，渴而欲饮，则此欲亦岂能无”（《朱子语类》卷九十四）。人欲则是过分的要求：“饮者，天理也；要求美味，人欲也。”（《朱子语类》卷十三）王阳明以为，“学圣人”的唯一途径是“去人欲存天理”（《传习录上》）。罗钦顺以为，人欲是正当合理的，“人之有欲，固出于天，盖有必然而不容已，且有当然而不可易者”。只是“恣情纵欲而不知反，斯为恶耳”（《困知论》）。明清之际王夫之提出，“私欲之中，天理所寓”（《四书训义》卷二）。戴震提出“理存乎欲”的观点，认为“古圣贤所谓仁义礼智，不求于所谓欲之外”（《孟子字义疏证·理》）。

天理人欲 中国哲学史用语。简称“理欲”。原出《礼记·乐记》：“夫物之感人无穷，而人之好恶无节，则是物至而人化物也。人化物也者，灭天理而穷人欲者也。”要求用道德伦理规范（“天理”）来限禁物质生活的欲望（“人欲”）。宋明理学专就理欲问题展开论辩。其所说的“天理”，实质上是“仁、义、礼、智”的纲常伦理；“人欲”则指人们的生活欲望。详“理欲之辨”。

理欲 即“天理人欲”

寡欲 即“节欲”。与“多欲”、“贪欲”相对。孔子主张欲望应有节度，把“欲而不贪”（《论语·尧曰》）作为“五美”（五种美德）之一。老子主张“见素抱朴，少私寡欲。”（《老子·十九章》）孟子则说：“养心莫善于寡欲。其为人也寡欲，虽有不存焉者寡矣；其为人也多欲，虽有存焉者寡矣。”（《孟子·尽心下》）认为寡欲是养心之道，德行的基础。不排斥欲，但认为不可多欲。荀子认为，人的欲望是人的生理要求，不能禁止，应“导欲”。“人生而有欲。欲而不得，不能无求。求而无度量分界，则不能不争。争则乱，乱则穷。先王恶其乱也，故制礼义以分之，以养人之欲，给人之求。”（《荀子·礼论》）主张人的欲望应有礼义准则来节制。两宋时天理人欲为重要的哲学论题。北宋程颐说：“养心莫善于寡欲，不欲则不惑。可欲不必沉溺，只有所向便是欲。”（《遗书》卷十五）认为欲是一切恶的根源，必须排除。程朱理学所谓的“寡欲”则属于天理的范围，超过这一限度的便是“人欲”。南宋朱熹说：“饮食者，天理也；要求美味，人欲也。”（《朱子语类》卷十三）以为最基本的“欲”不名之为欲。清戴震说：“天理者，节其欲而不穷人欲也。”（《孟子字义疏证》）反对纵欲。他与程朱学派在实际上都共同宗述孟子的寡欲说，认为：“人有欲，易失之盈；盈斯悖乎天德之中正矣。心达天德，秉中正，欲勿失之盈以夺之。故孟子曰：养心莫善于寡欲。禹之行水也，使水由地中行；君子之于欲也，使一于道义。”（《原善》）欲不可无，但又不可任其泛滥，故须寡欲，这是孔孟以来儒家的传统观点。

纲常万年 南宋朱熹用语。语出《朱子语类》卷二四:“纲常万年,磨灭不得。”认为封建纲常永恒不变。孔子最先确立“君君、臣臣、父父、子子”的宗法等级关系和仁、义、礼、智、信的宗法观念,后儒概括为三纲(君为臣纲、父为子纲、夫为妻纲)五常。朱熹认为它们是由最高的宇宙本体“天理”所规定的,“宇宙之间,一理而已……其张之为三纲,其纪之为五常”(《晦庵文集》卷七)。自然界具体的事物可能毁坏,但“理”却永存,“万一山河大地都陷了,毕竟理却只在这里”(《朱子语类》卷一)。纲常是体现“理”的伦理原则,故“三纲五常终变不得,君臣依旧是君臣,父子依旧是父子”(《朱子语类》卷二四)。又说“三纲五常,礼之大体,三代相继,皆因之而不能变”(《论语章句·为政第二》)。这成为封建社会后期不容怀疑的统治思想。

存天理,灭人欲 宋明理学家的主张之一。为理学伦理学的思想纲领,并贯穿于道德修养论和理想人格学说中。唐李翱的“性善情恶”的“复性”说,首开“存理灭欲”说的先河。周敦颐以“无欲”为“圣”(《通书·圣学》),在理想人格学说中定下了“存理灭欲”的基调。程朱学派认为“天理”和“人欲”完全对立,“不是天理,便是人欲”(《遗书》卷十五),“圣贤千言万语,只是教人明天理,灭人欲。”(《朱子语类》卷十二)陆九渊虽不赞同程朱学派的“理欲之辨”,认为“天理人欲之言,亦自不是至论”,但也主张“学者须是明理”,然后“惩忿窒欲”(《陆九渊集·语录》)。王阳明认为,“圣人之所以为圣,只是其心纯乎天理而无人欲之杂”(《传习录》),强调放弃对生活欲望的追求,便是理想人格境界所在。朱熹则以“惩忿窒欲,改善迁过”为通向理想人格“醇儒”(《与陈同甫四》)的主要途径。反对程朱理学和陆王心学的思想家,主张“天理”与“人欲”统一。明清之际王夫之认为,“私欲之中,天理所寓”(《四书训义》卷二)。清戴震用“理乎存欲”的命题,指出“存理灭欲”乃是“后儒以理杀人”(《与某人》)的工具。

革欲复理 宋明理学用语。“欲”指人的物质欲望,“理”是指符合封建伦理的原则。朱熹认为人的私欲如没有“理”的限制,就会出现道德危机,“嗜欲所迷,利害所逐,一齐昏了”(《朱子语类》卷八),所以“理”和“欲”相对立,“人之一心,天理存则人欲亡,人欲胜则天理灭”(《朱子语类》卷十三)。“理”和“欲”经常处于相互斗争的过程中“此胜则彼退,彼胜则此退,无中立不进退之理,凡人不进便是退”(同上)。惟有将“人欲”逐渐消除,才能使封建伦理原则不受破坏,因此,人的道德修养的任务,便是“革尽人欲,复尽天理”(《朱子语类》卷十三)。在先秦,孔子已提出“富与贵,是人之所欲也……贫与贱,是人之所恶也”(《论语·里仁》),但须“欲而不贪”(《论语·尧曰》),主张用“克己复礼”之法对人欲加以限制。《礼记·乐记》最早把“天理”与“人欲”作为一对道德伦理范畴而提出:“人生而静,天之性也。感于物而动,性之欲也。物至知知,然后好恶形焉,好恶无节于内,知诱于外,不能反躬,天理灭矣”。承认那种合乎一定道德范围内的“节”制之中的“欲”的合理性。宋理学家虽然基本上继承孔子的以理节欲的观点,然而却更片面地把“天理”与“人欲”对立起来,抬高道德伦理规范而尽力贬低物质欲望。宋儒的“革欲复理”的片面观点,受到当时功利学派的非议,也受到后来明清之际思想家的批评。

饿死事小,失节事大 理学家“存天理、灭人欲”的禁欲主义在妇女贞节观上主要见解。语出程颐:“问:‘或有孤孀贫穷无托者,可再嫁否?’曰:‘只是后世怕饿死,故有是说。然饿死事小,失节事大。’”(《遗书》卷二十二上)要求女性牺牲个体生存以践履封建道德,视寡妇再嫁为违背封建道德。朱熹则说:“昔伊川先生尝论此事,以为饿死事小,失节事大。自世俗观之,诚为迂阔;然自知经识礼之君子观之,当有知其不可易也。”(《朱文公文集·与陈中师书》)以为并非人人皆能理解和实行,惟有少数“君子”相信“其不可易”。理学在明初成为统治思想后,遂成为人人习用的口头禅:“今之诵诸咸曰:‘饿死事极小,失节事极大。’”(《陈献章集·书韩庄二节妇事》)形成“以家有烈女贞妇为荣”(施可斋《闽杂记》卷八)的社会风尚,成为摧残妇女的沉重枷锁。清时,“饿死事小,失节事大之言,则村农市儿皆耳熟焉”,男子“率以妇人之失节为羞而憎且贱之”(《方苞集·曹氏女贞烈传序》)。这种禁欲主义贞节观在近代中国影响极深。

孔颜乐处 宋理学家用语。《论语》:“子曰:‘饭疏食、饮水,曲肱而枕之,乐亦在其中矣。不义而富且贵,于我如浮云。”(《述而》)又:“子曰:‘贤哉,回也!一箪食、一瓢饮、在陋巷,人不堪其忧,回也不改其乐。”(《雍也》)推崇孔颜情操与志趣的理学家认为孔颜之乐“自有深意”。从理论上领会、生活中实践孔颜之乐是有志于“圣(孔)学”者臻于“圣域”的必由门径。史称周敦颐每令二程“寻仲尼、颜子乐处,所乐何事”(《遗书》卷二上)。胡瑗曾以“颜子所好何学”为题,科试诸太学生。二程认为生活贫困无甚可乐,说“箪、瓢、陋巷非可乐,盖自有其乐耳。‘其’字当玩味,自有深意。”(《遗书》卷十二)孔颜乐处在于具有富贵不淫、威武不屈、贫贱不移之精神境界和对别人“至诚恻怛之心”。程颢说:“富贵不淫贫贱乐,男儿到此自豪雄。”(《秋日偶成》)又说:“云淡风轻近午天,望花随柳过前川。旁人不识予心乐,将谓偷闲学少年。”(《偶感》)以为只要“浑然与物同体”,“反身而诚”,就会对世俗之富贵贫贱泰然处之,忘怀得失,由衷而乐,这即为孔颜乐处。

知行相须 南宋朱熹的认识论命题。指知与行是相互联结和相互依赖的。“知行常相须,如目无足不行,足无目不见。”(《朱子语类》卷九)朱熹继承程颐的知行学说,并有所发展。他说“论先后,当以致知为先;论轻重,当以力行为重”(同上)“致知力行,用功不可偏,偏过一边,则一边受病”(同上),其意谓:以知、行先后论,乃知先行后;以知行轻重论,则行重知轻;从知行两者关系而论,知与行而又相须互发。朱熹认为:“知与行,工夫须著并到……二者不可偏废,如人两足,相先后行,便会渐渐行得到,若一边软了便一步也进不得。"(《朱子语类》卷十四)故知行"二者不可废一,如车两轮,如鸟两翼"(《朱子语类》卷九)知与行好像人的两脚、车的两轮,鸟的两翼。缺一不可。它们是相辅相成的关系,"知之愈明,则行之愈笃,行之愈笃,则知之益明"(《朱子语类》卷十四)。体现了朱熹在认识论上的朴素辩证法关系。知行相须互发论,经朱熹的倡导,而成为当时的思潮,与朱熹同称为"东南三贤"的其他二贤,张栻、吕祖谦都有相类似的言论。尤其对后来王夫之"知行相资为用"、"知行并进而有功"的观点,皆有启迪作用。

致知力行 南宋朱熹用语。朱熹认为读书做学问即"致知力行","未知未能而求知求能之谓学,已知已能而行之不已之谓习。"(《朱子语类》卷二十)学习既包括"求知",也包括"求能";既包括"学",也包括"习";既包括"致知",也包括"力行"。"致知力行,用功不可偏,偏过一边,则一边受病。"强调学与习必须兼顾,知与行应该统一。"为学之实固在践履,苟徒知而不行,诚与不学无异,然欲行而未明于理,则其践履者又未知其果为何事也。"同时强调"行"的重要性,"方其知之,而行未及之,则知尚浅;既亲历其域,则知之益明,非前日之意味"(《朱子语类》卷九)。

贯通 南宋朱熹用语。"贯"即由此及彼;"通"即无阻隔。引申为对事物共性的认识。朱熹认为对事物共性的认识开始于对个别事物的认识,不断积累便产生飞跃("豁然贯通")。"今日既格得一物,明日又格得一物,工夫更不住地做","积习多后,自然贯通"(《朱子语类》卷十八)。天下之物虽然无穷,而这种"贯通"的意义就在于"不待一一穷之而天下之理固已无一毫之不尽"(《朱子语类》卷五十二)。在对同类事物之间由此及彼的推论分析时,朱熹也常用这一术语:"推已以及物,推得去则物我贯通。"(《朱子语类》卷二十七)

比验 南宋朱熹用语。一种综合推断方法。比,对照比较;验,检验证实。《朱子语类》卷十八:"有讼田者,契数十本,中间一段作伪。……某只索四畔众契,比验前后所断,情伪更不能逃。"反映出已在使用求因果、验对错的方法。

推致 南宋朱熹用语。"推"即推通;"致"即格致。《朱子语类》卷十八:"致知者,推致其知识而至于尽也。"他根据"理一分殊"的原理,强调"从已理会处推将去"的"推致穷格",认为一物虽各有一理,但这个具体之"理"又都是一个总的理的体现,所以在认识了一物一理之后,便可由这个已知"作样子"进行"以类而推",直到"无所不知"的地步。朱熹这一"推致"说,虽然明确了二程提出的"类推"方法在认识过程中具有重要地位,但又片面夸大了它的作用。

虚灵明觉 宋明理学用语。南宋朱熹《中庸章句序》:"心之虚灵知觉,一而已。"《大学章句》:"明德者,人之得乎天,而虚灵不昧,以具众理而应万事者也。"用来解释"心"或"明德"。"虚灵不昧"原系佛语,明僧一元宗本《归元直指集》卷下《学佛谤佛》指出:"晦庵(朱熹)所用佛语,若'虚灵不昧'(原注:此句出自唐译《大智度论》并禅书)。"朱熹也意识到"虚灵知觉"或"虚灵不昧"与佛家之说难脱瓜葛,故他强调"具众理而应万事"的重要性,认为心因其"虚灵"而能"具众理"、"应万事",亦因其"知觉"而能"知此事、觉此理"(《朱文公文集》卷四十二《答胡广仲》),并指出佛家"但以'虚灵不昧'者为性,而无以具众理以下之事"(《朱子语类》卷十四)。明儒王守仁指出:"'虚灵不昧,众理具而万事出'。心外无理,心外无事"(《传习录》卷上)。以此来诠释他自己的哲学命题:"心外无理"。并说:"心之虚灵明觉,即所谓本然之良知也"(《传习录》中),"吾心之本体,自然灵昭明觉者也"(《大学问》)。认为虚灵和明觉是良知或心体的本然状态。对此,王门后学有不同理解。聂豹将虚灵和知觉理解为良知之体与良知之用的关系,提出了"良知者虚灵之寂体"的命题,反对"良知者知觉而已"(《赠王学正之宿迁序》)的观点。欧阳德则指出:"虚灵有时失,而知觉未尝无,似不可混而一。然未有无知觉之虚灵,而不虚不灵亦足以言觉,故不可歧而二"(《寄聂双江》)。认为虚灵和明觉是良知的整体特征,虽有区别但不可分割。王畿亦云:"良知非知觉之谓,然舍知觉无良知"(《答罗念庵》)。意谓知觉固然不能涵盖良知,但是良知也不能脱离知觉而存在。

人心二本论 理学家关于人性具有的"天地之性"与"气质之性"来自不同本原的理论。用以说明人性善恶的本源。创始于张载,经二程发展,而由朱熹集其大成。张载谓:"形而后有气质之性,善反之,则天地之性存焉。"(《正蒙·诚明》)认为"天地之性"来自太虚之气,纯而不偏,是至善的;"气质之性"指气化生人生物而后形成的,兼含善恶的可能。二程以为"生之谓性",此性有善有恶,"是气禀有然也。"(《遗书》卷一)又有"人生而静以上不容说"(同上)的性,即至善的"天地之性"。还认为"论性不论气,不备;论气不论性,不明,二之则不是。"(《遗书》卷六)"天地之性"与"气质之性"既有区别,又有联系。朱熹说:"论天地之性,则专指理言;论气质之性,则以理与气杂而言之。"(《朱子语类》卷四)故"性即理也。当然之理,无有不善。"(同上)而"人之所以有善有不善,只缘气质之禀各有清浊。"(同上)但因"以理与气杂而言之",故又以为若无"气质之性","天地之性"就"无安顿处"(同上)。自明代开始,不少思想家对人性二本论持否定态度。王廷相认为,"人有二性,此宋儒之大惑也。"(《答薛君采论性书》)王夫之认为,"气质中之性,依然一本然之性也。"(《读四书大全说》卷七)颜元从理气一元论的角度提出,"盖气即理之气,理即气之理,乌得谓性纯一善而气偏有恶哉?""不必分何者是天命之性,何者是气质之性。"(《存性编》卷一)清戴震指出,理学家"以理与气质为二本"(《绪言》下),这使人性"歧而为二"(《孟子字义疏证·理》)断定人性即"血气心知",本乎阴阳五行气禀"一本然也"。对人性是"二本"还是"一本"的争论作了总结。

道心 合乎封建道德准则之心。原出伪《古文尚书·大禹谟》:"人心惟危,道心惟微,惟精唯一,允执厥中。"北宋程颢首先以天理与人欲来解释道心、人心:"人心惟危,人欲也;道心惟微,天理也。"(《遗书》卷十一)南宋朱熹作了进一步发挥:"此心之灵,其觉于理者,道心也;其觉于欲者,人心也。"(《答郑子上》)认为人本身具有道心和人心,"道心是义理上发出来底,人心是人身上出来底,虽圣人不能无人心"(《朱子语类》卷七八)。道心"源于性命之正",即纲常伦理,是很微妙的;人心"生于形气之私",与物欲联系,是很危险的。道心必须永远支配人心,"必使道心常为一身之主,而人心每听命焉。"(《四书章句集注》)要求人们的思想绝对遵守封建伦理道德的准则。陆王学派从"心即理"出发,强调"发明本心",反对以天理、人欲来分道心、人心。陆九渊说:"心一也,人安有二心。"(《象山先生全集·语录上》)明王守仁认为:"心一也,未杂于人谓之道心,杂以人伪谓之人心。人心之得其正者即道心,道心之失其正者即人心,初非有二心也。"(《传习录》上)参见"人心"。

人心 指和各种物欲相联系之心。语出伪《古文尚书·大禹谟》:"人心惟危,道心惟微。"宋儒认为人心"生于形气之私",与各种物欲联系在一起,就很危险。南宋朱熹说:"夫谓人心之危者,人欲之萌也。"(《观心说》)详"道心"。

十六字心传 指伪《古文尚书·大禹谟》中"人心惟危,道心惟微,惟精唯一,允执厥中"十六个字。宋儒把这十六字看做尧、舜、禹心心相传的个人修养和治理国家的原则,故名。参见"人心"、"道心"。

危微精一 伪《古文尚书·大禹谟》中"人心惟危,道心惟微,惟精唯一,允执厥中"的简称。详"十六字心传"。

性理 宋明理学范畴。北宋二程首先提出"性即理"的命题。程颐说:"性即理也,所谓理,性是也。"(《遗书》卷二十二下)性即宇宙根本之"理"在人或物上的体现。并认为"在天为命,在义为理,在人为性,主于身为心,其实一也"(《遗书》卷十八)。但又认为性分为二:"一为理性,一为气质之性。"故程颐认为:"性字不可一概论。'生之谓性',止训所禀受也;'天命之谓性',此言性之理也。"(《遗书》卷二十四)南宋朱熹说:"只是这理,在天则曰命,在人则曰性","性"便是人"心中所有底道理"(《朱子语类》卷五)。凡是纯善的"天地之性",完全是天理的化身,从禀受而来的"气质之性",则决定人的清浊、偏正、智愚、贤不肖。

道义 指道德与义理。与"功利"相对。始见于《管子·法禁》:"德行必有所是,道义必有所明。"《易·系辞上》:"成性存存,道义之门。"西汉董仲舒提出重道义,轻功利,"正其谊(义)不谋其利,明其道不计其功。"(《汉书·董仲舒传》)南宋陆九渊说:"私意与公理,利欲与道义,其势不两立。"(《象山先生全集·与包敏道》)强调道义和功利的对立。朱熹也赞同董仲舒的"不谋其利,不计其功"(《朱子全书·孟子一》),反对陈亮"功到成处,便是有德"的观点。认为:"今乃欲追点功利之铁,以成道义之金,不惟费却闲心力,无补于既往,正恐碍却正知见,有害于方来也。"(《寄陈同甫》之九)叶適主张道义和功利相结合,认为"既无功利,则道义乃无用之虚语耳。"(《习学记言》卷二十三)清颜元针对"道义"论,明确提出"正其谊以谋其利,明其道而计其功"(《四书正误》)。认为"'不谋'、'不计'两'不'字,便是老无释空之根"(《习斋言行录》卷下),但"道义"至上的思想仍影响深远。清儒方苞以为:"自战国、秦、汉以来,士君子之族,正谊明道而不杂于功利,千百年数人而已",自"北宋诸儒之兴,始卓然有见于人性之本",而"其言善之当为,未有及其利者"(《文昌考经序》)。

顺化 原指应顺和辨识自然与人伦变化的规律。《易·彖传·革卦》已提出:"汤武革命,顺乎天而应乎人。革之时大矣哉!"北宋张载说:"天之化也运诸气,人之化也顺夫时。"(《正蒙·太和》)认为"化"即指顺乎于时变,"皆从其德合阴阳,与天地同流而无不通也"(同上)。强调了人应该合符自然发展的规律。

经权 宋理学用语。"经"指事物的常住性。"权"指事物发展过程中的变动性。"经是万世常行之道,权是不得已而用之"(《朱子语类》卷三十七)。"经"实际上指三纲五常,"三纲五常终变不得"(《朱子语类》卷二十四),是万古永存的,只有在特殊的情况下才能作灵活的应变。"经者,道之常也;权者,道之变也"(同上)。两者关系就是常与变的关系。"权"不可离开"经","虽是权,依旧不离那经,权只是经之变"(同上)。并且"权不是常用底物事",只有圣人,才可以用"权"。

权 通达权变。先秦时孔子《论语·子罕》提出:"可与共学,未可与共适道;可与适道,未可与立;可与立,未可与权。"孟子认为:"男女授受不亲,礼也,嫂溺援之以手,权也。"(《孟子·离娄上》)并反对"执中无权"(《孟子·尽心上》)。西汉董仲舒承认有"权",但认为"夫权虽反经,亦必在可以然之域"(《春秋繁露·玉英》)。北宋李觏认为:"权者,反常者也",强调"道不以权,弗能济矣"(《李直讲先生文集·易论八》)。南宋朱熹提出"权者,道之变也","虽是权,依旧不离那经,权只是经之变"(《朱子语类》卷三十七)。陈淳《北溪字义》认为:"权者,变也","天地之常经是经,古今之通义是权"。孔子把"权"与"立"相对;孟子把"权"与"礼"相对,两者其意相同。《论语·泰伯》:"立于礼。"意谓政治、伦理道德的根本原则不能变,但在特殊情况下,允许通权达变。后儒把"权"与"常"、"经"相对,亦谓纲常名教的根本原则不能变,但在特殊情况下,在不违背"经"的基本前提下,亦可通权达变。这在一定程度上反映了儒家在道德实践上原则性和灵活性的统一。权有时也指标准。《孟子·梁惠王上》:"权然后知轻重,度然后知长短"。清戴震《孟子字义疏证》:"权,所以别轻重；谓心之明，至于辨察事情而准，故曰权。”

本 指宇宙的本源或本体。《庄子·天下》说：“以本为精，以物为粗。”唐成玄英疏：“道为精。”即道为万物之本。《孟子·滕文公上》：“且天之生物也，使之一本，而夷子二本故也。”认为天地万物的本源只有一个，而墨家夷子则主张二本。魏晋玄学主张“以无为本”。王弼认为《老子》的“道”是天地万物的本源，称为“本”、“母”，提出“本在无为，母在无名，弃本舍母而适其子（万物），功虽大焉，必有不济”（《老子注·三十八章》），有形体的万物对于无形的本体（道）来说只是第二位的。北宋邵雍提出“道为天地之本，天地为万物之本”（《观物内篇》）。南宋朱熹以“理”为本，“有是理便有是气，但理是本”（《朱子语类》卷一）。又说“太极如一本生上，分而为枝干，又分而生花生叶，生生不穷”（《朱子语类》卷七五），把“太极”譬如木之本，事物譬如枝干花叶。

理具于心 宋明理学用语。陆王学派认为“心外无理”，“心即理”，万物之理皆备于吾心。南宋陆九渊提出：“宇宙即是吾心，吾心即是宇宙。”（《象山年谱》）“人皆有是心，心皆具是理，心即理也。”（《与李宰书》）明王守仁进一步提出“心外无物”，“心外无理”，认为“虚灵不昧（指心），众理具而万事出，心外无理，心外无事”（《传习录》），把“心”看作是万理毕具，万事所从出。胡直又发挥王守仁之说：“大哉察（悟察）乎！其诸人心神理之昭诚之不可掩夫，是故察之外无理也。”（《胡子衡齐·理问》）断言“理”皆在于心而非在于物，除主观的自我认识（察）之外不存在客观之“理”。程朱学派认为“天下只有一个理”，理得于天而具于心，万物之理亦心中所具之理。南宋朱熹说：“心包万理，万理具于一心。”（《朱子语类》卷九）“此心本来虚灵，万理具备，事事物物皆所当知。”（《朱子语类》卷六十）

发明本心 南宋陆九渊用语。指彻底反省人所固有的仁、义、礼、智之心。陆提出“心即理也”，认为一切道德准则均根源于本心，强调“只自立心”，“明得此理（或心）即是主宰”（《与曾宅之》）。还提出“心之体甚大，若能尽我之心，便与天同”（《象山先生语录》）。明王守仁进一步发挥了这一思想。

易简工夫 南宋陆九渊用语。指以人本心直觉的认识方法。陆九渊在南宋淳熙三年（1176）鹅湖之会与朱熹的争辩中作诗曰：“易简工夫终久大，支离事业竟沉浮。”（《象山先生全集·语录上》）认为朱熹的“穷理”方法过于支离，自己的“明心”方法简易可行。提出“易简而天下之理得矣”（《语录下》）。认为道理“简且易者，又易知易从，又信足以为道”，而“繁难”（“支离”）之说则“本不足以为道”（《语录》上）。认为封建道德为人心所固有，只要直接发明本心，以内心的体验入手，做为善去恶工夫，即可恢复和确立封建道德观念。以为这种易简工夫长远久大，而朱熹的“道问学”、“即物穷理”则过于支离繁琐，使人不得要领。主张仿效佛教禅宗“顿悟”的方法，“发明人之本心”，在“安坐瞑目”中“忽觉此心已复澄莹中去”（同上）。

天理人欲，同体异用 南宋胡宏提出的命题。理欲之辨，是中国历史上长期争论的道德伦理（天理）与物质欲望（人欲）之间关系问题。北宋理学家程颢、程颐提出“存理灭欲”的观点，视道德与物欲相对立，两者不容并存“灭私欲则天理明矣”（《遗书》卷二十四）。胡宏对此作了修正的看法。他说：“天理人欲，同体异用，同行异情，进修君子，宜深别焉。”（《知言》卷一）“同体异用”与“同行异情”前后意思相关。“同体”、“同行”是说理、欲双方共存于同一人体及其事物活动之中，“异用”、“异情”则说明天理、人欲的作用和表现情形不同，即天理立足于道义的要求，人欲则服务于生存的需要。由此认为天理、人欲二者互相包含“实未尝相离也”，它们“同行并有，无先后、宾主之别也”（同上）。胡宏以理、欲共存于“性”体之中，原无善恶之分，但天理人欲随“性”而发后便表现不同的作用。他根据《中庸》的“已发”、“未发”之意，“发”而“中节者为是，不中节者为非，挟是而行则为正，挟非而行则为邪，正者为善，邪者为恶”（同上）。如此，胡宏始则以天理人欲无善恶之分，而最后却不能贯彻到底。最终还是返回理欲的善恶之分论。然而，他的这一命题毕竟是南宋最早对二程理学表示异议的开风气的人物。

心之精神是谓圣 南宋哲学家杨简的心学命题。此语原出《孔丛子》。杨简借用这一句话，说：“孔子语子思曰：‘心之精神是谓圣’。人人皆与尧舜禹汤文武周公孔子同，人心非血气、非形体。精神广大无际畔，范围天地，发育万物，何独圣人有之，人皆有之。时有古今，道无古今；形有古今，心无古今。百姓日用此心之妙而不自知，此其意动而有过，故不自知。”（《慈湖遗书》卷五）认为人心不是物质性的“血气”、“形体”，它是广大无际，发育万物的“精神”，杨简又进而解释说：“至道在心，奚必远求？人心自善、自正、自无邪、自广大、自神明、自无所不通。孔子曰：心之精神是谓圣。”（《慈湖遗书》卷一《诗解序》）这与“心即理”之类说法无异。“至道在心”，故必须于自心之中，去求“至道”；因为“人心”是至善至美而又无所不道，所以人心之精神即是“圣”。杨简还说“孔子曰：‘心之精神是谓圣’。即达摩谓‘从上诸佛，惟以心传心，即心是佛。除此心外，更无别佛”（同上）。这种以“佛”解“心”之说、也受到有“异教宗旨”（见湛若水《杨子折衷》）的指责。杨简对“心之精神是谓圣”所作心学式的独特阐释，对以后王阳明所说“心之良知是谓圣”有一定影响。

功利之学 亦称“事功之学”。与理学重义轻利学说相对。以北宋李觏发其端。提出“人非利不生”，“焉有仁义而不利”（《李直讲文集·原文》）的观点。南宋永康学派的陈亮和永嘉学派的叶適等集功利思想之大成。承认“道”存在于事物之中，注重实际功用和效果，反对程朱学派讳言功利和空谈性命义理之学。陈亮说：“至于艰难变故之际，书生之智，知议论之正当，而不知事功之为何物，知节义之当守,而不知形势之为何用。宛转于文法之中,而无一人能自拔者。”(《戊申再上孝宗皇帝书》)叶適则说:“既无功利,则道义者乃无用之虚语尔。”(《习学记言》卷二十三)讲求实施利民之术,主张兼重义利。清颜元针对宋儒不谋利计功之说,提出:“后儒乃云正其谊(义)不谋其利,过矣;宋人喜道之,以文其空疏无用之学。予尝矫其偏,改云:正其谊以谋其利,明其道而计其功。”(《四书正误》)又说:“盖正谊便谋利,明道便计功,是欲速,是助长;全不谋利计功,是空寂,是腐儒。”(《言行录》)对功利与道义兼重的思想作了概括。

事功之学 即“功利之学”。

义利双行 南宋学者陈亮用语。旨在反对儒家重义轻利、义利对立的传统观点。在先秦时孔子以“义”为重,主张“君子义以为质”(《论语·卫灵公》)。孟子发挥孔子这一观点,提出“何必曰利,亦有仁义而已矣”(《孟子·梁惠王上》)命题,将义利对立起来。宋儒朱熹更认为义利不容两存,两者只能择其一,力倡仁义,讳言功利。宣称三代圣王行仁义不计功利,值得仿效,汉唐诸君重利贱义,其“心乃利欲之心,迹乃利欲之迹”,不足为训。陈亮不同意上述观点,认为义利并非水火不容,而是互不可分。仁义须功利体现。没有“生民之利”,仁义即无以存附。他指出:“禹无功,何以成六府;乾无利,何以具四德?”(见《宋元学案·龙川学案》)认为三代圣王亦追求功利,重义轻利只是腐儒偏见,有悖三代圣王之本意,故力主“义利双行”(《又甲辰秋书》)之说。认为理学家们“三代以前都无利欲,都无要富贵底人”之说,纯属主观臆测,并不符合历史之真实。“今《诗》、《书》载得如此净洁,只此是正大本子。亮以为才有人心便有许多不净洁,革道止于革面,亦有不尽概圣人之心者。圣贤建立于前,后嗣承庇于后,又经孔子一洗,故得如此净洁。”(《又乙巳秋书》)意谓儒家经典《诗》、《书》所记载的三代圣王之所以是正义不谋利,明道不计功形象,是因为经过孔子美化加工,人为地将其利欲之心、迹洗刷净洁之故。这不符合历史上三代圣王的本来面貌。“义利双行”说在义利之辩中,自成一家之言,对于后世产生过积极影响。

理在事中 指“理”(规律)存在于事物之中。有不同的理解,曾引起长期争论。先秦荀子的“可以知,物之理也”(《解蔽》)和韩非的“万物各异理”(《韩非子·解老》),承认“理”不能离开事物而存在。北宋程颢、程颐以“理”为宇宙的本源,认为“天下物皆可以理照,有物必有则,一物须有一理”(《遗书》卷十八),万物之理非物自身所具有,乃是“天理”从外“照”入的结果。南宋朱熹也把理事截然分开,提出理先事后,他说:“未有这事,先有这理”(《朱子语类》卷九十五),“未有天地之先,毕竟是先有此理”(《朱子语类》卷一)。叶適提出“物之所在,道则在焉”(《习学记言》卷四十七),反程朱“万物各有其理”的说法,认为事物为根本,“理”或“道”则为事物所遵循的规律。明清之际王夫之认为“理”为“气之条绪节文”,是气表现出来的条理秩序。提倡“气上见理”。清戴震明确指出“理在事情”。又说:“理义在事而接于我之心知。”(《孟子字义疏证·理》)承认事物中的规律可以被人所认识。

克己尽物 南宋叶適用语。《习学记言》卷一三:“盖己不必是,人不必非,克己以尽物可也。”认为是非的标准应以客观的事实为依据。主张“以物用而不以己用”,反对离物的空想。提出“夫欲折衷天下之义理,必尽考详天下之事物而后不谬”(《题姚令威西溪集》)。以为人们在认识活动中,须先“尽考”天下事物,而后才能得出正确的“义理”(理论)。

自有适无 南宋叶適用语。“有”指客观事物;“无”指极、皇极。意指离器无道。“夫极非有物,而所以建是极者则有物也。君子必将即其所以建者而言之,自有适无,而后‘皇极’乃可得而论也。”(《进卷·皇极》)认为“无”只能以“有”为前提和依据。

以无适无 南宋叶適用语。对老子以无为本思想的概括和批判。针对老子“三十辐共一毂,当其无,有车之用”;“凿户牖以为室,当其无,有室之用”(《老子·十一章》)的观点,指出“不知为有而欲用之以无,是以无适无也”(《进卷·皇极》),认为车之为车,室之为室,是由于它们具有各种具体的零件和部分,否则便不成其为车或室,脱离实际而以“无”为本的观点是错误的。

以己形物 南宋叶適用语。对思孟学派先验论的概括和批评。认为思孟学派“专以己为是,以人为非,而克与未克、归与未归皆不可知,但以己形物而已”(《习学记言》卷一三)。指出此类主观臆断乃“以浅心狭志自为窥测,学者之患也!”(同上)强调“以己形物”的实质就是否定知识来自外物,而只“欲求之于心”(《习学记言》卷八),这种“专以心性为宗主”的认识,是“虚意多,实力少,测知广,凝聚狭,而尧、舜以来内外交相成之道废矣”(《习学记言》卷十四)。叶適的这一思想,同时也抨击了当时理学派的唯心论。

明道计功 南宋叶適的哲学命题。为汉儒董仲舒“明道不计功”的反命题。“正谊(义)不谋利,明道不计功,此语初看极好,细看全疏阔。古人以利与人,而不自居其功,故道义光明,后世儒者行仲舒之论,既无功利,则道义者乃无用之虚语尔”(《习学记言》卷二十三)。认为道德与功利应当统一,相辅相成,不可割裂。反映了与传统儒学不同的义利观。

行重知轻 南宋朱熹用语。《朱子语类》卷九:“论先后,知为先;论轻重,行为重。”又说:“致知力行,论其先后,固当以致知为先。然论其轻重,当则以力行为重”(《晦庵文集》卷五十)。朱熹坚持儒家传统的“知易行难”说。认为“知”是为了“行”。说:“为学之功且要行其所知”(《晦庵文集》卷四十六)。其“知”指“明理”,明白封建道德伦理,其“行”指践行封建的道德义理。“行”是检验“知”的标准。“欲知知之真不真,意之诚不诚,只看做不做,如何真个如此做底,便是知之意诚”(《朱子语类》卷十五)。朱熹的"重行"说，主要是从封建伦理道德的角度而言，但他所提出的"行"是"知"的目的，"行"是检验"知"的标准的观点，在人类认识史上仍有一定价值。

人与天地一本 南宋魏了翁提出的命题。魏了翁思想上折衷朱、陆，但更强调"心"的作用，"心者人之太极，而人心又为天地之太极"(《鹤山集·乙酉上殿札子》)。又说"人与天地一本也。天统元形以载万物。天地之广大，盖无以加也，而人以一心兼天地之能，备万物之体，以成位乎两间，以主天地，以命万物，辟阖阴阳，范围造化，进退古今，莫不由之，其至重至贵盖若是"(《论人心不能与天地相似者五》)。认为人与天地都本于"心"，"心"是"主天地"、"命万物"、"范围造化"它是主宰一切，包容一切，产生一切，构成宇宙万物的最高本体，这与陆九渊的心学观点相接近。

渐改、忽改 南宋魏了翁用语。指事物运动变化的两种形式，他认为天下"凡万事之起，皆从小至大，从微至著。"(《鹤山集》卷一)进而把变化过程分成"渐改"的"变"与"忽改"的"化"两个阶段，指出"乾道变化，谓先有旧形渐渐改者，谓之变；虽有旧形，忽改者谓化，及本无旧形，非类而改亦谓之化"(《礼记要义》卷六)，他对"变"与"化"的解说同于二程(颢、颐)。而有别于张载、朱熹。"变"即是在旧形中的渐渐的量变。"化"是指事物运动变化中的质变。并认为"化"又分为两个方面：一是在旧形的基础上，忽然改变了原有事物旧形态中的部分性质，但不发生"类"的根本性质的变化。二是完全变成类别不同的另一类事物。前者类似部分质变，后者类似根本质变。魏了翁的这一学说，由明清之际哲学家王夫之运用"质日代而形如一"(《思问录·外篇》)和"推故而别致其新"(《周易外传》卷二)辩证法命题，作了更有深度的阐述。

格心 宋明陆王心学派的认识方法和道德修养方法。南宋陆九渊认为"宇宙便是吾心，吾心即是宇宙"(《象山先生全集·杂说》)，"心即是理"。认识宇宙，道德修养，只要向内反省，发明和涵泳本心。其主要功夫是剥尽一切物欲和私念。"人心有病，须是剥落，剥落得一番，即一番清明"，"须是剥落得净尽，方是"(《象山先生全集·语录下》)。还认为自存本心是"一是即皆是，一明即皆明"(《象山先生全集·语录上》)的顿悟。明王守仁认为："天下之物本无可格者；其格物之功，在身心上做。"(《传习录》下)主张格去心中之物，"格其非心"，"迁恶从善"。故说："格者，正也，正其不正以归于正之谓也。正其不正者，去恶之谓也；归于正者，为善之谓也。"(同上)

六经注我，我注六经 南宋陆九渊对儒家经典所持的态度。《象山全集·语录上》："或问先生(陆九渊)何不著书？对曰：六经注我，我注六经。"意谓六经文字是我心的注脚，我心的道义也说明了六经的条训。把六经的古训，作为心中之"理"的记录来看，所谓"天下有不易之理，是理有不穷之变……被之载籍，著为典训"(《象山先生全集·学古入官议事以制政乃不迷》)。反对"假窃傅会，蠹食蛆长于经传文字之间者，何可胜道，方今熟烂败坏"(《象山先生全集·与侄孙濬》)。主张我心中之理自然契合于古圣人的遗训"古人其引用经语乃是圣人先得我心之所同然，则不为侮圣言矣"(《象山先生全集·与曾宅之》)。陆九渊并不反对读经书，"圣哲之言，布在方册，何所不备"(《象山先生全集·与颜子坚》)。反映了陆九渊据"心即理"的命题，视儒家经典中的古训与"吾心之理"完全契合而相得益彰的心学观点。

皇极 宋明理学用语。"皇"，大；"极"，屋极，位于最高正中处，引申为标准。皇极，指帝王施政的最高准则。语出《书·洪范》："皇建其有极。"南宋陆九渊认为在天有"太极"，在地有"皇极"。他说："皇极之建，彝伦之叙，反是则非，终古不易，是极是彝，根于人心，而塞乎天地。"(《象山先生全集·杂说》)"圣天子建用皇极，亦是受天所赐。"(《象山先生全集·讲义》)论证封建主义的根本原则"终古不易"，"受天所赐"，天然合理。但"皇极"和"太极"都"根于人心"，由吾之"此心"主宰。叶適则提出："夫极非有物，而所以建是极者则有物也，君子必将即其所以建者而言之，自有适无，而后皇极乃可得而论也。"(《进卷·皇极》)认为"皇极"以客观事物的存在为前提，有物而后才有物的概念。如一事一物之"极"，一身一家之"极"，国家天下之"极"都不能离开具体的身、家、国、天下而超然独存。反对理学家以"太极"、"皇极"为世界的根源。

扇讼一悟 南宋哲学家陆九渊运用的一个哲学比喻。南宋乾道五年(1169)，杨简及第进士，出任富阳主簿。三年后陆九渊途经富阳，杨简与之讲论半月。他向九渊请教"问如何是本心？"，九渊便引用孟子的"四端"之说作为"本心"的定义来回答。杨简一时未能明了。"偶有鬻扇者讼于庭，敬仲(杨简)断其曲直讫，又问如初。"(《宋元学案·象山学案·附录》)。陆九渊便回答说："君今日听扇讼者必有一是有一非。若见得孰是孰非，即决定为某甲是、某乙非，非本心而何？"(《宋元学案·慈湖学案》)，这里以扇子的正反两面喻人心能明辨正反、是非来论证"本心自明"的判断能力。杨简听完比喻"忽觉此心澄明"，但又觉得这道理过于简单，就问："止如斯耶？"陆九渊厉声答道："更有何也？"。杨简便纳拜称弟子。此后杨简还常提及这件事"某积疑二十年，先生(九渊)一语触其机、某始自信其心之即道，而非有二物。始信天下之人心，皆与尧禹汤文武周公孔子同，皆与天地日月四时鬼神同"(《慈湖遗书》卷二《二陆先生祠记》)。所谓"一语触其机"指的即是"扇讼一悟"。这一则杨简从陆九渊提示"扇讼"而悟"本心"的故事，都是对"心即理"或"心即道"心学原理的阐发。

万化一心 南宋哲学家王应麟提出的命题。他把天地万物的存在及其运动变化看成是"心"的自我运动的表现。认为："万古一道，万化一心。仁，人心也。人者,天地之心也。天有四时风雨霜露、地载神气、风霆流形,无一物非仁,仁则清明虚静,与天地同流。"(《深宁集·慈湖书院记》)在人与宇宙之间,突出人的地位,认为"人者,天地万物之心也"(同上),"心"最根本"心为人之本"(《剡源集》卷二十五),而"仁"是人心的根本属性,"人者,天地之心也。仁,人心也,人而不仁,则天地之心不立矣。为天地立心,仁也"(《困学记闻·左氏传》)。事物的变化依赖于人物,他以"人之心与天地山川流通"(《诗地理考序》),人心"与天地同流"来论证他的"万化一心"的命题。

孔门心学 亦称"中国心学"。金代后期儒士用来指称北方儒学的术语。这一概念最早出现于李纯甫著作中,他称自己的学术著作为"中国心学、西方文教"。其后王郁又提出"孔门心学"说法,认为儒家学说能兼有佛、道两家的长处,而避免其对社会的蠹害。因此欲著书"推明孔氏之心学"。金代学者的这一概念,和南宋陆九渊等人提出的"心学"没有关系,它是金代儒学自身发展的产物。由于金代后期佛教和新道教势力盛行,而且多关注对心性意识的探讨,从而对儒家学者有所启发。同时,"孔门心学"强调概念的个人体悟,反对墨守传注训诂的做法,对在学术传承中断、儒学根基较浅的北方复兴儒学也比较适合。入元以后,随着南宋理学在北方的传播,"孔门心学"的影响遂趋于式微。但仍旧有一些学者在继续从事这一概念讨论,如薛玄作《圣经心学编》、董文甫作《论道编》、林启宗作《心学渊源图》等。

明代哲学

六经皆心学 明初宋濂在《六经论》中提出的命题。宋濂兼采朱陆,较宗心学。认为"吾心即太极","圣人之心皆理也"(《六经论》)。因此,修养的目的在于明心、识心、治心,"圣人之道唯在乎治心","心一正,则众事无不正"(同上),"心一立,四海国家可以治;心不立,则不足以存一身"。而"《六经》皆心学也。心中之理无不具,故《六经》之言无不该,《六经》所以笔吾心之理者"(《六经论》)。修养的重要方式和途径就在于学习《六经》,"学以存此心也,心存则理之所存也。"(《凝道记》)宋濂感叹心学不传,"学不论心久矣"(同上)。批评世儒对待《六经》"为文章之美"、"剽窃模拟其辞为文章,以取名誉于世",失却《六经》本旨。

心学为圣人之学 明儒用语。将孔学解释为心学。明曹端说:"学圣之事,主于一心"(《录粹》)。又说:"事事都于心上做工夫,是入孔门的大路"(同上)。湛若水认为"圣贤之学本于心,千万世之上,千万世之下,同此心,同此理"(《圣学格物通·用人》)。阳明学派的薛应旂更明确说"圣之所以为圣者,此心也。贤之所以为贤者,此心也。吾人之学,正以为为圣贤也"(《常州府重修儒学记》)。阳明心学派一般皆持此观点。

理驭气 明曹端关于理气关系的命题。曹端认为,朱熹的"理乘气"命题不够严密,"理之乘气,犹人之乘马"有被误解的可能。若解释人为死人,理则为死理,则人"不足以为万物之灵",理亦"不足以为万物之原",如此,"理何足尚,人何足贵"?为此,他修正"理乘气"为"理驭气",认为这样犹如活人乘马,"则其出入疾徐由人驭之何如耳,活理亦然"(《辨戾》)。对此,黄宗羲评说,此辨"虽为明晰,然详之理驭气,仍为二之"(《明儒学案·诸儒学案》),指之有二元论倾向。曹端稍后的薛瑄有以日光飞鸟喻理与气,观点类似"理驭气"。

心无一物 明薛瑄用语。语出《读书录》。意为以心中无私无欲作为人生的境界和心性修养的工夫。薛瑄以"复性为宗,濂、洛为鹄",从"观太极中无一物"得出"心无一物"的结论。他把"心无一物"作为人生至高境界,认为"心中无一物,其大浩然无涯","心虚有内外合一之气象。"同时,"心无一物"也是重要的修养方法,"学至于心无一物则有得矣。""若胸中无物,殊觉宽平快乐。"主张"存心"、收心,"心一收而万理咸至,至非自外来也,盖常在是而心存,有以识其妙耳。心一放而万理咸失,失非向外驰也,盖虽在是而心亡,无以察其妙耳。"提出"水清则见毫毛,心清则见天理。喻理如物,心如镜,镜明则物无遁形,心明则理无蔽迹"。《明儒学案》批评其将心、理析作物与镜,是"犹二之也"。

物我两忘 明吴与弼用语。意为人应有无私无我的崇高境界和君子人格。吴与弼志向高远,提出物我浑然一体的思想,认为"男儿须挺然生世间","须以天地之量为量,圣人之德为德","不为外物所汩"(《日录》)。对贫寒艰难要"随分,节用,安贫"。说:"人须于贫贱患难上立得脚住,克治粗暴,是心性纯然,上不怨天,下不尤人,物我两忘,惟知有理而已。""大抵学者践履工夫,从至难至危处试验过方始无往不利。若舍至难至危,其他践履,不足道也。""看来人不于贫困上著力,终不济事,终是脆愞。"(同上)

涵养省察 明吴与弼用语。意为以对性情身心的静养动察为道德工夫。吴与弼继承和发展了陆九渊的"涵养本心"说,指出"言功夫,则静时存养,动时省察"(《明儒学案·崇仁学案一》),"静时涵养,动时省察,不可须臾忽也"(《日录》)。认为涵养省察的对象是性情身心,"涵养此心,不为事物所胜,甚切日用工夫","至于学之之道,大要在涵养性情,而以克己安贫为实地。"把读圣贤书作为涵养的重要方法,并常常"省察四端","痛省身心"(同上)。弟子陈献章"得其静观涵养,遂开白沙之宗"。"涵养省察"的工夫论亦成为明代哲学的重要命题。

道为天地之本 明陈献章用语。指道是天地万物的本体。陈献章的《论前辈言铢视轩冕尘视金玉》称,天地万物因得道而成,"天得之为天,地得之为地,人得之为人"。认为作为本体的道,具有至虚至大的特性,"道至大,天地亦至大","然以天地而视道，则道为天地之本；以道视天地，则天地者，太仓之一粟，沧海之一勺耳"，"天地之大不得与道侔，故至大者道而已"，天地间一切不可与道等量齐观。道不可言状，"有目者不得见"（同上），但道又非虚妄，"我道非空亦非小"（《寒江独钓》），"道无往而不在"（《与张廷实主事》），"有物万象间，不随万象凋"（《偶得寄东所》）。道无始无终，不增不灭，"天地之始，吾之始也，而吾之道无所增；天地之终，吾之终也，而吾之道无所损"（《论前辈言铢视轩冕尘视金玉》）。"道为天地之本"明显有老庄论道的特色。

道超形气 明陈献章用语。指"道"超于"形气"，不等同于有形的世界。陈献章在《次韵张东海》诗中说，"道超形气元无二，人与乾坤本是三"。认为"道为天地之本"（《论前辈言铢视轩冕尘视金玉》），而"天地间一气而已"（《云潭记》），万物"总在乾坤形气内"（《和答王佥宪乐用》），宇宙的"元始"，不仅有"道"，而且有"气"，它是"二"而不是"一"，"盖气与道为体也"（《新泉问辨录》）。但又认为"道"与"形气"不相等，不并立，"道"超于"形气"，具有至上性。当代学术界对"道超形气"中的"超"有三种界定，并引申出对陈献章哲学性质的不同评价：（1）"超"是"超越"，"道是超越于有形之气的"，即"浑沦"，"是'气形质具而未分'的物质状态"，故其哲学思想为唯物论；（2）"超"是"超越"，"道"既然超越于物质性的"形气"，则便是思维物，故其哲学为唯心论；（3）"超"是"超胜"、"胜于"，"道"不可离开"形气"而独立存在，道气不离，但道又具有超胜于形气的至高品格，不等同于物质状态的形气，故其哲学既带唯物因素，非一般的心学，又非唯物论。

道通于物 明陈献章用语。指本体的道必寓于天地万物，揭示道与物即道与气的关系。认为"物囿于形，道通于物"（《论前辈言铢视轩冕尘视金玉》），凡物必有形，物必拘泥于形，而道则贯通于有形之物中，宇宙间既没有无道之物，也没有离物之道。一方面，道因贯通于物而得存，另一方面，物因得道而成其为物。清屈大均认为白沙深黯"道之生生化化，其妙皆在于物，物外无道"，道不离物，物不离道，故不能"见道而不见物"，或"见物而不见道"（《广东新语·白沙诗》）。

虚中有实，实中有虚 明陈献章用语。指至虚的道与实在的物相统一。认为"道至无而动，至近而神，故藏而后发，形而斯存"（《复张东白内翰》）。作为天地万物本体的道，处于"未形"状态是"虚"，动而后为"已形"状态，便存于万物之中，是"实"，故"虚中有实，实中有虚"，"虚实二字，可往来看"（《明儒学案·甘泉学案一》）。反对宋明时期理学家把"虚"的天理与"实"的万物相割裂的观点。

自然为宗 明陈献章用语。指万物自然，天地无心，世界的存在及其运动变化具有客观性。陈献章在《送张进士廷实还京序》中提出"以自然为宗"。认为道是自然的道，物是自然的物，"天下未有不本于自然"（《题吴瑞卿宋芳园记后》）。又说"谁会五行真动静，万古周流本自然"（《枕上漫笔》）。认为自然就是自然而然，没有意识，没有外力，"天自信天，地自信地，吾自信吾；自动自静，自阖自辟，自舒自卷，甲不问乙供，乙不待甲赐；牛自为牛，马自为马"（《与林时矩》）。否定人格神和造物主的主宰，《示湛雨》中说："天命流行，真机活泼。水到渠成，鸢飞鱼跃。德山莫杖，临济莫喝。万化自然，太虚何说？绣罗一方，金针谁掇？"《云潭记》又说："物之至者，妍亦妍，媸亦媸，因物赋形，潭何容心焉？"陈献章自称其观点承传儒学正宗，《易》曰"天地变化草木蕃"，故"昭昭圣学篇，授我自然度"（《读张地曹偶拈之作》）。其实还受道家自然无为思想影响，老子说"莫之命而常自然"（《老子·五十一章》），"道法自然"（《老子·三十四章》）；庄子说"常因自然而不益生也"（《庄子·德充符》）。黄宗羲在《明儒学案·白沙学案》中称"先生学宗自然"，因其"道本自然"。

心为道舍 明陈献章用语。指心是外在的道内化的承担者。《仁术论》说，"心乎，其此一元之所舍乎"。"一元"即是"道"。因为"道通于物"，外在的道可以寓于物，也可寓于人，"心得而存之"（《论前辈言铢视轩冕尘视金玉》），心便是道的寓所。作为道舍的心，具有得道与存道的功能，当"虚明静一"的条件一旦具备，道即寓于心，心即存本体之道。

心具万理 明陈献章用语。指心可以得道、会理、存诚，肯定人的主观能动作用。《论前辈言铢视轩冕尘视金玉》说，"君子一心，万理完具。事物虽多，莫非在我"，认为人静坐之后，可以使本体之心"呈露"。此时的心能"得道"、"会理"、"存诚"，使人能做堂堂正正的君子，能"天地我立，万化我出，而宇宙在我"。

心学法门 明陈献章用语。指其以静坐为主，以读书为辅的认知途径和修养方法。认为"为学当求诸心。必得所谓虚明静一者为之主，徐取古人紧要文字读之，庶能有所契合，不为影响依附，以陷于徇外自欺之弊，此心学法门也"（《书自题大塘书屋诗后》）。"求诸心"为中国传统的认知途径和修养方法，陈献章"求诸心"的具体内容是"虚明静一"，即以空灵明觉的心态和静而无欲的境界作为人心与道合一的先决条件，但又主张在此同时，"稽诸圣训"，读圣贤书，以验内省之所得而不受外来干扰。此心学法门既强调内省求诸心，又主张读书求知识，兼容了陆九渊的"尊德性"和朱熹的"道问学"。

静养端倪 明陈献章用语。指通过静坐体认真心，进行认知和修养。陈献章提出"为学须从静中养出个端倪来，方有商量处"（《与贺克恭黄门》）。认为认知和修养须以"静"，即静坐为途径，从静坐中使自己的"心"与"道"合一，达到"凑泊吻合"，由是而见"心之体"（《复赵提学佥宪》）。"端倪"出自《庄子·大宗师》，指微始状态。也即真心、本体之心，心与道的吻合处，是心的涵养过程与本体境界的合一。"静"便是由"一般"的、"有累之心"，通往"廓然若无"的"圣贤之心"的幽径，"人心本来体段皆一般，只要养之以静，便自开大”(《明儒学案·白沙学案》)。静养的具体途径是：“静坐”—“胸次澄彻”—“涵养至虚”—“立本”—与道吻合，无欲是关键，“无欲则静虚而动直，然后圣可学而至”(《复赵提学佥宪》)。静坐既别于庄子的“坐忘”，又别于佛家的“坐禅”，是摒弃朱熹待格尽天地万理而后体认天理的认格方法，自称为“舍彼之繁，求吾之约”(《复赵提学佥宪》)，与王阳明的“龙场悟道”一脉相承。

学贵自得 明陈献章用语。指不借助外力，通过自我体认达到与道合一的道德境界。认为“自得者不累于外，不累于耳目，不累于一切，鸢飞鱼跃在我”(《年谱》)。又认为“学无难易，在人自觉”(《与湛民泽》)，把“自得”等同于“自觉”，强调学自内而非自外，是内省、内求，自我体认，“勿忘勿助”。进而提出“自得”就是“得道”，道内化于主体，道与心合一，达到“忘我而我大，不求胜物而物不能忧”(《年谱》)，即“人与天地同体”(《与湛若水》)，“天地我立，万化我出，而宇宙在我”(《论前辈言铢视轩冕尘视金玉》)的境界。还认为“求诸心”，“自得之然后博之以典籍，则典籍之言我之言也。否则，典籍自典籍，而我自我”(《年谱及传记资料》)，甚至认为读书如不用心体会，为章句所缚，则“千卷万卷皆糟粕”(《题梁先生芸阁》)，对宋明以来的经典主义、尊经笃古、读书传注之学予以否定。

以诗为教 简称诗教。明陈献章传播其学说的特有方式。陈献章主张“学夫诗以应世”，认为可以诗为教，并亲身践履以诗为教的主张。湛若水在《白沙子古诗教解·序》中称，“白沙先生无著作也，著作之意寓于诗也。是故道德之精，必于诗焉发之。天下后世得之，因是以传，是为教。”即陈献章把自己的思想、道德、学问寓于诗中，以诗传播于天下，使世人得以领略而接受其教诲。其具体途径：“心学”—“寄托”于“诗”—“以诗为教”—“道鸣天下”。诗教是陈献章的本意，也是对儒家传统的继承。

静体动用 明胡居仁用语。意为心性修养工夫应以静为体以动为用，不可偏废。胡居仁主张“理是气之主，气是理之具，二者原不相离”(《居业录》)，认为“动静者，理气之妙运也。”提出“静为体，动为用，古人之学，多在于静乎？予曰：人之一心，动之无端，体用全备，不可偏废也”(《游西湖记》)。他以主敬说立教，并以“主敬”为动静工夫的大本，认为：“敬该动静。”“动而无静，则体不应；静而无动，则用不行，二者工夫，皆以敬为主乎！居处恭，俨若思，不愧屋漏，此静时存养之敬也；执事敬，事思敬，修己以敬，此动时省察之敬也。若不主于敬，而转欲习静，未有不入空虚者也。”(同上)胡居仁静体动用、二者不可偏废的思想是对吴与弼涵养省察工夫论的继承和发展。

贵无言 明庄㫤(约1437—1499)用语。语出《语要》。意为以“无言”为学问宗旨。庄㫤说：“圣人之道贵无言，而不贵有言。言则影响形迹，而无言则真静圆融，若愦也而真见，若冥也而真趣，若虚寂也而真乐。彼以天得，而此以天与，极其自得之真，而出乎意象之外，是以圣人不贵有言。”他举儒经为证，说：“《六经》莫大于《易》，而《易》有阴阳也。方其无言也，易具于心，浑然无为；及其有言，则孰为阴？孰为阳？而阴阳之授受，皆传之纸上，而《易》始散矣。《易》非散也，纸上而《易》自散也。《四书》莫精于《中庸》，《中庸》言性道也。方其无言也，中庸具于心，噩然无名，及其有名，则孰为性？孰为道？孰为教？而性道教之授受，皆得之口耳，而《中庸》始乱矣。《中庸》非乱也，口耳而《中庸》自乱也。《诗》、《书》、《礼》、《乐》、《春秋》、《论》、《孟》，莫不皆然。”认为其无言不同与佛道：“然无极而太极，静无而动有者，吾儒亦不能无无也。但吾之所谓无者，未尝不有，而不滞于有；禅之所谓无者，未尝有有，而实滞之无。禅与吾相似，而实不同矣。”

经世宰物 明罗钦顺用语。经世指治理国家社会，宰物言统制事物，包括典章文物。罗钦顺在批判理学与心学中提出。认为佛教生死轮回说和禅宗明心成佛说，只能导致“教衰而俗败”，“无以达经世宰物之用”(《困知记续》上)。该语具鲜明的实学倾向，是后来明清之际兴起的经世致用思潮的先声。

理依于气而立 明罗钦顺的命题。认为“气”是宇宙万物的本体、本原，“通天地、亘古今，无非一气。气本一也”(《困知记续》上)。“气”在空间上“通天地”，时间上“亘古今”，无处不在，无时不在，宇宙万有皆本一气。而“理”是“气之理”。“理只是气之理，当于气之转折处观之。往而来，来而往，便是转折处也。夫往而不能不来，来而不能不往，有莫知其所以然而然，若有一物主宰乎其间而使之然者，此理之所以名也”(同上)。“理”是气在往来、升降运动过程中“转折处”的“所以然而然”的规律，也就是“为四时之温凉寒暑，为万物之生长收藏，为斯民之日用彝伦，为人事之成败得失，千条万绪，纷纭胶轕，而卒不可乱，有莫知其所以然而然，是即所谓理也。初非别有一物依乎气而立，附于气以行也”(《困知记》)。这个理是存在于万事万物的实“理”，如自然界的“四时温凉寒暑”，“万物生长收藏”。人事社会的“斯民之日用彝伦，人事之成败得失”，理只是气的属性规律。罗钦顺提出“理须就气上认取，然认气为理便不是……‘只就气认理’与‘认气为理’两言明有区别，若于此看不透，多说亦无用”(《困知记》)。他的“理须就气上认取”是从其本原上立论的，并不是“认气为理”，将“理”“气”混同。这不但肯定了“理”的物质性，也肯定了“理”的主动性。

心包万物 明湛若水用语。指心与万物的关系，强调宇宙统一于心，体现其哲学的心学特色。湛若水在《孔门传授心法论》中说：“心包乎万物之外，事物行乎心之中，内外合矣。”又认为“万事万物莫非心也”(《泗州两学讲章》)。《心性图说》以图表示心从“未发”，到“已发”，再到万事万物的化育发展，所经历的三个阶段始终贯穿着心，“心无所不贯”，无所不在；“心无所不包”，无时不在，与天地万物合一，从时空二维上确立心的无限性，以及心与万物的统一性。又认为心所以包万物，是因心居中正位置，“不着一物”，不偏、不塞、不私，故“虚”，因“虚”而“灵”，因“灵”而能“通天地，包万物”，而能“宰制万物，放诸四海而准”（《明儒学案·甘泉学案四》）。

天人同一气 明湛若水用语。指宇宙统一于气。认为“天人同是一气”（《经筵讲章》），因为“盈天地间，一气也。其为形色，一体也”（《明儒学案·甘泉学案三》），“上下四方之宇，古今往来之宙，宇宙间只是一气充塞，与道为体”（《寄阳明》）。但又认为天地间之气有各种表现形式，“气得其平之谓虚，平昭其序之谓理，理当其施之谓道，能立其施之谓心，能发其昭之谓性”（《明儒学案·甘泉学案四》），世界最根本的还是心。

随处体认天理 明湛若水用语。指人的认知与修养不受时空限制，随时随处均可进行。明弘治十年(1497)湛若水提出“日用间随处体认天理”。认为作为本体的“心”，包涵着和体认着万物之理，“心体物而不遗，无内外，无终始”（《求放心篇》），因而人可“随处体认天理”，“随未发已发，随动随静”（《答孟生津》），既在“静”的“未发”的内在的涵养中，又在“动”的“已发”的外在的践履中。从空间说，“随心、随意、随家、随国、随天下”，处处皆可体认天理；从时间上说，随动时或静时，“随其所寂所感时”（《答阳明王都宪论格物》），时时皆可体认天理。认为“随处体认天理，自初学以上皆然，不分先后，居处恭，执事敬，与人忠，即随处体认之功，连静坐亦在内”（《明儒学案·甘泉学案一》）。“随处体认天理”是对陈献章的“静坐”的继承与补充，既肯定“静坐”，“勿忘勿助”，“无私无欲”，能与道“凑泊吻合”，又强调“读书，亲师友，酬应，随时随处，皆随体认天理而涵养之，无非造道之功，意、身、心一齐俱造，皆一段工夫，更无二事”（《答阳明》）。这是与王阳明论争并分立学派的主要命题。

理欲只是一念 明湛若水用语。指天理与人欲具有同一性，人欲的存在具有合理性。湛若水认为“理欲只是一念”（《明儒学案·甘泉学案三》），“人有此性，自然有此喜怒爱恶之欲”，“欲亦性也”（《语录》），理、性、欲皆自然而生，合为一体不可分，“气质”是“理”的载体，“舍气质”，又何处找到理，“理不离气，天性不离形色，视听言动之礼，不离耳目口体，”“声色、臭味、安佚，自是天性之所不能无，不离乎气质”（《明儒学案·甘泉学案五》），人的感官要求和物质欲望，既是人欲又是天理。进而认为“惟天生有欲，欲不必无，亦不能无，为无欲之说者，惑也”，并反诘“存理去欲”论：“何者为去？何者为存？理欲只是一念”，认为儒家经典中，孔子只说“非礼”没说“去欲”，《中庸》无理欲的说法，故极力反对“支离”理与欲，认定“一欲不弃，一欲不留，欲我当欲，与人同欲，是谓中和位育之道”（《明儒学案·甘泉学案六》）。

万物一体 明王守仁心学理论的出发点。王守仁批判“析心与理而为二”，主张“合与理而为一”（《传习录》中），使客观实在融入主观之中，提出“万物一体”论。认为不但有血气知觉的禽兽，有生意的草木，连风雨、露雷、日月、山川、木石以至鬼神，都“与人原是一体”，因为它们与人“同此一气”。同此一气之所以能相通，是由于“人心一点灵明”（《传习录》下），但这一点灵明之心，是“大人”之心，“圣人之心”，有“一体之念”，能“视天下之人无外内远近”（《传习录》中），“视天下犹一家，中国犹一人”，其所以能如此，是“其心之仁本若是，其与天地万物为一也”，能“达吾一体之仁”（《大学问》）。他把日月星辰，山川木石以及飞潜动植这些本独立存在的客观事物一一并入人的主观之中，从而论证了“心者天地万物之主”，“言心则天地万物皆举”（《答李明德》），心包罗和主宰天地万物。“万物一体”又称“一体之仁”，包含王守仁的社会政治理想和道德修养境界，如在《答聂文蔚》中说：“夫人者，天地之心，天地万物，本吾一体者也，生民之困苦荼毒，孰非疾痛之切于吾身者乎？”“视人犹己，视国犹家，而以天地万物为一体。”

心外无物 明王守仁心学的主要命题。王守仁在《与王纯甫二》中说：“夫在物为理，处物为义，在性为善，因所指异其名，实在吾心也。心外无物，心外无事，心外无义，心外无善。”他与弟子友人游南镇，对深山中自开自落的花树，答弟子问说：“你未看此花时，此花与汝同归于寂。你来看此花时，则此花颜色一时明白起来，便知此花不在你的心外。”（《传习录》下）此乃一切事物依赖人的主观感觉而存在之论，所以，他又说：“离却我的灵明，便没有天地、鬼神、万物。”（同上）

心之条理 明王守仁对“理”的诠释。王守仁心学理论的一重要命题是“理也者心之条理也。”（《书诸阳卷》）这与程朱“天者理也”、“理也者形而上学之道也”不同，也与气学讲理为“气之条理”观点对立。王守仁所谓条理，指伦理道德观念、原则、秩序和法则。他把理与礼等同看待，说“礼字即理字。理之发见，可见者谓之文，文之既微不可见者谓之理。只是一物”（《传习录》上）。又说：“夫理也者，天理也。天命之性，具于吾心，其浑然全体之中，而条理节目森然毕具，是故谓之天理。天理之条理谓之礼。”（《博约说》）礼具体表现在对日常百行、酬酢变化、语默动静、升降周旋、隆杀原薄等方面的言行上，即仁义礼智信这些道德规范上。遵循仁义礼智信条礼，也就是理，而“理具于心”，“心即理”，“心外无理”，理可说是其心之原则、秩序和法则。

意之所在 明王守仁对“物”的释述。王守仁心学理论的一个重要命题是“意之所在便是物”（《传习录》上）。认为“意”是“心之所发”的一种意念、动机，故说“意之本体便是知”（同上）。意念所及，动机发出，其内容无论是关于道德伦理还是行为感觉等等都是对象。例如，只要意在事亲、意在事君、意在仁人爱物、意在视听言动，都可称作“物”。所以他又说“物者事也，凡意之所发必有其事，意所在之事谓之物"(《大学问》)。以此论证意、知、物、事以及闻见行动均统一于一心,主观客观合而为一。

一念发动 明王守仁对"知行合一"说中的"行"的诠释。王守仁心学理论的一个重要命题是"一念发动处,即便是行了"(《传习录》下)。他针对朱熹有分知行为二之嫌提出"知行合一"说。指出:"今人学问,只因知行分作两件,故有一念发动,虽是不善,然却未尝行,便不去禁止。我今说个知行合一,正要人晓得,一念发动处,即便是行了。"(同上)又从本体工夫为一论证知行不可分割,"行之明觉精察处便是知,知之真切笃实处即是行"(《传习录》中)。行,一般指躬行、履践、行为;念即想法、意念。一念发动,实为一个想法产生或一个动机起始。说一念发动便是行,即只要动一念,起一意都被看成是行为,动机即行为。

知行合一 明王守仁的认识论学说。与程朱学派的"知先行后"论相对。这一思想在宋儒中已露端倪。程颐说:"人既能知见,岂有不能行。"明清之际黄宗羲据此说按:"伊川先生已有知行合一之言矣。"(《宋元学案·伊川学案上·案语》)南宋陈淳也认为"致知力行二事,当齐头著力并做,不是截然为二事,先致知然后行,只是一套底事"(《宋元学案·北溪学案》)。王守仁则针对朱熹"理虽散在万事,而实不外乎一人之心"的观点,指出:"外心以求理,此知行之所以二也;求理于吾心,此圣门知行合一之教。"(《传习录》中)明确提出"知行合一"说。认为"知是行的主意,行是知的功夫;知是行之始,行是知之成。"(《传习录》上)既反对不以封建伦理思想为指导,"懵懵懂懂的任意去做";又反对不注重封建伦理道德的躬行践履,"茫茫荡荡悬空去思索"(同上)。他的"知"即致吾心之良知,"行"即"致良知于事事物物",知行合一的本体即是"致良知"。他说:"一念发动处,即便是行了"(《传习录》下),"知之真切笃实处即是行"(《传习录》中),"只说一个知,已自有行在"(《传习录》上),得出"知即是行"、"以知为行"的结论,抹煞了两者的差别,混淆了知行概念。还强调对"一念发动处"不利于封建统治的"不善之念",要"防于未萌之先","克于方萌之际"。但在"知行合一"说中亦有"知行并进"(同上)以及"真知即所以为行,不行不足谓之知"(《传习录》中)、"食味之美恶,必待入口后知"(同上)等说法,含有合理的因素。"知行合一"说,对从朱熹的"知先行后"到王夫之的"行先知后"的发展,有一定的作用。

致良知 明王守仁的道德修养方法。致,有恢复、推极之意,"良知"原出《孟子》,指一种"不虑而知"的天赋道德观念。王守仁加以发挥,认为"良知即是天理"(《传习录》中),首先要求认识和恢复内心固有的天理,即去"物欲"之"昏蔽"。"只是要正人心,只是要存天理,去人欲"(《传习录》上),"心之理无穷尽,原是一个渊,只为私欲窒塞,则渊之本体失了。如今念念致良知,将此障碍窒塞一齐去尽,则本体已复,便是无渊了"(《传习录》下)。实现"良知"(即天理),必须通过"心上工夫"和"克己工夫"的途径。其"心上工夫",指通过内省去"悟"自己固有的"良知本体";其"克己工夫"指通过外在的力量,即通过对儒家经典的学习"以去其昏蔽"(《传习录》中)。王守仁还要求推极自己的良知于事事物物,说:"若主意头脑,专以致良知为事,则凡多闻多见,莫非致良知之功。盖日用之间,见闻酬酢,虽千头万绪,莫非良知之发用流行。"(同上)良知是通过"见闻酬酢"的"日用之间"体现出来的,故"致吾心良知之天理于事事物物,则事事物物皆得其理矣"(同上),即把自己的一切行为和活动都纳入封建道德规范的轨道。王守仁又以"致良知"作为区分圣愚、判断善恶的根本标准,称"良知良能,愚夫愚妇与圣人同。但惟圣人能致其良知,而愚夫愚妇不能致,此圣愚之所由分也"(《传习录》中)。这种圣愚相同说虽包含着道德上人人平等的因素,但主观目的是要人们的一言一行都符合封建伦理的要求。"愚夫愚妇"不能"致良知"则只能永远愚昧无知,但又说如果"愚夫愚妇"一旦"知这良知诀窍,随他多少邪思枉念,这里一觉,都自消融。真个是灵丹一粒,点铁成金"(《传习录》下)。实际上是要劳动人民放弃一切违背封建道德思想的所谓"邪思枉念",以达到"致良知"的境界。

圣门正法眼藏 亦称"孔门正法眼藏"。明王守仁用语。用以比喻其"致良知"学说在其心学体系中的重要地位。圣门指被尊为圣人孔子创立的儒家教门。正法眼藏亦称"法净法眼",本禅宗用语,眼指朗照一切事物,藏谓之包涵万德,正法具此眼藏,所以无上。禅宗用之"以心传心",泛指佛教之正法。王守仁于正德十六年(1521)在南昌始揭"致良知"学说,标志其心学体系完成。在《寄正宪男手墨二卷》中说:"吾生平讲学,只是致良知三字。"又说:"近来信得致良知三字,真圣门正法眼藏。往年尚疑未尽,今自多事以来,只此良知无不具足。"(《年谱》)

孔门正法眼藏 即"圣门正法眼藏"。

作圣之功 明王守仁对其主张的存理去欲修养工夫的称道。王守仁在理学许多重大理论问题上都是宗陆(九渊)非朱(熹)的,唯独在理欲之辨上与朱熹一致,主张存理去欲。陆九渊认为"天理人欲之分论极有病"(《语录下》),如此则视天与人不同。王守仁却说存理去欲是作圣之功,使修养达到最高境界的功夫。说:"心欲此心纯乎天理而无一毫人欲之私,此作圣之功也。"(《传习录》中)"只要去人欲存天理,方是功夫。"(《传习录》上)"圣人之所以为圣,只是此心纯乎天理而无人欲之杂。"(同上)

事上磨炼 明王守仁主张的存理去欲修养工夫之一。王守仁对存理去欲工夫不仅主张静存,还主张在遇到触及切身之事时不为所动而能经受心理考验。"人须在事上磨炼做功夫乃有益,若只是好静,遇事便乱,终无长进。"(《传习录》下)"事"指因外界事物引起"七情所感"而产生的"私意",使心中的天理或过或不及,"不得其正",恰要在此时,去下工夫用天理制约之,恢复"行是的心",使对父兄能孝敬,对乡党亲戚能谦和恭敬(见《谕泰和杨茂》)。事上磨炼仍属伦理道德的躬行践履。

省察克治 明王守仁用语。指道德修养上的"克己"工夫。《传习录》上:"省察克治之功,则无时而可间,如去盗贼,须有个扫除廓清之意。"提倡人应对自己的思想和行为作自我体察,不断地扫除去掉内心的私欲邪念。先秦儒家已提出要"内省"、"自省",强调对自己行为经常地进行检讨与反省。宋明理学则把先秦儒家的自心内省说与防止"人欲"滋生相结合。南宋朱熹以省察为达到"存理灭欲"的重要途径:"人之一心,天理存,则人欲亡;人欲胜,则天理灭,未有天理人欲夹杂者。学者须要于此体认省察之。"(《朱子语类》卷十三)王守仁则比前人有更充分的发挥,说:"无事时将好色、好货、好名等私欲逐一追究,搜寻出来,一定要拔去病根,永不复起,方始为快。"(《传习录》上)强调"无事时"也要不间断地察查自己的思想和行为,以克除一切违背封建伦常的"私欲",并认为必须做到无"私欲"可克治,"良知"已自存,"天理纯全"(同上)。

四句教 明王守仁的命题。即"无善无恶是心之体,有善有恶是意之动,知善知恶是良知,为善去恶是格物"(《传习录》下)。围绕"四句教",在王门中引起了争论。王门弟子王畿认为四句教"恐未是究竟话头",指出"若说心体是无善无恶,意亦是无善无恶的意,知亦是无善无恶的知,物亦是无善无恶的物矣。若说意有善恶,毕竟心体还有善恶在"。钱德洪则认为"心之本体"虽是"天命之性","原是无善无恶的",但是"人有习心,意念上见有善恶在。格致诚正修,此正是复那性体功夫。若原无善无恶,功夫亦不消说矣"。针对王、钱的意见分歧,王守仁指出:"二君之见,正好相资为用,不可各执一边。"他承认王畿之说是"接利根人"的一种教法,同时也指出此说有可能导致"只去悬空想个本体"等弊病。四句教尤其是首句"无善无恶心之体"的观点在王门后学以及晚明思想界产生了很大的反响。钱德洪、王畿之后,邓以赞说:"阳明先生以知是知非为良知,权论耳。夫良知何是何非?""夫知知非,不落于是非也,发而有是有非,吾从而知之,谓之照,无是无非,澄然在中,而不可不谓之知是知非,则是知之体也。"(《明儒学案·江右学案六》)黄宗羲在《明儒学案·姚江学案》中说"'四句教'今之解者曰:'心体无善无恶是性,由是而发之为有善有恶之意,由是而有分别其善恶之知,由是而有为善去恶之格物。'"刘宗周说:"四句教法,考之阳明集中,并不经见。其说乃出于龙溪。则阳明未定之见,平日间尝有是言,而未敢笔之于书,以滋学者之惑。"(《明儒学案·师说》)认为"四句教"本意应是:"有善有恶心之动,好善恶恶者意之静,知善知恶者是良知,为善去恶者是物则。"(《学令》)

天泉证道 明王守仁就其弟子钱德洪、王畿对"四句教"理解分歧的解答。"四句教"是王守仁讲学中自称的"宗旨":"无善无恶是心之体,有善有恶是意之动,知善知恶是良知,为善去恶是格物。"对此,弟子钱德洪、王畿有不同的理解。据《传习录下》载,王畿认为"四句教"未是究竟话"头",不是至理之言,有漏洞。只能看作是师门立教的"权法",而非定本。因为"若说心体是无善无恶,意亦是无善无恶的意,知亦是无善无恶的知,物是无善无恶的物矣。若说意有善恶,毕竟心体还有善恶在。"王畿此观点被概括为"四无"论。钱德洪则认为,"四句教"是"定本","不可移易"。因为:心体是"天命之性","原是无善无恶的";但"人有习心,意念上见有善恶在,格致诚正修,此正是复那性体功夫,若原无善无恶,功夫亦不消说矣。"此观点被称为"四有"。二人就此分歧请教于王守仁。王守仁回答说:"二君之见,正好相资为用,不可各执一边。我这里接人,原有此二种。""四句教"是对着"利根之人"和"其次"之人的。"利根之人从本源上悟入","一悟本体,即是工夫"。"其次不免有习心在,本体受蔽,故且教在意念上实落为善去恶。"王畿之见是接"利根之人的",钱德洪之见是"为其次立法的"。可分别不同之人去接引,"人有习心,不教他在良知上实用为善去去恶工夫,只是悬空想个本体,一切事为俱不着实,不过养成一个寂寞。"以上一段问答对话,王畿概括为"天泉记道",并作了《记》。钱德洪录于《传习录》下。邹守益在《青原赠处》中说"阳明夫子之平两广也,钱、王二子送于富阳。夫子曰:子别矣,盍各所学。"于是有钱、王各述对"四句教"的理解。

公道公学 明王守仁的学术平等观点。明正德十五年(1520)在罗王论辩中提出。《答罗整庵少宰书》:"夫学贵得之心,求之于心而非也,虽其言之出于孔子,不敢以为是也,而况其未及孔子者乎!求之于心而是也,虽其言出于庸常,不敢以为非也,而况其出于孔子者乎!"又说:"夫道,天下之公道也;学,天下之公学也。非朱子可得而私也,非孔子可得而私也。天下之公也,公言之而已矣。故言之而是,虽异于己,乃益于己也;言之而非,虽同于己,道损于己也。"(《传习录》中)此论对后世有较大影响,如李贽在《藏书》中提出反对"以孔子之是非为是非"。刘宗周说:"道者天下之达道,学者天下公言。"(《答史子复》)又说,孔孟、程朱、阳明"言之而不足,则后之人又言之"(《答胡嵩诸生》)。黄宗羲说:"道非一家之私。"(《钱启忠墓志铭》)陈确说:"夫道者,千圣百王所共之道,天下万世之所共由共知,而非一人之所得而私也。"(《翠薄山房帖》)均主张学术自由,反对思想专制。

太极即元气 明王廷相气本论命题。认为太极、太虚与元气三者是同级范畴。作为造化之源的太极,实质上是天地未判之前的元气,太极与元气是一物。他说:"太极者,道化至极之名,无象无数,而天地万物莫不由之以生,实混沌未判之气也。故曰元气。"(《雅述》上)他所指的太极是天地万物形成之前的气,是一种处于混沌未判状态的气,这种气,即无象无数之气,也可称作"元气"。元气与太极是同一个东西,就是处于原始状态的气。认为周敦颐"不以气为主",只谈"无极而太极",实际上是一种"谈虚说空”之论；朱熹“不言气而言理，是舍形而取影”，是颠倒之论。他又驳斥一些儒家学者的观点说：“儒者曰：‘太极散而为万物，万物各具一太极’，斯言误矣。何也？元气化为万物，万物各受元气而生，有美恶，有偏全，或人或物，或大或小，万万不齐，谓之各得太极一气则可，谓之各具一太极则不可。太极，元气混全之称，万物不过各具一支耳，虽水火大化，犹涉一偏，而况于人物乎？”（同上）指出：“元气之外无太极，阴阳之外无气。以元气之上，不可意象求，故曰太极。以天地万物未形，浑沦冲虚，不可以名义别，故曰元气。以天地万物既形，有清浊、牝牡、屈伸、往来之象，故曰阴阳。三者一物也，亦一道也。”（《太极辩》）由此他得出“元气之外无太极”的结论，把太极说成无形无象，派生天地万物的“大始浑沌清虚之气”，实际上是以元气为世界本体的气本论思想。

元气即道体 明王廷相气本论命题。王廷相用元气释道，给道以元气的物质属性，又给元气以道的本原地位：“元气即道体，有虚即有气，有气即有道，气有变化，是道有变化。气即道，道即气，不得以离合论者。”（《雅述》上）又说：“道体不可言无，生有有无。天地未判，元气混涵，清虚无间，造化之元机也。”（《慎言·道体》）反对把道置于气之上，认为“离气无道”，“有形亦是气，无形亦是气。道寓其中矣”。（同上）认为道家的“道能生气”是一种“虚实颠越，老庄之谬谈也。儒者袭其故智而不察，非昏罔则固蔽，乌足以识道！”（《慎言·五行》）批评程颐：“伊川曰：‘阴阳者气也，所以阴阳者道也。’未尝即以理为气。嗟乎！此大节之不合者也。余尝以为元气之上无物，有元气即有元神，有元神即能运行而为阴阳，有阴阳则天地万物之性理备矣，非元气之外又有物以主宰之也。今曰‘所以阴阳者道也’，夫道也者，空虚无着之名也，何以能动静而为阴阳？”（《答薛君采论性书》）反对把道看成独立于元气之外，主宰阴阳二气的精神实体。

虚不离气 明王廷相气本论命题。王廷相在建立他的元气论哲学体系时，较多地吸取了张载的气学思想。张载曾说：“凡可状，皆有也；凡有，皆象也；凡象，皆气也。”（《正蒙·乾称》）并进一步提出“太虚即气”、“太虚无形，气之本体”（同上），将有无、虚实统一于气。王廷相将张载的气学思想引入元气论，从有无、虚实的关系上探讨作为宇宙万物之源的元气论的基本特征，进而发展了元气论。认为元气虽为“不可以象求”的太虚，但不是虚无，而是“实有之物”，是实实在在的物质实体，天地万物皆由实体之元气而化，“天内外皆气，地中亦气，物虚实皆气。”他在《慎言》中提出：“道体不可言无，生有有无。天地未判，元气混涵，清虚无间，造化之元机也。有虚即有气，虚不离气，气不离虚，无所始，无所终之妙也。”在《雅述》中再次提出：“天地未形，惟有太空，空即太虚，冲然元气。气不离虚，虚不离气，天地日月万形之种，皆备于内，一氤氲萌孽而万有成质矣。是气也者乃太虚固有之物，无所有而来，无所从而去者。今曰‘未见气’，是太虚有无气之时矣。又曰‘气之始’，是气复有所自出矣，其然，岂其然乎？元气之上无物，不可知其所自，故曰太极；不可以象名状，故曰太虚耳。”在天地未形成，元气混涵，清虚不分的状态下，不论是不可知其所至的太极，还是不可以为象的太虚，都是存在于气之中，并不是脱离阴阳二气之外的东西。无象无实体的虚，也是气的一种状态，不是脱离气的实在的“无”。在他看来，根本不存在道家所谓“虚”和佛教所谓“空”。“老氏之所谓虚，其旨本虚无也，非愚以元气为道之本体者，以不可以同论也。”（《答何柏斋造化论》）“以造化本体为‘空’为‘无’，此古今之大谜。”（同上）

气种有定 明王廷相气本论命题。他坚持“气者，造化之本”（《慎言·道体》）。并认为“天地未生，只有元气，元气具，则造化人物之道理即此而生，故元气之上无物、无道、无理”（《雅述》上），驳斥了程朱“理为气本”、“理生气”的观点，对自宋以后那种“以理言太极”，“太极生二（阴阳）五（行）”的离气而言阴阳、五行生化的说法提出批评。指出五行“皆自元气变化出来”，“愚谓天地、水火、万物皆由元气而化，盖由元气本具有此种，故能化出天地、水火、万物”（《答何柏斋造化论》）“金石草木，水火土之化也，虽有精粗先后之殊，皆出自元气之种”（同上）。元气是万物由以产生的原始物质。而元气之中包含着所固有的种子“元气之种”，它是“化”生天地、水火、万物的基质。“有太虚之气，则有阴阳，有阴阳则万物之种一本皆具……而其种则本于元气之固有，非水火土所得而专也”（《慎言·道体》）。于此，王廷相向理学家提出恰中要害的诘问“若曰气根于理而生，不知理是何物？有何种子便能生气？”（《横渠理气辩》）认为理学家的“理生气”之说，不过是“谈虚驾空之论”（同上），因为他们“不知”脱离“元气”便不存在“理”，也“不知”元气固有化生万物的“气种”。王廷相作为当时具有较为广泛的自然科学知识的学者，初步考察到生物进化过程中相对稳定的遗传因素。他用“气种有定”说对此作了解释，他说：“阅千古不变者，气种有定也，人不肖其父，则肖其母；数世之后，必有与祖同其体貌者，气种之复其本也”（《横渠理气辩》）。以上论断，在中国古代科学发展史上是有一定科学价值的，但理论上的幼稚、素朴、历史的局限也很明显。

气为理本 明王廷相的气本论命题。王廷相认为：“万理皆出于气，无悬空独立之理。”（《太极辩》）针对朱熹“理为气本”的观点批评说：“天地之间，一气生生，而常而变，万有不齐，故气一则理一，气万则理万。世儒专言理一而遗万，偏矣。天有天之理，地有地之理。人有人之理，物有物之理，幽有幽之理，明有明之理，各各差别。统而言之，皆气之化，大德敦厚，本始一源也。”（《雅述》上）理虽有差别，皆为气之化。“夫万物之生，气为理之本，理乃气之载，所谓有元气则有动静，有天地则有化育，有父子则有孝慈，有耳目则有聪明是也。”（《太极辩》）认为程朱“理为气本”、“理生气”的观点，从本质上是佛老思想的翻版。气作为“通极上下造化之实体”，无时不在，无处不在,元气之上无理,离气而言理,把理视为独存的东西的观点是"谬幽诬怪之论"。

阴阳相待 明王廷相的命题。针对"阴阳相离"的观点而提出。认为阴阳共处于一个矛盾统一体中,二者互不相离,即"阴"和"阳"二者既是相互对立,又是相互依赖,互为前提的。"阴阳即元气,其体之始,本自相浑,不可离析。故所生化之物,有阴有阳,亦不能相离。"(《答何柏斋造化论》)阴阳不仅在元气中是相待的,在元气所生的万物中也是相待的,不可分离的。"愚尝谓天地、水火、万物皆从元气而化,盖由元气本体具有此种,故能化出天地、水火、万物。如气中有蒸而能动者,即阳即火,有湿而能静者,即阴即水,道体安得不谓之有? 且非湿则蒸无附,非蒸则湿不化,二者相须而有,欲离不可得者,但变化所得有偏盛,而盛者尝主之,其实阴阳未尝相离也。"(同上)阴与阳虽共处于元气之中,但二者有"宾主偏胜之义,而偏胜者恒主之。"(《慎言·乾运》)肯定事物的性质是由矛盾的主导方面决定的,为张载的"一物两体"的辩证法思想增添了新的内容。

渐骤 明王廷相用语。指运动变化的两种形式。王廷相发挥张载与朱熹关于运动有"渐变"和"骤变"两种形式的思想,承认"骤变"是由"渐变"而来。在他看来,"四时寒暑,其机由日之进退,气不得而专焉。日南至而寒甚,北至而暑甚,所积既深,不可骤变也。日出而苍凉,夜阴之积未遽消,光不甚于旁达也。日中而暄热,昼阳之积盛,光复炽于下射也。"(《慎言·乾运》)"日有南北之躔,故阴阳有寒暑。然寒而暖,暖而暑,暑而凉,凉而寒,其所由来渐矣,非寒与暑会于一朝也。"(《雅述》上)"变有要乎? 曰:'渐。春不见其生而日长,秋不见其杀而日枯,渐之义也至矣哉!"(《慎言·御民》)从社会变化看,"世变有渐,若寒暑然,非寒而突暑,暑而突寒也。"(《雅述》上)这是王廷相把气本论与气化论统一起来,对"气化"作出渐骤两种形态的区别,但偏重于渐变。

知行兼举 明王廷相的命题。王廷相重视知与行、"致知"与"履事"的统一,针对理学家知行为二的观点,提出"知行兼举"(《慎言·小宗》)。指出:"知行并进,体用兼举,有用之学,无过于此。"(《督学四川条约》)他既重视"知"("致知"),更重视"行"("力行"),认为"致知"的目的全在于"明理而躬行之"(《慎言·见闻》)。力行不但是"致知"的目的,而且只有在力行中才能获得"真知"和检验"真知"。因此,他提倡"知行兼举"。他说:"学之术二:曰致知,曰履事,兼之者上也。察于圣途,谙于往范,博文之力也;练于群情,达于事几,体事之功也。然而师心独见,暗与道合,亦有不博文者也。虽然,精于仁义之术,优入尧舜之域,必知行兼举者能之矣。"(《慎言·小宗》)认为"察于圣途,谙于往范,博文之力"虽然是"致知"的重要途径,但只有在"实践处用功,人事上体验",人们才能够获得"真知"。他论证说:"讲得一事即行一事,行得一事即知一事,所谓真知矣。徒讲而不行,则遇事终在眩惑。如人知越在南,必亲至越而后知越之故。江山、风土、城域可以指掌而说,与不至越而想像以言越者大不侔矣。"(《与薛君采二首》)强调"实践"在认识论中的地位和作用,反对"惟前言之是信",主张"学者于道,贵精心以察之,验诸天人,参诸事会,务得其实而行之,所谓自得也已。"(《慎言·见闻》)他的"参验",除了继承前人所说的"证据"、"证明"等含义外,更重要的是指"考视"、"察辨"、"尝试"之意,含有"以行验证"的意思。王廷相进而提出"见闻"与"思虑"结合的认识论观点。他说:"心固虚灵,而应者必借视听聪明会于人事,而后灵能长焉"(《石龙书院学辩》)。又说:"夫圣贤之所以知者,不过思与见闻之会而已"(《雅述》上),他反对张载离开"见闻之知"来谈"德性之知",认为这"不思甚矣"(同上)。他认为只有见闻、思、行三者统一起来,才是完整的认识过程:"事物之实核于见,信传闻者惑,事理之精契于思,凭记问者精;事机之妙得于行,徒说者浅"(《慎言·见闻》)。从"见闻"感性认识来说,强调直接经验,从"事理之精"的理性认识,强调精思,就知与行相比较,更强调的是行。这便是他提出的"知行兼举"命题的基本内容。

性气相资 明王廷相的人性论命题。王廷相主张"性生于气","性与气相资",认为"论性也不可以离气,论气也不得以遗性。"批驳宋儒把人性分成"天地之性"和"气质之性"。他说:"人有二性,此宋儒之大惑也。夫性,生之理也。……余以为人物之性无非气质所为者,离气言性,则性无处所,与虚同归;离性言气,则气非生动,与死同途;是性与气相资,而有不得相离者也。"(《答薛君采论性书》)王廷相的性,是指在人的生理活动的基础上,通过人的认识过程而获得的仁义礼智等道德情操。"仁义礼智,儒者之所谓性也。自今论之,如出于心之爱为仁,出于心之宜为义,出于心之敬为礼,出于心之知为智,皆人之知觉运动为之而后成也。苟无人焉,则无心矣,无心则仁义礼智出于何所乎?""故有生则有性可言,无生则性灭矣,安得取而言之? 是性之有无,缘于气之聚散。若曰超然于形气之外,以聚散而为有无,即佛氏所谓'四大之外,别有真性'矣,岂非谬幽之论乎? 此不待智者而后知也。精神魂魄,气也,人之生也;仁义礼智,性也,生之理也;知觉运动,灵也,性之才也。三物者一贯之道也。"(《横渠理气辩》)既然人有生才有性,性与气是"相有而不可离",因此,人只有一性,即气质之性。他批评宋儒离气言性,以为"超然于形气之外"有"天地之性"的说法,实际上是佛氏的"四大之外,别有真性"的翻版。

神者形气之妙用 明哲学家王廷相的命题。王廷相继承以往无神论关于形神关系的思想,强调"神必藉形气而有者,无形气则神灭矣"(《答何柏斋造化论》),主张神依赖于形,形神是合一的。在形神关系上提出了"神者,形气之妙用"(同上),认为神是形气的神妙的变化。在具体说明人的各种精神现象与形体、气的关系时说:"气之灵为魂,无质以附麗之则散。灯火离其膏木而光灭是矣。质之灵为魄,无气以流通之则死,手足不仁而为痿痹是矣。二者相须此为用,相待而一体也。”(《慎言·道体》)又说:“精也者,质盛而凝气,与力同科也,质衰则疏弛,而精力减矣。神也者,气盛而摄质,与识同科也,气衰则虚弱,而神识困矣。”(同上)人的魂、魄、精、神都是“形气之妙用”。这一观点,一方面说明神形是不同的,形气为体,神为用;另一方面,正因为形气与神为体用关系,而神就不能离开气而独立存在。人们各种精神现象都是形气之妙用,同时都依赖于形气,不能脱离形气而独立存在。因此“神者,形气之妙用”是对其“神必藉形气而有者,无形气则神灭”的进一步说明。

同道相贤,殊轨异趋 明王廷相用语。指历史上各学说间的斗争和发展过程。认为各思想学派之间有其学说上的相互融合、补充,也有尖锐的对立和分歧,其发展过程是“同道相贤,殊轨异趋”(《答何柏斋造化论》)。他对历史文化遗产所持的态度是“儒者之为学,归于明道而已。使论得乎道真,虽纬说稗官,亦可从信,况庄、列乎?使于道有背驰,虽程朱之论,亦可以正而救之”(《太极辩》),一切要服从“道”的真理准则。故“博学,是于古今、常变、因革、治乱、幽明、上下之道无不究极也,非不论其是非邪正兼收而博取之”(《雅述》上)。认为博学应该有正确的立脚点,不是无原则的兼收博取。

意象透莹 明王廷相诗论之一。王廷相继承和发挥司空图、严羽的美学思想,提出“诗贵意象透莹,不喜事实黏著”(《与郭价夫学士论诗书》)。认为诗如“水中之月,镜中之影,可以目睹,难以实求是也”。强调诗的意象要蕴藉含蓄,旨远寄深。余味曲苞,耐人寻味;强调意象要富有暗示性和象征性。只有如此,才能“使人思而咀之,感而契之”,才能称得上是“鸿才之妙拟,哲匠之冥造”。认为要想创造出情景交融的图画式的“意象”,必须在“运意、定格、结篇、练句”四方面下工夫。运意就是“诗之神气,贵圆融而忌闇滞”,要求做到“超诣变化,随模肖形,与造化同工者,精于意者也”;“定格”就是“诗之志向,贵高古而忌芜乱”,要求做到“构情古始,侵《风》匹《雅》,不涉凡近者,精于格者也”;“结篇”就是“诗之体质,贵贯通而忌支离”,要求做到“比类摄故,辞断意属,如贯珠累累者,精于篇者也”;“练句”就是“诗之肢骸,贵委屈而忌直率”,要求做到“机理混含,辞鲜意多,不犯轻佻者,精于句者也”。要创造出诗之“意象”,诗人须培养“三会”的素质,“何谓三会?博学以养才,广著以养气,经事以养道也。才不赡则寡陋而无文,气不充则思短而不属,事不历则理舛而犯义。三者所以弥纶四务之本也”。

真儒 明王道用语。语出《文录》。意为能够彪炳史册的儒学人物。王道批评宋儒“孟子后,千载无真儒”之说,认为“孟子执情以为性,故虽竭力道性善,终不足以服诸子之口”。他又举董仲舒、贾谊等为例,评价他们的成就“远在季路、冉有之上”,“三国人才尤甚,至晋及唐,代不乏人。今举一而空之曰‘无真儒’,呜呼!悠悠千载,向谁晤语”。王道一针见血地指出,“无真儒”说的实质是贬前人而崇程朱,他说:“宋自庆历以前,英贤汇出,当时治体,风俗人才,皆纯庞浑厚。于时程、朱未生也,亦曷尝如长夜,直待程、朱而后明哉?”王道对“无真儒”说的批评,体现他尊崇王阳明、湛甘泉的心学立场,在一定程度上批判了对程朱理学的盲目崇拜。

知止 明黄绾用语。语出《明道编》。意为人具有把握道德主体自觉自为的能力,以培养这种品德为心性修养的目的。黄绾以“艮止”和“执中”分别为《周易》和《中庸》的微言要旨,倡“艮止、执中”之学。黄绾认为:“孔子始终万物,莫盛乎艮”,立“艮止”为学的,说:“吾学之要,在于知止。‘止’自字之义,本于《易》之《艮》。《艮》之义,原于伏羲、文王,而发于孔子。孔子曰:艮其止,止其所也,此知其所,则气理兼备,替用俱全,圣学之本在此矣。”他学易经历了少年时的观卦、考图、玩辞、绎义,中年将义理运用于人情事故,反修诸己,穷理尽性,终于得出“艮止”之学,其大意为人具有道德修养的主动性,是主体自为的。他说:“理在于我,性在于我,天在于我,命在于我,无容穷于我,无容尽于我,无容乐于我,无容知于我,乃一而无二矣。……惟艮其止,止于其所,时止而止,时行而行。”他虽曾崇理学且极力为阳明心学辩护,晚年转向批评宋明理学包括王阳明心学以及王畿等王门后学,斥其流于“禅学”,试图以“艮止”、“执中”之实学匡救其弊。

德性闻见相通 明吕柟用语。意为德性之知与闻见之知无等级之分,且前者以后者为基础。吕柟“常说圣门知字工夫,是第一件要紧的”(《明儒学案·河东学案下》)。他重视闻见之知,认为闻见之知可通德性之知。南昌裘汝中认为“闻见之知,非德性之知”,并以张载“不梏于见闻”证之,提出见闻之知是低于德性之知的“第二等工夫”。吕柟对此观点进行批评,认为择善而行、多见而识,都是致知工夫,指出:“殊不知德性与见闻相通,原无许多等次第也。”他批评宋人道学专言性命,以及“今讲学甚高远”,认为应当“从下学做起,要随处见道理。……皆自切实处做来”。认为“格物致知”应当“先就身心所到、事物所至者格,久便自熟”。“某也愚,只讲格物作穷理,先从知止致知起”。

淮南格物 明王艮在儒家“格物”思想基础上提出的格物说。因王艮是泰州人,而泰州地处淮南,故称。王艮与其师王阳明之说侧重点有所不同,“王公论良知,艮谈格物”(《明儒学案·泰州学案一》)。王艮在入王门前,通过独立探索形成了以“尊身立本”为主旨的“格物”说。在接受王学后,五十五岁时提出了更为成熟的“格物”理论。淮南格物主要依据《大学》的“自天子以至于庶人,壹是皆以修身为本”,提出通过“正身”达到治理国家的目的。他说:“格如格式之格。即后‘挈矩’之谓。吾身是个矩,天下国家是个方。挈矩则知方之不正,由矩之不正也;是以只去正矩,却不在方上求矩正,则方正矣。方正则成格矣。”(《答问补遗》)由于淮南格物的“以身为本”说偏离了王阳明的"以心为本"的原则，且把自身放于天下国家之上，故被正统儒家视为异端，也使"淮南格物"成为最能体现王艮思想特色的学说。

安身立本 明王艮用语。意为把自身的修养作为治理家国天下的根本。王艮提出"淮南格物"说，认为格物之"物"包括自身和家国天下，但格物的要义在于"修身立本也，立本安身也"。他根据《大学》的"物有本末"说，提出："身与天下国家一物也，唯一物而有本末之谓"，格物也就是"挈度于本末之间"(《答问补遗》)。他明确指出："身之为本，而家国天下之为末。"(《明儒学案·泰州学案一》)因而，"安身以安家而家齐，安身以安国而国治，安身以安天下而天下平"(《答问补遗》)。"其身正而天下归之。""欲齐、治、平，在于安身。"(《语录》)他批评"不知安身便去干天下国家事，是之谓失本也"(《答问补遗》)。这就用"以身为本"改造了其师王守仁的"以心为本"，把以存理灭欲为旨归的良知说转化为"安身立本"的格物说。这种改造，既使师门得以光大，又使王学发生变态，导致泰州后学逸出纲常名教的羁络而被正统儒学斥为"异端"。

保身爱民 明王艮在《明哲保身论》中提出的命题。意为保护自己生命的存在，重视百姓的日用生活。王艮提出"淮南格物"说，以身为本。认为，对待自身，一方面是要重视自身的道德修养，另一方面是要保护自己的身体。他提出"身与道原是一件"(《答问补遗》)，"知保身者，则必爱身如宝"(《明哲保身论》)。他不赞许以身殉道、杀身成仁节义观。据《年谱》记载，嘉靖五年(1526)，"因同志在宦途，或以谏死，或谴逐远方。先生以为，身且不保，何能为天下万物主?"他在提出"身"是"道"的同时，特别强调重视百姓的日用生活，提出"百姓日用即道"(《年谱》)。由于王艮将个人的生命存在和百姓的生活放在比家国天下还重要的地位，与正统儒家思想相背离。这种初步具有近代人本主义和民主特色的思想，被正统儒学斥为异端邪说。

百姓日用即道 明王艮提出的哲学命题。意为不能离开百姓的日用生活而空洞地谈道说理致良知。原语出《周易·系辞上》云："一阴一阳之谓道。继之者善也，成之者性也。仁者见之谓之仁，知者见之谓之知。百姓日用而不知，故君子之道鲜矣。"宋明理学家对此有多种解释，王艮提出了其独具特色的解释。他说"即事是学，即事是道。人有困于贫而冻馁其身者，则亦失其本而非学也。"(《语录》)将百姓日用物质生活条件视为"道"的基础，提出要重视百姓生活的"家常事"，批评离开百姓日用谈良知是知体不知用的空虚之弊，认为"圣人之道，无异于百姓日用。凡有异者，皆谓之异端。"(《语录》)尤其痛斥"灶产不均，贫者多失"的社会现实。王艮的"百姓日用即道"提倡的"即事是学，即事是道"的思想，对开启明清实学思潮有一定影响；重视百姓"家常事"的思想，发展了传统的民本主义，也一定程度开启了反理学思潮，为李贽提出"穿衣吃饭即是人伦物理"(《答邓石阳》)提供了思想基础。

造命 指人的力量可以掌握和驾驭天命。明王艮从"天地万物依于己，不以己依于天地万物"(《语录》)出发，提出"我命虽在天，造命却由我"(《又与徐子直》)。认为人的主观意志可以驾驭天命。又认为"天民听命"，"大人造命"(《语录》)。一般人"天民"只得听天由命，只有伟人可以"造命"。明清之际王夫之在肯定"天之命，有理而无心者也"(《读通鉴论》卷二十四)的同时，提出"修身以俟命，慎动以永命，一介之士，莫不有造焉"(同上)的观点。认为在承认客观规律的前提下，只要充分发挥主观能动性，一般人也可以"造命"，即人定胜天。

理气合一 明魏校用语。语出《体仁说》。意为理与气是相互配合的关系。他继承和发展了朱熹的理本论和理一分殊说，认为"理者气之主宰"，"通宇宙全体，浑是一理，充塞流行，随气发用，在这里便该得如此，在那里又该得如彼，千变万化不同。"他提出："理气合则一，违则二。"他以季节为例，春天温和秋天严凝就是理气合，否则就是理气违。他还说："理非别有一物，只就气该得如此便是理。理本该得如此，然却无为，其能如此处，皆气为之也。然气运不齐有不能尽如此处。""理气合一，则理即是气，气即是理，昭乎不分，孟子所谓'配'也。气与理违，则判而二矣。若谓气即是理，只好说善底一边，那恶的一边，便说不去矣。"(《明儒学案·崇仁学案三》)他不赞同余子积秉承先儒的分天地气质之性说，以此为"分作两截说了"，并探究原因是"论性之误，正坐理气处见犹未真耳。"(《复余子积论性书》)黄宗羲《明儒学案》批评魏校将"理也，气也，心也，歧而为三"，"若先生之言气之善恶无关于理，理从而善之恶之，理不特死物，且闲物矣。"

中道 明蒋信用语。语出《桃岗日录》。意为中正是圣人之道，君子之行，心性修养应行"中道"。蒋信先师事王阳明，后又从学于湛若水，其学得于甘泉者为多。他主张气本论，认为"宇宙浑然是一块气，气自于穆，自无妄，自中正纯精，自生生不息。"以"中正"为天地合德，追求"中正仁义之极"，进而明确地提出"中道"思想。他说："虚无寂灭，与权谋霸术，皆是堕在一边，知有夜不知有昼，知有昼不知有夜。圣人从中道上行，故终日有事，实无一事，终日有为，实未尝为，情顺万事而无情。此便是通乎昼夜之道而知。"

以虚为宗 明刘文敏之为学宗旨。意为以"虚"为天然之则和治学目的。《明儒学案》记载，刘文敏八十岁时，在高山之巅静坐百余日，嘱咐门人王时槐、陈嘉谟、贺泾说："知体本虚，虚乃生生，虚者天地万物之原也。吾道以虚为宗，汝曹念哉，与后学言，即途辙不一，慎勿违吾宗耳。"他的以虚为宗继承了张载的气唯物论，"虚"实指天然之则，说："有物有则，则者天然自有之中也。随感随通，天则流行，纤毫智力无所安排，则良知益著察，虚灵洞达，竭尽而无遗矣。"(《论学要语》)他认为："天地万物生于虚，而虚亦非出于天地万物之外。”“知体常虚”，“耳目口鼻皆以虚为用”，“故学在于致虚，以澄其源”（同上）。黄宗羲评价其以虚为宗并非老氏道家“虚与气为二”的虚无之说，“先生之虚，乃常止之真明，即所谓良知也。其常止之体，即是主宰，其常止之照，即是流行，为物不二者也。故言虚同而为虚实异，依然张氏之学也。”

心寂 明刘文敏用语。语出《论学要语》。意为心虽感应万物而本体寂静，应以虚寂为修养的境界和方法。刘文敏以虚为宗，认为天地万物生于虚，继而提出了“心寂”的观点，认为：“吾心之体，本止本寂，参之以意念，饰之以道理，侑之以闻见，遂以感通为心之体，而不知吾心虽千酬万应、纷纭变化之无已，而其体本自常止常寂。”因此，他的修养方法论与聂双江相近，主张致虚求静。但聂豹以未发属性，已发属情，而刘文敏以喜怒哀乐为情，情得其正者为性。其主静之静是指“为物不忒，生物不测之体之静”，是指“性体之自然，未尝致纤毫之力，乃天下之至静也。”

忘心 明刘邦采用语。语出《易蕴》。意为以“忘”的方式去除内心的不良思虑。刘邦采不事科举，师事王阳明，认为“学在求诸心”。他提出：“有感无动，无感无静，心也”，进而提出“忘心”的观点。他说：“能心忘则心谦，胜心忘则心平，侈心忘则心淡，躁心忘则心泰，嫉心忘则心和。谦以受益，平以称施，淡以发智，泰以明威，和以通知，成性存存，九德咸事。”他的“忘心”不是无心忘事，而是忘掉不良之心，他说：“忘其所有事者昏”，“九容不修，是无身也；九思不慎，是无心也；九畴不叙，是无天下国家也。修容以立人道，慎思以达天德，叙畴以顺帝则，君子理此三者，故全也。”“忘心”就是忘掉私心杂念的心学修养方法。

体虚用实 明刘邦采用语。语出《易蕴》。意为心之体无为而虚，心之用万化而实，道德修养应当立本致用。刘邦采师事王阳明，主张立本致用，提出：“心之为体也虚，其为用也实。义质礼行，逊出信成，致其实也；无意无必，无固无我，致其虚也。虚以通天下之志，实以成天下之务，虚实相生则德不孤。是故常无我以视其体，心普万物而无心也；常无欲以观其用，情顺万事而无情也。”他反对王门中以见在为良知（良知现时存在着）的观点，从性命论述体用关系，说：“夫人之生，有性有命，性妙于无为，命杂于有质，故必兼修而后可以为学。盖吾心主宰谓之性，性无为者也，故须首出庶物，以立其体。吾心流行谓之命，命有质者也，故须随时运化以致其用。常知不落念，是吾立体之功，常过不成念，是吾致用之功，二者不可相杂。常知常止，而愈常微也。是说也，吾为见在良知所误，极探而得之。”他对见在良知论的批评，坚持了笃实修养的学风，有助于从王门后学中发展出实学。

心即万化 明徐樾的心学命题。意为心蕴含了万事万物及其变化。徐樾继承孟子的“人者天地之心”和陆子的“心为宇宙”说，发展了王阳明的心学以及王艮的格物说，认为“夫六合也者，心之郛廓；四海也者，心之边际；万物也者，心之形色。往古今来，惟有此心，浩浩渊渊，不可得而穷测也”，从而得出“是心也，即万化也”，“我者万物之体，万物者我之散殊”（《明儒学案·泰州学案一》）。他将这种心学世界观贯穿到方法论，认为“孔孟之学，尧舜之治，举求诸心焉而已。心外无事矣，求事也者，或逐事而二心；求心也者，以言乎天地之间则备矣。”“尽心则万物备我。”“知天下国家皆我也，是曰知心，知天地万物皆心也，是曰知学。”他批评“不责躬而责人，不求诸心而求诸事”是“自欺其知”，“是皆自私自是者之见”。“心即万化”夸大了心的本体地位，同时强调了道德修养的主体自觉自为。

天然良知 明徐樾的命题。意为良知的至善本性是见在现成，不假人为，不为事物所累的。徐樾先事阳明，后卒业于心斋。他提倡“自得之学”，认为“良知之自朝而暮，能闻能见，能孝能弟，无间昼夜，不须计度，自然明觉，是与天地同流者。……一入声臭，即是意念，是己私也，人为也。”“圣学惟无欺天性，聪明学者，率其性而行之，是不自欺也。率性者，率此明德而已。父慈子孝，耳聪目明，天然良知，不待思虑以养之，是明其明德。一入思拟，一落意必，则即非本然矣，是曰自欺也。”（《明儒学案·泰州学案》）黄宗羲评价“此即现成良知之言，是不犯做手为妙诀者也”。

心性自然 明颜钧的心学命题。意为心性的本质是率性所行，纯任自然。颜钧师承王艮“以自然为宗”，视“天理”为“天然自有之理”，把人性的本体作为生理自然要求来考察，提出心性自然说。指出：“人心妙万物而不测者也。性如明珠，原无尘染，有何睹闻？有何戒惧？平时只是率性，所行纯任自然，便谓之道。及时有放逸，然后戒慎恐惧以修之。凡儒先见闻，道理格式，皆足以障道。”（《明儒学案·泰州学案一》）他在回答罗汝芳问学时表达了“制欲非体仁”，“体仁之妙，即在放心”（《颜钧集》）的思想。放心就是敞开心扉，任其自然。批评先儒见闻、道理格式等皆足以障道。颜钧按自然本性生活的主张，为统治者所不容，遂遭囚戍。

乾性坤命无去来 明陈嘉谟（约1486—1570）用语。语出《蒙山论学书·答友人书》。意为性命不是由人的身体的存在与否而生灭，人性和道德不是先验的，心性修养应当还复性命之本然。认为“人之生而来也，不曾带得性命来，其死而往也，不曾带得性命去，以性命本无去来也。”因为天地万物始于乾元，乾元为性；天地万物生于坤元，坤元为命，故而乾性坤命无去来。犹如人生之于父母万物由性命而生，“乾性坤命之理，合天地万物为一体者也。悟性修命之学，还复其性命之本然，通天地万物为一贯者也。”“唯一体，故称一贯；唯一贯，故无去来”。他强调性命的普遍性，反对与生俱来的先验人性论，批评性命随人之生带来死带去的观点，认为如果“有去来则有动摇有增损有方所"，就失去一体、一贯之旨，陷入割裂支离。

独知 明季本用语。语出《说理会编》。意为以慎独为致知的修养工夫。季本是王阳明的弟子，他"贵主宰而恶自然"，强调道德的主体自觉。他指出："故知为独知，独知处知谨，则天理中存，无有障碍。"如果"舍慎独而言自然"，"其人于佛老无疑矣"。之所以要以独知为知，是因为"凡人所为不善，本体之灵自然能觉，觉而少有容留，便属自欺，欺则不惺惺矣。故戒慎恐惧于独知之地，不使一毫不善杂于其中，即是惺惺而为敬也"。"圣人之学，只是慎独，独处人所不见闻，最为隐蔽，而己之见显莫过于此。故独为独知，盖我所得于天之明命，我自知之，而非他人所能与也。"他认为独知就是致知工夫，"慎于独知，即致知也。慎独之功不已，即力行也。故独知之外无知矣。""在独知处求致其精，故曰致知也。""独知"反映了季本不同于其他王门后学流于空寂的笃实学风。

寂体 明聂豹用语。语出《双江论学书》等。意为良知本体是寂静的。聂豹在被捕入狱期间"闲久静极"，体会到良知本体是寂静的。他说："良知本寂，感于物然后有知，知其发也。不可遂以知发为良知，而忘其发之所至也。心主乎内，应于外而后有外，外其影也。不可以其外应者为心，而遂求心于外壳也。故学者求道，自其主乎内之寂然者求之，使之寂而常定。"(《明儒学案·江右王门学案二》)。由于良知本体是寂静的，因而修养功夫就应当是"归寂"。他反对王门中的现成良知派，指出其基本的错误在于以"知觉"为"体"，"恻隐羞恶，仁义之端，而遂以恻隐羞恶为仁义可乎哉？今夫以爱敬为良知，则将以知觉为本体。"(《送王唯中归泉州序》)该用语所提倡的良知本体论，成为聂豹思想的重要标识。

归寂 明聂豹用语。语出《双江论学书》等。意为致良知的工夫是主静求寂。聂豹在狱中悟出良知本寂，按照本体与功夫相统一的原则，致良知的方法就应当是"归寂"。他指出："学者求道，自其主乎内之寂然者求之，使之寂而常定。""今曰工夫只是主静"，"惟主静则气定，气定则澄然无事，此便是未发本然。"(《双江论学书》)以"静中"作为"吾儒真下手处"(《困辨录》)。这一用语曾被人讥之为禅。但聂豹本人却对这一指责不予承认，他认为"归寂"的目的是为了"通感"、"执体以应用"。他说："夫无时不寂，无时不感者，心之体也。感惟其时而主之以寂者，学问之功也。"因而他的学说与佛禅是有区别的："夫禅之异于儒者，以感应为尘凡，一切断除而寂灭之。今乃归寂以通天下之感，致虚以立天下之有，主静以该天下之动，又何嫌于禅哉！"与"寂体"的良知本体论一样，"归寂"的修养方法也是聂豹思想的重要标识。

心德 明徐爱用语。语出《答邵思抑》。指人之所以为人的根源、本质。徐爱是王阳明最早的弟子，受王阳明将心的体用关系比喻为水的源头与支流、树的根本与枝叶的关系的影响，将心德当作人心的本体，将文章名业当作人心的运用，说："心德者，人之根源也，而不可少缓；文章名业者，人之枝叶也，而非所汲汲。学者先须辨此，即是辨义理之分。"(《答邵思抑》)他批评世儒颠倒体用关系，失却做人的根本，认为"通世之痼疾有二，文字、功名也。""二者之贼""累于心"(《赠薛尚谦》)。"学者大患在于好名，今之称好名者，类举富贵夸耀以为言，抑末矣。凡其意有为而为，虽其迹在孝弟忠信礼义，犹其好名也，犹其私也。"(《送甘钦采》)他还指出，人有计较、忌妒、骄淫、狠傲、暴乱等好胜的"忮心"和阿比、谄佞、柔懦、燕溺、污辱、诅咒等好屈之"求心"，二私交于心中，损伤心德"公平正大之体"(《宜斋序》)。对于这些本末倒置的流弊，应当"绝之无之，而后可进于道。"(《赠薛尚谦》)他提倡为学要分清本末、体用，从根本上着手，从本源上用力，在心体上用功，主张"学如培濬溉疏，故木水在培溉其根，濬疏其源，根盛源深，则枝流自然茂且长"。他提出了培根疏源的方法和途径，说："故学莫要于收放心，涵养省察克治是也，即培濬其根源也。读书玩理皆所以溉疏之也。"(《答邵思抑》)心德是对陆九渊"本上立根"和王阳明"良知"说的继承和发展。

性气一物 明吴廷翰用语。吴廷翰不赞成程朱分性为二，他在继承王廷相"性气相质"的观点基础上，提出"性气一物"(《吉斋漫录》上)。批评程朱的"性即理说，以理言性"，是把气与性"分明把作二物"，是"未达之论"。指出："性即是气"，"论性即是气，论气即是性"。"盖天地之生人，以有此性也。性成而形，虽形亦性，然不过一气而已。其气之凝而有体质者，则为人之形，凝而有条理者则为人之性。"

良知体用 明邹守益用语。语出《东廓论学书》。意为良知的本体及其发用是一致的。他认为，良知本体人人圆满自足，"良知之教，乃从天命之性，指其精神灵觉而言，恻隐、羞恶、辞让、是非，无往而非良知之运用。"(《东廓论学书》)又认为"寂感无二时，体用无二界"(同上)。并按照王阳明"不睹不闻是良知本体，戒慎恐惧是致良知的功夫"(《传习录》下)，提出以"戒慎"为内容的致良知理论，说："为学大要在戒慎恐惧，常精常明，不使自私用智得以障吾本体。"(《寄龙光书院诸友》)"学者果能戒慎恐惧，实用其力，不使自私用智之障得以害之，则常寂常感，常神常化，常大公常顺应。"(《复黄致斋使君》)黄宗羲评论说："盖一忘戒慎则障蔽而壅塞矣，但令无往非戒惧之流行，即是性体之流行矣。离却戒慎恐惧，无从觅性；离却性，亦无从觅日用伦物也。故其言'道器无二，性在气质'，皆是此意。"(《明儒学案·江右王门学案一》)

致中和 明杨爵用语。语出《论学》。意为以"中和"为天地人心之本，以致中和为心性修养工夫。杨爵撰《中庸解》，倡"中和"说。他以"中和"为至高的道德境界，说："致中和，止至善之云也。天地之位，我位之也。万物之育，我育之也。"他把"中和"作为人心之本，说："中和，心之本体也，未发之中，万物皆备，故为天下之大本。已发之和，大经大法所在，而不可违，故为天下至达道。""中和，性命本然之则也，能致之则动以天矣，故其效至于天地位，万物育。"他把"致中和"作为修养工夫，指出："戒惧慎独，自修之功至于中与和也。""怒与哀中节，皆谓之和。"(《明儒学案・三原学案》)他践行"致中和"之说，数度含冤入狱，仍与狱友钱绪山、刘晴川等讲学不辍，道德学问被世人称道。

真心习心 明唐枢的命题。意为人应存养本然之真心，而克服习染之习心。他标"讨真心"三字为的，说："真心是人实有之心。实有之心，乃天地生人之根底，亘古今不变，不着一物，是谓中者天下大本。""心得其心之体为真。""其为生，心也，而主之者，真心也。"(《真心图说》)"真心乃人实有之心，是人自知的所在，无贤愚，无古今，无老幼，无操舍，无贵贱。"但是，真心"只被人自埋没，不肯露出头面。埋没非一端，大约是缘习见闻"(《景行馆论》)。这种缘习见闻之心就是"习心"。唐枢说："自生身以来，通髓彻骨，都是习心运用。俗人有俗人之习，学者有学者之习，古今有世习，四方有土习，真与习化，机成天作，每向自己方便中窝顿。凡日用睹记讨论，只培溉得此习。中间有新得奇悟，阔趋竣立，总不脱此习上发基。"(《礼玄剩语》)批评"浅识者以见闻所习，信而为当然，执以运用，戾人罔人"(《真心图说》)。他提出"假者不容真"，人的道德修养应当分清真心与习心，做到"心无两心，立乎其心之大，耳目口鼻四肢百骸从其所令，则为真心"(同上)。他还以对真心的体认来融合和纠正王阳明、湛甘泉的心学，说："苟明得真心在我，不二不杂，王湛两家之学，俱无弊矣。"(《明儒学案・甘泉学案四》)

讨真心 明唐枢的思想观点。唐枢不满于王门后学的"良知一拈万到，本末具举"的"现成良知"说，指出："窃恐阳明公而在，亦当易语而教矣"(《一庵语录》)。意谓如果王守仁在世也会对"致良知"说有所纠正。他认为不是良知而是真心才是"颠扑不破，乃天道之自然"(《真谈》)。惟有"真心"才是至上本体，故"讨真心"才是最为根本的工夫。黄宗羲评道："致良知，其几约也，而学者或失于直任灵明。此讨真心之言，不得已而立。"并指出："然真心即良知也，讨即致也，于王学尤近"(《明儒学案・甘泉学案四》)。认为"讨真心"虽是对王学末流的一种纠正，但毕竟是致良知的翻版。从历史上看，唐枢虽欲以讨真心来取代致良知，但该说在晚明思想界影响不大。参见"真心习气"。

性根 明唐枢用语。语出《礼玄剩语》。意为主宰天地、无善无恶、永恒不变是人性的根本。他从宇宙天地的根本和主宰来阐释性，指出："性者，得于天地之生理，有无空实之境，物而不神，含生而就死。"又认为："一阴一阳之谓道，阴阳是气，道亦是气。阴阳所以能继，乃相善之所在，这是心之流行，然非命在于善；阴阳所以各成，乃惟真之所在，这是心之流行，然非心着于成。性根为天地万物之主，天地万物有变，性根不变。在人则寄含心中一窍，是为心地。此生天生地生人生物玄机，岂容得些子？才着些子，便是不能继、不能成的病根。故以善恶体性，即落意见；以善恶观心，即落情欲。情欲从性外觅心，意见从命外觉性，皆是缘物而起，皆为有倚之学。"他认为"本性个个具足"，人的道德修养之方在于从性根下手，"情不定境，美恶瞥起，流注苦乐，百解不能脱，智根追从性根上料理"。他告诫人们"这处不加体验，最容易认错，一误永误，收拾费力"。他的"性根"实际上是与他的"真心"相一致的，性根可说是真心的代名词。

知有定体 明钱德洪在《绪山会语》中提出的命题。意为良知永恒地存在于天地万物之中，是宇宙的本体，也是心之本体。他说：良知"运行万古有定体"。一方面，良知是宇宙的本体，"良知广大高明"，如同"太极"，"至微不可见，至著不可掩"，"无声臭可即"，"充塞天地间，只有此知。天只此知之虚明，地只此知之凝聚，鬼神只此知之妙用，四时日月只此知之流行，人与万物只此知之合散，人只此知之精粹也"。另一方面，良知是心之本体，"心无体，以知为体，无知即无心也；知无体，以感应之是非为体，无是非即无知也。意也者，以言乎其感应也；物也者，以言乎其感应之事也；而知则主宰乎事物是非之则也。意有动静，此知之体不因意之动静有明暗也；物有去来，此知之体不因物之去来为有无也。"这就从主观和客观两方面确立了良知的本体地位。他还把"知有定体"说应用于心学工夫论，说："不动之真体，良知是也。""夫子尝有言矣，曰至善者心之本体，动而后有不善也。吾不能必其无不善，吾无动焉而已。""良知不假于见闻，故致知之功从不睹不闻而入。"黄宗羲在《明儒学案》指其是以见在知觉言良知。

援儒入禅 明陈建对陆王心学的批评用语。陈建认为陆王心学是援儒入禅，说："佛学近似惑人，其为蔀已非一日，有宋象山陆氏者出，假其似以乱吾儒之真，援儒言以掩佛学之实，于是改头，阳儒阴释之蔀炽矣。"(《学蔀通辨》)指出："按近世儒书以行佛学，正犹昔人所谓挟天子以令诸侯者……假儒书者，意不在于儒书，不过借儒者以行其煽诱来学之计耳。"(《学蔀通辨》)"象山师弟作弄精神，分明禅学而假借儒书以掩之也，此为勘破禅陆根本"(同上)。陈建虽指名批判陆九渊，实际上是针对当时王学盛行而发。故清人陈伯陶在《学蔀通辨》的跋中说："是编虽攻象已，实为阳明发也"。

四无说 明王畿在所著《天泉证道纪》中提出的命题。对王阳明四句教的一种理解。王畿为王阳明高足，王阳明晚年提出著名的"四句教"，即"无善无恶是心之体，有善有恶是意之动，知善知恶是良知，为善去恶是格物。"(《传习录》下)王门弟子对"四句教"的理解产生分歧。王畿认为"四句教"存在体用之间的矛盾，只是"夫子立教随时"的"权法"，"此恐未是究竟话头"。他从心体是无善无恶的原则出发，认为正确的说法应当是"心是无善无恶之心，意即是无善无恶之意，知即是无善无恶之知，物即是无善无恶之物。"这种观点被称为"四无说"，与钱德洪强调"意有善恶"的"四有说"相抵牾。王阳明为这两种对立的解释"证道"，认为顿悟和渐修应当有机结合，"四无说"可为利根人立法，而"四有说"适用于引中根以下人入道，说："二君之见，正好相资为用，不可各执一边。"由于"四无说"是王畿自证自悟的理论创建，王畿的其他思想都与此相关联，因而"四无说"是王畿思想的核心和代表。

良知现成 明王畿用语。语出《与阳和张子问答》。意为良知是当下明白的内心体验、自我认识，无需后天修养功夫而当下具足。王畿继承和发展了王阳明"良知不假外求"(《传习录》上)的思想，提出"良知现成"，认为："良知不学不虑，本来具足，众人之心与尧舜同。"(《与阳和张子问答》)"良知在人，不学不虑，爽然由于固有；神感神应，盎然出于天成，本来真头面，固不待修证而后全。"(《书同心册卷》)"良知当下现成，不加工夫修证而后得。致知原为未悟者设，信得良知过时，独往独来，如珠之走盘，不待拘管，而自不过其则也。以笃信谨守，一切矜名饰行之事，皆是犯手做作。"(《明儒学案·浙中王门学案》)由此，王畿又提出"盖工夫不离本体，本体即是工夫，非有二也"(《冲元会记》)。王畿的这些观点，受到王门中聂豹、罗洪先等工夫论者的激烈批评。

无念为宗 明王畿用语。语出《趋庭漫语付应斌儿》和《念堂说》等。意为以无邪的正念为良知、为修养宗旨。王畿坚持"良知现成说"，力倡先天正心之学，主张从心体上立根。他在《念堂说》中阐明了"念"与"无念"的含义，说："人唯一心，心唯一念。念者，心之用也。念有二义：今心为念，是为见在心，所谓正念也；二心为念，是为将迎心，所谓邪念也。正与邪，本体之明，未尝不知，所谓良知也"，"念念致其良知"即"以无念为念之谓也。"在《答李渐庵》第二书中，提出"吾人此生干当，无巧说，无多术，只从一念入微处讨生死，全体精神打并归一，看他起处，看他落处。精专凝定，不复知有其他。此念绵密，道力胜于业力，习气自无从而入，杂念自无从而生。此是端本澄源第一义，所谓宗要也。"在《趋庭漫语付应斌儿》中更明确地提出："一念者无念也，即念而离念也。故君子之学，以无念为宗。"王龙溪的"以无为宗"被批评为禅学，王畿与王艮一样，被评价为王门后学中与邹守益、钱德洪"渐悟派"所不同的"顿悟派"的代表人物。

静者心之本体 明王畿用语。语出《竹堂会语》和《答中淮吴子问》。意为以无欲的良知作为心的本体。王畿继承周濂溪和程明道之学脉，在《答中淮吴子问》中说"心即是寂然之体"，"人生而静，天命之性也。性无不善，故知无不良。感物而动，动即为欲，非生理之本然矣。"进而提出："静者心之本体。"在《竹堂会语》中，也强调了"静者心之本体"，同时认为"静"作为心之本体，本质是强调无欲的良知，"无欲故静，一者无欲也，无欲则静虚动直"。作为修养方法，"静"也只是"权法"，只是防止人们的"一念妄动"，"驰骛于外"，"见异物而迁"，明确地指出："'主静'之'静'，实兼动静之义，圣学之要也。"他反对禅学作蒲面壁的静坐，认为坐禅只是遗弃伦物的枯寂之学。

安心 明尤时熙(约1503—1580)用语。语出《拟学小记》。意为不追逐利欲，人我相融，才能达到心安的境界。是尤时熙提出的修养方法。他主张"安心"、"存心"，认为"心之所宜曰义"，集义就是"人心之安"，"君子之行，乐则行之，忧则违之，即乎此心之安而已。"他说："性分上欠真切，只因心有所逐。"如果安心，则人欲无所匿。因此，他认为人之修养"其要则在体悉物我好恶之情。盖物我一体，人情不通，吾心不安。且如子不同父之情，子心安乎？"他反对一切因循守旧，说："日用常行间检点，即心所安，行之不必一一古格也。且古格，亦是当时即心所安之糟粕耳。"

心只是动物 明徐阶(1503—1584)用语。语出《存斋论学语》。意为心是能动地感应万物，心性修养应当主动而不能守静。徐阶受业于聂豹，认为"学先治心"、"学者须豫养此心始得"。他虽出聂双江之门，但不同于世儒包括聂氏后学中出现的脱离事物而主静归寂的流弊，认为"静"是指克除内心的私欲，而不是默然枯坐，从而提出"心是动物"的观点。他说："心不可放者，不是要使顽然不动，只看动处如何。若动在天理，虽思及四海，虑周万世，只是存；若动在人欲，一举念即是放也。人心之虚灵，应感无方，故心只是动物。所以说圣人之心静者，乃形容其常虚常灵，无私欲之扰耳，非谓如槁木死灰也。吾辈今日静功，正须于克己上着力。世儒乃欲深居默坐，自谓主静乎？"他认为："人苟不以利欲迷其本心，则于事断无昏忘之患。"被评价为主"动"的心学。

收摄保聚 明罗洪先用语。语出《庚戌夏游记》和《良知辩》。意为采取静坐的方式收敛身心，默认良知本体。罗洪先认为"知善知恶"之"知"不是"良知"，"知者，感也，而所以为良者，非感也"(《答陈明水》)。因此，"致良知者，致吾心之虚静而寂焉。"(《明儒学案·江右王门学案三》)从而提出"主静以致良知"。他在中年接受聂双江的归寂说，仿效陈献章筑"春阳台"以静养端倪的做法，"劈石莲洞居之，默坐蹋间，不出户者三年"。(《明儒学案·江右王门学案三》)在《庚戌夏游记》和《良知辩》中提出了"收摄保聚"、"主静归寂"等主张。但与聂双江归寂说不同的是，罗洪先是从已发上用功夫，扩充和涵养良知本体。晚年意识到"收摄保聚"的主静工夫有理论缺陷，即偏于"寂"而疏于"感"，使寂与感、体与用、动与静相分离，从而在《甲寅游记》中提出"寂感一体"的观点，对以往"收敛翕聚"的观点有所修正。

收敛翕聚 明罗洪先用语。语出《论学书》。意为以静中存养为心性修养的工夫和方法。罗洪先私淑王守仁，以周敦颐"无欲故静"之旨为圣学的传，始致力于践履，中归摄于寂静，晚彻悟于体仁。他反对王门后学中以知觉发用为良知之说，提出"收敛翕聚"的观点，认为："果能收敛翕聚，如婴儿保护，自能孩笑，自能饮食，自能行走，岂容一毫人力安排。"如果"只有发用"，则"无生聚矣"（《明儒学案·江右王门学案三》）。"收敛翕聚"就是修养工夫，"言其收敛，谓之存养"（《书王有训扇》），"从前为'良知时时见在'一句误却，欠却一段功夫，培养原属收敛翕聚"。（《与尹道舆》）"收敛翕聚"之要在于主静无欲，"静中易收摄"（《与王以珍》），"只是丝毫放过不得，时时与物无对，便是收敛功也"（《与胡正甫》）。但收敛翕聚只是修养的工夫、方法，"收摄颌聚可以言静，而不可谓为寂然之体"（《读困辩录钞序》）。学者评其得阳明致良知真旨，亦有人疑其不绝佛老二氏。

天机自然 明唐顺之用语。意为心性天然活泼，不可被欲望障碍，修养应除欲而不障天然生机。唐顺之属南中王门，"先生之学，得之龙溪者为多，故言于龙溪，只少一拜。以天机为宗，无欲为工夫"（《明儒学案·南中王门学案二》）。他说："尝验得此心，天机活泼，其寂与感，自寂自感，不容人力。吾与之寂、与之感，只是顺此天机而已，不障此天机而已。"（《与王道思》）他所指的"天机"，就是"天命"、"天之所使"，因而是自然活泼的。他说："天机尽是圆活，性地尽是洒脱，顾人情乐率易而苦拘束。然人知恣睢者之为率易矣，而不知天机者之尤为率易也；人知任情宕佚之为无拘束矣，而不知造性地者之尤为无拘束也。"（《与陈两湖》）他认为："障天机者莫如欲，若使欲根洗尽，则机不握而自运。"（《与王道思》）他批评"以苦身缚体，如尸如斋，言貌如土木人"是拘束了天机自然率易，又批评时人误解陈白沙"静中养出端倪"而一味静坐是"自为障碍"（《答吕沃州》），批评以无为为宗的慈湖之学是"未悟本心"（《答南野》），批评专求诸内者之弊是"别以一心操此一心，心心相捽"（《明道语略序》）。以天机为自然流行，顺而达之，提出"儒佛分途，只在天机之顺逆耳"。

赤子之心 明罗汝芳用语。"赤子之心"原为孟子语，罗汝芳以此作为最根本的工夫论课题。他认为"赤子之心"乃是道德本性的根源，具有无须学虑的先天性特征，并与天理浑然同一。他说："天初生我，只是个赤子。赤子之心，浑然天理。细看其知不必虑，能不必学，果然与莫之为而为，莫之致而致的体段，浑然打得对同过。然则圣人之为圣人，只是把自己不学不虑的见在，对同莫为莫致的源头，久久便自然成个不思不勉而从容中道的圣人也"（《明儒学案·泰州学案三》）他进而强调指出"此身常是赤子，赤子浑解知能，知能本非学虑，至是，精神自是体贴，方寸顿觉虚明，天心道脉，信为洁净精微也已"（同上）。黄宗羲对罗汝芳的学说思想曾作了这样的概括："以赤子良知、不学不虑为的，以天地万物同体、彻形骸、忘物我为大。"（同上）颇为精当。罗汝芳作为泰州学派的代表人物之一，他发展了王艮"百姓日用即道"的思想，同时对李贽的自然人性论特色的"童心说"亦有一定影响。

童子捧茶 明罗汝芳提出的哲理性比喻。通过"童子捧茶"之喻，说明人们在日常行为活动中呈现其自然本性的良知本心，意在宣扬泰州学派"百姓日用即道"的思想。罗汝芳说："我的心，也无个中，也无个外。所用工夫，也不在心中，也不在心外。只是童子献茶来时，随众起而受之，从容啜毕，童子来接时，随众付而与之。君必以心相求，则此无非是心；以工夫相求，则无非是工夫。"又曰："试举杯，辄解从口，不向鼻上、耳边去饮。已即置杯盘中，不向盘外，其明如此。天之与我者，妙矣哉！"（《明儒学案·泰州学案三》）他又说"此捧茶童子即是道也"（同上）。认为童子之"心"与"我的心"乃至与"天之与我者"的道德之本心，本是自然一体的。在罗汝芳看来，人们只要顺其本心（或"本性"）而动，犹如"捧茶"之类的日常行为，也就是合乎伦理的行为，如此，日常心也就是道德"本心"；现实状态中的经验之心也就是本然状态中的至善之心。"童子捧茶"之喻与王门后学中所流行的"满街圣人"、"圣凡一致"或"现成良知"说，在思想理路上具有一致性。

育欲 明何心隐用语。语出《聚和老老文》。意为与百姓同欲。何心隐认为"仁，则人心也"（《原学原讲》），从人心本善出发，继承和发展了孟子的"存心"说和王艮的"百姓日用即道"，充分肯定人的自然欲求的合理性。他说："性而味，性而色，性而声，性而安佚，性也。乘乎其欲者也。"（《寡欲》）他不同意宋明理学家提出的"存天理，灭人欲"，认为人不能"无欲"，如果"灭欲"，则不能"存心"（《辩无欲》）。正确的做法应当是避免"偏于欲之多"，"戾于欲之多"，即使欲"有所节"、"发以中"，这就是"寡欲"（《寡欲》）。在此基础上，何心隐提出了"育欲"的主张，说："昔公刘虽欲货，然欲与百姓同欲，以笃前烈，以育欲也。太王虽欲色，亦欲与百姓同欲，以基王绩，以育欲也。"（《聚和老老文》）这种与百姓同欲的主张，是对统治阶级穷奢极欲的批判，也反映了百姓要求改善生活条件和追求物质利益的正当要求。黄宗羲认为此观点"非名教之所羁络"，现代有学者认为是中国明清早期启蒙思潮的重要思想。

觉即理 明胡直用语。语出《胡子衡齐》。意为人之知觉即性理和道心。胡直的《困学记》记载，他由学佛坐禅而开悟，以天地万物皆吾心体，理不在外物而在本心，即孟子的"万物皆备"、程明道的"浑然与物同体"和陆九渊的"宇宙即是吾心"。他由"觉即性"、"性即理"，推导出"觉即理"。他说："是以舍人心之觉，则无性矣，又焉有理哉？""故觉即性，非觉之外有性也；性即理，非性之外有理也。""是我之知觉，本通乎人之知觉，本通乎天下后世之直觉，本非有我之所得私。所谓以我为主，以觉为性者，本未为非，亦未为私也，觉即理也。"他还说："觉即道心，亦非觉之外而别有道心也。人惟蔽其本觉，而后为多欲，为人心。""所谓感物而动，失其本知本觉者也。"他提倡要在人的心中有准有权，才能做到不昧于觉。胡直的"觉即理"强调人的主体自觉，但黄宗羲评价"先生

之旨，既与释氏所称‘三界惟心，山河大地，为妙明心中物’不远。”(《明儒学案·江右王门学案七》)

初心 明邓以赞用语。语出《定宇语录》。指人的真心、本心。认为人应识纯乎天然的心之本体。他说：“论心者皆曰：‘须识其本体’。余谓心之本体，在顺其初者也。初者，万虑俱忘之时也。突然感之，卒然应之，则纯乎天者也。意气一动，而二三之念则继乎后。又其甚者，此念方萌，而二与三已并出其间，继与并皆非初也。”他以对亲长的爱敬是纯乎天然为例，认为对亲长不能落于当爱当敬之意。他还说：“贵而益谦与傲同，醉而益恭与乱同”，因为“徇外之心，为人之心也，所谓继与并者也。此心之原，不堕方体，不落计较，翛然而往，倏然而来，见其前而不见其后，知其一而不知其两，如此而已矣。此则所谓初者也”。该用语批评了王门后学中出现的只从良知之用即落于是非来认识良知的知是知非，并最终落于有是有非的偏误，黄宗羲评价“先生堕其义，不可谓非药石也”(《明儒学案·江右王门学案六》)。

性体本寂 明王时槐用语。语出《答凝庵》。意为性之本体是不假人为的至善之“寂”，为学应当返本归寂。王时槐为阳明后学，以透性为宗，持性本论的哲学观。他认为心性在本体上是寂静的，可睹闻的便是习气。他说：“此心湛然至虚，廓然无物，是心之本体。”(《答郭以济》)“性体本寂，万古不变。”(《答凝庵》)“盖性本寂然，充塞宇宙，浑然至善者也。”(《语录》)“心体本寂，念者，心之用也。真识心体，则时时常寂，非假人力，其体本如是也。此本常寂，虽欲扰之而不可得。念之感应，自然中节，而心体之寂自若也。心体之寂，万古不变，此正所谓未发之中。舍此学不归根，未免逐末，将涉于憧憧往来，于道远矣。”(《答陆仰峰》)但“性体寂然”并不是枯寂，“然非顽空，故密运而常生。惟几萌发，不学以反其本，则情驰而性蔽矣。”(《答凝庵》)他提出“归寂”的修养方法，说：“善学者，息息归寂，以还我至善之本性，是之谓真修。”(《语录》)

有相即无相 明王时槐用语。语出《与欧克敬》。意为应从有相无相的关系来认识心学的本体与修养工夫的统一。王时槐为王阳明后学，他利用佛教哲学的术语论述心学思想，提出“有相即无相”的观点。他说：“太虚之中，万古一息，绵绵不绝，原无应感与不应感之分。识得此理，虽瞑目独坐，亦应感也。时时应感即时时是动也，常动即常静也。一切有相，即是无相，山河大地，草木丛林，皆无相也。真性本无杳冥，时时呈露，即有相也。相与无相，了不可得，言思路绝，强名之曰本心。”(《与欧克敬》)他批评王门后学中“去念守心”的方法流于枯寂之弊，说：“所喻‘去念守心’，念不可去，心不可守。真念本无念也，何去之有？真相本无相也，何守之有？惟寂而常照，即是本体，即是功夫，原无许多歧路费讲说也。”(《答王永卿》)黄宗羲《明儒学案》评其“尝究心禅学，故于弥近理而乱真之处，剖判得出”。

悟由修得 明王时槐的思想命题。“悟”与“修”原是佛教的主张，宋明以来尤其是阳明心学时代，受到了儒家学者的关注。王时槐不满于当时存在的一种“率务玄谈，而薄实修”(《答许敬庵少司马》)的思想风气，不承认“生而顿悟”，企图用佛教的“宿因”来解释“顿悟”，以为前世之修乃是后世之悟的原因，从而提出了“悟由修得”的主张。指出“夫体认入微，即谓真修，是悟由修得也。既云有悟，岂遂废修哉！必兢业保任、造次颠沛不违，以至于子臣弟友，慥慥相顾，是修之无尽，即谓悟之无尽也”(《吴安节先生日省编序》)。认为修是悟的前提，悟是修的结果，通过修才能获得悟；悟与修并不仅仅表现为“由修到悟”，同时还有“由悟到修”的递进过程。修与悟是彼此关联、不容“间断”的实践过程。

即心即物 明王宗沐(约1524—约1592)的心学命题。语出《与陈明水》。意为以良知之应用周旋处为物。王宗沐与陈明水均主张“即物即心”，但理解各异，故王写信与陈论辩。王在信中指出陈的“门下欲即物即心，而格兼正感二义，故以格物为格心，以合于慎独，此门下之旨也”，这种理解不合于阳明之意，“阳明谓心之应处为物”，而陈“欲正‘应处’二字，以为即心即物”，这是与阳明之旨不同之处。王宗沐认为：“然自鄙心思之，夫心之不正，而后有不正之应，则于此必求所以正，其所以应于感化者，其理未尝不同。”他批评陈的即心即物说有“心物对峙”之弊，并以道一禅师为免于人错误地理解“即心即佛”，提出“非心非佛”以救之为例加以佐证。最后，他提出正确理解“即心即物”的观点，“必欲云即心即物，又不若以良知之应用周旋处为物”，他认为这样理解才不致于误导门人后生。

心不息 明王宗沐(约1524—约1592)的心学命题。语出《刻传习录序》。意为良知如天命流行，不息不已。王宗沐从易之乾乾不息诠释心(良知)不息之理，说：“余尝观诸造化矣，有心则阴，而无心则阳也；有息则阴，而无息则阳也；有有则阴，而无无则阳也。……始于无心，继于不息，极于无无，而天地之德备也。”(《寿龙溪序》)还说：“天命流行，物与无妄，在天为不已之命，而在人为不息之体。……心不息，则万古如一日；心不息，则万人如一人。”(《刻传习录序》)并要人们“学以求不息而已。”(《明儒学案·浙中王门学案五》)黄宗羲评其学“少从二氏而入”，并认为“盖儒释同此不息之体，释氏但见其流行，儒者独见其真常尔。先生之所谓‘不息’者，将无犹是释氏之见乎！”(同上)

童心说 明李贽关于人的自然本性的学说。认为人先天具有天真纯朴的童心，“童心者，真心也”。“夫童心者，绝假纯真，最初一念之本心也”(《焚书·童心说》)。其内容为“穿衣吃饭”、“趋利避害”等。但随着年龄的增长，人将受到外界所闻所见的侵扰，会失却“童心”，而“失却童心，便失却真人”(同上)。为保持“童心”勿失，须减少和排除通过闻见所获得的知识，读圣贤书亦须警惕。针对当时社会“满场是假”的“假人”、“假言”、“假事”，认为“六经、《语》、

《孟》乃道学之口实，假人之渊薮也，断断乎其不可以语于童心之言明矣”(同上)。这一学说导源于王守仁的“良知”说，但否定仁、义、礼、智、忠、孝等是人的天性，具有反对封建教条的意义。这一学说还认为出自“童心”的言辞文章才是真言、善言、有德之言，“天下之至文，未有不出于童心焉者也”。只有保持纯真的童心，才能使文学不丧失真情实感，“苟童心常存，则道理不行，闻见不立，无时不文，无人不文，无一样创制体格文字而非文者”。反映了摆脱礼教束缚、追求自由解放的时代要求和精神。对当时的伦理思想与文学艺术创作有深刻影响。

天下无一人不生知 明李贽用语。语出《焚书·答周西岩》。意为人在智力上生而平等。与其“童心说”相一致，他利用《中庸》“生而知之”说，提倡人在智力上生而平等，说：“天下无一人不生知，无一物不生知。”认为如果否认生知，“既无以自立，则无以自安。无以自安……吾又不知何以度日，何以面于人也。”圣人能的，百姓亦能；反之，百姓不能的，圣人亦不能。他说：“世人但知百姓与夫妇之不肖不能，而岂知圣人之亦不能也哉？……自我言之，圣人所能者，夫妇不肖可以与能，勿下视世间之夫妇为也。……夫妇所不能者，则虽圣人亦必不能，勿高视一切圣人为也。”他还由智力生而平等说进而提出德行平等说，认为“尔勿以尊德性之人为异人也，彼其所为亦不过众人之所能为而已，人但率性而为，勿以过高视圣人所为可也。尧舜与途人一，圣人与凡人一。”(《明灯道古录》)“盖人人各具有大圆镜智，所谓我之明德是也。是明德也，上与天同，下与地同，中与千圣万贤同，彼无加而我无损者也。”(《续焚书》)曲折地反映了下层百姓要求平等的愿望，被认为是明清早期启蒙思潮的重要思想之一。

人必有私 明李贽关于人性论的理论。《藏书·德业儒臣后论》称：“夫私者，人之心也，人必有私，而后其心乃见；若无私，则无心矣。”认为“自私”是人人固有的天性，是推动人们的活动和事业唯一的动力，“如服田者私有秋之获，而后治田必力；居家者私积仓之获，而后治家必力；为学者私进取之获，而后举业之治也必力”(同上)。提出“我以自私自利之学，直取自己快当，不顾他人非刺”(《寄答留都》)。断言获利求富，是必然的趋势，因而宜听其自然发展，“富贵利达所以厚吾天生之五官，其势然也。是故圣人顺之，顺之则安矣”(《焚书·答耿中丞》)。又认为：“虽大圣人不能无势利之心，则知势利之心亦吾人禀赋之自然矣。”(《明灯道古录》)把追求和满足私欲的私己行为看作自然之理，虽在理论上有不足，却是对道学家倡导的“存理灭欲”说教的否定，在一定程度上反映了市民阶层的利益，具有启蒙的意义。

是非无定质 明李贽用语。语出《藏书·世纪列传总目前论》。意为是非的标准是相对的，因人而异的。李贽继承儒家“为仁由己”的传统，吸取了王阳明“尔那一点良知，是尔自家的准则”(《传习录》下)的思想，反对“以孔子之是非为是非”，认为孔孟之说“非万世之至论”，“颠倒千万世之是非”，而“决于一己之是非”。提出：“人之是非初无定质，人之是非人也亦无定论。无定质，则是此非彼，亦并行而不相悖矣。”他认为是非标准有时代性，“夫是非之争也，如岁时然，昼夜更迭不相一也。昨日是而今日非矣，今日非而后日又是矣。虽使孔子复生于今，又不知作如何是非也，而可遽以定本行罚赏哉。”他还提出“不执一说，便可通行；不定死法，便可活世”(《藏书》卷三二《孟柯传》)的是非观，被批评为有相对主义是非观的倾向。但他的“是非无定质”主要是反对以孔子和《六经》为是非标准，具有批判封建专制、反对传统经典束缚和解放思想的积极作用。

穿衣吃饭即人伦物理 明李贽的伦理学命题。《焚书·答邓石阳书》中提出。意为伦理道德应当重视人们的日常需要和物质的满足。李贽继承和发展了泰州学派王艮“百姓日用即道”的思想，提倡“当下自然”之道的“自然真道学”(《笃义》)，明确指出：“穿衣吃饭即是人伦物理，除却穿衣吃饭，无伦物矣。世间种种皆衣与饭类耳，故举衣与饭而世间种种自然在其中，非衣饭之外更有所谓种种绝与百姓不相同者也。”并认为“舜之所好察者，百姓日用之迩言也。”(《焚书·答邓石阳书》)反对空谈义理的假道学，否定了宋明理学“存天理，灭人欲”的伦理道德观。被评价为是明末进步思潮中平民化启蒙观念和实学思想的重要观点。

三教无异 明李贽的命题。认为儒释道三教在穷究性命之所宗方面是相同的。李贽继承王龙溪的关于三教为性命之学的思想，认为三教虽然名称各异，然在穷尽性命之所宗的根本问题方面，三教却无差别相。他说：“凡为学皆为穷究自己生死根因，探讨自家性命下落。是故有弃官不顾者……唯三教大圣人知之，故竭平生之力以穷之，虽得心应手之后，作用各各不同，然其不同者特面貌尔……同乎，不同乎？唯真实为己性命者默默自知之，此三教圣人所以同为性命之所宗也。”(《答马历山》)他还说：“儒释道之学一也，以其初皆期于闻道也。”(《初谭集》)他虽主张三教地位平等，然仍以儒学为依归，“虽落发为僧而实儒也”(《初谭集卷首自序》)，并著《三教归儒说》，文中特别强调儒学在三教中的地位，将佛道二教融合于儒教，三教会归于“儒”。

假道学 明清时代一些学者抨击一部分言行不一的理学家的用语。先有李贽揭露以卫道自居的耿定向，说他求衣求食，读书求科举，居官求尊显，博求风水以求福荫子孙，种种日用，皆为自身谋，“而开口谈学，便说尔为自己，我为他人，尔为伍利，我欲利他”。“所讲者未必公之所行，所行者又公之所不讲，其与言顾行，行顾言何异乎？”(《焚书·答耿司寇》)又指斥假道学“口谈道德而心存高官，志在巨富；既已得高官巨富矣，仍讲道德说仁义自若也”(《焚书·又与焦弱侯》)。清易堂九子之一魏禧批判“假道学则言清行浊，窃取高名，欺天罔人，坏乱天下心术”(《里言》)。恽日初指摘“假道学设身名利私欲中，正道学之一蠹”(同上)。易堂九子之一彭士望批判假道学者讲学“秽杂虚假”,“有术无学”,是“伪儒”(《耻躬堂文钞》)。“其言虽古圣贤无以过”,而“其人比于猛兽奇鬼”(同上)。李贽是泰州学派再传,恽日初是蕺山学派弟子,易堂九子虽不尊理学,而亦非站在理学之外反理学者,他们所要的是真道学。

尊心 明哲学家徐用检(1528—1611)用语。语出《友声编》。意为人应有求圣之心。他从《易》的“首出庶物,万国咸宁”,提出尊心:“夫心,天君也,时时尊之,俾常伸万物之上,将众动,可得其理而成天下之亹亹。”同时,尊心还因心为至善,“至善者,吾人本心之分量也,原无欠缺,不假安排。心思之必至善,犹目之必明,耳之必聪,月之必临照,江河之必流行也”。但他又认为,人应有求圣之心,心才能纯真无偏。他说:“求之于心者,所以求心之圣,求之于圣者,所以求圣之心。人未能纯其心,故师心不免于偏杂,圣人先得其心之同然,故尽心必证之圣人。”徐用检提出尊心的用意是批评当时学者中出现的执“心之精神谓之圣”,纵横于气质以为学的观点,主张以孔子为学的,以尊心尊圣纠学风之偏,被时人耿楚倥等誉为“先生今之孟子也”。

性命合一 明哲学家吕怀用语。语出《论学录》。意为天命之性与气质之性皆本于天道,是相统一的。他说:“窃谓天道流行,命也;与心俱生,性也。在天曰命,在人曰性,实一本耳。”他从孟子所谓声色臭味安佚之欲与心俱生是人之性,指出:“夫心即理,理即心,人心天理,无非中者。然性本人心,而有不出于理者,是形气之私,而非性之真;命出天理,而有不根于心者,是拘蔽之妄,而非命之正。性命合一,天人不间,知而行之。”从而“指点出一通融枢要,只在变化气质”(《明儒学案·甘泉学案二》)。黄宗羲批评“横渠之失,浑气质于性”,而吕怀“先生之失,离性于气质,总由看习不清楚耳”(同上)。

气无终尽 明吕坤用语。他提出:“气无终尽之时,形无不毁之理。”(《呻吟语·性命》)认为气无固定形体,是不灭的;形虽有固定形体,但可磨灭。坚持气本论的观点,认为“天地万物只是一个聚散,更无别个”(《呻吟语·天地》),一切有形的事物都只是气“聚”的状态,作为世界本源的“气”是恒常不灭的存在。由此提出“气化”和“形化”的不同概念。说:“有个气逝(化)者,不随形而灭,薪尽火不尽,陶铸无休止。”(《去伪斋集》)形化则是“形须臾不可无气,气无形则万古依然在宇宙间也”(《呻吟语·天地》)。从而论证了物质的永恒性及其变化的暂住性。认为天地万物的运动、发展、变化都是“一气流行”的结果。若气之“瞬息不续”,则乾坤毁,荣枯决,生机绝。永恒之气是气化、形化之祖:“元气亘万亿岁年,终不磨灭,是气化、形化之祖矣。”(同上)吕坤的“一气流行”、“气无终尽”思想,朴素地说明了物质不灭的原理,在当时是一种卓越的哲学见解。

法天胜天 明吕坤的命题。吕坤以“天地万物一体”(《呻吟语·问学》)为学问根宗,从而提出“法天”、“胜天”的思想。他认为“人当法天”,因为“人,天所生也,如之者存,反之者亡”(《呻吟语·天地》)。“法天”就是“任自然”,服从自然规律,“君子尽其当然,听其自然,而不惑于偶然。”(《呻吟语·应务》)他又发扬荀子“制天命而用之”的积极进取的精神,主张“胜天”,鲜明地提出“人定真是胜天”(同上)。“胜天”就是“夺自然”,即掌握和运用自然规律,发挥人的能动作用。他相信人通过“愚公移山”那样的努力即可改变自然,“协从之力以回天,天岂无分毫回乎?”(《去伪斋文集》)“呜呼!造化之权在人,天将安用?”(《呻吟语·应务》)他批评理学家消极自私的处世哲学,强调发挥人的主体性和主观能动性去改造自然和社会。

任自然,夺自然 明吕坤的命题。“自然”又称“必然”、“势”,吕坤用以表示客观事物或自然现象在发展过程中的必然趋势。如“阳亢必旱,久旱必阴,久阴必雨,久雨必晴,此之谓自然”(《呻吟语·天地》)。认为这种自然的趋势有不可抗拒性,“势之所在,天地圣人不能违也。势来时,即摧之必未遽坏;势去时,即挽之未必能回”(《呻吟语·世运》)。但人生活在世界上,也不可“一任自然”听天由命,人应当有奋发“夺自然”的精神,即荀子“制天命而用之”之意。提倡“其夺自然者,惟至诚”,“至诚”即人的“职分所当为”的主观能动性,“人定真足胜天。今人但委于天而不知人事之未定耳”(《呻吟语·应务》)。“任自然,夺自然”,充满辩证法思想的卓识,既强调自然界的运行不以人的意志为转移。否定“天人感应”的神学迷信,又强调人有驾驭自然的能力。

知行并进格物 明吕坤的命题。吕坤坚持“知先行后”、“知行并进”和“行重于知”的立场,认为道、理不离日用常行,说:“吾儒学问触目皆是”,“粗浅凡近之中,皆粗微玄奥之理;从容舒泰之意,即省察克治之功。”(《答康庄衢礼部》)他提出“尽心便是致知,知性便是格物”(《与总河刘晋川论道脉图》)。格物就是择善,“除了善,更无物,除了择善,更无格物之功。”(同上)他以知行为格物的功夫,从而提出:“知行并进,乃格物之功。”(《格物第二书》)。他还把知行比作眼和脚的关系,认为:“知也者,知所行也;行也者,行所知也。知也者,知此行也;行也者,行此知也,原不是两个。”(《呻吟语·谈道》)进而提出知与行也是并进的,“知行题目虽是两端,知行功夫却是并进。知一分,行一分,是明觉后躬行;行一分,知一分,是体验后解悟。”吕坤坚持重行的认识路线,强调经世致用,促进了理学向实学的转化。

儒之异端 明吕坤用语。指明朝中、晚期理学、心学末流的伪道学。他说“我不是道学……我只是我”(《呻吟语·谈道》)这为了要和伪道学区别开来。他坚持“道统正脉,辟自虞廷……此时道如海阔天空,人似鸢飞鱼跃。宋儒又一截气象……濂溪、明道……伊川、晦庵、横渠……然均孔孟之正学术”(《答孙月峰》)。又说:“天下古今一条大路,曰:大中至正,是天造地设的……周、程、张、朱虽走不到尽头，毕竟是路上人"（《呻吟语·圣贤》）他对周敦颐、二程、张载、朱熹也基本肯定为"孔孟之正学术"。他斥责伪道学为"吾儒之异端，似是也，其害大。有卫道之心者，如之何不辩哉？"（《呻吟语·谈道》）吕坤自称是"有卫道之心者"，必须对"儒之异端"加以揭露。指出他们"见理不明，似是而非；或骋浮词以乱真，或执偏见以夺正，或狃目前而昧万世之常经，或狥小道而溃天下之大防……"（同上）。认为这些道学先生："伪者，行不顾言，腐者，学不适用"（《杨晋庵文集序》）。提出真正的儒者应该是"济世安民"的君子。"吾儒事业动称行道济时，济世安民，圣贤未尝不贵济也。"（《呻吟语·修身》）吕坤对当时程朱理学末流的迂腐、空疏和王学末流的浅薄，痛加针砭，是有着一定的历史进步意义。

止修 明李材用语。语出《大学约言》。意为止于至善是修身之本，格物之方。是李材哲学思想的核心概念。李材师事邹守益，以"知止"为《大学》要旨，"于是拈'止修'两字，以为得孔、曾之真传"（《明儒学案·止修学案》），"此摄知归止，鄙人之所以敢力提撕也"（《大学约言》）。他认为止修就是止于至善，说："有疑止修两挈，为多了头面者，不知全经总是发明止于至善，婉婉转转，直说到修身为本，乃为大归。结实下手，此吾所以专揭修身为本，其实正是实做止于至善，故曰知修身为本，而止之是也。"（《论学书》）他还以止修为格物工夫，说："止为主意，修为工夫"，"止于至善者命脉也，修身为本者诀窍也"，"常止即常修，心常止，意常诚，知常致，而物自格矣"（《大学约言》）。被当时学者所诟病，黄宗羲《明儒学案》亦同意对他的批评，认为"止修两挈，东瞻西顾，毕竟多了头面，若单以知止为宗，则摄知归止，与聂双江之归寂一也"。

讲习 明顾宪成用语。针对以往讲学中"所讲非所行"、讲、习脱节的缺陷，主张"与世为体"，治学经世、留心时政。提出"讲习"（《东林书院志》）必须"破二惑"，一是"讲学迂阔而不切，又高远而难从"；二是"讲之而所行则非"（《东林会约》）。他提倡以文会友，共同讲习，"并胆同心，细细参求，细细理会，未知的要与剖明，已知的要与印证。未能的要与体验，已能的要与坚持。如此讲，如此而习。讲以讲乎习之事，习以习乎讲之理"，如此必能"碍者通，混者析，故能新，相推相引，不觉日进而高明矣"（《东林书院志》）。顾宪成提倡的讲习具有"讽议朝政"的政治色彩，认为"讲习"活动可以聚集"士"人的力量，凸显出启蒙者的"精神"。"……群一国之善士讲习，即一国之善皆收为吾之善，而精神充满乎一国矣；群天下之善士讲习，即天下之善皆收而为吾之善，而精神充满乎天下矣。"（《东林书院志》）顾宪成的"讲习"后被明清之际的黄宗羲在其《明夷待访录》中予以发展。

小心 明顾宪成用语。指道德实践的"工夫"。他尊崇程朱理学，不满当时阳明后学所宣扬的心体无善无恶说，主张"语本体，只是性善二字，语工夫，只是小心二字"（《小心斋劄记》）。而"小心只是个敬"（同上），"敬"只是"有所畏谨，不敢放纵。身心收敛，如有所畏"（同上）。其意与程朱的"主敬"说相通。他说："世儒放胆多矣，提出这'小心'二字，正对病之药。曰这百草中一粒灵丹，不论有病无病都少他不得。而今须要实实调服，莫只把来做个好方子，随口说过，随手抄过，却将自家放在一边也"（同上）。认为"小心"是医治那些弃儒入禅，追求玄虚空幻者的"灵丹"。他说"性，天道也；学，人道也"，"学即工夫"，实下工夫（"小心"）才能实现本体（性善）。主张学、虑结合，"讲"、"习"并行，只要发愤"便做成孔子"。为此他将自己的书斋取名"小心斋"。

体用合一 明邹元标用语。见于《会语》。意为寂感体用的统一。他在回答"夫子只言仁之用，何以不言仁之体"的问题时说："今人体用做两件看，如何明得？余近来知体即用，用即体，离用无体，离情无性，离显无微，离已发无未发。"（《会语》）他认为"体用合一"的观点是从孟子的"四端"思想中细细体会就可得出的结论。同时他又反对刻意地求体用合一的生硬做法，说："寂感体用，原未有不合一，故求合一，便生分别，去合一之旨愈远。"（《文集》）邹元标体用合一的观点被一些学者评价为继承和发展了儒家辩证法和实学传统。

无意 明邹元标用语。语出《讲义》。指《大学》之要旨，即人的心性修养应当以无意为目的和方法。他认为"天地万物皆生于无，而归于无"（《会语》），以"不起意"为与万物浑然一体之仁，进而揭示"《大学》之要，无意而已。无意入门，诚意而已。"认为人们应当知道意的本来面目即"真意"，"真意"就是发自人性自然的好恶，又称"意根"。无意、诚意就是"勿自欺"，就是"慎独"。他指出："君子慎独，从心从真，只是认得此真心，不为意所掩"。而世人"以身为桎梏"，只在身体上磨炼，而不在心性上下功夫，则"无意之旨荒矣"（《讲义》）。他还提出，人若能做到孔子提倡的"四勿"，"无意必固我"（《讲义》），就能达到至善。黄宗羲评价邹元标之学受佛教影响，"以不起意、空空为极致"，"于禅学亦所不讳"（《明儒学案·江右王门学案八》）。

道不离世 明郝敬用语。语出《四书摄提》。意为天道不离人世日用，即道不离器，下学而上达，一以贯之。郝敬以"'下学而上达'一语为学的"，认为大道不分体用，以行为本，把"体用一原，显微无间，事理圆通，心境不二"作为"求放心之要领"。他提出："《论语》无空虚之谈，无隐僻之教，言性即言习，言命即言生死兴废，言天即言时行物生，言仁即言工夫效验，言学即言请事条目。境不离物，心不离境，理不离事，学不离文，道不离世，天不离人，性天不离文章，故曰下学而上达。高卑一也，远迩一也，道器一也，形性一也，理气博约知行皆一也，一即贯，贯即一，故曰一以贯之。"他批评后儒以及佛道二氏离道与世，指出："后儒事事物物，分作两段，及其蔽也，遂认指为月，画地为饼，蹠虚为实，贵无而贱有，离象而索意，厌动而贪静，远人而为道，绝俗以求真，清虚寂灭之教盛,而规矩名法荡然矣。""道不离宇宙民物,二氏言道,出宇宙民物之外,理学言道,藏宇宙民物之中,圣人礼乐即道,四科即学。二氏以民物为幻,以空寂为真,故道出于世外。理学以有形为气,以无形为理,故道藏于世中。二氏不足论,儒者学为圣人,分理气为二,舍德行言语政事文学,别求主静穷理,岂下学而上达之本教?"郝敬"道不离世"的思想是对宋明理学中出现的道器、理气、心物、动静分离倾向的批判,反映了他具有突出的实学思想。

情教 明冯梦龙用语。语出《情史》。意为以人的情感为教化的基础。认为"情"是天地生生之本,是天地的"种子",而四大皆幻,惟情不假,有情才表明人的存在。因此,人的教化应当是"情教":"我欲立情教,教诲诸众生。"认为"六经皆以情教也。《易》尊夫妇,《诗》有《关雎》,《书》序宾虞之文,《礼》谨聘、奔之别,《春秋》于姬、姜之际详然言之。岂非以情始于男女,凡民之所必开者,圣人亦因而导之,俾勿作于凉,于是流注于君臣、父子、兄弟、朋友之间而汪然有余乎!异端之学,欲人鳏旷以求清静,其究不至无君父不止。情之功效亦可知也"。他认为"王道本乎人情,不通人情,不能为帝王"。情可使人"无情化有,私情化公,庶乡国天下蔼然以情相与"。这种以情为本的情教学说,是新兴市民阶层反抗封建理学禁欲主义的思想反映。

离物无知 明刘宗周的哲学命题。认为物的客观存在是第一性的,心的认识知觉功能来源于物,但物又被心所认识。他说:"心以物为体,离物无知,今欲离物以求知,是程子所谓反镜索照也,然则物有时而离心乎?曰:无时非物,心在外乎?曰:惟心无外。"(《学言》上)从空间上讲,物的客观存在是第一性的,但物又被心所认识。从时间上看,物是永恒的存在。故心不离物,离物无知;物不离心,物被心所认识。他又以体用论心物,说:"心无体以意为体,意无体以知为体,知无体以物为体;物无用以知为用,知无用以意为用,意无用以心为用,此之谓体用一原,此之谓显微无间。"(《学言》下)其"心"的内涵指意识、知觉,而心以物为体;物的作用表现为知觉、意识。心的认识功能(知觉、意识)是对物的反映,产生于物本体。他不同意离物求知,认为"世未有悬空求觉之学","如学书必须把笔伸纸,学射必须张弓挟矢"。"学"须与"思"、"问"、"辨"、"行"相结合,"五者废其一,非学也"。刘宗周虽尖锐批评阳明后学的空无虚幻"鲜有不流于禅"的流弊。然而刘宗周作为晚明王学衰颓、王学营垒中分化出来的人物,他的思想呈现心气二元论的矛盾,最终从"心以物为体"而转向万物皆此心之形,表现出其心学的宇宙观。

思为物化 或称"言知为物化"。明刘宗周关于知识来源的命题。是其提出的有悖于心学概念的命题之一。他不赞成"生知"之说,认为世只有学知。对王守仁"不假外求"、"不由闻见而有"的"良知",批判"其失也玄"(《来学问答》),"流于禅"(《易簀语》)。提出"心以物为体,离物无知"(《学言》上),肯定认识的对象是外界的"物",指出离物求知,"势必偏内而遗外","则心自心,物自物",主观与客观脱离,思想不能反映外界事物,有如"反镜索照"。"若即物以求知,则物未尝外,而知未尝内"(《与某书》),"物则知之所以知也"(《学言》上),认识的主体与认识的客体得到统一。在此意义上说"思为物化",即"知中有物"(《学言》中),知识为外界事物在人的头脑的反映。

良知不离闻见 明刘宗周针对王守仁的"良知不由闻见而有"提出的命题。王守仁曾说,"知是心之本体,心自然会知","不睹不闻是良知本体","良知"存在于人的心内,"不假外求"(《传习录》),否定感性认识和认识对象在人的主观之外。刘宗周否认有"生知",强调圣凡皆由学而知之,说人生而有知,是指耳聪目明这种感官机能无论是圣人还是凡庸之辈,均同是与生俱来的。针对王守仁"闻见非知,良知为知;践履非行,致良知为行"之说,指出,"须知良知之知正是不废闻见,致良知之行,正是不废践履。""学知之知,即是良知"(《大学杂解》)。"良知与闻见总是一知,良知何尝离得闻见,闻见何尝遗得心灵"(《学言》下)。对王守仁的"良知"作了改造,赋予自己的内涵。

德性闻见本无二知 明刘宗周针对理学家分德性闻见之知提出的命题。张载说:"德性所知,不萌于闻见。"(《正蒙·大心》)程颢、程颐指出,德性之知,不待于闻见。王守仁也说,"德性之良知,非由闻见。"(《答欧阳崇一》)均排拒认识的感性阶段。刘宗周不同意他们把认识不同阶段绝对割裂开来,指出:"必以闻见为外而欲隳体黜聪于空而为禅学之谈柄也。"(《论语学案》)提出"德性闻见本无二知"。他论证说:"心一也,聪明睿智出焉,岂可以睿智为心而委聪明于耳目乎!今欲废聪明而言德性,非德性也!转欲合闻见全德性,犹未足以语德性之真也。"(《答仲右》三)认为理性之知(睿智)是由"闻见启焉"(《论语学案》),肯定感性认识的启导作用以及感性认识是理性认识的基础。

慎独为宗 明刘宗周提出的命题。以作为其创立的学派的宗旨。"慎独"出自《礼记》中的《大学》和《中庸》。原意是警示人独处时做到意诚,无不善之念和不善之行为,属一种修养自律。朱熹在《中庸集注》中说"遏人欲之未萌"。王守仁在《传习录》中解为"诚意"。黄宗羲说,刘宗周之学"以慎独为宗","儒者人人言慎独,唯先生始得其真"(《明儒学案·蕺山学案》)。刘宗周说:"君子之学,慎独而已矣。"(《书鲍长孺社约》)"学问吃紧工夫全在慎独"(《证人社约》)。刘宗周于明天启五年(1625)把慎独作为学说主旨提出,解"独"为"心",是"大本达道从出";慎独是要"明人心本善"(《年谱》)。他曾说"心以气言","离气无理"(《复沈石臣进士》),"独"即理气的统一,因此,"独之外别无本体,慎独之外别无工夫。"(《中庸首章说》)。"独"作为本体,就在"慎"的工夫之中。其弟子后对这一命题多有阐发。陈确说慎独就是"兢兢不失本心之谓，致良知是也"（《辑祝子遗书序》），并从培养道德高尚和完善人格角度提出与刘宗周慎独学说有着联系的素位之学，强调于日用事为之间做"切实工夫"（《謦言一》）。刘宗周的再传弟子清人全祖望说："蕺山出于（许）敬庵之后，力主慎独，以救王学之偏。"（《陆桴亭先生传》）。

即欲还理 明刘宗周针对程朱理欲之辩提出的命题。自《礼记·乐记》中指斥穷人欲，灭天理之后，至宋代，理学家多持理欲对立论。张载主张人应返天理，不应徇人欲。程颢、程颐指责人欲害人，使人为不善，主张窒欲。朱熹沿着二程观点，把人心与人欲、私心，天理与道心、公心等同起来，提出"革尽人欲，复尽天理"。刘宗周从理气统一论出发，在论证"气质义理只是一性"和"人心道心只是一心"（《中庸首章说》）的基础上，提出"即欲可以还理"（《学言》上）。他说："道心者，心之所以为心也，非以人欲为心，天理为道心也。"（《语类问答》）"欲与天理只是一个，从凝处看是欲，从化处看是理"（《学言》上）。刘宗周此论与王守仁之观点相悖而与宋胡宏、陆九渊有着思想联系。王守仁说："必欲此心纯乎天理而无一毫人欲之私，此作圣之功也。"（《答陈原静》）而陆九渊不赞成朱熹的理欲之辨，说："天理人欲之分论极有病。"（《语录》下）胡宏说："天理人欲同体而异用，同行而异情。"（《知言疑义》）刘宗周的"即欲还理"直接从胡宏此论引申而来。刘宗周的理欲一致论后来得到其弟子陈确的阐发："人生本无天理，天理正从人欲中见，人欲恰好处，即天理也。向无人欲，则亦无天理可言矣。"（《无欲作圣辨》）

气质义理只是一性 明刘宗周关于人性统一的命题。宋代以来，分人性为二，张载首先分人性为天地之性和气质之性，并说前者纯粹至善，后者有善有不善。二程与朱熹发挥和完善此论，分天命之性（本然之性、义理之性）和气质之性。陆九渊亦有性与气质之分。刘宗周则主统一人性论，提出："气质义理只是一性"（《中庸首章说》）。指摘把人性分割为二是"心学不明"（《原心》）、"性学不明"，是朱子"逃空堕幻之见"（《学言》中）。指出："须知性只是气质之性，而义理者，气质本然乃所以为性也。"（《中庸首章说》）又从理气统一论论述说："理即是气之理，断然不在气先，不在气外，知此则知道心即人心之本心，义理之性即气质之性。"（《学言》中）又说："性只有气质之性，而义理之性，气质之所以为性也。"（《会录》）"气质之性即义理之性，义理之性即天命之性，善则俱善。"（《答王右仲州刺》）否定所谓气质之性与义理之性善恶之对立，从而把二者统一起来。刘宗周此论，发挥的是王守仁的观点，王守仁主性气统一论，曾说："性善之端，须在气上始见得，若无气亦无可见矣。""气即是性，性即气，原无性可分也。"（《答周道通》）

明清之际哲学

明清实学 明中期至鸦片战争前三百年间出现的一股进步社会思潮。当时许多政治家、科学家和思想家，为了同空谈性理、鄙视事功、脱离现实、着力心性修养的宋明理学对立，而把自己的学说称为"实学"。如张居正在批评王学末流时指出："近来俗尚浇漓，士鲜实学。"（《答文宗谢道长》）徐光启认为"方今事势，实须真才，真才必须实学"（《与胡季仍·比部》）。顾炎武批评宋明理学末流是"以明心见性之空言代修己治人之实学"（《日知录》卷七）。颜元认为"秦汉以降，则著述讲论之功多而实学实教之力少"（《存学编》卷一），而"实学不明，言虽精，书虽备，于世何功，于道何补"（《存学编》卷三）。以黄宗羲为代表的浙东学派，认为"使古今之典章法制灿然于胸中，而经纬条贯可建万世之长策，他日用则为帝王师，不用则著书名山为后世法，实为儒者之实学"（《学从子贡书》）。明清实学的基本特征是"崇实黜虚"，具体表现为：(1) 批判精神。进步思想家们都将批判的矛头指向封建社会的政治积弊以及僵化了的宋明理学、陆王心学和佛、道思想。(2) 经世思想。为了挽救社会危机和富国强兵，倡导士大夫"居庙堂之上则忧其民，处江湖之远则忧其君"（高攀龙《高子遗书》卷八）。陈子龙等编印的《皇明经世文编》，顾炎武编纂的《日知录》、《天下郡国利病书》，黄宗羲编写的《明夷待访录》，龚自珍的《明良论》、《乙丙之际著议》、《尊隐》等，都是"明道救世"之代表作。(3) 科学精神。由于发展经济的需要和资本主义的萌芽，加之"西学东渐"，当时出现了一批著名的科学家和划时代的科学巨著。如李时珍的《本草纲目》、朱载堉的《乐律全书》、徐光启的《农政全书》、徐弘祖的《徐霞客游记》、宋应星的《天工开物》等等，都是宋明理学衰退和明清实学思潮兴起的产物。(4) 启蒙意识。市民阶层的启蒙意识表现在：经济上突破了"均田"、"限田"的旧说，公开反对封建土地所有制。王源提出"惟农为有田"，开启了近代"耕者有其田"思想的先河；政治上，猛烈抨击和多方限制封建君权，提出"天下为主，君为客"，"天下之大害者，君而已矣"等论点，并试图通过"置相"、"学校"来实现"有治法而后有治人"的政治理想；哲学上，大力宣传人的主体意识和人的社会价值，提倡个性解放，反对三纲五常的束缚，揭露宋明理学"以理杀人"的本质等，所有这些都反映了新兴市民阶层的利益和愿望。明清实学思潮有一个产生、发展、鼎盛和衰落的历史过程。大体分为三个阶段：明正德年间至万历前期，随着明王朝的由盛而衰，社会矛盾和政治危机的逐步展开，是实学思潮的兴起和发展时期；从明万历中期至清康熙中期，社会处于"天崩地解"大动荡时代，阶级矛盾和民族矛盾十分激化，加之资本主义萌芽的发展和"西学东渐"，将实学思潮的发展推向鼎盛时代；清康中期至鸦片战争前期，随着中国由封建社会向半封建半殖民地社会的转变，实学思潮便让位给近代新学了。

天命自我植立 明清之际孙奇逢的命题。认为心性天命合一，天命实由"心"产生。"人天咫尺，呼吸可通，心性天命四字只一样，人具之为心，心之灵处为性，性之自出为天，天之一定为命"（《四书近指》）。"心性合而成身，存养合而成修。寿则心性与身俱存，夭则心性不与身俱灭。"（同上）认为"心"是永恒的。把天命之性归结为"心"，认为"知天，是知自心之天，事天是事自心之天，立命是立自心之命。总之，心生天，生命也"（同上）。宇宙第一性的是"心"。心之灵是性。人由心性而知天、事天、立命，实际上，"天命自我植立"。只有心才是永恒的，"常存宇宙间者"（同上）。

道在眼前 明清之际孙奇逢的命题。在《日谱》一书中提出。认为："道理只在眼前。眼前有相对之人，相对之物，静对之我。正所谓道也者，不可须臾离也。能尽人性，尽物性，皆是眼前事。"又把"道"引申为人生道理、生活准则，"任举一物一事，莫非道也，百姓日用而不知耳。果觉得无一物一事非道"，道是"无物不有，无时不然"。"不可须臾离。谓无一物、一事、一时之念而非道"，"起居、食息、语默、动静，皆道也，体道不可须臾间，起居、食息、语默、动静，皆体道之会也。"

反交为用 即"相反而相交以为用"。明清之际孙奇逢的命题。认为："天道之道，莫善于相反而相交。以为用交则通，不交则携"（《读易大旨》）。"交则通"指"天地相遇"；"不交则携"，指天地、阴阳之"不相遇"。"天地不相遇，则万物不生"（同上）。"分别为物，物乃不化"（同上）。故"离之，则各自分开，乾坤息矣"（同上）。阴阳妙在"遇"，天地神在"合"。"遇"之，"合"之，天地之所以神妙不测而生生不息矣。一切都取决于客观世界"一体"自身之"相反而相交以为用"的力量的推动。"相交"则可以"生成万物"。"相交"又必须以"相反"为前提。"若止言流行，而无对待，则男女不相配，刚柔不相摩。"不"摩"，不"配"，则不能"生成万物"之流行。认为，有天地，则有"相反而相交以为用"，这是必然的。"天地且然，况于人乎"！"自乾坤之后，始涉人道。"（同上）人道原于天道，都是自身"相反而相交以为用"之道。反映了对立统一的思想。

知物不离 明清之际孙奇逢的认识论命题。力图合朱熹之"格物致知"与阳明之"致良知"为一。主张不分良知与格物，不分主体与客体，断言"物即是知，物物皆知"，用主体代替客体，把外物归结为主观精神或主观精神的体现，由此提出"知与物不相离"（《四书近指》）。认为文成之良知、紫阳之格物"原非有异"。"如主文成，则天下无心外之物，无物外之心，一切木砾石一览即见，皆因吾心原有此物。起一念事亲则亲即是物，起一念事君则君即是物，知与物不相离者也"（同上）。"如主紫阳，则今日格一物，明日格一物，诗书文字、千言万语，只是说明心性，不是灵。知原在吾心，如何能会文切理，通晓意义？且一旦豁然，则物即是知，物物皆知。水月交涵，光光相射，不复辨别格之与致矣。此亦知与物不相离者也。"（同上）实际上是消"格物"于"良知"。

行足以兼知 明清之际孙奇逢的知行观。在知行关系问题上，孙奇逢提出"行兼知、知不兼行"的观点。他说："盖行足以兼知，未有能行而不知者；知不足以兼行，耻躬不逮，圣人固虑之。"（《答魏石生》）"不能入口，即知冷热；不能入眼，即别黑白，毕竟是浮游影响之见"（《日谱》）。认为离躬行二字，口里说一丈，不如身上行一尺。"知便在行上，不能行，何以谓之知"（《日谱》），"天下事虽曰能知才能行，尤须能行才算知。"（《四书近指》）明确表达了"行高于知"的思想，突出了"行"在认识过程中"第一"的地位和作用。既否定了程朱的"知先行后"论，也否定了王阳明以知为行的"知行合一"说。

性成万物 明清之际黄道周的命题。语出《榕坛问业》。他从《易》的"继之者善，成之者性"，得出"善继天地，性成万物"的结论。认为"继天立极，是性根上事，范围曲成，是性量上事。善是万物所得以生，性是万物所得以成"。他分辨性与质，认为猫义鼠贪之类"皆是质上事"，而所以成猫成鼠，才是性上事，"此是天地主张，不关品汇，能尽得天地主张道理，何患万物陶铸不成！""气有清浊，质有敏钝，自是气质，何关性上事？"他评论"古今惟有周、孔、思、孟识性字，杨、荀、周、程只识得质字，告子亦错认质字耳"。黄宗羲认为"先生深辨宋儒气质之性之非……故知先生之说为长。"同时批评道："然离心之知觉，无所为性，离气质亦无所为知觉，如此以求尽性，未免易落悬想。有先生之学则可；无先生之学，尚须商量也。"（《明儒学案·黄石斋先生道周》）

自然之道 明清之际朱之瑜提出的命题。他反对理学家"道在器先"的玄虚之"道"，提出"道无空名"，"道"是明明白白、平平常常的"现前道理"（《答安东守约书》）。认为"道"既是自然界运动变化的普遍规律，也是人事社会发展的必由之路。"自然之道"主要体现在治理社会的"习行实践"中，"圣贤要道，止在彝伦日用，彼厌平淡而务空虚玄远者，下者心至颠蹶，上者亦终身沦丧已尔，究竟必无所益"（《朱舜水集》卷十九）因此"圣贤之学，行之而必至，为之则必成"（《朱舜水集》卷七）。认为"为学当有实功，有实用"（《朱舜水集》卷十九），这种"实功"、"实用"就体现在"日用"、"自然"的实践活动中。"世之学圣人者，视圣人太高，而求圣人太精，一切皆出于自然，而毫无勉强"（《勿斋记》），即"道之至极者不在于生知安行，而偏在于学知利行"（同上）。他极力驳斥那些"虚张架势，空驰高远"的道学家们的空谈，指出"自然之道"，也就是"在于近里看己，有益天下国家，不在处纯弄虚脾，捕风捉影"（《与奥村庸礼书》）。他提倡"实理实学"、"学贵有用"、"学贵实行"，认为："兼致知力行方是学，方是习。若空空去学，学个甚底，习又习个甚底，慎思明辨即是此中事。"（《答野节问》）从哲学上反对脱离实际"捕风捉影"的学问，坚持"实理实学"、"彝伦日用"的"有实功、有实用"、"一切皆出于自然"的道理。

性全 明清之际陈确提出的后天教育对人性形成发展有决定作用的观点。认为人性善恶之分完全是由于后天习染的不同结果，与人的本性无关。他说："善恶之分，习使然也，于性何有哉！""习于善则善，习于恶则恶"，"故习不可不慎也"（《瞽言三》）。提出"性全"说，认为"物成然后性正，人成然后性全。物之成以气，人之成以学"（同上）。指出人要保全自己的善性，必须靠后天的主观努力，"事事身体力行，见善必迁，知过必改。"（《瞽言一》）"自尊自贵，时时以圣贤之道自责，既不甘自卑，必不敢自是。"（《辰夏杂言》）否则，便"无以见天赋之全，而所性或几乎灭矣"（《瞽言三》）。性全说既强调了后天教育和环境（习染）对人性善恶的影响、制约作用，又突出了主体自身的主动性和能动性在人性形成中的重要作用，比较合理地回答了人性之善恶的根源问题，颇具新意。

慎习复性 明清之际陈确的人性论命题。认为孔子所说的"习相远"，就是教人"慎习"，通过"慎习""则可以复性矣"，并认定这是孔门"立言之旨也"（《瞽言三》）。断言，"然更古今人千蹊万径，皆括此'习相远'一语，可断后来纷纷之论矣"（同上）。对"性相近，习相远"一语，特别强调了其中"习"字的重要性。"善恶之分，习使然也，于性何有哉！""无论气清气浊，习于善则善，习于恶则恶矣。故习不可不慎也。"结论便是"慎习则可以复性矣"（同上）。但他并不是否认性善说，他反对的是宋儒的"气质之性"与"义理之性"之分，以及用"清浊"来界说"气质之性"的观点。认为性善与性恶并非如宋儒所说的取决于人的气禀之清浊，并决定人性的善恶。认为性无不善，但须通过后天之"习"才能得以展现，人心也本无天理，天理须从人欲中见，由此得出结论是："人欲恰好处，即天理也"，"无人欲则亦并无天理之可言矣"（《瞽言四》）。

理从欲见 明清之际陈确的理欲观。他把"欲"解释为人的"生机之自然"，把"理"视为"欲"之"无过不及"（《瞽言四》），坚持天理与人欲的统一。认为欲求是每一个拥有血肉之躯的人存在的必然表现之一，人人固有，"真无欲者，除是死人。"（《瞽言四》）即便圣人也并非不食人间烟火，无欲无求，"圣人之心无异常人之心，常人之所欲亦即圣人之所欲"（同上），圣、凡一心同欲。指出人欲不是罪恶的渊薮，而是"百善皆从此生"。人欲无法消灭，也不能消灭，理学家宣扬的"无欲"、"灭欲"说是不能成立的。反对"天理人欲，不容并立"的观点，认为"人心本无天理，天理正从人欲中见，人欲恰好处，即天理"，"无人欲，则亦并无天理之可言"，"天理中亦有人欲"（同上）。无论是"过"还是"不及"，都不合理，只有人欲流行的恰到好处，"不绝欲，亦不从欲"（同上），才是天然正当合理的。

行到然后知到 明清之际陈确的知行观。肯定"行"是"知"的基础，"行"贯穿于认识的全过程，居于主导地位。认为"欲见屋外步，则必须行出屋外，始能见屋外步。欲见山前步，则更须行过山前，始能见山前步。所谓行到然后知到者，正以此也"（《答张考夫书》）。坚持"知行并进"，认为二者是紧密联系、相互促进的，讲知不讲行，就是"浮知"；讲行不讲知，行便成了"冥蹈"。唯有"知行俱到，而后果可谓之穷理耳"。反对"重知轻行"和唯行无知，主张"学者用功，知行并进"（《答格致诚正问》）；"知无穷，行亦无穷；行无穷，知愈无穷。先后之间，如此无端，故足贵也。"（同上）这一思想初步具有了人类认识发展的辩证法，是有深刻见地的。

素位之学 明清之际陈确针对理学家空谈性命提出的崇尚切实行事工夫的主张。"素位"原出于《中庸》，朱熹解为"因见在所居之位而为所当为"。陈确不满明末理学日趋禅化，"舍素位，言性命，正如佛子寻本来面目于父母未生之前，求西方极乐于此身既化之后，皆是白日说梦，转说转幻"（《瞽言一》）。由此提出"素位之学"，认为"'素'字中庸之髓。大抵离素一分，即非中庸"。（《答张考夫书》）。强调在"日用事为之间，""做切实工夫"（《瞽言一》）。说"素位是戒惧君子实下手用功处"（《瞽言四》）。可见，素位之旨，着重阐发的是其师刘宗周慎独学说修养工夫的一面。

中和 明清之际胡承诺用语。指不偏不倚的谐调适度。胡承诺以"中"作为最高法则，认为只有遵循"中"的法则，才能维持万物固有的秩序而不致发生混乱。说："五常之德无所偏倚，故谓之中"（《绎志·修身篇》），"天下之乱，生于万物不和，而不和之故，由于不中"（同上）。把"中和"同礼法紧密联系在一起，以礼法为实现"中和"的手段。"不中之故，由于废礼；废礼于微而求中和于著，废礼于积渐而求中和于一旦，废礼于近而求中和于远，废礼于上而求中和于下，不可得也。"（同上）把保持"中和"看作学问的根本，断言"应务虽通，而不足中和，皆无本之学也"（《读书说·务本》）。对"中和"的强调，实际上是维护封建礼法作为言、行的最高标准。

反常之论 明清之际傅山的社会批判思想。包括四个方面：（一）提出"贵贱一视"的观点，反对专制主义的统治，主张人格独立，维护人的尊严，用"平等"这个概念来表述。把王侯分为两种：一种是真正的王侯，他们崇高如圣贤，不用人侍奉，与民平等；一种不是真正的王侯，按理应"不事"他们。（二）不同意荀子只有圣人能王的观点，并针锋相对地提出了"非圣王能王"的观点，反映了鲜明的平等意识。（三）高度赞扬了被理学家斥为"市井贱夫"的市贾之民，认为只有这些执"无理"之人方"足以治天下"（《杂著录·圣人为恶篇》）还提出"无理胜理"、"无理生理"等重要命题，阐明了无理必然转化为有理。（四）提出阴阳对立统一的观点，否定"扶阳抑阴"的传统观念，力倡"平阴阳"（实即人性平等）的进步主张。这些思想为市民阶层和被压迫人民的反抗斗争提供了理论武器，闪耀着那个时代的光辉。

乱世之疮 明清之际傅山用语。指当时的社会状态。见其所著《礼解》。认为现实社会是"乱世之疮"，必须动手术"劀刮其根"，从根本上医治，而用

"礼"治，治表不治本，无益于病。针对当时社会状态提出"礼丧世"、"世丧礼"、"礼与世交相丧"的观点。指出社会在前进，"礼"的内涵也应更新。认为制定"礼"的内涵的原则，必须符合社会发展的要求，有利于推动社会思想的进步。"世儒"所说的"礼"，即封建伦理纲常，形式是为了治世，实质有害于世。主张礼的形式可以利用，而其内容必须随着社会变迁不断更新。通过引申古义，将"礼"释为治理之义，认为对"礼"字的诠释，不是否定"礼"的存在，而是恢复"礼"的"治理"的本义，否定"世儒"所谓的"礼"及其旧礼教体系。

奴儒 明清之际傅山用语。指斥先秦之后的后世之儒(主要包括宋代理学家)为奴儒。说："奴儒尊其奴师之说，闭之不能拓，结之不能觿，所谓不解者，如结褙也，如縢箧也……本无才也，本无志也，安大其'剧大'，本无闻见也，安得'博杂'也。"(《霜红龛集·读经史》)批判后儒食古不化、循守陈规的奴性思想，特别指斥宋儒中不少的奴性人物没有爱国思想。"偶读《宋史》暗痛当时之不可为，而一二廉耻之士又未必中用……落得奴才混帐。"(《霜红龛集·书宋史内》)反映了傅山对道学传统持反对的态度。

囫囵理学 明清之际傅山用语。以讥讽宋理学的独断烦琐，不知变化。指出"理学家法，一味版拗"(《霜红龛集·杂记》)。"只作得沿袭工夫"，"只在注脚中讨分晓，此之谓钻故纸堆，此之谓蠹鱼"(同上)。说"宋人讲诚，死诚也。其中变变化化，纯一无妄之道，岂腐儒执著所得窥度?"(同上)对此宋儒之弊，称为"囫囵理学"(同上)。反映出傅山提倡博学广闻，审辨精断，反对执拗儒家道统而束缚自己的思想。

取是去非 明清之际傅山用语。指对待知识的一种态度。认为正确认识与错误认识是客观存在的，认识中的是与非即正确与谬误的问题，不是截然分开而是相互联系的，都是以客观发展着的事物为依据的。指山："一双空灵眼睛，不唯不许今人瞒过，并不许古人瞒过。看古人行事，有全是底，有全非底；有先是后非底，有先非后是底；有似是而非、似非而是底；至十百是中之一非，十百非中之一是"，"了然于前，我取其是，而去其非。其中更有执拗之君子，恶其人，即其人之是亦硬指为非；喜承顺之君子，爱其人，即其人之非亦私泥为是。千变万状，不胜辨别，但使我之心不受私蔽，光明洞达，随时随事，触着便了。"(《霜红龛集·杂记一》)认为"是"，即正确认识或真理性的认识，既是绝对的，又是相对的，因为这个"是"的确立，是由人断定的，而人的认识，即使是圣人的认识，也会发生一定的误差，更何况在认识过程中，会受到主观成见的影响。即使是真理性的认识，随着时间的推移，也会发生变化，可见任何人的认识都是相对的。因此，以古人之是非为是非的观点是不正确的，对待古人应该采取"取是去非"的态度。

理有善恶 明清之际傅山的命题。主张善中有理，恶中也有理。具有性恶论的倾向。指出："宋人之所谓理者，似能发明孟子性善之义，以为依傍大头颅，并不圆通四炤。理之有善有恶，犹乎性之有善有恶，不得谓全无恶也。"(《孙郅藏傅山手稿照片》)认为宋儒的善恶观，是从孟子的性善说引申出来的，只讲善，不讲恶，只讲善理，不讲恶理，只讲天理，不讲人欲，具有片面性。认为人之性有善有恶，理亦有善有恶，只有这样才是"圆通四炤"即全面性。"理有善恶"说，一方面否定性善说中的形而上学观点，另一方面提出"恶中有理"的新见解。

无理胜理 明清之际傅山的命题。傅山重视人为，重视人的力量对社会发展的作用，不赞成宋明理学的天理史观。提出"无理胜理"的针对性命题。认为"理，形而下也；无理，形而上也"(《杂著录·圣人为恶篇》)，"理"与"无理"是辩证统一的关系，两者可互为转化，可由"无理而后理"。其决定的条件在于"人力"而非"天命"。他说："小人以无理胜君子者，合而用力。君子不敢以无理胜小人者，分而用口，口之不得力，分之不敌合，势也。"(同上)认为社会处于君子与小人的矛盾斗争中，小人得势在于"合而用力"，而君子仅动"口"，空谈而不使用力，故而受制于小人。"故以君子之有疑于天者，如天骄小人也，不知天不骄之也。何也？若君子用无理于小人，天不偏助小人也"(同上)。揭示"天不骄小人"、"天不偏助小人"，小人"合而用力"才得势，同样君子如果"用力"则暴君之类的小人可诛。傅山认为决定社会历史的发展不是宋明理学家所说的"天理"，决定社会变迁的是人的力量，但它必须与天下人心相一致。"天下人心之所向背，王之则王，亡之则亡，定理定势也"(《荀子校改·王制》手稿卷五)。

经子不分 亦称"经子平等"。明清之际傅山的学术观点。认为经学、子学应该具有同等的地位，儒学、理学只是百家中的一派，经学家之言，也只是一家之言。指出："今所行《五经》、《四书》注，一代之王制，非千古之道统也。"(《霜红龛集·杂记一》)经学并不是传统道统，而是记载"王制"。认为传统的、正统的经尊于子的观念是一种"鄙见"。"经子之争亦未矣。只因儒者知《六经》之名，遂以为子不如经之尊，习见之鄙可见。"(《霜红龛集·杂记三》)扬经贬子，经尊而子不尊并非学术史的真实情况，在学术上经与子没有尊与不尊的区别，它们应该是平等的。并用文字训诂的方法，对经、子进行考据，说明扬经贬子是毫无根据的。

经子平等 即"经子不分"。

理气合一 明清之际黄宗羲的命题。针对程朱的理气说，主张"天地万物同体"。认为"气"是构成天地万物的唯一实体，超越于"气"之上或之外的实体是根本不存在的。"天地之间只有气，更无理，所谓理者，以气自有条理，故立此名耳。"(《明儒学案·诸儒学案中四案语》)认为"理气之名，由人而造。自其浮沉升降者而言，则谓之气；自其浮沉升降不失其则者而言，则谓之理。盖一物而两名，非两物而一体也"(《明儒学案·诸儒学案上二案语》)。气是一物，理不是一物，理气统一，气是理的基础，理从属于气。二者不可截然分开，亦无先后可言。

心即气 明清之际黄宗羲的命题。黄宗羲坚持“理在气中”的观点，对程朱理学进行了批判，同时又接受王守仁“心外无理”思想，宣扬“一切皆心”；在程朱提出“性即理”和陆九渊提出“心即理”之间，提出“心即气”的命题。王守仁主张“合心与理而为一”（《答顾东桥书》），认为“无心外之理，无心外之物”，并有“心即性，性即理”（《传习录上》）之说。刘宗周修正王学，首次提出“心即气之聚于人者，而性即理之聚于人者，理气是一，则心性不得是二”（《明儒学案·师说》）的观点。认为“性者心之理也，心以气言，而性其条理也。离心无性，离气无理，虽谓气即性，性即气”（《明儒学案·蕺山学案》）。黄宗羲承师说，明确提出“心即气”命题：“天地间只有一气充周，生人生物。人禀是气以生，心即气之灵处，所谓知气在上也。心体流行，其流行而有条理者，即性也”；“理不可见，见之于气；性不可见，见之于心；心即气也。”（《孟子师说》卷二）又说：“夫在天为气者，在人为心，在天为理者，在人为性。理气如是，则心性亦如是，决无异也。人受天之性以生，只有一心而已”，“初非别有一物，立于心之先，附于心之中也。”（《明儒学案·诸儒学案中一案语》）由此，提出“盈天地皆心也”（《明儒学案·自序》）。

心与性一 明清之际黄宗羲的命题。他认为心与性是理气在人身上的反映，理气是统一的，心性也是统一的。说“在天为气者，在人为心；在天为理者，在人为性。理气如是，则心性亦如是，决无异也”（《明儒学案·诸儒学案中一》）。指出性是心的表现，当心有“喜怒哀乐”，则“当恻隐处自恻隐，当羞恶处自羞恶，当恭敬处自恭敬，当是非处自是非”（同上），这就是性。性“初非别有一物立于心之先，附于心之中也”（同上）。

离情无以见性 明清之际黄宗羲的心性论命题。黄宗羲一反理学家皆以“未发”、“已发”辨性情的思想传统，批评“自来儒者以未发为性，已发为情，其实性情二字，无处可容分析”。认为理依于气而立，性依于情而立，无气则无理，无情则无性，二者不容割裂。指出：“性之于情，犹理之于气，非情亦何从见性。”（《明儒学案·江右王门学案四》）进而明确主张“离情无以见性”，提出“体则情性皆体，用则情性皆用”（《孟子师说》），强调心性统一，性情统一，不是在心之先、情之先有所谓性，也不是在心之上、情之上另有所谓性。把王阳明性情体用、体用相即的观点推至极端，并不是从体用关系强调“相即”，而是说不能以体用区别性情。认为性就在情的未发到已发的心理活动过程中，也就是要在人的情感流露过程中见性，从而纠正了程朱割裂二者关系的观点。

心无本体 明清之际黄宗羲用语。《明儒学案·原序》：“心无本体，工夫所至，即其本体。”此处之“心”指认识的主体；“本体”指意识所固有的本来状态；“工夫”指人的认识活动和主观努力。认为人的认识主体中本来不存在任何先验的、固有的知识，只有通过认识活动，发挥认识主体的能动作用，才能从客观世界中获得知识，掌握真理。

工夫所至即是本体 明清之际黄宗羲用语。指“本体”是随着“工夫”而展开的过程。《明儒学案·原序》：“心无本体，工夫所至，即其本体，故穷理者，穷此心之万殊，非穷万物之万殊也。”认为在认识过程中，此心“一本而万殊”；心既万殊，学问也是万殊的，不必出一途，故古之学者宁可不避艰难，自辟途径。此已含有真理（本体）在人类认识过程（工夫）中展开和通向真理可有不同途径的意思。此说虽受到王守仁心体为过程思想之影响，但实际上已有别于程朱、陆王。理学家讲“工夫”，最后都归结到一个“悟”字，以为一旦彻悟，便“复性”而与虚寂的本体合一。黄宗羲则根本否定心是虚寂的本体，认为既然为学的“工夫”即“知善知恶”、“为善去恶”，则“工夫所至即是本体”只能是一个善的扩充、发育过程，而决非从“无”生“有”而复归于“无”。

一本而万殊 明清之际黄宗羲的学术史观。主张以儒学为“一本”统领形态“万殊”的诸家诸派。指出：“学问之道，以各人自用得着为真。凡倚门傍户，依样葫芦者，非流俗之士，则经生之业也。此编所列，有一偏之见，有相反之论，学者于其不同处，正宜着眼理会，所谓一本而万殊也。”（《明儒学案·发凡》）强调治学贵在创见，反对墨守教条。主张整理、编纂学术史应当着重把握各家各派学术宗旨的“不同处”，见“一偏之见”、存“相反之论”。从万殊中求一本，以一本去清理万殊，具有方法论意义。

会众以合一 明清之际黄宗羲的治学方法论。“士生千载之下，不能会众以合一，山谷而之川，川以达于海，犹可谓之穷经乎？”（《万充宗墓志铭》）主张治经应该“会众以合一”，反对“以一先生之言为标准”。他由“穷经”推而广之，用于学术史的研究总结，认为不仅要有“一本而万殊”的分析，而且须作“会众以合一”的归纳。在《明儒学案·发凡》中称自己编书“皆从全集纂要钩玄”为之“分别宗旨”，即贯穿了分析与归纳相结合的方法，可收百川大海之效。

丽物之知 明清之际黄宗羲用语。即闻见之知。认为“知”有两种，一是以客观事物为基础的“丽物之知”；一是具有先天直觉的“湛然之知”。指出：“有知有不知，此丽物之知动者也；为知之为不知，此照心也。丽物之知，有知有不知；湛然之知，则无乎不知也。”“所谓丽物之知、湛然之知，即此闻见之知、德性之知也。”（见《宋元学案·伊川学案》案语）此说受北宋张载、程颐等人的影响。

湛然之知 明清之际黄宗羲用语。即德性之知。指一种在普通认识之上的先天直觉知识。详“丽物之知”。

人各自私，人各自利 明清之际黄宗羲用语。指作为社会个体的人，各有着自己的要求和利益，而这种作为社会个体的自身要求和利益，是人人平等的，应该得到社会的承认和保护。黄宗羲一反历史上重义轻利的教条，提出："有生之初，人各自私也，人各自利也，天下有公利而莫或兴之，有公害而莫或除之。有人者出，不以一己之利为利，而使天下受其利，不以一己之害为害，而使天下释其害。"(《明夷待访录·原君》)认为人类存在的原点，是"自私"、"自利"的存在，利己是人的天性，人的一切行为方针与价值取向，应以利己为前提。指出从"公天下"的观念出发，无论在政治上、法律上，还是在经济政策上，为天下万民着想，便能"使人各得自私，各得自利"。"人各得自私，人各得自利"的平等观和价值观，是一种新经济萌芽及市民运动在观念上的反映，蕴含着近代意识。

四德相生相克 明清之际黄宗羲的心性修养论观点。黄宗羲的《孟子师说》直接继承其师刘宗周在《学言中》提出的"性之生机"，"性之长机"，"性之收机"，"性之藏机"，"四德相为表里，生中有克，克中有生，发中有藏，藏中有发"的观点，进一步从人的外貌和喜怒哀乐的心理活动，说明道德心理的变化引起人的感情和态度变化。把恻隐之心归之于初念；把羞恶、辞让、是非之心归之于转念，从过与不及的心理活动说明"过于恻隐，则羞恶便减；过于羞恶，则恻隐便伤"(《孟子师说》)。认为心理活动调节不好，"心体次第受亏，几于禽兽不远"(同上)。因此要保持中和状态。如"有过不及，则流而为恶"(同上)。认为"人心无所为恶，只有过不及而已"。肯定恶从性中来，其所说的"恶"有两种意义：一种是过与不及引起的道德心理失调；一种是恶的行为。"恶亦不可不谓之性也"(同上)，主要是指道德心理失调。黄宗羲的"四德相生相克"及其平衡调适说已经没有程朱、陆王那种抽象思辨的心体用论色彩。

大私 明清之际黄宗羲用语。指帝王一己之私。《明夷待访录·原君》："帝王以天下之利尽归于己，以天下之害尽归于人，使天下之人不敢自私，不敢自利，以我之大私为天下之大公。"以此指责封建君主的专制统治。

豪杰精神 明清之际黄宗羲用语。用以指理想人格。受浙东学派事功之学的影响，认为具有豪杰精神的理想人格者，应是善于读书、写文章，懂得经济、政治、军事，能"经纬天地，建功立业"的人才，决不是只知背诵"语录"，"附答问一二条于伊洛门下"，空说"为生民立极，为天地立心"之类大话，"一旦有大夫之忧，当报国之日，则蒙然张口，如坐云雾"(《南雷文定·赠编修弁玉吴君墓志铭》)的"醇儒"。认为"从来豪杰之精神，不能无所寓"(《南雷文定·靳熊封诗序》)，老、庄之道德，申、韩之刑名，左、迁之史，郑、服之经，韩、欧之文，李、杜之诗，师旷之音声，郭守敬之律历，王实甫、关汉卿之院本，"皆一生之精神所寓也"，如果"豪杰"精神"不得其所寓"，则会发泄而生激烈的挣扎、冲突，使"天地为之动色"。这一观点具有一定的时代意义。

物物之生机皆火 明清之际方以智用语。意谓事物运动、变化和发展的内在根源皆是火。在宇宙的本质问题上，方以智提出了"一切物皆气所为"(《物理小识》)的气一元论，认为宇宙间天地万物都是由物质性的气形成的。火也是气，是气的动态，他说："气动皆火"，"火与气一也。"(《物理小识》)又说："凡运动皆火之为也"，"物物之生机皆火也。"(《物理小识》)由气形成的宇宙万物总是处在不停的运动、变化中，其运动的内在根源便是火。这实际上是认为气所以能生物，乃根源于它自身固有的矛盾法则。方以智引"火"入气，除了传统宇宙观二气五行说的影响，还因为在他看来，火本身也包含有"君相道合"的对立统一。这一思想不仅是对宋明道学家"理(心)主气从"的唯心论的有力批判，也是对北宋张载提出的"一故神，两故化"(《正蒙·参两》)的辩证法思想的深化和发展。

宙轮于宇 明清之际方以智用语。宙即古往今来之时间，宇即上下四方之空间；轮是方以智用来表示普遍存在的首尾相接、循环往复的运动形式。宙轮于宇，即时间在空间中旋转流逝、无有始终。他说："灼然宙轮于宇，则宇中有宙，宙中有宇，春夏秋冬之旋轮，即列于五方之旁罗盘，而析几类应，孰能逃哉？"(《物理小识》卷二)时间和空间不是彼此孤立的，宙在宇中，宇在宙中，万物就是在宇宙中相互推移、转化。他把这一观点又概括为"宇宙合"(《药地炮庄》)，认为时间运动和空间运动是合一不分的。这是对割裂时、空的形而上学观点的批判，明显透露了时间和空间是宇宙万有的存在方式的思想。

交轮幾 明清之际方以智用语。"交"指事物对立的交感、联系；"轮"指对立双方的变化推移；"幾"指事物变化的微妙契幾。"'交'也者，合二而一也；'轮'也者，首尾相衔也……'幾'者，微也，权之始也，变之端也。"(《东西均》)认为"交以虚实，轮续前后，而通虚实前后者曰贯，贯难状而言其幾"(同上)。用以概括事物矛盾运动的一般规律。

辨物则 明清之际方以智用语。指认识和掌握客观事物的规律性。方以智认为，"盈天地间皆物"(《物理小识》)，人在天地之间，所见所用，无非事物，因此认识的对象就是客观事物的本质和规律；而事物及其变化也有规律可寻，是可以认识的。他说："天示其度，地产其状，物献其则。……物有则，空亦有则，以费知隐，丝毫不爽。"(《物理小识》)天地万物的变化都呈现出其固有的秩序条理("则")，只要发挥人的认识能力，由显至隐，"心物交格"，就能认识和掌握事物的本末源流，从而达到治理、利用万物的目的。他说："舍物则理亦无所得矣，又何格哉？"(《物理小识》)批评了宋明道学家"病于言物"的唯理论和唯心论，同时也批评了那种拘谨于物，即"斤斤耳目之前"(同上)的经验论，坚持了唯物主义的反映论。

因物用物 明清之际方以智用语。指从实际存在的事物出发，认识其规律，发挥其效用。他说："天地一物也。"(《物理小识》)又说："格物之则，即天之则，即心之则，继之以法，因物用物，是真无我。"(《语录》)认为物是普遍存在的,物理即是天理、心理,认识和利用物理就是认识并发挥天理、心理的作用。这是真正的"无我",即不是私心自用的穿凿虚窃。否则,不仅不合圣人之教,也有违生人之道。此说是针对明末道学脱离实际的"舍物言理"、"扫物尊心"等流弊而发,表明他"欲挽虚窃,必重实学"(《东西均》)的治学精神。

公性 明清之际方以智用语。与"独性"相对。指事物的普遍属性。他说:"因其生之所本曰性。"(《性故》)性就是事物的先天禀赋。据此他把这种先天就已存、后天而寓于物的自然禀赋称为"公性"。因其是先天既存的,故又称"无始之性",他说"公性则无始之性"(《东西均》)。因其是超越具体属性的无定性,故又称"无性之性",他说"无性之性为公性"(《易余·法能生道》)。方以智认为"公性"与其相对的"独性"的关系有二,一是作为独性的根据而决定独性,这叫做"所以为独性者,无始以前之公性也"(《东西均》)。二是"公性在独性中"(《性故》),它是没有定体的随缘起性。方以智的"公性"概念具有万物皆含气性,即物质性的合理因素,他的"公性在独性中"的论断也含有"共性寓于个性"的合理因素。但他认为"公性"是决定"独性"的"无始"先存之实体,又有割裂共性与个性关系的倾向。

独性 明清之际方以智用语。与"公性"相对。指人物各别、物物不同的特殊属性,即所谓"独性则水火草木与人物各得之性也"(《东西均》)。有广、狭二义。广义指万物形成后莫不具有的自然属性,如他所说的,"气分阴阳,则二其性,分五行,则五其性。人物灵蠢各殊,是曰独性,而公性则一也。"(《性故》)狭义指人的良知良能。他说:"质论人之独性,原是无所不学则无所不能之性。"(《东西均》)此"无所不学则无所不能者,即'不虑而知,不学而能'者,是人之性也,是独性也"(《东西均》)。方以智"独性"概念的提出及"公性在独性中"的命题既坚持了儒家传统的性善说,又具有重视独性或个性的启蒙意义。

合二而一 明清之际方以智用语。指矛盾中互相差异和对立的双方都有一个共同的本质而合为一体。他说:"尽天地古今皆二也。两间无不交,则无不二而一者。"(《东西均》)"交也者,合二而一也。"(同上)方以智认识到天下万物莫不充满着矛盾,同时矛盾双方又是交互渗透、合为一体的。既然如此,对事物的认识既要看到矛盾的差异性,也要看到矛盾的同一性,不应偏执。他说:"丧二求一,头上安头;执二迷一,斩头求活。"(《药地炮庄》)认为这两种偏执的认识都是荒谬至极的。方以智的"合二而一"说在哲学上是立足于矛盾双方的"合",要求全面地把握矛盾的对立面,包含有矛盾既对立又统一的辩证法思想;在学术思想上,则是要求兼容百家集其大成,反对排除异己、攻击"异端"的绝对主义。

一多相即 明清之际方以智用语。意谓本体之"一"与万物之"多"是相即不离、统一不分的。他说:"一是多中之一,多是一中之多,一外无多,多外无一,此乃真一贯也。"(《一贯问答》)他援用孔子所说的"吾道一以贯之"(《论语·里仁》)来说明一与多的相即关系,揭示了一与多就是统一性与多样性,或共性与个性,也即共性寓于个性、共性不能脱离个性的辩证关系。他还举例说:"夫核仁入土而上芽生枝,下芽生根,其仁不可得矣!一树之根、株、花、叶皆全仁也。""既知全树全仁矣,不必避树而求仁也明甚。"(《通雅》)方以智此说主要是针对宋明道学家分裂体用的形而上学观点,认为他们的"舍物言理"或"扫物尊心"是执一废多,等于"避树而求仁",是不可能达到目的的;强调要以多来证一,要由下学而上达,就具体求一般,反映出了明清实学思潮的基本倾向。"一多相即"也是中国佛教华严宗的一个基本教义。在华严宗那里,它指的是"一即多,多即一",一与多互相融摄,以此说明"法界缘起"中的现象之间互相等同,并无差别。

相反相因 明清之际方以智用语。指相互对立的东西又相互依存、交感和转化。他说:"吾尝言天地间之至理,凡相因者皆极相反。""所谓相反相因者,相捄(救)、相胜而相成也。"(《东西均》)又说:"相害者乃并育也,相悖者乃并行也。""吉凶祸福,皆相倚伏。"(同上)他通过对天地间大量的矛盾现象的考察,既说明了它们相互对待,相互依存,又涉及到它们的相互交感和相互转化,并且把这种关系法则提高到最高的哲学"至理"来认识,揭示了矛盾既对立又统一的基本规律,显示出他比前辈更为明确和深刻的辩证法思想。也有人认为"相反相因"主要指对立面的相互依存;对于对立面的相互转化,方以智是忽视的,甚至是否定的。

常统常变 明清之际方以智用语。"常"指常道,即恒常不变的规律、原则。"变"是变易、变动,指具体事物和现象。"统也者,贯也。"(《东西均》)。"常统常变"意谓事物有常有变,在常与变这对矛盾统一体中,常居于统贯的地位。他说:"因地而变者,因时而变者,有之其常。……常统常变,灼然不惑。"(《物理小识》)认为事物是变动不居的,但变中"有不变者存",只有认识到"不变者"("常")才不至于造成认识上的混乱。此说强调了矛盾的主要方面,即"常"在事物运动变化中的地位和作用。但他并不因此忽视矛盾的次要方面,即"变"的地位和作用。他说:"其常也,即其变也。……不知差别之常变而执常者,则周公之礼仪,有不可以治也;神农之本章,有依之足杀人者矣。"(同上)认为常在变中,离变也无常,主张由变识常,反对一味执常而不知变的形而上学论。后来他又将"统常变"之"常"称为"大常",提升到了绝对的地位,指出:"以常统变,以宰此统常之大常。"(《易余·时义》)使他的辩证法思想受到了局限。

通幾 明清之际方以智用语。研究事物变化的深微根源的学问,即哲学。与"质测"相对。原出《易·系辞上》:"唯深也,故能通天下之志;惟幾也,故能成天下之务。"方以智《物理小识》:"寂感之蕴

(指天地阴阳动静的奥妙),深究其所自来,是曰通幾。"即"所以为物之至理也"(《通雅·文章薪火》)。并认为通幾与质测(科学)的关系是:"质测即藏通幾者也。"质测中即包含着"通幾";通幾又"护质测之穷"(《愚者智禅师语录·示中履》),两者"不相坏"。并认为当时"西学""详于质测,而拙于言通幾"(《物理小识》),"泰西质测颇精,通幾未举"(《通雅》)。

质测 明清之际方以智用语。与"通幾"(哲学)相对。"质"指物质;"测"指实测。指科学。《物理小识》:"物有其故,实考究之,大而会元,小而草木螽蠕,类其性情,征其好恶,推其常变,是曰质测。"认为"质测"以实际事物的通理为对象"考测天地之家,象数、律历、音声、医药之说,皆质之通者也,皆物理也"(《通雅》)。参见"通幾"。

质测即藏通幾 明清之际方以智用语。指"质测"与"通幾"的关系,详"通幾"。

道寓于艺 明清之际方以智用语。意谓事物的一般规律存在于具体的技艺之中。在文艺美学中,则指思想政治存在于艺术的形式、技巧中。他说:"道寓于艺者,艺外之无道,犹道外之无艺也。"(《东西均》)又说:"道之于艺也,内之于外也,顿之于渐也,体之于用也,有用之于无用也,皆相因,一有俱有者也。"(《东西均》)认为道在艺中,通过艺表现出来,没有艺外之道,也没有道外之艺;二者关系如同内外、顿渐、体用之间一样,都是相互依存,一有俱有,一亡俱亡的。方以智本于孔子"志于道"、"游于艺"(《论语·述而》)的精神,主张道艺并重,艺中求道,反对艺外求道。这是针对传统思想中忽视道、艺的辩证关系,借口"文以载道"或"道即是艺"的说法,强调文艺为道德政治服务而忽视其自身特点的倾向的批评;同时也是针对晚明文艺受王学末流"空谈心性"的影响而表现出的空疏俏丽、华而不实的"蹈虚"风气而发的。这是明清之际实学思潮的一个重要内容,对清初的学术思想和文学艺术产生过重要影响。

敬天 明清之际陆世仪用语。陆世仪继承朱熹的"持敬"说,指出:"古人言敬,多兼天说,如敬天之怒,敬天之威,予畏上帝,不敢不敬","人能有所畏,便是敬天根脚"(《思辨录辑要·居敬类》)。强调:"能敬天,方能与天合德。"(同上)"敬天二字,为圣门心法。"(《书淮云问答后》)认为"理"就是"天"。"天地间无一事一物非理,即无一事一物非天。"(《思辨录辑要·居敬类》)"'理即天也。'识得此意,敬字工夫方透。"(同上)只有把"理"当作"天"来看待,从而"敬天",才能真正做到"居敬","敬天"是"居敬"之关键所在。指出:"人须是时时把此心对越上帝";"能读《西铭》,方识得敬天分量。能践《西铭》,方尽得敬天分量"。"小人只是不畏天命。不畏天命,便无忌惮,便终身无入道之望。"(同上)故"理即天"、"敬天"归结为对"天命"的敬畏。

真行即是知 明清之际陆世仪的知行观。认为"知、行非二道也。不知不足以为行,不行不得谓之知";"天下无数道理,总贯他全在知、行二字。若道理日在天下,我不能知,与我无与;既知矣,复不能行,与我无与。"(《思辨录辑要·人道类》)强调学者"欲至于圣人",当以"敬"字为本,"知行并进,自强不息"。"知""行"统一,则世界与我成为一体。"知"与"行"之间,不可仅言"知先",亦不可单讲"行重",而是"一而二、二而一"的辩证统一关系。如果仅执一端,则其知不得谓之"真知",其行亦不能成为"真行"。

经济之学 明清之际张履祥的学术主张。认为"经世本于经学,乃真经济也"(《备忘录一》)。提出以"治生"为目的的"经济之学",认为"治生则能无求于人,无求于人则廉耻可立,礼仪可行"(同上)。主张"读有用之书,毋专习制艺,当务经济之学"(《年谱》)。反对闭门读书,皓首穷经,高谈玄理性命,坐而论道。提倡"明理在适用",认为:"学者固不可不读书,然不可流而为学究,固须留心世务。"(《备忘录三》)提出"务本节用,足国之道不外乎是","国以民为本,民以食为天"(《备忘录一》),提倡"重农、兴学、讲武"(同上)。认为只有"从百苦中打炼出一副智力",才能够"外可以济天下,内可以承先人",如果"爱以姑息,美衣甘食,所求而无不得,所欲而无不遂,养成膏粱纨袴气体,稼穑艰难有所不知,一与之大任,必有不克荷负者矣"(《答颜孝嘉》)。这些思想主张对清初实学思潮的形成产生了积极影响。

致知在力行 明清之际张履祥的命题。张履祥晚年虽"一意为程朱之学"(苏惇元《张杨园年谱》),然他服膺刘宗周学说中的"言工夫,率躬行,示平实"(《告先师文》),重视践履,对程朱理学个别原理持保留态度。认为朱熹在《大学补传》中的"致知在格物","谓学为顿悟,不由渐进者,此言非也。"纠正它"言精微,反遗平实"之误,提出"致知在力行",指出致知不去力行,尽管道理讲得高深玄奥,却非实际之理,于事无益,比如"畔上论田,终于苗何济!不如实从事去耕耘也"(《愿学记一》)。把耕耘之类农业生产劳动看做力行,就使传统的视日常洒扫应对的践履有了新内容。

勤俭立德 明清之际张履祥关于建立道德原则的命题。张履祥主张把立廉耻建立在勤俭的基础上,即把道德原则与物质生产生活联系在一起。提出勤俭为立德之本。从个人立身来说,"俭以养德,勤以养身"(《备忘录一》),使"无游惰之患,无饥寒之状,无外慕失足之虞,无骄侈黠诈之习"(《训子语上》),可以"远耻辱",可以"治生","绝妄为","善心生"(《补农书》)。从家庭来说,"作家以勤俭为主"(《训子语上》)。勤俭还是国家民生的根本,"民生在勤,勤则不匮"(《与陈孝垂》),"百废可兴"(《补农书》)。又强调"仁义要躬行实践"(《备忘录四》)。

耕读相兼 明清之际张履祥提出的修养方法。见其所著《备忘录三》。反对空言道德修养,认为"空言"无用、无益。强调"仁义要躬行实践",主张在劳动实践中建立道德,如"学耕须去习耕,学医须去习医"(《备忘录四》),提倡"耕读相兼"的修养方法。指出:“人言耕读不能相兼”是错误的,认为从事耕作余闲读书,可以使人弃绝妄想妄为;片面强调读书,轻视劳动,闲荡过日,就会“患其分心”(《备忘录三》)。主张“耕读不可偏废”(《训子语上》)。指出:“读而废耕,饥寒交至;耕而废读,礼义遂亡。”(同上)认为“耕读相兼”才是道德修养的重要方法和途径。

博学于文,行己有耻 明清之际顾炎武的学行纲领。顾炎武主张知行统一、认识论与伦理学的统一。针对晚明士林空疏浮泛的学风,提出“博学于文”、“行己有耻”的主张:“愚所谓圣人之道者如之何?曰‘博学于文’,曰‘行己有耻’。自一身以至于天下国家,皆学之事也;自子臣弟友以至出入、往来、辞受、取与之间,皆有耻之事。”(《与友人论学术》)“博学于文”、“行己有耻”本皆孔子语,分别见于《论语》的《颜渊篇》和《子路篇》。顾炎武重新提出,赋予了新的时代内容:主张“博学于文”,意在讲求“天下国家”之事,以与那些“置四海之困穷不言,而终日讲危微精一之说”者,分垒别帜;“行己有耻”,意在强调民族气节,用以针砭阿谀取容、丧失民族气节的人。他把追求个人的富贵利达还是关心国家民族的兴衰存亡,作为区别“无耻”与“有耻”的根本原则。

器识 明清之际顾炎武的学术观点。“先器识,后文艺”之说,最早见于《新唐书·裴行俭传》。顾炎武在批判封建取士制度时,把它重新提出来予以强调,借以阐述文章写作和作家品德修养、器度见识的关系。主张“士当以器识为先”(《日知录·文人之多》),“器识”包括德与识两个方面,更侧重于识。“器识”靠后天培养,其方法为“识经术,通古今”。主张“器识而堕于文人”,不以文章求名。强调写真知,说真话,“诚于中而形于外”,而“不妄作”。

理学即经学 明清之际顾炎武的学术观点。顾炎武提出“古之所谓理学,经学也”,“今之所谓理学,禅学也”(《与施愚山书》)。认为研究经学,不是为经学而经学,目的在于“通经致用”。“凡文之不关于六经之指、当世之务者,一切不为。”(《与人书三》)古人也讲义理,但都是以经为本,不通经则无以成义理,而要研究经学,需要长期艰苦努力,不是一朝一夕所能通晓的。批评当时一些理学家“束书不观,游谈无根”,玄想一番,空谈一阵,妄想一旦顿悟,其所谓理学实际上是“禅”学。这一提法以复古的形式否定了程朱陆王所标榜的理学,并为后来经学考证之风的兴起及其反理学之思想开了先河。

文须有益于天下 明清之际顾炎武的文学主张。他说:“文之不可绝于天地之间者,曰明道也,纪政事也,察民隐也,乐道人之善也。若此者有益于天下,有益于将来,多一篇,多一篇之益矣。若夫怪力乱神之事,无稽之言,剿袭之说,谀佞之文,若此者,有损于己,无益于人,多一篇,多一篇之损矣。”(《日知录·文须有益于天下》)认为,诗文写作的根本目的是“救世”、“救民”,为未来创造一个理想社会、太平盛世提供理论根据和各种有用的知识。指出:“救民以事,此达而在上位者之责”,“救民以言,此亦穷而在下位者之责”(《日知录·直言》)。要求为文“明道”与“救民”合一,有关“六经之指”与切合“当世之务”并重(《与人书三》),述经、用世、撰文三者应该是完全统一的,都要归结到“明道”与“救民”上面,强调“文”的有用性和有益性。

经世致用 指学问须有益于国事。明清之际顾炎武认为:“凡文之不关于六经之旨、当世之务者,一切不为。”(《与人书三》)提出应“引古筹今”,作为“经世之用”(《与人书八》)。黄宗羲提出:“受业者必先穷经,经术所以经世,方不为迂儒之学。”(见全祖望《神道碑文》)清章学诚也提出:“史学所以经世,固非空言著述也。”(《文史通义·浙东学术》)

中气 明清之际应㧑谦用语。指“太极”。针对周敦颐的“以太极为无”而提出。认为天地万物都起源于“中气”,“中气”是万物之原,天地之基。他把“五德之中气”当作“天下之大本”(《重订性理大中·序》)。赞成陆九渊“中即太极”的说法,认为作为太极的“中”实际上是气的一部分。“太极生阴阳,阴阳复生太极”(同上)。太极与阴阳二气交互形成,但始终不脱离阴阳二气。不同意周敦颐将太极归结为虚无以及朱熹、邵雍以“理”或“道”释太极的观点。

物即是知 明清之际魏裔介的认识论命题。见其所著《致知在格物论》。魏裔介推崇程朱理学,不承认客观事物能够离开人的意识而独立存在,断言“知不遗物,仍以知达之于物,则自有灿然明备之象”。“知外之物非物也,物外之知非知也。若以其超然立于万物之上而不与物以为偶,以是冥然自号曰致知,致知则未也”。认为“物之为我,我之为物”,“物即是知”,“而知不遗物”,何需用“格”?认为“灿然明备”的物象不是物体本身所具有的,而是主观的“知”达于物的结果。

道以器行 明清之际施闰章的认识论命题。施闰章为学强调躬行践履,反对空谈心性,提出“道以器行,数以象显”(《青原毗卢阁记》)。认为一般(“道”)不能脱离个别(“器”),抽象(“数”)不能脱离具体(“象”)。与“意之所在便是物”(《传习录》上)和“山中花树不在你的心外”(《传习录》下)等命题完全对立。

实有 明清之际王夫之用语。用以表述物质世界客观实在性的范畴。该范畴在宋明时期通过有无、虚实之辨已逐步形成,在王夫之的哲学思想中得到系统的阐述。他认为“实有”的含义是“天下之公有也,有目所共见,有耳所共闻也”(《尚书引义·说命上》)。物质世界的客观实在性是人所共同感知的,是绝对真实的,“从其用而知其体之有”、“体用相胥而相需以实”。王夫之还改造了《中庸》“诚者物之终始,不诚无物”等命题,以“诚”表示“实用”,认为“阴阳有实之谓诚”,“诚也者,实也,实有也、固有之矣,无有弗然,而非他有耀也”(《尚书引义·洪范三》),即认为物质及其运动形态的实有性是绝对的、无条件的,本来如此,永远如此。

太虚一实 明清之际王夫之用语。指宇宙(太虚)是由物质的气所构成的实体。《张子正蒙注·太和篇》:“阴阳二气充满太虚,此外更无他物,亦无间隙,天之象,地之形,皆其所范围也。”在发展张载“知太虚即气则无无”的思想上,肯定了“太虚”、“气”、“万物”乃是同一物质实体的不同状态。又用“诚”、“实”、“有”等概念,从哲学上概括出物质世界的客观实在性。“太虚,一实者也。故曰:‘诚者,天之道也。’”“诚也者,实也。实有之,固有之也。”(《思问录·内篇》)

道器合一 亦称“道器不二”。中国古代哲学阐述道器关系的重要命题。主张道不离器,道寓器中,道由器显,器是道之用。最早揭示道器关系的是《周易·系辞传》:“形而上者谓之道,形而下者谓之器。”此后,道和器便成为中国哲学中的一对范畴。或主张道器合一,或主张道器为二,或既主张道器合一、又讲道器不一。主张道器合一的具体观点也不尽相同。唐柳宗元提出道器不相离的观点。崔憬以器为体,以道为用,指出道必须依赖于器。北宋程颢和程颐主张道器不分,提出“道亦器,器亦道”(《程氏遗书》卷一),形而上的道寓于形而下的器之中。南宋朱熹说:“器亦道,道亦器,有分别而不相离。”(《朱子语类》卷七十五)但又主张道先于器的道器不一观。陆九渊认为,“道外无事,事外无道”(《语录上》卷三十四)。物即器,“事外无道”也含有道器不二的思想。元吴澄提出器道“然合一无间,未始相离也”(《答田副使第二书》)。明王守仁主张道器统一于主体意识,即“心”,提出道者器之体,器者道之用,二者是“体用一说”的关系。同时,又提出道先于器的道器不一观。罗钦顺明确指出道器非二的命题,说:“名虽有道器之别,实非二物,故曰器亦道,道亦器。”(《困知记》附录)明清之际讨论道器关系甚多,多主张道不离器,道在器中。其中,王夫之对历史上的道器关系讨论作了总结,明确提出“道器为一”的命题,说“天下唯器”,论证了“道者器之道”,“无其器则无其道”的思想(《周易外传》卷五),这便从根本上推翻了有永恒不变之道的观念。清章学诚主张道器结合,说“道不离器,如影不离形”,“道固器显”(《原道》中),“道寓于器”(《原道》下)。章学诚提出“道器合一”,主要是为了说明学术“皆期明道”,通过治史可以认识历史发展的规律。“道器合一”与“天人合一”、“心性合一”等共同构成了中国传统哲学的基本范畴,体现了中国传统哲学的根本精神和基本特征。

道器不二 即“道器合一”。

实道而虚器 明清之际王夫之用语。针对程朱理学用“形而上”和“形而下”来区分理和气、道和器的观点而提出。《周易外传》卷五:“实道而虚器。”认为道是依存于具体事物的,是实在的,而具体事物是可以由理性思维进行抽象的,“道者器之道,器者不可谓道之器也”(同上),一般原理存在于具体事物之中,而决不可说具体事物依存于一般原理。虽从“治器”即改造制作器物的秩序说,人先要形成观念和计划,“上之名立焉”,可把抽象观念看作在具体的“治器”之先。但“形而上者,非无形之谓。既有形矣,有形而后有形而上”(同上)。归根到底先有具体形器,后有抽象观念。这一观点比前人更有力地驳斥了程朱理学的“道在器先”理论。

天下惟器 明清之际王夫之用语。《周易外传》卷五:“天下惟器而已矣。道者器之道,器者不可谓之道之器也。”认为“道”不能脱离具体事物而独立存在,“据器而道存,离器而道毁”(《周易外传》卷二)。强调“道”随“器”的变化而变化,批驳了宋儒“悬道于器外”的观点。还指出各时代均有自己的“道”,“洪荒无揖让之道,唐虞无吊伐之道,汉唐无今日之道,则今日无他年之道者多矣”(《周易外传》卷五)。

道盛于趋时 明清之际王夫之关于道器的观点。王夫之在论证“道者器之道”(《周易外传》卷五)的基础上,既批判离器言道,又反对道永恒不变论,提出“道莫盛于趋时”(《思问录·内篇》)。指出“道之所行者时也”,“时之所承者变也”,“道因时而万殊”(《周易外传》卷七),认为道既为器之道,器外无道,而器又非永恒不变的,器变道亦随之变,道随器变即趋时,趋时则道昌盛于世。因此,君子之道,“勉于治器”(《周易外传》卷五)。此论为社会改革进步提供了哲学的理论基础。

象外无道 明清之际王夫之用语。“象”指客观世界的物质现象的总称;“道”指规律。《周易外传》卷六:“天下无象外之道,何也?有外则相与为两,即甚亲而亦如父之于子也。无外则相与为一,虽有异名,而亦若耳目之于聪明也。”认为“道”和“象”一体,“道”寓于“象”中,两者不能分离。反对魏晋玄学以及程朱理学视“道”为虚无的、脱离具体事物的精神实体。

象数相倚 明清之际王夫之用语。“象”即事物的形象;“数”即数量。认为事物形象与事物数量具有互相依赖的关系。《尚书引义·洪范一》:“天下无数外之象,无象外之数。……是故象数相倚,象生数,数亦生象。”认为自然界中事物形象都有一定的数量,数量也总是就事物形象而言,因而两者相互依赖。从数量关系上把握各种有形之物,这是“象”生“数”,“象生数者,天使之有是体,而人得纪之也”。依据数量关系来制作各种器物,这是“数”生“象”,“数生象者,人备乎其数,而体乃以成也”。王夫之还指出:“因已然而欢自然,则存乎象;期必然以符自然,则存乎数。”(《周易外传》卷七)顺着已成的秩序去观察自然,须依靠事物的形象;根据必然规律来制作器物,使之符合自然,就要依据于数量关系。并进一步指出:“象数相因,天人异用”(《尚书引义·洪范一》),人能根据“象”、“数”之间相互生成的关系,从自然界中概括出范畴和类概念,用类的观点观察自然,并掌握各类事物之间的数量关系,依据数量的必然性来改造自然。有思辨哲学特点,但不是近代实证科学的方法。

名实两相称 明清之际王夫之关于名实的命题。名实之辨至宋明时期,理学家以道象之辨提出,认为如理在气先一样，说象外有道。王夫之从“有其实斯有其名”(《读通鉴论·五代中一三》)，“无实不能有名”(《张子正蒙注·大易》)出发，在肯定实的第一性前提下，提出“名实两相称”(《尚书引义·召诰无逸》)，主张二者“不偏废”，肯定认识名的重要性，“知其名乃知其义”(《张子正蒙注·太名》)，名作为概念乃是事物本质的反映，通过名可以认识实。指出：“知实而不知名，知名而不知实，皆不知也。”(《知性论》)为防止两种偏向，他主张“问以审之，学以证之，思以反之”(同上)，从感性认识上升到理性认识。又强调“业已有实而名可起”(《尚书引义·多方二》)，在事物已发生变化后，原有之名已不副其实的情况下，对出现的新事物，可另起与其相副的新名。这样，“既得之于实，又得之于名”(同上)。名随实变，不以名乱实，使名实两相称。“名实两相称”的提出，在于针对当时现实“名随实丧”，“盗憎主，夷猾夏”，“君以贼盗王，臣以狄道贵”，主张“正名”，君道“修其实以得其名”，臣职“显其名以昭其实”(《尚书引义·泰誓牧誓》)。

文质两俱 明清之际王夫之论文与质即形式与内容关系的命题。文指文饰、形式；质指内容、实质。王夫之不同意文质偏废偏重或文质混同的观点，在提出“崇质尚实”或“敦实崇质”(《读通鉴论·三国一六》)的同时，又提出“文质两俱不废”(同上)。肯定质的第一性，说“质准其文，文生于质”(《读四书大全说》卷四)，“质可以生文，而文不能生质”(《读四书大全说》卷六)。但文不离质，质不离文，二者处在统一体之中，损益其一均不妥，“损其文者，必伤其质”，“离于质者非文，而离于文者无质也。”“惟质则体有可循，惟文则体有可著。”(《尚书引义·毕命》)“文与质相辅以相成者也。”(《读通鉴论·三国一六》)同时，又提出“文以昭质”(《四书笺解·雍也·质胜文生》)、“文以滋质”(《读通鉴论·后汉明帝二》)，“文”可以显著、光耀“质”，即完善形式，对内容的发展有积极的反作用。文质两俱不废的论述阐发了孔子的“文质彬彬”的思想。

静者静动 明清之际王夫之用语。表示事物发展的规律。为其朴素辩证发展观的重要内容。针对传统的形而上学的主静论，王夫之主张“太虚本动”和“天地之气恒生于动而不生于静”的主动论。肯定静是动的一种状态，“静者静动，非不动也”(《思问录·内篇》)。认为动和静是气化过程中呈现的两种状态，动是绝对的、根本的，静是相对的、派生的。静是动中之静，不存在“废然无动”的绝对静止。“动静当动也，由动之静，亦动也”，动与静相互连结而统一于动，只是一种表现为动中之动，即“动之动”，另一种表现为动中之静，即“动之静”。肯定静的意义和作用，指出“二气之动，交感而生，凝滞而成物我之万象”(《张子正蒙注·太和篇》)，“动而成象则静”，相对静止是物质分化，“物我万象”得以形成的必要条件。指出动静是对立统一的。在事物发展的全过程中，“静即含动，动不含静”(《思问录·外篇》)，“动静互涵，以为万变之宗”(《周易外传》卷四)，而在特定的阶段，“动有动之用，静有静之质”。否定了魏晋玄学与宋明理学中关于精神本体绝对静止的观点，批判了庄子和佛教割裂运动与静止的运动观。并由此强调，人类要改造自然和社会，有所作为，“不容不动”，“天下日动而君子日生，天下日生而君子日动”。“动”是“道之枢，德之牖”。这一由客观世界的运动引出人生运动的观点，在中国哲学史上有着深刻的意义。

变化日新 明清之际王夫之用语。表示事物发展的规律。为其朴素辩证发展观的重要内容。《思问录·外篇》：“天地之德不易，而天地之化日新。”天地的物质本性固然不易，而天地的变化却是日新的。王夫之认为天上的风雷、地上的江河之水，人身的爪发肌肉，每日每刻都在变化更新。生命经历着“胚胎”、“流荡”、“灌注”、“衰减”和“散灭”等五个阶段，前三个是生命处于生长阶段，后两个是生命处于衰灭阶段，而在衰灭中已孕育着“推故而别致其新”的契机，故“死亦生之大造”，旧事物的死亡正是新事物诞生的条件，自然界由此“荣枯相代而弥见新”；人类社会也是“古今殊异”，变革更新，“洪荒无揖让之道，唐虞无吊伐之道，汉唐无今日之道，则今日无他年之道者多矣”(《周易外传》卷五)。提出了“更新而趋时”的政治理想，认为“道莫盛于趋时”，思想如不能随时代前进，“守其故物而不能日新”，必然枯槁而死；如能不断自我更新，“趋时应变”，就会富有生命力，“日新而不困”。这一思想对于中国近代的哲学启蒙，特别是对谭嗣同的变法维新思想，产生过积极的影响。

奉常处变 明清之际王夫之提出的对待事物变化与不变的命题。王夫之在肯定世界上事物变化的普遍性的同时，又承认变化具有规律性。“常”指恒久、不易、有序、条理；变言变化、变通。变与常的关系是，“变在常中”，“常亦在变之中”，“变立而常不出其范围”(《周易外传》卷六)。常与变非截然分开，二者相互联结。他又强调知常、取常、执常，“执常以通变，要变以知常”，“取常以推变”(同上)，即认识、掌握和运用事物变化的规律，以考察、推求和预测其发展方向。与“奉常处变”含义相近的命题，在《周易内传》中还有“于常制度”、“执常通变”、“贞常听变”、“蹈常处变”等。

质日代 明清之际王夫之用语。《思问录·外篇》：“形者，言其规模仪象也，非谓质也。质日代而形如一……爪发之日生而旧者消也，人所知也。肌肉之日生而旧者消也，人所未知也。人见形之不变而不知其质之已迁，则疑今兹之日月为邃古之日月，今兹之肌肉为初生之肌肉，恶足以语日新之化哉!”指出要善于区别事物的形象和实质，透过表面现象以把握事物发展变化的内在实质，为其猜测事物现象和本质关系的素朴的辩证观点。

乐观其反 明清之际王夫之用语。指乐于妥善地调节矛盾。《周易外传》卷七：“听道之运行不滞者，以各极其致，而不忧其终相背而不相通，是以君子乐观其反也。”认为自然界和人类社会充满着既对立又统一的现象，“天下之变万，而要归于两端。两端生于一致”(《老子衍》)。事物中“反者有不反者存”，“相反而固会其通”(《周易外传》卷七)。强调从事物的差异、对立中去把握同一，从而乐于妥善地对矛盾进行调节。反对在对立事物前“忧其终相背”，“惊于相反而无所不疑”。

能必副所 明清之际王夫之用语。“能”、“所”原为佛学概念，表示主观(能)和客观(所)的区别。王夫之说：“能、所之分，夫固有之，释氏为分授之名，亦非诬也。乃以俟用者为所，则必实有其体；以用乎俟用，而以可有功者为能，则必实有其用。体俟用，则因所以发能；用，用乎体，则能必副其所。”(《尚书引义·召诰无逸》)指出在能(主体)和所(客体)的关系上，作为认识的对象(俟用者)，必须是确实的存在对象(实有其体)；发挥认识作用，必须确有具备认识能力者(有功者)。有了客观对象才能引起认识作用(“因所以发能”)；认识必须与客观对象符合(“能必副其所”)，才能得到正确的认识。

形凭神运 明清之际王夫之关于形神问题的命题。对精神与肉体的关系，王夫之持“有形乃以载神”(《张子正蒙注·参两》)、“形发而神见”(《张子正蒙注·大易》)的基本观点，认为形神不离，形体是精神的基本，据此提出“形凭神运”的命题，说“形非神不运，神非形不凭”(《周易外传》卷二)。形与神的关系是凭与运的关系，犹如车之载与御的关系。凭被解释为载体、依托，运被解释为支使、驾御，肯定形体是基本，而精神对形体有反作用。这样，把范缜“形质神用”的命题向前推进了一大步。

自明而诚 明清之际王夫之用语。用以指认识的一种途径。语原出《中庸》“自明诚”。强调学习是达到“明”(明白道理)的重要途径，“当其言学，则必前明而后诚”(《读四书大全说》卷三)。学离不开教，应接受古圣人的教导，“‘贤人之学’自明而诚，而其能然者，惟圣人之教，‘自诚明’也”(同上)。又说“贤人遏欲以存理者也，而遏欲必始于晰欲，故务‘尽心’；存理必资乎察理，故务‘知性’”(同上)。认为人的私欲成见有碍于对客观的认识，故提出“遏欲存理”的主张，他把自明而诚的学习过程，理解为通过“晰欲”、“察理”而“尽心”、“知性”，了解真实无妄的客观规律。

自诚而明 明清之际王夫之用语。用以指认识的一种途径。语原出《中庸》“自诚明”。王夫之借用之，认为圣人能始终保持和发挥先天固有的善性(诚)，凭它可以正确认识和处理问题(明)。“圣人之德，自诚而明，而所以尔者，则天命之性，‘自诚明’也。”(《读四书大全说》卷三)又以为圣人具有“聪明睿知”和“仁义礼智”的“圣德”，依靠它而加以扩充便“至诚之所以能体，夫大道之蕴奥可得而知，诚则明，明而后诚无不至也”(同上)。从而可认识和把握世界的根本规律与宇宙的全部奥妙。这种美化圣人“自诚而明”的认识途径，乃是王夫之朴素唯物主义认识论中残存的先验论的因素。

诚明相资 明清之际王夫之用语。“诚明”作为一对哲学范畴，始于《礼记·中庸》。“诚”的本义原是真实无妄，“明”指光明、明白。王夫之以“诚”指客观“实有”或一般规律，“诚，以言其实有者尔”(《张子正蒙注·天道篇》)，“诚者，天理实然，无人为之伪也”(《张子正蒙注·诚明篇》)；以“明”指人对客观规律的认识和把握，“诚者天之道，明者人之天”(《读四书大全说》卷三)。“诚明相资”即指主观和客观的高度统一。他另又以“诚明”的概念来表达人认识过程中感性认识与理性认识的关系，“‘明’、‘诚’，相资者也，而或至于相离。非‘诚’之离‘明’，而‘明’之离‘诚’也。‘诚’者，心之独用也；‘明’者，心依耳目之灵而生者也”(《尚书引义·尧典》)。认为“诚”是“心之独用”，属于理性思维，“明”是“心依耳目之灵而生者”，属于感性认识，人的正确认识便是“诚明相资”，即感性认识和理性思维的统一。

格致相因 明清之际王夫之用语。用以探讨认识过程中的感性认识和理性认识的关系与作用的问题。《四书训义》卷一：“格致相因，而致知在格物。”认为：“大抵格物之功，心官与耳目均用，学问为主，而思辨辅之，所思所辨者皆其学问之事。致知之功，则惟在心官，思辨为主，学问辅之，所学问者，乃以决其思辨之疑”(《读四书大全说》卷一)。认为格物属于感性认识阶段，依靠耳目感官的作用，但“思辨辅之”，离不开理性知识的指导；致知属于理性认识，“思辨为主”，但也不可脱离感官的作用，“学问辅之”。然而“致知”(理性认识)比之“格物”(感性认识)要深刻，能“决思辨之疑”。强调了格物和致知是不能截然分割的统一的过程。

微言以明道 明清之际王夫之用语。指用分析与综合相结合的方法来把握事理。《周易外传》卷五：“书不尽言，言不尽意，是故微言以明道。”认为“言”确有不足以达“意”处，但不能由此引出“得意忘言”，而应用“微言”来明道。“一阴一阳之谓道”即为一例。王夫之批评“以为分析而各一之者”的道家片面强调分析，将阴阳分割开来，阴归阴，阳归阳，“则于阴于阳而皆非道”，以道为虚无；又批评“以为抟聚而合之一者”的佛家片面强调综合，用本体统摄一切，将阴阳、天地、万物归结为偶合而成的假象，以“道”为具园成实性的真心。王夫之实际上是在方法论上，对程朱近道，偏重分析，陆王近禅，偏重综合进行了批评。

比类相观 明清之际王夫之关于认识事物的方法。比，比较；类，具有相同属性的事物对象。通过比较事物之间的同异、屈伸关系，认识事物的本质属性。王夫之认为，“凡物，非相类则相反”(《张子正蒙注·动物篇》)，因此，比较各类事物之间的同异、屈伸的关系，既把握水寒、火热等等之“异”，金铄而肖水之类的“同”，又把握“金得火而成器、木受钻而生火”等等的屈伸变化，并分析其“错(同异)综(屈伸)而成用”的原因，观察比较各类事物“或始同而终异，或始异而终同”的情况，就能逐步把握这些事物的本质：“比类相观，乃知此物所以成彼物之利”（同上），形成正确的类概念。

学成于聚 明清之际王夫之用语。《周易外传》卷五：“学成于聚，新故相资而新其故。”认为学习上的成就在于广泛地积聚前人和今人的知识经验，对以往历史文化知识的掌握，必须同现实新经验的研究相结合，此即“新故相资”。这一观点既承认“新”的东西是由“故”的东西发展而来，但又强调“新其故”应在“故”的基础上有“新”的创造，使人们的认识不断深化。克服了先秦时孔子的“信而好古”、“好古敏以求之”的崇古忽今的片面性。

浮明 明清之际王夫之用语。指一种貌似明白正确而实际上只是假象的认识。《尚书引义·召诰无逸》：“舍其故而趋其新，背其利用而诡于实，浮明之言兴而凿智之动起。”“心与道之固然，虽有浮明与其凿智，弗能诬以不然也。”要求人们在认识事物时，不应为浮在表面的现象所迷惑。

六经责我开生面 明清之际王夫之用语。出于自题堂联“六经责我开生面，七尺从天乞活埋”。表明他在继承传统学术思想的过程中要从内容上不断进行修正和创新。认为任何事物都是推陈出新的，学术思想也是如此，“学成于聚，新故相资而新其故”（《周易外传》卷五）。对于古代经学的内容有所修改而增加新义。反对“泥古过高而菲薄方今”的态度。从研讨“六经”的基础上能别开生面地发展和丰富新的内容。表现了王夫之启蒙思想家的特征。

知行有别 明清之际王夫之的认识论观点。认为知和行是两个内容不同而各有功用的范畴。“知行相资以为用，惟其各有致功，而亦各有其效，故相资以互用，则于其相互，益知其必分矣。”（《礼记章句·中庸衍》）知行之间有联系，但又有区别，不可互相替代，“知行之分，有从大段分界限者，则如讲求义理为知，应事接物为行是也”（《读四书大全说》卷三）。从两者的对立统一的辩证关系上来理解知行关系，因而反对王守仁的以知代行的“知行合一”说，指出“姚江王氏（王守仁）知行合一之说，得借口以惑世”的要害，是“不知其（知行）各有功效而相资”（《礼记章句·中庸衍》）。

行先知后 明清之际王夫之的知行学说。他在批评宋明理学“知先行后”学说时，明确提出“行先知后”、“行可兼知，而知不可兼行”。认为人的认识是从力行中来的，“力行而后知之真”。他把“非知之艰，行之惟艰”的古老命题和孔子“先难后获”的思想相结合，得出“知非先，行非后，行有余力而求知”的结论。还用弈棋、饮食、行路等大量的日常生活经验事实，说明“盖天下之事，固因豫立，而亦无先知完了才去行之理”（《读四书大全说》卷一），强调行在认识中的作用。清颜元更突出了行在认识中的决定作用，把王守仁的“不行只是不知”，改成“不知只是不行”，还把《大学》中的“格物”释为“手格猛兽之格”、“犯手（动手）捶打搓弄之义”，强调一切知识都来源于习行、实践。

行可兼知 明清之际王夫之用语。指知与行各有功用，不可混同。《礼记章句》卷三十一：“知行相资以互用，则于其相互，益知其必分矣。”但强调行是知的基础和主导，指出“且夫知也者，固以行为功者也；行也者，不以知为功者也。行焉可以得知之效也；知焉未可以得行之效也”，“行可兼知，而知不可兼行”，“君子之学，未尝离行以为知也”（《尚书引义·说命中二》）。斥责明王守仁的“知行合一”是“销行以归知，终始于知”，指出南宋朱熹主张“知先行后，立一划然之次序，以困学者于知见之中”（同上）。

明诚合一 明清之际王夫之用语。指圣人在道德修养中所达到的知行合一的境界。他认为圣人既立之后，其知也非待于致也，豁然贯通之余，“全体明而大用行也”；其行也，非待于力也，其所立者条理不爽，而循由之则“因乎事物之至也”。故圣人既立之后，“诚则明矣，明诚合一，则其知焉者即行矣，行焉者咸知矣”（《读四书大全说》卷四）。强调了认识与修养、知和行的统一。

性日生日成说 明清之际王夫之关于人性发展的学说。《尚书引义·太甲二》：“夫性者生理也，日生则日成也。”谓人性是变化日新、生生不已的，犹如“目日生视，耳日生听，心日生思”。人的身体与思维也处于发展变化中，“形以日养”，“理以日成”，所以“惟命之不穷也而靡常，故性屡移而异”（同上）。以此说明人兽之别：“禽兽终其身以用初命，人则有日新之命矣”（《诗广传·大雅》），禽兽由天生的本能决定一切，不能发展自己的本性，而人性则“未成可成，已成可革”（《尚书引义·太甲二》）。且“已生之后，人既有权也，能自取而自用也”（同上），强调人发挥主观能动性，在选择取舍之中，逐渐造就理想人格。对《易传》的“继善成性”说有进一步发挥，认为“继之则善矣，不继则不善矣”（《周易外传》卷五）。视由恶向善为一继续不息的动态过程。“天下日动而君子日生，天下日生而君子日动。动者，道之枢，德之牖也。”（《周易外传》卷六）肯定理想人格（“君子”）的造就，是在人与自然界之间的不停顿的交互作用中完成的，是在人的主观能动性对自然界施加作用的动态过程中进行的。

成身成性 明清之际王夫之用语。发挥北宋张载“君子之道，成身成性以为功者”的论点，认为造就人的德性不能离开人的合理欲望的满足（“成身”）。王夫之指出，人之性“有仁义礼智以正其德”，又“有声色臭味以厚其身”，两者不相悖害“而互为体也”。故不能像佛家、道家以及理学家那样讲“无欲”或“灭人欲”，而应合理地满足人的欲望，在“成身”中“成性”。

理寓于欲 明清之际王夫之关于天理人欲关系的主张。他针对程朱理学“天理存，则人欲亡；人欲胜，则天理灭”（《朱子语类》卷十二）的理欲对立论，提出“于人欲见天理”（《读四书大全说》卷四）、“天理”“必寓于人欲以见”(《读四书大全说》卷八)。认为“饮食男女之欲,人之大共也”(《诗广传・陈风》),适当地满足人们的欲望完全必要。强调道德与人的物质生活欲求有不可分割的联系:“终不离欲而别有理”(《读四书大全说》卷八),“理尽则合人之欲,欲推即舍天之理”(《读四书大全说》卷四)。进而把人类共同的物质生活欲求看作是道德原则、规范的基础,“养其生理自然之文,而修饰之以成乎用者,礼也。”(《俟解》)是中国古代对道德本质的一种探讨。

习与性成 明清之际王夫之关天人之德性培养的基本主张。语出《尚书・太甲》,王夫之加以引申发挥:“习与性成者,习成而性与成也。”(《尚书引义・太甲二》)认为人性的完善是在后天环境中形成的,特别强调社会的物质生活状况与周围环境在造就人的德性上的积极作用,“饮食起居,见闻言动……奚不日以成性之善;而其卤莽灭裂……奚不日以成性之恶哉?”(同上)与儒家传统“向内用力”、“克己省察”的修养论相对立。继承和发展了北宋王安石人性之善或恶皆出于“习”,并非生而不可移的观点。又以为“教修而性显”(《思问录・内篇》),主张“学、虑,习也”(《读四书大全说》卷十),视学习与思虑也属“习”行,肯定教育与思虑在培养德性过程中的重要意义。同时以天人关系之论阐发“性与习成”思想,称:“性者天道,习者人道。”(《俟解》)又说:“性者生理也,日生则日成”(《尚书引义・太甲二》)。以为人的德性实质上是在人道与天道(自然)交互作用中形成的,是不断生长、发展的,“未成可成,已成可革”(同上),可以由变革而得到改造。并指出这种变革不是被动的,“人既有权也,能自取而自用也”,即能主动地权衡取舍。肯定了人性培养上应发挥人的主观能动性。由此提倡“君子自强不息,日乾夕惕,而择之、守之,以养性也。”(同上)

循情定性 明清之际王夫之用语。在性和情的关系上,为反对佛、老和理学唯心主义者“无情”、“忘情”之说而提出。《诗广传・齐风》:“情者,性之端也。循情而可以定性也。”“定性”即“成性”。《张子正蒙注・诚明篇》:“成,犹定也,谓一以性为体而达其用也。善端见而继之不息,则始终一于善而性定矣。”认为情是性的表现,是从性发出来的端倪;善于因人之情加以引导,便可以使善端继之不息,达到“定性”(“成性”)的效果。王夫之讲德性培养,注意情性统一、互相作用的过程,含有辩证法的因素。

珍生务义 明清之际王夫之提出的人生观。继承“天地之性人为贵”的思想,说“天地之生也,则人以为贵”(《周易外传》卷二),“人为万物之贵”,“最可爱者此生也”(《四书训义・论语・泰伯》)。在此思想基础上,以积极态度对待人生,“贞生贞死”(《读通鉴论・汉武帝一六》),“以道爱身”(《宋论・理宗四》),从而提出珍生务义的人生观。王夫之看重生命的价值,主张敬重生命的权利与意义。说:“圣人者人之徒,人者生之徒。既已有是人生,则不得珍其生。”(《周易外传》卷二)为此,要“健以存生之理”(同上),而此,是为了“务义”。“生以载义,生可贵,义以立生。”(《尚书引义・大诰》)义是人之所以为人的根本原则,人生的价值就体现在义行义事上。“立人之道曰义……故曰‘智莫有大焉’也,务义以远害而已。”(《尚书引义・禹贡》)他所说的“义”,包含一人之“正义”,一时之“大义”和古今之“通义”,即个人对他人、对君主和对民族关系的准则。

善恶循环 明清之际刘元禄的人性论观点。认为人性由善到不善,再由不善回到善,形成永恒的循环。指出:“人未尝无善,但善非至善,则不至诚,旋以物欲之累,而复陷于不善矣。不善必有余殃,迨殃极则悔生,善端复萌。萌而不能栽培滋息,则必仍受物欲之累,又陷于恶矣。善恶循环不已”(唐鉴《国朝学案小识》)。肯定善恶不断变化和人世间一切祸福盛衰都处在“循环”中。

顺逆一理 明清之际王宏撰的哲学命题。肯定顺逆是对立统一。运用朴素辩证法的观点,对顺逆之间的关系作了说明,认为“天下之道,顺、逆而已。不逆则其顺无成也,故生知安行皆是逆力,困知勉行莫非顺事”。指出:“君子为学,唯为其逆而已。”(《顺逆虚实》)提出“顺逆一理”的命题,认为“凡为学之道,皆逆功也。逆以用之,顺以成之,自然之道也”;“顺者其体,逆者其用也。体用一原,顺逆一理,知逆之为顺者,其知道乎!”(同上)肯定了顺与逆之间的矛盾不仅能够统一,而且可以互相转化。

道脉 明清之际费密用语。意为“道统”,即关于“道”的传授系统。费密不同意理学传授系统的道统论,主张“从古经旧注发明吾道”(《弘道书・题辞》),提出了新的道脉论,所论证的儒家圣门之道传授、演变的脉络围绕“中”展开。并专序:“七十子传人见于国史者为《圣门道脉谱》,画图详其世次,述传授之宗系”。指出:“盖羲农尚矣,尧命舜,称允执厥中,舜亦以命禹,汤执中,文、武、周公无偏无陂,皆中也。万世帝王传焉,公卿用之,至孔子曰中庸,古今学者守之,庠序布焉。是中者,圣人传道准绳也。”“道脉”以上古帝王为首,“万世帝王传焉”,而“公卿用之”,“学者守之”,都不离“中”。认为与理学弊端脱离实际,静坐论道的所谓道统截然不同。“道脉”的主体是帝王将相。指出:“言道而舍帝王将相,何以称儒说?”(《弼辅录论》)反对理学的道统论,提倡帝王统道、师儒讲道的道脉论,并不比理学家的道统说高明。

圣学非道学 明清之际毛奇龄的哲学命题。毛奇龄主王学而非朱学,认为道学“自鬻老子而下”,源于道教,与儒学是不能混为一谈的。明确将程朱理学归于道学,并把道学与儒学严格区别开来。认为“道学两字,六经皆分见之,即或并见,亦只称学道,而不称道学”(《辨圣学非道学文》)。“道学者,虽日以道为学,实道家之学也。”(同上)道学始倡于两汉,盛行于魏、晋、南北朝,“逮至北宋,而陈抟以华山道士自号希夷,与种放、李溉辈张大其学,竟搜道书《无极尊经》及张角《九宫》,倡太极,河洛诸教,作道学宗纲宗,而周敦颐、邵雍与程颢兄弟师之,遂篡道教于儒书之间。”(同上)“至南宋,朱熹直丐史官洪迈,为陈抟特立一《名臣大传》。而周、程诸子,则又倡《道学总传》于《宋史》中,使道学变作儒学。”(同上)据此,他说:“道学本道学家,两汉始之,历代因之,至华山而大张之,而宋人则又死心塌地以依归之,其为非圣学。”(同上)认为“圣学之中原该道”,“学圣既成,即谓之道。学者道之始,道者学之终,既非两途,又非两事,且并无两工夫”(同上)。所谓“圣学非道学之辨”,实即朱学王学之争。

识仁 明清之际汤斌用语。指达到仁境界的人。他发挥程颢《识仁篇》的思想,提出“仁者天道之元也”的观点,认为“知天人同原,则知吾心与天地流通而往来无间,民胞物与之念油然而生,而戒慎恐惧,自不容已。故程子谓学者须先识仁以此也”。指出:“仁之为体,非可口传耳授也,在人之默识耳。”(《嵩阳书院记》)学者“识仁”,要长期坚持,潜移默化,咀嚼体味,加强内心修养,方能得到“求仁之方,为仁之要”,达到“浑然与物同体”。这种境界叫作“仁”,达到这种境界的人叫作“仁人”或“识仁”。认为识仁并不难,“人人可以自尽。然须先识本体,识得本体,工夫已在其中矣。”(同上)

顿因于渐 明清之际汤斌的认识论命题。见《汤子遗书·语录》。汤斌师承孙奇逢的“顿从渐来”说,进一步提出“顿因于渐”的命题,认为认识上的顿悟不是凭空突然发生的,而是知识逐渐积累的必然结果。“先儒尝有言:顿悟之非,不知悟未有不顿者。但必学问真,积力久,方有一旦豁然大悟处,是顿因于渐也。”重视知识的积累,认为“躬行固难,只是行得一寸是一寸,积累将去”。“事不论大小,只论是非。学者须令事合理,一事不可忽略。故曰:浩然之气是集义所生者。曰:集义是日积月累事,功夫不可一时息,一有息时便与天行之健不相似。”强调论是非,重力行,指出:“学者读书不务身体力行,专为先儒辨同异,亦是玩物丧志。”

灵原 明清之际李颙用语。语出《学髓》。意为天地万物之本原,是人的根本,也是天地万物之根本,实质指的是“心”,亦即陆九渊的“本心”和王守仁的“良知”。认为:“形骸有少、有壮、有老、有死,而此一点灵原,无少、无壮、无老、无死,塞天地,贯古今,无须臾之或息。”他设问:“此不过一己之灵原,何以塞天地,贯古今?”又自己回答说:“通天地万物、上下古今,皆此灵原之实际也。非此灵原,无以见天地万物、上下古今;非天地万物、上下古今,亦无以见此灵原。是以语大语小,莫载莫破。”认为灵原是无形象、声音、气味;空虚寂定而又神灵;言其量,则无所不包,言其明,则无所不烛。李颙对“灵原”的描述承袭了朱熹的心性学说,含有一定的神秘性。

虚明寂定 明清之际李颙用语。指人心体达到的一种境界。认为人心虽然虚寂,但其作用神灵莫测,而念虑则不断地起灭。念虑之起,要分别有意与无意。有意的念虑,不是“行所无事”,而是“有为之为,君子不与也”(《学髓》)。如果“有意为善,虽善亦私”,不值得称赞。“无念之念”,指不带有物欲的念虑,完全符合天理,“至一无二,不与物对”,是纯然天理,没有理与欲的二者对立。实际上,“有意”、“无意”,乃是指念虑是否与物欲相纠缠,亦即“存天理,灭人欲”。认为人欲是恶的、非的、邪的,而天理是善的、是的、正的。故人欲必须克治,一直到“无欲之可克”;天理必须存养,一直到“无理之可存”。无理之可存不是说没有天理了,而是此心全然是天理,无可再存养。这时,“欲理两忘,纤念不起”,回复到人生本原,真正达到了心体“虚明寂定”即“心寂”的境界。他的“欲理两忘,纤念不起”,来源于陆王心学,与道家的“心斋”、“坐忘”,佛家的“涅槃”、“禅定”一脉相通。

悔过自新 明清之际李颙用语。指一种主体自主、自觉地“复故”、“反本”的工夫。他说:“性,吾自性也;德,吾自得也。我固有之也,曷言乎新?”所谓“新”,不是在“本体之外,欲有所增加”,而是“复其故之谓也”(《悔过自新说》)。要做到这一点,则必须“悔过”,即去除那些不符合“天理”的欲念和行为,指出:“苟有一念未纯于理,即是过”,“苟有一息稍涉于懈,即非新”。应“先检身过,次检心过,悔其前非,断其后续,亦期至于无一念之不纯,无一息之稍懈而后已”(同上)。只有经过这样坚持不懈的努力,方能复明人所固有的至善本性,达到“自新”。强调:“人生吃紧要务,全在明己心,见己性,了切己大事。”(《书一》)认为,为学应“自尽其心,自复其性”(《传心录》)。“悔过自新”、“存心复性”是一种自主、自觉的修养活动,是针对理学末流提出的一种救治方法,是对理学心性学说的进一步强调。

明体适用 明清之际李颙的哲学观点。认为:“儒者之学,明体适用之学也。”(《盩厔答问》)“穷理致知,反之于内,则识心悟性,实修实证;达之于外,则开物成务,康济群生。夫是之谓‘明体适用’。”(同上)一方面,“识心悟性,实证实修”以明体;另一方面,“开物成务,康济群生”以适用。修养心性道德是“明体”,以此开出外王、事功即是“适用”。这两个方面浑然一体,不可分割,是一个由内到外的统一过程,“明道存心以为体,经世宰物以为用,则体为真体,用为实用。”(《答顾宁人先生》)“明体”与“适用”是一个不可分割的整体,“明体”是适用的前提和基础,“适用”是明体的必然要求。既讲“明体”,又追求“适用”,是力图恢复儒学的经世传统,也是对宋明理学的一种修正。

明善格物 明清之际李颙格物论命题。李颙为学“以孔子为宗,以孟子为导,以程朱陆王为辅”(《四书反身录》)。而又提倡“经世事宜,实实体究,务求有用”(同上)。其“格物”说,既调和朱陆的理学、心学,以兼采实学的特点。认为“物即身心意知家国天下之物;格者,格其诚正修齐治平之则”(同上)。“物”既指客观存在的事物,又是主观的思维、意识的活动。“格物乃圣学入门第一义”,“格物”的原则是“明体适用”。他指出程朱的“即物穷理”是教人“一物不格，则一理未明”（《锡山语要》）。但这只是“中正平实，极便初学”（《靖江语要》）的道理。“格物”不同于“博物”，它不可停留于“外求”的阶段。强调“穷理致知，反之于内，则识内悟性”。“识内悟性”，复明人的良知本性，这才是根本。“本者何？即心中一念灵明，固有天良是也。”（《四书反身录》）“有了本不愁末。”所以“通天地万物、上下古今，皆此灵原之实际也”（《学髓》）。外在的一切事物都是“灵原”（或“灵明”）的显现而已。“格物”的日的是“为善去恶”，恢复人的本性之善。“大人之学原在止至善，故格物以明善，善非他，乃天下之所以与我者，即身心意知之则，而家国天下之所以得理者也。”（《四书反身录》）“明善”就是反求“于内”的“固有天良”。李颙是清初实学思潮中的代表人物之一，他的“明善格物”是主张“经纶天下之大经，由于立天下之大本”（同上）。只要立明善存心之大本，便可“达开物成务之略”（《富平答问》）。

清代哲学

以实补虚 清陆陇其的哲学命题。陆陇其推崇程朱理学，主张躬行实践。认为“姚江没，而天下之虚病不可不补”（《又与范彪西进士》）。指出：要解决当时社会、思想矛盾，只有用程朱的“实”来补王学的“虚”。要求通过重建朱学的权威来纠正王学空疏误国之失，把理学从空疏引向笃实。力倡“笃行”，反对“空言”，强调实行和实学。认为：“实行之人，因思实学之重。学字对行，则便专指穷理一边。大抵天下无实行之人则不成世道，然实行必由乎实学。”（《松阳讲义》）主张学术必须致于实用，扫除一切异说，把学问和所认识的真理融化到人的日常生活实践中去。从“虚”向“实”的引导，是清初实学思潮在理学内部的反响。

即心得道 清初唐甄的本体论命题。把“心”、“性”看成是主观自生的先验观念，认为“心”或“性”是天地万物的本原，可以包容天地万物，“心具天地，统万物”，“性统天地，备万物”（《性才》），“性具天地万物，天地万物在我性中”（《宗孟》）。“心”是天地万物的主宰。“万物繁育，咸得其生，皆心之所贯”，“学由自保，则得为真得；良知可致，本心乃见”（同上）。所以“君主之志于道也，道由心致，不由外致”，“忧患道心生，安乐道心亡；贫厄道心生，富豫道心亡”（《格定》）。主张“四德”是“人之恒德生而各具”（《用贤》），“四德我所自有，非由外铄”（《宗孟》）。

天兼理、气、数 清颜元的哲学命题。认为数是理的外在表现，理是数的内在联系，它们都是气的属性，三者结合在一起，反映出宇宙万物的运动过程。在理气关系方面，颜元主张“理气融为一片”（《存性编》卷二）。理、数都统一于气，是气的属性。数是气运动变化所表现出来的秩序、定数，而理则是通过数表现出来的必然性。他认为，万事万物都是由气生成，“其往来代谢、流行不已者，数也；而所以然者，理也”（《存学编》卷一）。在理与数的关系上，认为二者密切相联，数是事物运动发展的定数，即发展中呈现出的必然结果，它们都是一气运行的形式和属性。他说：“气机消长否泰，天地有不能自主，理数使然也；方其消极而长，否极而泰，天地必生一人以主之，亦理数使然也。”（同上）认为，一气的运动发展，天地也不能为其主宰，而是它本身的理数在发生作用。即使消长、否泰的转化之机往往借助于某个杰出人物而实现，也仍旧是理数的必然结果，圣贤的作用也只是气数的表现。圣贤本身即是气数的产物，其所发挥的只是气数的固有作用，不能超越、离开气数。“天兼理、气、数，须知我与天是一个理，是一个气、数；又要知这理与气、数是活泼，而呼吸往来、灵应感通者也。”（同上）理、气、数三者组成了客观的自然之天。

习行 清颜元用语。对求学问知识和道德修养方法的总结。认为要得真知，必须“用力于讲读者一二，加功于习行者八九”，故释“格物致知”的“格”字为“手格猛兽之格”、“手格杀之格”（《四书正误》卷一）；解“格物致知”为“手格其物而后知至”（同上）。颜元所讲的“习行”，不仅强调认识依赖于行，而且还含有验证知识之意，“吾谓德性以用而见其醇驳，口笔之醇者不足恃；学问以用而见其得失，口笔之得者不足恃”（《年谱》上）。以为一个人的德性和学问须在“习行”中得到验证。

习动 清颜元用语。由“习行”引申和发展。“习”即练习；“动”即实践活动。认为：“王子讲冠礼若甚易，一习初祝便差。以此知心中醒，口中说，纸上作，不从身上习过，皆无用也。”（《存学编》卷二）主张在实践活动中获得真知，造就人才。他说：“宋人好言习静，吾以为今日正当习动耳！”（《年谱》上）客观事物在不断运动变化，人的生命、认识和才干也都是运动着的过程，故养身莫善于习动，动则日益精壮，静则日就惰弱；治心莫善于习动，习动则无暇，无暇则邪念不起。习动也是发展和验证真理的途径，“德性以用而见其醇驳”，“学问以用而见其得失”（同上）。认为习动才能培养人才，“三皇、五帝、三王、周、孔，皆教天下以动之圣人也，皆以动造成世道之圣人也。”（《颜习斋先生言行录·学须第十三》）反之，“佛之空，老之无，周、程、朱、邵之静坐，徒事口笔，总之皆不动也。而人才尽矣”（同上）。还指出：“吾尝言一身动则一身强，一家动则一家强，一国动则一国强，天下动则天下强。”（同上）

格即手格猛兽 清颜元认识论命题。以“习行”为正确认识的来源，据此对“格物致知”作出了新的解释。认为“格物之‘格’，王门训‘正’，朱门训‘至’，汉儒训‘来’，似皆未稳”（《习斋记余》卷六）。指出格物之“格”，“当如史书‘手格猛兽’之‘格’，‘手格杀之’之格，乃犯手捶打搓弄之义。”“格字乃‘手格猛兽’之格，‘格物’，谓犯手实做其事，即孔门六艺之学是也。”（《颜习斋先生言行录·刚峰第七》）从而赋予“格”以“行”即实践、实行、实习、亲手去做的意义。

所谓“致知”就是“手格其物，而后至”的意思。比如萝卜蔬菜，“虽从形色料为可食之物，亦不知味之如何辛也，必箸取而纳之口，乃知如此味辛。故曰：‘手格其物，而后知至。’”（《四书正误》卷一）又如，“讲究礼乐，虽十分透彻，若不身为周旋，手为吹击，终是不知。故曰‘致知在格物’。”（《颜习斋先生言行录·刚峰第七》）

实学实习实用 清颜元的实学观点。见于《颜习斋年谱补》。倡导“实学”，反对理学的空疏，认为“救弊之道，在实学，不在空言”，“实学不明，言虽精，书虽备，于世何功，于道何补！”（《存学编》卷三）按照“实用”的观点，将实学内容概括为：“以七字富天下：垦荒、均田、兴水利；以六字强天下：人皆兵，官皆将；将以九字安天下：举人才、正大经、兴礼乐”（《清儒学案·习斋学案》）提倡“学为有用之学”，坚持“身实学之，身实习之，终身不懈”（《存学编》卷一）。注重实用的儒学传统，以“实用”为“实学”宗旨，说：“我夫子学教专在六艺，务期实用。”（《存学编》卷三）提倡“实习实行之学”，主张“习行以为学”（《习斋记余》卷六）。“习行”包括“习行以致知”和“习行以致用”两个方面。“习行以致知”，肯定了行先于知，行对于知的决定作用；“习行以致用”，肯定了行是知的唯一目的，知必须见诸行，并且以所“行”验证所“知”，表现出他对于实践是认识的目的和检验认识的标准有一定程度的理解。

见理于事 清颜元哲学命题。在理与事的关系上，提出以事为主，主张通过具体事物去认识其理。认为理表现在事上，并不存在事外之理。理是事物之理，人们不能离事物而求理。不同意程朱仅仅停留在“明理”上，主张只有“见理于事”，才能达到彻上彻下的境地。指出：“见理已明而不能处事者多矣。有宋诸先生便谓还是见理不明，只教人明理。孔子则只教人习事，迨见理于事，则已彻上彻下矣。此孔子之学与程、朱之学所由分也。”（《存学编》卷二）认为，尧、舜、周、孔都是强调事或物的，如果不强调事物，就必然导致理与事物的割裂，从而将理作为虚悬之理，置于事物之上。“见理于事”，才能真正达到理事的统一，亦即体用一致。后李塨发展了这一思想，提出“因形以察理”（《论学》）。

非气质无以见性 清颜元人性论命题。主张人性就是人的气质之性，没有气质就无所谓人性。继承王廷相“人物之性，无非气质所为”（《答薛君采论性书》）的思想，从“理气融为一片”的观点出发，反对性二元论，认为天地之性、气质之性实际“只是一般，非有两等性也”，“二之则不是”（《存性编》卷一）。指出“理气融为一片”之性，包括生理、心理活动的性之功能。人的五官、四肢、筋骨、内脏等形体是人之质，通过呼吸周遍全身是生命之气，“其灵而能为者，即气质也。非气质无以为性，非气质无以见性”。“譬之目矣：眶、疱、睛，气质也；其中光明能见物者，性也。将谓光明之理专视正色，眶、疱、睛乃视邪色乎？余谓光明之理固是天命，眶、疱、睛皆是天命，更不必分何者是天命之性，何者是气质之性”（同上）。从体、用的角度论述了气质与性的关系。主张“生之谓性”，“有物有则”（《四书正误》卷六），“宇宙真气即宇宙生气，人生真理即人心生理”（《习斋记余》卷一）。把仁义道德四端之情，耳目视听，以及食、色、男、女都包括在人性之中。还把“人性”分析成“性、情、才”三者统一的有机整体，提出性、情、才皆气质之性的观点，认为气之发动即为性，情是性之见，才是性之能，舍气质则无性、情、才可言，性、情、才都是善的。后来，戴震受颜元这一观点的影响，提出了性即血气心知的自然人性论。

舍形则无性 清颜元用语。语出《存人编》卷一。意为脱离人之形体的“天命之性”是根本不存在的。肯定理与气、性与形是统一的，指出：“理气俱是天道，性形俱是天命。”（《存学编》卷一）认为，人是理与气相和而成：“天之生万物与人也，一理赋之性，一气凝之形。”（《四书正误》卷四）“性”是“理”所赋；“形”乃“气”所凝。理、气既然融为一片，性、形自然也不得分离。“形，性之形也；性，形之性也，舍形则无性矣，舍性亦无形矣。失性者，据形求之；尽性者，于形尽之。”（《存人编》卷一）认为：“盖天命之性，气质之性，两性字只是一般，非有两等性也。”（《存性编》卷一）他释“性”字说：“夫‘性’字从‘生心’，正指人生以后而言。”（同上）“有生方有性。”（《存人编》卷一）“形性不二，孔门一片工夫。”（《四书正误》卷三）气质形体与人性是统一不可分的，只有气质之性，才是实实在在的人性，“气质正吾性之附丽处，正吾性作用处，正性功著手处”（《颜习斋先生言行录·王次亭第十二》）。这一观点后来为戴震所继承，并提出“舍气类，更无性之名”（《孟子字义疏证》），以血气心知为性。

引蔽习染 清颜元用语。语出《存性编》。指恶源于后天，继承和发挥孟子的性善说，认为食色之欲是人性的合理要求，又吸取了荀子的“注错习俗”的合理思想，提出“祸始于引蔽，成于习染”。“所谓恶者，乃由‘引蔽习染’四字为之祟也。”肯定恶系“后起”，非先天而生，“气质清浊厚薄，乃有不同，总归一善。至于恶，则后起之引蔽习染也。”（《年谱》上）“引蔽”，即“有外物引之，（人）遂为所蔽”。“惟因有邪色引动，障蔽其明，然后有淫视而恶始名焉。”气禀有所“偏”的人易于为恶，但倘若为恶，终归是“必有外物引之”。“习染”，是指人被不良事物引蔽之后，“久之相习而成”。认为，恶人的“贪溺罔昧”，“很（狠）毒残暴”都是后天之误。人之为恶，引蔽为其始（始误），习染成其终（终误）。“恶乃成于习”，“习渐久而染渐深”。肯定人之善性乃先天所赋，恶行则完全是后天所生，人的一切不良的意识和行为都是来自后天的“引蔽习染”，故“为学之要，在变化其习染”。主张人欲虽非恶，但需控制才不致因邪恶的引蔽产生恶果。

正义谋利，明道计功 清颜元的义利观。颜元继承和发展了陈亮、叶適的事功思想，明确提出“正其谊以谋其利，明其道而计其功”（《四书正误》卷一）

的义利并重主张。他说:“其实,义中之利,君子所贵也。后儒乃云‘正其谊,不谋其利’过矣!宋人喜道之,以文其空疏无用之学。予尝矫其偏,改云:‘正其谊以谋其利,明其道而计其功。’”(同上)“正谊便谋利,明道便计功。”(《颜习斋先生言行录》)谋利、计功是正义、明道的目的。驳斥否定功利的论调说:“世有耕种,而不谋收获者乎?世有荷网持钓,而不计得鱼者乎?”“全不谋利计功,是空寂,是腐儒。”(同上)认为讲义就不能不讲利,正当的动机必须讲效果,只有义利统一才能对社会实际有帮助,否则只是空洞的道德说教,是迂腐之儒的空论。批评道学家虽然高喊“谋道不谋食”,其实是“名为道学,而餍时文,以射名利。”(《颜习斋先生言行录》)实际上是一批最自私、最短视的功利主义者。颜元所理解的功利、功效,是社会的功利、效用,具有社会功利主义特点,讲功利就是讲有助于人类社会的实事、实功,亦即“富天下”、“强天下”、“安天下”(《年谱》)。从而既与道义论者相区别,也不同于狭隘的功利主义思想。

性为本气为具 清李光地的本体论观点。认为“性者,生物之本”,“气者,生物之具”(《初夏录》)。“性”即“理”,“性气”与“理气”为同意。认为天地之间有两种东西:一为“性”,类似本性(本质);二为“气”,类似各种现象。就“性”与“气”的上下、先后关系而言,“气”是构成事物之材料,“性”才是事物的内在本质。“性”决定“气”,“性先气后”,“气者,性之所生,因而为性之用。”(同上)

性大无外 清李光地用语。指“性”为哲学的最高范畴,“万物散殊,无非完其性之固有。”(《初夏录》)他主张“性本”论,认为:“性为之主,理者其流。”(《经书笔记》)“理者,即性命之流行于事物者尔。”(《周易观彖》)“理”是“性”在事物上的体现,是由“性”所规定的事物的“条理”。“性”类似本性(本质),“理”只是本性的部分特征,故“理”是从属于“性”的,万物都是“性一分殊”。还认为“性实心虚”,心为性所生;“心”是“性”的外壳,或感物的媒介,“性”是“心”的认识源泉。“人心之所以能周物而不遗者,以性无外”之故,“心之量之无不该,必胜之源之无不穷”(《孟子札记》)。“性”无穷决定了认识的无穷,“性”比“心”更为根本。

明善知性 清李光地用语。指“格物致知”的过程。认为“物”,即身、家、国、天下,亦即“修、齐、治、平”,专指社会的伦理生活和政治生活;“格”,即明辨身、家、国、天下(修、齐、治、平)的本末先后,“不是物物都要格尽,也不是格一物便知天下之物。积累多时,自有贯通处”(《榕村语录·大学》);“致知”,即“知本”。“知其性善之同而尽之本在我,此所以为知性明善也,此所以为知本也。”(《初夏录》)“知本”就是“知之至”(《榕村语录·大学》)。“仁、义、礼、智,便是格物致知,便是明善知性。”(同上)

太极实有 清王源的哲学命题。他视“太极”为哲学的最高范畴,以“实有”解释“太极”,认为“太极实有,不可以言无”,“易有太极,实有也。”(《太极说》)肯定“太极”是指天地未分前的一种状态,即宇宙的原始的统一体。指出:“太极为易有,不为阴阳有。”(同上)太极作为原始统一体,是实有的存在,而不是阴阳动静之理。认为以理释太极“是不能见其有,而谓之有,是无而之有之说也”,批评“无极而太极之说”为“叛圣乱经,荒诞谬戾”之愚妄之言。

惟农为有田 清王源对土地的主张。他“明告天下以制民恒产之义。谓民之不得其养者,以无立锥之地。所以无立锥之地者以豪强兼并。今立之法:有田者必自耕,毋募人以代耕。自耕者为农,更无得为士为商为工”;“不为农则无田,士商工且无田,况官乎?官无大小皆不可有田,惟农为有田耳。”(《平书订》)不仅提出“有田必自耕”,废除“募人代耕”的租佃制;而且主张不自耕的地主阶级乃至士商工和各级官吏均不得占有土地,实为杜绝土地兼并和封建地主剥削。这一思想的出现标志着古代各种“均田”思想的终结,开启了“耕者有其田”思想的先河。

积渐 清冯景用语。意为质的变化依赖于量的积累。认为时间过得很快,但时间不是转瞬之间就完全度过的,“必刻刻而积之。积刻为时,积时为日,积日为月”,“积月而四时成岁,以延乎百千万亿年。百千万亿,亦一息之积也。不一息,不能百千万亿,延无穷之纪”(《渐说三篇》)。只有经过“一息之积”的量的变化和积累,才能达到“百千万亿”的质的变化,“无穷之纪”是“一息之积”的必然结果。“惟圣人日日如一日,必不以一日废日日。无他,渐也。渐则久,久则成”(同上)。认为伟大事业的成功要靠“渐”,即平时一点一滴的积累。

灵府 清胡煦用语。语出《卜法详考自序》。指万物有灵的总根源。他主张万物有灵论,认为灵性是万物的共同特性和本质。“灵府”为各种灵性的总汇,万物的灵性都是从“灵府”中获得。指出:“天地者,大化之灵府也,资元以生,何物不载此灵府?”“夫万物靡不资灵于灵府。灵府者,性命形气之大聚,资生之大始也。既同资灵于府矣,一范之模,此圆而彼方乎?一源之水,此清而彼浊乎?一本之灵,谓此灵而彼蠢乎?”还强调灵性的统一性,认为万物的灵是“一灵之派衍”,无穷无尽,形成“灵府不匮之藏”。

体用一致 清李塨的命题。他以人体为喻,认为“体”是人的机体及其机能,“用”即发挥此机体和机能的作用。认为,“体”之为“体”,正在于“用”,无用即不成其体,“体用一致”,“致用”才是学问的根本。指出:“心之官则思,思非用乎?”“体,即具用也;用,用其体也。”(《论宋人分体用之讹》)强调“体实而用实”(《论学》),以“礼乐兵农、水火工虞、天文地理”为学问之“体”,强调学术必须实用,而对于无切实用的书籍,主张加以焚禁。认为:“金木水火土谷、射御书数、天文地理、医卜畜牧等书皆存之不可废也。至于诸子杂集(注:主要指理学家语录)、佛道邪说,徒乱人目,则当付之秦火中耳。”(《瘳忘编》)强调对传统文化检讨剖析,无用者否弃,有用者吸收。

考古准今 清李塨治学方法。见于《恕谷年谱》。意为为现实的追求去寻找古代经典的依据。他说："吾人行习'六艺'，必考古准今。礼残乐阙，当考古而准以今者也。射御书有其仿佛，宜准今而稽之古者也。数本于古，而可参以近日西洋诸法者也。"主张倡扬"古学"或曰"准今而稽之古"，但强调的是"准今"，即以现时的社会需要为标准，甚至"可参与近日西洋诸法"。表明他在治学内容和方法上，比颜元更注重"今"，眼界更开阔，更符合知识进步、社会发展的需要。

均田 清李塨对土地的主张。为了抵制土地兼并，他曾参照古法，为"井田制"设计过种种方案，目的都在"均田"。他说："可井者井，难则均田，又难则限田。"(《存治编》)主张"因时而措"，"师古之意，不必师古之迹。"(《存治编》)"复井田"只是一种形式，实质是以"均田"抵制兼并，解决农民土地问题。认为："非均田则贫富不均，不能人人有恒产。均田，第一仁政也。但今世夺富与贫，殊为艰难。"(《拟太平策》)"均田"之后，"食可足，俗可淳，民可强，亦小康矣"(《恕谷年谱》)。这种"夺富与贫"、"削多益寡"的"均田"如何实现？他认为"颜先生(颜元)有佃户分种之说，今思之甚妙"。"如一富家，有田十顷，为之留一顷，而令九家佃种九顷"，"秋熟以四十亩粮交地主，而以十亩代地主纳官"，"过三十年为一世，地主之享地利终其身"，"则地全归佃户"(《拟太平策》)。幻想"一月不刑一人"而可"均一邑之田亩"，其办法是"须集百官，晓以朝廷，断决大义，事在必行"。实际上，这种"均田"主张只是一种幻想，但在客观上有抑制土地兼并的作用，反映了广大农民对土地的渴望。

行必有其实 清李绂的认识论命题。李绂为学强调王学的实践之功，提出"学必躬行而后心得"，"未有不行而能知也。不行而知是明道程子所谓望塔说相轮者也"(《高安县吴君墓表》)。指出："圣贤为学之法盖皆因事而后有功夫"，"力行之必因事而后见。"(《书〈朱子语类〉后》)主张躬行实践，反对寻章摘句。"学主于效法，就行言，不就知言。"认为"行"要有具体的对象，《中庸》所谓"道"不是抽象的，而是指具体的人际关系。明"道"即按一定原则处理这些关系。他说："道犹路也。凡道就是所行者言。行必有其实。指其实行，乃不迷。"(《中庸明道论》)一定程度上修正了王守仁的知行学说。

人心本气精英 清程廷祚的命题。"心"指主宰人身的思维；"气"指构成天地万物的始基物质。提出："心者，知之所载也，气之至清者。"人之心是"精英"之气的机能和反映，有物质性的气而后有思想(精神)。"人之有是心也，本一气之精英。自天地之交感摩荡而出，未交未感，窈窈冥冥，无得而称。既交既感，钟于血气，发为知识。"(《原鬼神》)。"夫天地之知能莫大于能生人，而尤莫大于能生人之心。"(《原心》)认为意识(精神)是人特有的至灵(知)，天地、日月风雷、山川草木皆不能有；至灵之知，其载体是心，而心有知的机能或认识能力，在和外界事物接触之中，"发为知识"。心之所以具有这种机能和反映能力，就在于它是气之精英，气之至清者，"最灵而最秀"(《原气》)。认为人的意识不是从来就有的，而是先有自然界(天地)然后才产生意识，"(天地)未交以前，天地无此知能；既交以后，天地亦无此知能。其端惟在于人心而已矣"(《原心》)。初步认识到意识是人所具有的，是心接触外物的反映，明确肯定意识的从属性。

气外无性 清程廷祚的人性论观点。坚持以"气"解释"性"，提出"气之外无性"(《原气》)，反对程朱"于气之外言性"。认为"形者，天之所生，性者，天之所赋"(《原人》)。指出："性无所谓义理气质之分也；有之自宋儒之论始。"(《论语论》)"胶理以言性，则不知性。"(《论道》)认为程朱所以说理为性，是"彼见其发挥于五常，经纬于万事"(《原性》)，颠倒本末，亦即"离事离物以求性"，而与"吾儒即事即物以见性"相悖。主张性善论，指出："性者至善之气"，"人乘天地之性以生，天地虽有不善之气，而生人之气则无不善。性也者，其气之至善乎！"(同上)认为恶是后天流习所致，强调后天的作用。还说："人之未生而数者已具，及其既生，而习于正则正，习于邪则邪，此智愚贤不肖之所以不齐也，非天之所为也。"(《原人》)把一切归结于"习"，不承认人有先天之差异。

广其爱而节其爱 清程廷祚的哲学观点。主张确立一个"人道"的原则，推己之爱以至人之爱。使人们对物质生活的需求有一个平衡的发展，同时节制自己的爱欲，使其不至陷溺于"物感"，对社会造成危害。认为人欲为"生生不已"的"天德"，天然合理，在理欲之间，欲更重要。人之有欲，发于至善之性，不同意把人欲视为恶的东西。理学家一向把"物感"看作人性的对立物，而他则认为"物感"也是发端于"至善之性"。将"物感"归纳为三大端：一是饮食，二是男女之欲，三是乐生而恶死。认为没有饮食、男女、乐生的条件，人类就无法生存繁衍，社会也无法建立与维持。主张在满足合理生活需求的基础上，要求"节"，认为："无以节之，则饮食也，紾兄之臂亦可也；男女也，搂东家之处子亦可也；乐生恶死也，凡可以得生者，可无弗为也。"(《原道》)这一观点后来被戴震发挥，以欲为血气之自然，而人类行为有"必然"的准则对自然进行调节。

自然与必然非二事 清戴震的哲学命题。戴震认为："自然者，天地之顺；必然者，天地之常。""自然者，散之普为日用事为；必然者，秉之以协于中，达于天下。"知其自然，能够通晓"天地之化"；"知其必然"，能够通晓"天地之德"(《原善》卷上)。"自然"和"必然"的关系，不是相对立的，必然就是自然的完全发展。从广义上说，他所说的"自然"是指一切客观事物："阴阳流行，其自然也"(《绪言》)；"必然"是指客观事物的理则："理非他，盖其必然也。"(同上)理则(必然)存于事物(自然)之中，人"就其自然，明之尽而无几微之失焉，是其必然也"(《孟子字义疏证》

卷上);故“罔非自然,而归于必然,天下人物事为之理得矣”(同上)。人以必然为指导,就能更完整地认识、把握自然事物。从狭义上讲,他所说的“自然”即指血气自然的情欲;“必然”即指社会伦理道德的规律。他承认,道德的规律和自然的规律有所不同。自然界的事物,一定是合乎自然规律的。情欲可能有私偏等偏差,因此,就不一定合乎道德规律。而在社会伦理道德方面,对于情欲来说,除了自然之外,还有必然。使血气自然的情欲按一定规律得到满足,即为人伦之理(必然)。从肯定人的自然情欲出发,提出道德规范与人欲相适合的原则:“由血气之自然,而审察之以知其必然,是之谓礼义;自然与必然,非二事也。”(《孟子字义疏证》卷上)又以古代圣贤为证,“夫尧舜之忧四海困穷,文王之视民如伤,何一非为民谋其人欲之事?惟顺而导之,使归于善。”(《孟子字义疏证》卷下)“而归于必然,适完其自然,此之谓自然之极致”(《孟子字义疏证》卷下)。行为符合道德规范,正是自然情欲的合理满足,由此论证理与欲的统一关系。

气化即道 清戴震的哲学命题。这一命题包含了三个基本概念:气、化、道。戴震继承张载“凡象皆气”以及王廷相“元气为道之本”的观点,认为气是万物的本原,指出:“阴阳五行之运而不已,天地之气化也,人物之生生本乎是”(《孟子字义疏证》卷中)。“化”,张载指气及万物的渐变:“推行有渐为化”(《正蒙·神化篇》),戴震以此为基础,复据《大戴礼记》解“化”为“分”,认为气化即气分化为阴阳五行,阴阳五行杂糅分化为万物。“道”,张载曾说过:“由气化,有道之名。”依据这一观点,戴震指出“道即阴阳气化”(《答彭进士允初书》)。道字的本义指变化过程,“道犹行也。气化流行,生生不息,是故谓之道。”(《孟子字义疏证》卷中)气、阴阳五行是道的实体:“阴阳五行,道之实体也。”(同上)理则是气化流行的规律、条理:“一阴一阳,其生生乎,其生生而条理乎!”(《读易系辞论性》)气化即道是理与气的统一过程:道“恒该理气”(《绪言》)。针对程朱理学“理也者,形而上之道也”、“气也者,形而下之器也”的观点,指出:“气化之于品物,则形而上下之分也。形乃品物之谓,非气之谓。”“《易》形而上者谓之道,形而下者谓之器,本非为道器言之,以道器区别其形而上形而下耳。形,谓已成形质,形而上,犹曰形以前,形而下,犹曰形以后。”(《孟子字义疏证》卷中)不仅“阴阳之未成形质”是形而上的,就是“五行之气”,也是形而上的,而“有质可见”的五行才是形而下的。气化即道是形前,品物是形以后,其关系不是精神主宰物质,而是气化杂糅为万物。气化即道,表述了有规律的永恒运动的气是宇宙万物本原的气一元论基本观点,驳斥了程朱理学关于理(道)在气先,以及理产生并主宰万物的理一元论。

气化流行 清戴震用语。指世界是阴阳二气和金、木、水、土、火五行的不断变化运动。详“气化即道”。

分理 清戴震用语。戴震发展了先秦诸子以来关于以分殊言理的思想,指出理有两方面的作用:一是气化过程中的“条理”,“由其生生,有自然之条理”(《孟子字义疏证》卷下)。其“条理”是“秩然有序”的,“截然不可乱”,“惟条理是以生生,条理苟失,则生生之道绝”(同上)。另一是“区分”。戴震谈理,特别注重“区分”,认为理总是具体事物的具体规律,超越并主宰具体事物的宇宙一元之理是不存在的。进而提出“分理”这一概念。指出:“理者,察之而几微必区以别之名也,是故谓之分理。”(《孟子字义疏证》卷上)分理包含三方面含义:其一为事物之区分,即事物之特殊本质,就是不同事物所具有特殊规律。指出:“举凡天地人物事为,求其必然不可易,理至明显也。”(同上)其二为事物形式的条理性:“在物之质,曰肌理。”(同上)其三为事物的条理、规律:“分之各有其不易之则,名曰理。”(同上)戴震认为,类的不同是很重要的,“气化生人生物以后,各以类滋生久矣。然类之区别,千古如是也,循其故而已矣。”(《孟子字义疏证》卷中)分理说批判了理本论,是对程朱“理一分殊”说的否定。戴震强调理在事中,理多而分,既讲普遍规律的“大理”,也讲特殊规律的“分理”,是对理这一范畴的新贡献。

就事求理 清戴震的哲学命题。戴震反对程朱“万物一理”之说,指出:“理非他,盖其必然也。”“举凡天地人物事为,求其必然不可易,理至明显也。”认为程朱把理看做超越事物的实体,“从而尊大之,不徒曰天地人物事为之理,而转其语曰理无不在,视之如有物焉。”(《孟子字义疏证》卷上)这种理实际上是没有的。提出理不在事物之外,而在事物之中,“非事物之外,别有理义也。”“得其分则有条不紊,谓之条理”(同上)。事物的“分理”、“条理”是各种事物的具体规律,存在于人们的“人伦日用之中”。只有事物的条理,没有超越事物之理,故只有“就事求理”。他批评程朱的“理一分殊”说不是把“理”看作事物的规律,而是把它看作事物的主宰、存在依据,即“不徒曰事物之理,而曰理散在事物”(《孟子字义疏证》卷下),根本颠倒了理与事物的关系,歪曲了“有物始有则”的正确命题。他得出结论说,脱离万物的高高在上的绝对普遍的“理”是没有的,“知分理之可相别异也,古人所谓理,未有如后儒之所谓理者矣。”(《孟子字义疏证》卷上)。

知觉运动 清戴震用语。指一切生物都具有的对外界作用的反应活动。“知觉运动者,统乎生之全言之也。”(《孟子字义疏证》卷中)针对朱熹“知觉运动之蠢然者,人与物同”,而“仁义礼智之粹然者,人与物异也”的观点,认为人与物、物与物所有的特点和本质,就是它们的性。“性者,分于阴阳五行以为血气心知,品物区以别焉”(同上)。人和物在既生后,所作所为,都是性所发生的作用。人与物、物与物之区别就在于“分于阴阳五行的成性”之不同,而知觉运动并不是人与物的共同本性。知觉运动由于“成性各殊”而其形态各有不同,“知觉运动者,人物之生；知觉运动之所以异者，人物之殊其性”（同上）。进而提出人的知觉较之其他生物有类别的特殊性，即“人之知觉大远于物”：“百体皆能觉，而心之知觉为大。”（同上）人与物的区别在人有“知”。所说的“觉”相当感觉、感性活动，“知”则是一种理性的东西。人与物的区别在于人不但有知，而且能“扩充其知”，即人之理性禀赋具有自我发展的能动性。动物的感觉活动是各遂其自然本性，人心之知觉运动则能“明于必然”，“扩充其知至于神明”（同上），从而能把握仁义礼智，达到认识活动的最高境界。

神明照物 清戴震的认识论命题。“神明”指作为思想器官的“心”，“照”即察照、认识。意谓“神明”的理性之光，可以照察万事万物，从而使人获得对事物之理的认识。戴震继承荀子之说，认为“心”是思维的器官，“凡血气之属，皆有精爽”，而人之异于禽兽者在于“人能进于神明也”（《孟子字义疏证》卷上）。“精爽”相当感觉，“神明”则相当思维：“‘心之官则思。’是思者，心之能也。精爽有蔽隔而不能通之时，及其无蔽隔，无弗通，乃以神明称之。”认为神明反映事物“如火光之照物，光小者，其照也近，所照者不谬也，所不照斯疑谬承之，不谬之谓得理；其光大者，其照也远，得理多失理少”（同上）。他强调指出，人的神明，乃是就人的思维能力本身而言。“神明者，犹然心也；非心自心而所得者藏于中之谓也。”（同上）并非在其理性思维器官之外，另有什么藏于其中的东西。认为人的“神明”，是通过后天的学习而获得的，“今谓心之精爽，学以扩充之，进于神明，则于事靡不得理。”又说：“有血气，则有心知，有心知，则学以进于神明，一本然也。”（同上）戴震的“神明照物”命题，强调了主体认识能力的作用。

人性一本 清戴震关于人性的基本见解。针对程朱把人性分为“义理之性”和“气质之性”，坚持人只有气质之性：“言性，但以气禀言，未尝明言理义为性。”（《孟子字义疏证》卷上）又从“人物与天地，犹然合如一体”（《答彭进士允初书》）的思想出发，断定人性为“一本”：“天下唯一本，无所外。”（同上）“人之得之天也一本，既曰‘血气心知之性’，又曰‘天之性’。”（《原善》卷上）并认为“血气心知之性”源于阴阳运行，包括欲、情、知，是自然所赋予人的，亦即“天之性”。强调人性与天性本质上的一致。

血气心知 清戴震用语。指人性禀受阴阳五行之气而形成。《孟子字义疏证》卷上：“人之血气心知本乎阴阳五行者，性也。”源出《乐记》：“夫民有血气心知之性，而无善怒哀乐之常，应感起物而动，然后心术形焉。”戴震作了发挥：“欲者，血气之自然，其好是懿德也，心知之自知，此孟子所以言性善。”（同上）认为欲望是人的自然本能，对美德的爱好乃是人的知觉的固有属性，肯定人欲的存在有它的自然的合理性。断言“人生而后有欲，有情，有知，三者，血气心知之自然也”（《孟子字义疏证》卷下）。主张“非以天理为正，人欲为邪也”（《孟子字义疏证》卷上）。进而强调“理也者，情之不爽失也；未有情不得而理得者也”（同上）。从根本上否定了程朱理学“天理人欲不能并立”的观点。

生养之道存乎欲 清戴震用语。出于《原善》卷上：“生养之道，存乎欲者也。”认为人的生存与发展是以情欲为基础，人的情欲是完全合理的，即“饮食男女，生养之道，天地之所以生生也”（《原善》卷下）。又以为：人以情欲同外界发生联系并吸收自己生存发展所需的养料，“资于外足以养其内，此皆阴阳五行之所为，外之盈天地之间，内之备于吾身，外内相得无间而养道备。”（《孟子字义疏证》卷上）强调：“天下必无舍生养之道而得存者。”（《孟子字义疏证》卷下）“有欲而后有为，有为有归于至当不可易谓之理”（同上）。充分肯定情欲在推动人们去成就事业中的作用。主张“圣人以通天下之情，遂天下之欲”，据此认为释老的学说是“以无欲成其自私”、程朱的理欲之辨为“空有理名，究不过绝情欲”（同上），均与圣人的“生养之道存乎欲”相违反。

以情絜情 清戴震用语。认为“自然之分理，以我之情絜人之情，而无不得其平”（《孟子字义疏证》卷上），以自己的情欲推度别人的情欲，使人人的情欲都得到平等的满足，这就是理。因为“一人之欲，天下人之所同欲也”（同上）。“遂己之欲者，广之能遂人之欲；达己之情者，广之能达人之情。”（同上）从此出发，要求人应该“己所不欲，勿施于人”。“一人遂其生，推之而与天下共遂其生，仁也。”（同上）认为情是理的基础，人要避免欲之私、情之偏，就要用“以情絜情”的方法。而“理者，存乎欲者也”（同上）。理并不是和欲相对立的，也不是独立于人的情欲之外而强制情欲的，它是情欲的节制所依据的标准。因此，“苟舍情求理，其所谓理，无非意见也。未有任意见而不祸斯民者”（同上）。这在一定程度上表达了市民阶层的平等要求。

以理杀人 清戴震用语。用以抨击程朱理学。《与某书》：“酷吏以法杀人，后儒以理杀人，浸浸乎舍法而论理，死矣，更无可救矣。”认为以理杀人是程朱理学“辨乎理欲之分”的必然结果，指责其把“人之饥寒呼号，男女哀怨，以至垂死冀生”等求生存、免饥寒、成家室等正常欲求视为邪恶的“人欲”，使“理欲之辨，适成忍而残杀之具”。造成“尊者以理责卑，长者以理责幼，贵者以理责贱，虽失，谓之顺；卑者、幼者、贱者以理争之，虽顺，谓之逆。……上以理责其下，而在下之罪，人人不胜指数。人死于法，犹有怜者；死于理者，其谁怜之！”（《孟子字义疏证》卷上）以为程朱“理欲”理论的错误根源在于把一家的主观意见作为大众的客观真理，“未有任其意见而不祸斯民者”（同上）。为戴震伦理学说中启蒙思想的集中体现，在一定程度上表达了市民阶层的愿望，对近代的进步思想家亦有积极影响。

人伦日用 指道德贯串于日常生活的事事物物之中。人伦，指人与人之间的基本关系以及约束这些关系的道德规范。战国时孟子已提出：“人之有道也，饱食、煖衣、逸居而无教，则近于禽兽。圣人有忧之，使契为司徒，教以人伦：父子有亲，君臣有义，夫妇有别，长幼有序，朋友有信。”(《孟子·滕文公上》)“日用”见诸于《易·系辞上传》：“百姓日用而不知，君子之道鲜矣。”认为“道”无所不在，百姓日用生活无不受“道”的支配，但对之不能有全面的认识与领会。张载继承这一见解，“百姓日用而不知，溺于流也”(《横渠易说·系辞上》)。朱熹则以为“君子之道”与“日用之常”可以相结合。朱熹在注释《论语·先进》中曾子言志一段话时说：“曾皙之学，盖有以见夫人欲尽处，天理流行……而其言志，则又不过即其所居之位，乐其日用之常。”(《论语集注》)陆九渊主张，“圣人教人只是就人日用处开端。”(《语录》)明李贽强调物质生活与仁义道德的一致，主张“穿衣吃饭，即是人伦物理……故举衣与饭而世间种种自然在其中，非衣饭之外更有所谓种种绝与百姓不相同者也”(《焚书·答邓石阳》)。泰州学派王艮提出“百姓日用即道”(《年谱》)，以“百姓日用”指民众的日常生活需要，认为圣人治国，就是要解决百姓的家常事；如“人有困于贫而冻馁其身”，就是“失其本”(《语录》)。强调德行不能离开人伦日用：“凡民之有德行才艺者，必见于人伦日用之间，而一乡之人无不信之者。”(《王道论》)清戴震从“有物必有则”的唯物主义观点出发，认为仁、义、礼等道德准则是从日常生活的具体事物中概括出来的，明确提出：“人伦日用，其物也，曰仁、曰义、曰礼，其则也。”(《孟子字义疏证》卷中)指出宋儒“合仁、义、礼而统谓之理，视之如有物”，是在具体事物之外找一个主宰，如同“求知味于饮食之外”(同上)，是释老“舍人伦日用而别有所谓道”的变种。在中国古代伦理史上，尽管各家对人伦日用有各自见解，但都在日常的、世俗的生活中强调人伦的践履。

权衡轻重 清戴震的命题。戴震反对宋儒的“执理无权”论，指出：“人伦日用，圣人以通天下之情，遂天下之欲，权之而分理不爽，是谓理。”(《孟子字义疏证》卷下)批评宋儒以经为“理”，以“天理”作为评价是非价值的标准，“实不知有时权之而重者于是乎轻，轻者于是乎重”(同上)，不知轻与重的转化。宋儒的存天理，灭人欲，是其“执理无权”在政治伦理上的贯彻或体现，由是祸害天下。认为不能执著于理，而否定权变。并对“权”作出解释：“权，所以别轻重也。”(同上)分别轻重的“权”，其义有二：一是指度量轻重的标准。“凡此重彼轻，千古不易者，常也；常则显然共见其千古不易之重轻。”(同上)二是指轻重的价值评价，随形势的变化而变化，并非一成不变。“重者于是乎轻，轻者于是重，变也，变则非智之尽，能辨察事情而准，不足以知之。”(同上)权是根据外在客观形势的变化而作出的反应。戴震肯定权的价值和历史作用，其目的是要恢复汉儒主张的反经合道为权。

十分之见 清戴震的一种考据方法和治学原则。“所谓十分之见，必征之古而靡不条贯，合诸道而不留余议，巨细毕究，本末兼查。”(《与姚孝廉姬传书》)即要求有足够的证据，并和已证明的道理相一致，才能信为定论。认为“依于传闻以拟其是”、“择于众说以裁其优”、“出于空言以定其论”和“据于孤证以信其通”，“皆未至十分之见也”(同上)。对论证提出了较严格的逻辑要求：一个见解，若只依据传闻；或在几种不同的见解中选一种；或出于空言没有事实根据；或只有一个证据，则在逻辑上是不可靠的。

实有 清程瑶田用语。指实体。“不空之谓实，不无之谓有，皆指物而言。”(《论学小记》)认为世界是有形有质的“实有”，亦即是气。指出：“诚者实有焉而已矣。天实有此天也；地实有此地也；人实有此人也。”(同上)“仰而望之，可见者非天乎。天非形乎！形非质乎！形质非气乎！是故天者，积气而已矣。”(同上)肯定了天、地、人都是“实有”，承认“天”是由“积气”而成，“气”是世界的实体。“有气斯有道，有道斯有命，有命斯有性，有性复有道。道一而已，气之流行者皆是也。莫非气也，即莫非道”(同上)，亦即：气—道—命—性—道。认为，“道”是“一气之流行”，“莫非气”“即莫非道”，亦即没有“气”的流行，就没有“道”。

性具气质中 清程瑶田的人性学说。主张以“气”释“性”，认为“性”是“气”的自然属性：“性具气质中。”反对程朱理学把人性分为气质之性与义理之性，指出：“有天地人物，则必有其质、其形，有其气矣。有质有形有气，斯有其性”(《论学小记》)，否定气质之外有义理之性。指出：“故溯人性于未生之前，此天地之性，乃天道也。天道亦有于其形、其气”；“有天之形与气，然后有天之道”；“无气质则无人，无人则无心”(同上)。

知行相用 清朱珪的知行观。认为知与行是紧密联系的，不能割裂。“知”对“行”有指导意义。“君子无不欲为善，而每误于不知。小人或敢于为恶，其甚必由于知之谬妄。今有忧其子之疾，而误投以药者，非不仁也，不知害之也。虽甚饥渴，不争蛇虎之食者，知之真也。”(《重修蓝田书院记》)人性的善恶同人的认识是紧密相联系的，善德同正确认识相联系，恶德同错误认识相联系。同时，行又是以某种知为前提，不知其曲折险易，就不能登高适远。朱珪重视“知”，但对“行”则认识不足。

无前识 清朱珪的认识论命题。否定先验的“前识论”，认为在事物的真相尚未充分暴露之前，人们不可能预先知道事物发展各个阶段的具体细节，连“圣人”也都不能例外。他说：“前知之说何昉乎？《易》曰：‘神以知来，知以藏往。’又曰：‘数往者顺，知来者逆。是故易逆数也。’知《易》者莫如周公孔子，则能前知者宜莫如周公孔子矣。然而周公使管叔监殷，孔子不止子路仕卫，未有知兄之必叛且诛而姑使之，知门人必醢而不固止之者也。”(《知足斋文集·无前识论》)又说：“世之好异者，作为谶纬，以附会孔子，曰：‘吾师盖尝知之云尔。’夫孔子之圣，不必前知。使其前知，则当与回终日言时，已灼知其不久矣。何待其死而恸耶？孟子以下其书具在，其不能前知不待辨也。"认为周公、孔子及孔、孟以后的其他儒者都不能前知。道家、佛教以及卜筮之术、精灵之物和鬼神之道等等也都不能前知。说:"'儒者则不必前知矣,二氏之道,其必能之。'曰:否否。"又说:"卜筮之术,精灵之物,皆能前知。曰:不然。"但他并不否定人的某些预见性,即"必曰无一机之先兆,无一物之先觉,则诚拘于墟矣。然而有知有不知之理,不可易也。"(同上)此说颇有见地。

知行一事 清翁方纲的知行观。认为知与行互为前提,同王守仁"一念发动处,便即是行"的知行合一说有所不同,指出:"知与行一事也。必能知而后能行,必能行而后能知,无二理也。"(《读李穆堂原学论》)把知与行的统一解释为知与行的互相促进,认为"知与行合言之"是指"策其行即所以励其知,励其知即所以策其行,故教易施而学易从也"。提倡知行统一说的目的是为了促进日常伦理原则的践履而避免空谈,说:"人必明乎知与行为一事,则一身一家之日用伦理,无在非实学也。"(同上)

道无为自然 清章学诚的哲学命题。认为"道无所为而自然,圣人有所见而不得不然也"(《原道》)。肯定了"道"的客观性。提出"道之大原出于天",天即是道,道即是天。"故道者,非圣人智力之所能为,皆其事势自然,渐形渐著,不得已而出之,故曰'天'也。"(同上)天、道都是自然之事势,出于不得已,而强名曰"天"。指出:"道者,万事万物之所以然,而非万事万物之当然也。"(同上)

六经皆器 清章学诚用语。对孔子所编六经的意义的一种解释。他说:"'易'曰:形而上者谓之道,形而下者谓之器。道不离器,犹影不离形。后世服夫子之教者自六经,以谓六经载道之书也,而不知六经皆器也……夫子述六经以训后世,亦谓先圣先王之道不可见,六经即其器之可见者也。"(《原道》)用"道不离器"的唯物观点来说明历史的典章文物是一定时代社会生活的表现,以破除士人对儒学经典的迷信心理。

即器明道 清章学诚的哲学命题。从"道不离器"的观点出发,认为"道因器而显","道法大备之时,是以经纶制作,集千古之大成","周公集其成以行其道,孔子尽其道以明其教"《原道》。故探求天下大道自然需要"即器求道"。"君子即器以明道,将以立乎其大也。"认为,上古官师不分,政教合一,"道寓于器","学士所肆,非国家之典章,即有司之故事,耳目习而无事深求";"后儒即器求道,有师无官,事出传闻而非目见"(《原道》)。

事势使然 清章学诚的命题。认为人类社会是一个由简单到复杂、由低级到高级、由不自觉到自觉的进化过程。这个过程是"不得不然之势","非圣人智力之所能为,皆其事势自然"(《原道》)。认为时势造英雄,"圣人"是由社会造就的。指出:"当日圣人创制,只觉事势出于不得不然"(同上),即使像尧舜禹汤、文武周公这样赫赫有名的帝王,孔子这样举世无双的"圣人",亦是由"时会"造就的。周公之"集千古之大成",并"非周公智力所能",而是"时会使然也"(同上)。"时会适当然而然,周公亦不自知其然也。"(同上)还指出,"圣人"也必然受到某种必然性的"时会"或"势"的制约。"风会所趋,庸人亦能勉赴;风会所去,豪杰有所不能振者,皆因风会使然也"(《说林》)。

学于众人,斯为圣人 清章学诚用语。《原道》:"道有自然,圣人有不得不然。……圣人有所见,故不得不然;众人无所见,则不知其然而然。孰为近道?不知其然而然,即道也。……圣人求道,道无可见;即众人之不知其然而然,圣人所藉以见道者也。"指出圣人之所知,正是在众人生活中所验证了的东西,不是离开众人的生活实践,由是得出"学于众人,斯为圣人"(同上)的结论。又说"大道之隐也,不隐于庸愚"(《原道》)。认为伟大的真理是表现于平凡的众人之中的。圣人之所以要学于众人,在于"天下有公是,成于众人之不知其然而然也。圣人莫能异也"。约定俗成的公理,圣人也要遵守。

不学孔子之不得已 清章学诚用语。认为孔子菲薄事功而传述六经,是由于其所处历史环境的关系而做了不得已而为之的事,后人"当学孔子之所学,不当学孔子之不得已"。他说:"孔子不得位而行道,述六经以垂教于万世,孔子之不得已也。……然自孟子以后,命为通儒者,率皆愿学孔子之不得已也。以孔子之不得已,而误谓孔子之本志,则虚尊道德文章别为一物,大而经纬宇宙,细而日用伦常,视为粗迹矣。"(《与陈鉴亭论学》)章学诚重经世致用,主张"必习于事而后可以言学"(《原学》)。效法孔子"必见于行事"。"夫子曰:'下学而上达。'盖言学于形下之器,而自达于形上之道也"(《原学》)。因此他认为人们不应当学习孔子违背"本志"的不得已而为之的事,重视治国平天下之事功和"日用伦常"之事。

文质互用 清吴德旋的命题。"文"指事物的文采、形式;"质"指事物的质地、内容。孔子最先将文质对称:"质胜文则野,文胜质则史。文质彬彬,然后君子。"(《论语·雍也》)子贡主张文质并重:"文犹质也,质犹文也。"(《论语·颜渊》)墨子有"先质而后文"(孙诒让《墨子间诂》)之说。《淮南子·本经训》认为:"必有其质,乃为之文。"扬雄说:"无质先文,失贞也。"(《太玄经》)王充则认为:"夫人有文,质乃成。"(《论衡》)宋程颐说:"质必有文,自然之理","有质则有文,一不独立,二则为文"(《程氏易传》)。朱熹认为:"凡物之理,必先有质而后有文。"(《四书章句集注》)明清之际王夫之强调"文质不可分",认为"离于质者非文,而离于文者无质也"(《尚书引义·毕命》);提出"因文以达质"、"集文以成质"(同上)、"文质相救而互以相成"(《读通鉴论》卷四)等观点。吴德旋则进一步提出"文质互用",强调二者统一。指出:"忠信之谓质而简略非质,礼乐之谓文而度靡非文。文与质必相为用,然后可以同民心而出治道。"(《与张皋文论文质第一书》)文与质二者,既不能偏重，也不能偏废。没有礼乐之文，必然损害忠信之质。坚持质不变而文随时而变的观点，认为"盖质者百世不可变"，"文则因其时，以斟酌损益之"（《与张皋文论文质第二书》）。提出"质先而文后"，强调内容或实质决定形式。指出："质之不存，文将焉附也？质先而文后，此自古圣人不易之定说。"（同上）

知止 清彭绍升的认识论命题。见其所著《读古本大学》。坚持王守仁良知说，认为"知本则知止"，人认识的任务就在于恢复"良知"、"良能"，"去其所本无，还其所固有"。又用佛教的观点，对"知止"进行阐释和规定，认为"知止"的基本内容就是"空诸所有"，即外观无物，内观无意，既否定客观世界，也否定主观世界。"故道莫先于知止，知者明德之所著察，止外无知，知外无止。止外无知，是谓知本，知外无止，是谓知至。知至云者，外观其物，物无其物；物无其物，是谓格物。"又说："内观其意，意无其意；意无其意，是谓意诚。进观其心，心如其心，是谓正心。"（《读古本大学》）无论外观、内观、进观，无论物、意、心，所要求的都是空无。认为"知止"的目的，就是"正心"，"正心"的任务就是"以身还身，以家还家，以国还国，以天下还天下。不役其心，不动于意，不由于物，是谓身修、家齐、国治、天下平"（同上）。

儒墨相绌而相成 清汪中用语。揭示儒墨显学的真实关系。认为儒墨相攻，归于不相为谋，是道不同之故，不能有正统与异端之分。墨、儒的分歧正如儒、道学派间的分歧一样，其互相批评，不但无害于学术发展，而且是相反相成。"传曰'世世学老子者，则绌儒学，儒学亦绌老子'。惟儒墨则亦然，儒之绌墨子者，孟子荀氏。荀之'礼论'、'乐礼'为王者治定功成盛德之事，而墨之节葬、非乐，所以救衰世之弊，其意相反而相成也。"《墨子序》为辨墨子千古之枉曲和蒙异端之名的诬蔑，首先力辩孟子把杨墨并称，不合史实，又辩孟子以"无父"之说诬墨子乃为过枉。肯定墨子学术为救世之作，墨子其人是"救衰世之弊"的"仁人"。表现了汪中在儒墨研究中的反传统的学术思想。

贵实恶虚 清孙星衍的哲学命题。借用中国哲学史中虚实这对范畴，以"贵实贱虚"作为儒家同佛、道区别的主要标志。指出："故圣人贵实而恶虚，言有不言无，贵刚而贱柔，则异于道家，三代之学之异于宋学也。"（《原性篇》）显然是站在清代汉学家的立场上，也表明他受了明清实学思潮的某些影响。

反经为权 清焦循的哲学命题。"经"与"权"是标志常规性（常理）与变动性（权变）的一对哲学范畴。焦循作《说权》，将"权"从理欲角度上升为政治原理。认为："法不能无弊，有权则法无弊。权也者，变而通之之谓也。"（《说权》一）不同意"反经不能合道"论，指出："说者疑于经不可反。夫经者，法也。法久不变则弊生，故反其法以通之。不变则不善，故反而后有善；不变则道不顺，故反而后至于大顺。"（《说权》三）变是新陈代谢，变的形式是正反相互转化，如反寒为暑，反暑为寒，一寒一暑，是日月的顺行；若恒寒恒暑，便是不常的征兆。"故变而不失常，权而后经正。"（同上）所谓"权而后经正"，就是"礼减而不进则消，乐盈而不反则放，礼有极而乐有反，此反经所以为权"（同上）。"权反经以合道，此一阴一阳之所以神。权在阴阳迭用之中。"（《说权》八）这样，"权"已不是权宜之计，而成为必然规律。所以"春秋寒暑，迭相为经，权在其中矣"（《说权》五）。只有反经而权，才不会不善而弊生。

数之约 清焦循用语。指万事万物变化的理由。他依据数理形式来讲哲学的根本问题，以数学的演绎方法解释自然现象与社会现象，认为："由数以知形，由形以用数，悉诸加减乘除之理，自可识方圆幂积之妙。"（《加减乘除释》卷三）用数学可以推知有形之物的形状，有形之物可以用数学来计算和说明，对自然界各种复杂情况的认识，都不会超出加减乘除的基本原理。认为，"百工"、"万品"不过是"加减乘除四者之错综变化"，"名主其形，理主其数"（《加减乘除释·自序》）。把万物归结为数的变化，把理归结为数之理。一切都是"理之一"或"数之约"。指出："盖有共数，有分数，有差数。由共而分，由分而差。以乘来者，以除而复；以分来者，以合而复。其理本一，其数本约。析之以至于繁，变之以成其异。得其理之一，自仍归于数之约也。"（《加减乘除释》卷八）依据数学的还元和"通约"研究《易经》。有均衡论色彩，由抽象形式的变化或抽象数字的还元来规定一切事物，否定了事物内部的质的不同。

通核 清焦循的治学方法。为学主张融会众说，反对固执一家；并指出考据之弊在于"患乎不思"，主张考据与义理并重。将当时治学方法区分为五种：（一）通核：主以全经，贯以百氏，协其文辞，揆以道理。人之所蔽，独得其间。可以别是非，化拘滞，相授以意，各慊其衷。其弊为自师成见，亡其所宗。（二）据守：信古最深，谓传注之言，坚确不易，不求于心，固守其说，一字句不敢议，绝浮游之空论，卫古学之遗传。其弊为跼蹐狭隘，曲为之原，守古人之言，而失古人之心。（三）校雠：六经传注，各有师授，传写有讹，义蕴乃晦，鸠集众本，互相纠核。其弊为不求其端，任意删易，往往改者之误，失其本真。（四）摭拾：其书已亡，间存他籍，采而聚之，如断圭碎璧，补苴成卷，虽不获全，可以窥半。其弊为功力致繁，取资甚便，不知鉴别，以赝为真。（五）丛缀：博览广稽，随有心获，或考订一字，或辨证一言，略所共知，得未曾有，溥博渊深，不名一物。其弊为不顾全文，信此屈彼，故集义所生，非由义袭，道听途说，所宜戒也。认为："五者兼之则相济，学者或具其一而外其余，余患其见之不广也。"（《辨学》）但五者中，"通核"是治学的主脑。

当位失道 清焦循诠释《周易》的主要方法之一。当位失道是易学家观察卦爻象依据的传统方法，即每卦的阴爻居二、四、六爻位，阳爻居初、三、五爻位，按此排列次序而成的卦称为当位，反之则为失道。一般又都以每卦的二五爻位作为区别当位与失道的标准。焦循藉此作为判断卦爻象吉凶祸福的依据。认为《周易》六十四卦三百八十四爻之间的爻位运动，始终伴随着当位与失道而展开。即每一组阴阳爻画相对的旁通卦，先由二五爻位进行置换，然后再进行初四爻位和三上爻位置换，按这样的次序进行爻位转换便是当位，反之则为失道。总《周易》六十四卦可以推导出当位者三，失道者三。焦循发展了《周易》有关爻位相应的理论，利用当位失道，致使卦爻位置换、转换运动规律化。诚如他所说的"惟凶可以变吉，则示人以失道变通之法；惟吉可以变凶，则示人以当位变通之法"。

旁通　清焦循诠释《周易》的主要方法之一。"旁通"一词源于《文言传》"六爻发挥，旁通情也"。三国吴人陆绩认为它是组合六十四卦的由来，具有"旁通厥德"互为贯通的含意。用"旁通"方法研究《周易》，始于汉代虞翻。焦循将旁通法则主要内涵归纳为：(一) 旁通卦必须爻辞阴阳两两相对。(二) 旁通卦爻的阴阳转换，必须依秩序进行。(三) 旁通的目的是使各爻辞各正其位。认为旁通卦的形式有四：(一) 以旁通卦内容相同的卦爻辞，揭示卦爻之间的关联。(二) 以旁通卦爻的置换而产生新卦，其新卦与它的旁通卦相印证。(三) 某一卦的爻辞内容，与某一组旁通卦爻的置换而产生新卦的爻辞内容互为补充。(四) 非旁通卦的卦爻辞内容相同，均由各卦各自寻求旁通卦，以证明卦与卦的性质一致。焦循运用"旁通"法则研究《周易》，进一步发展了《周易》中阴阳互相对立、互相依存的原则，并将这个原则贯彻于六十四卦三百八十四爻之中。在充分肯定每卦每爻都有其对立面的同时，揭示了在一个旁通卦组十二爻中，由现显的六爻推导出必然隐伏着与此六爻互相依存的彼六爻。用旁通法则研究《周易》，优点在于克服将卦爻看成一层不变的静态孤立物，而是作为一个动态平衡的整体加以系统研究。其缺点在于曲意附会，借象解经，人为地造成许多对立面，结果使极易理解的卦显得繁杂模糊。

相错　清焦循诠释《周易》的主要方法之一。"相错"一词源于《说卦传》："天地定位，山泽通气，雷风相薄，水火不相射，八卦相错。六十四卦皆天地、山泽 、雷风、水火相错。"《说卦传》关于六十四卦的组合理论，一直为汉代之后的易学研究者所服膺。基于这一认识，焦循的"相错"即以六十四卦中的三十二组旁通卦为依据，进行卦与卦之间的转换。据焦循《易图略》所示，三十二组旁通卦的相错关系主要由四种形式组合而成：(一) 凡旁通卦的下卦互相置换而成相错。(二) 凡旁通卦二五爻位置换而组合成新卦的相错。(三) 凡旁通卦初四爻位或三上爻位置换而组合成新卦的相错。(四) 凡旁通卦先二五后三上或初四爻位置换而组合成新卦的相错。相错的目的虽然是为了扩大取象范围，但是失之彼此牵附，作《易》者并无此意。

齐同比例　清焦循诠释《周易》的主要方法之一。"齐同"一词出自刘徽《九章算术注》，指不同分母的分数相加减时，必须先进行通分，然后将分子相加减的运算法则。焦循由此得到启发，领悟出六十四卦通过"相错"和"旁通"能揭示卦与卦之间种种比例关系，依此类推出"《易》之比例"。如《乾》与《坤》两卦与《泰》与《否》两卦互为比例。这是因为《乾》《坤》两卦相错而成《泰》《否》；反之，《泰》《否》两卦相错亦成《乾》《坤》。若以 a、b、c、d 分别替代《乾》、《坤》、《泰》、《否》四卦，那么这四卦的比例关系也就成为数学中的 $a:b=c:d$ 的比例关系。在两者不能同时进行比较时，首先确定一个标准，然后将两个对象与这个标准比较，最后确定它们是否相等以及它们之间的比例关系。无论是齐同，或者是比例，历代易学家对此都未有如此系统的论述，这也正是焦循易学的一大特色。

时行　清焦循诠释《周易》的主要方法之一。"时行"一词源于《彖传》对《大有》卦基本意义的解释。如《大有》"柔得尊位，大中而上下应之曰大有。其德刚健而文明，应乎天而时行，是以元亨"。据宋代学者项世安认为，《大有》的上下卦分别为"乾"与"离"，六五爻位居天位得卦之中，上下五阳皆与之应，故曰应乎天而时行。焦循创立的时行，则是在旁通卦组的基础上，通过六十四卦当位失道的爻位分析，使卦爻按照元、亨、利、贞的循环转换运动，避免出现两个重复的《既济》卦。如《乾》《坤》两卦首先进行二五爻位置换成《同人》《比》两卦，即所谓的"大中"，随后由《同人》《比》两卦继之以三上爻位的置换成《革》《蹇》两卦，或者由《同人》《比》继之以初四爻位的置换成《家人》《屯》两卦，前者称"上应"，后者称"下应"。这样组合而成的《家人》《屯》《革》《蹇》四卦均被视为"元亨"。由于这四卦之间并不具备旁通的条件，因此也就违背了"一阴一阳为之道"的易学原则，所以各卦还必须寻求符合"两两相孚"的旁通卦而成为"利贞"。据此，《家人》与《解》旁通，《屯》与《鼎》旁通，《革》与《蒙》旁通，《蹇》与《睽》旁通，然后再以"大中上下应"的原则进行爻位置换，直至最后形成《既济》《咸》，或者《既济》《益》两卦，至此"元、亨、利、贞"周而复始的爻位运动才告完成。时行既深化了旁通、当位失道有关卦爻位的运动规律，又发展了《易传》中"时"的观念。

天元术　清焦循诠释《周易》的主要方法之一。"天元"本指周历，周历建子以农历十一月为正月，儒家推崇周代，认为周历得天之正道，故称"天元"。"天元"作为数学专名产生于 11 世纪中叶。"天元术"与现代代数中列方程的方法极为相似。它首先是"立天元一为某某"，也相当于现代的"设 X 为某某"的意思。其次再根据问题给出的条件列出两个相等的多项式，令二者相减即可得出一端为零的方程。这种以二多项式相减以列于方程的步骤又称为"同数相消"或"如积相消"。"相消"是令二者相减，"如积"即"同积"，就是指两个相等的多项式。焦循曾运用“旁通”方法，将《周易》六十四卦组合成同爻位阴阳相对的三十二组旁通卦，并将阴阳爻画相同并相对的两卦比附为相等的两个多项式，把通过两个等式的相减，列出方程而后求得未知数的这种因果关系，比附为两卦之间的“此多一奇，则彼少一隅”，并依此进行反复的爻位运动，置换成为阴阳爻画相等的旁通卦组。

先天心法 清焦循用语。指宋邵雍的易学理论。语出《易图略·原卦第一》：“彼先天心法之精微，岂伏羲之教哉。”邵雍“尊先天之学，通画前之易”，突破《周易》原来的框架结构，依据他所发明的先天象数重新编织了一套井然有序、层次分明的易学体系，重点在于论证《易》所体现的自然之道。认为，《易》之道先于《易》之书而有，是画前之《易》。这种画前之《易》是宇宙生成的本源，是存在于天地之间而为万物所遵循的客观规律，是一种自然之道。文王所作之《易》即今之《周易》，则是对此自然之道的一种主观上的认识和理解，有人为的因素，是一种适合于人的实用目的编织而成的符号系统，而非自然之道本身，故为后天之学。后天之学是由先天之学而来，先天之学是第一性的，后天之学是第二性的，先天明其性，后天明其用，先天之学为心法，后天之学则是心法所显现的外在的形迹，因而易学应以这种先天之学作为主要的研究对象。焦循与邵雍相反，认为《易》卦是象征伦理关系的符号，而伏羲为“知识未开之民图画八卦以示之，而民即开悟，遂各尊用嫁娶以别男女，而知父子人伦之道由此生。乾坤生六子，六子其一父母，不可为夫妇，则必相错焉，此六十四卦所以重也”，提出研究《周易》应以“人伦之道”为先，否定了邵雍所说的画前之《易》把卦爻作为自然物模拟的先天学说。

孔子非不作而述 清焦循用语。《述难》二：“作者之谓圣，述者之谓明。作述无等差，各当其时而已。孔子……非不作也，时不必作也。”认为孔子生活的时代以复周礼祖述尧舜为主要任务，故以“述”为主，孔子并不反对“作”(创新)，由于历史的客观情况而“不必作”。批评后儒片面宣扬“述而不作”观点，强调“作”的重要，指出“圣人之道日新而不已，譬诸天度，愈久而愈精，各竭其聪明才智，以造于微，以所知者著焉”(《述难》一)。焦循理解的“述”是与“作”相联系的，“学者述人，必先究悉乎万物之性，通乎天下之志，一事一物，其条理缕析分别，不窒不泥，然后各如其所得，乃能道其所长”(《述难》五)。力图赋予儒学以创新的精神。

为己之义 清姚学塽的治学主张。针对学界时弊，提出治学既要摆脱科名利禄和词章束缚，又要摆脱宋代理学的束缚，应当有自己的独立判断和见解。“至于效法古人，尤在立心制行之，大不必取其陈迹而一一比拟之。”主张“取其实，无取其名，取其心，无取其迹，庶有当于为己之义而不流于迂妄”(《答家五中书》)。认为治学方法应为“本之于经以深其源，博之以史以广其识，验之伦常日用以践其实，参之人情物理以穷其变”。

中国佛教哲学

佛教 以“佛”为最高教主，以佛崇拜为基本特征的世界性宗教。与基督教、伊斯兰教并称为世界三大宗教。约在公元前6世纪至前5世纪间由古印度迦毗罗卫国(在今尼泊尔南部提罗拉科特附近)王子悉达多·乔答摩(Siddhārtha Gautama)，即释迦牟尼创立。是当时反婆罗门教思潮之一。基本教义是：把现实人生断定为“无常”、“无我”、“不净”、“苦”；“苦”的原因既不在超现实的梵天，也不在社会环境，而由每人自身的“惑”、“业”所致。“惑”指贪、瞋、痴等烦恼；“业”指身、口、意等活动。“惑”、“业”为因，造成生死不息之果；根据善恶行为，轮回报应。故摆脱痛苦之路，唯有依经、律、论三藏，修持戒、定、慧三学，彻底转变自己世俗欲望和认识，超出生死、三世轮回。达到这种转变的最高目标，称为“涅槃”或“解脱”。这些说法，包括在“四谛”、“五蕴”、“十二因缘”、“八正道”、“涅槃”等最基本的教理之中，成为以后佛教各派教义的基础。反对“婆罗门第一”，在因果报应和修行解脱方面主张“四姓平等”。由此形成的僧团，主要受到刹帝利、吠舍种姓的支持，因而得到传播。随着古印度社会的发展，佛教的演化大致分四个阶段：公元前6世纪中叶至前4世纪中叶，释迦牟尼创教及其弟子传承其说，为原始佛教；从前4世纪中叶起，由于内部对教义和戒律产生认识分歧，分裂为许多教团，后称为十八部或二十部，为部派佛教；1世纪左右开始出现大乘佛教，而把此前和坚持此前教义的佛教派别称为小乘。大乘佛教以大慈大悲、自利利人为号召，提倡主动入世，普度众生，参与社会生活，其教义亦由重点阐述人生观转向重点说明宇宙观，最终目标则由一般的解脱、涅槃，重点转向觉悟、成佛。由此，从尊释迦牟尼为佛，发展成为佛有“三身”之说。在时间上，有三世诸佛，在空间上，有十方诸佛；而“涅槃”则由消极的寂灭无生，开拓成为一种具有“常、乐、我、净”四德的人生理想和世界理想。与此大约同时出现了种种关于“净土”的信仰，尤以西方弥陀信仰和兜率弥勒信仰流行最广。某些民间流传的天神龙鬼，也往往被吸收成为佛教的信众和弘法护法者，从而使佛教增加了多神教的色彩，其崇拜对象，亦由佛塔扩大到佛经。行此大乘之道者，号为“菩萨”，称小乘行者为“声闻”、“缘觉”，亦名“二乘”。此后，大乘中又发展出“中观学派”，倡“俗有真空，体虚如幻”；“瑜伽行派”主“外无内有，事皆唯识”，成为最有代表性的两大理论体系。中观学派强调以“人无我”和“法无我”之“自性空”，同所谓小乘佛教唯主“人无我”之“破析空”在哲学上区别开来；瑜伽行派强调以伏灭“烦恼障”和“所知障”，同所谓小乘佛教唯主伏灭“烦恼障”在实践上区别开来。但部派佛教的势力依然强大。至少在6世纪以前，正量部、经部、说一切有部等仍很活跃。南传上座部更流传至今。7世纪以后，大乘派别的一部分同婆罗门教混合,逐步形成密教。13 世纪初,佛教在印度本土趋于消失,19 世纪后又渐有复兴。它的经典由口头传诵到书写成文,在长时间内不间断地出现,大多成为各宗各派立说的依据,所以种类繁多,总称为经、律、论三藏;历史上有梵文、巴利文、汉文、藏文四种主要文本。从公元前 3 世纪摩揭陀国孔雀王朝阿育王开始,中经前 2 世纪贵霜王朝迦腻色迦王,佛教向古印度境外不断传播,与东西方多种古代文化和宗教交流,终于发展为世界性宗教,在许多国家形成各具民族特色的教派。由不同语种形成的"三藏"也有差别。一般说,传入中国大部地区和朝鲜、日本、越南等国的,以大乘佛教为主,称为北传佛教,其经典属汉文系统,称为汉传佛教;传入中国的西藏、内蒙古和蒙古、西伯利亚等地区的,为北传佛教中的藏传佛教,俗称喇嘛教,其经典属藏文系统。传入今斯里兰卡、缅甸、泰国、柬埔寨、老挝以及中国云南等地区的,以南传上座部佛教为主,称为南传佛教,其经典属巴利文系统。近代以来,欧美各国也有佛教流传,信仰者多为亚裔,而思想影响则相当广泛,既有哲学的,也有宗教的。据不完全统计,1996 年全世界有佛教信徒 3.11 亿。西汉哀帝元寿元年(公元前 2 年),佛教传入中国内地,魏、晋、南北朝时(220—589)得到大发展,至隋、唐(581—907)达到鼎盛,形成天台宗、三论宗、律宗、净土宗、法相宗、华严宗、禅宗、密宗以及三阶教等中国佛教宗派。佛教也在唐初传入西藏地区,继承了 7 世纪以来印度的大乘显密教法,并与当地本教相结合,开始形成别具特点的藏传佛教。两宋以后,内地佛教与儒、道三教合一的趋势增强,其自身势力逐渐衰微,但在社会生活的各个方面仍有深刻影响,在辽、金、西夏等朝代,还相当兴盛。至元代,藏传佛教大兴于全国,深入地强化了与内地佛教的交融。鸦片战争以后,伴随维新变法和民主革命思潮,佛教界展开复兴和改革运动,佛教的发展转向新的时代。

中国佛教 在中国境内流传和产生的所有佛教,包括汉传佛教、藏传佛教、云南上座部佛教三个系统。佛教在西汉哀帝元寿元年(公元前 2 年)传入中国内地,被当作神仙、方术的一种,在某些诸侯王和宫廷中流行。东汉末年,主要由西域来的佛教经典被译成汉文,同中国传统的伦理观念和宗教观念相结合,开始向全国传播。主要有安世高传译的小乘佛籍和支娄迦谶传译的大乘经典。魏晋时,佛教般若学与玄学贵无派相互激扬,受到上层士大夫的欢迎;毗昙学崇有,也相当流行。至南北朝,各地普遍扶持佛教,成为中国佛教发展最快、普及率最高、规模最大的历史时期。南朝以宋文帝、梁武帝为代表,把佛教当作"坐致太平"的思想工具,重点支持义学的研习和弘扬,以及建筑寺院,修建斋会等;北朝曾发生过魏太武帝和北周武帝两次"灭佛"事件,表明佛教的增长更甚于南朝,已达到国力难以承受的程度,其在度僧造寺、开凿石窟、组织译经等方面,尤为突出。佛经的翻译,从西晋竺法护以来,有长足的发展,后秦有鸠摩罗什,标志译经质量提高到一个新的水平;北凉有昙无谶,北魏有菩提流支等,其所译佛籍,都能开创一代思潮;南朝宋有佛陀跋陀罗、求那跋陀罗,梁陈间有真谛,也译介许多影响全国的经论。中国汉传佛教依以形成学派和宗派的典籍,大都完成于这个时期。继支遁、道安之后,慧远的神不灭论、僧肇的般若论、道生的佛性论等,为形成中国佛学的理论体系起了开创性作用。与此同时,重点弘扬《阿毗昙》、"三论"、《成实论》、《涅槃经》、《楞伽经》、《十地经论》、《摄大乘论》等经论的各种师说,纷然而起;僧侣们往来于南北各地,各种学说相互沟通,佛教成了密切多民族关系、增进相互融合的重要纽带。儒、释、道之间进行着长期的争论,既有激烈的斗争,更多的是互相渗透,相互吸收。隋唐时期,中央政府基本上采取三教并用的方针,佛教则进入鼎盛阶段。僧尼无籍者的数量比可统计的人数要多出很多;寺院经济享受豁免赋役的特权,得到高度发展;译经成为国家的事业,著名的译家有玄奘、义净、不空等;佛教义理由主要依附译典,转向创立起多种独立的思想体系,适应中国社会的礼仪法规基本建立,从而出现天台宗、三论宗、法相宗、华严宗、禅宗、律宗、密宗和三阶教等有中国特色的宗派,并先后传到朝鲜、日本和越南等邻国。佛教信仰深入民间,其中一部分变成全民性风习;佛教思想影响到哲学、道德、文学、艺术等各个领域。两宋期间,禅宗独盛,受士人的影响很大。佛教的基本理论,多为儒家所吸取,亦成为道学重要的思想来源,各大宗派之间的差别逐步缩小,并日益与儒、道相调和,本身相对衰弱,但在辽、金、西夏等地区,佛教力量依然强大。它的经典,自两晋时期开始整理,至于清代,经手写、印刷,形成规模宏大的文库,称经、律、论"三藏",流通于所有汉文文化圈。在西藏地方,松赞干布(617? — 650)提倡佛教,吸取汉、印佛教教理,并与西藏传统的苯教信仰相渗透,逐步形成藏传佛教(俗称喇嘛教)。曾一度中断。约 10 世纪下半叶,藏传佛教重兴,陆续产生宁玛、噶丹、萨迦、噶举等派别。至元朝初年,世祖忽必烈封八思巴为帝师,1264 年设释教总制院,统辖全国佛教事务和西藏地方行政,命八思巴为国师兼领总制院事,藏传佛教上升为全国占统治地位的宗教,遍及蒙古和江南。明初宗喀巴实行改革,建立格鲁派,受到朝廷的支持,成为影响力最大的派别。藏文佛经多保存在《甘珠尔》和《丹珠尔》中,与汉文大藏经互补,堪称佛教双璧。云南佛教历史悠久,南诏时期(748—937)阿阇梨教流行,大理建国(938),又传入上座部佛教,均与本地傣族等民族的土著信仰和风习相结合。13 世纪开始刻写傣文贝叶经。随着近代民族觉醒和变法维新,佛教掀起复兴和革新运动。早期有杨文会搜集和刻印佛典,兴办佛教学校,阐扬佛家教理,欧阳渐等继承其事;太虚则倡"人间佛教",促使佛教本身向现代社会接轨。

谛 梵文 Satya 的意译。佛教用语。谓所说、所知的事理真实不谬。《显扬圣教论》卷十九:"谓世间愚夫等,由法尔故,于彼诸法觉无乖违,名世俗谛……谓诸见谛者，如其法性证无乖违，名胜义谛。”意谓在认识上，不论是世俗之觉知还是圣者的证见，若于其所觉、所证“无乖违”，即名此种觉知、证见为“谛”。故与“真实”、“实相”、“法性”等有本体论意义的概念不同，而是从认识论上讲的。吉藏之《二谛论》(上)：“谛是实义，‘有’于凡‘实’，‘空’于圣‘实’，是二皆实。”故“谛”表示的“实义”是相对的，而不是绝对的。特殊地讲，是指“二谛”、“四谛”言。

四谛 梵文 Catursatya 的意译。佛教用语。即苦谛、集谛、灭谛、道谛。因被认为是神圣的“真理”，故亦名“四圣谛”(梵文 Caturāryasatya)。(1) 苦谛(Duḥkhasatya)，是对于社会人生以及自然环境所作的价值判断。以为世俗世界的一切，本性都是“苦”，有八苦等。《杂集论》卷六：“谓有情生及生所依处，即有情世间，器世间如其次第若生，若生处，俱说名苦谛。”(2) 集谛(Samudayasatya)，亦名“习谛”，指造成世间人生及其苦痛的原因，即佛教通常所谓的“业”与“惑”。《俱舍论》卷二十二：“一切三界烦恼及业皆名集谛。”《杂集论》卷六：“谓诸烦恼及烦恼增上所生诸业，俱说名集谛，由此集起生死苦故。”(3) 灭谛(Nirodhasatya)，指断灭世俗诸苦得以产生的一切原因，是佛教一切修行所要达到的最高目的。《显扬圣教论》卷二：“全摄集谛无馀断弃、吐弃、离欲、灭没、寂静。”亦即根绝“集谛”所包括的一切“业”与“惑”。作为佛教的最高理想境界，亦称“解脱”、“涅槃”。(4) 道谛(Mārgasatya)，指超脱“苦”、“集”的世间因果关系而达到出世间之“涅槃”寂静的一切理论说教和修习方法。即*八正道等。《杂集论》卷五：“由此道故，知苦、断集、证灭、修道，是略说道谛相。”其中苦、集二谛系世间因果，集谛为因，苦谛为果；灭、道二谛系出世间因果，道谛为因，灭谛为果。

四谛十六行相 佛教用语。四谛指苦谛、集谛、灭谛、道谛；“行相”指摄取认识对象所生起的表象、观念。小乘以观悟四谛之理为全部修习的内容；在观悟过程中，对四谛各自产生四个方面的理解和观念，称十六行相。据《大毗婆沙论》卷七十九及《俱舍论》卷二十六载，这十六行相是：(1) 苦谛四相：“一苦、二非常、三空、四非我。”为佛教对自然环境、社会和人生现象所作的价值判断和理论概括：“伤痛逼迫如荷重担，违逆圣心，故名为苦；由二缘(指诸法互为因缘，从‘所作’讲，有时能作、有时不能作；从‘属缘’讲，依靠他缘，不由自主)故，说名非常”；“违我所见，故名为空；违于我见，故名非我。”(2) 集谛四相：“一因、二集、三生、四缘。”为造成世间人生及其苦痛的原因，亦即“因缘”、“缘起”的内容。“如种子法，故名为因；能等出现(指同因出同果)，故名为集；令有续起，故名为生；能有成办，故名为缘。譬如泥团轮绳水等，众缘和合，成办瓶等。”(3) 灭谛四相：“一灭、二静、三妙、四离。”指断灭诸苦及其原因，达到“出世间”圣果的状态；“取蕴永尽，故名为灭；有为相息，故名为静；是善是常，故名为妙；最极安隐，故名为离”。(4) 道谛四相：“一道、二如、三行、四出。”此为超脱“苦”、“集”的世间因果达到出世“涅槃”的修习途径：“违害邪道，故名为道；违害非理，故名为如；趣涅槃宫，故名为行；能永超度，故名为出。”

业 梵文 Karma 的意译，音译“羯磨”。佛教用语。意为造作，泛指一切身心活动。一般分三业：身业(行动)、语业(也称口业、言语)、意业(思想活动)。《大毗婆沙论》卷百一十三：“三业者，谓身业、语业、意业……苦自性者，应唯一业，所谓语业，语即业故；若所依者，应一切业皆名身业，以三业皆依身故；若等起者，应一切业皆名意业，以三业皆是意等起故。”身业、语业各有两种性质：一是由言论、行动所表现出来的显而易见的行为，称为“表业”(Vijñapti)；一是只有潜在思想，未在言行方面表现出来，不能用感官观察和理解的活动，称为“无表业”(Avijñapti)。有的佛教派别还立意表与意无表业。据《俱舍论》卷十三，小乘有部又把意业称为“思业”，把身、语二业合称为“思已业”；认为意业的体性是“思”，身、语二业的体性是“色法”。大乘法相宗更重视行为的动机，《成唯识论》卷一认为，三业的体性皆为“思”。业的分类很多，有引业、满业，善、不善、非善非不善业等。佛教认为业发生后不会自行消除，必将引起善恶等报应。业是有情流转生死的动力，是佛教“因果报应”说的理论依据。

惑 佛教用语。烦恼之总称。《百法明门论忠疏》：“惑谓根本及随烦恼。”《大乘义章》卷五：“能惑所缘，故称为惑。”特指因不懂得佛教教理和缺乏佛教信仰以致迷惑于认识的对象而言，与“无明”等义相近，有时被称为“愚惑”。由于“烦恼”与“业”结合，被视为轮回果报的总因，所以“惑”、“业”往往并称。

烦恼 梵文 Kleśa 的意译，亦译“惑”。佛教用语。佛教所说扰乱众生身心使发生迷惑、苦恼等精神状态的总称。《大智度论》卷七：“能令人心烦、能作恼故，名为烦恼。”《唯识述记》卷一：“烦是扰义，恼是乱义，扰乱有情，故名烦恼。”泛指与佛教宣扬的宁静、“涅槃”境界相对立的一切思想观点和精神情绪。据《俱舍论》卷十九释：处于潜在的尚未现行的烦恼，名为“随眠”，正在现实中发生作用的烦恼，名之为“缠”；亦通称为“漏”。在认识论和道德观上，“烦恼”是一切世俗欲求、情绪和思想活动的总称；在人生社会中，被认为是“苦”的直接根源；在宗教信仰上，是感生轮回报果的总因，名“诸有本”。有多种分类，主要有根本烦恼、随烦恼等。

根本烦恼 梵文 Mūlakleśa 的意译，亦译“本惑”。佛教用语。与“随烦恼”相对。是一切烦恼的根本，包括贪、瞋、痴、慢、疑、恶见。《成唯识论》卷六：“此贪等六性，是根本烦恼摄故，得烦恼名。”其中恶见(简称“见”)又分五见，称“五钝使”；其他五根本烦恼称“五利使”，合称“十随眠”。

本惑 即“根本烦恼”。

随烦恼 梵文 Upakleśa 的意译，亦译“随惑”。佛教用语。与“根本烦恼”相对。指随从根本烦恼而起的烦恼，故名。《俱舍论》卷二十一：“此馀异诸烦恼，染污心所，行蕴所摄，随烦恼起故，亦名随烦恼；

不名烦恼，非根本故。”关于随烦恼之种数，说法很多。(1) 有部《俱舍论》谓有十九种，即“大烦恼地法”中除痴(无明)而外的放逸、懈怠、不信、惛沈、掉举；“大不善地法”的无惭、无愧；“小烦恼地法”的忿、覆、悭、嫉、恼、害、恨、谄、诳、憍以及“不定地法”中的睡眠、恶作。(2) 法相宗说有二十种，即除去《俱舍论》中所说的睡眠、恶作，加上失念、散乱、不正知，称二十随眠。《成唯识论》卷六：“唯说二十随烦恼者，谓非烦恼，唯染粗故。”

随惑 即“随烦恼”。

四念处 亦称“四念住”。佛教用语。三十七道品之一类。“念处”或“念住”，梵文 Smṛti-upasthāna 的意译，意为以智观(观察、思虑)境。指在精神专注的状态中按照教理认真思虑“身”是“不净”，“受”是“苦”，“心”是“无常”，“法”是“无我”，以此破除那种以“不净”为“净”，以“苦”为“乐”，以“无常”为“常”，以“无我”为“我”的“四颠倒”的思想。小乘说一切有部把修行此观列入三贤位中，分为“别相念处位”和“总相念处位”。前者是按身、受、心、法分别观想，也称“自相别观”；后者是从身、受、心、法的总体上观想，也称“共相别观”。据《法门名义集》，“四念处大小乘名有异，观身不净、观受有苦、观心生灭、观法无我是小乘四念处；观身如虚空、观受内外空、观心但名字、观法善恶俱不可得，是大乘四念处”。

四念住 即“四念处”。

四如意足 亦称“四神足”。佛教用语。三十七道品之一类。“如意足”，梵文 Ṛddhipāda 的意译，意为神通(五神通或六神通)所赖以产生的凭借或基础(“足”)。“四如意足”就是四种可以得到神通的禅定。据《法门名义集》：(1) “欲如意足”，由想达到神通的意欲之力发起的禅定；(2) “念如意足”，亦称“心如意足”，由心念之力发起的禅定；(3) “精进如意足”，由不断止恶进善力发起的禅定；(4) “慧如意足”，亦称“观如意足”、“思惟如意足”，由思惟佛理之力发起的禅定。据认为，修行这些禅定，可以具备神通变化如意自在的能力。

四神足 即“四如意足”。

八正道 梵文 Āryāṣṭāṅgikamārga 的意译，亦译“八圣道”、“八支正道”、“八圣道分”。佛教用语。三十七道品之一类。意谓八种通向涅槃解脱的正确方法或途径。据《中阿含经》卷七和卷五十六、《俱舍论》卷二十五、《大乘义章》卷十六末等记载，为释迦牟尼在鹿野苑初转法轮向五弟子所说：(1) 正见(Samyakdṛṣṭi)，对佛教“真理”四谛等的正确见解；(2) 正思惟(Samyak-saṅkalpa)，亦作“正思”、“正志”，即对四谛等佛教教义的正确思维；(3) 正语(Samyāk-vāc)，即修口业，不作一切非佛理之语；(4) 正业(Samyakkarmānta)，即住于清净之身业；(5) 正命(Samyakājiva)，即符合佛教戒律规定的正当合法的生活；(6) 正精进(Samyak-vyāyāma)，亦作“正方便”，即勤修涅槃之道法；(7) 正念(Samyaksmṛti)，即起心动念，明记四谛等佛教“真理”；(8) 正定(Samyaksamādhi)，即修习佛教禅定，心专注于一境，观察四谛之理。佛教认为，按此修行可由“凡”入“圣”，从迷界此岸达到悟界的彼岸，故也比喻为“八船”、“八筏”。

八圣道 即“八正道”。

止观 “止”，梵文 Śamatha(奢摩他)，亦译“止寂”或“禅定”等；“观”，梵文 Vipaśyanā(毗婆舍那)，意为智慧。佛教用语。“禅定”和“智慧”之并称。佛教修习的重要方法。《维摩诘经》卷五僧肇注：“系心于缘谓之止，分别深达谓之观。”“止”是使所观察对象“住心于内”，不分散注意力；“观”是在“止”的基础上，集中观察和思维预定的对象，得出佛教的观点、智慧或功德。中国天台宗提倡“止观双修”，作为一切修习方法的概括。《修习止观坐禅法要》：“若夫泥洹之法，入则多涂，论其急要，不出止观二法。”但不限于传统的静坐默想，而是“历缘、对境”，在日常生活的一切方面，都要有“止”有“观”，使思想认识契合佛教教义的要求。禅宗将二者作为“体用”关系，构成自己理论认识和宗教实践的基础。《六祖坛经·定慧品》：“我此法门，以定慧为本。”“定是慧体，慧是定用。”要求“定慧等学”。

禅 梵文 Dhyāna 的音译“禅那”之略，意译“静虑”、“思维修”、“弃恶”、“功德丛林”等。佛教用语。谓心注一境、正审思虑。《俱舍论》卷二：“依何义故立静虑名？由此寂静能审虑故，审虑即实了知义。”《瑜伽师地论》卷三十三：“言静虑者，于一所缘，系念寂静，正审思虑，故名静虑。”认为能使心绪宁静专注，便于深入思虑义理，故又称为“善性摄一境性”。按修习层次，共分四种，称四禅或“四静虑”。中国习惯把“禅”和定并称为禅定，含义比较广泛。《禅源诸诠集都序》卷一等将“禅那”作定慧解释，并转义为禅宗之“禅”。

禅那 即“禅”。

四禅 梵文 Caturdhyāna 的意译，亦译“四禅定”、“四静虑”、“四定静虑”。佛教用语。佛教用以治惑、生诸功德的四种基本禅定。其“体”(性)为“心一境性”，其“用”(作用)为“能审虑”。总的特点是已离欲界感受，而与色界观想和感受相应。从一禅到四禅，心理活动逐次发展，形成四种不同的精神境界。据《长阿含经》卷八、《俱舍论》卷二十八、《杂集论》卷九等，四禅从心理活动来分共三类十八支。“对治支”所列者，指能用以对治(断除)和由对治所达到的一些心理活动或状态；“利益支”是进入相应境界的主观感受。如初禅虽已离“欲恶不善法”，感受到离开欲界生活的“喜”、“乐”，但仍有 * 寻(觉)、伺(观)这两种粗细分别的心理活动，还应加对治；至二禅时，寻、伺也已断灭，形成内心信仰(或即信根)，名“内等净”，由此所得之喜乐是对此禅定自身的感受，故名“定生喜乐”；三禅舍去二禅之喜乐，达到“平等、正直、无功用住”，即“行舍”境地，有正确的忆念和正确的智慧，继续精进修习，名“正念、正慧”，由此产生“离喜妙乐”；四禅舍去三禅的妙乐，名“舍清静”，唯念修养功德，名“念清净”，由此得“不苦不乐”的感受。这一切思念活动和心理感受，都是在“心一境性”的禅定状态中进行的，所以称为“自性支”。据说，修此四禅，死后即可生于相应的“四禅天”，即“三界”中的“色界”。中国佛教早期将此四禅列入“十二门禅”中，重在“不净观”；或者作为“数息观”的全过程，目的都在制欲禁欲，获得神通等功德。

四禅定 即“四禅”。

四无色定 梵文 Caturarū pasamādhi 的意译，亦译“四空定”。佛教用语。即空无边处定、识无边处定、无所有处定、非想非非想处定。为对治色的束缚、灭除一切对外境感受和思想的修行以及由此达到的四种精神境界。《杂阿含经》卷十七：“空入处正受时，色想寂灭；识入处正受时，空入处想寂灭；无所有入处正受时，识入处想寂灭；非想非非想入处正受时，无所有入处想灭。”由此可达到“灭想尽定”。据《法蕴足论·无色品》、《大智度论》卷十七等所说，“空无边处定”指以无边虚空为观想对象，超越四禅的色想；“识无边处定”指以内识为对象、超越空无边处的观想；“无所有处定”指超越识无边处的观想；静观“无所有”的禅定；“非想非非想处定”指超越无所有处的观想而达到的非有想、非无想的绝对寂静状态。据说，修习此禅圆满的人，死后生于相应的四无色天，即“三界”中的“无色界”。

止 梵文Śamatha 的意译，亦译“止寂”等，音译“奢摩他”。佛教用语。“禅定”的另一称谓。在宗教修习上，往往与“观”（毗婆舍那）相应而言，为有“观”之“定”。《大乘义章》卷十三：“摄心住缘，目之止。”参见“止观”。

定 梵文 Samādhi 的意译，亦译“等持”，音译“三摩地”、“三昧”。佛教用语。谓心专注一境而不散乱的精神状态，佛教以此作为取得确定之认识、作出确定之判断的心理条件。《俱舍论》卷四定义为“心一境性”。《大乘百法明门论忠疏》：“于所观境令心专注不散为性，智依为业。谓观得、失、俱非境中，由定令心不散，依斯便有决择智生。”此有两种，一谓“生定”，即人们与生俱有的一种精神功能，相当心理学上的注意力集中；一谓“修定”，指专为获得佛教智慧或功德、神通而修习所生者，亦即作为＊三学之一的“定学”，＊六度中的“定波罗蜜”。据《大智度论》卷五等，谓“善心一处不动而名三昧”，即是。大小乘种类繁多。在中国，此“定”往往与禅连称，成为含义广泛的禅定。

三昧 即“定”。

禅定 佛教用语。禅和定的合称。意为“安静而止息杂虑”。大体有三义：(1) 作为“心所法”的一种，指专注一境，思想集中，为广义上的定，或曰“生定”，人人都有。(2) 特指为生于色界诸天而行之宗教思维修习，音译“禅那”，略作“禅”。(3) 作为佛教三学之一的定学，指通过精神集中、观想特定对象而获得佛教悟解或功德的一种思维修习活动。一般说，大乘将禅定与布施（檀那）、持戒（尸罗）、忍（羼提）、精进（毗梨耶）、智慧（般若）合称六度（六波罗蜜），为大乘修习的主要内容。以“智慧”指导禅定，故“止”“观”并提，“定慧双运”。中国禅宗以“禅”命宗，进一步扩大了禅定的观念，重在“修心”、“见性”，而不再限于静坐凝心专注观境的形式。

观 梵文 Vipaśyanā 的意译，音译“毗婆舍那”、“毗钵舍那”等。佛教用语。泛指一切思维观察活动，特指在佛教“正智”指导下对特定对象或义理的观察思维活动。“止观”并用中的“观”，含有“智慧”的意思，故又称“定慧”。依智“摄心入定”，又依“定”观察思维特定事物和义理，获得或巩固某种功德和智慧。“观”的种类极多，按对治之“烦恼”、希望获得的功德以及成就“智慧”的不同，观法亦千差万别。

神通 梵文 Abhijñā 的意译，亦译“神通力”、“神力”、“通力”、“通”。佛教用语。据说通过修持禅定可以得到的神秘灵力。有“五神通”（五通）或“六神通”。《大萨遮尼乾子所说经》卷七：“入诸禅故，身得轻软。成就如是身轻心柔，入如意分。善入如意分已，即生神通。”(1) 神足通，也作“神境智证通”、“神境通”、“身如意通”、“身通”等，谓身能飞天入地，出入三界，变化自在；(2) 天眼通，也作“天眼智证通”、“天眼智通”，谓能见六道众生死此生彼，苦乐境况，见一切人间肉眼所不能见的种种形色；(3) 天耳通，也作“天耳智证通”、“天耳智通”，谓能闻见六道众生苦乐忧喜语言及人耳所听不到的种种声音；(4) 他心通，也作“他心智证通”、“知他心通”，谓能知六道众生心中所念之事；(5) 宿命通，也作“宿住随念智证通”、“宿住智通”、“识宿命通”，谓能知自身一世二世三世乃至百千万世的宿命及所作之事，亦能知六道众生的宿命及所作之事。以上“五通”，加“漏尽通”，合为“六通”。“漏尽通”也叫“漏尽智证通”，谓得此即断一切烦恼惑业，永远摆脱生死轮回。《俱舍论》卷二十七：此六通“慧为自性”（以慧为体），前“五通”通过修四禅而得，凡夫（异生）亦可达到，第六通只有“圣者”（阿罗汉与菩萨、佛）可得。《大智度论》卷二十八称，菩萨得五通，佛得六通。《成实论》卷十六谓，外道亦可得五通，有所谓“五通仙人”云。

六大 梵文Ṣaḍ-dhātu 的意译，亦称“六界”。佛教用语。指六种周遍一切法界、造成有情无情世界的基本原素。《中阿含经·度经》：“云何六界法？……谓地界、水、火、风、空、识界。”据《俱舍论》卷一，地水火风称“四大种”，是构成一切物质现象的基本因素（“一切馀色所依”）；“空界”，指“内外窍隙”，如门窗口鼻等，亦为现象生成的必要条件；“识界”，指“诸有漏识”，即众生的意识（六识），为众生生存的基本条件（“有情生所依”）。前五大属色法，后一大属心法。密教认为无情世界和有情众生，佛与凡夫，无一不是六大所造。地水火风空属胎藏界，属理；识属金刚界，属智，但色心不二，金胎为一，众生与佛，亦无根本差异，只要修持三密加持，即可成佛。

六界 即“六大”。

乘 梵文 Yāna 的意译，音译“衍那”、“野那”。佛教用语。意为运载、运度，谓能乘载众生到达解脱的彼岸；实指佛教所说的修行方法、途径或教说。有大乘、小乘以及一乘、二乘、三乘等说法。

法轮 梵文 Dharmacakra 的意译。佛教用语。对佛法的喻称。有两说：(1) 佛法能摧破众生烦恼邪恶，摧伏怨敌，如转轮王转动“轮宝”(战车的神化)摧破山岳岩石一样，故名。(2) 佛之说法，不停滞于一人一处，辗转相传，如车轮辗转不停，故名。《止观辅行传弘决》卷一之二：“轮具二义，一者转义，二摧辗义，以四谛轮转度与他，摧破结惑，如王轮宝，能坏能安。法轮亦尔，坏烦恼怨，安住谛理。”《大智度论》卷二十五：“转轮圣王手转宝轮，空中无碍；佛转法轮，一切世间天及，人中无碍无遮。”

转法轮 佛教用语。对佛陀宣说佛法的比喻。“法轮”喻佛法，“转”喻宣说。《大智度论》卷二十二：“佛转法轮，如转轮圣王转宝轮……手转宝轮，空中无碍；佛转法轮，一切世间天及人中无碍无遮……遇佛法轮，一切邪见、疑悔、灾害，皆悉消灭。”

有相 佛教用语。与“无相”相对。佛教把凡可见知的事物都称做“有相”，泛指作为认识对象的事相和认识中的映相、名相。此种有相均被视为分别执著的产物，虚幻不实。《大日经疏》：“可见可现之法，即为有相。凡有相者，皆是虚妄。”

无相 佛教用语。与“有相”相对。“相”指现象的相状和性质，亦指认识中的表象和概念，即“名相”。指摆脱世俗之有相认识所得之真如实相。据鸠摩罗什译的《金刚经》：“凡所有相，皆是虚妄；若见诸相非相，则见如来。”《摩诃般若波罗蜜经·叹净品》：“诸法性非过去，非未来，非现在，不可取相，不可缘，不可见，不可觉，不可知，不可回向……不可以心知故。”故“无相”即是“法性”、“涅槃”。《金刚经》：“离一切相，则名诸佛。”《涅槃经》卷三十：“涅槃名无相。”中国禅宗特别以“无相”作为教义的重要内容。《六祖坛经》宣称，“我这法门”，先立“无相为体”。把“无相”同“无念”、“无住”并列，“外离一切相，名为无相；能离于相，即法体清净。”

三界 梵文 Trilokya 的意译。佛教用语。关于世俗世界的分类。佛教采用古印度传统说法，把世俗世界划分为三种，合称三界。即欲界、色界、无色界，认为众生有情均在三界中“生死轮回”。据《俱舍论》卷八等：(1) 欲界，为具有食欲、淫欲(“段食、淫所引贪”)的众生所居。包括“五道”中的地狱、畜生、饿鬼、六欲天和人，以及他们所依存的场所(“器世间”)，如人所居的四洲等。(2) 色界，位于欲界之上，为已离食、淫二欲的众生所居，离粗欲，而只享受精妙境像。其“器”(宫殿等)及“有情”仍为“色所属界”(“色者，是变碍义或示现义”)，即仍离不开物质。包括四静虑处(或“四禅天”)十七种天，此称色界十七天。(3) 无色界，更在色界之上，为无形色众生所居，离物质享受，只有四类特殊的精神存在。“其体非色，立无色名”，“依众同分(使众生得同样果报之因，相当共性)及与命根(相当寿命)而得相续”。包括四天，称“四无色天”。以上“三界”，系据佛教善恶报应理论和禅定修行勾画出来的。据称，修“四静虑”死后可生色界；反之不进行这种禅定或达不到一定程度，死后生欲界；修“四无色定”，死后生无色界。此即如《俱舍论》卷十三所载：“有情世间及器世间各多差别，如是差别由谁而生？……但由有情业差别起。”佛教以三界为“迷界”，认为从中解脱达到“涅槃”才是最高理想。

趣 梵文 Gati 的意译，意谓“趋向”，一译“道”。佛教用语。说众生由于自己善恶行为(业)死后趋向不同地方转生。《大毗婆沙论》卷一百七十二：“趣是何义？答：所往义是趣义，是诸有情所应往，所应生，结生处，故名趣。”小乘说一切有部主张有五趣(五道)，犊子部和大乘主张有六趣(六道)。

五趣 亦称“五道”。佛教用语。佛教所说众生根据生前善恶行为有五种轮回转生的趋向。即：地狱、饿鬼、畜生(也译“傍生”)、人、天(三界诸天)。《俱舍论》卷八：“于三界中说有五趋，即地狱等如自名说，谓前所说地狱、傍生、鬼及人、天，是名五趣。唯有欲界有四趣全，三界各有天趣一分。”若再加上阿修罗则称六趣或六道。《大智度论》卷十：“说五道者是一切有部僧所说，婆蹉弗妒路部(犊子部)僧说有六道。”卷三十：“佛去久，经流远，法传五百年后，多有别异，部部不同，或言五道，或言六道。若说五者，于佛经回文说五；若说六者，于佛经回文说六。又摩诃衍(大乘)中《法华经》说有六趣众生，观诸义旨，应有六道。”

现观 佛教用语。指通过禅定，不经语言概念的中介，用佛教“智慧”，使所谓真理直接呈现于面前的一种神秘的认识方法。《成唯识论述记》卷九：“现谓现前，明了现前，观此现境，故名现观。”此种现观，特以苦、集、灭、道之四谛作为认识对象，故又名“圣谛现观”。《俱舍论》等分为三种，尤以其中的“见现观”最能体现“现观”的属性：“唯无漏慧于诸谛境现见分明，名见现观。”《成唯识论》卷九等分“六现观”，其中的“现观智谛现观”，乃用“无漏慧”直观“真如”之体，最有代表性。从修习阶次说，现观属见道阶段的认识活动，此时认识主体和认识对象、“能取”和“所取”、“智慧”与“真如”，已经完全一致，无所分别，由此所得的新的认识，称无分别智。然从广义说，为达到“现观”所做的准备，以及现观以后，运用“无分别智”去重新观察现实事物(修道)，亦都可列入现观的范围。

道 佛教用语。(1) 道理、原理、主义、派别。《牟子理惑论》：“众道丛残，凡有九十六种。”佛教自称“大道”、“至道”、“佛道”，称佛外诸派为“外道”。(2) 借用《老》、《庄》语。晋孙绰《喻道论》：“夫佛也者，体道者也。道也者，导物者也；应感顺通，无为而无不为者也。”(3) 泛指道路、途径，训为“通”、“诣”、“因”等。《大乘义章》八末“所言道者，以因名也。善恶两业通因至果，故名为道”。如三界六道之“道”。(4) 特指通向菩提、涅槃之路。《俱舍论》卷二十五：

"道亦名为菩提分法"，即"顺趣菩提"的三十七种方法。又说："道义云何？谓涅槃路，乘此能往涅槃城故。"(5) 与菩提、涅槃同义。《大智度论》卷四："菩提，名诸佛道。"僧肇《涅槃无名论》："夫涅槃之名道也，寂寥虚旷……"《大乘义章》卷十八："第一义谛亦名为道，亦名菩提，亦名涅槃。"然而相应于梵文，"道"是两个词，一曰"末伽"(Mārgal)，一曰"菩提"(Budhi)。据《大乘义章》卷十八解释："因中之道名曰末伽"，如"六道"、"三十七道品"中的道；"果中之道，说为菩提"。《成唯识论述记》认为"菩提"根本不可汉译为道："梵云菩提，此翻为觉，觉法性故；末伽言道，游履义故。古云，菩提道者，非也。"

四道 佛教用语。指四种能够脱离生死，通往涅槃的道路。依此可证得涅槃果。为一切修习方法的概括。《俱舍论》卷二十五："应知一切道，略说唯有四：谓加行、无间、解脱、胜进道。"(1) 加行道：也称方便道，"从此后无间道生"，指为断除烦恼、获得功德的初级阶段；(2) 无间道："此能断所应断障"，指开始断除所应断除的烦恼，不为此烦恼所障碍的修行，由此可无间隔地进入解脱道；(3) 解脱道："已解脱所应断障最初所得"，指已从所应断除烦恼中解脱出来，最初证得"正理"和功德的修行；(4) 胜进道："谓三馀道"，特指于解脱道后的进一步修行。

三科 佛教用语。指五蕴、十二处、十八界。佛教教诫学徒诠释佛法所分的科目，要求从这三方面观察人及其面对的世界，目的在根据"愚夫"迷悟的不同情况，破"我执"之谬，立"无我"之理。《俱舍论》卷一："所化有情有三品，故世尊为说蕴等三门。传说有情愚有三种：或愚心所总执为我，或愚色，或愚色、心。根亦有三，谓利、中、钝。乐亦三种，谓乐、略、中。如其次第，世尊为说蕴、处、界。"

五蕴 梵文 Pañcaskandha 的意译，亦译"五众"、"五阴"。佛教用语。"三科"之一。"蕴"，梵文 Skandha 的意译，意谓积聚、类别。《俱舍论》卷一："诸有为法和合聚义是蕴义。"是对一切有为法作的分类，共计有五：(1)"色蕴"："诸所有色，若过去，若未来，若现在，若内若外，若粗若细，若劣若胜，若远若近，如是一切略为一聚，说名色蕴"；(2)"受蕴"：即把"诸所有受""略为一聚"；(3)"想蕴"；(4)"行蕴"；(5)"识蕴"：是把想、行、识"略为一聚"。此五蕴作为对一切有为法的概括，狭义为现实人的代称，广义指物质世界(色蕴)和精神世界(馀四蕴)的总和，是佛教全部教义分析研究的基本对象。对五蕴的解释，为各派确立自己思想体系的重要依据。小乘多数派别通过分析"五蕴"得出"人无我"的结论，认为"人我"是"五蕴"的暂时和合，唯有假名，而无实体。《俱舍论》卷二十九："总依诸蕴假施设有补特伽罗(我)……是假非实。""如是一切无常有为，从众缘生，由思所造。"大乘学说不只否认五蕴和合体即"人我"的真实性，也否认五蕴本身的真实性，进一步发展为"法无我"的理论。《般若心经》："色不异空，空不异色，色即是空，空即是色；受想行识，亦复如是。"

五阴 即"五蕴"。

色 梵文 Rūpa 的意译。佛教用语。相当于物质的概念，但并非全指物质现象。《俱舍论》卷一："变碍故名为色。"指一切能变坏，并且有质碍之事物。《百法明门论忠疏》："质碍名色。"唯指具有不可入性之事物。(1) 作为"五蕴"之一，称为"色蕴"，或与"心法"相对，称为色法。泛指"十二处"、"十八界"中的眼、耳、鼻、舌、身等五根，色、声、香、味、触等五境以及所谓无表色，故云："色者唯五根、五境及无表。"(《俱舍论》卷一)其中"无表色"是一种精神现象。(2) 作为"六境"、"十二处"、"十八界"之一的"色境"，简称为"色"，是专指"眼"所识别的对象言，范围较狭："眼所取故名为色。"(《俱舍论》卷一)此种"色"又分为多种。《大乘五蕴论》分为三类："显色"，颜色、明暗等；"形色"，长短、高下等；"表色"，人体伸屈坐卧等。

见 梵文 Dṛṣṭi 或 Darśana 的意译。佛教用语。指对事物的见解。可释为思想、观点、主张、主义等。《大毗婆沙论》卷九十五说"见"有四义：观视(观察境界)、决度(形成判断)、坚执(固执己见)、深入(深化认识)。分正见、邪见、恶见等。佛教泛用时，指"错误"的见解。分类很多：(1) 有见和无见，也称常见和断见，属于五见中的"边见"。(2) 七见，七种错误的见解：邪见(否认因果理论)、我见(认为有我)、常见(执著身心常住)、断见(执著身心断灭)、戒盗见(也称戒禁取见，奉持"错误"的戒律)、果盗见(把通过错误的行为得到的结果看成是正确的)、疑见(怀疑佛教"真理")。(3) 十见，五见加上贪见、恚见、慢见、无明见、疑见。(4) 非佛教的"外道"见解有四见、六十二见。

受 梵文 Vedanā 的意译，亦译"痛"、"觉"。佛教用语。五蕴和十二因缘之一；心所之一。指外界影响于生理、情绪以及和伦理学有关的痛痒、苦乐、忧喜、好恶等感受。《俱舍论》卷一："受蕴，谓三领纳随触：即乐及苦、不苦不乐；此复分别成六受身，谓眼触所生受乃至意触所生受。"即由眼、耳、鼻、舌、身、意等六触引生相应之六种感受。《大乘百法明门论忠疏》："受谓领纳顺、违、俱非境相为性，起爱为业，能起合、离、二非欲故。"所谓"顺、违、俱非境"，指对个人有利、不利和无利害关系的三种不同的境界。"受"的作用就在于由感触这些境界而产生"苦"、"乐"、"舍"(不苦不乐)等相应的主观感受，由此引生远离"违境"而追求"顺境"等一系列爱欲活动。

想 梵文 Saṃjña 的意译。佛教用语。心所之一，五蕴之一。指认识直接反映的影相，以及据此形成种种名言概念的思维功能，相当于感觉、知觉、表象、概念思想等。《俱舍论》卷一："想蕴：谓能取像为体，即能执取青黄、长短、男女、怨亲、苦乐等相。"《百法明门论忠疏》："想：谓于境取像为性，施设种种名言为业。谓要安立境分各相，方能随起种种名言。"由于"想"与"名"的这种关系，佛教通常把"名"、"想"或"名"、"相"并称，以表示表象和概念。

行 梵文 Saṃskārā 的意译。佛教用语。指一切精神现象和物质现象的生起和变化活动。《俱舍论颂疏》卷一："造作、迁流二义名行。"《大乘义章》卷二："有为集起，目之为行。"具体应用可分三种：(1) 作为十二因缘之一，亦称"行支"。指能招致罪福果报的身、口、意诸"业"，亦即人的一切心、身活动。《俱舍论》卷九："于宿位中福等业位至今果熟，总得名行。"由"业"引发得"果"的全过程，也称为"行"。(2) 作为五蕴之一，亦称为"行蕴"。《杂集论》卷一："造作相是行相，由此行故令心造作。"《俱舍论》卷九："思即是行。"此"思"亦有"造作"义，指在身、口、意三"业"中，起决定作用的"意业"，相当于思虑、筹划、判断、意向、动机等思维活动。(3) 佛教论著通常以"境、行、果"组织自己的学说体系，此"行"指佛教的修习和践行。

识 梵文 Vijñāna 的意译。佛教用语。有多种含义：(1) 指一切精神现象，如"唯识无境"。与"心"、"意"的含义相同。《俱舍论》卷四，"心、意、识体一"，唯"随义建立种种名相"。其中"集起故名心，思量故名意，了别故名识"。小乘有部主张按照"六根"分为六识，"义虽有别，而体是一"。大乘瑜伽行派等扩大为八识，不只义有别，"体"亦有八。(2) 作为心识的特殊功能，又不完全同于"心"、"意"。《成唯识论》卷五：前六识"于六别境粗动、间断、了别转故"，说名为识，即唯以前六识名识。(3) 作为五蕴之一，名为"识蕴"，指小乘所讲"六识"和大乘所讲"八识"的心王。(4) 作为十二因缘之一，名为"识支"(Vijñāna)。《俱舍论》卷九："于母胎等正结生时一刹那位五蕴名识。"亦即"四有"中所谓"生有"，含有灵魂的意思。早期汉译佛籍把"识"与"神"并称，谓之"识神"(见《阴持入经》)。

十二处 梵文 Dvādaśāyatana 的意译。旧译"十二入"。佛教用语。三科之一。指六根(眼、耳、鼻、舌、身、意)、六境(色、声、香、味、触、法)的十二法。"处"，梵文 Āyatana 的意译，旧译"入"，指根与境为产生心和心所之处，又因根与境相涉而入，故名。《俱舍论》卷一："心、心所法生长门义是处义，训释词者，谓能生长心心所法，故名为处。"

十二入 即"十二处"。

十八界 梵文 Aṣṭādaśadhātu 的意译。佛教用语。以人的认识为中心，对世界一切现象所作的分类；或说一人一身即具有此十八界。其中包括能够发生认识功能的六根，作为认识对象的"六境"，以及由此生起的六识。《俱舍论》卷一："法种族义是'界'义……如是一身或一相续有十八类诸法种族，名'十八界'。此中种族是'生本'义。""有说'界'声表种类义，谓十八种类自性各别不同，名'十八界'。"

六根 梵文Ṣaḍindriya 的意译。佛教用语。被视为"心所依者"，是"有情本"，亦名"六情"。十二处之"内六处"，十八界之"六根界"。根是能生的意思，指眼、耳、鼻、舌、身、意具有能取相应之六境(色、声、香、味、能、法)，生长相应之六识(眼识、耳识、鼻识、舌识、身识、意识)的六种功能，故名。据《俱舍论》卷三：其中前"五根"，"于能了别个别境识有增上用，第六意根于能了别一切境识有增上用。"说一切有部等把眼等"五根"分为两种：生理器官叫扶尘根，以四大为体，对取境生识只起扶助作用；实际起取境生识作用的称胜义根，以"四大所生净色为性"。至于第六 * 意根，则为"意界"。瑜伽行派等从"唯识"义上讲"六根"。《成唯识论》卷一："谓识生时，内因缘力变似眼等、色等相现，即以此相为所依、缘。"即六根和六境一样，都是内识所变。

六情 即"六根"。

五眼 佛教用语。"眼"指眼光、观点、认识、智能，共有五种不同。据竺法护译《密迹金刚力士经》、鸠摩罗什译《大智度论》等释：(1) 肉眼：指通过肉体六种感觉器官获得的认识，被认为"虚诳不实"，"是不可信"。(2) 天眼：指想像中所谓"色界"诸"天"的认识，由修习四禅"天眼通"所得，据说它力所能及的时空范围，都远远超过肉眼的能力。但就其认识的性质言，依然"虚诳，不能如实见事"，与肉眼同，故均属世俗的领域。(3) 慧眼：属于佛教"贤圣"特殊认识的初级阶段，所谓得慧眼不见众生，尽灭一切异相，舍离诸着，不受一切法；"以慧眼观诸法皆虚妄，唯涅槃为实"。故慧眼是视世间一切皆为空无所有的一种认识，亦即佛教对世间本质的概括和抽象，相当于"一切智"。"但慧眼不能度众生。所以者何？无所分别故。""无所分别"是慧眼的特征，亦称"根本无分别智"，在全部修持中，是一大飞跃，然而其局限，也在"无所分别"，无法处世普度众生。(4) 法眼：是在慧眼的基础上，用以引导众生信仰佛教的种种智能。"法眼令是人行是法，得是道，知一切众生各各方便门，令得道证"；"引导众生令入法中，故名法眼。"由于它以"无所分别"为指导，故相当于"后得无分别智"；由于它能广入世间，根据不同个性超度众生，故亦称"道种智"。(5) 佛眼：指唯佛才能具有的智慧和能力，即"无法不见、不闻、不知、不识"，即无所不知，相当于"一切种智"。此"贤圣"三眼，大体相应于"三乘"之说："慧眼"属声闻缘觉乘(小乘)，"法眼"属"菩萨乘"，"佛眼"属佛乘。但"五眼"并非一定分归五类有情所特有，同一有情，可以由低级向高级发展，高级也能够包含低级的智能。又据《大乘义章》卷二十，"天眼但见色事，法眼了见一切法相，慧眼了见破相空理及见真空……慧眼虽见一切空理，而不能见佛性真有，以不见故，次修佛眼，故了达法界如实真有。"此处是以了达如来藏真心为"佛眼"。

六识 梵文Ṣaḍvijñāna 的意译。佛教用语。对"识"所作的分类。十二处的内六处、十八界中的六识界。指依据"六根"对于六境生起见、闻、嗅、味、触、思虑等作用的眼识、耳识、鼻识、舌识、身识、意识。关于六识的性质和功能，各派说法不全相同，一般言之，前五识相当于感觉，第六识相当于综合感觉所形成的知觉和思维。《俱舍论》卷二："由眼等'根'

有转变故，诸识转异，以识随根不随境故。"故"六识"依"六根"得名。据《成唯识论》卷五，法相宗把"六识"划为一类，以"了境"为"自相"和"行相"，皆以第七、第八二识为"所依"而发生认识作用。

六境 佛教用语。"十二处"中的"外六处"、"十八界"中的"六境"界，指眼、耳、鼻、舌、身、意六识所感觉认识的六种境界，即：色、声、香、味、触、法。《俱舍论》卷二："六根六识十二名内，外谓所馀色等六境。"系根据识体作用不同，对认识对象所作的分类，如"眼"能视"色"，"耳"能听"声"，"鼻"能嗅"香"，"舌"能尝"味"，"身"有所"触"，后者即成为前者的境界。法作为意识的境界，范围最广，包括人的一切认识对象。《俱舍论》卷二："十八界中，色等五界如其次第，眼等五识各一所识，又总皆是意识所识。"瑜伽行派的"唯识"学说明确提出识外无境，故六境均属一心之变现。此六境被认为像尘埃一样能染污人的情识，亦名"六尘"；《净心诫观》下："云何名尘？纷污净心，触身成垢，故名尘。"《法界次第》上之上："尘以染污为性，以能染污情识，故通名为尘也。"因其能引人迷妄，又名"六妄"；或因其能"令善衰灭"，又名"六衰"；或因其"能劫持一切善法"，又名"六贼"。

六尘 见"六境"。

十二因缘 梵文 Dvādaśāṅgapratītyasamutpāda 的意译，亦称"十二缘生"、"十二缘起"。佛教用语。为佛教说明"三世轮回"的基本理论。包括无明、行、识、名色、六处、触、受、爱、取、有、生、老死等十二个部分，称为"十二支"，或"十二有支"。据《俱舍论》卷九，十二支的关系是：(1)"无明"缘"行"："谓诸愚夫于缘生法不知唯行。"由不懂佛教"缘生法"之理，故有种种世俗思想行为生起。(2)"行"缘"识"："由引业力，识相续流，如火焰行，往彼彼趣，凭附中有，驰赴所生，结生有身。"前支的思想行为，作为牵引的力量，使"识"凭附中有(灵魂)，向与其思想行为相应的处所投生。(3)"识"缘"名色"："于此趣中，有名色生。""此趣"指六趣中"趣"，即"结生"一刹那之"有身"，谓此"有身"于母胎中心(名)、身(色)得到发育。(4)"名色"缘"六处"："如是名色渐至成熟时，具眼等根，说为六处。"即胎儿由心身混沌状态发育至有认识器官的分工，相当胎儿之将生阶段。(5)"六处"缘"触"："次与境合便有识生，三和故有顺乐等触。"即此"六处"与"境"合而生"识"，称为"三和"，触觉由此发生，相当幼儿阶段。(6)"触"缘"受"："依此便生乐等之受。"由有触觉便生苦、乐、不苦不乐等三种感受，相当童年阶段。(7)"受"缘"爱"："从此三受，引受三爱。"由有感受，便引生贪爱，"三爱"，总指对世俗世界的爱，相当青年阶段。(8)"爱"缘"取"："从欣受爱，起欲等取。"由有贪爱，便狂热地追求和执取可供享乐的东西，滋长非佛教的世俗观念，相当成年阶段。(9)"取"缘"有"："由取为缘，积集种种招后有业，说名为有。"由贪爱执取等思想行为，必然招致后世相应的果报；就其能招"后世"果报言，这些思想行为总名为"有"。(10)"有"缘"生"："有为缘故，识相续流趣未来生。"由有产生后世果报之思想行为，必然导致"来世"之再生。(11)"生"缘"老死"："以生为缘，便有老死。"此十二支为一总的因果循环链条，每两支间顺序成为一对因果关系，而配合过去、现在、未来"三世"，又可概括为两重因果：由无明、行二"支"作为过去因，识、名色、六处、触、受五"支"则成为"现在果"；由爱、取、有三"支"作为"现在因"，生、老死则成为"未来果"。此称"三世两重因果"。据认为，任一有生命之个体，在未获"解脱"前，均须依此因果律于"三世"、"六趣"中生死流转，永无终期；人们贫富贵贱寿夭等差别，以及存在于社会中之不平等，即植根于此。此十二因缘为一切总的因果循环链条，此有故彼有，此生故彼生，称流转门，即生死轮回；反之，此无故彼无，此灭故彼灭，称还灭门，即涅槃。佛教修习之最终目标，在于摆脱所谓十二因缘之束缚，跳出三世"轮回"的范围，此即"涅槃"。

十二缘起 即"十二因缘"。

无明 梵文 Avidyā 的意译，亦名"痴"(Moha)、"愚痴"。佛教用语。有时与"惑"通用，称为"愚惑"。"十二因缘"之一；"三毒"之一；"根本烦恼"之一。泛指无智，愚昧，特指不懂佛教道理的世俗认识。《俱舍论》："痴谓无明"，其"体""谓不了知谛、宝、业、果"。"谛"指"四谛"，"宝"指"三宝"，"业、果"指因果报应。又说："于宿位中诸烦恼位至今果熟，总谓无明……由无明彼现行故。"指"无明"贯彻于"三世轮回"的始终；"轮回"以及引起"轮回"的"烦恼"之所以能够发生，就在于"无明"的作用。然轮回三世即指一切世俗世界，故无明亦是一切世俗世界的原始总因。《大乘起信论》："以一切法本来唯心。实无于念，而有妄心，不觉起念，见诸境界，故说无明。"即把认识事物，分别是非的活动，统称无明，或曰妄心，有此无明妄心才有世界一切境界，"当知世界一切境界，皆依众生无明妄心而得住持"，由此证成"心生则种种法生，心灭则种种法灭"的"唯心"原理。

名色 梵文 Nāmarūpa 的意译。佛教用语。"名"与"色"连用，一般作为概括一切精神现象和物质现象的总称，与"色、心"的含义相等。(1)作为"五蕴"的概括，即指"身心"，其中"色蕴"主要指"身"；"受、想、行、识"四蕴属于"心法"，亦称为"名"。《俱舍论》卷十："无色四蕴何故称'名'？随所立名，根、境势力于义转变，故说为名。"以此"四无色蕴，相隐难知"，唯有随名言概念的确立才能为认识所知，故称之为"名"。(2)作为"十二因缘"之一，指胎儿在母胎中身心得以发育的阶段。

名 梵文 Nāman 的意译。佛教用语。(1)与"色"相对。代表一切精神现象，如"十二因缘"中"名色"之名。《大乘义章》卷四："以'名'宣说无色四阴(指受、想、行、识)，故说为名。"(2)指作想。《俱舍论》卷五："名谓作想，如说色、声、香、味等想。"这是与主观印象联系起来讲"名"，亦称"名想"；它与事物的相状一致，亦称"名相"；就其含有确定的内容言，亦称“名义”。《俱舍论光记》卷五释“名”，有随、归、赴、召诸义，“谓随音声，归赴于境”，谓概念有使认识趋赴境界的作用。大乘般若学把“名”与“实”对立起来。《肇论・不真空论》：“名无得物之功”，“物无当名之实”，认为名相概念既不能反映客观的真实性，也不能用以表达和把握客观的真实性，以此否定客观事物的实在性，“名实无当，万物安在”。

有 梵文 Bhava 的意译。佛教用语。“存在”的意思。使用范围很广，大致可分两种：(1)“十二因缘”之一，亦称“有支”。指决定来世所得“果报”的思想行为之总和。《俱舍论》卷九：“因驰求故，积集能牵当有果业，此位名有。”又说：“由取为缘，积集种种招后有业，说明为有。”“有”体被视为五蕴，故“总说有体是五取蕴”。其中又分四种，称为*四有。“有”义的进一步引申，就成了世俗世界的代称，所谓“欲界”、“色界”、“无色界”之“三界”，亦称为“三有”。根据所谓“有情”的不同情况，又分“三有”为九类，谓“九有”，亦称“九有情居”，或“九居”。(2)相对于“空”、“无”而谓之“有”。由于各个宗派思想体系不同，对于“有”的解释迥然有异，又有“假有”、“实有”、“妙有”、“胜义有”等之分。

三世 亦称“三际”。佛教用语。“世”是迁流义，用于因果轮回，指个体一生的存在时间。即过去(前世、前生、前际)、现在(现世、现生、中际)、未来(来世、来生、后际)的总称。《增一阿含经》卷四十八：“沙门瞿昙恒说三世。云何为三？所谓过去、将来、现在。”《品类足论》卷五作过去世、未来世、现在世。就众生来说，现在的生存为今生，前世的生存叫前生，命终之后的生存叫来生。佛教各派对此有种种不同说法，是业报轮回说的理论依据之一。

三际 即“三世”。

业报 “业”与“报”并称，意为业的报应或业的果报，用以说明人生和社会差别的佛教原理。谓由身、口、意三业的善恶，必将得到相应的报应。《成实论》卷七：“业报三种，善、不善、无记；从善、不善生报，无记不生。”“善得爱报，不善得不爱报，无记无报。”佛教视此为必然业报法则。且“业”不但为“受身因缘”，“万物”亦“从业因生”。其中决定个人穷富、寿夭、命运的业，称为满业，所得果报称为“别报”；决定人的共性和共同物质生活条件的业，称为*引业，所得果报称为“总报”。此时的“业报”等于“因果”。具体说明这一内容的，是十二因缘和五道轮回。

轮回 梵文 Saṃsāra 的意译，也作“沦回”、“生死轮回”、“轮回转生”、“流转”、“轮转”等，音译“僧娑洛”。佛教用语。意谓如车轮回旋不停，众生在三界六道的生死世界循环不已。本是古印度婆罗门教的主要教义之一，佛教沿袭而加以发展，注入自己的教义。婆罗门教认为四大种姓以及“贱民”在轮回中是生生世世永袭不可改变的。佛教谓一切众生皆由自身业力决定，故种姓是可以改变的，但如不寻求“解脱”，就永远在六道(天、人、阿修罗、地狱、饿鬼、畜生)中，生死相续，无有止息。因此主张在业报面前，“四姓”众生一律平等。据《杂阿含经》卷二十、《长阿含经》卷六等谓，下等种姓今生积“善德”，下世即可生为上等种姓，甚至生到天界；而上等种姓今生有“恶行”，下世亦可生为下等种姓，以至下地狱，以此说明人间的痛苦。这样，众生的命运从梵天决定转到由众生自身决定的方面。

生死轮回 即“轮回”。

缘起 梵文 Pratityasamutpāda 的意译，亦译“缘生”。佛教用语。谓一切事物均处于因果联系中，依一定条件生起变化。以此解释世界、社会、人生以及各种精神现象产生的根源。《俱舍论》卷九引经部解释：“由此有法至于缘已和合升起，是缘起义。”引上座部解释：“种种缘和合已，令诸行法聚集升起，是缘起义。”经典定义是《杂阿含经》卷十二中所谓“此有故彼有，此生(起)故彼生(起)”。佛教各种经论和各个宗派，均以“缘起”说作为自己全部世界观和宗教实践的基础理论；成就菩提觉悟，达到佛的境界，亦依赖于对缘起的认识，如小乘《杂阿含经》卷十二：“彼如来自觉此法成等正觉。”大乘《妙法莲华经・方便品》：“佛种从缘起。”最早系统出现的“缘起”说，乃是“业感缘起”，即十二因缘，主要用以解释社会不平等和人生痛苦的原因。此后，佛教各派作了许多发挥，般若、中观学派着重从感觉、概念及其对象的“假有性空”方面说明主观世界和客观世界得以发生的原因。《中论》称之为八不缘起。瑜伽行派等明确用“三界唯心”、“唯识无境”说明世界的本源，称阿赖耶缘起。《胜鬘经》等提倡“如来藏缘起”，《大乘起信论》提倡“真如缘起”，皆以先天的“清净心”或“佛性”作为世界的本源。华严宗结合“判教”，分“缘起”为四种：(1)小乘教的“业感缘起”；(2)大乘始教的“阿赖耶缘起”；(3)大乘终教的“如来藏缘起”；(4)《华严经》圆教讲法界缘起。对于“缘起”的具体内容也相应有所丰富。

因缘 梵文 Hetupratyaya 的意译。佛教用语。(1)“因”和“缘”的合称，指得以形成事物、引起认识和造就“业报”等现象所依赖的原因和条件。《俱舍论》卷六：“因缘和合，诸法即生。”在生“果”中起主要直接作用的条件叫“因”，起间接辅助作用的条件叫“缘”。《维摩诘经・佛国品》鸠摩罗什注：“力强为因，力弱为缘。”僧肇注：“前后相生，因也；现相助，缘也。诸法要因缘相假，然后成立。”有时“因”与“缘”亦简称“缘起”之“缘”，“因缘所生法”，就是“缘起法”。此处之“因”与“缘”含义相同。分六因、十因，四缘等。(2)“四缘”之一，指其具有“亲办自果”功能者。

四缘 佛教用语。指一切“有为法”所借以生起的四类条件，概括佛教所说的一切因缘。《中论・破因缘品二》：“一切所有缘，皆摄在四缘，以是四缘，万物得生。”特别用以说明人的思想行为和流转轮回所发生的条件。(1)“因缘”，“因”即“缘”，指直接产生自果的内在原因。此缘适用于物质的和精神的一切现象。《中论》：“因缘名一切有为法。”(2)“等无间缘”，此唯适用于精神现象，指已灭之前念，能为生起之后念让路，起开导作用，为认识活动得以发生的条件。(3)“所缘缘”，指可以认识的一切对象。《俱舍论》：“所缘缘性即一切法，望心心所随其所应。”(4)“增上缘”，除上述三缘之外，余下之各种有助于或无碍于现象发生的条件。各个宗派对四缘的解释有些差别。中观空宗以为，“缘”相对于“果”才有意义，故“诸缘无决定”，是“空性”。小乘有部等分此“四缘”为“六因”，重点说明业报得以产生的条件，其“六因”中的“能作因”包括“四缘”中的“增上缘”、“所缘缘”、“等无间缘”，将“因缘”别开五因(见《俱舍论》卷七)。瑜伽行派进一步把四缘放置在阿赖耶识缘起中解说，归之为唯识。

因 梵文 Hetu 的意译。佛教用语。即能产生结果的原因。各个宗派的分类和解释差别很多。有时与“因缘”的含义相同，包括事物得以存在和变化的一切条件。《大毗婆沙论》卷百二十七：“造是因义。”凡参与造果的因素，都称之为“因”。《显扬圣教论》卷十八：“由此为先，此为建立，此和合故，彼彼诸法或生、或得、或成立、或成办、或起作用，当知说‘此’即是‘彼’因。”从广义说，“缘”亦称因，特殊讲，唯四缘中的因缘称因。有六因、十因等。

六因 佛教用语。“因缘”学说之一。谓凡有为法之生，必依因与缘之和合，因有六种。据《俱舍论》卷六：(1)能作因(无障因)：“一切有为，唯除自体，以一切法为能作因，由彼生时无障住故。”即某物生时，凡一切不对其发生阻碍作用的事物皆为某物的“能作因”。故此因范围至广。(2)俱有因(共有因、共生因)：“若法更互为士用果，彼法更互为俱有因。”指互为依存条件“相扶体立”，如三杖相依而得站立，“三杖”即互为俱有因。(3)同类因(自分因、自种因)：“谓相似法与相似法为同类因，谓善五蕴展转相望为同类因。”如善的观念产生善的观念，恶的观念产生恶的观念等等。因与果在道德性质上属于同类，故名前者为后者的同类因。(4)相应因：“唯心、心所是相应因。”谓认识发生时，心和心所必同时相应而起，互相依存，“相扶有用”，故名相应因。(5)遍行因(遍因)：“谓前已生遍行诸法，与后同地染污诸法为遍行因。”特指能够遍行于“一切染污法”的烦恼而言，如无明、邪见、疑等。(6)异熟因(报因)：“唯诸不善及善有漏是异熟因。”特指能招致三世苦乐果报的善恶业因。“异熟”即是果报。此六因着重用于说明三世苦乐果报的诸种条件及其实际作用，与四缘互有分合。

五果 佛教用语。与“因”相对的五种“果”。《俱舍论》等讲“六因”、“四缘”而生“五果”，《成唯识论》等讲“十因”、“四缘”而生“五果”。据《成唯识论》卷八，“五果”为：(1)异熟果(报果)：“谓有漏善及不善法，所招自相续异熟生无记。”即由前生善恶等行为所招致之苦、乐等果报。是异熟因所得之果。(2)等流果(依果)：“谓习善等所引同类，或似先业后果随转。”“等流”谓因果性质相同或相似，指由前之善恶生起后之善恶，后者之“果”在道德性质上与前者之“因”相同。故《大毗婆沙论》卷一百二十一谓：“等流果者，谓善生善，不善生不善，无记生无记。”属同类因、*遍行因所得之果。(3)离系果(解脱果)：“谓无漏道断障，所证善无为法。”“系”谓烦恼的系缚，指由修习佛教断绝一切烦恼所得之最高结果——涅槃。(4)“士用果”(士夫果)：“谓诸作者使诸作具所办事业。”“士”谓“士夫”，指人，“用”谓“作用”，指造作，此谓人们使用工具所造作的各类事情，实指俱有因、相应因所引起之果，因其力强，故名。(5)“增上果”：“谓除前四馀所得果。”“增上”，意为增进助长。除上述四果外，余一切结果均名增上果，此为能作因所生。

因果 佛教用语。“因”与“果”并称，或指因果规律，实指因果报应，是用来说明世界一切关系并支持其宗教体系的基本理论。“因”亦称“因缘”，分六因、十因、四缘等；“果”或称“果报”，“酬因曰果”，一般分五果。《瑜伽师地论》卷三十八所载，“已作不失，未作不得”，为佛教因果论之特点，即任何思想行为，都必然导致相应的后果，“因”未得“果”之前，不会自行消失；反之，不作一定之业因，亦不会得相应之结果。据此提出“三世因果”，以为现世界人们的贫富穷达，是前生所造善恶诸业决定的结果；今生的善恶行为，亦必导致后生的罪福报应。故业报亦称“因果”。

因果报应 见“因果”。

我 梵文 Ātman 的意译，音译“阿特曼”，原意为“呼吸”。转义为“生命”、“自己”、“身体”，相当于自我、物体自性、主体。与“我所”相对。佛教用语。指支配人和事物的内部主宰者。一般分“人我”(补特伽罗)、“法我”两种，简称“人、法我”。《大毗婆沙论》卷九：“我有二种，一者法我，二者补特伽罗我。”单用之“我”，一般指“人我”。《成唯识论》卷一：“我谓主宰。”据窥基《成唯识论述记》，“主宰”有二义：一有“自在力”，“如国之主，有自在故”；二有“割断力”，“如辅宰能割断故”。即绝对独立自主，可任性支配一切的活的实体。“我”在佛教文献中常带有实在性、单一性、独自性以及永恒不变性等含义。《大涅槃经·哀叹品》：“若法是实、是真、是主、是依，性不变易，是名为我。”佛教主张“无我”，把承认有我者视为“颠倒”认识，目为外道，但某些大乘派别，在《大涅槃经》等影响下，承认有一种超乎世间的“净我”或“大我”存在。

我所 佛教用语。与“我”相对。我之所有的意思。自身为我，自身之外万物皆我之所有。《维摩诘经》卷五僧肇注：“我为万物主，万物为我所。”“我”与“我所”，被认为是一切世俗分别的基本分别，亦是被破除的对象。

我执 亦名“我见”、“身见”。佛教用语。谓对“我”的执著。佛教所要破除的一种主要观念。分“人我执”(人执)和“法我执”(法执)两种；单称“我执”，指“人我执”言。谓“人”原无真性实体；世俗人不懂“蕴、处、界”、“十二因缘”等“缘起”、“无常”之理，或执“心”，或执“色”，或执“色心”等以为实在之我体，由此产生关于“我”的观念，有了“我”与“我所”等“妄自分别”。小乘把这种“我执”视为万恶之本，一切谬误和烦恼的总根源。《俱舍论》卷二十九：“由我执力，诸烦恼生，三有轮回，无容解脱。”大乘在破“人我”的同时，还特别重视破除“法我”。

无我 梵文 Anātman 的意译，亦译“非我”、“非身”。佛教用语。“三法印”之一。指世界一切事物皆无独立的实在自体。有两类：(1) 人无我(人空)，是说人由五蕴假和合而成，没有常恒自在的主体。(2) 法无我(法空)，认为一切法都由种种因缘和合而生，不断变迁，无常恒坚实的自体。《瑜伽师地论》卷九十三：“补特伽罗无我(按即“人无我”)者，谓离一切缘生行外别有实我不可得故；法无我者，谓即一切缘生诸行性、非实我，是无常故。”小乘只讲人无我，大乘则主张人无我和法无我。

波罗蜜 梵文 Pāramitā 音译之略，全译“波罗蜜多”，意译“到彼岸”、“度彼岸”、“度无极”、“度”等。佛教用语。谓从生死迷界的此岸到达涅槃解脱的彼岸。鸠摩罗什译《大智度论》卷十二：“‘波罗’(秦言“彼岸”)；‘蜜’(秦言“到”)……成办佛道，名到彼岸；复次于事成办，亦名到彼岸(天竺俗法，凡造事成办，皆言到彼岸)……以生死为此岸，涅槃为彼岸。”(按，括号内为鸠摩罗什原注)大乘佛教以六项修持内容为到达涅槃彼岸的方法或途径，称为“六波罗蜜”或“六度”。

六波罗蜜 梵文Ṣatpāramitā 的梵汉并译，亦译“六波罗蜜多”，意译“六度”、“六度无极”、“六到彼岸”。佛教用语。谓六种从生死此岸到达涅槃彼岸的方法或途径。为大乘佛教修习的主要内容。包括：(1) 布施(檀那)；(2) 持戒(尸罗)；(3) 忍(羼提)；(4) 精进(毗梨耶)；(5) 定(禅那)；(6) 智慧(般若)。《大品般若经》卷一：“菩萨摩诃萨以不住法住般若波罗蜜中；以无所舍法应具足檀那波罗蜜，施者受者及财物不可得故；罪不罪不可得故，应具足尸罗波罗蜜；心不动故，应具足羼提波罗蜜；身心精进不懈怠故，应具足毗梨耶波罗蜜；不乱不昧故，应具足禅那波罗蜜；于一切法不著故，应具足般若波罗蜜。”法相宗等将六波罗蜜之“智慧”扩展为“方便善巧”、“愿”、“力”、“智”等四波罗蜜，合为“十波罗蜜”，作为菩萨之“胜行”，以配菩萨十地，说明修行次第。

六度 即“六波罗蜜”。

菩提 梵文 Bodhi 的音译，意译“觉”、“智”等；旧译借用老、庄术语，曾译为“道”，谓通向佛教涅槃之路。佛教用语。指对佛教“真理”的豁然开悟，如人睡醒、如日开朗的彻悟境界；又指觉悟的智慧和觉悟的途径。《成唯识论述记》卷一：“梵云菩提，此翻为觉，觉法性故。”“古云菩提道者，非也。”广义说，凡断绝世间烦恼而成就“涅槃”之“智慧”，通称“菩提”。《大智度论》卷四：“菩提，名诸佛道。”与佛教最高“智慧”含义相近。卷四十四鸠摩罗什注云：“菩提，秦言‘无上智慧’。”由于“菩提”一词涉及对佛教根本义理的理解，各个宗派在运用上不尽相同。《维摩诘经》僧肇注：“道之极者，称曰菩提……盖是正觉无相之真智乎。”此即以觉知“无相”之般若智慧为菩提。《大乘起信论》以“觉”为“法界一相”、“如来平等法身”，此即以先天具有的“佛性”为菩提。另有一种“菩提”，唯佛具有，全称阿耨多罗三藐三菩提，小乘分菩提为三十七种，称“三十七菩提分”。

真如 梵文 Tathatā 或 Bhūtatathatā 的意译，亦译“如”、“如如”；早期佛经译籍中译为“本无”。佛教用语。意为事物的真实状况，真实性质。各个宗派从不同角度亦称作“性空”、“无为”、“实相”、“法界”、“法性”、“实际”、“真实”、“真性”、“实性”、“佛性”、“法身”等，属同类概念。一般解释为绝对不变的“永恒真理”或本体。佛教认为用语言、思维等表达事物的真相，总不免有所增减，不能恰到好处。要表示其真实，只能用“照那样子”的“如”字来形容。《成唯识论》卷九：“‘真’谓真实，显非虚妄；‘如’谓如常，表无变易。谓此真实，于一切位，常如其性，故曰真如……此性即是唯识实性。”卷二：真如“是法真理，故名法性”，此即以“唯识实性”为真如，乃一切现象之本质。《大乘起信论》把先天具有佛教全部功德而又永恒不变的“真心”当作“真如”，“一心”即是“真如”，又名“如来藏”、“如来法身”。中观学派和般若各家都以“性空”为“如”，亦称“诸法实相”。鸠摩罗什译《摩诃般若波罗蜜经·昙无竭品》：“诸佛无所从来，去无所至，何以故？诸法‘如’不动故。……是诸法‘如’，诸如来‘如’，皆是一‘如’，无二无别，菩萨以是‘如’入诸法实相。”故“如”的特点是“不动”，是“无别”。但世俗认识总以思维的分别活动为特点，与“如”不能相容，被称为“虚妄分别”、“假名不实”，均属“空无所有”，此即谓之“性空”。“性空”是表示与世俗认识的假有对立，故亦译为“本无”；相对世俗认识之作为“假相”，正面又称为“实相”。《大乘起信论》卷二：“一切法从本已来，离言说相，离名字相，离心缘相。”

如 即“真如”。

法界 梵文 Dharmadhātu 的意译，音译“达摩驮多”。佛教用语。有多种用法：(1) 十八界中之“法界”，特指“意识”所缘虑的对象。《俱舍论》卷一：“受、想、行蕴、无表、无为总名法处，亦名法界。”这些不只是感官直接感觉的对象，而且是思维理解的对象。(2) 泛指各种事物。界指分界，即事物的类别。《俱舍论》卷八：“能持自相，故名为界，或种族义。”一切事物种类自性各别不同，一一称为法界，如三界、十八界。(3) 指现象的本源和本质，尤其指成佛的原因，与* 真如、空性、实际、无相、实相等概念的性质相同。《辩中边论》卷上：“此中说所知空性，由无变义说为真如，真性常如，无转易故；由无倒义说为实际，非诸颠倒，依缘事故；由相灭义说为无相，此中永绝一切相故；由圣智境义说为胜义性，是最胜智所行义故；由圣法因说为法界，一切圣法缘此生故。此中界者，即是因义。”《成唯识论》卷二等，特指能派生万有的精神性实体种子：“一切有情无始时来有种种界，如恶义聚，法尔而有。界即种子差别名故。”隋唐以来，中国佛教各派对“法界”的解说很多，如华严宗创“法界”缘起，立四种法界，天台宗立观门十法界，密宗立密教十法界。

实相 梵文 Dharmadhātu 的意译，“诸法实相”的简称。佛教用语。指宇宙万物的真实相状或本来状态。与真如、涅槃、性空、法性、无相、真性、实际、实性等概念的含义基本相同。《肇论·宗本义》：“本无、实相、法性、性空、缘会，一义耳。”以诸法的真实相状是不可言说、不可思议的，世俗认识之一切现象均为“假相”，唯有摆脱世俗认识才能显示诸法之真实相状，故名。

诸法实相 即“实相”。

法性 梵文 Dharmadhātu 的意译。佛教用语。着重指现象的本质、本体。与实相、真如、涅槃等概念属同等性质。《成唯识论述记》卷九：“性者体义，一切法体，故名法性。”佛教各派对“法性”的内容有不同解释。般若学以为诸法缘生，体性本无所有，故以“性空”为诸法“法性”。《肇论·宗本义》：“性空故，故曰法性。”《成唯识论》卷一：“空、无我所显真如……是法真理，故名法性。”此种“真如”，实指“唯识实性”，故“唯识实性”是诸法法性。《大乘起信论》将“真如”、“法性”并称。《大乘起信论义记》卷二：“法性者，明此真体普遍义，谓非直与前佛宝为体，亦乃通与一切法为性。”此就“真如”之遍布于一切现象并构成为它们的共性而言。法藏据《大智度论》认为：“在众生数中名为佛性；在非众生数中，名为法性。”实指同一之“真如”。然此种“真如”，即是“心真如”，或称“如来藏”。“佛”认识体现了“法性”，故构成“法性身”，简称“法身”。而“法身”的客体化、普遍化又成为万有的本源和本质，亦称“法性”。

佛性 梵文 Buddhatā 的梵汉并译，亦译“如来性”、“觉性”。佛教用语。原指佛陀本性，后泛指众生成佛的可能性、原因和根据。含义丰富复杂，并不断演变，有种种异名。《大乘义章》卷三：“法性、真如、实际等，并是佛性之异名。”佛教主张“心性本净”，佛性说为“心性本净”说的进一步发展。真谛译古印度世亲著《佛性论》，认为“一切众生悉有佛性”。又分佛性为三种：(1) 自性住佛性，即一切众生生来本有的佛性；(2) 引出佛性，即依禅定智慧修行之力而引发出来的佛性；(3) 至得果佛性，即修得佛果时所显现出来的佛性。在中国佛教思想史上，佛性理论得到了充分的阐发。东晋道生开始着重阐发涅槃佛性说。他提出“一切众生皆有佛性”，认为“一阐提人”(不具信心、断了善根的人)皆得成佛。时法显译出的《大般泥洹经》，认定“一阐提”不能成佛，因而道生之说遭到众生的攻难。后来昙无谶译出四十卷《大般涅槃经》，果称“一阐提”也有佛性，也能成佛，道生的主张遂受到僧众的承认和赞扬。此后，佛性说受到各方面的重视，南北朝时出现的许多涅槃师说，都以佛性理论为研习的重点。吉藏将当时涅槃师各派关于佛性意义的说法归纳为十二家，分为三类：第一类二家，都以人言佛性。其中一家以众生为正因佛性；另一家以六法为佛性。第二类五家，都从众生的心上讲佛性，即以心(识)、冥传不朽(识神)、避苦求乐、真神(神明的本体、灵魂)和阿赖耶识(含藏一切事物和现象的精神性种子)自性清净心为涅槃。第三类五家，都从理方面讲佛性，即以当果、得佛之理、真如、第一义空、中道为佛性。隋唐时对佛性说更有创造性的发挥。天台宗智𫖮提出五种佛性：(1) 正因佛性，即先天具有之理；(2) 了因佛性，即观悟佛理所得之智；(3) 缘因佛性，即能引生佛智之善行；(4) 果佛性，即达到佛果所具之“智德”；(5) 果果佛性，即达到大涅槃断除烦恼的“断德”。湛然进一步提出无情识的草木瓦石也有佛性的“无情有性”说。法相宗提出五种姓说，归为二佛性：(1) 理佛性，即不生不灭的法性，为众生所有；(2) 行佛性，即大圆镜智等四智的种子，众生有无不定。无此佛性者，永不成佛。华严宗主张“有情”众生有佛性，“非情”之物有真如之理，称之为“法性”。禅宗南宗创始人慧能主张人人都有佛性。认为佛性就是恒常清净的真如本性，也就是人的本心、本性，人们一旦认识本心、本性，就可以见性成佛。同时，佛性也是派生万事万物的清净的精神实体，一切现象都在自性之中。五代以来，佛性说已无创新，大都是采取调和各家之说。佛性说实即佛教的人性论。主张一切众生都有佛性的，实际上是认为人性本善，通过一定的修行实践，人人都可以成佛，以实现佛教的道德理想。主张引出佛性的，实际上是认为人的善性是通过后天的宗教道德教化才逐步形成，因此强调道德修养、宗教实践的作用。主张五姓各别说的，实际上是认为人性有善有恶，具有多样性，其中有一种无善性的人，是天生的“恶人”，宗教道德教化对这种人没有作用。中国佛性思想的演变，深受中国传统思想的影响。而对佛性问题的不同见解，实际上反映了佛教各派在中国传统思想影响下所产生的不同的人性论观点。

平等 梵文Upekṣā的意译，简称“等”。佛教用语。意谓无差别，或等同。指一切现象在共性或空性、唯识性、心真如性等上没有差别。《往生论》注：“平等是诸法体相。”由此所达到的智慧，应无所分别，主观和客观也无区别，此谓“智平等”。对于众生，也应等同视之，不应有高低、亲怨的区别，在值得怜悯和具有佛性上，平等无二，此之谓“众生平等”。《金刚经》：“是法平等，无有高下，故名无上正等菩提：以无我、无众生、无寿者，无更求趣性，其性平等。”

等 即“平等”。

解脱 梵文 Vimukta，Mukti 或 Mokṣa的意译。佛教用语。指摆脱烦恼业障的系缚而得自由自在。《成唯识论述记》卷一：“纵任无碍，尘累不能拘，解脱也。”广义说，摆脱世俗任何束缚，在宗教精神上感到之自由，均可用以称之。《显扬圣教论》卷十三："能脱种种贪等系缚，故名解脱。"如从"三界"束缚中所得解脱，分别名为"欲廛解脱"、"色廛解脱"、"无色廛解脱"；由修习所断烦恼不同而分"见所断烦恼解脱"、"修所断烦恼解脱"等。但特殊地讲，指断绝"生死"原因，不再拘于业报轮回，与"涅槃"、"圆寂"的含义相通。《成唯识论述记》卷一："言解脱者，体即圆寂。由烦恼障缚诸有情，恒处生死；证圆寂已，能离彼缚，立解脱名。"另据《俱舍论》卷二十五等，把以"涅槃"为体的解脱，称为"无为解脱"，把以"胜解"为体的解脱，叫做"有为解脱"。"胜解"指对佛教义理的殊胜理解，由此而能从智慧障碍中解脱出来，所以又名"慧解脱"。就其能从世俗绳索中摆脱出来，或能趋向涅槃而言，某些禅定也被称为"解脱"。有三解脱、八解脱、不思议解脱等。

本觉 佛教用语。与"始觉"相对。指先天固有的佛教觉悟。《仁王经》："自性清净心名本觉性，即是诸佛一切智智。"《大乘起信论》把"心"的"性"(即自性清净心)分为两种：就"约体绝相"说，它"不生不灭"，"不净不染"，"性无差别"，亦即真如、法性，或称"心真如"、"一法界"；就"约性功德"说，它又具有遍照一切，无所不知，先天地能够通达真如的功能。《大乘起信论义记》卷三："'本'者是'性'义，'觉'者智慧义"，就是指"心性"本身具有无限的佛教智慧。然此心性同真如一样，不可分别言说，唯有在否定世俗的心念活动中得以表现，故其本体亦称"离念"，即*无念。《大乘起信论》对本觉的定义就是"心体离念"："离念相者，等虚空界，无所不遍，法界一相，即是如来平等法界，说名本觉。"

始觉 佛教用语。与"本觉"相对。指通过后天修习，启发先天"本觉"而形成的佛教觉悟。大乘用"觉"解释人们流转生死和出世涅槃的教义，认为人心本来寂静不动，无生无灭，称为"本觉"；后由"无明"风动，产生世俗的意识活动，从而有世间种种差别，此称"不觉"；及至接受佛教说法，启发"本觉"熏习"不觉"，并与"本觉"融为一体，即名"始觉"。《大乘起信论》："始觉义者，依本觉故而有不觉，依不觉故而有始觉。"《大乘起信论义记》卷三解释："谓即此心体随无明缘动作妄念，而以本觉内熏习力故，渐有微觉厌求，乃至究竟还同本觉。""此始觉是本觉所成，还契心源，融同一体，方名始觉。"

究竟觉 佛教用语。指始觉达到圆满阶段，与本觉完全契合为一的那种佛教觉悟。《大乘起信论义记》卷三："始觉道圆，同于本觉，故云究竟，此在佛地。"得此"觉悟"，就谓成佛。此种觉悟的基本特点，在于觉知"心源"。《大乘起信论》："以觉心源故，名究竟觉；不觉心源故，非究竟觉。""心源"，指"心"为一切法之源头，觉与不觉，净与染，世与出世，佛与众生，都出自同一"真心"。觉知这一点，即"觉心源"。《大乘起信论义记》："觉了心源，本不流转，今无始静，常自一心，平等平等，始(觉)不异本(觉)，名究竟觉。"

涅槃 梵文 Nirvāṇa 的音译，旧译"泥日"、"泥洹"等，意译"灭"、"灭度"、"寂灭"、"无为"等；或称"般涅槃"、"般泥洹"，意译"圆寂"等。佛教用语。是佛教全部修习所要达到的最高理想，一般指断灭"生死"轮回而后获得的一种精神境界。据认为，人们处于"生死"，原因在有烦恼和各种思想行为(业)，特别是世俗欲望和分别是非之观念。涅槃即对"生死"诸苦及其根源"烦恼"的最彻底的断灭。《大乘义章》卷十八："灭诸烦恼故，灭生死故，名之为灭；离众相故，大寂静故，名之为灭。"《大乘起信论》："以无明灭故，心无有起；以无起故，境界随灭；以因缘俱灭故，心相皆尽，名得涅槃。"但大小乘的具体解释，差别颇大。据《肇论·涅槃无名论》介绍，小乘以"灰身灭智、捐形绝虑"为"涅槃"，即彻底死亡之代称。大乘反对这种说法。《中论》等以实相为涅槃："诸法实相即是涅槃。"(《观法品》)而实相又即是因缘所生法上之"空性"，故与"生死"世间无有区别。"五阴(即五蕴)相续，往来因缘故，说名世间。五阴毕竟空、无受、寂灭……世间与涅槃无有分别，涅槃与世间亦无分别"(《观涅槃品》)。由"无分别"也反对脱离世间去追求超世间的涅槃。但大乘毕竟把涅槃当作成佛之标志，一旦证得，就是万能的神。《大涅槃经》把涅槃说成具"常、乐、我、净"四德的永生常乐之佛身。在佛教史籍中，通常也作为死亡的代称。涅槃的分类很多，一般分有馀涅槃和无馀涅槃两种。

圆寂 梵文 Parinirvāṇa 的意译。佛教用语。(1)涅槃的异名"般涅槃"之略，意为"圆满寂灭"。(2)佛教对于僧尼死亡的一种美称。《释氏要览》卷下："释氏死，谓涅槃、圆寂、归真、归寂、灭度、迁化、顺世，皆一义也，随便称之，盖异俗也。"

世间 梵文 Loka 的意译。佛教用语。与"出世间"相对。"世"有"迁流"、"破坏"义；"间"为"中"义，合指世俗世界，包括有生灭烦恼的有情众生和它们所存在的周围环境。《成唯识论述记》卷一本："言世间者，可毁坏故，有对治故，隐真理故，名之为世。堕世中故名为世间。"有情众生为"有情世间"，也称"众生世间"；其生存环境(山河大地等)为"国土世间"，也称"器世间"；构成前两者的"五蕴"为"五蕴世间"。

出世间 佛教用语。与"世间"相对。指超出三界、六道生死轮回的世界。相当于涅槃。《妙法莲华经·譬喻品》："令诸众生，知三界苦，开示演说，出世间道。"

劫 梵文 Kalpa 的音译"劫波(或'劫簸')"之略。佛教用语。极长的时间单位。源于印度婆罗门教，印度教因之。佛教沿用但说法不一。《释迦氏谱》："劫是何名？此云时也。若依西梵名曰'劫波'，此土译之名大时也，此一大时其年无数。"一般分为大劫、中劫、小劫。谓世上人的寿命有增有减，每一增(人寿自十岁开始，每百年增一岁，增至八万四千岁)及一减(人寿自八万四千岁开始，每百年减一岁，减至十岁)，各为一小劫，合一增一减为一中劫。一大劫包括"成"、"住"、"坏"、"空"四个时期，通称"四劫"。

各包括二十中劫，即一大劫包括八十中劫。“坏劫”时，有火、水、风三灾出现，世界归于毁灭。

四劫 梵文Caturkalpa的意译。佛教用语。佛教把一大劫分为四个阶段：(1) 成劫(Vivartakalpa)，世界与有情产生时期；(2) 住劫(Vivartasiddhakalpa)，又称“续成劫”，世界与有情相对稳定存在时期；(3) 坏劫(Saṃvartakalpa)，水、火、风等毁灭世界时期；(4) 空劫(Saṃvartasiddhakalpa)，世界已不存在，空无一物(见《俱舍论》卷十二)。据称以上每一阶段各有二十个中劫，故一大劫共八十个中劫。

刹那 梵文Kṣaṇa的意译，亦译“一念”、“须臾”，音译“乞沙拏”。佛教用语。最短的时间单位。《俱舍论》卷十二：“何等名为一刹那量？众缘和合去得自体顷，或有动法行度一极微……如壮士一疾弹指顷，六十五刹那。”另有多种说法：一念中有九十刹那，一刹那又有九百生灭；算数譬喻所不能表达的短暂时间。

四大 梵文Caturmahābhūta的意译，亦称“四界”。全称“四大种”，“大种”为梵文Mahābhuta的意译。佛教用语。指构成一切色法(相当于物质现象)的四种基本原素。即地、水、火、风，以其能造作一切“色法”，称“四大种”、“能造四大”；被造作之诸色法，称“四大所造”。据《俱舍论》卷一，四大之作用分别为持(保持)、摄(摄集)、熟(成熟)、长(生长)；其属性分别为坚、湿、煖、动。世界万物和人之身体，均由四大组成。佛教以此说明人身无常、不实、受苦。后世并有“四大皆空”之说，以形容一切客观事物的虚幻。《金光明最胜王经》卷五：“地水火风共成身，随彼因缘招异果，同在一处相违害，如四毒蛇居一箧。”《圆觉经》：“我今此身，四大和合……四大各离，今者妄身当在何处？”

有情 梵文Sattva的意译，音译“萨埵”，亦译“众生”、“有情众生”。佛教用语。对人和一切有情识生物的通称。包括天、人、阿修罗、地狱、饿鬼、畜生六种(六道)。《成唯识论述记》卷一：“梵云萨埵，此言有情，有情识故。今谈众生，有此情识，故名有情。”反之，草木、山河、大地、土石等无情识的东西称为“非情”或“无情”。

众生 即“有情”。

非情 见“有情”。

根 梵文Indriya的意译。佛教用语。以植物之根部为喻，意谓“能生”，表示具有促进诸法生长作用(“增上”)的根本。如眼根能生眼识，耳根能生耳识等。《俱舍论》卷三：“根者是何义？最胜自在光显名根，由此总成根增上义。”《大乘义章》卷四：“能生名根。”总分二十二种：眼根、耳根、鼻根、舌根、身根、意根、女根、男根、命根、苦根、乐根、忧根、喜根、舍根、信根、精进根、念根、定根、慧根、未知当知根、已知根、具知根。

一阐提 梵文Icchantika的音译，亦译“一阐提迦”等，略称“阐提”，意为“不具信”，或称“断善根”。佛教用语。指被认为是断绝一切善根的人。《大涅槃经》卷五：“一阐提者，断灭一切诸善根本，心不攀缘一切善法。”对一阐提是否具有佛性，能否成佛，佛教内部有长期争论。

一阐提迦 即“一阐提”。

阐提 “一阐提”的略称。

判教 全称“教相判释”，简称“教相”、“教判”、“教摄”。佛教用语。即判别或判定佛所说各类经典的意义和地位。各个宗派为调和佛教内部的不同说法，树立本派的正统和权威，对先后所出经典从形式到内容给予重新安排和估价，分别深浅、大小、权实、顿渐、偏圆等，用以确定本宗为佛的最完满说教。此种方法，在印度佛籍中已开始运用，如《妙法莲华经》分大、小二乘，《楞伽经》分顿、渐二教，《涅槃经》分*五味(五时)，《解深密经》分有、空、中三时，《大智度论》分“三藏”(小乘)和“摩诃衍”(大乘)、“显露”和“秘密”，《十住毗婆沙论》分“难行道”和“易行道”等。在中国，大小乘佛典同时流行，判教在宗派理论上占更重要地位。南北朝时有所谓南三北七；隋、唐各宗均有自己的判教说法，如天台宗智𫖮分五时八教，三论宗吉藏分二藏三法轮，法相宗窥基分三教，华严宗法藏分五教十宗，净土宗道绰分二门等。

八不中道 亦称“八不缘起”、“八不正观”等。佛教用语。古印度大乘佛教中观学派和中国三论宗重要理论之一。谓“八不”即“中道”。龙树《中论·观因缘品》载：“不生亦不灭，不常亦不断，不一亦不异，不来亦不出。”是为“八不”。系中观学派对世界和人生所作的概要说明。意谓宇宙万法，皆由因缘聚散而有生灭等现象发生，实则无生无灭。如谓有生或有灭，则偏颇一边；离此两边，说不生不灭，则为“中道”之理。吉藏《中观论疏》卷一本：“观此正因缘，不生不灭，乃至不来不去，故此因缘，即是中道。”又云：“八不即是三世诸佛方等要经。”“八不即是中道。”所谓“八不”，在揭示世俗认识的矛盾，而矛盾即是谬误，不能成立。所谓“中道”，则着重提倡不执著、无所得。

八不缘起 即“八不中道”。佛教用语。因《中论·观因缘品》之“八不”讲诸法“缘起”之理，故名。

八不正观 即“八不中道”。佛教用语。“八不”即是“中道”，“因于中道发生正观”(《中观论疏》卷一本)，故名。

空 梵文Śūnya的意译，音译“舜若”。佛教用语。指被认识的事物虚幻不实，或指理体之空寂明净。谓世界一切现象皆是因缘所生，刹那生灭，没有质的规定性和独立实体，假而不实，故谓之“空”。然空非“虚无”，因缘幻化名为假有，否认假有，即是“恶取空”。《大智度论》卷五：“观五蕴无我无我所，是名为空。”《维摩经·弟子品》：“诸法究竟无所有，是空义。”佛教讲空，说法不一。一般小乘主张“人我空”，亦名“无我”、“人无我”，从使用方法说，称“分析空”，即从统一物之可分解为若干部分或因素上，从物之生灭变化上，说明物之不实在和不自在，据此认为“人我”是*五蕴“假和合”而成，处于十二因缘的流转之中，故“人我”为空。大乘一般主张“二空”，在“人我空”之外，还讲“法我空”，或名“法空”、“法无我”。从使用方法称为“当体空”，即无须经过分解，现象自身即是空。《般若心经》：“色不异空，空不异色，色即是空，空即是色。”中观学派等着重就因缘法自身讲空，故《中论·观四谛品》谓：“因缘所生法，我说即是空。”瑜伽行派等着重就“万法唯识”讲空，故《成唯识论》卷七：“依识所变，非为实有。”《大乘起信论》等唯以“真心”派生之“妄心”为空；“依一切众生以有妄心，念念分别，皆不相应，故说为空”(《大乘起信论义记》卷二)。大乘各派从我法二空又推衍出三空、四空、六空以至十空、十八空、二十空等。

空假中 佛教用语。为空、假、中三个概念的联用。印度龙树中观学的基本哲学观念。《中论·观四谛品》有颂曰：“众因缘生法，我说即是空，亦为是假名，亦是中道义。”此偈阐明诸法因缘而生，自性为空，涅槃与世间“无毫厘差别”的基本理论。中国佛教的三论宗、天台宗对此极为推崇。天台宗即以此为根本，构架了三谛、三观、三智的理论。智顗《摩诃止观》：“所照为三谛，所观为三观，观成为三智。”观一念之心无相为空，观此心具一切法为假，观此二者不二为中。空以破一切法，假以立一切法，中以妙一切法。此三者为一法之异名，故谓即空即假即中。改造《中论》，以空、假为最高原理(中)的体系，把空假中看作实在之谛，称为“三谛”，为天台宗的发挥。

不二 亦称“无二”、“离两边”。佛教用语。指对一切现象应“无分别”，或超越各种区别。《大乘义章》卷一：“言不二者，无异之谓也，即是经中一实义也。一实之理，妙寂理相，如如平等，亡于彼此，故云不二。”故亦作真如、* 法性之别名。但主要是作为认识论和方法论被重视。《中论》等总结般若思想，以“不生亦不灭”等八不表明“法性”本质，同时也作为不执“偏见”、契合“法性”的佛教认识，被称为“中道观”。《维摩诘经·不二入法门品》列举三十一对矛盾，以为唯有用大乘思想把两个对立面统一起来，并超出这些对立，才能达到佛教“真理”，这种方法被称为“不二法门”。其结论是对一切是非善恶等差别境界，“无思无知，无见无问”，“无言无说”。中国禅宗把“不二法门”作为一种处世态度和发挥“禅机”的方法。《坛经》在总结“说法不失本宗”时要求“动用三十六对，出没即离两边”，“出语尽双，皆取对法”。对论题两方面皆不执著，以此表示公正全面。

不二法门 见“不二”。

中道 梵文 Madhyamāpratipad 的意译。佛教用语。即不执著于“两边”(两个极端)的不偏不倚的道路或观点、方法。《大智度论》卷四十三：“常是一边，断灭是一边，离是二边行中道，是为般若波罗蜜。”大小乘对中道解释不尽相同，但皆认为它是佛教最高的“真理”，有时与真如、法性、实相、佛性同义。(1) 小乘佛教一般以“八正道”为中道，按此修行，既脱离苦行，又脱离世俗贪爱。《中阿含经》卷五十六：“舍此二边(指苦行和贪爱)有取中道成明成智成就于定，而得自在，趣智趣觉趣于涅槃，谓八正道。”另《杂阿含经》卷十二等把观悟十二因缘之理，弃舍常见(视人我常存不变)与断见(视死后全无果报)、有见(以世间为有)与无见(以世间为无)，称为符合“中道”的正见。(2) 大乘中观学派称八不正观为中道；中国三论宗吉藏即将此中道归为佛性。《中观论疏》卷二：“中道佛性，不生不灭，不常不断，即是八不。”(3) 大乘瑜伽行派依《解深密经》提出三时教判，认为非空非有是中道教；从三自性说，“遍计所执”(指实我、实法)为非有(“情有理无”)，“依他起”(指识所生现象)为非无(“理有情无”)，“圆成实”(指唯识性，即真如)亦为非无(真空妙有)，以此认为宇宙实相为非有非空的中道，并自称“中道了义教”。《成唯识论》卷七：“故说一切法，非空非不空，有无及有故，是则契中道。”(4) 中国天台宗提出三谛圆融，认为现象之“空”、“假”，亦即是中道，故中道亦表现于一切现象。湛然《业观义例》卷下：“一色一香，无非中道……纯一实相，实相外更无别法。”

中观 参见“中道”。

二谛 佛教用语。原为古印度婆罗门教用语。指俗谛(又称“世谛”、“世俗谛”)和真谛(又称“胜义谛”、“第一义谛”)。谛，指真实不虚之理；两种真理，谓之二谛。佛教各派对二谛所下定义不尽相同。(1) 小乘有部把凡是复合的、可分解的对象视为真实存在的认识，称为世俗谛；把单一的、不可分解的对象视为真实存在的认识，称为胜义谛。《俱舍论》卷二十二：“若彼物觉，彼破便无……又若有物以慧析馀，彼觉便无……即于彼物未破析时，以世想名施设为彼，施设有故名为世俗……是实非虚名世俗谛。”“彼物觉，彼破不无，及慧析馀，彼觉仍有……此真实有故名胜义……是实非虚名胜义谛。”(2) 中观学派谓因缘所生诸法，自性皆空，世人不懂这个道理，误以为真实。此种世俗以为正确的道理，谓之“俗谛”。佛教圣贤发现世俗认识之“颠倒”，懂得缘起性空的道理，以此种道理为真实，称为“真谛”。《中论·观四谛品》：“世俗谛者，一切法性空，而世间颠倒故，生虚妄法，于世间是实；诸贤圣知其颠倒性故，知一切法皆空无生，于圣人是第一义谛。”(3) 小乘经部和瑜伽行派等，均把世俗的认识活动和对对象的理解称为世俗谛；把佛教智慧及其对对象的理解称为胜义谛。《显扬圣教论》卷二：“世俗谛者，谓名句文身及依彼义一切言说，及依言说所解了义；又曾得世间心及心法，及彼所行境界义。”“胜义谛者，谓圣智及彼所行境界义，及彼相应心心法等。”此二谛虽有高下之分，但对佛教来说，均是缺一不可的“真理”。《中论》：“第一义(谛)皆因言说(方得显示)；言说是世俗(谛)。是故若不依世俗，第一义则不可说。”特别对大乘言，主要在借助“二谛”调和世间和出世间的对立，在断定世俗世界和世俗认识的虚幻性的同时，从另外一个角度肯定它们的真实性，为佛教之深入世俗生活提供根据。将此二谛联系起来观察现象，被称为中观、中道，为大乘最基本的原则之一。

性空 亦称“自性空”。佛教用语。与“假有”相对。“性”指“自性”（梵文 Svabhāva），谓一切有为法，因缘所生，没有自己固有的性质。《大智度论》卷三十一：“性名自有，不待因缘。”而世上没有不待因缘的孤立事物，“性空者，诸法性常空，假业相续，故似若不空。”故云：“众生空、法空，终归一义，是名性空。”《成唯识论述记》卷一：“性者体也。”故“性空”亦表示诸法皆非客观独立的实体。《小品般若经》：“是法皆离自性，性相亦离……譬如所说我、我法毕竟不生，一切法性亦如是。”谓“自性”皆是人的名言概念，强加于因缘法上，如幻如化，虚妄不实，亦名无我。

自性空 即“性空”。

假有 亦称“世俗有”。佛教用语。与“性空”相对。谓一切诸法，皆因缘所生而无实性，但有言说，故假施设为“有”，故名。《成实论·空假名品》：“从众缘生无决定性，但有名字，但有忆念，但有用故，因此五阴而生种种名，谓众生、人、天等。”又《小品般若·随知品》：“一切法但假名字，一切法以言说故当有。”《成唯识论》卷一：“愚夫所计实我实法都无所有，但随妄情而施设……境依内识而假立故，唯世俗有。”《三论玄义》卷上：“因缘假有，目之为俗。然假有不可言其定有，假有不可言其定无。”认为呈现于人们面前的世界，并非是世界的本来实际面貌，而是人们自身的表象和概念的表现，但此表象概念也是“有”。

破邪显正 亦称“破邪申正”、“除邪显正”、“摧邪显正”，略称“破显”、“破申”等。佛教用语。破邪，指驳斥错误的见解（迷执）；显正，指显示正确的道理。三论宗认为，《中论》、《十二门论》和《百论》并非在破邪之外另立正理，而是破邪即显正：*八不既破*八迷之邪，又显中道之理。《三论玄义》谓“三论”中心内容有二：“一曰显正，二曰破邪。破邪则下拯沉沦，显正则上弘大法，故振领提纲，理斯二也。”

般若 梵文 Prajñā 的音译，亦作“波若”、“钵罗若”等，意译为“智慧”、“智”、“慧”、“明”等。全称“般若波罗蜜多”（Prajñāpāramitā）或“般若波罗蜜”，意译“智度”、“明度（无极）”等。佛教用语。六度之一。谓通过智慧到达涅槃之彼岸。《大智度论》卷一百：“般若波罗蜜是诸佛母。诸佛以法为师，法者即是般若波罗蜜。”认为此智慧非世俗人之所能有，乃成佛所需的特殊认识。其主要特点，在用以观察诸法实相。其基本理论包括“性空”和“方便”两部分。以为世界一切事物，均为因缘所生，故无固定不变之自性；世俗认识及其面对的对象，虚幻不实。唯有“般若”能超越世俗认识，把握诸法真如实际。故“般若”智慧之获得，亦唯有通过对世俗认识之否定才有可能。《肇论·般若无知论》引《道行般若经》：“般若无所知，无所见。”即是此意。但此种智慧若不采用世俗认识所能够接受的方式，又无法宣传群众，故表达“般若”之内容，须由“性空”而“方便”，即运用世俗认识手段，主要是使用破除世俗认识的否定方法，例如“无生无灭”、“无住无得”、“无相无想”等等。

波若 即“般若”。

智慧 佛教用语。❶ 梵文 Mati 的意译，亦译为“慧”。大小乘五位法中“心所法”之一。指人们普遍具有的辨认事物、判定是非善恶的能力。❷ 梵文 Jñāna 的意译，亦译为“智”，音译“若那”、“阇那”。指由修习佛教道理所引生的辨别现象、判定是非善恶的认识能力。分有漏智和无漏智、根本智和后得智、一切智、道种智和一切种智，以及佛智等。❸ 梵文 Prajñā 的意译，音译“般若”、“波若”，为*六度之一。指以“假有性空”理论去观察认识一切现象的特殊观点和方法。但在汉译经典和论著中，智、慧、智慧通常互用，如《佛性论》：“般若有二：一无分别真智，二有分别俗智。”《大乘义章》卷十八：“言般若者，此翻名慧。”此即把佛教所说的一切智慧皆概括在“般若”一词中。

三智 佛教用语。指一切智、道种智和一切种智。为证得真如、断除烦恼障和所知障的三种特殊的佛教认识。《大般若经·初品》：“欲以道种慧具足一切智……欲以一切智具足一切种智，当习行般若波罗蜜。”《大智度论》卷二十七解释说：“一切智是声闻、辟支佛事，道智是诸菩萨事，一切种智是佛事。”认为此三智虽可为“一心”一时所得，但仍有初、中、后次第，由道种智生一切智，由一切智生一切种智，由一切种智而灭一切“烦恼习”。但对三智具体内容的规定，说法不很统一。中国天台宗据《大智度论》“一心中得”的说法，配合假、空、中三谛，提出*一心三智之说，谓三智均系佛智一心的表现，只是观照现象的侧重点有所不同。《摩诃止观》卷三：“佛智照空，如二乘所见，名一切智；佛智照假，如菩萨所见，名道种智；佛智照空，假、中皆见实相，名一切种智。故言三智一心中得。”

色即是空 佛教用语。谓色法本身即是空幻不实。小乘以“人”为“五蕴”的假和合，无独立自存的实体，故提倡“人无我”。大乘不但认为“人无我”，且以为“色”等“五蕴”自身亦虚假不实，提倡“法无我”，所谓“五蕴皆空”。《般若波罗蜜多心经》：“色不异空，空不异色，色即是空，空即是色。受、想、行、识，亦复如是。”意谓不论物质现象（相当于“色”）或精神现象（受、想、行、识），均属“因缘所生法”，无固定不变之自性；若以为实有自性，则是虚妄分别，本质是“空”。《摩诃般若波罗蜜经·序品》：“幻不异色，色不异幻，幻即是色，色即是幻。”即强调世俗世界的一切，都是人们认识上的幻化产物。

色心不二 佛教用语。从“唯识无境”的观点看，“色”只是“心”的显现，故“色”统一于“心”，二者没有差别。《大乘起信论》：“一切色法，本来是心，实无外色。”又说：“即此法身是色体故，能现于色。所谓从本已来，色心不二。以色性即智故，色体无形，说明智身；以智性即色故，说名法身，遍一切处。所现之色无有分齐，随心能示十方世界。”此处之“法身”，即指无生灭之“心”，无生灭之“心”，亦即是“智”。大意说，色的本体是“心”，“心”的本质在于其能表现为“色”。又，天台宗“十不二门”之一。

本际 佛教用语。意指生命的本源。《诸佛要集经》(下)：“众生之原名曰本际。”佛教诸宗对此解释不一。原始佛教和二乘，多说“十二缘起”，以“无明”为人生本原；《般若》、“三论”等倡诸法性空，以性空为世界本原；自《华严》、《瑜伽》至法相唯识等立“三界唯心”，以心识为世出世之本原。它们都把对“本际”的认识当作出离生死的重要条件。《普曜经·行道思禅品》讲到佛有“十八不共法”时说：“十六，揽众身行，化以本际；十七，揽众言行，化以本际；十八，揽众意行，化以本际”，意谓佛从身、口、意三个方面教化众生，使其由悟解本际而得解脱。又，引申为真理，与真如同义。《圆觉经》：“平等本际，圆满十方。”

本住 佛教用语。泛指抽象存在，永恒不变之自性。特指“神常”，即不死之灵魂。《中论·破本住品》：“有论师言，先未有眼等法，应有本住。因是本住，眼等诸根得增长；若无本住，身及眼耳诸根，为因何生而得增长。”意谓，应先有“眼”等自性(种类、概念)之先天存在，然后才能有现实之“眼”的实现。又“有论师言：出入息、视眴、寿命、思维、苦乐、憎爱、动发等是神相。若无有神，云何有出入息等相？是故当知，离眼、耳等根，苦乐等法，先有本住”。意谓“本住”与“神”相同，有永恒的“神”才有现实的精神现象，有抽象“眼”作为“本住”，才有现实“眼”之功能。此中所谓“论师”，当指外道，部分亦指佛教说一切有部和犊子部。

无住 亦称“不住”。佛教用语。指事物不会凝住于自身不变的性质，人的认识也不应以固定的概念当作事物固有的本质。般若理论据此作为诸法性空的重要内容。《摩诃般若波罗蜜·序品》：“菩萨行般若波罗蜜时，不应色中住，不应受、想、行、识中住。”此因诸法均处于因缘联系和生灭无常之中，故不应住。《大智度论》卷四十七释“无住三昧”：“住是三昧中，观诸法念念无常，无有住时。”故“无住”实为现象之共性。但在佛教理论运用上，通常又作为一切现象之本源。成为“真如”、“法性”的另一称谓。《大乘起信论义记》：“夫真心寥廓……但以无住为性，随派分歧，逐迷悟而升沉，任因缘而起灭。”此“无住”即是派生世界之“真心”(即真如)的主要规定。《维摩诘经·观众生品》：“从无住本立一切法。”鸠摩罗什解释说：“法无自性，缘感而起。当其未起，莫知所寄。莫知所寄，故无所住。无所住故，则非有无。非有无而为有无之本。”僧肇则把“无住”释为心之激荡不定的状态，从而成为有念的原因。中观学派并以“无住”之“空性”作为佛教因果报应等“一切法”得以成立的保证(见《中论》)。《六祖坛经》进一步宣称：“我这法门”，“以无住为本”。认为“于诸法上念念不住”，即可使思想不受束缚，得到解脱。

无生 亦称“无生法”。佛教用语。与涅槃、实相、法性等含义相同。指一切现象之生灭变化，都是世间众生虚妄分别的产物，本质在于“无生”。“无生”即“无灭”，故寂静如涅槃，为诸法“实相”、“真如”。《仁王经》卷中：“一切法性真实空，不来不去，无生无灭，同真际，等法性。”《圆觉经》卷上：“一切众生于无生中妄见生灭，是故说名轮转生死。”此种说法，与小乘以“生灭无常”的观点相对立，而把无生灭的绝对静止当作一切现象的共同本质。达到对无生的认识，称为无生忍或无生法忍。修得无生，即是涅槃。

戒 梵文Śīla的意译；音译“尸罗”，意为“惯行”，转为“行为”、“习惯”、“道德”、“虔敬”等。佛教用语。广义说，善恶习惯皆可称戒，如善习称善戒(善律仪)，恶习称恶戒(恶律仪)。但佛教通常当作善戒、净戒使用，特指为出家和非出家的信徒制定的戒规，用以防非止恶。与定、慧共称三学，为大乘六度之一，称为戒度(戒波罗蜜)。据传释迦牟尼时已制定戒律，后发展成为三藏中的律藏，在戒规、受戒仪式等各方面有详细规定。小乘适应在家、出家、男、女之别，制定有五戒、八戒、十戒、具足戒等；大乘称这些戒条为声闻戒，虽亦遵循，然另制大乘戒(或称“菩萨戒”)补充之。

律 梵文Vinaya的意译，亦译“调伏”、“灭”、“离行”、“化度”、“善治”等；音译“毗那耶”、“毗奈耶”、“鼻奈耶”或“毗尼”、“毗泥”等。佛教用语。佛教对比丘、比丘尼所制定的禁戒，谓能制伏诸恶，故名。《毗尼母经》卷一：“毗尼者，名灭，灭诸恶法，故名毗尼。”据《有部毗奈耶》卷九，律与戒不同，专为出家比丘、比丘尼制定，在家信徒不得闻。又，“三藏”中“律藏”的略称。

戒律 合梵文Śīla(尸罗)和Vinaya(毗奈耶)二字意译而成。佛教用语。泛指佛教为出家、在家信徒制定的一切戒规。“戒”是“禁制”的意思。“律”是“调伏”的意思。按内容可分为*止持戒与*作持戒两大类。

一念三千 佛教用语。天台宗的基本教义性具说的核心内容。“一念”亦称“一心”，指心念活动的最短时刻；“三千”指“十如是”、“十法界”和三种世间(五阴世间、有情世间、器世间)相互配置及其乘积而成，表示世间和出世间一切善恶、因果性相等概念的综合。谓千差万别、包罗万有的三千世间的本性，本来存在于“一念”之心中。《摩诃止观》卷五上：“此三千在一念心。若无心而已，介尔有心，即具三千。”

三千世间 略称“三千”。佛教用语。天台宗用以说明一念三千基本教义。其计算方法是：“六凡”(天、人、阿修罗、畜生、饿鬼、地狱)和“四圣”(声闻、缘觉、菩萨、佛)这十种众生构成的世界为“十法界”，其中每一法界又可以转化成其他九种法界，成百法界；这百法界又配以性、相等十如是，十如是又是互相包含的，故成百如是。每一法界各含百如，百法界即成千如。诸法不出五阴，五阴和合形成所谓“众生”与“国土”(指众生所居处)、总称三种世间，千如各具三种世间，即为三千世间。《摩诃止观》卷五：“夫一心具十法界，一法界又具十法界、百法界。一界具三十种世间，百法界即具三千种世间。”

十如是 略称“十如”。佛教用语。指探究诸法实相应把握之相、性、体、力、作、因、缘、果、报、本末究竟等十个方面。《妙法莲华经·方便品》:“佛所成就第一希有难解之法,唯佛与佛乃能究尽诸法实相,所谓诸法如是相、如是性、如是体、如是力、如是作、如是因、如是缘、如是果、如是报、如是本末究竟等。”智𫖮用以与十法界、三种世间等相配构成“一念三千”的理论。据《摩诃止观》卷五上所载之综合解释(称“总释”)为:(1) 相如是,“相”为形相,容易察别,“夫相以据外览而可别。《释论》云,易知故名为相”。(2) 性如是,“性”为本性、理性、佛性。“如是性者,性以据内,总有三义:一不改名性,《无行经》称不动性,性即不改义也;又性名性分,种类之义,分分不同,各各不可改;又性是实性,实性即理性,极实无过,即佛性异名耳。”(3) 体如是,“体”指众生之质体。“主质故名体,此十法界阴(指五蕴)、入(指十二处),俱用色心为体质。”(4) 力如是,“力”为事物所具有的功能,“如是力者,堪任力用也”。(5) 作如是,“作”指身、口、意三业的作为,“运为建立名作”。(6) 因如是,“因”谓业因,“招果为因,亦名为业”。(7) 缘如是,“缘”为助因,“缘名缘由,助业皆是缘义”。(8) 果如是,从所习之因,得相应之果,“克获为果”。(9) 报如是,善恶之业因所招苦乐之果报,“酬因曰报,习因习果通名为因,牵后世报,此报酬于因也”。(10) 本末究竟等如是,“相为本,报为末”,本末皆由因缘生,故“本末皆空”,是为“究竟”;此空即为“等”。

十如 即“十如是”。

性具 亦称“本具”、“理具”、“体具”。佛教用语。天台宗基本教义之一。“性”,为“法性”,亦即“真如”,或称“本”、“理”、“体”。谓世界诸法并非由“法性”随缘而造,而是本来具足;体用不二,真如之体本具三千诸法。此称“性具三千”,或“理具三千”。北宋知礼《十不二门指要钞》卷下:“三千世间,一一常住;理具三千,俱名为体;变造三千,俱名为用。故云:俱体俱用。”又云:“三千之体,随缘起三千之用;不随缘时,三千宛尔。故差别法,与体不二。”认为其他宗派(主要指华严宗)“只云性起,不云性具,深可思量”。在修行方面,因为十界(六凡四圣)互具,则众生本性,既具菩萨界以下九界之恶法,亦具佛界之善法,佛与众生没有根本差别。“故知性具百界,互融广遍”,“生(指众生)佛一致,既解修成,全是本具。即知迷悟体用不二”。

三谛圆融 亦称“圆融三谛”。佛教用语。天台宗基本教义之一。“三谛”指《中论》所说的三是偈中的“空”、“假”、“中”所谓三条“真理”。(1) 空谛,亦称“真谛”、“无谛”:世界万有因缘和合而成,空无自性;(2) 假谛,亦称“俗谛”、“有谛”:万有空无自性,但并非纯无所有,仍有假相存在;(3) 中谛,亦称中道第一义谛:既看到现象空的一面,又看到假的一面,非空非假即是“中道”。据《摩诃止观》卷一下,此三谛“虽三而一,虽一而三,不相妨碍”,“一念心起,即空、即假、即中”,此即谓之“三谛圆融”。能这样观察分析世界,即把握了佛教的绝对“真理”——“诸法实相”。

圆融三谛 即“三谛圆融”。

一心三智 亦称“三智一心”。佛教用语。天台宗基本教义之一。首创于北齐慧文。“三智”为一切智、道种智、一切种智。天台宗认为,以修习佛教般若为因,可于“一念心”中顿得“三智”之果,用不着分阶段地获得。《佛祖统纪》卷六引《大智度论》卷二十七:“一心中得一切智、道种智、一切种智,断一切烦恼及习。”(按今本《大智度论》中文字与此有异)提出:“《论》中三智,实在一心中得,且‘果’既一心而得,‘因’岂前后而获,故此观成时,证一心三智。”隋代智𫖮在《观经疏》中结合《中论》之三是偈,加以发挥,认为观悟“假谛”得权智(道种智),观悟“空谛”得实智(一切智),观悟“中谛”得非权非实智(一切种智)。此三智融通交会,于一心中得,即“此观成时,证一心三智”。

三智一心 即“一心三智”。

一心三观 佛教用语。天台宗基本教义之一。谓一心中观缘起法空、假、中三谛。北齐慧文读《中论·四谛品》至三是偈,顿有所悟,曰:“诸法无非因缘所生,而此因缘,有不定有,空不定空,空有不二,名为中道。”(《佛祖统纪》卷六)谓事物因缘所生,故为假有(假谛);虚假不实,故为真空(空谛);空、假不可分离,非空非假,即为中道(中谛)。于心中同时观悟此三者,称“一心三观”。隋代智𫖮对此有所发挥,《摩诃止观》卷五上:“若一法一切法,即是因缘所生法,是为假名假观也;若一切法即一法,我说即是空,空观也;若非一非一切者,即是中道观。一空一切空,无假中而不空,总空观也;一假一切假,无空中而不假,总假观也;一中一切中,无空假而不中,总中观也。即《中论》所说不可思议一心三观。”所谓“一法一切法”,指真如随缘形成一切现象,皆不实在,故为假;观此则称假观。“一切法即一法”,指一切现象皆真如显现,没有独立实体,故为空;观此则称空观。一切现象“非一非一切”,同时具有上述两方面性质,此为“中道”;观此则称中道观。但此三者交融不分,观假即观空、中,观空即观假、中,观中即观假、空,是谓“一心三观”。

真空妙有 佛教用语。“真空”意为世界万有虚幻不实;“妙有”指作为世界本体的真如或法性、佛性。华严宗谓真空即妙有。唐代法藏在《修华严奥旨妄尽还源观》里提出应修“摄境归心真空观”和“从心现境妙有观”。前者观“三界所有法,唯是一心(亦为真如)造”,悟“境无本体”,“平等真空”。后者观“即事不滞于理,随事成差”,悟外界差别诸法为真如随缘显现,故称“妙有”。两者不一亦不二,“《宝性论》云:道前菩萨于此真空妙有,犹有三疑:一者疑空灭色,取断灭空;二者疑空异色,取色外空;三者疑空是物,取空为有。今此释云:色是幻色,必不碍空;空是真空,必不碍色,若碍于色,即是断空,若碍于空，即是实色。如一尘既具如上真空妙有，当知一尘等亦尔。”

无情有性 佛教用语。天台宗、禅宗等主张的佛性论。佛教一般认为，“有情”才能具有“佛性”。湛然据《大乘起信论》所说“真如缘起”，“心色不二”，认为墙壁瓦石等“无情”也有佛性，其所著《金刚錍》载：“应知万法是真如，由不变故；真如是万法，由随缘故。”此处“真如”，就是“一心”，或称“本觉”；认为“万物”由“一心”、“本觉”随缘所生，故万物中亦体现了“一心”、“本觉”。所以他批评反对者说：“子信无情无佛性者，岂非万法无真如耶？故万法之称，宁隔于纤尘，真如之体，何专于彼我？”又讲：“一尘、一心，即一切生佛之心性。”谓通过对对象之符合佛教“真如”的认识，即可成佛，故佛教觉悟面对的“无情”对象，亦具佛性。此说在禅宗中亦很流行，南阳慧忠说：“一切无情皆是佛心。”

性起 佛教用语。为“如来性起”之略。华严宗教义之一。谓一切世间出世间法，均由先天之真如法性所生起。据《华严经·如来性起品》的“菩提心”说和《大乘起信论》的“真如缘起”说，以为世间法(一切现象)，依“真如”、“法性”而起，出世间佛法则与“真如”、“法性”相称而起。法藏《大乘起信论义记》卷二：“法性者，明此真体普遍义，谓非真与前佛宝为体，亦乃通与一切法为性。即显真如遍于染净，通情、非情深广之义。”“真如”、“法性”，是“一心”的本质，或称“如来藏”、“善心”，它派生一切现象并成为一切现象的普遍共性。此说属佛教中“性善”一派。至华严宗四祖澄观有所变化，与天台宗主张之“性具善恶”接近。

四法界 佛教用语。华严宗基本教义之一。用以说明对于世界之由世俗认识到“佛智”认识的不同次序，并为世俗认识与“佛智”对世界之四种不同观点，故亦称“法界观”。据澄观《华严法界玄镜》，四法界是：(1)“事法界”：“事法名界，界是分义，无尽差别之分齐故。”此指世俗认识的特征，总是以事物之差别性，或具特殊性之事物，当作自己认识之对象，被称为“情计之境”，虽有而非实，不属佛智范围。(2)“理法界”：“理法名界，界即性义，无尽事法同一性故。”“同一性”，即现象的共性。由“佛智”看，现象的共性，就是“空性”；因万物乃是“唯识所现”，都不实在。故宗密解释说：“理法界也，原其本体，但是本心。”“理”即是本心、佛性、真如。“佛智”达到此种认识，尚“未显真如妙用”，故并不完全。(3)“理事无碍法界”：“无碍法界，具性分义，不坏事、理，而无碍故。”即把“理”、“事”、“性”(共性)、“分”(个性)联系起来观察，结果是“理事”相互“彻入”，具体即是《大乘起信论义记》所说：“如来藏随缘成阿赖耶识，此则理彻于事也；亦许依他缘起无性同如，此则事彻于理也。”然这还不算“佛智”的最高认识。(4)“事事无碍法界”：为佛智达到的最高境界。“第四法界，亦具二义(指性义、分义)，性融于事，重重无尽故”。据说，“事本相碍，大小等殊”，各有自体；其所以“无碍”，全在于理有“包遍，如空无碍”的性质，保证事与事之间溶融无间，* 相即 * 相入，互相反映，互相包含，以至无穷无尽。此事事无碍法界，为华严宗的特殊说法，亦是法界缘起的内容。

法界缘起 亦名“无尽缘起”。佛教用语。华严宗基本教义之一。属“四法界”中“事事无碍法界”的内容。“法界”通常指“真如”、“实相”，此处指“如来藏自性清净心”。此缘起有两个要点：(1)世间和出世间一切现象，均由“清净心”“随缘”生起，离开“一心”，更无别物；(2)在此“一心”作用下，各种现象无不处于你中有我，我中有你，你即是我，我即是你的所谓“圆融无碍”、“重重无尽”的联系中。《华严一乘教义分齐章》：“法界缘起，乃自在无穷。”“圆融自在，一即一切，一切即一。”又说，“一中多，多中一”，“一即多，多即一”。此说在佛教理论和实践上，协调了各个宗派、各种修习法门和修习次第之间的关系，它们皆作为整体佛教的组成部分而互相沟通。运用于现实世界，则抹杀一切矛盾，一切都是“圆融自在”、互不妨碍。详细发挥“法界缘起”的，有所谓“三性一际”、“因门六义”、“六相圆融”、“十玄缘起”、“四种法界”、“相即”、“相入”等。

无尽缘起 即“法界缘起”。

六相圆融 亦称“六相缘起”。佛教用语。华严宗教义之一。用以说明法界缘起的主要原理之一。“六相”，指总相和别相、同相和异相、成相和坏相。用这三对范畴从六个方面说明，一切现象虽然各有自性，但又都可以融合无间，完全没有差别，故称。《华严一乘教义分齐章》卷四：“总相者，一含多德故；别相者，多德非一故，别依止总，满彼总故。同相者，多义不相违，同成一总故；异相者，多异相望，各各异故。成相者，由此诸缘起成故；坏相者，诸义各住自法不移动故。”其中，“总”、“同”、“成”三相，系指全体或整体，“别”、“异”、“坏”三相，系指部分或片断。例如：“舍(房子)”是总相，构成“舍”的“椽”等即是别相；“椽”等构成的“舍”是同相；“椽”等自身各有差别，即是异相；“椽”等已经构成的“舍”是成相，在不成其为“舍”时的“椽”等则是坏相。在《金师子章》中，总、同、成三相还有一般的含义，别、异、坏三相则相当个别的概念。故“六相圆融”的关系，亦即是全体与部分、一般与个别的“圆融”关系；全体由部分组成，部分的性质和作用则由全体所规定；一般通过个别得以表现，个别的本质则由一般来决定。这种关系，遍及一切现象，但总的又被规定为相即和相入两种形式：总、同、成即是别、异、坏，别、异、坏能够入于总、同、成，“舍”即是“椽”，“椽”即是“舍”，“椽”能容纳“舍”，“舍”能入于“椽”。由此形成所谓法界缘起：“一切缘起法，不成则已，成则相即熔融，无碍自在。”这种说法，特别被用于佛教的宗教实践，以为“初发心时，便成正觉”，“一切惑障，一断一切断……行德即一成一切成；理性则一显一切显”。意谓不论成就佛的觉悟，还是把握佛教“真理”，都可通过个别法门，在一念心中得到完满的实现。

十玄缘起 亦称“十玄门”。佛教用语。华严宗的基本教义之一。与六相圆融会通而构成法界缘起的中心内容。此说首创于智俨，称“古十玄”；完成于法藏，称“新十玄”，两者内容相同，次第略有变动。据法藏著《华严一乘教义分齐章》卷四：“所以说十者，欲应圆数，显无尽故。”具体是发挥《华严经》中提到的教与义、理与事、境与智、因与果、体与用、逆与顺、行与位、主与伴等十对与“佛智”有关的复杂关系，用以论证佛法乃是一个整体，一念即得具足一切教义、理事、因果等如上一切法门，及与一切众生皆悉同时作佛。就广义说，要求用佛教的观点去观察一切现象，看到事物间无不是相即相入、“圆融自在”的关系，形成一无穷无尽的互为条件、互相包含且永无矛盾、圆融无间的和谐之网。这十玄是：(1)“同时具足相应门”：指作为一个整体的佛教，虽分有各种法门，但“同时相应成一缘起”，互相依存，一并作为成佛的根据。(2)“一多相容不同门”：佛教各种法门虽各有特性，但任何一种都能“含受”其他一切法门的内容。(3)“诸法相即自在门”：各种法门，作为统一的“缘起法”，“得一即得一切”，“得始即得终，穷终方原始”，“初发心菩萨即是佛”，这种关系，也简称“一即一切，一切即一”，圆融自在，重重无尽。(4)“因陀罗境界门”：“因陀罗”是传说中帝释天宫中悬挂的结有无数宝珠的网，以此譬喻佛教各种法门之间互相映现、重叠无尽。(5)“微细相容安立门”：强调“一切法门”“均于一念中具足”，谓“于一念中，炳然同时齐头显现，无不明了”。(6)“秘密隐显俱成门”：各种法门不论“隐覆”还是“显了”，“俱时成就”。(7)“诸藏纯杂具德门”：“纯”指践行某一法门时全是此一法门，“更无余行”，“杂”指践行不同的法门时“具含”一切差别，不论纯、杂，均可自在具足。(8)“十世隔法异成门”：一切法门遍布于“十世”之中，即在时间上存在“时劫无碍”的关系，“百千大劫为一念，一念即百千大劫”。(9)“唯心回转善成门”：指全部法门，“唯是一如来藏为自性清净心转也，但性起具德”。以上所说之一至八门，亦“悉是此心自在作用，更无别物”。(10)“托事显法生解门”：谓以上九种关系，随事物和情况不同而表现为不同法门；不同的法门亦可表现共同的原理。在华严宗提出的四法界中，此“十玄缘起”属“事事无碍法界”，用以把这一整套观点扩大到对世间和出世间的所有现象的认识。

十玄门 即“十玄缘起”。

因门六义 全称“缘起因门六义”。佛教用语。华严宗教义之一。用以说明“法界缘起”的主要原理之一。即将四缘中的因缘(现象的根本因)按其“体”之“有”、“空”，“用”之“有力”、“无力”，“缘(指形成现象的辅助条件，即四缘中的其他三缘)之“有待”(需有条件)、“无待”(无需条件)，分为六个方面，说明“因”在形成诸现象中的复杂融合的关系。《华严一乘教义分齐章》卷四：(1)“空，有力，不待缘”：“因”从其刹那灭讲，为“空”；能生万有，故“有力”；不借他缘，名“不待缘”。(2)“空，有力，待缘”：“因”与果相俱互依，故从因自体讲为“空”；相俱能生万有，为“有力”；“俱故非孤，是待缘也”。(3)“空，无力，待缘”：“因”以有果方名因，无别自性故是“空”；待他缘才生万有，故“无力”、“待缘”。(4)“有，有力，不待缘”：由“因”之善恶，定生果之善恶，故称“有”；“能自不改而生果”，为“有力”；不借缘力名“不待缘”。(5)“有，有力，待缘”：同“因”生同果，故名“有”；借外缘方生，但果性同于因而不为外缘所改，称为“有力”、“待缘”。(6)“有，无力，待缘”：“因”同类随转，故为“有”；待他缘而并“不能违缘”，名“无力”和“待缘”。据此论证“法界缘起”中诸种现象的相互渗透、相互反映的无尽联系和统一：“由‘空’、‘有’义故，有‘相即’门也；由‘有力’、‘无力’义故，有‘相入’门也；由‘有待缘’、‘无待缘’义故，有‘同体’、‘异体’门也，由此等‘义’、‘门’，故得毛孔容刹海事也。”现象之存在所谓相即和相入的关系，存在所谓同体(全体或一般)和异体(部分或个别)的关系，以至于一毛孔能容纳大海，就在于造成诸现象之“缘起因门”有如上六义。

相即 佛教用语。华严宗表示“法界缘起”的概念。用以说明不同性质的现象之间可以互相转化成为同一体的关系：甲即是乙，乙即是甲。《华严一乘教义分齐章》卷四，用“自、他”，“有、空”来说明“相即”的含义。认为在“诸缘起法”中，“他物”作为形成某物“自体”的条件而存在，故就“自体”言，“他物”就失去独立的自性；“自体”是“有”，“他物”即为“空”。此谓“自”即是“他”。反之由于某物的“自体”毕竟由“他物”条件所构成，离开“他物”，“自体”即不能成立，故就“他物”言，“他物”是“有”，“自体”属于“空”，此谓“他”即是“自”。亦即双方可互废自己而同一于对方，谓之“相即”。

相入 佛教用语。华严宗表示“法界缘起”的概念。用以说明现象作用不同，可以使事物互相渗透、互相包含的关系：甲中有乙，乙中有甲。《华严一乘教义分齐章》卷四，用“自、他”，“有力、无力”来说明“相入”的含义。认为“诸缘起法”之间，若某物“自体”之力用强大，“他物”之力用消失，某物即具有摄取“他物”于自身的绝对优势；反之，“他物”如完全失去自己的“力用”，则必然进入“某物”自体之内。亦即双方可以互为容摄，谓之“相入”。在此种以“有力”、“无力”来决定事物互相容摄的关系中，被摄取一方，虽摄入于他物之内，但并不失去自身的固有性质，故不同于泯灭一切自性差别的相即关系。华严宗认为“一尘中现无量佛刹”，就是使用这种论证方法所得出。

一即一切，一切即一 亦名“一即十，十即一”、“一即多，多即一”。佛教用语。华严宗教义之一。谓一与多可以等同。用以说明“法界缘起”中现象之间的相即关系。《华严经·初发心菩萨功德品》：“一切中知一，一中知一切。”《华严一乘教义分齐章》卷四中从两方面论证：(1)就现象之“异体”关系言，

"一"与"十"是相对待而言,"一"是"十"的基数,"十"由十个"一"构成,无"一"即无"十","今既得成十,明知一即十也"。用同样道理,亦可证成"十即一"。(2) 就现象之"同体"关系言,十中每个一的"自体",亦即是第一个"一",由此而言,"十"之自体"性空"(无独立自性),故谓"十即是一"。同样道理,将"十"作为"自体"看,"一"为构成"十"的因素,自体亦是"性空",故称"一即是十"。由此说明整体与部分、一般与个别,都是"相即"的关系。华严宗运用此种认识方法于佛教理论和实践;或把佛教全部义理和实践作为一个整体而称为"一",其各个分支和法门则称为"多";或有时把派生万有之"一心"称为"一",所派生的万有则称为多。

三性一际 佛教用语。华严宗的基本教义之一。用以说明法界缘起。"三性"(即三自性)指《摄大乘论》中说的遍计所执性、依他起性、圆成实性;谓此三者,从"本"、"末"两方面观察,是互相交彻,没有差异的,故名。《华严一乘教义分齐章》卷四:"'真'(圆成实)中二义者:一不变义,二随缘义;'依他'二义者:一似有义,二无性义;'所执'中二义者:一情有义,二理无义。"以为"圆成实"中的"不变义"、"依他起"中的"无性义"、"遍计所执"中的"理无义",都是从不坏"末有"而讲真如一心之"本"的,"故三性一际同无异也"。同样,"圆成实"之"随缘义"、"依他起"之"似有义"、"遍计所执"之"情有义",是从不动心真如之"本"讲世界"末有"的,故"三义亦无异也"。据此,对唯识宗所讲的三自性作出新的解释,以表达"法界缘起"的状况:"三性一际,举一全收,真妄互融,性无障碍。"由此用以说明真如和万有、彼岸世界和此岸世界,都在"一心"的基础上交互融通,不可分离。

性相 "性"与"相"合称。佛教用语。唐代裴休《禅源诸诠集都序叙》:"一真净心,演性相之别法。""性"即"法性",指现象固有的、永不可变的本质、本体、本源。《大智度论》卷三十一:"性名自有,不待因缘。""相"即"法相",重点指呈现于人的面前,可以分别认识的现象。《成唯识论述记》卷一:"相谓相状。"《大智度论》卷三十一:"相言可识。"包括事相和名相等,佛教义学大都从诸法"性"、"相"两面论述思想体系。中观学派等主张"缘起性空",谓一切现象本无自性,诸法法相,均属虚妄分别,幻化不实,此派在中国被称为空宗,可以"三论宗"为代表。瑜伽行派等主张"阿赖耶识缘起",用"唯识"说明诸法产生的本源,通过分析"法相",说明诸法"唯识"性质,此派在中国被称为"相宗",可以"法相宗"为代表。《大乘起信论》等主张"真如缘起",以为唯一"真心"是诸法产生的本源,一切善恶染净均在"一心"之中,故"法性"就是"一心",此派被称为"性宗",可以华严宗、禅宗为代表。

法相 佛教用语。❶泛指事物的相状、性质、名词、概念及其含义等等。《大乘义章》卷二:"一切世谛有为无为,通名法相。"佛教各派往往通过对"法相"的定义和分析,表达其特有的教义。❷指"真如"、"实相"。《摩诃般若波罗蜜经·序品》:"佛所说法于中学者,能证诸法相。证已有所言说,皆与法相不相违背。"又说:"我应度无量阿僧祇众生,度众生已,无有众生灭度者。何以故? 诸法相尔。"此处之"法相",即指"真如"、"性空"、"实相"等,与"法性"义同。❸瑜伽行派根据《解深密经》等,把三自性归为"法相",由之铺展为五位百法,以此说明诸法的本质无非是"唯识真性",从而得名"法相宗"。

唯识无境 佛教用语。法相宗指世界一切现象都是内心所变现,心外无独立的客观存在。《成唯识论》卷一:"外境随情而施设故非有如识,内识必依因缘生故非无如境。"指诸法随人的情识设置而非有,识依因缘而生故非无,所缘之境,唯识所现,诸法皆不离心。为证成唯识无境,提出三能变、八识、种子等说法。

本质 或略作"质"。佛教用语。法相宗指引生主观映象之根据。按三类境的分类,"独影境"全依"见分"(认识主体)生起,故无"本质";"带质境"则是有客观根据的主观映象,此客观根据即名"本质"。"三藏伽陀"曰:"独影唯从见,带质通情本"。此处之"质"与"本",即是本质。太贤《成唯识论学记》卷一:"带质之境,谓此影像有实本质。"然法相宗倡八识说,所谓客观依据,仅相对于其中某一识体之外的现象言,非谓识外别有本质。例如眼之"相分"色,乃是阿赖耶识中种子现行所生之实色的映象,即称此实色为该相分色的"本质"。

三界唯心 佛教用语。欲界、色界、无色界这三界代表的整个世界的一切皆由心造,心为万物的本体。《华严经·十地品》旧译本:"三界虚妄,但是一心作。"其新译本作:"三界所有,唯是一心。"佛教内部对此"心"有不同解释。《大乘入楞伽经》和《大乘起信论》谓此"一心"是"如来藏"或"真如",华严宗即采此说。瑜伽行派和法相宗认为此"一心"即阿赖耶识,三界万法,唯识所变。《成唯识论》卷七:"由何教理,唯识义成……如契经说:三界唯心。"

八识 佛教用语。瑜伽行派和法相宗五位法中的心法。梵文Aṣṭanvijñāna的意译。指把人内在的心识分为八类:一眼识(Cakṣur)、二耳识(Śrotra)、三鼻识(Ghrāṇa)、四舌识(Jihvā)、五身识(Kāa),以上合称前五识。再加六意识(Manovijñāna)、七末那识(Manas,意译"意")、八阿赖耶识(Ālayavijñāna,意译"藏识"),合称八识。前五识相当于感觉,以外界的色、声、香、味、触为对象;第六意识相当于综合感觉所形成的知觉、思维等,以整个世界为对象;第七末那识,是意识的根源,其作用是经常把第八识当作人我的自我意识;第八阿赖耶识,是世界一切的精神本原,它含藏一切现象的"种子"。并归结为三能变。一些大乘派别亦多沿用此说,但稍有变化。

阿赖耶识 梵文 Ālayavijñāna 的音译,亦译"阿梨耶识"、"阿剌耶识"、"赖耶识",意译"无没识"、"藏识";别称"阿陀那识"、"种子识"、"异熟识"等。佛教用语。“藏识”，意为含藏诸法种子；“无没识”，意为执持诸法种子不失。瑜伽行派和法相宗所立心法“八识”之第八识，“三能变”之第一能变，是被着重阐发的一种识体。据《显扬圣教论》卷十七等，谓由八种道理证成阿赖耶识决定是有，概括为“五种相”。《成唯识论》卷二等用“七名”或“八名”确定其含义，归结为“三相”，谓此“能变识”（指阿赖耶识）“体相虽多，略说唯有如是三相”：（1）“因相”：“此能执持诸法种子令不失故，名一切种；离此，余法能遍执持诸法种子不可得故。”指能永恒执持产生世界一切事物的*种子，成为万法之根本原因，故又名“一切种识”。（2）“果相”：“此是能引诸界趣生善不善业异熟果故，说名异熟；离此，命根、众同分等恒时相续胜异熟果不可得故。”“异熟”即是果报，指此识能按照前世所作善恶等行为（业），引生后世的相应报应，保证精神主体的永恒相续，并以不同的形体和身份，生于特定的周围环境。（3）“自相”：有三个方面，谓能执持诸法种子（能藏），受熏形成新种子（所藏），被第七识执为自我（执藏）。实即上述因相与果相的统一：“谓与杂染互为缘故，有情执为自内我故。”指阿赖耶识由其前七识的杂染熏习构成“种子”，此中“熏习”为“因”，“种子”为“果”；阿赖耶识的种子又能生起前七识的杂染现行，此中“种子”为“因”，“现行”为“果”。这种互为因果，连续不断的识体，使一般人认为它就是“内我”（灵魂），即名阿赖耶识之自相。故此识为物质世界和自身的本源，亦是轮回果报的精神主体和由世间证得涅槃的依据。《唯识三十颂》：“无始时来界，一切法等依，由此有诸趣，及涅槃证得。”然对阿赖耶识，亦有不同解释。如中国华严宗等主张*如来藏缘起说，阿赖耶识则成了如来藏的派生物。《大乘起信论义记》云：“如来藏者，为无始虚伪所熏，名为识藏（即阿赖耶识）。”

四分　佛教用语。瑜伽行派和法相宗的认识学说。包括相分、见分，自证分，证自证分。谓认识发生时，要有认识的主体和认识的对象两方面，前者被称为“能缘”，后者被认为“所缘”；“八识”的每一识体上，既具有“能缘”一面，名为“见分”，同时也具有“所缘”一面，名为“相分”。认为人的认识活动，就是识体自身的“见分”去缘虑自身的“相分”，或“相分”引起“见分”，此称“二分说”，最早由古印度难陀提出，称“二分家”。后来陈那认为见相二分应有其所依的“自体”，即自己能够证知自己有认识活动的“自体”，此名“自证分”。如度量事物，既应有“能量”（见分）作为尺度，亦应有“所量”（相分）作为对象，更应该有“量果”（自证分）以得知大小长短，此称“三分”说，陈那称为“三分家”。至护法，则在“三分”说的基础上提出“证自证分”，既是“自证分”的再证知，也作为证第三分的“量果”，构成“四分”说，他被称为“四分家”。“见相”二分被称为“外二分”，其余二分则称为“内二分”。实则“内二分”是根据“外二分”的推论，“外二分”是“四分”说的基础，目的在证成“唯识无境”（见《成唯识论》卷二、《成唯识论述记》卷一、《成唯识论掌中枢要》卷上末）。

三自性　梵文Trilakṣaṇa的意译。亦名“三性”、“三自相”、“三相”等。佛教用语。与“三无性”相对。指遍计所执自性，依他起自性、圆成实自性，是瑜伽行派和法相宗宗教理论体系的中心观念。据《成唯识论》卷八的解释：（1）遍计所执自性（又称“遍计所执性”、“普观察性”），谓“周遍计度（指普遍观察思量），故名遍计”；由此而虚妄分别，执有实我、实法种种差别，称为“所执”。指人们视一切事物为各有自性差别的客观实在的世俗认识，被认为是不真实的谬误。（2）依他起自性（又称“依他起性”、“他根性”），指“依他众缘而得起”的一切现象。“众缘”指四缘，特别指作为因缘的阿赖耶识种子及其能够引起心识派生万事万物的活动。以一切现象均为“众缘所引心、心所虚妄变现”，故幻化不实，非有而似有。（3）“圆成实自性”（亦称“圆成实性”、“成就相”），谓“二空所显，圆满成就，诸法实性”，即在“依他起自性”上，远离“遍计所执性”的谬误，认识到一切现象既无“人我”又无“法我”，由此所显示之真如实性。由此“三自性”，即可成立“唯识无境”，意即：“依他起”即是以心识为因缘而派生之现象界，对此现象界加以分别，认为客观实有，则名“遍计所执性”；排除客观实有的观念，体认一切唯有识性，即是契合“真如”，达到“圆成实性”。《成唯识论》卷八概括说：“三种自性，皆不远离心、心所法。谓心、心所及所变现，众缘生故，如幻事等非有似有，诳惑愚夫：一切皆名依他起性；愚夫于此横执我法、有无、一异、俱不俱等，如空华等性相都无：一切皆名遍计所执；依他起上，彼所妄执我、法俱空，此空所显识等真性名圆成实。是故此三不离心等。”中国佛教其他宗派也有沿用“三自性”说法的，但另有发挥。

三无性　佛教用语。与“三自性”相对。据《成唯识论》卷九解释：（1）“相无性”，依“遍计所执自性”而立，谓世俗认识把因缘所生法，虚妄分别为“实我”、“实法”，“此体相毕竟非有，如空华故”。（2）“生无性”，依“依他起自性”而立，谓一切现象因缘所生，如幻如化，妄执实有之性为无，但“非性全无”。（3）“胜义无性”，依“圆成实自性”而立，谓“由远离前遍计所执我、法性故，假说无性，非性全无”。此即由远离世俗认识所达到之佛教“真如”，亦即“唯识实性”。然此“三无性”被认为是“密意说”，而非“了义”，因“三自性”中的后二自性，其性“非无”；现假说其“无性”者，是为否定世俗所执持的那种实性。

五重唯识观　略称“五重唯识”。佛教用语。法相宗为确立世界万有“唯识所变”，提出观想“唯识”之理的五个层次或五种观法。据窥基《大乘法苑义林章》卷一：（1）“遣虚存实识”：遣谓遮遣，意为否定。谓观*遍计所执自性为虚妄，无体亦无用，情有理无，此名“遣虚”；观依他起自性、圆成实自性，“诸法体实”，理有情无，此为“存实”。（2）“舍滥留纯识”：事理皆不离内识，内识有境（指相分）有心（指见分、自证分）；此境与外“妄境”相滥涉，一般人“迷执于境，起烦恼业、生死沉沦”，故应舍离，此为“舍滥”；认识"一切唯有识，无馀"，此为"留纯"。(3)"摿末归本识"：* 相分为识内所取之境，见分为识内能取之用，二者为"末"，皆依识体(自证分——"本")，不可离"本"。(4)"隐劣显胜识"：心王与心所都有变现事物的能力，但只讲"唯心"而不讲"唯心所"，是为显示心王"胜"于心所，心所"劣"于心王；故应"隐劣不彰，唯显胜法"。(5)"遣相证性识"：心王虽胜，但它"有事有理"，事为相用，指依他起自性；理为性体，指圆成实自性(真如)，应舍遣"依他起"的事相而体证"圆成实"的真如。这五重观法，第一重是空有相对，二是心境相对，三是体用相对，四是王所相对，五是事理相对。前四重是舍遣遍计所执自性而存归依他起自性的观法，称为"相唯识"；后一重是舍遣依他起自性而证得圆成实自性的观法，称为"性唯识"。

二障 佛教用语。❶ 指"烦恼障"、"所知障"。瑜伽行派和法相宗对贪瞋痴等诸惑就其能障碍成就佛果的作用做的分类：(1) 烦恼障：以我执(人我见)为首的诸烦恼，谓此烦恼能障涅槃。《成唯识论》卷九："谓遍计所执实我萨迦耶见(指"人我见")而为上首，百二十八根本烦恼及彼等流诸随烦恼。此皆扰恼有情身心，能障涅槃，名烦恼障。"(2) 所知障：以法执(法我见)为首的诸烦恼，谓此烦恼能障菩提(觉悟)。《成唯识论》卷九："谓遍计所执实法萨迦耶见(指"法我见")而为上首，见、疑、无明、爱、恚、慢等，覆所知境无颠倒性，能障菩提，名所知障。"此二障"体虽无异，而用有别"。据称小乘断惑，唯断烦恼障(人我见)不能断所知障(法我见)，而大乘断二障及其种子。❷《俱舍论》所立：(1) 烦恼障：同上释。《俱舍论》卷十七："烦恼数行，难可伏除，故说为障。"(2) 解脱障：此解脱指"灭尽定"，谓障修习者入"灭尽定"之烦恼，名解脱障。解脱又分为"慧解脱"和"俱解脱"。《俱舍论》卷二十五："谓唯依'慧'离烦恼障者，立慧解脱；依兼得'定'离解脱障者，立俱解脱。"❸《圆觉经》所立：(1) 理障：由邪见等理惑障碍正知见，相当于所知障。(2) 事障：由贪等事惑相续生死而障碍涅槃，相当于烦恼障。《圆觉经》卷上："云何二障？一者理障，碍正知见；二者事障，续诸生死。"

转依 佛教用语。法相宗所说彻底转变我执、法执之二障，以证得涅槃、菩提之二果。为其全部修习的最高目标。据《成唯识论》卷九："'依'谓所依，即依他起，与染、净法为所依故。'转'谓二分：转舍、转得。由数修习无分别智，断本识(指第八识)中二障粗重，故能转舍依他起上遍计所执及能转得依他起中圆成实性：由转烦恼(障)得大涅槃，转所知障证无上觉。"此系从* 三自性上说明人的思想应如何由世间转向出世间的：对于缘起现象(依他起)，不应执为实我、实法(遍计所执)，而应见到唯识真性(圆成实)，此即谓之转依。又，同书解释："'依'即是唯识真如，生死、涅槃之所依故：愚夫颠倒，迷此真如，故无始来受生死苦；圣者离倒，悟此真如，便得涅槃……能转灭依如生死，及能转证依如涅槃……说为转依。"此系直接从对"唯识真如"之迷悟的认识上，说明如何由生死苦达到涅槃乐的。这种转依，均通过阿赖耶识中种子的消长生灭来实现；转摿烦恼障种子即转得"涅槃"果；转摿所知障种子，即转得"菩提"果。

转识成智 亦称"转识得智"。佛教用语。瑜伽行派和法相宗认为通过特定的修行，领悟佛教"真理"，有漏(有烦恼)的八识就可转为无漏(摆脱烦恼)的八识，从而可以得到四种智慧。这四智是：(1) 前五识(眼耳鼻舌身)转为无漏时得"成所作智"(或称"作事智")；称此智"为欲利乐诸有情"，故能于十方以身、口、意三业为众生行善；(2) 第六识(意识)转为无漏时得"妙观察智"(观智)；此智"善观诸法自相、共相，无碍而转"，能根据有情众生不同根机，自在说法，教化众生；(3) 第七末那识转为无漏时得"平等性智"(平等智)；此智"观一切法、自他有情，悉皆平等，大慈悲等，恒共相应"，能平等普度一切众生；(4) 第八识阿赖耶识转为无漏时得"大圆镜智"(镜智)；此智"离诸分别，所缘行相微细难知，不妄不愚，一切境相，性相清净，离诸杂染"，如大圆镜之光明，能遍映万象，纤毫不遗。具此四智，即达到佛果(见《大庄严经论》卷三、《成唯识论》卷十等)。此说亦是藏传佛教的重要理论。

唯识五位 亦称"唯识修道五位"。佛教用语。法相宗指悟入"唯识真如"的五个阶位。据《成唯识论》卷九：(1) 资粮位。指修"顺解脱分"，解决对唯识真如的信仰和理解问题。"于唯识义虽深信解，而未能了'能'、'所'取空，多住外门修菩萨行。"包括"十心住"、"十行"、"十回向"等三贤位。(2) 加行位。指修"顺抉择分"，制伏"能取"和"所取"的分别，引发对唯识义之真见，为进入见道的前导，包括由修习四寻思、四如实智所产生的煖、顶、忍、世第一法的四善根等位。(3) 通达位。指"诸菩萨所住见道"，能生起无分别智，消除能取、所取一切分别，通达唯识道理，为修习过程中一个飞跃。(4) 修习位。即由获得之无分别智，进一步修习，以断馀障之位。"如所见理，数数修习，伏断馀障"，求最后"证得转依"，此位按高低顺序划分为"菩萨十地"。(5) 究竟位。究竟断惑证理之位，即无学道，大乘的最高阶位，"出障圆明，能尽未来化有情类，复令悟入唯识相、性"。

五位百法 佛教用语。印度瑜伽行派和中国法相宗对世俗世界及其设想的彼岸世界一切现象所作的分类。计心法(即"心王")八种，心所有法(即"心所"、"心所法")六类五十一种，色法三类十一种，心不相应行法(即"不相应法")二十四种，无为法六种，合计共百种，故称五位百法。其中除"无为法"外，余均属"有为法"。初见于《大乘百法明门论本事分中略录名数》。原《瑜伽师地论·本地分》中列有六百六十法，因文繁义博，为使诸学者省而易解，故提纲挈领，取百法名。"心法"意为精神作用的主体。在"一切法中，心法最胜"，故列于首位。"心所有法"是与"心"相应而起的心理活动和精神现象。"心起即起，心无既无”。“色法”意谓有质碍或变碍之物，略等于物质现象，不能独立生起，是前两法的变现。“心不相应行法”，指既不属于“色”也不属于“心”的有生灭变化的现象。“无别有体”，借助前三法“假施设有”(《大乘百法明门论疏》卷上)。“无为法”指没有造作、生灭、因果关系的现象。要借前四法“断染成净”(《大乘百法明门论解》卷上)才能表现。

法 梵文 Dharma 的意译，音译“达磨”、“达摩”。佛教用语。《成唯识论》卷一：“法谓轨持。”《成唯识论述记》卷一本解释：“‘轨’谓轨范，可生物解；‘持’谓任持，不舍自相。”前者谓有一定的规范或规律，人可以认识；后者谓有自性或质的规定性。在佛教文献中大致有三种用法：(1) 指佛的教法，或称佛法，被列为三宝之一；(2) 泛指一切事物和现象，包括物质的和精神的，存在的和不存在的，过去的、现在的和未来的，如说“万法”、“一切法”、“三世诸法”等等；(3) 特指某一事物和现象，如说“色法”、“心法”等。分类很多，各派通讲的有蕴、处、界“三科”，小乘有部讲五位七十五法，大乘瑜伽行派和法相宗讲五位百法等等。

达摩(Dharma) 佛教用语。亦作“达磨”，即“法”。

有为 梵文Saṃskṛta的意译，原意为“造作”、“有所作为”，亦称“有为法”。佛教用语。与“无为”相对。泛指一切处于相互联系、生灭变化中的现象，以生、住、异、灭四有为相为其特征。特指人的造作行为。《俱舍论光记》卷五：“因缘造作名‘为’，色、心等法从因缘生，有彼为故，名曰有为。”故“有为”也是“缘起法”的别名。小乘着重用“有为”说明人生无常，大乘扩大为对世界一切物质现象和精神现象的分析，说明“性空”或“唯心”等道理。小乘有部和大乘瑜伽行派、法相宗把“有为法”均分为四类，即：“色法”、“心法”、“心所有法”、“心不相应行法”，但排列次序各有不同，所包含的具体项目和数字也有区别。参见“五位七十五法”、“五位百法”。

有为法 梵文Saṃskṛtadharma的意译。即“有为”。

心 佛教用语。❶ 梵文 Citta 的意译，音译“质多”、“质多耶”、“质帝”。作为一切精神现象的总称，泛指一切精神现象，如“三界唯心”、“一心三观”等。此与“识”、“意”等概念相同。《俱舍论》卷四：“心、意、识体一。”一切属“心”之现象，称为心法。❷ 法相宗第八识“阿赖耶识”的别名。《成唯识论述记》卷三末：“梵云质多，此名心也。……集起义是心义，以能集生多种子故，或能熏种于此识中，既积集已，后起诸法，故说此识名为心义，‘心意识’中‘心’之心也。”❸ 与“心所有法”相对，指心王，为诸识的自相。❹ 坚实心，是“自性清净心”、“如来藏”、“真如”的异名，谓此心坚固真实，不生不灭。《楞伽经》卷一：“此是过去未来现在诸如来应供等正觉，性自性第一义心。”

意 梵文 Manas 的意译。佛教用语。❶ 意识之略称。思量、思虑作用。《俱舍论》卷四：“思量故名意。”❷ 瑜伽行派称第七识*末那识为“意”。❸ 与“心”、“识”并称，泛指一切精神活动。❹ 六根之一。全称“意根”，是意识所赖以发生的内在依据。在“十八界”中称为“意界”。与前五根属“色法”不同，是属于“心法”的无色根。《俱舍论》卷一：“如五识界，别有眼等五界为依，第六识别无所依，为成此依，故说意界。”“六识身无间灭已，能生后识，故名意界。”实指前念之“识”可以引生后念之“识”的功能作用。

心王 佛教用语。有部和瑜伽、法相宗等所列“五位法”中之心法。相对“心所”言，“六识”或“八识”之识体自身名心王。意为精神作用的主体。据《百法明门论忠疏》卷上，主要指认识能起缘虑、思量、了别、积累和保有经验等能动作用而言。“如画，师、资作模填彩，心王、心所缘总、别相、如次应知”。即“心王”为“心所”所依，如《百法明门论忠疏》卷上：“心起则起，心无则无，如王左右，不离于王。”“有部”以“六识”之识体只有一个，故列“心法”为一；法相宗以“八识”各有识体，列“心法”为八。

思 梵文 Cetanā 或 Cint 的意译。佛教用语。有部大地法之一，瑜伽、法相宗遍行法之一。指能造作身、口、意三业的精神作用，相当于支配行为的思想、意志等。《俱舍论》卷四：“思谓能令心有造作。”《大乘广五蕴论》：“云何思？谓于功德过失，及以俱非，令心造作意业为性。此性若有，识攀缘用即现在前，犹如磁石引铁令动，能推善、不善、无记心为业。”

慧 梵文 Mati 的意译。佛教用语。有部大地法之一，瑜伽、法相宗别境之一。指通达事理、决断疑念取得决断性认识的那种观念和精神作用。《俱舍论》卷四：“慧谓于法能有简择。”《大乘广五蕴论》：“云何慧？谓即于彼择法为性……断疑为业，慧能简择，于诸法中，得决定故。”然有时亦特指佛教“智慧”，如称：定、慧双修，戒、定、慧三学等，均是慧义。

念 梵文Smṛti的意译。佛教用语。有部大地法之一，瑜伽、法相宗别境之一。指记忆。《俱舍论》卷四：“念谓于缘明记不忘。”《大乘广五蕴论》：“云何念？谓于惯习事，心不忘失，明记为性。惯习事者，谓曾所习行。心不散乱所依为业。”

作意 梵文 Manaskāra 的意译。佛教用语。有部大地法之一，瑜伽行派、法相宗遍行之一。指使心警觉以引起活动的精神作用。《俱舍论》卷四：“作意，谓能令心警觉。”《大乘广五蕴论》：“云何作意？谓令心发悟为性，令心心法现前警动，是忆念义，任持攀缘心为业。”

禅和子 亦称“禅和者”，略称“禅和”。佛教用语。禅宗用以称参禅的人。“和子”、“和者”，为亲如伙伴之意。《六祖坛经·御序》：“越之南有禅和者，卢慧能也。”《碧岩录》称一般参禅人为“禅和子”。

公案 佛教用语。禅宗用以指前辈祖师的言行范例，并用来判断是非迷悟。《碧岩录·序》：“尝谓祖教之书谓之公案者，倡于唐而盛于宋，其来尚矣。二字乃世间法中吏牍语。”《灵峰宗论》卷三：“若缘木求鱼，守株待兔，三藏十二部是拭疮疣纸，千七百公案亦陈腐葛藤。”

指月 佛教用语。以“指”喻言教，以“月”比佛法。《楞严经》卷二：“如人以手指月示人，彼人因指当应看月；若复观指以为月体，此人岂唯亡失月轮，亦亡其指。何以故？以所标指为明月故。”《大智度论》卷九：“如人以指指月，以示惑者。惑者视指而不视月，人语之言：我以指指月令汝知之，汝何以看指而不视月？此亦如是：语为义指，语非义也。”以此教人着重领悟佛教精神而不要拘泥于名相言教。后来禅宗借此发挥其“不立文字，教外别传”的教义。

法眼 佛教用语。❶ 泛指佛教观察事物、认识“真理”的一种智慧。《大集经》卷五十六慧远注：“智能照法，故名法眼。”《无量寿经》卷下：“法眼观察究竟诸道。”❷ 用以观察问题的特种观点。《维摩诘经》卷一吉藏注：“小乘亦法眼，大乘亦法眼。”指各有各的佛教观点。其中为某一宗派所尊崇并构成该宗派特点的观点，称为“正法眼”。

顿悟 亦称“顿了”。佛教用语。与“渐悟”相对。指无须烦琐仪式和长期修习，一旦把握佛教“真理”，即豁然觉悟。顿悟之说，佛典中早有记述。《大乘理趣六波罗蜜多经》卷一即有“速疾解脱顿悟涅槃”之语。《菩萨璎珞本业经》卷下《佛母品》也称“听等觉如来说璎珞法藏，是故无渐觉世尊，惟有顿觉如来”。《顿悟入道要门论》则说：“云何为顿悟？答：顿者顿除妄念，悟者悟无所得。”“顿悟者，不离此生即得解脱”。顿悟之说由来已久，但真正创立学说的是东晋、南北朝时竺道生。慧达《肇论疏》中引道生《顿悟成佛义》(已佚)语：“夫称顿者，明理不可分，悟语照极，以不二之悟，符不分之理，理智恚释。”言佛教之理是不可分的整体，故悟亦不分阶段。在当时引起争论。隋唐时，随着佛教各宗派的形成和发展，“顿”“渐”之争更加激烈。《禅源诸诠集都序》卷三：“有云先因渐修功成而豁然顿悟；有云因顿修而渐悟，有云因渐修而渐悟……有云先须顿悟，方可渐修者……有云顿悟顿修者……有云法无顿渐，顿渐在机者。”禅宗在诸派中主张顿悟说，其余各宗大都主张渐修。禅宗内部又有“南顿北渐”之说。北宗神秀重渐修，南宗慧能提倡顿悟。慧能认为，“顿悟”就是自识本性，自见本性。他说：“我于忍和尚处，一闻言下大悟，顿见真如本性。……今学道者顿悟菩提，各自观心，令自本心顿悟。”又认为“凡夫”和“佛”，并无多大差别，关键在于“迷”和“悟”，而由迷到悟，又只是“一念”之间。所谓“一刹那间，妄念俱灭，若识自性，一悟即至佛地”。禅宗这种顿悟说，不仅在佛教中影响极大，而且对中国哲学思想，特别是宋明理学，产生很大影响。朱熹所倡导的“一旦豁然贯道”的工夫，就脱胎于禅宗的“一悟即至佛地”的顿悟说。陆九渊提出直接“发明本心”以达到“知”的认识论，也源于禅宗“直指人心，见性成佛”的顿悟理论。佛教禅宗的顿悟理论，对中国古代诗论、文论和美学思想，产生了巨大影响，也加强了中国古代美学思维重直观和静观，重感悟兴发，而不重言谈和思辨这一趋向。“兴趣”说、“神韵”说等，都是这一趋向的产物。

顿了 即“顿悟”。

渐悟 亦称“渐了”。佛教用语。与“顿悟”相对。指须经长期修习才能达到佛教的觉悟。佛教禅宗北宗主渐悟，以众生皆有佛性，但因多障碍，须逐渐以至累世修行，才可领悟佛教的真理，达到成佛的境界。

渐了 即“渐悟”。

棒喝 佛教用语。禅宗某些派别接待参禅初学者的手段之一。即对于所问往往不作正面答复，或以棒打，或大喝一声，以验其根机之利钝，并暗示和启悟对方。相传棒的施用，始于唐代德山宣鉴与黄檗希运；棒喝并用，始于临济义玄。故有“德山棒，临济喝”之称。据《景德传灯录》卷十五“宣鉴传”：“师上堂曰：今夜不得问话，问话者三十柱杖。时有僧出，方礼拜，师乃打之。僧曰：某甲话也未问，和尚因什么打某甲。师曰：汝是什么人？曰：新罗人。师曰：汝未跨船舷时，便好与三十柱杖。”《古尊宿语录》卷五，临济问黄檗，“三度发问，三度被打”，后参大愚，得悟黄檗宗旨，回复黄檗，“黄檗云：‘这疯颠汉，却来这里捋虎须！’师(临济义玄)便喝。”后世称警醒人们的执迷不悟为“当头棒喝”。

正法眼藏 亦称“清净法眼”。佛教用语。眼谓朗照宇宙，即观点藏谓包含万有，即含藏。禅宗用以指称释迦所传之“涅槃妙心”，或即禅宗“以心传心”之“心”，泛指佛教之正法。《释氏稽古略》卷一：“世尊曰：‘吾有正法眼藏、涅槃妙心……付嘱摩诃迦叶。’”《景德传灯录》卷二：“后告弟子摩诃迦叶，吾以清净法眼、涅槃妙心……微妙正法，将付于汝。”

以心传心 佛教用语。禅宗指传授禅法的一种特殊方法。《六祖坛经·行由品》：“法则以心传心，皆令自悟自解。”即强调学禅者对禅法的内心自悟。《禅源诸诠集都序》卷一：菩提达摩“见此方学人多未得法，唯以名数为解，事相为行。欲令知月不在指，法是我心，故但以心传心，不立文字”。即把握“禅理”不能拘于文字，修习“禅行”不能拘于形式，关键是知“心即是佛”，重点在于“修心”。亦被用于师对徒之“内授密语”或“默示”。同书卷二：“达摩善巧，拣文传心，标举其名，默示其体，喻以壁观。”

壁观 佛教用语。禅宗指禅宗初祖菩提达摩禅法心如壁立的特点。后世亦解释为“面壁静观”。据《续高僧传·达摩传》：“借教悟宗，深信众生同一真性，客尘障故，令舍伪归真。”谓人人具有佛性，只是由于认识谬误，才以假为真。为使人们达到佛教“真理”，就需修习禅法。方法是：“凝住壁观，无自无他，凡圣等一；坚住不移，不随他教，与道冥符，寂然无为。”所谓“与道冥符”，即是与自身先天具有的“佛性”相契合；“凝住壁观”，则是达到这一目的的修行方法。《禅源诸诠集都序》卷二：“达摩以壁观教人安心，外止诸缘，内心无喘，心如墙壁，可以入道。”“安心”指安心于“道”；“外止诸缘”，指完全停止对外在世界的认识；“内心无喘”，指连自己的呼吸也感受不到。

无念 佛教用语。❶指认识不要存留世俗世界的忆想分别，而唯有符合佛教真如的念头。亦被当作"八正道"中之"正念"。为禅宗最重要的教义。《禅源诸诠集都序》卷二："觉诸相空，心自无念。念起即觉，觉之即无。修行妙门，唯在此也。故虽备修万行，唯以无念为宗。"❷"真如"之别称。《大乘起信论义记》卷二："一切诸法唯依妄念而有差别。若离心念，则无一切境界之相。是故一切法从本已来离言说相，离名字相，离心缘相，毕竟平等，无有变异，不可破坏，唯是一心，故名真如。"即由于"妄念"，世俗世界得以产生，无有"妄念"，就是"真如"。此种"真如"，亦称"无念真如"。

拂尘看净 佛教用语。禅宗北宗神秀一系的修行主张。"拂尘"指对治世俗烦恼，免受客观外界影响；"看净"指认识和保持"心性本净"。据《六祖坛经》记载，神秀有一偈文："身是菩提树，心如明镜台，时时勤拂拭，莫使惹尘埃。"即以"修心"作为离弃世俗世界、通向佛地的主要方法，其特点是："依师言教，背境观心，息灭妄念，念尽即觉悟，无所不知。如镜昏尘，须勤勤拂拭，尘尽明现，即无所不照。"(《禅源诸诠集都序》卷二)唐宗密在《圆觉经大疏钞》卷三下，概括这一系的学说为"拂尘看净，方便通经"。前句指"趣跌宴默"、"心注一境"的坐禅；后句指"须依师言教"，学习有关佛经。然据宗密说，此种禅法在神秀以外，南侁、保唐、宣什等派亦行之。

一行三昧 亦称"一相三昧"、"一相庄严三摩地"。佛教用语。指以法界(真如、实相)为观想之对象，并以法界为唯一行相的禅定。《文殊般若经》："法界一相，系缘法界，是名一行三昧。"修此禅定要通过"观佛现前定"实现，即于坐禅时，"专心一佛，称念名字……即于念中见一切佛"，由此得知"离心别无有佛"的道理。至《大乘起信论》，有进一步发挥："当知唯心，无外境界；即复此心亦无自相，念念不可得。"由此把握诸法的"空性"本质，探得诸法"唯心"之本源，证实"一切诸佛法身与众生身，平等无二"，无有差别，此即谓之"法界一相"，亦即真如、佛性、本觉、真心等。得此三昧者，可使心地平静，于物无所分别，称为"安心"。据传，中国禅宗北宗神秀曾加以倡导，由于着重于坐禅安心，受到南宗慧能一系的批判。《六祖坛经·定慧品》："迷人着法相，执一行三昧，直言常坐不动，妄不起心……作此解者，即同无情，却是障道因缘。"故慧能主张"于一切处行、住、坐、卧，常行一直心"，即是一行三昧，不必坐禅，亦不必故意去限制认识活动。

明心见性 佛教用语。一种以自心本有之"般若智慧"去觉知"自心真性"的内省修行方法。佛教禅宗基本思想之一。《坛经·般若品》："智慧观照，内外明彻，识自本心。若识本心，即本解脱。"主张"成佛作祖"或"求生净土"时"不执外修"，"不假外求"，只要悟了自心本性(即佛性)，就能成佛。对后来的佛教及宋明理学有重大影响。南宋陆九渊和明王守仁等认为万物存在于"心"中，通过内省(明心)工夫，即可认识真理(见性)。

见性成佛 佛教用语。禅宗以般若智慧，觉知"自心真性"即可达到成佛目的的一种修行教义。《六祖坛经·般若品》："用自真如性，以智慧观照，于一切法不取不舍，即是见性成佛道。"此以内心本有之"真如性"作为般若智慧所观照的对象，由之成佛。又说："般若智皆从自性生，不从外入……名真性自用。"此以内心本有"般若智慧"能起观照"真如性"之作用，由之以成佛。禅宗把"佛性"和"智慧"都视为人心所固有，因而不重视读经、坐禅、礼佛、戒律等佛教修习形式，而提倡"修心是成佛之行"。

是心是佛 佛教用语。原出南朝宋畺良耶舍译《观无量寿经》："诸佛如来是法界身，遍入一切众生心想中。是故汝等心想佛时，是心即是三十二相，八十随形好。是心作佛，是心是佛，诸佛正遍知海，从心想生。是故应当一心系念，谛观彼佛。"这段话本是解释念佛三昧(佛现前定)的，谓诸佛本无，都是自心的构想造作，自心观想什么佛，即会产生什么佛的形象，故曰"是心作佛，是心是佛"。"是"即是"此"：有此心即有此佛。自楞伽师开始加以删略，并另作发挥。唐净觉撰《楞伽师资记》，谓第五祖道信提倡"是心是佛，是心作佛"，"佛即是心，心外更无别佛"，于是就转成了众生自心，本自有佛，净土信仰中的观念变成禅宗的观念，"是心是佛"被解释成"即心是佛"、"佛即是心"。

寂知指体 佛教用语。禅宗南宗荷泽神会一系的主要教义。谓人人具有先天的"空寂之知"，乃凡圣之本体。据宗密《圆觉经大疏钞》："万法皆空，心体本寂，寂即法身。即寂而知，知即是真智，亦名菩提、涅槃、广(真)如……此是众生本源心也，是自然本有之法。"谓产生"万法"之"识"为"妄念"，对"妄念"之否定，即剩下无任何分别活动的"空寂之心"。此种心性，具有一种"不昧"的"灵知"，亦名"空寂之知"，简称"寂知"。此种"寂知"，人人具有，或名"涅槃"、"真如"，或名"菩提"、"真智"，或名"法身"、"佛性"。佛教的修习就在于"直指知见"，了解自己固有的"寂知"，不必于心外求佛。故反复强调"知之一字，众妙之门"。(《禅源诸诠集都序》卷二)

本来无事 佛教用语。禅宗牛头禅的主要教义。谓心、境本无所有，凡有所作，皆是迷妄，故当丧己忘情，心无所寄。据宗密《圆觉经大疏钞》卷三之下："言'本无事'者，是所悟理：谓心、境本空，非今始寂，迷之谓有，所以生憎爱等情。情生诸苦所系，(如)梦作梦受。故了达本无(事)，即须丧己忘情。忘情即度苦厄，故以忘情为修也。"意谓人的迷悟，全在于能否证得"本无事"之理；而要证得者，唯有通过丧己忘情。故此家禅法的特点，被概括为"本无事而忘情"，或曰"休心不起"，总曰"牛头无有一法"。

即心即佛 佛教用语。与"即心是佛"义同，谓佛不需外求，自心即是。据传原为禅宗马祖道一所说。权德舆的《道一禅师塔铭并序》记道一"常说"：

"佛不远人,即心而证。"《祖堂集·马祖传》载:道一"每谓众曰:汝今各信自心是佛,此心即是佛心。"又载,南阳慧忠问道一:"说何法示人?"道一弟子伏牛和尚对曰:"即心即佛。"道一向汾州无业解说"即心是佛"义时说:"即汝所不了心即是,更无别物。不了时即迷,了时即悟;迷即众生,悟即佛道。"意谓佛唯是自心之觉悟。此说在禅宗中相当流行,亦有持反对论者,道一亦不限于这一思想。

平常心是道 佛教用语。谓"道"即是率性而行,无造作、无执著之心。《景德传灯录》附《诸方广语》,载《道一禅师语录》,谓此语原出禅宗马祖:"平常心无造作,无是非,无取舍,不断常,无凡无圣……只如今行住坐卧,应机接物尽是道。"然将此命题明确起来并加以弘扬的,系道一弟子南泉普愿。《景德传灯录》谓,赵州从谂曾问:"如何是道?"普愿答:"平常心是道。"长沙景岑对"平常心"作释曰:"要眠即眠,要坐即坐","热即取凉,寒即向火"。

触境皆如 佛教用语。据传为禅宗马祖道一所说。权德舆撰《道一禅师塔铭并序》记道一"常说:佛不远人,即心而证;法无所著,触境皆如",谓只要心无执著,无论遭遇何种境地,皆可悟得真如。宗密概括洪州禅法为"触类是道",含义相近。

非心非佛 佛教用语。据传为禅宗马祖道一所说。据《祖堂集》卷三,南阳慧忠问道一:"说何法示人?"道一弟子伏牛和尚自在答:"即心即佛。"又问:"更有什么言说?对曰:非心非佛,亦曰不是心,不是佛,不是物。"执著佛为实有,称作"佛执",故"即心即佛"亦不可执著。

心如木石 佛教用语。形容不为外境所动,不作内在分别之禅心。据传为禅宗怀海所说。据《祖堂集·百丈怀海传》,有僧问:"如何是大乘顿悟法门?师曰:汝等先歇诸缘,休息万事;善与不善、世出世间一切诸法莫记忆,莫缘念;放舍身心,令其自在;心如木石,无所辨别。"又说:"若能一生心如木石相似,不为阴、界、五欲、八风之所漂溺,即生死因断,去住自由。"南泉普愿亦持此说,但归之为无知无智,"似个痴钝人,少神人"。

触类是道 佛教用语。禅宗洪州禅的修行主张。"触类",指人的各种行为;"道"指佛道。意谓人的任何思想和行为,都是佛性表现。宗密《圆觉经大疏钞》卷三之下:"此法起心动念,弹指、謦咳、扬眉,因所作所为皆是佛性全体之用,更无第二主宰。如面作多般饮食,一一皆面,佛性亦尔。全体贪、瞋、痴,造善造恶、受苦乐故……皆性(指佛性)";"故知语言作者,必是佛性。"据此在佛教修习上,要求"纵任心性",而不要有意识地去做"修善断恶"等佛事。"言'任心'者……谓不起心造恶修善,亦不修道。道即是心……恶亦是心……不断不造,任运自在",致使"无法可拘,无佛可作"。所谓"触类是道"、"纵任心性",构成此派禅法的特点。

即凡即圣 佛教用语。禅宗洪州系禅师大珠慧海据唯识家所谓"转八识成四智"和"束四智成三身"之说,以为"心是法身,谓能生万法故,号法界之身",只要做到"无爱憎心",勿须三大阿僧祇劫修行,即可成佛,故提倡"不离此身,即超三界","不离生身,即得解脱",是谓"即凡即圣"。

心即是佛 佛教用语。禅宗洪州系禅师怀晖弟子京兆荐福寺弘辨,对唐宣宗言:"心者,佛之别名,有百千异号,体唯其一,本无形状……在天非天,在人非人,而现天现人,能男能女,非始非终,无生无灭,故号灵觉之性。如陛下日应万机,即是陛下佛心。"他把心与佛等同起来,所以又说:"心外无佛,佛外无心。"对于皇帝言,"日应万机"是佛心的显现;对于释子言,礼佛读经,依戒修身等是佛心的显现(见《景德传灯录·弘辨传》)。又,怀晖的同门大珠慧海更把"心"提升到比"佛"还高的程度,其《顿悟入道要门论》引经说:"圣人求心不求佛,愚人求佛不求心;智人调心不调身,愚人调身不调心。"这是因为"心"才是决定一切的本体(性),"作佛用,是佛性;作贼用,是贼性;作众生用,是众生性"(见《大珠语录》)。

即境即佛 佛教用语。与"即心即佛"相对。禅宗五代延寿强化"三界唯心"的观念而用于禅的实践。所撰《警世》说:"今人只解即心即佛,是心作佛,不知即境即佛,是境作佛。今明:以如为佛,心境皆如;心如即佛,境如焉非?又,心有心性,心能作佛;境有心性,安不作佛?以心收境,则心中见佛,是境界之佛;以境收心,境中见佛,是唯心如来。"据此反对某些禅师一味追求内向,而不注重"广行诸度",积福行善。

五位君臣 亦名"曹洞五位"。佛教用语。禅宗曹洞宗的教义和教学方法。用"正"(体、空、真、理净)、"偏"(用、有、俗、事染)、"兼"(非正非偏,亦即中道)三个概念,配以"君"、"臣"之位,用以分析佛教真如与其派生之世界万有的关系;亦用作教授不同对象的方法。共有五种,但名目不很一致。据《人天眼目》卷三:(1)正位,即是君位。指真如本体,"本来无物"。(2)偏位,即是臣位。指万有事相。(3)偏中正,即"臣向君"。指唯见真如,不见事相,"舍事入理"。(4)正中偏,即"君视臣"。指唯见事相,不见真如,"背理就事"。(5)兼带,即"君臣合道"。指将体用、真俗、理事、净染等统一起来,不要偏于一边。同书,另列五位功勋图:(1)正中偏,即君位;(2)偏中正,即臣位;(3)正中来,即君视臣;(4)兼中至,即臣向君;(5)兼中到,即君臣合。含义大体相同。

曹洞五位 即"五位君臣"。

四料简 亦作"四料拣"。佛教用语。"料"谓度量,"简"谓简别,或即问答解释,禅宗临济宗主张按照学徒的不同"根器"和接受佛教教义的不同程度,所采取的不同教授方法,总在破除我、法二执。据《人天眼目》卷一:(1)"夺人不夺境",是针对我见重的人,破除对人我见的执著;(2)"夺境不夺人",是针对法执重的人,破除以法为实有的观点;(3)"人境俱夺",是针对我执和法执都重的人,两者都须破;(4)"人境俱不夺",对于人我、法我均无执著的人,两者都不须破。

四宾主 佛教用语。"宾"指参禅者或指不懂禅理者,"主"指禅师或指懂得禅理者。禅宗临济宗主张据以考察宾主问答中是否真正掌握禅理的方法。据《人天眼目》:(1)"宾看主",参禅者掌握禅理,而禅师不懂装懂;(2)"主看宾",禅师掌握禅理,而参禅者不懂装懂;(3)"主看主",禅师和参禅者都懂禅理;(4)"宾看宾",禅师和参禅者都不懂禅理,但又互相卖弄。

四照用 佛教用语。禅宗、临济宗的主张有两释。据《人天眼目》卷一,"照"指对客体的认识,"用"指对主体的认识。根据参禅者对主体和客体的不同认识所采取的不同教授方法,总的在"破除"那种视主体和客体均为实有的世俗观点。(1)"先照后用",针对"法执"重者,先破除以客体为实有的观点;(2)"先用后照",针对"我执"重者,先破除以主体为实有的观点;(3)"照用同时",针对我、法二执均重者,同时都破除;(4)"照用不同时",对于我、法二执均已破除者,即可运用自若,"应机接物"。据《五家宗旨纂要》卷上,"照"指禅机问答,"用"指"打"、"喝"等动作,纯属于接待参禅者的方法。(1)"先照后用",先向参禅者提问,后据其答对情况,"或棒或喝";(2)"先用后照","如遇僧来,师便打、便喝"……然后提问:"汝道是什么意旨?"(3)"照用同时",即在或棒或喝中看对方如何承当,或在师喝僧亦喝中边打边问;(4)"照用不同时",或照或用,不拘一格,随机纵夺。

回互不回互 佛教用语。禅宗石头禅的主要主张。"回互",指事物间相互涉入,无所区别;"不回互",指事物各有分位,各住自性。主要在禅理基础上糅合华严宗十玄缘起之说。唐代希迁著《参同契》:"灵源明皎澈,支派暗流注,执事原是迷,契理亦非悟。"这里的"灵源"指先天清净心,亦即佛性,亦称"理";"支派"指由"灵源"派生的各种事相,亦简称"事"。以"事"为真实的认识叫做"迷";仅仅契合"性"、"理"的认识也不算最高觉悟。还必须看到:"'门门'一切境,回互不回互,回而更相涉,不尔依位住。"即在"理"所派生并贯彻于其中的一切事相上,事物之间还表现为"回互不回互"的关系:既看到"事"的差别,又看到由"理"统一的无差别,把二者结合起来,才是最高的认识。

黄龙三关 佛教用语。禅宗临济宗黄龙派的说教方式。《指月录》卷三十五:"师(黄龙慧南)室中常问僧曰:'人人尽有生缘,上座生缘在何处?'正当问答交锋,却复伸手曰:'我手何似佛手?'又问诸方参请宗师所得,却复垂脚曰:'我脚何似驴脚?'三十余年,示此三问,学者莫能契旨。天下丛林目为三关。"第一问大意说人人皆因前世因缘转生而来,谁也摆脱不了业报轮回;第二问谓人的心性与佛相同,都有成佛可能;第三问,认为人与其他众生,也无本质区别。表示既能共同轮回六道,也能觉悟成佛。

云门三句 佛教用语。禅宗云门宗的说教方式。据《景德传灯录·缘密传》、《五灯会元》卷十五等,云门宗缘密记其祖文偃曰:"我有三句语,示汝诸人。一句'函盖乾坤',一句'截断众流',一句'随波逐浪'。若辩得出,有参学分;若辩不出,长安路上辊辊地。"第一句大意说天地万物皆"真如"所显;第二句大意说不应用语言文字把握真如,而应于内心顿悟;第三句大意说对参学者应因机说法。该宗将此三句比作"云门剑"、"吹毛剑",意谓掌握其含意,即可求得解脱。

即身成佛 佛教用语。密宗修行理论。"即身"意为现实生身,即父母所生之肉身。认为不须累世修行,现世生身即可成佛。《菩提心论》:"惟真言法,即身成佛故。""若人求佛慧,通达菩提心,父母所生身,即证大觉位(佛位)。"该宗认为众生与佛,皆由六大(地、水、火、风、空、识)所造,体性相同。若能修习三密加持,就能使身、口、意"三业"清净,与大日如来相应(无区别),即身成佛。

五明 梵文 Pañcavidyā 的意译。"明"是梵文 Vidyā 的意译,意为学问。佛教用语。佛教教授学徒的五种学问。据《大唐西域记》卷二,"七岁之后渐授五明大论。"(1)声明,语言、文字之学;(2)工巧明,即工艺、技术、历算等;(3)医方明,药石、针灸、禁咒等治疗之学;(4)因明,思想辩论规则之学(相当于逻辑学);(5)内明,阐明佛教自宗之学,即"内学"或佛学。

三学 梵文Triśikṣa的意译。佛教用语。指学佛者修持的戒、定、慧。(1)戒学:即戒律,防止身、口、意三不净业。(2)定学:即禅定,修持者思虑集中,观悟佛理,灭除情欲烦恼。(3)慧学:即智慧,能使修持者断除烦恼,达到解脱。《出三藏记集》卷十一载释道安《比丘大戒序》:"世尊立教法,有三焉,一者戒律也,二者禅定也,三者智慧也。"三学概括全部佛教内容。

法门 佛教用语。指通过习修佛法获得佛果的门径。《维摩诘经》卷八僧肇注:"为世则谓之法,众圣所由谓之门。"一般指为便于宣讲佛法而划分的门类。《增一阿含经》卷十:"如来开法门,闻者得笃信。"《法华经·方便品》:"以种种法门宣示佛道。"

偈 梵文 Gāthā 的意译,亦译"颂"、"讽颂"、"孤起颂",音译"伽陀"、"伽他"、"偈陀"等。佛教用语。佛经的体裁之一。由固定字数的四句组成。种类不一。主要有两种偈:一通偈,固定由梵文三十二音节构成,亦称首卢伽陀(Śloka);二别偈,共四句,每一句四言、五言、六言、七言等不定。《百论疏》卷上:"偈有二种,一者通偈,二者别偈。言别偈者,谓四言五言六言七言皆以四句而成,目之为偈,谓别偈也。二者通偈谓首卢偈,释道安云:盖是胡人数经法也,莫问长行与偈但令三十二字满即便名偈,谓通偈也。"

颂 即"偈"。

佛法 佛教用语。❶ 谓佛所说的"教法",包括各种教义和教义所表达的佛教"真理"。《妙法莲华经·序品》："照明佛法，开悟众生。"❷ 谓诸法本体即是佛法，故诸法亦称佛法。《大宝积经》卷四："诸法本性与佛法等，是故诸法皆是佛法。"一般所说"佛法"多指第一义。

法印 梵文 Dharmamudrā 的意译，亦译"法本末"、"法本"、"相"、"忧檀那"（udāna）。佛教用语。譬喻语。法指佛法；印是印记，标志。意谓证明是真正佛法的标准。隋代吉藏《法华义疏》卷六："通言印者，印定诸法不可移改。"又释："以文为印，将文定理，谓理与此文相应者乃为实理，故名法印也。"佛教有三法印、四法印、五法印和"一实相印"等不同说法。

三法印 佛教用语。认定佛教教理的三项基本标准或标帜，可用以识别经典的真伪，有如印鉴之用，故名。一般作：(1) 诸行无常（一切有变化的事物都不是永恒的）；(2) 诸法无我（一切现象皆因缘和合，没有独立的实体或主宰者）；(3) 涅槃寂静（超脱生死轮回，进入涅槃境界）。《杂阿含经》卷十作"一切行无常，一切法无我，涅槃寂灭"。《大智度论》卷二十二："佛法印有三种：一者一切有为法，念念生灭皆无常；二者一切法无我；三者寂灭涅槃。"三法印再加上"一切诸行苦"为四法印。《增一阿含经》卷十八："今有四本末（'本末'，即'法印'异译），如来之所说。云何为四：一切诸行无常，是谓初法本末……一切诸行苦，是谓第二法本末……一切诸行无我，是谓第三法本末……涅槃为永寂，是谓第四法本末。"如再加上"一切法空"（一切现象虚幻不实），则为"五法印"。如《维摩经》卷上："昔者佛为诸比丘略说法要……谓无常义、苦义、空义、无我义、寂灭义。"

慈航 佛教用语。佛教认为佛、菩萨发大慈悲救度众生出离生死苦海，喻之为舟航，故名。《万善同归集》卷下："驾大般若之慈航，越三有之苦津。"

慈悲 梵文 Maitrī-Karuṇā 的意译。佛教用语。称佛、菩萨爱护众生，给予欢乐叫"慈"（与乐）；怜悯众生，拔除苦难叫"悲"（拔苦）。一般称"大慈大悲"。《大智度论》卷二十七"大慈与一切众生乐，大悲拔一切众生苦。"大乘佛教以此作为异于小乘，进入世间"普度众生"的重要依据，故云："慈悲是佛道之根本。"据同书卷二十，有三种慈悲：(1)"众生缘慈悲"，为小悲，指对众生的慈悲，此为凡夫的慈悲；(2)"法缘慈悲"，为中悲，觉悟到诸法无我之理所起的慈悲，此为声闻、缘觉及初地以上菩萨的慈悲；(3)"无缘慈悲"，为大慈悲，离一切差别，心无所缘，此为佛的慈悲。统称三缘慈悲，简称"三慈"。

回向 亦作"迴向"、"转向"、"施向"。佛教用语。把自己所修功德施往某处的意思。隋慧远《大乘义章》卷九："言迴向者，回己善法有所趋向，故名回向。"回向有多种，北魏昙鸾《往生论注》卷下谓有两种回向：把自己的功德回施一切众生，使共生西方安乐净土（"往相"）；在西方净土修行止观圆满，再回到世间教化众生"共向佛道"（"还相"）。隋智𫖮《仁王经疏》所列两种回向是：把所作善德施向众生（"回施众生"）；把所作功德作为成就佛果之因（"回向佛果"）。《大乘义章》卷九谓回向有三种：把所修功德作为觉悟的业因（"菩提回向"）；把所修功德施向众生（"众生回向"）；把所修功德转向平等之理，认识一切善行皆真如法相显现（"实际回向"）。唐澄观《华严经疏》卷二十六，又细分三种迴向为十种。

坐化 亦称"坐脱"、"跏趺而化"。佛教用语。僧尼死亡的美称。一些僧人临终时端坐而逝，故名。

外道 佛教用语。佛教对于佛教之外的其他宗教或学说派别的通称。《圆觉经》卷下："汝善男子，当护末世是修行者，无令恶魔及诸外道，恼其身心。"佛教自称为内道，认为其他宗教和学说都不能"契合真理"，所以视为"外道"。外道种类说法不一，主要指释迦牟尼在世时的六师外道和九十六种外道。后来也引申为对异端邪说的贬称。

魔事 佛教用语。泛指障碍佛道的思想行为。《摩诃止观》卷四下："转魔事为佛事即巧慧。"又指偏离佛教的思想。《万善同归集》卷上："但了唯心，见无所见，若取之则心外有境，便成魔事。"

邪魔外道 佛教用语。指妨害正道（菩提）的邪说和行为。"邪魔"即"恶魔"，恶鬼、恶神之总称。"外道"原指释迦牟尼在世时的六师外道和九十六种外道，后泛指佛教以外其他宗教派别或学说。今多借喻异端邪说。

佛（梵 Buddha） 佛教用语。意为觉者，包括自觉、觉他、觉行圆满三层意思。《大乘义章》二十："既能自觉、复能觉他、觉行圆满，故名为佛。"小乘佛教特指佛教创始人释迦牟尼，大乘佛教泛指一切觉行圆满者，如西方佛、未来佛、十方佛等。是大乘佛教修行的最高果位，也是宗教道德的最高理想和最高的修行境界。大乘佛教认为必须具有自利利他的道德精神，勤修六度（施、戒、忍、精进、禅定、智慧）四摄（布施、爱语、利行、同事）等佛教道德准则，福慧双修、万德具备，才能达到这一境地。

菩萨 梵文 Bodhisattva（菩提萨埵）的略称。意译"觉有情"、"道众生"、"道心众生"。旧译"开士"、"始士"、"高士"、"大士"等。佛教用语。意谓修持大乘六度，求无上菩提（觉悟），利益众生，于未来成就佛果的修行者。《法华玄赞》卷二："菩提觉义，是所求果；萨埵有情义，是自身也。求菩提之有情者，故名菩萨。"是大乘佛教徒道德修养的理想人格。佛教认为，菩萨应当修持大乘六度，称为"菩萨行"，并应当具备"慈、悲、喜、舍"（四无量心）的道德精神。与声闻、缘觉并称为"三乘"。

罗汉 梵文 Arhat（阿罗汉）音译的简称。佛教用语。小乘佛教的最高果位。据称是已断一切烦恼、应受天人供养，永入涅槃，不再进入生死轮回的修行者。《大毗婆娑论》九十四："问何故名阿罗汉？答应受世间胜供养故，名阿罗汉。……用利慧刀，害烦恼贼，令无余故，名阿罗汉。……以无生故名阿罗汉。……远离诸恶不善法故，名阿罗汉。"佛教宣称，修习阿罗汉果位者，必须勤力修行苦、集、灭、道"四谛法门”，远离一切不善法，断灭见惑和思惑，才能跳出三界轮回，进入涅槃境界。

西天 佛教用语。中国古代佛教徒对古印度的通称。古印度称天竺，在中国之西，故略称“西天”。佛教著作中所谓“西天取经”，即往天竺求取佛经的意思。又佛教净土宗信仰者对《阿弥陀经》所描述的西方极乐世界的略称。

净土 梵文Kṣetra-pariśuddhi的意译。亦称“净刹”、“净界”、“净国”、“佛国”。佛教用语。大乘佛教传说中的佛及将要觉悟成佛的大菩萨所居住的地方。大乘佛教认为十方世界有无数个佛，因而也有无数处净土。影响较大的有阿弥陀佛居住的西方极乐净土（又称“妙乐”、“安乐”、“安养”、“乐邦”等）；阿闳佛居住的东方妙喜世界；药师佛居住的东方净琉璃世界；弥勒菩萨居住的上方兜率天等。这些地方均因所住佛与菩萨的弘愿及功德而清静美妙、众乐无比，故称“净土”，从而与充满污秽痛苦的现实世界（秽土）相对。佛教本来主张每个人都应该对自己的行为负责，因此必须凭个人的修持断绝轮回，得到解脱。但净土思想认为净土主（安居于各净土的佛、菩萨）的功德普惠天下，可以转让。所以无论什么人，哪怕犯下十恶重罪，只要虔心信仰这些净土主，念诵净土主的名号，临终时即会被接引到相应的净土中去享受妙乐，从此脱离轮回之苦。佛教有些经典反对脱离现实世界另建净土世界，认为“若菩萨欲得净土，当净其心。随其心净，则佛土净”。因此，“依佛智慧则能见此佛土（指现实世界）清净。……为欲度斯下劣人故，示是众恶不净土耳。……若人心净，便见此土功德庄严。”（《维摩诘所说经》卷上）即主张只需改变自己的观念，所生活的秽土立刻可变净土。

南无（梵 Namas） 亦译“南谟”、“那谟”等。佛教用语。意为“致敬”、“归敬”、“归命”等。为佛教徒一心归敬于佛的用语。常冠于佛、菩萨名或经典题名之前，以示尊敬和虔信。净土宗以称名念佛为宗旨，常在佛号前加“南无”二字。《观无量寿经》：“具足十念，称南无阿弥陀佛。”

超度 佛教用语。僧、尼通过诵经拜忏，设斋供养，为人救度亡灵，超脱苦难。为超度而作的经忏法事，中国佛教中主要有“拜忏”、“放焰口”、“施食会”、“斋化”、“水陆法会”和“盂兰盆会”等。

道教哲学

道教 产生于中国的宗教。渊源于古代巫术、秦汉时神仙方术和黄老学派的道家思想。东汉永平八年（65），楚王英祀黄老与浮屠，使黄老思想进一步宗教化而成黄老道。约同时，张陵倡导五斗米道，奉老子为教主，以《老子五千文》为主要经典。传说曾注《老子想尔注》，注中初见“道教”之名。熹平年间，有张角创太平道，信奉《太平经》，十余年间徒众至数十万。东晋建武元年（317）葛洪撰成《抱朴子内篇》，整理并阐述神仙方术理论，充实了道教的思想内容。东晋末，孙恩等又利用五斗米道组织农民起义。北魏太平真君年间，嵩山道士寇谦之“清整道教，除去三张伪法”，制订乐章诵诫新法，形成北天师道。在南朝宋则有庐山道士陆修静，“祖述三张，弘衍二葛”，整理三洞经书，编著斋仪戒律，形成南天师道。隋唐后，南北天师道逐步合流，到元代归并于正一派（又名“正一道”）。民间于唐末起已兴起三教合一的道教。金大定七年（1167），王重阳在山东宁海（今牟平）创立以道为主，兼融儒、释的全真道，盛极一时。至元朝，道教分为“正一”、“全真”两大教派。明代仍有流传，至清逐渐式微。道教基本信仰和教义是“道”，认为宇宙、阴阳、万物皆由“道”化生。崇拜的最高尊神是“道”的化身三清尊神（元始天尊、灵宝天尊、道德天尊），其中道德天尊即老子。道教教义的核心是积德劝善，养生却祸，长生久视，修道成仙。道教的目标是自然无为，超脱逍遥，与道一体。修炼的具体方法有服饰、导引、胎息、内丹、外丹、符箓、房中、辟谷等。宗教仪式有斋醮、祈祷、诵经、礼忏。经籍现存的总集有《正统道藏》、《万历续道藏》、《道藏辑要》等。

道 道教用语。道教的最高教理。一切道经都宣称以“道”为根本信仰。“道”是道家思想的最高哲学范畴。老子认为，道是先天地而生的宇宙本原和万物变化的法则。道教创始后即奉老子为教祖和神圣，尊称为“太上老君”，以《老子》五千文为经典，将“道”改造成道教的信仰核心。东汉的道教经书《太平经》说：“夫道何等也？万物之元首，不可得名者。六极之中，无道不能变化。元气行道，以生万物，天地大小，无不由道而生也。”天师道的经典著作《老子想尔注》中说“一者，道也”，既“在天地外”，又“人在天地间”，而且“往来人身中”，“散形为气，聚形为太上老君”。以后的《混元皇帝圣记》、《太上老君说常清静经》等道经基本循用上说，认为“大道玄寂”，无所不在，无时不存，为“虚无之系，造化之根”，是宇宙万物的本原与主宰者，天地、阴阳、四时、五行等无不由“大道”所化生。同时，道教盛行的神仙信仰认为，“至真之道”，无生无死，亘古长存。《消魔经》说：“真道之业，不衰不病，不死长生。”主张通过特定的修炼，“虚壹而静”，“返朴归真”，与“道”合而为一，可以“长生久视”，“形体永固”，修道成仙。隋唐时代，道教义理思潮兴起，许多道教学者又把“道”解释为“虚无之理”。如《道教义枢》、唐代李荣《老子注》都曾说：“道者，理也。”认为此“至虚之理”，变通无碍，化生万法，永恒不灭，修道者若能体悟此“理”，就能忘去一切幻化假相，超凡入圣，修真得道。这种具有思辨特征的道教哲学，曾对以后的宋代理学产生了重要的影响。北宋以来，道教内丹家南北各宗，都汇通三教之理，讲性命双修之道。认为道、佛所传亦即儒者诚意正心修身治平之道。儒者行道济世，佛者悟道觉世，仙者体道度人，其行虽殊，其“道”则一。所谓“天下无二道，圣人无两心”。王重阳说：“得道之人，身在凡，而心在圣境矣。”“欲永不死而离凡世者，大愚不达道理也。”（《重阳立教十五论》）公开声言三教合一之道，从而批判神仙不死之说，把“道”的理论提到哲学的更高层次，为道教思想发展开辟了新的途径。

道生天地 道教用语。意为天地万物都由至上大道所产生。《老子》认为“道”是“先天地生”的，道教继承发展这一思想。《太上老君说常清静经》：“大道无形，生育天地；大道无情，运行日月；大道无名，长养万物。”《太上老君开天经》对“无形大道”创造宇宙万物的过程作了具体的描述：未有天地之时，无阴无阳，无生无亡，无南无北，无形无象，无量无边，浩浩荡荡，自然空玄，“唯吾老君，犹处空玄寂寥之外，玄虚之中”，世界始分为洪元。“洪元之时，未有天地，虚空未分，清浊未判”，洪元一治至于万劫。洪元之后为混元，混元也一治万劫。混元之后为百成，百成有八十一万年。百成之后始为太初，太上老君从虚空而下，口吐《开天经》一部，四十八万卷，一卷有四十八万字，于是“溟涬鸿濛，置立形象”，清气上升为天，浊气下沉为地，从此始有天地。乃“上取天精，下取地精，中间和合以成一神，名曰人也”。天地之间，万物各受一气而生，朴气而生山石，动气而生飞走，其时“唯有天地日月人民，都未有识名”。

德 道教用语。先秦道家老子认为，讲求清静无为，因顺自然，有所得于道，即有“德”。《老子·二十三章》：“孔德之容，惟道是从。”道教沿袭老庄关于“德”的哲学思想，而加进神仙修炼的仙学内容，认为修道有成，与道一体，自然长生，即为“德”。如《自然经》说：“德言得者，谓得于道果。”同时，道教又认为，“道”生万物，不自恃以为功，“生而不有，长而不宰”，如果学道者修得这种特性，“举事与道合”，亦称“德”，所谓“道之在我之谓德”（见《宋徽宗御注西升经序》）。道教的“德”与“道”一起，共同构成其教理的核心内容，故《道教义枢·道德义》说：“道德一体，而其二义。”唐道士吴筠在《玄纲论》中总结说：“道德者天地之祖，天地者万物之父，帝王者三才（天、地、人）之主。然则道德、天地、帝王一也。”另外，道经中也有将“德”当作社会伦理规范讲的，如“广修道德”、“积善阴德”，这是继承《老子》中“天道无亲，常与善人”的思想。道教教义将德区分为阴德和阳德。阴德指个人的不为人知的德行；阳德指为人所知的德行。阴德密惠，“大以及于人，小以及于物”。它要求道众治国、治家、治身皆要修道积德，使天下道普德溢。

自然 道教用语。渊源于道家的老庄哲理。老子首先提出“自然”的观念来解释“道”和“德”，并以此作为人们的活动准则。《老子·二十五章》：“人法地，地法天，天法道，道法自然。”意为道生万物以及天、地、人的活动过程都是“自然无为”的。庄子继承老子的天道自然思想，认为“至乐者，应之以自然”（《庄子·天运篇》），“莫之为而常自然”（《缮性篇》）。主张无条件地与自然融合为一，达到“至人”境界。道教吸收他们的“自然”观念后，主要有三种看法：(1) 认为“自然”是产生“道”的根本。譬如《西升经》曰：“虚无生自然，自然生道。”《升玄内教经》谓：“夫道玄妙，出于自然，生于无生，先于无先。”唐初道士成玄英更说：“道是迹，自然是本。以本收之迹，故义言法也。”其见解显与《老子》本义有出入。(2) 认为自然为宇宙万物的本性，万物以道为法，道以自然为法。唐玄宗《老子御疏》所批评的“惑者”即主张“以道法效于自然”。(3) 认为自然是道的本性，本身就存在于道之中，无须效法。唐玄宗说：“道法自然，言道之为法自然，非复仿法自然也。”并驳斥《西升经》的“自然生道”说，强调自然即“虚无自然之道”（《老子御疏》）。道教炼养理论强调养生要旨在于通过修炼合于自然之道，得道长生。合于自然之道有高低层次之分，《老君太上虚无自然本起经》：“守虚无者，得自然之道，不复上天也，常在世间变化，见死生，为世人师。守神者，能炼骨肉形为真人，属天官，当飞上天，此谓中自然也。守气者，能合阴阳之气以生毛羽，得飞仙道，名曰小自然。”

无为 道教用语。指道的存在状态。道教对待社会人生的处世态度和基本法则。认为天道自然无为，人的行事也应效法天道，不要妄自作为，讲求清静寡欲，与世无争，慎行远祸。《老子·三十七章》：“道常无为而无不为。”认为“道”是产生宇宙万物的主体，从产生的过程看，是自然而然的，没有任何外在强加的力量，所以说“道”是“无为”；但从其产生万物的结果看，一切都由“道”所生，因此又可说“道”是“无不为”。庄子将老子的“无为”思想发展为“逍遥游”，主张“无为名尸，无为谋府，无为事任，无为知主”（《庄子·应帝王》），游心四海之外，而与天地精神相往来。早期道教吸取老、庄的“无为”观念，一方面作为接物应世原则，另一方面作为治理国家的政治准则。《老子河上公注》：“法道无为，治身则有益精神，治国则有益万民。”《老子想尔注》：“有天下，必无为，守朴素，合道意矣。”《云笈七籤》卷五十六并对修道者如何具体实行“无为”原则作出详尽的说明，其中说：“欲求无为，先当避害。何者？远嫌疑，远小人，远苟得，远行止；慎口食，慎舌利，慎处闹，慎力斗。常思过失，改而从善。又能通天文，通地理，通人事，通鬼神，通时机，通术数。是则与圣齐功，与天同德矣。”此实为老子“知其雄，守其雌，为天下谿”之思想在道教修行中的实践和应用。

浑沌 道教用语。一般指元气未分、天地未形成以前浑然一体的状态。“浑沌”一词出于《庄子·应帝王》。唐代李荣注《老子》“道生一”：“元气未分，故言一也”，认为“一”就是“道”化生的浑沌之气。“浑沌”一作“混沌”，道教认为是神创世纪的中古纪的第一纪，《太上老君开天经》说：“混沌之时，始有山川，老君下为师，教示混沌，以治天下七十二劫。混沌流行，成其山川，五岳四渎，高下尊卑，乃其始起也。混沌以来，始有识名。混沌号生二子，大者胡臣，小者胡灵。胡臣死为山岳神，胡灵死为水神，因即名为五岳四渎。”在道经中，混沌既作为世纪名，又是气化之名和神名。

虚 道教用语。指道的存在形态。与虚无、无、空同。宇宙创生前空无的原始状态和天地万物之始。《中和集》:“虚者,大道之体,天地之始,动静自此出,阴阳自此立,万物自此生。是故虚者,天下之大本也。”道教将虚作为修炼的最高境界。《唱道真言》:“炼虚者,以阳神之虚,合太虚之虚,而融洽无间,所谓无间,所谓形神俱妙,与道合真者也。”虚空灵明,不生不灭,不有不无,永存永在,真空妙有,便是虚的境界。道书上说“虚极静笃”,“唯道集虚”,“但得此中无罣念,天然本体自虚空”,都是从宇宙论或形神论方面对虚的描述,把虚看作宇宙或精神的终极状态。

空 道教用语。指道的存在形态。与虚、无同。原为佛教用语。《太上老君虚无自然本起经》:“何谓空?空者未有天地山川,左顾右视,荡荡漭漭,无所障碍,无有边际,但洞白无所见,无以闻,道自然从其中生。”

虚无 道教用语。其意义同于“虚”、“无”、“空”。老子认为,“道”无形,无名、无声、无色、无极,但却化生万物,没有穷尽,故“天下万物生于有,有生于无”。老子的“无”即相当于道的本体。庄子认为,把“道”说成是“无”,则有“有”与之相对,而“道”是绝对无对的,应该把“道”说成是“无无”才对。道教沿用此概念,改造成为其教义内容之一。《抱朴子·至理篇》说:“夫有因无而生焉,形须神而立焉。有者,无之宫也。”认为无是本原,有是无的体现,并是无所寄住的宫室。唐代成玄英用重玄学观点解释虚无,认为:“万象森罗,悉皆虚幻,故标此有,明即以有体空。”“今明非但有即不有,亦乃无即不无。”认为天地万物从道体化生,道体本为虚空,故万物虽有,实际是无,无即有,有即无,所以说“道之为物也,不有而有,虽有不有,不无而无,虽无不无,有无不定”(《老子义疏》)。北宋陈景元认为:虚静者,物之本。有,一也。一者元气也,言天下之万物皆生于元气也。元气属有,有光而无象,虽有光景,出于虚无。虚无者,道之体也。另外,道教炼养理论有“十三虚无”之说,即虚、无、清、静、微、寡、柔、弱、卑、损、时、和、啬十三条以虚无为主的养生要旨,认为:遗形忘体,恬然若无,谓之虚。损心弃意,废伪去欲,谓之无。

妙本 道教用语。即“本”。指道体。唐代成玄英注《道德经》:天地万物,从妙本而起。元乎妙本,即至无也。唐玄宗则将之确立为比“道”更根本、更幽深、更抽象的概念。玄宗《道德真经疏释题》:“大道者,虚极妙本之强名,名其通也。”认为妙本是道的本体,道只是为此妙本强立的名相。后代的重玄学家对“妙本”义理多有发挥。《三论元旨》:“妙本者,则自然之奥也。……妙本至于无本也。”以自然因缘义立万象无本之重玄大义。《大道论》:“虚无者,妙本之体,非有物故,自然者,妙本之性,非造作故,道者,妙本之功用,故谓之通生之道。一虚无,二自然,三道,俱是妙本真性。”认为妙本以虚无为体,以通生万物之道为用,而作为联结妙本体用中介的自然,乃妙本之质性,说明妙本并非一个造化主宰,万物从无到有的化生过程是自然独化的。

本迹 道教用语。本指体、道;迹指用、器。道教以本为无,认为道本不生不灭,无名无相;以迹为有,认为道本应机降迹,兴废存亡,可见可闻。唐代成玄英《道德经开题序诀义疏》:“无物者,妙本也。夫应机降迹,即可见可闻。”并以此来说明宇宙生成的过程:夫本能生迹,迹能生物也。

有无 道教用语。指道的存在形态。无是道体,有是道用。《老子·四十章》:“天地万物生于有,有生于无。”道教将有生于无的观点作了发挥。东晋葛洪《抱朴子·至理》:“有因无而生”,无为本原,有为无的体现。唐成玄英“重玄之道”言道为无、虚无、无形、无声,道又为有,万物由道而生。道为无,即非有;道生万物,即非无,道即非有非无。修道即追求“非有非无”的中道,进而不着有无。《太上老君自然本起经》称道谓虚、无、空。内丹家认为,有为先天一气产生,无为还虚合道,为修道的最高境界。

先天与后天 道教用语。先天即形而上之道的境界,后天即形而下之器的境界。内丹学认为精、气、神,三者皆有先天、后天之分。先天主静,后天主动;先天无为,后天有为;先天无形,后天有形。先天与生俱来,一任自然,不假人工;后天靠修学而致,一般常人可为。

盈虚 道教用语。盈,意为“充溢”;虚,意为“虚空”。《周易·丰彖》说:“日中则昃,月盈则食,天地盈虚,与时消息。”《庄子·秋水篇》说:“察乎盈虚,故得而不喜,失而不忧,知分之无常也。”唐代成玄英《庄子注疏》说:“夫天道既有盈虚,人事宁无得丧!是以视乎盈虚之变,达乎得丧之理,故傥然而得,时也,不足为欣;偶尔而失,命也,不足为戚也。”以天道的盈虚变化来解释人事的得失现象,并且认为这是“时”和“命”,不是人力所能抗拒的。

动寂 道教用语。指道体的一种圆融无碍、不着动静的存在方式。《道教义枢》:“动以应动为义,故无所不动;寂以本寂为义,故无所不寂。无所不寂,寂复寂动;无所不动,动复动寂。”一动动句,即动而又动,从迹起迹,分身化身;二寂寂句,即寂而又寂,非迹本寂,寂至无宗;三动寂句,即由迹显本和摄迹归本;四寂动句,即由本乘迹和从本起寂。

动静 道教用语。动为变动之意;静为静止、不变之意。《老子》:“夫物芸芸,各复归其根,归根曰静,是谓复命。”认为万物变化无常,最终归于虚静,主张“静为躁君”。道教吸取老子这一思想,加以衍化,成为其教义理论的内容。汉代时,魏伯阳作《周易参同契》曰:“动静有常,奉其绳墨,四时顺宜,与气相得。”认为天地的动静运作有一定的法则可循,若加以掌握,就能使丹道炼养与四季变化相和顺适宜,而与阴阳之气相得无碍。并主张“乾动而直,气布精流;坤静而翕,为道舍庐”,把动静与《易经》的乾坤二卦联系起来阐述其作丹之意。《太平经》亦论及动静。经文说:“人生备具阴阳,动静怒喜皆有时,时未牝牡之合也。”意为人具有阴阳的性质，天为阳，主动以生，地为阴，主静以养，阴阳相合，产生万物，从养生的方面说明动静。唐代司马承祯主张“坐忘”修道，认为“静则生慧，动则成昏”，心灵虚静才能产生悟知真道的智慧，心神驰动只能使人昏愚远道。唐代李荣用“重玄”的观点解说动静，《老子注》说，“至道”玄冥寂静，湛然不动；但从万物化生的方面看，从无生有，变动不已，又是有动的。道生万物，就是从静（寂）起动，万物归根，就是息动归寂。如此则“动不常动，寂不常寂”，永恒如此，但为教化“众生”，才说“道”有寂有动。实际动与不动（寂静），应视作“非动非不动”，才是重玄中道之义；最终，“唯寂与动，寂动俱息”，达到至虚空无的重玄境界。

阴阳 道教用语。《老子·四十二章》：“万物负阴而抱阳，冲气以为和。”认为万物由“道”所生，皆有阴阳的对立属性，阴阳相交并逐渐形成万物。庄子将老子阴阳观具体化。《庄子·田子方》说：“至阴肃肃，至阳赫赫。肃肃出乎天，赫赫发乎地，两者交通成合，而物生焉。”意为阴、阳交感相合，而生万物。《周易·系辞上》认为阴阳的相互交感作用是宇宙的根本法则，提出“一阴一阳之谓道”，影响甚为深远。道教吸取上述观念，衍化形成其内容丰富的阴阳说。早期道教经典《太平经》阐发阴阳的社会政治意义和养生意义，宣称天地人乃至君臣、四时都蕴含有阴阳的属性，“天下凡事，皆一阴一阳乃能相生，乃能相养”，故“天失阴阳则乱其道，地失阴阳则乱其财，人失阴阳则绝其后，君臣失阴阳则其道不理，五行四时失阴阳则为灾”。并认为阴与阳不能独生，必须有二者的和合作用，“阴阳相得，交而为合”，三合并力同心，才能产生自然与社会人生的各种事物。东汉魏伯阳撰《周易参同契》，以论神仙炼丹方术，说：“阴阳相饮食，交感道自然”，“乾刚坤柔，配合相包，阳禀阴受，雌雄相须；须以造化，精气乃舒。”认为天地万物都具有阴阳属性，乾坤互包，相融不分，雌雄交媾，精气舒发，化生万物。《参同契》以阴阳论述丹道，对道教丹鼎派影响很大。东晋葛洪认为“阴阳陶冶，万物群分也”，“人复不可都绝阴阳，阴阳不交，则坐致壅阏之病”（《抱朴子·诘鲍篇》）。唐代李筌《太白阴经》：“阴阳不为物所生，万物因阴阳而生之。”又注《阴符经》说：“阴阳日月从不神而生焉，不神者，至道也。”用阴阳来解释宇宙万物的生成。北宋张君房从修道角度对阴阳作了较全面的发挥，阴阳遂被作为修炼的基础。北宋道士张伯端著《悟真篇》，继承道教内丹炼养传统，以丹法论阴阳，说：“道自虚无生一气，又从一气产阴阳，阴阳再合成三体，三体重生万物昌。”认为“道”为生命本源，产生先天之气，由“一气”分为阴阳，即以心为性，以肾为命，心为离属阳，肾为坎属阴，阴阳生三，即精、气、神三合，由此顺行则生人，逆行返本则成丹长生。道教关于阴阳的解说有多种，大致有：一、阴阳为化生天地万物的原质之气；二、阴阳为人身体内使人得以生存的动力；三、阴阳为万物禀赋的刚柔、热寒等自然属性；四、阴阳为善恶、仁戾等道德属性。

两半 道教用语。魏晋时神仙方士认为，两半即是阴阳，又指日月。《抱朴子·微旨篇》谓：“夫始青之下月与日，两半同升合成一，出彼玉池入金室，大如弹丸黄如桔，中有嘉味甘如蜜，子能得之谨勿失。”意为存思日月，阴阳合一，就可炼形长生。唐初孟安排根据《玄门大义》的内容撰成《道教义枢》，提出新的“两半”义。认为世界形成初期，只有“清虚之气”，由此形成人的“神本”（构成人精神意识的根本），这一“神本”原是清澄无染的。后来产生“氤氲之气”，称为“界外（欲界、色界、无色界三界以外）一半”。人的形体形成后，沾染六情，失去清虚本质，轮回于三界六道，有了无色界、色界、欲界、三恶道四染，称为“界内四半”。界外一半和界内四半合称“两半”。认为现世众生，只有广积善行，修持道戒，才能脱离三恶道之半。继以净口业而离欲界之半，净身业而离色界之半，净心业而离无色界之半，完全脱离“界内四半”。再继续修道，脱离“界外一半”，修得真道，证成道果，复归本来的“清虚之气”，最终“反我两半，处于自然”。

五行 道教用语。指金、木、水、火、土五种构成天地万物的基本因素。《尚书·洪范》已有记载。道教将五行观念纳入其理论体系，内丹家尤重五行学说，将其引入炼丹实践。东晋葛洪《抱朴子·仙药》以五行相克原理论述服药之理：本命属土，不宜服青色药；属水，不宜服黄色药。五代陈抟创制《太极图》，用宇宙演化比附人体修炼，提出一套内丹理论，精气神的修炼被规定为五气（即金木水火土）朝元、取坎填离、还精补脑、炼神还虚、合道成仙的逆宇宙演化过程。《仙佛合宗》将五行说结合在具体的内丹修炼中，认为心中元神属无形之火，肾中元气属无形之水，用目光专视，神凝于上，水气蒸腾，即以火炼水，心肾相交。

五行休王 道教用语。指五气相生而间相胜各有其时。五气生克兴衰，有王气、相气、休气、囚气、废气之别。《太平经》卷九六《忍厚象天地至诚与神相应大戒》：“受王、相气多者为尊贵则寿，受休、废、囚气多者数病而早死。”《太平经》卷一一六《某诀》释：帝气、王气合称帝王之气，王气、相气合称王相之气，皆主吉善，休气、囚气、废气合称囚废之气，或休囚死气，皆主凶恶。五气与五行的搭配因时而宜。汉代纬书《春秋运斗枢》云：“四时王者休，王所胜者死，相所胜者囚。假令春之三月，木王，水生木，水休，木胜土，土死，木王，火相。王所生者相，相所胜者囚。火胜金，春三月金囚。”春季为木王、火相、土死、金囚，水休。隋萧吉《五行大义》推衍此说：春则木王，火相，水休，金囚，土死；夏则火王，土相，木休，水囚，金死；六月则土王，金相，火休，木囚，水死；秋则金王，水相，土休，火囚，木死；冬则水王，木相，金休，土囚，火死。

八卦 道教用语。源于《周易》中具有象征意义的八种基本图像。道教沿用《周易》八卦的框架结构和阴阳变化学说，糅合其炼丹养生的思想内容，演述其仙学理论，以指导内丹和外丹的修炼。被誉为万古丹经王的《周易参同契》，即借“大易”爻象以论作丹之意。后世炼丹家以此为本，“以乾坤为鼎器，以坎离为药物”，讲求“取坎中之阳，填离中之阴”，水火既济，结成金丹。清代刘一明曾对此总结云：“丹经皆借六十四卦，为阳火阴符之法象。以乾坤二卦为鼎炉者，取其阳刚阴柔为体也。以坎离二卦为药物者，取其刚柔中正为用也。复姤二卦为阴阳之交界，取其刚柔运用各有时节也。屯蒙二卦为造化之始，取其当进火而须用刚、当退火而须用柔也。既未为造化之终，取其阳火而用刚不可太过，阴符而用柔不可不及也。其余五十四卦皆随乾、坤、坎、离、复、姤、屯、蒙、既、未十卦运用，自然而然。约而言之，总以阴阳相当，两而合一，归于混成之象而后已。”（《道书十二种·象言破疑》）实乃《周易》象数学的一种应用。此外，道教经书中论述“八卦”之阴阳变化者甚多。

玄 道教用语。道家经典《老子》中曾多次使用“玄”，如说“玄之又玄，众妙之门”，“玄德深矣，远矣”，其意义为“渺冥幽远”，是对“道”或“德”的一种形容。道教沿袭老子“玄”的概念，衍化成其教义思想的重要内容。《老子想尔注》：“玄，天也。古之仙士，能守信微妙，与天相通。”东晋时葛洪建构道教教义理论体系，将“玄”提升为宇宙的本原实体。《抱朴子·畅玄篇》：“玄者，自然之始祖，而万殊之大宗也。”“玄”成为先天地而存在，产生万物的根本。“光乎日月，迅乎电驰。因兆类而为有，托潜寂而为无。胞胎元一，范铸两仪，吐纳大始，鼓冶亿类。”既通过天地万物显现为有，又还源于虚寂而归于无。这样的“玄”基本上与“道”相同，因此他说“夫玄道者，得之乎内，守之者外，用之者神，忘之者器，此思玄道之要言也”。隋唐之际，重玄思潮兴起，义理之学盛行，一些道教学者沿用前此“玄”的概念，将“玄”发展成为认识体悟“至真大道”的一种精神境界。唐初道士李荣认为：“魏晋英儒，滞玄通于有、无之际”（李荣《老子注序》），主张“无”或“有”都是偏执一边，故要“非有非无”，“合于中道”，即谓之“玄”（成玄英《老子义疏》）。他们用重玄思想去看待世间的一切事物和现象，主张从心智认识上取消刚与柔、动与静、有与无、善与恶、是与非的一切对立，以达到“境智双泯”、“能所都忘”的虚无境界。

玄道 道教用语。“玄”与“道”的合称。产生世界万事万物的总根源。东晋葛洪道教哲学中最高的本体论范畴。《抱朴子·畅玄》：“其唯玄道，可与为永。”

玄德 道教教义概念。道家称万物有得于“道”者为“德”，“玄德”即幽渺深远之德。《老子·五十一章》说：“道生之，德蓄之”，“生而不有，为而不恃，长而不宰，是谓玄德。”意为长养万物而不自居有功，不作主宰，任其自然，即最深远的德。所以六十五章又说：“玄德深矣，远矣，与物反矣，然后乃至大顺。”林希逸注说：“大顺即自然也。”道教吸取此概念作为其教义内容之一。《老子想尔注》说：“玄，天也。”把玄德解为天之德，认为天德禀生于道。而为人所效法。《河上公注》同于《想尔注》之说，认为“能知治身治国之法式，是谓与天同德。”唐成玄英说：“冥真契道，谓之玄德。穷深极际，谓之深远。”（《老子义疏》）意为修道者“利物忘功”，效法圣人，体悟真道，即为深远之德。张嗣成《道德真经章句训颂》把修道者的玄德境界描述为：“四大假合，托乎灵明，顺以保之，冲然无营，内视何有，天下自宁，出入之机，审动与静，众昡其聪，我则若暝，不有其功，不圣其圣，体用自然，斯真性命。”修道之人参悟大道无形无名、化生万物之理，自然无为，保生全性，淡泊清静，暝然若愚，不居其功，不昡其圣，由玄德之用以显明真道之体，修性养命，与道合一，即可延命长生。

众妙之门 道教用语。源于《老子》。内丹学谓玄关一窍。

朴 道教用语。源于《老子》，指本性、本真、质朴，亦即道。《南华真经》从修道的角度对朴作了解释：“同乎无欲，是谓素朴。”道教对此作了大量发挥。《淮南子》：“朴至大者无形状，道至眇者无度量。”为政者澹然灭欲而民自朴，从道者偃其聪明，抱其太素，则还返于朴。《老子想尔注》：“朴，道本气也。”人行道归朴与道合一即勉信道真，弃邪知，守本朴，无他思虑，返朴归道。东晋葛洪《抱朴子·内篇》以“玄”释“道”，认为二者皆为一种含醇守朴、无欲无状、居平味淡的状况。后世道教学者多从绝虑去欲、返朴归真的修道角度加以阐发。

一 道教用语。指天地万物产生形成、正常运作的普遍本质，其意义同于“道”。《老子》说：“天得一以清，地得一以宁，神得一以灵，谷得一以盈，万物得一以生，侯王得一以为天下贞。”《淮南子·诠言训》说：“一也者，万物之本也，无敌之道也。”道教承袭道家之说，并加进宗教神学的内容。将“一”等同于“道”，认为“道”的化身即教祖太上老君或大神。《老子想尔注》：“一者，道也”，“一散形为气，聚形为太上老君”。《黄庭经》：“子能守一万事毕。”务成子注“一为大神，天地之根”。或认为“一”为元气，同“道”一样，是天、地、人的根本。《太平经》：“一者，乃道之根也，气之始也，命之所系属，众心之主也。”葛洪在《抱朴子·地真篇》中又进一步解释：“一能成阴生阳，转步寒暑，春得一以发，夏得一以长，秋得一以收，冬得一以藏。其大，不可以六合阶；其小，不可以毫芒比也。”道教主张，修道者若要长生，必须修“守一”之法。《太平经》：“古今要道，皆言守一，可长存而不老。人知守一，名为无极之道。”并具体讲述多种守一之法。《抱朴子》：“人能守一，一亦守人。”道教将“守一”法分为“守真一”与“守玄一”两种。《抱朴子》说：“守一存真，乃能通神。”“真一有姓字长短服色目，玄一但此见之。”认为如此才能消灾免祸，益寿延年，长生不老。

三一 道教用语。《道德经》：“道生一，一生二，二生三，三生万物。”道教的早期经典《太平经》：“三气共一，为神根也。一为精，一为神，一为气。此三者，共一位也。”这是精、气、神三位一体说。《玄门大论三一诀》引孟法师云：“今三一者，神、气、精；希、微、夷；虚、无、空。”又引《释名》云：“希，疏也；微，细也；夷，平也。夷即是精，希即是神，微即是气。”并称：“用则分三，本则常一。”又分别列举洞真、洞玄、洞神、皇人、太清、太平、太玄、正一、自然等九经对三一的解说，其中除上说外，别有称三神（意神、志神、念神）、三光（虚赤光、元黄光、空白光）、三色（始青、元白、玄黄）及身中三宫神名（上元泥丸宫天帝帝卿、中元绛宫丹皇辅皇卿、下元丹田宫黄庭元王保镇弼卿；上丹田赤子、中丹田真人、下丹田婴儿）者。《太上洞玄灵宝法烛经》言：“人身中有三一者，神、魂、魄也。”以神在中央，为中和之精，左为魂，为阳精，其气清；右为魄，为阴精，其气浊。陈、隋之际臧玄静用精、气、神解三一，谓“精者，灵智慧照之心；神者，无方不测之用；气者，色象形相之法。总此三法，为一圣体”（《老子开题序诀义疏》引）。这是把道、佛结合来解释“三一”。但道教诸说均为修炼方术所依据。故《三一九宫法》云：“夫三一者，乃一身之灵宗，百神之命根。”（见《云笈七籤》卷四十九、五十）。

六一 道教用语。指殊途有六而其道贯一。源于《老子》。天之清、地之宁、神之灵、谷之盈、万物之生、侯王之正虽各各不等，但一以贯之，莫非至道。

九一 道教用语。指由玄、元、始三气各生三气所成的九一之气。分别为：至一、皇一、帝一、元一、真一、天一、玄一、太一、正一。《上清太上开天龙蹻经》释曰：“九一通化，妙辩无方，九色宝光，始一为主，玄元始气，合生九门，三号各三，故为九一。”

三合相通 道教用语。早期道教经典《太平经》中提出的一种调和观。《太平经》卷四八：“天之命法，凡扰扰之属，悉当三合相通，并力同心，乃共治在一事，共成一家，共成一体也。”认为“三一”为宇宙系统模式，天下凡事皆可一分为三，三者之间是一种“相须而立”的关系，三者相通相爱，并力同心，即三合相通。“三合相通”的思想旨在调和，强调了事物内部各种要素间互相依存、互相融合的一面。

三合成德 道教用语。指道、德、仁三者合而得道。《灵宝经》：“夫道，三合成德。”“仁，一也，行功德，二也，德足成道，三也。三事合，乃得道也。”强调君、臣、民和谐共处对稳定国家的作用。

气 道教用语。道的存在形态，组成有形之物的“质料”，天地人相互感应、相互作用的普遍联系物。内丹学用以指形和神的中间层次，它联系着先天和后天、人的中枢神经和自律神经，是由道术转入仙术的中间环节，在人体观上被解释为能量流或生命力。道教认为气变而有形，形变而有生，通天下者一气，人在气中，气在人中，万物皆须气以生。人的生老病死，吉凶祸福，皆由气主宰。在人体中，气联系着形和神，通过炼气既能修形也能修神。修道者要自觉地由意识进入无意识，调节人体自律神经的活动，必须从训练呼吸入手。道书中的元气、祖炁、气之祖宗、浑沦一炁、自然之气、太乙真气、真一之气等，都可看作是道的物化。

元气 道教用语。道教经典一般认为，元气为“无上大道”所化生，元气生阴阳而成万物。早期道教经典《太平经》：“元气恍惚自然，共凝成天，名为一也；分而生阴而成地，名为二也；因而上天下地，阴阳相合施生人，名为三也。”认为天、地、人本同一元气，分为三体，“气生精（精气），精生神（精神意识），神生明（知解能力）”，人的认识功能亦由“混沌之气”产生。但元气之上还有“道”作为本体，“道无所不能化，故元气守道，乃行其气，乃生天地”，元气只能守道、行道，才能产生天地万物。《太平经》的思想实际是“道生元气”说。南朝梁陶弘景作《真诰》，把《太平经》的说法稍加变换，提出“道者混然，是生元气。元气成，然后有太极。太极则天地之父母，道之奥也”，在元气与天地之间加了一个中介“太极”。唐初成玄英在《老子义疏》中说：“元气者，无中之有，有中之无，广不可量，微不可察，氤氲渐著，混茫无倪，万象之端，兆朕于此。于是清通澄朗之气，浮而为天；浊滞烦昧之气，积而为地；平和柔顺之气，结为人伦；错谬刚戾之气，散为杂类。”意为道绝形名，肇生元气，元气分化成不同的性质和形态，有清阳之气、浊阴之气、平和之气和刚戾之气，分别化生为天、地、人和物类。成玄英的思想深化了道教教义的宇宙生成理论。另外，道教炼养家也有从炼气养生的角度讲“元气”的，如《抱朴子·至理篇》谓：“夫人在气中，气在人中，自天地至于万物。无不须气以生者也。”认为养生至要，在于“宝精行气”。“可以治百病，可以延年命”，《云笈七籤》卷五十八叙述尹真人服元气术曰：“夫人身中之元气，常以口鼻而出，今制之令不出，便满丹田，丹田满即不饥渴，盖神人矣。”道教丹经中记述有众多的服气、行气之术。

道气 道教用语。❶ 指道与气。宇宙化生的根源。源于《老子》。早期道教经典《太平经》将《老子》道生一、生二、生三思想融入其宇宙观和炼养理论中，认为万物始于元气。元气及派生的天地阴阳之气皆有情有意，阳气“好生”，阴气“好杀”，合则万物化生。元气生于道。《老子想尔注》洐化道气关系：道即一，在天地之外。一散形为气，聚形为太上老君，常治昆仑，或言无，或言自然，或言无名。历世道教多从义理方面发挥道气关系。内丹学以道教宇宙生成论为其炼养学说的基础，将道气关系的阐发熔铸其中。❷ 指冲气。连接道与气的中介。亦道亦气。

三气 道教用语。❶ 指玄、元、始三气。《正一法文天师教戒科经》：“道授以微气，其色有三：玄、元、始气是也。玄青为天，始黄为地，元白为道也。”❷ 指上、中、下三气。《云笈七籤》卷二《混元混洞开辟劫运部·空洞》：“上气曰始，中气曰元，下气曰玄。”“三气分判，万化禀生。”

九气 道教用语。❶ 指混气、洞气、皓气、旻气、景气、遁气、融气、炎气、演气。由大罗天生出玄、元、始三炁，玄、元、始三炁各生三气，合为九气（《太清玉册》卷八）。❷ 指北斗九星发出的九种不同颜色的气：青气、黑气、黄气、赤气、白气、绿气、绛气、碧气、玄气。

冲气 亦称“冲和妙气”。源于《老子》，道教有所发挥。唐玄宗《道德经》注疏认为：“一者冲气也，言道动出冲和妙气。”道动出和气以生万物。冲气为虚极之道的动用，能调和阴阳，生化万物。它是阴阳万物与道体亦即道与气的中介。冲气亦气亦道，故有时又被称作“道气”。

道精 道教用语。指一种道气。《老子想尔注》：“所以精者，道之别气也。”认为道精“分之与万物，万物精共一本”，为万物生命存在基础。这一思想，为道教的保精养生学说提供了理论依据。又注“万物并作，吾观其复”：“万物含道精，并作，初生起时也。吾，道也。观其精复时，皆归其根，故令人宝慎根也。”将保持“道精”视为长生的前提。

冲和 道教用语。指修道者气息氤氲的和谐状态。五代宋初陈抟《指玄篇》：“必知会合东西路，切在冲和上下田。”《仙佛合宗语录》：“冲和者，言不息之息中妙义也。充塞天地，薰蒸一身，不为呼吸之所障，亦不为升降之所囿。”

辟非 道教用语。指九天之上至纯至精之元气。道教认为它贯通天人。世界万物赖之以生生不息，人类赖之以开通神智。此气存于人的五藏之中，心华之下。“能知辟非之由者，乃得领祖太无；领祖太无者，尽体虚玄之大，冠道素之标矣。”（《云笈七籤》）

生 道教用语。生命存在之意。道教追求修道成仙、长生不死，故特别重视“生”。道家《老子》就强调“深根固蒂，长生久视”之道。早期道教继承这一思想，加以改造发挥，如《老子想尔注》便把《老子》本文中的“公乃王，王乃大”改为“公乃生，生乃大”；并把“生”与道、天、地并列，作为“域中四大”之一，自注说：“生，道之别体也。”认为“生”是“道”的表现形式，主张“学生”，即学习长生之法，以“守中和之道”。《易·系词》云：“天地之大德曰生。”《抱朴子·勤求篇》说：“‘天地之大德曰生。’生好物者也，是以道家之所至秘而重者，莫过乎长生之方也。”认为“生”是天地从道那里禀受的最大的德性，“至秘而重”，在道教传授中，“先师不敢以轻行授人”。《太平经》中也说：“天道恶杀好生。”这种对于“生”的重视，在道教各派中基本相同。魏晋后，以此为基础，道教理论家又提出并阐发了“生道相守，长存不亡”的教义，主张“养生者慎勿失道”，使“生道合一”，达到仙学修炼的长生目的。

道化 道教用语。意为“道”的自然法则就是生成变化。道家原有道化之说，如《史记·太史公自序》：“易以道化。”《列子·说符篇》：“故圣人恃道化。”道教吸取此说加以衍化。五代谭峭《化书·道化篇》：“道之委也，虚化神，神化气，气化形，形生而万物所以塞也；道之用也，形化气，气化神，神化虚，虚明而万物所以通也。”认为从道变化的结果看，由虚变化为神，神化为气，气化为有形之物，万物一经定形，就会阻滞变化的途径；如从道的作用说，由有形之物变化为无形之气，气化为神，神化为虚明，万物变化之途就会通达无碍。整个世界都在变化之中，如“老枫化为羽人（修道之士），朽麦化为蝴蝶”，自无情之物化为有情之物；“贤女化为贞石，山蚱化为百合”，是从有情化为无情之物。修道者在于“穷通塞之端，得造化之源”，悟达事物变化的本源，“忘形以养气，忘气以养神，忘神以养虚。虚实相通，是谓大同”，达到“无死无生”的神圣境界。

虚形互化 道教用语。五代谭峭的自然观。谭峭认为，宇宙万物“虚形互化”，由虚化生，又化还为虚。虚形互化的具体过程是：“道之委也，虚化神，神化气，气化形，形生而万物所以塞也，通之用也，形化气，气化神，神化虚，虚明而万物所以通也。”（《化书·紫极宫碑》）虚形互化是自然而然的过程，人于其中无所作为，故而要超然养虚，逆反生化的过程，复归虚本，即“忘形以养气，忘气以养神，忘神以养虚。”这一思想，成为道教内丹术的理论基础，北宋陈抟作《无极图》，据之将内丹功法概括为炼精化气、炼气化神、炼神还虚三个阶次。

至道虚通 道教用语。唐代成玄英的道论。成玄英《道德经义疏》融庄子的“道通为一”论与佛教空观为一体，认为“道”是虚通之理：“夫至道虚通，妙绝分别，在假不假，居真不真。”又：“道者，虚通之妙理，众生之正性也。”道以虚通为自性，能涵盖一切，化生万物。但又提出道“虽复能生万物，实无物之可生。……故即生而不有，有既有而不有，生亦不生而生”。以双遣双非的方法否定了道的生成性，对道的虚通性作了更深层的论证。

至道玄寂 道教用语。唐代李荣的道论。李荣认为，道本虚玄，不可用时空来限定、描述，“静”、“玄寂”、“不动”是“道”的重要特性。“至道玄寂，真际不动”，“幽深雌静，湛然不动，玄牝之义也。”（《老子注》）道既无空间上的运动，亦无特质的变异，“妙体无变，故言真。”道虽然虚寂不变，静止不动，但当其应物而“虚中动气”时，便可以化生宇宙万物。宇宙万物之生成是道“自寂之动”的过程。“寂”为道之体，“动”为道之用，由道动所化生的宇宙万有终将“息动以归寂”，回到静止不变的道自体之中。

道体无本 道教用语。道教经典《本际经》的道论。它认为道体本身空寂纯一，没有具体的规定性，不是“本”或“根”，不能作为事物复归的终极目标。《本际经》：“若法性空寂，云何说言‘归根返本’？有本可返，非谓无法。”这一思想受到佛教般若学的深刻影响，与道教传统的“道生”观念有一定矛盾。为此，重玄学对传统的返朴归真、自然得道思想作了重新解释，认为“归根返本”其实即是“返于无本”。而由于无本，修道也就没有定执于法相的终极目标，只要清除分别、是非、烦恼等心病、癔病，使心中空寂明净，便可与道本合为一体，便可“名为得道”。这种得道实质是“得无所得”。道体无本的思想，将佛教的本体论与老子的本原论在一定程度上融合了起来，为重玄之道的发展奠定了理论基调。

洪元 道教用语。天地未开、虚空未分之际的宇宙本始状态。《云笈七籤·太上老君开天经》："洪元一始，至于万劫，而有混元。"道教认为宇宙创生于虚无，虚无化生出洪元，此时天地尚未分判，但构成世界的物质质料却在絪缊化生。洪元化生出混元，最终形成宇宙万物。

纳甲 道教用语。道教占验派的理论基础。原为汉代易学将八卦与天干、五行相配合的学说。京房、虞翻等据以推演为五行易。甲乾乙坤为东方青龙木；丙艮丁兑为南方朱雀火；庚震辛巽为西方白虎金；壬地癸为北方玄武水；戊坎己离为中央土位。《参同契》又将纳甲同月亮运行的规律结合起来，用以说明内丹和外丹的周天火候及成丹过程中的阴阳变易之理。

太易 道教用语。宇宙运化过程中最早的阶段即"未见气"阶段。《道法会元》卷六七："一气未萌之始，是为太易。太易者，阴阳未变，恢漠太虚，无光无象，无形无名，寂兮寥兮，是曰太易。太易神之始而未见气者也。"《文昌大洞仙经》："九皇上真气，其文壬子，生天一之水为太易，元气未显之明。"

太初 道教用语。元气的初始状态。《太上老君太素经》："太易者，大晓易无有先之者，谓皓皓白气也，乃有太初。"《帝王世纪》："元气始萌，谓之太初。"《太上洞玄灵宝天尊说救苦妙经注解》："太易变而为太初，太初者，气之始也。先天元气始见，微芒太初。"

太始 道教用语。万物有形而无质的状态和阶段。《帝王世纪》："气形之初，谓之太始。"《道法会元》卷六七引《万法通论》："太始者，阴阳交合，混而为一，自一而生形，虽有形而未有质，是曰太始。"

太素 道教用语。天地万法形质既成而尚未成体的状态或阶段。《乾元子三始论》："太素者，质之始也，形质俱名。"《帝王世纪》："形变有质谓之太素。"《道法会元》卷六七："太素者，太始变而成形，形而有质，而未成体，是曰太素。太素，质之始而未成体者也。"

太极 道教用语。最早见于道家经典《庄子·大宗师》："夫道，在太极之先而不为高，在六极之下而不为深。"所谓"太极"，是指道的性质和状态，非实体概念。《周易·系辞上》谓："易有太极，是生两仪，两仪生四象，四象生八卦。"意为"太极"是至高无上的宇宙本原，由太极剖析，产生天地、阴阳，再由天地、阴阳产生春、夏、秋、冬四时，四时产生乾、坤、震、巽、坎、离、艮、兑八卦。《周易》将"太极"作为天地万物的本源实体，对后世影响较大。汉代谶纬流行，有五运之说，《孝经钩命诀》云："天地未分之前，有太易，有太初，有太始，有太素，有太极，是谓五运。"认为太极是浑沌的元气，为五气变化、形成天地过程中的一个阶段。以上诸说构成道教"太极"说的理论来源。《道藏·乾元子三始论》说："天地者起于太易，太易者不可见也。二气其济，交成太素，至之太极，太极至二仪而生八卦。"将纬书的五运衍变为三始，但框架结构仍基本相同。《上方大洞真元妙经图》说："太极之道，无古无今，无始无终也。太极也者，天地之大本耶。"认为太极是化生天地万物的宇宙本原。唐代成玄英注疏《庄子》，认为纬书五运和乾元三始说都过于庞杂，提出："太极，五气也。道在五气之上，不为高远。"以太极涵盖天地未形成以前气化的五个阶段。宋代理学吸取《周易》和道教的太极说，建构而成以"太极"为最高宇宙本体的思想体系，认为太极即道，太极即理，太极即心。

无极 道教用语。原为先秦道家用语。《老子·二十八章》："知其白，守其黑，为天下式；为天下式，常德不忒，复归于无极。"意为圣人深知明察，却安守于暗昧，以此作为天下的范式，这样永恒常存的"德"就不会有差失，最后返归于虚静无穷的根本。这里的"无极"是对万物归根的"大道"的一种形容，是无穷无际之意，还不是实体概念。《列子·汤问》说："物之终始，初无极矣。"其意义相差无几。道教沿用之，加以衍化，遂产生多种含义。《道德真经河上公注》从养生长寿出发，认为"人能为天下法式，则德常在于己，不复差忒也"，如此"则长生久寿，归身于无穷极也"，这一思想开了以后道教内丹炼养家将"无极"作为其最高修炼鹄的之先河。《老子想尔注》以藏精自守，"绝心闭念"为"大无极"。唐代成玄英从义理出发，提出，"无极，道也"，认为"常能弃明守暗，其德不差，既复清虚，归于至道"(《道德经义疏》)。宋初陈抟作《无极图》，集中表述其内丹修炼理论。其图自下而上，"以明逆则成丹之法"，先为"炼精化气"，继以"炼气化神"，最终"炼神还虚，复归无极"，达到"脱胎成仙"的最高境界。因这一内炼境界多称作"虚空"、"圆明"，故后世丹经中常用"○"的符号代表无极。

性命 道教用语。庄子认为性是人生来就有的素质，命是生死自然之理。"性者，生之质也。"(《庄子·庚桑楚》)"死生谓之命。"(《庄子·大宗师》)道家的性、命思想成为道教性命理论的基础。《太上老君内观经》："从道受生谓之命，自一禀形谓之性。"将性、命视为自道禀受的特质。内丹学兴起，性命成为道教理论的重要内容。内丹术中，性指神，命指气与精。陆潜虚《玄肤论》："性则神也，命则精与气也。"内丹炼养讲求炼性，亦讲求炼命，炼性的功夫称性功，炼命的功夫称命功。认为在具体的修持方法上，性、命与人身体的具体部分相关：性潜于头，即上丹田；命系于脐，即下丹田。邱处机《大丹直指》："顶者性根也，脐者命蒂也。"内丹术注重修心炼性，炼气修命，使人的精神和肉体产生根本变化，脱胎换骨，返老还童，永葆青春。主张在修炼操作时把炼神的性功和炼气、精的命功结合起来，性命双修。在这一点上，道教金丹派南宗、北宗没有分别，都主张性命双修，但方法、步骤有所不同。南宗以张伯端为代表，重命，主张先命后性，若命不存，则性亦不存，要以命功入手，以性功为圆满。清代刘一明注《悟真篇》将其发挥为：性命必须双修，工夫还要两段。金丹之道为修性修命之道。修命有作，修性无为，有作之道即以术延命，无为之道即以道全形。金丹之道必须有为，于后天中返先天，还我本来命宝；命宝到手后，不为造化所移，于是抱元守一，行无为之道，以了真空本性，直超最上一层妙道。北宗以王重阳为代表，重性，主张先性后命，从性功入手，然后及于命功。《重阳授丹阳二十四丹诀》将性视为主，将命视为宾。其弟子邱处机强调修道贵在见性，明心识性，以水火配合（即修命之功）为次。内丹学因特别重视“性命”，故也被称为“性命之学”。

我命在我不在天 道教用语。个人生命由自己决定，无关天地。道教认为个人生命由自然之气所化生，若修道守气，返本归根，就可与道同在，寿比天长，不被天地掌握。东晋葛洪《抱朴子·黄白篇》引《龟甲文》：“我命在我不在天，还丹成金亿万年。”相信通过人自身的努力，可以改变常规的自然事物和现象。《西升经·我命章》谓：“我命在我，不属天地。我不视不听不知，神不出身，与道同久。吾与天地分一气而治，自守根本也。”北周道士韦处玄注解：“天地与我俱禀自然一气之所生，各是一物耳，焉能生我命乎？我但去心知，绝耳目，各守本根之一气，则与道同久矣。”

命受仙气 道教用语。魏晋神仙道教的一种宗教修行观念。受儒家“死生有命，富贵在天”的影响而形成。东晋葛洪《抱朴子·塞难篇》曰：“命之修短，实由所值，受气结胎，各有星宿。”认为人之寿命长短，是由人在受气结胎时值日的主命星宿所决定的，不能改变。推而论之，人的贫富贵贱，祸福命运，以及修道者能否长生成仙亦为命定。修道而得仙者，“皆其受命偶值神仙之气，自然所禀，故胞胎之中，已含信道之性，及其有识，则心好其事，必遇明师而得其法，不然，则不信不求，求亦不得也”（《抱朴子·辩问篇》）。成仙者都在结胎受命之时禀受神仙之气，因此长成后才心好仙道，遇明师得受修道秘法，终必成仙。如果受命时没有禀受仙气，则不会信道求道，即使勉强好道而求，也不可能得到。故“圣人受命，不值长生之道”，也不能修成仙人。这是一种宿命成仙论的思想。

生道合一 道教用语。生命与道合为一体。道教承继仙学传统，特别重视现世生命的长久存在，追求“深根固蒂，长生久视之道”。《太上老君内观经》说：“道不可见，因生以明之；生不可常，用道以守之。若生亡，则道废，道废则生亡。生道合一，则长生不死。”认为“天地构精，万物以生”，“父母和合，人受其生”，“从道而生谓之命，自一禀形谓之性”，从虚无大道中产生了人的性命。万物之中，人为最灵，“性命合道，当宝爱之”，应该至为爱惜生命的存在。但人在始生之时，神源清静，湛然无杂，受形以后，却染上六情，长久以往，自我戕害，失道而亡。因此，必须使体现道性的生命与道长相契合，“守道全生，为善保真”，一切循道而行，清静寡欲，“去奢去泰”，自然无为，“道与生相守，生与道相保”，达到生道合一，长生不死。“生道合一”是道教仙学的核心内容，以此为准则，道教采摭、造作了诸多炼养方术，如内丹、存思、守一、服气、辟谷、房中术等，主张通过养生逐步达到与道合体。

天人感应 道教用语。道教有关人与自然关系的思想。道教认为人身是小宇宙，身外是大宇宙。大宇宙与小宇宙之间息息相关、互相感应。人与天地万物相互依赖而存在，人事与天道之间有着内在的联系。《太平经》云：“人皆含怀天气具乃出，头圆，天也；足方，地也；四肢，四时也；五藏，五行也；耳目口鼻，七政三光也。”道教把天道与人事联系在一起。《黄帝阴符经》开篇即讲：“观天之道，执天之行，尽矣”，阐述人事的得失会影响天地的运行，天地的正常运行与否又会影响人事。人若动合天机，与天地之运行和谐一致，则天下就会太平。该经指出：“天生天杀，道之理也。天地，万物之盗；万物，人之盗；人，万物之盗。三盗既宜，三才既安。”

天人合一 道教用语。道教有关人与自然关系的思想。道教认为，天人本质上是合一的，“天与人一也”（《庄子·山木》）。道教强调天的自然属性，希望以人合天，顺应自然，尊重天道，维护天性，并模拟天道以修炼人体。郭象《庄子注》说：“天者，自然之谓。”“天者，乃物之总名也。”他明确把“天”看作是自然界的全体，“天”就是自然，是纯客观的存在，没有神秘性和道德性。《庄子》讲：“有人，天也；有天，亦天也”，认为天是不依赖于人的意志的独立存在。《太平经》：“天道有常运，不以故人。”“人者，乃理万物之长也。”人的职责是“助天生物”、“助地养形”。《太上境太清经》：“圣人悉乐理天下而实法天地，故万物皆受其功大善。神仙真人助天地而不敢轻，尊之，重之，受之，佑之。”认为人的职责是帮助和辅佐天地。这种辅助只限于帮助万物自然本性的形成和维持，而不是用强力改变。

天道助弱 道教用语。意为天神能够赏善罚恶，救助弱者。道家历来崇奉天道。《老子·七十七章》：“天之道，其犹张弓与？高者抑之，下者举之；有余者损之，不足者补之。”认为自然的法则是截取多余的以奉补不足的，扶弱以抑强。《庄子·在宥》篇也有论述。道教吸取此观念，加以改造，将天道或天，神化为有人格意志之神，能赏善惩恶，扶弱抑强。《太平经》：“或多智，反欺不足者；或力强，反欺弱者；或后生，反欺老者；皆为逆，故天不久佑之。”

五空 道教用语。借用佛教“空”的概念。宋代陈传描述修炼仙道的五种境界。据《道枢》卷一〇载：一为“顽空”，虚而不化，滞而不涌，阴沉胚浑，清气埋藏而不发，阳虚质朴而不止，此为至愚者；二为“性空”，虚而不受，静而能清，惟任乎高中之虚，而不知坎中之满，扃其众妙，守于孤阴，终为杳冥之鬼，此为断见者；三为“法空”，动而不挠，静而能生，无事无为，合于天道，此为得道之初者；四为“真空”，知色不色，知空不空，于是真空一变而生真道，真道一变而生其神，真神一变而物无不备，此为神仙者；五为“不空”，天高且清而有日月星辰，地静且宁而有山川草木，人者虚且无而为仙，一神变而千神形，一气化而九气和，此亢龙回首之高真者。“不空”为最高境界。

不争 道教用语。道教对待社会人生的基本态度。《老子》：“天之道，利而不害；圣人之道，为而不争。”并借喻水性赞颂说：“上善若水，水善利万物而不争。”认为圣人应效法天道，长育万物，自然无为，而不去争功争利，如此才能“后其身而身先，外其身而身存”。道教吸取此概念作为宗教修行的重要准则。《老子想尔注》：“求长生者，不劳精思求财以养身，不以无功劫君取禄以荣身，不食五味以恣，衣弊履穿，不与俗争。”强调“圣人不与俗人争。有争，避之高逝，俗人如何能与之共争乎？”道教讲求的不争是不与世人争世俗之功名利禄，贪求财色等，对于合乎天道自然运行法则的事，则要尽人力而行，以彰显“天理”。《云笈七籤》卷八十九：“与时争之者昌，与人争之者亡。是以有兵甲而无所陈之，以其不争。夫不祥者，人之所不争；垢辱者，人之所不欲，能受人所不欲则足矣。”意为“不祥”和“垢辱”都是人所不争者，修道者若能争此不争者，承受不祥和垢辱，即达到道教之“不争”的教义要求。从古至今，道家和道教都以“不争”作为其人生哲学的标志。

抱朴 道教用语。“朴”指“本真”，“抱朴”即抱守本真，不为物欲所诱惑。源于《老子·十九章》：“见素抱朴，少私寡欲。”《庄子》和《列子》都有“复朴”，即归真返朴之意。道教承袭道家这一思想，并发展为道教的宇宙观和修身法。

守一 即“抱一”。道教用语。指道教的修身求仙的方法，也指在静修时达到神气混然的境地。源出于“载营魄抱一”（《老子·十章》）。道教视“一”和“道”、“玄”相通，《五符经》：“知一者无一不知也，不知一者无一能知也。一者至贵无偶之号也。”认为人身藏魂魄神，只有魂魄相合、神形相依，才能长生。故修道者必须无视无听，守持魂神，不使其为声色财货所累迁，即“守一”。葛洪将“守一”分为“守玄一”和“守真一”两种。道教经典把人身心肺肝等魂神人格化和偶像化，各有服色姓名，“男长九分，女长六分”，因而“守一”就衍变为存思体内五脏百脉诸神。

抱一 即“守一”。道教用语。保持魂魄相守为一。源于《老子》。早期经典《老子想尔注》、《太平经》、葛洪《抱朴子》将一等同于道，视为天、地、人的本原，认为修道之人当与一相守，遂将“抱一”发展成为“守一”，并提出一套具体的方法。

玄一 道教用语。“一”和“道”、“玄”相通。“玄一”是“一”的表现之一（见《抱朴子内篇·地真》）。道教认为“玄一”是通神修仙的重要方法，“与真一同功”。“玄一”的作用就是人在存想自身魂魄神时，能达到分形之道，就是一分为三，三又进一步分形，以致可达到数十人，“衣服面貌皆如一也”（同上）。

真一 道教用语。“一”和“道”、“玄”相通，“真一”是“一”的表现之一（见《抱朴子内篇·地真》）。道教认为“真一”是通神修仙的重要方法，“守一存真，乃能通神”，神有姓字、长短、服色。知“真一”之道，就可“陆辟恶兽，水却蛟龙；不畏魍魉、挟毒之虫；鬼不敢近，刃不敢中”。

正一 道教用语。❶ 指道教教理概念。“一”为万物之本，“正一”即至正不偏，守一不二，永恒不变之意。顾欢《夷夏论》：“道称正一，一归无死。”五代谭峭《化书·道化·正一》：“命之则四（虚、神、气、形），根之则一，守之不得，舍之不失，是谓正一。”❷ 道教修炼用语。指无心悟道。据《玄珠录》载，王玄览以剥芭蕉谕求心：“谕如芭蕉，剥皮欲求心，得心全成皮，剥皮乃至无皮无心处，是名正一。故曰：逾近彼，逾远实，若得无近无彼实，是名真一。”意谓剥皮求心，得到的只能是皮相，只有剥到无皮无心处，才是正一之道。必须破“心”而“无心”，才能真正悟道，道在“无心”处。

知一万事毕 道教用语。意为知“一”可知万事万物。《抱朴子内篇·地真》：“人能知一，万事毕。”

贵柔 道教用语。道教炼养长生和应世接物的修行观念和方法。柔，即柔弱。《老子》“贵柔”，认为“坚强处下，柔弱处上”。“柔弱者生之徒”，“柔弱胜刚强”。道教将老子思想融入教理之中，作为炼养的理论基础。唐代成玄英以“见小守柔”作为修道的方法，认为学道之人，能见小，即可智慧增明，谦和柔弱，其德业即可日日强盛。见小是用道业智慧知道的门径，用柔是修行使心志专一的方法，二者均为修道成真的途径。用柔既能通过修行使心志专定，还能由有形万物的变换悟彻无形真道。北宋陈景元认为养生之要在于守柔。人卓然独化，禀自然冲和妙气，气降形生，无有杂染。学道之人宜专志于冲妙之气，弃绝智虑见闻，使气自行纯和，形自行柔弱，则不会受到世间众恶的侵害。

啬 道教用语。意为节俭和爱惜。源于《老子》。道教吸取此概念，衍化成为仙学养生的一个重要原则。《河上公老子注》说：“啬，爱也。治身者当爱精气而不放逸。”强调爱惜人的精气，慎于房事，勿使形劳。唐末五代杜光庭《道德真经广圣义》：“修道之士，啬神以安体，积气以全和，内固三关而祛万虑，百神率服众行周围，变化莫穷，享年长久，固蒂于混元之域，深根于无何有之乡。”如此则“深根固蒂，长生久视”。认为修道者蓄养精、气、神，摒除欲念杂虑，才能使身体机能正常运行，达到长生久视，成为神仙。

功行 道教用语。功，即内功；行，即外行。全真道盘山派主张在顺境逆境中反复锤炼心地，直到心地安稳，一尘不染，达到不即世不离世。“功行双全”即内外双修的境地。《盘山录》：“或问：如何是功行？答云：合口为功，开口为行。如何是合口为功？默而得之，无思无虑，缄口忘言，不求人知，韬光晦迹。此为合口为功也；如何是开口为行？施诸方便，教人行持，利益群生，指引正道，是开口为行也。”反映了盘山派的入世特征。

实行 道教用语。亦称“真行”。全真道用以指践履道德、行善济世之宗教社会实践。内容大抵为息嗔忍厚、除情去欲、苦己利人、倡言忠孝仁义救世。《晋真人语录》:“若要真行,须要修仁蕴德,济贫拔苦,见人患难,常怀拯救之心。或化诱善人入道修行,所为之事先人后己,与万物无私,乃真行也。”

守气不绝 道教用语。保守元气便可长生不死。《太平经》卷九八:“天地之道所以能长且久者,以其守气不绝也。故天专以气为吉凶也,万物象之,无气则终死也。”认为人与天地一样,皆禀元气而生,天地守气不绝,人若想长生久视,亦当永远保守元气。后世道教的许多行气、调气、炼气功法,皆为“守气不绝”思想的进一步推衍和具体化。

返朴归真 道教用语。意为学道者通过修炼性命,摒弃情欲和伪性,返归纯朴天真的本性,如同赤子,而与道同一。原为先秦道家品行修养的原则。《老子》认为,大道无形无名,浑沌未分,称为“朴”,但道又“惟恍惟惚”,其中有精质,“其精甚真”,是绝对真实的,人须以“道”为法,绝圣弃智,心志清净,敦厚若朴,才能全性保真。《庄子》认为,朴和真本是人的自然状态,而文饰诈伪却是人为名利是非之心而起的。前者为“天”,后者为“人”,主张存天去人。道教吸取这一观念加以宗教化,作为其修道长生的重要途径。唐代成玄英说:“朴,道也。”并称“道”为“真常之道”。道经宣称,“朴”和“真”都是“道”之性,修道就在于使人的心性归根返本,合于道性,达到“体和神清,虚夷忘身,乃合至精,返我之宗,复与道同”(吴筠《玄纲论·性情章》)。道教内丹家认为,“道生一,一生二,二生三”是“顺则生人”,而炼丹长生就在于逆反其道,归还根本,要炼精化气,炼气化神,炼神还虚,与真朴虚静之道融合为一。如北宋张伯端说:“万物芸芸各返根,返根复命即常存。”翁葆光《悟真直指详说三乘秘要》描述说:“其至真之体,处于至静之域,寂然而未尝有作者,此其神性形命俱与道合矣。”即达到丹家最高境界。

逆 道教用语。❶ 道教修炼理论。以内丹修炼模拟宇宙反演过程。即由九宫而八卦,施七政变六位,作五行会四象,合三才于二仪,采二土成刀圭,完成三归二、二合一、一返虚无的修炼过程。❷ 道教一种行为规范。恶众人之所好,贱众人之所贵,反众人之所欲,以逆行异于天下凡夫。

损 道教用语。道教修炼的重要法诀和行为规范。源于《老子》“为道日损”。道教认为人有志于修道,应减思虑,节精神,省事情,去纷扰。人欲损净,天理流行,则近乎道。尘心日损日消,心死神活,性定情忘,便可入真人境界。

忘 道教用语。道教修炼的重要法诀和行为规范。源于《庄子》坐忘。道教认为,唯一个“忘”字可入大道。忘形以养气,忘气以养神,忘神以养虚。不着一物,住于虚无,同于大道,便可入道。

化 道教用语。变化之意。道教修炼的法诀。东晋葛洪《抱朴子内篇·黄白》:“变化者,乃天地之自然”,“夫变化之术,何所不为?”五代谭峭《化书》讲道化、术化、德化、气化等,认为修道者若知化而能化,同天地同化,则进入出神入化之境。

兼忘 道教用语。源于《庄子》。原指内忘身心,外忘万物。道教重玄派用以说明修重玄之道的阶次。《本际经》卷八《最圣品》释“兼忘”:“一切凡夫从细缊际而起愚痴,染著诸有,虽积功勤,不能无滞,故使修空,除其有滞。有滞虽净,犹滞于空,常名有欲,故示正观。空于此空,空有双净,故曰兼忘,是名初入正观之相。”认为世俗之人执滞于有,故需修空观以破有,但这种空观与有相对待,还没有达到真正的清净,故空观也要破除。有无双执皆破,就达到了“兼忘”的境界。在此“兼忘”即是“双遣”,即是“玄”。再进一步将兼忘的意图遣除,使心中彻底地无所执滞,便入“重玄”之境。

重玄 一称“又玄”。道教用语。由南北朝后期至隋唐之际一部分道教学者借用《老子》的语言形式,吸收魏晋玄学和佛教义理的部分思想内容熔铸形成,具有思辨特征。《老子》:“玄之又玄,众妙之门。”这里的“玄”只是一个属性概念,并不表现实体。是形容“道”的幽冥深远的状态。道教重玄学家认为,世俗之人主张“万物为有”,道者以“万物为无”,都犯了偏执之病,如“魏晋英儒,滞玄通于有无之际”(李荣《老子注》序)。故应主张“非有非无”的中道,“以中道之药,医治二偏之病”这就叫做“玄”。但是“又恐行者,滞于此玄,今说又玄,更祛后病。既而非但不滞于滞,亦乃不滞于不滞。此则遣之又遣,故曰玄之又玄”(成玄英《老子义疏》)。这样,“二偏之病既除,一中之药还遣”,“唯药与病,一时俱消”。意为用“玄”破掉“有无”二偏之疾后,人的意识仍然不能执著于玄,还要进而主张“又玄”,也就是“重玄”,遣去“玄”这个中道,空无所有,达到一种“境智双泯”、“能所都忘”(忘掉客观外境与主体心智认识)的完全虚空境界。这样的重玄之境,“寥廓无端,虚通不碍,总万象之枢要,开百灵之户牖”,它无所不通,无始无终,修道者若悟彻此理,就启开了心灵的窗户,把握了认识宇宙万物的关键。重玄思想对中古时期道教的教义理论影响甚大。

双遣 道教用语。指破除对有无二者的执著。后秦僧人鸠摩罗什注《老子》一书,首创“双遣”一语,用以表达破有无双执的中观思想。道教重玄学家吸收了佛教这一中观思想,认为世俗之人或执于有,或执于无,故应主张“非有非无”的中道,“说一玄以遣双执”。唐代成玄英说:“为学之人,执于有欲,为道之士,又滞无为。虽复深浅不同,而二俱有患。今欲治此两执,故有再损之文。即而前损损有,后损损无,二偏双遣,以至于一中之无为。”(《庄子疏》)以一玄遣有无双执,达到“一中之道”,是修重玄之道过程的重要阶次。在此基础上进一步破除对“玄”的执著,便是“重玄”。

中 道教用语。❶ 指气。《太平经钞》乙部云:“元气有三名:太阳、太阴、中和。”❷ 内丹指玄关一窍。《中和集·赵定庵问答》："此中字玄关名矣。""念头不起处谓之中。"❸ 指丹田。明赵台鼎《脉望》卷六："古云未有此身，先有此窍，方有此身，要穷此窍；乃不窍之窍，所谓中也。"《性命圭旨》引葛仙翁《玄玄歌》云："乾坤合处乃真中，中在虚无甚空阔，簇将龙虎窍中藏，造化枢机归掌握。"

中道 道教用语。源于佛教，道教借以表示修"重玄"之道过程中的一个阶次。唐代李荣《老子注》："极下虑之滞有，举之令不有也；不有不空，合于中道也。"意为有欲之人主张"有"，无欲之人主张"空"（即"无"），都属偏执之见，称为"二偏"。他借病与药的关系比喻说："道非偏物，用必在中，无必有有。中和之道，非有非无。有无既非，借彼中道之药，以破两边之病，病去药遣，偏去中忘，都无所有。"（《老子注》）这样的中道又称作"玄"。他用中道观来看待世间万事万物，认为"不静不躁，处于中和，入道之基也。故知怀雄猛之心者未可全真，抱雌柔之性者不能志道。今知性雄而守雌，则不躁不速；亦知性雌而守雄，则不静不迟，不滞两边，自合中道"（《老子注》）。达到中道就奠定了人道之基。

观 道教用语。指思察，思存妙一，察见无相。源于佛教，唐代重玄学派用为证道方法。有"二观"，即气观和神观。气观指"定"，神观指"慧"。"气观是定，亦通空有，以妙有为宗；神观是慧，亦通有无，以真空为主。"（《道教义枢》）修此二观即可进入非有非空境界。又有"五种三观"，其中较重要的为：假法观，实法观，偏空观；有观，无观，中道观。

二观 道教用语。指气观和神观。参见"观"。

气观 道教用语。道教修炼身心中修定的一种方法。参见"观"。

神观 道教用语。道教修炼身心中修慧的一种方法。参见"观"。

敬信 道教用语。唐代司马承祯提出的修道方法之一。《坐忘论》："信者，道之根；敬者，德之蒂。根深则道可长，蒂固则德可茂。"修道者首先必须虔诚信道，对所修之道不存疑惑，信之深才能道长，敬之固才能德茂。

断缘 道教用语。唐代司马承祯提出的修道方法之一。指斩断尘缘，不为俗累。司马承祯认为，修道者必须切断与世俗生活的联系，弃事无为。俗缘只能渐断，断缘的关键在于应物无心，使内心或真性从俗境中逐步独立出来。

收心 道教用语。唐代司马承祯提出的修道方法之一。指心不著物。《坐忘论》："学道之初，要须安坐，收心离境，住无所有。"收心的具体功夫是使心"不动"、"不著物"，不仅远离尘俗，而且不"执心住空"。收心的关键在于专静："心不受外，名曰虚心；心不逐外，名曰安心。心安而虚，道自来居。"

简事 道教用语。唐代司马承祯提出的修道方法之一。指断简事物，应物而不为物累。《天隐子》："修道之人莫若断简事物，知其闲要，较量轻重，识其去取。非要非重，皆应绝之。"还由对待外物的"简事"，进一步主张对待神仙之学的"易简"，强调"凡学神仙，先知易简，苟言涉奇诡，适足使人执迷，无所归本"。认为繁琐的方术对修道有害无益。

真观 道教用语。唐代司马承祯提出的修道方法之一。指宅心物外观察到现象世界的虚幻不实。《坐忘论》："将离境之心观境，方能了见是非。"要达到"真观"，必须"收心简事，日损有为"，"心舍诸欲，住无所有，除情正性"。

泰定 道教用语。唐代司马承祯所提出的修道方法之一。指修道过程中即将"得道"的境界。《坐忘论》："无心于定，而无所不定，故曰泰定。"认为人若到达"泰定"境界，便"形如槁木，心若死灰，无感无求，寂泊之至"，此时便"慧生"。认为"慧能知道，非得道也"，应"慧而不用"，不以慧害道，强调得道不是一个渐知渐慧的过程，而是一个渐忘渐损的过程。

得道 道教用语。唐代司马承祯提出的修道方法之一。指形神统一，修成长生不老真身。《坐忘论》："道有深力，徐易形神。形随道通，与神合一，谓之神人。神性虚融，体无变灭，形与道同，故无生死。"得道者便是神人，"身神并一，则为真身"，"形神合同，故能长久"。

五渐门 道教用语。唐代司马承祯提出的五种修道阶次。《天隐子》："人之修真达性，不能顿悟，必须渐而进之，安而行之，故设渐门。"五渐门依次为：一、斋戒，要求修道者节食调中，摩擦肌肤，洁净身心；二、安处，要求修炼者深居静室，排除各种干扰，"内以安心，外以安目"；三、存想，"存"指"存我之神"，"想"指"想我之身"，闭目于外，收心于内，凝神专一，见自己之目，见自己之心。四、坐忘，要求修仙者通过静坐默观，达到物我两忘、致虚致静的境界，内不觉其一身，外不知乎宇宙，与道冥一，万虑皆遗。五、神解，又称"万法通神"，即达到长生不死、出神入化的境界。此处所谓神，意指"不行而至，不疾而速，阴阳变通，天长地久"。司马承祯认为，前面的四渐门分别是信解、闲解、慧解、定解，修炼至第五阶次，则成为"神仙"，故称"神解"。

清静 道教用语。其含义为清心寡欲，无为和静。《老子》以清静为身心修养和治国安民的基本原则："清静为天下正"，"我好静而民自正"（《老子·五十七章》）。道教认为，"清静"是"道"之本性，人和万物若效法道，做到清静无为，"则道自来居"。《老子想尔注》："道常无欲乐清静，故令天地常止"；"人法天地，故不得燥（躁）处，常清静为务"。主张人法天地，天地法道，经常摒除欲望杂念，清心静处，"真思志道"，就能修得"至真之道"。唐代司马承祯认为，修道必须收心，而收心的关键在于"守静去欲"。他说："心为道之器宇，虚静至极，则道居而慧生"；"静则生慧，动则生昏"（《坐忘论》）。意为修道之人只有内心虚壹而静，才能产生悟知大道的智慧，自然与道相合；如果内心躁动，心神外驰，追求物欲，就会"以智害恬，为子伤本，虽骋一时之俊，终亏万代之业"。唐宋以后，道教内丹学逐渐流行，又将"清静"作为炼养金丹的原则。《太上老君说常清静妙经》等认为,人修炼精气当效法"道"的清静本性,"清其心源","静其气海","常清常静不起纤毫尘念",做到"内观于心,心无其心;外观于形,形无其形",最后达到六欲不起,空无了悟之境界,才能修成金丹之道。

寡欲 道教用语。意为修行和处世都应严格节制个人的私欲。《老子》提倡"见素抱朴,少私寡欲",认为过多的物欲只能引起人心志的昏乱。道教吸取老子的"寡欲"观念并将其与宗教修持实践相结合,认为世俗的美色、厚味、丰衣、妙音等都是过分的物欲,伤气害性,为"凶害之根",修道者应该断然加以摒弃。东晋葛洪《抱朴子》说,学仙之人应"恬愉澹泊,涤除嗜欲,内视反听,尸居无心"。后世道教制定了众多的戒律对嗜欲作了若干的限制和规定。如初真十戒中就有"戒淫邪"、"不得饮酒食肉"、"不得贪求无厌";中极三百戒中规定不得杀生食肉、盗窃淫邪、饮酒啖辛等;天仙大戒中有"远身行"、"除恶想"、"绝声色"、"俭爱欲"、"不淫想"等修持法。另外老君二十七戒也规定有"勿乐美色"、"勿贪宝货"、"勿贪功名"、"勿为耳目鼻口所娱"、"勿资身好衣美食"、"勿厌贫贱强求富贵"等。

思微定志 道教用语。意为明白人生之初的清静,确定去除妄想和思维。《传授三洞经戒法录略说》卷下曰:"思微者,念昔受生之初,神本清解也。定志者,除诸妄想,绝思惟也。"人禀受生命之初,接受的是先天清虚之气,故其神本为清静,而在世上生存,沾染六情,因此要存神守一,绝弃世俗"妄想",返朴归真,与道合一。

境智 道教用语。"境",即客观外境;"智",即主观心智。唐代孟安排《道教义枢》:"境以境界为义,智以决了为义","境义在外","智则在内"。境智的关系即认识客体与主体的关系。认为"内外不二,境智无殊"。境智合一,即得道性。唐代王玄览则主张境智相对待而缘起,但智是主要方面,"心之与境,常以心为主"(《玄珠录》)。王玄览还提出"道在境智中间"的命题,以"道"为连接主客体的枢纽。

道性 道教用语。万物禀赋于道并与道同的先天本性。是一切众生悟道的基础。先秦老庄就有道性说萌芽,《老子》认为道生万物,万物含道,得一即得道。隋唐以后,道性说形成,有了"一切有形皆含道性"的论断。隋唐重玄学派探讨修炼者悟道成仙的根据,论述道性与众生性的关系,认为道性与众生性本来一致,清净空虚,只要扫除心中蔽障,即可体现道性。《海空经》卷一:"言道性者,无性之性。非有法性,非无法性。道性之生,亦有亦无。"道性是"无法性",是"有"与"无"的统一。但"道性之有,非世间有,道性之无,非世间无",而是"妙有"、"妙无"。《道教义枢·道性义》:"道性者,理存真极,义实圆通。虽复冥寂一源,而亦备周万物。"强调道的虚通无碍的本质规定性。又:"道性不色不心,而色而心。"意谓道性与色相心识有差异,但一切色相和心识皆含道性。恢复道性,必须通过修习以清除识神。道教特别是重玄学派的道性说对后来儒家性理学产生了很大影响。

一切有形皆含道性 道教用语。意为世上一切有形可见的事物,无论其是否具有自我意识,都蕴含有"道"的特性。源于老子。老子认为"道生万物",为之奠定宇宙生成论的哲学基础。庄子继承此思想加以推衍,认为"道"无所不在,甚至连稊稗之类的无识之物、屎溺之类的污秽物中,都存在有"道"。道教继承道家的思想,逐步衍化,形成具独特的道性说。《老子想尔注》即主张,"一"就是"道",散开为气,遍在人物之中。《西升经》进一步说:"道非独在我,万物皆有之。"《太上消魔宝真安志智慧本愿大戒上品》也认为:"夫道,无也。弥落无穷。子欲寻之,近在我身。"唐代孟安排根据《玄门大义》编撰而成《道教义枢》,其中说:"道性者,理存真极,义实圆通。虽复冥寂一源,而亦备周万物。"道性源出于"道",而圆通无碍,普遍存在于万物中,又提出:"道性以清虚自然为体。一切含识乃至畜生果木石者,皆有道性也。"认为一切有识无识之物,都含有道性,"能了此性,即成正道"。《道门经法相承次序》记述上清派道士潘师正回答唐高宗的问话说:"夫道者,圆通之妙称。圣者,玄觉之至名。一切有形,皆含道性。然得道有多少,通觉有深浅。通俗而不通真,未为得道;觉近而不觉远,非名圣人。"大道圆通,圣人通觉,而凡物未通未觉;要使未通未觉者通觉,继而成就大觉,关键在于悟道,认识"一切有形,皆含道性"的真谛,才是得道证果的神人。

正性 道教用语。即"道性"。指一切众生先天具足的本性。

心体 道教用语。指心与体。后期全真道心性论范畴。主要有三方面的内容:(1)本心即道体。《玄教大公案》:"以心观道,道即心也;以道观心,心即道也。"从体证修炼的角度,说明尘缘尽去的本心与道体是相通的。(2)本心即性体。《中和集》:"心虚澄则性本圆明,性圆明则无来无去。""心潜本生,犹流归水止。"心体与性体为同一实体。(3)本心即神体。万神总主于心。从功能的角度揭示出心体是神的主宰,它与元神实体是一致的。心体与性体、元神是一体而三名。

性体 道教用语。修行中的性功实体。《中和集》:"夫性者,先天至神,一灵之谓也。"又:"人之极也,中天地而立命,禀虚灵而成性。"性体是"先天至神"、"虚灵",与神相通,性体即神体。性体实质是至虚之妙,灵通无方。性体又称"大丹"、"金丹"。《全真集玄秘要》:"圣师云:'本来真性号金丹,四假为炉炼作团。'是知大丹者,真性之谓也。"真性就是大丹,可达虚空。性体既通神体,亦通虚体,神妙无方,是修道证仙的一个重要内容。

真性 道教用语。❶ 亦称"常性"、"本来之性"。龙门派对人性的两种区分之一。与"气性"相对。指五行不到处、父母未生前的存在状态。是一个超越五行气性而存在的真体世界。龙门派认为真性存在于五行气性之中。除去习气遮蔽，真性自然流露。❷ 指内丹的大丹、金丹。《全真集玄秘要》："大丹者，真性之谓也。""本来真性号金丹。"

气性 道教用语。亦称"五行之性"。龙门派对人性的两种区分之一。与"真性"相对。指人禀气及人的自然属性。龙门派认为人的禀赋有金、木、水、火、土五种性之分，五种性又各有不同的特性，"人禀五行之气以生，故亦随其性。木性多仁，火性多礼等是也"(《北游录》)。

真我 道教用语。全真道用以指性，意即先天本来面目的我。《长生真人至真语录》："复询我者何也？答曰：我者，真我也，人之性也。"我就是本真之我，是人之性的别称。人身虽有生有死，但性却长存不灭。修炼是要使受外界尘念污染的真我恢复其本来灵光。真我概念体现了早期全真派在继承王重阳性命双修理论的基础上，偏重于性功的理论特色。

真心 道教用语。亦称"本心"、"清虚心"、"冷淡心"。与"尘心"相对。早期全真道对心范畴所作的区分和判别。指处于本然状态的心。《群仙要语纂集》："断情除欲障心，休与亲戚相见，休教心到处去，行、住、坐乃至搬柴运水或上茅去也，要心定念止，湛然不动，名为真心。"被早期全真道作为炼心的目的。

尘心 道教用语。亦称"贪心"、"名利心"、"劳役心"。与"真心"相对。早期全真道对心范畴所作的区分和判别。指受物欲蒙蔽而欲念丛生的心。是心的流变形态，是内丹修炼的着手处。只有除去尘心，才能显见真心。

妄心 道教用语。亦称"人心"、"尘心"。与"照心"相对。《中和集》："古云：'常灭妄心，不灭照心。'一切不动之心皆照心也，一切不止之心皆妄心也。"变动不居是妄心、尘心的存在状态。后期全真道认为，妄心和照心、人心和道心并不是两个相互分离的实体，照心、道心寓于人心、妄心之中，妄心灭绝，照心自然呈现，人心断灭，道心自然昭著。

照心 道教用语。亦称"道心"、"本心"。与"妄心"相对。指返身观照之心。是人生来就具有的使人向道的天赋道性。

无心 道教用语。指摒除一切杂念，心灵进入一种无思无虑、一尘不染的境界。《老君内观经》："无心者，除其有也。"无心不是心灵一片死寂，形同木石，而是灭除思虑之心，而照心不灭。

欲心 道教用语。指众生所具的希求、欲望之心。唐玄宗《道德经注》："美善者，生于欲心。"欲心动乱，正性迷失。欲心未动安静之时，将欲执持令不散乱。欲心已起，则观照以息心于虚静无分别之域。

邪念 道教用语。泛指人的七情六欲。道教认为，七情六欲是后天所生，非人之本有，对心起销蚀、消极作用，必须以正念来加以制服。《盘山录》："念虑既生时，看是邪是正。邪念便泯灭，正念则当用者。"通过以正念制服邪念，即察念炼念，复其真心、本心。

大光明 道教用语。指人自道禀有的一点真性扩充放大而与道合一。龙门派从境象角度界定真性内容，认为人自道体禀赋真性，即禀有一点光明，善性修道就是扩充这点光明，使之愈聚愈大，直至"积之成大光明"，达到通体光明、光莹皎洁之境界，性就与道相合，打成一片。《北游录》："人之光明不可散失，光明大则性大，光明小则性小，以此光明照察他物，真伪无遗，能回光自照，则光明都在于己。""人能以志帅气，不令耗散，则化成光明，积之成大光明。"它把养性和炼气结合起来，一方面扩充、积累光明，并以此照察物我，另一方面以志帅气，不令耗散，气就能化成光明。炼气亦养性，两者通过光明这种性体境态自然地联结起来。

平常心 道教用语。表征心体清虚空寂、不动不为的境界。源于佛教禅宗。元代道士尹志平《北游录》："凡世之所爱，吾不为甚爱，世之所恶，吾不为甚恶。虽有喜怒哀乐之情，发而能中其节，而不伤吾中和之气，故心得平常，平常则了心矣。"道本无为，惟其了心而已，治其心得至于平常，则其道自生。"又："不与物校，遇有事来轻省得过，至于祸福寿夭、生死去来，交变乎前而不动其心，则是出阴阳之外，居天之上也。如此则心得平常，物自齐矣！"清虚空寂，至此能使真心显露，证得仙道。

冷淡心 道教用语。早期全真道指经过修炼后显现出的本来真心。金代道士谭处端《水云集》："道人心，处无心，自在逍遥清静心，闲了云水心……一片清虚冷淡心，闲闲无用心。"冷淡心即一片空无心，逍遥自在，无知无欲。全真道主张修行在心上下功，断情除欲，做到心念止，湛然不动。冷淡心是真心的表现。它反映了早期全真道力主清静修行的本色。

清虚心 道教用语。早期全真道指经过修炼后显现出的本来真心。源于佛教的"空"。《真仙直指语录·丹阳真人语录》："且道如何是体空处？夫体空者，心体念灭，绝尽毫思，内无所知，外无所觉，内外俱寂，空色双泯。"内外俱寂，空色一起泯灭，消除一切尘垢，达到清虚心的状态，也就修炼到了"三田自结，芝草自生"的见性境态。清虚心既是本心、真心的代称，又是修炼功夫的目的，它是早期全真清静本色的体现。

十迷心 道教用语。指众生心中十种迷误。出自唐末五代时周固朴《大道论》。(1) 迷事心："于一切有为之事，若善若恶，俱不能分别了达，而生颠倒滞惑之心，为无智慧，用性而拣择取舍，致有轮回生死，不到真源。"(2) 迷理心："于虚极妙体自然实性上无所闻见、悟修证了等。"(3) 迷教心：不遇真师智友，不知从诸教法中求"出离之心"，不解理教关系，不明"圣人行不言之教"之义。(4) 迷境心：一为迷于"大道妙体自然之体性"的真境，隔断真源，二为迷于烦恼六根等。(5) 迷气心：即迷于"元和正性而不能养神爱气"。(6) 迷身心：不知"至心之虚而和气归"，不明虚其身为养身之法。(7) 迷神心："众生身内神识精灵，不能炼神合道而登圣果。"(8) 迷仙心：即不修仙行。(9) 迷真心：即不修真人之行。

(10) 迷圣心：即不修圣行。《大道论》认为，去十迷心方能悟心，然后能证心、修心。

天地之心 道教用语。指阴阳相合之心。《道书十二种·象言破疑》："天属阳，地属阴，天地之心乃阴不离阳、阳不离阴、阴阳相合之心。阴阳合，有此心；阴阳分，无此心。"天地之心乃天良真心，故修学真道，先要识得天地之心，"识得此心，守而不失，则大本已立，其余易事耳"。

全生 道教用语。指保全生命，以终天年。道教炼养的一个重要目标。《庄子·养生主》："可以保身，可以全生。"《子华子·阳城胥渠问》："古之知道者，务全其生；务全其生者，不忘其所有也；不忘其所有者，道之守也；道之守者，神之舍也。是故全生者为上，亏生者次之，死次之，迫斯为下矣。所谓全生者，六欲皆得宜也。"

全性 道教用语。指通过自身修炼保存自身本性。《淮南子·览冥》："夫全性保真，不亏其身。"全性与全生、全形一样，是实现道教修炼最终目标的前提。

全真 道教用语。全真道修炼重要概念。(1) 指体内三宝齐备，即全精、全气、全神。《中和集》卷三："所谓全真者，全其本真也。全精，全气，全神，方谓之全真。"(2) 金元全真道指功行双全。《晋真人语录》："若人修行养命，先须积行累功。"真功真行，双修双全，方为全真。

全善 道教用语。亦称"全善之地"、"至善之地"。龙门派德行践履追求的目标。《北游录》："凡称人善，已慕之；称人不善，已恶之。慕善恶恶之念既存于心，必自有心去取者，行之有力则至于全善之地。"主张证道须心怀去恶扬善的道德意志，持之以恒，以达至善境地。龙门派还把求善的道德实践和炼心结合起来，要求善念、善行并重，并用阴阳概念来讨论善恶问题，以阳界定善，以阴归属恶，认为舍恶从善即是炼阴纯阳，全善之境亦即纯阳之体。它把道德践履与修道实践相联结，具有显明的儒道合流倾向。

化虚 道教用语。亦称"还虚"。指万物化还为虚。心性修养的最高境界。五代谭峭提出。他认为"虚"或"太虚"、"虚空"是宇宙万物的本原和归宿。万物由虚化生，又化还为虚。这种虚形互化以顺、逆两种方式进行。"道之委也：虚化神，神化气，气化形，形生而万物所以塞也。道之用也：形化气，气化神，神化虚，虚明而万物所以通也。"形化气，气化神，神化(还)虚的过程，是逆反生化的过程，是向生生不已的本原(虚)的复归，也是心性修养的自然过程。内丹学即以此为理论基础，确立了"炼精化气，炼气化神，炼神还虚"的三段式功法，将"还虚"视作内丹炼养的最高境界。

寓道于术 道教用语。道的精要隐含在各类道教方术之中。道教的特征之一。汉代贾谊《新书·道术篇》："道者，所以接物也。其本者谓之虚，其末者谓之术。虚者，言其精微也，平素而无设储者也；术也者，所以制物也，动静之数也。凡此皆道也。"汉代以来道的范畴本身就有术的含义，故黄老之学也称黄老术。道教将道家的静观、玄览、抱一、坐忘、心斋等都演化为真修实证的方术，使哲学、宗教、方术相互交融，成为寓道于术的体系。

即心是道 道教用语。意为人心即道。中晚唐重玄学派对心与道两者关系的一种基本观点。《三论元旨》："心等于道，道等于心，即道是心，即心是道。心之于道，一性而然。"针对众生以妙本为有物的偏滞，强调向内心发明妙本至道，知"即道是心，即心是道"，而不迷惑于有无二见。《大道论》："道外无心，心外无道，即心即道也。"其情、识、智、意、知亦然。忘知、忘意、忘智、忘识、忘心、忘道而得道。得道是内心对道的彻底超越。"道以心得，心以道明。心明则道降，道降则心通。"(《内观经》)中晚唐重玄学派主张修道的根本在于修心，发明众生的内在心性，此即《内观经》所说：道者，"在人之身则为神明，所谓心也。所以教人修道即修心也，教人修心即修道也。"

即色是空 道教用语。意为色相世界是空无。源于东晋僧人支遁的般若学即色论。《太上升玄消灾护命妙经》："空即是空，空无定空，色即是色，色无定色。即色是空，即空是色。若能知空不空，知色不色，名为照了，始达妙音。"认为色相世界不必等到追究其原本然后为空，色相本身即为空；空不必等显现之后为色为有，空本身即为色为有。唐代司马承祯《太上升玄妙经颂》："是空及是色，究竟总非干。要认真空色，回心向己观。空色宜双泯，一须举一隅。色空无滞碍，本性自如如。一心观一切，一切法皆同。"认为世界究竟是空无还是色相，与人的心性没有关系，"真空色"在人本心之中，关键在于发明本心。对于空色，不可强生分别，也不必妄加混同，而应依重玄的思路将二者从心中驱逐出去，使内心空灵无滞碍，达到"如如"妙境，使万法同于一心。司马承祯的色空观反映了从"即色是空"的明理到自见本心的思想变化。

元本真灵 道教用语。亦称"本来面目"、"元本真宗"、"清净本源"、"真宰真心"、"本性"等。盘山派用以指心体、性体和道三者的集合体。《盘山录》："顽心不尽，依旧轮回，欲要换过此心，不论昼夜，时时刻刻，动里静里把这一片顽心裂教粉碎去，方可受用。元本真灵与天地相似，然后静也是道，动也是道，开口也是道，合口也是道。更待别有求甚么？便是个脱洒里道人也。"又："大道理幽深，迷人颠倒寻。去身浑不远，惟是本来心。"道是从本体与实体双重意义上对终极实体的指谓，是终极实体最充分的表述；心体、性体从修炼角度而论，是经过精神修炼从人心中锻造分离出的真心实体。元本真灵实质是虚空，是善恶都不思处的向上事。盘山派心性论最终归结到心、性、道三者合一。

真常之道 道教用语。全真道就心炼心以获取真心、本心的方法。《盘山录》："或问：如何是真常之道？答云：真常且置一边，汝向二六时中，理会自己心地，看念虑未生时是个什么？念虑既生时，看是邪是正？邪念便泯灭，正念则当用者。"所谓真常之道，就是要从念虑未生与已生两方面下功夫，保持和求得本心、真心。一方面从观照念虑未生时心的本然状态，看这心是什么样；另一方面在念虑已生时察其邪正，泯邪存正，复归本心。此即察念炼心，以正心制服邪心。这一观点受到理学"克念窒欲"观的影响。

性本于道 道教用语。盘山派关于性道关系的基本观点。《云山集·心赋》："性本于道，情生乃心。"认为性是本源于道的，性动则情生，是为心。本源于道的性难以形容，不可言说，但各处遍现，每刻都有新的东西发生。能悟得道性本根一致，摈除尘妄，保持真性，就多有神通。人们不识这些道理而幻变成世俗的仆隶，丢失了元初本真之性。性不仅内涵上与道贯通，而且有体有用，并引发出心之体用。性本于道的观点不仅具有本体论的意义，也具有发生论的意义。

本心即道 道教用语。后期全真道关于本心问题的基本观点。《玄教大公案》："心即道兮道即心，不劳思想别追寻。"《中和集》："以心观道，道即心也；以道观心，心即道也。"这里心均指本心。本心即道就是以澄静虚寂的本心界定终极的道，二者在理境上相互切入，相互交合。它在内丹修炼中是性功的主要目标。全真道的这一观点受理学和禅宗的影响而提出，但与理学、禅宗把二者看作实体上的切入不同，认为二者是理境上的合一。

本心即性 道教用语。后期江南全真道关于心性关系的基本观点。《中和集》："心虚澄则性圆明，性圆明则无来无去。"又："心潜本生，犹流归水止。"心体澄明虚静状态就是性，在本心的虚湛中，心即性，性即心，两者二而一，一而二。心体、性体实指同一个实体，并不是在人心之外另存在一个性的实体。谈性者多从本体的角度出发，谈心者多从发用、现实的角度而言。修炼证道便是息人心，复本性，直到超越来去流止，与虚空合一，此即性之本义。全真道有时也以外丹术中的砂汞比喻心性。砂指心，汞本是砂中的提取物，以汞喻性，表明性是心的精粹。

忘心见性 道教用语。早期全真道关于心性关系的基本观点。金代马丹阳以本心、真心指谓心体概念，而以性表示实体。以真心、本心合性，以性取代本心、真心，《真仙直指语录·丹阳真人语录》："且道性虽无修无证，尘心自要损消，忘心见性，方契无修无证。"性体是不须修炼不须体证的。消去尘心，摈除杂染，忘却本心，即可直指性体，契达无修无证之境。《群仙要语纂集》载丹阳语："又问如何见性？答：那无心无念，不著一物，澄澄湛湛，似月当空。"见性必须忘心，使心不着一物，澄湛虚寂，纯净如皓月当中。性实际是尘心灭尽、心地清寂的状态，其境界与本心相似。这一观点表明，全真道将内丹修炼的实体从现实主体的心过渡到真实本体的性。

无心无性 道教用语。龙门派关于心性关系的基本观点。《北游录》："无心也无性，无性无心，当得神通。"消除对心性的执著，只要见得空，自然大显神通。又："问：佛说与吾说有无异乎？师曰：以理即无异也。佛说、吾说、俗说皆有妙理，只要自己心性上会得到，自然照见，恁时和心性也不要有也。"认为佛说与全真、儒家理论无根本差异。龙门派强调本心、真性，终极目的是体道证空，无心无性、直证真空是其心性论的归结。

非心非性 道教用语。后期江南全真道借用禅学双破双立、双遮双诠的方法对"虚"作的解释。《玄教大公案》："虚之又虚，静之又静。身心两忘，气融神定。一片玉虚，天心光莹。复未生前，谁凡谁圣？非真非仙，非心非性。本无可言，亦非可证。寂然诚诚，中中密印。"认为"虚"是一种玄远幽渺、至虚至静、身心俱忘的仙道境态，气行融和而神定，一片清虚，通澈光莹。此种境态，非真非仙，不是心也不是性。不可言解，也不可体证，只可在空寂、冥冥之中合于虚，合于空。它不可以修炼，更不可执著，而当了悟，在虚境中证道成仙。

性在心先 道教用语。后期江南全真道关于心性关系的基本观点。《中和集》："性在心先，心自性生。"《玄教大公案》："心自性生，即知性乃心之未始，若夫欲明本然真性，必先息心。"从时间上说，先有性，后有心，性在心先，要明了本然真性，只有从心上下手。心自性生表明性是心之本体，心依赖于性。修炼即消除贪恋爱欲之心，显出虚灵本真之性。"性乃心之主"，本真之性是人心、尘心、欲心的主宰，澄心见性，心路断绝，性天自然莹洁。这一基本观点，在全真心性论体系中既有本体意义，也有修行上的方法论意义。

三分命七分性 道教用语。龙门派关于性命双修的功法。金代元初丘处机强调性命双修，以性为主，以命为辅，号称"三分命，七分性"。《长春祖师记录》："师示众曰：吾宗前三节皆有为工夫，命功也。后七节乃无为妙道，性学也。三分命功，七分性学。"这种论述《磻溪集》、《寄西州道友书》、《北游录》中多有反映。西行觐见之后，丘处机以有为主教，主张大起尘劳，命功方面讨论很少，性功也转而以积累功行为修道的基本方法。随着龙门派正宗地位的确立，在元初，中期全真道便以"重性"、"重功行"这一形象为世人所接受。

内外日用 道教用语。亦称"内外功"。金代马丹阳提出。"内日用"指澄心制念，炼气养神，在心上修炼，"外日用"指以道德规范约束心念。《丹阳真人直言》："外日用者，大忌见他人之过，自夸己德，妒贤嫉能，起无明火，尘俗念生，生胜众之心，人我是非，口辩憎爱；内日用者，休起狐疑心，长莫忘于内，若云游住坐，亦澄心遣欲，无罣无碍，不染不着，真清真净，逍遥自在。"外日用的外功是外缘炼习，通过接应外缘，消除人我、物我的对立和差异；内日用的内功是以心炼心，以真心制服尘心，气清神信，气神自相交结。后来龙门派于外在修行中融入儒家伦理规范，将内日用与外日用互相结合，满足了信众出世和入世的双重需求，为早期全真道的进一步发展打下了基础。

内外双修 道教用语。金代王重阳创立全真道的根本教旨之一。道教龙门派的立教大旨。金代元初丘处机称之为“内外日用”，元代尹志平则称之为“有为无为”。参见“内外日用”。

三教合一 道教用语。金代王重阳创立全真道的根本教旨之一。指以道教清净无为为核心，吸收禅宗和理学的心功、心性、性理学说，建立内丹心性论体系。王重阳设立五会一律冠以“三教”字样，即三教七宝会、三教金莲会、三教三光会、三教玉华会、三教平等会，体现了全真道不主一教、圆融三教的精神。后金代马丹阳创立丹阳派，提出清净本色心性论，金代元初丘处机创立龙门派，提倡内道外儒的心性论，金代郝大通设立盘山派，开启以道合禅心性论，都是圆融三教的产物。全真道提倡三教合一，不仅体现在教规、教戒上，而且深入到内丹修炼的核心即心性关系上，这是全真道的一大独创。

能所各息 道教用语。唐代王玄览关于心性关系的观点。《玄珠录》：“常以心道为能，境身为所。能所互用，法界圆成，能所各息，而真体常寂。”“能”指认识主体，包括心道，“所”指认识客体，包括境身。能所相互结合，便形成“法界”这一特定的认识结构，其对道的体认只有“能所各息”，才能进入“真体常寂”的境界。这一观点意在通过否定能所以否定认识，达到对“道性”的悟解，它在概念运用和思维方式上，具有明显的佛教痕迹。

内丹心性论 道教用语。内丹学心性理论。隋唐之后，道教中内丹学兴起，其理论由外丹的宇宙构成论转入内丹心性论。特别是宋元时期以明心见性为目标的全真道，以传统道教的精、气、神概念接纳心性诸概念，并吸收理学、禅宗心性论的二分一体的义理构架模式，在性命双修的宗旨下形成了系统的道教内丹心性论。金代马丹阳及早期全真道主清静本色心性论，金代元初丘处机及其代表的龙门派则提出内道外儒心性论，郝大通及其所创盘山派主以道合禅心性论。内丹心性论对道教及中国哲学心性论的发展有重大的影响。

虚心神性合 道教用语。后期江南全真道关于心、性、神三者关系的基本观点。语出《中和集》。认为“性与神同系乎心”，只有心才是修炼的主体，性(真性)与神(元神)都是经过修炼后才存在的实体。性与神是对心之虚明湛然状态的两种描述，若无心，则性与神都无着落。以心为根基，通过制心而炼神，心定则神全。神一旦完足无缺，真性自然莹洁。由全神到全性实际上是同一步工夫。牧常晁《玄宗直指万法同归》中概述心、性、神三者关系：“性者，寂然不动之真空也，神乃真空之中妙有灵通者。性与神所以感而通也。心者，性之枢，神之机也。”“安其性，通其神，心也，万物莫不由心焉。”本心、本性和元神是一体而三名。这一观点在思想方法上融合了禅宗和理学的心性观点。

无为而治 道教的政治理念。指不强行妄作，顺应自然而有所作为。源于《老子》的无为而无不为思想。道教认为做到因应、顺从人性，则国富民强，凡物茂盛。早期道教经典《太平经》把治理分成十个层次。“一为元气治，二为自然治，三为道治，四为德治，五为仁治，六为义治，七为礼治，八为文治，九为法治，十为武治。”在最高的元气治，统治者不干预自然和人们的生活，而是顺应民意和风俗、依不同的地理条件而采取相应的措施。道教的理想国是：“其国无帅长，自然而已。其民无嗜欲，自然而已。不知乐生，不知恶死，故无夭殇；不知亲己，不知疏物，故无爱憎；不知背逆，不知向顺，故无利害；都无所爱惜，都无所畏忌。”(《列子·黄帝篇》)无为而治的结果是人君、百姓和万物都能乐得自在、率性而行，人与自然和谐相处。

先修人道 道教用语。道教社会伦理思想。意为由人道而达仙道。道教关心个人的肉体解脱，同时也具有强烈的济世情怀。汉代《太平经》：“上士学道，辅佐帝王，当好生积功乃久长。中士学道，欲度其家。下士学道，才脱其躯，因其自然性立教。”东晋葛洪不仅著有《内篇》，还著有兴国理政的《外篇》。《外篇》“自序”：“其内篇言神仙方药鬼怪变化养生延年禳邪却祸之事，属道家。其外篇言人闲得失，世事臧否，属儒家。”道教教义强调仙道要以人道为基础，人道是修仙道的基本步骤。修仙者须心怀世事、济世度人，在人道中成就仙道的基本功。历代高道都强调济世度人的社会关怀，将人道和仙道统一起来。葛洪声称“欲求仙者，要当以忠孝和顺仁信为本。若德行不修，而但务方术，皆不得长生也”(《抱朴子·对俗》)。南朝刘宋陆修静提出“三合成德”论：“夫道，三合成德，自不满三，诸事不成。三者，谓道、德、仁也。”(《洞玄灵宝斋说光烛戒罚灯祝愿仪》)金元以后逐渐流传的全真道主张，不仅要修炼内丹“真功”，还要实践济世“真行”。

损有余以补不足 道教用语。道教社会伦理思想。《老子》：“天之道，损有余而补不足。”道教承续这一思想，强调帮助穷人和消除贫困。《太平经》称“天道助弱”，“夫弱者，道之用也；寡者，道之要也”。“君子求弱不求强，求寡不求众”。

壬辰之运 道教用语。魏晋南北朝道教一种社会乌托邦思想。认为太上老君于壬辰年降临人世，从此人类得到拯救，社会获得太平。《太上洞渊神咒经》卷四《杀鬼品》：“中国壬辰年，有真君出世。”卷一《誓魔品》：“真君者，木子弓口，王治天下，天下大乐，”“木子弓口”即李弘的拆字，指太上老君。道教的老君李弘壬辰出世、太平而治的思想在民间社会产生了巨大影响，当时民间起义多以李弘名号为标榜。当时道教认为老君将于壬辰年三月六日显然出世，因此称为“壬辰之运”。“壬辰”并未确指任何具体的历史年代，只是某种象征性符号，象征老君这位救世主的降临，给苦难社会带来了福音。“壬辰”在道教中有孕育、生成的含义，它又象征水和龙，这与老子尚水及被孔子称为龙的传说相一致，于是被道教选择作为理想社会诞生的标志。

六贼 道教用语。指影响修道的六种不利因素：色、声、香、味、触、法。道教认为此六种污浊之尘有诱人去善从欲之恶，故名六贼：色为眼之贼，声为耳之贼，香为鼻之贼，味为舌之贼，触为身之贼，法为念之贼。

承负 道教用语。意为先人的善恶报应由其后人来承担。这种观念流行于早期道教中。《太平经》谓：“承者为前，负者为后。承者，乃谓先人本承天心而行，小小失之，不自知，用日积久，相聚为多，令后生人反无辜蒙其过谪，连传被其灾，故前为承，后为负也。负者，乃先人负于后生者也。”意思是先人犯有过失，积聚多了，报应于后人；而后人无辜承受先人之过，就叫“承负”。同理，若先人行善积德，则后人就会报应受福。所以有“力行善反得恶者，或有力行恶反得善者”，都是承受先人的行为所致。并谓天道循环，十世一周，因此十世祖以前的过失，均归十世祖后的子孙受惩。又谓：“承负者，天有三部，帝王三万岁相流，臣承负三千岁，民三百岁，皆承负相及。”认为人的承负根据社会等级地位的差别而有时间长短的不同。认为祖父母应当为后生着想，勿犯过失，可使子孙免除承负之厄。《太平经》并谓，“天”为承负之灾四流而忧，于是天神使天师呈示天书，传道度人，只要信仰“真道”，则“承负之厄大小，悉且除矣”，即断承负而登仙。汉代以后，承负说除个别道经有所引用外，并未得到道教认同和发扬，后世道教转而接受了佛教的因果报应说。

性命双修 道教用语。修炼心性的同时又修命。道教内丹学一般都主张性命双修，因此内丹学又称为性命之学。内丹学一般以气、身为命，以神、心为性，修性即修炼心神，修命即炼形炼气。性命双修即从后天的身心、神气入手，凝炼后天的神气，通过一系列转化，超越身心，炼得先天的元神、元气，最后神气合一，实现先天元神、元气的统一。在修性修命的先后次序上，主张性命并重。修性就是修命，修命也是修性，“分言之则二，合言之则一”。

形神俱妙 道教用语。指金丹修成，超脱登真，契合大道的一种景象。道教外丹学指服食金丹大药后轻举飞升，形不坏而神不朽。内丹学认为形、神可以相通而转化，可以炼形化气，炼气化神，炼神还虚，形神在“虚”的境界里达到“俱妙”，但不是其形体现实地轻举飞升。后来的内丹家奉行的多是神合大道，而不是形体飞升。

仙 道教用语。指一种超脱尘世、有神通变化、长生不死的人。《释名·释长幼》：“老而不死曰仙。”道教认为仙有神通广大的变化，或竦身入云，或驾龙乘云，或化为鸟兽，或潜行江海，或食元气，或茹芝草，或出入人间而人不识，或隐其身而莫之见，等等。按得道深浅，神仙又分为若干不同品级。梁陶弘景《真灵位业图》定仙真七阶。唐代《天隐子·神解》：“在人曰人仙，在天曰天仙，在地曰地仙，在水曰水仙，能通变之曰神仙。”宋元以后，道教奉祀最盛的有：铁拐李、汉钟离、张果老、何仙姑、蓝采和、吕洞宾、韩湘子、曹国舅等“八仙”。

真人 道教用语。指“修真得道”或“成仙”的人。《庄子·天下》：“关尹老聃乎，古之博大真人哉！”汉晋以后，被道教神格化。《太平经》卷四十二“九天消先天灾法”云：“真人职在理（治）地”，其等级地位在“大神之下，仙人之上”。唐代以后，少数道教人士有被帝王赠号为真人的。

道术 道教用语。中国古代包罗自然和社会一切原理与方法的总称。《庄子·天下》：“古之所谓道术者，果恶乎在？曰：无乎不在。”后世道教沿用指道教之方术，或称“仙术”。《云笈七籤》卷四十五《秘要诀法·序事》：“道者虚无之至真也；术者变化之玄伎也。道无形，因术以济人；人有灵，因修而会道。”

方术 道教用语。中国古代方士所行之术。指天文、历算、占验、星相、医药（包括巫医）、卜筮、堪舆、遁甲、神仙、房中、冶炼黄白等。《后汉书·方术列传》载有华佗、费长房、左慈、解奴辜、甘始、王真等方士“探抽冥赜，参验人区”，“定祸福，决嫌疑，幽赞于神明，遂知来物”各种未来之迹兆。其炼丹采药、服食养生、祭祀鬼神、祈禳禁咒等为道教所承袭，成为重要的修炼济度方法。

吐纳 道教用语。原为中国古代的一种养生方法。即把肺中的浊气尽量从口中呼出，再由鼻孔缓慢地吸进清新空气，称为“吐故纳新”，语出《庄子·刻意》。后被道教继承发展。道教谓吐纳可吸取“生气”，吐出“死气”，达到延年长寿。嵇康《养生论》：“呼吸吐纳，服食养生。”《太平御览》卷六六八引《太上三元经》：“真人道士常吐纳以和六液。”《云笈七籤》卷三十二：“吐气六者，谓吹、呼、唏、呵、嘘、呬皆出气也……吹以去热，呼以去风，唏以去烦，呵以下气，嘘以散滞，呬以解极。”

导引 道教用语。一作“道引”。“导气令和，引体令柔”的意思。原为中国古代强身祛病的一种养生方法，后世道教加以吸收，作为其修炼方法之一。中医亦采用。最早见于《庄子·刻意》：“吹呴呼吸，吐故纳新，熊经鸟伸，为寿而已矣，此导引之士，养形之人，彭祖寿考者之所好也。”《抱朴子·别旨》：“或伸屈，或俯仰，或行卧，或倚立，或踯躅，或徐步，或吟或息，皆导引也。”1973 年在长沙马王堆西汉墓出土帛画《导引图》，绘有 44 种导引姿态。隋巢元方《诸病源候论》载有导引疗法 260 多种。《云笈七籤》卷三十二至三十四亦详载其法，谓“导引之法，深能益人延年，与调气相须，令血脉通，除百病”。道教有《太清导引养生经》。

服气 道教用语。亦作“食气”，又曰“行气”、“含气”、“炼气”。原为中国古代一种练习呼吸的养生方法。嵇康《养生论》：“呼吸吐纳，服气养生。”后被道教继承发展，认为通过呼吸，可以服食“日精月华”，作为“修仙”的方法之一。道教服气法种类很多。《太清调气经》说：鼻长引气，口满即咽，然后吐，少吐多吸。服气应注意：(1) 鼻纳气，口吐气，呼吸要细、长、深、匀。(2) 服气宜选择环境幽静、空气清新之处，宜于早上林间行之。(3) 服气可与导引、按摩内外结合。(4) 服气宜节食，不应过饱。(5) 服气要注意意念活动，排除一切杂念，使心情安适。心静守一，凝神聚气，使心气平和，神气合一。道教中服气之书颇多，如唐代司马承祯的《服气精义论》、延龄先生集《新旧服气经》、《太清服气口诀》、《太清调气经》、《太清王老口传服气法》等。

行气 道教用语。即“服气”。道教内炼方术。晋葛洪《抱朴子·至理篇》：“善行气者，内以养生，外以却恶。”《云笈七籤》卷三十二“服气疗病”所谓行气、食气、服气，“但令鼻纳口吐，所谓吐故纳新也”。

布气 道教用语。隋唐以来服气道经多指采气、发放外气为人治病。《云笈七籤》卷六十《幻真先生服内元气诀法·布气诀》说：凡想布气为人治病，先须依病人五脏所患之处，取方面之气布入病人身中，令病人面向与其有疾五脏相应的方向，息心静虑，布气完，便令咽气，谓鬼贼自逃，邪气永绝。此为道教气功疗病方法的一种。

胎息 道教用语。即“服气”。《后汉书·王真传》：“悉能行胎息、胎食之方。”《抱朴子·释滞》：“得胎息者，能不以鼻口嘘吸，如人在胞胎之中。”《道藏》收有《高上玉皇胎息经》、《胎息经注》、《太上养生胎息气经》等多种。

三尸 亦称“三彭”、“三虫”。道教用语。指人体中的三种虫。据《抱朴子内篇·微旨》云：“言身中有三尸，三尸之为物，虽无形而实魂灵鬼神之属也。”《太上三尸中经》云：上尸名彭倨，在人头中；中尸名彭质，在人腹中；下尸名彭矫，在人足中(见《云笈七籤》卷八十一)。《玉柜经法》、《酉阳杂俎》则谓上尸名青姑，中尸名白姑，下尸名血姑。宋代叶梦得《避暑录话》卷下：“道家有言三尸，或谓之三彭，以为人身中皆有是三虫，能记人过失，至庚申日，乘人睡去，而谗之上帝。故学道者至庚申日，辄不睡，谓之守庚申；或服药以杀三虫。”据传求仙者必先去三尸，恬淡无欲，神静性明，广积众善，服药益生，才能得道。

三虫 道教用语。即“三尸”、“三彭”。

守庚申 道教用语。于庚申日通宵静坐不眠。道教认为人身有三尸神，每至庚申日上天言人罪过，是日若清斋不寝，使之不能上天，则可避免。古灵宝道书《元始五老赤书玉篇真文天书经》卷下有守庚申之说，则南北朝已有此习俗。宋代叶梦得《避暑录话》记唐末道士程紫霄于终南山太极观见人守庚申。另一说是斩三尸。见《云笈七籤》卷八十二载《神仙守庚申法》。

五尸 道教用语。亦称“五神”或“五鬼”。指五脏内五种死气(浊气)。《云笈七籤》卷八十二引《洞章》曰：“消除三鬼，涤荡五神。五神一曰五尸。”五尸：青尸、赤尸、黄尸、白尸、黑尸。”道教守庚申致生气，以制三尸、五尸，使五种死气自消，以求长生。

三尸五道门 道教用语。亦称“五苦五道门”。据《云笈七籤》卷八十一载，指人的色、爱、贪、竞、身五种负累。即色累苦心门、爱累苦神门、贪累苦形门、华竞苦精门、身累苦魂门。谓此五苦道常居人身，“遏人招真之路，断人修仙之门。”学道者当咒斩三尸，断除五累，以度五苦，乃能得道成真。

辟谷 道教用语。亦称“断谷”或“绝谷”、“休粮”。即不食五谷。道教认为人体内三虫的生存依赖于谷气，如若人不食五谷，断其谷气，则三尸便亡，人体内的邪魔也就斩灭，故欲长生当行辟谷。辟谷时，服食药物，并兼做导引等功夫。《史记·留侯世家》：“留侯性多病，即导引不食谷。”裴骃集解：“服辟谷药而静居行气。”1973 年 12 月从马王堆汉墓出土的帛书，有《去(却)谷食气》篇。

握固 道教用语。导引按摩的一种方法。源出于老子《道德经》五十五章：“骨弱筋柔而握固。”唐玄宗注：“赤子骨弱筋柔而能握拳牢固。”《云笈七籤》卷三十二：“正偃卧瞑目握固，闭气不息，于心中数至二百，乃口吐气出之。”又云：“拘魂门，制魄户，名曰握固，与魂魄安门户也。”注：“握固法，屈大拇指于四小指下。”又《道门通教必用集》卷七“敕坛仪”注：“握固，以大拇指掐中指中节，四指齐收于手心。”

房中术 道教用语。房中节欲、养生保精之道。《汉书·艺文志》方技略著录黄帝、容成等八家，谓“乐而有节”。房中为方术的一个流派。《后汉书·方术列传》有冷寿光、甘始等人。后为道教所吸收。道家认为阴阳和合，乃自然之理，阴阳不交，则壅塞坐致疾病。房中术就是讲求两性交合，节欲卫生之道，五斗米道名之曰“男女合气之术”。其术东晋葛洪《抱朴子》曾论述。《隋书》、《旧唐书》、《新唐书》等经籍艺文志医方类中均著录其书，但为道教清修派及全真道所反对。其书大部分失传。

精 道教用语。诸家解释不一。先秦诸子已提出精的概念，《管子·水地》：“人，水也。男女精气合，而水流形。”《内经》讲呼吸精气。道教将其继承发展。《太平经》以“精”为“三一”之一，认为精者受之于地，重精为长寿之道。《玄门大论》以精为“虚妙智照之功”，《吐纳经》说精为“血脉之川流”、“人之所由生”。随道教内丹学的兴起，内丹家把精作为炼丹的药物之一，认为生命之源在于此，它的状况决定人的生命是衰老还是永葆青春。《道枢·百问篇》引钟离权说：精，水中之气。精的功用是化育生命。内丹家划分了先天精与后天精，后天精不能作内炼药物，只有先天精即所谓元精才能作为炼养之用。元精为身中无形之精，乃生命的本原，静极而动，动而能生身中水液，系生命之源泉。

气 道教用语。气被古代中国人看作生命元素之一，先秦有精气说，两汉有元气说，气成为中国哲学的重要范畴。道教将其援用到养生学上，作为生命运动的能量，认为有气则生，无气则死。《云笈七籤》卷五六《元气论》说：“人与物类，皆禀一元之气而得生成，生成长养，最尊最贵者莫过人之气也。”又引《上清洞真品》说：人之生禀天地的元气为神为形，受元一之气为液为精，天气减耗神将会散，地气减耗形将会病，元气减耗命将会竭。道教内修之术十分强调“爱气”，以为欲长寿者必须爱气。内丹家又区分了先天气与后天气，先天气为禀受于先天的元精之气，后天气为呼吸之气，炼内丹即是采取先天一气为丹田，与后天气内外混合，结成还丹。

神 道教用语。指人的生命现象的主宰。《西升经·邪正章》说：“伪道养形，真道养神，真神通道，能亡能存。神能飞形，并能移山。”故道教以存神、炼神为长生之要。道教构想了五脏六腑之神，各有姓字服色、长短大小。《云笈七籤》卷十二《推诵黄庭内景经法》引清虚真人说，凡修黄庭内景玉经，应按帝君填神混化之道，存想身神形色，长短大小，呼其名字，还填本宫；不修此法，真神不守，损气疲神，无益于延命。内丹家则以神为炼丹药物之一，其作用为灵明知觉和主宰，自筑基至于还虚，皆由神主宰之，并用真汞、黄芽、日魂、玉液等为神的代称。

意 道教用语。指意念、心意。道教内丹的筑基功特别强调意念的锻炼，讲究意守丹田，即控制意念于上中下三丹田，内丹各家都以意守丹田为内丹渐法的入门途径。全真道北宗丹法对意念的修炼要求更高，明确主张识心见性，以清净心意为要。丹家又将通任督二脉称为“意导”，即用意来导气，气通任督，令后天气血畅通，可治病强身。在道教内丹的整个修炼过程中，都强调意念活动的重要性。《青华秘文》认为，意念不仅起控制精、气、神配合修炼的媒介作用，而且在金丹之道的自始至终其作用不可离。道教内丹学对“意”的阐述及用意方法等，很多为现代气功锻炼所继承。

六气 道教用语。中国古代道家养生术中吸食的六种精华之气。《楚辞·远游》有“餐六气而饮沆瀣兮，漱正阳而含朝霞”之句。王逸注：“远弃五穀，吸道滋也。餐吞日精，食元符也。”后为道教继承发展。《陵阳子明经》言，“春食朝霞，朝霞者，日始欲出赤黄气也；秋食沦阴，沦阴者，日没以后赤黄气也。冬饮沆瀣，沆瀣者，北方夜半气也；夏食正阳，正阳者，南方日中气也。并天地玄黄之气，是为六气也。”唐代陆德明释《庄子》“御六气”引李颐曰：“平旦为朝霞，日中为正阳，日入为飞泉，夜半为沆瀣，天玄、地黄为六气。”据晋葛洪《抱朴子·释滞》载，一日一夜有十二时，其从半夜以至日中六时为生炁（一作“气”），从日中至夜半六时为死炁。“夫行炁当以生气之时，勿以死炁之时也。故曰仙人服六炁，此之谓也。”

炼气 道教用语。通过吐纳、服食等方式，锻炼自身内在的精气。鲍照《代淮南王乐府》：“淮南王，好长生，服食炼气读仙经。”《新五代史·豆卢革传》：“服丹砂炼气，以求长生。”

炼形 道教用语。指修炼自身形体。《云笈七籤》卷七十二《真元妙道修丹历验抄》：“夫至道真旨，以凝性炼形长生为上。”

三魂 道教用语。敷衍中医肝藏魂、肺藏魄之说而成，称人有三魂七魄。《抱朴子·地真》：“欲得通神，当金水分形，形分则自见其身中之三魂七魄。”三魂之名，一名胎光，二名爽灵，三名幽精。道教谓，修炼者要不为三魂所制，须制御阴杂之气，使清阳之气久居人身中，如此“神气常坚，精华不散，则人不衰不老”。并谓道教有摄三魂之法。（见《云笈七籤》卷五十四《魂神》）

七魄 道教用语。敷衍中医肝藏魂、肺藏魄之说而成，称人有三魂七魄。《云笈七籤》卷五十四《魂神》谓七魄之名，一尸狗，二伏矢，三雀阴，四吞贼，五非毒，六除秽，七臭肺。“此皆七魄之名也，身中之浊鬼也”。并谓道教有制炼七魄之法。

尸解 道教用语。指遗弃肉体而仙去。《后汉书·王和平传》李贤等注云：“尸解者，言将登仙，假托为尸以解化也。”《太极真人飞仙宝剑上经叙》：“夫尸解者，尸形之化也，本真之炼蜕也，躯质遁变也，五属之隐适也。”《太极真人遗带散》亦云：“凡尸解者，皆寄一物而后去，或刀或剑，或竹或杖，及水火兵刃之解。”

飞升 道教用语。指修炼成仙升天。《三天内解经》卷上：“张（陵）遂白日升天，亲受天师之任也。”《抱朴子·论仙》引《仙经》云：“上士举形升虚，谓之天仙。”《续仙传》卷上专列飞升者一十六人。或称登仙、登真、升遐、升仙、升真等等。

炼丹 道教用语。炼制外丹与内丹。

外丹 亦称“金丹”。道教用语。与“内丹”相对。是以铅汞为主，配制其他药物作原料，在炉鼎中烧炼而成的化合物。初步炼成的叫“丹头”，只作“点化”之用，不能服食。继续再炼，便成服食的丹药，即道教所谓的“金丹”或“仙丹”。外丹术本源于秦汉方士炼黄金白银，故又称“黄白术”，后为道教所继承和发展，所谓“金丹”即金液还丹之意。有关外丹的重要著作有《周易参同契》、《抱朴子·内篇》等。

内丹 道教用语。与“外丹”相对。是以人身体为炉鼎，精、气、神为药物。经过一定时间的修养锻炼，以神运炼精、气，达到三位一体，凝结成丹，称为“圣胎”。其修炼主要有炼精化气，炼气化神，炼神还虚等阶段。按道教理论，由道产生神、气、精，凝聚成形而为“人”，这是“顺行”的过程。炼内丹则是从人的精、气、神通过修炼复归于“道”，这是“逆行”的过程。内丹学说吸取中国古代气功、医学及中国古代哲学思想，综合提炼而成，系道教中最高理论。但其中也夹杂一些宗教神秘主义成分。内丹之称，最早见于六朝，南朝陈天台宗二祖慧思《立誓愿文》：“借外丹力修内丹，欲安众生先自安。”内丹的流派颇多，主要分为南北二宗。北宋张伯端传丹道于南方演为南宗。金代王重阳创全真道，传丹道于北方，演为北宗。内丹为性命之学。南宗主张先修命，后修性；北宗主张先修性，后修命。两派都主张性命双修，只是侧重点和入手功夫不同。有关内丹的著作有数百种，重要典籍有《周易参同契》(兼言外丹)、《悟真篇》及《钟吕传道集》、《入药镜》等。

火候 道教用语。外丹家指烧炼外丹掌握的温度高低和时间长短。内丹家指炼丹时的动静。内丹的"火"喻"元神"。由意念控制呼吸、运气的流行缓急，掌握炼功的阶段、层次。其运用有文烹，有武炼，有下手，有休歇，有先后，有缓急，一步有一步的火候，变化多端，随时而行。

炼精化气 道教用语。指将体内之原精通过内丹修炼化为元气。是内丹修炼的第一阶段，大致需要一百余日的修炼，故又称"初关"、"百日关"或"百日筑基"。其过程主要有安炉鼎、种药、调药、采药、封炉、炼药、养丹等步骤，丹经概括为"采封炼止"四口诀，即采药、封炉、炼药、止火。实为当活子时阳关冲举，便以精为小药，调药采炼，将元精从会阴部收入丹炉，继而沿任督二脉行小周天，将所产小药复回归下丹田。丹经认为，炼精化气是内丹修炼的基础，其功效可以袪病强身。

炼气化神 道教用语。指凝气入神，气归神中，以元气与元神合炼。是内丹修炼的第二阶段，亦称"中关"。其主要步骤为在百日筑基的基础上采大药、炼服大药、炼药养丹和胎熟丹结等，修炼时间约须十个月，又称"十月怀胎"。也有的丹派认为须炼三年。其要为候正子时，守中丹田，行大周天，且出现辟谷、胎息等现象，特别是产大药时六根震动，须注意六根不漏。丹经认为，炼气化神所炼的是大药，所结的是金丹、还丹，属内丹修炼的高级阶段，其功效可以延年益寿，返老还童。

炼神还虚 道教用语。指炼养阳神，以复归无极。是内丹修炼的第三阶段，亦称"上关"。其主要步骤为在中关的基础上修炼"哺养功"和"还虚功"，哺养功的修炼时间须三年，还虚功须六年，共约须九年，又称"九年关"。其要为将阳神上升入上丹田，使之如婴儿在此哺养。丹经认为，此时属内丹修炼的最高阶段，可阳神出窍，进入与天地合一、宇宙同体的神仙世界。实指内丹修炼进入性功阶段，但其中包含了较多的神秘成分。

琴心三叠 道教用语。指上中下三丹田和合如一，心和神悦。是为丹道初成。《上清黄庭内景经》"上清章第一"："琴心三叠儛胎仙。"务成子注："琴，和也。三叠，三丹田，谓与诸宫重叠也。"又《大丹直指》卷下："金丹之秘，在于一性一命而已。性者天也，常潜于顶；命者地也，常潜于脐。顶者性根也，脐者命蒂也。一根一蒂，天地之元也，祖也。脐下，黄庭也。庭常守乎顶与脐，是谓三叠。"

三华聚顶 道教用语。"三华"是玉华、金华、九华的合称，实为精、气、神之代称。三华聚顶指精化为气，气化为神，精气神三化合聚于上丹田，如草之开花结子，是为内丹炼成。《潜确类书》："炼精化气，炼气化神，炼神还虚，名为三华聚顶。"

守三一 道教用语。《太平御览》卷六六八引《太上太真科》："一在人身，镇定三处。能守三一，动止不忘，三尸自去，九虫自消，不假药饵，不须禁防。"《云笈七籤》卷四十九引《洞神经》释守三一云，知守虚、无、空者为大乘，守神炼形为中乘，守气含和为小乘。另有存守身中三宫三一之法。

开天目 道教用语。指修炼时，先使身心安泰，凝神聚气，目随意行，会于两眉间，内视反思，忽然彻悟，洞察一切。

内视 亦称"内观"。道教用语。《孙真人备急千金要方·养性·道林养性》："常当习黄帝内视法，存想思念，令见五脏如悬磬，五色了了分明，勿辍也。"并要求摒除外缘，"不得浮思外念"，否则，"心想欲事，恶邪大起"，炼功失效。

内观 即"内视"。

存想 亦称"存思"，简称"存"。道教用语。精思凝想，聚气凝神内观之法。《三洞珠囊·坐忘精思品》引葛仙公《五千文经序》载："静思期真，则众妙感会；内观形影，则神气长存；体洽道德，则万神震伏，祸灭九阴，福生十方。"存想的对象，如《云笈七籤》卷四十三引《老君存思图》所述，多至十八类，而以"三宝"为主，即道宝(无形之形，即太上)、经宝(自然妙文，即宝经)、师宝(玄中大法师，即高上老君)。其中专以身内外诸神为存想对象者，称"存神"。

存思 道教用语。一作"存想"。

存神 道教用语。即内视养生之法。道教认为人身五脏百脉皆有神人主守，与元气(道)相应，直观五脏之神，可以延寿。《天隐子》："存，谓存我之神；想，谓想我之身。"《太平经》、《黄庭经》、《老子中经》等皆列述身中诸神。《无上秘要·身神品》载，人身之中自有三万六千神，"日日存之，时时相续，念念不忘，长生不死"。

止念 道教用语。定观的初阶，即排除杂念，停止一切思虑。《定观经》："若觉一念起，须除灭务令安静。"《坐忘论》："学道之初，要须安坐，收心离境，住无所有，不著一物，自入虚无，心乃合道。……所有计念，从妄心生，若枯体灰心，则万病俱泯。"

坐忘 道教用语。指心法相应、物我两忘的境界。《庄子·大宗师》："隳支体，黜聪明，离形去智，同于大通，此谓坐忘。"郭象注："夫坐忘者，奚所不忘哉？既忘其迹，又忘其所迹者，内不觉其一身，外不识有天地，然后旷然与变化为体而无不通也。"唐司马承祯著《坐忘论》加以发挥。

心斋 道教用语。道教静功。出于《庄子·人间世》："若一志，不是听之以耳，而是听之以心；不是听之以心，而是听之以气。"气指虚而待物。唯道集虚，虚就是心斋。这种心斋修养方法以虚为要点，从听息入手，以入于忘我的境界。后为道教吸取，作为静功中的高层次，称为庄子心斋法或庄子听息法。这一方法近人陈撄宁在《静功疗养法问答》中解释为：意念专一，排除干扰，专注听呼吸之气，因鼻息无声，故不以耳听，而用意念听。功夫深入，心气连成一片，无须再着意于听，而是听其自然，听之任之的"听"。意念归一后，即停止听，渐入于混沌境界，心的知觉失去作用,最后便不知不觉进入虚的境界,此即为心斋。

定观 道教用语。修炼养生方法之一。《太清存神炼气五时七候诀》云:"胎息定观。"(《云笈七籤》卷三十三引)定者,心定,如地不动;观者,慧观,如天常照。定体无念,慧照无边,定慧双修,故名定观。认为修道之士,首先要外事都绝,无与忤心,然后静坐内观,万念俱灭,不动妄想,昼夜勤行,须臾不替,灭除妄念,不灭慧心。行之日久,自然得道。

入静 道教用语。《太平经》认为求道之法,静为根。《老君清净心经》说:人心好静而欲望扰之,长能去欲而心自静。修炼之要在排除杂念。一心清静,心静则身安神宁,疾邪自去,与道合真。"入静"一作"入靖"。靖指静室,人于安静之所,祛除烦嚣,便于身心安静。《真诰》卷七有"入静烧香,北向陈之",即指入靖祀神祈请也。

入靖 即"入静"。

五时七候 道教用语。指存神炼气经历的阶段。修炼工夫即循此由低到高。五时者,第一时,心动多静少;第二时,心静少动多;第三时,心动静相半;第四时,心静多动少,专注一境;第五时,心一向纯静,有事触亦不动。由此而入七候:第一候,宿疾并销,六情沉寂,名为得道。第二候,色返童颜,形悦心安,通灵彻视。第三候,延年千载,名曰仙人。第四候,练身成气,名曰真人。第五候,练气成神,名曰神人。第六候,练神合色,名曰至人。第七候,高超物外,迥出常伦,万行休停,名曰究竟。见《云笈七籤·杂修摄》、《玉涧杂书》。《洞玄灵宝定观经》说七候与此稍异。

九守 道教用语。修道养生的九个守则。一守和,谓"万物负阴而抱阳,冲气以为和"。二守神,谓"人之耳目何能久劳不息,人之精神,何能驰骋而不乏",故须守而不失。三守气,谓"血气专乎内而不越外,则胸腹充而嗜欲寡",故当守气。四守仁,谓"为仁义者不可以死亡恐",可无为无累。五守简(一作"节"),谓食以充饥,衣以蔽寒,"适情辞余,不贪多积"。六守易,谓"量腹而食,度形而衣,容身而游,适情而行"。不为贫贱富贵而失其性命。七守清,谓神清则知明,知公则心平,"神清意平,乃能制物之情"。八守盈,谓天之道,损有余,奉不足,"盈即损",故不欲盈。九守弱,谓"天下之要,不在于彼而在于我,不在于人而在于身,身得则万物备"。"故圣人持养其神,和弱其气,平夷其形,而与道沉浮"。物感而应,事迫而动,不得已而用,不敢为天下先。守此九者,则可无欲无累,无是无非,万物玄同,自然无为。见《云笈七籤》卷九十一。

三元八会 道教用语。指仓颉造字以前,天空中由云气凝结而成的文字。用以显示原始的经典。《真诰》卷一:"有三元八会之书,建文章之祖。"《云笈七籤·道教本始部》:"其八会之字,妙气所成,八角垂芒,凝空云篆。"

和合四象 道教用语。四象在易学中为少阳、老阳、少阴、老阴的卦象,指春夏秋冬四时。内丹家借以指眼耳鼻舌,认为含眼光是青龙象,调鼻息是白虎象,缄口气是朱雀象,凝耳韵是玄武象。《金丹四百字》说:"以含眼光、凝耳韵、调鼻息、缄舌气,是为和合四象。"四象和合,则魄木魂金、精水神火都聚于意中。是为内丹修炼过程中的一大要点。

五气朝元 道教用语。通过内丹修炼,使五脏之气回归上丹田。《性命圭旨》:"惟圣人知回机之道,得还元之理。身不动则精固而水朝元;心不动则气固而火朝元;真性寂则魂藏而木朝元;妄情忘则魄伏而金朝元;四大安和则意定而土朝元。"此即为五气朝元,皆聚于顶。《金丹四百字》说:以眼不看而魂在肝,耳不听而精在肾,舌不声而神在心,鼻不香而魄在肺,四肢不动而意在脾,故称五气朝元。其功法之要在于潜神内守,丝毫不为外物所动心,使五脏无漏,五气聚顶。

中国古代政治哲学

民本 "民惟邦本,本固邦宁"(《古文尚书·五子之歌》)的缩写。中国儒家的一种政治理想。意为民众是国家的根本,稳固这个"根本"国家才能安宁。源于西周周公(旦)的"敬德保民",到春秋时期发展为"重民"思潮,管仲说:"政之所兴,在顺民心;政之所废,在逆民心。"(《管子·牧民》)儒家对之又作了升华,成为其"德治"、"仁政"的基本根据和施政纲领。孟子提出:"民为贵,社稷次之,君为轻。"(《孟子·尽心下》)荀子表述为:"民如水,君如舟;水可载舟,也可覆舟。"(《荀子·王制》)突出了"民为邦本"之意;而"本固"则在于得到民众的拥护。孟子说:"桀纣之失天下也,失其民也;失其民者,失其心也。得天下有道:得其民,斯得天下矣;得其民有道:得其心,斯得民矣。"(《孟子·离娄上》)为此,就应实施"德治"、"仁政"。其一,首先要求统治者本身有"仁"德。孔子说:"为政以德,譬如北辰,居其所而众星拱之。"(《论语·为政》)又说:"君子之德风,小人之德草,草上之风必偃。"(《论语·颜渊》)其二,统治者要"施仁德于民","以不忍人之心,行不忍人之政"(《孟子·公孙丑上》)。其要包括:"因民之所利而利之"(《论语·尧曰》),"所欲与之聚之,所恶勿施尔也"(《孟子·离娄上》);"制民之产","使民以时","富之","教之","省刑罚,薄税敛,深耕易耨",给民众以实际的利益,即"养民也惠"、"推恩"于民,于是,民则受之感化而感恩于上,"中心悦而诚服也",达到"本固邦宁","斯得天下"。

民惟邦本 见"民本"。

明德慎罚 西周初周公用语。《尚书·康诰》:"惟乃丕显考文王,克明德慎罚,不敢侮鳏寡,庸庸,祗祗,威威,显民。"他认为治民既应明尚德政,又要慎施刑罚,包括:不能欺侮无依无靠的人,任用应当任用的人，尊敬应当尊敬的人，处罚应当处罚的人。认为量刑处罚要考虑犯罪的动机和悔罪态度，罪虽大，但非故犯，且知悔改，“时乃不可杀”；罪虽小，但明知故犯，且不知悔改，“乃不可不杀”。至于“不孝不友”的“元恶大憝”者，则定要“刑兹无赦”。实际上提出了“宽猛相济”、“文武并用”的统治原则，为后来儒家所继承和发展。战国末荀子谓：“治之理，礼与刑，君子以修百姓宁。明德慎罚，国家既治四海平。”（《荀子·成相》）

敬德保民 西周统治者提出的政治思想。周取代商后，对殷人的天命论作了修改，核心是“以德配天”。认为能否享有“天命”，关键以君主是否“敬德”而转移。强调天命不是永恒地给某一个统治者，“唯命不于常”（《尚书·康诰》）。“唯王其疾敬德。王其德之用，祈天永命。”（《尚书·召诰》）“敬德”，亦称“修德”、“明德”。其内容有三：一谓统治者应“无康好逸豫”，“不敢自暇自逸”，“罔敢湎于酒”，加强自身的品德修养；二谓“明德恤祀”，谨慎地祭祀先祖、上天；三谓“怀保小民，惠鲜鳏寡”，“训告”教化，“明德慎罚”，对民实行德政。只有如此，才能保持对民众的统治，使民众心悦诚服服从统治，“欲至于万年，唯王子子孙孙永保民”（《尚书·梓材》）。近代王国维说，周人“其所以祈天永命者，乃在德与民二字”（《殷周制度论》）。这一思想形成了对后世影响深远的德治说的基本框架。

尊天 中国古代一种天人感应的神学政治思想。最早起源于周朝。国人的“天”包含两重意义：一是至大无外、至高无上的自然之天；一是玄妙不测、主宰一切的神明之天。周人确立以“乾”为首卦的尊“天”说，认为唯有“天”是至高无上、主宰一切的自然神明，个人的吉凶祸福、国家的盛衰存亡都与“天意”、“天命”存在着联系。世俗生活只有在“天”的授意下才具有合理性，世俗活动只有在“天”的授命下才具有神圣性。“尊天”思想对春秋战国“百家争鸣”产生了决定性影响，孔子的“天命”、墨子的“天志”、老子的“天道”都是对“尊天”思想的继承与发展。

天命论 宣扬“天”即上帝的旨意和命令主宰人世一切的理论。“天命”一词出现较早。《尚书·汤誓》：“有夏多罪，天命殛之。”《诗·商颂·玄鸟》：“天命玄鸟，降而生商。”在殷周时期天又称为“帝”或“上帝”。殷统治者自称“受命于天”，把自己的统治假托为“上帝”的命令，称之为“天命”。周人灭殷后吸取殷亡的教训，对天命观念作了重大修正，认为“天命”不是固定不变的，能否享有“天命”，得视君主是否有良好的道德品质。周人的“敬德保民”的主张，开启了后世儒家德治的先声。至于广泛流行的“死生由命，富贵在天”（《论语·颜渊》），是指非人力所能改变的客观必然性。强调人们必须服从命运的安排，让人们心甘情愿忍受被奴役的现状。孔子虽不是宿命论者，强调“知天命”（《论语·尧曰》），但又提出“畏天命”（《论语·季氏》）。天命论的出现，是由于古人对自然、社会和自身命运的无知，幻想由超自然的神安排和支配人世间的一切。

国将兴，听于民 春秋时期史嚚关于人神关系及国家兴亡的论断。《左传》庄公三十二年，“秋七月，有神降于莘”，周惠王问内史过是何原因，内史过曰：“国之将兴，明神降之，监其德也；将亡，神又降之，观其恶也。故有得神以兴，亦有以亡。虞、夏、商、周皆有之。”内史过认为，国之兴亡皆有神监之。后，虢公闻之，欲请神赐予土地，并派“祝应、宗区、史嚚享焉”。史嚚乃曰：“虢其亡乎！吾闻之，国将兴，听于民；将亡，听于神。神，聪明正直而壹者也，依人而行。虢多凉德，其何土之能得！”（《左传·庄公三十二年》）凉德，即薄德、缺德。史嚚认为，国家能否兴旺，决定于民。神灵既明察、正直而又专一，只会依附于有德之人。像虢君如此少德，怎能得到神的赐予！春秋时期，重民轻神、以神从民，已是诸多明智思想家的共识。前此，随国季梁即曾说道：“所谓道，忠于民而信于神也。”又曰：“夫民，神之主也。是以圣王先成民而后致力于神。”（《左传·桓公六年》）认为只有民，才是神之主。其后，虞国宫之奇曰：“臣闻之，鬼神，非人实亲，惟德是依。”“神所冯依，将在德矣。”（《左传·僖公五年》）宋国司马子鱼谏宋公“以人为祭”时亦曰：“祭祀以为人也，民，神之主也，用人，其谁飨之？”（《左传·僖公十九年》）郑国名臣子产又说：“天道远，人道迩，非所及也。”（《左传·昭公十八年》）“天”亦神也，子产排斥天，依附人，同样表现了神依于民的思想。

德为国家之基 春秋时期郑国子产关于立国立家的论断。《左传》襄公二十四年，范宣子执晋国之政，要求诸侯纳币甚重，郑国患之。子产乃致信给宣子，曰：“子为晋国，四邻诸侯不闻令德，而闻重币，侨（子产名公孙侨）也惑之。侨闻君子长国家者，非无贿之患，而无令名之难。夫诸侯之贿聚于公室，则诸侯贰；若吾子赖之，则晋国贰。诸侯贰，则晋国坏；晋国贰，则子之家坏。何没没也！将焉用贿？夫令名，德之舆也；德，国家之基也。有基无坏，无亦是务乎！有德则乐，乐则能久。《诗》云：‘乐只君子，邦家之基。’有令德也夫！”（《左传·襄公二十四年》）“令名”即美好的名声，它是承载德行的车子。子产认为德行是立国立家的根基，不能以重币之贿而坏了根基。反映了子产已认识到德行对立国立家的重要性。

礼法之争 亦称“德法之争”。中国古代关于礼治（德治）和法治的争论。周代实行礼治，西周末，礼治开始遭到破坏，春秋时期，有的诸侯国在改革中开始推行法治。周景王九年（前536），郑国子产“铸刑书”，将刑法条文铸于铁鼎，遭到晋国叔向反对。认为这样会使“民知争端矣，弃礼而征于书”（《左传·昭公六年》），破坏传统的礼治。周敬王七年（前513），晋国亦将刑法条文铸于铁鼎，又遭到孔子反对，认为这样做会破坏礼的贵贱等级，“贵贱无序，何以为国？”（《左传·昭公二十九年》）这是礼法之争的滥觞。孔子主张恢复周礼，主张“为政以德”，反对刑罚，提出“克己复礼为仁”(《论语·颜渊》)。又说：“道之以政，齐之以刑，民免而无耻；道之以德，齐之以礼，有耻且格。”(《论语·为政》)认为礼治是最理想的政治，要求人们的视、听、言、动都遵守礼。战国时期，随着经济政治的发展，反对礼治要求法治的人越来越多，他们认为统一的法治和严格的刑赏，为治国根本，其理论核心是加强封建专制政权。前期法家中，李悝最早在魏国制定《法经》，“尽地力之教”。接着商鞅在秦国实行变法，提出“必行法令者，民之命也，治之本也”(《商君书·定分》)。并以“壹刑”、“农战”等政策为其法治理论的重要内容。申不害重“术”，号称“刑名”，要求“循名责实”，“尊君卑臣，崇上抑下”(见刘向《别录》)。慎到重“势”，强调“民一于君，事断于法”(《太平御览》卷六百三十八引慎子语)。儒家学派的孟子，继承孔子尊崇礼治，反对法治的思想，提出“无礼义则上下乱”(《孟子·尽心下》)，“见其礼而知其政”(《孟子·公孙丑上》)，“徒法不能以自行”(《孟子·离娄上》)。道家主张“无为之治”，既反对礼治，也反对法治。老子说：“夫礼者，忠信之薄而乱之首。”(《老子·三十八章》)同时又认为：“法令滋彰，盗贼多有。”(《老子·五十六章》)庄子也认为：“礼者，道之华而乱之首也。”(《庄子·知北游》)又说：“所盗者岂独其国邪？并与其圣知之法而盗之”，“法之所无用也”(《庄子·胠箧》)。战国末年的荀子，在坚持儒家礼治的同时，也重视法治。认为：“人无礼则不生，事无礼则不成，国家无礼则不宁。”(《荀子·修身》)但同时又指出：“礼者，法之大分，类之纲纪也”(《荀子·劝学》)，赋予礼以法的含义。法家的集大成者韩非，兼取前期法家“法”、“术”、“势”三派之长，提出了完整的法治理论，要求国家的政事皆“断于法”，“明主之道，一法而不求智”(《韩非子·五蠹》)。提出“以法为教”、“以吏为师”(同上)，并指责“儒以文乱法”(同上)，称提倡礼治的儒家为“五蠹”之一。最后秦始皇推行法治，建立了统一的封建制帝国。秦统一六国后，一味实行严刑峻法，人民不堪苛政，起而反抗，秦亡。汉朝以后，统治者多采取礼法兼治即所谓“文武并用”、“德主刑辅”的治国策略。

德法之争 即“礼法之争”。

礼治 以礼来维持统治。“法治”的对称。周代实行礼治，西周末年，礼治遭到破坏。孔子提倡礼治，强调：“克己复礼为仁”，“非礼勿视，非礼勿听，非礼勿言，非礼勿动”(《论语·颜渊》)，但也认为应对周礼有所损益。此后，礼治为儒家的重要政治主张。《礼记·礼运》：“礼者，君之大柄也。所以别嫌明微，傧鬼神，考制度，别仁义，所以治政安君也。”战国末荀子也说：“人无礼则不生，事无礼则不成，国家无礼则不宁。”(《荀子·修身》)但他提出：“礼者，法之大分”(《荀子·劝学》)，赋礼以法的含义。

德治 中国古代思想家提倡的治国之道。西周初周公(旦)已提出“敬德保民”。春秋时孔子明确提出：“为政以德，譬如北辰，居其所而众星拱之。”(《论语·为政》)又说：“道之以政，齐之以刑，民免而无耻；道之以德，齐之以礼，有耻且格。”(同上)即要求统治者本人“其身正”，成为民的道德表率。“苟正其身矣，于从政乎何有？不能正其身，如正人何？”(《子路》)认为：“君子之德风，小人之德草，草上之风必偃”；“了欲善，而民善矣”(《颜渊》)。又要求对民实行道德教化。认为政、刑只能使民不敢犯罪，而德、礼则能使民知耻归心。并认为“不教而杀谓之虐；不戒视成谓之暴；慢令致期谓之贼”(《尧曰》)。反对不加道德教化而施行刑罚。孟子主张以“仁义”治国，“施仁政于民”，发挥了孔子的“德治”思想。秦亡以后，儒家进一步认识到道德教化的特殊功能，认为治国当“以仁义为巢”、“教化”为务。儒家强调道德的政治作用的思想特点，对后世影响极大。历代政治家、思想家大多主张治国儒法并用，以德治为主，而辅之以刑法。唐代的统治者一方面搞“贞观修礼”，制定一套封建的道德体系，以“正家”、“定天下”，一方面又制定法律，形成了中国历史上最严密、最系统的封建法典——唐律，不仅把统治阶级的意志以法律的形式体现出来，而且以法律的形式强制推行其道德观念，目的是“制礼以崇敬，立刑以明威”，促进社会发展。

德政说 先秦以道德教化为施政准则的政治学说。其思想渊源可追溯到殷商时代。春秋时期，孔子继承西周以来的敬德保民思想，大力提倡“为政以德”的德政说。此后，德政说成为儒家提倡的施政准则。主要内容包括：(1)重视对民众的道德教化。(2)统治民众须宽猛相济；(3)必须重民、爱民、富民，省刑罚，薄税敛，以争取民心。(4)统治者要以身作则，严于律己，“修己安百姓”。(5)举贤才。强调德才兼备，以德为先。孔子的德政思想，到孟子、荀况时转化为王道仁政和王制学说。德政说是儒家政治思想的中心内容。

为政以德 春秋孔子用语。指以德治国，就能得到天下人的拥护和爱戴。《论语·为政》：“为政以德，譬如北辰，居其所而众星拱之。”详“德治”。

先王之道 儒家用语。特指古代圣王尧舜禹、文武周公及商汤的治国之道，其基本内容是礼乐制度和仁义道德。孔子首出表彰三代盛世和圣人至治，称：“礼之用，和为贵，先王之道斯为美。”(《论语·学而》)孟子“言必称尧舜”，提出“五百年必有王者兴”一说，认为“由尧舜至于汤”、“汤至于文王”、“文王至于孔子”其间皆“五百余岁矣”，均有圣人之道一以贯之，试图从“道统”的角度解释先王之道。又说：“有人于此，入则孝，出则悌，守先王之道。”(《孟子·滕文公下》)《礼记·乐记》强调：“先王之道，礼乐可谓盛矣”；后来，唐代韩愈又用“仁义道德”概括儒家的道统观念，完善并最终确立了先王之道的内涵。

文武之道 泛指周代文王、武王制定的典章制度、礼乐教义及其所立政事和功业。《论语·子张》：“文武之道，未坠于地，在人。贤者识其大者，不贤者失其小者，莫不有文武之道焉。”朱熹注：“文武之道，谓文王、武王之谟训功烈，与凡周之礼乐文章皆是也。”《礼记》提出“文王以文治，武王以武功”一说，称：“张而不弛，文武弗能也；弛而不张，文武弗为也；一张一弛，文武之道也”，又以“文武之道”特指刚柔相济、张弛结合的治民之道。认为治民犹如用弓，弓久张而不弛则力绝，民过劳而不与休息则力疲；弓久弛而不张“则体必变”，民久休而不劳则志逸，故用弓当一张一弛，治民则必须刚柔相辅，刑德兼施。后成为历代王朝治民安国的一贯指导和根本策略。

大道 儒家社会政治理想的概括。孔子曾以“大道之行”赞叹尧舜至治盛世之伟业，称：“大道之行也，与三代之英，丘未之逮也而有志焉”（见《礼记·礼运》）。断定“大道”仅行于尧舜之世，三代之英循而守之。又强调“大道者，所以变化遂成万物也”，谓大圣者“知通乎大道，应变而不穷，辨乎万物之情性者也”（见《荀子·哀公》孔子答）。后《礼记》以“大道”为儒家的大同理想，称：“大道之行也，天下为公，选贤与能，讲信修睦。故人不独亲其亲，不独子其子，使老有所终，壮有所用，幼有所长，矜寡孤独废疾者皆有所养。”将原始公有制下的社会秩序理想化。又指出：“今大道既隐，天下为家，各亲其亲，各子其子，货力为己，大人世及以为礼。……是谓小康。”（《礼记·礼运》）其说对后世有广泛而长久的影响。

宽猛相济 儒家的治政原则。主张德教宽厚和政令苛严互相配合、相辅而成。《左传·昭公二十年》：“郑子产有疾，谓子大叔曰：‘我死，子必为政。唯有德者能以宽服民，其次莫如猛。’”孔子发挥子产的思想，称：“宽者得众”（《论语·阳货》），又据此批评“居上不宽”者，强调“居上”者（君主）要德性宽厚，才可获得民众的信任。同时指出，政宽须与“猛”相济：“政宽则民慢，慢则纠之以猛。猛则民残，残则施之以宽。宽以济猛，猛以济宽，政是以和。”（见《左传·昭公二十年》）以后经荀子、董仲舒等的发展，形成德主刑辅、刚柔兼施的“一张一弛，文武之道”，以作为统治者的基本策略。

民信 春秋孔子的政治思想。意为取得人民的信任。《论语·颜渊》：“子贡问政。子曰：‘足食、足兵、民信之矣。’子贡曰：‘必不得已而去，于斯三者何先？’曰：‘去兵。’子贡曰：‘必不得已而去，于斯二者何先？’曰：‘去食。’自古皆有死，民无信不立。”孔子以为，虽然足食、足兵对于国家来说，都是头等大事，但它们与百姓对统治者的信任感相比，还是后者更为重要，如若三者不能兼顾，那么宁要民信而不要足食、足兵。他又说：“上好信，则民莫敢不用情”（《论语·子路》），其弟子子夏说：“君子信而后劳其民；未信，则以为厉己也。信而后谏；未信，则以为谤己也”（《论语·子张》），都说明百姓的信任和理解，是统治者治理好国家的先决条件。

博施于民 儒家的政治主张。指广泛地给民以恩惠、普遍地帮助他人。以此概括尧舜的圣德。《论语·雍也》：“子贡曰：‘如有博施于民而能济众，何如？可谓仁乎？’子曰：‘何事于仁！必也圣乎！尧舜其犹病诸！夫仁者，己欲立而立人，己欲达而达人。能近取譬，可谓仁之方也已。’”主张就实际的事例做起，一步步博施于民而能济众，这是实践仁道的方法。

选贤与能 儒家提倡的用人主张。《礼记·礼运》：“孔子曰：……大道之行也，天下为公，选贤与能。”是说三代盛世，天下为公，“人不独亲其亲，不独子其子”，不以天下之大私其子孙，如尧授舜，舜授禹，凡有贤能者即选而授之。反映了任人唯贤的思想倾向，为《礼运》篇崇尚的大同理想。

仁政 战国孟子的政治主张。孔子曾提倡礼治和德政，认为：“道之政，齐之以刑，民免而无耻；道之以德，齐之以礼，有耻且格”（《论语·为政》），“如有王者，必世而后仁”（《论语·子路》）。孟子继承和发挥孔子的思想，提出“仁政”。要统治者对人民以道德感化为主，并适当改善其物质生活，以便得民心，“王天下”。认为王者行政即“施仁”的过程，“有不忍人之心，斯有不忍人之政矣”（《孟子·公孙丑上》），仁政是王者的仁义之心推己及人的结果，强调以仁义道德原则作为施政的根据。仁政的具体内容有：“夫仁政，必自经界始”（《孟子·滕文公上》），实行井田制；“制民之恒产”，给农民以固定的土地，不违农时，“取于民有制”；“设为庠、序、学、校以教之”（同上）。认为：“王如施仁政于民，省刑罚、薄税敛、深耕易耨，壮者以暇日修其孝悌忠信，入以事其父兄，出以事其长上，可使制梃以挞秦楚之坚甲利兵矣。”（《孟子·梁惠王上》）通过施行仁政来统一天下。这一主张当时未被统治者采纳，但两汉以后却受到重视，产生了巨大的影响。

刑德 “刑”，指刑罚、法制；“德”，指道德教化。其具体的实施，各学派的主张不尽相同。儒家注重道德教化。《论语·为政》：“道之以政，齐之以刑，民免而无耻；道之以德，齐之以礼，有耻且格。”但儒家崇德并非要废刑，而是“宽以济猛，猛以济宽”（《左传·昭公二十年》）。法家注重用严刑推行法治。商鞅认为重刑即是返德。《商君书·开塞》：“吾以杀刑之反（返）于德。”韩非强调“刑德”，提出“杀戮之谓刑，庆赏之谓德”，把“刑德”看作是国君控制群臣，独擅政权的“二柄”（《韩非子·二柄》）。汉代学者总结秦王朝推行严刑苛法的教训，提出“阳为德，阴为刑”，“王者承天意以从事，故任德教而不任刑”（董仲舒《举贤良对策》），“尊德礼而卑刑罚”（王符《潜夫论·德化》），实际上是恩威并施，刑德兼用，强调：“法教（刑德）得则治，法教失则乱。”（荀悦《申鉴·杂言下》）南宋朱熹总结概括为刑辅德本：“刑者，辅治之法。德礼则所以出治之本，而德又礼之本也。此其相为终始。”（《论语集注》）

王霸之辨 中国古代关于两种统治方法的争论。战国时儒家学派称以仁义治天下为王道，以武力结诸侯为霸道。孟子说“尧舜之道，不以仁政，不能平治天下”（《孟子·离娄上》），称美三王之世，认为"五霸者,三王之罪人也"(《孟子·告子下》),贬三代之后的霸道。荀子认为"王者富民,霸者富士","王夺之人,霸夺之与,强夺之地"(《荀子·王制》),认为王霸只是程度不同。主张"隆礼尊贤而王,重法爱民而霸"(《荀子·天论》)。自秦汉以来无不主张王霸并用,汉宣帝公然宣称:"汉家自有制度,本以霸王道杂之,奈何纯任德教,用周政乎!"(《汉书·元帝纪》)北宋邵雍倡皇帝王霸之说,认为历史是倒退的,三皇时"以道化民",五帝时"以德教民",三王时"以功劝民",而春秋五霸之后则"以力率民",结果是"取以利不以义"。程颢认为:"得天理之正,极人伦之至者,尧舜之道也;用其私心,依仁义之偏者,霸者之事也。"(《论王霸札子》)南宋朱熹更进而宣扬三代是"天理流行"的王道政治的时代,自三代之后便是"人欲横流"的霸道政治的时代。陈亮针对朱熹上述的观点进行驳斥,以为古今异道,古者不尽可以为法,则汉唐与三代无异,并提出"王霸并用,义利双行"之说,具有历史进化的思想。

王霸义利之辨 中国古代关于统治方法和伦理观问题的争论。详"王霸之辨"、"义利之辨"。

王道 儒家的政治主张。指"以德服人",用"仁政"进行统治。与"霸道"对称。语出《尚书·洪范》:"无偏无党,王道荡荡。"孟子主张王道,认为"以德行仁者王","以德服人者,中心悦而诚服也"(《孟子·公孙丑上》)。要使民"养生丧死无憾,王道之始也"。"是故明君制民之产(私产),必使仰足以事父母,俯足以畜妻子,乐岁终身饱,凶岁免于死亡。"(《孟子·梁惠王上》)得民心,用俊杰,则天下无敌。但不排斥刑罚,《孟子·离娄上》:"徒善不足以为政,徒法不能以自行。"荀子认为"隆礼尊贤而王,重法爱民而霸"(《荀子·天论》),"义立而王,信立而霸"(《荀子·王霸》),重王道不反对霸道。韩非主张王霸合一。认为"明君务力","不务德而务法"(《韩非子·显学》),"治内以裁外"(《韩非子·忠孝》),行"霸王之道"(《韩非子·初见秦》)。汉代统治者总结秦亡的历史教训,提出:"文武并用,长久之术"(《史记·郦生陆贾列传》),主张"王道"与"霸道"兼用,即"以霸王道杂之"(《汉书·元帝纪》)。宋代程朱理学以继承孔孟道统自居,重新把"王道"与"霸道"对立起来,贵"王道"而贱"霸道",并以此作为褒贬历史和历史人物的标准,从而产生了朱熹与陈亮的一场"王霸之辨"。参见"王霸之辨"。

霸道 先秦法家的政治主张。指"以力服人",用暴力进行统治。与"王道"相对。《史记·商君列传》:"吾语公(秦孝公)以王道而未入也……吾说公以霸道,其意欲用之矣。"孟子认为"以力假仁者霸","以力服仁者,非心服也,力不赡也"(《孟子·公孙丑上》),反对实行霸道。荀子重王霸之别,认为"王夺之人,霸夺之与,强夺之地。夺之人者臣诸侯,夺之与者友诸侯,夺之地者敌诸侯。臣诸侯者王,友诸侯者霸,敌诸侯者危"。王道得天下,霸道强一国。但他也反对霸道,称赞王道。韩非继承早期法家的霸道思想,提出了法、术、势三者结合的理论,认为儒家宣传的王道和德治已经过时,只有"明君务力",实行霸道,才能统一天下。"事异则变备,上古竞于道德,中世逐于智谋,当今争于气力。"(《韩非子·五蠹》)汉代以后的统治者,接受秦王朝推行霸道的教训,多兼采霸道和王道,提出"文武并用,长久之术"(《史记·郦生陆贾列传》),即"以霸王道杂之"(《汉书·元帝纪》)。

民贵君轻 战国孟子的政治思想。仁政学说的核心。渊源于早期儒家的"民本"思想。孔子曾提出,仁者应当做到"使民如承大祭"(《论语·颜渊》)。《孟子·尽心下》:"民为贵,社稷次之,君为轻。"认为在治理国家统一天下的问题上,民心最重要,而社稷(土、谷神喻国家)为次,君主为轻。强调"保民而王,莫之能御也"(《孟子·梁惠王上》),保护劳动力,并把它束缚在土地上,是维护封建统治的根本前提。指出:"得天下有道,得其民,斯得天下矣;得其民有道,得其心,斯得民矣。"(《孟子·离娄上》)并在此基础上提出了一套"施仁政于民"的策略,在一定程度上肯定了"民心"向背的历史作用。这种主张在历史上曾产生过积极的影响。明清之际思想家黄宗羲撰《明夷待访录》,继承并改造此说,提出"天下为主,君为客",批判君主专制,为百姓要求政治改革的先声。

以德服人 儒家观点。依靠道德力量使人心归服。孔子已提倡"德治",认为治理百姓如依靠政令和刑罚,只能使"民免而无耻",而"道之以德、齐之以礼"则民"有耻且格"(《论语·为政》)。还主张"故远人不服,则修文德以来之"(《论语·季氏》)。孔子的德治思想为儒家后来者所继承。孟子提倡仁政,明确提出"以德服人者,中心悦而诚服也"(《孟子·公孙丑上》)。认为法家"以力服人"。虽然"霸必有大国",但别人"非心服也,力不赡也",而"以德服人"才是"中心悦而诚服也"(《孟子·公孙丑上》),就"如七十子之服孔子也"(同上)。

多助 儒家指得仁道、施仁政者,能得到很多人的帮助。孔子已有此思想。《说苑·权谋》载孔子言曰:"中行文子背道失义以亡其国,然后得之犹活其身。"《孟子·公孙丑下》:"得道者多助,失道者寡助。"孟子在论及政治与军事的关系时,把决定战争胜利的因素分而为三:"天时"、"地利"、"人和"。《孟子·公孙丑下》:"天时不如地利,地利不如人和。"孟子认为"天时"、"地利"都是战争的重要条件,但最根本的还是施行仁政。施仁政(得道)能多助,不施仁政,则寡助。《孟子·公孙丑下》:"寡助之至,亲戚畔之;多助之至,天下顺之。以天下之所顺,攻亲戚之所畔;故君子有不战,战必胜矣。"荀子也有类似说法:"用国者,得百姓之力者富,得百姓之死者强,得百姓之誉者荣。三得者具而天下归之。"(《荀子·王霸》)

寡助 孟子指违背仁政必然失去别人的帮助。见"多助"。

善政 儒家政治思想。其实质是为德政,即养民。《尚书·大禹谟》："德惟善政，政在养民。水火金木土谷惟修，正德、利用、厚生，惟和，九功惟叙，九叙惟歌。戒之用休，董之用成，劝之以九歌，俾勿坏。"孔安国传："正德以率下，利用以阜财，厚生以养民，三者和，所谓善政。"战国时孟子将"善政"与"善教"相对，抑前扬后，认为"善政不如善教之得民也。善政民畏之，善教民爱之，善政得民财，善教得民心"(《孟子·尽心上》)。

教化 儒家用语。特指以民为主要对象的政治教育和道德感化。孔子主张治民应"导之以德，齐之以礼"，实行富而"教之"的政策。孟子以为"饱食暖衣，逸居而无教，则近禽兽"(《孟子·滕文公上》)，强调对民实行"德教"的重要性。"仁言不如仁声之入人深也，善政不如善教之得民也。善政，民畏之；善教，民爱之。善政得民财，善教得民心。"(《孟子·尽心上》)荀子概括说："礼义教化，是齐之也。"(《荀子·议兵》)认为用礼义道德之教才能服人之心，是齐一人心之术。《礼记·经解》也认为："故礼之教化也微，其止邪也于未形。"董仲舒总结秦二世而亡的历史教训，建议汉武帝"退而更化"，"复修教化而崇起之"。指出："夫万民之从利也，如水之走下，不以教化堤防之，不能止也。是故教化立而奸邪皆止也，其堤防完也。"(《举贤良对策》)认为要使民"成性"为善，必待圣王之"外教然后能善"。"天生之，地载之，圣人教之。君者，民之心也；民者，君之体也。心之所好，体必安之；君之所好，民必从之。……故曰先王见教之可以化民也。"(《春秋繁露·为人者天》)反映了"教化"的封建家长制的特点。

道义论 战国末荀子的政治思想。荀子在《君道》中指出："闻修身，未尝闻为国也。君者，仪也；民者，景也。仪正而景正。"在《修身》中指出："志意修则骄富贵，道义重则轻王公；内省而外物轻矣。""身劳而心安，为之；利少而义多，为之。事乱君而通，不如事穷君而顺焉。""士君子不为贫穷怠乎道。"在《劝学》篇中说："是故权利不能倾也，群众不能移也，天下不能荡也。生乎由是，死乎由是，夫是之谓德操。"认为只有具有道义的君子才是至尊、至富、至重、至严。"道义"是荀子政治思想的核心范畴。是否拥有"道义"是人品分流、等级贵贱的评判标准。道义论的政治目标不是维护个别君主的地位，而是巩固整个君主专制的体系。

道高于君 战国末荀子的政治思想。荀子十分重视治国之道，认为道就是治理国家、统一天下所应遵循的原则，"道也者，治之经理也"(《荀子·正名》)。主张道王统一，"圣人者也，道之管也"(《荀子·儒效》)。"无君子则道不举"(《荀子·致士》)。在道王之间，荀子强调的是道，"国者，天下之利用也；人主者，天下之利势也。得道以持之，则大安也"；"不得道以持之，则大危也"(《荀子·王霸》)。要求君主运用权力必须遵循道，"治之要在于道"(《荀子·解蔽》)。提出"道义重则轻王公"、"从道不从君"的道高于君思想，并把为国之大利而敢于"强君矫君"、"抗君之命"的人称为"谏"、"争"、"辅"、"拂"之臣。荀子的道高于君的思想对后世影响深远。

隆礼至法 战国荀子用语。谓治国应隆盛礼义，推行法度。《荀子·君道》："至道大形，隆礼至法则国有常。"认为礼、法兼用是君道的基本规定。"治之经，礼与刑，君子以修百姓宁；明德慎罚，国家既治四海平。"(《荀子·成相》)但两者以礼为重，"礼者，法之大分，类之纲纪也。"(《荀子·劝学》)若无礼义忠信，赏庆刑罚则是"佣徒粥卖之道也，不足以合大众，美国家"(《荀子·议兵》)。对秦以后的儒家思想有较大影响。

隆礼贵义 战国荀子用语。《荀子·议兵》："隆礼贵义者其国治，简礼贱义者其国乱。"以礼义为治国之本。又以人的言行能否"属于礼义"为划分等级的标准："虽王公大人之子孙也，不能属于礼义，则归于庶人。虽庶人之子孙也，积文学，正身行，能属于礼义，则归之于卿相士大夫。"(《荀子·王制》)

明分使群 战国荀子的社会伦理思想。《荀子·富国》："穷者患也，争者祸也。救患除祸，则莫若明分使群矣。"认为"人能群"，能组成社会，所以异于禽兽。而"能群"在于"明分"，使有"贵贱之等，长幼之差，知愚能不能之分"(《荀子·荣辱》)，即所谓"礼义"。"分莫大于礼"；"分何以能行？曰义。"(《王制》)有了等级之别和一定的制度、规范，就能使有限的财物"皆得其宜"，使不同等级各安其分，于是人类就能"群居和一"。"故义以分则和，和则一，一则多力，多力则强，强则胜物"(同上)。但把明分使群归于"圣人"、"君主"的作用。"君者，何也？曰：能群也。"(《荀子·君道》)又说："有分者，天下之本(大)利也。而人君者，所以管分之枢要也。"(《荀子·富国》)以此论证封建等级制度和君主统治。

一天下 儒家思想。这一设想孔、孟已有雏形。孔子曾赞许管仲"相桓公，霸诸侯，一匡天下，民到于今受其赐"(《论语·宪问》)，而其道路便是"克己复礼"，所谓"一日克己复礼，天下归仁焉"(《颜渊》)。孟子亦主张天下"定于一"(《孟子·梁惠王上》)。其方法则是"施仁政"，以为"以善养人，然后能服天下。天下不心服而王者，未之有也"(《离娄下》)。荀子明确提出："一天下，振毫末，使天下莫不顺比从服，天王之事也。"(《荀子·王制》)以为其途径是"全道德，致隆高，綦文理。"又《荀子·非十二子》："一天下，财万物，长养人民，兼利天下，通达之属，莫不从服。"强调其方法是"六说者立息，十二子者迁化"。反映了先秦儒家要求政治与思想统一的主张。

天下为公 中国古代的一种社会理想和道德理想。语见《礼记·礼运》："大道之行也，天下为公，选贤与能，讲信修睦。"东汉郑玄注："公犹共也。"与"天下为家"相反，以为天下非一姓一家之私物，乃为天下人所共有，故又称"大同"之世。实际是对三代以前尧舜禅让的氏族社会的理想化。《吕氏春秋·贵公》也有类似之说："昔先圣王之治天下也，必先公，公则天下平矣”,“天下非一人之天下也,天下之天下也。”汉儒谷永即以此文答汉成帝之问:“去无道,开有德,不私一姓,明天下乃天下之天下,非一人之天下。”(《汉书·谷永传》)汉以后,君主专制主义政体定型,很少再提及这一思想。明清之际,黄宗羲借以批判君主专制,认为“天下之治乱,不在一姓之兴亡,而在万民之忧乐”,主张以“天下之法”取代“一家之法”(《明夷待访录》)。近代康有为以产业之归公而“不许有独人之私业”界定“天下为公”。孙中山则以民权主义释之:“提倡人民的权利,便是公天下的道理。公天下和家天下的道理是相反的;天下为公,人人的权利都是很平等的。”(《对驻广州湘军的演说》)参见“大同”。

大同 中国古代以“天下为公”为特征的一种社会理想。《礼记·礼运》:“大道之行也,天下为公,选贤与能,讲信修睦。故人不独亲其亲,不独子其子。使老有所终,壮有所用,幼有所养,矜(鳏)寡孤独废疾者皆有所养,男有分,女有归。货恶其弃于地也,不必藏于己;力恶其不出于身也,不必为己。是故谋闭而不兴,盗窃乱贼而不作,故外户而不闭,是谓大同。”东汉郑玄注:“同犹和也,平也。”以为“大同”之世,既无宗法等级的亲亲、尊尊之别,也无财产为己的私有之制,人们不争不夺,自然和合,实是对三代以前的原始氏族社会的理想化。并以“大道”由行而隐、即社会由“大同”而“小康”的历史过程,论证礼义的起源和礼治的必要,为封建社会的礼教纲常提供历史的根据。但以后的一些进步思想家、社会改革家则把“大同”作为理想的社会憧憬,如近代洪秀全、康有为、谭嗣同、孙中山等都用“大同”理想鼓舞人们为反对封建制度而斗争。

小康 中国政治思想和伦理思想用语。用以概括“天下为家”的社会特征。语出《礼记·礼运》:“大道既隐,天下为家,各亲其亲,各子其子,货力为己……是谓小康。”认为“小康”之世,是由“大同”之世演进而来,既以天下为私家之物,故国家政权父子相传,兄弟相及。并制定礼义以纲纪天下,“以正君臣,以笃父子,以睦兄弟,以和夫妇”。同时,为巩固私家天下,又“以设制度,以立田里,以贤勇智,以功为己。故谋用是作,而兵由此起”。反映了宗法等级社会及其伦理关系的特点。一般指三代以来的禹、汤、文、武、成王、周公之治。

小国寡民 春秋老子的社会理想和道德理想。《老子·八十章》:“小国寡民。使有什伯之器而不用;使民重死而不远徙;虽有舟舆,无所乘之;虽有甲兵,无所陈之;使人复结绳而用之。甘其食,美其服,安其居,乐其俗,邻国相望,鸡犬之声相闻,民至老死,不相往来。”主张一种封闭、孤立的社会生活,无需文明进步。恢复到原始蒙昧状态,使民无所欲求,各安其居,生活纯朴,习俗甘美。实际上是对氏族农村公社组织结构和人际关系的幻化,集中地体现了老子复古倒退的历史观和文化观,为其倡导的“绝圣弃智”、“绝仁弃义”、“绝巧弃利”以复“大道”之世的道德理想提供根据。

兼王之道 墨子关于尚贤亲士的主张。《墨子·亲士》云:“良弓难张,然可以及高入深;良马难乘,然可以任重致远;良才难令,然可以致君见尊。是故江河不恶小谷之满己也,故能大。圣人者,事无辞也,物无违也,故能为天下器。是故江河之水非一源之水也,千镒之裘非一狐之白也。夫恶有同方取,不同不取而已者乎?盖非兼王之道也。”认为抱兼爱天下之心而王天下者,必度量宽容,广纳人才,善听异议。孔子也主张“举贤才”(《论语·子路》),但对不同道者,则持“道不同不相为谋”(《论语·卫灵公》)态度。反映了儒墨两家在这一问题上的不同观点。

尚贤 春秋战国墨子用语。“尚”即“崇尚”,“贤”即贤才。崇尚贤才。墨子认为尚贤事能是“政事之本”,“国有贤良之士众,则国家之治厚;贤良之士寡,则国家之治薄”(《墨子·尚贤上》)。对贤良之士要“以德就列,以官服事,以劳殿赏,量功而分禄”,发挥他们在政权中的作用。并主张“官无常贵,民无终贱”,有能则举之,无能则下之,“虽在农与工肆之人”(同上),亦一视同仁。要求贤者能“竭四肢之力,以任君之事,终身不倦”(《墨子·尚贤中》)。与儒家“亲亲、尊尊”的思想相对立。

尚同 春秋战国墨子用语。“尚”即崇尚,“同”指统一、同一。指层层统治同一于天子的理想政治。墨子主张“选天下之贤可者,立以为天子”(《墨子·尚同上》),并主张建立一种从天、天子到诸侯、将军、乡长、百姓的严格的等级统治秩序。在这种制度下,“上之所是,必皆是之;所非,必皆非之”(同上),上下一致,就能“谋事得,举事成,入守固,出诛胜”(《墨子·尚同中》),“唯能壹同天下之义,是以天下治也”(《墨子·尚同上》)。

取法夏禹 墨子的政治主张。墨子称颂古之圣王,常连及三代,尤其推崇夏禹。墨子主节用节葬非乐,则与夏禹之俭约相一贯,而与周礼之繁文相反,至于其行事之席不暇暖,摩顶放踵,更与“胫无毛”之夏禹相类,故《庄子·天下》称墨者“多以裘褐为衣,以跂跻为服,日夜不休,以自苦为极,曰:‘不能如此,非禹之道也,不足为墨。’”又《淮南子·要略》称墨子“背周道而用夏政”,后世学者亦多以为其取法夏禹者,良有以也。孔子亦称“禹,吾无间然矣”(《论语·泰伯》),“巍巍乎舜禹之有天下也,而不与焉”(同上)。孔子推崇禹“卑宫室而尽力乎沟洫”(同上),与墨子相似,然而更赞扬禹重视祭礼:“菲饮食而致孝乎鬼神,恶衣服而致美乎黻冕”(同上)。反映了孔墨在服法于前贤上各有所侧重。

遵道利民 墨子的政治思想。“子墨子曰:‘今天下之君子,中实将欲遵道利民,本察仁义之本,天之意不可不慎也。’”(《墨子·天志中》)“遵道”即立天为仪,顺天之志,兼爱、尚同、非命,勤勉从事,使“刑政治,万民和,国家富,财用足,百姓皆得暖衣饱食,便宁无忧”(同上)。孔子也言道,在政治上提出

“天下有道则礼乐征伐自天子出,天下无道则礼乐征伐自诸侯出。……天下有道则政不在大夫,天下有道,则庶人不议”(《论语·季氏》),以周礼的恢复和实行为有道。但在自然观上,“夫子之言性与天道,不可得而闻”(《论语·公冶长》),墨子却再三称“上利乎天,中利乎鬼,下利乎人……是谓天德”(《墨子·天志中》),利天利鬼置于利人之上,反映了两者不同之处。

法术势 战国时法家思想的基本内容。“法”指体现统治阶级意志,受国家强制力保证执行的行为规则;“术”指君主统治的手段和策略;“势”指君主的地位和权力。在前期法家中,商鞅重法,申不害重术,慎到重势。齐法家已开始兼采“法、术、势”三派思想(见《管子》中的《七法》、《任法》、《法法》、《明法解》等篇)。战国末期韩非则对三者加以总结,认为商鞅重法,“然而无术以知奸”(《韩非子·定法》),申不害重术,但“不擅其法,不一其宪令则奸多”(同上),慎到重势,但势有“自然之势”和“人之所得势”(《韩非子·难势》)之分。他集先秦法家学说之大成,提出了以“法”为核心的完整的法治理论。强调法术势不可一无,“法”是基础,“抱法处势”(同上)、“行术”,三者相辅以为用,作为维持和巩固君主专制的“帝王之具”。

法治 战国时期法家的政治主张。与儒家的“人治”主张相对。强调“民一于君,事断于法”(《太平御览》卷六百三十八引慎子语)。主张“任法而不任智”(见《艺文类聚》卷五十四)。认为统一的法律与严格的刑赏,为治国之根本。其理论核心为加强封建君主专制政权。为李悝、商鞅、申不害、慎到、韩非等所提倡。前期法家中,慎到和申不害分别主张用“势”和“术”来推行法治。商鞅强调统一法令“为治之本也”(《商君书·定分》),并以“壹刑”、“农战”等政策为其法治理论的重要内容。韩非兼取前期法家“法”、“术”、“势”三派之长,提出了完整的法治理论。规定一切都“断于法”,“一法而不求智”(《韩非子·五蠹》),“法不阿贵,绳不挠曲”(《韩非子·有度》)。实行法治的关键是掌握“刑”、“赏”、“二柄”。用“严刑”、“重罚”,“使国安而暴乱不起”(《韩非子·奸劫弑臣》)。用“循名责实”办法考核、奖励官吏。主张“以法为教”,“以吏为师”(《韩非子·五蠹》)。采取“宰相必起于州部,猛将必发于卒伍”(《韩非子·显学》)的用人原则,重用“法术之士”。

术治 战国时法家的政治主张。强调君王的统治策略和权谋手段为治国之本。为战国中期的申不害所倡导,主张:“君设其本,臣操其末;君治其要,臣行其详;君操其柄,臣事其常”,君主要“窜端匿疏,示天下无为”。并抓住“名”这个纲,“以其名听之,以其名视之,以其名命之”(见《群书治要·大体》),便能达到天下之治。战国末韩非加以发展,他并把“行术”与“抱法”、“处势”结合起来,强调“擅其法”,“一其宪令”为行术的前提(《韩非子·定法》),并大大丰富了术的具体内容。参见“术”。

势治 战国时期法家的政治主张。强调君主的权势为治国之本。为战国中期的慎到所提倡。他提出:“尧为匹夫不能治三人,而桀为天子能乱天下”,故“势位之足恃,而贤智之不足以慕也”(见《韩非子·难势》)。战国末韩非在此基础上进一步区分“自然之势”和“人之所得势”,丰富了“势治”的内容。并强调“势治”必须以“法”为基础,“无庆赏之劝,刑罚之威,释势委法,尧、舜户说而人辩之,不能治三家”,“抱法处势则治”(《韩非子·难势》)。

法 法律、法令。体现统治阶级意志,由国家强制力保证执行的行为规则。《商君书·修权》:“法者,君臣之所共操也。”《管子·心术上》:“杀戮禁诛谓之法。”《管子·任法》:“夫法者上之所以一民使下也。”《韩非子·难三》:“法者,编著之图籍,设之于官府,而布之于百姓者也。”先秦法家强调:“不贵义而贵法”(《商君书·画策》),“以法为本”(《韩非子·饰邪》),“以法为教”(《韩非子·五蠹》)。荀子则主张礼法兼施,认为“隆礼至法则国有常”(《荀子·君道》)。

术 指君王统治的手段和策略。道家和法家曾有颇详的论述和总结。《汉书·艺文志》谓其学说为“君人南面之术也”。法家重术,以申不害为代表。韩非概括为:“术者,因任而授官,循名而责实,操杀生之柄,课群臣之能者也。”(《韩非子·定法》)内容包括任免、考核、赏罚各级官吏的手段。具体有“众端参观”,“必罚明威”,“信赏尽能”,“一听责下”,“疑诏诡使”,“挟知而问”,“倒言反事”等(《韩非子·内储说上》)。

势 国君的地位和权力。战国时期法家重势,以慎到为代表。《慎子·威德》:“贤不足以服不肖,而势位足以屈贤矣。”韩非也认为“有材而无势,虽贤不能制不肖”(《韩非子·功名》),并进一步提出“势者,胜众之资也”,“君执柄以处势,故令行禁止”(《韩非子·八经》),强调势与法结合,“抱法处势则治”,而“释势委法”,尧舜“不能治三家”(《韩非子·难势》)。还认为:“势者,名一而变无数者也”,有“自然之势”、“人之所得势”等(同上),丰富了势的内容。

明法审令 亦作“明法察令”。战国时期法家的政治主张,即建立和实行严明的法令制度。吴起“相楚,明法审令”(《史记·孙子吴起列传》)。申不害认为“尧之治也,善明法察令而已。圣君任法不任智,任数不任说”(见《艺文类聚》卷五十四)。兵家尉缭也有类似思想,“明法审令,不卜筮而事吉”(《尉缭子·战威》)。

明法察令 即“明法审令”。

变法 亦称“更法”。为应世变,除弊图强,自上而下地变革法令、制度。先秦法家一般都强调变法,商鞅在《更法》中提出:“当时而立法,因事而制礼”,驳斥了所谓“知者不变法而治”的守旧派观点。慎到也认为:“治国无其法则乱,守法而不变则衰……以道变法者,君长也。”(《慎子逸文》)《吕氏春秋·察今》:“世易时移,变法宜矣。”法家的变法理论和实践，为建立新的封建生产关系和中国的统一，起过十分积极的作用。但他们还认为，在建立了新的制度和法令之后，应保持其统一和稳定，不轻易变更。《韩非子·解老》："治大国而数变法，则民苦之，是以有道之君贵虚静而重变法。"秦汉以后，中国封建社会的思想家为巩固专制统治，也经常谈"变法"。著名的有北宋王安石等，他主张："圣人之心不求有为于天下，待天下之变至焉，然后吾因其变而制之法耳。"(《天子贤于尧舜》)中国近代资产阶级思想家主张"变法"，则是要求改变封建制度，建立资本主义的生产关系。康有为认为"非变通旧法，无以为治"(《上清帝第二书》)。主张"变法成天下之治"(同上)。谭嗣同认为，中国面临着灭亡的危险，"唯变法可以救之"(《仁学》)。但这还是要求依靠君主进行自上而下的改革，当实践证明这种要求行不通时，中国资产阶级思想家就由宣传"变法"转变到宣传革命。

更法 即"变法"。

变法更礼 先秦的法治思想。意指革新法令以治理国家，更改礼制以教导百姓。语出《商君书·更法》：秦孝公说："代立不忘社稷，君之道也。错法务民主长，臣之行也。今吾欲变法以治，更礼以教百姓，恐天下之议我也。"孔子推崇周礼，"信而好古"(《论语·述而》)，提出"齐之以礼"(《论语·为政》)。秦孝公时儒者甘龙、杜挚也主张"圣人不易民而教，知者不变法而治"，"法古无过，循礼无邪"。法家则提出法治。商鞅支持秦孝公"变法更礼"的政治主张。指出："法者所以爱民也，礼者所以便事也。是以圣人苟可以强国，不法其故；苟可以利民，不循其礼。"(《商君书·更法》)反映了法家与儒家不同的政治主张。

圣人不法古 先秦法家的政治思想。意指理想的君主不效法古代圣王。出于《商君书·开塞》："圣人不法古，不循今。"儒家主张"法先王"，即效法或遵循古代圣明君王的言行和制度。孔子"祖述尧舜，宪章文武"(《中庸》)，主张"从周"(《论语·八佾》)、"好古"(《论语·述而》)、"为东周"(《论语·阳货》)。商鞅则提出："法古则后于时，循今则塞于势。周不法商，夏不法虞，三代异势，而皆可以王。"(《商君书·开塞》)韩非则更进一步，明确提出"圣人不期修古，不法常可"，主张效法当世"新圣"，实行"以吏为师"(《韩非子·五蠹》)。

归心于壹 先秦法家的政治主张。意指专心一意地去务耕战。出于《商君书·壹言》："圣王之治也，慎为察务，归心于壹而已矣。"壹，今人高亨《商君书注释》："即专务农战"，指农战政策。战国时期，围绕着治国方针，儒法两家展开了激烈的争论。法家主张耕战，儒家反对耕战。商鞅全面地论述了法家的治国主张。指出："圣人明君者非能尽其万物也，知万物之要也。故其治国也，察要而已矣。"(《商君书·农战》)"圣人非能通知万物之要也。故其治国，举要以致万物，故寡教而多功。"(《商君书·赏刑》)"要"即"壹"。故："国之所以兴者，农战也。"(《商君书·农战》)"圣人治国也，审壹而已矣。"(《商君书·赏刑》)认为"善为国者，其教民也，皆作壹而得官爵"(同上)，指出："国作壹一岁，十岁强"(《商君书·农战》)。反映了与儒家相对的政治观点。

明法 先秦法家用语。指治国要建立严明的法令制度。申不害认为君王必须"明法"、"正义"，才能"一群臣"(见《艺文类聚》卷五十四)。商鞅主张"燔诗书而明法令"(见《韩非子·和氏》)，认为"法制明则民畏刑"(《商君书·君臣》)。《管子·任法》认为君王"明法而固守之"，才能达到"君臣上下贵贱皆从法"的"大治"。韩非则指出："人主使人臣，虽有智能，不得背法而专制；虽有贤行，不得逾功而先劳；虽有忠信，不得释法而不禁，此之谓明法。"(《韩非子·南面》)李斯也认为君王要"修其明法"(《史记·李斯列传》)。

利民不循礼 先秦法家的政治思想。意指政策、方针只要有利于民众便不必沿用古礼。出于《商君书·更法》："苟可以利民，不循其礼。"孔子主张"循礼"、"克己复礼"，要求人们的视、听、言、动都遵循周礼，做到"非礼勿视，非礼勿听，非礼勿言，非礼勿动"(《论语·颜渊》)。周礼是秦国变法的障碍，所以商鞅提出："苟可以强国，不法其故；苟可以利民，不循其礼"(《商君书·更法》)。反映出儒、法对待周礼的不同观点。

以刑去刑 战国商鞅关于执行严明的刑律，以达到使人不敢犯罪目的的法治理论。《商君书·画策》："以刑去刑，虽重刑可也。"《开塞》："以刑治则民威(畏)，民威则无奸，无奸则民安其所乐。"《赏刑》："明刑之犹至于无刑也。"对战国末韩非和《秦律》有深刻的影响。

天子为天下说 战国慎到关于天子与天下关系的理论。慎到认为一国之内只能有一个君主，"多贤不可以多君，无贤不可以无君"。主张君主主操大权，应该掌权为天下，而不应该借权吞天下。"古者立天子而贵之者，非以利一人也"，"天下无一贵，则理无由通。通理以为天下也"。提出了贵利、理、天子、天下的关系。天子是基于社会的需要为通天下之理而产生的。因此，"立天下以为天下，非立天下以为天子也。立国君以为国，非立国以为君也。"(《慎子·威德》)

尚法贵公论 战国慎到的政治思想。慎到反对人治，认为人治使"国家之政要在一人之心矣"(《慎子·威德》)。主张治国之道在于实行法治，"治国无其法则乱"，事断于法，是国之大道也。法要面向现实，"法非从天下，非从地出，发于人间，合乎人心而已"(《慎子·佚文》)。法又要有共同准则，"法制礼籍，所以立公义也。凡立公所以弃私也"(《慎子·威德》)。"立法而行私，是私与法争，其乱甚于无法"(《慎子·佚文》)。如何奉公弃私，"一兔走街，百人追之，贪人俱存，人莫之非者，以兔为未定分也，积兔满市，过而不顾，非不欲兔也，分定之后，虽鄙不争"。

“故治天下及国，在乎定分而已矣”(同上)。慎到的尚法贵公论思想要求把国家职能规范化，通过规范的形式体现和保证统治阶级的普遍利益。以后的法家关于立法原则的种种理论，都以此为基础而展开。

尚法不尚贤 战国慎到的政治思想。与儒家倡导的君臣关系建立在礼义忠信基础上的思想相反，慎到主张尚法不尚贤，认为法是实现君权至上的一种工具，尚贤降低了君主的地位；尚贤与尚法相矛盾，提倡尚贤必降低法的地位，把政治命运系于贤者的身上。他告诫君主尚贤是最危险的，“立君而尊贤，是贤与君争，其乱甚于无君”(《慎子·佚文》)。认为君子应该“用人之自为，不用人之为我”，因为“人莫不自为也，化而使之为我，则莫可得用用矣”(《慎子·因循》)。又说“将治乱，在乎贤使任职，而不在于忠也。故智盈天下，泽及其君；忠盈天下，害及其国”(《慎子·知忠》)。在历史上第一次揭示君臣之间是互相利用的关系。

法与时移 法家的社会、政治思想。认为治理国家的法制要随时势的变化而转移。儒家主张“法古”，孔子“祖述尧舜，宪章文武”(《中庸》)，他“从周”(《论语·八佾》)、“好古”(《论语·泰伯》)，商鞅针对这种思想提出了“当时而立法，因事而制礼。礼法以时而定，制令各顺其宜”，“治世不一道，便国不必法古”(《商君书·更法》)。主张按照时代现实的需要，制定礼法制度。韩非进一步发展了这一思想，断言：“治民无常，唯治为法。法与时移则治，治与世宜则有功。”所以，“圣人之治民也，法与时移而禁与能变”(《韩非子·心度》)。治理国家的法度，必须以时势的变化而转移。并将“欲以先王之政治当世之民”的儒家学派贬称为“守株待兔”(《韩非子·五蠹》)者。

言轨于法 战国末韩非法治思想的要义之一。《韩非子·难三》：“明主言法，则境内卑贱莫不闻知也。”在《有度》篇又说：“一民之轨，莫如法。”在《五蠹》中说：“境内之民，其言谈者必轨于法。”在《问辩》中说：明主之国，“令者，言最贵者也；法者，事最适者也。言无二贵，法不两适，故言行而不轨于法令者，必禁”。强调举国上下，事无巨细，一切决断于法，虽然君言可以立法，但君无戏言，言无二贵，君主也应该依法令行事。言不轨法是亡国之政。

峭法严刑 先秦法家的政治思想。意指立法要严峻，行刑要严厉。儒家力倡“德治”与“仁政”，孔子主张“为政以德”(《论语·为政》)。法家韩非则针对此提出“峭其法而严其刑”，主张实行严刑峻法，他以为人的本性是“骄于爱，听于威”，只有罚重才能使法令得到遵守。他还主张“重一奸之罪”，认为只有这样，才能达到“以刑去刑”，天下太平。反映了儒法两家截然相对的观点。

上满下漏，患无所救 战国时尉缭关于国家兴亡之一般规律的论断。《尉缭子·战威》：“王国富民，霸国富士，仅存之国富大夫，亡国富仓府。所谓上满下漏，患无所救。”“仓府”即国库。尉缭认为：使民众富足的国家，可以称王；使士人富足的国家，可以称霸；使大夫富足的国家，勉强生存；仅使国库充足的国家，必然灭亡。一个国家如果只是上层富足而下层人民一贫如洗，其祸患则无法挽回。

仁之所在，天下归之 《六韬》中提出的政治思想。《六韬·文韬·文师》：“太公曰：天下非一人之天下，乃天下之天下也。同天下之利者，则得天下；擅天下之利者，则失天下。天有时，地有财，能与人共之者，仁也，仁之所在，天下归之。免人之死，解人之难、救人之患、济人之急者，德也。德之所在，天下归之。与人同忧同乐、同好同恶者，义也。义之所在，天下赴之。凡人恶死而乐生，好德而归利，能生利者，道也。道之所在，天下归之。”以“天下”为公器思想，在中国古代渊源甚早，孔子曾曰：“大道之行也，与三代之英，丘未之逮也，而有志焉。大道之行也，天下为公。”(《礼记·礼运》)大道通行的“大同”时代，在“三代”之前，即尧、舜时代。及“大道既隐，天下为家”，进人“禹传子，家天下”的历史时代，方以“天下”为私有之物。而圣哲们的理想仍在“天下为公”的大同时代。立足于这一时代背景，《六韬》认为，天下并非一人所独有的天下，而是天下人共有的天下。能和人民共享天下利益的，就可得到天下；欲独享天下利益，就会失掉天下。天有岁时，地有货财，能与人民共享天下之财的，可称之为仁人；仁人所在，天下之人民就归向之。能够解人之危困、救人之患难者，可称为有德之人，有德之人在何处，人民也会归向何处。义与道，实为仁德的推衍，同样可以吸引天下人之来归。仁、德、义、道，皆为民心之所向，为道义之所在，它既是王道政治的根基，更是国之存亡的政治基础。此与《司马法》的“以仁为本”具有相同性质。

德之所在，天下归之 《六韬》提出的政治思想。《六韬·文韬·文师》：“免人之死，解人之难，救人之患，济人之急者，德也，德之所在，天下归之。”《六韬》以仁、德、义、道并列，共为治国、治军的根基所在。参见“仁之所在，天下归之”。

义之所在，天下赴之 《六韬》提出的政治思想。《六韬·文韬·文师》：“与人同忧、同乐、同好、同恶者，义也，义之所在，天下赴之。”《六韬》以仁、德、义、道并列，共为治国、治军的根基所在。参见“仁之所在，天下归之”。

道之所在，天下归之 《六韬》中提出的政治思想。《六韬·文韬·文师》：“凡人恶死而乐生，好德而归利，能生利者，道也，道之所在，天下归之。”《六韬》以仁、德、义、道并列，共为治国、治军的根基所在。参见“仁之所在，天下归之”。

祸福在君，不在天时 《六韬》提出的以人为本的政治观。《六韬·文韬·盈虚》：“文王问太公曰：‘天下熙熙，一盈一虚，一治一乱，所以然者何也？其君贤、不肖不等乎？其天时变化自然乎？’太公曰：‘君不肖，则国危而民乱；君贤圣，则国安而民治。祸福在君，不在天时。’”强调“人”的因素，认为其处于主导地位的关键人物，就是一国之君主。君主不贤，就会国家危殆而人民动乱；君主贤明，则国家太平而人民安定。所以国家的祸福在于君主自身，而不在于天时。人君“爱民”则主尊，人君“害民”则国乱。

义胜欲则昌，欲胜义则亡 《六韬》关于治国中私欲与公义之关系的见解。《六韬·文韬·明传》：“文王曰：‘先圣之道，其所止，其所起，可得闻乎？’太公曰：‘见善而怠，时至而疑，知非而处，此三者，道之所止也。柔而静，恭而敬，强而弱，忍而刚，此四者，道之所起也。故义胜欲则昌，欲胜义则亡，敬胜怠则吉，怠胜敬则灭。’”古以善治国者为“有道”，祸国殃民者为“无道”，道随明君而起，道遇暴君则止。而明君与暴君的差别就在于：是公义胜过私欲，还是私欲胜过公义。《六韬》认为：公义胜过私欲，国家就强盛；私欲胜过公义，国家就危亡；恭谨胜过怠惰，国家就吉祥，怠惰胜过恭谨，国家就灭亡。所以义、欲关系的处理，绝非君主个人的好恶，而是关系国家存亡的重大原则。

六守三宝 《六韬》关于“君国主民”的几项基本原则。《六韬·文韬·六守》：“文王问太公曰：‘君国主民者，其所以失之者何也？’太公曰：‘不慎所与也。人君有六守、三宝。’文王曰：‘六守何也？’太公曰：‘一曰仁，二曰义，三曰忠，四曰信，五曰勇，六曰谋。是谓六守。’文王曰：‘慎择六守者何？’太公曰：‘富之而观其无犯，贵之而观其无骄，付之而观其无转，使之而观其无隐，危之而观其无恐，事之而观其无穷。富之而不犯者，仁也；贵之而不骄者，义也；付之而不转者，忠也；使之而不隐者，信也；危之而不恐者，勇也；事之而不穷者，谋也。’”“所与”，指国君选用人才。要严格以“六守”为标准，并且要通过富、贵、付、使、危、事等具体手段，观察所选用之人是否确有“六守”。又曰：“人君无以三宝借人，借人则君失其威。”（同上）所谓“三宝”，即“大农、大工、大商”。认为君主只有将农、工、商这三件大事的权力掌握在自己手中，才不至于大权旁落，君失其威。所以说：“六守长，则君昌；三宝完，则国安。”（同上）六守之策能够长期得到贯彻落实，则国君的事业就会昌隆；三种经济得到全面发展，国家就会安定富强。

为国之道，恃贤与民 《黄石公三略》提出的治国方略之一。《三略·上略》：“夫为国之道，恃贤与民。信贤如腹心，使民如四肢，则策无遗。所适如支体相随，骨节相救，天道自然，其巧无间。”恃，依赖。《三略》认为：治理国家的基本方略，在于依靠贤才与民众。信任贤士如同腹心一样，驱使百姓如同手足一样，就不会有遗失之策。军队行动起来如同四肢随从身体，骨节相互救护，天道自然，浑如一体而无间隙。据此，“察众心，施百务，危者安之，惧者欢之，叛者还之，冤者原之”（同上），即为军国之要务。

重罚主义 秦王朝实施的“督责之术”。由李斯所谏，他总结明主圣王“之所以能久处尊位，长执重势，而独擅天下之利者，非有异道也，能独断而审督责，必深罚，故天下不敢犯也”（《史记·李斯列传》）。主要观点是用极刑、穷极欲、显权威。重罚主义的推行，造成“刑者相半于道，而死人日成积于市”的恐怖政治局面，是秦王朝行极权专制的典型表现，成为促秦亡的重要原因之一。

顺天合人 《十六经》、《经法》、《道原》、《称》四篇古佚书的政治思想。主张把天、地、人统一起来作为政治的立足点，只有兼顾三点，才能治国。天道、人道既有区分，又可为一体。人要“因天”，“顺天”。就天、人的基本关系而论，天地制约着人，天是人的主人。如果人顺天而行，人就掌握了主动权，反客为主。人能掌握天道之时机，顺从天道，天道就成了人的客人。政治的总方针是要天、地、人结合起来，顺天合人。

民者万世之本 贾谊提出的观点。《新书·大政上》：“闻之于政也，民无不为本也。国以为本，君以为本，吏以为本。”“夫战之胜也，民欲胜也；攻之得也，民欲得也；守之存也，民欲存也。故率民而守，而民不欲存，则莫能以存矣；故率民而攻，而民不欲得，则莫能以得矣。”“夫民者，至贱而不可简也，至愚而不可欺也。故自古至于今，与民为仇者，有迟有速，而民必胜之。”“夫民者，万世之本也。”贾谊这一观点，成为中国民本思想的重要内涵，也是后世兵民为胜利之根本思想的先导。

法断 指以法为引得失、明曲直的基准。黄老哲学的顺天、循理、用当落实在政治上，集中表现为实行法治、法断与审名实。马王堆汉墓出土的《老子》乙本卷前古佚书认为法源于道，《经法·道法》提出法犹如绳墨区分曲直一样，决定着事情的成败得失。法的基本精神是合民心、公正和无私。另外还要有一颗父母之心。立法要合于民心，执法要公正无私。公正无私又是通向聪明之路。于是执法、无私与聪明三者构成一个良性循环。立法和执法是为政的根本，为此，法一定要统一。为了有效推行法，法的制定者必须从自身做起。

孝治天下 汉代治国的基本策略。自西汉惠帝、东汉明帝以下，帝王谥号无不标以孝字，如孝惠皇帝（汉惠帝）、孝文皇帝（汉文帝）、孝武皇帝（汉武帝）、孝元皇帝（汉元帝）、孝成皇帝（汉成帝）。以孝为维系农村基层统治的手段。设“孝悌”为乡官，以奖励孝的实行者。“置孝弟力田二千石者一人”（《汉书·高后纪》）。孝悌从先秦的伦常观念演变成乡官，为汉代统治者推行孝治作制度化努力。以孝取士做官，确立“举孝廉”制度。东汉郡太守的任务之一，就是“并举孝廉，郡口二十万举一人”（《后汉书·百官志五》）。以《孝经》为必读书籍。教育对象除士民、学子、官吏外，帝王也在其内。孝治的核心，是让百姓成为不犯上作乱的顺民，保证两汉王朝的长治久安。

家天下 以天下为皇帝一家的私产并视其统治为合法性的一种政治观念。初形成于秦，“六合之内，皇帝之土；人迹所至，无不臣者”（《史记·秦始皇本纪》）。在两汉时为人们接受，看作永恒的真理：“天下之财，莫不生之阴阳，归之陛下。归之陛下，岂有公私?"(《后汉书·宦者列传》)"天子以天下为家,臣妾各以其时供公职,今古之通义也。"(《盐铁论·散不足》)"上为皇天子,下为黎庶父母。"(《汉书·鲍宣传》)"天下一家,卧榻之侧岂容他人鼾睡",为帝王"家天下"心态的真实写照。君主对他的臣民,随时握有"可贵、可贱、可生、可杀"(王夫之《读通鉴论》卷二)的大权。到明清两代,"学成文武艺,售与帝王家"的谚语已广泛流传,表明这一观念已深入到民众的心灵。"溥天之下,莫非王土;率土之滨,莫非王臣",《诗经》中这一诗句,常为封建社会中人们用来说明"家天下"的延续性。"家天下"是封建专制主义的理论支柱,是传统政治文化的本质特征所在。

杂霸政治术 汉武帝兼采百家,杂用王霸的政治统治策略。汉初诸子之学已成交融之尚,杂学之士云集朝堂,汉武帝为求极权之巩固,形成对文化思想之驾驭局面,明倡儒术,实采百家。其主要思想内容是求变、治本、尚贤和德刑兼用。杂霸政治术的实施为汉武帝罗织了大量优秀的人才,形成了以他为中心的高智能统治集团,奠定了其成就的政治基础。

德主刑辅 中国封建社会中的统治策略。汉武帝称,"扶世导民,莫善于德","刑罚所以防奸"(《汉书·武帝纪》),已初具雏形。董仲舒重视道德教化的作用,提出"以德为国"的主张(《春秋繁露·立元神》),把道德教化比作一座坚固的精神堤坝,可使"天下之人,人有士君子之行而少过"(《春秋繁露·俞序》),这样人人都不会犯上作乱。认为统治天下的"大本"为三,"王者上谨于承天意"、"下以明教化民"、"以正法度之宜,别上下之序"(《汉书·董仲舒传》)。断言:"天以阴为权,以阳为经","天之显经隐权,前德而后刑","大德而小刑之意"(《春秋繁露·阳尊阴卑》)。经(德)指一般原则,必须遵循;权(刑)指原则的灵活应用,是达到经(德)的辅助手段。德主刑辅系天人感应说在政治中的具体应用。其为后世封建统治者普遍接受,是有深刻社会根源的。秦王朝的短命,决定了这一治国方略采用的必然性。陆贾在议论秦之过失中,提出了"怀德者众归之,恃刑者民畏之"(《新语·至德》)的见解。贾谊论述了德治的重要,"刑罚积而民怨背,礼义积而民亲和"(《汉书·贾谊传》)。以为实行重刑主义,轻视道德教化,难以达到长治久安。董仲舒把汉初几十年比较散乱的思潮,发展为比较完备的理论。它的出现是中国封建地主阶级统治策略走向成熟的标志。

天谴说 西汉董仲舒的政治主张。他把君主看作国家政治的核心,认为君主是社会政治生活中唯一的最高权威,君主的权力来自天:"天子受命于天,天下受命于天子。"(《春秋繁露·为人者天》)皇帝是天之子,是奉天的命令来统治人世的。但如果君主个人权力过于强大,也会走向反面,君主随心所欲运用权力,会造成政治混乱,甚至政权倾覆,所以他又试图利用天的权威给君主以一定的约束,提出君主治理天下必须遵循天的法则,假如君主滥用权力,有背天道,天就会给予责罚,如小则降灾,大则出现怪异等,这就是所谓"天谴说"。

《春秋》决狱 西汉董仲舒首创的根据《春秋》经义附会法律审判案件的方法。其实质是把儒家经典法律化,把儒家经义作为定罪处刑的最高标准。其基本原则为:绝对尊君、亲属相隐和动机定罪。盛行于汉代和魏、晋、南北朝,并长期为封建官吏判案承袭沿用。

更受命 西汉末王莽面对社会政治危机,为夺取最高权力提出的合法性论证。其主要内容是:利用符命、祥瑞和天命论证新室代汉的合理性;利用五德终始历史循环论为权力更迭作论证。强调了权力更迭的逻辑必然性;举出圣人和儒家经典作为其夺取最高权力的行为依据;续祖考,为新兴王朝的正统地位作论证。更受命是西汉神秘主义政治思潮的延续。

天子一体论 《白虎通》中提出的论证君主神圣地位的理论。以此论证帝王的绝对性与至上性,"王者往也,天下所归往"。认为天子乃"四海之内,所共尊者一人耳"(《号》)。天子的神灵之性,与生俱有,受命任职也是必然与天经地义的,无可变更。在封建思想家那里,社会政治是神化了的帝王受命,应天承德、道统轮回的陈旧布新。

伦常神圣论 中国古代为维护三纲五常的一种极端的学说。"三纲五常"为西汉思想家董仲舒建立起来的封建伦理政治学说。三纲者即君为臣纲,父为子纲,夫为妻纲,五常之道即仁、义、礼、智、信。其中,君为伦常之首。认为天之常道"一而不二","唯天子受命于天,天下受命于天子",民之从君,如体之从心,臣之于君,如地之事天。该理论主旨就是用神学目的论来肯定封建统治和等级服从的神圣性和合理性,从而成为中国封建专制主义统治的基本理论,为历代封建统治者所提倡。明清之际思想家王夫之更是强调封建伦常之说:"天子即无道如桀纣,且亦听其自亡以灭宗社。"(《读四书大全说》卷十)

三纲六纪 封建社会中政治思想的最高教义。《白虎通·三纲六纪》中说,三纲者,何谓也?谓君臣、父子、夫妇也。六纪者,谓诸父、兄弟、族人、诸舅、师长、朋友也。故君为臣纲,父为子纲,夫为妻纲。纲是提网的总绳,为纲,即居于主要或支配的地位。三纲六纪并非以社会规律为规范,而是以自然规律为规范,认为以自然亲情纽带为依据的人际法规是至上的。

德力具足 东汉王充用语。指治国既要提倡道德,又要张扬武力。王充指出:"治国之道,所养有二:一曰养德,二曰养力。养德者,养名高之人,以示能敬贤;养力者,养气力之士,以明能用兵。此所谓文武张设,德力具足者也。事或可以德怀,或可以力摧。外以德自立,内以力自备。慕德者不战而服,犯德者畏兵而却。"(《论衡·非韩》)王充还认为:"德不可独任以治国,力不可直任以御敌也。"如果"二者偏驳,各有不足",结果不是"有无力之祸",就是"有无德之患"。只有"德力具足",才是完备的治国安邦之道。

德政加于民 东汉王符提出的政治思想。他在《潜夫论》中继承先秦以来民本思想的传统，把民众看成是国家兴亡的根本力量和治国的关键所在，提出国以民为基的思想。主张富民、爱民、教民，要求统治者对民施行“德政”。认为富民是富国的基础，教民是德政的重要表现。无论是富民或是教民，其实现的关键最终在于君主，君主是行“德政”的最高决定者。君主的权力是至高无上的，民的安危治乱都系于君主一身，“民以君为统，君政善则民和治，君政恶则民冤乱”。故君主要“以恤民为本”，“德加于民政”。

明法禁 东汉王符提出的政治思想。他在《潜夫论》中主张治国要明确法令和禁令，实行法治。认为法令是治国的工具，只有法令得到贯彻，国家才能得到治理。立法的主要目的是“惩恶除害”和防范民乱。主张立法要根据实际情况，采取不同的刑法。但是一个基本原则是“劝善消恶”。主张法在实施和执行的过程中一定要严明，他认为执法的关键在君主身上，君主一定要使法得以实施，否则不仅会动摇君的权威，还会导致国家的混乱。王符的法治主张与其德政主张是相辅而行，有明显的儒法合流印迹。他是在强调德政的前提下提倡法治。

尊贤任能 东汉王符的政治主张。在《潜夫论》中提出。认为贤人在治国中占有举足轻重的地位，用贤则国兴，不用贤则国乱。造成东汉末年社会处于尖锐矛盾中的一个重要原因，就是统治者用人不当。因此，他提倡统治者要“尊贤任能”，反对用人唯亲，认为“贤愚在心，不在贵贱；信欺在性，不在亲疏”。在用贤问题上，强调使用“真贤”，“真贤”的标准就是德才兼备。指出任用“真贤”的首要条件是有明君。他还提出选拔任用贤能的具体措施，主要是“明选”和“考功”。认为对贤能之人不可求其全才，只要能胜任某种职位就可以了。主张“各以所宜，量材授任”，做到“官得其人，人任其职”。

圣人与致太平 东汉末时关于圣人与致太平的讨论。包括三个命题，即“论圣人优劣”、“无圣人能否致太平”、“帝王优劣论”。王充《论衡·宣汉》：“儒者称五帝、三王致天下太平。汉兴以来，未有太平。彼谓五帝、三王致太平，见五帝、三王圣人也。圣人之德，能致太平。”三国时，“无圣人能否致太平”，引起争议。《三国志·魏书·司马朗传》：“钟繇、王粲著论云：‘非圣人不能致太平。’”司马朗著文难钟繇等人的太平论。史载文帝“善朗论，命秘书录其文”。

兴善止恶 即“罚恶赏善”。《太平经》中的重要观点之一。认为“善者自利其身，恶者自害其躯”。《太平经》所说的善恶与前人不尽相同，除了具有伦理道德的特征之外，还包含阴阳五行等宗教的神秘因素，其出发点不在人而在天。它把善恶归结为“天性”，认为善恶已超出了人性的范畴，人世间的一切善恶都是天性所致，源于天性，是由天性决定的。天地阴阳的无穷变化，导致了社会上善与恶的争斗。这与儒家以伦理道德为核心的人性学说不同，把善恶从一般的道德关系中超脱出来，是道教思想家的重要认识方法之一。兴善止恶论的政治意义在于批判了现实政治中的弊端，倡导了善政长久的施政理想。其理论根据是天人合一和天人感应学说。

尊道重德 一种把道德视为财富的主张，《太平经》的重要观点之一。《太平经》提出了“尊道重德”的治国主张，把道与德作为治国的总纲。总结以往的治世之道为十个方面：“元气治”、“自然治”、“道治”、“德治”、“仁治”、“义治”、“礼治”、“文治”、“法治”、“武治”。认为其中“元气治”和“自然治”，表现了治国先要顺应天道自然这一道教特点，把道治和德治作为治国的最佳方案，而把法治等视为下策。在道德与刑罚关系上，主张用道德，去刑罚，“守道与德，思退刑罚”。认为以道德治国会使国家兴盛，而靠刑罚进行统治，则会导致国家混乱，道德是治理国家的根本指导方针。这里说的道德具有宗教伦理的色彩，与儒家以仁义为内容的道德有所区别。

君臣民“并力同心”说 《太平经》中的政治思想。《太平经》曰：“君为父，象天；臣为母，象地；民为子，象和。”认为君臣民是社会关系的最集中体现，是构成国家的基本要素，“君臣民相通，并力同心，共成一国”。君臣民应同心协力，和衷共济。“君者须臣，臣须民，民须臣，臣须君，乃后成一事，不足一，使三不成也。故君而无民臣，无以名为君；有臣民而无君，亦不成臣民；臣民无君，亦乱，不能自治理，亦不能成善臣民也。此三相须而立，相得乃成，故君臣民当应天法，三合相通，并力同心，共为一家也。”君臣民“并力同心”说强调了国家基本要素之间的合作关系。

太平社会 《太平经》倡导的理想社会模式。《太平经》将社会分为三个等次，即太平、中平和不平，认为太平是最完满的社会，“逢其太平，则可安枕而治；逢其中平，则可力而行之；逢其不平，则可以道自辅而备之”。该理想社会包括四个方面：第一，财产公有；第二，人人劳动；第三，相爱互助，智者当包养愚者，“力强当养力弱者”，“后者当养老者”；第四，免除刑罚，“常思太平，令刑格而不用也”。太平社会的理想给汉末农民起义以极大的精神寄托，成为穷苦人民为自己的生存而斗争的旗帜。

兴王道，正礼乐 隋王通的政论主张。中唐以后为儒者推崇，被誉为“河汾道统”。隋朝王通有感于周孔之道不行久矣，主张“兴王道，正礼乐”。兴王道，正礼乐之大要包括君主修德守道、至公无私、以仁为本、爱民厚生、礼敬贤臣、先德后刑、轻徭薄赋等。认为王道之驳久矣，《礼》、《乐》可以不正乎？大义之芜甚矣，《诗》、《书》可以不续乎？王通倡导王道仁政，不专以渺茫的上古三代帝王为效法偶像。认为要恢复周公、孔子之道，其关键在于正礼乐。《中说·魏相》记载：“子居家不暂舍周礼，门人问子，子曰：‘先师以王极是也，如有用我者，我则执此以往，通也，宗周之介子，敢忘其礼乎。'"

守道无私 隋王通倡导的君臣理论。王通认为君臣之间应以遵循道为准则。《中说·事君》："古之事君也，以道，道不可则止；今之事君也，以佞，无所不至。"认为"不知道无以为人臣，况君乎"。匡正君主的过失是臣下的责任，臣子必须具有"无私"的精神，这是事君之道。无私首先要遗其身，《中说·魏相》曰："夫遗其身然后能无私，无私然后能至公，至公然后以天下为中心矣。"

爱民厚生 隋王通的政治学说。先秦时孟子已提出："民为贵，社稷次之，君为轻。"（《孟子·尽心下》）王通承续孟子的思想，提出这一主张。《中说·天地》曰："不以天下易一民之命。"《中说·述史》载董常问王通："《元经》之帝元魏，何也？子曰：'乱离斯瘼，吾谁适归，天地有奉，生民有庇，即吾君也。'"认为爱民厚生是专制国家的第一要务，君主要善庇生民，这是品分君主好坏的重要标准。王通的安民厚生思想受到宋代理学家的推崇，被誉为"河汾道统"。

民为水，君为舟 中国古代儒家的治国学说。先秦时荀子已提出这一思想。后为初唐的统治者所谨记奉行。魏徵在给唐太宗的上疏中说："荀卿子曰：'君，舟也；民，水也；水所以载舟，亦所以覆舟。'孔子曰：'鱼失水则死，水失鱼犹为水也。'故唐虞战战栗栗，日慎一日，安可不深思之乎？安可不熟虑乎。"（《贞观政要·论君臣鉴戒》）唐太宗以隋末的战乱为教训，指出："贞观初，太宗谓侍臣曰：为君之道，必先存百姓；若损百姓，以奉其身，犹割股以啖腹，腹饱而身毙。若安天下，必须先正其身；未有身正而影曲，上理而下乱者。朕每思伤其身者不在外物，皆由嗜欲，以成其祸。"（《贞观政要·论君道》）

礼和王霸道同质论 中国古代关于统治方法的学说。强调等级、仁政和刑杀均为统治方法。荀子认为："隆礼尊贤而王，重法爱民而霸。"（《荀子·天论》）主张王霸兼之。宋代李觏继承和发展了荀子的思想，提出礼乃"虚称也，法制之总名也"。认为"皇帝、王、霸者，其人之号，非其道之目也。自王以上，天子号也"，"霸，诸侯号也"（《常语下》）。"所谓王道，则有之矣，安天下也；所谓霸道，则有之矣，尊京师也，非粹与驳之谓也。"（同上）李觏在理论上将政令刑杀与礼统而为一，为王霸道同质论提供了认识基础。

改易更革 北宋王安石所奉行的改革方针。为挽救北宋"官乱于上，民贫于下，风俗日以薄，才力日以困穷"的政治危机和社会危机，王安石主张对北宋的现行政策和制度进行改易更革。提出："当法其意而已。法其意，则吾所改易更革，不至于倾骇天下之耳目，嚣天下之口，而固已合乎先王之政矣。虽然，以方今之势揆之，陛下虽欲改易更革天下之事，合于先王之意。"强调要"贵乎权时之变"，"古之人以是为礼，而吾今必由之，是未必合于古之制也"（《王文公集·非礼之礼》）。应根据现实情况和政治需要进行调整，"有变以趣时，而后可治也"（《王文公集·洪范传》）。

尊君御臣 北宋司马光反对政治变革的政治思想。尊君思想，古已有之。至战国末韩非，"御臣"之术的理论才较为完备。韩非曰："明主之所导制其臣者，二柄而已矣。二柄者，刑德也。何谓刑德？曰杀戮之谓刑，庆赏之谓德。"（《韩非子·二柄》）《韩非子·内储说上》："主之所用者七术……七术，一曰众端参观；二曰必罚明威；三曰信赏尽能；四曰或反其事；五曰疑诏诡使；六曰挟知而问；七曰倒言反事。此七者主之所用也。"西汉董仲舒提出"君权神授"说，"尊君"理论得到极大发展。董仲舒在《春秋繁露·为人者天》中说："天子受命于天，天下受命于天子。""君之所好，民必从之。"至宋代，司马光提出"尊君御臣"的主张。他说："王者受天命，临四海，上承天之序，下正人之统。"（《温国文正司马公文集·策问王道》）"礼莫大于分，分莫大于名。何谓礼，纪纲是也。何谓分，君臣是也。"（《资治通鉴》卷一）认为封建的"礼"是治国的根本，礼"用之于国，则君臣有叙而政治成焉"，故治国者要使国家安定，千万不能轻易改革旧制。主张"为政之要，在于用人，赏善罚恶而已"。其御臣主要内容为：任官和信赏必罚。知人用人，这是驾驭人才的首要条件。司马光曰："致治之道无它，在三而已。一曰任官，二曰信赏，三曰必罚。"（《御臣》）

均平 中国历史上协调物质分配、消除贫富悬殊以安定社会秩序的政治主张。先秦时《晏子春秋·内篇问上》："〔古之盛君〕其取财也，权有无，均贫富，不以养嗜欲。"又说："领民治民，勿使烦乱，知其贫富，勿使冻馁，则民亲矣。"指穷人和富人的物质分配赋税负担要合理。孔子也说："不患寡而患不均。"认为贫富悬殊终将危及社会安宁，主张各守名分。西汉董仲舒认为"大富则骄，大贫则忧"，应该使富者足以示贵而不至于骄，贫者足以养生而不至于忧，"以此为度，而调均之"（《春秋繁露·度制》），要求适应"调均"贫富。北宋王安石主张抑豪强，伸贫弱，"使贫富均受其利"（见《续资治通鉴长编》）。清初唐甄则提出"天地之道故平，平则万物各得其所"（《潜书·大命》）。龚自珍认为，"贫富不相齐"，会造成社会动乱，甚至会引起王朝覆灭，所谓："小不相齐，渐至大不相齐；大不相齐，即至丧天下"（《龚自珍全集·平均篇》）。这是古代思想家协调利益分配、平衡社会矛盾、稳定社会秩序的主张。他们都把"均平"作为重要的治平之策。唐宋以后的农民起义也大都把"均平"作为旗号，提出"等贵贱，均贫富"的主张。

王霸并用 南宋学者陈亮用语。旨在反对自孟子以降儒家尊王贱霸之传统观点。孔子崇尚王道，"如有王者，必世而后仁"（《论语·子路》）。但对霸道也不一味排斥，对辅佐齐桓公实现霸业之管仲予以很高评价，说："民到于今受其赐。微管仲，吾其被发左衽矣。"（《论语·宪问》）孟子则力倡尊王贱霸，说："仲尼之徒无道桓、文之事。"（《孟子·梁惠王上》）宣称："五霸者三王之罪人也。"（《孟子·告子下》）认为"管仲以其君霸"，"不足为与"（《孟子·公孙丑上》）。孟子这一观点得到朱熹的全面继承与发挥。他认为"三代以道治天下"，实行的是王道政治，社会充满光明，而"汉唐以智力把持天下"，实行的是霸道政治，社会一片黑暗。陈亮反对朱说，认为它"不能使人心服"（《又甲辰秋书》）。指出如"信斯言也，千五百年之间，天地亦是架漏过时，而人心亦是牵补度日"。三代至汉唐之历史则"成一大空阙"，"万物何以阜蕃，而道何以常存?"（同上）认为霸者亦是"天地赖以常运而不息，人纪赖以接续而不坠"之力量，其功绩足以与王者事业相匹配。王道与霸道的关系是相辅相成的。霸道"固本于王道"，王道中亦夹杂霸道。因此而提出"王霸并用"。亦是对后世儒家所倡导的"明其道而不计其功"观点的冲击，具有一定的积极意义。

任贤抚民 朱元璋在克平天下的过程中所谨守的战略原则。《明史·孔克仁传》载，朱元璋在与孔克仁讨论了项羽、刘邦的得失胜败后，指出："项羽南面称孤，仁义不施，而自矜功伐；高祖（刘邦）知其然，承以柔逊，济以宽仁，卒以胜之。今豪杰非一，我守江左，任贤抚民，以观天下之变。若徒与角力，则猝难定也。"认为唯有任贤抚民，广施仁德，才能得到天下人的拥护。

天下一家 明王守仁构想的理想社会。与古代的"大同"社会相合。《礼记·礼运》曰："大道之行也，天下为公，选贤与能，讲信修睦。故人不独亲其亲，不独子其子。使老有所终，壮有所用，幼有所长，矜（鳏）寡孤独废疾者皆有所养，男有分，女有归。货恶其弃于地也，不必藏于己。是故谋闭而不兴，盗窃乱贼而不作，故外户不闭。是谓大同。"王守仁认为，圣人"其心之仁本若是"，因而唯有圣人之治天下，"其视天下犹一家，中国犹一人焉"（《大学问》）。王守仁认为，实现"天下一家"的理想包括两个环节：其一曰"明明德"；其二曰"亲民"。由此"天下之人，熙熙皞皞，皆相亲如一家之亲。其才质之下者，则安其农工商贾之分，各勤其业以相生相养，而无有乎希高慕外之心；其才能之异，若皋、夔、稷、契者，则出而各效其能"（《答顾东桥书》）。王守仁以"亲民"为目的的"天下一家"理想社会，是儒家传统"仁政"理想的重构。

人人君子 明王艮的政治理想。原出孟子，孟子认为人性皆善，"尧舜与人同耳"（《孟子·离娄下》），"人皆可以为尧舜"（《孟子·告子下》）。王艮认为"百姓日用是道"，在此基础上提出："夫仁者以天地万物为一体。一物不获其所，则己之不获其所也，务使获所而后已。是故人人君子，比屋可封。天地位而万物育，此则予之志也。"（《勉仁方·书壁示诸生》）王艮"人人君子"政治模式的理论前提是对凡圣对立的否定，向往的是一种没有等级对立和社会冲突、人人平等、各居其所的理想社会。

尊主庇民 明张居正的政治主张。指在巩固王权的基础上，实行一系列体察民情、宽解民力、与民休息的政策，给民众以实惠，安定民心。为了加强集权，严整吏治，抑制豪强和推行文化专制，张居正主张"尊主庇民"，"以尊主威，定国是，振纪纲，剔瑕蠹为务"（《答陈节推第十八书》）。提出"尊主庇民"措施的主要内容为：振纪纲，重诏令；核民实，课吏治；抑豪强，固邦本；禁私学，抑异说；治体用刚。该政治主张代表着明代统治阶级政治思想的主流，是朱元璋强化集权治国术的延续，在实践中发挥了一定作用。

致一之道 明李贽的社会平等观。认为人无凡圣之别，亦无贵贱之分，人心息息相通，古今如一。他对封建等级制度持强烈抗议的态度，声言"侯王不知致一之道与庶人同等，故不免以贵自高"。认为"高"之所以为"高"，是下面有庶人在垫基；不然的话，侯王就谈不上高贵。强调庶人是社会的主心骨，"致一之理，庶人非下，侯王非高。在庶人可言贵，在侯王可言贱，特未知之耳"（《老子解》）。一般人只知高下与贵贱之间的区别，并把这种关系固定化，视之为不可变动的。李贽以为这是肤浅的看法，力主人与人之间的平等："尧舜与途人一，圣人与凡人一"，向往"天下之众，而能使之均平若一人"（《明道古灯录》）。致一之道对等级森严的封建秩序是一个有力的冲击。

天下为主君为客 明清之际黄宗羲批判君主专制时提出的民主思想。他视古代的先王如尧、舜、禹等，是为天下勤劳服务的君主，是真正的君主。秦汉以后的君主，"以为天下利害之权皆出于我"，于是"天下之利尽归于己"、"天下之害尽归于人"。这就颠倒了百姓与君主之间的主客关系，应该把它改正过来："古者以天下为主，君为客，凡君之所毕世经营者，为天下也。今也以君为主，天下为客，凡天下之无地而得安宁者，为君也。"（《明夷待访录·原君》）认为形成这一局面的罪魁祸首是君主专制制度。由此得出了"君害论"：然则为天下之大害者，君而已矣。指明君主专制制度的存在，使人们"不敢自私，不敢自利"。代表了明清之际市民阶层的利益，是富有时代精神的民主思想。

君为天下大害 明清之际黄宗羲的政治思想命题。黄宗羲谴责封建君主专制的罪恶，分析、列举了中国近两千年的君主专制的弊害，说秦以后之人君"以为天下利害之权皆出于我，我以天下之利尽归于己，以天下之害尽归于人"，"以我之大私为天下之大公"，"视天下为莫大之产业，传之子孙，受享无穷"（《明夷待访录·原君》）。认为他们未得天下之前"屠毒天下之肝脑，离散天下之子女，以博我一人之产业"；既得天下之后则"敲剥天下之骨髓，离散天下之子女，以奉我一人之淫乐，视为当然"（同上）。结论是"为天下为大害者，君而已矣"（同上）。并指出，君主专制下的君臣关系只是主仆关系，臣只是为君"奔走服役"的"仆妾"（《明夷待访录·原臣》）。揭露君主专制之法是“藏天下于筐箧”的“一家之法”而非“藏天下于天下”的“天下之法”(《明夷待访录·原法》)。并提出“有治法而后有治人”的论断。这种“君害”论对清末以至近代的反封建民主运动曾起了思想上的启蒙作用。

君臣共治 明清之际黄宗羲的政治思想。认为“君臣之名,从天下而有之者也。吾无天下之责,则吾在君为路人。出而仕于君也,不以天下为事,则君之仆妾也;以天下为事,则君之师友也”(《明夷待访录·原臣》)。肯定君臣之间的正确关系,变“仆妾”为“师友”,复活了先秦君臣对等论,冲破了秦汉以后的“君为臣纲”论。并对理想社会中的君臣职分、君臣关系作了规定。认为立君的原意是为了“治天下”,但“天下之大,非一人之所能治,而分治之以群工”(《明夷待访录·置相》)。指出臣的职分是“为天下,非为君”,“为万民,非为一姓”。因为“天下之治乱,不在一姓之兴亡,而在万民之忧乐”(《明夷待访录·原臣》)。臣为天下而设,非为君而设,君与臣的关系不是主仆关系,而是师友关系。

君臣师友说 主张以平等思想看待君臣关系的理论。明清之际黄宗羲提出。认为君臣之名分,是“从天下而有之”的,“不以天下为事,则君之仆妾也;以天下为事,则君之师友也”(《明夷待访录·原臣》)。为此他区别了“为君之一姓起见”与“为天下万民起见”两种臣道观。前者指古代流行的愚忠观念。是持“君为己死而为己亡,吾从而死之亡之”的心态,以绝对顺从为前提去为君主效劳,为“宦官宫妾为之心”(同上)。后者把平等观念引进君民关系的领域,反对以主仆关系去处理之。认定君臣关系是建立在双方分工共治天下基础上的:“官者,分身之君”、“臣之与君,名异而实同”。强调君臣关系是平等的同事关系:“夫治天下犹曳大木然,前者唱邪,后者唱许。君与臣,共曳木之人也。”(《明夷待访录·原君》)这一君臣平等的思想,是对传统政治哲学中愚忠心态的否定。参见“君臣共治”。

工商皆本 明清之际黄宗羲的思想。见于《明夷待访录》。战国后期以来的重本抑末思想,到南宋时叶適首先表示异议,说:“四民交致其用,而后治化兴,抑末厚本,非正论。”(《习学记言序目》卷十九)也只是说反对“抑末”,但尚未否定工商为“末”。黄宗羲在承认农业为本的同时,否认工商业为末业,把工商业也提到“本”的位置上来。指出:“今夫通都之市肆,十室而九,有为佛而货者,有为巫而货者,有为倡优而货者,有为奇技淫巧而货者,皆不切于民用,一概痛绝之,亦庶乎救弊之一端也。此古圣王崇本抑末之道。世儒不察,以工商为末,妄议抑之。夫工固圣王之所欲来,商又使其愿出于途者,盖皆本也。”(《明夷待访录·财计三》)他将传统的“崇本抑末”的所谓“末”,作了另外解释,不是传统所指的工商,而解释为耗费资财之作业和佛、巫之迷信以及奢侈之习俗。提出工商与农业并为本,实从整体上看待国民经济。农、工、商相互促进,无工则农单一而不可能富裕,无商则工农业不活又不可能繁荣。只有农、工、商均在本的位置,才可互相促进,国家经济才能富裕繁荣。

天下兴亡,匹夫有责 个人对民族前途所抱有的一种责任感与使命感。明清之际顾炎武从抗清斗争经历中提炼出来的主张。强调“国”与“天下”是两种不同内涵的概念,“易姓改号,谓之亡国。仁义充塞,而至于率兽食人,人将相食,谓之亡天下”。断定亡国只涉及皇帝一家一姓的灭亡,是改朝换代;政治腐败、道德沦丧、统治者任意鱼肉民众、人与人之间互相残杀,是关系到整个民族生死存亡的大事,是亡天下。“保国”是皇帝与达官贵人们的事情,而“保天下者,匹夫之贱,与有责焉耳矣”(《日知录》卷十三)。赋予“匹夫”以强烈的时代责任感与历史使命感。

公天下 强调天下非君主一家的私产,君主应出于公心去治理天下的政治观念。明清之际王夫之、黄宗羲、顾炎武均以此观念去批判封建君主专制,而王夫之论述尤多。认为公私之辩是关系到天下安危存亡的大事,“然则义利公私之别”为“存亡得失之机”,“施之一国,而一国之成败在焉;施之天下,天下之安危存亡在焉。”(《四书训义》卷一)提出“不以天下私一人”(《黄书·宰制》),主张“若土,非王者之所得私”,“有力者治其地”(《噩梦》),从财产所有权上对“家天下”观念作了否定。强调“王者以公天下为心”(《读通鉴论》卷十一),反对把帝王之位私于一姓。以为帝王聚财无助于国力之增强,反会滋长统治者的穷奢极欲。隋即亡于“敛大下之口食,贮之无用之地”(《读通鉴论》卷十九)。并用“有无”之辩来批判“家天下”,希望帝王懂得“有”与“无”的道理:“汉唐之富,富以其无也;宋之贫,贫以其有也。”(《读通鉴论》卷二十九)

道统治统离合 明清之际王夫之的政治历史观。他对道统与治统作了区分,说:“天子之位也,是谓治统;圣人之教,是谓道统”(《读通鉴论》卷十三)。二者本是“天下极重而不可窃者”,一旦被治统小人、盗贼或夷狄所窃,则与道统乱而离。但“道未圮于天下”,只要“道持天下,天下不崩”(《春秋世说·隐公一》),“治统”仍可与道统合一。因此,在“治统”暂时被窃时,儒者即使“孤行而无待”,也应“以人存道”,坚持“斯道亘天垂地而不可亡”(《读通鉴论》卷十五),待道统与治统合一,“儒者之统,与帝王之统并行于天下,而互为兴替。其合也,天下以道治”(同上)。道治天下,则政治清明,社会安定,人民安居乐业。此论的提出,也反映了其强烈的反清的民族情感。

众治 明清之际顾炎武的政治观点。针对封建君主“独治”而提出。认为“人君之于天下,不能以独治也。独治之而刑繁矣,众治之而刑措矣。”(《日知录·爱百姓故刑罚中》)主张由“独治”转而“众治”,即由百官分治取代君主独裁。指出:“天子之所恃以平治天下者,百官也。”(《日知录·吏胥》)主张“以天下之权,寄天下之人”,即把治天下的大权分散到各级官吏手中，让更多士大夫参与国政，分掌政权，以克服君主专制下的种种弊端。在高度集中的君主专制下，敢于提出向“天子”分权，是很可宝贵的思想。

帝王皆贼 清初唐甄对封建君主专制主义的揭露。“自秦以来，凡为帝王者皆贼也。”（《潜书·室语》）认为以暴力手段去掠取别人财富的就是贼。皇帝未登基前常常杀人如麻；一旦爬上皇位，就只顾自己享乐不管民众的死活。“暴骨未收，哭声未绝”，“服衮冕，乘法驾，坐前殿，受朝贺，广苑囿，以贵其妻妾，以肥其子孙”（同上）。认为做皇帝的完全是为了一己的私利，即“食天下人之肉以为一人之私”（《潜书·止杀》）。其理想中的贤君只存在于古代：“古之贤君，虽贵为天子，富有四海，存心如赤子，处身如农夫，殿陛如田舍，衣食如贫士，海内如室家。”（《潜书·尚治》）是其“天子虽尊亦人”的平等意识的反映。

平则各得其所 清初唐甄的社会平等观。“平”指天地万物中存在着的客观规律：“天地之道故平”，认为“平则万物各得其所，及其不平也，此厚则彼薄，此乐则彼忧”，“不平以倾天下”（《潜书·大命》）。认为只要是人的一分子，每个人对情欲的要求是同一的：“天地虽大，其道惟人；生人虽多，其本惟心；人心虽异，其用惟情；虽有顺柔刚逆之不同，其为情则一也。”（《潜书·尚治》）断言：“虽贵为天子，制御海内，其甘菲食，暖粗衣，就好辟恶，无异于野处也，无不与民同情也。”（《潜书·抑尊》）“好游”、“好色”、“好财”、“好宫室”等等方面的各种情欲，都是“人之恒情”，与天子并无差别，“人亦孰不欲遂其情！天子虽尊，亦人也”（《潜书·善游》）。这是一种抽象的平等论，但在明清之际，是反对君主专制的民主思想，是明清之际市民阶层力量的壮大在政治领域中的折射。

帝王之学 清李光地的政治思想。李光地晚年工于揣摩帝王好尚，一意崇奖朱熹理学，俨若一时朱学领袖。主张“道与治”合一，说：“若夫究性命之原，研精微之归，究《六经》之指，周当世之务，则岂特儒者所宜用心，帝王之学，何以加兹？盖高宗所谓恭默以思者，性命之原，精微之归也；其所谓学而有获者，经训之旨也；其所谓监而罔愆者，当世之务也。”“又观道之与治，古者出于一，后世出于二”，“自朱子以来，至我皇上又五百年，应王道之期，躬圣贤之学，天岂殆将复启尧、舜之运，而道与治之统复合乎？”（《榕村全集》卷十）将治统与道统相结合，对康熙皇帝思想的形成及文化政策的抉择起了很大作用，深得康熙宠信，成为名副其实的御用学者。极力推崇朱子之学，主张“谈经讲学，一以朱为宗”（《清儒学案》卷四十《安溪学案上》），使朱熹的理学发挥了“帝王之学”的作用。遵旨编纂《朱子全书》、《性理精义》，颁布全国，用朱熹的理学统一全国思想，并作为科举的标准答案。把朱熹理学同皇权主义相结合，对专制主义作论证，主张“尊君父，讨乱贼，辟邪说，正人心”（《榕村全集》卷二），“为学与治道为一，帝王之学与儒生之学为一”（《榕村全集》卷十），使“帝王之学”成为中国后期帝制社会政治文化的特点之一。

中国古代历史哲学

天道史观 中国古代的一种历史观。阐述天的力量在历史中的地位和作用。“天道”在中国古代历史哲学中，主要指天象运动变化的规律；亦指以此推测人事的吉凶祸福；还有将天道作为人类道德的范本。既有朴素的科学因素，又有神学迷信的成分。在历史上，对天道的具体理解存在差异，有唯物和唯心之分，这种争论贯穿于中国古代历史哲学的全过程。唯心的天道史观认为，国家的兴衰、人生的吉凶祸福是由天道左右的。唯物的天道观即天道自然观，认为天（自然）的运动、发展是自然而然的，否认天有意志，天道与人道无涉。殷人认为，天有意志，故谓“天道福善祸淫”（《尚书·汤诰》）。周人认为，人力可以济天道不足，反映了对天道决定论的某种否定。春秋时，郑国子产提出“天道远，人道迩，非所及也”（《左传·昭公十八年》），明确对天道主宰万物表示怀疑。战国时，儒家思孟学派把殷周神格化的天道改造为创造万物的精神本体。老子对天道作了系统阐述，认为道先于天，天道自然无为。荀子提出“天行有常，不为尧存，不为桀亡”，主张天道、人道相分，并提出了“制天命而用之”（《荀子·天论》）的人定胜天思想。驺衍提出“五德终始”说的天道史观，认为历史的循环发展是受天意安排。西汉董仲舒将殷周以来的唯心天道观发展成系统的“天人感应”说，完全以天比附人事，提出“天不变，道亦不变”的命题。东汉王充继承了先秦道家的天道观，主张“天道无为”，提出“天地合气，万物自生”（《论衡·自然》），天道与人道无涉。唐代，刘禹锡、柳宗元发展了秦汉以来的自然天道观和荀子的“天人之分”的思想。刘禹锡提出，“天之道在生植，其用在强弱；人之道在法制，其用在是非”（《天论上》），主张“天与人交相胜”。柳宗元提出天人“不相预”，认为社会的治乱兴衰和历史的发展均非天意所能主宰，天人“其事各行不相预”（《答刘禹锡天论书》）。宋代，理学家既吸取了道家的道本论，又继承了儒家《周易·系辞传》的道器观，往往将“（天）理”与“（天）道”对应起来阐述，“（天）道”既是指天地万物的本体，又是天地万物运动变化的总过程和规律，实际是主张天道与人道合一。明代王守仁提出“心即道”，说：“道无方体，不可执著。……心即道，道即天，知心则知道知天。”（《传习录》卷上）也包含着天道与人道合一的思想。明清之际的学者或以气之流行言“天道”，或以“道”为具体事物生成的规律和法则。王夫之提出了人力可以“相天”、“裁天”、“胜天”和“以人造天”的思想，指出：“知天之理者，善动以化物。”（《读通鉴论》卷二）人之所以和禽兽不同，就在于“以人道率天道”（《思问录·内篇》）。天道史观反映了中国历史哲学对天(即宇宙和自然)的本质、天的力量和人的力量在人类社会历史发展中的地位作用及其相互关系的深刻认识,是中国哲学的天人关系思想在历史认识上的具体表述。

循环史观 认为人类社会的发展过程周而复始地经历相同或相似阶段的唯心主义和形而上学的历史观。在中国,战国时期阴阳家代表人物驺衍把阴阳消长与五行相胜相配合,提出"五德终始"说,认为宇宙由土、木、金、火、水五种元素构成,土、木、金、火、水五行就是"五德",历史上的每个朝代代表其中的一德,历史的变化和王朝的更替是按照土德、木德、金德、火德、水德五行相胜的次序,互相更替,周而复始的循环。西汉儒家代表人物董仲舒提出"三统"、"三正"的循环历史观。三统指黑统、白统、赤统;三正是指三代之正朔,可作为正月的子月(农历11月)、丑月(农历12月)、寅月(农历正月)三个月份。他认为历史上的王朝更替就是三统的依次循环。在改朝换代时,必须在历法制度礼节上有相应改变,"改正朔,易服色",以便"顺天志"。

鉴戒史观 中国传统史学价值论的范畴。即以史为鉴戒。在古代有不同的表述形式,亦称龟鉴、殷鉴、史鉴。鉴,古代也作"监",即镜子,引申为借鉴;戒,指警诫和告诫。具体含义主要包括两个方面:一是通过总结历史上国家兴衰成败的经验教训,为现实的国家治理服务,以免重蹈历史覆辙,这是讲史学对国家的作用;二是通过对历史人物言行的是非、善恶和美丑的褒贬,以培养个人高尚的品行,树立良好的社会风气,这是讲史学对社会(个人)的功用。提倡史学的鉴戒功能,既是史学家修史的内在要求,也是统治者赋予史学的重要使命。这一史观在中国历史上萌生很早。西周时,已经有了明确的历史鉴戒思想,《尚书·召诰》:"我不可不有监于夏,亦不可不有监于殷。"《诗·大雅·文王》:"殷之未丧师,克配上帝。宜监于殷,骏命不易。"孔子对历史鉴戒思想作了发展,《春秋》旨在通过对春秋时期君臣言行的道德褒贬,以达到对后世君臣的道德劝诫,故《史记·孔子世家》说:"贬损之义,后有王者举而开之。《春秋》之义行,则天下乱臣贼子惧焉。"此后,鉴戒史观为中国历代政治家和史家继承和发展。这在唐代表现得最为突出。唐太宗说:"朕睹前代史书,彰善瘅恶,足为将来戒。……将欲览前王之得失,为在身之龟镜。"(见《册府元龟·国史部·恩奖》)吴兢称自己撰《贞观政要》,意在"望纡天鉴,择善而行,引而伸之,触类而从之"(《上〈贞观政要〉表》)。刘知幾说"史之为务,申以劝诫,树之风声"(《史通·史官建置》),"史之为用也,记功司过,彰善瘅恶,得失一朝,荣辱千载。敬违斯法,岂曰能官?"(《史通·曲笔》)北宋司马光撰《资治通鉴》,旨在使君主"监前世之兴衰,考当今之得失,嘉善矜恶,取是舍非,足以懋稽古之德,跻无前之至治"(《进〈资治通鉴〉表》)。明清之际王夫之对鉴戒史观作了不少理论阐述,说:"善师古者,旁通而善用之"(《读通鉴论》卷二),"就事论法,因其时而酌其宜……宁为无定之言,不敢执一以贼道。"(《读通鉴论·叙论四》)鉴戒史观的形成和发展与中国传统政治活动紧密联系,充分反映了儒家伦理道德本位主义思想,体现了中国传统学术经世致用的精神,是中国传统史学的特质所在,成为中国史学与西方史学的主要区别之一。

变易史观 中国古代的历史发展观。变易,是中国历史哲学的基本概念,认为天地万物莫不处在变化之中,宇宙即是一个变化不息的大流。变易史观,即是用这一变易思想解释社会历史的发展变化。变易思想在中国起源很早。《周易·系辞传下》:"穷则变,变则通,通则久。"《春秋公羊传》讲历史变易,将春秋时代的历史变化分为所见、所闻和所传闻三世。西汉董仲舒的《春秋繁露》对公羊的历史变易观作了发展,提出"黑、白、赤"三统的历史三统论,认为历史是按照三统不断循环和转化。东汉何休的《春秋公羊解诂》对公羊的春秋"三世说"作了进化意义的发挥,认为历史是由"衰乱世"向"升平世"进而向"太平世"演变。清代中后期,一些学者和思想家开始利用变易史观作为改革的历史理论依据。常州今文学派的庄存与、刘逢禄和宋翔凤发展了《春秋》"三世说",将历史进化思想和循环论相糅合。庄存与将人类历史分成太古、中古、末古三个阶段,但认为历史的这种发展是"治乱相循"。鸦片战争时期,地主阶级改革派的代表人物龚自珍和魏源对今文学派的变易史观作了进一步的发展。龚自珍认为,人类的历史可分为据乱、升平和太平三世,其中每个阶段又可分为三世,显露出"三世三重说"的萌芽。魏源将人类历史分为太古、中古和末古三个阶段,并认为一个朝代也可以分成三世。有时,又主张"三气运"说。龚、魏的历史变易观,没有突破传统历史哲学的范畴,都有历史循环论的思想。近代的资产阶级维新派将今文经学变易史观与西方进化论史观相结合,抛弃了其中的循环论思想。康有为认为,人类历史的发展顺序是据乱世、升平世和太平世,而世界发展必将"进化至大同"。他又提出"三世三重说","故三世而三重之,为九世,九世而三重之,为八十一世。展转三重,可至无量数,以待世运之变,而为进化之法"(《中庸注》)。这是为他的政治改良主张服务的历史庸俗进化论。变易史观是一种朴素的历史发展观,但往往又与历史循环论相结合。

进化史观 亦称"社会历史进化论"。解释历史发展的一种理论。进化史观运用进化论解释人类社会的发展,认为人类社会是一个从低级向高级不断发展和进步的过程。中国古代已经有一些朴素的进化思想。但是,系统和科学的进化论则形成于19世纪的欧洲。19世纪末,进化论和进化史观在中国得到传播,进步的思想家、政治家和史学家将它与中国传统的变易史观和政治道德思想相结合,以之作为社会变革和史学革命的理论武器。康有为将西方进化论与中国古代的公羊"三世说"相结合,提出"通三统"和"张三世"的进化史观。所谓通三统,即夏商周三代不同,当随时因革;所谓张三世,是说中国历史的发展要经历据乱世(君主专制)、升平世(君主立宪)和太平世(民主共和)三个阶段。严复在《天演论》等著述中对社会进化论作了系统介绍。此后,西方和日本有关自然进化和社会进化的书籍不断被介绍到中国,在"五四"新文化运动以前,物竞天择、优胜劣败的社会进化观成为中国社会占支配地位的历史哲学,既是各种进步社会集团从事社会变革、政治革命的思想武器,也是新史学创立的指导思想。梁启超运用进化史观全面批判了中国传统史学,对历史学作了新的界定:"历史者,叙述人群进化之现象而求得其公理公例者也。"(《新史学》)并首次以进化史观来构建和阐释中华民族的历史发展。夏曾佑的《中国古代史》是运用进化史观系统研究中国古代史的代表作,奠定了此后中国通史的写作模式。他认为,人类社会必由渔猎社会进入游牧社会再进化到耕稼社会;中国历史进化分为上古之世、中古之世和近古之世,呈螺线性的进化。资产阶级革命派则运用进化史观作为革命的理论武器。章炳麟驳斥了康有为"三世说"的渐进史观,主张进化革命论,为反满革命服务;同时,主张"俱分进化论",认为人类社会的善恶和苦乐是同时进化的,反对达尔文和斯宾塞的进化论。孙中山以进化史观论证三民主义,但是,认为在人类进化时期,不再以竞争为原则,而是以互助道德为原则,人类社会的终极发展目标是"大道之行,天下为公"。进化史观在中国主要有两种形式:一是只讲和平渐进,反对突变和社会革命的进化论,也被称为庸俗进化论;一是主张社会历史发展必然要经历质变和跃进性飞跃的革命进化论。

英雄史观 关于历史创造者的历史理论。所谓英雄,是与普通民众或人民相对应的概念,通常指杰出(历史)人物,也泛指对历史发展起过重要作用的历史人物,如帝王将相和杰出的思想家、科学家和文学家等。英雄史观认为,英雄人物是历史的主人和创造者,他们的思想言行决定历史的发展方向;否认或贬低人民群众的社会地位和历史创造作用。在中国古代,英雄史观主要表现为帝王史观和圣贤史观。两者既有区别,又有内在联系,目的都在于为帝王统治寻求历史和理论的合理性。帝王史观认为历史是由帝王将相创造,帝王将相能够代表上帝、天命或神的意志来统治民众。圣贤史观则将道德评价与帝王将相的历史言行结合起来,认为只有圣贤的帝王将相才是历史的真正创造者。西周时期,帝王受天命而治的思想已经盛行。春秋战国时期,孔子将人分为"上智"和"下愚"、"君子"和"小人",提出了圣贤应当统治愚民的理论,说:"民可使由之,不可使知之。"(《论语·泰伯》)孟子结合殷周天命论和孔子"上智下愚说"的人性论,全面阐述了圣贤和帝王创造历史的思想。他认为,英雄豪杰是先知先觉,有高于民众的道德品质,因此,受天之命统治后知后觉的民众,"天之生此民也使先知觉后知,使先觉觉后觉也"(《孟子·万章下》)。他还以社会分工为由,提出:"劳心者治人,劳力者治于人……天下之通义也。"(《孟子·滕文公上》)他还把英雄史观和历史循环论相结合,说:"五百年必有王者兴,其间必有名世者。"(《孟子·公孙丑下》)西汉董仲舒进一步运用"天人感应论"来阐述帝王将相受"天命"统治民众的思想,认为"天者,百神之大君",而"王者上谨承天意,以顺命也;下务明教化民,以成性也;正法度之宜,别上下之序,以防欲也。修此三者而大本举矣"(《汉书·董仲舒传》)。唐韩愈主张圣人创制立法的圣人史观,称"古之时,人之害多矣。有圣人者,然后教以相生养之道。为之君,为之师"。圣人创造了人类社会经济、政治和文化生活中的所有发明和礼仪制度,因此,"如古之无圣人,人之类灭久矣"(《原道》)。中国古代也有重民思想,一些思想家对民众的社会地位和历史作用有过不同程度的肯定。唐柳宗元提出"生人之意"的历史动力论,明清之际王夫之提出"即民见天"的历史动力论,但都未完全摆脱英雄史观的束缚。

历史循环论 一种历史发展观。认为人类社会的历史是简单而重复演变的。在中国古代,有影响的历史循环论形式主要有:(1)五德终始说和三统论。战国的驺衍提出"五德终始"说,根据"五行生胜"说解释历史的变迁和王朝的循环更替。西汉的董仲舒继承和发展了"五行生胜"的历史循环论,提出了"三统"说的历史循环论,说:"古之王者受命而王,改制称号正月,服色定……三统之变,近夷遐方无有生煞者,独中国,然而三代改正,必以三统天下。"(《春秋繁露·三代改制质文》)认为夏商周三代分别是黑统、白统、赤统,改朝换代便是"三统之变"的依次循环,它表现在历法和礼仪上的必然改换,即改正朔,易服色。东汉的《白虎通义》对"三统"说的历史循环论作了系统化的发展。(2)"文质相替"说和"治乱相循"说。"一文一质"相替说在中国起源很早。《逸周书·周月解第五十一》:"夏数得天,百王所同。其在商汤,用师于夏,除民之灾,顺天革命,改正朔,变服殊号,一文一质,示不相沿,以建丑之月为正,易民之视。"后为孔子继承发扬,他说:"后虽百世可知也,以一文一质。周监二代,郁郁乎文哉。吾从周。"(《史记·孔子世家》)。战国时,孟子提出"天下之生久矣,一治一乱"(《孟子·滕文公下》)和"五百年必有王者兴"(《孟子·公孙丑下》)的五百年治乱相替的历史循环论。"一文一质"和"一治一乱"的历史循环论在中国历史上有持久的影响。西汉司马迁说:"三王之道若循环,终而复始。"(《史记·平准书》)东汉王充提出"百代同道"(《论衡·齐世》)的历史循环论,说:"文质之复,三教之重,正朔相缘,损道相因……千岁之前,万世之后,无以异也。"(《论衡·实知》)明李贽在总结了战国至汉代的历史发展后,说:"群雄未死,则祸乱不息。乱离未甚,则神圣不生。一文一质,一治一乱,于斯见矣。"(《藏书》卷一)清常州今文学派刘逢禄说:"三王之道若循环,终则又始。"(《诗古微序》)近代魏源也未摆脱治乱相循史观,说:"治久习安,安生乐,乐生乱;乱久习患,患生忧,忧生治。"(《默觚下·治篇二》)历史循环论反映了中国传统历史哲学对历史发展规律的质朴认识,其中既有唯心和神秘色彩,又含有朴素的辩证思维。

进入近代以后，逐步为进化史观和唯物历史发展观所取代。

文质相替说 见“历史循环论”。

治乱相循说 见“历史循环论”。

正统论 中国传统的历史哲学观念。既是中国古人的一种历史观，又是史学活动的修史依据，是对政权丛生、错综复杂的王朝兴衰和政权更迭的一种基于天命和道德的判断和看法，也是修史时对纷乱如麻的历史线索的一种梳理和表述方式。正统观念的产生与中国特殊的文化生态密切相关。西方早期城邦民主政治和多元文化观念，以及中世纪以来长期的封建分裂局面，使之未能形成如东方这般强烈的正统观念。中国则很早便形成统一的华夏民族、中原政权和宗法制度，滋生了“华夷之辨”、“大一统”和“家天下”观念；加之“男耕女织”的自然经济形态导致“男主外女主内”的分工形式和男尊女卑思想，从而氤氲化生了以尊王攘夷、强化血胤和排斥女主为特征的“正统”观念。正统观念或明或暗地存在于上古历史中，经过早期历史学家如《春秋》作者（一般认为是孔子）的借鉴和应用，成为正统理论，再经理学盛行时代北宋的史学家（如欧阳修）的发展和完善，而成为有体系的历史观念和史学理论。正统论主要是针对历史上政权传承、篡断、并存等问题所作的评价，在选择词汇时，使用了农业历法中的“正闰”、音乐乐律中的“天统”和阴阳五行说（“五德终始”）的“运统”等，在史学应用中形成了“本纪（“本”就是“统”）”、“载记”和“统纪之学”等概念。正统理论既是史学家在处理历史问题时所形成的观念和理论，反过来又对现实政治和未来历史产生深刻而深远的影响。改朝换代者惮于史家“使乱臣贼子惧”的褒贬史法，一般都要考虑“得国之正”（如举行“禅让”等），从沙漠入主中原的游牧政权也处心积虑制造天命所归的舆论。“夫帝王之作也，必膺受图，改正易号，定制度以大一统，推历数以叙五运，所以应天休命，与民更始。”（张方平《南北正统论》）

正闰论 中国传统历史理论和政治思想用语。正，阴历的第一个月；闰，阴历的闰月。两者原为两个阴历历法概念，后演变为论证中国历史上王朝统治合法性的政治和历史观念。“正”引申为正统，“闰”引申为非正统。正闰合用，表示某王朝的建立和统治是受命于天和承继历史上的政治道统，因而具有历史和现实合法性。在这个意义上，正闰论等同于“正统论”。关于“正闰”说的起源，目前有两种说法：（1）始于西汉。北宋的欧阳修说：“……有合天下于一而不得居其正者，前世谓秦为闰是也。由是正统之论兴焉。”（《原正统论》）司马光说：“秦焚书坑儒，汉兴，学者始推五德生胜，以秦为闰位，在木火之间，霸而不王，于是正闰之论兴矣。”（《资治通鉴》卷六十九）当代学者饶宗颐也说正闰论始于西汉，“至若以五德论正闰，实起于刘歆《世经》。”（《中国史学上之正统论》）（2）始于唐代。当代学者雷戈认为，唐中期以前，“正闰”不是一个固定术语，只有历法意义，至皇甫湜作《东晋元魏正闰论》始有正统之义。到北宋，“正闰”论开始大为流行，张方平说：“盖五郊禋祀，南北不可并享；三统相承，正闰宜归一致。”（《南北正统论》）司马光说：“臣愚诚不足以识前代之正闰。窃以为苟不能使九州合为一统，皆有天子之名而无其实者也，虽华夷仁暴，大小强弱，或时不同，要皆与古之一国无异，岂得独尊奖一国谓之正统，而其余皆为僭伪哉！……正闰之际，非所敢知，但据其功业之实而言之。”（《资治通鉴》卷六十九）至此，正闰论与正统论才合而为一。

史评 亦称“史学评论”或“历史评论”。在中国古代史学中，是指一种史学体裁。北宋晁公武《郡斋读书志》正式将史学评论作为史学著述的一个类型。清修《四库全书总目》和张之洞《书目答问》亦将其列为史书著述类型。在现代史学中，是史学的分支学科，即按照一定的学术标准和社会标准对客观历史或史学活动进行分析和评价。史学评论对史学发展起调节和推动作用。史学评论主要包括两种形式：一是对客观历史过程、事件和人物的评论，如，北宋范祖禹的《唐鉴》，清代王夫之的《读通鉴论》和《宋论》等；二是对历史著述的评论，如南朝梁刘勰的《文心雕龙·史传篇》，唐代刘知幾的《史通》，清代章学诚的《文史通义》等。史学评论萌发于《春秋》和《左传》对人物和史事的赞否，对历史撰述文辞和体例的要求。《史记·太史公自序》表明中国古代史学已有明确的史学评论意识。魏晋南北朝时期，已形成系统的史学评论理论与方法。宋元明清时期，史学评论进一步发展和繁荣，不过，仍依附于目录学。到近代，史学评论是作为史学方法论的一种形式发展的。

春秋笔法 文笔曲折而意含褒贬的文字或撰写方法。相传创始于孔子依据鲁国史官所编《春秋》加以整理修订而成的《春秋》，故名。《春秋》记录了从鲁隐公元年（前722年）到鲁哀公十四年（前481年）共计242年的历史。其记事虽简，但对当时政治事件均有所评论。后世学者以为孔子修《春秋》，“笔则笔，削则削”（《史记·孔子世家》），“以一字为褒贬”（杜预《春秋左传序》），含有“微言大义”（《汉书·艺文志》），因此称文笔曲折而意含褒贬的文字为“春秋笔法”，对后世史家影响很大。不少史学家称赞《春秋》笔法、义旨，认为《春秋》笔法足以使“乱臣贼子惧”；也有学者指出，《春秋》宗旨“为贤者讳、为亲者讳、为尊者讳”，这种有意歪曲历史的曲笔的笔法，给后世史学产生了不良影响。

微言大义 精微的言辞中所包含的深远意义。相传孔子根据鲁国历史整理编订而成的史书《春秋》，文字简略，总计约1.8万字。文句字数最多的条文也不过47字，记事最短者，只有1字。古代学者认为，虽然《春秋》文字简短，但言辞精微，包含有诗书礼乐诸经的要义。因此，《汉书·艺文志》说：“昔仲尼没而微言绝，七十子丧而大义乖。”由于《春秋》文句过于简短，加以措辞隐晦，极难通晓，故后人曾从不同的角度解释《春秋》，主要有被称为《春秋三传》的《左传》、《公羊传》、《穀梁传》。《左传》多用事实解释《春秋》,《公羊传》、《穀梁传》则完全用义理解释《春秋》的书法,即所谓"微言大义",这对当时统治阶级进行统治极为有利,因而受到统治阶级重视,被立于学官,历代今文经学家时常用它作为议论政治的工具。

一字褒贬 用一字来表示对事件的褒扬或贬斥。相传孔子依据鲁国史官所编《春秋》加以整理修订而成的编年体史书《春秋》,所记历史长达242年,但文字简短,记事最短者,为隐公八年(前715年)所记的一条,只有一个字。因其言简意严,常以一字来表示对当时政治事件的褒扬或贬斥,故名。杜预《春秋左传序》:"《春秋》虽以一字为褒贬,然皆数句以成言。"《史记·孔子世家》云:"吴楚之君自称王,《春秋》贬之曰'子'。践土之会,实召周天子,而《春秋》讳之曰:'天王狩于河阳。'"此为《春秋》"一字褒贬"之实例。

彰善瘅恶 中国传统史学价值和方法论用语。语出《尚书·毕命》:"旌别淑慝,表厥宅里,彰善瘅恶,树之风声。"彰,表扬;瘅,憎恶。意为表扬好的,斥责恶的。后成为中国史学的撰述宗旨和史鉴的基本内容。意为通过史书尽书善恶,进行道德褒贬,使后人善可为法,恶以足戒。以史事进行道德褒贬,在《尚书》中已有体现。春秋时,孔子撰《春秋》,最终确立了以史书褒贬人物和史事的史学模式。此后,彰善瘅恶的思想和方法为历代史家继承和发展。唐代刘知幾将其视为史学的根本功用之一,说:"史之为用也,记功司过,彰善瘅恶,得失一朝,荣辱千载。"(《史通·曲笔》)北宋薛居正说:"夫彰善瘅恶,《麟史》之为义也;瑜不掩瑕,虹玉之为德也。故自(孔)崇溺而下,善者既书之,其不善者亦书之,庶使后之君子见善如不及,见恶如探汤也。"(《旧五代史·晋书列传十一》)统治者也将彰善瘅恶视为史学的政治和道德功用。唐太宗说:"朕睹前代史书,彰善瘅恶,足为将来之戒。"(见《册府元龟·国史部·恩奖》)

殷鉴 中国传统史学价值论范畴。鉴,镜子,亦作监,引申为借鉴,吸取教训。本意以殷(代)史为借鉴。是西周人总结殷代灭亡的历史教训得出结论。《尚书·召诰》:"我不可不监于有夏,亦不可不监于有殷。"《诗·大雅·文王》:"殷之未丧师,克配上帝。宜监于殷,骏命不易。"因此,周人认为,"天命靡常",周代殷而兴,应当吸取殷亡的教训,才能不重蹈覆辙,永葆天命。殷鉴史观的提出,明确树立了中国传统史学的鉴戒意识,为以后儒家和统治阶级继承发展,对中国传统史学的发展和政治统治产生了重大作用,成为中国传统史学和中国文化的基本精神之一。参见"鉴戒史观"。

龟鉴 中国传统史学价值论范畴。龟,即占卜用的龟板,引申为预知来事;鉴,即镜子,引申为借鉴。龟鉴本意为以历史为借鉴,推测未来。是鉴戒史观的一种具体表达形式,其涵义的历史演变,参见"鉴戒史观"。

前事不忘,后世之师 中国传统史学价值论范畴。是以史为鉴的具体表达形式。意为不要忘记历史的经验教训,它可作为现在和将来的借鉴。语出《战国策·赵策一》:"前事不忘,后世之师。"西汉贾谊说:"鄙谚曰:'前事不忘,后事之师也。'"(《新书·过秦论》)东汉张衡也说:"故恭俭畏忌,必蒙祉作。奢淫谄慢,鲜不夷戮,前事不忘,后世之师也。"(《后汉书·张衡传》)

五行相生 "五行"原为中国古代哲学范畴。五行原指五材,即金、木、水、火、土。五行相生是指金、木、水、火、土五种物质之间相辅相成,前者衍生和推动后者。早期的五行说见《尚书·洪范》,反映了古人对世界起源、事物多样性和相互作用关系的认识,是原始的唯物世界观。西周末年,史伯提出了"以土与金、木、水、火杂,以成万物"(《国语·郑语》)的观点,体现了探求事物相互关系的观念,是一种朴素的辩证法思想。战国驺衍将五行说系统化,提出"五行相生"和"五行相胜"。五行相生是指木生火、火生土、土生金、金生水、水生木,以此说明事物间的相互作用及其统一关系。它在历史观上的运用是指,历史上的每一王朝所代表的一行,为前一王朝所代表的一行所生,王朝更替依五行相生循环不已。西汉董仲舒吸取驺衍的观点,著《五行相生》篇,赋予五行以道德属性,以论证封建道德的合法性。东汉《白虎通义·五行》篇进一步发挥五行相生说,提出"五行"相转生,故有终始。西汉和东汉的"五行相生"说是一种带有"天人感应"神秘色彩的世界观和历史观,为中国封建统治秩序的建立和巩固提供了理论基础。

五行相胜 亦称"五行相克"。与"五行相生"相对应。"五行"原为中国古代哲学范畴。五行相胜认为金、木、水、火、土五种物质间相互克服、阻碍,后者只有战胜前者才能生成。春秋末年,晋国史墨曾以"水胜火"来预言战争的胜负。战国时,墨家提出五行交胜说,认为"五行毋常胜",五行相胜不是绝对的,而是有条件的。阴阳家驺衍明确提出"五行相胜",认为水胜火,火胜金,金胜木,木胜土,土胜水,反映了对事物之间对立关系的认识。他将"五行相胜"说运用到历史观上,认为历史的变化也受这五种势力的支配,"五德各以所胜为行"(《史记集解》卷二十八);历代王朝各占一德,虞土、夏木、殷金、周火。每一王朝兴起时就克服了代表前一德的王朝,衰落时则被后一德的王朝取代。历史便是按土、木、金、火、水五德的顺序从始到终,终而复始地运行着,"递兴废,胜事用者"(《吕氏春秋·荡兵》)。五行相胜是一种历史循环论,但反映了对社会历史事物之间矛盾对立转化关系的认识,有一定合理性。

五行相克 即"五行相胜"。

信而好古 意为崇信古代圣人的嘉言懿行和他们所创建的制度礼仪,并学习和追随它。语出《论语·述而》:"述而不作,信而好古。"南宋朱熹训释为:"盖信古而传述者也。孔子删诗书,定礼乐,赞周易，修春秋，皆传先王之旧，而未尝有所作也。”（《论语集注》）它反映了孔子尊重历史和敬重历史人物，好古敏求的态度和精神。后成为中国儒家知识分子对待历史的一种基本态度和方法。

损益 孔子历史观的一对范畴。损，废除，否定；益，发展，肯定。孔子说：“殷因于夏礼，所损益可知也；周因于殷礼，所损益可知也。其或继周者，虽百世可知也。”（《论语·为政》）明清之际王夫之训释：“裁前代之所已有余者而节去之曰损，补前代之所不及防者而加密焉曰益。”（《四书训义》）表现了孔子对传统既非绝对肯定也非绝对否定的思想。所以孔子主张“行夏之时，乘殷之辂，服周之冕”（《论语·卫灵公》）。他对周代文化十分推崇，他说：“周监于二代，郁郁乎文哉，吾从周。”（《论语·八佾》）但是他认为周礼也非绝对完美，仍需损益，以“至于道”。不过孔子所说的损益，并不是彻底的变革，而是有所改良，认为有些方面是不能变的，所以他说：“继周者，虽百世，可知也。”又相传孔子读《易》，至于《损》、《益》，则喟然而叹。他说：“自损者必有益之，自益者必有决之”，“道弥益而身弥损，夫学者损其自多，以虚受人，故能成其满”（见《说苑·敬慎》、《孔子家语·六本》）。此未必为孔子原话，恐为后儒所增益。孔子的损益观与损益的方法，对后世有很大影响。

世异事异 先秦法家的历史观。意指时势变了，事情就应随之变化。语出《韩非子·五蠹》。儒家主张“法先王”。法家则针对此提出“世异事异”的观点，商鞅提出“世事变而行道异”（《商君书·开塞》）。韩非进一步提出“世异则事异”。并以“（周）文王行仁义而王天下，（徐）偃王行仁义而丧其国”的事例来说明“仁义用于古而不用于今也”（《韩非子·五蠹》）。认为措施、办法应随时代变化而变化，以此主张变法改革，与拘守“先王之教”的法古思想对立。

法先王 先秦一种“法古”的历史观点。即要求效法或遵循古代圣明君王的言行或制度。其代表性的观点有：“法古无过，循礼无邪”（见《商君书·更法》）；“祖述尧舜，宪章文武”，“生乎今之世，反古之道，如此者，灾及其身者也”（《中庸》）；“言必称尧舜”（《孟子·滕文公上》）等。荀子曾批评子思、孟子“略法先王而不知其统”（《荀子·非十二子》）。而他所谓的“法先王”有不同的含义。他批评惠施、邓析“不法先王，不是礼义”（同上）。这里的“先王”，是荀子按地主阶级政治伦理标准而理想化的古代帝王。《淮南子·齐俗训》则提出：“七十余圣，法度不同，非务相反也，时世异也。是故不法其已成之法，而法其所以为法，所以为法者，与化推移者也。”

法后王 先秦一种历史进化观点。即要求效法或遵循当代圣明君主的言行或制度。荀子提出要“法后王，一制度，隆礼义”，主张“百家之说，不及后王，则不听也”（《荀子·儒效》）。“后王”为荀子理想的地主阶级统治者。后继者韩非进一步提出要效法当世之“新圣”，并“以吏为师”。

三世说 儒家公羊学派关于历史演变的理论。“三世”即“据乱世”、“升平世”、“太平世”。西汉董仲舒首先提出：“春秋分十二世以为三等：有见，有闻，有传闻。”（《春秋繁露·楚庄王》）东汉何休等托为三世之说，“于所传闻之世，见治起于衰乱之中，用心尚粗粗，故内其国而外诸夏”；“于所闻之世，见治所升平，内诸夏而外夷狄”；“至所见之世，著治太平，夷狄进至于爵，天下远近大小若一”（《春秋公羊传解诂》卷一）。近代康有为托古改制，用资产阶级历史进化论观点，结合《礼运》所谓“小康”、“大同”，对公羊三世说作了新的解释，以为自据乱世进为升平世（小康之道），更进为太平世（大同之道），是社会进化的共同规律，并把三世比附为君主制、君主立宪制和民主共和制三种政治制度。认为这三者不能越级进化。并认为当时中国处于“据乱世”，而西方各国则已进入“升平世”，主张学习西方，变法维新，以实现“远近大小如一”的“大同之世”。

三统说 亦称“三正说”。西汉董仲舒等人关于历史循环论的理论。“三正”，谓三代之正朔。“正”指一岁之首，即农历正月，“朔”指一月之始，即初一日。正朔有黑、白、赤三统，如夏朝为黑统，以寅月（即农历正月）为正月，以平旦（天刚亮时）为朔；商朝为白统，以丑月（农历十二月）为正月，以鸡鸣为朔；周朝为赤统，以子月（农历十一月）为正月，以夜半为朔。如此循环不已，每一朝代之始，均应循例“改正朔，易服色”，以顺天意。表明王者受命于天各统一正，“所以明乎天统之义也”（《春秋繁露·三代改制质文》）。“三统说”以神学理论体系为汉王朝服务。其说后来在《白虎通义》中得到更详尽的发挥。此说含有王朝在必要时须换代之意，故有眭弘、盖宽饶先后劝汉昭帝、宣帝让贤之事。

三正说 即“三统说”。

三世说 先秦法家关于历史进化的理论。《商君书·开塞》：“上世亲亲而爱私，中世上贤而说仁，下世贵贵而尊官。”《韩非子·五蠹》：“上古竞于道德，中世逐于智谋，当今争于气力。”用以说明儒家的仁义道德只行于古，而不行于今，当今之世必须推行法制。并指名批评孔子，说：“仲尼，天下圣人也，修行明道以游海内，海内说其仁，美其义，而为服役者七十人，盖贵仁者寡，能义者难也。故以天下之大，而为服役者七十人，而仁义者一人。鲁哀公，下主也，南面君国，境内之民莫敢不臣。民者固服于势，势诚易以服人，故仲尼反为臣，而哀公顾为君。仲尼非怀其义，服其势也。故以义，则仲尼不服于哀公，乘势，则哀公臣仲尼。今学者之说人主也，不乘必胜之势，而务行仁义，则可以王，是求人主之必及仲尼，而以世之凡民皆如列徒，此必不得之数也。”（《韩非子·五蠹》）反映了法、儒两家对立的历史观。

究天人之际，通古今之变 西汉司马迁《史记》的著述宗旨和方法论。指通过《史记》来回答天道与人事的关系，观察古往今来的历史变化，总结历史发展的规律。语见《报任少卿书》：“网罗天下放失旧闻，略考其行事，综其始终，稽其成败兴坏之纪，上记轩辕，下至于兹……凡百三十篇，亦欲以究天人之际，通古今之变，成一家之言。”司马迁所言的“天”，有时指自然之天，有时指有人格意志的神，因此，“究天人之际”在《史记》中的内涵不尽相同。总体上看，司马迁重视人的社会历史地位和作用，指出人心向背才是国家统治安危和战争胜负的关键。“通古今之变”体现在《史记》著述的各个方面。体现在历史记述的时间上是贯通古今，“述历黄帝以来太初而讫”；体现在记述内容上是“网罗天下放失旧闻，王迹所兴”，天文、地理、政治、经济、军事、文化、学术和社会生活等无所不包；体现在撰述方法上是“原始察终，见盛观衰”（《史记·太史公自序》）。“究天人之际，通古今之变”成为中国传统历史哲学的最高境界，也是传统史学治史的根本宗旨和方法论。

原始察终，见盛观衰 西汉司马迁提出的考察社会历史发展的方法。《史记·太史公自序》：“网罗天下放失旧闻，王迹所兴，原始察终，见盛观衰，论考之行事，略推三代，录秦汉，上记轩辕，下至于兹。”这种史观认为，历史是一个完整的变化发展过程，因此，要对历史的变化发展作整体和贯通的考察；同时，历史发展的基本规律是“物盛而衰，固其变也”（《史记·平准书》）。因此，考察历史的变化发展，又要注意观察其中的盛衰转化，在盛世要看到它的衰兆。认识到历史变化发展的内在一致性，并将历史中的“盛衰”联系和统一起来辩证看待，是一种比较深刻的历史认识方法。它为后代许多史家继承，成为中国传统史学的重要历史认识论。

承敝易变 西汉司马迁提出的历史变易观，也是一种历史认识论。意为前代的制度弊端积蓄长久就必然会发生变易（革）。语出《史记·高祖本纪》：“夏之政忠。忠之敝，小人以野，故殷人承之以敬。敬之敝，小人以鬼，故周人承之以文。文之敝，小人以僿，故救僿莫若以忠。三王之道若循环，终而复始。周秦之间，可谓文敝矣。秦政不改，反酷刑法，岂不缪乎？故汉兴，承敝易变，使人不倦，得天统矣。”又《史记·平准书》：“汤武承敝易变，使人不倦。”由此可见，这一思想既包括对历史发展过程中矛盾对立面相互转化并推动历史发展的朴素辩证认识，又未脱历史循环论。同时，司马迁主张将历史的易变放在天道与人事的视野中做会通的历史考察，说：“天人之除，承敝通变。”（《史记·太史公自序》）这种变易史观对中国古代史学和政治思想产生了深远影响。

华夷之辨 亦称“夷夏之辨”。古代华夏民族（主要指汉族）对四方各少数民族的态度。它是古代中国人华夏中心意识的最为鲜明的体现形式。“华夷”或“夷夏”的概念，由来已久。早在上古时期，“夏”与“夷”只是表地域和民族的观念。《说文解字》称“夏，中国之人也”；“夷，东方之人也”。但到春秋初年，它的意义发生了很大的变化。齐桓公在管仲辅佐之下，以“尊王攘夷”为口号，号召天下诸侯，共同抵御蛮夷的侵略，保卫中原文化。孔子对这种做法，也是深表赞同，称“管仲相桓公，霸诸侯，一匡天下，民到于今受其赐。微管仲，吾其被发左衽矣”（《论语·宪问》）。孔子充分赞扬了管仲的功绩，认为其功大焉！保存了华夏先进的礼仪典章制度等，免于被落后的少数民族所同化。孔子的“内诸夏而外夷狄”的思想，就奠定了以后历代儒家华夷之辨的基调。此后，孟子继承和发展了孔子的思想，认为用先进的中原文化来“变夷”是允许的，而反之“变于夷”是绝不容许的，提出：“吾闻用夏变夷者，未闻变于夷者也。”（《孟子·滕文公上》）孟子这一思想也成为后代学者对待华夷之辨时的重要原则。如《礼记》就认为中国是天下的中心，以其礼乐文化伏于四夷，四夷是落后的化外之民，“天子同姓谓之叔父，异姓谓之叔舅。于外曰侯，于其国曰君。其在东夷北狄西戎南蛮，虽大曰子。于内自称曰不谷，于外自称曰王老”（《礼记·曲礼下》）。又如南宋陆九渊认为：“圣人贵中国，贱夷狄，非私中国也。中国得天地中和之气，固礼义之所在。贵中国者，非贵中国也，贵礼义也。虽更衰乱，先王之典刑犹存，流风遗俗，未尽泯然也。夷狄盛强，吞并小国，将乘其气力，以凭陵诸夏，是礼义将无所措矣，此圣人之大忧也。”（《象山先生全集·大学春秋讲义》）由此可以看出在华夷之辨问题上，其观点一脉相承。在历史上，中原农耕民族屡受周边游牧民族的入侵，在中原地区受到少数民族威胁或入侵时，华夷之辨则表现得尤为强烈。如南宋郑思肖认为“臣行君事，夷狄行中国事，古今天下之不祥莫大于是。夷狄行中国事，非夷狄之福，实夷狄之妖孽。……君臣华夷，古今天下之大分也，宁可紊哉？”又说“夷狄行中国之事曰僭，人臣篡人君之位曰逆，斯二者，天理必诛”（《心史》）。郑氏生于蒙古大举攻宋及宋亡之际，故深严华夷之辨。明清之际，在“天崩地裂”的时代中，广大士人带着强烈的民族主义意识和大汉族主义思想，将华夷之辨放在很高的地位。如王夫之认为由于地理条件各异，华夷之界绝不可乱，“天下之大防二：华夏夷狄也……夷狄之于华夏，所生异地。……地界分，天气殊，而不可乱”（《读通鉴论》卷十四）。并认为对于入侵之“夷狄”，“歼之不为不仁，夺之不为不义，诱之不为不信”（《读通鉴论》卷四）。清朝为政，反对“华夷之辨”，力主“中外一家”、“满汉一体”。“朕为统一天下之主，凡四海生灵，一视同仁，无分内外。”（《世宗宪皇帝实录》卷一百三十）加之屡兴文字狱，到清中叶以后，以满族为针对目标的“华夷之辨”观念，已经非常淡薄。鸦片战争以后，华夷之辨的矛头指向外来侵略者，传统意义上的华、夷内涵发生了重大变化。华夷之辨的产生是建立在中原文化高度发达的基础之上的，它在增强中原汉族的凝聚力方面产生了积极作用，特别是在面临外族入侵之时，成为抵御侵略、保家卫国的精神动力。同时也不可否认，这种持对少数民族歧视性立场的观点，对中华民族内部各民族的融合产生了消极、负面的影响，同时也加深了中华文化的保守性，对近代中国社会缓慢的发展有一定的影响。

夷夏之辨 见“华夷之辨”。

通古今而笃名教 东晋史学家袁宏用语。认为史书的作用在于通晓古今，“扶明义教”，也就是史书要充分阐发封建伦理、纲常名教的作用。故言“史传之兴，所以通古今而笃名教也”（《后汉纪·自序》）。袁宏认为以往史书“名教之本，帝王高义，韫而未叙”（同上），所以他在编纂《后汉纪》时充分阐扬名教，并把史学的作用归结为“笃名教”，认为君臣父子是名教之本，是自然之理，不可改变。所以他多从君臣、父子之礼义出发去评论史事，褒贬人物，认为这样做才能做到“尊卑永固而不逾，名教大定而不乱”（《后汉纪》卷二十六）。

直书 中国传统史学理论用语。与“曲笔”相对，指古代史官、史家记载历史的一种笔法，其基本要求是按历史事实本身如实进行记述，不加隐讳。春秋时期，晋国太史董狐不畏强御，直书“赵盾弑其君”，被孔子誉为“古之良史”。刘向、扬雄称赞司马迁有“良史之材”，撰史“其文直，其事核，不虚美，不隐恶，故谓之实录”（《汉书·司马迁传》）。唐刘知幾把秉笔直书看成是史家必备的基本素质，在撰《史通》时专列《直书》一篇，表彰南史、董狐、司马迁、韦昭、习凿之、崔浩、王劭等秉笔直书的正直史家，鼓励史家撰史应效法古代“良史”，“仗气直书，不避强御”，“肆情奋笔，无所阿容”，以维护历史记载的真实性。他认为据事直书尽管不容易做到，但真正具有历史价值，能够传诸后世获得人们钦佩和景仰的，始终是那些忠于史事、秉笔直书的史家及其著作。

史义 中国传统史学理论用语。指史家的撰述意图和宗旨。是构成史学的三个要素之一。孟子说：“王者之迹熄而《诗》亡，《诗》亡然后《春秋》作。晋之《乘》，楚之《梼杌》，鲁之《春秋》，一也。其事则齐桓、晋文，其文则史，孔子曰，其义则丘窃取之矣。”（《孟子·离娄下》）可见孔子、孟子均重视“义”，并把它作为史学的第一要素。古代史家多把“史义”视为史书的灵魂，认为它对“史事”、“史文”起统摄作用。清代章学诚说：“作史贵知其意，非同于掌故，仅求事文之末也。”（《文史通义·言公上》）“史所贵者义也，而所具者事也，所凭者文也。”（《文史通义·史德》）关于事、文、义三者之间的关系，他作了一个形象的比喻：譬之人身，事者其骨，文者其肤，义者其精神。“事”是人的骨头，“文”是人的皮肤，“义”是人的精神，只有具备了“精神”的著作才能“成家”，传诸后世。章学诚认为自唐以来，史家过分重视史法，而忽视史义，严重窒息了史学的“别识心裁”和创造精神，史义放绝，使史学发展失去了早期的那种创造力而陷入困境。要挽救史学的颓势，就必须要重视史义。他说：“史之大原，本乎《春秋》。《春秋》之义，昭乎笔削。笔削之义，不仅事具始末，文成规矩已也。以夫子‘义则窃取’之旨观之，固将纲纪天人，推明大道。所以通古今之变，而成一家之言者，必有详人之所略，异人之所同，重人之所轻，而忽人之所谨，绳墨之所不可得而拘，类例之所不可得而泥，而后微茫杪忽之际，有以独断于一心。及其书之成也，自然可以参天地而质鬼神，契前修而俟后圣。”（《文史通义·答客问上》）

史德 中国传统史学理论用语。史家的基本素质之一。中国史学素有重视史家修养的传统，唐人刘知幾提出一个优秀的史家必须应具备才、学、识三长。清人章学诚在刘知幾三长论的基础上补充了“史德”。他说：“能具史识者，必知史德”，“史德”就是“著述者之心术”（《文史通义·史德》）。章学诚认为“心术”可分为两大类：第一类是指史家的道德品质，这一类心术与孔子的良史说、刘勰的素心说、胡应麟的公心说实无大异，都是从道德层面立论。第二类心术，实与道德无关，指的是史家的修养程度。章学诚说：“欲为良史者，当慎辨于天人之际，尽其天而不益以人也。尽其天而不益以人，虽未能至，苟允知之，亦足以称著述者之心术矣。”（《同上》）即一个优秀的史家应该慎辨客观（“天”）与主观（“人”）的关系，以客观的态度尊重史实，而不能将主观的成分掺杂到客观史实中去。只要向这个方向努力，有这个态度，就可以称得上“著述者之心术”。所以，章氏提出“养心术”的主张，强调“言心术者贵于养也”。章学诚的“史德”论对近代史家有重要影响，如梁启超在论史家素养时就把“史德”放在首位（《中国历史研究法补编·史家的四长》）。

疏通知远 中国传统历史认识论用语。本意是说，《尚书》的宗旨在于通过对历史作融会贯通的理解，以察往知来。后引申为通过对历史作融会贯通的理解，就可了解历史的本质和发展规律，从而预知未来，把握历史发展的趋势。语出《礼记·经解》：“疏通知远，《书》教也。”《尚书》为孔子删订，主要讲述了夏商周三代的历史兴衰，意在通过三代历史盛衰的经验教训的总结，以利于后人把握历史发展的方向和预知未来。它体现了孔子探求古往今来天下发展大势，鉴往知来的深远历史眼光。对中国传统史学的历史认识思想产生了深远的影响。

会通 中国传统史学观察历史的一种哲学理念和研究方法。指将搜集到的各种史料文献作融会贯通的理解，包括对历史发展的全过程（纵向）和各个方面（横向）进行全面和系统的观察和研究，以求得对历史整体和历史发展规律的认识。司马迁在中国史学上明确提出会通的思想并将之付诸《史记》的撰述。他提出“通古今之变”，即：“网罗天下放失旧闻，王迹所兴，原始察终，见盛观衰，论考之行事，略推三代，录秦汉，上记轩辕，下至于兹。”（《史记·太史公自序》）由于司马迁以后的正史撰述是断代王朝史，会通思想在史学上相当长时期没有得到实行。南宋郑樵在总结唐宋时期通史撰述的基础上，对“会通”作了深刻阐述，说：“百川异趋，必会于海，然后九州无浸淫之患。万国殊途，必通诸夏，然后八荒无壅滞之忧。会通之义大矣哉！”“（孔子）总天下诗书而会于一手，然后能同天下之文，贯二帝三王为一家，然后能极古今变。”（《通志·总序》）又说：“天下之理不可以不会，古今之道不可以不通，会通之义大矣哉！”（《夹漈遗稿·上宰相书》）郑樵的会通观包含着必须将对历史作纵向和横向的考察研究结合起来的思想。从纵向说，就是“极古今之变”，以通古今之道；从横向说，就是总天下诗书会于一手，以“同天下之文”。清章学诚对会通思想作了总结。《释通》篇提出通史之修有“六便”和“二长”，并对唐宋以来的会通史著分别作了评述。他盛赞郑樵的“会通之义”及其《通志》，说：“郑樵生千载而后，慨然有见于古人著述之源，而知作者之旨……独取三千年来遗文故册，运以别识心裁，盖承通史家风，而自为经纬，成一家之言。”（《文史通义·申郑》）并提出通史是“体圆而用神”，视通史为史著撰述的最高准则和境界。“会通”是中国文化的“通变”精神在史学上的体现，是中国传统史学的基本特征和方法。

今胜于古 明王廷相的历史哲学命题。王廷相坚持“今胜于古”的历史进化论，认为人类社会的发展，是一个由野蛮到文明不断进化的过程。明确指出，夏、商、周三代社会并不是人类的理想盛世，而是与禽兽差不多的野蛮时代。说：“鸿荒之初，未有圣人，皆夷狄也；未有名教，皆禽兽也。”（《慎言·保傅》）“茹毛饮血，不为五谷之火熟也；缀羽被卉，不若衣裳之适体也；巢居穴处，不若宫室之安居也；标枝野鹿，不若礼义之雍容也。”（《慎言·御民》）同时，还论证“复古”行不通，指出：“夫帝王之大政，莫过于封建、井田、肉刑与夫乡举里选之类。自汉至于今，愿治者何止数十人主，而慕古以佐世者，又何啻数十百臣，而是四者竟不可复。”（《王氏家藏集》卷三十）“唐、虞之盛，卒不能复见于世。”（《王氏家藏集》卷二十六）甚至认为，如果人们不能“通于时而泥古”，则是“乱道”之“奸人”。

“理势必至” 明王廷相的历史哲学命题。针对朱熹在历史观上把“理”与“势”分成“两片”的观点，把“理”这一概念引进历史观，用以说明历史发展的规律性，并以“势”这一概念来解释人类社会历史发展现象。“势”，是指人类社会发展过程中的客观必然趋势。王廷相以“势”的观点来说明社会历史现象，解释“孟子之道不得行于战国，岂皆齐、梁之君之罪哉？亦其势然尔。当是时，秦为富强之国，其民勇于战斗，视山东之国，不啻什之二矣。六国之合纵，亦岂其势之得已哉？”“秦人一出，而六国之人皆动。当是时也，民求免于死亡困苦，不可得矣。虽有圣王不忍之心，仁义之政，安所从而施之？故曰势之不可为也。”（《慎言·保傅》）认为“世道日文”，社会大兴琼宫瑶台和金石丝竹，并非“帝王之所尚”，而是“日趋之势”（同上）所决定。他还认为社会“危乱乃积势而然”，要想拯救社会危乱，不能依靠“正人心”之法。说：“势已抵于危乱，非素负节义、才足拨乱不能返。及变而始正人心，儒之迂者乎！”（《雅述》下）又进一步讨论“理”与“势”的关系。认为势的发展是由理这个事物发展的内在规律在起作用。因此，理与势不可分开。由此进一步提出“理势必至”和“理因时致宜”的论点。他论证“理势必至”思想说：“民苦思乱，乱久思治，治则思休，乃理势必至之期也。汉惠高后之际，奚有先王经国之谋以施诸世？而天下晏然，刑罚罕用。直以海内脱战争之苦，遂生养之计，故上下乐于休静耳。由是观之，有国者恶用苦民为哉？”（《雅述》上）他论证“理因时致宜”思想说：“儒者曰：‘天地间万形皆有敝，惟理独不朽’，此殆类痴言也。理无形质，安得而朽？以其情实论之，揖让之后为放伐，放伐之后为篡夺；井田坏而阡陌成，封近罢而郡县设。行于前者不能行于后，宜于古者不能宜于今，理因时致宜，逝者皆刍狗矣，不亦朽敝乎哉？”（《雅述》下）王廷相的“理势必至”和“理因时致宜”的思想，反映出已初步认识到在历史发展的客观趋势中包含有规律性。

经史相为表里 明李贽对经史关系的一种认识。《焚书》卷五《经史相为表里》：“经史一物也。史而不经，则为秽史。何以垂鉴乎？经而不史，则为说白话，何以彰事实乎？故《春秋》一经，春秋一时之史也……故谓六经皆史也。”李贽认为经史不分，经是史学撰述的指导思想和理论原则，没有经，史学就没有内在的思想依据，故为秽史；史学则是阐述和体现经学这一指导思想和理论原则的。从这个角度说，经是“里”，史是“表”，两者是一个有机的统一体。“经史相为表里”说在中国学术史上深化了对经史关系的认识，否定了宋明理学片面尊崇经学而贬抑史学，由此导致空言义理，不务社会民生日用的学风，推动了明清经世致用学术风气的发展。

一文一质，一治一乱 明李贽主张的历史观。质和文，原指历史发展中文化落后和先进两种不同状态。在这里，文指历史上的盛世和治世，质指衰世和乱世。语出《藏书》卷一《世纪总论》：“一治一乱，若循环。自战国以来，不知凡几治几乱矣。”又说：“夫人生斯世，惟是质文两者。两者之生，源于治乱。其质也，乱之终而治之始也，乃其中心之不得不质者也。非矫也，其积渐而至于文也。治之极而乱之兆也，乃其中心不能不文者也。”他在总结战国至汉代历史兴衰的现象后，又说：“群雄未死，则祸乱不息。乱离未甚，则神圣不生。一文一质，一治一乱，于斯见矣。”（同上）李贽的这一观点虽有历史循环论倾向，但由于是综合中国历史上的有关思想提出，又含有朴素的辩证思想。

与世推移，其道必尔 明李贽提出的历史发展观和历史认识论。《焚书》卷三《战国论》：“夫春秋之后为战国，既为战国之时，则自有战国之策，盖与世推移，其道必尔。如此者非可以为春秋之治治之也明矣。况三王之世欤？”“推移”即发展；“道”即历史发展的本质与规律；“尔”即近。这一命题是说，历史是随着时代变化而发展的，因此，不同时代历史的本质和规律也不同。只有以发展的眼光来研究和认识历史，才能真正把握不同时代的历史本质与规律，使治史能切合当今的社会民生之用。这种历史发展观是对儒家言必称“三代”的返古史观的批判，推动了明清史学经世致用风气的发展。

由经入史 明清之际黄宗羲的治史方法。在经史关系上，他提倡治经必兼读史，认为"学者必先穷经，然拘执经学，不适于用，欲免迂儒，必兼读史"(《清史列传·黄宗羲传》)。由经入史，治经必兼读史，治经、史为经世致用。认为，"六经皆载道之书"(《学礼质疑序》)，而"二十一史所载，凡经世之业，亦无不备矣"(《补历代史表序》)。六经载道，史籍纪事，道不离事，事中寓道，六经之道，皆寓于史籍。如果弃史穷经，其经学必然流于章句之学，读经者也必流于空谈义理性命的迂儒。学术要经世致用，必须既要以六经为根底，又要经史兼读。由经入史，治经、史必为经世致用是治学的根本途径，后成为浙东学者治学的特点之一。

势 中国古代史学用以表述历史发展进程中带有必然性、规律性的基本趋势的概念。唐史学家刘知幾提出"古今不同，势使之然"(《史通·烦省》)，认为社会发展的变化是一种客观的、不以"天命"或个人意志为转移的"势"在起作用。唐思想家柳宗元也认为，历史的发展既非由"天"的意志决定，也非"圣人"的意志所能左右，而有其客观的必然趋势，故在《封建论》中称"封建非圣人意也，势也"。用以说明封建诸侯制度的形成是古代历史发展的客观形势所造成。明清之际的思想家王夫之继承和发展了柳宗元关于"势"这一概念，在此基础上提出了"理势合一"的历史观。他说："顺必然之势者，理也。……理者，势之顺而已矣。"(《宋论》卷七)即历史发展的规律性("理")表现在历史发展的必然趋势("势")中。指出秦始皇废封建而行郡县是"势之所趋"(《读通鉴论》卷一)，他还用秦汉以后的历史事实来论证西周的封建制不可复行于后世，声称"封建之不可复也，势也"(《读通鉴论》卷二)。

理势合一 明清之际王夫之提出的一种历史哲学观。"势"是指历史发展的趋势。在王夫之之前，我国古代思想家如柳宗元等对"势"皆有论述。王夫之不仅重视"势"，而且还进一步探讨这种趋势中所蕴含的规律性，即"理"，并在此基础上提出了"理势合一"的历史哲学观。他认为"势"的必然即是"理"，"顺必然之势者，理也"(《宋论》卷七)，"理者，势之顺而已矣，势之顺者，即理之当然者已。"(《读四书大全说》卷九)又提出"势因乎时，理因乎势"，"理之顺，即势之便也"(《尚书引义·武成》)，即遵循历史规律的方向才能形成趋势。

理势相成 见"理势合一"。

即民见天 明清之际王夫之用语。他称民为天，提出"即民以见天"(《尚书引义·泰誓中》)。把历史发展的必然性与规律合一的"理势相成"称作"天"，认为"'势'字精微，'理'字广大，合而名之曰'天'"(《读四书大全说》卷九)。此"天"体现在"民"上，"奚在乎？在人之心而已"。可以"行之千年而不易，人也，即天也"(《宋论》卷六)。"民心之大同者，理在是，天即在是"(《张子正蒙注·天道篇》)。天是"人之所同然"，也就是"民心之大同"，即人民群众共同的意志和愿望体现了"理"与"势"的合一。君子据"即民见天"，以顺应历史的发展而前进。

引古筹今 中国传统史学治史的一种宗旨，也是传统史学价值论的一种形式。"引"原意为引用，引申为借鉴，鉴戒；"筹"为谋划，计划，引申为运用。意思是注意总结历史上的兴衰成败得失，考察历代治世的经验，以作为现实之鉴戒。语出顾炎武："引古筹今，亦吾儒经世之用。"(《亭林文集·与人书八》)这一观念体现了以史学经世致用的精神，对清代学者经世风气的养成影响很大。

史以征事 明清之际方以智用语。意为修治历史、评论人物必须忠于历史，以事实为根据。他说："经以穷理，史以征事，设身处地，自忘其心之成见而体之，乃能灼然天下之几而见古人之心，此乃所谓鉴也。"(《浮山文集前编》卷五)从经学和史学不同特点出发，认为治史必须摒弃个人私情和主观成见，即要完全置身于当时具体的历史环境中，体同身受，方能达到对历史事件、人物之活动背景和思想情感的真了解，方能达到所谓的以史为鉴的真正目的。基于这一标准，批评晚明史学界因受王学末流影响而出现的"师心自用"、"标新见奇"的风气，强调治史要有"史德"，要做到客观公道，平心中正。是明清实学思潮在史学领域的表现之一，在明清史学史的转变过程中有重要意义。

六经皆史 以《诗》、《书》、《礼》、《乐》、《易》、《春秋》六经为古代历史书籍的一种主张。此一提法在明代中叶就已出现，王守仁就提过"六经皆只是史"这一命题，以后王世贞、李贽等人都提过类似的观点，但未作系统的论述。清章学诚在前人的基础上，详细地阐述了"六经皆史"的思想，他说："六经皆史也。古人不著书，古人未尝离事而言理，六经皆先王之政典也。"(《文史通义·易教上》)又说："六经不言经，三传不言传。……古之所谓经，乃三代盛时典章法度，见于政教行事之实。"(《文史通义·经解上》)"六经皆史"说是章学诚在史学上的一大创见，他的这一主张，既反对空谈心性的宋学，又反对脱离经世、务求考索的汉学学风，扩大了史学研究的范围。

圆神方智 清章学诚提出的史学主张。章学诚把历代史籍分为"撰述"(又称"著述"、"著作")、"记注"(又称"比类"、"纂辑")两大类，并借用《周易》"圆神"、"方智"的用语来概括这两大类的特征。他说："撰述欲其圆而神，记注欲其方以智也。夫智以藏往，神以知来，记注欲往事之不忘，撰述欲来者之兴起，故记注藏往似智，而撰述知来拟神也。藏往欲其赅备无遗，故体有一定，而其德为方；知来欲其抉择去取，故例不拘常，而其德为圆。"(《文史通义·书教下》)"记注"盖指史料的保存与编纂而言，它只是对过去有关事实的记载，要求尽量做到"赅备无遗"，因而在体例上有一定规制；而"撰述"的目的在于"知来"，成一家言，故体例不拘常格，贵在创新。章学诚承认"撰述"和"记注"性质不同，作用也不一样，两者"本自相因而不相妨碍"，不过相比较而言，他认为

"撰述"比"记注"更为重要,真正的史学是"撰述"而非"记注",故言"整辑排比,谓之史纂;参互搜讨,谓之史考,皆非史学"(《文史通义·浙东学术》)。

论世知人 亦称"知人论世"。中国传统史学批评的一种原则和方法。主要是指批评者对其批评对象所持的态度而言。孟子说:"以友天下之善士为未足,又尚论古之人。颂其诗,读其书,不知其人可乎?是以论其世也。是尚友也。"(《孟子·万章下》)这是对"论世知人"这一方法论原则最早的表述。清章学诚说:"不知古人之世,不可妄论古人之文辞;知其世矣,不知古人之身处,亦不可以遽论其文也。"(《文史通义·文德》)这即是说,"知世"是"论人"的前提,批评者要对古人及其作品作出恰如其分的评价,一定要考虑到评论对象所处的具体的历史环境,不要超越历史条件去责备古人,更不要以当今的时代水平去苛求前人。

知人论世 即"论世知人"。

论古必恕 清章学诚提出的一种史学批评的原则和方法。《文史通义·文德》:"不知古人之世,不可妄论古人之文辞;知其世矣,不知古人之身处,亦不可以遽论其文也。"他把"知古人之世"、"知古人之身处"这一见解具体概括为"论古必恕",称"论古必恕,非宽容之谓也","恕非宽容之谓者,能为古人设身而处地也"(同上)。即在进行史学批评时,批评者首先应了解批评对象所处的时代环境,把自己放到古人的位置上去想象古人说话时的意图,设身处地与被批评者取得思想感情的共鸣,这时才能作出判断,才能真正了解古人说话的思想与意图。而不应心存吹毛求疵的批评态度。

因事命篇,不为常例所拘 清章学诚提出的一种史学观点。即用发展变通的眼光来考察史书体例演变。他说:"史为记事之书。事万变而不齐,史文屈曲而适如其事,则必因事命篇,不为常例所拘,而后能起讫自如,无一言之或遗而或溢也。"(《文史通义·书教下》)即人类社会的发展是千变万化的,史书记载的内容也应随历史发展过程的变化而变化,因而在撰史时,应本着"因事命篇"的原则,随事变通,而不能拘泥于以往的体裁或体例。章学诚指出,自司马迁、班固创立的纪传体体裁成为史书体裁主流以后,历代史家相沿不废。但是,纪传体史书在发展过程中也出现了种种流弊,这集中体现在后世史家在体例上拘守"纪表志传"之成规,而不知变通,"史才、史识、史学,转为史例拘牵,愈袭愈舛,以致圆不可神,方不可智"(《与邵二云论修〈宋史〉书》)。章学诚在评价古代史书时非常推崇《尚书》,认为其正是"因事命篇,本无成法",在体例上体现了"体用圆神"、"例不拘常"的原则。这种不墨守成法,不受义例所拘,反而达到了史书编纂的最高境界。所以他强调要救"纪传之流弊",就必须要回到《尚书》"因事命篇,不为常例所拘"的精神上来。这种用发展的眼光来评论史体的演进,集中体现了章学诚通变的历史眼光。

汉宋兼采 晚清学术研究的一种方法和学术思潮。基本含义是,在学术研究中"汉学"和"宋学"(的方法)并重。"汉学"和"宋学"是清代学者所持的两种不同治学态度、方法和学术价值取向。"汉学"崇尚先秦儒学和盛行于东汉的古文经学,治学提倡"实事求是",重训诂和考据,取证特别注重汉儒的经注。该派在清代亦称"朴学"。萌芽于明清之际,顾炎武为开创者。乾嘉时期大盛,道咸时衰退。故又称"乾嘉考据学"。清统治建立后,以程朱理学为统治思想,宋学受官方扶持而得到推崇。该派奉宋代程朱理学为圭臬,实际是以主观解释儒家经典,治学方式专言心性,以朱熹之言作为儒家经典解释的最终标准。明清之际,两种治学方式并未对立,而是相互吸纳。"国初,汉学方萌芽,皆以宋学为根底,不分门户、各取所长,是为汉宋兼采之学。"(皮锡瑞《经学历史》)清代前期和中期,两个学派的分野日益明显,但是,汉宋兼采的主张从未间断。康熙朝理学名臣蔡志远说:"汉儒有传经之功,宋儒有伴道之实。"(《历代名儒传序》)嘉庆时,江藩著《汉学师承记》,维护理学的方东树则著《汉学商兑》,全面开启汉宋学术正宗的门户之争,汉宋始壁垒森严。为此,阮元提出调和汉宋,主张经学研究应当兼言汉宋,"两汉名教,得儒经之功;宋明讲学,得师道之益;皆于周孔之道,得其分合,未可偏讥而互诮也。"(《拟国史儒林传序》)至嘉道时期,汉宋调和与汉宋兼采遂成为一股影响颇大的学术思潮。"道咸以来,儒者多知义理考据,二者不可偏废,于是兼综汉宋者不乏其人。"(徐世昌《清儒学案》)汉宋兼采反映了嘉道以来的学者力图融会宋学重义理和汉学重考据的学术精神和方法,以实现经学经世致用的价值取向。

中国古代军事哲学

兵学 中国古代关于兵事活动的思想学说,重点在于兵事活动之基本规律的研究与探索。它既是已经过去的兵事活动的经验总结,也是尚未发生或正在发生的兵事活动的理论规划与指导。其初期形态主要表现为兵事活动的规划、动员、誓词,及兵事活动历史过程的史实叙说,前者如《尚书》中的诸多誓词,后者如《左传》、《国语》、《战国策》等。后期形态,则表现为兵事活动基本规律的专题研究与专题兵书的撰著。如早期的《军政》、《军礼司马法》、《太公兵法》,春秋战国时期的《孙子兵法》、《吴起兵法》、《孙膑兵法》、《尉缭子兵法》等。至汉初时,此类兵法尚有一百八十余家,经张良、韩信删定为"三十五家"。西汉后期刘向、刘歆整理古代典籍,兵书一类专门委托步兵校尉任宏校理,其成果集结为刘歆《七略》中之《兵书略》,即班固《汉书·艺文志》中"兵权谋""兵形势""兵阴阳""兵技巧"四种五十三家。至此,方呈现出"兵学"的独立形态。参见"先秦兵学"、"汉唐兵学"、"宋元明清兵学"等。

先秦兵家哲学 见"中国古代军事哲学"。

汉唐兵家哲学 见"中国古代军事哲学"。

宋元明清兵家哲学 见"中国古代军事哲学"。

道 中国古代兵家哲学的基本范畴之一。作为"兵家"哲理概念的"道"，主要有以下几层涵义：(1)指民心、道义。《孙子兵法·始计》具列用兵之"五事七计"，居"五事"之首者便是"道"："道者，令民与上同意，可与之死，可与之生，而不畏危也。"君民上下同心，下民乐于拼死为君上效命，这就是民心之所向，就是最大的道义。七计所称"主孰有道"，亦指此义。所以兵家之"道"的核心就是民心、道义，就是战争的政治基础，是正义所在。道家、儒家在论"兵"时，其最高的境界也在于此：道家认为"以道佐人主者，不以兵强天下"(《老子·三十章》)："夫唯(一作佳)兵者，不祥之器，物或恶之，故有道者不处"(《老子·三十一章》)；此"道"字皆与"兵"相对待，均言政治、民心。儒家孟轲讲"天时不如地利，地利不如人和"，"人和"就是道义、民心，就是"道"之所在，故孟子又曰："得道者多助，失道者寡助；寡助之至，亲戚畔(叛)之，多助之至，天下顺之"(《孟子·公孙丑下》)。其"道"之所在，就是民心之所向。兵家以涵盖政治、民心之"道"作为自己思想体系的最高范畴，正反映了军事服从于政治、服务于政治这一贯通古今之理。(2)指反本复始。《吴子·图国》："夫道者所以反本复始；义者所以行事立功；谋者所以违害就利；要者所以保业守成。"吴起以道、义、谋、要四者并列，其"道"之"反本复始"的意蕴，显然据有根本性之意义。故曰"圣人绥之以道，理之以义，动之以礼，抚之以仁"，如此方能"举顺天人"。其"道"亦以民心、道义为本。(3)指兵家用兵的至高境界。《孙膑兵法》将其作为兵家范畴的最高位置。孙膑认为，"知兵"未必"知道"，如齐威王、田忌，"几知兵矣，而未达于道也"(《孙膑兵法·威王问》)。兵家之胜，不在"众"，不在"富"，亦不在于"兵利甲坚"，"以决胜败安危者，道也"(《孙膑兵法·客主人分》)。故孙膑曰："知(智)，不足将兵，自侍(恃)也。勇，不足将兵，自广也。不知道，数战，不足将兵，幸也。夫安万乘国，广万乘王，全万乘之民命者，唯知道。知道者，上知天之道，下知地之理，内得其民之心，外知敌之请(情)，陈(阵)则知八陈(阵)之经，见胜而战，弗见而诤。此王者之将也。"(《孙膑兵法·八阵》)故孙膑之"道"，上涵天文，下括地理，中得民心，外知敌情，表现了天人之际的一般规律，"知孙氏之道者，必合于天地"(《孙膑兵法·陈忌问垒》)。用兵者只有"知道"，方能预知胜负，方能达于最高境界。后世兵家言"道"者，大致无出于上列内涵。

势 中国古代兵家哲学的基本范畴之一。《孙子兵法》有《兵势》(又称《势篇》)，《孙膑兵法》有《势备》，均专论用兵之势，孙膑又特以"贵势"著称。势，本指具有客观必然性的潜在力量，激之使发，则无可阻挡，存而不发，亦可形成明显的威慑。其"势"如系自然存在，如"激水之疾至于漂石"，"转圆石于千仞之山"，此为"自然之势"。如系社会存在，如君位、官位以及某种固有的趋向等，则称为"权势"、"威势"、"趋势"。不论是自然存在或社会存在，只要具有内在的客观必然性，就可为"顺势"、"因势"或"乘势"。《孟子》曾引齐人之言曰："虽有智慧，不如乘势；虽有镃基，不如待时。"(《公孙丑》上)"智慧"为人之智力，"乘势"乃利用客观力量；"智慧"之不如"乘势"，正如使用一般农具(镃基)所做的努力，远不如"天时"所带来的效果。兵家之势，首先是利用客观既存之"势"。孙武称"善战者求之于势而不责于人，故能择人而任势"(《孙子·兵势》)，孙膑称"善战者因其势而利导之"(《史记·孙子吴起列传》)。其次则是通过主观的作为以"造势"，《孙子兵法》所言"分数"、"形名"、"奇正"、"虚实"诸多方略，其作用首先在于形成有利于我的态势。故《孙子兵法》曰："战势不过奇正，奇正之变不可胜穷也"；"善战者，其势险，其节短，势如彍弩，节如发机"；"善战人之势，如转圆石于千仞之山者，势也。"(《兵势》)《孙膑兵法》亦曰："凡兵之道四：曰阵，曰势，曰变，曰权。察此四者，所以破强敌、取猛将也。"(《势备》)正是在"任势"、"因势"、"造势"的多种运作中，古今兵家战将谱写出了诸多有声有色的战争篇章。

奇正 中国古代兵家哲学的基本范畴之一。《孙子·兵势》："三军之众，可使必受敌而无败者，奇正是也。"又曰："凡战者，以正合，以奇胜；故善出奇者，无穷如天地，不竭如江海。""战势不过奇正，奇正之变不可胜穷也。奇正相生，如循环之无端，孰能穷之哉！"《孙子兵法》最基本的用兵形式就是奇与正。《孙膑兵法》则有《奇正》一篇以专论之(见1975年文物出版社所出简装本《下编》)。对何以为正，何以为奇，诸家理解略有差异。《孙膑兵法·奇正》："以形应形，正也；无形而制形，奇也。奇正无穷，分也。"又曰："分定则有形矣，形定则有名矣。……同，不足以相胜也，故以异为奇。是以静为动奇，佚为劳奇，饱为饥奇，治为乱奇，众为寡奇。发而为正，其未发者，奇也。"孙膑之论，表现了奇正相别的一般规律，特别是"形以应形，正也；无形而制形，奇也"；是对奇正范畴本质的深刻概括。后世兵家在解析《孙子兵法》时，又从各个具体层面展示了自己的见解。曹操曰："先出合战为正，后出为奇。"又曰："正者当敌，奇兵从旁击不备也。"(《宋本十一家注孙子》)李筌曰："当敌为正，傍出为奇"；梅尧臣曰："动为奇，静为正；静以待之，动以胜之。"何氏曰："兵体万变，纷纭混沌，无不是正，无不是奇。若兵以义举者，正也；临敌合变者，奇也。"关于奇正之变，何氏又曰："我之正，使敌视之为奇；我之奇，使敌视之为正。正亦为奇，奇亦为正。大抵用兵皆有奇正，无奇正而胜者，幸胜也，浪战也。"(同上)对于奇正之相生，《唐李问对》中唐太宗曰："吾之正，使敌视以为奇；吾之奇，使敌视以为正；斯所谓'形人者'欤？以奇为正，以正为奇，变化莫测，斯所谓'无形者'欤？"李靖曰："孙武所谓'形人而我无形'，此乃奇正之极致。""大众所合为正，将所自出为奇，乌有先后、旁击之拘哉！"又曰：

“善用兵者，无不正，无不奇，使敌莫测。故正亦胜，奇亦胜。”“分合所出，唯孙武能之。吴起而下，莫可及焉。”(《宋本武经七书》)是对孙武思想的深刻理解。

虚实 中国古代兵家哲学的基本范畴之一。《孙子兵法》有《虚实》篇专论。其《兵势》篇亦曰：“兵之所加，如以碫投卵者，虚实是也。”碫，汉简本作“段”，十一家注本和武经本皆作“碫”。碫，《说文》：“砺石也，从石，段声。”(见徐锴《说文解字系传》)砺石，即粗磨刀石，其质至坚至硬。清段玉裁注《说文》，改“碫”为“破”，注曰“破石也”。破石为锻打用的石砧，亦至硬至坚。“卵”为鸟蛋，其壳甚薄，且脆。故“以碫投卵”，乃“以至实击至虚”，其势甚易也。“避实击虚”或“以实击虚”是兵家战将信守的战术原则，故何者为实，何者为虚，以及何以识别实虚，如何实现我实而敌虚，就成了历代兵家议论的重要课题。明赵本学曰：“兵之实者，分数素定，形名素习，奇正素熟是也。反是，则为虚。虚实之不相敌，犹石、卵之不相当也。”又曰：“兵之有虚实，犹元气之有虚实也。虚者为病，实者为健。如曰怯，曰弱，曰乱，曰饥，曰劳，曰寡，曰不虞，虚也；曰勇，曰强，曰治，曰饱，曰佚，曰众，曰有备，实也。己实彼虚，则病在彼而健在我，击之可也；己虚彼实，则病在我，而健在彼，避之可也。虚实二字，用兵者以之因形而制胜，医者以之视病而投药。”(《孙子书校解引类》)《孙子兵法》中《虚实》篇，曾提了一系列方略，如“敌佚能劳之，饱能饥之，安能动之”，皆欲使敌“由实而虚”也。若“出其所不趋，趋其所不意”，“攻其所不守”，“守其所不攻”，皆以实而对虚也。能“冲其虚”，故有“进而不可御”之效。唐太宗曰：“朕观诸兵书，无出孙武，孙武十三篇，无出《虚实》。夫用兵识虚实之势，则无不胜焉。”(《唐太宗李卫公问对》卷中)反映了对孙武虚实思想的高度评价。

征不享 中国上古神权时代战争的基本道义原则。《史记·五帝本纪》：“轩辕之时，神农氏世衰，诸侯相侵伐，暴虐百姓，而神农氏弗能征。于是轩辕乃习用干戈，以征不享。诸侯咸来宾从。”《说文》：“享，献也。”指将祭品、珍品献给祖先、神明，以供其享用。在神权统治的历史年代，这是最大的道义，是上层首领与下层民众普遍认可的行为原则。如果不祭享先祖、神明，就是大逆不道，理当遭到征伐。在其后历史年代里，夏启征伐有扈氏，罪名是“威侮五行，怠弃三正”；商汤征葛，罪名是“放而不祀”；均为立足于神权的要求所申明的道义原则。

修德振兵 中国古代军事活动的基本表现形态。修德，争取民心，安抚四方；振兵，整饬武装，诛罚暴乱。《史记·五帝本纪》：“轩辕之时，神农氏世衰，诸侯相侵伐，暴虐百姓，而神农氏弗能征。于是轩辕乃习用干戈，以征不享。”又曰：“轩辕乃修德振兵，治五气，艺五种，抚万民，度四方。”这一基本形态，反映了从军事活动肇始以来就存在的客观规律：政治既是军事活动的基础，又是军事活动的目标所在。军事服从于政治，是实现政治目标的最高手段，这一基本关系，是军事活动之本质内容所决定的。

威侮五行，怠弃三正 夏启在《甘誓》中宣布的有扈氏的罪状之一。《史记·夏本纪》：“有扈氏威侮五行，怠弃三正，天用剿绝其命，今予惟恭行天之罚。”“五行”，本指金、木、水、火、土，此乃泛称天象四时之运行，“威侮五行”即不敬上天。“三正”，天、地、人之正道。“怠弃三正”，就是违背天道，必须受到严厉的惩罚。由于夏启破坏了原有的禅让制度，有扈氏不服，起来抗争，本是维护“禅让制”的行动，夏启反称有扈氏违背天道。此亦为“师出有名”。

吊民伐罪 中国古代战争中的一面道义旗帜。吊，怜悯，同情，慰问。人民于暴君统治之下，如处水深火热之中，讨伐其罪君，解救其人民，是深得民心的正义战争，故如“时雨”之降。《孟子·滕文公下》：“汤居亳，与葛为邻，葛伯放而不祀。汤使人问之曰：‘何为不祀？’曰：‘无以供牺牲也。’汤使遗之牛羊，葛伯食之，又不祀。汤又使人问之曰：‘何为不祀？’曰：‘无以供粢盛也。’汤使亳众往为之耕，老弱馈食。葛伯率其民，要其有酒食者夺之，不授者杀之。有童子以黍肉饷，杀而夺之。”为此，汤便发动了对葛伯的征伐。人民皆曰，商汤并不是为了富有天下，而是为匹夫匹妇报仇。故其征伐得到了人们的广泛赞誉，争相迎之：“东面而征西夷怨，南面而征北狄怨，曰：奚为后我？民之望之，若大旱之望雨也。归市者弗止，芸者不变，诛其君，吊其民，如时雨降。民大悦。”(同上)商汤之征“自葛载”，十一征而无敌于天下。后人称“吊民伐罪”，即源自于此。

若失人事则三军败亡 周初姜太公(尚)的军事思想。周武王九年，武王“观兵孟津”，八百诸侯不期而会。又过两年，姜太公随武王率军伐纣，并联络庸、蜀、羌、卢等部大举进军。军行至汜水牛头山，风云突变，狂风大作，飞沙走石，大旗断折，战鼓崩毁，武王的骖马也惶震而死。诸军士皆以为师行不利，周公取龟甲、蓍草占卜，结果龟灼不吉，卜筮告凶。周公急请还师，而姜太公则力主坚决进军，曰：“用兵者，顺天之道未必吉，逆之不必凶，若失人事，则三军败亡。且天道鬼神，视之不见，听之不闻，智将不法，而愚将拘之。若乃好贤而能用，举事而得时，此则不看时日而事利，不假卜筮而事吉，不待祷祀而福从。”并认为：“今纣刳(音哭，剖开，挖空)比干，囚箕子，以飞廉为政，伐之有何不可？枯草朽骨，安可知乎！”(见《通典》卷一百六十二)在如此久远、卜筮盛行的年代，姜太公能不惧鬼神，不拘卜筮，表现了鲜明的唯物主义思想观点。

先人有夺人之心 中国古代兵书《军志》用语。意为先发制人，可以摧毁敌人的意志。故后世用兵者，常于敌方立足未稳之际而击之。《左传·昭公二十一年》：华登以吴师救华氏，齐乌枝鸣戍宋，厨人濮即建议曰：“《军志》有之：‘先人有夺人之心，后人有待其衰。’盍及其劳且未定也，伐诸？若入而固，则华氏众矣，悔无及也。”乌枝鸣从其计，果大败华氏。

不鼓不成列 三代时期以礼治军的用兵原则。《司马法》曰："古者逐奔不过百步，纵绥不过三舍，是以明其礼也；不穷不能而哀怜伤病，是以明其仁也；成列而鼓，是以明其信也；争义不争利，是以明其义也。"(《仁本第一》)礼、仁、信、义，都是当时战争必须遵循的基本原则。时至春秋战国："出奇设伏，变诈之兵并作"，以礼治军的原则被抛弃。宋楚泓水之战，楚军半渡，宋军不击；楚军既渡而未成列，宋军仍不击；待楚军列好阵势，宋军才开始攻击，结果宋军大败。面对国人的埋怨，宋襄公曰："君子不重伤，不禽二毛。古之为军也，不以阻隘也。寡人虽亡国之余，不鼓不成列。"(《左传·僖公二十二年》)认为自己纵然是殷纣亡国的后人，也必须遵循三代的礼法。

三军以利用 变诈之战的基本原则。最先见于《左传》僖公二十二年司马子鱼之论。在泓水之战中，子鱼提出了一系列变诈之兵的用兵原则：天然险阻，只要对我有利，可以利用；敌人济水半渡，未成行列，可以袭击，这是上天对我的赞助；强敌在前，不论青年、老年，都要擒获；敌人伤未及死，尚有伤害我方的能力，就要继续战斗；如爱"重伤"，爱"二毛"，就等于自己束手就擒；击鼓进军不必待敌方整好阵势。这些论断，均为后世兵家战将吸取。《孙子兵法》言："古之善用兵者，能使敌人前后不相及，众寡不相恃，贵贱不相救，上下不相收，卒离而不集，兵合而不齐。合于利而动，不合于利而止。"(《九地》)正是对司马子鱼用兵见解的继承与发展。

师出以律 《周易》关于兴师用众之规律的论断。《周易·师卦》："初六，师出以律，否臧凶。"中国古代，初无常备之兵，而是寓兵于农，平时耕田，战时集结起来就是军队。《师卦》《彖》曰："师，众也；贞，正也；能以众正，可以王矣。"《周礼·春官宗伯》亦曰："以军礼同邦国。大师之礼，用众也。"郑玄注："大师者，谓天子六军，诸侯大国三军，次国二军，小国一军。""师出"，即集结军队以正邦国。然师出必有纪律，如果纪律不好，师行混乱(即"否臧"，不善)，则必出凶象。《师卦·初六》《象》曰："师出以律，失律，凶也。"师之以"律"，实以"贞""正"为前提，必高举当时的道义旗帜，以正义行师，方有军纪可言。这一论断反映了上古用兵的基本规律。

依礼征伐 春秋前期诸侯间相伐的道义原则。春秋时期诸国，均系周之封国，故共遵周礼为其道义上的旗帜。《左传·隐公十一年》：以许国不贡周王，郑庄公合鲁、齐共伐许。既而服之，郑庄公乃"使许大夫百里奉许叔以居许东偏"，又使郑臣"公孙获处许西偏"，且嘱托曰："我死，乃亟去之。吾先君新邑于此(新郑)，王室而既卑矣，周之子孙日失其序。夫许，大岳之后也，天而既厌周德矣，吾其能与许争乎？"左丘明评论曰："郑庄公于是乎有礼。礼，经国家、定社稷、序民人、利后嗣者也。许，无刑(法)而伐之，服而舍之，度德而处之，量力而行之，相时而动，无累后人，可谓知礼矣。"(引文并见《左传》隐公十一年)其后，齐桓公北伐山戎，"命燕君复修召公之政，纳贡于周，如成、康之时"；伐楚，责"楚贡包茅不入周室"；皆以周礼为旗帜。

三覆 中国古代兵学思想。覆，伏兵。《左传》隐公五年，北戎侵郑，郑庄公率军抵御。戎为步兵，郑为战车，庄公担心遭其突袭，曰："彼徒我车，惧其侵轶(突袭)我也。"公子突(郑厉公)曰："使勇而无刚者尝寇，而速去之，君为三覆以待之。戎轻而不整，贪而无亲，胜不相让，败不相救。先者见获必务进，进而遇覆必速奔，后者不救，则无继矣。"庄公从之，遂设三道伏兵，诱而入伏，大败戎师。在以礼治军尚为通行的时代，敌必"成列"，方可击鼓而进击。然此次郑庄公却预设伏兵以为陷阱，其意义绝不仅仅是战术上的一种创造，而是军事思想、理念上的一大突破。东汉班固曰："自春秋至于战国，出奇设伏，变诈之兵并作。"(《汉书·艺文志》)郑庄公之"三覆"乃其始也。

不备不虞，不可以师 《左传》关于加强守备的观点。语见《左传》隐公五年。郑人为报东门之役而侵卫，卫则借燕师以伐郑。郑庄公使祭足、原繁、泄驾三军正面对敌，又派曼伯与子元二公子暗中迂回到燕军之后，燕人只顾正面应敌，没料到背后亦有郑军，结果"郑二公子以制人败燕师于北制(今河南荥阳汜水镇)"。左氏评论曰："不备不虞，不可以师。"虞，预料。对意想不到的地方不加防备，也是不可以兴师。这一观点成为后世兵家的重要戒律之一。

度德量力 《左传》关于战争之政治与军事条件的判断。语见《左传·隐公十一年》。郑伯、息侯以语言相违，息侯伐郑，息师大败而还。左氏评论曰："君子是以知息之将亡也。不度德，不量力，不亲亲，不徵辞，不察有罪。犯五不韪而以伐人，其丧师也，不亦宜乎！""德"指政治、民心；"力"为国力、军力。认为"度德""量力"乃用兵的基本条件。既然政治、军事都不如对方，又不能团结亲近，明察是非，率然兴师，何能不败！

师克在和不在众 春秋时期楚国兵家斗廉关于军队数量与质量之关系的判断。《左传·桓公十一年》：楚莫敖屈瑕将与贰、轸二国会盟，时郧人军于蒲骚，与随、绞、州、蓼等国将伐楚师，莫敖患之，欲请王师以济之。斗廉曰："师克在和，不在众。商，周之不敌，君之所闻也。成军以出，又何济焉？"和，指军心一致，上下团结；众，指人数众多。认为武王伐纣，纣师虽众，然心思武王，故纣之七十万不敌武王之四万五千。今郧、随诸国，虽人数众多，然各怀异心，莫有斗志。我则自成一军，若选其薄弱，击其不诚，必大败之。对斗廉之论，莫敖将信将疑，欲占卜以定。斗廉又曰："卜以决疑，不疑何卜？"若有疑虑，可占卜求神以断，既有把握取胜，何必占卜？楚师"遂败郧师于蒲骚，卒盟而还"(《左传·桓公十一年》)。斗廉关于"和"可胜"众"，及果断排斥占卜的思想，对后世兵家产生了重要影响，战国吴起关于"四不和"及"先和而造大事"的论断，关于"不卜而与之战者八"、"不占而避之者六"的论断，均明显承接了斗廉的思想观点。

卜以决疑，不疑何卜 春秋时期楚国兵家斗廉排斥占卜的思想。《左传・桓公十一年》：楚师与郧、随等国军队将战，楚莫敖屈瑕心存疑虑，欲卜以问神。斗廉曰："卜以决疑，不疑何卜？"明朗地排斥占卜之举。一则斗廉有必胜的把握，再则或根本就不信占卜。斗廉的思想，上承姜太公斥龟甲、蓍草为"枯草朽骨"的思想，下启孙、吴等排斥鬼神卜筮之观点，是古代兵家反对鬼神迷信的一项重要表现。

人弃常则妖兴 春秋时期鲁臣申繻关于人妖关系的论断。古代，人们常以自然现象或动物界所发生的事情预示人事之凶吉，称之为"妖"。《左传・庄公十四年》：郑厉公由栎入郑，杀郑子及其二子，而已立为郑君。此事使人们联想起六年前郑国南门中两蛇之相斗，门外之蛇咬死门内之蛇，是否预示此事？鲁臣申繻论曰："人之所忌，其气焰以取之，妖由人兴也。人无衅焉，妖不自作。人弃常，则妖兴。"(《左传・庄公十四年》)认为本根在于人事，"妖"之所起，依人而兴也。

神所冯依，将在德矣 春秋时期虞国宫之奇关于神、人关系的论断。《左传・僖公五年》：晋侯再次借道虞国以伐虢。宫之奇谏虞君不可，且明以史实，晓以利害，而虞公却想用丰盛净洁的祭品求神护佑。宫之奇曰："臣闻之，鬼神非人实亲，惟德是依。故《周书》曰：'皇天无亲，惟德是辅。'又曰：'黍稷非馨，明德惟馨。'又曰'民不易物，惟德繄物。'如是，则非德民不和、神不享矣。神所冯(凭)依，将在德矣。"(《左传・僖公五年》)宫之奇认为，鬼神并不是某些人的亲人，谁有德行就依附谁。而神所依附者，只可能在明德之君。

以德荐帅 春秋时期晋国赵衰提出的选帅标准。《左传・僖公二十七年》：晋、楚城濮之战前夕，晋国集结兵力，组建三军，选拔主帅(即中军之帅)。赵衰曰："郤縠可。臣亟(读"气"，多次)闻其言矣。说礼乐而敦《诗》《书》。《诗》《书》，义之府也；礼乐，德之则也；德义，利之本也。《夏书》曰：'赋纳以言，明试以功，车服以庸。'君其试之。"晋文公遂以郤縠将中军，郤溱佐之；狐毛将上军，狐偃佐之；栾枝将下军，先轸佐之。次年，刚刚开战而郤縠卒，晋文公乃用先轸将中军。先轸以下军副帅之位越次而为中军主帅，亦"上德"而用。

轻而无礼必败 春秋时期王孙满的军事论断。语见《左传・僖公三十三年》。秦师越境千里欲袭郑。依周礼，过天子之门，士兵当卷甲束兵，步行示敬。然秦师过周王洛邑之北门时，士兵只是脱掉头盔下车步行，而且刚刚下车又很快跳上车去，约三百乘战车都是这样。当时年纪尚幼的王孙满即曰："秦师轻而无礼，必败。轻则寡谋，无礼则脱。入险而脱，又不能谋，能无败乎？"(见《左传・僖公三十三年》)秦师果败于崤。反映出已认识到骄兵必败的道理。

信为国宝 春秋时晋文公立国治军的基本信条之一。《左传・僖公二十五年》："冬，晋侯(晋文公)围原(今河南济源市西北)，命三日之粮。原不降，命去之。谍(间谍)出，曰：'原将降矣。'军吏曰：'请等之。'公曰：'信，国之宝也，民之所庇也，得原失信，何以庇之？所亡滋多。'退一舍而原降。"晋文公复国之后，第一要务就是树立威信，义、信、礼，即其治国治军的三大法宝(参见《左传・僖公二十七年》)，既讲"三日"伐原，绝不后拖，虽然明知原城即将投降，亦坚持撤军。原城得失事小，信义不立事大也。信，是军民所赖以庇护的大德，若得原而失信，其损失要大大超过一个原城。以信立国，至孔子时代又得到了更为明朗的肯定：子贡问政，孔子曰："足食，足兵，民信之矣。"若不得已而去之，先去兵，次去食，唯信不可去："自古皆有死，民无信不立。"(《论语・颜渊》)信之为德，既高于兵，亦高于食，为国者不可须臾离之。显示出"信"在立国治军中的重要作用。

伐原以示之信 春秋时晋文公立国用民的一项重要举措。《左传・僖公二十七年》：晋文公入国而教其民，二年欲用之。"子犯曰：'民未知义，未安其居。'于是乎出定襄王，入务利民，民怀生矣。将用之，子犯曰：'民未知信，未宣其用。'于是乎伐原以示之信。……公曰：'可矣乎？'子犯曰：'民未知礼，未生其共(恭)。'于是乎大蒐以示之礼。"其后果然"一战而霸"。故义、信、礼，乃晋文公立国用民的三大法宝。参见"信为国宝"。

师直为壮，曲为老 春秋时晋臣狐偃关于军队士气的见解。《左传・僖公二十八年》：晋、楚城濮之战前夕，晋文公拘楚使宛春，且私许"复卫"、"封曹"使绝楚。楚将子玉怒逼晋师。晋师退避，军吏不解，问曰："以君辟臣(晋文公避楚子玉)，辱也。且楚师老矣，何故退？"老，指军士疲惫，近于"暮归"状态。子犯(狐偃)乃曰："师直为壮，曲为老。岂在久乎？微楚之惠，不及此，退三舍辟之，所以报也。背惠食言，以亢其雠，我曲楚直，其众素饱，不可谓老。我退而楚还，我将何求？若其不还，君退臣犯，曲在彼矣。"(《左传・僖公二十八年》)及晋退三舍，楚众欲止，再追即"理曲"也。而楚将子玉依然紧逼不舍，终使楚军大败。反映出狐偃已认识到军队士气是否旺盛，不仅在于是否长久行军，是否少食缺饮，更重要在于是否占有"道义"。

国之大事，在祀与戎 春秋时周臣刘康公关于国家政事的论断。"祀"为祭礼，"戎"为兵事，兵事亦有"脤"祭之礼。《左传》成公十三年，成肃公"受脤于社，不敬"，刘康公评论曰："吾闻之，民受天地之中以生，所谓命也。是以有动作礼义威仪之则，以定命也。能者养之以福，不能者败以取祸。是故君子勤礼，小人尽力；勤礼莫如致敬，尽力莫如敦笃，敬在养神，笃在守业。国之大事，在祀与戎，祀有执膰，戎有受脤，神之大节也。今成子惰，弃其命矣。"(《左传・成公十三年》)在神权思想统治社会的上古时代，祀神致福是社会生活中的头等大事。自殷周之际至于春秋战国，人本、民本思想虽已形成强大的思想潮流，但神权之余威依然笼罩社会，社会生活中的一切大事，几乎都要祭神问天。刘康公以“兵戎”并列于“祭祀”，反映出已认识到战争对国家生活的重要影响。故《孙子兵法》开篇强调“兵者，国之大事，死生之地，存亡之道，不可不察”（《始计》）。

无民孰战 春秋时晋国韩献子关于战争之主体的判断。《左传》成公十五年，楚国与晋国新盟之后又欲北伐，其将子反曰：“敌利则进，何盟之有？”老臣申叔时则力辩曰：“信以守礼，礼以庇身，信、礼之亡，欲免得乎？”楚遂侵郑，侵卫，郑国子罕亦“侵楚，取新石。”时晋国栾武子欲报复楚国，韩献子则曰：“无庸。使重其罪，民将叛之。无民，孰战？”（《左传·成公十五年》）古代寓兵于民，战争的主体就是老百姓，百姓皆叛，谁还能为你打仗？反映出已认识到民既是立国之本，也是战争之本。

不义而强，其毙必速 春秋时期晋国叔向关于道义与强弱的论断。《左传》昭公元年，楚令尹公子围宴请赵孟，赋《诗》中《大明》之一章，俨然居国君之位。赵孟赋《诗》中《小宛》之二章以戒之。事毕，赵孟问叔向曰：“令尹自以为王矣，何如？”叔向曰：王弱，令尹强，虽然可能暂时成功，但不可能善终：“强以克弱而安之，强不义也。不义而强，其毙必速。《诗》曰：‘赫赫宗周，褒姒灭之’。强不义也。令尹为王，必求诸侯。晋少懦矣，诸侯将往。若获诸侯，其虐滋甚。民弗堪也，将何以终？夫以强取，不义而克，必以为道。道以淫虐，弗可久矣。”（《左传·昭公元年》）以为国君王室之斗争亦有“道义”可言。

持盈，定倾，节事 范蠡关于人事与天地规律的观点。范蠡曰：“夫国家之事，有持盈，有定倾，有节事。”（《国语·越语下》）“持盈”（或曰持满），指天道。天道盈而不溢，善于持盈，必法“天道”。“定倾”，指人事，虽遇危难，通过人的主观努力，也可以转危为安。“节事”，遵循客观规律办事，懂得节制和适度。“唯地能包万物以为一，其事不失。生万物，容畜禽兽，然后受其名而兼其利。美恶皆成，以养其生。”（同上）认为治理国家有三件事要注意，国家强盛时要设法保持，国家将要倾覆时要设法转危为安，平时治理国家遵循客观规律办事，懂得节制和适度。盈满而不过分，气盛而不骄傲，辛劳而不自夸有功。

人事必与天地相参 范蠡关于天人相应合的观点。战国时，越王勾践败于吴，越王自为奴以侍吴王，度过危难。越王返国后，积聚国力，急欲攻伐吴国，几次召见范蠡，蠡先后答曰：“王无早图。夫吴，君王之吴也，王若早图之，其事又将未可也”；“人事至矣，天未应也”；“天应至矣，人事未尽也”。致使勾践怪其反复。范蠡乃曰：“夫人事必与天地相参，然后乃可以成功。”（《国语·越语下》）直至吴国君臣不合，天怒人怨，内外交困之时，越国方最终灭吴国。

作内政而寄军令 管仲创建的军政合一的军事制度，也是其军事思想的具体体现。目的在于寓兵于政，从而隐匿自己的军备行为。桓公既立，急于称强图霸，欲即刻“正卒伍，修甲兵”。管仲不可，认为此将引起大国的连锁反应。“若欲速得志于天下诸侯，则事可以隐令，可以寄政。”管子于是制国：“五家为轨，轨为之长；十轨为里，里有司；四里为连，连为之长；十连为乡，乡有良人焉。以为军令：五家为轨，故五人为伍，轨长帅之；十轨为里，故五十人为小戎，里有司帅之；四里为连，故二百人为卒，连长帅之；十连为乡，故二千人为旅，乡良人帅之；五乡一帅，故万人为一军，五乡之帅帅之。”（《国语·齐国》）使军队编制与行政编制完全统一，军令即寄寓于政令，加强军备而又不见军备之形。士兵既为乡邻，“世同居，少同游，故夜战声相闻，足以不乖；昼战目相见，足以相识；其欢欣足以相死”（同上）。

明一者皇，察道者帝 《管子》对政治、军事境界的划分。《管子·兵法》：“明一者皇，察道者帝，通德者王，谋得兵胜者霸。故夫兵虽非备道至德也，然而所以辅王成霸。”《管子》将古往今来的政治军事形势划分了四个等次：最高者为“皇”，或指“三皇”时代，其特点是“明一”。“一”当为最高境界，《老子》有言：“天得一以清，地得一以宁，神得一以灵，谷得一以盈，万物得一以生，侯王得一以为天下贞。”（老子·三十九章）故“明一”者，当为浑然一体的“至德”世界。其次者为“帝”，或指“五帝”时代，其特点是“察道”。此时虽已有征伐，其主政者仍能如天帝一样管辖下民。再次者为“王”，其特点在于“通德”，由“敬德保民”而领有天下。孟轲所称“保民而王，莫之能御也”，即为这一境界。最下者为成就霸业，其特点在于以“谋”与“兵”而取胜。管仲辅齐桓公“九合诸侯，一匡天下”，正是这一境界的典型代表。可见，《管子》所向往的，依然是“备道至德”，是大道通行的上古时代。既已时至春秋，乃不得已而用兵，虽不能达于“备道至德”，亦可以“辅王成霸”。

兵者尊主安国之经 《管子》提出的兵学观。《管子·参患》：“君子所以卑尊，国之所以安危者，莫要于兵。故诛暴国必以兵，禁辟民必以刑。然则兵者外以诛暴，内以禁邪，故兵者，尊主安国之经也。”“经”，常也。认为“兵”的作用，对外就是诛伐强暴，抗御侵略；对内则是禁止邪辟，镇压暴乱。不论外敌之入侵，或内部的暴乱，均可能危及君主的尊位及国家之安全，故于“兵”必常备不懈。《管子》这一认识，与孙武“兵者国之大事，死生之地，存亡之道，不可不察也”，及孙膑所言“在亡国而继绝世”等，基本一致，大致都是当时战争对社会现实之实际影响的必然反映。

计必先定于内，然后兵出乎境 《管子》中先计后战的思想。《管子·七法》：“若夫曲制时举，不失天时，毋圹地利，其数多少，其要必出于计数。故凡攻伐之为道也，计必先定于内，然后兵出乎境。计未定于内而兵出乎境，是则战之自胜（或作“败”）攻之自毁也。”计，算。计算敌我双方的财力、物力、兵力、将才，及天时、地利之形势等，计算中优势在我，方可出兵；若计算未定，不明敌我之情，则无异于自毁也。故“不明于敌人之政，不能加也；不明于敌人之情，不可约也；不明于敌人之将，不先军也；不明于敌人之士，不先陈(阵)也。”(《管子·七法》)这些论断，与《孙子兵法》“庙算”之“五事七计”，及“知彼知己”、“知天知地”，以及“先胜而后战”等思想论断大致相合。

治其民，强其兵 《管子》关于兵、民关系的论断。中国上古时代，无常备之兵，而是寓兵于民，或曰寓兵于农。春秋时齐国管仲所行“作内政而寄军令”的军政合一的制度，就是明确以兵、民为一体的制度。故欲治其兵，必先治其民。《管子·七法》：“言是而不能立，言非而不能废，有功而不能赏，有罪而不能诛，若是而能治民者，未之有也。……不能治其民，而能强其兵者，未之有也。能治其民矣，而不明于为兵之数，犹之不可。不能强其兵，而能必胜敌国者，未之有也。能强其兵，而不明于胜敌国之理，犹之不胜也。兵不必胜敌国，而能正天下者，未之有也。”治民，强兵，胜敌，正天下，作为《管子》实现其理想政治的几个阶段，其基础在于“治民”，关键又在于强兵。

以不教民战是谓弃之 孔子关于平时必须加强战备的思想观点。《论语·子路》：“子曰：善人教民七年，亦可以即戎矣。”又曰：“以不教民战，是谓弃之。”朱熹注曰：“以，用也。言用不教之民以战，必有败亡之祸，是弃其民也。”(《四书章句集注》)民众必须平日训练有素，方可用以作战。

有文事者必有武备 孔子关于文武相济，政治、军事、外交必相协从的思想观点。《史记·孔子世家》中载录：鲁定公十年(前500)，齐鲁国君会于夹谷(今山东莱芜市境内)，鲁定公欲以乘车(非兵车)前往，时孔子摄相事，谏曰：“臣闻有文事者必有武备，有武事者必有文备。古者诸侯出疆，必具官以从。请具左右司马。”文事，政治与外交谈判，会盟；武备，兵车武装以从，以备不测之事发生。此次会盟，齐侯果然欲以莱夷之兵劫持鲁侯，因鲁定公与孔子有备而往，齐侯的阴谋未能得逞。文武相济之思想，成为其后军事与外交相辅相成的基本指导原则。

以柔克刚，以弱胜强 老子兵学的基本观点。老子的思想核心在“无”。推及于政治、军事及现实领域，则以柔之胜刚、弱之胜强通贯其间。“反者，道之动；弱者，道之用。”(《老子·四十章》)返其所始，返归本根，是“道”的运动规律，曰“复归其根”，“复归于朴”，“复归于无极”。而“道”的运动形态则表现为以“弱”为用。庄子称其“以濡弱谦下为表，以空虚不毁万物为实”(《庄子·天下》)。即以柔弱谦和的表现形态，任万物自生自成，或曰以柔弱之道而成万物也。老子又曰：“人之生也柔弱，其死也坚强；万物草木之生也柔脆，其死也枯槁；故坚强者死之徒，柔弱者生之徒。”(《老子·七十六章》)自然现象如此，故老子视“柔弱胜刚强”为自然界之一般规律，曰“兵强则灭，木强则折，强大处下，柔弱处上”(《老子·三十六章、七十六章》)。老子复以水为喻：“天下莫柔弱于水，而攻坚强者莫之能先，以其无以易之。”由是，老子认为，“弱之强胜，柔之胜刚”(《老子·七十八章》)，是天下尽人皆知的道理，只是人们不肯实行而已。老子则一反常人之道，“知其雄，守其雌，为天下谿(溪)”，“知其白，守其黑，为天下式”，“知其荣，守其辱，为天下谷”(《老子·二十八章》)，欲以“天下之至柔，驰骋天下之至坚”，以“无有入无间”(《老子·四十三章》)。从而将以柔克刚，以弱胜强作为其兵学的基本信条。

知其雄，守其雌 老子所示以柔胜刚的道理。《老子·二十八章》：“知其雄，守其雌，为天下谿(溪)；为天下谿(溪)，常德不离，复归于婴儿。知其白，守其黑，为天下式；为天下式，常德不忒，复归于无极。知其荣，守其辱，为天下谷；为天下谷，常德乃足，复归于朴。”谿，本或作“奚”，为古代下层之奴仆。又，或作溪，溪、谷皆居低下，为水之所归；亦皆虚空，故可容纳百物。守雌，守黑，守辱，皆有守弱无争之义。庄子为之解曰：“人皆取先，己独取后，曰受天下之垢；人皆取实，己独取虚，无藏也故有余，岿然而有余。”(《庄子·天下》)老子以守虚处下而保其常德，终能复归于无极，返朴归真。《老子·七十八章》又曰：“是以圣人云：受国之垢，是谓社稷主；受国不祥，是为天下王。”能纳百川，方成其为大海；能承担天下之责任，方能为天下主。最终还是以柔取胜。参见“以柔克刚，以弱胜强”。

善战者不怒 老子关于用兵不应受情绪干扰的思想。《老子·六十八章》：“善为士者不武，善战者不怒，善胜敌者不与，善用人者为之下。是谓不争之德，是谓用人之力，是谓配天，古之极。”“武”者，易先陵人，有失道义；“怒”者，常忽于计算，有失理智；“与”者必以力交，多有损伤；“为之下”者易得人心，故能得人之力。善战者当据道义，以智胜人，尽力减少我方的损失。若怒而兴师，则必铸大错。

不争之德 老子兵学思想的核心内容之一。老子思想学说的最高理念是“道”，“道”体现于现实世界则是“无”，以无为本，无欲，无为，成为老子对待现实生活的基本信条。由此，必然主张“不争”。然老子并非绝对“不争”，而要以“不争”为争，从而使天下莫能与之争。老子曰：“上善若水，水善利万物而不争，处众人之所恶，故几于道。夫唯不争，故无尤。”(《老子·八章》)又曰：“曲则全，枉则直，洼则盈，敝则新，少则得，多则惑。是以圣人抱一为天下式：不自见，故明；不自是，故彰；不自伐，故有功；不自矜，故长。夫唯不争，故天下莫能与之争。”(《老子·二十二章》)由是归结为：“天之道，不争而善胜，不言而善应”(《老子·七十三章》)；“天之道，利而不害；圣人之道，为而不争”(《老子·八十一章》)。

将欲弱之，必固强之 老子关于对立面相互转化的辩证法思想，也是现实政治、军事活动中常用的一般策略。《老子·三十六章》：“将欲歙之，必固张之；将欲弱之，必固强之；将欲废之，必固兴之；将欲夺之，必固与之。是谓微明。”歙，《说文》：“缩鼻也。”凡收敛之动作皆曰歙。对立面的统一与转化，是自然界普遍存在的基本规律，事物的发展到了一定的限度，必有自然回缩或转化的趋势。如口之进食，张而必合，合而复张，如此反复，方能完成进食之需要。如万物之生存，出生，成长，壮老，又死而复生；如此绵延，方有万物之生生相续。老子认定了这一自然规律，又自觉地利用这一规律为己服务，故欲先张而求其合；先强而待其弱；先兴而致其废；先与而伺机夺；皆欲顺势而成也。老子所述，既是自然辩证法的基本规律，也是广泛行之有效的一般策略。

将欲废之，必固兴之 老子关于社会与自然界对立面统一、转化规律的表述，也是其用之于政治、军事斗争的一般策略。详"将欲弱之，必固强之"。

将欲夺之，必固与之 老子关于社会与自然界对立面统一、转化规律的表述，也是社会现实中政治与军事斗争的一般策略。详"将欲弱之，必固强之"。

将欲歙之，必固张之 老子关于社会与自然界对立面统一、转化规律的表述，也是社会现实中政治与军事斗争的一般策略。详"将欲弱之，必固强之"。

以道佐人主者，不以兵强天下 老子反对战争的观点。《老子·三十章》："以道佐人主者，不以兵强天下，其事好还。师之所处，荆棘生焉；大军之后，必有凶年。"反对战争，大致是古代贤哲的共识，从周初《军礼司马法》，姜太公《六韬》，到春秋末老子、孔子，各有其明确的表述。老子的着力点，更强调了战争所带来的灾难。故老子一再申说："夫兵者，不祥之器，物或恶之，故有道者不处。""兵者，非君子之器也，不祥之器也，不得已而用之。""恬淡为上。胜而不美，而美之者，是乐杀人。夫乐杀人者，则不可以得志于天下矣。"（《老子·三十一章》，字句参用帛书本《老子》）

兵者不祥之器 老子反对战争的观点。《老子·三十一章》："夫兵者，不祥之器。物或恶之，故有道者不处。"老子以恬淡自然为社会的理想状态，全力倡导无欲、无为，以"不争"为德，故厌恶战争、反对战争，乃其总体思想倾向的自然结论。老子既反对战争，故亦以"兵"（武器）为"不祥之器"。参见"以道佐人主者，不以兵强天下"。

果而勿骄 老子关于用兵的基本原则之一。《老子·三十章》："善者果而已，不敢以取强。果而勿骄，果而勿矜，果而勿伐，果而不得已，果而勿强。"《尔雅·释诂》："果，胜也。"如木之有实。善战者，能战胜对方，实现自己的目标也就可以了。由于战争本身必然会带来巨大的社会灾难，是不得已而为之，所以，战胜之后，既没有什么值得骄傲与夸耀，更不可由此而逞强称霸。对于以胜为美，甚至"乐杀人"者，老子给予了强烈的谴责，认为即使胜利，也要"以丧礼处之"，"以哀悲泣之"（《老子·三十一章》）。

用兵三宝 老子关于用兵的三项基本原则。《老子·六十七章》："我有三宝，持而宝之。一曰慈，二曰俭，三曰不敢为天下先。慈故能勇，俭故能广，不敢为天下先，故能为成器长。今舍慈且勇，舍俭且广，舍后且先，死矣。""慈"指道义，是仁爱之心，是宽容、忍让，不得已而战，故依"慈"以战，必有勇也。"俭"为节用，爱惜人力、物力，故能持久。"不敢为天下先"，即"后发制人"也。老子曰："用兵有言：吾不敢为主而为客，不敢进寸而退尺。"（《老子·六十九章》）我不主动攻击他人，而他人攻我时，则必起而抗争。为保卫家园而战，故能集聚民心、军心，心怀悲愤而战。"故抗兵相加，哀者胜矣。"

慈 老子用兵的法宝之一。《老子·六十七章》："我有三宝，持而宝之。一曰慈。"在老子"三宝"之中，"慈"最具有根本性之意义。许慎《说文》："慈，爱也。从心，兹声。"故"慈"乃是一种发自内心的爱，"慈者爱，出于心，恩被于物也。"（孔颖达《春秋左传正义》）其最现实者，莫过于父母之于子女。老子对于世人，胸怀圣人之心，"圣人无常心，以百姓心为心。善者吾善之，不善者吾亦善之，德善；信者吾信之，不信者吾亦信之，德信。圣人在天下，歙歙为天下浑其心，百姓皆注其耳目，圣人皆孩之。"（《老子·四十九章》）以慈济世，视天下百姓如子女，是老子哲学的基本立足点。慈者必仁，仁者必有勇；若舍慈而求其勇，舍俭而求其广，舍后而欲争先，只能是死路一条。故老子又曰："夫慈，以战则胜，以守则固。天将救之，以慈卫之。"（《老子·六十七章》）能立足于"慈"，天神也会为之相助。参见"三宝"。

不敢为主而为客 老子的用兵原则之一。《老子·六十九章》："用兵有言：吾不敢为主而为客，不敢进寸而退尺。是谓行无行，攘无臂，执无兵，乃无敌。"（字句顺序依帛书乙本）为主，主动进攻；为客，被动应敌。老子以谦退哀慈为本，故主张不得已而用兵，绝不主动进攻。由于道义在手，纵然队无行阵，攘无肩臂，手无兵器，仍必能胜敌。此亦以无胜有。

祸莫大于轻敌 老子兵学中关于慎战的思想。《老子·六十九章》："祸莫大于轻敌，轻敌几丧吾宝。"老子用兵三宝："一曰慈，二曰俭，三曰不敢为天下先。"（《老子·六十七章》）认为轻敌则必轻战，轻战则必轻杀人，若滥杀无辜，则无"慈"可言。轻战则必滥用人力、物力，则无"俭"。轻敌、轻战则必易于主动进攻，或动辄"先发制人"，此亦无"不敢为天下先"。轻敌既易丧三宝，故祸必随之而来。

抗兵相加哀者胜 老子兵学中关于道义原则的重要观点之一。《老子·六十九章》："用兵有言：吾不敢为主而为客，不敢进寸而退尺。……祸莫大于轻敌，轻敌几丧吾宝。故抗兵相加，哀者胜矣。"抗，对举。《说文》："抗，捍也。"段玉裁注引："抗，御也"，"抗，举也"。举兵而御敌，故有迫不得已之义。凡自我防御，捍卫家国，义自内发，人思奋进，人有义愤填膺之势。故哀兵必为义兵，为正义而战，得道多助，势必能胜。后世所称"哀兵必胜"，即源于此。

以正治国，以奇用兵 老子关于经国治军的基本观点。《老子·五十七章》："以正国，以奇用兵，以无事取天下。"老子将用兵、治国、取天下列为三个等次，以其具有不同的对象，故亦须取不同的方法。认为“用兵”对敌，故须以奇，以诡诈之术而对之，此乃战场对垒之规律。“治国”对象为国内之民，无平正之道，何以服民？故须以正道而治之。若欲“取天下”，则必有“近者悦，远者来”的吸引力，而这一境界对老子而言，就是无欲，无为，无事：“我无为而民自化，我好静而民自正，我无事而民自富，我无欲而民自朴。”（同上）三种手段，三种境界，全面反映了老子的社会政治观。

兵者国之大事 春秋时孙武提出的兵学基本观点。《孙子兵法·始计》：“兵者，国之大事，死生之地，存亡之道，不可不察也。”认为兵者，凶器，用兵即为战争，它关系到人民的生死，国家的存亡，故“兵事”在治国安邦的伟业中，实居于关系全局的重要地位。《左传》：“国之大事，在祀与戎。”（《左传·成公十三年》）祀，礼也；戎，兵也；一礼一兵，一文一武，即政治与军事的有效配合，方能圆满完成治国安邦的大业。孙武之论，既表明“兵事”是关系邦国全局的大事，又表明它对人民生死、国家存亡的重大决定作用。在其后，凡能胸怀全局、具有政治远见的兵家战将，无不表现了广泛的认同：《吴起兵法》以《图国》列于篇首，论议中处处以国家之安危存亡作为标尺；孙膑亦曰：“战胜，则所以在亡国而继绝世也；战不胜，则所以削地而危社稷也，是故兵者不可不察也。”（《孙膑兵法·见威王》）均表现了对“兵”事的大局观念、整体观念。

五事七计 春秋时孙武关于战争基本要素及其衡量方法的论断。《孙子兵法·始计》：“兵者国之大事，死生之地，存亡之道，不可不察也。故经之以五事，校之以计，而索其情：一曰道，二曰天，三曰地，四曰将，五曰法。”以为道、天、地、将、法这五事是决定战争胜负的五项基本因素。其内涵所指分别为：道，指民心向背，是战争的政治基础；天，四季变化，阴阳寒暑；地，远近广狭，地形地势；将，基本品德与才智——“智、信、仁、勇、严”；法，军队的基本素质与物质保障——“曲制、官道、主用”。并认为对这五种要素有七项衡量计算：“主孰有道？将孰有能？天地孰得？法令孰行？兵众孰强？士卒孰练？赏罚孰明？”通过七项对比计算，即可确知优势在于何方，从而预知战争之胜负。

天 亦称“天时”。《孙子兵法》所列“五事”之一。指天气气候。《始计》：“天者，阴阳、寒暑、时制也。”由于古代交通、通讯等手段十分原始，阴阳寒暑、风雨晦明等天候情况，对行军作战形成了很大的制约。故天候、季节、气象之变化，皆为古代战争的基本条件之一。《司马法》：“冬夏不兴师，所以兼爱民也。”

地 《孙子兵法》所列“五事”之一。指地理环境。《始计》：“地者，远近、险易，广狭、死生也。”在交通条件十分不便的古代，距离远近，战场广狭，特别是战场的地形、地貌，都会给战争形成巨大的影响。高峻为险，坦平为易，“死地”多无生还之隙，“生地”则有后路可退。由于地形、地势严重制约着人们的行动，故《孙子》十三篇中，既有《地形》一篇叙说地形、地貌等自然形态对军事行动的制约，又有《九地》一篇专门就军队所处地理位置及其社会人文条件所形成的利害、得失作了具体分析。

将 《孙子兵法》所列“五事”之一。指战争的具体指挥者。《始计》：“将者，智、信、仁、勇、严也。”将军是战争的指挥者，是前沿阵地的实际统帅。国君“庙算”决策以定战略大局，而将战略决策付诸实施，将军就会处于具有决定意义的位置，成为战场上最主动、最活跃的可变因素。故兵法称：“将在军，君命有所不受”；“将者，死官也”，“无天于上，无地于下，无主于后，无敌于前”；在战场上，将军实处于既不可牵制、干扰，更无可取代的地位。在制约战争胜负的五大要素中，唯将军最具有主观能动性。而只有具备“五德”方为良将。

法 《孙子兵法》所列“五事”之一。指军队的总体素质。《始计》：“法者，曲制、官道、主用也。”认为军队的总体素质。从部曲编制、金鼓旌旗、粮草供应，到士卒训练、赏罚施行，无不表现为一定的法规或制度。严格依法治军，是军队战斗力所赖以形成的关键因素之一。将与法浑然一体，共同形成决定战场胜负的最活跃的因素。

因利而制权 春秋时孙武提出的制胜方略。《孙子·始计》：“计利以听，乃为之势，以佐其外。势者，因利而制权也。”作战方略既被采纳，就要造就一种有利于我方的态势以为佐助，从而保证战争的胜利。权，本指秤之锤，以秤称物，物不可动，而权可移，故“权”有变义；而权变的方向，在于我方之利，即向着有利于我方的态势而变动，即“因利而制权”。

兵者诡道 春秋时孙武关于战场对垒“因利制权”的论断。《孙子·始计》：“兵者，诡道也，故能而示之不能，用而示之不用。”诡，欺诈。认为用兵打仗，为造成敌方判断失误，必全力隐蔽我方的意图，以假象迷惑对方。后代兵家均继承这一观点，如曹操曰：“兵无常形，以诡诈为道。”梅尧臣曰：“非谲不可以行权，非权不可以制敌。”张预曰：“用兵虽本于仁义，然其取胜必在诡诈。”孙武由此还提出“诡道十二策”：“近而示之远，远而示之近，利而诱之，乱而取之，实而备之，强而避之，怒而挠之，卑而骄之，佚而劳之，亲而离之。攻其无备，出其不意，此兵家之胜，不可先传也。”（同上）示，本指“天垂象，所以示人也。”（《说文》）故凡有意表露于外欲让人知者，皆曰“示”。原本能打，却表现为不能打；本要用兵却装作不用；本在近处，却故意表现为远处；本向远处，又装作要向近处；敌人贪利，我就用利益去引诱他；敌人混乱，我就乘乱攻取他；敌人力量充实，我就要防备他；敌人力量强大，我就暂时避开他，敌将刚忿，我就故意刺激他；敌示卑弱，我则以卑辞厚赂，故意纵其骄傲；敌人闲逸，我就设法令其疲劳；敌人上下相亲，我就设计使之离析。十二策之基点，在于以虚掩实，以假乱真，针对敌情，诱使乱弱。其要义就是在敌人没有防备的情况下发动进攻；在敌人意料不到的地方果断出击。

攻其无备，出其不意 春秋时孙武提出的重要战术原则。亦是《孙子》对后世兵家影响深远的名言。语见《孙子·始计》。孙武在叙说了"诡道十二策"之后，乃归结曰："攻其无备，出其不意，此兵家之胜，不可先传也。"认为"诡道十二策"的重要目标就在于形成敌方的失误，使之出现"无备"、"不意"之处，从而能乘虚而入。

庙算 指朝廷对军国大事的总体谋算，并依谋算之得失、利弊以预测战争胜负。《孙子·始计》："夫未战而庙算胜者，得算多也；未战而庙算不胜者，得算少也。多算胜，少算不胜，而况于无算乎！吾以此观之，胜负见矣"。庙，宗庙，是古代祭祀祖先与商议国事的地方。算，本作"筭"，是计数用的竹片（或曰"筹码"），《说文》："筭，长六寸，所以计历数者。""算"字，《说文》又曰："数也。从竹具，读若筭。""庙算"筹策，乃于庙堂之中，用"筭"来计算敌我双方"五事七计"之优劣所在。优者为得"筭"，劣者为失"筭"。得筭多，即优势在我；得筭少，则优势在敌；若无筭，则优势全无。宋代梅尧臣曰："多筭，故未战而庙谋先胜；少筭，故未战而庙谋不胜，是不可无筭矣。"又指计算得失，亦有谋虑之深浅，或是否周详，宋张预曰："筹策深远，则其计所得者多，故未战而先胜；谋虑浅近，则其计所得者少，故未战而先负。多计胜少计，其无计者，安得无败！故曰：'胜兵先胜而后求战，败兵先战而后求胜。有计无计，胜负易见。'"

兵闻拙速 春秋时孙武提出的作战指导思想。《孙子·作战》："久暴师则国用不足；夫钝兵挫锐，屈力殚货，则诸侯乘其弊而起，虽有智者不能善其后矣。故兵闻拙速，未睹巧之久也。夫兵久而国利者，未之有也。"认为由于战争伴随着巨大的人力、物力消耗，若久拖不止，则交战双方都难以承受，故虽拙必速。唐人杜牧曰："攻取之间，虽拙于机智，然以神速为上，盖无老师、费财、钝兵之患，则为巧矣。"宋人王皙、张预亦曰：久则师老、财费、国虚、人困。但能取胜，则宁拙速而无巧久。均为同一含义。

尽知用兵之利 春秋时孙武关于战争利害关系的思想。《孙子·作战》："夫兵久而国利者，未之有也。故不尽知用兵之害者，则不能尽知用兵之利也。"认为不完全了解用兵的有害方面，也就不可能完全了解用兵的有利方面。唐人李筌曰："利害相依之所生，先知其害，然后知其利也。"欲夺取战争之利，则必然要付出相应的代价；若所付代价超过一定的限度，又会带来意外的灾害；故利与害总是相伴而生，相依而存。杜佑亦曰："言谋国、动军、行师，不先虑危亡之祸，则不足取利也。"

兵贵胜，不贵久 春秋时孙武提出的战略思想，也是基本的作战指导原则。《孙子·作战》："故兵贵胜，不贵久。"认为用兵作战贵在取胜，不宜旷日持久。由于战争伴随着巨大的人力、物力、财力的消耗，又含蕴着极大的变数，久则师老人困，久则财物尽竭，久则生变。故曹操曰："久则不利。兵犹火也，不戢将自焚。"张预曰："久则师老财竭，易以生变，故但贵其速胜疾归。"都强调了兵贵速胜、不宜持久的道理。

全国为上，破国次之 春秋时孙武提出的战略原则。《孙子·谋攻》："夫用兵之法，全国为上，破国次之；全军为上，破军次之；全旅为上，破旅次之，全卒为上，破卒次之；全伍为上，破伍次之。"全，完整；破，裂碎，不完整。军、旅、卒、伍是古代军队中的编制单位：军，一万二千五百人；旅，五百人；卒，一百人；伍，五人。认为凡用兵作战，能使敌人举国屈服是上策，击破其国为次；使敌人全军屈服是上策，击破其军为次；使敌人全旅屈服是上策，击破其旅为次；使敌人全卒屈服是上策，击破其卒为次；使敌人全伍屈服是上策，击破其伍为次。能以"全"取胜，即可避免厮杀，减少消耗，于敌于我，均极有利。若能使敌举国而降，此即孙武战略设想的最高境界——"不战而屈人之兵"。故孙武又曰："善用兵者，屈人之兵而非战也，拔人之城而非攻也，毁人之国而非久也，必以全争于天下。故兵不顿而利可全，此谋攻之法也。"（《孙子兵法·谋攻》）李筌注："不贵杀也。韩信掳魏王豹、擒夏说、斩成安君，此为破国者；及用广武君计，北首燕路，遣一介之使，奉咫尺之书，燕从风而靡，则全国也。"参见"不战而屈人之兵"、"上兵伐谋"、"兵不顿而利可全"。

不战而屈人之兵 孙武战略设想的最高境界。《孙子兵法·谋攻》："凡用兵之法：全国为上，破国次之；全军为上，破军次之；全旅为上，破旅次之；全卒为上，破卒次之；全伍为上，破伍次之。是故百战百胜，非善之善者也；不战而屈人之兵，善之善者也。"认为战争的目标，在于使敌方屈服，使敌人服从于我方的意志；要实现这一目标，自然要付出相应的代价。所以，以最小的代价去实现最大的战略目标，就成为一切战争活动的最基本的指导原则。而代价之小，趋近于零，就是"不战"；其目标之大，可"全伍"，可"全卒"，可"全旅"，可"全军"，最大则至于使敌方"全国"屈服。孙武的这一战略设想，在古今战争史上实有广泛的史实回应。为实现这一战略设想，或以德服，或以谋胜，或用威慑，或用外交。孔子所称"近者说（悦），远者来"（《论语·子路》），乃以德服人也，即荀卿所言："故仁人之兵，所存者神，所过者化，若时雨之降，莫不说（悦）喜。……故近者亲其善，远方慕其德，兵不血刃，远迩来服。"（《荀子·议兵》）既"兵不血刃"，何战之有？吴起所称"一胜者帝"，《淮南子》所言"修政庙堂之上而折冲千里之外"，"未至兵交接刃而敌人奔亡"，亦皆以德胜人也。

上兵伐谋 春秋时孙武战略思想的重要原则。《孙子·谋攻》："故上兵伐谋，其次伐交，其次伐兵，其下攻城，攻城之法为不得已。"伐谋，以谋相伐，通过智谋之运用以使敌国屈服。伐交，以交相伐，即通过外交手段使敌人屈服。伐兵，则须动用武力；攻城，则必有重大伤亡。所以，用兵的上策是运用谋略取胜，其次是通过外交手段取胜，再次是通过出兵征伐取胜，用兵的下策才是强攻城池。攻城则力屈，是不得已而采取的办法。“上兵伐谋”，立足于总体的战略目标，立足于最大限度地实现我方之战略意图，立足于付出最低、最小的代价，故为用兵之上策。曹操曰：“敌始有谋，伐之易也。”张预曰：“伐谋者，用谋以伐人也。言以奇策秘算取胜于不战，兵之上也。”都是对孙武这一思想的继承与发展。

知胜有五 春秋时孙武预见战争胜负的五种判断标准。《孙子·谋攻》：“故知胜有五：知可以与战、不可以与战者胜，识众寡之用者胜，上下同欲者胜，以虞待不虞者胜，将能而君不御者胜。此五者，知胜之道也。”“知可以与战、不可以与战”，即知彼、知己、知天、知地；“识众寡之用”，即知量力而行；“上下同欲”，即君民同心，军心一致，占有道义；“以虞待不虞”，即以有备而攻打无备；“将能而君不御”，即军队行动将军有自主权。这五项都是基本的制胜因素，故可“知胜”。如吴起称“有不卜而与之战者八，有不占而避之者六”，即“知可以与战、不可以与战者”。凡设伏诱敌，皆“以虞待不虞”者也。

知彼知己，百战不殆 春秋时孙武所概括的战争规律，也是《孙子兵法》中名言。《孙子·谋攻》：“故曰：知彼知己，百战不殆；不知彼而知己，一胜一负；不知彼，不知己，每战必败。”己，己方；彼，敌方。战前“庙算”即首先对比敌我双方的基本条件，此乃“知彼知己”之第一步。进入实战，又须随战局进展，随时察知敌情，方能正确决策。杜牧注曰：“以我之政，料敌之政；以我之将，料敌之将；以我之众，料敌之众；以我之食，料敌之食；以我之地，料敌之地。较量已定，优劣长短皆先见之，然后兵起，故有百战百胜也。”（《宋本十一家注孙子》）

先为不可胜 春秋时孙武提出的战略原则之一。《孙子·军形》：“昔之善战者，先为不可胜，以待敌之可胜。不可胜在己，可胜在敌。故善战者，能为不可胜，不能使敌之必可胜。故曰：胜可知，而不可为。”认为古时善于指挥战争的人，总是先使己方的守备无懈可击，无隙可乘，真正立于不败之地，然后伺敌之隙战而胜之。不可被战胜，在于自己的守备严密；敌人可以被战胜，在于其防守有隙可乘。善战者，能够做到不被敌人战胜，却不能做到一定战胜敌人。所以胜利可预见，但不可强求。这一原则的哲学意义在于首先充分发挥我方的主观能动性，全力完善防御体系；其次则随时审察客观敌情之变化，有隙即乘，从而做到既使自身立于不败之地，而又不失敌之所败也。

不可胜在己 春秋时孙武关于充分立足自身的思想观点。详“先为不可胜”。

守则不足，攻则有余 春秋时孙武关于战争攻守原则的论述。《孙子·军形》：“不可胜者，守也；可胜者，攻也。守则不足，攻则有余。善守者，藏于九地之下，善攻者，动于九天之上，故能自保而全胜也。”攻与守，是战场斗争最基本的存在形式。守备是否严密，完全在于己方，善守者能藏形于九地之下，敌方无隙可乘，故曰“不可胜者，守也”。进攻，是主动出击敌方，通常必有进攻，方有“胜敌”可能，故曰“可胜者，攻也”。如果敌方主动进攻，我方能坚守不破，固若金汤，此乃以守为胜；然要置敌于死地，依然要进行反击，然而，在主动进攻敌人的时候，往往会暴露出自身的弱点或不足，从而给对方以可乘之隙，进而被对方战败，此亦为“可胜者，攻也”。可见，攻与守，既相反相成，相互依存，又随时可能发生转化，转向自己的对立面。正是在攻守交织变化的过程中，形成了敌我双方的胜利或失败；构成了形形色色、复杂多变的战争。取守势者，往往是由于自身力量之不足，无力进攻，故曰“守则不足”；取攻势者，往往是依恃自身力量的强大，故曰“攻则有余”。宋人张预曰：“吾所以守者，谓取胜之道有所不足，故且待之；吾所以攻者，谓胜敌之事已有其余，故出击之。言非百胜不战，非万全不斗也。”（《宋本十一家注孙子》）是对孙武这一论述的发挥。

守与攻 见“守则不足，攻则有余”。

兵不顿而利可全 春秋时孙武所论述的谋攻的法则。《孙子·谋攻》：“故善用兵者，屈人之兵而非战也，拔人之城而非攻也，毁人之国而非久也，必以全争于天下。故兵不顿而利可全，此谋攻之法也。”顿者，挫伤。用兵必以“全”争于天下，全，即“全国”、“全军”、“全旅”、“全卒”之“全”，意为不破、完整，使之以完整的整体而屈从于我。善于用兵作战的人，不用打仗即能使敌人屈服，不靠强攻就可以占领敌人的城池，不必久战就可以灭掉敌人的国家。一定要从战略大局出发争全胜于天下。既以“全”胜，军队自无攻伐受挫可言，故曰“兵不顿”。宋人梅尧臣曰：“全争者，兵不战，城不攻，毁不久，皆以谋而屈敌，是曰‘谋攻’。故不顿兵利自完。”（《宋本十一家注孙子》）参见“上兵伐谋”，“不战而屈人之兵”。

十则围之 春秋时孙武提出的战术原则。《孙子·谋攻》：“用兵之法，十则围之，五则攻之，倍则分之，敌则能战之，少则能逃之，不若则能避之。故小敌之坚，大敌之擒也。”战场兵力的实际对比，是选择具体战术的基本依据之一。有十倍于敌的兵力就合围敌人，有五倍于敌的兵力就进攻它，有二倍于敌的兵力就设法分散它，与敌人兵力相当则能与之对战，兵力少于敌人就要妥善逃离，实力不如敌人就要避免与之交锋。

小敌之坚，大敌之擒 春秋时孙武提出的战术原则。《孙子·谋攻》：“十则围之，五则攻之，倍则分之，敌则能战之，少则能逃之，不若则能避之。故小敌之坚大敌之擒也。”实际的兵力对比，是决定战场胜负的基本因素。所称“小敌”、“大敌”，当指双方兵力悬殊较大。“小敌”既明显势弱，又坚持战斗，则势必为“大敌”所擒。杜牧曰：“言坚者，将性坚忍，不能逃，不能避，故为大者之所擒也。”参见“十则围之”。

縻军 军队行动缺乏自主权的一种表现形式。《孙子·谋攻》：“故君之所以患于军者三：不知军之不可以进而谓之进，不知军之不可以退而谓之退，是谓縻军。”縻，本指牛缰绳，《说文》：“縻，牛辔也。”军队系着绳子，自然失去了行动自由。战场形势瞬息万变，军队行动当进不能进，当退不能退，一切听命于远离战场的国君，必然要失败。国君若不明军情而随意指挥，就使军队丧失了行动自由权。

乱军引胜 指由君主系縻军队所导致的祸患。《孙子·谋攻》："故君之所以患于军者三：不知军之不可以进而谓之进，不知军之不可以退而谓之退，是谓縻军；不知三军之事，而同三军之政，则军士惑矣；不知三军之权，而同三军之任，则军士疑矣。三军既惑且疑，则诸侯之难至矣，是谓乱军引胜。"认为国君有三种行为会贻患于军队：不知道军队不可前进而强令之前进；不知道军队不可后退而令之后退，这叫做用绳索束缚军队；不了解军中的事务却要参与军队的管理，就会使将士迷惑；不懂得军事的权变，却要担任军队的指挥，军士就会疑虑。三军疑惑不解，军心自乱，诸侯之兵就会乘隙来犯而轻取胜利。

自保而全胜 春秋时孙武关于战争攻守之理想效果的判断。《孙子兵法·军形》："不可胜者，守也；可胜者，攻也。守则不足，攻则有余。善守者藏于九地之下，善攻者动于九天之上，故能自保而全胜也。"九地、九天，为传统观念中之至深与至高处。认为守与攻是战场斗争的基本表现形式，守的目标在于自保，使己方不被敌人攻破或消灭；攻的目标在于破敌，要攻破敌人，消灭敌人。由于攻守双方都在充分发挥自身的优势，积极斗智、斗勇，以期实现自己的目标，这就使攻守双方都隐含着极大的变数。能藏形于九地之下，至深至密，敌方无以察知，故可"自保"；能攻击于九天之上，至高至强，故能"全胜"。

胜于易胜 春秋时孙武关于善战者作战方略、特点的论述。《孙子·军形》："见胜不过众人之所知，非善之善者也；战胜而天下曰善，非善之善者也。故举秋毫不为多力，见日月不为明目，闻雷霆不为聪耳。古之所谓善战者，胜于易胜者也。故善战者之胜也，无智名，无勇功。故其战胜不忒。不忒者，其所措必胜，胜已败者也。"忒，差忒，差错。"胜于易胜"，关键在于有先见之明，能见微知著。如《老子》所言："其安易持，其未兆易谋"（《老子·六十四章》），事之未萌，谋之未成，破之甚易，亦即《老子》所称"为之于未有，治之于未乱"也。（同上）故杜牧注："敌人之谋，初有萌兆，我则潜运以能攻之，用力既少，制胜既微，故曰'易胜'也。"张预亦曰："交锋接刃而后能制敌者，是其胜难也；见微察隐而破于未形者，是其胜易也。故善战者，常攻其易胜，而不攻其难胜也。"能"胜于易胜"故无差失可言。

立于不败之地 春秋时孙武提出的作战原则。《孙子·军形》："故善战者，立于不败之地，而不失敌之败也。"古今一切战争的基本原则，就是保存自己、消灭敌人。而有效地保存自己，又是消灭敌人的基础与前提，所以，在战争活动中"保存自己"就成为诸多矛盾因素中的主导因素。《孙子兵法》提出"先为不可胜，以待敌之可胜"。又曰"立于不败之地而不失敌之败"，立足点均在于此。"立于不败之地"，即"先为不可胜"，也就是首先要"善守"，使敌方无隙可乘；"不失敌之败"，就是及时抓住敌人缺隙、虚弱之处，给以有效打击。明人刘寅曰："审法令，明赏罚，便器械，养武勇，吾有不可胜之形，是立于不败之地也。乘敌人有可胜之形，攻而破之，是不失敌之败也。"（《武经七书直解》）也是对孙武这一原则的继承和发展。

胜兵先胜而后求战 春秋时孙武提出的作战原则。《孙子·军形》："是故胜兵先胜而后求战，败兵先战而后求胜。"胜兵，胜利的军队；先胜，指未战之先已有庙算之胜，或战场对垒中已先见必胜之形。胜利的军队总是先有了胜利的把握，然后求与人战。反之，失败的军队则往往先与人战，然后再求偶尔之胜。宋梅尧臣曰："可胜而战，战则胜矣；未见可胜，胜可得乎？"

修道而保法 春秋时孙武关于加强战争之政治基础与军队素质的论断。《孙子·军形》："善用兵者修道而保法，故能为胜败之政。"道与法，均为《孙子兵法》庙算中"五事"之一。道指民心向背，是政治基础。《始计》曰："道者，令民与上同意，可与之死，可与之生，而不畏危也。""民与上同意"，就下民能与君上思想一致，亦即君主修明政治，深得民心。故杜牧注曰："道者，仁义也。"只有修明政治，以仁治天下，才会有稳固的政治基础。法指军队素质："法者，曲制、官道、主用。"杜牧曰："法者，法制也。"既有政治基础，又有军事素质，故"能为胜败之政"。

地生度 春秋时孙武关于综合国力的一般性判断。《孙子·军形》："兵法：一曰度，二曰量，三曰数，四曰称，五曰胜。地生度，度生量，量生数，数生称，称生胜。"地，国土；有了国土方可度其面积大小，即"地生度"。度：计算，由双方国土面积，可推知敌我人力、物力多少，仓廪虚实，即"度生量"。数，兵员之数，军资之数。由双方人力、物力的数目可推算敌我之寡众、虚实。即"量生数"。称，比较敌我双方力量之强弱优劣。既有数量，故可对比，即"数生称"。通过多方称量对比，就可以推断胜负的结果。即"称生胜"。由国土面积推知敌我双方实力的强弱，继而判知战争的胜负结果，由于其间排除诸多活的因素，如道（民心向背），将（智能判断及指挥能力），法（军队素养）等，所以它只能是一般性判断。由于它立足于基本的人力、物力，所以又具有重要的参考价值。

胜兵若以镒称铢 春秋时孙武立足于军事实力以判别战争胜负的思想。《孙子·军形》："故胜兵若以镒称铢，败兵若以铢称镒。胜者之战，若决积水于千仞之溪者，形也。"镒、铢都是古代重量单位。一镒为二十四两或二十两，一两为二十四铢。镒与铢的比例大致是 576 比 1 或 480 比 1。孙武以镒、铢为喻，表明战争双方实力相差悬殊。所以胜兵作战就像以镒对铢一样占有绝对优势，败兵则像以铢对镒一样占有绝对劣势。"决积水于千仞之溪"，乃言其势不可挡也。

兵无常势 春秋时孙子提出的军事论断。《孙子兵法·虚实》:"夫兵形象水。水之形避高而趋下,兵之形避实而击虚。水因地而制流,兵因敌而制胜。故兵无常势,水无常形,能因敌变化而取胜者,谓之神。"以为军事作战必须依据客观现实,灵活多样,且随情况的变化而不断变化。

以正合,以奇胜 春秋时孙武提出的一般战术原则,《孙子·兵势》:"凡战者,以正合,以奇胜。"与人交战,以正兵正面迎敌,以奇兵突袭制胜。合,交战。曹操曰:"先出合战为正,后出为奇。"又曰:"正者当敌,奇兵从旁击不备也。""以正合,以奇胜",是就一般战术原则而言。但奇正之变不可胜穷,故历代兵家战将多强调"奇正之变"。《唐太宗李卫公问对》中唐太宗曰:"吾之正,使敌视以为奇;吾之奇,使敌视以为正";又曰:"以奇为正者,敌意其奇,则吾正击之;以正为奇者,敌意其正,则吾奇击之,使敌势常虚,我势常实。"李靖曰:"善用兵者,无不正,无不奇,使敌莫测。故正亦胜,奇亦胜。"又曰:"奇正者,所以致敌之虚实也。敌实,则我必以正;敌虚,则我必以奇。"均是对孙武这一原则的深刻理解和发挥。参见"奇正"。

奇正之变不可胜穷 春秋时孙武关于奇正变化的军事思想。《孙子·兵势》:"故善出奇者,无穷如天地,不竭如江海。终而复始,日月是也;死而更生,四时是也。声不过五,五声之变不可胜听也;色不过五,五色之变不可胜观也;……战势不过奇正,奇正之变不可胜穷也。奇正相生,如循环之无端,孰能穷之哉!"张预曰:"战阵之势,止于奇正一事而已;及其变而用之,则万途千辙,乌可穷尽?"认为善于用奇兵的将军,其战法变化就像天地运行一样无可穷尽,像江河奔流一样源源不竭,像日月迭照一样周而复始,像四时更替一样死而复生。参见"奇正"。

奇正相生 中国古代兵家关于奇正变化的思想观点。《孙子兵法·兵势》:"凡战者,以正合,以奇胜","战势不过奇正,奇正之变不可胜穷也。奇正相生,如循环之无端,孰能穷之哉?"正与奇,本是用兵布阵的两种不同方式,然而立足于不同的角度,则奇可视为正,正可视为奇;在战事运作的过程中,又可使奇变为正,使正变为奇,此即奇正之相生也。唐太宗曰:"以奇为正,使敌视以为正,则吾以奇击之;以正为奇,使敌视以为奇,则吾以正击之。混为一法,使敌莫测。"(见《宋本十一家注孙子》张预注引)用兵之法必知奇正,更须知奇正之变,知奇正之相生。李靖曰:"凡将正而无奇,则守将也;奇而无正,则斗将也;奇正皆得,国之辅也。"(《唐李问对》)参见"奇正"。

斗乱而不可乱 春秋时孙武对于两军混战中现象与本质的判断。《孙子·兵势》:"纷纷纭纭,斗乱而不可乱。浑浑沌沌,形圆而不可败。"纷纷纭纭,旗帜众多,士卒混杂;浑浑沌沌,车骑转行,往来如织。表面上虽如此纷杂混乱,其实际却不可混乱,关键乃在于节制有方。《孙子·军争》:"言不相闻,故为之金鼓;视不相见,故为之旌旗;夫金鼓旌旗者,所以一人之耳目也。"又曰:"故夜战多火鼓,昼战多旌旗,所以变人之耳目也。"旌旗火鼓,皆所以节制军队也。既能有效节制,故"斗乱而不可乱"。

形圆而不可败 见"斗乱而不可乱"。

乱生于治 春秋时孙武关于治乱、勇怯、强弱相互转化的思想观点。《孙子·兵势》:"乱生于治,怯生于勇,弱生于强。治乱,数也。勇怯,势也。强弱,形也。"乱与治,怯与勇,弱与强,均为同一事物的两个方面,在一定的条件下,可以表现为治、勇、强,失去了相应的条件,就会转化为乱、怯、弱。唐人李筌注:"恃治之整,不抚其下而多怨,其乱必生。"秦并天下,销兵焚书,以列国为郡县,而秦自称始皇,都关中,以为至万代有之。至胡亥矜骄,陈胜、吴广乘弊而起,所谓'乱生于治'也。以勇陵人,为敌所败,秦王苻坚鼓行伐晋,勇也;及其败,闻风声鹤唳以为晋军,是其怯也,所谓'怯生于勇'也。吴王夫差兵无敌于天下,陵齐(于艾陵,陵晋)于黄池,陵越于会稽,是其强也;为越所败,城门不守,兵围王宫,杀夫差而并其国,所谓'弱生于强'也。"(《宋本十一家注孙子》)此为治乱、勇怯、强弱转化的一般规律,即"恃治则乱生,恃勇强则怯弱生"(贾林注语)。或以权谋之数理解上列命题,即曹操所言:"皆毁形匿情也。"或如杜牧之言:"欲伪为乱形以诱敌人,先须至治,然后能为伪乱也。欲伪为怯形以伺敌人,先须至勇,然后能为伪怯也。欲伪为弱形以骄敌人,先须至强,然后能为伪弱也。"(《宋本十一家注孙子》)此为"乱生于治"、"怯生于勇"、"弱生于强"的另一种理解。

以利动之,以本待之 春秋时孙武提出的诱敌作战的指导原则。《孙子·兵势》:"故善动敌者,形之,敌必从之;予之,敌必取之。以利动之,以本待之。"本,即我方之主力。或以"本"字为"卒",亦指我方兵力。认为善于调动敌人的人,示之以形,敌人必从。曹操曰:"以利诱敌,敌远离其垒,而以便势击其空虚孤特也。"杜牧亦曰:"以利动敌。敌既从我,则严兵以待之。"(并见《宋本十一家注孙子》)

择人而任势 春秋时孙武提出的关于充分利用主客观优势的作战指导思想。《孙子·兵势》:"故善战者求之于势,不责于人,故能择人而任势。""势"为具有客观必然性的潜在力量,借助于势,依顺于势,则可大大增强我方的力量与气势,故凡战,只可顺势,因势,或利用某种方略以形成利我之势(即"造势"),此皆为"任势"。势可任而不可逆,"任势者,其战人也,如转木石:木石之性,安则静,危则动,方则止,圆则行。故善战人之势,如转圆石于千仞之山者,势也。"语曰"势如破竹","势在必行","势不可当","势如排山倒海"等,均言"势"之可任而不可逆也。择者,简选也。将之性格才智各异,各因其能而任之,是谓"择人"。宋梅尧臣曰:"用人以势则易,责人以力则难,能者,当在择人而任势。"何氏曰:"得势自胜,不专责人以力也。"(均见《宋本十一家注孙子》)所以,善于作战的人总是能借助于已有的客观形势,而不苛求于部属,故能量人之材而任之以势。善于利用形势作战的人,所创造的态势,就像转动圆石从高山上滚下来一样不可遏止。

求之于势,不责于人 春秋时孙武提出的作战指导原则之一。《孙子·兵势》:“故善战者求之于势,不责于人,故能择人而任势。”《说文》:“责,求也。”认为“势”之力,具有客观必然性,不可违逆,故必求之;将帅之才,只能借势而施展,亦不可强求。参见“择人而任势”、“势”。

致人而不致于人 春秋时孙武关于掌握战争主动权的原则。《孙子·虚实》:“凡先处战地而待敌者佚,后处战地而趋战者劳。故善战者,致人而不致于人。”处,止也,即先据其地;佚,通“逸”,安逸,从容。唐贾林曰:“先处形胜之地以待敌者,则有备豫,士马闲逸。”趋,快走也。疾行奔赴战场仓促应战者,必劳。故梅尧臣曰:“先至待敌则力完,后至趋战则力屈。”(《宋本十一家注孙子》)致,召至也,使之到达也。“致人”即调动敌人;“致于人”则为敌人所调动。凡先到达战场等待敌人的就安逸,主动;后到战场仓促应战的就疲劳,被动。所以,善于作战的人,总能设法调动敌人,而不被敌人调动。凡战争中设伏诱敌至预定战场者,皆为“致人”之术。所以“致人”者,示之以利也。故曰“能使敌人自至者,利之也;能使敌人不得至者,害之也”(《虚实》)。能否“致人而不致于人”,就是能否掌握战争中的主动权,就是军队是否有行动的自由权。故《唐李问对》在讨论《孙子兵法》时曾言:“千章万句不出乎‘致人而不致于人’而已。”

出其不趋,趋其不意 春秋时孙武关于军争的一种方略。《孙子·虚实》:“出其所不趋,趋其所不意;行千里而不劳者,行于无人之地也。”认为出行于敌人所走不到的路线,奔行于敌人意料不到的地方。如此,方可通行无阻,且不为敌人所知。

攻其所不守 春秋时孙武关于攻守的作战原则之一。《孙子·虚实》:“攻而必取者,攻其所不守也。守而必固者,守其所不攻也。”认为进攻的方向一定要选在敌人疏于戒备或不设防备的地方,如此,则可“攻而必取”。防守一定要考虑到敌人进攻的多种形式、多种可能,并且预有准备,如此,方能“守而必固”,使敌人不能进攻,不敢进攻。

守其所不攻 见“攻其所不守”。

无形无声 春秋时孙武关于攻守之术的至高境界。《孙子·虚实》:“故善攻者,敌不知其所守。善守者,敌不知其所攻。微乎微乎,至于无形;神乎神乎,至于无声;故能为敌之司命。”微乎微乎,言其微之又微。神乎神乎,言其神之又神。司命,若天神主宰世人的命运。杜牧曰:“微者,静也;神者,动也。静者守,动者攻。”(《宋本十一家注孙子》)微到极致,无形可睹,此即“善守者藏于九地之下”;神到极致,无声可闻,此即“善攻者动于九天之上”。运兵攻守,能到此境界,就能主宰敌人的命运。

攻其所必救 春秋时孙武提出的调度敌人的方略之一。《孙子·虚实》:“故我欲战,敌虽高垒深沟不得不与我战者,攻其所必救也。”认为敌人既筑起高垒,挖下深沟,其意则在以闭守与我抗衡。而我方之利在于立即交战,故须攻击敌之要害以动之。曹操、李筌注:“绝其粮道,守其归路,攻其君主也。”粮道、归路、君主,其利皆高于所守,若遭袭击,均为“必救”之地。

乖其所之 春秋时孙武提出的积极防御的方略之一。《孙子·虚实》:“我不欲战,虽画地而守之,敌不得与我战者,乖其所之也。”画地而守,言其无所设防,如“以刀画地为营”。“乖,戾也。”(《说文》)段玉裁注:“皆取分、背之意。”曹操亦曰:“乖,戾也。戾其道,示以利害,使敌疑也。”通过乖异其道,使敌人与我无以相期。明赵虚舟解曰:“画地而守,言无城郭营栅之固也”,仅凭智谋与之周旋而已。

形人而我无形 春秋时孙武提出的军事原则。《孙子·虚实》:“故形人而我无形,则我专而敌分。我专为一,敌分为十,是以十攻其一也,则我众敌寡。能以众击寡,则吾之所与战者约矣。”形人,使敌人暴露形迹;我无形,隐匿我军的形迹。形迹暴露,则虚实自明,我方自可“避实击虚”,以有效地攻击敌方。我方无形,力量隐蔽,敌人不知我虚实之所在,其兵力必然分散,如此必能形成“我专而敌分”的有利局面。我方即可集中优势兵力,以分别歼灭各局部之敌。由此,暴露敌人,隐蔽自己,成为历代兵家信守的原则。

我专而敌分 春秋时孙武提出的战术原则。《孙子兵法·虚实》:“故形人而我无形,则我专而敌分。”我方专一,就可集中优势兵力;敌军分散,其局部之力量必然弱小,易于消灭。故“我专而敌分”乃是战场取胜的基本形态之一。而实现“我专而敌分”的重要前提,就是“形人而我无形”,即暴露敌人,隐蔽自己。参见“形人而我无形”。

无所不备,无所不寡 春秋时孙武关于兵力运用的思想观点。《孙子·虚实》:“吾所与战之地不可知,不可知,则敌所备者多;敌所备者多,则吾所与战者寡矣。故备前则后寡,备后则前寡,备左则右寡,备右则左寡,无所不备,则无所不寡。寡者,备人者也;众者,使人备己者也。”备,设防。敌情不明,战地不知,就必须多处设防。然其总体兵力有限,因此,防备前面,后面的兵力就薄弱;防备后面,前面的兵力就薄弱;防备左边,右边的兵力就薄弱;防备右边,左边的兵力就薄弱;处处都防备,就处处兵力薄弱。兵力薄弱者,是因为多处防备敌人;兵力充足者,是因为敌人多方防备我。由此,更可见“形人而我无形”的重要意义。参见“形人而我无形”。

策之·作之·形之·角之 春秋时孙武关于判断敌情的多种方略。《孙子·虚实》:“故策之而知得失之计,作之而知动静之理,形之而知死生之地,角之而知有余不足之处。”策,古代运算时用的筹码。孟氏曰:“策度敌情,观其施为,则计数可知。”贾林曰:“樽俎帷幄之间,以策筹之,我得彼失之计皆先知也。”其法即“庙算”敌我之得失。“作,起也。”(《说文》)杜牧曰:“激作敌人,使其应我,然后观其动静理乱之形也。"即我方故意搞些动作，以观敌之动静。吴起所称"一坐一起，其政以理"，即为此意。形之，或示形于敌，以观敌之形；或侦察敌形而知敌人所处。陈皋曰："敌人既有动静，则我得见其形。"张预曰："形之以弱，则彼必进；形之以强，则彼必退。因其进退之际，则知彼所据之地死与生也。"角，量也。李筌曰："量其力精勇，则虚实可知也。"（见《宋本十一家注孙子》）即对敌作试探性进攻，以判别敌人虚实强弱之情。

形兵之极，至于无形 春秋时孙武关于兵形变化的理想境界。《孙子·虚实》："故形兵之极，至于无形。无形，则深间不能窥，智者不能谋。因形而措胜于众，众不能知。"形兵，指兵形的虚实变幻。或实则虚之，虚则实之；或实则实之，虚则虚之；或虚中有实，或实中有虚。能虚虚实实，变幻莫测，虽有深藏之间，也难以窥知，纵有智能之士，亦无以图我。此乃"藏于九地之下"，即"至于无形"也。梅尧臣认为："兵本有形，虚实不露，是以无形，此极致也。"何氏曰："行列在外，机变在内，因形制变，人难窥测，可谓神微。"（《宋本十一家注孙子》）均认为这是"形兵"的理想境界。

三军可夺气 春秋时孙武关于军心、士气的思想观点。《孙子·军争》："三军可夺气，将军可夺心。是故朝气锐，昼气惰，暮气归。善用兵者，避其锐气，击其惰归。"气，是中国古代哲学应用最为广泛的概念之一。用之于兵家，主要表现为是否占有道义，军心是否齐一，士卒是否振作。气势盛者，可使军力倍增；气势消减，则军力尽丧。《司马法》曰："战以力久，以气胜"；又曰"新气胜旧气"；《吴起兵法》以"气机"为兵机之一，皆知三军之气于战争胜负至关重要也。李筌曰："怒之令愤，挠之令乱，间之令疏，卑之令骄，则彼之心可夺也。"认为气夺则怯于斗，心夺则乱于谋，下者不能斗，上者不能谋，上下怯乱，则可一举而战胜。

避其锐气，击其惰归 春秋时孙武提出的战术原则。《孙子·军争》："是故朝气锐，昼气惰，暮气归。善用兵者，避其锐气，击其惰归。此治气也。"气运用于兵家，主要表现为军队的精神状态，及士卒是否具有旺盛的斗志。朝喻初起，为士气最盛之时；昼喻中困，士气已大大减杀；暮喻倦怠，士气已丧失殆尽。司马法曰："新气胜旧气。"此"新气"即朝气；"旧气"即昼气或暮气，乃困顿与衰竭之气也。梅尧臣曰："兵始而锐，久则惰而思归，故可击。"王皙曰："怠久意归，无复战理。"都是对孙武这一原则的发挥。参见"三军可夺气"。

锐卒勿攻 春秋时期兵家孙武提出的战术原则。语见《孙子·军争》。详"避其锐气，击其惰归"。

以治待乱，以静待哗 春秋时孙武提出的掌控三军心理的法则。《孙子·军争》："以治待乱，以静待哗，此治心者也。"唐杜牧解曰："《司马法》曰：'本心固。'言料敌制胜，本心已定，但当调治之，使安静坚固，不为事挠，不为利惑，候敌之乱，伺敌之哗，则出兵攻之矣。"唐贾林亦曰："以我之整治，待敌之挠乱；以我之清净，待敌之喧哗，此治心者也。故太公曰'事莫大于必克，用莫大于玄默'也。"（见《宋本十一家注孙子》）

以近待远，以佚待劳 春秋时孙武提出的掌控三军士卒之体力的原则。《孙子·军争》："以近待远，以佚待劳，以饱待饥，此治力者也。"我军居近，敌军远来；我军安逸，敌人疲劳；我军饱食，敌人饥饿；如此，则我军战斗力大增，敌之战斗力锐减。此亦"致人而不致于人"也。王皙曰："以馀制不足，善治力也"。张预曰："近以待远，佚以待劳，饱以待饥，诱以待来，重以待轻，此所谓善治己之力，以困人之力者也。"（《宋本十一家注孙子》）都是对孙武这一原则的发挥。

高陵勿向，背丘勿逆 春秋时孙武提出的战术原则。语见《孙子·军争》。陵，大的土山，丘，小的土山。向，逆，均指正面迎敌。敌若占据高地，不可仰攻；敌若背倚丘陵来战，不可以迎击。孟氏曰："敌背丘陵为阵，无有后患，则当引军平地，勿迎击之。"杜牧曰："自下趋高者力乏，自高趋下者势顺也，故不可向迎。"（《宋本十一家注孙子》）此皆依据战场之地形而采取相应的对策。

佯北勿从 春秋时孙武提出的战术原则。语见《孙子·军争》。佯，假装；北，败走。敌人假装败退，不可尾随追击。佯北而从，必遭敌伏击。杜佑曰："北，奔走也。敌方战，气势未衰，便奔走而陈兵者，必有奇伏，勿深入从之。"（《宋本十一家注孙子》）

饵兵勿食 春秋时孙武提出的战术原则。语见《孙子·军争》。饵兵，敌军引诱我军的小股部队或小利益，如同钓鱼之诱饵，切不可食。梅尧臣曰："鱼贪饵而亡，兵贪饵而败。敌以兵来钓我，我不可从。"王皙曰："饵我以利，必有奇伏。"（见《宋本十一家注孙子》）

归师勿遏 春秋时孙武提出的战术原则。语见《孙子·军争》。归师，返回家乡的军队。古代人之乡土观念甚重，远行之师及得回归，其势不可遏，如刘邦之回师三秦，韩信即言："师从东归之士，何所不克？"孟氏曰："人怀归心，必能死战，则不可止而击也。"（见《宋本十一家注孙子》）

围师必阙 春秋时孙武提出的战术原则。《孙子·军争》："故用兵之法：高陵勿向，背丘勿逆，佯北勿从，锐卒勿攻，饵兵勿食，归师勿遏，围师必阙，穷寇勿迫。此用兵之法也。"阙，同缺。在包围敌人时一定要留有缺口，示敌以生的希望。如此，则敌难坚守，或有出逃之意，我军乘机攻取，敌易破矣。曹操引《司马法》曰："围其三面，阙其一面。所以示生路也。"杜牧曰："示以生路，令无必死之心，因而击之。"（见《宋本十一家注孙子》）

途有所不由 春秋时孙武提出的策略思想。《孙子·九变》："途有所不由，军有所不击，城有所不攻，地有所不争，君命有所不受。"此处所称"不由"、"不击"、"不攻"、"不争"、"不受"者，皆为依常规当由、当击、当攻、当争、当受者，其所以“不由”者，乃是为了更大、更高的战略利益。王皙曰：“途虽可从而有所不从，虑奇伏也。”（见《宋本十一家注孙子》）张预曰：“变者，不拘常法，临事适变，从宜而行之之谓也。”常中有变，变亦为常。若“君命有所不受”，在交通、通讯十分原始的古代，似更有现实意义，孙武所称“五胜”之一，就有“将能而君不御”。《尉缭子》所言：“将者，死官也。无天于上，无地于下，无敌于前，无主于后”；贾林所言：“决必胜之机，不可推于君命，苟利社稷，专之可也。”（《宋本十一家注孙子》）均突出强调将军的战场决策权。

智者之虑，必杂于利害 春秋时孙武关于利害相杂的哲学观点。语见《孙子·九变》：“是故智者之虑，必杂于利害。杂于利，而务可信也；杂于害，而患可解也。”杂，错杂，相互掺合。《说文》：“杂，五彩相合也。”利中有害，害中有利，故智者必兼及之。曹操曰：“在利思害，在害思利，当难行权也。”梅尧臣曰：“以害参利，则事可行。以利参害，则祸可脱。”（《宋本十一家注孙子》）处于危害之地，参思其利，则可增其信心与勇气，从而争取胜利；处于有利之地，参思其害，则可预有准备，及时化解祸患。利害相杂之论，反映了对立统一规律的一般要求。

无恃其不来，恃吾有以待之 春秋时孙武提出的积极的战略防御思想。《孙子·九变》：“故用兵之法，无恃其不来，恃吾有以待之；无恃其不攻，恃吾有所不可攻也。”恃，倚仗。对待敌人的进攻，不要侥幸于敌人不来，而要仰仗自己有充分的准备；不要寄希望于敌人不来进攻，而要依靠我方有不可攻取的实力。曹操曰：“安不妄危，常设备也。”杜佑曰：“安则思危，存则思亡，常有备。”（《宋本十一家注孙子》）均为同一思想。

战胜不复，应形无穷 春秋时孙武关于一般制胜规律的判断。《孙子·虚实》：“因形而措胜于众，众不能知；人皆知我所以胜之形，而莫知吾所以制胜之形。故其战胜不复，而应形于无穷。”因，依据；措，置也。依据敌人的军形变化，采取相应的胜敌之策。曹操曰：“因敌形而立胜。”古今战例成千上万，然而每一次战争都有自身的特点，都是一次新的实践，所以每次胜利都不会重复前人的对策，而总是顺应敌形之变化而取得胜利。故李筌曰：“不复前谋以取胜，随宜制变也。”（《宋本十一家注孙子》）

兵形象水 春秋时孙武关于兵形因敌制胜的形象概括。《孙子·虚实》：“夫兵形象水：水之形，避高而趋下，兵之形，避实而击虚。水因地而制流，兵因敌而制胜。故兵无常势，水无常形，能因敌变化而取胜者，谓之神。”兵形，运兵的虚实形态。梅尧臣曰：“水之避高而趋下”，性也；兵之“避实而击虚”，利也。“兵以利动”，兵之就利犹水之趋下也，故曰“兵形象水”。张预曰：“水趋下则顺，兵击虚则利。”用兵的规律就像水流的规律一样，水因地形的变化而制约其流动，兵则因不同的敌情而采取不同的方略。用兵没有一成不变的态势，就像水流没有固定的形态。

五行无常胜 春秋时孙武用五行相生相克的观点来审视因敌用兵的军事思想。《孙子·虚实》：“故五行无常胜，四时无常位。日有短长，月有死生。”五行，金、木、水、火、土。古人认为这是物质世界的五项基本原素，其性则有相生相克，相互制约的关系：木生火，火生土，土生金，金生水，水生木。又，水胜火，火胜金，金胜木，木胜土，土胜水。既无永恒之位，亦无永恒之胜，各有所长，亦各有所短，如昼夜之有短有长，月亮之有圆有缺。用兵之法，亦如五行之相变，亦如日月之死生。故曹操曰：“兵无常势，盈缩随敌。”（《宋本十一家注孙子》）

以迂为直，以患为利 春秋时孙武关于军争中迂直、患利之辩证关系的论断。《孙子·军争》：“合军聚众，交和而舍，莫难于军争。军争之难者，以迂为直，以患为利。故迂其途而诱之以利，后人发，先人至，此知迂直之计者也。”两军相争，先据地利，为兵家之常识。而如何取得地利，并非近直者一定先得。《说文》：“迂，避也。”言避其直而从其曲，其途必曲折、迂远。然近直者往往有强敌为阻，迂远者则无人知识，如行于无人之地。梅尧臣曰：“变迂为近，转患为利。”两军相争之所以难，就在于能否预识“变迂远为直近”，“转患害为有利”。杜牧曰：“言欲争夺，先以迂远为近，以患为利，诳绐敌人，使其慢易，然后急趋也。”（《宋本十一家注孙子》）均认为迂者未必迂，直者未必直，患者未必患，利者未必利；关键乃在于当事者对于迂直、患利之转化规律的认识，及其自身主观能动性的发挥。

迂直之计 春秋时孙武关于迂、直之辩证关系的认识。语见《孙子兵法·军争》。详“以迂为直，以患为利”。

军争为利，众争为危 亦作“军争为利，军争为危”。春秋时孙武关于军争之利弊关系的分析。《孙子·军争》：“军争为利，众争为危（《宋本十一家注孙子》本作“军争为危”）。举军而争利，则不及；委军而争利，则辎重捐。是故卷甲而趋，日夜不处，倍道兼行，百里而争利，则擒三将军，劲者先，疲者后，其法十一而至。五十里而争利，则蹶上将军，其法半至。三十里而争利，则三分之二至。是故军无辎重则亡，无粮食则亡，无委积则亡。”“军争”的目标在“利”，而“利”的背后就是“危”，对于不明军争的规律者，蜂拥而上（即“众争”），其危更甚。“举军争利”，言辎重、粮草、军需诸项同行，众行必迟，故利不可及。委，弃也；捐，亦弃也。抛开辎重而争利，利虽可争，危亦大增。后曹操曰：“善者则以利，不善者则以危。”张预曰：“智者争之则为利，庸人争之则为危。”（《宋本十一家注孙子》）均认为兵家欲得其利，必先明其危。

兵以诈立，以利动 春秋时孙武关于战场用兵的指导思想。《孙子·军争》：“故不知诸侯之谋者，不能豫交；不知山林、险阻、沮泽之形者，不能行军；不用乡导者，不能得地利。故兵以诈立，以利动，以分合为变者也。”诈，欺骗也，伪装也。兵之情不能为

敌所知，故必饰以伪形。故杜牧曰："诈敌人，使不知我本情，然后能立胜也。"(《宋本十一家注孙子》)

其疾如风，其徐如林 春秋时孙武关于行军作战中不同情势之指导原则。《孙子·军争》："其疾如风，其徐如林，侵掠如火，不动如山，难知如阴，动如雷震。"军队行动迅速时应疾驰如风，舒缓时则森然如林。侵掠敌国如急火之燎原，不动时则如山岳之稳。隐蔽时如黑夜之不可窥测，进攻时则如雷霆万钧。至于何时该疾、徐、动、静，实皆依战机之有无而定也。

将有五危 春秋时孙武对于为将者素质的五项判断。《孙子·九变》："故将有五危：必死，可杀也；必生，可虏也；忿速，可侮也；廉洁，可辱也；爱民，可烦也。凡此五者，将之过也，用兵之灾也。覆军杀将，必以五危，不可不察也。"必，坚持，固执。为将者勇而无谋，一味拼死，则会被杀；临阵畏怯，贪生怕死，则可俘虏；性格刚忿偏激，可加以凌侮，使之轻进，从而败之；过于洁身清廉，可施以羞辱而致之；一味爱民，不审利害，则可烦扰其民而败之。认为这五点是为将者之大忌，均可导致"覆军杀将"的危局。

令之以文，齐之以武 春秋时孙武提出的治军原则。《孙子·行军》："卒未亲附而罚之，则不服，不服则难用；卒已亲附而罚不行，则不可用。故令之以文，齐之以武，是谓必取。令素行以教其民则民服，令不素行以教其民则民不服。"亲附，亲近依附，爱戴拥护。将军与士卒，既要有恩信，又要有威严；亲附以生恩信，刑罚以生威严；而恩信与威严又有相互制约的关系。吴起亦有相近观点："总文武者，军之将也；兼刚柔者，兵之事也。"(《吴子·论将》)。杜牧曰："恩信未洽，不可以刑罚齐之。"曹操曰："恩信已洽，若无刑罚，则骄惰难用也。"张预亦曰："恩信素洽，士心已附，刑罚宽缓，则骄不可用也。"文，仁也；武，法也。令之以文，齐之以武，即恩威并用而赏罚兼行。故梅尧臣曰："令以仁恩，齐以威刑；恩威并著，则能必胜。"(《宋本十一家注孙子》)均是对孙武这一原则的具体阐述和发挥。

地形者，兵之助 春秋时孙武关于地形对战争之作用的思想观点。《孙子·地形》："夫地形者，兵之助也、料敌制胜，计险厄、远近，上将之道也。"地，指地形、地貌。《孙子兵法·始计》将"地"列为兵家"五事"之一，《孙膑兵法·月战》称："天时、地利、人和，三者不得，虽胜有殃。"儒家孟轲亦称："天时不如地利，地利不如人和。"(《孟子·公孙丑下》)均视"地利"重于"天时"。由于"地形"对兵事活动的重大制约，故《孙子兵法》又专列《地形》一篇。杜牧曰："夫兵之主，在于仁义节制而已；若得地形，可以为兵之助，所以取胜也。"道义、人和居首位，地形则是用兵的辅助条件。地有通、挂、支、隘、险，远诸形，用兵必因地形而制胜。贾林曰："战虽在兵，得地易胜。故曰：'兵之易(助)也。'山可障，水可灌，高胜卑，险胜平也。"(《宋本十一家注孙子》)均是对孙武这一思想的发挥。

近而静者，恃其险 《孙子兵法》中由现象到本质的军情判断。《孙子·行军》："近而静者，恃其险也；远而挑战者，欲人之进也；所居易者，利也。众树动者，来也；众草多障者，疑也；鸟起者，伏也；兽骇者，覆也。尘高而锐者，车来也；卑而广者，徒来也；散而条达者，樵采也；少而往来者，营军也……"《孙子兵法》中，此类判断有约三十余条，实际上均反映了现象与本质的关联。敌人居近而安静，必有险阻可恃；所居甚远又向我挑战，此乃诱我前进。敌人所居平易无险，必有利可图，或示利以诱我。见众树摇动，定然是敌人扑来；杂草丛生而又多设屏障，乃欲使我狐疑。群鸟惊起，其下必有伏兵；众兽惊骇，必敌军铺天盖地而来。尘土高而直上者，下乃战车奔驰也；尘土低矮而广阔，敌军步卒之来也。尘埃散乱断续者，是有人打柴取薪也；尘埃不多而往来不断者，必敌人以轻兵安置营寨也。透过现象看本质，是古代兵家之实践经验的总结。对于交通、通讯手段都十分原始的古代，这些经验亦有其不可取代的价值。

进不求名，退不避罪 春秋时孙武关于武德的判断标准。《孙子·地形》："故战道必胜，主曰无战，必战可也；战道不胜，主曰必战，无战可也。故进不求名，退不避罪，唯民是保，而利于主，国之宝也。"战道，战争规律。孙武认为当战争有必胜把握时，即使国君说不打，也一定要打；依战争规律分析，如果没有战胜之可能，即使国君坚持要打，也不可以打。进前作战不是追求个人的名誉，后退避敌也不回避可能遭致的罪名。一切行动都是为了保全国中的百姓，都为了有利于国君。宋张预注曰："进退违命，非为己也，皆所以保民命而合主利，此忠臣，国之宝也。"

爱而能令，厚而能使 春秋时孙武关于爱兵思想的基本原则。《孙子·地形》："视卒如婴儿，故可与之赴深谿，视卒如爱子，故可与之俱死。爱而不能令，厚而不能使，乱而不能治，譬如骄子，不可用也。"视，看待。谿同"溪"。关爱士卒如同婴儿一样，就可率领他们赴蹈深溪；看待士卒如同爱子一般，就可与你共生死。如果一味爱护而不能号令，只知厚待而不能使用，军纪混乱而没有法治，就像娇惯的子女一样，是不能用以作战的。故张预曰："恩不可专用，罚不可独行。专用恩则卒如骄子而不能使，此曹公所以割发而自刑，卧龙所以垂泣而行戮"。"专行罚则士卒不亲附而不可用，此勾践所以投醪而饮士，吴起所以分衣食也。"(见刘寅《孙武子直解》)

知天知地，胜乃可全 春秋时孙武关于战争规律的判断。《孙子·地形》："知吾卒之可以击，而不知敌之不可击，胜之半也；知敌之可击，而不知吾卒之不可以击，胜之半也；知敌之可击，知吾卒之可以击，而不知地形之不可以战，胜之半也。故知兵者，动而不迷，举而不穷。故曰：知彼知己，胜乃不殆；知天知地，胜乃可全。"举兵作战，制胜因素是多方面的，而且变化无穷。就战争的环境与全局而言，知彼、知己仍是局部因素，只有同时知天知地，才能真正把握全局。故唐人杜佑曰："知地之便，知天之时。地之便，依险阻、向高阳也；天之时，顺寒暑、法刑德也。既能知彼知己，又按地形、法天道，胜乃可全，又何难也！"（《宋本十一家注孙子》）

围地则谋，死地则战 春秋时孙武提出的战术原则。《孙子·九地》："是故散地则无战，轻地则无止，争地则无攻，交地则无绝，衢地则合交，重地则掠，圮地则行，围地则谋，死地则战。"《孙子兵法》中《地形》一篇，系依地形、地貌的自然形态而论其对战争胜败的影响；《九地》一篇，则是依战场位置对敌我军心士气的特殊影响而论其相应方略。认为散地系战场在本国境内，故不宜作战；轻地系刚入敌国境内的边缘地区，故不宜停留；争地是对敌我双方都有利的地区（杜牧曰："必争之地，乃险要也。"），如果条件不具备时不宜进攻；能先得为利。敌我连界，我可以往、彼可以来之地为交地，行军至此，序列不要为敌切断；衢地为多国交界的地方，应结交诸侯。已深入敌境，且所过城邑已多的地区为重地，此时军需不给，必须不时抢掠敌方物资。到了山林、沼泽、险阻等难行地区（圮地），要快速通过，无稽留也。进入了道路狭隘、退路迂远、敌人能以寡击众的地区，就极可能遭敌围困，故必须急施计谋；进入死地，急速奋战则生，稍有迟疑则死，就应孤注一掷，殊死一战，以求死里逃生。反映出已认识到不同境遇，必有不同方略加以对应。

合于利而动 春秋时孙武提出的作战原则。《孙子·九地》："合于利而动，不合于利而止。"又见于《孙子·火攻》。认为战争的基本原则在于：保存自己，消灭敌人。因此，一切军事行动都要围绕于这一根本原则。凡有利于我方保存自己、消灭敌人者，皆为我之利；反之，则不合于我之利。鉴于这一原则具有根本性质，《火攻》篇再次申说："故曰，明主虑之，良将修之，非利不动，非得不用，非危不战。主不可以怒而兴师，将不可以愠而致战，合于利而动，不合于利而止。"军事行动的唯一标准就在于是否于我有利，而不应为任何情绪所左右。

先夺其所爱 春秋时孙武所提出的制胜策略之一。《孙子·九地》："敢问：'敌众整而将来，待之若何？'曰：'先夺其所爱，则听矣。'"敌人既人数众多，又部伍严整，何以破之？此必选其要害之处，从而一举破之。"其所爱"者，或战略要地，或粮草通道，或敌之首脑机关，皆为要害之处也。杜牧发挥曰："据我便地，略我田野，利其粮道，斯三者，敌人之所爱惜倚恃者也；若能俱夺之，则敌人虽强，进退胜败皆须听我也。"（《宋本十一家注孙子》）

兵之情主速 春秋时孙武提出的军事原则。《孙子·九地》："兵之情主速，乘人之不及，由不虞之道，攻其所不戒也。"战场对垒，形势瞬息万变，唯"主速"方能不失战机。故"兵贵神速"成为古今兵家的共识。

善用兵者，譬如率然 春秋时孙武提出的战术原则。《孙子·九地》："故善用兵者，譬如率然。率然者，常山之蛇也，击其首则尾至，击其尾则首至，击其中则首尾俱至。"率然，传说是恒山地区的一种蛇："头尾差大，有色五彩。人物触之者，中头则尾至，中尾则头至，中腰则头尾并至，名曰率然。"（《神异经·西荒经》）言其首尾相顾，而且反应迅速也。或曰："率，犹速也。击之则速然相应，此喻阵法也。"（张预）善于用兵的人，统军作战就如"率然"一样：打它的头，尾来救援；打它的尾，头来救援；打它的中部，则头尾一齐来救援，俨然一体。

齐勇若一，政之道也 春秋时孙武提出的治军原则。《孙子·九地》："是故方马埋轮，未足恃也。齐勇若一，政之道也。"方马，将马并列地拴在一起。埋轮，固定车轮使不动也。认为军队的战斗力，在于道义民心，在于士卒训练有素，而不能依恃外部强加的束缚。只有将士齐正勇敢，三军如一，才是为将者治军应守之道。杜牧曰："缚马使为方阵，埋轮使不动，虽如此，亦未足称为专固而足为恃。须任权变，置士于必死之地，使人自为战，相救如两手，此乃守固必胜之道而足为恃也。"（《宋本十一家注孙子》）

施无法之赏，悬无政之令 春秋时孙武关于破常规以励士卒的措施。《孙子·九地》："施无法之赏，悬无政之令，犯三军之众，若使一人。"无法，超越常法，即破格悬赏。无政之令，即跨越政令之常规。唐贾林曰："欲拔城、隳国之时，故悬法外之赏罚，行政外之威令，故不守常法、常政，故曰无法、无政。"（《宋本十一家注孙子》）有常必有变，变亦可为常，故"无法"、"无政"，亦为特定之法政。

投之亡地然后存 春秋时孙武提出的策略原则及战术原则。《孙子·九地》："犯之以事，勿告以言；犯之以利，勿告以害。投之亡地然后存；陷之死地然后生。夫众陷于害，然后能为胜败。"犯，用也。使用士卒，只告诉士卒有利的方面，不告诉士卒其中的危害。因为"人情见利则进，知害则避也"。及其进入亡地、死地，则当明示：疾战则存，不疾战则亡。故曹操注："必殊死战，在亡地无败者。孙膑曰：'兵恐不投之死地也。'"（《宋本十一家注孙子》）梅尧臣曰："地虽曰亡，力战不亡；地虽曰死，死战不死。故亡者存之基，死者生之本也。"（同上）均认为明智的将军，深知死生转化之规律，故必将军队投之亡地以求力战不亡；陷于死地而求死战得生，当军队陷于绝境时，必人自为战，故能取胜。

陷之死地然后生 或称"置之死地然后生"。详"投之亡地然后存"。

并敌一向，千里杀将 春秋时孙武提出的作战方略之一。《孙子·九地》："故为兵之事，在顺详敌之意，并敌一向，千里杀将。此谓巧能成事者也。"详，或作佯，愚也。欲控制战争形势的发展，"因势利导"是其基本原则之一。"顺详敌之意"，即顺着敌人固有的意图或倾向向前发展，我则在暗中预设机关或伏兵以制约他。宋人王皙曰："顺敌意，随敌形，及其空虚不虞，并兵一力以向之，乘势可千里而覆军杀

将也。”(《宋本十一家注孙子》)

践墨随敌,以决战事 春秋时孙武提出的因敌变化而制胜的作战原则。《孙子·九地》:“是故政举之日,夷关折符,无通其使,厉于廊庙之上,以诛其事。敌人开阖,必亟入之;先其所爱,微与之期,践墨随敌,以决战事。”践,履;墨,绳墨,法度。既要遵循战争发展变化的一般规律,又要追随敌情的不断变化,而随时修订战争方略。曹操曰:“行践规矩无常也。”杜牧曰:“墨,规矩也。言我常须践履规矩,深守法制,随敌人之形;若有可乘之势,则出而决战也。”或曰:践通“剗”,“剗,除也;墨,绳墨也。随敌计以决战事,惟胜是利,不可守以绳墨而为。”(见《宋本十一家注孙子》中曹操、杜牧、贾林注语)

始如处女,敌人开户 春秋时孙武提出的策略原则。《孙子·九地》:“是故始如处女,敌人开户;后如脱兔,敌不及拒。”处女,示以柔弱也,善于依顺敌人,以使敌不设防。及敌户已开,间隙显露,则如脱兔一般,猝然袭之,敌何能拒?张预曰:“守则如处女之弱,令敌懈怠,是以启隙;攻则犹脱兔之疾,乘敌仓卒,是以莫御。”战国时田单守即墨,先示以柔弱,尽顺敌之意;及燕军益懈,乃纵火牛大破燕军,败骑劫,收复齐国七十余城。太史公评曰:“兵以正合,以奇胜,善之者出奇无穷。”“夫始如处女,敌人开户;后如脱兔,敌不及拒:其田单之谓邪!”(《史记·田单列传》)

主不可以怒而兴师 春秋时孙武提出的慎战原则。《孙子兵法·火攻》:“非利不动,非得不用,非危不战。主不可以怒而兴师,将不可以愠而致战,合于利而动,不合于利而止。怒可以复喜,愠可以复说(悦),亡国不可以复存,死者不可以复生。故明主慎之,良将警之。此安国全军之道也。”认为战争的胜负,取决于客观力量的对比,而君主的喜怒、将帅的愠悦,则全然无助于事。相反,愠怒之情绪会导致己方认不清客观形势,一切决策与行动完全为主观情绪所左右,因而必然会导致失败。

将不可以愠而致战 见“主不可以怒而兴师”。

安国全军之道 春秋时孙武关于安国全军的根本原则。《孙子·火攻》:“主不可以怒而兴师,将不可以愠而致战,合于利而动,不合于利而止。怒可以复喜,愠可以复说(悦),亡国不可以复存,死者不可以复生。故明主慎之,良将警之。此安国全军之道也。”认为战争关系到人民的死生,国家的存亡,故明君良将对此当慎之又慎,绝不可依个人的喜怒、忿怨之情绪而战争。故宋人张预曰:“君因怒而兴兵,则国必亡;将因愠而轻战,则士必死。君常慎于用兵,则可以安国;将常戒于轻战,则可以全军。”(《宋本十一家注孙子》)

先知 春秋时孙武关于战争决策的基本原则。《孙子·用间》:“故明君贤将,所以动而胜人,成功出于众者,先知也。先知者,不可取于鬼神,不可象于事,不可验于度,必取于人知敌之情者也。”战争对于人民,对于国家,都是重大灾难与巨大消耗,因此,一出兵便能战胜敌人,乃事理的必然要求。而胜利的先决条件,就是先知敌情。孙武之先知敌情,不祈求鬼神,不类比推测,不根据日月星辰运行的度数来推断,一定要从熟悉敌情的人那里来获取情报。表现了明朗的现实观点。周初姜太公曾怒斥占卜求神为“枯草朽骨”,孙武继承了太公的思想观点,表现了明显的唯物色彩。

形名 中国古代军事指挥系统的基本形式。《孙子·兵势》:“斗众如斗寡,形名是也。”曹操注:“旌旗曰形,金鼓曰名。”古时军令,“闻鼓则进,鸣金则止”,又以旌旗挥动以示方向,行军作战的指挥信号尽在“形名”。明刘寅解曰:“形谓旌旗麾帜之形,名谓金鼓笳笛之名。以其言不相闻也,故为之金鼓笳笛,使听之而进止;以其视不相见也,故为之旌旗麾帜,使视之而左右。故斗百万之众,与斗寡同。”(《武经七书直解》)

五间 春秋时期兵家孙武提出的五种间谍类型,它是孙武依靠“知情人”而掌握敌情的基本情报来源。《孙子·用间》:“故用间有五:有因间(一作乡间),有内间,有反间,有死间,有生间。五间俱起,莫知其道,是谓神纪,人君之宝也。因间者,因其乡人而用之;内间者,因其官人而用之;反间者,因其敌间而用之;死间者,为诳事于外,令吾间知之,而传于敌间也;生间者,反报也。”乡间,利用敌国之乡人作间谍,内间,利用敌国官吏为间谍。反间,利用敌方派来的间谍为我所用,五种间谍同时使用,必能察知敌之详情,故有“神纪”之效。“三军之事,莫亲于间,赏莫厚于间,事莫密于间。”“明君贤将能以上智为间者,必成大功,此兵之要,三军所恃而动也。”(《孙子兵法·用间》)

在亡国而继绝世 战国时孙膑提出的战争观。《孙膑兵法·见威王》:“夫兵者,非士恒势也。此先王之傅道也。战胜,则所以在亡国而继绝世也。战不胜,则所以削地而危社稷也。是故兵者不可不察也。”士,或借为“恃”,依仗,凭借。傅,通辅。孙膑认为,用兵之事没有永恒不变的形势,并非可以依恃的力量,它不过是先王辅助大道的一种手段而已。打赢战争,国家就可继续存在,世系就可延续。战不胜敌人,轻则丧失领土,重则危及整个国家政权的存亡。所以,为将者领兵作战不可不慎重审察。孙武已有“兵者国之大事,死生之地,存亡之道,不可不察也”(《孙子兵法·始计》)的论断,孙膑明显继承了孙武的思想,以“兵”为“先王之傅道”,既充分表现了“兵”的重大作用,又明确体现了军事服从于政治的思想观点。

乐兵者亡,利胜者辱 战国时孙膑反对穷兵黩武的思想观点。《孙膑兵法·见威王》:“然夫乐兵者亡,而利胜者辱。兵非所乐也,而胜非所利也。事备而后动。故城小而守固者,有委也;卒寡而兵强者,有义也。夫守而无委、战而无义,天下无能以固且强者。”乐兵,喜好用兵;利胜,贪图胜利。认为喜好用兵者,必然招致灭亡,贪图胜利者,必然遭受折辱。

所以，战争并不是某个人的喜好，是不可轻率发动的；胜利也是不可贪求的。只有道义在握，乃不得不战；只有军资充实，城池方可固守。反映出孙膑反对乐攻好战，反对穷兵黩武的思想。

事备而后动 战国时孙膑关于战争必须有充分准备的思想观点。《孙膑兵法·见威王》："事备而后动。故城小而守固者，有委也；卒寡而兵强者，有义也。夫守而无委，战而无义，天下无能以固且强者。"委即委积，指军用物资储备。义即道义，指战争的正义性。认为战事的主要条件，一是道义，一是军资。做好战事准备，而后方可出兵。故城池虽小而能坚固防守，是由于有充足的物资储备；士兵虽少而战斗力很强，是因为道义在胸。如果防守而缺乏充足的物资储备，出战又缺乏充分的道义，则天下谁也不能令其守固且力强。

战胜而强立 战国时孙膑关于战争之重大作用的观点。《孙膑兵法·见威王》："战胜而强立，故天下服矣。"认为只有取得军事上胜利的国家，才能强大稳固，屹立不倒，并令天下臣服。这也是战国时许多代表人物的共识。如纵横家苏秦亦言："夫徒处而致利，安坐而广地，虽古五帝、三王、五伯，明主贤君，常欲坐而致之，其势不能，故以战续之。"（《战国策·秦策一》）

两军相当，轻卒尝之 战国时孙膑提出的战术原则之一。《孙膑兵法·威王问》："齐威王问用兵（于）孙子，曰：'两军相当，两将相望，皆坚而固，莫敢先举，为之奈何？'孙子答曰：'以轻卒尝之，贱而勇者将之，期于北，毋期于得。为之微阵以触其侧，是谓大得。'"孙膑认为在敌我两军势力相当，双方将领都坚守其阵不敢率先采取行动的情况下，可用小股部队先行挑战，以观察敌方之虚实，从而采取相应的措施。这一思想与孙武"作之而知动静之理"、"角之而知有余不足之处"，及吴起"一坐一起，其政以理"等思想观点，可谓一脉相承。

让威 战国时孙膑提出的战术原则。《孙膑兵法·威王问》："威王曰：'敌众我寡，敌强我弱，用之奈何？'孙子曰：'命曰让威。必臧其尾，令之能归。'"让威，即避开敌人的锋芒，以期后发制人。臧，同"藏"，隐藏好后面的主力部队，使之能够安全撤离。"让威"战术，与孙武"避其锐气，击其惰归"的思想完全一致。

素信 战国时孙膑关于君民关系的思想观点。《孙膑兵法·威王问》："威王问：'令民素听，奈何？'孙子曰：'素信。'威王曰：'善哉！言兵势不穷。'"认为君上与下民关系，必须建立在互相信赖的基础之上。要民众对君主之令"素听"，君主必须以素守信用来换取，只有君主"素信"，下民才会"素听"。《孙子兵法·行军》已有："令素行以教其民，则民服；令不素行以教其民，则民不服。令素行者，与众相得也。"《六韬》亦曰："虑不先设，器械不备，教不素信，士卒不习，若此，不可以为王者之兵也。"（《虎韬·军略》）均反映了这一思想。

必攻不守，兵之急者 战国时孙膑强调战略进攻的思想观点。《孙膑兵法·威王问》："田忌曰：'赏罚者，兵之急者耶？'孙子曰：'非。夫赏者，所以喜众，令士忘死也；罚者，所以正乱，令民畏上也。可以益胜，非其急者也。'田忌曰'权、势、谋、诈，兵之急者耶？'孙子曰：'非也。夫权者，所以聚众也；势者，所以令士必斗也；谋者，所以令敌无备也；诈者，所以困敌也。可以益胜，非其急者也。'田忌忿然作色：'此六者皆善者所用，而子大夫曰非其急者也。然则其急者何也？'孙子曰：'料敌计险，必察远近……将之道也。必攻不守，兵之急者也。'"孙膑认为，"必攻不守"是第一位的，它高于赏、罚、权、势、谋、诈。此六者只能"增益"胜利，而取胜的基本手段，只能是"必攻不守"。这一思想正是战国时期新兴势力在战略上采取攻势的必然要求。

知道 战国时期兵家孙膑关于用兵规律的论断。《孙膑兵法·八阵》："不知道，数战，不足将兵，幸也。夫安万乘国，广万乘王，全万乘之民命者，唯知道。知道者，上知天之道，下知地之理，内得其民之心，外知敌之情，阵则知八阵之经，见胜而战，弗见而诤，此王者之将也。"（据文物出版社《银雀山汉墓竹简（壹）》）诤，借为静。孙膑所说之道，就是制胜之道，实含蕴了用兵规律的诸多基本要素。"知道"者，必须上知天道，明阴阳、四季变化的规律；下知地理，知山川丘陵、险关要隘等地形地势对战争的影响；对内，应取得民众的支持；对外，又应当熟悉敌情，知敌人兵力的虚实、分布及其带兵将领的素质等。同时，还应懂得阵法的精髓，见战机即进，不见战机则止。认为如此方可成为王者之将。

孙氏之道 孙武、孙膑关于用兵规律的论断。《孙膑兵法·陈忌问垒》："曰知孙氏之道者，必合于天地。"又曰："先知胜不胜之谓'知道'。"故孙氏之道，就是用兵制胜的基本规律。参见"知道"。

兵之胜在于篡卒 战国时孙膑关于选卒以制胜的思想。《孙膑兵法·篡卒》：孙子曰："兵之胜在于篡卒，其勇在于制，其巧在于势，其利在于信，其德在于道，其富在于亟归，其强在于休民，其伤在于数战。"篡，借为选。孙膑认为，军队的制胜在于精选士卒。士卒作战勇敢在于军法严明；作战机动灵活在于巧妙运用形势；战斗力强在于将帅言而有信，赏罚严明；军队具有好的素质，在于将帅明白用兵的道理。由于战争取胜的因素集中体现于士卒，故精选士卒常常成为制胜的关键所在。《荀子·议兵》所称"齐之技击"，"魏氏之武卒"，"秦之锐士"，皆为"篡卒"也。

德行者，兵之厚积 战国时孙膑关于士卒力量之源泉的论断。《孙膑兵法·篡卒》："德行者，兵之厚积也。信者，兵（之）明赏也。恶战者，兵之王器也。"厚积，通指丰富的物资储备。或以"物资储备"与"德行"二字不相协调，乃以"厚积"为精神方面的"厚积"，即道义在手，君民同心，此亦为士卒力量之源泉也。参见"恶战者，兵之王器"。

恶战者,兵之王器 战国时孙膑关于制胜法宝的论断。《孙膑兵法·篡卒》:"德行者,兵之厚积也;信者,兵(之)明赏也;恶战者,兵之王器也。"王器,王者之器,亦即无所不胜之武器。恶战,厌恶战争。孙膑以"恶战"为"兵之王器",表明其视"道义"为至高。认为若迫不得已而战之,必道义在手,上下同心。

恒胜有五 战国时孙膑关于用兵必胜的五项判断。《孙膑兵法·篡卒》:"恒胜有五:得主专制,胜;知道,胜;得众,胜,左右和,胜;量敌计险,胜。""恒不胜有五:御将,不胜;不知道,不胜;乖将,不胜;不用间,不胜;不得众,不胜。"孙膑之"五胜"与"五不胜",要点在于:将军是否有独立指挥权;是否明白战争的制胜规律;将吏是否和谐、协调,相互配合;是否已得军心、民心;是否能调用各种手段,包括善用间谍,以充分察知敌情及相关的战争环境。孙膑的"恒胜有五",较之孙武的"知胜有五",有大同之处,又有明显的开拓与发展,更为深刻、全面地反映了战争的制胜规律。与吴起的"先和而造大事"等思想,也有明显的相通之处。

天地之间,莫贵于人 战国时孙膑提出的以人为本的战争观。《孙膑兵法·月战》:"间于天地之间,莫贵于人。……天时、地利、人和,三者不得,虽胜有殃。"认为战争的主体是人,因此在战争中,各种条件的相互撞击、整合,最后必然归结为"人"的胜利。

阵·势·变·权 战国时孙膑关于用兵作战的四项重要原则与方法。《孙膑兵法·势备》:"凡兵之道四:曰阵,曰势,曰变,曰权。察此四者,所以破强敌,取猛将也。"阵,基本的作战队形,由阵而成势;势,由作战阵势所形成的具有内在必然性的趋向,具有一定的客观性;变,改变常规;自身之变可以惑敌,适应敌情变化亦须为变;权,为适应于变化所采取的相应措施。认为若阵、势、变、权进行有效的组合,必能破强敌,取猛将。

五气 战国时孙膑以气治军的五项措施。《孙膑兵法·延气》:"合军聚众,[务在激气];复徙合军,务在治兵利气;临境近敌,务在厉气;战日有期,务在断气;今日将战,务在延气。"气,表现为军队的精神状态,认为指挥者当依不同时机,采取不同措施。士卒刚集合整编时,要激发士气;迁徙行军时,要保持锐气;兵临边境,接近敌人时,要激励士气;确定交战之日后,务必使士卒有果断奋死的志气;即将与敌交战,则要使士卒有持续作战的精神准备。"五气"施之于不同的时机,发挥不同的作用,从而能有效保持士气旺盛,以争取胜利。

将义 战国时期兵家关于为将者素质的基本要求。语见《孙膑兵法·将义》:"将者不可以不义,不义则不严,不严则不威,不威则卒弗死;故义者,兵之首也。将者不可以不仁,不仁则军不克,军不克则军无功;故仁者,兵之腹也。将者不可以无德,无德则无力,无力则三军之利不得;故德者,兵之手也。将者不可以不信,不信则令不行,令不行则军不槫,军不槫则无名;故信者,兵之足也。将者不可以不智胜……"此篇在初次整理时作为《孙膑兵法》的下编,其后,原整理者未明确认定为孙膑之书。其中提出义、仁、德、信、智等要求,明确作为为将之必备素质。孙武曾以"智、信、仁、勇、严"为将之五德,此处所论大致相同。

将二十败 战国时兵家所总结的关于为将者素质的二十种致命弱点。语见《孙膑兵法》下编《将败》:"将败:一曰不能而自能。二曰骄。三曰贪于位。四曰贪于财。(中缺"五曰")六曰轻。七曰迟。八曰寡勇。九曰勇而弱。十曰寡信。(中缺十一曰、十二曰、十三曰)十四曰寡决。十五曰缓。十六曰怠。(中缺十七曰)十八曰贼。十九曰自私。廿曰自乱。多败者多失。"《孙膑兵法》下编整理者初定为孙膑之作,后以文中未见"孙子曰""威王曰"等字样,人或有怀疑。依内容、文例及书体,仍当定为孙膑作品。"将败"之后又论"将失"三十余条,多系将之"可败"的具体失误。

积疏相为变 战国时孙膑关于积疏、盈虚、径行、疾徐、众寡、佚劳等对立面互相转化的论断。语见《孙膑兵法》下编《积疏》。积疏,兵力的集中与分散;盈虚,实力的雄厚与薄弱;径行,走捷径或行大道;疾徐,行军的快慢;众寡,兵力的多少;佚劳,安逸与劳苦。孙膑认为,它们都是战争中存在的矛盾现象。一般而言:"积胜疏,盈胜虚,径胜行,疾胜徐,众胜寡,佚胜劳。"为促使矛盾向对立面转化,可故意纵其走向极端,"积故积之,疏故疏之,盈故盈之,虚故虚之,径故径之,行故行之,疾故疾之,徐故徐之,众故众之,寡故寡之,佚故佚之,劳故劳之。"物极必反,推向极端之后,即可转向它的反面,此即矛盾双方在一定条件下的相互转化:"积疏相为变,盈虚相为变,径行相为变,疾徐相为变,众寡相为变,佚劳相为变。"在矛盾对立中,切忌采用僵硬的方略,"毋以积当积,毋以疏当疏,毋以盈当盈,毋以虚当虚,毋以疾当疾,毋以徐当徐,毋以众当众,毋以寡当寡,毋以佚当佚,毋以劳当劳",只有"积疏相当,盈虚相当,径行相当,疾徐相当,众寡相当,佚劳相当",方可使敌"积故可疏,盈故可虚,径故可行,疾故可徐,众故可寡,佚故可劳"。

以形相胜 战国时孙膑关于战争相胜之一般规律的见解。《孙膑兵法·奇正》:"战者,以形相胜者也。形莫不可以胜,而莫知其所以胜之形。形胜之变,与天地相敝而不穷。"认为事物总会表现为一定的形态,而任何形态都有其利弊之处,避其利,袭其弊,即可从而胜之。战争之双方同样要表现为特定的形态,自然可因其形态之利弊而击败之。而善战者,"见敌之所长,则知其所短,见敌之所不足,则知其所有余",故能"见胜如见日月"(同上)。

以万物之胜胜万物 战国时孙膑关于万物相胜的思想观点。《孙膑兵法·奇正》:"天地之理,至则反,盈则败,(日月)是也。代兴代废,四时是也。有胜有不胜,五行是也。有生有死,万物是也。有能有不能，万生是也。有所有余，有所不足，形势是也。故有形之徒，莫不可名。有名之徒，莫不可胜。故圣人以万物之胜胜万物，故其胜不屈。”孙膑认为，天地之间任何具体事物，都有它的两面性，有生有死，有有余，有不足；万物之间既相互关联，又相互克制，无任何一物是不可以战胜的。圣人正是利用万物可以相胜的特点，去克制万物。所以，圣人的胜利永远不会穷尽。

见其所长，知其所短 战国时孙膑关于洞察敌军利弊的辩证法思想。《孙膑兵法·奇正》：“故善战者，见敌之所长，则知其所短；见敌之所不足，则知其所有余。见胜如见日月。其错胜也，如以水胜火。”错，同措，错胜，犹言取胜。孙膑认为，善于用兵作战的人，见到敌人长处就可察其短处，见到敌人的不足就可察知其有余。判断胜利就像见到日月一样明朗清晰，取得胜利就像以水攻火一样容易。长与短，有余与不足，都具有对立统一的辩证关系，只有明察这种辩证关系，才有可能做到扬长避短，趋利避害。

无形而制形 战国时孙膑提出的军事方略之一。《孙膑兵法·奇正》：“形以应形，正也；无形而制形，奇也。……同，不足以相胜也，故以异为奇。是以静为动奇，佚为劳奇，饱为饥奇，治为乱奇，众为寡奇。发而为正，其未发者，奇也。奇发而不报，则胜矣。”孙膑认为，用有形来对付有形，是正兵，常规战法；用无形以制服有形，是奇兵，非常规的战法。通常用常规战法不足以取胜，所以，总要以奇异方式以出奇制胜。春秋时孙武已提出：“故形人而我无形，则我专而敌分。”又曰：“故形兵之极，至于无形。无形，则深间不能窥，智者不能谋。”(《孙子兵法·虚实》)孙膑“无形而制形”的思想，正是对孙武“形兵”思想的继承与发展。

兵机 用兵之契机。《吴子·图国》：“吴起儒服，以兵机见魏文侯。”机，本指弩牙，牙动则矢发。《说文》解曰：“主发谓之机。”明人《投笔肤谈》曰：“兵机者，用兵之机括也。”均以弩机与箭括为喻。由于用兵形势瞬息万变，故家兵常有“兵机无常”语。《投笔肤谈·兵机》：“凡用兵之法，主客无常态，战守无常形，分合无常制，进退无常度，动静无常期，伸缩无常势。出没变化，敌不可测，此之谓兵机。”(同上)又曰：“惟无常，则运用之妙，存于心矣，故曰机。”(同上)唯其如是，故李靖曰：“兵贵神速，机不可失”(《旧唐书》卷六十七)，成为兵家战将信守的一条重要原则。由于兵机形成来源不同，《吴起兵法》中又有“气机”、“地机”、“事机”、“力机”之分。

以见占隐，以往察来 战国时吴起提出的一般性判断方法。《吴子·图国》：“吴起儒服，以兵机见魏文侯。文侯曰：‘寡人不好军旅之事。’起曰：‘臣以见占隐，以往察来，主君何言与心违？’”见，同现，指显现于外表的现象。通过外在的表现，可以察知内心的思想；依据以往的作为，可以察知你的未来。魏文侯既然“四时使斩离皮革，掩以朱漆，画以丹青，烁以犀象”，明明是备制甲兵，怎能说“不好军旅”。吴起的这一判断方法，已经上升到了透过现象看本质的哲学高度。

内修文德，外治武备 战国时吴起的基本战略思想，也是关于政治与军事一般关系的基本要求。《吴子·图国》：“昔承桑氏之君，修德废武，以灭其国；有扈氏之君，恃众好勇，以丧其社稷。明主鉴兹，必内修文德，外治武备。”“内修文德”，是通过施行仁德，以取得民众的支持，取得民心，此为国内政治的基本要求。“外治武备”，即加强军队建设，增强国防力量，以抵御外国的欺凌。无“文德”，国内不稳，根基不牢；无“武备”，则无以应敌。只有政治、军事紧密结合，既富国，又强兵，才能立于不败之地。

四不和 战国吴起提出的四项出兵原则。《吴子·图国》：“昔之图国家者，必先教百姓而亲万民。有四不和：不和于国，不可以出军；不和于军，不可以出陈(阵)；不和于陈(阵)，不可以进战；不和于战，不可以决胜。”“四不和”表现了四个层次：国、军、阵、战；其核心在于民心与军心。国不和者，民心乖违；军不和者，将吏士卒心异；阵不和者，行列部伍不相协调；战不和者，坐起进退难以统一。有一不和且不可出战，况四不和乎？故“有道之主将用其民，先和而造大事”(同上)。

先和而造大事 战国时吴起针对“四不和”之情势而提出的先决条件。《吴子·图国》：“是以有道之主将用其民，先和而造大事。”“造大事”，即出兵作战。凡用兵作战，必先和于国，和于军，和于陈(阵)，和于战，“和”者，思想一致、步调协同也。只有上下一心，官兵协同，方能取得战争之胜利。以“和”为前提，乃突出强调了战争的政治基础，摆正了政治与军事的基本关系。参见“四不和”。

四德 战国吴起关于君主安邦定国的四项基本要求。《吴子·图国》：“是以圣人绥之以道，理之以义，动之以礼，抚之以仁。此四德者，修之则兴，废之则衰，故成汤讨桀而夏民喜说，周武伐纣而殷人不非。”认为古之圣人以道绥安天下，以义治理国家，以礼来动员庶众；以仁来抚安人民。此“四德”反映了道义民心的基本倾向。

有耻 战国吴起提出的治军思想。《吴子·图国》：“凡制国治军，必教之以礼，励之以义，使有耻也。夫人有耻，在大足以战，在小足以守矣。”认为羞耻，是一种发自内心的自责之情，知耻方可励其奋进，激其斗志。

战胜易，守胜难 战国吴起所概括的战争规律之一。语见《吴子·图国》。“战胜”，指交兵接刃与人力战，此所谓“伐兵”者也，单纯依靠兵力之强大即可取胜，故“易”。“守胜”，既要固军深垒，又须有“不战而屈人之兵”的政治优势，故“难”。由此吴起又得出“五胜者祸”、“一胜者帝”的论断。参见“五胜”。

五胜 战国吴起提出的政治与军事之关系与效果的判断，《吴子·图国》：“战胜易，守胜难。故曰：天下战国，五胜者祸，四胜者弊，三胜者霸，二胜者王，一胜者帝。是以数胜得天下者稀，以亡者众。”单纯靠“伐兵”，取胜容易；能推行德政，争取民心，从而固守住胜利则较困难。所以，天下战国诸侯纷争，须“五胜”方能克敌，则无异于自找祸端；须“四胜”而克敌，必然国力疲弊，须“三胜”而克敌，只可以一时称霸，能“二胜”而克敌，则可以称王，若“一胜”即成功，就可以成就帝业了。所以，欲通过多次兵胜而能取得天下者甚少，由穷兵黩武而亡国的居多。故“五胜”者，单纯依靠军事、依靠武力也；“一胜”者，能以仁德道义统率军事也。

五兵 战国时吴起对于用兵性质的五种概括。《吴子·图国》：“其名又有五：一曰义兵，二曰强兵，三曰刚兵，四曰暴兵，五曰逆兵。禁暴救乱曰义，恃众以伐曰强，因怒兴师曰刚，弃礼贪利曰暴，国乱人疲举事动众曰逆。五者之数，各有其道，义必以礼服，强必以谦服，刚必以辞服，暴必以诈服，逆必以权服。”“义兵”以义服人；“强兵”以力服人；“刚兵”以刚忿而制人，“暴兵”以暴虐而欺凌他人；“逆兵”则上逆天道、下逆民心而兴师动众。

先戒为宝 战国时吴起关于安邦定国的战略原则。《吴子·料敌》：“武侯谓吴起曰：‘今秦胁吾西，楚带吾南，赵冲吾北，齐临吾东，燕绝吾后，韩据吾前；六国兵，四守势，甚不便。忧此奈何？’起对曰：‘夫安国家之道，先戒为宝。今君已戒，祸其远矣。’”认为欲使国家长治久安，首先应对各方局势有一个清醒认识，及早做好戒备，“有备”方能“无患”。故“先戒”，乃为国之宝也。《司马法》曰“忘战必危”，亦有此意。

不卜而与之战者八 战国时吴起提出的战术原则。语见《吴子·料敌》。吴起认为，判断敌情有八种情况可以不必占卜就果断出击。一、在风雪严寒中昼夜行军，剖冻冰而渡河，举步维艰者；二、在盛夏炎热中长途驱驰，不得休息，且饥且渴者；三、粮食告罄，军心散乱，百姓怨怒，将吏不能制止者；四、军资耗尽，薪柴寡少，阴雨连绵，无处可掠者；五、人单势孤，水土不服，人马疾疫，四邻无援者；六、道远日暮，士卒劳惧，倦而未食，解甲而息者；七、将不持重，吏又轻薄，士卒不附，三军惊乱，师徒无援者；八、阵未成形，营扎未毕，行远涉险，半隐半出者。遇到如此之敌，当急击勿失。

不占而避之者六 战国时吴起提出的战术原则。语见《吴子·料敌》。吴起认为，有六种情况不必占卜即当迅速避敌。一、土地广大，人民富足者；二、上爱其下，广施恩信者；三、信赏必罚，行动及时者；四、论功居列，选贤任能者；五、军队众多，装备精良者；六、有邻国帮助，大国支援者。遇此六者，当不必犹豫，尽快避敌。

可见而进，知难而退 战国时吴起提出的战术原则。语见《吴子·料敌》。“见可”，是指“有不卜而与之战者”；“知难”，是指“有不占而避之者”。认为明智的将帅善于判断敌情，可战则战，不可战则退。参见“不卜而与之战者八”、“不占而避之者六”。

观敌之外，以知其内 战国时吴起提出的认识方法，通过观察敌人的外部表现，借以判知敌人的内部虚实。《吴子·料敌》：“武侯问曰：‘吾欲观敌之外以知其内，察其进以知其止，以定胜负，可得闻乎？’起对曰：‘敌人之来，荡荡无虑，旌旗烦乱，人马数顾，一可击十，必使无措。诸侯未会，君臣未和，沟垒未成，禁令未施，三军匈匈，欲前不能，欲去不敢，以半击倍，百战不殆。’”认为敌人行动散漫而无所顾虑，必无他谋略；旌旗烦乱，人马四处张望，必无严明军纪；此为愚将之敌，故可以一击十，使敌仓皇无措。敌人内外未和，战备未修，即“匈匈”兴兵，可以半击倍。吴起这一认知方法的要旨，在于透过现象观敌本质。

审敌虚实而趋其危 战国时吴起提出的把握战争时机的战术原则。《吴子·料敌》：“武侯问敌必可击之道。起对曰：‘用兵必须审敌虚实而趋其危。’”“审敌虚实”即准确察知敌情；“趋其危”，即击其空虚危殆之处。只有首先“审敌虚实”，而后方能“避实击虚”。这一原则体现了认识与实践的统一。

以治为胜 战国时吴起关于军队素质的论断。《吴子·治兵》：“武侯问曰：‘兵何以为胜？’起对曰：‘以治为胜。’又问曰：‘不在众乎？’对曰：‘若法令不明，赏罚不信，金之不止，鼓之不进，虽有百万，何益于用？’”“治”，就是强化军队素质，平时有礼，战时有威，前进时锐不可挡，后退时敌不可追。或进或退，都有节制；或左或右，皆能应麾。即使被敌人阻断，也可自行成阵；即使被冲散，仍可成行。军队能有如此之素质，自可同安危，共患难，“其众可合而不可离，可用而不可疲”；无论走到哪里，都会所向披靡。

必死则生，幸生则死 战国时吴起提出的用兵法则。《吴子·治兵》：“凡兵战之场，立尸之地，必死则生，幸生则死。其善将者，如坐漏船之中，伏烧屋之下，使智者不及谋，勇者不及怒，受敌可也。”“必死”，决心奋死以战；“幸生”，心存侥幸求生。吴起认为，凡能抱着必死决心上战场，就有可能生还；凡是心存侥幸，怯战贪生，反而往往会战死。因此，凡是善于带兵的将帅，都会义无反顾，将部队置于极度危险境地，如坐漏船之中，如伏烧屋之下，使智者不及谋，勇者不及怒。如此，方可与敌交战，由死而生。这一论断，正是对孙武“投之亡地然后存，陷之死地然后生”思想观点的继承和发展。

用兵之害，犹豫最大 战国时吴起关于果断把握战机的论断。《吴子·治兵》：“用兵之害，犹豫最大；三军之灾，生于狐疑。”犹，猴类动物，亦称“犹猢”，印鼻长尾，似猴而足短，性多疑，闻有声则预登木，上下不一，故谓“不决”曰“犹豫”。狐，即狐狸，亦多疑，故以“多疑”称“狐疑”。认为战场形势瞬息万变，战机稍纵即失，故须当机立断。若犹豫、狐疑，当战不战，必失其利；当走不走，必受其灾。

三军之灾，生于狐疑 见“用兵之害，犹豫最大”。

用兵之法，教戒为先 战国时吴起提出的治军原则。《吴子·治兵》:“夫人常死其所不能,败其所不便。故用兵之法,教戒为先。”士卒在战斗中常常死于他所达不到的技能,或不熟悉的战阵,常常败于他所不方便作战的地方,所以未战之先,必教训戒敕,严格操练,方可应敌。春秋时孔子已提出:“善人教民七年,亦可以即戎矣”;又曰:“以不教民战,是谓弃之。”(《论语·子路》)战国时孟子言“不教民而用之,谓之殃民”(《孟子·告子下》)。均大同此意,都强调了先教后战的原则。

总文武者军之将 战国时吴起对将才的总体要求。《吴子·论将》:“吴子曰:夫总文武者,军之将也;兼刚柔者,兵之事也。”认为只有文韬武略兼备者,方能为三军之将。文以附众,武以威敌,刚柔兼济,缺一不可。对于单纯以“勇”论将者,吴起尤为反感:“勇之于将,乃数分之一尔。夫勇者必轻合;轻合而不知利,未可也。”(同上)

五慎 战国时吴起对于为将者素质的五项具体要求。《吴子·论将》:“故将之所慎者五:一曰理,二曰备,三曰果,四曰戒,五曰约。理者,治众如治寡;备者,出门如见敌;果者,临敌不怀生;戒者,虽克如始战;约者,法令省而不烦。”五项要求,涵盖了从治军、临战,到战后教育的全过程。

四机 战国时吴起关于兵机形成的论断。《吴子·论将》:“凡兵有四机:一曰气机,二曰地机,三曰事机,四曰力机。三军之众,百万之师,张设轻重,在于一人,是谓气机。路狭道险,名山大塞,十夫所守,千夫不过,是谓地机。善行间谍,轻兵往来,分散其众,使其君臣相怨,上下相咎,是谓事机。车坚管辖,舟利橹楫,士习战阵,马闲驰逐,是谓力机。知此四者,乃可为将。”气、地、事、力四项要素均可形成兵机。三军之众,士气盛衰全在将帅一人,将勇则兵强,将怯则兵弱,气使然也。士气即为兵机。名山大塞,路狭道险,地形、地势之利,人事往来所为,以及车马舟楫之优势,均可形成兵机。机,契机,事物的枢要、关键;又指事物变化的迹象、征兆。凡用兵之要素,均可形成兵机,良将深明敌我,善察形势,故可随时随地把握战机。参见“兵机”。

威耳、威目、威心 战国时吴起关于古代军事指挥系统的论断。《吴子·论将》:“夫鼙鼓金铎所以威耳;旌旗麾帜所以威目;禁令刑罚所以威心。耳威于声,不可不清;目威于色,不可不明;心威于刑,不可不严。三者不立,虽有其国,必败于敌。故曰,将之所麾,莫不从移;将之所指,莫不前死。”鼙:小鼓。金:铜锣。铎:大铃。鼙、鼓、金、铎都是古代借助于声音指挥军队的工具;旌旗麾帜则是借助于颜色、形象指挥军队的工具。威,畏;士卒必须听从指挥,军队才有统一行动。“威心”,则在于保证“威耳”、“威目”的贯彻执行。

因形用权 战国时吴起提出的策略原则。《吴子·论将》:“凡战之要,必先占其将而察其才,因形用权则不劳而功举。”认为临敌作战要先占知敌方将领姓名,审察其才智状况,然后因其具体形势与特点而采取相应的权变之法。“其将愚而信人,可诈而诱;贪而忽名,可货而赂;轻变无谋,可劳而困;上富而骄,下贫而怨,可离而间。”(同上)如此,则不必费多大气力就可成功。此亦为中国古代兵家战将常用方略。

相将 战国时吴起关于判断将才的论断。《吴子·论将》:“武侯问曰:‘两军相望,不知其将,我欲相之,其术如何?’起对曰:‘令贱而勇者将轻锐以尝之,务于北,无务于得。观敌之来,一坐一起,其政以理。其追北,佯为不及;见其利,佯为不知;如此将者,名为智将,勿与战也。若其众喧哗,旌旗烦乱,其卒自行自止,其兵或纵或横,其追北恐不及,见利恐不得,此为愚将,虽众可获,”相,观察。认为对敌将才智优劣的观察判断,一要通过动态观察,选轻锐之兵前往挑衅,且佯为败北,观察敌将如何对待,通过“一坐一起”,即可察其军队素质。二是不求小得、不计小利者必为智将,不看大局、只贪小利者,必为愚将。智将不可敌,愚将虽众可获。

用众者务易,用少者务隘 战国时吴起提出的战术思想。语见《吴子·应变》。吴起认为:在敌众我寡的情况下,应尽量避免与敌人正面交锋。明智的将帅应善于运用地形、地势的便利与强大的敌人周旋。“避之于易,邀之于厄。故曰,以一击十,莫善于厄,以十击百,莫善于险;以千击万,莫善于阻。”(同上)平易之地利于众,险阻之地利于寡,故用众者必求进入平易之地,用寡者必借险阻以为势。

乐闻、乐战、乐死 战国时吴起提出的士气之境界。语见《吴子·励士》。魏武侯问吴起:严刑明赏就一定能够取胜吗?吴起回答:“严明之事,臣不能悉。虽然,非所恃也。夫发号布令,而人乐闻;兴师动众,而人乐哉;交兵接刃,而人乐死。此三者,人主之所恃也。”(同上)吴起认为,只有采取有效的激励机制,才能调动起士卒参战的积极性。“乐闻”号令,“乐战”疆场,“乐死”以效命,正是“士气”的最佳境界。

一人投命,足惧千夫 战国时吴起关于士气的论断。《吴子·励士》:“今使一死贼伏于旷野,千人追之,莫不枭视狼顾。何者?恐其暴起而害己也。是以一人投命,足惧千夫。”“投命”者,拼死以抗争也。既已拼死,复何所惧?而“千夫”虽众,各有“怀生”之心,故皆有所惧。

以仁为本 《司马法》关于治国治军政治基础的根本性论断。《司马法·仁本第一》:“古者以仁为本,以义治之之谓正。正不获意则权,权出于战,不出于中人。”仁,中国儒家学派所提倡的基本道德规范,也是儒家政治思想的核心。《礼记·中庸》:“仁者,人也,亲亲为大。”它是以血缘亲情为纽带又推及于整个社会的人类之爱。应用于政治领域,则表现为德治、仁政。《司马法》本是《周礼》的一个组成部分,是儒家治国、治军的一项根本大法,而军事又是政治的手段与延伸,所以,作为三代,特别是西周治军的法典,《司马法》“以仁为本”,正反映了三代“以礼治军”的本质特征。东汉班固曰：“兵家者，盖出古司马之职，王官之武备也。……下及汤武受命，以师克乱而济百姓，动之以仁义，行之以礼让，《司马法》是其遗事也。自春秋至于战国，出奇设伏，变诈之兵并作。”（《汉书·艺文志》）指出“以仁为本”是《司马法》的根基所在。

杀人安人，以战止战 《司马法》提倡的战争观。《司马法·仁本第一》：“是故杀人安人，杀之可也；攻其国，爱其民，攻之可也；以战止战，虽战可也。”认为杀人的目的在于“安人”，战争的目的在于“止战”，故其所杀，必为奸佞之人，所战，必为暴戾之君。由于“杀人安人”、“以战止战”明确表现了爱好和平、尊重道义的思想观念，故深为古代兵家推重。后人所称“知兵非好战”、“吊民伐罪”等，其思想渊源亦在于此。

不加丧，不因凶 《司马法》“以礼治军”作战原则的具体体现。《司马法·仁本第一》：“不加丧，不因凶，所以爱夫其民也。冬夏不兴师，所以兼爱民也。”认为兴兵征伐，不应在敌国举办丧事时，也不要趁敌国灾荒凶年时，为的是爱护敌国的民众。冬夏两季不兴兵，为的是爱护两国的百姓。

好战必亡 《司马法》提出的慎战、备战的军事思想。《司马法·仁本第一》：“故国虽大，好战必亡；天下虽安，忘战必危。”认为国家虽然强大，如果好战，必定灭亡；天下虽然太平，如果忘战，必定倾危。明代刘寅曰：有扈氏之君恃众好勇，以丧其社稷；承桑氏之君修德废武，以亡其国家。（《武经七书直解》）

战道不违时 《司马法》中以爱民为准则的作战原则。《司马法·仁本第一》：“战道不违时，不历民病，所以爱吾民也。”认为既以仁为本，爱护百姓就是根本原则。为了不伤害百姓，作战不能违背农时，不能在百姓疾疫流行时兴兵征伐，反映出对民众的关爱。

六德 《司马法》中关于古代作战的六项道德准则。即礼、仁、信、义、勇、智。《司马法·仁本第一》：“古者，逐奔不过百步，纵绥不过三舍，是以明其礼也。不穷不能，而哀怜伤病，是以明其仁也。成列而鼓，是以明其信也。争义不争利，是以明其义也。又能舍服，是以明其勇也。知终知始，是以明其智也。六德以时合教，以为民纪之道也，自古之政也。”逐奔，追击逃跑的敌人。纵绥，放开缰绳任车马奔驰。古代以三十里为一舍。依《司马法》规定，古时作战，追袭徒步的敌人，一般不超过百步之远，追袭敌之车骑，纵绥不超过九十里，以此表示礼让。不穷追已经没有作战能力的敌人，哀怜受伤及患病的人，以此表示仁爱。等敌人战阵形成时再击鼓进攻，以此表示诚实守信。争大义而不计小利，以此表明道义。对于已经降服的敌人能舍之不杀，以此表明勇敢。战争知始而始，当终而终，以此表示明智。“六德”的规定，充分表现了中国古代兵家以仁为本、以礼治军的本质特征。

国容、军容 《司马法》中关于朝廷礼仪和军队礼仪差别的规定。《司马法·天子之义第二》：“古者国容不入军，军容不入国。故德义不相逾。”又曰：“军容入国则民德废，国容入军则民德弱。”认为朝廷的礼仪法度不能应用于军队，军队的礼仪法度也不能用于朝廷。如果把军队的礼仪法度用于朝廷，那么百姓的礼让风气就会废弛。如果将朝廷的礼仪用于军队，那么军队的尚武精神就会被削弱。朝廷的礼仪与军队的法度，各有所适应。依朝廷礼仪：“在国言文而语温，在朝恭以逊，修己以待人，不召不至，不问不言，难进易退。”即为“国容”。军中礼仪：“在军抗而立，在行遂而果，介者不拜，兵车不式，城不上趋，危事不齿。”即为“军容”。

以礼为固，以仁为胜 中国古代“以礼治军”的指导思想之一。《司马法·天子之义第二》：“古者逐奔不远，纵绥不及，不远则难诱，不及则难陷。以礼为固，以仁为胜。既胜之后，其教可复，是以君子贵之也。”逐奔，追击溃逃的敌人。纵绥，放纵缰绳任车马追袭车骑之敌。依据以礼治军的原则，追击徒步败退的敌人不宜太远，不远，就不易受骗上当；追击敌人败退的车骑，不过于逼近，就难以陷入敌人的圈套。

兵不杂则不利 《司马法》中提出的战术原则。《司马法·天子之义第二》：“兵不杂，则不利。长兵以卫，短兵以守，太长则难犯，太短则不及。太轻则锐，锐则易乱。太重则钝，钝则不济。”兵，兵器；杂，指长短相间，轻重皆备。兵器如果不配合使用，就不能发挥最好的效用。长兵器可以用来掩护，短兵器则用以抵近搏击。兵器太长不便拼杀，太短又打不到敌人；太轻可以锐利疾速，但容易发生变乱；太重则不锋利，也就难以为用。只有长短、轻重相互配合，各展其长，才能有效地遏制敌人。

以舒为主 中国上古三代通行的军事原则。《司马法·天子之义第二》：“军旅以舒为主，舒则民力足。虽交兵致刃，徒不趋，车不驰，逐奔不逾列，是以不乱。军旅之固，不失行列之政，不绝人马之力，迟速不过诫命。”舒，徐缓。徐缓地推进是古时方阵战术的进攻特点。周武王伐纣时，“不过六步、七步，乃止齐焉”，“不过于四伐、五伐、六伐、七伐，乃止齐焉”（《史记·周本纪》）。前进六、七步，刺杀四、五次，就要整理一下队形，以保持军旅行动的舒缓整齐。舒缓可以保持士卒的体力充沛，整齐可以保持整体的战斗力，即使两军交兵，步兵也不要急走，战车也不可以奔驰。追击敌人时不跨越队列，所以能保持队形不乱。军旅的稳固就在于不打乱行列的秩序，不用尽人马的力量，行军的快慢都不能违背军队的训诫。此皆为以礼治军时代的基本要求。

五虑 《司马法》中关于战前准备的五件事情。《司马法·定爵第三》：“顺天，阜财，怿众，利地，右兵，是谓五虑。”顺天，顺应天时的变化，所谓“阴阳寒暑以时制之”也。阜财，使财物丰盛也。在战场上“因粮于敌”即可“食敌一钟，当吾二十钟；萁秆一石，当吾二十石”。怿众，勉励士卒，顺应众意。所谓“令民与上同意，可与之死，可与之生，而不畏危也”。利地，坚守险隘之地，以使地利在我也。右兵，重视兵器也。长短兵器相互配合，以充分发挥其应有的效应。

迭战则久，皆战则强 《司马法》中提出的战术思想。《司马法·定爵第三》：“凡五兵五当，长以卫短，短以救长；迭战则久，皆战则强。”兵器要长短配合，长兵器掩护短兵器，短兵器补救长兵器，若使长短兵器轮番出战(迭战)，亦可以轮流休整，故可以持久；若全军一齐出战，则势力强大。

战参 《司马法》中提出的战术原则。《司马法·定爵第三》：“称众，因地，因敌令阵；攻战，守进，退止，前后序，车徒因，是谓战参。”参，合。认为称量我军兵众，依顺地之广狭，因敌人的虚实强弱而确定我军战阵；可攻则攻，可守则守，进退有节，攻守自如。前后有序而不乱，车徒相因而不绝。这都是临战之时所应综合考虑的事情。一项失策即可失全局，故必参合而虑之。

居国惠以信，在军广以武 《司马法》中提出的治国、治军原则。《司马法·定爵第三》：“居国惠以信，在军广以武，刃上果以敏。居国和，在军法，刃上察。居国见好，在军见方，刃上见信。”“居国”以对民众，故当恩惠广施，以立信于民。“在军”面对士卒，故必宽厚容人，又要严明军纪，以保持军威。“刃上”面对敌人，故必果断、敏锐、明察。治国、治军与临敌，三种不同对象，故须三种方式方法以对应。

以力久，以气胜 《司马法》中关于军队实力与精神状态之关系的论断。《司马法·严位第四》：“凡战，以力久，以气胜；以固久，以危胜；本心固，新气胜；以甲固，以兵胜”。战争的基础在实力，而制胜的关键则在气势。力，指人力、物力、财力等物质基础，是战争借以进行的实体所在；气指士卒的精神状态，朝气锐，昼气惰，暮气归。若精神状态不佳，物质力量亦难以调动。

胜心、畏心 《司马法》中关于军队精神状态的判断。《司马法·严位第四》：“人有胜心，惟敌之视；人有畏心，惟畏之视。两心交定，两利若一。两为之职，惟权视之。”两军交战，我方士卒如果一心追求胜利，只须判定敌之虚实即可为胜。如果人人都有畏惧之心，就要看其畏惧的究竟是什么，如果畏惧将军甚于畏惧敌人，就会力行将令而取胜。如果畏惧敌人胜于畏惧将军，则会望敌而败。

以重行轻则战 《司马法》中提出的战术原则。《司马法·严位第四》：“凡战，以轻行轻则危，以重行重则无功，以轻行重则败，以重行轻则战。故战相为轻重。”轻、重二字概念甚为宽泛，一般当指军事实力，类似于《孙子兵法》中的“虚实”。以轻对轻，容易产生危险；以重对重，则易于无功。

击其微静，避其强静 《司马法》中提出的战术原则。《司马法·严位第四》：“凡战，击其微静，避其强静；击其疲劳，避其闲窕；击其大惧，避其小惧。自古之政也。”微静，指敌军稍显安静的自然状态，此乃无强行戒备之征兆；强静，乃强行戒备之状态，若“严阵以待”。前者无备，不虞，故可击；后者严行戒备，故当避之。或曰：微静，兵力微弱而安静；强静，兵力强盛而镇静。此解不如前者为优。“疲劳”则倦怠无力，故可击；“闲窕”则强劲有力，故不可击。“大惧”则失去精神支柱，故可击；“小惧”虽似惧而实自谨也，定有细致戒备，故当避之。此皆为有备、无备、虞或不虞之别也。

众寡以观其变 《司马法》中关于敌情判断的诸项原则。《司马法·用众第五》：“凡战，众寡以观其变，进退以观其固，危而观其惧，静而观其怠，动而观其疑，袭而观其治。”大凡战场对垒，往往以我之动态，能引发敌之动态，而在动态中，方能准确判断敌情。我方或用众，或用寡，去试探敌人，以观察敌方的变化；或一进、一退，以观察敌人阵势是否稳固；或以危迫之势进逼敌人，以观察敌人是否恐惧；或按兵不动，以观察敌军是否懈怠；或出兵佯动，以观察敌人是否疑惑；或出兵奇袭，以看敌方治乱究竟如何。

先神先鬼，先稽我智 战国时尉缭关于决定战争胜败之根本因素的论断。《尉缭子·天官》：“黄帝曰：‘先神先鬼，先稽我智。’谓之天官，人事而已。”天官，宋本或作“天时”，金施子美、明刘寅、茅元仪均作“天官”。施子美曰：“天官者，七曜星历也。”(《施氏七书讲义》)指天文星象的总称。古人常把天文星象的变化与人间的吉凶祸福相联系，出兵前总要先观察星象、占卜时日以预测吉凶。黄帝主以“刑、德”制敌，认为出兵前求神问鬼，不如先求自己的才智。虽称之曰“天官”，实则尽在人事而已。此语与篇首所称，“黄帝刑德，可以百胜”，都突出强调了人的主观能动作用。

刑以伐之，德以守之 战国时尉缭提出的战争观。《尉缭子·天官》：“梁惠王问尉缭子曰：‘黄帝刑德，可以百胜，有之乎？’尉缭子对曰：‘刑以伐之，德以守之。非所谓天官、时日、阴阳、向背也。黄帝者，人事而已矣。何者？今有城，东西攻，不能取，南北攻，不能取，四方岂无顺时乘之者邪？然不能取者，城高池深、兵器备具、财谷多积、豪士一谋者也。若城下、池浅、守弱，则取之矣。由是观之，天官、时日不若人事也。’”“刑”为人事中之武备，“德”为人事中之道义，认为二者相合，自可无敌于天下。

三相称 战国时尉缭提出的建军思想。《尉缭子·兵谈》：“量土地肥硗而立邑。建城称地，以城称人，以人称粟。三相称，则内可以固守，外可以战胜。”硗，坚硬而贫瘠的土地。认为建立城邑，要先衡量土地的肥沃与贫瘠。城邑的兴建要与土地面积的大小相适应，城邑的大小要和人口的多少相适应。人口的多少要与粮食的产量相适应。三者比例协调，相互适应，对内可以固守城邑，对外可以战胜敌人。

若秘于地，若邃于天 战国时尉缭提出的形兵思想。《尉缭子·兵谈》：“治兵者，若秘于地，若邃于天。生于无，故开之。大不窕，小不恢。"秘，藏匿；邃，深远。金施子美曰："天下之至难穷者，莫如天地。用兵而有难穷之变，则如天地焉。天不可俄而度，地不可俄而测；治兵者若秘于地，亦以其不可测也；若邃于天，亦其不可度也。秘于地者，以其密也；邃于天者，以其幽也。《法》尝曰：'无穷如天地'；又曰：'善攻者动于九天之上，善守者藏于九地之下'，皆取其幽密而不可穷也。惟其不可穷，是兵由无而生也。"(《施氏七书讲义》)善于治兵的人就像大地一样深藏不露，像天空一样高远深邃。兵起于无形却蕴藏着巨大能量。兵力一旦展开，在辽阔处作战不至于兵力薄弱，留下间隙；在狭隘处作战不至于困屈危厄。

兵胜于朝廷 战国时尉缭以综合国力为战争基础的战略思想。《尉缭子·兵谈》："夫土广而任则国富，民众而治则国治。富治者，车不发轫，甲不出暴，而威制天下。故曰：兵胜于朝廷。"认为土地广阔又能充分开发利用，国家就会富足；人口众多又能治理有方，国家就会安定。"国富"则物质雄厚；"国治"则民心齐一。这就为战争提供了强有力的经济与道义保障。所以，富足而安定的国家，不用出动军队，不必炫耀武力，自然就可以威服天下。通过朝廷的政治与经济措施，就已经决定了战争的必然性胜利，故可能不必再诉诸战场的交锋。

主胜、将胜 战国时尉缭关于政治胜利与军事胜利之相互关系的判断。《尉缭子·兵谈》："夫土广而任则国富，民众而治则国治。富治者，民不发轫，甲不出暴，而威制天下。故曰'兵胜于朝廷'。不暴甲而胜者，主胜也；陈(阵)而胜者，将胜也。""不暴甲而胜"，指尚未进入战场对垒，就已取得了胜利，即通过政治与综合国力的增强，使上下同心，国富兵强，无须出兵而敌国自服，亦即"不战而屈人之兵"。

三悖 战国时尉缭关于为将者应切忌的三大弱点。《尉缭子·兵谈》："夫心狂，目盲，耳聋，以三悖率人者难矣。"明刘寅曰："心狂，是不能谋也；耳聋，是不能听也；目盲，是不能视也。心不能谋，耳不能听，目不能视，是三悖也。用之率人，亦难矣。"(《武经七书直解》)"三悖"之论，实质上是更在于将领的性格与精神缺陷，即认为其狂妄自大、刚愎自用，虽有耳目，亦为虚设。

明赏于前，决罚于后 战国时尉缭关于以制度治军的原则。《尉缭子·制谈》："凡兵，制必先定。制先定，则士不乱；士不乱，则刑乃明。金鼓所指，则百人尽斗；陷行乱阵，则千人尽斗；覆军杀将，则万人齐刃，天下莫能当其战矣。"以制度治军，编之以什伍，令之以金鼓，然"民非乐死而恶生"，必使号令明，法制审，方能行之。故又曰："明赏于前，决罚于后，是以发能中利，动则有功。今百人一卒，千人一司马，万人一将，以少诛众，以弱诛强，试听臣言其术，足使三军之众。"(同上)尉缭所言之术，就是"制必先定"，且"明赏于前，决罚于后"。

用天下之用为用 战国时尉缭用天下之财以为天下之用的激励机制。《尉缭子·制谈》："吾用天下之用为用，吾制天下之制为制，修吾号令，明吾刑赏，使天下非农无所得食，非战无所得爵，使民扬臂争出农战，而天下无敌矣。"天下之财物本为民所生，天下之强力本为民有，因其所有而用之，故赏永不乏，力永不竭。而此制一反贵族不耕而食、王室世袭军功的旧制，故可大大激励兵民之活力。其论与商鞅农战之法一脉相承。

道胜、威胜、力胜 战国时尉缭提出的克敌制胜的三种途径。《尉缭子·战威》："凡兵，有以道胜，有以威胜，有以力胜。讲武料敌，使敌之气失而师散，虽形全而不为之用，此道胜也。审法制，明赏罚，便器用，使民有必战之心，此威胜也。破军杀将，乘阗发机，溃众夺地，成功乃返，此力胜也。王侯知此所以三胜者，毕矣。"讲究武事，预料敌情，使敌人未战而先失斗志，军心涣散；这样，即使表面上军形完整，其军队也不能与我作战。此为"以道胜"。审定法制，严明赏罚，改良武器装备，使人人都具有必战决心，使敌方闻声而服，此为"威战"。

气实则斗，气夺则走 战国时尉缭"以气为战"的军事思想。《尉缭子·战威》："夫将之所以战者，民也；民之所以战者，气也；气实则斗，气夺则走。"明刘寅曰："气实者，静也，治也，饱也，佚也；气夺者，饥也，劳也，乱也，喧哗也。"(《武经七书直解》)将帅所赖以作战的是士卒，士卒所赖以作战的是士气。士气充盈就敢于战斗，士气丧失就会败逃。故"以气为战"是古代战争中的重要手段。金施子美曰："孙子有'治气'之说，吴子有'气机'之言，《司马法》有'气欲闲'之论。盖气者，三军所恃以动也。"(《施氏七书讲义》)

先料敌而后动 战国时尉缭提出的战略思想。《尉缭子·战威》："刑未加，兵未接，而所以夺敌者五：一曰庙胜之论，二曰受命之论，三曰逾垠之论，四曰深沟高垒之论，五曰举阵加刑之论。此五者，先料敌而后动，是以击虚夺之也。""庙胜"，即庙算胜敌；"受命"，即君主选将授命；"逾垠"，即越境而战，将能否自专；"深沟高垒"，即欲固守；"举阵加刑"，即"兴师"必以"问罪"。(依施子美之解)此五项，未战之先，先分析敌我之情，预测敌人强弱虚实之所在而后用兵，就可以以实击虚，夺人之气，进而战胜敌人。

本战之道 战国时尉缭关于激励士卒的根本方法。《尉缭子·战威》："故战者，必本乎率身以励众士，如心之使四支也。志不励，则士不死节；士不死节，则众不战。励士之道：民之生，不可不厚也；爵列之等，死丧之亲，民之所营，不可不显也。必也因民所生而制之，因民所营而显之。田禄之实，饮食之亲，乡里相劝，死生相救，兵役相从，此民之所励也。使什伍如亲戚，卒伯如朋友；止如堵墙，动如风雨；车不结辙，士不旋踵，此本战之道也。"什伍，军队的编制；卒伯，军中上下级关系。尉缭认为，要抓住战道的根本，首先在于"率身"以励士，通过民生之厚，爵列之显，使士卒"乡里相劝，死生相救"，从而使一军的士卒像亲人一样，上下级关系像朋友一样。军队宿营即如堵墙一样坚固，进攻像疾风暴雨一样猛烈，战车有进无止，士卒一往无前。如此，才抓住了战道胜利的根本。

勤劳之师，将必先己 战国时尉缭关于为将者必身先士卒的思想。《尉缭子·战威》："夫勤劳之师，将必先己：暑不张盖，寒不重衣，险必下步，军井成而后饮，军食熟而后饭，军垒成而后舍，劳佚必以身同之。如此，师虽久而不老不弊。"张盖，在车上加支遮暑避雨的伞盖；重衣，加双重衣服。尉缭认为，勤劳的军队，将帅必身先士卒，为全军表率：天气炎热时不张伞盖，寒冷时不另加衣服，道路险阻，必下马步行。军井凿成，让士卒饮后自己再饮；饭熟，士卒都有饭吃自己再吃。营垒筑成，先安顿士卒而后休息。事必身体力行，与士卒同甘共苦。这样，即使军队长期作战，也必能保持旺盛的士气，而不致困乏疲惫。"将必先己"或作"将不先己"，言遇到利害，将帅不先考虑自己。

将帅者心也 战国时尉缭关于为将者决策地位的论断。《尉缭子·攻权》："将帅者心也，群下者支节也。其心动以诚，则支节必力；其心动以疑，则支节必背。夫将不心制，卒不节动，虽胜，幸胜也，非攻权也。"在战场上，将帅处于决策与指挥的核心地位，其决心直接影响全军上下，将帅之于士卒，如同人体之心与其肢体。《说苑·指武》亦曰："将者，士之心也；士者，将之枝体也。"心志果断，肢体必然行动有力；心存疑惑，肢体行动必然杂乱。只有将帅与士卒像心与支体一样有效配合，才能保证战争胜利。若将帅与士卒各行其是，即使取得胜利，亦为侥幸也。

诛暴乱，禁不义 战国时尉缭关于战争道义性的论断。《尉缭子·武议》："凡兵，不攻无过之城，不杀无罪之人。夫杀人之父兄，利人之货财，臣妾人之子女，此皆盗也。故兵者，所以诛暴乱、禁不义也。"尉缭认为：凡用兵，不可攻打无过错的国家，不可杀戮无罪的百姓。杀害他人的父兄，掠夺他人的财货，奴役他人的妻妾子女，这些都是强盗的行为。战争的目的应当是平定暴乱，禁止不义。尉缭的这一观点，上承《司马法》"杀人安人"，"以战止战"，是中国古代关于战争之道义性的重要论断之一。

兵不血刃而天下亲 战国时尉缭吊民伐罪的战争观。《尉缭子·武议》："故兵者，所以诛暴乱、禁不义也。兵之所加者，农不离其田业，贾不离其肆宅，士大夫不离其官府，由其武议，在于一人。故兵不血刃而天下亲焉。"尉缭认为，用兵的目的，在于诛杀暴乱，禁止不义之行，所以，兵行之处，农民不离开他们的土地，商人不离开他们的店铺，官吏不离开他们的官府。由于用兵的目的只在于惩罚暴君一人，所以，不必经过流血战争就可以使天下人归心。《司马法》曰："攻其国，爱其民，攻之可也；以战止战，虽战可也。"皆所以吊民伐罪也。故战国末荀子总结曰："是以尧伐欢兜，舜伐有苗，禹伐共工，汤伐有夏，文王伐崇，武王伐纣，此四帝两王，皆以仁义之兵行于天下也。故近者亲其善，远方慕其德，兵不血刃，远迩来服。"（《荀子·议兵》）其含义都相近。

胜兵似水 战国时尉缭关于胜兵的比喻。《尉缭子·武议》："胜兵似水。夫水，至柔弱者也，然所触丘陵必为之崩，无异也，性专而触诚也。"尉缭认为，胜利的军队像水一样。水是天下最柔弱之物，然而水流所冲击，山陵也会崩塌。原因就在于，水性专一而持久。中国古代哲人多有以水喻兵者。老子曰："天下莫柔弱于水，而攻坚强者莫之能先，以其无以易之也。"（《老子·七十八章》）水之能专注入微，无可取代。孙武曰："夫兵形象水。水之形避高而趋下，兵之形避实而击虚。水因地而制流，兵因敌而制胜。故兵无常势，水无常形，能因敌变化而取胜者，谓之神。"（《孙子兵法·虚实》）三者所喻，各具特色。

兵者凶器，争者逆德 战国时尉缭关于战争观的论述。《尉缭子·武议》："夫将者，上不制于天，下不制于地，中不制于人。故兵者，凶器也；争者，逆德也；将者，死官也；故不得已而用之。"尉缭认为：兵器乃凶险之器，争夺是违逆道德的行为；而将官则是冒着必死之险去实施这一逆德行为的执行者，实迫不得已而用之。尉缭这一反对战争的思想倾向，与古代先哲之论一脉相承。《司马法》首唱"以仁为本"，"以义治之"，认为只有在"正不获意"的情况下，方言权变与战争。其"战争"的目的在于"止战"，"杀人"的目的在于"安人"，故其战乃不得已而为之。《老子》亦曰："夫兵者，不祥之器也，物或恶之，故有道者弗居。""兵者非君子之器也，不祥之器也，不得已而用之。"（《老子·三十一章》，依帛书本）《老子》又曰："天下有道，却走马以粪；天下无道，戎马生于郊。"（《老子·四十六章》）认为在大道通行的时代，不会有战争。后世儒家孔、孟，均明确反对战争；专讲战争规律的兵家，亦皆以"道义"居首，以为"好战"者未必知兵，"知兵"者绝不好战。

太上神化，其次因物 战国时尉缭关于"止欲禁邪"的治国观。《尉缭子·治本》："今说者曰：'百里之海，不能饮一夫，三尺之泉，足止三军渴。'臣谓欲生于无度，邪生于无禁。太上神化，其次因物，其下在于无夺民时，无损民财。"认为如贪欲无度，百里宽的大海，不够一个贪婪的人喝水；若节制有方，三尺深的泉水，足够三军将士解渴。可见，贪欲产生于没有节制，邪念产生于没有禁令。所以最高明的君主，能够依顺自然之神妙而化行天下；其次者，则能因任自然之物，以为百姓之用；其下者，亦无夺民时，取于民有制，使百姓能依顺天时而自然生存。

凡兵之道，莫过乎一 《六韬》提出的作战指导思想。《六韬·文韬·兵道》："武王问太公曰：'兵道如何？'太公曰：'凡兵之道，莫过乎一。一者，能独往独来。黄帝曰：一者，阶于道，幾于神。'用之在于机，显之在于势，成之在于君。故圣王号兵为凶器，不得已而用之。"明刘寅解曰："一者，诚实而专一也。惟其诚实而专一，故能独往、独来，犹言独出、独入，谓无敌也。"（《武经七书直解》）作为基本的指导原则，"一"的内涵是：军队上下一心，官兵一致，犹如一个整体。从而做到：意志统一，指挥统一，行动统一。唯其"统一"，故能不失时机，故能形成气势。这样的军队就可以独往独来，所向无敌。由于"一"的境界接近于"道"，故能用兵如神。

全胜不斗，大兵无创 《六韬》中战略设想的最高境界。《六韬·武韬·发启》：太公曰："王其修德以下贤惠民，以观天道：天道无殃，不可先倡；人道无灾，不可先谋；必见天殃，又见人灾，乃可以谋。必见其阳，又见其阴，乃知其心；必见其外，又见其内，乃知其意；必见其疏，又见其亲，乃知其情。行其道，道可致也；从其门，门可入也；立其礼，礼可成也；争其强，强可胜也。全胜不斗，大兵无创，与鬼神通，微哉！微哉！"这一思想，与《孙子兵法》的"全胜"论、"先胜"论，及"上兵伐谋"、"不战而屈人之兵"具有同样的性质。明刘寅曰："全胜不在战斗，在胜于无形；大兵无欲伤残，在完吾士众。能胜于无形而兵无伤残，是其智与鬼神通，所以重言微哉，微哉，而叹其妙也。"(《武经七书直解》)是对其的继承与发挥。

大智不智，大谋不谋 《六韬》中对为将帅者所提出的要求。《六韬·武韬·发启》："大智不智，大谋不谋，大勇不勇，大利不利。利天下者，天下启之；害天下者，天下闭之。"认为"大智"、"大谋"者，实为天理之常。如道义、民心，得之者得天下，失之者失天下，此乃人所共知，无所谓谋与不谋。"不谋"者，人不见其谋。而斤斤思虑于小智、小谋者，则往往见大而不识，或知大而不取。

圣人将动，必有愚色 《六韬》中提出的策略思想。《六韬·武韬·发启》："鸷鸟将击，卑飞敛翼；猛兽将搏，弭耳俯伏；圣人将动，必有愚色。"认为鸷鸟将要展开袭击的时候，必先低飞敛翅；猛兽将要搏击的时候，必先贴耳伏地；圣人将要采取行动时，必先示人以愚昧的样子。一则隐匿其形，以麻痹对方；二则以退为进，将更为有力。

天时，地利，人和 战国时出现的关于战争制胜因素的基本观念。孙膑、尉缭、孟轲等皆有相关言论，以孟子论述最为详备。孟子曰："天时不如地利，地利不如人和。三里之城，七里之郭，环而攻之而不胜。夫环而攻之，必有得天时者矣；然而不胜者，是天时不如地利也。城非不高也，池非不深也，兵革非不坚利也，米粟非不多也，委而去之，是地利不如人和也。"(《孟子·公孙丑下》)天时，顺天应时，适时而动；地利，占据有利地形、地势；人和，人心所向，军队内部上下一心。三者都直接影响战争的胜负，兼得自然最好，如不可兼得，则以"人和"为本。约与孟轲同时，孙膑亦曰："间于天地之间，莫贵于人。……天时、地利、人和，三者不得，虽胜有殃。"(《孙膑兵法·月战》)尉缭亦多次申述："刑以伐之，德以守之，非所谓天官时日，阴阳向背也。黄帝者，人事而已矣。""天时不如地利，地利不如人和，古之圣人，谨人事而已。"(《尉缭子》之《天官》《武议》等篇)《孙子兵法》《始计》列举庙算"五事"，"道"居其首，"道者，令民与上同意也"，也体现了"人和"思想。

得道者多助，失道者寡助 战国时孟子提出的战争法则。语见《孟子·公孙丑下》。孟子在论说"天时不如地利，地利不如人和"之后，紧接着说："域民不以封疆之界，固国不以山溪之险，威天下不以兵革之利。得道者多助，失道者寡助。寡助之至，亲戚畔之；多助之至，天下顺之。以天下之所顺，攻亲戚之所畔，故君子有不战，战必胜矣。""得道"即占有道义，占有"人和"，就会得到人民的支持；反之，人民就会叛离。故孟子又曰："桀纣之失天下也，失其民也；失其民者，失其心也。得天下有道：得其民，斯得天下矣；得其民有道：得其心，斯得民矣；得其心有道：所欲与之聚之，所恶勿施尔也。"(《孟子·离娄上》)可见，道义在战争中所起的根本性作用。

春秋无义战 战国时孟子对于春秋时期战争性质所作的评判。《孟子·尽心下》："春秋无义战。彼善于此，则有之矣。征者，上伐下也，敌国不相征也。"认为春秋时代没有合乎义的战争。所谓征，是指上伐下，地位相等的国家(敌国)之间是不能够相互征伐的。对于战争之"义"与"不义"，在孟子之先已有人提及，如墨子《非攻》就以"义"为准则而制止战争。而径称"义战"者，则自孟子始。孟子之"义"，其实质在于合乎当时的政治秩序，诸侯有罪，只有天子有权征讨他，是谓"上伐下也"，这就是当时社会"义"之所在。而春秋时的征伐，尽是诸侯之间的征战而已。诸侯之间也有"彼善此者"，如齐桓公南至昭陵伐楚，"责包茅不入贡于周室"(《史记·管晏列传》)；但这并不是上对下的征伐，是诸侯之间的争霸，也是基于"周礼"的道义标准。

变诈之兵 春秋战国之后兴起的一种战争策略。三代时期，中国军队与战争的主导原则是"仁义为本"，"以礼治军"，其时战争的典型代表是汤伐夏桀，武王伐纣。其战争规则集结为"《军礼司马法》"。即《汉书·艺文志》所言："下及汤武受命，以师克乱而济百姓，动之以仁义，行之以礼让，《司马法》是其遗事也。"其后，"自春秋至于战国，出奇设伏，变诈之兵并作。"变诈之兵的兴起，大致以春秋早期为始，如郑庄公的诸多战例。后，逐渐演变为当时战争的主流形态。儒家孟轲称"春秋无义战"(《孟子·尽心下》)，正反映了当时的基本情况。参见"春秋无义战"。

以战去战 战国时商鞅用语。用战争制止战争。《商君书·画策》："故以战去战，虽战可也。"商鞅提倡和实行奖励耕战的政策，但他认为，战争的目的在于制止战争，只有在这个意义上进行的战争才是正义的。

壹赏，壹刑，壹教 战国时商鞅富国强兵的思想方略，《商君书·赏刑》："圣人之为国也，壹赏，壹刑，壹教。壹赏则兵无敌，壹刑则令行，壹教则下听上。"认为赏、刑的标准完全统一，利禄官爵专出于战功，故可使民一于功战。这一方略的实施，是秦国走上富国强兵之路的重要保障之一。

战法必本于政 战国时商鞅关于军事必须以

政治为基础的思想观点。《商君书·战法》:"凡战法必本于政,政胜则其民不争;不争则无以私意,以上为意。故王者之政,使民怯于邑斗而勇于寇战。"商鞅认为,良好的政治基础是战胜敌国的根本保障。而商鞅之"政",又是通过制定并实施法制而实现的,在严刑峻法的约束下,通过强制力使民众的思想统一为君王的意志,即"以上为意",从而形成以法制为根本约束力的政治统治。

兵起而程敌 战国时商鞅提出的战略思想。《商君书·战法》:"兵起而程敌：政不若者勿与战,食不若者勿与久,敌众勿为客,敌尽不如,击之勿疑。故曰：兵大律在谨,论敌察众,则胜负可先知也。""程,犹量也。"(见郑玄注《礼记·儒行》)"程敌",即"量敌"。起兵前应分析对比敌我双方的战争条件：如果政治基础不如对方,则不要与之战;粮食供给不如对方,则不能打持久战;敌军众多则不要在敌境作战;如果这些方面敌方都不如我,即可立即发兵进击,不必再犹豫。用兵的重大戒律在于谨慎,既明晰敌情,又察知自身,就可以预先判知胜负。这一思想颇近于《孙子兵法》"庙算"中之"五事七计"。

狭路相逢勇者胜 战国时期名将赵奢提出的兵家名言。赵惠文王二十九年(前270),秦发兵阏与(今山西和顺县)。赵惠文王召赵奢问阏与是否可救,奢答:"其道远险狭,譬之犹两鼠斗于穴中,将勇者胜。"(《史记·廉颇蔺相如列传》)"道远险狭",没有回旋余地,没有后方支援,如死地作战,然敌我双方都是如此,唯死战得生,故"勇者"可胜。

非攻 战国初墨家学派的基本政治主张之一,明确表现了墨子反对战争、热爱和平的基本观点。《墨子·非攻上》曰:"杀一人谓之不义,必有一死罪矣。若以此说往,杀十人十重不义,必有十死罪矣;杀百人百重不义,必有百死罪矣。当此,天下之君子皆知而非之,谓之不义。今至大为不义攻国,则弗知非,从而誉之谓之义……此可谓知义与不义之辩乎?"认为攻国之不义远甚于杀人越货。墨子一生倡导"兼爱",要求人们互爱互利。为制止战争,墨子竭力奔走,或以道义止之,或以利害说之,或以守御之术对抗之,先后阻止了齐之侵鲁、鲁阳文君攻郑、楚之攻宋等战争。

仁人之兵 战国时荀子于《议兵》中提出的兵学观点。也是儒家兵学的基本观点。儒家思想学说的核心在"仁",迫不得已而用兵,必兴"仁人之兵",以成"王者之志";"故兵要在乎善附民而已"。孙卿子曰:"臣之所道,仁人之兵,王者之志也。……故仁人上下,百将一心,三军同力,臣之于君也,下之于上也,若子之事父,弟之事兄,若手臂之捍头目而覆胸腹也。""故仁人之兵,聚则成卒,散则成列,延则若莫耶之长刃,婴之者断;兑则若莫耶之利锋,当之者溃。圜居而方止,则若盘石然,触之者角摧。"仁人之兵的本质在于禁暴除害,非为争利而战,故其"所存者神,所过者化,若时雨之降,莫不说(悦)喜"。尧、舜、禹、汤皆以仁人之兵行于天下,故"近者亲其善,远方慕其德,兵不血刃,远迩来服"。荀子倡导的"仁人之兵",体现了战争活动的根本规律与社会历史发展的大势。

以桀诈尧 战国时荀子对于"兵以诈立"思想观点的批判。《荀子·议兵》:"故以桀诈桀,犹巧拙有幸焉。以桀诈尧,譬之以卵投石,以指挠沸,若赴水火,入焉焦没耳。"桀是暴君的代表,尧是仁君的典范。荀子以及儒家学派的基本观点是行仁义之兵,兴王者之师,既以"仁义""民心"为根基,是不需要行诈的。而诸侯暴君为私利而兴兵,无人民之拥戴,故需以欺诈为手段达其目的。以暴君诈暴君,犹巧拙有幸,以暴君诈仁君,则不可能得逞。

凡在大王,将率末事 战国时荀子对于决定战争胜负的根本因素所作的判断。《荀子·议兵》:"君贤者其国治,君不能者其国乱;隆礼贵义者其国治,简礼贱义者,其国乱。治者强,乱者弱,是强弱之本也。"荀子认为,决定战争胜负的根本因素在于政治上是否清明,政治清明则国势强盛,强盛则能战胜。故曰,"凡在大王"。"凡"者,总也,全局也,全局在于为政立国,故在大王;将率之战场争斗,必以立国为政作基础,故曰:"将率末事。"

以静制动 战国末赵将李牧守御北部边塞时所采取的战略方针。《史记·廉颇蔺相如列传》:"李牧者,赵之北边良将也。常居代雁门,备匈奴。以便宜置吏,市租皆输入莫府,为士卒费。日击数牛飨士,习射骑,谨烽火,多间谍,厚遇战士。为约曰:'匈奴即入盗,急入收保,有敢捕虏者斩。'匈奴每入,烽火谨,辄入收保,不敢战。如是数岁,亦不亡失。""以静制动"策略是针对匈奴长于流动作战的特点而制定的,匈奴以游牧为主,善骑射,性彪悍,动则奔袭,故不易制服。然攻城夺隘则非其长。李牧扬长避短,以静制动,通过谨守关隘来达到制敌的目的。

柔能制刚,弱能制强 《黄石公三略》关于柔弱胜刚强的论断。《三略·上略》:"《军谶》曰:'柔能制刚,弱能制强。'柔者,德也;刚者,贼也。弱者,人之所助;强者,怨之所攻。"柔弱胜刚强,大致为古代贤哲之共识,老子已明确提出:"天下莫柔弱于水,而攻坚强者莫之能胜,以其无以易之。弱之胜强,柔之胜刚,天下莫不知,莫能行。"(《老子·七十八章》)对于柔弱何以能胜刚强,老子又从发展的角度作了描述:"人之生也柔弱,其死也坚强。万物草木之生也柔脆,其死也枯槁。故坚强者死之徒,柔弱者生之徒。"(《老子·七十六章》)老子大致叙说了自然界之对立面发展转化的一般规律,而《三略》则更强调了社会政治的一面：柔者,多有德于人,故为人所助;刚者,多贼害于人,故为怨者所攻。金施子美曰:"柔则不争,不争而人服其德,足以感之也,所以为德;若夫刚则易犯,故为贼焉。弱则能下人,故为人所助;强则敌者众,故为怨所攻。"(《施氏七书讲义》)然柔、刚、弱、强四者各有所长,故《三略》又曰:"柔有所设,刚有所施,弱有所用,强有所加。兼此四者,而制其宜。"复引《军谶》曰:"能柔能刚,其国弥光;能弱能强，其国弥彰。纯柔纯弱，其国必削；纯刚纯强，其国必亡。”故《三略》柔刚之说与《老子》之说或略有差异。

敌动伺之，敌近备之 《黄石公三略》提出的策略与战术原则。《三略·上略》：“敌动伺之，敌近备之，敌强下之，敌佚去之，敌陵待之，敌暴绥之，敌悖义之，敌睦携之，顺举挫之，因势破之，放言过之，四纲罗之。”认为敌人有所动作时，要注意侦察其动向；敌人接近时，要严加戒备；敌人势力强盛，就摆出卑下的姿态纵其骄傲；敌人安逸休整时，设法让他走动；敌人势盛时，则待其自行衰竭；敌人逞暴时，就以仁慈安抚其众；敌人暴虐无道时，则以德义感召其众；敌人内部团结时，要设法携持一方以离间。顺应人心而举事，必能挫败敌人；因敌人虚实之势而出击，必能击破其众；散布假情报以迷惑其众，四下张网招延贤士，以致其用。

将礼 《黄石公三略》中关于为将者应身先士卒的思想。《三略·上略》：“军井未达，将不言渴；军幕未办，将不言倦；军灶未炊，将不言饥；冬不服裘，夏不操扇，雨不张盖，是谓将礼。”认为军井未凿成时，将不求先饮；营帐未搭好时，将不说疲劳；军灶未烧好饭时，将不说饥饿。冬天不穿裘衣，夏天不打扇子，雨天不张伞盖，这就叫将帅之礼。《三略》还进一步提出了“蓄恩”之说：“与之安，与之危，故其众可合而不可离，可用而不可疲，以其恩素蓄、谋素和也。故曰：蓄恩不倦，以一取万。”（同上）将帅平时积蓄恩惠，就会争取到千万人的拥护。将军与士卒同甘苦，是军心上下一致的关键所在。

将者国之命 《黄石公三略》关于将帅地位的论断。《三略·上略》提出：“夫将者，国之命也。将能制胜，则国家安定。”对于将的重要作用，《三略》中论述甚多：“夫统军持势者，将也；制胜败敌者，众也。故乱将不可使保军，乖众不可使伐人。”“将拒谏，则英雄散；策不从，则谋士叛。”“将无虑，则谋士去；将无勇，则士卒恐，将妄动，则军不重；将迁怒，则一军惧。”显示出《三略》中，视将为国之命脉，因而既对将提出全面、严格的要求，又付与了承担国家安危的重任。

因其解击之 西汉初张良提出的一种谋略思想。解，通“懈”，怠懈。语见《史记·留侯世家》。秦末，张良从沛公刘邦西入武关：“沛公欲以兵二万人击秦峣下军，良说曰：‘秦兵尚强，未可轻。臣闻其将屠者子，贾竖易动以利。愿沛公且留壁，使人先行，为五万人具食，益为张旗帜诸山上，为疑兵，令郦食其持重宝啖秦将。’秦将果畔（叛），欲连和俱西袭咸阳，沛公欲听之。良曰：‘此独其将欲叛耳，恐士卒不从。不从必危，不如因其解击之。’沛公乃引兵击秦军，大破之。”贾竖：是对商人的鄙称。啖：指利诱，引诱。当时张良向沛公献计，大张疑兵，重贿秦将。待秦将欲联合沛公军同袭咸阳时，其思想怠懈，必然无心于战，而于此时突然袭击，乃攻其无备，出其不意。

大行不顾细谨 一种把握大局的处事原则。大行：大的作为。细谨：小的谨慎。语见《史记·项羽本纪》：“沛公已出，项王使都尉陈平召沛公。沛公曰：‘今者出，未辞也，为之奈何？’樊哙曰：‘大行不顾细谨，大礼不辞小让。如今人方为刀俎，我为鱼肉，何辞为！’于是遂去，乃令张良留谢。”认为干大事不必顾及细小的礼节，讲大礼节无须躲避小的责备。战国时孟子曰：“大人者，言不必信，行不必果，惟义所在。”（《孟子·离娄下》）实际上也早已表述了这一思想。

顺德者昌，逆德者亡 一种关于征战立国之根本规律的思想论断。指战争必须以道义、民心为根基。《汉书·高帝纪》：刘邦至洛阳，新城三老董公遮说汉王曰：“臣闻‘顺德者昌，逆德者王’，‘兵出无名，事故不成’。故曰：‘明其为贼，敌乃可服。’项羽为无道，放杀其主，天下之贼也。夫仁不以勇，义不以力，三军之众为之素服，以告之诸侯，为此东伐，四海之内莫不仰德。此三王之举也。”项羽放杀义帝，大逆无道。而汉王为义帝发丧，袒而大哭，哀临三日。并传檄诏告天下，共击楚之杀义帝者。刘邦由此占据了全面的道义。

明其为贼，敌乃可服 关于占有战争道义的大方略。首先将敌方的残暴不义彻底揭露，才能将敌人置于死地。语见《汉书·高帝纪》。详“顺德者昌，逆德者亡”。

运筹帷幄 决胜千里 汉高祖刘邦对战略家张良筹划决策的称誉。语见《汉书·高帝纪》。刘邦置酒雒阳南宫，面对群臣曰：“夫运筹帷幄之中，决胜千里之外，吾不如子房。”子房即张良。运筹，运用筹码计算敌我数量及优劣得失。帷幄，帐幕。通过在帐幕之中谋画运算，即可决定千里之外的战场胜负。这一思想与孙武的“庙算”一脉相承。

先声而后实 指利用固有之兵势，先以声威加于敌，敌可从风而服。系韩信师事败军之将李左车的策略。所谓“不战而下燕城”。韩信虏魏王，禽（擒）夏说，又一举而下井陉，欲东下燕、齐。李左车建议曰：“方今为将军计，莫如案甲休兵，镇赵抚其孤，百里之内，牛酒日至，以飨士大夫醳兵，北首燕路，而后遣辩士奉咫尺之书，暴其所长于燕，燕必不敢不听从。燕已从，使喧言者东告齐，齐必从风而服，虽有智者，亦不知为齐计矣。如是，则天下事皆可图也。兵固有先声而后实者，此之谓也。”（《史记·淮阴侯列传》）此亦为扬长避短之策。

兵之胜败，本之于政 西汉刘安用语。语出《淮南子·兵略训》。意为政治是军事之本，正义战争必胜。作者继承《孙子兵法》，并从民本观出发，认为：“兵之所以强者，民也”，“兵之胜败，本在于政。政胜其民，下附其上，则兵强矣；民胜其政，下畔其上，则兵弱矣。故德义足以怀天下之民，事业足以当天下之急，选举足以得贤士之心，谋虑足以知强弱之势，此必胜之本也。地广人众，不足以为强；坚甲利兵，不足以为胜；高城深池，不足以为固；严令繁刑，不足以为威。为存政者，虽小必存；为亡政者，虽大必亡。"认为，不战而屈人之兵是政治的功能，"制胜于未战，而诸侯服其威，内政治也"。还明确主张"善为政者积其德"，"德积而民可用"（同上），并在《本经训》中指出："用兵有术矣，而义为本。本立而道行，本伤而道废。"作者认为，战争的目的是"废不义而复有德"，因此，"兵失道而弱，得道而强；将失道而拙，得道而工；国得道而存，失道而亡"。

贵谋贱战 西汉赵充国提出的用兵理念。也是对孙子"上兵伐谋"思想的应用与发展。《汉书·赵充国传》记载："充国常以远斥候为务，行必为战备，止必坚营壁，尤能持重，爱士卒，先计而后战。"他曾上书曰："帝王之兵，以全取胜，是以贵谋而贱战。"又提出："臣闻兵以计为本，故多算胜少算。"贵，重视；贱，轻视。认为重谋略取胜，是一切明智将帅的共识。

兵以计为本 西汉赵充国用兵的基本理念。详"贵谋贱战"。

延揽英雄，务悦民心 东汉邓禹的政治与军事思想。系向光武帝刘秀进献之策略。邓禹曰："诸将皆庸人屈起，志在财币，争用威力，朝夕自快而已，非有忠良明智，深虑远图，欲尊主安民者也。……于今之计，莫如延揽英雄，务悦民心，立高祖之业，救万民之命。以公而虑天下，不足定也。"（《后汉书·邓禹列传》）邓禹提出以复兴汉室为目标，积极延揽贤俊之士，争取民心的战略方针，成为日后刘秀中兴汉室的基本指导思想。也是刘秀能够以德服人，最终取得胜利的重要保障。

古之兴者，在德薄厚 东汉邓禹关于战争胜负之根本规律的见解。语见《后汉书·邓禹列传》："方今海内淆乱，人思明君，犹赤子之慕慈母。古之兴者，在德薄厚，不以大小。"这是一项关于政治统帅军事的根本性论断。邓禹认为自古天下有德者居之，"得民心者得天下"。是以明君之兴，必有厚德，而不以地盘实力的大小所决定。与先秦时孟子的"以德行仁者亡，王不待大，汤以七十里，文王以百里"（《孟子·公孙丑上》）、"匹夫而有天下者，德必若舜、禹"以及西汉董公所言"顺德者昌，逆德者亡"，其理一也。

不入虎穴，不得虎子 东汉班超关于必亲自实践，方能取得成果的思想观念。语见班超出使鄯善国对匈奴使者所采取的一次果敢行动。班超曰："卿曹与我俱在绝域，欲立大功，以求富贵。今虏使到裁数日，而王广礼敬即废；如令鄯善收吾属送匈奴，骸骨长为豺狼食矣。为之奈何？……不入虎穴，不得虎子。当今之计，独有因夜以火攻虏，使彼不知我多少，必大震怖，可殄尽也。火此虏，则鄯善破胆，功成事立矣。"（《后汉书·班超传》）不进入虎穴，不可能得到虎子，意谓着不亲身实践，不可能取得成果。后此语成为强调实践作用的一句名言。

因其无备，卒然击之 曹操谋士郭嘉的军事策略，系官渡之战后曹操远征乌桓时提出。"公虽威震天下，胡恃其远，必不设备。因其无备，卒然击之，可破灭也。"（《三国志·魏书·郭嘉传》）操纳其计。尽留辎重，轻兵兼道以出卢龙塞，直指单于庭，"虏卒闻太祖至，惶怖合战，大破之，斩蹋顿及名王已下。尚及兄熙走辽东。"此为《孙子兵法》"攻其无备，出其不意"思想的继承与发展。

攻心为上，攻城为下 诸葛亮的军事思想。系他在平定南方叛乱时采取参军马谡提出的基本战争策略。蜀建兴三年（225）春，蜀军兵分三路南下，首先击斩雍闿、高定部。南王孟获收拢其余部继续为乱。五月间，诸葛亮渡过泸水（今川滇交界处雅砻江口以下金沙江），跟踪追击。亮知孟获素为当地夷汉人民所服，故取"攻心为上，攻城为下"的策略，七擒孟获，又七纵之。《汉晋春秋》云："亮笑，纵使更战。七纵七擒，而亮犹遣获。获止不去，曰：'公，天威也，南人不复反矣。'"终使其诚心归降"（参见《三国志·蜀书·诸葛亮传》裴松之注）。

以计代战一当万 西晋时军中对杜预"兵贵伐谋"的赞誉。太康元年（280），杜预陈兵于江陵，遣诸将率众循江西上，"授以节度，旬日之间，累克城邑，皆如预策焉"。复遣将"泛舟夜渡，多张旗帜，起火巴山，以夺贼心"，复发伏兵，直至敌将帐下，虏将而还。军中为之谣曰："以计代战一当万。"（见《晋书·杜预传》）言"伐谋"之效万倍于"伐兵"。反映了杜预对战争计谋的重视。

譬如破竹 迎刃而解 西晋时杜预关于进兵充分运用威势的形象表述。西晋伐吴，王濬、杜预挥兵顺江千里而下，"吴之州郡皆望风归命，奉送印绶"。杜预曰："昔乐毅藉济西一战以并强齐，今兵威已振，譬如破竹，数节之后，皆迎刃而解，无复著手处也。"遂指授群帅，径造秣陵。果然"所过城邑，莫不束手"（《晋书·杜预传》）。今言"势如破竹"，即源于此。《孙子兵法》曰："威加于敌故其城可拔，其国可隳。"此其意也。

兵以义动 唐太宗李世民所注重实施的道义原则与战争方略。李渊初起兵，遇小敌即欲班师太原，世民提出："兴大义以救苍生，当须先入咸阳，号令天下；遇小敌即班师，将恐从义之徒一朝解体。还守太原一城之地，此为贼耳，何以自全！"又曰："兵以义动，进战则必克，退还则必散。"（《旧唐书·太宗本纪》）认为只有坚持高举道义之旗，方能取得胜利。

兵贵神速 唐初李靖提出的军事战略原则。语见《旧唐书·李靖传》。唐武德四年（621）正月，李靖上陈灭萧铣十策，九月，兵士集结于夔州。时江水秋涨，三峡路险，诸将或欲待水退。李靖曰："兵贵神速，机不可失，今兵始集，铣尚未知，若乘水涨之势，倏忽至城下，所谓疾雷不及掩耳，此兵家上策。纵彼知我，仓卒征兵，无以应敌，此必成擒也。"萧铣果然认定李靖此时不能进兵，故不设备。李靖既以迅雷不及掩耳之势进兵夷陵，迅至江陵，萧铣降。是对《孙子兵法》"兵之情主速，乘人之不及，由不虞之道，攻其所不戒也"之说的继承和发展。

先正后奇 唐初李靖关于奇正的见解。《唐太宗李卫公问对》卷上："臣按兵法，自黄帝以来，先正而后奇，先仁义而后权谲。且霍邑之战，师以义举者，正也；建成坠马，右军少却者，奇也。"正兵、奇兵，是兵家论战的一个永恒的话题，而奇正之说又千变万化，无一定之规。李靖认为，用兵的方略必是先以正兵对敌，而后以奇兵制胜。故曰"先正而后奇"。又以先举仁义，后用权谲，故又以义兵为正，权谲为奇。《司马法》已有："古者以仁为本，以义治之之谓正；正不获意则权。"此亦"先仁义而后权谲"。先、后以时序论；仁义、权谲以性质论。李靖又曰："凡兵以前向为正，后却为奇。"(同上)此又以前进与后退论之。说法虽异，其实质却有内在相通之处。参见"奇正"。

善用兵者，奇正在人 唐初李靖关于用兵之奇正变化的见解。《唐太宗李卫公问对》卷上："若非正兵变为奇，奇兵变为正，则安能胜哉！故善用兵者，奇正在人而已。变而神之，所以推乎天也。"李靖曾曰：兵先出为正，后出为奇；又曰前进为正，后退为奇，义举为正，权变为奇。然战场形势瞬息万变，且有多种偶然因素作用其间，故善用兵者，必随时捕捉战机，调整部署，先后、进退皆随机而举，故正兵可变为奇，奇兵可变为正。或如唐太宗所言："吾之正，使敌视以为奇；吾为奇，使敌视以为正；斯所谓'形人者'欤？以奇为正，以正为奇，变化莫测，斯所谓'无形者'欤？"(同上)故李靖又曰："善用兵者，无不正，无不奇，使敌莫测。故正亦胜，奇亦胜。三军之士止知其胜，莫知其所以胜，非变而能通，安能至是哉！"(同上)可见，奇正之变，绝无定式，随机而动，全在于人。唯奇正、变通之天衣无缝，故三军之士视之若神。李靖并认为古今能以奇正、分合为变者，"唯孙武能之，吴起而下，莫可及焉。"(同上)参见"奇正"。

去大患不顾小义 兵家常用之取大舍小的策略。唐初，太宗派唐俭使突厥，欲以说服颉利可汗归顺；复派李靖率大军迎之。正当唐俭说颉利意动之时，李靖竟乘颉利懈怠之机，纵兵击之，大败突厥而唐俭亦被杀。人或以唐俭为"死间"。对此，李靖表白曰："臣与俭比肩事主，料俭说必不能柔服，故臣因纵兵击之，所以去大患而不顾小义也。人谓俭为死间，非臣之心。"(《唐太宗李卫公问对》卷中)战国时儒家孟子已提出："大人者，言不必信，行不必果，惟义所在。"(《孟子·离娄下》)李靖所说实际上是对孟子观点的具体阐发。

攻是守之机，守是攻之策 唐初李靖对于攻守关系所作的论断。《唐太宗李卫公问对》卷下：(李靖曰)"皆曰'守则不足，攻则有余'，便谓不足为弱，有余为强，盖不悟攻守之法也。臣按《孙子》云：'不可胜者，守也；可胜者，攻也。'谓敌未可胜则我且自守，待敌可胜则攻之尔。非以强弱为辞也。"敌不可胜，我且暂守；敌露败隙，我则攻之。此攻守之说完全立足于敌方的状态。故李靖又曰："攻是守之机，守是攻之策。同归乎胜而已矣。若攻不知守，守不知攻，不惟二其事，抑亦二其官。"(同上)攻、守的目标均在于胜敌。守不忘攻，敌有隙即起而攻之，故曰"攻是守之机"。攻不忘守，敌未起隙即拒守之，故曰"守是攻之策"。大凡实战之过程，应是守中有攻，攻中有守。只有攻防结合，才能达到最佳的作战效果。

兵法三等 唐初李靖对古代兵法高下的评判。《唐太宗李卫公问对》卷下：(李靖曰)"臣尝分为三等，使学者当渐而至焉。一曰道，二曰天地，三曰将法。夫道之说，至微至深，《易》所谓'聪明睿智神武而不杀者'是也。夫天之说阴阳，地之说险易，善用兵者，能以阴夺阳，以险攻易，孟子所谓'天时、地利'者是也。夫将法之说，在乎任人，利器，《三略》所谓'得士者昌'，管仲所谓'器必坚利'者是也。"李靖认为，古代兵法的高下可分为三等：第一等明道，能够实现"神武不杀"境界。第二等知天地，能够尽占天时与地利。第三等懂将法，善于任人、利器。唐太宗由是理解为："不战而屈人之兵者，上也；百战百胜者，中也；深沟高垒以自守者，下也。"(同上)并且认为："孙武著书，三等皆具焉。"李靖进而归结道："若张良、范蠡、孙武，脱然高引，不知所往，此非知道，安能尔乎？若乐毅、管仲、诸葛亮，战必胜，守必固，此非察天时、地利，安能尔乎？其次，王猛之保秦，谢安之守晋，非任将择材，缮完自固，安能尔乎？"(同上)李靖的兵法三等，正反映了用兵的三层境界。

用仁义，使机权 唐杜牧对《孙子兵法》基本精神的高度概括。《注孙子序》："武之所论，大约用仁义，使机权也。""用仁义"是对孙子"五事"之首"道"的诠释，是对战争政治基础的把握，也是对战争行为中诸多道义行为的倡导。认为："道者，仁义也。李斯问兵于荀卿，答曰：'彼仁义者，所以修政者也。政修则民亲其上，乐其君，轻为之死。'……如此，始可令与上下同意，死生同致，不畏惧于危疑也。"(《宋本十一家注孙子·杜牧注》)"使机权"，是指建立在"用仁义"的政治基础之上的"兵者诡道"、"兵以诈立"。二者相辅相成，互有制约，不可偏缺。

盘中走丸 唐杜牧对于以《孙子兵法》指导战争行为的形象比喻。语见《注孙子序》："后之人有读武书予解者，因而学之，犹盘中走丸：丸之走盘，横斜圆直，计于临时，不尽可知；其必可知者，是知丸不能出于盘也。"杜牧将《孙子兵法》所阐释的普遍战争规律喻为"盘"，将每一次具体作战行为喻为"丸"；"丸"在盘中走，其轨迹或横、或斜、或圆、或直，只能取决于当时的具体用力情况，不可以尽知。就像每一次作战都有其时、其地的特定形势一样，故应临机决断，计于临时。然而其必可知者，是"丸"无论如何运动，也逥不出"盘"外。即不论战争具体形态如何，总不能跳出《孙子兵法》所揭示战争的普遍规律。

险而易之，易而险之 北宋许洞关于尽占地利的论断。《虎钤经·地利》："善用地者则不然，险而易之，易而险之也。夫居险用险必内溃，居易用易必内蹶。当有形之用，逆之者善矣。何谓险而易之？曰：简以夷其政，要以节其动，用以缓其约，不以疏慢为失也。何谓易而险之？曰：进止戒严，内外无怠，用其谨惧，不以暴急为务也。如是者，乃险易之用也。"许洞之见，乃是以人统地，以地为我所用，而非全然依赖于地形也。地形险易殊甚，亦是相对而言，"当有形之用，逆之者善矣！"（同上）不以险地为险，不以易地为易，逆其道而行之，"险而易之，易而险之"，其中充满了辩证法思想。

用兵之术，知变为大 北宋许洞《虎钤经》中提出的战略指导思想。《虎钤经·三才应变》："《易》曰：'见机而作，不俟终日。'故用兵之术，知变为大。"强调为将帅者应能够"以变合于事"，如《孙子兵法》所言："践墨随敌，以决战事。"又曰："能因敌变化而取胜者，谓之神。"（见《九地》、《虚实》）

凡兵上义 北宋苏洵对用兵之"义利"关系的论断。《权书·心术》："凡兵上义，不义，虽利勿动。非一动之为害，而他日将有所不可措手足也。夫惟义，可以怒士；士以义怒，可与百战。"认为用兵应将道义摆在首位，即使有利可图，但如果与道义相违背，也不可以行动。

为将之道　当先治心 北宋苏洵对为将者素质提出的基本要求。《权书·心术》："为将之道，当先治心。泰山崩于前而色不变，麋鹿兴于左而目不瞬，然后可以制利害，可以待敌。"认为领兵将领首先应练就过硬的心理素质，做到不因外界因素的变化而影响心智，影响决策。如此，方能虑事杂于利害，趋利避害，可以待敌。

运用之妙，存乎一心 南宋岳飞在长期作战生涯中所总结的用兵心得。岳飞隶宗泽后，屡有战功，泽大奇之，曰："尔勇智才艺，古良将不能过，然好野战，非万全计。"因授以阵图。飞曰："阵而后战，兵法之常；运用之妙，存乎一心。"（《宋史·岳飞传》）阵图，阵法，是在总结一般战争规律的基础上所形成的常规战法，在具体作战中，往往难以应付千变万化的战场形势，这就需要为将帅者，既要领悟兵法之常，领悟兵法之精髓，又不拘泥于具体的战阵形式。也是对《孙子兵法》"践墨随敌，以决战事"思想的继承与发展。

不拘古法而胜 明太祖朱元璋用兵所持的战略原则。语见《明太祖实录》："兵者，谋也。因敌制胜，岂必泥于古哉？朕尝亲当矢石，观战陈之事，开阖奇正，顷刻变化，犹风云之无常势，要在通其变耳。亦何暇论古法耶？"认为两军作战，开合奇正的变化犹如风云变幻，只在顷刻之间。只有洞悉其变幻规律来驾驭战争，方为掌握制胜的要领。若单纯拘泥于一种战阵形势，不能适应战场变化，必定倾覆。

将之胜不若主之胜 明初谋士刘基提出的战略观点。语见《明太祖实录》。朱元璋尝与刘基论兵，基曰："臣得侍左右，每观庙算，初谓未必皆然，及至摧锋破敌，动若神明，由是知任将在陛下。将之胜不若主之胜也。"认为将之胜乃局部一技之胜，主之胜乃全局战略之胜。

天道后举者胜 明刘基提出的战略观点。龙江之战前夕，陈友谅举巨舰数百，顺流东下，气势甚张，诸将或议退，或议降，唯刘基力主设伏诱敌。《明史·刘基传》："基曰：'贼骄矣，待其深入，伏兵邀取之，易耳。天道后举者胜，取威制敌以成王业，在此举矣。'""后举者"，指洞察全局之形势。朱元璋采纳刘基之策，在应天西南至大胜港设伏，大破陈友谅。

兵莫大于握其枢 用兵必先掌握关键所在。语见《投笔肤谈》。"夫兵莫大于握其枢。兵之枢，名义而已。我执其名，而加敌以恶名；我仗其义，而加敌以不义；则三军之出，烈烈炎炎，上洞于天，下彻于泉，中横乎四表。旌之所麾，士气奋而敌威摧矣。"《本谋》以为用兵第一要义在于"师出有名"。师之名，就是道义。

中国古代科学哲学

中国古代天学知识中的哲学思想 中国古代对天学中一些根本性问题的哲学思考。"天文"一词，在中国古籍中较早出现为《易·彖·贲》："观乎天文，以察时变；观乎人文，以化成天下。"又《易·系辞上》云："仰以观于天文，俯以察于地理。"《周易》中是以"天文"与"地理"对举；"天文"指各种天体交错运行而在天空所呈现之景象，这种景象可称为"文"（如《说文》九上："文，错画也"），"地理"之"理"，意亦类似。故古人"天文"一词，实为"天象"之谓，非今人习用"天文学"之谓。对古人"天文"一词的用法，可以再举稍后史籍中的典型用例加以佐证。如《汉书·王莽传》下云："十一月，有星孛于张，东南行，五日不见。莽数召问，太史令宗宣、诸术数家皆缪对，言天文安善，群贼且灭。莽差以自安。"张宿出现彗星，按照中国古代星占学理论是凶危不祥的天象，但太史令和术数家们不向王莽如实报告，而是诡称天象"安善"以安其心。又如《晋书·天文志》下因《蜀记》云："（魏）明帝问黄权曰：天下鼎立，何地为正？对曰：当验天文，往者荧惑守心而文帝崩，吴、蜀无事，此其征也。"荧惑守心也是极为不祥的天象，结果魏文帝死去，这说明魏国"上应天象"，因而是正统所在；吴、蜀之君安然无事，则被认为是他们并非正统的证明。"天文"既用以指天象，遂引申出第二义，用以指称中国古代仰观天象以占知人事吉凶之学问。《易·系辞上》屡言"在天成象，在地成形，变化见矣"、"仰以观于天文，俯以察于地理，是故知幽明之故"，皆已蕴涵此意。而其中另一段论述，阐述此义尤为明确："是故天生神物，圣人则之；天地变化，圣人效之。天垂象，见吉凶，圣人象之；河出图，洛出书，圣人则之。"河图洛书是天生神物，"天垂象，见吉凶"是天地变化，圣人即统治者则之效之，乃能明乎治世之理。勉强说得浅近一些，也可以理解为：从自然界的变化规律中模拟出处理人事、统治社会的法则。这些在现代人听起来玄虚杳渺、难以置信的话头，却是古人坚信不疑的政治观念。关于"天文"，还可以再引班固的论述以进一步说明之,《汉书·艺文志》数术略"天文二十一家"后班固的跋语云:"天文者,序二十八宿,步日月五星,以纪吉凶之象,圣王所以参政也。"班固在《汉书·艺文志》中所论各门学术之性质,在古代中国文化传统中有着极大的代表性。他所论"天文"之性质,正代表了此后两千年间的传统看法。其中暗含的逻辑为:一个世俗的王权,是由上天所授,上天将王权授予谁,谁就获得了"天命";而天命必须依靠观察、理解"天文"来得知。此外,世俗王权的统治是贤明还是黑暗,需要上天给以警告还是给以嘉奖,也必须依靠观察、理解"天文"来得知。至此不难明白,"天文"一词之第二义,实际上相当于现代所用的"星占学"(astrology)一词,而绝非现代意义上的"天文学"(astronomy)。天学与王权,在中国上古时代有密不可分的关系。简而言之,在古代中国,天学对于谋求王权者为急务,对于已获王权者为禁脔。这种情况在早期更甚,而直到明朝建立时仍没有本质的改变。随着文明的发展,确立王权时对于物质层面的诉求增大,天学渐渐从确立王权时的先决条件之一演变为王权的象征,再演变为王权的装饰,其重要性呈逐渐下降的趋势。

中国古代地学哲学思想 中国古代对于地学发展中一些根本性问题的哲学思考。中国优越的农业自然条件及其古代相对封闭的地理环境,培育了高度发达的农业文明,也从根本上造就了大陆内聚型的传统地学体系。与这种体系相一致的地学哲学思想也是大陆内聚型的,并表现出明显的国内性、区域性和综合性。中国古代地学中的哲学思想,主要涉及以下几个方面:(1)地平大地观。中国古代统治者习惯把以中原地区为中心的农业区作为世界中心,把阳城作为地中,把以中原为中心建立的国家称为中国,皇帝自称天子,而视农业区以外的周围世界为蛮荒之地。在这种传统影响下逐渐发展起地平大地观。包括盖天说、浑天说等。盖天说出现于周代。它源于天似穹庐,笼盖四野的直观现象。盖天说最初认为大地是方形平直的。后来盖天说的大地形状有所改变,认为大地是覆盘状的拱形。思想活跃的春秋战国时代,出现过一些非正统的地球观。《庄子·天下》记载惠施:"南方无穷而有穷"和"我知天下之中央,燕之北,越之南是也"之说。这被猜测是一种球形大地观。在航海发达域外地理知识丰富的齐国,驺衍提出一种非正统的海洋开放型地球观——大九州说,认为中国所在的赤县神州只是世界八十一分之一,这八十一州广泛地分布在水平的海面上。故中国并非世界中心。浑天说认为球形的天壳中包着圆的平直大地。大地漂浮于水平的海洋面上,并居天球中心。浑天说形成于汉代,汉以后不断发展,自唐代后一直到哥白尼学说传入中国前,成了关于宇宙结构的权威学说。在中国古代,与大地形状关系最密切的小比例尺地图、远航、大地测量、潮汐成因理论等,都是从地平观念出发来提出问题,考虑问题和解决问题的。(2)综合地理思想。中国自古以农业立国,努力开发本国的土地、水、热、生物等资源。农业生产对地理环境有着极大依赖性。中国传统地理学发展有着强烈的区域综合思想。战国成书的《山经》、《禹贡》是区域综合地理著作。《汉书·地理志》开始把现实的政区作为地理单元进行区域综合描述。中国古代"地理"一词没有记述大地和地球的含意,而是记述国内各区域地形、水势等,直接为农业服务。明清时代十分发达的地方志更强化了区域综合描述思想。古代自然灾害预报中,认为天、地、生是个复杂的综合体。一种现象开始异常时,有关现象也会引起异常。因此可以从环境变化的蛛丝马迹中预测大灾的临近。古代预报台风、地震等灾害就是用综合预报方法的,有较好效果。地表形态变化思想高下可易位,海陆可变迁的地表形态变化思想源远流长。《易·谦卦·彖辞》有"地道变盈而流谦"的说法,就是指山与河、高与下地形变换的规律。《诗经·小雅·十月之交》也有"高岸为谷,深谷为陵"的描述。海陆变迁思想最早见于晋代葛洪《神仙传》所述的"东海已三为桑田"。唐代,抚州南城县山上发现有螺蚌壳化石,因而当时有学者更相信"东海三为桑田"之说。此时"沧海桑田"的思想已有广泛影响。北宋沈括用河流对泥沙的搬运、淤积作用,科学地解释了华北平原如何从海中形成。明末清初,孙兰继承发展了上述这些传统思想,进一步阐述了地表形态变化规律。并强调侵蚀和沉积是同时进行的。(3)人地关系。商代统治者认为,人间一切祸福决定于天命,山、川、风、云、雷、电、水、火等现象也决定于天命。人地关系深深地禁锢在天命之中。春秋战国时,人地关系有了大变革,一些学者批判了商周以来的天命观。农业生产中对人力、自然环境与农业生产的关系已形成了系统的理论,即天时、地利、人和观。中国传统农业被称为有机农业、生态农业,肥力经千年而不衰。战国成书的《黄帝内经》不仅认为人体是个统一体,并且强调把人体放在一定外界环境中进行考察,形成天地人合一的观点。明末清初资本主义萌芽时期,地理学和其他自然科学一样体现了时代精神,涌现了一批杰出的人物,如徐霞客、顾炎武、刘继庄和孙兰等。他们在学术上开辟了系统观察自然,描述自然经世致用的实践方向,并把人地关系推向新的高度。

中国古代数学哲学思想 中国古代对于数学发展中一些根本性问题的哲学思考,内容涉及数学的起源、本质、作用、方法以及它在社会生活中的地位等一系列问题。《汉书·律历志》:"自伏羲画八卦,由数起。至黄帝、尧舜而大备。"《管子·轻重》:"宓戲(即伏羲)作九九之数以应天道。"刘徽《九章算术注序》:"昔者包犧氏(即伏羲)始画八卦,以通神明之德,以类万物之情,作九九之术以合六爻之变。"这些典籍都把中国数学的起源归于远古时期的圣人——伏羲。宋代数学家秦九韶提出"数与道非二本"(《数书九章序》)的观点,认为数学的本质就是"道",其作用"大则可以通神明,顺性命;小则可以经世务,类万物"(同上)。金元时数学家李冶提出"自然之数"的概念,认为"自然之数"是"自然之理"的体现，只要能做到“推自然之理以明自然之数”（《测圆海镜序》），那么数学知识就一定能被人们所认识和掌握。《孙子算经序》把数学的作用推向了极致，认为：“夫算者，天地之经纬，群生之元首，五常之本末，阴阳之父母，星辰之建号，三光之表里，五行之准平，四时之终始，万物之祖宗，六艺之纲纪。”反映了古代数学家对数学的极端推崇。南北朝时的颜之推则认为数学虽然是一门重要的知识，但一般的儒生只要兼通就可以了，不应把它作为专业。“算术亦是六艺要事，自古儒士论天道、定律历者皆学通之。然可以兼明，不可以专业。”（《颜氏家训・杂艺》）这反映了古代儒家对数学的一般看法。明末科学家徐光启在引进西方数学的同时，深刻论述了数学方法的重要性，认为：“象数之学，大者为历法，为律吕，至其他有形有质之物，有度有数之事，无不赖以为用，用之无不尽巧极妙者。”（《泰西水法序》）基于这一思想，徐光启还提出了一个“度数旁通十事”的计划，即建议建立一个以数学方法为基础，内容包括天文、水利、音乐、军事、会计、建筑、机械、测量、医学、计时等各个学科分支的有机的知识体系。除此之外，古代哲学家和数学家们还论及了数学中的辩证法思想，例如《老子》一书中所提出的有和无、一和多、长和短、高和下、曲和直等一系列辩证数学概念，刘徽“割圆术”中所体现的以有限去逼近无限（即用圆内接正多边形的周长去无限逼近圆周）的辩证思想方法等等。

中国古代物理化学与技术哲学思想 中国古代对于物理化学与技术发展中一些根本性问题的哲学思考。中国古代的物理、化学知识是以自然哲学的形态出现的。贯穿在这些知识中的哲学思想，主要是传统的气的学说以及在其基础上衍生出来的阴阳五行理论。气的学说和阴阳五行理论首先被古人用来说明万物本原和宇宙的形成，唐代李筌说：“天者，阴阳之总名也。阳之精气轻清，上浮为天，阴之精气重浊，下沉为地，相连而不相离。……故知天地则阴阳之二气，气中有子，名曰五行。五行者天地阴阳之用也，万物从而生焉。万物则五行之子也。”（《阴符经疏》）这是用阴阳二气的不同性质来说明天地的生成，并进一步用五行学说来解释万物的化生。气的学说被古人广泛地用来说明在今天看来与波动性质相关的一些概念。例如东汉王充就曾指出，声音是气的特殊运动形式，他说：“生人所以言语吁呼者，气括口喉之中，动摇其舌，张歙其口，故能成言。譬犹吹箫笙，箫笙折破，气越不括，手无所弄，则不成音。夫箫笙之管，犹人之口喉也；手弄其孔，犹人之动舌也。”（《论衡・论死》）五代谭峭则说得更为明白：“形气相乘而成声。耳非听声也，而声自投之；谷非反响也，而响自满之。……声导气……气含声，相导相含，虽秋蚊之翾翾、苍蝇之营营，无所不至也。”（《化书・大含》）明清之际方以智甚至把这种解释推广到了对光本性的解说上：“气凝为形，发为光声，犹有未凝形之空气与之摩荡嘘吸，故形之用，止于其分，而光声之用，常溢于其余。气无空隙，互相转应也。”（《物理小识・卷一・光论》）在热学中，气的学说被用来解释寒温本质，认为热是阳气积聚的结果，寒是阴气积聚的结果。例如《淮南子・天文训》说：“积阳之热气生火，火气之精者为日；积阴之寒气为水，水气之精者为月。”唐柳宗元说：“寒而暑者，世谓之阴阳。”（《天说》）宋赵友钦说：“阳气积多而暑”，“阴气积多而寒”（《革象新书・日至之景》）。古人也用气的学说解释热传播现象，东汉王充就曾说过：“夫近水则寒，近火则温，远之渐微。何则？气之所加，远近有差也。”（《论衡・寒温》）在电磁学中，古人常运用气的同类相感思想，解释静电引物和磁石吸铁现象，如东汉王充就曾说过：“顿牟掇芥，磁石引针，皆以其真是，不假他类。他类肖似，不能掇取者，何也？气性异殊，不能相感动也。”（《论衡・乱龙》）在化学中，古人用气的感化思想、用五行相胜学说解释他们的炼丹实践的例子更是比比皆是。例如，东汉炼丹家魏伯阳就曾提出“阳燧以取火，非日不生光。方诸非星月，安能得水浆？二气玄且远，感化尚相通，何况近存身？切在于心胸。阴阳配日月，水火为效徵。”（《周易参同契・二气感化章》）并以之作为服食丹药可长生不老的理论依据。古人在运用气的学说解释自然现象时，不自觉地也发展了传统的气的学说，使之更加丰富多彩。例如气的物质性、分布的连续性、可流动性、同类相动的感应性等等，都是古人在把气的学说应用于自然科学时，发展出来的。古人在把这些性质赋予传统的气的学说之后，使之能够“合理地”解释他们观测到的一些自然现象。但这种解释毕竟局限在自然哲学的范围之内，没有实验，不能定量化，由之发展不出近代科学来。

中国古代农业与生物学哲学思想 中国古代对于农业与生物学中一些根本性问题的哲学思考。起源很早。1979 年在江苏连云港锦屏山将军崖所发现的一处新石器时期石刻岩画，岩画上刻有各种星云图和植物人面图形，似是早期生物与自然相应观念的一种反映。早期的农学与生物学活动十分注意认识自然规律的重要性。春秋战国时期，农时概念已经确立。如孟子讲：“不违农时，谷不可胜食也”（《孟子・梁惠王上》）；荀子讲：“春耕、夏种、秋收、冬藏，四者不失时，故五谷不绝，而百姓有余食也”（《荀子・王制》），均认识到不违（失）农时对于农作物丰收的重要性。战国末，《吕氏春秋・审时》以禾、黍、稻、麻、菽、麦六种农作物为例，分别对得时、先时、后时三种情况下的农作物生长作了考察，并得出“是故得时之稼兴，失时之稼约”的结论，使得对农时问题的认识更加深入。《吕氏春秋・任地》：“凡耕之大方：力者欲柔，柔者欲力；息者欲劳，劳者欲息；棘者欲肥，肥者欲棘；急者欲缓，缓者欲急，湿者欲燥，燥者欲湿”，其中包含了丰富的辩证思考。北魏时期，贾思勰指出：“顺天时，量地利，则用力少而成功多。任情反道，劳而无获”（《齐民要术・种谷》）；“服牛乘马，量其力能；寒温饮饲，适其天性；如不肥充繁息者，未之有也”（《齐民要术・养牛马驴骡》），主张在利用自然之物时，应充分认识其固有能力与内在属性,包括顺应、考虑天时、地利等自然规律与环境因素。宋代以后,农学家愈加强调农事活动中的人力作用。陈旉说:“在耕稼,盗天地之时利”(《农书·天时之宜》),透露出可通过人事活动来改造自然状况的观念;元王祯说“顺天之时,因地之宜,存乎其人”(《农书·农桑通诀集之一·垦耕篇第四》),提出顺天因地需由人掌握的思想。这些都表明此时人对于自然认识水平和支配能力的提高以及农业生产由自在而自为的进步。而宋园艺学家王观在《扬州芍药谱》中赞叹洛阳之牡丹、维扬之芍药是“以人而盗天地之功而成之”,明宋应星《天工开物·乃粒》中也说“凡稻旬日失水,则死期至,幻出旱稻一种,粳而不黏者,即高山可插”,则注意到人具有改变自然的能力,或即注意到人力可在物种变异过程中发生作用。在此基础上,马一龙说:“知时为上,知土次之,知其所宜,避其不可为,力足以胜天矣”(《农说》),徐光启说:“土性虽有宜不宜,人力亦有至不至。人力之至,或亦可以回天”(《农政全书·树艺》),其中都明显体现出人可胜天的积极思想,也是对传统命定论思想的一种否定。清陈淏子的思想表达了一种更为全面的理解,其曰:“凡木之必须接换,实有至理存焉。花小者可大,瓣单者可重,色红者可紫,实小者可巨,酸苦者可甜,臭恶者可馥。是人力可以回天,唯在接换之得其传耳。”(《花镜·接换神奇法》)即既肯定人可以对生物变异产生积极作用,又强调人力作用必须遵循客观规律。

中国古代医学哲学思想 中国古代对于医学发展中一些根本性问题的哲学思考。中国古代医学知识中有着十分丰富的哲学思想。早在春秋时期,扁鹊已说“信巫不信医”为六不治之一(《史记·扁鹊仓公列传》),言明巫与医的区别,表明反对巫神的理性态度。同时,有关疾病与医疗的理论逐步形成。《左传·昭公元年》载医和语:“天有六气……淫生六疾”,提出六气致病的学说,为中国医学病因学之开端,其中明显受到古老气论的影响。产生于战国时期的《黄帝内经》始奠定中国医学的基础,而其理论不仅受同时代哲学思想之影响,且从医学的角度丰富了中国古代哲学的内容。其以同一时期盛行的阴阳五行思想作为理论基础,提出以下主要学说:(1)阴阳及平衡理论。认为“阴阳者,天地之道也,万物之纲纪,变化之父母,生杀之本始,神明之府也,治病必求于本。”(《素问·阴阳应象大论》)并指出人体阴阳之气的平衡是生命健康的基本条件。(2)五行及脏腑、经络理论。以为脏与脏之间、脏与腑之间有相互配合的关系,如脾配合胃,肝配合胆。又认为存在有内联脏腑、外络肢节、周达全身、运行气血的通路。脏腑学说与经络学说的提出丰富和完善了中国哲学中的整体观念与联系观念。(3)藏象及辨证理论。以为人体脏器组织的状况会在体表有所反映,而通过对这些人体外部现象的观察可以得知人的健康状况。并以此为基础,形成以四诊(望、闻、问、切)为主的辨证方法,体现了中国古代医学对本质与现象问题的独特理解。辨证理论在以后张仲景的六经辨证与八纲辨证学说中得到更进一步的发展。辨证论治学说的发展又体现出对差异性问题和分析方法的独特理解。此外,中国古代医学理论又是与养生学说紧密结合的,养生思想在先秦时期已广为流行,于《内经》中也多有论述。长沙马王堆三号墓出土有源于先秦时期的《导引图》,后东汉华佗在此基础上又作五禽之戏。中国古代养生理论与实践在生命问题上体现出更为积极的理解。至唐代,孙思邈讲:“人命至重,有贵千金,一方济之,德逾于此”(《千金要方序》),之后金代刘完素也讲:“但欲同以宣扬古圣人之妙道,而普救后人之生命尔”(《素问病机气宜保命集》卷上),这些均反映了将人的生命价值放在首要地位的医学目的论。而刘完素《素问玄机原病式序》说“夫医教者,源自伏羲,流于神农,注于黄帝,行于万世,合于无穷,本于大道,法乎自然之理”,则反映了此时的医学又深受宋代理学的影响。

时 中国古代科学与哲学用语。按《说文》:“本春秋冬夏之称,引申之为凡岁月日刻之用。”(1)基本意指四时或四季,亦指不失或不违农时。如《左传·桓公六年》:“谓其三时不害,而民和年丰也。”杜预注:“三时,春、夏、秋。”孟子指出:“不违农时,谷不可胜食也。”(《孟子·梁惠王上》)荀子强调:“春耕、夏种、秋收、冬藏,四者不失时。”(《荀子·王制》)《易传·乾·文言》讲:“与日月合其明,与四时合其序。”(2)由此又引申出适时、因时、宜时等更为广泛和一般的用法。如《诗经·小雅·鱼丽》:“物其有矣,唯其时矣。”谓物品只能因时而有。管子认为:“取与之必因于时也。时则动,不时则静。”(《管子·宙合》)“起居时,饮食节,寒暑适,则身利而寿命益。”(《管子·形势解》)《易传·坤·文言》有:“坤道其顺乎,承天时而行。”(3)指或长或短的时段。《经说》上:“时,或有久,或无久。”无久即瞬间、刹那,《墨经》又名为始,以“当时”相释。与无久相对者为有久,或称为久。《墨经》下:“先后,久也。”其时长于“始”为一个时段。又用“以久”表示“止”,说明无久与有久的区别。《经说》上:“无久之不止”,“若矢过楹”;“有久之不止”,“若人过梁”。谭戒甫认为:“或有久者,就古今旦莫分言之也。或无久者,就古今旦莫合而言之。《下经》第六十四条云:‘先后,久也。’盖合言古今旦莫而有先后耳,故有久,即谓分割时间而有先后。无久,即谓时间若环而无间断。”(《墨辩发微》)

天时 中国古代科学与哲学用语。(1)指与农耕相关的气候、气象,亦即农时。《荀子·王霸》:“农夫朴力而寡能,则上不失天时,下不失地利。”《齐民要术·种谷》指出:“顺天时,量地利,则用力少而成功多。”(2)指天体运行之时序,即自然规律。《管子·君臣下》:“审天时,物地生”,“纪天时,务民力。”审纪天时即观察和研究天体规律。《易传·乾·文言》:“先天而天弗违,后天而奉天时。”谓依自然规律而行事。天时常与地利构成对应范畴。

四时 中国古代科学与哲学用语。(1)指春、夏、秋、冬四季。如《尚书·尧典》:"以闰月定四时成岁。"(2) 农时。如《管子·小匡》:"令农夫群萃而州处,审其四时,权其节用,备其械器。"(3) 引申为天体运行或自然规律。《管子·版法》:"法天合德,象地无亲,参于日月,伍于四时。"《荀子·天论》:"列星随旋,日月递照,四时代御,阴阳大化,风雨博施,万物各得其和以生,各得其养以成。"

地利 中国古代科学与哲学用语。(1) 指与农耕相关的土地条件。《荀子·王霸》:"农夫朴力而寡能,则上不失天时,下不失地利。"《齐民要术·种谷》讲:"顺天时,量地利,则用力少而成功多。"(2) 引申而为一般意义的地理条件。《管子·乘马》:凡建国立都"高毋近旱而水用足,下毋近水而沟防省。因天材,就地利。"《荀子·富国》:"上得天时,下得地利,中得人和,则财货浑浑如泉源。"地利常与天时构成对应范畴。

人和 中国古代科学与哲学用语,与天时、地利相互配合的生存与进步条件。如荀子认为:"农夫朴力而寡能,则上不失天时,下不失地利,中得人和,而百事不废。"(《荀子·王霸》)又指出:"上得天时,下得地利,中得人和,则财货浑浑如泉源,汸汸如河海,暴暴如丘山。"(《荀子·富国》)孟子认为,在天时、地利、人和三个条件中,人和是最重要的,"天时不如地利,地利不如人和"(《孟子·公孙丑下》)。

因 中国古代科学与哲学用语。多用于人与自然之关系,有依据、顺应之意,并引申为顺应规律。如孟子:"为高必因丘陵,为下必因川泽。"(《孟子·离娄上》)法家由于注重耕战,因此特别强调这一思想,如"因天材,就地利"(《管子·乘马》);"守成理,因自然"(《韩非子·大体》);杂家《吕氏春秋》进一步继承和发挥了法家的思想,以为"三代所宝莫如因,"如"禹通三江五湖,决伊阙,沟回陆,注之东海,因水之力也。舜一徙成邑,再徙成都,三徙成国,而尧授之禅位,因人之心也"(《吕氏春秋·贵因》),并强调"因性任物而莫不宜当"(《吕氏春秋·执一》),由此赋予"因"更具有哲学意义的解释。孙子则将"因"用于战争理论中,如"水因地而制流,兵因敌而制胜"(《孙子兵法·虚实》)。"因"具体地有因地、因时、因人、因物等思想。参见"宜"。

因则功 《吕氏春秋》用语。因,有依据、顺应之意。《吕氏春秋·贵因》:"因则功,专则拙,因则无敌",如"汤、武遭乱世,临苦民,扬其义,成其功,因也"。意为凡依据和顺应规律者便可获得成功。

因时 中国古代科学与哲学用语。因,依据、顺应。意谓依据天时而行人事,如《管子·宙合》:"因于时也。时则动,不时则静。"参见"宜时"。

因地 中国古代科学与哲学用语。因,依据、顺应。意谓依据地利而行人事,如《吴越春秋·阖闾内传》:"夫筑城郭,立仓库,因地制宜。"参见"宜地"。

因人 中国古代科学与哲学用语。因,依据、顺应。即因人而宜思想。如孔子之于教育:"言语:宰我、子贡;政事:冉有、季路;文学:子游、子夏"(《论语·先进》);《黄帝内经》之于疗病:"诸方者","非一人之所尽行也"(《灵枢·病传》),而"古之善用针艾者,视人五态乃治之"(《灵枢·通天》)。参见"宜人"。

宜 中国古代科学与哲学用语。有依据、适应之意。《周礼》中已广泛使用,如《周礼·地官·大司徒》中阐述了生产活动中的宜地原则:"一曰山林,其动物宜毛物,其植物宜早物";"二曰川泽,其动物宜鳞物,其植物宜膏物。"先秦时期的法家普遍论述了历史活动中的宜时原则,如商鞅说:"礼法以时而定,制令各顺其宜。"(《商君书·更法》)《黄帝内经》则在医疗活动中使用了这一思想:"病各有所宜,各不同形",故治疗应"各任其所宜"(《灵枢·九针十二原》)。《墨经·经下》中讲:"五行毋常胜,说在宜",《荀子·富国》中讲:"万物得宜,事变得应,上得天时,下得地利,中得人和",这些论述反映出"宜"思想所注重的是思维对象的差异性或具体规定性,并依据这些差异性或具体规定性制定相应的对策和方法。"宜"又分宜地、宜时、宜人、宜物等。参见"因"。

宜时 中国古代科学与哲学用语。宜,依据、适应;时,节气,时代。意谓依据具体之时的特点、要求而行人事,《商君书·一言》:"治宜于时而行之,则不干。"干,抵触。参见"因时"。

宜地 中国古代科学与哲学用语。宜,依据、适应;地,地理,地利。意谓依据具体之地的特点、要求而行人事,如《管子·地员》:"赤埴,宜大菽与麦","黑埴,宜稻麦。"参见"因地"。

宜人 中国古代科学与哲学用语。宜,依据、适应。即因人而宜思想。如《周礼·冬官·考工记·弓人》讲制弓需"各因其君之志虑血气。"《黄帝内经》则广泛用之于疗病:"诸方者","非一人之所尽行也"(《灵枢·病传》),而"古之善用针艾者,视人五态乃治之"(《灵枢·通天》)。参见"因人"。

三材 亦作"三才"。中国古代科学与哲学用语。指天、地、人,又指天道、地道、人道。早在周代,三材思想就已经萌芽。《周礼·冬官·考工记》:"天有时,地有气,材有美,工有巧。合此四者,然后可以为良。"孟子指出:"天时不如地利,地利不如人和。"(《孟子·公孙丑下》)后荀子也说:"上不失天时,下不失地利,中得人和,而百事不废。"(《荀子·王霸》)这些论述都包含了三材思想的雏形。《易传》明确提出三材思想。《易传·系辞下》:"《易》之为书也,广大悉备,有天道焉,有人道焉,有地道焉。兼三材而两之,故六。六者非它也,三材之道也。"《易传·说卦》:"立天之道曰阴与阳,立地之道曰柔与刚,立人之道曰仁与义,兼三材而两之。"《吕氏春秋》也有相同的思想。《吕氏春秋·序意》:"上揆之天,下验之地,中审之人,若此,则是非可不可无所遁矣"。东汉王符有所发挥:"天本诸阳,地本诸阴,人本中和。三才异务,相待而成。"(《潜夫论·本训篇》)北宋张载则认为:"易一物而三才备:阴阳气也,而谓之天;刚柔质也,而谓之地;仁义德也,而谓之人。"(《横渠

易说·说卦》)

三才 即"三材"。

地气 中国古代科学用语,主要指土壤条件对于作物的意义。《周礼·冬官·考工记》:"天有时,地有气,材有美,工有巧。合此四者,然后可以为良。"以为土壤状况对于作物的材质具有重要的影响。

有相之道 《诗经》用语。指观察土地肥力的经验方法。《诗经·大雅·生民》:"诞后稷之穑,有相之道。茀厥丰草,种之黄茂。"周人的始祖后稷精通地力之于稼穑的影响,拔除荒草,茂盛作物。

相其阴阳 《诗经》用语。观察之意。《诗经·大雅·公刘》:"笃公刘,既溥既长。既景迺岗,相其阴阳。"后稷曾孙公刘率周人迁居,其亲自对新址包括方位、朝向、地力、水况等在内的环境作仔细考察。

宙合 《管子》用语。指宇宙天地。《管子·宙合》:"宙合之意,上通于天之上,下泉于地之下,外出于四海之外,合络天地以为一裹。"

至则反 《管子》用语。《管子·重令》:"天道之数,至则反,盛则衰。"以为天道即自然的基本规律是盛衰交替,循环往复。

审察事理 《管子》用语。《管子·版法解》:"慎观终始,审察事理。"主张仔细观察事物发展的来龙去脉,认真考究事物固有的原理特征,从而形成对事物的客观、全面的认识。

慎观终始 见"审察事理"。

水主性情 《管子》用语。管子以水为本原,并以为会对人之性情产生深刻影响。《管子·水地》:"水者,何也?万物之本原也,诸生之宗室也,美恶贤不肖愚俊之所产也。"如"燕之水,萃下而弱,沉滞而杂,故其民愚戆而好贞,轻疾而易死;宋之水,轻劲而清,故其民闲易而好正。"所以"圣人之化世也,其解在水"。

君子不器 孔子用语。《论语·为政》:"子曰:君子不器。"器,器皿。孔子此语当有两义:首先,各种器皿都有相应的用途,但君子的知识不应当偏滞于一隅,而要无所不通;其次,学问不应像器皿那样仅仅满足或拘泥于小术,而应当追求大道。孔子弟子子夏发挥了后者,说"虽小道,必有可观者焉;致远恐泥,是以君子不为也"。"百工居肆以成其事,君子学以致其道。"(《论语·子张》)以为学习匠作技艺会妨碍追求大道。荀子进一步说:"农精于田而不可以为田师,贾精于市而不可以为市师,工精于器而不可以为器师。有人也,不能此三技而可使治三官,曰:精于道者也,非精于物者也。精于物者以物物,精于道者兼物物。"(《荀子·解蔽》)亦将治国之道视作君子努力的唯一目标。

小道 子夏用语。《论语·子张》:"子夏曰:虽小道,必有可观者焉;致远恐泥,是以君子不为也。"又说:"百工居肆以成其事,君子学以致其道。"认为各种技艺都有其可取之处,但因担心其会妨碍追求远大目标或即大道,故君子不从事于它。

道进乎技 庄子用语。指把握一般规律的"道"比把握具体知识的"技"更为重要。《庄子·养生主》:庖丁为文惠君解牛,毕,释刀对曰:"臣之所好者道也,进乎技矣。"郭象注:"直寄道理于技耳,所好者非技也。"成玄英疏:"进,过也。"庄子借庖丁解牛之故事说明技艺的最高境界是获致道或自由。

机心 庄子用语。指机巧之心。《庄子·天地》:"有机械者必有机事,有机事者必有机心。机心存于胸中,则纯白不备。纯白不备,则神生不定。神生不定者,道之所不载也。"唐成玄英疏:"夫有机关之器者,必有机动之务;有机动之务者,必有机变之心。"庄子认为人有机巧之心则不能纯洁虚静。

机事 见"机心"。

桔槔之用 庄子用语。桔槔,又名槔,为中国古代依杠杆原理所制造的汲水工具。《庄子·天地》:子贡出游,见老圃入井抱瓮而灌,建议"凿木为机,后重前轻,挈水若抽,数如泆汤,其名为槔"。老圃则对曰:"有机械者必有机事,有机事者必有机心。机心存于胸中……道之所不载也。"借此寓言和对话,庄子阐述了自己对于机械或工具的态度。

官人守数 荀子用语。官人,官吏;数,天文度量及各类具体技术与知识。《荀子·君道》:"械数者,治之流也,非治之原也;君子者,治之原也。官人守数,君子养原;原清则流清,原浊则流浊。"认为掌握技术的官吏,其地位为流为末;拥有德行的君子,其地位为原为本。作为原的君子主导作为流的官吏。

其大无外 中国古代科学与哲学用语。有多重含义。(1)道。《管子·心术上》:"道在天地之间也。其大无外,其小无内。"(2)气。《吕氏春秋·下贤》:"精充天地而不竭……其大无外,其小无内。"以上均指充盈天地意。(3)宇宙空间。《庄子·天下》记载惠施"历物之意"第一事:"至大无外,谓之大一;至小无内,谓之小一。"至大无外,谓没有边际;至小无内,谓不可分割。从哲学的角度阐述大小的无限性。

其小无内 见"其大无外"。

因乘以导之 韩非子用语。《韩非子·喻老》:"夫物有常容,因乘以导之,因理以明之,随物之容。"意物各有特性,人类的各种生产活动应依随物性而行。

取象运数 《易传》所用方法。《易传·系辞下》:"古者包牺氏之王天下也,仰则观象于天,俯则观法于地,观鸟兽之文与地之宜,近取诸身,远取诸物,于是始作八卦,以通神明之德,以类万物之情。"《易传》的方法是从取象开始,观察天地万物,在此基础上进行分类,概括成卦爻之象,并形成数学模型,然后再将此模型加以推广,此即运数。取象运数之目的在于阐释易理。

备物致用 《易传》用语。《易传·系辞上》:"备物致用,立功成器,以为天下利,莫大乎圣人。"透露出致功用，利天下的主张，对日后的实学思想产生深刻影响。

圜道 中国科学与哲学史用语。圜，指圆，又因此借指天体。关于圜道思想，《周易》中已有明确系统的表述。《易·说卦》："乾为天，为圜。"《易传·系辞下》："日往则月来，月往则日来，日月相推而明生焉。寒往则暑来，暑往则寒来，寒暑相推而岁成焉。"《吕氏春秋》始提出圜道概念。《吕氏春秋·圜道》："天道圜，地道方"，"何以说天道之圜也？精气一上一下，圜周复杂，无所稽留，故曰天道圜。"如"日夜一周，圜道也。月躔二十八宿，轸与角属，圜道也。精行四时，一上一下各与遇，圜道也。物动则萌，萌而生，生而长，长而大，大而成，成乃衰，衰乃杀，杀乃藏，圜道也。"《吕氏春秋·大乐》还指出："天地车轮，终则复始，极则复反，莫不咸当。"圜道观体现了中国古代科学与哲学中周而复始的循环论思想。

天地车轮 《吕氏春秋》用语。《吕氏春秋·大乐》："天地车轮，终则复始，极则复反，莫不咸当。"认为天地运行如车轮滚动，周而复始，体现了《吕氏春秋》作者的圜道观。

揆天验地 《吕氏春秋》用语。揆，尺度，准则；验，证实，检验。《吕氏春秋·序意》："盖闻古之清世，是法天地。凡《十二纪》者，所以纪治乱存亡也，所以知寿夭吉凶也。"而"法天地"就是"上揆之天，下验之地，中审之人，若此，则是非可不可无所遁矣"。以为人的活动当效法天地，从中汲取经验并认识规律，并指导自己的行为。

行数循理 《吕氏春秋》用语。《吕氏春秋·序意》："行也者，行其理也。行数，循其理，平其私。"数，事物之趋势；理，事物之规律。主张人应当依照客观规律和趋势行事，而避免受主观之"私"的影响。

平私 《吕氏春秋》用语。《吕氏春秋·序意》："行数，循其理，平其私。夫私视使目盲，私听使耳聋，私虑使心狂。三者皆私设精则智无由公。"私，主观经验与主观认识。认识到脱离客观现实的主观经验与主观认识会导致严重的危害。

至长反短 《吕氏春秋》用语。《吕氏春秋·似顺》："事多似倒而顺，顺而倒。有知顺之为倒、倒之为顺者，则可与言化矣。至长反短，至短反长，天之道也。"以为事物的发展遵循"物极必反"这一相互转化的规律，反映出发挥了道家与《易传》中的相关思想。

行适 《吕氏春秋》用语。《吕氏春秋·适音》："欲之者，耳目鼻口也；乐与弗乐者，心也。心必和平然后乐，心必乐然后耳目鼻口有以欲之。故乐之务在于和心，和心在于行适。"以为情欲应受"心"或即理性的主导，而心对于情欲的主导主要是"行适"，也即适度、平和。体现了《吕氏春秋》节制物欲养生理论。

先验后推 西汉司马迁对驺衍所用方法的概括。验，验证；推，推类。《史记·孟子荀卿列传》："其语闳大不经，必先验小物，推而大之，至于无垠。"如"先序今以上至黄帝，学者所共术，大并世盛衰，因载其禨祥度制，推而远之，至天地未生，窈冥不可考而原也"。又"先列中国名山大川，通谷禽兽，水土所殖，物类所珍，因而推之，及海外人之所不能睹"。"先验小物，推而大之"，可知驺衍所用主要是类比与归纳的方法。

审其所由 《淮南子》用语。《淮南子·人间训》曰："物类之相摩近而异门户者，众而难识也。"其"或类之而非，或不类之而是，或若然而不然者，或不若然而然者"。故应"审其所由而已矣"。以为面对复杂的对象欲得出正确的判断，就须认真考察分析其生成发展的缘由。

流水不腐 《吕氏春秋》用语。《吕氏春秋·尽数》："流水不腐，户枢不蝼，动也。形气亦然，形不动则精不流，精不流则气郁。"以为天地万物无时不在运动，若停止运动，则会导致水腐枢蝼、精气郁结。

人定胜天 中国古代科学与哲学用语。人定，犹言人谋。指人力可以战胜自然，人们可以自己掌握自己的命运。战国荀子主张"制天命而用之"（《荀子·天论》），为人定胜天思想的雏形。南宋刘过《襄阳歌》有"人定兮胜天"之句。明代，伴随农业知识的增长和丰富，这一思想成为更普遍的认识。如丘濬说："人力之至，而或可以胜天"（《大学衍义补》）；马一龙说："知其所宜，避其不可为，力足以胜天矣"（《农说》）；吕坤说："人定真足胜天"（《呻吟语摘·上》）。

力足胜天 明马一龙语。"知时为上，知土次之，知其所宜，避其不可为，力足以胜天矣。"（《农说》）指出只要深刻认识自然规律，人就具备改造自然的能力。

析理以辞 魏晋刘徽用语。《九章算术注》序曰："又所析理以辞，解体用圆，庶亦约而能周，通而不黩。"析，分析，解析；理，数学公式或法则及其所蕴涵的原理；辞，概念与判断。即通过运用概念与判断来分析数学公式及其原理，表明刘徽在数学研究中注意自觉运用逻辑方法及理论思维。

割圆求极 魏晋刘徽思想。指出以往圆周率"周三径一"数值的粗疏，并批评"世传此法，莫肯精核。学者踵古，习其谬失"。提出用"割圆术"的方法计算圆周率，并指出"割之弥细，所失弥少。割之又割以至于不可割，则与圆合体而无所失矣"（《九章算术注·方田章》），由此计算得到 π 为 3.1416 的数值。

事类相推，各有攸归 魏晋刘徽用语。《九章算术注》序曰："事类相推，各有攸归，故枝条虽分而同本干者，知发其一端而已。"数学问题虽纷繁复杂，但其可分类归属，且究其竟，又一端而已。明此便能举一反三，触类旁通，解决相应问题。

询之老成，验之行事 北魏贾思勰用语。《齐民要术》序曰："采捃经传，爰及歌谣，询之老成，验之行事。""采捃经传，爰及歌谣，询之老成"，均指广泛搜集各种间接经验，"验之行事"则指亲自加以验证，可知贾思勰在农学知识总结中对经验与验证的重视。

量其力能,适其天性 北魏贾思勰用语。《齐民要术·养牛马驴骡》:"服牛乘马,量其力能;寒温饮饲,适其天性。"主张在利用自然之物时,应充分认识其固有能力与顺应其自然性质。

三盗 《阴符经》用语。盗,利用。"天地,万物之盗也;万物,人之盗也;人,万物之盗也。三盗既宜,三才既安。"以为天地、万物、人之间存在一种相互利用即"盗"的关系,万物由天地即自然那里取得补养,而万物与人又相互补养。

盗机 道教用语。盗,利用,获取;机,机会,引申为事物之枢要、原理。《阴符经》:"其盗机也,天下莫不见,莫能知也。"唐李筌以为:"缘己之先无,知彼之先有,暗投计谋,而动以机数,不知不觉,盗窃将来,以润其己,名曰盗机。"《阴符经疏》指出所谓"盗机"即发挥人的主观能动性,深刻认识自然规律并充分利用其所提供的各种机会,以达到服务或满足于人之目的。

化化无间,犹环之无穷 五代谭峭用语。《化书·死生》:"虚化神,神化气,气化血……少化壮,壮化老,老化死。死复化为虚,虚复化为神,神复化为气,气复化为物。化化不间,由环之无穷。"以为自然界处于不断的生生变化中,且其形成为一种循环往复的运动过程。

夺天地造化 中国古代科学用语。晋葛洪已初具此思想。宋元时期,人们普遍感叹于种植与栽培技术之巧夺天工。张琰《洛阳名园记》序:"种植灌溉,夺造化之功";王观《扬州芍药谱》:"以人而盗天地之功而成之,良可怪也。"均已反映出这一思想。

苟求其故 中国古代哲学与科学用语。故,所以然。最早见于《孟子·离娄下》:"天之高也,星辰之远也,苟求其故,千岁之日至,可坐而致也。"明徐光启解释说:"故者……各有所以然之故。言理不言故,似理非理也。"(《简平仪说序》)古代科学家如刘徽、李冶等的知识活动都深受此影响。李善兰则以为此说与西方科学精神相同,"西士盖善求其故者也"(《谈天序》)。

深索物理 中国古代的科学思想。北宋沈括论述音律说:"此皆天理不可易者。古人以为难知,盖不深索之。"(《梦溪笔谈》卷五)他所要深索的天理,除音律外,还有天文、历法、气象、地理、生物、物理、化学等自然现象和人所制作的器物。天理又称"自然之理"或"物理",指在意识之外的事物本质、属性及发展规律。沈括认为自然界存在着不因人的意识而改变的客观之理。他在阐述雁荡山之成时说:"理不足怪也。"(《梦溪笔谈》卷二十四)论五音说:"听其声,求其义,考其序,无毫发可移,谓之天理也。"(《梦溪笔谈》卷五)议同声相应道:"殊不知此乃常理。"(《梦溪笔谈》卷六)语小孔成像,"影入窗隙则倒,乃其常理。"(《梦溪笔谈》卷三)又认为在事物有着更基本的至理:"大凡物理有常有变……其造微之妙,间不容发,推此而求,自臻至理。"(《梦溪笔谈》卷七)对"造微之妙,间不容发"、"无毫发可移"的认识,使其重视、探求、研究形数之理。"大凡物有定形,形有真数。方圆端斜,定形也;乘除相荡,无所附益,泯然冥会者,真数也。"形数皆有理,"非深知造算之理者,不能与其微也。"(同上)人以其知识智能,与物理之微,不能只是一般地接触、观察、验证其形迹现象,务必在此基础上比类、考查,如此"深索"其"不可易者"(《梦溪笔谈》卷五)方能得到事物之理。他又说"物之变化,固不可测"(《梦溪笔谈》卷二十五),如磁石指南,"莫可原其理"(《梦溪笔谈》卷二十四)。此非指人不能识磁石指南之理,更非说磁石指南无其理,乃说己之深索尚未得其理。《梦溪笔谈》卷三:"以磁石磨针锋,则锐处常指南,亦有指北者,恐石性亦不同。……南北相反,理应不同,未深考也。"认为探求物理,由不明而明,由未深而深,其过程经历或短或长时日。如五音之理,"古人以为难知";圆法和妥法,"古之言算者,有所未知也"(《梦溪笔谈》卷七)。并总结上述认识而得"事固有古人所未知,而俟于后世者"(《补笔谈》卷二)。由此而言,沈括于"莫可原其理"者,深信后世能"原其理"。

验迹原理 北宋沈括用语。验,实验、验证;迹,事物之现象;原,考察、辨析;理,事物之规律。意观察现象,认识规律。如讲"为历者必有玑衡以自验迹"(《浑天仪》),此法广泛用于天象、潮汐等观察和共振、成像等实验中。而验迹之目的又在于从中概括出一般原理,如在对雁荡山山峰反复观察之后,得出"原其理,当是为谷中大水冲激,沙土尽去,唯巨石岿然挺立耳"(《梦溪笔谈》卷二十四)的科学结论。

亲验 明朱载堉用语。即亲自实验。朱载堉强调实验的重要性,并批评以往律学之错误每在于缺少实验。如"先儒以为长短虽异,围径皆同,此未达之论也",而"此昭然可验也"(《律吕精义》),并以实验为基础,明确提出"不取围径皆同"的主张。又批评蔡元定等人在汉斛嘉量与发声关系方面的错误,指出其在于"不假以手亲验也",而通过实验,则"是知在理所必无也"(《律学新说》卷四)。

穷究试验 中国古代的一种科学思想。由明末宋应星提出。以认识、改变、控制、创造事物。《天工开物·膏液》在记载十五种油料作物出油率的试验数据后总结说:"此其大端。其他未穷究试验,与夫一方已试而他方未知者,尚有待云。"如主张对所有作物籽实的含油率做试验,主张对有不同产地的同一作物,其含油率在各地做试验。由此推论,认为试验应是普遍性的。议论应有试验根据:"皆须试见而后详之。"反对未经试验的无根之谈:"火药、火器,今时妄想进身博官者,人人张目而道,著书以献,未必尽由试验。"认为要以有否试验区分议论著述,而后决定取舍。

理义法数 明徐光启用语。理、义,理论或义理;法、数,算法或方法。指出凡科学活动必"有理,有义,有法,有数",其中"理不明不能立法,义不辨不能著数”,故“明理辨义,推究颇难;法立数著,遵循甚易”(《测候月蚀奉旨回奏疏》)。并结合西学反思《九章算术》等中国算书,“第能言其法,不能言其义也”(《徐光启集》卷二《刻同文算指序》),以为法与义二者,所贵当在义不在法。

求精贵实 明徐光启用语。称“特臣于数者之中,更有两言焉:曰求精,曰贵实”;“臣欲于七者之中,求精焉,贵实焉”(《拟上安边御虏疏》)。贵实,提倡实学;求精,强调数学训练及数学学科之于科学活动的重要性。

会通超胜 明徐光启用语。“欲求超胜,必须会通;会通之前,先须翻译”(《历书总目表》)。会通,本于《易传·系辞上》:“圣人有以见天下之动,而观其会通。”徐光启在广义地用于各种知识或学术的基础上,特指中西知识与思想。超胜,希望并相信在会通的基础上,有朝一日中国之科学定能超过西方。

言理必言故 明徐光启用语。理,原理,所然;故,原因,所以然。“言理不言故,似理非理也”(《简平仪说序》)。以为故不明,理亦不立,所以“一言一法,必深言所以然之故”(《历书总目表》)。强调探究所以然在科学活动中的重要性。

由数达理 明徐光启用语。指由把握事物的数量关系来发现自然界的客观规律。徐光启在西方数学中的逻辑方法和欧几里得公理演绎体系影响下提出的逻辑思维方法。徐光启认为整个自然界都是“有理、有义、有法、有数”的。“凡物有形有质,莫不资于度数”(《条议历法修正岁差疏》),只有把握事物的“度数”(量)才能认识事物的“理”(质)。由此认为数学是一切科学研究的基础,是各门具体科学必不可少的工具。“象数之学,大者为历法、为律吕,至其他有形有质之物,有度有数之事,无不赖以为用,用之无不尽巧妙者”(《泰西水法序》)。“历算之学,渐次推广,更有百千有用之学出焉”(《致老亲家书》)。并提出“度数旁通十事”的计划,即建立一个以数学为基础,内容包括天文、水利、音乐、军事、会计、建筑、机械、测量、医学、计时等各个科学分支的有机的科学体系。

无逃质理 明清之际方以智的科学命题。《物理小识·总论》:“天裂孛陨,息壤水平,气形光声,无逃质理。”质理即质测之理、物理。研究自然界种种各具特殊运动的事物之现象,而认识其本质与规律。《通雅·文章薪火》:“考测天地之家,象数、律历、声音、医药之说,皆质之通者也,皆物理也。”质测“物有其故,实考究之。大而元会,小而草木蠢蠕,类其性情,征其好恶,推其常变,是曰质测。”(《物理小识自序》)质测乃区分门类对万物质体的实测、考究、求故、明则。相当于今之自然科学。要求将事物放在发展着的自然中,以客观态度加以辨识:“以推移之宙,消贪心;以规矩之宇,辨物则,而一万毕矣。”(《物理小识·占候类》)对于文献和自己见闻所得的知识及其理则,主张“取资证据”(《通雅·读书类略提语》),加以核实。而后方可“存证以推其理”(《物理小识·总论》)。并将《山海经》、《本草》、晋张华《博物志》、晋葛洪《抱朴子》等书中相关内容,一一加以考证,指出其中“或无证,或试之不验。”(《物理小识编录缘起》)对自己在各地的见闻所得,也是“征其确然者耳”。认为质理不能与至理相分,研究质理之质测之学与探索至理的通几之学密切相关。至理“因物则而后交格以显”,质理“但显各各不相知,而各各相应之通几,犹晦也”,需要提高到至理,方能各各相知。肯定西方质理较中土先进,主张向其学习,但又强调尚不完善,且纠正个别错误处。

理得而法立 王徵用语。“盖凡器用之微,须先有度有数。因度而生测量,因数而生计算。因测量计算而有比例,因比例而后可以穷物之理,理得而后法可立也”(《远西奇器图说序》)。认为理论在科学活动中具有重要地位,而科学理论的把握又须依赖计算、测量等基础知识。

兼采中西 清王锡阐用语。针对当时历学家关于治历及中西历法评判问题,提出“兼采中西,去其疵类,参以己意”(《晓庵新法自序》)。即主张对前人成果去伪存真,兼采中西之长,并结合己见,以成为新的学说,体现了治历及科学研究中的开放态度。

察天地之和命 中国古代在天人关系中的研究方法之一。天地之和,指天与地之间的协调和谐。天地又是天地之气的省称,因而天地之和也指天地二气间的协调和谐。《周礼·春官宗伯》:“以十有二风,察天地之和,命乖别之妖祥。”认为根据十二风,观察天地或天地之气相互间作用所形成的关系是协调和谐还是乖戾背违,而预知其所带来的妖祥。

高岸为谷　深谷为陵 中国古代地学思想。幽王二年(前780),周原地震,当地“三川竭,岐山崩”(《国语·周语》)。这一情景在诗人笔下为:“烨烨震电,不宁不令。百川沸腾,山冢崒崩。高岸为谷,深谷为陵。”(《诗·小雅·十月之交》)高崖下陷而为深谷,深谷突起顿为高岭的事实,使人们意识到地面会发生变化,甚至认识地壳升降的运动。这一说法已反映出当时已具有事物向对立面转化观念。

阳伏而不能出,阴迫而不能烝 西周末伯阳父解释地震时用语。《国语·周语上》:“夫天地之气,不失其序;若过其序,民乱之也。阳伏而不能出,阴迫而不能烝,于是有地震。今三川实震,是阳失其所而镇阴也。”伯阳父认为天地万物实归于一气,气有阴阳之分,阴气与阳气当保持平衡即不失其序,若失去平衡就会导致变乱,地震就是表现之一。

五藏山经 中国古代山脉分布系列思想。山脉分布,各成系列,这一思想在中国起于《山海经》。《山经》记山五千三百七十座,分为五藏,即五大山系:中山经、东山经、西山经、南山经、北山经。山系之下,又分次山系,如中山经分为十二次山经。每一山经,叙各山之名称、位置、走向、距离、高度、坡高。又叙水系、生物、矿产。水系,描述发源、流向、流量季节变化及水中物产。生物写其形态及功效。矿物述其硬度、颜色、光泽和识别方法。反映从总体上把握全国山脉，和以山为坐标区分、认识各地区。其概念为《禹贡》所继承，有四列山脉说。入秦汉后，为学者所轻忽，至唐宋，复又为学者重视，至明清发展为王士性、徐弘祖各自的三龙说。

帅天地之度 中国古代在人与自然关系中的一种思想。周灵王欲壅塞谷水，太子晋以“帅天地之度”、“顺四时之序”、“仪生物之则”（《国语·周语·太子晋谏灵王壅谷水》），劝谏其父取消此举。“晋闻古之长民者，不堕山，不崇薮，不防川，不窦泽。”其根据是：“夫山，土之聚也；薮，物之归也；川，气之导也；泽，水之钟也。夫天地成而聚于高，归物于下。疏为川谷，以导其气；陂塘污庳，以钟其美。是故聚不阤崩，而物有所归；气不沈滞，而亦不散越。”环境完美民人“度于天地而顺于时动，和于民神而仪于物则”，必定“民生有财用，而死有所葬。然则无夭、昏、札、瘥之忧，无饥、寒、乏、匮之患。”由此造成“上下能相固，以待不虞”。因此，主张保持自然环境原貌。当水势变化，危及人生时，也不能采用壅防堕堙，而要疏导封崇：“昔共工弃此道也，虞于湛乐，淫失其身，欲壅防百川，堕高堙庳，以害天下。皇天弗福，庶人弗助，祸乱并兴，共工用灭。……其后，伯禹念前之非度，厘改制量，象物天地，比类百则，仪之于民，而度之于群生，共之从孙四岳佐之。高高下下，疏川导滞，钟水丰物，封崇九山，决汩九川，陂鄣九泽，丰殖九薮，汩越九原，宅居九隩，合通四海。”王子晋在对待处理人与自然的关系，以保护整体环境原始性为境界之说，并不可取，但“度于天地”、“顺于时动”、“仪于物则”的原则还是有一定合理之处。早于太子晋的鲁国里革，就已强调：“山不槎蘖，泽不伐夭，鱼禁鲲鲕，兽长麑麇，鸟翼鷇卵，虫舍蚳蝝，蕃庶物也，古之训也。”目的在保护生态资源，维护人之生存不可或缺的环境，防止其恶化。在他之后的荀子说：“草木荣华滋硕之时，则斧斤不入山林，不夭其生，不绝其长也；鼋鼍鱼鳖鳅鳣孕别之时，罔罟毒药不入泽，不夭其生，不绝其长也；春耕夏耘，秋收冬藏，四者不失时，故五谷不绝，而百姓有余食也；污池渊沼川泽，谨其时禁，故鱼鳖优多而百姓有余用也；斩伐养长不失其时，故山林不童而百姓有余财也。”（《荀子·王制》）所持观点与里革一致，而有所发展。

蓺山林 中国古代的一种生态环境思想。春秋时，郑国大旱，不雨。子产说：“有事于山，蓺山林也。斩其木，不雨。”认为山林致雨，养护山林能去除或减轻旱情。至西汉，贡禹发展其说：“凿地数百丈，销阴气之精，斩伐林木亡有时禁，水旱之灾未必不由此也。”（《汉书·贡禹传》）进入南宋，于山林对生态环境关系，有新的认识。魏岘《四明它山水利便览》：“四明水陆之胜，万山深秀。昔时巨木高深，沿溪平地，竹木亦皆茂密。虽遇暴水湍急，沙土为木根盘固，流下不多，所淤亦少，开淘良易。”提出竹木固沙作用。又阐述原始林木被破坏后的状况：“近年来，木值价高，斧斤相寻，靡山不童，而平地竹木，亦为之一空。大水之时，既无林木少抑奔湍之势，又无包缆以固沙土之积，致使浮沙随流奔下，淤塞溪流，至高四五丈，绵亘二三里，两岸积沙，侵占溪港，皆成陆地。其上种木，有高二三丈者。繇是舟楫不通，田畴失溉。”对水土流失的原因及导致自然环境变化和危及人民生计，作了深刻阐述。由此，清梅曾亮反对与山林争地：“以斧斤童其山，而以锄犁疏其土。一水未毕，沙石随下，奔流注壑涧中，皆填污不可贮水，毕至洼田中乃止。及洼田竭而水田之水无继者，是为开不毛之土，而病有谷之田。”（《柏枧山房文集·记棚民事》）

地形 中国古代地理思想。原指山川土地的状态形势。《孙子兵法·地形》以军事角度，论述通、挂、支、隘、险、远六种地形。《淮南子》作者的地形观念为“所以穷南北之修，极东西之广，经山陵之形，区川谷之居，明万物之主，知生类之众，列山渊之数，规远近之路，使人通回周备，不可动以物，不可惊以怪者也。”（《淮南子·要略》）除地貌外，还及于地之面积、活动在其上之人与生物、人地关系等内容，接近于当今概念中，以地球表面各种自然现象为地理的部分。据此，《地形》篇从多方面加以阐述。

神道设教 《周易》中的天文思想。观卦《彖传》：“观天之神道，而四时不忒。圣人以神道设教，而天下服矣。”认为天之神道，即天所具有的阴阳不测之道。阴阳自然而正常地运行，使春夏秋冬四时，在年内的代序无丝毫过差。圣人受天道不言而无过差的启示，为政治人也应以自身行为端正无失行不言之教，教化人民，不采用强制性的法令刑罚。

地道变盈而流谦 中国古代地学思想。《易传》作者总结地面高低变化的事实，提出“地道变盈而流谦”（《谦卦·彖传》）。大地高低不平，高者为盈，低者是谦。“高者渐下，下者益高”。这反映了对流水的侵蚀作用和堆积作用已有相当深刻的认识，这一学说传承至清初，孙兰系统提出变盈流谦理论，说明流水地形发育过程中的侵蚀与堆积。认为水性“避高趋下，洋溢怒涨，足以损高就卑，变盈而流谦耳。流久则损，损久则变。高者因淘洗而日下，卑者因填塞而日平，故曰变盈流谦”（《柳庭舆地隅说》）。这一规律还由于其原因有别，在他看来可分为三类：“变盈流谦，其变化之说亦有可异者。有因时而变，有因人而变，有因变而变者。”首先，“因变而变者，如大雨时行，山川洗涤，洪流下注，山石崩从，久久不穷，则高下易位”。其次，“因人而变者，如凿山通道，如排河入淮，壅水溉田，起险设障，久久相因，地道顿异”。再次，“因变而变者，如土壅、山崩、地震、川竭，忽然异形，山川改观。”其中的因人而变是人为因素，另两种是自然因素中的渐变和突变。孙兰所说变化原因中的时和人，是指地貌形成中的外力作用；变化原因的变，是指地貌形成中的内力作用。因而有人提出孙兰已认识到地球及其表面的运动变化是绝对的，是永不停息地进行着的。

地理 中国古代地理学概念。《易·系辞》：“仰以观于天文，俯以察于地理。”指山川原隰等地貌变化的地理。东汉班固撰《汉书·地理志》，在论述各地区时，不仅记其山川、物产，更重于政区的建置与沿革、民族与人口分布、经济与民俗状况、城市与交通、一般祠庙与名胜所在、中土与域外交往，创立了以疆域政区为纲、兼有自然及社会内容的综合性地理学。地理一词，不仅有山川原隰等地貌、物产成分，还具政治、经济、民俗、宗教、胜迹等社会要素。

宇宙 中国古代时空理论。宇与宙，二字的本义分别是屋檐与栋梁。变而称空间，再演为无限空间，《管子·宙合》："宙合有橐天地……上通于天之上，下泉于地之下，外出四海之外，合络天地以为一裹……是大之无外，小之无内。"至墨子及其弟子，以宇久论述空间和时间的统一。《墨经》："久，弥异时也。宇，弥异所也。"《经说》释为："久，合古今旦莫(暮)。宇，冡(蒙)东西南北。"对久和宇的关系，《墨经》又认为："宇或(域)徙，说在长。"《经说》释为："宇，长徙而有处；宇，南北在旦又在莫(暮)。"长即久即宙，是时间。它与空间的宇相需而俱迁徙、延伸，至于无穷。这是一个无有穷尽的三维时空。其后，《庄子·庚桑楚》有相近之说："有实而无乎处者，宇也。有长而无本剽者，宙也。"与之同时或前后的《尸子》，将二维空间发展为三维空间，提出四维时空："四方上下曰宇，往古来今曰宙。"其说为汉代淮南学派所继承。"四方上下"与"往古来今"之论，都未语及始终，具有无限性。但不明确。所界定的宇宙，与天地的关系也未讨论。扬雄认为宇宙是有限的。《太玄·玄摛》说："阖天谓之宇，辟宇谓之宙。"以天壳之内的天地为空间，它在时间上始于开天辟地。至东汉张衡以天地之外未可或知者为宇宙，《灵宪》："宇之表无极，宙之端无穷。"

大九州 中国古代的大地学说。战国驺衍，在解说宇宙万物时，所提出的大地模型。他认为大地是宇宙中以大瀛海与天相接的一个系统。大瀛海内有陆地九大块，名为州，为裨海所隔。据《淮南子·墬形训》所记："东南神州曰农土，正南次州曰沃土，西南戎州曰滔土，正西弇州曰并土，正中冀州曰中土，西北台州曰肥土，正北济州曰成土，东北薄州曰隐土，正东阳州曰申土。"(《史记·孟子荀卿列传》)以每一大州又分为九区。如东南部神州所分九区，其中之一为"赤县神州"，即中国，占天下八十一分之一。在大九州说中，各大州所分的九区，区与区间"川谷阻绝，陵陆不通"(引自马非伯《盐铁论简注》)。在大九州说中，《禹贡》九州不得为州数。此说所创大地模型，是一轴对称的整齐规划系统。从禹贡九州→如赤县神州者九→神州等九州→整个大地，是一个逢九进一包含四个层次的系统。它又"四限不静"(《文选·左思〈魏都赋〉》李善注)，处于运动之中。

论天三家 中国古代关于天地结构的三种代表性的学说。即盖天、浑天、宣夜三说的总称。盖天说为中国最早的天地结构学说，起于周代。天圆地方的盖天说，至春秋末年已为学者怀疑，曾子说"如诚天圆而地方，则是四角而不掩也。"(见《大戴礼记·地圆》)至战国则屈原以"何方圆之能周兮"(《离骚》)加以否定。由此引起两种变化。其一，盖天家修改其说，提出"地法覆槃"与"天似盖笠"相应，"天地各中高外下"(《晋书·天文志》)，相从而天地间处处等距离。其二，产生新说。盖天的天地上下相对说被否定，而有浑天家的地在天中说。《灵宪》"天成于外，地成于内；天体于阳，故圆以动；地体于阴，故平以静"。浑天说又有以地为球体的。《浑天仪说》："天体圆如弹丸，地如鸡中黄，孤居于内"；"天之包地，犹壳之裹黄。"别有宣夜说，以天高远无极，日月众星浮生其中，行止须气，进退各异。三家争鸣，主宣夜者少，浑盖二家相诘不已。西汉末，扬雄与桓谭辩难，雄为谭所折服，舍盖而从浑。然二家之争未息，至东吴时论难更剧。姚信本盖天说，否定地似鸡蛋中黄和地立于天中不下陷之说。葛衡、王蕃与陆绩等浑天家起而捍卫浑天说，制作仪器，演示说明天地关系有似鸡蛋与其内之黄。至二晋间，葛洪《浑天论》："天地各因乘气之故，立而不坠。"其后，何承天、陶弘景、祖暅等相继以浑天说非盖天，萧衍则引进印度佛教之说，张扬盖天。崔灵恩总结东吴赵爽以来调和浑盖之说，抨击"论盖不合于浑，论浑不合于盖"二家，主张合而为一。历隋、唐、五代、辽、宋、金、元、明，而至清，浑盖相非及合一之说，仍争论不已。参见"盖天说"、"浑天说"、"宣夜说"。

盖天说 中国古代的一种宇宙学说。"盖天说，又有三体：一云天如车盖，游乎八极之中；一云天形如笠，中央高而四边下；一云天如欹车盖，南高北下。"(祖暅《天文录》)最早的盖天说起于周代，主张"天圆如张盖，地方如棋局"(《晋书·天文志》)的天圆地方说。据公元前1世纪的《周髀算经》载，平直的大地每边长八十一万里，天离地八万里，向四周下垂，大地静止不动，日月星辰在天穹上随天旋转，不能转到地的下面等。这是中国古代最早的一个宇宙模型，能对某些现象作出一定的解释，又符合天尊地卑、天动地静的哲学观念，故在历史上产生过广泛的影响。甚至在盖天说退出历史舞台后，天圆地方的观念还有很长久的影响(如北京的天坛是圆的，地坛是方的)。但是，天圆地方说不能说明圆的天穹如何与方的大地吻合等问题，至战国时代便演化为天地双拱说。主张"天似盖笠，地法覆槃。天地各中高外下"(《晋书·天文志》)。《周髀算经》说天穹与大地的中央都比四周高六万里，天与地相距八万里。从平直的大地到拱形的大地，是人类对大地形状认识的一个重大发展，是向球形大地观念过渡的形态。此外，还有一种盖天说，主张"天如欹车盖，南高北下"。即认为"天"是一圆形的平面，但并不与地面平行，而是倾斜地盖着大地，南边高，北边低。盖大说力图用天体在天空不同的位置来解释其出没，认为天体都绕着北极星转，而北极星并不正好在天顶上，所以它们离人们时远时近。近了，仿佛就在天上；远了，看不见，人们就以为它们落入地平线以下。这一学说否认了大地的运动，但反映了人们认识宇宙结构的一个阶段，在描述天体的视运动方面有一定的历史意义。

浑天说 中国古代的一种宇宙学说。主张球形的天穹裹着球形的大地，犹如鸡蛋壳之裹着鸡蛋黄。“周旋无端，其形浑浑，故曰浑天。”(《隋书·天文志》)萌芽于战国时代。公元前4世纪，慎到指出：“天体如弹丸，其势斜倚。”(《慎子》)一反天是半球形的说法，最早表述了浑圆的“天”的概念。惠施提出“南方无穷而有穷”、“我知天下之中央，燕之北，越之南是也”(《庄子·天下》)等命题，这是关于大地是球形的初步揣测。浑天说作为一种宇宙结构体系，形成于汉代。西汉天文学家落下闳设计制作的浑仪，形象地说明了浑天说的宇宙体系。东汉科学家张衡是浑天说的集大成者。他系统地论述了浑天说的基本思想：“浑天如鸡子。天体圆如弹丸，地如鸡中黄，孤居于内，天大而地小，天表里有水，天之包地，犹壳之裹黄。天地各乘气而立，载水而浮。”(《浑天仪图注》)还提出宇宙无限的思想：“过此而往者，未之或知也；未之或知者，宇宙之谓也。宇之表无极，宙之端无穷。”(《灵宪》)在关于气的学说流传之后，浑天说又有发展，认为“地在气中”，故有可能回旋浮动；全天恒星都布满于一个“天球”上，日月五星则附于“天球”上运行，因而浑天说采用球面坐标系，如赤道坐标系，来量度天体的位置，计量天体的运动。浑天说虽是一种以地球为中心的宇宙理论，但它承认大地的运动，在当时的历史条件下，能比较近似地说明天体的运动。它统治中国天文思想达两千年之久，直到明末欧洲天文学知识传入中国才开始改变。近年来学术界有人提出，张衡“浑天如鸡子”，“地如鸡中黄”并不是说地是球形的，地圆说与浑天说是不协调的，浑天说实际上是一种天圆地平说。

宣夜说 中国古代的一种宇宙学说。主张宇宙无限、天体运动。东晋虞喜(公元4世纪)说：“宣，明也；夜，幽也。”(《晋书·天文志》)“宣夜”，即“宣劳午夜”，日夜运行之意。此说相传出自殷代。《庄子·逍遥游》：“天之苍苍，其正色邪？其远而无所至极邪？”东汉前期的郄萌(公元2世纪)认为：“天了无质，仰而瞻之，高远无极，眼瞀精绝，故苍苍然也。譬如旁望远道之黄山而皆青，俯察千仞之谷而窈黑。夫青非真色，而黑非有体也。日月众星，自然浮在虚空之中，其行止皆须气焉。”(见《晋书·天文志》)为历史上第一次否定了有形质的“天”，认为“天”并没有一个固体的“天球”，只不过是无边无涯的气体，日月星辰就在气体中飘浮游动。描绘了一幅日月众星在物质的无限空间运动的图景。宣夜说的进一步发展，认为不但在天空充满了气，日月星辰也是由气组成的，只不过是发光的气。东晋的张湛说：“日月星宿亦积气中之有光耀者。只使坠，亦不能有所中伤。”(《列子·天瑞》)三国时杨泉认为银河也是气，并从中生出众星来。“气发而升，精华上浮，宛转随流，名之曰天河，一曰云汉，众星出焉。”(《物理论》)在思辨的自然哲学中，宣夜说的见解是十分精辟独到的。英国科学史家李约瑟指出：“亚里士多德-托勒密僵硬的同心水晶球概念，曾束缚欧洲天文学思想一千多年。中国这种无限的空间中飘浮着稀疏的天体的看法要比欧洲的水晶球概念先进得多。”这一宇宙学说对后世的宇宙理论产生了很大的影响。但它没有对天体运行的规律进行精细探索，没有提出对天体坐标及运动的度量方法，因而仅有理论影响。

阴阳更相动薄 中国古代的一种气象理论。西汉董仲舒认为风、雨、云、雾、雷、电、雪、雹之生，其一般原因，为“阴阳二气”“运动抑扬，更相动薄则熏蒿歊蒸”。但对每一种气体气象而言，又各有不同。“气上薄为雨”。具体过程与原因如下：“二气之初蒸也，若有若无，若实若虚，若方若圆。”在空中，“攒聚相合，其体稍重，故雨乘虚而坠。”已与现今之说基本相同。又说大小、疏密、暖凉：“风多则合速，故雨大而疏；风少则合迟，故雨疏而密。”“冬气多寒，阳气自上跻，故人得其暖”；“夏气多暖，阴气自下升，故人得其凉。”雨与其他气象关系：“其寒月则雨凝于上，体尚轻微，而因风相袭，故成雪焉。寒有高下，上暖下寒，则上合为大雨，下凝为冰、霰、雪是也。雹，散之流也，阴气暴上，雨则凝结为雹焉。”空中相薄之气，不上反下，则为雾。又说：“风其噫也，云其气也，雷其相击之声也，电其相击之光也。”(《西京杂记·董仲舒对鲍敞问雨雹》)但董仲舒是以此来解释天人感应，说“太平之世”，风顺雨调；“政多纰缪”，风雨成灾。

高下随形，长短取象 中国古代道教绘制地图理论。据《汉武帝外传》、《抱朴子·内篇》等所记，神仙家有《五岳真形图》。《汉武帝外传》：神仙“瞻海河之长短，察丘山之高卑”。绘制其地图时，“乃因山源之规矩，瞻河岳之盘曲，陵回阜转，山高陇长”，所成之图，“周旋逶迤，形似书字”。《五岳真形图》说其图“画小者则形微，大者则陇洪，高下随形，长短取象”。又《五岳真形图序》说：《五岳真形》者，山水之象也。其图特点：“盘曲回转，陵阜形势高下参差、长短舒卷；波形似于旧笔锋芒，畅乎岭崿云林玄黄，有书字之状。”“高下随形，长短取象”，是绘制原则，“周旋逶迤”、“盘曲回转”成“书字之状”，为图形特征，所表现的陵阜形势，成“高下参差，长短舒卷”。既不同于山水画，也不与一般地图相似。据此原理法则所绘《五岳真形图》，已极似以等高线绘制的地形图。反映出已有等高线地形图理论的初始思想。

历本之验在于天 中国古代的一种历法思想。《汉书·律历志》叙述《太初历》制订颁用后，汉廷官员、学者在采用以何历指导天下之人行为用事上的争论，即在肯定与否定太初历中，用“日月晦朔弦望、八节二十四气”验证诸历推算的准确度，即诸“疏密”程度，以《太初历》为第一。由此班固得出如下结论：“故历本之验在于天。”自后，以日月星辰的实际运行来检验历法是否正确、优劣程度，成为治历的指导思想。但以人事说天象与历法不合之说依然流行。《汉书·天文志》的议论即与《律历志》所说相悖。《天文志》说，“五星所行、合散犯守、陵历斗食、慧孛飞流、日月薄食、晕适背穴、抱珥虹蜺、迅雷风袄、怪云变气”，都是“政失于此，则变見于彼”。以此解释历与天象不一致。《天文志》虽为《汉书》的一部分，但其作者为马续，而非班固，与《律历志》相悖也不足为怪。

天元 中国古代的一种宇宙学说。张衡《灵宪》论述宇宙演化，分为溟涬、庞鸿和天元三个阶段，分别为“道之根”、“道之干”、“道之实”。在称为庞鸿的道之干阶段，元气产生并得到发育。当其发生分化，便进入天元阶段：“元气剖判，刚柔始分，清浊异位。”之后，“天成于外，地成于内。天体于阳，故圆以动；地体于阴，故平以静。”再后，因天地的作用“动以行施，静以合化；堙郁媾精，时育庶类”，生成大地上的万物。所谓天元，即是道实。其中天地结构的天外地内，与《浑天仪注》所说一致；天圆地平，与后者的“地如鸡中黄”不同。这可能是他学说变化的反映。

效象度形 中国古代的一种科学方法。张衡《灵宪》：“在天成象，在地成形。”认为分布于天地的万物具有一定形象。形象为人所感知，又被人据以考效、度量其物。空宇中物“悬象著明，莫大乎日月”。考效而得认识“夫日譬犹火，月譬犹水”。“月光生于日之所照，魄生于日之所蔽；当日则光盈，就日则光尽也。”又考效天地形象，从而得出结论为：“浑天如鸡子。天体圆如弹丸；地如鸡中黄，孤居于内。天大而地小。天表里有水。天之包地，犹壳之裹黄。”（《浑天仪》）又认为要考效物象，须先“立度”（《灵宪》）即度量其形；“通而度之”（《灵宪》）以量度来研究天地。又依据所量度的天球来计算日月五星运行，“近天则迟，远天则速”；“方星巡镇，必因常度，苟或盈缩，不逾于次”。又本效象度形成果，从事拟象。“准之于浑体”，并由此改进观察用的浑仪和创制演示用的水运浑天仪。

近天则迟，远天则速 中国古代对行星视运动规律的一种认识。认为水、金、火、木、土五星“行则屈，屈则留回，留回则逆”，由此而产生“近天则迟，远天则速”（《灵宪》）。以为五星之行“追于天”（张衡《灵宪》），近天所受之迫大，故行迟；远天所受之迫小，故行速。又认为各行星的速度还与距日月远近及在天位置不同相关。《灵宪》：“行迟者觌于东，觌于东者属阳；行速者觌于西，觌于西者属阴。日与月共配合也。摄提（木星）、荧惑（火星）、地候（土星）见晨，附于日也；太白（金星）、晨星见昏，附于月也。”张衡发现五星速度不等及同一行星视运动速度的迟速变化，并将其归为天与日月的影响，反映他具有事物相互联系的观点和方法。

顺天以求合 中国古代的历法思想。西晋杜预总结汉魏时期两种对立历法思想的斗争，在《春秋长历》中，提出：“当顺天以求合，非为合以顺天。”认为制历要遵循天体运行规律，与其相符合，而不应使天体运行符合历法。否定以人事干扰天象，认为历法误差出于天体运行的自然之理，是天道自然思想在天文历法领域中的反映，此说为东晋、十六国、南北朝天文历法家所继承，成为这一领域占主导地位的思想。刘宋何承天、祖冲之先后修历，均以“顺天求合”为指导思想，抨击旧历法体制，反对为合顺天。何承天《上元嘉历表》曰：“治历之训，言当顺天以求合，非为合以验天也。”祖冲之《辨析戴法兴〈议大明历〉》云：“天数渐差，则当式遵以为典，事验昭晰，岂得信古而疑今。”所谓“式遵以为典”，均乃仿效遵循天道以为法则。

制图六体 中国古代绘制地图的指导思想与基本原则。西晋裴秀认为“地域远近、山川险易、征路迂直”（《晋书》卷三十五《裴秀传》）等地貌状况，于政治、军事有重大关系。因此地理种种因素，可以通过绘制地图加以表现。绘制不得其法，所作地图“虽有粗形，皆不精审”，不可依据。他总结前人经验，参以己见，提出“制图之体有六焉。一曰分率，所以辨广轮之度也。二曰准望，所以正彼此之体也。三曰道里，所以定所由之数也。四曰高下，五曰方邪，六曰迂直，此三者各因地而制宜，所以校夷险之异也”。分率即比例，由所缩小倍数可推知图所反映之地域范围。准望即方位，用以确定各地点之间的方位关系。道里即距离，反映二地之间道路的里程。高下是二地间地势高低；以下取高，置高度不同之地于同一平面上，方邪是二地间距离矩弦，以邪取方，以弦显现。以此表现方位距离。迂直指曲直，以迂取直，以迂回曲直道路表示两地实际距离。六体，就原则言，只是分率、准望、道里三体。高下、方邪、迂直，是“因地制宜，所以校夷险之异”，又具体补充道里之体。六体相互联关而为一：“有图象而无分率，则无以审远近之差；有分率而无准望，虽得之于一隅，必失之于他方；有准望而无道里，则施之于山海隔绝之地，不能以相通；有道里而无高下、方邪、迂直之校，则径路之数必与远近之实相违，失准望之准也，故以此六者参而考之。”六体在绘制中各起作用，确定所绘制地物的远近、彼此、度数之实，尤以准望为关键：“准望之法既正，则曲直、远近无所隐其形。”如此，“虽有峻山钜海之隔，绝域殊方之回，登降诡曲之因，皆可得举而定”，能据图而知地。

计里画方 即按比例尺绘制地图的方法。此法作始，说法不一，有西周、西晋、北宋诸说。晋裴秀以“分率”为“制图六体”之一。分率即比例尺。将其方格化，按格绘制，使地理事项的所在方位更为正确。但有人指出画方只是分率表现形式之一，不能据分率断定裴秀用画方之法，绘制《地形方丈图》时，以一寸折合百里或为画方之法。今存最早画方地图，为伪齐刘豫阜昌七年（1136）所勒石刻《禹迹图》，纵七十三方、横七十方，共有五千一百一十方。“每方折地百里。”（《禹迹图注记》）比例为1∶180万，实际应为1∶150万。然未被广为应用。元朱思本绘《舆地图》用此法，犹未为人所重。朱图为明罗洪先所见，认为：“其所为画方之法，则巧思者不逮也。”（《广舆图序》）后这一绘图方法遂影响日广。

事验昭晰 中国古代的一种历学方法。祖冲之《辨析戴法兴难新历》：“故知天数渐差，则当式遵以为典;事验昭晰,岂得信古而疑今。”认为历法所示的日月所在、五星见伏,与实际天象不符,则当仿效遵循天道以为典则,改易历法。依照新测数据所修之历,经日月五星运行检验,明白显示其正确无误,而不应本着古人的错误疑惑否定今天的正确。主张以天象实际运行验证历法,发现“乖谬既著,辄应改制”(《上大明历表》)。并由此指出当时所用的《元嘉历》已“宿度违天,则伺察无准”,不能指导时人的行为、活动,要求“更创新历”。

化不暂停 中国古代的一种科学思想。张湛注《列子·天瑞》,认为由气聚集的万物,“与化为体,体随化而迁”。变易中的万物,其“化不暂停”,使万物不能保持其生成时之形质。由此而使在一物的现状不同于它的以往,俯仰之间的量变日积月累,导致“气衰形朽”的质变。张湛以此原理批判欲守物故者,尤其是神仙之说,“自谓变化可逃,不亦悲乎?”(同上)

先天成务 中国古代的一种历法思想。唐李淳风以为历法预告未来天时,可以使人的活动,先于节气更移、月亮盈亏、日月之蚀、五星顺逆,作出安排,取得成功。《隋书·律历志》:“夫历者,纪阴阳之通变,极往数以知来,可以迎日授时,先天成务者也。”进而认为“斯道实天地之宏纲,帝王之壮事也”。

天道神教 唐李淳风的天文学思想。源于《易彖传》神道设教和董仲舒天人感应说。《乙巳占序》:“至于天道神教,福善祸淫,遣告多方,鉴戒非一,故列三光以垂照,布六气以效祥,候鸟兽以通灵,因谣歌而表异。”此处所说“神”,并非鬼神,乃是“阴阳不测”。即以阴阳不测之天道,从事善恶祸福之教化。《隋书·五行志》曰:“夫神则阴阳不测,天则欲人迁善。”认为天道与人事间,有着自然感应。据天象是否正常,可以推测世间治乱、朝代兴亡。“天垂象,见吉凶”之“天生变化”,要求“圣人则之”、“圣人效之。”“圣人备法致用之一是制历授时,先后从顺,则鼎祚永隆;悖逆庸违,乃社稷颠覆。”对其他罕见天象,则要求“由德义消伏灾咎”。至于鸟兽、谣歌二句,是说以杂占来求解阴阳不测天道的变化,其中倘有祸淫,也以修德义来化解。

日月五星系乎地 中国古代的一种宇宙学说。源于先秦的天体演化与宇宙结构思想,至《淮南子》提出较为完整的理论。是后,众说纷纭,至少八家,然皆以日月五星为天之物。北宋张载著《正蒙》,以“一物二体,气也”(《参两》),说宇宙万物。认为“太虚无形,气之本体;其聚其散,变化之客形尔。”(《太和》)其所生成的天地,“地纯阴凝聚于中,天浮阳运转于外”(《参两》),各有其所属星体。“恒星不动,纯系于天,与浮阳运旋而不穷者也。”日月五星不动于恒星,其运“逆天而行”;其所属“并包乎地者也”。在地之外,绕地而转,“系乎地”而成一体系,与天相对。在此系统中,“地气乘机左旋于中”。机为运转动力:“凡圜转之物,动必有机;既谓之机,则动非自外也。”似乎以地与日、月、五星皆为球状之体,均在不断运动。此外,地还有另一种运动:“气升降其间,相从而不已也。阳日上,地日降而下者,虚也;阳日降,地日进而上者,盈也。此一岁寒暑之候也。至于一昼夜之盈虚升降,则以海水潮汐验之为信也。”地从气而升降的运行,是各地气候随地球公转而发生变化的折射。日、月、五星运行“缓速不齐”,以“七政之性殊”,以其构成之气阴阳不同加以说明。七政距地有远近,如“月于人为近,日远在外”。另外日与其他星体不同,日地关系也如此。就天地关系,所论有三:其一,天在地外,地在天中。其二,恒星所以为昼夜者,直以地气乘机左旋于中,故使恒星河汉因北为南,日月因天隐见。其三,五星中,“不纯系乎地”,则与天运相关。此说为后世注意,入明以后尤甚。其后,王夫之为《正蒙》作注,指出:“以经星属天,以七政属地,乃张子之创说。”

天地自相依附 中国古代的一种宇宙理论。北宋邵雍在《渔樵问答》中提出。继承前人气分化为天地学说,又“观天地之消长,推日月之盈缩,考阴阳之度数,察刚柔之形体”(黄宗羲《宋元学案·百源学案》),认为天“依附地”,地“附乎天”。相互间的依附,非出于某种外在力量,而是“自相依附”。气态之天依于有形之地,有形之地附于气态之气。“其形也有涯,其气也无涯”。天地关系实际上是形气、有无的联结。“有无之相生,形气之相息,终则有始”,体现为宇宙自开辟至毁坏的元、会、运、世循环过程。元、会、运、世是年、月、时、日的放大,一元十二会,一会三十运,一运十二世,一世三十年。每十二万九千六百年,天地从生到灭,从有到无,成毁一次。一个天地毁灭后,再创造另一天地,周而复始,循环无穷。

土泉相间 中国古代一种大地内部结构学说。宋元间,郑思肖研究大地结构,“剖大地心髓,涤剔而细辨之”(《郑思肖集·送吴山人远游观地理序》)。反对世人“以大地为块然之土”(《郑思肖集·答吴山人问远游观地理书》),认为“大地之下,皆一重土、一重泉,相间为九,因而曰九地、九原、九垒、九泉也”。其间“支脉,井井有条理”。其状如下:“层负万气,支缕万脉,柔顺巩固,荡化流跃,斜细其轴,互为钳锁,深运其机,密相橐籥,张布玄网,维络地根,非金非石,非水非土,千千万万,经攒纬织,牢牢不可解,重重不可碍,绵亘持抱,几千万亿里。”形象描绘气运行于地内。又说“大地底至深至玄”处,有“一脉真阳”,具“生意流行之妙”,达于地之各处,“为大地神气、命蒂、下镇地根之大宝”。由于地脉气、热各处不同,使“一丘一壑,相距不多,步尺凿深,或间寻丈,土性、土脉、土色、土味、土声,水性、水脉、水色、水味、水声,石性、石脉、石色、石味、石声,一一不同。各地所产禽兽,所生草木,以至种种万物,其性其状,一一不同。”其说虽为一种粗疏的猜想,但认为地底下有结构,有物质运动,且以这种运动的不一来说明各地地理环境差异的思想,有一定意义。

浊泥湮成大陆 中国古代的一种地学理论。北宋沈括据太行山山崖之间,往往衔螺蚌壳及石子如鸟卵者，推断其在古昔为海滨，以今之华北平原远古为海域。认为其由海而陆，因“大河、漳水、滹沱、涿水、桑乾之类，悉是浊流”（《梦溪笔谈》卷二十四）。其“水行地中，不减百余尺，其泥岁东流，皆为大陆之土”。河川水流所含泥沙沉积，历时长久，有沧海桑田之变，并推论：“所谓大陆者，皆浊泥所湮耳。”以为“此理必然”，并视其为地学基本规律。

十二气历论 中国古代的一种历法思想 沈括《梦溪补笔谈》卷二：“今为术莫若用十二气为一年，更不用十二月……岁岁齐尽，永无闰余。”认为：首先，要求“上符天运”，合乎自然规律。春夏秋冬四时成岁，“阴阳消长，万物生杀变化之节，皆主于气而已。”一年二十四气，分为中气和节气各十二。其代序表现气的终而复始变化。以朔望月与之相配，因“气与朔渐相运”，致使“中气不在本月”，“反不得主本月之政”。为避免气朔交争，岁年错乱，四时失位，宜不用十二月，而以十二气为一年。其次，“系岁时之惨舒”，指导人的活动。反映自然变化所修之历，因其内容繁简，指导人事也有多少之别。阴阳合一的传统历法，除“定四时成岁”，还据盈亏以为一月。在指导人事上，不仅要顺“阴阳消长”，且有识“海胎育”。然而，事有主次，后者“不系岁时之舒惨”，“寓之历间可也”。再次历日安排要“简易端平”，切忌“算数繁猥”。以为置闰月以解决气朔交争，虽算数繁猥，仍不免有背于实。改为新法，“用十二气为一年，更不用十二月。”这样数据简易端平，易于明晓、记忆、掌握，方便而难出差错，最后，修历之中，“事固有古人所未至而俟后世者”。认为科学技术发展，是一个由低至高、由偏至全、由粗至精的过程。研究天文、制订历法也不例外。“如岁差之类，方出于近世，此固无古今之嫌也。”安排历日，也经历了逐渐完善的过程。

地在中央随天转 中国古代的一种宇宙思想。宋以前就有气分天地之说，朱熹有所发展，指出：“天地间只是阴阳之气。这一个气运行，磨来磨去，磨得急了，便拶了许多渣滓，里面无处出，便结成个地在中央。气之清者便为天、为日月、为星辰，只在外，常周环运转。”（《朱子语类》卷一）它的形成类似于康德的星云说。以天外地内说来代替上天下地说，认为“地之形如馒头”，“便只在中央不动”。不动是动的现象，“今坐于此，但知地之不动耳。安知天运于外，地不随之以转邪！”（《朱子语类》卷二十二）由此认为“地随天转”。

天地一粟 中国古代的一种宇宙思想。古代学者往往以天地为宇宙，但也有以天地为宇宙一要素者。张衡认为鸡蛋状的天地处于宇宙之内，《玄思赋》叙说越出天的界限，在天外俯视日月星辰倒景。而“宇之表之极，宙之端无穷”（《灵宪》）。至宋元间，邓牧著《超然观记》，对张衡的天地宇宙说有所发展，指出：“且天地大矣，其在虚空中不过一粟耳。”又以果木、国人关系作比喻：“虚空，木也；天地，犹果也。虚空，国也；天地，犹人也。一木所生，必非一果；一国所生，必非一人。谓天地之外无复天地，岂通论耶？”（《洞霄图志》卷六）在其前后的尹世珍，于《瑯嬛记》中，也曾借九天先生与姑射谪女对话道：“人物无穷，天地亦无穷也。譬如蛔居人腹，不知是人之外，更有人也。人在天地腹，不知天地之外，更有天地也。”不仅与邓牧之说相近，还发展了邵雍之说，认为：“天地毁于此，焉知不成于彼也？”

一点水质，化生天地 中国古代的一种宇宙演变理论。元代林辕著《谷神篇》二卷，卷下之《元气说》论述元气自“一点水质”膨胀而至于不知其于多大，接近于当代天文学的大膨胀学说。认为元气始于“无始旷劫霾翳博聚之内”，为“含凝一点之水质”。“承阴而生”，其形“犹一黍也，露珠也，水颗也”；其色“内白而外黑”，各为阳、阴。继而“内之白能化魄，反属阴；外之黑能变魂，反属阳，是阴含而阳抱也。”在阴阳相互作用中，变化如下：“其内之阴，因阳之动而随出，出则为杳霭；外之阳俟阳之静而践入，入则肇氤孳。阴气始出，视之不见，是谓恍惚，如同烟雾，生阳气也。阳气始入，听之不闻，是谓杳冥，乍若罔象，生阴气。”阴阳二气由相并相连而至相合为 ，又发生变化。“混质而成朴，积小而为大。”在气的膨胀过程中，阴气生湿气，阳气生热气。而后凝聚，“结成混沌。其形如初，乃立天象，是玄包其黄者”。玄黄具有水火性质。“玄者属水，是元气之至精，积而盈也；黄属火也，乃余气之生神，烜而灼也。犹是推之，其混沌之内，惟水中沉一日光者也。”至此，水质不同于前，继续膨胀，直“至于混沌未破之时，大只百里也”。混沌之内，有水火风雷四象。“风欲扬而不能鼓，水欲泆而不能决，火欲炎而不能升，雷欲荡而不能发。四者相互作用”，“风助水之力而作澎湃，雷助火之力而加奋迅，至于激博而破矣。破乃分之，是开天也。”混沌既分化，“元气化气之轻者，自下而上，结成梵宇也；元气积液之资重者，随底所载乃真水也。”继续发展，“百里之天，既分则千里矣，渐至万里矣。”其后历元应化，“致令莫谛其几千万里矣。”认为天在不断扩展，宇宙的膨胀无有止境，其动力为内在两种相对力量作用。

代天宣化，济物利人 中国古代的一种天气预报理论。活动于明初或其前的道教学者宣龙子，认为明晓气象变化规律，预报天气状况及其变化，是“代天宣化”（《雨旸气候亲机》）活动，能起“济物利人”作用。认为地气因日光升、日气动而受热上升，在空间成云，云兴风雨，水又回归大地。“地气升天三日雨，天气水降四时淋。”以水在天地间的循环，为晴雨交替根源。晴雨变化，事前有征兆，表现为某些云、煞出现及气象、星象异常。如“黑云未密月虹晕”之虹晕，为“流金大煞神”；日傍出现幻日，“号曰雷霆前煞神”。征象所预示的天气，如“斗下有电过斗及斗口，当夜有雨”；“斗上下有云如鱼鳞，明日有变”；“太阳有圆光大如车轮者，明日大风”；“罡星红色摇动，雷雨”。风云雷电既为气象要素，又是天气变化预兆。预兆被称为“亲机”，可通过观察获得。又提出一套观察方法，要求“勤著看”，用以捕捉亲机。一天之内分三次观看，还须注意前后二日间的“亥子之间”。观察时，心态与环境两者俱“肃静”，将天宇划分为若干区域，逐一细察。发现征兆，要审视四周情况，而后作出结论。所预测的天气，有当天、明天、后天等近期，也有数月之后的远期。称预测为“运动身中之造化，而合天地之造化”。其意为运用人的思维，掌握气候变化知识、规律与原理，以作出天气变化趋势的结论。但又主张以“焚符请神”的仪式来进行预测。强调“雷霆誓重，不可转传”，只能授予“传仁传义，传道传仙”之人。

三龙 中国古代对山脉分布系列的一种形象论述。在中国古代，对山脉分布的论述，以《山海经》为最早。其后，有《禹贡》四列说、唐一行两戒说、唐末五代初杨益四派说。汉代产生的地理风水之说，以山为龙。“自昔堪舆家皆云天下山川起昆仑，分三龙入中国。”(王士性《广游志》卷上)《管氏地理启蒙》提出：“寻龙必有经，有经必有序”；“凡相山之行止，必以水为去取。”(卷五《寻龙经序》第四十六)对后者又作如下说明：“山随水行，水界山住；水随山转，山防水聚。”(卷六《水城》第四十八)南宋朱熹受其影响，以三大龙说中国山系。王士性承其所论，曰“以水为断”、“惟问水则知山”。以河流区划山脉，虽不同于现代的地质构造说，但这一论点将山脉分理条理化，以便于人们认识，有其积极作用与历史价值。其后徐弘祖作《溯江源记》，亦论说三龙，尤为详尽。认为：“不审龙脉，所以不辨江源。”“龙远江亦远，脉长源亦长，此江之所以大于河也。”“然则江之大于河者，不第其源之共远，亦以其龙之交会矣。”

一气牵系 中国古代的一种星体运行学说。明邢云路研究中国传统历法，发现计算日、月五星运行和日、月食发生、食分，都与太阳相关，得出“诸数一禀于太阳”。由此，推论支配行星运动的气源于太阳：“太阳为万象之宗，居君父之位，掌发敛之权；星月借其光，辰宿宣其气。故诸数一禀于太阳，而星、月之往来，皆太阳一气之牵系也。”(《古今律历考》卷七十二《历原》)认为月亮与水、火、金、木、土五星的运行，皆为受太阳之气牵引的结果。较之北宋张载《正蒙·参两》所提出的日、月、五星“包乎地者”，能进一步认识到宇宙中存在一个太阳系小系统。

地乃天之中脏 中国古代的一种宇宙学说。明清间，揭暄以中国传统宇宙学说为主体，又吸收西方天文学成就而提出。认为天地宇宙之说，“上古圣人存而不论，论而不精，后世则愈测愈精”(《璇玑遗述》)。各家于观察、测量所得，及据以形成的思想、学说同中有异。为此，欲“顺天道自然，合诸家同异，凡不得解而解”(《象纬亿证》)。其说认为太虚中元气，产生天地万物。“天原起于微氲，地原起于微尘。”(《天以中生》)天地作为形气之物，“亦有始终”(《形气始终》)，为物质世界变化中一环。“形坏重生，气坏再蕴，息息无穷”。此天地终则彼天地生，延续无有终期。在具体可见天地之外，别有“不可见之天地为神明，为大虚空”，“能缩天地人物于无穷，实有始而无始，有终而无终。”天生太虚之中，即以虚自举、以气自举，且以其虚其气举地载地。地为球状，其外皆天，“乃天之中脏”(《象纬亿证》)天地以地为中心，“上下联属，莫有间断，浑然一物”(《天气内实》)，处于不断运动之中。以总体论，“气随地转，天随气转”(《天行地居》)。日、月、五星、经星都在自转，又随天行。经星即恒星，“无时不行，无时不退，无时不转”(《象纬亿证》)，且各经星“移动不一”。只因其“位甚高，度极广，所居又值天厚凝处”，在距其极为遥远的“人不之觉耳”。其凡星体皆自转与恒星自行的结论，先于西方天文学家。又认为天地中有一相对独立的属日系统：“七政之行，虽属于天，而月与五星又系于日。日者君象，诸星或先之于道，或后之而从。”这是继张载地系诸星后，在天文学及其思想上的又一发展。又认为日系诸星由三个层次构成：第一层次，作为核心的日。第二层次，是相从的水星、金星、火星、土星、木星与月亮。第三层次，如环绕木星而转的四小星。“系于日”系统得以维持，其故在于日之“火气相加，阳光相摄”而“系于气机”。气之相摄，“如针之指南，气之随鼻，珀之拾芥，潮之从月。”并意识到日以其自身之力吸引着五星与月。

算者天地之经纬 中国古代的数学思想。《孙子算经》：“夫算者，天地之经纬，群生之元首，五常之本末，阴阳之父母，星辰之建号，三光之表里，五行之准平，四时之始终，万物之祖宗，六艺之纪纲。”以为数学涵盖了自然与社会的一切，是宇宙万物之根本。

体分于兼 中国古代的数学物理概念。《墨经》上：“体，分于兼也。”谭戒甫《墨辩发微》：“体言其分，兼言其全。”体兼为部分与整体关系，具有相对性。《经说》下：“无穷不害兼”，以整个宇宙为兼，宇宙中的天地万物各为其体，“兼爱”，以天下所有之人为兼，一国、一乡、一族、一家、一己之人为体。《经说》上：“若二之一，尺之端也。”以二、以尺为兼，而以一以端为体。又“偏也者，兼之体也。其体或去、存”。以物之完整者为兼，其被去者为体，其存者亦谓体。

力刑之所以奋 中国古代物理学命题。《墨经》上：“力，刑之所以奋也。”刑即形，指物体。“‘奋’就是具有加速度的运动”(方孝博《墨经中的数学与物理学》)，认为力是使物体运动状态发生变化且获得加速度者。《经说》上：“力，重之谓。”谭戒甫《墨辩发微》：“惟力不易见，须由重见之耳。”重指重力。又“下与重，奋也。”谓物体在重力作用下，向下作自由落体运动，是奋的例证。《墨经》下：“絜，有力也；引；无力也。”引即物体在重力作用下，向下运动，人不觉其力，故曰无力。絜即举，举起物体，要以适当之力克制其重力，故曰有力。此说为《列子》所继承，“力盛者奋。”(《列子·说符》)谭戒甫认为：“与，举之省文”释“下、与重奋也。”为引物令下，举物向上。

化徵易 中国古代的生物学概念。《墨经》上：“化，徵易也。”徵指“行于微而闻达者”(见《说文段注》)。“化象人一正一倒之形，即今俗所谓翻跟头”(朱芳圃《殷周文字释丛》)，衍生之义为改变旧形。

化指某些生物发生由微至著的形体变化,“若鼃为鹑。”(《经说》上)鼃是虾蟆之属的两栖类,不能化为鸟类之鹑,但古人不知昆虫的幼虫与成虫之形变,将其定义为化,并泛指意识中一切发生形体变化之生物体。其后,《荀子·正名》:“状变而实无别而为异者,谓之化。”《吕氏春秋·季春纪》、《礼记·月令》、《淮南子·时则训》皆谓:“田鼠化为駕。”《淮南子·齐俗训》:“夫虾蟆为鹑,生非其类,唯圣人知其化。”《论衡·道虚》:“虾蟆化为鹑。”《列子·周穆王》:“穷数达变,因形移易者谓之化。”又《列子·天瑞》:“田鼠之为鹑。”唐杨倞《荀子注》:“状虽变而实不别为异,所则谓之化。”直至清末民初,还有人作如是观,反映了这一思想的影响深远。

损偏去 中国古代数学概念。《墨经》上:“损,偏去也。”去其偏后,所留者为损。《经说》上:“偏也者,兼之体也。”认为偏是体,是兼被去除之体,即整体、全体被去除部分。是则,未去偏时为兼,去偏后为损。所谓损者,乃兼去偏后,所存留的部分,与偏相合为兼。损的反义词为益,《墨经》上置“益”条于“损”条之后,所下定义为“言利大”,显然非为数学。《经说》上释为“响民也”,亦不属数学。

动或从 中国古代物理学概念。《墨经》上:“动或从。”从,孙诒让《墨子闻诂》改从为徙。方孝博《墨经中的数学与物理学》认为:“或徙,谓在区域之间的移徙,移徙就是运动。”《经说》上:“动,偏祭从者,户枢免瑟。”祭即际。方孝博据孙诒让改从为徙;据高亨改免瑟为瑟兔。瑟兔为刻作兔形的瑟柱头部。瑟柱用以持柱,演奏时赖其固定而有瑟弦振动,仅为其“偏祭”,即边际运动。户枢即门枢,门以枢为轴作转动,非全体而为边际。《经》文论述移动,《经说》以振动和转动作补充。三类机械运动都已论及。谭戒甫《墨辩发微》释从为纵,以此条为:“物本静止,不得无故自动;或以力纵之则动矣。”又论“偏祭从”说:“即边际纵;犹云侧边纵之。有一巨石于此,正面絜之莫之或动者,力不胜也。若由侧边纵送,则易动矣。

止以久 中国古代物理概念。《墨经》上:“止,以久也。”指物体由运动转化为停止,要经历一个时段。《经说》上,以不止来阐述止:“无久之不止。当牛非马,若矢过楹。”认为瞬时刹那的物体运动尚未静止,好似牛不是马、矢飞越于楹,易于明晓。“有久之不止。当马非马,若人过梁。”经历时段的物体运动尚未静止,好似白马有别于马,人经过桥梁不为人所知道。越楹之矢、过桥之人,经历或短或长时段后,终久在其终点静止。谭戒甫《墨辩发微》发挥王闿运“久,谓撑柱”之说,用“以力久之”释“以久”。

平同高 中国古代数学概念。《墨经》上:“平,同高也。”认为互相平行的直线之间、直线与平面之间、平面与平面之间,其垂直距离即高,处处相等。《经说》上以具体事例加以说明:“谓台执者也。”谭戒甫《墨经发微》解释为:“台执者犹言二人抬物而各以两手执持之也。二人抬物,其高必等”;此“就势平言”。

直参 中国古代数学概念。《墨经》上:“直,参也。”《经说》佚而无存。谭戒甫《墨经发微》认为:“本条文虽不具,其义仍与上条天象有关。”上条言“日中”,此条所言非日乃参。宿,与天象有关。《史记·天官书》:“参为白虎,三星直者,是为衡石。”孟康注“参三星中,白虎宿中,东西直,似称衡”。参宿三星,或直线状。古人遂赋参以直义,《墨经》在下定义时,借用参宿以喻,谓一线段,其二端之点与中间一点,三点似衡同在一线而不曲折者为直。

圜一中同长 中国古代数学命题。《墨经》上:“圜,一中同长也。”圜即圆。中:“心,自是往相若也。”认为自圆心至圆周的线段为中,即今之半径,其长度处处相等。共有一个圆心,自此往圆周的半径处处相等为圆。《经说》上以绘圆明理:“规写交也。”认为以规画圆,其边线周合封闭。

方柱隅四讙 中国古代数学命题。《墨经》上:“方柱隅四讙也。”柱为物,边之直线,隅为二线相交之角。由四线段和四角所成图形,有方形,也有非方形。唯四角皆为正角、矩角即 90°角时,其四边形为正方形或长方形,《经说》上为此而补充说:“矩皃交。”矩为画直角或方形的用具,皃有画义。以矩画方,使四边交接封闭,则成正方或长方形。

端体之无序而最前者 中国古代数学命题。《墨经》上:“端,体之无序而最前者也。”谭戒甫认为,体分于兼,而又可被分。分于体者,在体之最前,“无有与之相比次者”(《墨辩发微》),谓之端。端是构成物体的最前者。《经说》上认为物之最前端者“无同”。无同是无有同者,即最前端之处“不可能有两同点处在完全相同的地位,否则它就不是‘无序而最前’,也就不成其为‘端’了”(方孝博《墨经中的数学和物理学》)。此端相当于几何学中的“点”。

有间中 中国古代数学概念。《墨经》上:“有间,中也。”中为二者之间,二旁有物。《经说》上举例说明:“有间,谓夹之者也。”门由两扇或两扉合成,称为有;相合处夹有一缝。此缝为门之有间,即为门之中。庄子亦有是说:“彼节者有间,而刀刃者无厚,以无厚入有间,恢恢乎其于游刃必有余地矣。”(《养生主》)节,骨之关节,在两骨之间,为其有间,起连接作用。有间乃是两旁相同之物所夹之中间区。虽细,较之薄似线的无厚,不知要大多少。

间不及旁 中国古代数学概念。《墨经》上:“间,不及旁也。”旁,指在旁之物,不及旁意谓与旁之物无关,不同于关及旁物的有间。《经说》上加以说明:“间,谓夹者也。夹者是两物所夹之区域,不包括夹之者的二物在内,也就不及旁,不成为中。又举例说:“尺前于区而后于端,不夹与端于区内。”作为夹者的尺,是间,为区域。虽前于端,后于区,然两旁为不同之物,因而其不及旁而独自存在,称不上中,也就视为不夹于端与区内。

盈莫不有 中国古代的一种数学思想。《墨经》上:“盈,莫不有也。”两者彼此重合,为“莫不有”,为盈。物盈成厚之体,“无所盈则不成厚”(孙诒让《墨子间诂》)。故《经说》上:“不盈不厚。”盈有充满、涵容之义，“就是集论中的‘真集’或‘非空集’的说法。”（方孝博《墨经中的数学和物理学》）两个物体或两个面在形状、在体积或面积不等时，不可重合；但线段长短不等时，可相重合、充盈。故《经说》上：“于尺无所往而不得，得二。”方孝博以为：“‘得二’二字不可解。”（《墨经中的数学和物理学》）其实指得到二种结果：其一，二线段完全重合相盈；其二，一线段与另一线段的一部分完全充满、涵容。

穷或有前不容尺 中国古代数学概念。“或”，即区域、“尺”，即线。《墨经》上：“穷，或有前不容尺也。”穷是区域的前沿已不能容纳一线。苟已尽，不能再进。故《经说》上：“或不容尺，有穷。”并重申：“莫不容尺，无穷也。”不仅从反面说明莫不容尺为穷，还表明由无数有穷之域组成无穷空间。《经说》下：“南者，有穷则可尽，无穷则不可尽。”墨子及其学派不仅以有穷、无穷讨论空间，还用以探索时间：“久，有穷无穷。”（《经说》下）认为时间是有穷与无穷的统一，任何一个时段都是有穷的，由无数时段组成，作为总量的时间则是无穷的。

撄相得 中国古代数学概念。《墨经》上：“撄相得也。”“‘得’和‘值’同意，‘相得’就是‘相值’，也就是相交、相遇的意思。”（方孝博《墨经中的数学和物理学》）《经说》上说以五方面：“尺与尺俱不尽；端与端，但尽；尺与端，或尽、或不尽；坚白之撄，相尽；体撄，不相尽。”尺即线，二直线只于一点相交，二曲线相交，也只一点或几点，于直线或曲线可舍弃不计，故曰“俱不尽”。端即点，无大小厚薄，相撄即相盈，只此而尽。尺与端，端之于尺全尽；尺之于端，只一点而已，舍弃之可谓“俱不尽”。坚、白同记于石，莫能相分而离，“性色相含，弥满无间，故其撄为相尽”（孙诒让《墨子间诂》）。

仳以有相撄、以有不相撄 中国古代数学命题。“仳”即“比”。《墨经》上：“仳，以有相撄，以有不相撄。”《经说》上解说为：“仳，两有端，而后可。”有两端者，具有长度。两个各有一定长度的线，在“校其长短”（谭戒甫《墨辩发微》）中，可分为二类，其一相交，其二不相交。

次无间而不相撄 中国古代数学命题。《墨经》上：“次，无间而不相撄也。”言若干形体先后相序列，中无间隙，然不相撄，是为次。线或面之形，两不相撄则无厚。两相撄则有厚。有厚，二形重叠，不或相次。惟有无厚又无间，必先后相次为序，故《经说》上：“无厚而后可。”方孝博以为，“无厚”之厚又指“极为广大”。“如果某一形体极为广大（厚），看不到边际，那就不可能看见另一形体如何和它相次了，所以说‘无厚而后可’。”（《墨经中的数学和物理学》）

尺 中国古代数学概念。在讨论经文“撄相得”时，《经说》上云：“尺与尺，俱不尽；端与端，但尽；尺与端，或尽，或不尽。”端为“体之无序而最前者”，是今几何学所谓之点，点无大小厚薄，二点相盈，只此而尽。端之与尺相遇，端尽于尺，而尺不尽于端，是则尺为线。二直线相遇，交处只一点；二曲线相遇，交处一点或数点。有一定长度的线段，较之无厚薄大小的点，其大无比，一点或数点之遇，可以不计，故“尺与尺，俱不尽”。

物有定形，形有真数 北宋沈括用语。“大凡物有定形，形有真数。方圆端斜，定形也；乘除相荡，无所附益，泯然冥会者，真数也。”（《梦溪笔谈》卷七）以为数学知识包括空间形式与数量关系两部分内容，同时又指出空间形式归根到底仍是一种数量关系。与现代科学对于数学的看法相同。

以明理为务 元朱世杰用语。此理有二义。其一为条理，如讲“如积幽微，莫越认图”，“考图认之，其理显然”（《四元玉鉴》），注意到明理（概念）之于运数（演算）的指导作用，其中特重图示之于明理的意义。其二为义理，自觉于数学不应满足于实际应用，强调“凡习四元者，以明理为务。必达乘除、升降、进退之理，乃尽性穷神之学也”（同上）。

理由数显，数由理出 宋朱载堉用语。数，数学知识；理，自然规律。《进历书奏疏》：“天运无端，惟数可以测其机；天道至玄，因数可以见其妙。理由数显，数由理出，理数可相倚而不可相违，古之道也。”以为数学知识源于自然法则，由此亦可揭示自然法则，理与数是依赖且统一的关系。

数学乃究造化之源 南宋秦九韶用语。以为“夫物莫不有数”（《数学九章序》），而数学即是以自然万物中所存在的数作为对象，通过运算来探知其本原，所谓“物生有象，象生有数，乘除推阐，务究造化之源者，是为数学”（同上）。

数道不二 南宋秦九韶用语。认为数与道是统一的。从本体论角度论证数本源于道。如以为“昆仑磅礴，道本虚一”，而数则是“本太虚生一而周流无穷”（《数学九章序》），证明数其实是由道所出。而就作用言，数与道也一样，“大则可以通神明，顺性命；小则可以经世务，类万物”，因此“要其归，则数与道非二本也”（同上），也由此，数学的作用是不应鄙薄的。进而从知识论角度指出数应进于道，认为数学应“衍而究之，探隐知原”或“求其故”（同上），强调数学之“曲艺可遂也，愿进之于道”（同上）。

探隐知原 南宋秦九韶用语。以论述易数关系。“昆仑磅礴，道本虚一。圣有大衍，微寓于易。奇余取策，群数皆损。衍而究之，探隐知原。”（《数学九章序》）指出古代数学中求解联立一次同余式的方法与《周易》中的大衍之数有关，并命之为“大衍求一术”。以此为例，强调数学研究不应仅知其解而不知其所以解，即处于一种“用而不知”或“不求其故”的状态，而要“衍而究之，探隐知原”，即了解和把握本质原因和一般方法。

实体拟用 南宋秦九韶用语。以为数术算式虽由抽象数字与符号所构成，但必须应对或解决现实社会生活和知识活动中的实际问题，即“设为问题，以拟于用”（《数学九章序》）；并且数学也只有与实际问题相结合才能使自己传承发展，“数术之传，以实为体”（同上）。反映了注重实用的数学观。

数难穷然可穷 元李冶用语。《测圆海镜》序："谓数为难穷，斯可；谓数为不可穷，斯不可。何则？彼其冥冥之中，固有昭昭者存；夫昭昭者，其自然之数也。非自然之数，其自然之理也。……苟能推自然之理，以明自然之数，则虽远而乾端坤倪，幽而神情鬼状，未有不合者矣。"认为数是客观存在并且有其规律性，由此数是可以被认识的，反映了李冶的唯物论与可知论的数学观。

推理明数 元李冶用语。《测圆海镜》序："苟能推自然之理，以明自然之数，则虽远而乾端坤倪，幽而神情鬼状，未有不合者矣。"认为数存在于自然之中，而自然中的数是有规律的，因此只要能充分认识自然中数的规律，那么数学知识就能为人所把握。充分体现了理性主义的数学观。

明于法理 南宋杨辉用语。法，数学公式；理，数学原理。讲"算无定法，惟理是用"(《乘除通变本末》卷中《乘除通变算宝》)；"既论小法，当尽其理"(《乘除通变本末》卷下《法算取用本末》)，以为理是法的本原与依据，法是理的体现与应用。

两学互明 清梅文鼎用语。两学，指数学上的中国传统之学与泰西之学。认为数学有两家："一古法，一泰西。泰西之说，详明晓畅；古人之法，径捷简易，可互明也。"并以为"古书仅存算术，而略于测量；泰西详于测量，而或遗在算术。"(《历算全书》卷三十九《方程论》)主张应会通中西数学，用西法之优者以补中法之不足。

库易 中国古代光学概念。《墨经》上："库，易也。"谭戒甫释为："易，当为暘之省字。"《说文》："暘，日覆云暂见也。"(《墨经中的数学和物理学》)日为云覆蔽，其光偶然从云隙射出。有似光从小孔射入。故《经说》上以"区穴"释库，说："若斯貌常。"

均之绝否 中国古代物理学命题。《墨经》下："均之绝，否。说在所均。"物体，就整体言，其物质分布处处处于极为均匀状态，即全体都在同一聚集状态，无有彼此间相异，就不会发生"绝"的变化。《经说》下以悬发之绝与不绝加以说明。"均，发均"，"其均也莫绝。"所悬之发，无处不均匀，不会发生断绝之变。"悬轻而发绝，不均也。"所悬之发各处或有轻者，物质分布不均匀，物质微少处轻于他处发生断绝。墨家此说，为《列子·汤问》所继承："均，发匀。悬轻重而发绝，不均也。均也，其均也莫绝。"东晋张湛注解此说更详："发甚微脆而至不绝者，至均故也。今所以绝者，犹轻重相轻，有不均故也。若其均也，宁有绝理！"(《列子注》)

衡而必正 中国古代物理学命题。《墨经》下："衡而必正，说在得。"衡，衡器，如天平、秤。"正"指衡器两边处于平衡状态。《经说》阐明此条，指出导致"衡而必正"的"得"为："加重于其一旁，必捶。权、重，相若也相衡，则本短标长。两加焉，重相若，则标必下。标得权也。"《经说》又以不等臂秤为例，认为平衡时"本短标长"。当秤二边平衡时，在其任一旁加物使重于另一边，结果是加重一旁下垂。或在二旁都加等重之物，结果是标的一边下垂。所以，平衡在于权在标上位置得宜，使"标得权"。方孝博《墨经中的数学和物理学》，以为"标得权也"四字属上句，认为其是不平衡的原因。

墨家说景 墨家的光学学说。《墨经》下及阐述经文的《经说》下有多条涉及光学理论。"对于影的成因以及本影、半影与影的大小变化规律，都有相当深刻的了解。"(王锦光、洪震寰《中国古代物理学史略》)"讨论了光源、物体、投影三者之间的关系。"(蔡宾牟、袁运开《物理学史讲义——中国古代部分》)《经说》："光者，景也。""光至，尽亡。"认为物体之有投影，与光的照耀相关，即光之照耀为物所蔽，乃在不受光照处形成投影。投影所在，倘物移光至，即时影消。物受一个光源所照，产生一种投影。物为两个光源所照，形成两种投影：本影和半影。本影为两个光源相交所照的"重"复被蔽处。《经说》又具体论述"景之大小"与物之正斜、光体大小、光源远近的关系。如第十八条论述小孔成像理论。指出"景倒"原因，在于物体有一定长度，而直射的诸光线在小孔交叉通过，结果下者也高，高者也下。像的大小与小孔距光的远近相关。第二十一、二十二、二十三三条，论反射镜成像，分别为平面、凸面、凹面。其论平面镜，"临鉴而立，景倒"的一次成像。又指出像的形态、颜色、离镜远近、正斜，都"异于光"，为光所决定。物与像，在位置上于镜面呈对称，于运动方向呈相反但保持对称。物在封闭小区内的多次成像，"多而若少"，无穷倒像，全部相同而无区别。次说凸面镜，"鉴团"所成之"景一"，并补充说，其像"必正"，小于物形。物体距镜之由近而远，象随之由大而小。物体过远，所成之像模糊不清。再语凹面镜。"鉴低"，物体在中之外内所成之像，相应为小而倒立、大而正立。所谓中，指球心至焦点间。《经说》下论说更为详明。认为物体"起于中缘"，"正而长其直"往镜面方向移动，所鉴之视角由大而小，所成正像亦自大至小。物体置于"中之外"，即球心之外，距球心由近而远，所成倒象自大至小。为使物体与其所成之像重"合于中"即球心，则"长其直"，即背着镜面挪远位置。墨家的光学理论后为战国庄子学派、西汉淮南学派以及北宋沈括、元初郭守敬、宋元间赵友钦等继承和发展。

光之入照若射 中国古代光学命题。《经说》下："光之人，照若射。"光，光线。之，至。此处指达于小孔之前。入，进入小孔。射，射矢，矢射出后，行空必直。此命题意谓进入小孔之光其传播为直线行进。已含有光直线行进传播之说。

百工之事，皆圣人之作 中国古代技术思想。《考工记》："知者创物，巧者述之，守之世，谓之工。百工之事，皆圣人之作也。"认为在"审曲面势，以饬五材，以辨民器"中，运用其所知而有所创物者，此为圣人。以为世间之器用物品，如"烁金以为刃，凝土以为器，作车以行陆，作舟以行水，皆圣人之所作也"。《世本》、《易传》、《韩非子》、《新语》等，皆持相似之说。《世本》有《作篇》,说“燧人出火”、“伏羲氏作瑟”、“神农和药济人”、“黄帝见百物始穿井”、“隶首作算数”、“容成造历”、“女娲作笙簧”、“巫咸初作医”、“舜始陶”、“鲧作城郭”、“禹作宫室”、“奚仲作车”、“宿沙作煮盐”、“公输作石硙”等。其意为惟圣人能有所创造发明,能在器用物品上作始者皆为圣人。《系辞传》说,包牺氏作罔罟,神农氏作耒耜,黄帝、尧、舜作舟、车、杵、臼、弧、矢,其他圣人作宫室、棺椁、文字。用“以教天下”,“致天下之民”,使“百官以治”、“万民以济”,“而天下治。”韩非以有巢氏构木为巢、燧人氏钻木取火、大禹治水,为古圣人之行。陆贾《新语》列举圣人创作,如神农发明农业、黄帝筑作宫室,使人不同于禽兽,以证此说。

工之子常为工 中国古代技术思想。《管子·小匡》:“令夫工群萃而州处,汇聚一地。其所从事者,为相良材,审其四时,辨其功苦,权节其用,论比计材,制断器,尚完利。”彼此间往来,皆为制作器物:“相语以事,相示以功,相陈以巧,相高以知事。”且以所从事者,且父教其子弟,使之“少而习焉,其小安焉,不见异物而迁焉。是故其父兄之教,不肃而成;其子弟之学,不劳而能。夫如是,工之子常为工”。在《荀子》与《礼记》中也有类似观点:“凡执技以事上者,不二事,不移官”(《礼记·王制》),则“工匠之子莫不继事”(《荀子·儒效》)。

当其无,有室之用 中国古代建筑理论。老子以其有无相生理论,研究房屋功能,认为“凿户牖,当其无,有室之用也。故有之以为利,无之以为用”。认为房屋功能在于提供可封闭、可开放的空间,供人之用。

取诸大壮 中国古代建筑与车舆思想。《易传·系辞》:“上古穴居而野处,后世圣人易之以宫室,上栋下宇,以待风雨,盖取诸大壮。”大壮为易卦之一,卦象☳下乾上震。意指天之上空,雷电风雨,以其威盛强猛,危害穴居野处之人。旧说伏羲氏观之而创大壮之卦。之后,黄帝受大壮启示,发明房屋。人在其内,以避风雨,以足以见其强壮。以自强心理,协调人与自然界雷雨相互间关系,发明房屋,体现重生意识。《象》:“雷在天上,大壮。君子以非礼弗履。”又使中国建筑思想崇礼,具有政治伦理内涵,以形制规模差异,使居住者各处其位。在住房的多少、大小、高低上,体现君臣父子等级。“服牛乘马,引重制远”(《元史·舆服志》),《系辞》“盖取诸随”。☱随卦下震上兑。震是车的符号,兑为人的喜悦,有服牛乘马之意。《元史·舆服志》作者将其改为“盖取诸大壮,乃因舆为车厢,其封闭者也可避风雨,有不同形制与乘坐者之等级相应”。“取诸大壮”,乃尚象制器说一端,其意在依据模型所显示的原理,从事创造发明。

风水 亦称堪舆。中国古代的一种建筑思想。选择合适地点、朝向,建造阴阳宅,即坟地与居所,以此体现天人关系及社会秩序。《黄帝宅经》:“夫宅者,乃是阴阳之枢纽,人伦之楷模。”肇始于先秦,创立于秦汉,发展于三国、二晋、南北朝,创新于隋、唐、五代,至宋元分流定型为形法、理法即赣、闽二派。明清时,赣派形法理论为士大夫所信奉,成为风水术主流。赣派之学,观察山水来龙去脉,分析地表、地势、地物、地气、土壤及其方位,追求优美意境,因地制宜,因形选择,使选址位于此地山水原野的佳处,并将其运用于建宅、设村、造镇、筑城、兴宫及扎营布阵等领域。闽派仍笃信方位含吉凶观念,且以阴阳、八卦、河洛、天星、生肖、干支等度量,使其细小化,在复杂而带有神秘气氛中,使用罗盘。在去除不确定因素后,以口诀使其程式化,易于操纵,达到预定避凶就吉朝向。风水理论以地理环境为对象。“宅以形势为身体,以泉水为血脉,以土地为皮肉,以草木为毛发。”(《黄帝宅经》引《搜神记》)风水术中有“看大地法”与“看小地法”。大至地域山川形势、水文地质,小至居处草木土石、气候景观,都为研究对象,其中有些于地学与环境观发展有所裨益。如以土厚水深、草茂林郁的生态环境,为理想风水之地,既使人开发青山绿水之地,又教人保护环境宜人之处。以负阴抱阳、背山面水为选址的基本原则、格局,使住宅、村落、市镇处于三面环山、一面绕水的既相对封闭又可与外界交往之中。择址时,分别按“龙”、“砂”、“穴”、“水”、“向”五项,考查与认定大小不等的地域。龙指山脉,有干龙、支龙之分。在择定居址北面者,为来龙,或名主山。又以金、木、水、火、土,分别指称山峰形状为圆、直、曲、锐、方者。砂为小山,从属于龙,根据其与居址的不同方位关系,有不同名称。穴在主山前,为基址中心部位,据其形状,有窝、钳、乳、突等区别。水者水流,南面之水以环绕曲流为上。又观察研究地下水,辨色品味,列举其与求穴可否关系。风水学说中有关人地谐和、环境保护、术艺合一、形势兼备等说,尚有一定价值。但风水中葬先荫后、朝向有吉凶等则具有明显的宗教神学迷信。

模写 中国古代建筑制造思想,以模型与图纸从事设计。北魏蒋少游“有班、倕之功”,出使南齐,“模写宫掖。”模,模范、样,即今之模型。写,图画、图样,即今设计图。汉初,胡宽营新丰,“衢巷栋宇,物色惟旧。”自丰邑移迁而至的“士女老幼,相携路首,各知其室。放犬羊鸡鸭于通途,亦竞识其家”(《西京杂记》卷二)。盖建造前以模型与图纸相仿于丰,而后依样建造。以图纸营造建筑,文献记载始于周初《洛诰》,今存文物有《北域图》。图上有墙垣及建筑物位置,以文字注明其大小和相互距离。为总平面布局图。其后,出现建筑物内部布置和结构构造图。秦王征每亡人国,即命“写放其宫室,作之咸阳北坂上”(《史记·秦始皇本纪》)。自汉以来,建筑图样屡见记载。至北宋李槭《营造法式》,所收图样多至上卷,有正视、俯视、侧视、断面等。清江西建昌雷氏世代为朝廷营建宫室,其设计图有总图、分图。分图有平面、立面、透视、剖视,又各分为粗图和精图,即草图和正图。图的比例,隋宇文恺“用一分为一尺”(宇文恺《明堂议表》),已与现代十分接近。以模型从事,如蒋少游建太极殿先立模型,宇文恺造明堂,“其样以木为之”。图纸与模型也被用于其他方面，如张衡以图纸、木样造浑天仪。至宋，苏颂以图纸、木样制作水运仪象台；宋政府以图纸造船，造大船前，先做模型，量其尺寸而算之。金元间，薛景石在制作各种木制机械中普遍使用图纸。南宋郑樵《通志·图谱略》更阐明包括建筑、制造设计图在内的图的重要。

一尺之棰 中国古代物理思想。辩者之论有：“一尺之棰，日取其半，万世不竭。”(《庄子·天下》)，棰即木杖，虽仅一尺之长，可以无有穷尽地相分。意谓物体由以构成的同质之物，可以无限分割，不存在不能相分的至小微粒。辩者以此与惠施“至小无内，谓之小一”相应，否定小一之论。辩者此论又与墨家“端”说不同，相互间也发生辩论。

同声相应 亦称“同声相和”。中国古代声学思想。声学共振原理，至迟于战国时已发现。《庄子·徐无鬼》：“为之调瑟，废一于堂，废一于室。鼓宫宫动，鼓角角动，音律同矣。夫或改调一弦，于二十五弦无当也。鼓之，二十五弦皆动。”记述来自实验的两种共振：基音与基音之间，基音与泛音之间。概括这两种共振及其他事物之相应。《庄子·渔父》篇还得出：“同类相从，同声相应，固天之理也。”《易传·文言》、《吕氏春秋·应同》等亦有类似说法。至西汉董仲舒有所发展。《春秋繁露》有《同类相动》篇，说：“故气同则会，声比则应，其验皦气也。试调琴瑟而错之，鼓其宫则他宫应之，鼓其商则他商应之，五音比而自鸣，非有神，其数然也。”并进而认为：“故琴瑟报弹其宫，他宫自鸣而应之，此物之以类动者也。其动以声而无形，人不见其动之形，则谓之自鸣也。又相动无形，则谓之自然，其实非自然也，有使之然者。物固有实使之，其使之无形。”无形之声，在其传播空间范围内，使相比之音，相应起鸣。同时代人刘安亦知此理，《淮南子·览冥训》说：“叩宫，宫应；弹角，角动，此同声相和者也。”其后，东汉王充指出：“今人操行变气远近，宜与鱼等；气应而变，宜与水均。”(《论衡·变虚》)以水波传播理解声在气中扩展，显示已有声波观念。两晋南北朝时，又有进一步发展。刘宋刘敬叔《异苑》：“中朝时，蜀中有人蓄铜澡盘，晨久恒鸣如人叩，以问张华。华曰：‘此盘与洛阳钟宫商相谐，宫中朝暮撞钟，故声相应，可镳令轻，则韵乖，鸣自止也。’”用改变应和器体形使其固有频率随之而变的方法，消除共鸣。入宋，沈括复指出共鸣有同调和泛音两种：“琴瑟弦皆有应声。宫弦则应少宫，商弦则应少商，其余皆隔四相应。今曲中有声者，须依次用之。”(《补笔谈·乐律》)为形象地显示规律，他又设计从事纸人实验：“欲知其应者，先调其弦令声和，乃剪纸人加弦上，鼓其应弦，则纸人跃，他弦即不动。声律高低苟动，虽在他琴鼓之，应弦亦振。此之谓正声。”

同声相和 即“同声相应”。

庖丁解牛 中国古代生物解剖思想。庄子以庖丁解牛为例，从“所见无非全牛”(《庄子·养生主》)，经“未尝见全牛”，至“神遇而不以目视，官知止而神欲行”，是由技进于道，从具体进入抽象，从特殊进入一般，由个别得出普遍。“道，进乎技”，在于确切认识牛的天然生理结构，顺着筋骨、筋络、骨节间的空隙，引刀劈割、分解，而不去碰撞筋骨，损伤刀刃。表明胸有全牛，则能得心应手。“彼节者有间，而刀刃者无厚，以无厚入有间，恢恢乎其于游刃必有余地矣。”反映“工欲善其事，必先利其器”思想。庄子又提出技术美思想：“庖丁为文惠君解牛，手之所触，肩之所倚，足之所履，膝之所踦；砉然向然，奏刀騞然，莫不中音。”其动作“合于《桑林》之舞”的姿态节奏，音响合于《经首》之乐的韵律节奏。叙事虽为寓言，其间却显示出一定的科学思想。

轮扁斫轮 中国古代物理技术思想。以斧斤椎凿，斫木为轮，其卯需“不徐不疾”(《庄子·天道》)，即不宽不紧。卯宽，所纳之榫滑而易入，与卯结合不密；卯紧，所纳之榫涩而难入，与卯结合处浅。不徐不疾，榫卯结合严密，动作得之于手，而适应于心。对此，心中有数，故能“得之于手而应于心”，但“口不能言”。庄子以此寓言，表明制造技术之精微，言语不能表达。父子师徒相授受，“臣不能以喻臣之子，臣之子不能受之于臣。”榫卯技术的得手应手，是可传授。他不明于此，误以为制造技术在各时代的高低，完全取决于司其业者个人水平的偶然，不存在后先相继、后人不断超越前辈的必然。庄子又将此推广到一切知识传授，错误地得出书籍所记者为“古人之糟粕”，语言文字不能传其意。然而，有时确实有庄子所说的词不达意状况。

梓庆作器 中国古代物理技术思想。《庄子·达生》中说木工庆，所造簴鐻(用于悬挂钟、磬等乐器的木架)，仿佛鬼斧神工。其故在于：作鐻之前，“未尝敢以耗气也”，怀着虔敬之心，不敢有庆赏爵禄、非誉巧拙之心，忘吾有四枝形体，亦不从事他务，专心致志以思为鐻。然后入山林，寻找良材。得形状、纹理合要求者，加手其上，以我心中天然之思结合材之天然，乃有“所以凝神”之器。显示出出器之所以精良及美观，以及技术与艺术合而为一的思想。

物损于彼者盈于此 中国古代物理思想。《列子·天瑞》：“运转亡已天地密移。”整个世界处于不停运动，天地随其运动而有些微变化。它导致具体之“物损于彼者盈于此，成于此者亏于彼”。物之彼此有量的变化，但对损盈相抵于总量如何，则未明言。在物“损盈成亏”中，有“随世随死”者。后东晋张湛、唐陆德明均以生释世。认为生命体与非生命体之间，也是损盈成亏相互转化，而于总量有无增减亦未明言。进而论形气之间：“凡一气不顿进，一形不顿亏。”今人杨伯峻《列子集释》解释：“进犹成也。”气不顿进，谓气不突变聚为形；形不顿亏，说形渐变散为气。气形间转化，人“亦不觉其成，亦不觉其亏”。所言固然为潜化非耳目所瞻察，却也有形气总量不因相互转化而有所增减，物质在运动转化中守恒不变之意。

雌雄交杂，以类相求 中国古代炼丹化学原理。炼丹术初起时，于药物化合成丹，未有理论。东汉末，魏伯阳认为“炉火之事”有理，且与《周易》、黄老理通而义合。他以易、老之说为指导，于《周易参同契》中，提出“男女相须，含吐以滋，雌雄交杂，以类相求”，作为药物合丹基本原理，并加以阐述论证，上承《周易》“方以类聚，物以群分”之说，认为唯有同类之物，能相互交杂、配合，在和中生物。以不同药物炼合金丹，也须药物“类同者相从”。“宜以同类者”，为“以类辅自然，物成易陶冶”。“若药物非种，名类不同，分剂参差，失其纪纲”，必定失败。以同类之药合丹，本于周易。“一阴一阳谓之道”、老子相反相成之说，申述俱阴、俱阳，同则不继之理，如二女同室无有子女。须“阴阳得其配”，有变化而后成丹药。

变化之术 中国古代化学学说。东晋葛洪《抱朴子·内篇·黄白》：“变化之术，何所不为。”变化似首见于《易经》：“乾道变化”，义为事物生灭转化。汉人承之，炼丹家采用，至葛洪形成学说。首先，他以变化为天地万物共有的基本属性，“变化者，天地之自然。”（《黄白》）并对此作具体阐述：“浑茫剖判，清浊以陈，或升而动，或降而静，彼天地犹不知所以然也。万物感气，并亦自然，与彼天地，各为一物”（《塞难》），各自变化，“天亦不能使日月不薄蚀，四时不失序”。强调其客观无意识性。其次，他以变化作为自然之道，认为其能为人所认识，在于天地万物中，“人之为物，贵性最灵”（《黄白》）。最具灵性的人，通过观察、活动、思维、实践，发现领悟变化，“得夫自然之道”。然而，并非每一个人，在对天地万物认识中，能有如是之见。“非穷理尽性者，不能知其指归；非原始见终者，不能得其情状也。”（同上）一旦得知自然的指归、情状，进而设计制作方法、技术，以便将其复制。再次，他指出了自然变化为万物普遍属性者，能使其创造活动及其产物，合于自然之性。所制作之物，与自然界本有的一而不二，并无区别。如云雨霜雪“以药作之，与真无异”。尤其强调以变化之术用于炼丹，从炼丹众多变化之术中，得出“还”与“外变而内不化”两种可作之理。“铅性，白也，而赤之以为丹；丹性，赤也，而白之以为铅。”（同上）认为在铅与丹之间存在反应可逆性。“丹烧之成水银，但变又还成丹砂。”（《金丹》）“还”意味着化合与分解的可逆。这是对东汉以来丹家所发现的若干循环可逆反应思想的总结，如汞与氧化汞、汞与硫化汞、碱性碳酸铅与四氧化三铅、四氧化三铅与氧化铅。外变而内不化是置换反应。“以曾青涂铁，铁赤色如铜；以鸡子化白银，银黄如金，皆外变而内不化也。”（《黄白》）即铁在曾青作用下化为铜，银在鸡子作用下化为金，都只限于表层而不及内里。对还、外化而内不化及其他的炼丹变化之术，葛洪认为其中有理，但未以阴阳五行或其他学说加以解释，而是认为尚不能言说：“吾保流珠之可复也，黄白之可求也，若责吾求其本理，则亦吾复不知也。”（《对俗》）又认为不能因不知理而中止变化之术：“世人若以思所能得谓之有，所不能及则谓之夭，则天下之事亦鲜矣。”因为天地万物之事理，为人所掌握者不多，“万殊纷然，何可以意极哉？”只要意识到“物有可作之理”，便当积极以“变化之术”加以从事。

炼丹当先明理 中国古代炼丹化学思想。宋元炼丹家接受儒家理学学说，强调以理指导丹术。程了一《丹房奥论序》：“学丹者先当明其理而用之。”吴悮《指归集》：“惟心契于大道，行合于理者见之，自然悟理而得道。”以为炼丹要“以理推之”。他们所说的丹术之理，与理学家所说有别。但对理的理解则与儒学相关：“窃谓金丹大药，上全阴阳升降，下顺物理迎逢。圣人所谓格物致知，大概不过子母相生、夫妇配偶之理。”（《丹房奥论》）以研究阴阳升降、物理迎逢所阐明的丹术之理，为圣人格物致知之说，是将丹术纳入儒学之中，是当时的一个新派。炼丹家所阐明用作指导之理，尚有“自然和合变化”（李光玄《海客论》）、“金丹非土不成”（吴悮《指归集》）等。

返本 亦称“还”。中国古代丹道思想。《玄宗直指万法同归》：“自末返归于本，谓之还。人源于气，以元气为本。气聚而成形，为人之末。”“气聚而成形者，可以气而变其形。”（《修炼大丹要旨》上卷）人可通过修炼，以气变形返本。“返归本元，乃长生变化”（《铅汞甲庚至宝集成》卷三）而成仙。由有形之身返本为无形之气，需借修炼，服食还丹能夺造化之功而速成。《玉清内书》说：“造化还丹，受气反本也。”其故在还丹由阴阳二气炼成，具元气造化之功。为人吸收后，渗入筋骨血肉，能变化体质，使形神系乎元气、化为元气。此说虽虚妄不实，但古代丹家深信不疑。并以此为指导，从事炼丹。古代丹家返本之说，对中国古代思想发展、理学形成，有较大影响。唐宋道教学者认为，得天地气之精粹者而为人，以本源言，人具天地之性。然既为具形质之人，自有气质之性。天地之性为气质之性所蒙蔽，“先天之性则无有。”（张伯端《玉清金笥青华秘文金宝内炼丹法》上卷）借助服丹等修炼之法，气质之性可以“徐徐划除，至于气质尽而本元始见，本元见，而后可以用事”。后张载在儒学发展中，提出变化气质说，论述从气质之性转向天地之性，作为理学心性之说主要内容，对理学形成起较大作用，影响于后世儒学发展也大。

唯农是务 《国语·周语上》记载虢文公谏周宣王不借千亩时用语。“王事唯农是务，无有求利于其官，以干农功，三时务农而一时讲武，故征则有威，守则有财。”强调农事为立国之本的思想。

尽地力之教 战国李悝的经济与农业主张。即制定鼓励农耕、发挥地力的经济政策。《史记·孟子荀卿列传》附记：“魏有李悝尽地力之教”，内容未详。《汉书·食货志》：“李悝为魏文侯作尽地力之教。”其具体内容有：“必杂五种，以备灾害，力耕数耘，收获如寇盗之至”（见《太平御览》卷八百二十一），“还庐树桑，瓜瓠果蓏殖于疆场”（见《通典·食货·水利田》）。即主张杂种各种粮食作物，努力耕作，及时收获，充分利用空闲土地种植瓜果蔬菜，扩大农副业生产。

斧斤以时 孟子与荀子用语。《孟子·梁惠王上》:“斧斤以时入山林,材木不可胜用也。”《荀子·王制》:“草木荣华滋硕之时,则斧斤不入山林,不夭其生不绝其长也。”透露出对作物生长与季节时序关系的基本认识,反映了保护生物资源与维持生态平衡的合理思想。这种认识与思想不局限于山林草木,也为中国古代各家各派所普遍具有。

竭泽而渔 《吕氏春秋》用语。《吕氏春秋·义赏》载雍季言:“竭泽而渔,岂不获得?而明年无鱼。焚薮而田,岂不获得?而明年无兽。”此语本意在于说明不应使用偷可之术而取得眼前利益或目的,指出竭泽而捕鱼,焚薮而田猎,“非长术也”(同上),都是破坏资源与环境的愚蠢做法,其中透露出对于资源以及生态保护的认识。

得时之稼兴 《吕氏春秋》用语,主要指农作物生长的节令要求。《吕氏春秋·审时》论农耕之道,以时为要。其中以禾、黍、稻、麻、菽、麦六种农作物为例,分别对得时、先时、后时三种情况下的农作物生长作了考察,并指出了得时的重要性,“是故得时之稼兴,失时之稼约。”与时相合则丰,相背则歉。是为对农业生产丰富经验的总结,体现了对农业活动与自然时令关系的深刻认识。

不违(失)农时 孟子用语。《孟子·梁惠王上》:“不违农时,谷不可胜食也。”荀子也说过类似的话:“春耕、夏种、秋收、冬藏,四者不失时,故五谷不绝,而百姓有余食也。”

耕之大方 《吕氏春秋》用语。《吕氏春秋·任地》:“凡耕之大方:力者欲柔,柔者欲力;息者欲劳,劳者欲息;棘者欲肥,肥者欲棘;急者欲缓,缓者欲急;湿者欲燥,燥者欲湿。”指出了土壤可能对农作物产生影响的五对矛盾:力柔言土质的坚硬与松软;劳息言土地的耕种与休整;肥棘言地力的肥沃与贫瘠;急缓言土壤的板结与疏散;燥湿言农田的干性与湿度。其中包含了丰富的经验总结和深刻的辩证思考。

凡耕之本 《氾胜之书》用语。“凡耕之本,在于趣时,和土,务粪泽,早锄早获。”将农作物的栽培过程视作一个有机的整体,其包括六个相互关联、不可或缺的环节,即:趣时(适时耕作)、和土(按农作物选择相应的土地)、粪(施肥)、泽(保墒与灌溉)、早锄(及时中耕锄草)、早获(及时收获)。是对长期以来农耕活动的深刻总结,并奠定了中国古代农业生产的基本理论。

物之连相啮噬 东汉王充用语。《论衡·商虫》:“物小大连相啮噬”;《论衡·物势》:“故诸物相贼相利,含血之虫相胜服、相啮噬”,初步认识到自然界的生物之间存在着一种相互利用、相互制胜的生物链关系。

顺天时,量地利 北魏贾思勰用语。如《齐民要术·种谷》讲:“顺天时,量地利,则用力少而成功多。任情反道,劳而无获。”《齐民要术·养牛马驴骡》也讲:“服牛乘马,量其力能;寒温饮饲,适其天性;如不肥充繁息者,未之有也。”主张在利用自然之物时,应充分认识其固有能力与内在属性,包括顺应、考虑天时、地利等自然规律与环境因素。体现了主观行为应符合客观规律的深刻思想。这种思想对中国古代农业生产及与此相关的自然观有着重要的影响。

盗天地之时利 宋农学家陈旉用语。盗,窃取、利用之意。《阴符经》即有“天地,万物之盗也;万物,人之盗也”的说法,以为天地、万物、人之间存在一种相互利用即“盗”的关系。陈旉用此说于农学理论,《农书·天时之宜》:“在耕稼,盗天地之时利。”强调农事活动中“盗利”的重要性。这包括二义:其一,充分认识客观之利;其二,充分运用主观能力。

治之得宜,皆可成就 宋农学家陈旉用语。《农书·粪田之宜》:“土脉气脉其美不一……美恶不同,治之各有宜也。”指出土壤状况各不相同,不同的土壤应加以不同的改造,只要改造得当,都可用于农业生产,即“治之得宜,皆可成就”。透露出通过人事活动来改造自然状况的观念,表明了农业生产由自在而自为的进步。

顺天因地 元农学家王祯用语。继承贾思勰《齐民要术·种谷》中“顺天时,量地利,则用力少而成功多。任情反道,劳而无获”的思想,进而提出:“天气有阴阳寒燠之异,地势有高下燥湿之别,顺天之时,因地之宜,存乎其人。”(《农书·农桑通诀集之一·垦耕篇第四》)提出顺天因地需由人掌握的思想,即强调人的能动性、灵活性在农业生产中的意义,表明此时人对于自然认识水平和支配能力的提高。

移其天地所生之性 宋园艺学(或植物谱录)家王观用语。见《扬州芍药谱》:“今洛阳之牡丹、维扬之芍药,受天地之气以生,而小大浅深一随人力之功拙,而移其天地所生之性,故奇容异色间出于人间。以人而盗天地之功而成之,良可怪也。”注意到人具有改变自然的能力,赞叹由此而取得的巧夺天工的成就。

土脉历时代而异,种性随水土而分 明宋应星语。《天工开物·乃粒》:“土脉历时代而异,种性随水土而分”。并举例如“凡稻旬日失水,则死期至,幻出旱稻一种,粳而不黏者,即高山可插,又一异也”。具有物种变异的思想。

非唯风土 明徐光启用语。以为农事活动非由气候与土壤等条件消极地决定。注意到风土对农作物的制约其实十分有限,“余谓风土不宜,或百中间有一二”(《农政全书·树艺》)。强调农事活动中发挥人的主观能动性的重要性,“土性虽有宜不宜,人力亦有至不至。人力之至,或亦可以回天,况地乎!”(同上)其中明显体现出人可胜天的积极思想,也是对传统命定论思想的一种否定。

人力依至理 清陈淏子思想。以为人力可为,但须依自然之理而行。如以植物嫁接为例,曰:“凡木之必须接换,实有至理存焉。花小者可大,瓣单者可重,色红者可紫,实小者可巨,酸苦者可甜,臭恶者可馥。是人力可以回天,唯在接换之得其传耳。”(《花镜》卷二《接换神奇法》)既肯定人可以对生物变异产生积极作用,又强调人力作用必须遵循客观规律。

六气致病 亦作“淫生六疾”。中国古代医学用语。《左传·昭公元年》载医和语:“天有六气……淫生六疾。六气曰:阴、阳、风、雨、晦、明也。分为四时,序为五节,过则为灾。”提出六气致病的理论,为中国医学病因学之开端。明显受到气论与阴阳学说的影响,并阐述了平衡之于健康的重要意义。后《黄帝内经》沿用此说,《素问·至真要大论》中以风、热、湿、火、燥、寒为六气,并以为六气非其时而至便不利于健康,强调了气候即自然与人或生命的关系。参见“六淫”。

淫生六疾 即“六气致病”。

六淫 中国古代医学用语。《左传·昭公元年》载医和语:“淫生六疾。……阴淫寒疾,阳淫热疾,风淫末疾,雨淫腹疾,晦淫惑疾,明淫心疾。”淫,过度之谓。以为生活须有节制,若失去节制即“淫”则易生疾病。参见“六气致病”。

导引 中国古代医学用语。《路史·前纪九》记载阴康氏因感于“人既郁于内”,故“教人引舞以利导之”,是为雏形。《素问·异法方宜》曰:“其病多痿厥寒热,其治宜导引按蹻。”王冰注:“导引,谓摇筋骨,动支节。”长沙马王堆三号墓出土有《导引图》。为中国古代养生方法。

藏象 中国古代医学用语。藏,亦作脏,指人体的内脏;象,指人体脏器的生理、病理所反映的现象。《内经》有《素问·六节藏象论》,明张景岳注曰:“象,形象也。藏居于内,形见于外,故曰藏象。”以为人体脏器组织的状况会在体表有所反映,而通过对这些人体外部现象的观察可以得知人的健康状况。体现了中国古代医学的整体观与联系观。

脏腑 中国古代医学用语。阐述人体内各器官组织及其关系。《黄帝内经》将人体内器官主要分为五脏(心、肝、脾、肺、肾)、六腑(胆、胃、大肠、小肠、三焦、膀胱)以及奇恒之腑。以为脏与脏之间、脏与腑之间有相互配合的关系,如脾配合胃,肝配合胆;又以为脏器组织的健康状况可在体表得到反映,如肺开窍于鼻,肝开窍于目。脏腑学说受五行学说的深刻影响,并着重体现了整体观念与联系观念。

五脏 亦作“五藏”。中国古代医学用语。《黄帝内经》以为五脏以藏精气为主,“五脏者,藏精气而不泻也,故满而不能实”(《素问·五脏别论》)。五脏理论受五行说影响,体现了整体观与联系观。

六腑 亦作“六府”。中国古代医学用语。《黄帝内经》以为六腑以传化物为主,“六腑者,传化物而不藏,故实而不能满也”(《素问·五脏别论》)。六腑理论受五行说影响,体现了整体观与联系观。

经络 中国古代医学用语。指经脉与络脉,最早见于《黄帝内经》。《灵枢·经脉》:“经脉十二者,伏行分肉之间,深而不见。……诸脉之浮而常见者,皆络脉也。”《医学入门》:“经者,径也;经之支脉旁出者为络。”经脉为主干,络脉为分支,具体有十二经脉等。为内联脏腑、外络肢节、周达全身、运行气血的通路。经络学说与脏腑学说密切相关。着重体现了整体观念与联系观念。

信巫不治 扁鹊用语。《史记·扁鹊仓公列传》:“病有六不治”,“信巫不信医,六不治也。”言明巫与医的区别,表明反对巫神的态度。

比类 《黄帝内经》用语。辨别不同症状,注意相同情况的比较。“善为脉者,必以比类奇恒,从容知之。”“不知比类,足以自乱,不足以自明。”(《素问·示从容论》)认为比类在诊断中是一个必要方法,具体方法有多种。一是“别异比类”;二是“以我知彼”;三是“援物比类”。但是认为这种比类方法也有局限:“别异比类,犹未能以十全。”《内经》在实际运用比类的方法尤其“援物比类”时多有牵强之处,例如将一年的日月数目与人的大、小骨头数目相类比等。

揆度奇恒 《黄帝内经》用语。指以正常人的某些指标衡量病人情况,确定病之所在及病之轻重。《素问·玉版论要篇》:“揆度者,度病之浅深也。奇恒者,言奇病也。……揆度奇恒,道在于一。”揆度,即先确定正常人的某些指标,然后以此为尺度去衡量其他人,经过比较,与正常指数相同的为无病,超过或者未满正常指标的为有病;奇恒,是拿一般情况(恒)与特异情况(奇)作比较,找出两者不同之处,确认病变(奇)之所在及严重程度。如《内经》中以健康人的呼吸来测定病人脉搏迟速的诊断,就是揆度奇恒方法的具体运用。这种类推比较方法,在中医施治中至今仍不失其使用价值。

以我知彼 《黄帝内经》用语。指根据施治者的正常情况推测被施治者的生理情况是否正常。《素问·阴阳应象大论》:“以我知彼……以观过与不及之理。”认为人与人之间的生理病理机制相同,因而可以把医生本人的正常生理情况作为已知条件,观察分析求医者的生理情况,比较两者之间是否存在“过”与“不及”之处,以核定求医者的生理情况是否正常。

别异比类 《黄帝内经》中的一种类比方法。审察表面相似实质不同的情况,根据人体各部分之间的联系作由此及彼的推论。“不引比类,是知不明也。”(《素问·示从容》)认为人体是统一整体,各部分之间有着相互联系,通过人的表象的不同的辨别,可以推测内部的疑难病症。如,“脉之小、大,滑、涩,浮、沉,可以指别;五藏之象,可以类推”(《素问·五藏生成论》)。体内五藏虽然看不见摸不到,但通过手指感觉脉的搏动情况,辨别其大、小,滑、涩,浮、沉之差异,可以类推与之相关的五藏是否正常。但认为这种方法并非十全十美,“别异比类,犹未能以十全”(《素问·疏五过》)。

援物比类 《黄帝内经》中的一种类比方法。援引自然物中一些与人体生理相似的规律性道理,推论人体生理病理的变化及其施治方法。《素问·示从容论》："夫圣人之治病，循法守度，援物比类，化之冥冥。"《内经》将人体与自然物视为同一大类，善于从一些远缘事物中寻找相通之处，然后类比推演。如以气候对行船、凿地的影响，推论气温和体温对针刺疗法的影响；以打仗"无迎逢逢之气，无击堂堂之阵"之理，与针刺治病作比类，推演出"无刺熇熇之热，无刺漉漉之汗"的结论。

阴阳本始 《黄帝内经》用语。以阴阳为天地万物及生命之本，《素问·阴阳应象大论》曰："阴阳者，天地之道也，万物之纲纪，变化之父母，生杀之本始，神明之府也，治病必求于本。"《素问·脉要精微论》亦曰："微妙在脉，不可不察，察之有纪，从阴阳始。"并且以为阴阳平衡乃人体健康之根，"阴阳匀平"，"命曰平人"(《素问·调经论》)，"阴平阳秘，精神乃治"(《素问·生气通天论》)因此进而强调"善诊者，察色按脉，先别阴阳"(《素问·阴阳应象大论》)；"明于阴阳，如惑之解，如醉之醒"(《灵枢·病传》)。由此可见阴阳学说在中国古代医学理论中处于核心地位。

阴阳相错 《黄帝内经》用语。《黄帝内经》以阴阳学说作为医学理论的认识基础。《素问·天元纪大论》："天有阴阳，地亦有阴阳。故阳中有阴，阴中有阳。……阴阳相错，而变由生也。"以为阴阳之气是相互交错、互为作用的。而阴阳相错又主要表现在其是相互影响的，如"阴胜则阳病，阳胜则阴病"(《素问·阴阳应象大论》)；并会相互转化，如"重阴必阳，重阳必阴"(同上)。用以指导医疗实践，"故善用针者，从阴入阳，从阳引阴，以右治左，以左治右"(同上)。

阴阳盛衰 中国古代医学用语。最早见于《黄帝内经》。以阴阳为医道之基本概念，以阴阳二者平衡为健康标准，认为失去平衡即任何一方偏盛偏衰则易生疾病。《素问·阴阳应象大论》："阴胜则阳病，阳胜则阴病。"具体包括偏盛致疾，如"阳盛则外热，阴盛则内寒"(《素问·调经论》)；偏衰致疾，如"阳虚则外寒，阴虚则内热"(同上)。体现了中国医学独特的平衡理论。

善诊者先别阴阳 《黄帝内经》用语。"善诊者，察色按脉，先别阴阳"(《素问·阴阳应象大论》)。以为阴阳平衡乃人体健康之根本，故善于治病者必从观察人体阴阳平衡状况始。

生克乘侮 中国古代医学用语。生克，即相生相克；乘，乘虚而袭害；侮，恃强而欺侮。最早见于《黄帝内经》。采当时五行生胜哲学思想，以为人体亦存在相生相克现象。相生即指一事物对另一事物有资生作用，相克即指一事物对另一事物有抑制作用。如《素问·玉机真藏论》："五藏受气于其所生"，"肝受气于心"，"心受气于脾"，是为相生关系；《素问·宝命全形论》："木得金而伐，火得水而灭，土得木而达"，是为相克关系。进而提出乘侮理论以说明自然生胜关系遭破坏的原因。《素问·五运行大论》："气有余则制己所胜而侮所不胜；其不及则己所不胜侮而乘之，己所胜轻而侮之。"包含了对整体与平衡问题的思考。

乘侮 见"生克乘侮"。

平人 《黄帝内经》用语。《素问·调经论》："阴阳匀平，以充其形，九候若一，命曰平人。"平人，正常人或健康者，其基本条件是体内阴阳二气之间的平衡。

标本 中国古代医学用语。有本末、主次、轻重、缓急多重含义。如致病原因为本，发病证候为标；旧病与原发病为本，新病与继发病为标；病在脏腑者为本，病在肢体者为标等等。《素问·阴阳应象大论》："治病必求于本。"强调治病当求治本为基本原则；但又有急则治标，缓则治本或标本兼治等方法。反映出对本质与现象、原因与结果等问题的深刻认识，同时也反映了医疗实践中原则性与灵活性的高度统一。

表里 中国古代医学用语，最早见于《黄帝内经》。《素问·阴阳应象大论》："以我知彼，以表知里。"(1) 言人体内外，在内为里，在外为表，同藏象。明张景岳注《素问·六节藏象论》："象，形象也。藏居于内，形见于外。"(2) 亦指脏腑及所络属经脉之关系。《素问·血气形志》，"足太阴与少阴为表里，少阳与厥阴为表里……"以医学知识为背景，包含了对现象与本质以及事物相互关系问题的思考。

补泻 中国古代医学用语，最早见于《黄帝内经》。以为疾病的产生是由于平衡被打破，即或病有余，或病不足。如"神有余有不足，气有余有不足"(《素问·调经论》)。而治疗即是设法重新恢复平衡，故需"有余泻之，不足补之"，如"神有余则泻其小络之血"，"神不足者，视其虚络，按而致之"；"气有余则泻其经隧"，"气不足则补其经隧"(同上)。反映了《内经》关于平衡的健康观念与医学理论。

虚实 中国古代医学用语，即虚证与实证，最早见于《黄帝内经》。《素问·调经论》："百病之生，皆有虚实"；《素问·通评虚实论》谓："邪气盛则实，精气夺则虚。"即体壮初病，邪气盛者多表现为实证；体弱久病，正气衰者多表现为虚证。以此说明病理特点及变化。但又指出，虚证与实证亦可同时出现，称为虚实夹杂，如邪实正虚、上实下虚等。虚实理论也与阴阳理论密切相关，"阳虚则外寒，阴虚则内热"(《素问·调经论》)。

病因虚邪 《黄帝内经》用语。《灵枢·百病始生》曰："风雨寒热，不得虚邪，不能独伤人。卒然逢疾风暴雨而不病者，盖无虚，故邪不能独伤人。此必因虚邪之风，与其身形，两虚相得，乃客其形。"反映了《内经》的病机思想，致病须有内(虚)外(邪)两方面原因，而内因是主要的因素。

辨证施治 中国古代医学理论。"辨证"即运用四诊(望、闻、问、切)与八纲(阴、阳、表、里、寒、热、虚、实)等方法，辨别各种不同的证候，从脏腑、经络学说等整体观点出发，分析病人的体质特点及其对疾病的反应，结合发病时令、地区、环境差异等因素，研究其致病原因与发病原理的普遍性与特殊性，于同中求异，异中求同，作出确切的诊断。“施治”即根据辨证的结果，针对病情，确定标本缓急的治疗原则，选择恰当的治疗方法。由于病机的变化不同，相同疾病可能产生不同证候，不同疾病可能产生相同证候，故同病可以异治，异病可以同治。在治疗方法上充分体现了原则性和灵活性的统一。

四诊 中国古代医学用语。指望、闻、问、切四种诊断方法，形成于《黄帝内经》。《素问·阴阳应象大论》：“善诊者，察色按脉，先别阴阳；审清浊而知部分；视喘息，听声音而知所苦；观权衡规矩而知病所主；按尺寸，观浮沉滑涩而知病所生。”后《难经·六十一难》归结曰：“望而知之谓之神，闻而知之谓之圣，问而知之谓之工，切脉而知之谓之巧。”但古代医家强调，四诊须综合运用，相互参照，方能作出确切的诊断，如李时珍：“上士领会其全，非备四诊不可”（《濒湖脉学·序》）。深刻认识到全面观察与综合思维对于治疗的意义。

望闻问切 同“四诊”。

六经辨证 中国古代医学用语，由张仲景提出。六经即太阳、阳明、少阳（以上又称三阳）、太阴、少阴、厥阴（以上又称三阴），基本思想由《内经》提出，主要阐述外感病传变理论。张仲景《伤寒杂病论》在此基础上归纳出六个证候类型，并精确记录各类证候的主要脉症、病机与治疗方案。总结了病邪由表入里、由阳入阴逐渐加重的规律性；但也指出病传顺序的变异性。深化了《内经》“辨证施治”的理论。其中涉及对阴阳、表里、虚实、一多、常变、正奇等问题的考察，有丰富的辩证思想。

八纲辨证 中国古代医学用语。即阴、阳、表、里、寒、热、虚、实，是中国古代医学辨证的纲要。张仲景《伤寒杂病论》已具八纲辨证之雏形。明张景岳《景岳全书》：“凡诊病施治，必须先审阴阳，乃为医道之纲领”，而“表、里、寒、热、虚、实也，是即医中之关键”。清程国彭《医学心悟》：“病有总要，寒、热、虚、实、表、里、阴、阳八字而已，病情既不外此，则辨证之法，亦不出此。”与《黄帝内经》“四诊”方法、《伤寒杂病论》“六经”理论一同构成中国传统医学严密的辨证论治体系。

阴阳匀平 《黄帝内经》用语。《素问·调经论》：“阴阳匀平，以充其形，九候若一，命曰平人”，以为人体阴阳之气的平衡是生命健康的基本条件。并以此作为医疗活动的指导原则，“谨察阴阳所在而调之，以平为期”（《素问·至真要大论》）。此后亦为中国传统医学的基本思想。

见病知源 张仲景用语。《伤寒杂病论》序：“虽未能尽愈诸病，庶可以见病知源。”“知源”即通过对外在病证的观察和分析，了解其内在的原因与规律。体现了张仲景依据观察而探询原因，透过现象而发现本质的思想与方法。

三阴三阳 中国古代医学用语，最早见于《黄帝内经》。《素问·天元纪大论》：“阴阳之气各有多少，故曰三阴三阳也。”三阳分别是太阳、阳明、少阳，三阴分别是太阴、少阴、厥阴。三阴三阳理论对病理现象既作了质的区别，也作了量的划分。

药用佐使 中国古代医学用语，关于药物配伍的理论。以主药为君，辅药为臣，主辅药之间有相互配合关系。最早见于《黄帝内经》。《素问·至真要大论》：“主病之谓君，佐君之谓臣，应臣之谓使”，并依据病情有大小制之分，“君一臣二，制之小也；君一臣三佐五，制之中也；君一臣三佐九，制之大也。”其中包含了对主次地位及配合关系等问题的深刻理解。

脏腑参天地 中国古代医学用语。最早见于《黄帝内经》，《素问·生气通天论》：“夫自古通天者，生之本，本于阴阳。天地之间，六合之内，其气九州九窍、五脏、十二节，皆通乎天气”；《素问·阴阳应象大论》：“天有四时五行，以生长收藏，以生寒暑燥湿风。人有五脏化五气，以生喜怒悲忧恐。”后世医家继承此说，如唐代杨上善：“肺心居其上，故参天也。肝脾肾在下，故参地也。肝心为牡，副阳也；脾肺肾等牝，副阴也”（《黄帝内经太素》卷六）。以为人体脏腑乃参天地而生，其中既有古朴的天人对应的自然观，也不乏比类副数的神秘思想。

情欲生害 《吕氏春秋》用语，为其养生理论。《吕氏春秋·情欲》：“天生人而使有贪有欲，欲有情。”但《吕氏春秋》以为，情欲应有节制，如“声禁重，色禁重，衣禁重，香禁重，味禁重，室禁重。”（《去私》）情欲若不加节制，对身体或生命是有害的，如“大喜、大怒、大忧、大恐、大哀，五者接神则生害矣”（《尽数》）。进而主张情欲须符合“贵生”的要求，“由贵生动则得其情矣，不由贵生动则失其情矣。此二者，死生存亡之本也”（《情欲》）。

我命在我 道教用语。最早见于晋葛洪的《抱朴子·黄白》，其援引《龟甲文》：“我命在我不在天，还丹成金亿万年。”以后宋张伯端的《悟真篇》也说：“一粒金丹吞入腹，方知我命不由天。”坚信丹药可使人延年益寿，重生思想中包含着荒谬；但反对传统儒家消极天命观，反映了对人力的积极肯定和对长生的乐观追求。

人命至重 孙思邈用语。《千金要方序》：“人命至重，有贵千金，一方济之，德逾于此，故以为名也。”反映了将人的生命价值放在首要地位的医学目的论。

儒医 指既习医术，又通儒学者，受宋代理学影响而产生。《宋会要辑稿》：“朝廷兴建医学，教养士类，使习儒术，通黄素，明诊疗而施于疾病，谓之儒医。”视行医不只个人谋生之手段，更是利民安国之仁术，甚而将救人与拯世视为同务。刘完素曰：“但欲同以宣扬古圣人之妙道，而普救后人之生命尔。”（《素问病机气宜保命集》卷上）

易儒医一道 金刘完素用语。《素问玄机原病式序》：“易学体乎五行八卦，儒教存乎三纲五常，医教要乎五运六气。其门三，其道一，故相须以用而相即，盖本教一而已。”以为医与易学、儒教门殊道同，并列而为三种最重要的教说，且之间可互为借鉴与补充。

医理 中国古代医学理论，指行医须明理即自然规律。唐王冰《素问·至真要大论》注曰：“深乎！圣人之言，理宜然也。”宋以后为医家普遍接受。《圣济经》以为：“声合五色，色合五行，脉合阴阳。孰为此者？理自然也。”而治病则是“达自然之理，以合自然之宜。”金刘完素《素问玄机原病式序》也说：“夫医教者，源自伏羲，流于神农，注于黄帝，行于万世，合于无穷，本于大道，法乎自然之理。”

经　　学

经 历来多指儒家典籍。其内涵逐渐演化。本义为订书之线，通称一切书籍。汉代尊儒术，乃成儒家典籍之特称。初指相传为孔子编定的《诗》、《书》、《礼》、《易》、《乐》、《春秋》六经。后扩展为七经、九经、十三经。并在训释字义时被赋予特殊的意义。如《释名·释典艺》：“经，径也，常典也，如径路无所不通，可常用也。”除儒教外，道教、佛教也把自己的典籍称为“经”。如《道德经》、《南华经》、《坛经》、《大藏经》等。另外，专述某一事物、技艺之书亦称经，如《水经》、《茶经》等。

博士 中国古代学官名。源于战国，《史记·循吏列传》：“公仪休者，鲁博士也，以高第为鲁相。”《汉书·百官公卿表上》：“博士，秦官，掌通古今。”秦及汉初，博士所掌为古今史事侍问及书籍典守。汉武帝时设五经博士，自后博士专掌经学传授。与文帝、景帝时的博士制度有异。汉博士治经，各守家法。如武帝立五经博士，以今文经学为主，而同时河间献王（刘德）也立博士，表彰民间古文经学，与官学相对抗。《汉书·儒林传》：“初，《书》惟有欧阳（生），《礼》后（仓），《易》扬（何），《春秋》公羊而已。至孝宣世，复立大小夏侯《尚书》，大小戴《礼》，施（雠）、孟（喜）、梁丘（贺）《易》，穀梁《春秋》。至元帝时，复立京氏（房）《易》。”均为今文经学。平帝时，立左氏《春秋》、毛氏《诗》、《逸礼》和《古文尚书》，古文经学逐渐成为官学。东汉光武帝时立十四博士，又渐次恢复了今文经学的地位。东汉中叶，经学转到民间师儒手里。此后，博士官制虽历代相沿，而其作用与前已有所不同。

五经博士 即《诗》、《书》、《礼》、《易》、《春秋》五经博士。汉武帝时立。文帝时惟《诗》设有博士。武帝建元五年（前132）春，始置五经博士。参见“博士”。

孔壁古文 亦称“壁经”。相传在孔子住宅的壁中发现的古文经书。据《汉书·艺文志》：“古文尚书者，出孔子壁中。武帝末，鲁共王（刘馀）坏孔子宅，欲以广其宫，而得《古文尚书》及《礼记》、《论语》、《孝经》凡数十篇，皆古字也。”“壁经”是用汉以前的文字（隶书以前的文字即古籀文）书写，故名。清代学者怀疑此事，考辨古文经书。自万斯大辨《周官》起，刘逢禄对《左传》，邵懿辰对《逸礼》，魏源对《毛诗》、《古文尚书》，龚自珍对中古文，一直持怀疑态度；至康有为撰《新学伪经考》对古文经进行了系统的考辨。

壁经 即“孔壁古文”。

中古文 汉代藏于皇帝秘府中的古文经籍。《汉书·艺文志》曾有刘向“以‘中古文’《易经》校施、孟、梁丘经”，“以‘中古文’（《尚书》）校欧阳、大小夏侯三家经文”等语。清龚自珍对这一资料颇为怀疑（见《龚自珍全集·说中古文》）。

三经 北宋王安石撰《毛诗义》、《尚书义》、《周官新义》，称为《三经义》，或称《三经新义》，故有“三经”之名。

五经 儒家的五部经典。始称于汉武帝时。即《诗》、《书》、《礼》、《易》、《春秋》。其中保存有中国古代丰富的历史资料，长期成为封建统治阶级的教科书，并作为宣传宗法封建思想的理论依据。

六经 儒家六部经典。始见于《庄子·天运》。即在《诗》、《书》、《礼》、《易》、《春秋》五经之外，另加《乐经》。后世学者，或认为《乐经》因秦焚书而亡失；或认为儒家本来没有《乐经》，“乐”即包括在《诗》、《礼》之中。据古代文献考证，以后说较妥。也有称六经为“六艺”的，见《史记·滑稽列传》。南宋陆九渊“六经皆我注脚”（《象山语录》），则用以泛指群经。

六艺 ❶ 即“六经”。《史记·滑稽列传》：“孔子曰：‘六艺于治一也，《礼》以节人，《乐》以发和，《书》以道事，《诗》以达意，《易》以神化，《春秋》以道义。’”刘歆《七略》著录六经经籍，称为“六艺略”，见《汉书·艺文志》。❷ 亦指中国古代学校的教育内容。《周礼·地官司徒·保氏》：“保氏掌谏王恶；而养国子以道，乃教之六艺。”即礼、乐、射、御（驭）、书、数。

七经 儒家七部经典。(1) 汉代提倡“孝治”，宣传宗法封建思想，贵族子弟先授《论语》、《孝经》，连同《诗》、《书》、《礼》、《易》、《春秋》五经，合称“七经”。(2) 北宋刘敞撰《七经小传》，以《尚书》、《毛诗》、《周礼》、《仪礼》、《礼记》、《公羊传》、《论语》为七经。(3) 清康熙“御纂”七经，以《易》、《书》、《诗》、《春秋》、《周礼》、《仪礼》、《礼记》为七经。

九经 儒家九部经典。(1) 唐代以科举取士，在“明经”科中，有《三礼》（《周礼》、《仪礼》、《礼记》）、《三传》（《左传》、《公羊传》、《穀梁传》），连同《易》、《书》、《诗》，称“九经”。(2) 宋刻巾箱本九经白文，以《易》、《书》、《诗》、《左传》、《礼记》、《周礼》、《孝经》、《论语》、《孟子》为九经。(3) 明郝敬《九经解》，以《易》、《书》、《诗》、《春秋》、《礼记》、《仪礼》、《周礼》、《论语》、《孟子》为九经。(4) 清纳兰成德《通志堂经解》，以《易》、《书》、《诗》、《春秋》、《三礼》、《孝经》、《论语》、《孟子》、《四书》为九经。(5) 清惠栋《九经古义》，解释《易》、《书》、《诗》、《左传》、《礼记》、《仪礼》、《周礼》、《公羊传》、《穀梁传》、《论语》十经，其中《左传补注》别本单行，故名。

十经 儒家十部经典。(1) 以《易》、《书》、《诗》、《周礼》、《仪礼》、《礼记》、《左传》、《公羊传》、《穀梁传》各为一经，《论语》、《孝经》合为一经，共十经。见《宋书·百官志上》。(2) 以《诗》、《书》、《礼》、《易》、《春秋》五经加五纬称十经，《南史·周续之传》："通五经五纬，号曰十经。"

十二经 儒家十二部经典。(1) 始见于《庄子·天道》篇。唐陆德明《经典释文》以为有三义：1.《诗》、《书》、《礼》、《乐》、《易》、《春秋》六经，加六纬。2.《易》上下经，连同《十翼》(《彖》上下、《象》上下、《系辞》上下，《文言》、《说卦》、《序卦》、《杂卦》)。3.《春秋》十二公(隐公、桓公、庄公、闵公、僖公、文公、宣公、成公、襄公、昭公、定公、哀公)之称。按第2、第3义，实分指《易》、《春秋》。(2) 宋晁公武《郡斋读书记》："唐太和(827—835)中，复刻十二经，立石国学。"指《易》、《书》、《诗》、《周礼》、《仪礼》、《礼记》、《春秋左传》、《公羊传》、《穀梁传》、《论语》、《孝经》、《尔雅》为十二经。

十三经 十三部儒家经典。即《易》、《书》、《诗》、《周礼》、《仪礼》、《礼记》、《公羊传》、《穀梁传》、《左传》、《论语》、《孝经》、《尔雅》、《孟子》。

纬书 以神学迷信附会解说儒家经典之书。有广狭二义，广义泛指两汉时一切讲术数占验之书，狭义则专指"七纬"即《诗》、《书》、《礼》、《乐》、《易》、《春秋》和《孝经》的纬书。《隋书·经籍志》著录共有八种，四十三卷，《后汉书·樊英传》注记有"七纬"的三十五个名目(篇)。纬书内容多为奇特怪诞的神学迷信。如《春秋纬·汉含孳》说孔丘生前预知后世有汉朝，故作《春秋》以"为汉制法"。其中也记录了一部分古代神话和天文、历法、地理等科学史资料。如《尚书纬·考灵曜》说："地恒动不止人不知，譬如人在大舟中，闭牖而坐，舟行不觉也。"(见《太平御览》卷三十六)反映了当时人们对地动说的朴素的臆测。纬书与图谶以及"五德终始"说相互配合，往往为改朝换代制造舆论。隋炀帝即位，"乃发使四出搜天下书籍，与谶纬相涉者，皆焚之"(《隋书·经籍志》)，纬书遂大都失传。现存有《易纬》(亦不全)，包括《乾凿度》、《稽览图》、《是类谋》、《坤灵图》、《乾坤凿度》、《通卦验》、《辨终备》、《乾元序制记》等名目。其他纬书散见各书中，明孙谷《古微书》、清马国翰《玉函山房辑佚书》、黄奭《汉学堂丛书》、赵在翰《七纬》、乔松年《纬攟》都有辑录，而以赵、乔二本较为完备。

七纬 汉代以神学迷信附会儒家经义的书。《诗》、《书》、《礼》、《乐》、《易》、《春秋》和《孝经》七经的纬书的总称。如《诗纬含神雾》、《书纬帝命验》、《礼纬含文嘉》、《乐纬动声仪》、《易纬乾凿度》、《春秋纬元命苞》、《孝经纬援神契》等。参见"纬书"。

纳甲 汉代易学用语。指八卦与天干、五行、方位相配合，故名。如以甲乾乙坤，相得合木，故甲乙在东。丙艮丁兑，相得合火，故丙丁在南。戊坎己离，相得合土，故戊己居中。庚震辛巽，相得合金，故庚辛在西。天壬地癸，相得合水，故壬癸在北。西汉京房、三国虞翻曾据以说《易》。为卜筮家以卦爻分配干支五行所本。

卦气 汉代易学用语。以《易》卦与四时气候相配，故名。坎、离、震、兑为四正卦，主四时，其爻主二十四气。余六十卦，主六日七分，其爻主 $365\frac{1}{4}$ 日。内自复至乾、自姤至坤另为十二月消息卦，主十二辰，其爻主七十二候。其说出于西汉孟喜、京房。汉儒用以占验吉凶，后又用于历学。清惠栋《易汉学》曾予阐发。

飞伏 汉代易学用语。以卦见者为飞，不见者为伏；以飞为未来，伏为既往。汉儒用以占验吉凶。《京氏易传》曾有记载，清惠栋《易汉学》加以阐发。

爻辰 汉代易学用语。以《易》卦的阴阳六爻配合十二时辰，故名。《易纬·乾凿图》谓乾的初爻以十一月子为"贞"(正)，"左行，阳时六"；坤的初爻以六月未为"贞"(正)，"右行，阴时六"。乾坤"交治而交错行"，称为"纳子"。东汉郑玄将它同十二律相配合，称为"纳音"。用以推验吉凶。

爻 辰

六义 诗经学用语。《周礼·春官宗伯·大师》以风、赋、比、兴、雅、颂为六诗。《诗·大序》："故诗有六义焉：一曰风，二曰赋，三曰比，四曰兴，五曰雅，六曰颂。"但其解说略有不同。据唐孔颖达解说："风雅颂者，诗篇之异体；赋比兴者，诗文之异词耳。大小不同而得并为六义者，赋比兴是诗之所用，风雅颂是诗之成形。用彼三事，成此三事，是故同称为义。"以为风雅颂是诗歌的类型，赋比兴是表现诗歌内容的方法。但也有人以为是六种诗体，如章炳麟《国故论衡·六诗说》。

五际 诗经学用语。汉代《齐诗》学者翼奉所传，以为：午亥之际为革命，卯酉之际为改正(一本作"革正"。正，同政)。卯为《天保》；酉为《祈父》；午为《采芑》；亥为《大明》。又以为亥为革命，是一际；亥又为天门，出入候听，是二际；卯为阴阳交际，是三际；午为阳谢阴兴，是四际；酉为阴盛阳微，是五际。《天保》、《祈父》、《采芑》、《大明》，都是《诗经》篇名。把《诗经》中的篇章和阴阳五行相配合，用以推论政治得失，是今文诗学的一种说解。清陈寿祺《左海经辨·诗有六情五际辨》和清陈乔枞《三家诗遗说考》有专门解释。

五始 《春秋公羊》学用语。《春秋经》"元年春王正月公即位。"董仲舒《春秋繁露·二端》："《春秋》之道，以元之深，正大之端；以天之端，正王之政；以王之政，正诸侯之即位；以诸侯之即位，正境内之治；五者俱正而化大行。”“五者”即指元年一，春二，王三，正月四，公即位五。《春秋公羊传》隐公元年何休《解诂》：“《春秋》以元之气，正天之端；以天之端，正王之政；以王之政，正诸侯之即位；以诸侯之即位，正境内之治。”认为这五者构成一个完整的体系，互相配合，所以联系贯通万事万物，“乃天人之大本”。会通天人、治国、安民、平天下的基本原理。

三科九旨 中国历代治“春秋公羊学”的经学家对孔子“微言”即《春秋》“微言”的概括。认为《春秋》书法于三个科段之内，含九种旨意，作为评说、褒贬世事的准绳。《公羊传》徐彦疏引东汉何休《春秋文谥例》：“三科九旨者。新周、故宋，以《春秋》当新王，此一科三旨也”；“所见异辞，所闻异辞，所传闻异辞，二科六旨也”；“内其国而外诸夏，内诸夏而外夷狄，是三科九旨也”。以为就时代论，孔子为殷人的后裔，据东周之世，笔削《春秋》以成素王之业，为后世立法；就史事论，《春秋》分十二公为三世，隐、桓、庄、闵、僖五公之事为孔子所传闻，文、宣、成、襄四公为孔子所闻，昭、定、哀三公为孔子亲见；就亲疏论，《春秋》为鲁史，故以鲁国为内，诸夏列国为外，“夷狄”又为诸夏之外。又宋衷注《春秋》，以张三世、存三统、异内外为三科，以时、月、日；王、天王、天子；讥、贬、绝为九旨。三世指夏、商、周；夏为人统，商为地统，周为天统；时、月、日，指纪事的详略，王、天王、天子，指称谓的远近亲疏；讥、贬、绝，指书法的轻重。清今文经学家孔广森曾另解“三科九旨”，以天道、王法、人情为三科；时、月、日；讥、贬、绝；尊、亲、贤为九旨（见《春秋公羊通义》）。

伪经 在中国经学史中，有两义：(1) 指假托前人名义伪造的经书。唐孔颖达《尚书正义》用东晋梅赜古文本，即有伪《古文尚书》在内。(2) 指古文经传。中国康有为著《新学伪经考》，认为古文经传是西汉刘歆伪作，称为伪经。

大经 (1) 指六经中的《春秋》。《礼记·中庸》：“惟天下至诚为能经纶天下之经。”东汉郑玄注：“至诚，谓孔子；大经，谓六艺而指《春秋》也。”(2) 唐宋国子监教科与进士考试依经书文字多少分大、中、小三级。《新唐书·选举志上》：“凡《礼记》、《春秋左氏传》为大经，《诗》、《周礼》、《仪礼》为中经，《易》、《尚书》、《春秋公羊传》、《穀梁传》为小经。”《宋史·选举志一》：“〔元祐四年(1089)〕以《诗》、《礼记》、《周礼》、《左氏春秋》为大经，《书》、《易》、《公羊》、《穀梁》、《仪礼》为中经。”

中经 ❶ 唐时以《诗》、《周礼》、《仪礼》为中经，宋时以《书》、《易》、《公羊》、《穀梁》、《仪礼》为中经。参见“大经”。❷ 指藏于皇帝秘府中的经籍。汉代有“中五经”（见《汉书·刘向传》）。魏秘书郎郑默制“中经”（见《隋书·经籍志》）。又《晋书·荀勖传》：“及得汲郡冢中古文竹书，诏勖撰次之，以为中经，列在秘书。”

小经 唐时以《易》、《尚书》、《春秋公羊传》、《穀梁传》为小经（参见“大经”）。宋徽宗时又以《庄子》、《列子》为小经（见宋吴曾《能改斋漫录》卷十三）。

四书 儒家典籍《论语》、《孟子》、《大学》和《中庸》的合称。源于宋代理学家复兴儒学的需要。《论语》在汉代即已列入“经”类，但《孟子》属子书，《大学》、《中庸》还只是《礼记》的两篇文章。唐代韩愈根据“道统”说，提出“求圣人之道者，必自孟子始”，首开尊孟之先河，并认为《大学》、《中庸》可独立成书，与《孟子》、《易经》同样重要。北宋时《孟子》入“经”，列为“九经”。程颢、程颐又“表章《大学》、《中庸》二篇，与《语》、《孟》并行。于是上自帝王传心之奥（指《中庸》），下至初学入德之门（指《大学》），融会贯通，无复余蕴”（《宋史·道学传》序论）。南宋时朱熹于光宗绍熙年间在彰州刊刻《四书》，又作《四书集注》，重编章句，着意阐发先圣“道统”之“真传”，此后《四书》作为一类经书的专称开始盛行。朱熹还提出：“《四子》，《六经》之阶梯。”（《语类》卷一〇五）以为《四书》易《六经》难；《四书》近《六经》远；《四书》小《六经》大，主张由近及远、由易至难、自小推大，逐步掌握经书要义，确立《四书》在封建教育中的先导地位。又规定：先读《大学》，以定其规模。次读《论语》，以立其根本。次读《孟子》，以观其发越。次读《中庸》，以求古人之微妙处。并汇集周敦颐、二程、张载的语录，编成《近思录》十四卷，作为读《四书》的入门和导引，阐述了治经为学的程序。元代以后，《四书》及朱熹注成为科举考试的张本，极大地影响了中国封建社会后期的思想意识和文化教育。

石经 刻在石上的儒家经典。汉代以后，有石经多种；至今有文字可考的，有下列七种：(1) 熹平石经，也叫“一字石经”。东汉熹平四年(75)，蔡邕用隶书写成《周易》、《尚书》、《鲁诗》、《仪礼》、《春秋》和《公羊传》、《论语》各经。(2) 正始石经，也叫“三体石经”。魏正始中(240—253)刻石，用古文、篆、隶三体。(3) 唐开成石经。唐开成二年(837)用楷书刻《易》、《书》、《诗》、《仪礼》、《周礼》、《礼记》、《左传》、《公羊传》、《穀梁传》、《论语》、《孝经》、《尔雅》十二种。清康熙七年(1668)复补刻《孟子》。(4) 蜀石经。五代时蜀孟昶命毋昭裔督造，以楷书刻石。刻始于广政元年(938)，又称“广政石经”。有《孝经》、《论语》、《尔雅》、《易》、《诗》、《书》、《仪礼》、《礼记》、《周礼》、《左传》十种。北宋时，刻全《左传》，并续刻《公羊传》、《穀梁传》、《孟子》三种。(5) 北宋石经，也叫“二字石经”。宋仁宗时刻石。嘉祐六年(1061)竣工，又称“嘉祐石经”。用篆、隶两体，有《易》、《诗》、《书》、《周礼》、《礼记》、《春秋左氏传》、《孝经》、《论语》、《孟子》九种。(6) 南宋石经。宋高宗时刻石，又称“宋高宗御书石经”。有《易》、《诗》、《书》、《左传》、《论语》、《孟子》和《礼记》中的《中庸》、《大学》、《学记》、《儒行》、《经解》五篇。(7) 清石经。清乾隆年间刻石，共十三经。嘉庆八年(1803)曾加磨改。今只唐开成石经尚存西安，清石经尚存北京，比较完整，余均残缺。在文字上，以前四种较为重要。明清之际顾炎武《石经考》、清万斯同《石经考》，近人马衡《汉石经集存》、张国淦《历代石经考》，对石经源流、文字，各有考释，可供参考。

四术 即诗、书、礼、乐。古代贵族用“四术”进行教育。《礼记·王制》：“乐正崇四术，立四教，顺先王诗、书、礼、乐以造士，春秋教以礼、乐，冬夏教以诗、书。”东汉郑玄注：“崇，高也，高尚其术以作教也。”

诗教 即以“诗”为教。孔子提出的政治教育和道德训化的基本原则。语见《礼记·经解》载：“孔子曰：‘入其国，其教可知也；其为人也，温柔敦厚，诗教也。”《论语·泰伯》亦曰：“兴于诗，立于礼，成于乐。”认为学《诗》可以陶冶人的性情，是人自觉循礼成乐的前提。又具体阐发诗教的政治功能和社会作用，称：“诗可以兴，可以观，可以群，可以怨。迩之事父，远之事君，多识于鸟兽草木之名。”（《论语·阳货》）“兴”者，与用于刺恶的“比”相对应，主要在“劝善”。

书教 《尚书》的教育，语见《礼记·经解》：“孔子曰：入其国，其教可知也。其为人也……疏通知远，《书》教也。”此言表明孔子肯定了《书》教的意义和价值。书，即《尚书》，相传由孔子编定。孔颖达疏：“《书》录帝王言诰，举其大纲，事非繁密是疏通，上知帝皇之世是知远也。”（《礼记正义》）书教作为六艺之一，其基本内容在孔子之前已有。但是，把《书》和《诗》、《礼》、《乐》、《易》、《春秋》共同编订成定型的六本教材，则是孔子完成的。《论语》记录了孔子三次引《书》，以古喻今，教导弟子如何从政、行道。反映了孔子对书教的重视。

礼教 《礼》的教育。《礼记·经解》：“孔子曰：入其国，其教可知也。其为人也……恭俭庄敬，《礼》教也。”孔子此言肯定了礼教的价值和意义。《礼》，亦称《礼经》或《士礼》，春秋战国时一部分礼制的汇编。礼教，主要是教习礼的仪式技能。其基本内容在孔子以前已被列为贵族教育的主要内容。孔子认为礼的意义十分重大，“丘闻之，民之所由生，礼为大。非礼，无以节事天地之神也；非礼，无以辨君臣上下长幼之位也；非礼，无以别男女父子兄弟之亲，婚姻疏数之交也。”（见《礼记·哀公问》）故“不学诗，无以言，不学礼，无以立”（《论语·季氏》）。孔子不仅参观、访问、搜集资料，对礼进行广泛深入的研究，而且在此基础上将其作为一项重要内容列入自己的教学科目。孔子进行《礼》教，重在培养健全人格。后世谈礼教，重在正名定分，更以“三纲”为核心内容，已非孔子倡导礼教的本意。

乐教 《乐经》的教育。语见《礼记·经解》：“孔子曰：入其国，其教可知也。其为人也……广博易良，乐教也。”肯定了《乐》教的价值和意义。乐，《乐经》，为六经之一。古文经学认为秦焚书而《乐》亡佚。今文经学认为“乐”本无经，“乐”之源在《诗》三百篇中，“乐”之用在《礼》十七篇中。《乐经》的教育即指学习音乐的基本功、音乐理论以及审美等内容。孔子认为：“志之所至，诗亦至焉；诗之所至，礼亦至焉；礼之所至，乐亦至焉。”（见《礼记·孔子闲居》）立志而后学诗，学诗而后知礼，知礼而后才能从音乐的启迪中去自觉地陶冶性情。提出“兴于诗、立于礼、成于乐”（《论语·泰伯》）之说，认为乐是达到仁的最高境界的必由之径。他还主张以“乐”治国。反映了孔子对乐教的重视。

易教 《易》的教育。语见《礼记·经解》：“孔子曰：入其国，其教可知也。其为人也……洁静精微，易教也。”孔子此言肯定了《易》教的价值和意义。《易》，分《经》、《传》两部分。易教，主要是为掌握事物变化的规律，以便趋吉避凶，决定行止。孔颖达疏：“易之于人，正则获吉，邪则获凶，不为淫滥是洁静；穷理尽性，言入秋毫是精微。”（《礼记正义》）孔子十分重视《易》，“六艺于治一也，《礼》以节人，《乐》以发和，《书》以道事，《诗》以达意，《易》以神化，《春秋》以义。”（《史记·滑稽列传》）“加我数年，五十（卒）以学《易》，可以无大过矣。”（《论语·述而》）《史记·孔子世家》也称：“孔子晚而喜《易》，序《彖》、《系》、《象》、《说卦》、《文言》。读《易》，韦编三绝。”孔子还将《易》传授给弟子，“孔子传《易》于瞿”（《史记·仲尼弟子列传》）。反映了孔子对易教的重视。

春秋教 《春秋》的教育。语出《礼记·经解》：“孔子曰：入其国，其教可知也。其为人也……属辞比事，春秋教也。”孔子此言肯定了《春秋》教的价值和意义。据《孟子》、《庄子》、《荀子》、《史记》等书都认为《春秋》为孔子所作。春秋作为六艺之一，早已列为贵族教育的主要科目。《史记·太史公自序》认为：“《春秋》辩是非故长于治人。”反映了孔子十分重视《春秋》的教育。

义疏 解经之书。其名源于六朝佛家的解释佛典。以后指会通中国古书义理，加以阐释发挥；或指广搜群书，补充旧注，究明原委的书。如南朝梁皇侃《论语义疏》、清郝懿行《尔雅义疏》等。

正义 旧时注释经史，常以“正义”为名。如唐孔颖达等有《五经正义》，张守节有《史记正义》。

疏证 中国哲学史用语。（1）疏通和证明的合称。有分辨之义，如清阎若璩《古文尚书疏证》。（2）会通古书的义理，加以补充、校订、考证、阐释。如清王念孙《广雅疏证》、皮锡瑞《郑志疏证》等。

笺 注释的一种。《毛诗》篇首“郑氏笺”唐孔颖达疏：“郑于诸经皆谓之注。此言笺者，吕忱《字林》云：‘笺者，表也，识也。’郑以毛学审备，遵畅厥旨，所以表明毛意，记识其事，故特称为笺。”

师法 经学用语。指师所传授之法。特指汉代的经学传授。汉时某一经的大师，被立为博士后，他的经说便叫“师法”。《汉书·胡母生传》：“惟嬴公守学，不失师法。”指嬴公能传其师景帝时博士胡母生的《公羊春秋》。清皮锡瑞《经学历史》：“汉人最重师法。师之所传，弟子所授，一字毋敢出入；背师之说即不用。师法之严如此。”

家法 经学用语。汉儒经学传授，博士及所传弟子皆以“师法”说经，各成其家，是谓“家法”。《后汉书·儒林传序》:"于是立五经博士,各以家法传授。"清皮锡瑞《经学历史》:"汉人治经,各守家法;博士传授,专主一家。"

孔子作六经 今文经学的传统说法。以为经学开辟时代,断自孔子删定"六经"。初见于西汉时记载经师言行的部分史籍。司马迁概称:"孔子之时,周室微而礼乐废,诗、书缺;追迹三代之礼、序《书》传,上纪唐、虞之际,下至秦缪,编次其事。"裁定《书》之传、《礼》之记出自孔子。汉代今文经学家认为孔子又删《诗》为三百篇;作卦爻辞、彖、象、文言而有《易》之十翼;笔削《春秋》为后王立法、成不易之则。是以六籍(易、诗、书、礼、春秋、乐)皆经孔子手定而后得列为经。又认为孔子有帝王之德而无帝王之位,晚年知"道"不行,退而删定"六经",以教后世。故主张读孔子所作六经,当重其"微言"、"大义",以遵孔子之教(见皮锡瑞《经学历史》)。东汉时兴起的经古文学,则据孔子"述而不作"的旧说,力证"六经"非孔子所作,而为孔子整理古代史料之书。自此,孔子之是否作六经遂衍为经学史上争论不休的公案。近代康有为出于倡导变法维新的需要,继承今文经学的传统,在《新学伪经考》、《孔子改制考》二书中复倡"孔子作六经"之说,极言:孔子"托古"作六经,是为了"拨乱世致太平","以《春秋》继周,改周之制";称孔子创立"三统"、"三世",也无非是"托诸行事以明其义"(《孔子改制考》)。又上呈《请尊孔圣为国教立教部教会以孔子纪年而废淫祠折》,说:"今所编撰,特发明孔子为改制教主,六经皆孔子所作,俾国人知教主,共尊信之。"以孔子作六经为立论,尊孔子为教主,行改制变法之实。在当时曾被顽固守旧派斥为"离经叛道、惑世乱民"而加以攻击。

学派、事件

学　　派

诸子百家 指先秦至汉初各学派的代表人物及其代表作。后用作当时各学派的总称。战国时已有"百家"之称。《荀子·解蔽》:"诸侯异政,百家异说。"《庄子·天下》:"百家之学时或称而道之。"西汉刘歆的《七略·诸子略》辑录:"凡诸子百八十九家,四千三百二十四篇。"后据此概括为"诸子百家"。

九流十家 先秦至汉初的学术派别的总称。西汉末刘歆在《七略·诸子略》中,把诸子百家总括为十家,即儒、墨、道、名、法、阴阳、农、纵横、杂及小说家。十家中"其可观者九家而已"(《诸子略》)。除了属于文学范围内的小说家以外,后人称为"九流"。《汉书·叙传》:"刘向司籍,九流以别。"

六家 对先秦至汉初的阴阳、儒、墨、名、法、道德六个学派的合称。西汉司马谈在《论六家要旨》中首先把先秦至汉初的各个学派分为六家(见《史记·太史公自序》)。并对"六家"的主要特点与长处、短处,分别加以简括的说明。其顺序并非按学派产生先后排列。司马谈认为六家中道家最重要,能"与时迁移,应物变化,立俗施事,无所不宜",故放在最后评述。另先秦时尸佼也曾列有先秦六家,即为:"墨子贵兼,孔子贵公,皇子贵衷,田子贵均,列子贵虚,料子贵别囿"(《尸子·广泽》)。

诸子学 亦称"诸子百家学",简称"子学"。西汉刘歆辑有《诸子略》,后遂有此称。一指先秦至汉初诸子百家学术之总称。一指研究诸子思想的学问,内容包括对诸子及其著作的研究,佚子、佚书的研究,历代学者研究诸子的研究等。晋以后,诸子学的研究对象有所扩大,包括后世的著名哲学家在内。如南齐王俭的《七志》的"诸子志,纪今古诸子"(《隋书·经籍志》序)。近代章炳麟《论诸子学》:"所谓诸子学者,非专限于周秦,后代诸子亦得列入,而必以周秦为主。"

诸子百家学 即"诸子学"。

子学 "诸子学"的简称。通常与"经学"、"史学"并提。

儒家 以孔子为宗师,崇奉孔子学说的重要学派。被列为先秦至汉初"九流十家"之首。《汉书·艺文志·诸子略》:"儒家者流,盖出于司徒之官,助人君顺阴阳、明教化者也。游文于六经之中,留意于仁义之际,祖述尧舜,宪章文武,宗师仲尼,以重其言,于道最为高。"主张"礼乐"、"仁义"、"忠恕"及不偏不倚、无过不及的中庸之道,认为"中庸之为德也,其至矣乎"(《论语·雍也》)。政治上提倡"德治"、"仁政"、"王道",认为"道之以德,齐之礼,有耻且格"(《论语·为政》)。重视道德伦理教育和自我修养,认为"德之不修,学之不讲,闻义不能徙,不善不能改,是吾忧也"(《论语·述而》)。战国时,儒家与墨家并称"显学"。《韩非子·显学》:"世之显学,儒墨也。"《吕氏春秋·当染》:"孔墨之后学,显荣于天下者众矣。"后儒家内部分为八派,称为"八儒"。其中占重要地位的有孟子和荀子两派。孟、荀两派均尊奉孔子的学说,但思想观点却有重大差别。"孟子道性善,言必称尧舜"(《孟子·滕文公上》),主张"法先王",提倡"王道"、"仁政"和"世卿世禄"。荀子反对性善论,倡导善恶论,认为"人之性恶,其善者伪也"(《荀子·性恶》)。政治上提倡"法后王",主张礼法兼治,王霸并用。"礼义者,治之始也"(《王制》),"法者,治之端也"(《君道》),"隆礼尊贤而王,重法爱民而霸"(《彊国》),反对世袭制。对后期法家韩非、李斯等人的思想有一定影响。孔子的门徒子夏,战国初期曾讲学于魏国西河(济水、黄河间),为魏文侯、李克、吴起师,对早期法家思想有一定影响。秦始皇统一中国后,曾禁止儒家学派的传播,有"焚书坑儒"之举,儒家学派一度受挫。西汉初期,统治者采取与民休息、恢复生产的政策,推崇黄老道家之术,儒家学说仍未被重视。自汉武帝罢黜百家,独尊儒学,儒家思想逐渐成为中国封建社会文化的主流。各个时期的儒家学说，为适应当时封建统治阶级的需要而有所不同。西汉时有以董仲舒和刘歆等为代表的今古文经学和谶纬之学。董仲舒以阴阳五行学说解释《春秋公羊传》，开创今文经学，主张“天人感应”，将天道比附人事，用祥瑞、灾异为君权神授制造理论依据。西汉末东汉初，谶纬神学流行，它用神化孔子的办法宣扬儒学。西汉末期，陆续发现用古代文字写成的儒家经典，刘歆请求立于学官，反对当时盛行的今文经学，并和太常博士争经学(即儒学)正宗，开始了经学中古文与今文两派之争。魏晋时，有王弼、何晏以老庄思想解释儒经的玄学，主张“名教”出于“自然”，企图调和儒、道两家的思想以适应当时封建统治者的需要。唐代，有韩愈为排佛而倡导的儒家“道统”说，把儒家的“道统”上溯到尧舜，认为从尧舜禹汤文武以至孔子、孟子，儒家的思想是一脉相传的，把荀子至唐以前的儒家代表人物均排除于儒家“道统”之外，并以上接孟子自居。宋明时期，有兼取佛道两家学说的程朱派理学和陆王派心学。两派均标榜继承孔子以来儒家学派的思想，但在有些观点上又有所区别。程朱学派以“理”为宇宙中主宰和派生万事万物的本原，陆王学派主张“心即理”，为学以“发明本心”为主(陆)，并倡“致良知”和“知行合一”说(王)。两派思想对宋明以来均产生重大影响。清代前期有汉学、宋学，中叶以后有今文经学和古文经学。随着封建社会日趋没落，儒家学说逐渐丧失其正统地位。在儒家思想的发展史上，还出现过像王充、柳宗元、刘禹锡、王安石、陈亮、叶適、王廷相、李贽、黄宗羲、王夫之、顾炎武、颜元、戴震等学术思想区别于正统儒学的思想家，他们是儒家内部的重要一系，占有特殊地位。儒家思想统治中国思想文化界二千余年，直到近代，特别是在“五四”运动时期，儒学才受到比较彻底的批判。20 世纪 30 年代以来，一部分学者提倡“儒学复兴”，出现了“现代新儒家”，这些学者的思想已经和正在受到社会的重视和评议。作为儒家学派的思想学说，在中国源远流长，内容极其丰富，是中国传统思想文化的主干，对中华民族的文化发展和民族精神的陶冶产生过深刻的影响，是一份十分宝贵的文化遗产。

儒教 ❶ 指与道教、佛教相鼎立之儒家学说思想体系。《晋书・宣帝纪》：“博学洽闻，伏膺儒教。”《周书・武帝纪》：建德二年“辨释三教先后，以儒教为先，道教为次，佛教为后”。❷ 指在中国封建社会中由儒家思想演变而成的一种宗教。任继愈认为宋明理学是成熟了的儒教，它“不具宗教之名而有宗教之实”(《论儒教的形成》)，既是宗教又是哲学。学术界对此有不同的见解。

邹鲁之士 先秦时期“儒”之别称。语出《庄子・天下》“其在于《诗》、《书》、《礼》、《乐》者，邹鲁之士，搢绅先生多能明之”。邹借为陬，孔子父所封邑。邹鲁为孔子故乡，也是儒学发祥之地，邹鲁之士即泛指儒士。《天下》篇认为邹鲁儒士所学的为载于《诗》、《书》、《礼》、《乐》的古代道术，具体说来，“《诗》以道志，《书》以道事，《礼》以道行，《易》以道阴阳，《春秋》以道名分”。可以考见其时儒家的基本情形。

儒家八派 亦称“八儒”。战国时期儒家内部形成的八个学派。始见于《韩非子・显学》：“自孔子之死也，有子张之儒，有子思之儒，有颜氏之儒，有孟氏之儒，有漆雕氏之儒，有仲良氏之儒，有孙氏之儒，有乐正氏之儒。”从《论语》看，孔子思想具有博大而多面性的特点，孔门弟子对孔子言论的理解难免各执一端，而儒家和墨家同是当世之显学，所以，韩非认为：“故孔墨之后，儒分为八，墨离为三，取舍相反、不同，而皆自谓真孔墨”。据《荀子・非十二子》记载，在战国百家争鸣中，儒家一方面同其他学派激烈论争，另一方面自己内部各派争论也十分尖锐，“孙氏之儒”的荀子，甚至批评子思和孟子“略法先王而不知其统，然而犹材剧志大，闻见杂博”。儒家八派正是儒家内、外论争发展的结果。

八儒 即“儒家八派”。

子张之儒 战国时期以孔子弟子子张为代表的儒家八派之一。子张是孔子门下最著名学生之一。据《论语》和《史记・仲尼弟子列传》记载，子张曾从孔子周游列国，“在陈蔡间困”；他秉性虽孤僻偏激(“师也辟”)，但为人宽容大度，勤学好问，经常同孔子讨论问题，向孔子“问干禄”、“问行”、“问仁”、“问政”、“问明”、“问十世可知”、“问善人之道”、“问士何如斯可谓之达”、“问何如斯可以从政”。孔子死后，便成为儒家八派之一。子张之儒在道德伦理方面，明确反对“执德不弘，信道不笃”，“言不忠信，行不笃敬”；提倡“士见危致命，见得思义”，“君子尊贤而容众，嘉善而矜不能”(《论语・子张》)的理想人格。《荀子・非十二子》严厉批评子张之儒为“贱儒”，但未列出其根据。近人郭沫若从子张与孔子问对的资料中得出“子张氏的后学们似乎更和墨家接近”。不过从时间上看来，墨子应比子张迟，应说“墨翟受了子张的影响”(见《儒家八派的批判》)。

子思之儒 战国时期以孔子之孙子思为代表的儒家八派之一。《汉书・艺文志・诸子略》著录“《子思》二十三篇”，已佚。现存《礼记》中的《中庸》，郑玄注：“孔子之孙子思伋作之，以昭明圣祖之德。”(《礼记正义》卷五十二《中庸》)据此，子思毕生主要继承、发挥了孔子的中庸思想，把儒家道德范畴“诚”这一精神实体作为世界的本源，认为“诚者物之终始，不诚无物”；“诚者非自成己而已也，所以成物也。成己，仁也；成物，知也。性之德也，合外内之道也”。他被封建统治者尊为“述圣”。其思想被孟子进一步发展，《荀子・非十二子》称“子思唱之。孟轲和之，世俗之儒受而传之”，表明“子思之儒”与“孟氏之儒”两派实属一系，后世称为“思孟学派”。对宋明理学的“心性”之学，产生过重大的影响。

颜氏之儒 战国时期以孔子弟子颜回为代表的儒家八派之一。这一学派虽未有典籍存世，但从《论语》和《史记・孔子世家》、《仲尼弟子列传》的有关颜回的记载，可见其概。颜回是孔子最得意的学生，被孔子及后世列为“四科”中的“德行”第一及七十二贤之首，尊为“复圣”。颜回谦恭好学，“不迁怒，不贰过”（《论语·雍也》）。曾从孔子周游列国，在陈蔡间被困于野，粮绝七日，弟子饥馁皆病，“不得行”，而孔子依然“讲诵弦歌不衰”，当子路等对此一时产生怀疑时，只有颜回能以理解，认为“夫子之道至大，故天下莫能容”，“是有国者之丑也”（《史记·孔子世家》）。孔子赞其德行与学问，引为自己唯一的同道：“用之则行，舍之则藏，唯我与尔有是夫！”（《论语·述而》）据此可以推知，颜回及其学派最主要的特点是，安贫乐道，特别下功夫实践孔子的仁德思想。他贫居陋巷，箪食瓢饮，而不改其乐，得到孔子“其心三月不违仁”的肯定，而他却始终以“无伐善，无施劳”（不夸耀自己）为平生志愿（《公治长》）。这种道德精神，便成为尔后宋明理学家所追求的“孔颜乐处”。

孟氏之儒 战国时期以孟子为代表的儒家八派之一。孟子是孔子之后儒家的主要代表之一。他主要发展了孔子关于“仁”的德治思想，提出了“仁政”、“王道”的政治理想和“民贵君轻”的民本思想，并以人性本善的“四端”说和“诚者天之道也，思诚者人之道也”的天人合一论，为仁政学说提供论证，从而把孔子思想发展到一个完整的思想体系。对后世产生了极大的影响，被尊奉为仅次于孔子的“亚圣”。唐代韩愈把孟子看作孔子儒家“道统”的真正继承者；北宋时，《孟子》一书上升为经，被列于《九经》，南宋朱熹把《孟子》与《论语》、《中庸》、《大学》合并称为《四书》，从而确立了《孟子》的经典地位。近有学者认为，“子思之儒”和“孟氏之儒”、“乐正氏之儒”，应该只是一系（参见郭沫若《十批判书·儒家八派的批判》）。

漆雕氏之儒 战国时期以孔子弟子漆雕开为代表的儒家八派之一。这一学派未有典籍存世，仅从史书有关漆雕开的记载，可见其概。《韩非子·显学》把“漆雕氏之儒”列入儒家八派之一，称：“漆雕之议，不色挠，不目逃，行曲则违于臧获，行直则怒于诸侯，世主以为廉而礼之。”《论衡·本性》记载：“宓子贱、漆雕开、公孙尼子之徒，亦论情性，与世子（世硕）相出入，皆言性有善有恶。”依此，近人研究认为：(1) 漆雕开不愿做官，任侠好勇，属孔门任侠一派。(2) 这一派主张人性“有善有恶”论。(3) 宓子贱、世硕、公孙尼子等都是这一派的主要成员，他们同漆雕开均有著作著录于《汉志》“儒家”类中，可惜皆失传。《孟子·公孙丑上》称善于“养勇”的北宫黝，亦当属“漆雕氏之儒”（参见郭沫若《十批判书·儒家八派的批判》、蒙文通《古学甄微·漆雕之儒考》）。

仲良氏之儒 战国时期以仲良为代表的儒家八派之一。《韩非子·显学》述孔子死后“儒分为八”中列入“仲良氏之儒”，但这一学派无可考。一说为《孟子·滕文公上》所载陈良一派：“陈良，楚产也，悦周公、仲尼之道，北学于中国，北方之学者，未能或之先也。”一说为汉代人辑《小戴礼记·檀弓上》所载仲梁子一派：“曾子曰：尸未设饰，故帷堂，小敛而彻帷。仲梁子曰：夫妇方乱，故帷堂小敛而彻帷。”又《毛诗传》引有仲梁子语，认为仲梁子亦传《诗》，而《毛诗》源自子夏，所以这一学派乃兼有曾子、子夏二家之学（参见陈奇猷《韩非子集释·显学》校注）。

孙氏之儒 战国时期以荀子为代表的儒家八派之一。荀子是孔子之后儒家的主要代表之一。其著述后世名为《荀子》。荀子继承孔子治学传统，善为《易》、《诗》、《礼》、《春秋》，批判地总结了在他以前的诸子各派学说，特别指出了孟子的性善、王道之“蔽”，首创“人之性恶，其善者伪”的性恶论和“明于天下之分”的朴素唯物论，倡言礼法兼治、王霸并用，义利兼顾之说。这同思孟学派迥然异趣，和被奉为儒家正宗的孔孟之道亦扞格不入；但荀子其人其学及其学生李斯、韩非均在历史上产生过重大的作用和影响。

乐正氏之儒 战国时期以乐正氏为代表的儒家八派之一。《韩非子·显学》述孔子死后“儒分为八”中列入“乐正氏之儒”，但这一学派无可考。一说乐正氏即孟子弟子乐正克，当属思孟一系（参见郭沫若《十批判书·儒家八派的批判》）。一说乐正氏指曾子弟子乐正子春，当属传曾子学一系（参见陈奇猷《韩非子集释·显学》校注）。

墨家 战国学派之一。《汉书·艺文志》列为“九流”之一。创始人墨子。墨家一开始即以儒家的对立学派面目出现。前期墨家以墨子所主张的“兼爱”、“非攻”、“尚贤”、“尚同”、“天志”、“明鬼”、“节葬”、“节用”、“非乐”、“非命”等思想为中心，与儒家展开了一系列政治思想和学术观点的论争，影响极大，世称显学。在哲学上，强调功利、“强”、“力”，否认“天命”。提出“三表”的判定言论是非标准与“取实予名”等认识论观点，具有朴素的唯物主义思想。首次明确提出“类”、“故”两个重要范畴，为中国古代逻辑学的建立奠定了基础。相传墨家内部有严格的纪律，领袖称为“巨（钜）子”，由上代巨子指定贤者担任，代代相传。墨子可能是第一代巨子。后又有孟胜、腹䵍等人，但其承传情况不详。其徒发扬墨子的“摩顶放踵，利天下而为之”的精神，能赴火蹈刃，死不旋踵。墨子死后，墨家分为三派，亦称“三墨”。《韩非子·显学》：“墨子之死也，有相里氏之墨，有相夫氏之墨（亦作柏夫氏或祖夫氏），有邓陵氏之墨”，“墨离为三，取舍相反不同，而皆自谓真墨”。《庄子·天下》也有类似记载：“相里勤之弟子，五侯之徒，南方之墨者苦获、已齿、邓陵子之属，俱诵墨经，而倍谲不同，相谓别墨。”后期墨家克服了墨子学说中天志、明鬼等迷信成分，发展了墨子学说中的唯物主义因素，在认识论以及几何学、力学、光学等自然科学方面获得进一步发展。尤其是对逻辑理论的研究，有特殊建树，创立了中国古代第一个比较完整的形式逻辑理论体系，即墨辩逻辑学。对“辩”的目的、“名”（概念）、“辞”（判断）、“说”（推理）以及“类”、“故”、“理”的范畴，均有阐发。该支注重研究认识论与逻辑理论的墨学继承者，亦称为“墨辩”。另一支推行墨子的宗教思想，坚持舍身从志，转化为战国末与秦汉社会的游侠，被称为“墨侠”。秦汉以后，统治者或崇尚黄老，或崇儒抑墨，墨家逐渐衰微，其学说也成为“绝学”，少有研究者。自明清之际傅山始，才为一些学者所重视研究。墨家著作留传后世的有《墨子》一书，其中《墨经》反映了后期墨家的思想。其他有关墨家的主张和活动情况的文字记载散见于《荀子》、《韩非子》、《庄子》、《吕氏春秋》、《淮南子》、《抱朴子》等古籍中。清孙诒让《墨子间诂》中辑有《墨学传授考》、《墨学通论》、《墨家诸子钩沈》等，为研究墨学源流提供方便。

墨家三派 亦称“三墨”。战国后期墨家的三个派别，始于何时无考。《韩非子·显学》：“自墨子之死也，有相里氏之墨，有相夫氏之墨（亦作柏夫氏或祖夫氏），有邓陵氏之墨。”“墨离为三”。一说相里勤、五侯、邓陵子为三派，前二者为北方派，后者为南方派（见郭沫若《十批判书》）。又有说相里勤、五侯为一派，着重于勤俭力行；苦获、已齿、邓陵子为一派，得力于理论；宋钘、尹文为一派，侧重于非攻宽恕（见孙诒让《墨子间诂》引《陶潜集》）。

三墨 即“墨家三派”。

后期墨家 战国中后期墨子学说的继承者和发展者。墨子死后，墨家主要分为三派。《庄子·天下》：“相里勤之弟子，五侯之徒，南方之墨者若获、已齿、邓陵子之属，俱诵墨经而倍谲不同，相谓别墨。”《韩非子·显学》：“墨子之死也，有相里氏之墨，有相夫氏之墨，有邓陵氏之墨。”由于文献不足，各派墨者生平事迹无考，故统称为后期墨家。继承墨子的“兼爱”、“尚贤”、“尚同”等政治思想。克服了墨子学说中“天志”、“明鬼”等宗教迷信成分，概括和总结了当时数学、力学、光学等自然科学的某些成就，对物质、运动和时空关系作了唯物主义的解释。在认识论上、承认物质世界的可知性，肯定认识是“知过物而能貌之”（《墨子·经说上》），即主观认识能“摹略万物之然”（《小取》），把握事物的本质和规律；并分析了感觉和思维活动在认识过程中的作用。在经济思想方面，对功利等观念作了进一步的阐述，对“价值”形成了初步的概念。在逻辑学方面，对“类”、“故”、“理”等概念作了进一步论述，提出了“夫辞以故生，以理长，以类行”（《大取》）的“三物”原则。表述了逻辑思维的作用是“明是非之分，审治乱之纪，明同异之处，察名实之理，处利害，决嫌疑”（《小取》），将思维活动概括为“以名举实，以辞抒意，以说出故”（同上），从而建立了中国古代第一个形式逻辑科学体系即墨辩逻辑学，后期墨家的学说主要保留在《墨子》的《经》上下、《经说》上下，《大取》、《小取》等六篇中。

道家 以先秦老子关于“道”的学说为中心的学派。道家最初称为“道德家”（见西汉司马谈《论六家之要旨》）。《汉书·艺文志》始称“道家”，列为“九流”之一。老子是道家的创始人，提出了以“道”为核心的思想体系，用“道”来说明宇宙万物的本质、构成、变化和本原。主张“道法自然”，从天道无为，万物自然化生的观念出发，在否定古代神权主宰和神创说方面起了积极的作用。然其提倡秉要执本，清静无为，守雌守柔，对统治的权术作了总结，为统治者临驭天下提供了原则。庄子发展了原始道家的思想，认为“昭昭生于冥冥，有伦生于无形，精神生于道”（《庄子·知北游》），更强调“道”的从无生有、变化莫测的性质。认为万物都是相对的，主张齐物我、齐是非、齐大小、齐生死、齐贵贱，幻想一种“天地与我并生，而万物与我为一”（《庄子·齐物论》）的主观精神境界。形成了庄子学派，是道家所谓正统学派。在庄子前或同时，还有以杨朱为代表的“全性葆真”说，宋钘、尹文代表的“情欲寡浅”说，都与老庄观点相近，有称为道家别派者。另外道又与名、法合流，逐渐形成黄老之学，以慎到、田骈等人为代表。法家申不害、韩非等人则汲取道家“自然之义”和权术思想，补充法治思想，故又有以黄老、刑名并称。汉初，黄老之学受到统治阶级推崇，盛极一时。至汉武帝独尊儒术，黄老之风渐衰。然其自然观在反对谶纬神学斗争中起过作用。东汉王充说：“虽违儒家之说，合黄老之意也。”（《论衡·自然》）同时，道家思想流入民间，对东汉末年农民起义以及道教的产生亦有影响。魏晋时期，玄学盛行。王弼、何晏等倡“名教出于自然”，以老、庄解释儒家经籍，阮籍、嵇康主“越名教而任自然”，以道斥儒。佛教传入中国后，学者用老、庄诠释佛典。以后宋明理学提倡儒家道统，排斥佛、道，但对道家学说，仍有汲取。道家思想源远流长，对中国的政治、思想、科技、文化、艺术等方面，均有深刻影响，是中国传统文化中的一个重要组成部分。道家的主要著作有《老子》、《庄子》、《列子》等。

法家 先秦、汉初主张法治的一个学派。《汉书·艺文志》列为“九流”之一。法家强调“不别亲疏，不殊贵贱，一断于法”（《史记·太史公自序》），主张强化君主专制制度，以严刑峻法治民。其思想渊源可上溯到春秋时的管仲、子产。他们既强调法制，又重视道德教化。子产相郑国，铸《刑书》，用新的法令来维护统治（见《左传·昭公六年》）。法家的实际的始祖，当推战国初李悝。李悝任魏文侯相，曾推行农政改革，并集诸国刑律，编著《法经》六篇：《盗法》、《贼法》、《囚法》、《捕法》、《杂法》、《具法》。此为中国古代第一部较为完整的法典。被称为“前期法家”的，除李悝外，还有吴起、慎到、申不害、商鞅等。吴起先在魏国推行兵制改革（故又被认为是兵家），后又在楚国进行政治改革。他主张“明法审令，损不急之官，废公族疏远者”（《史记·吴起列传》），以富国强兵，集权中央，并摒除纵横说客，统一舆论。商鞅重“法”，强调“不贵义而贵法”（《商君书·画策》），主张“一任于法”，认为统一法令“为治之本也”（《定分》）。曾在秦国两次推行变法改革，获得成功，主要内容有：颁布法律，制定连坐法；奖励军功，授以爵位；奖励耕织，重农抑商；“开阡陌封疆”，废除井田制等。申不害重“术”，主张“尊君卑臣”，君王“示天下无为”，把“术”藏于胸中，以驾驭臣下。只能由君王以“独视”、“独听”、“独断”的手段来统治(见《韩非子·外储说右上》),不容许大臣“蔽君之明、塞君之听,夺之政而专其令”(《大体》)。曾相韩,使韩“国治兵强”。慎到重“势”,认为“势位足以屈贤”,而“贤不足以服不肖”(《慎子·威德》)。他也“尚法”,主张“民一于君,事断于法”(见《艺文类聚》卷五十四),但强调“握法处势”,“法”必须与“势”相结合,君主凭借权势,即可“令行禁止”,“南面而王”。除上述秦晋的法家外,还有“齐法家”。齐法家的著作被保存在托名《管子》一书中。他们的法治思想已包含了秦晋法家“法、术、势”三派的思想。他们认为有“生法”、“守法”、“法于法”三者,“生法者,君也;守法者,臣也;法于法者,民也。君臣上下贵贱皆从法,此之谓大治。”(《管子·任法》)认为君主要“兼听独断”,“有术数而不可欺”(《明法解》)。还认为“凡人君之所以为君者,势也”,“势非所以予人也”(《法法》)。齐法家除主张推行法治之外,还主张容纳礼义教化。战国末期韩非综合秦晋齐法家各派之长,为法家思想的集大成者。他兼言法、术、势,又吸收道家思想,提出“抱法处势则治”,形成一套系统的法治理论。认为“法、术、势”三者,不可一无,皆“帝王之具”(《韩非子·定法》)。并提出“以法为教”、“以吏为师”(《五蠹》),奖励耕战,剪除私门势力,选拔“法术之士”等政策。法家的法治理论对先秦时期推行封建化的改革和为建立与加强中央集权专制的封建国家提供了理论根据。法家也注重于名实问题的讨论,将名实研究用诸政治,联系于刑名法术,故又被称为刑名家。法家注重“参验”的认识理论,宣扬历史进化的历史观,以及非道德主义的伦理观,极端功利主义的美学观都对后世产生一定影响。其法治理论曾成为秦王朝的统治理想。西汉以后,独立的法家学派逐渐消失,其法治思想被吸收到汉代儒学的体系中。法家著作,《汉书·艺文志》著录十家。其中《处子》、《游棣子》、《法家言》等已亡佚。《申子》、《慎子》仅存残篇。唯《商君书》、《韩非子》现存较完整。

名家 先秦时期以辩论名实问题而著称的一个学派。又因名家创始人邓析主“刑名之辩”,故又称“刑名家”。西汉司马谈《论六家要旨》中称为名家。《汉书·艺文志》中列为“六家”之一。主要代表人物有邓析、尹文、惠施、公孙龙。春秋末年邓析最早提出“刑名之辩”和“两可之说”;主张“按实定名”,“循名责实”;并教民学讼,开创了先秦名辩之风气。战国中期以后,名实关系之争逐渐发展为一个独立领域,并从社会政治方面推广到哲学和逻辑学方面,出现了一批注重探讨名词、概念等问题的学者,他们以善于辩论著称,并且通过对名词、概念的研究,提出了许多貌似违反常识的奇辞,揭示了深刻的哲学和逻辑思想,对中国古代逻辑学的建立作出了贡献,这就是历史上被称为“辩者”的名家。代表人物惠施遍历万物,提出了“至大无外,谓之大一;至小无内,谓之小一”等论题,对自然现象作“合同异”的解释分析,许多辩者也提出“卵有毛”、“鸡三足”等命题,与惠施相应。稍后的公孙龙,赞赏名家前辈尤其尹文的“察士之类”,著《名实论》等,对名实关系作了系统论述,分析了概念之间的差异性尤其是概念内涵的差异性,提出了“白马非马”、“坚白石二”等“别同异”的命题。强调“唯乎其彼此”的正名原则,制定了“物其所物而不过”,“实其所实而不旷”,“位其所位”等逻辑规则,以及“以其所正,正其所不正;以其所不正,疑其所正”的正名方法。公孙龙集名家前辈之大成,终于建立了一个比较成熟的名家逻辑体系。名家的理论尤其那些奇辞命题,为墨家、儒家、道家所反对。墨家尤其后期墨家针对“离坚白”等命题,相应地作了“盈坚白”等分析;儒家代表人物荀子鄙视名家的“相鸡犬之可以为名”,认为名家的思想“不法先王,不是礼义”,所以“辩而无用”;但承认名家的逻辑理论“持之有故,言之成理”。道家代表人物庄子以“无名”论反对名家“以指喻指之非指”、“以马喻马之非马”等关于概念的辨析尽为多余之举。名家著作《汉书·艺文志》著录有《邓析子》一篇、《尹文子》一篇、《惠子》一篇、《公孙龙子》十四篇等,但至魏晋时,“遂亡绝”(见鲁胜《墨辩注叙》)。今存《邓析子》、《尹文子》、《公孙龙子》,余皆亡佚。一说《邓析子》、《尹文子》均系后人伪作。邓析、惠施等名家人物的事迹言行,散见于《庄子》、《荀子》、《韩非子》、《吕氏春秋》、《史记》、《说苑》等著作中。

农家 战国时注重农业生产的一个学派。《汉书·艺文志》列为“九流”之一。认为“农家者流,盖出于农稷之官,播百谷,劝耕桑,以足衣食,故八政:一曰食,二曰货。孔子曰:‘所重民食。’此其所长也”。并著录其代表人物和著作如《神农》二十篇,《氾胜之》十八篇等,但多不传(清马国翰、洪颐煊有部分辑佚)。《孟子·滕文公上》载有许行其人,“为神农之言”,针对当时许多学派鄙视农业生产,提出贤者应该“与民并耕而食,饔飧而治”,反映了古代社会中农民的一种理想。农家还总结了农业生产技术经验。《管子》中《地员》等篇,《吕氏春秋》中《上农》、《任地》、《辨土》、《审时》等篇,为研究先秦农家的重要资料。其中有关朴素辩证法思想的论述,也颇有价值。

纵横家 战国时专以纵横捭阖之策游说诸侯,从事政治外交活动的谋士。被列为先秦至汉初“九流十家”之一。战国楚人鬼谷子是该派思想的先驱。主要代表人物有苏秦、张仪等。南与北合为纵,西与东连为横。苏秦使燕、赵、韩、魏、齐、楚六国主“合纵”以拒秦;张仪则主“连横”六国分别事秦。两派合称纵横家。《汉书·艺文志·诸子略》:“纵横家者流,盖出于行人之官。……当权事制宜,受命而不受辞,此其所长也。及邪人为之,则上诈谖而弃其信。”纵横家对战国时政局的发展变化有很大影响。其论辩,随机应变,“以是为非,以非为是”,多流于诡辩。《汉书·艺文志·诸子略》载,纵横家曾有著作“十二家百七篇”。其中有《苏子》三十一篇、《张子》十篇等,均佚。《战国策》所述皆纵横家的活动和合纵连横之术。马王堆出土帛书《战国纵横家书》,与传世的《战国策》不尽相同,有重要的史料价值。

阴阳家 战国时提倡阴阳五行说的学派。被列为先秦至汉初九流十家之一。代表人物有战国末齐国人驺衍等。《汉书·艺文志·诸子略》:"阴阳家者流,盖出于羲和之官,敬顺昊天,历象日月星辰,敬授民时,此其所长也。"认为阴阳家最早出于古代传说中唐尧时执掌天文、历数和禨祥的官吏。阴阳和五行两说,本来具有科学的因素。以驺衍为首的阴阳家,则把科学和巫术相结合,以天象来预测社会历史的演变与人事的吉凶祸福。他们认为人类社会的发展也受木、火、土、金、水五种势力的支配,提出"五德转移"、"五德终始"说,用以论证社会历史的变革和王朝的更替,形成了唯心主义的历史循环论。《史记·太史公序》批评说:"尝窃观阴阳之术,大祥而众忌讳,使人拘而多畏。"其学说对后世有一定影响,其科学成分为秦汉以后的《黄帝内经》与王充的《论衡》所发展,而迷信成分则被董仲舒和谶纬神学所发挥。《汉书·艺文志·诸子略》载,阴阳家曾有著作"二十一家,三百六十九篇"。另《数术略》载五行家,有著作"三十一家,六百五十二卷"。

阴阳五行学派 即"阴阳家"。

杂家 战国末至汉初的一个博采各家学说的综合学派。《汉书·艺文志》列为"九流"之一。其特点是"兼儒墨,合名法","于百家之道无不贯综"(《汉志》颜师古注),大体上反映了封建"大一统"国家建立过程中的文化融合的趋势,虽集合众说,亦可称为一家。一说实为新道家学派。秦相吕不韦集合门客辑成的《吕氏春秋》与西汉淮南王刘安召集宾客编成的《淮南鸿烈》,为杂家的代表著作。

兵家 先秦、汉初研究军事理论、从事军事活动的学派。后作为中国古代主管军事活动之官员、人物的总称。兵,本意是兵器。《说文》:"兵,械也。从廾持斤,并力之貌。"段玉裁曰:"械者,器之总名,器曰兵,用器之人亦曰兵。"《周礼》有"司兵":"掌五兵、五盾,各辨其物与其等,以待军事。"郑玄注曰:"五兵者,戈、殳、戟、酋矛、夷矛。"凡国之军事,皆以兵为主体,故《孙子兵法》曰:"兵者,国之大事。"兵事活动渊源甚早,黄帝时代即"修德振兵"。凡兵,必兴师动众,至殷周之际,兵众多称"师":《尚书·洪范》"农用八政",其八曰"师"。《周易》有《师卦》,言兵众师旅之事,《周礼·夏官司马》专讲军旅。"兵家"作为一种学派,最先见于《汉书·艺文志》:"兵家者,盖出古司马之职,王官之武备也。"主管兵事活动的武官"司马"是兵家,统兵率众的帝王将相与谋士也是兵家。如上古黄帝、蚩尤、商汤、周武、姜太公、管仲、司马穰苴、孙武、孙膑、吴起等,及秦汉之后的刘邦、张良、韩信、刘秀、马援、曹操、诸葛亮、司马懿、檀道济、唐太宗、李靖、朱元璋、戚继光等。自西汉刘向、刘歆、任宏整理古代典籍之后,凡为兵事活动总结经验、著书立说者,既撰著兵法、兵书,亦皆称"兵家"。汉初张良、韩信曾序次兵法,从一百八十二家之中,最后"定著三十五家"。《汉书·艺文志》则具列"兵权谋"十三家、"兵形势"十一家、"兵阴阳"十六家、"兵技巧"十三家,共收"兵书五十三家,七百九十篇,图四十三卷"。其中"兵权谋"类的《吴孙子》、《齐孙子》以及归于"道家类"的《太公兵法》、《谋》、《言》、《兵》二百三十七篇(后之《六韬》、《三略》均出于此)是重要代表。另有被归入其他类别的《伊尹》、《太公》、《管子》、《墨子》、《荀卿子》、《军礼司马法》等,也是兵家著作的杰出代表。西汉时代,《太公兵法》与《孙子兵法》成为兵家中两大主流学派:张良所学,为《太公兵法》;韩信所用,为《孙子兵法》。至汉末曹操撰《孙子略解》之后,《孙子兵法》即成为中国兵家思想学说发展的一条主导线索。注解《孙子兵法》者必以《孙子兵法》为基本依托,如三国沈友、王凌、张子尚,南朝孟氏,隋萧吉,唐李筌、杜佑、杜牧、贾林、陈皋,五代何延锡,宋梅尧臣、王皙、张预等,皆以注解《孙子》而成名家。此期自定体系的兵学撰著,如李筌《太白阴经》、许洞《虎铃经》、杜佑《通典·兵典》,曾公亮等《武经总要》,亦明确以《孙子兵法》为指导。故魏晋隋唐呈现出《孙子兵法》一枝独秀的局面。北宋神宗元丰年间颁行《武经七书》,以《孙子兵法》居首;哲宗年间又有吉天保纂辑《十家孙子会注》,其后,注解《武经》与《十家注》就成了中国古代兵家发展的主流。

小说家 先秦与西汉杂记民间古事的学派。其著今已尽亡。据《汉书·艺文志》存目观之,小说家著作体例似皆外史、别传、杂纂、笔记之类,其立说托诸古人者有《伊尹说》、《鬻子说》、《师旷》、《务成子》、《天乙》、《黄帝说》;杂记古事者有《周考》、《青史子》、《虞初周说》、《百家》等共十五家一千三百八十篇。《汉书·艺文志》曰:"小说家者流,盖出于稗官。街谈巷语,道听涂说者之所造也。孔子曰:'虽小道,必有可观者焉,致远恐泥,是以君子弗为也。'然亦弗灭也。"(今《论语·子张》作子夏语。此或引自齐、古两《论语》)。刘歆《七略·诸子略》将先秦与汉初诸子思想分为十家九流,仅小说家为十家之一而不属于九流。但作为一家之言,小说家反映古代平民思想的侧面却是被列为九流的学派无法替代的。

思孟学派 战国时儒家学派之一。孟子曾受业于子思的学生,将子思的学说加以阐发,形成儒学一派。荀子评论先秦学术时,以子思和孟轲并提(见《荀子·非十二子》),后世遂有称思孟学派者。思孟均注重内心省察的修养方法。主张"性善"、"尽心养性"、"诚者,天之道也;思诚者,人之道也"等观点,对后世影响甚大。《中庸》和《孟子》是代表这派思想学说的主要著作。近年出土的《郭店竹简》中的儒家佚籍为研究思孟学派提供新的线索。

老庄学派 以老子、庄子学说为主的道家学派。庄子是老子学说的继承和发挥者,《史记·老子韩非列传》:(庄子)"诋訾孔子之徒,以明老子之术"。《庄子·天下》盛赞老子为"古之博大真人"。老、庄共同崇奉自然,提倡"无为",以"道"为根本,要求虚静应物。然庄子则更强调自然变化之无常和万物的相对性,要求齐物我,忘生死,"不谴是非,以与世俗处”，“上与造物者游，而下与外死生、无终始者为友”（《庄子·天下》）。老、庄并提，始于汉代。《史记》以老、庄同传。《后汉书·马融传》：“今以曲俗咫尺之羞，灭无资之躯，殆非老庄所谓也。”魏晋时期的“玄谈”，多以庄配老，以老庄为宗。玄学家们提倡“名教出于自然”，采用儒、道互补的方式，论证名教与自然的统一，为儒家伦理纲常寻找理论依据。

庄子学派 以庄子学说为主的道家学派。庄子继承和发挥了老子的学说，但更强调事物的变化莫测和因循自然，反对人为和社会物质文明的进步。主张齐万物、齐是非，幻想超脱现实，达到与道合一的绝对自由的境界。然其肯定人的自然本性，反对追逐名利、财货、斥责统治者对人性的摧残，有一定的积极意义。庄子后学继承和发挥了庄子的思想，形成了庄子学派。西汉时黄老之学盛行，接着又独尊儒术，庄子学派被抑。魏晋时期庄学盛行。现存《庄子》为这一学派的主要代表作。

管商学派 战国时齐法家与秦法家的合称。齐法家是发展管仲政治思想而形成的一个学派，其观点集中体现在战国时编成的《管子》原本中；秦法家是受晋法家影响而形成的，其思想集中体现在《商君书》中。两者都主张推行法治。但前者还主张容纳礼义教化。战国末已把两者并提，称“商管之法”（《韩非子·五蠹》）。由于韩非综合了法家各派之长，影响较大，后世常以商韩并称代之。商韩学派成为先秦法家的主流。

宋尹学派 战国时期以宋钘、尹文为代表的学派。宋钘、尹文并提，始见于《庄子·天下》。他们主张“万物以别宥为始”，认为认识万物首先必须破除（“别”）成见（“宥”）。提倡“见侮不辱”，制止民间私斗；号召“禁攻寝兵”，反对诸侯间的兼并战争。对己则律之以“情欲寡浅”，虽饥，不忘天下（见《庄子·天下》）。为先秦名辩思潮中的一个重要学派。名家集大成者公孙龙也受其影响。其学说本于道家，与墨家的某些观点亦有相近之处。该派著作有《宋子》、《尹文子》等，已佚，现仅存《尹文子》的《大道》上下两篇，或疑系后人伪托。另《庄子·天下》篇述其梗概。一说《管子》书中《内业》、《白心》、《心术》上下等篇，为宋尹学派的遗篇。

稷下学 战国中后期云集于齐国稷下学宫的各个学派的学术思想。“稷下”一词首见于《韩非子》。稷下诸子以往通常被称为“稷下学派”，事实上他们并不是一个独立的学派，而是由各个学派的人物组成的一个相对集中的学术群体。在长达一个多世纪的时间里，来自各诸侯国的儒、道、墨、法、名、阴阳、小说、农家等主要学派的很多人物都曾活跃于稷下的学术舞台或与稷下有密切联系，如儒家的孟子、荀子、颜斶、鲁仲连，黄老道家的慎到、田骈、季真、接子、彭蒙、环渊，名家的尹文、兒说、田巴，阴阳家的驺衍、邹奭，墨家的宋钘，以及“学无所主”的淳于髡等等。此外，《管子》一书的作者是稷下学的中坚力量，他们是一批推崇管仲的齐国本土学者，他们的思想传承姜太公、管仲以来的齐国本土文化传统，并受到丰富的外来学术的影响，吸取了各家各派的思想主张而又不失崇尚法治的齐国本土特色。稷下的学术思想由于来自四面八方，因而呈现出多元化、开放性的特点。各家各派的学者们在一起自由争鸣、互相启发、思想非常活跃，中国古代的学术思想由此迅速地发展到鼎盛时期。由于经常在一起争鸣交流而互相影响、吸取，学者们的思想中往往同时包含着其他学派的主张，由此构成了稷下学术的突出特点和优势，这种融汇综合百家之学的趋势代表着战国中后期学术思想发展的大方向。据《史记·孟子荀卿列传》记载，齐稷下先生“各著书言治乱之事，以干世主，岂可胜道哉！”稷下人物著述非常多，仅《汉书·艺文志》著录，就有《慎子》四十二篇，《田子》二十五篇，《蜎子》十三篇，《接子》二篇，《宋子》十八篇，《尹文子》一篇，《邹子》四十九篇，《邹子终始》五十六篇，《邹奭子》十二篇，《鲁仲连子》十四篇，《孙卿子》三十三篇，《管子》八十八篇，《黄帝四经》四篇等。两汉以后，提到“稷下”及其人物者有《史记》的《孟子荀卿列传》、《田敬仲完世家》，桓宽《盐铁论·论儒》，刘向《新序》、《别录》，徐幹《中论·亡国》，以及应劭《风俗通义·穷通》，但均寥寥数语。汉代以降，直到清末民初，始终未提出“稷下学”这一概念，未能把稷下诸子视为一个学术群体，未能采取稷下学的角度和眼光来研究这一段极为重要的学术史。迟至上世纪二三十年代，在现代学术的推动下，稷下学才逐渐为学界所注意。1930 年，金受申《稷下学派之研究》出版，可以视为稷下学研究确立的标志。

稷下学宫 战国中期一个集教育、学术研究和政治咨询等多种功能于一体的官办机构。创建于田齐桓公（前 374—前 357 在位）时，一说在齐威王（前 356—前 320 在位）时。系田氏齐国在都城临淄的稷门之外筑起高门大屋，广招天下饱学之士来此讲学授徒，著书立说，参议政治，故称。学宫中德高望重的学者称为“稷下先生”，年轻的学子称为“学士”。齐宣王（前 319—前 301 在位）在位期间，达到鼎盛，史载“宣王喜文学游说之士，自如驺衍、淳于髡、田骈、接予、慎到、环渊之徒七十六人，皆赐列第为上大夫，不治而议论。是以齐稷下学士复盛，且数百千人”（《史记·田敬仲完世家》）。“齐宣王褒儒尊学，孟轲、淳于髡之徒，受上大夫之禄，不任职而论国事。盖齐稷下先生千有余人”（《盐铁论·论儒》）。齐湣王时，齐国都城临淄被攻破，稷下学宫的活动一度中断。齐襄王恢复了稷下学宫的活动，“尚修列大夫之缺，而荀卿三为祭酒焉”（《史记·孟子荀卿列传》）。此后，稷下学宫日渐衰落，残存到齐国被灭。稷下学宫从创建到消亡，共存在了约一个半世纪。在稷下学宫兴盛时期，汇集了道、法、儒、墨、名、农、阴阳等各主要学派的重要人物，成为当时列国的学术文化中心。是战国百家争鸣的主要场所，古代的学术思想在这里发展到鼎盛，经历了最为辉煌的历史时期。

黄老学派 战国至西汉时期道家流派之一。尊传说中的黄帝和老子为创始人，故名。《史记·孟子荀卿列传》载，战国时齐稷下学者慎到、田骈、接子、环渊等人，“皆学黄老道德之术，因发明序其指意”，当为黄老学派的代表。他们的思想不甚一致，其中慎到为法家，田骈则较多道家色彩，黄老学派似当为道家中兼取法家思想的一派，体现了当时道法合流的趋势。著名法家申不害、韩非等，或“本于黄老而主刑名”，或“喜刑名法术之学，而其归本于黄老”（《史记·老子韩非列传》），皆同黄老学派有密切的关系。在以道、法为主的同时，还兼采儒墨、阴阳、名家的思想。西汉初期，统治者采取与民休息、恢复生产的政策，推崇“黄老”。窦太后为黄老言，“帝及太子诸窦不得不读黄帝、老子”（《汉书·外戚世家》）。为黄老之学极盛时期。其时黄老学者有河上丈人、安期生、乐瑕公、乐臣公、盖公。曹参、陈平、司马季主等是黄老思想的信奉者。此派提倡清静无为的治术。王充《论衡·自然》：“黄老之操，身中恬淡，其治无为。正身共己而阴阳自和，无心于为而物自化，无意于生而物自成。”认为：“道生法……执道者生法而弗敢犯殴（也），法立而弗敢废殴”（《经法·道法》），要求一切以“法”为准绳。君主执法，“审名察形，形恒自定，是我愈静；事恒自施，是我无为”（《十六经·顺道》）。但也重视仁义和德政：“正信以仁，兹惠以爱人。”（《十六经·顺道》）主张刑德并用，“春夏为德，秋冬为刑；先德后刑以养生”（《十六经·观》）。提出“静作相养，德疟（虐）相成，两若有名，相与则成。阴阳备物，化变乃生”（《十六经·果童》），具有朴素辩证法思想。在形名观上，指出“凡事无大小，物自为舍。逆顺死生，物自为名。名刑（形）已定，物自为正”（《经法·道法》）。1973年长沙马王堆汉墓出土的《经法》、《十六经》、《称》、《道原》等帛书，是研究黄老学派的重要资料。

汉学 亦称“朴学”。指汉儒考据训诂之学。详“古文经学”、“朴学”。

玄学 释文见“中国古代哲学·名词术语·魏晋南北朝哲学”类。

理学 释文见“中国古代哲学·名词术语·宋元哲学”类。

宋学 主要指宋代的理学派别。同“汉学”相对。注重“性命义理”之学。派别甚多，重要的有：朱熹的理学派、陆九渊的心学派、叶適的永嘉学派、陈亮的永康学派，以及吕祖谦的金华学派。各派学术之争不断。清江藩《宋学渊源记》：“为宋学者，不第攻汉儒而已也，抑且同室操戈矣。为朱子之学者攻陆子，为陆子之学者攻朱子。”曾出现过朱熹的理学与陆九渊心学之争、叶適和陈亮与朱陆的对峙。明清之际黄宗羲的《宋元学案》，对宋学各派学术思想的异同、源流作了详细介绍。

高平学派 北宋以范仲淹为代表的学派，主要成员有其子范纯祐、纯仁、纯礼及门人富弼等。范仲淹泛通六经，尤长于易，对张载关学的形成有所启导。纯仁承父志，倡廉俭，认为“惟俭可以助廉，惟恕可以成德”。又谓“吾平生所学，得之忠恕二字，一生用之不尽”（《宋元学案·高平学案》）。该派“学以忠信为体，六经为功”（同上）。具有务实事、讲名节、重俭廉、通民情的特征。

涑水学派 北宋以司马光为代表的学派。因光为陕州夏县（今属山西）涑水乡人，世称涑水先生，故名。政治上保守。反对王安石新法。哲学思想上宣扬天命论观点，认为“天者万物之父也”，“智愚勇怯，贵贱贫富，天之分也；君明臣忠，父慈子孝，人之分也。僭天之分，必有天灾，失人之分，必有人殃”（司马光《迂书·士则》）。为学强调“治心”、“循礼”。注重经史注疏。其中刘恕精史学，曾协助司马光修编《资治通鉴》。张云卿长于经史注疏，作了不少补遗。南宋李焘博览群书，长于史学，仿司马光《资治通鉴》体例，写成《通鉴长编》。

临川学派 北宋以王安石为代表的学派。因王安石为江西临川人，故名。主要人物有王安石弟王安礼、王安国，子王雱以及吕惠卿、陆佃等。强调“气”为万物本源，以“道”为自然规律。注重训释《诗》、《书》、《周礼》三经义。王安石执政时推行新法，受到该学派成员支持。

百源学派 北宋以邵雍为代表的学派。因雍人称百源先生，故名。主要人物另有邵雍弟邵睦及王豫、牛师德、牛思纯等。结合道教的先天象数学与孟子“万物皆备于吾”的思想，作“先天图”，用八卦来推测自然和人事的变化。以“太极”、“道”作为宇宙本原，来化生天地万物。指出：“天由道而生，地由道而成，人物由道而行。”（邵雍《观物内篇》）但又认为“身在天地后，心在天地前，天地自我出，其余何足言”（邵雍《击壤集》），从心中推衍出天地万物。雍子邵伯温亦承此说，提出“故圣人以天地为一体，万物为一身”（《语录》）。此学派开启了理学中陆九渊“心学”一派。

濂洛关闽 宋代理学的四个主要学派。濂，指原居道州营道濂溪的周敦颐；洛，指洛阳二程（颢、颐）；关，指陕西张载；闽，指讲学于福建的朱熹。

濂溪学派 北宋以周敦颐为代表的学派。因敦颐原居道州营道（今湖南道县）濂溪，故名。主要人物有程珦、傅耆等。学说以《周易》为宗，混合道家无为和儒家中庸思想，并受当时流行的道教影响。撰《太极图说》，提出宇宙生成的图式，以“无极”之“太极”为天地万物的元始，由其派生阴阳，于是“二气交感，化生万物”。“太极”体现在道德、人性上便是纯粹至善的“诚”，认为“诚，五常之本，百行之源也”（周敦颐《通书·诚》），它是“寂然不动”而“无为”的精神。人求达“诚”的境界，必须“无欲”、“主静”、“慎动”。此学派在北宋影响不大，程颢、程颐曾将其与象数学派相提并论。自南宋张栻、朱熹的提倡后，始被尊为理学的开山，《太极图说》遂成为理学的经典。

濂学 北宋以周敦颐为代表的学派，因敦颐居道州营道（今湖南道县）濂溪，故名。详“濂溪学派”。

明道学派 北宋以程颢为代表的学派。因颢号明道，故名。主要人物有弟子杨时、谢良佐、侯仲良、刘安礼等。学说本于孟子,亦吸收道家庄子和佛教禅宗思想,以“理”为宇宙本原,又以人心之“仁”为“理”的体现,强调通过“诚敬”功夫而认识“仁”,提出“仁者”“以天地万物为一体,莫非己也”(《宋元学案·明道学案》),与其弟程颐论天理有某些不同倾向,为后来陆九渊、王守仁开启了心学之源。

伊川学派 北宋以程颐为代表的学派。因颐号伊川,故后人以此名其学派。以“理”为宇宙的根本,“万物皆是一理”(程颐《遗书》卷十五),理主宰气。主张人性包含“天命之性”和“气质人性”,强调存“理”去“欲”。注重“居敬穷理”的修养方法。在对《周易》的阐释中,表现了一定的辩证法的观点。主要人物有其弟子谢良佐、游酢、杨时、吕大临等。其中杨时影响较大,积极传播程颐的思想;吕大临原从学于张载,保留了某些关学的特色;游酢有较浓厚的禅学色彩。伊川学派为北宋理学的正宗,其思想后为南宋朱熹所继承和发展。

洛学 北宋以程颢、程颐为代表的学派。因二程为洛阳人,故名。参见“明道学派”、伊川学派。

横渠学派 亦称关学。北宋以张载为代表的学派。因张载年幼时曾侨寓凤翔、郿县(今属陕西)横渠镇,故名。与二程(颢、颐)为代表的洛学有学术上的联系,进行过论辩。主要人物还有张戬、吕大忠、吕大钧、吕大临、范育、侯仲良等。哲学上提出以元气为本源的“太虚即气”的命题,论述了“一物两体”的对立统一关系。有“以实用为贵,以涉虚为戒”(《南轩集·跋孙忠愍帖》)的学派特点。张载同辈中的李复、游师雄都是习知边事的军事家。李复对天文律历研究颇深,认为“天行不息、日月运转不已,皆动物也”(《潏水集·答曹秀才书》),“盖有物则有形,有形则有数也”(同上),与张载的观点一致。张载的弟子中有少数倒向洛学,如苏昞。张载在世时“关学之盛,不下洛学”,在当时与洛学、蜀学形成鼎足相峙之势,张载一死“再传何其寥寥”(见《宋元学案·序录》)。

关学 北宋以张载为代表的学派。因载讲学关中(古代称函谷关以西为关中),故名。详“横渠学派”。

古灵学派 北宋时以陈襄(时称古灵先生)为首的学派。其与同乡陈烈、郑穆、周希孟为友,讲学于福建,“气古行高,以天下之重为己任”(《宋元学案·古灵四先生学案》),人称古灵四先生,从学门人过千人。政治上反对王安石新法,所谓“元祐名臣”,多出于他们门下。以“真儒”自许。宣传“知天尽性之说”。主张“好学以尽心,诚心以尽物,推物以尽理,明理以尽性,和性以尽神”(《古灵先生文集·送章衡序》)。“不离经而用权,不先利而后义”(《与安庆之》)。重义轻利,恪守孔孟先训。重视兴办学校,“以兴学养士为先务”。他们都是宋理学的先驱者。

庐陵学派 北宋以欧阳修为代表的学派。因修是吉州庐陵(今江西吉水)人,故名。主要成员有其门人焦千之、刘敞、曾巩、王回等。崇慕唐韩愈的儒家道统思想,但不赞同韩愈的性三品说。在研究《易传》中,否认《易传》为孔子所作的传统看法,阐发新见颇多。政治上要求改革,曾巩提出“以节用为理财之要”(《宋元学案·庐陵学案》)。批判佛教而宣扬儒家人伦礼义。王回认为“古之言天下达道五者,各以其义行而人伦立,其义废则人伦亡”(同上)。刘敞认为“愚智非善恶也,虽有下愚之人,不害于为善,善者亲亲尊尊而已矣”(《公是先生弟子仁》)。该学派皆重朴实文风,为北宋古文运动的展开起了巨大作用。

上蔡学派 北宋以谢良佐为代表的学派。因良佐为上蔡(今属河南)人,故名。主要人物另有詹勉等。谢良佐为二程弟子。明清之际黄宗羲说:“上蔡在程门中,英果明决,其论仁以觉以生意,论诚以实理,论敬以常惺惺,论穷理以求是,皆其所独得,以发明师说者也。”(《宋元学案·上蔡学案》案语)为学重内心“省察”,并作课簿以记日用言、动、视、听,以礼验之。认为“圣门学者大要以克己为本,克己复礼,无私心焉,则天矣”(《宋元学案·上蔡学案》引谢良佐语)。主张读儒家经书“当会之以神”,“不可以训诂形容其微意”(谢良佐《论语解序》)。反映了宋儒崇义理之学的特点。清全祖望称此派为“洛学之魁”。

龟山学派 北宋以杨时为代表的学派。因时号龟山,故名。为洛学南渡之大宗。主要人物有喻樗、李郁、宋之才等。南宋朱熹、张栻、吕祖谦的思想皆与其有渊源关系。承二程的“理一分殊”说,并用“仁”、“义”关系来解释。“天下之物,理一而分殊,知其理一,所以为仁,知其分殊,所以为义”(杨时《龟山集·答胡康侯》)。认为人可以通过“克己”、“持敬”的道德修养而达到“理”的境界。强调人的本性是纯善的、天赋的,“所谓率性,循天理是也”,“知命,只是事事循天理而已”(杨时《龟山语录》),把封建伦理看作是最高天理的体现。俞樗认为“六经数十万言,只有十字能尽,其义便足,要之不出乎君臣、父子、夫妇、长幼、朋友而已”(《喻子才玉泉语录》);李郁“好说禅”;宋之才反对秦桧当政,攻击王安石的“三经新义”,根据道学标准,著书对《周礼》、《尚书》、《诗经》作了详尽的注释。

廌山学派 北宋以游酢为代表的学派。因学者称其廌山先生,故名。始从二程,后转禅学,被南宋胡宏指摘为“程门罪人”。公开要求援佛入儒,与二程对佛学的阳违阴奉的方式有所不同。“佛书所说,世儒亦未深考,往年尝见伊川云:‘吾之所攻者迹也。’然迹安所从出哉?要之此事须亲至此地,方能辨其同异,不然,难以口舌争也。”(《宋元学案·廌山学案》附录引游酢语)对《周易》推崇备至,“易之为书,该括万有”,圣人作《易》乃是“领天下于中正之涂,而要于时措之宜也”(游酢《廌山遗文》)。遗留著作甚少。主要人物有曾开、陈侁等,他们承续了游酢“治气养心,行己接物之要”(《宋元学案·廌山学案》)。

和靖学派 北宋以尹焞为代表的学派。因人称焞为和靖先生,故名。为洛学中最为晚出的一个学派。发挥程颐“主一则是敬”的命题,认为“敬有甚形影，只收敛身心，便是主一”（尹焞《祁氏师说》）。在动静关系上提出“动静一理”，指出“譬如钟未撞时，声固在也”（《宋元学案·和靖学案》引尹焞语），深得程颐的赞许。该派中王德修编有《师说》三卷，记和靖之语，朱熹曾向修询问和靖之学；韩元吉辑有《河南师说》，以和靖之语居卷首；陆景端晚年传学于林光朝，对洛学入闽起过重要作用。此派不主张“谈禅”，与游酢持不同态度。

紫微学派 北宋末以吕本中为代表的学派。因本中人称紫微先生，故名。主要人物有吕本中及弟子林之奇、李楠、方畴等。受二程弟子游酢、杨时、尹焞的思想影响较深。尤溺于禅学。学无常师，以穷理尽性为本。认为“学者当熟究《孝经》、《论语》、《中庸》、《大学》，然后遍求诸书，必有得矣”。对中原文献之学有承前启后的作用。治学学风上提倡“学者须先疑是悔，于道方有所入”（林之奇《拙斋纪问》）和“旁搜众说，以会其趣，众说所未安，然后断以己意”（《宋元学案·紫微学案》引李楠语）。对后来东莱学派有直接的影响。

豫章学派 北宋末以罗从彦为代表的学派。因学者称从彦为豫章先生，故名。罗从彦从学杨时，为程颐二传弟子。在程门中“最无气焰，而传道卒赖之”（《宋元学案·豫章学案》案语）。主张“寡欲”以至“无欲”。认为“私吝尽无，即浑是道理”（《宋元学案·豫章学案》引李侗语）。持存理灭欲的观点。为学主静，往往与弟子“终日相对静坐”，认为“静中看喜、怒、哀、乐未发之谓中”，在静中体察万物本源的“性”。主要人物有罗从彦弟子李侗、朱松（朱熹之父）。李侗“论治道必以明天理、正人心、崇节义、历廉耻为先”（《宋元学案·豫章学案》引王应麟语）。朱松亦以“明人伦、励名节为先务”（《宋元学案·豫章学案》）。此派对朱熹思想的形成有直接的重要影响。

横浦学派 两宋之际以张九成为代表的学派。九成自号横浦居士，故名。主要成员有施德操、樊光远、倪思等。反对和议，重民族风节。张九成认为“道”存于人心中，“一念之善，则天神地祇祥风和气皆在于此。一念之恶，则妖星厉鬼凶荒札瘥皆在于此”（《横浦日新》）。讲求内心涵养，“稍自涵养充实，则自然蕴藉可观”而“不必孜孜务挟册看书”（《横浦心传》）。施德操撰《孟子发题》，补充了张九成的《孟子说》，崇扬孟子论浩然之气乃“古人未发也，而孟子独发之”。认为养气是治心之要，“圣人之门，唯论心术”。九成的再传弟子倪思热衷信佛，禅味更浓。“齐斋倪公（倪思）三戒，不妄出入，不妄言语，不妄忧虑”（王应麟《困学纪闻》引）。这种阳儒阴释，唯论心术的学派风格，对陆九渊心学的形成有一定的影响。

北山学派 南宋末以何基为代表的学派。因基定居金华北山，人称北山先生，故名。浙学支派之一。主要成员还有王柏、金履祥等。偏重自我道德修持，“为学立志贵坚，规模贵大，充践服行，死而后已”（《宋元学案·北山四先生学案》引何基语）。以“居敬”为学之要旨，“学者亦须收视反听，澄心定虑，然后可以玩索天理，省察初心，而有以见天地之心”（金履祥《复见天地之心讲义》）。恪守朱熹的理气观，认为理与气“未尝相离”而又是“理与气不可相杂”，“使理常为而气常听命焉”（王柏《鲁斋要语》）。该学派虽崇信朱熹，但在诠释儒家经典上主张“治经当谨守精玩，不必多起议论”（同上）。因而与朱熹对经义上的理解亦有不甚相同之处。

双峰学派 南宋末以饶鲁为代表的理学学派。因饶鲁号双峰，故名。学派成员有程若庸、陈大猷、吴中、万镇等。强调主敬“收心”的涵养工夫。“看道理须是涵养，若此心不得其正，如何看得出。”（饶鲁《双峰语录》）治学讲求会通义理，“读书而能求其意，则由辞以通理，而可上达”，反对“溺心于章句训诂之间”（同上）。认为“圣贤所知之道无他，主敬以立其本，穷理以致其知，反躬以践其实”（程若庸《斛峰书院讲义》）。并以读书当“以身体之，以心验之，从容默会于幽闲静一之中，而超然自得书言象意之表，此读书之法也”（同上）。该学派的后学者于宋元之际对程朱理学的流行、传播有一定的影响。

五峰学派 南宋以胡宏为代表的学派。因学者称宏五峰先生，故名。主要人物有胡宏门人张栻、彪居正、吴翌等。此派力主抗金。哲学思想上受二程、杨时影响。在两宋理学的形成、发展过程中起了重要作用。此派对“性”的论述有其特点，批评“世儒乃以善恶言性，邈乎辽哉”（《宋元学案·五峰学案》）。承认“情”、“欲”也是性的表现，“性譬诸水乎？则心犹水之下，情犹水之澜，欲犹水之波浪”（胡宏《知言·往来》），但主张“乐而不淫”（胡宏《知言·阴阳》），“天理人欲，同体异用”，把天理人欲统一起来。提出“物不独之必有对，对不分治必交焉”（胡宏《知言·纷华》）的命题，说明事物对立面的交感关系。在认识论上强调“夫人非生而知之，则其知皆缘事物而知”（胡宏《五峰集·复斋记》）。皆主“明理居敬”、“以明理修身为要”。吴翌认为“夫性也，心也，情也，其实一也”，“心根于性，是情亦同本于性也”（吴翌《澄斋问答》）。主张性统心、情之说。

艾轩学派 南宋初以林光朝为代表的学派。因学者称光朝为艾轩先生，故名。理学的一个支派。继程门尹焞之学，重道德践履，“专于圣贤践履之学”。“学通六经，贯百氏言，动必以礼”（《宋元学案·艾轩学案》）。认为“日用是根株，言语文字是注脚”（同上）。弟子林亦之能维护师说，“为学一本躬行”（同上）。而弟子有如刘夙、刘朔兄弟则以为“五常”中朋友之道，至为重要，认为“朋友讲习为古今至乐”，“朋友群居……而公论之所由出也”（同上）。为宋代讲学风气盛行，学人中学术交往频繁的思想反映。

程朱学派 北宋二程（颢、颐）和南宋朱熹两学派的合称。后人亦称“程朱理学”。两派思想基本一致。与陆王心学相对立。断言“理”是宇宙的本源，是离开事物独立存在的抽象的实体，由它主宰和派生万事万物。为学主“涵养须用敬，进学则在致知”（程颐《遗书》卷十八）。“主敬以立其本，穷理以致其知，反躬以践其实”（黄百家《宋元学案·晦翁学案》案语）。元明以来影响很大。参见“明道学派”、“伊川学派”、“考亭学派”。

考亭学派 南宋以朱熹为代表的学派。因朱熹曾侨寓建阳（今属福建），讲学地址名考亭，故名。主要人物有蔡元定、黄榦、蔡沈、陈淳等。朱熹思想渊源于北宋周（敦颐）、邵（雍）、张（载）、二程（颢、颐），集宋代理学之大成。在南宋政治集团的斗争中，该派曾一度被列为“伪学”而遭受打击。但由于封建统治者对理学的提倡，曾长期保持其重要影响。在宋元之际，由赵复、许衡、刘因等将朱熹理学传播北方。明清时代此学派的思想仍占据统治的地位。

闽学 南宋以朱熹为代表的学派。因熹曾侨寓并讲学于福建路的建阳，福建别称“闽”，故名。详“考亭学派”。

湘学 亦称“湖湘学”、“湖湘学派”。此名最早见于南宋朱熹答弟子问。指湖南地区产生和承传的诸大家之学说。主要代表南宋时有胡安国之子胡宏（五峰）、胡寅（致堂）以及张栻（南轩）的理学；明清至近代有王夫之为代表的船山学，以及魏源、曾国藩、谭嗣同、黄遵宪、唐才常等之学。均有重视经世致用和躬行实践的特征。

湖湘学派 即“湘学”。

南轩学派 南宋以张栻为代表的学派。因栻号南轩，故名。主要人物有张栻门人宇文绍节、陈概、范荪、宋德之等。其学说始行于湖南，再盛于四川。思想渊源于北宋程颢。为学重内心的涵养，强调“持养省察”、“居敬主一”，以消磨“本心”中的“私意”。提出“己私克则天理存”（张栻《南轩答问》）。推崇北宋周敦颐《太极图》，认为它是掌握《易经》的纲领。认识论上主张自我“识心”，轻视耳目闻见，宣扬“以吾心之灵独知之”（同上）。

浙东学派 南宋以浙东地区为活动中心的学派。包括以吕祖谦为代表的金华学派（一称婺学），以薛季宣、陈傅良、叶适为代表的永嘉学派和以陈亮为代表的永康学派。金华学派在学术上力图调和朱（熹）和陆（九渊）之争，但基本倾向于陆氏心学。其学以“中原文献之学”为主，又接受永嘉学派思想，首倡经世致用。永嘉、永康两学派则反对理学家空谈心性命理，更强调事功之学的重要，主张“盈宇宙者无非物”（陈亮《经书发题·书经》）。认识事物提倡实地考察，“夫欲折衷天下之义理，必尽考详天下之事物而后不谬”（叶適《题姚令威西溪集》）。他们对前人的思想进行了评判，特别是永嘉学派的叶適对子思、孟子和佛、老的批判，动摇了程朱理学的基础。

永嘉学派 南宋以薛季瑄、陈傅良、叶適为代表的学派。因主要人物均为永嘉（郡治今浙江温州市）人，故名。主要人物还有叶適弟子丁希夷、周南、宋驹等。始于北宋神宗元丰（1078—1085）年间，时太学有周行己、许景衡、刘安节、刘安上、戴述、赵霄、张辉、沈躬行、蒋元中九人，号称“永嘉九先生”，将“洛学”、“关学”引入浙东，加以传播。至南宋薛秀瑄始与道学正统发生分歧，“其学主礼乐制度，以求见之事功”（《宋元学案·艮斋学案》案语）。反对“语道不及事”，提出“以求经学之正，讲明事务本末利害”。主张“无为空言，无戾于行”（《浪语集·答象山侄书》）。于田赋、兵制、地形、水利亦甚下工夫。陈傅良又作进一步的发展，笃信“六经之学，兢业为本”，讲究古今之治，“弥纶以通世变”。叶適继之为永嘉之学的集大成者，和朱熹为首的理学派、陆九渊为代表的心学派鼎足而立。重视学术史的研究，对先秦以来各派思想甚多评述，认为充盈宇宙者是物，而“道”存在于事物本身，提出“夫形于天地之间者，物也”（《水心别集》卷五），而“物之所在，道则在焉”（《习学记言》卷四十七）。提倡功利之学，反对虚谈性命之说。叶適弟子“常以世道废兴为己任”，“语多讥调时政”（《宋元学案·水心学案》）。并注意探究学术思想的“统绪”及演变的关系，“于古今伦贯，物变终始，所当究极”（同上）。表现出永嘉之学的特色。

水心学派 以南宋叶適为代表的学派。因適晚年著述、讲学于永嘉城外的水心村，故名。讲究事功，反对虚谈心性。强调“既无功利，则道义乃无用之虚语耳”（叶適《习学记言》卷二十三）。认为“抑末厚本，非正论也”（《习学记言》卷十九），提倡扶持商贾，流通货币，不同于传统的“重本（农）抑末（工商）”看法。哲学上持“物之所在，道则在焉”（《习学记言》卷四十七）的唯物主义观点。认为人的知识的获得，“必尽考详天下之事物而后不谬”（《题姚令威西溪集》）。主要人物有叶適弟子周南、宋驹等人，他们“常以世道废兴为己任”，“语多讥弹时政”，“从事于古今伦贯，物变终始，所当究极”（《宋元学案·水心学案》），关心现实政事，注重历史发展规律的研究。

永康学派 南宋以陈亮为代表的学派。因亮为永康（今属浙江）人，故名。又因学者称亮为龙川先生，故亦称龙川学派。为浙东学派之一。主要人物有陈亮门人喻偘、喻南强、钱廓、凌坚和吴深等。此派主张“事功之学”。认为：“禹无功，何以成六府？乾无利，何以具四德？”（见《宋元学案·龙川学案》）力主恢复失地，以抗金事业为己任，谈兵说剑，耻为无用之学。反对空谈心性命理，提倡“义利双行，王霸并用”之说。在哲学思想上与朱熹理学派和陆九渊心学派相对立。

龙川学派 即“永康学派”。因其创立者陈亮，学者称龙川先生，故名。详见“永康学派”。

吕学 南宋吕祖谦所开创的学派，与金华学派、东莱学派、婺学乃属异名同义。主要人物还有吕祖俭、吕祖泰等。“宋乾淳以后，学派分而为三：朱学也、吕学也、陆学也。三家同时，皆不甚合”（《宋元学案》）。其特点多带有调和朱、陆的折衷色彩，对永嘉学派经世致用的“事功”之学亦有所汲取，治学上由经入史，经史并重。尤其在其史学研究中蕴寓着富有价值的有关历史哲学的独到见解，认为历史总是朝前发展的，"天下事向前则有功"，"天下事不向前，安能成其大"(吕祖谦《易说·蛊》)。社会历史是不断改革前进的。提出"视前代未备者，固当激励而振起，其远过前代者尤当爱护而扶持"(吕祖谦《东莱集·淳熙四年轮对札子二首》)认为凡前代不完备的东西应加以改良、发展，而前代所未有的新东西，更应发扬光大。

金华学派 亦称"婺学"、"吕学"。南宋以吕祖谦为代表的学派。因祖谦为婺州金华(今属浙江)人，故名。为浙东学派之一。详"吕学"。

婺学 即"金华学派"。

象山学派 南宋以陆九渊为代表的学派。因九渊曾讲学于象山(今江西贵溪县西南)，故名。主要人物有弟子杨简、曹建、袁燮。用"宇宙便是吾心，吾心即是宇宙"和"心即理也"等主观唯心主义命题，否定客观世界的存在。认为物质世界如"镜中花"一样虚幻不实。认识论上主张"直指本心"的易简工夫。与程朱派的客观唯心主义理学相抗衡。元赵偕和"江东四先生"等承续陆学。明陈献章、湛若水对此派思想有进一步发展，至王守仁则集心学之大成，与陆九渊学派合称陆王学派。

清江学派 南宋以刘靖之、刘清之兄弟为代表的学派。属程朱理学的一个流派。主要人物另有赵蕃等。思想上受朱熹、张栻、吕祖谦影响。为学"以读书穷理为先，持敬修身为主"和"以力行切己者省察性情为务"(《宋元学案·清江学案》)。刘氏兄弟从事讲学，门生遍及东南沿海一带。刘靖之在教学上"以发明六经论孟之遗意"，重言行、服饰，凡弟子中"言行小不中礼，服饰小不中度，必规正之"(同上)。刘清之提出"夫为政之道，有政有教，理也，义也"(同上)。以"明于义理"为选择百官将帅的标准。

西山学派 南宋以真德秀为代表的学派。因学者称德秀为西山先生，故名。主要人物有金文刚、王迈、徐元杰等。墨守朱熹师说而无所发挥。对理学中的仁、敬、格物、中庸、太极诸范畴作出解答。认为天理人欲同具于人心，只是出发点不同，"由义理而发"，"可使与天地参"，"由形气而发"，"至于违禽兽不远"(见王应麟《困学记闻》)。强调内心的道德涵养，要求"收放心，养德性"(同上)。

西山学派 南宋以蔡元定为代表的学派。因人称元定为西山先生，故名。主要人物有蔡元定子蔡渊、蔡沆、蔡沈等。蔡元定师事朱熹。受道教思想影响，汲取北宋邵雍的象数之学，并受家传"律吕象数之学"。长于《易》，并以象数讲解《洪范》。把"数"作为主观自生之物。"余所言而传者，数也，若其所以数之妙，则在乎人之自得焉尔"(蔡沈《洪范皇极·序》)。认为："易者神之本，神者易之用。"(蔡渊《易象意言》)"神"指"感而遂通天下之故"；"易"指"寂然不动"，提出"寂之中又有感，而感之中又有寂"(同上)的观点。但又认为："理即气之微，气即理之著，性即情之微，情即性之著，皆一贯也，但其时有不同，故因其发用而立名有异。"(同上)否定了理、气区别。此派论《易》，自成体系，富神秘色彩，为当时儒者所莫及。参见"九峰学派"。

九峰学派 南宋以蔡沈为代表的学派。因沈隐居九峰，学者称九峰先生，故名。主要人物有蔡沈子蔡模、蔡杭、蔡权和门人刘钦等。蔡沈为朱熹门人。重象数之学。以抽象的"数"和"理"为宇宙的本源，"天地之所以肇者数也，人物之所以生者数也，万事之所以失得者亦数也"(蔡沈《洪范皇极·序》)。认为"数"是主观自身的观念，"若其所以数之妙，则在乎人之自得焉尔"(同上)。在"数"与"理"的关系上，主张"数者尽天下之事理也"，"圣人因理以著数，天下因数以明理"(《洪范皇极·内篇》)。承朱熹的"理先气后"说，认为"气之未行，物之未生，理无不具焉"(同上)。

勉斋学派 南宋以黄榦为代表的学派。因榦号勉斋，故名。其为朱熹门婿，深得师传。主要人物有詹初及黄榦门人余元一、方暹、张元简、吴昌裔、陈如晦等。主张调和理学各派争论。清全祖望说："朱子之门人，孰如勉斋，顾门户异同，从不出勉斋之口"(《宋元学案·勉斋学案》案语)。注重儒家道统之学，提出道统要旨为"居敬以立其本，穷理以致其知，克己以灭其私，存诚以致其实"(黄榦《圣贤道统传授总叙说》)。对宋儒的"理一分殊"说作了进一步申述，提出"道之在天下，一体一用而已。体则一本，用则万殊"(《勉斋文集·复叶味道》)，"道者物之神，物者道之寓"(詹初《流塘集》)。

北溪学派 南宋以陈淳为代表的学派。因学者称淳北溪先生，故名。主要人物有陈沂、苏思恭等。淳为朱熹门人。清全祖望说："沧州诸子，以北溪陈文安公为晚出，其卫师门甚力，多所发明。"(《宋元学案·北溪学案》案语)以"太极"为理学最高范畴。提出"太极只是总天地万物之理而言，不可离天地万物之外。而别为之论"(陈淳《北溪语录》)。区分"道"与"理"，"万古通行者，道也；万古不易者，理也"(同上)。认为"道"普遍地存在于事物之间，"道流行天地之间，无所不在，无物不有"，其"玄妙""实不离乎日用常行"(陈淳《北溪文集·答陈伯澡》)。承认理"不离乎气"，但强调"理"是"气"的主宰。此学派开创了"以理义之实，革词藻之华"(《宋元学案·北溪学案》)的文风。

岳麓学派 以南宋胡大时、彭龟年、吴猎等人为代表的学派。承继张栻师说，也吸取永嘉陈傅良的经制之学和陆九渊的心学。认为要达到最高的真实无妄的道德境界"诚"，必须通过"敬"的克己工夫。"敬是除病之大药"，"敬道之成，则圣人矣"(胡大时《湖南答问》)。对周敦颐"无极而太极"作解释："方其寂然无思，万善未发，是无极也。虽云未发，而此心昭然，灵源不昧，是太极也。欲知太极，先识吾心"(游九言《太极图序》)，颇近心学的观点。但"南轩(张栻)弟子，多留心经济之学"(全祖望《宋元学案·岳麓诸儒学案》案语)。关心政事，主张抗金，指斥和议是“以偷安为和平，以不事事为安静”。为学提倡“见义必为”、“知无不行”的作风，又与永嘉学派思想接近。

慈湖学派 南宋以杨简为代表的学派。因简号慈湖，故名。主要人物有钱时、陈埙、桂万荣等。简为陆九渊弟子。将陆氏心学发展成唯我论。提出“天地我之天地，变化，我之变化，非他物也”（杨简《慈湖遗书·己易》）。认为主观的“意”决定了“我”的存在，“何谓我？我亦意之我。意生，故我立；意不生，我亦不立”（杨简《绝四记》）。以“发明人心”，“悟天地为一己”作为旨要，提出“一断诸己，直心而用”（钱时《新安州学讲义》）等观点。该派在江南一带影响较大，成为陆九渊心学向王守仁心学发展的过渡。

广平学派 南宋以舒璘为代表的学派。因璘号广平先生，故名。主要人物有李元白和舒璘五子：舒铈、舒钲、舒铣、舒错、舒镰。兼受张栻、朱熹、吕祖谦之学影响。提出：“成物之道，咸在吾己，我念无亏，精神必契。”（《广平类稿·答叶养源》）以主观精神为“成物”的根源。认为人的认识乃是“反观内省”而“毋逐外”的自我认识，是先天“良心”所“感发”的缘故。反对程朱学派“主敬”之说，宣称“持敬之说，某素所不取”（同上）。

定川学派 南宋以沈焕为代表的学派。因焕号定川，故名。认为“心”的常存是“立大本”，强调“吾儒之学，在植根本，无妄敝其精神”（《宋元学案·广平定川学案》引沈焕语），与其文献之学融会相通。该派与吕祖谦、祖俭兄弟往还甚密。主要人物有弟子竺大年，长于说《礼》，著有《礼记订义》；沈炳，师事陆九渊，提出“《易》之极，即心之极”（《宋元学案·广平定川学案》引沈炳语）的观点。

鹤山学派 南宋以魏了翁为代表的学派。因了翁筑室于白鹤山下，故名。主要人物有李坤臣、谯仲牛、高载、王万、吴泳、程掌、史守道等。传播关洛之学，曾盛于四川邛、眉一带。为学旁搜博览，“兼有永嘉经制之粹而去其驳”（《宋元学案·鹤山学案》案语）。宣扬“心者人之太极，而人心又为天地之太极”（魏了翁《鹤山奏札·乙酉上殿札子》）的天人合一思想。认为封建等级秩序是天然合理的，“盈天地间截然有等级之辨”（魏了翁《鹤山全集·海州太守题壁记》），人之贵贱贫富的界线是不可犯的“天险”。皆“通经术”，反对只“诵说词章”，主张“讲明义理，涵养气质，以成其材，而待国家之用也”（《宋元学案·鹤山学案》引王万语）。与永嘉学派的经制之学相接近。

晦静学派 南宋末以汤巾为代表的学派。因巾号晦静，故名。主要人物有汤汉、徐霖、谢枋得等。强调人的“本心”决定客观事物。“扶危救乱”乃“在乎人主清心无欲”（《宋元学案·存斋晦静息庵学案》引汤汉语）。崇尚心学，谓“人可回天地之心，天地不能夺人之心”（谢枋得《叠山文集·与李养吾书》）。“意之诚，家国天下与吾心为一。诚之至，天地人物与吾性为一。”（谢枋得《叠山文集·东山书院》）。

深宁学派 南宋末以王应麟为代表的学派。因应麟号深宁居士，故名。主要人物有胡三省、戴表元、王昌世、王遂初等。为学兼治朱（熹）、吕（祖谦）、陆（九渊），“和齐斟酌，不名一师”（全祖望《宋元学案·深宁学案》案语）。哲学上主要倾向陆九渊的心学。提出“以心合天”。治学方法上师法吕祖谦。成员中大多精于经史考据。对古籍文献的整理颇有贡献。胡三省最有成就，笃于史学，注《资治通鉴》先后积三十年；戴表元、王昌世为著名经学家；王遂初熟于职官典故、文章制度，主张“博闻实践”，批评当时的虚诞学风。

东发学派 南宋末以黄震为代表的学派。因震字东发，故名。为浙东学派中崇尚朱熹的一个支派。主要人物有黄震子、黄梦干、黄叔雅、黄叔英等。思想渊源于辅广。认为理是“四时行，百物生”的“自然之准则”（黄震《东发讲义》）。主张以《易》言理，则“日用常行，无往非易”（黄震《东发日钞·读易》）。用变易的规律来解释“理”。反对道学家空谈虚实，认为“道”即是“日用常行之理”。其学侣陈著强调“人之所学何事？亦惟言必有物，行必有常”（《本堂文集·参前亭记》），反对谈虚之失。均重经史考辨，“旁搜博征，曲而通，确而明”（《宋元学案·东发学案》），并将此派思想传播于福建、江浙一带。

巽斋学派 南宋末以欧阳守道、文天祥为代表的学派。因人称欧阳守道为巽斋先生，故名。主要人物有欧阳新、刘辰翁等。此派虽宗朱熹之学，但有讲求实学之风。“先生（欧阳守道）之学，如布帛菽粟，求为有益于世用，而不为高谈虚语。”（《宋元学案·巽斋学案》引文天祥语）哲学上强调“气”为宇宙本源，“天一积气耳。凡日月星辰、风雨霜露，皆气之流行而发见者”（文天祥《文山先生全集》卷十一）。认识论上主张“事事而计之，物物而察之”，“尊其所闻，行其所知，何往非学”（《文山先生全集》卷一），以知行结合作为“学”的内容。

鲁斋学派 宋元之际以赵复、许衡为代表的学派。因许衡号鲁斋，故名。主要人物有刘因、姚枢、窦默、郝经等。宋元之际，该派继朱熹之统，广传程朱之学，倡鸣斯道，使“国人始知有圣贤之学”。哲学思想上无创见，一以程朱为宗。强调三纲五常是社会生活的根基，“纲常不可亡于天下，苟在上者无以任之，则在下之任也”（《宋元学案·鲁斋学案》引许衡语）。肯定“事物必有理”，“凡物之生，必得此理而后有是形，无理则无形”，又提出“唯一理无对，便是太极也”（许衡《鲁斋遗书·语录下》）。因适应统治者需要，该派在元、清两朝一再被抬高，当时名卿大夫皆其门人。

静修学派 元以刘因为代表的学派。因刘因号静修，故名。承南宋赵复（江汉）之传。以“明经励行，高蹈深隐”著称。刘因初从砚弥坚视训诂疏释之说，后从赵复学周程张邵朱吕之书。与许衡并称为元北方两大儒。刘因虽出仕，却又认为“凡吾人之所以得安居暇食，以遂其生聚之乐者，皆君上所赐也”。

提出君臣之义“自万古而不可易”(《静修文集·上宰相书》)。滕安上、乌冲、郝庸、刘君举、李天篪等,皆传其学。

草庐学派 元初以吴澄和元末郑玉为代表的学派。因学者称澄草庐先生,故名。主要人物有黄泽、吴当、虞集、赵汸等。认为“朱陆二师之为教一也”,“同尊周孔,同排佛老,大本达道,无有不同”。指责两家庸劣门人,“各立标榜,互相诋訾”,“不求其同,惟求其异”。主张和会朱陆,把朱熹“格物致知”的笃实工夫与陆九渊“发明本心”的简易原则结合起来,避免“泛滥无归”、“谈空说妙”之弊,以“补两家之未备”,收“力行之效”。对后来“理学”与“心学”的合流,起了一定的作用。

宝峰学派 元以赵偕为代表的学派。因称偕为宝峰先生,故名。主要人物有门人陈麟、桂彦良、乌本良、乌斯道、李善、罗拱、方原等。自元以来,程朱之学盛行于北方,而陆学几近衰绝。然赵偕私淑杨简,倡明陆氏心学。认为“万物有存亡,道心无生死”(《题修永斋》)。以静虚为宗,提倡静坐以凝神精一,几近于禅学。

静明学派 元以陈苑为代表的学派。因人称苑静明先生,故名。主要人物有其弟子祝蕃、李存、舒衍、吴谦(世称“江东四先生”)等。自元以来,程朱之学盛于北方,而陆学几近衰绝。陈苑则违背世尚,私淑陆九渊、杨简。理论上无建树,然使人始知陆氏之学。对陆氏心学在元代的传播,起了很大作用。

萧同学派 元以萧䡺(勤斋)、同恕(榘庵)为代表的学派。为许衡、刘因的后学,以续传洛闽之学而闻名。主要人物有韩择、赵世延、吕思诚、第五居仁等。为学由程朱溯孔孟。重礼教。认为祭鬼神更比“养生”重要,“养生有不备,事犹可复;追远有不诚,是诬神也”(《宋元学案·萧同诸儒学案》引同恕语)。教人必自小学始,讲求淹贯经史。注意性命道德。

白沙学派 明以陈献章为代表的学派。因献章为新会(今属广东)白沙里人,故名。主要人物有李承箕、张诩、贺钦、邹智、林光等,名多不显。主张宇宙万理只是一理所现,此理即心。“君子一心,万理完具。事物虽多,莫非在我。”(《白沙子·论前辈言》)致力涵养,主静坐,“善学者主于静,以观动之所本。”(《白沙子·语录》)授徒初必令静坐以养其善端,反求诸己,“自得”其道,直认静坐为“禅定”,颇似禅学。门徒多清苦自立,不以富贵为意。此派乃明代心学的发端,为陆九渊至王守仁的中间环节。在明代中期师白沙之学的湛若水影响较大,其创立的甘泉学派有白沙别派之称。

江门心学 即陈献章心学。陈献章出生于广东新会都会村,后迁江门白沙乡,时称白沙先生,他绝意科举,返乡讲学授徒,四方来学者络绎不绝,宣扬道与心一,理与心一的观点,遂有江门心学之称。江门心学是陆象山心学与王阳明心学发展的中间环节。

新会学 指明陈献章之学。陈献章是明代心学之先驱,在心学史上称其为白沙学派创立者,因其是广东新会人,故世又称其学为新会学。参见“白沙学派”、“江门心学”。

东莞学 指明陈建之学。清吴鼎著《东莞学案》,《四库全书总目提要》:“陈建为东莞人,故题曰‘东莞学案’”。与世称新会学、增城学并称粤中三学。陈建学术活动略晚于湛若水。著有《学蔀通辨》等。明中叶王守仁心学风靡一时,陈建却高擎朱学,力辟心学,批驳王守仁《朱子晚年定论》中之误。明清之际顾炎武称其《学蔀通辨》与罗钦顺之《困知记》同为“今日中流之砥柱”(《日知录·朱子晚年定论》)。清陆陇其说陈建“最足为考亭干越”(《三鱼堂文集·答徐健庵先生书》)。

河东学派 明以薛瑄为代表的学派。因瑄为河东(今山西一带)人,故名。恪守周敦颐和二程之学。修己教人,以复性为宗。修正朱熹的“理先气后”说,认为:“理只在气中,决不可分先后”,“盖理气虽不相杂,亦不相离。天下无无气之理,亦无无理之气。”(《读书录》)但又认定“气有聚散,理无聚散。”(同上)其学对后世有相当影响。门人阎禹锡(子与)、张鼎(自在)、张杰(默斋),传播师说,皆名重一时。私淑弟子段坚(容思)授学于王鸿儒(凝斋)、周蕙(小泉)。周蕙门下著名者有渭南薛敬之(思庵),主张“天地间凡有盛衰强弱者,皆气也,而理无盛衰强弱之异。先儒谓至诚贯金石,则理足以驭气矣。”(《思庵野录》)正德末,薛敬之的门人吕柟(泾野),筑“东郭别墅”、“东林书屋”,以会四方学者,歌诗习礼,与湛甘泉、邹东廓主讲席,东南学者尽出其门,如吕潜(愧轩)、张节(石谷)、李挺(正立)、郭郛(蒙泉)、杨应诏(天游)等。

三原学派 明代以王恕为代表的学派。因恕及其门人多为陕西三原一带人,故名。有“关学别派”之称,然实为程朱绪余,理论无多建树。主张“尽性知天”。“盖性乃天之所命,人之所受。其理甚微,非尽心而穷究之,岂易知哉?既知其性,则知天理之流行而付于物者,亦不外是矣”(王恕《石渠意见》)。又认为:“天理人欲相为消长,有天理即无人欲,有人欲即无天理。”(同上)但属此派者思想不尽相同,马理(谿田)“墨守主敬穷理之传”(《明儒学案·三原学案》);韩邦奇(苑洛)“论道体乃独取横渠”(同上);杨爵(斛山)主“天人一理”,“中和,心之本体也”(《论学》);王之士(秦关)则“至吴兴问学于许敬庵”,即转宗湛甘泉之学。此派重气节和风土,曾促使三原士风民俗为之一变。

甘泉学派 明以湛若水为代表的学派。因若水号甘泉,故名。主要代表人物有吕怀(巾石)、何迁(吉阳)、洪垣(觉山)、唐枢(一庵)等。与王守仁同时讲学,各立门户。主张“随处体认天理”,“心无内外”,“心也者,包乎天地万物之外,而贯夫天地万物之中者也,中外非二也”(《湛甘泉集·心性图说》)。指斥王守仁的“致良知”是“但指腔子里以为心”。认为涵养须用“敬”,并非单纯言“静”,“古之论学,未有以静为言者，以静为言者，皆禅也”(《明儒学案·甘泉学案》)。与湛若水之师陈白沙强调静坐亦大不同。其中也有慕王守仁之学者，认为“天理良知本同宗旨，何异何同?”采取了两存而精究的态度。后学中许孚远(敬庵)、唐伯元(曙台)、杨时乔(止庵)等则再次抨击王守仁“致良知”是“惑世诬民”，“恶乎良知以入佛”(同上)。此派在明代中期影响较大。

增城学 指明湛若水之学。因其为广东增城人，世称其学为增城学。湛若水系陈献章学生，与王守仁同时讲学，虽同为心学，而观点不尽相同，各立门户，时有辩难，学说各有自身特点。参见“甘泉学派”。

陆王学派 南宋陆九渊和明王守仁两学派的合称。后人亦称“陆王心学”。两派思想上一脉相承，和程朱学派相对立。陆主“心即理也”，为学以“发明本心”为主；王更大倡“致良知”和“知行合一”说。明以来影响很大。参见“象山学派”、“阳明学派”。

阳明学派 亦称“姚江学派”。明以王守仁为代表的学派。因守仁世称阳明先生，故名。以“心即理”、“知行合一”、“致良知”为主旨。门人继承其学者有钱德洪、王畿、王艮、邹守益、罗洪先等，明朝中叶以后影响很大。后分化为浙中王门、江右王门、南中王门、楚中王门、北方王门、粤闽王门等派别。晚明时，浙东的蕺山学派，也深受王学影响。明末清初，阳明学传播到日本，发展成为一个重要学派，对明治维新运动起过一定的积极作用。陆王心学对近代康有为、谭嗣同等人也有一定影响。

姚江学派 即“阳明学派”。因创始人王守仁(阳明)系浙江余姚人，而余姚境内有姚江，故名。

心学 即“陆王学派”。南宋陆九渊、明王守仁都把“心”看做宇宙万物的本源，提出“圣人之学，心学也，尧舜禹之相接受”(王守仁《象山全集·叙》)。故后有人称此派为“心学”。

王学七派 明哲学家王守仁及其后学按地域所分的学派。《明儒学案》除列“姚江”之外，明标浙中王门、江右王门、南中王门、楚中王门、北方王门、粤闽王门，共为七派。姚江一派以王守仁(阳明)为代表。浙中派，指浙江中部的王门弟子后学，代表人物有徐爱(横山)、钱德洪(绪山)、王畿(龙溪)、黄绾(久庵)、董沄(萝石)等，以王氏嫡传自命，提出“王门四句诀”。江右派，指江西一带的王门后学，代表人物有邹守益(东廓)、欧阳德(南野)、聂豹(双江)、罗洪先(念庵)、魏良弼(水洲)、王时槐(塘南)、胡直(卢山)、邓元锡(潜谷)等，流传较广。南中派，指苏皖一带的王门后学，代表人物有黄省曾(五岳)、朱得之(近斋)、唐顺之(荆川)、唐鹤征(凝庵)、徐阶(存斋)等。王守仁生时，此派颇著名；殁后，则受到钱德洪、王畿的影响。楚中派，指湖北一带的王门后学，代表人物有蒋信(道林)、冀元亨(闇斋)等，此派同受王守仁、湛若水之学，互有出入；同时泰州学派耿定向(天台)对此派亦有影响。北方派，指山东河南一带的王门后学，代表人物穆孔晖(元庵)、尤时照(西川)、孟化鲤(云浦)、杨东明(晋庵)等。思想有差异，穆孔晖认为心与事物，“空体弗得”，流于禅学。杨东明则认为元气产生万物，气中有理，理气浑是一物。粤闽派，指广东福建一带的王门后学。代表人物薛侃(中离)、周坦(谦斋)等。粤闽从学于王守仁者甚众，但多不著名，亦无甚撰述传世。

王学浙中学派 阳明学派在明代浙江一带传播的分支。由于王守仁是浙江余姚人，“姚江之教，自近而远，其最初学者，不过郡邑之士耳。龙场而后，四方弟子始益进焉”(《明儒学案·浙中王门学案一》)。王门弟子中，徐爱为守仁内弟，拜师最早。而钱德洪与王畿亲炙守仁最久，深得器重，是王门的教授师。二人与其师王守仁在天泉证道，对王门“四句教”有不同解释，钱绪山以为定本，王龙溪以为权法。钱绪山学有三变，但对师门之教虽无大得亦无大失。王龙溪受禅学影响，主张良知现成，倡无念主静之学。季本贵主宰而恶自然。黄绾以“艮止”为学的。王守仁去世后，绪山、龙溪常为讲学主盟，绪山还对王守仁著作的整理作出了贡献，推动了晚明王学的兴盛和发展。

王学江右学派 阳明学派在明代江西一带传播的分支。王守仁在江西发明“致良知”学说，自四十五岁至五十岁皆在江西讲学平乱，弟子众多。著名者有邹守益、欧阳德、聂豹、罗洪先、刘文敏、刘邦采、王时槐等，亦有人认为宜将泰州学派的罗近溪(江西南城人)归于江右王门。其中，邹东廓、欧阳南野皆持守师门宗旨；聂双江、罗念庵私淑阳明，以致良知功夫为主静归寂；刘两峰、刘师泉、王塘南则主张性命兼修、透性研幾。黄宗羲肯定江右王门在阳明学派中的突出地位，《明儒学案》中王门学案共二十卷，江右王门占其九，并说：“姚江之学，唯江右为得其传。东廓、念庵、两峰、双江，其选也。在传而为塘南、思默，皆能推原阳明未尽之意。是时越中流弊错出，挟师说以杜学者之口，而江右独能破之。阳明之道，赖以不坠。盖阳明一生精神，俱在江右，亦其感应之理宜也。”

王学南中学派 阳明学派在明代江苏、安徽一带传播的分支。王守仁在世时，南中已有王心斋等传播王学；王守仁去世后，钱绪山、王龙溪等在此讲学，学舍林立，从者甚众。《明儒学案》载数十人之多，著名者有黄省曾、朱德之、唐顺之、唐鹤征等。《传习后录》有黄省曾所记阳明语录数十条，黄宗羲认其“当是采之《问道录》中，往往失阳明之意”，并认为黄省曾“以情识为良知，其失阳明之旨甚矣”。朱德之学近老氏，以道教金丹喻心，认为“丹者赤也，言吾赤子之心也”，“赤子之心不失，久久纯熟，此便是丹成也。”薛应旂开启东林之源。唐顺之“以天机为宗，无欲为工夫”。唐鹤征则接续横渠，发明气学，认为“盈天地之间只有一气”，“性不过是此气之极有条理处”，晚年泊然归之道术。南中王门人多势众，但略显庞杂。

王学粤闽学派 阳明学派在明代广东、福建一带传播的分支。粤闽“学于文成者，自方西樵始。及文成开府赣州，从学者甚众”(《明儒学案·粤闽王门学案》)。《明儒学案》载粤闽王门学者小传九则；论学资料，则辑录潮州薛侃一人，以薛侃弟子罗浮、周坦附录。薛侃认为理气“非可离而二也”，“良知自存自照，浑无方体，无涯限。若着个良知，亦是障”。对批评阳明学类禅的观点进行反驳，并疑天泉证道的王门“四句教”非阳明之言。周坦批评世人错误地理解白沙“静中须养出端倪”，主张道体自然，反对瞑目静坐。粤闽王门强调修养与践履的统一，在将心学推及彝伦日用方面用功甚勤，但学术上尚欠精微。

王学楚中学派 阳明学派在明代湖北一带传播的分支。楚中王门盛者有两支，一是泰州学派人物耿定向为首的一派，另一是武陵蒋信、冀元亨等为代表的一派，而“武陵之及门，独冠全楚”。《明儒学案》仅载蒋道林、冀闇斋二人小传和蒋道林著《桃岗日录》。耿定向私淑王艮，以即心即道、即事即心和慎术为学问之“三关”，其盲目尊孔之论受到李贽的驳斥。蒋道林既宗阳明，又师事湛甘泉，认为“宇宙浑是一块气”，“凡言命、言道、言诚、言太极、言仁，皆是指气而言”，提倡人应行“中道”。冀闇斋批评江右王门主静归寂之弊，认为“赣中诸子，颇能静坐，苟无见于仁体，槁坐何益?”黄宗羲评价楚中王门“道林实得阳明之传，天台(定向)之派虽盛，反多破坏良知学脉，恶可较哉!”

王学贵州学派 王守仁心学七派之外另一学派。以贵州提学副使席书为代表。王守仁曾于正德三年(1508)贬谪至贵州龙场驿，后在此讲学前后经三年。此三年中其学术思想发生了关键性的转变，提出一系列与程朱理学有别的理论，诸如良知说，“知行合一”说，对“格物致知”作了心学解释，辨析了朱陆异同，指论多年的是朱非陆之为偏见，怀疑《大学》古本，如此等等。他先后主讲龙冈书院、贵阳书院，席书亲率县诸生就教，起了教化当地少数民族作用，也培育了大批贵州人才，其中后来成为著名学者和传人，除席书外，还有汤冔，字伯元，贵阳人，嘉靖进士，历官潮州知府、生平以风节自任。刘文学，字宗鲁。贵阳人，少研心理学，正德中以举人知耀州。著有《耀归存稿》、《余历续稿》、《孀簃闲录》等。孙应鳌，清平人，嘉靖进士。著有《淮海易读》、《论学会编》、《学孔精舍汇编》、《四书近语》。说天地万物皆吾心之象。主张“无欲”以“求仁”。李渭，思南人，主张“不欲”，说“多欲则身为谿壑，竭民脂膏不足以填之”(《贵州通志·人物志》)。席书著有《大礼集议》。传人还有叶梧、张鹗翼、王杏等数十人。为“行其道”，他们于嘉靖十三年(1534)倡议在贵阳建祠祀王守仁。此派近似王学粤闽派，其传人多不著名，著述传世不广且少，《明儒学案》等籍也无载。

泰州学派 明以王艮为代表的学派。因以王艮家乡泰州(今属江苏)为讲学活动基地，故名。主要人物有王栋(一庵)、林春(子仁)、徐樾(波石)等；徐樾弟子赵贞吉(大洲)、颜钧(山农)；颜钧弟子何心隐(梁汝元)、罗汝芳(近溪)等。主张“百姓日用即道”(《明儒学案·泰州学案》)，要求从日常生活中贯彻封建伦理道德。宣传“明哲保身”、“安身立本”。强调“欲齐治平，在于安身”，“身安而天下国家可保也”(同上)。认为“致良知”即“复初”，“知不善之动而复之，乃所谓致良知以复其初也。”(王艮《心斋语录》)王艮为灶丁，门人多为樵夫、陶匠、田夫等社会下层人物，如朱恕、韩乐吾、夏廷芳等。善于以通俗易懂的诗歌，在民间传播“安天立命”、“安贫乐道”等思想。门人中亦有封建官吏、士大夫等社会上层人物，如徐樾等。他们的思想各具特色。王栋以“意”为“心”之主宰，“自心虚灵之中，确然有主者名之曰意”。认为必须在心中邪念未萌之际施以“慎独”或“诚意”的工夫以防患于未然，有唯意志论倾向。颜钧主张人性天然善良，“性如明珠，原无尘染”，“平是只是率性所行，纯任自然，便谓之道”(《明儒学案·泰州学案》)。何心隐则称：“凡有血气之类莫不亲”，“凡有血气之类莫不尊”(《爨桐集·仁义》)。含有人与人互相平等、尊重的思想因素。罗汝芳强调“赤子之心”最为纯洁，仁爱即出于此，“赤子出胎，最初啼叫一声，想其叫时只是爱恋母亲怀抱，却指著这个爱根而只为仁”(《近溪语录》)。倡导自然人性论，认为“人无贵贱贤愚，皆以形色天性而为日用”(同上)。视人的欲望是自然要求。徐樾认为“往古来今，上天下地，统名曰道，是道在人，统名曰心”(《波石语录》)。该派在明中、晚期有一定影响。

东林学派 明以顾宪成、高攀龙为代表的学派。在政治上称“东林党”。因其在江苏无锡建立东林书院而得名。主要人物还有钱一本、孙慎行、顾允成、黄尊素等。该派讲学不仅“持濂洛关闽之清议”，并“往往讽议朝政，裁量人物”(《明史·顾宪成传》)。亦被称为“东林党人”。多次遭到统治者残酷镇压。基本恪守程朱之学，肯定王守仁“致良知”之说。但对王门后学趋向禅学持批评态度。提出“恤穷民，体富民”的主张，认为“天下之是非，自当听之天下”(顾宪成《以俟录·序言》)。但仍坚守“君臣之分”，指出：“是六经者，天之法律也，顺之则生，逆之则死。”(高攀龙《高子遗书·程朱阙里志序》)

蕺山学派 明末刘宗周创立的儒学派别。因刘讲学于家乡浙江山阴(今绍兴)城北蕺山，学者称其为蕺山先生，故名。主要人物还有黄宗羲、陈确等。提出了许多背离理学的思想观点，力图对王学“补偏救弊”。刘宗周基本上信奉王守仁心学。同时提出“离气无理”、“道不离气”的本体论；“良知不离闻见”与“求道之要，莫先于求心”(《刘子全书》卷十九)的认识论；以“形气为本”，“人心，道心，只是一心”(《中庸首章说》)，把人欲看成是人的生理的自然要求的人性论。还创“慎独”说，力倡“诚敬”，以补救“良知”弊端。黄宗羲也反对宋儒“理在气先”之说，指出：“通天地，亘古今，无非一气而已”(《太极图讲义》)；在《明夷待访录》中，提出许多社会改革的思想；所著《明儒学案》及草创的《宋元学案》，对宋元明学术进行了总结。陈确提倡“事事求实”的学风，强调理欲不可分，从人的自然本能出发考察人欲的合理性，提出“天理正从人欲中见”（《瞽言·无欲作圣辨》）。该派代表作有刘宗周的《论语学案》、《中庸首章说》等，黄宗羲的《孟子师说》等，陈确的《大学辨》等。

复社 晚明以江南文士为主的学术组织。崇祯时，江南一些具有改良思想和不满理学空疏的文士，以砥砺举业为名，纷结文社。吴江吴翻等初创复社，义取剥穷而复之易理。后太仓张溥、张采等于崇祯二年(1629)在尹山大会，合并江北匡社、中州端社、松江几社、莱州邑社、浙东超社、浙西庄社、黄州质社、江南应社等为复社，“期与庶方多士共兴复古学，将使异日者务为有用，因名曰复社”(陆世仪《复社纪略》卷一)。崇祯三年、五年又分别在金陵、虎丘大会。张溥为盟主，具名者七百余人，后发展到二千余人。提倡尊崇儒家经典，认为历史上盛世所以治，是由于“圣经先辨”，只有倡明儒经，才能挽救时弊和颓废学风，故号召“通经”、“有用”，以期“致君”、“泽民”。又《盟词》有“七毋”：“毋蹈匪彝，毋读非圣书，毋违老成人，毋矜己长，毋形彼短，毋巧言乱政，毋干进辱身。”体现了儒家传统观念。复社主要人物在治经方面如杨彝、顾梦麟之于《诗》，杨廷枢之于《书》，张采之于《礼》，朱隗之于《易》，周钟之于《春秋》都有一定的成就。张溥有《五经注疏大全合纂》、《四书注疏大全合纂》、《十三经诂释》、《春秋三书》等。对明清之际的通经致用思想有一定影响。复社成员政治上继承了东林党遗风，激烈抨击晚明弊政和反对阉党余孽，后又极力抗清。清顺治九年(1652)被取缔。

易堂学派 亦称“易堂学”、“易堂九子”。明清之际以魏禧、彭士望(危躬庵)为代表的九位学者组成学术流派。形成于清顺治初期。“易堂”原于魏禧之父魏兆凤于明亡后，“剪发为头陀，隐居翠微峰下，是冬，筮《离》之《乾》，遂名其堂为易堂”(《清史稿·魏禧传》)。后九子讲学其中，故名。魏禧、彭士望外，另七子为魏洋(际端)、弟魏礼、李腾蛟、邱维屏、彭任、曾灿、林时益(朱议霶)。彭士望、林时益为南昌人，其七子均宁都人。明亡，他们均以不同形式参加过抗清活动，失败后，隐居宁都翠微峰，入清，又拒绝征诏仕清，躬耕讲学为生。学术上主张实学与事功，通达时务。彭士望主张“核名实，黜浮伪，专事功，省议论，毕力于有用之学”。魏禧亦教导学者“留意一切有用之学”(《魏叔子文集·复沈甸华》)。彭任强调学者不在辩之不详，而在行之不笃。李腾蛟论史着重论古以证今。邱维屏精于实学，方以智曾数与之研讨历算。九子皆不尊理学，亦不反理学，认为程朱陆王各有可取之处，又不赞成其空虚不切实际。九子均有著作传世。《清史稿·谢文洊传》中称易堂九子“节行文章为海内所重”。方以智赞“易堂真气，天下无两”(《清史稿·魏禧传》)。易堂九子至三藩之乱平定后，或老或辞世，其学渐微，其传人主要有南丰人梁份(质人)、魏礼之子魏世傚、魏世俨等。学侣同调有方以智、萧士玮、李因笃、鹿继善等。

梨洲学派 明清之际以黄宗羲、万斯同为代表的学派。因黄宗羲家园黄竹浦在浙江余姚县梨洲，学者尊称为梨洲先生，后世以梨洲名其学派。黄宗羲本刘宗周学生，刘殉明后，他即独立从事学术活动，先后在宁波、海昌、石门等地讲学，培养了一大批学识渊博的学者，成为这个学派的中坚人物。哲学上，黄宗羲既说“天地间只有一气充周”(《孟子师说》)、“通天地，亘古今，无非一气而已。”(《宋元学案·濂溪学案》)，“理为气之理，无气则无理”(《明儒学案·河东学案》)，又提“心即气”(《孟子师说》)“盈天地皆心”(《明儒学案自序》)。万斯同肯定颜李学派的经世致用的宗旨，赞称他们从实学观点解释“格物”。梨洲学派主要成就在史学方面。黄宗羲除首撰明代学术思想史外，还记述了大量关于南明政史实著作。万斯同博通诸史，不署衔、不受俸，以白衣领诏修《明史》前后十九年，而黄宗羲实为修纂《明史》总顾问。梨洲学派史学思想遵循黄尊素、刘宗周关于“由经入史”，“兼通世事”的教导，不尚空言，重事实，以经学为根底，以史为经世之具，提倡通今致用，治学严谨，讲究科学方法，少门户之见。具体特点有：治史目的在于“观古今之治乱”，以统览“一代盛衰之始终”(《黄梨洲文集·谈孺木墓表》)；治史原则是“以事实征信为贵，言以原情为定”(《曹氏家录续略序》)；治史方法广搜博取，加以甄别，然后“正其是非”(《谈孺木墓表》)；治史范围，除政治、经济、学术外，还旁及天文、历算、地理等学科；重视“表”、“志”；治学术史，在纷杂流派中，要在“发明一本之所在”(《明儒学案自序》)。学派主要传人有万斯同、万斯选、万充宗、郑梁、董在中、范光阳等。清史学家全祖望、章学诚等亦传其学。

芝山学系 或称陈元赟学系。明亡前渡日定居名古屋的浙江余姚人陈元赟(号芝山)在日形成的学系。陈元赟著有《老子经通考》，主张实理实学。在日传播中国文化，形成一个以他为核心包括众多日本学者的学系。他创编柔道，传授给福野正胜、三浦义辰、矶贝次郎，后三人又形成流派，遂遍及全日。又传播明以袁宏道为代表的公安派文学，与日莲宗僧元政合著一部具公安派文学韵味的诗集《元元唱和集》，公安派文学的传播，对日本文学的改革起了一定的促进作用。还曾任尾张藩等二代藩主德川光友幕宾，在其园邸筑窑教授陶艺，制出负盛名于一时的“元赟烧”。还传授书法、茶道、花道、医药等，均多有传人。对中日文化交流起过积极作用。

舜水学系 以明清之际浙江余姚学者朱之瑜为代表的在日本形成的学系。朱之瑜号舜水，学者尊称舜水先生，后以其号名其学系。朱之瑜在参加南盟鲁监国和郑成功武装抗清失败后，历经十几年流亡，最后到达日本长崎，定居江户。日水户藩主德川光国聘为师宾，传播中国文化，有着广泛深远影响，从学者甚众，形成一个以他为核心的学系。朱之瑜反对理学，心学空谈玄虚，主张“实功”“实用”(《答小宅安顺问》)，学“贵在实行”(《答安东守约问》)。强调“经邦弘化，康济艰难”(《答林春信问》)。史学主张“得之史而求之经”(《答奥村庸礼书》)。德川光国集日本数十百学者编纂《日本史记》(后正式名《大日本史》),德川光国、总裁安积以下一些著名学者辻达、小宅生顺、今井弘济、田犀、木下贞干、吉弘元常、奥村庸礼、前田刚济等均以师礼事之。朱之瑜为他们讲授《春秋》之义,指导修纂《大日本史》,实为总顾问。在朱之瑜的理论指导下,形成与当时诸多学派中另具特色的水户学派。对日本朱子学海西学派巨儒安东守约、京师学派林春信以及古学堀川学派创始者伊藤仁斋均有直接影响。日本学者木下贞干评论其在日"传中华之道脉,激东海之儒流"(《与朱舜水书》之五)。

杨园学派 明清之际以张履祥为代表的学派。张履祥世居浙江桐乡县炉镇之杨园村,学者尊称其为杨园先生,后世以杨园名其学派。提出"致知在力行"(《杨园全集·愿学记一》)。主张学者"当务经济之学"(《年谱》),"留心世务"(《年谱·备忘录三》),反对脱离实际和静坐修养,而应做"举目可见,举足可行""当下便可行"的实理实功(《年谱·备忘录四》)。继元许衡"学者治生当为先务"之说,认为"治生以稼穑为先"(《年谱·初学备忘上》)。又主张把道德建立在"勤俭"上,认为这是"立德之本","俭心养德,勤以养身"(《年谱·备忘录一》),使传统道德观念具有新内容。又在佚名的涟川《沈氏农书》基础上撰《补农书》,提出在农业中发展商品生产和追求"利厚"的农学思想,强调农业生产注重水利,均有发人之未发之思想。同调、门人主要有吕留良、钱寅、何商隐、凌克贞、吴蕃昌、王锡阐、祝洤、张嘉玲、姚四夏等约四十余人,多为生活在社会下层的布衣寒儒。

浙东学派 清初以黄宗羲、万斯大、万斯同、全祖望、章学诚、邵晋涵等为代表的派别。他们一般主治学先穷经而求证于史(黄宗羲),并提出"六经皆史"(章学诚)等命题,倡导一种注重研究史料和通经致用的风气。

颜李学派 清初颜元、李塨师生合创的学派。在当时士人中有一定影响。主"气",主张气先于理,理在事中,不能离事而独存,反对程朱分"理"、"气"为二,"理"先于"气"的观点。强调"习行"对于认识的作用,指出致知主要不在读书、讲问、思辨,而在"亲下手一番"(颜元《四书正误》卷一)。注重实学、实事、实功,倡导礼、乐、射、御、书、数六艺之学,以为六艺"可以修齐,可以治平,较之辞赋儿比之无用,又不可同年而语矣"(李塨《圣经学规纂》卷二)。在人性问题上,反对理善而气质有恶的说法,指出:"气即理之气,理即气之理,乌得谓理纯一善而气质偏有恶哉?"(颜元《存性编》卷一)提出"践形以尽性"(李塨《李恕谷先生年谱》卷四)。政治上主张均田薄税,"家皆有食";"兵与民合",严刑峻法,强化国家政权。主要理论著作有颜元的《四存编》及李塨的《大学辨业》,其大部分著作在光绪初年汇编为《颜李遗书》。颜、李各有弟子一百人左右,著名的有王源、恽鹤生、程廷祚等。

扬州学派 指清代活跃于扬州一带,以王懋竑、王念孙、王引之、汪中、焦循、阮元等为代表的学派。产生于皖派戴学基础之上,清代学术,吴派最专,皖派最精,扬州之学最通。扬州学派继承和发展戴震治学特点,首在能"创",如焦循研究《易经》,黄承吉治文字学,均自创新例;次在能"通",王念孙研究训诂,阮元研究名物制度,汪中辨明学术源流,都能融会贯通。其治学规模、次第、方法,集吴、皖二派之长,又独具风格,如焦循在阐明性理、探究经学、教戒子弟等方面都强调"会通",主张"日新",反对"据守"和所谓"定论"。在求知领域上,扬州学派不仅研究经学,也研究史学、诸子、历算、词曲、戏剧等。在自然科学、哲学、教育、训诂、校勘等方面都有贡献。

新安理学 指从南宋至清末约七百年间在江南徽州(今安徽黄山市)一府下属六县(歙县、黟县、休宁、祁门、绩溪、婺源)所形成的既有地域性又有普遍性的一种哲学流派。因徽州府治古称"新安",故名。该学派崛起于南宋,发展于元代,全盛于明代,衰落于清代,在其历经七个世纪的演变过程中,始终有着一脉相承的学者群体和一以贯之的学术宗旨。清初学者赵吉士在其笔记《寄园寄所寄》(《四库全书》"杂家类"存目十)中特设"新安理学"一节,列举了朱熹以下十四位最著名的新安理学家代表人物。他们共同的思想旨趣是以朱子之学为宗,主张尊经穷理,讲明正学,经世致用,持守名节,号为"朱门嫡传",故新安理学也称"朱子之学"。新安理学在不同时期具有不同的途径和特色。南宋时多以尊奉和传播朱子学说为己任,如程大昌(字泰之)、程洵(字见夫)、吴昶(字叔夏)、汪莘(字叔耕)等。元代学者一方面力排诸儒异论和佛道异教,积极维护朱子之学的纯洁性,另一方面则加强对朱子之学的研习,多有引申和补益,如胡炳文(字仲虎)、程复心(字子见)、陈栎(字寿翁)、许月卿(字太空)等。明代学者前期如朱升(字允升)、汪克宽(字德辅)则旁注诸经,试图通过明源察始,摆脱盲从和守旧之习;中期学者如郑玉(字子美)、赵汸(字子常)则站在"右朱"立场上,试图通过"和会朱陆",以去朱子之弊。晚明和清初,因受心学思潮和考据学风的影响,先后出现了旁依陆王学派和精研训诂的嬗变,前者如程文德(字舜敷)、潘士藻(字去华)等,后者有江永(字慎修)、程瑶田(字易田)等,他们虽然也尊信朱子,却不再弘传理学。此时仍有程曈(字启皦)等人固守门户,却未能光大,致使新安理学渐趋式微,至戴震(字东原)方告终结。戴氏本经求是的治学方法仍与新安理学的尊经穷理一脉相承,但总的学术走向是以治经为途径。戴氏本着启蒙思想的精神,终于彻底放弃了新安理学的宗朱立场,举起了反对正统理学的旗帜。自此以后,新安学者大多致力于考据,新安理学遂为皖派经学所取代而告终结。

白鹿洞书院 宋代书院。为书院中最早成为讲学场所者。原址在江西庐山五老峰下。初为唐李渤与兄涉隐居读书之地。渤曾蓄一白鹿自娱,人称白鹿先生;后任江州刺史,因洞建台榭,遂以白鹿名洞。南唐升元四年(940)就遗址建学馆,以李善道为洞主，掌教授，称“白鹿洞国庠”。宋初改名白鹿洞书院。明起刘涣、陈舜俞等曾在此隐居或讲学。太平兴国二年(977)知江州周述乞赐国子监印本《九经》肄习，诏从其请。皇祐五年(1051)孙琛就故址建学馆十间，榜曰“白鹿洞之书堂”。淳熙间朱熹任南康军守后，重加修葺，曾疏请敕额赐书，并邀陆九渊等讲学其中。所订《白鹿洞书院揭示》(习称《白鹿洞学规》)对后世书院影响极大，规定“父子有亲，君臣有义，夫妇有别，长幼有序，朋友有信”为“五教之目”；“博学之，慎思之，明辨之，笃行之”为“为学之序”；“言忠信，行笃敬，惩忿窒欲，迁善改过”为“修身之要”；“正其谊(义)，不谋其利，明其道，不计其功”为“处世之要”；“己所不欲，勿施于人，行有不得，反求诸己”为“接物之要”。并附一长跋，以“讲明义理，以修其身，然后推己及人”为学之根本。后儒讲学，视为准则。明清仍为书院，但时兴时毁。

岳麓书院 宋代书院。原址在湖南善化(今长沙)岳麓山抱黄洞下。北宋彭城刘鳌始创。开宝九年(976)潭州守朱洞建讲堂、斋序，以待四方学者。咸平二年(999)潭州守李允则扩建，中开讲堂，揭以书楼，塑先师十哲之像，画七十二贤，并请国子监赐诸经义疏、释文和《史记》、《玉篇》、《唐韵》等书。祥符五年(1012)山长周式请于州守刘师道，广其居。祥符八年，式为国子主簿，归任教授，因旧名赐额，仍增给中秘书，于是书院之名闻于天下。南宋孝宗间湖广安抚刘珙重建，以张栻主教事。朱熹曾讲学于此，手书“忠孝节义”四字于堂，学生众至千人。有“潇湘为洙泗，荆蛮为邹鲁”之谓。明清仍为书院。

紫阳书院 新安学派讲学的重要活动场所。位于徽州城(今安徽歙县)南门外，其城南五里有紫阳山，朱熹父朱松少尝读书于此，乃至入闽之后，亦常思念此山，曾刻以“紫阳书堂”作为自己的印章。后朱熹寄寓福建崇安五夫里时，曾“牓所居之厅事堂曰‘紫阳书堂’”(王懋竑《朱子年谱考异》卷一)。故其别号为紫阳，人称朱紫阳。宋淳祐六年(1246)，因郡守韩补之请，始建于城南门外。书院依山傍水，前为书楼，后为宸奎阁，上为披云之阁，阁后为大成殿。宝祐二年(1254)，又有所扩建。至元十三年(1276)，迁于南门内江东道院。延祐二年(1315)，山长张炳以书院濒江地卑为由，请迁南门旧址。至正十二年(1352)，毁于兵火。明永乐十八年(1420)，重建于县学之右，与紫阳山相对。祀朱熹，并以黄勉斋、蔡元定配祀。成化十六年(1480)，再为修葺，周洪谟为文记之。歙人汪贵奏请每年九月十五日为朱熹生诞之祭日。弘治十四年(1510)，知府彭泽重修。此后又有多次修建整葺，后发展成为徽州地区规模最大的书院。

考亭书院 南宋朱熹的讲学之处。又称竹林精舍、沧州精舍。绍熙三年(1192)朱熹因先父之志而筑室定居于福建建阳城西之考亭。绍熙五年(1194)，因求学者益多，朱熹遂于居室东面建精舍，名为“竹林精舍”。后又改名为“沧州精舍”。朱熹还自号“沧州病叟”，并作《叟州歌》一首，将此刻于精舍大门石碑上，表达了此一时期的心情和思想状况。朱熹死后，宝庆元年(1225)，建阳令刘克庄辟祠以祀朱熹。淳祐四年(1244)，宋理宗御书“考亭书院”匾额。历经明清，民国初年书院尚在，今仅剩一座刻有宋理宗和清康熙帝书额、联的高大石坊，立于原书院门前。

鹅湖书院 旧名四贤祠，南宋淳熙二年(1175)由吕祖谦邀集朱熹和陆九渊、陆九龄兄弟参加江西信州(现属上饶)鹅湖寺进行学术论辩，后人为纪念这次有历史性意义的集会而建祠于鹅湖寺旁，南宋淳祐十年(1250)朝廷赐名四贤祠，后又改为文宗书院。元末书院毁于战火。清康熙二十二年又一次修复，康熙帝为书院题匾额为“穷理居敬”。

稽山书院 明王守仁讲学之所。原址在浙江绍兴卧龙山西冈，久废。郡守南大吉，令山阴县令吴君瀛重修移于会稽舍子桥。又建尊经阁于书院后，嘉靖三年(1524)正月。书院“聚八邑(山阴、会稽、萧山、诸暨、余姚、上虞、嵊、新昌)彦士，(王守仁)身率讲习以督之”(《年谱》)。书院重建后，声名闻于远近，湖广、广东、直隶、南赣、安福、泰和等地来听讲者达三百余人。王守仁在书院阐发“《大学》万物同体之旨，使人各求本性，致极良知，以止于至善功夫”(同上)。又以天地万物一体释“仁”。书院培育了大批著名心学学者，如杨仕鸣、黄梦星、王艮、孟源、周衡、何泰、黄弘纲、刘邦采、刘文敏、魏良政、魏良器、曾忭、董沄等。这些人之中，有的后成为著名的泰州学派、江右学派、浙中学派、南中学派、粤闽学派的创始者或主要代表人物。

贵阳书院 明王守仁被贬贵州龙场驿讲学之所。原址在贵阳城东顺元路儒学故址，元为文明书院，久圮。明正德四年(1509)，贵州提学副使席书重新修建，聘请王守仁主教其中。“书择州县子弟，延守仁教之，士始知学”(《明史·席书传》)。王守仁在此书院主讲期间，提出“知行合一”学说，又作过朱陆异同之辨，欲改变多年是朱非陆之议论。在此书院主讲仅一年，然培育一批人才，也起了一定的传播心学教化作用。“士类感德，翕然向风”，“里巷歌声，蔼蔼如越音”。王守仁离贵州和逝世后，“士民岁时走龙场致奠，亦有遥拜而祀于家者”(《年谱》)。后席书任礼部尚书，还向嘉靖帝朱厚熜荐王守仁是“定乱济时”(《明史·席书传》)之材。

龙冈书院 贵州修文彝族群众为贬谪在龙场驿的王守仁所建讲学之所。原址在龙场驿附近。据《年谱》载，明正德三年(1508)，当地人以王守仁“以所居湫泾，乃伐木构龙冈书院及寅宾堂、何陋轩、君子亭、玩易窝以居之。”《王文成公全书》分别有王守仁所撰《龙冈新构》诗二首，《诸生来》诗一首，记述建院经过。《何陋轩记》、《君子亭记》、《玩易窝记》、《宾阳堂》以及龙冈书院教学诗文《教条示龙场诸生》，告以立志、勤学、改过、责善四事相规。还作有诗《龙场生问答》、《诸生来》、《龙冈漫兴五首》等。书院建立，对心学在贵州起了传播教化作用。

聚和堂 亦称“萃和堂”。明何心隐(梁汝元)于嘉靖年间在其家乡江西永丰县瑶田梁坊创立的学堂,聚合族子弟学于其中,并于其中讲学。何心隐“谓《大学》先齐家,乃构萃和堂以合族,身理一族之政,冠婚丧祭赋役一切通其有无,行之有成”(《明儒学案·泰州学案》)。他自己“捐赀千金”,于聚和堂“设率教、率养、辅教、辅养之人,延师礼贤,族之文学以兴”(邹元标:《梁夫山传》)。由此可见,聚和既是一学术团体,又具理想社会实验性。何心隐学宗王艮良知之学,主张“寡欲”。曾师从泰州学派颜钧。“夫山(何心隐之号)学盛行于吴楚,四方之士莫不负笈从游”(冯肇楠:《书梁夫山先生集》)。弟子中主要有罗巽、胡时和、杨坦等。与之交游同调学者有罗汝芳、耿定理、程学博等。聚和堂存在没几年,不为封建统治者所容而被摧毁,后人改名为夫山书院以为纪念。

萃和堂 即“聚和堂”。

东林书院 明末书院。原址在江苏无锡城东南隅。初为北宋杨时讲学处。元至正间废为僧寺。明万历三十二年(1604)顾宪成与其弟允成重建,与高攀龙等讲学其中。所订《东林会约》,首列孔颜曾思孟为学要旨,次列《白鹿洞学规》,并申之以“饬四要,辨二惑,崇九益,屏九损”(柳诒征《江苏书院志初稿》)。宪成殁,高主其事,始榜曰东林书院。声綦盛,天下学者,咸以东林为归。东林诸子在学术上效法杨时,推崇程朱学说,对当时盛行的王(守仁)学末流颇多攻击,在学术上独树一帜,史称东林学派。讲习之余,又讽议朝政,裁量人物,主持清议,抨击阉党,被称为东林党。天启五年(1625)宦官魏忠贤专权,诏毁全国书院,首及东林。崇祯六年(1633)修复。后改东林两等小学。清许献等著《东林书院志》二十二卷,述此事甚详。

证人书院 又称“蕺山书院”。原址在山阴(今浙江绍兴)城北昌安门内之蕺山。明末刘宗周始创于崇祯四年(1631)三月三日。取名系发挥王守仁“致良知”学说而来,以其“慎独”标宗学说“明本心之善”,以证“圣人,人人可做”(刘汋《先君子蕺山先生年谱》)。提出太极“有”之上没有“无”、理气道器不相离、天不是万物的主宰而是万物的总名、道心即人心之本心、义理之性即气质之性等一系列理论观点。这些观点都收录在其讲稿《证学杂解》、《学言》、《会录》等中。证人书院会讲时,缙绅学士多达二百余人,培养了大批有影响的学者和节义之士。明亡,刘宗周绝食殉国,弟子们仍于每月三日聚讲书院中。清康熙初,万斯选兄弟在鄞城广济桥、延庆寺设鄞县证人书院,请黄宗羲主讲。清乾隆年间,学者全祖望在绍兴设刘子影堂讲学,均“申蕺山之绪”。

蕺山书院 即“证人书院”。

关中书院 建于明代西安的宝庆寺,因院址在关中,故名。名儒冯从吾削籍还乡后,讲学于宝庆寺,从学者甚众。万历三十七年(1609)布政使汪可孚、按察使李天麟等就在原址基础上扩建为关中书院。北宋张载讲学于关中一带,很有影响。从吾在此书院著书授徒,宣传张载所创的关学乃贯彻“躬行礼教为本”的宗旨,坚决排佛,注重实际的传统,四方求学者竟达千人,天启年间,因魏忠贤下诏禁毁天下书院而停办。清康熙二年(1663)再次重修,由李颙(二曲)主教席,李以“昌明关学为己任”,使理学还原为儒学。书院有“学规会约,约束礼仪,整肃身心,三月之内,一再举行,鼓荡摩厉,士习丕变”(《二曲集·历年纪略》)。自乾隆至同治年间,书院经过整顿,订有课程。光绪七年(1881),院内立志学斋,选高才生为上舍。后改为师范学堂。

漳南书院 清代书院。原址在河北肥乡。清康熙十九年(1680)直隶巡抚于成龙在此建义学。其后由郝文灿扩建,改称漳南书院,并于康熙三十五年延颜元主院事。设四斋。第一斋西向曰“文事”(课礼、乐、书、数、天文、地理等科),东向曰“武备”(课黄帝、太公、孙吴五子兵法、攻守营阵、陆水战法、射御技击等科)。第二斋西向曰“经史”(课十三经、历代史、诰制奏章、诗文等科),东向曰“艺能”(课水学、火学、工学、象数等科)。另有“理学斋”(课静坐、编著程朱陆王之学)和“帖括斋”(课八股举业)。主张“实学”、“实习”,反对程朱理学,改变书院修身养性和专习八股文之学风。四月后,因漳水泛滥,淹没院舍,遂离去。

诂经精舍 清代书院。在杭州西湖孤山。嘉庆六年(1801)阮元为浙江巡抚时创建。以督学浙江时讲学修书之屋,选两浙诸生学古者,读书其中,题曰诂经精舍。“精舍者,汉学生徒所居之名;诂经者,不忘旧业,且勖新知也。”(阮元《揅经室二集》卷七《西湖诂经精舍记》)祀东汉许慎、郑玄。延王昶、孙星衍、俞樾等先后主讲。课以经史疑义,旁及小学、天文、地理、算法等,一变至宋以来书院专习理学之局面。曾刊印《经籍籑诂》、《十三经注疏校勘记》等书,又选诸生课艺精华,刻《诂经精舍集》八卷二千余篇,首开书院刊印经籍之先声。遂成为当时著名书院,其后学海堂、南菁书院等均仿此例建置。同治十二年(1873),沈仲复亦在上海设诂经精舍。不以诗文课士,专讲经史。光绪初并入求志书院。

学海堂 清代书院。在广州城北越秀山。清道光六年(1826)阮元任两广总督时创建,并讲学其中。仿诂经精舍例,以经古学课士。“多士或习经传,寻疏义于宋齐;或解文字,考故训于《仓》、《雅》;或析道理,守晦庵之正传;或讨史志,求深宁之家法;或且规矩汉晋,熟精萧《选》,师法唐宋,各得诗笔。”(阮元《学海堂集序》)各生于《十三经》、《史记》、《汉书》、《三国志》、《文选》、《杜诗》、《韩集》等,择一自学,又作日记,由学长评阅。肄业生长住者仅十余人,从学长八人中择师而从。为当时书院中刊印书籍最多者,有《揅经室集》、《学海堂集》、《学海堂经解》(即《皇清经解》)等。

南菁书院 清代书院。原址在江苏江阴城内。

清光绪十年(1884)由江苏学政黄体芳创建。仿诂经精舍课程,分经学、古学,经学附以性理,古学附以天文、算学、舆地、史论等。王先谦曾任祭酒,张文虎、黄以周、缪荃孙先后主讲。院中亦设局刻书,刊有《皇清经解续编》一千四百三十卷,《南菁丛书》一百四十四卷,《南菁札记》二十卷,《南菁文集》六卷。光绪二十四年改为江苏省南菁高等学堂。

广雅书院 晚清时期张之洞设立的新式学堂。清光绪十年(1884),张之洞出任两广总督,选定广州城西源头乡创建。光绪十三年筹建,光绪十四年(1888)建成开学。院名取自"广者大也"、"雅者正也"。首任学长为梁鼎芬、后任有朱一新、廖廷相、邓蓉境、谭莹、丁仁长等广东学者。学员由两广各州、府、县严格挑选,各选拔100名,一律住院,外出需请假、学不进益者开除,考试成绩70名内均有奖励。课程分为经学、史学、理学、文学四门,学生可以自由选择,兼习文章之学。学制原定三年,后改为九年。教学既吸收传统方式,又具有新学的特色,对广东教育产生过一定影响,是当时全国有名书院之一,实开近代教育之先河。光绪二十五年(1899),率先附设西学堂。光绪二十七年,清政府颁布皇令"废书院,设学堂,改良私塾",遂改为两广大学堂。光绪二十九年(1903),再改为两广高等学堂。辛亥革命后,改学堂为学校,又改名为广东省第一中学。1935年改为广雅中学。

般若学 中国佛教派别。魏晋时期与禅学并行的佛学两大派别之一。偏重义理研究,主要流行于南方。从东汉末年支谶译出《道行般若经》开始,般若类经被大量介绍过来。此类经把整个世界分成"色"和"心"两部分,"色"在一定意义上指物质世界,"心"则指精神世界。认为"色"是虚幻不实的;"心"亦无有实体,两者自性都是"空"。《道行般若经》:"幻与色无异也,色是幻,幻是色。"其学说和当时盛行的玄学合流,形成一代学风。至后秦鸠摩罗什系统地传译龙树、提婆的中观学派学说之前,在阐发般若思想方面,即因种种解释不同而形成"六家七宗",后因罗什的介绍及僧肇的发挥而达到高潮。一般把这种对"般若"义理的研究称之为"般若学",为魏晋南北朝时期佛教的基础理论,并影响于隋唐有关宗派。其中如"三论宗"就直接沿袭了它的传统。

禅学 中国佛教派别。魏晋时期佛学派别之一。与"般若学"并行。东汉安世高译《大安般守意经》,为禅学传入中国之始。由汉至南北朝,先后译出的禅经约五十种,群相研习,逐渐形成派别。偏重宗教修持,主要流行于北方。最初安世高一系的禅学,主张默坐专念,构成"心专一境"的观想。至隋时智𫖮(天台宗)、吉藏(三论宗)等倡导"定慧双修",始把两者统一起来。

六家七宗 中国佛教派别。东晋时期佛教般若学派别。东汉末支谶传译《道行般若经》,印度般若经典开始传入中国。魏晋时期,佛教学者用玄学观点理解和论释《般若经》,对经中所谓"空"的意义理解发生歧义,形成许多派别。据南朝宋昙济《六家七宗论》(原书佚,梁宝唱《续法论》曾引用)、隋吉藏《中论疏》、唐元康《肇论疏》等,一般认为六家及其代表为:本无(道安)、即色(支道林)、识含(于法开)、幻化(道壹)、缘会(于道邃)、心无(支愍度);加上本无宗的分派本无异(竺法深、竺法汰)为七宗。一般认为本无宗、即色宗、心无宗三家最能概括当时流行主张。

即色宗 中国佛教派别。东晋时期佛教般若学"六家七宗"之一。据吉藏《中论疏》,谓有二家:"一者关内即色义","次支道林著《即色游玄论》"。然据《肇论·不真空论》所引,所谓"关内即色义",实即支道林的主张。《世说新语·文学篇》注引支道林所集《妙观章》:"夫色之性也,不自有色。色不自有,虽色而空,故曰色即为空,色复异空。""色"系人们主观施设之名言概念,而非自身固有之存在,故虽名"色",实非真实之色。以此说明"色即是空"的含义。僧肇批评这种解释说:"夫言色者,但当色即色,岂待色色而后为色哉!此直语色不自色,未领色之非色也。"意谓"色"本系"因缘"会合而生,用不着给它一个"色"的名字之后才成其为"色";支道林诚然认识到"色"之作为假名不实的一方面,但不懂得色之作为因缘法本身就是空无自性。

心无宗 中国佛教派别。东晋时期佛教般若学"六家七宗"之一。据吉藏《中论疏》,谓其代表人物是温法师,主张:"经中说诸法空者,欲令心体虚妄不执,故言无耳;不空外物,即万物之境不空。"即空"心"(不执着外物)不空"色境"。然据《世说新语·假谲篇》,"心无义"实乃支愍度所立,刘孝标注:"种智之体,豁如太虚。虚而能知,无而能应,居宗至极,其唯无乎!"即把"心无"解释成为佛之虚静而无所不知的一切种智,重点放在"心虚"上,不强调对外境的否定。《肇论·不真空论》载:"心无者,无心于万物,万物未尝无。此得在于神静,失在于物虚。"

本无宗 中国佛教派别。东晋时期佛教般若学"六家七宗"之一。据《名僧传抄·昙济传》引昙济《六家七宗论》载,其主张:"夫冥造之前,廓然而已。至于元气陶化,则群像禀形;形虽资化,权化之本则出于自然。自然自尔,岂有造之者哉?由此而言,无在元化之先,空为众形之始,故称本无,非谓虚豁之中能生万有也。"认为世界万物不是谁创造的,而由"空"、"无"这种"自然"状态通过"元气"变化出来,谓之"本无";不能说,"万有"可以随便从"空"、"无"中产生。吉藏在《中论疏》中以为此说为东晋道安的主张。然据《肇论·不真空论》的介绍,与此有异,谓:"本无者,情尚于无多,触言以宾无。故非'有','有'即无;非'无','无'亦无。"佛教称之为"恶趣空":不但"有"是不存在的,"无"也是不存在的,世界是什么都没有。僧肇认为这并不符合般若思想,以为"寻夫立文之本旨者,直以非'有'非'真有',非'无'非'真无'尔,何必非'有'无'此有',非'无'无'彼无'——此直好'无'之谈,岂谓顺通事实,即物之情哉!"即佛经讲“非有”、“非无”，是为了否定把“有”、“无”的现象视为真实存在的世俗观点，而并不否定“有”、“无”之作为如幻如化的假象存在。如否定假象，就不合乎情理，成为“好无之谈”。

毗昙宗 中国佛教派别。以研习论书《阿毗昙》，且主要是说一切有部的《阿毗昙》而得名。其学者被称为毗昙师。东晋以降所译《阿毗昙》多种，主要有东晋僧伽提婆译之《阿毗昙八犍度论》、《阿毗昙心论》和南朝宋僧伽跋摩译《杂阿毗昙心论》等。该学派通过分析佛教法相，表述对世界、社会和人生的基本观点(即四谛)，由此指出离迷入悟的解脱之路。在佛教学理上，肯定人我是空，但三世实有，法体恒有，物种不灭，有永恒不变之实体。而事物之生成，皆以“自性”为本，以因缘为条件，故又建立六因四缘之说。因缘所生事物属“无常”，“自性”则是“常”。研究《毗昙》的学者前后很多，但从道安、慧远开始提倡，终于唐初，一般都兼传其他经典。著名者，南方有慧集(456—515)，南朝梁时在建康(今江苏南京)招提寺讲《毗昙》，听者常至千人，著有《毗昙大义疏》等；北方有慧嵩(卒于6世纪中)，原西域高昌(今新疆吐鲁番一带)人，至东魏从智游学《毗昙》，后到彭城(今徐州)讲学，世号“毗昙孔子”。此思潮上接汉魏以来的禅数学，仍带有制情禁欲的倾向，逐步成为通达佛教名相，把握佛教基础义理的门径。在确立中国佛教的“神不灭论”和论证“本支百世”的宗法观念等方面，起过重要作用。至唐代玄奘重译《大毗婆沙论》及“一身六足”之有部论著，使毗昙学依据的典籍臻于完善，但此学后亦甚少流传。

涅槃宗 中国佛教派别。以研习《大般涅槃经》而得名。其学者被称为涅槃师。东晋义熙十三年(417)，法显与佛陀跋陀罗(觉贤)在建康(今江苏南京)译出《大般泥洹经》六卷(相当《大涅槃经》初分)。昙无谶于北凉玄始十年(421)译出《大涅槃经》，共四十卷，称《大本涅槃经》；该译本于南朝宋元嘉年间(424—453)传入江南，由慧观、谢灵运等依六卷本调整为三十六卷，称《南本涅槃经》，北凉原译本称《北本涅槃经》。此经主要主张：“泥洹不灭，佛有真我；一切众生，皆有佛性。”肯定佛具常、乐、我、净之四德，人人都有佛性；同时提出如来藏，作为理论支柱。研究者遍布各地。南方以道生为主要代表，首先提出一阐提皆得成佛，并著《顿悟成佛论》(已佚)等，驳当时流行的积学渐悟说。北方道朗作《涅槃义疏》等，解说昙无谶的译本，提倡中道为佛性。围绕《涅槃经》关于一阐提有无佛性，佛教觉悟是顿是渐，以及佛性的本质是什么等，南北各师有长期争论。

地论宗 中国佛教派别。以研习世亲《十地经论》(北魏菩提流支、勒那摩提、佛陀扇多于永平元年至四年[508—511]译)而得名。其学者被称为地论师。此论原是对《华严经·十地品》所说菩萨修行十个阶位和教义作的解释，在瑜伽行派中有重要地位，特别是对经文中提出的“三界唯心”的观点作了发挥，为解释世界和指导宗教修习，提供新的说法。首倡此论的为北魏侍中崔光，并使地论学成为北朝佛教之显学。传说菩提流支的弟子道宠，门徒千余人，其中之志念，隋初仍很著名，史称地论师北道(相州北派)。勒那摩提的弟子慧光，同时弘扬《四分律》，被尊为中国律宗的创始者。他的门徒更多，影响最大的10人，以法上的势力最强。法上弟子净影寺慧远，也是隋代名僧。所传知名弟子亦10人，成为初唐与摄论宗齐名的重要派别。此系被称为地论师南道(相州南派)。南道诸师，在魏末即据有自中央到地方的各级僧官职位，所部僧尼，一度达到200余万。关于地论师南北二道的名称和分歧，后人解释不同。据唐玄奘说，是由于佛籍翻译和义类差舛，“遂使双林一味之旨，分成当现二常；大乘不二之宗，析为南北二道。”(《三藏法师传》七)唐道宣谓：“宠在道北教牢直四人，光在道南教凭范十人，故使洛下有南北二途、当现两说，自斯始也；四宗五宗亦从此起。”(《续高僧传·道宠传》)“当现二常”，指佛性论上的两种主张：“当常”指涅槃佛性当来可能存在，而非现在已有；“现常”谓佛性本来存在，故现下即有。四宗、五宗则是在判教的两种主张。南道主“现常”、“四宗”说；北道主“当常”、“五宗”说。

相州北派 中国佛教派别。地论宗支派之一。亦称“北道”。相传北魏菩提流支和勒那摩提对《十地经论》理解不同，后其门下分为两派。一派以菩提流支的弟子道宠为代表，据后世传说，因多在相州到洛阳的北道(通道有南有北)，故称“相州北派”；一派以勒那摩提的弟子慧光为代表，因多在南道，故称“相州南派”。另一说法是，南北道地论师在魏都洛阳时已经分裂，南北之名可能得之于摩提与流支当时分居御道街的南北。据《续高僧传·道宠传》、《法华玄义释籤》卷十八、《法华经玄义》卷十等，北派认为阿赖耶识是无明识，一切现象依据此识而产生；佛性是后有的，成佛要累世修行。把全部佛教分为五宗，即：因缘宗(有部《毗昙》)、假名宗(《成实》)、不真宗(《般若》、《法华》)、真宗(《涅槃》等)、法界宗(《华严》)。与南派相比，流传时间较短。

相州南派 中国佛教派别。地论宗支派之一。亦称“南道”。据该派净影寺慧远所著《大乘义章》卷一、卷三末等载，阿赖耶识即是如来藏，亦称“无垢”、“自性清净心”，即是“真如”，故主张佛性本有。但由此识“随妄流转”，世俗世界由之以生，故还要努力修习，离染显净，方可成佛。把全部佛教分为“四宗”，与北派所说“五宗”的前四宗相同，但所说的“真宗”包括《华严经》。流传时间较长，著名僧人有法上，曾长期任东魏、北齐僧统；还有灵裕(518—605)、慧远等，对华严宗的形成有较大影响。

摄论宗 中国佛教派别。以研习无著《摄大乘论》而得名。其学者被称为摄论师。南朝梁、陈间真谛译出此论及世亲《摄大乘论释》，介绍印度瑜伽行派的唯识学说。其基本内容为：(1)“九识”说，谓在六识外，第七识是阿陀那识，第八识是阿梨耶识，第九识是阿摩罗识。此第九识或译“阿末罗识”、“庵摩罗识”，意译“无垢识”、“清净识”，亦是真如。此真如随缘(条件)形成万物。(2) 在讲三自性时，强调“依他起性”的染污方面，认为最后也应断灭。(3) 一切众生皆有佛性，都能成佛；“定性二乘”(独觉、声闻二乘)也必由佛道达到解脱。真谛的门下有智恺(即慧恺，518—568)、法泰、曹毗等。隋初昙迁受诏从彭城到长安讲《摄大乘论》，听众很多，著有《摄论疏》等。至唐初，此学派仍有很大影响。后来与北方地论学派汇流，成为“真心缘起”这一思潮的重要来源之一。

成实宗 中国佛教派别。以研习鸠摩罗什所译诃梨跋摩著《成实论》而得名。其学者被称为成实师、成论师。诃梨跋摩原是印度说一切有部僧，后受大众部影响，著此书批判有部理论。主张人、法两空。“人空”如瓶中无水，由五蕴和合形成之人，是假“人我”；“法空”如瓶体无实，五蕴只有假名，而无实体。在有部对世界分析的基础上提出五位八十四法，并把从五趣到阿罗汉果位分成二十七阶位(称二十七贤圣)。后秦鸠摩罗什译出此论后，其门下南朝宋僧导、北魏僧嵩等进行研究并注疏，此后讲习很盛。僧导在寿春(今安徽寿县)，门人有昙济、道猛；僧嵩在彭城(今徐州)，门人有僧渊、昙度、惠纪、道登形成两个系统。南朝齐、梁时弘传此学的僧人很多，著名的有：开善寺智藏、庄严寺僧旻、光宅寺法云，称“成论三大法师”。至隋代吉藏创三论学派，判《成实论》为小乘，以后衰微。唐代唯识学兴起后，渐绝传。

俱舍宗 中国佛教派别。以研习世亲《俱舍论》而得名。其学者被称为俱舍师。世亲根据说一切有部综合性论书《大毗婆沙论》并吸收经量部观点，以四谛为中心，把世界一切主客观现象按五蕴、十二处、十八界三科分类，用五位七十五法总括之；尤以主张“我空”、“法有”著称。所说“法有”主要指两个方面：从时间上说是“三世实有”(法体于过去、现在、未来均属实在)；从本质上说是“法体恒有”(作为实体永远存在)。据此广论业惑、果报和修习出世之道。在修行方面，对四谛、十二因缘等详加解释，而特别论证在禅定状态静悟四谛之理可以达到解脱。南朝梁、陈间真谛初译，称《阿毗达磨俱舍释论》，慧恺(即智恺，518—568)、法泰、道岳(568—636)等弘传之；唐代玄奘再译，称《阿毗达磨俱舍论》，门徒普光据师说撰《俱舍论记》三十卷(简称《光记》)，法宝撰《俱舍论疏》三十卷(简称《宝疏》)予以驳难；此外，神泰也著《疏》，合称“俱舍三大部”。7世纪中，日僧道昭以及智通、智达入唐从玄奘学法，把法相、俱舍教义同时传入日本，以俱舍宗作为法相宗的附宗。

三论宗 中国佛教派别。以主要研习龙树《中论》、《十二门论》、提婆《百论》而得名。又以着重阐扬“诸法性空”，亦称“法性宗”。后秦鸠摩罗什译出此三论后，师徒相传，研究者群起，著名的有僧叡、僧肇、僧导、昙济等。中经南朝宋、梁的僧朗、僧诠，“诠公四友”，特别是梁、陈的法朗，至隋代的吉藏而集大成。吉藏著有《三论玄义》、《大乘玄论》、《法华玄论》、《法华义疏》、《中论疏》、《二谛义》等。(1) 在判教方面提出二藏三法轮说。谓三论宗教义属大乘菩萨藏，并认为大小乘皆为佛说，最后三乘同归一乘。(2) 在教义上重点阐述二谛和八不中道说。认为世界森罗万象皆由因缘而生，空幻不实，但在世俗人看来它们是真实的存在，此为俗谛；在得道的“圣贤”看来，皆空无实体(“自性”)，此为真谛。但俗、真二谛皆属言说，其所诠之道理无别，故是“二而不二”的，二者不可偏废。世界的真实面貌(“实相”)是非有非无，“虽空而宛然假(万物是假有、假名)，虽假而宛然空”，此则为“中道”。万物既然“非有非无”，那么生非真生、灭非真灭，而是不生不灭，不常不断，不一不异，不来不出，此为“八不”；用“八不”说明中道，名“八不中道”。(3) 在方法上主张只破不立，而以“无所得亦无所得”为旨归。自唐太宗扶植法相宗后，此派衰微。625年朝鲜僧人慧灌把此派学说传到日本。此后其弟子日本僧人智威、道慈等人又入唐学三论学说，回国传播，形成元兴寺、大安寺两个流派。

法性宗 简称“性宗”。佛教流派。以真如(法性或佛性)为世界本源，着重阐明诸法缘起性空理论。一般指大乘中观学派以及中国三论宗，也有把华严宗、天台宗等称为法性宗。

天台宗 中国佛教派别。实际创始人是南朝陈、隋间的智𫖮，因常住浙江天台山，故名。以《妙法莲华经》为教义的主要根据，故又称“法华宗”。据该宗系谱，初祖印度龙树，二祖北齐禅僧慧文，三祖慧思从北齐到南方，逐步形成以“止观”统帅全部教理和践行的独特主张。四祖智𫖮，前后著《法华玄义》、《摩诃止观》、《法华文句》，称“天台三大部”；又传《观音玄义》、《观音义疏》、《金光明经玄义》、《金光明经文句》、《观无量寿佛经疏》等，号“天台五小部”，由此构成该宗的理论体系。其中，“止观双修”是根本修持，也是体验“实相”的根本途径，所以比任何一个宗派都重视禅法的功能；所倡“观法”也多，最能体现该宗思想的是“一心三观”。所谓“实相”有两类，一为诸法共相，即“空性”，或名“不住”；二是诸法自相，泛指一切法，特指由“十如”、“十法界”、“三种世间”构成的“三千”。“实相”处于潜在状态(隐)，称之为“本”，在其现实性上(显)称之为“迹”。不论“本”、“迹”，共相和自相总是统一的；“一相”即“无相”(共相)，必然体现在所谓“假有”(自相)上边，“性空”与“假有”的不可分性，即名为“中”。此空、假、中，号称“三谛”；任何现象都是即空、即假、即中的存在，又名“圆融三谛”。在禅观中，能体认到这一空、假、中的道理，称为“一心三观”；一心同时可得“一切智”(共相智)、“一切种智”(自相智)和“道种智”(修道之智)，称作“一心三智”。“三千”是永恒的“自然”存在，在三千之外别无本源。三千之间互相依存，互相容纳，故任何一物悉具其他一切性、相、法界、世间，这种本然即具三千之说，名“性具三千”；所谓“实相”亦遍存于一切法的本性中，称“性具实相”。此“三千”的潜在形态，不可思议；但若有“心”，即“显”而为“迹”，故任何一念(心)，皆具三千，名“一念三千”。

众生的差别，不在“性具”自身，而在于“三千”有隐显不同。隐显的性质及其具体构成（个体）是因缘（业惑）造作的结果，因此，该宗强调伏结断惑，修心发解。智顗总结其前的判教学说为十家，所谓“南三北七”，自立“五时八教”，在“五时”中，以《法华》、《涅槃》为佛的最后的说法；“八教”又分“化仪”、“化法”两类，而判《法华》为“纯圆”教。智顗的“三大部”都是由其弟子灌顶记录整理而成，灌顶的注疏也多，被奉为“五祖”。其后传智威、慧威至玄朗，转向山居清修。九祖湛然，中兴天台宗，进一步提出“无情有性”的理论，以为草木砖石也有佛性。北宋初年，因争论智顗《金光明经玄义》广本的真伪等问题，分为山家、山外两派。山外派受他宗学说的影响，被山家斥为不纯，不久衰微。山家派领袖知礼（960—1028）突出地坚持“妄心观”和“性具”说，促进天台宗的一度繁荣。9世纪初日僧最澄入唐求法，在天台山从湛然的门下道邃、行满学天台教义，回国后以比叡山为传教中心，弘布此宗，同时弘传密宗。13世纪日僧日莲根据《妙法莲华经》创立日莲宗。11世纪末，朝鲜僧人义天入宋学天台宗教义，后把此宗传入朝鲜。

法华宗 即“天台宗”。因以《法华经》为主要教义根据，故名。

三阶教 亦称“普法宗”。中国佛教派别。按其主张立名。隋代信行创立，自称一乘菩萨，以所撰《三阶佛法》、《对根起行杂录》等三十五部四十四卷著作作主要依据。把全部佛教按“时”、“处”、“机”（指人接受其学说的主观条件）分为三类，每类又各分为三阶：第一阶之“时”，为佛灭后初五百年，是正法时期，“处”是佛国（“净土莲华藏世界”），“机”为佛菩萨，修持的是大乘一乘佛法；第二阶为佛灭后第二个五百年，是像法时期，“处”是“五浊诸恶世界”，“机”是凡圣混杂，流行大小乘（三乘）佛法；第三阶为佛灭一千年之后，是末法时期，“处”也是“五浊诸恶世界”，但人都是“邪解邪行”，当信奉“三阶教”，“普信”“一切佛乘及三乘法”，“正学一切普真普正佛法”。认为当时已进入末法时期，不应当满足于念一佛、诵一经，而应信奉三阶普法宗义。据此，强调苦行忍辱，乞食，一日一餐，学《妙法莲华经·常不轻菩萨品》中的常不轻菩萨，路见男女，一概礼拜；反对崇拜偶像，认为一切众生皆是真佛；死后尸体置森林，供鸟兽食，称为以身布施。在经济方面，经营“无尽藏”，劝信徒施舍钱粮由寺院库藏，然后布施或借贷给贫苦信徒，也供修缮塔寺等使用。信行的弟子有本济、僧邕、慧如、慧了等，在长安建有化度、慧日、光明、慈门、弘善五寺。隋开皇二十年（600），朝廷明令禁止，但直到唐时仍广为流传。武则天圣历二年（699），玄宗开元十三年（725），又先后再申禁令，至宋代始湮灭不闻。

普法宗 即“三阶教”。因以“普法”为根本教义，主张普敬普信“一切普真普正佛法”，故名。

律宗 中国佛教派别。因着重研习、传持戒律而得名；又因其依据的乃是五部律中的《四分律》，故又名“四分律宗”；或特指由唐道宣开始的律学传承，因道宣曾住终南山，故又名“南山律宗”、“南山宗”。相传释迦牟尼在世时，为约束僧众行为，规范僧团生活秩序，曾规定许多戒条律例。第一次结集时，由优婆离诵出律藏。由于各个僧团的理解不尽一致，流传的戒律也有差异，遂成为佛教分裂、形成部派的内因之一。中国律典，初译介于三国时期。东晋道安制定“僧尼轨范”，为当时寺院普遍遵循。至南北朝，说一切有部的《十诵律》、法藏部的《四分律》、大众部的《摩诃僧祇律》、化地部的《五分律》以及上座部的《善见律毗婆沙》、犊子部的《律二十二明了论》等小乘律先后传入，属大乘戒的《菩萨戒本》、《优婆塞经》等，也多于在家居士中流行。中国僧尼普行小乘律，以《十诵》和《四分》两律传布最广。地论师在北朝长期担任各级僧官，即推行《四分律》。曾历任“僧都”、“国统”的慧光，撰《四分律疏》，定《羯磨戒本》，形成四分律学，被视为中国律宗之奠基者。慧光的律学门徒极多，其三传弟子智首，直接影响唐代律学，道宣即出其门下。道宣著《四分律删繁补阙行事钞》、《四分律拾毗尼义钞》以及《羯磨疏》、《戒本疏》等，在终南山创设戒坛，制订佛教授戒仪式。他把佛教分为“化教”和“制教”：以戒、定、慧三学中的定慧二学为化教（用于教化），戒学为制教（用于禁制）。化教又分性空教（小乘）、相空教（说《般若经》等的大乘“浅”教）、唯识圆教（说唯识教义的大乘“深”教）。制教从对戒体看法不同分为三宗：实法宗（有部以色法为戒体）、假名宗（《成实论》以非色非心为戒体）、圆教宗（据唯识宗教义以心法为戒体）。道宣把本宗称为圆教宗，以阿赖耶识所藏种子为戒体，又分戒为止持、作持二门：“止持”即“诸恶莫做”之意，规定比丘二百五十戒、比丘尼二百八十四戒，并按犯戒内容分为若干类（“聚”）；“作持”即“诸善奉行”之意，包括关于受戒、说戒、安居以及衣食坐卧的种种规定。认为《四分律》从形式上看属于小乘，但从内容上看当属大乘，从律文中找出例证，说教众生“自利利他”，共成佛道等。传道宣律宗的门徒很多，著疏也多，传承不绝。宋代允堪（？—1061）、元照（1048—1116）使该宗再兴。唐天宝十三载（754）鉴真把律宗传入日本。与道宣同出自慧光律系，并弘扬《四分律》学的，还有相州日光寺的法励。他曾参究《十诵律》，与智首的同学慧休合制《四分律疏》和《羯磨疏》，即用《成实论》所说，认为戒体是“无作”，故属“非色非心”的“不相应行法”。其学盛行于相州地区，故称“相部宗”。怀素亦弘《四分律》，并用玄奘新译《俱舍论》、《大毗婆沙论》等有部著作进行解释，认为戒体是“无表色”，故属于“色法”。撰有《四分律开宗记》、《新疏拾遗钞》等。因怀素住西太原寺之东塔，故称“东塔宗”。东塔、相部和南山，并称律宗三家。三家围绕“戒体”的性质，进行过反复争论。晚唐以后，东塔、相部衰微。

南山宗 即“律宗”。

净土宗 亦称“莲宗”。中国佛教派别。因专修死后往生阿弥陀西方净土（极乐世界）的法门，故名。

唐代善导创立。主要依据《无量寿经》、《观无量寿经》、《阿弥陀经》和世亲《往生论》。相传东晋慧远在庐山邀集僧俗十八人成立“白莲社”，发愿往生西方净土，故被后代奉为初祖。此后影响较大的是东魏汾州玄中寺昙鸾，著《往生论注》，认为世风混浊，靠“自力”解脱甚难，靠“自力”解脱的教义是“难行道”，而主张“乘佛愿力”(“他力”)往生净土，名这种教义为“易行道”；谓“一心专念”阿弥陀佛名号，死后“往生安乐国土”。隋唐间道绰亦在玄中寺传净土信仰，著有《安乐集》。唐初善导从道绰学净土教义，后到长安光明寺传教，被认为是净土宗的正式创立。所著《观无量寿经疏》、《往生礼赞》、《观念法门》、《法华赞》、《般舟赞》等也是该宗重要依据。据《佛祖统纪》卷二十六，善导“演说净土法门三十余年”，“长安道俗传授净土法门者不可胜数，从其化者至有诵《弥陀经》十万至五十万卷者，念佛日课万声至十万声者”。其后有承远(712—802)、法照(？—777)、少康等。由于修行简易，中唐以后广泛流行，后与禅宗融合。9世纪日天台宗僧圆仁入唐学天台、密宗教义，也学净土念佛法门并传入日本；12世纪源空(法然)据善导《观无量寿经疏》，著《选择本愿念佛集》，倡导专修念佛，开创日本净土宗，尊昙鸾、道绰、善导为最初三祖。现分派很多，主要有镇西派和西山派两大系统。关于净土信仰，在中国并不限于阿弥陀佛西方净土。早在西晋即有弥勒兜率净土的流行，慧远之师道安和名僧支遁，都是著名的提倡者。隋唐的天台宗和法相宗等，也信行弥勒净土。又有弥勒下生创建净土的信仰，在帝王和民众中均有弘扬和奉行者。就佛家经典传，佛国净土极多，大乘多认为是唯心所造，故修持“念佛三昧”，主张“唯心净土”之说，自汉魏以来，也一直流行。后来禅宗多提倡“禅净”双修，此“净”，亦有实土和唯心的不同。

莲宗 即“净土宗”。

法相宗 中国佛教派别。唐代玄奘及其弟子窥基创立。窥基常住慈恩寺，故亦称“慈恩宗”。由分析法相而表达“唯识真性”，又称，“法相唯识宗”、“唯识宗”。自称继承印度弥勒和无著、世亲的瑜伽行派学说，故提倡弥勒信仰；所依典籍号称“六经十一论”。玄奘糅合该派“十大论师”对于世亲《唯识三十论》的注解，编纂《成唯识论》，为该宗的代表性著作。其门徒中注疏此论的人很多，以窥基的《成唯识论述记》、《枢要》等最有影响。主张外境非有，内识非无，以“唯识无境”为基本理论；把“阿赖耶识”视作人生和世界的“根本依”；从“三能变”说明一切现象的本源在于唯识；用“带相”说解释认识的对象，并说明有“离言自性”的存在。又将彻底转变凡俗的思想认识称作“转依”，并规定为由迷而悟，由染而净全部修习的目的；转“八识”成“四智”，束“四智”具“三身”，是“转依”的具体内容，使觉悟成佛的最后归宿，也是菩萨永不离世间教化众生的事业。又用遍计所执、依他起和圆成实“三自性”说概括学说和践行；用“五位百法”为一切法分类，并作为践行修习的心理根据；用佛教逻辑“因明”学，作为成立唯识学说的论证工具。在说明阿赖耶识中“种子”时，既肯定“本有”，也主张“新熏”；既不承认阿赖耶识唯是清净心性，也不断言一定没有清净因素。“唯识真如”不离于识，但不属“种子”；它遍在于一切众生，或称为“理佛性”。窥基有弟子慧沼等，慧沼传智周。他们强调玄奘传窥基独家之说为“五种姓”，认为有一种“无姓”的有情，不可能成佛。这与当时流行的“一切众生皆有佛性”、“一阐提亦可成佛”的观念相抵触，也与《三藏法师传》所传玄奘的思想不符。晚唐以后，此家的传承不明，其“唯识”和“转依”的理论，多为其他宗派所吸收。宋元以降的法相宗，被列为教门，主要在北方流行，到了近现代，再度兴起，成为佛教中影响时代思想最大的一种义学。653年，日僧道昭入唐从学玄奘，回国后以元兴寺为中心，传法相宗教义，称“南寺传”；716(一说717)年，玄昉入唐，从学智周，回国后以兴福寺为中心传法相宗，称“北寺传”。日本法相宗是奈良时期(710—794)和平安时期(794—1192)最有势力的宗派之一。又，新罗僧圆测亦参与玄奘译场，传《成唯识》、《因明》等法相宗教理。《宋高僧传》记他先于窥基于西明寺讲说。北宋时，为之创新塔，与窥基塔并列于奘师左右。弟子有胜庄、道证等，道证传太贤，均为新罗僧，故称之为法相宗新罗系。

唯识宗 即“法相宗”。

华严宗 中国佛教派别。因以《华严经》为主要经典，故名。又因实际创始人法藏号贤首，故亦称“贤首宗”。该宗酝酿于南北朝以来的华严学和毗卢、文殊、普贤崇拜，而后汇集地论和摄论两家师说，成熟于隋唐之际终南山至相寺。据该宗自记之法系，初祖杜顺(法顺)，系以“感通幽显、声闻朝野”的人物，传说著有《华严法界观门》和《华严五教止观》。二祖智俨，从摄论师法常、僧辨等就学，而后学《华严》于至相寺的智正，著有《华严孔目章》、《华严五十要问答》、《华严一乘十玄门》等，形成理论雏形，对后世影响较大。至唐代，三祖法藏，为三帝(武后、中宗、睿宗)所重，著有《华严经探玄记》、《大乘起信论义记》、《华严经旨归》、《华严一乘教义分齐章》、《华严经义海百门》、《华严金狮子章》等五十余部，扩大而成为一个庞杂的佛教哲学体系。在判教上，分五教十宗，以《华严经》为最高教典，自称“一乘圆教”、“圆明具德宗”或“别教一乘”。在思想上，把“一真法界”(或称一心法界，即真如佛性)视为世界一切现象之本源；用“法界缘起”说明现象间的关系，其中包括“四法界”、“六相圆融”、“十玄缘起”等说；认为“一心”即是“理”，“一心”所起之现象是“事”，并用“理事互彻”解说世间和出世间种种关系，把“事事无碍”作为认识的最高境界，为此提出一多、总别、隐显、相即相入等一系列概念，进行解说。法藏的门徒众多，以慧苑最有名，其代表作为《续华严经略疏刊定记》。慧苑弟子法铣，再传澄观。澄观被尊为四祖，为新译《华严经》作疏及《随疏演义钞》，又作《贞元新译华严经疏》等。唐德宗时被封为“清凉国师”，宪宗时任全国“僧统”。其弟子宗密，同时以禅宗荷泽宗传人自称，著《圆觉经大疏》、《圆觉经大疏释义钞》以及《华严经行愿品疏钞》、《华严原人论》和《禅源诸诠集》等，进一步调和佛教内部和儒释道各家思想。又，在华严宗法藏一系之外，尚有唐开元年间(713—741)李通玄所传华严学，著《新华严经论》、《略释新华严经修行次第决疑论》等，影响亦大。至两宋，以宗密禅教合一为主线的华严宗，重新复兴。著名人物有长水子璿及其弟子净源等。另有道亭、观复、师会、希迪等，号称宋代华严四大家。元代以后，华严宗被视为"教门"，讲习与注疏不断，明代袾宏、德清、智旭等也以弘扬《华严》著称。明清之际，有德水明源，以重振贤首自任，其弟子续法著疏尤多，所撰《华严宗佛祖传》有史料价值。清末彭绍升、杨文会也着力弘扬华严宗义。早在华严宗初期，智俨门下新罗人义湘，将华严宗传入新罗，称海东华严宗初祖。日本天平十二年(740)新罗僧人审祥到日本宣讲华严宗义，传法于日僧良辨，以奈良东大寺为根本道场，开创日本的华严宗。

贤首宗 即"华严宗"。因实际创宗者法藏被武则天赐号"贤首国师"，故名。

禅宗 中国佛教派别。特指奉菩提达摩为始祖的中国佛教宗派。泛指以禅为宗的主张，其提倡和践行者称为禅师。因主张用禅定概括佛教的全部修习而得名。又因自称"传佛心印"，以自具心性的本源为主旨，亦称"佛心宗"。关于菩提达摩的传说很多，下传慧可、僧璨，至于道信，结束流动生活，于黄梅双峰山聚众定居，垦荒自给。五祖弘忍始为朝廷承认，其禅曰"东山法门"，行"一行三昧"，白昼劳作，夜间静坐，门徒布于全国，建成许多传禅基地。安史之乱后，禅宗分裂为南北二派。北宗尊神秀为领袖，以两京为中心，多在贵族仕女中流行；南宗奉慧能为领袖，以江南、四川为主，大都活动在下层民众和失意士人中。世称"南能北秀"。北宗强调"拂尘看净"，要求"慧念以息想，极力以摄心"，通过打坐"息想"，起坐拘束其心，实现拂除客尘烦恼，清净自心的目的，故不排除"方便通经"，被称为"渐悟"。南宗经慧能弟子神会等人的努力，受到自藩镇至王室的重视，以《金刚经》为旗帜，《六祖坛经》为代表著作，主张心性本净，佛性本有，觉悟不假外求，净土即在自心；不提倡读经礼佛，不重戒律，不拘坐作，不立文字；强调"无念、无相"，"即心是佛"，"见性成佛"，自称"顿门"。故亦称"南顿北渐"。当时天下言禅者近乎百家，从教理上，宗密分之为"息妄修心"、"泯灭无寄"、"直显心性"等三宗。第一、第三相当于北秀南能，中间一宗，以"牛头"为代表。牛头宗创始于法融，以润州籍僧为主体，是早期禅宗的重要一支，后被纳入道信的旁系。慧能的知名门徒有荷泽神会、南阳慧忠、青原行思、南岳怀让等。至晚唐五代十国，怀让门下马祖道一创洪州禅，以江西为基地，由此形成沩仰、临济二宗；行思弟子石头希迁，号湖南主，知名度较晚，传说曹洞、云门、法眼三宗均出自他的禅系，总称禅宗五家。此五家北起河北诸镇，南至赣湘，发达于南唐、吴越、闽、南汉等地方政权。其禅学不尽相同，禅风也有差别，大体是继承百丈怀海的农禅方式，辅以乞斋；宾主间接以机锋，师资中启以棒喝；在怪诞的言行中，不时流露出某种悲凉，以及对宁静和自由的期望。及至两宋，禅宗着重向士大夫倾斜。汾阳善昭创"公案代别"和"颂古"，开"文字禅"之先，风靡禅宗各家。慧洪撰《石门文字禅》，使寓禅于言的禅风达到自觉，由此形成临济宗中"黄龙"一支。另一支"杨岐"派，到圆悟克勤的《碧岩集》问世，又由"公案"、"颂古"发展到"垂示"和"评唱"，影响增大。他的弟子大慧宗杲烧毁《碧岩集》，另唱"看话禅"。看话禅本在参究"话头"，后流入冥想。五家加上新兴的黄龙、杨岐两个分支，通称为禅宗的"五家七宗"。此外，在南宋初，曹洞宗的宏智正觉提倡"默照禅"，向古典禅法复归，也有影响。北宋初年编就的《景德传灯录》对文字禅和看话禅的发展，起了推动作用；南宋末年汇集的《五灯会元》，完成禅宗法统的定型。几乎所有禅师都谈公案，都编有语录，其所表露的思想，不只一般地体现禅僧们的放旷逍遥，而且极少主张制情禁欲，结果"呵风呵雨"、"喜怒笑骂"皆成禅。南宋以后，禅宗中往往蕴含某些与当权者不合作的因素，在社会动荡和民族危机的年代，时有表现。所以元、明、清三代普遍对禅宗采取限制和压抑的政策。佛教内部关于禅教合一、禅净合一的呼声日高，禅规亦趋于严密，元德清完成《敕修百丈清规》，禅宗的独特性逐渐模糊起来。南宋时期日本僧人荣西两度来华，回国后创立日本临济宗。13世纪初日僧道元到中国从如净受禅法，把曹洞宗传入日本。17世纪中叶，隐元又传黄檗宗到日本。8世纪新罗僧信行入唐，从神秀受法，把北宗禅传入朝鲜。道义从智藏受法，传南宗禅入朝鲜，后成为朝鲜禅宗主流，称"禅寂宗"；至高丽王朝智讷时，主张"禅教一致"，"定慧双修"，有很大发展，改称"曹溪宗"。禅宗传入越南的时间很早，传说6世纪在交州(今河内)由印度僧人建立灭喜禅派，9世纪中国僧人在游仙县建立无言通禅派，至11世纪又由中国僧人建立草堂禅派，禅宗成为越南佛教中最有势力的宗派。

南北禅宗 中国佛教派别。指禅宗五祖弘忍以下所分的两支。一支以神秀为代表，主张渐悟，因活动地区主要在北方，被称北宗；另一支以慧能为代表，主张顿悟，当初活动地区在南方，被称南宗。后来南宗势力日益扩大，逐渐取代北宗，成为中国禅宗主流。

五家七宗 中国佛教派别。禅宗慧能以下系派的合称。首先分为南岳怀让、青原行思两系；后来，南岳系又分为沩仰、临济两派；青原系分为曹洞、云门、法眼三派，称为五家；宋时，临济宗又分出黄龙、杨岐二派。

临济宗 中国佛教派别。禅宗五家之一。开创者唐代义玄。因住镇州(治所在今河北正定)临济院，故名。属南宗南岳法系。中唐以后此宗最盛。至北宋石霜楚圆(986—1039)后，又分为黄龙、杨岐二派。"四宾主"、"四料简"和"四照用"是该宗经常使用的传教方法。“四宾主”是通过师生(或宾主)问答的方法衡量双方悟境的深浅。“四料简”和“四照用”则是针对悟境程度(对我、法的态度)不同的参学者进行说教的方式。接引学人的方法,单刀直入,机锋峻烈。自从义玄用棒喝悟人,宗杲提倡看话禅,皆能独创禅风,使学人“省悟”。《人天眼目》卷二载其“宗风”是“大机大用,脱罗笼,出窠臼,虎骤龙奔,星驰电激”。12世纪末,日僧荣西入宋,将临济宗黄龙派禅法传入日本,创立圣福寺、建仁寺,兼修禅、密二宗,后称“千光派”。俊芿(1166—1227)在宋受杨岐派禅法,回国后在泉涌寺弘传戒律和禅宗。南宋末年中国禅僧渡日者很多,多传杨岐派禅法。镰仓时期(1192—1333)的禅宗二十四流派中,有二十流派属于临济宗杨岐派系统。

曹洞宗 中国佛教派别。禅宗五家之一。开创者唐代洞山良价及其弟子曹山本寂。宗名有二说:(1)取禅宗六祖曹溪慧能及该宗创立者洞山良价之号;(2)取该宗初祖洞山、二祖曹山之号。属南宗青原法系,中经石头希迁、药山惟俨、云岩昙晟至良价。良价著有《宝镜三昧歌》等。弟子本寂继承师法,禅法大成。教法上承希迁之“即事而真”,意谓个别事物(“事”)显现世界本体(“真”,理,即佛性),理事“互回”(相应互涉),进而扩充为五位君臣,从理事、体用关系上说明事理不二、体用无碍的道理。《人天眼目》卷三载其“家风细密,言行相应,随机利物,就语接人”。南宋嘉定十六年(1223)日僧道元入宋,在天童山从洞山第十三代如净(1163—1228)受法,由此日本传入曹洞宗,以永平寺(在今福井县)为中心传教;至莹山绍瑾(1266—1325)有很大发展。绍瑾改革“只管打坐”的禅风,吸收民间流行的祈祷仪式,积极在民间传教,并建总持寺(在今横滨市)为新的传教中心,后被尊为日本曹洞宗太祖。现日本曹洞宗即以永平、总持二寺为本山。

法眼宗 中国佛教派别。禅宗五家之一。创始者五代文益,南唐中主李璟赐谥为“大法眼禅师”,故名。属南宗青原法系。文益撰《宗门十规论》,指出当时禅宗十弊,加以戒饬,并提出“明事不二,贵在圆融”和“不著他求,尽由心造”的主张。《人天眼目》卷四载,该宗以“三界唯心,万法唯识”为“纲宗”,取华严宗“六相”教义论证世界“同异具济,理事不差”,否认外界真实差别和矛盾。称其禅风是“对病施药,相身裁缝,随其器量,扫除情解”。文益弟子德韶(891—972)受到吴越王钱俶的崇信,尊为国师,后住通玄峰顶,有偈示众云:“通玄峰顶,不是人间,心外无法,满目青山。”(《景德传灯录》卷二十五)劝学人内心觉悟。再传弟子延寿撰《宗镜录》百卷,对禅宗只重直观、不读经书的流弊有所批评,广引经论,明佛菩萨与众生皆具“清净”佛性,“从本以来,性自满足”。宋初极盛,宋中叶后,衰微不传。吴越末年,高丽王派僧36人从延寿学法,此宗传入朝鲜。

密宗 中国佛教派别。亦称“真言乘”、“金刚乘”等。自称受法身佛大日如来深奥秘密教旨传授,为“真实”言教,故名。现一般认为是7世纪后印度大乘佛教一部分派别与婆罗门教某些教义相结合的产物。以高度组织化的咒术、仪礼、民俗信仰为其特征。主要经典为《大日经》、《金刚顶经》、《苏悉地经》等。唐开元四年(716),善无畏带来《大日经》,与弟子一行译出;开元八年金刚智及弟子不空传入《金刚顶经》,由不空译出,从而输入密教,并形成中国密宗。认为世界万物、诸佛、众生皆由地、水、火、风、空、识“六大”所造。前“五大”为“色法”,属“胎藏界”,“识”为“心法”,属“金刚界”,“色”、“心”不二,“金”、“胎”为一。两者包容宇宙万有,同时又皆具生心中。佛与众生体性相同,众生如果依法修“三密加持”,即手结印契(特定手势),口诵真言(咒语),心观佛尊,就能使身、口、意“三业”清净,与佛的身、口、意相应,即身成佛。该宗将佛教各派判为“显、密”二教。自称密教,称其他各宗为“显教”。该宗仪轨复杂,对设坛、供养、诵咒、灌顶(入教或传法仪式)等皆有严格规定,需经阿阇梨(导师)秘密传授。金刚智为密宗第一祖(善无畏虽比他先来,因未开立宗派,故不入列祖之数)。金刚智传于不空,不空传于惠果,以不空和惠果为密宗第二、第三祖,传至惠果后,即告衰微。公元8—11世纪,印度密教传入中国西藏地区,建立西藏密教传统,称为“藏密”。唐贞元二十一年(805),日僧空海在长安青龙寺从惠果受秘法,并受传法大阿阇梨位,后回日本传密教,成立“真言宗”,称为“东密”。

方仙道 神仙道教的前身。方仙道一名最早见于《史记·封禅书》:“宋毋忌、正伯侨、充尚、羡门子高最后皆燕人,为方仙道,形解销化,依于鬼神之事。”战国时,燕齐一带方士将其神仙学说及方术与驺衍的阴阳五行说糅合起来形成了方仙道,主要流行于燕齐的上层社会。其所谓“方”指不死的药方,所谓“仙”指长生不老的神仙,以长生不死为目的。神仙思想,由来已久。《山海经》有不死民的记载,《韩非子·外储说左上》提及“客有教燕王为不死之道者”,《庄子》、《楚辞》中充满对仙人和仙境的种种描绘。这都反映古代中国人对不死的信仰与追求。春秋战国时逐渐形成以追求长生不死的一批方士,他们迎合统治者心理,大力鼓吹神仙长生。从战国中后期到汉武帝时,神仙家与帝王相与鼓动,形成中国历史上有名的入海求仙事件。齐威王、宣王,燕昭王及秦始皇、汉武帝等都曾派方士到海上三神山蓬莱、方丈、瀛洲寻求神仙及不死之药,其规模越来越大,但都毫无结果。方仙道的兴盛期为战国后期至汉武帝时,其代表人物有宋毋忌、正伯侨、徐福、卢生、李少君、李少翁、栾大、公孙卿等。方仙道信奉的神仙长生说成为后世道教最基本的信仰,其神仙方术也为后世道教所继承发展。方仙道为道教的产生准备了条件。

黄老道 道教太平道的前身。“黄”指“黄帝”,“老”即“老子”,“黄老道”是假托黄老思想而成的一种教团。黄老学派起于战国,盛于西汉初。原是一种政治、哲学流派,不是宗教。东汉初,楚王英“更喜黄老,学为浮屠斋戒祭祀”(《后汉书·楚王英传》);“延熹中,桓帝事黄老道,悉毁诸房祀”(《后汉书·王涣传》),又在宫内立黄老、浮屠祠,祭祀老子,是则黄老道已具宗教仪式。后太平道创立者“张角自称‘大贤良师’,奉事黄老道”(《后汉书·皇甫嵩传》)。

五斗米道 亦称“米道”、“鬼道”、“天师道”。早期道教派别。东汉顺帝(126—144在位)时张陵在鹤鸣山(今四川大邑境内)创立。因入道者须出五斗米,故名。又因道教徒尊张陵为天师(一说张陵自称天师),也称天师道。吸收当地氐羌等少数民族宗教信仰内容,奉老子为教祖,尊为太上老君。以《老子》五千文为主要经典,相传还信奉《太平洞极经》、《太清经》、《太玄经》、《正一经》和《五斗经》等。初学道者称为“鬼卒”,道徒中的骨干称“祭酒”。道民皆登记户籍人口,奉道之家设靖(静)室为诵经修道之处。以“治”为教区,设大治祭酒或称治头祭酒统领之。相传汉安二年(143)已发展为二十四治,绝大多数分布在今四川境内。道徒生病,令其跪拜首过,忏悔谢罪,同时请神逐鬼。道士上章书病者姓名及服罪之意,书写三份,一埋于山,一埋于地,一沉于水,称“三官手书”。陵死,传子衡;衡死,传子鲁。东汉末,张鲁在汉中建立政教合一的政权近30年,建安二十年(215)降于曹操,被封为镇南将军、阆中侯。并迁徙汉中民众数十万到关陇中原地区,五斗米道亦随之传到北方。西晋后,一部分在士大夫中传播,一部分仍在农民中从事秘密活动。东晋时,孙恩、卢循利用五斗米道领导农民起义,前后达10余年。南北朝时,在北方,嵩山道士寇谦之在魏太武帝(423—451在位)的支持下,自称奉太上老君的意旨,“就系天师正位”,“清整道教,除去三张伪法”,用儒家“佐国扶命(民)”思想,创立了以礼拜修炼为主要形式的新天师道,为北天师道;在南方,庐山道士陆修静整理“三洞”经书,吸收佛教思想和仪式,创立较为系统的道教斋戒仪范,为南天师道。唐宋以来,南北天师道与上清、灵宝等道派逐渐合流,元以后统称正一道。

鬼道 即“五斗米道”。《华阳国志·汉中志》载,张鲁“以鬼道见信于益州牧刘焉”,又“以鬼道教立义舍”。

米道 即“五斗米道”。《华阳国志·汉中志》:“其供道限出五斗米,故世谓之米道。”

太平道 早期道教派别。奉《太平经》为经典,崇拜“中黄太一”(神名),提出“黄天太平”的口号。东汉灵帝熹平(172—178)年间张角所创立。《后汉书·皇甫嵩传》:“初,巨鹿张角自称大贤良师,奉事黄老道,畜养弟子,跪拜首过;符水呪说以疗病,病者颇愈,百姓信向之。角因遣弟子八人使于四方,以善道教化天下。……十余年间,众徒数十万,连结郡国,自青、徐、幽、冀、荆、扬、兖、豫八州之人无不毕应。”张角分信徒为三十六方(部),“大方”万余人,“小方”六七千,各设渠帅统率之。预定甲子年甲子日,即汉灵帝中平元年(184)三月五日起义。口号为“苍天已死,黄天当立,岁在甲子,天下大吉”。因唐周告密,提前起义,起义者皆著黄巾为标帜,故称“黄巾军”。后被镇压而失败。以后在民间仍有秘密流传。其教以符水治病,跪拜首过,与五斗米道接近。

上清派 道教派别。传《洞真上清经》。东晋哀帝兴宁二年(364),杨羲出《上清经》(即《上清大洞真经》),传许谧、许翙父子,于是行世。奉魏华存为祖师。主修《上清经》,以存思为主,不主金丹术。南朝齐梁时,陶弘景在茅山筑馆修道,搜集遗经,传授弟子,故又称茅山宗。历南北朝、隋、唐、五代、宋各代,与天师道、灵宝各派并行于世,至元代归并于正一派。其传授系统,详见陶弘景《真诰叙录》、唐李渤《真系传》(载《云笈七籤》卷五)和《茅山志》。

茅山宗 亦称“茅山派”。道教派别。南朝梁陶弘景创立。因他在茅山筑馆修道,又尊奉三茅真君为祖师,故名。此派主修《上清经》,兼习《灵宝经》、《三皇经》,并吸收儒释思想,是三教合一的产物。教徒以出家居道馆修炼为主,通常称上清弟子或三洞弟子。其修持方法以存思诵经为主,崇奉元始天尊为最高神。世俗帝王官僚、士族大家亦有持奉上清经法者。至唐代,经王远知、潘师正、司马承祯、李含光等宗师的努力,该宗成为唐代道教的主流派,势力遍及大江南北,颇受李唐皇室尊崇。宋元茅山香火仍盛,与龙虎宗、阁皂宗同称为道教符箓三宗。

茅山派 即“茅山宗”。

灵宝派 道教派别。传《洞玄灵宝经》。《灵宝经》渊源,道书记载不一。其传授,据《道教义枢》卷二“三洞义”载:吴赤乌(238—251)中太极真人徐来勒降授予葛玄,玄又传郑隐及兄孝爰,孝爰传子弟。弟子洪从郑隐盟受。《云笈七籤》卷三“灵宝略记”载:葛洪去世,以经授兄子海安君,至从孙巢甫造作《灵宝》经卷,于隆安(397—401)末传道士任延庆、徐灵期。至南朝宋陆修静更加增修,立成仪轨,于是灵宝之教大行于世。北宋时出现的阁皂宗由其繁衍而成。

楼观派 道教派别。相传楼观为尹喜故宅,以结草为楼,观星望气,故名。或称为尹喜修道之地。故址在今陕西周至县。《历世真仙体道通鉴·梁谌传》载:梁谌于“魏元帝咸熙(264—265)初,事郑法师(履道)于楼观”。相传晋惠帝永兴二年(305),老君命真人尹轨降于楼观,授梁谌“炼气隐形法”、“水石还丹术”、《日月黄华上经》及《本起内传》。至南北朝,北朝道士多止楼观,为当时道法重镇,逐渐形成楼观派。该派宗《老子》五千文及“三洞经文”。内外丹兼修,又以符箓召神劾鬼,为人治病。并与佛教相抗衡,曾力主老子化胡说。颇显于北朝及隋初,至唐尤盛,元代并入全真道。其传记有《楼观先生本行内传》,简称《楼观内传》,三卷,已佚。《历世真仙体道通鉴》存其逸文。元时朱象先有《终南山说经台历代真仙碑记》一卷,为此书节本,并增尹文操等五人传记。

天师道 即“五斗米道”。南北朝时,分南天师道和北天师道。

南天师道 道教派别。天师道派系之一。南北朝时，南朝宋庐山道士陆修静，信奉天师道。泰始三年(467)居建康崇虚馆，与弟子孙游岳等“祖述三张，弘衍二葛”。整理三洞经书，编著斋戒仪范。以符图斋醮仪范为主要修持方式。道教典仪，因而完备。为与北天师道相区别，故称南天师道。唐宋以来，南北天师道逐渐合流，元代均称正一道。

北天师道 道教派别。天师道派系之一。南北朝时，北魏嵩山道士寇谦之自称太上老君授以天师之位，命其清整道教，除去三张(张陵、张衡、张鲁)伪法和租米钱税及男女合气之术。专以礼度为首，而加以服食闭练。北魏太武帝始光(424—427)初命人“于代都东南，起坛宇，给道士百二十余人，显扬其法，宣布天下。太武亲备法驾，而受符箓焉。自是道业大行”。称新天师道。后人为别于南天师道，称之为北天师道。唐宋以来，南北天师道逐渐合流，元代统称正一道。

龙虎宗 道教派别。经寇谦之和陆修静等人改革后的天师道，由民间道教演变为官方道教。其后，张陵后人在江西龙虎山传教，天师道以龙虎宗的名号继续流传。龙虎宗的创立时代学术界尚无定论。《汉天师世家》、《历世真仙体道通鉴》等道教经籍说为张鲁第四子张盛迁居龙虎山时，或说三国时，或云西晋永嘉时，认为龙虎宗于魏晋时已成立。但这些说法都无可靠的史料依据。现存史料中比较零散地提到天师系的情况，《茅山志》卷十五载张陵后人的名字，为九世和十世孙。梁简文帝《招真馆碑》记录张陵十二代孙张道裕的道教活动。从这些材料中都看不出龙虎宗创建的迹象。唐玄宗天宝七载(748)，令有关部门审定张天师子孙，将有封置，以隆真嗣，并册天师为太师。当时宏道观道士蔡玮撰《张尊师遗烈碑》，明确记载张探元为张陵之后，表明盛唐时张陵后裔又活跃于社会上，并得到道教界承认。到晚唐时已有明确的龙虎山张天师的说法，见于敦煌遗书的李翔《涉道诗》之一即题为《献龙虎山张天师》，谓当时龙虎山张天师“世上无人见不尊”。五代人徐锴在其所撰《茅山道门威仪邓先生碑》中也提到道士邓启霞于唐咸通十二年(871)“诣龙虎山十九代天师参授都功正一法箓”。可知唐代张陵后裔已定居龙虎山，而且天师的世系亦已编排好。此后南唐中主李璟于龙虎山新建天师庙，五代陈乔在所撰《新建信州龙虎山张天师庙碑》中对此详加记载，并称当时为二十二代天师张秉一，反映了南唐朝廷对龙虎宗的尊崇。从唐懿宗(860—873)时的十九代天师到南唐时期(937—975)的二十二代天师，表明晚唐五代为龙虎宗的构造期，在此期间排定张陵后裔的世系，为宋元以后龙虎山天师道的兴盛奠定基础。在宋代帝王的进一步扶植下，龙虎宗与当时的茅山宗、阁皂宗并称为符箓三宗，元代衍变为正一道。

阁皂宗 道教派别。由灵宝派繁衍而来，以江西阁皂山为本山，故称阁皂宗。灵宝派自陆修静后传承不明，隋唐时在社会上默默无闻，直到北宋时才在阁皂山出现传授灵宝经箓的阁皂宗。宋哲宗绍圣四年(1097)敕令龙虎山、茅山、阁皂山为经箓三山，三宗鼎立的格局形成。两宋时灵宝派道士编成几部大型斋醮科仪全书，如林灵素《灵宝领教济度金书》、金允中《上清灵宝大法》。这时的灵宝道士多活动于社会底层，地位和影响都不及龙虎、茅山宗道士。到元代，该宗已衰微，但仍受元室尊崇，阁皂山万寿崇真宫第四十六代宗师杨伯受封为“太玄崇德翊教真人”。元以后阁皂宗并入正一道。

丹鼎派 亦称“金丹道教”。道教派别。道教中以炼丹服食成仙，以求长生为主的各派之通称。从古代神仙家、方仙道演化而来。该派流传至今的早期理论著作《周易参同契》，被奉为“万古丹经王”，对后世影响极大。魏晋时，葛洪进一步发展金丹派神仙道教，对其作了理论上的总结。南北朝和隋唐时以炼外丹为主要特征，宋元后，由外丹转向内丹，所谓钟吕金丹道。全真道南北宗均属修炼内丹。该派对我国古代化学冶炼和气功养生学的发展有一定贡献。

金丹道教 即“丹鼎派”。

符箓派 亦称“符水道教”。道教派别。道教中以符咒驱鬼治病为主的各派之通称。东汉时的太平道、五斗米道及以后的灵宝派、上清派、正一道等属之。汉魏以来，一直是道教主流，宋元时出现神霄、清微、净明等内丹和符箓相结合的新符箓派，使符箓方术有了新的发展。元以后，各派统归于正一道。该派系从古代巫术演化而来。宣扬鬼神崇拜，画符念咒，驱鬼降妖，祈福禳灾，与中国民间生活习俗联系较密切。早期主要在民间传播，曾为农民起义所利用。

符水道教 即“符箓派”。

正一道 道教派别。亦称“正一派”。汉张陵创“正一盟威之道”，奉《正一经》。“正一”即真一，正道、真道之意。即“天师道”。宋以后为道教符箓各派的总称。元以后与全真道同为道教的两大派。张陵传授于后裔及其门徒。后尊张陵为天师，其所创之道派故称天师道。唐宋以来，南北天师道与上清、灵宝等道派逐渐合流。元成宗大德八年(1304)，封张陵第三十八代后裔张与材为“正一教主”，总领三山(龙虎山、阁皂山、茅山)符箓。此后凡是道教的符箓各派统称正一道。主要奉持《正一经》，崇拜鬼神，画符念咒、驱鬼降妖、祈福禳灾等。信奉正一道的道士可以结婚。

正一派 即“正一道”。

天心派 道教派别。宋代道教正一派的一个支派。以传授一种新符箓“天心正法”而得名。邓有功《上清天心正法序》称：淳化五年(994)，饶洞天掘地得天心法箓，并访五代名道士谭紫霄受学，是为“天心初祖”。宋元间雷时中置坛传天心正法，弟子数千人，分为东南和西蜀二派，混元之教大行于世。天心正法以天上北极为主神，所传有天罡大圣、黑煞、三光三符及北极驱邪院、都天大法主二印，符法简略，广为流传。后又吸取上清派存思法，以道为本而法为末。

全真道 亦称“全真教”、“全真派”。道教派别。创始人王嚞，号重阳子，即王重阳。金世宗大定七年(1167)王重阳到山东宁海(今山东牟平)传道，以全性返真为宗旨，名其讲道处曰“全真庵”，入道者为“全真道士”。当时南宋与金对峙，中国北方为金朝的女真贵族所统治。全真道为金代产生于中国北方的新道教。全真道教义的特点：(1)提倡三教合一。王重阳本出儒门，继读佛教《波若心经》而有彻悟，甘河遇仙，授以秘诀之后，乃出家修道。由此经历，提出三教圆融的思想。他建立的“三教七宝会”、“三教金莲会”等，都以三教为标志。他说：“儒门释户道相通，三教从来一祖风。”并以一本三枝为喻，认为“三教者不离真道”。(《金关玉锁诀》)教虽有三，其道则一。所以教人读《道德经》、《清静经》、《波若心经》、《孝经》，兼采道、佛、儒三教经典。(2)不尚符箓，不侈谈神仙长生。主张性命双修，先性后命的内丹修炼。王重阳说：“欲求不死而离凡世者，大愚不达道理也。”(《重阳立教十五论》)否定长生不死之说。丘长春说：“吾宗所以不言长生者，非不长生，超之也。”(《丘祖语录》)识心见性则可超脱生死，自然不存在长生的问题。主张明心见性，除情去欲。认为修道即是明心，“先求明心，心本是道，道即是心。”(《重阳授丹阳二十四诀》)明心见性，本是佛教禅宗口号。全真道的内丹理论既吸取佛教心性不生不灭，明心见性说，又与儒教的正心诚意，尽心知性相结合，既体现会通三教的特征，同时也是内丹思想在吸取禅宗和理学之后，在哲学上的深化。(3)主张功行并重，清净恬淡，无私寡欲。功指内修的功夫，行指济世利人的德行。所谓“有功无行，道果难成；功行两全，是谓真人”(《晋真人语录》)。王重阳教人“断酒色财气”(《重阳教化集》)。自己则不婚娶，素食、节欲、少睡。苦节励行，甚至乞食，赤脚行荆棘，夏不饮水，冬不向火，苦行磨炼。对人则先人后己，于物无私，拔苦济贫，行医施药为全真传统的济世活人之道。全真道士住茅庵草屋，苦行清修。但后来居丛林宫观，受到封建帝王的青睐，这种艰苦朴素的作风日渐蜕化。(4)重视儒家的伦理道德实践，强调忠君孝亲。王重阳说：“忠君王，孝敬父母师资。”(《金关玉锁诀》)认为这是炼丹修道的前提。强调忠孝，调和出世与入世，更能适应后期封建社会的需要。王重阳有七大弟子，即马丹阳、谭处端、刘处玄、丘处机、王处一、郝大通、孙不二，号为“北七真”。金大定十年(1170)王重阳卒后，七人弘扬师教，各立宗派。马丹阳建遇山派，谭处端立南无派，刘处玄立随山派，丘处机立龙门派，王处一立嵛山派，郝大通立华山派，孙不二立清静派。其中唯龙门派最盛。13世纪20年代，丘处机应成吉思汗诏率弟子十八人至西域雪山谒见，告以不嗜杀人，敬天爱民为本，受到成吉思汗的尊崇，礼遇甚隆，称“神仙”而不名。到燕京(今北京)后，受命掌管天下道教，龙门派盛极一时。全真道士久居丛林宫观，已非昔日茅庵草舍作风，因之清整戒律成为重要任务。长春门下赵道坚强调持戒，开“龙门律宗”，为第一代律师。经六传至第七代律师王常月于清初在白云观六次开坛传戒，以持戒为修道的首要功行。王常月号为全真道“中兴之祖”，著《龙门心法》，为全真道律宗的重要典籍。由丹法清修转向以严持戒律为主，这是全真道的又一演变。自明清以来，道教唯存全真、正一两大派，流传至今。

龙门派 道教派别。全真道支派之一。元代道士丘处机开创。自元代以来，全真道“七真”门下各自开派，其中以龙门派势力最大、最为盛行。丘处机的著作有《大丹直指》、《磻溪集》等，其所创龙门派以清心寡欲为修道之本，以为一念无生即自由，心头无物即仙佛。丘处机死后，嗣其教者有尹志平、李志常、宋德方等“十八宗师”。这一派传到明代，出现以戒律密传的“龙门律宗”，以丘处机门下赵道坚为龙门第一代律师，传至张静定、沈静圆，为龙门第五代律师。至此，龙门律宗分张、沈二支流传。据《道统源流》说：龙门律宗从第三代陈通微，第四代周玄朴，第五代沈静圆一系，别名“龙门灵宝派”，是已兼传灵宝法箓。明清以来，全真道日趋衰微，清初一度中兴，但全真各派中呈中兴之象的只有龙门派，以第七代律师王常月为“中兴之祖”。王常月倡导修道以持戒为首要功行，他于白云观六次开坛说戒，撰讲稿《心法正言》，后由其弟子整理为《龙门心法》，这是一部对清以后全真道影响深远的书，使教义由偏重丹法清修而转向以严持戒律为主，成为全真道的又一演变。清整戒律是王常月中兴龙门派的主要措施。至今，全真道仍以龙门派为盛。

南北宗 道教派别。指道教全真道的南宗和北宗。全真道创始于金王重阳，流传于北方；北宋张伯端著《悟真篇》，也主炼养，流传于南方。在修炼上，北宗主张先性后命，南宗主张先命后性。元陈致虚兼受张、王所传，统归全真道，追溯张传为南宗，王传为北宗。两派均依托东华少阳君(王玄甫)、钟离权为两宗祖师。据明都印《三余赘笔》载：“其南宗者，谓自东华少阳君得老聃之道，以授钟离权，权授唐进士吕嵒、辽进士刘操，操授宋张伯端，伯端授石泰，泰授薛道光，道光授陈楠，楠授白玉蟾，玉蟾授彭耜；其北宗者谓吕嵒授金王重阳，重阳授七弟子(即北七真)。”

南宗 道教派别。见“南北宗”。

北宗 道教派别。见“南北宗”。

真大道教 原名“大道教”。道教派别。金初刘德仁所创。五传至郦希诚，见知于元宪宗(1251—1260在位)，始名其教为“真大道教”。本老子“清静无为”、“少私寡欲”、“慈俭不争”之旨，教人忠孝诚谦，去恶复善，绝欲忍苦，利民爱物，而不言“飞升化炼、长生久视”之事。《元史·释老传》：“其教以苦节危行为要，而不妄取于人，不苟侈于己。”六传至孙德福，至元五年(1268)奉诏统辖诸路“真大道”。又三传而至张清志，其教益盛，授“演教大宗师”、“凝神冲妙玄应真人”。教徒遍及黄河流域与江南一带。经十余传而后，与全真道合流。

大道教 即“真大道教”。

太一道 道教派别。金初萧抱珍创立于卫州（治所在今河南汲县）。因传“太一三元法箓之术”，或称“取元气浑沦，太极剖判，至理纯一之义”，故名其教曰“太一”。教旨以老子之学修身，认为“做仙做佛不难，只依一弱字便是”。又以巫祝之术济人，“祈禳诃禁，罔不立验”。王恽《秋涧集》载：“太一教法专以笃人伦，翊世教为本。”其教传嗣有秘箓法物，继法嗣者皆改姓萧，即以祖师之姓为姓。因其以符箓济人，故与全真道、真大道教相异。四祖萧辅道、五祖李居寿（入道改姓萧），因得元朝重视，其教进入全盛时期，七传之后渐衰。

净明道 亦称“净明忠孝道”。道教派别。托始于对许逊的崇拜。其创建据《净明忠孝全书》卷一载：建炎二年（1128），何真公等致祷真君救度，得授《飞仙度人经》、《净明忠孝大法》，建翼真坛，传度弟子五百余人，消禳厄会，民赖以安。但当时并无净明道的名称。元世祖至元十九年（1282），玉真子刘玉托称遇洞真天师胡慧超下降，说是净明大教将兴，当出八百弟子，刘玉当为师。到元贞二年（1296），又托称许真君降临，授刘玉中黄大道，八极真诠，要他勉励弟子不昧心君，不残性命，忠孝存心，方便济物。从此后他便开阐大教，诱诲后学。《西山隐士玉真刘先生传》称其宗旨是以忠孝为本，敬天崇道，济生度死为事。其后黄元吉掌教，将净明道推向上层社会。由于刘玉正式以“净明”为道派名称，故后世道教以刘玉为净明道创派人。净明道以许逊为祖师，又有“三师”，即：法师胡慧超、经师张氲、监度师郭璞。其根本教义是具有净明境界的忠孝，所谓净指不染物，所谓明指不触物，这才是真正的忠孝。到达这一境界的方法是：“正心诚意”、“惩忿窒欲”、不起邪念。其修持方法和灵宝派接近，既主张存神服气，又搞飞符上章、斋醮祈祷，并以内修为外用符箓之本。因其大量吸取儒家思想，故为道教符箓派与宋代理学相结合产生的新道派，重视伦常道德修养，是其一大特征。

净明忠孝道 即“净明道”。

武当道 道教派别。因起于湖北武当山而得名。武当山在明代以前已是道教活动的胜地，为道教敬奉的“玄天真武大帝”的发祥地。武当山道教先后分属正一、全真两大道派。宋真宗（997—1022在位）时，正一派首先传入武当山，于宋元之际成为武当山道教主体。全真教的传入晚于正一教近两百年。明洪武年间（1368—1398），龙门派四代丘玄清到武当主持五龙宫，至清代中叶龙门派已成为武当道教的主体。明成祖永乐年间（1403—1424），属全真一系的道士张三丰门下形成一个与全真道教义教制及宗风都有所不同的道派，世称武当道派，与陈抟一派有渊源关系，当时官方将其归于全真道。这一派崇祀“真武大帝”，习武当内家拳技，重内丹，特别强调性功，主张三教合一，为元明间新产生的全真支派。

清微派 道教派别。唐末产生的由内丹与符箓相结合的新的符箓道派。该派称其符法出于清微天元始天尊，故名。据《清微仙谱》：源于唐末广西零陵人祖舒，经郭玉隆、傅央焴、姚庄、高奭、华英、朱洞元、李少微等，传至第九代南毕道。《清微斋法》说朱洞元、李少微、南毕道都隐居在四川青城山。南毕道将雷法授黄舜申，黄遂以擅雷法而闻名京师，得到宋理宗召见，书“雷囦真人”以赠，到元代又封为“雷渊广福普化真人”。黄舜申为清微派第十代宗师，清微法经其阐扬宗旨而大盛，门徒甚多，流布四方。清微符箓和神霄符箓一样，以雷法为主，名目繁多，《道法会元》中收清微雷法多种。该派主张内炼为本，符箓为用，宗旨接近神霄派，只是所用符箓不同。

神霄派 道教派别。北宋末产生的内丹与符箓相融合的新的符箓道派。创始人为江西南丰道士王文卿（1093—1153），他托称得唐道士汪君之传，被宋徽宗召见，拜太素大夫、凝神殿校籍，后又拜为金门羽客，升凝神殿侍宸，赐号“冲虚通妙先生”，其弟子有熊山人、平敬宗、袁庭植等。该派称其符法出于高上神霄玉清真王，又号南极长生大帝、扶桑日宫大帝，为万雷总司。该派的神霄雷法由于迎合宋徽宗崇道的需要，很快流传开来，当时著名道士张继先、刘混康、徐守信、萨守坚、林灵素诡称宋徽宗即神霄真王降世，蔡京系玉清左仙伯，被拜为金门羽客。徽宗并命天下诸州建神霄玉清万寿宫以祀神霄大帝，神霄派符法由此传承不绝，衍生出许多不同支派。以融合内丹与符箓为特征，其内丹法渊源于张伯端南宗一派，强调内炼外用都须以本性元神为主，以内炼为体，以符箓为用。神霄道士从人身小天地、宇宙大天地之说出发，认为雷法中所召摄的雷神将吏，实际上为自身的精气神及五脏之气。到元代，该派因受全真道和儒学的影响，渐渐重视宗教道德实践，守持戒法，并以忠孝为先。

中派 道教派别。指道教内丹功法的一派。元道士李道纯，道号莹蟾子，为南派白玉蟾的再传弟子，著有《中和集》、《三天易髓》、《莹蟾子语录》等书，创一种新的丹功。其丹法融汇三教，核心要诀为“守中”、“中和”，在内丹法中自成一家，被后世道教称为内丹“中派”。明代尹真人高弟、清代黄元吉承其要旨，倡导中派之说。尹真人高弟著《性命圭旨》以论守中要诀，强调儒释道三家合用为上乘。黄元吉著《乐育堂语录》、《老子道德经精义》、《道德经注释》等书，其功法讲求中黄直透，以守中为一贯功夫。中派发展至黄氏，功夫臻于完善。

东派 道教派别。指道教内丹功法的一派。明嘉靖年间（1522—1566）陆西星所创。陆西星，字潜虚，青年时偏于儒家，后转向内丹，自称吕洞宾曾亲临其北海草堂20余天，密传其丹法，写成《宾翁自记》、《道缘汇录》，撰著《方壶外史丛书》，辑刊《吕祖全书》，大阐丹道，遂开东派丹功。其功法属阴阳派，上达于道，不流于邪，行道双修，限于夫妇同炼，要点在"凝神聚气"、"道归自然"。陆西星虽创东派，但并未立教，故师徒传授系统记载不详。明末著《金丹真传》的孙汝忠，清代编《证道秘书十七种》的傅金铨的丹法均与东派相类似。

西派 道教派别。指道教内丹功法的一派。清咸丰年间(1851—1861)李涵虚所创。李涵虚，四川乐山人，自称于峨眉山遇吕洞宾及张三丰，得丹法秘要，于咸丰六年(1856)成道。当时主要活动于西蜀乐山一带，故称西派。李涵虚整理陆西星《道缘汇录》、《宾翁自记》为《海山仙迹》，并重订《吕祖年谱》，以东派陆西星后身自居，并沿袭其丹法。但因李涵虚曾受张三丰丹法，与钟吕道法汇合，故与东派又不全相同。他把性功分为九层炼心，又将命功分为四层，主张丹法以清静立基，然后阴阳双修。李涵虚著有《道窍谈》、《三车秘旨》、《太上十三经注解》等。西派与东派同称吕祖亲传而开派，于道统上各自成一家，均属南宗阴阳派，而为清修派所反对。

重玄学派 道教派别。指道教中以"重玄"思想注解《道德经》而闻名于世的一个学派。并非有组织的道派。所谓"重玄"，语出《道德经》"玄之又玄，众妙之门"。重玄派当是魏晋玄学影响下的产物，东晋时孙登"以重玄为宗"解释《老子》，奠定其发展的基石。魏晋以降，陆续为道教学者所阐发，并吸取佛教中观思想。南朝梁道士孟智周、臧玄静，陈道士诸糅，隋道士刘进喜，唐道士成玄英、蔡子晃、黄玄赜、李荣、车玄弼、张惠超、黎元兴等阐明重玄之道。唐代是重玄学派鼎盛时期，涌现一大批道教学者，其中以成玄英、李荣等最为突出，经他们的努力，重玄派成为道教《老子》学中最有影响的流派。晚唐著名道教学者杜光庭对之深为推许，认为孙登以重玄为宗，解老各派宗旨之中，以孙氏为妙。重玄派解释《老子》有两大特征：(1) 援引庄子来阐释老子思想，(2) 援引佛教哲学，特别是吸取佛教三论宗和天台宗的思想阐发老子玄理。从而发展道教的教理教义，使其更具思辨性。另一方面，重玄派也给佛教思想以影响，如三论宗的著作中即多次提到玄和又玄的概念。重玄派注重玄理思辨，在隋唐佛道的理论之争中，多由重玄派人物代表道教方面参加。南宋时邵若愚、董思靖等解老，都明重玄之义，宋代一些老子集注中大量引重玄学说，此其遗风。

今文经学 经学中研究今文经籍的流派。与"古文经学"相对。始起于西汉初。所据经典，大都没有先秦旧本，而由战国时学者师徒父子口头传授，至汉代用当时流行的文字(隶书)"著于竹帛"而成。今文经与古文经不仅书写的字体不同，字句、篇章、解释，以及对古代的制度、人物的评价也有出入。今文经学家认为孔子删定"六经"作托古改制的手段，立万世不易之法，故为经学的始祖。其实际开创者为西汉董仲舒，集大成者是东汉何休，何所撰《春秋公羊解诂》，为今文经学家议政的主要依据。出于当时政治上的需要，今文经学着重阐发经文的"微言"、"大义"，为封建的"大一统"作论证，故特别重视公羊家的春秋学。西汉武帝用公孙弘议，设五经博士，又采纳董仲舒"独尊儒术"的主张，表彰今文经籍，今文经学遂大盛。西汉中叶以后，古文经学逐渐兴起，今文经学因拘于师承家法，流于繁琐和诞妄，故渐衰，东汉初，光武帝改变王莽的政治措施，曾恢复设立今文十四博士，但不久即废去。东汉末年，郑学的兴起，使经学上的今文、古文之争趋于平和。清代中叶以后，社会矛盾尖锐，民族矛盾突出，以庄存与、刘逢禄为代表的常州学派继承今文经学的传统，发挥春秋公羊学，议论世事，干预时政，推动了今文经学的复兴。后经廖平至康有为，今文经学则成为近代变法维新运动的重要理论根据。

古文经学 经学中研究古文经籍的流派。与今文经学相对，以训解古文经籍为特征。始于西汉末。所据经典用秦以前的"古籀文字"写成，和今文经籍的隶书写法迥异，故名。据古文经学家的说法，秦始皇焚书，项羽毁典，使孔子所编"六经"多所残缺。尚存者或藏于宅壁，或散佚民间，至汉代才陆续重新发现，主要有《古文尚书》、《周官》(周礼)、《春秋左传》等。王莽建新朝时，采刘歆的建议，立古文经学博士，以排斥今文经学，自此开始经学上今文、古文二派的论争。古文经学对经书字句、篇章、中心含意及古代典章制度和人物的训解、评论均和今文经学不同。崇奉周公，视孔子为"述而不作、信而好古"的先师，以"六经"为孔子整理古代史料之书，故偏重于名物训诂，其特色为考证，而其流弊为烦琐。重经籍所记事实，倡文字学和考古学，后世又称其"汉学"。古文经学盛行于东汉，以后六朝、隋唐以至清代皆有影响。北宋王安石变法，亦以古文《周官》(周礼)为舆论准备。明清之际顾炎武提出"舍经学无理学"的命题，偏重经籍研究，复兴古文经学。乾嘉时期成为"乾嘉学派"。

齐学 秦汉之际经学流派之一。学风较为夸诞。经师中如传《诗》的辕固生，传《春秋公羊传》的公羊寿，都是齐人，故名。西汉董仲舒把阴阳五行说和今文经《公羊传》相牵合，用以巩固皇权，就是沿袭这种学风而发展的。主要经籍有《齐诗》、《齐论》等。

鲁学 秦汉之际经学流派之一。学风较为保守。经师中如传《诗》的申公(名培)，传《礼》的高堂生，都是鲁人，故名。主要经籍有《鲁诗》、《鲁论》等。

朴学 汉代经学中古文学派所治学问的概称。意谓质朴之学。始见于《汉书・儒林传》。汉代古文经学家好儒信古，治经多从文字学入手，以西汉时《尔雅》、东汉时许慎《说文解字》为权威，重字句训诂和名物考证，以求儒家经籍章句之"甚解"。学风与喜好发挥"义理"的今文经学家迥异。其长在考证求实，训解字义。但学者"皓首穷经"，"一经说至百余万言"(《汉书・儒林传》)，以几万甚至几十万言释经籍篇名或首句几字，其弊在烦琐。亦指清代乾嘉学派的考据训诂之学。详"乾嘉学派"。

新学 西汉末王莽新朝时刘歆倡导的古文经学。西汉哀帝时，刘歆自称发现以古文写成的《尚书》、

《逸礼》、《毛诗》、《左传》，与当时流行的经本有别，建议立于学官，但遭今文博士反对，至王莽建新朝，刘歆任"国师"，乃立古文经博士。此后有古文经学与今文经学的争斗。近代康有为著《新学伪经考》，借今文经学宣传托古改制，为变法维新制造舆论，特别指斥刘歆所立经书为伪，断言歆所倡古文经学是为王莽新朝效力的新莽之学，故名。

郑学 即"通学"。经学中东汉郑玄学派。郑玄初学今文《易》和公羊学，后从张恭祖、马融学《尚书》、《周礼》、《左传》等古文经，在精研古文经学的基础上，吸收今文经学，广采众说，遍注群经，自创一家之说。破除西汉经学的家法传统，不拘经今、古文学的师承门户和学派壁垒，成为汉代经学的集大成者，这种融汇今文、古文的经学，世称"郑学"。其代表人物还有孙炎等。因当时学者苦于今、古文家法的繁琐，并服膺于郑玄的博学，故信者日众，郑学渐盛，基本上结束了古文、今文之争。清代乾嘉学派倡导"汉学"，实以郑学为宗，并颇多发挥。

通学 即"郑学"。

王学 经学中魏晋时代的王肃学派。王肃崇奉贾逵、马融的古文经学，兼采今文之说。曾遍注群经，综合古文、今文的各家经义。唯不喜郑学，治经每与郑玄学派对立，称为"王学"。曾为《尚书》、《诗》、《论语》、《礼》、《左传》作注，并撰定其父王朗所作《易传》，晋时皆列于学官，使王学得借朝廷的支持而盛行。王学的代表人物还有孔晁等。东晋以后，逐渐衰微。

南学 南北朝时南朝的经学。南朝经师，承袭魏晋学风，除《诗》、《三礼》采用郑玄笺注外，《周易》用三国魏王弼注，《尚书》用伪孔安国传，《左传》用西晋杜预注。讲经兼采众说，也取玄学，不拘家法，随意发挥。又受佛教影响，把讲经记录编为讲疏、讲义，并写出比经注更为详尽的义疏，为唐孔颖达等编撰《五经正义》的依据。又就《礼记·中庸》发挥天命心性学说，成为宋代理学的渊源。南学的代表人物有皇侃、费甝等，经注流传下来的有皇侃《论语义疏》。

北学 南北朝时北朝的经学。北朝经师，《周易》、《尚书》、《毛诗》、《三礼》都用郑玄注，《左传》用服虔注，《公羊传》用何休注，墨守东汉旧说，以章句训诂为主，不愿别出新义。学风比较保守，撰述亦少。北学的代表人物有徐遵明、熊安生等。所撰经注，清马国翰《玉函山房辑佚书》有辑本。

汉学 指清代推崇汉儒朴学风尚，专力于训诂、辨伪的乾嘉学派。与"宋学"对称。明清之际的经学大师顾炎武，为反对明末"学者束书不观、游谈无根"，空论义理、心性的王学流弊，主张根据经书和历史立论，"通经致用"。清经学家阎若璩、胡渭等继承顾炎武的考据传统，用汉儒训诂方法治经、辨伪，有所创获，但已失却"通经致用"的精神。乾、嘉年间，惠栋、戴震等更以汉儒经注为宗，承东汉许慎、郑玄之学，专从文字学入手，以训诂考据方法治经，并扩大到史籍和诸子，形成吴、皖两派，"汉学"之帜遂大张。清代汉学家治学严谨，学风质朴，于古籍整理、辑佚辨伪、语言文字研究及古代历史地理、天文历法、典章制度等方面的考据，有较大贡献。其弊在偏于信古好儒，脱离实际，为考据而考据。

乾嘉学派 清乾隆、嘉庆年间(1736—1820)讲究训诂考据的经学派系。导源于明清之际顾炎武。乾嘉时，形成所谓"朴学"(汉学)。其治学方法，注重论据，博考精思，对当时及以后的学风有较大影响。主要分为以惠栋为首的"吴派"和以戴震为首的"皖派"两大支。因为他们主要以汉儒经注为宗，推崇东汉许慎、郑玄之学，所以也有称之为汉学派或清代古文经学派的。详见"汉学"。

吴派 清代经学派系之一。导源于吴中惠惕而成于惠栋。余萧客、江声、钱大昕、王鸣盛、江藩等都属这一派。主张搜集汉儒经说，加以疏通，而旁及史学和文学。以保守汉人学说为主。

皖派 清代经学派系之一。导源于江永而成于皖南戴震。程瑶田、段玉裁、王念孙、王引之等都属此派。主张以文字学为基点，从训诂、音韵、典章制度等方面阐明经典"大义"和哲理。以考据详博见长，敢于突破汉人学说，提出己见，但有时趋于琐细。

春秋公羊学 历代今文经学家专治《春秋公羊传》的学问。以发挥《春秋》"微言"、"大义"为抒发己意的根据。旧题《公羊传》为战国时齐人公羊高世传，至西汉景帝时公羊寿撰成，武帝时列于学官，设博士，遂大盛。董仲舒曾作《春秋繁露》，专治"公羊传"，系统发挥《春秋》中"借事明义"之"微言"，"正名为本"之"大义"。以后，今文经学家严彭祖、颜安乐，从眭孟受《公羊传》，汉宣帝时分别列为博士，遂有春秋公羊"严氏学"、"颜氏学"之称。东汉何休"解诂"，为《公羊传》制定"义例"，以尊王攘夷为《春秋》之"大义"，"三科九旨"为《春秋》之"微言"，两者兼传，使《公羊传》成为历代今文经学家抒发义理，议论政事的依据。西汉中叶以后，今文经学渐衰，东汉末年，马融、郑玄兼采今文学和古文学说，破除家法传统，经学上的流派趋于混同。清代中叶以后，随着社会矛盾的尖锐，民族矛盾的突出，以庄存与为先导，刘逢禄等为代表的常州派学者，继承今文经学的传统，发挥《公羊传》学说，评议世事，干预时政，推动了春秋公羊学的复兴。鸦片战争前后，龚自珍、魏源以"公羊"经义，发挥政见，抨击封建专制制度。后康有为曾利用春秋公羊学的"张三世"说，为戊戌变法造舆论。

并　　称

周孔 指周公和孔子。东汉蔡邕《释诲》："檠旋乎周孔之庭宇，揖儒墨为友。"

孔孟 即孔子和孟子。东汉赵岐已称孟子为"命世亚圣之大才"。东晋咸康间袁瓌、冯怀上疏云："孔子恂恂，道化洙泗；孟轲皇皇，诲诱无倦。"(见《宋书·礼志》)已以孔孟并称。唐韩愈大倡"道统"说，认为尧、舜、禹、汤、文、武、周公一直传下来的“道统”，由孔子直接传给孟子(《原道》)。以后宋儒用《孟子》配《论语》，更把“孔孟”这一说法固定下来。

儒墨 即儒家和墨家。同为战国时期之“显学”，故并称。《韩非子·显学》：“世之显学，儒墨也。”儒家始于孔子，宗周礼，以“仁”为中心(详见“儒家”)。墨家始于墨子，后于孔子，从夏政，提倡“兼爱”(详见“墨家”)。儒墨在战国时期“徒属弥众，弟子弥丰，充满天下”(见《吕氏春秋·当染》)，成为当时对立的两大重要学派。

杨墨 即杨朱和墨翟。战国时流行的两个学派，《孟子·滕文公下》：“天下之言，不归杨则归墨。”杨朱主张为我，墨子主张兼爱，杨墨观点互相对立。杨朱后于墨子，曾与墨子弟子禽滑釐论争。他们又同是儒家的反对派。《孟子·滕文公下》说：“杨墨之道不息，孔子之道不著，是邪说诬民，充塞仁义也。”主张“距杨墨，放淫辞”，同时，庄子学派也反对杨墨，主张要“钳杨墨之口”(《庄子·胠箧》)。

申商 战国申不害和商鞅的并称。概因申、商同时人，一在韩，一在秦，都主张变法之故。战国时已相提并论，如“今申不害言术，而公孙鞅为法”(《韩非子·定法》)。秦汉时并称“申商”。《史记·袁盎晁错列传》：(晁错)“学申商刑名”。《汉书·武帝纪》：“所举贤良，或治申、商、韩非……之言。”

申韩 战国申不害、韩非的合称。概因申、韩为战国法家，均主刑名法术之学。西汉司马迁《史记》将其合于一篇，收入《老子韩非列传》。后常以申韩并称。《汉书·艺文志》著录《慎子》时注：“名到，先申韩，申韩称之。”申韩亦为法家的代名词。《后汉书·酷吏列传》：“阳球……性严厉，好申韩之学。”

黄老 黄帝、老子的合称。始见于《史记·老子韩非列传》：“申子之学本于黄老而主刑名。”亦为“黄老学派”、“黄老之术”的简称。

竹林七贤 魏晋间嵇康、阮籍等七位玄学名士的总称。《晋书·嵇康传》：“嵇康字叔夜……所与神交者，唯陈留阮籍，河内山涛。豫其流者，河内向秀，沛国刘伶，籍兄子咸，琅邪王戎，遂为竹林之游，世所谓竹林七贤也。”但七人遭遇及思想实有不同。

中兴三明 晋朝三位字号带“明”的名士。晋朝诸葛恢，字道明，琅邪阳都(今山东沂水县南)人；颍川(今河南许昌县东)荀闿，字道明；陈留(今河南开封市南)蔡谟，字道明。因三人的字均谓“道明”，俱有声誉，故称。人为之语曰：“京都三明各有名，蔡氏儒雅荀、葛清。”荀闿、诸葛恢乃清谈名士，而蔡谟博学多才，有集行世，故曰儒雅。

宋初三先生 指北宋初理学先驱胡瑗、孙复、石介。对二程(颢、颐)有直接的影响。南宋朱熹有“伊川(程颐)不敢忘三先生语”的说法。

北宋五子 指北宋周敦颐、邵雍、张载、程颢、程颐。他们对北宋哲学思想的发展起了重要作用。周敦颐为宋代理学的开山祖，其学混合了道家无为思想和儒家中庸思想，其《太极图说》为理学初期的代表作。邵雍为北宋先天象数学的创立者，思想渊源于道教，把宇宙发生的过程归结为神秘的“象”和“数”的演化过程。张载发展了“气一元论”的思想，为中国古代辩证法“两一”学说的集大成者。二程(颢、颐)为北宋理学的奠基者，建立了系统的以精神性的“理”为核心的学说体系。

道学六先生 指北宋周敦颐、邵雍、程颢、程颐、张载、司马光。周、邵思想主要出于道教，其《太极图》与《先天图》均依照道教关于宇宙生成的图式推衍出来。前者建立在客观唯心主义基础上，成为理学的开山；后者建立在主观唯心主义基础上，自成象数学派。程氏兄弟以儒为核心，糅合佛、道，建立初具体系的理学。张载在政治、伦理方面有不少地方与道学家观点相近，但在哲学根本问题上坚持和发展气一元论学说。司马光的哲学是对汉代以来传统的天命论神学的继承，他在为扬雄《太玄》作注的过程中，宣扬了神秘主义思想。

程门四弟子 指北宋二程(颢、颐)门下的四大弟子吕大临、谢良佐、游酢、杨时。吕初学于张载，深受《西铭》的影响，曾作《克己铭》，宣扬“立己与物”，“凡厥有生，均气同体”，其意与张载的“民吾同胞，物吾与也”相近。后虽从学于二程，但仍保留关学的某些特色。谢氏为学主“敬”，游酢治理学偏重禅学，杨时先后学于程颢、程颐，为“程氏正宗”。四人虽皆出程门，其思想特色亦各具不同。

甬上四先生 亦称“四明四先生”。指南宋浙东一带陆九渊心学的传播者杨简、袁燮、舒璘、沈焕。因他们生长活动于慈溪、鄞县、奉化等地，位处四明山麓，甬江流域，故称。他们学术思想上的共同特点正是黄宗羲所概括的那样：“一言以蔽之，此心之精神而已，可以观四先生学术之同矣”(《宋元学案·广平定川学案·案语》)他们都从陆九渊心学的“发明本心”入手，然而他们对陆氏之学有不同角度的理解和发挥，便形成各自不同思想风貌的学派，即慈湖学派(杨)、絜斋学派(袁)、广平学派(舒)、定川学派(沈)。文天祥对此曾以自然景色喻比四派思想的不同特色“广平之学，春风和平；定川之学，秋霜肃凝；瞻彼慈湖，云间月澄，瞻彼絜斋，玉泽冰莹，源皆从象山兄弟，养其气翳，出其光明”(《郡学祠四先生文》)。

四明四先生 即“甬上四先生”。

古灵四先生 即北宋福建地区道学代表人物陈襄(时称古灵先生)及讲友陈烈、郑穆、周希孟。参见“古灵学派”。

鄱阳三汤 指南宋汤千、汤巾、汤中。均为上饶安仁(今属江西)人。兄弟三人并师“自幼习读程氏易”的柴中行。其后又并师朱熹门人真德秀。晚年汤千、汤中仍主朱学，称大、小汤。而汤巾则由朱入陆，将其学传于从子汤汉。当时朱陆二家之学并行，而汤氏一门，宗朱(熹)、陆(九渊)者各两人。实际上他们会同朱陆之说，但各有侧重。

北山四先生 指南宋末何基及弟子王柏、再传弟子金履祥和三传弟子许谦。何基居浙江金华北山，人称北山先生，而承传其学说思想的三代弟子亦皆为金华人，故名。参见“北山学派”。

国初三大儒 清初对孙奇逢、李颙、黄宗羲三人的并称。黄宗羲在清初学术史上，是个起衰振敝的杰出学者和教育家，也是启蒙思想家和历史学家。在政治方面对封建君主专政进行了深刻的批判；在理学方面被称为“王学的修正者”。在史学方面对学术界影响最大，梁启超称其为“清代史学之祖”。孙奇逢为学以“不欲判程朱陆王为二途”（《清儒学案·夏峰学案》）、会通朱王为特征。对理学做了通俗的解释，特别强调“躬行实践”，使其很容易为普遍民众所理解和实行。梁启超称他为“北学重镇”（梁启超《中国近三百年学术史·阳明学派之余波及其修正》）。李颙其学以陆王之学为本体，以程朱之学为工夫。提出“悔过自新”和“明体适用”两点最具特色。讲学遍及大江南北，“一时巨绅名儒远迩骈集”，为“江左百年来未有之盛事”（《二曲集·南行述》），梁启超称赞他的讲学“带有平民的色彩”（梁启超《中国近三百年学术史·阳明学派之余波及其修正》）。他们与那些“尊朱黜王”的学者不同，倡言“道非一家之私”，反对“墨守一家之言”，重视“异同之论”，力图通过对宋明理学的批判反思，建构起适应时代要求的思想理论体系。

关中三李 即明末清初西北关学的三位代表人物李楷、李因笃、李柏。李楷其学主张和会朱陆，实则倾向心学。坚持心即理的观点，认为“心赅无不备，而妙有众理”，提出“心治万理、万事”（《治心说》）。李因笃其学以朱子为宗。李柏学宗程朱，而不专袭程朱之语。“关中三李”都有一种隐逸的思想情趣。皆归隐乡里，著书教授，先贤典籍，无所不博，又经世济民 ，关切世事，既有经世之大略，又多淡泊之情怀，不为权贵所胁。

太仓四君子 指明末陆世仪、陈瑚、盛敬、江士韶四位太仓籍学者。明崇祯九年（1636）冬，陆世仪、陈瑚拜访江士韶，三人于江氏之“西轩”，“相商读书为善之法，其以明年丁丑为始”，“约为体用之学”，盛敬为陆氏同学，闻讯亦加入其中。当时，便有“陆、陈、江、盛四君子之称”。明清之际，他们曾在“三吴”及东南士林中产生过影响。为学以理学家自勉，以复兴理学为己任。虽以敬为本，但却大力提倡明体达用之学，并对程朱理学作了重大修正，将实学内容纳入理学体系之中。治学以身心性命、“持守”之学为第一，以“理学”与“经济”相统一来治理天下。认为不知“理学”仅害及一身，不知“经济”则害及天下。主张“堂堂正正”做人，强调明体是为了达用。对待传统，坚持继承与发展、批判与创新相结合的原则。对于先儒，不宜“彼此互辨，两贤相厄”，应该是“平心持论，各取其长。”主张隐而不遁，注重修己而不忘泽民，胸怀天下万世与热心乡邑民生并重。不讲空论，不慕高行，寄天下万世的理想于乡邑的治理之中。在明清之际的学术思潮中，属于强调“明体达用”，反对空谈虚玄的理学派。

事件、会议

学在官府 周代以前的一项重要文化制度。这种制度主要表现在典章制度、图书文物都收藏在奴隶主贵族的宫廷里，同时又设立有专供贵族子弟享用的官方学校，奴隶主贵族垄断了接受教育、学习文化的权利，具体掌管典章文物的，主要有巫、史、卜、祝等知识分子，他们具有各种专业知识，职位和专业知识世代相传。春秋以降，奴隶制度逐渐衰败并开始崩溃，出现了学术下移，学在官府的制度也随之瓦解。在这过程中，孔子及儒家学派曾起过重大作用，参见“学术下移”。

学术下移 出现于春秋时期。周代学在官府，文化典籍为贵族所垄断，卜、祝、巫、史等专职知识分子主要集中于王庭。春秋时，随着奴隶制的崩溃，官府对学术文化的垄断也被打破，图书典籍流散于诸侯国乃至民间，原来掌管学术文化的知识分子也散往各地，如《论语》就记载了一部分在宫廷中司礼、司礼的专业人员流散到各地的情形：“大师挚适齐，亚饭干适楚，三饭缭适蔡，四饭缺适秦，鼓方叔入于河，播鼗武入于汉，少师阳、击磬襄入于海。”（《微子》）这些情形都促进了非官方的私家学术的出现。孔子所创立的儒家学派，是学术下移中出现的主要的私家学派。同时由于孔子对古代文献的哲理，又大规模地授徒讲学，从而又促进了学术下移的进程。

焚书坑儒 秦始皇怕诸子百家的“私学”诽毁秦王朝而采取的对策。于始皇三十四年（前 213）下令：（1）除《秦记》以外，其他各国的历史书一律烧毁。（2）除博士官的藏书以外，凡民间所藏的《诗》、《书》百家语等一律焚毁。（3）通令全国郡守和尉查禁以上书籍，令下三十日不烧的判五年徒刑，黥面并罚修筑长城。（4）有敢私自藏禁书的灭族。（5）有敢谈论《诗》《书》的判处死刑；“以古非今”的灭族。官吏知而不举者连坐同罪。（6）只有医药、卜筮、种树的书可以保存。六艺中，《易》为卜筮之书，得以幸存。（7）要学习法令，应以吏为师。焚书之后，引起诸生更大不满和诽议，加以秦始皇屡派的求仙药方士去而不返，侯生卢生又逃亡，故在始皇三十五年，秦始皇把诽毁秦政、欺骗皇帝的方技之士和部分博士儒生四百六十余人坑于咸阳骊山坑谷中。焚书坑儒虽连言，但焚书在全国进行，禁令时间长，直到汉惠帝四年（前 191）“除挟书律”才废除，而坑儒则在某些地方一时为之。

罢黜百家，独尊儒术 为儒学在中国文化里居于统治地位的口号。秦朝博士有七十人，其中既有《五经》博士，也有诸子传记以及方技数术博士。如伏生为治《尚书》博士，而黄疵为秦博士，则在名家（见《汉书·艺文志》）。又有占梦博士（见《史记·秦始皇本纪》）。汉承秦制，汉初仍有博士七十人，“但备员弗用”。汉武帝即位，建元元年（前 140）丞相卫绾奏：“所举贤良，或治申、商、韩非、苏秦、张仪之言，乱国政,请皆罢。奏可。"建元五年"置《五经》博士"。因窦太后好黄老言,受其干扰,当时未果。建元六年,窦太后卒。元光元年(前134)董仲舒对策说:"诸不在六艺之科,孔子之术者,皆绝其道,勿使并进。"(《汉书·董仲舒传》)武帝采纳这一建议,罢黜百家博士,只立《五经》博士。从而确立了儒学和儒家经典的权威性的统治地位,而儒家以外的诸子学,由于无进身之路,日益衰微。《汉书·武帝纪赞》:"罢黜百家,表章《六经》。"《汉书·董仲舒传》亦云:"推明孔氏,抑黜百家。"后世将这一政策概括为"罢黜百家,独尊儒术"。

石渠阁议 西汉宣帝时"平定"五经同异的御前会议。自汉武帝罢黜百家、独尊儒术,设五经博士,置博士弟子员以后,说经者日众,经说越详密,而异说也越分歧,形成"虽曰师承,亦别名家"(《后汉书·章帝纪》)。为"平定"五经同异,甘露三年(前51)在未央宫石渠阁"诏诸儒讲五经异同"。参加者有《易》学博士施雠、黄门郎梁丘临(贺子);《书》学博士欧阳地馀(高孙)、林尊(欧阳高弟子)、译官令周堪、博士张山拊、谒者假仓;《诗》学韦玄成、博士张长安、薛广德;《礼》学戴圣、太子舍人闻人通汉;《公羊》学博士严彭祖、侍郎申挽、伊椎、宋显、许广;《穀梁》学议郎尹更始、待诏刘向、周庆、丁姓,中郎王亥(王彦)等二十二人。会上"孝宣帝以为去圣久远,学不厌博"(同上),增立梁丘《易》、大小夏侯《尚书》、《穀梁春秋》博士。汉代博士经说的分家,除《诗》学原有的《鲁》、《齐》、《韩》三家外,其余都始于"石渠阁议"。

白虎观会议 东汉时期经学的一次重要会议。因在北宫白虎观举行,故称。汉章帝于建初四年(79)诏集。主要是讲论《五经》同异,统一经说。参加者有丁鸿、桓郁、刘羡、鲁恭、班固、李育、贾逵、魏应、杨终等。由五官中郎将魏应提问,诸儒分别回答,侍中淳于恭平奏其议,由章帝刘炟称制临决。这次会议同前汉的石渠阁会议性质相同,但规模更大,时间更长。会议内容编辑成两部书:(1)《白虎奏议》,为白虎观会议提问和发言的原始记录,按《易》、《书》、《诗》、《礼》、《春秋》五经分别整理而成,凡百余篇,魏晋以后即已亡佚。(2)《白虎通义》,由班固将白虎观会议的结论分类编撰而成,今存四十三篇,它贯通群经大义,是皇帝钦定的经学教科书。会议以今文经学为主,也吸收了古文经学家贾逵参加。《白虎通义》引用《周官》(为古文经学大宗)七次,反映了会议已开兼宗今古文经学之端;它大量引用谶纬,标志着东汉经学与神学的进一步结合,同时也预伏着今文经学的没落和古文经学的兴起;它兼采古文经说,为汉末郑玄会通今古文开辟了道路。

经今古文之争 即今文经学与古文经学之争。始于西汉末。汉成帝时,刘歆发现古文《春秋左氏传》,认为左丘明与孔子好恶相同并亲见孔子,故《春秋左氏传》比以后世口说为据的《公羊》、《穀梁》更为可信,于是引《左传》解释《春秋》。又在今文诸经立于学官并置博士的情况下,与其亲近以今文经书残缺不全,博士诸儒抱残守缺为由,请立《左传》《毛诗》《逸礼》《古文尚书》于学官。因遭博士诸儒反对而未成。东汉初,韩歆上疏建议立古文《费氏易》、《左氏春秋》博士。博士范升反对,谓"左氏不祖孔子,师弟相传又无其人";《左氏》得立,其他经传必争立,"从之则失道,不从则失人";《左氏》有失凡十四事。后经论辩得立,旋废除。东汉章帝时,贾逵讲《左传》长于《公羊》、《穀梁》,又作《今古文尚书同异》及三家《诗》与《毛诗》异同。《公羊》博士李育作《难左氏义》四十一事,贾逵则撰《左氏长义》四十一事。在白虎观会议上,李育以《公羊》义难贾逵,往返皆有理证。东汉末何休撰《左氏膏肓》、《穀梁废疾》、《公羊墨守》,郑玄则作《鍼膏肓》、《起废疾》、《发墨守》。何休说:"康成入吾室,操吾矛,以伐我乎!"(《后汉书·郑玄传》)清代今文经学兴起,亦注重微言大义的阐发,以经义讥切时政。廖平在二变时尊今文抑古文,康有为承其说撰《新学伪经考》,力斥古文诸经为"伪经",古文经学为"新学"(新莽之学)。而章炳麟、刘师培则捍卫古文经学,互相对垒,形成近代的今古文经学之争。经今古文之争主要表现在形式和内容两方面。形式上,今文经用隶书,古文经用蝌蚪文;古文经在篇章上较今文经为多,如《古文尚书》较今文多十六篇,《礼古经》(五十六卷)比今文《礼经》多三十九篇,《古论语》(二十一篇),比今文《鲁论语》多一篇。内容上,经今古文也有区别。许慎撰《五经异义》即从名物、制度、解说上区分经今古文。例如,在名物上,今文家认为"九族"是父族四、母族三,妻族二。古文家则认为从高祖到玄孙为九族;在制度方面,今文家认为天子驾六,古文家认为天子驾四;在解说方面,今文家认为圣人无父,感天而生,古文家则认为圣人皆有父等类。今文经学注重微言大义的阐发,与汉代的政治和现实结合紧密,然不免附会和神化孔子与经学,而古文经学则重训诂、考订,多从历史上找根据,故今文经学近于哲学,古文经学近于史学。

王莽改制 新朝王莽实行的社会改革。王莽于初始元年(8)篡汉自立,国号新。实行一系列社会改革。这次改制受当时经学思潮的深刻影响,常以儒经圣制作为改制的指导方针和总体目标。例如,根据"普天之下,莫非王土,率土之滨,莫非王臣"的诗句,宣布所有农田为"王田",奴婢为"私属",不得买卖。根据古代井田制,规定一家男性人口不到八个的,分田一井,多出的田地无偿分给其他人,没田的人按规定的制度分田。反对井田制的人流放到边远地区去。另铸大小钱六品,并以金、银、龟、贝、钱、布为宝货,还多次改变,造成经济混乱。在官制方面,根据符命,将看门的王兴、卖饼的王盛提拔出来当将军。按董仲舒的说法,置三公、九卿、二十七大夫、八十一元士等官分别主管中央各方面职责。另设"进善之旌、非谤之木、敢谏之鼓",派四名谏大夫坐在王路门听取百姓的意见。还立"四代古宗",以王、刘、姬、孔的后裔为侯。又根据《周官》、《王制》之说,设公、侯、伯、子、男五等爵,恢复世袭制,"皆世其官"。

在礼乐方面，依“六经”制订新礼乐，致使“公卿旦入暮出，议论连年不决”。由于规定的吏禄制度过于繁琐，负责发放俸禄的官员无法照办，其他官吏长期拿不到俸禄，只好“各因官职为奸，受取赇赂以自共给”。另外，还据占星术，将大司农改名羲和，少府改名共工，公车司马改为王路四门。还多次改更郡名，或一年一变更，或一郡五易名，造成混乱。由于王莽改制复古而不切实，烦苛而多扰民，数变而难信守，重税而难尽给，百姓被迫造反，新朝被推翻，王莽改制破产。秦始皇焚书坑儒，王莽则常用儒家经典来指导改制，但因不能领会儒家精神实质，只从形式上搬用，或加臆解，往往背离儒家本旨。故《汉书·王莽传》说：“昔秦燔《诗》、《书》以立私议，莽诵《六艺》以文奸言，同归殊涂，俱用灭亡。”

建安士风 建安时期文人雅士所尊崇的风尚。建安，东汉献帝年号。东汉末年，社会动乱，民生凋敝，惨烈现实，熔铸了一代文人，以曹操、曹丕、曹植父子和孔融、陈琳、王粲、徐幹、阮瑀、应玚、刘桢建安七子为代表的建安文人为代表。南朝梁刘勰《文心雕龙·时序篇》评论说：“观其时文，雅好慷慨，良由世积乱离，风衰俗怨，并志深而笔长，故梗慨而多气。”“世积乱离，风衰俗怨”，是建安文人雅士生活的社会现实。“慷慨”、“梗慨”，义同愤慨。“多气”，乃指骨气、风骨。也就是唐陈子昂所说的“汉魏风骨”（《与东方左史虬修竹篇序》）；唐李白所称赞的“蓬莱文章建安骨”（《宣城谢朓楼饯别校书叔云》）。建安文人雅士抒写了许多讽刺现实、慷慨悲歌、富有骨气、有正义感的诗文，呈现出关心民瘼、积极乐观、刚健遒劲、昂然向上的精神风貌。

正始之音 三国魏正始年间(240—249)形成的玄学思潮。当时何晏作《论语集解》、《道德论》，王弼注《老子》、《周易》，“立论以为天地万物以无为本”，用老、庄思想糅合儒家经义，开创了玄学清谈之风。同时，傅嘏、钟会、李丰、王广等人辨析才性异同，成为玄学中的一个重要流派。这种思潮标志从汉代经学到魏晋玄学的转折，后称“正始之音”。《晋书·卫玠传》：“昔王辅嗣(弼)吐金声于中朝，此子复玉振于江表，微言之绪，绝而复续。不意永嘉之末，复闻正始之音！”今亦指魏晋时期的玄谈风气。

庆元学禁 亦称“庆元党禁”。南宋宁宗(赵扩)时的理学之禁。庆元(1195—1200)，宁宗即位初期年号。初，宗室赵汝愚与外戚韩侂胄共同拥立宁宗。后两人争权，赵汝愚联合理学家朱熹、吏部侍郎彭龟年等攻击韩侂胄，谓其“窃弄威福，不去必为后患”。韩侂胄斥理学为伪学，要“更道学之名曰伪学”(《续资治通鉴》卷一五四)。于是宁宗下诏：“伪学之党，勾除在内差遣”(《宋史纪事本末》卷八十)，不准许涉及理学的有关人士在朝廷做官。凡是“稍涉经训者，悉见排黜。文章议论，根于理义者，并行除毁”(《朱子年谱》卷四下)。庆元四年(1198)，宁宗订立伪学逆党籍，列籍者有赵汝愚、周必大、朱熹、彭龟年、陈傅良、吕祖俭、叶適、项安世、杨简、蔡元定等共59人。史称“庆元学禁”或“庆元党禁”。它对宋代理学的发展是一次打击。此后二十多年，理学仍是“伪学”。至理宗(赵昀)即位，追赠朱熹为太师，追封信国公，改徽国公，从祀孔庙，理学被定为官学，之后便得到广泛推广和发展，使理学进入了新的阶段。

鹅湖之会 中国哲学史上的一次辩论会。南宋淳熙二年(1175)在信州(州治今江西上饶)鹅湖寺举行。由婺学的代表人物吕祖谦出面邀集，意欲调和朱熹和陆九渊两派的争执。与会者还有朱、陆门人若干。围绕治学方法，朱主张“道学问”和“即物而穷其理”，即从泛观博览和对外物的考察来启发内心潜在的知识；陆九渊主张“尊德性”和“先发明本心”，不主张多做读书穷理工夫。朱讥陆为“禅学”，“便是天上天下唯我独尊”(《朱子语类》卷一二四)的狂妄自大者；陆讥朱是“老氏之宗旨”(《与朱元晦》)，学说上太“支离”。在鹅湖之会上，陆氏兄弟赋诗攻讦朱熹，终于不欢而散。实质上是朱熹客观唯心主义理学和陆九渊主观唯心主义心学的一场争论。

无极太极之辩 南宋哲学家朱熹与陆九渊之间围绕无极与太极的关系问题而展开的一场争论。“无极而太极”是周敦颐在《太极图说》中提出的命题，朱熹于此在理论上作进一步的阐发。他指出：“盖其所谓太极云者，合天地万物之理而一名之耳，以其无器与形，而天地万物之理无不在是，故曰无极而太极，以其具天地万物之理而无器与形，故曰太极本无极也。”(《朱晦翁文集·隆兴府学濂溪先生祠记》)朱熹明确诠释“太极”是“合天地万物之理”的总汇，它是无所不在的，同时，理又是抽象的形上存在，具有无形无象的特征。因此，无极和太极并非二物，“无极”只是用来形容太极所具有的无形无象之特征。然而陆九渊反对朱熹上述的观点，陆氏从史实出发，指出“无极”二字并不见诸儒家经典，它原是《老子》用语(见《老子·二十八章》)，认为：“太极实有是理，圣人从而发明之耳……〈易〉大传曰：‘易有太极’。圣人言‘有’，今乃言无，何以？作大传时不言无极，太极何尝同于一物而不足为万化根本耶?”(《象山先生全集·与朱元晦》)指出在“太极”的“上面加‘无极’字，正是叠床上之床，架屋下之屋……岂宜以‘无极’字加之太极之上！”(同上)“直将‘无’字搭在上面，正是老氏之学”(同上)。朱、陆对“极”字也有不同的训释而得出各自不同的见解。朱熹将“极”字训作“至极”，他说“圣人之意，正以其究竟至极无名可名，故特谓之太极”(《朱晦翁文集》卷三十六)认为无名无状的万理之理的“太极”是万化本源。而陆九渊则把“极”训作“中”，据汉儒经学家郑玄注释“太极”说：“极中之道，淳合未分之气”(王应麟引《郑康成易注》)。陆九渊根据《易·系辞》而认为“一阴一阳已是形而上者，况太极乎！”(《象山先生全集》卷二)故“阴阳即太极”(《象山先生全集》卷二十三)，不承认阴阳之外还有太极的存在。而朱熹反对训“极”为“中”，强调“太极之义，正谓理之极致耳。……今以大中训之，又以乾坤未判、大悟未分之时论之，恐未安也”(《朱晦翁文集·答程可久》)，不同意用“中”字或浑沦未判之元气概念来解释太极。朱、陆之间的无极太极之辩是涉及宇宙生成问题的争论。王阳明及其后学虽对陆九渊心学极尽表彰之力。但讳言朱、陆的无极太极之辩，并在编集陆九渊文集时特意删除朱、陆辩论“无极”的七篇书信。其意似难苟同陆九渊在前一问题上的态度。

朱陆异同 指南宋朱熹和陆九渊在学术思想上的异同。朱熹把独立于人的知觉之外的“理”(客观精神)作为世界本原。陆九渊把人的知觉(心)作为世界本原。朱主张“道学问”、“即物穷理”，通过向外的“格物”去启发天赋的“在心之理”。陆主张“尊德性”、“发明本心”的向内路线，并否认认识有一个过程，“顷刻而知之”。两派对周敦颐的“无极而太极”说，进行反复辩论。朱认为“无极而太极”即“无形而有理”;陆则怀疑“无极”为周本人的思想，并认为《太极图说》未必是周敦颐所作。朱强调“穷理之要，必在于读书”，以圣贤著作为“理”的完备体现。陆则强调“自得、自成、自道，不倚师友载籍”(《象山先生全集·语录下》)，“六经皆我注脚”，降低儒学经典的地位。另外，在人性论问题上，朱主张人有道心、人心，而道心驾御人心。陆则反对有这种区别，强调心即理。以后他们的门生弟子也分朱、陆两派。朱、陆异同，属主观唯心主义和客观唯心主义的争论，然而他们的思想却是彼此渗透，互相吸收的。自鹅湖之会后，两派渐趋和解，“兼取两家之长，不可轻相诋訾”(《朱晦翁文集·答诸葛诚之》)。

朱陆之辩 南宋时朱熹与陆九渊的理学争论。详“无极太极之辩”、“朱陆异同”。

朱张之辩 南宋时朱熹与张栻关于太极及仁、已发未发、察识与涵养等问题的讨论与争辩。(1) 关于太极问题。主要是围绕周敦颐的太极理论而进行。张栻以太极论性，提出“太极性也”的命题。朱熹认为太极即理，“太极只是一个理字”(《朱子语类》卷一)，“总天地万物之理，便是太极”(《朱子语类》卷九十四)。(2) 关于“仁”的问题。后来郑可学曾问及在此问题上两人的观点:“先生旧与南轩反复论仁，后来毕竟合否?”朱熹答道:“亦有一二处未合。”(《朱子语类》卷一百三)此次论仁，由于朱熹此时信奉胡宏之学，而张栻则是胡宏之后湖湘学的代表人物，所以朱熹一方面赞赏“独得”胡氏之说的张栻，但又认为其只是未知向方，往往骋空言而远实理。(3) 关于已发、未发问题。张栻主胡宏性体心用，认为性为未发之中，心为已发之和的观点，注重在已发之际察心识心，但而忽略未发时的涵养工夫。朱熹先接受了张栻的观点。随后又对心为已发之旨产生怀疑，从而提出性体情用，心统性情之说。朱熹的“己丑中和之悟”又反过来影响了张栻，张栻在与朱熹的辩论中基本接受了朱熹在已发、未发问题上的观点，而放弃了前说。张栻在讨论中首次提出的“心主性情”的观点也启发了朱熹，被朱熹接受，并作为自己“心统性情”思想体系中的重要组成部分。(4) 察识与涵养问题。张栻主张先察识后涵养的观点，朱熹接受了张栻的观点，也持先察识后涵养之说。不久，朱熹悟前说之非。而主张先涵养后察识的观点，并指出张栻的观点缺少前面涵养一截工夫。在争辩中，张栻认识到自己所说有存养处不深厚之毛病，遂提出涵养、省察相兼并进，以涵养为本的思想，但仍没有接受朱熹先涵养后省察的观点。后朱熹亦由先涵养后察识而进一步提出涵养与察识交相助的观点，从而与张栻涵养、省察相兼并进的思想基本一致。

朱陈之辩 南宋时朱熹与陈亮关于王霸、义利之别的争辩。朱熹提举浙东期间，两人曾于淳熙八年(1181)相会在衢婺间，“数日山间从游甚乐”。此后便书信往还，并由陈亮陈述己见而引起两人之间的论辩。“王霸”是中国古代两种不同的政治形式或政治思想，陈亮与朱熹之间的争论与抗诘，大致是围绕着王霸、义利之论而展开。即从三代至汉唐的历史演进是体现为义利之分，还是义利双行?是王霸之别，还是王霸并用?朱熹谈性命而摈功利，陈亮则专言事功。朱熹认为，夏商周三代帝王均能以“道心”治天下，凡事以“仁义为先，而不以功利为急”(《朱晦翁文集》卷七十六)，因而义理公行，纯美至善。而汉唐以来利欲之私流行，便不能行王道，而只能行霸道。以此为基点，朱熹进而论述了“王道”、“霸道”之别。认为区别“王霸”的标准，其实就是讲“仁义”还是讲“私欲”。讲仁义、顺天理，则天下自服;假仁义以济私欲，即使是侥幸于一时，也沦入下乘霸道，不值得效法。陈亮在与朱熹的论辩中，认为人类社会活动中的“王道”与“霸道”、“义”与“利”从来就不是孤立的，更不是截然对立。基于他对“王霸”的认识，主张“义利双行”，“王霸并用”，认为朱熹此论已陷入极端之弊。认为王道之治正是通过征伐谋位的霸道来实现，王霸两者本就不是截然两分，而是互相统一互相渗透。“谓之杂霸者，其道固本于王也”(《水心文集》卷十)。在朱陈之辩中，朱熹将历史分为三代“王道”与汉唐“霸道”这两截，强调宋代再现“王道”中兴气象，其主旨是要争得一个儒学正统的地位。因此强调崇义绌利，义利不两立。陈亮则以王霸并用为出发点，主张有利方有义，无利则无所谓义，因而义利双行，缺一不可。反映出朱陈之辩分歧的实质是功利之学与心性理学巨大差异的呈现。

理学北传 南宋末年及元代理学由南方向北方的传播。南宋与金的对峙，使“南北道绝，载籍不相通”，南宋义理疏注的理学著作在北方流传不多。后蒙古族灭金，统一北方，又进兵南宋。元太宗七年(1235)，蒙古军队占领德安(今湖北安陆)，江汉先生赵复被俘，蒙古军中原亡金儒士杨惟中、姚枢等将赵复请至燕京，建太极书院，专授程朱理学。理学北传，“自先生(赵复)始”(郝经《与江汉先生论性书》)。耶律楚材、杨惟中、姚枢、窦默、许衡、郝经、刘因等，是在北方传播理学的最早的一批学者。后元统一全国，北方的理学人物加上南方的理学人物吴澄、许谦、郑玉等，声势浩大。在元代理学家中，影响最大的有许衡、刘因、吴澄等，他们被称为元代三大“学者”，而许衡、刘因又是“元之所以藉以立国者也”

(《宋元学案·静修学案》)。元代理学的特点是推崇程朱,朱学列为科场程式,成为官学,但又形成了朱学与陆学合流的思想趋势。理学北传,为蒙古族人建立元朝,统一中国提供了政治、思想和文化上的条件;促使了朱学在元代成为官方哲学。

湛王之辩 明湛若水与王守仁的理论分歧及论辩。明弘治十八年(1505)在京师任吏部主事的王守仁与任翰林院庶吉士的湛若水初结识,"一见定交,共与倡明圣学为事"(《王阳明年谱》),二人共同讲学,互为师友,情谊甚笃。然出自白沙学派的湛若水和决心"为象山一暴其说"(《答徐成之》二)的王守仁,虽同属心学,却在许多重大理论观点上有着分歧。"若水初与守仁同讲学,后各立宗旨,守仁以致良知为宗,若水以随处体验天理为宗。守仁言若水之学为求之于外,若水亦谓守仁格物之说不可信者四。又曰:'阳明与吾言心不同。阳明所谓心,指方寸而言。吾之所谓心者,体万物而不遗者也,故以吾之说为外。'一时学者遂分王、湛之学。"(《明史·湛若水传》)湛王分歧点主要在三个方面:(一)对"格物"理解不同。王守仁不同意朱熹的格物说,认为其所谓格物,"是以吾心而求理于事事物物之中,析心与理为二"。他提出:"所谓致知格物者,致吾心之良知于事事物物也。吾心之良知即所谓天理也,致吾心良知之天理于事事物物,则事事物物皆得其理矣。致吾心之良知者,致知也;事事物物皆得其理,格物也,是合心与理而为一者也。"(《传习录》中)"阳明讲'格'为'正',讲'物'为念头,格物为正念头"(《明儒学案·甘泉学案》)。湛若水认为,王守仁此说"苟不加学问思辨之功,则念头正否未可据"(同上),是与《大学》、孔、孟、子思、曾子之说相悖。湛若水说:"鄙见以为格者,至也。""物者天理也。""格物者即造道也。"(《答阳明》)并称这一理解,"是稽之程子之书,为先得同然一也"(《答阳明王都宪论格物书》)。(二)"知行合一"的涵义有差异。王守仁针对朱熹"知先行后"有分知行为二之嫌提出"知行合一"说,"一念发动处,即便是行了。发动处有不善,就将不善的念头克倒了"(《传习录》下)。故知中有行,行中有知,知行不可分割。湛若水则认为,王守仁此说有混同知行之嫌。他也主张"知行合一",称"知行合一谓之至学"(《问疑录》),"知行不可离又不可混"(《答顾若溪金宪》)。他在比喻知行如车之两轮时提"并在"、"并进"说。(三)心学标宗不同。王守仁心学主旨是"致良知",湛若水则为"随处体认天理"。王守仁说:"良知只是一个天理,自然明觉发见处只是一个真诚恻怛,便是他本体。"(《传习录》中)此心中的天理包含孝、悌、忠等伦理道德观念。因此,"致良知之外无学"(《书魏师孟卷》)。湛若水认为,天理虽为人心所固有,但需通过学问思辨笃行功夫方能体认,"不可徒良知而不加学问"(《答洪峻之侍御》)。王守仁指此为"求之于外"(《寄邹谦之》)。湛若水则说王守仁所说的"心","指腔子里面而为言者"(《答杨少默》),并指责"致良知"抛弃切实修养功而"害道"。他们的争辩一定程度上可说南宋朱陆之争的延续。

罗王之辩 明罗钦顺与王守仁围绕《大学古本》和《朱子晚年定论》展开的论辩。明正德十五年(1520)在江西以书信往来形式进行。论辩的焦点是对格物、正心等的理解。两人曾于南京任职,观点早有分歧。明正德十三年,王守仁的学生薛侃、欧阳德等把王守仁的《古本大学》、《朱子晚年定论》刊刻,随即编入《传习录》中行世,并寄赠罗钦顺。罗钦顺不同意王守仁的为学"但当求之于内,而程朱格物之说,不免求之于外"以及对朱熹《大学》分章补传目之为"支离"等论断,指出"局于内部而遗其外,禅学是已"。又指出,在朱熹论学书尺三数十卷之内,王只摘录三十余条所谓为学主向内者,为晚年定论,其中答何叔京书四通"时朱子年方四十有六"岂能是晚年定论?王守仁在《答罗整庵少宰书》中申辩说:学无内外。《大学》"本无脱落"。又阐述其格正诚致说:"格物者,格其心之物也,格其意之物也,格其知之物也;正心者,正其物之心也;诚意者,诚其物之意也;致知者,致其物之知也",故学无"彼此内外之分"。对所摘录《朱子晚年定论》之时间,承认"中间年岁早晚,诚有所未考",出于本心,"盖不忍牴牾朱子者"。王守仁在为自己辩解中,还提出了不盲目崇拜权威,主张学术自由和独立思考的观点:"夫学贵得之心,求之于心而非也,虽其言之出于孔子,不敢以为是也,而况其未及孔子者乎!求之于心而是也,虽其言出于庸常,不敢以为非也,而况其出于孔子者乎!""夫道,天下之公道也;学,天下之公学也。非朱子可得而私也,非孔子可得而私也。天下之公也,公言之而已矣。故言之而是,虽异于己,乃益于己也;言之而非,虽同于己,道损于己也。"罗钦顺于明嘉靖七年(1528)冬再次寄书王守仁,继续与其论辩格物问题,然王守仁于是年十一月病逝,未及作答。

王何之辩 明王廷相与何瑭关于阴阳造化问题的论辩。明嘉靖五年(1526)至嘉靖十三年间进行。何瑭曾对当时一些气本论不满,指摘"近世儒者""未明造化之妙",先后撰有《阴阳管见》、《阴阳管见后语》以及《阴阳管见辩》攻之。王廷相在此期间除刊行其哲学专著《慎言》外,作有针对何瑭论辩的《答何粹夫》(二首)、《答何粹夫论五行书》以及《答何柏斋造化论》。二人论辩可归纳为以下四个方面:(一)宇宙本源问题。何瑭针对《慎言》中说的"道体不可言无,生有有无"这一观点,提出"道体兼有无",认为宇宙之本是"太极",它是"阴阳合一未分者也,阴有阳无"。王廷相则说,"道体本有、本实,以元气而言也。元气之上无物,故曰太极";有虚即有气",虚气不离。(二)宇宙生成问题。何瑭否定王廷相的元气论,主张"天地水火造化本体,皆非有所对待而后生也"。王廷相反驳说,"四者皆自元气变化出来","天者,气化之总物","土者,水之浮滓","金石草木,水火土之化也","皆出自元气之种"。与此同时,王廷相还指出何瑭以五行配四时之谬。(三)阴阳是可相离还是相待而有?这是涉及坚持一元论或导致二元论的问题。何瑭主张"阴阳相离",说云、水等皆

“独阴”，“少男有阳而无阴”，“少女有阴而无阳”，“凡属气皆阳”，“凡属形皆阴”等等。王廷相则说，“阴阳即元气，相待而有，不可离析”，独阴独阳皆不存在，说“一阴一阳之谓道”，即言不可离。(四) 形神有无之辩。何瑭从阴阳可离观点出发，断言“阴为形，阳为神，神无而形有”。王廷相则认为，“神必借形气而有者，无形气则神灭”，“神者，形气之妙用”。由上述观点分歧，二人分别走向神不灭和神灭论。何瑭自称曾“出入佛老医卜之说者，将二十年”，其观点与之有一定渊源关系。

麻城讲学 明李贽在湖北麻城收女子做弟子的反儒家礼教行为。万历十三年(1585)，李贽由黄安迁居麻城，先住维摩庵。万历十六年又搬到距麻城三十里的龙潭湖，在此讲学论道。他“日引士人讲学，杂以妇女，专崇释氏，卑侮孔孟”(《明史稿·耿定向传》)，为女弟子作《观音问》等书，还与女弟子通信研讨学问。道学家对此提出“女人见短，不堪学道”的异议，李贽针锋相对地写了《答以女人学道为见短书》，举出历史上女子参政治国、写诗作文的事例，指出：“谓人有男女则可，谓见有男女岂可乎？谓见有长短则可，谓男子之见尽长，女子之见尽短，又岂可乎？”遭黄安、麻城道学家围攻，被诬为“宣淫败俗”、“左道惑众”。

沿途聚讲 明王艮的一种讲学形式。他讲学活动的范围广阔，不限于若干地方书院(如曾讲学过广德复初书院，泰州安定书院，金陵新泉书院等)，而是“随处聚讲”。所到之处往往有其“门下诸弟子”出银租借民房为“讲堂”、“讲舍”，他以广大的社会为讲坛，以“山林隐逸”、“市井愚蒙”平凡庶民为听讲对象。且“先生(王艮)益自信，乃制古深衣服，冠五常冠，绦绖、搢笏，所至与人讲论道学”，“先生益自任，乃辞阳明先生去，制招摇车(又名蒲车，轻车)将遍游天下”，王艮穿着怪异的深衣，头戴纸糊的帽子，手执笏板，乘坐招摇车，“乡人始而骇，渐而信，久而浸与俱化焉”，“遂至京师，都人士聚观如堵”。王艮之所以吸引广大听众，并非仅是“冠服车轮悉古制”，而主要是他讲学的方式和内容。由于他“讲说经书，多发明自得，不泥传注”(《年谱》)，跳出正宗经学圈子，用自己发明的新意作自由的发挥，“因百姓日用，以发明良知之旨……其言简易径捷，不为枝叶”。用浅易通俗的“百姓日用”之道来讲解“良知”的本意。这种平民化的讲学方式，对泰州学派的发展，有重要的影响。

人 物

先 秦

黄帝 上古时代的部落首领，华夏诸族共同尊奉的祖先。父少典为有熊国君，故号有熊氏。生存年代距今约 4 700 年左右。本姬姓，号轩辕氏、有熊氏。《史记·五帝本纪》：“轩辕之时，神农氏世衰，诸侯相侵伐，暴虐百姓，而神农氏弗能征。于是轩辕乃习用干戈，以征不享，诸侯咸来宾从。”祭享先祖与神灵，是神权时代最大的道义，也是民心之所向，故轩辕用干戈“征不享”，得到了多数诸侯(部落首领)的支持。他“修德振兵，治五气，艺五种，抚万民，度四方”，先“与炎帝战于阪泉之野”，三战，打败炎帝；复“徵师诸侯，与蚩尤战于涿鹿之野，遂禽杀蚩尤，而诸侯咸尊轩辕为天子”(《史记·五帝本纪》)。黄帝时代，有苍颉造字，嫘祖养蚕，以及天文历算、百谷播种等多项成就，华夏后人乃奉黄帝为人文始祖。又其时多有部落战争，自黄帝始修德振兵，除暴安民，后世又奉黄帝为兵家始祖。黄帝及其大臣风后、力牧等均有兵法传世。《汉书·艺文志》著录：“《黄帝》十六篇，《风后》十三篇，《力牧》十五篇。”其中或系后人依托，并且多已失传，然《黄帝兵法》之思想内容仍为后人称引。《尉缭子·天官》：“黄帝刑德，可以百胜”，“黄帝者，人事而已矣”，反映了黄帝兵学思想的基本观点。战国以后，又与老子并称为黄老学派的创始人。《史记·孟子荀卿列传》载，战国时齐稷下学者慎到、田骈、接子、环渊等人，“皆学黄老道德之术，因发明序其指意”。又相传《黄帝内经》是黄帝与岐伯等六位大臣讨论医学的著作。黄帝死后，葬于桥山，在今陕西省黄陵县。今陕西黄帝陵已成为炎黄子孙祭祖的主要场所。

力黑 亦称“力牧”、“力墨”。传说中的黄帝四辅之一。提出：“天下成法，故曰不多，一言而止。循名复一，民无乱纪”，“一者，道其本也”(《十六经·观》)。主张“操正以正奇，握一以知多，除民之所害，而寺(持)民之所宜”(《十六经·成法》)。认为要保有天下，就应顺道效法雌节，主柔而不先，不为兵主不为乱首，“执一毋求，刑于女节”。《汉书·艺文志》道家类著录《力牧》二十二篇，已佚。《十六经》中保存有其部分思想资料。

力牧 即“力黑”。

岐伯 传说中黄帝大臣，古代名医。曾与黄帝论说医学，亦司日月、星辰、阴阳、历数，被尊为“天师”。强调养身之道，“法于阴阳，和于术数，饮食有节，起居有常，不妄作劳”(《黄帝内经·素问》)。相传黄帝“咨于岐、雷而内经作”(《路史》)。后世称中医学为“岐黄之术”即源于此。

羲和 羲氏与和氏的合称。相传为尧大臣，重、黎之后，掌天文历象。《尚书·尧典》：“乃命羲和钦若昊天历象，日月星辰，敬授民时。”尧命羲仲、羲叔、和仲、和叔分驻东南西北四方掌天时历象。羲、和世代为律历之官。故东汉以羲和为掌律历的官名。一说羲和是黄帝大臣。《汉书·律历志》：“黄帝使羲和占日。”

彭祖 传说中长寿人物。姓篯名铿。司马迁记为陆终之第三子(见《史记·楚世家》)。相传为尧时人，历夏、殷至周，寿至八百岁，封于彭，世称“彭祖”，为道家、神仙家等尊崇。屈原曰：“彭铿斟雉，帝何飨？受寿永多，夫何久长？"（《楚辞·天问》）言彭祖善和滋味，进雉羹于尧，尧飨之而赐以寿考，而彭祖至八百岁，犹自悔其不寿。庄子曰："彭祖乃今以久特闻，众人匹之，不亦悲乎！"（《逍遥游》）认为彭祖得道，才有如此寿考（《大宗师》）。《列仙传》中认为彭祖"常食桂芝，善导行气"所致。近年上海博物馆从香港市场获得的一批战国竹简中，有佚本《彭祖》。其中有向彭祖问道的内容，其学术价值尚待进一步研究。

箕子 商代末年贵族。纣王叔父，曾任太师，封于箕（今山西太谷东），故称。纣王暴虐，箕子谏不听，乃披发佯狂为奴，为纣所囚。周武王灭商后被释放。武王曾"问箕子殷所以亡"的原因，并"问以天道"（《史记·殷本纪》）。《尚书·洪范》记有箕子以"洪范九畴"回答武王关于天道之问。参见"《洪范》"。

周公（？—约前1095） 西周初政治家、思想家。姓姬名旦。周武王之弟。因以周地（今陕西岐山北）为其采邑，故称周公。曾助武王伐纣。建周翌年，武王死，辅成王摄政。东征平息"三叔"（管叔、蔡叔、霍叔）勾结武庚的反叛。大力推行封建诸侯的政策，并损益殷礼，"制礼作乐"，建立起以"立子立嫡之制"为基础的宗法等级制度，即所谓"周礼"。又总结殷亡教训，改造殷人的宗教天命观，提出一个宗教、政治、道德三者融为一体的思想体系。以"有孝有德"为道德——政治纲领，强调"孝"对于维系宗法关系的重要作用；认为"不孝不友"就是"元恶大憝"，必须"刑兹无赦"（《尚书·康诰》）。主张"修德配命"，"敬德保民"。认为"命不于常"（同上），"天命"是依统治者是否"敬德"而转移的；唯有"王其疾敬德"，才能永保"厥邦厥民"和世享有国之命。认为"敬德"要求对祖"明德恤祀"（《多士》）、对己"无康好逸豫"（《康诰》）、对民"明德慎罚，不敢侮鳏寡"（同上）。其"敬德保民"和"明德慎罚"的思想成为后来儒家主张"德治"的依据。《尚书》中的《大诰》、《康诰》、《酒诰》、《梓材》、《召诰》、《洛诰》、《多士》、《无逸》、《君奭》、《多方》、《立政》等篇，是研究周公思想的基本资料。

姬旦 即"周公"。

鬻熊 殷末周初时人。楚国先祖，曾为周文王、武王师。成王时封其曾孙熊绎于楚，居丹阳，姓芈氏。班固在《汉书·艺文志》中为《鬻子》一书作注时指出：作者"名熊，为周师，自文王以下问焉，周封为楚祖"。并著录道家《鬻子》二十二篇；小说家《鬻子》十九篇。参见"《鬻子》"。

伯阳父 西周末人。周大夫。《史记·周本纪》作伯阳甫。周幽王二年（前780），发生大地震，他用阴阳两气"失序"的观点来解释："阳伏而不能出，阴迫而不能烝"（《国语·周语上》），于是有地震。还从三川皆震，造成水土失序，"民乏财用"，预言周将灭亡。一说即史伯（陈元德《中国古代哲学史》），一说即老子（见《史记集解》）。

史伯 西周末人。周太史。提出"和"与"同"的哲学概念。"和"，指不同东西的和合与统一；"同"，指相同东西的简单相加或同一。主张取和而去同，以"五行"（土、金、木、水、火）杂以成百物，说明"和实生物，同则不继"。认为不同东西的和合，才能成就事物，产生变化，"若以同裨同，尽乃弃矣"。还提出"声一无听"、"物一无文"、"味一无果"、"物一不讲"等具有朴素的对立统一思想的命题。一说即伯阳父。

管仲（？—前645） 春秋初期政治家。名夷吾，字仲。谥号敬，又称管敬仲。颍上（颍水之滨）人。早年贫困，曾经商，后由鲍叔牙多次推荐，于周庄王十二年（前685）相齐桓公。僖公九年（前651），助桓公召集诸侯于葵丘（今河南兰考）。仲为之谋，订立盟约，使齐国国威大振。僖公十二年，代表齐桓公见周襄王，被待以上卿之礼。执政四十年，完成改革，使齐桓公在"尊王攘夷"的口号下，"九合诸侯，一匡天下"，成为春秋时第一个霸主。推行"相地而衰征"（《国语·齐语》），视土地之肥瘠定征赋的政策。主张设盐官、铁官，发展煮盐业、铸造业。划国都为二十一乡（六工商乡与十五士乡），分鄙野为五属，设各级官吏管理。主张"赋禄以粟"，改食邑制为俸禄制。在军事上，"作内政而寄军令"，主张寓兵于政。为使"卒伍整于里，军旅整于郊"，以乡里组织为军事编制。主张"察能授官"，使"匹夫有善，可得而举"。经过"三选"，卓越者，可为"上卿"。主张"教训成俗"，"刑罚省数"（《管子·权修》）。提出"仓廪实则知礼节，衣食足则知荣辱"。把"礼、义、廉、耻"视为治国之四维，强调"四维不张，国乃灭亡"（《管子·牧民》），认为"政之所兴，在顺民心；政之所废，在逆民心"（同上）。所概括的"予之为取"命题，含有朴素辩证法观点。托名为他所作的《管子》，存有他的遗说。《国语·齐语》中记有他的事迹。

管敬仲 即"管仲"。

管夷吾 即"管仲"。

季梁 春秋时随国贤者。提出"所谓道，忠于民而信于神"、"夫民，神之主也，是以圣王先成民而后致力于神"（《左传·桓公六年》）。带有无神论的倾向。在当时具有一定的影响，也是儒家民本思想的重要渊源。后人称誉为"神农之后，随之大贤"。

史嚚 春秋时虢国太史。周惠王十五年（前662），虢国盛行降神迷信。周大夫内史过认为"国之将兴，明神降之，监其德也；将亡，神又降之，观其恶也"。史嚚则认为"国将兴，听于民，将亡，听于神"（《左传·庄公三十二年》）。把神"依人而行"和人迷信鬼神作为国之将兴或将亡的征兆。是当时思想界摆脱神学迷信束缚的反映。

叔兴 亦称"叔兴父"、"内史兴"。春秋时周内史。曾受聘于宋。宋襄公六年（前645），宋国曾出现陨石下坠和"六鹢退飞"（《史记·宋微子世家》称："六鹍退蜚，风疾也。"）的异常现象。宋襄公认为是某种人事吉凶的预兆。叔兴则认为"是阴阳之事，非吉凶所生"（《左传·僖公十六年》），并提出"吉凶由人”的无神论命题。在人事中排斥了神的干预。

内史兴 即“叔兴”。

臧文仲（？—前617） 亦称“臧孙辰”。春秋时鲁大夫。臧哀伯之孙。历仕鲁庄公、闵公、僖公、文公四君。鲁庄公二十八年（前666），鲁曾闹饥荒，他认为“居官者当事不避难，在位者恤民之患”，乃“请籴于齐”（《国语·鲁语上》）。鲁僖公二十一年（前639），鲁又大旱。鲁僖公欲焚巫尫，他提出“巫尫何为？天欲杀之，则如勿生；若能为旱，焚之滋甚”的无神论观点。并采取“修城郭、贬食、省用、务穑、劝分”（《左传·僖公二十一年》）等措施，结果“饥而不害”。对东汉王充的无神论思想有影响（见《论衡·明雩》）。时人展禽与后世孔丘曾予批评（见《左传·文公二年》与《论语·卫灵公》）。

柳下惠 春秋时鲁人。大夫。姓展，名获，字禽，又字季。封于柳下，谥惠，故称柳下惠。鲁僖公时大夫。任士师（法官）时，曾被三次撤职而不离鲁国，认为“直道而事人，焉往而不三黜？”（《论语·微子》）鲁僖公二十六年（前634），齐攻鲁，曾劝齐退兵。与伯夷齐名，并称夷惠。孟子尊之为“圣人，百世之师也”（《孟子·尽心下》），“圣之和者也”（《孟子·万章下》）。

史墨 亦称“蔡史墨”、“史黯”、“史默”。春秋时晋太史。蔡氏，名墨。鲁昭公二十九年（前513），晋国铸刑鼎，孔子认为“贵贱无序”，“晋其亡乎”，史墨则认为修德便可免祸。昭公三十二年，鲁昭公被季平子驱逐出国后，死于乾侯，晋国赵简子问何以无人问罪，史墨认为“社稷无常奉，君臣无常位，自古以然”（《左传·昭公三十二年》），强调了“无常”。并从哲学上加以论述，提出“物生有两、有三、有五、有陪贰”，“皆有妃（配）耦”，“皆有贰也”（同上）等观点，接触到事物矛盾的普遍性。

蔡史墨 即“史墨”。

子产（约前580—前522） 亦称“公孙侨”。春秋时政治家、思想家。郑穆公之孙，公子发（子国）之子。名侨，字子产，一字子美，谥号成子。郑简公十二年（前554）为卿，郑简公二十三年为正卿。执政后，实行政治、经济等一系列改革。作封洫，制丘赋，编制田亩，创立按“丘”征赋制度；立谤政，不毁乡校，听取下层贵族与知识分子议论朝政；铸刑书。改革使郑国力大增。为政主张宽猛相济。认为“礼”是“天之经也，地之义也，民之行也”（《左传·昭公二十五年》）。提出“天道远，人道迩，非所及也”（《左传·昭公十八年》），反对当时的灾变迷信活动。认为天有阴、阳、风、雨、晦、晴六气，地有金、木、水、火、土五行，致使“气为五味，发为五色，章为五声”（同上），为战国阴阳五行思想渊源之一。主张美感的和谐，认为味、声、色的感官快乐应有节制而不能过度，“淫则昏乱，民失其性”（《左传·昭公二十五年》）。论及绘画、音乐等审美活动同政治制度、伦理规范的联系。提出“审则宜类”说，包含着对类比、联想和想象的猜想。《左传》中保存有他较多的言论与事迹。

梓慎 春秋时鲁大夫。精于天文占候之术。《汉书·艺文志》：“数术者，皆明堂羲和史卜之职也。……春秋时鲁有梓慎。”相传鲁昭公时，梓慎曾据天象之变化，预言宋、卫、陈、郑四国将有大灾。因偶然巧合，梓慎借此宣扬其术（见《左传》昭公十七年、十八年）。

裨灶 春秋时郑大夫。精于天文占候之术。《史记·天官书》：“昔之传天数者……郑则裨灶。”相传善观星宿以卜吉凶，曾预言周王及楚子将死、晋君将卒、陈国将亡等。其借大火星的出现宣扬星占迷信，曾遭子产的驳斥，事见《左传·昭公十八年》。

晏婴（？—前500） 春秋时政治家。齐国大夫。字平仲（一说谥平，字仲）。夷维（今山东高密）人。齐灵公二十六年（前556）起任齐卿，历仕灵公、庄公、景公三君。以俭名于世。强调节俭，薄敛，省刑，主张君臣之间“和”而不“同”，并要求上不聋下不喑，听取下层的意见，认为“礼之可以为国”。天道观上认为“天道不谄，不贰其命”，“何患于彗”，反对灾异、巫祝和祈禳，坚持无神论立场。其政治活动和反鬼神迷信活动紧密相连。西汉刘向及《孔丛子》把晏婴列为儒家，东晋张湛在《列子·杨朱》注中归为墨家，清洪亮吉则认为非儒非墨自成一家。有《晏子春秋》，唐以后，人多疑为后人采掇晏婴言行而成。

晏子 即“晏婴”。

孔子（前551—前479） 春秋末期思想家、政治家、教育家，儒家学派的创始者。名丘，字仲尼。鲁国陬邑（今山东曲阜东南）人。先世为宋国贵族，因乱，逃至鲁国，世为鲁人。少“贫且贱”，“故多能鄙事”。及长，在鲁国曾任“委吏”（司会计）和“乘田”（管畜牧）等小官。学无常师，相传曾问礼于老聃，学乐于苌弘，学琴于师襄。中年，聚徒讲学，从事政治活动。年五十，鲁定公时，由中都宰升为司空、司寇，行摄相事。后因齐人离间，遭鲁定公冷遇而率弟子离鲁，周游卫、宋、陈、蔡、齐、楚等国，自称“如有用我者，吾其为东周乎？”终不见用。于鲁哀公十一年（前484）返鲁。晚年致力于文化教育，整理《诗》、《书》等古代文献，并把鲁国史官所记《春秋》加以删修，成为中国第一部编年体的历史著作。学说以仁为核心，认为“仁”即“爱人”。提出“己所不欲，勿施于人”，“己欲立而立人，己欲达而达人”等论点，即所谓“吾道一以贯之”的“忠恕”之道。又以孝悌为仁之本，以为“仁”的执行要以“礼”为规范，“克己复礼为仁”，“非礼勿视，非礼勿听，非礼勿言，非礼勿动”（《论语·颜渊》）。强调“礼”，但认为“礼”须从属于“仁”，“人而不仁，如礼何？人而不仁，如乐何？”（《八佾》）“仁”以维护贵族等级秩序为目的，但也表现了对一般人民的重视。提倡“博施于民而能济众”，并尊重庶民独立的人格：“三军可夺帅也，匹夫不可夺志也。”（《子罕》）提倡德治和教化；反对苛政和任意刑杀，认为“道之以政，齐之以刑，民免而无耻；道之以德，齐之以礼，有耻且格”（《为政》），“其身正，不令而行，其身不正，虽令不从”（《子路》），并提出“庶、富、教”的治国主张。在世界观上，较少讲天道问题，但又不否定有人格意志的“天”。《论语·子罕》记载说：“子畏于匡，曰：‘文王既没，文不在兹乎？天之将丧斯文也，后死者不得与于斯文也；天之未丧斯文也，匡人其如予何？’”又据《述而》记载，宋司马桓魋欲害孔子时，孔子说：“天生德于予，桓魋其如予何？”他认为“获罪于天，无所祷也”（《八佾》），但又把天看成是自然之物：“天何言哉？四时行焉，百物生焉，天何言哉？”（《阳货》）相信天命存在，认为天命决定着人的生死和社会的兴衰治乱。当冉伯牛将病死时，他无可奈何地说：“亡之，命矣夫。”还说：“君子有三畏：畏天命，畏大人，畏圣人之言。”（《季氏》）又说：“不知命，无以为君子也。”（《尧曰》）在相信天命的同时，对周时盛行的通过卜筮探求天意的做法持否定态度，认为天命就蕴含在自然事物的运行中，重视人力。在生活上采取积极的态度，表现了“发愤忘食，乐以忘忧，不知老之将至”（《述而》）的乐观精神。重视祭祀，但又怀疑鬼神的存在，不主张乱行祭祀，说“祭如在，祭神如神在”（《八佾》），“敬鬼神而远之”（《雍也》）。据《述而》记载，孔子“不语怪、力、乱、神”，并且说：“未能事人，焉能事鬼”，“未知生，焉知死”。提倡为实现“仁”的最高道德境界而献身：“志士仁人，无求生以害仁，有杀身以成仁。”（《卫灵公》）在认识论上，虚悬“生而知之”，但更强调“学而知之”。提倡“好学”、“学而时习之”，“知之为知之，不知为不知”的求实态度。主张全面学习别人，既学习别人的长处，同时也应警惕别人的短处，引以为戒。说：“三人行，必有我师焉。择其善者而从之，其不善者而改之。”（《述而》）注重“学”与“思”的结合，提出“学而不思则罔，思而不学则殆”（《为政》）和“温故而知新”等命题。主张学行并重，言行统一。崇尚中庸，说：“中庸之为德也，其至矣乎。民鲜久矣。”（《雍也》）主张无过无不及。认为“过犹不及”（《先进》），超过事物一定界限与未达到一定界限同样是错误的。反对主观和墨守成规，“子绝四：毋意、毋必、毋固、毋我”（《子罕》）。又说：“非敢为佞也，疾固也”（《宪问》），并自称“无可无不可”（《微子》），表示出处事接物的灵活性。历史观上有“述古”、“好古”的倾向，但认为历史有某些不带根本性的变化。“殷因于夏礼，所损益可知也；周因于殷礼，所损益可知也。其或继周者，虽百世可知也。”（《为政》）肯定周代不能永存，对于周礼亦有所“损益”；在“百世”的历史中，后代对于前代都是有所损益的，并不认为古代的社会都是完美无缺的。在教育方面，首创私人讲学风气。传说弟子先后有三千人，精通六艺者七十余人。主张“有教无类”，强调“因材施教”和“启发式”的教学方法，并有“学而不厌，诲人不倦”的精神。在中国历史上最早提出分科教育的方法，将其弟子大致分为四科：德行、言语、政事、文学，并要求对学生普遍实施礼乐射御书数等六艺教育，但把品德教育放在首位，认为“行有余力，则以学文”（《学而》）。把《诗》、《书》、《礼》、《乐》作为学生的主要科目。竭力反对培养言行不一、阿谀奉承的“乡愿”式人物及“巧言令色”的小人。提出“正名”主张。强调“为政必先正名”，认为“名不正，则言不顺；言不顺，则事不成”（《子路》），要求名实相符但以“君君、臣臣、父父、子子”即主观伦理概念为正名的标准，对中国古代逻辑发展影响颇大。他还使用演绎性质的类比方法，如“举一隅以反三隅”（《述而》）、“能近取譬”（《雍也》）、“闻一知十”（《公冶长》）等。军事思想上，虽以反对战争为旗帜，多次申言“军旅之事，未之学也”（《卫灵公》），“甲兵之事，未之闻也”（见《左传·哀公十年》），然对具体军事活动仍提出许多重要见解，强调“足食，足兵，民信之矣”（《颜渊》），“民无信不立”（同上）；“行文事者必有武备，有武备者必有文备”（见《史记·孔子世家》）；“以不教民战，是谓弃之”（《子路》）。美学思想上，以仁学为基础，认为审美和艺术在人们为达到“仁”的精神境界而进行的自我修养中起特殊作用。提出“兴于诗，立于礼，成于乐”（《泰伯》）。认为要成为一个仁人君子要从学诗开始，最后的完成则在于乐。强调在涉历游艺（包括诗、歌、舞在内）的审美活动中，获得自由与愉悦。重视艺术的社会作用，提出“诗，可以兴，可以观，可以群，可以怨。迩之事父，远之事君，多识于鸟兽草木之名”（《阳货》）。提出“兴”、“观”、“群”、“怨”一组美学范畴，以“兴”为首，强调了艺术的感染作用。在美与善的关系上，明确区分美与善，“谓《武》：‘尽美矣，未尽善也’”（《八佾》）。指出美不同于善，同时又认为善比美更重要，“人而不仁，如乐何？”（同上）指出内在的善，以能引起人们精神愉悦的感性形式表现出来，并使形式与内容达到完满的统一，即为美。“子谓《韶》：‘尽美矣，又尽善也’”（同上），把“尽美尽善”作为最高的审美理想。在文与质关系上，重视“质”，认为“文胜质则史”（《雍也》）。又反对轻视“文”的片面倾向，赞美与社会生活美有关的服饰、车舆上的文饰、文采。“焕乎！其有文章。”（《泰伯》）主张“君子博学于文”（《雍也》），“文质彬彬，然后君子”（同上），认为如过分强调“质”而否定“文”的作用，也会造成“质胜文则野”（同上）的缺陷。还认为行文说话不但要求内容正确，而且还应注意文辞表达形式的文采，说：“言而无文，其行不远。”（《左传·襄公二十五年》）在对自然美的欣赏上，提出“知者乐水，仁者乐山”的命题，触及自然美和社会生活的联系，在中国美学史上创始“比德”说。在“中庸”原则基础上，崇尚“中和”之美，以“乐而不淫”、“哀而不伤”作为美学批评的原则。重视艺术与美的社会作用，重视美育的重要性，为中国历史上提倡美育的第一位思想家。其创立的儒家美学，成为中国古典美学的基本派别之一，对后世产生深远影响。其艺术与政治教化结合的思想，也成为中国美学史上的传统思想。自汉以后，经过不断补充和改造，他的思想成为中国封建社会的统治思想，对中国封建时代的哲学、美学、文学、艺术、教育、史学、政治、伦理都产生过巨大的影响，成为中国传统文化的代表。在全世界，尤其在东南亚各国也有很大影响。现存《论语》一书，是研究孔子学说的主要资料。

孔丘 即"孔子"。

仲尼 即"孔子"。

子游(前506—?) 春秋末吴人。姓言名偃。字子游,亦单称游。一字叔氏。孔子弟子。长于文学。仕鲁,曾为武城(今山东费县西南)宰。

言偃 即"子游"。

左丘明 春秋时鲁人。与孔子同时,或谓在其前。相传曾任鲁太史,作《左传》;又传作《国语》。因目盲,后人称为盲左。

桑户 亦称"子桑伯子"、"桑扈"、"桑雽"、"桑雩"。春秋时隐士。相传与孔子同时。生活上崇尚简约。《论语·雍也》:"仲弓问子桑伯子,子曰:可也简。"《楚辞·涉江》:"桑户裸行。"《庄子·大宗师》载其"以生为附赘悬疣,以死为决疣溃痈"。厌恶世俗礼教,以清静无为自守。似属老庄一派。

子桑伯子 即"桑户"。

接舆 春秋时隐士。楚国人。佯狂避世,因其迎孔子车而歌,故称接舆。亦称楚狂接舆。《论语·微子》记载他以《凤兮歌》讽刺孔子,谓"往者不可谏,来者犹可追。已而,已而!今之从政者殆而!"并避而不与孔子交谈。《庄子·人间世》等篇中亦有类似记载。至魏晋皇甫谧撰《高士传》,始称其姓陆名通,字接舆。

楚狂接舆 即"接舆"。

老子 春秋末期思想家,道家学派的创始人。据《史记》记载:"姓李氏,名耳,字聃",楚国苦县(今河南鹿邑东)厉乡曲仁里人(一说为今安徽涡阳人)。做过周朝守藏室之史(管理藏书的史官),孔子曾向他问礼。周衰,西出函谷关,退隐。先秦古籍多称老聃。一说老子即太史儋或老莱子。著作有《老子》。今本《老子》是否为老子所著,有争论,但一般认为,其基本部分反映了老子本人的思想。老子提出了以"道"为核心的哲学体系,用"道"来说明宇宙万物的本质、构成、变化和本原。道是万物的主宰,"道者,万物之奥(主)"(《老子·六十二章》)。道又是宇宙万物的最终根源,"渊兮似万物之宗"(《老子·四章》)。宇宙万物都是从道演化而来的,"道生一,一生二,二生三,三生万物"(《老子·四十二章》),"天下万物生于有,有生于无"(《老子·四十章》),无即道。道本身既是永恒存在的,不随外物的变化而消失,也不因外力的作用而改变其性质,又是在周而复始地运动而不止息,"独立而不改,周行而不殆"。它"无状之状,无物之象","迎之不见其首,随之不见其后","视之不见","听之不闻",永恒存在而又不能直接感知。但"道法自然",它对万物"莫之命而常自然",有客观自然规律的含义。一说"道"即"物"。"有物混成"(《老子·二十五章》),"其中有精"(《老子·二十一章》),"朴散则为器"(《老子·二十八章》),道中包含着原始状态的细微物质。老子学说中具有丰富的朴素辩证法思想。认识到万物都处于永恒的变动之中,"天地尚不能久,而况于人乎"(《老子·二十三章》)。认为事物的发展变化需要有一定量的积累,"天下难事,必作于易,天下大事,必作于细。"(《老子·六十三章》)又说:"合抱之木,生于毫末;九层之台,起于累土;千里之行,始于足下。"(《老子·六十四章》)提出"万物负阴而抱阳"(《老子·四十二章》),认为一切事物都含有相互对立的两面。还提出"有无相生,难易相成,长短相形,高下相倾,音声相和,前后相随"(《老子·二章》),认识到对立面之间相互依存。强调对立面之间的转化,"正复为奇,善复为妖","祸兮,福之所倚;福兮,祸之所伏"(《老子·五十八章》),把万事万物无不向对立面转化归结为"反者道之动"(《老子·四十章》)。但忽视了对立面转化的客观条件,认为事物的产生发展从无到有,最终又都"复归于无极"(《老子·二十八章》),"万物并作,吾以观复","归根曰静,静曰复命"(《老子·十六章》),陷入循环论。还主张贵柔、守雌,"知其雄,守其雌"(《老子·二十八章》),反对刚强和进取。提出"柔弱胜刚强"(《老子·三十六章》)、"坚强者死之徒,柔弱者生之徒"(《老子·七十六章》)。在认识论上,提出"道可道,非常道;名可名,非常名"(《老子·一章》)。认为"道""视之不见"、"听之不闻"、"搏之不得",意识到语言概念和感性经验在认识过程中的局限。但主张"塞其兑,闭其门"(《老子·五十二章》),"不行而知,不见而名"(《老子·四十七章》),彻底排除感性经验,不用语言概念,通过"涤除玄览"(《老子·十章》),即清除内心杂念和"致虚极,守静笃"(《老子·十六章》)的虚静冥想直觉万物。甚至认为"为学日益,为道日损"(《老子·四十八章》),提出"绝圣弃智",取消知识和工技,无知无欲,回复到婴孩般的浑噩状态中去。在逻辑上提出"无名"论,"道常无名……始制有名"(《老子·三十二章》)。把名实关系分成两个领域来考察,认为一般事物可以用语言概念来表达,这是"有名","有名万物之母"(《老子·一章》);而万物的总根源"道"则不能用语言概念来表达,这是"无名","无名天地之始"(同上)。在言辩问题上提出"正言若反"(《老子·七十八章》)的命题。认为"大直若屈,大巧若拙,大辩若讷"(《老子·四十五章》),接触到人的辩证思维法则。最早用道取代鬼神作为世界的本原,"以道莅天下,其鬼不神"(《老子·六十章》),有无神论倾向。在政治上,抨击当时的统治者,指出"民之饥,以其上食税之多"。但主张"不争"和安于命运,认为"祸莫大于不知足"、"知足之足常足矣"。提倡"虚其心,实其腹,弱其志,强其骨,常使民无知无欲"(《老子·三章》)、"绝圣弃智,民利百倍"(《老子·十九章》)的愚民政策与"国之利器不可示人","将欲夺之,必固与之"(《老子·三十六章》)的君人南面之术。对儒家"举贤才"的主张持批判态度,"不尚贤,使民不争"(《老子·三章》)。认为世间争乱的根源在于人为和物质生活的进步,"民多利器,国家滋昏;人多伎巧,奇物滋起;法令滋彰,盗贼多有",既反对法家的法治,也反对儒家的礼治,认为"礼者忠信之薄,而乱之首"(《老子·三十八章》),主张“无为而治”。军事思想上以兵为“不祥之器”(《老子·三十章》),“不得已而用之”(同上);主张“以正治国,以奇用兵”(《老子·五十七章》)。还提出“善战者不怒”(《老子·六十八章》)、“抗兵相加哀者胜”(《老子·六十九章》)等观点。历史观上,主张复古,“执古之道,以御今之有,能知古始,是谓道纪”(《老子·十四章》)。要求回复到“结绳而用之”,“鸡犬之声相闻,民至老死不相往来”(《老子·八十章》)的“小国寡民”的社会中去。在美学上,主张美和丑相互比较而存在,“天下皆知美之为美,斯恶矣”(《老子·二章》)。从承认美丑的相对性,进而否定其差别和审美活动,“美之与恶,相去若何?”(《老子·二十章》)“五色令人目盲;五音令人耳聋;五味令人口爽”(《老子·十二章》)。但他提出的道、气、象、实、虚、味、妙、虚静、玄览、自然等范畴,对中国古典美学的形成有很大影响。在伦理学上反对标榜仁义忠孝,“大道废,有仁义……六亲不和有孝慈;国家昏乱有忠臣”(《老子·十八章》)。认为善与恶是相比较而存在的,“皆知善之为善,斯不善矣”(《老子·二章》)。主张“见素抱朴,少私寡欲”(《老子·十九章》)。认为“无为”是最高的道德标准,“上德,无为而无以为”(《老子·三十八章》)。老子的学说对中国哲学、美学、逻辑学、伦理学的发展有很大的影响,后来的各种哲学派别都从不同的角度吸取、阐发他的思想。道教则奉之为教主,称“太上老君”。历代统治阶级又封他“太上玄元皇帝”、“混元上德皇帝”等称号。

老聃 “聃”,一作“耼”。相传即老子。

李耳 相传即“老子”。

老莱子 春秋末楚国隐士。避世乱耕于蒙山下。楚王闻其贤,欲用之,老莱子遂与其妻至江南,隐居不出(见《列仙传》)。《史记·老子韩非列传》载其著书十五篇,大旨“言道家之用”,并疑其即为老子。《汉书·艺文志》载其著书十六篇。已佚,清马国翰有辑佚一卷。又世传有老莱子戏彩娱亲事。

关尹 春秋末思想家。道家。约与老聃同时,长于列子(见《庄子·达生》)。相传曾为函谷关令尹。一说名轨,字公度(东晋葛洪《神仙传》)。一说姓尹名喜(唐陆德明《经典释文》)。曾与西去的老子相遇,促成其著书五千言。他自己也著书九篇。《汉书·艺文志》有著录。其中心思想为“贵清”(《吕氏春秋·不二》)。主张“在己无居,形物自著其动若水,其静若镜,其应若响”,故“未尝先人而常随人”。《庄子·天下》赞他和老聃为“古之博大真人”。后道教尊为“无上真人”、“文始先生”。今本《关尹子》,系后人伪托。

邓析(约前545—前501) 春秋末期郑国大夫。先秦名家、法家的先驱。名辩思潮的开拓者。不满当时政治,历数君王“惟亲所信”、“以名取士”、“近故亲疏”(《邓析子·无厚》)等弊端。主张变革,反对守旧。精于法,对郑国子产所铸刑书(“刑鼎”)表示不满,曾先后以悬书、致书、倚书等方式“数难子产之法”(刘向《邓析书校叙》),并另制“竹刑”,改革郑国旧法。反对“不许民知争端”、“禁民有争心”的礼治,主张“视民而出政”的“刑名之治”。“操两可之说,设无穷之辞”,开展辩讼活动,教人辩讼技术和掌握议政的方法,与民之有狱者约:“大狱一衣,小狱襦袴。”随其学讼者“不可胜数”(《吕氏春秋·离谓》)。后为驷歂所杀。逻辑上,提出了“循名责实”、“按实定名”的思想,强调名应保持其规定性而“不可以外务”;赞成“别天地之行,具天下之物”的“大辩”,反对“别言异道,以言相射,以行相伐”的“小辩”(《无厚》);并针对不同的谈话对象,总结了一套“依于博”、“依于辩”之类的辩说之术。主张“谈者别殊类使不相害,序异端使不相乱”(同上)。其“两可之说”,给后来的惠施、公孙龙以很大影响。《汉书·艺文志》名家类著录《邓析》二篇。今本《邓析子》两篇《无厚》、《转辞》,为研究邓析名理思想的主要材料。一说今本《邓析子》系后人伪托。其言行事迹还散见于《吕氏春秋》、《荀子》等古籍中。

范蠡(约前536—约前448) 春秋末政治家、思想家。字少伯。楚国宛(今河南南阳市)人。越国大夫。曾赴吴为人质两年。后助越王勾践灭吴。继去吴游齐,称鸱夷子皮。后至陶(今山东肥城西北陶山,一说山东定陶西北),经商致富,改名陶朱公。提出:“天道皇皇,日月以为常。明者以为法,微者则是行。”(《国语·越语下》)认为天道自然变化有其规律性,人们要顺应自然变化的规律,并认识这些规律,“必有以知天地之恒制,乃可以有天下之成利”。指出“人事必与天地相参”。还认为,自然界是不断变化着的,“阳至而阴,阴至而阳;日困而还,月盈而匡”(同上)。国势的盛衰“赢缩转化”也在不断变化之中,故在战略上要随着形势而变化。强调“得时无怠,时不再来;天予不取,反为之灾”(同上)。条件不具备不可蛮干,具备条件就要及时行动,争取成功。但有循环论思想,“天节不远,五年复反”。还提出根据需要选用人才,“用人无艺,往从其所”。主张谷贱时由官府收购,谷贵时平价出售,以利国计民生。《汉书·艺文志》载《范蠡》二篇,已佚。其言行主要见于《国语·越语下》、《史记·货殖列传》。

子路(前542—前480) 春秋末卞人。姓仲名由,字子路,一字季路。孔子弟子。尚勇,长于政事。孔子谓其“片言可以折狱”(《论语·颜渊》)。仕卫,为卫大夫孔悝邑宰,因不愿跟从孔悝迎立蒯聩(后为庄公)为卫公,被杀。

季路 即“子路”。

仲由 即“子路”。

少正卯(?—前496) 春秋末鲁大夫。少正,复姓,一说是官名。东汉王充《论衡·讲瑞》:“少正卯在鲁,与孔子并;孔子之门三盈三虚”,“门人去孔子归少正卯”。但事迹不详。传说鲁定公十四年(前496),被孔子以“五恶”(心达而险,行辟而坚,言伪而辩,记丑而博,顺非而泽)乱政之罪诛杀。

闵子骞(前536—?) 春秋时人。名损,以字行。

孔子学生。季氏使闵子骞为费宰，其坚辞不仕。“不食污君之禄”，孔子赞曰：“孝哉闵子骞！人不间于其父母昆弟之言。”(《论语·先进》)

宰予(前522—前458)　春秋末鲁人。一名宰我，字子我。孔子学生。曾任齐国临淄大夫。以擅长言语著称。怀疑孔子“三年之丧”的主张，认为“三年之丧，期已久矣。君子三年不为礼，礼必坏；三年不为乐，乐必崩”(《论语·阳货》)。孔子斥其“不仁”。

宰我　即“宰予”。

冉求(前522—前489)　亦称“冉有”。春秋时鲁人。字子有。孔子弟子。孔子认为：“千室之邑，百乘之家，求也可使治其赋，仁则吾不知也。”(《论语·先进》)为季孙氏家臣。反对孔子“施取其厚，事举其中，敛从其薄”的赋税主张，助季氏行田赋制。孔子要弟子“鸣鼓而攻之”。

冉有　即“冉求”。

仲弓(前522—?)　春秋时鲁人。名冉雍，以字行。孔子学生。少孔子二十九岁。孔子称赞其有德行。《论语·雍也》：“雍也可使南面。”仲弓为季氏宰，问政于孔子，孔子曰：“先有司，赦小过，举贤才。”(《论语·子路》)

冉雍　即“仲弓”。

颜渊(前521—前490)　春秋末鲁人。名回，字子渊。孔子学生。好学，“不迁怒，不贰过”。贫居陋巷，箪食瓢饮，而不改其乐。颜渊问仁，孔子答：“克己复礼为仁。一日克己复礼，天下归仁焉。”颜渊谓：“回虽不敏，请事斯语矣。”(《论语·颜渊》)孔子赞其德行和学问，引为唯一的同道：“用之则行，舍之则藏，唯我与尔有是夫！”(《论语·述而》)但又说：“回也非助我者也，于吾言无所不说。”(《论语·先进》)早卒。后被封建统治者尊为“复圣”。近年上海博物馆战国竹简中有《颜渊》一种。

子贡(前520—前456)　春秋末卫国人。姓端木，名赐，字子贡，也作子赣。孔子弟子。能言善辩。善于经商，家累千金。历仕鲁、卫。相传曾劝阻齐国田常伐鲁，在吴、越、晋诸国之间游说，使之互为牵制，因有“故子贡一出，存鲁，乱齐，破吴，强晋而霸越”(《史记·仲尼弟子列传》)的传说。

端木赐　即“子贡”。

有子(前518—?)　春秋末鲁人。姓有，名若。孔子晚年学生。重视孝和礼，首先提出孝悌“为仁之本”、“礼之用，和为贵”(《论语·学而》)等主张，对以后封建统治思想影响颇大。孔子死后，孔门弟子以其“状似孔子”，曾相与共立为师。

有若　即“有子”。

樊迟(前515—?)　春秋末齐人。一名须，字子迟。孔子学生。《论语·颜渊》：“樊迟问仁。子曰：‘爱人’。”《论语·子张》记其向孔子“问稼”，“问圃”，孔子谓“小人哉！樊须也”。

樊须　即“樊迟”。

闵损　即“闵子骞”。

公西赤(前509—?)　春秋末鲁人。姓公西，名赤，字子华，孔子学生。少孔子四十二岁。使于齐。孔子曾因冉有予赤母粟太多而责之：“赤之适齐也，乘肥马，衣轻裘。吾闻之也：君子周急不继富。”(《论语·雍也》)

公西华　即“公西赤”。

子夏(前507—?)　春秋末晋国温(今河南温县西南)人，一说卫国人。姓卜名商，以字行。孔子弟子。曾为莒父(今山东高密县东南)宰。长于文学。讲学于魏国西河(济水、黄河间)，为魏文侯、李克、吴起师。相传序《诗》传《易》。有“死生有命，富贵在天”(《论语·颜渊》)，“仕而优则学，学而优则仕”和“大德不逾闲，小德出入可也”(《论语·子张》)等观点。

卜商　即“子夏”。

曾子(前505—前436)　春秋末鲁国南武城(今山东平邑南)人。名参，字子舆。孔子晚年学生，少孔子四十六岁。认为“忠恕”是孔子“一以贯之”的思想。孔子曾批评“参也鲁(迟钝)”(《论语·先进》)，又肯定他“能通孝道，故授之业”(《史记·仲尼弟子列传》)。注重修身，提出“吾日三省吾身”的修养方法。以孝著称。认为“父母全而生之，子全而归之，可谓孝矣，不亏其体，不辱其身，可谓全矣”(《大戴礼记·曾子大孝》)。主张“慎终(慎理父母丧事)追远(追念祖先)”(《论语·学而》)，还主张“犯而不校”(《论语·泰伯》)。后被封建统治者尊为“宗圣”。《汉书·艺文志》记《曾子》十八篇，今存十篇，收入《大戴礼记》，记有他的言行。相传《大学》为他所著。《史记》记他作《孝经》，实为其弟子或再传弟子所作。今上海博物馆所收藏的战国竹简中有《曾子立孝》、《曾子》。

曾参　即“曾子”。

子张(前503—?)　春秋时陈国人。姓颛孙，名师，以字行。孔子弟子。曾从孔子周游列国，困于陈蔡之间。《论语》有《子张》篇。提出“士见危致命，见得思义”的伦理观点，并主张“君子尊贤而容从，嘉善而矜不能”(《论语·子张》)。

颛孙师　即“子张”。

子罕　亦称“乐喜”。春秋时宋司城。提出：“天生五材，民并用之，废一不可。”(《左传·襄公二十七年》)“五材”，西晋杜预注：“金、木、水、火、土也。”子罕五材说比较粗糙，但在中国开启否定神创说之先河。

乐喜　即“子罕”。

公冶长　春秋时齐人，一说鲁人。姓公冶，名苌，字子长。孔子学生。《论语》中有《公冶长》篇。孔子曾谓：“可妻也。虽在缧绁之中，非其罪也。”

漆雕开　春秋时鲁人，一说蔡人。字子开。孔子学生。《论语·公冶长》：“子使漆雕开仕。”孔子死后，儒分为八派，有“漆雕氏之儒”。“漆雕之议，不色挠，不目逃，行曲则违于臧获，行直则怒于诸侯。”(《韩非子·显学》)《墨子·非儒》：“漆雕刑残。”和公孙尼子等主张"人性有善有恶"。东汉王充《论衡·本性》:"宓子贱、漆雕开、公孙尼子之徒亦论情性,与世子相出入,皆言性有善有恶。"

仲良 传孔子之学的八儒之一。《韩非子·显学》:"自孔子之死也,有子张之儒,有子思之儒,有颜氏之儒,有孟氏之儒,有漆雕氏之儒,有仲良氏之儒,有孙氏之儒,有乐正氏之儒。""仲良氏之儒"无可考。一说即陈良一派。《孟子·滕文公上》:"陈良,楚产也。悦周公仲尼之道,北学于中国。北方之学者未能或之先也。"

墨子(约前468—前376) 春秋战国之际思想家、政治家。墨家学派创始人。姓墨名翟。鲁国人,一说宋国人。宋昭公时曾为宋国大夫。自称"上无君上之事,下无耕农之难"(《墨子·贵义》),为接近"农与工肆之人"的"士"。早年曾习儒术,因不满其"礼"烦琐,另立新说,聚徒讲学,徒属遍天下,形成墨家学派。与儒家对立,并称"儒墨显学"。身体力行,具有"摩顶放踵,利天下而为之"的吃苦精神。率徒奔波于齐、鲁、宋、楚、卫、魏等国,向王公大人宣传其政治主张,制止了多次战争。其中以与公输般论战,止楚攻宋最为著名。墨子在认识论和逻辑学等方面作出重大的贡献。强调了人类的感觉经验,认为"闻之见之,则必以为有;莫闻莫见,则必以为无"(《明鬼下》)。并制定了"三表"法,以"上本之于古者圣王之事","下原察百姓耳目之实"和"发以为刑政,观其中国家百姓人民之利"三者作为判定言论是非真伪的标准。主张"非以其名也,以其取也"(《贵义》)的名实论。在中国哲学史上第一个明确提出"类"和"故"的逻辑范畴。把"察类"、"明故"作为明辨是非、审察同异的论辩原则和逻辑方法。在动机与效果的关系上,强调"志"与"功"的统一,把"利"放在重要地位。认为:"仁人之事者,必务求兴天下之利,除天下之害。"(《兼爱下》)在天人关系上,提出"非命",认为"天命论""暴王作之,穷人术(述)之"(《非命下》),"此为天下之厚爱也"(《非命中》)。强调要用"强"、"力"来改变生活境遇。认为:"强必治,不强必乱";"强必富,不强必贫"(《非命下》)。强调"赖其力者生,不赖其力者不生"(《非乐上》)。他的"天志"、"明鬼"说,没有摆脱殷周传统的思想形式,为其学说中的迷信落后成分,但又成为贯彻其政治主张的工具。以"兼爱"为其伦理思想的核心与政治主张的理论基础。认为天下一切祸害皆起于人们之间"交相别"(互相对立)。主张"兼相爱,交相利"(《兼爱中》),用"以兼易别"(《兼爱下》)否定儒家的"爱有差等"。提倡"利人"的功利主义原则,认为一切"圣知"、"仁义"的价值就在于此。正因为"义可以利人,故曰:义,天下之良宝也"(《耕柱》)。提倡"非攻",抨击"攻伐无罪之国"的掠夺战争,认为攻伐为"天下之巨害"(《非攻下》),但不反对诛有罪之君的正义战争。政治上还主张"尚贤使能"(《尚贤中》),认为"官无常贵,民无终贱"(《尚贤上》),反对贵族的世袭制,反对儒家的亲亲尊尊,要求不偏富贵,不避贫贱,"虽在农与工肆之人,有能则举之"(同上)。主张"节用"、"节葬"、"非乐"。反对当权贵族的"繁饰礼乐"、奢侈享乐的生活和厚葬久丧、靡费财物的习俗。其"非乐"理论中,存在狭隘功利主义的观点,主张以物质功利活动取代对于美与艺术的追求。但并不完全否认美的客观存在,"非以大钟、鸣鼓、琴瑟、竽笙之声,以为不乐也;非以刻镂华文章之色,以为不美也"(《非乐上》),认为音、色、甘、美也为人所需要,然而应"先质而后文"(《墨子间诂·佚文》),"食必常饱,然后求美;衣必常暖,然后求丽;居必常安,然后求乐"(同上)。"尚贤"、"尚同"、"兼爱"、"非攻"、"节用"、"节葬"、"天志"、"明鬼"、"非乐"、"非命"是墨子认为"择务而从事"的最重要的十事,也是构成墨子的整个哲学思想和政治主张的主要之点。其中包含着极为丰富的朴素唯物主义和辩证法思想,为中国哲学史上宝贵的遗产,但也存在着某些消极的迷信成分。墨子思想体系中的唯物主义因素为后期墨家进一步发展。《墨子》七十一篇是后人对他言行的记录。今存五十三篇,为研究墨子和墨家思想的基本材料。有关他言行的记载,还散见于《荀子》、《韩非子》、《庄子》、《吕氏春秋》、《淮南子》等书。《墨子间诂》也辑有其佚文。

墨翟 即"墨子"。

公输班 亦称"鲁班"。春秋时鲁人。姓公输名班(亦作般、斑、盘)。为古代能工巧匠,"始为舟战之器,作为钩强之备"(《墨子·鲁问》),相传创造刨、钻、锯等工具,被历代木工尊奉为"祖师"。曾为楚国创造攻城器械以攻宋。

鲁班 即"公输班"。

公孙尼子 战国初人。孔子的再传弟子。与宓子贱、漆雕开等认为人性有善有恶。王充《论衡·本性》:"宓子贱、漆雕开、公孙尼子之徒亦论情性,与世子相出入,皆言性有善有恶。"南朝梁沈约认为《礼记》中的《乐记》是他的作品。《汉书·艺文志》著录《公孙尼子》二十八篇,列儒家;又《公孙尼》一篇,列杂家。未知是否为同一人所作,两书均不传。

子思(前483—前402) 亦称"孔伋"。战国初思想家。孔子之孙。相传是曾参的弟子。继承和发挥孔子的"中庸"思想,赋予"中和"新义,视之为天下之"大本"、"达道";"致中和,天地位焉,万物育焉"(《中庸》)。又提出:"君子诚之为贵。"视"诚"为"天之道",认为"物之终始,不诚无物"(同上);"至诚","则可以赞天地之化育","则可以与天地参矣"(同上),是道德修养的最高境界。其学说为孟子所继承,后人称为思孟学派。被封建统治者尊为"述圣"。《汉书·艺文志》著录《子思》二十三篇,已佚。现存《礼记》中的《中庸》、《表记》、《坊记》,相传是他的著作,一说《缁衣》亦为其著(见清魏源辑《子思章句》)。近湖北荆门郭店楚墓出土的竹简中有《缁衣》、《五行》、《成之闻之》、《尊德义》、《性自命出》、《六德》、《鲁穆公问子思》等篇,内容大多与子思相关。上海博物馆收藏的战国竹简《缁衣》,文字与今传本有相异之处。这为进一步研究子思思想提供了新的依据。

孔伋 即"子思"。

公孟子 战国初卫人。曾参弟子。《墨子·公孟》记有他与墨子问难之言论。强调"君子必古言服,然后仁"(《墨子·公孟》)。即言尧、舜、周公之言,服尧、舜、周公之服,就能达到仁。并认为"贫富寿夭,齰(错)然在天,不可损益"。又强调"君子必学"。提出"无鬼神"的观点,还反对墨子的节用、节葬等观点。清代学者有认为即公明高、公孟子高等说(见孙诒让《墨子间诂》)。

董无心 战国时人。无神论者。晚于墨子。自称儒家之徒,曾与墨子之徒缠子辩论有无鬼神,"缠子称墨家祐鬼神,是引秦穆公有明德,上帝赐之十九年"(见《论衡·福虚》),"董子难以尧舜不赐年,桀纣不夭死"(同上)。并指出:"子(指缠子)信鬼神,何异以踵解结,终无益也。"(同上)明确提出无鬼神,否定上帝之命。著作有《董子》一篇,已佚。王充《论衡·福虚》篇中保存有部分佚文。

禽滑釐 战国初魏人。姓禽名滑釐。"滑"亦作"骨"、"屈"。"釐"亦作"氂"。初受业于子夏,后学于墨子。尽传其学,与墨子并称于世,尤精于攻防城池之术。《墨子·公输》记载,他曾奉墨子之命率墨家弟子三百人,持守御器械在宋城上防备楚兵入侵,为墨子"止楚攻宋"的后盾。《墨子·备城门》以下十一篇都是墨子与禽子讨论攻守战术的记录。《列子·杨朱》记其与杨朱、孟孙阳辩论,以"兼爱"反对"为我"的言论。

田鸠 亦称"田俅子"。战国初齐人。墨子弟子。学墨子之术。曾活动于秦、楚等国,宣传墨家学说。主张将、相应起于基层,《韩非子·问田》记载,田鸠认为明将、贤相"无毛(一作屯)伯之试,州部之关,岂明主之备哉!"又《韩非子·外储说左上》载,曾向楚王解释墨子"言多而不辩"的原因:"恐人怀其文,忘其用,直以文害用也。"《汉书·艺文志》著录《田俅子》三篇,早佚。

田俅子 即"田鸠"。

孟胜(? —约前 381) 战国初人。墨子的学生,后为墨家巨子。曾为楚国阳城君守城。楚悼王死,阳城君参与旧贵族反对吴起,箭射吴起时,误中悼王尸体,遭肃王(悼王子)追究而出逃,封地被没收。孟胜为"行墨者之义",以身殉职(见《吕氏春秋·上德》),从死者弟子一百八十三人。

田襄子 战国初宋人。墨家巨子。相传为墨子的学生。墨家巨子孟胜殉楚国阳城君之难,指定他继任巨子。《说苑·尊贤》有田让答卫君问,强调"功"、"理"。田让疑即田襄子(见孙诒让《墨子间诂》)。

相里氏 亦称"相里勤"、"相里子"。战国时人。后期墨学三派之一的代表人物。《韩非子·显学》:"自墨子之死也,有相里氏之墨,有相夫氏之墨,有邓陵氏之墨。"据《庄子·天下》记载,曾与其他后墨学派"俱诵《墨经》而倍谲不同,相谓别墨"。又《元和姓纂》引《韩非子》称其著书七篇,今本《韩非子》无此文。

相里勤 即"相里氏"。

相夫氏 "相"亦作"伯"、"柏"、"祖"。战国时人。为后期墨家三派之一的代表人物。《韩非子·显学》:"自墨子之死也,有相里氏之墨,有相夫氏之墨,有邓陵氏之墨。"一说相夫氏即五侯,属于北方之墨。据《庄子·天下》记载,曾与其他后墨派别"俱诵《墨经》而倍谲不同,相谓别墨"。

邓陵氏 亦称"邓陵子"、"乡陵氏"。战国时楚人。南方之墨者,为后期墨家三派之一的代表人物。《韩非子·显学》:"自墨子之死也,有相里氏之墨,有相夫氏之墨,有邓陵氏之墨。"《庄子·天下》亦记载:"南方之墨者,苦获、已齿、邓陵子之属,俱诵墨经,而倍谲不同,相谓别墨;以坚白同异之辩相訾,以觭偶不仵之辞相应。"

邓陵子 即"邓陵氏"。

乡陵氏 即"邓陵氏"。

杨朱 亦称"阳子"、"阳生"。战国初思想家。魏国人。属道家学派。《吕氏春秋·不二》说:"阳生贵己。"《淮南子·氾论训》载:"全生葆真,不以物累形,杨子之所立也。"韩非称其为"轻物重生之士"(《韩非子·显学》)。以保全生命为个人之最大利益,甚至"不以天下大利易其胫一毛"(同上)。孟子概括其学说是"杨子取为我。拔一毛而利天下,不为也"(《孟子·尽心上》)。并认为:"杨氏为我,是无君也。"(《滕文公下》)主张:"贵己"、"为我"、"全生葆真",以个人生命为最大利益,有个人主义倾向。其说在战国曾盛行一时,出现"杨朱、墨翟之言盈天下,天下之言不归杨则归墨"(同上)的局面。继承者有子华子和詹何。无著作传世。其思想散见于《孟子》、《庄子》、《韩非子》、《吕氏春秋》、《淮南子》等书。《列子》的《杨朱》篇系后人伪托。

杨子 即"杨朱"。

阳生 即"杨朱"。

詹何 战国时楚国隐者。发挥杨朱的"为我"思想,主张"重生"。曾答楚庄王问:"未尝闻身治而国乱"(《列子·说符》),"为国之本在于为身;身为而家为,家为而国为,国为而天下为"(见《吕氏春秋·执一》)。还劝公子牟"重生轻利",当不能自制其欲望时,则纵之,否则会受重伤(见《吕氏春秋·审为》)。韩非对其道术有所批评(见《韩非子·解老》)。

子华子 战国时魏人。有云即程子,名本,字子华。发挥杨朱的"为我"思想,认为"两臂重于天下也,身又重于两臂"(《吕氏春秋·审为》)。主张"贵生"、"全生","所谓全生者,六欲皆得其宜",认为"全生为上,亏生次之,死次之,迫生为下"(《吕氏春秋·贵生》),反对不义的苟生。韩、魏相与争侵地,他曾见韩昭釐侯,教其"知轻重"得失(见《吕氏春秋·审为》、《庄子·让王》)。思想接近道家。今本《子华子》三卷,题为周程本撰,但史志均不录,系后人伪托。

李悝(前 455—前 395) 战国初人。早期法家代表。被魏文侯任用为相国，主持变法。主张“尽地力”，促使农民开辟耕地，深耕细作。推行“平籴”法：丰年，政府以平价籴进，荒年，以平价粜出。认为“籴甚贵伤民，甚贱伤农；民伤则离散，农伤则国贫”（《汉书·食货志》），魏初依此得以富强。还认为“王者之政，莫急于盗贼”（《晋书·刑法志》），遂集诸国法典，编成《法经》。内容分为《盗法》、《贼法》、《囚法》、《捕法》、《杂法》、《具法》等六篇。为中国第一部比较系统完整的地主阶级法典，现已失传。《汉书·艺文志》著录《李子》三十二篇，已佚。一说即李克（见崔適《史记探源》）。

李克 战国初政治家。子夏弟子。魏文侯得中山后，他经翟璜推荐，任中山君魏武侯之相。认为言论必须“度于义”，否则为“窕言”，而“君子不听窕言，不受窕货”（见《韩非子·难二》）。曾建议魏武侯重视吴亡的教训，认为骤战骤胜，使民罢君骄，是吴亡的根本原因（见《吕氏春秋·适威》）。《说苑·政理》记其主张“食有劳而禄有功，使有能而赏必行罚必当”。《汉书·艺文志》著录《李克》七篇，已佚。清马国翰有辑本一卷。一说即李悝，因悝、克一声之转（见崔適《史记探源》）。

西门豹 战国时政治家，无神论者。魏国人。魏文侯时任邺（今河北临漳西南）令。时漳水泛滥成灾，地方官吏三老、廷掾勾结巫婆，借口为“河伯娶妇”，敛财害命。他用“以巫治巫”的办法，破除迷信。又调派民力开凿水渠十二条，引河水灌民田，使“民人以给足富”。治邺期间，推行“蓄积于民”政策，虽“廪无积粟”，“库无甲兵”，但登城击鼓，民即操兵弩、负辇粟而出。事迹详见《史记·滑稽列传》。

慎到（约前 395—约前 315） 战国时法家。赵国人。早年学黄老道德之术。曾在齐国的稷下讲学，受上大夫之禄。后离齐至韩，为韩大夫。《庄子·天下》把他与田骈同归一派。后成为从道家分化出来的法家。主张“尚法”和“重势”。强调“民一于君，事断于法”（见《艺文类聚》卷五十四），“官不私亲，法不遗爱”（《慎子·君臣》）。认为“贤不足以服不肖，而势位足以屈贤”（《威德》），国君凭借权势，就能“令行禁止”，“南面而王”。其以“弃知去己”，“舍是与非”（《庄子·天下》）为特点的名辩理论，明显地受老子的影响。其中也含有辩证法因素。如认为“智之极者，知智果不足以周物，故愚。辩之极者，知辩果不足以喻物，故讷”（《慎子》逸文）。《史记·孟子荀卿列传》谓其著有《十二论》。《汉书·艺文志》著录《慎子》四十二篇。现存残本仅七篇。

告子 战国时思想家。东汉赵岐以为姓告名不害，学于孟子（见《孟子注》）。一说：“赵氏以告子名不害，盖以为即浩生不害也”，与“见公孙丑之告子，及以告子题篇者，自各一人”（焦循《孟子正义》）。长于孟子，略晚于墨子。曾与孟子有人性之辩。主张“生之谓性”，“食色，性也”。认为“人性之无分于善不善也，犹水之无分于东西也”（《孟子·告子上》）。强调人的道德意识并非天赋，与孟子的“性善论”相对。并提出“仁内义外”说，认为是否爱人（仁）出于我之内心，而是否敬长（义）决定于人之年长。孟子诘之，后又遭后期墨家反驳。

尸佼（约前 390—约前 330） 战国时学者。晋国人，一说鲁国人。名佼。原为商鞅门下食客，商鞅曾师之，并参与谋划变法。商鞅被杀后，逃亡入蜀。其学术思想，“非先王之法，不循孔子之术”（刘向《孙卿子叙录》）。提出“执一以静，令名自正，令事自定，赏罚随名”（《尸子·公事》）的主张。但有综合、贯通各家学说的倾向。认为“墨子贵兼，孔子贵公，皇子贵衷，田子贵均，列子贵虚，料子（即宋钘）贵别囿”，虽“其学之相非也数世矣”，但去其私，则“兼、公、虚、均、衷、平易、别囿一实也，则无相非也”（《尸子·广泽》）。为杂家学派的开创者。著有《尸子》，已佚。有清汪继培辑本。

商鞅（约前 390—前 338） 战国时政治改革家。法家主要代表人物。姓公孙，名鞅，亦称卫鞅。后受秦孝公封商邑，号商君，故又称商鞅。卫国人。曾以尸佼为师。初为魏相公叔痤家臣。秦孝公元年（前 361），入秦。孝公三年，与大夫甘龙、杜挚辩论变法，主张“治世不一道，便国不法古”（《史记·商君列传》）。孝公六年，任左庶长，推行第一次变法。颁布法律，制定连坐法；奖励军功，禁止私斗；重农抑商，奖励耕织。变法取得初步成功，并接连伐魏获胜。孝公十年，因功升为大良造。孝公十二年，自雍（今陕西凤翔南）迁都咸阳，进行第二次变法。推行“开阡陌封疆”，废除井田制，普遍推行县制，统一度量衡制，按户按人口征收军赋，进一步加强中央集权。两次变法成功，奠定了秦国富强的基础。孝公二十四年，孝公死，惠王立，公子虔等人告发其“欲反”，为惠王派兵捕杀，并车裂其尸，灭其全家。政治上，主张“一任于法”，强调统一法令“为治之本也”（《商君书·定分》），并以“壹刑”、“农战”等政策为其法治理论的重要内容。认为“仁义”不仅“不足以治天下”（《画策》），而且是削弱国力的“六虱”之一（《靳令》）。提出“任其力不任其德”（《错法》）、“不贵义而贵法”（《画策》）、“战法必本于政”（《战法》）等政治、伦理、军事观点，为其法治主张服务。哲学上强调在“适于时”、“恃其势”、“恃其数”的基础上，要充分发挥人为的作用。提出“以战去战”、“以杀去杀”、“以刑去刑”（《画策》）等命题。认为历史是按“上世”、“中世”、“下世”演变发展的，所以“世事变而行道异”（《开塞》）。其著作战国时已流传。《汉书·艺文志》法家类著录《商君书》二十九篇，今存二十四篇；兵权谋家类著录《公孙鞅》二十七篇，早佚。《商君书》非作于一人一时。近人高亨认为是商鞅遗著与其他法家遗著的合编。郑良树认为《商君书》应视为商鞅及其学派的著作。

商君 商鞅的封号。见“商鞅”。

公孙鞅 即“商鞅”。商鞅姓公孙，故称。

卫鞅 即“商鞅”。商鞅祖先为周武王弟康叔，封在卫国。鞅为卫国君后裔，故称。

申不害(约前385—前337)　战国时法家。郑国京(今河南荥阳东南)人。韩昭侯八年(前355)被任为相,直至终年,使韩"国治兵强"。其学本于黄老,而重"术",号称"刑名",要求"循名以责实","尊君卑臣,崇上抑下"(见刘向《别录》)。主张君王"示天下无为",把术藏于胸中,以驾驭臣下。只能由君王以"独视"、"独听"、"独断"的手段来统治(见《韩非子·外储说右上》),而不容许大臣"蔽君之明,塞君之听,夺之政而专其令"(《大体》)。认为概念可以反映一切事物:"名者天地之纲,圣人之符。张天地之纲,用圣人之符,则万物之情无所逃之矣。"(同上)司马迁称"申子卑卑,施之于名实"。其著作《申子》,《汉书·艺文志》著录六篇,已失传。现仅存唐《群书治要》所辑《大体》一篇。另有片断文字散见于《艺文类聚》、《意林》等中。

孟子(约前372—前289)　战国时思想家、政治家、教育家。名轲,字子舆。邹(今山东邹城东南)人。受业于子思门人。历游齐、宋、滕、魏等国,曾任齐宣王客卿。因主张不见用,晚年退而与弟子万章、公孙丑等著书立说。自称"乃所愿,则学孔子","序《诗》、《书》,述仲尼之意"(《史记·孟子荀卿列传》)。将孔子"仁"的观念发展成"仁政"学说。认为仁政"必自经界始",主张"省刑罚,薄税敛","制民之产,必使仰足以事父母,俯足以畜妻子,乐岁终身饱,凶年免于死亡"(《孟子·梁惠王上》),让"有恒产者有恒心"(《滕文公上》),然后"谨庠序之教,申之以孝悌之义"(《梁惠王上》)。声言以"距杨墨"为己任,称"以力假仁者霸……以德行仁者王",用"王道"、仁德排斥法家的刑力和霸业。针对当时"天下无道"的状况,倡言"保民而王",以土地、人民、政事为诸侯之三宝,肯定"民为贵,社稷次之,君为轻"(《尽心下》)。认为"得其心,斯得民","得其民,斯得天下",阐述了儒家的"重民"思想。但强调"重民"的目的是"驱而之善",使"民之从之也轻"(《梁惠王上》),进而又提出"劳心者治人,劳力者治于人。治于人者食人,治人者食于人,天下之通义也"(《滕文公上》)。又提出"天时不如地利,地利不如人和","得道者多助,失道者寡助"(《公孙丑下》)等思想。还提出先王"有不忍人之心,斯有不忍人之政",从性善论出发,为其仁政学说提供论证。认为人性本善,具有天赋的仁、义、礼、智"四端",不虑而知的"良知"和"不学而能"的"良能"。赋予"天"以道德的属性,以"天命"为决定自然和社会人事的主宰。由此认为仁、义、礼、智是处理人伦关系的天则,故"父子有亲,君臣有义,夫妇有别,长幼有序,朋友有信"(《滕文公上》),此即为"五伦",而"亲亲,仁也;敬长,义也"(《尽心上》)。又说"仁,人心也;义,人路也"(《告子上》)。用"仁义"的准则"察于人伦"。在义利关系上,要求重义而轻利。反对"后义而先利"、"上下交征利",认为"上下交征利,而国危矣"(《梁惠王上》)。主张克制"利"、"欲"。认为物欲不能弥补道德上的空虚,"极天下之欲,不足以解忧"(《万章上》)。承认"欲"是出于人的本性,"口之于味也,目之于色也,耳之于声也,鼻之于嗅也,四肢之于安佚也,性也;有命焉,君子不谓性也"(《尽心下》)。提倡"寡欲",但认为道德亦不可完全脱离物质生活条件,必使民能"事父母","畜妻子","终身饱","免于死亡",才能"驱而之善"(《梁惠王上》)。强调发挥"尽其心者知其性也,知其性则知天矣"和"存其心,养其性,所以事天也"(《尽心上》)的方法,把"知天"、"事天"看成尽量扩充本心和发扬"善性"的过程。又认为要"反求诸己",排除感官物累,"善养吾浩然之气",以达"万物皆备于我"的境界。进而断言:"学问之道无他,求其放心而已"(《告子上》),把治学和认识问题归结为如何找回散失本心的心性修养问题,阐述了认识论和伦理学相统一的"天人合一"说,对后世儒家哲学的演变和发展有很大影响。逻辑思想方法上主张"知类",斥责"不知类"。以"知言"自诩,"诐辞知其所蔽,淫辞知其所陷,邪辞知其所离,遁辞知其所穷"(《公孙丑上》)。有"好辩"之名,但自谓"予岂好辩哉? 予不得已也"。辩论中善于向对方提出问题,然后从对方回答中引出对方不能不接受的结论。善于从对方论点出发而充其类,使对方陷于矛盾或荒谬。善于运用二难论式,尤其善于运用设譬引喻的类比方法。在美学思想方面,提出"充实之谓美"(《尽心下》),同时又提出"充实而有光辉之谓大"(同上)的命题,认为"大"起始于"美",但又比"美"更为辉煌壮观,同于后世的"崇高"、"壮美"。提出为实现个体人格美而进行自我修养的"养气"说,"我善养吾浩然之气"(《公孙丑上》)。在中国美学史上最先明确提出人格美同样能引起审美快感。"故理义之悦我心,犹刍豢之悦我口"(《告子上》),乐仁、义二者,"乐则生矣"(《离娄上》)。提出美感的普遍性与共同性,"口之于味也,有同耆焉;耳之于声也,有同听也;目之于色也,有同美焉"(《告子上》),明确肯定美感的共同性来源于人的本性的共同性和感官的共同生理基础。提出"以意逆志"的命题,包含着对艺术欣赏特征的认识,主张"观水有术,必观其澜"(《尽心上》),涉及欣赏自然景物的形式美问题。孟子通过阐发子思学说,继承、发展了孔子思想,史以"思孟学派"并称其和子思之学,被历代封建统治者视为孔门儒学的正宗。战国时期,孟子为儒家一派,至魏晋时,史家仍以孟、荀并称。唐韩愈提出"道统说",扬孟抑荀,定孟子为孔子之道的唯一继承者,后又有"亚圣"之称。著作编为《孟子》。

孟轲　即"孟子"。

列子　亦称"列御寇"、"圄寇"、"圉寇"。战国时郑国人。《庄子》中传说他很穷,不食官遗之粟(见《庄子·让王》)。"雕琢复朴,块然独以其形立,纷而封哉,一以是终"(见《庄子·应帝王》),以清静无为,特行独立处世。还能"御风而行"(见《庄子·逍遥游》)。"其学本于黄帝老子"(西汉刘向《列子序》),主张"贵虚"(见《吕氏春秋·不仁》),即主虚静无为之说。唐时封冲虚真人,为道教所神化。有《列子》。

列御寇　即"列子"。

太史儋 相传为战国时周王室史官，名儋。后于孔子一百多年。曾见秦献公曰："始秦与周合而离，离五百岁而复合，合七十岁而霸王者出焉。"或言儋即老子(见《史记·老子韩非列传》)。

惠施(约前370—约前310) 亦称"惠子"。战国时哲学家，名家代表人物。宋国人。曾与魏惠王论齐魏马陵之战，主张"变服折节而朝王"，"遂开六国称王之局"，提高了魏在诸侯中的地位。主张"兼爱"，但不赞成无条件的"偃兵"，因而在"朝齐"的同时，劝魏王使计"以楚毁齐"。任魏相十二年。倡言"去尊"，但又以"治农夫者"自居。后因主张联齐楚抗秦，招致秦使张仪离间，罢相离魏归宋。与庄子为友，曾共游濠上作观鱼之辩。博学善辩，尤注重观察分析自然现象。在当时的名辩思潮中主张"合同异"观点。据《庄子·天下》记载，"合同异"命题共有十条，史称历物十事。认为"大同而与小同异，此之谓小同异；万物毕同毕异，此之为大同异"，具体事物之间的同异是小同异，天下之物谓其相同则皆有相同之处，谓其相异则皆有相异之处，这是大同异，从而肯定了"同"和"异"概念的相对性。以"天与地卑，山与渊平"等命题，对"大同异"思想作具体说明。"日方中方睨，物方生方死"、"南方无穷而有穷"等命题，包含有朴素的辩证法思想。善于运用譬式推理，认为这是一种"以其所知谕其所不知而使人知之"(见《说苑·善说》)的逻辑方法。还与当时的辩者讨论"卵有毛"、"马有卵"等命题，"天下之辩者相与乐之"。其学说渊源于春秋时期"操两可之说"的邓析，在当时与儒、墨、杨(朱)、秉(公孙龙)并列为五，对先秦名学的发展起了重要作用。其著作据《汉书·艺文志》载有《惠子》一篇，已佚。晋人发掘魏襄王墓时获《名书》一本，有人疑是他的著作，后又佚。其言行片断，散见于《庄子》、《荀子》、《韩非子》、《吕氏春秋》、《战国策》、《说苑》等书。

彭蒙(约前370—前310) 战国时哲学家。齐国人。田骈之师。曾游学稷下。主张"齐万物以为首(道)"，强调事物的齐一、均齐。认为对事物应取"莫之是，莫之非"的态度(见《庄子·天下》)。因循自然，不置可否。还提倡不教之教，认为"选则不遍，教则不至，道则无遗者矣"(同上)。与老庄思想有相通之处。但又主张察辨名实，曾对宋钘不辨人治、法治之间的差异表示不满，认为"圣人者自己出也，圣法者自理出也。理出于己，己非理也。己能出理，理非己也。故圣人之治，独治者也。圣法之治，则无不治矣"(见《尹文子·大道下》)。

黄缭 战国时辩者。与惠施同时。喜穷究天地万物变化的原因，故被称为"倚(奇异)人"。《庄子·天下》："南方有倚人焉，曰黄缭，问天地所以不坠不陷，风雨雷霆之故。"

庄子(约前369—前286) 战国时哲学家，道家主要代表人物。名周。《汉书》避明帝刘庄讳称严周。宋国蒙(今河南商丘市东北)人。做过蒙地方的漆园吏。与梁惠王、齐宣王同时。为惠施挚友。家贫，曾借粟于监河侯(官名)，也曾麻鞋布衣见魏王。不愿做官从政。相传楚威王曾以厚礼聘为楚相，遭其拒绝，后"终身不仕"，表现出对统治者和当时社会制度的不满和蔑视。继承和发展了老子"道法自然"的观点，认为"道"是客观真实的存在，"夫道，有情有信"，但又"无为无形"，单凭感官不能把握，"可传而不可受，可得而不可见"，为世界最高的本体。它的存在不以别的事物存在为条件，"自本自根，未有天地，自古以固存"(《庄子·大宗师》)；在时间上和空间上都是无限的，"在太极之先而不为高，在六极之下而不为深，先天地生而不为久，长于上古而不为老"(同上)。在对世界本体的认识上，既说"精神生于道，形本生于精，而万物以形相生"(《知北游》)，认为世界统一于"道"；又指出"通天下一气耳"(同上)，世界统一于"气"。并认为"道"是无所不在的，"在蝼蚁"、"在稊稗"、"在瓦甓"、"在屎溺"，不是存在于天地万物之外的"造物者"。否认世界有人格神的主宰。但认为道能"神鬼神帝，生天生地"，又有明显的泛神论色彩。他的思想包含有朴素的辩证法因素。认为一切事物都在发展变化之中，"物之生也，若骤若驰，无动而不变，无时而不移"(《秋水》)。事物的变化是由于矛盾双方相互作用引起的，"安危相易，祸福相生，缓急相摩，聚散以成"(《则阳》)。一切事物都是相对的，可以转化的，"臭腐复化为神奇，神奇复化为臭腐"(《知北游》)。但把事物的相对性绝对化，否认事物之间质的差别，认为"天下莫大于秋毫之末，而泰山为小；莫寿于殇子，而彭祖为夭"(《齐物论》)。"彼亦一是非，此亦一是非。"(同上)否认是与非的客观标准。又说："以道观之，物无贵贱。"(《秋水》)主张通过"坐忘"，做到齐物我、齐是非、齐大小、齐死生、齐贵贱，达到"天地与我并生，万物与我为一"的精神境界，倒向相对主义和宿命论。在对独断论哲学进行责难中，揭露了许多逻辑思维的矛盾。认识到认识主体和认识对象之间有限无限的矛盾，"吾生也有涯，而知也无涯"。还探讨了语言概念和表达对象之间的矛盾。认为语言和概念("言")是静止的，概念表达的对象("所言者")是变动的，"夫言非吹也，言者有言，其所言者，特未定也"(《齐物论》)。又认为道是不能分割的，"道未始有封"，而语言和概念只能把事物分割开来加以认识，无法认识"常道"，"言未始有常"，即认为概念无法把握客观实在。从而导致用老子的"无名"论反对名辩家关于名的种类等的辨察分析，认为"以指喻指之非指，不若以非指喻指之非指；以马喻马之非马，不若以非马喻马之非马。天地一指也，万物一马也"(同上)。认为"圣人议而不辩"、"大辩不言"(同上)。在伦理上，认为仁义、是非、贵贱、利害、生死"皆生人之累"，理想的人生是从这些现实矛盾中解脱出来，变"人为物役"为"物物而不物于物"，进入"万物一齐"，"道通为一"的"逍遥游"的绝对自由境界。提出"心斋"、"坐忘"、"丧我"、"无己"等修养方法，主张"堕肢体，黜聪明，离形去知，同于大道"(《大宗师》)。提出"无所可用"、"处乎材与不材之间"、"与时俱化"等处世方法，强调不"失性于俗","顺人而不失己",保持独立人格,但最终把人生归诸"命之行也",主张"知其不可奈何而安之若命"(《人间世》)。在美学上,认为自然界本身是最美的,"天地有大美而不言"(《知北游》)。因而崇尚澹然朴素之美。"澹然无极而众美从之。"(《刻意》)"朴素而天下莫能与之争美"(《天道》)。认为"道"孕育、包容"天地之美",是最高的美,"游心"于"道",才能"得至美而游予至乐"(《田子方》),达到无限自由的逍遥境界。肯定美与大的区别,"美则美矣,而未大也"(《天道》)。认为无限的美高于有限的美,赞颂大鹏之美和东海之美,追求大美。否定美与丑的区别,主张"厉与西施,恢恑憰怪,道通为一"(《齐物论》),否定存在审美评价的客观标准。提出审美心胸理论,认为审美者只有做到"心斋"、"坐忘",才能进入审美境界。认为"乐"有"天乐"、"人乐"之分,"天乐"为"至乐","至乐无乐",是超视听感觉的。借"庖丁解牛"阐发的由"技"进于"道"的思想,触及了艺术创作的规律,是后世关于艺术意境理论的萌芽。庄子的哲学思想达到了很高的思维水平,在中国哲学史上占有重要地位。其逻辑思想、伦理思想、美学思想对后世都有很大的影响。为文汪洋恣肆,想象丰富。唐天宝元年(742),诏封南华真人。宋、元皆加封。有《庄子》。

庄周 即"庄子"。

蒙庄 即"庄周"。因庄是宋国蒙人,又做过蒙漆园吏,故称。

陈仲(约前 360—前 260) 战国时齐人。又名田仲,因曾居於陵,亦称於陵仲子。《孟子·滕文公下》载其不食兄禄,不居兄室,辟兄离母。为人"上不臣于王,下不治其家,中不索交诸侯。"(《战国策·齐策四》)反对贵族统治,主张"不恃人而食"(《韩非子·外储说右上》)。《淮南子·氾论训》:"陈仲子立节抗行,不入洿君之朝,不食乱世之食,遂饿而死。"东汉高诱注:"齐人,孟子弟子。"一说认为"饿死"和"孟子弟子"之说不可信。一说陈仲特立独行,品德高尚,属于道家。

田仲 即"陈仲"。

田骈(约前 350—前 275) 亦称"陈骈"。战国时哲学家。齐国人。"学黄老道德之术"(《史记·孟子荀卿列传》)。曾师事彭蒙,后讲学稷下,"赐列第为上大夫,不治而议论"(《史记·田敬仲完世家》),号"天口骈"。《庄子·天下》、《荀子·非十二子》都把他和慎到列为一派。主张"贵齐"、"齐万物以为首",强调事物的齐一、均齐。认为"万物皆有所可,皆有所不可"(《庄子·天下》),事物都有其用处,不能偏废。提出:"变化应求而皆有章,因性任物而莫不宜当。"(《吕氏春秋·执一》)事物变化有其规律,要求根据万物的特性而运用之。荀子批评他"尚法而无法","倜然无所归宿,不可以经国定分"(《荀子·非十二子》)。所著《田子》二十五篇,已佚。

陈骈 即"田骈"。

兒说 战国时宋人,稷下学宫中名家学派的重要人物。约与淳于髡、孟子同时,主要活动在齐威王、宣王时期。主"白马非马"之辩,以善辩巧解著称。《文选·演连珠》刘峻注:"倪、惠以坚白为辞,故其辩难继。"倪、惠即兒说和惠施,两人都以坚白为辞。其"白马非马"之辩远在公孙龙之先。一说兒说是"白马非马"说的创始者。《韩非子·外储说左上》称他"善辩者也,持'白马非马'也,服齐稷下之辩者。乘白马而过关,则顾白马之赋。故籍之虚辞,则能胜一国;考实按形,不能谩于一人"。又"以弗解解之"的辩术为宋王解闭结,后《淮南子·人间训》认为,"夫兒说之巧,于闭结无不解,非能闭结而尽解之也,不解不可解也。……连环不解,物之不通者,圣人不争也"。这种"不解解之"方法与惠施的"连环可解"命题属于同类性质。"白马非马"这一命题稍后为公孙龙所接受与发挥,成为其名辩学说的重要组成部分。

田巴 战国时齐人,稷下学宫中名家学派重要人物。其生平事迹散见于《新序》和《史记·鲁仲连邹阳列传》、《太平御览》等文献中。《太平御览》卷三百八十五引《鲁连子》曰:"齐之辩士田巴,辩于徂邱,议于稷下,毁五帝,罪三王,訾五伯,离坚白,合同异,一日而服千人。"据此,"离坚白"与"合同异"的著名命题可能是田巴首创。田巴的"离坚白"、"合同异",开启了先秦名辩理论的两个发展方向。起着承上启下的作用。"离坚白"的命题被公孙龙所接受并展开,成为公孙龙学说的重要组成部分;"合同异"的命题则对惠施学派产生了重要的影响,形成了惠施名辩学说的基本特色。

毛公 战国时名辩学者。赵国人。与公孙龙一起曾为平原君门客。"论坚白同异,以为可以治天下"(刘向《别录》)。曾因魏国危急而劝信陵君归魏,将兵破秦。《汉书·艺文志》著录《毛公》九篇,已佚。

魏牟 亦称"魏公子牟"。战国时人。因封于中山,亦称中山公子牟。与公孙龙交好。曾说:"身在江海之上,心居乎魏阙之下。"(见《吕氏春秋·审为》)《荀子·非十二子》责其"纵情性,安恣睢"。《汉书·艺文志》著录《公子牟》四篇,早佚。

屈原(约前 340—约前 278) 战国时诗人、思想家。名平,字原;又自称名正则,字灵均。楚国人,出身贵族。楚怀王时,曾任左徒、三闾大夫。主张彰明法度,举贤授能,联齐抗秦。为贵族子兰、靳尚等所不容,遭谗去职。顷襄王时被放逐,长期流浪在沅、湘流域。后因楚国政治更趋腐败,首都郢亦为秦兵所破,他深感既无力挽救楚国危亡,又无法实现政治理想,遂投汨罗江自尽。所著《离骚》、《天问》等反映出他的哲学思想:"冥昭瞢暗,谁能极之","阴阳三合,何本何化","天命反侧,何罚何佑","皇天集命,惟何戒之",对传统的天命观提出了大胆的疑问和责难,表现出朴素的唯物主义思想。认识论上强调"察"、"证"、"参验考实"。伦理上要求"重仁袭义","秉德无私"。美学上,吸收儒家美学"文""质"统一的观点,提出"内美"的概念,"纷吾既有此内美兮,又重之以修能"(《楚辞·离骚》),主张"内美"与外修的统一。认为现实中的美、丑可以认识,区别两者的办法在于"参验以考实",并以此抨击楚国上层贵族社会美丑颠倒的黑暗现象:"世混浊而嫉贤兮,好蔽美而称恶"(同上)。吸收道家的美学思想,把对人格美的重视与对人身自由的追求结合起来。"路曼曼其修远兮,吾将上下而求索。饮余马于咸池兮,揔余辔乎扶桑。折若木以拂日兮,聊逍遥以相羊。"(同上)表现出对精神自由的极端向往。注意到自然美的社会性,作《橘颂》,以橘树比喻君子之美德,赞扬橘树"绿叶素荣"、"曾枝剡棘"、"纷温宜修"等形、色的美,并以此歌颂人之"独立不迁"、"秉德无私"、"苏世而立,横而不流"等美德。与儒家主张的"诗言志"不同,提出"发愤以抒情"(《楚辞·九章·惜诵》)的美学主张,强调悲愤哀怨之情在艺术创作上的作用。文学上在吸收民间文学艺术的基础上,以积极浪漫主义精神,创造出"骚"体新形式,对后世影响很大。《汉书·艺文志》著录《屈原赋》二十五篇,其书久佚,后代所见屈原作品,皆出自西汉刘向辑集的《楚辞》。主要作品有《离骚》、《天问》、《九章》等。

屈平 即"屈原"。

公孙龙(约前330—前242) 亦称"公孙龙子"。战国末哲学家,名家代表人物。传说字子秉。赵国人,曾为平原君门客。反对诸侯间兼并战争,批评诸侯虚有偃兵之名而无兼爱之实,曾先后说赵惠王以兼爱,说燕昭王以偃兵。崇尹文察士辨类之说。"疾名实之散乱,因资材之所长,为《守白》之论。假物取譬,以'守白'辩,谓白马为非马",并"欲推是辩以正名实而化天下"(《公孙龙子·迹府》)。曾在平原君所与专程前往诘难的孔穿论辩,认为孔穿"知难白马之非马,不知所以难之说,以此,犹知好士之名而不知察士之类"(同上)。继又与孔穿泛论于平原君所,辩理至于臧三耳,其"言臧之三耳甚辩析"(《孔丛子·公孙龙篇》)。以论"白马非马"著称于时,又持"坚白石相离"说,被称为"离坚白"学派的主要代表。提出"唯乎其彼此"的正名理论和"谓彼而彼,则唯乎其彼,其谓行彼;谓此而此,则唯乎其此,其谓行此"这一具体的"唯谓"原则。并从这一原则出发,分析"白马"与"马"、"物指"与"指"等种属概念之间的差异性,认为"马者所以命形也,白者所以命色也,命色者非命形也,故曰白马非马"(《白马论》)。"指者天下之所无也,物也者天下之所有也",故物指非指(《指物论》)。认为人的感官不同,因而"视不得其所坚而得其所白","拊不得其所白而得其所坚",因而"坚石"与"白石"是两个内涵各不相同的概念,得出"坚白石二"的结论(《坚白论》)。认为反映整体的概念"二"与反映部分的概念"一"之间也有明显的差异,从而得出"二无一"的结论。对先秦名学的发展有很大贡献。其学说渊源可上溯到春秋末期"操两可之说,设无穷之辞"的邓析,而又直接受影响于"察士辨类"的尹文。著作有《公孙龙子》。

公孙龙子 即"公孙龙"。

孔穿 战国时鲁人。字子高。孔子六世后代。曾辞楚、魏、赵三国交聘。尝与公孙龙会于赵国平原君处,辨析"白马非马"、"臧三耳"等命题。平原君评判孔穿"理胜于辞",公孙龙"辞胜于理"(见《孔丛子·公孙龙篇》)。

桓团 一作"韩檀"。战国时辩士。赵国人。与公孙龙均为平原君的门客,同以善辩著称,他们所辩命题,见于《庄子·天下》的有"卵有毛"、"鸡三足"等二十三事;见于《列子·仲尼》的有"有意不心"、"有指不至"等七事。《庄子·天下》称他"饰人之心,易人之意。能胜人之口,不能服人之心"。

韩檀 即"桓团"。《庄子·天下》作桓团,《列子·仲尼》作韩檀,一声之转。

万章 战国时齐人。孟子的主要弟子之一。《孟子》中,万章向孟子所提问题最多。《史记·孟子荀卿列传》:"退而与万章之徒序《诗》、《书》,述仲尼之意,作《孟子》七篇。"认为《孟子》一书系孟子与万章等弟子所著。一说孟子死后,由万章与公孙丑记孟子所述而成《孟子》。

公孙丑 战国时齐人。孟子的主要弟子之一。《孟子》中,有《公孙丑》篇。公孙丑与孟子的难疑答问甚多,曾问孟子何谓"不动心"和"浩然之气"。一说《孟子》一书系孟子死后,由万章与公孙丑记述孟子言行而成;一说《孟子》系孟子晚年向万章、公孙丑口授笔录,由孟子最后订定成书。

宋钘(—jiān 坚)(约前382—前300) 亦称"宋牼"、"宋荣"、"宋荣子"。战国时学者,宋尹学派代表人物,与尹文齐名。宋国人。齐宣王时与尹文、彭蒙、慎到同在齐国稷下学宫游学。《汉书·艺文志》称"其言黄老意"。主张"宽"、"恕"、"均平",并作"华山之冠"(一种上下均平的帽子)以示心迹。提出"见侮不辱"以消除争斗,止息用兵。"见侮不辱"的论点后受到荀子的批判,作为"用名以乱名者"的典型。其形名逻辑思想,以"别囿"为重,主张"物固有形,形固有名","固也者,舍己而以物为法者也"(见《管子·心术上》),"物至而名自治之。正名自治,奇名自废,名正法备,则圣人无事。"(见《管子·白心》)趋于老子"名无名,事无事"的倾向。他"聚人徒,立师学,成文曲"(《荀子·正论》),以自己的主张上说君王,下教百姓。《汉书·艺文志》著录《宋子》十八篇,列入《小说家》,已佚。一说《吕氏春秋·去宥》系《宋子》十八篇之一(见钱穆《先秦诸子系年考辨》)。一说《管子》中《心术》、《内业》是他的著作(见郭沫若《十批判书》)。汪奠基认为《管子·白心》亦属宋钘的学说。

宋牼 即"宋钘"。

宋荣 即"宋钘"。

宋荣子 即"宋钘"。

尹文(约前360—前280) 又称"尹文子"。战国时齐人。和宋钘齐名,宋尹学派的代表人物。齐宣王、湣王时和宋钘、彭蒙、田骈同游齐稷下学宫。曾劝说齐宣王实行"无为","圣人寡为而天下理"(《说苑》)。善名辩,尤精于"名"(概念)的分类分析。曾与齐湣王论士:“唯见侮而不斗,未失其四行也。是人未失其四行,是未失其所以为士也。然而王一以为臣,一不以为臣,则向之所谓士者,乃非士乎?”(见《公孙龙子·迹府》)。通过“士”这一概念的察类分析,为“见侮而不斗”的尚法主张辩护。强调“名正则治,名丧则乱”(见《吕氏春秋·正名》)。指出:“有形者必有名,有名者未必有形。”(《尹文子》)还与宋钘提出“接万物以别宥为始”(见《庄子·天下》),认识事物首先要破除主观偏见。其学说为公孙龙称道。对先秦名辩之士尤其公孙龙名理思想的形成有很大影响。《汉书·艺文志》著录《尹文子》一篇,列名家。今本《尹文子》上、下两篇,或疑系后人伪作。一说《管子》中的《白心》篇是他的著作(见郭沫若《十批判书》)。另《公孙龙子·迹府》、《吕氏春秋·先识览》、《庄子·天下》中保存有他的思想资料。

尹文子 即“尹文”。

鬼谷子 相传战国时楚人。隐居鬼谷,因称鬼谷子,原名不详。其学说前后不一,以黄老“心术”论世,讲求内外损益,养性持身之道,而后演变为纵横捭阖之术,为纵横家所宗。《史记》载,苏秦、张仪具事其学术。《风俗通义》:“鬼谷先生,六国时纵横家。”唐柳宗元批评说:“鬼谷子言益奇,而道益狭。使人狙狂失守,而易于陷坠。”(《辩鬼谷子》)

腹䵍 战国时人。墨家巨子。力行墨家主张。《吕氏春秋·去私》记载,其子杀人,秦惠王念其只此一子,“已令吏弗诛”,而他坚持“杀人者死,伤人者刑”的“墨者之法”,仍处子以死刑,故赞之曰:“忍所私以行大义,钜子可谓公矣。”

鹖冠子 相传为战国时楚国隐士。姓名不详。居深山,用鹖羽为冠,因以为号。著作有《鹖冠子》。

子华子 一说作者为战国时晋人程本(字子华),一说为魏人莫敖子华。《汉书·艺文志》未著录。该书注重养生,发挥杨朱“为我”思想。书中记孔子赠其束帛,并托孔子言曰:“今程子,天下之贤士也。于斯不赠,则终身弗能见也。”原书久佚。有清马国翰《玉函山房辑佚书》等辑佚本。

许行 战国时农家。楚国人。事迹仅载于《孟子》。托神农以立教,有学生数十人,皆穿粗布衣,以编草鞋、织草席为生。主张凡一类物品,不论其品质,同量同价。“虽使五尺之童适市,莫之或欺”。晚年到滕国游说,主张“贤者与民并耕而食,饔飧而治”(见《孟子·滕文公上》),反映了古代社会中农民要求无分贵贱、君民并耕的理想。

环渊 战国时哲学家,稷下学宫中的重要人物。与孟轲、庄周、慎到等人约略同时。关于环渊其人、其事及其学说,除《史记》中的零星材料外,其他文献均无明确记载。其人究竟为谁,学界歧见颇多。郭沫若和钱穆认为环渊就是关尹,冯友兰、张岱年等人则持反对意见,还有学者认为环渊就是《汉书·艺文志》记述的蜎子,但也缺乏确切根据。据《史记·孟子荀卿列传》,为楚国人,相传为老子弟子,与慎到、田骈等人“学黄老道德之术,因发明序其指意”,著上下篇。另据《史记·田敬仲完世家》,他是在稷下学宫最为兴盛的齐宣王时期来到齐国,受到了齐宣王尊崇,成为著名的稷下先生。

季真 战国时齐人,稷下学宫中的重要人物。据《庄子·则阳》,提出“莫为”说,与接子的“或使”说相对。“莫为”亦作“莫之为”,西晋郭象注:“季真曰:道莫为也。”唐成玄英疏云:“莫,无也。……季真以无为为道。”季真的“莫为”说,是认为万物的生成和变化都是自发的,背后没有一个决定的力量使之然。其观点接近于道家的无为思想。

接子 亦称“接予”、“捷子”。战国时齐人,齐宣王、湣王时期稷下学宫中的重要人物。《史记·孟子荀卿列传》说他“学黄老道德之术,因发明序其指意”,据此,是稷下黄老道家的重要人物。据《庄子·则阳》,他提出“或使”说,与季真的“莫为”说相对。“或使”亦作“或之使”,西晋郭象注:“接子曰,道或使。或使者,有使物之功也。”唐成玄英疏云:“使,为也。……接子谓道有使物之功。”其“或使”说,是认为存在着一个创生并支配万物的最高本体。著作已佚。《汉书·艺文志》道家类著录有《捷子》二篇,久佚。

淳于髡 战国时齐人,早期稷下先生。主要活动在齐威王和齐宣王年间。本是“齐之赘婿”,出身贱微,但他以卓越的学识和辩才受到齐王的尊崇和器重,曾“数使诸侯,未尝屈辱”。机智博学,“滑稽多辩”,“谈言微中”,善于运用隐喻和寓言阐发思想和进行讽谏。司马迁说他“博闻强记,学无所主”,据此,他很可能是一位学贯百家、思想上不拘一格的学者。作为稷下元老,这种兼容百家的学风,对于稷下学多元、融合、创新的学术特色的形成,起到了很好的作用。据《太平寰宇记》载,“髡死,诸弟子三千人为缞绖”,足见其在稷下学宫中的地位。还曾与孟子有过关于“男女授受不亲”和名实问题的辩论。又对事物的辩证关系有较深刻的认识和阐发,提出“极之而衰”、“物各有畴”、“有诸内必形诸外”等哲学观点。

鲁仲连 亦称“鲁连”、“鲁连子”。战国时齐人,主要活动在齐湣王、襄王之时,稷下重要学者之一。据《史记》本传,他“好奇伟俶傥之画策,而不肯仕宦任职,好持高节”,“在布衣之位,荡然肆志,不诎于诸侯,谈说于当世,折卿相之权”,可见兼有隐士和游士风范。十二岁时就因为聪颖过人而被誉为千里驹,曾以出众的口才折服稷下辩士田巴,传为美谈。据《史记》记载,鲁仲连“义不帝秦”,称引三王,《汉书·艺文志》列《鲁仲连子》十四篇为儒家。但鲁仲连的思想比起孔子、孟子等传统儒家来已大不相同,他不仅讲功、名,而且不讳言“利”,主张人君应“知时”、“知行”、“知宜”,顺应“势数”,以求事半功倍之效。可见受黄老道家影响,既讲原则,又善于变通,所以司马迁才说“其指意不合大义”,清人马国翰也说其学“未能粹合圣贤之义”。

苏秦 战国时纵横家,合纵派代表人物。东周洛阳(今河南洛阳市东)人,字季子。曾与张仪同学于鬼谷子。主张“一韩、魏、齐、楚、燕、赵以从(纵)亲,以畔(叛)秦。”(《史记·苏秦列传》)先后游说燕、赵、韩、魏、齐、楚六国,订纵约联合拒秦,苏秦为纵约长,并拜相六国。以纵约书致秦后,秦兵不敢出函谷关达十五年。其后,纵约被秦分化瓦解,苏秦事燕,奉命入齐从事反间活动,“欲破敝齐而为燕”(同上)。因与齐大夫争宠而遭刺,复以“苏秦为燕作乱于齐”之罪名,被车裂于市。据《汉书·艺文志》载,曾有著作三十一篇。今佚。马王堆汉墓出土帛书《战国纵横家书》保存有苏秦的书信和游说辞十六章。

张仪(? —前 310) 战国时纵横家,连横派代表人物。魏国贵族后代。曾与苏秦同学于鬼谷子。秦惠文君十年(前 328)任秦相,四年后助秦惠文君为王。主张连横以强秦,执政后迫使魏国献上郡,瓦解齐楚联盟,夺取楚汉中地。先后游说诸侯,连横魏、楚、韩、齐、赵、燕等国,使秦国日益强大。秦武王即位后,入魏为相。《汉书·艺文志》著录纵横家有《张子》十篇,今佚。

荀子(约前 313—前 238) 战国末思想家、教育家。名况,字卿。汉人避宣帝讳,称孙卿。赵国人。曾游学于齐。齐湣王末年(约前 285)适楚。齐襄王时,返齐,三为稷下学宫“祭酒”(学长)。秦昭王四十四年(前 266),应秦昭王聘入秦。称秦国“百姓朴”,“百吏肃然”,近“治之至也”(《荀子·强国》)。后曾回赵国,与临武君议兵于赵孝成王前,强调“用兵攻战之本在乎壹民”,“善附民者,是乃善用兵者也”,“仁人之兵,王者之志”(《议兵》)。后又继赴楚国,由春申君用为兰陵(今山东苍山西南兰陵镇)令。春申君死,从此废居兰陵,著书终其一生。韩非、李斯尝为其弟子。批判地总结了先秦诸子的学术思想。政治上主张礼法兼治,王霸并用。认为“礼义者,治之始也”(《王制》),“法者,治之端也”(《君道》),“隆礼尊贤而王,重法爱民而霸”(《强国》)。强调封建等级制,反对世袭制。哲学上发展古代的朴素唯物主义,批评天命、鬼神迷信之说,提出“明于天人之分”的观点,认为“天行有常,不为尧存,不为桀亡”(《天论》),肯定自然运行的规律是不以人们意志为转移的客观存在,并提出“制天命而用之”的人定胜天的思想。认识论上,提出“形具而神生”,认为人的精神活动依赖于人的形体。肯定世界的可知性,指出:“凡以知,人之性也;可以知,物之理也。”(《解蔽》)人能通过“天官”(感官)和“天君”(心)的知觉作用和思维能力认识客观世界,并强调思维对于感知的辨别和验证。认为“知之不若行之,学至于行之而止矣”(《儒效》)。针对“蔽于一曲,而暗于大理”的“心术之公患”,提出“解蔽”的主张,认为要获得全面的正确的认识,须“兼陈万物而中县衡”(《解蔽》),使心“虚壹而静”。但又夸人心的作用,认为“心者,形之君也而神明之主也;出令而无所受令”(同上)。并推论出君子是“治万民”的主宰。反对性善论,首创性恶论,认为“人之性恶,其善者伪也”(《性恶》)。主张以“师法之化,礼义之道”去“化性起伪”。重视环境(“注错习俗”)和教育(“化性起伪”)对人的影响。用“明分使群”的观点来说明“礼”即国家制度和伦理道德的起源。认为人的物质欲望“无度量分界”而财物有限,必会产生争乱,于是“先王恶其乱也,故制礼义以分之”(《礼论》),达到“以义制利”。又提出“积善成德”的道德修养论。强调善起于“习俗”和“强学而求”,通过“锲而不舍”的努力,达到“至于礼”的圣人境界。在逻辑学上,建立正名逻辑的体系。分析了辩说产生的原因和背景,提出“名”、“辞”、“说”、“辩”等各种思维形式,阐述了思维规律和各种思维形式的逻辑规则。提出“所为有名”、“所缘以同异”、“制名之枢要”的“正名”三原则,及单名、兼名、别名、共名、大别名、大共名、宜名、实名、善名等“名”的分类。批判了“用名以乱名”、“用实以乱民”、“用名以乱实”三种诡辞。认为辞是“兼异实之名以论一意”,其作用是表达思想,“务以白其志义”(《正名》)。重视“类”在思维活动中的作用,提出“以类度类”、“以类行杂”、“类不悖,虽久同理”、“类不两可”以及“推类而不悖”等原则;强调“辩说”的“符验”、“辨合”,“凡论者,贵其有辨合,有符验,故坐而言之,起而可设,张而可施行”(《性恶》)。这些逻辑思想在中国逻辑史上占有重要地位。美学思想方面,肯定对于声、色等感官愉悦的追求是出于人的自然本性,但主张由“礼”加以约束和调节。提出“不全不粹之不足以为美”(《劝学》),强调人格完美。又提出“无伪则性不能自美”的命题,把自然之“性”视为美之基础;把后人、人为之“伪”视为加到对象上去的美之形式。“性者,本始材朴也;伪者,文理隆胜也。无性则伪之无所加,无伪则性不能自美”(《礼论》)。提出“形具而神生”的观点,不但对后世无神论思想有重大影响,同时对后世美学上的“形”、“神”关系问题也产生深远的影响。曾作《乐论》,主张将“乐”纳入“礼”的轨道,认为“乐合同,礼别异”,礼与乐乃相辅相济。肯定音乐艺术能起移风易俗的社会作用,“夫声乐之入人也深,其化人也速”,“乐行而志清,礼修而行成,耳目聪明,血气和平,移风易俗,天下皆宁,美善相乐”(同上)。在经济上提出强本节用、开源节流和“省工贾、众农夫”等主张。所作散文说理透辟、结构谨严。有《荀子》。

荀况 即“荀子”。

荀卿 即“荀子”。

孙卿 即“荀子”、“荀卿”。汉人避宣帝(名询)讳,故以“孙”代“荀”(颜师古说);一说“荀”、“孙”二音相近,“荀”之为“孙”,如孟卯之为芒卯,司徒之为申徒,为语音之转(见顾炎武《日知录》)。

驺衍(约前 305—前 240) “驺”亦作“邹”。战国哲学家,阴阳家代表人物。齐国人。曾游学稷下。历游魏、赵、燕等国,皆受到尊重和礼遇,曾为燕昭王师。因看到“有国者益淫侈,不能尚德……乃深观阴阳消息而作怪迂之变”,提出“五德终始”说,“称引天地剖判以来,五德转移,治各有宜,而符应若兹”(《史记·孟子荀卿列传》)。将春秋战国时代流行的“五行”说,附会到社会历史的盛衰兴亡和王朝的更替上,认为历史的变化发展是五行之德转移循环。盛称“机祥度制”，后成为两汉谶纬学说主要来源之一。在研究方法上，“必先验小物，推而大之，至于无垠”。提出“大九州说”，论述赤县神州（中国）为世界八十一州之一，每九个州为一集合单位，有小海环绕，称为“大九州”。九个“大九州”另有大海环绕，再往外便是天地的边际。因其语“闳大不经”，“所言五德终始，天地广大，尽言天事”（同上），被当时人称为“谈天衍”。曾批评名家“烦文以相假，饰辞以相悖，巧譬以相移，引人声使不得及其意，如此害大道”（见《史记集解》引刘向《别录》）；还以阴阳五胜说“绌公孙龙”（见《史记·平原君虞卿列传》）。《史记·孟子荀卿列传》称他著书“十余万言”。《汉书·艺文志》著录《邹子》四十九篇。又《邹子终始》五十六篇，唐颜师古注：“亦驺衍所说”。皆失传。现仅《史记》和《吕氏春秋》中存有他的一些思想和事迹的资料。

邹衍 即“驺衍”。

邹奭 战国后期齐人，晚期稷下先生，驺衍阴阳五行学说在稷下的唯一传人。《史记·孟子荀卿列传》列举齐之稷下先生，邹奭位于最后，并说：“邹奭者，齐诸邹子，亦颇采驺衍之术以纪文。”善于雕琢文辞，把驺衍的学说发挥得相当详尽精致，所以时人送他“雕龙奭”的雅号。“雕龙”之号是说雕得再好也只能供人观赏，难以施行，所以司马迁也说“奭也文具难施”，认为邹奭的文章虽然漂亮，但缺乏实用价值，难以施行。《汉书·艺文志》阴阳家类著录有《邹奭子》十二篇，久佚。

吕不韦（？—前235） 战国末政治家、思想家。卫国濮阳（今河南濮阳西南）人。曾至韩国阳翟（今河南禹州）经商，“家累千金”。常往返于赵国邯郸与秦国咸阳之间。在邯郸结识为质于赵的秦公子异人（后改名子楚），认为“奇货可居”，遂弃商从政，数次入秦游说华阳夫人，促使秦孝文王（即安国君）立子楚为太子。秦庄襄王元年（前249），子楚继位，他被任为相国，封文信侯。“食河南洛阳十万户”（《史记·吕不韦列传》），“食蓝田十二县”（《战国策》），并在燕、赵之间也有封邑。曾帅师击败东周与诸侯的联合进攻，灭了东周。秦王政立，他继任相国，号称“仲父”。决策和指挥了一系列的军事进攻，取得胜利。秦始皇三年（前244），攻取韩、魏地，威震山东各国。秦始皇六年，击退韩、魏、赵、卫、楚五国联军，为秦始皇统一六国奠定基础。有家僮万人，门下宾客三千。曾召集宾客，“兼儒墨，合名法”，辑合百家九流之说，于秦始皇八年，编成《吕氏春秋》，大体上反映了吕不韦的哲学思想。秦始皇十年，被免相，出居封地河南（今河南洛阳），一年后，迁往蜀郡，于途中饮鸩自尽。

韩非（约前280—前233） 战国末哲学家，法家集大成者。出身韩国贵族世家。口讷，不善言谈，善著书。与李斯同师事荀子。曾多次上书谏韩王安变法图强未见用。对韩王“不务修明其法制”造成“儒者用文乱法，而侠者以武犯禁”（《史记·老子韩非列传》）的现实政治不满。为总结“往者得失之变”，乃著《孤愤》、《五蠹》、《说难》等十余万言。秦王政读后，极为赞赏。韩王安五年（前234），为韩王出使至秦。曾上书劝秦王政先伐赵缓伐韩，遭李斯、姚贾谗害，说韩非“终为韩而不为秦”（同上）。次年被迫服毒自杀。其政治理论，集前期法家“法”（商鞅）、“术”（申不害）、“势”（慎到）三派之长，指出：“法者，编著之图籍，设立于官府，而布之于百姓者也。”（《难三》）“术者，藏之于胸中，以偶众端而潜御群臣者也。”（同上）“势者，胜众之资也。”（《八经》）强调国君必须行法、执术、恃势，使法、术、势三者密切结合。提出“抱法处势则治”，形成一套系统的法治理论。其核心为加强君主集权，造成“事在四方，要在中央，圣人执要，四方来效”（《扬权》）的政治局面，以适应建立统一的封建中央集权国家的历史趋势。提出严行赏罚，把“刑、德”看成是君主集中掌权的“二柄”。认为“二柄者，刑、德也。何谓刑、德？曰：杀戮之谓刑，庆赏之谓德”（《二柄》），与儒家以仁义为德的观点不同。称赞商鞅以来秦国推行的奖励耕战的政策。主张“以法为教”，“以吏为师”（《五蠹》），反对用“书简之文”、“先王之语”（同上）教育百姓。坚持“法不阿贵”，“刑过不避大臣”（《有度》），要求剪除私门势力，选拔“法术之士”，使“宰相必起于州部，猛将必发于卒伍”（《显学》）。由于韩非提出的法治理论和加强中央集权的政策，适应了战国末期新兴封建地主阶级建立封建统一帝国的要求，其政治主张基本上被秦始皇和李斯所采用。但由于其法治理论存在着严重的片面性，以致在实践中导致“刑罚积而民怨背”，成为秦王朝二世而亡的重要原因。韩非的“法”、“术”、“势”相结合的法治理论对秦以后的封建专制主义有深刻影响。哲学思想渊源于老子，但通过继承荀子的思想，改造了老子的学说。明确提出“理”的范畴，与“道”相区分。认为“道者，万物之所然也，万理之所稽也”，“理之为物之制”，“成物之文也”（《解老》），理具有普遍规律和特殊规律的含义。强调“缘道理以从事”，反对“无缘而妄意度”（《解老》）。认为普遍的“道”，即存在于事物千差万别的“理”中。说“凡理者，方圆、短长、粗靡、坚脆之分也。故理定而后可得道也”（同上）。接触到一般寓于特殊的关系。还继承了荀子的唯物主义无神论思想，反对“营巫祝”、“信机祥”。说：“用时日，事鬼神，信卜筮，而好祭祀者，可亡也。”（《亡征》）提出“形名参同”（《扬权》），强调事物形态与概念名称之间要保持一致性。要求“循名实而定是非，因参验而审言辞”（《奸劫弑臣》），用“参验”的方法来验证人的认识，并把它归结为刑名法术之学。注意考察事物的矛盾性，强调对立面不可调和，提出“杂反之学不两立而治”（《显学》）。所说的楚人鬻楯矛的寓言，为我国“矛盾”一词的由来。把人类社会的发展，分为“上古”、“中古”、“近古”和“当今”几个阶段。认为“上古竞于道德，中世逐于智谋，当今争于气力”（《五蠹》），历史是不断变化而不会倒退的。主张“世异则事异”，“事异则备变”（同上）。试图从人口和社会财富的变化中寻找历史变化的根据。认为“人民众而货财寡”是社会争乱的原因（同上）。以人性“自为”（利己）为据，揭露了当时社会人与人之间的利害交易关系，主张“不务德而务法”（《显学》），完全否定了传统伦理道德的价值，表明法治与儒家仁义的对立。在美学上，以功利主义否定美与艺术。认为事物如果只具有审美的、艺术的价值，而不具有实用功利的价值，就毫无意义：“虽有千金之玉卮，至贵而无当，漏不可盛水，则人孰注浆哉？”（《外储说右上》）提出“好质而恶饰”，“其质至美，物不足以饰之。夫物之待饰而后行者，其质不美也”（《解老》），抨击了儒家对“文”的追求。还提出画鬼魅易、画犬马难的观点，“夫犬马，人所知也，旦暮罄于前，不可类之，故难。鬼魅无形者，不罄于前，故易也”（《外储说左上》）。反映出艺术应当符合生活真实的思想。但韩非的极端功利主义的美学思想，对后世没有重大影响。有《韩非子》行世。

韩非子 即“韩非”。

王廖 亦称“王子廖”。春秋时军事家。因曾为内史，故又称内史廖。《吕氏春秋·不二》：“王廖贵先。”曾向秦缪公建议并运用向戎王“遗之女乐，以乱其政”之计，使秦国得地益国，而霸西戎。见《韩非子·十过》、《吕氏春秋·不苟》、《史记·秦本纪》等。

兒良 先秦军事家。《吕氏春秋·不二》：“兒良贵后。”言其用兵主后发制人。

秦 汉

孔鲋（约前264—前208） 秦末儒生。字甲。孔子后裔，居于魏。《汉书·儒林传》：“陈涉之王也，鲁诸儒持孔氏礼器往归之，于是孔甲为涉博士”，后因与陈胜政见不合，以目疾辞退。旧传《孔丛子》为其所作，实出后人伪托。

叔孙通 亦称“叔孙生”。西汉初薛县（今山东滕州南）人。曾为秦博士。秦末为项羽部属，后归刘邦，任博士，称稷世君。汉初建时，与儒生共立朝仪。后任太子太傅。

陆贾（约前240—约前170） 西汉初政论家。楚人。官至太中大夫。常向汉高祖说《诗》、《书》，并按刘邦要求，前后共写十二篇文，“每奏一篇，高帝未尝不称善，左右呼万岁，号其书曰《新语》”。提出：“文武并用，长久之术也。”（《史记·郦生陆贾列传》）总结秦亡教训，认为“秦非不欲为治，然失之者，乃举措暴众而用刑太极故也”（《新语·无为》）。提倡“行仁义，法先圣”，要求统治者“握道而治，据德而立。席仁而坐，杖义而强”。认为“夫谋事不并仁义后必败，殖不固本而立高基者后必崩”。强调仁义是维系社会关系的基础，“骨肉以仁亲，夫妇以义合，朋友以义信，君臣以义序”（《道基》）。又提出“逆取顺守，文武并用”的统治方略。主张“制事者因其则，服药者因其良。书不必起仲尼之门，药不必出扁鹊之方，合之者善，可以为法，因世而权行”，反对“淡于所见，甘于所闻”（《术事》）的重古轻今思想。强调无为政治，“道莫大于无为”，视无为即有为。认为自然之“天”可以认识，“在天者可见，在地者可量，在物者可纪，在人者可相”（《道基》）。指出世道盛衰与天无关，“世衰道亡，非天之所为也，乃国君者有所取之也”，故“天道不改，人道易也”（《明诫》）。还批判了邪变怪异之说和求神不死之道。但仍然存有天人感应思想，认为“上决是非于天文，其次定狐疑于世务”，“圣人因天变而正其失”（《思务》）。强调“慎微”的道德修养方法。有《新语》。近有王利器《新语校注》。

河上公 相传西汉时道家。姓名不详。在河滨结草为庵，因以为号。《史记》太史公称“河上丈人”。精通《老子》，汉相国曹参为其再传弟子。汉文帝读《老子》有所不解，常遣使往问《老子》经义。所传老子《道德经注》，疑为后人伪托。

乐巨公 亦称“乐臣公”。西汉道家。战国赵人乐毅之后。赵为秦所灭，逃亡齐国。师事河上公，“善修黄帝、老子之言，显闻于齐，称贤师”（见《史记·乐毅列传》）。

盖公 西汉道家。胶西（今山东高密西南）人。“善治黄老言”，主张“治道贵清静而民自定”（《史记·曹相国世家》）。曹参任齐国丞相时，用其言，齐国大治。

萧何（？—前193） 西汉政治家。沛县（今属江苏）人。秦末为沛县吏，佐刘邦起义，刘邦为沛公，何为丞督事。入咸阳后，收秦丞相御史律令、图书藏之，掌握了全国山川险要、郡县户口和社会情况。楚汉相争时留守关中，输送士卒粮饷，建法令制度，立宗庙社稷、宫室县邑，对刘邦建立汉王朝起了重要作用。汉朝统一天下后，提出“无为而治”，并参照秦法律制定九章律。

黄生 亦称“黄子”。西汉道家。曾教司马谈习道论。与博士辕固生在汉景帝前争论汤武诛桀纣是受命还是弑君一事，认为“汤武非受命，乃弑也。”说：“冠虽敝，必加于首；履虽新，必关于足。”（《史记·儒林列传》）并提出，主有失行，臣要正言匡过以尊天子，不能因其过失而诛之。这与先秦道家思想有所不同。

黄子 即“黄生”。

贾谊（前200—前168） 西汉哲学家、政论家、文学家。洛阳（今属河南）人。时称贾生。文帝初，召为博士，时年二十余，颇通诸子百家之书，参与朝政。后迁太中大夫。上书文帝，建议发展生产，加强蓄备，确保百姓安居乐业。为大臣周勃、灌婴等排挤（一说为邓通行谗），谪为长沙王太傅。渡湘水时，作赋吊屈原以自伤悼。其文激越慷慨，音促调急，文字铺张飞扬，具有悲壮之美。曾上《谏铸钱疏》，主张由国家统一铸钱。后召为梁怀王太傅。上《陈政事疏》（即《治安策》），提出关于政治、经济、军事等方面的建议。怀王堕马死，他郁郁自伤，不久去世。建议行仁义必须以“权势法制”为基础；“仁义恩厚，此人主之芒刃也；权势法制，此人主之斤斧也。势已定，权已足矣，乃以仁义恩厚而泽之，故德布而天下有慕志”（《新书·制不定》）。重视礼仪治国，认为“礼者，所以固国家，定社稷，使君无失其民者也”，“尊卑大小，强弱有位，礼之数也”（《礼》）。提出“众建诸侯而少其力”，认为诸侯王只要力量强大，就会造反（《藩强》）；主张重农抑商，“轻赋少事”，“驱民而归之农”；力主抗击匈奴贵族的攻掠，用“三表”、“五饵”办法“与单于争其民”（《匈奴》）。指出“以民为本”：“夫民者，万世之本也，不可欺。……与民为敌者，民必胜之。”（《大政上》）强调“与民以福”，“与民以财”，施行德教，反对“繁法严刑”。认为不应继续“无为”政治，而应积极有力。哲学上，其早期著作《道德说》，以“德”为宇宙万物以至仁义道德的根源。“德之所以生”，“阴阳、天地、人与万物也”，“仁者德之出也，义者德之理也”。一切变化亦由德中产生。“德者，变及物理之所出也。”但又认为“德者离无而之有”，“德之有也，以道为本”，德由道生。指出“道者无形，平和而神”。其道、德之论源于《老子》，有唯心主义倾向。其后期著作《鹏鸟赋》认为，宇宙万物是天地阴阳自然产生的。“天地为炉兮，造化为工，阴阳为炭兮，万物为铜”。肯定宇宙万物“千变万化，未始有极”，永恒运动。“万物变化兮，固无休息”。认识到事物的对立和转化：“祸兮福之所倚，福兮祸之所伏；忧喜聚门兮，吉凶同域”，“夫祸之与福兮，何异纠缠”，“万物回薄兮，振荡相转”。但其思想有消极成分，认为祸福无常，变化无极。认识上主张像镜子和秤一样如实反映、衡量事物，不持个人主观意见。“镜仪而居，无执不臧”，“清虚而静，令名自命，令物自定，如鉴之应，如衡之称”（《道术》）。还提出“周听则不蔽，稽验则不惶”，要求了解事物全部情况，并检验其正确与否。社会历史观上，以人的衣食条件解释社会治乱和人的荣辱观念，指出“饥寒切于民之肌肤，欲其亡为邪，不可德也”（《治安策》）。否认天对社会人事的决定作用，认为“民之治乱在于吏，国之安危在于政”（《大政上》）。但又相信“诬神而逆天，则天必败其事”。又相信占卜和谶纬，认为鹏鸟入室是不祥之兆而作《鹏鸟赋》。并指出社会发展中“势”的作用：“大抵强者先反”，“非独性异人也，其形势然也”（《藩强》）。文学艺术思想继承先秦儒家观点，认为书、诗、易、春秋、礼等六艺，其功效就是加强人的道德修养。原有集，已散佚，明人辑有《贾长沙集》。另传有《新书》十卷，注本有清卢文弨校注的《贾谊新书》、清王耕心《贾子次诂》等。

贾生 即“贾谊”。

晁错（约前 200—前 154） 西汉政论家。颍川（治今河南禹州）人。从张恢学申不害、商鞅刑名法家学说。文帝时任太常掌故，后从故秦博士伏生受《尚书》，诏为太子舍人，门大夫，迁博士，后拜为太子家令，得幸太子（汉景帝），号为“智囊”。景帝即位，任为御史大夫。提出“守边备塞，劝农力本”。主张重本抑末；纳粟受爵；募民徙塞，农兵合一。并主张削弱诸侯；更定法令以巩固封建的中央集权制。后吴楚七国以诛晁错为名，发动武装叛乱时，为袁盎等所谮，被杀。有《募民徙塞下疏》、《论贵粟疏》、《守边劝农疏》、《削藩策》等。《汉书·艺文志》有《晁错》三十一篇，今有清人马国翰等人的辑本。

张苍（？—前 152） 西汉历算家。阳武（今河南原阳东南）人。秦时为御史，后归刘邦，任代、赵相，封北平侯。迁为计相，以列侯居相府，主持郡国上计，定历法及度量衡程式。后相淮南王十四年，迁为御史大夫。

刘安（前 179—前 122） 西汉哲学家、文学家。沛郡丰（今江苏丰县）人。汉高祖之孙，袭父封为淮南王。好读书鼓琴，辩博善为文辞。曾招致宾客方术之士数千人，编写《鸿烈》（即《淮南鸿烈》，也称《淮南子》），其书“观天地之象，通古今之事，权事而立制，度形而施宜”，“以统天下，理万物，应变化，通殊类”（《要略》）。《汉书·艺文志》列为杂家。然“其旨近老子”，“归之于道”（见《淮南子》高诱叙）。哲学上以道家的自然天道观为中心，综合先秦道、法、阴阳等各家思想。认为天地万物是“道”产生的，“太上之道，生万物而不有，成化象而弗宰”（《淮南子·原道训》）。还指出“道者”，“廓四方析八极，高不可际，深不可测，包裹天地”（同上）；“道”“分而为阴阳，阴阳合和而万物生”。认为道是“覆天载地”，充塞宇宙，无限无形，“含阴阳”的“气”（同上）。在形神关系上，认为人死“精神入其门，而骨骸反其根”。但又认为“形有摩而神未尝化”，“不得形神俱没”（《精神训》）。并提出以养神为主的养生论，反对贪欲享乐的养生论。认识上提出“物至而神应”，“知与物接，而好憎生焉”（《原道训》）。人通过与外界的接触而能认识事物。强调世界可知，规律可循：“欲知天道察其数，欲知地道物其树，欲知人道从其欲”（《缪称训》）。并强调后天的学问和教养，“教顺施续，而知能流通”，“知人无务，不若愚而好学”。政治上主张“无为而治”。反对消极的“无为”，说：“曰无为者，寂然无声，漠然不动，引之不来，推之不往。如此者，乃得道之像，吾以为不然”（《修务训》）。并对“无为”作了新的解释：“吾所谓无为者，私志不得入公道，嗜欲不得枉正术，循理而举事，因资而立权，自然之势，而曲故不得容者。”（同上）提倡变古，“苟利于民，不必法古；苟周于事，不必循旧”，主张“先王之制，不宜则废之”（《氾论训》）。后以谋反事发自杀，受株连者达数千人。有《淮南子》。

董仲舒（前 179—前 104） 西汉哲学家，今文经学大师。广川（治今河北景县西南）人。专治《春秋公羊传》。曾任博士、江都相和胶西王相。汉武帝举贤良文学之士，他对策建议“罢黜百家，独尊儒术”，认为“诸不在六艺之科，孔子之术者，皆绝其道，勿使并进”（《举贤良对策》）。为汉武帝采纳，开此后两千年封建社会以儒学为正统的先声。其学说以儒家为中心，综合名、法、道，杂以阴阳五行说，贯穿神权、君权、父权、夫权，形成封建神学体系。其神学体系中，天是最高的哲学概念：“天者，百神之君”、“万物之祖”。认为“天高其位而下其施，藏其形而见其光，序列星而近至精，考阴阳而降霜露”（《春秋繁露·天地之行》）。认为“天亦有喜怒之气，哀乐之心，与人相副，以类合之，天人一也。”（《春秋繁露·阴阳义》）天和人一样有意志感情：“春，喜气也，故生；秋，怒气也，故杀；夏，乐气也，故养；冬，哀气也，故藏。四者，天人同有之。”（同上）天和人一样有道德意识：“仁之类者在于天。天，仁也。”（《春秋繁露·王道通三》）还强调“仁义制度之数，尽取之天”，“王道之三纲，可求于天”（《春秋繁露·基义》）。认为天按照自己的形象创造人类，人的形神和道德品质等都是天的副本。人只有服从天道，“取天地之类以养其身”（《春秋繁露·循天之道》）。天通过阴阳五行的变化体现其主宰作用，“是故明阴阳入出实虚之处，所以观天之志，辨五行之本末顺逆，小大广狭，所以观天道也”（《春秋繁露·天地阴阳》）。天对地上统治者经常用符瑞、灾异分别表示希望和谴责，“国家将有失道之败，而天乃先出灾害以谴告之，不知自省，又出怪异以警惕之，尚不知变，而伤败乃至。”（《举贤良对策》）同样，“帝王之将兴也，其类祥亦先见；物固以类相召也”（《春秋繁露·同类相动》）。故统治者须承天意以行事。将天道与人事相比附，认为君臣、父子、夫妻等“道”出于天，故“天不变，道亦不变”（《汉书·董仲舒传》），借天道以论证封建统治秩序的神圣化、绝对化。认为人的认识在于与天意相符，而天意“唯圣人能见之”（《春秋繁露·郊语》）。认为“名”也来自“天意”，提出概念的先天起源说，“名则圣人所发天意”，“事各顺于名，名各顺于天”（《春秋繁露·深察名号》），并将深察名号作为一切是非曲直的标准，提出“欲审曲直，莫如引绳；欲审是非，莫如引名；名之审于是非也，犹绳之审于曲直也”（同上）。在提出封建伦理“三纲五常”之同时，把人的性品分为上、中、下三品。认为“圣人之性”是善性，“斗筲之性”是下愚者，都不可以名性，只有大多数被统治者的“中民之性”才可以名性，但他们需要统治者加强道德教育。宣扬黑、白、赤三统循环的历史观。认为每一新王受命，必须根据黑、白、赤三统，改正朔，易服色，但“大纲人伦、道德、政治、教化、习俗”，“尽如故”。强调“王者有改制之名，无易道之实”。在义利观上，主张义利“两养”，不可缺一。但又提倡“正其谊不谋其利，明其道不计其功”（《汉书·董仲舒传》）。认为“利者，盗之本也”（《春秋繁露·天道施》）。对“富者田连阡陌，贫者亡（无）立锥之地”的阶级矛盾现象有所揭露，提出“限民名田，以赡不足，塞兼并之路；盐铁皆归于民；去奴婢，除专杀之威；薄赋敛，省徭役，以宽民力”（《汉书·食货志》）。教育上，主张以教化为防止民之趋利，巩固封建统治的“堤防”，立太学，设庠序。强调艺术的教化作用，把仁义礼乐看做整个人类社会生活和生存的基础，认为“无礼乐，则亡其所以成”（《春秋繁露·立元神》）。著作颇多，《汉书·董仲舒传》称“凡百二十三篇”，外加说《春秋》的《玉杯》等数十篇十余万言，现存《春秋繁露》及严可均于《全汉文》中辑录的两卷文章。

桑弘羊（前152—前80） 西汉政治家。洛阳（今属河南）人。十三岁到长安宫廷当侍中。武帝时，任治粟都尉，领大司农。制订和推行盐铁酒类的官营专卖，设置“均输”、“平准”机构，控制全国商品和价格，从富商大贾手中夺回了盐铁酒类和贸易的控制权，稳定了物价，增加了西汉政府的财政收入，并将各郡国铜币铸造权收归中央，铸造国家统一的“五铢钱”。主张抗击匈奴的袭扰，反对屈辱的“和亲”政策。认为边界区域与内地，“犹支体与腹心也”，“唇亡则齿寒”（《盐铁论·和亲》）。主张“险固”、“自备”，防御外来的侵扰，曾组织六十万人屯垦，以备御匈奴的袭击。昭帝年幼即位后，任御史大夫。在始元六年（前81）召开的盐铁会议上，坚持盐铁官营，认为兴盐铁，置均输平准，“蓄货长财，以佐助边费”（《本议》），“亦所以赈困乏而备水旱之灾也”（《力耕》），“非独为利入也”，“将以建本抑末，离朋党，禁淫侈，绝并兼之路也”（《复古》）。反对“符瑞”说，认为：“四时五行，迭废迭兴，阴阳异类，水火不同器。”（《论灾》）指出水灾与旱灾、饥荒和丰年是“天之所为”（《水旱》）。次年，被控谋反昭帝而被杀。其思想保存在《盐铁论》中。

汲黯（？—前112） 西汉道家。字长孺。濮阳（今河南濮阳西南）人。汉景帝时为太子洗马。武帝即位为谒者，拜为中大夫，后召为主爵都尉，列为九卿。学黄老之言，以“清静”治官理民。治世责大而不苛小，务在“无为”。为人少礼面折，对上好直谏。经常指责儒家为：“怀诈饰智以阿人主取容，而刀笔吏专深文巧诋陷人于罪。”（《史记·汲黯列传》）

杨王孙 西汉道家。无神论者。汉武帝时人。学黄老之术，著《裸葬书》，认为“精神者天之有也，形骸者地之有也。精神离形，各归其真”。指出人死不为鬼，“鬼之为言归也”，其尸“块然独处岂有知哉”。反对当时流行的厚葬风气，认为费财厚葬，“死者不知，生者不得，足谓重惑”，遗嘱其子，死后裸葬。

桓宽 西汉学者。字次公。汝南（郡治今河南上蔡西南）人。治《公羊春秋》。宣帝时任为郎。官至庐江太守丞。曾将始元六年（前81）盐铁会议上桑弘羊和贤良文学就盐铁官营等问题的辩论汇集成《盐铁论》，保存了西汉政治、经济等方面的重要资料。

严君平（约前73—后17） 西汉学者。名遵，字君平。蜀（治今四川成都）人。隐居不仕，常以占卜为业，兼授《老子》、《庄子》，尤精《易》。继承老子“道生万物”的思想，提出“气化分离”。认为“道德”本为浑沌未分之气，经分离而化生万物，“道德变化，陶冶元首，禀受性命乎太虚之域，玄冥之中，而万物混沌始焉。神明交，清浊分，太和行乎荡荡之野，纤妙之中，而万物生焉”（《道德真经指归》卷八）。强调“道德虚无”，主张“有生于无，实生于虚”（同上）。肯定“天道自然无为”，“道德无为而神明然矣，神明无为而太和自起，太和无为而万物自理”（同上）。要求因时顺理，“奉道顺天，与物相参”（《道德真经指归》卷十二）。提出“审实定名”，认为事物的“名”须合符“实”，“一名一实，平和周密，方圆曲直，不得相失”（《道德真经指归》卷十）。视“虚静”为得“道”的功夫,“守静致虚,我为道室”(《道德真经指归》卷九)。有《老子指归》,存于《道藏》,称《道德真经指归》。

严遵 即“严君平”。

扬雄(前 53—后 18) 一作“杨雄”。西汉哲学家、文学家、语言学家。字子云。蜀郡成都(今属四川)人。少而好学,博览无所不见。为人简易佚荡,好深湛之思。成帝时为给事黄门郎。王莽时,校书天禄阁,官为大夫。早年作《反离骚》、《甘泉赋》、《河东赋》、《校猎赋》、《长杨赋》等,以讽劝汉帝。后研究哲学,仿《周易》作《太玄》;仿《论语》作《法言》。以“玄”为宇宙万物的本原,“玄者,幽摛万类而不见形者也”,它“摛措阴阳而发气”,阴阳之气“一判一合,天地备矣”(《太玄·摛》)。天地相互作用产生万物,“天地交,万物生”(《法言·修身》)。认为“玄”幽深渺茫,高远广大,无所不在,无所不能,它能统辖智、仁、勇、公、通、圣、命和道德阴阳等。主张人的认识应模拟而不是改造自然,“上拟诸天,下拟诸地,中拟诸人”。模拟这些客观现象,“无或改造,遵天之丑(类),挠以之天元”(《太玄·挠》)。重视验证,提出“君子之言,幽必有验乎明,远必有验乎近,大必有验乎小,微必有验乎著,无验而言之谓妄”(《法言·问神》)。提出“大辩”、“小辩”说,主张以儒家经典《易》、《书》、《礼》、《诗》、《春秋》五经为大辩的标准,“舍斯,辩亦小矣”(《寡见》)。认为事物在变化过程中有“因”(继承),有“革”(变革),指出“可则因,否则革”(《问道》)。对古代文化,主张“新则袭之,敝则益损之”(同上)。肯定包括文化艺术作品在内的一切文词都应当有美,认为“言不文,典谟不作经”(《寡见》)。主张文词之美要合乎“法度”,即仁义之道。强调文质兼备,指出“威仪文辞,表也;德行忠信,里也”(《重黎》)。提出“自然之道”即为“有生者必有死,有始者必有终”(《君子》),否定了当时长生不死的迷信观念。但对鬼神的有无,持模棱两可的态度:“神怪茫茫,若存若亡,圣人曼云。”(《重黎》)在综合先秦孟子性善论和荀子性恶论的基础上,认定“人之性也善恶混。修其善则为善人,修其恶则为恶人”(《修身》)。强调后人学习的重要:“学者,所以修性也。视听言貌思,性所有也。学则正,否则邪。”(《学行》)根据学习礼义的不同境界,把人分为“众人”、“贤人”、“圣人”三等。主张以孔子之学为向导,以儒家经典为道德是非标准,“视日月而知众星之蔑也,仰圣人而知众说之小也”(《学行》);“仲尼之道犹四渎也,经营中国,终入大海”(《君子》)。并主张对孔儒之外的道家及先秦诸子作批判吸收。从宇宙观和自然观上论证封建等级、宗法伦理的合理性、永恒性,但又反对酷刑滥杀、重赋兼并、奢侈扰民的“恶政”(《先知》)。批评当时的经学神学化和标榜孔门而偷换孔子实质的行为。于语言学,著有《方言》,记述西汉时各地方言,是研究古代语言的重要资料。还续《苍颉篇》编成《训纂篇》。著作原有集,已散佚。明人辑有《杨子云集》,清严可均所编《全上古三代秦汉三国六朝文》收其赋、箴等共四卷,最为详备。

杨雄 即“扬雄”。《汉书》作扬雄,经清段玉裁考证,“扬”应作“杨”。

桓谭(约前 20—后 56) 东汉哲学家、经学家,无神论者。字君山。沛国相(今安徽濉溪西北)人。通音律、天文,“遍习五经,皆诂训大义,不为章句”(《后汉书·桓谭列传》)。汉成帝时仕为郎。王莽篡汉,为掌乐大夫,更始时为太中大夫,东汉光武时征为待诏,因反对谶纬,几遭处斩,被贬为六安郡丞,道病卒。政治上主张儒家王道,“夫王道之治,先除人害,而足其衣食,然后教以礼仪,而威以刑诛,使知好恶去就”(《新论·王霸》)。认为“理国之道,举本业而抑末利”(同上)。反对谶纬迷信,“谶出《河图》、《洛书》,但有兆朕,而不可知。后人妄复加增依托,称是孔丘,误之甚也”(《启寤》)。认为“灾异变怪者,天下所常有,无世而不然”。屡次上书光武帝,指斥谶纬为“奇怪虚诞之事”,非“仁义正道”,只能“欺惑贪邪,诖误人主”。认为对灾异现象,只能“修德、善政、省职、慎行以应之”(《谴非》)。形神观上提出烛火之喻:“精神居形体,犹火之然(燃)烛矣。”“烛无,火亦不能独行于虚空。”(《祛蔽》)认为精神不能离开形体而独立存在。此说成为后来绘画中形神论的思想渊源。反对神仙长生,“无仙道,好奇者为之”(《辨惑》)。“生之有长,长之有老,老之有死,若四时之代谢矣。”指出方术之士所说“人诚能抑嗜欲,阖耳目”就能永不衰老是谬论,说:“彼树无情欲可忍,无耳目可阖,然犹枯槁朽蠹。人虽欲养,何能使不衰?”(同上)其形神论为以后范缜《神灭论》的先导。认识论上肯定“人抱天地之体,怀纯粹之精,有生之最灵者也”(《正经》)。对认识能力的共性与差别作了分析:“凡人耳目所见,心意所知识,情性所好恶,利害所去就,亦皆同务焉。若材能有大小,智能有深浅,听明有闇照,质行有薄厚,亦则异度焉。”(《言体》)其思想对王充有一定影响。有《新论》,已散佚。清人辑本以严可均《全后汉文》较完备。

王充(27—约 97) 东汉哲学家,无神论者。字仲任,会稽上虞(今属浙江)人。一生经历光武、明帝、章帝、和帝四朝。其先世居魏郡元城(今河北大名)。出身“细门孤族”,祖父辈曾以“贾贩为事”。早年到京师受业太学。师事扶风班彪,“好博览而不守章句”,“博通众流百家之言”(《后汉书·王充传》)。因仕进无途,回乡“屏居教授”,中年曾任县及都尉府的掾、功曹,后入州为从事,转治中,皆为“吏属”性的小官。晚年辞职家居,以教书为业,并从事著述。先后写成《讥俗》、《养性》、《政务》和《论衡》。其治学强调“通明博见”,使《论衡》“乍出乍入,或儒或墨”(见《抱朴子·喻蔽》),被《四库全书》列为“杂家”。哲学上主张元气自然论,认为“气”是天地万物的始基,“天地,含气之自然也”(《论衡·谈天》)。万物由天地“动行”。“施气”而自然产生,“天之行也,施气自然也;施气则物自生,非故施气以生物也”(《说日》)。提出“天地合气,万物自生;犹夫妇合气,子自生矣”(《自然》)。还认为“天无上”,“地无下”,“天地不生,故不死；阴阳不生，故不死”（《道虚》），初步接触到世界的无限性问题。将天还原为自然物体，“夫天，体也，与地无异”（《变虚》）。认为天不具有精神作用，“天之自然”，“无口目也”（《自然》）。对当时盛行的“灾异谴告”、“天降祥瑞”等“天人感应”说和神仙迷信进行抨击，“夫天道自然也，无为；如谴告人，是有为，非自然也”（《谴告》）。“阴阳之气以人为主，不说于天也。夫人不能以行感天，天亦不随行而应人”（《明雩》）。“夫瑞应，犹灾变也……灾变无种，瑞应亦无类也”（《讲瑞》）。认为世上天象与人事的应合是一种偶然的巧合，“外若相应，其实偶然”（《寒温》），或者是一种以已知的运行变化规律，将人事的因素附会上去，如“地固且动，太卜言已能动之；星固将自徙，子韦言君能徙之”（《变虚》），并以自然科学知识解释自然现象。在生死问题上，认为“人未死，在元气之中；既死，复归元气”（《论死》）。指出“有血脉之类，无有不生；生无不死。以其生，故知其死也。”“死者，生之效；生者，死之验也。夫有始者必有终，有终者必有死”（《道虚》）。故“人之死，犹火之灭也”，“火灭不能复燃，以况之死人不能复为鬼明矣”（同上）。批判世俗鬼神迷信，禁忌和祸福报应观念，并由此反对儒家的厚葬和墨家的右鬼，认为儒家厚葬为害甚烈，“破家尽业，以充死棺；杀人以殉葬，以快生意”，“竭财以事神，空家以送终”（《薄葬》）。“墨家之议，自违其术，其薄葬而又右鬼”，“术用乖错，首尾相违，故以为非”（同上）。在形神观与认识论上，认为“人之所以聪明智慧者，以含五常之气也”。“形须气而成，气须形而知。天下无独燃之火，世间安得有无体独知之精？”（同上）强调精神对形体的依存关系，为后来范缜的神灭论奠定了基础。重视感官作用，主张“须任耳目定情实”（《实知》），并认为“天地之间，含血之类，无性（生）知者”（同上），反对当时流行的“神而先知”、“生而知之”的谬论。强调“效验”，指出“考察前后，效验自烈。自烈，则是非之实有所定矣”（《语增》）。还注意运用思维从因果关系上进行推理，指出“不徒耳目，必开心意”，“按兆察迹，推原事类”，“揆端推类，原始见终”（《知实》）。但又以为有千岁万世不变的知识，以及“问之学之不能晓也”的“不可知之事”（同上）。反对当时神学经学，认为“儒者说五经多失其实。前儒不见本末，空生虚说；后儒信前师之言，随趣述故，滑习辞语”，使“虚说传而不绝，实事没而不见”（《正说》）。在历史观上，赞成“仓廪实民知礼节，衣食足民知荣辱”的说法，看到社会治乱与经济生活的关系。反对崇古非今，看到上世“饮血茹毛”，下世“饮井食粟”；上世“岩居穴处”，下世“易以宫室”的历史进步。但又认为上世与下世之民“俱禀元气，元气纯和，古今不异”（《齐世》）；故“上世治者”和“下世治者”皆为圣人，“前后不殊”，“古今不并”。陷入历史循环论。反对关于圣帝贤君的神化崇拜观念，认为“天地之性，唯人为贵”，圣贤同样禀受人气，将圣贤神化，是“失实离本”（《艺增》）。但又认为“世上治乱在时不在政，国之安危在数不在教”，“昌衰兴废，皆天时也”（《治期》）。有命定论和机械观的倾向，及宣扬瑞应说和主张妖祥说的表现，使其无神论的观点，不能贯穿全部。在“性”、“命”观点上，认为：“操行善恶者，性也；祸福吉凶者，命也”（《命义》），“人禀气而生，含气而长，得贵则贵，得贱则贱”（《率性》）。主张人性有善恶，“禀气有厚泊，故性有善恶也”；但强调人性可以改变，“夫人之性，犹蓬纱也，在所渐染而善恶变矣”（《率性》）。在美学上，认为艺术应该真实和有用，提出“真美”，反对虚妄言。主张“实诚在胸臆，文墨著竹帛，外内表里，自相指称”（《超奇》）。强调文章要为“世用”，“立真伪之平”（《对作》），达到“劝善惩恶”的道德教化作用。并主张作家的个性发挥，反对抄袭模拟古人，认为“饰貌以强类者失形，调辞以务似者失情”，主张“名以所禀，自为佳好”（《自纪》）。还提倡通俗易晓的语言，反对古奥奇涩的文风，力求用“明言”、“露文”去“悟俗人”。其思想在封建社会中被视为异端，但广为流传，对以后唯物主义思想的发展有很大的影响。著作今存《论衡》。通行的《论衡》校注本有刘盼遂的《论衡集解》和黄晖的《论衡校释》。

左雄（？—138）　东汉政论家。字伯豪。南阳郡涅阳（今河南邓州东北）人。举孝廉。仕为冀州刺史，后至尚书令。曾屡次上疏，主张“考黜”、“用贤”，以“政平吏良”使封建王朝进入“中兴之轨”。借“灾异”劝告统治者要“乾乾劳思，以济民为务。宜循古法，宁静无为，以求天意，以消灾异”（《后汉书·左雄传》）。也指责了统治者“视民如寇仇，税之如豺虎”，“一人犯法，举宗群亡”（同上）等虐政。

许慎（约58—约147）　东汉文字学家、经学家。字叔重。汝南召陵（今河南漯河市召陵区）人。师事贾逵。曾任太尉南阁祭酒、洨长等职。博通经籍，时有“五经无双许叔重”之评。集古文经学训诂之大成，著《说文解字》十四卷并叙目为十五卷。其书内容广博，“六艺群书之诂，皆训其意，而天地、鬼神、山川、草木、鸟兽、昆虫、杂物、奇怪、王制、礼仪、世间人事，莫不毕载”（《上〈说文〉表》）。认为文字是先人“仰则观象于天，俯则观法于地”，“近取诸身，远取诸物”，“依类象形”（《说文解字·叙》）而创造的。以象形为基础的汉字在对客观事物的描摹中体现了自然的客观规律，并与一定的社会伦理道德相联系。认为“象”和“意”紧密联系。指出汉字形成的六条基本原理，即指事、象形、形声、会意、转注、假借，皆以象形为基础，这种形是抽象的指意文字符号。所提的汉字意象统一、具体和抽象统一的特点，反映了中华民族审美意识的特征。还对“美”的字义作了解释：“美，甘也。从羊，从大。羊在六畜主给膳也。美与善同意。”认为“美”同味觉的快感相连，既和功利有关，又具有超出功利欲望满足的特点。为后世美学范畴奠定了字源学的基础。所释字义中有反映社会等级制度和宗教意识的内容：“臣：牵也。事君也。象屈服之形。”“示：天垂象见吉凶，所以示人也。观乎天文以察时变。示，神事也。”另有《五经异义》，郑玄曾撰《驳五经异义》给予驳难，两书均佚。清陈寿祺辑有《五经异义疏证》。

崔寔(？—约170) 东汉政论家、思想家。字子真，一名台，字元始。涿郡安平(今属河北)人。官至尚书。曾著《政论》，抨击当时“政令垢玩，上下怠懈，风俗凋敝，人庶巧伪”的局面(《后汉书·崔寔传》)，主张将儒家的“德教”与“刑罚”并用，以挽救政治危机。另有《四民月令》。

王符(约85—162) 东汉思想家、哲学家。字节信，安定临泾(今甘肃镇原东南)人。少好学，有志操，一生未仕，隐居著书，对当时社会弊端的各个方面进行抨击。指出当时社会“治本者少，浮食者多”，“本末何足相供？则民安得不饥寒？饥寒所至，则安能不为非？”(《潜夫论·浮侈》)并指出“今者刺史、守相，率多怠慢，违背法律，废息治令，专情务利，不恤公事”(《三式》)。提出要对社会进行治理。哲学上持以“气”为本的宇宙生成论，认为“上古之世，太素之时，元气窈冥”(《本训》)。用“气”与“道”说明自然现象，认为天、地、人、物都以“气”为本，其变化“莫不气之所为也”(《德化》)，气“翻然自化，清浊分别，变成阴阳。阴阳有体，实生两仪，天地壹郁，万物化淳，和气生人”(《本训》)。而人秉承天地之气，具有中和之美，具体表现为礼义。“气”又与“道”相连，而“道之为物也，至神以妙；其为功也，至强以大”(同上)。在鬼神问题上认为“夫鬼神与人殊气异务，非有事故，何奈于我”(《卜列》)。反对汉儒神学家认为“乐”、“诗”等艺术可以“通乎鬼神”的观点。在天人关系上认为“凡人吉凶，以行为主，以命为决。行者，己之质也；命者，天之制也”(《巫列》)，承认天命、鬼神，但又以人事为重。对于人的才性问题，反对“以族举德，以位命贤”，认为“人之善恶，不必世族；性之贤鄙，不必世俗”(《论荣》)。在认识论上，反对“虚论”、“华饰”，主张“名理者必效于实”(《考绩》)。反对当时“名实不相副”的现状，并反对圣人“生知”之说，认为“虽有至圣，不生而知；虽有至材，不生而能”(《赞学》)。较重视理性认识，强调以“心”“明道”、“假(借)道”，提出“愿鉴于道，勿鉴于水”(《遏利》)，“道之于心也，犹火之于目也”(《赞学》)等论断。历史观上还没有摆脱“五德终始”说，但强调“国以民为基”(《边议》)，指出“天之立君，非私此人也以役民”(《班禄》)，“国君之所以治治者，公也”(《潜叹》)。主张德政教化，认为“人君之治，莫大于道，莫盛于德，莫美于教，莫神于化”(《德化》)。强调德性操行，指斥那些“无德而富贵”者是“盗天”之贼。反对人与人“交利”关系，主张人之交际“未可以富贵骄贫贱”。有《潜夫论》。

蔡邕(132—192) 东汉文学家、书法家。字伯喈。陈留圉(今河南杞县西南)人。曾官郎中，校书东观，迁议郎。因上疏论朝政阙失而流朔方。赦后，亡命江湖十余年。董卓时官侍御史尚书、侍中、左中郎将。卓被诛后，下狱死。熹平四年(175)，灵帝诏邕与堂溪典等写定“六经”文字，部分由邕书丹于石，立于太学门外，史称《熹平石经》。又传说邕曾于鸿都门见工匠用帚写字，得到启发，创“飞白”书。论书注重“情”与“性”：“书者，散也。欲书，先散怀抱，任情恣性，然后书之。”强调“意”与“神”：“夫书，先默坐静思，随意所适，言不出口，气不盈息，沉密神采，如对至尊，则无不善矣。”指出“形”与“体”的相互关系：“为书之体，须入其形。”(《笔论》)论述书法美的根源在于“自然”和“形势”，其中介为“阴阳”的对立：“夫书肇于自然，自然既立，阴阳生焉；阴阳既生，形势出矣。藏头护尾。力在字中，下笔用力，肌肤之丽。”(《九势》)有《蔡中郎集》，已佚，后人有辑本。

荀悦(148—209) 东汉末哲学家、经学家、史学家。字仲豫。颍川颍阴(今河南许昌)人。先秦儒者荀子后裔。祖、父两辈均参加过反对外戚、宦官的斗争，遭“党锢之祸”。早年因宦官当权，托病隐居，汉献帝时应曹操征辟，任黄门侍郎、秘书监、侍中等职，与从弟荀彧、名士孔融俱侍讲宫中。在天人关系上持自然意义上的“天人感应”说。认为“人承天地，故动静顺焉。顺其阴阳，顺其日辰，顺其度数。内有顺实，外有顺文。文实顺理也。休征之符，自然之应也”(《申鉴·俗嫌》)。人性问题上，持“性三品”说，认为“生之谓性也，形神是也”，“凡言神者，莫近于气，有气斯有形，有神斯有好恶喜怒之情矣。”(《杂言下》)不赞成先秦以来“性善”、“性恶”、“性善恶混”、“情恶性善”诸说，认为性有善有恶，“有三品焉，上下不移，其中则人事存焉尔”(《政体》)。三品再各分为三，共有九品，其中“从教者半，畏刑者四分之三，其不移者大数九分之一也”，故“性虽善，待教而成；性虽恶，待法而消”(同上)。在政治上主张“法”与“教”并举，“凡政之大经，法教而矣。教者，阳之化也；法者，阴之符也。”认为“民不畏死，不可惧以罪；民不乐生，不可劝以善”。法、教须“先丰民财以定其志”，使能“养生”。在知行问题上认为：“夫心与言，言与事参相应也”(同上)。主张“有事考功”，“有言考用”，“动则考行”，“静则考守”(《时事》)。针对汉末阶级矛盾激化的状况，提出“耕而勿有”(同上)的主张；指出“足寒伤心，民寒伤国”(《政体》)，提出“人主承天命以养民者也，民存则社稷存，民亡则社稷亡”(《杂言》)的民本思想。反对私增赋役和“峻刑害民”。对当时流行的神仙方术、谶纬迷信提出怀疑，认为卜筮无益。有《申鉴》五篇，另曾仿《左传》体裁，以编年体改写《汉书》，撰成《汉纪》三十篇。

牟子 东汉末学者。名不详。一说名牟子博(《弘明集》卷一)，后世误传为牟融。苍梧郡(治所在今广西梧州)人。原为儒生，博通经史诸子。中平六年(189)灵帝死，避乱至交趾(今越南北部)，后回故乡娶妻。无意仕宦，曾坚辞佐吏、州吏之任。后认为“方世扰扰，非显己之秋”，遂由儒入佛，兼研《老子》。“世俗之徒多非之者，以为背《五经》而向异道”，乃作《理惑论》答辩，广引《老子》和儒家经书，论证佛、道、儒观点一致(据《理惑论·序传》)。

魏晋南北朝

曹操(155—220) 东汉末政治家、军事家、诗人，无神论者。字孟德，小字阿瞒。沛国谯县（今安徽亳州）人。早年曾做过洛阳北部尉、顿丘令和济南相。汉献帝时官至丞相，封魏公。汉建安二十一年（216）称魏王。其子曹丕代汉称帝，追赠魏武帝。政治上"揽申商之法术"，明赏罚，主张"诛不避权贵"，"用法峻急，有犯必戮"。行耕战，"重〔禁〕豪强兼并之法"。多次颁布"抑兼并令"，限制和削弱豪强地主的割据势力，力促中原统一。推行"唯才是举"的用人路线，主张"举贤勿拘品行"，"取上勿废偏短"。广开言路，知人善用，并在实践中重用那些负污辱之名、见笑之行，或不仁不孝有治国用兵之术的人。博览群书，尤好兵法，著《兵书接要》，整理并注释《孙子》十三篇。认为事物都是发展变化的，"兵无常势，盈缩随敌"（《孙子·虚实》注），因此要"因敌变化"，采取灵活战术，具有朴素的军事辩证法思想。"性不信天命之事"（《三国志·魏书·武帝纪》注引《魏武故事》），认为"天"不过是四时、昼夜、风雨等自然现象而已，无目的、无意识。因此人们应当"因阴阳四时之制"而行，具有反天命思想。还主张"禁妖祥之言"（《孙子·九地》注），"除奸邪鬼神之事"（《三国志·魏书·武帝纪》），毁坏祠庙，禁断淫祀，反对迷信鬼神。善诗歌，其诗气势磅礴，豪迈悲凉，为建安文学的倡导者之一。曾作兵书十余万言（今佚）。有《曹操集》。

桓范（？—249） 汉末三国时政治家、思想家。字元则，沛郡（治今安徽濉溪西北）人。世为名门望族。汉献帝建安（196—220）末期，入丞相府。三国魏文帝黄初时，为羽林左监。后历任中领将军尚书、征虏将军、东中郎将、兖州刺史、大司农等。曾摘抄《汉书》所记各种杂事，以己意斟酌评点，撰成《世要论》一书。该书是一部政治哲学论著，又称《政要论》、《桓范新书》、《桓公世论》。凡十二卷。原书已散佚，《群书治要》辑有十四篇，《全三国文》列为一卷。所存篇目有《为君难》、《臣不易》、《政务》、《详刑》、《兵要》、《简骑》、《辨能》、《尊嫡》、《谏诤》、《决壅》、《赞象》、《铭诔》等。内容主要参以历史上兴亡成败的实例，论述了君臣、治世、用人、防邪、辨奸、修身、治国之道，取儒法两家之长，提出"治国之本有二，刑也，德也。二者相须而行，相待而成"和"修政之要在于得民心，得民心在于利之，利之之要在于仁以爱之"的思想主张。另有《桓范集》，已佚。

刘廙（180—221） 汉末三国时学者。字恭嗣，南阳安众（今湖北邓州西北）人。曹操辟其为丞相掾属，转任五官将文学。后又得到魏文帝曹丕器重。魏国初建时，为黄门侍郎。魏文帝即王位，为侍中。所著《政论》一书，是一部政治哲学论著，所存篇目有《备政》、《正名》、《慎爱》、《审爱》、《欲失》、《疑贤》、《任臣》、《卜视》等。主张"以武平乱，以德治世"。强调"明君必须良佐而后致治，非良佐能独治也，必须善法有以用之"的政治思想，又对现实政治中的积弊表现出多方面的悲观情绪。

荀彧（163—212） 三国魏名士。字文若。颍川颍阴（今河南许昌）人。少有才名，初从袁绍，后附曹操。历官奋武司马、侍中守尚书令、光禄大夫参丞相军事。曹操"征伐在外，军国事皆与彧筹焉"（《三国志·魏书·荀彧传》）。积极推行曹操"唯才是举"的用人路线，推贤进士，其"前后所举者"，皆"命世大才"，"卿相勋佐"，名重于时。

徐幹（171—218） 汉魏之际哲学家、文学家。"建安七子"之一。字伟长。北海（郡治今山东潍坊西南）人。官至司空军谋祭酒掾属、五官中郎将文学。哲学思想主要表现在名实关系上。认为"名者，所以名实也，实立而名从之，非名立而实从之也"（《中论·考伪》）。先有实，后有名，实是名的基础，名是对实的反映。指出"名有同而实异者"和"名有异而实同者"（《谴支》）两种情况，认为"名实之不相当也，其所从来尚（久）矣"（《审大臣》）。批评汉末真伪相冒、名实乖离的"乱德之道"。具有唯物主义倾向，开汉魏之际名理之学的先河。但又说"不闻为闻，不显为显"，认为无名实际上是最大的名，表现出其名实观有向玄学无名发展的倾向。主张分职设官，察举取士，循名责实。认为"明哲之为用也，乃能殷氏阜利，使万物无不尽其极"（《智行》）。把才智的多寡作为品评人物的标准，表现出重才智、轻德行的用人观点，说"故圣人贵才智之特能立功立事益于世矣。如愆过多，才智少，作乱有余而立功不足"（同上）。为魏晋时期才性之辩做了准备。还反对当时流行的训诂章句之学，认为"鄙儒之博学也，务于物名，详于器械，矜于诂训，摘其章句，而不能统其大义之所极"（《治学》）。主张"凡学者，大义为先，物名为后。大义举，而物名从之"（同上）。对魏晋重义理、鄙章句的治学方法有较大影响。原有集，已佚。后人辑有《徐伟长集》。

仲长统（180—220） 东汉末思想家、哲学家。字公理，山阳高平（今山东微山西北）人。少好学。年二十余游学青、徐、并、冀州之间。官至尚书郎，曾参丞相曹操军事。哲学上主张"人事为本，天道为末"，认为"所以震威四海，布德生民，建功立业，流名百世者，惟人事之尽耳，无天道之学焉"（见《群书治要》卷四十五）。对自然意义上的天道则主张加以了解利用，"所贵乎用天之道者，则指星辰以授民事，顺四时而兴功业，其大略吉凶之祥，又何取焉"，"所取于天道者，谓四时之宜也"（同上）。强调发挥人的主观能动性，"天为之时，而我不农，谷亦不可得而取之。青春至焉，时雨降焉，始之耕田，终之簋篚，惰者釜之，勤者钟之。时及不为，而尚得食也哉"（《齐民要术序》引）。并以"人事为本，天道为末"，批判以谶纬神学为主的"天命"说，指出："故自审已善而不复恃乎天道，上也；疑我未善，引天道以自济者，其次也；不求诸已而求诸天者，下愚之主也"。还抨击一些鬼神迷信、吉凶禁忌等思想。在历史观上反对命定论，把"天命"解释为"角力"、"角智"的结果。将朝代的兴亡更迭看作是从乱世到治世再到乱世的循环往复，是"天道常然之大数"（《后汉书·仲长统传》）。在认识论上重视人的"智"与"能"，主张言与行、名与实的统一和是非的客观性。抨击当时社会的各种弊端，指出:“知言而不能行谓之疾,此疾虽有天医奚能治也”,“天下之士有三可贱,慕名而不知实,一可贱;不能正是北于富贵,二可贱;向盛背衰,三可贱”(《意林》)。在政治上反对外戚宦官专权,抨击君主的独裁,主张任用“通治乱之大体者”和“知稼穑之艰难者”为辅佐官吏,实行德政教化。后对封建专制政治本身发生怀疑,产生悲观主义,认为“乱世长而化世短,乱世则小人贵宠,君子困贱”,“以及今日,名都定而不居,百里绝而无民者,不可胜数”(《后汉书·仲长统传》)。对现实愤慨叹息,而思“隐世”与“入仙”,要逍遥一世之上,“永保性命之期”(同上)。著作有《昌言》,大多已佚。仅《理乱》、《损益》等篇存于《后汉书》本传中。《群书治要》、《意林》等书,也存有断文。清马国翰、严可均都存辑本。

诸葛亮(181—234) 三国时政治家、军事家。字孔明。琅邪阳都(今山东沂南南)人。早年孤贫,随叔父诸葛玄投奔荆州刘表,迁居邓县隆中(今湖北襄樊市襄阳区)“躬耕陇亩”(《三国志·蜀书·诸葛亮传》)。后为刘备三顾草庐所请,充任刘备军师。蜀汉政权确立,任丞相,长期主持军政庶务。后又辅助幼主刘禅,用兵西南,六出祁山,联吴伐魏。后病死于渭水前线。一生以“成霸业,兴汉室”为政治目标。对汉室败落痛心疾首,对董卓、曹操怀无君之心深恶痛绝。主张确立三纲五常的伦理道德,“三纲不正,六纪不理,则大乱生矣”(《便宜十六策·治乱》),“是以三纲六纪有上中下。上者为君臣,中者为父子,下者为夫妇,各修其道,福祚至矣”(《便宜十六策·君臣》)。强调治理国家须顺天意,“万物之事,非天不生”(《便宜十六策·治国》)。认为继承皇纲,兴复汉室,才为正统。主张儒法并举、德刑兼施治理蜀汉,“威之以法,法行则知恩,限之以爵,爵加则知荣;恩荣并济,上下有节。为治之要,于斯而著”(《答法正书》)。并主张以法治军,“孙武所以能制胜于天下者,用法明也”(《论斩马谡》)。根据孔子“其身正,不令而行”(《论语·子路》)的思想,提倡“以身作则”,说“身不正则令不从,令不从则生变乱”(《便宜十六策·教令》)。强调赏罚公平。强调“宫中府中,俱为一体,陟罚臧否,不宜异同”(《前出师表》)。提倡“举贤”,指出“治国之道,务在举贤”,“进用贤良、退去贪懦”。还强调“为官择人”,“循名责实”。提出对臣下进行“察疑”、“考黜”。推行“以农富国”、“兵农合一”的耕地政策。尤好兵法,著《兵法》一书。指出“不知其敌,每战必殆”。提出“出其不意”,“奇正相生”,“避实击虚”等战略战术(《便宜十六策·治军》)。著有《出师表》、《隆中对》、《便宜十六策》等,著作编为《诸葛忠武侯文集》。

刘劭 三国魏文学家。字孔才。广平邯郸(今属河北)人。约与东海缪袭(186—245)同时。汉建安年间为太子舍人、秘书郎。后仕曹魏,历官尚书郎、陈留太守、骑都尉、散骑常侍。曾受诏集五经群书,分门别类作《皇览》一书。又与庾嶷、荀洗等定律令,作《新律》,著《律略论》。景初年间曾受诏作《都官考课》七十二条,又作《说略》一篇。善于鉴察人物。重视发挥人的才能,著《人物志》,集中探讨了选拔人才的标准原则问题。依照人的才能不同,把人分为“三材”及“十二流品(类型)”(《人物志·流业》)。认为人“禀阴阳以立性,体五行而著形”(《九征》),人的外表可以表现人的精神,主张从人的“形质”观察人的才能和性情。在才性关系上,认为“人物之本,出于情性”,即以情性为本,决定人的才能,人的情性器量,又以“中和最贵”,“中和之质,必平淡无味,故能调成五材,变化应节”(同上)。对于人物的评论由具体到抽象,对开启魏晋品鉴人物的清谈风气有一定影响。又认为圣人以中庸为其德。以道家“无名”解释儒家“中庸”,表现出儒道合流的倾向。在对人物的评论中涉及名实与谈辩等逻辑问题。提出“观其至质,以知其名”(《效难》),“辩有理胜有辞胜”(《材理》)。并对正面说理,善喻明理,论难反驳,论辩才能与气质才性之关系等问题作了讨论。重视人才的选拔和使用,认为“人材各有所宜,非独大小之谓也,夫人材不同,能各有宜”,“材能既殊,任政亦异”(同上),主张“量能授官”,用其所长。在其鉴察人物中用的骨、气、形、神等概念,后来成为重要的美学范畴。著作除《人物志》外,其余《法论》、《乐论》等,均佚,残存辑文后收入《全三国文》。

何晏(190—249) 三国魏玄学家。魏晋玄学的创始者之一。字平叔。南阳宛县(今河南南阳)人。汉大将军何进之孙,七岁随母在魏武宫中,操纳晏母,晏即同时被收养。少时明慧若神,深为操所宠爱。“性自喜,动静粉白不去手,行步顾影”(《三国志·魏书·曹爽传》附《何晏传》注引),人称“傅粉何郎”。曹爽秉政,作为心腹,累官侍中尚书,典选举。《三国志·魏书·管辂传》注引《辂别传》说何晏“有经国才略,于物理无不精”。后为司马懿所杀。与夏侯玄、王弼等倡导玄学,遂开一代风气。好老庄玄胜之谈,为“贵无”论的主要代表人物之一。认为“无”或“道”是天地万物的最后根据和阴阳万物赖以化生成形的始基:“有之为有,恃无以生,事而为事,由无而成”(《列子·天瑞》注引《道论》);“无”或“道”能“昭音响而出气物,包形神而章光影”。并认为“无”或“道”是人得以“成德”的依据,具有“无爵而贵”的功能,提出:“无也者,无物成务,无往而不存者也。阴阳恃以化生,万物恃以成形。贤者恃以成德,不肖者恃以免身。故无之为用、无爵而贵矣。”(《晋书·王衍传》)还提出“无”或者“道”是“道之而无语,名之而无名,视之而无形,听之而无声”(《列子·天瑞篇》注引《道论》)。由此认为“谓无名为道,无誉为大,则夫无名者可以言有名矣,无誉者可以言有誉矣”(《列子·仲尼》注引《无名论》)。并认为“无名”、“无誉”的“无”或“道”可使天下事物相从而不违。主张“圣人无情”,何劭《王弼传》说:何晏“以为圣人无喜怒哀乐,其论甚精,钟会等述之”(《三国志·魏书·钟会传》附《王弼传》注引)。此论已佚,但从王弼驳辞中可知,晏认为圣人无累于物,不应与外物接触,而要以“无为”为体,反映在当时“自然”和“名教”的关系问题上,则表现为重“自然”而轻“名教”。认为道德名教源于“无”或“道”，出于自然。反对执著于道德之名或人为的道德规范，强调遵循自然无为的原则：“体无作制，顺时立政”，“除无用之官，省生事之故，绝流遁之繁礼，反民情于太素”(《景福殿赋》)。主张君主“无为而治”，“德者无为，犹北辰不移，而众星共之”(《论语集解·为政》注)。曾以老释儒，作《论语集解》。其《论语集解》就“《鲁论》集季长等七家，又采《古论》孔注，又自下己意”(皇侃《论语义疏》)，开义说风气，变汉代《春秋》中心为魏晋《论语》、《周易》中心。好品题人物，并好服寒食散。著作除《论语集解》外，其余《道德论》、《无名论》、《无为论》等残篇，散见于《列子注》、《世说新语》中。

何平叔 即“何晏”。

曹植(192—232) 三国魏文学家。字子建，沛国谯县(今安徽亳州)人。曹操之子。封陈王，谥思，世称“陈思王”。早年以才学为曹操所宠，欲立为太子。丕称帝后，备受猜忌；及曹叡继位，仍不能施展怀抱，遂郁闷而终。擅长五言诗及抒情小赋，情感真切，词采华茂，为建安文学的杰出代表。美学思想上，以直抒胸臆，表现强烈的感情为美，体现了汉末儒学衰颓、个性比较解放时期的审美情趣。又说：“人各有好尚：兰茝荪蕙之芳，众人所好，而海畔有逐臭之夫；《咸池》、《六茎》之发，众人所共乐，而墨翟有非之之论，岂可同哉！”(《与杨德祖书》)认为人们的审美能力和趣味存在差别，甚至存在与一般人的美丑认识相违异、以丑为美的情况。重视文学艺术批评，认为“有南威之容，乃可以论于淑媛；有龙渊之利，乃可以议于断割”(同上)，须有高度的文艺修养、擅长于文艺创作者，方可从事批评。政治上主张“事君贵于兴国”、“仁君不能蓄无用之臣”(《三国志·魏书·任城陈萧王传》)。反对神仙不死说，有鲜明的无神论色彩。原有集，已散佚。宋人辑有《曹子建集》。

陆凯(198—269) 三国吴名将。字敬风，吴郡吴县华亭(今上海市松江区)人，吴国丞相陆逊族子。曾官永兴、诸暨长吏，儋耳(今海南儋州)太守、巴丘督、武昌右部督等，官至左丞相。针对孙皓迁都武昌一类的时政弊端，多上书直言，指出：“有道之君，以乐乐民。无道之君，以乐乐身。乐民者，其乐弥长。乐身者，不久而亡。夫民者，国之根也，诚宜重其食，爱其命。民安则君安，民乐则君乐”，主张“息大功，损百役，务宽荡，忽苛政”。著作有《吴先贤传》、《太玄经注》、《陆凯集》。

荀顗(约204—274) 魏晋之际学者。字景倩。颍川颍阴(今河南许昌)人。历任魏散骑侍郎、侍中、骑都尉、司空等职。入晋，官至太尉。曾受诏与羊祜、庾峻等删定礼仪，撰定《晋礼》。后又受诏定乐，未竟而卒。著作有表、议等，散见于《通典》、《晋书》。

山涛(205—283) 魏晋之际玄学家、名士，“竹林七贤”之一。字巨源。河内怀县(今河南武陟西南)人。少孤贫，好《老》、《庄》。王衍称涛“不读老庄，时闻其咏，往往与其旨合”(《世说新语·赏誉》)。后依附司马氏，历任尚书吏部郎、大将军从事中郎、相国左长史等官。入晋，任大鸿胪，出为冀州刺史，入任吏部尚书、太子少傅，后拜司徒。位至三公，历官显要。每选用人物，新作评论，世称“山公启事”。原有集十卷，已佚。《全晋文》辑有“启事”五十余则。另有《表》、《疏》等载《晋书·山涛传》。

山巨源 即“山涛”。

李丰(约206—253) 三国魏名士。字安国。北地泥阳(今陕西铜川市耀州区)人。历官黄门郎、骑都尉、永宁太仆、侍中尚书仆射、中书令。后与张辑、夏侯玄等谋诛司马师，事泄被杀。少有显名，主才性各异说。以善于识别人物著称于世。魏明帝即位，问吴人“江东闻中国名士为谁?”答称“闻有李安国者是”(《三国志·魏书·夏侯玄传》注引)。

管辂(209—256) 三国魏术士。字公明。平原(今属山东平原西南)人。初为清河太守华表文学掾，后冀州刺史裴徽辟为文学从事，迁治中别驾、少府丞。自称“未能上引圣人之道”，“但欲论金木水火土鬼神之情耳”(《三国志·魏书·方技传》)。尤善卜筮、射覆、仰观、风角、占相之道，世人遂以辂比京房，誉为“一代之奇”。

荀粲(约209—238) 三国魏玄学家。字奉倩。颍川颍阴(今河南许昌)人。曹魏谋士荀彧之子。与傅嘏、夏侯玄友善。不贵功名，尚谈玄远，善于论难。粲诸兄并以儒术论议，而粲独好言老庄，认为儒家“六籍虽存，固圣人之秕糠”(《世说新语·文学》注)。对《易传·系辞》所说“圣人立象以尽意”的说法表示异议，提出“言不尽意论”，认为“理之微者，非物象之所举也，今称立象以尽意，此非通于意外者也，系辞焉以尽言，此非言乎系表者也”(《三国志·魏书·荀彧传》注引《晋阳秋》)。认为“象外之意”、“系表之言”是不能用语言表达的。

夏侯玄(209—254) 三国魏玄学家。字太初。沛国谯县(今安徽亳州)人。少知名，时称“四聪”之一。历任散骑黄门侍郎、散骑常侍、中护军、大鸿胪、太常等官，累居显职。因与中书令李丰等谋诛司马师，事泄被杀。善清谈，何晏称“唯深也，故能通天下之志，夏侯太初(玄)是也”(《三国志·魏书·何晏传》注引《魏氏春秋》)。正始年间与何晏、王弼等倡导玄学，开一时风气。认为“道”或“无”是天地万物的根本，“天地以自然运，圣人以自然用。自然者，道也。”(张湛《列子·仲尼注》引)在“自然”与“名教”的关系上，认为“自然”高于“名教”，“君亲上下出于自然”，非由名教。原有集三卷，已佚。今仅存《乐毅论》、《时事议》、《皇胤赋》等，载《艺文类聚》及《三国志》中。

傅嘏(209—255) 三国魏文学家。字兰硕。北地泥阳(今陕西铜川市耀州区)人。历任魏司空掾、尚书郎、黄门侍郎等官。因讥弹何晏，免官。后为司马懿从事中郎，任河南尹，迁升尚书仆射。善言名理，尤好论才性。主“才性同”说。其论“原本精微，鲜能及之”(《世说新语·文学》及注)。善于论难，曾著有《难刘劭考课法论》，主张“法应时务”，“循名考实”，广尽人才。原有集二卷，已佚。今存《黄初颂》、《征吴对》等文，载《艺文类聚》及《三国志》中。

荀融 三国魏学者。字伯雅。颍川颍阴（今河南许昌）人。约与王弼同时。官至洛阳令，参大将军军事。与王弼、钟会俱知名，并与弼、会论《易》、《老》。曾难王弼《大衍义》，其难文不传，从王弼答文中所知，荀融主张圣人应“以情从理”，与何晏“圣人无喜怒哀乐”之论略同。

阮籍（210—263） 三国魏玄学家、文学家。“竹林七贤”之一。字嗣宗。陈留尉氏（今属河南）人。一生经历两次“禅代之局”。曾任从事中郎、东平相、步兵校尉等职，故世称“阮步兵”。博览群籍，尤好《老》、《庄》，纵酒谈玄，蔑视礼法，与嵇康齐名。“籍本有济世志，属魏晋之际，天下多故，名士少有全者，籍由是不与世事，遂酣饮为常”（《晋书·阮籍传》）。不满司马氏政治集团，但态度谨慎。自然观上，认为“天地生于自然，万物生于天地。自然者无外，故天地名焉；天地者有内，故万物生焉”（《达庄论》）。一切皆以“自然”为本，“自然一体，则万物经其常”。指出人的形体和精神都是自然的产物，“人生天地中，体自然之形。身者，阴阳之精气也。性者，五行之正性也。情者，游魂之变欲也。神者，天地之所以驭者也”。还认为自然界和万物的关系和谐一致，“男女同位，山泽通气，雷风不相射，水火不相薄”，“一气盛衰，变化而不伤”（同上）。以“道”为自然，为世界宇宙之本原，说：“道者法自然而为化，侯王能守之，万物将自化。《易》谓之太极，《春秋》谓之元，《老子》谓之道。”（《通易论》）否定在自然之外有精神性的主宰，具有朴素唯物主义倾向。但又同意庄子的相对主义观点，认为“天地日月，非殊物也。故曰：自其异者视之，则肝胆楚、越也；自其同者视之，则万物一体也”（同上）。政治思想上，折中“自然”与“名教”。认为“君立而虐兴，臣设而贼生。坐制礼法，束缚下民”（《大人先生传》）。指斥一些维护名教的“士君子”为造音乱声，作色诡形的伪君子，他们“外易其貌，内隐其情；怀欲以求多，诈伪以要名”，“何异夫虱之处裈中乎”（同上）。幻想一种无君无臣的社会，“无君而庶物定，无臣而万事理”（同上）。又主张“定尊卑之制”，“在上而不凌乎下，处卑而不犯乎贵”（《通易论》），认为“尊卑有分，上下有等”，“礼逾其制，则尊卑乖；乐失其序，则亲疏乱”（《乐论》），并不真正主张废弃“名教”。认为完善的人格应是“超世绝群”，“遗俗独往”，无是非善恶之分，这样就可以“与造物同体，天地并生，逍遥浮世”，“与道俱成，变化散聚，不常其形”（《大人先生传》），故主张一种“不以人物为事”的消极避世的人生观，主张“必超世而绝群，遗俗而独往”。其诗隐晦、渊放，长于五言，有《咏怀》八十二首。长于音乐，善弹琴，作《乐论》，认为清淡平和之乐是宇宙和谐的体现，“乐者，天地之体，万物之性也”。圣人作乐是“顺天地之体，成万物之性”（《乐论》）。反对“淫声”、“奇音”，认为其能致人“纵欲奢侈”，败坏风俗。原有集，已佚。后人辑有《阮步兵集》。

阮嗣宗 即“阮籍”。

傅玄（217—278） 魏晋之际哲学家。字休奕。北地泥阳（今陕西铜川市耀州区）人。性刚劲亮直。历官弘农太守，领典农校尉，封鹑觚男。司马炎为晋王，以玄为散骑常侍，后任御史中丞，迁太仆，转司隶校尉。少时孤贫，专心诵学，后虽显贵，但著述不废。撰论经国九流及三史故事，收录成集，名为《傅子》。哲学上认为自然界万物都有自己的规律，“天地著信而四时不悖，日月著信而昏明有常”（《傅子·义信》），而规律是“时至自生，非德之力”（《附录》），人的“德行”不能代替自然规律的作用。在人性上认为，“人之性如水焉，置之圆则圆，置之方则方”（《物理论》）。“夫贪荣重利，常人之性也”（《戒言》），人性可以通过“礼义之教”去改变和造就，否认有天赋道德。“家足食，为子则孝……天下足食，则仁义之教可不令而行”（《晋书·傅玄传》），一定程度上看到了社会矛盾中的经济内容对道德伦理的作用。政治上主张“计人置官”，“分人授事”，“听言审本”，“观事核实”。反对虚无放诞之论，对当时的玄学空谈进行了批评，认为“近者魏武好法术，而天下贵刑名；魏文慕通达，而天下贱守节。其后纲维不摄，而虚无放诞之论盈于朝野，使天下无复清议，而亡秦之病复发于今”（《晋书·傅玄传》）。强调以儒学为本，“夫儒学者，王教之首也”（同上）。今存《傅子》为后人所辑，其中文义较全者仅十数篇。

杨泉 魏晋之际哲学家，无神论者。字德渊。梁国（治今河南商丘市南）人。一生隐居著书，终身不仕。对天文、地理、历法、物候、农学、医学等均有研究。哲学上主元气论。提出“所以立天地者，水也，成天地者，气也”的命题（《物理论》），认为宇宙万物统一于“水”或“气”。但对宇宙由气还是由水构成，未加详释。他不同意浑天说与盖天说，认为二者都有缺点，因而提出“天，元气也，皓然而已，无他物焉”（同上），又说：“气发而生，精华上浮，宛转随流，名之曰天河，一曰云汉，众星出焉”（同上），气又有清浊之分，“石，气之核也”，“游浊为土”，水也是一种气，只是比土之气更为轻疏。由此提出“气积自然”，认为天地万物乃“阴阳之产物”，是“气陶化而播流。物受气而含生”（同上），具有鲜明的朴素唯物论倾向。在形神问题上，继承了桓谭、王充的形神关系学说，主张神灭论。认为“人含气而生，精尽而死。死犹澌也，灭也”（同上）。形死神灭，犹“灭火之余，无遗炎矣；人死之后，无遗魂矣”（同上）。尖锐地批评贵无论思潮是“虚无之谈，尚其华藻，无异春蛙秋蝉，聒耳而已”（同上）。反对当时士族专政，提出“审官择人”，提出“人主以政御人，政宽则奸易禁，政急则奸难绝”的思想（同上）。有《物理论》、《太玄注》等，均佚。清孙星衍《平津馆丛书》辑有《物理论》一卷，清严可均《全三国文》、马总《意林》等辑有部分佚文。

裴徽 三国魏玄学家。字文季。河东闻喜（今属山西）人。仕至吏部郎、冀州刺史。才理清明，能释玄虚。常与何晏、王弼等共说《老》、《庄》及《易》，“每论《易》及老庄之道，未尝不注精于严、瞿之徒也”（《三国志·魏书·管辂传》注）。主张“贵无”，认为“夫无者诚万物之所资也”（同上）。时傅嘏与荀粲玄谈，每致共语，争论不休，徽遂“释二家之义，通彼我之怀，常使两情皆得，彼此俱畅”，深得时誉（《世说新语·文学》及注）。

刘颂（？—约301） 魏晋时学者，字子雅，广陵（今江苏扬州）人。魏文帝时，辟为相府掾，入晋，历官中书侍郎、黄门郎、议郎、廷尉、京兆太守、吏部尚书、光禄大夫等。曾作《除淮南相在郡上疏》，主张封建诸侯，认为“善为天下者，任势而不任人。任势者，诸侯是也；任人者，郡县是也。郡县之察，小政理而大势危；诸侯为邦，近多违而远虑固”。针对“自近世以来，法渐多门，令甚不一”的情况，作《上疏言断狱宜守律令》，提出“善用法者，忍违情不厌听之断，轻重虽不允人心，经于凡览，若不可行，法乃得直”。又指出“夫人君所与天下共者，法也。已令四海，不可以不信以为教，方求天下之不慢，不可绳以不信之法”。主张“律法断罪，皆当以法律令正文，若无正文，依附名例断之，其正文名例所不及，皆勿论”，“如律之文，守法之官，唯当奉用律令。至于法律之内，所见不同，乃得为异议也”，“意有不同为驳，唯得论释法律，以正所断，不得援求诸外，论随时之宜，以明法官守局之分”。还作有《上疏请复肉刑》。著作有《刘颂集》。

阮咸 西晋名士，“竹林七贤”之一。字仲容。陈留尉氏（今属河南）人。阮籍之侄。晋武帝时，曾任散骑侍郎，后出补始平太守。崇尚老庄，纵酒放荡，不拘礼法，“虽处世不交人事，惟共亲知弦歌酣宴而已”（《晋书·阮籍传》）。曾与诸阮聚饮，以大盆盛酒，时有群猪来饮，他便与猪共饮。著作仅存《律议》残篇和《拟天问》佚文，载《艺文类聚》中。

刘伶（约221—300） 西晋玄学家，“竹林七贤”之一。字伯伦。沛国（治今安徽濉溪西北）人。曾任魏建威将军。泰始初对策，强调无为而治，被黜免。伶放情肆志，“常以细宇宙齐万物为心”（《晋书·刘伶传》）。有客来访，正值裸袒，伶笑曰：“吾以天地为宅舍，以屋宇为裈衣，诸君自不当入我帏中，又何恶乎？”（《世说新语·任诞》注引）蔑视礼法，放浪形骸，性尤嗜酒，主张“唯酒是务，焉知其余”（《晋书·刘伶传》）。有《酒德颂》，载《晋书》等书中。

钟会（225—264） 三国魏玄学家。字士季。颍川长社（今河南长葛东）人。历官中书侍郎、黄门侍郎、司隶校尉，进为司徒。综典朝政，为司马昭心腹之任。曾构陷嵇康，遭世所讥。灭蜀后谋叛，为乱兵所杀。会“博学明识”、“精练名理”，对《老》、《易》均有所及。尝论《易》无互体，并注《老子》。提出体用问题，并与王弼相对立。认为有是体，无是用，“‘有’‘无’相资，俱不可废”；“‘体’‘用’相借，咸不可无”（《道德真经取善记》引钟会《老子注》）。又撰有才性《四本论》，主“才性合”说，认为“才”与“性”不能分离。主张“圣人”无喜怒哀乐。有《道论》、《老子注》、《周易无互体论》等，均佚。《道藏》中辑有《老子注》部分佚文。明人辑有《钟司徒集》。

嵇康（225—264或224—263） 三国魏哲学家、文学家。与阮籍、山涛、向秀等作“竹林之游”，世称“竹林七贤”。原姓奚，祖籍会稽（今浙江绍兴），后迁至谯国铚（今安徽濉溪西南），改姓嵇，字叔夜。早孤，有奇才，远迈不群。与曹魏宗室通婚，官至中散大夫，世称嵇中散。学不师受。博览无不该通。长好《老》、《庄》，与阮籍齐名。因刚肠疾恶，不堪流俗，“轻贱唐虞而笑大禹”（《十疑》），“非汤武而薄周孔”（《与山巨源绝交书》），不满司马氏集团执政。在太学活动中抨击时政，后遭钟会构陷，以“言论放荡，非毁典谟”的罪名为司马昭所杀。将刑时，太学生三千人请以为师。在自然观上，主张元气自然论，认为“元气陶铄，众生禀焉”（《明胆论》），“浩浩太素，阳曜阴凝，二仪陶化，人伦肇兴”（《太师箴》），认为宇宙间充满了浩浩无边的元气，人和万物都是由天地间阴阳二气的结合和作用而衍生的。在心物关系上，主张“心之与声，明为二物”（《声无哀乐论》），肯定声音是独立于人的意识之外的“自然之物”。并认为声音和人的思想感情是不相关的，同一音乐可以引起不同的感情，音乐本身无哀乐可言，否认二者之间的任何联系，混淆了作为自然状态的声音和作为意识形态的音乐之间的界限。善辩论，精名理，在名实关系上主张“因事与名，物有所号”（《声无哀乐论》），认为名是事物的标志，同一事物因为地域、风俗殊异而有不同的名号，名称是据事物的具体情况而制定的。强调“推类辨物，当先求之自然之理”，反对“未得之于心而多恃前言以为谈证”（《声无哀乐论》）。并反对“以周孔为关键”、“立六经以为准”的思想方法，强调只有摆脱“六经”的束缚，才能认识真实事物。在形神关系问题上，反对形神相离，主张“形恃神以立，神须形以存”，“形神相亲，表里俱济”，认为形神相须才能维持人的生命。在政治伦理思想上，提出“越名教而任自然”的主张，认为“矜尚不存乎心，故能越名教而任自然；情不系于所欲，故能审贵贱而通物情”（《释私论》）。不满儒家繁琐礼教，以为“六经”束缚人性，“崇简易之教，御无为之治，君静于上，臣顺于下”，认为这样便可“玄化潜通，天人交泰”（《声无哀乐论》），“君臣相忘于上，蒸民家足于下”（《答向子期难养生论》），达到一种无矛盾、无斗争的和谐社会。主张养生，“少私寡欲”，常修养性服食之道，就能祛病延年。反对寿夭命定论，但又相信有长生不死的神仙和住宅有吉凶。其思想新颖，往往与古时旧说反对。其诗长于四言，风格清俊，托喻幽远。精通乐理，善鼓琴，曾作《琴赋》，认为音乐“可以导养神气，宣和情志”（《琴赋》），并以弹《广陵散》而著称于时。有《嵇康集》。后人辑本以鲁迅校《嵇康集》最为详备。

嵇叔夜 即“嵇康”。

嵇中散 即“嵇康”。

王弼（226—249） 三国魏玄学家，魏晋玄学的主要创始者之一。字辅嗣。魏国山阳(今河南焦作)人。汉末著名士族王粲的侄孙。少年即有盛名,好论儒道,通辩能言,曾与何晏、钟会讨论"圣人"有无喜怒哀乐问题,与荀融讨论《周易》大衍义等。深得当时名士的赏誉,何晏叹称"仲尼称后生可畏,若斯人者,可与言天人之际乎!"(《三国志·魏书·钟会传》注引)遂以弼补台郎。弼善谈玄理,而事功亦非所长。正始十年(249)因事免官,后病故,死时年仅二十四岁。与何晏、夏侯玄等同开玄风,竞事清谈。对《老子》哲学中的"先天地生"的"道"和"有生于无"作了玄学解释。提出"万物皆由道而生"(《老子注·三十四章》),而"道者,无之称也"(邢昺《论语疏》卷七引《论语释疑》),认为万有统一于一个共同的最高本体——"道"或"无"。指出"无形无名,万物之宗也"(《老子指略》)。并指出"道"或"无"是无法用名、称去把握的,"名必有所分,称必有所由,有分则有不兼,有由则有不尽"(《老子指略》),说明名称概念总是就事物某一部分特征来反映事物的。把老子"有生于无"的思想引向以无为体,强调"贵无"而"贱有","天下之物,皆以有为生。有之所始,以无为本。将欲全有,必反于无也"(《老子注·四十章》)。因此"天地虽广,以无为心"(《老子注·三十八章》)。但又强调"无不可以无明,必因于有"(《周易·系辞上》韩康伯注引《大衍义》);作为万物之宗的"无",不能独立自明,必须通过"有",才能从天地万物的存在上去明了"无"是万物之宗。并从本末、体用、动静、一多等关系来论证"以无为本"。提出"得意在忘象;得象在忘言"(《周易略例·明象》)的命题,"意以象尽,象以言著。故言者所以明象,得象而忘言。象者所以存意,得意而忘象"。并进一步强调,"忘象者,乃得意者也;忘言者,乃得象者也。得意在忘象,得象在忘言",把"言"、"象"看做"得意"的障碍。其命题对后人力求通过具体物象以体会深奥意趣的美学思想及"意象"范畴的形成,具有重大影响。在"名教"与"自然"关系上,主张名教出于自然,以自然为本,以名教为末,反对把名教规范和自然本性对立起来。认为即使孔子也不能去自然之性,"遇之不能无乐,表之不能无哀"(《论语释疑》)。并认为只要符合"自然"、"无为"的原则,设官分职,那么"名教"则是完全必要的,以调和"自然"与"名教"。曾与傅嘏讨论孔老异同,说"圣人体无,无又不可以训,故不说也。老子是有者也,故恒言所不足"(《三国志·魏书·钟会传》注引),认为孔子比老子高明,他口讲名教,实是"体无"。并提出圣人"以无为为君,不言为教,绵绵若存,而物得其真。与道同体,故曰同于道"(《老子注·二十三章》)。以援老人儒,融合儒道。反对何晏"圣人无喜怒哀乐",认为圣人也有五情,"圣人茂于人者神明也,同于人者五情也。神明茂,故能体冲和以通无;五情同,故不能无哀乐以应物"(《三国志·魏书·钟会传》注引),圣人与众人的区别仅在于"应物而无累于物"(同上)。政治上则主张"治众者至寡"(《周易略例·明彖》),"执一统众之道"(《论语释疑》),以维护君主、圣人的绝对统治地位。并提出一套防止邪恶的"举本息末"方法,认为"闲邪在乎存诚,不在善察;息淫在乎去华,不在滋章;绝盗在乎去欲,不在严刑;止讼在乎不尚,不在善听"(《老子指略》)。有《周易注》、《周易略例》、《老子注》、《老子指略》等。1980年中华书局出版《王弼集校释》,首次汇集了王弼全部著作,并加以校释。

王辅嗣 即"王弼"。

向秀(约227—272) 魏晋之际玄学家、文学家。字子期。河内怀(今河南武陟西南)人。与嵇康、阮籍、山涛、王戎、刘伶、阮咸并称"竹林七贤"。早年淡于仕途,有隐居之志。后嵇康被司马昭杀害,为避祸计,不得已而出仕。官至散骑侍郎、黄门侍郎、散骑常侍。但"在朝不任职,容迹而已"(《晋书·向秀传》)。好老庄之学,据《晋书·向秀传》,他曾作《庄子隐解》,于旧注外为解义,"发明奇趣,振起玄风,读之者超然心悟,莫不自足一时。惠帝之世,郭象又述而广之"。目前一般均认为向秀注本已佚,佚文散见于《世说新语》、《列子注》、《文选注》、《经典释文》等著作中。在自然观上提出万物"自生"、"自化",各任其性的主张,认为"吾之生也,非吾之所生,则生自生耳。生生者岂有物哉?""吾之所化,非物之所化,则化自化耳。化化者岂有物哉?"(《列子·天瑞注》引)否认有一"生生者"作为万物的主宰,认为万物是自生的。但同时又认为"明夫不生不化者,然后能为生化之本也"(同上),最终承认有一个"不生不化"的"生化之本",即自然:"同是形色之物耳,未足以相先也。以相先者,唯自然也。"表现了其思想仍未摆脱"贵无论"的影响。作《难养生论》一文,认为"人含五行而生,口思五味,目思五色,感而思室,饥而求食",这些都是"自然之理","但当节之以礼耳"。主张顺应"自然之理",反对用压抑性情的办法求长生。在当时具有调和"自然"与"名教"的倾向,反映了他"以儒道为一"的政治态度。主张"君臣上下",皆出于"天理自然",不可因"逍遥"而违反"名教"。擅诗赋。曾著《思旧赋》以吊嵇康、吕安,载《文选》和《晋书》本传中。另有《周易注》,已佚。唐李鼎祚《周易集解》存有部分佚文。

向子期 即"向秀"。

庾峻(? —273) 魏晋之际学者。字山甫。颍川鄢陵(今河南鄢陵西北)人。魏时举为博士,迁秘书丞,拜侍御史。入晋,迁司空长史,转秘书监、御史中丞,拜侍中,加谏议大夫。潜心儒籍。不满时俗放荡,主张"设官分职","量能授爵","名实双修"(《晋书·庾峻传》),反对浮华趋竞之风。原有集二卷,已佚。今存《上疏请易风俗兴礼让》、《祖德颂》,分载《晋书·庾峻传》与《艺文类聚》中。

袁准 魏晋间学者。字孝尼,陈郡扶乐(今河南太康)人。晋泰始年间任给事中。曾作《袁子正书》,该书是一部政治哲学论著,设有《礼政》、《经国》、《设官》、《政略》、《论兵》、《王子主失》、《厚德》、《用贤》、《悦近》、《贵公》、《治乱》、《损益》、《世治》、《刑法》、《人主》、《致贤》、《明赏罚》等篇目,从礼法关系、德刑关系、公私关系、君臣关系、官民关系等多个方面提出并发挥其政治观点和主张。提出治国应以仁义、礼制、法令、刑罚为大体,本之以仁,成之以法,使仁义与刑法“两通而无偏重”,主张“以仁聚天下之心,以公塞天下之隙”;还提出“礼与法,首尾叶;文与武,本末也”、“礼正而后法明,文用而后武法”、“礼法得,则民无私虑”等观点,还反对虚设官位,主张省官富民等等。对当时政治弊端也有所批评。著作还有《易传》、《周官传》、《诗传》等。

张邈(?—约291) 魏晋间学者,字辽叔,一作叔辽。巨鹿(今河北平乡西南)人。三国魏时任辽东太守。入晋后为官晋武、晋惠二朝。与嵇康多有论难。曾作《自然好学论》,嵇康为反驳他而作《难自然好学论》,均收入清严可均辑《全晋文》中。在《自然好学论》中,他认为人的喜怒哀乐爱恶惧欲之情是不教而能,自然所有;而且“民生也直,聚而勿教,肆心触意,八情必发”。同时,人的“昼坐夜寐,明作暗息”也是“天道之常”。人们总是“事以未来,而情以本应”;“即使六艺粉华,名利杂诡,计而复学,亦无损于有自然之好也”。此论体现出反名教、尚自然的思想意味。又作《宅无吉凶摄生论》,认为“寿夭之不可求也,甚于贵贱”,“性命自然,不可求矣”,并指出“善执生者,见性命之所宜,知福祸之所来,故求之实而防之”,又说“专气致柔,少私寡欲,直行性情之所宜,而合于养生之正度,求之于怀抱之内而得之矣”,均反映出其崇尚自然的人生理念。

成公绥(231—273) 西晋文学家。字子安。东郡白马(今河南滑县东)人。博览经传,后征为博士。仕至秘书郎、秘书丞、中书郎。善辞赋,解音律。曾与贾充等参定法律。著有《天地赋》,描写天地的形成与变化。认为“天地至神,难以一言定称……气而言之,则曰阴阳”。但在天地形成之前有一个“道虚而玄清”的“自然之初”的阶段,然后经过“太素”的纷淆混杂,才开始“有物而混成”,反映出“贵无论”倾向。还著有《钱神论》,残篇今存《太平御览》。原有集十卷,已佚。明人辑有《成公子安集》。

刘智(?—约289) 西晋学者。字子房。平原高唐(今山东禹城西南)人。仕魏,为中书黄门吏部郎,出为颍川太守,入为秘书监;仕晋,迁侍中、尚书、太常等。把天象与人事相比附,认为人事“皆应天地之象”(《论天》),日为“君尊之象”,月为“臣卑之道”,“五星象五常,托四时,成五事”(同上)。在天体论上,反对盖天说,主张浑天说。有《论天》、《丧服释疑论》等。

张华(232—300) 西晋文学家、博物学家。字茂先。范阳方城(今河北固安西南)人。出身庶族。初未知名,著《鹪鹩赋》自寄。阮籍誉为“王佐之才”,由是声名始著。仕魏任著作郎、中书郎等。入晋,为黄门侍郎、中书令、太子少傅、司空等。后与裴頠同被赵王司马伦所害。工于诗赋,博物洽闻,“图纬方伎之书莫不详览”(《晋书·张华传》),名高一世。原有集十卷,已佚。有《博物志》。明人集有《张司空集》。

王戎(234—305) 西晋名士,“竹林七贤”之一。字濬冲。琅邪临沂(今山东临沂北)人。历任吏部黄门郎、散骑常侍、豫州刺史,后迁光禄勋、吏部尚书等职。官至司徒、尚书令。善清谈,不务政事。史称其善鉴识,尝品评山涛、王衍、裴頠等,深得时誉。贪吝好利,广有庄园,聚敛无已。“每自执牙筹,昼夜计算,恒若不足”(《晋书·王戎传》)。为世人所鄙。

乐广(?—304) 西晋玄学家。字彦辅。南阳淯阳(今河南南阳南)人。历官元城令、中书侍郎、太子中庶子、侍中、河南尹、吏部尚书仆射、尚书令等。时人称“乐令”。善清言,“每以约言析理,以厌人之心”(《晋书·乐广传》)。与王衍俱名重于时,“故天下言风流者,谓王、乐为称首焉”(同上)。时王澄、胡毋辅之等贵游子弟,谓得大道之行,甚至以脱衣裸体为放达。广深患之,乃曰“名教内自有乐地,何必乃尔也”(《世说新语·德行》),认为“自然”不能脱离“名教”,故常“清己中立,任诚保素”(《晋书·乐广传》)。

司马彪(?—约306) 西晋经学家、史学家。字绍统。河内温(今河南温县西南)人。为晋朝皇族。曾任秘书丞、散骑侍郎等职。著有《庄子注》、《九州春秋》等。所著《续汉书》八十卷,论次东汉史事,纪、志、传均备。纪、传部分已佚,仅存八志三十卷,北宋以后配合范晔《后汉书》(范书只有纪、传)刊行。

裴楷(240—299) 西晋名士。字叔则。河东闻喜(今属山西)人。初辟相国掾,迁尚书郎。与张华、王戎并掌机要,复加光禄大夫。博览群籍,尤精《易》、《老》。少与王戎齐名。善品评人物,对乐广、夏侯玄、钟会、傅嘏等当时名士均有鉴评,著称于世。原有文集二卷,已佚。

鲁褒 西晋隐士、无神论者。字元道。南阳(今属河南)人。好学多问,以贫素自立,一生未仕。《晋书·鲁褒传》:“元康(291—299)之后,纲纪大坏。褒伤时之贪鄙,乃隐姓名,而著《钱神论》以刺之。……盖疾时者共传其文。”认为在当时的社会里,成败、安危、贵贱等“皆在乎钱,天何与焉?”(《钱神论》)针对儒家“死生有命,富贵在天”的天命论,提出“死生无命,富贵在钱”,“有钱可使鬼,而况于人乎?”具有无神论倾向。对当时“洛中朱衣,当途之士,爱我家兄(金钱),皆无已已”(同上),一心追求金钱的贪婪本性作了揭露,指出一时有钱,可以“无德而尊,无势而热”,无钱,即使“才如颜子,容如子张”,也一事无成。所著《钱神论》收入清严可均辑《全晋文》中。

潘尼(250—311) 西晋文学家。字正叔。荥阳中牟(今属河南)人。潘岳之侄。自少有才,与潘岳俱以文章知名。世称两潘。初举秀才,为太常博士。后拜太子舍人,历黄门侍郎、侍中、秘书监、中书令,永嘉中迁太常卿。曾作《安身论》,议论人的安身立德之道。倡言“崇德莫大乎安身,安身莫尚乎存正,存正莫重乎无私,无私莫深乎寡欲”,以此反对品德上的自私和多欲,并认为“忧患之接,必生于自私,而兴于有欲”。他还指出:“安也者,安乎道者也。进也者,进乎德者也。治也者,治乎心者也。”而且将此上升到保国家治万物的层面："未有安身而不能保国家，进德而不能处富贵，治心而不能治万物者也。"最终以此勉励当时学者"治其内而不饰其外，求诸己而不假诸人"，通过以道德自律，"忠肃以奉上，受敬以事亲"。同时"可以御一体，可以牧万民，可以处富贵，可以居贱贫，经盛衰而不改"，造就出君子的高尚品德，则足可以安身立命。著作辑为《潘太常集》。

鲁胜 西晋逻辑学家。字叔时，代郡（治今山西蔚县东北）人。少有才操，为佐著作郎，元康二年(292)迁建康令。精研历法，著《正天论》。后"称疾去官"，隐居山林，虽有举荐而终不肯复仕。在先秦名辩学逐渐衰微的情况下，著《墨辩注》，集《形名》二篇，自谓对名辩学起了"兴微继绝"的作用。其思想以先秦名家为宗，尤重形名。认为概念能够辨别同异，表述是非，故"别同异，明是非"为"道义之门，政化之准绳"，主张"正名"说。分析先秦名辩学发展的渊源和师承，认为名学始于孔子"正名"，墨子"作辩经以立其名"，"惠施、公孙龙祖述其学"。概括分析了先秦名家的主要命题。认为"坚白之辩"是因为"名必有形，察形莫如别色"；"无厚之辩"是因为"名必有分，明分莫如有无"；"两可"之论是因为"是有不是，可有不可"；"辨同异"是因为"同而有异，异而有同"，"辨同辨异"是因为"至同无不同，至异无不异"。其著作大部分已佚。今仅存《墨辩注叙》，载《晋书》中。

郭象(252—312) 西晋玄学家。字子玄。河南（治今河南洛阳东）人。少有才理，好《老》、《庄》，善清谈。经常闲居，以文论自娱。后"熏灼内外"，辟司徒掾，历任黄门侍郎、豫州牧长史、太傅主簿等官职。长于议论，"如悬河泻水，注而不竭"（《世说新语·赏誉下》）。"时人咸以为王弼之亚"（《世说新语·文学》注引）。《晋书·向秀传》说他在向秀《庄子隐解》的基础上，"述而广之"，作《庄子注》。以注《庄》的形式阐发"独化于玄冥之境"（《齐物论注》）观点。认为"夫造物者有邪？无邪？无也，则胡能造物哉？有也，则不足以物众形"。由此提出"无既无矣，则不能生有"、"造物者无主而物各自造"（同上）等一系列命题。认为万物乃"块然而自生"（《齐物论注》），反对以"无"或"道"为宇宙本体和万物本源的学说。但又认为，天地万物的生成、变化都各自独立、互不相关，"外不资于道，内不由于己，掘然自得而独化也"（《大宗师注》），是不需要任何条件，"独生而无所资借"（《知北游注》），"物各自生而无所出焉"（《齐物论注》），最终又否认了事物发展变化的条件和原因，甚至排斥任何因果联系，"生者不知所以生而自生矣。万物虽异，至于生不由知，则未有不同者也，故天下莫不芒（冥）也"（《齐物论注》）。并由此主张"自足其性"，"天性所受，各有本分，不可逃，亦不可加"（同上）。把"万物独化于玄冥之境"看作是一种神秘而不可抗拒的"命"的安排："天之所生者，独化也"，"至于玄冥之境，又安得而不任之哉？既任之，则死生变化，惟命之从也"（《大宗师注》）。结果导致神秘主义的"独化论"，"突然自生，则不由我，我不能禁；忽然自死，吾不能违"（《则阳注》）。在"名教"和"自然"关系上，则认为"名教"和"自然"并无矛盾，"夫圣人虽在庙堂之上，然其心无异于山林之中"（《逍遥游注》）。主张"名教"即是"自然"，"游外者依内"，"离人者合俗"，认为"圣人常游外以冥内，无心以顺有，故虽终日挥形而神气不变，俯仰万机而淡然自若"（《大宗师注》）。既肯定儒家的名教之治，又倡导道家的无为自然，合儒道为一，以此论证封建等级制度的合理性。著作除《庄子注》完整保存外，另有《论语体略》、《老子注》、《致命由己论》等，均佚。仅部分佚文散见于皇侃《论语义疏》及《道藏》中。

郭子玄 即"郭象"。

王衍(256—311) 西晋玄学家。字夷甫。琅邪临沂（今山东临沂市北）人。历任太子舍人、尚书郎、黄门侍郎、尚书令、太尉等官。崇尚老庄，为玄学贵无论的倡导者之一。甚重何晏、王弼"以无为本"论，屡次攻难裴頠的"崇有"之论。因他累居显职，选举登朝，皆以衍为首；名士达人，多为所亲昵，矜高浮诞遂成风俗。后为石勒所杀。将死，曰："呜呼！吾曹虽不如古人，向若不祖尚浮虚，戮力以匡天下，犹可不至今日。"（《晋书·王衍传》）

庾敳(262—311) 西晋玄学家。字子嵩。颍川鄢陵（今河南鄢陵西北）人。初为陈留相，后升吏部郎，参太傅司马越军事，转军咨祭酒。与王敦、胡毋辅之、王澄俱为王衍雅重，时称"四友"（《晋书·胡毋辅之传》）。口谈虚浮，不理政务。自谓是老庄之徒，常袖手静默，"未尝以事婴心"。认为"宇宙微细"，人生短暂，存亡均齐，荣辱同贯，追求所谓"飘飖玄旷"，"与自然并体"（《晋书·庾敳传》）的精神境界，反映出逃避现实、消极出世的思想倾向。著作仅存《意赋》、《幽人箴》，分别载于《晋书·庾敳传》与《艺文类聚》中。

王敦(266—324) 东晋名士。字处仲。琅邪临沂（今山东临沂市北）人。历任驸马都尉、散骑常侍、侍中、中书监、扬州刺史、尚书，以元帅进镇东大将军。善清谈。与王澄、庾敳、胡毋辅之，俱为王衍所昵，号为"四友"（见《晋书·胡毋辅之传》）。东晋永昌元年(322)以清君侧诛刘隗为名，率兵入石头城，挟制晋帝，遂拜丞相、江州牧，后还武昌。明帝立，敦自为扬州牧。原有集十卷，已佚。今存《辞荆州牧疏》、《上书言王导》、《上书罪刘隗》等文，载《晋书·王敦传》中。

裴頠(267—300) 西晋哲学家。字逸民。河东闻喜（今属山西）人。出身士族。曾任太子中庶子、散骑常侍、国子祭酒、尚书左仆射等职。通博多闻，兼明医术，自少知名，时人谓为"言谈之林薮"，"若武库五兵纵横"。雅望素隆，深得时誉。曾与司空张华反对惠帝后贾氏乱政，并回绝赵王司马伦多次求官，遭伦忌恨，后被赵王司马伦所杀。頠深患时俗放荡，不尊儒术，著《崇有论》以反对何晏、王弼的"贵无"学说。注重现实存有事物，认为万有的整体是最根本的"道"，说："总混群本宗极之道也。"在有无关系上，提出“始生者，自生也”，认为“夫至无者，无以能生”，反对在万有之上寻找世界的本体。指出“无”只是“有”消失的状态：“生以有为己分，则虚无是有之所谓遗者也。”针对贵无论在万有之外寻找事物变化根源的观点，提出“化感错综，理迹之原”，“理之所体，所谓有也”，认为万物的变化和错综复杂的关系是探求事物规律的基础和根据，“理”本身必须以“有”为体。还认为事物虽是“自生”，但每个事物都是万物整体的一部分，要依靠别的东西作为自身存在的条件，“夫品而各族，则所禀者偏，偏无自足，故凭乎外资”，因此“济有者皆有也”，不是“无”济“有”。从维护封建名教出发，他对当时名士所倡导的崇尚虚无之风进行了抨击。认为“贵无论”者“薄综世之务，贱功烈之用，高浮游之业，卑经实之贤”，结果形成“立言籍其虚无，谓之玄妙；处官不亲所司，谓之雅远；奉身散其廉操，谓之旷达”的风气，对治理社会和维护名教带来很大危害，必将导致“遗制”、“忘礼”，破坏封建等级贵贱的秩序。主张“无为”应当是君主“选贤举善”，“居任得人”(见《群书治要》卷二十九引《晋书·百官志》)，以“用天之道，分地之利，躬其力任，劳而后飨”；同时要“居以仁顺，守以恭俭，率以忠信，行以敬让”。其“无为而治”的观点和“始生者自生”的观点对后来的郭象有较大影响。著作除《崇有论》得以保存外，《贵无论》、《辩才论》等均佚，残文散见于《晋书》等书中。

欧阳建(约 269—300) 西晋哲学家。字坚石。渤海南皮(今河北南皮东北)人。豪强大族石崇之甥。历官山阳令、尚书郎、冯翊太守。有才华，甚得时誉。擅名北州，时称“渤海赫赫，欧阳坚石”(见《晋书·石苞传》)。因参与统治集团内部的斗争，被赵王司马伦所杀。时年三十余。在当时“言意之辩”中，作《言尽意论》，探讨了名实、言意关系，驳斥了流为风尚的“言不尽意”论，在当时产生了较大的影响。认为世界事物是客观存在的，不依人们对事物的“言”、“称”而转移，“形不待名而方圆已著；色不俟称而黑白已彰”。并认为“言”、“称”对客观事物的存在不起任何作用，“名之于物，无施者也；言之于理，无为者也”。还认为客观事物没有固定的自然名称：“非物有自然之名，理有必定之称。”但同时又认为客观事物虽然无待于言，但在人们的认识过程中，语言、概念是不可缺少的，“古今务于正名，圣贤不能去信”。人们对于客观的事物及其规律的认识，不通过“名”和“言”便无法分辨和表达；“理得于心，非言不畅；物定于彼，非名不辨。言不畅志，则无以相接；名不辨物，则鉴识不显。鉴识至而名品殊，言称接而情志畅”。充分肯定了语言、概念在人们认识中的作用。并强调“言”是能够精确地“辨其实”、“宣其志”的。还把“物”、“实”和“名”的关系，解释为形与影的关系：“声发响应，形存影附，不得相与为二矣。”认为“名逐物而迁，言因理而变”，语言、概念不是一成不变的、僵死的，而是随着客观事物的变化而变化。最后认为名与实“苟其不二，则言无不尽矣，吾故以为尽矣”，在理论上批驳了“言不尽意”论。著作仅存《言尽意论》一文，载《艺文类聚》。

胡毋辅之(约 269—约 318) 西晋玄学家。字彦国。奉高(治今山东泰安市东)人。历任繁昌令、尚书郎、司徒左长史、建武将军、乐安太守。后东海王越引为从事中郎，复补振威将军、陈留太守。永嘉之乱，避难江左，元帝以为安东将军咨议祭酒，迁扬武将军、湘州刺史。少擅高名，为兖州“八伯”之一，世称“达伯”。又与王澄、王敦、庾敳等号为“四友”。自谓得大道之本，故去巾脱帽，赤胸裸体，不视郡事。崇尚虚无，口谈浮虚，“如锯木屑，霏霏不绝”，时尚玄谈者誉之“诚为后进领袖”(《晋书·胡母辅之传》)。

阮修(270—311) 西晋玄学家，无鬼论者。字宣子。陈留尉氏(今属河南)人。官鸿胪丞，转太傅行参军、太子洗马。好《老》、《易》，善清言。不信鬼神，认为人死后不能为鬼。尝言“今见鬼者云著生时衣服，若人死有鬼，衣服有鬼邪?”(《晋书·阮籍传》)伐社树，人止之，他驳斥说：“若社而为树，伐树则社移；树而为社，伐树则社亡矣。”(同上)原有集二卷，已佚。今存《大鹏赋》、《上巳诗》分载于《晋书》和《初学记》中。

王澄(约 272—316) 西晋名士。字平子。琅邪临沂(今山东临沂市北)人。历任成都王颖从事中郎、东海王越司空长史、荆州刺史领南蛮校尉等职。少历显位，不务政事，以虚浮为业。素为王衍所重，常与王敦、谢鲲、庾敳、胡毋辅之等亲昵戏游，“酣宴纵诞，穷欢极娱”，终日以放任为达，甚至脱衣裸体，嗜酒荒放。

郭璞(276—324) 东晋文学家、训诂学家。字景纯。河东闻喜(今属山西)人。博学多才，东晋初为著作佐郎，后王敦任为记室参军。精通五行天文卜筮之术，相传能禳灾转祸，通致无方，被道教奉为水府仙伯。道教谓其尸解仙去。有《尔雅注》、《方言注》、《山海经注》、《穆天子传注》、《游仙诗》等。原有集数十万言，已佚。今传《郭弘农集》，系明人辑本。

王导(276—339) 东晋名士。字茂弘。琅邪临沂(今山东临沂市北)人。历任安东司马、司徒、大司马等。元帝为琅邪王时，导知天下已乱，因此劝他广收贤俊，潜有兴复中原之志。及元帝继位，以导为丞相。后受遗诏辅明帝，又受明帝遗诏辅成帝。事历三朝，出将入相，朝野号称“仲父”。尝上疏主张设庠序，明五教，以移华伪之俗，息浮虚之竞，“使文武之道坠而复兴”(《晋书·王导传》)。善清谈，《世说新语·文学》说“(导)带麈尾语殷(浩)曰：身今日当与君共谈析理”。既共清谈，遂达三更。“倡三理”，“王丞相(导)过江左，止道声无哀乐、养生、言尽意三理而已。”(同上)原有集十一卷，已佚。今存《请建立国史疏》、《上书请修学校》、《议复肉刑》、《遗王含书》等。

鲍敬言(约 278—342) 东晋思想家、无神论者。据葛洪《抱朴子·诘鲍》篇，鲍“好老庄之书，治剧辩之言，以为古者无君，胜于今世”。主张无君论，“天生烝民而树之君，岂其皇天谆谆言?”“彼苍天果无事也”。否定了天有意志并可以主宰一切的有神论思想，认为苍天是不参与人事的，驳斥君权神授说。提出“天地之位，二气范物”的命题，认为天地万物是由阴阳二气化生的，因此“各任之自然”，无尊卑贵贱之序。认为君臣之制起源于“强者凌弱”，“智者诈愚”，“任力违真”的结果。对统治者“聚敛以夺民财”，“严刑以为坑阱”，“肆酷恣欲”，“屠割群生”等罪恶进行了揭露和批判，认为只要有“人君”，祸害就无可避免。认为“古者无君，胜于今也”，提出“以无名为贵”。幻想一种“无君无臣”，“身无在公之役，家无输调之费，安土乐业，顺天分地，内足衣食之用，外无势利之争”的社会，并设想社会无战争酷刑和礼法名教，“士众不聚，则不相攻伐”，“势利不萌，祸乱不作，干戈不用，城池不设”，由此人也纯真朴实：“纯白在胸，机心不生，含铺而熙，鼓腹而游，其言不华，其行不饰”，在一定程度上反映了当时人民的痛苦和摆脱痛苦的愿望。有《无君论》，残文今存《抱朴子·诘鲍》中。

谢鲲(280—322 一说，281—324) 两晋之际玄学家。字幼舆。陈国阳夏(今河南太康)人。少知名，任达不拘，东海王越曾辟为掾，转参军。后避乱江东，王敦引为长史，出为豫章太守。好《老》、《易》，自谓是老庄之徒，常“居身于可否之间”(《晋书·谢鲲传》)，不屑政事。原有集六卷，已佚。

阮瞻(281—310) 西晋名士，无鬼论者。字千里。陈留尉氏(今属河南)人。仕至东海王越记室参军、太子舍人。性清虚寡欲，读书不甚研求而能默识其要。《晋书·阮籍传》载，司徒王戎曾问瞻：“圣人贵名教，老庄明自然，其旨同异?”瞻曰：“将无同”，遂成一时名言，因辟之为掾，时称“三语掾”。不信鬼神，著《无鬼论》，人莫能难，并自谓“此理足可以辩正幽明”(同上)。名重一时。有集二卷，已佚。今存《上巳会赋》，载《艺文类聚》。

张韩 西晋玄学家。生平事迹不详。据《艺文类聚》卷十七载，张韩著有《不用舌论》一文。认为语言不能表达义理，因此“留意于言，不如留意于不言”，进而主张“不用舌论”。说：“徒知无舌之通心，未尽有舌之必通心也。”认为无舌不能说话，遂以心意相通；有舌可以说话，就更必须不说话而以心意相通了。“普天地之与人物，亦何屑于有言哉?”(同上)明显反映出“言不尽意”的思想倾向。

张湛 东晋玄学家。字处度。高平(郡治在山东巨野南)人。东晋孝武帝时，曾任中书侍郎、光禄勋。崇老庄，解玄理。精通养生，《晋书·范宁传》曾记他劝范宁减损思虑，内视养生。哲学上继承了王弼“以无为本”的思想，也吸收了郭象一些“崇有论”的观点。认为“群有以至虚为宗，万品以终灭为验”(《列子注·序》)，以论证“万有”以“无”为本。提出“不居知能之地，而无恶无好，无彼无此，则以无为心者也”(《列子·仲尼篇注》)。在生死问题上，认为“气散形朽”，人的生命作为个体，不能长久存在，承认现实世界的生成变化是一个“形气转续，代谢无间”的过程，具有无神论倾向。但又把这种气化论思想纳入其“生化之本，归之于无物”(《列子·周穆王篇注》)的“贵无”论中。由“生死气化”而主张一种“肆情纵欲”、及时行乐的腐朽人生观。认为“生者，一气之暂聚，一物之暂灵。暂聚者终散，暂灵者归虚，而好逸恶劳，物之常性”(《列子·杨朱篇注》)。“故当生之所乐者，厚味、美服、好色、音声而已耳。”(同上)反映出东晋门阀士族的腐败颓废。但反对《列子·杨朱》篇中“过逸”之言，强调“唯弃礼乐之失，不弃礼乐之用，礼乐故不可弃”(《列子·仲尼篇注》)。认为任自然之性与顺名教之礼可以兼顾，“尊卑长短，名当其分”(《列子·天瑞篇注》)，“俯仰同俗，升降随物”(《列子·黄帝篇注》)。著作除《列子注》现存外，另外《养生要集》、《延年秘录》等，均佚。

卫玠(286—312) 西晋名士。字叔宝。安邑(今山西夏西北)人。曾为太傅西阁祭酒，后官太子洗马，世称“卫洗马”。好言玄理，尤善《易》、《老》，王澄推服备至，曾叹息绝倒，时称“卫玠谈道，平子绝倒”(《晋书·卫玠传》)。后避乱至王敦所，敦与之谈论，咨嗟不已，称“昔王辅嗣吐金声于中朝，此子复玉振于江表，微言之绪，绝而复续。不意永嘉之末，复闻正始之音”(《世说新语·赏誉下》)。

干宝(286? —336?) 东晋史学家、文学家、经学家。字令升。新蔡(今属河南)人。少时勤奋好学，博览群书，以才气见称。晋元帝召其为著作郎，领修国史。后历任山阴令、始安太守、司徒右长史、散骑常侍等。博通经史，又性好阴阳术数，长于《周易》、《周礼》、《春秋》之学，所著《晋纪》，自晋宣帝迄于晋愍帝五十三年，凡二十卷。其书简略，直而能婉，咸称“良史”。其易学宗象数派京房、夏侯胜之传，反对以庄老玄学解释《周易》，也反对王弼的太极学说。其所著《搜神记》原书已散佚，今存本为后人辑录，是我国魏晋志怪小说代表作。书中多述神仙鬼怪，但保存了不少古代优美的传说和民间故事。著述还有《周易宗涂》、《周易爻义》、《周易注》、《周官注》、《七庙议》、《春秋左氏义外传》、《春秋序论》等。

庾亮(289—340) 东晋文学家。字元规。颍川鄢陵(今河南鄢陵西北)人。历官中书郎、黄门侍郎、散骑常侍、中书监、中书令。善清谈，好《老》、《庄》，“时人咸以为夏侯太初、陈长文之伦”(《晋书·庾亮传》)。王敦谓亮“贤于裴頠远矣”(同上)。亮虽好老、庄，却志在儒术，尤重礼义，认为“礼义之固”可与“金城汤池”相比，主张“弘敷礼乐，敦明庠序”(《武昌开置学官教》)。原有集二十一卷，已佚。今存《释奠祭孔子文》、《武昌开置学官教》、《让中书监表》等，散见于《艺文类聚》、《通典》、《文选》中。

阮裕(约 297—359) 东晋名士。字思旷。陈留尉氏(今属河南)人。阮籍族弟。弱冠辟太宰掾，并为王敦主簿。后出为溧阳令，王舒抚军长史、临海太守，皆任时不久，自谓“少无宦情，兼拙于人间”(《晋书·阮裕传》)。裕论难甚精，对“才性之辨”亦有所预，曾与谢万讨论才性同异。其论以傅嘏为长，曾构辞数百言论才性同，“精义入微，闻者皆嗟味之”（同上）。但此论已佚。

庾翼（305—345） 东晋学者。字稚恭。颍川鄢陵（今河南鄢陵西北）人。初为陶侃太尉府参军，迁南蛮校尉、南郡太守，授都督江、荆等六州诸军事，安西将军、荆州刺史。雅有大志，常以统一中原为己任。时杜乂、殷浩并才名冠世，而翼轻之，尝谓“此辈宜束之高阁，俟天下太平，然后议其任耳”（《晋书·庾亮传》附庾翼传）。认为高谈老庄之道，空说终日，无济于事，只是助长浮华，因此主张“济一时之务，须一时之胜，何必德均古人”（见《晋书·殷浩传》）。原有集二十二卷，已佚。今存《北伐上疏》、《贻殷浩书》等，载《全晋文》中。

孙盛（约306—378） 东晋学者、史学家、无神论者。字安国。太原中都（今山西平遥西南）人。历官佐著作郎、浏阳令、长沙太守、秘书监加给事中。博学多闻，善言名理，与殷浩擅名一时。哲学上不同意“贵无”说，也不赞同“崇有”说。反对崇尚老庄，认为老庄之道“矜其一方”，“远救世之宜”，不知“圣人”需“乘时”而动，“迹浪于所因”。由此得出结论：“尚无既失之矣，崇有亦未为得也。”（见《广弘明集》卷五）又认为《老子》之学，“往往矛盾”（同上），“后之谈者虽曲为其义，辩而释之，莫不艰屯于杀圣，困踬于忘亲也”（《老子疑问反讯》），具有鲜明的反玄学倾向。认为孔圣优于老聃。反对生死轮回、灵魂不死、善恶报应等宗教迷信，认为“天地陶铸，善恶兼有，各禀自然”（同上），人死后“形既粉散，知亦如之，纷错混淆，化为异物”（《与罗君章书》），驳斥了佛教的“神不灭”思想，对东晋南北朝无神论思想的发展产生了积极影响。著有《魏氏春秋》、《晋阳秋》等，“词直而理正，咸称良史”（《晋书·孙盛传》）。其著作大都佚失，《全晋文》保存有部分佚文。

王濛（309—347） 东晋名士。字仲祖，小字阿奴。晋阳（今山西太原市西南）人。历官司徒掾、长山令、中书郎，转司徒左长史。能言玄理，善隶书，美姿容，与沛国刘惔齐名，时称风流者皆举濛、惔为宗。原有集五卷，已佚。

殷浩（?—356） 东晋玄学家。字渊源。陈郡长平（今河南西华东北）人。官至建武将军、扬州刺史、中军将军，世称“殷中军”。曾统五州军等北伐中原，败绩，被贬为庶人。善玄言，与叔文融俱好《易》、《老》，名重当时。认为天地万物，可以“寄见之一形”，“一形兼未形之形”（《世说新语·文学》注引《易象论》），与三国魏王弼“一多”、“众寡”之义略同。又精于才性四本，据说其论“若汤池铁城”，“崤函之固”（同上），但此论已佚。王导称“正始之音，正当尔耳”（同上），为当时清谈者所宗。原有集四卷，已佚。仅存《易象论》残篇，载《世说新语·文学》注中。

孙绰（314—371） 东晋文学家。字兴公。太原中都（今山西平遥西南）人。历任佐著作郎、征西将军参军、太学博士、永嘉太守等职。入朝为散骑常侍、廷尉卿。少慕老庄之道，崇尚玄虚，常以“席芳草，镜清流”为志（《兰亭诗序》），追求“投刃皆虚”，“世事都捐”，“同体自然”的虚无境界，反映了玄学贵无论思想。常与沙门往来，屡称誉佛家诸僧，著《道贤论》，以天竺七僧匹竹林七贤。主张儒、释、道为一，谓“周孔即佛，佛即周孔”，盛称佛乃“无为无不为也”（《喻道论》）。原有集二十五卷，已佚。明人辑有《孙廷尉集》。

谢安（320—385） 东晋政治家。字安石。陈郡阳夏（今河南太康）人。好音律，善清言，朝廷屡召不就，与当时名士王羲之、许询、沙门支遁等优游山水。年四十余始出仕，历任吏部尚书、司徒等职，位至宰相。曾指挥淝水之战，以少胜多，建立奇勋，进拜太保。原有集十卷，已佚。今存《简文帝谥议》、《遗王坦之书》、《与支遁书》等。

许询 东晋名士。字玄度。高阳（今属河北）人。约与王修（334—357）同时而略早。“总角秀惠，众称神童。长而风情简素，司徒掾辟不就。”（《世说新语·言语》注引《续晋阳秋》）与谢安、孙绰、王羲之及沙门名僧支道林等皆以文义冠世，善玄理，曾与支道林等人共集会稽王司马昱处讲佛理，“支为法师，许为都讲，支通一义，四座莫不厌心；许送一难，众人莫不抃（biàn变）舞，但共嗟咏二家之美”。《世说新语·文学》为东晋一时名流，“于时士人皆钦慕仰爱之”（《世说新语·言语》笺疏引《晋中兴士人书》）。

王坦之（330—375） 东晋名士。字文度。太原晋阳（今山西太原市西南）人。晋咸安年间，为抚军将军，后迁参军，从事中郎，散骑常侍。晋宁康年间，与谢安共辅幼主，迁中书令，领丹阳尹，并任北中郎将，徐、兖二州刺史。时人谓“江东独步王文度”（《晋书·王坦之传》）。又与沙门竺法师“共论幽明报应”（同上）。尊崇孔子，作文多以孔子言行为据，主张调和儒道，说：“群方所资而莫知谁氏，在儒而非儒，非道而有道，弥贯九流，玄同彼我，万物用之而不既，亹亹日新而不朽，昔吾孔老固已言之矣。”（同上）又言“孔父非不体远，以体远故用近；颜子岂不具德，以德备故膺教”（同上）。著《废庄论》，认为庄子一书乃是“无感之作，义偏而用寡”（《废庄论》）。“其言诡谲，其义恢诞”（同上）。并指出“庄生作而风俗颓”，“庄子之利天下也少，害天下也多”（同上）。反对当时不敦儒教，强调“人君之道以孝敬为本，临御四海以委任为贵”（《晋书·王坦之传》）。提出“敬修至德”，“申先帝尧舜之风”（同上）。认为“公道体于自然”，强调礼教同于自然，“夫敦礼以崇化，日用以成信，诚存而邪忘，利损而竞息，成功遂事，百姓皆曰我自然”（同上）。反对君主强为，提出“恭顺无为，则盛德日新，亲杖贤能，则政道邕睦”（同上）。所著《废庄论》存于《晋书》。

戴逵（约330—395） 东晋雕塑家、画家、无神论者。字安道。谯郡铚县（今安徽濉溪西南）人。少博学，好谈论，善属文，工书能琴兼治各种巧艺。终身不仕。他反对佛教因果报应说，著《释疑论》，与当时名僧慧远等反复辩论。主张“人资二仪之性以生，禀五常之气以育”，性有长短，气有精粗，因此表现出寿夭、贤愚之别，“此自然之定理，不可移者也”。继承了汉代王充的偶然论思想，对生死等现象作了无神论的解释，认为“善恶福祸，或有一见，斯自遇与事会，非冥司之真验也”(《答周处士难释疑论》)。故人的生死、善恶、贤愚等均“非积行所致”，驳斥了佛教有神论。认为佛教“积善积恶之谈，盖是劝教之言耳”(《与远法师书》)。并以“烛火喻形神”的神灭思想反对佛教神不灭思想，指出：“火凭薪以传焰，人资气以享年；苟薪气之有歇，何年焰之恒延？”(《流火赋》)又深恶元康之际虚无放荡之风，著《放达为非道论》，认为“竹林之为放，有疾而为颦者也；元康之为放，无德而折巾者也”(《晋书·隐逸传》)。把元康名士的放达斥为“乱德”、“乱道”之行。另有《竹林七贤论》，已佚，《全晋文》辑有部分佚文。

李充 东晋思想家、经学家。字弘度。江夏鄳县(今湖南罗山西)人。初辟任丞相王导掾吏，后转记室参军。又历任参军、县令、大著作郎、中书侍郎等。自幼好刑名之学，尝著《学箴》，认同老庄的思想，以为“道德丧而仁义彰，仁义彰而名利作，礼教之弊，直在兹也”，老庄是“明无为之益，塞争欲之门”。主张将老庄思想引入教化之中，“化之以绝圣弃智，镇之以无名之朴”，“圣教救其末，老庄明其本，本末之涂殊而为教一也”和“引道家之弘旨，会世教之适当”。另注有《尚书》及论著《周易旨》、《释庄论》等。严可均辑《全晋文》录其佚文。

韩伯(332—380) 东晋哲学家。字康伯。颍川长社(今河南长葛东)人。曾官中书郎、散骑常侍、豫章太守、侍中、丹阳尹、吏部尚书、领军将军。哲学上继承了何晏、王弼“以无为本”的贵无论学说，认为“道者何，无之称也，无不通也，无不由也”(《周易系辞注》)，“道”“寂然无体，不可为象”，而“万物由之以化”。同时也吸收郭象“独化”论学说，认为“两仪之运，万物之动，岂有使之然哉？莫不独化于大(太)虚”(同上)。反映了东晋时期玄学家企图折中“崇有”与“贵无”的思想倾向。有《周易系辞注》，收入《十三经注疏》。

韩康伯 即“韩伯”。

谢玄(343—388) 东晋政治家。字幼度。陈郡阳夏(今河南太康)人。谢安侄。历任建武将军、兖州刺史领广陵相、监江北诸军事。与谢安筹谋淝水之战，并亲率精锐八千涉渡淝水，与苻坚决战，以智勇胜敌，名震江左。玄“神理明俊”，善微言。著作仅存疏折数篇，载《晋书·谢安传》中。

何承天(370—447) 南朝宋无神论思想家、天文学家。东海郯(今山东郯城北)人。幼年从学于当时的著名学者徐广。东晋时，先后任参军、浏阳令、宛陵令。入宋，曾为衡阳内史，故被称“何衡阳”。晚年任著作佐郎，官至御史中丞。博通经史，长于历算、音律。曾参与制定“元嘉历”，所创调日法，为唐宋历法家采用。反对佛学鬼神迷信，曾与宗炳、颜延之辩论，批驳佛教世界“空无”论、灵魂不灭说和轮回说。认为佛教讲“空无”是虚伪的，他们虽然口头上讲“空无”，但却欲念未除，害怕“因果报应”、“生死轮回”，实际上并没有将一切看成是“空无”的。提出“形神相资”，认为精神不能离开形体独立存在。“形神相资，古人譬以薪火，薪弊火微，薪尽火灭，虽有其妙，岂能独传？”(《答宗居士书》)指出人有是非之辨、仁义之性，为万物之灵，不可能变为别的生物。指出“至于生必有死，形毙神散，犹春荣秋落，四时代换，奚有于更受形哉？”(《达性论》)又以自然界的现象说明“杀生者无恶报，为福者无善应”(《报应问》)，证明轮回报应说没有根据。但又认为“三后在天，言精灵之升遐”，使其思想出现矛盾。出于批驳佛教轮回报应说的需要，还提出科学的验证标准：“欲知日月之行，故假察于璇玑；将申幽冥之信，宜取符于见事”(《报应问》)。所著《答宗居士书》、《达性论》、《答颜光禄》、《重答颜光禄》等收入《弘明集》，《报应问》收入《广弘明集》。明张溥编有《何衡阳集》。

罗含 东晋学者。字君章。桂阳耒阳(今湖南耒阳)人。官宜都太守，后迁侍中，转廷尉、长沙相。时人誉称为“湘中琳琅”、“江左之秀”(《晋书·罗含传》)。主张“神之与质，自然之偶也。偶有离合，死生之变也”(《更生论》)。视神为可以脱离肉体独立存在。其所谓“更生”，即认为事物及其变化过程乃是在泯然不觉中回复旧有的形体(“与运泯复”)，“聚散隐显，环转于无穷之途；贤愚寿夭，还复其物”，因此“今生之生，为即昔生”(同上)，并主张佛教所宣扬的三世轮回和因果报应之说。有《更生论》等。

顾欢 南朝宋、齐道教思想家。字景怡，一字玄平。吴郡盐官(今浙江海宁市西南)人。曾从雷次宗研究“玄儒诸义”。好黄老之学，通解阴阳书。曾向齐高帝进《治纲》一卷。齐永明元年(483)征为太学博士，不就。曾因佛道二教互相诋毁，作《夷夏论》，认为：“道则佛也，佛则道也，其圣则符，其迹则反”(《南史·顾欢传》)，调和道佛二教。但又以夷夏之界黜佛，“舍华效夷，义将安取？”(《南齐书·顾欢传》)另有《三名论》。

袁粲(420—477) 南朝宋人。字景倩。陈郡阳夏(今河南太康)人。曾为宋司徒。齐高帝时，因谋反被杀。传假托道人通公作文驳顾欢《夷夏论》。认为“孔、老、释迦”“其道必异。孔老教俗为本，释氏出世为宗”(见《南史·顾欢传》)。推崇佛教，认为信道教者“白首还缁，而未能无死”，而信佛教者则“使尘惑日损，湛然常存”(同上)。

崔浩(381—450) 北魏政治家。字伯渊，小名桃简。清河东武城(今山东武城西北)人。太宗初拜博士祭酒，累官至司徒。工书，长天文历算，制定五寅元历。支持寇谦之“清整道教”，荐寇于北魏太武帝，策动帝亲受法箓，助道抑佛。

张融(444—497) 南朝学者。字思光。吴县(今江苏苏州)人。曾为齐司徒兼右长史。主张佛道“通源”，“道也与佛，逗极无二。寂然不动，致本则同；感而遂通，达迹成异”(《门论》)。晚年“左手执《孝经》、

《老子》，右手执《小品法华经》”（《南史·张融传》），主张儒、佛、道三教一致。明人辑有《张长史集》。

范缜（约450—约510） 南朝齐梁时哲学家，无神论者。字子真。南乡舞阴（今河南泌阳西北）人。“少孤贫，事母孝谨。”青年时拜当时著名学者刘瓛为师，博通经书，尤精三礼。“性质直，好危言高论。”仕齐，任宁蛮主簿、尚书殿中郎。仕梁，任尚书左丞、中书郎等职。综合并发展了魏晋以来的无神论和神灭论思想，与佛教进行了尖锐的斗争。初在南齐竟陵王萧子良西邸发表反对佛教因果报应的言论，“盛称无佛”。并对社会富贵贫贱的现象作偶然论的解释：人生好像同一棵树上的花朵，有些花瓣飘落到粪坑中、厕所里，有些花瓣被吹到厅堂，落在席子上、坐垫上，完全是自然现象和偶然的遭遇，“贵贱虽复殊途，因果竟在何处？”后退而论其理，著《神灭论》。“此论出，朝野喧哗，子良集僧难之，而不能屈。”（见《梁书》、《南史》）并以不能“卖官取论”而拒绝劝诱。天监六年（507）梁武帝发动王公朝贵六十四人围攻《神灭论》，无以折其锋锐。在辩论中范缜主张“穷理”，反对“穷辩”，认为“穷理”是根据事实提出“精据”，作出“雅决”；“穷辩”是根据经典古义、怪异传说来作辩解。提出“形神相即”、“形质神用”的观点，“神即形也，形即神也。是以形存则神存，形谢则神灭也”（《神灭论》）。认为形与神“名殊而体一”，“形称其质，神言其用，形之与神，不得相异也”（《神灭论》），表现出要求从“殊名”中把握统一的思想。又以“刃利”为喻，论证了“未闻刃没而利存，岂容形亡而神在”的道理。克服了过去唯物主义者视精神为特殊物质的缺陷，有力地批驳了佛教神不灭论和佛教福善祸淫因果报应说。还揭露佛教的危害，说：“浮屠害政，桑门蠹俗”；佛教流行，使“家家弃其亲爱，人人绝其嗣续”（《神灭论》），使兵挫于行间，吏空于官府。粟罄于惰游，货殚于泥木。其“神灭论”思想对后来无神论的发展，起了重要的作用。著作大多散失，现存《神灭论》及《答曹舍人》，收入《弘明集》中。

曹思文 南朝士人，活动于齐梁两朝。齐永泰时为国子助教，梁武帝时任尚书论功郎。笃信佛教，参与围攻范缜《神灭论》。提出形神非“相即”，是“合而为用”，“生则合而为用，死则形留而神逝”（《难神灭论》），并以秦穆公神游天堂的神话传说加以说明。又说孔子重祭祀，乐以迎来，哀以送往，按照神灭论，人死神灭，则“迎何所迎”，“送何所送”？如此，“迎来而乐，斯假欣于孔貌；送往而哀，又虚泪于丘体”，将使孔子祭礼变成“欺伪满于方寸，虚假盈于庙堂”，认为此非孔子之教，孔子之祭礼说明神不灭，人死后仍然有知。但承认自己“情用浅匮，惧不能征折诡经”（同上），驳不倒神灭论。著作有《孝经注》一卷，已佚。《难神灭论》、《重难神灭论》收入《弘明集》卷九。

萧子良（460—494） 南朝齐贵族，齐武帝次子。字云英。兰陵（治今江苏常州市西北）人。宋昇明三年（479）为会稽太守，封闻喜公。武帝时，封竟陵郡王、南徐州刺史，加都督，后为正位司徒。于其鸡笼山西邸，集学士抄五经百家，依《皇览》例，为《四部要略》。笃信、提倡佛学，常于邸园召集众僧，赋食行水，躬亲其事，并招名僧讲论佛法。非难范缜《神灭论》，强调因果报应论，并使人以官禄劝范缜改变观点。主张儒佛并尊，力图调和二教，说：“真俗之教，其致一耳。”（《与孔中丞书》）认为孔教与佛教并不矛盾，如“修礼让、习谦恭，奉仁义、敦孝弟，课之以博施，广之以泛爱”，则不会“惭于鬼神”（同上）。认为佛学有助教化和修仁义，“夫人仁之行，非残害加其美，廉洁之操，不籍贪窃成其德。如此，则三归五戒，岂得一念而可舍？十善八正，宁瞥想之可遗？”（同上）还提倡佛道调和论。曾著佛书《三宝记》、《净住子》、《宣明验》、《杂义记》，大多散失，今仅存《梧桐赋》等二十余篇，明人辑有《南齐竟陵王集》。

樊逊（？—约565） 北齐无神论者。字孝谦。河东北猗氏（今山西临猗）人。官至员外散骑侍郎。以儒家为宗，评斥佛道。认为道教典籍“玉简金书，神经秘录”皆为“凭虚之说”，“成道”、“得仙”，均为捕风捉影之谈，并肯定王充对道教神仙方术的批判。指出佛教“写经西土，画像南宫。昆池地黑，以为烧劫之灰；春秋夜明，谓是降神之日”，“置世界于微尘”，也是“理本虚无”。著作已散佚。仅在《北齐书·樊逊传》中存有其《举秀才对策》，另《全北齐文》辑有他的一些遗文。

刘峻（462—521） 南朝梁文学家。字孝标。平原（今山东平原西南）人。本名法武。曾任典校秘书，户曹参军。后讲学东阳紫岩山，从学者甚众。著《辨命论》，主张万物自然而生，无鬼神主宰。“夫道生万物，则谓之道；生而无主，谓之自然”。将自然理解为自然之命，认为死生、贵贱、治乱、贫富、祸福皆由天定，圣哲、鬼神对此毫无影响。反对佛教因果报应说，指出“为善一，为恶均，而祸福异其流，废兴殊其迹”。主张“居正体道，乐天知命”。曾注《世说新语》，著作遗篇明人编为《刘户曹集》。

刘孝标 即“刘峻”。

萧衍（464—549） 即“梁武帝”。南朝梁的建立者。字叔达。南兰陵（治今江苏常州市西北）人。曾任齐雍州刺史，镇守襄阳，乘齐内乱之机，夺帝位。公元502—549年在位。知识广博，技艺齐全，“六艺备闲，棋登逸品，阴阳、纬候、卜筮、占决、草隶、尺牍、骑射、莫不称妙”（《南史·梁武帝纪》），笃信佛教。认为老子、周公、孔子均为如来弟子，“道有九十六种，唯佛一道，是为正道，其余九十五种皆为外道，朕舍外道以事如来……老子、周公、孔子等虽是如来弟子，而为化既邪，止是世间之善，不能革凡成圣”（《敕舍道事佛》）。但亦主张融合儒、道，尤其在政治方法和伦理思想上更是不离儒家传统。“朕思阐治纲，每敦儒术。”在撰写佛教著述的同时也有大量关于儒、道的著作如《孔子正义》、《老子讲疏》等。其所尊佛教亦多赋予儒家内容，“笃孝治之义”（见《弘明集》）。强调孝子对死去的先人祭祀的重要，与佛教所主张出家修行成佛之宗旨不合，具有儒化的佛教特点。

著作已多佚。今存者主要保留在《弘明集》、《广弘明集》及《全梁文》中。

王融(467—493) 南朝齐文学家。字元长。琅邪临沂(今山东临沂市北)人。曾任中书郎、宁朔将军。有文才,作诗重声律,与谢朓、沈约等创"永明体"。笃信佛教,以官禄劝范缜改变《神灭论》观点。崇佛经,认为其"信可以糟滓五书,糠秕百氏,升罩聃周,筲竿尼旦"(《谢竟陵王示法制启》)。著作大多散失,遗篇明人辑为《王宁朔集》。

萧琛(478—529) 南朝齐、梁兰陵(治今江苏常州市西北)人。字彦瑜。仕梁,任平西长史、江夏太守、侍中、特进、金紫光禄大夫。信佛,参与围攻其内兄范缜的《神灭论》。认为范缜指斥佛教"蠹俗伤化,费货损役"之说为"惑者为之,非佛之龙也"(《难神灭论》)。提出佛教的本意在"好生恶杀,修善务施"。主张"息末以尊本,不拔本以拯末","念忘我以弘法,不后法以利我"(同上)。有《汉书文府》、《齐梁拾遗》等,现均散失。

杜弼(491—559) 北魏、北齐间中山曲阳(今属河北)人。字辅玄。以军功起家,历任北魏御史、东魏卫尉卿,北齐骠骑将、卫尉卿、胶州刺史等官职。好名理,熟谙老庄,兼通佛理。东魏时曾升狮子座说法,对答众名僧问难,往复数十番,莫有能屈。尝与邢劭论辩形神关系。认为:"无情之卉,尚得还生,含灵之物,何妨再造?"坚持人死精神在。为反驳邢劭的"烛火之喻",提出"神不系于形"的观点,认为"光去此烛,得燃彼烛,神去此形,亦托彼形"(《北齐书·杜弼传》)。又注老子《道德经》二卷。认为:"惟《道》、《德》二经,阐明幽极,旨冥动寂,用周凡圣。论行也清净柔弱,语迹也成功致治。实众流之江海,乃群艺之本根。"所注还有《庄子·惠施篇》、《易上下系》等。

邢劭(496—?) 一作"邢邵"。北朝文学家,无神论者。字子才。河间鄚(今河北任丘北)人。仕北魏、北齐两朝。北齐时曾居太常卿、中书监、摄国子监祭酒三职,授特进。博学能文,先与温子昇齐名,时称"温邢",后与魏收并称"邢魏"。常与人辩论形神关系问题。与杜弼的辩论"往复再三",但详情已无从考知。仅"扈从东山"的一次辩论,保存在《北齐书》、《北史》的《杜弼传》中,《文苑英华》和《全北齐文》题为《与邢邵议生灭论》,遂留传于世。认为"人死还生,恐为蛇画足","死之言澌,精神尽也","神之在人,犹光之在烛,烛尽则光穷,人死则神灭",坚持形谢神灭的观点。著述大部佚失,明人辑有《邢特进集》。

朱世卿 南朝陈学者,无神论者。自称"寓滋先生"。曾作《法性自然论》,当时释真观作《因缘无性论》加以驳难,由之可以断定二人同时。早年"非惟外学通敏,亦是内信渊明",曾"心重大乘,口诵《般若》",而后来"忽著自然之论,便成(兴)有性之执",所以是出于佛而反佛,最终走向无神论的学者,其思想集中在《法性自然论》一文中。该文援引孔子、墨子、鹖冠子等百家之说,取道家自然之义,以反对佛教的因果报应之说,"盛辨自然",以反对"高陈报应"。指出"夫万法万性,皆自然之理也",认为人的性命、善恶、贫富、贵贱、生死、智愚、穷达等,皆是"自然而然"的"自然之数",并非有对之加以"造为"的因果报应的决定者存在。他的无神论思想的观点和论证方式与范缜的无神论思想有相通之处。《法性自然论》收入《广弘明集》和严可均辑《全陈书》。

颜之推(531—约 590) 北齐文学家、语言学家。琅邪临沂(今山东临沂市北)人。仕梁,曾任散骑侍郎,仕齐,任黄门侍郎、平原太守等职。入周,为御史上士。隋开皇中,太子召为学士。自叹一生"三为亡国之人"(《观我生赋》)。曾与陆法言等撰《切韵》。著有《颜氏家训》七卷二十篇,以传统道德观念及古今事例,劝其子弟守道崇德,志学修业。提出"农商工贾厮役奴隶……皆有先达,可为师表"(《勉学》)。批评玄学清谈尽管"妙得入神",但总不能"济世成俗"(同上)。对魏晋玄学家祖述玄宗,弃"周孔之业"持反对态度。反对当时华而不实的学风和过重辞藻的倾向,说"《仲尼居》即须两纸疏义","闻一言辄酬数百(言),责其指归,或无要会"(同上)。主张文以内容为本,文辞应为表达内容服务。批评当时士族不学无术,骄奢淫逸。崇信佛学,说:"善恶之行,祸福所归,九流百氏皆同此论,岂独释典为虚妄乎?"(《归心》)并认为释家"五戒"(不杀生,不偷盗,不邪淫,不妄语,不饮酒)符合儒家的仁义礼智信"五常"。主张以"五戒"纯化民俗,维护封建伦理及封建统治。还记叙了当时社会世态风俗人情及历史人物轶闻轶事。另有佛书《冤魂志》、《诫杀训》,唐道世的《法苑珠林》有辑录。

甄鸾 北朝北周学者。曾任北周司隶大夫。曾造天和历。周武帝天和四年(569)曾在御前详度佛道二教深浅、真伪。次年上《笑道论》三卷,斥责道教的"方术以升仙为神,因而诳惑","以之匡政,政多邪僻,以之导民,民多诡惑"(见《辩惑篇》),被周武帝在殿庭前焚毁。后人将《笑道论》收入《广弘明集》。

隋 唐

傅奕(555—639) 隋唐之际学者。相州邺(今河北临漳西南)人。隋开皇中,以仪曹事汉王杨谅。唐高祖时官太史丞、太史令。深通天文、历数。武德三年(620)创刻漏新法,即颁施行。从儒、道立场出发,指出佛教"渲其妖书,述其邪法,伪启三涂,谬张六道"(《请除释教疏》),故上疏请除去释(佛)教。指斥佛教来自外夷,非华夏正统。中国"自羲农至于汉魏,皆无佛法"(同上)。"未有佛法之前,人皆淳和,世无篡逆。"(《益国利民十一条佚文》)认为佛教传入后,羌胡乱华,主庸臣佞,政虐祚短。佛教弃父弃君,"不忠不孝,削发而揖君亲"(《请废佛法表》),与中国儒家"以忠孝治天下"相抵触,它"入家破家,入国破国",破坏了中国的传统道统和封建君主集权制。指出如听任“妖书”、“邪法”泛滥，就会造成“愚迷妄求功德，不惮科禁，轻犯宪章”的严重后果，危及社会秩序。并指出佛教盛行，“伟壮之僧，婉娈之尼，失礼不婚，仇匹内通，衣形外隔，夭胎杀子，违礼逆天，减损户口”。“小寺百僧、大寺二百，以兵率之，五寺强成一旅”(《益国利民十一条佚文》)，减少兵丁；建佛寺，塑佛像，“奢侈造作”，浪费资材；僧尼“游手游食，易服以逃租赋”(《请除释教疏》)，影响国家收入。主张“凡是沙门，放归桑梓，令逃课之党，普乐输租，避役之曹，恒忻效力”(见《广弘明集》卷十一)。在自然观上，强调“生死寿夭，由于自然；刑德威福，关之人主”(《旧唐书·傅奕传》)。认为人们生命长短和富贵贫贱与佛教无关。有《老子注》、《老子音义》。又集魏晋以来反对佛教思想家的言行，为《高识传》。

魏徵(580—643)　唐初政治家。字玄成，魏郡内黄(今河南内黄西北)人，祖籍巨鹿下曲阳(今河北晋州西)，一说馆陶(今属河北)人。少孤贫，曾为道士。隋末参加瓦岗军，李密败，降唐。又被窦建德所获，任起居舍人。建德败，入唐为太子洗马。太宗即位，擢为谏议大夫，前后陈谏二百余事。贞观三年(629)任秘书监，参预朝政。后一度任侍中，封郑国公。曾提出“兼听则明，偏信则暗”，多次劝太宗以隋亡为鉴，引《荀子》语，谓君似舟，民似水，“水能载舟，亦能覆舟”。力言必须“居安思危，戒奢以俭”，“任贤受谏”，“薄赋敛，轻租税”。其言论见《贞观政要》。著作有《隋书》的序论与《梁书》、《陈书》、《北齐书》的总论，并主编《群书治要》。有《魏郑公文集》三卷。

王通(584—617)　隋哲学家。字仲淹。绛州龙门(今山西河津)人。门人私谥“文中子”。幼从父王隆学业，后又广学儒家经典。隋仁寿三年(603)西游至长安，见隋文帝，上《太平策》，不见用，退居河汾之间，授徒著述为业，有弟子千余人，时称“河汾门下”。模拟六经，著《续书》、《续诗》等，又仿《论语》，敷衍为《中说》，又名《文中子》。并以儒宗自居，认为“如有用我者，吾其为周公所为乎”。主张儒、佛、道“三教于是乎可一矣”(《问易》)，但仍以儒学为主。认为天、地、人为“三才”，但又认为“夫天者，统元气焉，非止荡荡苍苍之谓也；地者，统元形焉，非止山川丘陵之谓也；人者，统元识焉，非止圆首方足之谓也”(《立命》)，相信有“天神”、“地祇”。认为治乱、穷达、吉凶都有命，命“稽之于天，合之于人”(《问易》)，“君子畏之”(《立命》)，但又认为吉凶祸福，惟人自召，“召之在前，命之在后，斯自取也”。在知行问题上，提出“有行而至者，有不行而至者”。重视文学艺术的教化作用，提出学必“贯乎道”，文必“济乎义”(《天地》)。对文艺审美作用表示轻视，认为艺术技巧方面的讲求均属“末流”。评论作家作品多从政治和修身角度出发，对南北朝著名作家持否定态度，表现出强烈的功利要求。有《中说》(即《文中子》)十卷，系门人所记其言行，或疑为其弟王凝之子福峙依并时事，附益而成。

文中子　即“王通”。

吕才(600—665)　唐初哲学家，思想家。博州清平(今山东临清东)人。贞观三年(629)，直弘文馆，参与增损乐章事。作周武帝《三局象经》图解。累迁太常博士。贞观十五年，受命与学者十余人刊正《阴阳书》百卷。贞观十六至十八年，造《方域图》及《教飞骑战阵图》。永徽元年(650)，预修《文思博要》、《姓氏录》。永徽六年，因重视玄奘引入的因明，研习玄奘的译本及神泰、靖边、明觉三位法师的因明义疏，发现三法师虽同禀玄奘，但所述多有矛盾之处，于是著《因明注解立破义图》三卷，提出四十余条新解，对因明文理隐伏之处则画为“义图”共相比较，对神泰等人的义疏“所说善者，因而成之；其有疑者，立而破之”(见《三藏法师传》卷八)。与沙门慧立、明濬进行辩论，并与诸僧学士到慈恩寺与玄奘辩难。显庆年间，作《白雪歌》，增订陶弘景《本草》。龙朔年间，为太子司更大夫，著《隋记》。对音乐、文学、历史、地理、因明、五行、历算、医药、象戏、制图、天文、兵学等，都有研究。宇宙观上，认为“太极无形，肇生有象；元资一气，终成万物”(《明致柳宣书》)，万物生于元气。宇宙变化，天地万物的“理”、“义”，可以在矛盾(阴阳、刚柔)运动中探求。一气分为阴阳，“天覆地载，乾坤之理备焉；一刚一柔，消息之义详矣”(《叙葬书》)，万物和人类由此化生。但把社会的德义、礼法也看成自然秩序。“夫天地判然后有男女，男女生然后有夫妇，夫妇合然后有父子，父子亲然后有德义，德义立然后有礼法，礼法作然后万物安”(《进大婚书表》)。对当时流行的迷信进行了批判，斥责卜宅、禄命、丧葬、吉凶等“事不稽古，义理乖僻”。指出以宫、商、角、徵、羽五声与姓氏、地名相配以推断吉凶之说，“验于经典，本无斯说，诸阴阳书，亦无此语，竟无所出之处”(《叙宅经》，见《旧唐书·吕才传》)。提出“皇天无亲，常与善人，祸福之应，其犹影响”。人的禄命祸福，与人的骨相无关。认为那些看相算命者以人的出生年月推算人的命运，预言人的贵贱、贫富、寿夭是不可信的。并利用论敌的自相矛盾以揭露论敌，指出这些人是“高谈禄命以悦人心，矫言祸福以尽人财”(《叙禄命》)。认为丧葬占卜，其原意是“备于慎终之礼，曾无吉凶之义”(《叙葬书》)。指出人的富贵不决定于安葬的地点和时间，而是决定于人的生活态度和道德修养：“日慎一日，则泽及于无疆，苟德不建，则人而无后。”(《叙葬书》)著作很多，大部已散佚。在《旧唐书》本传中存有《叙宅经》、《叙禄命》、《叙葬书》，在《大藏经》中存有《因明注释立破义图序》。

卢藏用(约656—约713)　唐无神论者。字子潜。幽州范阳(治今河北涿州)人。曾隐居终南山。举进士，不调。长安中，授左拾遗。神龙中，累擢中书舍人。景龙中为吏部侍郎，迁黄门侍郎，进尚书右丞。著《析滞论》，批判当时的迷信思想。反对“黄公裁变，玄女启谟，八门御时，六神直事。从之者则国富兵强，违之者则将弱朝危”的流行观点，认为国家的“得丧兴亡，并关人事；吉凶悔吝，无涉天时”。国家的强弱，治乱，都是人事努力的结果，“任贤使能，则不时日而事利；明法审令，则不卜筮而事吉；养劳赏功，则不祷祠而得福”；刑狱不滥，人民长寿；赋敛蠲省，人民富足；法令有常，国家安定；赏罚得中，兵力强盛。治国不能靠迷信，“礼者士之所归，赏者士之所死，礼赏不倦，则士争先”。搞迷信，“虽卜时行刑，择日出令，必无成功”。指出迷信者的欺骗性，“附会前史，变易旧经”，“覆军败将者，则隐秘无闻；偶同幸中者，则共相文饰。”还用周武王在甲子日兴师伐纣，一战克殷的历史事实，驳斥迷信书上甲子日兴兵必败之说的荒谬。指出决定战争胜负的是人的因素，不是鬼神和天的力量，“人事苟修何往不济”？认为若“兵强将智，粟积城坚”，即使遇到什么不吉利的时日，也不会失败。还通过事实区别了有根据的预见和迷信的预言。但又反对“焚蓍龟，毁律历，废六合”的提议，认为“此所谓过犹不及也”，并主张用蓍龟去筮吉凶，反映了他无神论的局限。

李华（约715—774） 唐文学家。古文运动的先驱。字遐叔，赵郡赞皇（今属河北）人。开元进士，官至检校吏部员外郎。曾作《卜论》，论证龟卜的不可信。认为龟卜者“愚未知夫天地之心，圣达之谟。灵之寿之，而夭戮之，胱其肉，钻其骸，精气复于无物，而贞悔发乎焦朽，不其反耶？”意谓在焦灼、朽烂的骨头上找卦象，是可笑的行为。又引《易·乾卦·文言》：“夫大人者与天地合其德，与日月合其明，与四时合其序，与鬼神合其吉凶”，指斥迷信占卜者杀害长寿的龟，没有与天地合其德；一定用某种东西问卜，没有与月会其明；残害了介虫的生命却希望得到它的指示，没有与四时合其序；用死介壳制定难以决定的事情，没有与鬼神合其吉凶。指出夏、商、周的祭祀仪式，一直用尸（即用人扮作受祭的死者），战国时已不用。古代尸重于卜，龟卜亦当可废。指出当时相信鬼神者，“法坛墠而布精诚，求福之来”，结果毫无效果。故得出结论：“卜筮阴阳者流，皆妄作也。”还指出：“耕夫蚕妇。神一草木，祷一禽畜，鼓而舞之”，这种对草木、禽畜的崇拜也是非常荒谬的。主张“专任道德以贯之，则天地之理尽矣，又焉假夫蓍龟乎？又焉征夫鬼神乎？”其晚年与佛教思想有些接近。著作保存在《文苑英华》、《唐文粹》中。《全唐文》纂录了他的全部遗文。

韩愈（768—824） 唐文学家、哲学家。字退之。河南河阳（今河南孟州南）人。其先世曾居昌黎，故自称郡望昌黎人，世称韩昌黎。双亲早丧，“家贫不足以自活”，由嫂抚养。自幼刻苦学习，熟读儒家典籍。贞元进士。任监察御史，以事贬为阳山令。永贞元年（805）赦还以后，曾任国子博士、刑部侍郎。又因谏阻宪宗迎佛骨，贬为潮州刺史。后曾任国子祭酒、吏部侍郎、御史大夫。卒谥文，世称韩文公。思想上尊儒反佛、道，构造了儒家的“道统”以对抗佛教的“祖统”，强调儒家思想在时间上早于佛老，为华夏正统思想，说“尧以是传之舜，舜以是传之禹，禹以是传之汤，汤以是传之文、武、周公，文、武、周公传之孔子，孔子传之孟轲”（《原道》）。并以自己为“道统”继承人。认为“道统”就是儒家仁义道德的传统思想，“博爱之谓仁，行而宜之之谓义，由是而之焉之谓道，足乎己而无待于外之谓德”（《原道》）。强调“道”和“德”离不开“仁”和“义”，并阐扬《大学》修身齐家治国平天下的思想，指斥佛老弃仁义，尚虚无，不要天下国家，毁灭伦理纲常。指出“老子之所谓道德云者，去仁与义言之也”（《原道》），佛之道也是“必弃而君臣，去而父子，禁而相生养之道，以求其所谓清净寂灭者”（同上）。信天命，认为“贵与贱、祸与福存乎天”（《与卫中行书》），“人生由命非由他”（《八月十五夜赠张功曹》）。因为顺乎在天，所以“贵贱穷通之来，平吾心而随顺之，不以累其初”（《答陈生书》）。但亦有“未知夫天竟如何，命竟如何，由乎人哉，不由乎人哉”（《上孝功崔虞部书》）的疑问。又重视人的作用，认为“人者，夷狄禽兽之主也”（《原人》）。肯定鬼神的存在，“无声与形者，物有之矣，鬼神是也”（《原鬼》）。鬼神有赏罚能力，出现违天逆伦的事，则“鬼有形（一作托）于形，有凭于声以应之，而下殃祸”（同上）。主张搞祭天、祀祖，认为“郊焉而天神假，庙焉而人鬼飨”（《原道》）。在人性问题上，提出“性情三品”说，说“与生俱生”的人性有三：“上焉者，善焉而已矣；中焉者，可导而上下也；下焉者，恶焉而已矣。”（《原性》）认为“上之性就学而愈明，下之性畏威而寡罪，是故上者可教而下者可制也，其品则孔子谓‘不移’也”（同上）。但又曾提出“人非生而知之者”，“弟子不必不如师，师不必贤于弟子”（《师说》）的合理见解。还提出“接于物而生”的七情（喜、怒、哀、惧、爱、恶、欲）与性相对应，亦分为三品，主张控制情欲，使之适“中”，符合封建伦理道德的基本原则。以为历史是由圣人安排造就的，圣人教人“相生养之道，为之君，为之师”，驱除禽兽，发明衣、食、房、器、药，制定礼乐刑政，断言“如古之无圣人，人之类灭久矣”（《原道》）。政治上反对藩镇割据，维护封建中央集权。提倡忠君，认为君只有权利，民只有义务：“君者出令者也，臣者行君之令而致之民者。民者出粟米麻丝，作器皿，通货财，以事其上者也。”（《原道》）主张除弊抑暴、礼法兼备，但维护成法，反对当时王叔文集团的政治改革。文学上力反六朝以来的骈偶文风，提倡散体，与柳宗元同为古文运动的倡导者。旧时列为“唐宋八大家”之首。其散文构思新奇，风格雄劲，气势奔放，语言精警；其诗气势壮阔，新奇险怪，笔力雄健。开“以文为诗”风气，对宋诗影响很大。并提出一系列文学理论，主张“文以明道”，反对因袭模拟，强调“唯陈言之务去”。并从文学的抒情特征出发，提出“不平则鸣”的理论。有《昌黎先生集》。今人整理、校注的《韩昌黎文集校注》所收较完备。

韩昌黎 即“韩愈”。愈郡望为昌黎，常自称昌黎韩愈。

韩退之 即“韩愈”。

李翱（772—836） 唐哲学家、文学家。字习之。陇西成纪（今甘肃静宁西南）人。一说赵郡人。贞元进士。历官国子博士、庐州刺史、中书舍人、户部侍郎、山东南道节度使等。哲学上受佛教影响很深。著《复性书》，提出复性说，糅合儒、佛，以《中庸》为依据，"以佛理证心"，用佛教的方法来修养儒家的心性。与韩愈一样认为性是基本的，情从属于性："性与情不相无也。虽然，无性则情无所生矣。是情由性而生。"提出性善情恶说。认为人的本性天赋至善，圣凡无别。"性者，天之命也"，"人之性皆善"，"百姓之性与圣人之性弗差"。但其本性受到"接物而生"的情(喜、怒、哀、惧、爱、恶、欲)的迷惑，"情既昏，性斯匿矣"，"七者(喜、怒、哀、惧、爱、恶、欲)循环而交来，故性不能充也"。认为人的情犹如水中的浑沌，火中的烟雾："水之浑也，其流不清；火之烟也，其光不明；非水火清明之过。"故主张去情复性，认为复性之道在于"视听言行，循礼而动"，"忘嗜欲而归性命之道"；"能尽其性，则能尽人之性"，然后"能尽物之性"；"弗虑弗思，情则不生"，然后为"知本无有思，动静皆离，寂然不动"；最后达到"至诚"的圣人境界，"寂然不动，广大清明，照乎天地，感而遂通天下"，"不往而到，不言而神，不耀而光，制作参乎天地，变化合乎阴阳"。在认识上，反对人的正常认识过程，把"致知"解释成"不应于物"的至知，取消人在认识过程中对外界事物的反映。他为宋明理学准备了哲学理论和方法，实为宋明理学的先驱。政治上以卫孔孟之道为己任，认为"列天地，立君臣，亲父子，别夫妇，明长幼，浃朋友，《六经》之旨矣"(《李文公集·答朱载言》)。从维护封建统治的根本利益出发，强调道德的社会功能，认为"非武功不能以定祸乱，非文德不能以致太平"，借助道德教化，可以"家齐而国理，国理而天下平"(《论事疏表》)。反对过分榨取劳动者："人皆知重敛之为可以得财，而不知轻敛之得财愈多也。"(《平赋书》)提出改税法，宽租赋，主张以此缓和当时的社会矛盾。还主张"革去弊事，复高祖太宗之旧制"(《论事疏表》)。曾从韩愈学古文，"辞致浑厚，见推当时"(《新唐书·李翱传》)，在当时古文运动中自成一家，后人常以韩李并称。有《李文公集》。

刘禹锡(772—842)　唐文学家、哲学家。字梦得。洛阳(今属河南)人，自言系出中山(今河北定州)。贞元间连登进士、宏辞二科。授监察御史。参加王叔文集团，反对宦官和藩镇割据势力。失败后，贬朗州司马，迁连州刺史。后以裴度力荐，迁太子宾客，加检校礼部尚书。世称刘宾客。和柳宗元交谊很深，人称"刘柳"，后与白居易唱和甚多，也并称"刘白"。在哲学上，认为天和人都是有形的物。"天，有形之大者也；人，动物之尤者也。"(《天论》上)元气分阴阳，产生雨露雷风等运动。"天之有三光悬寓，万象之神明者也，然而其本在乎山川五行。浊为清母，重为轻始。两位既仪，还相为庸(用)。嘘为雨露，噫为雷风。"世界万物由气生成，分类成群，"乘气而生，群分汇从"，先有植物，后有动物，"植类曰生，动类曰虫，倮虫之长(指人)，为智最大。"(《天论》下)指出"空"、"无"也是物。"空者，形之希微者也。为体也不妨乎物，而为用也恒资乎有，心依于物而后形焉。"(《天论》中)并认为"空"、"无"是一种可以通过"以智而视"的细微的物质；"无形"也只是因物而现故无常形，并非指"无"或"空"，"以智而视，得形之微者也。乌有天地之内有无形者耶？古所谓无形，盖无常形耳，必因物而后见耳。乌能逃乎数耶？"(《天论》中)以"理"、"数"、"势"说明事物的客观规律。认为"以理揆(度量)之，万物一贯也"(《天论》下)，"夫物之合并，必有数存乎其间焉。数存然后势形乎其间焉"，"数存而势生"(《天论》中)，万事万物的变化都不能"逃乎数而越乎势"。还强调"数"和"势""附乎物而生，犹影响也"(同上)。在此基础上，提出"天人交相胜"、"还相用"的看法。认为人与天，即社会与自然的职能不同，"天之道在生植，其用在强弱；人之道在法制，其用在是非"(《天论》上)。指出如果社会是非法制完整，即使在荒芜地区，"人理"也能起决定作用；如果社会是非法制丧失，即使是发达地区，"天理"也起决定作用："是非存焉，虽在野，人理胜也；是非亡焉，虽在邦，天理胜也"(《天论》中)。认为客观事物各有其特殊职能，"天之能，人固不能也；人之能，天亦有所不能也。故余曰：天人交相胜"(同上)。并通过"人能胜乎天者，法也"揭示宗教有神论产生的根源，认为人如果认识掌握客观规律，就不会相信"天"；反之，如果不能掌握规律，就不免信"天"。还提出宇宙万物"以不息为体，以日新为道"的看法，认为"物壮则老，及唯其常，否终则倾，亦不可长"(《问大钧赋》)。强调"不能循往以御变"(《鉴药》)。但后期对佛教表现了妥协。其诗通俗清新，善用比兴手法寄托政治内容。《插田歌》、《竹枝词》、《柳枝词》等组诗，富有民歌特色，为唐诗中别开生面之作。有《刘禹锡集》。

刘梦得　即"刘禹锡"。

刘宾客　即"刘禹锡"。

柳宗元(773—819)　唐文学家，哲学家。字子厚。河东解(今山西运城市西南)人。世称柳河东。贞元进士，授校书郎，调蓝田尉，升监察御史里行。与刘禹锡参加王叔文集团，任礼部员外郎。失败后贬为永州司马。后迁柳州刺史，故又称柳柳州。为"救世之谬"，发愤钻研经史诸学。"读百家书，上下驰骋"，以"立仁义，裨教化"。在哲学上，继承以往的元气论，认为宇宙的本原是"元气"，世界万物由"元气产生"。"曶黑晰眇，往来屯屯；庞昧革化，惟元气存"(《天对》)。又认为"元气"分阴阳二气，它们弥漫天际，"自动自休，自峙自流"，"自斗自竭，自崩自缺"(《非国语》)，互相交错构成事物形态的变化，"合焉者三，一以统同。吁炎吹冷，交错而功"(《天对》)。指出天地也是元气的表现形态，"彼上而玄者，世谓之天，下而黄者，世谓之地；浑然而中处者，世谓之元气"(《天说》)。还进一步指出宇宙天地都是无限的，"天地之无倪，阴阳之无穷"(《非国语》)，"东西南北，其极无方"(《天对》)。否认在"元气"之上还有最高的主宰。提出："天地，大果蓏也；元气，大痈痔也；阴阳，大草木也；其乌能赏功而罚祸乎？功者自功，祸者自祸。”(《天说》)认为人事的“存亡得丧”和天地元气、阴阳等自然物没有赏罚的关系。在荀况“天人之分”的思想基础上,主张天人不相预,“生植与灾荒,皆天也;法制与悖乱,皆人也。二之而已。其事各行不相预,而凶丰理(治)乱出焉”(《答刘禹锡天论书》)。批判了各种神学迷信,认为董仲舒、刘向、班固等“皆沿袭嗤嗤,推古瑞物以配受命,其言类淫巫瞽史,诳乱后代,不足以知圣人立极之本”(《贞符序》)。相信“受命不于天于其人,休符不于祥于其仁”(同上)。还提出“力足者取乎人,力不足者取乎神”(《非国语·神降于莘》)的命题,探究神学迷信产生的根源。在社会历史观上,认为人类社会历史的发生发展“非圣人之意也”,而是有其客观的“势也”(《封建论》)。并认为“封建制”的产生由形势所决定,不由汤武的意志所能决定,是“不得已”。还指出历史的进一步发展,必然是“私其力”的封建制被“分之大者”的“郡邑制”所代替。还分析了国家产生的实际原因,说:“近者聚而为群,群之分,其争必大,大而后有兵有德。又有大者,众群之长又就而听命焉,以安其属,于是有诸侯之列”(《封建论》);“争而不已,必就其能断曲直者而听命焉。其智而明者,所伏必众。告之以直而不改,必痛之后畏。由是君长刑政生焉”(同上)。又认为圣人能使经、权与仁、智统一,具道识势,掌握社会发展的必然趋势。自称“吾自幼好佛。求其道,积三十年”(《送巽上人赴中丞叔人父台序》)。主张儒、佛、道三教调和,认为“浮屠诚有不可斥者,往往与《易》、《论语》合”,“不与孔子异道”(《送僧浩初序》);“余观老子,亦孔氏之异流也,不得以相抗”,三家“皆有以佐世”,都可以“咸伸其所长,而黜其奇衺”(《送元十八山人南游序》)。与韩愈皆倡导古文运动,同被列入“唐宋八大家”。所作散文峭拔矫健,说理透彻。寓言篇幅精短,笔锋犀利。游记写景状物,多所寄托。又工诗,风格清峭。提出以“复古”为革新的文学主张。针对六朝以来骈文脱离现实的不良倾向,提出“文以明道”,强调文要辨明“辅时及物之道”(《答吴武陵记非国语书》)。认为“明道”须加强作家道德修养锻炼。反对因袭,力主独创。有《河东先生集》。侯外庐编《柳宗元哲学选集》辑录其哲学著作较全。

柳河东 即“柳宗元”。

柳子厚 即“柳宗元”。

牛僧孺(780—848) 唐大臣。字思黯。安定鹑觚(今甘肃灵台)人。贞元进士。元和三年(808),因对策批评时政,为宰相李吉甫所斥,久不得叙用。至穆宗时累官至户部侍郎同平章事。敬宗时出任武昌军节度使。文宗大和四年(830)还朝任兵部尚书同平章事。是牛李党争中牛派首领。武宗时李吉甫子德裕为相,他被贬为循州长史。宣宗时还朝病死。扬人道而抑天道,抨击“支天坏,违天也;人道补天,反常也”的观点,认为“以道承天,则天无坏者;以乱承天,则天无支者,故支坏非天也,兴衰由人也,但有人不支而败,无天不可支也”(《讼忠》)。还指出“夫人道,迩也,忠者,人伦纪纲也;天道,远也,渎者,人伦虚诞也。假天道以助人伦,犹虑论诬于失也;况舍人事,征天道,弃迩求远,无裨于教者也”(同上)。在历史、政治领域抨击了天命论。论君道,贬低帝王名分的意义,认为“君道无定名,便国利人,则君之道也”。“君人者,当务乎道适时,不务乎名饰位也,故舍名而就时者日昌,舍时而就名者日亡”(《辨名政论》)。反对“积善之家必有余庆,积不善之家必有余殃”(《易传》)的说法,主张善恶无余,讽刺豪族地主夸示“积德”、“余庆”,力图从人的行为本身去说明善恶庆殃间的关系。认为贵贱不以身份品级为高下,“所以贵者,道贵也;所以贱者,道贱也。道之贵乎孔父,素王也;道之贱乎殷辛,独夫也”(《善恶无余论》)。强调人心向背为衡量庆殃贵贱的标准。“善者天下好之,常道也;恶者天下恶之,亦常道也”(同上)。《全唐文》存其文一卷,《唐文拾遗》存其文二篇。

罗隐(833—909) 唐哲学家。本名横。字昭谏,自号江东生。曾官节度判官、给事中等职。批判唐末社会状况,指出唐朝灭亡的原因。著《两同书》,认为许多事物都具有两方面,这两方面都有其统一性。另有《罗昭谏集》(亦称《罗隐甲乙集》)、《谗书》、《淮海寓言》等。

皮日休(约834或838—883) 唐哲学家、文学家。字逸少,一字袭美。襄阳(今湖北襄樊市襄阳区)人。早年往鹿门山,自号鹿门子。并自言:“至于吾唐,汩汩于民间,无能以文取位”,“自唐以来,或农竟陵,或隐鹿门,皆不拘冠冕,以至皮子”(《皮子世录》)。咸通进士。曾任太常博士。黄巢起义军入长安,他参加农民政权,官翰林学士。哲学上以气为万物本原,“太始之气,有清有浊。结浊为山,峻清为岳”(《皮子文薮·霍山赋》)。否定鬼怪祸人,认为人生疾病是由“饮食不节,哀乐失所”造成,“凡在是病者,人也,又非天也”(《祝疟疠文》)。驳斥“雷刑”迷信,强调“今逢氏苦其(指牛)力,天则震死。……吾不知是天地也”(《惑雷刑》)。还否定“相面”之术,主张求富不必“相形”而应“相心”,靠自己主观努力去争取。并从否定神权转而批判当时社会,说,“古之置吏也,将以逐盗;今之置吏也,将以为盗。”“古之官人也,以天下为己累,故己忧之;今之官人也,以己为天下累,故人忧之。”(《鹿门隐书》)并认为如果皇帝不好,人民即使把他掐死也不过分:“后之王天下,有不为尧舜之行者,则民扼其吭,捽其首,辱而逐之,折而族之,不为甚矣”(《原谤》)。坚持《诗经》以来形成的现实主义创作原则,认为“诗之美也,闻之足以劝乎功;诗之刺也,闻之足以戒乎政”(《正乐府序》)。著有《皮子文薮》,系其参加黄巢农民政权以前所作。

宋 元

范仲淹(989—1052) 北宋政治家、文学家。字希文。苏州吴县(今江苏苏州)人。少有志操,贫困力学，官至参知政事。提出“明黜陟”、“抑侥幸”、“精贡举”、“择长官”、“均公田”、“厚农桑”、“修武备”、“减徭役”、“推恩信”、“重命令”十项政事改革主张。史称“庆历新政”。为学泛通六经，尤长于《易》。学者多出其门下。曾自明其志：“先天下之忧而忧，后天下之乐而乐。”曾奖拔胡瑗、孙复，并授《中庸》于张载。宣传儒家孝悌思想，认为齐家是治国平天下的根本，“圣人将成其国，必正其家。一人之家正，然后天下之家正；天下之家正，然后孝弟大兴焉”（《易义》）。注意到事物变化的“渐进”过程，说“故升高必自下，陟遐必自迩，乾阳渐进而至于天，坤阴渐进而至于坚冰”（同上）。强调事物的变化须保持一定的限度，“必渐而及时”（同上）。在解释“艮”卦时说：“艮，止之道，必因时而存之。时不可进，斯止矣。高不可亢，斯止矣。位不可侵，斯止矣。欲不可纵，斯止矣。止得其时，何咎之有？”（同上）南宋朱熹认其为理学的先驱之一。清全祖望说：“晦翁推原学术，安定（胡瑗）、泰山（孙复）而外，高平范魏公（范仲淹）其一也”（《宋元学案·高平学案》案语）。在美学思想上，认为文艺对社会有用，“得失之鉴存乎《诗》”，“万物之情存乎《乐》”（《上时相议制举书》），优秀的文艺作品均能“移风易俗”，“顺时而设教”，“上以象一人之德，下以悦万国之心”（《今乐犹古乐赋》），甚至可“使斯人之徒，辅成王道”（《上时相议制举书》）。以礼教治政为文，强调文艺作品应仰“主乎规谏”，俯“主乎劝诫”（《唐异诗序》）。认为文艺作品虽有古今之分，但不能以此定优劣，“古之乐兮，所以化人，今之乐兮，亦以和民，在上下之咸乐，岂今昔之殊伦？”（《今乐犹古乐赋》）工于诗词散文，文章富于政治内容。有《范文正公集》。

孙复（992—1057） 北宋初学者。字明复。晋州平阳（今山西临汾）人。青年时应举进士不第，后退隐泰山，聚徒讲学，世称“泰山先生”。为朝廷所招，官至殿中丞。其学上承陆淳，和胡瑗、石介提倡“以仁义礼乐为学”，并称“宋初三先生”。提出以“尊王”为“本”，巩固宋初封建专制制度。“欲治其末者，必端其本，严其终者，必正其始。”（《春秋尊王发微·隐元年春王正月》）。认为孔子著“春秋”之目的在于“尊王”，对专权的诸侯“正以王法”。推尊儒家道统人物，谓自汉至唐，唯董仲舒、扬雄、王通、韩愈乃“始终仁义，不叛不杂”（《睢阳子集·与张洞书》），使“圣道晦而复明”（《睢阳子集·董仲舒》）。主张“文者，道之用也；道者，教之本也”（《与张洞书》），斥六朝艳丽文风。反对佛、老“虚无报应之事”和“去君臣之礼”（《儒辱》）。治经方面注重探寻本义，不惑传注，开宋代以义理解经的风气。有《春秋尊王发微》和《睢阳子集》。

孙明复 即“孙复”。

胡瑗（993—1059） 北宋初学者、教育家。字翼之。泰州海陵（今江苏泰州）人。世居陕西路的安定堡（今陕西省子长县西北），学者称安定先生。官至太常博士。和孙复、石介提倡“以仁义礼乐为学”，并称“宋初三先生”。主教苏、湖二州二十余年，从学者众，程颐亦出其门下。讲“明体达用之学”，“体”是封建道德的准则，“用”即是准则的应用，注重封建道德的体用结合。对性与命的关系则认为：“命者禀之于天，性者命之在我，在我者修之，禀于天者顺之。”（《论语说》）开宋儒性命之学的先声。尤重“洒扫应对进退”的古礼，对程朱学派讲求古礼有直接影响。强调学校的教育作用，认为“致天下之治者在人才，成天下之才者在教化，教化之所本者在学校”（同上）。还主张分科施教，“甄别人物，故好尚经术者，好谈兵战者，好文艺者，好尚节义者，使之以类群居讲习”（《宋元学案·安定学案》附录）。讲学分经义、治事两斋，严立学规，以身示范。当时有明令以其教授方法为太学法。有《论语说》、《洪范口义》、《周易口义》（已佚）。

胡安定 即“胡瑗”。

余靖（1000—1064） 北宋无神论者。字安道。进士出身。后官至工部尚书。反对当时流行的“祥瑞”说，认为“国之兴也在乎德，不在乎瑞；国之亡也在乎乱，不在乎妖”。故“禹以平水土兴，汤以行仁政兴，周人以积德累仁兴。夫是者，虽无祥瑞可不谓圣且治乎！癸以侈奢亡，辛以暴虐亡，厉王以聚敛亡，幽王以女色亡。夫是者，虽无妖异可不谓昏且乱乎”（《正瑞论》）。有《武溪集》。

石介（1005—1045） 北宋初学者，文学家。字守道。兖州奉符（今山东泰安东南）人。隐居徂徕，世称徂徕先生。天圣进士。官至太子中允。长期从事教育活动，门生甚多。为人耿直，“指切当时，无所讳忌”。诗文颇多揭露弊政，曾责当时权贵者“彼素餐尸禄，将狗、猫、鸡之不若乎！”（《责素餐》）和孙复、胡瑗提倡“以仁义礼乐为学”，并称“宋初三先生”。认为“仁义”不是“守小慈，蹈小仁”，诛除贪官污吏，尽管“杀伤虽多”却是“仁”于百姓，符合“天下之喜怒”。强调“民为天下国家之根本”，主张“息民之困”（《根本策》）。标榜王权，为宋初加强中央集权提供论据。崇尚儒家道统，斥佛、老为怪，说：“天地间必然无有者三：无神仙，无黄金术，无佛。”（《辨惑论》）对宋初浮华文风也进行了抨击。有《石守道先生集》、《徂徕集》。

石徂徕 即“石介”。

欧阳修（1007—1072） 北宋文学家、史学家。字永叔，号醉翁，晚号六一居士，吉州吉水（今属江西）人。天圣进士。嘉祐六年（1061）曾任枢密副使、参知政事。神宗时，迁兵部尚书。政治上，早年主张改革，晚年趋于保守；哲学思想主要反映在《易童子问》和《本论》中。认为《易传》各列解说不一，非一人之言。在解释易的“坎”卦时，强调“险可习，则大卜之事无不可为也”（《易童子问》）。美学思想上与韩愈、柳宗元相似，重道而不废文，认为“圣人之文虽不可及，然大抵道胜者文不难而自至也”（《答吴充秀才书》）。把“道”与“百事”相联系，强调文学艺术与现实的审美关系。认为道不能代替文，“文以饰言，事信言文，及能表见于后世”。“……言之所载者大且文，则传也章”(《代人上王枢密求先集序书》)。在对自然美的欣赏上，提出有“娱意于繁华”与“放心于物外”，亦即“富贵者”与“山林者”的不同审美态度：“夫穷天下之物，无不得其欲者，富贵者之乐也。至于荫长松，藉丰草，听山溜之潺湲，饮石泉之滴沥，此山林者之乐也。”(《浮槎山水记》)在诗歌美学思想上，提出“穷而后工”的观点：“非诗之能穷人，殆穷者而后工也。”(《梅圣俞诗集序》)强调自然平淡，对宋代诗歌审美趋向影响颇大。在绘画美学思想上，崇尚“萧条淡泊”的审美意境，但认为即使“画者得之，览者未必识也”(《鉴画》)，揭示审美创造与审美鉴赏的矛盾。把“意”这个审美范畴提高到绝对的境界：“古画画意不画形，梅诗咏物无隐情，忘形得意知者寡，不若见诗如见画。”(《盘车图》)在书法美学思想上，认为书法艺术所要达到的境界，是“有以寓其意，不知身之为劳也；有以乐其心，不知物之为累也”(《学真草书》)。曾作《六一诗话》，开创了“诗话”这一评论诗歌的表现形式。有《欧阳文忠公文集》。

李觏(1009—1059)　北宋思想家。字泰伯。南城(今属江西)人。少时家境清寒，两次应试不中，晚年由范仲淹等人荐为太学助教，后为直讲。一生以教授为业，创建盱江书院，学者称盱江先生。哲学上持气一元论观点，把自然看作是由阴阳二气会合而成的。“夫物以阴阳二气之会而后有象，象而后有形……天降阳，地出阴，阴阳合而生五行，此理甚明白”(《删定易图序论·论一》)。认为事物的矛盾普遍存在，是天地万物变化的内在原因，“天以阳高于上，地以阴卑于下，天地之气，各亢所处，则五行万物何从而生?”(同上)一反传统的“五行相生则吉，相克则凶”观点，指出“相生未必吉，相克未必凶，用之得其宜，则虽相克而吉；用之失其宜，则虽相生而凶”，强调事物转化的条件和每一事物所具有的限度，取“相生”、“相克”之吉者，其要在于不违背事物本身的变化规律，“用之得其宜”，发挥人的主观能动作用。又提出“权者，反常者也”的命题。说：“常者，道之纪也。道不以权，弗能济矣。是故权者，反常者也。事变矣，势异矣，而一本于常。”(《易论第八》)以为“常”与“权”(指事物的常规和变动的关系)既矛盾又统一。故政治上强调“救弊之术，莫大乎通变”(《易论第一》)，反对因循守旧，袭故蹈常，支持当时改革运动。认识论上承认主观来自客观，指出“夫心官于耳目，耳目狭而心广者，未之有也。耳目有得则惑于心，感则思，思则无所不尽矣”(《庆历民言·广意》)。又说“性不能自贤，必有习也；事不能自知，必有见也。习之是而见之广，君子所以有成也”(《易论第四》)。认为人的知识、品德是广泛学习的结果。指责儒家“贵义贱利”的传统观念，提出“人非利不生”(《原文》)，认为“生民之道，食为大”(《平土书序》)，百姓先要解决饱暖，然后才能知礼义，“食不足，心不常，虽有礼义，民不可得而教也”(同上)。但反对私利的任意扩张，认为应加以限制，否则“虽穷天地之产，安能以济一民之欲哉!”(《安民策第四》)在王霸问题上，认为王与霸只不过是天子与诸侯的称号而已。指责孟子“五霸者，三王之罪人也”的非议之说，提出“孟子者，五霸之罪人也”(《常语佚文》)。在论述“礼”的地位时说，“夫礼，人道之准，世教之主也。圣人之所以治天下国家，修身正心，无他，一于礼而已矣”(《礼论第一》)，礼包括“治天下国家”的政事和“修身正心”的道德这两方面。又认为仁、义、智、信都包括在“礼”之中，是“礼之大旨”。而乐、刑、政则是“礼之大用”，两者的关系是“有仁、义、智、信，然后有法制。法制者，礼乐刑政也。有法制，然后有其物。无其物，则不得以其法制。无法制，则不得以见仁、义、智、信。备其物，正其法，而后仁、义、智、信炳然而章矣”(《礼论第五》)。要求现实的政事，必须是合乎封建道德理想的政事；而道德，则必须是通过“法制”体现的有确定内容的道德。从理论上论证了道德与法律两者的统一。有《直讲李先生文集》(《盱江集》)，今有中华书局《李觏集》。

李盱江　即“李觏”。

邵雍(1011—1077)　北宋哲学家。字尧夫，谥康节。其先范阳人，幼随父迁共城(今河南辉县市)。曾隐居苏门山百源之上，后人称为百源先生。屡授官不赴。与周敦颐、张载、程颢、程颐同称北宋五子。为理学象数学派的创立者。根据《易传》关于八卦形成的解释和道教的宇宙生成说，加上孟子“万物皆备于我”的思想，虚构一宇宙构造图式和学说体系，以推衍解说自然和人事变化，形成其象数之学(也称先天学)。认为宇宙的本原是“太极”或“道”。“太极一也，不动，生二，二则神也。神生数，数生象，象生器。”(《皇极经世·观物外篇》)把“太极”或“道”看做是绝对的“一”，其因“神”而分而为二，产生“数”、“象”，并由此生成万物，其“合之斯为一，衍之斯为万”(同上)。认为“太极”或“道”是主观意识“心”的反映，说：“心为太极，又曰道为太极。”(《伊川击壤集·自余吟》)又说：“心在天地前，天地自我出”(同上)，“万化万事生乎心也”(《皇极经世·观物外篇》)，把宇宙的变化归结为“心”的妙用。在物与我的关系上，提出“反观”的认识方法，认为在“观物”，“以物观物”中，人的感觉和心有其局限，只有“观之以理”，以心来体会物之理，才能“以一心观万心，一身观万身，一物观万物，一世观万世”(《皇极经世·观物内篇》)，使认识神秘化。认为“天地亦有终始”，天地有毁灭、继起，并提出以元会运世来计算天地的历史。认为现世的人类社会已盛极而衰，将历史分为“皇、帝、王、霸”四个时期，提出一代不如一代的历史退化论。在逻辑思想上，着重于对自然物象、人事变化作主观的比附、推衍和说明。从“象”以“顺观”物理，从“数”以“逆推”变化，认为“推类者必本乎生，观体者必由于象，生则未来而逆推，象则既成而顺观。……推此以往，物奚逃哉”(《皇极经世·观物外篇》)。由此认为“万物皆可类推”，一切事物“各以类推之”，“以类推之，从可知矣”。其象数推衍对宋初演绎思想发展有较大影响。还认为“名起于言，意起于用”，“有意必有言，有言必有象，有象必有数”。美学思想上，提倡以理观物，否认感官的形象直观对于审美过程的作用："夫所以谓之观物者，非以目观之也，非观之以心而观之以理也。"(《皇极经世·观物内篇》)承认"以物观之"与"以我观之"之间的对立，认为"以物观物，性也；以我观物，情也"(《皇极经世·观物外篇》)。认为在认识过程中"任我则情，情则蔽，蔽则昏矣"(同上)，而诗人常过分夸大"情"的作用，不善节制，"故其诗大率溺于情好也"。并强调"情之溺人也甚于水"(《伊川击壤集序》)。从"吟咏情性"的古典美学出发，坚持儒家传统美学观，要求诗人"哀而未尝伤，乐而未尝淫"，不为"情"所"累"。看到情感在审美过程中的重要性和可塑性，"诗史善记意，诗画善状情；形情与记意，二者皆能精"(《史画吟》)。提出以"人心"与"天意"的主客观联系，补充儒家"诗言志"论，"诗者人之志，非诗志莫传。人和心尽见，天与意相连。论物生新句，评文起雅言，兴来如宿构，未始用雕镌"(《谈诗吟》)。说明诗歌创作的灵感，起于自然和人心的契合。在审美鉴赏上，主张以审美主体的"精神"去体验自然美之"妙"，"人不善赏花，只爱花之貌；人或善赏花，只爱花之妙。花貌在颜色，颜色人可效；花妙在精神，精神人莫造"(《善赏花吟》)。有《伊川击壤集》、《皇极经世》、《渔樵问答》等。

邵康节 即"邵雍"。

周敦颐(1017—1073) 北宋哲学家。字茂叔。道州营道(今湖南道县)人。因其筑书堂于庐山莲花峰下小溪旁，仿营道故居濂溪以名之，后人又称濂溪先生。曾官郴州郴县令、大理寺丞、知洪州南昌、国子博士、通判虔州、广南东路转运判官等。依据《易传》、《中庸》和唐韩愈《原道》，接受道教、佛教的某些思想，把陈抟《无极图》改变为论证世界本体及其形成发展的《太极图》，建立了以孔、孟正统思想为主的哲学理论体系。其提出的太极、理、气、性、命等一系列哲学范畴，成为宋明理学的基本范畴，他本人成为宋明理学的创始人之一。在《太极图说》中提出其宇宙生成论："无极而太极，太极动而生阳，动极而静，静而生阴，静极复动。一动一静，互为其根。分阴分阳，两仪立焉。阳变阴合而生水火木金土，五气顺布，四时行焉。五行一阴阳也，阴阳一太极也，太极本无极也。五行之生也，各一其性。无极之真，二(两仪)五(五行)之精，妙合而凝。'乾道成男，坤道成女'，二气交感，化生万物，万物生生而变化无穷焉。""无极而太极"(朱熹注为"无形而有理")是宇宙虚无的精神本体，为"动而无动，静而无静"的"神"。认为人得二五之秀气，为万物中最灵者。但心、性受感外物而有善恶，主张通过"立诚"、"主静"而达到人类的最高准则"人极"(即诚)。"诚"是周敦颐道德哲学的中心观念。"诚"作为道德观念，原指凡事须做得心安理得，不能自欺欺人。周敦颐把"诚"作为本体，与天等同起来。提出"诚者，圣人之本。'大哉乾元，万物资始'，诚之源也"(《通书·诚上》)。认为"圣人"与天地合德，是道德的化身，人类的教化者，而其根本的是"诚"。又说："诚，五常之本，百行之源也，静无而动有，至正而明达也。"(《通书·诚下》)这种"诚"，是构成仁、义、礼、智、信等"五常之本"，是孝、悌、忠、顺等"百行之源"。它静时无形，而在运动中则完备地表现出来，达到道德最高的境界。美学思想上，承继佛道思想与韩愈文道合一的美学观，明确提出"文所以载道"的主张，认为"轮辕饰而人弗庸，徒饰也。况虚车乎？文辞，艺也；道德，实也。笃其实，而艺者书之；美则爱，爱则传焉"(《通书·文辞》)。把美看作是"文辞"与"道德"结合的产物。要求文艺为表现道德服务，"不知务道德而第以文辞为能者，艺焉而已"(同上)。文辞的艺术美，只有成为表现"道"的附庸和工具，才有感染力。其思想对程颢、程颐的"静观"和"作文害道"的美学思想形成有重要影响。有《通书》、《太极图说》。后人编有《周子全书》。

周濂溪 即"周敦颐"。

陈襄(1017—1080) 北宋学者。字述古，学者称古灵先生。侯官(今福建福州)人。与同乡陈烈、郑穆、周希孟为友，被称为闽中四先生。曾任仙居县令、开封府推官、三司副使、知制诰。兴办地方学宫，授徒讲学。精吏事。知常州时，曾浚通河渠以利民田。曾反对王安石"青苗法"。提倡"学校之设，非以教人为词章取利禄而已。当致学者首明周官三物之要，使有以自得于心，而形于事业，然后可以言仕"(《杭州劝学文》)。哲学上以"诚"为最高范畴。认为"诚至于高明，博厚而不息也，然后能定。明至于广大，精微而不惑也，然后能应"(《上殿札子》)。"行身于大方之涂，养心于至义之源，游泳乎诗书之和，沈潜乎易、春秋之微，博之以文艺，约之以礼法，而归之于诚"(《送管师常序》)。"诚"是立身行事的根本，也是"博厚"、"精微"的宇宙本体。提出"诚心以尽物"(《送章衡序》)，认为人存有"诚心"便可以认识一切。在义利问题上，主张"不先利而后义"，"君子之所贵乎身者道焉而已，不苟利，不苟进，不苟得，惟义而止"(《答元屯田》)。为北宋理学的先驱者之一，当时在福建一带颇有影响。有《易义》、《中庸义》、《古灵先生文集》等。

司马光(1019—1086) 北宋史学家、哲学家。字君实。陕州夏县(今属山西)涑水乡人。世称涑水先生。南宋朱熹曾将他与邵雍、周敦颐、二程及张载列为北宋"六先生"。曾任翰林院学士、御史中丞。哲宗时任尚书左仆射兼门下侍郎，拜相，主持国政。尽罢王安石新法，为旧党首领。曾奉钦命设局编纂《资治通鉴》，历时十九年。崇奉西汉扬雄，对《法言》、《太玄》钻研达三十余年。主张以人格化的"天"为宇宙的最高主宰，"天者万物之父也"，"违天之命者，天得而刑之；顺天之命者，天得而赏之"。又说："贵贱贫富，天之分也"，故"僭天之分，必有天灾，失人之分，必有人殃"(《司马文正公集》卷七十四)。认识论上宣扬"遗物离人，精思超诣"的直觉，解释《大学》格物致知的"格"为"扞"、为"御"，认为只有扞御外物，才能"无所不照，无所不通"，"知至道"。认为最高智慧仅存于圣人"神心"之中。人性问题上持性善恶混说。把天命和人性联系在一起,强调性由天预先安排而不可改变,"成不可更,性也","性,天命也"(《太玄注·玄衡》)。成为汉代以来传统神学天命论的继承者。有《司马文正公集》、《稽古录》等。

张载(1020—1077) 北宋哲学家。字子厚。凤翔郿县(今陕西眉县)横渠镇人,世称横渠先生。理学创始人之一。曾任著作佐郎、崇文院校书等。青年时喜论兵法,后求之于儒家"六经"。讲学关中,故其学派称为"关学"。肯定"气"是充塞宇宙的实体,"凡可状,皆有也,凡有,皆象也,凡象皆气也"(《正蒙·乾称》)。无形的"太虚"也是气,"太虚无形,气之本体","虚空即气"(《正蒙·太和》)。指出虚空乃气分散而未聚的本来状态,由"气"聚散的运动变化而形成种种事物。认为物质的气是永恒的,不生不灭的,"形聚为物,形溃反原"。批判了佛、道两家关于"空"、"无"的观点。指出气"一物两体",在太和之气的统一体内,存在对立面的矛盾,为物质世界变化运动的内在原因。"天地变化,二端而已"。事物的"二端"互相依存,"两不立,则一不可见;一不可见,则两两用息"。猜测到事物对立面统一的某些道理,但又说"有反斯有仇,仇必和而解"(同上),有调和矛盾的倾向。提出两种变化形式的学说,称事物的显著变化为"变",称事物逐渐的变化为"化","变则化,由粗入精也;化而裁之谓之变,以著显微也"(《正蒙·神化》)。看到事物的著变和渐化有内在的联系。"变"后必有"化","化"到一定时又转为"变"。指出"雷霆感动虽速,然其所由来亦渐尔"(《正蒙·大心》)。认识论上承认人的知觉产生于与外物的接触,"感亦须待有物,有物则有感,无物则何所感?"又说"人本无心,因物为心"(《张子语录》)。注重感官在认识中的作用,认为人的知识是通过耳目与外界接触的结果。"人谓己有知,由耳目有学也,人之有受,由内外之合也"(《正蒙·大心》)。把人的认识分为"见闻之知"和"德性所知",认为"见闻之知,乃物交而知",强调人的知识来源于客观事物,但又承认有先验的"天德良知",认为"德性所知,不萌于见闻"(同上)。在人性学说上提出"天地之性"和"气质之性"的对立命题,主张通过后天努力,返回到纯善的天地之性。指出"天地之性"是人人所具有的,是同一的;"气质之性"则因人而异,"形而后有气质之性,善反之则天地之性存焉。故气质之性,君子有弗性焉"(《正蒙·诚明》)。"天地之性"是善的,"气质之性"则有善有恶。这种人性二重说,是对以往各种人性学说的一个总结,同时又成为理学人性论的基本特征。提倡"学以变化气质"的道德修养论,要求人们通过"集义"、"为学"、"知礼"等方法而变化"气质之性",恢复"天地之性"。"变化气质"的目的是要"穷理尽性"。主张以"天理"、"无性"来矫正自己的"情",节制自己的"欲"。认为"心统性情者也,有形则有体,有性则有情。发于性则见于情,发于情则见于色,以类而应也"(《性理拾遗》)。主张"情"、"性"统一,这一观点同程朱学派把"情欲"与"天理"绝对对立的观点有本质区别。还发挥了儒家传统的仁孝道德观念,并将它同"天人合一"的思想相结合,提出"民胞物与"的兼爱思想。认为人和万物都是天地所生,故人与人之间亦应当"立必俱立,知必周知,爱必兼爱,成不独成"(《正蒙·诚明》)。但又说"天之生物便有尊卑大小之象"(《经学理窟·礼乐》)。认为现实的不平等是一种"天叙天秩",不能改变。强调维系宗法血缘的"孝悌"是"天理"和"礼"的根本,说:"如孟子言'尧舜之道孝悌而已',盖知所本。"(《经学理窟·诗书》)在逻辑思想上,要求断事应合乎逻辑,"学既得于心,乃修其辞命;辞无差,然后断事"(见吕大临《横渠先生行状》)。批评禅宗"无所执"为"遁辞",强调语言、概念能够把握变化之道,"变化之理存乎辞"(《易说·系辞上》),并肯定耳目闻见的观察验证方法,"闻见不足以尽物,然又须要他……若不闻不见又何验?"也重视推类论证的作用,"穷理也当有渐,见物多,穷理多,如此可尽物之性"(《张子语录》上)。指出依据闻见不能"尽物"的局限,但过分强调理性的作用,以为"德性所知"是"不萌于见闻"的,从而陷入先验论。张载的思想对宋明理学影响很大,其人性论思想为程朱学派所继承和发挥,其气一元论思想为明清之际王夫之所继承和发挥。有《正蒙》、《经学理窟》、《易说》等,编入《张子全书》。中华书局于1978年出版《张载集》。

张横渠 即"张载"。

王安石(1021—1086) 北宋政治家、思想家、文学家。字介甫,号半山。抚州临川(今江西抚州)人。曾任扬州签判、鄞县知县、舒州通判,提点江东刑狱等职。仁宗时上《言事书》,要求"变更天下之弊法",未被采纳。神宗时被召为翰林学士、参知政事。后任宰相,推行新法。"制置三司条例司"作为主持变法的机构,实行青苗、农田水利、保甲、募役、方田均税、均输、市易等法,抑制土地兼并,促进农业生产。后因受司马光为首的守旧派反对,新政被废除。为提倡"新学",与其子王雱共同训释《诗》、《书》、《周官》(称《三经新义》)及《字说》。哲学上提出"万物一气也"(《周官新义》),"生物者,气也"(《洪范传》)的命题,认为"气"(包括阴阳冲气)生成"五行",构成万物。指出"五行"本身是运动变化的,"五行也者,成变化而行鬼神,往来乎天地之间而不穷者也,是故谓之行"(同上)。变化的原因是事物"皆各有耦","耦之中又有耦焉,而万物之变遂至于无穷"(同上)。猜测到事物对立矛盾的复杂性。认为对立面相互依存,"无春夏之荣华,无秋冬之凋落";"轻者必以重为依,躁者必以静为主"(《道德经集注》)。提出事物是循着"相生相继"的新陈代谢的规律发展的,"有阴有阳,新故相除者,天也;有处有辨,新故相除者,人也"(《字说》)。但又提出使事物"无对"而处于天地之间,即可消解矛盾。认识论上,承认人具有感觉和思维能力,能认识世界,"天下之事,固有可思可为者,则岂可以不通其故哉?"(《致一论》)自然界及其规律也是可以被人们认识和掌握的。说:"万物莫不有至理焉,能精其理,则圣人也。"(同上)能认识和精通万物的规律的人便是“圣人”。又说“可视而知，可听而思，自然之义也”（《进字说表》），人身所固有的耳目等感官可以用来认识事物，进行思维活动。强调后天的习得，指出“圣人之所以能大过人者，盖能以身救弊于天下耳”（《三圣人》）。“圣人”皆“致精好学”者，可以学而为圣，提出“明则善视，故作哲；聪则善听，故作谋”（《洪范传》），认为善视、善听是聪明的前提。但仍承认有“不听而聪，不视而明，不思而得”（《礼乐论》）的先验认识。在伦理学上，具有功利主义倾向，提出“生与性之相因循，志之与气相为表里”（同上）的命题。“以生为性”，人性即人的自然生命。认为“性”是“情”的本体，“情”是“性”的运用，“性情一也”（《性情》）。认为“性”本无善恶，但可以为善，亦可以为恶。其善其恶在于“习”。提出“理财乃所谓义也”（《答曾公立书》），认为理天下之财，以利天下之人即“义”。主张先富后教，认为只有解决以“生养”的“食”、“货”等问题，才能使之“信好德”，达到“一道德以同天下之俗”（《答王深甫书》）。在文学上为“唐宋八大家”之一。诗文反映社会现实，抒发政治抱负。强调儒家传统美学的文学功能思想，认为“治教政令，圣人之所谓文也”（《与祖择之书》）。文学要“以适用为本”，“有补于世”，主张以“礼教治政”作为文学的首要内容，以“辞”为形式，但不必“巧且华”，重文学之“真”，轻文学审美特性，认为“近世之文，辞弗顾于理，理弗顾于事，以襞积故实为有学，以雕绘语句为清新”，“求其根柢济用，则蔑如也”（《上邵学士书》）。在评价文艺作品的审美标准上，也“以适用为本”，但不否定形式美的多样性。其美学思想对于北宋的文艺革新，起着推波助澜的作用。有《临川集》、《临川集拾遗》、《王文公文集》、《周官新义》（残卷）等。有中华书局《临川先生文集》新印本和1974年上海人民出版社编印的《王文公文集》。

王文公 即“王安石”。

王荆公 即“王安石”。元丰三年（1080），宋神宗封安石为荆国公。

王临川 即“王安石”。

程颢（1032—1085） 北宋哲学家、教育家。字伯淳。洛阳（今属河南）人。人称明道先生。曾任鄠县、上元县主簿，宋神宗时为太子中允，权监察御史里行。与弟颐学于周敦颐，同为理学奠基者，世称“二程”。反对王安石新政，但也向仁宗陈述“治法十事”，提出一套改革主张。反对土地兼并，要求制止“富者田连阡陌，跨州县而莫之止，贫者日流离，饿殍而莫之恤”（《陈治法十事》）的情况。主张改革兵役制度，防止“骄兵耗国力，匮国财”（同上）。强调“尽地力，勤人工”，促进农业生产。但又从道学家立场出发，讲“尚德”，轻“兴利”，使改革成为空谈。哲学上，提出“天者理也”的命题。在确定“理”为世界本源的基础上，提出“天人本无二”之说，认为天地万物与“我”浑然一体，“人与天地一物也”，融客观于主观。故认为对于人来说，学道先要认识天地万物本来就与我一体之理。人能达到和认识这种精神境界的即为“仁者”。其“仁”即“理与心一”，“心是理，理是心”（《遗书》卷五），故说：“学者须先识仁。仁者，浑然与物同体，义礼智信皆仁也。”（《识仁篇》）提出“己便是尺度，尺度便是己”（《遗书》卷十五）的命题，强调人心与外物不可分，不可“以内外为二本”（《定性书》），仍以主观的“心”为根本。认为天地以万物之心为心，而“己心”又与万物之心相通，因此“天地之心”与“己心”都是“仁”（或天道）的体现。在认识论上强调自我内省，说“当处便认取，更不可外求”（《遗书》卷二）。认为使心寂然无声，“廓然大公”，“内外两忘”，即可达到“穷理”、“尽性”的境界。提倡“传心”说，以为“先圣后圣，若合符节，非传圣人之道，传圣人之心也，非传圣人之心也，传己之心也。己之心，无异圣人之心，广大无垠，万善皆备，欲传圣人之道，扩充此心焉耳”（《宋元学案·明道学案》）。成为心学的发轫者，为此后陆王心学奠定了理论基础。承认“天地万物之理，无独必有对”（《遗书》卷十一），但又认为“天地之用，皆我之用”（《遗书》卷二），只要保守“诚敬”之心，便能“与物无对”，取消和否定了事物间矛盾的存在，陷入了形而上学。主张“存理灭欲”，同时也汲取了儒家传统的“以理节欲”的部分见解。说：“饥食渴饮，冬裘夏葛，若致些私吝心在，便是废天职。”（《遗书》卷六）虽不反对人们的基本生活要求，但却往往把“人欲”与“天理”对立起来。认为“人欲”出于“私心”，“天理”出于“道心”。说“人心，私欲也；道心，正心也。‘危’言不安，‘微’言精微”（《遗书》卷十九），“人心私欲，故危殆。道心天理，故精微，灭私欲则天理明矣”（《遗书》卷二十四），导致禁欲主义的倾向。在审美观上，主张以静观获得精神享受。“万物静观皆自得，四时佳兴与人同”。认为生活环境的审美，不在豪华的“奇景”，而在于自己审美心胸的陶冶。“谁怜大第多奇景，自爱贫家有古风，会向红尘生野思，始知泉石在胸中”（《和王安石之五首·野轩》）。强调儒家传统美学的“修辞立其诚”观点，把“立诚”放在文艺创造的首位，认为“若只是修饰言辞为心，只是为伪也”。程颢与其弟程颐的学说，后为朱熹所继承和发展，世称“程朱学派”。有《定性书》、《识仁篇》等。后人将他与程颐的著作合编为《二程全书》，1981年中华书局校勘出版《二程集》。

程明道 即“程颢”。

程颐（1033—1107） 北宋哲学家、教育家。字正叔。洛阳（今属河南）人，人称伊川先生。官至崇政殿说书。反对王安石新政。哲宗时被列为奸党贬至四川涪州，从事讲学和著述活动达三十余年，与兄颢学于周敦颐，同为理学奠基人，世称“二程”。在哲学上以“理”为最高范畴，把事物的规律抽象化、绝对化，使之成为独立的精神实体。提出“天下只有一个理”，“万物皆只是一个天理”（《遗书》卷二），认为宇宙本原的“理”是唯一的（即天理），而具体事物的分殊之“理”只是“天理”所照的结果，“天下物皆可以理照，有物必有则，一物须有一理”（《遗书》卷十八）。又说“一物之理即万物之理”（《遗书》卷二）。认为

"理"是"体",为"万物之源"。而具体事物现象"器"则是"理"所表现出来的"用"。说:"至微者理也,至著者象也,体用一源,显微无间。"(《易传序》)"理"永恒长存,是第一性的,客观事物"器"是第二性的。具有明显的客观唯心主义倾向。在认识论上提出先天的"气禀"决定人的智愚,"才禀于气,气有清浊,禀其清者为贤,禀其浊者为愚"(《遗书》卷十八)。认为"理"是人内心所固有的,因被外物所惑,使"理"、"心"不能会之为一,主张通过反躬内求,以"涵养须用敬,进学在致知"的修养方法,悟得"天理",获得知识。说:"致知在格物,非由外铄我也,因物有迁,迷而不知,则天理灭矣,故圣人欲格之。"(《遗书》卷二十五)强调"不求于内(心)而求于外,非圣人之学也"(同上)。根据《大学》"物格而后知致",提出自己的"格物致知"说。说"格,至也。物,事也。事皆有理,至其理,乃格物也"(《二程外书》卷二)。认为格物即是穷理,即穷究事物之理,而最终达到所谓豁然贯通,就可以直接体悟天理。其格物穷理受禅宗影响,主张"随事观理,而天下之理得矣"(《遗书》卷二十五),强调只在任何一事或一物上穷得理,不是要把天下所有的事物都一一穷尽,因一理即万物,"如千蹊万径,皆可适国,但得一道入是便可,所以能穷者,只为万物皆是一理"(《遗书》卷十五),否定了客观世界各事物自身所具的特殊规律。但在具体认识中又强调闻见是穷理的必由途径,认为"知见不可屏,而思虑不可息也"(《二程粹言·论道篇》),包含一些合理因素。提出"随时变易,乃常道也"(《程氏易传·恒卦》),"消长相因,天之理也"(《程氏易传·复卦》),肯定了事物运动的普遍性和永恒性。认为事物"极而必反"是"理之常也"。还提出"理必有对待"的命题,指出"有上则有下,有此则有彼,有质必有文,一不独立,二则为文"(《程氏易传·贲卦》)。看到矛盾的普遍性,承认事物的矛盾是"生生之必也"(同上),为事物变化的根源。在伦理观上,认为"上下之分,尊卑之义,理之当也"(《程氏易传·复卦》),"父子君臣,天下之定理"(《遗书》卷五),认为阶级之尊卑,长幼之上下的矛盾双方不能转化。人性问题上,提出"性即理也",认为人本性所禀受的是理,性无不善,人之所以有善与不善,是由于"才"的不同。"才"由"气"而来,气有清浊不同,故"才"也有善与不善之分。认为"论性不论气不备,论气不论性不明"。主张严辨义利、理欲之分。认为讲"利"有二害,一是"欲利于己,必损于人"(《经说》卷六),二是"忘义理,致怨仇"。因而"凡有利心便不可"(《遗书》卷十八)。但又认为"仁义未尝不利"(《遗书》卷十九),主张"以义为利","以仁为利"。以"人心"为"私欲","道心"为"天理",提倡"存天理,灭人欲"。竭力为封建名教纲常辩护,认为寡妇再嫁是大逆不道,说:"饿死事极小,失节事极大"(《遗书》卷二十二)。在美学思想上将文与道相对立,提出"文以害道"的观点。认为"凡为文,不专意则不工,若专意则志局于此,又安能与天地同其大也"(《遗书》卷十八)。否定诗的社会价值和审美价值。指责杜甫"穿花蛱蝶深深见,点水蜻蜓款款飞"的诗句,谓"如此闲言语,道出做甚?"(同上),把诗文与人格的审美修养完全对立起来。又区分"文章之学"与"儒者之学",认为"欲趋道,舍儒者之学不可"(同上)。指出"今为文者,专务章句,悦人耳目"(《二程语录》)。把文学活动的审美愉悦,视为妨碍对"道"的追求。程颐与其兄颢的学说,后为南宋朱熹所继承和发展,世称"程朱学派"。有《易传》、《颜子所好何学论》等,后人将他与程颢的著作合编为《二程全书》。1981年中华书局校勘出版《二程集》。

程伊川 即"程颐"。

吕希哲(1036—约1114) 北宋学者。字原明。汴京(今河南开封)人。以荫入官,知怀州,为光禄少卿,直秘阁。学者称荥阳先生。与程颐同学于胡瑗,后师事程颐。为学主静,"衣食不给,有至绝粮数日者,处之晏然,静坐一室,家事一切不问"(《宋元学案·荥阳学案》)。宣传先天气禀说,重视人的"气象",说:"气象者,辞令容止,轻重疾徐,足以见之矣。不唯君子小人于此分焉,亦贵贱寿夭之所由定也。"(《吕氏杂志》)强调封建伦常为永恒真理,"圣人重先后之序,如天之四时,分毫顷刻,皆有次第,物理自然,不可易也"(《宋元学案·荥阳学案》)。生平喜读《周易》,曾遍考古今诸儒之说。后人编有《吕氏杂志》、《荥阳公说》。

李籲 北宋学者。字端伯。缑氏(今河南偃师)人。元祐中,为秘书省校书郎。二程门人。程颐赞其能领会讲学的意思并能作合乎原意的记录,"明道语录,只有端伯本无错,他人多只依说时,不敢改动,或脱忘一两字,便大别,端伯却得其意,不拘言语,往往录得都是"。因早卒,影响不及杨时、游酢、尹焞等人。

苏轼(1037—1101) 北宋文学家、书画家。字子瞻,又字和仲,因曾谪居黄州(今湖北黄冈)时筑室于东坡,自称东坡居士。眉州眉山(今属四川)人。与其父苏洵、弟苏辙俱有文名,世称"三苏"。嘉祐进士。早年因反对王安石新法,出任杭州通判,转知密、徐、湖三州。后又以作诗"谤讪朝廷"罪贬谪黄州。哲宗时还京。任翰林学士,出知杭、颍、定三州。后还京,官至礼部尚书。晚年被贬官惠州、琼州等地。卒于常州,谥文忠。其思想特点是儒、佛、道三家合一。哲学上以道为最高范畴,认为由道而至万物,乃是由"无"到"有"的过程:"至虚极于无,至实极于有,无为大始,有为成物"(《毗陵易传》卷七)。宇宙本体是"神之所为,不可知也,观变化而知之尔"(同上)。在涉及审美主客体的物意关系上,主张"游于物之外"而不"游于物之内"。认为"凡物皆有可观。苟有可观,皆有可乐,非必怪奇玮丽者也"(《超然台记》)。认为审美愉快的获得,只有采取"寓意于物,而不可以留意于物"(《宝绘堂记》)的态度。把散文的"平淡"风格,解释为"绚烂之极",是从"气象峥嵘,彩色绚烂"(《与二郎侄》)中化来,由"渐老渐熟"而成。指出丰富的审美情感和灵感对于艺术创造有重要作用,"山川之秀美,风俗之朴陋,贤人君子之遗迹，与凡耳目之所接者，杂然有触于中，而发于咏叹”（《南行前集叙》）。重视诗歌创作的目的和社会作用，明确提出“诗须要有为而作”，要“有补于世”。强调“境与意会”，“最有妙处”。要求抒发诗人的审美情思和个性。论画重自然传神和意境新颖，轻视形似而不传神的作品。在把握审美个性上，提出“意思各有所在”的命题（《传神记》），强调描绘人物的典型性格特征。在总结造型艺术审美规律基础上，强调美可以数取，“能者即数以得其妙，不能者循数以得其略”（《盐官大悲阁记》）。著述甚丰，有《东坡全集》。今有《苏轼全集》，共三册。

苏东坡 即“苏轼”。

苏辙（1039—1112） 北宋文学家、思想家。字子由，号颖滨遗老。眉州眉山（今属四川）人。嘉祐进士。官尚书右丞、门下侍郎。与父洵兄轼，合称“三苏”，为“唐宋八大家”之一。政治态度与兄轼一致，属旧党，但亦有改革弊政的要求。学术思想有融合儒、道、佛三教的特点。认为佛教之主旨，早已由儒家经典所阐发。哲学上以“道”为最高范畴，称为“道之大全”：“古之所谓智者，知道之大全，而览于物之终始。”（《老子解》）认为：“道非有无，故以‘恍惚’言之，然及其运而成象，著而成物，未有不出于恍惚者也。”（同上）由道至万物是由无到有的过程：“古者，物之所从生也，有者物之今，则无者物之古也。”承认“天地自然”之理，指出“天地无私而听万物之自然，故万物自生自死，死非我虐之，生非吾仁之也”（同上）。人性论上相信“天命”，“君之命曰命，天之命曰命，以性接物而不知其为我，是以寄之命也，此之谓复命”（同上）。有《老子解》、《栾城集》等。

吕大临（1040—1092） 北宋学者。字与叔。京兆蓝田（今属陕西）人。以祖荫入官，历官太学博士、秘书省正字。初学于张载，后改从二程（颢、颐）。与游酢、杨时、谢良佐并称程门四大弟子。认为“道”或“天理”是“寂然不动，虚明纯一”（《吕蓝田语录》），它降至人心中而成为“良心”，“良心”“寂然不动，虚明纯一，与天地相似，与神明为一”，故云“我心即天心”（同上）。又说“良心”如一面镜子，能照一切物而不为外物所动摇，“不为物欲之所迁动，如衡之平，不加以物，如鉴之明，不蔽以垢，乃所谓正也”（同上）。认为人的知识是在“俨然危坐”而“默识心契”中领悟出来的。“良心所发，莫非道也”（同上），只要启发“良心”，便可合乎“道”或“天理”。曾作《克己铭》，有“凡厥有生，均气同体”，“立己与物，私为町畦”等句，与张载“民胞物与”思想接近。故程颐认为“与叔守横渠说甚固”（《宋元学案・吕范诸儒学案》）。南宋朱熹则评他“不合以己与物说”。著《考古图》十卷，不仅著录铭文，亦摹写铜玉器图像及尺寸大小，注明收藏之家与出土地点，为中国最早较有系统的古器物图录。另有《易章句》、《大易图象传》、《孟子讲义》等。

王雱（1044—1076） 北宋学者。字元泽。抚州临川（今江西抚州）人。王安石之子。曾任太子中允、崇政殿说书、天章阁待制、学士。协助王安石变法，主张采取严厉手段对付阻碍改革的政敌，说：“不诛异议者法不行”（《宋元学案・荆公新学略》）。参加修撰《三经新义》，为实行新法提供理论依据。对老子和佛学有较深的研究。注《道德经》，对老子的“道”作了唯物主义的解释，“道者天也，万物之所自生”（《道德真经集义》卷十三），为王安石赞许和采用，并“镂版鬻于世”。

刘绚（1045—1087） 北宋学者。字质夫。河南（治今河南洛阳）人。祖籍常山（今属浙江）。少时受学二程。以祖荫为寿安县主簿，后官至京兆府教授、太学博士。治《春秋》，“专以孔孟之言断经意”。死后程颐曾说：“游吾门者众矣，而信之笃，得之多，行之果，守之固，若子者几希。”但“以早卒，故其源流未广”（见《宋元学案・刘李诸儒学案》）。

谢良佐（1050—1103） 北宋学者。字显道。上蔡（今属河南）人。学者称上蔡先生。与游酢、杨时、吕大临并称程（颢、颐）门四大弟子。曾为京官，召对忤旨，不久坐口语忌讳，下狱废为民。提出心为天之理，“心者何也？仁是已”，“仁者，天之理”（《上蔡语录》）。又说：“心与天地同流，体与神明为一，若动若植，何物非我？有形无形，谁其间之？”（《论语说序》）乃开陆九渊心学的先声。为学“主敬”，说：“敬是常惺惺（保持时时警觉）法”（《上蔡语录》）。要求用“礼”作为约束思想言行的规矩。承继二程“天下只有一个理”的说法，认为“理一而已，一处理穷，触处皆通”（同上）。试图通过穷理达到“与天为一”的境界，“学者且须是穷理，物物皆有理，穷理则能知人之所为，知天之所为，则与天为一。与天为一，无往而非理也”（同上）。在理欲观上，提出“天理与人欲相对，有一分人欲，即灭却一分天理。有一分天理，即胜得一分人欲”（同上）。要求人们的思想完全符合封建主义原则。有《论语说》、《上蔡语录》。

谢上蔡 即“谢良佐”。

游酢（1053—1123） 北宋学者。字定夫。建州建阳（今属福建）人。学者称廌山先生。与杨时、吕大临、谢良佐并称程（颢、颐）门四大弟子。元丰进士，曾官监察御史、知汉阳军及和、舒、濠等州。从学二程，又“从诸禅游”。推崇禅学，认为只有亲自读过佛书方能辨儒、佛的同异。曾说：“前辈往往不曾看佛学，故诋之如此之甚。”（《宋元学案・廌山学案》）南宋胡宏曾说：“定夫（游酢）为程门罪人，何其晚谬一至斯与。”（见全祖望《宋元学案・廌山学案》案语所引）注重《周易》，称其“仰则著于天文，俯则形于地理，中则隐于人心”（《廌山遗文・孙荣心易传序》）。有《易说》、《中庸义》、《论语杂解》、《孟子杂解》、《廌山集》。

游廌山 即“游酢”。

杨时（1053—1135） 北宋学者。字中立。南剑州将乐（今属福建）人。曾知浏阳、余杭，后召为秘书郎、著作郎、徽猷阁直学士、龙图阁直学士。晚年隐居龟山，学者称龟山先生。学于程颢、程颐。与游酢、吕大临、谢良佐并称程门四大弟子。清全祖望说:"龟山独邀耆寿,遂为南渡洛学大宗。"(《宋元学案·龟山学案》案语)钦宗从其言取消王安石配祀孔庙,毁除《三经新义》版本。为抵制王安石之学的影响,著《三经之辩》。哲学上提出"合内外之道",即以主观(内)融合客观(外)的方法。说:"盖自诚意正心推之,至于可以平天下,此内外之道所以合也"(《龟山语录》),取消了主观和客观的界限。其思想接近程颢,故有"明道喜龟山"之语。认为对"至道"或"天理"只能从内心体认,"夫至道之归,固非笔舌能尽也,要以身体之心验之,雍容自尽,燕闲静一之中,默而识之,兼忘于书言意象之表,则庶乎其至矣"(《寄翁好往》)。用"仁"、"义"道德概念来解释"理一分殊","天下之物,理一而分殊,知其理一,所以为仁,知其分殊,所以为义"(《答胡康侯》)。认为"理一分殊"即"仁之至,义之至也"。在人性问题上,基本承继二程的观点,以为人的本性至善,是天理的体现。"人性上不可添一物,尧舜所以为万世法,亦只是率性而已,所谓率性,循天理是也"(《龟山语录》)。主张"存天理、去胜心",认为"人各有胜心,胜心去尽,而惟天理之循,则机巧变诈不作"(同上),要求以天理规范人的行为。认为唯有在"理"(封建主义原则)的基础上才能统一全国上下的思想。"朝廷作事,若要上下小大同心同德,须是道理明,盖天下只是一理,故其所为必同,若用智谋,则人人出其智谋,则人人出其私意,私意万人万样"(同上)。有《龟山文集》。

杨龟山 即"杨时"。

陆佃 北宋学者。字农师。山阴(今浙江绍兴)人。神宗时任集贤校理、崇政殿说书、中书舍人给事中。徽宗时召为礼部侍郎,拜尚书右丞。接受王安石的经学思想。为学尤精古礼名数之说。知识广博,重视后天的实践工夫。其子陆宰评其"不独博极群书,而岩父牧夫,百工技艺,下至舆台皂隶,莫不诹询。苟有所闻,必加试验,然后记录。则其深微渊懿,宜穷天下之理矣"(《埤雅序》)。著书二百四十二卷,现存《埤雅》、《陶山集》等。

邵伯温(1057—1134) 北宋象数学家。字子文。共城(今河南辉县市)人。邵雍之子。官至提点成都路刑狱。属元祐旧党。继承其父的象数学并加以阐释。提出"一"为宇宙的本原,"天地万物,莫不以一为本,原于一而衍之以为万,穷天下之数而复归于一。一者何也?天地之心也,造化之原也"(《邵子文语录》)。又说"一为太极",认为"一"或"太极"在事物之先而存在,"太极者,有物之先,本已混成,有物之后,未尝亏损,自古及今,无时不存,无时不在"(同上)。强调"一"或"太极"只存在于"圣人"心中,"圣人之心即天地之心","故圣人以天地为一体,万物为一身"(同上)。有《易辩惑》、《河南集》、《闻见录》、《皇极系述》、《皇极经世序》、《观物内外篇解》等。

周行己(1067—1125) 北宋学者。字恭叔。温州瑞安(今属浙江)人,因曾在温州城内筑浮址书院,讲学授徒,学者称之为浮址先生。永嘉学派的创始人。元祐进士,为本州教授,历官至太学博士,秘书省正字。早年受王安石新学和张载关学思想影响,后游学洛阳,从学程颐"块坐一室,未尝窥牖"(《二程外书》卷十二)。但其思想又不同于正统的洛学学者,他在温州传播二程的洛学,实际内容上也包含着王安石的新学和张载的关学思想,因此带有"功利"色彩和"务实"之风。政治上主张"守位莫大于得人心,聚人莫先于经国"(《周行己集》卷一)。说:"得人心之说有四:一曰广恩宥,二曰解朋党,三曰用有德,四曰重守令。为经国用之说有六:一曰修钱货之法,二曰修茶盐之法,三曰修居养安济漏泽之法,四曰修学校之法,五曰修吏役之法,六曰修转输之法。"尤其是后者"为经国用之说",受王安石新学变革思想的影响,注重财政、经济等问题。哲学上,借二程洛学之说,将"道"、"太极"作为宇宙万物的本体,认为:"道本无名,所以名之曰道者,谓其万物莫不由之也。万物皆有太极,太极者,道之大本。"(《经解》)但又说:"所以太虚之中、氤氲相荡,升降浮沉、动静屈伸,不离乎二端。散殊而可象者为物,物者阴阳之迹也。"(同上)。与张载《正蒙·太和》篇的观点相一致,继承了关学的"气"说。将洛学传入浙江沿海之东南,其洛学思想本身(掺杂新学与关学)也发生变化,源于洛学而发展为洛学的异端。明清之际学者黄宗羲评论他说:"(周)行己以躬行之学,得郑伯熊为之弟子,其后叶適继兴,经术文章,质有其文,其徒甚兴。"(《宋元学案·周许诸儒学案》)认为南宋永嘉学派的实用之学的风气,系由周行己开其先河。著作有《浮址集》。现有2002年上海社会科学院出版社出版的《周行己集》。

尹焞(1071—1142) 北宋学者。字彦明,一字德充,号和靖。河南府(治今河南洛阳)人。程颐弟子。官至直徽阁待制。因反秦桧而辞官。为学专重内省涵养,不主张泛观博览,认为"持守涵养处,分外亲切"(见《宋元学案·和靖学案》)。以"敬"和"诚"为"进德"的要领,"敬有甚形影,只收敛身心,便是主一。"又说:"某看曾子三省,诚而已。"(《和靖说》)学道紧要处,"只要闲邪存诚而已"。在修养工夫上,强调"敬以直内",认为:"若用此理,则百事不敢轻为,不敢妄为,不愧屋漏矣。习之既久,自然有所得也。"(《宋元学案·和靖学案》)有《论语解》、《和靖集》。

罗从彦(1072—1135) 北宋末学者。字仲素,人称豫章先生。南剑(治今福建南平)人。杨时弟子。曾任博罗主簿。秩满,入罗浮山静坐。提倡"无欲",认为"圣人无欲,君子寡欲,众人多欲"(《议论要语》)。以"无欲"和"静坐"作为"养心之要"。宣传"士之立身,要以名节忠义为本"(同上)。以为天下之治乱决定于邪正之明和不明,如能"正者天下之所同好,邪者天下之所同恶",则"邪正已明",天下太平。"君子在朝而天下必治","小人在朝,则天下必乱"(同上)。其为理学家,声名不著,但在二程到朱熹的思想承传上,却是重要的中介人物。他"在杨门(杨时)独得其传",后传李侗,李侗传朱熹。"豫章

(罗从彦)在及门中最无气焰,而传道卒赖之"(黄宗羲《宋元学案·豫章学案》案语)。有《豫章文集》。

朱震(1072—1138)　南宋学者。字子发。荆门军(今湖北荆门)人,一说邵武(今属福建)人。早年曾任过州县地方官,后被召为太常春秋博士、经筵侍讲。继承北宋理学与象数学传统,以象数学作为易学的正统。自谓其易学"以《易传》(指程颐的《程氏易传》)为宗,和会雍(邵雍)载(张载)之论"(《进周易表》),提出宋代易学传授系统:"国家龙兴,异人间出,濮上陈抟以《先天图》传种放,放传穆修,修传李之才,之才传邵雍……修以《太极图》传周敦颐,敦颐传程颐、程颢……程颐述《易传》,(张)载造《太和》、《参两》等篇,或明其象,或论其数,或传其辞,或兼而明之,更唱迭和,相为表里,有所未尽,以待后学。"(同上)其易学文辞繁杂,朱熹责其"解《易》如百衲袄,不知是说什么"(《朱子语类》卷六十七)。但在其易学体系中也有某些元气唯物论的论点,如说:"至隐(指元气)之中,万象具焉。见而有形,是为万物","今有形之初,本于胞胎,胞胎之初,源于一气,而一气而动,絪缊相感,可谓至隐矣"(《汉上易丛说》)。并说:"气聚为精,精聚为物……及其散也,五行阴阳,各还其本。"(《汉上易传·系辞上》)但其象数学的神秘主义的糟粕甚多,如把八卦比附人身的生理器官;把人事的吉凶悔吝,地位的尊卑贵贱都归之"卦变"。有《汉上易传》、《周易从说》、《经史释义》等。

胡安国(1074—1138)　南宋学者、经学家。字康侯。建宁崇安(今福建武夷山市)人。绍圣进士。任太学博士、侍讲,官至宝文阁直学士。曾与二程门人谢良佐、杨时、游酢交往,以求理学学统,自言"三先生(指谢、杨、游)义兼师友,然吾之自得于遗书者(二程)为多"。认为:"圣门之学,则以致知为始,穷理为要,知至理得,不迷本心,如日方中,万象皆见,则不疑所行而内外合也。"(《答曾几书》)强调知先行后说,"以致知为穷理之门,以主敬为求养之道"(《胡氏传家录》)。在南宋初期对传播二程理学起了重要作用,"南渡昌明洛学之功,文定几侔于龟山(杨时)"(全祖望《宋元学案·武夷学案》案语)。长于春秋学,撰有《春秋传》,明初被定为科举取士的教科书。有《春秋通旨》、《资治通鉴举要补遗》,后人编有《胡氏传家录》。

王蘋(1082—1153)　两宋之际学者。字信伯。福建福清(今属福建)人。师事程颐,又以同门后辈师事杨时。官至著作郎。赞成抗金,曾对高宗说:"民离而听之则愚,合而听之则圣……以众之所同,固有至公之理也"(《宋元学案·震泽学案》)。倡导二程的圣人传道"心传"说。认为:"尧舜禹汤文武之道,相传若合符节,非传圣人之道,传其心也,非传圣人之心,传己之心也。己之心无异圣人之心,万善皆备,故欲传尧舜以来之道,扩充是心焉耳。"(同上)实启南宋"心学"之端。为学主张"学者须是下学而上达,洒扫应对,即是道德性命之理"(《震泽记善录》)。有《信伯集》。

吕本中(1084—1145)　南宋学者。初名大中,字居仁。寿州(治今安徽凤台)人。因祖籍东莱(今属山东),学者称东莱先生。绍兴进士。擢起居舍人,召为太常少卿,迁中书舍人兼权直学士院。少曾与程门大弟子游酢,杨时、尹焞交游。继承和保持了研究中原文献之学的吕氏家风。"平日学问,以穷理尽性为本"(《宋元学案·紫微学案》)。在学术上主张融合不偏,说:"德无常师,主善为师,此论最要。"(同上)认为"学者当熟究《孝经》、《论语》、《中庸》、《大学》,然后遍求诸书,必有得矣"(同上)。主张"当官处事,但务著实",在清、慎、勤之外,更行一忍。有《春秋解》、《西垣童蒙训》、《公舍人官箴》等。

张九成(1092—1159)　两宋之际学者。字子韶,号横浦居士,亦称无垢居士。钱塘(今浙江杭州)人。绍兴进士。历官宗正少卿,官至礼部侍郎。反对议和,为秦桧所贬。桧死始得免归。从学杨时,好佛学。认为"道非虚无也,日用而已矣。以虚无为道足以亡国"(《横浦日新》),"道非虚无也,实用处通变者是"(《横浦心传》)。认为"日用"、"实用"的"道"存于人的心中,"一念之善,则天神地祇祥风和气皆在于此,一念之恶,则妖星厉鬼凶荒札瘥皆在于此"(《横浦日新》),宣传善恶报应,"为善者常受福,为利者常受祸,心安为福,心劳为祸"(同上)。还认为人心之安、劳可决定福和祸。教育上,主张对儿童"先教以恭谨,不轻忽,不躐等,读书乃余事","士大夫不必孜孜挟册看书"(《横浦心传》)。这种学风对陆王心学颇有影响。有《横浦心传》等。

李侗(1093—1163)　南宋学者。字愿中,学者称延平先生。南剑州剑浦(今福建南平)人。程颐三传弟子,朱熹曾从游其门。终生未仕。承继程颐的"理一分殊"说,认为"吾儒之学,所以异于异端者,理一分殊也,理不患其不一,所难者分殊耳,此其要也"(《延平答问后录》),把"理一分殊"作为划分儒学和"异端"的标准。认为"理一"(太极)是化生天地万物的本源。指出万物虽则同具一理,但所禀受之气有"秀""偏"之别,"盖天地中所生物,本源则一,虽禽兽草木生,理亦无顷刻停息间断者,但人得其秀而最灵,五常中和之气所聚,禽兽得其偏而已,此其所以异也"(《延平答问》)。认为万事万物"虽散殊错糅,不可名状",但统一于"天理",只是"天理"的变现。认识上提出"理与心一"的命题,主张通过静坐工夫来体认精神本体。"默坐澄心,体认天理,若真有所见,虽一毫私欲之发,亦退听矣。"(同上)其语录由朱熹编为《延平答问》。

李延平　即"李侗"。

胡寅(1099—1157)　南宋学者。字明仲,学者称致堂先生。建宁崇安(今福建武夷山市)人。举进士,官秘书省校书郎、中书舍人,后至礼部侍郎兼侍讲直学士院。杨时门人。生平辟佛说最力,驳斥佛教的生死轮回说,指出"盖圣人以生死为分内事,无可惧者",儒者"闻于死生之际,辞气不乱,安静而逝"

(《胡致堂崇正辩》)。阐发二程的心、理合一说，认为“圣人心即是理，理即是心，以一贯之，莫能障者，是是非非，曲曲直直，各得其所”(同上)。一般人要由圣人来“正其心”。通过“养心”、“存心”、“洗心”的修养过程，方能心、理合一。在此基础上“穷理而精义”。虽承认“事各有理，物各有能，不知物之能，则不足以役物，不知事之理，则不足以揆事”，但又认为“理即是心”，心知万物。有《斐然集》、《论语详说》、《胡致堂崇正辩》。

刘子翚(1101—1147) 南宋哲学家，字彦冲，号病翁，学者称屏山先生。建州崇安(今福建武夷山市)人。与朱松、刘勉之、胡宪等名儒为友，曾任兴化军通判等职。是朱熹少年时的启蒙师，朱熹曾“朝夕于之侧”(《朱文公文集》卷九十)，受其熏陶。好禅学，与僧人交往密切。“屏山(子翚)少年能为举业，官莆田，接塔下一僧，能入定数日。……归家读儒书，以为与佛合，故作《圣传论》”(《崇安县志》卷八)。又“先生(子翚)少喜佛，归而读易，涣然有得，以为学易莫先于复，《复卦》为易之门户”(《宋元学案·刘胡诸儒学案》)以儒书与佛合，企图和合儒佛，认为佛理与古圣人之言相通，并用《周易》理解禅学，认为通《易》学的门径，首先是把握住《复卦》的本义。他曾教导朱熹说：“吾于《易》得入门之道焉，所谓‘不远复’者，吾之三字符也。佩服周旋，罔敢失坠、汝尚勉哉!”(同上)。“不远复”意味自知归复人的本性之初。“复”是古圣贤道德“进修”的践履，它必须通过“日新”而达到“道”的境界。只有“乐善如贪，契理如函，闻非如获利，舍过如遗蜕”，才会“德必日新”(同上)。指出“吾观古圣贤进修之速，未有如汤者。汤之盘铭曰：‘苟日新，日日新，又日新。’夫岂有瞬息悠悠意度哉”(同上)。著作有《屏山全集》。

胡宏(1106—1162) 南宋学者。字仁仲。建宁崇安(今福建武夷山市)人。胡安国季子。学者称五峰先生。年幼时曾师事二程门生杨时和侯仲良。以父荫补右承务郎。主抗金，拒绝与秦桧交往，隐居湖南衡山达二十余年。哲学上以“道”为最高范畴。认为“天者，道之总名也”(《知言》卷五)。“道者，体用之总名，仁其体，义其用，合体与用，斯为道矣”(《知言》卷一)。“物拘于数而有终，道通于化而无尽”(《知言》卷三)，将“道”归结为具有道德属性的抽象的绝对物。又提出“道”与“物”不可分离，“道之有物，犹风之有动，犹水之有流也”(《知言》卷一)。把“物”看做“道”的表现。论“性”有较多发挥。认为万物之“性”皆同，“观万物之流形，其性则异；察万物之本性，其源则一”(《知言》卷二)，看到具体事物皆有其内在的统一性，而不仅限于人性的范围。还指出天地之间的事物处在无穷的变化之中，“滔滔天下，若动若植，是曾无一物息者矣”(《五峰集·不息斋记》)，人们应该“通其变，然后可为也；务其宜，然后有功也”(《知言》卷五)。提出对事物的认识要“缘事物而知”，“必身亲格之，以致其知焉”(《复斋记》)。强调对“道”掌握的重要性，凡人能“循道而行”，则可“不为万物役”(《知言》卷三)。有《五峰集》、《知言》等。

胡五峰 即“胡宏”。

林之奇(1112—1176) 南宋哲学家。字少颖，号拙斋，学者称三山先生。福建侯官(今福州)人，绍兴十九年(1149)进士，由长汀尉历官秘书省正字、校书郎，宗正丞、泉州市舶使。政治上主张抗金，认为恢复中原必须在战略上作长期抗金的准备，“欲图中原，必自巴蜀”，应当开辟巴蜀为后方基地。指出“浮江绝淮，下梁宋以图中原，必不能也”，轻率盲目用兵会导致失败。曾师事吕本中(初名大中)。接受其师“以广大为心，以实践为实”的思想。强调以“仁”、“义”为本，认为“尧舜执中不离仁义”(《宋元学案·紫微学案》)。为学注重对《尚书》、《周礼》、《论语》、《孟子》等儒家经典的研究，而“不尚老庄之学”(同上)。曾说：“《论语》一部，圣人之心体在是，须是不释看，始得。”又说：“疑字、悔字，皆进学门户，学者须是疑是悔，于道方有所入。”(《拙斋记问》)他的这些观点，为吕祖谦接受，且得到更多的阐述。如吕祖谦主张读书要破“疑”解惑，“小疑必小进，大疑必大进”(《东莱文集·杂说》)。又如强调“悔”可复“善心”的修养说。故在时人眼中吕祖谦较之林子奇，学问上则高出一筹。因而有“出蓝之誉”。主要著作有《尚书全解》、《拙斋集》等。

汪应辰(1119—1176) 南宋学者。字圣锡。人称玉山先生。信州玉山(今属江西)人。举进士，为秘书省正字，官至吏部尚书兼翰林学士。曾上疏高宗，强调“和议不谐非所患，和议谐而因循无备之可患”(《宋元学案·玉山学案》)，得罪秦桧，遭流贬凡十七年。为学“博综诸家”。认为：“祸福得丧，在天而不在人，我何怨？是非毁誉，在人而不在我，又何尤？惟行法以俟命，推诚以待物。”(《玉山文集·答徐汉英》)吕祖谦曾从学其门下。有《玉山文集》。

杨万里(1127—1206) 南宋诗人、思想家。字廷秀，号诚斋。吉水(今属江西)人。绍兴进士。曾官漳州知县、常州知县、广东提点刑狱、左司郎中等，官至秘书监。力主抗金，曾上《千虑策》，力攻投降之非策。提出“保国之大计，在结民心”，“养民在仁政”(《壬辰轮对第一札子》)。哲学上认为混沌的元气是宇宙万物的根源，阴阳二气的运动和相互作用，使宇宙万物产生变化。“阴阳之合以三，而元气统之以一。炎者，元气之吁也；冷者，元气之吹气也”，“交错而自尔功者也”，“天之圜体者，一气辅轮而浑茫者尔，乌有所营？乌有所度哉？”(《诚斋集》卷九十五)承认宇宙无限，“天无色而亦无方，岂有九天之涯际哉？”(同上)反对周敦颐以“无极”、“太极”为虚无的观点，认为“元气浑沦，阳(天)阴(地)未分，是谓太极”，“一气者二气之祖也，二气者，五行之母也”，“周子所谓无极者，非无极也，无声无臭之至也”(《诚斋易传》卷十七)。道器关系上，反对程朱的道器观，以为“冲然者，天地之浑”，“冲然之谓道”(《庸言》七)，强调“夫唯有是物，然后是道有所措也”，“物亡道存，道则存矣，何地措道哉？”(《庸言》五)主张物质不灭，

"火托于薪而有质，薪化而质不化"(《庸言》十九)。还提出"易之道一阴一阳而已"(《诚斋易传》卷十七)，"阴动之谓阳，阳静之谓阴，动静不息之谓道"(《庸言》十一)等辩证法思想。其"天非和不立，物非和不立"(《诚斋易传》卷一)的命题看到事物的对立统一，并认为事物转化的原因是"反者激之极"(《庸言》十二)。但又认为"阴阳消长如循环也"(《诚斋易传》卷十二)。肯定人的认识来源于客观世界，指出"易者，天地之肖也"(《庸言》十九)，易之道源于天地之道，从而提出"以天地(规律)理(治理)天地"的观点。但又把仁、诚等道德观念看作先天的，是决定事物的因素，夸大了个人主观道德观念的作用。有《诚斋易传》、《庸言》、《诚斋集》等。

杨诚斋 即"杨万里"。

朱熹(1130—1200) 南宋哲学家、教育家。字元晦，一字仲晦，别号考亭、紫阳。祖籍徽州婺源(今属江西)，生于南剑州尤溪(今属福建)，侨居建阳(今属福建)。青年时师事李侗，为程门四传弟子。曾任泉州同安主簿、知南康军、秘阁修撰等职。主张抗金，认为"和议有百害而无一利"(《壬午应诏封事》)。强调"蓄锐待时"，反对盲目用兵。他是中国封建社会后期知识渊博、影响深远的学者，"博极群书，自经史著述外，凡夫诸子、佛老、天文、地理之学，无不涉猎而讲究也"(《宋元学案·晦庵学案》)。对各家学说融会贯通，"会众说而折其中"。哲学上主要承继、发展二程(颢、颐)的理气关系学说，确立了完整、精密、独特的理学思想体系，为理学之集大成。天理、理是朱熹的最高哲学范畴。以"理"为宇宙的根本，而"理"只是一个"净洁空阔底世界"的抽象精神本体，"气"却是第二性的，"未有天地之先，毕竟也只是理"(《朱子语类》卷一)，明确提出"有是理便有是气，但理是本"(同上)，强调理本气末。又借用佛教"月印万川"说来解释宇宙间有一个最高的总体的"理"即"太极"。他的"理一分殊"说是为封建社会"尊卑大小"、"各得其宜"的等级制度作论证，而万物各自的分殊的理，只是最高的"理"的体现。但也承认统一理所体现的万物各有差异和彼此间的关联。肯定张载"一物两体"的说法，指出"凡事无不相反相成"，并对《周易》中说的"化而裁之谓之变"的命题作了新的发挥。认为事物运动的形式有"化"和"变"两种，"化"指渐渐消化的量变，"变"指"顿断有可见处"(《朱子语类》卷七十五)。解释"裁而化之"的"裁"是裁衣服的裁，指事物变化过程中的中断。因此"化而裁之存乎变，只在那化中裁截取便是变"(《朱子语类》卷七四)。认为质变在渐变发展基础上产生。论述事物变化运动的根本原因乃是事物的本身"只是一分为二，节节如此，以至于无穷，皆是一生两尔"(《朱子语类》卷六十七)。事物阴阳对立而同处于一个统一体中，"如寒则暑便在其中，昼则夜在其中，便有'一'寓焉"(《朱子语类》卷九十七)。这一观点是古代辩证法思想的一个新贡献。知行关系上，强调知先行后，"论先后，知为先"(《朱子语类》卷九)。但又认为"知行相须"，"论轻重，行为重"，"方其知之，而行未及之，则知尚浅，则亲历其域，则知之益明，非前日之意味"(同上)，注意到"行"在认识中的重要性。认为论人性必兼论天命之性("道心")和"气质之性"("人心")，人禀气而生，所禀之气有清浊，故有圣、贤、愚、不肖之分。在"理"与"欲"的问题上，提出"人欲中自有天理"(《朱子语类》卷十三)，"然天理人欲，同行异情"(同上)，认为道德意识与物质欲望联结而不可分，但凡超越于封建道德原则规定的人欲，则与"天理"对立，故"天理人欲，不容并立"(同上)，"天理人欲常相对"(《朱子语类》卷四十)。主张通过"居敬穷理"的修养工夫，达到"革尽人欲，复明天理"，恢复人原有纯善的本性。在历史观上，以理学家的天理标准陶铸历史，评价历史事件及人物。认为尧、舜、禹时"天理"流行，体现为"王道"政治，三代后"人欲横流"，体现为"霸道"政治。认为编写历史要求"合乎天理之正，人心之安"，明天理是史书的最高标准，"读书须是经为本，而后读史"(《朱子语类》卷十二)，否则看历史"只是看人打架"(《朱子语类》卷一百二十三)。从事教育活动五十余年，教育方法上采取启发式，强调"书用你自去读，道德用你自去究索"(《朱子语类》卷八)。要求学习必须提出疑问，"读书，始读未知有疑，其次则渐渐有疑，中则节节有疑，过了这一番后，疑渐渐解，以至融会贯通，都无所疑，方始是学"(同上)。反对死背硬记的"温故"，主张在"温故"的过程中更换新知，"温故能知新，如所引学记则是温故，而不知新只是记得个硬本子，更不去里面搜寻得道理"，"若知新则引而伸之，触类而长之，则常活不死矣"(同上)，见解颇多新意。对于佛、道乃取其哲理部分，去其有悖于封建伦理的观念。对自然科学知识表示了一定的尊重，说它是"小道，不是异端，小道亦是道理，只是小。如农圃、医人、百工之类，却有道理在"(《朱子语类》卷四十九)。吸取北宋以来的自然科学成果，如以月蚀"乃是地形倒去，遮了他光耳"(《朱子语类》卷一)说明日、月、地球三者位置变动的关系和产生月蚀的原因。认为虹是"薄雨为日所照成影"(同上)。以高山上发现残留螺蚌壳的现象，论证海陆变迁之说。在美学思想上，重"道"而轻"文"，主张"文"为"道"服务，认为"道者文之根本，文者道之枝叶。惟其根本乎道，所以发之于文皆道也"。反对苏轼关于"吾所谓文，必与道俱"的提法，把"文"与"道"视为一体。把审美情感限制于儒家道德观念的范围，认为诗歌没有审美价值，只有伦理道德价值，"学诗之大旨"，在于"修身及家平均天下之道，其亦不待他求而得于此矣"(《诗集传序》)。以"中和"为审美的理想。认为人心在"寂然不动"的含蓄状态时是完全符合于"理"或"性"的。"情之未发者，性也。是乃所谓中也，天下之大本也；性之已发者，情也；其皆中节，则所谓和也。"(《答张钦夫》)认为人的思想未与外物所感是处于寂静含蓄的状态，这很自然地符合"空阔净洁"的"理"的境界，也正合于"情之未发"的"性"或"中"。但人心为外物所感便产生"情"，然而"情"必须严格限制在"理"的道德观念的范围之内。这种理学家的美学思想，对后世也有深远影响。在逻辑学上，注意“类”的分析，认为“天下有不可同之理”，立分类标准只是“就其异处以致其同”（《朱子语类》卷七十）。提出做学问有两种方法，一种是“自下面做上去”，亦即类似归纳的方法。另一种是“自上面做下来”，亦即类似演绎的方法。前者注意“以类而推”在归纳过程中的作用，因为“凡物有四隅，举一隅则三隅可推”（《朱子语类》卷三十四）。后者的演绎方法是一个“因其所已知而及其所未知，因其所已达而及其所未达”的思维过程，“先见得大体，却自此而观事物，见其莫不有个当然之理”（《朱子语类》卷一百十四）。对排中律的思想有所认识，认为不同观点的文字“最可观”，因为两者之中“必有一真”（《朱子语类》卷十）。对中国逻辑史有一定贡献。朱熹倡导的“理学”成为中国封建社会后期统治阶级的理论工具，在明清两代被提高到儒学正宗的地位。其博览和精密分析的学风对后世也有很大影响。在日本德川时代，“朱子学”也颇流行。有《四书章句集注》、《周易本义》、《诗集传》及后人编纂的《晦庵先生朱文公文集》和《朱子语类》等。

朱晦庵 即“朱熹”。

朱文公 即“朱熹”。

辅广 南宋学者。字汉卿，号潜庵。崇德（今浙江桐乡）人。朱熹门人。因父功而袭授保义郎，转忠训郎。应举不第。晚年于家乡筑传贻书院，收徒讲学，学者称为传贻先生。恪守师说，认为“道理无空缺处，亦无间断时，一有空缺间断便欠少了”（《宗辅录》）。提出抽象的“道理”能驾驭和主宰一切事物，它居于人心中，为人所固有的“理义之心”。以为人的知识和道德是先验的，唯通过自我“涵养”和学习“圣人言语”才能启发出来，“学者须是将圣人言语熟读深思，昼夜玩味，则可以开发吾之知识，日就高明，涵养吾之德性，日就广大”（同上）。他的学说由其弟子传播于福建和浙东一带。著作散佚甚多，余下的由后人辑为《宗辅录》。

陈埴 南宋学者。字器之，学者称为潜室先生。永嘉（今浙江温州）人。官至通直郎。少年时师事叶適，后从学于朱熹。讲学于明道书院。思想较倾向于程颢，认为“圣人所以能推一心以贯万事者，正缘他胸中渣滓净尽，统体光明，具众理而该万用”，“满腔子都是道理，更无界限”（《木钟集》），强调所谓“合内外之道”，以抹煞心、物的界限。认为“把博文约礼作依据，日积月累”，主张通过“持敬工夫”，“存主此心，存此心，便是存天理”（同上）。在解释“率性之谓道”时说：“率性，不要作工夫看。物性自然，各有所由行之路”，“飞潜动植，各一其性而不可移换，便是率处”（同上），注意对具体事物的特性作出区别。有《木钟集》。

陆九韶 南宋学者。字子美。抚州金溪（今属江西）人。隐居不仕。讲学于梭山，因号梭山居士。其学与弟九龄、九渊并称“三陆子之学”。其学“以切于日用为要”。所谓“日用”是指“明父子君臣夫妇昆弟朋友之节，知正心修身齐家治国平天下之道”（《梭山日记》）。与朱熹就《太极图说》的“无极而太极”之说进行辩论。认定《太极图说》非周敦颐所作。又认为《通书》中只说有“太极”而不言“无极”，故不当于“太极”之上加“无极”二字，以为“著‘无极’字，便有虚无好高之弊”。有《梭山日记》、《梭山文集》等。

陆九龄（1132—1180） 南宋学者。字子寿，学者称复斋先生。抚州金溪（今属江西）人。做过兴国军教授。其学与兄九韶、弟九渊并称“三陆子之学”。认为“心”是一切事物的基础和出发点。自古以来圣人相传的“道统”即是“心”，离开“心”犹如“无址”而“成岑”。为学主张“治人必先治己，自治莫大于治气，气之不平，其病不一，而忿懥之害为尤大”（《复斋文集·与王顺伯》），要使“身体心验，使吾身心与圣贤之言相应，择其最切己者勤而行之”（《答王汉臣》）。讥讽朱熹等理学派繁琐支离的治学方法。强调伦理道德的涵养工夫，要求“尽废讲学而专务践履，于践履中，要人提撕省察，悟得本心”（《与刘淳叟》）。提出在“践履”中要讲究涵养工夫，做到“习到临利害得失无忧惧心，平时胸中泰然无计较心”（同上）。反对“弃日用而论心，遗伦理而语道”（《答傅子渊》）。有《复斋文集》。

陆复斋 即“陆九龄”。

张栻（1133—1180） 南宋学者。字敬夫。又字乐斋，号南轩。张浚子。汉州绵竹（今属四川）人。迁于衡阳。少从胡宏“问程氏学”。官至右文殿修撰。和朱熹、吕祖谦齐名，时称“东南三贤”。力主抗金，誓不言和。指斥时弊“民贫日甚，而国家兵弱财匮，官吏诞谩，不足倚赖”。推崇北宋周敦颐《太极图说》，并以“太极”为最高范畴。认为“太极”流行无间，贯乎古今，通乎万物。“太极动而二气形，二气形而万物化，生人与物俱本乎此者也。”（《存斋记》）思想上接近程颢。主张知先行后说，认为有了“知”可更好地指导“行”，“知之而行则譬如皎日当空”，“未知而行者如暗中摸索，虽或中，而不中者亦多矣”（《与朱元晦》）。在治学方法上，提出“所谓观书当虚心平气以徐观义理之所在，如其可取，虽庸人之言，有所不废；如其可疑，虽或传以贤圣之言，亦更加详审”。强调不以“贤圣之言”为准绳。但又断言“所谓礼者天之理也”，把封建秩序看作永恒不变的规律和准则。为学主“明理居敬”，认为“居敬有力，则其所穷者益精；穷理浸明，则其所居者亦有地”。有《南轩集》。

张南轩 即“张栻”。

薛季宣（1134—1173） 南宋学者。字士龙，号艮斋。永嘉（今浙江温州）人。官至大理正。曾从学于二程弟子袁道洁（溉），“得其所传，无不可措之用”（《宋元学案·艮斋学案》），于田赋、兵制、地形、水利甚下工夫，后自成永嘉经制之学。为学“主礼乐制度，以求见之事功”（全祖望《宋元学案·艮斋学案》案语）。故世称其“功利之学”。认为“道”不离“器”，“且道非器可名，然不远物，则常存乎形器之内”（《浪语集·答陈同甫书》）。又认为“彼天之道，何与于

(干预)人之道”(《浪语集·与沈应先书》),表现了唯物主义的观点。反对道学家空谈义理性命,重视实际的效用。黄宗羲谓:“永嘉之学,教人就事上理会,步步著实,言之必使可行,足以开物成务。”(《宋元学案·艮斋学案》)其学说由陈傅良继之,至叶適而集大成,形成重经世致用的永嘉学派。有《书古文训义》、《春秋经解指要》、《浪语集》等。

唐仲友(1135—1187) 南宋学者。字与政。金华(今属浙江)人。曾任著作郎、江西提刑。其学“不专主一说,苟同一人,隐之于心,稽之于圣经,合者取之,疑者阙之”(《宋元学案·说斋学案》)。强调学务经世,广泛涉猎天文、地理、刑政、军赋、经史、传记等。“痛辟佛老,斥当时之言心学者”(同上),认为他们以空言治世。鄙视朱熹之学。主性善说,以为人本性纯善,“善言性者当于‘复’观之”(《说斋文集·性论》),正如“尘去镜明,风息水止,外物不干,天性乃见”(《愚书》)。认为通过排除欲念而恢复先验的善的本性,须“防欲如防川,待物如待寇”(同上)。政治上强调“载道以济世”,注重经世致用。提出使民自养、自卫的御敌措施。有《愚书》、《说斋文集》等。

蔡元定(1135—1198) 南宋律学家、理学家。字季通。学者称西山先生。建阳(今属福建)人。师事朱熹。因庆元初年禁“伪学”,被谪道州春陵。为学长于天文、地理、乐律、历数、兵阵之说,精识博闻。“其律吕象数之学,盖得其家庭之传。”(《宋元学案·西山蔡氏学案》案语)朱熹在律吕、象数问题上,向其请教颇多。朱熹的《参同契考异》是经与蔡元定相与订正后定稿的。蔡元定用象数推断“造化微妙”,曾用蓍草为朱熹写《封事》,替赵汝愚辩解。教人“以性与天道为先”(《宋元学案·西山蔡氏学案》)。在理学家中他与道教思想关系更为密切。所著《律吕新书》,提出了十八律的理论。另有《皇极经世太玄潜虚指要》、《洪范解》、《大衍详说》、《燕乐原辨》等。

吕祖谦(1137—1181) 南宋哲学家。字伯恭,学者称东莱先生。婺州(治今浙江金华)人。隆兴进士。曾任著作郎兼国史院编修官。与朱熹、张栻齐名,人称“东南三贤”,“鼎立为世师”。曾邀集鹅湖之会,力图调和“朱学”和“陆学”之间的矛盾并“兼取其长”,同时又接受永嘉学派经世致用的思想。宇宙观上偏重于陆九渊的“心学”,认为“心之为道,岂有彼此之可待乎?心外有道非心也,道外有心非道也”,又说“通天下无非己也”(《东莱左传博议》卷三)。在认识方法上汲取朱熹以“穷理”为本的“格物致知”说,但又提倡永嘉学派的务实作风。主张研究问题“不可有成心”,强调“参合审订”、“再三商榷”。重视民间的实际活动经验,认为“闻街谈巷语,句句皆有可听;见舆台皂隶,人人皆有可取”(《东莱文集·杂说》)。认为认识事物是没有穷尽的,不能对已知的任何事物无所怀疑。天下之大,事物繁多,人们必须不断发现和提出疑难问题,才能逐渐认识事物,故“小疑必小进,大疑必大进,盖疑者不安故而进于新者也”(同上)。赞同胡宏的“天理人欲同行异情”之说,认为“天理在人欲中未尝须臾离也”。但基本上主张“以礼节欲”的儒家传统观点,并由此而达到“纯乎天理”的境界。在教育思想方面,提出“讲实理,育实才而求实用也”(《东莱文集·大学策问》),认为“大抵为学,不可令虚声多,实事少,非畏标榜之病,当相互激扬之时,本心不实,学问已无本矣”(《东莱文集·杂说》)。重视历史的研究和文献的整理,认为历史是发展的,强调要建立一个理想的社会,就要发愤图强,有所“期”(追求理想),说“天下之势不盛则衰,天下之治不进则退,强而止于强,不能保其强”(《东莱博议·葵邱之会》)。认为历史上不论实行“王道”或“霸道”,都要通过人的努力来加以实现,“天下之为治者,未尝无所期也。王期于王,霸期于霸,强期于强;不有一的之,孰得而射之?……志也者,所以立是期也”(同上)。政治上主张抗金和改革弊政,认为当时“实百弊俱极之时”,“国仇未雪”,“邦本未宁”,必须进行社会政治改革。有《东莱文集》、《吕氏家塾读书记》、《东莱左传博议》、《东莱书说》等,还与朱熹合作编有《近思录》。

吕东莱 即“吕祖谦”。

吕祖俭(?—1200) 南宋学者。又名大愚,字子约。婺州(治今浙江金华)人。吕祖谦之弟。曾任修职郎、司农寺主簿、太府丞等职。常聚徒讲学,与明州学者杨简、袁燮、沈焕共称明州四先生。后因反对权臣韩侂胄而被贬韶州和筠州。其学继承二程(颢、颐),亦糅合了朱熹和陆九渊的学说。“忠公之集虽不传,然犹散见于《永乐大典》中”(清全祖望《吕忠公祠堂碑文》)。“忠公以明招山中父兄中原文献之传,左右其间,其功无所见于官守,而见之讲学”。在浙东一带传播文献史学方面,与兄祖谦都有很大影响。有《大愚集》。

陈傅良(1137—1203) 南宋学者。字君举,号止斋。温州瑞安(今属浙江)人。官至宝谟阁待制。曾问学于薛季宣,潜心研究历史文献。为学重“经世致用”,主张“一事一物,必稽于极而后已”,反对空谈性理之学。对古井田、王制、军事兵法(如司马法、八阵图)等都加以考订。在王霸问题上与陈亮有过讨论。把陈亮的功利主义思想总结为:“功到成处便是有德,事到济处便是有理。”(《致陈同甫书》)对后世影响极大。对东汉郑玄所注《周礼》表示不满,以为“《周礼》纲领有三:养君德、正纪纲、均国势”(《宋元学案·止斋学案》)。为永嘉学派重要代表。有《春秋后传》、《止斋文集》。

陆九渊(1139—1193) 南宋哲学家。字子静,自号存斋。抚州金溪(今属江西)人。于江西贵溪象山建“精舍”,聚徒讲学,学者称象山先生。历任靖安、崇安主簿、国子正,出知荆门军。青年时主张抗金,曾立志习武,以图恢复。为“心学”创始人,与兄九韶、九龄并称“三陆子之学”。以“心”为构成宇宙万物的本源,断言:“宇宙便是吾心,吾心即是宇宙。”(《象山先生全集·杂说》)提出“心即理”的命题,将客观规律(理)主观化。强调“心”与“理”完全合一,

“人皆有是心，心皆具是理。心即理也”(《与李宰书》)。认为“心”与“理”是永久不变的，“千万世之前有圣人出焉，同此心，同此理也；千万世之后有圣人出焉，同此心，同此理也”(《杂说》)。以证明封建道德人心固有，不可更变。在“心”、“物”关系上，认为万物都包罗在我心中，“万物森然于方寸之间，满心而发，充塞宇宙，无非此理”(《语录上》)。宇宙万物及其“理”都存在于“吾心”，都是“心之所为”，故人们不必从外在世界去获得知识，只要直接“发明本心”即可达到“知”。认为“发明本心”方法是“存心，养心，求放心”。“此心此良(良知)，人所固有，人惟不知保养，而反戕贼放失之耳”(同上)。认为人获得知识的过程，即通过内心的自我修养的过程，故反对实践活动，轻视书本知识，说“闻见愈大，知识愈迷”(同上)。以“立大”、“知本”、“发明本心”为求学方法。指出要保存吾心“固有良知”，须“存心去欲”。“人心有病，须是剥落，剥落得一番，即一番清明，后随起来，又剥落，又清明，须是剥落得净尽方是”(《语录下》)。认为人心如果受“物欲”的昏蔽，就必须“剥落”净尽。否认人体感官的感性活动对于认识的重要性，认为认识只能“自得、自成、自道，不倚师友载籍”(《语录》)。轻视学习前人的知识，反对人们从事实践活动。政治上要求改革弊政，指责当时统治者“高居无事，优游以食，亦可为耻，乃怀安非怀义也”(同上)。肯定北宋王安石变法，主张减轻租税，缓和社会矛盾。在义利观上，认为利欲和道义根本对立，“私意与公理，利欲与道义，其势不两立”(《与包敏道》之一)。指出“义利公私之辨”是学者的第一义。提倡“易简”的道德修养方法。认为“易简”方法即“先立其大者”，“发明本心”，确立封建道德观念，防范固有道德观念的放心。认为要存心之良，就必须去心之害，“夫所以害吾心者何也？欲也”(《养心莫善于寡欲》)。但认为要重视利于封建制度“利天下”的“利”，“古人何常不理会利”(《语录》下)。又说：“凡圣人之所为，无非以利天下也”，“圣人备物制用，立成以为天下利”(《策问》)。从民本主义出发，认为应该关心人民的利益。谴责当时的君主和官吏们的“志于声色利达”(《语录》下)而不顾天下兴亡的行为，有一定进步倾向。在美学思想上，认为言、文都从人心里出来，是“以心会心”，从根本上否认诗文来自现实，还认为“艺即是道，道即是艺”(同上)，否认表现情感的文艺为艺，强调“文所以明道，辞达是矣”的观点，认为“穷理尽性，以至于命，这方是文”(《语录》上)。虽强调道本文末，但又认为“文字之及，条理粲然，弗畔于道，尤以为庆”(《与吴子嗣书》)。以“善”作为诗歌的审美标准：“《三百篇》之诗，《周南》为首；《周南》之诗，《关雎》为首。《关雎》之诗，好善而已。”(《语录下》)其学由明王守仁继承发展，世称“陆王学派”。著作经后人编为《象山先生全集》，1981年中华书局出版《陆九渊集》。

陆象山 即“陆九渊”。

杨简(1141—1225) 南宋哲学家。字敬仲。慈溪(今浙江宁波市江北区慈城镇)人。因筑室德润湖(慈湖)，世称慈湖先生。乾道进士。曾官乐平知县、国子博士。继遭远斥，以祠官家居。后又起任温州知府。官至宝谟阁学士。曾从学陆九渊，成为陆九渊心学的重要传人。认为宇宙万物都是心的产物，进而提出“天地，我之天地，变化，我之变化，非他物也”。“天者，吾性中之象，地者，吾性中之形，故曰在天成象，在地成形，皆我这所为也”(《慈湖遗书·家记一·己易》)。把陆九渊的心学发展成为“万物唯我”的唯我主义。认为人心或人的本性本善，因意生则失心、失道，为恶，“人心本正，起而为意而后昏，不起不昏”(《诗解序》)，“人性皆善，皆可以为尧舜，特动乎意，则恶”(《乡记序》)。受佛教“心如明鉴”、“心念不起”说的影响，提出“毋意”、“无念”的修养方法，反对人的一切意念活动，认为“有知则有意”(《慈湖遗书·论〈论语〉下》)，“无思无虑是谓道心”(《杨氏易传·睽》)。主张使心保持原来无尘无垢的“明镜”状态。“意虑不作，澄然虚明，如日如月，无思无为而万物毕照，此永也”(《永嘉郡学永堂记》)。这种以“意”即“恶”说的人性论实际上是神秘主义、蒙昧主义的理论。但杨简所讲的“心”还具有封建伦理的特性，“(心)不起意，非谓都不理事”，而是“凡作事只要合理”(《慈湖遗书·论〈中庸〉》)，要合乎“君君、臣臣、父父、子子、夫夫、妇妇，道心之中固自有”(《杨氏易传·睽》)。否定外界事物的差异、变化，认为“吾道一以贯之，未尝异动静，有无万一而为殊也”(《慈湖遗书·论诸子》)。“今飘风不终朝，骤雨不终日，此其不恒者皆形也”(《杨氏易传·恒》)。断定飘风骤雨亦无变化可言。有《慈湖遗书》、《慈湖诗传》、《杨氏易传》。

杨慈湖 即“杨简”。

陈亮(1143—1194) 南宋思想家、文学家。永康学派的创始人。字同甫。婺州永康(今属浙江)人。因世居城外龙窟村，人称龙川先生。青年时喜谈兵，著《酌古论》，力主抗金，反对议和。孝宗时作《中兴五论》，遭当权者嫉恨，三次入狱，惨受笞刑。晚年在家设塾，讲学著述。五十岁时参加进士试，光宗擢第一，未赴任卒。所学甚博，在文词、哲学、历史及政论方面皆有成就。在宇宙观上，认为“夫盈宇宙者无非物，日用之间无非事”(《经书发题·书经》)。作为普遍原则的“道”离不开具体事物，“夫道非出于形气之表，而常行于事物之间者也”(《勉强行道大有功》)。自然界和社会都有其“道”，“道”是具体事物相应的法则，“千涂万辙，因事作则”(《与应仲实》)，人们必须在客观的“事物之间”去认识事物的道理。强调“行”对于认识“道”的作用，指出“天下固无道外之事也，不恃吾天资之高，而勉强(努力)于其所当行而已”(《勉强行道大有功》)，认为知识的获得决定于后天的实际活动，“人才以用而见其能，安坐而能者，不足恃也”(《上孝宗皇帝第一书》)。在历史观上，反对以“圣贤”言行为真理的准则，“古今异宜，圣贤之事不可尽以为法”(朱熹《答陈同甫书》转引)。又提出“王霸并用，义利双行”(《复朱元晦书》)的观点。反对朱熹三代以下天地人心日益退化的观点。但又用

“气”来解释社会历史的盛衰，认为历史是“六十年一变”的循环发展，陷入神秘主义的“运数”论。在伦理观上，具有功利主义倾向。认为“禹无功，何以成六府？乾无利，何以具四德？”（《宋元学案·龙川学案》）主张农商并重的政策和有利于富民商贾的措施，指出“商藉农而立，农赖商而行，求以相补，而非求以相病”（《龙川文集·四弊》）。肯定道德与事功的不可分割，反对朱熹把理与欲、义与利对立起来。认为物质生活的欲求乃出于人的天性，“得其正则为道，失其正则为欲”，“出于性，则人之所同欲也”（《问答》下），故“天理人欲可以并行”（《复朱元晦书》），但“欲”必须由“礼”加以节制。永嘉学派的陈傅良将陈亮的功利观点归结为“功到成处，便是有德，事到济处便是有理”（《致陈同甫书》）。主张道德和功利的统一。提出“务实”口号，反对朱熹轻视事功，偏重“居敬穷理”的道德修养。在逻辑上，重视论辩的作用，认为“夫今日之患，正在于名实是非之未辨”，主张“明辨名实是非之所在”，“辨析利害，切见事情”（《庭对》）；肯定历史上孟子、荀子、庄子等以讲究名实问题的“辩士之风”，指斥鬼谷子、张仪、苏秦等纵横家“摇吻鼓舌……怒之以其所甚辱，趋之以其所甚欲……以苟一时之成事”（《辩士传序》）的诡辩。有《龙川文集》，1974年中华书局出版《陈亮集》。

陈同甫 即“陈亮”。

陈龙川 即“陈亮”。

张行成 南宋学者。字文饶。临邛（今属四川）人。人称观物先生。官至兵部郎中。知潼川府，善于理财。据邵雍《先天图》和《观物外篇》的“易卦”推衍，并结合扬雄《太玄》、司马光《潜虚》等易学衍义，以十年时间著成《述衍》十八卷。魏了翁概括其学特点：“（张）行成大意，谓理者太虚之实义，数者太虚之定分未形之初，因理而有数，因数而有象，既形之后，因象以推数，因数以知理。”（见《宋元学案·张祝诸儒学案》）认为理、数、象存在于事物之先。以“理”为宇宙的本源，并根据“象数”原理构成世界的图式。为邵雍象数学的继承。另有《翼玄》、《潜虚衍义》、《观物外篇衍义》、《周易通变》等。

晁公武 南宋学者。字子止。巨野（今属山东）人。曾为临安府少尹。自七世祖晁迥以后，都喜藏书。至公武，合累世藏共有二万四千五百多卷。经其校雠异同，论述大旨，编成《郡斋读书志》，为宋代有名的提要目录。思想上倾向于心学，肯定西汉扬雄、北宋司马光所说的“潜虚”为天地万物之根本。说：“潜虚是五行为本，五五相乘，为二十五，两之为五十，首有气体性名行变解七图，然其辞有缺者，盖未成也”（《困学纪闻》卷九引《读书志》）。

叶適（1150—1223） 南宋哲学家。字正则。水嘉（今浙江温州）人。晚年讲学于永嘉城外水心村，人称水心先生。永嘉学派的代表。淳熙进士。历官太学正，太常博士。尚书左选郎官，权兵部侍郎等职。力主抗金，并揭露当时兵弱财困的积弊，开禧二年（1206），皇戚韩侂胄贸然北伐，及兵败，叶適调知建康府兼沿江制置使，击退来犯金兵，升宝文阁待制。开禧三年被弹劾“附侂胄用兵”罪，夺职，返归故乡，从事讲学，著述而终身。重功利之学，认为义不可离利，“既无功利，则道义者，乃无用之虚语尔”（《习学记言》卷二十三）。主张“通商惠工，以国家之力扶持商贾，流通货币”（《习学记言》卷十九）的政策。在宇宙观上，强调“道”存在于事物之中，“物之所在，道则在焉”（《习学记言》卷四十七），有了天地与人类之后，才有“道”（指规律）的作用。说：“夫形于天地之间者，物也”（《叶適集·进卷·诗》），而“物”由“气”构成。“五行”和“八卦”是“气”的“流行变化，不常其所”的各种表现形态。提出“一物为两”（《进卷·中庸》）、“一而不同”（《进卷·诗》）的关于事物对立统一的命题，并说明事物对立面阴与阳、刚与柔、离与合等等都是“相禅而无穷”的，即都相互依存、转化以致处于无穷的变化之中。但最后又用中庸调和矛盾，说“水至于平而止，道至于中庸而止矣”（《进卷·中庸》）。认识论上主张“以物用而不以己用”（《进卷·大学》），以客观为认识依据，否则“自用则物伤，伤物则己病矣”（同上）。强调主观服从客观，反对用主观代替客观。强调认识“道”（规律）就必须详尽地考察各种客观事物，“欲折衷天下之义理，必尽考详天下之事物而后不谬”（《题姚令威西溪集》）。检验认识的正确与否，应以客观事实为依据，“无验于事者，其言不合；无考于器者，其道不化”（《水心别集·总义》）。重视人们亲身的直接经验对于认识的重大意义，“故观众器者为良匠，观众病者为良医”（《法度总论一》）。又强调人的思想言论必须符合客观实际，不可“论高而违实”，应有的放矢，“弓矢从的，而的非从弓矢也”（《终论七》）。指出人们之所以愚昧无知，是由于不明白事物对立矛盾的道理，“天下不知其为‘两’也久矣，而各执其一以自述，奇谲秘怪，蹇陋而不弘者，皆生于‘两之不明’”（《进卷·中庸》）。逻辑上强调正名的实践意义，指出古人不注意逻辑意义上的正名，“古人正事而不正名”，“孔子所欲正者，亦其事而已”（《习学记言》卷四十四）。认为“名不正故事乱，名正则事从矣”。高度评价荀子从逻辑意义上“正名”的理论，认为“荀子之言如此，其于名可以为精矣”（同上）。反对诡辩，指出“战国群谈众议，妄为无类之言，彼固自知其不可，而姑为戏以玩一世”。深入分析了《周易》中“类族辨物”的思想，“类族者，异而同也；辨物者，同而异也。……故族之异者类而同之，物之同者辨而异之，深察于同异之故，而后得所谓诚同者”（同上）。认为“类”是从各有差异的事物中寻找共性，而“辨”是从同类事物中寻找差异。其论证方法，则以简单归纳与演绎形式推论之。以“理”指推论的演绎过程，以“物”指推论的归纳对象。认为两者相应就是《易》的认识方法。伦理学上，着重批评了理学家将“天理”与“人欲”对立的说法，“以天理人欲为圣狂之分者，其择义未精也”（《习学记言》卷二）。又认为道德与功利是统一的，主张“崇义以养利，隆礼以致力”（《进卷·士学上》）。认为只有“养利”，发展生产，“使天下无贫民”(《进卷·民事下》),才能保持忠厚的道德风尚。认识到情、欲由人肉体的自然需要而产生,“礼”在于调节情欲而不在灭绝情欲,主张“以利和义”,批判老子“尽遗万事而言道”(《习学记言》卷一五),庄子“事物之情遗落而不理”(《进卷·庄子》)。指斥佛教“以坏灭为旨,行其道必亡”(《习学记言》卷四三)。与朱熹、陆九渊相峙,集永嘉之学而自成一家。有《习学记言》、《水心先生文集》、《水心先生别集》,1961年中华书局出版的《叶適集》,包括《文集》和《别集》。

叶水心 即“叶適”。

黄榦(1152—1221) 南宋学者。字直卿,世称勉斋先生。闽县(今福建闽侯)人。朱熹门婿。曾知安庆府,创郡城以备战守,抵御金人入扰。因其主战言词激切而遭忌辞官,后数召不就。宣传圣贤道统传授说,提出“有太极而阴阳分,有阴阳而五行具,太极二五妙合而人物生”(《圣贤道统传授总叙说》)的理论,说明“圣人者,又得其秀之秀而最灵者焉,于是继天立极,而得道统之传,故能参天地,赞化育而统理人伦”(同上),把二程、朱熹列为“圣贤相传”的道统人物。用“理一分殊”来论述“道”的体用关系。认为“道之在天下,一体一用而已。体则一本,用则万殊”(《勉斋文集·复叶味道》)。宇宙的本体是“道”,而天地万物仅是“道”的表现。说:“万物统体一太极”,“一物各具一太极”(同上)。主张通过“尊德性,所以存心,而极乎道体之大”(同上),认识“道”或“太极”;通过“道问学,所以致知,而尽乎道体之细”(同上),认识“道”所表现出来的具体事物。认为“但存此心,而万事万物之理,无不完具”(同上),重复了理学“理具于心”的观点。在解释儒家经籍上对朱熹的某些说法作出修正。有调和朱、陆的倾向。有《经解文集》、《勉斋文集》、《圣贤道统传授总叙说》、《中庸总论》等。

黄勉斋 即“黄榦”。

陈淳(1159—1217) 南宋学者。字安卿。漳州龙溪(今福建漳州)人。学者称北溪先生。朱熹晚年弟子。以“太极”或“理”为宇宙本体:“自万古之前,与万古之后,无端无始,此浑沦太极之全体也,自其冲漠无眹,与天地万物,皆由是出。”(《北溪语录》)又说:“太极只是总天地万物之理。”(同上)认定“太极”即派生天地万物之理的总称,与“圣人”之心相合,“圣人一心,浑沦太极之全体,而酬酢万变,无非太极流行之妙用”。对“道”与“理”的含义作了规定,“道理二字,亦须有分别:万古通行者,道也;万古不易者,理也”(同上)。所谓“道理”乃是日常生活中的封建伦理原则,他说:“道理初无玄妙,只在日用人事间”,“所谓玄妙,实不离乎日用常行,非求诸空无不可涯涘之中,故精义妙道,须从千条万绪中串过来”(《北溪文集·答陈伯澡》)。在理与气的关系上,既承认理气相依,但又强调“理”为主宰,“盖二气流行,万古生生不息,不成只是空个气,必有主宰之者,曰理是也”(《北溪语录》)。对知与行,认为“知行不是两截事,譬如行路,目视足履,岂能废一”(《答陈伯澡》)。看到知与行的联系,但其所谓的“行”主要是指封建道德的践履,“力其行者,所以复万善于己而使之无不备也”;其所谓的“知”,是指明心中之理,“致其知者,所以明万理于心而使之无所凝也”(《北溪语录》)。著作由其子陈榘编为《北溪文集》。

陈北溪 即“陈淳”。

蔡沈(1167—1230) 南宋学者。字仲默。建阳(今属福建)人。朱熹门人。隐居九峰,学者称九峰先生。一生未应举,精心研究《尚书》达数十年。承继北宋邵雍以来的象数学的思想,并作了修正。提出“天地之所以肇者数也。人物之所以生者数也,万事之所以失得者亦数也”(《洪范皇极序》)。认为“数”是宇宙的根本。人对“数”的认识是区分“圣”、“愚”的标准,“圣者数之通也”,“愚者数之塞也”(《洪范皇极·内篇》)。又以为“数”由主观自生,“数由人兴,数由人成,万物皆备于我,咸自取之也”,故“圣人因理以著数,天下因数以明理”(同上)。认为“理”与“数”都是主观意识,名异而实同。“数”乃是把物象符号化,“理”是事物规律的抽象,是超越于“气”之先的“主宰”者,然而“数”、“理”又皆“本于心”。既承继北宋邵雍的象数学,又继承程朱理学思想。以“理”为世界万物的本根,说:“有理斯有气,有气斯有形,形生气化而生生之理无穷焉。天地细蕴,万物化醇。男女构精,万物化生。”(《洪范皇极·内篇》)“理”决定气与形,再化生万物。但“理”又有道德属性,它体现为封建伦理道德,存在于古圣王先哲的心中。认为“二帝三王之治本于道,二帝三王之道本于心。得其心则道与治固可得而言矣”(《书集传序》),把古帝王的心中的道德“相传之心法”视为治理国家、历史进步的根本。其思想体系中也具有一些辩证法因素,如提出事物的“两”(对立)和“一”(统一)不可相离,“非一则不能成两,非两则不能致一,两者可知而一者难知也,两者可见而一者难见也”(同上)。又强调“两”与“一”是事物变化的根本,“变者化之渐,化者变之成,变化者阴阳之消长屈伸也。非二而不能久,非一则不能神”(同上)。有《洪范皇极》、《书集传》、《蔡九峰筮法》等。

蔡九峰 即“蔡沈”。

李纯甫(1177—1223,一说1185—约1231) 金学者。字之纯,号屏山居士。弘州襄阴(今河北阳原)人。金承安二年(1197)进士,仕至尚书右司都事。其思想,从源流上说,是金代北方地区所保存下来的北宋儒学的支脉。也体现出因受佛、道教学说影响而有所新变。是金代学者中较早对南宋理学学说作出回应的学者,既认为金代儒学和南宋理学间不存在根本性的分歧,又高度赞扬南宋理学家对儒学义理的阐发。但对南宋理学家刻意排击佛教有所不满。在哲学理论上,强调“心”的能动性,认为“心”至小而至大,只要通过个人修养的提高,保持“赤子之心”,就能够体察“玄妙幽微”的真理,进而达到“素王、玄圣”的境界。因为南宋陆九渊有关“心学”的著作要晚至元代才逐渐传播至北方，所以金后期出现“心学”思潮，实际上是在李纯甫学说影响下发生的。著作有《楞严外解》、《金刚经别解》、《老子解》、《庄子解》、《中庸集解》、《鸣道集说》等，现存有《诸儒鸣道集说》五卷。

真德秀(1178—1235) 南宋学者。字景元，后字景希，学者称西山先生。建州浦城(今属福建)人。庆元进士。任起居舍人兼太常少卿。历知泉州、隆兴、潭州。后任中书舍人、礼部侍郎、户部尚书、翰林学士，官至参知政事。与魏了翁齐名，有“西山鹤山”之称。当韩侂胄以“伪学”禁朱熹理学时，真氏“独讲习而服行之”(《宋元学案·西山真氏学案》)。为嘉定后继承朱熹之学的代表人物。哲学思想以“朱学”为宗，杂有“陆学”。认为“德行谓得之于天者，仁义礼智信也”(《西山文集·问答》)，但又说“凡天下至微之物皆有个心，发生皆从此出”，“人心之大”与“天地同量也”，“仁者心生理”。在修养方法上，主张以朱熹的“居敬穷理”为本，强调“穷理”与“养心”的结合，指出“知穷理而不知存心，则思虑纷扰”，“知存心而不务穷理”，“如禅家之空寂”，“二者交进，则心无不正而理无不通”(同上)。在理气上强调理不离气，但又承认仁义礼智之理，先于事物而存在，是“天与”之实理。提倡体用不离，学以致用。有《西山文集》、《读书记》、《四方集论》、《文章正宗》、《大学衍义》等。

魏了翁(1178—1237) 南宋学者。字华父，号鹤山。邛州蒲江(今属四川)人。举进士，知嘉定府，权工部侍郎。官至端明殿学士同签枢密院事。与辅广为友，讲论颇多。以为《周礼》、《左传》是秦汉时所作。主张细读经书原著，“正缘不欲于卖花担上看桃李，须树头枝底方见得活精神”(《鹤山全集·答周子口》)。认为“读书虽不可无注，然有不可尽从者”(《答李亶》)。反对佛、老“无欲”之说。认为“圣贤言寡欲矣，未尝言无欲也”(《濂溪先生祠堂记》)。推崇朱熹理学，但强调“心”的作用，“心者人之太极，而人心又为天地之太极”，“常使此心明白洞达，观感而无所惑”(《乙酉上殿札子》)，又与陆九渊的观点相接近。有《鹤山全集》。

胡宪(1085—1162) 南宋学者。字原仲。因居籍溪而自号，人称籍溪先生。建宁崇安(今福建武夷山市)人。从胡安国习二程之学。以乡贡入太学，后归隐故乡讲学。朱熹曾从其学。认为“克己”是治学明理的根本，“所谓学者，非克己工夫邪?”(《宋元学案·刘胡诸儒学案》)强调“学”便是自我道德修养的工夫，要求平日恪守道学的仪礼，毋妄言动，“平居危坐植立，时然后言，望之枵然如槁木之枝，而即之温然。虽当仓卒，不见其有疾言遽色。人或犯之，未尝校也”(同上)。对朱熹以后的理学家讲求古礼形式，有一定的影响。

董梦程 南宋学者。字万里，号介轩。鄱阳(今属江西)人。曾受学于朱熹门人黄榦，承传朱学余绪。清全祖望说：“勉斋(黄榦)之传，尚有自鄱阳流入新安者，董介轩一派也。”(《宋元学案·介轩学案》案语)有渐流于训诂之学的倾向，与当时讲究义理治经的方法稍异。有《尚书毛诗训释》、《大尔雅通释》。

史蒙卿 宋元之际学者。字景正，号果斋，又自号静清处士。鄞县(今浙江宁波市鄞州区)人。咸淳进士。历任江阴、平江教授。其家族皆宗陆九渊心学，而他改宗朱熹理学。重复程朱学派的道德知识先验论的观点，“盖人心虚灵，天理具足，仁义理智，皆吾固有。圣贤之所以为圣贤者，非自外而得之也。”(《果斋训语》)认为“天理”虽具于人心，但必须“讲之师友、察之事物、验之身心以究析其精微之极至”(同上)。经过道德的自我修养，使“人欲日以销泯，天理日以纯熟”(同上)，而达到“圣贤之道”。他虽“一以朱子为法”，但“则似乎未必尽同于朱”(《宋元学案·静清学案》案语)，仍有陆学的成分。如说：“圣狂之分，特在念不念之间而已矣。”(《果斋训语》)有《静清集》。

汤千 南宋学者。字升伯，号存斋。上饶(今属江西)人。庆元进士。曾任金华主簿、武昌军节度推官。授南剑、嘉兴二郡学，聚徒讲学。曾从学于真德秀，研究程朱思想源流，并对朱陆思想的异同加以融会贯通，但仍主朱学。讲求内心的道德践履，主张“精思力践”。真德秀称其“用心于内而求践其实者也”(见《宋元学案·存斋晦静息庵学案》)。反映了他调和朱、陆这一思想的特点。有《史汉杂考》、《记闻》、《楮币罪言》、《泮宫讲义》等。

何基(1188—1269) 南宋末学者。字子恭，婺州金华(今属浙江)人。因居金华山北，人称北山先生。官至史馆校勘兼崇政殿说书。少曾从学黄榦。得朱熹之学，以熟读四书，确守师说为宗旨。认为朱熹的四书集注是最完善的。凡所读书必研精覃思以俟义理自通，反对“立异”和“多起议论”。认为读“周易”也是“玩精微之理，沈深涵泳，得其根源，乃可渐观爻象，究其义理”(《宋元学案·北山四先生学案》)。未曾正式开门授徒，对闻名来学者“亦未尝立题目作话头”。于程朱理学并无发挥，唯教人“立志居敬”而已。有《大学发挥》、《中庸发挥》等，编为《北山文集》。

饶鲁 南宋末学者。字伯舆，一字仲元，余干(今属江西)人。曾从学黄榦、李燔。承传朱熹理学。后讲学石洞书院，其院前有双峰，因以为号。强调主敬，“须是敬，方看得道理出。”“看道理须是涵养。若此心不得其正，如何看得出。”(《双峰语录》)认为静坐、涵养都是为了能“收心”，“如释氏之念佛号，道家之数息，皆是要收此心，使之专一在此。”(同上)主张从义理上解说经书，反对“溺心于章句训诂之间”。有《五经讲义》、《语孟纪闻》、《近思录注》等。

王柏(1197—1274) 南宋末学者。字会之，号长啸，又号鲁斋。婺州金华(今属浙江)人。师事何基。北山四先生之一。曾任丽泽、上蔡两书院师。笃信朱熹理学。在理、气关系上，从朱熹理主气从说，“原其继善成性之初，理与气未尝相离也。推其极本穷源之义，理与气不可相杂也”，“使理常为主而气常听命焉”(《鲁斋要语》)。对周敦颐“无极而太极”的解释,与朱熹相异,认为不可以“无极”为无形,以“太极”为有理,此一句当就图上说,即“自无极而为太极”。有《书疑》、《诗疑》、《诗目》等。后人编有《鲁斋要语》。

姚枢(1201—1278) 元学者。柳城(今辽宁朝阳市)人。太宗时从蒙古军攻宋。忽必烈(即世祖)为亲王时,请他教授世子经书。世祖时授昭文馆大学士,详定礼仪,官至翰林学士承旨。与中书杨惟中访求儒道释医卜者,广集程朱之书;建太极书院和周子祠,请名儒赵复传授二程、朱熹之学,使黄河以北始知理学。提出治国平天下之大经为:“修身、力学、尊贤、亲亲、畏天、爱民、好善、远佞。”(见《元史·姚枢传》)还整理刊行小学四书以及诸经传注。

欧阳守道(1209—?) 南宋学者。字公权,一字迂父,初名巽,世称巽斋先生。吉州(今江西吉安)人。淳祐进士。任雩都主簿,调赣州司户,受聘为岳麓书院副山长,荐为史馆检阅,授秘书省正字,迁校书郎兼景宪府教授、秘书郎,转对,以言被罢。后起为通判建昌军,迁著作佐郎兼崇政殿说书。宗朱熹之学,讲学以孟子的“正人心,承三圣”之说为主要内容。其弟子文天祥称:“先生之学,如布帛菽粟,求为有益于世用,而不为高谈虚语,以自标榜于一时。”(见《宋元学案·巽斋学案》)有《易故》等。

欧阳巽斋 即“欧阳守道”。

许衡(1209—1281) 宋元之际学者,字仲平,学者称鲁斋先生。河内(今河南沁阳)人。早年从姚枢得程朱著作,敬信如神,后移居苏门(今河南辉县百泉),与姚枢、窦默等人讲习经传子史,“慨然以道为己任”。与吴澄齐名,时称“南吴北许”。忽必烈(元世祖)即位后,应召入仕,曾上书《时言五事》,主张“必行汉法”,参与制订朝仪、官制、历法。官至集贤大学士兼国子祭酒。在宇宙观上,认为“天即理也”,“有理而后有物也”(《鲁斋遗书·语录下》);但又说“心与天地一般”,“心”与“理”“一以贯之”,都可“宰万物,统万事”(同上)。以天赋人性论解释性与命、理与气、知与行的关系,说“凡言性者便有命。凡言命者便有性”。主张“存养”。使“气服于理”,即“存天理”;“省察”,“反身而诚”,即“去人欲”。并认为前者是知,后者为行,知重于行。认为“正心”是修养的根本,“一心正呵一身正,一家正呵一国正,这的便是平天下的体例”(《直说大学要略》)。“正心”的内容就是以“仁义礼智信、三纲五常”为准则。说:“这其间一个心正,仁义礼智信、三纲五常、君臣父子老的少的都正。”(同上)宣扬“正心”是为了“存天理,去人欲”,认为“惟君子为能见微而知著,遏人欲于将萌”。从“天理”论证人事,对三纲五常加以神化,认为“天有寒暑昼夜,物有生荣枯瘁,人有富贵贫贱”,强调“自古及今,天下国家惟有个三纲五常是治乱之本”(《语录下》)。宣扬“天有命,人有义,虽处贫富贵贱,各行乎当为之事,即义也”(同上)。以为人“皆有分限”,在“分限之外,不可过求”。提出“贱为匹夫不必耻”,而“屈伏甘于贫贱者,无入而不自得”的主张。认为社会的治乱、历史的进退都由“命”支配的“时”、“势”决定。“命之所在,时也;时之所向,势也。势不可违,时不可犯,顺而处之,则进退出处,穷达得失,莫非义也”(《与窦先生》)。在教育上,提倡务实致用,强调博古知今,当用于时。认为用于成人教育的“大学”,只有“民之俊秀者”(《小学大义》)以培养“治人”者为目的。因此“小学”和“大学”的区别是“小学教人自下事上之道,大学教人自上临下之道”(《对小大学问》)。封建道德教育可分为“治人”和“事上”两部分,是进一步巩固封建伦理纲常的基础。政治上主张实行孔孟的“王道”、“仁政”,认为“衣食以厚民生,礼义以养其心”(《农桑学校》)。为学少创见,对于程朱理学的流行、传播和朱陆合流有一定影响。有《鲁斋遗书》。

赵复 宋元之际学者。字仁甫。德安(治今湖北安陆)人。世称江汉先生。元军攻取德安时被俘,被姚枢送至燕京(今北京),为建太极书院,请讲学其中。选取北宋周敦颐、二程、南宋朱熹等著书八千余卷,广为传播,由此北方始知有程朱之学。元世祖曾命其引兵取宋,答曰:“宋,父母国也,未有引他人之兵以屠父母者”(见《宋元学案·鲁斋学案》)。许衡、刘因等以赵复所传,使北方理学盛行。有《传道图》、《伊洛发挥》、《希贤录》等。

赵江汉 即“赵复”。

黄震(1213—1280) 南宋思想家。字东溪。慈溪(今浙江宁波市江北区慈城镇)人。学者称於越先生。举进士,曾任吴县尉、华亭县令、史馆校阅、广德通判、抚州太守、江西提点刑狱等。宋亡不仕,隐于宝幢山。学宗程朱,但不盲目而有所修正。继承程朱的天理论,视“天高地下,万物散殊”,皆为“至理流行之寓”,而此“无所不包”的“理”,“虽历万世而无变”(《黄氏日抄》)。人性论上,同意程朱“性即理”的观点,但反对程朱关于“天地之性”、“气质之性”的见解,认为只有孔子的“性相近”说,才是最平实、正确的人性学说,“求之往古,验之当今,无人不然,无往不合”(同上)。在认识论上,称赞朱熹的“格物致知”说,把朱熹的知行学说的主旨归结为教人躬行。批评朱熹后学空谈义理的弊病,“某行天下,今逾半生,凡见言晦翁之学者几人,往往不知其躬行”。又指责二程“谕学者之静坐”,是“承虚接渺,谈空演妙之极”(同上)。有《黄氏日抄》,另有《古今纪要》、《古今纪要逸编》、《戊辰修史传》等。

郝经(1223—1275) 元学者。字伯常。泽州陵川(今属山西)人。由金入元,为忽必烈潜邸谋臣,官至翰林侍读学士。曾求学于赵复。最初对“道学”提法有所抵制,但很快就为南宋理学学说所折服,并成为理学思想在北方传播的主要推动者之一。一方面强调“四海一家”,主张天下一统;一方面又指出要以“尧舜之道”,即以儒家学说对元代统治者进行开导。因此倡导学者要“力行实践”,以实现对当时统治者的教化。其论太极推崇邵雍,废弃术数之说。其论

“道”则认为道“近而易行”，存在于具体事物中，“事在而道在”。并批判当时一种沉湎于训诂，或务求高远之说而脱离实际的研究法。著作有《春秋外传》、《太极演原》、《陵川集》等。

文天祥(1236—1283) 宋末政治家、文学家。字履善，一字宋瑞，号文山。吉州庐陵(今江西吉安)人。宝祐进士。官至右丞相兼枢密使。元军入主中原，兵败被俘，不屈被害。曾从学理学家欧阳守道。尊朱熹学说。认为“道”是天地间最高的范畴，是永恒存在而不可暂无的，“道之在天地间者，常久而不息，圣人之于道，其可顷刻息邪?”(《御试策》)在道与物的关系上，指出“太虚无形，冲漠无朕，而先有此道，未有物之先，而道具焉，道之体也。既有物之后，而道行焉，道之用也”(同上)。基本上沿袭程朱的说法而无创见，但结合自己身体力行的政治活动而主张自强不息。认为“日月星辰久而常新也以行，天下之凡不息者，皆以久也”，“天地之所以变通，固自其不息者为之”(同上)。在道德学说方面，尤重“主忠信”，特别推崇周敦颐的“诚者圣人之材”。说“天地间，只一个诚字，更颠扑不碎”(《西涧书院释莱讲义》)。有《文山先生全集》。

方逢辰(? —1291) 宋元之际学者。原名梦魁，字君锡。淳安(今属浙江)人。官至吏部侍郎。宋亡后，隐居蛟峰，学者称蛟峰先生。元朝召之，坚辞不赴。尊崇朱熹，提倡“四书为根本，六经为律令。格物致知，以穷此理，诚意正心，以体此理。学之博以积之，反之约以一之”(《常州路重修儒学记》)。阐释孟子和程朱学派道德论，认为：“许多道理皆要从人心上抽迸出来”，“切己省察而救活其本心”(《石峡书院讲义》)。有《孝经解》、《蛟峰集》等。

邓牧(1247—1306) 宋元之际学者。字牧心。钱塘(今浙江杭州)人。宋亡，隐居于余杭大涤山洞霄宫，终身不仕、不娶，自称“三教(儒、佛、道)外人”，又号九鉴山人，世称“文行先生”。认为自然界的最高主宰是“玉皇上帝”，在《昊天阁记》中曰：“恭维昊天玉皇上帝陛下，位三极之尊，御万有之众。”又认为人世间由“定数”支配，“夫一事成败，一物完毁，莫不有数行其间”(《伯牙琴·宝说》)，故“一士穷达，常关系天地之大运，岂人力哉”(同上)，表达了亡国逸民的悲观失望情绪。提出要做超然于得失、生死之外的“达人”，主张从思想上排除环境的牵累，做到“由心不由境”。在政治上揭露了南宋末年官吏的腐败，指责他们如同“虎豹蛇虺”残害百姓。幻想出现一个“废有司，去县令，听天下自为治乱安危”的社会。用小品文的形式，尖锐地讽刺汉民族败类与蒙古统治者的狼狈为奸。有《伯牙琴》。

吴澄(1249—1333) 宋元之际学者。字幼清，抚州崇仁(今属江西)人。曾任国子司业、翰林学士、经筵讲官。因所居草屋题曰“草庐”，故学者称草庐先生。与许衡齐名，人称“南吴北许”。其学本于南宋朱熹，兼宗陆学，主张折中朱陆。在理、气、性的关系问题上，认为天地间阴阳二气、五德五欲，均“以理为之主宰”，但“理在气中，原不相离”。反对先秦以来的性善性恶论，指出“论性不论气不备”，“论气不论性不明”。主张朱熹“性即理”说，认为理“在人而为性，则仁义礼智是也”(《草庐精语》)。为学主“存心”、“明理”，认为“知者心之灵而智之用也”，重“尊德性”，说“学必以德性为本”。推崇朱熹的“格物”、“诚意”之说，强调“持敬”、“主一”，说“唯敬之一字为要”，“主于一，此心有主”。贯通经传，对诸经都有《纂言》。《礼记纂言》将《小戴记》四十九篇按己意排列，颇为后人讥。有《五经纂言》、《草庐精语》、《道德经注》等，后被汇编为《草庐吴文正公全集》。

程若庸 宋元之际学者。字逢原。休宁(今属安徽)人。号徽庵先生。师事饶鲁，承朱子学。长期从事讲学活动，先后受聘湖州安定书院山长、抚州临汝书院山长，从学者甚多。宋亡不仕。思想上有明显的朱(熹)、陆(九渊)合流的特征。曾说“此心此理不可偏废，单而言，则心不外于此理，理不外于此心”(《斛峰书院讲义》)。认为“道为太极造化之枢纽，万物统体一太极也。心为太极品汇之根柢，一物各统体一太极也”(同上)。将理(道)和心相提并论，“有人心之全体，而后天地之全体始于是而立焉”，“有人心之妙用，而后天地之妙用始于是而行焉”(同上)。其朱、陆合流思想正是宋元之际理学的特点的表现。有《性理字训》、《太极洪范图说》等。

刘因(1249—1293) 宋元之际学者。字梦吉，号静修。雄州容城(今属河北)人。元世祖诏征为承德郎、右赞善大夫，未几即辞归。初习训诂疏释之说，觉得“圣人精义，殆不止此”。后得周敦颐、二程(颢、颐)、张载、邵雍、朱熹、吕祖谦等人的著作，习传程朱理学。坚持“君臣父子，常理不易”的封建纲常，肯定君臣大义，“此理势之必然，亘万古而不可易”(《静修文集·上宰相书》)。有《静修文集》。

刘静修 即“刘因”。

陈苑(1255 或 1256—1330) 元学者。字立大。人称静明先生。上饶(今属江西)人。年轻时得南宋陆九渊学派著作。便尊奉心学不移。说：“此岂不足以致吾知邪? 又岂不足以力吾行邪? 而他求邪?”(见《宋元学案·静明宝峰学案》)当时许衡、赵复传播朱熹之学，科举试士亦以朱子之学为必修科目，陈苑独倡陆九渊心学。为学反对训诂支离之习，主张直觉的省悟。“从之游者，往往有省，由是人始知陆氏学。”(同上)为重振已衰的陆学，“困苦终其身，而拳拳于学术异同之辨”(同上)。弟子有祝蕃、李存、舒衍、吴谦，号称“江东四先生”。

陈静明 即“陈苑”。

黄泽(1260—1346) 元学者。字楚望。九江(今属江西)人。元成宗大德年间任江州景星书院山长，后任职洪州东湖书院，期满还乡，闭门授徒。以明经学道为志。治经以汉唐时的注疏为依据，对各种文物的名称，历代的制度等都作了详细的考察。注释中的观点多源于程朱，曾说：“去圣久远，经籍残缺，传注家率多附会，近世儒者，又各以才识求之，故议论虽多，而经旨愈晦。必积诚研精，有所悟入，然后可窥见圣人之本。”(见《宋元学案·草庐学案》)乃揭六经中疑义千余条，修正朱子门人所沿成说。有《易春秋二经解》、《三礼祭祀述略》。

袁桷(1266—1327)　元学者。字伯长，别号清容。鄞县(今浙江宁波市鄞州区)人。官编修、直学士、侍讲学士。曾师事戴表元。以天命论观点发挥程朱派理学思想，认为：“命也者，禀于有生之初也，夫人之生，天所与者，有一定而不能移。先儒虽有理气之分，以命言之，其实一也。天以命人者气，人受于天者理，若仁义礼智，则理也，贫贱寿夭则气也，是岂命有二也哉？析之虽殊，命则一也。”(《清容答问》)将理学进一步庸俗化。有《清容答问》。

许谦(1270—1337)　宋元之际学者。字益之。婺州金华(今属浙江)人。曾受业于金履祥，为何基三传弟子。北山四先生之一。学者称白云先生。不仕于元。潜心研经著书，教授弟子，四十多年足不出里闾，累荐不仕。四方从学者前后数千人。晚年自号白云山人。通贯经传，对天文地理、典章制度、食货、刑法、音韵、医经、术数之说，都有深入研究，旁及释、老之言。讲学“以五性人伦为本，以开明心术、变化气质为立身之要，以分辨义利为处事之制”(《宋元学案·北山四先生学案》)为主。提倡程朱的圣人“心传”说：“学以圣人为准的，必得圣人之心，而后可学圣人之事。圣人之心，具在四书，而四书之义，备于朱子”(同上)。强调“圣人之道”“不出于君臣父子夫妇昆弟朋友应事接物之间”(《送胡古愚序》)。批评佛教是“绝俗离伦，幻视天地，埃等世故者”(同上)。有《读书丛说》、《诗集传名物钞》、《治忽幾微》、《白云文集》等。

谢应芳(1295—1392)　元明之际学者。字子兰。武进(今江苏常州)人。元至正初，隐居白鹤溪，筑室名“龟巢”，因以自号。曾被荐为三衢书院山长，不就。明洪武中归隐横山以终。卒九十七。疾恨世俗迷信，认为是诬民之说，用事实说明生死为自然之理，祈祷鬼神无益于事。斥责佛教、道教为异端，“古之为异端邪说者众矣，若老庄仙佛之流，自秦汉以来，惑世尤甚。”(《辨惑编·死生》)曾选录古今书中反对鬼神迷信的文字，编为《辨惑编》。另有《龟巢稿》、《思贤录》。

保巴(？—1311)　元学者。一作“保八”。字公孟，号普庵。至元十七年(1280)任黄州路总管。仁宗居东宫时，进献《易原奥义》一书，遂被诏入宫辅佐太子。武宗至大二年(1309)至四年(1311)间，出任尚书右丞。武宗卒，以“变乱旧章，流毒百姓”的罪名被处死。对《易》学有较高造诣，尝为元仁宗讲解《易》理，意在于促使皇太子(元仁宗)由此“得帝王相传之道”。由于在其易学著作中有不少为元代统治者辩护的成分，因此在一定程度上是带有元代官方色彩的儒学著作。强调所作易学著作“无一字涉京、焦谶纬之说”，体现出一种说理平实、意在经世的特点。其论“易”首重“太极”，认为“易即太极”，但其太极说较宋代理学家更为朴素平实。又说“易，变易也”，“阳极变阴，阴极变阳，皆变化之道也”，认为易就是事物永恒发展变化的规律。其次，还主张“心即易矣，易即心矣”，认为通过“感应心法”，即以静修、体悟圣人之心的方法来领悟易道的精髓。可以被看作是杂糅了儒、道家学说的北方易学发展的成果。著有《易源奥义》、《周易原旨》、《易体用》，另有《周易尚占》，已佚。

郑玉(1298—1357)　元学者。字子美。徽州歙县(今属安徽)人。讲学于师山书院，人称师山先生。未仕于元。明军攻入徽州时，拒绝归附，说：“吾岂事二姓者邪？”遂自缢而死。为学继吴澄之后，调和朱、陆之学。认为“陆子之质高明，故好简易；朱子之质笃实，故好邃密……同尊周孔，同排佛老”，“大本达道，岂有不同者？”(《郑师山文集·送葛子熙序》)主张“学者自当学朱子之学，然亦不必谤象山也”(《与王真卿》)。既讲朱熹的“居敬穷理”，又大谈“心者，易之太极也”(《周易大传附注序》)。有《郑师山文集》等。

郑师山　即“郑玉”。

程端礼　元学者。字敬叔，人称畏斋先生。鄞县(今浙江宁波市鄞州区)人。元至元年间为建平、建德两县教谕。后历稼轩、江东书院山长。受学于史蒙卿。归纳南宋朱熹治学方法为：“曰循序渐进，曰熟读精思，曰虚心涵泳，曰切己体察，曰著紧用力，曰居敬持志。”(《江东书院讲义》)规定入学的“读书分年日程”，以四书五经和周、程、张、朱等著述为教科书，“依朱子法读四书注”。重视书法和文章的篇法、章法、句法、字法的基本功训练。把天文、地理、音韵、法律、算术、经、史、制度等列为“学者所当穷格之事”。主张读书“不可先看他人议论，如矮人看场无益，然亦不可先立主意，不虚心也”(同上)。有《江东书院讲义》等。

李存　元学者。字明远。一字仲公。安仁(今属湖南)人。学者称俟庵先生。年轻时慕古人谓“无所不通之为大儒”，博览天文地理、医药、卜筮、道家、法家、佛学及诸名家之书。后从陈苑学陆学，“究明本心”。推崇“简易之学”，认为一切皆以吾“心”为准则，“易者此心之变化，春秋者此心之是非，礼者此心之周旋中节，至孝友睦姻任恤，皆此心之推也”(《李俟庵文集·与友人书》)。主张以“静心”为修养方法。“先静其心，心静则视听言动皆得其正。静心在于寡欲。”(同上)为元代传播陆九渊心学的“江东四先生”之一。有《李俟庵文集》。

赵偕　元学者。字子永。慈溪(今浙江宁波市江北区慈城镇)人。人称宝峰先生。不仕元朝，隐于大宝山之麓。元末农民军方国珍攻据浙东，曾要他出仕，不赴。自读南宋杨简《慈湖遗书》后，即宗心学。为学以静虚为主，“则于夙兴入夜之时，宜静坐以凝神”(《宝云堂集·示叶伯奇》)。受佛学影响较深。认为“万物有存亡，道心无生死”(《题修永斋》)。“心”是恒古长存不可磨灭的，并可作为衡量是非的标准,“抑且此心静明,可烛是非”。有《宝云堂集》。

明代

胡翰(1307—1381) 明学者。字仲子,一字仲申。金华(今属浙江)人。少师兰溪吴师道及浦江吴莱学古文,复登同邑许谦之门。曾应明太祖召,进讲经史,授衢州府教授。洪武二年(1369)召与宋濂编《元史》,书成辞归,筑室长山之阳,人称长山先生。其学于天人和同之际剖析颇微,提出:“天人之道一耳,其大无外,其小无内”,“天下无二道”(《广原道》)。主张“万物一体”、“万古一息”(《成趣轩记》)。反对汉儒以灾异言五行,认为:“天之五运,地之五材,其用不穷,其初一阴阳耳,太极耳。”(《五行志序论》)持先天性善论,说:“天地万物之理皆吾性所固有也。”(《芳润斋记》)历史观上发挥《春秋》义理,认为:“六合之大,万民之众,有纪焉而后持之。何纪也?曰天纪也、地纪也、人纪也。天纪不正,不足以君;地纪不正,不足以为国;人纪不正,不足以为天下。”(《正经》)认为夏、商、周三代以后的沦落乱运,皆因未立“三纪”而致。此论对明末清初的启蒙儒者黄宗羲产生影响,黄氏“尝疑孟子一治一乱之言,何三代而下消乱无治乎?乃观胡翰所谓十二运者,起周敬王甲子以至于今,皆在一乱之运。向后二十年交入‘大壮’,始得一治,则三代之盛犹未绝望也。”(《明夷待访录·题辞》)。有《胡仲子集》。

宋濂(1310—1381) 明理学家。字景濂,号潜溪。浦江(今属浙江)人。历任赞善大夫,翰林院学士、知制诰,《元史》修撰总裁等。其学说调和朱陆而更近似陆九渊。提出理与元气是“天地之心”,然而“天地一太极也,吾心一太极也,风雨雷霆皆心中所具”(《宋文宪公全集》卷八)。受禅学的影响,认为“心”包藏、支配万事万物。“天下之物孰为大?曰心为大……天地之所以位,由此心也;万物之所以育,由此心也……心一立,四海国家可以治,心不立,则不足以存一身”(《凝道记》)。宣扬儒、佛“本一”、“同一”,认为“儒释一贯”,“西方圣人以大事因缘出现于世,中国圣人受天眷命,为亿兆民主,无非化民成俗,而跻于仁寿之域。前圣、后圣,其道揆一也”(《金刚般若经新解序》)。其说比“三教合一”更进了一步。美学思想上,坚持封建道统立场,维护宗经观点,认为圣人本于自然之道,施于社会人事,创造出精神文化,再后又“托诸辞翰”,成为文学形式,以传久远。散文是表现物理、发明事功之文,“必有其实,而后文随之”。因而认为文章的高下,不应仅在语言文字上去追求,应从作家内在修养着眼。按照孟子的“养气”说,认为散文家“为文必在养气”(《文原》)。强调作家要重视义理道德修养(养气),又要熟悉社会生活的人事(人文),才能“辞达而明道”。有《宋文宪公全集》。

刘基(1311—1375) 明大臣。字伯温。浙江青田南田武阳村(今属文成)人。元末进士。曾任江西高安县丞、江浙儒学副提举等职。曾组织武装镇压山民起义。后助朱元璋建立明王朝,官至御史中丞兼太史令,封诚意伯。元末不得志时曾著《郁离子》,抨击暴政。认为气为天地万物之源,“有元气乃有天地,天地有坏,元气无息”(《天说》),天不能降祸福于人。反对鬼神、卜巫等迷信,认为神、雷为气之所为,不能“罪人而戮之”(《雷说》下)。提出“畜极则泄,郁极则达,热极则风,壅极则通”(同上)的命题,初步猜测到事物在一定条件下向反面转化的道理。指出人能弥补天之不足,“天有所不能,病于气也,惟圣人能救之”(同上)。认为恶劳欲逸是人情之所同,说“先王之养民也,聚其所欲而勿施其所恶”(《天地之盗》)。著作编为《诚意伯文集》。

刘伯温 即“刘基”。

赵汸(1319—1369) 明学者。字子常。休宁(今属安徽)人。晚年隐居东山,人称东山先生。曾从学于黄泽的“春秋学”,承师教“穷经之要,在致思而已”(《宋元学案·草庐学案》)。宗程朱理学,认为“学者必知策书之例,然后笔削之义可求,笔削之义既明,则凡以虚辞说经者,其刻深辩急之说,皆不攻自破”(《春秋集传自序》)。提倡“史主实录而已”,对春秋之三传皆有异议。指出《左传》是“常主史以释经”;《穀梁传》、《公羊传》是“常据经以生义”,而《春秋》乃“圣人经世之书也”。有《春秋集传》、《左氏补注》、《师说》等。

王祎(1322—1373) 明学者。字子充,号华川。义乌(今属浙江)人。幼从祖父王炎泽学,后师事柳贯、黄溍。元至正八年(1348)游燕京,上八千言书论时政。未被朝廷纳用,遂归隐青岩山著书,名声日盛。十八年,朱元璋率部攻取婺州,祎应召,被任为中书省掾史。后授江西儒学提举司校理,累升侍礼郎,出为漳州府通判。明洪武二年(1369),召修《元史》,与宋濂同为总裁。书成,升翰林待制,同知制诰兼国史院编修官,教皇太子经学。五年正月,祎受命于滇,说元梁王降,王反杀祎,醢其肉。建文初年,追赠翰林学士,谥文节。正统中,改谥忠文。其学兼容并蓄,既推崇朱熹,又综合心学长处。认为“六经,圣人之心学也”,“吾心即太极也”。但反对空谈心性,说:“若夫徒言乎心而不及于用者,有体无用之学,佛老氏所为道也。”(《六经论》)主张先验人性论,提出:“仁义礼知,心所具之性也。必之明则性之尽也,尽性则理之具于我者无不明,而视天下无一物非我矣。”(《原儒》)辩前人河图洛书说之非,指出:“洛书非洪范也,河图洛书皆天地自然之数。”(《洛书辩》)有《王忠文公集》。

苏伯衡(约1329—1389) 明学者。字平仲。金华(今属浙江)人。宋苏辙后裔。博洽群籍,尤以古文字见长。洪武三年(1370)受聘为国子学录,迁学正,擢翰林编修,力辞。宋濂致仕复荐之,又辞。寻为处州教授。后坐表笺误下吏死。其“学以中为体,而以谷为要”。认为:“中也者,万善之所出也。谷也者,万善之所入也。非中不可以为学,非谷不足以成学。”(《中谷解》)继承了心学本体论,认为“人之一心,三极之主宰,万化之本原也”(同上)。作《太素原》,所谓“太素云者,则极其纯而其不杂无以加之之谓也。”“人之所以为人,以其有赤子之心也。赤子之心,天地之心也。一伪弗萌,万善咸备,未有不纯焉者也。”把性凿心失的原因归于利欲的交杂。主张学文王、颜子,保持太素本质,要求“人皆不失赤子之心”(同上)。以“少思、寡欲、主敬”为治心养心之道(《空同子瞽说》)。有《苏平仲集》。

赵谦(1351—1396) 明学者。字㧑谦,一字古则,号南海夫子。余姚(今属浙江)人。官中都国子典簿,罢归,筑考古台,研读著述其上。后召为琼山教谕。少学于崇山寺,后受业于天台郑四表。为学主敬。释“敬”为“正名辨分,敬老尊贤。居处恭,执事敬。内则摄思虑去知,故凝然主一而无适,外则正衣冠尊瞻视,俨然庄重而不慢”(《造化经伦图》)。为学之要在“寡欲以养其心,观止以明其理,调息以养其气,读书以验其诚”(见《明儒学案·诸儒学案上一》)。认为:“学者诚能时时省察,念念不忘,而使道心常为之主,人心每听命焉,则寂然不动时,当与造化同其体。及感而遂通,自然与造化同其用。”(《造化经伦图》)在性情问题上,认为“人有情有性,而心则统性情者也”,“心得其养,则以性御情”,“心失其养,则以情荡性”(同上)。精于文字音韵。有《声音文字通》、《六书本意》、《造化经伦图》等。

方孝孺(1357—1402) 明学者。字希直,一字希古。宁海(今属浙江)人。从宋濂学。初为汉中教授,蜀献王聘为世子师。名其读书之堂曰“正学”,人称正学先生。惠帝时,召为翰林院侍讲,旋迁侍讲学士。曾主持纂修《太祖实录》等。后被燕王朱棣(明成祖)磔于市。以明王道致太平为己任。尝谓“古之治具五:政也,教也,礼也,乐也,刑罚也。今亡其四而存其末,欲治功之逮古,其能乎哉!”(《杂诫》)论天理人欲、义利之辨,认为“养身莫先于饮食,养心莫要于礼乐,人未尝一日舍饮食,何独礼乐而弃之”。“好义如饮食,畏利如蛇虺”。“尚鬼之国多病,好利之国多贫”(同上)。有《逊志斋集》等。

叶子奇 明思想家。字世杰,号静斋。龙泉(今属浙江)人。因受株连下狱,在狱中以瓦磨墨著成《草木子》。认为:“天始唯一气尔。”(《草木子·管窥》)强调“阴阳合一存乎诚”,“善者,万理之总名也,性者,万理之全体也,仁者,万理之全德也”(《原道》)。主张“圣贤之学不贵多闻,以静为主”(《明史·叶子奇传》)。另有《太玄本旨》。

曹端(1376—1434) 明学者。字正夫,学者称月川先生。渑池(今属河南)人。永乐举人。曾为霍州学正、蒲州学正。后弃科举之途,潜心理学。提出“性”为万物之本,“天下无性外之物,而性无不在焉。性即理也”(《存疑录序》)。认为“太极”是“理”之别名,反对以“太极”为“气”之说。提出“理驭气”,认为“事事都于心上做工夫是入孔门底大路”(《录粹》),以为四书虽是“载道之器”,“终当弃之以寻真,不可徒诵说焉”(《四书详说序》)。从维护儒学正统出发,反对佛、老,认为“佛氏以空为性,非天命之性;老氏以虚为道,非率性之道”(《明史·曹端传》)。有《四书详说》、《儒宗统谱》、《存疑录》、《曹月川集》等。

薛瑄(1389或1392—1464) 明理学家。字德温,号敬轩。河津(今属山西)人。永乐进士。曾官监察御史、山东提学佥事、大理寺正卿。后罚戍边。景泰初起为南京大理寺卿,英宗复辟后为礼部右侍郎。晚年在家讲学。谥文清。致力于程朱理学,论心性之学,以“复性”为主。提出“天地万物,惟性之一字括尽”(《读书录》),赞同性即理,但指出“理只在气中,决不可分先后”(同上),修正了南宋朱熹“理在气先”的说法。认为“理如物”,理物不可分。“天下无无理之物,无无物之理”(同上)。提出“尽心工夫全在知性知天上”,“人能知性知天,则天下之理无不明,而此心之体无不贯”(同上)。认为法没有久而无弊的,“要在随时以审其势之轻重以救之”,“时中是活法而不死,执中是死法而不活”(同上)。有《读书录》、《读书续录》、《薛文清公文集》。

吴与弼(1391—1469) 明理学家。字子傅,号康斋。抚州崇仁(今属江西)人。绝意科举,在乡讲学,弟子甚多,胡居仁、陈献章均出自其门下。常与门人共耕,认为“安贫乐道,斯为君子”(《日录》)。数被举荐,不应,以为“宦官、释氏不除而欲天下治平,难矣!”(《明史·吴与弼传》)天顺初授左春坊左谕德,旋归。学宗程朱,注重“静时涵养,动时省察”,终身以“存天理去人欲”为念。认为人心“本自莹彻昭融”,由于“气禀拘而耳目口鼻四肢百骸之欲,为垢无穷”(《康斋文集·浣斋记》),须经“洗涤”,才不致“化于物”。认为心为外物所役,四体无所管束,“则虽日夜苦心焦思读书,并恐昏无所得脱”(《与友人书》)。表示“誓虽寒饿死,不敢易初心也”(同上)。有《日录》、《康斋文集》。

陈真晟(1411—1474,一说1410—1473) 明学者。字晦德,一说字晦夫,号剩夫,自号漳南布衣。漳州(今属福建)人。少曾入长泰山,从唐泰治举子业。乡试辞归,绝意科举,笃志践履之学。曾采敕谕中要语,参以程氏学制、吕氏乡约、朱氏贡举私议作《正教正考会通》,定考德为六等,考文为三等。学无师承,独得于诸经。为学重“敬”,以“主一”为要,强调笃行。认为治学有道俗之分,强调要以义利为区分标准,认为“志乎义则道心也,志乎利则俗心也。以道心而为俗学,则俗学即道学;以利心而为道学,而道学即为俗学。”(《答周公载》)反对事物有独立的外在之“表”,认为“若物之表,果有一个独立者,则是庄列之玄虚。”(同上)著作另有《程朱正学纂要》、《心学图》等。

王恕(1416—1508) 明学者。字宗贯,号介庵,晚号石渠。三原(今属陕西)人。正统进士。历官南京刑部侍郎、南京兵部尚书加太子少保。孝宗时,召为吏部尚书加太子太保。晚年居家编著。为学重事为之际,求得其心安。提出“天理人欲,相为消长。

有天理即无人欲，有人欲即无天理”（《戒慎恐惧二节》）。赞同孟子尽心知性知天说，认为“人能竭尽其心思而穷究之，则能知其性之理”（《尽心章》）。主张“中和”，指出“中为天下处事之大体”，“和为天下行事之达道”（《中和》）。论鬼神，以为“鬼神以物为体，而无物不有”，“其有感必应，是以使人敬畏而致祭祀”（《鬼神章》）。看到社会的变化，反对复井田，“或问井田之法，今可行乎？意见以为不可”（《毁誉章》）。有《石渠意见》、《历代名臣谏议录》等。

丘濬（1421—1495） 明学者。字仲深，号深庵、琼台，别号海山道人。广东琼山（今海南海口市琼山区）人。景泰进士。历任编修、经筵讲官、侍讲、侍讲学士、翰林学士、国子监祭酒、礼部侍郎 、礼部尚书、文渊阁大学士、户部尚书兼武英殿大学士等职。研究领域涉政治、经济、哲学、文学、医学等。补宋儒真德秀《大学衍义》。主张“学为有用”（《进大学衍义补奏》），按照古人“通天地人曰儒”的要求，提倡“贯三才而备乎万事万物之理”（《藏书石室记》），强调研究外界事物的格物说，提出：“儒者之学，不但有性理之学，而又有物理之学焉。”（《本草格式序》）反对把儒学只看作心性义理的学问。认为：“天地之大德曰生。而其所以生者，以人为贵。”继承墨子兼爱说，提出“仁育万民，兼夷狄禽兽而爱之。”反对割裂义利，认为“人心好利，无有纪极”，“利之所在，民不畏死”，同时提倡“一惟以义胜之，而不校其利”（《大学衍义补》）。在经济理论方面，提出“理财为天下之要道”，“财用为立国之本”（同上），特别是提出劳动决定价值的观点，比英国古典经济学派创始人威廉・配第早一百七十多年，被现代经济理论界称为“15世纪卓越的经济思想家”。有《大学衍义补》、《重编琼台稿》等。

娄谅（1422—1491） 明哲学家、经学家。字克贞，号一斋。广信上饶（今属江西）人。师事吴与弼。景泰举于乡。天顺末，选为成都训导。旋告归，以著书造就后学为事。以为《周礼》为国礼，《仪礼》为家礼，遂以《礼记》为二经之传，分附各篇。著《诸儒附会》，以程朱论黜之。又著《春秋本意》，不用三传事实，惟用经文训释而意自见。其学主“居敬”，以收放心为居敬之门，以何思何虑、勿忘勿助为居敬要旨。王守仁曾从其问学，“姚江之学，先生为发端也”（见《明儒学案・崇仁学案二》）。另有《三礼订讹》、《日录》。

陈献章（1428—1500） 明学者，字公甫，号石斋。新会（今广东江门市新会区）白沙里人。学者称白沙先生。从学吴与弼。成化中应召，授翰林院检讨，后屡荐不起。一生唯重心性之学。主静坐“澄心”。承继陆九渊思想并糅合禅宗、老庄之学，为宋代程朱理学向明代阳明心学过渡的关键人物。认为“元气”是构成万物的基本因素，“天地间，一气而已，诎信相感，其变无穷”（《云潭记》）。但在“气”与“道”的关系上，认为“以天地而视道，则道为天地之本”（《论前辈言铢视轩冕尘视金玉》）。在道与心的关系上，认为“道”并非独立于万物之先的某种绝对，“道”（或“理”）为我心之所具有，万理、万物、万事归根到底皆是我心的产物。提出“此理干涉至大，无内外，无终始，无一处不到，无一息不运，此则天地我立，万化我出，而宇宙在我矣”（《与林缉熙》）。强调心的知觉作用是决定万事万物的枢纽。“人争一个觉，才觉便我大而物小，物尽而我无尽”（《与时矩》）。提出“以自然为宗”的心学宗旨，要“常令此心在无物处，便运用得转耳”（《遗言湛民泽》），“本于自然不安排者便觉好”（《与张廷实主事》）。试图通过修养而超脱自然和社会的束缚，充分扩张主观自我意识，由重我轻物，到有我遗物，最后到有心而无物。“人具七尺之躯，除了此心此理，便无可贵。”（《白沙语要》）主张“以无所著之心行于天下”（《与林郡博》）。为学要求由“静坐中养出端倪”（《与贺光恭黄门》），认为“学劳攘则无由见道，故观书博识，不如静坐”（《与林君》）。厌弃训诂辞章、科第之文，说：“学者不但求之书，而求诸吾心。”（《道学传序》）主张“以我观书”，反对“以书博我”，“以我而观书，随处得益；以书博我，则释卷而茫然”（同上）。有《白沙集》。今中华书局出版《陈献章集》。

陈白沙 即“陈献章”。

罗伦（1431—1478） 明学者。字彝正，号一峰，学者称一峰先生。吉安永丰（今属江西）人。成化二年（1466）中状元。授翰林修撰。疏奏得罪落职，谪泉州市舶副提举。明年召还复原官，改之南京供职。寻以疾辞归，隐于家乡金牛山授徒讲学。其学独立刚毅，不作和同之语，恪守宋人途辙。尊往圣之成法，认为“夫日用之间，一动一静，一语一默，一饮一食，一喜一怒，一颦一笑，一辞一受，一取一予，一行一止，一进一退，自一念之微至万事之著，自一身之近至天下之大，有一毫不合乎天理之当然而违乎圣贤之成法，皆过也。改之而至于无，然后为圣学之全功也”（《与明三叔书》）。与陈献章结金石之交，其学与白沙同中有异。提出“治己必先治心，心者舟之柁也，欲正其舟，而不正其柁，可乎？”（《要语》）其修养功夫主静存虚，说：“君子之学，持静之本，以存其虚，防动之流，以守其一。虚则内有主而不出，一则外有防而不入，则物不交于我矣。物不交于我，则我之所以为我者，非人也，天也。”（同上）有《一峰文集》。

胡居仁（1434—1484） 明学者。字叔心，号敬斋。余干（今属江西）人。曾从学于吴与弼，后绝意科举，讲学于梅溪山中，曾应聘主白鹿书院，又为贵溪洞源书院师。专讲穷理尽性至命，成为明代程朱学派主要代表人物之一。一生致力于“敬”，强调“敬为存养之道，贯彻始终，所谓涵养须用敬”（《居业录》）。认为宇宙间唯有“实理”流行。说“天地之所以为天地，万物之所以为万物，莫非实理所为”（同上）。提出“理”是“气之主”，“气”是“理之具”，说“有理而后有气，有是理必有是气”（同上）。认为天下万理虽然万殊，但都存于心中，“凡道理具于吾心，大小精粗无所不该”（同上）。认为“心与理一”，“心理不相离，心存则理自在，心放则理亦失”（同上）。力攻佛道，指斥其“专事乎内而遗其外，不考诸迹而专求诸心，厌弃事物之理，专欲本心之虚灵”（同上）。有《居业录》。

薛敬之（1435—1508） 明学者。字显思，号思庵。渭南（今属陕西）人。宪宗初，以岁贡生入国学。后选山西应州知州，迁金华同知。师事周蕙。在太学与陈献章并有盛名。为学特详于理气，以理气为二，认为：“一身皆是气，惟心无气”，“气中灵底便是心”。指出理气相互联系，“《太极图》虽说理，亦不曾离了气”。强调理驭气，“心乘气以管摄万物而自为气之主”，“理无盛衰强弱之异”，“理足以驭气”（《思庵野录》）。在气、质、性关系上提出：“未有无气之质，未有无质之气，亦未有无气质之性”（同上）。有《道学基统》、《洙泗言学录》、《尔雅便音》等。

李孔修（1436—1526） 明学者。字子长，号抱真子。顺德（今广东佛山市顺德区）人。陈献章高弟。曾在广州高第街浪荡，张诩引他师从陈献章。性爱山水，不合群，有高士之风，操行廉洁。主张“无欲”之说。

贺钦（1437—1510） 明学者。字克恭，别号医闾。其先定海（今属浙江）人，以戍籍隶辽东义州卫。成化进士。授户科给事中，寻告病归。弘治初（1488）起陕西参议，母殁辞归，遂不复出，在家乡凌水河畔闾山脚下读书讲学。其学秉承白沙，乃见“实理充塞无间，化机显行，莫非道体。事事物物各具本然实理，吾人之学不必求之高远，在主敬以收放心，勿忘勿助，循其所谓本然者而已”（见《明儒学案·白沙学案下》）。遵循白沙“为学之要，在乎主静，以为应事建功之本”，说：“静有资于动，动有资于静，凡理皆如此。如草木土石是静物，便皆自足，不资于动物。如鸟兽之类，便须食草栖木矣。故凡静者多自给，而动者多求取。故人之寡欲者，多本于安静，而躁动营营者必多贪求也。”但不限于白沙的静坐方法。认为圣人动静合宜，而“常人虽当静时，亦不能静”（《言行录》）。提出“涵养之功，所以又在知之先也，以是知今日用功之始，惟当先事涵养。放心不收，终难为学，此则决无疑矣。”（《简石斋陈先生》）强调行于人事，指出：“为学须躬行，躬行须谨隐微。”“人之所学，唯在人事。舍人事，更何所学？”批评“世教不明，言天理者不知用之人事，言人事者不知本乎天理，所以一则流于粗浅，一则入于虚无”（《言行录》）。《四库全书提要》评其“非高谈性命者可比”，“献章之学当时或病其近禅，钦虽学于献章，而性情笃实，循循下学，平日论功夫次第亦往往指献章议论为过高，其气象殊不相似”。有《医闾集》。

林光（1439—1519） 明学者。字缉熙，号南川。东莞（今属广东）人。陈献章之大弟子。成化元年（1465）领乡荐，五年入京会试，后随陈献章返江门，两人往来学问二十年。成化二十年再赴京会试，中乙榜，授平湖学谕。弘治五年（1492）复同考顺天试，寻升兖州府学教授，后又先后任浙江严州府学教授、国子博士、襄府左长史、中顺大夫等。其学“直接白沙学脉”，以“道”为本体，而最高主宰是“心”，认为“四方上下，往古来今”，便是“道”的“充塞”，“天机运无停，枢纽在吾心”（《南川冰蘖全集》卷四、卷十一）。又主张自然自得，称“所谓闻道，自得耳”（卷四）。讲“静坐”，又讲“动应”，与白沙之学稍有不同。其著作辑为《南川冰蘖全集》。

李承箕（1452—1505） 明学者。字世卿，号大厓。嘉鱼（今属湖北）人。陈献章高弟。弘治元年（1488）到江门师从陈献章，师徒二人登临吊古，赋诗染翰，投壶饮酒，谈古论今，由是而领悟白沙之学的“此心通塞往来之机，生生化化之妙”。后返回家乡，读书静坐，不再追求功名。曾先后四次从嘉鱼到江门，不辞路途遥远而求师。

张诩（1455—1514） 明学者。字廷实，号东所。南海（今广东佛山市南海区）人。陈献章弟子。曾中进士，官户部主事，南京通政司左参议等。其学“以自然为宗，以忘己为大，以无欲为至”（《明儒学案·白沙学案下》）。认为世界的本体为理，理即心，“理与心会，不必境之在目”（《东所文集·柳塘记》）。强调认识世界不必“外求”，可通过“静坐”求之于内心，“所谓至乐与至妙者，皆不假外求而得矣。”（同上）受禅宗影响极深。有《白沙遗言纂要》、《东所文集》等。

陈庸 明学者。字秉常，号东峰。南海（今广东佛山市南海区）人。陈献章之高弟。成化举人。年过五十，补荆门州同知，到任仅五日，因不能适应当时官场的俗套而辞官，隐居三十年。其学以“主静”为本，并深谙白沙的自得之学。著有《东峰语录》、《东峰集》等。

谢葵山 明学者。名佑，字天锡。南海（今广东佛山市南海区）人。陈献章之高弟。曾补广府庠生，后放弃，从学陈献章。崇尚“主静”之说，身体力行，筑室葵山之下静坐，一生安贫乐道，淡泊名利，曾有诗称：“生从何处来，化从何处去。化化与生生，便是真元处”（《粤东名儒言行录》卷九），《白沙弟子考》认为，除林光外，唯有谢葵山独得白沙先生的旨意。

董沄（1457—1533） 明学者。字复宗，号萝石，晚号从吾道人。海盐（今属浙江）人。以能诗闻名。六十八岁时听王守仁讲“良知”之说，如梦初醒，执意从王，曰：“吾今而后，始得离于苦海耳，吾从吾之好。”（《明儒学案·浙中王门学案四》）此后自号从吾。认为“知过即是良知，改过即是致知”（《求心录》），“但依得良知，礼法自在其中矣”（同上）。有《求心录》等。

余祐（1465—1528） 明学者。字子积，号讱斋。鄱阳（今属江西）人。弘治进士。官至吏部右侍郎。师事胡居仁。其学墨守师说。认为程朱之学“专以诚敬入门”，只要消除“念虑”中的不诚不敬，便可“使心光明笃实，邪僻诡谲之意勿留其间，不患不至于古人矣”（《明儒学案·崇仁学案三》）。非难王守仁《朱子晚年定论》：“安得执少年未定之见，而反谓之晚年哉？”（《明史·余祐传》）遭黄宗羲等人辩驳。有《性书》。

罗钦顺(1465—1547) 明哲学家。字允升,号整庵。泰和(今属江西)人。弘治进士。官至南京吏部尚书。后辞官归乡,潜心著书,早年笃信佛学,后舍弃,"谓释氏之明心见性,与吾儒之尽心知性,相似而实不同"(《困知记》)。承认"通天地,亘古今,无非一气而已"(同上)。认为"气"是宇宙万物的根本,"理"是"气"运动变化的一定条理秩序,"初非别有一物,依于气而立,附于气以行也"(同上),反对朱熹"理与气是二物"和王守仁"天地万物皆吾心之变化"的观点。但接受程朱"理一分殊"说,认为"人犹物也,我犹人也,其理容有二哉?然形质既具,则其分不能不殊;分殊故各私其身,理一故皆备于我"(同上)。在理欲之辩上,指出"夫人之有欲,而出于天,盖有必然而不容已,且有当然而不可易者"(同上)。主张人欲的存在有其必然性,批评宋儒以人欲为恶的禁欲主义,但反对纵欲,"惟其恣情纵欲而不知反,斯为恶尔"(同上)。以仁义礼智为"人道"的根本,"人之道,君臣父子夫妇长幼朋友为之经,喜怒哀乐为之纬,经纬不忒,而仁义礼智之实在其中矣,此德业之所以成也"。又说:"天之道莫非自然,人之道皆是当然。凡其所当然,皆其自然之不可违者也。"(同上)把仁义礼智等视为人性中先天固有的"天理","天之所命,而人物之所以为性者也"(《困知记续》上)。"性之理,一而已矣。名其德,则有四焉(即仁义礼智)"(同上)。否定王守仁"良知即天理"说,认为"今以良知为天理,即不知天地万物皆有此良知否?天之高也,未易骤窥,山河大地,吾未见其有良知也。万物众多,未易遍举,草木金石,吾未见其有良知也"(《答欧阳少司成崇》)。为学方法上,批判禅学的"顿悟"。认为"夫学者之事,则博学、审问、慎思、明辨、笃行,废一不可"(《困知记》)。在逻辑上,提出"得一可通其余"的演绎推类思想,认为"千蹊万径可适国,但得一道入,则以类推而通其余"(同上)。反对"含胡(糊)两可"、"似是而非"之言,指出言则"不容于不辩",于辩则"此是则彼非,彼是则此非,安可不明不辩之","以非为是,不几(近)于无是非之心者乎"(同上)。政治上同情民间疾苦,但把改革时弊的希望放在改善道德风尚上。有《困知记》、《整庵存稿》等。

罗整庵 即"罗钦顺"。

夏尚朴(1466—1538) 明学者。字敦夫,号东岩,一说号敬夫。广信永丰(今属江西)人。正德进士。授南京礼部主事,迁知惠州,起山东提学副使,擢南京太仆少卿。早年师事娄谅,传主敬之学。后与魏校、湛若水相与讲习。认为"学者须收敛精神",提出"才提起便是天理,才放下便是人欲"(《东岩文集》)。主张"敬则心自静矣"。强调"吾儒之学,静中须有物",指斥"释老所谓静,特虚无寂灭而已,如枯木死灰,安有物乎。"认为"无欲故静。盖中正仁义是理,主静是心,惟其心无欲而静,则此理自然动静周流不息矣。"(同上)在心性关系上认为:"人得天地之气以成形,气之精爽以为心,心之为物,虚灵洞彻,有理存焉,是之谓性。性字从心从生,乃心之生理也。"(《答余子积书》)另外还提出:"性在日用之间","天下无性外之物。"(同上)有《中庸语录》、《东岩文集》等。

湛若水(1466—1560) 明哲学家。字元明,号甘泉。增城(今属广东)人。官至南京礼、吏、兵三部尚书。少师事陈献章。后与王守仁同时讲学,分立门户。认为"心无所不包","心也者,包乎天地万物之外,而贯夫天地万物之中者也"(《心性图说》)。提出与王守仁"心学"的区别是:"吾之所谓心者,体万物而不遗者也,故无内外。阳明之所谓心者,指腔子里而为言者也,故以吾之说为外。"(《答杨少默》)构"心性图",将"心"、"性"、"情"与万事万物天地沟通。反对王守仁"致良知"说,提出"随处体认天理"。认为"天理"只是"虚灵意思",与"心"相一致,"所谓天理者,体认于心,即心学也,有事无事,原是此心,无事时万物一体,有事时物各付物,皆是天理充塞流行"(《语录》)。强调"天理""皆发见于日用事物之间,流行不息"(《寄王纯甫》),故要求"体认天理"须随时随处,"所谓随处云者,随心随意随身随家随国随天下,盖随其所寂所感时耳"(《答阳明王都宪论格物》)。认为"天理二字,人人固有,非由外铄,不为尧存,不为桀亡"(《语录》),但因习心蔽之,则觉不明,需通过"戒惧慎独"的涵养,达到"勿忘勿助"的境界。反对"知先行后"说,主张"体认兼知行",说:"随处体认天理而涵养之,则知行并进矣。"(《答顾箬溪》)有《湛甘泉集》。

湛甘泉 即"湛若水"。

王守仁(1472—1528) 明哲学家、教育家。字伯安,余姚(今属浙江)人。曾筑室故乡阳明洞,世称阳明先生。弘治进士,授刑部主事,改兵部主事。早年因反对宦官刘瑾,被谪为贵州龙场驿丞。又起官为吏部郎中、南京太仆寺卿、南京鸿胪寺卿。后因镇压农民起义和平定"宸濠之乱",封新建伯,官至南京兵部尚书。卒谥文成。初潜心于程朱理学与佛学,终不得其要,后转陆九渊心学,"始悟格物致知之旨,圣人之道,吾性自足,不假外求"(《明儒学案·姚江学案》)。针对当时"是朱非陆"的风气,力倡"象山之学"。提出"天下无心外之理,无心外之物","心者,天地万物之主也,心即是天"(《传习录》上)。认为世界上的一切事物都依赖于主观意志(心)而存在,整个自然界以及人类社会一切事物都是"心"的表现。又称"心"为"良知"、"灵明"或"天理",认为"人的良知就是草木瓦石的良知,若草木瓦石无人的良知,不可以为草木瓦石矣。岂惟草木瓦石为然,天地无人的良知亦不可为天地矣。盖天地万物与人原是一体。其发窍之最精处,是人心一点灵明"(《传习录》下)。认为如果没有"心"(良知),也就没有草木瓦石,甚至没有天地万物。"良知"是人先天具有的,"亘万古,塞宇宙,而无不同"(《答欧阳崇一》)。良知是造化的"精灵","生天生地,成鬼成帝,皆从此生,真是与物无对"(《传习录》下),是天地万物发育流行的根源。提出“知行合一”说，既针对朱熹，也不同于陆九渊。朱陆都主张知先行后，王守仁反对将知行分作两截，主张求理于吾心。认为人的一切思想和知识才能也都先天地存在于“吾心”之中，“心即道，道即天，知心则知道，知天。”“要实见此道，须从自己心上体认，不假外求始得。”（《传习录》上）在知与行的关系上，认为“知是行的主意，行是知的功夫，知是行之始，行是知之成。只说一个知，已自有行在；只说一个行，已自有知在”（同上）。知行是一个功夫的两面，知中有行，行中有知，二者不能分离，也没有先后，混淆了知行区别。还进一步提出“知之真切笃实处便是行”，实际上是消行以归知。认为个人主观上的“良知”即真理，真理即个人的主观意念。个人主观上的“良知”是衡量一切事物是非真伪的尺度，是规定“天下节目时变”的“规矩”（《答顾东桥书》），是非标准是依个人主观好恶所转移的。“良知只是个是非之心，是非只是一个好恶，只好恶就尽了是非，只是非就尽了万事万变。”（《传习录》下）王守仁的“知行合一”说与“格物致知”即“致良知”说的中心，是道德意识与道德行为的统一，及道德修养的方法与途径。认为“人欲”妨碍封建道德的贯彻，故须破除人心所受“物欲”的“昏蔽”，“圣人述六经，只是要正人心，只是要存天理，去人欲”（《传习录》上）。又说“良知”虽然是“人人之所同具有者也”，但“不能昏蔽于物欲，故须学，以去其昏蔽”（《传习录》中）。其“格物致知”即“为善去恶”的修养工夫，“格者，正也，正其不正以归于正之谓也，正其不正者，去其恶之谓也，归于正者，为善之谓也”（《大学问》）。认为通过这种清绝人欲的修养方法，即可以“致吾心之良知之天理于事事物物，则事事物物皆得其理矣”（《答顾东桥书》），故能去人欲，存天理而复得“良知”。认为“减得一分人欲，便是复得一分天理”，“圣人之所心为圣，只是其心纯乎天理而无人欲之杂”（《传习录》上）。主张“天下无心外之物”，提出“你未看此花时，此花与汝同归于寂，你来看此花时，则此花颜色一时明白起来，便知花不在你的心外”（《传习录》上）。提出文理一体，“理之发见可见者谓之文，文之隐微不可见者谓之理，只是一物”（同上）。教育方法论方面提出“施教之道，在胜己私；孰义孰利，辨析毫厘……毋忽其细，慎独谨微；毋事于言，以身先之，教不由诚，曰惟自欺。施不以序，孰云匪愚，庶余知新，患在好为……”强调言传身教，启发诱导，循序渐进等。在明代中期以后，阳明学派影响很大，还流行到日本。著作由门人辑成《王文成公全书》，其中在哲学上最重要的是《传习录》和《大学问》。

王阳明 即“王守仁”。

何瑭(1474—1543) 明学者。字粹夫，号柏斋。怀庆武陟（今属河南）人。弘治进士。官至南京右都御史。认为世界的本原有二：一曰阴，一曰阳。阳是精神，阴是物质，二者相合化生万物。指出：“造化之道，一阴一阳而已矣。阳动阴静；阳明阴晦；阳有知，阴无知；阴有形，阳无形；阳无体，以阴为体；阴无用，待阳而用。二者相合则物生，相离则物死。”（《阴阳管见》）其说在同时代哲人中引起强烈反响。王守仁、王廷相对其褒贬不一。有《阴阳管见》、《柏斋集》。

王廷相(1474—1544) 明哲学家。字子衡，号浚川。仪封（今河南兰考东）人。弘治进士。历任湖广按察使、右副都御史、南京兵部尚书等职，曾巡抚陕西，视学北畿，被诬入狱。在宇宙观上否定佛道两家“有”生于“空”和“无”之说，反对程朱学派“理在气先”的观点，宗张载的“气一元论”。认为“天地未生，只有元气。元气具，则造化人物之道理即此而在，故元气之上，无物、无道、无理”（《雅述》上）。指出“理根于气，不能独存也”（《横渠理气辩》），“气有聚散，无息灭”（《慎言·道体》）。否认先天的“德性之知”和“致良知”，反对“虚静以养心”、“泛讲以求知”的认识方法，断言“物理不见不知，虽圣哲亦不能索而知之”（《雅述》上）。认为人们要获得丰富知识，必须在实践中接触各方面事物，“讲得一事，即行一事；行一事，即知一事，得谓真知矣。徒讲而不行，则遇事终有眩惑”（《与薛君采二首之二》）。又说：“夫圣贤之所以为知者，不过思与见闻之会而已。”（《万龙书院学辩》）“心”的思维活动“思虑”与耳目感官的“见闻”相结合才能获得知识，故认识即主观与客观相接触的结果，亦即“内外相须之自然”（《雅述》上）。还依据对于“天地造化不齐”万事万物之理各有差别的理解，提出“不可执一而论”的辩证观点。提出“万物一气也，气一则理一……知分殊，当求其理之一；知理一，当求其分殊”（《慎言·作圣》），包含了由一知万，由万知一的初步的演绎和归纳的思想方法。认为“辩”即“析理以明道”（《慎言·君子》），主张审问明辨，并以“名实核”、“言无不实”来“以求会同”，认为“五行相生相克”之类“推测之术，圣人不贵”（《慎言·五行》）。在人性问题上，提出“性与气相有而不可相离”的主张，“离气言性，则性无处所，与虚同归；离性论气，则气非生动，与死同涂。是性之与气可以相有而不可相离之道也”（《性辨》）。以“离气无性”说驳斥程朱学派的“形性二本”、“有二性”的观点。认为人性有善有恶，强调“凡人之性成于习”（《答薛君采论性书》）。但又认为人性的善恶之分，“人心”、“道心”之别，皆由天赋的气质决定。历史观上认为人类历史是变化的，一切道理、制度都应“因时制宜”、“随时变易”。美学思想上，主张把审美意象规定为诗的本体，提出“诗贵意象透莹，不喜事实粘著”，要“示以意象，使人思而咀之，感而契之”（《与郭价夫学士论诗书》）。对自然科学也有研究，在天文学、音律学和农业方面均有成就。有《慎言》、《雅述》、《横渠理气辩》等，编入《王氏家藏集》和《内台集》。今中华书局出版《王廷相集》。

马理(1474—1555) 明学者。字伯循，号谿田。三原（今属陕西）人。正德进士。授稽勋主事，改文选，官至光禄卿。擅文字，名震都下。师事王承裕，墨守主敬穷理之传。认为：“见行可之仕，唯孔子可以当之。”（《明儒学案·三原学案》）为三原学派重要人物。

王道(1476—1532) 明学者。字纯甫,号顺渠。武城(今属山东)人。正德进士。由庶吉士改应天教授。为吏部主事,任春坊左谕德,起南京祭酒,迁南京太常寺卿,升南京户部右侍郎,改礼部掌国子监。初学于王守仁,后师事湛若水。怀疑王守仁"致良知"说,指出"为学之道,专心求之心而已,是几于执一而废百矣"(《答朱守中》)。强调"盈天地间本一气而已矣。方其混沦而未判也,名曰太极;迨夫酝酿既久,升降始分,动而发用者谓之阳,静而收敛者谓之阴;流行往来而不已,即谓之道;因道之脉络分明而不紊者,则谓之理。数者名虽不同,本一气而已。"(《天道说》)认为性情皆一气之流行,"人性皆善,而智愚贤不肖之不同","皆生于(气)运之不齐也"。"盖情之善,原从性之善而来"(《性善之说》)。并以麟凤龟龙与人作比较,附和孟子"以牛犬之性与人不同"之说,论证其"人与物之情合下不同"的观点(《性学》)。但又有心统万物的思想,"若论道之本体,天大无外,心大亦无外,天地之用,皆我之用,浑然一理何所分别,吾心体尽天下之理,亦只是全复吾心之所固有而已。"(《答朱守中》)有《顺渠先生文录》。

黄绾(1477—1551) 明学者。字叔贤,号久庵、石龙。黄岩(今浙江台州市黄岩区)人。以祖荫入官,授后军都事,历任南京都察院经历、南京工部员外郎、南京礼部尚书兼翰林院学士。为学初师谢铎,宗程朱,继师王守仁。后又对王学有所批评。晚年思想一变,以宋儒为禅。从"天性人情之真"出发,反对王守仁"去欲"、"去七情"之说,认为"情"与"欲"皆不能"去"。又反对"正其谊不谋其利"的传统思想,主张"利"、"义"并重,"二者皆不可轻"。在认识论上,肯定"非身履深历不能知"(《明道编》),知识应从日常生活中获得,重视"困知勉行之功"。尖锐批评王学和禅学的"无思"、"无为",指出"宋儒之学,其入门皆由于禅","禅学益盛,实理益失"(《明道编》)。有《石龙集》、《明道编》。

黄石龙 即"黄绾"。

崔铣(1478—1541) 明学者。字子钟,一字仲凫,号后渠。安阳(今属河南)人。弘治进士。授翰林编修,忤宦官刘瑾,出为南京吏部主事。瑾败,召充经筵讲官。世宗即位,擢南京国子监祭酒,历南京礼部右侍郎。学以程朱为主,以卫道自任,斥王守仁为霸儒,对陆王心学之批评尤为严厉,是明代中期少数著名的朱子学者之一。有《崔氏洹词》、《读易余言》、《崔氏小尔雅》、《士翼》、《政议》、《晦庵文钞续集》、《文苑春秋》等。

李中(1478—1542) 明学者。字子庸,号谷平。吉水(今属江西)人。正德进士。授工部主事,谪广东通衢驿丞,参与王守仁平定"宸濠之乱"。后历官广西提学副使、广东按察使、右佥都御史、右副都御史。学于杨珠,受濂洛之学,长于解释考据。曾在五经书院讲学。为学主存养省察,"圣学之功,只是一个存养为本,省察是存养内一件。"(《谷平日录》)认为人心即义理之性,"人之心,天地之心也。但私则与天地不相似,一去其私,则我之心,即天地之心。"只要通过存养省察,"人胸中除去一切闲思量,则天理自在。"主张"为学要以心为本。"强调"心外无物,物外无心,心无内外。"反对离心言理,指出"心即理,理即心","止言存天理,心尚与理为二。"(同上)有《谷平日录》、《谷平文集》。

钟景星(1478—1551) 明学者。字叔辉。东莞(今属广东)人。湛若水之弟子。少年欲走科举仕途之路,因厌恶考场贿赂腐败之风而放弃。后往西樵从学湛若水。与湛若水另一弟子相互切磋,充然有得,洞见"本体"。其学说以"虚无"为本,认为"心本无物,性本无物,然万化由是焉出"。曾编辑周敦颐、程明道、陈献章、湛若水四人精言为《宋明道学四书》,并注释湛若水的《心性图说》,广为流传。

吕柟(1479—1542) 明学者。字仲木,号泾野。高陵(今属陕西)人。正德进士。授翰林修撰,降解州判官,后官国子祭酒、南京礼部右侍郎。师事薛敬之。曾讲学于宝邛寺、东郭别墅、东林书屋、解梁书院。为学主"以格物为穷理,及先知而后行"(《明儒学案·河东学案下》)。认为"格物"即"穷理","穷理"要从"切身"处做起,"这个物,正如孟子云'万物皆备于我'物字一般,非是泛然不切于身的,故凡身之所到、事之所接、念虑之所起,皆是物,皆是要格的"(同上)。主张知先行后,"人之知行,自有先后,必先知而后行,不可一偏"(同上)。批评王守仁的"致良知"是"规规于一方","刻数字以必人之从"的一偏之说。有《泾野子内篇》、《泾野集》等。

吕泾野 即"吕柟"。

韩邦奇(1479—1555) 明学者。字汝节,号苑洛。朝邑(今属陕西)人。正德进士。官至南京兵部尚书,参赞机务。学问宏博。讲究气节。其"论道体乃独取横渠"(《明儒学案·三原学案》)。认为"天地万物本同一气"(《苑洛集·见闻考随录》),"天地间惟气为交密,虽山川河海、草木人物,皆气之充塞,无毫发无者"。认为"天人之际,鬼神之理,非深造君子未易言也,学者惟笃信孔子之言与行及五经之旨可也"。认为"气失其平而为疾,虽孔子亦不能免,甚而昏聩亦有之。岂惟圣人,虽天地亦不能免"。以为有先知先觉,说"上智下愚与性相远,孔子之言,平正的实,万世无弊。宋儒谓下愚可移,直自诬耳"(同上)。著作有《志乐》、《苑洛集》等。

王艮(1483—1541) 明哲学家。字汝止,号心斋。泰州安丰场(今江苏东台东南安丰镇)人。泰州学派创始人。出身盐户,本人为灶丁。后商游四方,常置《孝经》、《论语》、《大学》于袖中,逢人质义。师事王守仁,但又"时时不满其师说"(《明儒学案·泰州学案》),甚至"往往驾师说之上"(《明史·王艮传》)。王守仁死后,始开门授徒,以讲学终身。学生主要是樵夫、陶匠、农夫等。提出"百姓日用即道"(《语录》)。认为"道"不仅具有道德精神的内涵,而且包含了人最起码的物质生活的要求,说:"即事是学,即事是道。人有困于贫而冻馁其身者,则亦失其本而非学也。"(同上)否定了"道"的神圣性。认为"圣人之道"也是以"百姓日用"为旨归的,说"圣人经世,只是家常事"(同上),又说,"圣人之道,无异于百姓日用。凡有异者,皆谓之异端"(同上)。力图填平圣、凡之间的鸿沟,认为"夫子(指孔子)亦人也,我亦人也"。重视教育,认为"人之天分不同,论学则不必论天分",提倡"愚夫愚妇皆知以为学"(《语录》)。包含了发展平民文化教育的要求。王艮的格物论,因其独具特色而被称为"淮南格物"。它主要不表现于认识论方面,而表现于人生哲学和伦理学方面。认为"格物之物,即物有本末之物"。"'格',如格式之格,即后'絜矩'之谓"(《答问补遗》)。吾身是"本",是"矩",家国天下是"末",是"方",矩正则方正。以"安身之本"作为道德修养的出发点,蕴涵了争取人的生存权利和维护人的尊严的思想。认为"安身"首先是物质生活条件上的安,如果"人有困于贫而冻馁其身者",便是"失是本"。但更主张人身尊严而不受损害的安,说:"道尊则身尊,身尊则道尊"(《明儒学案·泰州学案》)。从安身论推度出人己平等和爱人思想,强调"我之不欲人之加诸我","吾亦欲不加诸人"(《语录》),认为自己应有独立人格,不为他人所束缚;自己亦应尊重他人的独立人格,不强加于人。提出爱己亦要爱人,"爱人直到人亦爱"(同上),"故爱人者人恒爱之"(《勉仁方》)。试图通过正己正物,爱人敬人来调整人和人的关系,实现"人人君子,比屋可封"(同上)的社会理想。经济上主张"务本而节用"(《王道论》),"去天下虚靡无益之费",节省开支。认为土地制度的不合理造成了劳动人民的流离失所,说"今天下田制不定而游民众多,制用无节而风俗奢靡"(同上)。著作编为《心斋王先生全集》,后又编有《王心斋先生遗集》。

王心斋 即"王艮"。

徐问 明学者。字用中,号养斋。武进(今江苏常州)人。弘治进士。官至南京户部尚书。谥庄裕,赠太子少保。其学一本程朱,力黜王学。以太极为三才之理,认为"天体混沦,轻清积气……磨来磨去,物之出者,参差万变,巧历不能穷也。"(《读书札记》)提出"理只作个混沦的物事看,盖中有根柢相切近处,条理井然,故谓之理。在天则太极为根,元亨利贞,森然具备。在人则心为根,仁义礼智,咸有头绪"(同上)。以气释性,认为性"实不外乎气",因而"理与工夫无二致"(同上),批评内敬而外慢和敬而不诚,提倡"静"的修养功夫。诋毁陆学有沉冥禅学之嫌,尤以《读书札记》第二策辟阳明之说,认为"王氏之学,本诸象山续余,至今眩惑人听,虽有高才,亦溺于此。借如所称'致良知'一句,亦只是《大学》'致知'二字,又上遗了格物工夫,则所致者或流于老、佛之空寂,而于事物全不相干。故其师友相承,率多夸大浮漫,而阔略于躬行之实力"(《明儒学案·诸儒学案中六》)。有《山堂草稿》、《读书札记》等。

魏校(1483—1543) 明学者。字子材,号庄渠。昆山(今属江苏)人。祖先本姓李,弘治进士。历南京刑部郎中、太常寺卿、国子祭酒。私淑胡居仁主敬之学。主张"理气合一",认为"通宇宙全体,浑是一理,充塞流行,随气发用",气构成万物,"天地浑是一大气,万物分形其间",但理是主宰,"理为主,气得其统摄"(《体仁说》)。又主北宋程颐"性即理"说,认为"人物之性……即天地所赋之理"(《复余子积论性书》),强调性(理)"纯粹至善",气有不善,则"变化气质以归于善"。有《大学指归》、《六书精蕴》等。

蒋信(1483—1559) 明学者。字卿实,号道林。人称正学先生。常德(今属湖南)人。嘉靖进士。曾官户部主事、兵部员外郎、四川水利佥事、贵州提学副使。并建正学书院、文明书院,聚髦士讲学。初从王守仁游,未得其良知之教,后从湛若水学。为学主"万物一体",主张:"理气、心性、人我,贯通无二。"(《明儒学案·楚中王门学案》)认为"六经具在,何尝言有个气,又有个理。凡言命,言道,言诚,言太极,言仁,皆是指气而言。""只就自心体认,便见心是气。生生之心便是天命之性,岂有个心,又有个性。"(《桃冈日录》)"此气充塞,无丝毫空缺,一寒一暑,风雨露雷,凡人物耳目口鼻四肢百骸,与一片精灵知觉,总是此生生变化,如何分得人我。"(《明儒学案·楚中王门学案》)针对北宋张载气质、天命之性的区分指出:"若然则气质者果非大和之用,而天命者果超然于二气五行之外乎?"(《桃冈日录》)指斥先儒"性是理,理无不善"是"气质外别寻理"。还强调"不当于心外更求知"(同上)。有《桃冈日录》,合著有《新泉问辨录》。

顾应祥(1483—1565) 明学者。字惟贤,号箬溪。长兴(今属浙江)人。弘治进士。累官刑部尚书。少尝从王守仁、湛若水游,拜王为师,然其学"务在笃行实践,不欲空谈性命"(徐中行《顾应祥行状》)。晚年作《传习录疑》,转向批评阳明心学,对湛若水以及阳明后学王畿等人亦多有批评。认为"《传习录》可疑者多,两浙士子,人人皆讲致良知,其实何尝致也"(引自《千一录》卷十五)。其学术兴趣颇杂,"九流百家"无所不观,尤精于算学、历法,有《测圆海镜》、《弧矢算术》、《重修问刑条例》等有关算学、历法之书。另有《人代纪要》、《静虚斋惜阴录》、《崇雅堂诗文集》。

舒芬(1484—1527) 明学者。字国裳,号梓溪。进贤(今属江西)人。正德进士。授翰林修撰。因疏杖谪福建市舶副提举。复原官后由疏争下狱夺俸。世称"忠孝状元"。以倡明绝学为己任。推崇北宋周敦颐《太极图说》。认为"太极不离乎阴阳五行之中","以阴阳动静分体用"(《太极绎义》)。视太极为一物,歧阴阳而二之,主张有天之太极、人之太极、物之太极。"自乾男坤女而论太极,则太极万有不同。又自物而论太极,则与人太极又相远矣。""天之太极主乎动,圣人之太极主乎静。"(同上)在人性问题上,提出"性有万品"说,认为人对太极禀受不同,人性也不同,"韩子性有三品之说,优于荀、杨。然自予言之,虽谓性有万品可也,岂特三品而已哉"(同上)。

为学贯串诸经，兼通天文律历，尤精《周礼》。有《太极绎义》、《易问笺》、《周礼定本》、《东观录》等。

徐樾(?—1552)　明哲学家。字子直，号波石。贵溪(今属江西)人。嘉靖进士。历官部郎，官至云南左布政使。师事王守仁，继为王艮弟子。强调心为万物之本，主观的心包括一切客观事物："六合也者，心之郛廓；四海也者，心之边际；万物也者，心之形色。往古来今，惟有此心，浩浩渊渊，不可得而穷测也"(《明儒学案·泰州学案一》)，此心自朝至暮，能闻能见，无间昼夜，自然明觉。"人者天地之心，得其心则天地与我同流"，能与天同流者，"能自信天命之真，而自安其日用之常，是则浑然与天地合德矣，是谓喜怒哀乐未发之中而允执之矣"。认为封建伦理道德等为先天的人性，即良知，求心自得"致良知"，即知天命。并认为"孔孟之学，尧舜之治，举求诸心焉而已"(同上)。

颜钧　明泰州学派代表人物之一。字山农。吉安(今属江西)人。学于王艮，又师徐樾。在下层社会中讲学时，"无贤不肖皆赴之"。后曾因触犯权贵，被捕下狱。认为"人心妙万物而不测者也"，"性为明珠，原无尘染"。主张"平时只是率性所行，纯任自然"。力图达到"君仁臣义民安堵"(《明儒学案·泰州学案》)的政治目的。

季本(1485—1563)　明学者。字明德，号彭山。会稽(今浙江绍兴)人。正德进士。官御史、苏州同知、南京礼部郎中、长沙知府。后罢归，载书居于禅寺，讲学二十多年。曾历游山川，考古黄河故道，索海运旧迹，别三代春秋列国疆土川原，涉淮泗，历齐鲁，登泰山，逾江入闽而后归。对哲学、经学、地理等，都有研究。少师王司舆，后师事王守仁。为学贵主宰而恶自然。认为"理者阳之主宰，乾道也；气者阴之流行，坤道也。"(《明儒学案·浙中王门学案三》)"圣人言学，不贵自然"，"自然者，必以理为主宰可也"，指斥佛老之学"惟任自然而不知其非者矣"(《说理会编》)。承袭王守仁"知行合一"说，强调"虽若以知行分先后，而知为行始，行为知终，则所知者即是行，所行者即是知也。"(同上)发挥王守仁"心之感应谓之物"的观点。提倡"圣人之学，只是谨独"。"谨于独知即致知也。谨独之功不已，即力行也。故独知之外无知矣，独知之外无行矣。"(同上)有《易学四同》、《四书私考》、《说理会编》。

薛侃(1486—1545)　明学者。字尚谦，号中离。揭阳(今属广东)人。正德进士。师王守仁于赣，率宗族子弟往学，四年后而归。世宗时，授行人司司正，以疏触帝怒，下狱，后削籍为民。属闽粤王门学者，对于推动阳明学在岭南的传播有很大功绩。归家后，常与王门弟子聚会讲学。提出"良知自存自照，浑无方体，无涯限。若着个良知，亦是障"。认为不可执意追求良知，主张"无著则应用自通"(《明儒学案·粤闽王门学案》)。有《研幾录》、《图书质疑》、《中离集》、《云门录》等。

聂豹(1487—1563)　明学者。字文蔚，号双江。永丰(今属江西)人。正德进士。官至太子太保。曾拜会王守仁，后自称王门弟子。推崇王守仁"良知是未发之中，廓然大公的本体"之说(见《困辩录·辩诚》)。认为"心"本为静默的"寂体"，"心主乎内，应于外而后有外。外其影也，不可以其外应者为心，而遂求心于处也"(《双江论学书》)。强调只有求内，以"洗心退藏为主，虚寂未发为要"(同上)，通过"养本体"即"动静无心，内外两忘"的涵养工夫，以达到"良知"。倾向宋儒的"主静"说，认为"今日工夫只是主静"(同上)。有《困辩录》、《双江论学书》。

徐爱(1488—1518)　明学者。字曰仁，号横山。余姚(今属浙江)人。正德进士。出知祁州，升南京兵部员外郎，转南京工部郎中。王守仁弟子。记录王守仁讲《礼记·大学》宗旨，后编成《传习录》初卷。认为"学莫要于收放心，涵养省察克治是也"(《徐横山文集·答邵思抑》)。提出治学须辨义利之分，"心德者，人之根源也，而不可少缓；文章名业者，人之枝叶也，而非所汲汲"(同上)。主张克私，"夫人所以不宜于物者，私害之也"(《宜斋序》)。循王守仁"心有体有用"说，强调"世固有谓某有体无用，有用无体者，仆窃不然，必求二公之所以蔽者而会归之"(《答王承吉》)。在人性问题上，认为"人性本善也，而邪恶者客感也。感之在于一念，去之在于一念，无难事，无多术"(《赠薛尚谦》)。有《徐横山文集》。

杨慎(1488—1559)　明学者、文学家。四川新都(今成都市新都区)人。正德进士。授翰林院修撰。嘉靖三年(1524)因谏议大礼贬谪云南永昌卫(今保山县)，流放近四十年而卒。哲学上，以元气为生成天地万物的终极原因，提出"元气者，天地之极"(《升庵外集》卷二十五)，即《易》之"太极"、《老子》之"玄牝"、《庄子》之"大块"，它"未形"而又"无限"，生成天地万物。以气水循环答屈原《天问》中"东流不溢"的疑问，指出"水由气而生，亦由气而灭"，力图从自然本身寻找原因。驳斥古籍中的迷信记载，指出《春秋穀梁传》中的"陨石于宋"和"六鹢退飞"及宋人辩护，"乃痴人作梦"，"痴人解梦"。看到事物的矛盾和变化，认为天、地、人离不开阴阳、刚柔、仁义这些矛盾对立的事物，世界变化，"生生不息"。主张"因时立法"，指出"封建非圣人意也，势也。郡县非秦意也，亦势也。穷而变，变而通也"(《升庵外集》卷四十八)。认识论上，主张"身躬阅之"，赞成《庄子》"六合之外，存而不论"的观点，反对空谈。在性情问题上，持性情统一说，赞成《易》"利贞者，性情也"(《升庵外集》卷五)之说，认为性情"合之则双美，离之则两伤"(同上)。性情有主次，"性者本质也，情者外染也"(《升庵外集》卷七十五)。主张节欲，"性其情"。好文学。论诗坚持"性情"之说，认为诗歌的主要功能是抒发人的感情，"《三百篇》皆约情合性，而归之道德也"(《升庵集·诗史》)。论文力求"新鲜"，"新"指有新意创见，"鲜"指有文采。认为作文要从"工"入"神"，摆脱一切束缚，达到自由境界，"嬉笑怒骂皆成文章"(《琐语》)。为学推崇汉学，反对宋学，尤力斥朱熹，开批判宋明理学之先声。其著述考证事实，极为赅博，开清考据学风。有《升庵内集》、《升庵外集》、《丹铅总录》。

孙应奎(1488—1570) 明学者。字文卿，号蒙泉。余姚(今属浙江)人。嘉靖进士。累官右副都御史等职。拜入王守仁之门，王手授《传习录》。据载，"家居三十年，绍讲良知之学"(《王门所知传》)。然在王门弟子中，其名不见经传，原因在处理王守仁死后的家庭事务上，其立场与王畿、钱德洪不同，故为王门主流派所排挤。对阳明心学有一定的理解，尤其是对心学的"见在良知"说持认同态度，指出："良知，见在之谓；致见在者，不息之谓也。夫既见在，则物格意诚而心正，一以贯之而无疑。"(《与友人论学》)有《燕诒录》。

黄省曾(1490—1540) 明学者。字勉之，号五岳。长洲(今江苏苏州)人。从王守仁、湛若水游。尝至越，听王守仁讲学，称守仁兴讲学，为汉代以来"未有此盛"，并自称"执贽道席"，"宝获王氏之玄珠"，作《会稽问道录》十卷(今佚)，记录王守仁的讲学语录。有《西洋朝贡典录》、《吴风录》、《五岳山人集》等。

庞嵩(1490—1566) 明学者。字振卿，学者称弼唐先生。南海(今广东佛山市南海区)人。湛若水之弟子。幼年即为郡庠生，嘉靖举人。在罗浮山讲学。嘉靖二十三年(1544)任应天通判，进治中，长达八年，后任南京刑部员外郎，进郎中。晚年于南海西樵山筑室，优游自适。学术思想主张会通朱、王、湛而为一，提出"独"的范畴，认为"独者，性命潜伏之根，吾心发见，自然之本体，甘泉所谓天理，阳明所谓良知，皆是此理"(《粤东名儒言行录》)。又提出"朱子之所以格物，即阳明之所以致知，与甘泉体认天理之说不相悖"(见《广东新语·学语》)。其修养方面的"慎独论"，强调"自知自觉"。著作广为流传，有《太极解》、《洛书解》、《弼唐先生存稿》。

黄佐(1490—1566) 明学者。字才伯，号泰泉。香山(今广东中山)人。正德进士。由庶吉士授编修。出为江西佥事，改督广西学政，后起侍读，掌南京翰林院，擢南京国子祭酒。为学重博约，精通典礼、乐律、词章，并以此为教。认为"学必读书，然后为学"，反对当时"未尝读书而索之空寂杳冥，无由贯彻物理而徒曰致知"(《论学书·与何燕泉书》)。学宗程朱，但在理气论上，反对其理先气后说，认为"理即气也，气之有条不可离者谓之理，理之全体不可离者谓之道。盖通天地，恒古今，无非一气而已"(《论说·原理》)。"岂有理在天地之先而乘气以行，如人乘马者哉。"(《论学书·与林兆泉上元书》)曾与王守仁辩难知行合一。强调"身主于心，心发于意，意萌于知，知起于物"(《论说·格物论》)。指出"未有知而不行者，知而不行，只是未知"(《论学书·答汪方塘思书》)。主张"多闻择其善者而从之，多见而识之，知之次也。"(《论说·原学》)在道与器关系上，认为"道非无形也，无形则与器离而不合"(《论学书·与王分源书》)。有《论学书》、《论说》、《乐典》等。

吴廷翰(约 1491—1559) 明学者。字崧柏，别号苏原。无为州(今安徽无为)人。正德进士。历兵、户二部主事，转吏部文选；后官广东佥事，继迁浙江参议。平生综览博洽，思儒学之支离，曾致书王守仁，并与其弟子往复辩论。晚年手不释卷，勤于著述。哲学上坚持气一元论，指出"一阴一阳之谓气"，"天地之初，一气而已矣"，气是"天地万物之祖"(《吉斋漫录》)，"五行、四时、万物皆由此出"，故此气之极至而言又称为"太极"。批判宋理学家"太极是理"之说，认为"理即是气之条理"，把理看成自然界的规律、秩序。认为认识的对象是客观外界事物，"物理在心，物犹在外"，求物之理，"岂有出于物之外哉!""正是一个知，须有一个物"(同上)。主张先知后行的知行观："其以为必用于致知者，正以即行有不当，欲求其当"，没有知识指导的行为是"冥行"。还提出了"德性之知必实以闻见乃为真知"的命题。主张性即气即生，反对先天"气禀"，"性者，人物之所以生，无生即无性"(同上)。但又认为气有清浊美恶，决定人的仁义多寡厚薄，故有善和不善，把道德规范纳入人性中。17 世纪时，其著作和思想在日本学术界得到传播，发生较大影响，成为日本有重要地位的堀河学派的理论渊源。他的许多著作在日本发现。有《吉斋漫录》、《从言》、《苏原全集》等，今编为《吴廷翰集》。

邹守益(1491—1562) 明学者。字谦之，号东廓。安福(今属江西)人。正德进士。官至南京国子祭酒。先宗程朱，后师事王守仁。其学笃守王学传统，说："良知虚灵，昼夜不息，与天同运，与川同流。"(《东廓语录》)反对"无形为道，有形为器"的说法，认为："盈天地皆形色也，就其不可睹不可闻超然声臭处指为道，就其可睹可闻礼物不遗指为器，非二物也。"(同上)主张"天性与气质，更无二件"(同上)。以目视、耳闻、身行为气质，指出天性须依附于气质，"除却气质，何处求天地之性"(同上)。认为"心"是"精明灵觉"的，但也"有所障蔽，有所滞碍"，如要复见本心，则需主"敬"，说："敬也者，良知之精明，而不杂以私欲也。"(《东廓论学书》)强调"慎独"、"戒惧"为"致良知"的主要修养方法。有《东廓集》。

张岳(1492—1552) 明学者。字维乔，号净峰。泉州惠安(今属福建)人。正德进士。官至兵部左侍郎、右都御史，总督湖广川贵军务。自期大儒，精研程朱理学，与陈琛、林希元同为明后期最有代表性的福建朱子学者，时称"泉州三狂"。在泉州开元寺结社研究易学，形成"清源学派"。时王守仁倡良知说，"公卿尽出其门"。张岳为维护程朱学说，渡江与其辩论"博约知行之旨，三日不合"。最后，王说："明德工夫，只在亲民。"张岳反驳说："而今达官显宦，却未与民亲。"王笑而无以对，旋谓："子亦一时豪杰，可畏也!"拟《草堂学则》，以仁为"心之本体"。认为"理"比"心"、"性"、"天"等更为根本，说："理本自然，人不可私意求之尔。既曰殊途，既曰百虑，不可谓全无分别也。故心也，性也，天也，一理也。然至论心自是心，性自是性，天自是天，如人之父子祖孙，本同一气，岂可便以子为父而祖为孙哉。”（《答聂双江巡按》）。有《圣学正传》、《太玄集注》、《小山类稿》等。

魏良弼（1492—1575）　明学者。字师说，号水洲。新建（今属江西）人。嘉靖进士。曾官礼科都给事中。后遭廷杖，谪居乡间。隆庆初，起为太常少卿。与弟良政、良器皆受学于王守仁。崇“致良知”之说。释“致良知”为“己所不欲，吾心之知也；勿施于人，致吾心之良知也”（《水洲先生集》）。提出“良知之教不待学”（同上），强调良知存在于心，只要神凝内省便可悟得。认为人心得之于天地，本为善，但被“习心遮蔽”，若能“绝外诱”，去其蔽，则本体自然显露，无需防检和穷索。肯定良知即是天理，“知之良处，即是天理；时其知，失其良，则为人欲”（同上）。有《水洲先生集》。

杨爵（1493—1549）　明学者。字伯修（《明史》作伯珍），号斛山。富平（今属陕西）人。嘉靖进士。官行人，考选御史。因上疏犯逆，数度入狱。以张载“贫贱忧戚，玉汝于成”自励，认为“身居此地，须要置生死于度外，刀锯临之，从容以受，致命遂志可也，此正是为学用功处”（《漫录》）。狱中与钱绪山、刘晴川等相与讲学不辍。倡“中和”之学，提出“中和，性命本然之则也”，“中和，心之本体也”（《论学》）。主张“学者以慎独为贵”的修养工夫，认为：“古人律己甚严，其责人甚恕。今人律己甚恕，其责人甚严。孜孜为己，不求人知，方始是学。”（《漫录》）论文章之法“以理为主，以气为辅”（《论文》）。其道德学问被誉为有“刚大之气，百折不回，人与椒山并称，谓之‘韩门二杨’”（《明儒学案·三原学案》）。有《杨忠介集》、《周易辩录》等。

陈九川（1494—1562）　明学者。字惟浚，号明水。临川（今江西抚州）人。正德进士。授太常博士，以谏武宗南巡除名。世宗即位，起为主客司郎中，未几，以事下诏狱，后遇赦致仕。拜王守仁为师。致仕后，周游讲学，宣扬阳明心学。主张“心无定体”，批评王门“归寂”派的“心有定体”的观点。认为心之本体原是“神妙不测”，原无“定体”，故不可“以定体觅之”，而“归寂”主张正有一种“观心凝神”、“认心有象”之弊。这与王守仁的“心无体，以天下万物感应之是非为体”的观点相近。还受到王畿的思想影响。著作有《明水陈先生文集》。

刘阳　明学者。字一舒，号三五。安福（今属江西）人。曾知砀山县，征授御史。在三峰筑云霞洞，与士子谈学。以王学为旨，指出“致良知”的六大特点：“中，知之不倚于睹闻也；敬，知之无怠者也；诚，知之无妄者也；静，知之无欲者也；寂，知之无思为者也；仁，知之生生与物同体者也。各指所之，而皆指夫知之良也，故曰致知焉尽矣。”（《三五先生洞语》）认为王学无异于宋儒，欲折中两者。有《三五先生洞语》、《晚程记》。

杨应诏　明学者。号天游。建安（治今福建建瓯市）人。吕柟弟子。学宗程朱，以寡欲正心为主，认为“圣人之所以能全其本体者，不过能无欲耳。吾人不能如圣人之无欲，只当自寡欲入”（《杨天游集》）。寡欲须打破“声色货利两关”，“在日用平实伦纪处根求，不在玄虚夸大门户处寻讨；惟在动心忍性苦楚中著力，不在摆脱矜肆洒落处铺张”（同上）。有《杨天游集》、《闽学源流》等。

吕怀　明学者。字汝德，号巾石。永丰（今属江西）人。嘉靖进士。官至南太仆寺少卿。受学于湛若水。认为天理良知，本同宗旨。“心即理，理即心，人心天理，无非中者”（《巾石论学语》）。肯定气质由身而存，不能无偏。“气质之善，无待于变化，理不能离气以为理，心不能离身以为心”（《明儒学案·甘泉学案二》）。作《心统图说》，以河图之理证明，要得理存心，只在变化气质。总结以往学说，认为“千言万语，除却变化气质，更无别勾当也”（《复黄损斋》）。指出善学者应求端于天，不要为气质所局限。有《周易卦变图传》、《律吕古义》、《历考庙议》等。

宋仪望　明学者。字望之。永丰（今属江西）人。嘉靖进士。知吴县、征授御史。为严嵩忌遭贬。嵩败复官。后任大理卿，忤张居正，被劾罢归。师聂豹，后宗王守仁。认为王学“得孔门正脉”，“致良知一语，盖孔门传心要诀”（《阳明先生从祀或问》）。强调“良知”为先天所有，“人自孩提以来，即能知爱知敬，夫知爱知敬，即良知也”，“此谓不待虑而知”（同上）。又结合陆九渊心学，提出“自古及今，人同此心，心同此理，所谓理者，非自外至也”（同上）。有《华阳馆文集》等。

欧阳德（1496—1554）　明学者。字崇一，号南野。泰和（今属江西）人。嘉靖进士。历官南京国子司业、吏部左侍郎、礼部尚书。曾建龙津书院。师事王守仁，讲求良知之学。主张良知产生万物，“夫人神发为知，五性（喜怒哀乐视听言动等）感动而万事出”（《南野论学书·寄双江》），“视听喜怒之外，更有何物”（《答项瓯东》）。反对罗钦顺斥陆王以知觉为性，强调良知与知觉、良知与意的区别，认为视听言动皆知觉，不全是善；意有妄意、私意，有善恶。知觉和意不可谓之性、理，“知觉与良知，名同而实异”（《辨整庵困知说》）。在动静关系上主张“良知无动无静”，认为“学贵循其良知而动静两忘，然后为得”（《答周陆田》）。对于格物致知，虽认为“离事物则无知可致”，但主张“践形然后可以尽性”（《答陈明水》）。又说“良知本虚，致知即致虚”（《答贺龙岗》）。有《南野论学书》。

钱德洪（1496—1574）　明学者。本名宽，字洪甫，号绪山。余姚（今属浙江）人。嘉靖进士。出为苏学教授，补国子监丞，升刑部主事，迁员外郎，署陕西司事。师事王守仁，认为王学的“四句教”是“定本，不可移易”。在野三十年，无日不讲学，潜心传播王学，江、浙、宣、歙、楚、广，皆有讲舍。认为“充塞天地间，只有此知（良知）。天只此知之虚明，地只此知之凝聚，鬼神只此知之妙用，四时日月只此知之流行，人与万物只此知之合散，而人只此知之精粹也”。

有《绪山会语》。

钱绪山 即“钱德洪”。

程文德(1497—1559) 明学者。字舜敷,号松溪。永康(今属浙江)人。嘉靖进士。授翰林编修,累官安福知县、南京兵部主事、南京国子祭酒、南京礼部右侍郎等职。后以事落职还家。既归,聚徒讲学。万历间,追赠礼部尚书,谥文恭。初受业于章懋,后拜王守仁为师。其学术主张以“真心”为要:“大抵学问只是一真”,“日用间视听言动,都如穿衣吃饭,要饱要暖,真心略无文饰,但求是当”,“不然,虽‘六经’、‘四书’之言,而非圣人之真心,亦不免于说影弄精矣”(《明儒学案·浙中王门学案四》)。有《程文恭公遗稿》、《松溪文集》等。

陈建(1497—1567) 明学者。字廷肇,号清澜。东莞(今属广东)人。嘉靖举人。后出任福建侯官县教谕,迁江西临江府教授。中年,以母老请辞归乡,构草堂读书著述其中,晚年隐居不出。为教谕时,与督学潘璜论朱陆异同,作《朱陆编年》。归乡后,复取朱熹《文集》、《语类》及与陆子辩论诸书反复比勘,重修《朱陆编年》,成《学蔀通辨》四编十二卷。提出“朱陆早同晚异”说,大抵以程朱学为基本立场,抨击心学剽窃禅宗,惑世乱道,专辟陆王心学而不遗余力。因正值王学风靡学界,该书迟至万历三十三年(1605)才由顾宪成撰序付梓。另有《皇明从信录》、《皇明典要》、《皇明资治通纪》等史书。

唐枢(1497—1574) 明学者。字惟中,号一庵。归安(今属浙江)人。嘉靖进士。官至刑部主事。以劾李福达被斥为民。讲学著书四十年。隆庆初复官。初师湛若水,主随处体认天理,后慕王守仁“致良知”之学,力图将两学合而精究,以调和分歧。提出“真心”说,认为心能通天地包万物而居于宇宙中心。说:“心无弗有,无弗能,宰制万物,放诸四海而准。与天地参,不容伪者也”(《真谈》),故称为“真心”,亦即“良知”。因人失却本心,又提出“讨真心”,主张通过学问思辨笃行之功,“以去人欲做存天理工夫”(《景行馆论》),以回复“真心”,即“致良知”。有《礼元剩语》、《真谈》、《景行馆论》、《一庵语录》等。

林春(1498—1541) 明学者。字子仁,号东城。泰州(今属江苏)人。嘉靖举会试第一,登进士第。除户部主事,历司封员外郎,寻以母病乞归,起补吏部文选郎中。为王艮弟子,而友王畿、罗洪先、唐顺之。黄宗羲论其学云:工夫绵密,不涉安排,不落睹闻,明道(程颢)之“行所无事”,慈湖(杨简)之“不起意”,庶几近之。以为其未必传泰州之学,故无泰州之流弊。有《林东城文集》。

万表(1498—1556) 明学者。字民望,号鹿园。定远(今属安徽)人。登正德武会试。历任广西副总兵、左军都督漕运总兵、南京中军都督府佥书。从学于钱德洪等。通经术,熟先朝典故。学宗王守仁而究竟于禅学。为学重格物,解格物为“格其心之物”,认为人心本来具足,但因情欲意见所蔽,晦暗不明,要通过格除心中之物,扫荡一切物念,使心“不为一切情景所转,如镜照物,镜留无物”(《鹿园语要》),融识归真,反情还性,显露和保持其真空虚无的本来面貌。有《玩鹿亭稿》、《鹿园语要》、《海寇议》、《万氏家钞济世良方》等。

薛应旂(1498—约1570) 明学者。字仲常,号方山。武进(今江苏常州)人。嘉靖进士。授慈溪知县,屡迁南京吏部考功郎中、浙江提学副使等职。从学于吕柟及王守仁弟子欧阳德,思想偏向于程朱理学,对阳明心学虽有批评,但也曾表示愿“私淑”王守仁。为考功时,罢黜王畿,以致王门后学不许其称王门中人。黄宗羲称“盖借龙溪以正学术也”(《明儒学案·南中王门学案一》)。东林学派的创始人顾宪成曾拜其为师,故史家认为东林之学“实导源于此”(同上)。著述颇丰,今存有《四书人物考》、《宋元资治通鉴》、《考亭渊源录》、《薛子庸语》、《薛方山纪述》、《薛方山先生全集》等。

王畿(1498—1583) 明学者。字汝中,别号龙溪。山阴(今浙江绍兴)人。嘉靖进士。授南京职方主事,稍迁主武选郎中。拒宰辅夏言要他当幕僚之求,遭迫害。遂以讲学为手段,在吴、楚、闽、越、江、浙等地专心传播王学,历四十余年。认为王守仁“四句教”纯系“权法,未可执定”(《天泉证道纪》),提出“四无”说,主张为学需“悟得心是无善无恶之心,意即是无善无恶之意,知即是无善无恶之知,物即是无善无恶之物。”(同上)由此断言良知本质是“无”。在宇宙观上主张“无中生有”,“良知惟无物,始能尽万物之变,无中生有,不以迹求,是乃天职之自然,造化之灵体”(《答季彭山龙溪书》)。提出“良知现成”说:“良知原是无中生有……当下现成,不假功夫修正而后得。”(《明儒学案·浙中学案二》)在道德修养上主内省直观的简易方法:“至易至简,当下具足,一念自反,即得本心,可以超凡入圣。”(《与莫延韩》)援禅宗“无念”、“顿悟”思想入儒,以为“君子之学,以无念为宗”(《趋庭漫语付应斌儿》),断言“君子之学,贵得于悟;悟门不开,无以证学”(《悟说》)。又“以良知范围三教”(《三山丽泽录》),公开主张儒道佛三教合一。把传统儒学“人皆可以为尧舜”的命题,易为“众人之心与尧舜同”的主张,以尧舜为自己理想所在,仍不失儒学本色。有《龙溪先生全集》行世。

何迁(1501—1574) 明学者。字益之,号吉阳。德安(今属江西)人。嘉靖进士。观政吏部,授户部福建司主事,历官至南京刑部侍郎,坐严嵩党罢归。早年拜湛若水师,然其学出入湛、王之间,与王门中人交往密切,积极参与王门主导的心学运动。为学以“知止”为要,与江右王门中的“归寂”一派之主张略同。其疏通阳明之学,谓“舍言行而别求一心,外功力而专任本体,皆非王门种子”(《明儒学案·甘泉学案二》)。有《吉阳山房摘稿》、《吉阳山房文集》等。

吴悌(1502—1568) 明学者。字思诚,号疏山。金溪(今属江西)人。嘉靖进士。除乐安知县,历广西道御史、大理寺卿、南京刑部侍郎等职。少时寻师访友,与江西的王门弟子往来讲学。师王守仁弟子黄直。出任两淮巡抚时，“特谒王心斋先生”，王与之“发明良知之学”，他上疏力荐王艮，未果。后被引为泰州学派中人。其思想倾向于心学。有《吴疏山先生遗集》。

胡松（1503—1566） 明学者。字汝茂，号柏泉。滁州（今属安徽）人。嘉靖进士。知东平州，历山西提学副使、浙江按察使、江西巡抚、兵部左侍郎等职，官至吏部尚书。少有明经用世之志。其学大旨本之程朱，然于心学亦有了解，指出“良知即良心之别名”，在格物问题上，认为阳明之“指点昭揭，探怀示人”，于今“更何赘言”，并指出“盖心外无事，事外无心，心体物而不可遗事”（《格物解》）。与王门中人尤与同年进士罗洪先、唐顺之相交甚密，曾参与邹守益主持的复古书院讲会，为钱德洪刊《阳明先生年谱》，为王畿刊《良知议辩》，为罗洪先刊《念庵罗先生集》。有《胡庄肃公文集》。

张后觉（1503—1578） 明学者。字志仁，号弘山。茌平（今属山东）人。贡生出身，以岁贡授华阴训导。早岁，受业于颜均弟颜钥、王艮弟子徐樾，闻王守仁良知之说。罗汝芳、邹善官山东之际，为建愿学书院、见泰书院，俾乡士诸生讲学，常出游参加讲会，门人日进，为北方王门的开创者之一。其论学主张：“良即是知，知即是良；良外无知，知外无良。”“真知是忿忿自惩，真知是欲欲自窒。”（《明儒学案·北方王门学案》）有《弘山集》。

王栋（1503—1581） 明学者。字隆吉，号一庵。泰州（今属江苏）人。嘉靖三十七年（1558），以岁贡授江西南城县学训导，转山东泰安州州学、江西南丰县学教谕。在南丰，曾建南台书院讲学。为王艮族弟，从学于王艮。在致良知问题上，主张“良知无时而昧，不必加致”，同时也指出阳明后学之流弊也正是由于“不言致字误之”。其为学大端有二：“一则禀师门格物之旨而洗发之”，“一则不以意为心之所发”（《明儒学案·泰州学案一》）。在格物问题上，继承王艮“安身立本”之说。在诚意问题上，提出“意为心之主宰”的命题，创立独特的“诚意”说，黄宗羲认为这与刘宗周的“意为心之所存”之观点可谓不谋而合。有《一庵王先生遗集》、《诚意问答》。

罗洪先（1504—1564） 明学者。字达夫，号念庵。吉水（今属江西）人。嘉靖进士。官至翰林院修撰。私淑王守仁，学宗其“致良知”之说，但有某些修正。提出“良知者，至善之谓也”（《明儒学案·江右王门学案三》）。区别于“知善知恶，即是良知，依此行之，即是致知”的王学传统思想。认为“良知”不能自发起作用，需经“主静”工夫，达到无欲境界。曾默坐于石洞中，似置身于太虚。历年出游，注重考察，精研舆地，曾增补元人朱思本《舆地图》，撰《广舆图》一册，图后附有沿革隶属之说明。有《念庵集》。

周怡（1506—1569） 明学者。字顺之，号都峰，改号讷溪。太平（今安徽黄山市）人。嘉靖进士。历吏科给事中、太常少卿、国子监司业等职。师事王畿、欧阳德，依《传习录》，身体力行。在家乡积极推动讲学，宣扬阳明心学。讲学“不喜为高而无实之谈”，人称其学“能会知行于一条”。有《周讷溪公全集》。

唐顺之（1507—1560） 明学者。字应德，号荆川。武进（今江苏常州）人。嘉靖八年（1529）会试第一，授武选主事。在官场几起几落，先后任翰林编修、太仆少卿、佥都御史等。初喜李梦阳诗文，后取法欧阳修、曾巩，更得益于王畿。其心学观点以天机为宗，无欲为工夫。把天机看作是心体之流行不息者，说：“天机即天命也”、“天机活泼，其寂与感，自寂自感，不容人力。吾与之寂、与之感，只是顺此天机而已，不障此天机而已。”指出：“障天机者莫如欲”（《与王道思》）批评“以其世间功名富贵之习心，而高谈性命之学，不亦远乎！”（《与念庵》）还批评当时一味主静和以无意为宗之学，提出“心本活物”（《答南野》）、“离物无心”以及“心本无著、中本无体”（《明道语略序》）等观点。并认为“儒佛分途，只在天机之顺逆耳。”有《荆川集》、《荆川稗编》、《武编》、《文编》等。

赵贞吉（1508—1576） 明学者。字孟静，号大洲。内江（今属四川）人。嘉靖进士。选庶吉士，授编修，后任礼部尚书，兼翰林院学士，拜文渊阁大学士。曾忤严嵩。其学尚“中”，以“中”为宇宙的本源，说：“中之名何称哉？其性命之总名也欤？乃圆满充足之号，无亏无盈，无首无尾，无分别同异之义。其始则太始之元，太乙之真；其材则二仪之精，五行之秀。以言其浑成，则为元命；以言其圆明，则为元性。不立一知，而不见其不足，包括万德，而不见其有余者，其惟中乎！天高明，而中与之高明；地博厚，而中与之博厚；万古悠久无疆，而中与之无疆。”（《杂著》）认为将“中”理解为器物之中，或以为心中之常法，或以学问之效为中，皆是世儒之误。仿效沩仰佛学以图立宗，将周敦颐太极图、魏伯阳月象纳甲图和佛教万字轮相图等六图，同摄于混元图，谓：“一以摄六，六以显一。一者真空也，六者妙有也，世间法与出世法皆备矣”（《明儒学案·泰州学案二》），被黄宗羲批评为禅。晚年杜门著述，拟作《二通》即内篇《经世通》和外篇《出世通》，未成而卒。李贽谓其论中得于徐樾，黄宗羲将其列入泰州学案。

韩贞（1509—1578，一说 1516—1584） 明学者。字以中，号乐吾。兴化（今属江苏）人。陶匠。早年信佛，后闻朱恕讲孔孟之学，遂弃佛归儒，从朱恕学，后卒业于王艮之子王襞。是泰州学派中劳动阶层的人物之一。其学“以化俗为任”（《明儒学案·泰州学案一》），常于秋成农隙之时，聚徒讲学，农工商贾从之者千余。认为“万理具在人心”（《示沙子贤良知》），“凡圣总由心……包罗天地大，贯彻古今深”（《勉松泉陆孝卿》）。说“孔子教人惟默识”（《答问三教》），“良知不用思索”（《示沙子贤良知》），“何须向外寻”（《自在吟》），“不须文字可升堂”（《与黎恭臣》）。认为“野老能成圣”，“愚夫尧舜本来同”（《勉朱平夫》），“人人天地性，个个圣贤心”（《自在吟》）。主张与世无争，淡泊自然，宣扬“安贫死节”。有《韩乐吾集》。

韩乐吾 即“韩贞”。

王襞(1511—1587) 明哲学家。字宗顺,号东崖。泰州(今属江苏)人。王艮之子。师事龙溪钱德洪。其父开讲淮南,随之,父死,遂继父讲席,往来各郡,主其教事。述父家训:“至尊者身,弗先慎乎其德,而苟于从事乎?”(《王东崖遗集》)毕生宣传先天的人性论:“人之性,天命是已。”以为性分之外无所谓学,一切德性皆先天具有:“吾性分之外,无容学者也。万物皆备于我,而仁义礼智之性,果有外乎率性? 而自知自能,天下之能事毕矣。”(《东崖语录》)继承王守仁的良知说,指出“性之灵明曰良知,良知自能应感,自能约心思而酬酢万变”,“良知之灵,本然之体也。纯粹至精,杂纤毫意见不得”,“一毫不劳勉强扭捏,而用智者自多事也”(同上)。认为人的认识亦出于自然,无需人为努力,“窃以舜之事亲,孔之曲当,一皆出于自心之妙用耳……人无二心,故无二妙用。得此岂容一毫人力与于其间”(同上)。承认人性先天纯善。有《王东崖遗集》。另《明儒学案·泰州学案一》中辑有《东崖语录》。

林大钦(1512—1545) 明学者。字敬夫,号东莆。揭阳(今属广东)人。出身贫寒。少慧嗜书,过目不忘,文笔酷肖三苏风格,博通子史百家。嘉靖进士状元及第,授翰林院修撰,未几,为权贵所嫉,以养母告归。结讲堂于华岩山,与族人及乡子弟讲学,自是屡荐不起。自称与同年进士王畿为“生死之交”,其论学“大概宗龙溪(王畿)先生致良知之说”,与罗洪先、邹守益等阳明弟子亦时有书札来往,讨论学术,思想倾向于心学。有《林东莆先生全集》。

高拱(1512—1578) 明哲学家。字肃卿,号中玄。新郑(今属河南)人。嘉靖进士。官至吏部尚书、中极殿大学士,后被罢官,家居著书。政治上反对“偷安自便”,主张“修举务实”,时称“救时宰相”。学术上“与诸贤共倡务实之风”,主张“救时”、“致用”,反对“空寂寡实之学”(《政府书答》)。在理事关系上,主张理在事中,说:“夫理也者,事之理也,既无其事,理于何有?”(《本语》卷三)批驳南宋朱熹“性即理”的观点,是“动兼人物言之”,说“理随事物而在,各有不同,谓性即理,未敢为然也”(《问辨录·中庸》)。提出“义者利之和”的观点,斥责把“义”和“利”完全对立起来的宋儒,“不识义利,不辨公私”,是“以名为利者”(《问辨录·大学》)。继承和发挥唐吕才、明王廷相等人对传统“五行”说的批判思想,指出程朱所宣扬的“天人感应”、“五德终始”和“灾异”说,是“必不可信”的“术家者流幻妄之说”(《春秋正旨》)。在认识论上,与“生而知之”,“良知良能”说相对立,认为“天下之理无穷”,虽圣人也是“其学不已,其进不已”(《问辨录·论语》)。重视实践经验,主张为学要“验之以行事,研之以深思”(《问辨录·序》)。强调事实的验证在认识中的作用,断言“金必火而后知其精与不精,刀必割而后知其利与不利”(《本语》卷二)。有《高文襄公集》,其中《春秋正旨》、《问辨录》和《本语》等,是专门批驳宋儒的哲学著作。

朱衡(1512—1584) 明学者。字士南,号镇山。万安(今属江西)人。嘉靖进士。历官工部尚书,经理河道。性强直,不为张居正所喜,万历初言官劾其刚愎无人臣礼,乞休归。与阳明弟子多有交往,常参加王门讲会。有《道南源委录》、《朱镇山先生集》。

罗汝芳(1515—1588) 明学者,泰州学派代表人物之一。字惟德,号近溪。南城(今属江西)人。嘉靖进士。知太湖县,擢刑部主事,出守宁国府,后迁云南副使转参政。学于颜钧,为王艮再传弟子。曾讲学于广慧寺以及两浙、闽广等处。黄宗羲称其为学“以赤子良心不学不虑为的,以天地万物同体彻形骸忘物我为大”(《明儒学案·泰州学案三》)。认为“赤子(婴儿)之心”最为纯净,“仁”即出于此,“赤子出胎,最初啼叫一声,想其叫时,只是爱恋母亲怀抱,却指著这个爱根而名为仁”(同上),以“仁”为种子,就可养出义、礼、智、信。强调“赤子之心”无须学虑,“赤子之心,浑然天理,细看其知不必虑,能不必学”(同上)。又认为“知”有两种,日用常行之知是以“虑”而知,属“人之知”;“顺而出之”的知是无须把持的“天之知”,提出要用“天之知”觉“人之知”。主张“吾之此身无异于天地万物,而天地万物亦无异于吾之此身”(同上)。认为“生生不已”可使“天与地、我与物,亦即时贯通联属而更不容二也已”(同上)。承继泰州学派之旨,说:“人无贵贱贤愚,皆以形色天性而为日用。”(同上)并肯定人的欲望是天然的。后人认为其学常涉及“浑沦顺适”、“鬼窟活计”,更近于禅宗。有《近溪子文集》。

蔡汝楠(1516—1565) 明学者。字子木,号白石。德清(今属浙江)人。嘉靖进士。初授行人,历任刑部员外郎、衡州知府、江西布政司参政、南京工部右侍郎等职。八岁时随父在南京国子监听湛若水讲学,黄宗羲将其列入“甘泉学案”。官江西时,与江右王门弟子邹守益、欧阳德、罗洪先相与讲学,并与孙应奎一同刊刻《传习录》(衡湘书院本)行世。其学实不专于湛门,于王门心学亦多有涉入。中年后究心经学,著成《说经札记》,文集有《自知堂集》。

何心隐(1517—1579) 明学者,泰州学派代表人物之一。原名梁汝元,字夫山。永丰(今属江西)人。嘉靖举人。从颜山农学,“闻心斋立本之旨”(《明儒学案·泰州学案序》),遂弃科举,聚徒讲学。因与蓝道行以计使严嵩罢相,得罪当道,故易姓改名。后反对张居正毁书院、禁讲学,被捕杖杀。认为“人心”即“仁”即“太极”,“夫人,则天地心也。而仁,则人心也。心,则太极也。”(《仁义》)受张载“民胞物与”泛爱观影响,以为“仁无有不亲”,不局限“父子之亲”,“以至凡有血气之类莫不亲”(同上),以彼我无间的泛爱境界的道德理想所在。断言:“君者,均也;君者,群也。”(《论中》)“均”即人与人平等相待,故主张“臣民亦君”(同上)。“群”为儒家“恕道”的扩大,要推己于君臣、父子、朋友等群体生活中去。把友朋一伦提高到君臣关系并列的地位:“君臣友朋,相为表里。”(《与艾冷溪书》)认为唯有友朋之交范围最广大,“可以拟天地之交”(《论友》)。反对理学的禁欲主义,提出“欲”为人性的自然要求,“性而味,性而色,性而声,性而安佚,性也。”(《寡欲》)力主统治者应与百姓同欲的“育欲”说:“太王虽欲色,亦欲与百姓同欲,以基王绩,以育欲也。”(《聚和志志文》)但不赞成纵欲,而主张“寡欲”:“欲惟寡则心存”(《辨无欲》)。在一定程度上体现了市民阶层要求,但对君权的否定并不彻底,以为臣民应“乐于尽分以报君上之赐”(《聚和率养谕族俚语》)。著作流传仅存《爨桐集》抄本,中华书局据抄本出版《何心隐集》。

梁汝元 即“何心隐”。

胡直(1517—1585) 明学者。字正甫,号庐山。泰和(今属江西)人。嘉靖进士。出为湖广佥事,领湖北道,晋四川参议,寻以副使督其学政。后又任湖广督学、广西参政、广东按察使、福建按察使。从学于欧阳德、罗洪先,为王守仁再传弟子。说“吾心者,所以造天地万物者”,“理在心,不在天地万物”(《明儒学案·江右王门学案七》)。认为儒佛在“天地万物不外乎心”这点上是相同的,只是在语言表述上有差别,儒“主在经世”,其学止于“尽心”,视天地万物为“有”;佛“主在出世”,其学止于“明心”,视天地万物为“无”。反对程朱学派的“穷理致知”说,认为格物是“反求诸其身”,“反求诸己”,“万物皆备,反身而诚皆格物疏义也。”(同上)有《胡子衡齐》。

邓以赞 明学者。字汝德,号定宇。南昌新建(今属江西)人。隆庆进士。由庶吉士授编修。后历官中允、南京祭酒、礼部侍郎、吏部侍郎。从王畿游,传良知之学。为学强调“须求自得”,“天也不做他,地也不做他,圣人也不做他”(《明儒学案·江右王门学案六》)。认为“阳明先生以知是知非为良知,权论耳。夫良知何是何非,知者照也”(《论学书·秋游记》)。以“初”为心之本体,“心之本体,在顺其初者。初者,万虑具忘之时也,突然感之,卒然应之,则纯乎天者也。意气一动而二三之念则继乎后”(《定宇语录》)。强调心性在物,“形色天性也,天性原在形色之内”,“视听言动,以理自然”(同上)。主张“心寂”,“心寂而后感神”(《论学书·与许敬庵》)。《明儒学案》辑有《定宇语录》、《论学书》。

王时槐(1522—1605) 明学者。字子植,号塘南。安福(今属江西)人。嘉靖进士。历官南京兵部主事、礼部郎中、福建佥事、太仆少卿、陕西参政。少师刘文敏。及仕,遍质四方学者。为学重居敬穷理,“居敬之精明了悟处而言,即谓之穷理,非有二事也”(《答郭以济》)。释“敬”谓:“此心湛然至虚,廓然无物,是心之本体原如是也。常能如此是,即谓之敬。”(同上)提倡“暂省外事,稍息尘缘,于静坐中默认自心真面目。”(《答周守南》)认为“充塞宇宙皆心也,皆事也,皆物也,吾心之大,包罗天地,贯彻古今。故但言尽心,则天地万物皆举之矣。”(《答郭墨池》)反对“理先气后”说和佛教以气为幻的理论,认为“盈宇宙间一气也,即使天地混沌,人物消尽,只一空虚,亦属气耳。若谓别有先天在形气之外,不知此理安顿何处”(《与贺汝定》)。主张知行不离,“知者体,行者用,非可离为二也”(《三益轩会语》)。有《三益轩会语》等。

耿定向(1524—1596) 明学者。字在伦,号楚侗,又号天台。黄安(今湖北红安)人。嘉靖进士。官至户部尚书。学本王守仁,认为学有三关:即心即道、即事即心、慎术。指出“良知”“现现成成,无人不具”(《明儒学案·泰州学案四》)。对“格物”有新解,认为“格物即求仁之别名也”(《天台论学语》),而“仁”等道德观念是内心固有的,说:“恻隐、羞恶、辞让、是非,非外铄我也,我固有之也”(同上),因此,“求仁”需“格物”,“格物”就是“反身内观”、“温故知新”(同上)。其学与李贽相违,李著书对他多加批驳。有《耿子庸言》、《硕辅宝鉴》、《耿天台文集》等。

冯柯(1524—1601) 明学者。字子新,号宝阴,世称贞白先生。慈溪(今浙江宁波市江北区慈城镇)人。多次应试而落第,终生为布衣。为学立场取程朱理学,专攻阳明心学。著述颇丰,后人编为《贞白五书》,其中《求是编》,专从《传习录》中或取全条或摘其要语而批评之,长者达数千言,一意护朱,多愤激之言,其间亦有中肯语。

张居正(1525—1582) 明政治家。字叔大,号太岳。湖广江陵(今湖北荆州市荆州区)人。嘉靖进士。隆庆元年(1567)入阁。明穆宗死,他与宦官冯保合谋,逐高拱,代为首辅。万历初年,主持国事。进行了一些改革,如清查土地、推行一鞭法、税役合并、起用能人、加强边备等,以缓和社会矛盾。政治上强调君主命令的绝对权威,“君者,主令者也;臣者,行君之令,而致之民者也”(《张太岳集·陈六事疏》)。制定考成法,以维护君主的权威。认为政事之弊是由于人们空发议论,“人持异见,各信其说”(《宜都院重刻儒学记》),“相与造为虚谈,逞其胸臆,以挠上之法也”(《答南司成屠平石论为学》)。杜绝此种弊病的办法是:只准研习儒学经典,不许私设书院;严格取士标准,禁止异端邪说;严禁儒生干政。以整顿吏治为施政的核心,关键在综核名实。主张严惩贪官污吏,大力裁汰冗员,减少支出。又受民本思想的影响,提出“民为邦本,本固邦宁”,“安民可与行义,而危民易与为非”(《陈六事疏》),以安定民众为长治久安之术。受王守仁心学影响,承认“心体原是妙明圆净,一毫无染,其有尘劳诸相,皆由是自触”(《寄高孝廉元谷三首》)。认为识得“心体”只是“本觉妙用”。注重学问结合实际,提出“学问既知头脑,须窥实际”,“人情物理不悉,便是学问不透”(《答罗近溪宛陵尹》)。治经倡“信心冥解”,反对“训诂之习”。有《张太岳全集》。

孟秋(1525—1589) 明学者。字子成,号我疆。茌平(今属山东)人。隆庆进士。授昌黎知县,历大理评事、刑部主事、尚宝寺丞、少卿等职。拜邑人张后觉为师,讲良知之说。其论学云:“心体本自澄澈,有意克己,便生翳障。盖真如的的,一齐现前,如如而妙自在，必克己而后言仁，则宣父(孔子)何不以克伐仁原宪耶?”认为儒家圣人之学不传，“皆由‘克去人欲，复还天理’之说误之也”(《明儒学案·北方王门学案》)。这是批评将“克己”理解为“克去己私”的宋代理学以来的传统观点。有《孟我疆集》。

李贽(1527—1602) 明思想家、文学家。号卓吾(笃吾)，又称宏甫，别号温陵居士。泉州晋江(今福建泉州)人。原姓林，名载贽，中举后，改姓李，祖籍河南，世代为巨商，自祖辈起，家势渐衰。为回族，信奉伊斯兰教。曾任南京刑部员外郎、云南姚安知府，后辞官不仕，专志著述。师王艮之子王襞。晚年生活无定，从事讲学活动。始居麻城芝佛院，后居北京极乐寺。认为《六经》、《论语》、《孟子》等儒家经典只是“史官过为褒崇之词”，“懵懂弟子记忆师说”，并非“万世之至论”(《焚书·童心说》)。反对“咸以孔子之是非为是非”(《藏书·世纪列传总目前论》)。终被统治者以“敢倡乱道，惑世诬民”罪名逮捕，自杀于狱中。在哲学上，曾批评理学家“理在气先”、“道在事外”的观点。提出“有天地然后有万物”(《夫妇论》)，认为天地之产生万物，正如“夫妇”之产生子女一样，“然则天下万物皆生于两不生于一，明矣”。其“两”即阴阳二气。指出“盈天地皆是生气”，“盈天地皆物也”。但又相信世界万物“皆是吾妙明真心中一点物相耳”(《焚书·解经文》)，是“最初一念之本心”(《焚书·童心说》)，陷入主观唯心主义。还认定人的“是非”为“无定质则此是彼非，并育而不相害；无定论，则是此非彼，亦并行而不相悖矣”(《藏书·世纪列传总目前论》)。又说：“夫是非之争也，如岁时然，昼夜更迭，不相一也。昨日是而今日非矣；今日非而后日又是矣。”(同上)这一观点有其片面之处，然强调了真理有其相对性，则有其合理因素。在认识论上提出“天下无一人不生知，无一物不生知”。认为“生知”是“圣人与涂人一，与凡人一”的结论，反对圣人生知说，但也陷入生而知之的先验论。在伦理思想方面反映了当时兴起的市民阶层的进步意识。认为“穿衣吃饭，即是人伦物理”(《焚书·答邓石阳》)。与理学家“存理灭欲”观点相对立。反对封建礼教，倡导男女平等，指出“不可止以妇女之见为见短也，故谓人有男女则可，谓见有男女可乎?”(《焚书·答友人书》)认为妇女同男子在才能和见识上是一样的，只是由于女子受了社会条件的限制而造成男女间见识上的差别，“夫妇人不出阃域，而男子则桑弧蓬矢以射四方，见有长短不待言也”(同上)。同情寡妇再嫁，赞成女子婚姻自主。反对“男尊女卑”。宣传“势利之心亦吾人禀赋之自然”(《明灯道古录》)，以为“天下尽市道之交”(《续焚书》)，人际之间乃市场交易的关系，人有谋私之心也是“自然之理，必至之符”(《藏书·德业儒臣后论》)。提出“童心说”。认为天下至美的文艺作品均出自“童心”。“童心者，真心也”，“心之初也”，即人的真实情感和欲念。文艺作品必须表现“童心”。提倡“以自然之为美”，认为“声色之来，发于情性，由乎自然”(《焚书·读律肤说》)。以“自然之美”为最高审美标准。提出“化工”与“画工”的审美标准。认为“化工”出于自然，以无法为法，为天下之至文；“画工”虽工巧之极，但“入人之心者不深”(《焚书·杂说》)。有《焚书》、《续焚书》、《藏书》、《续藏书》、《李温陵集》等。

李卓吾 即“李贽”。

章潢(1527—1608) 明哲学家、经学家。字本清。南昌(今属江西)人。与吴与弼、邓元锡、邓元卿并称“江右四君子”。少颖悟好学。构洗堂于东湖，聚徒讲学。曾主白鹿洞书院。又辑书百二十七卷为《图书编》。数荐不起，后授顺天训导。对《易》、《诗》、《书》、《春秋》等有研究，各有著述。为学以明善诚身，与人为善为宗。以为其最谛当者无如辨气质之非性，离气质又不可觅性。认为人生之初，其心本无不善，“天地万物之理，皆具此心，人之所以为人，亦惟学存此心而已”(《明儒学案·江右王门学案九》)。“而心之所以为心，又惟寂而已”(同上)。有《周易象义》、《诗经原体》、《书经原始》、《春秋窍义》、《礼记札言》等。

袁黄(1533—1606) 明学者。字坤仪，号了凡。嘉善(今属浙江)人。万历进士。任宝坻知县，历兵部职方司主事，佐经略宋应昌援朝御日本，中察典免职而归。世代行医。曾拜阳明弟子王畿为师，后受教于云谷禅师，云谷教以“命自我作，福自己求”的“立命”说，授以《功过格》，用作记录每日的善恶行为。袁黄以此实践，著《阴骘录》(又名《立命编》)，宣扬因果报应及立命观念。以为用善恶相拆的方法来积累善行，便可改变命运，而且可为自己及子孙带来幸福。该学说对后世有较大影响。有《两行斋集》、《了凡四训》、《劝农书》等。

许孚远(1535—1604) 明学者。字孟中(一说字孟仲)，号敬庵。德清(今属浙江)人。嘉靖进士。历官吏部主事、兵部郎中、右佥都御史、南京大理卿、兵部侍郎。受学于唐枢。为学以克己为要，“人心本来具此生理，名之曰仁。此理不属血气，不落形骸，故直云克己。己私一克，天理具存”(《原学》)。治学重务实躬行，“学不贵谈说而贵躬行，不尚知解，而尚体验”(同上)。但又把声色等物作为认识的“病根”，“人有血气心知，便有声色种种交害，虽未至前，而病根常在”(《论学书·与蔡见麓》)，强调“格物以为神明之地，必不累于一物，而后可以合道”(《与邓定宇》)。把心性喻作火与光，“心犹火也，性则是火之光明”，“火有体，而光明无体”(《与胡庐山先生论性书》)。认为性“不杂乎形气者”，“只是一个天命之本体”。心“合灵与气”，“不免有形气之杂”，“其曰道心、真心、公心，则顺性而动者也，心即性也；其曰人心、妄心、私心，则杂乎形气而出者，心不可谓性也”(同上)。主张存人欲顺天理，“声色臭味安佚，自是天性之所不能无，不离乎气质者也。第是数者为性之欲，必其顺乎天理之当然”(《论学书·答朱用韬》)。有《原学》、《论学书》、《与胡庐山先生论性书》等。

管志道(1536—1608) 明学者。字登之，号东溟。太仓(今属江苏)人。隆庆进士。授南京兵部主事,改刑部。万历六年(1578),疏陈时弊九事,忤张居正,出为广东按察司佥事,谪盐课司提举。师从耿定向,于王守仁、王艮均有批评,以"霸儒"、"霸学"相讥,指出:"明儒自姚江流泽后,满腔皆是狂气。"(《从先维俗议》)学兼佛老,提倡三教合一、师道与君道的合一,以为非帝王不可任道统,甚而以为孔子而后能接续道统者唯有明太祖朱元璋。著述颇丰,今存有《问辨牍》、《惕若斋集》、《师门求正牍》、《周易六龙解》、《理要酬咨录》、《觉迷蠡测》、《从先维俗议》等。

吕坤(1536—1618) 明哲学家。字叔简,号新吾。宁陵(今属河南)人。万历进士。三十八岁始官,历任户部主事,陕西左、右布政使,左、右佥都御史,刑部左、右侍郎。后辞官,归乡著书二十多年。在宇宙观上,认为"天地万物只是一气聚散,更无别个"(《呻吟语·天地》)。反对把道和器、理和气相分离,说"道无形,以万有为形"(《与总河刘晋川论道脉图》),"理者,气之自然者也","道器非两物,理气非两件"(《呻吟语·谈道》)。指出"气化无一息之停"(《呻吟语·性命》),阴阳二气的消长,天地万物的生灭,"续接不绝"。但强调"天地万物只有一个渐"(《呻吟语·天地》),否认激变。批判先秦以来的天人感应论,提出"人当法天","人定真足胜天"(《呻吟语·应务》),相信人有顺应自然和改造自然的能力。反对生而知之和良知良能说,主张"知行并进格物",说"知行二字,自始至终浑不相离"(《与孙立亭论格物第四书》),指出即使是圣人,"若欲周知,岂得不学?"斥责世儒"行不预言","学不适用"(《杨晋庵文集序》)。在修养上,提出"长善救失"、"达权长虑"、"善于用心"、"有过认过"、"不自是自私"等见解。政治上同情人民疾苦,指出"不生富贵人,贫贱安得死?"指责朱明王朝"无岁不灾,依科如故"。思想上也受朱陆的影响,说"天下事皆实理所为,未有无实理而有事物者也"。又说"举世都是我心"(《呻吟语·谈道》)。有《去伪斋集》、《呻吟语》、《阴符经注》、《四礼疑》、《四礼异》、《实政录》。

潘士藻(1537—1600) 明学者。字去华,号雪松。婺源(今属江西)人。万历进士。授温州推官,曾官南京吏部主事、尚宝寺少卿。师耿定向、李贽,黄宗羲列入"泰州学案"。与祝世禄、焦竑为讲学友。焦竑为撰《墓志铭》云:耿、李之学"人或疑其异指,君(潘士藻)独取会心者,剂而用之,以自名一家"。汇集"君子之言行与时事之大者",成"数巨册",大抵寓以警世之意,以为时人实践之格律,略与当时宣扬改过迁善之善书相近。有《洗心斋读易述》、《闇然堂遗集》、《闇然堂类纂》、《闇然堂日录》。

张元忭(1538—1588) 明学者。字子荩,号阳和。绍兴(今属浙江)人。先后官翰林院修撰,左春坊左谕兼翰林侍读。以心学为宗旨,认为"万事万物皆起于心",心是绝对"至善"的本体,而普通人因蔽于污垢,需要"日新"、"洗心",从静寂中得存心之功。主张由功夫而见本体。提出"悟修并进",领悟本体应有修持的过程,"故得悟而修,乃为真修,因修而悟,乃为真悟"(《张阳和集》卷一)。认为悟、修不可分离,功夫和本体既为"一贯"而又不可互相替代。坚持儒学由下学而上达的传统观点,强调道德实践的重要性。批评当时学者"崇虚无而蔑礼法"(《寄冯纬川》)的流弊。有《张阳和集》。

于孔兼(1538—1615) 明学者。字元时,号景素。镇江金坛(今属江苏)人。万历进士。累授九江推官,礼部主事,礼部仪制郎中等职。为官清正,敢于直言上谏,为疏救赵南星,而忤上意,遂辞归家居,二十年闭门不出,读书著述。与顾宪成等聚于东林书院讲学,并告诫顾宪成:吾辈讲学"不可立门户"。其学推尊程朱理学,在思想上"以濂洛关闽为正",主张为学当以实践躬行为要,对阳明学及其末流有严厉批评,称王阳明为"霸儒",斥李贽为"名教中罪人"。有《山居稿》、《江州余草》等。

唐鹤征(1538—1619) 明学者。字元卿,号凝庵。武进(今江苏常州)人。隆庆进士。历官工部郎、尚宝司丞、光禄寺少卿、太常寺少卿、南京太常。以博学闻。初尚意气及园林丝竹,继归道术,对九流百氏、天文地理、稗官野史均有研究,后重庄子逍遥齐物,终主气论。指出:"盈天地间,一气而已。生生不已皆此也。""自其分阴分阳,千变万化,条理精详,卒不可乱,故谓之理,非气外别有理也。"(《桃溪札记》)认为:"性不过是此气之极有条理处,舍气之外,安得有性。心不过五脏之心,舍五脏之外,安得有心。""举心而性在其中,举性而心在其中矣。"提出:"盈天地间只有此气,则吾心之气即天地万物之气也,吾之性即天地之命万物之性也。"(同上)有《桃溪札记》。

沈懋学(1539—1582) 明学者。字君典,号少林,一号白云山樵。宣城(今属安徽)人。万历进士状元及第,授翰林院修撰。年幼时曾随父沈宠侧席王畿讲会,并从学于罗汝芳,属心学一派。然及第进士后,对王畿、罗汝芳等人兴讲学有所微词,云:"处士横议,且伏祸机。……罗近溪先生稍不知止,几犯危锋。有识者当自权矣。"(《与王龙溪》)暗示王畿当以罗汝芳为戒。有《郊居遗稿》。

祝世禄(1539—1610) 明学者。字延之,号无功。鄱阳(今属江西)人。万历进士。师从耿定向,与潘士藻等同为耿门高弟。其思想属心学一派,称赞王阳明"在事业上有佐命之功,在学问上有革命之功"。其为学旨趣注重著实践履、身心合一,指出"人必身与心相得,而后身与世亦相得",并提出"身在心中"的命题,以批评"心在身中"的传统见解,黄宗羲以为这一观点"实发先儒所未发"(《明儒学案·泰州学案三》)。有《祝子小言》、《环碧斋尺牍》等。

钱一本(1539—1610) 明哲学家。字国瑞,别号启新。武进(今江苏常州)人。万历进士。官至福建道御史,后削职,归筑经正堂以讲学。东林书院成,与顾宪成分主讲席。尤精于《易》。宗"率性修道",倡"慎独"、"诚明"。认为:"性是先天太极之理,心兼后天妙气;性是合虚与气,心是合性与知觉。""仁人心,即本体;义人路,即工夫。"(《黾语》)反对宋儒专谈本性,不说工夫,认为"学不在践履处求,悉空谈也",主张"率从诚始,修从明始","但尽其才,始能见得本体。"(同上)有《像象管见》、《象钞续钞》、《四圣一心录》等。另《明儒学案》录有其语录《黾语》。

唐伯元(1540—1598) 明学者。字仁卿,一说字仁峻,号曙台。澄海(今广东汕头市澄海区)人。万历进士。历官南京户部郎中、尚宝司丞、吏部员外郎、考功文选郎中。师事吕怀。曾上疏反对王守仁从祀文庙。深疾王守仁心学,指出:"六经无心学之说,孔门无心学之教,凡言心学者,皆后儒之误。"(《明儒学案·甘泉学案六》)论学以"反身修德"为要,认为"格物者,知修身为本而已"(《醉经堂集解·格物修己解》)。主张"以物为体",说"道无体,性无体,仁无体,诚无体,总之以物为体,外物无道无性,不仁不诚。"(《道德仁诚解》)反对程朱陆王的理欲论,"惟天生民有欲,欲不必无,亦不能无,为无欲之说者,惑也",主张"一欲不弃,一欲不留,欲我当欲,与人同欲"(《寡欲解》)的中和位育之道。在心、性、身的关系上,认为:"性一天也,无不善。心则有善有不善。至于身则去禽兽无几矣。故自性而心而身,所以贤圣,自身而心而性,所以凡愚。"(《论学书·答顾叔时季时昆仲》)强调"理天气人",认为"气存而理犹有存者,故理失而求气可也"(《答余司理》)。有《醉经堂集解》、《论学书》等。

方学渐(1540—1615) 明学者。字达卿,号本庵。桐城(今属安徽)人。性喜讲学,拥有弟子数百人。晚年尝与东林学派诸子往来论学。少尝受学于张绪、耿定向,然其思想游移于理学和心学之间,对王阳明和王艮的思想虽有认同但也有修正,对阳明后学以及泰州后学则有批评。黄宗羲称其"在泰州一派,别出机轴矣",门人称其学"近接余姚,远宗洙泗"。晚年更与东林学派之思想立场趋向接近,与顾宪成、高攀龙有一种"同声相应,同气相求"的默契关系。有《桐彝》、《迩训》、《东游记》、《心学宗》等。

焦竑(1540—1620) 明学者。字弱侯,号漪园,又号澹园。江宁(今江苏南京)人。万历进士。授翰林院修撰。主顺天乡试,被劾,谪福宁州同知,移太仆寺丞,升南京司业。师事耿定向、罗汝芳,笃信李贽之学。认为"佛学即为圣学",将"明道辟佛之语,皆一一绌之"(《明儒学案·泰州学案四》)。力图调和儒佛,认为儒家的"尽其心者,知其性也",即佛教之"识心见性"(《答友人问释氏》)。认定佛经所说,最得孔孟"尽性至命"精义,汉宋诸儒经注只是糟粕。论作文主直取胸臆,不为词家蹊径所束缚。既主张文以致道,以"性命""事功"为实,强调"实胜",又重视文艺作品的审美功能,认为应"得佳句于物表,疏导性灵","即无当于大道,而要为赏心悦目之资不可废也"。有《澹园集》、《焦氏类林》、《老子翼》、《庄子翼》、《易荃》等。

夏叟 明繁昌(今属安徽)人。字廷美。农夫。曾师事王艮再传弟子焦竑。认为对"心"应听其自然,"吾人须是自心作得主宰,凡事只依本心而行,便是大丈夫。若为世味牵引,依违从物,皆妾妇道也。"(《明儒学案·泰州学案》)指出"天理"和"人欲"的区别"只在迷悟间","悟则人欲即天理,迷则天理亦人欲"(同上)。

郭棐(?—1605) 明学者。字笃周。南海(今广东佛山市南海区)人。湛若水弟子。嘉靖进士。历任户部主事、礼部主事、四川提学、湖北参政、山东按察使、云南右布政、光禄正卿等职。学以湛学为宗,但反对门户之争,认为"人之为学,亦惟尽心尽性。阳明、甘泉之学,即周程朱陆之学也;周程朱陆之学,即孔孟之学也;孔孟之学,即尧舜禹文'执中'之学也"(《粤大记》卷六)。著作颇丰,有《粤大记》、《岭海名胜记》、《广东通志》、《四川通志》、《梦菊全集》等。

李材 明学者。字孟诚,号见罗。丰城(今属江西)人。嘉靖进士。授刑部主事,以学未成乞归。穆宗时,任兵部郎中、广东佥事。神宗时,官云南按察史、右佥都御史。师事邹守益,学致良知之学。继为性觉之说,认为"致知者致其知体,良知者发而不加其本体之知,非知体也"(《明儒学案·止修学案》)。后以修身知止为要,提出"古之欲明明德至修身为本,何谓也,盖详数事物各分先后,而本归于修身也。本在此,止在此矣"(《大学约言》)。强调"止修非二体","未有不止而能修,亦未有不修而能止者"(《知本同参》)。"止为主意,修为功夫。"(《大学约言》)对知行关系,认为"知即是行,行只是知","知到极处,只体当得所以行,行到极处,只了当得所以知"(《论学书》)。有《道性善编》、《大学约言》、《知本同参》等。

丁宾(1543—1633) 明学者。字礼原,号改亭。嘉善(今属浙江)人。隆庆进士。任句容知县,有善政,擢御史,因忤首辅张居正意,去官。居正败后起复,督操江,官至南京工部尚书。与袁黄同入王畿之门,称"共信良知之学"。居官或赋闲在家,好赈济贫民,常以巨额家财施赈。与陈龙正成立嘉兴"同善会",属慈善组织。认为施善是教化的重要辅助手段。有《丁清惠公遗集》。

刘元卿(1544—1609) 明学者。字调父,初号旋宇,改号泸潇。安福(今属江西)人。乡举不仕,征为礼部主事。初与邹守益之孙邹德涵、邹德溥结交讲学,后师事刘阳、徐用检,继而师事耿定向,平生推服者为耿定向和王时槐。继承耿"即心即道"之说,指出:"学者或从性体造作以为明,或从格式修检以为行,或从闻见知解以为得,则于即心即道已远。"(《明儒学案·江右王门学案六》)这是对王守仁的"心即理"说的阐发。著述颇丰,今存有《刘聘君全集》、《江右名贤录》、《诸儒学案》、《山居草》、《大学新编》、《大象观》等。

孟化鲤(1545—1597) 明学者。字叔龙,号云浦。新安(今属河南)人。万历进士。授南京户部主事,改吏部,历稽勋文选郎中,以言事忤旨,罢黜为民。既归，与学者讲学不辍。从师尤时熙，时熙为江右王门刘魁弟子，故孟属阳明三传弟子。其论学云："人者天地之心，而人之心即浩然之气。浩然者感而遂通，不学不虑，真心之所溢而流也。吾之心正，则天地之心正，吾之气顺，则天地之气顺。"(《明儒学案·北方王门学案》)有《孟云浦先生集》。

虞淳熙(?—1621)　明学者。字长孺，号德园。钱塘(今浙江杭州)人。万历进士。授兵部职方主事，历吏部稽勋郎中。与罗汝芳为忘年交，自称"三岁闻唯识，五岁闻良知"(《南询录序》)。尝受戒于云栖袾宏，称憨山德清为师，为当时著名的佛教居士，长于佛学，力主儒释归一，对当时传入中土的天主教有严厉批评。有《虞德园先生集》。

罗大纮　明学者。字公廓，号匡湖。安福(今属江西)人。万历进士。以礼科给事中守科，上疏弹劾首辅申时行误国卖友，忤旨斥为民。师从徐用检，属阳明三传弟子。居家与邹元标讲学。为学主张破除执念，认为"一念迷即为放"，"一念觉则为收"，"迷则皆迷，悟则皆悟"，注重对己心的自我觉悟。黄宗羲称其学"于江右先正之脉，又一转矣"(《明儒学案·江右王门学案八》)。有《紫原文集》。

杨东明(1548—1624)　明学者。号晋庵。虞城(今属河南)人。万历进士。曾任太常少卿，光禄寺卿，官至刑部侍郎。其学宗王守仁，但已不复谈"致良知"之说。提出"理气断非二物"、"理气一也"(《晋庵论性臆言》)，肯定："盈宇宙间只是一块浑沦元气，生天生地，生人物万殊，都是此气为之。"(同上)认为"理"只是"气"的"条理"、属性，所谓"气犹姜桂，而理则其辛辣之性，浑是一物，毫无分别"(同上)。在人性问题上，强调"性为气质所成，而气质外无性"，反对宋儒把性分为义理、气质两途的说法。有《晋庵论性臆言》。

顾宪成(1550—1612)　明学者，东林学派领袖。字叔时，别号泾阳。无锡(今属江苏)人。万历进士。官至吏部考功司主事。因直言削籍归乡。后从事著述、讲学，虽身"居水边林下"，却"志在世道"(《明史·顾宪成传》)，以国家兴亡为重。为学推崇程朱，认为"太极"乃是"生天地之本"，又以为"性，太极也"，"性即理也"(《小心斋札记》)，赋予性以本体论的根据。由此主张"以性善为宗"，以为"善，天理之精也；恶，人欲之滓也"(《证性篇》)。又赞成王守仁"致良知"说，"其意最为精密"，但不满"其揭无善无恶四字为性宗"(《小心斋札记》)。认为"无善无恶四字最险"，其危害是"埋藏君子，出脱小人"(《还经录》)，导致"空"与"混"的社会风气。"空则一切解脱"，"混则一切含糊"(《证性篇》)。批评议论玄虚的空谈，强调"讲以讲乎习之事，习以习乎讲之理"(《东林书院志》)。反对不学不虑的"见成良知"论，以为"良知不虑而知，不学而能，本自见成"是"大话"，"其为天下祸甚矣！"(《小心斋札记》)提出"本体工夫原来合一"(《证性篇》)，强调道德修养工夫在成圣贤中的重要作用，"道性善，是说本体；称尧舜，是说工夫"(《经正堂商语》)。力主"悟修双捉"。认为"舍悟无由修"。有《小心斋札记》、《顾端文公遗书》等。

顾泾阳　即"顾宪成"。

邹元标(1551—1624)　明学者。字尔瞻，号南皋。吉水(今属江西)人。万历进士。观政刑部。以谏忤张居正，遭贬。居正死，擢给事中。后因疏谪南京三年。归里后建仁文书院，聚徒讲学，为"东林"首领之一。光宗时起为大理卿，擢刑部右侍郎，转左都御史。后疏劾辞职。其学"以识心体为入手，以行恕于人伦事物之间与愚夫愚妇同体为工夫，以不起意空空为极致"(《明儒学案·江右王门学案八》)。强调"正本分"。认为"天理"与"人欲"一致，"心迷则天理为人欲，心悟则人欲为天理"(《会语》)。强调"人心"与"道心"的区别，认为"不由人力纯乎自然"的是"道心"，"由思勉而得"的是"人心"(同上)，认为以道心为主者，可以宰世。有《愿学集》。

顾允成(1554—1607)　明学者。字季时，号泾凡。无锡(今属江苏)人。顾宪成弟。万历进士。累官南康府教授，保定府教授、礼部主事等职。后因上疏弹劾阁臣张位，被谪为光州判官，乞假归，与兄讲学于东林书院，不复出。与兄同为薛应旂弟子，在学术思想上提倡经世之学，批评心学空谈之风气，注重道义气节，批评"乡愿道学"。黄宗羲称其"见义必为"，其学术"皆从性命中流出"。有《小辨斋偶记》。

冯从吾(1556—1627)　明学者。字仲好，号少墟。长安(今属陕西)人。万历进士。由庶吉士授御史。削籍家居讲学。熹宗时，任大理寺少卿、左佥都御史、左副都御史、拜工部尚书。曾在京师与邹元标共建首善书院，集同志讲学。师事许孚远。好濂、洛之学。为学主张"在本原处透彻，未发处得力，而于日用常行，却要事事点简，以求合其本体"(《明儒学案·甘泉学案五》)。提出治学要辨别性体源头，认为"以义理之性为主，源头一是，则无所不是"，"若以气质之性为主，源头一差，则无所不差"(《语录》)。强调"未发"时的修养工夫，"只凡是在平常无事时，预先将性命道理，讲究体认"，"使心常惺惺，念常亹亹，时时讨得湛然虚明气象"。其儒佛之辨，"以为佛氏所见之性，在知觉运动之灵明处，是气质之性，吾儒之所谓性，在知觉运动灵明中之恰好处，方是义理之性"(《明儒学案·甘泉学案五》)。认为"格物即是讲学，不可谈玄说空"(《疑思录》)。在知行关系上，认为南宋朱熹的"先知后行"与王守仁的"知行合一"，"二说都是，不可执一"(《语录》)。有《元儒考略》、《关学编》、《冯少墟集》等。

杨廷筠(1557—1627)　明学者。字仲坚，号淇园。浙江杭州人。万历进士。历任江苏督学、按察司副使、光禄寺少卿等职。本信佛，后改信天主教，有《天释明辩》一书，辩天主教与佛教之不同，驳释家主旨。奉献家宅作为天主教堂。其论多宗利玛窦而认天主教与儒学相通，为传教、护教以救世风作舆论宣传。谓"知天、事天、畏天，皆中华先圣之学也"(《刻西学凡序》)，故"钦崇天主，即吾儒昭事上帝也；

爱人如己，即吾儒民我同胞也”(《七克序》)。另著有《圣水纪言》、《鸮鸾不并鸣说》、《代疑正续编》、《西学十诫诠解》等。

黄汝亨(1558—1626) 明学者。字贞父，号泊玄居士、寓林居士。浙江杭州人。万历进士。授进贤知县，官至江西布政司参议。思想上主张“当以醇静心体为第一义”，“要以不失本心为天地第一义”。其学术主张接近于心学，有偏静之倾向。有《寓林集》等。

郝敬(1558—1639) 明学者。字仲舆，号楚望。京山(今属湖北)人。万历进士。官至礼科给事中。后因不满朝政，挂冠而归，筑园著书。其学主性善说，“性即至善，不待养而其体常定”(《知言》)。又认为：“人性虽善，必学习而后成圣贤。赤子虽良，养之四壁中，长大不能名六畜；虽有忠信之资，不学不成令器。”(《四书摄提》)强调“道不离宇宙民物……圣人礼乐即道，四科即学。”“故圣人教人，择善固执，只在人伦庶物间。”(同上)斥佛、道为“无学以求见性，所以荒宕驰骋，败常乱俗也”(同上)。有《知言》、《四书摄提》等。

颜茂猷 明学者。字壮其，又字仰子，号宗璧居士。平和(今属福建)人。崇祯七年(1634)，特赐进士。曾作《迪吉录》，以因果报应思想为基础，劝人为善去恶，宣扬善恶行为必有报应。全书分“官鉴”和“公鉴”二门，并附有“功过格”和“当官功过格”，要求人们将自己日常的善恶行为记录下来，通过数字化的计量统计，可以预知祸福，甚至可以掌握自己的命运。这是一种旨在宣扬道德反省的劝善书。其中的“功过格”是现存的古代刻本之一。明末东林党人陈龙正称赞此书是“真救世之宝书”。明末刘宗周说：“近闽人颜壮其氏刻有《迪吉录》，大抵本之了凡(袁黄)，而颇尽其类。其说渐近于学人，友人有叹赏之者。”相传此书一出，便在福建等地大为流行，屡被刊刻，“不下千卷”。其思想在晚明的“善书”运动中有很大影响。还有《新镌六经纂要》等。

高攀龙(1562—1626) 明学者，东林学派领袖。字存之，别号景逸。无锡(今属江苏)人。万历进士。后授行人司行人。三十五岁时回家乡，与顾宪成等人重建东林书院，此后从事讲学和著述达二十多年，为“一时儒者之宗”(《明史·高攀龙传》)。六十岁时东林得势，重被起用，官至左都御史。因弹劾崔呈秀，被削籍为民。后拒捕跳塘自杀。学宗程朱，又兼取张载与陆王。以“太极”、“理”为万物本原：“万物统体一太极也”(《东林论学语》)，“太极者，理之极至处也”(《书悟易篇》)。又从“心与理一”出发，认为“知反求诸身，是真能格物者也。”(《语》)以为人性即天理乃“天然自有”，其内容为“五德五常之类”，是“生民须臾离之不可”(同上)的。强调善为人性的核心，主性善说：“善者，性也。无善是无性也。”(《许敬庵先生语要序》)人性本善，因气禀、习气、私欲所蒙蔽，故为学之要在复性：“既有志学问，须要复性，才是有志。”(《东林论学语》)认为复性得由格物入手，“由格物而入者，其学实；其明也，即心即性。”(《答方本庵书》)提倡“治国平天下”的“有用之学”(《东林论学语》)，认为士大夫“居庙堂之上”或“处江湖之远”时，均应有忧国忧民的“实念”，做“随事必为吾民”的“实事”(《答朱平涵书》)。生前著述甚多，后由门人陈龙正辑成《高子遗书》。

高景逸 即“高攀龙”。

冯梦龙(1574—1646) 明学者。字犹龙，又字子犹、耳犹，别号绿天馆主人、可一居士或可一主人、茂苑野史、龙子犹、墨憨斋主人、词奴、顾曲散人、香月居主人、詹詹外史等。长洲(今江苏苏州)人。出生于吴中“理学名家”，年轻时才华出众，但不喜八股文，醉心于通俗文学和贬斥时弊的文章。晚年进行抗清宣传。主张以情为本，认为天地生生，乃情所致，四大皆幻，惟情不假。“万物生于情，死于情，人于万物中处一焉。……故人而无情，虽曰生人，吾直谓之死矣。”进而提出“情教”，说：“我欲立情教，教诲诸众生。”甚至提出：“六经皆以情教也。”(《情史》)他还在《情史序》中说：情可使人“化私为公，庶乡国天下蔼然以情相与”。与封建礼教和宋明理学的禁欲主义形成鲜明对立，反映了市民阶层解放思想、冲破传统束缚的要求，被誉为明清启蒙思潮的重要人物之一。有《情史》、《山歌》、《喻世明言》、《警世通言》、《醒世恒言》、《古今谭概》、《笑府》等。

刘宗周(1578—1645) 明末哲学家。字起东，号念台。因讲学蕺山，学者称蕺山先生。山阴(今浙江绍兴)人。万历进士。官至南京左都御史。清军陷杭州，绝食而卒。曾筑证人书院。黄宗羲、陈确为其学生。认为“盈天地间，一气而已矣”(《体认亲切法》)，万物均从“即有即无”的气中化生。反对宋儒“理在气先”说，指出“理即是气之理，断然不在气先，不在气之外”(同上)。提出“人以天地万物为一体”，说：“人合天地万物以为人，犹之心合耳目口鼻四肢以为心。今人以七尺言人，而遗其天地万物皆备之人者，即不知人者也。”(《来学问答·答秦宏祐》)用“气”贯通“性”、“道”、“理”。“性即气，气即性，人性上不可添一物。”(《证学杂解·解十九》)又说：“气聚而有形，形载而有质，质具而有体，体例而有官，官呈而性著焉。”(《原性》)人性是由自然的气质形成的。认为“须知性只是气质之性，而义理者气质之本然，乃所以为性也；性则是人心，而道者人之所当然，乃所以为心也。人心道心只是一心，气质义理，只是一性”(《读书说》)。初步阐述了一种以气质为本体的自然人性论。认为人心由阴阳二气化合而成，心者“一物而已”。“道心”、“义理之性”即存在于“人心”、“气质之性”之中，“道心即人心之本心”，“道心即在人心中看出”(《学言》上)。具有反理学传统的意义。在道德修养论上，创慎独说。黄宗羲说：“先生之学，以慎独为宗，儒者人人言慎独，唯先生始得其真”(《明儒学案·蕺山学案》)。强调道德修养的自觉性。认为慎独即“毋自欺”，“离独一步便是人伪”(《学言》上)。“慎独只是个微字，慎独之功亦只于微处下一着子。”(同上)力倡“诚敬”，指出“为学之要，一诚尽之矣，而主敬其功也，敬则诚，诚则天”(《易箦语》)。要求通过“克己”、“择善”来达到“诚敬”。反对理学家的禁欲主义的修养论，认为“欲与天理只是一个，从凝处看是欲，从化处看是天理”(《学言》上)。以为“生机之自然而不容已者，欲也”(《原心》)。“至诚”、“见独”是刘宗周的道德理想。这在他的生死观中得到充分体现，认为人生置于“天地万物一体”，“原来生死只是寻常事”(《死生说》)。但“死而有益于天下，死之可也；死而无益于天下，奈何以有用之身轻弃之”。又说“国存与存，国亡而亡，古之制也，吾将安之乎！”“吾辈断无生路，行亦死，住亦死，做事亦死。等死也，与其默默而死，毋宁烈烈而死”(《年谱》)，表现了爱国志士的崇高气节。有《刘子全书》、《刘子全书遗编》。

刘蕺山 即“刘宗周”。

储泳 明无神论者。曾笃信术数，后弃而不辨，并作《祛疑说》，以信明阴阳五行和道士方术之伪。以阴阳论鬼神，“神者，天之阳精；鬼者，地之阴气。阴阳者，天地之妙用。鬼神者，阴阳之变化。”(《鬼神之理》)认为人的生死和鬼神皆是“天地自然之道，岂驱而为之哉”(同上)。另有《易说》等，已佚。

明清之际

孙奇逢(1584—1675) 明清之际学者。字启泰，一字钟元。直隶容城(今属河北)人。与黄宗羲、李颙并称三大儒。明亡后隐居不仕，躬耕自食，收徒讲学，学者称夏峰先生。汤斌、魏象枢皆其门人。哲学上初宗陆(九渊)王(守仁)，晚倾慕朱熹理学，成为两家的调和论者。主张在朱陆之间“不宜有心立异，亦不必著意求同”(《寄张蓬轩书》)，认为“朱王入门，原有不同，及其归也，总不外知之明，处之当而已”(《答常二何书》)。提倡学者不可拘门户之见，应以深造自得为主。曾纂辑著书，以周、程、张、邵、朱、陆等十一人为理学正宗，强调要“言其言，行其行，明其心”(《与魏莲陆》)。其学以慎独为宗，以体认天理为要，以日用伦常为实际。有《理学宗传》、《四书近旨》、《读易大旨》、《理学传心纂要》、《夏峰先生集》。

孙夏峰 即“孙奇逢”。

陈龙正(1585—约1645) 明清之际学者。字惕龙，号几亭。嘉善(今属浙江)人。崇祯进士。授中书舍人，官至南京国子监丞。师事高攀龙，其学以万物一体为宗，尤留心于经世致用之学，认为“学者须得为万世开太平意思，方是一体”。指出“身视心则心微矣，惟身斯显，故学不本正而本修”，突出修身工夫的重要性。对于心学末流的“教人废学问”以及“教人不做工夫”等流弊提出批评。有《几亭全书》、《几亭外书》等。

黄道周(1585—1646) 明清之际学者。字幼平，号石斋。漳浦(今属福建)人。天启进士。崇祯初官右中允，后进少詹事兼翰林院侍读学士。福王时官礼部尚书。南都覆，唐王以为武英殿大学士，兵败被清兵俘杀。主“万物一体”，反对宋儒所谓“气质之性”说。认为“气有清浊，质有敏钝；自是气质，何关性上事。性则通天彻地，只此一物，于动极处见不动”(《明儒学案·诸儒学案》)。否认人有先天上智下愚之别，认为“上知(智)下愚，俱是积习所成”(《榕坛问业》)。强调“克己”，认为“克己者，只把己聪明才智一一竭尽，精神力量一一抖擞”，使视听言动“无一是我自家气质，如此便是格物物格，致知知至耳”(同上)。有《榕坛问业》、《易象正义》、《洪范明义》、《孝经集传》等。

朱之瑜(1600—1682) 明清之际学者。字楚屿，又字鲁屿，晚号舜水。余姚(今属浙江)人。明诸生。崇祯末，屡奉征辟，皆不就。明亡，从事抗清活动，失败后亡命日本、越南、暹罗等国。清顺治十六年(1654)参加郑成功、张煌言等反清复明的斗争。失败后，定居日本讲学二十余年。深受日本水户藩主德川光圀(国)的尊礼。卒后，日本学者私谥文恭先生。为学重实际效用和事功，反对“专在理学研究”上空谈，“为学当有实功，有实用”(《答小宅生顺问》)。“学问之道，贵在实行”，“圣贤之学，俱在践履。”(《答安东守约问》)指斥宋儒脱离社会实践，“辨析毫厘，终不曾做得一事”(《与安东守约书》十)。主张“经邦弘化，康济艰难”(《答林春信问》)。强调学术为政治和社会服务。认为人的善恶不取决于先天禀受气质的清浊，而决定于后天教育和社会环境的影响。重视史学，认为：“经简而史明，经深而史实，经远而史近”，“得之史而求之经，亦下学而上达耳”(《答奥村庸礼书》)。其学术思想对当时日本有一定影响。著作由其门人辑集、德川光圀父子刊印为《舜水遗书》。1981年中华书局汇集其全部诗文、书札问答等编为《朱舜水集》。

朱舜水 即“朱之瑜”。

祁彪佳(1602—1645) 明清之际学者。字弘吉，号世培。浙江山阴(今绍兴)人。天启进士。累官兴化府推官、福建监察御史等职。明亡后，任南京福王政府的右佥都御史，巡抚江南，后以疾辞职。1645年，清兵攻陷杭州，遂自沉于水，以身殉国。唐王时，追谥忠敏。明末大儒刘宗周弟子，为学朴实，关注于国计民生的现实问题，对当时空谈竞躁之风气颇为不满，主张：“天下事言之不如行之也，正以言者之未必能行也。”在文学、戏剧方面，著述颇丰。有《祁彪佳集》等。

陈确(1604—1677) 明清之际思想家。初名道永，字非玄，后改名确，字乾初。浙江海宁人。曾受学于刘宗周。为学“无所依傍，无所瞻顾，凡不合于心者，虽先儒已有成说，亦不肯随声附和，遂多惊世骇俗之论”(黄宗羲《陈乾初先生墓志铭》)。明亡后，隐居著述，一生未仕。晚年得拘挛疾，病困十五载而卒。针对择风水坟地和厚葬的迷信观念，阐述了无神论思想，认为天与地乃是无意志的，不能予人以祸福。说：“天无私覆，故雨露之施不择物。物之材不材，自为枯荣焉，非天有意枯荣之也。地承天施，亦犹是耳，人之善不善，自为祸福焉，非天与地能祸福之也。”（《葬书·葬论》）从“光复孔孟”出发，揭露程朱将《大学》列为“圣经贤传”。反对宋明时代唯心主义先验论，提出“君子之学也，终身焉而已，则其于知也，亦终身焉而已。故今日有今日之至善，明日又有明日之至善，非吾能素知之也，又非可以一概而知也，又非吾人聪明知识可以臆而尽之也”（《大学辨》）。认为做学问，求知识都是终身事情；知识是不断更新的，不是天生的“素知”，也不能“一概而知”。又说“天下之理无穷，一人之心有限，而傲然自信以为吾无遗知焉者，则必天下之大妄人矣，又安得一旦贯通，而释然于天下之事理之日也哉”（同上）。从知识无止境的观点出发，提出“道虽一贯，而理有万殊，教学相长，未有穷尽，学者用功，知行并进，故知无穷，行亦无穷，行无穷，知愈无穷，先后之间，如环无端，故足贵之”（《性解》下）。其“知行并进”的论述，已涉及“知”与“行”两者之间的辩证关系。肯定人的善恶取决于后天的积习，主张“气”、“才”、“性”三者不能分立。否定宋儒关于“天地之性”（或“义理之性”）和“气质之性”对立、“天理”和“人欲”对立的说教，说“天理正从人欲中见，人欲恰好处，即天理也。向无人欲，则亦无天理之可言矣”（《瞽言》四）。据此反对宋儒“存理灭欲”的道德禁欲主义，并在反对禁欲的思想时，猛烈抨击佛教，指出“度尽众生”实为“灭尽众生”。有《陈确集》。

陈乾初 即“陈确”。

胡承诺（1607—1681，一说1613—1687） 明清之际学者。字君信，号东柯、固斋，又号隐矶渔人，晚号石庄，自称石庄老人。湖北天门（一说湖南石门）人。明崇祯举人。入清，隐居不仕。顺治十二年（1655），部铨县职。康熙五年（1666），檄征入都，旋即告归，构石庄于西村，穷年诵读。为学博稽诸经诸史，旁罗百家，而折中于周、程、张、朱之说。晚集圣贤、帝王、名臣、贤士、凡民之志业，兼综条贯，成《绎志》。认为：“欲富国者，当使君民之力皆常有余。民之余力，生于君之约取；君之余力，生于民之各足。”（《绎志·租庸篇》）著《读书说》，麟杂细碎，随事观理而体察。另有《菊佳轩诗集》。

傅山（1607—1684） 明清之际思想家。初名鼎臣，字青竹，后改青主。又有真山、浊翁、石道人等别名。山西阳曲人。曾讲学于三立书院。明亡后，隐居山中，自称居士或道人。清顺治十年（1653）因宋谦反清案入狱。一年后得门人相救出狱。清廷开博学鸿词科，他以死拒不应征。特授中书舍人，仍托老病辞归。与顾炎武相交，坚持抗清节操。精通经史诸子之学，兼工诗文、书画、金石，又精医学。自称“老夫学老庄者也，于世间诸仁义事实薄道之，即强言之亦不能工”（《霜红龛集·书张维遇志状后》）。有否定儒家正统思想倾向。自称其言论“皆反常之论”，不满宋明理学，认为“理学家法，一味版拗”（《霜红龛集·杂记三》），“明王道，辟异端，是道学家门面，却自己只作得义（沿）袭工夫”（《霜红龛集·杂记一》）。哲学上主张“气在理先”，认为“气蒸成者始有理”，“若云理在气先，但好听耳，实无着落”（《傅山手稿一束》）。认为“理”亦有善恶，“理有善有恶，犹乎性有善有恶”（同上）。提出“作人、养性”应以“自得惺人，别生机轴”为“安身立命之所”（《文训》）。要求君民平等，称颂“李太白对皇帝无如对常人”（《霜红龛集·杂记一》），强调圣凡平等，以为不要他人“事之”的“圣贤”，才可言“平等”（《蛊上解》）。提出“无理胜理”，“市井贱夫最有理”，“圣人为恶”等叛逆性的命题。否定理学家的道统说，“今所行五经、四书，沧一代之王制，非千古之道统”（《霜红龛集·杂记一》）。断言“礼丧世”，“世丧礼”，“礼与世交相丧”（《礼解》），揭示封建礼教与封建社会存在着自我否定的因素。倡导功利主义，主张“兴利之事，须实有其功”，“圣人为天下，必于具其功”。提出“天下之利弗能去也”（《墨子·大取篇释》）。对墨家志功之辨有所阐发，“爱人者，必实之有爱人之功始可，若但有其志于人何益？所以志是志，功是功，须辨之，不可谓志即功也”。在名实关系上，认为“实在，斯名在”，名是对客观事物的反映。强调名、实对应，判断恰当，“如山之非丘，室之非庙，不得曰丘如山，庙即室也”（同上）。实发生变化，名也随之变化，“如居齐曰齐人，而去之荆，则不得谓齐人矣之类也”（同上）。赞成老子关于“无名”、“有名”的分析，以及名的“既有”与“知止”的思想，提出有“以形貌命者”与“不可以形貌命者”两类，前者指具体概念；后者指抽象概念。批评庄子的“齐是非”观点，肯定“公孙龙子”中的合理思想。著作存世者有《霜红龛集》，另曾著《性史》、《十三经字区》、《周易音释》、《周礼音辨》等，均佚。近年陆续发现其佚著手稿与录本，有《庄子批注》、《荀子评注》、《荀子批点》、《淮南子评注》、《老学庵笔记批点》等。医学上传有《傅青主女科》和《傅青主男科》等书。流行颇广，疑系后人托名之作。

傅青主 即“傅山”。

潘平格（1610—1677） 明清之际学者。字用微。慈溪（今浙江宁波市江北区慈城镇）人。一生只做过训蒙师。为学由程朱而老庄而禅学。后以为其皆不合孔孟之道，遂以“求仁”为学问主旨。认为“孔门之学以求仁为宗。仁者，浑然天地万物一体，而发见于吾人日用平常之事者也”（《求仁录》）。批判程朱陆王，指出“朱子道，陆子禅”（见《恕谷后集·万季野小传》）。认为程朱后学诋陆王，是以老攻佛；陆王后学诋程朱，是以佛攻老。强调在“日用”中求“真心”，“学者之患，在于不知真心在日用，而别求心，故有种种弊病以各成其学术”（《求仁录》）。主张“自天子以至庶人”皆“浑然一体”的平等。有《求仁录》等。

潘用微 即“潘平格”。

彭士望（1610—1683） 明清之际哲学家。字躬庵。南昌（今属江西）人。“易堂九子”之一。少从黄道周学。黄道周被捕时，曾设法营救。南明弘光时，与欧阳斌元（字宪万）、王纲（字乾维）在扬州入史可法幕府。杨廷麟在赣州抵抗清兵，任他为湖西道，负责战守之事，失败后归隐。其学以王阳明、罗洪先之说为宗，提倡实用之学。认为“文成出，世之讥道学无用者闲其口而气夺。知行合一，正以救知不能行之弊”（《明臣言行录·序》）。斥责理学家的空疏滞碍，“每惜道学于义为精，滞于理，往往无识，不能通万物之情，遂以误天下，而归于无用”（《明臣言行录》卷五）。指出，挽救学风的办法是崇实，“其真欲救之者，亦惟核名实，黜浮伪，专事功，省议论，毕力于有用之学”（《明臣言行录》卷二）。认为，“天下治乱系于学术，未有学术不素具而足以有为于天下者也”，“后世之伪儒则有术而无学”（《明臣言行录》卷六）。认为：“古人学问必求有用。有用之学非尽废读书也。须明识时耳。明理则有益于身心，识时务则有益于世务”（《明臣言行录》卷十）。有《耻躬堂诗文钞》等。《耻躬堂诗文钞》清代列为禁书，1998年北京出版社出版的《四库禁毁丛书》集部收录此书。

黄宗羲（1610—1695） 明清之际思想家、史学家。字太冲，号南雷，学者称梨洲先生。浙江余姚人。自幼受东林党人的影响。19岁入都讼冤，以铁锥毙伤仇人。后领导“复社”坚持反对宦官的斗争。清兵南下，他募兵成立“世忠营”，武装抗清，被鲁王任命为左副都御史等职。明亡后，隐居著述，屡拒清廷征召。清康熙六年（1667）复办“证人书院”。师事刘宗周。与孙奇逢、李颙并称三大儒。学问极博，于天文、算术、乐律，经史百家以及释、道之书，无不研究。史学成就尤大，所著《明儒学案》，开浙东史学研究的风气。在哲学上，反对宋儒“理在气先”之说，认为宇宙万物皆由物质的“气”所构成，“理”只是“气”运动变化的条理和秩序。说：“通天地，亘古今，无非一气而已。”（《太极图讲义》）“天地间只有一气充周，生人、生物”，“若有界限于间，流行而不失其序是即理也。”（《孟子师说》）但又认为“气质人心是浑然流行之体，公共之物也”，并提出“盈天地皆心也”（《明儒学案·序》）。具有泛神论倾向。以为“致良知”之“致”即“行”，反对“测度想象，求见本体，只在知识上立家当，以为良知”（《明儒学案·姚江学案》）。在公私观中肯定“自私”、“自利”是人之常情，说“有生之初，人各自私也，人各自利也……夫以千万倍之勤劳而己又不享其利，必非天下之人情所欲居也”（《明夷待访录·原君》）。认为人“以千万倍之勤劳”对社会尽义务，而社会也必须给人“享其利”的权利。而专制君主则“以为天下利害之权皆出于我，我以天下之利尽归于己，以天下之害尽归于人……以我之大私为天下之大公。”（同上）抨击君主一人私有天下，“为天下之大害者，君而已矣”（同上）。认为“人伦者，日用寻常之事”，一切人伦关系应是相互的、平等的。“父子兄弟之间，纯是一团天性”，应是“无不融洽”的平等关系。认为“子视其父如严君”，使“父子之情不能相通”，则必然出现“子弟之不中不才”者（《孟子师说》）。认为君臣之间本应是一种互助关系、师友关系。臣民是“以天下为事，则君之师友也”，“臣之与君，名异而实同也”（《明夷待访录·原臣》）。这种道德观是对以“三纲”为核心的封建道德的有力冲击，并具有五伦平等的色彩。重视革新风俗，“治天下者既轻其赋敛矣，而民间之习俗未去，蛊惑不除，奢侈不革，则民仍不可使富也”（《明夷待访录·财计三》）。主张“移风易俗”当放在文化、思想教育的基础上。认为这是“治之以本”（同上）。为学有务博尚实之风，提倡自得创新精神，反对固守“一定之说”。要“不求合于人”，“不以庸妄者之是非为是非”。而且可以“与先儒或同异”（《恽仲升文集序》）。并明确指出“天子之所是未必是，天子之所非未必非”，主张“公其非是于学校”（《明夷待访录·学校》）。肯定“天下之治乱不在一姓之兴亡，而在万民之忧乐”（《明夷待访录·原臣》）。主张改革土地和赋税制度，强调工商皆本。有《宋元学案》、《明儒学案》、《明夷待访录》、《南雷文案》等。后人编有《黄梨洲文集》。今浙江古籍出版社出版有《黄宗羲全集》。

黄梨洲 即“黄宗羲”。

祝渊（1611—1645） 明清之际学者。字开美，号月隐。海宁（今属浙江）人。崇祯举人。崇祯十五年（1642）入都参加会试，适逢刘宗周因事而被削籍罢官，祝未识宗周，出于义愤而上疏抗辩，触帝怒，逮下诏狱。出狱后，遂师事刘宗周。清兵攻下杭州，投水殉国。学本于宗周慎独之教，崇尚实践，以知过改过为实功，以兢兢无负其本心为要。深得宗周之器重。有《月隐先生遗集》。

方以智（1611—1671） 明清之际哲学家、科学家。字密之，号曼公。桐城（今属安徽）人。早年与陈贞慧、吴应箕、侯方域等人“主盟复社”，为“明季四公子”之一。崇祯进士。任翰林院检讨。受魏忠贤余党阮大铖诬陷，辗转浙江、福建，至广州。明亡后，改名吴石公，别号愚道人。南明桂王即位，任少詹事、翰林院讲学士，数召为东阁大学士，固辞不就。后因避清兵搜捕，出家为僧，改名大智，字无可，别号弘智、药地、浮山、愚者大师等。学识渊博，“凡天文、礼乐、律数、声音、文字、书画、医药，下逮琴剑、技勇，无不析其旨趣”（《桐城耆旧传·方以智传》）。通晓中国传统自然科学和当时刚传入的西方近代科学。主张分学术为“质测”与“通幾”，认为“考测天地之家，象数、律历、音声、医药之说，皆质之通者也，皆物理也。……专言通幾，则所以为物之至理也。”（《通雅》）提出“质测即藏通幾”（《物理小识》），自然科学中即包含哲学。认为西学“详于质测而拙于通幾”，反对理学家排除质测而空谈通幾，“竟扫质测而冒举通幾”（同上）。哲学上提出“火”一元论的宇宙观。认为世界的本源是物质性的“火”，因而提出“满空皆火”或“弥空皆火”的命题。将世界的本原归之于具体的物质元素，并把“火”与“气”等同起来，“一切物皆气所为也，空皆气所实也”（《物理小识》）。又说“火与气，一也”，“凡运动皆火之为也”（同上）。“物物之生机皆火也。火具生物、化物、照物之用”（《药地炮庄》）。自然界和人类生活之所以永恒运动着，都是“火”的作用的结果。猜测到运动是物质所固有的属性。“火之为”之所以构成天地万物“恒动”的原因，乃是由于“火”本身就是一个矛盾着的统一体；“火”自身包含着两个对立面：“君火”和“相火”或“文火”和“武火”。“试看天道变化，一寒一暑，炮制火候，一武一文。”(《语录》)提出“合二而一”的关于事物对立统一的合理命题。认为“尽天地古今皆二也”(《东西均》)，“两间无不交，则无不二而一”，“凡相因者皆极相反”(《东西均》)。批评历史上两种形而上学的错误观点：一种是“丧二求一”，即抹煞和否认事物的对立和矛盾(“二”)而去追求抽象的“一”；另一种是“执二迷一”，只承认对立而不讲统一。认为“丧二求一，头上安头；执二迷一，斩头求活”(《药地炮庄》)。批评“合同异”(“丧二求一”)和“离坚白”(“执二迷一”)各持一个极端，都是错误的。以素朴的辩证法的观点来理解事物的对立和统一，提出“相夺互通”的命题，认为“相害者乃并育也，相悖者乃并行也”(《东西均》)。曾举例说：“人身之水、火交则生，不交则病，可不谓相因乎？行路者，进一跬，舍一跬，则一步亦相反也”(《东西均》)，说明事物是“相夺互通”、“相反相因”的。认识论上提出“以实事征实理，以后理征前理”(《东西均》)，作为衡量事物的标准。反对迷信古人，认为“古今以智相积”，“考古所以决今，然不可泥古也，古人有让后人者”(《通雅》)。主张“学天地”，“人在此天地间，则学习天地而已”(《东西均》)，把自然科学看作一生研究的学问。为穷“大物理”(指社会科学)进行大量考证研究，“函雅故，通古今”，全面掌握材料，并运用枚举归纳和类比归纳方法。将惠施与公孙龙的名辩方法加以区别，指出公孙龙“翻名实以破人”，是通过名实关系分析去驳倒对方，惠施则通过历物的方法而“穷大理”。他对先秦名辩诸家的评语，往往与前人不合，表现出通古今而不泥于古的治学方法。著作宏富，有《通雅》、《物理小识》、《药地炮庄》、《东西均》等。

陆世仪(1611—1672) 明清之际学者。字道威，号刚斋，又号桴亭。太仓(今属江苏)人。明亡，隐居讲学，历主东林、毗陵、太仓诸书院。与陆陇其并称“二陆”。其学恪守程朱，以“居敬穷理”为主。认为“居敬穷理是学者学圣人第一工夫，彻上彻下彻首彻尾，总只此四字”(《思辨录辑要·居敬类》)。解释“格物致知”说：“有一事一物之格致，有彻首彻尾之格致”，前者指“随事精察工夫”，后者指“用力之久而一旦豁通焉”的“一贯工夫”(《思辨录辑要·格致类》)。和朱熹的见解基本相同。但在为学方法上，对程朱“静中验喜怒哀乐未发气象”表示怀疑。有《思辨录辑要》、《陆桴亭先生遗书》等。

陆桴亭 即“陆世仪”。

张履祥(1611—1674) 明清之际学者。字考夫，号念芝，又号杨园。浙江桐乡人。受业于刘宗周。明亡，教授乡里，躬耕田亩，终身不仕清。学宗程朱，力排陆王。认为“三代以上，折中于孔孟；三代以下，折中于程朱”(《清学案小识·传道学案》)。陆九渊“黜穷理为非，是欲舍规矩而自为方圆也”。王守仁“良知之教，使人直情径行，其弊至于废灭礼教，播弃先典”(同上)。释格物义：“大而君臣父子，小而事物细微，无非物也。则无非我性分之所固有，而不可辞者”(同上)。主张通过读书、思索来穷理，读书“维持此心，而不使其或怠也”，思索“检点其身，而不使有阙也”(同上)。著作编为《杨园先生全集》等。

张杨园 即“张履祥”。

张尔岐(1612—1677) 明清之际经学家。字稷若，号蒿庵。山东济阳人。入清，隐居不出，闭户著书。学宗程朱，以笃志力行为本，谓“私谓士生今日，欲倡正学于天下，似不必多所著述，正当以笃志力行为先务耳”(《清学案小识·翼道学案》)。强调立志：“人同于始，而异于终，学不同也。人同而学异者，志不同也。故莫先于辨志、定志。”(同上)提出：“学之真伪，只以行己为断。”(同上)所著《仪礼郑注句读》，顾炎武赞为“独精三礼，卓然经师”(同上)。有《仪礼郑注句读》、《周易说略》、《春秋传议》、《蒿庵闲话》等。

张蒿庵 即“张尔岐”。

钱澄之(1612—1693) 明清之际学者。原名秉镫，字幼光，自号田间老人。桐城(今属安徽)人。曾辅助南明唐王、桂王政权，任吉安府(后改延平府)推事、翰林院庶吉士兼诰敕撰文。后辞官还乡。为学初从邵雍，讲求象数，兼及义理，并问《易》于黄道周，而实以朱熹为宗。认为河图洛书皆因《易》而生，非《易》由河图洛书而作。有《田间易学》、《田间诗学》。

陈瑚(1613—1675) 明清之际学者。字言夏，号确庵，学者称安道先生。太仓(今属江苏)人。崇祯举人。明亡后，绝意仕进，并奉父移居昆山之蔚村，耕读为生。时局稍定，开始讲学。制定“蔚村讲规”，重“端心术、广气类、崇俭朴”。著“莲社约法”，教以人伦，以“不妄言，不讦私，不谋利，不作无益”相戒，并以“孝弟、力田、行善”为蔚村三约。把著书讲学与风俗教化相结合。早年与同乡陆世仪、江士韶、盛敬“西轩会约”后，放弃“功过格”。接受陆世仪“以敬为本”，在人伦日用中，“随事精察”，日记“敬怠”以分差过。为学强调经世致用，并视“人才消长”、“教化兴废”为“人心生死”、“国家盛衰”之关键。强调“人心”的决定作用，认为：“人心不死，则天命流行而乾坤立，人心死，则天命不行而乾坤亦几乎毁矣。”(《圣学入门序》)坚持并发挥程朱理学的主敬论，认为“敬之一字”是“圣学”之要，是修身与治世的根本。对“敬”字做了细致的分类，提出不同的主敬要求：内敬，要求内心“主一无适”；外敬，要求表现出“整齐严肃”的风貌；静时之敬，要求“戒慎不睹，恐惧不闻”；动时之敬，要求“喜怒哀乐，发皆中节”。此外，还有“一日之敬”、“一息之敬”、“统体之敬”、“物物之敬”等等，要求时时事事都须戒慎恐惧，非礼勿视听言动。提出“一敬立而万善”的观点，把主敬视为通向儒家最高精神境界的必由之路。后汤斌在巡抚“三吴”时，于陈瑚故居建“安道书院”，以弘扬其学。有《圣学入门》、《经义录》、《治事录》、《求道录》、《切己录》、《同善会语》、《西湖约言》、《九谛训解》、《确庵集》。

顾炎武(1613—1682) 明清之际思想家、学者。初名绛,字宁人,曾自署蒋山佣,学者称亭林先生。江苏昆山人。少时参加"复社",反对宦官权贵。清兵入关后,曾参加昆山、嘉定等处抗清起义,失败后十谒明陵,游遍华北,搜集所至之处地理风俗,并联络同道,以图复明。晚年卜居华阴。学问渊博,于国家典制、郡邑掌故、天文仪象、河漕兵农以及经史百家、音韵训诂之学,都有研究。晚年治经侧重考证,开清代朴学风气,对后来重考据的吴派、皖派都有影响。在哲学上赞同张载关于"太虚"、"气"、"万物"三者统一的观点。肯定"气"是物质性的实体,天地万物的存亡皆由气聚散而成,"精气为物,自无而之有也,游魂为变,自有而之无也"。宇宙间有形与无形之间的变化也同样都是气的聚散。提出"盈天地之间者气也"的唯物主义命题。指出抽象的"道"不可脱离具体有形的事物"器"而存在,"非器则道无所寓"(《日知录·形而上者谓之道》)。认为要得"道",需求之于器,"是虽孔子之天纵,未尝不求之象数也,故其自言也:'下学而上达'"(同上)。强调为学应先求而后得,先学而后知。其"下学"指考察实际的具体事物,其"上达"指贯通具体事物的道理和原则。力倡"经世致用",主张"六经之旨与当世之务"结合。要求学问应成为"国家治乱之源,生民根本之计"(《与黄宗羲书》)。指责当时空谈良知心性的恶劣学风。认为宋明理学已堕为禅学,"古之所谓理学,经学也";"今之所谓理学,禅学也"(《与施愚山书》)。否定鬼神的善恶报应说,指出"善与不善一气之相感,如水之流,湿;火之就,燥,不期而然"(《日知录·惠迪吉从逆凶》)。肯定市民经济利益,倡言自私为人之常情,"自天下为家,各亲其亲,各子其子,为人之有私,固情之所不能免矣"(《日知录·言私其豵》),但强调以"博学于文"、"行己有耻"作为道德准则。其"文"指自身以至天下国家大事,其"耻"指操守气节,强调民族气节。把对道德规范的践行与博学多闻放在同等地位,认为"凡文之不关于六经之指,当世之务者,一切不为"(《与人书三》)。还认为人性可变是由于人情可变,指出"天下无不可变之风俗"(《日知录·宋世风俗》)。反对"模仿"、"求古"的治学方法,主张考证研究应"有一疑义,反复参考,必归于至当;有一独见,援古证今,必畅其说而后止"(《日知录·序》)。在书本考证的同时,又注重于实际的考察,创立一套综合归纳、演绎于一体的比较科学的考证方法。在文学上,提出"文须有益于天下",认为文人应怀"救民于水火之心",以"明道救人"(《与人书三》)为己任。在政治上提出"以天下之权,寄天下之人"(《日知录·守令》)的思想,要求君主分权而治。有《日知录》、《天下郡国利病书》、《肇域志》、《亭林诗文集》等。

顾亭林 即"顾炎武"。

谢文洊(1615—1681) 明清之际学者。字秋水,号约斋。南丰(今属江西)人。曾入广昌(今属江西)香山,读佛书,学禅,无意科举。与友讲王守仁心学,后倾心程朱,建程山学舍于城西,名其堂为"尊洛"。认为"天命周流充塞,无有罅隙","人事之当然,即天命之自然"(《日录》)。强调"稍有一念之私、一动之妄,即为违悖天命,即为得罪上帝"(《孔子曰君子有三畏章》),"畏天命"一语为"入圣心法",千古圣贤无不由此(同上)。有《日录》、《左传济变录》、《兵法类案》等,汇编为《谢程山全书》。

应㧑谦(1615—1683) 明清之际学者。字嗣寅,号潜斋。钱塘(今浙江杭州)人。终生不仕,一生致力学术,对经学、历法、田赋、水利、漕运、盐法等均有著述。为学曾以程朱为宗,后有歧异。认为"中气"就是"太极",为万物之原,天地之基。提出"理"与"气"如形影不离于天地之间,反对理学家重"理"轻"气"、"理"先"气"后之说。认为南宋朱熹以"太极"为"理",置"理"于"万殊"之前,则"自入于虚无空寂觉明湛定之说"(《性理大中》)。方法论上重"中正",恶"执一",说"若君子则不以盛衰消息易心,而一归于中正"(《应潜斋先生集》)。有《应潜斋先生集》、《性理大中》、《教养全书》、《古乐书》、《周易集解》、《朱子集要》等。

应潜斋 即"应㧑谦"。

党成(1615—1692) 明清之际学者。字宪公,自号冰壑居士。绛州(今属山西)人。一生推崇程朱理学,批判陆、王心学,认为今人"多以为陆是尊德性,而朱是道问学者,此言殊未然。盖朱子之道问学,而实尊德性者也;陆氏则自锢其德性矣,尚何尊之可云乎?此是则彼非,此正则彼邪,有不容两可于其间者也。"(《朱陆同异辨》)把程朱理学视为孔、孟之正宗,批评陆氏坚持"吾心即宇宙,宇宙即吾心之见"以及宣称"六经皆我注脚","不识一字,管取堂堂,作大丈夫",实际上偏离了正宗儒学,"乱邹、鲁、濂、洛之传,稽其流弊,较孟子之言杨、墨,其害有甚焉者"(同上)。认为王学其危害更甚于陆学,"大乱了儒学之真"(《答师清寰书》)。斥责王学末流已陷入"异教",与正宗儒学势不两立,指出:"有病狂丧心者,有因酒骂人者。其病狂丧心者,即异教中所谓著魔者也,其饮酒骂人者,即异数中所谓诃佛骂祖者也"(同上)。有《大学澹言》、《中庸澹言》、《中庸学思录》、《朱陆同异辨》、《冰壑文集》等。

魏裔介(1616—1686) 明清之际学者。字石生,号贞庵。直隶柏乡(今属河北)人。官至大学士。学守程朱正统,认为程朱之学"粲然可观","有助于化民成俗"(《圣学知统录序》)。认为"老子之空虚,佛氏之寂灭";"王阳明之性无定体"等,"皆知之蠹也"(《圣学知统后录说》)。对"格物致知",强调"知"与"物"一致,认为"知外之物,非物也;物外之知,非知也"(《致知在格物论》)。要求通过"物即是知,格即是致"的认识方法,达到"直窥夫天人合一之大原"(同上)。提出"体用兼该",将"格物致知"与"齐家治国平天下"结合起来。有《圣学知统录》、《知统翼录》、《希贤录》等。

熊伯龙(1617—1669) 明清之际无神论者。字次侯,号塞斋,别号钟陵。汉阳(今湖北武汉市汉阳区)人。顺治榜眼。历官国子监祭酒、内阁学士。熟习西方天文算学。编著《无何集》,将王充《论衡》中驳斥谶纬神学言论分类编排,并辑录历史上诸家反佛教、斥神学的言论,从儒家立场对传统宗教迷信作了批判。认为天地皆是无意志的自然物。“天道无为,阳气自出,物自生长;阴气自起,物自成藏。夫天覆于上,地偃于下,下气蒸上,上气降下,万物自生其中间矣。”(《天不故生人物》)肯定“灾异非天谴告”(《天地类》)。否定人死灵魂不灭的思想。“精神升天,犹火灭随风而散,骸骨归土,犹薪炭之灰在地。”(《鬼神类》)指责佛教“不言生而言死”,“不言人而言鬼”,乃是“疏漏畔戾而无据”,“非邪而何?”(《委宛续貂集》)认为道教已失老子之旨,责问:“夫果服药可以成仙,则抱朴子宜至今不死矣。试问抱朴子今安在乎?”(《道教类》)另有《谷诒堂全集》(又称《熊学士诗文集》)。

施闰章(1618—1683) 明清之际学者、诗人。字尚白,号愚山,一号愧梦居士,又号蠖斋,晚号矩斋。宣城(今属安徽)人。顺治进士。授刑部主事,擢山东学政,迁江西参议。官至翰林院侍讲,纂修《明史》,典试河南。为文意朴而气静。诗与宋琬齐名,有“南施北宋”之称。“闰章之学,以体仁为本”(《清史稿·施闰章传》),“姚江之说虽习之,而独守濂洛”,主张把陆九渊的“尊德性”与朱熹的“道问学”统一起来。认为:“不尊德性,所学何事。不道问学,德性安在。二圣之教未尝不相成。”(《朱陆异同略》)肯定王守仁的良知说,认为不应把向外物寻求知识同致良知对立起来。指出:“空说本体,咎在不致其知,非良知之罪也。”单纯依赖良知,“便觉一切记诵学问可废,未免偏枯。”(《复孙钟元书》)不赞成空说本体,也不赞成废除一切记诵之学。主张躬行践履,反对空谈心性,提出“道以器行,数以象显”(《青原昆卢阁记》)的命题。肯定王学的价值在于事功与实行,而不取其玄虚的形而上学。有《愚山文集》、《愚山诗集》、《矩斋杂记》、《蠖斋诗话》、《家风述略》。

耿介(1618—1688) 明清之际学者。字介石,号逸庵,初名冲壁。登封(今属河南)人。顺治进士。以翰林院检讨出为福建巡海道,转江西湖东道。后绝意仕进,兴复嵩阳书院,力图重倡程朱理学。指出:“天地未生人之前,便先有此理。然使悬空一个理,不著在人身上,则亦不能参赞位育。”(《清学案小识·守道学案》)其学又调和王守仁心学,提出:“太极者,人心之理也;阴阳者,人心之一动一静也;五行者,人心之仁义礼智信也;万物者,人心之酬酢万变也。”强调克制人欲以求天理,“克去一分人欲,便复得一分天理”(同上)。有《中州道学编》、《性学要旨》、《孝经易知》、《理学要旨》。

王夫之(1619—1692) 明清之际思想家。字而农,号薑斋。衡阳(今属湖南)人。晚年隐居于湘西蒸左石船山(今湖南衡阳县曲兰),学者称船山先生。明崇祯十二年(1639)与郭季林、管治仲等人组织“匡社”。拒绝张献忠农民军礼聘。明亡,在衡山举兵,阻击清兵南下,战败退肇庆。曾任南明桂王政府行人司行人,又到桂林依瞿式耜,后隐伏深山,研究、著述垂四十年。对天文、历法、数学、地理学都有所研究,尤精于经学、史学、文学。哲学上总结和发展了中国传统的朴素辩证法和唯物论。认为宇宙是由“气”构成的物质实体,“阴阳二气充满太虚,此处更无他物,亦无间隙,天之象,地之形,皆其所范围也”(《张子正蒙注·太和篇》)。又说:“太虚,一实者也。”(《思问录·内篇》)还运用“诚”、“实”、“有”等概念论述世界的客观实在性。认为物质实体“气”和客观规律“理”,两者不可分离:“天下岂别有所谓‘理’?气得其理之谓‘理’也。气原是有理底,尽天地之间,无不是气,即无不是理也。”(《读四书大全说》卷十)批评了程朱关于“理先气后”说。以“絪缊生生”说明“气”变化日新的辩证性质,认为“太虚者,本动者也”(《周易外传》卷六),“动静互涵,以为万变之宗”(《周易外传》卷四),反对“废然之静”、“舍动言静”。指出自然界一切事物都处于对立同一之中,“凡物,非相类则相反”,“万物之成,以错综而成用”(《张子正蒙注·动物篇》)。发展了张载“一物两体”的辩证法思想,强调“一之体立,故两之用行”,“非有一,则无两也”(《张子正蒙注·太和篇》),但同时又肯定“互以相成,无终相敌之理”(同上)。还提出“天下惟器而已矣”,“无其器则无其道”(《周易外传》卷五)。从“道器”关系出发建立历史进化论,反对保守退化思想。认为“习成而性与成”,人性“日生而日成”,随着环境习俗的变化而变化,反对先验的、一成不变的“人性论”。在认识论方面,批判了程朱陆王的“知先行后”、“知行合一”和佛教的“消所入能”的论点,强调行是知的基础,“行可兼知,而知不可兼行”(《尚书引义·说命中》),“体用一依其实,不背其故,而名实各相称矣”(《尚书引义·召诰无逸》)。在逻辑思维方法上,批判了“名”(概念)的先天起源说,指出“名非天造,必从其实”,“知实而不知名,知名而不知实,皆不知也”(《知性论》)。指出“名者,人道之大者也”,概念在指导人们行为中具有重要作用。认为“辞”是判断,是对事物之间的联系与事物本质属性的确定,“夫辞,所以立诚,而为事之会,理之著也”(同上)。又说“辞所以显器,而鼓天下之动,使勉于治器也”(《周易外传》卷五),“辞”(判断)既能揭示事物本质,亦能使人们更好地认识和掌握事物。但因事物变化发展,判断也具有相对性,“天下有公是,而执是则非;天下有公非,而凡非可是”(《周易外传》卷七)。肯定“类”在推理中的作用,提出“比类相观”的推论方法,认为“万物之成,以错(同异)综(屈伸)而成用”(《张子正蒙注·太和篇》),可据事物之间的同异作比较推论。伦理观方面提出“人欲之各得,即天理之大同”;“天理周充,原不与人欲相对垒”;“私欲之中,天理所寓”;“人欲之大公,即天理之至正”;“人情之通天下而一理者,即天理也”(《读四书大全说》)。认为人应体现崇高道德理想,“圣人尽人道而合天德”(同上)。美学思想上,强调成功的作品是心、物交融的结果,“含情而达,会景而生心,体物而得神,则自有灵通之句,参化工之妙”(《薑斋诗话》)。认为“情景名为二,而实不可离。神于诗者,妙合无垠”(同上)。故“景中生情,情中生景”。政治上反对豪强大地主,维护封建中央集权,但又主张限制君权,提倡“宽以养民”,“以夫计赋役,而不更求之地”;“轻自耕之赋,而佃耕者倍之”(《读通鉴论》卷二)。著作后人编为《船山遗书》,其中哲学上最重要的有《周易外传》、《尚书引义》、《读四书大全说》、《张子正蒙注》、《思问录》、《黄书》、《噩梦》、《老子衍》、《庄子通》等。

王船山 即“王夫之”。

刘原禄(1619—1700) 明清之际学者。字昆石,号直斋。安丘(今属山东)人。十四岁而孤,事母至孝。入清后,致力耕读。其思想几经变化,始去外物而见身,以求长生之术,继去身而见心,又去心而见理。在后半生的四十年中,“读宋儒书乃笃信朱子之学,集朱子书作《续近思录》”(《清史稿·刘原禄传》)。坚持程朱的理气观,主张“理为主宰,而气听命焉,气自理出”(唐鉴《清学案小识》)。反对理与事相割裂,提出“理即事物”的命题,指出:“以理事打成两橛,求理则废事,处事则失理”,“终身未得实理”(同上)。主张理事合一,肯定“一个天理流行,随处充满”(同上),一切事物都是天理的体现。同时接受王守仁“心即理”的观点,主张“心与理一”(同上),表现了调和朱熹理学与王守仁心学的倾向。认为:“一向在事物上着力,则有功利之弊,一向在心意上着力,则有虚无之弊,故须敬义夹持”(同上)。提出人性善恶循环论,认为善恶处于不断变化之中,人世间一切祸福盛衰都“在循环中”(同上)。有《读书日记》、《续近思录》、《冷语》等。

魏际瑞(1620—1677) 明清之际学者。原名祥,更名际瑞,字善伯,号伯子。宁都(今属江西)人。与弟魏禧、魏礼合称“宁都三魏”。入清为岁贡生,佐浙抚范承谟幕。康熙十六年(1677),受命前往游说吴三桂部将韩大任,被杀。为易堂学派创始人之一。治学以六经为楷模,以实学为内容,以适用为目的,对程朱理学与陆王心学均持批判态度。公开声明:“吾党为学,因其易者勉其难者。事贵阅历,理必躬行而已。至于诸儒格物主敬,存诚致良知,各持一说,要不过自其一己得力者言之。我正不必执一教门,以启争辩。”(《答叶尹如》)提倡“躬行实践”,反对理学家空谈的空疏学风,指出“人之为学者,必于日用事物求其妥当”,“圣人言仁,必言其事”,比如颜渊等人“皆非空言仁体,教人体认太极。盖事当乎理,即谓之仁。圣贤学术,原欲施诸行事,非但为正襟危坐而设”(同上)。学术思想驳杂,儒、佛、道三家观点皆有之。肯定世界的物质性,提出“盈天地之间者唯万物”(《杂说》),认为事物的形成和出现“莫不本乎生物之自然”(同上)。但又认为鬼具有人之性,性或精神可以脱离物质形体而独立,永不消灭。还提倡道家的无为,认为“当其情之自然而无所扰其好恶,则其事已毕矣。”(同上)“天下无不近情之君子,天下无不溺情之小人。太近情者不能入道,不近情者不能得道。”(同上)为文崇尚真实情感,强调生活实践为文之本。指出:“文有自然之情,有当然之理;情著为状,理著为法,是断然不容穿凿”(《与子弟论文》)。著作有《魏伯子文集》。

张烈(1622—1685) 明清之际学者。字武承,号孜堂。直隶大兴(今属北京市)人。康熙进士。曾任内阁中书、翰林院编修、右春坊右赞善。参与修《明史》,分纂明孝宗、明武宗两朝。初笃信修习王守仁心学,“沈浸于宗门者十五六年”(《王学质疑·自序》),后渐觉其非,遂以程朱之学为宗,说:“象山言本心,阳明言良知,其弊使人丧本心,丧良知。”(《总论》)反对王学“心即理”的观点,指出:“今直求诸心而欲事理之无不尽,虽大贤不能也”(《心即理也》)。十分推崇朱熹“即物穷理”说,以为各种知识如病症药物,“手不胜书,口不胜述,非一一辨验积累功深,不能识也”(《致知格物》)。有《王学质疑》、《典训》、《四书讲义》等。

张孜堂 即“张烈”。

王宏撰(1622—1702) 明清之际学者。字无异,号山史。华阴(今属陕西)人。明诸生。与李颙、李柏、李因笃齐名。入清不仕,隐居华山,潜心治学,探研经史,主讲关中书院。与顾炎武交往甚密,常游学江南,宣传关学,在“关学”中别具一格。提出“动是本体”的命题,坚持从体与用两个方面,对理与气的关系进行阐释:从体而言,理与气非一;从用而言,理与气合一。从体而言,理在气先,故理气不能合一;从用而言,理与气同时具于心中,故理与气合而为一。对理学家曾经反复宣传的“人心惟危,道心惟微。惟精惟一,允执厥中”的“十六字心传”作出新的解释,认为作为心,人心、道心是相同的,其动的状况则有区别。把“惟精惟一,允执厥中”解释为本体与工夫。“精一者,工夫,中者,本体。精一是从本体用工夫,至允执厥中,是从工夫识本体”(《人心道心》)。提出“顺逆一理”,肯定顺与逆之间的矛盾不仅能够统一,而且可以互相转化。肯定矛盾的对立统一是事物发展之“机”,即动力。认为“天地之间,一阴一阳”,“根主发生,鼓万物之出机”,“窟主闭藏,鼓万物之入机”(《天根月窟》)。有《周易图说述》、《山志》、《砥斋集》。

李生光 明清之际学者。字闇章,自号汾曲逸民。绛州(今属山西)人。明诸生。早年曾受业于辛全(字复元)。明亡后,绝意仕进,授徒讲学。受佛教思想影响较深,相信因果报应之说,提倡有神论,宣扬天命论。认为人行善、行恶或行好、行歪都最终要得到应得的报应,说:“行善人家,受贫担灾,以理论之,似乎不该。其间消息,天有安排。譬如种瓜,苦尽甘来。”(唐鉴《国朝学案小识》)“行恶人家,富贵荣宠。以理论之,似乎侥幸。其间消息,天有妙用。助的极高,跌的极重。”(同上)如果“行好得好,好事却少，以理论之，似乎颠倒。恶在隐幽，人所难料。神明鉴知，把福折了”(同上)。反之“行歪得歪，歪事不来，以理论之，似乎可骇。善在隐幽，人所难猜。神明鉴知，替他消灾”(同上)。宣扬“神明鉴知”，贬低人的作用，认为吉凶祸福“人所难料”、“人所难猜”，只能听从神灵的摆布。有《儒教辨正》、《崇正黜邪汇编》。

费密(1623—1699) 明清之际学者。字此度，号燕峰。新繁(今四川成都市新都区)人。曾组织地主武装对抗张献忠的农民起义。失败后，流寓泰州(今属江苏)，著书终身。反对空谈道德性命的理学，主张“道”要能“致用”。“自宋以来，天下之大患，在实事与议论两不相侔，故虚文盛而真用薄。”(《先王传道述》)又反对宋儒的禁欲，认为：“饮食男女，人之大欲存焉。众人如是也，贤哲亦未尝不如是也。”“欲不可纵，亦不可禁者也。”(《统典论》)对宋儒承韩愈而来的“道统”说进行了抨击。论证了汉唐诸儒在学术上的贡献超过宋儒。但断言“道统”只能由帝王讲，不能由儒生讲。有《中传正记》、《弘道书》、《燕峰集》等。

魏禧(1624—1681) 明清之际哲学家。字叔子，一字冰叔，号裕斋，又号勺庭。宁都(今属江西)人。“易堂九子”核心人物，与兄魏际瑞、弟魏礼并称“宁都三魏”。未入仕途，以布衣终。读史尤好《左氏传》及苏洵文。其为文凌厉雄杰。遇忠孝节烈事，则益感激，摹画淋漓。康熙十八年(1679)，诏举博学鸿词，以疾辞之。“易堂”以实学著称，而魏禧为其领袖。然其成就在文学而不在理学。其论学主于有用，认为“读书所以明理也，明理所以适用也”，而“经世之务，莫备于史”(《左传经世序》)，显然与理学家重经书而轻史书的看法不同。于理学论之甚少，独推崇“姚江王文成公以道学之事功，为三百年一人”(《蔡懋德传》)，“王阳明之文章，非许衡、虞集之所能及”(《论文》)。认为尊君是有条件的，即君主必须保民。指出：“夫天下公器，非一人一姓之私也。天为民而立君，故能救生民于水火，则天以为子，而天下戴之以为父。”(《留侯论》)提出“无进境”和“有变境”两个概念，认为对具体事物的认识是有穷尽的，对无限事物的认识是永远无止境的。提出“圣人不能一成而永定”，认为对任何事物的认识总是“创始者难为智，经起者易于神”(《历法通考叙》)，后来人一定胜过古人。提倡“智过其师，乃能如师”的观点，指出“学古人当知古人之病而力洗涤之”，“吾辈生古人之后，当为古人子孙，不可为古人奴婢”(《与陈元孝论文》)。有《魏叔子文集》。

李柏(1624—1694) 明清之际学者。字雪木。郿县(今陕西眉县)人。康熙初年为诸生时，与李楷、李因笃齐名，并称“关中三李”。曾隐遁洋县太白山读书十余年，自称“太白山人”。推崇张载，曾访横渠张子祠。其学不为唐宋“八家”之囿，而“自成一家之言”(萧柳庵《槲叶集叙》)。虽宗程朱，却不专习程朱之书，不袭程朱之语。坚持程朱“主敬”之说及“人心惟危，道心惟微”的理学宗旨，认为作为主观精神之“吾道”能主宰一切，决定一切，“可以包天地，转日月，运古今，寿帝王，育万物，达幽明，一生死”(《语录》)。受道家思想影响较深。坚持庄子“齐万物而为一”的观点，否定事物之间质的差异，主张“齐生死，忘人我，泯得失，一寤寐”，“操存舍亡，即生死人鬼。关操存，虽一夕死，犹万年生”。主张“天有道则见，无道则隐；邦有道则仕邦，无道则可卷”(同上)。指出：“若以天地为一身，则万物皆吾所有，何言贫富贵贱？若以性命还阴阳，太虚归于无极，则无始以前，无终以后，皆吾寿，何有修短生死？”(同上)有《槲叶集》、《南游草》等。

李楷 明清之际学者。字叔则，一字岸公，人称河滨夫子。朝邑(今陕西大荔)人。与李柏、李因笃齐名，并称“关中三李”。曾师事文翔凤，后又读书朝莱山中。由举人知宝应县，后流寓广陵近二十年，回陕后参与撰写《陕西通志》。晚年托隐于禅。其学以和会朱陆为特征，倾向心学为归宿。坚守“理主气”的观点，认为：“理者，气之宗也，数之本也。”(《理道解》)肯定理为天地万物之本体。指出：“天地不能外理而成化，况于人乎，况于帝王之治乎！”(同上)但又提出心即理的观点，认为“心赅无不备，而妙有众理”(同上)；“心治万理、万事”(《治心说》)。主张以治心为要务。认为：“治人莫如自治，治身莫如治心”；“心者，道德之枢；治心者，圣人之要”(同上)。有《河滨全书》。

汤斌(1627—1687) 明清之际学者。字孔伯，一字荆岘，号潜庵。河南睢州(今睢县)人。顺治进士。康熙时“理学名臣”，曾任江苏巡抚、《明史》总裁官、工部尚书和礼部尚书等职。其学源于孙奇逢，“笃于程朱，亦不薄王守仁”(《清史稿·汤斌传》)。认为“圣贤之学，其要存心而已。存心者，存天理而已”(《睢州移建庙学碑记》)，强调正人心，崇经术。提倡朱熹的“格物致知”说，指出“能致知，则意可诚，心可正”(《又答耿亦夔书》)。主张“从日用伦常躬行实践，体验天命流行”(《答黄太冲书》)，在“识仁”和“尽孝”上做工夫，认为“仁者天道之元也，知天人同原，则知吾心与天地流通而往来无间”(《嵩阳书院记》)，“天下皆孝子，四海皆仁人，则民气和平，灾害不生，祸乱不作”(《孝经易知序》)。有《洛学编》、《睢州志》、《汤子遗书》等。

汤潜庵 即“汤斌”。

李颙(1627—1705) 明清之际哲学家。字中孚，号二曲。陕西盩厔(今周至)人。家贫，无师授，遍读经史诸子以及释、道之书。曾讲学江南，门徒甚众，后主讲关中书院。与孙奇逢、黄宗羲并称三大儒。清廷屡以博学鸿词征召，绝食坚拒得免。为学兼采朱(熹)陆(九渊)两派，认为“朱之教人，循循有序”，“中正平实，极便初学”；“陆之教人，一洗支离锢蔽之陋，在儒者中最为儆切”(《靖江语要》)。重视实学，反对空谈。提倡“明体适用”，说：“儒者之学，明体适用之学也。”“明体适用之正业，处也有守，出也有为，生民蒙其利济，而世运宁有不泰?”（《盩厔答问》）并强调“道不虚谈，学贵实效，学而不足以开物成务，康济时艰，真拥衾之妇女耳，亦可羞已!”（《体用全学》）与顾炎武反复论辩“体用”问题，提出“明道存心以为体，经世宰物以为用”。把“格物致知”的“物”扩大到“礼乐兵刑、赋役农屯”以至“泰西水法”等实用学问。赞同“非气无以见性”的观点，说：“言性而舍气质，则所谓性者何附? 所谓性善者何从而见?”（《靖江语要》）反对学问为少数人所独占，“道无往而不在，学无人而不可，苟办肯心，何论俦类”（《观感录》）。力主自由讲学，认为：“立人达人，全在讲学，移风易俗，全在讲学，拨乱反正，全在讲学，旋乾转坤，全在讲学。”（《匡时要务》）与清廷钳制思想政策相对立。有《四书反身录》、《二曲全集》等。

李二曲 即“李颙”。其为陕西盩厔（今周至）人，而盩为山之曲，厔为水之曲，故以“二曲”为号。

李中孚 即“李颙”。

吕留良（1629—1683） 明清之际学者。初名光轮，字用晦，号晚村。崇德（今浙江桐乡西南）人。与黄宗羲、高斗魁等交结。明亡，散家财结客，图谋复兴。事败，家居授徒。清廷举博学鸿词，他誓死拒荐。后剪发为僧，名耐可。雍正时，因曾静案，被剖棺戮尸。著述被焚毁，但民间仍有流传。学宗程朱，自云：“幼读朱子集注而笃信之，因子而信周程，因程朱而知信孔孟，故与友人言必举朱子为断”（《答潘用微书》），赞扬南宋朱熹的种族思想，强调夷夏之辨。精通医学，曾注《医贯》。有《吕晚村文集》、《东庄吟稿》等。又与吴之振等合辑《宋诗钞》行世。

吕晚村 即“吕留良”。

魏礼（1629—1694） 明清之际学者。字和公，号吾庐。宁都（今属江西）人。魏禧之弟，“易堂九子”、“宁都三魏”之一。受业于其兄魏禧。明亡后郁郁不得志，远游四方，所至必结交贤豪遗佚之士。治学以程朱为宗，特别推崇周敦颐，认为周敦颐在孟子以后，承续儒家道统，使“理学大著”，可以为“百世师”（《南安道源书院碑记》），肯定其对理学的开创之功。对神道与人道以及仙道与治道采取调和态度，认为“神与人之道一，仙道与治道亦一。何者? 务本安百姓而已”（《建杭州万寿宫记》）。论学有老庄之风。认为：“天下去朴久矣。朴者人之本、万物之根、世道治乱之源也。夫惟朴去至于尽，而小人盗贼弑逆烝报杀戮之祸害相寻矣。故世之治也必先反朴，而其乱必先之以浮靡巧诈、言行乖戾，以酝酿杀机。”“善用其智巧者亦然。智巧而不本于朴，则终必颠蹶覆溺而智巧穷。”（《答张一衡书》）肯定庄子的自适论，认为人在任何条件下都能达到自由自在的境界。指出：“善适者，劳亦适，佚亦适，悲喜焉亦适。适乎心，不系乎物。夫惟不啬于人而嗜欲浅者能之。安往而不自适哉?”（《寓适园记》）有《魏季子文集》。

赵士麟（1629—1699） 明清之际哲学家。字麟伯，号玉峰。河阳（今云南澄江）人。康熙进士。授贵州平远推官。改直隶容城知县，创正学书院，后历任吏部主事、光禄寺少卿、副都御史、浙江巡抚、江苏巡抚。一生“潜心正学，以朱子为归”（《清史稿·赵士麟传》）。把“理”看作世界的本原，认为“理”是形、气、数的基础，可以超越形、气、数而独立存在。指出：“未形未气未数，理则兆焉；有形有气有数，理则具焉；无形无气无数，理则漠焉。不离乎形、气与数，而亦不堕乎形、气与数。”（《敬一录》）认为“理”是事物的本质，而形、气、数都是“理”的现象；认为只知形、气、数而不知理，就只能获得形、气、数的表象，而不能获得知形、气、数的本质。把礼仪视为“圣人之道”，提出“礼仪即有形之德性”，认为整个世界是靠礼仪或德性来维持。“世界若无此礼撑持，便天坍地塌，三纲不立，九法不章，万物相戕相杀矣”（同上）。有《彩衣全集》、《金容会话》、《武林会话》、《金昌会话》等。

清　　代

陆陇其（1630—1692） 清学者。初名龙其，字稼书。平湖（今属浙江）人。康熙进士。历任知县、御史。与陆世仪并称“二陆”。宗程朱，谓“不宗朱子，即非正学”，反对陆王。尚“践履”，以“居敬穷理”为主。认为王学之弊，“至于荡轶礼法，蔑视伦常”，“以禅之实而托于儒，其流害固不可胜言矣”（《学术辨》）。强调“由学问思辨以归于笃行，而以徒事空言为大戒”（《三鱼堂日记》）。主张“论太极”的目的，“不在乎明天地之太极(理)，而在乎明人身之太极”（《太极论》）。从朱熹“人人各有一太极”的命题出发，把维护封建伦理道德即所谓“太极”或“天理”，提到更重要的地位。有《困勉录》、《三鱼堂文集》等。后人编有《陆子全书》。

唐甄（1630—1704） 清思想家。原名大陶，后更名甄，字铸万，号圃亭。四川达州人。顺治举人。曾为山西长子知县，仅十月而罢。晚年流寓江南，穷愁潦倒。“先生晚年宗阳明良知之学，直探心体，不逐于物。”（王闻远《西蜀唐圃亭先生行略》）激烈抨击封建专制主义：“自秦以来，凡为帝王者皆贼也。”（《室语》）断言：“君臣之伦不达于我也。”（《守贱》）认为“天地之道故平”（《大命》），据此主张以平等原则处理人与人之间的关系，要求君主与民平等，“贵为天子，亦可以庶人之夫妇处之”（《去奴》）。又以为“人心虽异”，然“其为情一也”（《尚治》）。反对理学家空谈心性，不讲事功，主张“尽性”与“事功”的统一：“性不尽，非圣，功不见，非性。”（《有为》）故在认识论上，提出：“知行合一者，致知之实功也。”（《知行》）强调“儒之为贵者，能定乱、除暴、安百姓”（《辨儒》），由此主张“兵者，国之大事”（《全学》），以为只知仁义道德而不懂军事，不能算“全学”。经济上主张“立国之道”，“惟在于富”（《存言》）；“为政之道，必先田市”（《善施》），以农商并重主张否定传统的农本商末。主张男女平等，“男女，一也。”（《备孝》）反对“夫亢”，批评丈夫虐待妻子。其思想具有启蒙性质。著作今仅存《潜书》，有中华书局排印本。

周召 清学者。字公右，号拙庵。衢州（今属浙江）人。顺治拔贡。曾任陕西凤县知县。“生平不接佛老，不事祈祷，年八十三乃终。”（《衢州府志》）曾著《双桥随笔》，宣传无神论思想。认为“帝王之兴，以德为端，而不在于星云海岳、鸟兽草木之奇”，“麟游凤巢、草生鱼跃等语”，皆虚妄之词，与帝王兴衰毫无感应。指出“天之苍苍，以气上浮也。其有日、月、星、辰、风、雨、雷、电之属，非有婚姻男女之相生，语言文字之相示也”。认为人亦“得气而生，气盛而壮，气衰而老，气竭而死。……其生也，自无而有；其死也，自有而无矣。又何自有神焉?”对有神论的产生根源亦有一定探讨，得出“凡妖之见于梦或声影恍惚之间，皆由心之所慕与畏与疑而生”的结论，并身体力行，破除迷信陋习。另有《受书堂稿》等。

曹续祖 清哲学家。字子成，号陶庵。大宁（今属山西）人。顺治举人。终生养母不仕。学“重实践”，“遵《语》、《孟》”，“无一言涉于虚”，憎恶空虚学风。指责“冥素谈空涉异端，谬从太极问奇观，何如《语》《孟》家常语，实践躬行自不难”（《伪学诗》）。认为理学主张“存天理，灭人欲”不近人情。理学家是口是心非的伪君子。“规行矩步野孤禅，口是心非岂圣贤。义利关头看得破，颜曾思孟眼根前”（同上）。提出理气合一，认为：“盖气在处，理即在”；“气无外，理即无外”；“气无内，理即无内”（《谶书》）。认为“心”“为五官百骸之主”，“能独号神明”，“能具众理而应事”（《原心》），但不是世界的本原。指出心学歪曲了心的本质，静坐与良知之说更是流入禅学。有《四书遵注纲领》、《卧云洞草》。

颜元（1635—1704） 清思想家、教育家。字易直，又字浑然，号习斋。博野（今属河北）人。少时好陆王书，后又笃信程朱。曾照“朱子家礼”居丧，深觉其不合人情，走上批判程朱的道路。晚年主讲肥乡漳南书院，建立规制，设文事、武备、经史、艺能诸科。在学术上和学生李塨倡导一种注重实学，强调“习行”、“习动”、“践形”，反对死读书的学风，世称颜李学派。指出：“读书愈多，愈惑，审事机愈无识，办经济愈无力。”（《存性编》卷一）猛烈抨击宋明理学。认为程朱之学“弥近理而大乱真”，王学“终蹈虚无”，“近禅之诮”（《存学编》卷一）。哲学上，主张元气论，认为物质性的“气”是客观存在的，而“理”是第二性的东西。说：“为寒热风雨生成万物者，气也；其往来代谢流行不已者，数也。而所以然也，理也。”（《颜习斋先生言行录》卷上）认为宇宙万物都是“气”所构成，自然界往来代谢的运动变化都有其自身的规律，理不能离气而存在，“理即气之理”（《存学编》卷一）。主张从客观事物本身去认识规律，“迨见理于事，则已彻上彻下矣”。肯定人的知识（“知”）是由外在物质世界决定的，说：“知无体，以物为体，犹之目无体，以形色为体也。故人目虽明，明无由用也；人心虽灵，非玩东玩西，灵无由施也。”（《四书正误》卷一）如果不与外界事物接触，人的感官和思维能力都无从发挥作用，也就不能获得知识。强调“行”在认识过程中的重要作用，把《大学》中的“格物致知”的“格”训释为“手格猛兽之格”（《习斋记余》卷六），认为要亲手“格物”即亲身实际活动才能得到知识，“手格其物而后至”（《四书正误》卷一），故说“人之为学，心中思想，口中谈论，尽有千百义理不如身行一理之实也”（《颜习斋先生言行录》）。在人性论上，反对程朱学派把“天命之性”与“气质之性”截然对立，认为“非气质无以为性，非气质无以见性”（《存性编》卷一）。提出“舍形则无性，舍性亦无形”（《存人编》卷一）的见解，并以为人性本善，人所以有恶行，是后天“引蔽习染”的结果。在义与利的问题上，主张义利统一。说“以义为利，圣贤平正道理也”，“义中之利，君子所贵”（《四书正误》卷一）。在教育思想方面重实学，提倡“文事”与“武备”结合，“经史”与“艺能”并重，反对理学家空谈心性或“只在口头上取胜，纸上争长”（《存学编》卷三），“率天下入古纸堆中”（《朱子语类评》）。提倡注意科技和生产知识在人的认识活动中的作用，说“博学之，则兵、农、钱谷、水火、工虞、天文、地理无不学也”（《四书正误》卷二）。在逻辑思想上，主张“立言但论是非，不论异同”（《颜习斋先生言行录》）。对推理，则反对向内自省，讲求向外实证，“推而极之”，“夫推者，用力扩拓去，自此及彼，自内而外，自近及远之辞也”（《四书正误》卷二）。政治上反对豪强兼并，主张“以六字强天下：人皆兵，官皆将”，“以九字安天下：举人材，正大经，兴礼乐”。经济上主张“以七字富天下：垦荒、均田、兴水利”（李塨《习斋先生年谱》）。向往“天地间田宜天地间人共享之”的土地制度。有《四书正误》、《四存编》、《习斋记余》、《朱子语类评》、《礼文手钞》以及由其弟子辑录的《颜习斋先生言行录》、《辟异录》等，后人编有《颜李遗书》和《颜李丛书》。

颜习斋 即“颜元”。

熊赐履（1635—1709） 清学者。字敬修，号青岳，晚号愚斋。湖北孝感人。顺治进士，选庶吉士，授检讨，充顺天乡试副考官，迁国子监业，进弘文院侍读，擢为翰林院掌院学士，充经筵讲官。后历任礼部、吏部尚书，兼刑部尚书，官至内阁大学士。学宗程朱，系康熙朝中与魏裔介、李光地齐名的理学阁臣，后人称：“圣祖之崇宋学，自孝感发之也。”（《清儒学案·孝感学案》）对清初理学之再倡，有开创之功。其理学渊源于东林学派，深受尊朱黜王学术宗旨的影响。《清儒学案》称他“生平论学，尊紫阳辟阳明，以默识为真修，以笃行为至教”。认为：“文成之学术杂乎禅”，“斯道自姚江提倡以来，圣贤经传悉变而为西竺教典，诐淫邪遁遁，充塞宇宙”，“如今思所救正，必须彻底整顿，拔本塞源，方有头绪”（同上）。对理学的阐发多摭拾朱子陈言，少有新意。有《学统》、《闲道录》、《下学堂劄记》、《经义斋集》、《澡修堂集》等。

李光地（1642—1718） 清学者。字晋卿，号榕村，又号厚庵。福建安溪人。康熙进士。三藩之乱时，郑经由台湾攻入福建。他曾遣使持蜡丸进京密送情报，后又派人引道清军击郑军。康熙年间授内阁大学士，建议取台湾。后出为直隶巡抚，擢吏部尚书兼巡抚，拜文渊阁大学士。卒谥“文贞”。精经学，通乐律、历算、音韵。曾奉命主编《性理精义》、《朱子大全》等书。一生提倡程朱理学，被视为康熙时“主持正学”的中坚人物。认为有“天地之性”，“人物尚有性，岂天地之大而无性？太极者，天地之性也”（《榕村语录·理气一》），“天地之性”决定了“主宰之所以主，妙用之所以妙”，“如枢之为动本，如纽之为握机，至矣、尽矣，以上更无可说者”（《榕村全书·中庸四记》）。提出“理能生气，气不能生理”，“论层次，毕竟理在先，气在后”（《榕村语录·理气一》）。著作繁多，有《榕村全集》、《榕村诗所》、《中庸章段》、《论孟札记》等，后人编为《榕村全书》、《李文贞公全集》。

廖燕（1644—1705） 清学者。字人也，号梦醒，后更为柴舟。曲江（今广东韶关）人。父母早亡，家贫，一度从军和学医。一生大半岁月为塾师。严厉抨击科举取士制度，“明制以八股取士，巧于秦始皇焚书，使人无书可读”（《山居杂谈》）。愚民政策“明巧而秦拙”（《明太祖论》）。指责只教人读《诗》、《书》几本书，“使人无所耗其聪明”，“日磨其心，以趋吾法”（同上）。提倡独立思考和向实际学习，“燕昔者未尝有学者，于古人之书无所不读，然皆古人之糟粕。无所从入，退而反之于心，而有疑焉，意者其别有学乎？然后取无字书而读之，无字之书，天地万物也。”（《答谢小谢书》）学术上称王（守仁）抑朱（熹），“予尝言后世道学惟王阳明先生颇得其传，盖以其所讲之学与圣门不至十分相抵牾也”（《致良知辩》）。认为“致良知”包有格物工夫。称颂王守仁事功“盖天下”，考察专主格物朱熹的生平，“除却《论语注》几本经书而外，毫无功业可见”（《致良知辩》）。又提出万物依主观感觉而存在论，“天下只我一人，余俱我之现相也”（《山居杂谈》）。“我生天地生，我死天地死。”（《三才说》）批判“宋儒将天字作理字解，岂彼苍者天为道理所结成之一物者耶？”（《山居杂谈》）在人性问题上，反对以善恶或善恶混言性，主张“复性”，“余尝谓性非无善恶，非但不可以善恶名之，盖善恶为情，性发而为情。”“善恶未分为性，善恶既分是情。”（《性善辩略》）著作辑为《二十七松堂集》。

魏世杰（1645—1677） 清学者。字兴士。宁都（今属江西）人。魏际瑞之子。与世效、世俨并称“小三魏”。自幼师事魏禧，深受魏禧称颂：“吾尝谓吾门中，唯杰将来可独任事，读书处世，足有成立”。痛父殒命，不幸英年早逝。为学主张经世致用，提倡有用之学，反对文人士子埋头读书，猎取功名，鄙视世务的学风。反对闭门造车，脱离实际，主观臆断，主张深入实际，认真考察以“明故”。指出：“闭户造车，出门合辙，此其事非易”，“愚尝以为不能明其故，徒足误入而虚矜天下才智之士。”（《答北平王昆绳书》）认为只有“明故”之后，处理实际事物才能得心应手，迎刃而解。有《魏兴士文集》。

彭定求（1645—1719） 清学者。字勤止，号访濂，又字南畇，晚年自称南畇老人。长洲（今江苏苏州）人。康熙进士。授翰林院修撰，历官国子监司业、充日讲起居注官。四年即归里，不复出。回乡后，研习宋明儒学遗书，编集《儒门法语》、《潜庵文节要》、《明贤蒙正录》等书。其学出于汤斌，倾向王守仁心学，“但不规于门户之见，而能参酌朱、陆之间”，表现出调和朱王的倾向，主张讲学论道“不必哓哓于紫阳、姚江之辨”（《与林云翥书》），把朱学与王学视为互补的关系。驳斥陆陇其“尊朱辟王”之论，说：“愚谓今日果有实心好学者，则莫若姚江之近里著己，敲骨吸髓，一步不肯放松，有起死回生之功”，并可达到“浮云拨而青天出”的效果（《与顾畇滋书》）。又极力推崇朱学，指出：“夫学之必宗程朱，固家喻户晓也。”（《汤潜庵先生文集节要序》）把程朱的主敬思想视为儒学的传统，认为“主敬二字，圣学尽性之宗旨也”（《主敬工夫须变化说辨》），强调“躬行践履”。有《南畇诗稿》、《南畇文集》、《小题文稿》。

王源（1648—1710） 清学者。字崑绳。直隶大兴（今北京）人。康熙举人，不应礼部试。五十六岁时师事颜元。平生研究典章制度、攻守方略及古今兴亡之故。厌恶宋儒理学，“宋儒之学能使小人肆行其凶而无所忌，束缚沮抑天下之英雄不能奋然以有为”（《与李中孚先生书》）。指出侈谈理学者“不但不足为君子，并不足为小人”（《与方灵皋书》）。有《兵法要略》、《舆图指掌》、《平书》、《学易通言》，皆佚。存有《居业堂文集》等。

邵廷采（1648—1711） 清学者。字允斯，又字念鲁。余姚（今属浙江）人。先师事韩孔当，又问学于黄宗羲，晚年弃科举，潜思著述，浙东学派中承先启后的人物。其学虽源出姚江书院派，但又有自己的特色。以阳明、蕺山之学为指归，提出一个“学”字，主张以实学发为实用，使不堕入虚玄。指出：“世之论王子者，概之以事功，不知其事功由学而出。”“论刘子者，概之以节义，不知其节义本学而成”（《刘门弟子传序》）。认为学王、刘之学，贵能足踏实地，做出一番事业来。批评统治者“崇尚正学，朱子升堂”（唐鉴《清学案小识》），反对搞朱陆之争，指出：“洛、蜀本是一家，无容阋墙，见讥外人”（《姚江书院》），“攻以卫朱”或“斥朱以附王”，“其失均也”（《答蠡县李恕谷书》）。认为学术“各有沿流，固非作者之过”（同上），力图调停朱陆之争。有《思复堂集》。

冯景（1652—1715） 清学者。字山公，又字少渠。钱塘（今浙江杭州）人。康熙时为国子监太学生。早年入都应试，因拒绝行贿，下第出都。后入江苏巡抚宋荦幕府。虽不求仕进，但关心世务，反对贪官污吏盘剥民众，是清初一位知识渊博的学者，以古文辞名盛东南。坚持无神论观点，把人的生死看作是一种自然现象，说：“时有昼夜，物有生死，是故昼夜者，天之死生也；死生者，人之昼夜也。”（《山公九原·原死》）生是“无而之有”，死是“有而归无”（同上），故人在生死面前，既不要恋生，也不要畏死，而应循其自然。力图从认识论角度对“命”的问题作出解释，认为“不可知，则归之命”（《山公九原·原命》）。人的祸福不是决定于“命”，而是决定于人自身的“能”与“不能”。指出，世间并无什么神仙怪妖，“凡妖之作，由人兴也”（《山公九原·原怪》）。提出质的变化依赖于量的积累，认为只有经过“一息之积”的量的变化，才能达到“百千万亿”的质的变化，“无穷之纪”是“一息之积”的必然结果。有《解春文集》、《解春集诗钞》和《山公九原》等。

张伯行（1652—1725） 清学者。字孝先，号敬庵，又号恕斋。仪封（今河南兰考东）人。康熙进士。曾历官江苏巡抚、福建巡抚，官至礼部尚书。提倡程朱之学不遗余力。曾建请见书院、鳌峰书院，又搜集、整理理学名儒文集著作，汇集成《正谊堂丛书》三百七十五册。论学主旨是：“主敬以立其本，穷理以致其知，反躬以践其实。”（《正谊堂文集·马毛心易》）提出“存天理遏人欲是学者最切要工夫，念念存天理遏人欲则念无不正矣，事事存天理遏人欲则事无不正矣”（《困学录·河干公余稿》）。以廓清“异学”为己任，竭力排斥李贽、颜元以及佛、道之学，说“艾东乡曰，李卓吾书一字一句皆可杀人，今习斋之说亦可以杀人也”（《论学》）。有《困学录》、《续困学录》、《正谊堂文集》、《续集》等。

张敬庵 即“张伯行”。

魏世效（1653—?） 清学者。字昭士，号耕庑。宁都（今属江西）人。魏礼之子。与世杰、世俨并称“小三魏”。继承易堂学派经世致用、不与清朝统治者合作的传统。“以多病不应试。遍游燕、楚、吴、越，一至岑南。适王士禛使粤，见所作，愿折节与交。”（同上）提出“势机”的哲学概念，力图用“势”与“机”来说明社会制度变革的必然性和条件性。肯定“势”的必然性，强调区别古与今，反对复古，主张顺应潮流而动。强调时机的重要性，指出“识时务者在乎俊杰”，主张“分争之际，专机之来，间不容发，仓皇应猝，与时推移”（《答金商王》）。有《魏昭士文集》。

胡煦（1655—1713） 清哲学家。字沧晓，号紫弦。光山（今属河南）人。康熙进士。散馆授检讨，官至内阁学士、副都御史、礼部侍郎。命直南书房，任《明史》总裁。提出万物有灵论，认为人与物包括飞、潜、动、植以至朽木枯骨在内，都具有灵性。提出“灵府”概念，作为各种灵性的总汇和万物有灵的总根源。指出：“夫万物靡不资于灵府。灵府者，性命形气之大聚，资生之大始也。既同资灵于灵府矣，一范之模，此圆而彼方乎？一源之水，此清而彼浊乎？一本之灵，谓此灵而彼蠢乎？”（《卜法详考自序》）肯定“灵府”是万物灵性的总模式、总源头，赋予万物以普遍的灵性，认为世界上绝不会出现此物有灵而彼物无灵的问题。在强调灵性的普遍性时，又提出灵性的统一性，认为万物之灵是“一灵之派衍”，无穷无尽，形成“灵府不匮之藏”。指出：“夫万物之灵，何勿取给于灵府？一源之水，何有清浊？一元之化，何有灵蠢？”（同上）但又把万物有灵论归结为有神论，说：“远祖之骨，可以福至远之孙，灵乎！灵乎！”（同上）有《周易函书约存》、《约注》、《卜法详考》等。

劳史（1655—1713） 清学者。字麟书，学者称余山先生。余姚（今属浙江）人。授徒讲学，终生不仕，立志为真儒。学宗程朱，认为“理”是世界的本源，把“理”称为“太极”，肯定“无极是无形。无极而太极是无形而有理”（《迩言》）。坚持朱熹“理生气”的观点，认为“理气无彼此，但就理论理，而理有先后”，“理为气主。理以生气，气随理转，气以载理。”（《论成性成形》）在人性论方面，提出“性理气交相牵制”论，认为人刚出生之时，虽然禀受天命之气，但由于“理生气”，理为气之主，这时主要表现为纯粹至善的天地之性；人出生以后，“气之权盛而理之势隐”，而气驳杂不齐，主要表现为气质之性，从而使天地之性受到伤害，得不到扩充以止于至善，但气质之性，毕竟不能完全消灭天地之性，“二者交相牵制如此，所以，世之为善无终，而恶人亦有良心”（《性有理气交相牵制》）。主张万物有灵论，肯定人与物“同得天地之性，故诚动于此，相感于彼”，比如，“人亦能感动乎草木，如哭竹生笋”（《论草木之性》）。认为人死之后，“根阴气之凝而不遽消灭”。（《人死而成鬼》）但又用“阴阳互根之理”宣扬“常人之鬼，其灵久而渐微，其子孙能一气感之，亦能片时萃聚，此阳又根阴，阴又根阳，则互根之理矣”（同上），其意即人能使鬼气复活。有《余山遗书》。

王建常 清哲学家。原名建侯，字仲复，号复斋。渭南（今属陕西）人。学“以主敬存诚为功，穷理守道为务”，以养心为目的，力图把程朱的主敬论和陆王心学融合为一体。认为“心为一体之主”，“万事之纲”，主张“学者先须就心上做工夫”（《语录》）。认为心体的最大特点就是“虚灵二字”：“虚是体，灵是用”（同上）。心体的虚灵，主要是指原不著一物，没有欲念，无欲才能虚，无欲才能灵。主张以主敬作为手段，来达到养心的目的。认为：“心本具乎众理。理有未明，则心便有蔽，便有欠缺处。故曰：尽其心者，知其性也。存养是调护本原，省察是消除病患，二者当以敬为主。”（同上）指出：“主一无适之谓敬。主一便是敬心，无适便是主一。”（同上）认为心无主宰，以敬为主宰，离开了敬，无论动或静，都足以丧失本心。强调“敬字工夫乃圣门第一义”，“一息不敬，心便出入”（同上）。有《律吕图说》、《小学句读记》、《大学直解》、《尚书要义》、《春秋要义》等。

王吉相 清学者。字天如，一字左函，号古豳夫。邠州（今陕西彬县）人。早年受业于李颙。康熙进士。自叹其学问未见道，不便赴朝任职，遂隐居。提倡“躬行实践”之学，认为“圣贤学问，原与天下国家相关”，“大学之道，只在实事上做工”（《四书心解》）。指出：“天地之为，为犹行也，道犹路也，性常行，则有路，不然茅塞之矣。”（同上）。批评朱熹的格物致知论和王守仁的致良知说，认为前者把“格物”解做“穷至事物之理”，将“知行分做两截”；后者则把“格物”的“物”字看作物欲，“格得物欲净尽，自然静极生明，此是无为之学，落入空寂去了”（同上）。主张知与行不能相分离,认为“知行如阴阳,是须臾不相离的,知如眼,行如足。眼一阖,则足无所措;足不行,总眼里看见,前途终是放着”(同上)。坚持程朱“理一分殊”的观点,将“一理贯人万理,一物贯人万物”,比喻为把盐、醋调入一锅饭内,吃来口味一样,无浓淡之分,此即“太极散于万物也”(同上)。提出“知即理”的观点,认为万事万物都是“知”的表现,“知”是“千圣心传”,时间上永恒,与“理”的性质相一致;而一“知”表现为万事万礼,即程朱所谓的“理一分殊”。提出“经权常变”的命题,以闻道为真知,“能知其行,不是空知”,“那理有动静不离经,权常变无所不通”,强调“意在人为”(同上)。有《四书心解》、《偶思录》等。

王心敬(1656—1738) 清哲学家。字尔缉,号丰川。鄠县(今陕西户县)人。乾隆年间举孝廉方正。师事李颙,从学达十年之久。后又受业于李容。多次举荐不就。后至两湖讲学,曾主讲江汉书院。论学不主门户之见,对程朱理学与陆王心学持折中态度,主张兼收并蓄,融会贯通,力戒偏颇。他说:“自濂洛以来,诸儒论学,各自另标一宗。这固是其自得者,语人要之,不无自立门庭之见。吾道大公是自千古之公,是奚事秘为己有。一有秘为己有之心,即此念成私。”(《语录》)认为“吾辈于程朱陆王正宜兼资,何可以爱恶之私,轻加排讥?”(同上)主张对程朱陆王不应加以排斥,而应加以适当的补救。认为“陆王宜补救以平实精密,程朱宜补救以易简疏通”(同上)。在修养论上,坚持性与敬相结合的观点。他说:“尽宇宙名理的根宗,总不外一性字;尽六经四子、千圣万贤,发明学术的脉络,总不出一敬字。”(同上)把性看作本体,敬是体认本体的工夫,主敬才能尽性。又认为“敬”虽然是工夫,同时也可以说是本体,“工夫、本体原是浑合不二,故谓此为敬也可,谓为性亦可”(同上)。在知与行的关系上,主张知与行的合一,说:“知是知此行,行是行此知,所谓体本同归也。能时时真知即是立行,往往力行即是真知,所谓工亦兼到也。这里如何可以硬分?又如何可以偏重?”(同上)有《丰川全集》、《丰川续集》、《关学编》、《丰川易说》、《尚书质疑》、《礼记汇编》、《春秋原经》等。

李塨(1659—1733) 清思想家。字刚主,号恕谷,保定蠡县(今属河北)人。少时师从颜元,弃八股,专治礼、数、射、御、兵法、乐诸学,与颜元同创“颜李学派”。三十二岁中举后出游,结交名士,研讨学术,使颜李之学广为传播。晚年隐居家乡,讲学经农。哲学上反对程朱“理先于气”的观点,力主“理”“气”不可分。提出“理在事中”,“夫事有条理曰理,即在事中,今曰理在事上,是理别为一物矣”(《论语传注问》)。又说:“理,虚字也,可为物乎?天事曰天理,人事曰人理,物事曰物理。《诗》曰‘有物有则’,离事物何以为理乎?”(同上)注重实事实学,认为“纸上之阅历多,则世事之阅历少;笔墨之精神多,则经济之精神少”(《恕谷年谱》)。倡导亲身习行践履。“不目见,不身试,何由以理断之耶?”(《论学》)指出理学家空谈“致虚守寂”之害。在知行问题上强调“不知不能行,不行不可谓真知”(《大学辨业》)。又认为“知”可指导行。由此以为其师颜元“以力行为格物,是行先于知矣,倒矣”,忽视“知”指导“行”的作用。坚持“真知”乃决定于“行”,举例说:“如适燕京者,不知路向北往。如何到燕京?至燕京行熟,则知其路方真。”认为人对事物的认识“有浅有深”,认识的过程是“由浅及深”,如果对某些事物不去认识,也就“一处不到一处黑”(同上),茫然无知。推崇南宋陈亮的事功之学,强调“功求成”,以功用实效作为衡量人的行为价值标准。如用兵则“计兵之胜”,耕田则“计田之收”,故人的本性“皆为冀利”(《论语传注问》)。人性论上重“性气一元论”,断言“气质”之“聚精于心谓之性”,反对宋人分“义理之性、气质之性”(《论语传注》)。在政治思想上,赞同颜元的“复井田”,“复学校”,主张实行均田,说:“非均田则贫富不均。不能人人有恒产。均田第一仁政也。”(《拟太平策》)提出要达到“家皆有食”的目标,须“仕与学合,文与武合,官与吏合,兵与民合”(《平书订》)。后在政治见解和治学方法上与颜元有分歧,南游后转入考据之学。有《大学辨业》、《小学稽业》、《圣经学规纂》、《论学》、《平书订》、《拟太平策》、《传注问》、《恕谷后集》等。后人编有《颜李遗书》和《颜李丛书》。

李恕谷 即“李塨”。

杨名时(1661—1737) 清哲学家。字宾实,号凝斋。江苏江阴人。康熙进士。改庶吉士、授检讨,任直隶按察使、贵州布政使、云南巡抚,后又历任兵部尚书、云贵总督、礼部尚书、兼领国子监祭酒,兼直上书房、南书房,任纂修三《礼》副总裁。师事李光地,传承程、朱理学,但在格物论方面,不同意朱熹“今日格一物、明日格一物”的观点。认为“格物穷理乃格身心之物而穷其理”,“若泛然格去,欲为观象极数之学,非知穷理之要者。”(《大学札记》)“穷理者,穷其性之固有也。博学、审问、慎思、明辨,总此明善而已。”(同上)在人性论方面,认为人性皆善,好善恶皆本心之所发。主张“性合内外”,认为“忘内则所谓外者亦粗迹而已;遗外则所谓内者亦枯槁无用者而已”,但根本目的在于治心。强调恢复“本心之明”,反对“掩其本心之明”,认为善与恶都不过是内心的观念,主张扩展本心的善性。有《易经札记》、《诗经札记》、《四书札记》、《经书言学指要》、《大学讲义》、《中庸讲义》等。后均收入《杨氏全书》。

魏世俨(1662—?) 清学者。字敬士。宁都(今属江西)人。魏礼之子。与世杰、世效并称“小三魏”。幼年从兄世杰读书,善于古文。提倡天命论,认为人的生老病死,屈伸祸福早已命定,“乐天知命”即可。把人的命运寄托于“天”,认为人的一切活动要想获得成功,必须求助“天”的保护。有《为谷文稿》。

朱轼(1665—1736) 清学者。字若瞻,号可亭。高安(今属江西)人。康熙进士。改庶吉士,散馆湖北潜江知县。历任刑部主事、陕西学政、浙江巡抚、《圣祖实录》总裁。官至文华殿大学士,兼吏部尚书。

坚守程、朱理学，提倡主敬学说，认为："求止之功，在格致诚正，而其要不外于主静。静者，动之本。《易》所谓无思无为，寂然不动是也。"（《〈太极图说〉解》）又从本体论的角度论证"静"的作用和意义，认为"静"是太极的根本属性。指出："太极之理本静也。圣人主静，而性以定。定则动静随时，而因应不穷，圣人一天地也。极者至也，道理至此尽头更无去处。"（同上）肯定张载所提出的"一神两化"的命题，认为"自此及彼，一而二、二而一，张子所谓一神两化也。原始反终，无终无始者，精气游魂，屈伸往来之妙也"（同上）。坚持程、朱的人性"二重"说，把性分为天命之性与气质之性，认为天命之性无不善，是天理的体现；而气质之性则有所不善，因为气有清浊之分，浊气则是人性不善的根源。坚持以"理"解"易"，主张即象以言理，反对空谈义理。有《朱文湍公藏书十三种》，其中主要有《朱文湍公集》、《补编》，并著有《周易传义合订》。

方苞（1668—1749） 清学者。桐城派创始人。字灵皋，号望溪。安徽桐城人。康熙进士。曾因戴名世《南山集》案牵连入狱，后得赦。曾任武英殿修书总裁，礼部侍郎。治学宗宋儒程朱，尤精于《春秋》、三《礼》。为文崇尚韩、欧等唐宋诸大家。以"义法"为散文创作的核心理论。提出："义，即《易》之所谓言有物也；法，即《易》之所谓言有序也。义以为经，而法纬之，然后成体之文。"（《又书货殖传后》）主张文章应做到有内容和条理，结构严谨，合于体制。以"澄清无滓"而又"瑰丽浓郁"为艺术上的最高境界。有《方望溪先生全集》。

陈仪（1670—1742） 清水利学家、哲学家。字子翙。顺天文安（今属河北）人。康熙进士。改庶吉士，散馆授编修，擢侍讲学士、佥都御史充京东观察史，授鸿胪寺少卿。学重经世致用，尤长于治水。对张载所提出的哲学问题有所论述，但抽去了关于"太虚即气"命题中的物质内容，认为"太虚"既可以说它有气，也可以说它无气，亦即不可以为有，也不可以为无，甚至认为"太虚者在我"。否定事物的质的规定性，把理与气、有与无等等混而为一，抹煞事物之间的差别，消除理与气、有与无之间的根本对立。指出："理与气一，气与数一，数与理一，本末精粗，幽明隐显，皆通为一。""学者知通为一，则有无之说不生，有无之义不立"（《太虚者气之体论》）。否定一与两的对立。他说："善言道者，见一于两，见两于一。忘乎两与一；斯遇夫神与化。"（《一故神两故化论》）认为单纯的"两"与"一"都是不存在的。"非有所为一"、"非有所为两"，否定了矛盾统一体和矛盾双方存在的客观性。著作甚多，主要有《陈学士文集》及《南华经解》、《学庸私记》等。

沈近思（1671—1727） 清哲学家。字位山，号暗斋，又号俟轩。钱塘（今浙江杭州）人。康熙进士。授河南临颍知县，历广西南宁府同知、台湾知府、吏部侍郎、太仆寺卿、左都御史。学宗程朱，把朱熹与孔子相提并论。认为"孔子之道，至朱子而大明，朱子为继述孔子之大宗"（《励志杂录》）。把学习朱熹的著作视为通向孔、孟之道的阶梯，认为"人欲穷理，学孔、孟自《四书集注章句》始；欲修行敦伦，自力行朱子《小学》始"（同上）。把天命思想引入程朱的主敬说，认为应当"'小心翼翼，昭事上帝'。君子当终日对越上天也。人头上虚空处即是天。日间无事，便存此心；夜间梦寐，亦存此心，则敬心常存，邪念不起，久久纯熟，便时时以己心合天心"（《励志杂录》）。把修养的工夫归结为听从天命的摆布。"圣贤亦无巧妙，只如此用工夫。"（同上）有《励志杂录》、《小学咏》、《学〈易〉隅见录》、《学〈诗〉隅见录》、《读〈论语注〉隅见录》等。

李绂（1673—1750） 清哲学家。字巨来，号穆堂。临川（今江西抚州）人。"少孤贫，好学，读书经目成诵。"（《清史稿·李绂传》）康熙进士。入翰林，经历康熙、雍正、乾隆三朝，累官工部侍郎。一身兼封疆大吏、学者、文人三重身份。性耿介豪爽，博闻强识，下笔千言立就，论者称其"能集江西诸先正之长"。学本陆九渊，把"三陆"即陆九渊、陆九韶、陆九龄看作孟子学说的直接继承者。赞扬王守仁，认为王守仁继承陆学，说："自象山陆子之教之不明，士堕于章句训诂者三百余年。洎王阳明先倡明绝学，然后士知有躬行实践之功。"（《文学刘先生墓志铭》）但矢口不言王学的心外无物、心外无理等玄谈。把阳明之学归结为躬行实践而后心得，对此着重加以发挥，指出："学必躬行而后心得，得于心而后推之家国天下无所施而不当。"（《学言稿序》）"圣贤为学之法盖皆因事而后有功夫"，"事至而后有意念。力行之必因事而后见。世岂有无事之功夫哉？"（《书〈朱子语类〉后》）反复强调认识不能脱离实功实事，主张把认识落实到行动上，行动落实到实事上。有《穆堂初稿》、《穆堂别稿》、《陆子学谱》、《朱子晚年全论》、《春秋一是》及《阳明学录》等。

兰鼎元（1675—1733） 清哲学家。字玉霖，别字仁庵，号鹿洲，学者称鹿洲先生。漳浦（今属福建）人。雍正科举拔贡。历任广东普宁知县、潮阳知县、广州知府、内阁一统志馆编修等。为学坚持程朱的理气论，认为天地间充满着理和气，"无理不生，无气不行"，"天地万物，一理一气，至诚感通，如影随形"（《棉阳学准》）。形影不能分离，理气紧密地结合在一起。提出"道非高远，即在人伦日用之间"的观点，认为："圣贤之道，原非高远，不外纲常伦纪日用常行之事"（同上），"食当所食，饮所当饮，即道也"（《送谢古梅大史还闽序》）。坚持程朱的性二元论，认为人心和道心的界限在于：人的思考、动作是满足"饥渴寒暖"等欲望，还是服从于仁、义、礼、智等天理。提出"理欲之别则公私二字尽之"，通俗解释程朱"天理、人欲"的含义。强调"主敬"，认为"主敬则天理常存，而人欲不能入"，把"主敬"看成是"吾道异端所以判"的标志。严守朱陆之辨，认为朱熹主居敬穷理、身体力行，因而是重践履的实学；陆九渊主虚静养神，"疾传注诵习"，因而是不假修为的空寂之学，比较深刻地揭示出陆朱争辩的实质。有《鹿洲初集》、

《东征集》、《平台纪略》、《棉阳学准》、《鹿洲公案》、《修史试笔》等。

蔡世远(1681—1734) 清学者。字闻之,别号扪斋,因世居梁村,学者称梁村先生或扪斋先生。漳浦(今属福建)人。康熙进士。改庶吉士,参与编纂《性理精义》,主讲鳌峰书院。后为内阁学士,官至礼部右侍郎、分校乡会试、经筵讲官、文武殿试读卷、校阅文艺各差使等。师承家学,学宗程朱,功业羡慕范希文(范仲淹),道德羡慕真希元(真德秀),特命其所居之室为"二希堂"。一生竭力倡导朱熹理学,认为科举取士和禅学妨碍理学的传播。指出:"今世之病,大半在于势利,词章其后,禅学又其后","士子束发受书,凡父所以教其子,师所以教其弟者,不过以拾科第取利禄为急务,身心性命有如外物,甚或攀缘趋附,以为进身之阶,幸而得志,则以掠禄固位,肥身保家为长策"(《二希堂文集·学规类编序》)。主张主敬、穷理、力行,以达到复性的目的,认为三者中"主敬"最为重要,"学者苟能纯主敬之功,穷理力行",就可以"复其性之本然"(同上)。把程朱的"主敬"解释为"立志既坚"、"彻终工夫"。认为"汉儒之功不可掩","汉儒有传经之功","汉儒得收尊经之效"(《历代名儒传序》),先秦经典"赓续衍绎,遗经赖以不坠"。有《朱子家礼辑要》、《二希堂文集》、《古文雅正》、《合族家规》、《先儒遗书汇编》、《性理精要》、《扪斋初集》。

向璿(1682—1731) 清学者。字荆山,号惕斋,山阴(今浙江绍兴)人。早年从学于王守仁之族裔王行九,接受良知之学。后读到薛瑄和高攀龙等人之书,"渐觉良知之说未当",认为"居敬、穷理","确不可易",转而服膺程、朱理学,认为"为学大纲,不外居敬、穷理、力行三者",而以"居敬"为本,贯乎知行二者之中。"穷理而不以敬,则知必不精,力行而不以敬,则行必不笃"(唐鉴《国朝学案小识》)。其学力图调和程朱理学与陆王心学的矛盾。在理气问题上,把"理"看作超越时空的绝对,认为:"凡物皆有终始,只理无终始;凡物皆有边际,只理无边际;凡物皆有待,只理无对待。"(同上)主张理与气不相离,"说个理,便在气上见得,理与气离不得"(同上)。又认为"心与理,本不相离"(同上),主张心与理合一。"心得其正,即天理也。不可道心即是理,亦不可道心外别有个理"(同上)。在心性问题上,坚持"性即理"的观点,肯定人性二元论,但又提出"性主乎心",认为"说个性,便在心上见得,性与心离不得"(同上)。有《四书记疑》、《志学录》、《志学后录》。

童能灵(1683—1745) 清哲学家。字龙俦,号寒泉。连城(今属福建)人。乾隆元年(1736)举博学鸿词,及累举优行,皆以母老辞,终身不仕。后游学于福州鳌峰书院,泉州莲花峰,中年居崇安武夷山,晚年回乡冠豸山下讲学著述,应邀主讲于漳州芝山书院。师承家学,"守程朱家法不逾尺寸","严辨朱陆异同"。一反王阳明"朱子晚年定论"之说,认为朱陆早同晚异。他说,朱子"二十八岁为许顺之作《存斋记》,专说求心之学","三十二岁《答汪尚书书》,自谓驰心空妙之域者十余年。""四十四岁,门人廖子晦记其所闻曰:二三年前,犹自见得鹘突,近年方看得分晓,是岁《太极图解义》成,盖自始此始有定论"(《朱陆渊源考》)。如实地阐述了程朱理学和陆王心学的演变过程。提出"天人一理"的命题,认为"理"是天与人及各种事物的共同本原。坚持朱熹的"理一分殊"论,认为万物所得之理是参差不齐的,"有全体之理,有一分之理,有千分万分之一理。如人物之所于天者是也。天人固一理,然不能无大小多寡之不同"(《答清流伍鹤声》)。肯定事物是理的存在形式,"所得之理既尽,则是物亦尽而无有"(同上)。认为生死乃气之凝散,鬼神是根本不存在的,有神论是为佛家轮回之说张目的,"若容得许多死者之魂魄常在以享其子孙祭祀,则天地竟是陈腐之物,而轮回之说亦不得尽訾其妄矣"(同上)。把鬼神论和轮回说联系在一起,是对南朝范缜的"神灭论"的进一步阐发。有《理学疑问》、《子朱子为学次第考》、《乐律古义》、《周易剩义》、《冠豸山堂文集》、《留村礼意分释分节分说》。合编为《冠豸山堂全集》。

阿克敦(1685—1756) 清学者。字立恒,又名仲和、恒严,姓章佳。满洲正黄旗人。官由编修,迁翰林院掌院学士、史馆副总裁、兵部侍郎、两广总督兼领广州将军、刑部尚书。受张载"气"论思想影响,发挥其"一故神,两故化"、"阴阳之精互藏其宅"(《正蒙·参两》)的观点,提出"阴阳互藏其精"的万物生成说。认为世界万物由阴阳二气相感而生,"天下凡属乎阴者,其质本阳;属乎阳者,其质本阴。阳入乎阴之宅而藏其精,而阴乃得阳以为质。互藏其精于其宅,然后阳非独阳,阴非独阴,以之生成万物而无穷也"(《阴阳之精互藏其宅论》)。又提出"阴阳对待之体"的命题。认为阴阳二气是相互对立而又不可分割的统一体。"故阳主乎生,而阴主乎成,惟用妙乎流行,故阳非阴不能独生,阴非阳则不能独成。"(同上)指出五行是阴阳相感的具体表现。认为太极、阴阳、五行三者的关系,即太极生阴阳,阴阳相感生成万物,五行是阴阳相互作用而变化发展的形态。又作《一故神论》,提出"一故神"是事物发展的动因。认为,宇宙万物变化无穷,是"一故神之意",其原在于"一",即太极,是"物自致"。所谓"阴阳不测之谓神",其神是来自太极本身的阴阳不测的变化能力。有《德荫堂集》。

杨屾(1688—1785) 清学者。字双山。兴平(今属陕西)人。不应科举。师事李颙。其学驳杂,儒、佛与道教兼而有之。属"关学之支流余裔"(《关学宗传》)。认为神是世界万物的本源,世界"先有无形之形,而后著为有形之形,有不物之物,而后著为有物之物";进而"有神世而后著为人世,有元体而后著为著体,有鬼神而后著为官吏,有帝道而后著为君道"(《知本提纲·自序》)。主张上帝主宰世界,认为"上帝统御一元神世,分性依形著为人世"(同上)。把世界分为元体与著体,认为元体是神的世界,是"永无毁还之理"(《知本提纲·事帝》);著体是人的世界,

“后天假合之形”，是短暂而混浊的。认为人的世界是虚幻的，神的世界是真实的“著形虽真而实幻”，“元体虽幻而真实”（《知本提纲·复命》）。指出：“性者上帝之分体；形者依性之器具。性本帝灵，分权实能自主，形成五行，情固无异生觉”（《知本提纲·事帝》）。性与形完全不同，形由五行（水火木金土）合成，而性出自灵体，可以脱离形体而独立自主。提出“性为万理之本”，“万理统御于一灵”的观点，以“神”威作为修身的手段。指出：“知两间有主，自然检身生畏，良则敬，敬则成立。知元灵不灭，自然归阙有望，望则爱，爱则乐为。”（《知本提纲·帅家》）有《知本提纲》、《豳风广义》、《经国五政纲目》、《修齐直指》、《燮和直指》等。

尹会一（1691—1748） 清学者。字元孚，号健余。直隶博野（今属河北）人。雍正进士。分工部学习，授主事，迁员外郎。历任襄阳知府、扬州知府、两淮盐政、广东巡抚，官至河南巡抚、左副都御史。平生以程朱理学为门度，以周、孔之书为归宿，重视教育。在河南巡抚任内，命州县立社学，提倡程朱学说，要求学馆“其教法一遵朱子小学，及白鹿洞遗规”（《博陵义馆记》）。主张“学之必自小学始”，认为：“小学之教，在于明伦。其要在于敬身。”（《正始》）认为朱熹等人编辑的《小学》内、外篇，集中了儒学以至整个古代优秀思想的精华，“朱子晚年编此，其内篇提十三经体要，外篇括十七史精华，名为小子立明伦敬身之教，实为大人植修齐治平之基，所以为世道人心计者至切，须臾离之不可，终身由之不尽也”（《重订小学纂注序》）。有《健余先生文集》、《抚豫条教》。另有《续洛学编》、《续北学编》、《近思录集解》。

汪绂（1692—1759） 清哲学家。初名烜，字灿人，号双池，又名敬堂。婺源（今属江西）人。学尊程朱理学，排斥陆王心学，对李贽等人攻击尤甚，称之为“妖人”。对清代的章句训诂之学和推行的八股取士制度深为不满，认为“章句训诂之学”，“徒拘牵文义、全不反之身心”，“与圣贤为己之志全不相似”，不能得圣贤之微言大义，“人专一说，讲愈纷而经旨愈晦”（《四书诠义序》）。主张恢复程朱理学的思想权威，并把理学集中到使人“反求之于身心，而得其天性之本然，则以是见之行事，以实践而力行之。”（《理学逢源序》）在本体论上，坚持朱熹的理为气之主和“理生气”的观点，说：“易有太极者，其理本无形，而其气则已无不裕。气之所以流行无间，日出不穷者，皆有一无形之理为之主宰，为之枢纽也。”（《读〈读书录〉》）“程子所谓生合理与气而言生者也。盖非气则理无所附，非理则气无所主，气而无理则冥幸者耳，何以有生！”（《读〈近思录〉》）在修养论上，坚持朱熹的“主敬”说，断言“大抵学道之人第一须是主敬”（同上）。坚持程、朱关于道心与人心相对立的观点，但认为道心与人心有合有分，“寂然不动时，无人心道心之可分。惟感而遂通天下之故，而此心之用始有分歧”（《读〈困知录〉》）。“道心者，心之发，而未离乎性；人心者，心之发，而易违乎性”（同上）。有《理学逢源》、《易经诠义》、《四书诠义》等，后编入《汪双池先生丛书》。

陈宏谋（1696—1771） 清学者。字汝咨，号榕门。广西临桂人。雍正进士。改庶吉士，授检讨，授吏部郎中。官至两广总督、湖广总督、吏部尚书、东阁大学士兼工部尚书。学宗程朱，严于律己，注重身心修养，提倡“至是无非之道”，反对自以为是，主张反躬自责。认为“凡事不顾公事之有益与否，而先持一自以为是之意见，是己者乐之，非己者恶之，此为刚愎自用。”这“不但于公事之无益，即自己亦受亏损不浅。”主张反躬自责，静气平心，“以求一至是无非之道”（唐鉴《国朝学案小识》）。力戒空谈，反对空虚无用之学，指出“近世言学，亦知遵尚朱子，而用功止凭口耳，逞技惟在词章。终日读书作文，未知所读之书，于己何益，所作之文，于世何用”，“往往书自书，而我自我，文则是而人则非”，“不曾把书中道理研究一番，更不曾在自己身心体认一番”，“于己何益，于世何益”（同上）。提倡“讲求身心格致之学”，主张“知在此，行亦在此”，反对读书而不能用，要求“以读书为克治身心之事”，“为身心性命而读书”（同上）。著作编为《培远堂全集》。

雷鋐（1697—1760） 清学者。字贯一，号翠庭，学者称翠庭先生。宁化（今属福建）人。雍正进士。授庶吉士。直上书房，授编修。历官通政司通政使、提学浙江学政，擢左副都御史。曾师事蔡世远，与方苞为友。为学以躬行为本，讲求道德实践。把理学（道学）称为实学。不固守门户之见，持论较为公允。学宗程朱，以“太极”为最高范畴，认为“无极非无，正太极也”，太极即是理，“理能生气”，“有理（太极）斯有气”（《答诸生问毛西河语》）。虽视陆王心学为禅学，但认为陆王人品事功卓然千古，不能抹煞，指出其禅学是“心即理”说。赞同周敦颐“动静互为其根”的观点，肯定“阳有动静，阴亦有动静”，“阳中有阴阳，阴中亦有阴阳”（同上）。坚持程朱性二元论的基本观点，承认天命之性和气质之性是道心和人心相对应的范畴，但又认为，人只有一心，道心、人心只是一心，并非二心，在人心中存在着道心，“如饮食男女之欲，人心也，而道存焉”（《湖州试院与诸生论太极图说通书》）。虽不同意王守仁“无善无恶心之体”之说，但肯定理具于心，仁、义、礼、智为心所固有。指出：“天地之元气不息，人生之生理不灭。心如谷种，仁则其生之性。”（《金坛试院示诸生》）提出“人心莫不有知”的命题，认为“人伦庶物之理皆具于心”，“知心与理无内外之隔”（《知行存养论》），肯定知识为心所固有，格物的目的在于发现本心之知，以推之事事物物，不同意将“格物”解释为“徒欲泛然以观万物之理”（《严州试院与诸生论格致传义》），但又特别强调“学者须知行并进”（《陆平湖年谱序》），学用相结合，学是为了用。表现了调和朱学与王学之倾向。有《读书偶记》、《经笥堂文钞》、《闻见偶录》、《校士偶存》、《自耻录》、《励志杂录》等，后人编为《经笥堂集》。

胡具庆 清学者。字余也，号俟斋，又号弢庵。祖籍容城（今属河北），其父时迁至杞县（今属河南）。

乾隆七年(1742)中明通榜,授陕西石泉知县。孙奇逢的私淑弟子。为学以会通朱王为特征,更倾向于王学,强调"心"的决定作用。认为:"治天下不患无才,惟患无万物一体之真心耳。心既真矣,则视天下犹一身,视天下百姓之疾苦,犹一身之疾痛疴痒也。"(《四书惕中录》)认为最高的道德原则与政治原则都存在于真心之中:"只此一段真心,天德王德俱在是矣"(同上)。把真心归结为"独体之真",强调慎独既是本体,又是工夫,意味着全部的"内圣外王之道"(同上)。主张"兼取朱、王之所长,而皆以为吾师"(《中立辨》)。把良知看作性之真,主张发挥良知的作用,达到复性之目的,从而肯定良知说的必要性,又把理看作性之理,主张通过格物穷理,使吾性之理更加明彻,从而肯定朱熹格物穷理之说的必要性。认为两者相得益彰,可以互补,说:"王子得吾性之要,朱子得吾性之全。不得其要,则泛滥无本;不得其全,则缺略而不该。""合两家之说,而吾性之理始明";"合两家之学,而吾尽性之功始备"。"为学,当以阴明之宗旨,用考亭之功夫。圣人复起,不易吾言矣。"(同上)实际是站在王学的立场上会通朱王,以王代朱,消"格物"入"良知"。有《求志山房诗文集》、《读易自考录》、《尚书日思录》、《洪范论》、《四书惕中录》、《礼记类诠》、《仪礼经传通解》等。

王植 清学者。字槐三,号戆思。深泽(今属河北)人。"少究心濂洛关闽之学",并"博观经史,择先儒之说"(《清儒学案 · 王植传》)。康熙进士。历广东和平知县、擢罗定知州,有惠政。晚年退居林下,撰述不辍。精于韵,尤潜心理学。推崇周敦颐、张载与邵雍的学说,把陆王心学称为"空寂之学",力图以程朱理学补救陆王心学之失。提出"即心是性"的命题,一方面,坚持王阳明的心性一元论,认为"心"和"性"其实一体,"《大学》言心不言性,非不言性","明德即其性";"《中庸》言性不言心,非不言心","戒惧慎独其即其心"(唐鉴《清学案小识》)。另一方面,又强调"心之与性歧而二之,不可混而一"(同上)。承认二者之间的区别,认为"性"与"心"的关系是"相为体用",性为体,心为用,亦即朱熹所说:"性犹太极,心犹阴阳。太极即在阴阳之中,非能离阴阳也。"(同上)明确提出"朱是则陆非",赞同程朱"性即理"的观点,反对陆王"心即理"说,认为此说使"天下而入于悬空顿悟之幻境"(同上)。有《道学渊源》、《正蒙初义》、《濂关三门》、《权衡》。

全祖望 (1705—1755) 清经学家、史学家。字绍衣,号榭山,学者称榭山先生。浙江鄞县(今宁波市鄞州区)人。乾隆进士。选翰林院庶吉士。因受大学士张廷玉排斥,贬任知县,后辞官归乡,主蕺山、端溪书院讲席。经学、史才、词科三者兼治,为浙东学派的重要代表。学术上承黄宗羲、万氏兄弟"钻研史籍、通经致用"的传统,尽心搜集、研究宋、明二代忠贞之士的事迹和思想。又博采诸书,续修黄宗羲《宋元学案》,以十年之力完成百卷,将宋元二代学术思想按不同派别加以系统总结,并列表说明其源流。为学强调躬行,反对朱、陆后学门户之争,认为"圣学莫重于躬行,而立言究不免有偏。朱、陆之学,皆躬行之学也"(《奉临川先生帖子一》)。并批评当时理学家"迂疏陈腐"。在经学与理学关系上,称赞顾炎武"经学即理学"、"舍经学无所谓理学"的观点。后人评其为"会通于朱子、张子、吕子,而归宿于陆子。"(《清代朴学大师列传》)。曾七校《水经注》,成为疏通沟渠,发展江浙水利的借鉴。录答弟子所问经史疑义,成《经史问答》。晚年定人物传记的文稿成《鲒埼亭文集》。近年上海古籍出版社出版有《全祖望集汇校集注》。

孙景烈(1706—1782) 清哲学家。字孟扬,一字竞若,别号西峰,学者称西峰先生。武功(今属陕西)人。乾隆进士。授庶吉士,散馆检讨。不久以言事放归,主讲于关中书院、兰山书院、明道书院,从学者甚众。讲学"教人专心小学、四子书。讲四子书,又恪守考亭注,而析理之细,直穷牛毛茧丝,多发人所未发"(《关学续编 · 西峰孙先生》)。其学以和会朱陆为特点,以"求仁为要领,以主敬为功夫",主张通过主敬以养仁心。提出"即身见心,即心见道";"身在是心即在,是道即在"(《关中书院课解》);"心具众理,存心只是不失其心之理"(同上)。认为人心具有众理与偏向私欲的两重性。"所向易私难公,稍向于私即为欲。"(同上)把无欲作为存心的最高要求,认为"无欲则心无不存"(同上),因无欲甚难,故主张以寡欲作为"养心入门之功"。并把圣人视作无欲的典型,指出:"圣人之心浑然天理","圣人形骸虽是人,其实只是一团天理"(同上)。认为"求放心"只是为学之"方",不是学问本身。赞同程朱的"知先行后",不同意王守仁的"知行合一"论,认为"致知力行工夫,随知随行,愈行愈知,虽要并进,然毕竟知在先,行在后"(同上)。有《四书讲义》、《关中书院课解》、《兰山书院课解》、《西麓山房存稿》、《滋树堂存稿》等。

蔡新(1707—1799) 清学者、哲学家。字次明,号葛山。漳浦(今属福建)人。蔡世远之族子。乾隆进士。授庶吉士,翰林院编修,入直上书房,官至文华殿大学士。学以求仁为宗,以孟子不动心为要。搜集先儒操心、存心、求放心的言论,编为一集,名曰《事心录》,终身诵读。坚持儒家积极入世的态度,驳斥佛教《金刚经》所宣扬的"过去心不可得,现在心不可得,未来心不可得"的"三不可得说",指出过去与现在、未来之间的联系,过去的差错谬误正可以作为预见未来的重要依据。认为"三不可得说"在实际中必然导致严重的后果,"既无远虑于前,徒贻借鉴于后,势必旁皇失措,甚至卤莽灭裂"(《三不可得说》)。驳斥道家宣扬的炼丹术,力图划清儒家"求仁"与道家"还丹成仙"之间的界限,认为前者是为公,即"欲达之天下公","存心于爱物于人",有"与胞民与物之量",把礼乐兵农作为济世救人之工具;后者则"欲得之一己之私","丹成之后,上符天箓,造化生身"。还指出,道家成仙之说的虚妄:"拔宅飞升之事,今亦未见。"(《丹仁说》)驳斥道家鼓吹的"无为"论,认为必须通过有为而后才可以达到无为。有《缉斋诗文集》、《读史随笔》、《文献通考随笔》。

阴承方(1715—1791) 清学者。字静夫，号克斋。宁化(今属福建)人。与雷鋐为友，一生以"传道为本"(《续师说》)，以朱熹思想为宗，教人以实学，其要在慎独。认为"朱子之学远宗孔孟，近扩周程，而集儒者之大成，不独乡邦后学当奉为模范，实天下万世儒者之的鹄"(《书李生传后》)。把朱熹概括的认识论和修养论的四句话看成是朱熹思想的核心，是朱陆分歧之本质所在。指出："朱子之教，居敬以立其本，穷理以致其知，反躬以践其行，克己以灭其私"，肯定"千古圣贤之学不越此者"。而"陆氏之教，谓持敬为杜撰，存诚为有考，只存一字自可使人明得此理，即是主宰则随其心之所存皆自以为明"(同上)。批评"世俗之学能为时文以取科举即莫不自以为至矣"(同上)，"依托陆王则诋朱子，及声闻既驰，富贵既得，弃其所依托如土龙、刍狗焉。呜呼，此无忌惮之尤者也。"(《学颜子所学论》)提出由"立本"到"笃行"的体认论，说："主敬存诚以立其本，读书穷理以致其知，集义扩充以笃其行，省察克治以防其失"(《松溪县学记》)。有《丧仪述》、《阴静夫先生遗文》(系其门人伊秉绶刊刻)。

张夏 清学者。字秋韶，号菰川。无锡(今属江苏)人。"初从马世奇受经，后入东林书院，从高世泰学。积十余年，遂入世泰室。世泰卒，其子弟相与立夏为师，事之如世泰。汤斌抚江苏，至东林，与夏讲学，韪其言。延至苏州学宫，为诸生讲《孝经》、《小学》。"(《清史稿·张夏传》)，潜心理学，以朱子为宗，排斥王守仁心学，认为王学是"阳儒阴释"的典型，在思想界造成了混乱。批评"世之学者，往往阳儒阴释，以进释退儒。始而薄程朱，继而卑孔孟，由是道术凌杂，世教日衰"(《洛闽源流录自序》)。把程朱看作孔、孟之后正统儒家的主要代表人物，认为要恢复儒学的正统地位，必须以学程朱之真儒作为榜样，"欲正之以孔孟，不若即正之以程朱；欲正之以程朱，不若即正之以学程朱之真儒"(同上)。认为明代的薛瑄、蔡清、顾宪成、高攀龙等人都是"学程朱之真儒"(同上)。有《洛闽源流录》、《杨文清年谱》、《锡山宦贤考略》及《孝经衍义》、《小学瀹注》。

刘定逌(1720—1806) 清学者。字叙臣，一字叔达，号灵溪。武鸣(今属广西)人。壮族。乾隆进士。授翰林院编修。因生性耿介，不事谄谀，为权贵所排挤，辞归乡里，讲学授徒，先后主讲秀峰、宾阳、阳明、葛阳诸书院，被称广西"第一名流"。继承陆王心学"道在心中"、"人心即道"的思想，在《玩月》一诗中说："缓步檐前月正圆，幽怀对比不成眠。涛思悟入无言妙，道在人心月在上。"在认识论方面受庄子和佛教的影响，提倡依靠冥想、本能、直觉来领悟"道"。认为"静坐乾坤大，闲中日月长。虚心观造化，物我一齐忘"(《偶得》)。做到"忘言"、"忘形"、"忘心"之后，才能领悟体会"真机"("道")，就像"哑子得梦时，意中自明白。而口不能言，是谓真自得"(《自得吟四首》)。受孟子性善论影响，重视教育对完善人格的作用，认为即使是病入膏肓，也并非不可救药，只要引导他们读书穷理，经过学习修养的工夫，仍可使之向善。有《刘灵溪诗稿》、《四书讲义》、《读书六字诀》等，已散佚，仅存数十诗文。

戴震(1723—1777) 清思想家、学者。字慎修，又字东原。安徽休宁人。问学于婺源(今属江西)。四十岁中举，后六次会试皆落第。曾从江永学。与纪昀、钱大昕、王鸣盛、卢文弨、惠栋等人交游。乾隆间修《四库全书》，特召任纂修官。后被乾隆赐为同进士出身，授翰林院庶吉士。博闻强记，对天文、数学、历史、水利、地理等均有精湛研究。擅名物训诂，精通古音，立韵类正转旁转之例。创古音九类二十五部之说及阴、阳、入对转的理论。对经学、语言学等有重要贡献。哲学上，肯定世界为物质的"气"的变化过程，说："气化流行，生生不息"(《孟子字义疏证》卷下)，强调气的流行生息即"道"或"理"，指出"一阴一阳，其生生乎，其生生而条理乎！"(《原善》卷上)把运动变化着的"阴阳五行"看作"气"的内容，由此构成宇宙本原。指出《易·系辞》所谓"形而上"的"道"，即"未成形质"以前的"气"；"形而下"的"器"，即"已成形质"后的物，批驳了理学家"理在事先"的观点。在认识论上认为人们对事物规律的认识只能从事物本身去找，批判宋儒"以理具于心"的观点，说："有血气，夫然后有心知……耳目鼻口之官接于物而心通其则。"(《原善》卷中)认为人先有物质性的感觉器官(血气)，然后才有精神思维活动"心知"，精神依赖于肉体。同时也看到感性认识和理性认识的区别和联系。还认为人的认识过程是由"自然"到"必然"的过程。说："人之异于物者，人能明于必然，百物之生各遂其自然也。"(《孟子字义疏证》卷上)人唯有把握"必然"才能达到真正的自由。否则"若任其自然而流行于失，转丧其自然而非自然也。故归于必然，适完其自然"(同上)。不把握"必然"反而丧失自由。抨击程朱理学"存理灭欲"的观点，指责"后儒以理杀人"，"其祸甚于申、韩"，断言程朱的"理欲之辨，适成忍而残杀之具"(《孟子字义疏证》卷下)。肯定"欲者，血气之自然"(同上)，"天下之用情，天下之同欲"即"理"。认为"天理"与"情欲"相统一，"理也者，情之不爽失也；未有情不得而理得者也"，"今以情之不爽失为理，是理者存乎欲者也"(《孟子字义疏证》卷上)。用"理存于欲"的命题反对理学家的"存天理去人欲"的说教。强调科学研究要把握事物的"条理"，即特殊规律。对这些特殊规律的认识乃是通过"必就事物剖析至微而后理得"(同上)。反对"以一己之意见为理义"，认为获得"理"的途径"匪自我为之，求诸物而已矣"(《绪言》上)。结合考据指出归纳事物应"征之古而靡不条贯，合诸道而不留余议，巨细毕究，本末兼察"(《与姚孝廉姬传书》)，不能"依于传闻"、"择于众说"、"出于空言"和"据于孤证"，即"未至十分之见"。在美学上，认为审美活动也是一种"血气心知"的认识过程，充盈天地之间的有声、色、臭、味。但作为审美对象的"味与声色在物不在我，接于我之血气，能辨之而悦之，其悦者，必其尤美者也”(《孟子字义疏证》卷上)。有《原善》、《原象》、《孟子字义疏证》、《声韵考》、《声类表》、《方言疏证》等,后人编有《戴氏遗书》、《戴震集》。

戴东原 即“戴震”。

陆耀(1723—1785) 清学者。字青来,一字朗夫。吴县(今江苏苏州)人。乾隆进士。授内阁中书,充军机处章京。后出任知府。官至湖南巡抚。与戴震交往密切,称赞戴震在理欲观上对程朱理学所作的批判“可谓切中俗儒之病”(《复戴东原言理欲书》)。批评“理学之名,可以虚附”,“理悬于虚,事征于实。虚者易冒,实者难欺。惟言理而著之于事,证之以迹,空虚无实之谈,庶不得而妄托。”(同上)只空谈虚理而不顾实事。公开表示对“朱陆、朱王之辨”不感兴趣,主张“不贵言性、言命,存天理遏人欲之虚谈”,认为只有如此,才能“于风俗之盛衰,吏治之得失,民生之疾苦,在在与民同好恶而不私”(同上)。对理学家空谈义理心性,脱离实际的学风深恶痛绝,指出理学家空谈心性,高唱太极玄理,而不得其解,实际上是违背儒家的传统。认为“性非学者之所急,而圣人之所罕言”,儒家的经典《易》、《春秋》、《诗》、《书》均不言性,“《礼》、《乐》之书,虽不完而杂出于诸儒之说,然其大要,治国修身之法也。”据此,肯定“《六经》之所载,皆人事之切于世者”(《书昌黎〈原性篇〉》后)。有《切问斋集》、《任城漫录》、《大学合钞》等。

韩梦周(1730—1799) 清哲学家。字公复,号理堂。潍县(今山东维坊市)人。乾隆进士。授安徽来安知县,并建立江清书院与恤孤院。后因捕蝗不力被罢官,讲学于程符山达二十六年之久。“其学以存养、省察、致知三者为入德之资。每跬步必以礼,以耻求闻达为尚。”(《清史稿·韩梦周传》)终生笃守程朱理学,反对陆王心学,严守“朱陆之辨”。批评王守仁的“即心即理”与佛教所讲的“即心即佛”相一致,是“改换头面之术,其词异,其实同者也”(《与李叔白书》),批评王门后学“学问空疏,不耐劳苦,乐其简易而从之”,“博览典籍,不知切问近思,勤而无得,见其立教,专主向里”(《日记》)。把儒学归结为个人修养的学问,并把“穷理”也纳入个人修养的范围。指出,圣贤之学,其大要有三:以存养为根本,以督察为修治,以穷理为门户。主张“养心之道在敬”,“能诚敬则心之理得矣。心便是无形的身,身便是有形的心,养心与修身其理一也。”(同上)认为“其要只在敬,而无失不敬”,“除一敬字,更无用力处”(《寄阎怀庭书》)。提倡自然之理,把自然之理同人的主观能动性对立起来。认为:“万事之理出于自然,顺其自然,故无事,以私智凿之,则纷如矣。”(《日记》)提倡易简之理,认其为宇宙间的普遍规律,是“天地之道,民物之性命”(《与罗台山书》)。批评王学违背了易简的原则,“背常离经,造为高深玄远,自以为道之至,而不知其违于天”(同上)。著作编为《理堂文集》。

朱珪(1731—1806) 清学者。字石君,号南崖,晚号盘陀老人。顺天大兴(今北京市)人。乾隆进士。由庶吉士授编修。后历官侍讲学士、两广总督、吏部尚书、翰林院掌院学士、体仁阁大学士。授仁宗学,加太子少保、太子少傅。曾充四库全书总阅、实录馆总裁、国史馆正总裁、会典馆正总裁。取士务以经策较四书文,锐意求朴学才士。于经术无所不通。为学主养心、敬身、勤业、虚己、致诚。总修成《高宗实录》。有《知不足斋诗文集》。

吴德旋 清学者。字仲伦。宜兴(今属江苏)人。提出文质互用的观点。认为“文与质必相为用,然后可以同民心而出治道”(《与张皋文论文质第一书》)。文与质,既不偏重,亦不偏废。没有礼乐之文,必然损害忠信之质。坚持质不变而文随时而变的观点,说:“盖质者百世不可变,若夫文则因其时,以斟酌损益之,而使之称于质,斯已矣。”(《与张皋文论文质第二书》)又提出“质先而文后”,力图用文质相统一的观点,来解释古代的思想论争,批判佛、道二教,以维护封建的伦理纲常关系。在人性论方面,力图调和孟子的性善论与荀子的性恶论之间的矛盾。他说:“孟子曰人之性善,荀子曰人之性恶。曰人之性善者从其上者而言之也;曰人之性恶者从其下者而言之也。其所从言之,虽异其所以救世之心一也。”认为“孟子曰人皆可以为尧舜,其意主乎劝,劝故人乐于从”;“荀子曰尧舜伪也,桀纣性也。学则为尧舜,不学则为桀纣矣,其意主乎戒。戒故人知所惧”,“荀子明王道,述孔氏与孟子同”(《读荀子》)。有《闻见录》、《初月楼文钞》。

彭绍升(1740—1796) 清学者。字允初,别号尺木居士,又号知归子。长洲(今江苏苏州)人。乾隆进士。家居不仕。能传家学,工古文。初治程朱理学,后尤喜陆王心学。论学皆以见性为宗。曾和戴震辩论心物关系问题,持“离则(法则)无物,离天性无形色”(《与戴东原书》)的唯心主义观点。后转治佛学,精于禅学,曾和友人大阅藏经,究出世法,绝欲素食,持戒甚严。用禅学观点解释儒书,以图调和儒、佛两家思想。有《二林居集》。

崔述(1740—1816) 清学者。字武承,号东壁。直隶大名(今属河北)人。乾隆举人。官福建罗源县、上杭县知县。为学始于怀疑,专于考证。认为汉以后诸儒对群经的传、记、注、疏皆不可信,于是积平生心力著《考信录》,一切取信于经,“传注之与经合者则著之,不合者则辨之;而异端小说不经之言,则辟其谬而删削之”(《考信录序》)。凡无从考证者,则宁缺所疑,以不知置之。其疑古求实精神,对近代史学界影响颇大。另有《考古异录》、《易卦图说》、《五服异同汇考》、《大名水道考》等。

永增(1745—1768) 清学者。满族,系爱新觉罗宗室。对《周易》有一定研究,既认为太极为万物之源,生阴阳,生八卦,生万物,又认为自然界与人世间的事物,无一不可用富于变化的八卦来解释:“太极彰于自然界,万物发生,各归其位;施之人事,政立刑备,事有准则。”“今夫太极之阳明,彰之天地则有日月;施之人事则有政刑,其中休嘉悔吝之机,昭然若鉴。”（《离卦论》）指出：“太极之道，于天地为阴阳，于人为情性”，“施人之事则有政刑”（《兑卦论》）。认为卦象各有所指，治世之君，把握八卦之理，并据此治理民众，才能出现“上下皆明”，“善政流行”、“仁风浃洽”的盛况。提出事物优劣转化的思想，说：“事有相形而宜见其优，乃相较而反见其绌”（《四不如辩》）。认为，智者原比愚者为优，富者原比贫者的境况为好，但因其不能顺乎“天”而走向反面。他把这种智与愚、富与贫的矛盾转化的现象，称之为“巧不如拙”、“智不如愚”、“逸不如劳”、“富不如安”。提出学要得宜的思想，强调后天学习的重要。有《永增诗文集》。

汪中（1745—1794） 清学者。扬州学派代表人物。初字庸夫，后改字容甫。江苏江都人。少孤贫好学，曾为书商佣，得以“借阅经史百家、博综典籍”（江藩《汉学师承记》）。年二十时补诸生。三十四岁时为拔贡，后绝意仕进。中年生活潦倒。晚年曾参与《四库全书》的校对。自称其学“实私淑诸顾宁人”，“推六经之旨以合于世用”（《与巡抚毕侍郎书》），“而耻为无用之学”（《与朱武曹书》）。主张开发自然界以造福民生，“凡物生天地之间……聪明睿智之人”，必“竭其心思变通以尽其利”（《浙江始祀先蚕之神碑文》）。力求展现先秦诸子百家争鸣的局面，提出“各择一术，以明其学”（《吕氏春秋序》）的子学思想。创“儒墨相抗”说，以为“在九流之中，唯儒足以与之（墨家）相抗，余诸子皆非其比”（《墨子序》）。肯定墨子是“‘凡民有丧，匍匐救人’之仁人”（同上）。指出“兼爱无父”是孟子对墨子的污蔑之词，被当时封建卫道士翁方纲视为“名教之罪人”（《复初堂文集·书墨子》）。作《荀卿子通论》，肯定“荀子之学出于孔氏，尤有功于诸经”，“六艺之传赖以不绝者，荀卿也。”（汪嘉孙《先君学行记》）否认孟子为孔学继承人，以孔荀并提，大胆修正了宋儒的“道统说”。反对“饿死事小、失节事大”的贞节观，认为中理学毒害而捐躯的女子“可谓愚矣”。提出寡妇可以再嫁，夫死妇不必从，“以身殉之则不仁矣”（《女子许嫁而婿死从死及守志议》）。又主张“私奔不禁”，男女“其有三十不取，二十不嫁，虽有奔者不禁也”（《释媒氏文》）。精史学，视考证、训诂为治世之法。著《述学》内、外篇，论述子学研究、文字训诂、名扬象数，卓然成一家之言，为后世所重。著作还有《广陵通典》、《容甫先生遗诗》等。

洪亮吉（1746—1809） 清学者。字君直，一字稚存，号北江。江苏阳湖（今常州）人。乾隆进士。授编修。嘉庆时，以批评朝政，遣戍伊犁，不久赦还，改号更生居士，一意著书。通经史、音韵训诂及地理之学，论学之作颇多。主张无鬼神，说：“鬼神亦不能祸福人。”（《意言·祸福篇》）认为人不能长生不死，“世无仙，世亦无长生不死之人，人之命有短长，由人气禀有强弱所致耳”（《意言·夭寿篇》）。注意研究社会问题，指出人口的增长超过财富的增长是人民生活贫困的原因，“田与屋之数，常处其不足，而户与口之数，常处其有余也”（《意言·治平篇》）。工诗文，其骈文颇负时誉。有《春秋左传诂》、《公羊穀梁古议》、《意言》等。

洪北江 即“洪亮吉”。

恽敬（1757—1817） 清学者。字子居。江苏阳湖（今常州）人。乾隆举人。以教习官京师，后为富阳、平阴、新喻、瑞金等县知县，复擢南昌、吴城同知。自少读书能独申己见，不苟同于世俗因循之说。研究纵横、名、法、兵、农、阴阳家的著作，一归于经世致用。坚持历史发展进化的观点，提出“道因时适变”的命题，指出“夫礼、乐、刑、政，皆世异者也”（《三代因革论》）。承认必然性在社会历史发展进程中的作用，认为圣人的意志不能决定制度的兴废，圣人的意志必须顺应时代与民心。认为井田之废，非鞅之罪，而是法之将行，圣人不能使之不行；法之将废，圣人不能使之不废。阐述了“因民之欲”（《三代因革论》），亦即顺应民心之需要的道理。重视对下层民众实情的考察，强调“察凡庶”、“赴时势”、“考通方”，与“诸儒博士”浮上层，尊圣贤、从古昔、信专门的方法相对立，实即指斥乾嘉汉学家们抱残守缺，专治一经之通病。批评朱熹理学和王守仁心学皆有缺陷，“朱子本出于禅而非禅，力求乎圣而未尽圣”（《姚江学案书后》），而王学就其本源而言，其良知学说与佛教所谓“净智妙圆，体自空寂”、“虽有见闻，觉知不染万境，而真性常自在”等说法如出一辙，“不得不谓之禅”（同上）。有《大云山房文稿》。

李文耕（1762—1838） 清学者。字心田，号复斋，一号垦石。昆阳（今云南晋宁）人。嘉庆进士。授山东邹平县令。官至湖北、贵州按察使。所至创书院、兴教化，阐发性理。“平生以崇正学，挽浇风为己任”（《清史稿·李文耕传》）。力图和会程朱理学与陆王心学，实倾向于陆、王心学。认为“人之难化，不难在人，而难在己，事之难治，不难在事，而难在心”。（《愤悱初稿》）否定“道”的客观性，肯定“道为人性所固有”。认为“道”是“性之德而具于心”，但又表现于日用事物之中，即日用常行之“理”，“无物不有，无时不然。可见天理流行，随处充满，无少欠缺，而最切处，即在日用事物。离了事物，则天理无着落处；离了天理，则亦不成事物”（《课孙偶记》）。指出：“学以求道，而道为日用事物当行之理。明此理于心，实此理于身，公此理于人，学向无余事矣。”（《愤悱续稿》）力图调和心、事、天理三者，讲天理时不离开心，讲心时不离开事物，认为“离了日用事物更无处体认天理，不随事随物体认天理，亦更无用功处矣”（《课孙偶记》）。坚守道义论，批评“近日功利之害，逼天塞地，彻骨透心。勿论富贵贫贱、高明沈潜之人，举凡交际往来、伦常日用之事，非利不动，非利不行”，“一举足而不忘利、一出言而不忘利，一涉念而不忘利”（《愤悱续稿》）。要求人们崇义去利，“涤垢秽之肝肠，剔腥膻之髓骨，渐复本心”（同上），有《喜闻过斋集》、《启蒙韵言》、《孝弟录》等。

焦循（1763—1820） 清经学家、数学家、戏曲理论家。字理堂，晚号里堂老人。江苏甘泉（今扬州）

人。自谓“承祖父之学，幼年好易”（《易通释》）。曾从阮元游学浙江，后应礼部试不第，托足病不入城市十余年。构一楼名“雕菰”，读书著述其中。专研经书，博览典籍。作《六经补疏》，于经、史、历算、声韵、训诂之学无所不究，尤深研《易》、《孟子》，颇多已见。撰《通释》、《图略》、《章句》（称《易学三书》），自称发明《易经》所讲“旁通”、“相错”、“时行”三义。用数理解释周易，更由治《易》的方法通释诸经，认为“名主其形，理主其数”，“名起于立法之后，理起于立法之先”（《加减乘除释》）。以先天抽象的“数”、“理”形式论述哲学问题，将一切事物的变化归之为“理之一”或“数之约”（同上）。作《孟子正义》，认为人有智慧，能进化，进化必有赖于习行，并言人之性善，为清代群经新疏的代表作。又精于历算之学，撰《释弧》、《释轮》、《释椭》、《加减乘除释》、《天元一释》、《开方通释》等书，为当时算学名家所叹服。曾作札与人辨证“考据”名目之非，指其弊“患乎不思”（《与刘端临教谕书》）。故提倡“通核”之学，即要“主以全经，贯以百氏，协其文辞，撰以道理”（《辨学》），实以考据和义理并重。善属文，反对俗见，重视地方戏曲，作《曲考》（已佚）、《剧说》、《花部农谭》，尤以戏曲理论闻名于世。戏曲美学思想上，突破传统之正、变、雅、俗观念，推崇通俗戏曲，以“肖人”与“动人”作为戏剧表演的特征，称赞民间戏曲“其词质直，虽妇孺亦能解，其音慷慨，血气为之动荡”（《花部农谭》），反映出以审美移情的感染力为品评戏曲优劣标准的思想，但在分析剧目思想内容时仍未摆脱忠孝节义等旧观念。生平著作甚多，多收入《焦氏丛书》。

谢金銮 清学者。字退谷。福建侯官（今福州）人。乾隆举人。授台湾嘉义教谕。因“出谋发虑，动彻机宜”（《清儒学案·谢金銮传》）而为当道者所重视。为人“忠信笃敬，身体力行”，教人“以四子书为纲，五经为辅，而力除空虚自守，偏执冥行之弊”（唐鉴《清学案小识》）。把伦常看作学问的源泉，认为有伦常才有力行，应以“伦常为急务”，“盖圣贤之学，一伦常尽之”，“伦常之理，至切至近、至平至易”，“凡此力行之事，即凡此伦常之事”，“以力行之故而有学问”（同上）。提出求退的理论，认为后退是世界的普遍原则，“天下之理，进常不足，而退常有余。故进而见者，不如退而藏，进而言者，不如退而默”（《退谷自警文》）。主张在后退中要自修、自省、自诲、自责等，指出：“惟退则见其所弊”，“道莫吾知，汝姑退以自娱”（同上）。求退促使冷静思考，总结教训，以利前进，大有益处。主张以象数治《易》，认为“《易》之为书，原本象数”，“善说《易》者，必当不离于象数”，“求象数使学者知圣人之立言，字字有所根据，而穷极事变无一不切伦常日用”（唐鉴《清学案小识》）。有《退谷文集》、《泉漳治法》、《教谕语》等。

阮元（1764—1849） 清学者。字伯元，号芸台。江苏仪征人。乾隆进士。历官户、礼、工部侍郎，浙江、河南、江西巡抚，湖广、两广、云贵总督，体仁阁大学士。在两广时能禁止英国船只夹带鸦片入口，并注意整饬军备，以防外敌。在江西时镇压过天地会。治经专宗汉学。认为“圣贤之道存于经，经非诂不明”（《揅经室二集·西湖诂经精舍记》）。平生致力提倡学术，曾在浙江创立诂经精舍，在广东创立学海堂。罗致人才从事编书刊印工作，主编《经籍纂诂》，校刻《十三经注疏》，汇刻《皇清经解》等，被后之治经者奉为科律。集历代天文历算家传记成《畴人传》，为中国第一部天文学家和数学家的传记专著。接受戴震“由字以通辞，由辞以明道”的治学方法。指斥王守仁的良知说，以为“儒家借良知为宗旨，非以庄子此说（复性）为祖乎？”“此亦如……禅学可以不说一切经而面壁见性也”（《揅经室续集·复性辨》）。曾论述古今“性”说变化的历史，主张性、欲无善恶之分，不同意别欲于性之外。论文强调形式美，提出“文笔”论，以音韵与对偶为尺度，区分文学与非文学，认为“专名为文，必沈思翰藻而后可也”，提倡为文应“奇偶相生，音韵相和”（《书梁昭明太子文选序后》）。以“孔子以用韵比偶之法，错综其言而自名曰‘文’”为依据，认为后人不应“反孔子之道而自命曰‘文’”（《文言说》）。认为只有用骈偶、叶声韵的才是美文，只有美文才能“远近易诵，古今易传”（《文言说》）。为纠正当时古文派空言纵书、佶屈涩语的文风与桐城派争夺文体的正统，严申“文笔之辨”，褒骈俪贬散文，其立论未超过六朝“文笔说”的水平，又斤斤恪守以形式上的偶、韵作为衡量文字的唯一标准，从而排斥散文于文学之外。所著《积古斋钟鼎彝器款识》、《山左金石志》、《两浙金石志》，为研究中国古文字学的重要资料。另有《性命古训》、《论语论仁论》、《孟子论仁论》、《考工记车制图解》等皆收入《揅经室集》。

姚学塽（1766—1827） 清学者。字晋堂，一号镜塘。浙江归安（今湖州）人。嘉庆进士。授内阁中书，主贵州乡试，转兵部主事，迁职方司郎中。不满当时学术思想界空疏的学风，提出明体达用之学，主张“不惑于虚无，不溺于词章，不流于术数，使此心了无杂念，则慎独之功自密，由是致知力行，以成明体达用之学”（《答闵餐霞书》）。主张对宋代的理学进行改造，即用经、史以及伦常日用、人情物理等等改变理学的空疏倾向。认为宋儒之言未必可信，必须“验之伦常日用以践其实，参之人情物理以穷其变。不必终日言心、言性而后谓之理学，亦不必言太极、阴阳、五行而后谓之理学也。”（《答家五中书》）提倡为己之学，主张摆脱科名利禄和词章以及宋代理学的束缚，认为做人和为学应当有自己独立的见解。“至于效法古人，尤在立心制行之，大不必取其陈迹而一一比拟之。”应当“取其实，无取其名，取其心，无取其迹，庶有当于为己之义而不流于迂妄”（同上）。提出“习其事者乃能言其故”的命题，肯定认识应以实践经验为基础。指出：“耕当问奴，织当问婢。”（《答闵餐霞书》）认为“农桑之谱”一类的间接经验，不能代替亲执耒耜、机杼的具体实践活动。有《竹素斋集》。

方东树（1772—1851） 清学者、文学家。字植之，晚号仪卫老人。安徽桐城人。承继先祖学业，师事姚鼐。曾从阮元游学于广东“学海堂”。初好文事,为“桐城派”代表人物之一。中年后学宗程朱。撰《汉学商兑》,以反对乾嘉时盛行的汉学。认为汉学“离经畔道,过于杨、墨、佛、老”(《辨道论》)。尤斥江藩的《汉学师承记》。又称考据之法只在纸上“推之民人国家,了无益处”。对程朱理学尊护尤力,自谓“余生平读书,惟于朱子之言为独契,觉其于孔、孟无二”(《汉学商兑》)。宣扬“天人感应”,认为“吉凶感应之理不爽”(《续天道论》)。晚年耽于佛学。另有《书林扬觯》、《昭昧詹言》、《仪卫轩文集》等。

汪家禧(1775—1816) 清学者。字汉郊。仁和(今浙江杭州)人。受知阮元,并入阮元主持的诂经精舍。长七略之学,为学主张以修己治人为本。肯定事物的发展变化,认为“阴往阳来为息,阳往阴来为消”,“消息为自然之数”,“天地盈虚,与时消息”(《易消息解》)。但又认为自然界存在“不虚不盈,以无制有”的状况,有永恒不变的本体。极力提倡名教(礼教),认为只有“束身名教而后廉隅立,趋向端”,才有好的道德风尚。把推崇儒学,反对佛教和道家看成是巩固名教的基本要求。强调佛教、道家同名教的对立,认为“道家言清净,不贵名”;佛教“外形骸,无身安有名,猖狂妄行”(《儒与二氏出入论》),两者都妨碍名教。更认为道家的著作荒诞不经,佛教的书籍不可靠,是“假托之虚辞,是惑矣”(同上)。认为郑玄“传解圣籍,儒道大昌”;韩愈提倡名教,“以仁义之旨导天下”,儒学得以振兴;朱熹注释《六经》,“使圣学不流异教”(同上),名教的地位得以巩固。有《东里生烬余集》、《崇祀三祠志》。

俞正燮(1775—1840) 清学者。字理初。安徽黟县人。道光举人。晚年主讲江宁惜阴书院。林则徐修两湖通志,曾聘任其为总纂,后又为林则徐修订先人旧稿。通经史百家,擅考据。对传统的“四民”观、师道尊严、孝道、男尊女卑等价值观提出批评,主张平等的人道观。“五四”时期的蔡元培、鲁迅及周作人均受到其影响。主要著作有《癸巳类稿》和《癸巳存稿》。

梁章钜(1775—1849) 清学者。字闳中,号茝林,晚号退庵。福建长乐人。嘉庆进士。改庶吉士散馆,授礼部主事,入军机处,官至江苏巡抚。一生博极群书。其政事文章、经史著述均为当世所推崇。坚持以程朱理学为宗,强调程朱的主敬论,要求心的专一,读书时只读书,穿衣时只穿衣,“身在这里,心亦在这里”(《退庵随笔·躬行》)。强调人必须改变气质,读书是“变化气质之法”,“知学之能变化气质”,“圣人之教,莫切于好学,而好学之要,莫重于变化气质也。”(《退庵随笔·劝学》)强调天理与人欲的对立,把欲分为天欲和人欲。指出:“愚谓圣人不能无欲,七情中合下有欲字,孔子言已欲立、欲达,孟子言广士、众民、君子欲之。大欲不可无,人欲不可有。天欲公也,人欲私也。”(《退庵随笔·躬行》)把天欲与人欲的对立归结为公与私的对立。强调当时最紧迫的事情是兴义以去利。认为:“欲正人心者”,“当明义利之辨,一部《孟子》皆是辨明义利”(同上)。强调居安思危,增强忧患意识,主张在不利的环境中,要充满信心,勇于奋斗,“自强不息”(同上)。有《论语集注旁证》、《孟子集注旁证》、《退庵随笔》、《归田琐记》、《文选旁证》、《枢垣纪略》、《南省公余录》以及《古格言》。

潘谘(1776—1858) 清学者。初名梓,字诲叔,一字少白。会稽(今浙江绍兴)人。与姚学塽为友,以苦志力行相砥砺。“遇名下士,则告以实行为首务,尤竞竞于义利之辨。”(《清史稿·潘谘传》)肯定“伦常日用外,别无一个圣贤事业”,学者“向日日所见闻做去,只事事恰当,便是圣贤事业。”(《常语》)坚持理气合一的观点,认为理气相结合是万物发展变化的根源。否定神怪的存在,认为皆“物者,皆理气所应有。何神?何怪?更不必侈谈也。”(同上)其思想受王学影响较深,把人比作一棵树,认为“心”是树根,“身”是树株,“性命”是生气种子,“心”最重要。否定穷理与外界客观事物的关系,认为“心具万理,穷理正以明心”(同上)。反对明学者提出“穷天下之理”的主张,认为承认心外有理,与“心具万理”的思想发生矛盾,必然导致“析心为二”。强调理与欲之间的对立,坚持“存天理,灭人欲”的主张。认为“人惟不刚,所以多欲”(同上),要求人们“须嗜欲净尽,乃可言刚”(同上)。有《常语》、《潘少白先生集》等。

潘德舆(1785—1839) 清学者 。字彦辅,号四农。江苏山阳(今淮安市楚州区)人。道光举人,举江南乡试第一。“入都,主侍郎钟昌馆”(《清史稿·潘德舆传》)。后以知县分安徽,未赴而卒。坚持程朱人性二元论的观点,认为天地之性代表天理,气质之性代表人欲。强调变化气质,并视此为从凡庸进入圣贤境界的关键。认为:“变化气质,终身只此一事。能此,则纯是德性用事,由庸众而圣贤矣。”(《养一斋札记》)把气质之性视为罪恶,认为不改变气质,即意味着“赍恶入地”。认为“阳明之致良知,亦非孟子之旨”,二者不可同日而语。说:“孟子之良知,以爱亲敬长之仁义当之,乃脚踏实地语;阳明之良知,以照心无前后、无内外者当之,是悬崖撒手语也”。“孟子之良知,即事即知;阳明之良知,无事乃知”。“孟子之良知,可以仁义实之;阳明之良知,乃虚体灵光,不可以仁义实之者也”(《刘子辨》)。认为《大学》所说的“致知”是指格物以致知而言,而“阳明之良知乃虚灵无著之知,而不可以言致也”(同上)。王守仁训“格”为“正”,“谓去其不正以归于正”(《格物说》)的解释,也不符合《大学》本义。还指出:“蕺山之慎独同于阳明之致良知。阳明之致良知同于象山之先立乎其大者。”三者一脉相承,均非孟子之旨(《刘子辨》)。有《养一斋集》、《札记》等。

周树槐(1786—1849) 清无神论者。字星叔,自号壮学子。长沙(今属湖南)人。嘉庆进士。曾官吉水知县。后辞官回乡,专事著述。继承前代无神论思想,反对堪舆之说。肯定“人之生,块然者形也”,死后“则其存者,块然之形而已”(《答人论堪舆书》)。

认为鬼荫之说不能成立，“鬼不能荫，吉凶由人”(《再答人论堪舆书》)。批判禄命八字说，以事实论证同样八字之人，所遇则相异，认为天下同一八字者“多者百余，少亦数十人共之，而其所遇异矣”(《与友人》)。有《壮学斋文集》。

李道平(1788—1844) 清学者。字遵王，号远山，一号蒲眠。安陆(今属湖北)人。嘉庆举人。授嘉鱼县教谕。学“宗汉儒义理之学，宗宋儒治经，于《周易》用力尤勤”(《清儒学案》)。推崇程朱理学，反对陆王心学，以程朱理学为正道，把陆王心学视之为邪，以信正绌邪为己任，主张“信道而不信邪”(《理学正传自序》)，论《易》据惠栋、张惠言之书，将虞翻隐词奥义，阐发详尽，使读者一阅而知其门径。认为古人言象数而理义在其中，后人言义理而象数因以之隐，研究《周易》不能离开象数而设爻象，不能离象数而空谈性命。指出占筮之辞必依据古法而断，并引经师之义相佐证。有《四书外义》、《理学正传》、《有获斋文集》、《同易集解纂疏》等。

方堃(1792—1842) 清哲学家。字思臧，号子春。平湖(今属浙江)人。嘉庆举人。授武义县训导，后授钱塘县训导，未赴任而卒。少师事徐熊飞，“笃志程朱之学”，后接受“姚江之学”，力图把王守仁心学的本体论和程朱理学的主敬论结合起来。主张以虚无作为万物的本体；以“心”作为“一身之主宰，万事之根柢”(《生斋日识》)；把养心作为修养的核心。主张敛气收心，使心“无一刻外驰，口无一语妄发，事无一件放过”，“终始如一”，达到空虚寂静的境界。用虚静来解释程朱的主敬论，认为：“敬则静，静则虚”，“敬则一，一则诚”(同上)。主张用静坐的方法，以达到心的完全寂静，要求“动必精思，暇即静坐，敬守此心，潜玩天理”(同上)。强调“实修”、“真知”，提出知与行相结合，“知与行离不得。知之明则行愈勇，行之实则知益精”(同上)。主张“知一字行一字，知一句行一句”，“言孝则实行其孝”，“言忠则实行其忠”(《与陈东堂书》)，充分暴露出哲学思想上的矛盾性。有《读易日识》、《春秋说》、《生斋自知录》、《生斋日识》等。

夏炯(1795—1846) 清学者。字仲文，号卯生。当涂(今属安徽)人。禀膳生，考职州吏。“少承父学，复偕叔季两弟从心伯(夏炘)学，读书务记大义，笃信朱子之学”(《清儒学案·夏炯传》)。著《时宜说》，提出与时俱进的观点，主张根据世情的变化从宜从俗，反对泥古不化，复古守旧。指出：“秦之变古，非纯用私意也，亦其势不得不然也。”若一切照搬古人，食而不化，只会导致乱俗的结果。指出：“儒者读书，除三纲五常所当力挽末俗颓风外，其余可以从宜从俗之处，不必泥古”，“未必古人之所行皆是，后人之所行皆非也。若沾沾章句，不能达古今之宜，妄思复先王之旧，徒骇世乱俗而已矣”(同上)。认为礼、乐、刑、政的具体制度可以变动，根本的大经、大法是不能改变的，“五帝三王所以维世之要，其大经大法，亘古不易者”，“天地不变，斯道亦与为永昭”，“无弊可生，故无时可息”(同上)。有《仲子文集》。

汤鹏(1801—1844) 清学者。字海秋。益阳(今属湖南)人。道光进士。授礼部主事，兼军机章京。旋补户部主事，转员外郎，改御史。因勇于言事，触犯权贵，罢御史，回户部，转郎中。才华洋溢，为当政者所不容，发愤著书立说。对政治、军事、文化诸方面的问题均有见述。主张中国传统文化的多元性，认为儒家只是其中的一员，此外尚有佛教、道教、天主教、回回教以及众多的“无名之教”。认为儒家思想在中国古代文化系统中势力单薄，处于微弱地位，远不能同其他文化相抗衡。主张振兴儒学，反对其他文化。有《浮邱子》、《明林七经补疏》、《止信笔初稿》。

林昌彝(1803—1876) 清学者。字芗溪。福建侯官(今福州)人。道光举人。受学于陈寿祺，博学多通，精于三礼。把礼看作社会的最高法则、道德的最高标准，认为礼“本于天，淆于地”，“达于人伦日用”，有本有文，性质与表现形式不同，作为根本性质的“礼”是永恒的自然法则，是不能改变的，而能够改变的只是“礼”的表现形式。指出：“屡变以适其宜者，礼之文也。”(《三礼通释》)认为“礼”是儒学和治道的核心。“《六经》之籍，唯礼独繁，固圣学之枢，百王之轨”(同上)。提倡礼治，认为“经国治人莫善于礼”(同上)。用“礼”的观点来考察社会的发展变化，认为社会不管怎样变(质或文、治或乱)，归根到底只有“礼”的完备与简易的差别。“累治之世，真礼备，积乱之后，其礼简”(同上)。主张“百世不变礼”，“礼之用无有穷”；“修身者所以治人”；“修意者所以修身”；“天下未尝不可以意治”，故“百世不变礼可也”(同上)。另有《破夷志》、《平夷十六策》、《平贼论》等。

文应熊 清学者。字梦叶，号平人，别号抱愧子。三水(今陕西旬邑)人。自叙一生为学多变：“十三四岁，见世间人，把读书当作求富贵”而“勉强读之”，“二十六七岁出门遇人讲修仙之术”，“广览丹经”，“采铅投汞”(张骥先《关学宗传》)。后幡然悔悟，转向儒学，“愿学孔子”，研究《六经》，多有阐释。否定事物的质的规定性，取消“理”与“欲”、“真”与“妄”、“善”与“恶”、“公”与“私”之间的差异，说：“以理为主，欲亦是理，以真为主，妄亦是真，以善为主，恶亦是善，以公为主，私亦是公。一部性理，只爱善恶皆天理。”(同上)研究《易》理三十余年，“方悟《易》理只说了天命二字”，“方知道理不外二象；二象乃《易》之纲领，乃道之纲领”(同上)。认为“许多条理具在二象之中，二象即是以理为主，欲亦是理也，即是善恶皆天理也”(同上)。有《全孝篇》、《知人鉴》、《道统纪》、《孔门言行录》、《周易蠡测》、《易经大传》、《四书解难》、《乐经注》、《知行记》等，多佚。

佛　教

安世高 东汉末僧人，汉译佛经的创始人之一，小乘禅法的奠基人。本名清，号称安侯。以字行。原安息国王太子，据《出三藏记集》卷十三、《高僧传》卷一载，其学识广博，星象占候，医术针脉，无所不通。父死，让王位与叔父，自己出家为僧。博综经藏，广闻多识，尤精阿毗昙（对《阿含经》的论述）。建和二年（148）经西域游化到洛阳，从事译经。灵帝末年，游历江西、浙江一带，传说在市上被斗殴者误中身死。安世高译经数量不可详考，《出三藏记集》据《道安录》记载，译经三十四部四十卷，《大唐内典录》则增补至一百七十余部一百九十余卷，后经《开元释教录》删订为九十五部一百一十五卷，然增补者多无确实出处。《安般守意经》和《阴持入经》是其代表译作。其所译经“义理明晰，文字允正，辩而不华，质而不野”（《高僧传》卷一）。在中国传教约四十年，主要传布小乘佛教说一切有部的毗昙学和禅数理论，对尔后禅学的流传影响颇大。

支谶 “支娄迦谶”的简称，东汉末僧人。生平不详，据《高僧传》卷一和《出三藏记集》卷十三载，本月支国人，桓帝（146—167在位）末年到洛阳，并于灵帝光和、中平年间（178—189），译出《道行般若经》、《般舟三昧经》和《首楞严三昧经》等佛经，影响很大，由此大乘佛教般若学理论在中国开始流行。译经数量所说不一，《高僧传》卷一和《出三藏记集》卷十三载为十三部，《大唐内典录》载为二十一部六十三卷，《开元释教录》又载为二十二部六十七卷。

支谦 三国吴佛经翻译家，居士。一名越，字恭明。据《出三藏记集》卷十三和《高僧传》卷一载，为月支后裔。博览经籍，综习伎艺，通六国语。曾受业于支亮，而支亮受业于支谶，世称“天下博知，不出三支”（《历代三宝记》）。汉末避乱居吴国，拜为博士，辅助国政。从黄武二年至建兴二年（223—253）约三十年间，译出《大明度无极经》、《维摩诘经》、《阿弥陀经》和《大般泥洹经》等大小乘佛教经典，据《道安录》为三十部，梁僧祐又据《别录》补充了六部。慧皎《高僧传》为四十九部；隋费长房《历代三宝记》更增至一百二十九部，然多系大部的别出或传抄的异本。支谦的会译实是编译，其“辞旨文雅”，颇有特色。又依《无量寿经》和《中本起经》造《赞菩萨连句梵呗》三契。支谦主要弘扬佛教般若学，宣传“佛身”观念和内外“缘起”说，对后来佛教般若学和净土思想的流行，有一定影响。

康僧会（?—280） 三国吴僧人。据《出三藏记集》卷十三和《高僧传》卷一载，祖籍康居，世居天竺，因其父经商，移居交趾。十余岁时，双亲并亡，后出家。曾从安世高弟子陈慧问学。精通佛学经典，博览儒家典籍，综涉天文图纬。吴赤乌十年（247）到建业（今江苏南京），孙权为之建塔，号建初寺，为江南佛寺之始。编译有《吴品》（《历代三宝记》谓此即《小品般若》）、《六度集经》共二部十四卷。曾注《安般守意》、《法镜》、《道树》三经，并制经序。其学主张用“安般”，即调整呼吸等方法，对治情欲引起的内心溢荡。宣传儒家“仁道”观念，认为“《易》称积善余庆，《诗》咏求福不回，虽儒典之格言，即佛教之明训”（《高僧传·康僧会传》）。调和儒佛思想。

朱士行 三国魏僧人。颍川（治今河南禹州）人。甘露五年（260）出家为僧。同年因在洛阳讲《小品》（即《道行经》），感到文句艰涩，难以贯通，从雍州出发，西渡流沙，到达于阗（今新疆和田一带），得梵本《大品般若经》九十章，六十余万言。西晋太康三年（282），遣弟子弗如檀（汉译“法饶”）等送至洛阳。元康元年（291）被译出，名《放光般若经》。为内地往西域最早的求法僧人。八十岁时病故于于阗。

竺法护（Dharmarakṣa） 音译“昙摩罗刹”。西晋僧人。祖籍月氏，世居敦煌。8岁从竺高座出家，因姓竺。随师游历古西域各地，称通三十六种语言文字，并得很多梵本经典。从晋泰始二年至建兴元年（266—313）先后在敦煌、长安、洛阳等地译出《光赞般若经》、《贤劫经》、《正法华经》、《大哀经》等一百五十四部三百零九卷（据《出三藏记集》卷二）。译文“言准天竺，事不加饰”。忠实于原本，不厌详尽，改变以前译家任意删略的偏向。

支遁（约314—366） 亦称“支道林”。东晋僧人。般若学派“六家七宗”之一“即色宗”的主要代表。字道林，世称“支公”、“林公”。俗姓关，陈留（今河南开封东北）人，一说河东林虑（今河南林州）人。家世事佛，早年学习佛教大乘般若学，精通《道行般若经》及《慧印三昧经》。25岁出家，后在江苏和浙江一带从事佛教活动。曾应晋哀帝之请，在京都建康（今南京）东安寺住三年，讲《道行般若经》。史载“每至讲肆，善标宗会，而章句或有所遗，时为守文者所陋”（《高僧传》卷四）。然却受到玄学家的赞赏。常与谢安、王羲之等相游，以善谈玄理名噪一时。又曾在白马寺与刘系之等论《庄子·逍遥游》，并作注解，群儒旧学莫不叹服。孙绰作《道贤论》，比之为向秀，谓“支遁、向秀雅尚庄、老，二子异时，风好玄同矣”。所注《庄子·逍遥游》，阐发只有无待的圣人的心才能逍遥的神秘主义人生观，独拔群儒，博得清谈者流的仰慕。作《即色游玄论》，创般若学即色义，主张“即色本空”，就事物的现象谈空的观点。还著有《释即色本无义》、《道行旨归》和《圣不辩知论》等。所著大部已佚。清严可均编《全晋文》辑有残文，其中《大小品对比要钞序》，系现存他有关佛教哲学的主要著作。

支道林 即“支遁”。

道安（314—385） 东晋僧人。般若学派“六家七宗”之一“本无宗”的主要代表。俗姓卫，常山扶柳（今河北冀州西北）人。12岁时出家，受具足戒后，入邺城（今河北临漳）师事佛图澄，后在山西、河北、河南一带研习禅学，弘宣佛法，徒众数百。后赵石氏被灭后，南下襄阳，传法十五年，着重讲习般若学。同时考校译本，注释经文，创制《众经目录》。东晋太元四年（379）前秦王苻坚攻克襄阳，道安被送到长安（今西安市），住五重寺宣法，并主持译经。曾与法和协助僧伽提婆、昙摩难提和僧伽跋澄等译出部分《阿含经》和说一切有部论书等。鉴于沙门多随师姓，以为师莫如佛，显示佛徒一家，主张沙门应皆以释为氏，为后世僧徒所遵循。还制定《僧尼轨范》，条为三例，对僧团讲经说法、食住及平日宗教仪式作出规定。把空无、寂静、不变和不可认识的“本无”作为宇宙的最后本原，主张通过禅定，清除杂念和欲望，使“心”和“本无”相合为一，以进入成佛的最高境界。在译经上提出“五失本”、“三不易”之说。五失本，即胡尽倒而使从秦，一失本也；胡经尚质，秦人好文，传可众心，非文不合，二失本也；胡经委悉，至于叹咏，丁宁反复，或三或四，不嫌其烦，而今裁斥，三失本也；胡有义记，正似乱辞，寻说向语，文无以异，或千五百，刈而不存，四失本也；事已全成，将更傍及，反腾前辞，已乃后说，而悉除此，五失本也。三不易，即删雅古以适今时，一不易也；以千岁之上微言，传使合百王之下末俗，二不易也；今离千年而以近意量裁，三不易也。这对以后译经颇有影响。著有《光赞折中解》、《放光般若析疑准》等书和经论序文近二十篇，注有《道行品经》和《安般守意经》等，辑有《综理众经目录》(现存主要是序文)。弟子有慧远和僧叡等数千人。

僧伽提婆 东晋僧人。又作僧伽提和、僧迦禘婆，意译为众天。俗姓瞿昙，故又称瞿昙僧伽提婆，西域罽宾国(今克什米尔一带)人。前秦建元年中(365—385)，来长安，从事译经事业。总计译校的经论6部、148卷。其中有《阿毗昙八犍度论》30卷，《阿毗昙心论》4卷、《三法度论》2卷，并重译《中阿含经》60卷，校改《增一阿含经》51卷。隆安元年(397)，曾应尚书令王珣之请讲《阿毗昙》，一时名僧都来听受。为说一切有部毗昙学大家，其翻译经典以毗昙学为主，是第一个来中土弘传毗昙的学者。

慧远(334—416) 东晋僧人。俗姓贾。雁门楼烦(今山西宁武附近)人。博览群书，尤邃《易》、《庄》、《老》。21岁发愿南下，随豫章名儒范宣子隐居。后拜道安为师，从之出家。在听讲《般若经》后，认为“儒道九流皆糠秕耳”。精于“般若性空”之学，24岁时便开讲《般若经》。为使听者更能理解般若实相义，常“引《庄子》义为连类”。曾与昙壹共破道恒的“心无义”。后辞别道安，于东晋太元六年(381)上庐山，住东林寺传法，弟子甚众，刘遗民、宗炳等名流望风而来。隐居庐山三十余年，专心从事佛教事业。因深感南方佛典不全，特遣弟子法净、法领等赴于阗获梵本《华严经》并译传。分别迎请僧伽提婆译《阿毗昙心论》、《三法度论》，佛陀跋陀罗译《达磨多罗禅经》，昙摩流支译《十诵律》未竟部分。鸠摩罗什至关中，慧远遣人致书通候，并询问佛经疑义数十条，后集罗什所答，成《大乘大义章》。曾与刘遗民等一百二十三人在阿弥陀佛像前立誓，共期往生西方弥陀净土。为此，奉行念佛三昧，主张坐禅修定，息除妄念，心注西方，观想念佛，与后来净土宗的口佛号有所区别。因提倡念佛，后被净土宗追奉为初祖。继承道安的本无义，认为“至极(涅槃、法性)以不变为性，得性以体极为宗”(《法性论》)。将体证涅槃作为佛教追求的最高目标。还说：“无性之性，谓之法性。法性无性，因缘以之生。生缘无自相，虽有而常无，常无非绝有，犹火传而不息。”以此说明涅槃常住。强调“形尽神不灭”，阐发灵魂不灭和因果报应思想，主张“沙门尘外之人，不应致敬王者”(《沙门不敬王者论》)。在伦理思想方面，着重宣扬佛教的轮回报应说，认为：“失得相推，祸福相袭。恶积而天殃自至，罪成则地狱斯罚。”其佛教思想在中国佛教史上占有重要地位。其神不灭论学说和调和儒佛的思想，在中国哲学史上亦有重大影响。另有《三报论》等。弟子著名的有慧观、僧济、法安、昙邕、道祖等。

法显(约337—约422) 东晋僧人、旅行家、翻译家。本姓龚。平阳郡(治今山西临汾市西南)人。3岁出家做沙弥，20岁受具足戒。慨律藏残缺，矢志寻求，于东晋隆安三年(399)偕慧景、道整、慧应、慧嵬等四人，从长安(今陕西西安市西北)出发，穿行大戈壁，经西域诸国，越葱岭，遍历北、西、中、东天竺等地。再泛海南下，经狮子国(今斯里兰卡)，东渡印度洋，到耶婆提国(在今印度尼西亚的爪哇)。义熙八年(412)回到青州长广郡牢山(今山东青岛崂山)。前后凡十四年，经千难万险，游三十余国，带回很多梵本佛经。回国后在建康(今江苏南京)道场寺与佛驮跋陀罗共译六卷本《大般泥洹经》、《摩诃僧祇律》、《方等般泥洹经》、《杂藏经》、《杂阿毗昙心论》等。又记旅行见闻，撰成《佛国记》(又称《高僧法显传》)，为研究古代中亚、南亚各国历史和中外交通史的重要资料，已被译成多种文字出版。

鸠摩罗什(Kumārajiva，344—413) 亦译作“鸠摩罗什婆”或“鸠摩罗耆婆”，略称“罗什”、“什”，意译“童寿”。后秦僧人。中国佛教四大译经家之一。据《高僧传》卷二等载，生于西域龟兹国(今新疆库车一带)，7岁时随母出家，初学小乘佛教毗昙学，后学大乘诸经，并诵《中论》、《百论》和《十二门论》等中观论籍。曾在龟兹广宣大乘佛教，闻名遐迩。前秦建元十八年(382)苻坚遣吕光灭龟兹，持罗什至凉州。旋因苻氏被灭，吕自立为凉王，罗什羁留约十八年。后秦弘始三年(401)姚兴遣将讨吕隆，迎罗什至长安(今陕西西安市西北)，并请入西明阁和逍遥园主持译经，僧肇等奉命鼎力襄助。从弘始三年至十一年共八年内，译出了《阿弥陀经》、《大品般若经》、《妙法莲华经》、《维摩诘所问经》、《金刚经》、《中论》、《百论》、《十二门论》、《大智度论》和《成实论》等重要经论。译经总数说法不一，《出三藏记集》载为三十五部二百九十四卷，《开元释教录》为七十四部三百八十四卷。所译佛经，量多质高，开创中国译经史上的新纪元，对后世佛教发展影响极大。所译中观宗三论(《中论》、《百论》、《十二门论》)为尔后三论宗的主要经典，罗什因此被奉为中国三论宗初祖。《成实论》流行于江南，形成了成实学派。《妙法莲华经》的流行，肇《天台宗》之端绪。《阿弥陀经》则为净土宗的主要经典。主要信奉和宣传龙树一系的大乘空宗学说，主张“假有性空”，不着有、无二边的“中观”。这是对中国佛教影响最大最深的印度佛教思想。当时般若学派别很多，各持一说，罗什从佛学源流上廓清了对般若学各宗的异解，从而推动了般若学的进一步发展。罗什在关中法集极盛，四方义学沙门，多达三千人，著名者数十人，其中道生、僧肇、道融、僧叡、道恒、僧影、慧观、慧严，称什门八俊，而前四人称为"什门四圣"、"四哲"、"关中四子"。罗什自著有为姚兴作《实相论》二卷，答慧远问大乘深义而成《大乘大义章》，另有《维摩经注》。

道生(355—434) 即"竺道生"。东晋、南朝宋间僧人。俗姓魏，因依竺法汰出家，随师姓竺，故亦称竺道生。巨鹿(今河北平乡西南)人，寓居彭城(今江苏徐州)，家世仕族，父为县令。20岁受具足戒。东晋隆安年间(397—401)至庐山，向慧远问学，并从僧伽提婆学习一切有部的教义。后赴长安，就学于鸠摩罗什，并参予译事。义熙五年(409)回建康(今江苏南京)，结合般若学和涅槃学，阐发佛性说，立"善不受报"、"佛无净土"、"顿悟成佛"诸义。时昙无谶译大本《涅槃经》尚未传到南方，只有法显与觉贤合作于义熙十四年(418)在建康译出六卷本《大般泥洹经》。经中说除了不具信心、断了善根、不能成佛的"一阐提"外，皆有佛性。道生剖析经义认为：既然一切众生悉有佛性，那么一阐提也是有情，何得独无佛性？此乃经来未尽耳。于是首倡一阐提皆得成佛说。此说出后，僧众以为他违背经义，给予"破僧"(开除)的处分，逐出京师。待凉昙无谶译出的四十卷大本《涅槃经》传到建康，果称一阐提也有佛性，也能成佛，证明道生的预见正确，遂被僧众誉为"涅槃圣"。其学说为中国禅宗思想的渊源之一。著作有《二谛论》、《佛无净土论》、《顿悟成佛义》、《佛性当有论》等，均佚。现存《妙法莲华经疏》(又名《法华经疏》)，另在僧肇《注维摩诘经》以及《大般涅槃经集解》中保留若干片断。

竺道生 即"道生"。

郑鲜之(364—427) 东晋、南朝宋时佛教徒。字道子。荥阳开封(今属河南)人。宋武帝时为太长、都官尚书。元嘉三年(426)为尚书右仆射。著《神不灭论》，力攻"形神相资"说，认为神明为万物之本，高于太极，永恒存在。"神为生本，其源至妙，岂得与七尺同枯，户牖俱尽者哉?"反对桓谭薪火之喻，以为"薪虽所以生火，而非火之本。火本自在，因薪为用耳"，以此论证精神不依赖于形体，神灵不灭。

僧肇(384—414) 东晋、后秦时僧人。本姓张，京兆长安(今陕西西安市西北)人。家贫，以佣书为业。因缮写，历观经史。初"志好玄微，每以庄老为心要"(《高僧传·僧肇传》)。但又感到《道德经》"美则美矣，然栖神冥累之方，犹未尽善"。后读《维摩诘经》，欢喜顶受，遂出家为僧，转治佛学，二十余岁名震潼关以西。师事鸠摩罗什，曾先后在其姑臧(今甘肃武威市)和长安的译场助译。以擅长般若学著称，为"什门四哲"之一。主张一切虚无，没有实体，任何现象都是虚假幻相："夫至虚无生者，盖是般若玄鉴之妙趣，有物之宗极者也"(《不真空论》)，"齐万有于一虚"(《肇论·答刘遗民》)。认为"昔物自在昔，不从今以至昔；今物自在今，不从昔以至今"(《物不迁论》)。事物仅存在于不同的时间里，刹那生灭，不随时间迁移，运动变化没有主体，一切看来有联系的现象只是人的幻觉，作出"旋风偃岳而常静，江河竞注而不流，野马飘鼓而不动，日月历天而不周"(同上)的结论。把世俗人的认识对象看成幻相，宣传般若的神秘直观对象是"实而不有，虚而不无"的精神性本体，强调只有圣人才能悟知，做到"空洞其怀，无识无知，然居动用之域，而止无为之境，处有名之内，而宅绝言之乡"(《答刘遗民》)。认为名实无关，名实皆空，说"以名求物，物无当名之实；以物求名，名无得物之功。物无当名之实，非物也；名无得物之功，非名也。是以名不当实，实不当名，名实无当，万物安在"(《不真空论》)。僧肇的般若思想，特别是他不着两边的否定方法，对中国佛学思想的发展有深远的影响。同时，由于他批评总结了佛教般若学各派，又间接批判总结了魏晋玄学的各种流派，因而也促进了中国哲学思维的发展。有《肇论》(包括《物不迁论》、《不真空论》、《般若无知论》、《涅槃无名论》)、《维摩诘经注》等。

玄光 北朝北魏僧人。原新罗国(今朝鲜)熊州人。渡海进中土学禅于衡山思和。曾讲学于衡山。北魏太武时任太子晃师。太武帝废佛立道，玄光著《辨惑论》，攻击道教"由淳风漓薄，使众魔纷竞矣。若矫诈谋荣，必行五逆，威强导蒙，必施六极。虫气霾满，致患非一"(《辨惑论·序》)。讥道教诸经"制杂凡意，教迹邪险"，"又其方术，秽浊不清"(同上)。彰佛理为"贯空有之美"，"实学者之渊海，生民之日月"(同上)。称黄巾、孙恩等农民起义是侠道作乱。后太武帝迫其缢于郊南。

周颙(?—485) 南朝宋齐间人。字彦伦。汝南安城(今河南正阳东北)人。曾为宋剡令。入齐，官山阴令，中书郎等。擅长佛理、《老》、《易》。曾为宋明帝"诵经中因缘罪福事"(《南史·周颙传》)，以为劝谏。又与主张佛道同源的张融辩论，认为"道佛两殊"(《答张长史门论》)。要求崇佛抑道。在佛学中，主般若学，"言佛教者，亦应以般若为宗"(同上)。有《三宗论》、《难张长史门论》、《重答张长史书》、《抄成实论序》、《四声切韵》等。

慧琳 南朝宋僧人。俗姓刘。秦郡秦县(今江苏南京市六合区)人。少出家。通儒学经典及老、庄，深得宋文帝宠信，参与政事，有"黑衣宰相"之称。作《白黑论》，批评佛教鬼神迷信及般若本无论。指出佛教鬼神之说荒诞无稽，"今效神光无径寸之明，验虚灵变罔纤介之异"。认为神佛崇拜劳民伤财，有害无益，"兴靡废之道，单九服之财，树无用之事，割群生之急"。揭露僧徒以敬神兴佛为名谋取私利，"致营造之计，成私树之权；务劝化之业，结师党之势"。由此引起论战。有文集十卷，并注《孝经》及《庄子·逍遥游》。

僧祐(445—518) 南朝齐梁时僧人，佛教律学家，佛教史学家。俗姓俞，祖籍彭城下邳（今江苏睢宁西北），父世居建康（今江苏南京）。14岁出家，拜定林寺法达、法献为师。受具足戒后，又受业于佛教律师法颖。竭虑钻求，精通律部。“齐竟陵文宣王每请讲律，听众常七八百人。”（《高僧传·僧祐传》）齐永明中，奉敕至吴地试简僧众，并宣讲《十诵律》，说受戒之法。又“造立经藏，搜校卷轴，使夫寺庙开广法言无坠，咸其力也”（同上）。曾受纳刘勰居住十余年，助其博通经论，后勰成著名文学评论家。由于他博学多才，戒行高超，备受齐、梁朝野人士的崇敬。梁武帝礼之甚笃，每遇僧事有疑，即下诏请其审决。门徒甚多，除智藏、慧廓、宝唱、临川王宏、南平王伟等外，尊其为师的僧俗达一万一千余人。编著有《出三藏记集》、《释迦谱》、《世界记》、《法苑杂缘原始集》和《弘明集》等，其中《出三藏记集》和《弘明集》，均为研究中国佛教史的重要史料。

慧皎（497—554）　南朝梁时僧人。佛教史学家。会稽上虞（今属浙江）人。出家后，于会稽嘉祥寺研究经律，传法著述。撰有《涅槃义疏》、《梵网经疏》。已亡佚。现存有《高僧传》十四卷，依据史籍、地志、僧传凡数十家，内容精审，义例明确，条例清晰，文采斐然。为中国佛教史籍中第一部系统的僧传，所创体例，为后世所依。

真谛（Paramārtha，499—569）　音译“波罗末陀”或“拘那罗陀”，意译“亲依”。南朝梁陈僧人。中国佛教四大译经家之一。本古印度西部优禅尼国人，后至扶南（今柬埔寨）。应梁武帝请，于中大同元年（546）到达南海（今广州），两年后至建业（今南京），住正观寺。时值梁末战乱，辗转流寓今苏、浙、赣、闽等地，沿途译经，后重回广州，从学者众。在广州刺史欧阳頠父子支持下，专心从事译经。据《开元录》记载，二十二年中，共译经论纪传四十九部，一百四十二卷。经过刊定，现存二十六部，八十七卷。主要有《唯识论》、《摄大乘论》、《释大乘论释》、《十七地论》、《金光明经》、《无上依经》、《仁王般若经》、《广义法门经》、《律二十二明了论》等，较系统地介绍大乘瑜伽行派思想，但偏重《摄大乘论》，后形成摄论学派。弟子甚多，传《摄论》之学的有慧恺、智敫、道尼、法泰、曹毗、僧宗、慧旷等。

菩提达摩（Bodhidharma，?—528或536）　南印度（一说波斯）僧人。“摩”亦作“磨”，略称“达摩”或“达磨”，意译“道法”。被尊为“西天”（印度）禅宗二十八祖和东土（中国）禅宗初祖。属婆罗门种姓（一说属刹帝利种姓），香至王第三子。出家后倾心大乘佛法，为修习禅定者所推崇。南朝宋末，一说梁普通元年（520）或大通元年（527）到广州，又往北魏至洛阳，传禅法。后遂入嵩山少林寺，“面壁而坐，终日默然”达九年，世称壁观婆罗门。慧可、昙林、道育、僧副等曾从其习禅法。提出“理入”和“行入”的修习方法。“理入”即“壁观”，其内容为“籍教悟宗，深信含生同一真性。客尘障故。令舍伪归真，凝住壁观，无自无他，凡圣等一，坚住不移，不随他教，与道冥符，寂然无为”。喻人心如墙壁，中直不移，从认识上“舍伪”、“归真”（即抛弃现实世界，追求超现实的真如世界），“无自”、“无他”（否认个人及他人以至整个客观世界的真实性），排除一切执见。“行入”即入“四行”（报怨行、随缘行、无所求行、称法行），教人于日常生活中去掉一切爱憎情欲，按佛教教义践行。“理入”属于宗教理论，“行入”属于宗教实践。禅法的理论和实践相结合，就是菩提达摩的简易禅法。后世佛教徒以“教外别传，不立文字”作为达摩禅法的特点。曾授慧可《楞伽经》四卷，使禅宗得以流传。唐代宗赐谥“圆觉禅师”。著作相传有《少室六门集》上下卷，包括《心经颂》、《破相论》、《悟心论》、《二种入》、《安心法门》、《血脉论》六种。但真伪杂糅，不足为据。

智𫖮（538—597）　陈、隋时僧人。天台宗四祖，该宗实际创立人。俗姓陈，字德安。祖籍颍川（治今河南许昌），后迁荆州华容（治所在今湖北潜江西南）。年18投湘州果愿寺沙门法绪出家。20岁受具足戒。后跟慧思学法华三昧。30岁至金陵，居瓦官寺，讲《法华经》、《大智度论》等，并弘传禅法。陈太建七年（575）入天台山讲《法华经》多年，后人称为“天台大师”。至德三年（585）奉陈后主命，回金陵讲《大智度论》和《仁王般若经》。陈后主祯明元年（587）于光宅寺讲《法华经》，灌顶始从听讲，随闻随记，录成《法华文句》，树立新的宗义，奠定了天台宗教观的基础。陈亡后，移住庐山。隋开皇十一年（591），应晋王杨广之请，到扬州为之授菩萨戒，受“智者”称号。故又称“智者大师”。次年到荆州，于当阳玉泉山造玉泉寺，讲《法华玄义》和《摩诃止观》。开皇十五年再至扬州为杨广撰《净名经疏》。后辞归天台山。提倡止观并重，定慧双修，并以“一念三千”、“一心三观”、“圆融三谛”的实相说为中心思想。认为千差万别、包罗万有的三千世间，乃在一念心中，故曰“一念三千”。又宣称在同一时间，于一心中观有“空、假、中”三种实相（三谛）。空即事物的本质，空无自性之意，假即事物的现象，中即既看到现象空的一面，又看到假的一面，是谓“一心三观”。空、假、中三者同时存在，互不妨碍，就是“圆融三谛”。还以“五时八教”判释全部佛教。“五时”，即华严时，佛初成道时所说；鹿苑时，佛说的小乘教义；方等时，广泛地说各种法门，斥小乘赞大乘佛法；般若时，专说空义；法华涅槃时，会三乘归一乘，立圆教，说真常，明佛性。“八教”，即“化法四教”和“化仪四教”。前者是说佛教的宗教理论，后者是说佛教的教化过程和方式。有《法华玄义》、《法华文句》、《摩诃止观》，为天台宗代表作，被称为“天台三大部”。弟子著名的有灌顶、智越等。

信行（540—594）　隋初僧人。三阶教创立者。俗姓王，魏郡（治今河南安阳市）人。少年出家，后于相州（治今河南安阳市）法藏寺舍戒。旋即创立三阶教。隋开皇初年（约581）奉召入京，得四方僧俗信奉。主张把全部佛教分为正法、像法、末法三期。认为当时已进入末法时期，不应满足于念一佛、诵一经，而应“普信”一切众生皆是真佛。亲执劳役，苦行乞食，在道路行，无论男女，率皆礼拜。三阶教得以风靡一时。但信行的思想曾被佛教界视为“异端”。著述有《三阶位别集录》、《对根起行杂录集》等。弟子有本济、净名等。

吉藏(549—623)　隋、唐时僧人。三论宗创始人。俗姓安，原籍安息，生于金陵(今江苏南京)。自幼依兴皇寺法朗(507—581)出家受业，曾讲经论。曾住会稽(今浙江绍兴)嘉祥寺多年，世称“嘉祥大师”。后应隋晋王杨广之请住扬州慧日寺。旋移居长安(今陕西西安市西北)日严寺，弘传佛法，完成“三论”(《中论》、《十二门论》、《百论》)，注疏，创立三论宗。晚年住延兴寺。继承龙树、提婆大乘空宗学说，发挥“一切皆空”的理论。主张诸法性空的中道实相论。以“八不”(不生、不灭、不常、不断、不一、不异、不来、不出)结合“真、俗”二谛中道观，说明宇宙万有是“心”、“性”的表现，最后导归于“无所得”。所谓真俗二谛的中道观，即认为从宇宙万有的现象看，是“缘起有”；就宇宙万有的本体言，是“自性空”。“缘起有”，即非空无；“自性空”，即非真有。非空、非有，即是“中道”。有《中论疏》、《百论疏》、《十二门论疏》、《三论玄义》等。弟子有慧远、智拔、智命、慧灌等，以慧远最著名，慧灌传三论宗于日本。

法顺(557—640)　隋唐时僧人。俗姓杜，又称“杜顺和尚”。雍州万年(今陕西西安)人。18岁出家，从因圣寺僧珍禅师学禅定，后在庆州(治所在今甘肃庆阳)一带弘道。唐太宗曾召入宫，赐号“帝心”，故又称“帝心尊者”。提出“五教止观”和“法界圆融”思想。按各经论不同教义，把止观分为五等，将《华严经》放在最高“一乘圆教”地位；认为一切事物现象(事)均与本体(理)互不为碍，融合为一(理事无碍)，因而一切事物都反映同一理，没有差别(事事无碍)。这些思想后成为华严宗重要理论，故被后人推为华严宗初祖。相传著有《华严五教止观》、《华严法界观门》等。知名弟子有智俨等。

道绰(562—645)　亦称“西河禅师”。隋、唐时僧人。净土宗创始人之一。俗姓卫，并州汶水(今属山西)人。14岁出家，学《大涅槃经》。隋大业五年(609)于石壁山玄中寺见《昙鸾和尚碑》有感，乃改信净土。提倡持名念佛，自称每日念佛七万遍，一生讲《观无量寿经》两百余遍。主张凭借阿弥陀佛之力往生西方极乐国土，并认为在此末法时期，这是出离尘世的唯一道路。有《安乐集》，系统阐述了净土思想。弟子有善导等。

玄奘(约600—664)　通称“三藏法师”。唐僧人，佛教学者、旅行家，中国佛教四大译经家之一，法相宗创始人。俗姓陈，名祎。洛州缑氏(今河南偃师缑氏镇)人。15岁(一说13岁)于洛阳净土寺出家，23岁(一说21岁)在成都受具足戒。后历游各地，遍访名师，学习各种经论，感到所说分歧，难得定论，决心西行求法，以释所惑。唐贞观三年(629，一说贞观元年)起从长安(今陕西西安)西行，经姑臧(治所在今甘肃武威)，出敦煌，经今新疆及中亚等地，辗转到达中印度摩揭陀国王舍城，入当时印度佛教中心那烂陀寺，从戒贤等习《瑜伽师地论》、《顺正理论》等，兼学梵书《声明记论》。后历游印度各地，参访名师，钻研佛教典籍。回那烂陀寺后，主讲《摄大乘论》和《唯识抉择论》。先后四次参加印度佛教内外的论争，著《会宗论》三千颂，融会空有二宗，批驳同寺师子光对《瑜伽师地论》的诘难，得戒贤赞许；继与“顺世论”者辩论获胜；又奉戒贤命同小乘正量部论师辩论，也取胜，并用梵文著《制恶见论》一千六百颂；后在戒日王于曲女城为他召开的佛学辩论大会上，宣讲大乘教义，任人难破，无与论者。贞观十九年返长安。带回大小乘经、律、论共六百五十七部，得唐太宗召见和礼遇。先后居长安弘福寺、大慈恩寺。二十年间译出大小乘经论共七十五部，一千三百三十五卷。其中主要有《大般若经》、《解深密经》、《瑜伽师地论》、《大毗婆沙论》、《成唯识论》、《俱舍论》等。又把《老子》和《大乘起信论》译成梵文传入印度。翻译多用直译，笔法谨严，世称“新译”。据去印沿途见闻撰《大唐西域记》十二卷。其译著对保存古印度佛教典籍、印度及中亚地区历史地理资料有一定贡献。其主要思想反映在《成唯识论》中。主张“三界唯心”，“万法唯识”。认为宇宙间的一切万物，包括“我”(主体)、“法”(客体)皆非独立存在，而是人们的心识变现出来的。离心识外，世界上没有任何独立存在的客体。《成唯识论》卷一：“由假说我法，有种种相转，彼依识所变。”由“识”变现出主、客观世界，才有宇宙间一切万物。“识”有八种，其中最根本的称作“阿赖耶识”。它是世界的本原，宇宙间一切事物和现象，都由“阿赖耶识”所派生。同时，它也是轮回果报的精神主体和由世间证得涅槃的依据。《唯识三十颂》：“无始时来界，一切法等依，由此有诸趣，及涅槃证得。”在认识论上提出“四分”说和“三自性”论。“四分”即相分、见分、自证分、证自证分。“三自性”即遍计所执性、依他起性和圆成实性。依此“四分”说和“三自性”论，即可成立“唯识无境”。又坚持“五种姓”说，认为声闻种姓、独觉种姓和菩萨种姓，具有先天的决定根姓，定能成佛；不定种姓难以决定能否成佛；无性有情不能成佛。对因明理论亦有发展。曾译出商羯罗主《因明入正理论》和陈那的《因明正理门论》，并在译场中详细讲说，阐发隐义。弟子记录玄奘口义，竞造文疏，从而形成当时学习因明的热潮。同时，还对因明辩论、论证的性质作了重要的发挥，深化了因明立量的方法，并对立破的理论作了精细的分析。这既丰富和发展了因明理论，也为中国古代逻辑研究注入了新内容。弟子几千人，著名有窥基、圆测、普光、法宝、神泰、靖迈、慧立、玄悰、神昉等。中国民间根据玄奘取经故事创作出不少文艺作品，著名的有元吴昌龄的《唐三藏西天取经》杂剧、明吴承恩的《西游记》小说等。

智俨(602—668)　唐僧人。华严宗二祖。俗姓赵，天水(今属甘肃)人。12岁随杜顺到终南山至相寺出家。寻依昙迁弟子法常学《摄大乘论》，20岁受具足戒，习《四分》、《八犍度》、《成实》、《十地》、《涅槃》等经论。后从至相寺智正法师听受《华严经》。旋又遍览藏经，寻求释义，得慧光的文疏，悟得别教一乘无尽缘起要旨。后得异僧指点，谓汝欲解得一乘之法，宜深究十地中的六相之义。于是研核不已，大有启发。唐贞观二年(628)作《大方广佛华严经搜玄分齐通智方轨》(略称《华严搜玄记》)十卷，以释《华严》文旨。因曾居至相寺，时称"至相大师"。晚年住云华寺，讲《华严》，宗风大振，又称"云华尊者"。用华严教义重新组织止观，提倡教观并重，创立五教说。从他起，构成华严宗思想体系，其最主要的思想为"十玄缘起"。另有《华严孔目章》、《华严五十要问答》、《华严一乘十玄门》、《金刚般若经疏》等。弟子著名的有怀齐、法藏、义湘等。

弘忍(602—675)　唐僧人。禅宗五祖。俗姓周。蕲州黄梅(今湖北黄梅西北)人，一说浔阳(今江西九江)人。7岁随道信(580—651)出家，受具足戒。数十年中，深究顿渐之旨，尽得其道。唐永徽二年(651)，奉道信之命造塔，功毕后，道信"密付法衣，以为质要"，成为道信禅法的继承者。先随道信住黄梅双峰山，道信死后，居于双峰山东山寺，聚众讲习，门人众多，号"东山法门"。从此禅宗传教由《楞伽经》改用《金刚般若经》。禅风"萧然静坐，不出文记"(《楞伽师资记》)。认为"心是十二部经之根本"，"诸佛只是以心传心，达者即可，更无别法"(《宗镜录》卷九十七)。提出"四仪(行、住、坐、卧)皆是道场，三业(身、口、意)咸为佛事"。主张远离城市，山居修道。卒谥"大满禅师"。著作有《最上乘论》，一说为伪书。著名弟子有神秀、慧能、慧安、智诜、玄赜等。其中慧能为南宗的创始人，神秀为北宗的创始人，世称"南能北秀"，影响深远。

神秀(约606—706)　唐僧人。禅宗北宗创始人。俗姓李。开封尉氏(今属河南)人。少习儒道，博学多闻。后奋志出家，受具足戒，深究佛典。相传五十多岁时至蕲州双峰山东山寺弘忍处受教，"服劳六年，不舍昼夜"，深受器重，弘忍认为"东山之法，尽在秀矣"，被尊为上座，作"教授师"。后弘忍为选法嗣令门人各作一偈，神秀偈曰："身是菩提树，心如明镜台，时时勤拂拭，勿使惹尘埃。"弘忍认为未见本性，未付衣法。弘忍死后，到荆州当阳玉泉山传授禅法二十余年，四海僧俗闻风而至，声誉甚高。90岁时诏至洛阳，又入长安内道场，武则天亲加礼拜，唐中宗、睿宗益加礼重。有"二京法主，三帝国师"之称。卒谥"大通禅师"。因在北方传"渐悟"禅学，其法系被称为"北宗"。后慧能弟子神会出而论定南北宗是非，以神秀之禅由方便入为渐门，故有南顿北渐之分、"南能"、"北秀"之说。北宗禅仅传数代即衰。其再传弟子道璇曾将北宗禅传往日本。其禅法继承了道信、弘忍以心为宗的传统。认为"一切佛法，自心本有"，反对"将心外求"。禅风以"拂尘看净，方便通经"为特点，主张体用互即，动静一体。传说著有《观心论》一卷，其残本于敦煌发现。又其门下传有他所作《大乘五方便》(一作《北宗五方便门》，又作《大乘无生方便门》)，亦在敦煌发现它的写本(巴黎图书馆藏有两本)。弟子主要有义福、敬贤、普寂、惠福等。

善导(613—681)　唐僧人。净土宗实际创始人。俗姓朱，临淄(今山东淄博市临淄区)人。幼年出家，习《法华》、《维摩》诸经。受戒后研习《观无量寿经》。唐贞观十五年(614)赴西河石壁山玄中寺，以道绰为师。后入长安光明寺传"净土"法门，倡导专心念佛。被称为"弥陀化身"。认为当时为末法时代，众生行愿最主要的方法是称名念佛。据传他以受施之财书写《阿弥陀经》十万卷，画净土变相三百余壁。著《观无量寿经疏》(即《观经四帖疏》)、《往生赞》、《净土法事赞》、《般舟赞》等，树立了净土一宗教法。弟子有怀感等。

窥基(632—682)　唐僧人。法相宗创始人之一。俗姓尉迟，字洪道，原名基，亦称大乘基，后人称为窥基。以其常住大慈恩寺，世称"慈恩大师"。唐左金吾将军尉迟敬宗之子。京兆长安(今陕西西安)人。少习儒经，善属文。唐贞观二十二年(648)出家。永徽五年(654)敕命度窥基为大僧，并随玄奘学五印语文和佛教经论。后参与玄奘译场。玄奘所译《成唯识论》、《辨中边论》、《辨中边论颂》、《唯识二十论》、《异部宗轮论》、《阿毗达磨界身足论》等，均由其笔受。注疏甚多，有"百部疏主"之称。其学说继承玄奘传统，发挥唯识宗教义，主张宇宙万有，唯识所变。精通因明，不仅独得玄奘的真传，并有所发挥。针对当时对"因明"这一名称的种种疑难，在《因明入正理论疏》一书中指出，因明之所以称为"因明"，而不称为"宗明"、"喻明"，是因为因有三相，而且名义宽广，各种能立都是因，宗也是由因而立。同时也对宗、因、喻三支提出了自己的见解。玄奘逝世后，被公认为继承者和法相唯识学的权威。弟子有慧沼等。公元八世纪初，其著述传到日本，形成日本法相宗。有《成唯识论述记》、《辨中边论述记》、《唯识二十论述记》、《瑜伽师地论略纂》、《因明入正理论疏》等数十部。

善无畏(Śubhākaras iṃha，637—735)　一称"净师子"。唐僧人，密宗创始人之一。与金刚智、不空并称"开元三大士"。本中天竺人。出家后曾于那烂陀寺从达摩鞠多(Dharmagupta)学习密教，受灌顶。唐开元四年(716)来长安，被尊为国师。开元五年奉诏于菩提寺译经。开元十二年随驾入洛阳，在奉先寺继续译经。先后译出《大毗卢遮那成佛神变加持经》(即《大日经》)、《苏婆呼童子请问经》、《苏悉地羯罗经》等密宗重要经典。主张宇宙万有皆大日如来显现，表现在"理性"(即真如佛性)方面，称胎藏界。因它隐藏在烦恼之中，又因它具足一切功德，如母胎内藏子体，故称"胎藏"。其讲述《大日经》的要义，由弟子一行撰成《大日经疏》二十卷。卒赠"鸿胪卿"。

慧能(638—713)　一作"惠能"。唐僧人。中国佛教禅宗六祖，禅宗南宗创始人。俗姓卢。原籍范阳(治今河北涿州)，生于南海(今广东广州市)。3岁丧父，生活贫困，稍长即卖柴养母度日。据传于卖柴途中闻人诵《金刚经》有悟，知弘忍在黄梅弘扬此经，遂于龙朔元年(661，一说咸亨年间)到黄梅参见，作“行者”，在碓房舂米，随众听法。虽有领悟，却默契不语。后弘忍为选嗣法弟子，命寺僧各作一偈，以试高下。时弘忍弟子中声望最高的神秀作偈于壁上说：“身是菩提树，心如明镜台，时时勤拂拭，莫使有尘埃。”慧能认为神秀未得禅学要旨，于是让人代书作偈：“菩提本无树，明镜亦非台，本来无一物，何处惹尘埃。”深得弘忍赞许，乃于三更时分专为慧能讲《金刚经》，密授顿教衣钵。后回岭南隐居达十六年。仪凤元年(676，一说武则天垂拱年间)在南海法性寺遇印宗法师，得以落发，智光法师为授具足戒。翌年到韶州(治今广东韶关市西南)，住曹溪宝林寺，应请在韶州大梵寺说摩诃般若波罗蜜法，传授“无相戒”，弘扬“直指人心，见性成佛”的顿悟法门。与神秀在北方倡行的“渐悟”相对，史称“南顿北渐”，“南能北秀”。武则天和唐中宗曾召他入京，均辞。死后唐宪宗追谥“大鉴禅师”。其禅法以“定慧为本”，主张一切众生皆有佛性，人人都可以成佛，而行住坐卧皆是坐禅，只要于自性顿现真如本性，即可“顿悟成佛”。还说：“佛法在世间，不离世间觉。离世觅菩提，恰如觅兔角。”这一偈语为禅宗的开展奠定了理论基础，对后来各派禅师，影响极大。在伦理思想方面，提出从先天具有平等的真如佛性：“人虽有南北，佛性无南北，獦獠身与和尚不同，佛性有何差别？”(《六祖坛经·行由品》)主张自我内观返照的道德修养方法，“自性内明，三毒即除，地狱等罪，一时消灭，内外明彻，不异西方”(《六祖坛经·疑问品》)。反对以建寺度僧、布施设斋为修福行善、积累功德的手段，“功德须自性内见，不是布施供养所求也”(同上)。这一强调自我内心反省的宗教修养方法，为宋明理学所吸收。其佛学思想对中国诗歌、绘画、美学思想影响亦极大。门人法海集其言行，汇编成书，名《六祖法宝坛经》，简称《坛经》，为后来禅宗的“宗经”。弟子著名的有神会、行思、怀让、玄觉、慧忠、法海等。

惠能 即“慧能”。

法藏(643—712) 唐僧人，华严宗实际创始人。俗姓康，字贤首，或称“贤首大师”、“康藏国师”。祖居西域康居，后迁长安(今陕西西安市西北)。年17从云华寺智俨学《华严经》，深受赏识，得其妙旨，成为嫡传。高宗咸亨元年(670)，受沙弥戒。传曾入玄奘译场，因见解不同而退出。通天元年(696)奉诏在太原寺讲《华严经》，后又在云华寺开讲。武则天命京城十大高僧为其授具足戒，赐号“贤首戒师”。此后，曾佐实叉难陀译《华严经》(八十卷本)和《大乘入楞伽经》等，从事《华严经》的解说和著述。圣历二年(699)，武则天诏于佛授记寺宣讲新译《华严经》，受到褒奖。又被召至长生殿讲经，以殿前金师子为喻，据传则天听之“豁然领解”。此即后来集录的《金师子章》。景云元年(710)，唐睿宗从法藏受菩萨戒。卒后，朝廷赠“鸿胪卿”。为提高本宗地位，曾总结了在他以前的判教史，并在智俨五教说的基础上，吸收天台宗的判教说，提出“五教”、“十宗”说。“五教”即小乘教、大乘始教、终教、顿教、圆教。认为《华严经》教理最为圆满，华严宗是超过天台宗和唯识宗的最圆满的宗派。“十宗”即我法俱有宗、法有我无宗、法无去来宗、现通假实宗、俗妄真实宗、诸法但名宗、一切皆空宗、真德不空宗、相想俱绝宗、圆明俱德宗。前六宗属小乘，后四种属大乘，而华严宗即是圆融无碍的圆明俱德宗。其学说继承智俨“法界缘起”而有发展。把“一真法界”(真如佛性)视为世界一切现象的本源，用“十玄门”、“四法界”、“六相圆融”等概念阐明“法界缘起”的含义，认为世间和出世间所有现象都处于互相依持、相即相入、圆融无碍、重重无尽的联系之中，以“圆融无碍”为认识的最高境界。著作甚多，有《华严经探玄记》、《华严经旨归》、《华严经文义纲目》、《华严一乘教义分齐章》、《修华严奥旨妄尽还原观》、《华严金师子章》等。弟子著名的有宏观、文超、智光、宗一、慧苑等。

行思(?—740) 唐僧人。俗姓刘，吉州庐陵(今江西吉安)人。幼年出家受戒，后即往韶州参谒慧能，深受器重，列为上首，并命其“分化一方，无令断绝”。得法后，住吉州青原山静居寺阐扬禅法，“四方禅客，繁拥其堂”(《宋高僧传》卷九)，遂开青原一系，故称“青原行思”。卒后谥“洪济大师”(一作“弘济禅师”)。弟子有石头希迁等。其后世法系形成曹洞宗、云门宗、法眼宗。

实叉难陀(Siksānanda，652—710) 又译“施乞叉难陀”，意译“学喜”。唐佛教翻译家。于阗(今新疆和田一带)人。善大小乘。应武则天请，携广本《华严经》梵本从于阗来洛阳，并于证圣元年(695)在大遍空寺翻译，菩提流志、义净宣梵本，复礼、法藏等笔受，圣历二年(699)在佛授记寺译成，是为唐译八十卷《华严经》。此外还译有《大乘入楞伽经》、《文殊师利授记经》等一十九部一百零七卷。弟子有悲智等。

金刚智(Vajrabodhi，669—741) 唐僧人，密宗创始人之一。与善无畏、不空并称“开元三大士”。南天竺人。10岁于那烂陀寺出家，20岁受具足戒。学《般若灯论》、《瑜伽师地论》、《辨中边论》等。31岁从龙智学《金刚顶瑜伽经》等，后即专心于密教。唐开元七年(719)与弟子不空到达中国广州，后去洛阳、长安。于资圣寺先后译出《金刚顶瑜伽中略出念诵经》、《七俱胝佛母准提大明陀罗尼经》等密宗经典。主张宇宙万有皆大日如来的显现，表现其“智德”的方面称“金刚界”，能摧破一切烦恼，有智、果、始觉、自证四个方面。卒谥“国师”。代宗追赠“开府仪同三司”，并赐号“大弘教三藏”。

怀让(677—744) 唐僧人。俗姓杜，金州安康(今陕西石泉南)人。幼年雅好佛书。唐天授二年(691)投荆州玉泉寺恒景(634—712)律师出家、受戒，钻研经典。后到嵩山慧安(582—709)处学禅，又至韶州(治今广东韶关市西南)曹溪参谒慧能，执侍十五年，尽得其顿悟法门。先天二年(713)住南岳般若寺观音台，弘传慧能禅法三十余年，开南岳一系，世称“南岳禅师”。尝用磨砖比喻坐禅以启发学人，认为磨砖既不能成镜，“坐禅岂得成佛?”(《景德传灯录》卷六)卒谥“大慧禅师”。弟子九人，以马祖道一为主座。其后世法系形成沩仰宗和临济宗。

神会(686—760)　唐禅宗僧人。俗姓高。襄阳(今湖北襄樊市襄阳区)人。少习儒、道，后览《后汉书》，知浮图之说，遂留意于佛教。先投国昌寺颢元法师出家，旋随神秀学习。后至韶州(治今广东韶关市西南)曹溪参慧能，受“顿悟”教。开元八年(720)，玄宗敕住南阳龙兴寺。慧能死后，在洛阳等地大力宣传其学说。曾在滑台(今河南滑县东)大云寺同北宗禅师崇远辩论，抨击北宗“传承是傍，法门是渐”(《菩提达摩南宗定是非论》)，而称自己为“师承是正，法门是顿”。从此南方慧能一系被称为“顿宗”，北方神秀一系被称为“渐教”；南顿北渐之说即始于此。后在洛阳大弘顿教，因被诬在洛阳聚众滋事，图谋不轨，被赶出京城。安史之乱，应朝廷所请，设坛度僧收“香水钱”以供军需，有功于皇室，终于恢复了在佛教中的地位。乱平后，被唐肃宗诏入内道场，后住洛阳荷泽寺，世称“荷泽大师”。卒谥“真宗大师”。主张“无念”为宗，“定慧一体，平等双修”和“单刀直入，直了见性”(同上)的“顿悟”说。经过他数十年的努力，由慧能开创的南宗禅，终于在北方奠定了基础，并逐渐替代整个禅宗。贞元十二年(796)，德宗邀请诸禅师，共推神会为禅宗第七祖，并亲撰《七祖赞》。著有《显宗记》、《南阳和尚问答》(刘主簿辑)等，后人辑为《神会语录》行世。弟子有无名、法如等。

鉴真(688—763)　唐僧人。日本律宗初祖。俗姓淳于。扬州江阳(今江苏扬州)人。14岁出家，游学于洛阳、长安等地。后归扬州大明寺讲律传戒，为当时有名的律宗大师。唐天宝元年(742)，应日本留学僧荣睿、普照之请，决心赴日弘传律学。先后五次东渡，均失败而返。其间备经艰险，致双目失明。唐天宝十二载第六次东渡，终于在次年到达日本。日本天皇授以“传灯大法师”位，旋在奈良东大寺建坛传戒，为日本律宗创始人。又仿唐建筑，在奈良造“唐招提寺”。带到日本的大量佛经、佛像、药物、书籍、艺术品等，对日本医学、雕塑、美术和建筑的发展有一定影响。传有《鉴上人秘方》。

希迁(700—790)　唐僧人。俗姓陈，端州高要(今属广东)人。唐开元十六年(728)于罗浮山受戒。后拜行思为师，学有所得。天宝元年(742)，结庵于湖南衡山南寺东面大石上，时人称为“石头和尚”或“石头希迁”。后在湖南各地广弘禅法，声誉很高。自称其法门“不论禅定精进，达佛之知见，即心即佛；心佛众生，菩提烦恼，名异体一”。意即人的本心是佛，佛和众生，菩提和烦恼，名称不同，本体都是一样的。其禅风与接引学人方法十分严厉，有“石头路滑”之称。卒谥“无际大师”。有《参同契》、《草庵歌》各一篇。弟子有惟俨、道悟、天然等二十一人。

不空(Amoghavajra，705—774)　唐僧人。中国佛教四大译经家之一，密宗创始人之一。与善无畏、金刚智并称“开元三大士”。本名智藏，原籍北天竺，一说狮子国(今斯里兰卡)人。幼年出家，师事金刚智，随同来洛阳。20岁在洛阳广福寺受具足戒，参与译场，传五部密法。开元二十九年(741，一说天宝二年，743)奉金刚智遗命，与弟子含光等三十七人，赴天竺与狮子国广求密藏。天宝五载回长安，奉敕从事翻译，备受礼遇。唐代宗赐号“大广智三藏”，封“开府仪同三司”、“肃国公”，卒谥“大辩正广智不空三藏和尚”。译有《金刚顶一切如来真实摄大乘现证大教王经》(即《金刚顶经》)、《金刚顶瑜伽中发阿耨多罗三藐三菩提心论》等经典七十七部，一百二十余卷。著名弟子有含光、惠果等。

马祖(709—788)　唐僧人。俗姓马。名道一，或称“马祖道一”。曾于江西弘扬禅学，又称“江西马祖”。汉州什邡(今属四川)人。初依资州(治所在今四川资中)处寂(又名唐和尚，648—734)出家，又从渝州(治所在今重庆市)圆律师受具足戒。后离四川到湖南南岳坐禅，为怀让发现，怀让以磨砖不能成镜喻成佛不必坐禅，由此开悟。随怀让学禅十年，密受心印。旋至建阳佛迹岭(在今福建建阳)、临川(今属江西)、南康龚公山(在今江西南康)等地弘传禅法。唐大历(766—779)年间住钟陵(今江西南昌附近)开元寺，因慕其高风，四方学者云集。又因得官吏支持，禅风大兴，逐渐形成洪州宗。主张“自心是佛”，“凡所见色，皆是见心”，“心外无别佛，佛外无别心”(《景德传灯录》卷六)。卒谥“大寂禅师”。弟子有怀海、普愿、智藏等一百三十九人。有《马祖道一禅师语录》一卷。

道一　即“马祖”。

湛然(711—782)　唐僧人。天台宗九祖。俗姓戚，原常州(今属江苏)人，世居晋陵荆溪(今江苏宜兴南)，世称“荆溪大师”，又称“妙乐大师”。出身儒学世家。年二十，从左溪玄朗习天台教观。天宝七载(748)，于宜兴净乐寺出家。后弘道于东南，晚年迁天台国清寺。以复兴天台教义为己任。对当时禅宗、法相宗等各派学者各阐宗风表示不满，认为皆“侈大其学，自名一家，然而宗经宏论，判释无归”，故“追援其说，辩而论之”，“皆孟子尊孔道、辟杨墨之辞”(《佛祖统纪》卷七)。认为佛性包含在一切存在之中，提出草木瓦石均有佛性的“无情有性”说。认为佛性不分有情、无情，一草一木，一瓦一石，皆有佛性。应用《大乘起信论》所阐发的“真如随缘不变”说来论证无情有性，认为精神性实体(真如)无所不在，充满了一切事物(万法)，事物只能作为精神实体的现象而存在，“万法是真如，由不变故；真如是万法，由随缘故。”(《金刚錍》)因他发展了天台宗教义，被誉为中兴天台的大师。有《法华玄义释签》、《摩诃止观辅行传弘决》、《法华文句记》、《止观大意》、《金刚錍》、《始终心要》等。弟子有道邃、行满、元浩等三十九人。

怀海(720—814)　唐僧人。俗姓王。福州长乐

（今属福建）人。初师事马祖道一。后至新吴百丈山（今江西奉新境内）传播禅法，人称“百丈禅师”，其禅名“百丈禅”。以前禅师多住律寺，他以禅宗和律宗旨趣不同，始创禅院，制定《禅门规式》，不立佛殿，唯树法堂，行“普请法”，提倡“一日不作，一日不食”的普遍劳作制度，后称《百丈清规》。其禅学特点为“不拘文字”。主张“不求佛，不求知解”，“无求为是”，“一切法不拘”（《景德传灯录》卷六）。卒谥“大智禅师”。有《百丈怀海禅师语录》、《百丈怀海禅师广录》各一卷行世。弟子有灵祐、希运等。

澄观（738—839） 唐僧人。华严宗四祖。俗姓夏侯。越州山阴（今浙江绍兴）人。11 岁在宝林寺出家，唐至德二载（757）受具足戒。后遍游名山，广学三藏。大历十一年（776）讲《华严经》及诸论。贞元十一年（795）应召入长安，入内殿讲经，德宗赐号“清凉法师”，礼为“教授和尚”。参与般若三藏译《四十华严经》，并作《贞元新译华严经疏》十卷。元和五年（810），唐宪宗加号“大统清凉国师”。其学说重新发挥法藏的“五教判释”和“十玄缘起”理论，并采用天台宗一念三千的“性具说”，以发展华严“性起”的教义，认为“性起”不但有净善，也有染恶。又以南宗荷泽一系的“灵知之心”来解释《大乘起信论》的“本觉”思想。对华严宗“中兴”有很大作用。有《华严经疏》、《华严经随疏演义钞》、《华严心要》等。弟子有宗密、僧睿、宝印、寂光等。

灵祐（771—853） 唐僧人，沩仰宗创始人之一。俗姓赵，福州长溪（治所在今福建霞浦南）人。15 岁出家，三年后受具足戒，学大小乘经律。曾先后至天台遇寒山、拾得，受到启发。23 岁到江西，参百丈怀海，为“上首”弟子，悟得深机密用。唐元和（806—820）末，遵怀海之嘱，到潭州沩山（今湖南宁乡西）开始传法。后建同庆寺。和相国裴休交游甚密，受到尊崇，相互问答，深契玄旨，自此禅风大振。世称“沩山灵祐”。提倡“单刀直入”的顿悟法门，以“凡圣情尽，体露真常，理事不二，即如如佛”（《景德传灯录》卷九）的法语教导学人。卒谥“大圆禅师”。其言行辑为《潭州沩山灵祐禅师语录》一卷。弟子有慧寂、智闲等四十一人。

宗密（780—841） 唐僧人，华严宗五祖。俗姓何，果州西充（今属四川）人。幼通儒学。28 岁出家。寻从拯律师受具足戒。至长安华严寺见澄观受教，随侍数年，习华严教义。后北游五台山等地。不久入终南山圭峰（今属陕西），诵经修禅，世称“圭峰禅师”。唐大和九年（835 年，一说大和二年），被唐文宗诏入宫内，讲佛法大意，赐紫方袍，敕号“大德”。卒谥“定慧禅师”。一生专事弘法著述，主要阐述华严教义，对其他宗派，特别是禅宗，亦广事撰述。曾收集诸宗禅言，著《禅源诸诠集》（已佚，存序）。对“讲者（指禅宗外诸宗）偏彰渐义，禅者偏播顿宗”表示不满，主张禅教一致，认为“顿悟资于渐修”、“师说符于佛意”（《禅源诸诠集都序》）。说一部大藏经论只有三种教，禅门言教亦只有三宗；而这三教三宗相应符合，是一味法。在人的本原问题上，分析评判了儒、释、道三家的理论，提出人的本原即是佛性之说，“一乘显性教者，说一切有情皆有本觉真心，无始以来，常住清净，昭昭不昧，了了常知，亦名佛性，亦名如来藏。”对宋明理学，特别是陆王心学有较大影响。著述凡二百余卷，有《华严经行愿品别行疏钞》、《注华严法界观门》、《圆觉经大疏》、《圆觉经大疏钞》、《盂兰盆经疏》、《华严原人论》等。弟子甚多，著名的有太恭、温、太锡、宗、觉、仁瑜等六人。

义玄（?—867） 唐僧人，临济宗创始人。俗姓邢，曹州南华（今山东东明）人。落发受戒后，精究经、律、论三藏。首参江西黄檗山希运，旋谒大愚、灵祐，后复还黄檗，得希运印可。唐大中八年（854）到河北镇州（治所今河北正定），在城东南滹沱河畔建立临济院，弘扬禅法，别成一家，以寺立名，形成临济宗。主张真正学道之人，应该随缘任运，停歇一切向外驰求的念头，就能与祖、佛没有区别。禅风单刀直入，机锋峻峭。提出“四料简”、“四宾主”、“四照用”等认识原则和教学方法。卒谥“慧照禅师”。弟子有存奖、慧然、志闲等二十二人。有《镇州临济慧照禅师语录》（世称《临济录》）。

慧寂（807—883） 唐僧人。沩仰宗创始人之一。俗姓叶。韶州浈昌（今广东南雄西南）人，一说韶州怀化（今广东番禺东南）人。17 岁出家，受具足戒后，谒耽原道真，参沩山灵祐并得其心印。后住袁州（治所在今江西宜春）仰山，世称“仰山慧寂”。师资相承，别开一派，即沩仰宗。主张“识性达本”，开示学人“但向自己性海如实而修，不要三明、六通”（《景德传灯录》卷十一）。平时常以手势启悟学人，称“仰山门风”。卒谥“智通大师”。

良价（807—869） 唐僧人，曹洞宗创始人之一。俗姓俞。会稽诸暨（今属浙江）人。幼年从五泄灵默禅师（747—818）出家，21 岁于嵩山受具足戒。游方参学，谒南泉普愿，见沩山灵祐，参云岩昙晟（782—841）并受心印。唐大中末在新丰山大行禅法。后住豫章高安洞山普利院（今江西宜丰境内），世称“洞山良价”。主“坐卧经行，莫非玄路”（《玄中铭》）宗旨，倡“五位君臣”说，禅风“细密”。卒谥“悟本禅师”。曾作《宝镜三昧歌》、《玄中铭》等。弟子有本寂等。

义存（822—908） 唐僧人。俗姓曾。泉州南安（今属福建）人。世代奉佛。年 12，随父游莆田玉润寺，拜庆玄为师，留为童侍。17 岁落发，后在幽州（治所在今北京城西南）宝刹寺受具足戒。旋又巡游名山大川，到武陵德山（今湖南常德境内）参宣鉴（782—865），承其法系。到福州雪峰山，建广福院，因称“雪峰义存”。声誉颇高，四方僧人，云集法席。禅风重在一切现成，反对用求知方法去发现佛教道理，曾用“饭箩边坐饿死人，临河有渴死汉”的警句启示学人。唐僖宗赐号“真觉大师”。嗣法弟子有师备、文偃、可休、知孚、惠棱、神宴等。

布袋和尚（?—916） 五代后梁僧人。名契此，又号长汀子。明州奉化（今属浙江）人。形骸放浪，状似疯癫;传说常以杖背一布袋入市,见物即乞,故名。曾作歌有"万法何殊心何异,何劳更用寻经义"等句。临死前端坐于岳林寺磐石上说偈:"弥勒真弥勒,分身千百亿,时时示时人,时人自不识。"(《佛祖历代通载》卷十七)人奇其行,认为是弥勒佛显化,图画其像者甚多。中国许多佛教寺庙中所供大肚弥勒,相传即其造像。

文偃(864—949) 五代僧人,云门宗创始人。俗姓张,姑苏嘉兴(今属浙江)人。出家后初参睦州(治所在今浙江建德)道纵(世称陈尊宿),更参雪峰义存,获其印可。后历访名寺,往曹溪礼六祖慧能塔,最后到福州灵树如敏处,居为上首,承其法席。晚年住韶州(治所在今广东韶关)云门山光泰禅院,自成一系,因称"云门文偃"。禅风为"函盖乾坤","截断众流","随波逐浪"(《五灯会元》卷十五),后称"云门三句"。法嗣有澄远、缘密、子祥等六十一人。

文益(885—958) 五代僧人,法眼宗创始人。俗姓鲁,余杭(今浙江杭州)人。7岁在新定(治所在今浙江淳安县西)智通院出家,20岁受戒于越州(治所在今浙江绍兴)开元寺。曾在鄮山(在今浙江宁波鄞州区东)育王寺从希觉学律,兼探儒典,被赞为释门游、夏。后历游江南丛林,到临川(今属江西)住崇寿院,开堂接众。继至金陵(今江苏南京)住报恩禅院,署号净慧禅师。晚年在清凉院传法,因称"清凉文益"。倡导"三界唯心,万法唯识"教旨,以华严六相体会理事关系,阐发"理事不二,贵在圆融"和"不著他求,尽由心造"等禅理,发挥"一切现成"即处处是禅,无须离开人间去找的家风。声誉四振,学人云集。卒后,南唐中主李璟谥为"大法眼禅师"。其法系称"法眼宗"。有《宗门十规论》,言行辑为《金陵清凉院文益禅师语录》。嗣法弟子有德韶、文遂等六十三人。

延寿(904—975) 五代、宋之际僧人。俗姓王,字仲玄。钱塘(今浙江杭州)人。自幼信佛,30多岁从四明(今浙江宁波)翠岩出家。后到天台参德韶(891—972),习禅定,为传法弟子。后周广顺二年(952)到明州雪窦山(今浙江奉化西)传法,后受吴越王钱俶之请,住永明寺(即净慈寺)。卒谥"智觉禅师"。其学说"举一心为宗"(《宗镜录序》),倡导禅、教(指禅宗外诸宗)一致,性、相融合。曾召集慈恩、贤首、天台三宗僧人,分居博览,互相质疑,最后"以心宗旨要折中之"(《禅林僧宝传》卷九),遂成《宗镜录》一百卷,调和佛教各宗派间的宗旨分歧。还提倡禅净双修,注意净土宗的实践(见《万善同归集》)。另有《唯心诀》、《神栖安养赋》等。

方会(992—1046,一说1049) 北宋僧人,临济宗杨岐派创始人。俗姓冷,袁州宜春(今属江西)人。20岁到筠州(治所在今江西高安)九峰山落发为僧。后去潭州(治所在今湖南长沙)参石霜楚圆(986—1039),辅佐院务,得法后辞归九峰。后住袁州杨岐山传法,名闻四方,因称"杨岐方会"。继承临济禅风,阐发"三世诸佛在尔诸人脚跟下转大法轮"玄理,人称宗风如龙。其法系称"杨岐宗"。嗣法弟子有宋端、仁勇等十二人。言行辑有《杨岐方会和尚语录》、《杨岐方会和尚后录》各一卷。

慧南(1002—1069) 北宋僧人。临济宗黄龙派创始人。俗姓章。信州玉山(今属江西)人。11岁在怀玉山(在今江西玉山县境内)定水院出家。19岁受具足戒,35岁时往潭州(治所在今湖南长沙)参石霜楚圆(986—1039)。后去同安(今福建同安)崇胜禅院开法。旋至庐山归宗寺、筠州(治所在今江西高安)黄檗山,开示学人。后在隆兴黄龙山(今属江西南昌)振兴禅宗,法席甚盛,因称"黄龙慧南"。阐发临济宗"触目而真"禅风。其说教方式,因常以"人人尽有生缘,上座生缘在何处?""我手何似佛手?""我脚何似驴脚?"三语问学者,天下丛林称之为"黄龙三关"(《五灯会元》卷十七)。卒谥"普觉禅师"。其法系称黄龙宗。有《黄龙慧南禅师语录》(又称《普觉禅师语录》)及《黄龙慧南禅师语录续补》各一卷行世。嗣法弟子有祖心、克文、常总等。

宗杲(1089—1163) 南宋僧人。俗姓奚,号妙喜,宣州宁国(今安徽宁国西南)人。12岁出家,17岁受具足戒(一说17岁出家于东山慧云院)。初谒曹洞宗诸名宿,后至汴京天宁寺参临济宗杨岐派僧人圆悟克勤(1063—1135),得其印可,克勤并以所著《临济正宗记》付之。不久,名震京师。靖康元年(1126)受赐紫衣及"佛日"号。后历游各地,南宋绍兴七年(1137)奉诏住临安(今杭州)径山,倡导克勤禅法,盛极一时。绍兴十一年,因不肯阿附秦桧被褫夺衣牒,充军到衡州(今湖南衡阳)。其间集先师语录公案为《正法眼藏》六卷。绍兴二十六年遇赦恢复僧服,奉朝命住明州(今属浙江宁波)育王山。翌年住径山,世称"径山宗杲"。后被赐号"大慧禅师"。卒谥"普觉禅师"。提出看话禅,即从公案中提出某些语句作为"话头"参究。影响颇大,临济宗至此复盛。其言论编为《大慧普觉禅师语录》、《法语》、《普说》、《宗门武库》等。嗣法弟子有思岳、弥光、悟本、守净、道迁等。

莲池(1535—1615) 明僧人。原姓沈,法名袾宏,字佛慧。仁和(今浙江杭州)人。17岁补邑庠,后即信仰净土。32岁出家受具足戒,学华严,参禅要,历游诸寺。隆庆五年(1571)回杭州,居云栖寺,人称"云栖大师"或"云栖袾宏"。与紫柏、憨山、蕅益并称为明代"四大高僧"。提倡佛教各宗并进,戒为基础,弥陀净土为归宿。主张儒、释、道三教一致。有《戒疏发隐》、《弥陀疏钞》、《具戒便蒙》、《禅关策进》、《楞严经摸象记》、《竹窗随笔》、《四十八问答》、《西方发愿文》等二十余部。后人王宇春集其遗书,编成《云栖法汇》。

紫柏(1543—1603) 明僧人。俗姓沈,名真可,字达观,号紫柏。吴江(今江苏苏州吴江区)人。17岁至虎丘云岩寺出家,20岁受具足戒,后游庐山、五台、京师等地,参遍融禅师,与德清结为至交。与莲池、憨山、蕅益并称为明代"四大高僧"。主张释、道、儒三教一致。以梵夹本《大藏经》,阅读不便,乃于万历十七年(1589)在五台山,以明《北藏》为基础,校明《南藏》,创刻方册大藏经。后移浙江径山(今浙江杭州市余杭区)寂照庵继续刊刻,因称《径山藏》,或《嘉兴藏》(即《明藏》万历版)。万历三十一年因"妖书"一案被诬,死于狱中。著作有《紫柏老人集》、《紫柏老人别集》等。

憨山(1546—1623) 明僧人。俗姓蔡,名德清,字澄印,号憨山。全椒(今属安徽)人。19岁于栖霞寺披剃出家,同年受具足戒。后云游各地。万历元年(1573)游五台山,见憨山奇秀,默取为号。万历十一年住东海牢山(今山东青岛崂山)。万历十四年神宗敕将《大藏经》十五部颁布天下名山,太后送牢山一部,并建海印寺,请憨山住持。万历二十三年以"私修"寺院罪,充军广东雷州,五年始归。与莲池、紫柏、蕅益并称为明代"四大高僧"。在广东时,曾住曹溪宝林寺,宣扬禅宗,主张禅、华严二宗融合,释、道、儒三教一致。谓"为学有三要,所谓不知《春秋》不能涉世;不精老庄不能忘世;不参禅不能出世"(《梦游集》卷三十九)。有《法华经通义》、《华严经纲要》、《圆觉经直解》、《大乘起信论直解》、《道德经注》、《庄子内篇注》等。又有门人汇编的《憨山梦游集》、《憨山语录》等。

蕅益(1599—1655) 明僧人。俗姓钟,名智旭,又名际明,别号八不道人。苏州吴县(今属江苏)人。少读儒书,誓灭释老,著《辟佛论》。后读莲池《自知录序》及《竹窗随笔》,始信佛。24岁依憨山弟子雪岭剃度为僧。此后学法相、天台、贤首、禅、净、律诸宗教义,以弘天台为主。曾住安徽九华山,晚年移居浙江孝丰(今浙江安吉)灵峰寺。与憨山、紫柏、莲池并称明代"四大高僧"。发扬延寿、袾宏的思想,主张禅、教、律三学统一,佛、道、儒三教一致。著作有《楞严文句》、《法华会义》、《大乘止观释要》、《弥陀要解》、《阅藏知津》等四十余部。弟子成实编辑其遗文为《灵峰蕅益大师宗论》。

隐元(1592—1673) 明清之际禅宗僧人。日本黄檗宗开创者。俗姓林,名隆琦。福建福清人。明泰昌元年(1620)登黄檗山(福清西)从鉴源剃度出家。后随密云、费隐习禅。崇祯十年(1637)继承黄檗法席,声誉大振。清顺治十一年(1654)应日本长崎兴福寺僧人逸然邀请,赴日传法。后在京都宇治建成黄檗山万福寺。广传禅法,称黄檗宗。日本后水尾上皇曾赐"大光普照国师"谥号。有《弘戒法仪》、《松堂集》、《太和集》、《普照国师语录》、《普照国师法语》等。

道　教

老君 即"老子"。其名称最早见于《老子想尔注》。

太上玄元皇帝 老子封号。据《旧唐书·高宗纪》言唐高宗于乾封元年(666)二月至亳州(今河南鹿邑)敬谒老君庙祭祀老子,追封其为"太上玄元皇帝"。

太上混元皇帝 即"老子"。

南华真人 即"庄子"。

冲虚真人 即"列子"。

通玄真人 即"文子"。

洞灵真人 即"亢仓子"。

严群 释文见"中国古代哲学·人物·秦汉"类。

张陵(?—156) 一名"张道陵"。东汉五斗米道创立者。沛国丰(今江苏丰县)人。相传为汉留侯张良后裔。年少时研读《老子》及天文地理、河洛图谶等书。曾入太学,通五经,举"贤良方正直言极谏科"。东汉明帝时任巴郡江州(今重庆)令,后辞官隐居北邙山(今河南洛阳北),修习长生之道。朝廷数次诏征,皆不从命。东汉顺帝年间(125—144),闻蜀地多名山,民风淳厚,易于教化,乃携弟子入蜀,居鹤鸣山(一名鹄鸣山,在今四川大邑县境内)修道。自称太上老君授以"三天正法",号为"三天法师正一真人",造作道书二十四篇,创立五斗米道(即"正一盟威之道")。尊老子为教主,奉《老子》五千文为经典。撰《老子想尔注》,以"佐国扶命,养育群生"为己任。其弟子众多,以王长、赵升最得真传。据《神仙传》载,"陵与升、长三人,皆白日冲天而去"。陵第四代孙张盛后迁居江西龙虎山,世代相传,皆以"天师"相称。唐僖宗时封陵为"三天扶教辅元大法师",宋理宗册封为"三天扶教辅元大法师正一静应显佑真君",元成宗加封为"正一冲元神化静应显佑真君"。道教尊奉为祖天师,又称"降魔护道天尊"。

张道陵 即"张陵"。

张天师 即"张道陵"。

张角(?—184) 东汉末太平道的创立者和黄巾起义领袖。巨鹿(今河北平乡西南)人。奉黄老道和《太平经》。以符水咒法为人治病,自称"大贤良师"。灵帝(167—189在位)时,借治病传教,在农民中秘密进行组织。十余年间,徒众达数十万,遍及青、徐、幽、冀、荆、扬、兖、豫八州。中平元年(184)起义,称"天公将军"。以头缠黄巾为标志,被称为黄巾军。与弟张梁会集幽、冀两州黄巾军,在广宗(今河北威县东)击退北中郎将卢植的进攻,后又打败东中郎将董卓。不久病死。

张鲁(?—216) 东汉五斗米道代表人物之一。字公祺。沛国丰县(今属江苏)人。张陵之孙。史称:"陵死,子衡行其道,衡死,鲁复行之。"初平二年(191)任益州牧刘焉的督义司马,率徒众攻取汉中,建立政教合一的地区性政权,自称师君,以教中"祭酒"管理地方政治,并在各地设立"义舍",置"义米"、"义肉",过路者量腹取食。禁止酿酒,春夏禁止杀牲。犯法者,原有三次,然后用刑。有小过者则修路百步。统治汉中近三十年,受到汉族和少数民族的拥护。关西人民迁来避难的有数万家,賨人也有很多迁往。建安二十年(215)曹操攻汉中,避入巴中

（今四川东北部）；不久降操，封为镇南将军，阆中侯。后道教徒称之为“系师”。

左慈 东汉末方士。字元放。庐江（治今安徽庐江西南）人。葛玄之师，善道术。曹操收为军吏，传操尝试闭之，令断谷一月，而颜色不变，气力自若。操以其有左道，欲杀之，遁去。在荆州，刘表为牧，以其惑众，又欲杀之，乃委表东去。见孙策，策复欲杀之。及见孙权，权素知其有道术，礼重之。《神仙传》载，明五经，兼通星气。后学道，能役使鬼神，坐致行厨，度化万端，不可胜纪。《后汉书》本传载，能变现鲈鱼、隐身遁形等。又知房中补导之术。据葛洪《抱朴子·金丹》载，曾以《太清丹经》三卷、《九鼎丹经》一卷、《金液丹经》一卷授葛玄。东汉丹鼎派道教的道术系由他流传。

葛玄（164—244） 三国方士。字孝先。丹阳句容（今属江苏）人。葛洪的从祖父。《抱朴子·金丹》载，曾从左慈学道，受《太清丹经》三卷、《九鼎丹经》一卷、《金液丹经》一卷，后授弟子郑隐。在江西阁皂山修道，常服饵术，擅符咒，行诸奇术。道教尊为“葛仙公”，又称“太极左仙公”。宋崇宁三年（1104）封“冲应真人”。淳祐三年（1243）封“冲应孚佑真君”。

郑隐（?—302） 西晋方士。葛洪之师。字思远。少为儒生，通五经。晚而好道，犹以《礼记》、《尚书》教授不绝。兼综九宫、三奇、推步、天文、河洛、谶记。解音律，善鼓琴。师葛玄，受《九鼎丹经》、《金液丹经》、《太清丹经》。年八十，颜色丰悦，能引强弩，体力轻便，登危越险。太安元年（302），感晋世将乱，东投霍山，莫知所往。收藏道书甚富，葛洪录其书名卷数约六百七十卷，符五百数十卷，共约一千二百卷。葛洪谓：“然弟子五十馀人，唯余见受金丹之经及《三皇内文》、《枕中五行记》”（《抱朴子·遐览》）。

葛洪（约281—341） 东晋道教学者、医药学家、炼丹家。字稚川，号抱朴子。丹阳句容（今属江苏）人。葛玄之侄孙，世称小仙翁。出身江南士族，年十三父亡，自此家道中落，饥寒困瘁，至伐薪鬻卖以给纸笔。年十六始习儒家经书，尤喜神仙导养之法。尝从葛玄弟子郑隐受炼丹术，颇受器重。太安二年（303），张昌、石冰起兵于扬州，洪以将兵都尉参与镇压，因功迁伏波将军。事平后，即投戈释甲，广寻异书，绝弃俗务，锐意于松乔之道，服食养性，修习玄静。后师事鲍靓，靓以女妻之。建兴四年（316），还归桑梓。东晋开国，念其旧功，赐爵关内侯，食句容二百户。咸和（326—334）初，司徒王导召补州主簿，转司徒掾，迁咨议参军。闻交趾出丹砂，求为勾漏令，率子侄行至广州，为刺史邓岳所留，乃止于罗浮山炼丹著述以终。著有《抱朴子》，内篇言“神仙方药、鬼怪变化、养生延年、禳邪却祸之事”，外篇言“人间得失，世事臧否”。他总结了晋以前神仙理论和方术，同时将其与儒家纲常名教相结合，提倡修仙者要“以忠孝和顺仁信为本；若德行不修，而但务方术，皆不得长生也”，主张以神仙养生为内，儒术应世为外，促进道教理论的发展。他坚信修仙可以获得长生，其途径分作内修和外养两方面：一、内修即在自身体内炼养精、气、神。贵在“宝精行气”，恬淡守真，“静寂无为”。将“玄”奉为最高信仰，“玄”又称为“道”或“一”，思“玄道”之要，即在“守一”，“一有姓字服色，男长九分，女长六分”，存思于丹田或两眉之间，使形体和精神相合不离，就能获得长生。二、外养即“假外物以自坚固”，也就是烧炼与服用金丹。炼丹长生虽属幻想，但他在长期烧炼金丹的实践过程中，积累丰富的经验，认识物质的某些特性及其化学反应，记载下大量的炼丹方法，提供古代实验化学的珍贵资料，成为中国炼丹史上一位承前启后的重要人物。精通医学和药物学，主张道士兼修医术。所撰《肘后备急方》，记载大量民间治病的方剂，保存许多古代医学典籍，其中有对天花、恙虫病等世界最早的记载。卒于东晋兴宁元年（363），享年81岁。或云卒于东晋建元元年（343）。著作甚多，除上述各书外，还有《神仙传》、《隐逸传》、《大丹问答》以及托名刘歆的《西京杂记》等。

寇谦之（365—448） 北魏道士。字辅真。祖籍上谷昌平（今属北京市），后迁居冯翊万年（今陕西西安临潼北）。自称为东汉寇恂十三世孙，为南雍州刺史寇赞胞弟。早年学张鲁之道。18岁从成公兴入嵩山，修道七年。北魏开国实行崇道抑佛政策，他乘时对天师道进行改革。神瑞二年（415），宣称太上老君亲临嵩山授其“天师之位”，赐《云中音诵新科之戒》二十卷，传导引、服气口诀诸法，令其“清整道教，除去三张（张陵、张衡、张鲁）伪法，租米钱税及男女合气之术”，“专以礼度为首，而加之以服食闭炼”，从上层道教的立场对民间道教进行清整和改革。八年以后，又宣称老君玄孙李谱文降临嵩山，亲授《箓图真经》六十余卷，赐以劾召鬼神及金丹、玉浆秘法，嘱其辅佐北方“泰平真君”。始光（424—428）中，他亲赴魏都平城（今山西大同市东北），得重臣崔浩之助，献道书于北魏太武帝，于平城东南建新天师道场，“重坛五层，遵其新经之制”，后人称为“北天师道”。太延（435—440）末，太武帝亲至道场受道箓，自称“太平真君”，改为“太平真君元年”，并封寇谦之为“国师”。综观其改革，主要有以下特点：(1)汲取儒家礼教，与道教相结合，教人安分守己而不妄求，以维护封建帝王的统治秩序。(2)纳入佛教轮回报应地狱之说，以加强宗教神学之威慑力，教人为“善”去“恶”，使社会安定。(3)将张鲁之后日渐废弛的道教戒律重新进行清整，使之严明，强调修道持戒的重要性。(4)改进道教的斋醮科仪，使其更加规范化。天师道经过这番改革，加之受到帝王重视，由此大盛于北方，对后世道教的发展影响甚大。

陆修静（406—477） 南朝刘宋道士。字元德，吴兴（今浙江湖州）人。笃好文籍，通儒学、图谶，旁及佛典。早年弃家，入云梦山修道，好方外游。元嘉末（453）在建康（今江苏南京）卖药，宋文帝命左仆射徐湛请他入宫讲道。太后王氏，雅信黄老，为执弟子礼（一说固辞而去，未见太后）。后避太初之难，离京南游，至庐山筑道观，隐居修道。泰始三年（467）应诏再至建康，明帝躬自问道，于北郊天印山（即方山）筑崇虚馆以居之。后与弟子长期整理道经，弘扬道教，“道教之兴，于斯为盛”（《道学传》）。其道教思想“祖述三张，弘衍二葛”，以天师道融摄“灵宝”、“上清”等派，经他改造后的天师道，后世称“南天师道”。他对道教的贡献有：（1）整顿道教组织。天师道教徒，一般都是全家信道，称为“道民”。道民均有道籍，登录姓名、年龄等，称“宅录”。因长期死者不销，生者不报，至有“百岁男童，期颐处女”。为此制定每年三会日（正月初七、七月初七、十月初五），道民须到治所“落死上生”，核实道民人口。又禁道官自行署职，严格实行道官升迁制度。（2）编整道经。在崇虚馆广收道经，加以编整甄别，集经戒、方药、符图等书一千二百二十八卷，分为“三洞”（洞真、洞玄、洞神三大类）。泰始七年，编成《三洞经书目录》，为最早的一部道藏书目；其分类方法亦为后世道藏所遵奉。（3）制定斋戒仪范。认为斋醮用以清静身、口、心三业。通过礼拜、诵经、思神，可以洗心洁行，达于至道。他编定斋戒仪范百余卷，使道教的礼仪斋醮更臻完备。卒于建康，归葬庐山，谥曰“简寂先生”，其修道故居称“简寂观”。北宋徽宗时，封为丹元真人。著述颇丰，今存有《陆先生道门科略》、《灵宝经目录》、《洞玄灵宝五感文》、《太上洞玄灵宝众简文》、《洞玄灵宝授度仪》、《步虚词》等。南朝道教得到官方承认，并得到较大发展，陆修静起了重要作用。

陶弘景（456—536） 南朝齐梁时道士和道教学者、医药学家。字通明，自号华阳隐居。丹阳秣陵（今江苏南京）人。南朝士族出身，少聪慧，操行异于常人，10岁读《神仙传》，即有养生之志。年二十余，齐高帝引为诸王侍读，后拜左卫殿中将军。尝从陆修静弟子孙游岳受符图经法，继之遍游名山，寻访真经仙药，南齐永明六年（488）于茅山得杨羲、许谧手书真迹。永明十年，辞官隐居句曲山（今江苏茅山）。梁武帝即位，数遣使礼聘，坚不出山，但朝廷大事辄就山中咨询，时人称为“山中宰相”。他博学多才，对道教有多方面的贡献。（1）开创上清派茅山宗。上清派在东晋中叶由江东士族杨羲、许谧创建，因崇奉上清经系，故名。陶弘景为上清派传人，长期居住茅山，开设道馆，广招道徒，奉《上清大洞真经》为主经，尊元始天尊为最高神，修持以存神为主而辅以诵经、积功德等。他并搜集整理上清派早期传人之真迹，编撰成《真诰》，对该派早期的教义、方术以及传授师承作了系统的叙述，从而使茅山成为上清派的传道中心。（2）编排了系统完整的道教神仙谱系。道教神仙，名称繁多，但在陶弘景以前只是散乱的叙述。他将封建社会的等级制度引入神仙世界，编撰成《真灵位业图》，将七百余位神灵（包括历史上的部分帝王将相与儒家圣贤）分为七个阶级加以排列，“虽同号真人，真品乃有数；具目仙人，仙亦有等级千亿”，首次建立了统一的道教神系。（3）以道为主，主张三教合流。认为“百法纷凑，无越三教之境”，不但传法弘道，并亲去鄮县（今浙江宁波鄞州区）阿育王寺受佛戒，在茅山道观中设道、佛二堂，隔日轮番朝礼。所撰《真诰》即引入了佛教的地狱托生之说。（4）医药养生方面亦有诸多贡献。他整理《神农本草经》，增收魏晋间名医所用新药，编成《本草经集注》七卷，共记载药物七百多种，比原《本草经》多一倍（原书已佚，现仅存敦煌卷子残本，宋《征和证类本草》中多引其文）。首创以玉石、草木、虫、兽、果、菜、米实分类，较为科学合理，成为隋唐以后本草学的蓝本。在养生方面著有《养性延命录》。在医学方面有《补阙肘后百一方》、《药总诀》等。在炼丹方面有《太清玉石丹药集》、《太清诸丹集要》、《服饵方》等。此外，还通晓天文历算、山川地理、方图物产、占卜图谶等。又擅书法，工草隶，行书尤妙。卒谥“贞白先生”。一生著述宏富，除上所举外，最著者还有《登真隐诀》、《华阳陶隐居集》、《陶氏效验方》、《集金丹黄白方》等。为南朝继陆修静以后传播道教最重要的人物。

苏元朗 隋唐之际道士。自号青霞子。据《罗浮山志》载，曾隐居句曲山（今江苏茅山）学道，得司命真秘，修道成仙。又曾隐修于罗浮山青霞谷，炼养大丹。作《太清石壁记》，发明丹道之旨；后著《旨道篇》，阐明内丹修炼之法。又鉴于《古文龙虎经》、《周易参同契》、《金碧潜通诀》三书“文繁义隐”，于是纂写《龙虎金液还丹通玄论》，“归神丹于心炼”，用外丹名词解说内丹，以身心为宝鼎，主张“性命双修”，而以内炼为主，以此作为内丹修炼的核心。其内丹炼养学说对后世道教影响较大。

成玄英 唐初道士，道教学者。字子实。陕州（治今河南陕县东北）人。隐居东海（今江苏北部）。贞观五年（631）召至京师，加号西华法师。永徽（650—655）中，流郁洲（今江苏连云港市云台山）。其思想继承陈、隋道家重玄之学，援佛入道，主张重玄的“双遣二偏”之说。云：“有欲之人，唯滞于有；无欲之士，又滞于无。故说一‘玄’，以遣双执。又恐行者，滞于此玄，今说‘又玄’，更祛后病。既而非但不滞于滞，亦乃不滞于不滞。此则遣之又遣，故曰玄之又玄。”要以中道之药，医除二偏之病，“二偏之病既除，一中之药还遣，唯药与病，一时俱消”，是谓重玄。著有《南华真经》注疏三十卷。其《老子道德经注》二卷、《开题序诀义疏》七卷，原已亡佚，近人蒙文通辑其佚文，为《道德经义疏》六卷。另有《度人经注》，部分收入陈景元《度人经四注》。

李荣 唐代道士，道教学者。号任真子。绵州巴西（今四川绵阳境）人。自少笃志好学，才思敏辨。唐初出家为道士，精修道业，成为蜀中道教名流。高宗即位后，召入京城，住长安（今陕西西安）东明观。常与名僧、硕儒相往来，谈道论学，深受佛学三论宗影响。唐初佛、道论争之中，多次奉诏作为道教代表，参加朝廷主持的三教辩论，极力阐发“本际”、“六洞”、“道玄不可以言象诠”等义理，时人誉为“老宗魁首”。显庆五年（660），因故放还蜀中。龙朔三年（663）复召回长安，主持道教事宜。武则天执政，崇佛抑道，荣受排斥，不久逝世。初唐之时，道教重玄学兴盛于世，荣为著名代表人物之一，时与西华法师成玄英齐名。著有《老子注》、《庄子注》、《西升经注》等，都已佚失。近世蒙文通辑有李荣《老子注》四卷，1947年由四川省立图书馆印行。

王玄览(626—697)　唐代道士。字晖法，法名玄览。广汉绵竹(今属四川)人。曾携二三乡友往造茅山，半路归乡里。叹长生之道无可共修，此身既乖，须取心证，于是坐起行住，唯道是务。武则天神功元年(697)，年七十二，奉召入京，行至洛州，卒。号洪元先生。其思想渊源于道家而杂有佛家色彩。根据《老子》"道可道非常道"这一命题，把"道"分为"可道"与"常道"两种，认为"道中有众生，众生中有道"。但"常道"则是先众生而存在的不生不灭的绝对实体；谓"一切众生欲求道，当灭知见；知见灭，乃得道矣"。著有《玄珠录》、《遁甲四合图》、《真人菩萨观门》、《混成奥藏图》、《九真任证颂道德诸行门》、《老经口诀》等，今唯《玄珠录》仅存。

司马承祯(647—735)　唐代道士。字子微，法号道隐。河内温(今属河南温县)人。少好学，年二十一入道，师事嵩山道士潘师正，受上清经法及符箓、导引、服饵诸术。后遍游天下名山，隐居天台山玉霄峰，自号天台白云子。武则天闻其名，召至京都，降手敕以赞美之。睿宗景云二年(711)召入宫，询问阴阳术数与理国之事，答云阴阳术数为异端，理国当以"无为"为本。帝赐宝琴一张及霞纹帔而遣之，公卿赠诗以送者百余人，常侍徐彦伯总而为之序，名曰《白云记》。玄宗开元九年(721)召入京，留于内殿，亲受法箓。十五年又召入宫，命于王屋山自选形胜之地，特建阳台观以居之，并亲为之题额。善书篆、隶，迥为一体，号"金剪刀书"。玄宗命以三体书写《老子道德经》，刊正文句，刻为石经。其思想以老庄为本，吸收儒家的正心诚意和佛教的止观、禅定学说，融合而成道教的修道成仙理论。认为"神仙亦人"，人之禀赋即具有神仙素质，只要"修我虚气"、"遂我自然"便可成仙。将修仙过程分为"五渐门"，即斋戒、安处、存想、坐忘、神解，称"神仙之道，五归一门"。又将修道分为"七阶次"，即敬信、断缘、收心、简事、真观、泰定、得道。此五渐门、七阶次又可以概括为简缘、无欲、静心三戒。只要勤修三戒而无懈退，就能达到"与道冥一，万虑皆遗"的仙真境界。其思想对北宋理学的"主静去欲"观有一定影响。卒赠银青光禄大夫，谥称贞一先生。弟子七十余人，以李含光、薛季昌为最著。著有《天隐子》、《坐忘论》、《修真秘旨》、《修身养气诀》、《服气精义论》、《上清含象剑鉴图》等十余种。

李筌　唐代道士。自号达观子。陇西(今属甘肃)人。居嵩山之少室，好神仙之道。开元(713—741)中，为江陵节度副使、御史中丞(一说为荆南节度判官；一说为荆南节度副使、仙州刺史)。时为权相李林甫所排挤，辞官入名山访道，后不知所往。作《太白阴经》十卷、《中台志》十卷。在《太白阴经》中，论及"任贤使能，不时日而事利；明法审令，不卜筮而事吉；贵功赏劳，不禳祀而得福"，以反对卜筮迷信，主张改革政治。相传通晓兵法，曾注《孙子》，认为战争的胜负主要决定于人事，继承和发展了先秦的军事辩证法思想。传说在嵩山虎口岩石壁中得《黄帝阴符经》(一说他托黄帝之名而作)。今传有李筌《阴符经》注两种，一是《黄帝阴符经集注》中的李筌注，比较可信。一是旧题李筌《黄帝阴符经疏》三卷，疑是后人伪托。均收入《道藏》第55册。

杜光庭(850—933)　唐末五代道士，道教学者。字圣宾(一作宾圣)，号东瀛子。处州缙云(今属浙江)人。一作长安(今陕西西安)人。宋张唐英《蜀梼杌》载："寓居处州，方干称之为'宗庙中宝玉大圭'。"原为儒生，唐咸通年间(860—873)应九经举不第，入天台山修道。僖宗时召为麟德殿文章应制，为内供奉。中和元年(881)随僖宗入蜀，遂留成都。后事前蜀王建，为金紫光禄大夫、左谏议大夫，封蔡国公，进号广成先生。王衍立，受道箓于苑中，以为传真天师、崇真馆大学士。晚年居青城山白云溪潜心修道，卒葬于山。对道教教义、斋醮科仪、修道方术等方面作了系统整理和阐发，对后世道教影响颇大。对以前注疏《道德经》的六十余家进行比较考察，概括意旨，分为"五道"与"五宗"，对"重玄之道"尤其推重。并调和儒、道二家思想，认为老子之思想主旨，"非谓绝仁义圣智，在乎抑狡诈聪明，将使君君臣臣、父父子子，见素抱朴，泯和于太和，体道复元，自臻于忠孝"，把孔孟之道统一于老君之道。他推崇唐玄宗的《御注道德经》，发挥其玄旨，撰成《道德真经广圣义》五十卷，"内则修身"，"外以理国"。又主张"仙道非一"，不拘一途，有利于道教的传播和发展。生平著述极丰，《正统道藏》收有《广成集》、《道门科范大全集》、《太上黄箓斋仪》、《太上老君说常清静经注》、《道教灵验记》等著作二十余种，《全唐文》亦收有其文三百余篇。

谭峭　五代时道士和道教学者。字景升。泉州(今属福建)人。其父洙令峭应进士试，不从，雅好黄老诸子及《穆天子传》、《汉武帝内传》、《茅君列仙内传》等道书。后告其父出游终南山，遂遍历名山，不复归。师嵩山道士十余年，得辟谷养气炼丹之术。认为世界起源于"虚"，"虚化神，神化气，气化形"，由是生成万物，终复归于"虚"。指出劳苦人民的成果都被帝王、卿士、兵吏、商贾等侵夺，提出"均其食"，幻想"无亲"、"无疏"、"无爱"、"无恶"的"太和"社会。其说多本黄老道德之旨。著有《化书》六卷。他曾向南唐大臣宋齐丘求序，峭卒，齐丘遂盗为己有而序之，故此书又名《齐丘子》，后人改题为《谭子化书》，收入《道藏》第724册。

陈抟(?—989)　五代宋初道士。字图南，号扶摇子。据《宋史》记载，为亳州真源(今河南鹿邑)人。一说为普州崇龛(今重庆潼南西境)人。早年习儒，熟谙《诗》、《书》、《易》、《礼》，博通百家之言，有济世从政之志。后唐长兴(930—933)中，举进士不第，转而学道，隐居武当山九室岩，服气辟谷达20余年。后移居华山云台观，与隐士吕喦、李琪、谭峭等为友。

后周世宗显德三年(956),召问以炼丹飞升之术,对曰:“陛下为四海之主,当以致治为念,奈何留意黄白之事乎?”世宗命为谏议大夫,固辞不受,赐号“白云先生”。尝从邛州(今四川邛崃)天庆观道士何昌一学锁鼻术,能长睡数月不起,世称“隐于睡”者。又从麻衣道人学《易》,精于象数。北宋太平兴国(976—984)初,奉旨入阙,谏以“远招贤士,近去佞臣,轻赋万民,重赏三军”,太宗敬重之。太平兴国九年(984)再次诏见,赐号“希夷先生”。长于诗文,工行草。为道教史上承先启后之重要人物。其贡献为:(1)摒除符箓丹鼎,主张并躬行内丹修炼。著《指玄篇》八十一章,阐明内丹之道。张伯端《悟真篇》云:“真人授我《指玄篇》”,真人即指陈抟。相传他作有《无极图》,刻于华山石壁。(2)以道教思想为本,融摄儒、释,会通三教。其内丹修炼主张性命双修,重在修心养肾。云:“心即佛之道”,“肾即仙之道”。又撰《观空篇》,阐述五空之说,援佛入道,尤其明显。(3)在易学方面,邵伯温称,“不烦文字解说,止有图以寓阴阳消长之数与卦之生变”,为象数图书派。其象数学经邵雍继承并发展成先天象数学;其图书学经穆修传至周敦颐,作《太极图说》,为宋代理学开山,影响颇大。卒于华山莲花峰下。著作颇多,然大部佚失,《道藏》中收有《阴真君还丹歌注》,题名为陈抟所作。

张君房 宋代《道藏》的总修校者。安陆(今属湖北)人。北宋真宗景德(1004—1007)进士。曾任尚书度支员外郎、集贤校理等职。后自御史台谪官宁海。大中祥符五年(1012)奉命主持校正秘阁道书,乃取朝廷所降道书及苏州、越州、台州旧道藏,同道士十人从事修校,至天禧三年(1019)编成《大宋天宫宝藏》四千五百六十五卷。又撮取其精要,辑成《云笈七籤》一百二十二卷。大都摘录原文,不加论说。《四库全书总目提要》称其书“类例既明,指归略备,纲条科格,无不兼赅。《道藏》菁华,亦大略具于是矣”。对保存古代道教典籍,有一定贡献。

张伯端(984—1082) 北宋道士,道教内丹派南宗开山祖师。字平叔,后改名用成(诚),号紫阳真人,后世又称张紫阳。天台(今属浙江)人。自幼好学,广涉道、儒、佛三教经书,以至刑法、书算、医药、卜筮、战阵、天文、地理、吉凶死生等方术,无不留心详究。曾为府吏数十年,后忽悟“一家温暖千家怨,半世功名百世愆”,遂看破功名利禄,心向蓬莱仙途,纵火将案上文书尽行烧毁,以“火烧文书”罪发配岭南。治平(1064—1067)中,陆诜镇守桂林,招至帐下掌管机要。熙宁二年(1069)随诜转至成都,遇真人授以金丹药物火候之诀,“指流知源,语一悟百”。逝前,留《尸解颂》云:“四大欲散,浮云已空,一灵妙有,法界圆通。”著有《悟真篇》,阐内丹修炼理论。主张“先以神仙命脉诱其修炼,次以诸佛妙用广其神通,终以真如觉悟遣其幻妄,而归于究竟空寂之本源”。认为道、儒、释“教虽分三,道乃归一”,将儒学的“穷理尽性”,佛家的“顿悟圆通”引入道教的内丹修炼,融合三教,而主先修命、后修性的“性命双修”之学。该书后世注解者甚多,是继魏伯阳《周易参同契》以后的重要炼丹经典。其思想对后世道教影响很大,南宋后,尊为南宗五祖之首,称“紫阳真人”。《道藏》中还收有《玉清金笥青华秘文金宝内炼丹诀》三卷和《金丹四百字》一卷,题为张伯端撰,但后者或疑为伪托。

陈景元(?—1094) 北宋道士。字太虚,自称碧虚子。建昌南城(今属江西)人。读书至老不倦。庆历二年(1042),师事高邮天庆观道士韩知止,次年试经,度为道士。曾游历天台山,从张无梦修道,得解《老》、《庄》深义。曾长期隐居江淮之间,以书、琴自娱。宋神宗(1067—1085在位)闻其名,召对天章阁,累迁至右街副道录,赐号“真人”。后乞归庐山,行李百担皆经史。时京城道官共十二员,曾上言“凡阙员,乞试《道德》、《南华》、《灵宝度人》三经十道义”,神宗准其奏。诗、书、画皆清婉可喜。著有《西升经集注》六卷、《道德真经藏室纂微篇》十卷、《南华真经章句音义》十四卷、《冲虚至德真经释文》二卷等,均收入《正统道藏》。

曾慥 北宋末、南宋初道教学者。字端伯,号至游子。晋江(今属福建)人。曾任尚书郎,直宝文阁。晚年隐居银峰,潜心修道。能诗文。尝广搜道教各家学说及方术,主要为丹道及气法,包括义理、阴符、黄庭、太极、服气、大丹、炼精、胎息、金碧龙虎、铅汞五行等,分为专篇,编成《道枢》四十二卷,收入《道藏》第641至648册。

王重阳(1112—1170) 金代道士,全真道之创立者。原名中孚,字允卿,后应武举,易名德威,字世雄,入道后改名嚞,字知明,号重阳子。祖籍陕西咸阳(今陕西咸阳市东北),生于终南刘蒋村。自幼不群,尚义气,性倜傥。伪齐阜昌(1130—1137)中应礼部试未第。金熙宗天眷(1138—1140)时应武举,中甲科,慨然有经略天下之志。后长期为征酒小吏,愤然辞职,隐栖山林。正隆四年(1159)于甘河镇(在今陕西户县)遇异人,授以修真秘诀,遂悟道出家,云游终南一带。大定元年(1161)在南时村作穴墓居之,名“活死人墓”。大定七年忽自焚其居,前往山东传道度人。抵宁海(今山东牟平)收马钰为徒,题庵曰“全真”,由是凡宗其道者,皆称全真道士。继又收谭处端、王处一、丘处机、郝大通、刘处玄、孙不二为弟子(即后人所称“北七真”)。先后于文登、宁海、福山、登州、莱州建立七宝会、金莲会、三光会、玉华会、平等会等,以“三教圆融,识心见性,独全其真”为宗旨,开创全真道派。大定九年携其弟子马、谭、刘、丘四人西归,次年一月卒于大梁(今河南开封)。弟子扶柩归葬于终南刘蒋村故居(今陕西户县祖庵镇),后世全真道尊奉该地为祖庭。元世祖至元六年(1269)褒赠为“重阳全真开化真君”。至大三年(1310)加封为“重阳全真开化辅极帝君”。全真派尊为重阳祖师。传世著作有《重阳全真集》、《重阳教化集》、《重阳立教十五论》、《重阳分梨十化集》、《重阳金阙玉锁诀》等,今存于《正统道藏》中。

白玉蟾(1194—1229) 南宋道士。道教内丹派南宗第五祖。原姓葛,名长庚,字如晦,又字白叟,号海琼子。琼州(治今海南海口市琼山区)人。一说福建闽清人。12岁举童子科,谙九经,能诗赋,且长于书画。因任侠杀人,亡命于武夷,改装道士,浪游华南各地。嘉定五年(1212),师事陈楠,得受金丹秘诀。尝自赞:"千古蓬头跣足,一生服气餐霞,笑指武夷山下,白云深处吾家。"嘉定(1208—1224)中诏征赴阙,对御称旨,命馆太乙宫,一日不知所在。卒于盱江。诏封"紫清真人",世称"紫清先生"。其内丹理论,奉南宗传统,主张独身清修,并身体力行,终身不娶。以修炼精、气、神为核心,掺和儒学和禅理,"心通三教,学贯九流",其思想对宋、元后的道教影响很大。著有《海琼问道集》(留元长编)、《海琼白真人语录》(谢显道等编)、《海琼玉蟾先生文集》(彭耜编)等。

李道纯(1219—1296) 宋末元初道士。字元素,号清庵,别号莹蟾子。都梁(今湖南武冈)人。为白玉蟾再传弟子,其道教内丹学说多主南宗,而兼取北宗。其学说以"中和"为宗旨,融合儒、释、道三教,认为"释曰圆觉,道曰金丹,儒曰太极",三教性命之学皆可概括以"中和"二字。主张修丹之要,在于"先持戒、定、慧而虚其心,后炼精、气、神而保其身",先性后命,最后达到"混成圆顿,直入无为,性命双全,形神俱妙"之境界。后人称其炼养理论为宋元道教内丹派的"中派"。门下受学者有苗善时、王志道等人。著作甚多,主要有《全真集玄秘要》、《清静经注》、《道德会元》、《中和集》、《清庵莹蟾子语录》、《大通经注》、《三天易髓》等。

刘玉(1257—1308) 元代道士。字颐真,号玉真子。建昌(今江西奉新)人。元代新净明道创立者。世代业儒,父母早亡,家贫力耕而食,笃志于神仙之道。相传曾遇洞真法师胡惠超,受传净明道法;后又遇水府仙伯郭璞,授以经山纬水之术。从此道法精进,远近闻名,信从者日众。元成宗元贞二年(1296)托言净明教主许逊下降,得受真旨。"其法以忠孝为本,敬天崇道、济生度死为事",于南昌西山建立隐真、洞真诸靖庐。通儒、释、道三教之学,以忠孝伦理道德为主要教义,以修炼精、气、神与符箓斋醮为次要方法,主张践行内心的自省从善,具有融合儒、道之色彩,其徒众尊之为许逊第二传。著有《玉真先生语录》内、外集等。

陈致虚(1289—?) 元代道士。字观吾,号上阳子。江右庐陵(今江西吉安县)人。40岁始从赵友钦学道,修炼北宗内丹术。后遇青城隐士受南宗阴阳双修法,融合南、北二宗丹法理论,撰成《金丹大要》十六卷。认为金丹之道渊源于黄帝和老子,历代相传,至自己已为第三十七代。所传丹道,以修炼精、气、神为核心,三者为金丹上药三品,顺则生人,逆则生丹,除此之外,皆为"趋邪之道"。并以金丹之道调和三教,认为"释云佛法,儒云仁义,道曰金丹","三者名虽殊而道则同也"。除《金丹大要》外,还著有《周易参同契分章注》、《上阳子金丹大要列仙志》等。

王常月(?—1680) 明末清初道士。原名平,号昆阳子。山西长治人。生于明末乱世,慨然有出尘之心,及长遍游天下名山,参访真道。曾在王屋山由全真道龙门派六祖赵复阳授以戒律。后又在九宫山受"天仙大戒"。清顺治十三年(1656),奉旨在白云观主讲道法,前后受赐紫衣三次。并在江浙和湖北武当传"三堂大戒",分为"初真"、"中极"、"天仙"三等,度弟子千余人,使道风大振,被誉为全真道龙门派中兴之祖。撰有《初真戒律》,后人整理为《龙门心法》(即《碧苑坛经》)二卷,以此作为全真立教之本。主张万法千门,"守戒第一","戒是全真第一关";并认为欲修仙道,当先修人道,人道不修,则仙道远矣。康熙十九年(1680)传衣钵于弟子谭守试而卒。四十五年赐号"抱一高士"。

张清夜(1676—1763) 清代道士。原名尊本,字子还,号自牧道人。长洲(今江苏苏州)人。少为诸生,善书翰,兼工诗句。云游至武当山太子坡拜真人余太源为师,出家修道。雍正元年(1723)入蜀,住成都临江寺惜字宫。七年(1729)主持武侯祠事。乾隆八年(1743)华阳令安洪德、成都令夏绍重修青羊宫,请其主持宫事,清夜以老辞,荐其徒汪一萃担任,自己则往来于武侯祠与青羊宫之间。越数年,在青羊宫创悬钟牌,接待四方道众。为敷扬道要,乃作《玄门戒白》,认为修道之本,在于清静、守真,而三教主宰,即为孝、悌、忠、信。十九年(1754)撰成《阴符发秘》,发挥道教南宗理论。今人蒙文通加以整理校正,著有《阴符发秘校后记》,称该书"融汇唐后之儒、释,而独取其精"。

中国古代历史哲学

孔子 释文见"中国古代哲学·人物·先秦"类。

司马谈(?—前110) 西汉思想家、史学家。夏阳(今陕西韩城南)人。官至太史令,尊称太史公。其《论六家之要指》,推崇汉初黄老之学。认为阴阳、儒、墨、名、法、道德皆"务为治者也"(见《史记·太史公自序》),道家综合各家所长,"其为术也,因阴阳之大顺,采儒墨之善,撮名法之要,与时迁移,应物变化,立俗施事,无所不宜"(同上)。提出"神者生之本也,形者生之具也"(同上)的形神观,认为"形神离则死,死者不可复生,离者不可复反"(同上)。根据《国语》、《世本》、《战国策》、《楚汉春秋》及诸子百家之书,撰写史籍,死后,由其子迁续成为《史记》。

司马迁(前145或前135—前?) 西汉史学家、文学家、思想家。字子长。夏阳(今陕西韩城市南)人。司马谈之子。初任郎中,元封三年(前108),继父职为太史令,得读史官所藏图书。太初元年(前104),与方士唐都、落下闳等,改造《太初历》。后遭李陵之祸,得罪下狱,受腐刑。出狱后,任中书令,著《太史公书》,"稽其成败兴坏之理","究天人之际,通古今之变"。后称《史记》,为中国最早的一部纪传体的通史。其书尊重史实，不虚美，不隐恶。推崇道家思想并综合各家之长，“乃合大道”。认为“道”是天地万物的根源，是“混混冥冥”无形、无名的元气。反对天命论，认为项羽的失败，完全是自己造成的，“乃引‘天亡我，非用兵之罪’，岂不谬哉！”(《史记·项羽本纪》)反对善恶祸福报应说，认为“天道无亲，常与善人”的说法不可信，社会上恶人长富贵，善人不善终的现象相当普遍，“若伯夷叔齐者可谓善人者非邪？积仁絜行如此而饿死！”(《史记·伯夷列传》)但对天命鬼神的否定并不彻底。在社会历史观方面，既承认古今历史的变化，提出了“原始察终，见盛观衰”(《史记·太史公自序》)，“承敝易变”的历史变易观，又提出“三王之道若循环，终而复始”(《史记·平准书》)，未能摆脱历史循环论的影响。强调决定人类命运的是人类自身，决不是天和鬼神的力量，指出“国之将兴”是“君子用而小人退”，“国之将亡”，是“贤人隐，乱臣贵”。认为社会发展，是人们对“利”的追求，“天下熙熙，皆为利来，天下攘攘，皆为利往”(《史记·货殖列传》)。并认为谋利是人的天性，“至若诗书所述虞、夏以来，耳目欲极声色之好，口欲穷刍豢之味”(同上)。还给求利致富者提供理论根据：“贫富之道，莫之夺予，而巧者有余，拙者不足”；“富无经业，则货无常主，能者辐辏，不肖者瓦解”(同上)。对豪夺强取而发家致富者作了抨击：“今治生不待危身取给，则贤人勉焉。是故本富为上，末富次之，奸富最下”(同上)。以社会经济生活来说明社会道德。继承荀子的礼义起源说，认为“礼”是先王为了避免由于人的欲求不得而引起争乱所制定的。还发挥《管子》的道德观点，认为“礼生于有而废于无，故君子富，好行其德；小人富，以适其力”，“人富而仁义附焉”(同上)。在肯定儒家道德观念的同时，也肯定了游侠“言必信”、“行必果”、“已诺必诚”、“以德报怨”等道德品质。在美学观上，形成以“发愤说”为核心的思想，认为历史上的成功大作，“大抵贤圣发愤之所作也”(《史记·太史公自序》)。否定儒家伦理对内心情感的节制，认为喜怒是“情性之理”，表现出非中和的审美理想。强调文学“讽谏刺讥”的功能，并以此为审美原则。

班固(32—92)　东汉史学家、文学家。字孟坚。扶风安陵(今陕西咸阳市东北)人。曾任兰台令史、秘书郎等职。汉明帝永平五年(62)奉诏继续撰写其父班彪未完成的《后传》。经过二十余年努力，到汉章帝建初年间，大体修成《汉书》。去世时，尚有八表和《天文志》没有完成。于是，和帝命其妹班昭续撰，后又命马续总成《汉书》。以儒家经学的理论为指导思想整理西汉史事，以维护封建正统王朝的统治。继司马迁之后，整齐了纪传体史书的形式，并首创“包举一代”的断代史的编撰方法，成为中国古代史书的重要范例。善作赋，有《两都赋》等。又著有集东汉前期今文经学学说之大成的《白虎通义》(又称《白虎通德论》)。

陈寿(233－297)　西晋史学家。字承祚，安汉(今四川南充市北)人。早年师事同郡学者谯周，在蜀汉时曾任卫将军主簿、东观秘书郎、观阁令史、散骑黄门侍郎等职。入晋后历任著作郎、长平太守、治书侍御史等职。泰始十年(274)，开始撰写《三国志》，先成《蜀书》，次成《魏书》，最后成《吴书》，历时十五年左右。此书脱稿后，颇受称赞，时人谓其善叙史，有良史之才。但《三国志》中对魏和魏晋改朝换代的史实，多有隐讳，不敢直书，多有曲笔，创立“回护”笔法，对封建皇帝隐恶扬善，歪曲了历史真相，为后人所讥弹。著作还有《益部耆旧传》、《古国志》，今都佚。

袁宏(328—376)　东晋史学家。字彦伯。阳夏(今河南太康)人。为安西将军谢尚赏识，引为参军。不久又被推荐为大司马桓温府记室。桓温死后，被朝廷征召，任吏部侍郎。后出为东阳太守。深受玄学影响，提出“越名教而顺自然”与“以无为本，以儒为用”，将名教同风化、礼法结合起来，以“无为而治”作为统治方法，以儒家思想“以统群生”。曾作《后汉记》，借撰述东汉历史阐发名教思想，表明自己的修史主张在于“通古今而笃名教”，“扶明义教，网罗治体”(《后汉纪序》)。其目的一方面是“弘敷王道”，即维护封建等级制度，另一方面是讽刺桓温“觊觎非分”之意，以维护东晋政权的正统地位。著作另有《名士传》三卷(又称《竹林名士传》)，已佚，仅在《世说新语》的刘孝标注中留有少量的文字。原有集，已佚，清严可均辑《全上古三代秦汉三国六朝文》存其文十八篇。

习凿齿(?—约384)　东晋史学家。字彦威，襄阳(治今湖北襄樊)人。曾任荆州从事、荥阳太守。精通史学、玄学、佛学，主要著作有《汉晋春秋》、《襄阳耆旧记》、《逸人高士传》等。《襄阳耆旧记》是中国最早的人物志之一，《汉晋春秋》是一部编年体史书，记事起于汉光武帝，终于晋愍帝。他在叙述三国历史时，以蜀汉为正统，以曹魏为僭伪，提出“晋承汉统论”，与陈寿《三国志》“纪魏而传吴蜀”的写法迥异。

范晔(398—445)　南朝宋史学家。字蔚宗，顺阳(今河南淅川东南)人。曾任尚书外兵郎、荆州别驾从事史、秘书监、新蔡太守，司徒从事中郎、尚书吏部郎等职。元嘉二十二年(445)，因参与孔熙先等谋迎立彭城王刘义康为帝，计划败露被杀。他以《东观汉记》为基础，整理各家《后汉书》，博采众长，斟酌取舍，写成《后汉书》九十卷，包括本纪十卷，列传八十卷。此书简明周详，叙事生动，故取代以前各家的后汉史。在哲学上主张无神论，“常谓死为灭，欲著无鬼论”(《南史·范晔传》)。抨击佞佛，认为佛教奇谲不经。也反对天命论，认为“天道性命，圣人难言之”。一生著述很多，但唯有《后汉书》流传至今。

刘知幾(661—721)　唐史学家。字子玄。彭城(今江苏徐州)人。永隆进士。武后时历任著作佐郎、左史等职，兼修国史。中宗时参与编修《则天皇后实录》。玄宗时官至左散骑常侍，后被贬为安州都护府别驾。生平专攻史学，通览各史，能分析其利弊得失；又屡任修史之责，深知官设史局的流弊。著史强调“直书”、“实录”，标目称谓要名实相符，“凡名以定体，为实之宾”（《史通·题目》）。强调收集史料应重视史实经验和识事详审，做到“征求异说，采摭群言”，“探赜索隐”、“明其真伪”。提倡“不掩恶，不属善”，“爱而知其丑，憎而知其善”，反对主观臆造。认为史书在真实可靠的基础上要做到“文而义丽，质而非野”，使读者“味其滋肯，怀其德音”（《史通·叙事》）。注重叙事要“言近而旨远，辞浅而义深，虽发语已殚而含意未尽”（同上）。强调“史才须有三长，世无其人，故史才少也。三长谓才也、学也、识也”（《旧唐书·刘知幾传》）。尤重“史识”。批评董仲舒、刘向、刘歆、班固以阴阳五行和灾祥解释历史，批评他们“不凭章句，直取胸怀，或以前为后，以虚为实。移的就箭，曲取相谐”（《史通·书志五行》）。相信“天人相分”，天象与人事无关，主张以人事为主的历史观。指斥班固所撰《汉书·五行志》辑录的论点和用以说明的史事“矛盾自己，始末相违”。认为灾祥属自然现象，“吉凶递代，如盈缩循环。此乃关诸天道，不复系乎人事”（《史通·书志》）。反对司马迁《史记》中的“天命”论述，指出“夫论成败者，固当以人事为主。必推命而言，则其理悖矣”（《杂说上篇》）。批评祥瑞符命迷信思想，认为“凡祥瑞之出，非关理乱，盖主上所袭，臣下相欺。故德弥少而瑞弥多，政愈劣而祥愈盛”（《史通·书事》）。但对鬼神迷信则没有直接否定，只认为它们是不可信的东西，“抑又闻之，怪力乱神，宣尼（孔子）不语；事鬼求福，墨生（墨子）所信。故圣人于其间，若存若亡而已”（《书事》）。在人事与形势的关系上，认为历史有古今变异，“世异则事异，事异则治异”，史家要知人论世。历史的“古今不同，势使之然”，写史的详略应决定于形势。具有“疑古”、“惑经”的批判精神，对被正统史学家捧之为儒家最高典范的尧舜以天下相让之事表示怀疑，认为：“斯则尧之授舜，其事难明。谓之让国，徒虚语耳。”（《史通·疑古》）指出这是儒家美化了古史。并对孔子称赞周文王的话表示怀疑，认为“称周德之大者，不亦虚为其说乎？”指出《春秋》由于“儒教传授，既欲神其事，故谈过其实”（《惑经》）。所著《史通》，是中国第一部史学评论的专书，对历代史书及体例的评论尤详。

吴兢（670—749） 唐史学家。汴州浚仪（今河南开封市）人。武则天执政时，因博通经史、才堪论撰，被朝臣魏元忠、朱敬则等人荐举入仕，拜右拾遗内供奉，“诏直史馆，修国史”。中宗时，任右补阙、起居郎、水部郎中等职。玄宗时，任谏议大夫、卫尉少卿、兼修文馆学士等职，并继续参与国史修撰。居官多忠谏，修史有古良史之风，主张写史叙事简要，秉笔直书以取信于后人。曾与同时代史家刘知幾等共撰《武后实录》，直笔无讳，被时人誉为当世董狐。任职史事期间，曾私撰《唐书》、《唐春秋》、《贞观政要》等多种史籍。其中，《贞观政要》一书颇负盛名，是现存研究唐初历史的珍贵文献史料。

范祖禹（1041—1098） 北宋史学家。字淳甫，一字梦得。成都华阳（今四川成都）人。嘉祐进士，授试校书郎，知资州龙水县。司马光编《资治通鉴》时，由他专职唐史。书成，举荐为秘书省正字。哲宗时修《神宗》实录，书成充国史院修撰，改礼部侍郎，升任翰林学士兼侍讲。精于史学，撰有《唐鉴》、《仁宗政典》、《帝学》、《范太史集》等。其中以历史评论著作《唐鉴》为其代表作。评史论事强调正纲常，辨名分，主张用儒家的礼乐教化治国。说：“三代之得天下，以仁；其失天下，以不仁。人心悦而归之则王，离而去之则亡。故凡有德者兴，无德则废。”（《唐鉴》卷十二）反对神鬼怪异之说，抨击祥瑞符命，称秦皇、汉武言祥瑞，信谶纬，崇神仙，求长生，“为方士所欺玩，无异于婴儿”。指出：“唐之出于老子，由妖人之言，而谄谀者附会之，高祖启其原，高宗、明皇扇其风，又用方士诡诞之说，跻老子于上帝，蔑天诬祖，悖道甚矣。”（《唐鉴》卷一）评论封建制与郡县制优劣，认为：“封建非圣人意也，势也，盖自上古以来有之，不得而废也。”至秦始皇以封建为郡县，“三代之制，不可复也”。后世君主应根据变化的形势来制定相应的制度，不必泥于古制。故云“三代封国，后世郡县，时也。因时制宜，以便其民，顺也。古之法不可用于今，犹今之法不可用于古也。……何必如古封建，乃为盛哉。”（《唐鉴》卷二）反映了相时通变的历史变易思想。

郑樵（1104—1162） 南宋史学家、无神论者。字渔仲，自号溪西遗民。兴化军莆田（今属福建）人。不应科举，隐居于夹漈山，专事著述讲学三十余年。人称夹漈先生。后经工部侍郎王伦推荐，任右迪功郎、礼兵部架阁、枢密院编修官。学识渊博，对史学、经学、礼乐、天文、地理、文字均有研究。驳斥阴阳五行灾异之说为“妖学”。所著《通志》，专列《灾祥略》一章，声称“今作《灾祥略》，专以记实迹，削去五行相应之说，所以绝其妖”（《通志·灾祥略》）。反对“欺天之学”，认为“先儒驾以妖妄之说而欺后世。后世相承。罔敢失坠者，有两种学：一种妄学，务以欺人；一种妖学，务以欺天”（《灾祥略序》）。强调“吉凶有不由于灾祥者”（同上）。有《通志》、《夹漈遗稿》、《尔雅注》、《诗辨妄》等。

王应麟（1223—1296） 南宋史学家。字伯厚，号深宁居士。先世居浚仪（今河南开封市），后迁居庆元（路治今浙江宁波）。曾任著作郎、起居舍人、兼国史编修、实录检讨等史职。博学多识，于经史百家、天文地理皆有研究，长于治史考证，熟悉典章名物制度。宋亡不仕，闭门研学，专事著述二十年。所有著作，只写甲子不写年号，以示不向元朝称臣。一生撰著甚丰，其著述搜罗广博，多综合各家学说，相互参证，为后人研究古代学术思想的渊源流变及名物典章，提供了有价值的资料。著述有《困学纪闻》、《玉海》、《深宁集》、《玉堂类稿》、《通鉴地理通释》、《汉书·艺文志考释》等二十余种，其中《玉海》为百科全书式的著作，《通鉴地理通释》是历史地理学的著作。《困学纪闻》是作者享负学术盛名的代表著述。

胡三省（1230—1302） 宋元之际史学家。字身之。台州宁海(今属浙江)人。历县令、朝奉郎、府学教授等职。后为淮东幕府。为学师从王应麟，博学善文，尤笃于史学。毕生致力于《通鉴》研究，撰成《资治通鉴广注》，但原稿于宋末战乱流亡中遗失，继而发愤重撰，于元至元二十二年(1285)完成其治史力作《资治通鉴音注》。该书对《通鉴》作校勘、考证、训释音义，内容浩博周详；同时在注文中阐发史论，注文中多处联系蒙古灭宋事实，发表感慨，寄托民族感情。

马端临(约1254—1323) 宋元之际史学家。字贵与。饶州乐平(今属江西)人。元初任慈湖、柯山两书院山长。30岁前后开始编写《文献通考》，历二十年始成，为记述历代典章制度的重要著作。治史排除神秘主义的五行说，认为自然界存在反常现象不足为奇，"反常而罕见者，均谓之异可也"，反对"穿凿附会，强求证应"，并将历代五行志中记载的"祥瑞"资料分类整理，"不曰妖，不曰祥，而总名之曰物异"(《文献通考·自序》)。重视探讨历史事件的原始要终，主张"信而有证者从之，乖异传疑者不录"(同上)，找出历代典章经制的"变通张弛之故"(同上)。强调历史发展有其自然趋势，非"圣人"意志所决定，"圣人不能违时，不容复以上古之法治之也"(《文献通考·封建考》)。对宋末统治集团的腐败也揭露甚多。有《文献通考》。另有《多识录》、《义根守墨》、《大学集传》等(见《乐平县志》卷十)，均已佚。

王鸣盛(1722—1797) 清史学家、经学家。字凤喈，一字礼堂，别字西庄，晚号西沚。江苏嘉定(今属上海)人。曾任侍读学士、内阁学士兼礼部侍郎、光禄寺卿。学术上以汉学考证方法治史，师从大经学家惠栋学习经义，精通汉学，为"吴派"考据学大师。服膺《尚书》，积二十余年之力著《尚书后案》三十卷，多取郑玄之说，力主汉人家法。以考证方法治史，主张务实去虚。撰《十七史商榷》百卷，对从《史记》到五代的十九部正史进行校勘本文、补正讹误、考订史实，在史料鉴别、辑佚、整理方面有独特之处，为传世之作。另有《耕养斋诗文集》、《西沚居士集》等。还撰有《蛾术篇》，对中国古代制度、器物、文字、人物、碑刻、地理、金石等均有考证，具有一定学术价值。诗文方面著有《诗文集》，其中《耕养斋诗文集》、《西沚居士集》在清代文学史有一定地位。

赵翼(1727—1814) 清史学家、经学家、诗人。字雲崧，一字耘松，号瓯北。江苏阳湖(今常州)人。乾隆进士。历任广西镇安知府、广东广州知府、贵州贵西兵备道。后主讲安定书院。长于史学，与王鸣盛、钱大昕齐名。作《廿二史札记》，用读书笔记的形式，对从《史记》到《明史》的二十四部正史的主要内容进行考证，多就正史纪、传、表、志参互勘校，审订曲直，对古今风尚之递变，政事更迭及治乱兴衰之故，均有评述，"持论斟酌时势，不蹈袭前人"(见《廿二史札记》钱大昕序)。治学方法不循汉代以后"经精史粗"的积习，有经史兼治之新风。重视发挥对历史的见解，注重探究之乱兴衰的原因背景。但慑于清朝文字狱的迫害，在谈到汉族与少数民族的关系时，有许多隐讳和曲笔；对历代忠勇的爱国志士，斥之为"不知时势"。为后世史家所讥。所著《瓯北诗话》，评论李白、杜甫、韩愈、白居易、苏轼、陆游、元好问、高启、吴伟业、查慎行等十家诗，重视诗家的创新，立论比较全面、允当。著述另有《清朝武功纪盛》、《陔餘丛考》、《瓯北诗钞》、《瓯北文集》、《檐曝杂记》、《唐宋十家诗话》等。

赵瓯北 即"赵翼"。

钱大昕(1728—1804) 清代史学家、经学家。字晓徵，一字及之，号辛楣，又号竹汀，晚号潜揅老人。江苏嘉定(今属上海)人。乾隆进士，选翰林院庶吉士。历官少詹事、广东学政。曾参与编修《热河志》、《音韵述微》、《续文献通考》、《续通志》、《一统志》及《天球图》诸书。治学上主张从训诂以求义理，但不专治一经，也不墨守汉儒家法；同时主张把史学与经学置于同等地位，以治经方法治史。其学识渊博，对释经、考史、训诂、音韵、地理、金石、氏族、算术、历法都有很深的研究。在音韵训诂方面有重大发现，首先注意古声母的研究，证明古代没有轻唇音与重唇音、舌头音与舌上音的分别。在史学上，长于校勘考订，其史学代表作为历时近五十年撰成的《廿二史考异》，考证除《旧五代史》和《明史》以外的二十二部正史以及注释的文字、训诂、地理、职官、氏族、名物等，深为同时学者推重。考据以实事求是为核心，又不忽视经世致用的学术传统。一生著述辑为《潜揅堂丛书》刊行。

章学诚(1738—1801) 清思想家、史学家。字实斋，号少岩。会稽(今浙江绍兴市)人。乾隆进士。官国子监典籍。主讲定州定武、保定莲池、归德文正等书院。后入湖广总督毕沅幕府，赞助编修《续资治通鉴》。一生专心于史学，致力于讲学、著述和编修方志。哲学上肯定"盈天地间惟万物"(《匡缪》)。认为"道者，万事万物之所以然，而非万事万物之当然"，强调"道"是事物的规律。提出"道寓于器"(《原道》)，"因器而显"。主张"即器以明道"(《与朱沧湄中翰论学书》)。继承清初"通经致用"的传统，提出"六经皆器"、"六经皆史"说，认为"古之所谓经，乃三代盛时典章法度，见于政教行事之实"(《经解》)，否认六经为传统权威。主张考证史料和发挥义理相结合，把治经引向治史，认为"古人未尝离事而言理"(《易教》)。开学术思想摆脱经学传统束缚的风尚。愤于乾嘉学派的治经风气，欲"惊世骇俗"，积二十四年而撰成《文史通义》，其史观明确，史论系统。重史才、史识、史法之外，尤重"史意"，注重"辨章学术，考竟源流"，以昭示思想学问的渊源流变。治学上，指出传统经学方法的通病是经师偏于形式，固执门户，致使学问繁琐虚脱。主张"必习于事而后可以言学"(《原学》)。美学思想上，论述了文与道、辞与理的关系，指出："文，虚器也，道，实指也"，"文可以明道，亦可以叛道，非关文之工与不工也"(《言公》)。认为文虽用以明理，但它又"自有其理"，"妍媸好丑，人见之者，不约而有同然之情，又不关于所载之理者，即文之理也”（《辨似》），接触到艺术形象的特点及其相对独立性。论述了情、气、文的关系。指出“文”只有充之以“气”才能动人，贯之以“情”才能入人（《史德》）。认为“气积而文昌，情深而文挚；气昌而情挚，天下之至文也”（同上）。另编纂《史籍考》，拟尽收史部书的叙目凡例，未果，所修地方志，皆为世所推重。主修《湖南通志》，现仅存遗稿数十篇。著作后人编为《章氏遗书》。

章实斋 即“章学诚”。

中国古代军事哲学

黄帝 释文见“中国古代哲学·人物·先秦”类。

姜太公 即“吕尚”。周代齐国始祖。姜姓，吕氏，名望，字尚父，一说字子牙。尧、舜之时，其先祖伯夷尝为四岳，佐禹平水土甚有功，被封于吕，尚从其封姓，故《史记》书为“吕尚”。博闻多智，刻苦力学，通晓天文地理，深谙治国安邦之道。因生当殷纣之时，才无所用，“尝屠牛于朝歌，卖饮于孟津”。后闻周西伯（周文王）善养老，乃“以渔钓奸（读“干”）周西伯”。或称吕尚钓于渭滨，三日三夜无鱼食之。时西伯将出猎，卜曰：“所获非龙非螭，非虎非罴，所获王霸之辅。”适遇太公于渭水之阳，相语投机，西伯以为是其先君太公盼望已久的圣人，因曰：“吾太公望子久矣。”故号之曰“太公望”，俗称“姜太公”。及武王即位，尊之为“师尚父”。是周文王倾商、武王克殷的谋主。“周西伯昌之脱羑里归，与吕尚阴谋修德以倾商政，其事多兵权与奇计，故后世之言兵及周之阴权，皆宗太公为本谋。”（《史记·齐太公世家》）太公辅佐文王以仁义治国，四方百姓皆归附之；辅佐武王出兵牧野，“恭行天罚”，消灭商朝。以功受封于齐，都营丘（后称临淄，今山东淄博东北），世称姜齐。故太公既是西周王朝的开国元勋，又是姜氏齐国的缔造者。《汉书·艺文志》载有《太公》二百三十七篇，含《谋》八十一篇，《言》七十一篇，《兵》八十五篇。后世兵书《六韬》、《三略》均为其中内容。在思想文化领域，太公是一位极具传奇色彩的政治家与思想家。阅历丰富，思想宏阔，道家尊之为始祖，兵家奉之为武祖，儒、法、纵横诸家，亦皆追溯为本家人物，被称为“百家宗师”。

吕尚 即“姜太公”。本姓姜氏，亦称姜尚。

斗廉 春秋前期楚大夫。曾提出“师克在和，不在众”、“卜以决疑，不疑何卜”等观点。

晋文公（前697或前671—前628） 春秋时晋国君。献公之子。姬姓，名重耳。公元前636—前628年在位。初因晋献公废长立幼，重耳在外流亡十九年，先后历经狄、卫、齐、曹、宋、郑、楚等国，最后由秦国护送，入主晋国，始就晋君之位，是为文公。以仁、信主政，自言：“夫导我以仁义，防我以德惠，此受上赏；辅我以行，卒以成立，此受次赏；矢石之难，汗马之劳，此复受次赏。”（《史记·晋世家》）文公二年，平周内乱，迎周襄王复位，举起“尊王”旗帜。同年，复伐原以示信。文公五年，晋、楚城濮之战，大胜楚军；晋、齐、鲁、宋、郑、蔡、卫、莒会盟于践土（今河南原阳西南），周襄王与会，“策命晋侯为侯伯”（《左传·僖公二十八年》）。终成霸业。军事思想上提出“伐原以示信”、“以德荐帅”等观点。

司马子鱼 即“公子目夷”。宋襄公庶兄。在泓水之战中，曾针对当时的社会现实与战争实际，发表许多重要的军事见解。早在宋襄公为“鹿上之盟”时，谏曰：“小国争盟，祸也。宋其亡乎！”（《左传·僖公二十一年》）及泓水之战，楚人“半渡”及“未成列”之时，他又建议乘敌之乱而攻击，襄公不听。泓水战败，针对宋襄公“君子不重伤，不禽二毛（头发花白的老者）”的言论，又曰：“君未知战。勍敌之人隘而不列，天赞我也。阻而鼓之，不亦可乎？犹有惧焉。且今之勍者，皆吾敌也，虽及胡耇（高寿），获则取之，何有于二毛？明耻教战，求杀敌也，伤未及死，如何勿重？若爱重伤，则如勿伤；爱其二毛，则如服焉。三军以利用也，金鼓以声气也，利而用之，阻隘可也；声盛致志，鼓儳（不整齐，指敌军混乱之时）可也。”（《左传·僖公二十二年》）所论是最先对“以礼治军”原则提出的系统批评。既是对变诈之战的深刻认识，也为后人总结春秋战争经验提供了重要启示。

孙武（约前540—约前470） 春秋末期战略家、思想家，中国兵学理论体系的奠基人。名武，字长卿，世人尊称为“孙子”或“孙武子”。陈国公子完的后裔。齐国人。后入吴，吴阖闾三年（前512），以《兵法》十三篇见吴王阖闾，被任为将。曾同吴王进行关于晋六卿“孰先亡，孰固成”的问对，认为改革图强、亩大税轻者可获成功（见银雀山西汉墓出土竹简《孙子兵法·吴问》）。阖闾九年，与伍员率军三万，“西破强楚”，攻入楚都郢。吴夫差十二年（前484），艾陵之战又胜齐军，使吴“北威齐晋”。认为“兵者，国之大事”，但“胜可知”（《形篇》）。提出决定战争胜败基本因素为“五事”（道、天、地、将、法）和“七计”（主孰有道，将孰有能，天地孰得，法令孰行，兵众孰强，士卒孰练，赏罚孰明）（《计篇》）。提出“知彼知己”是正确地指导战争的先决条件（《谋攻篇》）。还认为“胜可为”（《虚实篇》），关键在于全面地分析利害、众寡、强弱、勇怯、逸劳等矛盾双方，促使其转化。在作战指导上，强调“因敌而制胜”，灵活地掌握“奇正之变”（《势篇》）。这些思想含有丰富的朴素唯物论和辩证法因素。《汉书·艺文志》载“《吴孙子兵法》八十二篇，图九卷”，世间流传，主要是《孙子兵法》十三篇，该书为中国现存最早的兵书，在国内外有广泛影响。

孙子 ❶ 见“孙武”。❷ 见“孙膑”。

孙武子 即“孙武”。

吴起（约前440—前381） 战国时法家、军事家。卫国左氏（今山东定陶西）人。曾学于子夏与曾申。自幼喜爱兵法，善用兵。初任鲁将。继入魏。被魏文侯任为将，击秦，拔五城，任西河郡守。后遭魏武侯大臣的排挤。入楚，被楚悼王任为宛(治今河南南阳市)守。一年后，升为令尹，主持变法，认为楚之贫弱，在于"大臣太重，封君太众"。主张"明法审令"，集权中央，对"封君之子孙三世而收爵禄"(《韩非子·和氏》)，精简"无能"、"无用"的官吏，堵塞私门请托(《战国策·秦策三》)，并摒除纵横说客，统一舆论。变法使楚国强盛起来。又接连取得"南收扬越，北并陈蔡"，"却三晋，西伐秦"与救赵攻魏等军事上的重大胜利。不久，楚悼王死后，遭"楚之贵戚"杀害。变法失败，楚重遭"削乱"。在军事上强调"内修文德，外治武备"，主张军事与政治密切结合。《汉书·艺文志》兵家类著录《吴起》四十八篇，已佚。今本《吴子》系唐人陆希声据残本整理，计有《图国》、《料敌》、《治兵》、《论将》、《应变》、《励士》六篇。后世把他与孙子连称"孙吴"。《吴子》与《孙子》又合称《孙吴兵法》，在中国古代军事典籍中占有重要地位。

孙膑(约前380—约前320) 战国时兵家。一曰"字嘉谋"，因曾任职于齐，史称"齐孙子"。齐国阿(今山东阳谷东北)人。孙武的后代。相传师从于鬼谷子，史无确证。曾与庞涓同学兵法。研读过孙武及晋将荀息、孙轸的兵书。庞涓为魏惠王将军，忌其才能，骗其至魏，处以膑刑(去膝盖骨)，故称孙膑。后经齐使者相助，秘密回齐。因用智谋使齐将田忌赛马取胜，被推荐给齐威王，任为军师。用"批亢捣虚"的策略围魏救赵，取得桂陵大捷。接着又用"减灶诱敌，设伏歼灭"的计谋，在马陵道大破魏军，从此名显天下。强调以"道"取胜(《孙膑兵法·篡卒》)，主张"必攻不守"(《威王问》)。提出"至则反，盈则败"(《奇正》)，认为"盈虚〔相为变〕"，"众寡相〔为变〕"(《积疏》)，含有辩证法思想。善于因敌、因地、因阵法而制宜，采取灵活多变的战法，因势利导，以"奇"制胜。后人用"贵势"(《吕氏春秋·不二》)概括其军事思想的特点。还重视攻城、骑战和新的阵法。《汉书·艺文志》著录："《齐孙子》八十九篇，图四卷。"然汉后失传，直到1972年山东临沂银雀山西汉墓出土竹简《孙膑兵法》，其书方重现于世。竹简《孙膑兵法》，共三十篇(后竹简编者又审慎确定为十六篇)。虽然缺损严重，但基本上能反映出原书的总体面貌。

齐孙子 即"孙膑"。

司马穰苴 春秋时军事家、军事理论家。田氏，名穰苴，齐国人。以官拜大司马，后人称为司马穰苴。齐景公时经晏婴推荐，被拜为将军，先后击退晋、燕入侵之军。主张以严明的军纪治军，认为："将受命之日则忘其家，临军约束则忘其亲，援枹鼓之急则忘其身。"(《史记·司马穰苴列传》)执法如山，严肃军纪；又关爱士卒，同甘共苦，常"问疾医药"，还"悉取将军之资粮享士卒"。著有兵法，当时流传颇广。至齐威王时，命大夫追论古时《司马兵法》，把穰苴兵法附于其中，号称《司马穰苴兵法》。据清孙星衍等人考证，今存《司马法》非《司马穰苴兵法》，穰苴兵法仅零星存在于古代典籍的引录中。

田穰苴 即"司马穰苴"。

尉缭 战国中期兵家。魏国人。西汉刘向称"缭为商君学"。又相传为鬼谷之高弟，善理阴阳，深达兵法。曾同梁惠王谈论富国强兵之道。主张农战和"修号令"、"明刑赏"、"审法制"。因强调从政治上、战略上、战备上确立军事上"必胜"的形势。《汉书·艺文志》"兵书类"著录《尉缭子》三十一篇，"杂家类"又著录《尉缭》二十九篇。今存《尉缭子》二十四篇。集中论述了战争和政治、经济的关系以及当时制定的法令。1972年山东临沂银雀山西汉墓出土竹简有《尉缭》六篇，与今本大致相同。

田单 战国后期齐国宗室。临淄(今山东淄博市临淄区北旧临淄)人。本为一名小官，不知名。燕昭王二十八年(前284)，乐毅伐齐，燕军入临淄后，齐人争相向莒(今山东莒县)与即墨(今山东平度东南)两座孤城奔逃。田单由于及早预料到逃亡途中可能出现的问题而顺利得脱，遂被推为即墨守将。齐襄王五年(公元前279)，燕昭王薨，燕惠王立。惠王与乐毅不和，田单先使离间计让燕惠王使骑劫代乐毅为上将军；又令即墨城中人以食祭吸引群鸟于城上飞舞，诳称有神人助其守城，以坚定军民之心。复行苦肉计，诱使燕军挖齐人之坟墓，并对齐之俘虏施以酷刑，以激怒齐人，使奋争欲战。一切准备就绪，于夜间纵火牛千余，突袭燕营，一举收复齐国七十余城，迎齐襄王于莒，以功封安平君。离间敌人，借助神力，激励民志，迭出奇计，均表现了极高的智慧谋略。太史公论曰："夫始如处女，适(敌)人开户；后如脱兔，适(敌)不及距：其田单之谓邪!"(《史记·田单列传》)

赵奢(?—约前261) 战国时赵国名将。号马服君。初为田部吏，平原君荐于赵王，令主治国赋。赵惠文王二十九年(前270)，秦军派重兵围困阏与(今山西和顺)。赵惠文王召廉颇、乐乘问对策，阏与是否可救。二人均答："道远险狭，难救。"又问赵奢，奢答："其道远险狭，譬之犹两鼠斗于穴中，将勇者胜。"(《史记·廉颇蔺相如列传》)于是，赵王任命赵奢为将，率军往解瘀与之围。赵奢出邯郸30里安下营寨，命令军中加固营垒，做出不敢进军的姿态。并且命令部队说："有以军事谏者死。"如此滞留28天，在送走秦军间谍后，赵奢则率军卷甲而趋，向西急进。仅两日一夜即抵达距离阏与50里处设伏，首先抢占北山高地，出其不意，大败秦军，解阏与之围。赵奢以功封马服君，地位与廉颇、蔺相如相等。所称"两鼠斗于穴中，将勇者胜"成为兵家名言。

韩信(?—前196) 西汉军事家，开国功臣，淮阴(今江苏淮安市淮阴区西南)人。少时家贫，曾寄食亭长，乞食漂母，受胯下之辱。秦末起事，韩信先从项梁，继属项羽，复又归汉，皆因不得其用而离去。汉丞相萧何举荐于刘邦，拜为大将军。韩信陈《汉中策》，论析天下形势，得到刘邦肯定。后世兵家多以此与诸葛亮"隆中对"并论。刘邦采纳其策，"明修栈道，暗度陈仓"，很快还定三秦。刘、项在荥阳、成皋一带相持时，韩信领兵北上，于临晋设疑，夏阳偷渡，奇渡黄河，一举平定魏、代等地，破魏王豹，擒夏说；井陉关前，韩信背水为阵，拔赵旗，立汉帜，破赵20万大军；"先声而后实"，不战而下燕城。壅沙潍水，水淹齐楚联军，斩龙且。平定齐国，被封为齐王。后刘邦、韩信、彭越数路大军围堵楚军，困楚军于垓下，闻"四面楚歌"，项羽乌江自刎。汉朝建立后，改封楚王。韩信自言用兵"多多益善"，军事才能始终为刘邦所忌，后以谋反罪降为淮阴侯。汉高祖十一年（前196），为吕后所杀。著有兵法《韩信》三篇，今佚。

张良（?—前189或前190） 西汉政治家、军事谋略家。字子房，相传为城父（今河南襄城西南）人。先世原为韩国贵族，五世相韩。秦灭韩后，他图谋复国，结交刺客，在博浪沙（今河南原阳东南）狙击秦始皇未遂，逃亡至下邳（今江苏睢宁北）隐居，遇黄石公，得《太公兵法》。秦末农民起义中，良聚众百余人，归顺刘邦，为刘邦出谋划策。峣关下用计破敌；入咸阳封闭宫室府库，还军霸上；鸿门宴助刘邦脱险；灞上分封时为汉王请汉中地；刘邦为汉王，进汉中，其建议烧绝栈道，示无还心，使项羽无西顾之忧等。楚汉战争期间，长计谋平天下，力驳立六国后代之策；说王韩信；联合英布、彭越，重用韩信，追击项羽，灭楚。刘邦赞曰："运筹策帷幄中，决胜千里外，子房功也。"（《汉书·张良传》）汉朝建立，封留侯。

赵充国（前137—前52） 西汉名将。字翁孙。陇西上邽（今甘肃天水）人。为人沉勇有大略，通兵法，善骑射，熟知四夷事。宣帝神爵元年（前61），西部羌人反汉，汉宣帝拜充国为帅，平定西羌。赵充国以"贵谋贱战"为方针，伐谋、伐交为手段，攻心与攻城并举，对羌人成功地实施了分化瓦解与安抚的策略。汉兵抵达罕（羌人之一种）地，赵充国传谕将士：不得烧毁田园及牧草！此举广得民心，羌人种豪（首领）遂喜迎汉兵，情愿归顺。故传曰："不烦兵而下罕。"在军事思想上提出"贵谋贱战"即"兵以计为本"的观点，是对孙子"上兵伐谋"思想的具体应用和发展。

邓禹（2—58） 东汉初名将，谋略家。字仲华。南阳新野（今属河南）人。曾与刘秀一同游学京师，有同窗之谊。为人持重，善谋略。初从刘秀，即提出"延揽英雄，务悦民心"（《后汉书·邓禹传》）的战略规划。后又提出："古之兴者，在德薄厚，不以大小"（同上）的见解，认为这就是战争胜负的根本规律。建武元年（25），刘秀称帝，拜大司徒。二年入长安，师行有纪，延揽民心，故"降者日以千数，众号百万"，名震关西，时称"箪食壶浆以迎王师"者。刘秀定天下后，封高密侯。明帝时绘"云台二十八将"，邓禹居首。

班超（32—102） 东汉军事家、外交家。字仲升。扶风平陵（今陕西咸阳市东北）人，史学家班彪幼子，班固之弟。为人有大志，孝谨勤苦，常涉猎书传，有辩才。由于家境贫寒，班超替官府抄写文书，每日伏案挥毫，常辍业投笔而叹："大丈夫无它志略，犹当效傅介子、张骞立功异域，以取封侯，安能久事笔研（砚）间乎！"（《后汉书·班超传》）后投笔从戎。永平十六年（73），以假司马从奉车都尉窦固出兵北征匈奴，班超率兵进击伊吾（今新疆东北），大战蒲类海（今新疆巴里昆湖）。因功被遣与从事郭恂一起出使西域。班超一行三十六人先至鄯善。鄯善王对班超等人先是礼敬备至，后忽然冷落。班超判定："此必有北虏使来，狐疑未知所从故也。"（《同上》）随即召集部下秘议："不入虎穴，不得虎子。当今之计，独有因夜以火攻虏，使彼不知我多少，必大震怖，可殄尽也。"（同上）于是趁夜因风纵火，将匈奴使者悉数歼灭。鄯善一国震怖，遂纳子为质，臣服汉朝。班超在西域前后凡三十余年，使西域诸国大部臣服于汉朝。

曹操 释文见"中国古代哲学·人物·魏晋南北朝"类。

檀道济（约385—436） 南朝宋将领，军事谋略家。高平金乡（今山东嘉祥西阿城铺）人。少孤，世居京口（今江苏镇江），以勇略、战功见称于世。东晋义熙十二年（416），刘裕北伐，道济作先锋，破项城、新蔡、许昌、阳城，所至皆望风归降。大军径进洛阳，继而俘获北人四千余。左右将佐劝道济悉戮俘囚，震慑北人气焰。他说："伐罪吊民，正在今日。"遂将四千人全部遣放还乡。此举使得中原百姓心悦诚服，一时间自愿归从者甚众。元嘉三年（426），以平谢晦之功，进号征南大将军，任江州刺史。八年，督师伐魏，不意粮草被敌烧尽，有逃卒降魏俱实以告。檀道济乘夜"唱筹量沙"，惊退魏军，终于全军而返。时人或目为司马仲达（司马懿）。宋文帝以其前朝重臣，诸子皆善战，忌而杀之。《南齐书·王敬则传》有"檀公三十六策，走是上计"之说。

李靖（571—649） 唐初军事统帅，军事谋略家。本名药师。京兆三原（今陕西三原东北）人。少有文武才略，通书史，尤善兵法。隋末，李靖为马邑郡（治今山西朔县东）丞。李渊于太原起兵，并迅速攻占长安，俘获李靖。欲斩。临刑，李靖大呼："公起义兵，本为天下除暴乱，不欲就大事，而以私怨斩壮士乎！"（《旧唐书·李靖传》）后经李世民固请，获释，遂入世民幕府。武德四年（621），陈策灭萧铣；六年，以奇袭灭辅公祏；唐高祖赞曰："李靖是萧铣、辅公祏膏肓，古之名将韩、白、卫、霍，岂能及也！"贞观四年（630），复破突厥颉利可汗于阴山。八年，又西出吐谷浑，为西海道行军大总管，兵逾积石山，破立其国。以功进封卫国公，开府仪同三司。世传《唐太宗李卫公问对》（简称《唐李问对》）一书，是李靖与唐太宗论谈兵事的笔录。虽系问答，却析理透辟，特别是对孙武兵法思想的析论，对后世影响甚大。

李世民（599—649） 即唐太宗。唐高祖李渊次子，唐朝第二位皇帝。公元626—649年在位。远祖出自陇西成纪（今甘肃静宁西南）人。隋末，随父起兵。李渊称帝时，封为秦王，任尚书令。武德九年（626），发动玄武门之变，得为太子，旋继帝位。在位期间，轻徭薄赋，疏缓刑罚，加强对地方官吏的考核。

又修《氏族志》,抑制士族,发展科举制度。常以“亡隋为戒”,任贤纳谏。政治清明,百姓怡然,出现了中国历史上少有的盛世——贞观之治。此间,唐太宗与李靖曾纵论古今兵法,君问臣对,对《孙子兵法》、《太公兵法》等作了深入探讨,提出许多精湛独到的见解,形成了《唐太宗李卫公问对》。

杜牧(803—853) 唐诗人、兵学家。字牧之,号樊川居士。京兆万年(今陕西西安)人。中唐宰相杜佑之孙。其人“刚直有奇节,不为龊龊小谨,敢论列大事,指陈病利尤切至”(《新唐书·杜牧传》)。有济世安民之志,不羁之才,诗文议论,言近旨远,发人深省。唐大和二年(828),擢进士第,授弘文馆校书郎,曾先后任监察御史、殿中侍御史、史馆修撰、司勋员外郎等,出任黄、池、睦、湖等州刺史。通晓兵法,喜好探究治乱兴亡之道。其论兵,有独到见解。所注《孙子》,成为继曹操之后的第二大注家。书后序文(《注孙子序》),尤有特色。著作有《樊川文集》。

许洞(约976—约1017) 北宋兵学家。字洞天,一作渊夫。吴郡(今江苏苏州)人。北宋咸平进士。擅长武术,精于兵学,尤精《左氏传》。所撰《虎钤经》,创意于咸平四年(1001),成书于景德元年(1004)。

苏洵(1009—1066) 北宋文学家。字明允。旧传号老泉今人已订其误。眉州眉山(今属四川)人。与其子苏轼、苏辙合称“三苏”,均被列入“唐宋八大家”。喜议军政大略,颇有战国纵横家色彩。撰有《权书》,向被认为传世的兵学名篇。

岳飞(1103—1142) 南宋抗金名将,军事家。字鹏举。相州汤阴(今属河南)人。少有大志,家贫力学,尤好《左氏春秋》,孙、吴兵法。宣和四年(1122),应募从军。隶东京留守宗泽,屡建奇功。宗泽奇之,授以行军布阵图。高宗即位,上书反对南迁,被罢官。复投河北招讨使张所,破格提升为统制。从王彦渡河抗金,复归宗泽。建炎二年(1128)宗泽卒,始独立作战。之后,在倾力抗金上建有奇功,由此,也遭到主和投降派秦桧的强烈忌恨。绍兴十年(1140)在“方指日渡河”直捣龙城之际,宋廷一日内连下十二道金字牌,急命他班师。回临安后,除兵权,任枢密副使。绍兴十一年十二月二十九日(1142年1月27日),以“莫须有”的罪名,被秦桧杀害。有《岳忠武王文集》传世。

刘基(1311—1375) 明初谋士,政治家、军事家。字伯温。浙江青田南田武阳村(今属文成)人。自幼博览经史及天文、历法、兵法、性理诸书,尤精象纬之学。元末进士。至正二十年(1360),应朱元璋之请,至应天(治今江苏南京),任谋臣,参与机要决策。针对当时形势,提出时务十八策,建议朱元璋避免两线作战,实施各个击破策略:先灭陈友谅,再破张士诚,然后北向中原。被采纳。后又陆续陈策:拒拜“小明王”,劝朱自立门户;大军径直下江州(今九江),直捣陈友谅;收降胡廷瑞;更舟鄱阳湖等。先后破陈友谅、降方国珍、取张士诚、北伐中原、进占大都(今北京),皆略如其谋。朱元璋多次称赞刘基曰:“吾之子房(张良)也。”朱元璋称帝后,他奏立军卫法,并参与明初诸多典章的制定。明洪武三年(1370),被授为弘文馆学士,封诚意伯。著作有《郁离子》、《覆瓿集》。

戚继光(1528—1587) 明抗倭将领、军事家。字元敬,号南塘,晚号孟诸。山东登州(治今蓬莱)人。自幼家贫力学,博通经史。嘉靖二十三年(1544)袭父职登州卫指挥佥事。嘉靖三十四年调至浙江御倭前线。任宁绍台参将,镇守宁、绍、台(今临海)三府。鉴于明军纪律松弛、素质不良、战斗力低下的现实,至义乌招募农民和矿徒,组成新军。严明纪律,赏罚必信,并配以精良战船和兵械,精心训练;创造了攻防兼宜的“鸳鸯阵”战术,因敌因地变换队形,灵活作战,每战多捷,世人称为“戚家军”,成为抗倭主力。嘉靖四十年,在台州、仙居、桃渚等处大胜倭寇,九战皆捷。次年奉调援闽,连破倭寇巢穴横屿、牛田、兴化,闽境倭寇主力被消灭殆尽。因功升署都督佥事。嘉靖四十二年再援福建,破倭寇巢穴平海卫(今莆田东南),进官都督同知,升福建总兵。隆庆二年(1568),明廷特召他总理蓟州(今天津蓟县)、昌平(今属北京)、辽东(今辽宁辽阳)、保定(今属河北)四镇练兵事。著作有《莅戎要略》、《武备新书》、《止止堂集》等。

何守法 明末兵学家。字钟吴,或号西湖逸士。杭州(今属浙江)人,曾中浙江解元。以“目击时艰,不欲自限于博士业,遂励士武事”(《投笔肤谈》引),撰有《孙子校音点注》、《投笔肤谈》等。族弟何守礼、门生宋德隆、王世盛、王世兴、陈廷和等共襄盛举。所撰二书均题曰:“浙江解元钟吴何守法撰音点注,门弟庠生三吴何守礼批评,门生进士仁斋宋德隆、武举绍岩王世盛、继岩王世兴、调宇陈廷和同订正”。其人员已形成一个小小的学派。

中国古代科学哲学

医和 春秋时秦国名医。首创以阴阳六气论述病因的医学理论。提出:“六气,曰阴、阳、风、雨、晦、明也。分为四时,序为五节,过则为菑。阴淫寒疾,阳淫热疾,风淫末疾,雨淫腹疾,晦淫惑疾,明淫心疾。”(《左传·昭公元年》)主张通过节制“六气”,保持它们之间的平衡与和谐来维持人体健康,含有朴素唯物主义因素。所提出的“时”、“节”、“过”、“淫”等概念,初步接触到事物发展超过自身规定的限度,就会发生质的变化问题。他还主张臣对君要“谏惑”,反对“直不辅曲,明不规暗”,认为“上医医国,其次疾人”(《国语·晋语八》)。

扁鹊 战国时医学家。姓秦,名越人。渤海郡鄚(今河北任丘北)人。学医于长桑君。长期行医于齐、赵等地。首创切脉,诊断血脉盛衰,采用针灸等医术。强调血气顺畅、阴阳调和,反对用巫术治病。对内科、妇科、五官科、小儿科等均擅长。后入秦,因诊治秦武王疾病，为太医令李醯嫉忌，被害。史载其所治病人，年代相距甚远，或以为扁鹊乃古代良医称号。《汉书·艺文志》载《扁鹊内经》九卷，《外经》十二卷，均佚。现存《八十一难经》一书，为后人伪托。

甘德 战国中期天文学家。齐国人，一说楚国人。约在齐桓公十五年（前360）前后，与石申精密记录了约一百二十颗恒星至黄道的距离及其离北极的度数（见唐《开元占经》卷六十五至卷七十）。测定的恒星记录，是世界上最古老的恒星表。相传他所测定的恒星有一百十八座，计五百十一颗（见郑樵《通志·天文略》）。有《天文星占》八卷，今佚。传世《甘石星经》已非他和石申的原著。

石申 战国中期天文学家。魏国人。约在齐桓公十五年（前360）前后，与甘德精密记录了一百二十颗恒星至黄道的距离及其离北极的度数（见唐《开元占经》卷六十五至卷七十）。他们所测定的恒星记录，是世界上最古老的恒星表。相传他所测定的恒星有一百三十八座，计八百一十颗（见郑樵《通志·天文略》）。有《天文》八卷，今佚。传世《甘石星经》，已非他和甘德的原著。

华佗（约141—208） 汉末医学家。字元化，又名旉。沛国谯（今安徽亳州）人。曾因博学多才被举荐为官，未就。精通内、外、妇、儿、针灸各科医术，尤擅外科，施针用药，简而有效，在今江苏、山东、河南、安徽一带享有盛誉。对"肠胃积聚"等病，给患者使用他首创的麻醉药"麻沸散"后施行腹部手术（事见《后汉书·华佗传》），反映了中国医学于公元2世纪时，在麻醉方法（"麻沸散"的创用比西方发明麻醉药早一千多年）和外科手术上已有相当成就。他很重视体育锻炼，创造了模仿虎、鹿、熊、猿、鸟动作的"五禽戏"练身法。认为"人体欲得劳动，但不当使极耳。动摇则谷气得销，血脉流通，病不得生。譬如户枢，终不朽也。"（同上）闪耀着辩证思维的光彩。后因不从曹操征召而被杀。所著医书已佚。现存《中藏经》系后人伪托。

张仲景（约150—219） 汉末医学家。名机。南阳郡（治今河南南阳）人。灵帝时举孝廉。相传在建安中任长沙太守。师从同郡张伯祖学医，尽得其传，又"勤求古训，博采众方"，钻研了《内经》、《难经》、《胎胪药录》等古医书，并广泛收集有效方剂，于3世纪初写成《伤寒卒（杂）病论》十六卷。其书辗转流散，经后世医家多次收集整理、编次，至宋代成《伤寒论》和《金匮要略》两书，分论外感热病与内科杂病。《伤寒论》载方一百十三首，用药一百七十余种，《金匮要略》载方二百六十二首，用药二百十四种；对病理、诊断、疗法、方剂作了全面论述，把中医临床治疗提高到一个新的水平，标志着中医理论体系的初步形成。他倡六经分立和辨证论治的原则，把疾病分为太阳、阴阳、少阳和太阴、少阴、厥阴六证，表里、虚实、寒热、阴阳八纲，"审因辨证，因证立方"，按照不同的具体情况，采用汗、吐、下、温、清、和等治法，集中体现了他的辩证法的思想。在用药方法上，在当时治病多用针灸的情况下，提出多用汤药的主张，并且一改药方秘而不传之陋习，公布了三百多首成效卓著的方剂，使医疗方法和技术前进了一大步。他反对巫祝迷信，反对"各承家技，终始顺旧"，提倡以认真严肃和精益求精的态度从事医疗实践。他的医学思想和方法，对日本的汉医也产生了深远影响。近年来中国中医界建立了仲景学说研究会。中日等国学者都在探讨他的医学思想。除《伤寒杂病论》外，还著有《疗妇人方》、《五脏论》、《口齿论》，均已失传。

魏伯阳 东汉炼丹术家。一说名翱，自号云牙子，以字行。会稽上虞（今属浙江）人。家世高门，性好道术，无意仕宦。从事丹术并阐述其理。认为"大易情性，各如其度；黄老用究，较而可御；炉火之事，真有所据，三道由一，俱出径路。"作《周易参同契》，融会黄老神仙之说、周易阴阳之学、儒术图纬之见，阐述炼丹原理及方法。以丹鼎为小宇宙，具造化之功，使同类阴阳药物，配合禀受而成丹。强调炼丹基础，是"男女相须，含吐以滋，雌雄交杂，以类相求"。在火候上，吸收了汉代的易说。（赵匡华、周嘉华《中国科学技术史·化学卷》）提出"纳甲"、"十二消息"及"卦气"三说。钻研"火记六百篇"，以铅、汞两味为主药，从事实验，给出解说，形成铅汞论。"龙吸于虎，虎吸龙精，两相饮食，俱使合并，遵相衔咽，咀嚼相吞。"其中的龙虎，分别指代汞铅。现当代学者认为，其实验有：以铅、汞、炭制成铅汞剂、以铅汞制还丹、使铅汞剂崩解而成无毒性粉末、炼铅汞剂成还丹。也以其他药物相炼，如以汞与硫化合成硫化汞。著作尚有《周易五相类》、《大丹记》、《七返灵珠诀》、《内经》、《大丹九转歌诀》、《火鉴周天图》、《龙虎丹诀》、《蓬莱山东西还丹歌》、《太上金碧经注》等。

姚信 三国吴人。字元道。曾官太常。作《昕天论》，对地球与太阳运行的规律、节气与温度的变化、昼夜的长短等都有论述。著作还有《士纬》、《姚氏新书》等。

陆绩（188—219） 三国吴天文学家。字公纪。吴郡吴县（今江苏苏州）人。孙权辟为曹掾，以直言遭惮，出为郁林太守。研习经籍，博学多识，尤善星历算术，力主浑天之义，反对盖天之说。认为天之形状"圆周浑然，运于无穷"，"半覆地上，半周地下，譬若卵白之绕黄也"（《浑天仪说》）。并作《浑天图》。另有《周易注》、《太玄注》，均佚。今存《述玄》一文，辑入《全三国文》中。

赵爽 三国吴数学家。又名赵婴，字君卿。以《周髀算经》注而闻名。成就有：证明勾股定理及勾股恒等式，并开创中国传统数学形数统一（几何与代数相结合）的基本方法；关于二次方程提出新的解法；在分数运算中概括出"齐同术"；奠定重差理论的基础。

皇甫谧（215—282） 魏晋时医学家。幼名静，字士安，自号玄晏先生。安定朝那（今宁夏固原东南，一说甘肃灵台境内）人。有志著述，屡征不就。钻研医学。总结晋以前的针灸学成就，著成《甲乙经》，阐述经络理论，明确穴位名称和位置，并详述疾病的针灸取穴法及各穴主治症候，奠定了中国中医学针灸理论的基础。另有《帝王世纪》、《列女传》、《高士传》和《玄晏春秋》等。

王叔和 魏晋时医学家。名熙。高平（今山西高平，一说山东济宁）人。张仲景弟子，曾为晋太医令。撰有《脉经》，总结晋以前脉学成就，为我国现存最早的脉学专书。系统论述 24 种脉象，准确描述各脉不同的指下感觉；确立寸口脉法，提出左右手各脉脏腑分配原则。为整理张仲景《伤寒杂病论》并使之流传做出重要贡献。

刘徽 魏晋时数学家。淄乡（今山东邹平）人。魏景元四年（263）注《九章算术》九卷，撰《重差》一卷，《九章重差图》一卷。唐初《九章重差图》已失传，《重差》一卷单行，被称为《海岛算经》。在注《九章算术》中提出很多创见。他反对"踵古"，指出过去圆周率近似值的粗疏。建立十进分数理论，推广了"齐同术"，即一种分数计算方法，使它在分数比较、方程等解法上有了应用。在"方四章"中，提出了"割圆术"，即用圆内接正多边形面积无限逼近圆面积的办法。明确地提出了极限的思想："割之弥细，所失弥少。割之又割，以至不可割，则与圆合体，而无所失矣。"他以此计算出圆内接正 3 072 边形的面积，从而得到π的近似值为 3 927/1 250（＝3. 141 6）。创立计算较复杂立体体积的"刘徽定理"，它已经包含了后来"缘幂势既同，则积不容异"的"祖氏公理"。还改进线性方程解法，在解一个二元线性方程组时改用相当于现代的加减之法。在《海岛算经》中，刘徽总结和研究了古代劳动人民的测量术，论述了有关测量和计算海岛的距离、高度的方法。当时中国虽然没有三角学，但是他利用相似直角三角形的性质或勾股定理解决了测量中的问题。为当时地图的绘制提供了数学手段。他还研究过天文历法，考核过度量衡。在认识论上，主张运用"析理以辞，解体用图"即逻辑推理和直观的方法，对以往的算学进行理论上的论证。

祖冲之（429—500） 南北朝时南朝科学家。字文远。祖籍范阳遒（今河北涞水）。先后在刘宋朝和南齐朝担任过南徐州（今江苏镇江）从事史、建康（今南京）公府参军，娄县（今江苏昆山东北）令、谒者仆射、长水校尉等官职。自幼"专攻数术"，青年时曾博访前故，远稽昔典，从事科学活动。在数学方面的主要贡献是应用刘徽的割圆术，计算圆周率π的值在 3. 141 592 6和 3. 141 592 7 之间。还算出π的密率为 355/113，约率为 22/7。其密率值比欧洲早一千多年。他还和儿子祖暅得出球体体积的正确公式即"缘幂势既同，则积不容异"的"祖氏公理"。在天文历法方面，大明六年（462），编制《大明历》，首次把岁差计算在内，定一回归年为 365. 242 8 日；还测定交点月为 27. 212 23 日，与现代数值相比只差十万分之一日。但由于重重阻挠及改朝换代等原因，直到他死后十年才在他儿子祖暅的坚决请求下，于梁天监九年（510）正式颁行。作《驳议》一文，强调天文历法要重实证的检验，反对拘泥于古人或单凭想象，具有重要的方法论意义。在机械发明制造方面，曾改制"圆转不穷，而司方如一"的铜制机件转动的指南车和"日行百余里"的"千里船"，以及粮食加工工具水碓磨、计时的漏壶和巧妙的欹器等。数学著作《缀术》和《九章术义注》均佚。

郦道元（约470—527） 北魏地理学家、文学家、政治家、教育家。字善长。范阳涿县（今河北涿州）人。历官、冀州镇东府长史、鲁阳太守、东荆州刺史、河南尹、御史中尉等。为人崇尚儒学，疾恶扬善；对地理学、地名学、语言学、文学、历史学、考古学、金石学、碑版学、文献学等学科均有贡献，而以陆地水文学为最。在地理学上，突破《水经》所叙范围，以西汉版图为对象，论述全国地理，配合元宏"经营天下，期于混一"（《资治通鉴》卷一三八）之宏图。不信鬼神，认为"神道茫昧，不足为法"（《水经注·渭水》）。反对豪侈，鞭挞厚葬，指责其人为"富而非义"（《水经注·洧水》）。持人定胜天之见，主张兴修水利，富民强国，说"水德含和，变通在我"（《水经注·巨马水》）。热爱大自然，描述各地景观，"信为神游之胜处"（同上），期望践跻此境。生平好学不已，博览奇书，勤于著述，有《水经注》四十卷（今存三十五卷）、《本志》十三篇（佚）、《七聘》等文若干卷。

贾思勰 北魏农学家。齐郡益都（治今山东寿光南）人。活动于公元 5 世纪末至 6 世纪中。曾任高阳郡（治今河北高阳东）太守。具有广博的农事知识。以文献中搜集到的资料和访问老农及自己的观察、试验的心得，写成《齐民要术》（约成书于公元 533—544 年间）而知名于世。该书十卷九十二篇，是中国最早最完整的农业百科全书，也是世界上最早最有系统的农业科学著作。总结和记载了中国黄河中下游地区的农业（包括农、林、牧、副、渔）生产经验和技术，为中国封建时代的农学奠定了基础，对后世农学著作影响极大。在国外也备受赞誉。贾思勰主张重视农业，提倡奖励农耕，认为农业是平民之要术，也是立国安民，维护和巩固封建政权之要术。他把天看作自然物，主张改造、利用它，认为人可以胜天。"人生在勤，勤则不匮"，"力能胜贫，谨能胜祸"（《齐民要术·序》）。在强调人力的同时，指出要顺应自然。"上因天时，下尽地力，中用人力，是以群生遂长，五谷蕃殖"（《种谷》），提出"顺天时，量地利"，按照农作物生长的规律办事，以收"用力少而成功多"之效。还总结出一套具有经验科学的方法论意义的原则，要求系统掌握资料。

孙思邈（581—682） 唐医学家。京兆华原（今陕西铜川市耀州区）人。"幼遭风冷，屡造医门"，因病学医，对医学有较深研究，并博涉经史百家之学，兼好释典，为当时有名的博学之士。早年曾中进士。隋文帝、唐太宗、唐高宗屡次征召，固辞不就，坚持在家乡一带行医，被尊为"药王"。重视治病救人，认为

“人命至重，有贵千金”(《千金方·序》)。积长期行医之经验和渊博之学识，“博采群经，删裁繁重”，总结了唐以前的临床经验和医学理论，并收集方药、针灸等内容，撰《千金要方》和《千金翼方》各三十卷(统称《千金方》)。《千金方》记载药物八百多种，药方五千三百多方；《千金要方》卷二至卷五，《千金翼方》五卷论述妇儿疾病，在祖国医学史上首开重视妇儿科之先河；倡立脏病、腑病分类，具有新的系统性，在医学上有较大贡献。强调医家的“精诚”。精指精通医术，“博极医源，精勤不倦”；诚指高尚的医德，对病人“普同一等，皆如至亲之想”。所论下颌骨脱臼治疗原则与现代无异。倡导葱叶导尿，是导尿术的发明人之一。提出用动物甲状腺、海藻等含碘的药物防治甲状腺肿大，用含维生素A的动物肝防治夜盲病，用含维生素B的谷皮汤熬粥防治脚气病。强调生命在于运动，提出一整套老年保健体操、居处、环境、食疗、药疗等保健方法。思想上受道佛影响很深，曾用因果报应来论证不能经略病人财物，认为“人行阳德，人自报之；人行阴德，鬼神报之。人行阳恶，人自报之；人行阴恶，鬼神害之”(《千金方》)，表现了一定的历史局限性。主要著作还有《福禄论》(3卷)、《摄生真录》、《枕中素书》、《会三教论》等。还注《庄子》、《老子》。

李淳风(602—670)　唐科学家、天文历法史家。岐州雍县(今陕西凤翔)人。博通群书，尤明天文、历算、阴阳之学。贞观初，入太史局，后迁太史丞，升太史令。贞观七年(633)，制成浑天黄道仪，“仰以观天之辰宿，下以识器之晷度”，为浑仪观天之器。是器体现其浑天论思想。又论天文仪器制法及前人得失，著《法象书》七篇。后又参与撰写《晋书》及《五代书》，今《晋书》、《隋书》之《天文》、《律历》、《五行志》为其所作。提出：“天道以星象示废兴，则甘石所以先知也。是以祥符之兆可得而言，妖讹之占所以征验。夫神则阴阳不测，天则欲人迁善。均乎影响，殊致同归。”(《隋书·五行志》)重申汉人天人感应、祥瑞灾异之说。又以为天道变化有一定规律：“至于寒暑晦明之征，阴阳生杀之数，启闭升降之纪，消息盈虚之节，皆应躔次而不淫。”(《隋书·律历志》)人们理当“动必顺时，教不违物”。只有如此，方“能成变化之道，合阴阳之妙。”(《隋书·天文志》)学者所制之历，“纪阴阳之通变，极往数以知来，可以迎日授时，先天成务”(《隋书·律历志》)。高宗时，又与梁述、王真儒等撰述《算经十书》。编制《麟德历》。《麟德历》采用定朔和推算五星运动的先进方法，在数据精确上有所提高；将各种非整数采取统一分母，使之整齐划一；废除章蔀纪元法，不用闰周而直接以无中气之月为闰月。又精通气象、农学、医药，著有《乙巳占》、《演齐民要术》，参与《新修本草》的编写。著作尚有《玄悟经》、《天文占》、《大象元文》、《乾坤秘奥》等二十余种。

一行(673或683—727)　唐代天文历法学家、天文历法史学家、工程师、佛学家、翻译家、思想家。姓张名遂，巨鹿(今河北巨鹿北)人，一说魏州昌乐(今河南南乐)人。家世仕宦，至父中落。自少聪慧勤学，博览经史百家，尤精历象、阴阳、玄易之学。闻道士尹崇博学先达，往借扬雄《太玄经》，不数日，还其书且出示所著《大衍玄图》、《大衍义决》，与论玄理。崇惊而钦佩，誉为“此后生，颜子也。”从祖张太素撰《后魏书》，缺《天文志》，为之补，后人收其作于魏收书中，即今传《魏书·天文志》之第三、四两篇。神龙元年(705)，武后侄三思慕其学行，请交往，遂厌恶武周且鄙彼为人，避去为僧，隐于嵩山。其后，留心印度天文历法之学，著有《七曜星辰别法》一卷、《梵天火罗九曜》一卷、《北斗七星护摩法》一卷、《宿曜仪轨》一卷；于《九执历》，亦熟知通晓。唐睿宗即位，命韦安石前往礼征，托疾固辞。步往荆州(治所在今湖北江陵)，居当阳山，习律藏。开元五年(717)，玄宗命遂族叔张洽强起之。至京，对答安国抚人之道；后觉时政不当，据理谏诤，俨然儒生之行。后从印度僧人善无畏、金刚智学密法，又参与善无畏译场，助译《大日经》。九年，《麟德历》预报日蚀比不效，帝命遂制定新历。受命后，先事准备，制作仪器，从事测量；研究前人历书，构思体系。与梁令瓒合制新观察仪器，所作黄道游仪功能和适用性更为广泛；制成自动化浑天仪，兼具演示天象和报时功能；又发明覆距，用以测量北极出地高。命专职者，以新黄道游仪观察日月五星运动及其交食、相凌；又组织人员与南宫说领导大地测量。在北起今俄罗斯贝加尔湖，南至今越南中部的国土上，择地十三处，从事全国性天文测量工作。而后计算，研究所得数据，思索其中之理。开元十五年，草成《开元大衍历》五十二卷。历书以“大衍”名，用示乃以易理治历。是年冬，卒于京城。死后六年，印度裔唐人太史监瞿昙譔，伙同历官陈玄景、太子右司御率南宫说，上书说《大衍历》抄袭《九执历》。玄宗命学者验证，证实并无事实，诬告者受罚。著作尚有：天地之学，如《二十八宿秘经要诀》、《大衍十二次分野图》、《五音地理经》；易学，如《易论》、《周易大衍论》、《易传》；数学，如《心机算术》；道术，如《天一太一经》、《太一局遁甲经》、《遁甲十八局》、《六壬髓经》、《六壬明镜连珠歌》、《天真皇上九仙经》、《库楼经》；佛学，如《释氏系录》、《摄提伏藏》、《大日经疏》、《大日经义释》；译作《大毗卢遮那成佛神变加持经》等。

李筌　释文见“中国古代哲学·人物·道教”类。

刘完素(约1120—1200)　金医学家。字守真，号通玄处士。河间(今属河北)人。后人又称刘河间。著有《素问玄机原病式》、《素问病机气宜保命集》、《宣明论方》等书。主火热论，强调致病原因中的火、热因素，将火热病症从《素问·至真要大论》中的十九种扩大到五十余种，对火热病症及寒凉药物有独到的研究，后世亦称为“寒凉派”。

张从正(约1156—1228)　金医学家。字子和，号戴人。睢州考城(今河南民权西南)人。著有《儒门事亲》15卷。认为病由邪生，邪去则病已，力主攻邪。“夫病之一物……皆邪气也。邪气加诸身，速攻之可也”(《儒门事亲·汗下吐三法该尽治病诠》),攻邪之法包括汗、吐、下三种。因主张攻邪,又强调泻下,故后世称为“攻下派”。

李杲(约1180—1251) 金医学家。字明之,晚号东垣老人。真定(今河北正定)人。著有《内外伤辨惑论》、《脾胃论》。以《内经》为基础,倡脾胃论,以为元气乃生命之本,而脾胃则是元气之源,脾胃之气既伤,而元气亦不能充,而诸病之所由生也。强调升阳补气,后人又称“补土派”(或“温补派”)。

李冶(1192—1279) 亦作“李治”。金元数学家。字仁卿,号敬斋。真定栾城(今属河北)人,生于大兴(今属北京)。著有《测圆海镜》十二卷。被称为“中土数学之宝书”(阮元《重刻〈测圆海镜〉序》)。受北宋张载“学以致用”思想影响,认为数学应“施之人事,则最为切务”(《益古演段序》),认为“数”来自客观自然,不是神秘莫测的东西。“谓数难穷斯可,谓数为不可穷斯不可,何则?彼其冥冥之中,固有昭昭者存。夫昭昭者,其自然之数也。非自然之数,其自然之理也。”(《测圆海镜序》)“数”是艰深奥妙的,但通过运算可以为人所掌握。另有《益古演段》、《敬斋古今黈》、《泛说》、《壁书丛削》等。

秦九韶(约1208—约1261) 南宋数学家。字道古。自称鲁郡(治今山东曲阜)人,生于普州安岳(今属四川)。一生多在各地方任官。多才艺,精通星象、音律、算术、建筑等。淳祐七年(1247)写成《数书九章》共十八卷,其中“大衍求一术”(整数论中的一次同余式解法)和“正负开方术”(数字高次方程的求正根法),在世界数学史上占有重要地位。“大衍求一术”同《孙子算经》中著名的“孙子问题”一脉相承。世界数学史中将这项定理称为“中国剩余定理”。“正负开方术”算法与英国数学家霍纳(Horner,1786—1837)算法几乎完全相同,但要早出五百多年。他受当时理学思潮影响,认为“数”不是来自自然本身,而是超然于物之上的,提出数学之本在于“太虚生一而周流无穷”。这里的“太虚”指“太极”或“道”。故又说:“数与道非二本也”(见《数书九章》自序),把“数”等同于理学家的“理”或“道”。将“数”神秘化,认为数学有“人事之变无不该,鬼神之情莫能隐”的作用,接受了北宋以来象数学派的某些观点。

朱震亨(1281—1358) 元医学家。字彦修,号丹溪。义乌(今属浙江)人。以刘完素火热学说为基础,结合张从正、李杲三家之说,以为“阳常有余,阴常不足”(《格致余论·阳有余阴不足论》),倡泻火养阴之法,故后人又称“养阴派”(或“滋阴派”)。同时亦强调因病制方的辨证思维。著作有《格致余论》、《局方发挥》等。

杨辉(13世纪) 南宋数学家。字谦光。钱塘(今浙江杭州)人。著有《详解九章算法》、《日用算法》、《杨辉算法》。收录有不少现已失传的各种数学著作中的算题与算法,如早期的增乘开方法等;十分关注数学的日常应用及普及,如提出改革筹算的一些乘除简捷算法;尤重数学教育,著录有适用于民间数学教育的课程表,数学教育思想初具体系。

赵友钦(13世纪末叶—14世纪中叶) 元代天文学家。一说名敬,字子恭(一说字敬夫),号缘督,饶州德兴(今属江西)人。宋宗室后裔。宋亡,避祸,隐于道家。浪迹江湖,观察山川形胜,接触社会实际,于访师结友中论学证道。后至龙游(今属浙江),定居鸡鸣山。精于天文、历法、地理、物理、道、佛、兵家之学。师事紫琼真人,得受金丹术。又在龙游芒山,从石得之受其所著《九还七返丹书》。后著《金丹正理》、《金丹问难》。游衡阳(今属湖南)时,以后书授上阳子陈致虚。于鸡鸣山建观星台,观测探究天象,著有《推步立成》、《革象新书》。尝至东海某岛,“独居十年,注《周易》数万言”(宋濂《革象新书序》)。论述天文历法,兼及于光学之小孔成像。论天象,“侧重于从物理角度讨论问题”(关增建、马芳《中国古代科学技术史纲·理化卷》)。如以人目视物近大远小,说明日大于月;以小孔成像,说明日月蚀影像。在《小罅光景》一章中,先重复前人实验,得出结论:凡大罅有景,必随其罅之方圆长短,光斜而不别,乃因罅大可容日月之体也。若罅小则不足容日月之体,是以随日月之形而皆圆,及其缺则缺。罅渐窄,则景渐远。景测远,则周径渐广而愈加深。大罅之景渐远,亦其广,然不减其浓,此则浓淡别也。在此基础上,设计光源强弱、物距、像距远近可调节变化实验。对实验操作的结果,加以理论分析。当物距与像距不变时,“窍宽者所容之光较多,乃千景皆广而叠砌稠厚,所以浓。窍窄者所容之光较少,乃千景皆窄而叠砌稀薄,所以淡。”像屏千景叠砌的聚散变化,是其主要光学思想,用以说明全部实验。但这又是基于光线直线传播而建立的。以“直上之光”、“斜穿出窍”等语表明光的直线行进。又以黑漆球映日,表明月球半明之理;以参照物不同,说明左旋、右旋说,将二者统一于相对运动观。又提出中天观察法,测定二颗恒星赤径差;舍弃星家占验之语,批判邵雍宇宙循环论。著作尚有《盟天录》、《三教一源》、《仙佛同源》、《缘督子仙佛同源论》等,多佚。

朱世杰(13—14世纪) 元数学家。字汉卿,号松庭。燕山(今北京附近)人。对于多元高次方程组的解法、高阶等差级数和招差术(有限差法)都有独到的研究。认为习“四元术”(多元高次方程解法)之目的,“以明理为务,必达乘除升降进退之理,乃尽性穷神之学也。”(《四元玉鉴·四元自乘演段之图》自注)有《算学启蒙》、《四元玉鉴》。

陈旉 宋农学家。号全真子。隐士。撰有《农书》,共三卷,论述南方水稻栽培地区的农业生产技术与经验。

王祯 元农学家。字伯善。东平(今属山东)人。曾任安徽旌德县尹。撰有《农书》,共三十七集(《四库全书》分作二十二卷)。系综合北方旱田耕作与江南水田耕作生产实践而成。书中论述了农业的各个方面,并对南方和北方的农业,以及所用农具的异同、利弊常作比较,并进行讨论。

李时珍(1518—1593) 明医药学家。字东璧,号濒湖。蕲州(今湖北蕲春)人。世业医,十四岁中秀才,后三次乡试均未中举,遂弃科举仕途,专心研究医药学,曾在楚王府和太医院任职。重视实地考察,曾到武当山、庐山、茅山以及安徽、河南、河北等地考察药物,深入民间,向药农、铃医、农民、渔夫、樵夫、猎户请教,同时翻阅和查考历代医药书籍及有关书籍800余种,对药物进行鉴别考证,发现古本草书中药名、品种、产地等一些错误和不足,并收集和整理了宋、元以来民间发现的多种药物,积累了丰富的药物知识。从明嘉靖三十一年(1552)至万历二十四年(1596)历时三十载,三易其稿,著成医药学巨著《本草纲目》。全书约一百九十万字,计五十二卷,收录有诸家《本草》所载药物一千五百十八种,新增药物三百七十种,附方一万一千零九十六则,插图一千一百六十幅,引据医书二百七十七种,经史百家书四百四十种,"上自坟典,下至传奇,凡有相关,靡不收采"(李建元《进本草纲目疏》),系统总结了16世纪前中国的药物经验,订正了前人的一些错误,对后世药物学的发展作出了重大贡献,是祖国医药学宝库的宝贵遗产。万历三十四年(1606)传到日本、后又被译成拉丁文及法、德、英、俄等多种文字,流传于世界各国,对世界医药学产生一定影响。达尔文在《人类起源及性的选择》一书中也曾有引证。明确否定长生不死的仙药。另还有《濒湖脉案》、《奇经八脉考》,流传于世。另有《五脏图论》、《三焦客难》、《命门考》等,已佚。

朱载堉(1536—1611) 明物理学家、历学家。生于怀庆河内(今沁阳)。字伯勤,号句曲山人。明宗室郑恭王厚烷之子。早年从舅父何瑭习天文、算术。后因皇族内讧,父获罪系狱,遂筑土屋于宫门外,独居十九年,钻研乐律、数学、历学。父死后,不承袭爵位,而以著书终身。著有《乐律全书》、《律吕正论》、《律吕质疑辨惑》、《嘉量算经》等书。《乐律全书》总结前人的乐律理论,并加以发展;其中《律吕精义》通过精密计算和科学实验,创造了"新法密率",是音乐史上最早等比级数平均划分音律,系统阐明十二平均律理论的声学论著;《圣寿万年历》和《律历融通》论述历算岁差的办法,亦甚详密。

徐光启(1562—1633) 明科学家。字子先,号玄扈。上海人。万历进士。任翰林院庶吉士。崇祯五年(1632)升任礼部尚书兼东阁大学士,并参机要。次年,兼任文渊阁大学士等。万历二十八年(1600)在南京结识罗马传教士利玛窦(Matthoeus Ricci,1552—1610),开始学习和介绍西方科学技术。万历二十一年加入天主教。科学研究范围广泛,以农学和天文学最突出。最早把欧洲数学引入中国。抨击"名理之儒"不通科学和生产,反而"土苴天下之实事"。驳斥"迷信风土论",崇尚实用,力主"农本",强调"富国必以本业,强国必以正兵"。多次上书建议垦荒农田,兴修水利,并亲自试验垦荒,提出许多改良生产工具、操作方法和播种高产作物等发展农业生产的措施。后缀集中国古代农业科学之大成,撰写《农政全书》(六十卷五十多万字),分农本、田制、农事、水利、农器、树艺、蚕桑、蚕桑广类、种植、牧养、制造和荒政等十二目,引录了二百二十九种古代和同时代的农业文献,并加以评注。主张融汇中西科学。认为按科学本身之规律,应先译数学,"此事不能了彻,诸事未可易论"(《同文算指序》)。强调数学是反映水利、建筑等生产规律的知识,不是"数有神理"。遂与利玛窦合作,译欧几里得的《几何原本》,于万历三十五年雕版印行。其所创用的点、线、面、平行线、直角、锐角、钝角、三角形、四边形、相似、外切等译名,迄今仍沿用。认为《几何原本》乃"度数之宗","众用所基","举世无一人不当学"。指出几何学作为一门基础科学的本质,推崇其严密的逻辑性。又选择利玛窦关于测量方法的部分书稿,以《几何原本》中相应的公理、公设,并结合中国古算书《周髀算经》、《九章算术》中勾股测量条目,撰写《测量法义》一书。其将"法"系之于"义",由"义"推导出"法"的数学研究工作,首次把具有中国文化传统的应用科学提高到演绎理论水平。主持编译《崇祯历书》,奠定我国三百年历法基础。后翻译《灵言蠡勺》,宣扬灵魂学说。主要著作还有《测量异同》、《勾股义》,翻译有《泰西水法》等。

李之藻(1565—1630) 明科学家。字振之,又字我存,号凉庵。浙江仁和(今杭州)人。万历进士。历任南京太仆寺少卿、光禄寺少卿、修历等职。从意大利传教士利玛窦学习西方科学,并加入天主教。介绍西方天文学、几何学、物理学、逻辑学等。并主张"会通中西"。出任福建乡试副考官时,随带一架西洋天文简平仪,虽"往返万里,测验无爽",仍据中国传统科学不断补充完善之,"间亦出其鄙陋,会通一二,以尊中历。"重视数学在"六艺"科技活动中的重要作用,认为"小则米盐凌杂,大至画野经天",都需数学。注力于西方数学演绎系统与中国古算学的比较研究,认为西方逻辑思维的最大特点,就是有一套完整的推理系统,由局部可推至全体,由简单可推至复杂:"借平面以推立圆,设角形以证浑体。探原循委,辨解九连之环;举一该三,光映万川之月"(《圜容较义序》)。也可由细微推出宏大,由具体推论抽象:"即细物可推大物","即物物可推不物之物"。晚年归家乡,与波兰籍传教士傅汎际合译《亚里士多德辩证法概论》(即《名理探》),为传入中国的第一部西方逻辑学著作。另译有《浑盖通宪图说》、《圜容较义》、《同文算指》、《乾坤体义》、《寰有诠》等。并编纂《天学初函》。

邢云路(16世纪末叶—17世纪初叶) 明天文学家。字士登。安肃(今河北徐水)人。万历进士,官至陕西按察司副使,后至京师参预历事。在任河南佥事时,发现《大统历》与天象实测不合,奏请改历,受到钦天监官员攻击。万历三十六年(1608)在兰州曾立六丈高表观测日影,算得该年立春时刻与钦天监所推不同,写成《戊申立春考证》一卷。书中提出一回归年长度为365.242 190日,同现代理论计算值只差

2.3秒，比第谷在1588年测得的365.242 187 5日更为准确。万历三十八年被召入京改历。著《古今律历考》七十二卷，以《易》为律历之首，并指陈历代历法得失，驳授时历、大统历等。注重实测，并受气学影响，提出朴素的行星运动受太阳吸引力支配的认识，说："星、月之往来皆太阳一气之牵系也。"具有一定的辩证思想，承认"阴阳对待之体"、"阴阳流行之序"，"独阳不生，独阴不成"，认为"二性相息，势必变革。夫不有克何以生，不有革何以因。君子观革之象，知天地乃革之大者也"。《古今律历考》收入《四库全书》。

王徵(1571—1644) 明科学家、工程师、政治家。字良甫，号葵心，道号了一道人、了一子、支离叟。泾阳(今属陕西)人。天启进士。先后任广平、扬州推官，劝谏藩王，勿增赋税；依据律令，为民请命；又从事水利建设。后曾任山东按察司佥事、监辽海军事。重视制造机械，历年所成有"虹吸、鹤饮、轮壶、代耕及自转磨、自行车诸器"(《远西奇器图说录序》)。然未能明晓学理体系，"心殊未甚快也"。曾向传教士庞迪我请教，后又师事邓玉函。有感于"考工指南而后，代不乏宗工、哲匠，然自化人奇肱之外，巧绝弗传，而木牛、流马遂擅千古绝响"。其能为奇器者如已，因不能深明其理，而"心殊未甚快也"。适逢传教士东来，携有奇器之图及其说，供中土之士"见在可览"。虽因文字之隔，"顾全文全义，则茫然其莫测"，"然有物、有像，犹可览而想像之。"且其人又不骄不吝，愿传力艺之学于中土。征以为复兴神州力艺之学正在其时，"奈何当吾世而觌面失之"。为此，愿"独译此器书"。乃与邓玉函合作，译《远西奇器图说录序》与所著《新著诸器图说》合创于扬州。时人责难，复表明"有迹之器具，粗可指陈；无形之理谭，猝难究竟。余小子不敏，聊以亦此足矣。若夹西儒义理全书，非木天、石渠诸大手笔弗克译也。"认为西来之学，其志为科学技术，而非宗教迷信。他在加入天主教后，又曾从金尼阁学习西方语言文字。著作六十余种，主要有《西儒耳目资》、《守御器具图说》、《额辣济亚牖造奇器图说》、《诸器图说小稿》、《藏器图说小稿》、《痴想语》、《西洋音诀》、《西书释译》、《三韵兑考》、《天问辞》、《两理略》、《学庸书解》、《兵约》、《士约》等。今人李之勤搜集其科技与宗教以外遗著，为之校点，辑有《王徵遗著》。

熊明遇(1579—1653，一说1580—1645) 明科学家、政治家。字良孺，号坛石，谥文直。进贤(今属江西)人。万历进士。出知浙江长兴，"清徭省讼，兴学修城，建梁疏洫"(赵模《建阳县志》卷十二《文苑传》)。后入京，擢兵部给事中。历任南京右佥都御史、兵部右侍郎等，官至南京刑部尚书。加盟东林，习西学于传教士。认为西儒精于天文，尤长历算。肯定西方科技能补中国不足。时朝廷讨论历法改革，认为"元气胚结"(《格致草·诸天位分恒论》)，而有天地万物。物各有其形成、发展、变化之理，当以"格物致知"相究。指出格致之学，是《大学》诚意、正心、治国、平天下之关籥。但又信仰宇宙间有"大造之宰无始无终，人之灵性同天地有始无终"(《格致草·大造恒论》)。接受西方灵魂学说，但"不愿意解释天主上帝、天堂诸神圣的存在"(冯锦荣《熊明遇〈格致草〉内容探析》)。曾以汉儒天人感应说谏万历帝，上疏说："天谴愈深，而陛下所行皆诬天拂经之事，此诚禽息碎首、贾生痛哭之时也。敢以八忧、五渐、三无之说进。"著《则草》，以此授方以智等。是书经修改补充，易名《格致草》。著作尚有《绿雪楼集》、《文直行书》、《中枢集略》、《驯雉堂集》、《五经约》等。

徐霞客(1587—1641) 明旅行家、游记文学家、地理学家。名弘祖，字振之，以号行。南直隶江阴(今属江苏)人。于儒经诗文外，博览史乘、逸事、丹台石室之奇书，尤喜地志、游记。年二十二起，游历众多名山大川，《致陈继儒书》述此行说："尝恨上无以穷天文之杳渺，下无以研性命之深微，中无以抵世俗之纷沓，惟此高深之间，可以目摅而足析。然无紫囊真岳之形，而效青牛出关之辙，漫以血肉，偿彼险巇。"其大地山川观认为：自两仪肇分，重者为地。重之极而山出焉。以镇定之体奠鳌极而命方岳，但见其静秀有常而已，未有能授之逸者。主张不信神怪，凡遇自然现象，均以自然之事实说明之。游山区佛寺，见大气光象，针对妄佛者佛光佛灯之说，指出是川泽之气所为。其考察方法是：行不从官道，但有名胜，辄迂回屈曲以寻之；先审视山脉如何去来，水脉如何分合，既得大势，然后一丘一壑，支搜节讨。编撰一方山志，提出原则非文人能比拟。"志目之次第，均本于'由天而人'之主义，名胜分标，殆等于地形之分类。"(《年谱》)今存游记编为《徐霞客游记》，另有《盘江考》、《江源考》、《鸡山志》及诗文书牍若干。

宋应星(1587—?) 明科学家。字长庚。奉新(今属江西)人。万历举人。曾任江西分宜县教谕、福建汀州府推官、南京亳州知州等职。崇祯十七年(1644)，弃官回乡。后曾仕南明，约卒于清顺治年间。博学多能，熟悉多种生产技术，对天文、物理、化学、生物、音律、哲学都有研究。崇祯七年任分宜教谕时，著《天工开物》。书中全面系统地记述了中国古代农业和手工业的生产技术和经验。在农业方面，记有培育优良稻种和杂交蚕蛾的方法和十六种油料作物，并分析比较它们的效用；在冶炼方面，记有炼铁联合作业，灌钢、炼锌、铸铁、半永久泥型铸釜和失蜡铸造的方法，以及活塞水风箱、千钧铁锚和绣花针的冷热锻造方法；在制陶方面，记有原料选择、坯体制作和烧制方法；在纺织方面，记有用花机织龙袍、织罗的方法；在采矿方面，记有排除煤矿瓦斯的方法等；在物理学上，记有对声音的发生和传播的研究，提出声是气中的波的见解；在化学上，记有对各种金属的不同活泼程度的认识，以及利用这种差异来分离金属的方法，还注意到水银和硫黄升炼朱(硫化汞)化学反应中所产生的硫化汞重量超过原来的水银，并作出"出数借硫质而生"(《天工开物·丹青》)的解释，其中包含了质量守恒思想的萌芽；在生物学上，明确提出"种性随水土而分"，指出土壤、气候、栽培方法对作物品种变化的影响，断定可以通过人工努力改变植物的品种特性。坚持朴素唯物主义的自然观，认为天是自然的、无意志的，但是可知的，批判了"天人感应"的观点。认为物质的"气"构成天地万物，"天地间非形即气"（《论气·形气化》），日食是太阳和月亮在运行轨道上暂时重叠，并非"阴气太盛"（《谈天》）。认为万物是人类活动和社会生活的基础，"人为万物之灵"（《天工开物·乃服》），强调认识事物应该通过亲身经验，主张"穷究试验"，凡事"皆须试见而后详之"（《天工开物·佳兵》）。另有《谈天》、《论气》、《画音归正》（已佚）、《野议》、《思怜诗》等。

吴有性（1592—1672） 明医学家。字又可。姑苏（今江苏苏州）洞庭人。著《温疫论》。言明温病与伤寒的不同：伤寒论"盖为外感风寒而设"，其法"与温疫自是迥别"。创立"戾气说"，以为"夫温疫之为病，非风、非寒、非暑、非湿"，乃由"戾气"所引起。指出"疫气盛行，所患者重，最能传染"。在细菌学出现之前，对于传染病和流行病的探究具有积极意义。

孙兰（约1625—1715） 清诗人、书画家、文字学家、地理学家。字滋九，又名御寇，号柳庭，又号听翁。扬州江都（今属江苏）人。明季，为县学诸生。清兵南下后，易名御寇，以示不事新朝。顺治初入京，从德国传教士汤若望学，得其天文历法之学。后归乡隐居。精通中西数学。于学术，不满前人"志其迹"、"记其事"，而主张"说其所以然，又说其所当然"（《柳庭舆地隅说序》）。所说内容如"何以为山？何以为川？山何以峙？川何以流？人何以生？国何以建？山何以分支别派？川何以输泻传流？古今何以递变为沿革？人物何以治乱成古今？"（同上）提出研究山河大地形成及其运动、人类产生、国家起源、社会变化、政治治乱、历史人物作用等问题，给出其说，"以穷极乎天地之所以始终，山川之所以对峙，人所以生，国所以建，古今所以递沿革，人物所以关兴废"（同上）。著作尚有《字学》。

王锡阐（1628—1682） 清学者。字寅旭，号晓庵。吴江（今苏州市吴江区）人。深研西历并取其优处，但也反对盲目崇拜；主张治历中应兼融中西，发明新说，所谓"兼采中西，去其疵类，参以己见"（《晓庵新法自序》）。梅文鼎评价其为"能知西法复自成家者"。对于近代中西历学的会通具有重要的影响。著作有《历说》、《晓庵新法》、《五星行度解》、《圆解》等。

梅文鼎（1633—1721） 清数学家。字定久，号勿庵。宣城（今属安徽）人。精于天文历算，一生著书八十多种。天文学上主要介绍《崇祯历书》的部分内容和解释《大统历》。在数学上大多介绍当时流传的中国古代数学和西方算法，并有所补充和发展，其中《几何补编》四卷，有一些创见。另有《天学骈枝》、《古今天法通考》、《求赤道宿度法》、《周髀算经补注》等，后人编为《梅氏丛书辑要》。

徐大椿（1693—1772） 清医学家。曾名大业，字灵胎。吴江（今江苏苏州吴江区）人。晚年隐居家乡洄溪书眉泉，自号洄溪老人。深研《易》理，精通百家。提出元气存亡论或元气决定论，认为人的生与死，决定于元气的存与亡。指出："气伤则神败"（《神农本草经百种录序》）。有的人"终身无病"，"待元气之自尽而死"（《元气存亡论》）。"故诊病决死生者不视病之轻重，而视元气之存亡，则百不失一矣"（同上）。认为，人的元气分布于五脏而集中于丹田，把丹田视为生命的关键。说："阴阳阖辟存乎此，吸收出入系乎此。无火而能令百体皆温，无水而能令五脏皆润。此中一线未绝，则生气一线未亡，皆赖此也"（同上）。有《难经经释》、《神农本草经百种录》、《医学源流论》、《医贯砭》、《伤寒类方》、《慎疾刍言》、《兰台规范》、《道德经注》、《阴符经注》等。

王清任（1768—1831） 清医学家。字勋臣。河北玉田人。二十岁左右开始从事医学研究。他力求把医学理论和临床实践建立在人体解剖的基础上，认为"世医诊病，当先明脏腑"。冲破封建礼教的束缚，以求实证误的精神，亲自进行人体解剖实践，发现古代医书中关于脏器结构及其功能的一些错误，丰富了中国人体解剖学的内容。正确区分了胸腔和腹腔，指出在横膈膜之上只有心脏和肺脏，其余的内脏器官都在横膈膜之下；描述了气管和由气管分至肺两叶的支气管和细支气管，纠正了前人所说肺有"六叶二耳"、"行气之二十四孔"的错误；根据对"脑髓"的研究，指出"灵机记性，在脑不在心"，纠正了"医书论病言灵机发于心"的错误。还观察到视神经，指出这是发于脑髓与眼相连的像线一样的物质，眼的视觉"归于脑"。还在理论与实践上发展了前人的气血理论。著有《医林改错》。

李善兰（1811—1882） 清数理科学家。字壬叔，号秋纫。浙江海宁人。年十岁即读《九章算术》，以后又刻苦钻研元李冶《测圆海镜》等数学著作，学业大进。曾从陈奂受经学，但用心之笃终在算学。咸丰二年（1852）到上海参加西书翻译工作，接触到近代自然科学知识。同治七年（1868）入北京同文馆任算学总教习，总理衙门章京，授户部郎中、三品卿衔。在级数求和方面得出的恒等式后为世界数学家称为"李善兰恒等式"。首创"尖锥术"，解决了一些函数的级数展开式问题，思路与微积分学所用的方法相近。还得出判定素数的定理。平生治学强调"善求其故"，"凡有据之理，即宜信之"，主张认识事物不仅要"知其当然"，更要"知其所以然"（《谈天·序》）。认为"今欧罗巴各国日益强盛为中国边患，推其原故，制器精也；推原制器之精，算数明也"（《重学·序》）。指出西方工业发达，国家富强，首在科学进步，而中国要富强，就不能不兴"工艺"，讲科学。是为中国近代"科学救国论"之先声。曾撰《则古昔斋算学》十三种（附《考数根法》一卷），于数学颇多创见。译著有《几何原本》、《代数学》、《代微积拾级》、《曲线说》、《谈天》、《植物学》等。

徐寿（1818—1884） 清科学家。字雪村。江苏无锡人。青年时即弃科举，潜心钻研当时西方传入的各种科学知识。咸丰十一年(1861)入安庆军械所，曾与华蘅芳等合制我国第一艘汽船。后转入上海江南制造局，对枪炮弹药多所发明，还参与翻译了大量西方科学(主要是化学)著作，系统介绍了西方近代化学知识的主要内容，并首创取西文第一音节造新汉字以命名化学元素。光绪元年(1875)左右在上海与傅兰雅等创办"格致书院"，开始化学实验的演示工作，对中国近代化学的发展起过先驱作用。平生治学绝口不道"五行生克之说，理气肤浅之言"及星命风水、巫觋谶纬，"总以实事实证引进后学"(程芳《徐雪村先生像序》)。译著有《化学鉴原》(另有续编、补编)、《西艺知新》(另有续编)、《汽机发轫》、《营阵揭要》、《测地绘图》等。

经学

縠梁赤 赤，或作喜、嘉、俶、寘。战国时鲁人。相传为子夏弟子，治《春秋》。其口传《春秋》至西汉时成《春秋縠梁传》一书。

公羊高 战国时齐人。相传是子夏弟子，专治《春秋》。为旧题《春秋公羊传》的作者。西汉景帝时，其玄孙公羊寿与齐人胡母生将口头流传的《春秋公羊传》"著于竹帛"，流传于世。

浮丘伯 一作"包丘子"。西汉初儒生。齐(治今山东淄博市临淄区北)人。荀子学生。秦始皇时，以《诗》教授，申公、楚元王、穆生、白生等均从他受学。汉初，复在长安教授。其门人申公以治《诗》为博士，始为《诗》传，号"鲁诗"。

包丘子 即"浮丘伯"。

田何 西汉今文易学的开创者。字子庄(庄，一作装)。淄川(今山东淄博市淄川区)人，徙杜陵(今陕西西安东南)，号杜田生。专治《周易》。《史记·儒林列传》:"自鲁商瞿受《易》孔子，孔子卒，商瞿传《易》，六世至齐人田何。"《汉书·儒林传》对田何传《易》系统有详细记载，称"要言《易》者本之田何"。相传西汉立为博士的今文易学者，都出于他的传授。

施雠 西汉今文易学"施氏学"的开创者。沛(今江苏沛县东)人。与孟喜、梁丘贺同学《易》于田何的再传弟子田王孙。宣帝时立为博士。曾参加石渠阁议，讨论五经异同。其后学弟子著名者有张(禹)、彭(宣)之学。《汉书·艺文志》载:"《易经》十二篇，施、孟、梁丘三家。"又有"《章句》施、孟、梁丘氏各二篇。"已佚，清马国翰《玉函山房辑佚书》辑有《周易施氏章句》。

孟喜 西汉今文易学"孟氏学"的开创者。字长卿。东海兰陵(今山东苍山西南兰陵镇)人。举孝廉为郎，曲台署长，病免，为丞相掾。与施雠、梁丘贺同学《易》于田何的再传弟子田王孙。宣帝时，立为博士。曾以六十四卦分配气候，以卦气言《易》。一说孟氏之学后传于焦延寿，焦以授京房，于是《易》又有京房氏之学，但孟氏弟子白光等不承认焦《易》出于孟喜。其后学弟子著名者有翟(牧)、白(光)之学。东汉时，虞光世传孟氏《易》，五传至三国吴虞翻，作《周易注》等书，为今文《易》学支流。《汉书·艺文志》载有《孟氏京房》十一篇、《灾异孟氏京房》六十六篇，已佚。清马国翰《玉函山房辑佚书》、黄奭《汉学堂丛书》、孙堂《汉魏二十一家易注》均有辑录。惠栋《易汉学》对他的《易》说有所阐发。

京房(前77—前37) 西汉今文易学"京氏学"的开创者。律学家。本姓李，字君明。东郡顿丘(今河南清丰西南)人。曾学《易》于孟喜的门人焦延寿，以"通变"说"易"，好言灾异。元帝时立为博士。屡次上疏，以灾异推论时政得失。曾因劾奏石显等专权，出为魏郡太守。乐律方面曾创十三弦"准"以定律。并据八卦原理，用"三分损益法"，将十二律扩展成六十律。著作今存《京氏易传》三卷。清马国翰《玉函山房辑佚书》另辑有《周易京氏章句》一卷，黄奭《汉学堂丛书》、孙堂《汉魏二十一家易注》也有辑录。

梁丘贺 西汉今文易学"梁丘学"的开创者。字长翁。琅邪诸(今山东诸城西南)人。官太中大夫、给事中，至少府。宣帝时，立为博士。"为人小心周密，上信重之"(《汉书·儒林传》)。从京房受《易》，又与施雠、孟喜同学《易》于田何再传弟子田王孙。其后学弟子著名者有士孙(张)、邓(彭祖)、衡(咸)等。著作已佚，清马国翰《玉函山房辑佚书》辑有《周易梁丘氏章句》一卷。

费直 西汉古文易学"费氏学"的开创者。字长翁。东莱(郡治今山东莱州)人。仕为郎，至单父令。治古文《易》，长于卦筮，无章句，专以《彖》、《象》、《系辞》、《文言》解说上下经。因其无师承又无章句，故初未立于学官，在民间流传。东汉时，郑众、马融、郑玄等并习其学。三国魏王弼注《易》，其源盖出于费直。自是，费氏古文《易》便代施、孟、梁氏三家《易》而大兴，直至晋永嘉之乱，遂不传。今本《周易》亦与其有关。清马国翰《玉函山房辑佚书》辑有《费氏易》一卷、《费氏易林》一卷、《周易分野》一卷。

高相 西汉沛(今江苏沛县)人。治《易》，与费直同时，无章句，专以阴阳灾异说《易》。自言所学出于田何的门人丁宽。初在民间流传。传子康，康因翟义起兵事被王莽所杀。

伏生 即"伏胜"。西汉今文《尚书》的最早传授者。济南(郡治今山东章丘西)人。曾任秦博士。《史记·儒林列传》:"秦时焚书，伏生壁藏之。其后兵大起，流亡，汉定，伏生求其书，亡数十篇，独得二十九篇，即以教于齐鲁之间。"汉文帝时，派晁错向他学《尚书》。西汉的《尚书》学者，都出自其门下。今本今文《尚书》即由他传授而存。相传他还有《尚书大传》，一说该书是他的弟子张生、欧阳生或后来的博士们杂录所闻而成。

伏胜 即"伏生"。

伏生女 西汉伏生(胜)之女。名佚(或作羲娥)。相传汉文帝时，曾助其父对晁错传授今文《尚书》。

杨何 西汉经学家。字叔元。淄川(今山东淄博市淄川区)人。受《易》于田何。《史记·儒林列传》:“田何传东武人王同、子仲,子仲传淄川人杨何。”《汉书·儒林传》记载稍有不同,称“(王)同授淄川杨何”。武帝时任中大夫。有《易传杨氏》二篇,已佚。

欧阳生 即“欧阳和伯”。西汉今文尚书学“欧阳学”的开创者。千乘(郡治今山东高青东)人。伏生弟子。据《史记·儒林列传》和《汉书·儒林传》,伏生授今文《尚书》与济南张生及欧阳生,欧阳生授兒宽,兒宽复授欧阳生之子,至传到欧阳生的曾孙欧阳高(亦称欧阳生,字子阳),被立为博士。由是《尚书》世有欧阳氏之学。著作已佚。清陈乔枞有《尚书欧阳夏侯遗说考》,收入《皇清经解续编》。

欧阳和伯 即“欧阳生”。

夏侯胜 西汉今文尚书学“大夏侯学”的开创者。字长公。东平(今属山东)人。官长信少府、太子太傅。“从(夏侯)始昌受尚书及洪范五行传”(《汉书·儒林传》),又从欧阳生问学,人称“大夏侯”。宣帝时,立为博士。以阴阳灾异推论时政得失。并认为“士病不明经术,经术苟明,其取青紫(卿大夫之服)如俛拾地芥耳。”(同上)著作已佚。清陈乔枞辑有《尚书欧阳夏侯遗说考》,收入《皇清经解续编》。

夏侯建 西汉今文尚书学“小夏侯学”的开创者。字长卿。东平(今属山东)人。官至太子少傅。从夏侯胜和欧阳高学习今文《尚书》,人称“小夏侯”,但治经方法与夏侯胜相异。宣帝时,立为博士。著作已佚。清陈乔枞辑有《尚书欧阳夏侯遗说考》,收入《皇清经解续编》。

大小夏侯 西汉今文尚书学者夏侯胜、夏侯建的合称。《汉书·艺文志》和《汉书·儒林传》均有“《尚书》有大小夏侯之学”的记载。

孔安国 西汉经学家。孔子后裔。为博士。《汉书·儒林传》:“孔氏有古文尚书,而安国以今文读之,因以起其家《逸书》得十余篇,盖《尚书》兹多于是矣。”汉武帝时任谏大夫。相传他曾得孔子住宅壁中所藏古文《尚书》,形成古文尚书学派。后来学者多有疑。又传他有《尚书孔氏传》(即《孔安国尚书传》),南宋朱熹、明梅鷟等表示怀疑,清阎若璩、惠栋相续考证,定为后人伪托。

申公 西汉今文诗学“鲁诗学”的开创者。名培,亦称申培公。鲁(郡治今山东曲阜一带)人。《史记·儒林列传》谓当时“言《诗》于鲁则申培公,于齐则辕固生,于燕则韩太傅”。吕太后时游学长安,与楚元王子郢同师浮丘伯。后刘郢为楚王,令申公为太子戊师。郢卒,戊立为楚王,申公遭腐刑。后归鲁,以诗故训教授。武帝时被召问治乱之事,说:“为治者不在多言,顾力行何如耳。”(同上)后为太中大夫,舍鲁邸,议明堂事。文帝时,立为博士。清马国翰《玉函山房辑佚书》辑有《鲁诗故》三卷。

辕固生 西汉今文诗学“齐诗学”的开创者。齐(郡治今山东淄博市临淄)人。景帝时为博士。曾与道家黄生争论汤、武革命,认为:“桀、纣虐乱,天下之心皆归汤、武,汤、武与天下之心而诛桀、纣”(《史记·儒林列传》),属受命行为。又与窦太后辩论儒、道两家优劣,认为《老子》“是家人言耳”,以抬高儒家政治地位,险被杀。后齐人以《诗》显贵者,皆其弟子。清马国翰《玉函山房辑佚书》辑有《齐诗传》二卷。

韩婴 西汉今文诗学“韩诗学”的开创者。燕(郡治今北京)人。治《诗经》,兼治《易》。文帝时为博士,景帝时为常山王刘舜太傅。著有《韩诗内、外传》数万余言。“其语颇与齐(诗)、鲁(诗)间殊,然其归一也。”(《史记·儒林列传》)南宋以后仅存《韩诗外传》。清赵怀玉曾辑有《内传》佚文,清马国翰《玉函山房辑佚书》辑有《韩诗故》二卷、《韩诗内传》一卷、《韩诗说》一卷。

毛亨 相传为古文诗学“毛诗学”的开创者。其事迹诸说不一。一说西汉鲁(郡治今山东曲阜一带)人;一说河间(郡治今河北献县东南)人。但《汉书》只言毛公,不载名字。东汉郑玄《诗谱》谓:“鲁人大毛公为《故训传》于其家,河间献王得而献之,以小毛公为博士。”三国吴陆玑《毛诗草木鸟兽虫鱼疏》认为,孔子删诗授卜商,数传至荀子,荀子“授鲁国毛亨。毛亨作《故训传》,以授赵国毛苌。时人谓亨为大毛公,苌为小毛公”。唐陆德明《经典释文·叙录》引吴徐整说,谓其传授世次与陆玑说不同。凡此诸说曾引起今文经学家魏源等人的怀疑。

毛苌 苌,一作长。相传为古文诗学“毛诗学”的传授者。西汉赵(郡治今河北邯郸西南)人。《后汉书·儒林传》:“赵人毛苌传《诗》,是为《毛诗》。”据称其诗学传自毛亨,曾任河间献王博士,又称“小毛公”。参见“毛亨”。

鲁共(恭)王 即“刘餘”。西汉景帝之子。初为淮阳王。“吴楚七国之乱”平后,徙为鲁王。谥曰共(恭)王。好治宫室,相传曾坏孔子旧宅,以广其宫,在壁中得到古文经书(即“孔壁古文”)。但此项记载,只见于《汉书》,不见于《史记》本传,故引起后来学者的怀疑。

刘餘 即鲁“共(恭)王”。

河间献王(?—前130) 即“刘德”。西汉景帝之子。封为河间王,谥曰献王。好儒学,史家称其“修学好古,实事求是”。多罗致山东儒生。相传曾得《周官》、《尚书》、《礼》、《礼记》、《孟子》、《老子》等古文先秦旧书,并立《毛诗》、《左氏春秋》为博士。但这些记载,只见于《汉书》而不见于《史记》,曾引起后来学者的怀疑。

高堂生 西汉今文礼学的最早传授者。字伯。鲁郡(治今山东曲阜)人。官博士。专治古代礼制。当时“诸学者多言《礼》,而鲁高堂生最,本《礼》固自孔子时而其经不具;及至秦焚书,书散亡益多,于今独有《士礼》,高堂生能言之”(《史记·儒林列传》)。所传《士礼》十七篇,即今本《仪礼》。

后苍 西汉经学家。字近君。东海郯(今山东郯城北)人。武帝时立为博士。官至少府。事夏侯始昌,治《诗》、《礼》。以《诗》授翼奉、萧望之、匡衡。衡授琅琊师丹、伏理斿君。于是《诗》有“翼、匡、师、伏之学”。又从东海孟卿学礼，并授梁戴德、戴圣、庆普。于是《礼》有“大戴、小戴、庆氏之学”。均立为博士。撰有《后氏曲台记》，已佚。

戴德 西汉今文礼学“大戴学”的开创者。字延君。梁(郡治今河南商丘南)人，又据《成安县志》为成安人。宣帝时，任信都王(刘嚣)太傅。与兄子戴圣同学《礼》于后苍。时人称之为大戴，亦叫“太傅《礼》”，称戴圣为“小戴”。于是《礼》有“大戴、小戴、庆氏之学”。曾选集古代各种关于礼仪的论述，编成《大戴礼记》八十五篇，亦称《大傅礼》。今残，仅存三十九篇。

戴圣 西汉今文礼学“小戴学”的开创者。字次君。梁(郡治今河南商丘南)人，又据《成安县志》为魏郡斥丘(今河北成安东南)人。官九江太守。与叔父戴德俱学《礼》于后苍。宣帝时立为博士，参加石渠阁议。时称“小戴”。圣授梁人桥仁、杨荣。由是小戴有桥、杨氏之学。又曾选集古代各种礼仪的主要论述，编成《小戴礼记》，即今本《礼记》。

大小戴 西汉戴德、戴圣的合称。

庆普 西汉今文礼学“庆氏学”的开创者。字孝公。沛(今江苏沛县东)人。仕为东平王(刘宇)太傅，与戴德、戴圣同学《礼》于后苍。曾立为博士。由是《礼》有“大戴、小戴、庆氏之学”。一说庆氏《礼》未立于学官。

胡母生 西汉经学家。字子都，胡母系复姓。齐(郡治今山东淄博市临淄区)人。事公羊子寿，治《公羊春秋传》。景帝时立为博士。年老归教于齐。当时“齐之言《春秋》者多受胡母生”(《史记·儒林列传》)。又与董仲舒同治《公羊》。

严彭祖 西汉今文春秋学“严氏学”的开创者。字公子。东海下邳(今江苏睢宁北)人。曾任河南太守、东郡太守、太子太傅等职。主张：“凡通经术，固当修行先王之道，何可委曲从俗，苟求富贵乎！”与颜安乐俱事眭孟，受《公羊春秋传》。“孟弟子百余人，唯彭祖、安乐为明，质问疑谊，各持所见。孟曰：‘《春秋》之意，在二子矣！’”(《汉书·儒林传》)由是《公羊春秋》有颜、严之学。宣帝时立为博士。著作已佚，清马国翰《玉函山房辑佚书》辑有《公羊严氏春秋》和《春秋公羊严氏记》。

颜安乐 西汉今文春秋学“颜氏学”的开创者。字公叔。鲁国薛(今山东滕州东南)人。家贫，为学甚勤，官至齐郡太守丞。与严彭祖俱事眭孟受《公羊春秋传》。由是《公羊春秋》有颜、严之学。宣帝时立为博士。其弟子有淮阳泠丰次君、淄川任公。由是颜氏有泠、任之学。又琅邪筦路、泰山冥都亦同事安氏，故颜氏复有“筦、冥”之学。著作已佚。清马国翰《玉函山房辑佚书》辑有《春秋公羊颜氏记》。

公孙弘(前200—前121) 西汉经学家。字季，菑川(郡治今山东寿光南)薛人。少时为狱吏，年四十余始学《春秋公羊传》。武帝时立为博士。以“习文法吏事，缘饰以儒术”(《汉书·公孙弘传》)，官左内史、迁御史大夫。后被汉武帝任为丞相，封平津侯。曾建议设五经博士，置弟子员。

匡衡 西汉经学家。字稚圭。东海承(今山东枣庄市东南)人。能文学，善说《诗》，时引经义议论政治得失。历官给事中、光禄大夫、太子少傅、光禄卿、御史大夫，后任丞相。成帝时，为司隶校尉王尊所劾，后免官。

眭弘 西汉经学家。字孟。鲁国蕃(今山东滕州)人。从嬴公受《公羊春秋》，以明经为议郎，至符节令。曾推《春秋》意，以议论时政。后霍光以妖言惑众罪诛之。有弟子百余人，著名者有严彭祖、颜安乐。由是《公羊春秋》有颜、严之学。

萧望之(?—前47) 西汉东海兰陵(今山东苍山西南兰陵镇)人，徙杜陵(今陕西西安东南)。字长倩。宣帝时，历任左冯翊、大鸿胪、太子太傅等官。甘露三年(前51)，主持石渠阁会议，评议儒生对《五经》同异的意见。元帝即位，以师傅甚受尊重。后遭宦官弘恭、石显等排挤，被迫自杀。

谷永(? —约前8) 西汉经学家。本名并，字子云。长安(今陕西西安西北)人。少为长安小史，后博学经书。建始三年(前30)，对贤良策，举上第。升光禄大夫，出为安定太守，迁凉州刺史，后为太中大夫，迁光禄大夫给事中。元延元年(前12年)为北地太守。“永于经书，泛为疏达”，“其于天官、京氏易最密，故善言灾异，前后所上四十余事，略相反复，专攻上身与后宫而已。”(《汉书·谷永杜邺传》)仕终大司农。

张禹(?—前5) 西汉经学家。字子文。河内轵(今河南济源市东南)人。通经学，曾从施雠受《易》，向王阳、庸生问《论语》。为博士。元帝时诏其授太子《论语》，迁光禄大夫，出为东平内史。成帝即位，尊以为师，任丞相。精治《论语》，兼治《易》，曾改编今文本《论语》，将《齐论》、《鲁论》合为一书，定为《张侯论》，其书大行。

刘向(约前77—前6) 西汉经学家、目录学家、文学家。本名更生，字子政。沛(今江苏沛县)人。汉皇族楚元王交四世孙。曾任谏大夫、给事黄门郎、散骑宗正给事中。成帝时迁光禄大夫，终中垒校尉。用阴阳灾异推论时政得失，集上古以来符瑞灾异之记，成《洪范五行传论》，又采传记行事，著《新序》、《说苑》奏之，讥刺外戚专权，说：“今贤不肖浑殽，白黑不分，邪正杂糅，忠谗并进”，并屡次上书劾奏外戚专权。校阅群书，撰成《别录》，为我国目录学之首。在《别录》一书中提出先秦诸子九流十家皆因王道既微而出于王官：“昔周之末，孔子既没，后世诸子，各著篇章，欲崇广道艺，成一家之说，旨趣不同，故分九家，有儒家，道家，阴阳家，法家，名家，墨家，纵横家，杂家，农家。”(《诸子略》)指出“和气致祥，乖气致异。祥多者其国安，异众者其国危，天地之常经，古今之通义也”(《汉书·刘向传》)。考符瑞灾异，“以揆当世之变”，提出“放远佞邪之党，坏散险诐之聚，杜闭群枉之门，广开众正之路”，为“太平之基，万世之利”

（同上）。反对当时的厚葬风气，指出："德弥厚者，葬弥薄；知愈深者，葬愈微。无德寡知，其葬愈厚。"（同上）在文学艺术上，承袭孔子"文质彬彬"的观点，主张"文质兼修"，并强调"礼乐"的教化作用。另有《列女传》。明人辑有《徐中垒集》。

刘歆（?—23） 西汉经学家、目录学家、天文学家。字子骏。后改名秀，字颖叔。刘向之子。沛（今江苏沛县）人。少以通《诗》、《书》，待诏宦者署，为黄门郎。继承父业，集校群书。汇六艺群书，撰为《七略》，包括辑略（总论）、六艺略、诸子略、诗赋略、兵书略、术数略和方技略。阐述学术源流及各门学术的宗旨，认为诸子出于"王官"，先秦各学派，包括儒家在内都是历史的产物。其主要内容保存在《汉书·艺文志》中，对中国目录学的建立有一定的贡献。初治《易》，后治《春秋左氏传》，打破当时《左氏传》不传《春秋》的传统看法，"引传文以解经，转相发明，由是章句义理备焉"（《汉书·刘歆传》）。哀帝时，自称发现《周礼》（《逸礼》）、《左传》、《毛诗》、《古文尚书》等古文经，建议列于学官。认为"古文旧书，皆有征验"，今文经多有残缺、脱简，指出《春秋左传》的作者左丘明"亲见夫子。而公羊穀梁在七十子后，传闻之与亲见之，其详略不同"（《移书太常博士》）。所以遭今文经学家的反对。王莽执政，立古文经博士，歆任"国师"，开创古文经学派。后谋诛王莽，事泄自杀。在文学艺术上，认为人类文化皆由"天"产生，体现"天"的意志和道德。强调诗歌的教化作用，批评汉赋。对先秦荀子、屈原的赋有较高的评价。并肯定民歌的作用。其思想属于儒家的正统观念。撰《三统历谱》，造有圆柱形的标准量器。根据这量器的铭文计算，他用的圆周率是3.154 7，世称"刘歆率"。原集已佚，明人辑有《刘子骏集》。

杜林（?—47） 东汉经学家、文字学家。字伯山。扶风茂陵（今陕西兴平东北）人。曾任侍御史、大司空。治《古文尚书》。曾得漆书《古文尚书》一卷，引起学术界的争论。长于文字学，曾撰《仓颉训纂》、《仓颉故》各一篇，已佚，清马国翰《玉函山房辑佚书》辑有《仓颉训诂》一卷。

杜子春（约前30—约后58） 东汉经学家。河南缑氏（今河南偃师东南）人。曾传《周礼》，以授郑众、贾逵。所注《周礼》，郑玄曾采用，今佚。清马国翰《玉函山房辑佚书》辑有《周礼杜氏注》二卷。

郑兴 东汉经学家。字少赣。开封（今属河南）人。任太中大夫。初治《公羊传》，曾师事刘歆，兼治《左传》及《周礼》。长于历数，子众，传其《左传》之学。著作已佚，清马国翰《玉函山房辑佚书》辑有《周礼郑大夫（兴）解诂》一卷。

郑众（?—83） 东汉经学家。字仲师。开封（今属河南）人。曾任大司农，旧称"郑司农"，以别于宦官郑众。传其父郑兴《左传》之学，兼通《易》、《诗》，明三统历。世称郑兴父子为"先郑"，而称郑玄为"后郑"。著作已佚。清马国翰《玉函山房辑佚书》辑有《周礼郑司农（众）解诂》六卷、《郑众春秋牒例章句》一卷。

先郑 东汉经学家郑玄注《周礼》，多引郑兴、郑众父子之说。郑兴、郑众父子是一家之学，后人因称郑兴、郑众为"先郑"，郑玄为"后郑"。

后郑 见"先郑"。

尹敏 东汉经学家。字幼季。南阳堵阳（今河南方城东）人。曾任长陵令。永平五年（62），以事免官。后任郎中，迁谏议大夫。敢于在光武帝前斥图谶之妄，认为"谶书非圣人所作"（《后汉书·儒林传》）。初治《今文尚书》，后学《古文尚书》，兼习《毛诗》、《穀梁传》、《左传》。

丁恭 东汉经学家。字子然。山阳东（今山东金乡西北）人。治《公羊严氏春秋》。光武帝时，任谏议大夫、博士，自远方来从学者达数千人，当时称为大儒。

李育 东汉经学家。字元春。扶风漆（今陕西彬县）人。曾任侍中。专治《春秋公羊传》，谓《左传》"不得圣人深意"。章帝建初四年（79），在白虎观争论五经同异时，曾以《公羊》经义同古文经学家贾逵相辩难。有《难左氏义》四十一事，今已佚。

贾逵（30—101） 东汉经学家、天文学家。字景伯。扶风平陵（今陕西咸阳市西北）人。父徽，从刘歆受《左传》，又习《古文尚书》、《毛诗》。逵悉传父业。曾任侍中及左中郎将等职。明帝时，利用朝廷尊信谶纬，上书说《左传》与谶纬相合，可立博士；章帝时，与治今文经学的李育相辩难，提高了古文经学的地位。又精通天文学，提出在历法计算中应按黄道来计量日、月的运动，并阐发月球的运动是不等速的。撰有《春秋左氏传解诂》、《国语解诂》等，已佚；清马国翰《玉函山房辑佚书》、黄奭《汉学堂丛书》都有辑本。

曹褒（?—102） 东汉经学家。字叔通。鲁国薛（今山东滕州市东南）人。少笃志，传父曹充《庆氏礼》，博雅疏通，尤好礼事。初举孝廉，迁圉令。章帝时，征拜博士，为侍中。奉诏改定礼制，依准旧典，杂以《五经》谶记之文，撰次天子至庶人冠婚吉凶终始制度，成百五十篇。和帝时，乃为作章句。后出为河内太守，复为侍中。传《礼记》，作《通义》，演经杂论，庆氏学遂行于世。

马融（79—166） 东汉经学家、文学家。字季长。右扶风茂陵（今陕西兴平东北）人。曾任校书郎、议郎、南郡太守等职。遍注《周易》、《尚书》、《毛诗》、《三礼》、《论语》、《孝经》，使古文经学达到成熟的境地。生徒常有千余人，郑玄、卢植都出其门。他除注群经外，兼注《老子》、《淮南子》，又常坐高堂，施绛纱帐，前授生徒，后列女乐，对魏晋清谈家的破弃礼教有一定影响。著作已佚，清马国翰《玉函山房辑佚书》、黄奭《汉学堂丛书》都有辑录。另有赋、颂等二十一篇。有集已佚，明人辑有《马季长集》。

赵岐（约108—201） 东汉经学家。字邠卿，初名嘉，字臺卿。京兆长陵（今陕西咸阳市东北）人。任并州刺史，因党锢被免职。后任议郎、太常等职。有

《孟子章句》，收入《十三经注疏》中。

景鸾 东汉经学家。字汉伯。广汉梓潼(今属四川)人。少学经，能理《齐诗》、《施氏易》，兼受《河图》、《洛书》图纬。曾兼取《河》、《洛》文句作《易说》及《诗解》。又抄风角杂书，列其占验，作《兴道》。数上书陈救灾变之术。另有《交集》、《礼内外记》、《月令章句》等。

郑玄(127—200) 东汉经学家。字康成。北海高密(今属山东)人。世称"后郑"，以别于郑兴、郑众父子。曾入太学学今文《易》和公羊学，又从张恭祖学《古文尚书》、《周礼》、《左传》等，最后从马融学古文经。玄游学归里，聚徒讲学，弟子众至数百千人。因党锢事被禁，潜心著述，以古文经说为主，兼采今文经说，遍注群经，成为汉代经学的集大成者，称郑学。在整理古代历史文献上颇有贡献。但喜综合，以不同为同，以《周官》为真周制，凡不合者皆归入殷制。以《礼》注《诗》，造成许多附会。今通行本的《十三经注疏》中《毛诗》、"三礼"注，即采用郑注。另注《周易》、《论语》、《尚书》和纬书；又作《发墨守》、《箴膏肓》、《起废疾》，以反驳何休。美学思想上，强调文艺的政教和认识作用及审美和道德观念的紧密联系。所撰《诗谱》，据《史记》年表和《春秋》中有关史实，分别排列《诗经》中十五国风、二雅、三颂的谱系，以显示《诗经》各部分与其时代政治、风土的关系。但以经学家眼光分析艺术作品，忽视了艺术的特殊性。另有《六艺论》、《驳五经异义》等，均佚，清袁钧《郑氏佚书》、马国翰《玉函山房辑佚书》有辑本。孔广林《通德遗书所见录》、黄奭《高密遗书》也有辑载。

荀爽(128—190) 东汉经学家。一名谞，字慈明。颍川颍阴(今河南许昌)人。幼而好学，博通六经。年十二能诵《春秋》、《论语》，耽思经籍，时人称"荀氏八龙，慈明无双"(《后汉书·荀爽传》)。拜郎中，旋即上疏指斥时弊，主张"遵法尧汤，式是周孔"(同上)，盛称儒家礼义尊卑之行。后遭党锢，隐居而专事著述，时称"硕儒"。董卓征之，欲遁不得，遂拜平原相，旋追光禄勋。后与王允等欲共图卓，适病卒。治古文费氏(直)《易》，曾著有《礼》、《易传》、《诗传》、《尚书正经》、《春秋条例》、《公羊问》、《辨谶》等，合为《新书》百余篇，均佚。清马国翰《玉函山房辑佚书》辑有《周易荀氏注》三卷，孙堂《汉魏二十一家易注》辑有荀爽《周易注》一卷。

何休(129—182) 东汉末经学家。字邵公，任城樊(今山东兖州市西南)人。继董仲舒之后今文经学的集大成者。在经学史上以治《春秋公羊传》闻名。曾以列卿子诏拜郎中，后病辞，太傅陈蕃曾征他参与政事。蕃败，休坐废锢，党禁解，又辟为司徒，拜汉郎，再迁谏议大夫。钻研今文诸经，有感于当时章句之学的烦琐，"讲诵师言至于百万，犹有不解"(《春秋公羊传注疏序》)，积十七年作《春秋公羊解诂》，仿《春秋左氏传》，为《公羊春秋》制定凡例，立"三科九旨"之说与"五始、七等，六辅、二类"(参见《春秋公羊传解诂》)之义。经他"隐括使就绳墨"，系统地阐发《春秋》中的"微言大义"，成为今文经学家议政的主要依据。《解诂》中提出的关于历史进化的"三世"(太平、升平、衰乱)之说，对后世影响颇大。反对当时以贾逵为代表的古文经学，曾作《公羊墨守》、《左氏膏肓》、《穀梁废疾》，皆佚。

服虔 东汉经学家。初名重，又名祇，字子慎。河南荥阳人。中平末，曾任九江太守。信古文经学，撰有《春秋左氏传解谊》，以《左传》驳难今文经学家何休。东晋元帝时，服氏《左传》曾立博士。南北朝时，北方盛行服《注》。唐孔颖达撰《五经正义》，《左传》专用杜(预)《注》，服《注》遂亡。清马国翰《玉函山房辑佚书》辑存四卷，李贻德辑有《左传贾(逵)服(虔)注辑述》一书。

高诱 东汉末经学家、训诂家。涿郡涿(今河北涿州市)人。少时受学于同县卢植。建安十年(205)任司空掾，旋任东郡濮阳(今属河北)令，后迁监河东。有《孟子章句》、《孝经注》，均佚。另有《战国策注》(已残)、《淮南子注》(今与许慎注相杂)、《吕氏春秋注》。

虞翻(164—233) 三国吴经学家。字仲翔。会稽余姚(今属浙江)人。少好学，初从王郎，后从孙策为功曹。孙权时为骑都尉。因谏谪交州。曾为《老子》、《论语》、《国语》、《周易》作训注，尤精于《易》学。治今文《孟氏易》，将八卦与天干、五行、方位相配合，推论象数。认为前人讲《易》，多玩章句，于经疏阔。其览诸家义有不当者，则悉改定，以就其正。不信鬼神，孙权与张昭尝论及神仙，翻指张昭曰："彼皆死人，而语神仙，世岂有仙人邪！"(《三国志·吴书·虞翻传》)所著训注，均佚。今存《奏上易注》、《奏郑玄解尚书违失事因》等，载《三国志·吴书》中。

王肃(195—256) 三国魏经学家。字子雍。东海(郡治今山东郯城西南)人。历官散骑黄门侍郎、散骑常侍领秘书监兼崇文观祭酒、侍中、河南尹、太常等。博通经籍，善贾逵、马融之学，与郑玄学派对立，世称"王学"。曾遍注群经，不分今文、古文，对各家经义加以综合。所注《尚书》、《诗经》、《论语》、《三礼》、《左传》及其父王朗所作《易传》，在晋代皆列于学官。各书均佚，马国翰《玉函山房辑佚书》有其辑本。另今存伪造《孔子家语》及解。

孙炎 三国魏经学家、训诂学家。字叔然。乐安(今山东博兴东北)人。郑玄弟子，当时称为"东州大儒"。撰《周易春秋例》，并为《毛诗》、《礼记》、《春秋三传》、《国语》等书作注。另撰《尔雅音义》，用反切注音，反切从此盛行。所撰各书已佚，清马国翰《玉函山房辑佚书》有辑本。

刘寔(209—310，一说约220—约310) 魏晋间经学家。字子真，平原高唐(今属山东)人。自小贫苦，好学，博通古今。曹魏时，先后任河南尹丞、尚书郎、廷尉正。后历吏部郎，参相国军事。入晋，累迁少府。咸宁中为太常。转尚书，又为大司农。后起为国子祭酒、散骑常侍。元康初，累迁太子太保，加侍中、特进、右光禄大夫、开府仪同三司，领冀州都督，拜司空，迁太保，转太傅，官至太尉。以当世多进取，而廉逊之道缺，故著《崇让论》以矫之。又尤精《三传》，辨正《公羊》，又撰《春秋条例》二十卷。

杜预(222—284) 西晋经学家。字元凯。京兆杜陵(今陕西西安市东南)人。历任镇西长史、河南尹、度支尚书、镇南大将军都督荆州诸军事，与张华、羊祜等筹略伐吴，以功晋爵当阳县侯。博学多通，曾与贾充等定《晋律》，并为之注解。所定律令，删繁就简，文约例直。泰始年间受诏作《黜陟之课》，改革历代考课法，主张“每岁一考，则积优以成陟，累劣以取黜”(《晋书·杜预传》)。又以时历差舛，不应晷度，作《二元乾度历》。多谋略，“兼儒风而转战”，耽思经籍，期于济世，知无不为，世称“杜武库”。研治儒家经籍，尤精《春秋左氏传》，谓《公羊》、《穀梁》是诡辩之言，乃撰《春秋左氏经传集解》，排列年代，将经文及传归附此类，“专取丘明之传，以释孔氏之经”(孔颖达《春秋正义序》)，并常以《左传》纠正《春秋》之误，是注解《左传》书中流传至今最早的一种。收入《十三经注疏》中。又撰《春秋释例》、《盟会图》、《春秋长历》等，成一家之学。

杜武库 即“杜预”。

王接(266，一说267—305) 西晋经学家。字祖游。河东猗氏(今山西临猗南)人。曾任郡主簿、功曹史、平阳从事、都官从事等。学问博通，精《礼》、《春秋传》。认为：“《左氏》辞义赡富，自是一家书，不主为经发。《公羊》附经立传，经所不书，传不妄起，于文为俭，通经为长。”还注《公羊春秋》，又撰《列女后传》。

孔衍(267—320) 西晋经学家。字舒元，鲁国(今山东曲阜)人，孔子二十二世孙。通《诗》、《书》，曾任安东参军、中书郎，领太子中庶子。博览群书，精于经学，凡所撰述，百余万言。著作有《凶礼》一卷、《春秋公羊传集解》十四卷、《春秋穀梁传》十四卷、《魏尚书》八卷、《说林》二卷、《兵林》六卷。

虞喜(281—356) 东晋经学家、天文学家。字仲宁。会稽余姚(今属浙江)人。博学好古。历任功曹。察孝廉，州举秀才，司徒辟，皆不就。专心经传。主“宣夜说”，认为“天高穷于无穷，地深测于不测。天确乎在上，有常安之形；地魄焉在下，有居静之体。当相覆冒，方则俱方，圆则俱圆，无方圆不同之义也。其光曜布列，各自运行，犹江海之有潮液，万品之有行藏也”(《安天论》)。有《安天论》、《志林》、《广林》、《后林》。

宣文君(283—?) 前秦女经学家。姓宋，名失传。籍贯不详。太常韦逞之母。家传周官学。苻坚曾令学生120人从她受业，使周官学得以保存流传。时人称为“宣文君”。

范宣 东晋经学家。字宣子。陈留(今河南开封东南)人。博综众书，尤长于《三礼》之学。不就官职，常以讲诵为业。在郡立乡校，教授生徒有数百人。曾有人问范宣：“君博学通综，何以太儒?”范宣回答说：“汉兴，贵经术，至于石渠之论，实以儒为弊。正始以来，世尚老庄。逮晋之初，竟以裸裎为高。仆诚太儒，然‘丘不与易’。”言谈未尝及《老》、《庄》。所著《礼论难》、《易论难》，皆佚。严可均《全晋文》从杜佑《通典》中辑出其有关礼学答问的残篇。

刘兆 两晋间经学家。字延世，济南东平(今属山东)人，博学洽闻，从受业者数千人。五辟公府，三征博士，皆不就，潜心著述。以《春秋》一经而三家殊途，诸儒是非之议纷然，互为仇敌，乃思三家之异，合而通之。认为《周礼》有调人之官，故作《春秋调人》。又为《春秋左氏》解，名曰《全综》，《公羊》、《穀梁》，解诂皆纳经传中，又撰《周易训注》，以正动二体互通其文。

梅赜 一作“梅颐”或“枚赜”、“枚颐”。字仲真。东晋汝南(治今湖北武汉)人。曾任豫章内史。献伪《古文尚书》及伪《尚书孔氏传》，东晋君臣信以为真，立于学官。宋吴棫、朱熹，元赵孟頫、吴澄，明梅鷟，均加怀疑或批驳；直到清阎若璩作《古文尚书疏证》、惠栋作《古文尚书考》，才完全证明他所献的是伪书。

枚赜 即“梅赜”。

范宁(339—401) 东晋经学家。字武子。南阳顺阳(今河南淅川东南)人。少笃学，多所通览。因受桓温压制，温死始为余杭令。后历官临淮太守、中书侍郎、豫章太守。宁崇尚儒学，深患时俗放荡，不遵礼度，著《王弼、何晏罪深于桀纣论》，反对王、何所倡导的玄学，认为中原倾覆的原因，乃在于玄学流行，尤归咎于“王、何蔑弃典文，不遵礼度，游辞浮说，波荡后生”，斥为“二人之罪，深于桀纣”(《晋书·范宁传》)。原有集十六卷，已佚。今存《春秋穀梁传集解》收入《十三经注疏》内，另有《与会稽王道子笺》及《王弼、何晏罪深于桀纣论》等文，载《晋书·范宁传》中。

徐邈(345—398) 东晋经学家。东莞姑幕(今山东诸城西北)人。祖南渡居京口(今江苏镇江)。博涉多闻。中年后始补中书舍人，迁散骑常侍，转祠部郎，迁中书侍郎，官至骁骑将军。所注《穀梁传》，见重于时。还著有《周易音》一卷、《穀梁传注》十二卷、《穀梁传义》十二卷、《答春秋穀梁传义》三卷，有《文集》二十卷。

伏曼容(420—502) 南朝齐梁经学家。字公仪。平昌安丘(今属山东)人。早孤，少笃学。善《老》、《易》，聚徒教授为业。宋明帝时为骠骑行参军、尚书外兵郎。齐高帝时任太子率更令、中散大夫。梁武帝时拜司徒司马，出为临海太守。倡儒术，重玄理，多伎术，善音律，熟射驭、风角、医算。有《周易集解》、《毛诗集解》、《丧服集解》、《论语义》等。

何佟之(448—503) 南朝齐梁经学家。字士威。庐江灊(今安徽霍山)人。自少即好《三礼》。在齐朝历任司徒车骑参军事、尚书祠部郎、镇北记室参军、皇太子侍讲、丹阳邑中正、步兵校尉、国子博士、骠骑谘议参军、骁骑将军。梁武帝即位，尊重儒术，以佟之为尚书左丞。是时百度草创，佟之依《礼》定议，所著文章、《礼义》百许篇。

贺瑒(451—510) 南朝梁经学家。字德琏。会稽山阴(今浙江绍兴)人。齐朝时,为国子生,扬州祭酒,兼国子助教。梁武帝时,复为太常丞,召见讲说《礼》义,又以瑒兼《五经》博士,为皇太子定礼,撰《五经义》。其悉礼旧事,梁武帝创定礼乐,所提建议,多见施行。后任步兵校尉,领《五经》博士。于《礼》尤精,对《礼》、《易》、《老》、《庄》等均有注疏,又撰有《宾礼仪注》等。

崔灵恩 南朝梁经学家。清河武城(今属山东)人。少笃学,从师遍通《五经》,尤精《三礼》、《三传》。先在北魏为太常博士,后归梁朝,梁武帝时任员外散骑侍郎,累迁步兵校尉,兼国子博士。后历任长沙内史、明威将军、桂州刺史。聚徒讲授,听者常数百人。先习《左传》服(虔)解,又改说杜(预)义,每文句常申服以难杜,遂著《左氏条义》以明之。当时儒者论天,互执浑天、盖天二义,论盖不合于浑,论浑不合于盖。他以为浑、盖为一焉。又集注《毛诗》二十二卷,集注《周礼》四十卷,撰《三礼义宗》四十七卷,《左氏经传义》二十二卷,《左氏条例》十卷,《公羊穀梁文句义》十卷。

刘芳(453—513) 北朝北魏经学家,字伯文,彭城(今江苏徐州)人。笃志坟典,佣书自给。孝文帝时,拜中书博士、中书侍郎,入授皇太子经。后迁国子祭酒、侍中。宣武帝时,任中书令、太常卿。议定律令,修正朝议。博通经传,兼览《苍》、《雅》,尤长音训,时称"刘石经"。有《周官仪礼音》、《毛诗笺音义考》、《礼记义证》、《徐州人地录》等。

严植之(456—508) 南朝齐梁经学家。字孝源,建平秭归(今属湖北)人。少善《庄》、《老》,能玄言,精解《丧服》、《孝经》、《论语》。及长,遍治郑氏《礼》、《周易》、《毛诗》、《左氏春秋》。齐永明中,始为庐陵王国侍郎,迁广汉王国右常侍。建武中,迁员外郎、散骑常侍。寻为康乐侯相,梁武帝天监年间为后军骑兵参军事。梁武帝诏求通儒治五礼,以植之兼《五经》博士。后迁中抚军记室参军,犹兼博士。撰有《凶礼仪注》四百七十九卷。

徐遵明(475—529) 北魏经学家。北学代表人物之一。字子判。华阴(今属陕西)人。讲学二十余年,沿袭东汉儒家经说,传授《周易》、《尚书》、"三礼"、《左传》,学生很多。曾得西晋旧本服虔注《左传》,研读数年,有《春秋义章》三十卷,已佚。

刘献之 北魏经学家。博陵饶阳(今属河北)人。博览群书,号称"儒宗"。孝文帝时,征典内校书,以疾辞。作《毛诗序义》,北朝《毛诗》学者都出于他的门下。另有《三礼大义》、《三传略例》诸书,已佚。

皇侃(488—545) 一作"皇偘"。南朝梁经学家。吴郡(治今江苏苏州)人。曾任国子助教、员外散骑侍郎。治"三礼"、《论语》、《孝经》等,撰有《论语义疏》,略于名物制度,而以老庄玄学解经。表现当时的学风。书收入《古经解汇函》。另有《礼记讲疏》、《礼记义疏》、《孝经义疏》,均佚,清马国翰《玉函山房辑佚书》有辑本。

费甝 南朝梁经学家。江夏(今湖北武汉市武昌区)人。曾任国子助教。撰《尚书义疏》。南朝末年,《义疏》传入北方,为北方学人所接受。唐孔颖达撰《尚书正义》,亦多采用费《疏》。

司马筠 南朝齐梁经学家。字贞素,河内温(今河南温县西南)人。齐朝建武中,任王府行参军。梁天监初,历任暨阳令、尚书祠部郎、王府谘议、权知左丞事、尚书左丞、始兴内史。博通经术,尤明《三礼》。

顾越(493—569) 南朝梁陈经学家。字允南。吴郡盐官(今浙江海宁西南)人。仕梁,历官五经博士、武陵王府录事参军、晋安王府咨议参军、国子博士。入陈,历官黄门侍郎、中书舍人、天保博士。掌礼仪,为帝师。家传儒学,深明《毛诗》,尤善《老》、《庄》、兼工缀文,对《九章》、七曜、音律、图纬亦颇有研究。有《丧服义疏》、《毛诗义疏》、《老子义疏》等。

孔子袪(496—546) 南朝梁经学家。会稽山阴(今浙江绍兴)人。少贫好学,遂通经术,尤明《古文尚书》。历官国子助教、司文侍郎、中书通事舍人、步兵校尉、通直正员郎。梁武帝著《五经讲疏》时请其寻找义证。有《尚书义》、《集注尚书》、《集注周易》(续朱异)、《集注礼论》(续何承天)等。

乐逊(500—581) 北朝西魏经学家。字遵贤。猗氏(今山西临猗南)人。从徐彦受《孝经》、《论语》、《左氏春秋》等诸经大义。废帝时受召讲授《孝经》、《论语》、《毛诗》及服虔注《春秋左氏传》。历官小师氏下大夫、伯中大夫、皇太子谏议、露门博士、扬州刺史等。有《春秋序义》、《孝经序论》、《毛诗序说》等。

沈重(500—583) 南朝梁经学家。字子厚。吴兴武康(今浙江德清)人。专心儒学,尤明《诗》、《左氏春秋》、《礼》,对阴阳图纬、道经、释典无不通涉。仕梁,历国子助教、五经博士、通直散骑常侍、都官尚书,领羽林监,开讲《周礼》。应北周武帝聘,至京师讨论《五经》,校定钟律,为朝士、儒生、桑门、道士讲三教义。授骠骑大将军、露门博士。后复归梁。有《周礼义》、《仪礼义》、《礼记音》、《毛诗音》等。

沈峻 南朝梁经学家。字士嵩,吴兴武康(今浙江德清)人。初为王国中尉,后任侍郎、国子助教,兼《五经》博士。后任华容令、员外散骑侍郎等。与中书舍人贺琛共撰《梁官》,与孔子袪同补西省学士、助撰录。后任中书通事舍人、武康令,博通《五经》,尤长《三礼》。

沈文阿(502—563) 南朝梁陈经学家。字国卫,吴兴武康(今浙江德清)人。研精章句,又博采先儒异同,自为义疏。专治《三礼》、《春秋三传》。为梁临川王国侍郎,累迁兼国子助教、《五经》博士,为国子博士,寻领步兵校尉,兼掌仪礼,迁通直散骑常侍,兼国子博士,梁武帝时与沈洙同掌仪礼。撰有《仪礼》八十余卷,《经典大义》十八卷。

郑灼(513—581) 南朝梁陈经学家。字茂昭,东阳信安(今浙江衢州)人。励志儒学,早年受业于皇侃。梁朝时,累迁员外散骑侍郎、给事中、安东临川王府记室参军，转平西邵陵王府记室，通直散骑侍郎，兼国子博士。后为威戎将军，兼中书通事舍人。陈朝时，累迁中散大夫，以本职兼国子博士。尤精《三礼》。现日本早稻田大学藏《礼记子本疏义》唐写本残卷《礼记·丧服小记》第十五的疏义，被认为由其所撰。

王元规(516—589) 南朝梁陈经学家。字正范。太原晋阳(今山西太原市西南)人。从师沈文阿，通《春秋左氏传》、《孝经》、《论语》、《丧服》。仕梁，官宣城王记室参军。入陈，历官鄱阳王府记室参军、国子助教、尚书祠部郎、南平王府限内参军。曾为陈后主讲授《礼记》、《左传》、《丧服》。入隋，官秦王府东阁祭酒。有《春秋发题辞》、《续经典大义》、《孝经义记》、《左传音》等。

沈洙(517—569) 南朝梁陈经学家。字弘道。吴兴武康(今浙江德清)人。在梁朝历任湘东王国左常侍、中军宣城王限内参军、板仁威临贺王记室参军、尚书祠部郎中等。后任国子博士，与沈文阿同掌仪礼。在陈朝，历任员外散骑常侍、扬州别驾从事史、大匠卿、通直散骑常侍、尚书左丞、扬州大中正、光禄卿、尚书左丞、戎昭将军等。通于《五经》章句、诸子史书，专治《三礼》、《春秋左氏传》之学。

沈不害(517—580) 南朝梁陈经学家。字孝和。吴兴武康(今浙江德清)人。梁朝时，累迁梁太学博士，转庐陵王府刑狱参军，长沙王府谘议，带汝南令。陈文帝天嘉初，除衡阳王府中记室参军，兼嘉德殿学士。针对自梁陈之际政治丧乱，国学庠序之教未立的局面，上书请立国学。建议“弘振礼乐，建立庠序，式稽古典，纡迹儒宫，选公卿门子，皆入于学，助教博士，朝夕讲肄”，从而“擢秀雄州，扬庭观国，入仕登朝，资优学以自辅，莅官从政，有经业以治身”，为陈文帝所采纳。后为尚书仪曹郎，迁国子博士，领羽林监，敕治五礼，又改任仁武南康嗣王府长史，行丹阳郡事。转员外散骑常侍、光禄卿，官至通直散骑常侍，兼尚书左丞。治经术，博综坟典，曾著《五礼仪》一百卷、《文集》十四卷，已佚。

戚衮(518—581) 南朝梁陈经学家。字公文。吴郡盐官(今浙江海宁西南)人。少时受《三礼》之学于国子助教刘文绍，后任扬州祭酒从事史兼太学博士、员外散骑侍郎、员外散骑常侍、江州长史、国子助教、中卫始兴王府录事参军等职。从宋怀方研究《仪礼》义，撰有《三礼义记》、《礼记义》，已佚。

熊安生 北朝经学家。北学代表人物之一。字植之。长乐阜城(今河北阜城东)人。通五经，精“三礼”。北齐时，任国子博士。后入北周，武帝宣政元年(578)，官露门学博士，不久，致仕卒。沿袭东汉儒家经说，有《周礼》、《礼记》、《孝经》诸义疏，已佚。清马国翰《玉函山房辑佚书》辑有《礼记熊氏义疏》四卷。

顾野王(519—581) 南朝梁陈经学家。字希冯。吴郡吴(今江苏苏州)人。初仕梁，仕陈时官至光禄卿。精于文字训诂。曾搜罗和考证古今文字的形体和训诂。梁大同九年(543)著成《玉篇》。

张讥 南朝梁陈经学家。字直言。清河武城(今属山东)人。少通《孝经》、《论语》，笃好玄言，受学于汝南周弘正。仕梁，为士林馆学士。侯景乱起，曾为哀太子讲《老》、《庄》。入陈，为国子助教、武陵王限内记室、东宫学士、国子博士。陈亡入隋。性恬静，慕闲逸，讲释教授《周易》、《老》、《庄》。有《周易义》、《尚书义》、《孝经义》、《论语义》、《老子义》等，均佚。清马国翰《玉函山房辑佚书》辑有《周易张氏讲疏》一卷。

刘炫 隋经学家。字光伯。河间景城(今河北沧县西)人。刘献之的三传弟子。开皇中，奉敕修史。后与诸儒修定五礼，授旅骑尉。旋任太学博士。死于隋末，门人谥为宣德先生。相信伪《尚书孔氏传》，并伪造《连山易》、《鲁史记》等；唯提出《春秋》规过之论，对后世影响较大。有《尚书述义》、《春秋攻昧》、《五经正名》、《毛诗述义》诸书，已佚，清马国翰《玉函山房辑佚书》有辑录。

徐彦 《春秋公羊传疏》作者。或谓唐人；或谓北魏人，即徐遵明。所撰的书收入《十三经注疏》。

陆德明(约 550—630) 唐经学家、训诂学家。名元朗，以字行。苏州吴县(今江苏苏州)人。隋炀帝时，擢秘书学士，迁国子助教。入唐，任国子博士。其经学思想倾向于“南学”。从陈至德初，曾采集汉、魏、六朝音切，凡二百三十余家，又兼采诸儒训诂，考证各本异同，撰《经典释文》，是研究中国文字、音韵及经籍版本等的重要参考书。又沿袭玄学观点，列《老子》、《庄子》于书内，视为经典。

孔颖达(574—648) 唐经学家。字冲远。冀州衡水(今属河北)人。生于北朝，少时曾从刘焯问学。隋大业初，选为“明经”，授河内郡博士。到唐代，历任国子博士、国子司业、国子祭酒诸职。曾奉唐太宗命主编《五经正义》一百八十卷，根据南学约简，以玄学治经和北学涤芜、引用谶纬的特点，融合南北经学家的见解，形成唐代义疏派。极力主张贵贱尊卑的区别。唐代用其书作为科举取士的标准。

杨士勋 唐初学者。里第生平不详。曾任四门博士，撰《春秋穀梁传疏》，收入《十三经注疏》。

颜师古(581—645) 唐经学家。名籀，字师古，以字行(据《旧唐书》本传，《新唐书·儒学传》作“字籀”)。京兆万年(今陕西西安)人。官至中书侍郎。精于文字训诂。作《汉书注》、《急就章注》及《匡谬正俗》等，考证文字，多所订正。

朱子奢(?—641) 唐经学家。吴(今江苏苏州)人。少从顾彪习《春秋左氏传》。博观子史，善文辞。隋炀帝时，直秘书学士。唐高宗时，任国子助教。唐太宗授员散骑侍郎，出使高丽等三国。后直国子学，转谏议大夫、弘文馆学士、国子司业。善以经谊缘师。曾与孔颖达共撰《礼记正义》。

贾公彦 唐经学者。洺州永年(今属河北)人。永徽中，官至太学博士。有《周礼义疏》、《仪礼义疏》，都收入《十三经注疏》。

褚无量(645—719,一说646—720) 唐经学家。字弘度。杭州盐官(今浙江海宁西南)人。幼从沈子正受经,刻意坟典,尤精《三礼》、《史记》。擢明经第,累授国子博士,迁司业兼修文馆学士。玄宗时,为皇太子讲《孝经》、《礼记》,拜左散骑常侍兼国子祭酒。疏请将内府旧书,缮写校刊,以广经籍,并在丽正院部汇整比,修书续纂。有《翼善记》、《史记讲稿》、《至言讲稿》等。

啖助(724—770) 唐经学家。字叔佐。赵州(治今河北赵县)人。后徙关中。曾任丹阳主簿。长于《春秋》之学,考核"三传",以为《左传》叙事虽多,而解释"大义"则多有误。撰有《春秋集传》和《春秋统例》。后由赵匡、陆淳加以补订、编纂,开宋儒怀疑经传的风气。他的遗说,保存在陆淳《春秋集传纂例》中。清马国翰《玉函山房辑佚书》辑有《春秋集传》一卷。

张镒(?—783) 唐经学家。字季权,一字公度。苏州(今属江苏)人。以荫授官,累迁殿中侍御史。代宗时,授濠州刺史。招经术之士,讲教生徒,研经著述。德宗时,官御史中丞、吏部侍郎、中书侍郎、集贤殿学士。能经史,善《三礼》。有《三礼图》、《五经微旨》、《孟子音义》等。

赵匡 唐经学家。字伯循。河东(治今山西永济西南)人。官洋州刺史。曾补订啖助所撰《春秋集传》和《春秋统例》,并自撰《春秋阐微纂类义疏》。以为《春秋》文字隐晦,不易明了,乃举例阐释,发挥"微言";又怀疑《春秋》经文有缺误,开宋代学者怀疑经传的风气。他的遗说保存在陆淳《春秋集传纂例》中。清马国翰《玉函山房辑佚书》另辑存一卷。

陆淳(?—806) 唐经学家。字伯冲,后改名质。吴郡(治今江苏苏州)人。授左拾遗,历信、台二州刺史。师事啖助、赵匡,传其春秋学。以为《左传》长于叙事,但宣传《春秋》"大义",则不如《公羊传》和《穀梁传》。综合啖助,赵匡之说,撰《春秋集传纂例》、《春秋微旨》、《春秋集传辩疑》等,开宋儒怀疑经传的风气。书今存,收入《古经解汇函》。

郑覃(?—842) 唐经学家。郑州荥泽(今河南郑州西北)人。以父荫补弘文校书郎,累擢谏议大夫。文宗时,召为翰林侍讲学士,进工部侍郎 。深于经术,醇笃守正,每以厚风俗黜朋比为言。累官御史大夫、门下侍郎 、弘文馆大学士。以宰相领国子祭酒,奏请置五经博士,刊石经于太学,并进《石壁九经》。

邢昺(932—1010) 北宋经学家。字叔明。曹州济阴(今山东曹县西北)人。擢九经及第,官礼部尚书。所撰《论语正义》,讨论心性命理,为后来理学家所采纳。另有《尔雅义疏》和《孝经正义》,均收入《十三经注疏》中。

孙奭(962—1033) 北宋学者。字宗古。博川博平(今山东茌平西博平镇)人。曾任国子监直讲、兵部侍郎、龙图阁学士,以太子少傅致仕。曾奉诏校定东汉赵岐《孟子注》。又撰集各家之说,研讨音释,疏其疑滞,备其缺遗,补充唐陆德明《经典释文》的不足。撰有《孟子音义》。传另有《孟子疏》,南宋朱熹谓为伪作。

刘敞(1019—1068) 北宋学者。字原父。世称公是先生。临江新喻(今江西新余)人。庆历进士。官至集贤院学士,判南京御史台。长于春秋学,摆脱传统束缚,开宋儒批评汉儒的先声。有《七经小传》、《春秋权衡》、《公是集》等。

聂崇义 北宋经学家。洛阳(今属河南)人。少举《三礼》,善《礼》学,通经旨。后汉高祖时,累官至国子博士,校定《公羊春秋》,刊板于国学。后周世宗时,累迁国子司业兼太常博士。博采先儒旧图,参定郊庙器玉。宋太祖时,考证《三礼图》上之,诏从,行于世。为学官,兼掌礼,世推该博。有《三礼图》,存于《通志堂经解》。

陈祥道(1053—1093) 宋经学家。字用之。长乐(今福建福州)人。治平进士。哲宗时累官为太常博士,官至秘书省正字。贯通经传,尤稽《礼》。著书论礼,多掊击郑学,敢发新义。解说《礼》之名物,间以绘图,为时所重。有《礼书》、《论语全解》。

高闶 南宋经学家。字抑崇。学者称息斋先生。明州鄞县(今浙江宁波市鄞州区)人。绍兴进士。历官秘书省正字、权礼部员外部、著作佐郎、国子司业、礼部侍郎。曾主崇道观。奏以《六经》、《论语》、《孟子》义、诗赋、子史论、时务策为太学考试内容和次序,立郡国士补国学监生制度,中兴学制,多所建明。学宗北宋程颐。有《春秋集注》。

李焘(1115—1184) 南宋经学家。字仁甫,一字子真,号巽岩。眉州丹棱(今属四川)人。绍兴进士。任礼部郎中、秘书少监,继直显谟阁、宝文阁,迁秘阁修撰,进敷文阁学士,同修国史。博极载籍,搜罗百氏,以史自任,尤熟本朝典故。通天文历法和音韵、文字学。有《续资治通鉴长编》、《春秋学》、《六朝通鉴博议》、《说文解字五音韵谱》等。

洪适(1117—1184) 南宋经学家。字景伯。原名造。鄱阳(今属江西)人。绍兴中举博学宏词科。历官中书舍人、翰林学士、端明殿学士、参知政事,官至尚书右仆射。以文名闻于时。曾著书收辑汉石经残字一千九百余字。有《隶释》、《隶续》等。

程大昌(1123—1195/1196) 南宋经学家。字泰之。休宁(今属安徽)人。绍兴进士。历官著作佐郎、国子司业、浙东提点刑狱、侍讲、权吏部尚书、龙图阁学士。曾拒增酒税,行代输,修堰治水。生平笃学,于古今事无不考究,尤精于地理之学。有《禹贡论》、《易志通言》、《考古篇》、《演繁露》等。

李壁(1159—1222) 南宋经学家。字季章,号雁湖居士。眉州丹棱(今属四川)人。淳熙进士。任著作佐郎兼刑部郎、权礼部侍郎兼直学院。出使金时,曾杀抗金义勇。后助韩侂胄伐金,为草出师诏,奏贬秦桧。继任权礼部尚书、参知政事。私遣使者致金帅求和,预闻谋诛侂胄不奏,谪抚州。后授端明殿学士、资政殿学士。精典章制度,搜集群经百氏无遗。有《雁湖集》、《涓尘录》、《挥毫录》、《临汝闲书》等。

张洽(1161—1237) 南宋经学家、哲学家。字元德。临江清江(今江西樟树)人。嘉定进士。历官松滋尉、袁州司理参军、永新知县、池州通判、秘书郎、著作佐郎。曾主建昌仙都观、建康崇禧观,兴复白鹿洞书院。师事朱熹,自《六经》传注而下,皆究其指归,对诸子百家、山经地志、《老子》浮屠之说,皆有研究。为学用力于"敬",以"主一"名斋,又以"思之思之,又重思之,思之不通,鬼神将通之"(《宋史·张洽传》)为穷理之要。有《春秋集注》、《春秋集传》、《续通鉴长编事略》、《历代郡县地理沿革表》等。

李心传(1167—1244) 南宋经学家。字微之。隆州井研(今属四川)人。赐进士出身。庆元荐于乡,后绝意不复应举,闭门著书。晚任史馆校勘、成都府通判、著作佐郎、四川制置司参议官、工部侍郎。曾修《中兴四朝帝纪》、《十三朝会要》。有史才,通故实。有《学易编》、《春秋考》、《礼辨》、《道命录》等。

胡一桂(1247—?) 宋元之际经学家。字庭芳,号双湖。婺源(今属江西)人。南宋景定年间领乡荐,试礼部不第,退而讲学,教授乡里以终。博通经史,尤精《周易》。著书论《易》,一以南宋朱熹之学为宗,纂疏亦以朱子为断。有《周易本义附录纂疏》、《周易启蒙翼传》、《朱子诗传附录纂疏》、《十七史纂》等。

陈栎(1252—1334) 元经学家。字寿翁,号定宇,晚号东阜老人。休宁(今属安徽)人。少通经史,为乡人师。宋亡,科举废,遂著书发挥补正南宋朱熹学说。元延祐乡试中选,不复赴礼部,闭门教授,足迹不出乡里。执教善诱学者。有《四书发明》、《尚书集传纂疏》、《礼记集义》、《定宇集》等。

赡思(1278—1351) 元经学家。字得之,号文孝。大食国(阿拉伯帝国)人。迁居真定(今河北正定)。召为应奉翰林文字,预修《经世大典》。后拜陕西行台监察御史,授佥浙西肃政廉访司事、浙东肃政廉访司事。曾疏请将浙右诸僧寺中道人、道民、行童等勒归本族,以宽民力。博览群书,邃于经,尤深《易》学,精于天文、地理、钟律、算数、水利,并旁及国外著作和学说。为学重笃实之学,见诸践履。有《四书阙疑》、《五经思问》、《奇偶阴阳消息图》、《老庄精旨》等。

吴师道(1283—1344) 元经学家、哲学家。字正传。婺州兰溪(今属浙江)人。至治进士。历官高邮县丞、池州建德县尹、国子博士、奉议大夫、礼部郎中。师事金履祥。为学大抵务在发挥义理,而以辟异端为先务。为教一本南宋朱熹之旨,而遵许衡之成法。工词章,歌诗清丽俊逸。有《易诗书杂说》、《春秋胡传附辨》、《战国策校注》、《敬乡录》等。

汪克宽(1304—1372) 元明之际经学家。字德辅,一说字德一,又字仲裕。祁门(今属安徽)人。少从父学,后师事吴仲连。元泰定年间中举,会试以伉直见黜,遂弃科举,尽力于经学。执教弟子甚众。元亡,不仕。明洪武初,聘至京师,同修《元史》。精《春秋胡传》,通音训。有《春秋胡传附录纂疏》、《程朱传义音考》、《礼经补逸》、《环谷集》等。

薛凤祚(1599—1680) 清经学家、历算学家。字仪甫。山东淄川(今淄博)人。曾师事孙奇逢等,著《圣学心传》,发明"认理寻乐"之旨。从魏文鬼学天文,主持旧法。顺治中,学西学,成《天学会通》十余种,皆合中西以立法。以顺治十二年(1655)乙未天正冬至为元,以三百六十五日二十三刻三分五十七秒五微为岁实,黄赤道交度有加减,恒星岁行五十二秒,与天步真原同。另有《两河清汇考》,研究黄河、运河以及职官夫役道里之数、历代治河成绩,援据古今,疏证颇详。

刁包(1603—1668) 清经学家、学者。字蒙吉。直隶祁州(今河北安国)人。天启举人。明亡,曾拒任李自成所授官。清立国后,遂不为仕,归隐筑"潜宝亭"、"肥遁"两斋,著书养母二十余年。曾与孙奇逢辩质"良知",联诸儒讲学。弟子私谥文孝。学重高攀龙书,以谨言行为要,主言语不苟,取与不苟,出处不苟。生平著书,一以明道为主。有《易酌》、《四书翼注》、《辨道录》、《潜宝札记》等。

毛奇龄(1623—1716) 清经学家。一名甡,字大可,号秋晴,又以郡望称西河。浙江萧山(今杭州市萧山区)人。明亡,曾哭于学宫三日。清康熙十八年(1679),荐举博学鸿词科,授翰林院检讨,充《明史》纂修官。博览群书,尤精经学,作《河图洛书原舛编》、《太极图说遗议》。又由经文引义,著《春秋毛氏传》、《春秋简书刊误》、《春秋属辞比事记》,均条例清晰,考据精核。治经不信宋儒,而务与南宋朱熹立异。所作《论语稽求编》、《圣门释非录》等,大多驳难朱注,而尊奉明王守仁之说。然颇执持己见,好为辩驳以求胜。撰《古文尚书冤词》,力反阎若璩之说,以古文尚书为真。遗书曾由门人蒋枢编为经、文二部,经文五十种,文集二百三十四卷。

朱彝尊(1629—1709) 清经学家。字锡鬯,号竹垞。秀水(今浙江嘉兴)人。康熙十八年(1679)开博学鸿词科时,彝尊以布衣入选,授检讨。康熙二十年,充日讲起居注官,入直南书房,与姜宸英、严绳孙合称"海内三布衣"。参与撰修《明史》,多所建议。初以诗词古文名,中年以后,肆力于经史之学。每出游,必载十三经、二十一史以自随,遇断碑残碣之文,莫不搜剔考证,与史传相参校。著《经义考》三百卷,于十四经外,附以逸经、毖纬、拟经、家学、承师、宣讲、立学、刊石、书壁、镂版、著录、通说诸门;每书前列撰人姓氏、书名、卷数,次列存佚,阙未见字,次列序跋及诸儒论说;并自为案语附后;涉上下二千年传经原委,赅博详赡。另有《日下旧闻》、《五代史补注》、《曝书亭集》等。

李因笃(1631—1692) 明清之际学者。字天生,一字子德。富平(今属陕西)人。明诸生。曾与顾炎武、李颙等相交往。康熙年间举博学鸿词科,授翰林院检讨,纂修《明史》,旋忧归不出。在朝阳书院讲学,强调以礼教人。论学重经贯史。学宗南宋朱熹。重审幾思诚。工诗,精音训,尤熟明代事迹。有《春秋说》、《汉诗评》、《汉诗音注》、《受祺堂文集》等。编有《会讲录》。

徐乾学(1631—1694) 清初学者。乾嘉朴学的先导。字原一,号健庵。江南昆山(今属江苏)人。顾炎武外甥。康熙进士。后授编修,历官内阁学士、左都御史、刑部尚书。解职南归后,因亲属、门客依势横行,受夺职处分。曾充经筵讲官,笃志经学。凡唐、宋、元、明先儒解经之书,属世所不常见者,均收览考订,汇集成《通志堂经解》刊行。又愤于当时丧礼流失,旧典弃而不讲,乃从经史群籍中纂集历代丧制,附以近世通儒之论,并加案语成《读礼通考》一百二十卷。任《大清一统志》、《清会典》副总裁,又充《明史》总裁官,诗文雍容和平。另有《宋元通鉴》、《澹园集》等。家中藏书颇丰,有《传是楼书目》。

徐世沐(1632—1716) 清学者。字尔翰,晚号青麓,又号青牧。江阴(今属江苏)人。厌弃科举。为学笃信朱熹,注重切己反求。强调学以致用,认为"圣贤之学,随知随行,若知而不行,虽读尽十三经二十一史,徒敝精神,其光阴可惜也"(见陆世仪《四书惜阴录后》)。有《四书惜阴录》等。

万斯大(1633—1683) 清经学家。字充宗,晚号跛翁,学者称褐夫先生。浙江鄞县(今浙江宁波市鄞州区)人。斯同兄。师事黄宗羲。不事科举,勤研诸经,认为"非通诸经不能通一经;非悟传、注之失则不能通一经;非以经释经,则亦无由悟传、注之失"(《清史稿·儒林二》)。为学尤精《春秋》、《三礼》。于《春秋》,则有"专传论世"、"属辞比事"、"原情定罪"诸义例。其治《三礼》,有《仪礼商》、《礼记偶笺》、《周官辨非》,不拘汉学、宋学之门户,重裁断,能取甲乙证据,剖前人之是非争辩。又怀疑《周礼》非周公所作而系后人伪托。另有《学春秋随笔》、《学礼质疑》。

胡渭(1633—1714) 清经学家、地理学家。初名渭生,字朏明,号东樵。浙江德清人。十五岁为县学生,后弃科举。专究经义,认为五经中唯《易》无所用图,六十四卦,二体六爻之画,即图也。撰《易图明辨》,考定宋儒易学所谓"河图"、"洛书",乃袭用五代末道士陈抟之说,北宋邵雍、南宋朱熹袭用其说,方始盛行,由此断定"图"、"书"之说,实乃修炼、术数二家旁分《易》学之支流。阐述了宋儒与道教的关系。尤精舆地之学。曾与阎若璩等佐徐乾学修《大清一统志》。又撰《禹贡锥指》,搜采方志、水经舆图,参之传记,阐释《尚书·禹贡》,于山川形势、郡国分合、道里远近夷险、河道浃溢改流及其沿革变迁,详加讨论说明,为研究中国历史地理沿革的重要参考书。另有《洪范正论》、《大学翼真》等。

阎若璩(1636—1704) 清经学家。乾嘉派先导学者。字百诗,号潜邱。山西太原人,迁居江苏淮安。康熙中,应博学鸿词科,不第,遂研习经史,遇有疑义,则反复穷究,必得解答乃止。后客于徐乾学。晚年声名颇著,曾为雍正所礼遇。为学承顾炎武遗风,认为三百年来文章学问不及唐、宋、元者,"八股时文害之也"(《潜邱札记》卷一)。注重考订校勘;但矫枉过正,已失顾氏"通经致用"的精神。长于考据,为世所称道。沉潜二十余年,撰《古文尚书疏证》(亦称《尚书古文疏证》),引经据古,考定东晋梅赜所献《古文尚书》和《孔安国尚书传》为伪。于地理尤精审,认为读书不仅要论其世,还要论其地,故撰《四书释地》,对山川形势,州郡沿革,以及人名物类训诂典制,事必求其根底,言必求其依据,旁参互证,多所贯通。虽专注考据训诂,但未否定宋儒义理之学,认为"天不生宋儒,仲尼如长夜",其意仅欲以汉儒博物考古,与宋儒阐明义理相印证。另有《潜邱札记》、《孟子生卒年月考》。

万斯同(1638—1702) 清经学家、史学家。字季野,学者称石园先生。浙江鄞县(今宁波市鄞州区)人。斯大弟。黄宗羲弟子。习明末刘宗周之学,专注于古学,博通经史,尤熟于明代掌故。充《明史》纂修官,手定《明史》稿五百卷。精于治经,曾受徐乾学之请,纂《续礼通考》。治学长于史,对前史体例贯穿精熟,注重详证。有《儒林宗派》、《书学汇编》、《群书疑辨》、《石园诗文集》。

陈启源(?—1683 或 1689) 清经学家。字长发。江苏吴江人。平生喜读书,晚岁精研经学,"间谈佛教"(见皮锡瑞《经学历史》)。《四库全书总目提要》称其"于经义之外,横滋异学,非惟宋儒无说,即汉儒亦岂有是论哉?"为学不拘于汉学、宋学之门户。历十四年,三易稿而撰《毛诗稽古编》三十卷,对经文的诠释,一以毛传《诗》为准,而以郑玄《笺》佐之,训诂声音以《尔雅》为主,名物则据三国陆机《疏》。其引据赅博,疏证详明,实可与阎若璩《古文尚书疏证》齐名。另有《尚书辨略》、《读书偶笔》、《存耕堂稿》。

吴任臣(?—1689) 清经学家、史学家。字志伊,一字尔器,号托园。浙江仁和(今杭州)人。康熙末召试博学鸿词,授翰林院检讨。学博思深,通贯经史,兼擅天官奇壬之术。以欧阳氏《五代史》附十国世家不免遗漏,时事亦间有未究,固取其间人物事实而章著之,网罗典籍,成《十国春秋》,列纪、传,人以国分,事以类属;为纪元、世系、地理、藩镇、百官五表;又为考异夹注各条之下,以示有征;采择详博,考据明慎。另有《字汇补》、《山海经广注》、《托园诗文集》等。

姚际恒(1647—约 1715) 清学者。字立方,一字首源。安徽桐城人,寄居浙江仁和(今杭州)。诸生。少时曾泛观百家之书,后专事于经,攻伪古文。对汉儒经传,由怀疑进而考据辨正。撰《九经通论》,越十四年而成,然不见传世。与阎若璩同时辨"古文尚书"之伪,撰《尚书通论辨伪例》,其功力不在阎氏之下。又撰《古今伪书考》,考据详严,学者称之,后收入《知不足斋丛书》。于《诗》,作《诗经通论》,主张废毛诗《序》。另有《庸言录》、《好古堂书目》。

刘献廷(1648—1695) 清经学家、音韵学家。字继庄,一字君贤,别号广阳子。顺天大兴(今属北京)人。一生未仕。以教读著述为事,因少时久以燃香夜读,眇一目。其学主经世,自象纬、律历、关塞、财赋、军政之属，旁及岐黄、释老家言，无不穷究。与衡山王夫之、昆山徐乾学等为师友。对音韵有深入研究，从《华严》入手，参以天竺陀罗尼、泰西拉丁语、小西天梵书，以及天方、蒙古、女真等音，著《新韵谱》，立鼻音二，为韵本，分开、合，各转阴阳上去入五音共十声；次定喉音四，为韵宗，为正喉音，由此得半音、转音、伏音、送音、变喉音；继以二鼻音配四喉音，立八韵，分为北韵宗和西南韵宗；又以喉音互相合，得音十七，喉音与鼻音互相合，得音十，以有余不尽者三合之，得五，共三十二音，为韵父，而韵历二十二位，为韵母，横转各有五子，而万有不齐之声统摄于此。门人黄宗夏辑有《广阳杂记》。

刘继庄 即“刘献廷”。

陈厚耀（1648—1722） 清经学家、历算学家。字泗源，号曙峰。江苏泰州（今泰州市）人。康熙进士。官苏州府教授。大学士李光地荐其通天文算法，改内阁中书。廷试算法，授翰林院编修，入直内廷。迁国子监司业，转左春坊左谕德。以天算之法治《春秋》，曾补西晋杜预《长历》为《春秋长历》，推算较杜预为密。另有《春秋战国异辞》、《春秋世族谱》、《通表》、《摭遗》等。

惠周惕 清经学家。原名恕，字元龙，一字砚谿。江苏吴县（今苏州）人。康熙进士。选翰林院庶吉士，曾任密云（今属北京）知县。从徐枋游，博览群经章句，乃成通儒。长于经学，尤精考据，是吴派经学的导源人。继明清之际黄宗羲、清胡渭等辨《易》之传统，撰《易传》二卷，弃宋儒《易》学而专守汉儒《易》说，推及治他经，亦尊奉汉儒，尚经传家法而信古训。著《诗说》，谓大雅、小雅以音别，非以政别。另有《春秋问》、《三礼问》、《诗说》及《砚谿诗文集》。

臧琳（1650—1713） 清经学家。字玉林。江苏武进（今常州）人。康熙年间，补县学生。后绝意科举，以读经考古为务。生平博观群书，长于两汉之学，尤精《说文》、《尔雅》。主张治经应据汉注唐疏，由字、词训诂以明道，谓：“不识字何以读书，不通训诂何以明经”（《清史稿·儒林二》）。以日常读经心得，积文成《经义杂记》，皆会粹唐以前经师之说，以供后人参考征订。另有《尚书集解》、《尚书考异》等。

王懋竑（1668—1741） 清学者。字予中。先祖自苏州迁宝应（今属江苏），居白田，学者称作白田先生。康熙进士，补安庆府学教授，授翰林院编修，在上书房行走。后辞官归乡，笃志经史，杜门著书。校读《礼注》、《诗疏》，平生精力，尤粹于《朱子年谱》，大旨在辩为学次序，以攻姚江之学。注重考据的治学方法，整理朱子之学。所著《白田杂著》，对《朱子文集》、《朱子语类》有详实考订，谓《易本义》前九图、《筮仪》皆后人伪托，非朱熹所作，着意为朱熹辩诬释谤。焦循推崇其“以经学醇儒为天下重”（《雕菰楼集·李孝臣先生传》）。另有《读书记疑》等。

惠士奇（1671—1741） 清经学家。字天牧，一字仲孺，晚号半农居士，人称红豆先生。江苏吴县（今苏州）人。康熙进士，选翰林院庶吉士，授编修、侍读学士。曾典试湖南，督学广东。盛年兼治经史，后尤邃于经学，谓经之义存乎训，识字审音乃知其义，力主由古训以明经义。治经一依汉儒，并旁求于周秦诸子，以其“去古未远”，可以为征，而不肯下取唐、宋经师之说，方法较宋儒为缜密，但较拘泥。传父周惕之学，撰《易说》六卷，搜集汉儒经说，以为汉儒言《易》，虽说法不同，然指归为一，皆不可废。又撰《春秋说》，肯定《春秋》本《周礼》以纪事，而事莫详于“左氏”，论莫正于“穀梁”，专守古文经学之说。另有《交食举隅》、《红豆斋小草》、《咏史乐府》等。

顾栋高（1679—1759） 清经学家、史学家。字震沧，又字复初，号左畬。无锡（今属江苏）人。康熙进士，授中阁中书。乾隆时，被荐为经明行修之士，赐国子监司业衔。研习五经，尤笃好《春秋》左氏学。毕生精力编《春秋大事表》并附舆图一卷，将春秋列国史事、天文、历法、世系、官制、疆域、地理等皆列表说明，以订旧说之伪。每表有序，诸序又皆引据赅洽，考据详明，持议平允。撰《毛诗类释》，采录旧说，阐明经义，颇为谨严。另有《大儒粹语》、《尚书质疑》等。

江永（1681—1762） 清经学家、音韵学家。字慎修。婺源（今属江西）人。少时即研习《十三经注疏》。治学以考据为主，长于比勘，开皖派经学的风气。戴震曾从其学。深于《三礼》，撰《礼经纲目》，其书仿南宋朱熹《仪礼经传通解》体例，博考群经，洞悉条理，补充和完成朱熹《通解》之不足及未竟之绪。另于古今制度、天文地理、钟律推步等，无不深究索隐。又精于音理，注重审音，撰《古韵标准》、《四声切韵》、《音学辨微》等。另有《近思录集解》、《乡党图考》等。

沈彤（1688—1752） 清经学家。字冠云，号果堂。江苏吴江（今江苏苏州市吴江区）人。乾隆初由诸生应博学鸿词科，不入选。荐修《三礼》及《大清一统志》，书成授九品官，耻不仕，归里著述。为学以穷经为事，认为“经者，天地之心，圣人之情，而彝伦之则也。人不穷经则悖，文不根经则驳”。治经能贯穿前人之异同。其学长于三礼。认为宋欧阳修怀疑《周官》官多田少禄不给之说，后人多从其说，乃详究周制，撰《周官禄田考》，分《官爵数》、《公田数》、《禄田数》三篇，计算精密，以辨正欧说。又著《仪礼小疏》，取《士冠礼》、《士昏礼》、《公食大夫礼》、《丧服士丧礼》为之疏证，订正旧义之伪。兼通医术，另有《果堂集》、《吴江县志》、《震泽县志》等。

卢见曾（1690—1768） 清经学家。字抱孙，号雅雨，一号澹园。德州（今属山东）人。康熙进士。历官四川洪雅知县、六安州知州、江南江宁府知府、安徽颍州知州、两淮盐运使。曾校刊《乾凿度》、《高氏战国策》、《郑氏尚书大传》、李鼎祚《周易集解》及子史等书，补刊朱彝尊《经义考》。有《雅雨堂诗文集》、《出塞集》。刻有《雅雨堂丛书》、《金石三例》、《山左诗钞》、《感旧集》等。

杭世骏（1696—1773） 清经学家。字大宗，别字堇甫。浙江仁和(今杭州)人。雍正时受聘为福建同考官。乾隆初,召试鸿词,授编修。校勘武英殿《十三经》、《二十四史》,纂修《三礼义疏》。改御史,后罢归,杜门奉母,自号秦亭老民。后与里中耆旧及方外友结南屏诗社。博通经史,尤精史学。对《史记》、《汉书》、《三国志》、《晋书》、《北史》等诸史,著有考异、疏证、补注、传赞等。晚年补纂《金史》,构"补史亭",成书几百余卷。另有《道古堂文集》、《诗集》、《石经考异》、《续礼记集》等。

迮鹤寿(?—1773) 清经学家。字兰宫。江苏长洲(今苏州)人。道光进士。改池州府教授。博览群籍,特长考据。嗜经学,兼明天文历算。认为汉翼少君习《齐诗》,每假天象变异以警惕人主,无愧通儒;《齐诗》亡逸最早,四始五际诗篇之部分,值岁之多寡,后世罕有言者,乃著《齐诗翼氏学》,发挥西汉今文家微言大义,并纠正《诗纬》之误。又撰《帝王世纪地名衍》,推测三代土田户口之数。又考订夏商周九州经界开方计里,使封建井田之制,皆可推算而得,成《孟子班爵禄正经界两章考疏证》。

惠栋(1697—1758) 清经学家。吴派经学的奠基人。字定宇,号松崖,人称小红豆先生。江苏吴县(今苏州)人。惠周惕孙,士奇次子。惠氏世守古学,而栋所得最精。早年颇研文词、史籍,旁涉诸子百家及佛、道学,后始专心经术。治经以博闻强记见长,主张遵古训守家法,认为汉经师之说与经并行,凡学出于汉儒者皆当遵守。专宗汉《易》,所撰《周易述》,承父辈治《易》传统,专搜集汉儒"易"说,加以编辑考订,末编附以己意,以发明汉《易》之理,并论述《河图》、《洛书》和宋先天、太极之学的关系。撰《古文尚书考》,考定东汉郑玄所传二十四篇为孔壁真古文,晋人所献"尚书"当为伪古文。又撰《九经古义》,本于《尔雅》、《说文》,专论经中古字古义。另有《明堂大道录》、《禘说》等。

秦蕙田(1702—1764) 清经学家。字树峰,号味经。江苏金匮(今无锡)人。乾隆进士。授翰林院编修。曾任礼部侍郎,工部、刑部尚书,兼理国子监算学,充经筵讲官。少承家学,以经术笃行,知名海内。认为儒者不能舍经以谈道,离经以求学。专力"三礼"之学,继徐乾学《读礼通考》体例,网罗众说,撰《五礼通考》二百六十二卷,自称平生精力尽于此书,以详考古代礼制的演变渊流。又喜治《易》,认为"易者象也",称先儒详于言理,略于言象,故撰《周易象义曰笺》。曾考定《四声表》,另于律吕、算数、医方等皆有著述。

姚范(1702—1771) 清学者。字南菁。安徽桐城人。乾隆进士。授翰林院庶吉士,充三礼馆纂修,学者称薑坞先生。私受方苞的论学主张,志于研经,曾以经学传侄姚鼐。所作诗文,不主家法,必达其意,有自己风格,对姚鼐颇具影响。有《援鹑堂笔记》、《古文集》等。

齐召南(1703—1768) 清经学家。字次风,号琼台,晚号息园。浙江天台人。乾隆元年(1736)举博学鸿词,改庶吉士,授检讨,历官至礼部右侍郎。曾主敷文书院。参与纂修经史,分撰《礼记注疏考证》、《前汉书考证》等。又参与纂修《大清一统志》、《大清会典》、《续文献通考》。精地理之学。以为郦道元《水经注》明于西北而暗于东南,且域外之水道未详,故参考康熙五十七年(1718)实测绘制的《皇舆全图》,成《水道提纲》,河海溪涧,溯源穷委。另有《史汉功臣侯第考》、《历代帝王表》、《后汉公卿表》等。

褚寅亮(1715—1790) 清经学家。字搢升,一字宗郑,号鹤侣。江苏长洲(今苏州)人。乾隆举人。授内阁中书,官至刑部员外郎,故又称褚部郎。后曾主常州龙城书院。覃精经学,一以注疏为归。尤精治礼,研究礼经近三十年,墨守家法,专主郑学。以为宋儒好标新立异,《仪礼》一书为空谈义理者不能措辞,乃著《仪礼管见》,贯穿全经,疏通证明。又作《公羊释例》,阐发公羊五始三科九旨七等六辅二类之义。又精天文历算,长勾股和较诸法,作《勾股广问》。另有《周礼公羊异义》、《十三经笔记》、《诸子笔记》、《诸史笔记》等。

卢文弨(1717—1796) 清经学家、校勘学家。字绍弓,号矶渔,又号檠斋,晚号弓父,人称抱经先生。浙江余姚人。乾隆进士,官翰林院编修。曾提督湖南学政。历主江、浙各书院讲席。与戴震、段玉裁友善,潜心汉学,为乾嘉间校雠经史子书名家。学风谨严,所校《逸周书》、《孟子音义》、《荀子》、《吕氏春秋》、《韩诗外传》、《春秋繁露》、《白虎通》、《经典释文》等,均不专主一说,以参合他书,择善而从。有《抱经堂集》、《仪礼注疏详校》、《广雅释天》等。

程晋芳(1718—1784) 清学者、经学家。字鱼门,号蕺园。安徽歙县人。乾隆进士。历官内阁中书、吏部主事、员外郎、翰林院编修。少好儒,曾罄其财购书五万卷,招致方闻锓学之士,与共探讨。博学多闻,经史子集、天星地志、虫鱼考据,俱有研究。晚年与朱筠、戴震游,治经穷心训诂。为学好刘宗周守身事亲之说。诗文并擅,与袁枚唱和,闻名于时。有《周易知旨编》、《尚书今文释义》、《春秋左传翼疏》、《勉行斋文》、《蕺园诗》等。

庄存与(1719—1788) 清经学家,常州学派的开创者。字方耕,号养恬。江苏武进(今常州)人。乾隆进士。授编修,屡迁内阁学士,擢礼部侍郎。曾督直隶学政。兼治六经,尤精于春秋公羊学,引宋儒理学解《春秋》,倡清代今文经学。但不拘于汉学、宋学之别,而求其融通,能以古文经学的《周礼》济今文之公羊学。所撰《春秋正辞》,据西汉董仲舒、东汉何休的公羊学,专力发挥《春秋》中的"微言"、"大义",为常州学派的先导著作。论《易》,有《彖传论》、《象传论》、《系辞传论》、《序卦传论》等;于《书》,有《尚书既见》、《书说》,专门剖析经义。另有《毛诗说》、《周官记》、《周官说》等有关古文经传的书。所撰各书,后人汇为《味经斋遗书》。

江声(1721—1799) 清经学家。本字鳣涛,后改字叔沄,自号艮庭。江苏元和(今苏州)人。一生未仕。曾师事惠栋，宗汉儒经说，长于旁搜博引。深研古训，精治《说文》，以为经、子古书之准绳。又受惠栋《古文尚书考》、阎若璩《尚书古文疏证》影响，认东晋梅赜所献《古文尚书》为伪，故集汉儒之说，参与己见，成《尚书集注音疏》，经文注疏，皆以古篆书之。平生与人书札，亦不作楷书，实与时俗学风不合，故其书不甚行于时。另有《论语质》、《六书说》、《恒星说》、《艮庭小慧》等。

纪昀(1724—1805)　清校勘目录学家、文学家。字晓岚，一字春帆，晚年自号石云。献县(今属河北)人。乾隆进士，历官贵州都匀府知府、翰林院侍读学士、内阁学士、兵部侍郎、尚书、左都御史、礼部尚书、协办大学士等。曾任四库全书馆总纂官。于经史子集、医卜词曲之书无所不读。萃一生精力纂定《四库全书总目提要》，提纲挈领，条理百家，介绍评论，语多颇当。于经学则尤深汉《易》，力辟"河图"、"洛书"之谬。能诗及骈文，有《纪文达公遗集》。另有《阅微草堂笔记》，辑有《历代职官表》、《河源纪略》、《热河志》、《八旗通志》等。

纪晓岚　即"纪昀"。

王昶(1725—1806)　清学者，金石学家。字德甫，一字兰泉，又字琴德，号述庵。江苏青浦(今属上海)人。乾隆进士。历任内阁中书、鸿胪寺卿、大理寺卿、左副都御史，江西、直隶、陕西按察使，云南、江西布政使，刑部右侍郎等官。曾主教娄东书院和敷文书院。于经学、理学、声音、训诂、金石、古文、诗词等皆有研究。时有"南王(昶)北朱(笥河)"之称。尤嗜金石之学，收罗商周铜器及历代石刻拓本一千五百余种，编撰《金石萃编》一百六十卷，为金石集大成之书。又参与纂修《大清一统志》、《续三通》、《通鉴辑览》、《同文志》等书。在云南时著有《铜政全书》。另有《春融堂诗文集》、《明词综》、《国朝词综》、《湖海诗传》。

程瑶田(1725—1814)　清经学家。字易田，一字易畴，号让堂。安徽歙县人。乾隆举人。官江苏嘉定(今属上海)教谕。与戴震、金榜同学于江永，读书好深沉之思，于义理、训诂、制度、名物、声律、象数无所不窥。平生著述，长于旁搜曲证，不屑依傍传注。撰《仪礼丧服文足征记》，纠正东汉郑玄注《礼》之失，撰《禹贡三江考》，订正北魏郦道元《水经注》之误。晚年失明，尚口授孙辈续成《琴音记》。另有《宗法小记》、《释宫小记》、《考工创物小记》、《水地小记》、《数度小记》、《论学外篇》等，统名《通艺录》。

阎循观(1727—1771)　清学者。字怀庭，号伊蒿。山东昌乐人。乾隆进士。官至吏部主事。曾讲学于程符山。初好佛学，后读宋儒之书，遂宗程朱。为学主省身克己。有《困勉斋私记》、《西涧文集》等。

朱筠(1729—1781)　清经学家。字竹君，一字美叔，号笥河。顺天大兴(今属北京)人。乾隆进士。选庶吉士，授编修，迁赞善，擢侍读学士，提督安徽、福建学政。奏请从《永乐大典》中搜辑遗书，缮写以备著录，后参与纂辑《四库全书》，得世所不传者五百余部，次第刊布海内。又总办《日下旧闻》纂修事。聚书数万卷，博闻宏览，以经学六经倡。论经本文字训诂，教士主以《说文解字》。好以金石文字为经史佐证，撰《十三经文字异同》，未果。为学以人才经术名义为急。有《笥河集》。

朱笥河　即"朱筠"。

余萧客(1729或1732—约1778)　清经学家。字仲林，一字古农。江苏长洲(今苏州)人。惠栋弟子。15岁即攻群经，以为空谈理气，无补经术。后博览经史，涉及道藏、释典等。认为唐以前对经的注疏解说颇多阙遗，乃从诸史传、类书中广搜唐以前解经旧说，随条备录，依次编定，成《古经解钩沉》三十卷。另有《文选纪闻》、《文选音义》、《注雅别钞》、《选音楼诗拾》等。

翁方纲(1733—1818)　清书法家、金石学家、经学家。字正三，号覃溪，晚号苏斋。直隶大兴(今属北京)人。乾隆进士，改庶吉士，授编修。历任江西、湖北、江南、顺天等地乡试考官，又督广东、江西、山东学政，累官至内阁学士。精通金石、谱录、书画、词章等，在文坛颇有声望。以"质实"、"通变"为美。为纠"神韵"说的灵空，"格调"说的拘泥，倡导"肌理"说，与"性灵"说相抗衡。追求考证学问、儒家经术的"质实"，认为"考订诂训之事与词章之事，未可判为二途"(《蛾术集序》)，诗文应"以经术实之"(《神韵论》下)。提倡"通变"，即师古善变之法。针对"神韵"说，认为师古要正本探源，充实学问；针对"格调"说，认为通变须穷形善变，以我运法，化格调之见而后言格调。形成以学问为本，以考证为途径，以通变为方法的文艺美学论体系。反映出清朝提倡读经，时代风气崇尚考证的明显影响。有《复初斋文集》、《复初斋诗集》、《石洲诗话》等。

李惇(1734—1784)　清经学家。字成裕，一字孝臣。江苏高邮人。乾隆进士。注选知县，旋南归。曾主暨阳书院。博洽通敏，治经尤深于《诗》及《春秋》三传。与王念孙、汪中等相讲习，力倡古学，极一时之盛。晚好历算，与嘉定钱塘齐名。著《群经识小》，考诸经古义二百二十余事，精确不磨，多前人所未发。另有《左传通释》、《杜氏长历补》、《历代官制考》、《说文引书字义考》等。

钱塘(1735—1790)　清经学家。字学渊，一字禹美，号溉亭。江苏嘉定(今属上海)人。钱大昕侄。乾隆进士。官江宁府学教授。早年工诗，后致力经史，精于音韵、文字、吕律、历算之学。著《律吕古义》，认为"言律必求其实用，律之数寓于度量权衡。"又著《史纪三书释疑》，对律历天官家言皆究其本源，疏通考证。另有《春秋左氏传古义》、《淮南天文训补注》、《说文声系》、《述古篇》等。

金榜(1735—1801)　清经学家。字蕊中，一字辅之，又字檠斋。安徽歙县人。乾隆进士。师事江永，与戴震友善。自小以博学深造为志。官内阁中书，在军机处行走，后官翰林院修撰，旋告假归家，著书自娱。邃于经学，擅长三礼，学宗东汉郑玄。学术思想以“不信亦非，悉信亦非”为治经之大法。著《礼笺》，凡《周礼》十五篇，《礼经》十七篇，《戴记》十六篇及附图等，博采撷要，对古代天文、地域、田赋、学校、庙堂、车旗、器服等皆有考证。另有《周易考占》等。

段玉裁(1735—1815)　清经学家，文字训诂学家。字若膺，号茂堂。江苏金坛人。师事戴震。乾隆举人。官贵州玉屏县知县、四川巫山县知县等。晚年称病辞官，潜心著述。治经多从字义入手，以为如此方可通群经大义。积数十年精力专攻东汉许慎《说文》，详稽博辨，对其中有为后人窜改者、漏落者、失其次者，一一考而复之。所著《说文解字注》，为研究文字训诂学的重要参考书。其于音韵学亦有研究，撰《六书音均表》，颇多创见。对程朱理学有所批评，认为朱熹所谓“虚灵不昧，以具众理而应万事”，是因袭佛氏之说。另有《古文尚书撰异》、《毛诗小学》、《毛诗故训传定本》、《经韵楼集》等。

桂馥(1736—1805)　清经学家，文字训诂学家。字冬卉，号未谷。山东曲阜人。乾隆进士。官云南永平县知县。平生博涉群书，潜心训诂，精通声义。认为士不通经不足致用，而训诂不明则不足以通经。但同时又反对鄙儒“摘其章句而不能统其大义”(《清史稿·儒林传二》)的训诂方法。取许慎《说文》与诸经之义相疏证，著《说文义证》五十卷，为其一生精力之所粹。后人以桂(馥)、段(玉裁)并称，认为“段氏之书，声义兼明而尤邃于声；桂氏之书，声亦并及而尤博于义”(同上)。但当时两人并未相见，书亦未见。另有《缪篆分韵》、《札朴》、《晚学集》等。

孙志祖(1737—1801)　清经学家。字贻谷，或作颐谷，号约斋。浙江仁和(今杭州)人。乾隆进士。历官刑部主事、郎中、江南道监察御史。旋告归，专事著述。晚年掌教紫阳书院。认为三国魏王肃伪撰《孔子家语》，诬圣背经，乃著《家语疏证》，博集群书，疏通证明。又认为《孔丛子》亦王肃伪托，《小尔雅》亦王肃借古书以成，乃作《疏证》以辨其妄，惜未卒业。又著《读书脞录》，考论经、子、杂家，折衷精详。另有《文选考异》、《选注补正》等。

任大椿(1738—1789)　清经学家。字幼植，一字子田。江苏兴化人。乾隆进士。官礼部郎中，并充任四库全书馆纂修官。少工文词，后究心经史传注，精训诂。尤长于《礼》，著《弁服释例》、《深衣释例》、《释缯》，用即类以求、推类而广的方法，对古礼名物详加考证。《四库全书礼经类提要》虽不是出于其一手，但皆其所审定。于训诂则有《小学钩沉》、《字林考逸》。另有《吴越备史注》、《子田诗集》等。

丁杰(1738—1807)　清经学家，校勘学家。原名锦鸿，字升衢，号小疋。浙江归安(今湖州)人。乾隆进士。少家贫，就读书肆中，用力甚勤。后入四库全书馆，与朱筠、戴震、卢文弨等相互讲习。官宁波府学教授。博通经史，精于校勘，旁及文字、音韵、算数。以一生功力，作《大戴礼记绎》、《周易郑注后定》。曾与友许宗彦一起，对《墨子》一书中《经上》、《经下》、《经说上》、《经说下》四篇，用旁行读法加以整理、阐发。为人校订刊行之书则有《毛诗陆疏》、《方言汉隶字原》、《复古编》等。

孔继涵(1739—1783)　清经学家。字体生，一字诵孟，号荭谷。山东曲阜人。乾隆进士。官户部主事，充《日下旧闻》纂修，后归隐著书。深研三礼，对天文地志、经学字义、算数之书无不博综，尤精天文、算术。与戴震友善。凡所钞校者，数千百帙。好金石，集唐以来金石刻千余种，与经义史志相比附。又汇梓罕存之本，为《微波榭丛书》七种及《算经》十书，世称善本。有《春秋世族谱》、《春秋闰例日食例》、《勾股粟米法释》、《红榈书屋集》等。

邵晋涵(1743—1796)　清史学家，经学家。字与桐，一字二云，号南江。浙江余姚人。乾隆进士。官翰林院编修，后擢侍讲学士。曾与周永年、戴震、余集等同入四库全书馆。时人言经学首推戴震，言史学则首推邵晋涵。从《永乐大典》中辑录《旧五代史》，并博采《册府元龟》等，考证补阙，编排成书。又有志重修《宋史》，撰《南都事略》，叙南宋史事，未竟而卒。于经学则著有《尔雅正义》，宗郭璞，兼采汉人旧注，多独到见解，为研究训诂学的重要著作。另有《孟子述义》、《穀梁正义》、《南江诗文集》等。

雷学淇　清经学家、史学家。字瞻叔。顺天通州(今北京)人。嘉庆进士。任山西和顺知县，改贵州永从县知县。生平好讨论之学，每得一解，必求其会通，务于诸经之文无所抵牾；传笺注疏，取舍多殊，但期于事理之合。为其父鐏所著《古今服纬》作注释，附以《释问》、《异同表》。又以《夏小正》一书备三统之义，究心参考二十余年，著《夏小正经传考》、《夏小正本义》。爱博考隋唐以前诸书所称引者，搜辑参证，经时九年，稍复《竹书纪年》旧观，并以《竹书》长历推验列宿岁差。另有《古今天象考》(附《图说》二卷)、《校辑世本》、《亦嚣斋经义考》等。

钱坫(1744—1806)　清经学家、书法家。字献之，号十兰。江苏嘉定(今属上海)人。钱大昕侄。自小家贫，闭户自学。历十三年而通经史。官乾州州判，后称病引归。积三十年精力著《史纪补注》，对古代地理沿革及文字音韵钻研颇深。善篆书，宗秦李斯。另有《十经文字通正书》、《说文解字斠诠》、《汉书地理志集释》、《镜铭集录》等。

钱大昭(1744—1813)　清经学家、文字训诂学家。字晦之，一字竹庐。江苏嘉定(今属上海)人。钱大昕弟。曾参与校录《四库全书》。通经史，精训诂。认为注史与注经不同，注经以明理为宗，理寓于训诂，训诂明而理自见；注史以达事为主，事不明，训诂虽精无益。撰《汉书辨疑》、《后汉书辨疑》及《三国志辨疑》，于地理、官制颇多考证。又撰《迩言》，考证成语、俗谚的渊流。另有《说文统释》、《尔雅释文补》、《广雅疏义》、《诗古训》、《经说》等。

王念孙(1744—1832)　清经学家，音韵训诂学家。字怀祖，号石臞。江苏高邮人。乾隆进士。历任翰林院庶吉士、工部主事、陕西道御史、吏科给事中、永定河道、山东运河道等官。治经不墨守一家，必诸说并列以求其是。认为“说经者期于得经意而已”,故虽属于“汉学之门户,而不囿于汉学之藩篱”(《经义述闻·叙》)。曾从戴震受声音文字训诂,认为训诂之旨,本于声音。以《广雅》向无善本,讹文脱字甚多,乃旁考诸书,加以订正,成《广雅疏证》。又博搜汉以前古训,由古音求古义,颇多创见。又撰《读书杂志》,对《逸周书》、《战国策》、《管子》、《荀子》、《晏子春秋》、《墨子》、《淮南子》、《史记》、《汉书》、《汉隶拾遗》等典籍中古义之晦,钞写之误,均一一正明。其他撰述未就之稿尚有数十巨册,其子王引之承之,遂开高邮一派。

梁玉绳(1745—1819) 清经学家、史学家。字曜北,自号清白士。浙江钱塘(今杭州)人。乾隆时贡生。年未四十,即弃科举,专心撰述。对《尚书》、《春秋》三传多有研究,尤精于史部。所著《史记志疑》,历时二十五年,五易其稿,钱大昕称其为龙门功臣。卒年七十六。另有《吕子校补》、《汉书人表考》、《元号略说》、《清白士集》等。

庄述祖(1750—1816) 清经学家。字葆琛,学者称珍艺先生。江苏武进(今常州)人。乾隆进士。历官昌乐知县、潍县知县、桃源同知。受经术于伯父庄存与,研求精密,于世儒所不经意者,覃思独辟,洞见本末。以为六书之义,转注谐声最繁而无定说,遂用《尔雅》之例,编《说文转注》,用广韵例,又博考三代、秦、汉有韵之文,编《说文谐声》,使说文之学由是遂明,周、秦之书无不可读。旁及《逸周书》、《尚书大传》、《史记》、《白虎通》,于其舛句讹字,佚文脱简,易次换第,草薙腋补,咸有证据,无不疏通。著述宏富,遗书几百卷。有《尚书今古文考证》、《夏小正经传考释》、《毛诗考证》、《五经小学述》等。

刘台拱(1751—1805) 清经学家。字端临,一字江岭,号子阶。江苏宝应人。乾隆举人。开四库馆时,在都与戴震、邵晋涵、王念孙等交游,稽经考古,旦夕讲论。后授丹徒县训导。为学自天文、律吕、六书、九数、声韵、文字等,靡不该贯。群经中于三礼最精。治经不持门户,于汉、宋诸儒之说,不专一家,惟是之求。著《论语骈枝》,说“子所雅言,诗书执礼”,推广郑义,驳正西汉孔安国注,认为疑出魏人依托。另有《汉学拾遗》、《经传小记》、《荀子补注》、《淮南子补注》等,编为《端临遗书》。

刘端临 即“刘台拱”。

章宗源(1752—1800) 清经学家。字逢之,浙江山阴(今绍兴)人。乾隆举人。博览群书,积十余年,采获经史群籍传注,辑录自唐宋以来亡佚古书共数箱,订正异同文字,编次成帙,皆为之疏通。性好佛,因与广慧寺和尚明心有政治牵连而被罢斥。终身长斋蔬食。有《隋书经籍志考证》,后所刊于湖北书局者,仅存史部五卷。一说清马国翰《玉函山房辑佚书》即为章宗源所辑稿。

孔广森(1752—1786) 清经学家、音韵学家、数学家。字众仲,一字㧑约,又号顨轩。山东曲阜人。乾隆进士。曾官翰林院检讨。师事戴震。平生博涉经书,尤长于《春秋公羊传》,著《春秋公羊通义》,不专主今文经学,采集汉晋以来注释《春秋》之书,兼采《左传》和《穀梁传》,凡是经义“通于公羊”的,均予著录。并以天道:时、月、日,王法:讥、贬、绝,人情:尊、亲、贤解释“三科九旨”,与何休旧说相异。又著《诗声类》十三卷,分古韵为十八部,明确提出阴阳对转之说,对古韵学有所创见。曾钻研宋元数学家秦九韶和李冶的著作,著《少广正负术内外篇》。又善文学,工骈文,有《仪郑堂骈俪文》。另有《大戴礼记补注》、《礼学卮言》、《经学卮言》等。

孙星衍(1753—1818) 清经学家。字渊如,江苏阳湖(今常州)人。乾隆进士。授翰林院编修,官山东督粮道。曾应阮元之聘主讲于诂经精舍。少时工诗文,后深究经史、文字、音韵之学,旁及诸子百家、金石碑版。积二十余年之精力著《尚书今古文注疏》,网罗旧闻,兼采众说,被以后治《尚书》之学者视为最完善之本。又著《金石萃编》、《环宇访碑录》、《仓颉篇》、《尔雅广雅训诂韵编》等,于金石文字皆考其原委。另有《周易集解》、《夏小正传校正》、《史记天官书考正》、《诗文集》等。

凌廷堪(约1755—1809) 清经学家、音律学家。字次仲,又字仲子。安徽歙县人。乾隆进士。任宁国府学(府治今安徽宣城)教授。慕江永、戴震之学,究心经史,毕力著述,于六书、历算及古今疆域之沿革、职官之异同,无不通达考辨。尤深《礼》学,撰《礼经释例》十三卷,分为饮食、宾客、祭例、器服等八类,寻例释辞,便于稽考。认为读《仪礼》应“会通其例,一以贯之”(《礼经释例序》)。以礼为“修身之本”,并批评理学家“舍礼,但求诸理”(《礼经释例·卷首》)。又通音律,认为今世俗乐与古雅乐中隔唐人燕乐一关,乃著《燕乐考原》六卷。著作尚有《校礼堂文集》,其中《复礼》三篇,时人以为尤卓。另有《元遗山年谱》、《梅边吹笛谱》、《充渠新书》等。

郝懿行(1757—1825) 清经学家、训诂学家。字恂九,号兰皋。山东栖霞人。嘉庆进士。历官户部主事、江南司主事。长于名物训诂考据之学,于《尔雅》用力最久。撰《尔雅义疏》十九卷,援引各书,考释名物,订正讹谬,稿凡数易而成。治学注重实际考查,主张凡有异于旧说者,必须皆经目验,不凭猜测。另有《山海经笺疏》、《竹书纪年校正》、《郑氏礼记笺》、《晒书堂诗文集》等。其妻王照园亦通经史,时有“高邮王(念孙)父子、栖霞郝夫妇”之称。

王谟 清经学家。字仁圃,又字汝麋。江西金溪人。乾隆进士。曾任建昌府教授。自少疾俗学,好博览,辑汉魏群儒著述之已佚者,分经史子集四部,一一甄录,为《汉魏遗书钞》五百余种。因卷帙浩繁,先将经翼一门一百零八种,于嘉庆三年(1798)刊行,故又名《经翼钞》。其余的史子集三翼,则未刊。另有《汝麋文钞》、《豫章十代文献略》、《孟子古事案》等。

钱东垣(?—1824) 清经学家。字既勤,号亦轩。江苏嘉定(今属上海)人。钱大昭子。嘉庆举人。官浙江松阳县(今遂昌)知县,上虞县知县。与弟钱绎、钱侗共研经史金石,时称"三凤"。平生治学最重《孟子》,认为《孟子》绍六经之绝绪,传周孔之渊源,但世传注疏谬误甚多,乃作《孟子解谊》十四卷,内容分正刊误、正旧注、集众说、存鄙见、正音读、辑古注、考异本七个方面。另有《补经义考》、《勤有堂文集》等。

张惠言(1761—1802) 清经学家、文学家。字皋文,江苏武进(今常州)人。嘉庆进士。官翰林院编修。平生治经最重《易》、《仪礼》。认为不尽见其辞而欲论其是非,犹以偏言断狱,而汉魏解《易》者惟虞翻之说较为详备,乃专攻虞说,著《周易虞氏义》、《虞氏消息》、《虞氏易礼》、《虞氏易候》、《虞氏易言》,求其条贯,释其疑滞,申其亡阙,表其大旨。治礼则宗东汉郑玄。有《仪礼图》、《仪礼词》、《读仪礼记》。又工词及散文,为常州词派的创始人,有《茗柯文》、《茗柯词》。善篆书。另有《易义别录》、《易纬略义》、《易图条辨》、《墨子经说解》等。

江藩(1761—1830) 清经学家。字子屏,号郑堂,江苏甘泉(今扬州)人。惠栋的再传弟子,师事江声、余萧客,终生未仕。博览经书,尤熟于史事。撰《国朝汉学师承记》、《国朝宋学渊源记》,将经学分成汉学和宋学两大派,从而使清代经学源流脉络分明,厘然可考。但宗汉抑宋,认为凡不宗汉学者"皆非笃信之士"。又撰《国朝经师经义目录》,仅取诸儒撰述之专精汉学者。仿惠栋《周易述》的体例,著《周易述补》,续成完书。精训诂,善词赋,曾作《河赋》数千言,一时人争传录。另有《尔雅小笺》、《隶经文》、《乐县考》、《炳烛室杂文》等。

严可均(1762—1843) 清文字音韵学家。字景文,号铁樵。浙江乌程(今湖州)人。嘉庆举人,官建德县教谕,旋引疾归,潜心著述。专攻东汉许慎《说文解字》,精训诂考据之学。与姚文田同撰《说文长编》,分天文、算术、地理类,草木、鸟兽、虫鱼类,声类,说文引群书、群书引说文类等,其中为其所著并已刊者有《说文声类》、《说文翼》、《说文校议》。又辑《全上古三代秦汉三国六朝文》,汇集唐以前文三千多家,并各附作者小传。此外还校辑诸经逸文及佚子书等数十种,合经史子集为《四录堂类集》。

王照圆(1763—?) 清经学家。郝懿行之妻。字瑞玉,号婉佺。山东福山(今烟台)人。通经史,善训诂,郝所著《尔雅义疏》中常有取其说者。时有"高邮王(念孙)父子、栖霞郝(懿行)夫妇"之称。郝死后,王辑其遗书行世。又擅文学,曾与郝以诗答问,撰《诗问》。另有《列女传补注》、《诗经小记》等。

许宗彦(1763—1817,一说1768—1818) 清经学家。字周生,号积卿。浙江德清人。嘉庆进士。授兵部主事,就官两月,以亲老引疾归,名其室曰"止水",杜门著书近二十年。湛深经术,为学务求六经大义。考周五庙二祧,以为周制五庙之外,别有二祧,为迁庙之杀,以厚亲亲之仁。宗庙之外,别立祖宗,与禘、郊同为重祭,以大尊尊之义。谓六书转注,以为从偏旁转相注。精天文,自制浑金球,自立解说。考《周髀》北极璇玑,以推古人测验之法。以为七政皆统于天,知东汉以前用赤道不用黄道。有《止水斋诗文集》。

洪颐煊(1765—1833) 清学者。字旌贤,号筠轩,晚号倦舫老人。浙江临海人。精研经、子、史,熟习历算之学。嘉庆贡生。阮元督粤时,曾延致其入幕府,常以经史相咨问。撰《礼经宫室问答》,于宗庙之制有详实记载。撰《孔子三朝记》、《管子义证》、《汉志水道疏证》,皆于原书条分缕析,又举他书以考证异同。曾仿钱大昕《廿二史考异》,撰《诸史考异》、《读书丛录》。又考本郡掌故,成《台州札记》。辑古佚书,成《经典集林》。

王引之(1766—1834) 清经学家、训诂学家。字伯申,号曼卿。江苏高邮人。王念孙子。嘉庆进士。授编修,历任侍读侍讲学士、通政司副使、太仆寺卿、太理寺卿、左副都御史、礼部侍郎、礼部尚书、工部尚书等官。幼承家学,精研古义,其治经以小学说经、校经。据其父《广雅疏证》,成《经义述闻》,对古文古义详加考订。又搜集先秦至西汉古籍中的语助词,考证辨误,分字编次,成《经传释词》,与《经义述闻》相为表里。另有《周秦古字解诂》、《字典考证》等。

顾广圻(1766—1835) 清经学家、校勘学家。字千里,号涧薲(亦作涧苹),又号思适居士。江苏元和(今苏州)人。嘉庆诸生。从师江声。受惠栋之学,敏颖博洽,时称"万卷书生"。因家贫,为人校刻谋生。涉经、史、训诂、天文、历算、舆地之学,尤精于目录校雠之学,与卢文弨同名。当时孙星衍等所刻书,皆由其校勘考订,并写札记。经学上认为"汉人治经,最重师法。古文今文,其说各异,混而一之,则轇轕不胜矣。"时汉学者多讥宋儒,其独服膺宋儒《语录》,摘其切近者以教学者,成《遯翁苦口》。工诗,古文词及骈体文均为时人所称誉。另有《思适斋集》。

江沅(1766或1767—1837) 清经学家、文字训诂学家。字子兰,一字铁君,江苏元和(今苏州)人。江声之孙。一生里居教授,著书论文。精东汉许慎《说文解字》,著有《说文释例》。时段玉裁侨居苏州,江沅出入其门数十年,与其面质驳勘,相互研讨。承段之嘱撰《说文解字音均表》十七卷,对古音颇有发明,且能纠正段氏之失。又工篆书,自成一家。另有《染香盦文集》。

臧庸(1767—1811) 清经学家。本名镛堂,字在东,一字西成,号拜经。江苏武进(今常州)人。臧琳玄孙。师事卢文弨,并从钱大昕、段玉裁等讨论学术。曾应阮元之聘,助辑《经籍籑诂》,佐校《十三经注疏》。治学能根据经传,剖析精微。按臧琳《经义杂记》的体例撰《拜经日记》,诠释古义,校正误字,颇得时人赞赏。勤于考古,辑《子夏易传》,以辨此传为汉韩婴所撰,非子夏所为。另有《说诗考异》、《月令杂说》、《乐记二十三篇注》、《拜经文集》等。

李兆洛(1769—1841) 清经学家、地理学家。字申耆,晚号养一老人。江苏阳湖(今常州)人。嘉庆进士。改翰林院庶吉士,散馆,官安徽凤台知县。晚年主讲江阴暨阳书院。乾隆中叶后，学者争治训诂音声，其却独治《通鉴》、《通考》之学。兼及经学、训诂、音韵。长于舆地之学。所著《历代舆地沿革图》，上起三代，下迄元明，检各史地志，以《沿革表》及《一统志》核其沿革，并考查实地。又撰《历代地理志韵编》、《皇朝舆地韵编》、《皇朝一统舆图》、《历代纪元编》，合称《李氏五种》。工诗、古文，提倡骈、散合一，对桐城派文章颇推崇。弟子高承钰辑有《养一斋文集》。

金鹗(1771—1819) 清经学家。字风荐，号诚斋。浙江临海人。幼承庭训，于书无不窥，旁及形家言，工词章，尤精天文算法。在诂经精舍与洪颐煊等讲肄其中，名盛一时。治经推阐汉、宋先儒诸说，辅翼群经，无墨守门户之见。有《求古录礼说》、《乡党正义》、《四书正义》。

陈寿祺(1771—1834) 清经学家。字恭甫，一字苇仁，号左海，一号珊士，晚号隐屏山人。福建闽县(今福州)人。嘉庆进士。改庶吉士。授翰林院编修，历典广东、河南乡试。后主讲于泉州清源书院、福州鳌峰书院。初治宋明理学，后专治汉学。与张惠言、王引之齐名。曾为阮元校正《十三经注疏》、《经籍籑诂》，制定义例。解经得两汉大义，每举一义，辄有折衷。认为两汉经师莫先于伏生，莫备于东汉许慎、郑玄，乃搜集汉儒旧说，阐明遗书。著《尚书大传定本》、《洪范五行传辑本》，均较旧校为胜。诗文沉博绝丽，有六朝风格。另有《五经疑义疏证》、《左海文集》、《绛跗堂诗集》。

凌曙(1775—1829) 清经学家。字晓楼，一字子昇。江苏江都人。家贫，曾一度以作佣保谋生，后充塾师，苦攻勤学。初治《礼》，主东汉郑玄之说，后闻刘逢禄论何休公羊春秋而好之。道光年间，从阮元校辑《经郛》，得见群书，学乃大进。治"公羊何氏学"，认为《春秋》之义，存于《公羊》；而《公羊》之学，传至西汉董仲舒《春秋繁露》，此书"体大思精，推见至隐，可谓善发微言大义者。然旨奥词赜，而未得其会通"，又因病宋、元以来学者空言无补，乃广征博引，收集旧说并吸取清代学者的研究成果，作《春秋繁露注》，又撰《春秋公羊礼疏》，专门发挥何休说。另有《公羊礼说》、《公羊问答》、《礼论》。

刘逢禄(1776—1829) 清经学家。常州学派奠基人。字申受。江苏常州人。嘉庆进士。改翰林院庶吉士，任礼部主事。少从外祖父庄存与、舅庄述祖学，尽得其传。精治《春秋公羊传》。主西汉董仲舒、东汉何休之学说，确守今文师法，反对许慎、郑玄的琐屑考证，主张研究微言大义。著《春秋公羊经何氏释例》，据何休《公羊解诂》，发挥"张三世"的改制思想。对近代改良主义颇有影响。撰《左氏春秋考证》，排斥《左传》，攻击乾嘉考据学，对近代康有为《新学伪经考》亦有启发。又因何休《论语注》久佚，抉取何休《公羊解诂》和董仲舒《春秋繁露》之说，作《论语述何》。另有《公羊春秋何氏解诂笺》、《公羊春秋何氏答难》、《申何难郑》及《刘礼部集》等。

纽树玉 清文字训诂学家。字蓝田，号匪石山人。江苏吴县(今苏州)人。卒年八十余岁。一生未仕，笃志精研文字、训诂。推崇东汉许慎《说文解字》，乃博引精辨，著《说文解字校录》、《考异》。认为后人对《说文解字》多所增附，混淆本文；乃著《说文新附考》、《续考》，于后人新附、传写所误及吏牍妄造之处，一一疏通证明。后见段玉裁《说文解字注》，又撰《段氏说文注订》，纠正段氏之失。兼精音律。另有《匪石日记》。

胡承珙(1776—1832) 清经学家。字景孟，号墨庄。安徽泾县人。嘉庆进士。由庶吉士授编修，迁御史，转给事中，授福建分巡延建邵道，调署台湾兵备道。少工词章，后究心经学，尤专意于《毛诗传》。归里后闭门著述，与长洲陈奂日相讲习。著《毛诗后笺》，主述毛义，除注疏外，广采唐、宋、元诸儒及清人为《诗》之说，剖析名物训诂，在《毛诗传》本文前后会出指归，并从西汉前古书中反复寻考，贯通诗义，证明毛旨。撰《小尔雅义证》，把世谓之伪书的《小尔雅》(今存于《孔丛子》中)断以为真。另有《求是堂诗文集》等。

钱绎(约1776—?) 清经学家。初名东墉。字以成、子乐，号小庐。江苏嘉定(今属上海)人。钱大昭次子。少承家学，穷究经术，筑书室，名"信芳馆"。尝以诸经句读征引诸家互有异同，故参稽群籍，著《方言笺疏》。另有《十三经汉学句读》、《孟子义疏》、《十三经断句考》、《说文解字读若考》等。并为其弟侗未竟之书《扬雄方言笺疏》增损考订，纂辑成书十三卷。

钱侗(1778—1815) 清经学家。字同人，号赵堂。江苏嘉定(今属上海)人。钱大昭之子。嘉庆举人。通训诂，传伯父钱大昕之历算之学。大昕撰《宋辽金元四史朔闰考》，未竟而卒，侗证以群书数百种，厘补增辑一千三百余条，乃获成书。尤精音韵学，熟于古音之通转，尝征集群书中同物异名之文，比而释之，为《释声》。工书法、篆刻。有《九经补韵考》、《说文音韵表》、《孟子正义》、《乐斯堂文集》等。

许桂林(1778—1821) 清经学家。字同叔，号月南，又号月岚。江苏海州(今连云港)人。嘉庆举人。生平博览群书。主张"说经当以经为主，与经合者为是，与经违者为非"。认为"《易》皆乾所生"，故著《易确》二十卷。尤笃信穀梁之学，作《春秋穀梁传时日月书法释例》四卷。精历算。另有《宣西通》、《算牖》、《毛诗后笺》、《春秋三传地名考证》、《味无味斋文集》等。

唐鉴(1778—1861) 清经学家。字镜海。湖南善化(今长沙)人。嘉庆进士。改翰林院庶吉士，后官翰林院检讨、浙江道监察御史，广西平乐知府、太常寺卿。鸦片战争时，劾琦善、耆英等，颇有直声。后致仕南归。晚年主江南金陵书院讲席，曾国藩、倭仁等皆尝从问业。"生平学宗朱子，笃信谨守，无稍依违"(《清史列传》卷六十七)。认为"人受天地之中以生，有是性，即有是理。"(《清学案小识・叙》)撰

《朱子学案》，别为义例，阐发理学之蕴。并著《清学案小识》，力崇朱学。另有《易牖》、《读易小识》、《朱子年谱考异》等。

胡秉虔 清经学家。字伯敬，号春乔。安徽绩溪人。嘉庆进士。由刑部主事改官甘肃云台县知县，升丹噶尔同知。治经守汉儒家法，尤长于声音训诂之学。著《说文管见》，列说文引经佚文佚句考，古音分部次第一字两句重文篆隶之变诸条。就各字疏通证明，并及假借义例。辨许氏序徐氏系传新附十九字等。发明古音古义，多独得之见。又著《古韵论》，辨江、戴、段、孔诸家之说，穷源竟委，存是去非。另有《周易小识》、《卦本图考》、《尚书叙录》、《汉西京博士考》等。

宋翔凤(1779—1860) 清经学家。字虞廷，又字于庭。江苏长洲(今苏州)人。嘉庆举人。官湖南新宁知县。治今文经学，系常州学派代表人物之一。从舅父庄述祖受学，遂得闻庄氏今文经学的家法诸论，通训诂，后入段玉裁门，兼治东汉许、郑之学。治经发挥西汉董仲舒天人感应论，把孔学解释成神学。撰有《论语说义》，认为《论语》系孔子言性与天道的"微言"所在，如能"寻其条理，求其旨趣，而太平之治，素王之业备焉"(《论语说义自序》)。但喜附会，牵引饰说，杂以谶纬神秘之辞，以言"圣王大义"。推尊程朱，认为"朱子之学自足继往开来，非他儒所能及"(《过庭录》)。兼工诗词。另有《周易考异》、《尚书略说》、《小尔雅训纂》、《过庭录》等。撰著编入《浮溪精舍丛书》。

冯登府(1780—?) 清经学家。字柳东，号云伯。浙江嘉兴人。嘉庆进士。选庶吉士，改官江西将乐知县，旋辞官。后曾教授宁波。中年治经，深得汉儒家法。兼通金石文字。与阮元、徐士芬等交游。著《石经补考》，于汉魏蜀石经以备古今文之异同，于唐石经并纠正顾炎武某字误写之非。集古彝器暨砖瓦遗文拓本为《金屑录》、《石余录》。工诗。另有《三家诗异文疏证》、《论语异文疏证》、《福建盐法志》、《石经阁文集》、《拜竹龛诗存》等。

胡培翚(1782—1849) 清经学家。字载屏，又字竹村。安徽绩溪人。嘉庆进士。官内阁中书、户部主事。传祖父胡匡衷之学。后主讲钟山、惜阴两书院。郝懿行、胡承珙遗书皆赖其次第付梓。又学于凌廷堪，尤邃精"三礼"。认为唐贾公彦疏解《仪礼》，多有失误，乃积四十余年之力，撰述《仪礼正义》，约以四例，即疏经以补注，通疏以申注，汇各家之说以附注，采他说以订注。考证郑(玄)、贾(逵)所注之得失，是对《仪礼》较详备的考订著作，但书未成而卒，由其弟子杨大堉续成。反对汉、宋门户之争，认为"汉之儒者未尝不讲求义理；宋之儒者未尝不讲求训诂名物"(《答赵生炳文论汉学宋学书》)。另有《燕寝考》、《禘祫答问》、《研六室文钞》等。

马瑞辰(1782—1853) 清经学家。字元伯。安徽桐城人。嘉庆进士。选翰林院庶吉士，改工部营缮司主事，擢都水司郎中，因事罣误，发沈阳。旋为主事，迁员外郎，复坐事发黑龙江，未几释归乡居，以著述自娱。历主江西白鹿洞书院、山东峄山书院、安徽庐阳书院讲席。撰《毛诗传笺通释》，以三家辨其异同，以全经明其义例，以古音、古义证其讹互，以双声、叠韵别其通借。

李贻德(1783—1832) 清经学家。字天彝，号次白。浙江嘉兴人。嘉庆举人。少工韵语，治经长于《诗》。后与孙星衍为友，并分纂《十三经佚注》。星衍晚年所著书，由其完成者居多。著《春秋左氏传贾服注辑述》，援征博引，并酌加己注。另有《十七史考异》、《周礼剩义》、《揽春阁诗抄》、《梦春庐词存》等。

钱仪吉(1783—1850) 清经学家、史学家。初名逵吉，字衎石，号心壶，又号新梧。浙江嘉兴人。嘉庆进士。选庶吉士，授户部主事，擢御史，迁给事中。道光中游岭南，主学海堂讲席。晚主开封大梁书院讲席。博通群籍，早有高名。治经先求古训，博考众说，一折衷本文大义，不持汉宋门户。著《经典证文》、《说文雅厌》。深于史学，仿宋大珪《名臣碑传琬琰集》，得清儒及官员八百余人，辑录为《碑传集》。另有《三国晋南北朝会要》、《衎石斋记事稿》、《辑古算经音义序》等。

苗夔(1783—1857) 清经学家。字先麓，直隶肃宁(今属河北)人。道光年间贡生。不好制举之文，嗜六书形声之学。曾得顾炎武《音学五书》，慕之弥笃，曰："吾守此终身矣！"精于《说文》，以为此书多有为后人妄删或附益者，乃著《说文声订》。治《毛诗》，尤精于谐声之学，尝以齐、鲁、韩三家证《毛诗》，作《毛诗韵订》。又曾广集群经之韵，字以声从，韵以部分，为《说文声读表》，在音韵学史上占有相当的地位。晚年考据金石，兼及陶器。另有《说文声读考》、《集韵》、《经存韵补正》、《经韵钩沉》等，均未刊。

王筠(1784—1854) 清文字学家。字贯山，一字箓友。山东安丘人。道光举人。官山西乡宁知县。博涉经史，尤精《说文》之学。著《说文释例》，专订许慎、段玉裁之误。又著《说文句读》，疏解许说，贯以己意，为治《说文》之名者，与其《说文补正》、《句读补正》、《说文系传校录》，合称为《王氏说文五种》。另有《禹贡正字》、《毛诗重言》、《四书说略》等。

陈奂(1786—1863) 清经学家。字硕甫，号师竹，晚号南园老人。江苏长洲(今苏州)人。精研小学，受学于段玉裁，治《毛诗》、《说文》。在京结交王念孙、王引之父子，所学益深入。为胡承珙撰《毛诗后笺》作补编。后主杭州汪远孙之振绮堂二十年，专事著述。道光末年，曾至江宁校刊群籍。精《毛诗》，著《毛诗传疏》，专解说《诗经》毛传，不用郑玄注，于西汉微言大义，莫不曲发其蕴。另有《毛诗说》、《郑氏笺考证》、《毛诗传义类》、《穀梁逸礼》等。

刘文淇(1789—1854) 清经学家。字孟瞻。江苏仪征人。嘉庆二十四年(1819)优贡生。精研古籍，贯串群经。于毛、郑、贾、孔之书及宋元以来诸学说，博览冥搜，折衷一是。尤肆力于《春秋左氏传》。以为左氏之义，为杜注剥蚀已久，其稍可观览者，大抵袭取旧说，遂辑《左传旧注疏证》，取贾、服、郑三人注，疏通证明，颇有影响。又作《扬州水道记》，据《左传》、《吴越春秋》、《水经注》等书，谓唐、宋以前扬州地势南高北下，且东西两岸未设堤防，与今运河形势迥不相同。另有《楚汉诸侯疆域志》、《左传旧疏考证》、《读书随笔》、《青溪旧屋集》等。

刘宝楠(1791—1855) 清经学家。字楚桢，号念楼。江苏宝应人。道光进士。为诸生时，与仪征刘文淇齐名，时称扬州二刘。曾任直隶文安知县。初治《毛诗》和东汉郑玄《礼》，后与刘文淇及江都梅植之、泾县包慎言、丹徒柳兴恩、句容陈立相约各治一经，他专治《论语》。以为南朝梁皇侃、北宋邢昺疏解《论语》，颇多芜陋，遂以三国魏何晏《论语集解》为主，搜集汉儒旧说，兼采宋人注疏，并吸收清代诸家考订训释的成果，撰《论语正义》，全书未成而卒，由其子恭冕续成。著《汉石例》，于碑志体例考证颇详博。另有《释穀》、《愈愚录》、《念楼集》等。

姚配中(1792—1844) 清经学家。字仲虞。安徽旌德人。博览经史，旁通百家言，尤嗜《易》。善张惠言《虞氏义》，以为研究群说，郑氏最优，苦其简略，意推之至形梦寐，成《周易参象》；又为论十篇，说其通义，附于编后；后又删说《通义》之十篇为三，移冠编首，题曰《周易姚氏学》。又以为《月令》一编，实先王体天穷民之大经，其义一皆本于卦气，为《月令笺》，继总其要为《月令说》，复合之为《周易通论月令》。另有《书学拾遗》、《琴学》、《智果心成颂注》等。

柳兴恩(1795—1880) 清经学家。字宾叔，原名兴宗。江苏丹徒人。道光举人。受学于阮元。初治《毛诗》，著《毛诗注疏纠补》。嗣以毛公师荀子，荀子师穀梁，而《穀梁春秋》，千古绝谊，唐以后无治之者，乃纂《穀梁春秋大义述》。倡明鲁学，成一家言。阮元赞之，并为之序。另有《周易卦气补》、《虞氏易象考》、《尚书篇目考》、《壹宿斋诗文集》等。

丁晏(1794—1876) 清经学家。字俭卿，号柘堂。江苏山阳(今淮安)人。道光举人。曾在籍办堤工，司赈务，修府城，浚市河。咸丰时曾兴团练，对抗农民起义。后由侍读衔内阁中书。博览典籍，尤精《易》，阮元摄漕督，以汉《易》十五家发策，其条对万余言。兼通经史，好郑学，署其堂曰"六艺"，取东汉郑玄《六艺论》。治经不持汉、宋门户，认为汉儒正其诂，诂正而义以显；宋儒析其理，理明而诂以精，二者不可偏废。于《诗笺礼注》研讨尤深。认为毛公之学得圣贤之心传，其所称道，与周秦诸子相出入，郑玄申畅毛义，多失正旨，于是作《毛郑诗释》。又以郑玄兼采三家诗，搜宋代原书校雠是正，撰《诗考补注》。尤熟《通鉴》，以为禁烟当以民命为重，不当计利；立法当以中国为先，不当扰夷。另有《郑康成年谱》、《尚书余论》、《锥指正误》、《周易解故》等。

梁廷枏(1796—1861) 清经学家、史学家。字章冉，号滕花主人。广东顺德(今佛山市顺德区)人。道光十四年(1834)中副贡生，旋选州判，改就教职。次年入广东海防书局纂修《广东海防汇览》，兼充越华书院监院。后助林则徐禁烟，任澄海县训导。又入两广总督祁𡎴幕，主张建立海防舰队，未被纳，退而研究外国史。道光二十九年参与组织广州反英斗争，授内阁中书。早年从事辞章考据之学，作有《金石称例》、《曲话》、《南汉书》及杂剧多种。生平工诗善画，精史学。另有《氛夷闻记》、《东坡事略》、《越华纪略》、《滕花亭诗集》等。

侯康(1798—1837) 清经学家、史学家。原名廷楷。字君谟。广东番禺(今广州市番禺区)人。道光举人。喜读十七史，爱南北朝诸史所载文。研精注疏，尽通诸经。好《左氏传》，欲著书以申杜(预)解，未成。治《穀梁传》，考其涉于礼者，为《穀梁礼证》。又考汉魏六朝礼仪，贯串三礼，著书数十篇。其余群经小学，皆有论说。尤深史学，正史外，旁搜群籍，仿南朝宋裴松之注《三国志》例，注隋以前诸史。补撰后汉、三国、晋、宋、齐、梁、陈、北齐、周、魏十书艺文志并自注之。另有《春秋古经说》、《后汉书补注续》、《三国志补注》等。

朱次琦(1807—1881) 清经学家、学者。字子襄，号稚圭，人称九江先生。广东南海(今佛山市南海区)人。道光进士。咸丰二年(1852)任山西襄陵知县。旋引疾归隐，讲学九江，从学者颇多。其学主平实敦大。曾提出修行之实四：敦行孝弟，崇尚节气，变化气质，检摄威仪；读书之实五：经学、史学、掌故之学、性理之学、词章之学。著作主要有《国朝名臣言行录》、《五史实征录》、《晋乘》、《性学源流》等，病重时尽焚之。后仅存手辑《朱氏传芳集》、《南海九江朱氏家谱》、《大雅堂诗集》以及《燔馀集》等。

陈立(1809—1869) 清经学家。字卓人，又字默斋。江苏句容人。道光进士。由庶吉士改刑部主事，升郎中，官云南曲靖知府。从梅植之、凌曙、刘文淇学，尽通东汉许慎《说文》、《春秋公羊传》、郑玄《礼》，旁及诗古文词。于《春秋公羊传》致力尤深，以为前人注疏或只知疏通字义，不知微言大义，或虽通义，但对三科九旨语多立异，乃钩稽贯串，搜集唐以前阐释《公羊传》的旧说，并采清代孔广森、刘逢禄等人考证训释，成《公羊义疏》。又以为商周典制迥然不同，治《公羊》必先治三礼，《白虎通德论》集礼制之大成，书中大多皆为《公羊》家言，乃别撰《白虎通疏证》。另有《说文谐声孳生述》、《尔雅旧注》、《句读杂著》等。

陈乔枞(1809—1869) 清经学家。字朴园，一字树滋。福建闽县(今福州)人。寿祺之子。道光举人。历官江西分宜、弋阳、德化、南城知县，江西袁州、临江、抚州知府。传其父辑佚之学。以为古文易、书、诗、礼、论语、孝经赖今文以传，于是续成《今文尚书经说考》、《齐鲁韩三家诗遗说考》、《诗经四家异文考》。又以为齐诗之学"四始"、"五际"、"六情"的宗旨，明阴阳始终之理，考人事盛衰得失之原，惟翼奉传其百一，且其说多出《诗纬》，故撰《齐诗翼氏学疏证》、《诗纬集证》。另有《礼记郑读考》、《毛诗郑笺改字说》、《礼堂经说》等。辑撰各书，收入《小琅嬛馆丛书》，又名《左海续集》。

邵懿辰（1810—1861） 清经学家、目录学家。字位西。浙江仁和（今杭州）人。道光举人，授内阁中书，擢刑部员外郎，入直军机处。为琦善以妄杀熟番下狱，后复官。嗜宋学，博涉群籍，熟闻典故朝章，兼通汉儒经注。撰《礼经通论》，以为《仪礼》十七篇为足本，并无残缺；乐本无经，乐即包括在《诗》、《礼》之中；《古文逸礼》三十九篇为西汉刘歆伪造。所编《四库简明目录标注》，就四库简明目录一一考其版刻源流，标于书眉，是研究中国目录版本学的参考书。另有《尚书通义》、《孝经通论》、《尚书传授同异考》等。

刘毓崧（1818—1867） 清经学家。字伯山，一字松崖。江苏溧水人。道光年间举优贡生。从父文淇受经，志于左氏学，旁通经史诸子百家。以荐授八旗官学教习。以文淇故，治左氏缵述先业，成《春秋左氏传大义》。又以文淇考证《左传》旧疏，因承其义例，著《周礼尚书毛诗礼记旧疏考证》。又谓六艺未兴之先，学各有官，惟史官之立为最古，经、子、集三部及后世之幕客书吏，亦出于史官，于是博稽载籍，穷极根要，成《史乘》、《诸子通义》。另有《王船山年谱》、《经传通义》、《通义堂笔记》等。

钟文蒸（1818—1877） 清经学家。字展才，又字朝美，号子勤。浙江嘉善人。道光举人。候选知县，绝意仕进，日事著述，同治初，应江苏忠义局聘，与陈奂、顾广誉等同任编纂。主讲敬学书院十二年。治经宗尚汉儒，尤究心《春秋》。认为《穀梁传》独得麟经遗意，但至唐初已目为小书，当时亦无专书发前人之未发，逐繁称广引，起例发凡，条贯前后，历三十余年，著《穀梁补注》。又据《经典释文》及汉石经残碑，博考于两汉之书与唐以前旧说，写定《鲁论语》。另有《论语序详正》、《乡党集说备考》、《河图洛书说》、《乙闰录》。

俞樾（1821—1907） 清学者。字荫甫，号曲园。浙江德清人。道光进士。改庶吉士，授翰林院编修，官河南学政，后罢归，一意治经。历讲苏州紫阳、上海求志、德清清溪、归安龙湖等书院，晚年主讲杭州诂经精舍三十余年。曾总办浙江书局，刻子书二十二种，世称善本。治经、子、小学，以高邮王念孙、引之父子为宗，谓"治经之道，大要在正句读，审字义，通古文假借，三者之中，通假借为尤要"（《清史稿·儒林三》）。撰《群经平议》，校正诸经句读，审定字义，颇为精当；《诸子平议》仿王念孙《读书杂志》，校正古文，阐明古义，甚有见地；《古书疑义举例》从经、子诸书约举其例，分析其语法修辞的特殊性。能诗词、工篆、隶，重视小说戏曲，强调其教育作用。所作笔记，搜罗甚富，包含有学术史、文学史资料。所撰各书，总称《春在堂全书》。

俞曲园 即"俞樾"。

黄以周（1828—1899） 清经学家。本名元同，后为字，号儆季。晚号哉生。浙江定海（今舟山）人。任浙江分水县训导。后任南菁讲舍主讲。晚选处州府教授，加内阁中书。为学躬法南宋吕祖谦、朱熹，不喜陆、王。治经不拘汉、宋门户。认为三代以下经学，惟郑玄、朱熹为最，"而汉学家破碎大道，宋学家弃经臆说"（《清史列传》卷六十九），均与郑、朱之说不合。以顾炎武"经学即是理学"为训，上追孔、孟之遗言，于《易》、《诗》、《春秋》皆有著述，而尤以《三礼》为宗主。采集汉、唐至清关于礼制的解说，详考象说，成《礼书通故》一百卷，考释中国古代礼制、学制、封国、职官、田赋、乐律、刑法、名物、占卜等，纠正一些旧注的谬误。又有《军礼司马法》，论田制，取北朝均田为标准，并校订用尺。另有《子思子辑解》、《黄帝内经集注》、《儆季杂著》等。

戴望（1837—1873） 清经学家。字子高。浙江德清人。为诂经精舍名宿周中孚甥，家学渊源。补诸生，一赴秋试，遂弃举业。好先秦古书。初致力词章之学，继读颜元书。后从长洲陈奂，通声音训诂。复从宋翔凤受《公羊春秋》，通公羊之学。知西汉经师家法。以《公羊》义释《论语》，博稽众家，皆隐括《春秋》及五经义例，著《论语注》。好颜元书，以为颜李之学，周公孔子之学，惜其湮没不彰，则条次言行及师承，作《颜氏学记》。喜讲颜元、顾炎武遗书，尤留心明末记载，拟辑《续明史》，未就。精校勘。诗工五言。另有《管子校注》、《谪麐堂集》等。

缪荃孙（1844—1919） 清经学家。字炎之，一字筱珊，晚号艺风老人。江苏江阴人。光绪进士。授翰林院编修，任国史馆协修、提调及清史馆总纂。历主南菁书院、乐源书院、经心书院、钟山书院讲席。赞同洋务"新政"，曾赴日本考察学务。创办江南图书馆和京师图书馆。博涉群籍，长考据，通训诂，尤精金石碑帖、版本目录之学，曾助张之洞编《书目答问》。另有《续碑传集》、《艺风堂文集》、《金石目》等。编有《云自在龛丛书》等。

著　作

先　秦

《周易》 亦称《易经》，简称《易》。"易"有变易、简易、不易三义（郑玄《易赞》）。相传系周人所作（一说"周"有周密、周遍、周流等义），故名。儒家经典之一。内容包括《经》和《传》两部分。《经》是中国古代占筮之书，由六十四卦的卦象、卦名、卦辞和爻辞组成。卦辞、爻辞是分别对卦象、爻象的解说。旧说伏羲画八卦，文王推演为六十四，并作辞。或说文王作卦辞，周公作爻辞。实非一时一人之作。组成卦象的基本符号"—"、"- -"，是原始筮法中的奇偶数逐渐演变而成。卦爻辞是占筮的原始记录（筮辞）长期积累，最后可能经西周史官整理而成。虽为占筮书，但在其神秘的形式中蕴含着古代中国人的智慧，透露了理论思维的最初萌芽与朴素的辩证观念，保存了殷周时代的一些社会习俗和道德观念。《传》是对

《经》最早的解释。共十篇，统称《十翼》。旧传孔子作，据近人研究大抵系战国或秦汉之际的儒家作品。内容系通过阐释易经义蕴、功用、筮法，八卦起源，六十四卦卦爻辞，与卦序等，创造了一个结合象数与义理的独特思想体系。所提出的阴阳刚柔等学说，对后世中国哲学的发展有深刻的影响。《周易》在汉初已有不同的写本。马王堆汉墓出土帛书《周易》与今本的卦辞和爻辞基本相同，但卦名和卦序迥异，《传》部分的分篇、名称、内容文字也有异。今本《周易》有东汉郑玄注，三国魏王弼注，晋韩康伯注，唐孔颖达《周易注疏》，李鼎祚《周易集解》，南宋朱熹《周易本义》以及近人闻一多《周易义证类纂》，于省吾《周易新证》，高亨《周易古经今注》、《周易大传今注》等。参见"《易传》"。

《帛书周易》 现存最早的古本《周易》之一。1973年底长沙马王堆三号汉墓出土。共三部分：一为《六十四卦》，二为佚书《二三子问》、《易之义》、《要》等，三为《系辞》。《六十四卦》的卦名和卦爻辞与通行本基本相同，但卦序则与已知《周易》各种本子全然不同，可称为别本《周易》。其卦序排列以上卦为主，从上卦看八卦次序为键(☰)、根(☶)、赣(☵)、辰(☳)、川(☷)、夺(☱)、罗(☲)、筭(☴)。卦序排列有规律可循。为研究六十四卦原初排列方式的重要资料。抄写时代应在汉文帝初年。《二三子问》共五篇，估计原有一万一千余字，因破残现存约九千余字。内容为孔子和其弟子讨论卦、爻辞含义之记录。所记缪和、吕昌、昭力等人都不见于古籍。约是战国晚期作品。帛书《系辞》字数较通行本多，章节次序也不同。个别字可校勘通行本中之误。学术界认为《帛书周易》为思想史和易学史上一次重要发现，有益于深入研究先秦、两汉时代的阴阳数术学说和易学思想。全部内容编为《马王堆汉墓帛书(贰)》(《六十四卦》释文曾发表于《文物》1984年第3期)。关于《易之义》等释文首次公布于1993年8月《道家文化研究》第三辑《马王堆帛书专号》。

《易》 《周易》的简称。

《易经》 即"《周易》"。

《易传》 又名《易大传》、《十翼》。《周易》的组成部分。是对《易经》所作的解释、说明和发挥。共七种十篇：《彖》上下、《象》上下、《文言》、《系辞》上下、《说卦》、《序卦》、《杂卦》。旧传孔子作，据近人研究各篇非成于同时，亦非一人所作，大抵系战国或秦汉之际的作品。以儒家思想杂以阴阳家和道家思想，利用《易经》原有的框架，通过阐释易经义蕴、功用、筮法、八卦起源、六十四卦卦爻辞与卦序等，创造了一个结合象数与义理的独特思想体系。强调事物的变化和发展，提出："日新之谓盛德，生生之谓易。"(《系辞上》)"天地革而四时成，汤武革命顺乎天而应乎人"(《革彖》)等观点。认识到"穷则变，变则通，通则久"(《系辞下》)，事物发展到一定程度就要转变到其反面。注重对立面的相互作用对于万物变化和发展的制约和影响，认为："二气感应以相与……天地感而万物化生。"(《咸彖》)"刚柔相推，变在其中矣。"(《系辞下》)提出"一阴一阳之谓道"(《系辞上》)，把世间最根本的规律概括为阴阳对立面的交互作用。还认为，人们必须"待时而动"，顺应客观规律而"自强不息"(《乾象》)，表现出积极进取的精神。但把"易"看作是宇宙万物的本原和根本原则。认为："易有太极，是生两仪，两仪生四象，四象生八卦，八卦定吉凶，吉凶生大业。"(《系辞上》)宣扬"自天佑之，吉无不利"，并以"天尊地卑"等来论证贵贱尊卑的社会等级制的合理性。认识到言与意、名与实是有矛盾的，认为"书不尽言，言不尽意"(《系辞上》)，具体的概念都不能充分表达人的思想。但又强调"当名辨物"(《系辞下》)，即"以类族辨物"，用类概念察辨事物之同异。还提出"立象以尽意"(《系辞上》)，认为卦象符号可以充分表达人的思想，也同样可以"类万物之情"(《系辞下》)，甚至还能"原始反终"(《系辞上》)，由事物的起因可推知事物发展的最终结果。《易传》的阴阳刚柔学说，乃至对"言"、"意"、"象"的论述，都对后世的中国哲学产生了深刻的影响。马王堆帛书《周易·系辞》首次公开发表于1992年出版的《马王堆汉墓文物》一书中。该文无通行本《系辞上》大衍之数章，其他所缺章节，见于通行本《系辞下》者，分别见于帛书本《要》和《易之义》中。文句也有差异。如"易有太恒"句，通行本作"易有太极"。该文献出土的价值正在进一步研究。《易传》有时也指历代解释《周易》的著作。《汉书·儒林传》："汉兴，田何……授东武王同子中，洛阳周王孙、丁宽、齐服生，皆著《易传》数篇。"北宋程颐、苏轼，南宋杨万里的易注，也称《易传》。

《十翼》 即"《易传》"。

《彖传》 亦称"彖辞"。《易传》篇名。用以说明卦名、卦义及卦辞。古训"彖"为断，以论断一卦之意，故名。唐孔颖达《易·乾·彖》疏："彖辞统论一卦之义，或说其卦之德，或说其卦之义，或说其卦之名。"《彖传》综合道家、阴阳家及儒家的思想来解说《易经》，认为万物运动不已，"日中则昃，月盈则食，天地盈虚，与时消息"(《丰彖》)。"乾道变化，各正性命；保合大和，乃利贞。首出庶物，万国咸宁。"(《乾彖》)并提出："天地革而四时成，汤武革命，顺乎天而应乎人"(《革彖》)的观点。

《彖辞》 即"《彖传》"。

《象传》 亦称《象辞》。《易传》篇名。用以解释卦名、卦义和爻辞，因其解释多以卦爻的象位为依据，故名。分"大象"、"小象"两种，总的解释一卦的称为"大象"，解释每卦各爻的称为"小象"。"小象"主要是用刚柔说，就爻位来解释爻辞。"大象"提出了"天行健，君子以自强不息"(《乾象》)，"君子以弗礼弗履"(《大壮象》)，"君子以居贤德善俗"(《渐象》)等，发挥了儒家政治和伦理修养思想。

《象辞》 即"《象传》"。

《系辞》 即《系辞传》。《十翼》的两篇。《易传》思想的主要代表作。是对《易经》之通论。"系"有系属之义，用以说明《易经》的基本意义、原理、功用、起源及筮法等，也选释爻辞十九条。其中提出“一阴一阳之谓道”，“穷则变，变则通，通则久”，肯定自然界中阴阳、动静、刚柔等矛盾势力的“相摩”、“相荡”，不断变化，是事物变化的普遍规律。也用“天尊地卑，乾坤定矣；卑高以陈，贵贱位矣”论证社会等级制的永恒性。

《文言》 《易传》篇名。《十翼》之一。专门解释“乾”、“坤”两卦的文辞。唐孔颖达《易·乾文言》疏：“乾坤其《易》之门户邪，其余诸卦及爻皆从乾坤而出，义理深奥，故特作《文言》以开释之。”其中解乾卦之卦辞与爻辞者通称《乾文言》，解坤卦之卦辞与爻辞者通称《坤文言》。内容假托孔子答问，宣传了“君子进德修业……居上位而不骄，在下位而不忧”，“知进退存亡而不失其正”以及“君子敬以直内，义以方外”，“承天而时行”等观点。

《说卦》 《易传》篇名。《十翼》之一。解释八卦性质和象征。唐孔颖达《易·说卦》疏：“说卦者陈说八卦之德业变化，及法象所为也。”然其解说八卦之象，时有琐细之言。所释八卦之象与汲冢竹书《卦下易经》多异，与《左传》、《国语》所讲者也有异。篇中提出：“立天之道曰阴与阳，立地之道曰柔与刚，立人之道曰仁与义。”用阴阳柔刚来比附人类社会的仁义道德。还认为圣人作《易》，旨在“和顺于道德而理于义，穷理尽性以至于命”，为后来理学家高谈道德性命的理论基础。

序卦 《易传》中解说六十四卦排列次序的篇名。《十翼》之一。马王堆汉墓出土帛书《易经》，其卦序与今本迥异，盖古代《易经》各卦次序曾有几种不同排列，《序卦》所述，当为一家之言。其中提出：“有天地，然后万物生焉，盈天地之间者唯万物。”有朴素唯物主义思想。又认为，“物不可穷也”，事物的发展变化是无穷无尽的。还提出，“物不可以终通，故受之以否”，“损而不已必益，故受之以益”，臆测到事物间相互联系和转化的道理。

《杂卦》 《易传》篇名。《十翼》之一。其解说各卦卦名之义，不按其顺序，错杂而述之，故名。晋韩康伯《易·杂卦》注：“杂卦者杂糅众卦，错综其义，或以同相类，或以异相明也。”

《尚书》 亦称《书》、《书经》。“尚”即“上”，上代以来之书，故名。中国上古历史文献和部分追述古代史迹著作的汇编。相传由孔子编定。事实上有些篇，如《尧典》、《皋陶谟》、《禹贡》、《洪范》等为以后儒家所补。儒家经典之一。保存于商周，特别是西周初期的一些重要史料。《盘庚》反映了对殷先祖神灵的崇拜。《召诰》提出：“皇天上帝，改厥元子，兹大国殷之命。”为以后君权神授说之滥觞。《洪范》在宗教神学体系下，透露出朴素唯物主义思想。文中所反映的伦理观念后来被奉为封建道德的楷模。《舜典》提出“诗言志”，在中国美学史上有重大影响。西汉初存二十八篇，即《今文尚书》。另有相传汉武帝末年，鲁恭王刘馀从孔宅壁中发现的《古文尚书》，已佚。今存为东晋梅赜所献的《古文尚书》，为伪作。现通行的《十三经注疏》本《尚书》是《今文尚书》与伪《古文尚书》的合编。注本有唐孔颖达《尚书正义》、南宋蔡沈《书集传》。清孙星衍《尚书今古文注疏》辑集汉、魏、隋、唐旧注，并作疏，较为完备。

《书》 即“《尚书》”。

《书经》 即“《尚书》”。

《洪范》(範) 《尚书》篇名。“洪”即大；“范”即法、规范。相传为周灭商后两年，商箕子向周武王陈述“天地之大法”的记录。提出了帝王治理国家必须遵守的九种根本大法，即“洪范九畴”。反映了一个严整的宗教神权统治体系，但也透露出朴素唯物主义的思想。对后人影响极大。自南宋后多有怀疑其非箕子所作。近人或认为出自战国时儒家伪托；或认为成书于西周；亦有认为原本出于商末，历西周、春秋、战国而有所增益。前人对《洪范》的解释，大都见于《尚书》注疏中，也有通过注释阐发自己的思想，如王安石《洪范传》。

《管子》 战国时齐国稷下学者著作总集。托名管仲所作。其中也有汉代附益的部分。西汉刘向校订八十六篇(其子刘歆在《七略》中只著录十八篇)，今存七十六篇。分为八类：《经言》九篇，《外言》八篇，《内言》七篇，《短语》十七篇，《区言》五篇，《杂篇》十篇，《管子解》四篇，《管子轻重》十六篇。内容庞杂，包含有法、道、名等家思想以及天文、历数、舆地、农业和经济等知识。其中《牧民》、《形势》、《权修》、《乘马》等篇存有管仲遗说。《大匡》、《中匡》、《小匡》等篇记述管仲遗事。《心术》、《白心》、《内业》等篇阐述关于“精气”的学说和排除主观成见的“静因之道”。《水地》篇提出“水”为万物本原的思想。《枢言》、《宙合》、《九守》等篇论述了名实关系。《轻重》等篇对经济问题作详尽论述。《五行》篇提出“三分损益说”来确定五音，在音乐律学理论上有很大贡献。注释有唐尹知章注，清戴望《管子校正》，郭沫若、闻一多、许维遹《管子集校》等。

《心术》 《管子》篇名。分上下两篇。上篇前经后解，下篇与《内业》篇多有重复。为战国时稷下学者著作。一说为宋钘、尹文派遗作。“心术”有双重含义：既指“心”认识“道”的方法和途径，又指君王驾驭、控制群臣的方法。认为“心术者，无为而制窍者也”。“心之在体，君之位也；九窍之有职，官之分也”。提出“静因之道”的认识方法，认为以虚心和冷静的态度去观察客观事物，是认识“道”的重要方法。强调要排除主观成见和嗜欲，如实地观察客观事物。所论“事督乎法，法出乎权，权出乎道”，反映了道法融合的趋势。在逻辑学上提出“以形务名”，强调名实相符，“物固有形，形固有名，此言(名)不得过实，实不得延名”。认为“名当谓之圣人”。

《水地》 《管子》篇名。提出以水为万物之根源的思想。认为水为“万物之本原也，诸生之根菀也，美恶贤不肖愚俊之所生也”。甚至认为水清决定“人心正”、“行无邪”，因而“圣人之治于世”，“其枢在水”。有认为是管仲后学采集管仲思想而成。

《内业》 《管子》篇名。战国时稷下学士的著作。一说为宋钘、尹文派遗著。运用战国时期医学等自然科学的成果，首创精气学说。认为“精气”为万物之本原，“下生五谷，上为列星”，并以精气说明人的生命和精神现象。还提出“修心静意”，排除外物干扰，以保持精气的修养方法。对后世唯物主义者关于形神问题的讨论有重要影响。《汉书·艺文志》儒家类著录《内业》十五篇，据南宋王应麟、近代梁启超考证，即《管子·内业》篇。

《白心》 《管子》篇名。战国时期稷下学者著作。一说为宋钘、尹文遗著。吸收老子关于“道”的思想，认为“道者，一人用之，不闻有余。天下行之，不闻不足”。强调清虚自守，卑弱自持。提出“以靖(静)为宗”，“圣人之治也，静身以待之”，“名正法备，则圣人无事”等思想。主张君王应正静自处，“人言善，亦勿听；人言恶，亦勿听”，隐其好恶之情，则臣下之“美恶乃自见”。体现了战国时期道法结合的趋势。

《牧民》 《管子》篇名。提出“仓廪实则知礼节，衣食足则知荣辱”的见解。强调整顿“四维”(礼、义、廉、耻)，“四维不张，国乃灭亡”。认为“政之所行，在顺民心”，“予之为取”为统治者的法宝。还提出“言室满室，言堂满堂”，开诚布公以控制群臣的办法。其中不少为《韩非子》、《史记》、《贾子新书》所引述。

《晏子春秋》 又名《晏子》。《汉书·艺文志》列为八篇，题春秋齐晏婴撰。唐以后，人多疑此书为后人采缀晏子言行而成，或疑今传本已非《汉书》所载旧本。最早有西汉刘向辑校本，凡八篇，二百十五章，分为内篇六，外篇二。内篇多有规谏君主崇尚节俭之说，外篇多有非儒之意。唐柳宗元认为系齐国墨子之徒所作。唐宋以后不少学者将此书列入墨家。1972年山东银雀山汉墓出土《晏子》残简一百二十枚，与今本有关章节的内容大体一致。注释有清孙星衍《晏子春秋音义》及今人吴则虞《晏子春秋集释》等。

《论语》 孔子言论的汇编。儒家经典之一。约成书于春秋末至战国初。西汉时有今文本《鲁论》和《齐论》及古文本《古论》三种。西汉末年安昌侯张禹曾根据《鲁论》参考《齐论》编定，号为《张侯论》。东汉末年，郑玄以该本为依据，参照《齐论》、《古论》作《论语注》，为今本《论语》。共二十篇，是孔子弟子及其再传弟子根据直接记录和传闻整理的孔子言行。内容有孔子谈话、答弟子及时人问和弟子间的谈论，为研究孔子哲学、政治、伦理、美学等各种思想的重要资料。东汉列为七经之一。南宋淳熙年间(1174—1189)，朱熹把它和《大学》、《中庸》、《孟子》合为“四书”。至“五四”新文化运动以前，一直是中国知识分子的必读书目，流传极广，对中华民族的心理素质和精神面貌有很大影响。注释有三国魏何晏《论语集解》、南朝梁皇侃《论语义疏》、北宋邢昺《论语正义》、南宋朱熹《论语集注》、清刘宝楠《论语正义》、黄式三《论语后案》、程树德《论语集释》等。近人杨伯峻有《论语译注》。

《学而》 《论语》篇名。以首句“子曰：学而时习之”名篇。篇中提出“主忠信”，“孝弟也者，其为仁之本与”等伦理思想和“敬事而信，节用而爱人，使民以时”等社会政治观点。

《为政》 《论语》篇名。以首句“为政以德”名篇。篇中提出：“道之以政，齐之以刑，民免而无耻；道之以德，齐之以礼，有耻且格”等政治观点；“学而不思则罔，思而不学则殆”，“知之为知之，不知为不知”等认识论观点。

《述而》 《论语》篇名。以首句“子曰：述而不作，信而好古”名篇。主要论述了孔子“学而不厌，诲人不倦”，“发愤忘食，乐以忘忧”的治学态度和“不愤不启，不悱不发”的教学方法。

《颜渊》 《论语》篇名。以首句“颜渊问仁”名篇。篇中提出“克己复礼为仁”，仁者“爱人”，“己所不欲，勿施于人”等伦理思想；“足食，足兵，民信之矣”，“君君，臣臣，父父，子子”等政治观点。

《季氏》 《论语》篇名。以首句“季氏将伐颛臾”名篇。篇中反映了孔子对历史，尤其是鲁国当时“陪臣执国命”的政治情况的考察。提出君子有“三愆”、“三戒”、“三畏”、“九思”，指出“不学诗，无以言”，“不学礼，无以立”。

《阳货》 《论语》篇名。以首句“阳货欲见孔子”名篇。篇中提出“天何言哉？四时行焉，百物生焉，天何言哉”的天道观，并认为君子小人为行各异，今之与古其疾不同：“性相近也，习相远也”，“唯上知与下愚不移”。

《国语》 相传为春秋时左丘明所撰。全书二十一卷。约在战国初成书。分别记载西周末年至春秋时期周、鲁、齐、晋、郑、楚、吴、越八国史事。以记载当时贵族的言论为主。时间始于周穆王十二年(前990)，终于周贞定王十六年(前453)。其中包含着中国古代哲学的资料。如“伯阳父论地震”，“史伯论五材”等。东汉班固、王充曾称《国语》为《春秋外传》或《左氏外传》。现存最早版本为北宋明道二年(1033)刊本。注本有三国吴韦昭《国语解》、北宋宋庠《补音》、清洪亮吉《国语韦昭注疏》、汪远孙《国语校注本三种》和近人吴曾祺《国语韦解补正》、徐元诰《国语集解》等。

《孙子兵法》 释文见“中国古代哲学·著作·中国古代军事哲学”类。

《老子》 又名《道德经》、《老子五千文》。道家学派的主要著作。相传为春秋末期老子所作。《史记·老子韩非列传》：“老子乃著书上下篇，言道德之意五千余言。”现一般认为编定于战国中期，存有老子本人思想。通行本为三国魏王弼注本，分为八十一章，前三十七章为《道经》，后四十四章为《德经》，故有《道德经》之称。《老子》提出了一个以道为核心的思想体系，具有丰富的朴素辩证法思想，除对后世的哲学以及美学、伦理学、逻辑学产生重大影响外，还保存了许多古代天文、养生、生产技术等方面的资料。因其还涉及军事和兵法，被说成是兵书。道教则奉《老子》为主要经典，称为《道德真经》，并赋予各种宗教性质的解释，作为宣传道教的依据。《老子》曾有不同的传本。唐傅奕根据当时所见的《老子》古本，校定为《老子古本篇》，一定程度上保存了《老子》古本的面貌。1973年长沙马王堆汉墓出土帛书《老子》，《德经》在《道经》之前，为现存最古的《老子》完整的抄本。1993年湖北荆门郭店楚墓出土的竹简中有《老子》甲、乙、丙三组竹简，年代约在战国中期，比帛书更古，但均系摘抄，内容不相重复。丙组竹简还附有《太一生水》，是对《老子》的解说引申。主要注释有西汉河上公《老子章句》、三国魏王弼《老子注》、明焦竑《老子翼》、清魏源《老子本义》、近人马叙伦《老子校诂》、高亨《老子正诂》、朱谦之《老子校释》等。

《道德经》 即"《老子》"。西汉河上公注本，分为八十一章，前三十七章为《道经》，后四十四章为《德经》，故有《道德经》之名。

《帛书老子》 现存较早的《老子》写本之一。1973年出土于湖南长沙马王堆汉墓中的帛书《老子》(甲本)和帛书《老子》(乙本)。与今本次序相反，帛书老子中德经在前，道经在后，其中有些文字与通行本相异，如通行本三十八章"上德无为而无以为"句下有"下德为之而有以为"句，帛书甲、乙本则俱无"下德"句。又如通行本第六十一章"大国以下小国，则取小国；小国以下大国，则取大国"，帛书甲本作"大邦(以)下小(邦)，则取小邦，小邦以下大邦，则取于大邦"。帛书老子的出土，解决了许多通行本章节中历来争论的问题，对老子思想的研究，有重要意义。校注本有《帛书老子校注》、《帛书老子校释》、《老子帛书校注》等。

《楚简老子》 现存最早的《老子》写本之一。1993年出土于湖北荆门郭店楚墓中的竹简《老子》。共有甲、乙、丙三组。其中有些文字与通行本相异，如通行本第十九章"绝圣弃智，民利百倍。绝圣弃义，民复孝慈。绝圣弃利，盗贼无有"。竹简本为"绝智弃辩，民利百倍。绝巧弃利，盗贼亡有，绝伪弃虑(一疑为"诈")，民复孝慈"。反映出在竹简本中老子并没有否定和摒弃儒家的"圣智""仁义"概念。《楚简老子》的出土，提供了现存最早的《老子》文本，对老子思想的研究，有重要意义。校注本有《郭店楚墓竹简〈老子〉校读》、《郭店楚简老子校释》等。

《鬻子》 旧题周初鬻熊撰。《汉书·艺文志》著录两《鬻子》。道家二十二篇，班固自注称：作者"名鬻熊，为周师，自文王以下问焉，周封为楚祖"。小说家十九篇，注称"后世所加"。《隋书·经籍志》未著录。宋《崇文总目》著录十四篇，题唐逢行珪注，即今之通行本。内容多记文王、武王、周公、成王与鬻熊问答事。逢《序》称："篇或错乱，文多遗阙。"西汉贾谊《新书》和《列子》所引该书文句，均不见于今本。清《四库全书总目提要》疑今本为唐以来好事者所伪托。

《关尹子》 春秋末关尹著。《汉书·艺文志》道家类著录九篇。汉《列仙传》作《关令子》。《隋志》、新旧《唐志》均不载。原本久佚。今本始出于南宋永嘉。九篇题为《一字》、《二柱》、《三极》、《四符》、《五鉴》、《六匕》、《七釜》、《八筹》、《九药》。前有西汉刘向序，后有东晋葛洪序。其内容多仿释氏与神仙方技家，为后人伪托。据近人张心澄考证，作伪者系五代杜光庭(见《伪书通考》)。其书虽依傍前人，但融贯禅玄，择精削繁，仍不失为研究古代道家思想的资料。道教奉为经典，收入《道藏》，称《文始真经》，全称《无上妙道文始真经》。

《文始真经》 道教经典。全称《无上妙道文始真经》，即《关尹子》。道教尊关尹子为文始真人，故尊其书为《文始真经》。《道藏》收有牛道淳、陈显微注本。参见"《关尹子》"。

《邓析子》 相传为春秋末邓析著。《汉书·艺文志》有名家《邓析》二篇，今本有《无厚》、《转辞》二篇，即原书篇目。《无厚》篇操两可之说，论证"天于人无厚也，君于民无厚也，父于子无厚也，兄于弟无厚也"。主张"循名责实"、"按实定名"，提倡"见其象，致其形，循其理，正其名，得其端，知其情"。刘向《邓析子校叙》云："其论无厚者言之异同。与公孙龙同类。"一说此书或间有邓析之思想，但非邓析所著，系后人伪托。

《墨子》 墨家学派的著作总汇。《汉书·艺文志》著录《墨子》七十一篇，今存五十三篇。旧题战国墨翟撰。大部分是墨子弟子或再传弟子记述的墨子言行。其中《尚贤》、《尚同》、《兼爱》、《非攻》、《节用》、《节葬》、《天志》、《明鬼》、《非乐》、《非命》等代表了墨子的主要思想。以上十说都分上、中、下篇，内容基本相同，为墨家三派各记其闻所致。《耕柱》以下至《公输》各篇记述了墨子和弟子们的活动和言论。《经》上、下，《经说》上、下，《大取》、《小取》等六篇，后人称为《墨经》(或《墨辩》)，为后期墨家所著，集中论述了墨家逻辑学说，对早期墨家的逻辑思想有新的发展，也包含后期墨家在认识论、伦理学、经济学、几何学、光学、力学等多方面的思想。《备城门》以下十一篇，记录了墨子对战争防御和制造器械方法等战术措施的言论。有人认为此十一篇为汉人编撰。此外，《亲士》、《修身》等篇杂有道家和儒家的思想。《墨子》最早有西晋鲁胜《墨辩注》、唐时乐台《墨子注》，已佚，仅存鲁胜《墨辩注序》(载《晋书·隐逸传》)。通行注本有清孙诒让《墨子间诂》。吴毓江《墨子校注》勘正了《间诂》的一些错误。

《兼爱》 《墨子》篇名。阐述墨子的政治思想和伦理观念。有上、中、下三篇，内容基本相同，详细有别。

《尚同》 《墨子》篇名。分上、中、下三篇。阐述墨子的政治主张。还反映墨子对国家起源的猜想。

《尚贤》 一作《上贤》。《墨子》篇名。分上、中、下三篇。内容基本相同，详略有别。

《天志》 《墨子》篇名。阐述墨子的天道观。有上、中、下三篇。

《非命》 《墨子》篇名。与儒家的命定论相对立。分上、中、下三篇。

《明鬼》 一作《右鬼》。《墨子》篇名。原有上、中、下三篇,现仅存下篇。墨子依据“众之耳目之实”,三代圣王之事和典籍的记载认为有鬼神存在,鬼神与天意(天志)一样能赏善罚恶。提倡明鬼以消逆乱,以明兼爱,借鬼以治人,辅国家政教。“欲求兴天下之利,除天下之害,当若鬼神之有也。”为其思想中的消极部分。

《非儒》 《墨子》篇名。原目有上、下两篇,今存下篇。内容主要贯彻墨家兼爱、勤作的主旨,批判儒家“亲疏尊卑之异”的观点。指责儒家“繁饰礼乐以淫人,久丧伪哀以漫亲,立命缓贫而高浩居,倍本弃事而安怠傲”。认为孔子的言行“污邪作伪孰大于此”。后人认为是门人弟子习闻墨子非儒之旨,采摭野语而成。

《鲁问》 《墨子》篇名。由墨子后学所记述的有关墨子非攻、贵义、兼爱等言论,并提出了一些具有朴素辩证思想的命题:“合其志功而观焉”,强调动机与效果、“志”与“功”的结合;“择务而从事”,指出必须根据实际情况,提出相应的主张和采取相应的措施。在逻辑推理方面,指出“焉在不知来”,由已知可推出未知。对“巧”与“拙”,认为“所为巧,利于人谓之巧;不利于人谓之拙”,以功利作为区别巧拙的标准。

《非乐》 《墨子》篇名。针对孔子及儒家“繁饰礼乐”、以礼乐治天下的思想以纠正时人耽于声色、疏于勤政的弊端。《墨子·鲁问》:“国家憙音湛湎,则语之《非乐》、《非命》。”指明儒家之乐的害处,在“厚措敛乎万民”、“亏夺民之衣食之财”、“不反中民之利”;王公大人、士君子、农夫、妇人俱不能尽职“其分事也”,使朝政荒废,财用不出,国家危亡。“察九有之所以亡者,徒从饰乐也”(《非乐下》)。视“乐之为物”乃天下之大害,故主张“禁而止也”。

《贵义》 《墨子》篇名。由墨子后学所记述的墨子关于“义”的言论。认为“万事莫贵于义”,“凡言凡动,利于天鬼百姓者”为义,反映了他为义兼爱的目的。主张行义须付诸行动,否则为“荡口”。提出衡量一个人是否仁义,“非以其名也,以其取也”。认为为义,须去六辟:喜、怒、乐、悲、爱、恶。

《墨辩》 《墨子》一书的重要组成部分。亦作书名,始称自西晋鲁胜。鲁胜曾作《墨子注》,已佚。《晋书·隐逸传》载鲁胜《墨辩注叙》,说:“墨子著书,作《辩经》以立名本。”“《墨辩》有上、下《经》,《经》各有《说》,凡四篇。”即指《墨子》一书中的《经上》、《经下》、《经说上》、《经说下》四篇。一说以上四篇加上《大取》、《小取》,六篇合称《墨辩》。清孙诒让《墨子间诂·墨学传授考》:“案《墨经》即《墨辩》,今书《经说》及《大取》《小取》二篇,盖即相里子、邓陵子之伦所传诵而论说者也。”今《墨经》、《墨辩》之称往往通用。

《墨经》 《墨子》一书的重要组成部分。战国时后期墨家发展墨子思想的著作。“墨经”之称始见于《庄子·天下》,言后墨三派“俱诵墨经”。《墨经》包括《经上》、《经下》、《经说上》、《经说下》、《大取》、《小取》六篇。一说《大取》《小取》除外,前四篇称为《墨经》。作者姓名不详。其成书年代约在战国后期,公元前三世纪。一说“《经上》为墨子自著”(梁启超《墨经校释》)。《墨经》前四篇的文体结构特殊,尤其《经下》、《经说下》,先立“辞”后出“故”,在思维形式上充分体现了墨家“以说出故”的思想。《墨经》主要内容为认识论和逻辑学,故亦称《墨辩》或《辩经》。还涉及伦理学、经济学、几何学、物理学(主要是光学和力学)、心理学等方面的科学内容,是先秦时期科学成就的光辉记录,具有重要的史料价值。《墨经》在概括自然科学的成就,总结名辩思潮的理论成果的基础上,系统、深入地讨论了逻辑问题。主张“夫辩者,将以明是非之分,审治乱之纪,明同异之处,察名实之理,处利害,决嫌疑。焉(乃)摹略万物之然,论求群言之比。以名举实,以辞抒意,以说出故。以类取,以类予。有诸己不非诸人,无诸己不求诸人”(《小取》)。较全面地论述了逻辑思维的主要任务及其基本形式,提出了思维活动的基本原则。以“类”、“故”、“理”作为逻辑思维所必具的三个重要范畴,对它们的重要性进行了详细的分析说明:“夫辞,以故生,以理长,以类行者也。立辞而不明于其所生,妄也。今人非道无所行,唯(虽)有强股肱而不明于道,其困也可立而待也。夫辞以类行者也,立辞而不明于其类,则必困矣。”(《大取》)《墨经》还探讨了正确思维的基本规律,并对“名”(概念)、“辞”(判断)、“说”(推理)等各种思维形式的逻辑结构,进行了比较详细的研究。创立了中国古代最完整的形式逻辑体系。因错简、讹脱较多,原不易读,经明清之际傅山,清毕沅、张惠言、俞樾、孙诒让等人整理校释,引《说》释《经》,文义稍通。近人梁启超《墨经校释》、高亨《墨经校诠》与谭戒甫《墨辩发微》对《墨经》六篇多有校释。

《小取》 《墨子》篇名。后期墨家所著,成书于战国中后期。“明‘辩说’之术,以‘辩经’之要旨,组成说辩之论文,所重在‘术’;其所取者小,故曰《小取》。”(伍非百《中国古名家言》)全面阐述了墨辩逻辑的基本内容,建立了比较完整的墨辩逻辑体系。分析了逻辑思维的六种作用,“夫辩者,将以明是非之分,审治乱之纪,明同异之处,察名实之理,处利害、决嫌疑”。把“摹略万物之然,论求群言之比”作为逻辑科学的认识论基础。将逻辑思维的基本形式概括为“以名举实”、“以辞抒意”、“以说出故”三种。并提出了“以类取,以类予”的推论原则,和“有诸己不非诸人,无诸己不求诸人”的论辩道德要求。归纳分析了或、假、效、辟、侔、援、推等七种论式。并对辟、侔、援、推这四种推理过程中常见的谬误作了详细考察。认为由于“物有所同而不率遂同”的缘故,辟、侔、援、推这四种论式在具体的使用过程中常有“行而异,转而危,远而失,流而离本”的情况发生,以致谬误。因此，对这些论式“不可不审”、“不可常用”。尤其对于“言多方，殊类，异故”，更“不可偏观”。并用“侔”等形式，对“言多方，殊类，异故”进一步作了“是而然”、“是而不然”、“不是而然”、“一周而一不周”、“一是而一非”等分析。

《大取》 《墨子》篇名。后期墨家所著。约成书于战国中后期。清孙诒让引毕沅语云：“篇中言利之中取大，即大取之义也。”（《墨子间诂》）一说该篇“言‘兼爱’之道，以墨家之辩术，证成墨家之教义，所重在‘道’；其所取者大，故曰《大取》”（伍非百《中国古名家言》）。主张“利之中取大，害之中取小”，认为害之中取小是“取利”；“杀一人以存天下”即是害之中取小，是“不得已而欲之”，从而为解决“兼爱”与“杀盗”之间的矛盾提供逻辑根据。对名、辞、说诸方面容易致误的原因进行了分析。根据所反映的对象特性，将名分为“以形貌命者，若山丘室庙者皆是”、“以居运命者，若乡里齐荆者皆是”、“以举量数命者”等不同种类。对事物之间的同异现象作了详细分析，将“同”归为十种：“重同、具同、连同、同类之同、同名之同、丘同、鲋同、是之同、然之同，同根之同。”将“异”归为两大类：“有非之异，有不然之异。”认为同异相对、同中有异：“有其异也，为其同也，为其同也异”，反映了对“类”本质的理解。根据思维对象的复杂性，提出故、理、类“三物”作为正确思维的逻辑原则：“三物必具，然后辞足以生。”并对“三物”在思维实践中的地位和作用进行了分析：“夫辞以故生，以理长，以类行。立辞而不明于其所生，妄也。今人非道无所行，虽有强股肱而不明于道，其困也，可立而待也。夫辞以类行者也，立辞而不明于其类，则必困矣。”本篇既补充《经》上下、《经说》上下之所未及，也为《小取》的系统化提供了大量素材，确立了基本原则。一说《大取》中一部分内容又称为“语经”。

《吴子》 释文见“中国古代哲学·著作·中国古代军事哲学”类。

《慎子》 战国时慎到著。《汉书·艺文志》法家类著录四十二篇。《隋书》、新旧《唐书》著录十卷。宋《崇文总目》作三十七篇。已佚。现仅存残本五篇。《群书治要》卷三十七另存有节文二篇（收入《守山阁丛书》和《百子全书》）。内容主张国君“无为而治”，同时提倡法治。强调“大君任法而弗躬为，而事断于法矣”。清钱熙祚辑本以《群书治要》本七篇参校《子汇》本五篇，较为完善。明末出现的《慎子》分内外两篇，为慎懋赏伪作。

《尸子》 战国时尸佼作。以综合为学术宗旨，贯通儒、墨、道各家异说。为杂家学派开创之初的作品。《汉书·艺文志》杂家类著录“《尸子》二十篇”。刘向《别录》说：“自为造此二十篇书，凡六万言”（见南朝宋裴骃《史记集解》）。已散佚。唐《群书治要》卷三十六辑，录有《劝学》等十三篇。清汪继培辑有十四篇与若干片断，编为上下两卷，较为完善，但已非原书。其中存有先秦佚说甚多。

《商君书》 战国时商鞅及其后学的著作合编。秦汉时称《商君》。唐以后亦称《商子》。战国时已有传本。有“境内之民”“藏商、管之法者家有之”（《韩非子·五蠹》）之说。《汉书·艺文志》法家类著录二十九篇。宋时已有佚失。《郡斋读书志》谓亡佚三篇，《直斋书录解题》谓亡佚一篇。今本存二十四篇，另有二篇有目无文。唐《群书治要》引有《六法》一篇，今本无。书中记述商鞅的政治、经济主张，哲学思想及社会历史观点等。也载有一些秦国的政治、经济和军事制度，以及变法的事实。对战国末与秦代影响深远。注本有近人朱师辙《商君书解诂》、高亨《商君书注译》等。

《更法》 《商君书》篇名。是否为商鞅所撰，说法不一。《四库全书总目提要》谓：在孝公之世，安得称孝公之谥？据此断为非商鞅所作。一说称谥可能是后人传抄所致，但所记内容与商鞅思想相符。记述商鞅在变法前同大夫甘龙、杜挚的争论。根据“三代不同礼而王；五霸不同法而霸”，“各当时而立法，因事而制礼”的历史经验，提出“治世不一道，便国不必法古”。

《开塞》 《商君书》篇名。《淮南子》称为《启塞》（《淮南子·泰族训》）。作者认为人类社会历史分为“三世”，“上世亲亲而爱私，中世上贤而说仁，下世贵贵而尊官”。指出“世事变而行道异”，执政者应“不法古，不修今”，对于政治上的障碍，必须以严刑峻法去排除。故以“开塞”名篇。

靳令 《商君书》篇名。主张扫除变法、治国的思想障碍，说“法已定矣，不以善言害法”，一切遵从法令之所定，不容以言害法。指出孔子所编撰的著作、所提倡的思想观念、伦理道德于治国有害无益，“六虱：曰礼乐，曰诗书，曰修善，曰孝弟，曰诚信，曰贞廉，曰仁义，曰非兵，曰羞战。国有十二者，上无使农战，必贫至削”，说国“无六虱，必强”。这些思想成了法家政治排斥儒家学派及其理论的主要依据。

《画策》 《商君书》篇名。认为社会是发展的，随着“时异”、“时变”，政策也应相应改变。明智的国君知“必然之理，必为之时势”，“不贵义而贵法”，实行法治和重战政策。提出“以战去战”、“以杀去杀”、“以刑去刑”、胜敌“先自胜”等。

《孙膑兵法》 释文见“中国古代哲学·著作·中国古代军事哲学”类。

《申子》 战国申不害著。《史记·老子韩非列传》称二篇，《汉书·艺文志》称六篇。据裴骃《史记集解》引刘向《别录》，谓两者内容“皆合”。约亡佚于南宋时。仅唐《群书治要》卷三十六辑有《大体》一篇。另从《太平御览》卷二二一引刘向《别录》与《论衡·效力》篇知有《君臣》、《三符》篇，文字均佚。还有片断文字散见于《艺文类聚》、《意林》等。有清严可均辑本与马国翰辑本。

《大学》 儒家经典“四书”之一。原为《礼记》篇名。旧传为春秋曾子所作。近代许多学者认为是秦汉之际儒家作品。唐代韩愈、李翱将它视为与《孟子》、《周易》同样重要的经书。北宋二程“表章《大学》、《中庸》二篇，与《语》、《孟》并行”（《宋史·道学传·序论》）。南宋朱熹重新编定《大学》章次，作“经”、“传”之分，以为“经”是“孔子之言，而曾子述之”；“传”是“曾子之意，而门人记之”。又补写“格物致知”章，尊崇《大学》是“为学纲目”，“修身治人底规模”。并刊刻于“四书”。提出融道德与政治为一体的“大学之道”，包括三纲领八条目。较为全面地总结了先秦儒家关于道德修养、道德作用及其与治国平天下的关系。被宋儒称为“初学入德之门”、“所以教人之法”。

《中庸》 儒家经典“四书”之一。原为《礼记》篇名。相传战国初子思所作。集中论述“中庸”和“诚”。以“中和”释“中庸”，视为君子的最高道德准则。认为“诚”是“天之道”，“物之终始”，“是故君子诚之为贵”。“唯天下至诚”，就能“尽其性”、“尽人之性”、“尽物之性”，“则可以赞天地之化育”，可以与天地参矣。把“至诚”看成是达到天人合一的最高修养境界。并提出“尊德性而道问学”作为“诚”的修养途径。对宋明理学产生重要影响。《宋史·道学传·序论》称：程颢、程颐“表章《大学》、《中庸》二篇，与《语》、《孟》并行”。朱熹则把伪《古文尚书》里“人心惟危，道心惟微，惟精唯一，允执厥中”十六字，奉为《中庸》所阐述的“传授心法”，又作《中庸章句》，将《中庸》与《大学》、《论语》、《孟子》并列，刊刻《四书》，以发挥其理学思想。

《礼运》 《礼记》篇名。旧传“疑出于子游门人之所记”。近人据篇中“礼达而分定”和礼“以治人之情”等语，以为可能是荀子后学所作。一说是战国末或秦汉之际儒家学者托孔子答问的著作。东汉郑玄《礼记》题注说：“名曰《礼运》者，以其记五帝三王相变易及阴阳转旋之道”。唐孔颖达疏：“论礼之运转之事”（《礼记正义·礼运》）。指出社会发展由“大同”而至“小康”。“大同”之世，“天下为公”，尚无制度礼义；“小康”之世，“天下为家”，才产生了礼义的纲纪天下。认为礼义制度、道德规范是社会演进的产物，以此说明礼治的必要性，为封建的礼教纲常提供理论根据。

《孟子》 战国中期孟子及其弟子万章、公孙丑等著。一说是孟子的弟子或再传弟子的记录。儒家经典之一。《汉书·艺文志》著录《孟子》十一篇，现存七篇。相传另有《孟子外书》四篇，已佚。今本《孟子外书》系明姚士粦伪撰。《孟子》载有孟子及其弟子的各项活动，及政治、教育、哲学、美学、伦理等学说和思想，为研究孟子思想和孟子学派的主要材料。南宋朱熹把它和《大学》、《中庸》、《论语》合称为《四书》。注释本主要有东汉赵岐《孟子注》、南宋朱熹《孟子集注》、清焦循《孟子正义》、戴震《孟子字义疏证》等。今有杨伯峻《孟子译注》。

《尽心》 《孟子》篇名。分上下两篇。上篇主要论述“尽心”、“知性”、“知天”等观点，提出：“尽其心者，知其性也。知其性，则知天矣。存其心，养其性，所以事天也。”认为心、性、天三者是统一的，人具有天赋的“良知”、“良能”，可以做到“万物皆备于我”。下篇论述“民为贵，社稷次之，君为轻”等“民贵君轻”的思想。主张国君要行仁政。该篇最后一章提出由尧舜至于汤，由汤至于文王，由文王至于孔子的思想传承序列，为儒家“道统”思想的先声。

《告子》 《孟子》篇名。分上下两篇。集中反映了孟子人性善的思想。“人性之善也，犹水之就下也。人无有不善，水无有不下”。反对告子“性无善无不善”的观点。提出“类”的概念。认为“圣人，与我同类者”，凡人皆具天赋的“仁义礼智”德性，由此推出“人皆可以为尧舜”。“若夫为不善，非才之罪也”，其所以“放其良心”或所以“陷溺其心”。主张养其“大体”（心）而为“大人”。反对霸道，论述仁义道德，提出“舍生而取义”一语。

《万章》 《孟子》篇名。分上下两篇。主要论述古代尧、舜、禹禅让的情况。认为禅让和继世皆是“天与之”，“天与贤，则与贤；天与子，则与子”。主张以尧舜之道维持君臣关系，教化百姓。提出“天之生此民也，使先知觉后知，使先觉觉后觉也。予天民之先觉者也；予将以斯道觉斯民也”。其中有宣扬君权天授和知识先验的观点。

《滕文公》 《孟子》篇名。分上下两篇。主要反映孟轲的政治思想，认为“民事不可缓也”，“民之为道也，有恒产者有恒心，无恒产者无恒心”。主张实行井田制，认为“夫仁政，必自经界始。经界不正，井地不钧，谷禄不平，是故暴君污吏必慢其经界”。依据社会分工的观点，认为劳心和劳力、统治者和被统治者的区别，是符合当时历史现实的。

《梁惠王》 《孟子》篇名。分上下两篇。为《孟子》首篇。主要主张“仁政”，以“仁义”治国。提出“仁者无敌”、“保民而王，莫之能御也”等观点，反对兼并战争。认为“乐以天下，忧以天下，然而不王者，未之有也”。“如有不嗜杀人者，则天下之民皆引领而望之矣。”提出“制民之产”，“省刑罚”，“薄税敛”，“谨庠序之教，申之以孝悌之义”等。

《列子》 旧题周列御寇著。汉初已有散佚，刘向校定为八篇，曾疑其“不似一家之书”。今本《列子》八篇，从思想体系和语言风格上看，可能是晋人作品。一说也包含某些战国时写成的文字。内容多为民间传说、寓言和神话故事。“其书大略明群有以至虚为宗，万品以终灭为验。”（张湛《列子序》）其旨意大致归同于老庄，又往往与佛经相参合。其中《杨朱篇》反映了个人享乐主义的颓废思想。唐天宝元年（742）诏号《列子》为《冲虚真经》。北宋景德四年（1007）加封“至德”，号曰《冲虚至德真经》，列为道教重要经典之一。有东晋张湛注、近人杨伯峻《列子集释》和严北溟《列子译注》。

《冲虚真经》 即《列子》、《冲虚至德真经》。唐玄宗于天宝元年（742）诏封列子为冲虚真人，尊《列子》为《冲虚真经》。宋真宗于景德四年（1007）加封列子为“冲虚至德真人”，其书也加尊为《冲虚至德真经》。详“《列子》”。

《杨朱》《列子》篇名。是晋人借托战国时杨朱而作。中国古代思想史上第一次系统论述享乐主义人生观的代表作。提出人生的目的，在于追求“丰屋美服，厚味姣色”，尽情享乐。认为人之一生，不过百年，除去“孩抱”不知享乐，“昏老”不能享乐，“痛疾哀苦，亡失忧惧”时无法享乐，留下享乐的时光不多，要及时行乐。又主张大胆享乐，认为人必有一死，仁圣亦死，凶愚亦死，死后“腐骨一矣，孰知其异”？不必担心死后留下恶名，“且趣当生，奚遑死后”。视名教为“重囚累梏”，要求摒弃“虚誉”与“余荣”。如为“刑赏之所禁劝，名法之所进退”而“徒失当年之至乐”，那就“违自然所好”，摧残人性。从“忧苦，违性者也；逸乐，顺性者也”的自然人性论出发，在诸多的享乐方式中，推崇感官快乐，认为“养生”就是“恣意之所欲行”、“肆情于色”，把追求感官的满足放在一切享乐方式之上。由纵欲主义“养生”论，导出非道德主义的结论：“欲尊礼义以夸人，矫情性以招名，吾以此为弗若死矣！”反映了魏晋时期门阀士族地主阶级的人生观与生活方式。

《庄子》 亦称《南华经》。庄子及其后学著。道家主要代表作。《史记·老子韩非列传》言庄子“著书十余万言”，“作《渔父》、《盗跖》、《胠箧》，以诋訾孔子之徒，以明老子之术”。《汉书·艺文志》著录《庄子》五十二篇。此后，《庄子》传本歧出，据唐陆德明《经典释文序录》记有：司马彪注二十卷，五十二篇。崔譔注十卷，二十七篇。向秀注二十卷，二十六篇（一作二十七篇），郭象注三十三篇。现仅存郭象注本，为今通行本。分为内篇七篇，外篇十五篇，杂篇十一篇。一说内篇是庄子所著，外篇和杂篇可能杂有门人和后来道家的作品。一说内篇、外篇和杂篇都反映了庄子的思想。其文汪洋恣肆，想象丰富，多采寓言故事形式阐发哲理。在哲学上和文学上都有较高研究价值。历来注解极多，今通行本主要有清郭庆藩《庄子集释》、王先谦《庄子集解》等。

《南华经》 亦称《南华真经》，即《庄子》。隋时已有以“南华”称《庄子》者（见《隋书·经籍志》），但尚未称“经”。至唐天宝元年（742），诏号《庄子》为《南华真经》（见《新唐书·艺文志》）。

《逍遥游》《庄子》篇名。“逍遥游”意味着“顺万物之性，游变化之涂”（西晋郭象注），超然物外，无往而不适。篇中借用大鹏和小鸠、大椿和朝菌的比喻，说明任何事物的差别都是相对的。主张各任其性，放弃一切大小、荣辱、死生、寿夭的差别观念，特别是要做到“无己”、“无功”、“无名”，与物“无待”，便能达到“至人”、“神人”的超越现实的境界。集中阐述了庄子的自由观和人生理想。

《齐物论》《庄子》篇名。内容以齐是非、齐彼此、齐物我、齐寿夭为主。一说也包括齐“物论”。提出“天下莫大于秋毫之末，而泰山为小；莫寿于殇子，而彭祖为夭。”全篇从“道未始有封”（即“道”是无界限差别的）命题出发，论证任何事物的差别以及人们认识上的是非，都是相对的，“彼亦一是非，此亦一是非”，一切争辩，只是对“道”的全面性的歪曲和割裂。反对认识的片面性，但终于倒向相对主义。在逻辑学上，提出以齐是非反对名辩，认为名辩家提出的“物指非指”、“白马非马”的争辩，最终是无是非可言。认为：“以指喻指之非指，不若以非指喻指之非指也；以马喻马之非马，不若以非马喻马之非马也。天地一指也，万物一马也。”认为事物之间没有什么“类”的区别，“类与不类，相与为类”。甚至提出：“天地与我并生，万物与我为一。”争辩只会产生偏见，“辩也者，有不见也”。争辩的结果是谁也无法取胜，“吾与若（汝）辩矣……吾谁使正之？”本文“辩无胜”说，正与墨家的“辩有胜”说相反。

《大宗师》《庄子》篇名。认为天地万物所宗而师者为道，“夫道有情有信，无为无形；可传而不可受，可得而不可见；自本自根，未有天地，自古以固存；神鬼神帝，生天生地；在太极之先而不为高，在六极之下而不为深，先天地生而不为久，长于上古而不为老”。把“道”看成是派生万物，超越时空的最高绝对本体。认为只有得“道”的“真人”，才能做到“与天为徒”，“天与人不相胜”（“天人合一”）。虽看到人对天道不能违反，但否定了人在天道面前的主观能动作用。

《知北游》《庄子》篇名。是否庄子所撰，说法不一。文中对“道”作了较详的论述，认为“道”是万物的本根，“天不得不高，地不得不广，日月不得不行，万物不得不昌，此其道与”。“道”不可感觉，无形无象，“道不当名”，同时又“无所不在”。这一思想本于老子而又具有泛神论倾向。又用气化说明宇宙的形成和人的生死，“通天下一气耳”，“人之生，气之聚也，聚则为生，散则为死”。为研究《庄子》哲学观点的重要资料。

《则阳》《庄子》篇名。文中提出：“荣辱立然后睹所病，货财聚然后睹所争。”认为天下争乱的原因在于人为和物质财富的进步，表现出复古倒退的历史观。但肯定四方上下为“无穷”，空间是无限的。认识到“安危相易，祸福相生，缓急相摩，聚散以成”，矛盾对立面是相互依存、相互作用的。还提出：“阴阳相照相盖相治，四时相代相生相杀。欲恶去就，于是桥起。雌雄片合，于是庸有。”认为矛盾作用是万物产生的原因。这些观点对后来的思想家曾产生过巨大影响。

《胠箧》《庄子》篇名。全篇以发挥《老子》“绝圣弃智”的观点为主，认为社会产生盗贼的根源在于圣人和智慧。“圣人生而大盗起”。主张绝圣弃智、擿玉毁珠，灭文章，散五采，毁绝钩绳而弃规矩，钳杨墨之口，攘弃仁义。认为只有消灭知识、财富和权力，回到“民结绳而用之”的社会中去，才是杜绝盗贼达到天下至治的唯一途径。表现出作者复古退倒的历史观。然其主张“掊击圣人，纵舍盗贼”，具有反抗当时统治阶级的进步意义。

《秋水》《庄子》篇名。是否为庄子所撰，说法不一。主张：“无以人灭天，无以故灭命，无以得殉名。

谨守而勿失,是谓反其真。"认为人应听天由命,谨顺自然,才能获得绝对自由。又提出"物,量无穷,时无止,分无常,终始无故",万物"殊器"、"殊技"。该文在启发人们对物质的无穷性、时空的无限性、事物的特殊性的认识上有一定帮助。但它以"道"为一切事物的主宰,得出无须作为的消极思想。

《天下》 《庄子》篇名。是否为庄子所撰,说法不一。其中心内容是以庄子学派的学术思想为核心,对先秦各学派代表人物思想的评述和总结。从"天下之治方术者多矣"论证"百家众技"都只能得到"道"的一偏;为挽救"道术将为天下裂"的局面,提出了全面恢复"古之道术",对墨翟、禽滑厘、宋钘、尹文、彭蒙、田骈、慎到、关尹、老聃、庄周、惠施、桓团、公孙龙等先秦各家都进行了评述。推崇老庄之学,赞关尹、老聃为"古之博大真人哉",对庄子则称"其于本也,宏大而辟,深闳而肆;其于宗也,可谓稠适而上遂矣"。作为思想体系突出了庄子的地位,也反映了老庄学派思想在学术渊源上的联系。其中还比较完整地记述了惠施的十条"历物之意"(即"历物十事")以及其他辩者的二十一个命题(即"辩者二十一事")。为研究先秦学术思想的重要资料。

《公孙龙子》 又称《守白论》。战国末公孙龙作,《汉书·艺文志》列为名家,十四篇。西汉扬雄《法言》称"龙诡辞数万"。《隋书·经籍志》列为道家,称《守白论》。宋时仅存六篇。据明正统道藏本,次序为《迹府》、《白马论》、《指物论》、《通变论》、《坚白论》、《名实论》,凡一千九百余字。一说《汉书·艺文志》记载有误,本为六篇。清姚际恒著《古今伪书考》,以本书汉志所载,隋志无之,而定为后人伪作。首篇《迹府》为传记,系后人辑录公孙龙事迹而成。《名实论》为全书总论,立"正名"原则。《白马》、《指物》、《通变》、《坚白》为其"正名"原则的具体体现。为研究公孙龙名辩思想的主要材料,在先秦逻辑史上具有重要地位。自唐至今,注说者数十家。主要有成玄英、王应麟、谢希深、宋濂、杨慎、傅山、陈澧、孙诒让等人,今人有谭戒甫《公孙龙子形名发微》、王启湘《公孙龙子校诠》、伍非百《公孙龙子发微》、庞朴《公孙龙子研究》等。

《名实论》 《公孙龙子》篇名。为全书纲领。作者"疾名实之散乱"(《迹府》),因此从理论上对名实问题作了系统分析,分别对"物"、"实"、"位"、"正"四个"正名实"的主要概念作了定义。"天与地其所产焉,物也。"认为"物"是客观存在的天地以及由天地所滋生的东西。"物以物其所物而不过焉,实也。"认为概念反映事物对象,只能限于该类事物,不能超越这类事物的范围而同时又去反映别类事物。这种与概念相对应的事物对象,就是这个概念的实。"实以实其所实而不旷焉,位也。"认为概念所反映的具体内容,应该"实其所实",即全部充实到它们所应该占据的位置上去,不能空缺。"出其所位非位,位其所位焉,正也"。认为概念所反映的事物对象,不能超出它所应该反映的对象范围,只有恰如其分地反映它所应该反映的事物对象,才是正确的概念。提出"唯乎其彼此"的正名原则:"其名正则唯乎其彼此焉"、"彼彼当乎彼,则唯乎彼,其谓行彼;此此当乎此,则唯乎此,其谓行此"。认为正确的概念应该有其稳定性,只反映一个确定的对象,即要么反映这一个实("此"),要么反映那一个实("彼")。并提出了正名的具体方法:"以其所正,正其所不正;以其所不正,疑其所正。其正者,正其所实也;正其所实者,正其名也"。并主张"审其名实,慎其所谓"。较完整地反映了公孙龙的名实观。

《坚白论》 《公孙龙子》篇名。先秦名家"离坚白"派的代表作。以论述"坚白石离"命题为主旨。主客对话形式。先设客难之辞,再予以回答。客问着重于具体的事物(客难之辞,尽在《墨子》的《经上》、《经下》、《经说上》、《经说下》四篇中)。主论着重于抽象的概念。从感觉的分析开始,由感官功能的不同,证明坚、白两属性的相离:"视不得其所坚而得其所白者,无坚也;拊不得其所白而得其所坚者,无白也。"认为坚、白两属性虽然自藏于同一块石头之中,但它们之间并无必然的联系。它们可以各自相离,非某一感官所能同时知觉。说明"坚石"、"白石"两概念之间的差异性,以坚持"唯乎其彼此"的正名原则。本篇确立了作者在先秦名辩思潮中独树一帜的地位,是后人将作者与惠施分列为"离"、"合"两派的主要根据。

《白马论》 《公孙龙子》篇名。问答体。是对《名实论》中"出其所位非位而位其所位"这一"唯谓"思想的具体发挥。"白马非马"为该篇中心命题。参见"白马非马"。

《指物论》 《公孙龙子》篇名。《说文》:"'指'通'旨',示意。"郭沫若认为,《指物论》中的指,"相当于现今所说的概念"(《十批判书》)。一说作"物德"即事物属性解(见谭戒甫《公孙龙子形名发微》)。通篇围绕"物莫非指,而指非指"这一论题展开论述,以说明"物指"与"指"两概念之间的区别。认为"指也者,天下之所无",概念不是实在之物。"物也者,天下之所有",事物才是客观存在的。所以"指"与"物"相对。任何"物"均可"指"。由于指、物不同,物是"非指",即"物不可谓指也,不可谓指者,非指也",所以任何事物都可以有一相应的概念名称:"物莫非指。"认为"指"可以附之于物而从抽象的"指"转化为具体的"物指"。"指者天下之所兼",一旦"生于物之各有名",就不再是"天下之所兼"的指。然而它们仍"谓之指,是兼不为指",正是这种"兼不为指",使所有的事物都有相应的概念,即"物莫非指"。认为"指"就是"指","指"附于"物"就不是"指","指与物,非指也"。若无物,便无指。若仅有指而无"物指",也就无所谓"非指"。"天下有指无物指,谁径谓非指?"所以,"物指"与"指"是两个不同的概念即"而指非指"。注家对本篇的理解,历来不一。"本篇以《白马论》之结论,推至于一切概念。若以'白马'代入'物'字,以'马'代入'指'字,则全篇文义极易理解。"(陈柱《公孙龙子集解》)一说本篇难解,“因为公孙龙企图避免物质存在的问题,绕了许多圈子而仍未讲通”(冯友兰《中国哲学史新编》)。

《通变论》 《公孙龙子》篇名。问答体。伍非百云:“通变者,通名实之变也”(《公孙龙子发微》)。中心命题为“二无一”,意在证明“白马非马”论。用假物取譬的方法,以“二无右”、“二无左”、“羊合牛非马”、“牛合羊非鸡”、“青以白非黄”、“白以青非碧”等具体命题的分析对“二无一”这一抽象命题作具体的串通论证。按照“唯乎其彼此”的正名原则,认为名变实亦随之变,新的复合概念一经形成,就具有与之相应的新的实体,而组成这一新的实体的那些因素,不能作为这个新的复合概念的反映对象。认为“左”与“右”一经合成新的整体“二”,与这新的整体相应之概念“二”就不再反映单独的“左”和“右”。“羊”和“牛”集合成为一个新的类,这个新类概念既不反映不属于这一类的“马”,更不反映与此类甚远的“鸡”。本篇文字奥衍,多用先秦名辩术语,“本论……首揭‘二无一’三字为全篇脉络,立意在证明‘白马非马’之一辞,以冀以形名之学而益坚其壁垒者也。盖所谓通变者,假分形色为二,即一专以形证,一专以色证也。以形证者如云:‘羊合牛非马,牛合羊非鸡’;以色证者如云‘青以白非黄,白以青非碧’是已。全篇文体,备极深玄。猝然读之,如堕烟雾,苟明乎此,层层若抽茧剥蕉,自觉谍然而解。”(谭戒甫《公孙龙子形名发微》)一说其中命题多系诡辩。

《尹文子》 相传战国时尹文著。《汉书·艺文志》“名家”有《尹文子》一篇,《隋志》记为二卷,《唐志》记为一卷。隋唐所见似已非《汉志》所记旧本。今本《尹文子》分《大道上》、《大道下》二卷,前有仲长氏《序》。据钱熙祚《守山阁丛书校勘记》称:“唐人引《尹文子》,多今本所无。”今本似又非隋唐旧本。一说今本《尹文子》二卷“精论甚多,其为先秦古籍,毫无可疑”(梁启超《汉书艺文志诸子略考释》)。《大道上》论形名,《大道下》论法术。认为“大道无形,称器有名”,“大道不称,众(形)有必名”。无形的规律没有相应的概念名称,而有形的事物则有相应的概念名称。“(形)生于不称,则群形自得其方圆;名生于方圆,则众名得其所称”,有形的事物产生于无形的规律,概念名称产生于有形的事物。认为“名也者,正形者也”,名担负着正确指谓事物的作用。提出“形正由名,则名不可差”。认为“有形者必有名,有名者未必有形”。因此,“名而无形,不可不寻名以检其差”。以概念的内涵为标准,将概念分为命物之名、毁誉之名、况谓之名三类,并进一步作“彼”、“我”之“名分”分析,认为“名宜属彼,分宜属我”,“白黑、商徵、膻焦、甘苦,彼之名也;爱憎、韵舍、好恶、嗜逆,我之分也。”将客观对象与主观感觉加以区别。强调对名的察辨分析,认为“名者名形者也”,概念是反映客观事物的;“形者应名者也”,客观事物则是被概念所反映的对象。但是两者有所区别,因而需要对它们作名实的考察,“不可相乱”。指出“万物具存,不以名正之则乱;万名具列,不以形应之则乖”。物不能没有一个相应的名称,名称也不能没有一个相应的物,所以,“形名者不可不正也”,“名称者,不可不察也”。认为同一名称,可以反映不同对象,因而在“以名定形,以形检名”时还须注意同名异实的情况;“世有因名以得实,亦有因名以失实”。据其正名检形、辨察名分等内容言,今本大抵为魏晋间人袭录、增删尹文残篇后条撰而成。

《鬼谷子》 旧题周楚鬼谷子著。系后人伪托。《隋书·经籍志》始见著录,列入纵横家,共三卷。今本为南朝梁陶弘景所注,共三卷,十二篇,作为道家学说。一说“苏秦欲神秘其道,故假名鬼谷”(《史记·苏秦列传》司马贞索隐)。内容为专讲当时“游说权谋之徒”的阴阳权术与诡辩术,如捭阖术、钩箝术、揣摩术等。

《鹖冠子》 相传为战国时楚国隐士鹖冠子著。《汉书·艺文志》著录一篇,列为道家,另又有兵书《鹖冠子》,为班固所省。《隋书·经籍志》载三卷。唐韩愈称十六篇。南宋晁公武《郡斋读书志》言其书有八卷,前三卷十三篇,中三卷十九篇,后二卷有十九论,“今削去前后五卷,止存十九篇”。今本三卷,十九篇,后人窜乱附益者甚多。内容多黄老刑名之言。其中《环流》、《道端》等篇阐述了哲学思想。《近迭》、《世兵》、《天权》、《兵政》等皆论兵之语。有宋陆佃注。

《文子》 先秦时文子著。《汉书·艺文志》著录《文子》九篇,东汉班固注:“老子弟子,与孔子并时。”北魏李暹谓文子姓辛名钘,即范蠡之师计然。其说不可考。今本十二卷。道家著作。内容以老子“道”的思想为宗,阐发道原、无为、自然、微明等思想,也糅合名法儒墨。其中《道德》篇,有与《商君书》相似的内容。文句与《淮南子》相同之处甚多。其真伪自唐宋以来向有争议。传统见解认为是西汉作品,其中大半抄自《淮南子》。今人据 1973 年发掘的河北定县汉墓竹简,证明为战国时期著作。有北魏李暹注,宋朱弁注,已佚,另有唐徐灵府注。唐玄宗时诏号为《通玄真经》,列为道教经典之一。

《通玄真经》 即《文子》。唐玄宗于天宝元年(742)诏文子为“通玄真人”,并尊其书为《通玄真经》。详见“《文子》”。

《亢仓子》 一作《亢桑子》。旧本题周庚桑楚作。共九篇。唯庚桑楚系《庄子》中寓言人物,本书亦不见于《汉书·艺文志》,仅《新唐书·艺文志》载王士元《亢仓子》二卷。士元(元一作源)唐开元、天宝间襄阳处士。其书杂剽《老子》、《庄子》、《列子》、《商君书》、《吕氏春秋》和刘向《说苑》等书内容,联络贯通,间有独见,基本思想则属道家。有明杨慎评、张懋寀校的《合诸名家批点诸子全书》本,归有光辑评的《诸子汇函》本,清《四库全书》本。另有《墨海金壶》、《丛书集成初编》、《景印元明善本丛书十种》本。

《洞灵真经》 即《亢仓子》。唐玄宗于天宝元年(742)诏庚桑子为“洞灵真人”,尊其书为《洞灵真经》。详“《亢仓子》”。

《公孙尼子》 旧题周公孙尼撰。《汉书·艺文志·诸子略》"儒家"类著录:"《公孙尼子》二十八篇",并注曰:"七十子弟子。"《隋书·经籍志》、《唐书·艺文志》均记《公孙尼子》一卷,并称"似孔子弟子"。然《史记·仲尼弟子列传》中无其名,恐为孔子之再传弟子。《隋书·音乐志》引沈约言:"《乐记》取《公孙尼子》。"又杂家有《公孙尼子》一篇,是否为同一书,难以考定。久佚。清马国翰《玉函山房辑佚书》有辑佚一卷。其中记孔子有疾,哀公使医视之问其饮食起居,孔子曰:"丘春居葛笼,夏居密阳,秋不风,冬不炀;饮食不馈,饮酒不勤。"医曰:"是良药也。"

《儒家者言》 战国晚期成书的儒家传闻汇集。《汉书·艺文志》"儒家类"著录:"《儒家言》十八篇",并注:"不知作者"。此书早已失传。1973年河北定县八角廊汉墓出土竹简。二十七章。内容上述商汤、周文,下及乐正子春,或以为即《汉书》所著录的《儒家言》。一说为《孔子家语》的原型,据此进而认为对今本《孔子家语》应重新认识。其间颇多记载孔子及孔门弟子言行。如"子贡问孔子曰赐为人下如不知为下"。释文曾发表于《文物》杂志1981年第8期。

《荀子》 战国荀子著。《汉书·艺文志》著录《孙卿子》三十三篇。西汉刘向《孙卿新书叙录》定为三十二篇。唐杨倞改名为《荀卿子》,简称《荀子》。今本《荀子》即杨倞据刘向辑本重新编排的。其中《君子》、《大略》、《宥坐》、《子道》、《法行》、《哀公》、《尧问》,或系门人弟子所记(参见梁启超《汉书·艺文志·诸子略考释》)。一说认为《仲尼》亦为后人之作(见郭沫若《十批判书》)。内容总结和发展了先秦哲学思想。集中阐述自然观的有《天论》;阐述认识论、逻辑思想和思想方法的有《解蔽》、《正名》;阐述人性论的有《性恶》;阐述教育理论的有《劝学》、《修身》;阐述军事理论的有《议兵》;阐述社会政治思想的有《礼论》、《王制》、《王霸》、《富国》等篇。《非十二子》和《解蔽》的一部分是对先秦诸子的批判总结。《成相》以民间文学的形式表达了为君、治国之道。《赋篇》系荀子的文学作品,是一种散文的赋体,在文学史上有一定的地位。主要注释本有唐杨倞《荀子注》、清王先谦《荀子集解》、近人梁启雄《荀子简释》等。

《劝学》 《荀子》篇名。集中体现了荀子的教育思想。认为人的知识、才能不是先天赋予的,而是"善假于物"的结果。重视教育对人成长的作用。"干越夷貉之子,生而同声,长而异俗,教使之然也。"指出知识和德性修养是积累的过程,"积善成德,而神明自得,圣心备焉"。强调学无止境和后来居上,"青,取之于蓝,而青于蓝"。主张"锲而不舍","用心一也",反对死背《诗》、《书》,杂而不专和"以为禽犊"(炫耀知识)。认为学的目的在于理想人格的培养,在于掌握"礼"这个最高道德标准。"学至乎礼而至矣,夫是之谓道德之极。"

《天论》 《荀子》篇名。认为"天行有常,不为尧存,不为桀亡",肯定自然界的运动变化不以人们意志为转移,提出"明于天人之分","治乱非天",阐发了"制天命而用之"的人定胜天的思想。并批判了当时流行的种种迷信思想。

《性恶》 《荀子》篇名。着重阐述人性问题。以为人性即是"饥而欲饱,寒而欲暖,劳而欲息"等"人之情性",具有"好利"、"求欲"的自然本能,如"从人之欲,遂人之情"将导致"犯分乱理"的恶的结果。进而提出"性伪之分",论证"人之性恶,其善者伪也"。批评孟子的"性善论"。强调"化性而起伪"。若能以礼义法度矫饰人之情性,通过发展理性能力,"伏术为学,专心一志,思索孰察,加日县久,积善而不息",则可"通于神明,参于天地矣"。为"隆礼"、"重法"的政治主张和"积善成德"的修养论提供了理论根据。

《正名》 《荀子》篇名。系统探究了名实关系、制名的原则、名的作用、分类,以及判断、推论等问题。主张伦理概念的相对性,明确提出"刑名从商,爵名从周,文名从礼"。认为反映客观事物的概念则随现实的变化而变化,须不断地"有作于新名"。指出"所为有名",在于"指实",使民"明贵贱"、"辨同异"、"壹于道法而谨于循令"。认为概念名称之"所缘以同异",在于"缘天官"和心的"征知":"凡同类同情者,其天官之意物也同;故比方之疑似而通,是所以共其约名以相期也。"并提出"同则同之,异则异之;单足以喻则单,单不足以喻则兼;单与兼无所相避则共"、"约定俗成"、"稽实定数"等制名原则。从不同角度将名分为共名、别名、宜名、实名、善名等类别。还对概念、判断、推理这三种思维形式分别定义,认为"名也者,所以期累实也。辞也者,兼异实之名以论一意也。辨说也者,不异实名以喻动静之道也"。并提出了"正名而期,质情而喻,辨异而不过,推类而不悖"等逻辑要求。批判了"用名以乱名"、"用实以乱名"、"用名以乱实"的"三惑"错误。

《解蔽》 《荀子》篇名。解,解除;蔽,唐杨倞注:"言不能通明,滞于一隅,如有物壅蔽之也。"着重探究认识论。指出:"凡人之患,蔽于一曲,而暗于大理",认为"依其所私"和"凡万物异则莫不相为蔽",是产生"一曲"的主客观原因,强调发挥"心"的全面认识作用,才能"兼陈万物而中县(悬)衡"。并批判诸子之学。但有夸大"心"作用的倾向,认为圣人的认识"尽伦尽制"的。

《王制》 《荀子》篇名。着重阐明政治体制和国家学说。认为治国须用等级名分来确立统治秩序,"有天有地而上下有差,明王始立而处国有制"。强调加强君主集权,建立封建法制。要求君主"平政爱民"、"隆礼敬士"、"尚贤使能"。主张宽猛相济,"以不敌之威,辅服人之道"。篇中还探究了人类社会和国家制度的起源,提出"明分使群"的理论,并认为封建制度"与天地同理,与万世同久"。

《礼论》 《荀子》篇名。认为"礼"为"先王"调节人们欲望、避免争乱而制定的"度量分界",其主要内容是“养”(养人之欲)和“别”(贵贱有等)。强调礼是衡量一切的最高标准,治国的根本,“人道之极”,“上事天,下事地,尊先祖而隆君师,是礼之三本也”。认为“礼”对人性有导化和矫饰作用,强调衣冠服饰和声乐颜色等,都要符合“礼”的规定。人如能以礼为行为规范,通过道德涵养和审美活动,就能收到“化性起伪”的效果。还认为“礼”是万世不变的法则,决定宇宙万物的变化。在美学上提出“无伪则性不能自美”的命题。从人的感情欲望来说,人性本恶,不能成为美,只有通过后天的教育和伦理道德的修养,才能使人性从恶转化为善,实现人格之美。审美活动合于“礼”,才能体现贵贱之别。

《荣辱》 《荀子》篇名。提出荣与辱是表明道德价值的重要范畴,其标准在于取义利之先后,“先义而后利者荣,先利而后义者辱”。而“荣者常通,辱者常穷。通者常制人,穷者常制于人。是荣辱之大分也”。又从人性论出发,论证了封建等级制及其礼义规范的产生和作用。“夫贵为天子,富有天下,是人情之所同欲也。然则从人之欲,则势不能容,物不能赡也。故先王案为之制礼义以分之,使有贵贱之等,长幼之差,知愚能不能之分,皆使人载其事而各得其宜,然后使悫禄多少厚薄之称。是夫群居和一之道也。”为反映荀子伦理思想的重要资料。

《乐论》 《荀子》篇名。针对墨子“非乐”思想,系统阐述了音乐的产生、立乐的标准、礼与乐的关系,以及音乐的社会职能等。指出音乐等艺术为人们获得感官愉悦所不可缺少。“夫乐者,乐也,人情之所必不免也”,而音乐则是人的内在思想感情“发于声音,形于动静”的结果。先王为了节制人们对娱乐的追求,不使之带来淫乱,“故制雅、颂之声以道之,使其声足以乐而不流,使其文足以辨而不諰,使其曲直、繁省、廉肉、节奏,足以感动人之善心,使夫邪污之气无由得接焉”。提出“以道制欲”的“立乐之方”,“君子乐得其道,小人乐得其欲。以道制欲,则乐而不乱;以欲忘道,则惑而不乐”。主张礼乐的社会作用是相辅相济的。“乐合同,礼别异。礼乐之统,管乎人心矣。”乐能统一人们的行动,“听其雅、颂之声,而志意得广焉;执其干戚,习其俯仰屈伸,而容貌得庄焉;行其缀兆,要其节奏,而行列得正焉,进退得齐焉。”“故乐者,天下之大齐也,中和之纪也。”乐又能合和人际关系,使“君臣上下同听之,则莫不和敬”;“父子兄弟同听之,则莫不和亲”,“长少同听之,则莫不和顺”。认为乐能起到移风易俗的社会作用。因为乐“足以感动人之善心”,其“入人也深,其化人也速”;乐又能调节人的血气,“正声感人而顺气应之,顺气成象而治生焉”,“耳目聪明,血气和平,移风易俗,天下皆宁。”《乐记》中所系统总结的先秦时期儒家音乐美学思想,对后代颇有影响,《乐记》中的《乐言》、《乐情》、《乐化》、《乐象》四篇,许多文字是引自《乐论》的,反映其思想的渊源关系。

《非十二子》 《荀子》篇名。着重论述诸子之学。分析了先秦各学派代表人物如它嚣、魏牟、陈仲、史鳝、墨子、宋钘、慎到、田骈、惠施、邓析、子思、孟子十二子的思想,认为皆“持之有故,言之成理”,同时又指出各家不足之处。主张“上则法尧舜之制,下则法仲尼、子弓之义”来“总方略,齐言行,壹统类”,“如是则天下之害除,仁人之事毕,圣王之迹著”,为建立中央集权封建制国家统一舆论。

《天问》 《楚辞》篇名。战国楚屈原作。是对“天”的质问。全篇多用四字句,由一百七十多个问题组成。对自然现象、神话传说、历史人物、人生道德等方面的传统观念提出怀疑和质问,如“圜则九重,孰营度之? 惟兹何功,孰初作之?”“天命反侧,何罚何佑?”对天命观和福善祸淫说表示怀疑和批判,反映出深刻的探索精神,含有朴素的唯物的理性主义思想,对后人启发很大。唐柳宗元根据《天问》而作《天对》,试图对屈原提出的问题作进一步探索。《天问》还保存了许多神话传说资料。近人或疑《天问》非屈原所作。《天问》除《楚辞》注本外,有南宋杨万里《天问天对解》、清毛奇龄《天问补注》等专注。

《离骚》 《楚辞》篇名。战国楚屈原作。“离骚”,东汉王逸释为:“离,别也;骚,愁也。”倾诉了对楚国命运和人民生活的关心,“哀民生之多艰”,叹奸佞之当道。主张“举贤而授能”,“循绳墨而不颇”。提出“皇天无私阿”,对天命论进行批判。作品中大量的比喻和丰富的想象,表现出积极浪漫主义精神,并开创了中国文学上的“骚”体诗歌形式,对后世有深远影响。有东汉王逸《楚辞章句》、南宋朱熹《楚辞集注》、清戴震《屈原赋注》等注本。

《韩非子》 战国末韩非著。由后人所编。本称《韩子》,唐以后,为与韩愈相区分而改。今本与《汉书·艺文志》著录篇数相同,共五十五篇。在先秦古籍中,窜乱较少。仅《初见秦》、《有度》等少数几篇疑为后人所作。重要的有《五蠹》、《孤愤》、《显学》、《六反》、《扬权》、《说难》、《解老》、《喻老》、《定法》等篇。《内储说上下》篇的诸论式是中国古代连珠体的最初形式。在战国末已流传。《史记》记秦始皇读后,称赞不已。所提出的一套“法、术、势”相结合的法治主张,对秦以及后世封建专制主义有很大影响。注释有清王先慎的《韩非子集解》和近人梁启雄的《韩子浅解》、陈奇猷的《韩非子集释》等。

《解老》 《韩非子》篇名。现存最早解释和发挥《老子》的论著。顺序是先《德经》,后《道经》,与通行本相异,而与帛书同。篇中大体上表达了作者援道入法的思想,对“道”和“理”作了区分:“道者,万物之所然也,万理之所稽也”,具有普遍规律的意义;“理者,成物之文也”,具有事物属性和特殊规律的意义。提出“缘道理以从事”,反对“无缘而妄意度”。强调祸福转化的条件,批判地吸收了老子的辩证法。为体现韩非哲学思想的重要文章。

《喻老》 《韩非子》篇名。用博喻的方法发挥老子的某些哲学观点。与《解老》同为解释《老子》的名篇。篇中提出:“势重者人君之渊也。君人者势重于人臣之间,失则不可复得也”,“赏罚者,邦之利器也,在君则制臣，在臣则胜君。”作者援道入法，借以论证其国君必须独擅权势的法治主张。文中也不乏传世名句，如“千丈之堤，以蝼蚁之穴溃，百尺之室，以突隙之烟焚”等。

《难势》 《韩非子》篇名。批判地吸取慎到势治学说。全篇的结构分为三个部分。首先是引慎到的贵势学说；接着为假设的儒家辩驳之辞；最后为韩非自己的主张。认为“势者，名一而变无数者也”，有“自然之势”和“人之所得势”之分。提出“抱法处势”则能收法治之效。本篇与《难一》所述楚人鬻盾矛的寓言，为中国矛盾一词之由来。

《定法》 《韩非子》篇名。评述申不害之术与商鞅之法，并提出韩非自己的法术势统一的法治理论。篇中对“术”与“法”作了概括：“术者，因任而授官，循名而责实，操杀生之柄，课群臣之能者也，此人主之所执也”，“法者，宪令著于官府，刑罚必于民心，赏存乎慎法，而罚加乎奸令者也，此臣之所师也。”认为两者都是推行法治的“帝王之具”，“君无术则弊于上，君无法则乱于下”，缺一不可。

《五蠹》 《韩非子》篇名。集中体现了韩非的历史发展观点。篇中把历史划分为“上古”、“中古”、“近古”和“当今”几个阶段。提出“世异则事异”，“事异则备变”。用“守株待兔”寓言讽刺“以先王之政，治当世之民”的守旧者，并从人口和财富的变化，说明“当今”法治的必要。把学者（儒）、言谈者（纵横家）、带剑者（游侠）、患御者（逃避兵役者）、工商之民斥之为“五蠹”。主张除“五蠹”，“废先王之教”，实行“以法为教”、“以吏为师”的法治。为韩非宣传其法治理论的重要篇文。战国末已见流传，秦始皇曾大加赞赏。

《显学》 《韩非子》篇名。为较早概括先秦主要学派的著作之一。概述儒墨显学在孔、墨之后，“儒分为八，墨离为三”的状况。激烈抨击它们为未经“参验”的“愚诬之学”。认为他们“明据先王，必定尧舜”的观点与法治理论“不两立而治”，必须加以禁止。主张起用耕战之士，克服“所养者非所用，所用者非所养”的弊病。还提出“宰相必起于州部，猛将必发于卒伍”的用人原则。

《吕氏春秋》 亦称《吕览》。战国末秦相吕不韦招集门下宾客辑合百家学说而成。成书于秦始皇八年（前239）。共二十六卷。编排自成体系，分八览、六论、十二纪（今本次序以“十二纪”为首），共一百六十篇。全书“以无为为纲纪”（高诱序），以建立大一统的封建帝国为目标。由于其指导思想为网罗百家“集腋成裘”（《用众》），所以保存了先秦各家的许多资料，还有不少古史旧闻、古人遗语、古籍佚文，以及天文、医农、音律等知识。《上德》、《义赏》等篇提出了以“德治”为主，“刑赏”为辅的政治主张。《圜道》、《大乐》等篇阐述了万物“造于太一，化于阴阳”的哲学思想。《离谓》、《淫辞》、《正名》等篇博采先秦名辩思潮中诸家逻辑学说。《适音》、《音律》、《大乐》等篇阐发关于乐的基本思想，强调艺术的社会作用。“十二纪”的首篇（辑合即为《礼记》中的《月令》），反映了战国时天文、历法、农业知识水平。注释有东汉高诱注，近人许维遹《吕氏春秋集释》等。校本以清毕沅《吕氏春秋新校正》与近人蒋维乔、杨宽等合撰《吕氏春秋汇校》以及陈奇猷《吕氏春秋校释》为佳。

《吕览》 《吕氏春秋》的别称。《史记·太史公自序》：“不违迁蜀，世传《吕览》。”概因旧本按《八览》、《六论》、《十二纪》次序编排（见《史记·十二诸侯年表》），故有此称。

《贵生》 《吕氏春秋》篇名。记述杨朱学派以生命为最贵重的政治、伦理思想。篇中吸收了道家养生之说，提出“道之真，以持身”，“圣人深虑天下，莫贵于生”，认为“耳虽欲声，目虽欲色，鼻虽欲芬香，口虽欲滋味，害于生则止”，强调“六欲皆得其宜”。其本意在于劝说君王节欲，所谓“惟不以天下害其生者也，可以托天下”。反对“迫生”（苟生），认为不义的“迫生不若死”。

《察今》 《吕氏春秋》篇名。阐述法家“因时变法”的主张。其主旨为“世易时移，变法宜矣”。力非“法先王”之说，并用刻舟求剑、循表夜涉的寓言讽刺死守“先王之法”者。所提出的“以近知远”、“以今知古”、“以益（多）所见知所不见”等认识论的命题，含有辩证法因素。

《重己》 《吕氏春秋》篇名。记述与发挥杨朱学派注重自己的生命保养的政治、伦理思想。提出“今吾生之为我有，而利我亦大矣。论其贵贱，爵为天子，不足以比焉；论其轻重，富有天下，不可以易之”。把利己作为评判价值的唯一尺度。还提出“顺生”、“适欲”的养生理论。认为“死殃残亡”与“长生久视”，都取决于自己能否“达乎性命之情”。体现了杨朱“为我”学说与医学养生理论的结合。

《不二》 《吕氏春秋》篇名。总结百家之言，主张“齐万不同，愚智工拙，皆尽力竭能，如出乎一穴”，为建立统一的封建国家提供理论依据。篇中对诸子学说作简约的概括：“老聃贵柔，孔子贵仁，墨翟贵廉（兼），关尹贵清，子列子贵虚，陈骈贵齐，阳生贵己，孙膑贵势，王廖贵先，兒良贵后。”为研究先秦哲学史的重要文献。

《有始》 《吕氏春秋》篇名。讲“天地合和，生之大经也”，“夫物合而成，离而生。”表达了阴阳家天地合和、阴阳变化、万物形殊的思想，并将这一思想作为人事活动的依据。

《情欲》 《吕氏春秋》篇名。讲“天生人而使有贪有欲。欲有情，情有节。圣人修节以止欲，故不过行其情也。”以为节制情欲乃养心、贵生之大本。

《战国策》 又名《国策》。战国时游说之士的谋策和言论的汇编。西汉刘向编订。共三十三篇。分为东周、西周、秦、齐、楚、赵、魏、韩、燕、宋、卫、中山十二国策。“其事继《春秋》以后，讫楚汉之起，二百四十五年间之事”（《校战国策书录》）。通行本乃东汉高诱注本三十三卷，散佚后经北宋曾巩访求士大夫家藏本补充重编而成。鲍彪将西周移至卷首，编为十卷。元吴师道作《战国策校注》，清黄丕烈作《重刻剡川姚氏本战国策札记》三卷。马王堆出土帛书《战国纵横家书》与今本《战国策》内容相似，由文物出版社编为《战国纵横家》。

《国策》 即"《战国策》"。

《孝经》 儒家经典之一。汉代属"七经"，后又列入《十三经》。《汉书·艺文志·六艺略》："夫孝，天之经，地之义，民之行也。举大者言，故曰孝经。"据传为曾参的弟子或再传弟子的作品。认为"孝"统诸德，"夫孝，德之本也，教之所由生也。"把"孝"提到"天之经，地之义"的高度。概括"孝"的内容是"始于事亲，中于事君，终于立身"，把忠君纳入"孝"的规范，其终在于"扬名于后世，以显父母"。提出所谓"五等之孝"："天子之孝"，"诸侯之孝"，"卿大夫之孝"，"士之孝"，"庶人之孝"。认为"孝"为统治者"以顺天下，民用和睦，上下无怨"的"至德要道"，从而提出"以孝治天下"的主张。曾有今文、古文两种版本。今文本分十八章，东汉郑玄注。古文本分二十二章，佚于梁。隋代刘炫伪作由孔安国注传世。唐开元七年(719)，唐玄宗废郑注本和伪孔注本，召学者重注颁行，后列为《十三经注疏》，北宋邢昺疏。清乾隆时，得日本孔注本，刊入《知不足斋丛书》。嘉庆初，自日本传入唐魏徵《辟书治要》，内有《孝经》十七章，为郑注今文本，有删节，经清严可均等校辑补遗，成《孝经郑注》，刊入《咫进斋丛书》。清皮锡瑞另有《孝经郑注疏》二卷。

《黄老帛书》 亦称《帛书黄帝书》。长沙马王堆出土《老子》乙本卷前古佚书的简称。1973年底长沙马王堆汉墓出土。共四篇，篇题依次为：《经法》、《十六经》、《称》、《道原》，计一万一千余言。写作时代的考证，有战国前期末中期初、战国中晚期、战国末期、汉初等数说。作者当为楚人。内容以道家为主，兼采儒、墨、阴阳、名、法诸家，熔铸为黄老之学。以"道"(又称为"一")为最高范畴。认为道是"天弗能复，地弗能载"，"万物得之以生，百事得之以成"(《道原》)的万物发生之根源与总规律。又称"道者，神明之原也"(《经法·名理》)，是精神智慧的源泉。吸引了《老子》的辩证法思想，提出："静作相养，德虐相成。两若有名，相与则成。阴阳备，物化变乃生。"(《十六经·果童》)注重形名，"审察名理冬(终)始"，探寻逻辑思维规律。提出"道生法"的观点，重视法制的作用，认为"法度者，正之至也，而以法度治者，不可乱也"(《经法·君正》)。但也吸收儒家仁义思想，主张刑德并用，以德为主。为研究战国时期至汉初的黄老之学的重要资料。以国家文物局古文献研究室整理的《马王堆汉墓帛书(壹)》(1980年文物出版社版)为最佳印行本。

《黄帝四经》 道家著作。《汉书·艺文志》道家类著录《黄帝四经》四篇。《隋书·经籍志》"道经部"称："汉时诸子，道书之流有三十七家"，"其黄帝四篇，老子二篇，最得深旨"。隋时已佚。今有人考证即马王堆出土的四篇古佚书：《经法》、《十六经》、《称》、《道原》(见唐兰《黄帝四经初探》)。

《经法》 黄老学派著作。写于战国时。1973年长沙马王堆汉墓出土的古佚书之一。《黄帝四经》之一。包括《道法》、《国次》等九篇，约五千言。阐述统一与治理天下的刑名之术。提出"道生法"说，着重论证了"道"与"法"的关系，认为认识和掌握道、法对于治国有重要意义。强调法制，主张"是非有分，以法断之"，提倡农战，认为"人之本在地"，只有"尽民之力"，做到"衣食足而刑罚必"，才能胜强敌。并探讨了国家兴衰存亡的具体界线和规律。强调"审察名理"，"循名究理"。为研究黄老刑名之术的重要资料。收入文物出版社1974年版《马王堆汉墓帛书(壹)》和1976年版《经法》。

《十六经》 黄老学派著作。1973年长沙马王堆汉墓出土古佚的帛书"黄帝书"之一。现存十四篇，恐有缺文。写于战国时。借助于传说中的黄帝与其臣的对话和事迹，主张"正名脩刑"，"先德后刑"。提出"天有恒干(干，法则)，地有恒常"，"静作得时，天地与之"等命题。阐述了刑名和阴阳刑德的思想。其中如《兵容》论述用兵应"刑天"、"法地"、"法人"，掌握有利时机。《成法》认为，统一天下的"成法"是"能操正以正奇，握一以知多，除民之所害，而寺(持)民之所宜"。《前道》提出王者不以侥幸治国，"治国固有前道，上知天时，下知地利，中知人事"。《行守》论述行事的守则，不能"有一言，无一行"，要言行一致。为研究黄老学派的重要资料。收入文物出版社1974年版《马王堆汉墓帛书(壹)》和1976年版《经法》中。因"六"字与"大"字形近而误称"十大经"。1980年版《马王堆汉墓帛书(壹)》已改正。

《道原》 黄老学派著作。1973年长沙马王堆汉墓出土的帛书"黄帝书"之一。写于战国时。约四百六十余字。论述"道"的性质及如何掌握运用的方法。认为"道"是万物的本源，"万物得之以生，百事得之以成"。"上道高而不可察也，深而不可测也"，"独立不偶，万物莫之能令"。道可以认识和掌握，"圣人能察无刑(形)，能听无声。知虚之实，后能大虚，乃通天地之精，通同而无间，周袭而不盈"。道不是空虚，是天地间最精微的气。认为"抱道执度，天下可一也"。为研究黄老之学的重要资料。收入文物出版社1974年版《马王堆汉墓帛书(壹)》和1976年版《经法》中。

《称》 黄老学派著作。1973年长沙马王堆汉墓出土的帛书"黄帝书"之一。写于战国时。约一千六百字。提出"道无始而有应"；"侍(恃)表而望则不惑，案法而治则不乱"；"賁(观)今之曲直，审其名，以称断之"等观点，为研究黄老学派的重要资料。收入文物出版社1974年版《马王堆汉墓帛书(壹)》及1976年版《经法》中。

《帛书五行篇》 1973年长沙马王堆汉墓出土帛书《老子》甲本卷后古佚书之一四两篇的统称。原均无篇题。第一篇约五千四百字，阙佚较少，而第四篇脱烂过多，目前尚无法复原。作者与著作年代也难以确指。两篇内容相似，探讨道德哲学，研究如何成为“君子”以达到有效的统治。从其思想倾向分析，盖属于儒家思孟学派。佚文提出“聪”、“圣”、“义”、“明”、“智”、“仁”、“礼”、“乐”八个道德规范，并用“五行”、“四行”予以概括。据近人庞朴考证认为“聪”、“明”是达到“圣”、“智”的阶段或手段，而“五者之和为乐”，“乐”是其余五个规范的总括，故佚书是以“仁义礼智圣”为五行，并以《五行篇》名之。佚书为解开思孟五行说之谜提供了钥匙。有庞朴《帛书五行篇研究》（齐鲁书社，1980年版）可参考。

郭店楚简 1993年10月湖北荆门郭店一座楚墓中出土的一批楚文字竹简。共804枚。墓主据殉葬耳杯铭文知为“东宫之师”。墓葬时期当为战国中期后段。竹简内容主要是道家、儒家之典籍。道家著作共两种四篇：《老子》甲、乙、丙三篇，均系摘抄，不相重复；《太一生水》一篇。儒家著作共十篇：《缁衣》、《鲁穆公问子思》、《穷达以时》、《五行》、《唐虞之道》、《忠信之道》、《成之闻之》、《尊德义》、《性自命出》、《六德》。此外有《语丛》四篇，杂抄百家之说。郭店楚简的出土对于中国古代哲学和文化的研究有重大意义。竹简反映了战国中期至秦汉之间学术思想史上的巨大变迁过程。简本《老子》的出现，证明《老子》成书甚早。其文中无“绝圣”和“绝仁弃义”等字样，说明道家早期思想无尖锐的反儒倾向。儒家自孔至孟一百多年间思想发展之脉络，因文献不足所造成的缺憾，楚简出土可有所弥补。楚简儒家著作中提出了性自命出、命自天降、道始于情、情生于性、性一心殊等观点，成为研究的新的突破点。同时对《中庸》是否出于子思，《大学》是否与曾子有关，又将成为研究的课题。经整理后的楚简图版与释文于1998年5月由文物出版社出版，书名为《郭店楚墓竹简》。

《太一生水》 1993年湖北荆门郭店一号楚墓出土的竹简文献之一。为道家著作。共存十四枚，其形制及书体均与同时出土的《老子》丙相同，原来可能与《老子》丙合编为一册。篇名为整理者据简文拟加。由于该墓年代推断为战国中期偏晚，故《太一生水》的著作年代则可能与《庄子》、《孟子》同时。文中的“太一”即是先秦时期所称的“道”。主要论述了“太一”与天、地、四时、阴阳等的关系。以“太一生水”作为宇宙时空发展的总源头，明确彰显“水”以配“太一”，而演化成“天地”、“神明”、“阴阳”、“四时”、“沧热”、“湿燥”等等的自然界结构。“太一生水，水反辅太一，是以成天。天反辅太一，是以成地。”“神明复相辅也，是以成阴阳。阴阳复相辅也，是以成四时。四时复相辅也，是以成沧热。沧热复相辅也，是以成湿燥。湿燥复相辅也，成岁而止。”“太一”大体相当于《老子》里的“道”。认为“道亦其字也。请问其名，以道从事者必托其名……圣人之从事也，亦必托其名。”又提出“太一藏于水，行于时”。强调：“天道贵弱。”与《老子》重柔弱的思想相一致。

《性自命出》 也称《性情》。《郭店楚墓竹简》篇名。1993年湖北荆门郭店出土的十四篇楚墓竹简文献之一。作者不详，篇名系竹简整理者所加。主要内容是通过对天、命、心、性、情、道等范畴的内涵及相互关系进行探讨，系统阐述儒家的人性论思想，体现出与孟荀人性论相异的以情论性的显著特征。认为所有人的人性都相同，“四海之内，其性一也”。而“性自命出，命自天降”，其内涵就是“好恶”、“喜怒哀悲之气”，表现于外即好、恶、喜、怒、哀、悲等等不同的情。“情生于性”。性的表现需要有外在对象的刺激、引诱，“动性者，物也”，“及其见于外，则物取之也”。指出人性虽是天赋，但人心并非天生具有确定的志向，“凡人虽有性，心亡奠志，待物而后作，待悦而后行，待习而后奠”，内在的人性受外在因素的影响很大，人性容易受到外物影响的性质使得人性具有很大的可塑性。主张充分发挥习和教的作用来涵养人性，使之具有善的性质，“习也者，有以习其性也”，“教，所以生德于中者也”。“四海之内，其性一也”的人性之所以有千差万别的形态，主要是因为所受的教育不同造成的，“其用心各异，教使然也”。又认为人性的塑造不仅需要外在的“习”和“教”的作用，在内还需要心的主导作用，“凡人虽有性，心弗取不出”，“凡道，心术为主”。但并未把心和身相对立，而且认为心应当与外在的身体形态仪容一致，身心应当如一：“君子执志必有夫广广之心，出言必有夫柬柬之信，宾客之礼必有夫斋斋之容，祭祀之礼必有夫斋斋之敬，居丧必有夫恋恋之哀。君子身以为主心。”通过身心的相互作用，让道德在人心中扎下根基，从而达到塑造人性的目的。

《穷达以时》 也称《天人》。《郭店楚简》篇名。1993年湖北省荆门市郭店出土的十四篇楚墓竹简文献之一。作者不详，篇名系竹简整理者所加。主要内容是探讨天人关系。认为天和人有着不同的职分，“有天有人，天人有分”，了解天人之间的这种关系，就知道人应当如何行事，“察天人之分，而知所行矣”。这个天并非是人格神之天、义理之天或者自然之天，而是无意志的命运之天，即“世”、“遇”、“时”等没有规律可循的东西。如果贤能之士，却不遇其“时”、“世”，也不可能成功；反之，如果遇到明主就可以大行其道。舜、皋陶、吕望、管夷吾、百里奚、孙叔敖等人之所以从原来卑微的身份而成为名扬天下的圣贤，就是因为他们分别遇到尧、武丁、周文王、齐桓公、秦穆公、楚庄王这样的明主。人的内在德行、才智并不能决定外在的境遇，“子胥前多功，后戮死，非其智衰也”。人的境遇是由命运之天决定的，“遇不遇，天也”。但是一个人的所作所为并不是为了追求世俗的显达或者虚名，“动非为达也，故穷而不怨，隐非为名也，故莫之知而不吝”。无论是飞黄腾达还是窘迫不堪，一个人的德行都应一致，“穷达以时，德行一也”。所以君子应该“敦于反己”，把精力集中在道德修养上面。

《五行》 即郭店楚简《五行》篇。1993年10月湖北荆门市郭店村战国墓出土，收入《郭店楚墓竹简》（文物出版社1998年版）。与帛书相比，竹书《五行》有《经》无《说》。《经》的部分，除几个章节次序互换外，内容方面基本相同。庞朴认为早先以“金木水火土”之得名为“五行”者，读为“wuxing”，而这里以“仁义礼智圣”五德并称为“五行”者，应读为“wuhang”。拨开了自唐人杨倞以来混淆两者之千年迷雾。考古学家考定墓葬年代当为战国中期偏晚。而对竹书《五行》完成时间，学者的推断尚有分歧。李学勤认为“《五行》系子思所著”。姜广辉、廖名春等人也持子思所作之说。而庞朴则认为是“思孟学派”的作品，至于帛书《五行》篇的《说》的部分，有引征《孟子》文句，其成书时间“当在孟子以后乃至《孟子》成书以后”。

《鲁穆公问子思》 郭店楚简之一。收入《郭店楚墓竹简》一书。鲁穆公与子思事，多见于《孟子》、《韩非子》、《吕氏春秋》、《礼记》等文献。宋汪晫所编《子思子全书》，其中有《鲁穆公》篇，乃辑各种文献而成。简文所记内容，为上述文献所未见，突出了子思敢于逆上谏君之精神。简文记述：“鲁穆公问于子思曰：‘何如而可谓忠臣?’子思曰：‘恒称其君之恶者，可谓忠臣矣。’公不悦，揖而退之。”

《唐虞之道》 郭店楚简之一。收入《郭店楚墓竹简》一书。是儒家阐述尧舜“禅让”之道的又一重要文献。关于上古禅让说，《尚书·尧典》、《论语·尧曰》、《墨子·尚贤》、《孟子·万章》、《史记·五帝本纪》等文献多有记载。但怀疑、否定“禅让”说的，自先秦至近代，时有出现。简文从“尚德”、“尊贤”、“至仁”等儒家理论来阐述“唐虞之道，禅而不传”的重要性。“禅让”之“利天下”，使“上德授贤”，“登为天子而不骄”。即使是圣人“七十而致政，四肢倦惰，耳目聪明衰”，故“禅天下而授贤，退而养其生”也是必然的。简文还并提“爱亲尊贤”，认为“爱亲”与“尊贤”，“孝”与“忠”一致。

《忠信之道》 郭店楚简之一。收入《郭店楚墓竹简》一书。文字较短。旨在开导君王而不在教化民众。认为“不讹不孚，忠之至也。不欺弗知，信之至也”，“忠信积而民弗亲信者，未之有也”。篇末云：“忠，仁之实也；信，义之期也。”此篇将忠、信视为仁、义的实质和目标规范，在儒家文献中较鲜见。

《尊德义》 郭店楚简之一。收入《郭店楚墓竹简》一书。内容主要讲为君“尊德义，明乎民伦”。所谓“德义”，包括“仁”、“义”、“忠”、“信”、“智”等道德规范。强调圣人以“人道”治其民。提出“知己”、“知人”、“知命”、“知道”、“知行”的关系：“察者出，所以知己，知己所以知人，知人所以知命，知命所以知道，知道而后知行。”提出“从命”与“从行”之不同：“下之事上也，不从其所命，而从其所行”。认为使“民富”，更要使“民和”，“善者民必富，富未必和，不和不安，不安不乐”。在楚简中本篇语句最近《论语》、《礼记》。如“刑不逮于君子，礼不逮于小人”，“民可使道之，而不可使知之”，“德之流，速乎置邮而传命”等。

《成之闻之》 郭店楚简之一。收入《郭店楚墓竹简》一书。原无篇题，由于出土时简已散乱、残损，释读者会有不同的拼接，造成对定题的歧见。郭沂认为首简“成之”二字应接在三十简之末，断句为“君子贵成之”。这样所加篇题则难以成立。有按首章文字，定为《天降大常》的(郭沂)，定为《教》的(李零)，按内容定为《求己》的(廖名春)。关于篇文主旨，有学者认为是专论君子“求之于己”的重要性，强调君子之所以为贵，在于能“求之于己为恒”。另有认为是“推人性以言教化”。关于简文作者，从篇文思想上承《中庸》“反身而诚”说，下开孟子“反求诸己”说，作者当为子思之后学、孟子之前辈。因其以“成之闻之”中的“成之”为主语，而孔子高弟中以“成”为名的只有县成，推断为出于县成之手。

《六德》 郭店楚简之一。收入《郭店楚墓竹简》一书。通篇论述君臣、夫妇、父子相互关系及道德。称君臣、夫妇、父子六种人为“六位”，相应有“六德”：“义者，君德也”；“忠者，臣德也”；“智也者，夫德也”；“信也者，妇德也”；“圣也者，父德也”；“仁者，子德也”。还强调“圣生仁，智率信，义使忠”，“凡君子所以立身大法三，其绎之也六”。其说可能为后世三纲说之源头。

《缁衣》 郭店楚简之一。收入《郭店楚墓竹简》一书。简文比今本《礼记·缁衣》少两章，章序也不相同。从章序的合理性、通假字的多少、所引《诗》、《书》文字正讹的比较考证，简本较今本更接近故书原貌。李学勤认为《缁衣》等一组简文，当属子思一派，很可能即《汉志》著录的《子思子》，至少与之有关。对于《缁衣》作者，传统说法有二，一为梁沈约的“子思子所作”，一为南齐刘瓛的“公孙尼子所作”，今人李零认为都不可信，“《缁衣》是记孔子之言，子思子和公孙尼子都是传述者”，不能认为是他们的作品。但都认为简本对于研究孔子思想在战国时期的传承有重要价值。

上博战国竹简 上海博物馆近年从香港市场获得的一批战国竹简。共 1 200 支，约有 3.5 万字。经整理发现涉及先秦古籍 81 种。内容涵盖儒、道、杂、兵等诸家。所涉及的古籍主要有《易经》、《诗经》、《缁衣》、《鲁都大旱》、《孔子闲居》、《乐书》、《性情论》、《颜渊》、《曾子立孝》、《夫子答史蕾问》、《赋》、《子路》、《恒先》、《四帝二王》、《曹沫之陈》、《武王践阼》、《曾子》、《彭祖》、《乐礼》等。其中大多为佚本，少数有今本。但竹简文字与今本也有许多相异之处。竹简《易经》中有黑与红两色组成的符号，其含义尚待破译。竹简《彭祖》中有狨老向彭祖问道的内容，涉及道家思想的渊源问题。竹简《孔子论诗》为孔门弟子记述孔子讲诗的文字，为今本古籍中所无。待全部整理完毕并进行深入研究，将对中国先秦时期的政治、历史、哲学、文化等领域的研究产生极大影响。

《民之父母》 上博楚简之一。收入《上海博物馆藏战国楚竹书》第二册。共 397 字。内容见于今本《礼记·孔子闲居》及《孔子家语·论礼》。全篇记述子夏与孔子的问答。《诗经·大雅·泂酌》有诗句云："岂弟君子，民之父母。"子夏向孔子请教如何才能成为"民之父母"五个问题。孔子的回答充分体现其仁政德治思想。孔子认为成为"民之父母"，必须坚持四条原则：一为"达于礼乐之原"；二为"致五至"；三为"行三无"；四为"皇(横)于天下"；五为"四方有败，必先知之"。其中"五至"、"三无"是孔子政治、伦理思想中的重要概念。"五至"指的是孔子提倡"志至"、"诗至"、"礼至"、"乐至"、"哀至"的完美的人生修养理论。"三无"指的是"无声之乐，无体之礼，无服之丧"的仁礼相统一、内在、外在相一致的德治理想境界。

《从政》(甲篇、乙篇) 上博楚简之一。收入《上海博物馆藏战国楚竹书》第二册。甲篇519字，乙篇140字。内容多次强调"从政"所应具备之道德行为标准。其中所称"五德"，指"宽、恭、惠、仁、敬"，与孔子所并举的"恭、宽、信、敏、惠"(《论语·阳货》)五者互有同异。尤其是在孔子心目中，"仁"为总德目，"能行五者于天下为仁矣"(同上)，而《从政》中"仁"为"五德"之一。可见儒学在传承中出现了差异。

《中(仲)弓》 上博楚简之一。收入《上海博物馆藏战国楚竹书》第三册。简共28支，总520字。内容为孔子与仲弓(冉雍)问政之对答。简中所录，大多不见于今本文献。如仲弓问"为政何先"，孔子答："老老慈幼，先有司，举贤才，赦过与罪。"对比《论语·子路》中相关内容，《论语》缺记"老老慈幼"四字。又如第二十简中孔子曰："今之君子所竭其情、尽其慎者，三害近与矣。"释读者认为此"三害"即指《礼记·杂记下》所载：君子有"三患"："未之闻，患弗得闻也；既闻之，患弗得学也；既学之，患弗能行也。"此说尚可进一步研究。

《季庚子问于孔子》 上博楚简之一。收入《上海博物馆藏战国楚竹书》第五册。完、残简共23支，总669字。季庚子，即季康子，鲁大夫。简文记载季康子以币迎孔子归鲁后的事迹，时约哀公十一至十六年(前484—前479)间。季康子向孔子请教"民务"。孔子回避"民务"而言"君务"。孔子强调治国必须"仁之以德"，此句未见传世文献。孔子在论述中直接引用齐桓、晋文之事，并赞成管仲辅霸策略。这将廓清孟子说"仲尼之徒无道桓文之事者"所引起后世的误读。这恐怕是孔子晚年思想有重大变化的反映。

《孔子见季趄子》 上博楚简之一。收入《上海博物馆藏战国楚竹书》第六册。共27简，总554字。季趄子，即季桓子，鲁大夫，季康子之父。《孔子家语》记孔子二见季桓子，《韩诗外传》与《新序》也记载"孔子侍坐于季孙"，但都未留下具体内容。简文则以对话形式，记载了孔子与季桓子有关"二道"与"兴鲁"的讨论。所谓"二道"，释读者认为即"道二"。《孟子·离娄上》记述：孔子曰："道二，仁与不仁而已矣。"关于"兴鲁"，孔子劝季桓子"行圣人之道"，做到"仁政赐爱"，"司不失人"。简文为儒家的重要佚文。

秦 汉

《新语》 西汉陆贾著。二卷十二篇。为帮助汉高祖刘邦总结秦汉失得天下经验教训的奏章。刘邦号为"新语"。认为世之盛衰与天无关，朝代更替"非天之所为也，乃国君者有所取之也"(《明诫》)。指出圣人之治，以施仁义，怀仁义则位高而不坠，秦尚刑则二世而亡。提出要建国强威，辟地服远，"必得之于民"，"儴道者众归之，恃刑者民畏之"(《至德》)。主张"无为"政治，"夫道莫大于无为，行莫大于谨敬"(《无为》)。要求君主实行与民休息、安居乐业的"无为"之道。有明弘治间李廷梧刻本、明范氏天一阁刻本、明万历程荣《汉魏丛书》刻本和《四部丛刊》本等。

《新书》 亦称《贾子》。西汉贾谊著。十卷，包括《过秦论》等五十八篇。《汉书·艺文志》列为儒家，所载篇数与现行本同。惟谊书隋唐以来本多散佚，疑后人取谊传所载之文，割裂其章段，各为标题。以足五十八篇之数。内容主要为"惩秦之失"，对汉初统治者建议各项治安策，主张在政制上"去就有序，变化因时"，以达"故旷日长而社稷安矣"(《过秦论》)的目的。书中提出"民无不为本"、"民无不为命"等命题，认为"故自古至于今，与民为雠者，有迟有速，而民必胜之"(《大政上》)。有《抱经堂丛书》本、《龙溪精舍丛书》本、《诸子集成》本等。

《过秦论》 《新书》篇名。分上、中、下三篇。总结了秦王朝存亡的经验教训。认为"取与守不同术"，取天下"高诈力"，安危者"贵顺权"，秦统一后，"其道不易，其政不改"，所以随之灭亡。提出统治之道"务在安之而已矣"，主张君子为国，"审权势之宜，去就有序，变化因时"，即根据客观情况变化而审时度势，可使国家长治久安。被司马迁引作《秦始皇本纪》和《陈涉世家》的结论。

《治安策》 亦称《陈政事疏》。西汉贾谊著。提出"欲天下之治安，莫若众建诸侯而少其力"，要求削弱地方势力，巩固中央集权。主张礼法并用，认为"仁义恩厚"和"权势法制"是统治者的芒刃和斤斧，"礼者禁于将然之前，而法者禁于已然之后"。收入《贾谊集》。

《陈政事疏》 即"《治安策》"。

《河上公老子注》 旧本题河上公撰。二卷。河上公有两人，一为战国时河上公注《老子经》二卷，至隋时已亡佚。今存者乃汉河上公注老子《道德经》二卷，《隋书·经籍志》有载。但《汉书·艺文志》失载。唐刘知幾说："《老子》书无河上公注本"，疑为后人伪托。近人冯友兰、王明、张岱年则认为应是东汉时期不知姓名的隐士所作。全书分上下两卷，共八十一章，每一章都列有标题如体道、养身、安民、无源、虚用等，以养生和修炼的观点注解《老子》。认为经术政教之道，非常道也。常道，则自然长生之道。道以无为为常，主张以无为治身、治国。无为养神，无事安民，政令不烦，则民各得其所。若好有事，则政教烦民不安，故不足以治天下。富贵尊荣，非常名也。常名，则自然常在之名。谓如婴儿之未言，鸡子之未分，明珠在蚌中，美玉处石间，内虽昭昭，外如愚顽。常无欲，则可观道之要；常有欲，则只可观世俗之归趣。若情欲断绝，德与道合，则无所不施，无所不为。反对陈之以甲兵，认为兵动则有所害，故万物无有不恶之。

《淮南子》 亦称《淮南鸿烈》。西汉淮南王刘安及其宾客苏非、李尚、伍被等著。《汉书·艺文志》录内二十一篇，外三十三篇。内篇论道；外篇杂说。现只流传内二十一篇。作者自称此书"观天地之象，通古今之事，权事而立制"，"非循一迹之路，守一隅之指"。实以道家思想为主，杂糅阴阳、儒、法诸家。认为道是浑沌而含阴阳的气。指出"气有涯垠，清阳者薄靡而为天，重浊者凝滞而为地"；"天地之袭精为阴阳，阴阳之专精为四时，四时之散精为万物。"(《天文训》)这种宇宙生成学说对古代唯物主义和自然科学有重要影响。其书内容庞杂丰富，保存了许多有价值的伦理、美学、逻辑等思想资料，书中还保存了不少自然科学史材料。《隋书·经籍志》记载《淮南子》有东汉许慎注本和高诱注本，现流传下来的是高诱注本(但亦杂有许慎注文)。版本颇多，较通行的有《二十二子》、《诸子集成》本等。近有刘文典《淮南鸿烈集解》、中华书局《淮南子集证》。

《淮南鸿烈》 又名《鸿烈》，亦即《淮南子》。东汉高诱《淮南鸿烈解》叙："鸿，大也；烈，明也，以为大明道之言也。"

《鸿烈》 即"《淮南鸿烈》"。

《原道训》 《淮南子》篇名。东汉高诱注："原，本也。本道根真，包裹天地，以历万物，故曰原道。"提出"道"是宇宙的本原，它是含阴阳的"气"，对先秦以来讲"道"讲"气"有具体发展。言道之体用，"清静者，德之至也；而柔弱者，道之要也；虚无恬愉者，万物之用也"。归结为"达于道者，反于清静，究于物者，终于无为"。

《天文训》 《淮南子》篇名。记述天文、律历、度量衡等，亦论及哲学。认为天地万物由原始的混沌未分的"气"发展而来。"气有涯垠"，含阴阳二气，"清阳者薄靡而为天，重浊者凝滞而为地"，天地阴阳相互作用而产生万物。提出"道曰规，始于一，一而不生，故分而为阴阳，阴阳合和而万物生。故曰：一生二，二生三，三生万物。"这是对先秦道家宇宙发生论的发展。

《俶真训》 《淮南子》篇名。主要论及宇宙和事物的生成。"俶，始也。真，实也。"(东汉高诱注)认为道之实，始于无形，化育万有，故称俶真。指出在天地未剖，阴阳未分，万物未生时，道是"汪然平静，寂然清澄，莫见其形"，有形事物都是由这无形之气逐步变化而成，"无形而生有形"。认为具体事物都是以形相生，故"物莫不生于有也"。

《精神训》 《淮南子》篇名。东汉高诱注："精者，人之气，神者，人之守也。本其原，说其意，故曰精神。"提出人的精神和形体各有其来源，"夫精神者，所受于天也，而形体者，所禀于地也。"认为形神是相互影响制约的，主张交相养。又认为精神对形体有支配作用，"心者形之主也，而神者心之宝也"，强调养神。批评儒家徒事礼乐，强制人欲是"不知原心反本"，"不本其所以欲，而禁其所欲"。

《要略》 《淮南子》篇名。为全书叙目。提出诸子学起源于救时之弊说。与《汉书·艺文志》主张的诸子学出于王官说不同。为古代关于诸子思想源流二说之一。

《举贤良对策》 即《天人三策》。西汉董仲舒撰。元光元年(前134)，一说建元元年(前140)，以贤良对答汉武帝三次策问。为其哲学伦理思想之纲要。把"天"人格化为世界主宰，提出"天人感应"说；又以符瑞或灾异表示天对人君的爱护或谴告，故强调王者须"承天意以从事"。总结秦亡教训，攻击秦"师申商之法，行韩非之说"，主张"更化"。视仁义"教化"为统治"堤防"，认为"渐民以仁，摩民以谊，节民以礼，故其刑罚甚轻而禁不犯者，教化行而习俗美也"。并主张受禄者"不与民争业"，限制土地兼并。以"《春秋》大一统"为据，提出"诸不在六艺之科、孔子之术者，皆绝其道，勿使并进"，即所谓"罢黜百家，独尊儒术"。还以"道之大原出于天，天不变，道亦不变"的观点，论证封建伦理纲常的永恒性和绝对性。收入《汉书·董仲舒传》。

《春秋繁露》 西汉董仲舒著。十七卷八十二篇。其中缺三篇(三十九、四十、五十四)，所著篇名和篇数与《汉书·董仲舒传》、《汉书·艺文志》、《隋书·经籍志》的著录不尽相同，后人疑其不出董仲舒一人之手。宋人考其为伪书；近人疑其为后人编撰而成。内容推崇《公羊春秋》，阐发"春秋大一统"之旨，把儒家思想和阴阳家思想糅合起来，对自然和人事作各种牵强比附，建立"天人感应"的神秘主义体系，提出"奉天而法古"的复古主义历史观和"三纲五纪"等名教思想，把孔子神圣化，将儒家学说神学化，为巩固统一的封建制度服务。版本颇多，有明赵维垣刻本、清卢文弨校本等。注本有清凌曙《春秋繁露注》、苏舆《春秋繁露义证》等。

《阳尊阴卑》 西汉董仲舒著。《春秋繁露》篇名。提出"贵阳而贱阴"。认为"丈夫虽贱皆为阳，妇人虽贵皆为阴……诸在上者皆为其下阳，诸在下者各为其上阴"。君、父、夫为阳；臣、子、妇为阴。"推天地之精，运阴阳之类，以别顺逆之理"，认为君臣、父子、夫妇的统治和服从关系像自然界的阳阴一样，不可改变。

《人副天数》 《春秋繁露》篇名。认为人是天的缩影和副本，人体的一切可与天数对应，"身犹天也。数与之相参，故命与之相连也"。提出人有小骨节三百六十六，与一年之日数相符；有大骨节十二，与一年月数相符；五脏四肢与"五行"、"四时"相符。认为"心有计虑，副度数也；行有伦理，副天地也"。以此作为"天人感应"的根据。

《深察名号》 《春秋繁露》篇名。对名的起源、作用、分类等作了论述。认为名号是为"效天地"、"达天意"而产生的,"謞而效天地者谓之号,鸣而施命者谓之名"。"名号异声而同本,皆鸣号而达天意者也"。以是否符合天意,作为名号正与不正的标准。"名号之正,取之天地","名各顺于天"。强调"治天下之端……在深察名号";"是非之正……取之名号"。区分了"号"和"散名"两种不同类型的概念,"号其大全","名其别离分散";"号凡而略","独举其大也","名详而目","遍辨其事也";"名众于号"。认为"号"是外延较大、内涵较小的概念,"散名"是外延较小而内涵较多的概念。"号莫不有散名",散名从属于号。所论对以后影响颇大,汉以后相当一段时期,学者普遍使用"名"、"号"概念析理辨物。

《五行之义》 《春秋繁露》篇名。提出木、火、土、金、水五行的序列,是"天次之序"。把五行相生的关系附会为"父子之序","五行者,乃孝子忠臣之行也"。强调五行中的"土"。认为"土者,天之股肱也",土居五行的中央,事天竭其忠。又认为"土者,五行之主也",主张"事君,若土之敬天"。

《裸葬书》 西汉杨王孙著。认为生死是事物的自然变化,"且夫死者,终生之化,而物之归者也"。指出,人死后"其尸块然独处",毫无知觉,如费财厚葬,"死者不知,生者不得",是使财物腐于地下。提出"吾是以裸葬,将以矫世也"。杨王孙的无鬼论对后世无神论的发展有积极影响。收入《汉书·杨王孙传》。

《盐铁论》 西汉桓宽编。十卷六十篇。为始元六年(前81)汉昭帝召集的盐铁会议的记录。主要记述了对盐铁官营、均输、平准等政策的赞成和反对意见。各地推举的贤良文学提出"愿罢盐铁酒榷均输官,毋与天下争利"。御史大夫桑弘羊则认为盐铁官营等政策是"国家大业,所以制四夷,安边足用之本,不可废也"。内容还涉及政治、军事、文化等多方面,是反映当时社会状态和桑弘羊思想的重要资料。《汉书·艺文志》和隋、唐《经籍志》均有收录。另有《四部备要》、《诸子集成》本。

《论儒》 西汉桓宽编《盐铁论》中的篇名。《盐铁论》是昭帝始元六年(前81)盐铁会议的记录。御史大夫桑弘羊在会上主张盐铁官营专卖,遭到各地推举出来的贤良、文学的反对。本篇记录了桑弘羊对儒家学说的责难及贤良、文学的辩解。桑弘羊列举史实,指责儒家"安国尊君"主张,"未始有效";儒者"硁硁然守一道","孔子能方不能圆","孟轲守旧术,不知世务";孔子因嬖臣弥子瑕以见卫夫人,冉求、仲由臣事季氏,是"贬道以求容"。贤良、文学辩解说,儒家主张进贤行仁义;"执德秉义";不"枉道取容";孔子"忧百姓之祸而欲安其危",是"拯溺者濡"。

《太玄》 亦称《太玄经》。西汉扬雄著。十卷。体裁仿《周易》,为继《易经》后又一个较为系统完备的象数推衍体系。内容上混合儒、道、阴阳。《汉书·扬雄传》述:"擬之以三策,关之以休咎,絣之以象类,播之以人事,文之以五行,拟之以道德仁义礼知。"全书以"玄"为中心。提出"玄者,幽摛万类而不见形者也"(《摛》),从中分化出阴阳,"摛措阴阳而发气",阴阳"一判一合"而生天地万物。提出"夫作者贵其有循而体自然也"的论点,认为"质干在乎自然,华藻在乎人事"(《莹》)。并认为事物的文质皆由"玄"产生,"阴敛其质,阳散其文,文质班班,万物粲然"(《文》)。有北宋司马光《太玄经集注》、正统道藏《太玄经集注》、明叶子奇《太玄本旨》(四库全书钞本)。

《法言》 西汉扬雄著。十三卷。体裁摹拟《论语》。内容以儒家传统思想为中心,兼收道家思想。认为"天地交,万物生"(《修身》),天地产生万物是无意识无目的的。反对"天命"与神仙方术,提出"有生者必有死,有始者必有终。自然之道也"(《君子》)。重视知识的运用,"学,行之,上也"(《学行》);"夫智(知)用不用,益不益,则不赘亏矣"(《向道》)。强调凡言必有验证。提出"人之性也善恶混",强调修身立本,主张人之行为须以儒家经典为标准。重视诗文的讽谏教化作用。有清人秦恩复石研斋嘉庆景刻宋治平本(诸子集成本),四部丛刊景印秦刻本。注本有晋李轨《法言注》、北宋司马光《扬子法言集注》,另有近代汪荣宝《法言疏证》和《法言义疏》,内容较详备。

《老子指归》 又名《道德真经指归》、《道德指归》。西汉后期严遵(字君平)著。隋唐史书著录十一、十三、十四卷不等。《宋史·艺文志》著录十三卷。今存七卷,阙失前六卷。《四库提要》疑为伪书。近人张岱年、王利器等考证确认为非伪。发挥《老子》关于道的自然无为思想:"夫天人之生也,形因于气,气因于和,和因于神明,神明因于道德,道德因于自然,万物以成。"(卷八)这里的"自然"即道,指事物运动之规律。又认为"道"是"虚之虚者,无之无者","天地体之,久而不衰"的本体。其"道开虚无"的本体论,与"体玄"、"守和"的认识论、方法论,"无为"、"守分"的政治哲学相结合,构成其自称为"玄教"的思想体系。是注解《老子》较精深的最古著述,为魏晋玄学的重要思想渊源。有道藏本、怡兰堂本、津逮秘书本,以怡兰堂本为佳。

《说苑》 西汉刘向著。二十卷。北宋景祐年间王尧臣等奉敕所撰《崇文总目》记:"今存者五篇,余皆亡。臣从士大夫间得之十有五篇"(见曾巩《说苑序》)。南宋陆游《渭南集》记李德刍言,谓得高丽所进本补成完书。其篇目为:君道、臣术、建本、立节、贵德、尊贤、正谏、敬慎等篇。所录均轶闻琐事,系搜集《论语》、《孟子》、《荀子》、《礼记》以及先秦古籍已散佚之文字。其中记载孔子言行条文甚多,对研究孔子和儒家有一定参考价值。《贵德》篇中释"仁":"孔子曰:'里仁为美。择不处仁,焉得智?'夫仁者,必恕然后行,行一不义,杀一无辜,虽以得高官大位,仁者不为也。夫大仁者,爱近及远,及其有所不谐,则亏小仁以就大仁。大仁者,恩及四海;小仁者,止于妻子。"《政理》篇中鲁哀公问使民富且寿，孔子答曰"薄赋敛"和"远罪"。答子贡问治民曰："懔懔焉如腐索之御奔马。"《建本》篇中孔子论孝、哀、勇、能、嗣、力为"行身六本"，可辅解《论语》中之"君子务本"。然此书亦有失于参校者，如《善说》诸篇中孔子答与赵襄子问等条有误。《四库全书总目提要》说此书"议论醇正，不愧儒宗"。唐刘贶、宋刘清之各有《续说苑》。

《新论》 东汉桓谭著。《后汉书·桓谭传》："著书言当时行事二十九篇，号曰《新论》。"《隋书·经籍志》著录《桓子新论》十七卷，又云："梁有《桓谭集》五卷，亡。"今存系后人辑本。现存辑文内容有反对谶纬神学、灾异迷信的无神论思想，以及在世界观方面倾向唯物主义的言论。备受王充推崇："桓君山(谭)……又作《新论》，论世间事，辩照然否。虚妄之言，伪饰之辞，莫不证定。"(《论衡·超奇》)以清严可均《全后汉文》辑本较为详备，但严可均本将辑文分类排比，系于各篇旧名之下，常显牵强附会。1976年上海人民出版社以严本为底本，校勘出版校点本。

《祛蔽》 《新论》篇名。讲"草木五谷，以阴阳气生于土，及其长大成实，实复入土，而后能生。……生之有长，长之有老，老之有死，若四时之代谢矣。而欲变异其性，求为异道，惑之不解者也。"并以烛火喻形神，"精神居形体，犹火之然(燃)烛矣"，"烛无，火亦不能独行于虚空"，人死，"如火烛之俱尽矣"。认为有生必有死，驳斥长生不死的方术理论与求仙入道的迷信活动。

《白虎通义》 亦称《白虎通德论》，简称《白虎通》。东汉班固等编撰。六卷。谶纬化的经学书。篇目各史所载不同。汉建初四年(79)"下太常、将、大夫、博士、议郎、郎官及诸生、诸儒会白虎观，讲议五经同异……帝亲称制临决，如孝宣甘露石渠故事，作《白虎议奏》"(《后汉书·章帝纪》)。《白虎议奏》已亡佚。会后班固奉命整理讲议记录，编辑成书，即为《白虎通义》。为董仲舒以来今文经学派经义的总汇，亦标志着东汉经学与神学的进一步结合，使谶纬正式变成钦定法典。为经学各派发挥君主专制观念和宗法伦理思想的法典。认为"王者，父天母地，为天之子也"，把君臣关系居于"三纲六纪"之首。受命于天的圣王履行天德中和之道，成为理想完美的化身，以致使社会生活也具中和之美。主张"忠"、"敬"、"文""三教一体"，而以"忠"为先。把社会阶级关系附会于自然秩序，"三纲法天、地、人，六纪法六合"(《三纲六纪》)，并论述"三纲"与"六纪"、"五常"相配合，从伦理上将社会等级秩序组合成严密的结构之网，对后世有深远影响。现存《白虎通义》有清卢文弨校本(辑入《抱经堂丛书》，内附庄述祖所辑《白虎通阙文》及所撰《白虎通义考》)、《四部丛刊》影印本等。

《白虎通》 即"《白虎通义》"。

《白虎通德论》 即"《白虎通义》"。

《论衡》 东汉王充著。三十卷八十五篇(现缺《招致》一篇)。具有唯物主义、无神论倾向和批判精神。作者"曾作讥俗之书……政务之书，又伤伪书俗文多不实诚，故作《论衡》之书"(《自纪》)。"《论衡》篇以十数，亦一言也曰疾虚妄"(《佚文》)。在《自然》、《谈天》、《说日》、《物势》、《论死》、《实知》等篇中发挥了古代哲学中"元气自然论"的宇宙观和认识论，论述了形神关系。在《命义》、《纪妖》、《订鬼》、《遣告》等篇中批判了"天人感应"说与谶纬迷信。在《定贤》、《治期》等篇中提出一些进步的历史、社会、政治观点。在《问孔》、《刺孟》、《非韩》等篇中批判了儒、法两家的一些传统观点。历代封建统治者责其"非圣灭道"，"以与圣贤轧，可谓诗矣"(见《四库全书总目提要》)。近代章炳麟则赞其："正虚妄，审乡背。怀疑之论，分析百端。有所发擿，不避上圣。汉得一人焉，足以振耻，至于今鲜有能逮者也。"(《检论·学变》)版本颇多，较重要的有《四部丛刊》本、《诸子集成》本及黄晖《论衡校释》(附有《论衡佚文》、《王充年谱》、《论衡版本存佚考》等)、刘盼遂《论衡集解》、北京大学历史系《论衡注释》等。

《谴告》 《论衡》篇名。批判了基于"天人感应"神学目的论的"谴告"说。指出："夫天道自然也，无为。如谴告人，是有为，非自然也。"认为以"灾变"来谴告人君"失道"，是不合"圣贤以善反恶"和"人道善善恶恶"之义，说："天人同道，大人与天地合德，圣贤以善反恶，皇天以恶随非，岂同道之效，合德之验哉"，"人道善善恶恶，施善以赏，加恶以罪，天道宜然。刑赏失实，恶也，为恶气以应之，恶恶之义安所施哉"。还指出，圣人"及其言天，犹以人心，非谓上天苍苍之体也"。否定了以"天意"代表人意的"谴告"说。

《自然》 东汉《论衡》篇名。发挥了以气为本的唯物主义的自然观。指出："天地合气，万物自生，犹夫妇合气，子自生矣。"吸取了道家的自然无为观点，指出："天动不欲生物，而物自生，此则自然也。施气不欲为物，向物自为，此则无为也。"又提出"自然亦须有为辅助"，批评"道家论自然，不知引物事以验其言行，故自然之说，未见信也"。指出人之贤与不贤在于禀气多少，认为："天动为炉，造化为工，禀气不一，安能皆贤。贤之纯者，黄老是也。"还断言："谴告之言，衰乱之语也"。认为自己的见解"虽违儒家之说，合黄老之义也"。反映了兼取儒道的思想倾向。

《实知》 《论衡》篇名。篇中较集中地批判了谶纬神学的先验论。反对"儒者论圣人以为前知千岁，后知万世，有独见之明，独听之聪，事来则名，不学自知"的先验论观点，指出："凡圣人见祸福也，亦揆端推类，原始见终，从闾巷论朝堂，由昭昭察冥冥"。认为"不学自知，不问自晓，古今行事未有之也"。提出"任耳目"，强调耳目等感官在认识中的重要性，"圣贤不能性知，须任耳目以定情实。其任耳目也，可知之事，思之辄决，不可知之事，待问乃解"。坚持了朴素唯物主义的认识论。

《论死》 《论衡》篇名。以唯物主义的“气一元论”批判了各种迷信邪说,探讨了人的生死问题。提出人的生命和精神是以物质性的“精气”为基础的,“人之所以生者,精气也,死而精气灭。能为精气者,血脉也,人死,血脉竭,竭而精气灭”。认为人死后又复归为气,“阴阳之气凝而为人,年终寿尽,死还为气”。否定了人死灵魂独存为鬼的观点,“形须气而成,气顺形而知。天下无独燃之火,世间安得有无体独知之精?”还指出:“夫论死不为鬼。无知,不能害人,则夫所见鬼者,非死人之精,其害人者非其精所为,明矣。”

《问孔》 《论衡》篇名。通篇对孔子言行中自相矛盾之处作了问难。认为圣贤之言“上下多相违,其文前后多相伐者”,对记载孔孟之言的儒家典籍不能尽信,“苟有不晓解之问,迢难孔子,何伤于义?诚有传圣业之知,伐孔子之说,何逆于理”?孔子认为“富贵”与“贫贱”“不以其道得之”,篇中质问:“贫贱何故,当言得之。”对孔子答子贡的“去食存信”和答冉有的“先富而后教之”,篇中质问:“民饥,弃礼义,礼义弃,信安得之?”且“食与富何别,信与教何异?”孔子有“生死有命,富贵在天”之论,行动上却“周流应聘,行说诸侯”,篇中责问:“夫自知无贵命,周流无补益也……言行相违,未晓其故。”体现了唯物主义者的战斗批判精神。

《刺孟》 《论衡》篇名。篇中揭露和反对了孟子的不少自相矛盾的谬说。批判了孟子不分“安吉之利”“贷财之利”而反对“言利”的观点,以及“以己不贪富贵之故而以距(拒)逆宜当受之赐”之说。以历史上文、武、周公、成王同时前后相继的事实,批驳其“五百年必有王者兴”之说,以“比干剖、子胥烹、子路菹”的事实批驳其“桎梏而死者非王命也”的观点。体现了王充不拘陈说的批判精神。

《本性》 《论衡》篇名。旨在“原情性之极,礼为之防,乐为之节”。根据气禀说和人性有善恶的观点,分别考察和评述了世硕、孟子、告子、荀子、董仲舒、扬雄、刘向等人性诸说。认为“自孟子以下,至刘子政,鸿儒博士,闻见多矣,然而论情性竟无定是,唯世硕儒公孙尼子之徒,颇得其正”。又同意扬雄的主张,认为“人性有善有恶”,如同“人才有高有下”一样。强调“命有贵贱,性有善恶”。指出人性有“上、中、下之差”:“孟轲言人性善者,中人以上者也;孙卿言人性恶者,中人以下者也;扬雄言人性善恶混者,中人也。”对先秦以来各家人性说有所综合、发展,较董仲舒更为明确地表达了后来韩愈所说的“性三品”观点。

《命禄》 《论衡》篇名。发挥孔子“死生有命,富贵在天”的思想,用命定论观点解释人之死生寿夭、贵贱富贫、智愚善恶问题。称:“凡人遇偶及遭累命,皆由命也”,“命当贫贱,虽富贵,犹涉祸患矣,命当富贵,虽贫贱之,犹逢福善矣”,所谓“富贵之福,不可救致;贫贱之祸,不可苟除”。反映了王充思想中的消极因素。

《道虚》 《论衡》篇名。对淮南王升天之说提出质疑,以为“好道学仙之人,皆谓之然。此虚言也。”指出:“物无不死,人安能仙?”并论证曰:“人之生,其犹冰也。……冰极一冬而释,人竟百岁而死。”批驳方士的长生不死理论与求仙入道活动。

《潜夫论》 东汉王符著。《后汉书·王符传》:“和、安(东汉和帝、安帝)之后,世务游宦,当途者更相荐引,而符独耿介不同于俗。以此遂不得升进,志意蕴愤,乃隐居著书三十余篇,以讥当时得失。不欲章显其名,故号《潜夫论》。”现存三十六篇。其中《本训》、《德化》等篇中提出有唯物主义倾向的宇宙生成论。因其将“气”、“道”并列,又有二元论倾向。其中《考绩》、《释难》、《务本》等篇,结合品评人物,论述了“名理者必效于实”的思想,批评了韩非子取戈伐喻尧舜不可两立的观点。其《卜列》、《巫列》等篇中对世俗宗教迷信进行了批判。书中对东汉末年的“衰世之务”,从政治、经济到军事边防、风俗教化的各种弊端进行了广泛的评析。政治上主张先秦儒家的“民本”思想。认为“为国者必先知民之所苦,祸之所起”(《述赦》),“天以民为心”(《本政》)。抨击“以族举德,以位命贤”(《论荣》)的腐败现象。《四库全书总目提要》谓《潜夫论》“洞悉政体似《昌言》而明切过之;辨别是非似《论衡》而醇正过之”。有《四部丛刊》本等,注本有清汪继培的《潜夫论笺》(有赵铎校正的新刊标点本)。

《政论》 东汉崔寔著。凡五卷,现存一卷。针对当时“王纲纵弛于上,智士郁伊(抑)于下”的情况,提出不能依靠“拘文牵古,不达权制”的俗人和“暗于时权,安习所见”的顽士,而要重用“明哲之佐,博物之臣”来中兴封建王朝。要求施政应博采各家思想,“既不能纯法八世(指‘三皇五帝’),故宜参以霸政”。强调将儒家的“德教”与“刑罚”并用,“夫刑罚者,治乱之药石也;德教者,兴平之粱肉也。夫以德教除残,是以粱肉理疾也,以刑罚理平,是以药石供养也”。清严可均辑入《全后汉文》。

《申鉴》 东汉荀悦著。五篇。《后汉书·荀悦传》载:“时政移曹氏,天子恭己而已。悦志在献替,而谋无所用,乃作《申鉴》五篇。其所论辨,通见政体。”全书内容偏重政论,其意在申明历史教训以为借鉴。在《政体》篇中提出“法”、“教”并重的思想。《杂言下》篇提出“生之谓性也,形神是也”及性三品说。《俗嫌》篇中批判当时的一些迷信之说。《四库全书总目》称其“剖析事理,亦深切著明。盖由原本儒术,故所言皆不诡于正也”。有《龙溪精舍丛书》本、《小万卷楼丛书》本以及《四部丛刊》本。

《中论》 东汉徐幹著。《三国志·魏书·王粲传》引魏文帝《与吴质书》中说徐幹“独怀文抱质,恬淡寡欲……著《中论》二十余篇”。《隋书·经籍志》著录《徐氏中论》六卷。现存本为上下两卷,二十篇,可能为宋人所并。其中《治学篇》反对“鄙儒”之“矜于诂训,摘其章句,而不能统其大义之所极”。提出“大义为先,物名为后,大义举而物名从之”的论断,开以后玄学中“微言大义”之先声。其中《校辩》、《考伪》、《贵验》等篇，论述了名实辩言的思想，提出“事莫贵乎有验”。《四库全书总目》称其“大都阐发义理，原本经训，而归之于圣贤之道”，列为子部儒家类。有《小万卷楼丛书》本、《龙溪精舍丛书》本及《四部丛刊》影印本。

《昌言》 东汉末仲长统著。昌言，即当言之意。《后汉书·仲长统传》：“统每论说古今及世俗行事，恒发喷叹息，因著论名曰《昌言》，凡三十四篇，十余万言。”原书已佚，《后汉书》本传“简撮其书有益政者略载之”三篇，即《理乱》、《损益》和《法械》，另《群书治要》等书亦有节引《昌言》残文。现存《昌言》内容大都为对汉末各种社会弊端的批判，如《理乱》认为社会的“政乱”“周复”是“天道常然之大数”，由统治者的骄奢淫逸引起。《损益》提出因时变易的思想：“故行于古有其迹，用于今无其功者，不可不变。变而不如前，易而多所败者，亦不可不复也。”《法械》篇中提出任贤和反对外戚宦官擅权的思想。从明代起有辑本。清马国翰《玉函山房辑佚书》和严可均《全后汉文》辑本较为详备。

魏晋南北朝

《道德论》 三国魏何晏著。《三国志·魏书·曹爽传》：“(晏)好老庄言，作《道德论》及诸文赋。”《世说新语·文学》亦称：“何晏注《老子》未毕，见王弼自说注《老子》旨，何意多所短，不复得作声，但应诺诺，遂不复注，因作《道德论》。”已佚。部分散见于《列子注》中。

《无名论》 三国魏何晏著。一说为何晏《道德论》中的一部分。已佚，残文保存于《列子·仲尼篇》注中。认为“无名为道”，“夫道者，惟无所有者也。自天地已来，皆有所有矣；然犹谓之道者，以其能复用无所有也。故虽处有名之域，而没其无名之象”。道为无名，故体现道的圣人亦应是“名无名，誉无誉”。清严可均辑入《全三国文》。

《道论》 三国魏何晏著。疑是何晏《道德论》中的一部分。论中提出了“有之为有，恃无以生；事而为事，由无以成”的贵无思想，认为“无”是万有存在的根据。其残文存于《列子·天瑞》注中。

《道论》 三国魏钟会著。《三国志·魏书·钟会传》：“会尝论《易》无互体、才性同异。及会死后，于会家得书二十篇，名曰《道论》，而实刑名家也，其文似会。”书已佚。

《辩道论》 三国魏曹植著。反对方士们宣扬的神仙说，认为“生之必死”，并指出神仙家所说的“傅说上为辰尾宿岁星，降下为东方朔；淮南王安诛于淮南，而谓之获道轻举”等等，皆“为虚妄甚矣”。反映了曹植的无神论倾向。收入《广弘明集》，清严可均辑入《全三国文》。

《人物志》 三国魏刘劭著。三卷十二篇。为中国现存的第一部专门论述考察才性选拔人才的理论著作。提出“人材不同，能各有异”，主张选拔官吏必须做到“量能授官”(《材能》)。但又认为人的材质决定于所禀赋的“元一阴阳之气”，是由先天决定的。并提出“人之质量，中和最贵”，“中和之质，必平淡无味，故能调成五材，变化应节”(《九征》)。以此主张君子要中庸无为、谦让不争，要求当时的统治者实行清静无为而治。显系受到道家思想影响。对开启魏晋玄风起了一定的作用。在才能与德行的关系上，主张智仁并提，才性兼重。突出“智”在“五常”德目中的统帅地位。认为只有具备聪明才智，才能正确把握仁义道德规范，以此反对汉儒重德轻才的偏向。在品评人物中，论及名实和论辩等逻辑问题，为研究刘劭逻辑思想的重要资料。有《龙溪精舍丛书》本和《四部丛刊》本等。今有人民文学出版社点校本。

《材能》 《人物志》篇名。主旨在于论辩人的材(才)与能及其相互关系。材，指人的材质、材性。能，指人的能力、能量。材为源，能为流；材为本，能为用。“能出于材”，而“材不同量”。因此要“精于择而庸适其能”(王灏《人物志后序》)。强调知人善任，“量材授官”。提出用人要坚持“以一味协五味”与“以无味和五味”的用人之道。凡偏材之人，只具一味之美，只能委以一官之任，相互协调，取长补短，即“以一味协五味”。如果主持一国之政，就要“以无味和五味”。为臣者要竭力致功，以自任为能；为君者要任贤使能，以用人为能。君无为而臣有事，天下就能大治。强调“协”与“和”，同时又以“无”作为最高的政治理想。可以说开启了何晏、王弼“无为本”玄学思想的先河。

《运命论》 三国魏李康著。《文心雕龙·论说篇》：“至如李康《运命》，同《论衡》而过之。”论中发挥了王充《论衡》中的偶然论思想，认为“治乱，运也；穷达，命也；贵贱，时也”，主张治乱、贫富、贵贱都由机遇、时命所决定。收入南朝梁萧统《文选》。

《嵇康集》 亦名《嵇中散集》。三国魏嵇康著。《隋书·经籍志》载有《嵇康集》十三卷，《唐书·经籍志》载有《嵇康集》十五卷，《宋史·艺文志》仅载十卷，亡佚五卷。现存多为后人辑本，一般作十卷。包括诗一卷、政论、哲学论文等九卷。书中指斥《六经》，“非汤武而薄周孔”(《与山巨源绝交书》)，崇尚老庄，自称：“老子、庄周，吾之师也”(同上)。政治上主张“越名教而任自然”(《释私论》)。哲学上则一面坚持元气论，认为“元气陶铄，众生禀焉”(《明胆论》)，一面又受神仙学的影响，相信长生不死的神仙的存在。有鲁迅的校刊本，较为完备。另尚有《四部备要》与《四部丛刊》本等。注释有1962年人民文学出版社《嵇康集校注》。

《嵇中散集》 即《嵇康集》。嵇康曾为中散大夫，故名。

《释私论》 三国魏嵇康著。讨论了公与私的标准，名教与自然的关系以及道德评价的根据等问题。提出以“匿情”为私，以“显情”为公的见解。“论公私者，虽云志道存善，心无凶邪，无所怀而不匿者，不可谓无私;虽欲之伐善,情之违道,无所抱而不显者,不可谓不公。"认为一个人的思想不应受礼义名教的束缚,主张任其思想的自然发展,并提出"越名教而任自然"的著名命题。认为在道德生活中,存在着各种"类是而非是"和"似非而非非"的现象。对复杂的道德现象作出评价,主张既要考察行为者的动机,又要考察行为的变化及过程始终,反映了对道德现象复杂性认识的深化。收入《嵇康集》。

《养生论》 三国魏嵇康著。讨论了养生问题及与此相关的形神问题。认为一个人只要"导养得理",清虚寡欲,借助"呼吸吐纳"的锻炼和药物调理,就可"上获千余岁,下可数百年",否定了"死生由命"说。指出养生之患在于名位、情欲不除,为此提出"修性以保神,安心以全生"的德性修养原则。主张凡事要"爱憎不栖于情、忧喜不留于意",保持"泊然无感","体气和平"。并认为形神关系是"形恃神以立,神须形以存",两者不可分离,因此养生必须使"形神相亲,表里俱济"。收入《嵇康集》。

《明胆论》 三国魏嵇康著。讨论了明(智慧)与胆(胆量)的关系问题,认为"明胆异气,不能相生","或明于见物,或勇于决断……譬如草木区以别矣"。用所禀赋自然界的气的不同,来说明"明胆殊用",反映了古代朴素唯物论的局限性。收入《嵇康集》。

《声无哀乐论》 三国魏嵇康著。文中肯定音乐的深刻感染力和人对于音乐的审美需要。认为"声音自当以善恶为主,则无关于哀乐;哀乐自当以情感而后发,则无系于声音","声之与心,殊途异轨,不相经纬"。人之所以闻乐而动情,乃是"哀乐自以事会,先遘于心,但因和声,以自显发"。对某些传统说法予以新解或大胆否定。认为传为孔子所说的"移风易俗,莫善于乐",首先在于政治清明,社会和谐,人民安乐,"歌以叙志,儛以宣情",然后圣人以乐"导其神气","迎其情性",至于音乐本身,则"风俗移易,不在此也","郑声,是音声之至妙",感人至深,"先王恐天下流而不反",荒废事业,故减损其妙音,"使乐而不淫"。其论点虽有偏颇之处,但体现了对音乐美的特殊性、音乐与审美心理间复杂关系的深入探讨。文中还涉及名实及推类问题,亦是研究嵇康逻辑思想的重要资料。收入《嵇康集》。

《难自然好学论》 三国魏嵇康著。针对张叔辽《自然好学论》而作。张氏把人们学习六经看做人的自然所好的本性。嵇康反对这一说法,认为人的本性是"以从欲为欢",民之性要求"不扰","不逼",自然发展。指出:人类远古时代,无有仁义,无有礼律之文,"君无文于上,民无竞于下",只是在"大道陵迟,乃始作文墨,造立仁义以婴其心,制其名分以检其外,劝学讲文以神其教"。认为由此产生的仁义礼律以及六经,对人性则"以抑引为主"。因此学习六经并不是人的自然本性之所好,而是违背人的本性的。收入《嵇康集》。

《与山巨源绝交书》 三国魏嵇康著。为拒绝山涛(巨源)推荐他当选官而作。文中列举拒绝做官的理由,认为自己傲散放荡,"与礼相背","至为礼法之士所绳,疾之如仇";"又每非汤武而薄周孔",为"世教所不容"。因此愿师事老、庄,安于卑位,怡养精神,"遂其志"而已。收入《嵇康集》。

《阮嗣宗集》 三国魏阮籍著。书中贬斥儒学为"一曲之说"(《达庄论》),认为只有老庄之学才是"寥廓之谈",并讽刺礼法之士为"虱之处裈之中乎!"(《大人先生传》)但并不全然否定礼乐的作用,认为"礼定其象,乐平其心;礼治其外,乐化其内;礼乐正而天下平"(《乐论》)。并提出"天地生于自然,万物生于天地"(《达庄论》)的含有唯物主义思想倾向的命题。又认为"天不若道,道不若神。神者,自然之根"(《大人先生传》),把神当作世界的最终本原。现存刻本以明嘉靖陈德文、范钦本为最早。明《汉魏六朝百三名家集》本,题为《阮步兵集》,清严可均辑入《全三国文》,题为《阮籍集》(有1958年中华书局重印本),1978年上海古籍出版社以陈、范本为底本,校勘出版,亦名《阮籍集》。

《阮步兵集》 即《阮嗣宗集》。阮籍曾官步兵校尉,故名。

《通易论》 三国魏阮籍著。约作于魏正始(240—248)年间。通过论述《易》的产生、性质与社会作用诸问题,折衷儒道,主张"名教"与"自然"结合。认为"《易》之为书也,本天地,因阴阳,推盛衰,出自幽微,以致明著",是因循天地自然而生的,因此"天地,《易》之主也;万物,《易》之心也"。《易》之性质则在于"变",《易》为"往古之变经"。《易》"覆焘天地之道,囊括万物之情",以此后世圣人可"观而因之"、"象而用之"。收入《阮嗣宗集》。

《乐论》 三国魏阮籍著。强调乐的和谐性质与功利作用,认为乐乃是"天地之体,万物之性",是宇宙和谐的体现。圣人作乐"必通天地之气,静万物之神","固上下之位,定性命之真"。使万物和谐发展,各得其所,也使人类社会中君臣男女各安其位,人民"日迁善成化,而不自知",达到移风易俗、上下不争、和谐安定的目的。乐应与礼交相为用,"礼治其外,乐化其内;礼乐正而天下平"。主张乐的旋律、风格应平和淡雅,"入于心,沦于气。心气和洽"。轻视乐的娱乐作用,反对哀婉动人、情感强烈、激荡心神的音乐表现,指斥表现勇悍风俗和男女情爱的民间歌曲为靡靡之音,不利于封建统治。该文在先秦两汉儒家音乐美学思想的基础上,加上"道德平淡,故无声无味"等具有道家色彩的内容,反映了当时思想界援道入儒的倾向。收入《阮嗣宗集》。

《达庄论》 三国魏阮籍著。文中认为:"天地生于自然,万物生于天地。自然者无外,故天地名焉。天地者有内,故万物生焉。"明确提出"天地日月"为"一气盛衰",具有朴素唯物主义的倾向。但同时又受到庄子相对主义思想的影响,认为"天地日月,非殊物也","以死生为一贯,是非为一条"。以此主张人生要不分是非、不分善恶,逍遥无为,反映了消极厌世的思想情绪。收入《阮嗣宗集》。

《通老论》 三国魏阮籍著。提出"道者法自然而为化,侯王能守之,万物将自化",主张"君臣垂拱",实行无为而治。已佚,部分散见于《太平御览》中,收入《阮嗣宗集》。

《大人先生传》 三国魏阮籍著。为其晚年所作。文中借大人先生(即隐士孙登)的言行,表达了作者的人生态度。讥讽当时的虚伪之士如"虱之处裈(裤)中",自以为得意,"然炎丘火流,焦邑灭都,群虱死于裈中而不能出"。主张人生应该"超世而绝群,遗俗而独往",逍遥浮世,与造物同体。反映了作者对当时社会与名教不满的一种消极反抗的思想情绪。收入《阮嗣宗集》。

《四本论》 三国魏钟会著。《世说新语·文学篇》:"钟会撰四本论。"已佚。参见"才性四本"。

《周易注》 三国魏王弼和晋韩康伯合注。九卷。王弼注《易经》,韩康伯注《易传》,两者合称《周易注》。以玄理解易。"天地虽大,富有万物,雷动风行,运化万变,寂然至无,是其本矣"(《周易·复卦注》),宣传"以无为本"的玄学思想。为魏晋时期易学玄学化的代表作。除收入《十三经注疏》外,尚有《四库全书》抄本、《四部丛刊》和《四部备要》本等。

《周易略例》 三国魏王弼著。现存《明象》、《明爻通变》、《明卦适变通爻》、《明象》、《辩位》、《略例下》、《卦略》等篇。书中以玄学解《周易》,提出了"众不能治众,治众者,至寡者也。夫动不能制动,制天下之动者,贞夫一者也"(《明象》)以及"言者所以明象,得象而忘言;象者所以存意,得意而忘象"(《明象》)等著名的玄学命题,在魏晋时期有很大的影响。是研究王弼哲学思想的重要资料。除《周易注》(王弼韩康伯注)附刊本外,还有明万历年间《汉魏丛书》本、清嘉庆年间《学津讨原》本等。收入《王弼集校释》。

《老子注》 亦名《玄言新记道德》、《集注老子》。三国魏王弼注。上下两篇八十一章。注中发挥了老子"有生于无"的思想,提出"天下之物,皆以有为生。有之所始,以无为本。将欲全有,必反于无"(四十章),以及"万物虽贵,以无为用,不能舍无以为体"(三十八章)的学说,认为"无"是世界万有的本体。倡导了魏晋玄学的思潮。版本甚多,主要有明正统年间《道藏》本、商务印书馆《四部备要》本、世界书局《诸子集成》本等。今收入中华书局版《王弼集校释》。

《玄言新记道德》 即"《老子注》"。

《集注老子》 即"《老子注》"。

《老子指略》 三国魏王弼撰。一卷。《三国志·魏书·钟会传》注引何邵《王弼传》:"弼注老子,为之指归,致有理统,著道略论。"唐陆德明《经典释文》叙录王弼《老子指略》一卷,《新唐书·艺文志》载王弼《老子指例略》二卷,《宋史·艺文志》载王弼《道德略归》一卷。原书已佚。近人王维诚于《道藏》中重新发现。书中的基本思想与《老子注》略同,以贵无崇道为宗旨,认为"物之所以生,功之所以成,必生乎无形,由乎无名。无形无名者,万物之宗也。"指出以名、言表达道,则"言之者失其常,名之者失其真",对名、言的作用和特征提出了有价值的见解。从本体论的有无、本末关系论证名教纲常乃出于本体,认为自然无为是本,仁义礼智是末,进而提出"崇本息末"以防邪恶的根本方法:"闲邪在乎存诚,不在善察"。反对人为弘扬名教,使名教"愈致斯伪"。但仍重视名教的作用,认为"绝仁非欲不仁"。收入《王弼集校释》。

《论语释疑》 三国魏王弼撰。系对《论语》疑难问题的注解,借释《论语》以发挥其"以无为本"思想。在注释"子曰:'志于道'"时说:"道者,无之称也,无不通也,无不由也。况之曰道,寂然无体,不可为象,是道不可体,故但志慕而已。"这里的"道"已经不是孔子的"道",而是玄学家所说的宇宙本体。书已佚,部分散见于皇侃的《论语义疏》和邢昺的《论语正义》中。今收入中华书局版《王弼集校释》。

《傅子》 魏晋之际傅玄著。《晋书·傅玄传》:"(玄)撰论经国九流及三史故事,评断得失,各为区例,名为《傅子》,为内、外、中篇,凡有四部、六录,合百四十首,数十万言。"《隋书·经籍志》尚著录《傅子》百二十卷。至《宋史·艺文志》仅载五卷。著作大部已佚。今存《傅子》从《太平御览》、《群书治要》、《永乐大典》等书辑录,有文义完具者十二篇,文义未全者十二篇,另有附录四十八条。书中认为治天下首先要懂得"大本","大本有三:一曰君臣以立邦国,二曰父子以定家室,三曰夫妇以别内外"(《礼乐》)。与儒家的"三纲"思想相同。同时又认为"经国、立功之道有二:一曰息欲,二曰明制"(《校工》),而息欲明制又在于立"公心",有"公道",立"公制"(《通志》)。在哲学上,则提出"天地著信而四时不悖,日月著信而昏明有常"(《义信》)的观点,带有唯物主义倾向。辑本颇多,有商务印书馆《丛书集成初编》本和清严可均所辑《武英殿聚珍版书》本、清光绪年间《汉魏六朝百三名家集》本(题为《傅鹑觚集》)等。

《傅鹑觚集》 傅玄著作的辑本之一。明张溥辑。详"《傅子》"。

《酒德颂》 魏晋之际刘伶著。该文从"天地为一朝,万期为须臾"的相对主义思想出发,主张不辨是非,不涉世事,不受礼法之约束,"唯酒是务",反映出一种消极的人生观。收入《晋书·刘伶传》。

《庄子注》 魏晋时期向秀、郭象著。《晋书·向秀传》:"庄周著内外数十篇,历世才士虽有观者,莫适论其旨统也。秀乃为之隐解,发明奇趣,振起玄风,读之者超然心悟,莫不自足一时也。惠帝之世,郭象又述而广之。"《晋书·郭象传》:"先是注《庄子》者数十家,莫能究其旨统。向秀于旧注外,而为解义,妙演奇致,大畅玄风。惟《秋水》、《至乐》二篇未竟而秀卒。秀子幼,其义零落,然颇有别本迁流。象为人行薄,以秀义不传于世,遂窃以为己注,乃自注《秋水》、《至乐》二篇,又易《马蹄》一篇,其余众篇或点定文句而已。其后秀义别本出。故今有向郭二《庄》,其义一也。"《隋书·经籍志》亦分载:"《庄子》二十卷(晋散骑常侍向秀注)。""《庄子》三十卷,目一卷(晋太傅主簿郭象注)。”晋张湛《列子注》曾引郭象《庄子注》,亦引向秀《庄子注》,唐陆德明《庄子释文》以郭注为主,也引向注。今通行本《庄子注》可视为向、郭合注本。书中认为“无既无矣,不能生有”(《齐物论注》),提出“物各自生”(同上),“天之所生者,独化也”(《大宗师注》)。并进一步提出“独化于玄冥之境者也”(《齐物论注》)。承袭《庄子》“齐是非”的思想,提倡反逻辑的“无辩”。主张对辩者之言“存而不论”(《天下注》)。政治上提出“游外以宏内”之说,认为“圣人虽在庙堂之上,然其心无异于山林之中”(《逍遥游注》),“圣人常游外以宏内,无心以顺有。故虽终日挥形,而神气无变,俯仰万机,而淡然自若”(《大宗师注》),以图把儒家的名教与老庄自然统一起来。书中主张“自足其性”(《养生注》),“各安其天性”(《逍遥游注》)的人生哲学。书中提出的“物各自生”、“独化”、“玄冥”、“无待”、“自足其性”、“内圣外王”的思想,是对《庄子》思想的改造和发展。收入《庄子》中,版本颇多,以清郭庆藩《庄子集释》(1961年中华书局排印本)较佳。

《论语体略》 晋郭象撰。一卷。取名《体略》者,意谓粗略的体察,以表自谦之意。是书《隋书·经籍志》、《唐书·艺文志》并云二卷,陆德明《经典释文序录》不著目。盖其书在唐时惟秘阁有之,世少传者,今则散佚。然江熙《集解》列《论语》十三家有郭象,其言与卫瓘、范宁诸人同采。马国翰据皇侃《义疏》所引,辑录凡九节。其说不离玄宗,杂与道家思想。如释“导之以政,齐之以刑”(《为政》),曰:“德者,得其性者也;礼者,体其情者也。情有可耻而性有所本。得其性则本至,体其情则知至。知耻则无刑而自齐,本至则无制而自正。”又如释“子路问君子”(《宪问》),则曰:“百姓百品,万国殊风。以不治治之,乃得其极。若欲修己以治之,虽尧舜必病,况君子乎?今尧舜非修之也。万物自无为而治,若天之自高,地之自厚,日月之明,云行雨施而已,故能夷畅条达,曲成不遗而无病也。”都体现了“物各自生而无所出焉”(《庄子·齐物论注》)、“掘然自得而独化”(《庄子·大宗师注》)的思想。有《玉函山房辑佚书》本。

《钱神论》 晋鲁褒著。《晋书·鲁褒传》云:“元康(291—299)之后,纲纪大坏。褒伤时之贪鄙,乃隐姓名而著钱神论以讽之。”揭露与讽刺了当时以金钱为本之弊,说“洛中朱衣,当途之士,爱我家兄(金钱),皆无已已”。指出:“钱之所在,危可使安,死可使活。钱之所去,贵可使贱,生可使杀”,“官尊名显,皆钱所致”,“有钱可使鬼,而况于人乎?”“由是论之”,钱“可谓神物”。为最早抨击金钱拜物教的著作之一。文章虽未正面主张“神灭”,但对以后“神灭”思想有一定影响。清严可均辑入《全晋文》中。

《墨辩注》 西晋鲁胜著。辑《墨子》中《经上》、《经下》、《经说上》、《经说下》四篇,“引说就经,各附其章,疑者阙之。又采诸众杂集为刑名二篇,略解指归”(见《晋书·隐逸传》)。书早佚,现仅存《墨辩注叙》,载于《晋书·隐逸传》中。

《墨辩注叙》 西晋鲁胜著。是中国最早的逻辑史篇章。叙述了先秦名学发展的渊源和师承,认为名学始于孔子正名,墨子“作辩经以立名本”,“惠施、公孙龙祖述其学”。对坚白之辩、有无之辩、两可之说、同异之论等分别作了解说。全序近300字。是研究中国古代逻辑史的宝贵文献。今存于《晋书·隐逸传》中。

《崇有论》 西晋裴頠著。《晋书·裴頠传》:“(頠)深患时俗之放荡……乃著崇有之论,以释其蔽。”《三国志·魏书·裴潜传》注引陆机《惠帝起居注》:“頠理具渊博,赡于论难,著《崇有》、《贵无》二论,以矫虚诞之弊,文辞精富,为世名论。”针对魏晋盛行的“贵无”说,认为“形象著分,有生之体”,世界上一切有形有象的具体存在物,即所谓“有”的存在,就是各自存在的本体,而整个世界则是“总混群本,宗极之道”,由万有本身所组成,否定何晏、王弼“以无为本”的“贵无”思想。并提出“至无者,无以能生,故始生者,自生也”和“济有者,皆有也。虚无奚益于已有之群生”等思想。在当时思想界具有较大的影响。收入《晋书·裴頠传》。

《贵无论》 西晋裴頠著。已佚。《三国志·魏书·裴潜传》注引陆机的《惠帝起居注》说:“頠理具渊博,赡于论难,著《崇有》、《贵无》二论,以矫虚诞之弊,文辞精富,为世名论。”东晋孙盛《老聃非大贤论》亦说:“昔裴逸民作《崇有》、《贵无》二论。”

《言尽意论》 西晋欧阳建著。称:“形不待名,而方圆已著;色不俟称,而黑白以彰。然则名之于物,无施者也;言之于理,无为者也。而古今务于正名,圣贤不能去言,其何故也?诚以理得于心,非言不畅;物定于彼,非名不辩。言不畅志,则无以相接;名不辩物,则鉴识不显。鉴识显而名品殊,言称接而情志畅”,故“则言无不尽矣”。认为名是称谓和明辩物的,名与言还能随事物的变化而变化,“名逐物而迁,言因理而变”。强调言是能充分表达意的,并把名物关系喻成影形关系,具有唯物主义的思想,以此批驳了当时流行的“言不尽意”说。该文在中国古代哲学认识论的发展中,具有重要意义。收入《艺文类聚》卷十九。清严可均辑入《全晋文》。

《周易论》 晋宋岱著。已佚。《文心雕龙·论说篇》:“宋岱、郭象,锐思于幾神之区”,把宋岱与著名玄学家郭象并提。《隋书·经籍志》则载有晋荆州刺史宋岱《周易论》一卷。

《不用舌论》 晋张韩著。称:“论者以为心气相驱(驱),因舌而言。卷舌翕气,安得畅理?余以留意于言,不如留念于不言。……仲尼云:天何言哉?四时行焉。夫子之文章,可得而闻也;夫子之言性与天道,不可得而闻。是谓至精,愈不可闻。”认为语言是不能表达意的,因此可以不必用舌。其思想属于言不尽意论。收入《艺文类聚》卷十七,清严可均辑入《全晋文》中。

《列子注》 东晋张湛注。八卷。以贵无论思想解释《列子》，认为："至无者，故能为万变之崇主也"，又说："形、声、色、味皆忽尔忽生，不能自生者也。夫不能自生，则无为之本。"（《天瑞篇》注）主张宇宙万有"以无为本"，但不主张无中生有，认为"有之为有，恃无以生；言生必由无，而无不生有"（同上）。万物皆是在"以无为本"的基础上，"忽尔而生"的。有《二十二子》本、《四部丛刊》本等，今收入中华书局版《列子集释》。

《诘鲍篇》 《抱朴子》篇名。为葛洪反驳鲍敬言的著作。文中保存了鲍敬言的无君论与无神论的思想资料。其文说："鲍生敬言，好老庄之书，治剧辩之言，以为古者无君，胜于今世。"又述鲍之意说："曩古之世，无君无臣，穿井而饮，耕田而食，日出而作，日入而息，泛然不系，恢尔自得，不竞不营，无荣无辱。"鲍敬言认为，古代社会是一个无有君臣贵贱的等级、无有剥削压迫的社会，并以此批评了君权神授说，指出"儒者曰：'天生蒸民而树之君'，岂其皇天谆谆言，亦将欲之者为辞哉！"一定程度上反映了当时下层人民的思想要求。

《老子疑问反讯》 东晋孙盛著。认为《老子》中一面说"（道）混然为一，绳绳兮不可名，复归于无物"，一面又说"道之为物，惟恍与惚。恍兮惚兮，其中有像；恍兮惚兮，其中有物。此二章或言无物，或言有物，先有所不宜者也"，显属自相矛盾。以此贬黜老子。收入《广弘明集》。

《老聃非大贤论》 东晋孙盛著。从儒家立场出发，贬黜老子与道教，认为圣教（儒家）已经包含了老子的学说，"老彭之道，以笼罩乎圣教之内矣"。老子讲导养、轻举的神仙之学，是违背圣教的。收入《广弘明集》。

《易象妙于见形论》 晋孙盛释《易》论文。认为盖以观器不如蓍龟，蓍龟不如六爻。六爻不执于一事一物，故可寄万事万物之妙迹。"六爻周流，唯化所适，故虽一画，而吉凶并彰，微一则失之矣"。系器则泥于一事一物，故不能达万事万物之变化。"拟器托象，而庆咎交著，系器则失之矣。"《周易》之妙，在于将其象寄见于形；由一象该未备之众象，由一形兼未形之众形。收入马国翰《玉函山房辑佚书》中。

《释疑论》 东晋戴逵著。着重列举好人不得好报、恶人反得好报的历史记载和传说，指出因果报应没有事实根据，只是劝人为善的一种说教。并认为富贵贫贱、寿夭凶吉，都属命定。收入《广弘明集》。

《放达为非道论》 东晋戴逵著。一篇。批判了元康年间的玄学放达思想，认为"达"应当指达道而言，"故不惑其迹"，而元康之放达"好遁迹而不求其本"；认为"竹林之为放，有疾而为颦者也；元康之为放，无德而折巾者也"。意谓竹林之放为有激而发，元康之放（指王衍之徒）为无德而慕放者之迹而已，犹如时人仿效名士郭林宗行路折巾角一样，徒慕其迹，而失其实。收入《晋书·戴逵传》。

《神不灭论》 东晋宋郑鲜之（道子）著。文章提出"火理"观念，认为无火之前就有"火理"的存在，火理是火之本，薪是火本之用。薪有灭，火理则永恒存在。以此论证佛教的灵魂不灭说。收入《弘明集》。

《沙门不敬王者论》 东晋慧远著。由《在家》、《出家》、《求宗不顺化》、《体极不兼应》、《形尽神不灭》及序组成。主要论述"出家是方外之宾"，"不得与世典同礼"，僧侣和在家信佛的人不同，不对君主行跪拜礼，有利于王者的统治。以此调和佛教信仰与儒家名教的矛盾。收入《弘明集》。

《葬书》 旧题东晋郭璞著。唐吕才等曾刊订，新旧《唐书》著录均为八卷，已佚。从吕才《叙葬书》中，尚可见其葬法中有关选时日、择葬地同后世子孙吉凶祸福相关的迷信内容。《宋史·艺文志》载有郭璞《葬书》一卷。是其书自宋又出，后阴阳家竞相粉饰。今通行本《葬书》内有内篇、外篇、杂篇等共八篇，盖元吴澄选择定本。

《神不灭论》 南朝齐梁沈约作。文章提出形神俱可养，而"养形可至不朽，养神安得有穷？养神不穷，不生不灭，始末相校，岂无其人？"由养神进而论证神不灭。收入《广弘明集》。

《达性论》 南朝宋何承天著。此文针对宗炳的《明佛论》，着重批判佛教的神不灭论和轮回学说，认为"生必有死，形毙神散，犹春荣秋落，四时代换，奚有于更受形（人形）哉！"人死神灭是自然现象。并指出，人有人性，与禽兽牲畜不同，杀生并不受报，人死也不会变为畜类。收入《弘明集》。

《报应问》 南朝宋何承天著。文章运用自然科学知识，从自然现象方面批判佛教的斋戒放生可以免罪致福等来生报应思想，指出佛教因果报应教义是口说虚词而无实证："西方说报应，其枝末虽明，而即本常昧，其言奢而寡要，其譬迂而无征。"收入《广弘明集》。

《答宗居士书释均善难》 南朝宋何承天著。着重批驳宗炳对慧琳《均善论》（《白黑论》）的质难，认为"华戎"有别，中国人和外国人的性格不同，佛教不适合中国。中国周孔之教也比印度释氏佛教更为弘大。强调"形神相资，古人譬以薪火。薪弊火微，薪尽火灭。虽有其妙，岂能独传？"否定神不灭论。收入《弘明集》。

《明佛论》 亦称《神不灭论》。南朝宋宗炳著。文章针对慧琳的《白黑论》，盛赞佛教，强调神妙形粗，形残神不残，形病神不困，并由此倡导"精神不灭，人可成佛，心作万有，诸法皆空，宿缘绵邈，亿劫乃报。"宣传因果报应论。收入《弘明集》。

《神不灭论》 即"《明佛论》"。

《释达性论》 东晋宋颜延之著。针对何承天的《达性论》，指出人与万物"不异之生，宜其为众（众生）"，人死之后"异于草木"，而"精灵必在"，必当再"受形"。人死灵魂不灭，必受轮回报应，"凡气数之内，无不感对，施报之道，必然之符。"竭力为佛教因果报应说辩护。收入《弘明集》。

《罪王何论》 晋范宁著。指责玄学代表人物王弼、何晏为"蔑弃典文，不遵礼度，游辞浮说，波荡后生，饰华言以翳实，骋繁文以惑世。……遂令仁义幽沦，儒雅蒙尘，礼坏乐崩，中原倾覆”。认为王、何是儒家的罪人，国家衰亡的祸首。收入《晋书·范宁传》。

《夷夏论》 南朝宋末道士顾欢作。从扬道抑佛的立场出发，提出佛教适于夷邦，不适于中夏，“剪发旷衣，群夷之服”；“火焚水沈，西戎之俗”；“毁貌易性，绝恶之学”。还比较了佛道优劣，认为“佛是破恶之方，道是兴善之术。兴善，则自然为高，破恶，则勇猛为贵”。可见并未完全否定佛教。但此论一出，引起广泛的争论。论辩深化了人们对儒、道、佛三教同异及其社会作用的认识。收入《南齐书·顾欢传》。批评之论述，多见于《弘明集》卷六、卷七。

《白黑论》 亦称《均善论》、《均圣论》。南朝宋慧琳作。文章假设白学先生（代表儒、道）和黑学先生（代表佛教）相互辩难，论三教之异同。认为儒、道、佛各有长处，均为圣人所说，殊途同归，可以并行齐立，体现了调和儒、道、佛的倾向。因谓佛教的因果报应、轮回转世之说，虚妄渺茫，不合事实，被斥为“异端”，遭到僧众围攻。

《均圣论》 即“《白黑论》”。

《均善论》 即“《白黑论》”。

《灭惑论》 南朝梁刘勰著。因斥道教徒的《三破论》为惑论，故名。文章批判道教养生练形之术，而主禅练神识，修行成佛。反驳佛教“破国”、“破家”、“破身”之说，强调佛教不限国界，普救众生，是最善妙法，而道教“神仙小道”乃是惑妄之极。收入《弘明集》。

《三破论》 南朝齐道教徒托名张融著。因斥佛教“破国”，“破家”，“破身”，故名。文章立论于“夷夏”、“华戎”之辩，强调佛教非中国本土宗教，并揭露佛教带来的危害。文存于刘勰《灭惑论》和释僧顺《释三破论》中。

《释三破论》 南朝僧顺著。因就道教徒的《三破论》进行辩释，故名。对《三破论》中攻击佛教“破国”、“破家”、“破身”，是“灭种之化”，“死灭之门”等论点，逐一加以论辩。由此也保存了《三破论》的内容。收入《弘明集》。

《神灭论》 中国无神论史名篇。南朝齐梁范缜著。提出“形质神用”的正确命题，认为人的精神只是形体所发生的作用，而形体则是精神所从属的实体。精神不能离开形体而独立存在，“形存则神存，形谢则神灭”。并以“刃利之喻”，谓“形之于质，犹利之于刃”，“舍利无刃，舍刃无利，未闻刃没而利存，岂容形亡而神在！”该论代表了中国古代无神论形神观的最高水平，为中国思想史上反对佛教“神不灭”论的最有贡献的文献之一。文章抨击了“浮屠害政，桑门蠹俗”的事实，指出佛教流行，致使“家家弃其亲爱，人人绝其嗣续”。收入《弘明集》、《梁书》等。

《答曹舍人》 南朝齐梁范缜为答曹舍人（思文）而著。强调形神相即，认为人的生命由物质性的“形”、“气”所形成，人死形气俱灭，没有永恒不灭的神灵。但又承认“神道设教”对治国的重要意义。收入《弘明集》。

《难范缜神灭论》 南朝梁萧琛著。文章对范缜《神灭论》逐条问难，坚持神不灭思想。文中以反驳对象的形式保存了范缜的原文。收入《弘明集》。

《难范缜神灭论》 南朝齐、梁曹思文作。分《难〈神灭论〉》和《重难〈神灭论〉》两文，着重反驳范缜“形神相即”和“刃利之喻”，强调“神之与形，有分有合，合则共为一体，分则形亡而神逝”，认为人死神即离开形体，神是永恒不灭的。收入《弘明集》。

《门论》 又称《通源论》。南朝齐张融著。张融崇信儒、道、佛三教，主张协调佛、道。所著《门论》提出道佛二教，其教迹有异而旨归相通，“道也与佛，逗极无二，寂然不动，致本相同，感而遂通，达迹诚异”。反映了当时士人调和三教的趋势。收入《弘明集》卷六。

《辨命论》 南朝梁刘峻著。认为人生遭遇、贵贱寿夭、治乱祸福，既非上帝鬼神决定，亦非包括圣人在内的人力决定，而是自然命定。以此反对因果报应论。收入萧统《文选》。

《颜氏家训》 北齐颜之推著。成书于隋仁寿（601—604）年间。二卷二十篇。阐述教子治家、立身扬名之道，宣扬刻苦读经、养生归心等人生哲学。认为佛教“五戒”相当于儒家“五常”，主张奉“五戒”以化民俗。兼及字画音训、考证典故、品评文艺，对当时社会生活状况有较真实的记述，有一定的史料价值。其对后世影响最大的，是在家庭道德教育方面。强调道德教育应从“婴稚”时“便加教诲”，以便收到“使为则为，使止则止”（《教子》）的功效。主张对子女实行严与慈相结合的教育原则，“父母威严而有慈，则子女畏惧而生孝矣”（同上）。认为家长应使子女接触社会，“博学”各种实际知识与技能，“农商工贾，厮役奴隶，钓鱼屠肉，饭牛牧羊，皆有先达，可为师表，博学求之，无不利于事也”（《勉学》）。注意到周围环境的习染对尚未定型的少年的影响，“人在年少，神情未定，所与款狎，熏渍陶染，言笑举对，无心于学，潜移暗化，自然似之”（《慕贤》）。目的是要人们恪守封建道德。所提出的家教方法，在一定程度上体现了家教的某些规律，被历代学者奉为家教的范本，有“古今家训，以此为祖”（王三聘《古今事物考》）之称。收入《诸子集成》，注本有王利器《颜氏家训集解》。

隋　唐

《中说》 亦称《文中子》。隋王通（卒后门人私谥为“文中子”）的语录。由其子福郊、福峙记述。十卷。提出“夫天者统元气焉，非止荡荡苍苍之谓也；地者统元形焉，非止山川丘陵之谓也；人者统元识焉，非止圆首方足之谓也”（《立命》），以气、形、识分别作为天、地、人的特点。还提出儒、佛、道“三教于是乎可一矣”的主张，试图从理论上调和“三教”。宋阮逸作《文中子中说注》，有《四部丛刊》本、《续古逸丛书》本。

《文中子》 即《中说》。文中子是王通的私谥，故以名书。

《长短经》 唐赵蕤著。《唐书·艺文志》著录："赵蕤撰《长短要术》十卷。"孙光宪《北梦琐言》卷五："赵蕤撰《长短经》十卷。"《长短要术》即《长短经》。此书主要论述政治问题，亦含有哲学思想。《是非篇》中有辩证法思想，认为对于一个问题，可有一肯定命题和一否定命题，如是曰："先起者制人，后起者受制于人。"非曰："始祸者死。"先发制人取胜还是后发制人取胜是有条件的，一是一非是相反相成的，须注意到事物的两个方面。《适变篇》认为事物都是变化的，社会历史亦不断变化，每一时代的政治措施应与以前不同。有《读画斋丛书》本。

《昌黎先生集》 唐韩愈著。门人李汉编。愈自谓其郡望为昌黎，世称昌黎先生，故名。四十卷，凡文三十卷、诗赋十卷，又《外集》十卷，为宋人所辑。其中重要的哲学论文有《原道》、《原人》、《原性》。现存宋、明刻本有影印本流行者多种，以南宋魏仲举所辑《五百家注音辨昌黎先生文集》四十卷、《外集》十卷为最善。南宋末廖莹中世綵堂刻本，多遗文一卷，其注即合并删节五百家注并取朱熹《考异》散入正文句下，颇有疏舛，今有影印本及明徐时泰东雅堂复刻本，清乾隆三十年(1765)《四库全书》抄本，1936年上海中华书局排印、缩印《四部备要》本。明末蒋之翘《辑注韩昌黎集》，卷数相同，别为新注。诗注单行者，有清顾嗣立《昌黎先生诗集注》十一卷，较疏陋；清方世举《韩昌黎诗集编年笺注》十二卷、今人《韩昌黎诗系年集释》十二卷，俱为编年体，但次第不尽同。文注单行者，有近人马其昶的《韩昌黎文集校注》。有关全集考订补注的，有宋方崧卿、朱熹；清陈景云、王元启、沈钦韩、方成珪等所著，俱不录全文。

《原道》 唐韩愈著。着重提出、论述与佛教、道教的"道"相对立的"道"以及与佛教祖统相抗衡的道统。认为儒家的仁、义即道、德，"博爱之谓仁，行而宜之之谓义，由是而之焉之谓道，足乎己无待于外之谓德"。指斥佛、老之"道""去仁与义"，"必弃而君臣，去而父子"，毁灭伦理纲常。强调《大学》修齐治平思想，提倡"有为"，批驳释、老的"虚无"。还构造了儒家的"道统"，以恢复儒家之道的正宗地位。"先王之道"由尧开端，"尧以是传之舜，舜以是传之禹，禹以是传之汤，汤以是传之文、武、周公，文、武、周公传之孔子，孔子传之孟轲。轲之死，不得其传焉。"并论述了人类文化和封建制度的产生。该文为宋理学家所推崇，程颢、程颐说，"如《原道》之言"，"虽不能无病，然自孟子以来，能知此者，独愈而已"(《朱子校昌黎先生集传》注引)。收入《昌黎先生集》。

《原性》 唐韩愈著。关于人性问题的论文。继董仲舒、王充将人性分为上、中、下(善、中、恶)三等的人性论，明确提出"性情三品"说，认为"与生俱生"的"性"有上、中、下三品，与此相应，"接于物而生"的"情"亦有上、中、下三品。"性"的内容是仁、礼、信、义、智；"情"的内容是喜、怒、哀、惧、爱、恶、欲。对性，认为"上焉者，善焉而已矣；中焉者，可导而上下也；下焉者，恶焉而已矣。"对情，主张使之适"中"，符合封建伦理的基本原则。力图给封建伦理和等级制度以理论根据。后为宋明理学家的天地之性和气质之性所取代。该文收入《昌黎先生集》。

《原人》 唐韩愈著。论述夷华之别，贬斥佛教。提出"人者夷狄禽兽之主也"。认为"圣人一视而同仁，笃近而举远"，爱及"夷狄禽兽"，由亲及疏。收入《昌黎先生集》。

《论语笔解》 韩愈、李翱合注，以"韩曰"、"李曰"为别，共二卷。对《论语》字词的含义、语句的思想作简要解释，对前人注疏多有辩驳修正。两人所解基本一致，皆务去陈言，颇有新意。赞颂《论语》包含的思想丰富、深刻，人们难以穷尽。韩愈说："习之深乎哉，吾今乃知仲尼之言瞻之在前，忽然在后，不可概窥其极"(《述而第七》)，多根据作者的哲学思想解释《论语》。李翱提倡儒家的性命之学，因此将孔子"五十而知天命"一名解释为"天命之谓性，《易》者，理性之书也，先儒失其传，惟孟轲得仲尼之蕴"(《为政第二》)。又提出，子贡言"夫子之文章，可得而闻也；夫子之言性与天道，不可得而闻也"，并非说孔子不讲性与天道，而是说："门人只知仲尼文章，而少克知仲尼之性与天道合也"(《公冶长第五》)。有《四库全书》本。

《李文公集》 唐李翱著。十八卷。其中重要的哲学论文有《复性书》。有明季海虞毛氏汲古阁刻《三唐人文集》本，明景泰六年(1455)河东邢让刻本，清乾隆三十年(1765)《四库全书》抄本，1919年、1929年和1936年上海商务印书馆据明成化本影印《四部丛刊》本。另清光绪元年(1875)南海冯焌光校刻《三唐人集》本，1933年寒匏宧刊《三唐人集》本，皆在十八卷外，有《补遗》一卷，《附录》一卷。

《复性书》 唐李翱著。分上、中、下三篇，为其伦理思想的代表作。认为性和情(情欲)是对立的。性是先天的内在本质，情是后天的外在的表现，性善情恶，使人失去本性。主张"复性"，要求由"知心无思"、"知本无有思"而"勿虑勿思"、"寂然不动"，克去一切情欲，以达到"诚"，即恢复本性。收入《李文公集》。

《刘宾客文集》 唐刘禹锡(曾任太子宾客)著。原本四十卷，宋初散佚十卷，存三十卷。凡诗八卷，乐府二卷，赋一卷，文十九卷，北宋宋敏求辑遗诗四百零七首，杂文二十二篇，为《外集》十卷、其中重要的哲学论文有《天论》等。有清乾隆三十年(1765)《四库全书》抄本，清光绪三十一年(1905)仁和朱氏据宋本影印《结一庐朱氏剩余丛书》本，1918年吴兴刘氏序刻《嘉业堂丛书》本，1936年上海中华书局排印、缩印《四部备要本》。另清光绪五年(1879)定州王氏谦德堂刻《畿辅丛书》本，1935—1937年上海商务印书馆印《丛书集成初编》本，有《补遗》一卷。新中国成立后有中华书局《刘禹锡集》。

《刘梦得文集》 唐刘禹锡(字梦得)著。三十卷,《外集》十卷。有1919年、1929年和1936年上海商务印书馆据武进董氏影宋本影印《四部丛刊》本。与《刘宾客文集》内容相同。

《天论》 唐刘禹锡作。分上、中、下三篇。认为元气分阴阳,产生雨露雷风等运动,万物"乘气而生,群分汇从",并以不息为体,以日新为道,蕃衍生殖,以至无穷,批判了以"空"、"无"为万物根源的说法。提出"数"、"势"以说明客观事物的规定性、规律性、必然性,认为任何事物都不能"逃乎数,越乎势"。把天和人看成有形之物,提出"天人交相胜"、"还相用"的命题,发展了柳宗元《天说》思想。并把"法弛"、"理昧"作为天命论的根源。后收入《刘禹锡集》。

《河东先生集》 原名《柳先生文集》,一称《柳河东集》。唐柳宗元(河东人)作,刘禹锡编。其中重要的哲学论文有《天说》、《天对》等。宋人注本现存者,有影印南宋童宗说注、张敦颐音辨、潘纬音义《唐柳先生文集》四十三卷,别集二卷,外集二卷,附录一卷;又有影印魏仲举编《五百家注音辨柳先生文集》二十一卷,外集二卷,新编外集一卷,《龙城录》二卷,附录八卷。廖莹中辑注《河东先生集》四十五卷,外集二卷(四十五卷之正集,包括雅诗歌曲一卷,赋一卷,文三十九卷,诗二卷,《非国语》二卷),亦有近人影印本,并增入补遗一卷,附录二卷等。明末蒋之翘辑注《唐柳河东集》四十五卷,外集五卷,遗文一卷,附录一卷,评注较详。有清道光间刻本。新中国成立后中华书局据影印世綵堂本断句排印出版,增加《柳先生年谱》和《宝礼堂宋本书目》,1973年上海人民出版社据此重印,并在集传部分增补了《唐书本传》和《柳子厚墓志铭》。1979年北京中华书局以百家注本为底本,以世綵堂等诸本为校本,并以明以后诸本为参校本,校订出版,较为完备。

《天说》 唐柳宗元作。该文批判了唐韩愈的天命论。指出天地、元气、阴阳都是自然现象,"彼上而玄者,世谓之天;下而黄者,世谓之地;浑然而中处者,世谓之元气;寒而暑者,世谓之阴阳。是虽大,无异果蓏痈痔草木也"。否认天能赏功罚祸,认为"功者自功,祸者自祸"。并点明:"子而信子之仁义,以游其内,生而死尔;乌置存亡得丧于果蓏痈痔草木耶。"收入《柳河东集》。

《天对》 唐柳宗元作。以回答战国时屈原的《天问》的形式,阐发了朴素唯物主义的宇宙观。认为宇宙是一元混沌之气,"本始之初,诞者传焉。鸿灵幽纷,曷可言焉?曶黑晰眇,往来屯屯;庞昧草化,惟元气存,而何为焉。"没有造物者,"无营以成","无功无作"。天地万物的发展变化是由于阴阳二气的相互作用,阴阳"合焉而三,一以统同。吁炎吹冷,交错而功"。抨击天能干预人事的说法,明确指出朝代更迭、政权变化的原因在于人,而不在于天。收入《柳河东集》。

《论语辩》 唐柳宗元撰。分上、下二篇,为《论语》辩疑。上篇提出《论语》非孔子弟子所记,是"曾子弟子之为之也",大概出于乐正子春、子思之徒之手。然他又言,也可能是"孔子弟子尝杂记其言,然而卒成其书者,曾氏之徒也"。下篇言《论语·尧曰》篇首章载尧、舜言论之旨意。此篇首章记尧舜对于四海困穷的责任感,作者以为这表现了"圣人之大志",说"《论语》之大,莫大乎是也"。作者解释说,孔子生不逢时,不能伸展自己的志向,"生人无以泽其德,日视闻其劳死怨乎,而己之德涸然无所依而施,故于常常讽道云尔而止也"。后收入《柳宗元集》。

《非国语》 唐柳宗元著。对历史上和当时流行的封建迷信思想作了批判。认为《国语》"其说多诬淫"。对天、神、占卜、童谣等迷信持否定态度。批判了传说中"大电"、"大虹"、"玄鸟"、"距迹"、"白狼"等三代以上的神话,以及汉代以来的"虺蛇"、"天光"、"驺虞神鼎"、"封禅"、"符命"等。提出"力足者取乎人,力不足者取乎神"的命题,探讨了神学迷信产生的根源。还指出"阴与阳者,气而游乎其(天地)间者也;自动、自休、自峙、自流",认为元气中的阴阳二气的相互作用,促使天地万物发展变化。收入《柳河东集》。

《卜论》 李华著。秉承"子不语怪、力、乱、神"(《论语·述而》)的传统,批判鬼神迷信,主张废弃龟卜。提出"卜筮阴阳之流,皆妄作也",认为人们既以龟灵而长寿,然又"而夭戮之,脱其肉,钻其骸"而求其灵,这种行为是难于理解的。指出占卜之术完全违反圣人所阐发的《易经》之旨,说:"夫大人与天地合其德,与日月合其明,与四时合其序,与鬼神合其吉凶,不当妄也。寿而夭之,岂合其德乎?因物求征,岂合其明乎?毒灵介而僇其神,岂合其序乎?假枯壳而决狐疑,岂合其吉凶乎?"主张尊道德而舍蓍龟,说:"专任道德以贯之,则天地之理尽矣,又焉假夫蓍龟乎?又焉征夫鬼神乎?子不语,是存乎道义也"。后收于《全唐文》中。

《两同书》 五代罗隐著。认为许多事物都具有两个方面,这两方面都有其统一性。有《宝颜堂秘籍》本、《式训堂丛书》本、《丛书集成》本。

《无能子》 唐末隐士著。约成书于光启三年(887)。三十四篇,分上、中、下三卷。《唐书·艺文志》道家类著录三卷。"其旨归于明自然之理,极性命之端,自然无作,性命无欲,是以略礼教而外世务焉"(《无能子序》)。认为气产生天地万物。"天地未分,混沌一炁(气)。一炁充溢,分为二仪,有清浊焉,有轻重焉,轻清者上,为阳、为天;重浊者下,为阴、为地……天地既位,阴阳炁交。于是裸虫、鳞虫、毛虫、羽虫、甲虫生焉。"(《圣过》)并指出天地是无知觉无爱憎的。"夫天地无心,且不自宰,况宰物乎?"(《范蠡说》)批判了"灾异"说和"祥瑞"说等迷信思想,强调天地、人类、万物同为"阴阳交气"而生,无高低贵贱之分,人在社会上应天然平等。抨击君权统治,宣扬"无君"论。揭露"圣人"、"智者"把帝、王、公、侯、卿、大夫等称号强加于人,以等差贵贱来诱骗"愚人”，指出“今之帝王之身，昔之布衣之身也”，“夫强名者，众人皆能之”，人人皆能自名为王侯。有景明刻《子汇》本和景明正统《道藏》等本。1981年中华书局以景明正统《道藏》本为底本，校勘诠解，出版《无能子校注》，用藏本目录及分篇，置于卷首，另有《附录》（无能子序、明孙鑛批点本无能子序、无能子著录表）。

《化书》 五代谭峭著。六卷。相传南唐宋齐丘盗为己作，故又名《齐丘子》。后人予以甄别，改题为《谭峭化书》。其中可能有宋齐丘增改处。提出一切事物都在变化。“道之委也，虚化神，神化气，气化形，形生万物所以塞也。”对统治者夺民之食表示愤慨，指出“非民诈，吏诈也”，提出“能均其食者，天下可以治”的思想。有《道藏》、《墨海金壶》、《宝颜堂秘籍》等刻本。

宋　元

《春秋尊王发微》 北宋孙复著。现存十二卷。原有《春秋总论》三卷，已佚。全书对《春秋》有贬无褒，自周王、诸侯、大夫，无一人一事而不加诛绝。强调天子权力“专而行之”的重要，“古者诸侯之大夫，皆命于天子，诸侯不得专命也”，斥责“春秋之世，国无大小，其卿大夫皆专命之，有罪无罪皆专杀之，其无王也甚矣”。故孔子从而录之，提出“欲治其末者，必端其本，严其终者，必正其始”，“然后大中之法，从而诛赏之”。为加强宋封建专制集权提供理论依据。有通志堂本，吴兔床有影宋钞本。

《论语说》 北宋胡瑗撰。原文已佚。部分内容保存在《宋元学案》内。提出：“命者禀之于天，性者命之在我，在我者修之，禀于天者顺之。”为宋代性命之说提供依据。强调后天“学”的重要性，“孔子固学于人而后为孔子”。认为人们通过“学”可改变原有的素质。主张“君子以荐贤为己任”。指出“古之取人以德，不取其有言，言与德两得之。今之人两失之”。要求以“道德仁义”作为取士的标准。

《徂徕文集》 亦称《石守道集》、《徂徕石先生文集》。北宋石介的著作集，共二十卷。内容有序、记、诗文、书信、杂著等。石介与当世的孙复、胡瑗齐名，被誉为宋初三先生。《文集》主要表述了他学说思想的三个部分：一是道统道；认为以封建伦理纲常为主要内容的“道”有一个产生、发展和完善的过程，“夫礼乐、刑政、制度，难备也久矣。始伏羲氏历于神农、尧、舜、禹、汤、文、武、周公、孔子十有一圣人，然后大备矣”（《复古制》）然它本质上“皆为万世常行而不可易之道也”（同上）。服膺韩愈的道统说，此在《读原道》、《尊韩》等文中有充分的表述，认为韩愈为大明孔子之道所作出的贡献，绝不亚于孟子，甚至超过孟子“吏部（韩愈）为贤人而卓”，称韩愈写的《原道》、《原仁》、《原毁》等“自诸子以来未有也，呜呼至矣”（《尊韩》），对“道”的解释和后来程朱所说的“天理”，本质上是相通的。二是“三怪”说。从维护儒家道统地位和华夏文化出发，对佛、老学进行猛烈抨击，指斥佛、老以及侈弱的文风（杨亿为代表的西昆体）为“三怪”，力主禁绝。他说：“天地间必然无者有三：无神仙、无黄金术、无佛”，有反对迷信的积极因素。他又认为“淫文害正”，词藻艳弱之文，有害圣人之道。惟有禁绝“三怪”才能使儒家之道“昭明于千古”，此在《怪说》中的《中国论》、《上刘工部》、《辨惑》等篇均有论述。三是进步政治观。对北宋封建统治集团中的腐败现象深恶痛绝，揭露贪官暴吏对百姓的残害，“一人奉口腹，百姓竭膏血，民力输公家，斗粟不敢收”（《汴渠》）。强调对贪官暴吏的严惩“杀伤虽多，天地神明福之矣”，是“存阴德”之举。同情民间疾苦，提出“常欲饱暖天下人”，认为“民者，国之根本”。在《阴德论》、《彼县吏》、《责素餐》、《读诏书》、《又送从道》、《汴渠》、《河决》等篇中，较集中论述了这一观点。清张伯行将《徂徕文集》编入《正谊堂全书》中。有清同治福州正谊书院刻本。

《石守道集》 即“《徂徕文集》”。

《盱江集》 又称《直讲李先生文集》。北宋李觏著。凡诗文杂著三十七卷、年谱一卷、外集三卷。李觏在世时，曾先后自编《退居类稿》十二卷、《皇祐续稿》八卷，并付梓行世。现存的李觏文集，是明代成化年间左赞编刻的。他的哲学思想主要体现在《易论》和《删定易图序论》中。认定自然界一切事物是由阴阳二气交会而成的，“夫物以阴阳二气之会而后有象，象而后有形”（《删定易图序论·论一》）。在认识论上提出“事不能自知，必有见也，习之是而见之广，君子所以有成也”（《易论第四》）。强调治世应该“量时制宜”，说：“救弊之术，莫大乎通变”（《易论第一》），反对袭故蹈常。有明成化左赞本、孙甫本、孟庆绪本，清谢甘棠本。1981年中华书局整理出版名为《李觏集》标点本，书后附录各版序跋和书目提要。

《直讲李先生文集》 即“《盱江集》”

《庆历民言》 北宋李觏著。作于宋庆历三年（1043）。共三十篇。系在“庆历新政”中，为全面系统阐述作者改革主张而作。以阴阳二气自然现象说明人性。说：“人感阴阳气以生。”与其早期所说性有三等和圣人之性是天生的观点不同，对圣人之性提出新的看法，认为“形同则性同，性同则情同，圣人之形与众同，而性情岂有异哉！”（《损欲》）但又认为圣人寡欲而众人多欲。寡欲能得其所欲，多欲则以其所欲奉他人。主张君主要“损上益下，与百姓偕乐”（同上）。提倡“使人以仁义”，“学以礼，行以义”，认为“有赏罚而无礼义，安则可，非济危之具也”（《懋节》）。君主要推恩群臣，必先教学。“人不教不善，不善则罪，罪则灾其亲，坠其纪，是身及家以不教坏也。”（《复教》）强调道德教育及道德榜样的作用。收入《直讲李先生文集》和《李觏集》。

《礼论》 北宋李觏著。共七篇。完成于宋明道元年（1032）。系作者在研读《周礼》后而作。集中论述礼的内容、结构，以及道德与上层建筑其他部分的关系，发展了自荀子以来的儒家“礼论”。认为礼、乐、刑、政、仁、义、智、信八者,“是皆礼也”。其中,乐、刑、政,“礼之支也”;仁、义、智、信,“礼之别名也”。而“饮食,衣服,宫室,器皿,夫妇,父子,长幼,君臣,上下,师友,宾客,死丧,祭祀,礼之本也”。并论述礼、乐、刑、政与仁、义、智、信的关系。前四者为“法制”,后四者为道德。认为有道德,“然后有法制”,“无法制”,则道德也“不得以见”。“备其物,正其法,而后仁、义、智、信炳然而章矣。”还探讨礼的起源,认为礼是“顺人之性欲而为之节文者也”,也是因夫妇不正、父子不亲、长幼不分等混乱的社会关系而“为之节文者也”。但又认为这些皆由圣王而作。文章所述人性论观点,未脱韩愈“性三品”之说。编入《直讲李先生文集》。

《原文》 北宋李觏著。着重批判儒家重义轻利的传统见解。认为孟子“何必曰利,亦有仁义”(《梁惠王上》)的说法过于偏激,“人非利不生,曷为不可言? ……欲,人之情,曷为不可言?”不能因为世上有贪与淫之现象存在,就讳言一切利与欲,实际上是“贼人之生,反人之情”,也是人们“不喜儒”之重要原因之一。指出仁义与功利并不矛盾,由此提出“焉有仁义而不利者乎”命题。后收入《李觏集》。

《富国策》 北宋李觏著。作于宋宝元二年(1039)。共十篇。反对儒家传统的“贵义贱利”观点,以《洪范》“八政”的“一曰食,二曰货”和孔子的“足食,足兵,民信之矣”为依据,论证“治国之实,必本于财用”。强调“礼以是举,政以是成,爱以是立,威以是行”。因此,“贤圣之君,经济之士,必先富其国焉”(《富国策》第一)。但富国并非是“巧筹算,析毫末,厚取于民以媒怨”,而是“强本节用,下无不足而上则有余”(同上)。并从物质财富决定论出发,批评儒家“贵义而贱利”的道义论。收入《直讲李先生文集》和《李觏集》。

《皇极经世》 北宋邵雍撰。书之得名,其子邵伯温曾有说明:“至大之谓皇,至中之谓极,至正之谓经,至变之谓世。大中至正,应变无方之谓道”(卷二)。意谓此书用最大的规范来经纬世事,说明万事万物变化的根本法则。全书的结构是以“数”来统率,配以图像,从而构成一个完整的体系,运用易理和易数推究宇宙起源、自然演化和社会历史变迁,以达到所谓“以天时验人事”,“以人事验天时”,阐明“天人合一”之旨。“汪洋浩大,乃其所自得者多矣”(《明道文集》卷四、《邵尧夫先生墓志铭》)。原本六十二篇,邵伯温称为《观物内篇》,在编次时又加进两篇,即《观物外篇》(系弟子所记),实际是十二卷共六十四篇。二程(颢、颐)虽对邵雍的象数之学曾有“空中楼阁”之讥,但又给予很高评价。程颐说:“平生唯见周茂叔(敦颐)论至此,然不及先生之有条理也。”程颢也说“尧夫之学,先从理上推意,言象数言天下理”(《程氏遗书》卷二上)。而朱熹更是对邵雍推崇有加,“康节先天卦位,崇奉之者,莫如朱子”(《宋元学案·百源学案》)。该书开创了宋明以来象数学的规模与传统。在明代徐必达编入《邵子全书》,收入《四库全书》。注解有宋张行成《皇极经世索隐》、黄畿《皇极经世传》、清王植《皇极经世直解》等。

《伊川击壤集》 北宋邵雍的诗集,二十卷。自序云“吁,独不念天下为善者少,而害善者多,造危者众,而持危者寡。志士在畎亩,则以畎亩言,所以畎亩言,所以名之曰‘伊川击壤集’”。该诗集中诗篇,主要是抒发其哲学思想。大致可分为三类:第一类是理趣诗,它们是邵雍哲学理论的诗歌化。第二类是寻乐诗,表达了乐天安命、优游闲适的生活态度。第三类是感愤诗,表达了对社会的激愤和忧虑。朱熹曾说:“康节(邵雍)之学,其骨髓在《皇极经世书》,其花草便是诗。”(《朱子语类》卷一百)明人朱国桢《涌幢小品》说,“佛语衍为寒山诗,儒语衍为《击壤集》,此圣人平易近人,觉世唤醒之妙用”(见《四库全书总目提要》引)。邵雍的哲学思想在其《乐物吟》、《宇宙吟》、《观物吟》等诗中得到反映。如“日月星辰天之明,耳目口鼻人之灵,皇王帝霸由之生,天意不远人之情。飞走草木类既别,士农工商品自成,安得岁丰时长平,乐与万物同其荣”(《乐物吟》)。几乎就是《皇极经世书》的一个缩影。又如“宇宙在乎手,万物在乎身,绵绵而若存,用之惟有勤”(《宇宙吟》)。把宇宙万物都看成是主观的产物。重视“观物”,其《观物吟》亦反映了要“以理观物”的思想。“人之耳所闻,不若目亲照,耳闻有异同,目照无多少。并弃耳目官,专用口舌较,不成天下功,止成天下笑。”该诗集还有一部分是抒发邵雍的乐天安命,安时处顺,自得其乐,其中还包括对社会政治的不满,如“自从新法行,尝若樽无酒”(《无酒吟》)等。有《四库全书》本,清光绪间贺瑞麟辑《西京清麓丛书续编》本(有《补遗》一卷)。此外收入《道藏·太玄部》(有影印《道藏辑要》本)。

《周子全书》 北宋周敦颐著。因周敦颐定居庐山,筑堂于麓。堂前有溪,源于莲花峰下,取营道故居濂溪名之,也称“濂溪先生”,故又称《周濂溪集》及《周元公集》。由明人汇编,收录了周敦颐全部著作以及后人关于周氏的记载和评论。此书编得较杂乱。哲学著作主要有《太极图说》和《通书》。《太极图说》提出无象无形的“无极”是宇宙万物最根本的实体,由“无极”生“太极”再而化生二气五行和万物。《通书》本名《易通》,共四十章。提出“诚”的观点,认为“诚”包括天道和人性两重意义,因而是人生的最高原则。有清刻本、《万有文库》本。

《周濂溪集》 即“《周子全书》”。

《周元公集》 即“《周子全书》”。

《通书》 本名《易通》。北宋周敦颐著。共四十章。许多地方直接引用《易传》并加以发挥。其中心观念是“诚”。“诚”包括天道和人性两重意义,为人生最高原则。它既是“寂然不动”的宇宙中心,又是“纯粹至善”的道德本体。“诚者,圣人之本”(《诚上》)。要达到“诚”的道德境界,必须通过“静虚”、“无欲”的道德修养的途径,“君子乾乾不息于诚,然必惩忿窒欲，迁善改过而后至”(《乾损益动》)。这些思想对程朱学派的形成和发展产生重要影响。今传本由朱熹整理过，并有《通书解》。除编入《周子全书》外，1936 年中华书局收入《四部备要》时，题为《周子通书》。

《易通》 即“《通书》”。

《太极图说》 北宋周敦颐著。全文仅二百五十余字。是对所绘的“太极图”的说明。此图乃他利用道士的修炼之图，改为天地万物生成的图式。认为有象有形的二气五行和万物，都出于原始的、绝对的实体“太极”，而“太极”就是无形无象的“无极”，由它产生出阴阳五行和宇宙间万事万物。“万物生生而变化无穷焉，唯人也得其秀而最灵”。是一种“有生于无”的客观唯心主义。后南宋朱熹作《太极图说解》加以发挥，遂成为程朱理学的理论基础。今传《太极图说》为朱熹整理，他认为文首“自无极而太极”一句，应为“无极而太极”。明代编入《周濂溪集》，清代编入《周子全书》。另有清刻本《太极图集解》。

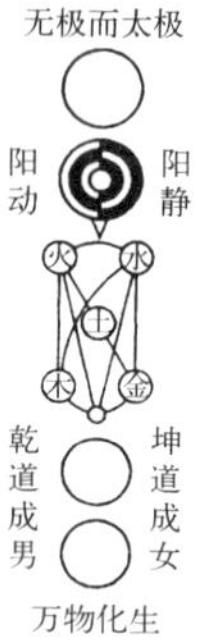

太极图

《温国文正公文集》 北宋司马光著。八十卷。南宋孝宗时刻。明刊本称《司马文正传家集》。清康熙时刊本名《司马温公集》。反映哲学思想的著作是《迂书》。宣扬了天命论，认为“贵贱贫富，天之分也”，“僭天之分，必有天灾；失人之分，必有人殃”(《迂书·士则》)。认为人的本性和才能“所受于天，非人所能强也”，“才不才，性也。遇不遇，命也”(《迂书·理性命》)。现明刊本较为流行有四部丛刊影宋本、《万有文库》本。

《迂书》 北宋司马光著。主张“天者万物之父”(《士则》)，人们只能“顺天之命”。认为“僭天之分，必有天灾；失人之分，必有人殃”(同上)。贫富、愚智等差别是“天”的意志，不可抗拒，“天使汝穷而汝强通之，天使汝愚而汝强智之，若是者必得天刑”(同上)。要求各阶级“谨司其分，不敢失陨”。还强调天道不变论，指出“天地不异也，日月无变也，万物自若也，性情如故也，道何为而独变哉?”(《辨庸》)以论证封建制度的永恒不变。除编入《温国司马文正公集》外，另有清刻本、《四部丛刊》影宋本、《万有文库》本。

《张子全书》 北宋张载著。十五卷(内附录一卷)。包括《西铭》、《正蒙》、《经学理窟》、《易说》、《语录钞》等。明万历年间沈自彰编刻。题名《全书》，实与《宋书·艺文志》所载卷数不符，已多散佚，并非全本。1978 年中华书局以此本及清初翻刻本为底本，参校《正谊堂丛书》中的《张横渠集》等，出版《张载集》，增补了《文集佚存》等材料，校勘搜集，较为详备。

《正蒙》 北宋张载著。约作于宋熙宁三年(1070)至熙宁九年间。九卷，十七篇。包括《太和》、《参两》、《天道》、《神化》、《诚明》、《大心》、《乾称》等篇目。取《易》的蒙卦“蒙以养正”句而名，旨在立志、养气而成圣人之德。书中论述了以“气一元论”为中心的哲学思想，有丰富的辩证法思想。其所述“天地之性”和“气质之性”的人性论，“变化气质”的道德修养论，以及“民胞物与”的伦理观等，在理学发展史上具有重要的地位。现存最早版本见于宋本《诸儒鸣道集》。明清时代，有多种注本。较重要的有刘玑《正蒙会稿》(明刊本、清刊本)，高攀龙、徐必达《正蒙释》(明刊本)，王夫之《张子正蒙注》(《船山遗书》本，中华书局标点本)，李光地《正蒙注》(康熙刊本)，王植《正蒙初义》(乾隆刊本)等，其中中华书局《张子正蒙注》(王夫之)标点本，较为完备。

《西铭》 北宋张载著。原为《正蒙·乾称篇》的一部分。作者曾于学堂双牖各录《乾称篇》一部分。左书《砭愚》，右书《订顽》。后程颐将《砭愚》改称《东铭》，《订顽》改称《西铭》。南宋朱熹又将《西铭》加以注释，使之成为独立一篇。提出“民吾同胞，物吾与也”的命题，宣传“富贵福泽，将厚吾之生也；贫贱忧戚，庸玉女于成也。存，吾顺事；没，吾宁也”的乐天安命思想。二程与朱熹对该文极为推崇，二程说：“《订顽》之言，极纯无杂，秦、汉以来学者所未到。”(《遗书》卷二上)朱熹认为，《西铭》经“伊川先生又以理一分殊者言之”与他的“理一者，贯乎分殊之中”的解释之后，已成为自然古今不易之理，“至为深切”(《朱文公文集·与郭冲晦书》)。程朱学派都以“理一分殊”解释《西铭》，反映了《西铭》在理学中所具有的重要地位。今收入《张载集》。

《王文公集》 北宋王安石著。一百卷。收录了他的大部分诗文。与王安石文集的另一版本《临川先生集》(亦称《临川集》)比较，除篇目、编次等有所不同外，内容大致相同，可互相参校。其中《洪范传》等篇是研究王安石哲学思想的主要材料。有明嘉靖刊本、万历刊本、影印宋刻本、排印本。

《性说》 北宋王安石著。批评韩愈的“性三品”说的人性论，发挥孔子“性相近也，习相远也”的观点，提出“习”成善恶的思想。认为“上智”、“下愚”、“中人”在于“习”。“习于善而已矣，所谓上智者；习于恶而已矣，所谓下愚者；一习于善，一习于恶，所谓中人者。”对“上智与下愚不可移”提出质疑，认为“并非生而不可移也”，而是后天“习于善”或“习于恶”的结果。这一"习"以成善恶的思想,为他推行"新政"、培养人才提供了理论依据,并对后世如王廷相、王夫之的"性习"之辨产生积极影响。编入《王文公文集》。

《杨墨》 北宋王安石著。旨在说明"为己"与"为人"的统一,方是圣人的"仁义之道"。认为"杨墨之道,得圣人之一而废其百者是也。圣人之道,兼杨墨而无而无不可者是也"。指出墨子之道在于摩顶放踵以利天下,这是"为人";杨子之道则是利天下拔一毛而不为,这是"为己"。断言由墨子之道则"不仁",由杨子之道则"不义",而圣人之道"必先为己",当"其为己有余而天下之势可以为人矣,则不可以不为人"。主张"为己"是学者之本,"为人"是学者之末。作为理想人格的"圣人"的"仁义之道",是"为己"与"为人"的统一。收入《王文公文集》。

《性情》 北宋王安石著。提出"性情一"的命题,反对"性善情恶"论。认为"性"是"人生而有之"的喜、怒、哀、乐、好、恶、欲的感性心理机能,"情"是这一心理机能"接于物"后而产生的感性活动及其外露。"未发于外而存于心,性也","发于外而见于行,情也"。"性者情之本,情者性之用。""性"与"情"本无善恶。"情"可以为善,亦可以为恶。"动而当于理,则圣也、贤也;不当于理,则小人也。""情"之善恶以"理"为标准,而"理"又"接于物而动"。"情"可以为善,亦可以为恶的观点,对以后思想家特别是王廷相、王夫之有重要影响。编入《王文公文集》。

《礼乐论》 北宋王安石著。以人性论为根据,强调礼乐的重要性。认为礼是"天下之中经",乐是"天下之中和"。圣人体天下之性而为礼,和天下之性而为乐,论证礼乐的根源在于性,并有"养人之神,正人气而归正性"的作用。反对"养生非君子之事"观点,认为"形者有生之本",而衣食是为了养人形体,礼乐是为了养人性情。主张"贵其生",不能把修身养性归于浮屠和老子。又提出求"精"的原则:"故古之人言道者,莫先于天地;言天地者,莫先乎身;言身者,莫先乎性;言性者,莫先乎精。"把人分为"世人"与"圣人",以为"世人外求",以"乐得其欲"为目的,而"圣人内求",以"乐得其性"为理想。断言趋向理想人格(圣人)的途径是"去情却欲":"去情却欲以尽天下之性,修神致明以趋圣人之域。"与理学家主张有共通之处。编入《王文公文集》。

《礼论》 北宋王安石著。从自然人性论出发,以为礼"其制虽有以强人,而乃以顺其性之欲也"。人性中自有为礼的心理根据;祖猿之形虽与人相似,但其"天性无是而可以化之使伪",不可能"绳之以尊卑而节之以揖让"。批评荀子"化性起伪"说,认为"荀卿之不知礼也"。但也肯定其合理之处,即可以使人"为尊者劳","为长者让","诎其放傲之心,逆其嗜教之性"。编入《王文公文集》。

《洪范传》 北宋王安石著。在对《尚书·洪范》的注释中阐述了自己的哲学见解。认为"五行"是水、火、木、金、土五种物质元素,天地万物都由五行变化而生成。指出"五行也者,成变化而行鬼神(按即奇迹),往来乎天地之间而不穷者也,是故谓之'行'。"万物的运动、变化的原因是事物间的对立矛盾,"有耦"、"有对"。强调一切事物"皆各有耦","耦之中又有耦",故"万物之变遂至于无穷"。将事物变化的形态概括为"相生"和"相克","其相生也,所以相继也;其相克也,所以相治也"。提出视和听在认识过程中的作用,"明则善视,故作哲,聪则善听,故作谋",以善视、善听作为智慧的来源。对"五事"(貌、言、视、听、思),主张以"思"为主,肯定了人思维的作用。提出"愚者可诱而为智也","不肖者可革而为贤也"。对"五福"(寿、富、康宁、攸好德、考终命)由先天命运决定的传统说法提出异议:"五福者,自天子至于庶人,皆可使慕而欲其至。"但对封建等级制度持维护态度,"若夫贵贱有常分矣"。编入《王文公文集》。

《二程全书》 北宋程颢、程颐兄弟著作的合编。包括《遗书》二十五卷,附录一卷(行状),《外书》十二卷(以上由二程门人所记,经朱熹编次而成),《明道先生文集》五卷,《伊川先生文集》八卷,《伊川易传》四卷,《经说》八卷,《粹言》(杨时订定,张栻编次)二卷。以清末金陵书局涂刻本为佳。1982 年中华书局以此为底本,校勘标点,题为《二程集》。

《定性书》 即《横渠先生定性书》。北宋程颢著。主要论述人性问题。全文约四百余字。认为"性"本不分内外(即没有主体客观之分),要求用"定性"功夫,达到"廓然而大公,物来而顺应"的境界。编入《二程全书·明道文集》。

《横渠先生定性书》 即"《定性书》"。

《周易程氏传》 亦称《伊川易传》、《程氏易传》。北宋程颐著。四卷。系程颐在编管涪州时对《周易》的诠释,据(《二程外书》卷十二)记载:"门弟子请问《易传》事,虽有一事之疑,伊川必再喻之,盖其潜心甚久,未尝容易下一字也。"全面反映了程颐的学术观点,其中虽然充斥封建伦理道德的教条,但也洋溢着丰富的辩证法因素。指出:"《易》,变易也,随时变易以从道也。其为书也,广大悉备,将以顺性命之理,通幽明之故,尽事物之情,而示开物成务之道也。"(《周易程氏传·易传序》)据此而论述其理学的思想体系。继承先秦以来朴素辩证法思想家"有对”论观点，认为世界上任何事物都不能孤立存在。谈到“一”与“二”的关系时明确指出：“盖天下无不二者，一与二，相对待生生之本也”（损卦）“一”与“二”总是相互对立而又相互依存。又曾以阴阳为例，论证事物即对立而又统一的关系，认为：“仇，对也。阴阳相对之物，谓初也。”（《鼎卦》）又说：“天地阴阳之气相交而和，则万物生成，故为通泰。”（《泰卦》）认为矛盾的运动产生了世界万物。事物的动、静是相辅相成，“动静相因，动则有静，静则有动，物无常动之理”（《艮卦》）。在“动”与“静”一对矛盾，“动”比“静”更为根本，提出“动之端乃天地之心”（《复卦》）。指出只有运动不息的事物才有生命力。他说：“天下之理，未有不动而能恒者也。动则终而复始，所以恒而不穷，凡天地所生之物，虽山岳之坚厚，未有能不变者也，故恒非一定之谓也，一定则不能恒矣，唯随时变易乃常道也。”（《恒卦》）凡是一定不变的事物没有一个是能够保持“恒”的，只有“随时变易”才是普遍的原则，但程颐并没有把对立转化的观点坚持下去，当一接触到封建等级之“道”时，便是“道无对”。“天尊地卑，尊卑之位定，而乾坤之义明矣，高卑既别，贵贱之位分矣。”（《系辞》）。男女有尊卑之序，夫妇有唱随礼，此常理也（《归妹卦》）。尊卑贵贱的社会等级制度是不可变动的。有明万历年间刻本、《四库全书》本、《丛书集成》本。1981 年中华书局据清康熙吕留良刻本再版。

《龟山集》 北宋杨时著。凡书、奏、表、札、讲义、经解、史论、启、记、序、跋各一卷，语录四卷，答问二卷，辩二卷，书七卷，杂著一卷，哀辞、祭文一卷，状述一卷，志铭八卷，诗五卷。在上钦宗皇帝的奏表中请罢王安石配享。提出排和议，争三镇的主张。对边防、军制、茶盐赋税、籴买等多有建议。哲学思想接近程颢，强调内心的涵养。认为：“至道之归，固非笔舌能尽也。要以身体之心验之，雍容自尽，燕闲静一之中，默而识之，兼忘于书言意象之表，则庶乎其至矣。”（《寄翁好德》）有明万历年间林熙春刊本、清康熙年间杨氏刊本等。

《论语杂解》 北宋游酢撰。虽曰“杂解”，但杂中有序，旨在推崇孔子、二程思想。作于元符元年（1098）四十六岁丁忧服制于廌山草堂之时，未著录《论语》篇名，而自立章名，如“学而时习之章”、“颜渊问仁章”等共列四十七章。其意在于阐发孔子的仁道和中庸思想。说：“仁，人心也，不可须臾离也”。“人心一日不依于仁，则不足以为人焉。”（《回也其心三月不违仁章》）“人而不仁则人心亡矣。”（《人而不仁章》）“有一言而足以尽至治之要，曰中而已！盖中者，天下之大本也”。“允执厥中乃传心之密旨也”（《尧曰咨尔舜章》）。偶尔也作文字的诠释，如说“违者，对依而言之；不违则心常依于仁矣”（《回也其心三月不违仁章》）。所说含有辩证思想，如说“学而不思则所学者不能以为己，故罔；思而不学，则所思者不足以涉事，故殆”（《学而不思章》）。作者时有所感，则笔之于书。后收入《游廌山集》。

《横浦心传》 南宋张九成著。初《横浦集》原本附刻《心传》、《日新》二录，后皆各自为书。此书为答问形式的语录，内容涉及道德涵养、问学方法、天理人情和外物本心等。强调“心”的绝对作用，“心之所存，治乱安危，得失成败所自生也”。要求保持“心”之“真”而不受外物的影响，“凡物之形于外者，常有以泄吾之真，吾逆知其形而不为之泄”。强调平日的“践履工夫”，认为“士大夫不必孜孜务挟册看书”，“凡古人书中用得处，便是自家行处，何问古今”。主张“稍自涵养充实，则自然蕴藉可观”，如此便可达“圣贤气象”。有开启陆九渊“心学”的作用。朱熹将此书“比之洪水猛兽之灾”（《宋元学案·横浦学案》案语）。明万历刊本《横浦集》附刻《心传》、《日新》二录。

《胡致堂崇正辩》 南宋胡寅撰。该书引用晋迄唐宋高僧佛徒之言行，用儒家正统观点，一一加以驳斥。斥责佛教的生死轮回之说，指出“盖圣人以生死为分内事，无可惧者”，儒者应“安静而逝”。并认为佛教的“心无”说不合“圣人之教”，古大圣人，“不言无心也。心不可无，无则死矣”。有南宋嘉定三年（1210）郑肇之刊本。

《五峰集》 南宋胡宏著。其集有两种版本，一本五卷；一本不分卷。五卷本题其次子胡大时所编，门人张栻为之叙。凡诗一百六首为一卷、书七十八篇为一卷、杂文四十四篇为一卷、《皇王大纪论》八十余条为一卷、经义三种为一卷，即所谓五卷本。其中《易外传》以史证经；《论语指南》乃取黄祖舜、沈大廉二家之说折衷之；《释疑孟》则针对司马光疑孟子说。提出以“道”为最高范畴，“物”由道而派生。说：“天道保合而太极立，氤氲升降而二气分”（《皇王大纪序》）。认为“性”为“道之体”，“性也者，天地所以立也”，“心”不过是“性”活动的表现，“未发只可言性，已发乃可言心”（同上）。论述中包含某些辩证法因素，认为“天地之间，物必有对，感则必应，出则必反，不易之理也”（《释疑孟》）。有文渊阁本。1987 年中华书局出版点校本《胡宏集》，并附有传记等资料。

《论语指南》 南宋胡宏撰。题下有自注：“证黄祖舜继道、沈大廉元简之说。”宋绍兴年间，刑部侍郎黄祖舜、监察御史沈大廉进讲《论语》。胡宏摘录他们讲义中三十一条加以评论，其中有同意黄、沈解释者，然不同他们解释者居多。如黄解“苟志于仁”为“有心于仁也，虽未能见于所行，而一念之间已向于善矣。”胡宏评之说，此解“恐不识心，不识仁也。”黄解“克己复礼为仁”为“心之不仁，私欲害之”，胡宏评“人有不仁，心无不仁”。又说忠恕即道，人与心为一。黄祖舜以教与道为二人与心为二，故“支离”。后收入《五峰集》、《胡宏集》。

《诚斋易传》 南宋杨万里著。认为元气是构成天地万物的根源。“乾（天）之元，物资以始；坤（地）之元，物资以生。始者，气之元；生者，形之元。”（卷一）提出唯物主义的宇宙生成论。“元气浑沦，阴阳未分，是谓太极”，“一气（元气、太极）者，二气（阴阳）之祖也。二气者，五行之母也”，由此形成整个物质世界。反对周敦颐以无极、太极为虚无的观点，指出“周子所谓无极者，非无极也，无声无臭之至也”（卷十七）。认为《易经》之道，即阴阳二气变化发展规律，“易之道一阴一阳而已”（卷十七）。从阴阳的对立统一出发，提出“天非和不立，物非和不立”（卷一）的命题。还把阴阳、大小、刚柔等对立面的转化看做“理之自然”的规律。有清刻本、《丛书集成》本。

《朱子全书》 南宋朱熹著作的分类汇编本。共六十六卷。清李光地奉康熙命编纂。将原有朱熹文集、语录等整理删节，以类排比，分为十九门。编成后，曾用“御纂”名义颁行全国。有多种清刻本。

《朱子大全》 原称《晦庵集》，亦称《朱文公文集》。南宋朱熹的诗、奏章、书信、论文的汇编，包括《文集》一百卷，续集十一卷，别集十卷。原本由朱熹季子朱在编定，后人又有所增补。故不同刻本的正、续、别集卷数略异。明嘉靖间胡岳刻本较完备，内容有各类诗文，并包括朱熹有关论学和部分哲学著作。《四部丛刊》据此刻本影印。1936 年中华书局收入《四部备要》。

《朱文公文集》 即“《朱子大全》”。

《晦庵集》 即“《朱子大全》”。

《晦庵先生朱文公文集》 亦称《朱文公文集》。即“《朱子大全》”。

《朱子语类》 亦称《朱子语录》。南宋朱熹讲学语录的分类汇编。朱熹和弟子间的问答，弟子各有所记。原有池州、饶州、建安所刊三种《语录》，眉州、徽州所刊二种《语录》。李道传汇辑为四十二卷，李性传等有所续补。黄士毅汇集各录，分类编为一百三十八卷。后来王佖又编《语续类》四十卷，均未尽完善。南宋咸淳六年（1270）黎靖德根据当时各地刊本相互参校，考其同异，补遗正误，削其重复，重新编定，共一百四十卷。分《理气》、《鬼神》、《性理》等二十六门。内容涉及自然科学、哲学、政治、史学等方面，为研究朱熹思想的重要资料。版本颇多，有南宋咸淳本、清光绪《刘氏传经堂丛书》本等。今有中华书局重排本。

《四书集注》 全称《四书章句集注》。南宋朱熹编注。包括《大学章句》一卷、《中庸章句》一卷、《论语章句》十卷、《孟子集注》七卷。祖述北宋程颢、程颐的观点，推崇《孟子》和《礼记》中的《大学》、《中庸》，使之与《论语》并列。认为《大学》是“初学成德之门”，《中庸》是“孔门传授心法”（《朱子语类》卷一〇五）。酌取前人注解而加己注，从理学出发，颇多发挥。认为“理”是天地万物的最高实体。“天以阴阳五行，化生万物，气以成形。而理亦赋焉”（《中庸章句》）。提出“天理人欲，不容并立”（《孟子集注·滕文公》），要求“遏人欲而从天理”（同上）。南宋光宗绍熙元年（1190），朱熹知漳州，刊刻是书。“四书”名称由此确立。明清时被定为必读注本。版本很多，卷数略异，以《四部备要》本为佳（有 1957 年中华书局排印本）。另有明嘉靖年间广东崇正堂刊本、南康府六老堂刊本等。

《四书章句集注》 即“《四书集注》”。

《伊洛渊源录》 南宋朱熹关于理学源流的记述。十四卷。伊、洛为洛阳附近二水名，因二程（颢、颐）为洛阳（今属河南）人，故以此标其学派。记载二程行实最详，并推其学派为理学正宗。除程门弟子中较著名者外，对身列程门而言行无大影响的，亦具录姓名备考，并把张载、邵雍、司马光亦划归此派。《宋史》中的“道学”、“儒学”两传，多据此书。有正谊堂丛书本、明嘉靖四十四年（1565）刊本。后收入商务印书馆《丛书集成》。

《近思录》 南宋朱熹和吕祖谦同撰。共十四卷。成书于淳熙二年（1175）。摘录周敦颐、程颢、程颐和张载的言论，得六百二十二条，分“道体”、“为学”、“致知”、“存养”等十四门。后清儒张伯行仿其体例，摘录朱熹言论，辑有《续近思录》十四卷，共六百三十九条。

《延平答问》 南宋朱熹辑编。一卷。附录一卷。为朱熹与其师李侗书札往来问答，附录朱熹对李侗的评论及祭文行状。内容讨论理学中的心气相合，理心为一、理一分殊等问题，提倡“主静”说，认为静坐默识是“养心之要”和“存养之功”。有许多文字是以讨论《论语》中孔子的言论、行事的方式来阐述理学思想。如朱熹解释《论语·八佾》“居上不宽，为礼不敬，临丧不哀，吾何以观之哉？”说：“此非谓不足观，盖不诚无物，无物则无以观之也”。李侗说：“居上宽，为礼敬，临丧哀皆其本也，有其本而末应，若无其本，粲然文采，何足观”。解释《孟子》养气一章谓“养气大概，是要得心与气合。不然，心是心，气是气，不见所谓集义处，终不能合一也。”又尊崇《中庸》为圣门之传，以“其所以开悟后学，无余策矣。然其所谓喜怒哀乐未发之中者，又一篇之指要也”。探索其所谓“喜怒哀乐未发之前气象”的神秘境界。李侗为论证“学问之道，不在多言，但默坐澄心，体认天理”，说：“如孔门诸子，群居终日，交相切磨，又得夫子（孔子）为之依归，日用之间，观感而化者多矣，恐于融释而脱落处非言说所及也。不然，子贡何以言夫子之言性与天道不可得而闻也耶？”（附录《延平先生李公行状》）有明周本刊大字本。

《白鹿洞书院揭示》 亦称《白鹿洞书院学规》、《白鹿洞学规》。白鹿洞书院为北宋四大书院之一，位于江西庐山五老峰南麓下，皇祐末年毁于兵火。南宋淳熙六年（1179），朱熹出任南康军守，疏请修复。重修后的书院，规模庞大，共有殿宇书堂三百六十余间。朱熹手订《揭示》，《揭示》首先规定了“五教之目”，即：“父子有亲，君臣有义，夫妇有别，长幼有序，朋友有信。”认为“学者学此而已”。其次提出了“学之序”，即“博学之、审问之、慎思之、明辨之、笃行之”。学问思辨的目的是为了穷尽事物之理，“苟知其理之当然”，又必须“责其身以必然”，故需笃行之。以“言忠言，行笃敬，惩忿窒欲，迁善改过”为修身之要；以“正其谊（义）不谋其利，明其道不计其功”为处事之要；以“己所不欲，勿施于人；行有不得，反求诸己”为接物之要。朱熹手订的《学规》，强调讲学活动可以加深对圣贤古训的理解，“使之讲明义理，以修其身，然后推以及人”（《揭示》）。如朱熹邀请陆九渊来此讲学，讲题以《论语》中“君子喻于人，小人喻于利”一章。听众中被陆氏所讲感动流泪，朱熹极为赞赏。被后世书院教育乃至整个封建教育有极大影响。

《南轩集》 南宋张栻（号南轩）著。四十四卷。朱熹订定。淳熙时刊行。其中与朱熹书信七十三篇，答问四篇，互相争论颇激烈。认为在道德的涵养上要时刻保持“敬”，使内心“常切省励”，接物遇事“则其心一以敬也”。在“敬”上“涵养渐熟”，就可“推明动静之一源，以见生化之不穷，天命流行之体，无乎不在，定理密察、本末该贯”（《答问》）的道理。在解释“克己复礼”时说：“所谓礼者，天之理也，以其有序而不可过，故谓之礼，凡非天理，皆己私也，己私克则天理存”（同上），以肯定封建等级制度是天然合理的。有宋淳熙间刊本、明缪补之刊本、康熙锡山华氏刊本、清道光蜀中刊本。

《南轩易说》 南宋张栻（号南轩）撰。认为太极是万物的本原，“夫自太极既判，两仪肇焉。故阖户之坤所以包括万物而得阴也，阙户之乾所以敷生万物而得阳也”（卷一）。太极是涵盖天、地、人的主宰，“易有太极者，函三为一，此中也。如立天之道曰阴曰阳，而太极及阴阳之中者乎；立地之道曰柔曰刚，而太极乃刚柔之中者乎；立人之道曰仁曰义，而太极乃仁义之中者乎。此太极函三为一，乃皇极之中道也”（同上）。它是一种精神实体，“其覆载范围之中可得而见者谓之象”（同上）。理既是宇宙本体的天理，又是万物自然之规律，“万物之理，尺蠖龙蛇委形之自然，初无思虑也”（卷二）“天地之理有聚有散，惟顺以说故聚也。有往有来，惟聚而升故不来也”（卷五）。“道散而有一，以至万，则万物皆出于一”（卷二）。“道不离形，特形而上者也”（卷一）。认为道器统一，器先而道后。“形而上者之道托于器而后行，形而下者之器得其道而无弊”（卷一）。这与朱熹的“离乎形器，则谓之道”（《朱子语类》卷七十五）的观点相异。有《四库全书》三卷本，《枕碧楼丛书》五卷本，又称《南轩先生张侍讲易说》，有明抄本，藏国家图书馆善本书室。

《南轩先生论论语解》 亦称“癸巳论语解”。南宋张栻撰。十卷。成书于乾道九年（1173），是年岁在癸巳，故名。此书在写作过程中，曾与朱熹往复商讨。考《朱子大全》集中备载与栻商订此书多至一百一十八条，又订其误字二条。张栻改正者仅二十三条，余则悉仍旧稿。学术论辩，相互开益，不必以朱子为是以栻为病，何况有始异而终同者。全书按《鲁论》编次，每卷解两章。重在讲义理，贵在诠解孔子“仁”的思想。如解“人不知而不愠”时，曰“盖为仁在己，岂与乎人之知与不知乎”！解“巧言令色鲜矣仁”，曰“此所谓巧言令色欲以悦人之观听者，其心如之何？故为鲜矣仁。若夫君子之修身谨于言辞容色之间，乃所以体当在己之实事，是求仁之要也”。书中多处援引程子之言来阐发其理学思想。如引程子“四箴”来解“克己复礼”。并认为“学者果欲从事于圣门，则可不以颜子为准的哉”！解“樊迟问仁”，谓“仁者视万物犹一体，而况人与我同类乎！故仁者必爱人。而其所以爱人者，乃仁之所存也”。此论与程颢思想同出一辙。虽其中杂有维护封建礼教，主张安贫乐道的诠解，但不失为一本具有自己思想特色的诠解《论语》的著作。有《四库全书》、《丛书集成》本。

《汉上易传》 南宋朱震解释《周易》的著作，因他是湖北荆门人，居汉水上游，后世称其书为《汉上易传》。对宋代当时《易》学研究中的重“义理”如重“象数”两种不同路数，采取兼收并蓄的态度，他在

《进周易表》中说："以《易传》(《程氏易传》)为宗，和会(邵)雍、(张)载之论，上采汉、魏、吴、晋、元魏，下逮唐及今，包括异同、补苴罅漏，庶几道离而复合。"但《汉上易传》主要还是"以象数为宗，推本源流，包括异同，以救庄老虚无之失"(见《四库全书总目提要》)。它建立了自己的推演方法。文辞繁杂，朱熹批评它"解〈易〉如百衲袄，不知是说什么？"(《朱子语类》卷六十七)。而魏了翁则说："汉上易太烦，却不可废"(见《四库全书总目提要》)。该书的《易》图之多，开创了后世的先例。该书中的《河图》、《洛书》与众不同，人们一般是以十数为《河图》，九数为《洛书》，该书恰好相反，以九数为《河图》，以十数为《洛书》，用刘牧《易数钩隐图》之说。有《通志堂经解》本、《四部丛刊》本、《四库全书》本等。

《东莱集》 南宋吕祖谦著。四十卷。凡文集十五卷、别集十六卷、外集五卷、附录三卷、拾遗一卷。著作中哲学思想部分主要在《杂说》、《易说》和往来的信牍中。提出"吾胸中自有圣人境界，能反而求之，则当有应之者"(《易说》)，"人要心使事，不要事使心"(《诗说》)。主张在认识上"反观内省"(《与刘子澄》)。但又兼取永嘉之学的长处，认为："学者非特讲论之际，始是为学，闻街谈巷语，句句皆有可听，见舆台皂隶，人人皆有可取。"(《史记》)在史学的研究上，与朱熹观点多有分歧。孝慈堂目有宋版正集十五卷、别集十六卷、外集三卷、《丽泽论说》七卷、附录三卷，金华丛书依宋本刊本。四库全书将《丽泽论说》移入经部。

《象山先生集》 南宋陆九渊(号象山)著。其子于开禧元年(1205)编定。三十六卷。嘉定五年(1212)由其学生刊行。凡文三十卷，诗一卷，拾遗一卷，附《谥议》、《象山先生行状》等一卷，语录二卷，年谱一卷。其中语录二卷，主要阐述"心即理也"的主观唯心主义思想，与论学诸篇有互相发明之处。有明嘉靖间刻本。1981年中华书局以此为原本，点校出版《陆九渊集》。

《白鹿洞书院论语讲义》 南宋陆九渊著。淳熙八年(1181)，陆九渊应朱熹之邀到白鹿洞书院讲学，专讲《论语》中"君子喻于义，小人喻于利"。强调义利之别"当辨其志"，志于义，则习义而能喻义；志于利，则习利而喻利。又说，场屋之得失，不足辨君子小人。"惟官资崇卑，禄廪厚薄是计，岂能悉心力于国事民隐"，则不可能喻于义。只有"心乎国，心乎民，而不为身计"，才可称之为君子。朱熹于跋语中说，陆九渊之论，"皆有以切中学者隐微深痼之病"，"听者莫不悚然动心"。收入《象山全集》。

《慈湖遗书》 南宋杨简著。十八卷，附续集二卷。自六卷以前为杂文及诗；七卷至十六卷为家记，皆杂录论经史治道之说；十七卷记先训；十八卷乃钱时写的行状和真德秀作的跋；又编杂文一卷及孔子闲居解一卷于后，谓之续集。在《己易》一文中提出"天地，我之天地，变化，我之变化，非他物也"的思想，认为主观意识"心"能"尽通天下之故"。一切真理都是内心的表现，"吾心中自有如是十百千万散殊之正义也"。自然界的"日月之明照"、"雨露之润"、"雷霆之威"等都是"行乎我已之中"。又在《绝四记》中进一步说："此心无体，清明无际，本与天地同，范围无内外，发育无疆界。"对陆九渊的"心学"作了进一步的发挥。有明嘉靖年间刊本。

《絜斋集》 南宋袁燮著。二十四卷。据《永乐大典》所载，集编次得文二百四十八首，诗一百七十六首，附子袁甫所作序一篇。作者承继陆九渊心学，提出："人生天地间，所以超然独贵于物者，以是心尔。心者，人之大本也。""大哉心乎！与天地一本，精思以得之，兢业以守之，则与天地相似。"(《絜斋粹言》)还提出"观物不如自观"(同上)，认为"人心至神，翳之以欲，则不神矣"(同上)，强调排除内心的物欲而恢复"本心之良"。原本久佚，今本从《永乐大典》录全，有聚珍柏本、闽覆本、杭缩本、甬江袁氏刊本。

《龙川文集》 南宋陈亮(世称龙川先生)著。三十卷。另有卷首一卷，补遗一卷，附《朱文公经济文衡》等二卷。清胡凤丹辑刻《金华丛书》本，并附有《辨讹考异》二卷。1974年中华书局以清同治退补斋本为底本，点校出版《陈亮集》。

《勉强行道大有功》 南宋陈亮著。为绍熙四年(1193)应考时所作的论文。"勉强行道"为试题名，出自董仲舒的《贤良对策》。持"道"和人的"情欲"相统一的观点，认为君主行此"道"才是"大有功"于人民的实际表现。反对程朱学派"道在物先"观点，认为："夫道非出于形气之表，而常行于事物之间者也"。"夫道岂有他物哉！喜怒哀乐爱恶得其正而已"。要求君主时时尽心尽道，做到"无一民之不安，无一物之不养，则大有功之验也"。这一观点对以后反对程朱学派"理欲之辨"有重要影响。编入《龙川文集》。

《又乙巳春书之二》 南宋陈亮著。系答朱熹对其《乙巳春书之一》的复信。指出朱熹"仁人明其道，不计其功"的动机论，不合孔子的本意，认为管仲"一匡天下，民到于今受其赐"的客观效果是"有仁之功用"的体现，是孔子称许管仲"如其仁"的缘由所在。在肯定"夫子亦计人之功"的前提下，批评"功用与心不相应"的割裂动机与效果相统一的动机论。

强调“心迹不曾判”的动机与效果统一论。后收入《龙川文集》。

《水心先生文集》 南宋叶適(世称水心先生)著。原集已佚。明黎谅所编二十九卷,凡文二十六卷,诗三卷。于明景泰二年(1451)刊成,为现存文集最早版本。清孙衣言《永嘉丛书》本增入补遗一卷。1961年中华书局以孙衣言刻本《文集》和清同治李春龢刻本《别集》为底本,校勘标点,出版《叶適集》,为现存较好的版本。

《习学记言》 亦称《习学记言序目》。南宋叶適著。五十卷。凡经十四卷,诸子七卷,史二十五卷,宋文鉴四卷。是对历代学术的评论。自《易·系辞》及孟、荀以下,都有讥评,对佛、道及周、邵、二程等理学家的学说亦进行批判,反映了功利学派的观点。有清光绪黄体芳刻本。1976年中华书局以此为底本,点校出版,题为《习学记言序目》。

《习学记言序目》 即“《习学记言》”。

《北溪字义》 原名《字义详讲》、《四书字义》、《四书性理字义》。南宋陈淳著。二卷,共二十六篇。据淳晚年讲学记录整理而成。从朱熹《四书章句集注》等书中选取若干重要范畴,如性、命、诚、敬等,用朱熹、周敦颐、二程(颢、颐)、张载等人的思想进行疏解。如对“理”,指出:“只是事物上一个当然之则便是理。‘则’是准则、法则,是个确定不易底意。只是事物上正当合做处便是‘当然’,即这恰好,无过些,亦无不及些,便是‘则’。”(《理》)因其“抉择精确,贯串浃洽”(陈宓《〈北溪字义〉序》),时人评价甚高,并屡经刊刻,广为流传。今仍为研究程朱理学的重要参考资料。有宋刻本(已佚)、明林同刻本、清顾仲刻本等,中华书局1981年校点、增补后重刊。

《字义详讲》 即“《北溪字义》”。

《四书字义》 即“《北溪字义》”。

《大学衍义》 南宋真德秀撰。自称《大学》一书乃“圣学之渊源”,“治道之根柢”,“实百圣传心之要典”,“本之则必治,违之则必乱”,“上下数千载间,治乱存亡皆由是出”(《大学衍义序》)。成书于绍定二年(1229)。该书针对南宋末年君王昏庸无能,权臣外戚交煽为奸的时事而作。旨在推衍《大学》之义,把《大学》看作帝王为治之序,帝王为学之本。分格物致知、正心诚意、修身、齐家四大门类。格物致知之门有目四:曰明道术、辨人材、审治体、察民情。正心诚意之门有目二:曰崇敬畏、戒逸欲。修身之门有目二:曰谨言行、正威仪。齐家之门有目四:曰重妃匹、严内治、定国本、教戚属。认为四大门之道得,则治国平天下在其中矣。每条之中,皆征引经训,参证史事,旁采先儒之论以明法戒,而以己意发明之。有《四库全书》本。

《洪范皇极内篇》 南宋蔡沈著。五卷。王应麟《玉海》称此书为《洪范数》。《四库全书总目提要》认为此书应称《洪范皇极内外篇》,以“论”三篇为外篇,“数”为内篇。附会西汉刘歆关于《河图》、《洛书》相为表里,八卦、九章相为经纬之说,借《尚书·洪范》来表述《易》的卦象。仿易卦八八变六十四之例,以九九演为八十一畴,并取月令节气分配八十一畴。内容具有象数之学的神秘特点。有清雍正元年(1723)张文炳刊本等。

《木钟集》 南宋陈埴著。十一卷。凡论语、孟子、六经总论、周易、尚书、毛诗、周礼、礼记、春秋、近思杂问、史等各一卷。其体例皆先设问后答之。书名取“善问者如攻坚木,善待问者如撞钟”(《宋元学案·木钟学案》)之意。在论述心、理和性情的关系时说:“道理只是一个道理。有就吾心性上说者,有就事物上说者。”认为“理”既存在于“心”中,又表现在“千条万目”的“事”上。圣人能“一心而贯万事”达到“统体光明”的“上达境界”(天理)。又说“性者,人心所具之天理”,“心居性、情之间,向里即是性,向外即是情,心居二者之间而统之”。基本墨守程朱之说。有明弘治十四年(1501)温州重刊本。

《性理字训》 南宋程端蒙编著。根据《四书》以及朱熹《四书集注》,从中提炼生命、性、心、情、才、志、仁、义、礼、智、道、德、诚、信、忠、恕、中、和、敬、一、孝、悌、天理、人欲、义、利、善、恶、公、私等三十个范畴,通俗疏释,编为《性理字训》三十条,共428个字。释句多为四字一句,并和以声韵,便于儿童读时琅琅上口,容易记忆。为童蒙学习理学的基本教材。他又将《论语》中的仁、义、礼、智等道德范畴,分别用“为木之神”、“为金之神”、“为火之神”、“为水之神”加以附会,袭用阴阳五行说来解释孔子,带有神秘性。这已与孔子的范畴原义不同。该书后又由程若庸增广为《性理字训讲义》,为南宋末及元明时较为流行的一种课本。

《程董二先生学则》 南宋程端蒙、董铢撰。系按朱熹理学要求制订的学校学生行为规范。《学则》共十八条,涉及学生学习等各个方面。涉及学习的有五条:“读书必专一”、“写字必楷敬”、“几案必整齐”、“堂室必洁净”、“修业有余功,游艺有适性”。涉及个人行为的有八条:“居处必恭”、“步立必正”、“视听必端”、“言语必谨”、“容貌必庄”、“衣冠必整”、“饮食必节”、“出入必省”。涉及接人待物的两条:“相呼必以齿”、“接见必有定”。这十余条学则,基本上是朱熹一些有关言论的概括,体现了理学家的教育目标要求。朱熹对他的这两个弟子制订的《学则》赞赏有加，曾为《学则》作跋。他认为这种以法作则，不失“古人小学之遗意”，所以主张所有学校的教师都应“以是而率其徒”，使“成人有德”，“小子有造”，“助成后王降德之意”（《朱文公文集》卷八十二）。由于理学家重视学生日常行为规范对道德修养的作用，《学则》对后来儒学学规的制订产生一定的影响。此书由南宋学者饶鲁所辑，一卷。有《学海类编》本、《西京清麓丛书续编》本、《丛书集成初编》本等。

《鹤山全集》 南宋魏了翁著。一百十卷。凡诗十二卷，笺表、制诰、奏议等十八卷，书牍七卷，记九卷，序铭、字说、跋等十六卷，启三卷，志状二十一卷，祭文挽诗三卷，策问一卷，长短句三卷，杂文四卷，制举文三卷，周礼折衷四卷，拾遗一卷，师友雅言二卷。哲学上强调“心”为宇宙的本源，提出“天地是我去做，五行五气，都在我一念节宣之”（《师友雅言》）。又说：“心者人之太极，而人心又为天地之太极”……“而人心之灵，则所以奠人极，人极立而天地位焉。”（《奏札》）虽从学朱熹门人，但倾向于心学。在考订经籍中，兼有永嘉经制之学特点。有明嘉靖年间四川邛州本。

《艾轩集》 南宋林光朝著。九卷，附录一卷。其继承程门弟子尹焞之学，“学通六经，贯百氏，言动必以礼”（《宋元学案·艾轩学案》）。殁后，由族孙同叔，集其遗文为十卷，陈宓序之。后其外孙方之泰搜其遗逸，辑为二十卷，刻于鄱阳，刘克庄序之。至明代宋刊本已佚，仅存抄本。正德十六年(1521)由同乡人郑岳选其九卷，附以遗事一卷，题为《艾轩文选》，是为今本。有明正德年间莆田刊本，清传抄明正德刊本等。

《深宁集》 南宋末王应麟著。一百卷。承继“吕学”（吕祖谦）兼取诸学，综罗文献的特点。在哲学上偏重“心学”。提出：“万古一道，万化一心。仁，人心也，人者，天地之心也。”“无一物而非仁，仁则清明虚静，与天地同流。”（《慈湖书院记》）认为天地万物的存在和变化皆赖人的主观精神而存在。提出“以仁存心，以心合天”（《医学记》）。对古代经籍、制度、史学的研究能“通贯精微，剖析幽渺”（见《宋元学案·深宁学案》附录），颇有特色。

《东发日钞》 又名《黄氏日钞》。南宋末黄震著。原九十七卷。佚二卷，今存九十五卷。对历代学说和人物皆有评议。推崇朱熹，但对朱熹关于《周易》的解说不以为然，“学者当以晦庵诗传为主，至其攻易古说、闻有于意未能遽晓者”（《读毛诗》）。对邵雍的“先天之说”驳斥甚多，指出“若康节所谓先天之说，则易之书本无有也”（《读易》）。主张“若以易言理，则日用常行，无往非易，此宜审所当务者也”（同上）。提出“理无定形，随万变而不齐”（《读春秋》）的观点。承认“理”存在于万变的事物之中。反对禅学和陆九渊的心学。“孔门未有专用心于内之说也，用心于内，近世禅学之说耳”（《读尚书人心惟危》）。此书最早有元沈逵本。乾隆中汪佩锷校刊本，附入《古今纪要》十九卷。

《黄氏日钞》 即“《东发日钞》”。

《伯牙琴》 宋元之际邓牧著。一卷。原手定诗文六十余篇，因散佚，现存文三十一篇，诗十三首。自感“知音难遇”，故托“伯牙鼓琴”故事以为书名。书中《君道》、《吏道》二篇对封建专制进行批评，并隐喻亡国悲痛，表达“废有司，去县令”的政治理想。有《知不足斋丛书》本。1981年中华书局出版标点本。

《师山文集》 元郑玉著。十八卷。文集八卷，遗文五卷，附录一卷，济美录四卷。主张调和朱熹和陆九渊的思想。认为：“近时学者，未知本领所在，先立异同，宗朱则毁陆，党陆则非朱，此等皆是学术风俗之坏，殊非好气象也。”（《与王真卿》）书中有陆氏学派的思想：“天地一易也，古今一易也，吾身亦一易也。以吾身而论之，心者，易之太极也”（《周易大传附注序》）；也反映出程朱学派的思想：“太极之生阴阳，阴阳之生五行，岂有理外之气?”（《跋太极图铭》）清全祖望称：“继草庐（吴澄）而和会朱陆之学者，郑师山也。”（《宋元学案·师山学案》案语）有明刊附济美录本、清补刊明嘉靖本。

《鲁斋遗书》 元许衡著。十四卷。前十二卷按语录、小学四书直解、奏疏、杂著、书状、诗词等分类辑成，后两卷附录像赞诰敕之类及后人书识之文。内容庞杂，包括其学术、教育、政治方面的思想。主要著述以程朱为宗，尤重纲常，旨在笃行。提出“治生最为先务”。为学要“学古适用，随时中理”。建议元朝统治者“必行汉法”、“必因先王之道”。收入《四库全书珍本》。

《四书集义精要》 元刘因撰。《内阁书目》作三十五卷，《一斋书目》则作三十卷，卷目互有不同。后仅存二十八卷，至《孟子·滕文公上》篇而止，且其中尚有缺佚，如《论语》中《里仁》、《公冶长》、《先进》、《颜渊》四篇全缺佚，篇中尚有缺佚章节。“自朱子为《四书集注》，凡诸人问答与《集注》有异同者，不及订归于一而卒，后人因取《语类》、《文集》所说，辑为《四书集义》，凡数万言”（《四库全书总目提要》）。一说朱子之于《四书》，是先成《集义》，又作《详说》，后乃约其精者为《集注》，文公自谓《集注》乃《集义》之精髓（参见洪天锡和纳兰成德《四书纂疏序》）。因《集义》较之《集注》厚重。读者病其繁冗，刘因乃择其指要，删其复杂，以成《四书集义精要》。分章立目，标注出处。有《四库全书》本。

《读书分年日程》 元程端礼撰。本书是根据辅汉卿所荟萃的《朱子读书法》来编修的。它包括六条：居敬持志、循序渐进、熟读精思、虚心涵咏、切己体察、著紧用力。“端礼本其法而推广之，虽每年月日读书程限不同，而一以六为纲领”(《四库全书总目提要》)。他对朱子读书法的六条，是具体发挥朱熹的理学教育思想。比如对“居敬”的解释是“无事时敬以自持，凡心不可放入无何有之乡，须是收敛在此，及应事时敬于应事，读书时敬于读书，便自然该贯动静心无不在”。“持志”，程端礼认为就是“立志”，“惟有志不立真是无著力处。只如今人贪利禄而不贪道义，要作贵人而不要作好人，皆是志不立之病”。对于“循序渐进”，他的解释是：“以二书言之，则通一书后及一书；以一书言之，篇章文句，首尾次第，亦各有序而不可乱也”；“字求其训，句索其旨，其旨未得乎前，则不敢求乎后；未通乎此，则不敢志乎彼”。对于“熟读精思”则强调背诵之功。诸如此类，所发挥的未必尽合朱熹本意。该书所谓“分年”，是将青少年的教育分为启蒙、小学、成人三个阶段。所谓“日程”，是每天的学习计划。每一阶段的学习，程端礼都提出明确的学习要求、步骤和方法，把学习基本能力训练贯穿于整个教学过程。元代统治者独尊朱熹理学，此书正适应了统治者的要求。由国子监颁发到郡县，作为官方教学的范式，产生较大的影响。

《理学类编》 初名《格物编》。元明之际学者张九韶撰。共八卷。该书是一部以宋儒语录为主的著作汇编，约成书于元至正二十六年(1366)。它以周敦颐、张载、邵雍、二程(颢、颐)、朱熹六子的著述中的言论记录为主，并酌情摘录荀子以下五十三家著作的相关语要，置于每篇之末。分为天地、天文、地理、鬼神、人物、性命、异端七类，汇编而成“使学者不得编阅诸家之书而可考乎天道性命之说”(《理学类编原序》)。编者采用先儒的“气化”说来解释天地的起源；日月星辰的形成以及云雷风雨的自然变化现象。其中也反映了有关“月掩日为之食，日掩月为之食”“月体无光、待日照而光生”的传统的自然科学知识。引用范缜的“神灭论”观点来驳斥佛教的轮回生死之说。对秦汉以来的佛老神仙、阴阳相术、谶纬迷信，均用先儒之说，予以批驳，《理学类编》是明代的先儒语录类编中较早的一种，对当时科举考试有一定的实用性，因而得以流传一时。通行本有明嘉靖刊本、天一阁刊本等。清代被收入《四库全书》。

《辨惑编》 元明之际谢应芳编。中国古代无神论著作。共四卷十五篇，分列十五个项目(包括死生、疫疠、鬼神、祭祀、妖怪、巫觋、卜筮、治丧、择葬、相法、禄命、方位、时日、异端等)。另附录一卷。选录前人的经验事实和孔子、荀子、柳宗元等人言论，斥责佛、道和民间占卜祭鬼等迷信活动。视佛、道为异端，并引古证今，说明崇信佛、道有害无益。认为祈祷鬼神是伤风败俗、费事殚财，要求废除神祠。有《四库全书》、《守山阁丛书》、《丛书集成初编》本。

明　　代

《六经论》 明宋濂著。阐述了心学世界观，认为“心中之理无不具”，“圣人之道，唯在乎治心。心一正，则众事无不正”。主张“以心感心”。以心学的立场观点解释六经，说：“六经皆心学也”，“六经实本于吾之一心”，“人无二心，六经无二理，因心有是理，故经有是言”。指出六经虽然各有不同，但共同之处“无非教之以复其本心之正也”。认为“秦汉以来，心学不传”，董仲舒之流“不知心之为经，经之为心也”。批评当时学经不如古人，“以心与经如冰炭之不相入也”。收于《文宪集》卷二十八及《四库全书》。

《诚意伯文集》 明刘基著。二十卷。有《郁离子》、《春秋明经》、《序》、《记》、《诗》等。其中《郁离子》以寓言形式抨击元末暴政。在《雷说》篇中，提出了天地万物生于气的观点，认为“气也者，无所不能为也”，雷、神皆是气之所为。《天说》等篇强调“天有所不能而人能之”，否定天“能降祸福于人”。现有清刻本和《四部丛刊》本。

《郁离子》 明刘基著。刊于明洪武年间。共十八篇，原为四卷，后分为二卷。以寓言形式揭露和抨击社会的腐朽，认为人民起义是由于统治者“操之急，抑之甚”，“使百姓进则死，退则死，进退无所逃”，主张对百姓“导而疏之”(《牧豭第十二》)。指出万物生于气，“夫天，浑浑然气也，地包于其中”(《麋虎第十六》)。认为世上无鬼，人死后复归于气，“犹倾其杯水而归诸海也，恶得而恒专之以为鬼域”(《神仙第十五》)。收入《诚意伯文集》。

《雷说》 明刘基著。与《天说》等篇同为刘基后期主要哲学著作。认为气为天地万物之源，天不能降祸福于人。神、雷为气之所以为，不能“罪人而戮之”。提出了“畜极则泄，郁极则达，热极则风，壅极则通”的命题，初步猜测到事物在一定条件下向反面转化的道理。指出人能弥补天之不足，“天有所不能，病于气也，惟圣人能救之”。收入《诚意伯文集》。

《卮辞》 明王祎著。为作者在元至正十八年(1358)秋冬期间躲避兵乱，与朋友离散且无书籍可读的困境时所写的心得。反对战乱，认为“古今有乱臣无乱民，夫民未有不厌乱而思治者也。”主张内外交治，说：“圣人之治天下也，仁义礼乐而已矣。仁义充其所固有，所以治其内也；礼乐修其所当为，所以治其外也。是故内外交治而天下化矣。”强调人的主观能动性，认为：“道不可以言传也，契之于身，悟之于心，道之全在我矣。”由此，人性的善恶也因人为所定，说：“善由于己，福由于天。由于天者不可以必得，由于己者固可以必为。”“命在天，性在人。在天者不可强而致，在人者不可苟而从。人之欲为善也，由乎一念之烈而已，反而求之，克而致之，盗跖有不可为尧舜者乎？”遵从程朱理学的天理人欲说，认为“天理人欲，势必相反。故循天理则绝人欲，徇人欲则灭天理”，并从天理人欲的角度批评“杨朱墨翟老佛之徒，以为我兼爱清静寂灭为教，无非绝人欲也”，而且“灭天理矣”。编入《王忠文公文集》及《四库全书》。

《逊志斋》 明方孝孺著。二十四卷。其学笃实，不尚虚言。持气本论，认为“气行乎天地间，而万物资之以生。”（《体仁》）人性的不同也以气禀来解释：“禀气或偏，梏其天明，外与物交，私欲乃萌。”（《克畏箴》）强调“本”的作用，认为“人之异于物者，以其知本也；其所以知本者，以其礼义之性根于天，备于心，粹然出于万物，故莫得而类之。”（《尊祖》）“道之大端，修己治人而已，率乎性命之理，所以修己而为治人之本也。”（《上范先生》）重视“心”和“良知”，认为“治人之身，不若治其心也。”（《杂诫》）“公其心，万善出。”（《杂铭牖》）“君子之于学，将有以扩充吾良知良能而复吾本然之量。”（《与陈敬斋》）同时认为“人之情不能无欲”（《周礼辨疑》），而善恶的标准是“义”：“爱恶无他，一裁以义。加以纤毫，则为人伪。”（《绝私》）。排斥佛道，言功业以伊周为准，语道德以孔孟为宗，认为“今之叛道者，莫过于二氏，而释氏尤甚。”（《答刘子传》）收入《四库全书》。

《杂诫》 明方孝孺著。以心学的观点阐发《大学》旨意，提出：“治人之身不若治其心也”，同时主张“养心莫要于礼乐”。提倡人的主体自觉，认为“治身则畏威，治心则畏义。畏义者，其于不善不禁而莫能为，畏威者禁之而莫敢为，不敢之与不能何啻陵谷。”辨君子小人之利，说：“一年之劳为数十年之利，十年之劳为数百年之利者，君子为之。君子之为利利人，小人之为利利己。”并认为“好鬼之国多病，好利之人多贫。祸不可避也，利不可求也。有心于避祸者祸之所趋，嗜利无厌者害必从之，故君子信道而安命。”崇尚俭德，认为“君子尚朴而不尚华”，“昭俭尚德”是“富国之本”。重视对后代的教育，说：“国之本臣是也，家之本子孙是也。忠信礼让根于性化于习，欲其子孙之善而不知教，是自弃其家也。”“爱其子而不教犹为不爱也，教而不以善犹为不教也。”收入《逊志斋》及《四库全书》。

《性理大全》 宋代哲学文献汇编。胡广等奉明成祖朱棣命编撰。成书于明永乐十三年(1415)。共七十卷。从一卷至二十五卷自为卷帙者有《太极图论》、《通书》、《西铭》、《正蒙》、《皇极经世》、《易学启蒙》、《家礼》、《律吕新书》、《洪范皇极内篇》等九种，每帙书前有作者小传和书名题解，后儒有关注解用小字排在文章的每段之下。自二十六卷以下，分门目编纂为理气、鬼神、性理、道统、圣贤、诸儒、学、诸子、历代、君道、治道、诗、文等十三类，门目下又分若干细目。下面分列宋儒有关该问题的论述。如卷二十六理气总论，就列有太极、天地、天度等细目，下面再分列程子、朱子及其门人等诸儒有关理气问题的论述。书目前列宋儒周敦颐以下凡一百二十一人姓氏。开卷载有清康熙帝《御制性理大全序》，宣扬古昔圣王所以继天立极而君师万民者，在于掌握心法道法之精微。“二帝三王之治，本于道。二帝三王之道，本于心。辨析心性之理而羽翼六经，发挥圣道者，莫详于有宋诸儒”。而《性理大全》“穷天地阴阳之蕴，明性命仁义之旨”，“询道学之渊薮，致治之准绳也”。明清两代都把《性理大全》与《五经》《四书》同颁于天下，列在学官，作为理学教育的必读书。有《四库全书》本。

《皇初论》 明胡翰著。以“道”为本，认为“天地之初，未始有物也，冯冯翼翼，由一而二，二气则一；睢睢盱盱，由二而三，三才则一，天下同由之谓道。”用于人事，则推崇“圣人之道”、“皇极之道”，而不是老子“无为”之道。认为“皇极之道立，天下之治得矣”。主张历史进化论和变革论，认为老子之道清静返朴，“意在惩周之弊，而非大公至正之道也”。以夏商周三代更替的事例，说明“因时变通，不变不通”的道理，指出：“损益者，制之宜也；变通者，权之用也”，历史的前进“有以变而通之矣”。提出“德固道也，而法亦道也”，治国就是要“纳民于道”，使“天下同归于道”。收入《胡仲子集》卷二及《四库全书》。

《草木子》 明叶子奇著。四卷八篇。为其在狱中的笔记。涉及范围广泛，天文星躔，律历推步，时政得失，兵荒灾乱以及自然界的现象，动植物的形态，一一分析。其中记载的元代故事也较为详核。有居德堂藏本，1959年中华书局刊行本。

《曹月川集》 明曹端著，清张伯行辑。一卷。《四库全书总目》称“端之遗书散佚几尽，其集亦不复存。此本为国朝仪封张伯行裒辑而成……”曹端认为“性”为万物之本，“太极”是“理”之别名，反对以

“太极”为“气”之说。本书《辨戾》中修正朱熹的“理乘气”说，提出“理驭气”。又认为“事事都于心上做工夫是入孔门底大路”。论者以其倡明儒学，推为明初理学之冠。收入《四库全书》、《广理学备考》。

《存疑录》 明曹端著。提出“性”为万物之本，“天下无性外之物，而性无不在焉。性即理也。”收入《曹月川集》。

《儒家宗统谱序》 明曹端著。以最为简炼的方式归纳儒家道统的本质和特点。明确提出儒学的大目为“三纲”“五常”，大要为“中”。认为孔门之教为“帝王之教”，是历史上皇、帝、王、相、师自出相承的根据，故“儒家者，所以相天地、宗帝王、师圣贤”。认为儒脉正宗主张“心公天下万世之心也，道公天下万世之道也”。与佛道的自私相比，不可同日而语，指出“释氏出于自私之厌，老子出于自私之巧”。收入《曹月川集》及《四库全书》

《薛文清公文集》 又名《薛敬轩先生文集》。明薛瑄著。共二十四卷，一千七百多篇。由门人张鼎汇编，明弘治二年(1489)刊行。清初张伯行编为十卷，作为《正谊堂丛书》出版。文章大多讲修身养性之事。认为德行为万事之本，“复性”为治学之要，指出“性复则明体适用，大而负经济之任，细而厘百司之务，焉往而不得其当哉?”(《会试录序》)主张“不侈乎外，惟事乎中”(《务本堂序》)。提出“由经以求道”，反对沉溺于“词章图画字书技艺之浅事”。收入《四库全书》。

《薛敬轩先生文集》 即“《薛文清公文集》”。

《读书录》 明薛瑄著。为读书笔记，有十一卷。后又有《读书续录》十二卷。共二十三卷。内容大多论述性理之学。认为“天地万物，惟性之一字括尽”(卷二)。提出性即理，“性之一言，足以赅众理”(同上)。但又指出理气不可分，理不能生气，“理气二者，盖无须臾之相离也，又安可分孰先孰后哉?”(卷三)提出学以静为本。还有些内容谈及学习方法。此书被后世程朱学派视为明代“正学”主要著作之一。有明嘉靖四年(1525)刻本。

《康斋文集》 明吴与弼著。十二卷。有《日录》、奏疏、书帖、跋等五卷，诗七卷。文章大多谈修身养性。提出人心须经“洗涤”，认为人心“本自莹彻昭融”，由于“气禀拘而耳目口鼻四肢百骸之欲，为垢无穷”，不加洗涤则将“化于物”(《浣斋记》)。以为“心一也，胜于物则灵，掩于物则昏”(《耻斋记》)。主张“乐天知命”。明弘治七年(1494)由吴泰刊印，并多次重版。

《日录》 明吴与弼著。为作者日常心得笔记。兼采朱陆之长，倡扬道德，提升自我，说：“男儿须挺然生世间”，“三纲五常，天下元气，家亦然，一身亦然”，“吾何求哉? 求厚吾德耳。”耕读自立，以刻苦践履为特征，认为“大抵学者践履功夫从至难至危处试验过方始无往不利。若舍至难至危，其他践履不足道也。”其处困之方是“处困之时所得为者，言忠信行笃敬而已”，“处顺时不可喜，喜心之生骄侈之所由起也；处逆不可厌，厌心之生怨尤之所由起也。一喜一厌皆为动其中也，其中不可动也。圣贤之心如止水，或顺或逆，处之以理耳。”强调在日用间磨练，说：“无时无处不是功夫”，“涵养此心不为事物所胜，甚切日用功夫”。主张反求诸己，“见人之善恶无不反求诸己”，“栽培自己根本，一毫利心不可萌也”，“以责人之心责己则尽道矣”。有安贫乐道的俟命思想，认为“所凭者天，所信者命”，“凡事不可用心太过，人生自有定分，行己则不可不慎”。编入《康斋集》及《四库全书》。

《石渠意见》 明王恕著。《意见》四卷，《拾遗》二卷，《补缺》一卷。为王恕晚年哲学著作，年八十四著《意见》，年八十六作《拾遗》，年八十八作《补缺》。书中提出“天理人欲，相为消长。有天理即无人欲，有人欲即无天理”的观点。有正德本。收入《惜阴轩丛书》。

《大学衍义补》 明丘濬撰。一百六十卷。成书于明成化二十三年(1487)。自谓《大学》一书乃“六经之总要，万世之大典，二帝三王以来传心经世之遗典也”(《大学衍义补序》)。认为宋真德秀《大学衍义》有资治道，然仅有格物、致知、诚意、正心、修身、齐家之事，而缺治国、平天下等方面的内容。因而博采子史，仿真氏所衍之义，而于齐家之下又补以治国、平天下之要。并在卷首于真氏书“诚意正心之要”下补“审几微”一卷。全书分正朝廷、正百官、固邦本、制国用、明礼乐、秩祭祀、崇教化、备规制、慎刑宪、严武备、驭夷狄、成功化十二目。每目前有总论，次引书史，缀以前人议论及史实，末附按语抒发己见。上起唐虞，下迄五代，摘录经理天下之崇言宏议，以至片词只语，列举治国平天下之要义。有《四库全书》本。

《白沙子全集》 亦称《白沙子集》。明陈献章的诗文集。明弘治末年由陈氏门人整理刊行。嘉靖十二年(1533)湛若水校订再版，后多次重刻。清康熙四十九年(1710)何九畴重编，增《序》四篇、《记》二篇、题跋一篇、书信一百五十八件、诗五十五首，共六卷。为学主静坐“澄心”。认为“君子一心足以开万世”(《无后论》)。强调“常令此心在无物处”，提出“学者以自然为宗”(《与湛民泽》)。有《四部丛刊》本。

《一峰集》 亦称《罗一峰集》。明罗伦著。十卷。因学者称罗伦为一峰先生,故名。书中提出,"君子之学"当持静之本,以存其虚,防动之流,以守其一。治己必先治心,心如舟之柁,欲正其舟,必正其柁。收入《广理学备考》。

《居业录》 明胡居仁著。四卷。为其讲学语录,由其婿余祐整理刊行。包括十二类,一千一百九十条。为明代程朱学派重要著作之一。内容大都为发挥程朱性理之学,品评历史人物,批判佛道谬误。最重"实理",提出"天地之所以为天地,万物之所以为万物,莫非实理所为"(卷四),批判禅宗"空字","把天下道理灭迹扫尽"(卷一)。认为"气"是理之所为,"有此理则有此气"。提出"心与理一","心具众理,众理悉具于心",圣人以"一心之理"应天下之事。清张伯行将其收入《正谊堂丛书》。另明正德年间张吉曾选录其中内容,编为《居业录要语》一书。

《医闾集》 明贺钦著。八卷。由其子贺士咨编。其学不骛高远,谨谈性命,批评"世教不明,故言天理者不知用之人事,言人事者不知本乎天理,所以一则流于粗浅,一则入于高虚。"(《言行录》)批评吴澄欠缺躬行切实意思,强调明真儒俗儒之辨,认为:"为学须躬行,故曰学者将以行之也,不行岂谓之学?又曰躬行须是改过迁善,不然妄行而已。""男耕女织,此正当为之事。"(同上)"所谓真儒者,学以为己,知而能行,不事空言者也;所谓俗儒者,学以为人,徒知而不行,惟务口耳词章之习者也。"(《辞职陈言书》)认为陈献章"为学之道在乎主静,以为应事建功之本,学者宜深味之。"(《言行录》)提倡主静之学,说:"静无资于动,动有资于静,凡理都如此。……故凡静者多自给,而动者多求取,故人之寡欲者多本于安静,而躁动营营者必多贪求也。""常人虽当静时亦不能静。"(《言行录》)政治观方面主张强兵卫国,官员廉洁尽职以及"发政施仁必先于鳏寡孤独"(同上)。收入《四库全书》。

《求心录》 明董沄著。一卷。董沄信从王守仁"良知"说,在书中提出"知过即是良知,改过即是致知","但依得良知,礼法自在其中矣"。有苕溪邵氏西山堂刻本,收入《古今说海》。

《从吾道人语录》 明董沄著。一册二卷。原有单行本行世,后佚。今日本蓬佐文库所藏《王门宗旨》后附有此书,中分《日省录》九则,《求心录》六十则,《把卷录》六十一则;书后尚附有董沄《题传习录序》和古文四首,及阳明所和从吾道人西楼等作和邹守益赠从吾道人诗。

《困知记》 明罗钦顺著。二卷,又续记二卷,附录一卷。前记有一百五十六章,续记有一百十三章,附录为与人论学之书。记述了作者由笃信佛学到断然舍弃的过程。对佛学的剖析,切中利弊。反对程朱"理先气后"、"理泊在气上"的观点,提出:"通天地,亘古今,无非一气而已。"亦反对陆王"此心但存,则此理自明"的思想,认为:"能思者心,所思而得者性之理也","苟学而不思,此理终无由而得。"有张若桂家藏本,另有清正谊堂刊本等。收入《王廷相集》

《整庵存稿》 明罗钦顺著。包括文、序、祭文、墓表、田记、诗词等,共二十卷。自称所录大多应酬诗文,没有脱离世俗旧格,故留与自观。明嘉靖四年(1525)补刊。有阙城房藏版。

《东岩集》 明夏尚朴著。六卷。其学倾向理学,认为"人得天地之气以成形,气之精爽以为心。心之为物,虚灵洞彻,有理存焉,是之谓性。性字从心从生,乃心之生理也。故朱子谓灵底是心,实底是性,性是理,心是盛贮该载敷施发用底。"(《答余子积书》)"理与气合是浩然之气,才与理违是客气。"(《语录》)道德观提倡主敬之学,认为"不问此心静与不静,只问此心敬与不敬,敬则心自静矣。""敬则不是装点外事,乃是吾心之当然。"强调"收敛精神","才提起便是天理,才放下便是人欲。""多欲则事多,寡欲则事寡,无欲则无事矣。""利中只有害,惟仁义则不求利自无不利。"认为朱子书中多有早年未定之论兼门人记录,应当择其善者而从之,"今王阳明专择其不好处来说,岂不是偏耶?"批评象山之学"多是驱率圣贤之言以就己意,多非圣贤立言之意。"又斥"东坡学佛而白沙之学近禅"。收入《四库全书》。

《中庸说》 明夏尚朴著。与朱熹将《中庸》分作四支或六大节不同,提出应分为八节来读。分别八节首尾,并揭示各节主旨。认为《中庸》"每每提出一个'诚'字,不一而足,盖以'诚'为一篇之枢纽"。赞成"程子曰《中庸》一书始于一理,中散为万事,末复合为一理"的观点,提出"《大学》之书其体方,《中庸》之书其体圆"。批评"朱子义理精密,训释详明,无可议者。独费隐以下……至终篇皆为反复推明天道人道,以终二十一章之意,不能无疑"。并认为"独费隐以下八章有未合耳,乃知朱子集注章句成于早年,于中容有未定之论"。收入《东岩集》卷一及《四库全书》。

《甘泉文集》 明湛若水著。包括诗、祭文、墓志铭表、语录、杂著等共三十二卷。旨在宣传"随处体认天理"。认为"舍天理非良知,舍随处体认非致良知"(《李春芳序》)。提出"诚敬一也,能敬则诚矣","敬者,一也,一者,无欲也,无欲则洒然而乐矣。"

(《雍语》)有清同治五年(1866)刻本。

《王文成公全书》 亦称《阳明全书》。明王守仁著。三十八卷。一至三卷为《传习录》,包括语录和信札,附《朱子晚年定论》。由门人徐爱辑,明正德十三年(1518)薛侃刊刻,嘉靖三年(1524)南大吉续刻。四至三十一卷为《文录》、《别录》、《外集》、《续编》,包括奏疏、公文、文章、信札,由门人钱德洪辑。三十二至三十八卷为《附录》,包括《年谱》和《世德记》,由门人钱德洪、王汝中辑。明隆庆六年(1572),浙江巡抚谢廷杰刻成《王文成公全书》。王守仁的著作,大都见于此书。其中《传习录》、《大学问》是研究其哲学思想的主要资料。今有上海古籍出版社《王阳明全集》。

《阳明全书》 即"《王文成公全书》"。

《传习录》 明王守仁著。共上、中、下三卷。由门人徐爱、钱德洪等根据平时记录辑成,编入《王文成公全书》,作为首篇。内容包括与门人的问答和信札两个部分。重点讨论了"致良知"、"知行合一"等论点,是研究王守仁哲学思想的主要资料。单行本有清道光十一年(1831)活字印《学海类编》本(一卷),光绪三十二年(1906)国学保存会排印《国粹丛书》本(五卷),1936年安东宏道书局排印本。

《大学问》 明王守仁著。为嘉靖三年(1524)在稽山书院讲授《大学》时的记录,由门人钱德洪辑录,编入《王文成公全书》第二十六卷。为其哲学思想和政治见解的纲要。以"致良知"注解《大学》中的"格物致知",把"明德"、"明明德"、"亲民"分别解释为"良知"、"致良知"、"致吾心良知之天理于事事物物"。认为在践履三纲五常封建道德的过程中,只要发掘"良知",剔除私欲,并使之推及天下,就可达到与天地万物为一体的境界。

《朱子晚年定论》 明王守仁对南宋朱熹信札的摘录。冠有序文,意图说明朱熹晚年思想向陆王派主观唯心主义的转化。王守仁认为这是朱熹的"晚年定论",并引为同调。收入《王文成公全书》第三卷(即《传习录》下卷)。

《良知同然录》 明孟津辑。四册。卷首有孟津序,卷末有麻瀛后叙。孟津序曰:"吾惧乎学之日远于良知也,乃为辑《同然录》,以授吾两庠之来学,使翕然兴起之余,得斯录而各知求诸其心焉。"麻瀛后叙则曰:"两峰(孟津号)曰:'予近集《良知同然录》为二册,而先生心学之微、经纶之迹,备于是矣。欲锓梓以告同志。'予应曰:'诺。'诚所谓人心同然者也。"因孟津是滁阳人,该书上册文后所录诗篇侧重于与滁阳有关者,下册则收录了阳明一些重要之奏疏。该书刊行于《王文成公全书》成书之前,在文献学及思想史上都有一定的史料价值。

《阴阳管见》 明何瑭著。凡一卷。据其自序,前后经过三十五年学问思辨方成书。提出阴阳为世界本原,"造化之道,一阴一阳而已矣。"把"阳"看做有知无形,把"阴"看做有形无知,说:"二者相合则物生,相离则物死。"反映其心物二元论思想,受到同时代王廷相的驳难。有《百陵学山》本、《学海类编》本。

《柏斋集》 明何瑭著。凡十一卷,文十卷、诗一卷。嘉靖二十八年(1549)郑王刻。书旨以存心为主,以格物致知为先。与当时崇尚王守仁"良知"之说相异。在论及时事世务时,亦能深中时弊。有清刻本。

《慎言》 明王廷相著。作于嘉靖初。十三卷。包括《道体》、《乾运》、《作圣》等十三篇。自称:"自知道以来,仰观俯察,验幽核明,有会于心,即记于册,三十余年,言及数万。信阳无涯孟君见之曰,'义守中正,不惑非道,此非慎言其余乎?'遂以慎言名之"(《序》)。认为"气者造化之本",而"气有聚散,无灭息"(《道体》)。强调"有形亦是气,无形亦是气,道寓其中矣"(同上)。提出"君子之学,博于外而尤贵中于内;讨诸理而尤贵达于事"(《潜心》)的治学方法,但又认为"道心亦与生而固有","人心亦与生而恒存"(《问成性》)。视认为"名教"是圣人根据防乱致治的需要而制订的,"圣人缘生民而为治,修其性之善者以立教,名教立而善恶准焉"。主张"践天理,禁人欲","道义者,心之天理也,知之必践之,以为金而椟之。戾乎道义者,心之私欲也,知之且禁之,以为砂铄而弃之。"有嘉靖十二年(1533)刻本,今收入《王廷相集》。

《雅述》 明王廷相著。分上、下篇。阐发"元气之上,无物(指主宰者)、无道、无理",认为"天地之先,元气而已","元气具,则造化人物之道理即此而在"。反对"老庄谓道生天地,宋儒谓天地之先只有此理"的唯心观点。认为北宋邵雍"先天图""以数论天地人物之变",是"弃人为而尚命定","害道甚矣"。主张"人具形、气而后性出",但又将人性分为"人心"与"道心"。为研究王廷相思想的重要资料。收入《王氏家藏集》、《王廷相集》。

《答薛君采论性书》 明王廷相著。批评宋儒"性即理"的观点,"程子以性为理,余思之累年不相契入,故尝以大《易》'穷理尽性'以证其性理不可以为一"。又反对宋儒"气质之性"与"天命之性"的理论:"人有二性,此宋儒之大惑也。"断言"性气一本":"是性也者,乃气之生理,一本之道也。"持人性气禀说,以为"气有清浊粹驳,则安得无善无恶之杂?"据此批评孟子性善之说不通矣。提出“凡人之性成于习”的命题,以为人性的善恶与否关键在于后天的积“习”,而积习主要由“圣人教以率之,法以治之”而成。收入《王廷相集》。

《周易赞义》 明马理著。十七卷。“四库易经总目”称“其书虽参用郑元、王弼及程、朱二家之说,然大旨主于义理,多引人事以明之”。朱睦㮮序称“此书发凡举例,阐微摘隐,博求诸儒异同,得十余万言。原书十有七卷,其门人泾阳庞俊缮录藏于家,河南左参政、莆田郑絅为付梓。”朱彝尊《经义考》注本书“阙”,说明其久已散佚。有明嘉靖三十五年(1556)十七卷刻本。

《明道编》 明黄绾著。原十二卷,现存六卷。嘉靖二十六年(1547),其子黄承德将其所著《久庵日录》八卷及学生听讲所记的《习业录》四卷合并,刻成《明道编》十二卷。以《久庵日录》中晚年所著六卷置诸卷首,早年所记二卷置诸卷末。今本仅六卷,可能系后人改编。该书反映了作者晚年由笃信王学到批判王学的思想转变过程,指出王学“空虚之弊,误人非细”。

《石龙集》 明黄绾著。二十八卷。卷首有嘉靖十二年王廷相序及王廷相书札一通。序曰:“余读《石龙集》,知黄子学有三尚而为文之妙不与存焉。何谓三尚?明道、稽政、志在天下是也。明道而不切于政,则空寂无实用;稽政而不本于道,则陋劣而非经术。……自其见于集者,言之有义命之顺适,有天人之契合,有良知之求,有功利之祛,有无欲之澄清,有养心之澹泊,有慎独克己之造,有精一执中之纯。……故其见诸文者,非道德之发越,必政事之会通矣。”有明嘉靖年间刻本。

《泾野子内篇》 明吕柟著。二十卷。其门人所搜集的吕柟语录的汇编,按讲习的地点分类编排,计有《云槐精舍语》二卷、《东林书屋语》一卷、《端溪问答》一卷、《解梁院语》二卷、《柳湾精舍语》二卷、《鹫峰东所语》十二卷、《太常南所附邵伯舟中语》三卷、《大学语》二卷、《春官外署语》二卷、《礼部北所语》一卷。该书论及内容极广、但思想大旨仍恪守朱子之学。批评王守仁心学是空幻之言,实则与禅合于一流。认为“格物致知”便是“穷理”,即朱熹的“存天理”。他将“格物”与诚意、去欲联系在一起,其理解的“格物”就是程朱所谓的“存天理、去人欲”的工夫。在知与行的问题上,认为知行相辅相成,但强调“知先行后”。在道德修养上提出“养性”,认为理气同一,性、命亦同一,性在气之中,“气犹舟也,性犹人也,气载乎性,犹舟载乎人也”,人们在“养性”的存养工夫中则是让气韵贯通,使义理之心见于事业。该书在阳明心学盛行之时成为恪守朱子之学的代表作之一。其文在朝鲜李朝时代被定为范文。有一定的影响。收入《四库全书》。

《苑洛集》 明韩邦奇著。二十二卷。受张载气学影响,持气本论,认为“混沌之初也,渣滓融尽,湛然清宁,而万象皆具一极中。”(《正蒙拾遗序》)明于数学,阐发易数精蕴,类似邵雍。认为“道原于一而散于万。原者,理也;散者,数也。天下有不同之数,而无不同之理。理者数之神宰也,数者理之形象也。非理则数不生,非数则理不著。舍数而言理者,虚无之学也,舍理而言数者,技术之流也。故吾道者合理与数言之也。”(《嘉靖七年顺天府乡试》)“数生于五行,万物不能逃也。”并评论“朱子得易之一枝,程传得易之余蕴,京氏得其门矣,而未见堂室之大。”(《见闻考随录五》)其动静观提出“造化人心,不过动静两端而已。才离于动便属静,才离于静便属动。古之圣贤只说动静,于中捻出一‘己’字,已属之动矣。”(《见闻考随录三》)政治观方面反对贡使扰民,提出“圣人无虐民之政”(《见闻考随录五》),认为“有足国之大本,有强国之大本。食货者,足国之道也,而其本在于节用;戎兵者,强国之道也,而其本在于安民。”并总结唐宋灭亡的原因为“藩镇之权释而兵始弱,保甲之法行而民始困。”(《正德八年山西乡试》)收入《四库全书》。

《王心斋先生遗集》 明王艮著。袁承业辑。初由王艮子王衣、王襞和门人董燧将王艮《格物要旨》、《勉仁方》等篇汇编成册,称江浦本。后王襞、董燧与门人聂静又增刻《语录》、《年谱》。万历年间,王艮孙王之垣据董、聂旧本,重刻成今本《心斋王先生全集》。清末民初,东台袁承业在王之垣刻本外,增加一庵、东厓两集,编成《明儒王心斋先生遗集》。内容与《心斋王先生全集》无大异。提出身为天地万物之本,以安身为齐家、治国、平天下之本。反对尊道不尊身,认为以自我曲从外界是“妾妇之道”。提出“百姓日用即是道”的真理标准。强调精神修养不可强求、做作,应靠直觉、随感而应,不思而得,不勉而中,“天理者,天然自有之理也。才欲安排如何,便是人欲”(同上)。提出“不乐不是学,不学不是乐”的学习观。“乐是乐此学,学是学此乐。”“乐便然后学,学便然后乐”。

《王道论》 明王艮著。提出建立一个“人人君子,比屋可封”的理想世界,为“王者”勾画出“治天下”的蓝图。认为“养之有道,教之有方”是实现这一理想的根本途径。提出“务本而节用”,“去天下虚靡无益之费”的经济主张。认为“今天下田制不定而游民众多,制用无节而风俗奢靡”。因此“欲民之无饥寒，不可得也。饥寒切身，而欲民之不为非，亦不可得也”。收入《王心斋先生遗集》。

《明哲保身论》 明王艮著。提出“身尊则道尊”、“爱身如宝”的观点。认为“身与道原是一体”，“能爱人，则人必爱我……”于是“吾身保，然后能保一家”，“吾身保，然后能保一国矣”，“吾身保，然后能保天下矣”，将“吾身”与家、国、天下的命运联系在一起，与追求真理“道”的一致。有反抗政治压迫的寓意。收入《王心斋先生遗集》。

《读书札记》 明徐问著。八卷。为作者任贵州巡府时与从学诸人的问答和读书笔记。认为“天体浑沦，轻清积气”（卷一）。以“理”和“太极”为世界的本体，提出“理在天则，太极为根”（卷三）。“太极之有动静而生阴阳”，“阴阳变合而生五气五行，播于四时，散为万物”（卷一）。认为世界是运动变化的，“二气之变，所以尽天地之用也”。“静极复动也，动静互为其根”（卷一）。人性论认为“理犹全粹，本无不善”，“人禀受理气，原不相离，气质中则有清浊善恶耳”。“性字训义从心生，以人心具此生理，而实不外乎气也。”（卷三）继承程朱理学，力诎心学，批评“象山从禅处着脚，却从高处立论”（卷五）。总结前人的修养功夫说，认为“主一无适为存养工夫，非礼不动为省察工夫，格物穷理为致知工夫，义以方外为力行工夫，反躬践实亦在义方之内矣。先儒反复辩论，要无出此。”（卷三）收入《四库全书》。

《复余子积论性书》 明魏校著。为作者与友人余子积（余祐）进行学术论辩的书信。作者不同意余子积“性合理与气”的观点，认为“理气元不相离”，“理在天地间本非有一物，只就气中该得如此便是理”。但“理气虽不相离，然亦不曾相染”，理气关系是“理者气之主”。推崇程伊川的“性即理”和孟子的性善论，认为“天者，理而已矣，其命于人本善而无恶”，“恶乃气禀物欲所为，自与吾性无与”。认为“祸福本是气所为，理实为主，而气又是活物，故有气数好底因为恶而变得不好者，气数不好底因为善而变得好者”，因而“君子为善惟欲顺天，初非以得福而后为；其为不善惟恐逆天，初非以得祸而后不为也”。编入《庄渠遗书》卷十三，收入《四库全书》。

《庄渠遗书》 明魏校著。十六卷。庄渠为魏校之号。其学和朱陆，尤宗心学。认为“从古千圣以来，唯传一心，以开来学。”（《心说》）忧心“圣王心学不传也久矣”，认为“圣学枢机，全在此心有个主宰，故谓之天君。”（《发明心箴》）以“心”解老子的“混沌”：“吾心一念不生时便是混沌。”（《答陈元诚别纸》）认为理气关系是“理者气之主宰，理非别有一物，在气为主，只就气上该得如此处，便是理之发用。其所以该得如此，则理之本然也。”（《体仁说》）在动静关系上认为“圣贤心学，一动一静相乘而静常为主”（《与金士惇》），“圣门之学莫大于求仁，而求仁之功必先于主静。”（《与唐虞佐》）认为人性是“纯粹至善”，不同意“先儒谓有天地之性，有气质之性，分作两截说了。”（《复余子积论性书》）强调“敬”，认为：“忠恕不是两个功夫，通大学至平天下都包了，大要只是一个活底敬也。”（《与王纯甫别纸》）主张“天理人欲势不两立”（《答张希虞》）。提出“治天下者当以公天下为公。”（《体仁说》）收入《四库全书》。

《桃冈日录》 明蒋信著。一卷。针对北宋张载气质、天命之性的区分指出，“若然则气质者果非大和之用，而天命者果超然于二气五行之外乎?”指斥先儒“性是理，理无不善”是“气质外别寻理”。还强调“不当于心外更求知”。认为“六经具在，何尝言有个气，又有个理。凡言命，言道，言诚，言太极，言仁，皆是指气而言。”“只就自心体认，便见心是气。生生之心便是天命之性，岂有个心，又有个性。”美国哈佛大学哈佛燕京图书馆收藏有本书。收入商务印书馆和广西师范大学出版社 2003 年版《中国海外珍本丛刊》。

《说理会编》 明季本著。十五卷。季氏之学贵主宰而恶自然。指出“圣人学，不贵自然”，“自然者，必以理为主宰可也”，而佛老之学“惟任自然而不知其非矣”。还说“圣人之学，只是谨独”。“谨于独知即致知也。谨独之功不已，即力行也。故独知之外无知矣，独知之外，无行矣。”书中还详辨邵雍《梅花易数》一书“梅花数从上起卦，据数论爻，略不及阴阳消长之几、进退存亡之道，与邵子所精加一倍之学大异，而宋元间名儒皆未之及”。“意其为元未之书”。非常有见地。收入《四库全书存目丛书》。

《薛中离先生全集》 明薛侃著。二十卷。据高夔《序》称：“先生所著书曰《研幾录》者三卷，《图书质疑》三卷，《诗文集》十二卷，《乡约》一卷，当时有刊有未刊，散佚久，无存本。今其邑人曾君彭年及吴生光国为之搜求编订，辑为全集，将付印以行于世，而吴生更走数千里，问序于余。”又据曾彭年《编校中离先生遗书题记》：“先生书存者凡三种，曰《研幾录》，刊于嘉靖乙未；曰《图书质疑》，有先生自序，不言付刊；曰《文集》，刊于万历丙辰。今乙未、丙辰二板久无存，《文集》尚有旧家藏本，《研幾录》、《图书质疑》则皆辗转传抄本也。三书各为卷数，惧其散而易佚也。用陆文安、王文成二书例，合而刻之，另加编次，订为二十卷，先之以《研幾录》、《图书质疑》，次之以《文集》、又次之而附以先生侄东泓《给谏疏草》终焉。道光朝冯氏奉初辑耆旧文集，于先生作，具见搜罗，恨非足本。”

《研幾录》 明薛侃著。三卷。初刻于明嘉靖十四年(1535)。《四库全书存目丛书》收有明万历四十五年(1617)薛茂杞等重刻本,不分卷。郑三极《序》称:“动之微曰幾。性也道也人皆有之,人皆可能者也。丧其有而弗能非他,慢于幾而已矣。故研幾者,率性之恬、修道之枢要也。……视于无形,听于无声,志常存,念常一,精神意思常凝定,而虚明,而后一,有萌焉,必觉也,一有觉焉,必克其善,去其不善,是之谓研幾。……三极等日侍而见其精也,录其言曰《研幾录》,皆发明要约,以贞乎一者;谋诸同志,梓而受之,用作于观者。”

《云门录》 明薛侃著。一卷。初刻于明万历二年(1574)。罗汝芳《云门录引》:“阳明先生倡学东南,及门高弟咸推重中离薛公,故海内录薛公语以传者亦数种。自余所见,则未有若兹《云门录》之详且粹焉。成录始末具在淮涯倪公自述篇中。余自甲辰(嘉靖二十三年)同公第于春官,中间来令余邑,暨迁秩南部,宅忧家食,往来唔对,殊二十年,然未得睹兹录也。后起复居京,余候之客邸,乃携入静室中,焚香洁几,手展相示一过,且曰:兹录平生未敢出诸一人,是则为公易箦先三日也。……今又十载,余过公家,讯其嗣子鲁,获睹斯录如新时。值临川同志友南华许君守淮之下邳,君乐与入梓。”

《困辩录》 明聂豹著。八卷。为嘉靖二十六年(1547)诏狱时所作的札记。有辩中、辩易、辩心、辩素、辩过、辩仁、辩神、辩诚八篇。明罗洪先为之批注。书中倡“主静”,提出“立人极者,常乎主静”(《辩中》)。认为“致良知”就要存养“孩提”时“纯一未发的本体”(《辩诚》)。反对求学引经据典,模仿古人。收入《双江文集》。

《双江文集》 又称《双江聂先生文集》。明聂豹著。为聂豹诗文集。“归寂”说为双江学说显著特点,认为“心”本为静默的“寂体”,“心主乎内,应于外而后有外。外其影也,不可以其外应者为心,而遂求心于处也”。强调只有求内,以“洗心退藏为主,虚寂未发为要”,通过“养本体”即“动静无心,内外两忘”的涵养工夫,以达到“良知”。倾向宋儒的“主静”说,认为“今日工夫只是主静”。收录《四库全书存目丛书》。

《徐横山文集》 明徐爱著。二卷,附录一卷。徐爱早逝,其父徐玺于徐爱死后,搜检徐爱遗稿,托蔡宗兖正讹,补缺、作序,编成《徐横山文集》上下两卷,附亲友哀词一卷,于嘉靖十三年(1534)付梓印行。书中记录了徐爱演习心学的心得,“学莫要于收放心,涵养省察克治是也”。提出治学须辨义利之分,“心德者,人之根源也,而不可少缓;文章名业者,人之枝叶也,而非所汲汲”。

《颜山农先生遗集》 明颜钧的作品集。由颜氏族裔颜镇瀛、颜学渊搜集,尹继美编校成书,清咸丰五年(1855)刊刻。全书九卷,分别为榜文、书、记、序、引、辩、论、题跋、诗、传、杂著及门人后学所撰有资料。其中包括反映其思想观点的有《耕樵问答》、《劝孝歌》、《论三教》、《告天下同志书》、《急救心火榜文》、《箴言六章》等。传本甚稀。1996 年中国社会科学出版社出版点校本,改题《颜钧集》。

《升庵集》 明杨慎著。八十一卷。批评邵雍、朱熹等的天体构成说,认为“处于物之外方见物之真也,吾人固不出天地外,何以知天地真面目与?”(《宋儒论天》)学术倾向于理学,以老子《道德经》释理:“理可理,非常理,强名曰理,盖至理本不可名,而借木理之理、文理之理、玉理之理而强名曰理。”(《太极》)以生生不息释阴阳观:“不曰阳阴而曰阴阳,何也?曰生生之谓易,阳主生,阴主死,若曰阳阴,则死而不复生矣。先阴后阳有生生不穷之义焉。”(《阴阳》)以心不染尘为格物:“格者隔也,格而蒙之帛明,既不蔽而尘又不入。呜呼,外物为吾心之尘也多矣,色声香唯皆心之尘也,吾心之尘隔之使不侵”,即是格物(《格物说》)。认为道学即是心学,反对陈白沙“欲率古今天下而入禅教也,岂儒者之学哉!”(《儒教禅教》)。又贬斥王安石新政误国。收入《四库全书》。

吉斋漫录 明吴廷翰著。二卷。撰成于明嘉靖二十二年(1543)。阐发其气本论。认为程朱理学和陆王心学均对孔子学说有歪曲,强调“孔门之学,只是要‘求仁’。‘克己复礼’求仁全功,圣人一句说了。非礼勿视、听、言、动,乃其用功之目,为要个下手处,故说出。”“‘出门如见大宾,使民如承大祭,己所勿欲,勿施于人,’‘居处恭,执事敬,与人忠’。其实也只是个‘克己复礼’”。“为恭敬、忠恕,有实地,可以渐次用工,故指出耳。若‘先难后获’与‘其言也讱’,是说仁者之心如此,其工夫也只在恭敬忠恕上”。指出“《论语》一书,未尝直指仁之全体。盖圣人于学者只是教以为仁,非若后世只讲求名义。教以为仁,则得寸是寸,得尺是尺。讲求名义,顾有终身说行路而不能寸尺者矣。”该书对 17 世纪日本伊藤仁斋学派产生过重大影响。后编入《吴廷翰集》。

《东廓集》 明邹守益著。十二卷。由董燧于福建建宁府同知任上编次。收录“答述说记序论箴铭杂著之类,皆发自胸中所独得,随在立言,无一而不从德性拟议,以深明乎致良知之旨,而示学者知所用心”。尤其强调“慎独”、“戒惧”为致良知的主要修养方法。收入《广理学备考》、《四库全书存目丛书》。

《学蔀通辨》 明陈建著。明正德嘉靖年间，王守仁心学风靡全国，陈建深忧程朱理学之渐衰微，于嘉靖十二年至次年在福建侯官任县教谕时，与督学潘潢讨论“朱陆异同”，后把讨论记录整理编为《朱陆编年》。辞官归里后于嘉靖二十七年，对之加以修改补充而成本书。共四编十二卷。在厘清朱熹思想观点提出先后次序的基础上，划清朱陆之不同界限，其旨在于捍卫朱熹学说。指斥陆王之学为“阳儒阴释之蔀炽”(《总序》)。认为“学术之患，莫大于蔀障。近世所以儒佛混淆而朱陆莫辨者，以异说重为之蔀障，而其底里是非之实不白也。”(《自序》)全书以前、后、续、终分编，前编明朱陆早同晚异之实，后编明象山阳儒阴释之实，续编明佛学近似惑人之实，终编言圣贤正学不可妄议之实。收入《四库全书》。

《水洲文集》 明魏良弼(别号水洲)著。凡四卷。南昌刘日宁删订，丰城熊剑化刻于华亭。据其原目，有奏议、书简、语录、撰述、诗赋五卷，附录碑记、行略一卷，共六卷。后佚第三卷(语录)和第四卷(撰述)，存四卷。

《杨忠介集》 明杨爵著。十三卷。前八卷为其本人的诗文，后五卷为与其有关的他人诗文。其学笃实，以躬行实践为先，尊《中庸》和“中和”说，认为“中和，心之本体也”，“性命本然之则也”，“天下之道至《中庸》而极。”(《语录·论道》)认为“道心人心，只以是与不是求之。一念发动的不是，则为人心。道心极难体认，扩充戒谨恐惧之功，则蔽锢泯灭，故存焉者寡矣，故曰‘惟微’。人心一动即在凶险路上行矣，丧德灭身亡国败家由于此，故曰‘惟危’。”(《语录·漫录》)说：“大丈夫志在天下国家，不以生死存亡为念”，“为人臣子，苟禄苟位，不以君民为心，则穿窬鄙夫，与草木同腐，天地间无容身之地矣。”(《家书》)收入《四库全书》。

《欧阳南野集》 明欧阳德著。三十卷。为欧阳氏诗文集。书中对“格物致知”义旨的阐发，对挽救王门中“归寂”派的流弊，作用尤大。收入《广理学备考》。

《绪山会语》 明钱德洪著。二十五卷。重在“知(良知)”字，认为“充塞天地间，只有此知”，“此知运行，万古有定体，故曰太极”。《明史·艺文志》载钱氏有《绪山集》二十四卷，《四库全书总目》称有《绪山会语》二十五卷，今均已散佚不可见。

《华阳馆文集》 明宋仪望著。认为“人自孩提以来，即能知爱知敬，夫知爱知敬，即良知也”，“此谓不待虑而知”。故“良知”为先天所有。今存清道光中和堂刻本。收入《四库全书存目丛书》。

《程文恭公遗稿》 明程文德著。三十二卷。据《松溪程先生年谱》载：万历十一年(1583)郡守李一元搜寻程文德文稿，由金华冯熊嵬辑成《遗稿集》，后巡安御史庞尚鹏读《遗稿集》，移文金华府云：“文德之道德文章，流芳宇宙，为文有裨世教，拟合刊发行。”然稿多缺落，未能称全集。万历十三年，程光裕经多方搜集，梓成《程文恭遗稿》三十二卷。前二十二卷为文，后为诗。

《林东城集》 明林春著。嘉靖二十九年(1550)孔文谷刻。上下卷，四册。卷首有嘉靖二十五年王畿序，卷末有嘉靖二十一年张淳后序，并附有嘉靖二十九年其子林晓等四人所撰之跋文。王畿在序中说：“孔文谷刻之浙中，诸子晓辈归而藏之于家，子虑其传之弗广也，移之州治而遍行焉。”

《南询录》 明邓豁渠著。万历二十七年(1599)何继高刻。卷首有自叙。据万历十五年李贽《叙南询录》：“今《南询录》具在，学者试取而读焉，观其间关万里，辛苦跋涉，以求必得，介如石，硬如铁，三十年于兹矣，虽孔之发愤忘食，不知老之将至，何以加焉，予甚愧焉。以彼其志万分一，我无有也，故复录而叙之以自警，且以警诸共学者。”

《龙溪全集》 明王畿著。二十卷。由王畿子应斌、应吉编，共《语录》八卷，《杂著》九卷，《诗》一卷，祭文、志、状、表传二卷。其门人丁宾重镌时，增补《大象义述》一卷，传志、祭文一卷共二十二卷。王畿其学主悟，尝谓：“心、意、知、物只是一事，若悟得心是无善无恶之心，则意、知、物俱是无善无恶。”主张“从先天心体上立根”，认为“良知一点虚明，便是作圣之机，时时保住此一点虚明，不为旦昼梏亡，便是致知。”把王守仁“良知”学说进一步引向禅学。有万历本。收入《广理学备考》、《四库全书存目丛书》。

《问辨录》 明高拱著。凡五卷。以答问形式，“取朱子四书章句集注疑义，逐条辨驳”(《四库全书提要》)，为批评程朱思想的专著。在理与事、理与性、知与行、义与利问题上，批判了程朱“虽无其事，实有其理”、“性即理”、“圣人生知安行”、“以名为利”的说法，提出“夫理也者，事之理也”、“义者利之和”及人物各有其性，圣人其学不已等观点。书中避开孔孟，讳言墨荀，只批程朱，尚未摆脱传统儒学的影响。收入《高文襄公集》。

《近溪子文集》 明罗汝芳著。明耿定向、杨起元评，明黄承试编附集。六卷，续集二卷，附集二卷。作为泰州学派后学代表人物之一，近溪主张用“赤子良心，不学不虑”的方法去致良知。该书存万历本，收入《广理学备考》、《四库全书存目丛书》。

《何心隐集》 原名《何心隐先生爨桐集》。明何心隐著。凡四卷，共五十九篇。另有《补遗》两篇。书中以“心”、“仁”即“太极”为万物的本源。肯定“欲”是人的本然要求。为天启五年(1625)张宿诠订初刻，并附其“叙”，但流传很少。1960年中华书局以张宿刻本为底本，参校《梁夫山遗集》抄本，又汇编入有关何心隐的资料，出版《何心隐集》。

《胡子衡齐》 明胡直著。凡八卷。为其与门人讲学之语汇编。据《四库全书总目提要》载，分九篇，篇有上下。其名衡齐者，意谓：凡谈理者，当皆以此书为准。书旨在疏通王守仁之学，但与王守仁亦有差别，王学常谓“人心之理即天地万物之理”。而直则认为理在心，而不在天地万物，指出天地万物为无理。文章纵横恢诡。《明儒学案·江右王门学案》有节选。

《衡庐精舍藏稿》 明胡直著。三十卷，后附《衡庐续稿》十一卷。其宇宙观认为“天地万物即己，宇宙之即吾心。”(《上江陵张相公》)“故理之在人心也，宰之一心而达天下。”(《申言上》)综合程颐“在物为理”、朱熹“天下之物莫不有理”以及“理不外心”说，提出“理岂有内外哉?”(《理问上》)“心体诚无内外，以良知之无内外。”(《奉聂双江先生》)“本然天则者正即良知本然之觉照，无内外者也。初未尝黜觉照而言良知，亦未能外良知而求天则，即如好恶是觉照，无有作好作恶是良知，亦即是本然天则者也。”(《复孟两峰》)认为“夫心虚而灵者也，即独知是也。此独知者，不论动与静，有念与无念，有事与无事，总之一虚而灵而已。”(《答人问独知》)其名实观既重名更重实，认为“吾以为君子非不名也，贵实不贵名可也。”(《名论下》)以《太极图说》为伪，提出太极阴阳不能以图示之(《太极图说辩》)。认为“朱子晚年学术即阳明无异耳。”(《启江陵张相公》)收入《四库全书》。

《友庆堂合稿》 明王时槐撰。七卷，补遗一卷。今存三种版本：一是明万历三十八年(1610)邹元标序刊本，由其门人贺沚编校，刻于江西盱江。二是清光绪三十三年(1907)重刊本，由其族人捐赀重刊，今收入《四库全书存目丛书》。三是《友庆堂存稿》十四卷本，明万历二十八年萧近高刻。

《王塘南先生自考录》 明王时槐著，万历四十七年(1619)王补敬序刊。清康熙五十年(1711)族孙王珀重刻。据陈诜《王塘南先生自考录序》：“虽今所刻者，仅存什一于千百，然先生生平之行藏、进道之次第、书集之名目，亦于此大略可观矣。”

《张文忠公全集》 原名《张太岳文集》。明张居正著。由其子张嗣修辑。四十六卷。《奏疏》十三卷，《书牍》十五卷，《文集》十一卷，《诗》六卷，《女诫真解》一卷。《奏疏》前十一卷、《书牍》前十三卷均为其入阁前作品。有明万历年间刻本，清收入《四库全书》。邓氏刻本增《行实》一卷，陶文毅刻本再增原序一卷，1935年商务印书馆校点后，收入《万有文库》丛书。

《张太岳文集》 即“《张文忠公全集》”。

《论语直解》 明张居正撰。二十卷。该书解《论语》不引经据典而就字面直解其义。如其解“学而时习之，不亦说乎”则谓：“学是仿效，凡致知力行皆仿效圣贤之所为也。习是温习，说是喜悦。孔子说道，人之为学，常苦其难而不悦者，以学之不熟，未见意趣也。若既学矣，又能时时温习，则所学者，义理浃洽，中心喜好，其进自不能已矣”。又如解：“其身正不令而行，其身不正，虽令不从”，则谓：“令是教戒，孔子说，上之导下，以身不以言，若使伦理无不尽，言动无不谨，则身正矣。由是民皆感化，不待教令而自然无敢有违背者。若其身不正，则民心不服，虽教令谆切，亦不从也。”所解通俗易懂、明白如话。民国时曾作为中学生的《论语》讲义。

《敬所文集》 明王宗沐(1524—约1592)著。三十卷。敬所服膺陆王“心学”，认为：“自开辟以至今日，惟有一心，更何不同之有?”只有“心正”，才能“物应”，故必须“慎独”，辨此心之真伪。这是“圣学”之所在。有万历本。收入《四库全书存目丛书》。

《焚书》 亦称《李氏焚书》。明李贽著。六卷。包括书答、杂述、读史短文及诗等。作者公开以“异端”自居，蔑视和否定孔孟。鞭挞理学家的伪善与丑恶。揭露统治者的无能与腐败。批判封建礼教对人性的束缚。“自序”中称：“所言颇切近世学者膏肓，既中其痼疾，则必欲杀我矣，故欲焚之。”即取名《焚书》。明万历十八年(1590)初刻，万历二十八年又重刻，均遭禁毁。今本为李贽死后由别人重编刊行。其中增补了一些万历十八年以后的作品。1961年中华书局据清末《国粹丛书》本校勘出版单行本。

《李氏焚书》 即“《焚书》”。

《续焚书》 明李贽著。五卷。系《焚书》的续编，由门人汪本钶辑成。本书激烈批评儒家经典和伪道学，指出：“阳为道学，阴为富贵，被服儒雅，行若狗彘。”(《三教归儒说》)表示不怕当权者的残酷迫害，“我可杀不可去，我头可断而我身不可辱”(《与耿克念》)。初刻于明万历四十六年(1618)。今有1961年中华书局校点本。1974年中华书局又将《焚书》与《续焚书》合编出版。

《藏书》 亦称《李氏藏书》。明李贽著。六十八卷。作者自言:“此书但可自怡,不可示人。”“吾姑书之而姑藏之,以俟夫千百世之下有知我者”(《梅国桢序》),故名。用纪传体,取材历代“正史”,论述战国至元亡的历史人物约八百人。书中批评以孔子之是非为是非,把农民起义领导陈胜、窦建德列入“世纪”而与历代帝王并列,还赞扬寡妇再嫁这类不拘礼教束缚的行为。最早刻印于明万历二十七年(1599)。1959年中华书局校点出版。

《李氏藏书》 即“《藏书》”。

《续藏书》 明李贽著。二十七卷。为《藏书》的续集。取材于明代人物传记和文集,载录了明神宗以前明代人物约四百名。作者对历史人物作了与传统见解不同的评价,表达了对现实的批判态度。但又承认“君父”大义,反对“篡逆”,主张历史循环论和宿命论。有明万历三十九年(1611)刻本。1959年中华书局校点出版。

《明灯道古录》 明李贽著。二卷。为万历二十四年(1596),吏部右侍郎刘东星之子刘用相和侄子刘用健向李贽请教《学》、《庸》大义的问答记录。推崇个人自由的思想。认为“人即道也”,“故君子以人治人”,不能“以己治人”;要求做到“天下之民,各遂其生,各获其所愿有”。认为“尧舜与途人一,圣人与凡人一”。主张“民之所欲”即“善”。还据孔子相鲁三月讲求衣着之事,指出孔子也贪求富贵,说:“圣人虽曰:‘视富贵如浮云’,然得之亦若固有;虽曰:‘不以其道得之,则不处’,然亦曰:‘富与贵,是人之所欲’。今观其相鲁也,仅仅三月,能几何时,而素衣麑裘,黄衣狐裘,缁衣羔裘等,至富贵享也,御寒之裘,不一而足;裼裘之饰,不一而袭:凡载在《乡党》者,此类多矣。谓圣人不欲富贵,未之有也”。

《敬和堂集》 明许孚远著。八卷。其学以“克己为要”,“信良知,而恶夫援良知以入佛者”;将“格物”等同于“诚意”,“所以诚意工夫透底,是一格物”。有万历本。收入《四库全书存目丛书》。

《惕若斋集》 明管志道著。分《惕若斋集》二卷、《惕若斋续集》二卷,有书、序、跋、传、志铭等。叙曰:“迨己丑(万历十七年)而有《鲁论训义》几条,缘感别兆而作,然不敢以示人也。时有故友平厓张子与余论《易》,见而诧曰:‘子亦斯文中人,何乃甘自废弃而不为后死者地乎?盍少留副墨以代家乘?’余为之怃然。嗣是稍存训古蠡词及应酬尺牍,终以性懒作书,书懒起草,什不存其二三,而存者旋复散逸。偶于病余忆张子之言,感海内仁贤之不我弃也,摘其颇关世教者,笔之以示后昆,因更‘退居斋’曰‘惕若斋’,励我后人,永毋忘干惕之一念云。”推崇周濂溪,对朱熹、王阳明、王艮皆有批评。收入《四库全书存目丛书》

《从先维俗议》 明管志道著。五卷。管志道《从先维俗议缘起叙》:“岁辛丑(万历二十九年),更有感于后进之乘先进也。爰从絜矩达尊起议,引而伸之,成《从先维俗议》五卷。通家子徐文学泰宁请梓以行,从之。‘从先’云者,取义于孔子之‘从先进’也。不从先进,不足以维末俗。……蠡管之窥,何敢自谓无漏?故以‘议’为名。”其中前三卷皆述明代礼制,讽议世俗;后二卷则“阐扬哲理,沟通儒释。其调和心性,挽救末流之旨,异乎宋儒之辟佛老,而隐已翕受道家佛家之精意者,可无论已”(俞庆恩《从先维俗议跋》)。有明万历三十年(1602)初刻本。民国年间,俞庆恩据陈珠泉藏本刊于《太昆先哲遗书》中,有俞世德堂铅印本。唯陈本损佚七叶,无法觅补,故付阙如。

《考功集》 明薛蕙撰。十卷。薛蕙曾官至考功郎。主张以理为本,反对以气为理,认为理是“万化之根抵”,“气化终古不忒,其宰之者理也。”(《答王浚川书》)人性论上主张性善,反对以生为性和以气言性,认为“人生气禀有善有恶,天命之性则有善而无恶。”(《答王浚川书》)“夫未发,性也;事感而发,情也。性无不善,而情有善有不善。”(《再答浚川书》)在《或问辩》中批评以抵御外物为格物的观点是“性自性而物自物”、“贵性而贱物”、“乐言静而恶言动”的偏滞之说,认为外染的主要原因是人本身“气质之不美”,不能归于外物。以佛老二氏为明心见性之学。收入《四库全书》。

《海涵万象录》 明黄润玉著。一卷。书中“以知行为两轮”,强调“明理务在读书,制行要当慎独”,“守先儒之矩矱而不失”。《四库全书总目》对其评价:“其中间有新意,然舛误者多”。有嘉靖本、万历本。收入《明世学山》、《百陵学山》。

《呻吟语》 明吕坤著。六卷。前三卷为内篇,后三卷为外篇。认为“天地万物只是一气聚散”(《天地》)。强调“气无终尽之时,形无毁之理”(《性命》)。认为“气化”“无一息之停”。在道器、理气关系上认为“气即是理,理者气之自然也”(《谈道》)。批评宋儒的“理在气先”说与“生知”说。人性论上认为善与恶均是人的本性,“义理之性有善有恶,气质之性有善有恶,气质亦天命于人而与生俱生者,不谓之性可乎”(《性命》)。对佛教的“轮回”说也有所批评。有《文选楼》本。又有《呻吟语摘》,盖晚年定本,有万历年间刊本。

《张阳和先生不二斋稿》 明张元忭著。十六卷。罗万化、朱赓辑，明万历二十一年(1593)张汝霖、张汝懋家刻本。卷首载邓以赞万历二十一年《张宫谕文集序》、曾凤仪《论学书序》、王祖嫡《像赞》、王锡爵《墓志铭》、朱赓《张公行状》、罗万化《张公墓表》、孙矿《郡志小传》等。卷一为制、策、疏；卷二序、引；卷三为启、书；卷四、卷五为书；卷六为议、论、说；卷七为碑、记；卷八为记；卷九为传；卷十、卷十一为墓志铭；卷十二为行状；卷十三为墓表、祭文；卷十四为赞、铭、偈、题、跋、杂著；卷十五为赋、诗；卷十六为诗、调。另有七卷本，附录一卷，明万历三十年邹元标选，张汝霖、张汝懋校刻，收入《四库全书存目丛书》。1935年商务印书馆《丛书集成初编》，据张伯行《正谊堂全书》本集成《张阳和文选》三卷行于世。

《黾记》 明钱一本著。四卷。一本之学，以工夫为主。认为"性是先天太极之理，心兼后天妙气；性是合虚与气，心是合性与知觉。""仁人心，即本体；义人路，即工夫。"宋儒专谈本性，不说工夫，是"学不在践履处求，悉空谈也"，主张"率从诚始，修从明始"，"但尽其才，始能见得本体。"今存万历本，收入《四库全书存目丛书》。

《庄子翼》 明焦竑撰。凡八卷。成于万历十六年(1588)。前列所载书目，自郭象注以下二十二家；后引所谓互相发明者，自支道林以下十六家；又为章句音义，自郭象以下凡十一家。今核其所引，唯郭象、吕惠卿、褚伯秀、罗勉学、陆西星五家之说为多，其余间出数条，略备家数而已。末附《庄子阙误》一卷，又附刻一卷。有《金陵丛书》本等。

《老子翼》 明焦竑撰。凡三卷。辑录韩非以下注解《老子》者六十四家，另附以焦竑评注。书仿李鼎祚《周易集解》，各标举姓名，列本章之后；其音义训诂则仿裴骃《史记集解》。上下篇各为一卷，附录及考异为一卷。所采诸说，大抵取之各道藏，多非世所常行之本。书旨在阐发老子思想之本来面貌，力图澄明清净自然之理。

《澹园集》 明焦竑(号澹园)著。正集四十九卷，有明万历三十四年(1606)刻本，卷一至卷三十五为文，卷三十六至卷四十九为诗。续集三十五卷，有明万历三十九年(1611)刻本。清代列为禁书。1914年有上元蒋氏慎修书屋《金陵丛书》排印本，正集四十八卷据明刻本，续集二十七卷据旧钞本，其卷数与书目著录数均有差异。

《观我堂稿》 明李材著。二十二卷。熊尚文编，刘应干校，陈宗愈梓。据万历十五年(1587)顾宪成旧刻序："先生高第弟子曰李君宗诚，奉先生教来令吾邑，比及三载，政成民和，暇则至学宫，群多士而会讲焉，因出先生所著示之，多士欣然咸信侯之渊源有自也，遂请于侯而梓之，既成属余为序。"李复阳旧刻后序："兹敬辑先生诸稿汇而刻之，以惠诸士。先之《大学古义》，明宗也；次之《道性善编》、《论语大意》，又次之以书问与门人记述语而诸序文附焉，一展诵而止修之义灿如矣。僭题曰'见罗先生书'。其稿中书问删其讯谢之辞，而独存其论学语。"

《正学堂稿》 明李材著。四十卷。陈其志编辑，方承郁校正，廖同春锓梓。该书为李材晚年"居闽时，门弟子所辑应酬间学语也"(蔡大纶《正学堂稿旧刻后序》)。万历间初刻于福建漳南，再刻于福建莆阳。据卢弘进《正学堂稿旧刻后序》："黄汝洁盖先生入室弟子也，随稿记注而并收拾多友之所什袭者，久之洒洒然成帙焉。曰：是不可以无传也，以紫芝精舍之正学堂为先生敷教地也，因题曰正学堂稿，而属弘进次言其末简。"

《诸儒学案》 明刘元卿撰。"是书辑周子、二程子、张子、邵子、谢良佐、杨时、罗从彦、李翱、朱子、陆九渊、杨简、金履祥、许谦、薛瑄、胡居仁、陈献章、罗钦顺、王守仁、王艮、邹守益、王畿、欧阳德、罗洪先、胡直、罗汝芳二十六家语录，而益以耿定向之说。"(《四库全书总目》卷九十六)其学本出于王阳明。对万历年后江西吉安地区的讲学活动贡献颇多。收入《四库全书存目丛书》，为二十五卷。另收入《续修四库全书》，不分卷。

《小心斋札记》 明顾宪成著。十八卷。为读书及答门人问的笔记，按年代编次。表彰程朱，不满王守仁及佛学，特别是禅宗，主张"语本体，只是性善二字，语工夫，只是小心二字"(卷十八)。明万历三十六年(1608)，蔡献臣始为刻版，止十二卷。后其子顾与淳刻本为十六卷。清康熙年间，其曾孙顾贞观刻《顾端文公遗书》三十七卷，内收《小心斋札记》为十八卷。

《愿学集》 明邹元标撰。八卷。其学以识心体为入手，认为"吾侪顶天立地，只靠得一个心，心肠一净，肩头自树，脚跟自定，言语自定。"(《答方凤轩民部》)"此心无内外，无人我，无远近，无古今，纤毫不隔也。"(《谢袁玉蟠太史》)提出"赤子之心"说，认为"赤子之心，真心也"(《南康星子县新建儒学记》)，"赤子之心，无中外，无遐迩。"(《答田竹山太守》)服膺王阳明的良知说，以良知为天理，认为"外天理而为良知，知必不良；外良知而言天理，理属于人。"(《凤池书院记》)"良知之体无寂感无内外，而分内外寂感者是二见也"，"夫良知理一也，而分则殊；体园也，而用则方。"(《重修阳明先生祠记》)为学主张悟修结合，说："悟者即悟其所谓修者也，以悟而证修则沮于他歧之惑；修者修其所谓悟者也，以修而证悟则不涉于玄虚之弊，而实合内外之道，二之则不是矣。"(《仁文会约语》)收入《四库全书》。

《四书摄提》 明郝敬著。十卷，附录一卷。其学主性善，但认为"人性虽善，必学习而后成圣贤。赤子虽良，养之四壁中，长大不能名六畜；虽有忠信之资，不学不成令器。"强调"道不离宇宙民物……圣人礼乐即道，四科即学。""故圣人教人，择善固执，只在人伦庶物间。"郝敬反对佛、道，认为其"无学以求见性，所以荒宕驰骋，败常乱俗也"。有万历刻本。收入《山草堂集》。

《王门宗旨》 又名《王门精训》。明周汝登选，陶望龄订，陈大绶阅，余懋孳校梓。十四卷。周汝登《王门宗旨序》："《王门宗旨》者，录阳明先生语也。先生语难去取，而间有所择者，揭起要也。要语在论学，而奏疏行移等具存者，征学问之实用也。旨称宗者，明为千圣之嫡嗣也。数门人语附见，而概系之王门者，统于宗无二旨也。"陈大绶《王门宗旨叙》："首(阳明)先生语，次徐曰仁语，次王汝止、钱德洪语，而王汝中语终焉。"收入《四库全书存目丛书》。

《周海门先生文录》 明周汝登著。十二卷。"是集凡文十卷，诗二卷。集中如《九解》九篇，《越中》、《南都》、《剡中》、《东粤》、《新安》会语五篇，皆聚众讲学之语。"(《四库全书总目提要》)该书系周汝登门人校梓，且各卷的校梓者皆不同，涉及数十人之多。收入《四库全书存目丛书》。

《东越证学录》 明周汝登著。十六卷。"汝登传王畿之说，故是录以证学为名，而会语亦与诗文并列。"(《四库全书总目提要》)与《文录》比较而言，《文录》十二卷似为此书之略本。收入《四库全书存目丛书》。

《论气》 明宋应星著。作于明崇祯十年(1637)夏。包括一序二十三章。认为"盈天地皆气也"(《气声二》)，"天地间非形即气，非气即形"(《形气化》)，"有形必化气"(《形气四》)，有形之物，处于不断地变化之中。探讨了气与声音的关系，认为"人物受气而生，气而后有声，声复返于气"(《气声九章》)，"两气相轧而成声"(《气声二》)。考察了事物的量的关系，提出"均平分寸"说，认为水之所以能灭火，是因为杯水与束薪之火、巨瓮之水与车薪之火"轻重相若"、"铢两相同"(《水非胜火说》)，如果杯水车薪，则不成比例。认为"太清之上，二气均而后万物生"(《水火三》)。1976年上海人民出版社将宋应星的《论气》等四种佚著合集出版。

《陈元赟集》 明陈元赟的作品集。陈元赟于明万历末年东渡后，定居日本，直至终老于名古屋。他曾创编柔道，传播中华书法、陶艺及公安派文学，在日本有广泛影响。著作甚多，流散于日本民间坊肆，未正式刊刻过，亦未返传祖国。近年由衷尔钜在日本搜寻访求所得稿本，并作辑注，汇编成册。1993年由辽宁人民出版社出版。集中包括《元元唱和集》(与日僧元政合著)、《升庵诗话》、《长门国志》以及哲学思想著作《老子经通考》；另有杂诗杂文等。集前有辑注者所撰《前言》介绍陈元赟生平及其在日本传播中华文化的影响，集后附陈元赟年谱及有关资料。

《刘子全书》 明刘宗周著。四十卷。由其弟子董玚、黄宗羲编。语类十三卷，文编十四卷，经术十一卷；另附行状、年谱各一卷。在《语类一·人谱》中主张"道不远人"，提出"人极图"。在《圣学吃紧三关》中，指出问学之途须经过"人己关"、"敬肆关"、"迷悟关"。《语类七·原旨》强调了"心"、"性"、"理"三者的一致。有清道光四年(1824)杜春生刻本。收入《四库全书》。

《刘子全书遗编》 明刘宗周著。二十卷。清沈复粲编次。道光十五年(1851)刻印。卷首载杜春生的《抄述》，末附刘士林的《先大父秦台府君行实》。是《刘子全书》外反映刘宗周哲学思想的重要资料。以"慎独"为宗，提出："学问吃紧工夫全在慎独，人能慎独，便为天地间完人。"(《证人社语录》)将知行统一于心，强调体认、存养、省察、践履、应事接物的修养工夫。

《易箦语》 明刘宗周语录。摘录百城山房丛书本《刘子全书》而成。把"诚"作为"为学之要"，以"主敬"为其功，提出"敬则诚，诚则天"。批评了王守仁"良知"说，认为王学是"鲜有不流于禅者"。还指出："凡有事皆人欲也，若能行所无事，则人而天矣。"《明儒学案·蕺山学案》有辑录。

《中庸首章说》 明刘宗周著。撰于崇祯四年(1631)。以"慎独"为宗，指出："周元公著《太极图说》，实本之《中庸》，至主静立人极一语，尤为慎独两字传神。""独之外别无本体，慎独之外别无工夫。"将理不离气的观点贯彻于人性论，否定有独立存在的义理之性，提出："性只有气质之性，而义理者气质之本然，乃所以为性也。心只是人心，而道心者人之当然，乃所以为心也。人心道心，只是一心。气质义理只是一性。识得心一性一，则工夫与本体亦一。"收入《刘子全书》。

《人谱》 明刘宗周著。崇祯七年(1634)读袁了凡《功过格》后撰，逝世前定稿。一卷，分正编、续编。

正编仿周敦颐而作《人极图》和《人极图说》。续编有《证人要旨》以及《记过格》、《讼过法》和《改过格》等。文中阐述了刘宗周的"慎独"思想，提出"自昔孔门相传心法，一则曰慎独，再则曰慎独。夫人心有独体焉，即天命之性。而率性之道所从出也。慎独而中和位育，天下之能事毕矣。"认为"人心之体，分为二五，散为万善，极而至于天覆地载，民胞物与，不外此心之知能乃其工夫要之善补过之，异于不思善恶之旨。"批判"知先行后"说，改造"知行合一"说，提出："行到然后知到"，"知行只是一事"，"由常知而进于真知"。收入《刘子全书》。

《原旨》 明刘宗周著。撰于崇祯十五年(1642)。含原心、原性、原道(上下)、原学(上中下)四部分七篇。集中反映了刘宗周的哲学思想。提出"盈天地间一气而已矣，气聚而有形，形载而有质，质具而有体，体列而有官，官呈而性着焉，于是有仁义礼智之名。""惟天下无心外之性，所以天下无心外之理也。惟天下无心外之理，所以天下无心外之学也。"强调"习"对认识的作用，说："天下之知皆习于独矣。"批判朱陆学说，认为朱陆之弊为"不致吾知而先求之于本心，其失也荒。不致吾知而漫求之于物理，其失也支。支且荒，圣狂之分也。毫厘之差，千里之谬也。"收入《刘子全书》。

《证学杂解》 明刘宗周著。撰于崇祯十六年(1643)。二十五篇。以"慎独"为道德的至高境界，认为"慎独之功，只向本心呈露时随处体认去，便得全体荧然，与天地合德。"主张日用自然之学，说："天理何理？归之日用。日用何用？归之自然。吾安得操功自然者，而与之语心学也哉！"强调躬行实践。批评阳明后学之弊，说："天下诤言良知矣，及其弊也，猖狂者参之以情识，而一是皆良，超洁者荡之以玄虚，而夷良于贼，亦是用智之过也。"收入《刘子全书》。

明清之际

《理学宗传》 明清之际孙奇逢著。二十六卷。以宋周敦颐、程颢、程颐、张载、邵雍、朱熹、陆九渊，明薛瑄、王守仁、罗洪先、顾宪成十一人为主(卷一至卷十一)，以从汉到明的其他儒者为辅(卷十二至卷二十五)，叙述宋明理学的道统。卷二十六为附录。主要人物均有生平、著作及评语。推崇程朱陆王，贬低佛教。主张"理者，乾之元也，天之命也，人之性也"(《自序》)。认为王守仁的"无善无恶心之体"与禅宗不同，并不与孟子的性善"相悖"(《义例》)。收入《孙夏峰全集》，有清刻本。

《夏峰先生集》 明清之际孙奇逢著。十四卷。包括书(卷一、二)、序(卷三、四)、传记等文(卷五至十)、诗(卷十一、十二)和语录(卷十三、十四)。本书出入程朱陆王之间，唯不满禅宗。认为理是气的"主宰"，心是"气之主"。主张在"日用食息间"去体认天理。有商务印书馆1939年版。

《四书近指》 明清之际孙奇逢著。凡二十卷。顺治十六年(1659)成书。"近指之意，非训诂之学，实见闻之统也。"(《序》)主张合朱子之"格物致知"与阳明之"致良知"为一。认为："文成之良知，紫阳之格物，原非有异"，"主文成，则天下无心外之物，无物外之心，一切木砾瓦石，一览即见，皆因吾心原有此物"，"知与物不相离"；"主紫阳则今日格一物，明日格一物，诗书文字、千言万语只是说明心性。""且一旦豁然，则物即是知"，"亦知与物不相离"(《大学文道章》)。提倡"躬行实践"的观点，赞同王守仁的"知行合一"说。强调"行"字在知行关系中的重要意义。坚持道问学与尊德性的同一性。其学"兼采朱陆"，"其说虽不一一皆合经义，而读其书者，知反身以求实行、实用"(《四库全书总目》卷三十六)。收入《四库全书》，今收入中州古籍出版社2003年版《孙奇逢集》。

《书经近指》 又名《尚书近指》。明清之际孙奇逢著。凡六卷。卷首有顺治十八年(1661)《自序》及自订"凡例"六条。在体例上，将虞、夏、商、周四代五十八篇之书分六卷，加以阐释，"稿经数易，取证于先儒，静观于世变，问难于及门诸弟子，其成之难且久也"。宗旨在于"总发其意"，"(省)略处甚多，第取其融贯大旨，原非逐节逐句发明得其意"，"标曰近指，而非有高远之言也。"(《凡例》)认为《尚书》主旨、"纲领"乃一"敬"字，而"主敬存心"的功夫又要在日常生活上用。康熙十五年(1675)由后学赵瓒校订刊刻，收入《四库全书》。今收入中州古籍出版社2003年版《孙奇逢集》。

《读易大旨》 明清之际孙奇逢著。凡五卷。康熙八年(1669)成书。《义例》云："余至苏门，始学《易》，时年已逾花甲。年老才尽，偶据见之所及，撮其体要，以示门人子弟，原非逐字逐句作解。故曰'大旨'"。意在讲明大意，不在逐字逐句解释。卷首为《总论》，卷一为《上经》，卷二为《下经》，卷三为《系辞上传》、《系辞下传》，卷四为《说卦传》，卷五为《兼山堂答问易》、《与三无道人论易》之语。后其曾孙孙用正收辑散于他书中的论《易》之语五条，汇冠卷首，题为《义例》。此书不涉及河图洛书之说，大意阐发义理，切近人事。"以《象传》通一卦之旨，由一卦通六十四卦之义。凡所训释，皆先列己说，后附旧训。"(《四库全书总目》卷六)收入《四库全书》，今收入中州古籍出版社2003年版《孙奇逢集》。

《榕坛问业》 明清之际黄道周著。十八卷。为弟子据其讲学之语所编。其书旨在"万物一体"，谓"圣人看得世上只是一物"，"自宇宙内外，有形有声，至声臭断处，都是此物贯彻"。认为人之性初，本无上智下愚之别，"上知(智)下愚，俱是积习所成"。只要"克己"，"只把己聪明才智一一竭尽，精神力量一一抖擞"，把先天本性充分发挥出来，"如此便是格物物格，致知知至耳"。《明儒学案》内有辑录。

《朱舜水全集》 明清之际朱之瑜(号舜水)著。1912年由日本稻叶君山编成，东京文会堂刊行。此书乃《明朱徵君集》(1684年加贺侯文学源刚伯所编十卷)和《舜水先生文集》(1715年水户侯权中纳言从三位西山源光国辑二十八卷)的合刊本。1913年马浮据以删定厘订为《舜水遗书》，其中包括文集二十五卷。书中列举"致虏之由"和"虏害十条"，揭露明末政治的腐败和清政府的残酷压迫，提出"事事与之相反"的灭虏之策。认为程朱理学"纯弄虚脾，捕风捉影"，阳明心学"固染于佛氏"、"高视阔步，优孟衣冠"(《答安东守约问》)；指斥宋儒"终不曾做得一事"。为学主"实理实学"，强调"学问之道，贵在实行"(同上)，"经邦弘化，康济艰难"(《答林春信问》)。提倡"事功"，主张从"日用之能事"着手。中华书局1981年校勘刊行，题名为《朱舜水集》。

《陈确集》 明清之际陈确著。四十七卷。其中《文集》十八卷，《别集》十七卷和《诗集》十二卷。反对迷信术士择地而葬的论述，肯定"天"自然存在而不受人意志支配。主张"天"有规律(理)。人不能于"理"之外臆测世界。认识上指出"道无尽，知亦无尽"，"格物致知"并非"一截功夫"(《大学辩一·答唯问》)，反对"知止于善"的观点。清嘉庆三年(1798)陈敬璋编成《陈乾初先生遗集》，未付梓。咸丰四年(1854)，其《葬书》由无名氏初刊。1979年中华书局汇编上述各本重新点校出版，并附黄宗羲《陈乾初先生墓志铭》和无骞《陈乾初先生年谱》。

《葬书》 明清之际陈确著。上、下两卷，含《葬论》、《族葬五善》、《深葬说》、《六字葬法》、《俭葬说》、《葬经》等论文十七篇，另附《自序》一篇。批判流行的"葬师之说"，力图破除看风水择坟地和厚葬等习俗。以浅显易懂的事例宣传无神论，肯定"人之善不善，自为祸福焉，非天与地能祸福之也"(《葬论》)。从而否定天地鬼神迷信，强调"择天地不若自择"(同上)的思想。该书最早由清咸丰四年(1854)无名氏刊行。今收入中华书局1979年版《陈确集》。

《瞽言》 明清之际陈确著。凡四卷，三十一篇，另附《瞽言序》和《书后》各一篇。"且吾既瞽矣，吾言葬，言大学，则世皆切切然莫不以吾言之瞽。人瞽吾言，吾又何敢不以'瞽言'自命乎?"(《瞽言序》)内容着重论述从物理推人理的哲学思想，以阐明他对人性的见解。认为人性是发展变化的，只有靠后天的培养锻炼才能成性之全。"物成然后性正，人成然后性全。物之成以气，人之成以学。"(《性解》下)反对求人性于父母未生以前。提出："天理正从人欲中见，人欲恰好处，即天理也。"(《无欲作圣辨》)主张孟子的"性善"说，持"尽心知性"、"存心养性"等论点。今收入科学出版社1959年版《陈确哲学选集》、中华书局1979年版《陈确集》。

《大学辨》 明清之际陈确著。包括《大学辨》本文和答友人书札等二十余篇。约作于清顺治十年(1653)。此书旨在"还《学》、《庸》于《戴记》，删性理之支言，琢磨程朱，光复孔孟，出学人于重围之内，收良心于久锢之余"(《序》)，批判程、朱把《大学》列为"圣经贤传"。指出"《大学》言知不言行，必为禅学无疑"。认为《大学》三纲系从《尧典》"克明俊德"等句仿造而来。他说："程、朱辟禅，而表章《大学》，是驱天下后世而之于禅也。"又着重批驳《大学》中的"知止于至善"，"故今日有今日之至善，明日又有明日之至善，非吾能素知之也，又非可以一概而知也，又非吾之聪明知识可以臆而尽之也。"嘉庆三年(1798)陈敬璋编入《陈乾初先生遗集》，但未付梓。今收入科学出版社1959年版《陈确哲学选集》、中华书局1979年版《陈确集》。

《学者以治生为本论》 明清之际陈确著。凡一篇。针对王守仁的"许鲁斋(许衡)谓儒生以治生为先之说亦误人"说法，专撰此文，进一步肯定儒者为学应有二事，即"读书"与"治生"。认为："学问之道，无他奇异，有国者守其国，有家者守其家，士守其身，如是而已。""凡父母兄弟妻子之事，皆身以内事，仰事俯育，决不可责之他人，则勤俭治生洵是学人本事。而或者疑其言之有弊，不知学者治生绝非世俗营营苟苟之谓"。主张"以读书治生为对，谓二者真学人之本事，而治生尤切于读书"。"故不能读书、不能治生者，必不可谓之学；而但能读书、但能治生者，亦必不可谓之学。唯真志于学者，则必能读书，必能治生。"其中"治生尤切于读书"，因为"士"只有在经济独立的基础上，方有人格尊严可言。"待养于人"而不能"仰事俯育"，是不会有独立人格和社会尊严的。把"士"的人格尊严建筑在"治生"之上。收入中华书局1979年版《陈确集》。

《四书遇》 明清之际张岱(1597—1679)撰。系作者读四书心得札记的一部语录体著作。该书不附录四书的原文，不分卷，按《大学》、《中庸》、《论语》(分上论下论)、《孟子》(分上孟下孟)排序。其中以读论语的心得最多，约占全书二分之一的篇幅。全书对宋儒程朱以及他们的理论体系有所非议，有所批判，或校定句读，或诠释字句，乃至调整章次订正学脉。推尊本真的孔子，认为“孔子是佛，子贡是菩萨；佛惟清净无为，而菩萨则神通广大。”认为孔子的名言“知之为知之，不知为不知”是“息息不昧，千古长存”的真理。认为“孔子作《春秋》有案无断，据事直书，其是非付之千秋万世已矣。”有1985年浙江古籍出版社的点校本。

《绎志》 明清之际胡承诺著。凡十九卷。内容涉及面广，“凡圣贤、帝王、名臣、贤士与凡民之志业，莫不兼综条贯，原本道德，切近人情，酌古而宜今，为有体有用之学。”（《清史稿·胡承诺传》）以“中”作为哲学最高法则，认为只有遵循“中”的法则，才能维持万物固有的秩序而不致发生混乱，说“天下之乱，生于万物不和，而不和之故，由于不中之故，不中之故，由于废礼”（《绎志·修身篇》）。把“中和”同礼法联系在一起，认为礼法是实现“中和”的手段。把“中和”同“存天理，灭人欲”的理学思想结合起来，认为无欲才能为善而行中道。认为“天”是有意志和目的的，能福善祸淫，使“善者存，不善者亡矣”（《绎志·明道篇》）。有清刻本。

《霜红龛集》 明清之际傅山著。凡四十卷。附录三卷，年谱一卷。前十四卷为诗赋，十五至二十六卷为传、序、题跋及碑记书札等，二十七至三十卷为杂著，三十一至三十五卷经史诸子，三十六至四十卷为杂记。自二十七卷以下多为读书心得。丁宝铨在《序》中概括了作者学术思想特点：一是“学必实用”，指出傅山治学是以实用为宗旨；二是“颉顽群儒”，指出傅山反对理学空读无用。全祖望在《事略》中将傅山学术思想的特点概括为“思以济世自见，而不屑为空言”。辑刻种类较多，以清宣统三年（1911）丁宝铨本、缪荃孙、罗振玉审定木刻本收录较为完备。

《圣人为恶篇》 明清之际傅山著。反映了作者的社会历史观。文中批判理学家之“理”及理学家陋于知人心，赞扬“市井贱夫”方“足以平天下”，以“平阴阳”为理论基础，力倡男女平等。此文原夹存于山西省博物馆所藏傅山手稿《杂著录》中。经吴连城、尹协理标点整理，首次发表于《中国哲学》第十三辑。后收入山西人民出版社1991年版《傅山全书》。

《求仁录》 明清之际潘平格著。十卷。以“求仁”为学问宗旨，批判程朱陆王。强调在“日用”中求“真心”。主张自天子以至于庶人都“浑然一体”的平等。

《南雷文案》 明清之际黄宗羲著。因作者为南雷里人，故名。为作者亲手所定。十卷，外集一卷。编入有：书序、论学书、墓志铭、人物传记等文字。作者某些哲学思想和政治观点，则多集中在卷三卷四以及与友人论学的书信中。《与友人论学书》提出：“天地万物以何者为一体乎？苟非是气，则天地万物之为异体也，决然矣。”《与陈乾初论学书》提出：“天理人欲正是相反，此盈则彼绌，彼盈则此绌，故寡之又寡，至于无欲，而后纯乎天理。”清康熙年间初刻本附有《吾悔集》四卷、《南雷诗历》三卷、《撰仗集》一卷、《子刘子行状》二卷，并附录黄百家《学箕初稿》二卷。作者晚年又自行删补，为《南雷文定》前集十一卷、后集四卷、三集三卷、四集三卷、五集四卷，后更刊存四卷，为《南雷文约》。《四部丛刊·集部》定名为《南雷集》，上海涵芬楼有影印本。中华人民共和国成立后，中华书局按各本所载之文，重新整理分类，编为《黄梨洲文集》，校勘搜辑，较为完备。

《黄梨洲文集》 明清之际黄宗羲著。由近人陈乃乾据《南雷文案》、《南雷文定》、《南雷文约》、《南雷余集》分类重编，又据黄宗羲手写残稿校正而成。本书共分为：传状类、碑志类、哀祭类、赋类、序类、记类、书类、杂文类、寿序类等，共三百三十一篇。其中《明州香山寺志序》、《阿育王寺舍利记》、《读葬书问答》等篇，表现了无神论、反迷信的思想。《与陈乾初论学书》、《陈乾初先生墓志铭》等，保存了明代陈确的思想资料，也从中反映了黄宗羲自己坚持“天理人欲正相反”的观点。在几篇诗文集序里，提出了对时文和文学的见解。还有一部分内容颂扬了当时许多反清的忠臣义士。但对明末农民起义有诋毁之词。有1959年中华书局排印本。

《破邪论》 明清之际黄宗羲著。凡一卷。全书分《从祀》、《上帝》、《魂魄》、《地狱》、《赋税》、《科举》、《骂先贤》等七篇。是一部批评时政积弊，反对世俗迷信的无神论著作。作者将社会上流行的愚昧、虚伪、妄说、神秘等种种迷信现象统称为“怪物”或“邪说”，并运用历史知识和自然知识一一予以揭露和鞭挞。抓住历来哲学家探讨“天人之际”的问题，进行穷究，指出：“因念天人之际，先儒有所未尽者，稍拈一一，名曰《破邪》。”以对天的探讨来破除邪说。认为邪说之乱，莫不由“尊天”，并斥纬书创五帝立五天之说，释氏之诸天之说，天主教抑佛崇天之说等皆为邪说。认为“天一而已，四时之寒暑温凉，总一气之升降为之。其主宰是气者，即昊天上帝也。”提出人之形体是由气成，人身有魂魄，魄之质也是气。“譬之于烛，其炷是形，其焰是魄，其光明是魂。”现收入浙江古籍出版社1985年版《黄宗羲全集》。

《孟子师说》 明清之际黄宗羲著。凡七卷。以解说《孟子》章句形式，阐发其师刘宗周学术宗旨。作者在《自序》中说："先师子刘子于《大学》有《统义》，于《中庸》有《慎独义》，于《论语》有《学案》，皆其微言所寄。独《孟子》无成书。羲读《刘子遗书》，潜心有年，粗识先师宗旨所在，窃取其意，因成《孟子师说》七卷，以补所未备。或不能无所出入，以俟知先生之学者，纠其谬云。"作者在书中批评"先儒"对孟子之误解，提出对待儒家经典"十六字"原则："当身理会，求其着落"，"屏去传注，独取遗经"。强调发挥人的主动性，亲身领会、探求《四书》的精神实质；强调独立思考，将历代各家各派那些繁琐的注释撇在一边，直接去把握《四书》的本来意义。认为，千万人千百年来学《四书》，为何《四书》之微言大义至今不明，如"明月之珠，尚沈于大泽"，为何"其学者之愈多而愈晦"，就是因为一味"述朱"，拘泥"成说"之原因。反对把经书教条化，要求把经书所说的道理看做发展的东西。此书版本甚多，今收入浙江古籍出版社1985年版《黄宗羲全集》。

《留书》 明清之际黄宗羲著。凡一卷。完成于清顺治十年(1653)。是一部总结明朝灭亡的历史教训，探讨社会历史治乱及政治制度得失的重要著作。所谓《留书》，顾名思义，即留存箧中暂不发表的著作。因未传刻，抄本又多年未见，故其内容一直不得而知。1985年，浙江宁波天一阁骆兆平在编著浙东著名藏书家冯贞群先生的《伏跗室书目》补遗一卷时，发现了由郑大节父子订校的《留书》抄本。该抄本有黄宗羲的自序和正文，正文分《文质》、《封建》、《卫所》、《朋党》、《史》五篇。作者在《自序》中说"为书八篇"，"其书不可不留也"。康熙二年(1663)，作者在《留书》的基础上又作《明夷待访录》，将《留书》的大部分内容采入。

《明夷待访录》 明清之际黄宗羲著。一卷，共二十一篇，成书于清康熙二年(1663)。分为《原君》、《原臣》、《原法》、《置相》、《学校》等。"明夷"取自于《周易》"箕子之明夷"句。自称："吾虽老矣，如箕子之见访，或庶几焉。"(《明夷待访录题辞》)有自况殷末箕子向武王陈《洪范》之意。抨击封建君主专制，指斥封建君主把天下当作"一人一姓"的私有物。"以我之大私为天下之大公"，故"为天下之大害，君而已矣"(《原君》)。认为"古者以天下为主，君为客，凡君之所毕世经营者，为天下也。今也以君为主，天下为客，凡天下之无地而得安宁者，为君也"(同上)。又认为人类的本性是自私自利的，"有生之初，人各自私也，人各自利也"，而封建君主把"天下之利尽归于己"，"使天下人不敢自私，不敢自利"(同上)。故主张"使无君，人各得自私也，人各得自利也"。提出"天下之治乱、不在一姓之兴亡，而在万民之忧乐"(《原臣》)。主张学校可以议论政事，使"天子亦遂不敢自为非是，而公其非是于学校"(《学校》)。还提倡恢复井田，合理征收实物税、统一货币，以及"工商皆本"等，反映了当时商品经济发展的要求。对清末民主思潮颇有影响。清乾隆间列为禁书。清嘉庆间初刻本印行。1955年北京古籍出版社据《梨洲遗著汇刊》为底本，校点出版。收入《黄宗羲全集》。

《宋元学案》 黄宗羲、黄百家、全祖望著。一百卷。宗羲完成十七卷后，继由其子百家续修。全祖望又以十年之力增补，稿成而卒。后经宗羲玄孙稚圭及其子平觯与王梓材先后校订，方成。将宋元两代学术思想，按不同派别加以系统的总结。共列八十九个学案，三个学略。每个学案先列一表，列举师友弟子，以明学术渊源；其次叙述生平、著作、思想，采录文集粹语，末附逸事及后人评论。是研究宋元学术思想的重要资料。除有月船卢氏所藏底稿抄本外，另有二老阁郑氏刊本，清道光十八年(1838)何凌汉、冯五桥刻本，道光二十六年何绍基刻本，1933年商务印书馆《国学基本丛书》本及1936年世界书局本，1985年中华书局出版点校本。

《明儒学案》 明清之际黄宗羲著。六十二卷。成书于清康熙十五年(1676)之后。据明代学者的文集语录，分列宗派，立学案十九。初期以崇仁(吴与弼)、河东(薛瑄)、白沙(陈献章)为主；中期以姚江(王守仁)为主；末期以东林(顾宪成等)、蕺山(刘宗周)为主，述评学者二百零二人。每人先列小传，后载语录。对各人的经历、著述、思想以及学术的传授，都有扼要的叙述和评论。为中国最早有系统的学术史专著，也是研究黄宗羲本人哲学思想的主要材料。但书中以王守仁学派为中心，未免有门户之见。清康熙三十二年(1693)由故城贾氏刊刻。有上海商务印书馆《万有文库》本，1936年上海世界书局《四朝学案》本，1985年中华书局出版点校本。

《物理小识》 明清之际方以智著。系作者早年依西晋张华《博物志》、宋僧赞宁《物类相感志》等书推衍而成。十二卷。约成书于明崇祯十六年(1643)。内容包括天地、律历、风雷、雨旸、人身、医药、饮食、金石、器用、草木、鸟兽、鬼神、方术等项目的研究。提出寓"通幾"于"质测"(即寓哲学于科学中)，主张"盈天地间皆物也"(《自序》)。肯定整个宇宙是统一的物质存在。认为"一切物，皆气所为也。空，皆气所实也。"(卷一)强调"理以心知，知与理来，因物则后交格以显，岂能离气之质耶"(同上)。指出认识在于通"所以为物之至理"(卷三)。作者早期朴素唯物主义思想，大部分保存于此书中。后由其子方中通、学生揭暄编订。有清康熙三年(1664)宛平于藻庐陵刻本、光绪十年(1884)宁静堂刻本等。

《通雅》 明清之际方以智著。初稿始于明崇祯末年。清顺治初年流寓岭南时又加增订。五十二卷。为一部综合性的各类名词汇编书。分别记述天文、月令、农时、地理、官制、田赋、刑法、礼仪、器用、饮食等。《自序》称:"函雅故,通古今……今以经史为概,遍览所及,辄为要删,古今聚讼,为征考而决之,期于通达……名曰通雅",以"备物致用,采获省力"(同上)。认为"泰西质测颇精,通幾未举"(卷二),强调"考古所以决今,然不可泥古也"(卷一)。批评明初《性理大全》、《四书大全》"执一",不能综合各种学术流派,没有新内容,"明经正业,今尚《大全》,夫曰大全者谓合诸家之异同而使参详也。执一乎,水济水耳"(卷二)。该书由其子方中通及学生揭暄整理,初刊于清康熙三年(1663),有《四库全书》本等,后收入《方以智全集》。

《东西均》 明清之际方以智著。作于清顺治九年(1652),次年又加订正。除《开章》、《东西均记》外,有《三征》、《反因》等二十六章。以为"均固合形、声两端之物也,古呼均为'东西'",故名。认为:"离物无心,离心无物。"(《三征》)强调"天地之间之至理,凡相因者皆相反。"(《反因》)提出"交"、"轮"、"幾"概念,试图说明事物运动的一般规律。认为"两间无不交,则无不二而一"(《三征》),但又认为"无对待在对待中"(《反因》)。为研究方以智晚年哲学思想的重要资料。原为抄本。1962年中华书局以安徽省博物馆所藏抄本为底本,校勘标点出版。

《药地炮庄》 简称《炮庄》。明清之际方以智著。始撰于清顺治十年(1653)。为作者晚年学术思想的代表作。药地为作者别号,"以庄子之说为药而己解为药之炮,故曰炮庄"(《四库全书总目提要》)。"炮庄"即评论《庄子》一书,其中也涉及先秦诸子的言论和行为。书中引证其父方孔炤、老师王宣、觉浪道盛及李贽等多家之说,加以综合论述,"大旨铨以佛理,借滉洋恣肆之佚,以自摅其意"(同上)。在评论《庄子》时,也对先秦诸子的思想作了评论,尤其对惠施、公孙龙等名辩之士的评价,多有独见。认为惠施之历物,"正欲穷大理耳"。并将分析天地、风雨、雷霆之故,与"商高之周髀"、"太西之质测"相提并论。认为公孙龙作"白马非马"之辩,可能是"逃玄设难以取误",也可能是"胶盘验人,而令其不惑也"。对先秦逻辑思想的研究有一定参考价值。康熙二年(1663)由其友萧孟昉捐资刻印。有康熙年间刻本。

《思辨录辑要》 明清之际陆世仪著。乃札记师友问答及平生闻见而成。其友江士韶、盛圣传等辑为前后两集,共三十五卷。前集分小学、大学、立志、居敬、格致、诚正、修齐、治平八类二十二卷;后集分天道、人道、诸儒、异学、经子、史籍六类十三卷。该书宗旨"一准于程朱";对陆王,"深知其流弊之祸世"(《思辨录辑要》陆陇其序)。张伯行于清康熙四十八年(1709)重订、刊刻。另有光绪年间刻本。

《杨园先生全集》 明清之际张履祥著。五十四卷。仿《朱子大全》例,以类相从。卷首有年谱及传,卷一为诗,卷二至十五为书,卷十五以后为序、跋、墓志铭等。其书推崇程朱,力排陆王,认为程朱讲"性即理"是"明确不移",陆王讲"心即理"是"师心自用",实为禅学。有清刻本。

《蒿庵集》 明末清初张尔岐著。凡三卷。收杂文七十篇,书末有《附录》。《序》称:"大约以经术为根本,以程朱为阶梯,而疏越质朴之气、直逼秦汉以上,不蹈六朝靡丽之习,复不袭宋人理窠臼,知其寝食于古者深矣。"最能体现其独特学术成就的,是其《仪礼郑注句读》的结撰与他对礼的体认践履。认为:"学者治经,必先《四子》,非以为制义也;而不得不出于制义者,非制义无以明其能治也";"士不通经术,通经术而不本之《四子》,固不备于体,不适于用矣。"(《王楷公〈四书详说〉序》)还认为:"尽《六经》之说,而后可以究《礼》之说,而后可以究《中庸》之说。《中庸》者,礼之统论约说非其详者也。"(《中庸中》)还提倡意志决定论,认为人的善恶与一切行为的后果都决定于意志。指出:"志在乎此,则习在乎此矣。志在乎彼,则习在乎彼矣。"(《辨志》)收入《四库全书》。

《天道论》 明清之际张尔岐著。凡二篇。认为"气"是万物的本原,整个宇宙开始只有"气",由"气"而生成万物。并提出"气化"的概念,认为万物的生成是阴阳二气互相交感、互相作用的结果,即"气化"的结果。用"气"来解释人的生成,认为人的形质来源于"气"。"天与人之相及也,以其气而已。寄其气于人而质立,质立而事起。事起而势成。而天之气因之任之,若水之行于崖涧谷莽旷之墟,为奔、为跳、为洄洑、为人立、为安流,亦不自知其至也。"(《天道论上》)用"气"的清浊与多少解释人的贤愚、吉凶与祸福。认为人是得天之气而生,吉凶祸福都由天定妥。主张"富贵则大吾业,贫贱则精吾事,默听天之所为而尽吾力之所可至,循于自然之野以休焉。"(《天道论下》)收入《蒿庵集》。有《四库全书》本。

《田间易学》 明清之际钱澄之撰。初著《易见》,因战乱佚。经追忆撰成《易大传》,后又复得《易见》,将二书合并为《田间易学》,共十二卷。书中图像、画卦、注义繁杂,但大旨以朱熹之学为宗,参取王弼、孔颖达对《周易》的注和疏、程颐《易传》、朱熹《周易本义》，渗融数学、义理之说。现有斟雉堂藏本。

《顾亭林诗文集》 明清之际顾炎武著。十六卷。内收《亭林文集》六卷、《亭林余集》一卷、《蒋山佣残稿》三卷、《亭林佚文辑补》一卷和《亭林诗集》五卷。反对“置四海之困穷不言，而终日讲危微精一之说”(《与友人论学书》)的心性空谈，主张经世致用，重视调查研究。批评君主专制和科举制度。诗歌表现了爱国思想和民族气节。1959年中华书局据康熙原刻本《亭林文集》、《亭林诗集》等校勘出版。

《天下郡国利病书》 明清之际顾炎武著。一百二十卷。本书为“感四国之多虞，耻经生之寡术”(《天下郡国利病书序》)而作，参考二十一史、郡县志书、名人文集及章奏文册，详细记录各地疆域、形胜、水利、兵防、物产及赋税等资料。因“有得即录”(同上)，故致同异兼收，间有矛盾之处。编排亦无体例，恐为未成之稿本。1933年商务印书馆收入《国学基本丛书》。

《日知录》 明清之际顾炎武著。三十二卷。系读书札记。内容包括经义、政事、世风、礼制、艺文、史法、兵事，天象、术数、地理等。自称“平生之志与业，皆在其中”(《与友人论门人书》)，为其一生精力所注。反映了其学术政治思想。以“明道”、“救世”为宗，曾提出：“凡文之不关于六经之旨，当世之务者，一切不为”(《与友人书》)。书中还提出了“盈天地之间者，气也”、“神者，天地之气也”等命题和“有亡国，有亡天下”、“拨乱涤污，法古用夏”的社会政治思想。不少论述，切中时弊。书中错误之处，曾经阎若璩等订正。黄汝成撰有《日知录集释》。流传的刻本曾被多处删改，后人得其稿本，编成《日知录之余》四卷。近人黄侃据传抄本，著有《日知录校记》。

《学庸切己录》 明清之际谢文洊著。凡二卷。书首列《君子有三畏讲义》，次为《程山十则》，旁列诸儒之论，随文参以己意讲解，体例颇近语录，卷末附《西铭解》。认为《中庸》主要讲“天人之学”，在解释《中庸》“子曰，鬼神之为德，其盛矣”时，说：“鬼者阴之灵，神者阳之灵。舍阴阳而言鬼神，正是指灵处说，灵即张子所谓良能也。良能二字可谓泄尽秘藏。程子谓功用谓迹，盖指寒往暑来，风雨霜露，荣枯开落显然可见处说，似属盛字意，乃鬼神之德之见于外者。”解释《中庸》里的“前知之道”时，说：“圣人虽是前知，然亦未必屑屑向祯祥妖孽上知，如《春秋》虽书灾异，亦未尝叙出事应，只有此以为戒而已”。“后世之人只当见灾异则陈警戒之意，至于好言祥瑞则品斯下矣。如推测阴阳，喜论灾福，以奇中为能者，尤所当禁。”(同上)有无神论倾向。收入《四库全书》。

《应潜斋先生集》 明清之际应抝谦著。由张伯行主持编定。十卷。有“论”、“说”、“序”、“传”等类文章三百多篇。认为天地万物都起源于“中气”，人也生于“中气”，“圣人受其大中至清极绵且厚者”(《原性》)。一切政教言行皆须去偏就中，知与行、内与外、修身与治国，必须兼举。反对“灭欲说”，主张“以理主欲”。提出改革郡县制，裁减朝廷冗员，加强州县之权。还有不少内容反映忠孝仁义、笃信好学的儒家伦理道德思想。现存有清咸丰四年(1854)刻本。

《性理大中》 明清之际应抝谦著。《性理大全》的改编本。二十八卷。主要阐明性理之学为孔学入门之道。按语盛赞朱熹：“其廓清之功，真并神禹”(卷七)。发挥程颢“民受天地之中以生，天命之谓性也”的观点，提出“善者由人性得气之中，恶者只是过中而不肯返尔”(卷十)。反对宋儒“无极”之说，认为“无极”为浑沦未分之气，朱熹以“无极”为理，“其流仍可归于佛”(卷二三)。对政事、学术史、天文、兵刑、理财、赋役也有论述，对西洋历法略有介绍。今有康熙年间刊本。

《辨朱陆异同》 明清之际党成著。凡二篇。作者坚守朱熹理学，反对调和朱陆之间的矛盾，认为朱陆之间的分歧不是“道问学”与“尊德性”的分歧，而是在本体论上的根本分歧。“本心物理原非二道，朱子之意谓，夫物理之即我心也。惟气拘物蔽本心之量多有未尽，故务精究物理以存养，充广之久焉，则物理明而量全矣。陆氏之学亦谓本心之理，无不具也，乃事事本心而脱略典籍，遂使本心不充而学流于曲，此二家之大略也。”把朱熹理学视作孔、孟之学的正宗，认为陆九渊宣称“六经皆我注脚”，坚持“吾心即宇宙，宇宙即吾心之见”，偏离了正宗儒学，王守仁的心学，其危害更甚于陆学，与正宗儒学水火不相融。收入《冰壑文集》(有清刻本)。

《致知在格物解》 明清之际魏裔介著。为上、下篇。上篇以程朱“理一分殊”的观点，解释“格物”说，认为“格者，格其一物之不离众物”，“格其物物之合为一物”。本来物自为物，不能合一，通过格而合一，盖谓从众物中抽出理，而理一分殊。提出“物非他，即心之理”的命题，认为“格其物物之合为一物，则天下之物岂能越乎吾心”。下篇提出“物即是知”的命题，把主体与客体混而为一，不承认客观事物能够离开意识而独立存在，断言“知外之物非物”，“物外之知非知”，认为“物不外知”，“物即是知，格，即是致”。“知不遗物，仍以知达之于物，则有灿然明备之象”。而“灿然明备”的物象不是物体本身所具有的，是主观之“知”，达于物的结果。收入《兼济堂文集》及《四库全书》。

《圣学知统录》 明清之际魏裔介著。凡二卷。作者笃信程朱理学，把与之对立的学说视为"邪说"、"淫辞"而加以反对。作者在《序》中云："《圣学知统录》者，述见知闻知之统也。自孟轲氏既没，圣学晦：蚀火于秦，杂霸于汉，佛、老于六朝，诗赋于唐，至宋，乃有濂溪、程、朱继起，伊洛渊源粲然可观。其后，为虚无幻妄之说家天竺而人柱下，知统遂不可问矣。"故"余因子舆氏之意而发明之"。全书共录人物二十六位。殷商以前有：伏羲、神农、黄帝、尧、舜、禹、皋陶、汤、伊尹、莱朱；周至战国有：文王、太公望、散宜生、周公、孔子、颜子、曾子、子思、孟子；宋有周濂溪、程明道、程伊川、张横渠、朱晦庵；元有许鲁斋；明有薛文清。每文前冠一"按"字，然后叙述。博征经史，各为纪传。秦至五代，将近一千二百余年，未收一人。这是因为，在"前此，或考诸经，或征诸史，或采先儒列传，已胪人'专刻'中，兹不概载"（魏勷：《圣学知统录·小序》）。有清刻本。收入《兼济堂文集》及《四库全书》。

《无何集》 明清之际熊伯龙著。凡十四卷。旨在"欲以醒世之惑于神怪祸福者"（《自述一》）。是一部批判宗教神学，破除迷信禁忌，宣传无神论的资料集，为集古代反神学迷信之大成。第一至第十二卷主要选录王充《论衡》的"辟神怪祸福"之说和一些古书中的有关资料，并加以评论；第十三卷以选录诸家"辟佛教之说"为主；第十四卷为其子熊正笏所编。推崇《论衡》："论衡者，入德之门也。"（《论衡有益》）"人人取论衡而读之，知神怪之说不足信。"（同上）认为国家兴亡没有"祯祥"、"妖孽"的预兆，而只在于"君尊贤臣，远佞人，重农事，薄税敛，爱人节用，政修事举"（《圣不能先知后事五篇·二段》），提出发明孔子之道，必须不信妖异、鬼怪。有乾隆五十九年（1794）衡衡子原刊本、1925年沔阳卢影印本、中华书局1979年版。

《愚山文集》 又称《学余堂文集》。明清之际施闰章著。凡二十八卷。是一部论文及友人来往书信集。作者在理学和辞章两方面均有成就。在理学方面，提出"道以器行，数以象显"（《青原昆卢阁记》），认为一般（"道"）不能脱离个别（"器"），抽象（"数"）不能脱离具体（"象"）。肯定王学的价值在于事功与实行，而不同意王守仁玄虚的形而上学；肯定良知说，认为不应把向外物寻求知识同良知说对立起来。主张躬行体验，反对空谈心性。对于朱陆之辨，提出："其实尊德性未有不道问学者。"（《复孙钟元书》）并肯定泰州学派。收入《四库全书》。

《理学要旨》 明清之际耿介辑。为周敦颐、程颢、程颐、张载、朱熹五人论著汇编。书首各列小传。其中录周敦颐《太极图说》、《通书》六章（摘录）；程颢的《定性书》、《识仁说》、《论气质之性》及语录；程颐的《颜子所好何学论》、《四箴》及语录；张载的《西铭》及语录；朱熹的《仁说》及语录。

《中州道学编》 明清之际耿介著。凡二卷。"是编专载中州道学，自宋二程子至国朝陈熔等五十七人。"（《四库全书总目》）《自序》言："有宋濂溪以《太极图》授两程子，而洛学兴焉。表章《大学》、《中庸》、《语》、《孟》，述孔门教人之法，识仁存诚主敬，要归于致知力行。由是，洛伊统宗直上，接孔孟不传之绪，是斯道之一大关键也。迨龟山载道，而南历豫章延平以传之。朱子独取程子之书，以会萃折衷，益之以集注章句、或问、复编辑小学，使人知入德之门，造道之阃，此闽学所以继洛学也。元许文正，得朱子小学四书，敬之如神明，教人无大小，咸从小学入。明曹靖修、薛文清，皆谨守程、朱，体认精深，践履笃实纯粹中正，俾异端邪说，不得逞其虚无高远之习，从此，文献之传，仍归中原矣。三百年来，在朝在野，亲炙私淑，代有传人。"清初，提倡程朱理学，重道崇儒，"故取程门以下诸儒之有裨正学者，汇次成编，以俟后之君子。"（《自序》）收入《四库全书》。

《船山遗书》 明清之际王夫之著。因明亡后作者隐居石船山（在今湖南衡阳西北），自号"船山老人"，世称"船山先生"，故名。据其裔孙王之春撰年谱载，王夫之著书一百多种。著录上有名的，属经类的二十四种，史类五种，子类十八种，集类四十一种，共八十八种。但手稿流传极少，康雍乾嘉时更少刻印。清道光二十二年（1842），其裔孙王世佺刊成《船山遗书》，共计十八种。附王介之撰述一种。同治四年（1865）曾国藩、曾国荃于金陵节署校刻，共收二百八十八卷，即称"曾刻本"。1933年上海太平洋书店铅印《船山遗书》，增合经、史、子、集四部，共三百五十八卷，另附录《王船山丛书校勘记》二卷，搜罗较完备，为现今通行本，但没有刊出和已经散佚的遗书还不少，自1987年开始岳麓书社陆续出版十六册《船山全书》，收集最为齐全。

《张子正蒙注》 明清之际王夫之著。对北宋张载《正蒙》的注释。九卷。首卷有附录《序论》和《宋史·张载传》。书中对"气"范畴作了更明确的哲学规定，认为宇宙间除了"弥沦无涯"、"通一而无二"的物质性的"气"之外，"更无他物，亦无间隙"。对气的普遍无限性作了新规定："虚涵气，气充虚，无有所谓无者"。又说"细缊，太和未分之本然"（《太和篇》）。并用一些实例论证物质不灭的思想，指出"气"只有聚散而没有生灭，"散入无形而适得气之体，聚为有形而不失气之常"。肯定了物质和运动的统一，“动静者乃阴阳之动静”（《大易篇》），“阴阳者气之二体，动静者气之二幾”（《太和篇》）。又说“动不离乎静之存，静而皆备其动之理”（《诚明篇》）。肯定动与静的辩证关系。在认识论方面，认为认识的发生需要“形”（感觉器官）、“神”（思维活动）、“物”（客观对象）三者的结合。“形也，神也，物也，三相遇而知觉乃发”（《太和篇》）。继承和发展了张载唯物主义和辩证法思想。收入《船山遗书》。

《尚书引义》 明清之际王夫之著。六卷。一、二卷论《虞夏书》，共十三论；三卷论《商书》，共十论；四、五、六卷论《周书》，共二十七论；合计五十篇。内容为引申《尚书》观点以阐发其政治和哲学思想。哲学上批判老庄、程朱、陆王之学和佛教的“唯心唯识”之论。阐明了“能”（认识主体）与“所”（认识对象）的关系，提出“因所以发能”、“能必副其所”等命题，反对“离行以为知”，强调“行”的重要性。“行可兼知，知不可兼行”（《说命中二》）。认为后天的习行对人性的发展与完善有重要作用，提出“习成而性与成”的道德培养论。主张“贵生”，反对道、佛“以生为妄”的观点，提出“生以载义，生可贵”（《大诰》）。但认为道德比生命更可贵，当个体生存与道德理想发生冲突时，应“舍生取义”（同上）。有反对绝对君权的思想，“人无易天地、易父母，而有可易之君”（《泰誓上》）。但又视“君臣大义”为“不易之理”，“君臣之分，上下、轻重、先后、缓急之权衡，其顺其逆，不易之理也”（《武成》）。是其时代局限性的反映。收入《船山遗书》。

《周易外传》 明清之际王夫之著。七卷。卷一至卷四分论六十四卦，卷五卷六论《系辞传》，卷七论《说卦传》、《序卦传》和《杂卦传》。全书共一百四十五论。为借论述《周易》研讨哲理和抒发政治抱负之作。清顺治十二年（1655）成书于湖南晋宁山寺。提出“天下惟器而已矣”（《系辞上传》），“据器而道存，离器而道毁”（《大有》），“推故而别致其新”（《无妄》）等命题。收入《船山遗书》。

《老子衍》 明清之际王夫之著。现存本成于清顺治十二年（1655）。康熙十一年（1672）重订此书，但重订稿本不幸毁失。在注释中，作者从“物与道为体，而物即道也”的唯物主义命题出发，以“入其垒，袭其辎，暴其恃而见其瑕”的态度，对老子哲学作了某些批评和发展。指出：“夫其所谓瑕者何也？天下之言道者，激俗而故反之，则不公；偶见而乐持之，则不经；凿慧而数扬之，则不祥。三者之失，老子兼之矣。”（《自序》）但衍文亦较简奥艰深。收入《船山遗书》。

《庄子通》 明清之际王夫之著。与作者另一著作《庄子解》为姊妹篇。但后者偏重注释，本书则利用《庄子》资料发挥自己的哲学观点。提出“以物为师”，“以中裁外，外乃不淫；虚中受外，外乃不窒”（《天运》）。对庄子抱有同情，在《叙》中自称：“念予以不能言之心，行乎不相涉之世，浮沉其侧者，五年弗获已，所以应之者薄似庄生之术，得无大疚愧！”但随即剖白：“然而予固非庄生之徒也。”对庄子“不谴是非”、“逃之空虚”提出批判。收入《船山遗书》。1962年中华书局整理标点后，与《老子衍》合编刊行。

《黄书》 明清之际王夫之著。一卷。内分《原极》、《古仪》、《宰制》、《慎选》、《任官》、《大正》、《离合》七篇论文，另附《后序》。成书于清顺治十三年（1656），为作者早年的政论作品。自称本书主旨为：“拒闲气殊类之灾，扶长中夏以尽其材。”（《后序》）认为保卫民族利益是“古今之通义”，反对民族压迫。但又过分颂扬历史上攻占“夷狄”领土的“夸武辟疆者”，甚至视“夷狄”为“殊类”而排斥，则表现出浓厚的大汉族主义。收入《船山遗书》。1956年北京古籍出版社将其与《噩梦》合编刊行。

《读四书大全说》 明清之际王夫之著。十卷。成书于清康熙四年（1665）。《四书大全》系明永乐间胡广等人奉钦命编纂。以朱熹《四书集注》为基础，汇编宋以来程朱学派对“四书”的解释而成。王夫之以读书札记形式，按照《四书》原来的篇章次序，借用其中某些命题阐述自己的哲学思想，批判宋明理学。论证“致知、格物亦有行”，批判理学家的“知先行后”，对孔子的“唯上智与下愚不移”亦作了新解释，“夫子略于生、学分上、次，而后人苦于上、次分生、学（指生而知之、学而知之）。乃不知上、次云者，亦就夫知之难易迟速而言，困而不学，终于不知，斯为下尔”（《论语》）。强调“人欲之各得，即天理之大同”，驳斥了宋儒的“存天理，灭人欲”（同上）。认为“言心言性，言天言理，俱必在气上说”（《孟子》），反对程朱的“理能生气”。提出“理当然而然，则成乎势矣”（同上）的历史进化观点，否定理学家宣扬三代以前是“天理流行”之“盛世”的复古历史观。但亦未能完全摆脱程朱思想的影响，倡言“礼治”，“古帝王治天下之大经大法，统谓之礼”。收入《船山遗书》。

《读通鉴论》 明清之际王夫之著。凡三十卷，八百一十篇。为作者晚年所作历史评论性著作。以北宋司马光主编的《资治通鉴》所载史实为背景，上自秦始皇、下迄五代，旁及宋元明，对社会政治、经济、军事、文化、民族以及意识形态等方面的问题作了论述，反映了作者的政治思想、哲学思想和历史观。书中反对“天命论”，驳斥“君权神授”说，指斥历代帝王以天下为“一姓之私”，“擅天下之土”，肯定了

“公天下”的思想。提出“理在势中”、“势相激而理随以易”的观点，认为凡是符合历史趋势的事都是“不容违阻”的。肯定历史是进化的，“世益降，物益备”(卷十九)。收入《船山遗书》。1975年中华书局发行上、中、下三册。

《四书训义》 明清之际王夫之著。《大学》、《中庸》各一卷、《论语》二十卷、《孟子》十四卷，总计三十六卷，为作者早年之作。以朱熹《四书集注》为宗，于经文每章之下，先列朱子注，次列作者所作的训义。也有自认为朱注义理已备，则不再作训义。训义的内容多数敷演大义。训义的例式是，开头是夫子曰，尔后是作者的论述。在全书的训义中，均以孔子的言论为纲，高度崇赞孔子，在孟子的训义中，称“自今以往圣人复起，非孔子其谁法哉?”又称“孔子广文王之道”。最早为清道光二十三年(1843)王氏遗经书屋刊行。光绪十三年(1887)潞河啖柘山房重刻。收入《船山遗书》。

《噩梦》 明清之际王夫之著。一卷。成书于清康熙二十一年(1682)。对田制、赋役、吏治、科举等提出改革意见。“所可言者，因时之极敝而补之，非其至者也。”(《自序》)向往一种“有其力者治其地”的土地制度，认为土地并非“王者之所得私”，“故改姓受命而民自有其恒畴，不待王者之授之。”因自知主张行不通，故以“噩梦”为名。1956年北京古籍出版社据曾刻本校点后，与《黄书》合编刊行。

《诗广传》 明清之际王夫之著。乃作者读《诗经》引申发挥的杂感文字，故称“广传”。全书共分五卷，二百三十七篇。肯定社会进化的观点；谴责贪吏豪强而同情人民的苦难；批判老庄的质朴自然安于简陋；阐述“性日定，心日生，命日受”等思想。另外还提出诗只言志以达情，不可言意以达欲的论点。湖南省图书馆藏嘉恺抄本有“癸亥闰月重定”，当为清康熙二十二年(1683)重定稿。1964年中华书局以金陵曾刻本为底本，整理校勘，并补入未刊稿，出版单行本。

《俟解》 明清之际王夫之著。一卷。著于清康熙二十三年(1684)。自称所提论题“窃恐解之者希也，故命之《俟解》”(《题辞》)。内容除阐发哲学思想外，尤重个人的修养，如劝人“博文约礼”、戒“玩物丧志”、以《诗》教荡涤浊心、逢事适如其节等。对宋儒和释老倡言“居敬”、“空疏”等亦有批评。1956年北京古籍出版社点校后与《思问录》合编刊行。

《思问录》 明清之际王夫之著。分内外两篇。内篇以探讨哲学问题为主。提出“目所不见，非无色也；耳所不闻，非无声也”等论点，肯定外界事物如“色”“声”等的存在，并不受人们主观认识的影响。认为“天者器，人者道”，“尽器则道在其中矣”，“器”与“道”是不能分离的。对“动”、“静”原理有所发挥，认为“一动一静，阖辟之谓也；由阖而辟，由辟而阖皆动也”，批判了“废然无动而静”的说法。外篇涉及阴阳、五行、历数、医学等，肯定自然和人类社会都是进化的，并对宋明理学和佛教作了批判。收入《船山遗书》。1956年北京古籍出版社校点后与《俟解》合编刊行。

《读书日记》 明清之际刘源禄著。凡六卷。在原读书札记《记疑》(五卷)、《冷语》(一卷)基础上由安陆师为之删定，更名为《读书日记》。为学主张“心与理一”，表现出明显的调和程朱理学与陆王心学的倾向。提出善恶循环论，认为人世间的一切祸福盛衰都处“在循环中”。收入《四库全书存目丛书》。

《王学质疑》 明清之际张烈著。一卷，附录一卷。主要对王守仁《传习录》提出质疑。分《心即理也》、《致知格物》、《知行合一》、《杂论》、《总论》五篇。认为其“直求诸心”、“即心为理”诸说，“不即物以求理，恐不虚不公，自私自用之弊，必不免矣”(《心即理也》)。指责其“知行合一”是“以欲为行”，指出如此“则凡事第欲之而已，何必实事?”(《知行合一》)书后附有《朱陆同异论》、《史法质疑》、《读史质疑》等文。今有商务印书馆1939年版。

《弘道书》 明清之际费密著。分上中下三卷，十五篇。《统典论》，《辅弼录论》，《道脉谱论》，《古经旨论》，《原教》，《圣人取人定法论》为上卷；礼乐祀典议五篇及《先王传道述》，《圣门传道述》，《吾道述》为中卷；圣门定旨两变序记一篇为下卷。又有附表十张，图三幅，分表一张。主旨在说明儒家文、行、忠、信四教并非“高远绝伦杳渺难知之微妙”(《卷中》)，它体现在日常生活和兵农礼乐中。指出“饮食男女，人之大欲存焉”(同上)，“欲不可纵，亦不可禁者也”(《卷上》)，反对宋儒的禁欲主义。主张“道”须“致用”，反对空谈道德性命的理学。除收入《费氏遗书三种》，另有怡兰堂校刊本。

《魏叔子文集》 明清之际魏禧著。凡二十二卷。作者为以实学著称的“易堂九子”核心人物，其实学思想表现在“变法三策”、“救荒三策”和封建三论中。提出“三统”论，认为历代王朝有正统、偏统、窃统之区别：正统是“以圣人得天下”或德不及圣人而有功于天下；偏统是指“不能使天下归于一统”，但非篡弑而起，“居中国而强大”者；窃统是指“身弑其君而篡其位”，纵使能统一天下，也属于此。收入《宁都三魏全集》。

《汤子遗书》 明清之际汤斌著。十卷。全书按语录、奏疏、序文、碑记、书牍、论辩、传记墓志、杂文、告谕、诗词等分类编辑，包括其主要学术政治思想。学术思想兼综程朱陆王之学，主"刻励实行"，"讲求实用"。反对"专为先儒辨同异"、"沉溺训诂"、"徒竞口语"，主张"只在心性上用功"，"躬行实践"。书中还提出兴社学、禁赌博、废淫祠、正学术、化民俗等主张。收入《四库全书珍本》。

《洛学编》 明清之际汤斌撰，孙奇逢辑。汇集汉至清代河南一带六十多位儒生的生平及学术思想，并予以简略评注。分前编、正编、续编和补编。前编列汉杜子春、郑众、服虔、唐韩愈，宋穆修；正编列宋程颢、程颐、邵雍等十四人，元许衡等三人，明薛瑄等二十四人；尹会一编《续编》补入清孙奇逢等七人；郭程先又编《补编》纳入宋至清八人。孙奇逢为之序，称："道寄于人而学寄于天"(《洛学编·序》)。洛阳为天下中，自河图洛书传说起，洛学即天下学术之宗。并推崇两程为儒家道统的继承复兴者，"至程氏两夫子出，斯道大明，人知所趋舍"(同上)。《正编·程明道先生》亦云：周公、孔孟后无"真儒"，程颢于一千四百年后复兴儒学，使"圣人之道焕然复明于世"。有清光绪二年(1876)吴元炳《有不为斋》刻本。

《二曲集》 明清之际李颙撰。门人王心敬汇编。二十六卷。第一至十五卷为讲学教授之语，或自著，或由弟子辑录。第十六至二十二卷是杂文，第二十三卷至二十六卷为追思其父的诗文，内附其母彭氏的传记诗文。该书大旨以尊德性为本体，以道学问为工夫，兼采朱(熹)陆(九渊)两派思想。提出"明道存心以为体，经世宰物以为用"(《体用全学》)的观点。嘉庆十五年(1810)刻，咸丰元年(1851)重刻。现有小乡嬛山馆重校刊本，题为《二曲全集》。

《四书反身录》 明清之际李颙撰。八卷。其中《大学》一卷，《中庸》一卷，《论语》四卷，《孟子》二卷。为作者教人读四书反身实践的语录，由其门生王心敬编辑成书。认为国家颁四书于学宫，以科举取士，非徒取其文，而是要文以征行。读四书者能体诸身、见诸行，充之为天德，达之为王道，有体有用，有补于世。否则诵读虽勤，阐发虽精，而入耳出口假途以干进，无体无用。于世无补，则非圣贤立言之初心，更非国家期望之本意。主张读四书，人肯反身实践，则人欲化为天理，身心平康；人人肯反身实践，则人人皆为君子，此为致治之本，为读四书的根本。指出孔子一生所重，唯在于学。颂扬孔子："以上圣之资，道全德备，言动纯乎天理。""天生夫子，以启人心，觉世梦，为天下万古存几希也。"最早有康熙二十五年(1686)刊刻本。收入《二曲集》。

《吕晚村先生文集》 明清之际吕留良著。八卷。卷一至卷四为书信，卷五卷六为序、跋、论文，卷七为墓志铭、祭文，卷八为杂著，书末附行略一篇。本书宗旨"专主程朱而严斥陆王"(《钱振锽序》)。有清雍正年间刻本。

清　　代

《陆子全书》 清陆陇其著。内收《三鱼堂文集》十二卷、《三鱼堂外集》六卷、《三鱼堂日记》十卷、《三鱼堂剩言》十二卷、《三鱼堂四书讲义》二十卷、《松阳讲义》十二卷、《松阳钞存》二卷、《学术辨》一卷、《古文尚书考》一卷、《呻吟语质疑》一卷、《读礼志疑》六卷、《读朱随笔》四卷、《问学录》四卷、《战国策去毒》二卷、《礼经会元疏释》四卷、《莅政摘要》二卷、《治嘉格言》一卷、《莅嘉遗迹》三卷。有清康熙四十八年(1709)正谊堂本等。

《三鱼堂文集》 清陆陇其著。凡十八卷，其中正集十二卷，外集六卷。由门人席汉翼、席汉廷与其族人遍求遗存，网罗散佚编辑而成。作者一生严于学术之辨，为学以尊朱辟王而著称于世。公开宣称："今日起敝扶衰，惟在力尊紫阳"(《答秦定叟书》)，"阳明之学不熄，则朱子之学不尊"(《上汤潜庵先生书》)。收入《四库全书》。

《四书讲义困勉录》 简称《困勉录》。清陆陇其著。凡三十七卷。其中《大学》一卷，《中庸》二卷，《论语》二十卷，《孟子》十四卷。分为：学、问、思、辨、行五项。所采宋、元诸儒之言称之谓"学"；所采明、清诸儒之言称之谓"问"；阐发己见时，以"愚按"冠之者称之谓"思"；析诸说之同异，以"愚又按"冠之者称之谓"辨"；其目的是策励学者勿徒托空言，以"学者读此章"五字冠之者称之谓"行"。全书以宗程朱而排陆王为宗旨，对明末王学末流的阳儒阴释之风痛加驳斥，反映了作者作为清初程朱理学代表者的学术立场。有清刻本。

《困勉录》 即"《四书讲义困勉录》"。

《学术辨》 清陆陇其著。凡一卷(上、中、下)三篇。作者严于学术之辨，三篇皆辨姚江之学。上篇发其端；中篇指其病之所在；下篇究其弊之所极。指出："阳明以禅之实而托于儒，其流害固不可胜言矣。"(《学术辨》中)收入《三鱼堂文集》。

《河图洛书原舛编》 清毛奇龄著。凡一卷。编目有八：《原舛编》；《大衍图》；《大衍配八卦图》；《改正黑白点位图》；《太乙下九宫图》；《九宫配卦数图》；《阴阳合十五数图》和《明堂九室图》。"原舛"意为推究谬误之本原。认为清人所谓《河图》，非古之所谓《河图》，而为大衍之数，当名为《大衍图》；清人所谓《洛书》，亦非《洪范》九畴，而为太乙行九宫之法。《四库全书总目提要》评该书云："其排击异学，殊有功于经义。顾其所列之图，又复自生名例，转起葛藤。左右佩剑，相笑无体。是仍以斗解斗，转益其斗而已矣。"有清康熙本、清乾隆修补本。收入《西河文集》、《四库全书》。

《论语稽求篇》 清毛奇龄著。凡四卷。是作者所写的一部"攻驳《论语集注》"之作。指出："汉初立《论语》学官，其时去古未远，尚有鲁论、齐论、古论三家。本每家立学，亦尚有师授十余人。"后来，"张禹能统古、齐、鲁三家，合为之论以授成帝，而惜其后之俱无传也"。到了魏晋时代，玄学家何晏"本老氏之学，不习众说，专与侍中荀觊辈、略取孔安国、包咸及司空陈群、太常王肃、博士周生烈余论，而参以己见，杂采成篇，名其书曰《集解》。"《集解》是以老、庄思想解释《论语》。指出："宋朱氏注则又仅见何氏一书，别无他据"，"此宋儒之书，非夫子之书也。"作者站在王学的立场上，借抨击朱熹对《论语》的注释，指认宋代理学来源于道家，从而以明宋儒之学非圣人之学。收入《四库全书》。

《潜书》 清初唐甄著。凡上下二篇，九十七目。所录多为当时见闻及与友对酬之语，时势政事、心性治术、民生疾苦，无不具列。推崇明王守仁"致良知"学说，"良知者，乃江汉之源"(《法王》)。否定帝王独尊，说："天主之尊，非天帝大神也，皆人也。"(《抑尊》)反对理学家空谈心性，不务事功，指责他们"名为治世，实非治世，即非尽性"(《性功》)。认为片面宣扬忠孝仁义诸道德，将使人"不得其方，失身之主，祸人之国，其害甚大"(《破祟》)。有王国运原刻本、李氏刻本、邓氏刻本、中华书局1955年刊行本。

《知行》 清唐甄著。在知与行的问题，基本上沿袭王守仁的"知行合一"说："甄虽不敏，亦愿学阳明子而不敢谢不及者，盖服乎知行合一之教也"。坚持"反求于心，不假于外"的认识路线，认为"知之所在，即行之所在"。强调"致知之实功"，具有某些合理因素。收入《潜书》。

《考功》 清唐甄著。揭露了清初的政治腐败，认为民穷的根本原因是清政府没有推行"富民"政策，"为政者无一人以富民为功"。大小官吏"明于家而昧于国"，贪婪地为个人谋取私利，"营田园，计子孙，莫不求富，而忧贫。"提出以"养民"作为考核官吏的准则，认为"善治者必养民"，"养民以论功，足食以养民。虽官有百职，职有百务，要归于养民"。指出国家必须放弃"忘民"、"虐民"、"攘民"之官，重用能"利民"、"养民"、"富民"的贤人，行"富民"之"善政"。收入《潜书》。

《存言》 清唐甄著。主张"富民"是立国的根本。认为"立国之道无他，惟在于富。自古未有国贫而可以为国者。"所谓"富"，不仅是指国库充盈，更重要的是指人民富裕，"富在编户，不在府库。若编户空虚，虽府库之财积如丘山，实为贫国，不可以为国矣。"提出为政者必须"以富民为事"，"以富民为言"。这种"富民"思想，在封建社会的思想家中显得很有见地。收入《潜书》。

《抑尊》 清唐甄著。"抑尊"即"抑"君主之"尊"。主张"位在十人之上者，必处十人之下；位在百人之上者，必处百人之下；位在天下之上者，必处天下之下。""抑尊"包含两层基本含义。其一，否定"君权神授"。提出，君主并非与"帝"同体，而是与"人"同体。"天子之尊，非天帝大神也，皆人也。"将君主从"神"的地位降而为"人"，对数千年"君权神授"说予以否定。其二，提倡人人平等。抑君主之尊，使"君毋过尊"而民毋过卑，"尊"与"卑"之间缩小差距，使"人君唯能下，故天下之善归之"。幻想通过"抑"尊使天下安宁，使"君民相亲如一家"(潘耒《潜书·序》)。收入《潜书》。

《室语》 清唐甄著。揭露"君权神授"的谎言，指出"君权"是封建帝王如同"贼"一样攫取来的，"自秦以来，凡为帝王者皆贼也。"认为封建帝王都是屠杀天下人民的大刽子手，"大将杀人，非大将杀之，天子实杀之；偏将杀人，非偏将杀之，天子实杀之，卒伍杀人，非卒伍杀之，天子实杀之；官吏杀人，非官吏杀之，天子实杀之。杀人者众手，实天子为之大手。""天下既定，非攻非战，百姓死于兵与因兵而死者十五六。暴骨未收，哭声未绝，目眥未乾，于是乃服衮冕，乘法驾，坐前殿，受朝贺，高宫室，广苑囿，以贵其妻妾，以肥其子孙。彼诚何心，而忍享之！"主张把专制君主送上法庭，接受审判。"若上帝使我治杀人之狱，我则有以处之矣。匹夫无故而杀人，以其一身抵一人之死，斯足矣；有天下者无故而杀人，虽百其身不足以抵其杀一人之罪。"收入《潜书》。

《颜李遗书》 清颜元、李塨著作合集。光绪初年由定州人王灏整理刊行。内有《颜习斋先生年谱》、《颜习斋先生言行录》、《存人编》、《存性编》、《存学编》、《存治编》、《李恕谷先生年谱》、《圣经学规纂》、《论学》、《小学稽业》、《大学辨业》、《恕谷后集》、《平书订》等二十篇著作。1923年四存学会在此书基础上出版《颜李丛书》，增加了《四书正误》、《朱子语类评》、《周易传注》、《诗经传注》、《春秋传注》、《论语传注》、《大学中庸传注》、《传注问》、《中庸讲语》、《恕谷诗集》等十六篇。

《四书正误》 清颜元编注。为读南宋朱熹《四书集注》和讲解《四书》所作笔记。后由门人辑录成册。今有《大学》、《中庸》、《论语上》、《论语下》、《孟子下》各一卷。除注释外，多为批评程朱的内容。指出朱熹注经是为章句训诂之学，“又好插入己意”，致失经书本旨。认为致知并非只是读书、讲问、思辨之事，须要亲身实行。指出《中庸》“引人向平实处做”（卷二《中庸》），斥责宋儒鄙弃实学，空讲性命，是为“国家莫大之祸”（同上）。还指出程朱理学亡孔子之道的原因，在于信禅。“大凡后儒解书，失旨都因释氏重心轻身，别而为二”（卷一《大学》）。收入《颜李丛书》。

《四存编》 清颜元著。十一卷。分《存性编》、《存学编》、《存治编》、《存人编》四编。《存治编》是其早年的政治思想代表作，提出“复井田”、“复封建”、“兴学校”三大纲领。《存人编》以浅近的文字揭露佛教、道教和伪道门的危害，劝人不要迷信。作者的主要思想反映在《存性编》和《存学编》中，表现为注重“实学”、“实事”，强调“习行”，认为人生的意义在习以致用，“口中说，纸上作，不从身上习过，皆无用也”（《存学编》卷二）反对静坐诵读和空谈性命之学，抨击宋明理学。收入《颜李遗书》、《颜李丛书》、《颜元集》，另有1957年北京古籍出版社标点本。

《朱子语类评》 清颜元著。一卷。成书于作者晚年。摘引《朱子语类》加以逐条批判。反对南宋朱熹“半日静坐，半日读书”的治学方法，指出这是沉迷于读讲章句，率天下人入烂纸堆中。指责朱熹废弃孔门兵农礼乐之学，玩心于空寂禅宗。极力推崇北宋王安石，称其为“经济之儒”，是“三代后第一人”。收入《颜李丛书》。

《闲道录》 清熊赐履著。凡三卷。以明善为宗，以主敬为要。力辟王守仁良知之学，以申朱熹之学说。其间辨驳儒、释之间异同，颇为精核。认为儒者之道，可以垂万世；佛氏之说，一切都幻空。不可以行一时了一身。视程朱为儒家道统的继承者，陆王之学为异端。驳斥王阳明：“告子只要打破孟子善字，东坡只要打破程子敬字。迨阳明之说行，善字、敬字一齐破碎矣。”认为致知在格物，“物未格，其所谓知，乃是妄见，非真知也”。实质上是“儒者之流入释氏”。收入《四库全书》本。

《学统》 清熊赐履著，凡五十六卷。是作者因“票拟错误”落职归里，寄寓江宁期间编修的一部学术史。其门人高裔《学统·序》：“先生居金陵十余年，著《学统》，明学之源流派别以垂教于天下后世。”全书始于春秋，迄于明，按正统、翼统、附统、杂统、异统，将二千余年间的“道术”、“学脉”分为五类：以孔子、颜子、曾子、子思、孟子、周敦颐、程颢、程颐、朱熹等九人为正统；以闵子骞而下至明代罗钦顺等二十三人为翼统；以冉伯牛而下至明代高攀龙等一百七十八人为附统；以荀子、扬雄、王通、苏轼、陆九渊、陈献章、王守仁等七人为杂统；以老子、庄子、杨朱、墨子、告子及佛、老之流为异统。其旨是尊正统、辟杂统、黜异统。正统是指孔子“上接尧、舜、禹、汤、文、武、周公之统”。“为斯道正统之主”。杂统，是指“阳儒阴释”之流。异统，指“明畔吾道，显与为敌”的释老之流，“如老、庄、杨（朱）、墨及道家、释氏之类是也。”收入《四库全书》。

《李文贞公全集》 清李光地著。由周卿刊行于乾隆元年（1736）。内有《榕村全集》、《榕村诗所》、《大学古本》、《中庸章段》、《中庸余论》、《论孟札记》等共四十部，大多为经学著作，也有论及音韵历算、诗词字画，学术宗程朱。道光初年所刻《榕村全书》所收篇目与之大同小异。

《榕村全书》 清李光地著。由其后代李维迪、李师洛、李治澧等人搜集整理，刊行于道光初年。参见《李文贞公全集》。

《榕村全集》 清李光地著。四十卷。有文三十四卷，诗五卷，赋一卷。内有《观澜录》、《经书笔记》、《春秋大义》、《尚书句读》、《周官笔记》、《初夏录》、《尊朱要旨》、《象数拾遗》等，大都为讲经学之作，其旨以程朱为宗。提出“形”、“气”、“神”、“理”为一物的观点，认为“盈天地之间者，气也；气之凝聚成质者，谓之形”，“其灵机妙用谓之神，而其自然而然不可易者，则谓之理”（《经学笔记》卷二），认为四者中“理”为最高者。乾隆元年（1736）由其孙李清植整理刊行。

《性理精义》 《性理大全》的节本。清李光地等奉康熙帝命编撰。康熙“表彰经学，尊重儒先”，倡导理学，但认为《性理大全》“取者太烦，类者居多”，“病其矛盾”。因命李光地诠择进览。该书成于康熙五十四年（1715）。体例仍照《性理大全》，而删繁节芜为十二卷。一卷至六卷，自为卷帙，除删削蔡沈《洪范皇极内篇》全文外，对张载《正蒙》、邵雍《皇极经世》、朱熹《易学启蒙》《家礼》《律吕新书》都有删节。自七卷以下，分门目编纂为学、性命、理气、治道等四类六卷。卷前所附宋儒姓氏由《性理大全》的一百二十一人减为四十五人。卷端列有康熙帝《御制性理精义序》和《御纂性理精义凡例》，说明编纂此书的宗旨和以程朱论道论学之途辙次第为所遵循的准的。“既使诸儒之阐发不杂于支芜，复使学者之披寻不苦于繁重”。康熙“亦时以己意折中其间”。收入《四库全书》、《四库全书荟要》、《四部备要》等。

《周易折中》 清李光地等奉康熙帝命编撰。凡二十二卷。自宋以来说《易》者门户交争,"务求相胜,遂至各倚于一偏"(《四库全书总目提要》卷六)。而明永乐中官修《周易大全》,庞杂割裂,无所取裁,由群言淆乱,无圣人以折其中。因命李光地等人采摭群言,撰《周易折中》。该书经文与传文分开编排,依从古本。以程颐《伊川易传》和朱熹《周易本义》为主,参考群言,不偏主一家。凡实足以发明经义者,皆兼收并采,而一切支离幻渺之说,尽皆不录。此书卷首之《纲领一》论述作《易》、传《易》之源流;《纲领二》论述易道精蕴、经传义例;《纲领三》论读《易》之法,详述诸家醇庇。以下各卷对诸卦进行阐释。有浙江局刊本。收入《四库易学丛刊》。

《读论语札记》 清李光地撰。二卷。系李光地读《论语》的札记。在体例上,但举经文首句,标曰某章,其无所诠解者则并其章目不存焉。《四库全书总目》称其书:大旨皆主于寻求义理,宛转发明,不似近代讲章。其论《论语》义理,大抵以朱熹《论语集注》为旨。如阐释"其为人也孝悌章"时认为:人能孝悌,则犯上作乱,非其所好,而所好者,必恭让和顺之事矣。犯上作乱为不仁之极。仁之至则为恭让和顺。仁之道自孝悌而生,故孝悌为仁之本也。并认为孝为德之本。教之所由生。人性之德,有仁义礼智之常,然义礼智皆统于仁。仁又始于孝。故孝所以为德之本而曰至德也。修道谓教,有父子、君臣、兄弟、夫妇、朋友之伦,然义、序、别、信皆根于亲,此所以为教之所生而曰要道也。后收入《李文贞公全集》、《榕村全书·四书解义》。

《南畇文集》 又称《南畇文稿》。清彭定求著。凡十二卷。为论文及友人来往书信集。作者师礼汤斌,思想倾向于王守仁,《四库提要》称:"定求之学出于汤斌,汤斌之学出于孙奇逢,奇逢之学出于鹿善继,善继之学则宗王守仁《传习录》。故自奇逢以下皆根柢于姚江而能参酌朱、陆之间,各择其善,不规规于门户之见。"其见解不株守一家之言,对当时理学趋势及理学人物都有所分辨和论述。反对尊朱斥王,认为两者之间并非互相排斥与对立。指出:"其善学姚江,正所以善好程朱。"主张讲学论道"不必哓哓于紫阳姚江之辨"。推崇孙奇逢之学,对明清之际一些杰出学者与王学的关系加以充分肯定,并极力阐释程朱关于"主敬"论,表现出和会朱、王的倾向。《四库提要》评"持论则兼二家,无所偏倚"。收入《四库全书》。

《居业堂文集》 清王源著。凡二十卷。汇集了作者各种杂著、序、跋以及友人来往书信。为学与"程朱、陆王门户之争不讲,独从事于经济文章,斯有用于世。"一生研究实学,讲究"经世之务",探讨强国富民之道,反映了当时仁人志士要求改革社会的愿望。有清刻本。

《四书心解》 清王吉相著。凡四卷。是作者借读《四书》谈心得。主张"知行如阴阳,须臾不相离","知如眼,行如足。眼一阖,则足无所措;足不行,总眼里看见,前途终是放着"。强调"真知是心知,是能知能行,不是空知"(同上)。提出"知为太极"的命题,把万事万物都视为"知"的表现,万事万物皆源于一个"知"字,其"知"相当于程朱理学中的"理"字,认为天地间无非是"无知之物"和"有知之物"。有清刻本。

《正谊堂文集》 清张伯行著。十二卷。乾隆元年(1736)由其子张师栻、张师载校刊,内有奏疏、公文、告示、书信,以及议论、记传、墓志铭等。内容除关于政务以外,大都为提倡程朱理学之论和修身养性的心得。攻击王守仁、颜元,以及佛、道,认为"欲辨异学,当崇正学"(《困学录序》),大力表彰理学名儒。提出以"主敬"为"学者第一切要工夫",认为"无时无处不用其力,久之自有把捉,不至猖狂恣肆而入于禅"(《复原元功》)。

《性理正宗》 清张伯行著。凡四十卷。作者在《自序》中指摘《性理大全》一书杂采各家诸门未免择之不精,失之驳而不纯,需要尊道统以清其源,述师传以别其派。书中,作者爰取周、程、张、朱五子,以下及元、明诸儒之言,分类次之。卷一论道统。卷二、卷三总论圣贤。卷四至卷六论孔子及颜渊、曾子、子思、孟子。至十哲,则惟闵子、冉子、端木子、子路、子游、子夏、益以曾点其余圣门诸贤,皆不及焉。七卷以下为周、张、二程及其门人。十一卷以下论朱熹、张栻及朱熹门人。于元则取许衡一人,于明则取薛瑄、胡居仁、罗钦顺三人。十四卷以下杂论性理、气质、道德、仁义、礼智等目。二十四卷以下论为学之要。三十五卷以后,则辨其学术之诡于正者,如荀卿、扬雄、王通、苏轼、陆九渊、陈献章、王守仁之学,皆采先儒论辨之。此书之编纂充分体现其学以辟陆王、尊程朱为基本宗旨,认为王学的泛滥,使学者"放佚准绳,不知名教",其祸害更甚于陆九渊的心学。收入《四库全书》。

《余山遗书》 清劳史著。凡十卷。作者为学宗程、朱认为理是世界的本原。坚持朱熹"理生气"的观点,认为气是理的派生物。提出"理气交相牵制"论,认为人初出生时,主要表现为大地之性,出生以后,主要表现为气质之性,"二者交相牵制如此。所以,世之为善无终,而恶人亦有良心"(《性有理气交相牵制》)。又提出万物有灵论,认为人和物都有不同程度的灵性,可以互相感通。比如,人亦"能感动乎草木，如哭竹生笋！”（《论草木之性》）。主神不灭论，认为精神可以离开物质形体而独立存在，用“阴阳互根之理”宣扬人能使鬼气复活。收入《四库全书》。

《恕谷后集》 清李塨文著。十三卷。有《序》、《记》、《书》、《传》、《墓志铭》等。旨在揭露理学的谬误和危害。斥程朱陆王诸儒“玩弄心性，含咀章句，轻礼乐名物，使二氏之空幻，俗学之浮靡，窜入其中”，造成“人材日萎，气运日消”（《送黄宗夏南归为其尊翁六十寿序》）。极力推崇颜元，认为其得孔学真传。提出以发扬颜元之学为己任，使之“相衍递禮，以至无穷”（《复程启生书》）。光绪初编入《颜李遗书》，1923年收入《颜李丛书》。

《周易传注》 清李塨著。凡七卷。作者认为，自明始，注《易》一遵朱注，但王阳明心学兴起后，言义理者以心学窜入《易》学，率持禅偈以解经。言象数者奇偶与黑白递相推衍，图日积而日多，反置象占、辞变、吉凶、悔吝于不问。针对上述两种倾向，主张注《易》应引而归之于人事。认为陈抟的《龙图》、刘牧的《钩隐》以及探无极、推先天者，皆使《易》道入于无用。而《参同契》、《三易洞玑》诸书，皆异端方技之传，其说适足以乱《易》。即五行胜负、分卦直日、一世二世三世四世诸说，亦皆于三圣所言之外，再生枝节。指出：“六十四卦、三百八十四爻，天时人事之列象也。读之而不能身心洞彻，世事弗知，经济过误，虽读《易》亦奚以为！”传注多采李鼎祚《周易集解》、毛奇龄《仲氏易》及《河图洛书原舛编》、胡渭《易图明辨》之说。有绣谷亭抄本、清道光年间养正堂重刻本，收入《四库全书》、《颜李丛书》。

《论语传注问》 清李塨著。一卷。按《论语》二十篇顺序，分上下两部分，以解释其《论语传注》一书，并说明它与南宋朱熹《四书集注》区别之处。指出朱熹注《论语》时在考订、训诂、解释以及义理阐发等方面的谬误。着重批判其“理气分为二”的观点。提出“夫事有条理曰理，即在事中”，“以天事曰天理，人事曰人理，物事曰物理”（《子张十九》）。认为宋儒重静坐读书，废弃礼乐兵农等实学、实事，致使“处无学术，出无政事，世道民命无所托赖”（《学而一》）。指出宋儒专重去“私欲”，完全违背经义，如此则“戕贼人以为仁”（《颜渊十二》）。收入《颜李丛书》。

《大学辨业》 清初李塨著。四卷。阐述《大学》旨义，发挥颜元之学。为颜李学派基本理论著作。认为《大学》所谓“格物致知”，指学习礼、乐、射、御、书、数六艺，学应以修身齐家治国平天下为实功。指出朱熹以知性知天为格物致知，存心养性为诚意正心修身，是“佛氏之空幻”（卷三）。注重躬行实践，认为“非学无以诚正修齐治平，而不可谓学即完诚正修齐治平之事，故博文之后又须约礼，学问思辨之后又须笃行也”（同上）。不满朱熹等人对《大学》的增补删改，在第二卷中订正《大学》原文一篇。塨另著有《圣经学规纂》、《论学》等书补充该书思想。光绪初编入《颜李遗书》，后收入《颜李丛书》。

《论学》 清李塨著。二卷。辑录与友人辨学之言而成。多为习六艺，循周礼，反对静坐读书以明理之论。指出静坐本佛门教法，徒读书不能穷理。“古人明理之功，以实事，不以空文”（卷二）。认为仁知孝弟尚为虚名，唯礼为实事，周礼“百世不可磨，而考研折衷则学人事耳”（卷一）。反对拘守旧法，提出“今取六艺，但要其有实用耳”（同上）。光绪初编入《颜李遗书》，后收入《颜李丛书》。

《性理纂要》 清冉觐祖著。凡八卷。前四卷为《性理纂要附训》，五至八卷为《性理纂要附评》。作者学宗程朱，故自《序》谓：附训者，周敦颐《太极图》、《通书》，张载《西铭》、《东铭》，程颢《定性书》，五者之训诂。《太极图》、《通书》、《西铭》，本于朱熹之注释诸儒之说；《东铭》、《定性书》则杂考朱熹及诸儒之说，而参以己意。附评者则以二程之言为经，朱熹之言为传，诸儒之言为之羽翼，而以己意为之评。以《性理大全》所载《太极图》诸书，为周、程、张所手著，故尊为经典，名之曰：训其性理诸条以下，则胡广等人裒集之言，故侪诸文史，目之曰评。《四库全书总目提要》评述：“同一先儒之言，何必分疆别界？况评中所引程子之说，不一而足，何所见忽尊而训，忽卑而评也。”收入《四库全书》。

《周易传义合订》 清朱轼著。凡十二卷。参校程颐、朱熹二家易说，以归于一之作。凡是二家之义各有发明，可以并行不悖者，则俱录之，然后附以诸儒之说。如果遇有诸儒之论胜过《伊川易传》、《周易本义》者，则舍程、朱二家之解而从诸儒之说，然后附以己见。作者认为宋元以来，《易》图不下数千，然与伏羲、文王、周公、孔子之精义，全无关系，故对《易》图一概不录。其凡例云：“遗象言理，自王辅嗣始。然易者象也，有象斯有理，理从象生也。孔子《彖》、《象》二传，何尝非言象？雷、风、山、泽以及乾马坤牛震龙巽鸡之类，皆象也。即卦之刚柔上下应比乘亦何莫非象乎！舍是而言理，不知所谓理者安在矣？”坚持即象以言理，反对空谈义理。有鄂氏刊本、清乾隆刊本。收入《高安全书》。

《陆子学谱》 清李绂著。凡二十卷。书成于清雍正十年（1732）。此书目的乃在申明陆九渊学术之正统。兼采朱子《近思录》和《伊洛渊源录》二书之编纂体例，把“言”与“行”合而为一。为陆九渊心学学派史的专著。卷首有《序》一篇。卷一《辨志》、《求放心》、《讲明》、《践履》，主要阐明陆学的主旨；卷二《定宗仰》、《辟异学》，主述学术渊源，昭示"远宗孔孟，近仰周程"；卷三《读书》、《为政》，录陆九渊"教人读书之法"和"其议论设施关于政治者"；卷四《友教》，载与陆氏往来切磋之同道；卷五《家学》，考察陆九渊同辈及其孙辈的生平学行；从卷六到卷十九，共用十四卷的篇幅，录陆九渊之"弟子"、"门人"、"私淑"，从宋代一直延续到明代；卷二十《附录》部分，包括《宋史本传》、《行状》、《谥议》、《文集序》、《祠堂书院记》、《后学辨论》等。全书共载人物三百五十八人。有雍正十三年(1735)无怒轩刻本。收入《四库全书存目丛书》和《续修四库全书》。

《朱子晚年全论》 清李绂著。凡八卷。"历时二十年"，完稿于清雍正十年(1735)。收录朱子五十一岁至七十一岁间的著作共三百五十篇。其中书三百三十一篇，讲义一篇，序文一篇，题记八篇，跋六篇，祭文一篇，墓表二篇。较为详尽地辑录了朱熹晚年与其门人、友人论学资料，并附辑录者的简短评论，以此证明朱、陆所学"早年异同参半，中年异者少同者多，至晚年则符节相合"(《序》)。认为二人所起争论是"两先生不及再相见"，乃门人各守师说而趋于一偏所致。该书"全论"之名据王阳明《朱子晚年定论》而来，较《朱子晚年定论》，资料更详尽。有雍正十三年(1735)无怒轩刻本。收入《四库全书存目丛书》。

《穆堂初稿》 清李绂著。凡五十卷。包括赋雅颂一卷、诗十六卷、杂文三十三卷。卷首有门人黄之隽、储大文、李光墺及弟纮序。"其文囊括百家，而訇耀一代，自经国莅治，硕论闳议，以迄诠理言情，叙事之篇，穷洪纤而极正变，二氏之言不得而溷。盖能以文贯道，卓然绍厥文统于大家者。其评见于黄之隽序，又之隽云：'其文取永叔(欧阳修)子固(曾巩)，命世之志取介甫(王安石)，于学术取子静(陆九渊)，集其乡中诸先生之大成云'"(《续修四库全书总目提要》)。作者推崇陆九渊心学，以好辨朱陆异同及倾力卫护王学而为世人所重。有乾隆五年(1740)无怒轩刻本。《初稿》与《别稿》合刻，称《李穆堂诗文全集》，有道光十一年(1831)奉国堂刻本。

《闽中理学渊源考》 清李清馥著。凡九十二卷。乾隆十四年(1749)成书。为宋明时期福建地区理学家修史立传，辨正理学与经学、宋学与汉学的关系，纠正宋明以来尊宋黜汉的学术之见，提倡汉宋兼采，而在修史立传方面专主程朱一派。《原序》："曰渊源者，是书以龟山载道南来，罗、李递传，集成于朱而上溯周、程，以传千载不传之秘者，故以龟山冠冕编首。""下启罗李朱历代相传之奥"；"而分别支流，下迄明末。凡某派传几人，某人又分为某派，四五百年之中，寻端竟委，若昭穆谱牒，秩然有序。其中家学相承，以及友而不师者，亦皆立列，以明其学所自来。其例每人各为小传。传末各注所据之书，并以语录、文集有关论学之语摘录于后。考据颇为详核。"(《四库全书总目提要》)考察闽中理学渊源，不仅重在考察杨时所开启的"道南"正脉，而且还论及游酢所开启的"道南别派——游酢、胡安国、胡宪"。虽以考察"闽中理学渊源"为重点，但又不忘"汉儒传经遗意"，充分反映出"尊宋右汉"、"汉宋兼采"的思想特色。收入《四库全书》。

《江西理学编》 清尧祖韶著。凡八卷。乾隆二十年(1755)成书。专门记载宋明以来理学在江西地区的传承情况，具有地方学术史的特点。还附有《友教江西理学编》上、下两卷，记述曾在江西任职任教与江西有学术师承关系的外省籍理学的生平事迹，如：周敦颐、刘安世、杨时、张九成、吕祖谦、张栻、程晌、朱熹、蔡沈、林用中、黄榦、真德秀、赵汸、汪克宽、陈真晟、陈献章、蔡清、王守仁、许孚远、钱一本等。该书旨在表彰宋、元、明、清时期江西地区的理学传统，借修史以和会"朱陆异同"之说。在《凡例》中说："象山、晦翁俱本孔孟遗教，守先待后之徒也。后人倡为同异，不风而波，致使理晦而唾余滋多，谁障其澜欤！"认为朱陆同本"孔孟遗教"，而"同异"之说纯属"后人"之鼓倡。主朱陆和会兼综，既为朱学传人修史，又为陆学传人立传。有清刻本。

《棉阳学准》 清兰鼎元著。凡五卷。卷一同人规约；卷二讲学礼仪；卷三、四闲存录；卷五道学源流、太极要义、西铭要义。主旨论述理学、理学发展史、程朱与陆王学说的区别。哲学上提出"一理一气，至诚感通，如影随形"。认为"圣贤之道，原非高远，不外纲常伦纪日用常行之事"。道心和人心的界限就在于是满足于"饥渴寒暖"等欲望，还是服从于仁、义、礼、智等天理。天理和人欲的区别为公与私："自然而然者为天理，私意而为之者为人欲。理欲之别公私二字尽之。"作者以维护孔孟程朱一脉相承的"千秋道统"为已任，认为必须"立门户，树帜角争"。认为朱熹主居敬穷理、身体力行，因而是重践履的实学，陆九渊主虚静养神、病传注诵习，因而是不假修为的空寂之学。有清刻本。收入《兰鹿洲全集》及《四库全书》。

《三代因革论》 清恽敬著。凡八篇。提出"因时制法"的命题，认为圣人之治"合乎人情"；因时制法，顺应民意。"夫礼乐刑政皆世异者也"(同上)。认为圣人的意志不能决定制度的兴废，圣人的意志必须顺应时代与民心："井田者，始于黄帝，废于秦末"(《三代因革论》三)。"井田者，黄帝之法也。所以井田者天下之民之欲也。此井田之所以行也。""井田，不可废之法也，而卒废。儒者皆蔽罪商鞅，虽然鞅之罪，开秦之阡陌。"而"井田之废，非鞅之罪"。"夫法之将行也，圣人不能使之不行；法之将废也，圣人不能使之不废"。"黄帝因民之欲别，而以经界正之；因民之欲利，而以沟洫通；因民之欲便于耕锄、馌馕、守望，而以庐井合之。"(《三代因革论》四)"天道之推移，人事之进退，皆有不得不然者。"(同上)强调圣人"因民"，即顺应民心。又提出观察历史要"察凡庶"、"赴时势"、"考通方"，即重视对民众愿望和当下情势和普遍。后收入《大云山文集》。

《二希堂文集》 清蔡世远著。凡十二卷。包括卷首一卷、序四卷、传一卷、论说书二卷、志铭行状一卷、祭文祀文一卷、杂著一卷。全书共收文一百七十一篇，所言多研究心性之学，理醇词正，吐属渊雅。作者学宗程朱，深醇平实，把朱子之学视为孔孟之学，认为"朱子之学不明，而'四书'之意亦因以晦"。指出，不能说理学家只会空谈性命，无益于国，如果使程朱得大用，宋朝可大兴；南宋指责朱熹为伪学，国家就衰落。明朝一尊朱子学，成化、弘治之际，风俗淳茂，国以富强；后人不尊朱子之学，学术漓而政纪亦坏。作者处于清代中叶乾隆汉学兴盛的前夕，在思想中已经反映出重视汉学的一些观点，认为"汉儒有传经之功，今儒有有体道之实"，对汉儒和汉学不能一笔抹煞。收入《四库全书》。

《理学疑问》 清童能灵著。凡四卷。是作者读程朱理学著作的心得体会，经过十余年日用体验间有所见，又辄自札记，经整理而成篇。卷首言心，卷二言性，卷三言仁，卷四言情。其论心曰：气之清爽为神明，精明之渣滓为气，气之渣滓为形。心其精而形气其渣滓。其论性曰：气质中亦有义理。其论仁曰：仁须理会为爱之理，未发之爱是为爱之本体，而得名之曰仁。其论情曰：思虑是心之用，而情行其中。又谓《孟子》四端为逆触吾性而发者，其情属阴；《中庸》喜怒哀乐顺吾性而发者，其情属阳。明确提出，"理寓于气"，"理为气之主"，"理则气之所以然"，"气实生于理"。主张性即理，性是心的本体，心包涵性，亦即"性具心中"。肯定"心"有认识事物的能动作用。认心为物，即心为思维器官，能认识万物。"心是气的精爽。以其精爽之至通极于性也，性即理，故心妙众理。"以心为中心和出发点，最后归结为治心。有清刻本。收入《冠豸山堂全集》。

《河图洛书考》 清王崧著。不分卷。《序》云："自汉至唐，言《易》之家于《河图》、《洛书》，但悬空立说，而未亲见其状。五代、宋初，乃有流传二式，曰《河图》、曰《洛书》，并以白点、黑白分奇偶之数。一为五十五点，其数自一至十；一为四十五点，其数自一至九。朱子《本义》首载入经，而未言传自何人。"故该书依据《东都事略・儒学传》、《宋史隐逸传》、《宋史・道学传》、《宋史・儒林传》、《汉上易传》以及晁公武《读书志》、陈振孙《直斋书录解题》等，考定二式，认为皆传自北宋陈抟。又依据《左传》、《大戴礼》、《乾凿度》、《太玄经》、《汉书・五行志》、《汉书・律历志》、《周易郑注》、《论语孔传》以及《周易参同契》、孔颖达《周易正义》等，推定唐以前言卦畴图书者，皆与陈抟、邵雍所传不合，而所言五行生成数位及太乙下行九宫之法，则具合陈、邵二式之义。由此言，陈邵二图之所由来，有据所在。并批驳清儒钱澄之、黄宗羲、黄宗炎、毛奇龄、胡渭、沈起元、惠栋等人。该书资料翔实，引据博洽，在清代《易》哲学研究中，具有较高的参考价值。现有乐山堂《说纬》本。

《理学正宗》 清窦克勤著。凡十五卷。编列宋周敦颐、程颢、程颐、杨时、胡安国、罗从彦、李侗、朱熹、张栻、吕祖谦、蔡沈、黄榦；元许衡；明薛瑄共十五人。每人各立一传，并取其语录、答问及著作之切于讲学者录之。并附以己见。对周敦颐《太极图说》、《通书》的阐释更为详尽。主旨以朱熹为宗。李侗以上开其绪；黄榦以下，衍其传。对胡安国等人皆互相翼。作者自《序》曰："尚有邵康节、蔡元定二公之书，俟学者既通《六经》、《四书》而后可及。盖二人之学，皆主于数，与主理者又小别耳。"反映作者在哲学上推崇程朱理学的倾向。有《四库全书》本。

《续理学正宗》 清何桂珍著。凡四卷。系续清理学家窦克勤的《理学宗传》之作。自谓唐鑑"既辑《国朝学案》，因以《理学正宗》示余"，谓"其书自周子迄于薛子，择之甚精，唯继河东之后者，尚有敬斋胡子。障姚江之澜者，有整庵罗子，不可谓非正宗也，其续之。余又以国朝正宗请，则曰：平湖陆子、杨园张子，其选矣"(《自序》)。在体例上，分正续两编，"正编仍其旧"，照录《理学正宗》原本；续编则"折衷于"唐鉴之意见，"续录"明之胡居仁、罗钦顺，清之陆陇其、张履祥。此书在继承《理学正宗》之宗旨的基础上，不仅为明代补立"理学正宗"，而且还为清代续道统之传。有清刻本。

《理学辨》 清王庭著。凡一卷。作者在书中认为宋明诸儒之学，互有得失，以己意订正之。意在扫除众说之纷争，破诸家门户之见。然而，其见不免偏颇。认为宋代直无完儒：如以混沌言太极；以心知言性；以用言道；以心言理。把天人看作两股，内外判成两截。又把周敦颐无极之说、二程性即理之说、邵雍道为太极之说、张载鬼神二气良能之说，都一一指斥为禅。对朱熹的学说更着重批判，指责释氏见性成佛与中庸未发之中相似；五儒体认未发以前气象与禅家不思善、不思恶时看来面目相近；老子是《易》之坤道，儒者是《易》之乾道。指责朱熹之学是和合三教，全无义理。收入《四库全书》。

《程氏易通》 清程廷祚著。凡十四卷。分《易学要论》二卷、《周易正解》十卷、《易学精义》一卷，又附有《占法订误》一卷。从经世致用的原则出发，论《易》主旨尽去汉人爻变、互体、飞伏、纳甲诸法，又完全排斥宋人河、洛先天诸图及乘承比应等说。其所采《周易》正文，既不用古本，也不用今本，而以《彖传》、《小象》散入经文，"十翼"合并为"六翼"，显得凌乱无据。其"易学精义"统论《易理》，且涉于道学；"占法订误"，凭空自造，则信理而黜数，虽有廓清之功，亦有矫枉过正之失。收入《四库全书》。

《论语说》 又名《鲁论说》。清程廷祚撰。四卷。此书创始于乾隆二十年(1755)，改定于乾隆二十二年至二十三年。程氏为学，以颜元为主，而参以顾炎武、黄宗羲。读书极博，而皆归于实用，好非议程朱。《自序》认为孔子之道易知，其教易从，要在率天下以立人道。该书多言义理，而持论能见其大，时引旧说以正朱注，不主一偏。基本上遵循颜李学派的观点。如"学而时习之"，朱熹注有"明善而复其初"的玄谈，该书则说："古者学必有业，古所谓业，《诗》、《书》、《乐》而已。"又如解"其为人也孝悌"为："有子之意，欲人君躬行孝悌以化其下，使民兴于仁，有以革其悖逆争斗之心，而国家长享和平之福，此'本立道生'之说也。"又如"子使漆雕开仕"一章，宋儒注一个"斯"字，说是"指此理"，又说是"心术之微。"该书则依古注说"斯"指仕进之道。又如"克己复礼"一章，宋儒解"己"为"身之私欲"，而程氏则说"视听言动即己也。"胡適曾评价此书说："全书的宗旨只是要剥去宋儒的心性玄谈，使《论语》恢复成一部平平实实'立人道'的书。"有于道光十七年(1837)刻本。后收入《金陵丛书乙集》。

《戴氏遗书》 清戴震著。凡十五种，六十一卷。收有《孟子字义疏证》三卷、《原善》三卷、《句股割圜记》三卷、《策算》一卷、《原象》一卷、《考工记图》三卷、《声韵考》四卷、《声类表》十卷、《续天文略》(又名《古历考》)二卷、《水地记》一卷、《方言疏证》十三卷、《毛郑诗考证》四卷、《郑康成诗谱》一卷、《诗经补注》二卷、《文集》十卷。清乾隆四十二年至四十四年(1777—1779)由曲阜孔继涵编刻，收入《微波榭丛书》。乾隆五十七年(1792)段玉裁刻"经韵楼本"《戴东原集》，增补后定为十二卷。内容包括算学、天文、地理、声韵、训诂、哲学等。其中主要哲学著作有《原善》、《孟子字义疏证》等。1980年上海古籍出版社以"微波榭本"和"经韵楼本"为底本，校点出版《戴震集》。

《原善》 清戴震著。分上、中、下三卷。成书于乾隆三十一年(1766)，在早期所撰《原善》、《读易系辞论性》、《读孟子论性》的基础上修改、扩充而成。着重论述"善"的本义及同"天道"、"人道"、"人性"的关系。认为"善"即符合规律的行为，其内容为"仁、义、礼"，"生生者，仁乎！生生而条理者，礼与义乎！何谓礼？条理之秩然有序，其著也；何谓义？条理之截然不可乱，其著也"(卷上)。又说"善：曰仁、曰礼、曰义，斯三者，天下之大衡也"(卷上)。"善"是人们生活的最高的共同准则，"善，以言乎天下之大共也"(同上)。认定"人道"即是"天道"在人类日常生活中的表现，"人性"即阴阳之气形成的"欲"和"觉"。书中的观点与见解，后在《孟子字义疏证》中得到了充分、全面的发挥。除最早收入《戴氏遗书》(微波榭本)外，后又收入《戴东原集》、《戴震集》，另古籍出版社将其与《孟子字义疏证》合编刊行。

《孟子字义疏证》 清戴震著。三卷。其前身为《绪言》、《孟子私淑录》。作者自称："仆生平著述最大者，为《孟子字义疏证》一书，此正人心之要。"(《与段玉裁书》)从考据训诂阐述"理"、"天道"、"性"、"道"、"仁义礼智"等范畴的根本意义。认为"道"是物质性的实体，"曰性、曰道，指其实体实事之名"(《道》)，"阴阳五行，道之实体也"(《天道》)。肯定物质实体是不断运动变化的，"道，犹行也；气化流行，生生不息，是故谓之道"(同上)。认为"理"只是事物的"分理"、"文理"、"条理"，不能离开事物而单独存在，批判了程朱"理具于心"和陆王"心即理"的观点。认为"人生而后有欲、有情、有知，三者，血气心知之自然也"。把"欲"、"情"直接纳入到人性之中，由此视生理欲望与喜怒哀乐等情感为人生成以后的正常要求，必须充分满足。主张"体民之情，遂民之欲"。断言"凡事为皆有于欲，无欲则无为矣，有欲而后有为"。在理欲之辨上，强调"理存于欲"，指出程朱理学的"存理灭欲"说是"以理杀人"。宋儒的"绝人欲"即是"绝天理"。其对理学的批判，在清代中叶具有重大的进步意义。除收入《戴氏遗书》外，另有清光绪年间《端溪丛书》本等，1961年中华书局校点出版单行本。

《知足斋文集》 清朱珪著。凡六卷。卷一为赋、序；卷二为碑、记、论、说、解、传；卷三至卷五为墓志铭；卷六为跋、祭文。门人阮元称作者"于经术无所不通。汉儒之传注气节，宋儒之性道实践盖实兼而有之"(《朱文正公神道碑》)。为学既尊儒家,又喜道家,注有《参同契》。在哲学上,提出"无前识论"的命题,断言孔子及孔、孟以后的其他儒者都不能前知。但他并不否定人的预见性,指出:"必曰无一机之先兆,无一物之先觉,则诚拘于墟矣。然而有知有不知之理,不可易也。"还提出"知行相用",指出:"君子无不欲为善,而每误于不知。小人或敢于为恶,其甚必由于知之谬妄。今有忧其子之疾,而误投以药者,非不仁也,不知害之也。虽甚饥渴,不争蛇虎之食者,知之真也。譬如登高适远者,知其曲折险易,则危峻幽隘必达焉,苟不辨其东西高下,冥行而擿埴,则跬步不免于颠蹶,故知行还相为用。"(《重修兰田书院记》)认为善德同正确认识相联系,恶德同错误认识相联系;行以某种知为前提,不知其曲折险易就不能登高适远。有自刊本以及《畿辅丛书》和《丛书集成》本。收入《四部备要》。

《周易中说》 清钱仪吉著。凡二篇。以"中"释《周易》,提出"中"为太极论,认为"物有太极,亦中而已矣","男女万物之理,无不本乎中"(《周易中说下》),"故《易》有太极,极之为中,岂妄也哉!"(同上)还把"中"看作宇宙的根本规律,认为,"自日用饮食,以至不睹不闻,存愈密而化愈神,极之贯光洞泉,旷远广博,而无非中也,庸也"(《周易中说上》)。用"中"概括《易》理与万物之理,指出《易》之为书,"大要不出乎一中。天下事无大小,理无深浅,中则从,不中则凶"(《周易中说上》)。又把"中"运用于道德论上,认为桀纣的残暴无道就在于阳失其中,汉武帝等人似有作为,而最后竟至于不治,其因也在于"亡阳之本而失其所谓中"(《周易中说下》)。收入《衎石斋记事稿》。

《梅氏丛书辑要》 清梅文鼎著。凡六十一卷(后二卷为附录,即梅瑴成撰《赤水遗珍》和《操缦卮言》)。乾隆二十四年(1759)其孙梅瑴成因魏氏兼济堂《梅氏历算全书》"校雠编次不善,而名为《全书》亦非实录"(《梅氏丛书辑要》凡例),重新将梅氏著作编排出版。梅氏著作,以通俗为特点。他曾说:"义从浅近俾可共晓,辞取明畅不厌申重。庶存一时之臆见,以为异时就正之藉。"(《历学骈枝》序)清人阮元评论说:"其论算之交,务在显著,不辞劳拙,往往以平易之语解极难之法,浅近之言达至深之理,使读其书者,不待详求而义可晓。"(阮元《文鼎中》)为学主张"会通中西","言必有征",反对门户之见,认为:"法有可采,何论东西;理所当明,何分新旧。"(《梅氏丛书辑要·堑堵测量〈四〉·郭太史本法》)对清哲学产生积极影响。有清刻本。

《儒林宗派》 清万斯同著。凡十六卷。以表谱形式反映学术观点。作者是浙东学派的重要传人。治经兼采汉、宋以来历代学者治经成果,"不索异,不守同,必衷至当"(《万君斯大墓志铭》)。《四库全书总目提要》对此书评述:"纪孔子以下,迄于明末诸儒,授受源流,各以时代为次;其上无师承、后无弟子者,则别附著之。自《伊洛渊源录》出,《宋史》遂以道学、儒林分为二传。非唯文章之士、记诵之才,不得列之于儒。即自汉以来传先圣之遗经者,亦几几乎不得列于儒。讲学者递相标榜,务自尊大。明以来谈道统者,扬己凌人,互相排轧,卒酿门户之祸,流毒无穷。斯同目击其弊,因著此书。所载断自孔子以下,杜僭王之失,以正纲常。凡汉后唐前传经之儒,一一具列。除排挤之私,以消朋党,其持论独为平允。"所录旁及老、庄、申、韩。本末条贯,一览了然。收入《四库全书》。

《章氏遗书》 清章学诚著。章氏临终前,将全部稿件托付萧山王宗炎代为整理,王氏编定目录一份,三十卷。包括《文史通义》、《校雠通义》、《文集》、《外集》、《湖北通志检存稿》等。其中《文史通义》,是继唐刘知幾《史通》后的一部重要史学理论专著,亦为阐明章的史学、经学、哲学、文学和治学方法的代表作。1921年,浙江图书馆将所藏抄本《章氏遗书》编为二十四卷排印出版,内容较少,文字亦有出入。同年,吴兴刘承幹多方收集章氏遗稿,除王宗炎所编旧目三十卷外,又增补《章氏遗书补编》二十一卷,于1922年刊行,是为嘉业堂本,收辑较为详备。另有豫恕堂丛书本及商务印书馆本。

《二林居集》 清彭绍升著。因其居二林,自号二林居士,故名。二十四卷。有光绪七年(1881)长洲彭氏家集刊本。后《正觉楼丛书》则刻为二卷。

《述学》 清汪中著。六卷。包括内篇三卷、外篇一卷、补遗一卷、别录一卷。附录《春秋述义》一篇。另有编年《容甫先生遗诗》五卷,附录补遗及诸家酬赠一卷。总揽经学全体,辑三代学制、文字训诂、制度名物之学,对经义及传注加以考订批评。推崇墨学,认墨子为"救世仁人"(《墨子序》)。考辨老聃、老子、老莱子三人各不相同,《老子》一书的作者晚出于孔子。认为荀子是孔子的继承者,否定孟子在"道统"上的地位。对清末革新思潮有一定影响。有道光年间刊本。

《洪北江全集》 清洪亮吉著。二百二十二卷。收有年谱、文章、诗词、日记和《春秋左传诂》等专著及历史地理方面的著作。其中《意言》二十篇比较集中地反映了作者无神论的哲学思想。提出鬼神"不能祸福人"(《意言·祸福篇》),"人之命有短长,由人气禀有强弱所致耳"(《意言·夭寿篇》)等思想。其曾孙洪用懃于光绪五年(1879)刻成。

《意言》 清洪亮吉著。凡二十篇。成书于乾隆五十八年(1793)。主要篇目有《天地》、《鬼神》、《祸福》、《夭寿》、《仙人》、《命理》等。集中反映了作者的无神论思想和社会经济思想。否定了人格神的“天”和鬼神的存在,认为“轻清者为天,重浊者为地”(《天地》),天和地都是物质性的气构成。所谓山川社稷、风云雷雨之神不过是人们幻想的产物,“托其名而示神”(同上),并不能赏善罚恶。认为人之夭寿,由于所秉气之强弱矣。世俗所谓长生不死,既是不可能的,也是不必要的。指山:“夫生者,行也。死者,归也。人不可以久行而不归,则人亦不可以久生而不死明矣。”(《仙人篇》)“人至八十、九十、百年,即不死,而精神智慧已离,不过徒存形质而已。”(同上)应该把生死看作一个自然过程,“朝而作,夜而息,少而壮,壮而老,老而死,皆理之常也”(同上)。肯定了人命夭寿均出于自然,揭穿了服食养气求长生以及神仙之说的荒谬。收入《卷施阁文甲集》及《洪吉亮集》。

《焦氏丛书》 清焦循著。含《易学三书》(《易章句》、《易图略》、《易通释》)、《孟子正义》等二十一种。作者在数理研究、易学研究以及人性学说和治学方法诸方面均有所创见。反对唯古是信,唯汉是求,力倡独立思考,提出了“证之实而运之于虚”的方法。强调学求其是,贵在会通。标志着汉学的鼎盛局面已经结束,以会通汉宋去开创新学风。有清嘉庆年间刻本。

《雕菰集》 清焦循著。二十四卷。因其书室名雕菰楼,故名。所收皆经循手定的诗赋杂文。反对把学问拘执于传注,区分了五种治学方法:一通核,二据守,三校雠,四摭拾,五丛缀。并视“通核”为治学的关键:“通核者,主以全经,贯以百氏,协其文辞,揆以道理,人之所蔽,独得其间。”(《辨学》)重视贯通,反对执一,“圣人之道日新而不已。”(《述难》)以为“学者述人,必先究悉乎万物之性,通乎天下之志”(同上),摈斥主观武断。有《文选楼丛书》本、《江氏聚珍版丛书》本及《丛书集成》本。

《论语论仁论》 清阮元著。凡一卷。从汉儒郑玄对“仁”的训释入手,分三部分:第一部分为发凡,提纲挈领,介绍撰述宗旨;第二部分为《论语》论仁诸章分类辑录,兼有作者按语,以阐释各章大要,第三部分为结语,重申古训,以与篇首宗旨相呼应。依汉儒经注“相人偶”为“仁”之确估,建立自己的仁学观。认为“仁”是用于人际关系的范畴。“春秋时,孔门所谓仁也者,以此一人与彼一人相人偶,而尽其敬礼忠恕等事之谓也。”其大要有三:其一,“己欲立而立人,己欲达而达人”;其二,“克己复礼为仁”;其三,“无求生以害仁,有杀身以成仁”。指出,“仁之有益于人民者甚大”,“为富贵生死所不能夺”。针对孔子之论管仲功过,强调“仁道以爱人为主,若能保全千万生民,其仁大矣”。认为“己欲立而立人,己欲达而达人”,“己所不欲,勿施于人”,意在谋求人与人之间的和谐,又是一种崇高理想的追求。主张积极经世,求“仁”唯在身体力行,“凡仁必于身所行者验之而始见,亦必有二人而仁乃见。”反对闭户修持,虚悟远求,指出:“仁必须为,非端坐静观即可曰仁。”“若一人闭户斋居,瞑目静坐,虽有德理在心,绝不得指为圣门所说之仁矣。”道光三年(1823)辑入《研经室集》。

《孟子论仁论》 清阮元著。凡一卷。作者务实行,反对玄虚空谈。认为“仁”是朴实的道理,不能离开行事而言仁。孟子的“良能”就是指实事。“孟子论仁,至明显,至诚实,未尝有一毫流敝贻误后人也。”“不能充仁之实事,不得谓之为仁也。”认为,孟子讲“良知”,即“心端”;讲“良能”,即“实事”,而“舍事实而专言心,非孟子本指”。在人性问题上,认为孟子与告子的分歧不在食色为性的问题上,而在“义”是内还是外的问题上,告子“其错在‘义外也,非内也’六字,故孟子但力辟义之非外,使与仁之实为事亲,义之实为从兄较若画一。告子‘食色性也’之说,亦与孟子味色声臭安佚性也之说较若画一,未之辟也”。认为宋儒批评告子,是错误地理解了孟子的原义。提出了“情性统一”论,反对李翱的以情为恶,以性为善的观点。道光三年(1823)辑入《研经室集》。

《正学编》 清潘世恩著。凡十卷。成书于清道光年间。立传始于北宋周敦颐,终于清初的李颙,共四十三家,涵盖宋、元、明以至清初的主要理学家,具有理学史的性质特点。之所以用“正学”命名,在于“卫道辨学”,为“儒者之学”即儒学辨“正学”。认为“儒者之学,本末兼赅,体用备具,可不谓正欤!”(《序》)以“本末兼赅,体用备具”作为辨“正学”的根据;以“大学”与“小学”辨“本末”,以“穷理正心”与“齐家治国平天下”辨“体用”,既以“大学”为“本”,又兼及“小学”之“末”;既以“穷理正心”为“体”,又以“齐治平”为“用”,重视“体”之发用。“穷理正心”之“体”属“内圣”,“齐治平”之“用”属“外王”,“儒者之学”即“内圣外王”之学。为维护儒学的正统地位,又批评当时学界“读古人书,不务反求诸身,但以为爵禄科名之升”,“捃摭训诂以为精,泛滥词章以为富”,“废经治史”,“援儒入释”,“而骋其虚无寂灭之说”,从而致使“正学”不明,邪说乖张。

《常语》 清潘谘著。凡二卷。是作者的读书笔记。认为"大人物、大功业、大文章未有不从实学出"。反对把圣贤事业神秘化，指出："伦常日用外，别无一个圣贤事业"，"学无捷径"。坚持心一元论，把人比作一棵树，认为"心"是树根，"身"是树株，"性命"是生气种子，因此，"心"是最重要的。反对明代学者"穷天下之理"的主张，认为"心具万理，穷理正以明心。明人谓穷天下之理，便析心为二"，承认心外有理，与其"心具万理"的思想显然不合，必然导致"析心为二"。强调理与欲的对立，认为"理欲分歧未有确见，宁勿圆通"。有清刻本。收入《潘少白先生集》。

《刘子辨》 清潘德舆著。就诚、意、慎独和致良知等问题，提出不同于刘宗周的观点。认为刘宗周用以标宗的慎独实质上就是王守仁的致良知，"蕺山之慎独同于阳明之致良知，阳明之致良知同于象山之先立乎其大者。象山之言，非孟子之旨"；"阳明之致良知，亦非孟子之旨"。他反对王阳明的良知说，认为此说虽借用孟子的"良知"一词，但与孟子的思想不合。还批评王阳明的良知说违背了《大学》的本旨，认为《大学》所说的"致知"是格物以致知，"今阳明既以格物支离，则又何以致之哉？"指出："阳明之良知乃虚灵无著之知，而不可以言致也。"（同上）有清刻本。收入《养一斋集》。

《壮学斋文集》 清周树槐著。凡十二卷。是一部宣传无神论的著作。内容包括议论、记传、故事等。提出"生之必有死，是物理之自然"的观点，指出死生是自然界的一种客观规律，人有生，亦必有死，忧生怕死是徒劳的。作《赠李宾门序》、《书后》、《书某刺史事》、《堪舆论》、《改葬说》凡五篇，辨堪舆之妄，指出"鬼荫之说，害于人心风俗，仆是以恶而痛绝之"（《与李莲峰书》）。认为人们总想得到福，害怕碰到祸，卜日者利用人们的这种心理兜售骗术；同八字的人，其命运和经历往往各异，证明吉凶祸福不由生辰八字决定，禄命说不可信。有清咸丰年间刻本。

《问字堂集》 清孙星衍著。凡六卷。以崇儒、抑道、辟佛为基本方向，以贵实贱虚为儒家同佛、道相区别的主要标志。指出："大抵沙门以释教为游说之资。文士之失职者，又从而缘饰，附会其事。其道以布施取利，以地狱怖民，及一切生天成佛之念，大与般若经所恶贪嗔痴者相背。是其书并不得比于道家。吐纳之术，黄白之方，犹传古法。其视儒书，更不可同年而语明矣。"（《原性篇》）用地理方位来说明中西文化的差异和佛教产生的原因。"天地之道，东仁西义。东方积柔顺之性，故有君子不死之国；西方积金刚之性，故浮屠断欲去爱之教兴焉。"（同上）又提出性与阴阳合一之说，认为人性与天道相通，与阴阳五行合一。人性由天所赋，"天为阳，主性；地为阴，主情"。肯定墨家："墨子与孔异者，其学出于夏礼"，"古人不虚作，诸子之教，或本夏，或本殷，故韩非著书亦载弃灰之法"（《墨子后序》）。认为墨家思想出于大禹之遗教。肯定《文子》不是伪书。有清刻本。收入《芳茂山人文集》。

《时宜说》 清夏炯著。提出时宜说，反对泥古不化。指出："礼、乐、刑、政，则五帝不能相合矣，三王不能尽同矣。井田、封建，三代以前行之，则有利无害，三代以后行之，则有害无利。故秦之变古，非纯用私意也，亦其势不得不然也。"并举出大量事例说明古今异制，礼俗随变。主张变古，反对复古，若一切照搬古人，只会导致乱俗的结果。强调"从宜从俗"，"不必泥古"，"未必古人之所行皆是，后人之所行皆非也。若沾沾章句，不能达古今之宜，妄思复先王之旧，徒骇世乱俗而已矣"（同上）。认为具体制度可变，而"五帝三王"之"大经大法"以及三纲五常，是永远不能改变的。有清刻本。收入《仲子文集》。

《四书是训》 清刘逢禄撰。共十五卷。其中《大学》一卷，《中庸》三卷，《论语》五卷，《孟子》六卷。以为四子之书，靡不该备，七经之理皆入寰内。而人们研寻七经或才力之未胜，问以四书，则童蒙而成诵。因此摘录七经中睿断之文，裁正四子书典故之说，依章次综以义类而成。自称书名取自："书曰是彝是训，于帝其训，谨取经语，用识纶言，题为《四书是训》。"（《后序》）多引录七经中有关读四书的名词解释。如引用《诗义折中·伐柯》中的一段文字以训《论语·问陈》："孔子学俎豆于军旅之先，以礼止兵也。周公践笾豆于军旅之际，以礼行兵也。故曰：先圣后圣，其揆一也。"认为孔子是和周公一样的圣人。有聚学轩丛书本。

《浮邱子》 清汤鹏著。此书"立一意为干，而分数支，支之中又有支焉。则支复为干，支干相演，以递于无穷。大抵言军国利病，吏治要最，人情事伪，开张情势，寻蹑要眇。一篇数千言者九十一篇，最四十余万言"（《清儒学案·汤鹏传》）。作者对当时政治、军事及文化思想诸方面的问题均有所论述。特别重视对中国传统文化思想结构的研究，站在儒家的立场上，肯定儒家在中国传统文化思想中的正统地位，反对其他四教（佛教、道教、天主教、回回教）以及众多的"无名之教"。有清刻本。

《东塾读书记》 清陈澧著。凡二十一卷。此书是陈澧的读书笔记。作者"晚年寻求大义及经学源流正变得失所在而论赞之，外及九流诸子、两汉以后学术，为《东塾读书记》二十一卷"（《清史稿·陈澧传》)。初名《学思录》,取《论语·学而》"学而不思则罔,思而不学则殆"之意,仿刘知幾、黄震、顾炎武著书之旨,折衷汉、宋儒之学。作者意在辨前学之弊,务创为新学风。前学之弊指前人以为汉儒重考据,宋儒重义理之偏见,及乾嘉汉学之流弊。认为,汉儒不仅长于训诂考据,亦能会通义理;宋儒不仅长于义理,亦以经注为根底。新学风指以义理为归,由绎明理,重义理不废考据,会通汉宋。该书虽有宗主,但不立门户;治经务为平和,当疑则疑,不斤斤于繁琐考订、同异之辨,而期于会通其义理。有清刻本。

《汉儒通义》 清陈澧著。凡七卷。是作者会通汉宋的初步尝试。作者不同意标榜汉学或宋学而互相排斥的做法,说:"汉儒说经,释训诂,明义理,无所偏尚;宋儒讥汉儒训诂而不及义理,非也。近儒尊崇汉学,发明训诂,可谓盛矣。澧以为汉儒义理之说,醇实精博,盖圣贤之微言往往而在,不可忽也,谨录其说,以为一书。""若门户之见不除,或因此而辨同异,争胜负,则非澧所敢知矣。"(《汉儒通义序》)其弟子胡锡燕揭示道:"先生早年读汉儒书,中年读宋儒书,实事求是,不取门户争胜之说。""会萃精要,以成一家之书"(《汉儒通义跋》)表明了作者不专宗门户,反对当世专事训诂而不求义理的治学态度。有清刻本。

佛　　教

大藏经 佛教典籍的丛书。原指汉文佛教典籍,后泛指一切文种的佛典丛书。内容以经、律、论三藏为主,并包括印度、中国等的佛教著述。在中国,南北朝时始有藏经的编辑,初称"一切经"或"众经",隋以后才有此称。据唐《开元释教录》所载,共计一千零七十六部、五千零四十八卷,后各代又续增新译经论和著述。北宋初始有藏经的刊印。国外有朝鲜《高丽藏》、日本《黄檗藏》、《缩刷藏》、《卍字藏》、《大正藏》、《日本续藏经》等。此外,还有藏文、满文、蒙文、傣文、日文、西夏文(残本)《大藏经》以及巴利文的《南传大藏经》等。近由任继愈主持编纂的《中华大藏经》,为搜集最为宏富的汉文大藏经,它以《赵城藏》为底本,将中外各版汉文藏经中佛教典籍悉数收录。

佛经 ❶ 泛指佛教一切典籍。包括经、律、论三藏等各种著述,如古代所说"众经"、"一切经"等。❷ 特指三藏之一的"经藏"部分。"经"(梵文 Sūtra,巴利文 Sutta),音译"修多罗",意译"契经"等。其中有释迦牟尼弟子传述的其在世时的说教和以后历代以"如是我闻"形式创作的经籍。按文字分,有梵文、巴利文、汉文、藏文、蒙文、满文、傣文、日文等佛经。汉文佛经一般分大乘经、小乘经两种。小乘经主要有《四阿含经》等;大乘经主要有《华严》、《般若》、《宝积》、《大集》、《法华》、《涅槃》等部。各种《大藏经》所收佛经数量有所不同。《频伽藏》共收大小乘佛经七百七十一部三千零六十八卷;《大正藏》共收佛经一千四百六十部四千二百二十五卷。

《四十二章经》 中国最早编译的佛教经典。相传为汉明帝时摄摩腾于大月氏译出流入中国,一说为摩腾与法兰(均为中天竺人)共同翻译。因文献不足,难以考定。近人有疑其非汉代译经,而为后人伪造,如梁启超断此经是"三国、两晋"间的伪作。吕澂也认为此经是"东晋初"抄自《法句经》。而胡適、汤用彤等均认为是汉译本无疑。当今学者认为:虽难以确定编译者,但可确认为属汉地早期的经抄一类。从内容看,可能是印度小乘佛教《阿含》等经之编译,也有后人修加的成分。强调"爱与欲","使人愚蔽",故出家沙门当"断欲去爱,识自心源"。传本甚多,以《高丽藏》所收本为佳。

《理惑论》 全称《牟子理惑论》,亦称《牟子》。佛教书名。为较早介绍中国早期佛教思想的重要著作之一。原收在陆澄的《法论》中,后收入南朝梁僧祐所编《弘明集》。相传为东汉末牟子(一说名牟子博)著。书前有序,记叙牟子生平,后有跋,本论三十七条(问答)。针对佛教传入中国后所引起的种种议论和疑难,分别给以辩解。主要记述释迦牟尼出家、成道、传教的事迹;佛经的卷数及戒律的规定;佛教关于生死问题的观点;佛教在中国初传的情况等。主张佛教与儒、道思想一致,对研究中国早期佛教历史有一定参考价值。

《明报应论》 佛教书名。全称《答桓南郡明报应论》。东晋慧远著。一篇。为中国佛教早期阐发因果报应的论文。认为自然感应,必然之数。主张灵魂(神)为报应的主体,自作自受,没有外在的主宰。收入《弘明集》卷5。

《三报论》 佛教书名。东晋慧远著。一卷。作于孝武帝太元十九年(394)。针对怀疑佛教因果报应说而作。谓业报即善恶行为之果报,依受报时间之先后,可分三种,即:(一)现报,此世受报;(二)生报,来世受报;(三)后报,未来无量世受报。谓若无三报之说,则善人受苦,恶人反得荣福等现象,则为常理所不能解释。收入《弘明集》卷5。

《法性论》 佛教书名。东晋慧远著。一篇。旨在论述佛教涅槃境界的常住不变,"至极以不变为性,得性以体极为宗。"约成书于太元六年至太元十六年(381—391)间。今佚,仅于梁《高僧传》卷6"慧远传”中引用一部分。

《肇论》 东晋僧肇著。一卷。卷首载《宗本义》，概括全书大意。后载《物不迁论》、《不真空论》、《般若无知论》、《涅槃无名论》四篇论文。《般若无知论》后附刘遗民书问及答刘遗民书。《涅槃无名论》前有《奏秦王表》。为玄学与般若学合流的产物。书编于南朝陈时。其中《宗本义》和《涅槃无名论》，有人疑非僧肇所著。注疏有唐元康《肇论疏》、宋净源《肇论中吴集解》等。

《物不迁论》 佛教书名。东晋僧肇著。一篇。针对“生死交谢，寒暑迭迁，有物流动”的“常情”，即把万物看作是迁徙变易，不断变化的观点而作。根据《般若波罗蜜多经》、《摩诃般若波罗蜜多(大品)般若经》以及《大智度论》和《中论》有关“法无去来，无动转者”的说法，认为事物本无“来”，亦无“去”，表面上看事物在运动，实际上并没有运动。既反对万物皆在运动的见解，又反对万物都处静止的说法，主张“动静未始异”，即动即静，动静一如。收入《肇论》。

《不真空论》 佛教书名。东晋僧肇著。一篇。从中观学立场出发，批判了当时流行的“本无宗”、“心无宗”、“即色宗”等对佛教之“空”的误解。主张万物都赖因缘条件产生，本身并无自性，是虚幻的、不真实的，所以为“空”。收入《肇论》。

《般若无知论》 佛教书名。东晋僧肇著。一篇。提出有两种认识，一为世俗的认识，即“有所知”，这种认识限于对现象世界作片断的、虚幻的认识；一为佛教的般若智慧，以无相真谛为认识的对象，这种认识只有在否定了世俗的认识才能达到，因此称为“无知”，但这“无知”却能真正达到“无所不知”。文末还收有《刘遗民书问》和僧肇《答刘遗民书》作为附录。收入《肇论》。

《涅槃无名论》 佛教书名。东晋僧肇著。一篇。前为《表上秦主姚兴》(亦称《上秦王表》)，后为本论。认为涅槃之道，非有非无，言语道断，心行处灭，无法用语言文字来表达。近人对此论是否为僧肇所作存有争议。收入《肇论》。

《三论玄义》 佛教书名。隋吉藏著。一卷。论述三论宗所依据的主要论书《中论》、《百论》、《十二门论》的大义。全书分“通序大归”和“别释中品”二门，对外道、大小乘佛教的“迷执”进行驳斥，而显扬三论宗的“诸法性空”和非有非空的* 中道之理。此谓“破邪显正”。对小乘部派的形成和教义也有介绍。

《法华玄义》 全称《妙法莲华经玄义》，简称《玄义》。佛教书名。隋智𫖮讲述，弟子灌顶笔录。十卷(或作二十卷)。详释《妙法莲华经》经题，概说此经的玄旨。全书有五章：释名章，释“妙法莲华经”五字；辨体章，以诸法实相为本经“经体”；明宗章，以一佛乘的因果为“经宗”；论用章，以断疑生信、增道损生为“经用”；判教章，先举南三北七诸家的判教学说，再提出天台宗的* 五时八教的判断主张。唐代湛然撰《法华玄义释籤》二十卷，详释此书。

《摩诃止观》 佛教书名。隋智𫖮讲述，弟子灌顶笔录。十卷(或作二十卷)。阐述天台宗“止观”学说。全书分大意、释名、体相、摄法、偏圆、方便、正观、果报、起教、旨归十章，其“大意章”总说全书纲要，“正观章”中一个重要内容是论一念三千的思想。

《华严五教章》 全称《华严一乘教义分齐章》或《华严一乘教分记》，简称《五教章》。佛教书名。唐法藏著。四卷(另有三卷本)。是华严宗判教的基本理论著作。把释迦创教以来的不同流派和教义分为“五教”(小乘教、大乘始教、终教、顿教、圆教)、“十宗”(我法俱有宗、有法无我宗、法无去来宗、现通假实宗、俗妄真实宗、诸法但名宗、一切皆空宗、真德不空宗、相想俱绝宗、圆明俱德宗)，而认为华严宗相当于圆教和圆明俱德宗。

《华严经疏》 全称《大方广佛华严经疏》，亦称《新华严经疏》、《清凉疏》、《华严大疏》、《大疏》。佛教书名。唐澄观著。六十卷。因当时华严宗僧多违背祖师法藏教说，故作此书欲复兴祖师本旨。是对唐代实叉难陀新译《华严经》八十卷的论释。全书分十门，其“藏教所摄”门，载菩提流支、鸠摩罗什、昙牟谶、慧远、印法师、刘虬、岌法师、真谛、慧观、惠光、吉藏、法云、智𫖮、元晓、慧苑等的判教理论，并述华严宗的“小、始、终、顿、圆”的五教判教学说，认为《华严经》属于圆教；其“义理分齐”门，广立门目，论“理事无碍”等教理。此书旁征博引，涉及面广，是研究华严宗教理和佛教史的重要资料。

《华严原人论》 简称《原人论》。佛教书名。唐宗密著。一卷。对世界和生命起源、社会上富贵贫贱不平等的根源进行宗教论证。认为儒、道学说“迷执”，在道理上说不通，而佛教中的人天教(只讲善恶报应)、小乘教、大乘法相教、大乘破相教(空宗)的道理“偏浅”，都有漏洞；只有一乘显性教《华严经》所说的才是“真理”，说“一切有情，皆有本觉真心”，只因为被“妄想执著”掩蔽才没有显现出来，如果“离妄想、一切智、自然智、无碍智即得现前”。

《原人论》 即“《华严原人论》”。

《成唯识论述记》 亦称《成唯识论疏》，略称

《唯识述记》。佛教书名。唐窥基撰。十卷(或作二十卷、六十卷)。详释《成唯识论》,谓世界万有皆阿赖耶识所变,并借助佛教因明学,对小乘、外道进行批驳。历来为研究唯识学派的学者所重。

《大乘法苑义林章》 略称《法苑义林章》、《义林章》。佛教书名。唐窥基撰。七卷(或作十四卷)。全书二十九章,系统地分门别类地对唯识学说进行论释,对判教、唯识义理、修行理论、果位等等,皆有阐述。是研究唯识宗教义的重要资料。

《弘明集》 佛教书名。南朝齐梁僧祐编。十四卷。序称:"道以人弘,教以文明,弘道明教,故谓之《弘明集》。"作者百人,其中僧十九人。辑录东汉至南朝梁颂扬佛教的论著。也存有几篇反对佛教的论文,如范缜的《神灭论》等。所收或一人一篇,或一人数篇至十余篇;或一篇论一事,或数篇以至数十篇论一事,凡一百八十三篇,其中以论争之作居多。为研究当时儒、道、释之争和神灭神不灭之争的重要资料。除收入《大藏经》外,另有清光绪二十二年(1896)金陵刻经处刻本及《四部丛刊》本等。

《出三藏记集》 简称《祐录》。佛教书名。南朝齐梁时僧祐编著。十五卷。"出"即译出;"三藏"即经、律、论。为现存最早之佛经目录,全书共分《撰缘记》、《诠名录》、《总经序》、《述列传》四部分。记载东汉至梁所译经、律、论等目录、序记及译经人传等。本书保存有道安的经录原文(简称《安录》)。其中经序为其他经录所未有,可考知各经的翻译经过和内容。本书详于南朝译经之记述。后收入《频伽藏》和《大正藏》,金陵刻经处曾单刻其中第六至十一卷。

《祐录》 即"《出三藏记集》"。

《高僧传》 亦称《梁高僧传》。佛教书名。南朝梁慧皎著。十四卷。类传体。全书共分译经、义解、神异、习禅、明律等十门。每门之后附以评论。书末附有王曼颖《与皎法师书》和作者答书。所载自东汉末年至梁初僧人共二百五十七人,附见二百余人。因时地所限而详于江左诸僧,略于北方僧人。此后,唐道宣著《续高僧传》,北宋赞宁著《宋高僧传》,明如惺著《大明高僧传》,体例大致都依梁传,合称《四朝高僧传》。此外还有《补续高僧传》、《新续高僧传》等。该书历代藏经均收入。金陵刻经处有单刻本,更名《高僧传初集》,分为十五卷。

《梁高僧传》 即"《高僧传》"。

《洛阳伽蓝记》 佛教书名。北魏杨衒之(一作羊衒之)撰。分为城内、城东、城南、城西、城北五卷。以北魏京城洛阳伽蓝(梵语佛寺)兴衰为纲目,记叙了当时洛阳城的社会政治、风俗习惯、人物风貌、地理沿革及掌故传闻等。叙事简明扼要,文笔秾丽秀逸,对研究历史、文学、佛教史等有一定参考价值。其中关于宋云、慧生出使西域的记录,是研究古代中亚地理、历史及中西文化交流史的重要资料。有中华书局1963年校释本、古籍出版社1980年校注本。

《释老志》 全称《魏书·释老志》。《魏书》篇名之一。北齐魏收著。为中国历史上作释道史志之始。全《志》分佛、道两大部分,佛教占极大篇幅。奉北魏、东魏、北齐为正统,对大同、洛阳等地佛教情况记载较详,而对以长安为中心的西魏、北周情况则无记载。对佛教传入中国的经过、传入后至北魏的发展情况以及北魏朝廷与佛教关系和对佛教的政策等有详细叙述。对北魏寺院经济状况,特别关于僧祇户、佛图户的记载,是研究中国佛教史的宝贵资料。道教部分记叙它的发展及寇谦之改革的经过。

《大唐西域记》 简称《西域记》,亦称《西域行传》、《玄奘行传》、《玄奘别传》。佛教书名。唐玄奘述,辩机编。十二卷。贞观二十年(646)成书。记玄奘西行所亲历的一百一十个和传闻的二十八个以上的城邦、地区、国家情况。对其地理位置、佛教古迹、历史传说和人物传记等都有详述;对各地山川地形、城邑关防、交通道路、风土习俗、物产气候、文化政治等也各有记载。多为新旧《唐书》所未载。是研究中亚和南亚历史、佛教及中西交通史的宝贵资料,也是研究中国西北民族历史地理的重要材料。有上海人民出版社1977年版标点本。清丁谦著有《大唐西域记考证》。另有法、英、日译本。

《西域行传》 即"《大唐西域记》"。

《六祖坛经》 略称《坛经》。佛教书名。禅宗经名。禅宗六祖慧能在广东韶州(州治今广东韶关)大梵寺口述,弟子法海集录,后人陆续有所增订。主要记载慧能的事迹和言教。有几个不同版本:(1) 敦煌写本,全名《南宗顿教最上大乘摩诃般若波罗蜜经六祖慧能大师于韶州大梵寺施法坛经》,慧能弟子法海集记。一卷。现被认为最古本。(2) 日本兴圣寺本,题名《六祖坛经》,晚唐僧人惠昕改编。现有二卷十一门。南宋晁子健翻刻于蕲州,传至日本。(3)《曹溪原本》,全称《六祖大师法宝经曹溪原本》,未署编撰人(也有版本署"门人法海录")。一卷十品。比《敦煌写本》字数多一倍。有人认为此为宋契嵩改编本。有人认为此即元僧人德异于至元二十七年(1290)的刊印本。(4) 元至元二十八年(1291)僧人宗宝改编本。题《六祖大师法宝坛经》。一卷,十品。为通行本。品目分成行由、般若、疑问、定慧、坐禅、忏悔、机缘、顿渐、宣诏、咐嘱十品。主要内容根据"自性本自清净"立说,宣扬顿悟法门,发挥"见性成佛"理论，主张"一悟即至佛地"。指出"法即一种，见有迟疾"，"法无顿渐，人有利钝"。又发挥唯心净土思想，认为"东方人造罪念，佛求生西方，西方人造罪念，佛求生何国？凡愚不了自性，不识身中净土，愿东愿西，悟人在处一般"。又说："心地但无不善，西方此去不遥；若怀不善之心，念佛往生难到。"主张"佛法在世间，不离世间觉，离世觅菩提，恰似求兔角"。为禅宗重要典籍和传宗依据。中国佛教著作被尊称为经的，只此一部。1944 年"普慧大藏经刊行会"刊印以上四种本的合编本。今有齐鲁书社 1981 年版《坛经对勘》、中华书局 1983 年版《坛经校释》等。

《坛经》 即"《六祖坛经》"。

《大唐西域求法高僧传》 亦称《西域求法高僧传》、《求法高僧传》。佛教书名。原题"沙门义净从西国还，在南海室利佛逝撰寄归并那烂陀寺图"。唐义净著。二卷。记录了唐初去印度求法的 60 多名僧人的事迹，后附义净自传。所记海陆入印道路及南海西域各国见闻，是研究唐初中外交通、佛教及南亚一带历史的重要资料。

《求法高僧传》 即"《大唐西域求法高僧传》"。

《法苑珠林》 佛教书名。唐道世撰。成书于总章元年(668)。宋始入藏经。宋、元、明、清各藏经所收录者皆作百卷，唯《嘉兴藏》为一百二十卷。"大旨以佛经故实，分类排纂，推明罪福之由，用以生敬信之念。"(《四库全书提要》)该书凡百篇，篇各分部，部又有小部，均以二字为题，总六百四十余条，广引经、律、论原典分隶之。篇前有述意部，叙作者之意；篇末或部末多有"感应缘"，广引故事传说为证。所引资料，必注出处。所据典籍达四百余种。除佛经外，还引用儒家学说、道教经籍、谶纬、杂著等，对文学史、史学和佛教史研究，均有一定价值。

《广弘明集》 佛教书名。唐道宣编。三十卷。为《弘明集》续编。因体例略异，故不称"续"而称"广"。作者从南北朝至唐僧俗共一百三十余人。记述佛教从传入至唐初历代兴废、佛道斗争及佛教义理的讨论等文三百多篇。分归正、辩惑、佛德、法义、僧行、慈济、戒功、启福、悔罪、统归十篇。每篇前各有序。除收入《大藏经》外，另有清末金陵刻经处本及《四部丛刊》本。

《续高僧传》 亦称《唐高僧传》。佛教书名。唐道宣著。明、清藏本均为四十卷，《大唐内典录》、《开元释教录》作三十卷。因续梁慧皎《高僧传》而作，故名。全书分为译经、义解、习禅、明律等十科，每科后加以作者论述。自序称正传三百三十一人(一作三百四十人)，附见一百六十人。后因续有增入，实际正传为四百八十五人，附见二百十九人。

《唐高僧传》 即"《续高僧传》"。

《开元释教录》 简称《开元录》。佛教书名。唐智昇著。写于唐开元十八年(730)。二十卷。前十卷为总录，以译者为主，记载东汉至唐十九个朝代所译经典目录二千二百七十八部七千零四十六卷及译者传记一百七十六人。后十卷为别录，以经为主，分有译有本录、有译无本录、支派别行录、删略繁重录、拾遗补阙录、疑惑再详录、伪妄乱真录七类。最后两卷为《入藏录》，总计大小乘入藏经典一千零七十六部，五千零四十八卷。把大乘经分为般若、宝积、大集、华严、涅槃五大部，注明重译、单译情况。为以后大藏经编目所遵循。后智昇把《入藏录》以千字文编号，编定《开元释教录略出》四卷，为北宋以后雕印《大藏经》所本。本书收入《大正藏》内，金陵刻经处有单刻本流行。

《开元录》 即"《开元释教录》"。

《宗镜录》 佛教书名。五代宋初延寿集。一百卷。延寿是禅宗法眼宗德韶的弟子，文益的再传弟子。他召集法相宗、华严宗、天台宗三家讲教的人"分居博览，互相质疑"，最后由他统一各家之说而以禅理为准，加以评定，编为此书。根据《楞伽经》"佛语心"为宗，"举一心为宗，照万法如镜"，故称之为"宗镜"。全书立论，重在顿悟、圆修。南宗禅提倡"顿"，《华严经》提倡圆，把南宗的顿悟与《华严经》的圆修结合起来，即所谓"禅尊达摩，教尊贤首"，为全书中心思想。分三章：先立正宗(标宗)，以为归趋；次申问答，用去疑情；后引真诠(引证)，成其圆信。书成后，由吴越王保存，未流通，直至延寿死后近一百年，于宋元丰(1078—1085)年间才有木刻本流行。以后有改订版出现，明末刻《嘉兴藏》时，智旭(蕅益)将改订本重新删定。到清代，续有节本出现。

《景德传灯录》 简称《传灯录》。佛教书名。北宋道原著。三十卷。佛教禅宗史书。"景德"系宋真宗年号，灯能照暗，禅宗谓以法传人，譬犹传灯，故名。采用记言体裁，按传法世系，记载禅宗传说的过去七佛至法眼文益法嗣，共五十二世，一千七百零一人。附有语录者九百五十一人。卷一、卷二述过去七佛、西土二十七祖；卷三记东土五祖；卷四为四祖道信和五祖弘忍的旁出法系；卷五为慧能法嗣；卷六至卷十三为慧能弟子南岳怀让法嗣，包括沩仰宗、临济宗法系；卷十四至卷二十六为慧能弟子青原行思法嗣，包括曹洞宗、云门宗、法眼宗法系；卷二十七至卷三十为外宗"禅门达者"传、名禅师语录和赞颂诗文等。该书曾由真宗命翰林学士杨亿等裁定润色，相当于官书。该书问世后，在佛教内外产生了广泛影响。它不仅引出了禅宗一系列的灯录著述，如《天圣广灯录》、《建中靖国续灯录》、《联灯会要》、《嘉泰普灯录》、《续传灯录》等，而且其记言体写法，影响及于宋明，朱熹《伊洛渊源录》、黄宗羲《明儒学案》、万季野《儒林宗派》等，皆仿照而作。宋、元皆有单刻本，元、明、清藏经均著录。今通行本有常州本，《四部丛刊》三编景宋木，1916年贵地刘氏复刻元延祐本，1935年影印碛砂藏元泰定本。现收入《大正藏》卷五十一。

《传灯录》 即“《景德传灯录》”。

《五灯会元》 佛教书名。宋普济编。二十卷。“五灯”指法眼宗道原撰《景德传灯录》、临济宗李遵勗撰《天圣广灯录》、云门宗惟白撰《建中靖国续灯录》、临济宗悟明撰《联灯会要》、云门宗正受撰《嘉泰普灯录》。各为三十卷，中多重复，普济删繁就简，撮其要旨，合五灯为一，故名。用记言体裁，以师徒问答语录形式，汇辑禅宗传说的从过去七佛到唐、宋时期各派禅僧的“机缘”和语录。卷一是过去七佛至东土六祖；卷二是东土四祖道信、五祖弘忍、六祖慧能法嗣及应化圣贤；卷三至卷二十，是慧能弟子南岳怀让和青原行思的法嗣，包括沩仰宗、法眼宗、临济宗、曹洞宗、云门宗以临济宗下分出的黄龙、杨歧两派法系。叙述其法嗣、思想源流及发展变化，脉络分明。为研究禅宗史的重要资料。除收入《大藏经》外，另有宋宝祐年间及元至正年间刻本等。1984年中华书局出版了苏渊雷的点校本。

《古尊宿语录》 佛教书名。宋赜藏主集。四十八卷。辑录南岳怀让以下马祖、百丈、临济、云门、真净、佛眼、东山等四十余家唐、宋禅师语录，多为《景德传灯录》所不载者，留存了南岳以下禅风的资料。明万历年间重修《北藏》时收入《大藏经》中。

《宋高僧传》 全称《大宋高僧传》。佛教书名。北宋赞宁著。撰于太平兴国七年至端拱元年(980—988)。三十卷。记述自唐高宗时至书成为止的僧人传记。至道二年(996)又修理增补，始成定本。全书分译经、义解等十科。共收正传五百三十人，附传一百二十五人(原书序谓正传五百三十三人，附传一百三十人)。本书于传授源流，最为赅备。其“习禅篇”除云门文偃外，对佛教禅宗各派重要人物，皆有专传；禅宗内部斗争事迹，如“南顿北渐”之争等，亦不隐讳。对律宗内部南山、相部、东塔三家的争执，书中亦曾提及。“译经篇”载有译经六例，译场的设官分职等。为研究佛教史的重要资料。

《佛祖统纪》 佛教书名。南宋志磐著。撰于咸淳五年(1269)。五十四卷。详载天台一宗源流。以南宋景迁《宗源录》、宗鉴《释门正统》二书为基础，仿史书纪传体和编年体增编而成。其中“本纪”载释迦牟尼及天台宗所奉西土(古印度)二十四祖、东土十七祖传。“世家”载天台诸祖旁出诸师传。“列传”载知礼法系诸师传。“表”为天台宗传教年表和世系表。“志”载天台宗著述目录及其他诸宗史料。该书奉天台宗为正统，编述偏重天台宗，但因采择史料面广，编选较精审，被认为是研究中国佛教史较好的参考资料。收入明南藏、嘉兴藏、频伽藏本，并有单刻本流行。

《碧岩录》 全称《佛果圆悟禅师碧岩录》，亦称《碧岩集》。佛教书名。宋禅僧圆悟克勤编。十卷。宋禅僧雪窦重显曾从禅宗语录中选出百条“公案”(称“颂古百则”)以教示学禅者。宋政和(1111—1118)初，克勤应张商英之请，于澧州(今湖南澧县东)夹山灵泉院宣讲唱说此“颂古百则”，门人记之，以灵泉院方丈室匾额之“碧岩”二字为题。克勤圆寂后，门人宗杲以禅徒记书中言句可争辩者多，遂将刻版烧毁，防其流传。元大德四年(1300)居士张明远重刊行世，曾被称为“宗门第一书”。此书在录出“百则”的每一则之前，先加“垂示”，以作提示，列出“本则”后，著语评论，介绍公案提出者的略历，并就其警句加以评唱，自作颂语，最后评唱之。是中国禅宗临济宗的主要典籍，对日本佛教禅宗也有相当大的影响。

《明高僧传》 全称《大明高僧传》。佛教书名。明如惺著。八卷。全书分译经、解义、习禅三类。为南宋、元及明万历四十五年(1617)前的部分僧人传记。凡“正传”一百十二人，附见六十九人。每科后无“论”，有的传后有“系曰”一段文字，表达作者的观点。收入《大藏经》。

《指月录》 亦称《水月斋指月录》。佛教书名。明瞿汝稷集。三十二卷。录集从过去七佛到宋大慧宗杲的禅宗传承法系六百五十人的言行传略。卷一至卷三述过去七佛、应化圣贤、西天祖师(西天二十八祖)；卷四述东土祖师，从菩提达摩到六祖慧能；卷五至卷三十述慧能下第一世至第十六世；卷三十一、卷三十二为径山大慧宗杲禅师语录。所谓“指月”，以“指”譬教，以“月”比法。禅宗以“一丝不挂”为“上乘”，“万虑皆空”为“至德”。主张不立文字，不下注脚，亲证实相(禅宗所谓最高真理，实指佛性、真如)方为究竟。认为一切言教，无非示机之方便而设，如以指指月，使人因指而见月。以言教而显示实相，言教本身并非实相。此录自七佛至六祖以下凡十六世而止，南宋隆兴元年(1163)以后，隆杲禅师以下无录。清初聂先(号乐读)继此录之后，辑自南宋隆兴二年(1164)六祖下十七世起讫清康熙十八年(1679)三十八世止,凡二十卷,名《续指月录》。

道　教

道藏　道教典籍的丛书。道经的汇集始于六朝;汇辑成"藏"则在唐开元中,并编有《三洞琼纲》目录。宋初有《大宋天宫宝藏》和《崇宁重校道藏》。藏经刊印始于宋徽宗政和中的《政和万寿道藏》,后来金元各藏都以此为蓝本。明《正统道藏》(五千三百零五卷,分装四百八十函)和《万历续道藏》(一百八十卷,分装三十函),包括一千四百七十六种书。1923年至1926年,上海商务印书馆借用北京白云观所存明刊正续《道藏》,以涵芬楼名义影印,缩小为方册本,凡一千一百二十册,为现今通行本。内容丰富,除道教经书外,还有一些涉及医学、化学、生物、体育、保健以及天文、地理等学科的论著。2004年由中国道教协会、中国社会科学院世界宗教研究所和华夏出版社编纂出版《中华道藏》,凡49册,以明版《道藏》为底本,吸收和收编了明《道藏》之外的道书与近代道教研究学术成果。

《太平经》　道教书名。道教早期经典。传汉时曾先后流传三种《太平经》:西汉成帝时齐人甘忠可造《包元太平经》十二卷,东汉时于吉《太平清领书》一百七十卷,张陵《太平洞极经》一百四十四卷。均已佚散。明《正统道藏》所收《太平经》,乃一百七十卷本,今残存五十七卷。该书卷帙浩繁,殆非一人一时之作。内容庞杂,言及天地、阴阳、五行、干支、灾异、鬼神以及当时社会情况等,宣扬宗教和封建伦理观念,也有一些篇章反映劳动人民反对统治阶级聚敛财物,主张自食其力和救穷周急等思想,对于张角的太平道、张陵的五斗米道均产生一定影响。为研究东汉末期社会情况和道教历史的重要资料之一。收入《道藏》第73—115册。另有唐人节录的《太平经钞》十卷及《太平经圣君秘要》可供校补。今人王明有《太平经合校》。

《太平清领书》　道教书名。即《太平经》,一百七十卷。《后汉书·襄楷传》:"顺帝时,琅邪宫崇诣阙,上其师干吉于曲阳泉水上所得神书百七十卷,皆缥白素、朱介、青首、朱目,号《太平清领书》。"唐李贤注:"神书,即今道家《太平经》也。其经以甲乙丙丁戊己庚辛壬癸为部,每部一十七卷也。"又唐孟安排《道教义枢》卷二《七部义》载,汉顺帝时,宫崇上其师于吉所得神书百七十卷,号《太平经》。

《老子想尔注》　道教书名。五斗米道的重要经典。为《道德经》之注释。《唐玄宗道德真经疏·外传》载:"《道德经》笺注,有《想尔》二卷。三天法师张道陵所著。"而唐陆德明《经典释文叙录》:"《老子想尔二卷》"原注:"不详何人,一云张鲁,或云刘表。"又《传授经戒仪注诀》于此经下云:"系师(即张鲁)得道,化道西蜀,蜀风浅末,未晓深言,托遘想尔,以训初回。"是亦以为张鲁所作。《云笈七籤》卷三十三注云:"想尔盖仙人名。"该书发挥老子思想,多与《太平经》相合,"道教"一词的出现,亦见于此书。原书早佚,《隋书》和《旧唐书》的《经籍志》、《新唐书·艺文志》均未著录,清末于敦煌石窟发现六朝钞本残卷。近人饶宗颐有《老子想尔注校笺》。为研究早期道教的重要资料。

《周易参同契》　简称《参同契》。道教书名。东汉魏伯阳撰。三卷。书中借用乾、坤、坎、离、水、火、龙、虎、铅、汞等法象,以明炼丹修仙之术。大旨是参同"大易"、"黄老"、"炉火"三家之理而会归于一,能"妙契大道",故名。为道家系统地论述炼丹的最早的著作。道教奉为"丹经王"。宋朱熹有《周易参同契考异》一卷,此外注解尚有四十余家。多收入《道藏》第621—629册。

《参同契》　即"《周易参同契》"。

《老子化胡经》　道教书名。晋道士王浮著。东汉末已有"老子入夷狄为浮屠"之说,此书增益种种传说,证成其事,谓老子西游化胡成佛,以佛为道教弟子。故道教徒以此书为攻击佛教的主要依据。唐时名僧曾数次上奏朝廷焚毁,至元代,亦因此经引起佛道之争。宪宗八年(1258)、世祖至元十八年(1281)、至元二十一年、至元二十八年先后四次焚毁《道经》,此书便告亡佚。清末敦煌石窟中发现残卷(存卷一、卷十),后与蒋斧所辑佚文考、罗振玉补考、校勘记,一并刊入《敦煌石室遗书》中。

《黄庭经》　道教书名。黄,中央之色;庭,四方之中;黄庭之景,即指道教修炼功夫的中空景象。有《上清黄庭内景经》和《上清黄庭外景经》两种,后世习以《黄庭》呼《外景》。另有《黄庭中景经》多疑为后人所著,一般言《黄庭》,均不包括《中景》在内。《外景》始见于东晋葛洪《抱朴子内篇·遐览》,当成书于魏晋间。《内景》约成书于晚唐,一般认为由《外景》衍化而出。但也有认为《外景》系缀纂《内经》之旨而成书,其出亦晚于《内景》者。两经均以七言歌诀阐述养身修炼原理,主张摒除对客观世界的认识,在头脑中想像居于体内的神仙,使修炼者心中出现交感的神仙形象,让元气能在体内循环中和,调和五脏关系,以静功修持达到肉身成仙的目的。为历代道教徒及修炼者所重视,全真道更以之为重要讲习功课之一。《黄庭经》传本和注本均多,通行的有梁丘子、务成子注本，均收入《道藏》。

《上清黄庭外景经》 道教书名。用七言歌诀形式传授养生修炼方法。据其序云："黄者，二仪之正色。庭者，四方之中庭。近取诸身，则脾为主；远取诸象，而天理自会。"黄主脾，主中央，示人身中部位；庭为阶前空地，引申为"空"。景者，象也，亦即用静功修养导致玄关出现时之"中空现象"。《外景经》主张"扶养性命守虚无，恬淡无为何思虑"，以达到养生长寿。并主张"仙人道士非有神，积精所致为专年"，历来为道家要籍，文人学士亦重之，王羲之所书《黄庭经》亦系《外景经》。有梁丘子、务成子注。收入《道藏》第167册，又见于《道藏》第679册，即《云笈七籤》卷十二。

《上清黄庭内景经》 道教书名。分三十六章。用七言歌诀以述养生修炼原理。务成子解题云："此经以虚无为主，故用'黄庭'标之耳，其景者神也，其经有十三神，皆身中之内景名字。"故其序强调"所以却邪痾之纷若者，谓我已得魂精六纬之姓名也。形充视精而曰欲死，不可得也，故曰内景黄庭"。因此其修炼方法为"正坐向东，临目内想身神（十三种）形色，长短大小，呼其名字，还填本宫"。与《外景经》主张"扶养性命守虚无，恬淡无欲何思虑"之修炼法有所不同。《内景经》有诸真合注本与蒋国祚注本，收入《道藏》第167册，又见于《道藏》第679册，即《云笈七籤》卷十一、十二。

《西升经》 道教书名。约成书于魏晋。南宋赵希弁《昭德先生读书后志》卷二："题曰太上真人尹君记录。老子将游西域，既为关令尹喜说五千言，又留秘旨凡三十六章，喜述之为此经。"晋葛洪《神仙传·老子》中已提及此书。《道藏》第346、347册收有宋徽宗御注《西升经》三卷，三十九章。内容为重诫关令尹喜"除垢止念，静心守一"，"以得一为妙，以飞升为馀事"。其微言奥旨出入于五千言之间。主张致虚守柔，返于自然。

《抱朴子》 道教书名。东晋葛洪著。葛洪自号抱朴子，因以名其书。分内外篇。内篇二十卷（篇），谈"神仙方药，鬼怪变化，养生延年，禳邪却祸之事"，为体系完整的"神仙家言"，对道教的理论有一定的发展。其《金丹》、《黄白》等篇，研究用矿物炼丹药，炼金银；《仙药》及其他篇中，用植物治疗疾病，对化学和药物学有一定的贡献。是研究东晋社会情况和道教理论及历史的重要资料。今人王明有《抱朴子内篇校释》。外篇五十卷（篇），详论"人间得失，世事臧否"，反映作者内神仙而外儒术的根本立场，把神仙道教理论与儒家的纲常名教结合起来。今人杨明照有《抱朴子外篇校笺》。《抱朴子内篇》收入《道藏》第868—870册，《外篇》收入第871—873册。

《真诰》 道教书名。南朝梁陶弘景编录。二十卷。据《真诰序录》，凡七篇：运题象第一、甄命授第二、协昌期第三、稽神枢第四、阐幽微第五、握真辅第六、翼真检第七。全书所言皆仙真授受真诀事项，兼及药物、引导、按摩与其他道教修养之术，其"甄命授"等篇有类似佛家语与地狱托生之说，故朱熹谓其"窃佛家《四十二章经》为之"。全书内容庞杂，然保存不少道教史料与科技史资料。收入《道藏》第637—640册。

《养性延命录》 亦作《养生延命录》。道教书名。南朝梁道士陶弘景撰。二卷，共六篇。《教戒》、《食戒》、《杂戒祈禳》三篇为上卷；《服气疗病》、《导引按摩》、《御女损益》三篇为下卷。本书概述养生延命之理论及方法。第一篇《教戒》侧重养生理论，征引上古至魏晋之养生家言。后五篇则侧重养生方法。如食戒，言食不宜过饱，食后当步行；杂戒言喜怒哀乐皆不可过极，极则伤人；服气疗病言行气治病之术；导引按摩可以健身防病治病；御女损益言爱精为宝、房中卫生之道。收入《道藏》第572册。

《道教义枢》 道教书名。唐青溪道士孟安排编。凡十卷。此书剪辑《玄门大义》和集一百零三种道经而成，约成书于武则天时代。分为三十七门，今存三十二门。每门以"义曰"开始作起首，次之以"释曰"作诠释。从道德、法身、三宝、位业、三洞、七部、二观、三乘、六通等谈到动寂、感应、有无、假实，借以"显至道之教方，标大义之枢要"，所论限于义理，不及方术。收入《道藏》第762、763册。

《道体论》 道教书名。唐通玄先生撰。一卷，分为三章。主旨在论证道体是非有非无，无终无始，妙绝形名，为万物之本体。其论证方法将道教重玄与佛教中观相结合，是非双遣，有无双泯，离四句，绝百非，实乃融摄佛道以明本体。收入《道藏》第704册。

《坐忘论》 道教书名。唐道士司马承祯撰。分敬信、断缘、收心、简事、真观、泰定、得道七篇，又附有"枢翼"一篇。内容系论述坐忘安心之法，认为修炼形气，养和心灵，长生久视的关键在于静定功夫。对道教内丹的发展和北宋理学家周敦颐"主静说"的形成，有一定影响。收入《道藏》第704册。

《天隐子》 道教书名。唐司马承祯撰。共八篇。认为神仙乃"修我虚气"，"遂我自然"，高于俗人的人。长生以养气为主，主张渐修，当"斋戒"、"安处"、"存想"、"坐忘"、"神解"，称为"五渐"。经过"五渐"修炼，即可长生成仙。此书与司马承祯《坐忘论》

实为姊妹篇。收入《道藏》第672册。

《服气精义论》 道教书名。唐司马承祯撰。一卷。包括《五牙论》、《服气论》、《导引论》、《符水论》、《服药论》、《慎忌论》、《五脏论》、《服气疗病论》、《病候论》,凡九篇。《五牙论》言服食五方真气,补益五脏;《服气论》以气为人体本原,元气充实,则寿命长久,"专气致柔"为摄生之要;《导引论》言肢体贵在运行,导引行气,气血宣通,可以延命。其余服药、符水等则言治病之具体方法。主旨讲述导养之要,摄生之法,论述医疗卫生之道及服药辟谷摄养之方。收入《云笈七籤》卷五十七。本书前二篇收入《道藏》第571册,亦称《服气精义论》;后七篇收入《道藏》第276册,称为《修真精义杂论》。

《玄珠录》 道教书名。唐王玄览语录,其弟子王太霄编辑。二卷。"玄珠",取其明净圆转如珠,可为"心宝"之意。全书收语录一百二十余条,讲论道与物,真与妄以及空有、体用、动寂、心性等哲学理论问题。玄览汇通佛道,特点是援佛入道,其所撰此书是唐道书中融会释道二教思想的典型著作。收入《道藏》第725册。

《阴符经》 全称《黄帝阴符经》。道教书名。旧题黄帝撰,道教传说由骊山老母传与唐李筌,一说为筌托黄帝之名而作,也有人断其为战国末期作品。其书多谈道家修养,间亦涉及丹术,并有部分纵横、兵家言。它根据阴阳五行奇正变化,阐明"天人合发,万变定基"的道理,主张对客观世界冷静观察,谓"圣人知自然之道不可违,因而制之"。明代白云霁《道藏目录详注》谓其要旨是:"以知机为运用,以食时为先天,守三要为隄防,见五贼为观执,所以观其时而合其符,察其机而应其事,运生煞之柄,则神机鬼藏矣。"收入《道藏》第27册。另有《阴符经十真集解》三卷及李筌、张果、蹇昌辰等人注本多种。

《黄帝阴符经》 即"《阴符经》"。

《云笈七籤》 道教类书。北宋张君房奉命领校道书,天禧三年(1019)编成《大宋天宫宝藏》四千五百六十五卷(已亡佚),后在此基础上,又撮其精要辑成本书。凡一百二十二卷。道教称书箱为"云笈",道书分为三洞(洞真、洞玄、洞神)和四辅(太玄、太平、太清、正一)而总称"七籤",故名。内容包括经教宗旨、仙真位籍、斋戒、服食、炼气、内外丹、方术乃至诗歌、传记等,大都摘录原文,不加论说,分类辑录。所录经籍,多非全貌,如神仙传记、道教灵验记等,皆有所删削。但本书不仅集北宋以前《道藏》主要内容的大成,而且保存不少已失传的道教经籍片段,是研究道教的重要资料。收入《道藏》第677—702册。

《悟真篇》 道教书名。北宋张伯端撰。一卷。用诗词百篇演说道教内丹的法术,和《参同契》互相发明。为宋以来道教南宗的重要典籍。伯端主内丹,排斥外丹,认为"人人本有长生药","何须寻草学烧茅",教人"休炼三黄及四神,若寻众草更非真",要识真铅汞,丹砂及水银均不是真铅汞;至于内丹,则主张"取将坎位心中实,点化离宫腹内阴",即所谓将坎中之阳气以点化离中之阴精,乃运行交会而复还其乾健纯阳之体,则人之修炼造化毕。收入《道藏·修真十书》第126—127册。为叶士表、袁公辅等注五卷。《道藏》另有宋翁葆光注疏本四卷、宋薛道光、陆墅、元陈致虚等《悟真篇三注》五卷;另有明张位注《悟真篇注解》三卷;清董德宁有《悟真正义》。

《重阳立教十五论》 道教书名。金王重阳撰。一卷。概述全真道立教之宗旨、组织及养身炼性的方法。其中包括住庵、云游、学书、合药、盖造、合道伴、打坐、降心、炼性、匹配五气、混性命、论圣道、超三界、养身之法和离凡世等十五事。书中融合道、释、儒三家思想,提出"性者神也,命者气也","性命是修行之根本";倡导"心如泰山,不动不摇"的清修;主张不尚符箓,不事黄白之术。为全真道重要论著之一。收入《道藏》第989册。

《还源篇》 道教书名。宋石泰撰。共五言绝句八十一首。主张积精化气,合先天真元之炁以成内丹。以"神气"为丹道思想的中心概念,重视"铅汞"和"玄关一窍"。在性命关系上认为"气是形中命,心为性内神",将性命等同于神气。强调"只寻身内药,不用检丹书"。认为"金丹之功成于片时",金丹神仙术是"顷刻功"。其炼内丹之法与张伯端之《悟真篇》相似。收入《道藏》第742册。

《三论元旨》 道教书名。作者不详。前有序。分"道宗章"、"虚妄章"(三篇)、"真源章"(五篇)。分别论述道、心、性,认为三者本旨相合,故称三论元旨。"道宗章"论述道的本义。"夫道宗也,幽微奥妙,理之极也。灵运潜通,体而一焉,应乎万矣!"认为无为、无极、道性、理性、虚无、自然、至真、至精、清静、清虚等均为道之称号。"虚妄章"论述修心的理论。认为外除声色外景,内能澄虚涤想,就能达到心等于道,道存于心,即道是心,即心是道。其中提出修炼的三个阶段:摄心住一(或称摄心归一),名为安定;灰心忘一,名为灭定;悟心真一,名为泰定。真一即真常,与道相合。"真源章"主要论"性"。认为性即是道,"夫道之于称性者异名尔",是精神与万物的真源。"夫神者性之用,识者神之用。夫元气者性之用,阴阳气者元气之用,色相阴阳气之用。""性之为体,在空同空而非空,在色同色而非色,而能遍空色,常寂常通，所谓大无不包，细无不入。”其中还论述了道、性、神、识、气、形之间的关系。又结合三乘教义，分述上士、中士、下士修真的条件和目标。收入《道藏》第704册。

《金丹大要》 全称《上阳子金丹大要》。道教书名。元陈致虚著。十六卷。综合全真道北派列祖的心法，论述金丹大还最上乘之道。认为金丹由神与气、精调和而成，迎送动止皆主于意，所以“求丹取铅以意迎之，收火入鼎以意送之，烹炼沐浴以意守之，温养脱化以意成之”（《总旨》）；要能息意静念，见性明心，穷理尽性，则丹成道就。但又认为儒、佛、道三教之道唯一心而已，皆当明性与命，金丹之道即性命之道。最后二卷为同门人论玄，释见性之语。收入《道藏》第736—738册。作者另有《上阳子金丹大要图》和《金丹大要列仙志》、《金丹大要仙派》各一卷。

《大丹直指》 道教书名。元丘处机撰。二卷。谓据天地生成、人体禀生的经过，阐明内丹的基本原理。认为人须“先使水（指肾气）火（指心气）二气上下相交，升降相接，用意勾引，脱出真精真气，混合于中宫，用神火烹炼，使气周流于一身”，方可“气满神壮，结成大丹”。书中用图、诀、诀义等详述九种炼丹的方法。即“五行颠倒，龙虎交媾”、“五行颠倒，周天火候”、“三田返复，肘后飞金精”，为小成之法，谓能补虚益气，返老还童。“三田返复，金液还丹”、“五气朝元，太阳练形”、“神水交合，三田既济”为中成之法，谓可长生不死。“五气朝元，炼神入顶”，“内观起火，炼神合道”、“弃壳升仙，超凡入圣”为大成之法，谓可成仙。收入《道藏》第115册。

《性命圭旨》 道教书名。作者不详，相传为尹真人弟子所著。尹真人即元初全真道士清和真人尹志平。故书中称“吾师尹真人”。然此书亨集《口诀涵养本原救护命宝》引胡敬斋、罗念庵（1504—1564）之言。则作者当为尹志平弟子及其后学，故引及明儒之言。书前有万历四十三年（1615）新安佘永宁序。自全真道流行以来，三教合一之说盛行，故是书首标三圣图，以诗赞老君、释迦、孔子为三圣。分元、亨、利、贞四卷，均以图配文说明内功修炼过程及细节，无不贯串兼采儒、释之旨，如元集既采用《太极图》，又采用《观音密咒图》而结束于《飞升说》。其余亨集、利集、贞集亦儒释道语录纷然杂陈，而大要仍归于道教。是书绘图精工，为历来道书所不及，故《道藏精华录一百种提要》盛称之，收入《道藏精华录》第7集。

《中和集》 道教书名。元初李道纯撰，其门人蔡志颐编。凡六卷。包括论说、语录及诗词等。卷一论太极，卷二言内丹，卷三至六为杂论性命及内丹之旨。其说以三教合一为特色，以道之“金丹”，即佛之“圆觉”，儒之“太极”。三教所尚者“静定”，单传一个“虚”。先辟吐纳、服气、导引、辟谷、存思、房中之术，谓之“旁门九品”。其下品者为邪道，其上品者也不过是能却病的外道。主张性命双修，先性后命之内丹修持法。以“中和”、“守中”为宗旨。谓内丹修炼有渐、顿二法。根基浅者用渐法，先命后性，循序而进。宿有根基者用顿法，此“最上乘”，一直了性，自然了命，性命打成一片则丹成。此书为道教要籍之一。收入《道藏》第118、119册。

《析疑指迷论》 道教书名。元牛道淳撰。一卷。此书用问答体，分为《析疑》、《指迷》二篇。前者主要论心性道物，后者主要论性命内丹。其中开示全真性命之理，修行之序，以破俗人之疑迷，故名“析疑指迷”。此论阐发全真道性命说，乃元代内丹书中之颇重要者。收入《道藏》第134册。

《真诠》 道教书名。丘处机五传弟子葆真子阳道生传，清彭定求校刻。三卷。分内丹修炼之道为二：一是虚无大道之学，即“虚极静至，精自然化气，气自然化神，神自然还虚”，认为与道合真，形神俱妙，变化莫测，其寿无量；二是以神驭炁之学，即“虚静以为体，火符以为用，炼精成炁，炼炁成神，炼神还虚”，亦能使形合神，“长生不死”。前者为顿法，后者为渐法，认为此二端，“为金丹之真谛，大道之正宗，体之有益，修之则成”。收入《道藏辑要》鬼集六。

《还真集》 道教书名。元末明初王道渊撰。三卷。皆言内丹修炼之道。卷上之《金丹妙旨》概述金丹大要，最为系统。主张“性命双修”，“内观以养其性”，“闭关以复其命”。以鼎器（天心）、药物（精气）、火候（神气）为三要，又借《周易》卦象以示火候进退之机。认为“还丹之道，不过以神气混合，而复本来性命之全体”。故“了悟本性”则“万法昭然”。其思想为汇通儒佛、融摄三教之说。收入《道藏》第739册。

《金丹要诀》 道教书名。明伍守阳撰。一卷。由《金丹大旨》、《先天契后天说》、《制凡银凡铅真诀》、《制凡砂凡汞下手真诀》、《筑基说》、《死砂接生砂真诀》、《补母说》等构成。主要论述炼丹的理论和方法。它以“先天”与“后天”、神气与形体的相互关系，论证外丹须与内丹相结合才能“成仙”。“内丹者，守雌抱一，以有为无，凝成一点纯阴之体。外丹者，七返九还，自无而有，结成一点纯阳之气。二丹合，而为神仙，为天仙，为大罗金仙。”又称：“外丹不成，内丹不结。”分铅、银、砂、汞、土为“真”、“凡”两类，认为前者为先天之气，后者为后天之形，形借气而生，气依形而立，故形气并用，其丹乃成。书末附炼丹诗、歌八首。收入《道藏辑要》毕集六、《道藏精华录》第八集。

《金仙证论》 道教书名。清柳华阳撰。二十篇。以"神气"为丹道的中心概念，认为"炼精者，则气在乎其中；炼形者，则神在乎其内"。提出"主静"说，认为内丹修炼应当以静为主，动静结合，进退适度。详论小周天功法，侧重揭示"火候"之秘，强调火是火，候是候，不可混而为一。论述了文火和武火的辩证关系，认为"夫升降之火，兼文武而用之，故曰柔而变刚，刚而变柔，刚柔乃丹道之妙旨"。流传甚广，日本伊藤光远将此书译成日文，改题《炼丹内功秘诀》。

中国古代历史哲学

《论六家之要指》 西汉司马谈著。将先秦到汉初的学术流派分为阴阳、儒、墨、名、法、道德六家，并对六家的思想特征和优缺点，分别加以评论，道其短长。"阴阳之术，大祥而众忌讳，使人拘而多所畏；然其序四时之大顺，不可失也。儒者博而寡要，劳而少功，是以其事难尽从；然其序君臣父子之礼，列夫妇长幼之别，不可易也。墨者俭而难遵，是以其事不可遍循；然其强本节用，不可废也。法家严而少恩；然其正君臣上下之分，不可改矣。名家使人俭而善失真；然其正名实，不可不察也。"推崇综合阴阳、儒、墨、名、法各家之长的黄老思想，称"道家使人精神专一，动合无形，赡足万物。其为术也，因阴阳之大顺，采儒墨之善，撮名法之要，与时迁移，应物变化。立俗施事，无所不宜，指约而易操，事少而功多"。该文对阴阳、儒、墨、名、法和道各家思想主张的评价较客观，至今仍是研究先秦汉初思想史、哲学史的重要文献。文存《史记·太史公自序》。

《史记》 原名《太史公书》，亦称《太史公记》、《太史记》。西汉司马迁撰，我国第一部纪传体通史。该书记载了从传说中的黄帝到汉武帝太初年间三千余年的历史，所述史事，尤详于战国、秦、汉。全书共一百三十篇，包括十二本纪、十表、八书、三十世家、七十列传。"本纪"是全书纲目，采用编年体，按年月记述一个王朝或帝王活动的大事记。其中先秦诸篇按朝代成篇，秦汉诸纪则按帝王成篇。"表"采用表格形式简列世系、人物和史事，其中包括世表、月表和各种年表，以作为本纪的补充。"书"是叙述各种重要的典章制度、天文现象、社会经济、河渠地理等历史沿革的记录。"世家"记载诸侯王的史迹。"列传"主要是社会各阶层代表人物的传记，也有少数民族和邻国的历史。本纪和列传是全书的主要部分，与表、书、世家相辅相成，融为一体，故被称之为纪传体。司马迁以"究天人之际，通古今之变，成一家之言"为撰书宗旨，写人叙事，采用"据事直书"的史笔，"不虚美，不隐恶"，力求实事求是。反对天命和善恶祸福报应论，重视人在社会历史中的作用，认为"国之将兴，必有祯祥，君子用而小人退；国之将亡，必有妖孽，贤人隐，乱臣贵"(《楚元王世家》)。从经济角度入手探讨历史发展的原因，"天下熙熙，皆为利来；天下攘攘，皆为利往"(《货殖列传》)。"礼生于有而废于无，故君子富，好行其德；小人富，以适其力。"(同上)该书文辞优美，叙述生动，鲁迅有"史家之绝唱，无韵之《离骚》"的赞誉。注释本主要有南朝宋裴骃《史记集解》，唐司马贞《史记索隐》、张守节《史记正义》等。现存早期的版本之一南宋黄善夫家塾刻本，被公认为善本，经商务印书馆影印收入百衲本《二十四史》。另有明嘉靖、万历时《二十一史》本、毛氏汲古阁刻《十七史》本、清乾隆时武英殿刻《二十四史》本等，1959年中华书局以金陵书局刻本为底本出版标点校勘本《史记》。

《太史公书》 即"《史记》"。

《汉书》 又称《前汉书》。中国第一部纪传体断代史。东汉班固撰。共一百篇，包括纪十二篇、表八篇、志十篇、传七十篇，后人析为一百二十卷。主要记载了自汉高祖元年(前206)到王莽地皇四年(23)西汉一朝共230年的历史。是在父亲班彪《史记后传》六十五篇基础上着手撰写《汉书》。至卒时，尚有八表和《天文志》没有完成。和帝命其妹班昭续撰，后又命马续总成《汉书》，《天文志》为马续补。由于班固曾任兰台令史，有条件看到大量的图书资料；又加上有《史记》、《后传》作为主要依据，因此，使《汉书》保存丰富的历史资料。《汉书》奉儒家经典为至尊，批评司马迁"论大道先黄老而后六经"，"是非颇谬于圣人"(《司马迁传·赞》)，称赞汉武帝"罢黜百家，独尊儒术"是"宪章六学，统一圣真"。自称撰《汉书》的宗旨是"旁缟五经，上下洽通"，"纬六经，缀道纲"(《叙传》)，主张"宗师仲尼"(《儒林传》)。东汉末年，服虔、应劭始对该书注音释义，魏晋南北朝以后出现的《汉书》音注更多。通行注本有唐朝颜师古汇集前人23家的注释，纠谬补缺，撰写而成的《汉书》新注。清末王先谦作《汉书补注》，所搜资料较为完备，1962年中华书局出版有《汉书》标点校勘本。

《汉纪》 又称《前汉纪》。东汉荀悦撰。三十卷。是记述西汉历史的史书，体例为编年体断代史。建安三年(198)，汉献帝以《汉书》文字繁多难读，命荀悦仿《左传》编年体例改写。《汉纪》把《汉书》的纪、传、表材料，按年代顺序加以剪裁，编排在帝纪之内，取材范围虽不出《汉书》，但在体例上吸收了编年与纪传的优点，颇有创新，故书出后即有"辞约事详"之誉。该书提出了写史的五条标准，"夫立典有五志焉：一曰达道义，二曰彰法式，三曰通古今，四曰著功勋，五曰表贤能"（卷一）。强调史著的作用在于"惩恶而劝善，奖成而惧败"（《汉纪·序》），突出史书的鉴戒作用，希望通过著史为统治者提供可以借鉴的历史经验教训。《汉纪》继承和发展了《左传》、《史记》的史论传统，有的标明"荀悦曰"，也有的直发议论，每篇帝纪的末尾还有论赞，对唐宋的政论散文产生一定的影响。清康熙时，蒋国祥、蒋国祚将《汉纪》与袁宏的《后汉纪》合刊，后附《两汉纪字句异同考》，版本较为完善。有《四部丛刊》本等。

《后汉书》 南朝宋范晔撰。纪传体断代史。共一百二十卷，包括本纪十卷，列传八十卷，志三十卷。主要记载了自新莽灭亡（23）到汉献帝延康元年（220）东汉196年的历史，是研究东汉历史的重要资料。原书只有纪、传，北宋时有人把司马彪《续汉书》志三十卷与之合刊，成今天《后汉书》。《后汉书》大部分沿袭《史记》、《汉书》的现成体例，但在成书过程中，又根据东汉一代历史的具体特点，又有所创新与变动。首先，在帝纪之后添置了皇后纪，准确地反映这一时期"权归女主"的政治特点。这是最早在纪传体史书中专为妇女作传。其次，在《汉书》基础上创立类传，新增加《党锢传》、《宦者传》、《文苑传》、《独行传》、《方术传》、《逸民传》、《列女传》七个类传，为后世纪传体史书所效法。又推崇儒学，认为东汉儒学虽然繁杂，"然所谈者仁义，所传者圣法也。故人识君臣父子之纲，家知违邪归正是路"（《儒林传序》）。批评佛教"好大不经，奇谲无已"，表彰忠义思想，《独行传》所记29人，就是集中阐发忠义思想的专篇。《后汉书》与《史记》、《汉书》、《三国志》合称"前四史"。今存最早刻本是南宋绍兴本，以商务印书馆影印的南宋绍兴本为底本，1965年中华书局出版标点校勘本。

《后汉纪》 与《汉纪》合称为《两汉纪》。东晋史家袁宏撰，编年体断代史。三十卷。记时起自更始元年（23），终于汉献帝建安二十五年（220）；记事起于琅邪吕母起义，至于曹丕废汉自立。撰写体例以《汉纪》为范本，并且对《汉纪》的"约集旧书，撮序表志，总为帝纪，通比其事，例系年月"写作方法，进步发展成为"言行趣舍，各以类书"的撰述方法。也就是说采用编年体的同时，吸收了纪传体记人的优点，即增加了史书的容量，又可以将同一时期的人物一一写出，从而更加全面反应时代面貌。《后汉纪》早于《后汉书》几十年完成，保存了更为真实的东汉史料，可以订补《后汉书》的错误和不足，还对当时的诸家后汉书史料有所保存。刘知幾在《史通》一书中称《后汉纪》"为纪传者则规模班马，创编年者则议拟荀袁"，"世言汉中兴书者，唯范袁二家而已"。袁宏在《后汉纪》中强调名教观，认为"史传之兴，所以通古今而笃名教也"（《后汉纪·自序》）。将天地高下的自然现象、父子相继的自然关系运用于君臣关系上，以此说明君臣关系是自然的、永恒不变的真理。从而以君臣父子之礼仪作为判断史事的标准。也重视历史记载的惩劝功能，认为"得失一朝，荣辱千载，善人兴焉，淫人惧焉"（《后汉纪》卷二十九）。现存最早版本是明嘉靖二十七年（1548）黄姬水所刊行的南宋王铚辑本。清康熙年间，蒋国祚、蒋国祥兄弟取黄氏本为底本，以南监本互校，复采《后汉书》及章怀诸注为证，详加考校、刊刻，是为乐三堂本。今有1987年天津古籍出版社版《后汉纪校注》、2002年中华书局版《后汉纪》点校本。

三国志 西晋陈寿撰。主要记载魏、蜀、吴三国鼎立时期的纪传体国别史，详细记载了灵帝光和末年（184）到晋武帝太康元年（280）六十年的历史。《三国志》全书六十五卷，其中《魏书》三十卷，《蜀书》十五卷，《吴书》二十卷。叙录一卷，后来叙录一卷阙失。原是各自为书，一直到北宋才合而为一，改称今名。该书在编撰上尊魏为正统，以魏主为帝纪，总揽三国史事；以蜀、吴两主史事传名，即《三国志》为曹操写了本纪，而《蜀书》和《吴书》则记刘备为《先主传》，记孙权称《吴主传》，均只有传，没有纪。以一部纪传体史书兼记同时存在的三个皇朝史，这是《三国志》在正史撰述中的创新。该书取材精审，考订认真，选择慎重，使《三国志》有文辞简约的特点，但也造成了史料不足的缺点。因受门阀士族风气影响，史论多推崇"清流雅望"和宣扬天人感应的神秘思想。南朝裴松之曾为《三国志》作注。收集各家史料，弥补《三国志》记载之不足，也称裴注。民国时，卢弼汇集历代学者对三国志正文和裴注所作的注释、版本校勘和考证，并将本人的注释和按语统一编纂为《三国志集解》（有1957年上海古籍出版社版）。

《汉晋春秋》 东晋史学家习凿齿著。五十四卷，编年体史书，记述了上起东汉光武帝刘秀，下迄西晋愍帝近三百年的史事。他在叙述三国历史时，以蜀汉为正统，魏为篡逆，以司马昭平蜀作为"汉亡而晋始兴"的标志，故名。《四库全书总目提要》在《三国志》帝魏与《汉晋春秋》帝汉的正统与是非问题上认为：（《三国志》）"以魏为正统，至习凿齿作《汉晋春秋》，始立异议。自朱子以来，无不是凿齿而非寿。以理而论，寿之谬万万无辞；以势而论，则凿齿帝汉顺而易，寿欲帝汉逆而难。盖凿齿时晋已南渡，其事有类于蜀，为偏安者争正统，以孚于当代之论者也；寿则身为晋武之臣，而晋武承魏之统，伪魏是伪晋矣，其能行于当代哉。此犹宋太祖篡立近于魏，而北汉、南唐迹近于蜀，故北宋诸儒皆有所避而不伪魏；高宗以后，偏安江左，近于蜀，而中原魏地全入于金，故南宋诸儒乃纷纷起而帝蜀。此皆当论其世，未可以一格绳也。”说明历代对正统问题的评判都是以现实需要为标准。此书久佚。今有黄奭辑一卷本，收入《汉学堂丛书》及《黄氏逸书考》；汤球辑三卷本，收入《广雅书局丛书》；王仁俊辑一卷本，收入《玉函山房辑佚书续编》。

《新五代史》 原名《五代史记》。纪传体史书。北宋欧阳修撰。七十四卷。记载了自后梁开平元年(907)至后周恭帝二年(906)，后梁、后唐、后晋、后汉、后周五代共54年的历史，为与薛居正撰的《五代史》即《旧五代史》相区别，故名。该书与薛居正的《五代史》分代叙述不同，它将五代融在一起叙述。其本纪连叙五代，诏令全部删去，事迹简净。列传皆用类传，创立有《家人》、《死节》、《死事》、《一行》、《唐六臣》、《义儿》、《伶官》、《杂传》等传目。坚持“不以天参人”、“天人相分”的主张，不载灾祥感应之说，取消了自《汉书》以来相沿成习的《五行志》而代之以《习天考》。有感于五代以来人伦纲常大坏，刻意仿效春秋笔法，“法严词约，多取《春秋》遗旨”(《宋史·欧阳修传》)，在评论史事时多以“呜呼”开头，以示褒贬。但由于过分强调春秋笔法，“一字褒贬”，往往因注意书法而忽略了必要的史实。该书原有宋徐无党注。宋吴缜撰《五代史纂误》，为纠举《新五代史》谬误的专著，原本已佚，今辑存三卷，可供参考。清彭元瑞、刘凤诰合著《五代史记补注》，引书二百余种，可作此书的补充。

《东晋元魏正统论》 以东晋、元魏两朝为对象论述正统观的篇章。唐皇甫湜著。指出：“自尧以降，或以德，或以时，或以力，或以义，承授如贯，终始可明，虽殊厥迹，皆得其正。……史册既载，彰明可知。”由此对前人帝元魏今人闰晋的做法颇不以为然，“往之著书者，有帝元；今之为录者，皆闰晋，可谓失之远矣”。认为不应以元魏为帝，是因为其是夷狄，反映了作者明显的夷夏之防观念。与之相对应，强调晋朝的正统地位，“晋之南渡，人物攸存，礼乐咸在，风流善政，史实存焉”。“故推而上，我受之隋，隋得之周，周取之梁。推梁而上，以至于尧舜，得天统矣。”在论述正统的意义时，作了很大的发挥，“王者受命于天，作主于人，必大一统，明所授，所以正天下之位，一天下之心。”这种“大一统”、“正天下之位，一天下之心”的观点对欧阳修著《正统论》有极大影响。收入《皇甫持正集》卷二。

《正统论》 根据秦朝至五代后周显德间的历朝历代存亡兴替的历史事迹考辨而论正统的篇章。北宋欧阳修撰，分上、下两篇。作者在《正统论》序论中明确阐述了写作初衷：“(太宗皇帝)尝命薛居正等撰梁唐晋汉周事为《五代史》，凡一百五十篇。又命李昉等，编次前世年号为一篇，藏之秘府。而昉等以梁为伪，梁为伪则史不宜为帝纪，而亦无曰五代者。”系正李昉等人之谬误，为北宋如何继承五代之统绪而作。认为“五代之得国者，皆贼乱之君也，而独伪梁而黜之者，因恶梁者之私论也。”“夫梁固不得为正统，而唐晋汉周何以得之?”无非是想将梁置于正统地位，“由不正与不一，然后正统论兴者也，其德不足以道矣；推其迹而论之，庶几不为无据云。”最终达到使北宋统治有所承袭的目的。考全文的主旨，如作者所说：“《传》曰：‘君子大居正。’又曰‘王者大一统’。正者，所以正天下之不正也；统者，所以合天下之不一也。由不正与不一，然后正统之论作。”标“居正”、“一统”二义。在评论正统之时，以史实的鉴戒为重，而以道德观念为轻。如“夫居天下之正，合天下于一，斯正统矣”；“幸而以大并小，以强兼弱，遂合天下于一，则大且强者谓之正统，犹有说焉”；“(秦)其德虽不足，而其功力尚不优于魏晋乎?”德行欠缺，而侧重于史实，故以后有众多学者著说以驳其非，如章望之亦作《明统论》三篇以辨欧氏之说。收入《居士集》卷十六。

《正统议》 北宋毕仲游著。本文似因欧阳修《正统论》、苏轼《后正统论》而作。认为：“以得历数者，有道于其始，而为治乱者，不系于其终也。”“(秦)始不能以仁义取，终不能以仁义守。历数不得于天，治乱不得于人”，所以不能置之为正统。认为魏晋两朝，虽取之非正途，但“兴起自然、历年久也”。“亦可独推其统而言正矣”。收入《西台集》卷四。

《后正统论》 北宋苏轼撰。分《正统总论》上及《正统辨论》中、下三首。是文之作，实讥章氏(望之)《明统》之非。指出：“正统之论起于欧阳子。为霸统之说，起于章子。二子之论，吾与欧阳子，故不得不与章子辨，以全欧阳子之说。”推崇欧阳修《正统论》所持观点，而对章氏之言进行逐条批驳，认为欧阳氏所论名实皆存，而章氏所书名实俱损。“欧阳子纯乎名，故不知实之所止；章子杂乎实……若章子之所谓霸统者，伤乎名而丧乎实也。”否定章氏霸统之说，指出“夫以弑君得天下，而不失为霸，则章子之说，固便乎篡者也”。认为霸统之分，实不足以涵盖非正统之全貌。苏氏持论，重其势而轻其德，即取其实而忽其名。"圣人得天下,篡君亦得天下,顾其势不得不与之同名,圣人何耻耶?""夫以文王而终身不得,而魏晋梁而得之,果其为重也。则文王将有愧于魏晋梁焉。""天下之名,果不过乎实……吾不惜乎名,而惜乎实也。"故其论为后世众多学者所诟。收入《东坡文集事略》卷十一。

《明统》 论述正统论的文章。北宋章望之撰。共三篇,本文乃力辨欧阳修《正统论》而作,"望之喜议论,著《救性》七篇,欧阳修论魏、梁为正统,望之以为非,著《明统》三篇。"(《宋史·文苑》)文中将天下之统分为两类:正统,霸统。认为"以功德而得天下者,其得者正统也……得天下而无功德者,强而已矣,其得者霸统也。"在兼顾名实的同时,更强调以道德和正义为判断是否正统的标准。"秦魏梁于统之得否未有损益焉可措者,进之无以别善恶也。""永叔之进魏,特奖其能篡也。……乃进能篡君者与之同列圣人,顾不耻之欤?""永叔以正统之论肇于《春秋》之学,故引《公羊》大居正大一统之文为据。既曰大居正,而又以不正人居之,是正不正之相去,未能相远也。"但霸统的提出,未为允当,故后苏轼著《后正统论》与之辨。原文已佚,部分文字留存于苏轼《正统论》中。

《正统辨》 元杨维桢著。在正统方面,力主以《春秋》为衡量标准,"挈则统之所在,不得以割据之地,僭伪之名而论之也"。严斥以辽、金为正统,主张以宋为尊,元应承袭宋之统绪,"好党君子,遂斥绍兴为伪宋,吁!吾不忍道矣"。强调"中华之统,正而大者,皆不在辽金","元之大一统者,当在平宋,而不在平辽与金之日"。在道统方面,认为:"道统者,治统之所在也。""道统不在辽金而在宋,在宋而后及于我朝,君子可以观治统之所在矣。"其观点,反映了当时在野士子与朝廷修史时截然相反的一种见解,即"先是诸传议论三国(宋、辽、金)正统久不决,至是脱脱扬断曰:三国各与正统,各系其年号,议者遂息。然君子终以为非也"(权衡庚《申外史云》)。并得到以后诸多学人的赞同。全文见于贝琼《清江贝先生文集》卷二,又见于陶宗仪《辍耕录》卷三(文微有变化)。

《大义叙略》 南宋郑思肖著。载于《心史》。清代学者及近人多认为此书为伪书,是明人依郑氏之名而作;而独余嘉锡持不同意见,且辨之甚详,故观仍莫衷一是。是书强调夷夏之辨论:"臣行君事,夷狄行中国事,古今天下之不祥,莫大于是。夷狄行中国事,非夷狄之福,实夷狄之妖孽。"认为魏文帝之汉化,实"僭行中国之事以乱大伦,是衣裳牛马而称曰人也,实为夷狄之大妖"。又进一步主张"《北史》,是与中国抗衡之称,宜黜曰《胡史》,仍修改其书,夺其僭用天子制度等语",而对于《南史》,则"实以偏方小之,然中国一脉系焉,宜崇曰《四朝正史》。"甚至认为李唐为"凉武昭王李暠七世孙,实夷狄之裔……特以其并包天下颇久,贞观、开元,太平气象,东汉而下,未之有也,姑列之于中国,特不可以正统言。"可见其夷夏之别、防夷变夏观念的强烈。认为《春秋》以后史书,"史笔不知大伦所在,不过纪事耳。纪事而不明正理,是者非,伪者正,后世无以明其得失,诸史之通弊也"。由此提出"以经断史"的观点:"大抵古今之事,成者未必皆是,败者未必皆非。史书犹讼款,经书犹法令,凭史断史,亦流于史;视经断史,庶合于理。谬例、失实、泛书,史之通弊,最不可不察。"

《释统》 论述传统正统观的篇章。明初方孝孺撰,分上、中、下三篇。受其师胡翰《正纪》影响,认为:"天下有正统一,变统三。"三代,为正统;汉、唐、宋可附于正统,为变统,而立此二统,目的是为"劝戒之道明"、"立变统所以扶人极",使"奸邪息、夷狄惧"。全文以道德和正义为界定是否正统的标准,即:"重视人心之统,重视王朝更替的道德评价,而不重天统和空间上的一统。""以其建道德之中,立仁义之极,操政教之原,有以过乎天下也。"这种道德和正义评判机制,对后世学者的正统观评判标准产生重大影响,是自欧阳修《正统论》之后论述正统观最为重要的著作,对中国传统的正统论做了重大的发展,构成了正统观演变过程中极其重要的一环。收入《逊志斋集》卷二。

《史传》 《文心雕龙》篇名。我国现存最早的史学评论专文。南朝刘勰著。对史学研究的目的、史书编纂的方法、史家应具备的素质皆有分析和讨论。认为史学研究的目的在于"表征盛衰,殷鉴兴废",把"彰善瘅恶,树之风声"作为史学的基本功能。强调著史应尊崇儒家的伦理规范,提出"立义选言,宜依经以树则;劝戒与夺,必附圣以居宗"的主张。对史书的起源、得失做了评价,推崇编年体史书《春秋左氏传》。提出史家要拥有"寻繁领杂之术,务信弃奇之要,明白头讫之序,品酌事例之条"四项才能。在史家应具备的素质方面,提出"素心说"主张,即史家必须出于公心写史,如实加以记载。这些思想和见解初步奠定了中国古代史学批评体系的基础,对后世史学批评理论有较大影响。

《封建论》 唐柳宗元撰。辨析分封制和郡县制优劣的文章。文中所说"封建",指周代以及后来实行过的"封国土,建诸侯"的贵族世袭制度。认为历史是一个自然发展的过程,具有不以人的主观意志为转移的客观必然趋势,封建诸侯制度的形成也是古代历史发展的客观形势造成的,"封建非圣人意也,势也"。从人类最初为了生活和自卫而利用工具与禽兽的斗争,人与人之间为了生活经常引起互相争夺而产生国家,进而论证历史上治乱兴衰、制度变革都取决于历史发展的必然趋势,认为贵族世袭的封国制度的产生,是历史客观形势所决定,不以"圣人"意志为转移。秦始皇废除分封制,实行有利于中央集权的郡县制,也是大"势"所迫,不得不做。又比较就商周以来贵族世袭的封国制度和秦以后的由皇帝控制下的官僚制度,认为分封诸侯的制度虽是历史发展的必经阶段,但随着历史的进一步发展,它被"郡邑制"即官僚制度所代替,这也是历史发展的必然趋势。贵族世袭的封国制度容易形成地方割据,不利于中央集权,而郡县制有利于加强中央集权。收入《柳河东集》

《贞观政要》 历史政论类著述。唐吴兢编撰,成书于唐玄宗开元年间,十卷四十篇。该书分类编撰唐初贞观年间(627—649)唐太宗与魏徵、房玄龄、杜如晦等朝廷重臣四十余人之间的论政问答、大臣的诤议及劝谏奏疏等内容,对唐初君道政体、治政方针、君臣作风、官员选拔、刑罚贡赋及征伐安边等均有涉及。认为唐初贞观年间,政治清明,法良政善,可垂世立教以备劝戒。故该书编撰完成后,作者上奏呈送唐玄宗览阅,由是成为唐统治者及唐以后历代封建统治集团施政鉴戒。由于该书对唐贞观年间时政治道的记载远比两《唐书》及《资治通鉴》为详,故对研究唐初政治具有十分重要的文献史料价值。该书流传过程中,元代学者戈直为其作注,并采录唐柳芳、宋欧阳修、司马光等二十二人议论,附注于下,称为"集论"本。上海涵芬楼出有影印明成化年间刊刻本,1978 年上海古籍出版社出版点校标点本。

《史通》 中国历史上第一部系统的史学批评著作。唐刘知幾著,成书于唐中宗景龙四年(710),二十卷,包括内篇十卷三十九篇,外篇十卷十三篇,合五十二篇,今存四十九篇。内篇为全书的主体,着重讲史书的体裁体例、史料采集、表述要点和作史原则,而以评论纪传体史书体例为主;外篇论述史官制度、正史源流,杂评史家、史著得失,并略申作者对历史的见解。此书阐述了史学的起源与发展;史书的表现形式及其结构、体例;史书的编纂方法和文字表述的要求;对历史的认识和撰述原则;史学社会功用的理论等方面做了详尽的阐述。强调史学的劝戒功能,"史之为务,申以劝诫,树之风声"(《史通·直书》)。主张著书修史应实事求是,直笔实书;反对以虚妄之言、图谶、寓言、传说入史;主张史家须兼具才、学、识"三长"。但一方面提倡直书其事,呼吁史家"宁为兰摧玉折,不作瓦砾长存",另一方面又说:"史氏有事涉君亲,必言多隐讳,虽直道不足,而名教存焉。"(《史通·曲笔》)以维护名教观念。现存最早版本是明嘉靖十四年(1535)陆深刻本。万历三十年(1602),张鼎思"家有抄本",又于莆田吴氏得陆刻本,校勘删定,较为可读。明清学者训释《史通》者不少,清人浦起龙吸收了前人评释成果以《史通通释》取代各家而独行于世,流传最广。

《汉书五行志错误》 《史通》篇名。是一篇针对班固《汉书·五行志》中牴牾错谬内容进行辩驳纠谬的专文。班固的《五行志》,集中了汉儒关于谶纬迷信、灾异神学的说教来为封建统治者宣扬皇权神授,以巩固其统治。有唐一代,这种宗教迷信亦有增无减,尤其是高宗、武后统治时期,达到高峰。他们编造各色各样的祥瑞,不断变更年号,借此说明其政权顺天承命,永享天年。本篇把《五行志》中的疏误谬缺,条分并归为引书失宜、叙事乖理、释灾多滥、古学不精四类,然后对各类状况次第胪列,用文献学的方法指出五行志对灾祥征应的牵强附会,逐一驳难辨析。其辩驳纠错有得亦有失,得在能洞察《汉书·五行志》体例不纯,有欠严谨;失在其某些辨析自身有误,批驳失之公允。本篇与《史通·汉书五行志杂驳》堪为姊妹篇,其旨均在揭示批驳《汉书·五行志》之舛讹谬误,以倡扬史书修撰应详辨史事,考订确凿,务求严谨的良史作风。

《疑古》 《史通》篇名。对古代《经》、《传》载史记事尤其是对《尚书》"为贤者讳"载史不实提出诸多质疑,旨在考辨古代史书记事的是非曲直,劝戒后世史家拣选史料、评述史事应审慎公允,不能囿于崇古思想的支配虚妄其辞,以保证修史工作的严肃性。在尊经崇孔的古代社会,本篇的写作意图受到许多非难与揣测。北宋史学家宋祁讥刺本篇意在"工诃古人"(《新唐书·刘知幾传》);清学者黄叔琳亦称本篇"悖谬至是,惜哉为全书之玷"(《史通训故补》)。然今人张舜徽则认为,本篇所论,"容有失之偏激……然其识力之锐,发例之周,实为后世史家辟一新径"(《史通评议》)。

《惑经》 《史通》篇名。本篇对被世人奉为经典的《春秋》载史记事提出质疑诘难。本篇罗举种种实例,指出《春秋》书史或褒贬不当失之公允;或为贤者讳有违直书;或欠缺周密义例不一;或取舍不当略大存小;或有违事实虚誉赞美等。认为后世之人因袭前人盛赞《春秋》修史笔法谨严,均系盲从左丘明、司马迁、班固等人虚美之说所致,并非自己深入考查辨析的灼见。此文大胆怀疑儒家经典,受到后世经学家的非议。

《书志》 《史通》篇名。阐述史籍书志体例的起源，在纪传体史书中的重要地位，书志名目的类别以及诸史书志的种种流弊，并提出改进书志的相关建议。认为历代书志存在着“妄入编次，虚张部帙”和“事应可书，宜别标题”这两类突出问题。以此为基点，通过对诸史志如天文志、艺文志、五行志等的考察，指出纪传体书志应当在旧有基础调整变通，在内容上有所芟除或有所增设。尤其通过对《汉书·五行志》所载灾祥符瑞、阴阳谶纬之说的虚妄性与欺诈性的深刻揭露，提出取消史书设置《五行志》的修史主张。

《唐史论断》 宋孙甫撰。历史评论类著述。分上、中、下三卷，共九十二篇。成书于宋仁宗年间。认为后晋刘昫所修唐书繁冗失体，褒贬不精，不足垂戒，故仿春秋编年体，在刘昫唐书基础上修撰唐史七十五卷，本书论断九十二篇即为其中的部分内容。后原书散佚，唯论断部分因有别本而得以保存流传。论断以唐事为标题，涉及唐代时政、军事、事件、人物、纲纪、制度等诸多方面内容。以论断为体指评史事，辨析是非，其中不少论断见解独到，为旧史所不及。朱熹，称其论断有胜于范祖禹所作之《唐鉴》。本书正文后另加附录，收录有司马光、欧阳修、苏轼、曾巩、张惇颐等人的题跋、后序及墓志节文等。先后收入学海类编、艺海珠尘及粤雅堂等丛书。1935年，商务印书馆将本书收入《丛书集成初编》。

《史论》 宋苏洵撰，分上、中、下三篇。上篇提出修史之目的在于惩劝小人：“史之所惩劝者独小人耳”，“史与经皆忧小人而作”。认为史学的功用在于使“乱臣贼子惧”，提出“经不得史无以证其褒贬，史不得经无以得轻重”的史论观，主张史与经并行不悖兼而互补。在中、下篇中，点评司马迁、班固修史著述之优劣长短，然后论及范晔、陈寿诸史家，最后得出“史之才诚难矣”的结论，要求后代史家修史应以前代史家修史得失为鉴，不要自以为是，无端讥讽苛求前贤。收入《苏洵集》卷十六。

《古史》 纪传体通史类著述。宋苏辙撰，六十卷，成书于宋哲宗绍圣二年(1095)。认为司马迁作《史记》颇有疏略，不得“圣人”之意，故在《史记》基础上另作此书。全书分本纪七卷，世家十六卷，列传三十七卷，所述史事上起伏羲、神农，下迄于秦始皇，删去了秦以后的历史。本意是欲改修《史记》，补司马迁治史之不足，故作者称：“尧舜三代之遗意，太史公之所不喻者，于此而明；战国君臣得失成败之迹，太史公之所脱漏者，于此而足。”本书在《三皇纪》中添入道家思想，在《老子传》中附以佛家之说等，与《史记》颇有出入。尽管本书未能出司马迁《史记》之上，但在一定程度上对《史记》有增删辩正，补苴罅漏之功用。有《四库全书》本及《古今图书集成初编》本存世。2001年中国语文出版社以四库版为底本，将本书收录《三苏全书》，以标点本出版发行。

《资治通鉴》 我国第一部编年体通史。北宋司马光主持编撰。宋治平三年(1066)起编纂，至宋元丰七年(1084)成书，历时19年。全书共294卷，上起周威烈王二十三年(前403)韩、赵、魏三家分晋，下至后周显德六年(959)，记载了从战国到五代共1 362年的历史。司马光在编纂该书的过程中，邀集当时史学家刘恕、刘攽、范祖禹为主要助手，分段负责，先排比材料为“丛目”，再编成“长编”，然后由司马光删订定稿。全书取材丰富，考证详密，修书时根据的材料，除正史外，野史、传状、文集、谱录等杂史多达三百余种。编撰目的在于，供统治者从历代治乱兴亡中吸取鉴戒，因此内容以政治、军事为主，绝大多数篇幅记述历代君臣治乱成败安危之迹，“专取关国家盛衰，系生民休戚，善可为法，恶可为戒者”，对于经济、文化等方面则很少记载。注释有宋末胡三省《资治通鉴音注》，最为精详。1956年，古籍出版社出版胡三省注《资治通鉴》标点本。

《唐鉴》 北宋范祖禹著。是一部评论唐代史实的历史评论著作。熙宁三年(1070)，范祖禹从司马光修《资治通鉴》，专职唐史，故“采唐得失之迹，善恶之效”，撰成本书。全书十二卷。大纲用《通鉴》原文，论断独出己意。评史论事强调正纲常，辨名分，开卷第一条便对李世民劝父联合突厥、起兵晋阳一事给予了谴责，称李世民“有济世之志，拨乱之才，而不知义也”。反对李世民杀弟屠兄、逼父让位的行径，认为这种行为是“为子不孝，为弟不弟，悖天理，灭人伦而有天下，不若亡之愈也”(《唐鉴》卷一)。批评两《唐书》、《资治通鉴》用武后纪年，认为这种书法形式不符合《春秋》表彰忠义、诛讨篡逆的要求，为效法“春秋笔法”，《唐鉴》不书武周年号，而用唐中宗纪年，自谓比《春秋》“公在乾侯”之例，把武则天的统治称为“母后祸乱”之政，体现了强烈的正统思想。评史论事、褒贬人物，“守经据正”，“折以义理”，得到了当时理学家的好评，程颐称该书“足以垂世”，“自三代以后，无此议论”(《伊洛渊源录》卷七)。现存最早刻本为南宋孝宗朝浙江所刻(现存于上海图书馆)，1984年上海古籍出版社据宋刻本影印出版。

《资治通鉴纲目》 简称《通鉴纲目》，别称《紫阳纲目》。南宋哲学家朱熹与其弟子赵师渊共同编著。全书六十卷，成于乾道八年(1172)。根据司马光《资治通鉴》及其《目录》、《举要历》和胡安国《资治通鉴举要补遗》编成。强调明“天道”，定“人道”，宣扬儒家正统论。"岁周于上而天道明矣,统正于下而人道定矣"(《资治通鉴纲目·凡例》)。实质上就是要用理学观念贯穿于历史褒贬之中,以维护封建纲常。朱熹的学生李方子在《资治通鉴纲目后序》中阐明这一宗旨:"使古今难制之变,难断之疑,皆得参验稽决,以合于天理之正,人心之安"。并指出此书"宏纲细目,实本《大学》三纲领、八条目"(见《宋元学案》卷四十九)。该书编排体例为"表岁以首年,因年以著统,人书以提要,分注以备言"。也就是分年度陈述,每年度事作大字提要标目,每标目之下再加注言,说明来龙去脉。提要为"纲",分注是"目"。按此书《凡例》、"笔法",主要有统系、岁年、名号、篡弑、恩泽、朝会、封拜、征伐、废黜等十九目。作者通过辨正闰、明顺逆、严篡弑之诛、褒扬尊贤和死节者等方式,来扶纲常、植名教。对《资治通鉴纲目》,后人评价不一,有称之为"《春秋》后第一书",也有认为此书"体例不纯"史学价值不高。该书版本较多,清康熙帝取明末陈仁锡刊本逐加评定,是为《御批通鉴纲目》。

《通鉴纲目》 即"资治通鉴纲目"。

《紫阳纲目》 即"资治通鉴纲目"。

《通志》 纪传体通史。南宋郑樵撰,二百卷,成书于宋绍兴三十一年(1161)。体例源本于《史记》,但改《史记》类目中的"表"为"谱",改"书"为"略"。分设本纪、年谱、略、世家、列传、载记等六大类目。本纪、列传记事自三皇至隋,各依旧史取舍,抄录删削,无所创见。《二十略》综合《通典》及诸史志资料而成,载录历代典章制度,其中有九略是作者自创,包括氏族略、六书略、七音略、都邑略、谥略、校雠略、图谱略、金石略、昆虫草木略。这就进一步扩大了史学对于典章制度的研究和撰述范围。本书与《通典》、《文献通考》,并称"三通"。清代官修《续通志》、《皇朝通志》,也可以说是《通志》的续编。现存最早刻本为元至治元年(1321)摹印元大德本。另有商务印书馆万有文库本(有中华书局1987年影印本)。

《通志总序》 南宋郑樵撰。论说通史撰写必要性的一篇文章。阐明了作者主要的史学观点,概要总结了前贤修史著述,主张会通之义,提倡纵横古今"通为一家"的通史著述;赞誉孔子所编《春秋》及司马迁所作《史记》,贬班固断代史《汉书》为旁邪浅陋,失会通之旨;对后代史家仿班固《汉书》修断代史而弃司马迁《史记》之通史体裁多所否定。阐明了会通的主旨在于重视古今的相互演进,贯通历史的前后联系;重视历代损益,揭示古今的变化异同。还强调指出,修史之难在于志,即难在对各类典章制度的修撰。以此为基点,详细阐述了其在《通志》一书中所作"二十略"之要义,并自称:"总天下之大学术而条其纲目,名之曰略。凡二十略,百代之宪章,学者之能事尽于此矣。"

《灾祥略》 《通志》二十略之一。南宋郑樵撰。将阴阳五行灾祥之说称为"妖学"、"欺天之学",说:"仲尼既殁,先儒驾以妖妄之说而欺后世。……说洪范者,皆谓箕子本河图书以明五行之旨,刘向创释其传于前,诸史因之而为志于后,析天下灾祥之变,而推之于金木水土之域,乃以时事之吉凶而曲为之配,此之谓欺天之学。"自言"今作《灾祥略》,专以记实迹,削去五行相应之说,所以绝其妖"(同上),并指出"国不可以灾祥论兴衰","家不可以变怪论休咎"。

《困学纪闻》 笔记类考证性著作。南宋末王应麟撰,二十卷,成书于元初。内容涉及传统学术的各个方面,其中以论述经学为重点。全书包括说经八卷,天道、历数、地理、诸子二卷,考史六卷,诗文评三卷,杂识一卷。对以往诸家阐释经、史及诸子之论分类条目,一一考订评述。考证内容广泛,除考证天文、地理、人世、时令风俗直至朝章国典、词语掌故、名人轶事等传统内容外,还对前人注文的纰缪、史料的不足、义例以及书目著作的失实等也做了深入考究。引论精博,时有创见。其中关于河渠、田制、漕运方面的阐述,颇有史料价值。清代阎若璩、全祖望、程瑶田、何焯、钱大昕、屠继绪、万希槐等七人为之笺注,称七笺本。道光初翁元圻在前注基础上再详作注释,对文本多所疏通。有《四库全书》本存世。1935年,商务印书馆将该书列入《国学基本丛书》出版刊行。

《文献通考》 典章制度类史学著作。宋末元初马端临撰,三百四十八卷,成书于元初。记事起自上古,迄于南宋宁宗嘉定之年。意在继承和发展杜佑《通典》,以杜佑《通典》为基础作拾遗补缺;天宝以后至宋嘉定五年,加以续修。将《通典》八门类细分为十九门类,另新增经籍、帝系、封建、象纬、物异五门,共计二十四门,将历代典章制度串通起来,以明其演变过程;同时从演变过程中,找出历代治乱兴衰的原因,总结历史经验教训。博采经史、史传、会要、奏疏等文献,资料较《通典》详富。其中尤以宋代制度为详,多为宋史各志所未备,颇具史料价值。该书反映了作者的会通思想和朴素的进步史观,认为历史发展有其必然趋势,非"圣人"意志所能左右,"圣人不能违时,不容复以上古之法治之也"(《文献通考·封建考》)。旧以此书合《通典》、《通志》并称"三通",为记述历代典章制度重要著作。有清刻《四库全书》本及万有文库"十通"合刻附索引本。今有中华书局1986年影印本(万有文库本)。

《史评纲要》 历史评论著作,明李贽著。为李贽辞官后讲学湖北省麻城期间所辑。一说此书并非出自李贽之手。为编年体,评论范围从上古(三皇五帝)到元代。通过眉批、夹批、段评和圈点史文,臧否历史人物,品评历史事件。体现了李贽的反儒反孔精神,抨击孔孟"仁义"是虚伪的说教,说"诚冠博带,讲发改施仁"的儒生"济不得事";而对历史的法家、政治家和变革人物多有赞扬。此书据说最早于万历四十一年(1613)刊印于南京。

郡县论 明清之际顾炎武撰,共九篇。肯定郡县制代替封建制是历史的必然。指出:"封建之废,非一日之故也,虽圣人起亦将变而为郡县。"考察近两千年郡县制的弊端,认为明末郡县制的弊端已达极点,统治者仍沿袭这种弊端重重的制度而不加改变,这正是"民生之所以日贫,中国之所以日弱而益趋于乱"的原因所在。认为"封建之失,其专在下;郡县之失,其专在上",进而提出"寓封建之意于郡县之中"的设想,即综合封建与郡县两种政治制度之优长,而避免各自的缺陷,从而创立一种新政治制度,如此便可革除"二千年以来之弊"而重振社会。收入《顾亭林文集》卷一。

原君 《明夷待访录》篇名,列于全书首篇,清黄宗羲撰于康熙初年。本篇内容以批判君权为宗,通过揭露专制君主们的种种罪恶,旨在否定秦、汉以来整个君主专制的政治制度。指出"以为天下之利害之权皆出于我";"以天下之利尽归于己,以天下之害尽归于人";"视天下为莫大之产业,传之子孙,受享无穷"等诸种现象,是历代专制君主的共性。在历数君主专制的种种弊端之后,得出结论:"为天下之大害者,君而已矣!"作者批判君权矛头所指,并非只是狭义的"暴君"、"昏君"、"庸君",而是指向一切专制君主。

原臣 《明夷待访录》篇名,清黄宗羲撰于康熙初年。本篇通过对传统"君臣之义"及"君为臣纲"等封建伦理纲常的批判,旨在阐述身为人臣所应肩负的真正职责,探讨一种相互平等,同心协力的新型君臣关系。指出臣下的职责,应当是"为天下,非为君也;为万民,非为一姓也"。认为入仕为臣,"不以天下为事,则君之仆、妾也;以天下为事,则君之师友也。"以此为基点,提出"君与臣,共曳木之人也";"臣之与君,名异而实同"的全新论断,从而对秦、汉以来"君为臣纲"的传统纲常名教,在政治伦理上予以否定。

原法 《明夷待访录》篇名,清黄宗羲撰于康熙初年。本篇论述立足民本主义的思想立场,批判了秦、汉以来封建社会的立法思想及法律制度。其基本的法律观点是:三代以下历朝历代之法律,都只是专制君主的"一家之法,而非天下之法"。这种"一家之法"专门用于针对百姓,"桎梏天下人之手足",因而是"非法之法"。在否定君主"一家之法"的基点上,提出"贵不在朝廷也,贱不在草莽也"的法理思想,主张法律面前人人平等。针对传统"有治人无治法"的人治旧说,针锋相对提出"有治法而后有治人"的法治思想予以驳斥。

《文史通义》 清章学诚著。始撰于乾隆三十六年(1771),历三十余年至作者逝世时尚未最后完稿。全书分内、外篇,共八卷。内篇五卷,阐发经史文义,对古今学术渊源条分别类,着重阐述"六经皆史"的史论观点。外篇三卷,论述纂修方志条例,强调方志的史学性质,阐明方志纂修的内容及体例。该书继承司马迁、郑樵等"通古今之变"的通史家风,提倡修通史,认为修通史有免重复、均类例、便铨配、平是非、去牴牾、详邻事六便,具剪裁、立家法二长。把历代史籍分为"撰述"(又称"著述"、"著作")、"记注"(又称"比类"、"纂辑")两大类,并借用《周易》"圆神"、"方智"来概括这两大类的特征:"撰述欲其圆而神,记注欲其方以智也。夫智以藏往,神以知来,记注欲往事之不忘,撰述欲来者之兴起,故记注藏往似智,而撰述知来拟神也。藏往欲其赅备无遗,故体有一定,而其德为方;知来欲其决择去取,故例不拘常,而其德为圆。"(《书教下》)重视"史义"("史意"),"作史贵知其意,非同于掌故,仅求事文之末也"(《言公上》)。重视对史家素质的论述,提出:"能具史识者,必知史德。德者何?谓著述者之心术也。"认为不辨心术则无以论史德,不明史德则无以论史识,提出了史识-史德-心术这样一个新的史学批评模式。论学以"考索"与"义理"并重,既反对无目的的考索,也反对空谈义理。强调史学批评的目的在于经世致用,"史学所以经世,固非空言著述也。且如六经,同出于孔子,先儒以为其功莫大于《春秋》,正以切合当时人事耳。后之言著述者,舍今而求古,舍人事而言性天,则吾不得而知之矣。学者不知斯义,不足言史学也。"(《浙东学术》)该书所阐发的史学批评理论代表了中国古代历史哲学和中国古代史学批评理论的最高水平,一些论者将此书誉为中国古代"唯一的历史哲学专著"(余英时:《章实斋与柯灵乌的历史思想》)。版本颇多,初刊本为道光十二年(1832)作者之子章华绂整理编印的大梁(开封)本,后有《粤雅堂丛书》本;今有中华书局1985年标点本刊行。

《易教上》 《文史通义》篇名,为全书开首之篇。本篇以"六经皆史也"为句首开端,提出"六经皆先王之政典","皆先王得位行道,经纬世宙之迹,而非托于空言"的观点。全篇侧重对《易经》天时历数、阴阳吉凶及悬象设教的阐述,借以揭示《易》的史学意义。

本篇与《易教中》、《易教下》合为姊妹篇，三篇《易教》之文，其主旨均在阐明《易》乃周之政典，其为史与他经无异，具有史学经世价值。

《书教下》 《文史通义》篇名，本篇内容以《尚书》为宗，探讨古代史体的沿革流变，主张修撰史书应不拘成例，师《尚书》之法以求变通。作者取《易》"蓍之德圆而神，卦之德方以智"之说，把古今史书分为"圆而神"的撰述类和"方以智"的记注类，认为《尚书》为史，虽书无定法，体无成例，但却能因事命篇灵活通变，成为"体圆而用神"的史著典范。认为后来史书如《史记》及《通鉴纪事本末》，能够史体创新成就斐然，是深得《尚书》"体圆用神"之妙，实乃"斯真《尚书》之遗也"。故主张史家修史应返求《尚书》，宗承其旨而为变通。本篇与《书教上》、《书教中》合为姊妹篇，三篇内容各有侧重而相互参映补充，均以《尚书》为目，旨在论述史书编撰及史学理论中的史体问题。

《浙东学术》 《文史通义》篇名。本篇对浙东学术之源流变迁，浙东、浙西学术风气之异同，浙东学术之传统及成就等作了概述总结。作者辨析了"浙东贵专家、浙西尚博雅"的学术风气差异，认为浙东学术的核心精神在于"言性命者必究于史，此其所以卓也"。借浙东学术的探讨，提出"史学所以经世，固非空言著述"的主张，反对空言性天，认为治学"舍今求古"，"舍人事而言性天"，都背离了经世的目的，要求史家"切合当时人事"而著经世之史。

《释通》 《文史通义》篇名。也是一篇论述史书编撰或修史义例中有关"通"义的专文。全篇就史部体例"通"的概念、"通"名标书的由来、"通"义的演化流变以及"通史"之利弊得失等问题，做了精要的论述阐发。主张修撰通史，认为修通史有六便、二长，六便是：免重复、均类例、便铨配、平是非、去牴牾、详邻事；二长是：具剪裁、立家法。同时还对唐宋时期在通史撰述上的贡献作了评述，认为《通志》"存正史之规"，《通鉴》"正编年之的"，《通典》"以典故为纪纲"，《通选》(指裴潾所撰《太和通选》)"以词章存文献"，"史部之通，于斯为极盛。"

《廿二史札记》 又名《二十二史札记》，史考体史学著作，清赵翼著。三十六卷，补遗一卷，内容以研究历代正史为主，因《旧唐书》及《旧五代史》当时未正式列入正史，故名。撰成于乾隆六十年(1795)。该书编目按二十四史之先后分卷，每卷以类相从，并各立标题，对从《史记》到《明史》的二十四部正史的作者、写作过程、史料来源、成书时间、体裁、主要内容进行考证、分析和评论。该书采用以史证史的方法，用纪、传、表、志参互校勘。注重发挥对历史的见解，对各个时代的重大历史事件进行整理排比，把分散杂乱的史料归纳分析，试图论述各代政治利弊和兴盛衰亡。在评论史事方面提倡经世致用；在评论史学方面运用对比手法，持论平实。但是，该书缺乏"直书"，在谈到汉族与少数民族的关系时，有许多隐讳和曲笔。梁启超以为赵翼"用归纳法比较研究，以观盛衰治乱之原"。该书与钱大昕《二十二史考异》、王鸣盛《十七史商榷》并称清代三大史学名著。

《十七史商榷》 史考体史学著作。清王鸣盛撰。全书共一百卷。内容包括对从《史记》到五代的十九部正史进行校勘本文、补正讹误、考订史实，尤其详于舆地、职官、典章制度。着重考察历代正史记载是否据事直书，把因各种原因造成的记事失实恢复真相。表现出史家深刻的理性意识。其特点是首先对一部正史作总体评价，然后考证各种具体问题，最后论及与此相关的其他史书。该书在史书文字的考订和历史事实的考订方面取得较大成就。是乾嘉史家中最具代表性的著作之一，反映出清代史家的著述价值观。与《廿二史札记》、《廿二史考异》同为清代三大考史名著之一。现有商务印书馆 1959 年本。

《廿二史考异》 史考体史学著作。清钱大昕撰。共一百卷。成书于乾隆四十七年(1782)。所考"廿二史"，主要考证了除《旧五代史》和《明史》以外的二十二部正史记载出入、矛盾、错误之处以及注释的文字、训诂、地理、职官、氏族、名物等。该书的撰述形式是先列出所考史书的篇名，再抄出所考之文字，最后写出订正文字或旁征博引以证己说，从而达到考史目的。该书从考证、校勘入手，对各史记载讹误之处以及历代典章制度、地理沿革等进行了较为深入的考订，用功甚深，对后世影响极大。该书与《廿二史札记》、《十七史商榷》同为清代三大考史名著之一。收入《嘉定钱氏潜研堂全书》。2004 年上海古籍出版社出版点校本。

中国古代军事哲学

《孙子兵法》 又称《吴孙子兵法》，简称《孙子》或《吴孙子》。中国古代兵学的奠基之作，春秋末孙武撰。它第一次系统、完整建立了中国兵学的理论体系。《史记·孙子吴起列传》称"《孙子》十三篇"，《汉书·艺文志》著录为："《吴孙子兵法》八十二篇，图九卷。"后世著录，或为三卷，或为二卷，至汉末曹操撰《孙子略解》，始有"十三篇"定本传世。依宋刊《魏武帝注孙子》(即《孙子略解》)，十三篇分别是：《始计》第一，《作战》第二，《谋攻》第三，《军形》第四，

《兵势》第五,《虚实》第六,《军争》第七,《九变》第八,《行军》第九,《地形》第十,《九地》第十一,《火攻》第十二,《用间》第十三。(见清孙星衍刊《平津馆丛书·孙吴司马法》)依《宋本十一家注孙子》,十三篇篇名则是:《计篇》。《作战篇》,《谋攻篇》,《形篇》,《势篇》,《虚实篇》,《军争篇》,《九变篇》,《行军篇》,《地形篇》,《九地篇》,《火攻篇》,《用间篇》。后世刊本或略有差异。1972 年 4 月山东省临沂银雀山汉墓出土竹简《孙子兵法》,使人们在宋本"《孙子》十三篇"之外,又看到了《孙子兵法》的另一些篇目,如《吴问》、《四变》、《黄帝伐赤帝》、《见吴王》等,此当是《汉书·艺文志》所录"八十二篇"中除传本十三篇之外的内容。由于竹简残损过甚,故所增内容对孙子十三篇兵学思想体系仅略有增色而已。今存十三篇首先以"兵者,国之大事,死生之地,存亡之道,不可不察也",明确兵事为国家生死攸关的大事;紧接着列举"五事",对比综合国力,且以"道"居首,表明了关于战争道义性的根本观点。《始计》综论庙算决策,《作战》讨论战争的经济基础,《谋攻》确立基本的战略方针:"上兵伐谋","不战而屈人之兵"。《军形》、《兵势》、《虚实》三篇,立足于战争攻守、进退、奇正、虚实等运动转化的基本规律,确立了一系列行之有效的策略原则与战术原则;《军争》至《火攻》六篇,则结合行军作战的各种具体条件,分别就当时战争可能遇到的各种复杂情况,确立了诸多具体的战术原则与作战方法;《用间》一篇,则以情报信息为三军行动的依据,将全书笼贯在一起。十三篇由总而分,分而又总,层层环扣,首尾相应,形成了一个系统完备的理论体系。被后世兵家奉为圭臬。汉末曹操称:"吾观兵书战策多矣,孙武所著深矣。"(《魏武帝注孙子序》)唐太宗曰:"朕观诸兵书,无出孙武";李靖曰:"千章万句,不出乎'致人而不致于人'而已"(《唐太宗李卫公问对》)。唐人杜牧则以《孙子兵法》为用兵者不可逾越之"盘",古今将兵者,"有成者,有败者,勘其事迹,皆与武所著书一一相抵当,犹印圈模刻,一不差跌"(杜牧《注孙子序》)。明茅元仪则以《孙子兵法》贯通中国兵学,它尽取前人兵书之精华,而且制约了后世兵书之神髓,"前《孙子》者,《孙子》不遗;后《孙子》者,不能遗《孙子》"(《武备志·兵诀评》)。有曹操等十一家注,另近人郭化若有《孙子今译》。现有日、法、俄、英、德等文译本。

《孙子》 即"《孙子兵法》"。

《吴孙子兵法》 即"《孙子兵法》"。

《始计》 亦称《计篇》。《孙子兵法》篇名。为《孙子兵法》之总纲。首先指出"兵"为国之大事,它关系到人民的生死,国家的存亡,凡经国治军者不可不详为审察。继之,即立足于战略大局,于未战之先首先统筹、计算敌我双方据以为战的基本条件,提出"道、天、地、将、法"为制约战争胜负的五项基本因素。"道"指道义,即政治、民心:"道者,令民与上同意,可与之死,可与之生,而不畏危也。"能以道义、民心为前提,正反映了古今战争的根本规律。又以"五事""七计"作为对比敌我双方的基本条件,这就是后世兵家讽诵于口的"诡道十二策"。它既能把握战略大局,又确立了一系列具体策略、战术为之辅助。

《作战》 亦称《作战篇》。《孙子兵法》篇名。讨论了战争的物质基础:"凡用兵之法,驰车千驷,革车千乘,带甲十万,千里馈粮,内外之费,宾客之用,胶漆之材,车甲之奉,日费千金,然后十万之师举矣。"只有具备"日费千金"的物力、财力,尔后才能举十万之师。鉴于战争有如此巨大的物资消耗,又引申出一系列推论:"久暴师则国用不足,夫钝兵挫锐、屈力殚货,则诸侯乘其弊而起,虽有智者,不能善其后矣。""故兵闻拙速,未睹巧之久也;夫兵久而国利者,未之有也。""故兵贵胜,不贵久";"故不尽知用兵之害者,则不能尽知用兵之利也"。立足于此而提出"役不再籍,粮不三载,取用于国,因粮于敌"的著名策略。

《谋攻》 亦称《谋攻篇》。《孙子兵法》篇名。集中叙说了孙子关于战争的最基本的战略方针——"上兵伐谋"、"不战而屈人之兵"。"夫用兵之法,全国为上,破国次之;全军为上,破军次之;全旅为上,破旅次之;全卒为上,破卒次之;全伍为上,破伍次之。是故百战百胜,非善之善者也;不战而屈人之兵,善之善者也。"认为战争的目标在于使敌方屈从于我方的意志,为实现这一战略目标,必然要付出相应的代价。因此,力争以最低、最小的代价,去换取最高、最大的战略目标,就成为一切战争活动的最根本的原则。唯"全"而不破,方能避免争斗厮杀,方能使战争的消耗降至最低、最小;而"低"、"小"之极,就是"不战而屈人之兵"。为实现这一目标,又提出:"故上兵伐谋,其次伐交,其次伐兵,其下攻城;攻城之法为不得已。"所以,"谋攻之法","必以全争于天下","兵不顿而利可全",才是最理想的效果。

《军形》 亦称《形篇》。《孙子兵法》篇名。集中论说了战争中攻与守的基本原则,而更着眼于"守":"昔之善战者,先为不可胜,以待敌之可胜。不可胜在己,可胜在敌。"又曰:"不可胜者,守也;可胜者,攻也。守则不足,攻则有余。善守者藏于九地之下,善攻者动于九天之上,故能自保而全胜也。"守备在己,乘隙在敌,"故善战者能为不可胜,不能使敌之必可胜。"其战略原则的立足点在"先为不可胜",在守,待敌有隙则起而攻之。而察敌之隙，则必有过人之眼力："见胜不过众人之所知，非善之善者也；战胜而天下曰善，非善之善者也"。必能由显察隐，见微知著，方能"立于不败之地，而不失敌之败也"。本篇侧重于守，《兵势》侧重于攻，两篇内容实有互补之义。

《兵势》 亦称《势篇》。《孙子兵法》篇名。着力讨论了用兵之任势、借势。势，指具有客观必然性的一种潜在的趋向，逆之而行，则难以逾越；顺之而发，则势不可当。故善用兵者，"求之于势，不责于人，故能择人而任势"；"任势者，其战人也如转木石：木石之性，安则静，危则动，方则止，圆则行；故善战人之势，如转圆石于千仞之山者，势也。"为能够更好地任势、借势，或"造势"，又提出了"分数"、"形名"、"奇正"、"虚实"等多种方略。"战势不过奇正，奇正之变不可胜穷也。奇正相生如循环之无端，孰能穷之哉！"

《虚实》 亦称《虚实篇》。《孙子兵法》篇名。指出虚实是战场对垒中攻守、奇正借以实施的基本依据之一。"出其所不趋，趋其所不意，行千里而不劳者，行于无人之地也。攻而必取者，攻其所不守也；守而必固者，守其所不攻也。故善攻者敌不知其所守，善守者敌不知其所攻。微乎微乎，至于无形；神乎神乎，至于无声；故能为敌之司命。进而不可御者，冲其虚也；退而不可追者，速而不可及也；故我欲战，敌虽高垒深沟不得不与我战者，攻其所必救也；我不欲战，虽画地而守之，敌不得与我战者，乖其所之也。"并认为虚实的基本手段就是"形人而我无形"，"形兵之极，至于无形，无形则深间不能窥，智者不能谋"。该篇向为历代兵家所珍重，几乎是人们据以为战的法宝。唐太宗曰："朕观诸兵书，无出孙武；孙武十三篇，无出《虚实》。夫用兵识虚实之势，则无不胜焉。"(《唐太宗李卫公问对》卷中)

《军争》 亦称《军争篇》。《孙子兵法》篇名。提出："凡用兵之法，将受命于军，合军聚众，交和而舍，莫难于军争。"军之所争，焦点在于"势""利"之所在。凡先处战地而待敌者佚，后处战地而趋战者劳，故利、势之所在，往往是胜敌的关键因素之一。而能否占有势、利，更在于正确处理迂与直、患与利的辩证关系："军争之难者，以迂为直，以患为利，故迂其途而诱之以利，后人发，先人至，此知迂直之计者也。"然而，"军争为利"，亦"军争为危"，"举军而争利，则不及；委军而争利，则辎重捐；是故卷甲而趋，日夜不处，倍道兼行，百里而争利，则擒三将军"。又具体分析了诸多相关的利害与方略。

《九变》 亦称《九变篇》。《孙子兵法》篇名。指出战争之法，有常规，更有变数，既知其常，又识其变，方能无往而不胜。"凡用兵之法，将受命于君，合军聚众，圮地无舍，衢地合交，绝地无留，围地则谋，死地则战。途有所不由，军有所不击，城有所不攻，地有所不争，君命有所不受。"又认为"圮地无舍"等五项，为用兵之常；"途有所不由"等五项，则为常中之变。其所以"不由"、"不击"、"不攻"、"不争"、"不受"者，显然是更合于军情、更切于实际。"故将通于九变之利者，知用兵矣；将不通九变之利，虽知地形，不能得地利矣；治兵不知九变之术，虽知五利，不能得人之用矣。"故通"九变"之术，是正确处理战场变幻之形势的关键之一。

《行军》 亦称《行军篇》。《孙子兵法》篇名。本篇主要讲处军、相敌的基本原则与方法。古代战争，地形、地貌对人们的居处、行动有很大的制约，处军于不同的地理环境，必有不同的应对方略。指出："凡处军、相敌：绝山依谷，视生处高，战隆无登，此处山之军也。绝水必远水，客绝水而来，勿迎之于水内，令半渡而击之，利；欲战者，无附于水而迎客，视生处高，无迎水流，此处水上之军也。绝斥泽，唯亟去无留；若交军于斥泽之中，必依水草而背众树，此处斥泽之军也。平陆处易，右背高，前死后生，此处平陆之军也。"认为山地、水上、斥泽、平陆四种地形大致是当时战争环境的四种基本形态，各依其固有的利害因素而设定相应的处军原则。重视相敌，即于行军中观察、判断敌情："近而静者，恃其险也；远而挑战者，欲人之进也。其所居易者，利也；众树动者，来也；众草多障者，疑也。鸟起者，伏也；兽骇者，覆也……"并具列了三十余种判断敌情的具体方法，其要义皆在于透过表面现象而察其本质。

《地形》 亦称《地形篇》。《孙子兵法》篇名。中国古代战争的主要战场是陆地，而地形、地貌对当时人们的行动有极大的制约。本篇具体分析了通、挂、支、隘、险、远六种地形的得失、利弊，并提出相应的方略以确保能趋利避害："地形有通者，有挂者，有支者，有隘者，有险者，有远者。我可以往，彼可以来，曰通；通形者，先居高阳，利粮道，以战则利。可以往，难以返，曰挂；挂形者，敌无备，出而胜之；敌若有备，出而不胜，难以返，不利。我出而不利，彼出而不利，曰支；支形者，敌虽利我，我无出也；引而去之，令敌半出而击之，利。隘形者，我先居之，必盈之以待敌；若敌先居之，盈而勿从，不盈而从之。险形者，我先居之，必居高阳以待敌；若敌先居之，引而去之，勿从也。远形者，势均，难以挑战，战而不利。凡此六者，地之道也，将之至任，不可不察也。""夫地形者，兵之助也；料敌制胜，计险厄远近，上将之道也。知此而用战者必胜，不知此而用战者必败。"反映出地形的制约，对于古代战争，具有特殊的意义。

《九地》 亦称《九地篇》。《孙子兵法》篇名。本篇与《地形》篇相互配合，相互补充。《地形》主要立足于"地"的自然形态对人之行为的制约，提出各种对应的方略；《九地》则主要立足于"地"之人文因素所形成的利害关系，提出相应的方略。"诸侯自战其地者为散地；入人之地而不深者为轻地；我得亦利、彼得亦利者为争地；我可以往、彼可以来者为交地；诸侯之地三属，先至而得天下之众者为衢地；入人之地深、背城邑多者为重地；山林、险阻、沮泽，凡难行之道者为圮地；所由入者隘，所从归者迂，彼寡可以击吾之众者，为围地；疾战则存，不疾战则亡者，为死地。是故散地则无战，轻地则无止，争地则无攻，交地则无绝，衢地则合交，重地则掠，圮地则行，围地则谋，死地则战。"九种情势，均缘于双方之相对关系而形成，故亦有九种方略以应之。

《火攻》 亦称《火攻篇》。《孙子兵法》篇名。以水、火为助，是古代战争常用的手段，本篇主要叙说以火助攻的方式与时机，以及相应的准备。方式即"火人，火积，火辎，火库，火队"；其相应条件是："行火必有因，烟火必素具；发火有时，起火有日。"由于水火之无情，又提出著名的"慎战"原则："主不可以怒而兴师，将不可以愠而致战，合于利而动，不合于利而止。怒可以复喜，愠可以复说(悦)，亡国不可以复存，死者不可以复生。故明主慎之，良将警之。此安国全军之道也。"

《用间》 亦称《用间篇》。《孙子兵法》篇名。本篇主要叙说必用间以先知敌情："明君贤将所以动而胜人，成功出于众者，先知也。先知者，不可取于鬼神，不可象于事，不可验于度，必取于人，知敌之情者也。"明确排斥鬼神，排斥主观类推，表现了明显的唯物论观点及求实态度。《孙子》十三篇以《用间》殿后，有前后勾连、总括全书之意："昔殷之兴也，伊挚在夏；周之兴也，吕牙在殷。故明君贤将能以上智为间者，必成大功。此兵之要，三军所恃而动也。"

《吴起兵法》 亦称《吴起》、《吴子》。战国初吴起撰。《汉书·艺文志》"兵权谋"类著录："《吴起》四十八篇。"后佚散。唐魏徵撰《隋书·经籍志》，仅存贾诩注"《吴起兵法》一卷"，旧、新《唐志》均未见著录。至宋，晁公武《郡斋读书志》著录："《吴子》三卷。"并注曰："言兵家机权法制之说，唐陆希声类次，为之说。(《图国》)、《料敌》、《治兵》、《论将》、《变化》、《励士》，凡六篇。"(《郡斋读书志》卷十四。"图国"二字原脱。)晁氏所录，与今存南宋官刊本《吴子》篇目大同，唯《变化》一篇，南宋本作《应变》。其篇目为：《图国第一》，《料敌第二》，《治兵第三》，《论将第四》，《应变第五》，《励士第六》。(见《宋本武经七书》。清孙星衍《平津馆丛书》摹刊宋本《孙吴司马法》，篇目并同。)今存《吴子》六篇，当是唐代所存残本，经陆希声整理编次之后而流传至今。《吴起兵法》与《孙子兵法》并称传世。《韩非子·五蠹》言："藏孙、吴之书者家有之"；西汉司马迁言："世俗所称师旅，皆道《孙子十三篇》。《吴起兵法》，世多有，故弗论。"(《史记·孙子吴起列传》)直至清代、近代，仍多有孙、吴兵书并刊而行。强调政治与军事的紧密结合，开卷以《图国》为题，以"内修文德，外治武备"为治国的基本方针，提出："昔之图国家者，必先教百姓而亲万民"；"不和于国，不可以出军；不和于军，不可以出陈(阵)；不和于陈(阵)，不可以进战；不和于战，不可以决胜。是以有道之主，将用其民，先和而造大事。""修文德"，"亲万民"，"先和而造大事"，均明确将政治、民心居于主导地位。又在料敌、治兵、论将、应变等方面提出深谙用兵规律的一系列论述。

《吴子》 即《吴起兵法》。

《吴起》 即《吴起兵法》。

《图国》 《吴起兵法》篇名。本篇立足于治国安邦大局，以"内修文德，外治武备"为基本方针，阐释了政治、民心对经国治军的决定性作用。认为"昔之图国家者，必先教百姓而亲万民。有四不和：不和于国，不可以出军；不和于军，不可以出陈(阵)；不和于陈(阵)，不可以进战；不和于战，不可以决胜。是以有道之主，将用其民，先和而造大事。"君之与民，上之与下，将与吏，官与兵，其间之协调、和合，必如影之随形、响之应声，方能赢得战争。又强调对政治、民心的重视，提出："是以圣人绥之以道，理之以义，动之以礼，抚之以仁。此四德者，修之则兴，废之则衰。"又曰："天下战国，五胜者祸，四胜者弊，三胜者霸，二胜者王，一胜者帝。""一胜"者，乃以仁德服天下。

《料敌》 《吴起兵法》篇名。"料敌"即分析敌情。当时魏国面对的基本形势："秦胁吾西，楚带吾南，赵冲吾北，齐临吾东，燕绝吾后，韩据吾前。六国兵，四守势，甚不便。"立足于此，对"六国之俗"，即六国的政治、军事、民性、财力等做了细致分析，并针对其特点提出了相应的方略。又依战场对垒的一般性规律提出："观敌之外以知其内，察其进以知其止。"强调"用兵必审敌虚实而趋其危"。

《治兵》 《吴起兵法》篇名。着力论说了"以治为胜"的治军观点："武侯问曰：'兵何以为胜？'起对曰：'以治为胜。'又问曰：'不在众乎？'对曰：'若法令不明，赏罚不信，金之不止，鼓之不进，虽有百万，何益于用？'"兵之胜负，不在众寡，若治、乱悬殊，虽众无益。为达到“以治为胜”的目标，吴起又提出“四轻二重一信”，“必死则生，幸生则死”，“用兵之害，犹豫最大”，“用兵之法，教戒为先”，“宁劳于人，慎无劳马”等一系列著名原则。

《论将》 《吴起兵法》篇名。主要论说为将之道。认为“夫总文武者，军之将也；兼刚柔者，兵之事也。凡人论将，常观于勇，勇之于将，乃数分之一尔。夫勇者必轻合，轻合而不知利，未可也。故将之所慎者五：一曰理，二曰备，三曰果，四曰戒，五曰约。理者，治众如治寡；备者，出门如见敌；果者，临敌不怀生；戒者，虽克如始战；约者，法令省而不烦。”为将者必文武兼备，决非单纯之“勇武”所可任者。

《应变》 《吴起兵法》篇名。指出用兵既有常规，更有变数，知常而不知变，则无以应敌。又预设了若干仓猝遇敌的不同情况，分别叙说了其应对措施，提出了“用众者务易，用少者务隘”等一般性战术原则。

《励士》 《吴起兵法》篇名。集中叙说“严刑明赏”绝非单纯“激励士卒”，其功赏必能及于父母妻子，“岁使使者劳赐其父母，著不忘于心”，方能“发号布令而人乐闻，兴师动众而人乐战，交兵接刃而人乐死”。

《司马法》 亦称《军礼司马法》。三代时期用兵的礼制与法规。《汉书·艺文志》《六艺略》《礼》类著录：“《军礼司马法》百五十五篇。”其《兵书略》《兵权谋》类又曰：“出《司马法》入《礼》也。”此明《司马法》在刘歆《七略》中本归“兵”类，而班固撰《艺文志》则改属“礼”类，故其性质亦礼亦兵也。今存《司马法》系周初姜太公或周公制定，其写定，或在战国时期。《史记·司马穰苴列传》曰：“齐威王使大夫追论古者《司马兵法》，而附穰苴于其中，因号曰《司马穰苴兵法》。”然今存《司马法》非《司马穰苴兵法》。司马迁曰：“余读《司马兵法》，闳廓深远，虽三代征伐，未能竟其义，如其文也，亦少褒矣。若夫穰苴，区区为小国行师，何暇及《司马兵法》之揖让乎？”（《史记·司马穰苴列传》）班固亦曰：“兵家者，盖出古司马之职，王官之武备也。……下及汤、武受命，以师克乱而济百姓，动之以仁义，行之以礼让，《司马法》是其遗事也。”（《汉书·艺文志》《兵书略序》）亦明今存《司马法》非《穰苴兵法》。今本《司马法》计存五篇：《仁本第一》，《天子之义第二》，《定爵第三》，《严位第四》，《用众第五》。（见《宋本武经七书》。孙星衍摹刊宋本《孙吴司马法》并同）该书强调以仁为本，以礼治军，动之以仁义，行之以礼让，杀人安人，以战止战。

《军礼司马法》 即《司马法》。《汉书·艺文志》于《礼》类著录“《军礼司马法》百五十五篇”，《兵》类又“出《司马法》入《礼》也。”故二者实为一书。详“《司马法》”。

《仁本》 今存《司马法》篇名。主要阐释三代用兵“以仁为本”的本质特征，以及由此引出的“以礼治军”的一系列用兵原则。指出：“古者以仁为本，以义治之之谓正，正不获意则权，权出于战，不出于中人。是故杀人安人，杀之可也；攻其国爱其民，攻之可也；以战止战，虽战可也。”人们并不希望战争，迫不得已，才用战争，一切“以仁为本”，“以人为本”。杀人的目的在于“安人”，用战的目标在于“止战”；“攻其国”目的在于“爱其民”，即“吊民伐罪”。与之相应，用兵行师的基本原则就是不得扰民、害民：“战道不违时，不历民病，所以爱吾民也；不加丧，不因凶，所以爱夫其民也；冬夏不兴师，所以兼爱民也。故国虽大，好战必亡；天下虽安，忘战必危。”“爱民”，是战争行为的指导原则。并提出明礼、明仁、明信、明义、明勇、明智等“六德”，认为这是“以礼治军”的基本条例。该篇是中国上古夏、商、周时代战争行为之基本性质的反映。

《天子之义》 今存《司马法》篇名。以“天子之义”与“士庶之义”作为用兵的基础。指出：“天子之义必纯取法天地而观于先圣，士庶之义必奉于父母而正于君长。故虽有明君，士不先教不可用也。古之教民，必立贵贱之伦，经使不相陵，德义不相逾，材技不相掩，勇力不相犯，故力同而意和也。”既教之后，方能依既定的德义准则而用之。又提出“国容不入军，军容不入国”、“逐奔不远，纵绥不及”、“以礼为固，以仁为胜”、“军旅以舒为主，舒则民力足，虽交兵致刃，徒不趋，车不驰，逐奔不逾列”等一系列以仁、礼为根基的用兵原则。

《定爵》 今存《司马法》篇名。以“定爵位，著功罪，收游士，申教诏”为前导，提出“服正成耻，约法省罚”，“顺天、阜财、怿众、利地、右兵”，“长以卫短，短以救长”，“迭战则久，皆战则强”等用兵原则，及“行唯疏，战唯密，兵唯杂”等战术原则。

《严位》 今存《司马法》篇名。着力叙说战阵的基本要求：“凡战之道，位欲严，政欲栗，力欲窕，气欲闲，心欲一。”位严则不乱，政栗则不敢犯，力窕则锐，气闲则盛，心一则专；如此方能形成有效的战斗力。又曰：“凡战，以力久，以气胜；以固久，以危胜；本心固，新气胜；以甲固，以兵胜。”力言饥饱，气指朝暮；居固则易持久，处危则欲转胜；心稳则固，气新则锐；甲以护卫，兵以制敌。——此皆为当时行之有效的一般原则。

《用众》 今存《司马法》篇名。主讲“用众”“用寡”之道。曰：“凡战之道：用寡固，用众治，寡利烦，众利正。用众进止，用寡进退。”用寡，宜坚固其阵；

用众，宜整治其军。寡则多变，可出奇制胜；众则势盛，可正面合敌。用众，当随时保持队形（知进止）；用寡，则进不可当，退不可追（知进退）。又认为“凡战，众寡以观其变，进退以观其固”，皆以众寡为说。

《司马穰苴兵法》 亦称《穰苴兵法》。春秋齐将司马穰苴撰。《史记·司马穰苴列传》言：“齐威王用兵行威，大放（仿）穰苴之法，而诸侯朝齐。”又曰：“齐威王使大夫追论古者《司马兵法》而附穰苴于其中，因号曰《司马穰苴兵法》。”由此，《司马穰苴兵法》与《司马法》乃混而为一。故《隋书·经籍志》著录：“《司马兵法》三卷，齐将司马穰苴撰。”其书久佚。今存仅《仁本》等五篇，题名《司马法》。清人孙星衍考之：“《御览》引古《司马兵法》文，与今本多同；又引《穰苴兵法》，不在此书。”近人余嘉锡进一步验证孙说：“余考之信然。则今本所存之五篇，乃威王诸大夫所追论之军礼，非其所附之《穰苴兵法》也。”（《四库提要辨证》卷十一）故知《穰苴兵法》书已不存，仅见于古籍之零星引录。参见“《司马法》”。

《孙膑兵法》 亦称《齐孙子》。战国齐孙膑撰。《汉出·艺文志》著录：“《齐孙子》八十九篇，图四卷。”唐代颜师古注曰：“孙膑。”然汉代之后，其书失传，唐魏徵等撰《隋书》，《齐孙子》即不见著录，只有数家注解《孙子兵法》或《孙武兵经》。时至近代，有人则怀疑《孙膑兵法》的存在。直至1972年4月，山东临沂银雀山汉墓出土竹简，《孙子兵法》与《孙膑兵法》同时出现，时隔两千余年《孙膑兵法》重新面世。该墓出土《孙膑兵法》竹简四百四十余枚，字数达一万一千字以上。（见《文物》1974年第二期）后经考古工作者精心整理，编定《孙膑兵法》上下二编。上编十五篇：《擒庞涓》、《见威王》、《威王问》、《陈忌问垒》、《篡卒》、《月战》、《八阵》、《地葆》、《势备》、《兵情》、《行篡》、《杀士》、《延气》、《官一》、《强兵》。下编十五篇：《十阵》、《十问》、《略甲》、《客主人分》、《善者》、《五名五恭》、《兵失》、《将义》、《将德》、《将败》、《将失》、《雄牝城》、《五度九夺》、《积疏》、《奇正》。上编各篇均记有“孙子曰：“或“威王曰”，可以肯定为孙膑之书；下编十五篇无此类字样，故整理者略有存疑。1985年该书重新出版时，整理者于《孙膑兵法》名下只收原上编十五篇，另增《五教法》一篇，共十六篇。原下编十五篇，则全部移入《银雀山汉墓竹简（贰）——佚书丛残》。但并不排除这些篇目仍可能是《孙膑兵法》。（参见文物出版社1975年版《孙膑兵法》及1985年版《银雀山汉墓竹简（壹）》）竹简《孙膑兵法》虽缺损严重，但仍可以显示出其宏大的气势及丰富深刻的内容。提出“战胜，则所以在亡国而继绝世也；战不胜，则所以削地而危社稷也”；“夫乐兵者亡，而利胜者辱；兵非所乐也，而胜非所利也，事备而后动”；以及“必攻不守”、“战胜而强立”、“知兵未必知道”、“知道者胜”等观点。今有文物出版社的残简整理本等。

《齐孙子》 即《孙膑兵法》。

《见威王》 竹简《孙膑兵法》篇名。主要就战争观方面提出重要见解：“夫兵者，非士（恃）恒势也，此先王之傅道也。战胜，则所以在亡国而继绝世也；战不胜，则所以削地而危社稷也。是故兵者不可不察。然夫乐兵者亡，而利胜者辱。兵非所乐也，而胜非所利也，事备而后动。”又曰：“德不若五帝，而能不及三王，智不若周公，曰我将欲责仁义，式礼乐，垂衣裳，以禁争夺。此尧舜非弗欲也，不可得，故举兵绳之。”充分认清了战争对于国家存亡的重大作用，又不能乐兵好战。

《威王问》 竹简《孙膑兵法》篇名。讨论了“用众用寡”之道，“权、势、谋、诈”的作用，及“锥行”、“雁行”、“飘风之阵”等多种阵法的配合。其中以兵之急者为“必攻不守”，又曰“知兵”未必“达于道”，表现了十分深刻的思想内涵。

《篡卒》 竹简《孙膑兵法》篇名。提出“兵之胜在于篡卒”，“德行者，兵之厚积也”，“恶战者，兵之王器也”等明朗地以道义为依托的思想观点。又曰“恒胜有五”、“恒不胜有五”，对战争胜负的制约因素，有精到之见。

《月战》 竹简《孙膑兵法》篇名。提出“间于天地之间，莫贵于人”、“天时、地利、人和，三者不得，虽胜有殃”等观点。

《积疏》 竹简《孙膑兵法》篇名。集中讨论了积与疏、盈与虚、径与行（径为小路，行为大道）、疾与徐、众与寡、佚与劳，这六对矛盾的相互关系，及其相互转化中的对应方略。其间充满了辩证法的思想观点。

《奇正》 竹简《孙膑兵法》篇名。集中叙说战争中的奇正关系。由于实施奇正方略的基本手段，在于“形”与“无形”，故提出：“战者，以形相胜者也。形莫不可以胜，而莫知其所以胜之形。形胜之变，与天地相敝而不穷。”又曰：“形以应形，正也；无形而制形，奇也。奇正无穷，分也。”

《将义》 亦作“义将”。竹简《孙膑兵法》篇名。提出为将基本品格要求：将者不可以不义，将者不可以不仁，将者不可以无德，将者不可以不信，将者不可以不智。义、仁、德、信、智，与孙武智、信、仁、勇、严，相映生辉。以“义”“德”取代“勇”“严”，似更看重人格力量。

《尉缭子》 亦称《尉缭》。战国尉缭撰。《汉书·艺文志》曾将该书著录于两处,一处是"兵书"类,"兵形势"中有《尉缭》三十一篇;另一处是"杂家"类,录有《尉缭》二十九篇。杂家、兵家多或相通,如《伍子胥》,亦兵、杂两见。(见《汉书·艺文志》)后世史志,或入于"杂",或入于"兵"。至宋人编定《武经七书》,《尉缭子》为"七书"之一,尔后皆以兵书视之。今存《尉缭子》五卷,二十四篇。其中前十二篇,大致为兵学理论,篇目是:《天官》第一,《兵谈》第二,《制谈》第三,《战威》第四,《攻权》第五,《守权》第六,《十二陵》第七,《武议》第八,《将理》第九,《原官》第十,《治本》第十一,《战权》第十二。自《重刑令》而下,至《兵令下》十二篇,大致为当时所实施的律令规定。本书的理论部分,提出"天官时日,不若人事"、"兵胜于朝廷"、"兵非可以忿起也"、"将者,死官也"以及"道胜、威胜、力胜"等观点。均对后世产生重大影响。南宋以来,有疑今本为伪书,但1972年山东银雀山汉墓发现《尉缭子》残简,有六篇与今本基本相同。

《天官》 《尉缭子》篇名。由"黄帝刑德"入手,着力讨论了"天官时日"与"人事"的关系。认为黄帝以刑伐之,以德守之,皆为人事。所称"先神先鬼,先稽我智",虽谓之"天官",实亦"人事"。重人事,是贯通《尉缭子》全书的主导倾向。

《兵谈》 《尉缭子》篇名。以"建城称地,以城称人,以人称粟"为立足点,集中阐明以"治兵"而取胜。"夫土广而任则国富,民众而制则国治。富治者,民不发轫,车不出暴,而威制天下。故曰'兵胜于朝廷'"。此亦"以治为胜"。

《制谈》 《尉缭子》篇名。主要讲军制。"号令明,法制审,故能使之前;明赏于前,决罚于后,是以发能中利,动则有功。"以制度为取胜的重要保证。文中所言"有提三万之众而天下莫当者谁?曰:武子也。"为先秦古籍关于孙武事迹的一项重要载录(指柏举之战,破楚入郢。)。

《战威》 《尉缭子》篇名。提出"道胜"、"威胜"、"力胜"的理论。认为"道胜"最高:"讲武料敌,使敌之气失而师散,虽形全而不为之用。此道胜也。"即政治之胜,国势之胜,故能"不战而屈人之兵"。"威胜"、"力胜"则居其次。另有"庙胜之论","天时、地利、人和"之论,见解与时贤大同。

《武议》 《尉缭子》篇名。本篇论用武之道:"兵者,所以诛暴乱,禁不义也";"凡兵,不攻无过之城,不杀无罪之人";"兵者,凶器也;争者,逆德也;将者,死官也"。表明尉缭的战争观。其中,对"将"之作用与地位的认识,似尤为突出。认为为将者,"无天于上,无地于下,无主于后,无敌于前。一人之兵,如狼如虎,如风如雨,如雷如霆,震震冥冥,天下皆惊"。在战场上,将军可以不受任何制约,一切依战局决策,方能无敌天下。

《六韬》 中国古代兵书,相传为周初姜太公撰。今存《六韬》文字,一般认为写定于战国。《汉书·艺文志》著录姜太公之书:"《太公》二百三十七篇:《谋》八十一篇,《言》七十一篇,《兵》八十五篇。"有《谋》《言》《兵》,而未有《六韬》之名。至唐初魏徵撰《隋书》,始著录"《太公六韬》五卷",及《太公阴谋》、《太公金匮》等。共分六卷,依次是《文韬》、《武韬》、《龙韬》、《虎韬》、《豹韬》、《犬韬》。(据《宋本武经七书·六韬》)《文韬》含《文师》、《盈虚》等十二篇,以周文王与姜太公对话为主线,提出"仁之所在,天下归之","德之所在,天下归之"等一系列观点。认为民心、道义是主导。《武韬》含《发启》、《文启》等五篇,讲太公助文王修德惠民,观天道,定人谋,依顺天地静因无为之道。《龙韬》含《王翼》、《论将》等十三篇,论说王者帅师之股肱羽翼的搭配,将的德材及其选择,较多叙说治军方略。《虎韬》含《军用》、《三阵》等十二篇,主要讲三军器用,攻守之具,阵法选择,及各种具体境遇中的战术问题。《豹韬》含《林战》、《突战》等八篇,讲森林、沼泽、山峦等特殊地理环境之下的作战方略。《犬韬》含《分合》、《武锋》等十篇,讲兵力部署、"练卒"的选择,及步兵、骑兵配合作战问题。其特色是突出以"人"为本,有较重的"因任自然"的道家色彩。

《文韬》 见"《六韬》"。

《武韬》 见"《六韬》"。

《龙韬》 见"《六韬》"。

《虎韬》 见"《六韬》"。

《豹韬》 见"《六韬》"。

《犬韬》 见"《六韬》"。

《太公兵法》 见"《太公》"。

《太公》 亦称《太公兵法》。道家著作,亦为兵书。周初姜太公撰。《汉书·艺文志》著录:"《太公》二百三十七篇,《谋》八十一篇,《言》七十一篇,《兵》八十五篇。"此书名汉后未见著录。流传于后世者,主要有《六韬》《三略》等。参见"《六韬》"、"《黄石公三略》"。

《黄石公三略》 亦称《三略》。最早见于《隋书·经籍志》:"《黄石公三略》三卷。下邳神人撰,成氏注。"下邳神人,即黄石公。依《史记·留侯世家》此乃黄石公所遗张良之书,即《太公兵法》。其作者仍是姜太公。《三略》的写定年代,大致在战国时代。今存《三略》,计有《上略》、《中略》、《下略》三卷。基本内容,一是治国方略;一是制胜方略;治国与治军紧密结合,政治与军事紧密结合,是本书的基本特点。提出"主将之法,务揽英雄之心,赏禄有功,通志于众。故与众同好,靡不成;与众同恶,靡不倾。治国安家,得人也;亡国破家,失人也。"(《上略》)在具体治军方略上,多引《军谶》、《军势》之言。其学术倾向,则杂合儒、道、法、兵于一体,如诸家名言的集聚。

《三略》 见"《黄石公三略》"。

《唐太宗李卫公问对》 亦称《唐李问对》、《李卫公问对》。"问对"二字亦作"对问"。唐太宗与李靖之对话记录。其成书时间,或有异说。此书最初是在宋初武学教授阮逸家中发现。阮逸于北宋庆历三年(1043)任武学教授(任职约八个月,武学即被取消)。其后,苏洵曾在阮逸家中见过此书手稿。至宋神宗元丰(1078—1085)中,被编入《武经七书》。此书当系李靖(或其门人)之遗稿,又经宋初学者整理校定而成。计分上、中、下三卷,共约五十余节。为唐太宗问,李靖对,故称"唐李问对"。所论主要是兵法、将略,其中对《孙子兵法》中奇正、虚实的理解,尤为深刻、精审。对《太公兵法》、《穰苴兵法》、《吴起兵法》、《曹氏兵书》,及历代战例,均十分熟悉。

《李卫公对问》 即"《唐太宗李卫公问对》"。

《唐李问对》 即"《唐太宗李卫公问对》"。

《三十六计》 亦称《三十六策》。中国古代兵书。南朝刘宋檀道济撰。今存《三十六计》,系1941年于甘肃邠州(今陕西郤县)发现,后收入《中国兵书集成》第40册。今存本《三十六计》共分六套,每套六计。其分套名目为:第一套,胜战计:瞒天过海,围魏救赵,借刀杀人,以逸待劳,趁火打劫,声东击西。第二套,敌战计:无中生有,暗度陈仓,隔岸观火,笑里藏刀,李代桃僵,顺手牵羊。第三套,攻战计:打草惊蛇,借尸还魂,调虎离山,欲擒故纵,抛砖引玉,擒贼擒王。第四套,混战计:釜底抽薪,浑水摸鱼,金蝉脱壳,关门捉贼,远交近攻,假道伐虢。第五套,并战计:偷梁换柱,指桑骂槐,假痴不癫,上屋抽梯,树上开花,反客为主。第六套,败战计:美人计,空城计,反间计,苦肉计,连环计,走为上。合为"三十六计"。今存本约写定于明代。近年,又发现隋代玉简《三十六计》,刻于隋开皇十六年(596),此又确证《三十六计》成书甚早,并确为南朝刘宋檀道济所作。

《易·师卦》 中国上古用兵的一篇重要文献。《易经》卦名。集中叙说行师用兵。卦辞曰:"师,贞,丈人吉,无咎。"《彖》曰:"师,众也。贞,正也。能以众正,可以王矣。"师,众,就是当时的军队;认为师出的前提是"贞",即正,也就是占有道义,必以正义而行师,方可天下服,即"能以众正,可以王矣"。《彖》辞又曰:"刚中而应,行险以顺,以此毒天下,而民从之,'吉',又何'咎'矣!""刚中"指主帅所居,"毒"或读为"督",治也。主帅居中位,既有道义在手,又能刚柔兼备,故"行险以顺","而民从之"。以此督治天下,则何咎之有?在《师》卦各爻辞中,又提出"师出以律,否臧凶","师左次,无咎"等原则。

《备城门》 《墨子》篇名。战国初墨翟关于守御术的代表作。篇中对当时常用的十二种攻城之法(即:临、钩、冲、梯、堙、水、穴、突、空洞、蚁傅、轒辒、轩车,提出相应的守御策略。认为:"我城池修,守器具,推粟足,上下相亲,又得四邻诸侯之救,此所以持也。"首先加强防御工事,完备器械,充足粮草,使上下一心,再有邻近诸侯驰援,就可以与敌人相持了。此下,又有《备高临》、《备梯》、《备水》、《备突》、《备穴》等,计二十篇(现存十一篇)守城专论,形成了以城防工事为主体的完备的防御体系。墨家精于守御、疏于进攻的战术理论体系,正反映了墨子反对战争、热爱和平的战争观。

《议兵》 《荀子》篇名。战国末荀子关于用兵问题的一篇专论。提出用兵攻战之本在乎"壹民",统一人民的思想,使得军民一心,民心归附。这是兵要之所在,是战争胜利的基础。倡导"仁人之兵,王者之志"。认为王者之兵不同于诸侯之兵,以禁暴除害为宗旨,非为争利而战。故能"百将一心,三军同力"。反对欺诈,认为"以桀诈桀,犹巧拙有幸焉;以桀诈尧,譬之若以卵投石,以指挠沸,若赴水火,入焉焦没耳。"军事的立足点在政治,政治清明是取得军事胜利的根本保证。另外针对具体的战场斗争,还提出"六术"、"五权"、"三至"等一系列指导原则。

《兵略训》 《淮南子》篇名。主要内容为既往战争经验及兵法理论的概括,大致以"存亡继绝""除万民之害"为指归。指出:"夫兵者,所以禁暴讨乱也。""故霸王之兵,以论虑之,以策图之,以义扶之,非以亡存也,将以存亡也。故闻敌国之君有加虐于民者,则举兵而临其境,责之以不义,刺之以过行。兵至其郊,乃令军师曰:'毋伐树木,毋抉坟墓,毋爇(烧)五谷,毋焚积聚,毋捕民虏,毋收六畜!'""兵之来也,以废不义而复有德也。"

《汉书·艺文志·兵书略》 中国古代第一部兵书总目提要。原本为刘歆著《七略》中的一种,成书于西汉末年。《汉书·艺文志》叙曰:"至成帝时……诏光禄大夫刘向校经传诸子诗赋,步兵校尉任宏校兵书,太史令尹咸校数术,侍医李柱国校方技。每一书已，向辄条其篇目，撮其指意，录而奏之。会向卒，哀帝复使向子侍中奉车都尉歆卒父业。歆于是总群书而奏其《七略》，故有《辑略》（师古曰：辑与集同，谓诸书之总要），有《六艺略》，有《诸子略》，有《诗赋略》，有《兵书略》，有《术数略》，有《方技略》。”先有刘向《别录》，后成刘歆《七略》，东汉班固又“删其要，以备篇籍”，方成《汉书·艺文志》，《兵书略》即收存其中。计收兵书权谋、形势、阴阳、技巧四种，共五十三家，七百九十篇，图四十三卷。其中，“兵权谋”居于统领地位，如《吴孙子》（孙武）、《齐孙子》（孙膑）、《公孙鞅》、《吴起》、《范蠡》等，均入于此。

《孙子略解》 亦称“魏武帝注孙子”、“曹注孙子”。魏武帝曹操对《孙子兵法》行文旨要的注解及点评。曹操对《孙子兵法》做过悉心的研究和揣摩，并结合实战，精要注释。它既是《孙子兵法》的最早注本，也是《孙子》十三篇本文流传至今的最早定本。曹操自言：“吾观兵书战策多矣，孙武所著深矣。”又曰：“审计重举，明画深图，不可相诬，而但世人未之深亮训说，况文烦富，行于世者失其旨要，故撰为略解焉。”所注解简明中肯，切合实践，富有哲理。

《权书》 北宋苏洵撰。该书取其权衡之意，从历代著名战争中分析比较其战略得失。分上、下两卷。上卷有《心术》、《法制》、《强弱》、《攻守》、《明间》五篇，前两篇主要讲治军，后三篇大致为谋略攻守之道，特别重视“伏兵”作战。下卷有《孙武》、《子贡》、《六国》、《项籍》、《高祖》五篇，着重论说几位历史人物在战略运用、作战指挥中的胜败得失。

《太白阴经》 亦称《神机制敌太白阴经》。古以“太白”主兵，“阴”主杀伐，故名。唐李筌撰。李筌于《进太白阴经表》中说：“人谋，筹策，攻城，器械，屯田，战马，营垒，阵图，括囊无遗，秋毫必录。其阴阳天道，风云向背，虽远人事，亦存而不忘。小及锥刀，大至城堡，智周乎万物，而道济乎三军。辕门有之，虽桴鼓之吏，厮养之卒，亦可为万人之将。言无文饰，理探玄微，十载修成。”凡十卷，共一百篇。强调战争胜败决定于君主的“仁义”，以及人谋策略，而不靠阴阳鬼神。士兵之勇怯取决于刑赏；用兵首先要考虑从政治上制胜敌人，“兵胜于朝廷”，人心向背是一切战争胜利的基础。另外，对于选拔人才，利用地形，选择战机，创造作战有利态势也分别作了具体论述。清代学者说：“此书详整有法，篇次精允，军家之要典也。”（《读书敏求记》）书中有朴素的辩证法思想。后半部分辑录了大量医卜星相、奇门遁甲之类的内容。始以抄本流传，现存最早抄本是明汲古阁抄本，清代又有多种抄本，如清初抄本、清内府抄本、平津馆影宋抄本等。均为十卷本。另有《四库全书》八卷本存世。

《人谋》 《太白阴经》卷名。《太白阴经》凡十卷，其卷一、卷二分别是《人谋》上、下。其中《人谋上》含：《天无阴阳》、《地无险阻》、《人无勇怯》、《主有道德》、《国有富强》、《贤有遇时》、《将有智谋》、《术有阴谋》、《数有探心》、《政有诛强》十篇。《人谋下》计有：《善师》、《贵和》、《庙胜》、《沉谋》、《子卒》、《选士》、《励士》、《刑赏》、《地势》、《兵形》、《作战》、《攻守》、《行人》、《鉴才》十四篇。其中提出一系列富有辩证法思想的军事思想，如认为：“阴阳寒暑为人谋所变，人谋成败，岂阴阳所变之哉！”“地之险易，因人而险，因人而易，无险无不险，无易无不易，存亡在于德，战守在于地，唯圣主智将能守之，地奚有险易哉！”（《人谋上》）既充分注意了人的主观能动作用，又着力把握战争中的主动权。

《道德经论兵要义述》 唐王真撰。《道德经》即《老子》。王真将《老子》八十一章，逐章阐释其兵学内容。如第八章“上善若水”，王真述曰：“此一章特谕理兵之要，深至矣！夫上善之兵，方之于水。然水之溢也，有昏垫之灾；兵之乱也，有涂炭之害。故水治则润泽万物，通济舟楫；兵理则镇安兆庶，保卫邦家。后收入《中国兵书集成》。

《兵权》 《长短经》卷名。综合阐述古代兵事，述录古代兵家的诸多论断。计分《出军》、《练士》、《结营》、《道德》、《天时》、《地形》、《水火》、《五间》、《攻心》、《伐交》、《变通》、《利害》、《奇正》等二十四题。大致以征引太公、孙子、孔子之言为主，略加阐释。

《注孙子序》 晚唐杜牧为《孙子兵法》作注时所写的序文。杜牧论兵的重要文献。杜牧所注孙子约成书于唐文宗开成年间（836—840）。序文首先阐明“为国家者，兵最为大，非贤卿大夫，不可堪任其事”的观点。序中对《孙子兵法》基本精神的概括为“用仁义，使机权”，即“本之以仁义，济之以权谋”，这对于历代用兵者总是强调“兵者诡道”、“兵以诈立”的看法做了根本的修正。对于《孙子兵法》对战争规律的准确反映尤为认可：“其孙武所著十三篇，自武死后凡千岁，将兵者有成者有败者，勘其事迹，皆与武所著书一一相抵当，犹印圈模刻，一不差跌。”视《孙子兵法》中所揭示的普遍性战争规律，为战争活动所不可逾越的圆盘：“丸之走盘，横斜圆直，计于临时，不可尽知；其必可知者，是知丸不能出于盘也。”这些论断，得到后世学人的普遍认可。

《武经七书》 亦名《武学七书》，简称《七书》。北宋朝廷官方颁行的兵法丛书，也是中国古代第一部军事教科书。《郡斋读书志》：“仁庙时，天下久承平，人不习兵。元昊既叛，边将数败，朝廷颇访知兵者，士大夫人人言兵矣。”为适应当时武举策试的需要，北宋国子监奉诏编定《武经七书》，朱服为国子司业，于宋神宗元丰三年(1080)奉诏校定，至元丰六年(1083)校毕刊行。校定《武经七书》总目为：《孙子》(诏令含魏武帝注)三卷；《吴子》二卷；《司马法》三卷；《唐太宗李卫公问对》三卷；《尉缭子》五卷；《黄石公三略》三卷；《六韬》六卷。该书的宋刻刊本今尚存三种，(1) 坊刊本朱服《校正武经七书》，原本藏上海图书馆，卷首有国子司业朱服之奏文。此刊本最接近元丰官板。(2) 南宋孝宗时官板《武经七书》，即今统称的《宋本武经七书》，也是今存影响最大的《武经》刊本。其书原为陆心源皕宋楼所藏，现藏于东京静嘉堂文库。1935年，上海涵芬楼影刊《续古逸丛书》，复将“中华学艺社借照东京岩崎氏静嘉堂藏本”宋刊《武经七书》影印出版，并径题“宋本武经七书”。(3) 顾千里摹宋本《孙吴司马法》。刊于清嘉庆五年(1800)，为清孙星衍平津馆丛书之一种，只录了《孙子》、《吴子》、《司马法》三种。颁定《武经七书》，对传承和发展中国古代军事思想具有重要意义。

《何博士备论》 简称《备论》，北宋神宗年间国子监武学博士何去非撰写的一部兵书。《宋史·艺文志》著录为十四卷，苏轼荐状称二十八篇，现存各种版本均为二十六篇，佚二篇。其篇目是：《六国论》、《秦论》、《楚汉论》、《晁错论》、《汉武帝论》、《李广论》、《李陵论》、《霍去病论》、《刘伯升论》、《汉光武论》、《魏论》上、《魏论》下、《司马仲达论》、《邓艾论》、《吴论》、《蜀论》、《陆机论》、《晋论》上、《晋论》下、《苻坚论》上、《苻坚论》下、《宋武帝论》、《杨素论》、《唐论》、《郭崇韬论》、《五代论》。该书对战国至五代的兴废成败和22个军事人物的用兵得失进行评述，旨在寻求历史借鉴。该书视野宽广，思路开阔，所选人物、事件具有典型性，常立足于治国安邦的战略高度，予以审视。如评项羽：“‘富贵不归故乡，如衣绣夜行，谁能知者?’此特浅丈夫之量，安足为志天下者道哉!”(《楚汉论》苏轼曾誉曰：“其论历代所以废兴成败，皆出人意表，有补于世”)又曰：“文章议论，实有过人，笔力雄健，得秦汉风力。”该书对研究自先秦至五代的军事哲学思想具有较高参考价值。

《武经七书讲义》 亦称《施氏七书讲义》或《七书讲义》。北宋中期福州人施子美撰。凡四十二卷，《孙子》十一卷、《吴子》五卷、《马子》(《司马法》)五卷、《尉缭子》九卷、《三略》三卷、《六韬》六卷、《太宗》(《唐李问对》)三卷。于上述各书篇、章、句均有讲解，且附有大量历史事件、人物或著作中的言论以伪证。嘉定十五年(1222)，同郡江伯虎为之序，并“锓木以广其传”。作为对《武经七书》的全面讲解，施氏为第一家。对后来的孙吴之学影响深远。

《虎钤经》 亦称《虎钤兵经》，许洞撰。凡二十卷，二百一十篇，其书始创于北宋真宗咸平四年(1001)之初，成文于景德元年(1004)之末，前后历时四年。共论210个问题。自序曰“今上采孙子、李筌之要，明演其术；下撮天时，人事之变，备举其占。或作于已见，或述于古人，名曰《虎钤经》。”其书将《孙子兵法》与《太白阴经》之精要融会其中，“上言人谋，中言地利，下言天时”，兼及风角占候、人马医护等内容。凡关军中之事，莫不具载。前十卷大致论述了天、地、人的总体战略关系及论将，兵机谋略，攻守形势、地形、水火等具体分析对策，多为军中实用之学。后十卷，多为八卦占卜，星云望气之属。提出“用兵之术，知变为大”，强调为将帅者应能够“以变合于事”，践墨随敌，克敌制胜，充满辩证法思想。现存明嘉靖刊本及清《四库全书》本。

《十家孙子会注》 宋吉天保辑录历代《孙子》之集注。“十家”为泛指，实收注家为：曹操、杜佑、李筌、杜牧、陈皞、贾林、孟氏、梅尧臣、王皙、何氏与张预十一家。在其后刊本中，又以《十一家注孙子》、《孙子集注》、《孙子十家注》等不同名称出现。所刊内容大体一致。参见“《十一家注孙子》”。

《十一家注孙子》 《孙子》注释本。南宋宁宗(1095—1124)时汇集自曹操以来十一家对《孙子》之注而成。十一家为：曹操、杜佑、李筌、杜牧、陈皞、贾林、孟氏、梅尧臣、王皙、何氏、张预。其中杜佑之注有疑，故宋代又有《十家会注》本。各家所注简繁不一，其中以曹操所注较有特色，阐发原义更为清晰。各注除对原文铨释外，还结合著名战役实例，对交战双方得失有所评论，其中对历代著名军事家，如范蠡、尉缭、崔浩、李世民、李靖等人的言论也多有引述，保留了不少军事学术思想资料。有南宋刻本、中华书局1962年本、上海古籍出版社1978年本。

《武经总要》 中国古代第一部规模宏大的官修综合性军事著作。主持人为北宋仁宗时的天章阁待制曾公亮和尚书工部侍郎、参知政事丁度，两人奉仁宗皇帝之命用了五年的时间编成。曾公亮领衔，丁度实际主持编撰，成书于宋仁宗庆历年间，仁宗亲为之作《叙》。全书分前、后两集，每集20卷，凡40卷。依仁宗之《叙》划分：“制度十五卷，边防五卷，故事十五卷，占候五卷。”计有细目三百余条。《前集》二十卷详细反映了宋代军事制度，包括选将用兵、教育训练、军事组织、部队编成、行军宿营、古今阵法、通信侦察、山川地理、城池攻防、火攻水战、武器装备等军事理论和规则。在营阵、兵器、器械部分，都配有详细的插图，是研究中国古代兵器史的宝贵资料。后集20卷辑录有历代用兵故事，保存了不少古代战例资料，分析了历代战役、战例和用兵得失。是研究宋朝以前的军事哲学思想的重要文献。今存版本有明弘治十七年(1504)李赞刻本；嘉靖刻本等。近出《中国兵书集成》据明万历金陵书林唐富春刻本影印。

《纪效新书》 明戚继光在浙江任参将时所撰写的兵书。是平倭练兵和治军经验的总结。有十八卷、十四卷两种版本。全书以孙武兵书为指导思想，对于治军的各个环节作了详尽的阐述。十八卷写成于戚继光调任浙江抗倭的第六年即明嘉靖三十九年(1560)，卷首一卷，包括“任临观请创立兵营公移”、“新任台金严请任事公移”、“纪效或问”三篇。正文分：束伍篇第一、操令篇第二、阵令篇第三、谕兵篇第四、法禁篇第五、比较篇第六、行营篇第七、操练篇第八、出征篇第九、长兵篇第十、牌筅篇第十一、短兵篇第十二、射法篇第十三、拳经篇第十四、诸器篇第十五、旌旗篇第十六、守哨篇第十七、水兵篇第十八。每篇各附以图说。后戚继光被调广州镇粤时，“复取《纪效新书》雠校，梓于军中”(《戚少保年谱耆编》卷十二《孝思词祝文》)。此本共十四卷。其篇目为：束伍篇第一、耳目篇第二、手足篇第三、手足篇第四、手足篇马附第五、比较篇第六、营阵篇第七、行营篇第八、野营篇第九、实战篇第十、胆气篇第十一、舟师篇第十二、守哨篇第十三、练将篇第十四。十四卷本是戚继光晚年的手校本，应是吸收《练兵实纪》的精华，故名。“纪效”，明非口耳空言，乃注重实效；曰“新书”，明其出于兵法而非泥于兵法，合时措之宜也。其文字通俗易懂，对于研究古代治军思想有重要参考价值。上两种版本，近出《中国兵书集成》据清张海鹏辑学津探原本及明万历李承勋刻本均予影刊。

《练兵实纪》 明戚继光治军经验的总结与练兵教材。约成书于隆庆二年(1568)至隆庆五年(1571)。时戚继光以都督同知总理蓟州、昌平、保定三镇练兵。全书《正集》九卷，九篇共二百六十四条。具体篇目是：练伍法第一、练胆气第二、练耳目第三、练手足第四、练营阵第五(场操)、练营阵第六(行营)、练营阵第七(野营)、练营阵第八(战约)、练将第九。书前冠有“凡例”即“分给教习次第”共十五条，记述了将、卒各自应学习的内容、标准、教材发放办法，督促学习的措施等。戚继光自云：“教兵之法，美观则不实用，实用则不美观。此书标曰‘实纪’，征实用也。”其练兵思想在《纪效新书》(十八卷本)的基础上又有了新的发展，和《纪效新书》为姐妹篇。本书自隆庆年间问世后，传播很广。目前所见最早的两种刻本：一是万历二十五年邢玠刻行的十五卷本(现藏南京图书馆)，一是刊行时间不明的万历年间九卷刻本(现藏北京图书馆和日本尊经阁文库)，近出《中国兵书集成》据京都琉璃厂摆板本影刊。

《草庐经略》 明后期一部系统讲述用兵方略的著作。作者不明。书名“草庐”，或有自比诸葛亮之意。全书计12卷，152篇。内容从丁壮选拔，兵士训练，将帅修养，到制度建设，方略制定，以及多种具体条件下的具体战法。理论叙说之后，附以相当数量的战例，其中引述不乏明代戚继光、沈希仪等人的论说或战例。其中如《戒骄》、《远略》等，颇有哲理。近出《中国兵书集成》据粤雅堂丛书本影刊。

《戒骄》 《草庐经略》篇名。主要说明为将者须力戒骄惰。指出：“尝观将当屡胜之后辄有骄心。其甚者，或一胜而骄，或小胜而骄，皆败道也。盖将之轻敌也始于骄，则自高其功，自神其智，自矜其勇，不忧其寇，不恤其下。忠言逆耳，良士疏斥，战则轻进，守则弛备。”复引《老子》之言：“祸莫大于轻敌，轻敌几丧吾宝也。”强调了骄兵必败的思想。

《远略》 《草庐经略》篇名。主要叙说“远略”与“近利”的关系。指出：“天下良将少而愚将多，故多狃(贪)近利而遗远略也。务远略者虽无一时可喜之功，而有制胜万全之道。不以小胜而喜，不以小败而忧，不以小利而趋，不以小害而避。洞达利害，兼览始终，其静俟若处女，其秘密若神明，其期许也若落落难合。其持众也慎，其虑事也详，其料敌也审，其应变也舒，其投机也捷。非必取，不出众；非全胜，不交兵。”认为唯其有远略，故能审慎、沉稳，“夫远略与近利相反也。不观近利之害，而无以知远略之功”反映出较深入论述了远略与近利的辩证关系。

《孙子校音点注》 亦称《孙子音注》。是为《孙子》十三篇正音解说的一部专著。明末何守法校音点注，另有何守礼、王世盛、王世兴、伯崇爵、陈廷和等共同协助订正。共分六卷：一卷《始计》、《作战》；二卷《谋攻》、《军形》、《兵势》；三卷《虚实》、《军争》；四卷《九变》、《行军》、《地形》；五卷《九地》；六卷《火攻》、《用间》。该书刊本形式及题署均大同于《投笔肤谈》，当初刊于明末。民国时期李浴日编《中国兵学大系》，第二册为《孙子音注》。近期谢祥皓、刘申宁纂辑《孙子集成》，第9册亦收此书。

《投笔肤谈》 明末何守法撰。该书卷首《投笔肤谈引》，题签“西湖逸士”。正文题曰：“浙江解元钟吴何守法撰音点注”。引言曰：“古兵法有一百八十二家，汉张良、韩信删取要用，定著三十五家。后至宋元丰间，国子司业朱服奏校，其他尽屏去，止存七家之书。国初因之颁布。然七书之中唯《孙子》纯粹，书仅十三篇，而用兵之法悉备，故首列之。余目击时艰，不欲自限于博士业，遂励志武事。间尝亦仿效孙子之遗旨，出一隙之管窥，成谬十三篇，题曰《投笔肤谈》。先《本谋》而终以《天经》。篇名虽与《孙子》相参，文义则别。盖宗大圣人窃比老彭之意也。”篇名为：《本谋》、《家计》、《达权》、《持衡》、《谍间》、《敌情》、《军势》、《兵机》、《战形》、《方术》、《物略》、《地纪》、《天经》。共十三篇。虽曰“义别”于《孙子》，实以《孙子》为主导，同时吸取姜太公、韩信、赵充国等历代兵家的理论与经验，所论不乏独到之见。近出《中国兵书集成》据明万历弘锡堂刻本影刊。

《达权》 《投笔肤谈》篇名。提出“达权者，通达权变也”。“居常虑变，处易备卒，屯营者务持重，临敌者贵合谋。接战者先示形，纳降者须防伪，袭人者顾本营，伏兵者视地利。……凡此，皆宜达之以权也。”既识其常，又达其变，反映出强调适应战局变化的辩证法思想。

《兵机》 《投笔肤谈》篇名。提出：“兵机者，用兵之机括也。”“凡用兵之法，主客无常态，战守无常形，分合无常制，进退无常度，动静无常期，伸缩无常势。”唯其出没变化，皆无常规，故不可测，所可乘者，唯变中之机。善用兵者，“唯能因机而制变，择利以行权，则电雾风雪为之资，险易文狭为之用”。强调了用兵之机，可遇而不可强求，乘机则顺势而成，失机则被动受敌，为敌所制的思想。

《持衡》 《投笔肤谈》篇名。提出：“持衡者，持攻守而校其优劣，如衡之低昂无差也。”主旨在于准确把握攻守之利害得失。“善用兵者，违其灾而乘其利：用之以攻，则守无术；用之以守，则攻无策。此之谓持衡也。”

《武经七书直解》 为《武经七书》所作注解之书。明刘寅撰。刘寅，字拱辰，明洪武四年(1371)进士。《武经七书》自宋神宗颁定以来，注家颇多，然“寅观孙武旧注，数家矛盾不一，学者难于统会。《吴子》以下六书无注，市肆板行者阙误又多，虽尝口授于人，而竟不能晓达其理。于是取其书，删繁撮要，断以经传所载先儒之奥旨，质以平日所闻父师之格言，讹舛者稽而正之，脱误者订而增之，幽微者彰而显之，傅会者辨而析之。”(刘寅《武经直解》序)该书始撰于洪武三十年(1397)，至次年九月完成。凡二十五卷。卷首有作者自序及《读兵书法》、《凡例》等。所撰以求实致用为目的，提倡活学活用。其书是明代《武经》刊本中最早，也是最重要的注本。由于《吴子》以下六书均无旧注，故刘寅之作有开创之功。所注特点之一是，对儒家典籍也多有所吸取。近出《中国兵书集成》据丁氏八千卷楼影明本影刊。

《孙子参同》 明李贽撰。约成书于万历二十五年(1597)之前，是李贽晚年之作。正文撰写体例为：各篇首列《孙子》本文，次举精句选释，再列魏武帝注与李贽本人之论评。最后，以“参考”为标题，列举其他六书相关之论。间或杂以李卓吾之介绍。其书本文的刻印，标以各类圈、点、线等符号，以表明此书的“主意纲领”“眼骨”“关键”“精华”“波澜”等。全书以孙子为纲，又以其他六书相关之论参合，以佐证之。欲使“七书”融为一体。另外，李贽公开倡导兵家《七书》与儒家《六经》应当合一，同等对待。此书倾向性观点是以儒学与兵学各行其道又相互为用，互为补充。万历年间已有多种刻本，其中乌程闵氏松筠馆刻朱墨套印本流传较广。近出《中国兵书集成》及《孙子集成》均据以影刊。

《孙子书校解引类》 亦名《孙子书》、《赵注孙子》、《孙子十三篇注解》。明隐士赵虚舟对《孙子》所作的校笺论注性著作。赵本学，字建郁，号虚舟，自序认为：“《孙子》十三篇，实权谋之万变也。数千年来儒者未尝开其扃钥，虽有曹操、李筌、杜佑、杜牧、王皙、贾林、张预、郑友贤、张贲、刘寅、郑灵等十五六家之笺，不过粗略训义，苟且引证，加以讹谬相承，渐失古文。”基于这一思想，对《孙子》十三篇重新校雠、通释。“校以订误”，“解以训义”，“引类以证实”，故名曰“校解引类”。该书基本观点为：儒与兵相统一，儒者当知兵事，正兵必以仁为本。用权谋攘夷狄之患，安四海之民，是儒者分内之事。该书校解精深，如《虚实》篇“画地而守”，李筌解为“以刀画地为营”；孟氏解为：“以物画地而守”。此类解说都是单纯拘泥于字面意义，不足以服人。赵虚舟则解曰：“画地而守，言无城郭营栅之固也。”显然更为准确揭示了原文的本质含义。该书自面世以来多次刊行，除隆庆二年谭纶之“蓟辽旧刻”外，尚有万历七年、三十四年、四十一年刊本等。传入日本后，也多次刊行。近出《中国兵书集成》、《孙子集成》均选善本影刊。

《兵诀评》 《武备志》中的理论部分。明茅元仪辑。《武备志》中《兵诀评》为 18 卷。选录《孙子》、《吴子》、《司马法》、《三略》、《六韬》、《尉缭子》、《李卫公问对》全文及《太白阴经》、《虎钤经》的部分内容加以评点。间有简注，冠有眉批，标以圈、点等各类标记，以表明“微妙处”，“紧关处”，“一篇纲领”，“分段条目”，“隐微处”等，以表达茅元仪的观点。在《兵诀评》序中，对《孙子》最为推重，认为“自古谈兵者必首孙武子”。又说：“先秦之言兵者六家，前孙子者，《孙子》不遗；后孙子者，不能遗《孙子》，谓五家为《孙子》注疏可也。”准确反映了《孙子》在兵学史中的核心地位。初刻于明天启元年(1621)，后有清初刻本、消道光中活字排印本、日本宽文年间(1661—1672)刊本等。近出《中国兵书集成》以十册规模影刊。

《兵镜》 亦称《兵法全书》。清邓廷罗撰。十六卷：《孙子集注》一卷，《兵镜或问》二卷，《兵镜备考》十三卷。其中《兵镜或问》为关于军事斗争的一系列对立统一因素的问答。分为上、下两卷。上卷为：王霸、天人、内外、文武、用舍、人势、道法、赏罚、创守、微彰、恩威、谋战、先后、缓急、弃取、奇正；下卷为：众寡、虚实、强弱、胜败、常变、险易、分合、老壮、劳逸、攻守、彼己、进退、顺逆、主客、长短。"或问"，即设问。邓氏将历代帝王将相之庙谟胜算、文德武功，其事迹相反、名义相类者，设为问答，使之相提并论，以考其得失。"于同处求异，于异处求同，务期诸家之是非离合，与历代之成败兴亡，合契同符。"(《兵镜》凡例)使矛盾对立的两方面相提并论，既论析了双方的对立统一，又指明其相互转化。即"于同处求异，于异处求同"。《备考》《或问》既各自成卷，又相辅相成。初刊于康熙十八年(1679)，近出《孙子集成》即据该刻本影刊。

《兵镜或问》 见"兵镜"。

兵权谋 《汉书·艺文志·兵书略》中的一种。计收"《吴孙子兵法》八十二篇，图九卷"，"《齐孙子》八十九篇，图四卷"等十三家、二百五十九篇。在《兵书略》中，其居于统领地位："权谋者，以正守国，以奇用兵，先计而后战，兼形势，包阴阳，用技巧者也。"所收兵书，均以关切战略大局，力争国家总体利益的目标。另有《伊尹》、《太公》、《管子》、《孙卿子》、《鹖冠子》等，因入于《诸子略》道家类，被省去，《司马法》亦抽出改入《六艺略》礼类，称《军礼司马法》。

兵形势 《汉书·艺文志·兵书略》中的一种。计收《楚兵法》七篇、《蚩尤》二篇、《孙轸》五篇等，共十一家，九十二篇，图十八卷。"形势者，雷动风举，后发而先至，离合背乡(向)，变化无常，以轻疾制敌者也。"(《汉书·艺文志·兵书略》)其主体内容，为战场用兵艺术。

兵阴阳 《汉书·艺文志·兵书略》中的一种。计收《太壹兵法》、《天一兵法》、《神农兵法》、《黄帝》、《封胡》等，十六家，二百十四九篇，图十卷。"阴阳者，顺时而发，推刑德，随斗击，因五胜(五行相胜)，假鬼神而为助者也。"(《汉书·艺文志·兵书略》)其基本内容，既有依顺天地、阴阳等自然条件的一面，又有假借鬼神、星象等以为兵助的一面。随着历史的演进，星象、鬼神多不可靠，此类兵书亦多被淘汰。

兵技巧 《汉书·艺文志·兵书略》中的一种。计收《鲍子兵法》、《伍子胥》、《李将军射法》、《魏氏射法》、《剑道》、《手搏》等十三家，百九十九篇。"技巧者，习手足，便器械，积机关，以立攻守之胜者也。"(《汉书·艺文志·兵书略》)其主体内容为个体兵士习练武艺，多用于战场格杀，是古代战场主要的具体斗争手段。

中国古代科学哲学

《禹贡》 《尚书》篇名。先秦地理著作。作者佚名。战国秦汉以来，传统认为系禹本人或禹治水以后的记录。近代学者大多否定，所持之说多至十余种：如王国维说至迟为周初人所作，郭沫若断定是子思所作，钱玄同说系晚周伪造，何定生判为春秋战国时作品，顾颉刚以为作于战国，陈梦为认为决不早于战国，张西堂说成于战国末，高重源道著于秦统一前后，翁文灏云出于汉儒之手等。全文由九州、导山、导水和五股四个部分组成。又论述大禹治水的活动与业绩，强调"九州攸同"的大一统思想。作者将真实和臆测的地理知识，系统化为一个体系，对我国地理学及其思想发展具有较大影响。首先，创立地理区域、山水系统、田土类别等各种地理观念。其次，九州区域被后世认定为三代行政区。分州观念既为地区行政制度的原则，也成历史沿革地理的学术范畴，再次，开创地理、土壤、山川、水利工程等学科的研究，但其中也有一些虚假和错误之说，如黄河伏流、禹河、江源岷山等。除收入《尚书》外，另有清胡渭《贡禹锥指》等单行本。

《地员》 《管子》篇名。先秦论述土地及其综合体的专文。今学者以为战国管仲学派佚名作者所为，全文六节，首论平原地区五种土壤及其与作物、草木、居民、地下水、呼音、都邑、仓廪等关系，次述五声特征及律数相生，再次叙丘陵地区十五种土壤与地下水关系，复次道山地五种土壤与草木、地下水关系，又次说植物生态原理、分布规律，文末评九州土壤及其所宜。其中所述含有一定科学成份，如指出土壤与其上生长的植物具有相应关系。每种土壤与最适宜生长于其上植物的关系，即为"草土之道，各有穀造"，视为规律。总结植物分布与地势关系为"或高或下，各有草土"，是山地植物垂直分布认识的起始。指出地下水与地形、地质的关系。随着地势增高，水泉所在逐渐加深，地层的某些变化会使地下水消失。阐明植物生长的群体性，一定的草本与木本植物相应相显，如"其草如茅与走，其木乃樠"。描述一定土壤、水泉及生物群落中植物形态典型状况，如生长在五蒟土中的穧葛，"赤茎黄秀恚目，其叶如苑。"并叙说土壤、水泉与居民的气质、性格、容颜、体质、年寿、技巧及经济生活关系，要求人类在顺应环境中从事经济活动。除收入《管子》外，单行本有清光绪十七年(1891)王绍兰《管子·地员篇注》等刻本。

《地数》 《管子》篇名。叙述地域与矿产关系，提出矿物分布理论，叙述矿物共生关系。强调“以天时地利立功成名于天下”。认为自然资源作为基础，因执政者对其认识与所制定、执行政策不同，而有“能者有余，拙者不足”之差异。所以，务必效法伊尹，“善通移轻重，开阖决塞，通于高下徐疾之筴，坐起之费时，由国家垄断矿冶事业，官卖食盐，同时不误农时，发展商业。本篇关于大地山川矿藏之说，与《山海经·中山经》所载，或相同，或类似，孰先孰后，难于断定。记叙难免错误，但提出问题，引起关注，对后世有所影响。

《月令》 《礼记》篇名。又见于《吕氏春秋》十二纪中。记述每年夏历十二个月的时令及其相关事物，并把各类事物归纳在五行相生的系统中，比最早的行事月历《夏小正》丰富而系统。可供研究战国、秦汉时农业生产和有关时令的参考。

夏小正 先秦物候历著作。作者佚而无传，一卷。古人多以为夏代之书，近代以来，异说纷纭，要之成书于周，保留夏时资料。原为西汉戴德所编《大戴礼记》第四十七篇，传本错简衍脱，正文注说相混杂。宋傅崧卿加以整理，以四时分卷，以每月为编，厘别原文为经，后列戴氏传文，名为《夏小正戴氏传》。全文四百六十余字，逐月记载天象、气候、生物以及人事，显示自然事物的相应变化及其与人事关系。所记天象，有每月晨昏时北斗斗柄指向、若干恒星；气象有风、雷、雪、冰等。

《考工记》 先秦古籍中重要科技著作，记述百工之事。一卷。内容按木工、金工、皮工、设色工、刮摩工、抟埴工六类，分别对车舆、宫室、兵器、礼乐诸器等的制作工序作了较详细的记载。从中可考见先秦古器制度、工艺设施及科技水准的一般情况，以及先秦时期的审美时尚。《周礼》六官，佚《冬官司空》一篇，西汉河间献王(刘德)以《考工记》补入，为《周礼》之第六篇，故此书亦称《冬官考工记》。一说《考工记》中有秦郑国名，又用齐人语言，故此书为春秋末战国初齐人所作，是记录手工业技术的官书。(见清江永《周礼疑义举要·考工记》)今通行本为收入《十三经注疏》的郑玄注、贾公彦疏《周礼注疏》本(内含冬官《考工记》二卷)。

《冬官考工记》 即“《考工记》”。

《考工记图》 清戴震撰。二卷。初成书时，图后附以己说而无注；后来吸取东汉郑众、郑玄注，再加考定，成为补注。对《考工记》中宫室、车舆、兵器、礼乐诸器，列图说明，对文物、制度、字义等加以考证。是研究先秦文物制度的重要参考书。曾收刻于《戴氏遗书》，又收入《皇清经解》。

《十二纪》 《吕氏春秋》前十二卷总称。以春夏秋冬四季为序，每季各含孟仲季三部分，共十二部分，与十二月相对。《吕氏春秋·序意》自云：“凡十二纪者，所以纪治乱存亡也，所以知寿夭吉凶也。上揆之天，下验之地，中审之人，若此则是非可不可无所遁也。”又按《四库全书总目提要》及余嘉锡《四库提要辩证》：其中春令多言生，夏令多言乐，秋令多言兵，冬令多言死。陈奇猷《吕氏春秋校释》亦以为每季所系之文各有春生、夏长、秋收、冬藏之意。其中既有自然知识，亦有神学内容。

《召类》 《吕氏春秋》篇名。讲“类同相召，气同则合，声比则应。故鼓宫而宫应，鼓角而角动。”注意到声学中的共振现象，并以为事物之间普遍存在着一种客观的联系。

《应同》 《吕氏春秋》篇名。讲“类同相召，气同则合，声比则应。鼓宫而宫动，鼓角而角动。”注意到声学中的共振现象，并以为事物之间普遍存在着一种客观的联系。

《圜道》 《吕氏春秋》篇名。论述“天道圜，地道方”的天圆地方说，并通过“日夜一周，圜道也。月躔二十八宿，轸与角属，圜道也。精行四时，一上一下各与遇，圜道也。物动则萌，萌而生，生而长，长而大，大而成，成乃衰，衰乃杀，杀乃藏，圜道也”详尽论证“圜道”即循环理论。

《大乐》 《吕氏春秋》篇名。讲“万物所出，造于太一，化于阴阳。”“太一出两仪，两仪出阴阳，阴阳变化，一上一下，合而成章。”给予音乐生成以宇宙论的说明。又提出“天地车轮，终则复始，极则复反，莫不咸当。”反映了“圜道”思想。

《任地》 《吕氏春秋》篇名。中国古代农学重要论文。提出“凡耕之大方：力者欲柔，柔者欲力；息者欲劳，劳者欲息；棘者欲肥，肥者欲棘；急者欲缓，缓者欲急；湿者欲燥，燥者欲湿”五项使用土地的基本原则；又记载“上田弃亩(即低畦栽培法)，下田弃甽(即高畦栽培法)”的“畦种法”。对后世农学产生深刻影响。

《辩土》 《吕氏春秋》篇名。中国古代农学重要论文。依据不同的土壤条件，提出“凡耕之道：必始于垆，为其寡泽而后枯；必厚其靹，为其唯厚而及”的耕地原则；指出防止“三盗”(即沟大垄小、无行而苗过密、无行而苗过疏)的重要性；并提出“晦欲广以平，畊欲小以深”等用于防盗的技术措施。对后世农学产生深刻影响。

《审时》 《吕氏春秋》篇名。中国古代农学重要论文。强调“凡农之道，候之为宝”，并以禾、黍、稻、麻、菽、麦六种农作物为例，分别对得时、先时、后时三种情况下的农作物生长作了考察，并指出了得时的重要性，“是故得时之稼兴，失时之稼约。”对后世农学产生深刻影响。

《贵因》 《吕氏春秋》篇名。因，有依据、顺应之意。讲“三代所宝莫如因”，如“禹通三江五湖，决伊阙，沟回陆，注之东海，因水之力也。舜一徙成邑，再徙成都，三徙成国，而尧授之禅位，因人之心也。”以为“因则功，专则拙，因则无敌。”即凡依据和顺应规律者便可获得成功。

《地形训》 《淮南子》篇名。多沿袭《禹贡》、《山海经》、《吕氏春秋》之地理知识与思想，并夹杂有不少迷信内容。但提出“凡地形，东西为纬，南北为经”，与近代地理划分相吻；又以为“坚土人刚，弱土人肥，垆土人大，沙土人细，息土人美，秏土人丑”，在一定程度上注意到人与环境的关系。

《杂艺》 《颜氏家训》篇名。以为士除熟读经典外应略通其他技艺，但又不可以其为业，如“算术亦是六艺要事，自古儒士论天道，定律历者，皆学通之。然可以兼明，不可以专业”；“医方之事，取妙极难，不劝汝曹以自命也。微解药性，小小和合，居家得以救急，亦为胜事。”

《天官书》 《史记》篇名。具有明显的占星性质，是研究汉代以前天文知识的重要文献。记录星官九十一个，分天区为五官(今本作五宫)，北极附近的星属中官，二十八宿分属东南西北四官，即苍龙、朱雀、咸池(即白虎)、玄武。五官之分与五行之说相关。成为日后官修天文类书之范本，亦为阴阳家所喜用。

《汉书·天文志》 《汉书》篇名。曰：“凡天文在图籍昭昭可知者……皆有州国官宫物类之象。……此皆阴阳之精，其本在地，而上发于天者也。政失于此，则变见于彼，犹景之象形，响之应声。是以明君睹之而寤，饬身正事，思其咎谢，则祸除而福至，自然之符也。”强调天文观察之占星目的，内多天人感应思想与阴阳灾异理论。

《汉书·地理志》 《汉书》篇名。为中国历史上第一部以“地理”一词命名的地理学著述。开创了中国地理学体系中撰述疆域地理志的模式，最具价值。此部分以汉平帝元始二年(2)建置的行政区域为准，叙述各郡、县的历史沿革，及人口、自然、经济、人文状况。成为后世地理学著作之范本。

《汉书·律历志》 《汉书》篇名。为乐律与历法之合。司马迁《史记》中《律书》与《历书》各为一篇，并以为“六律为万事根本焉”(《律书》)。班固则以为：“夫推历生律”其实质相同，均在于数，即“纪于一，协于十，长于百，大于千，衍于万，其法在算术。”并以《易》为数之本。

《晋书·天文志》 《晋书》篇名。主要录有汉秘书郎郗萌之于宣夜说的记载，“天了无质，仰而瞻之，高远无极”，“日月众星，自然浮一虚空之中”，此说提出宇宙无限，众星浮动的合理思想。另包含盖天理论以及魏晋时期《昕天论》、《穹天论》、《安天论》等宇宙理论。为研究中国古代天文学和宇宙理论的重要文献。

《隋书·律历志》 唐李淳风撰。记载了隋朝刘孝孙、刘焯与道士张宾等人天人感应理论与祥瑞符命学说的冲突及对计算粗疏的《开皇历》的批评，并收刘焯《皇极历》。该历关于岁差数值的精度远高于何承天、祖冲之等人的计算；特别是创立等间距二次差内插法，解决了日、月不均匀运动问题。

《浑天仪注》 又名《浑仪》、《浑天仪》、《浑天仪图注》。论述浑天理论及仪器制作、使用。东汉张衡著。或以为作者为三至四世纪人。一篇。其论天地说：“浑天如鸡子，天体圆如弹丸；地如鸡中黄，孤居于内。天大而地小；天表里有水；天之包地，犹壳之裹黄。天地各乘气而立，载水而浮。”圆天以南北极为中，旋转不已。周天三百六十五又四分度之一。其半覆地上，半“绕地下，故二十八宿半见半隐。”反映了当时的天文学思想。据此书所制成的浑象，是一直径四尺余的大型自动演示仪器，置于室内，其“星中出没，与天相应”。原文早佚，部分见于《晋书·天文志》所载葛洪论浑天、梁刘昭注司马彪《续汉书·律历志》、唐虞世南《北堂书钞》、徐坚《初学记》、欧阳询《艺文类聚》、瞿昙悉达《开元占经》、宋李昉《太平御览》、张君房《云笈七籤》等书所引。明清学者辑佚成书，收入明张溥辑《汉魏六朝百三名家集》、清马国翰《玉函山房辑佚书》、清严可均《全上古三代秦汉三国六朝文》等，另有中华书局1958年断句影印本。

《灵宪》 即《灵宪算周论》。东汉张衡著。中国古代重要的天文学著作。《隋书·经籍志》著录一卷。以为天地万物生成演化经历了“道根”(“不可为象”，“厥中唯虚，厥外唯无”)、“道幹”(“自无生有，太素始萌”，“并气同色、浑沌不分”)、“道定”(“道幹既育，万物成体”)三个阶段。以阴阳、动静解释天体的运行，以远、近、屈、逆说明运行的迟速，以水、火的譬喻说明日、月的“外光”和“含景(影)”，指出月亮是“向日禀光，月光生于日之所照，魄生于日之所蔽。当日则光盈，就日则光尽也。众星被耀，因水转光。当日之冲，光常不合者，蔽于地也，是谓暗虚。在星则星微，遇月则月食”。这是对日、月、星、地关系较早的科学说明。认为可观察的天体运行“必有常度”，“有象可效，有形可度”，是可以认识的。宇宙则是“未之或知”的，“宇之表无极，宙之端无穷”。觉察到宇宙的有限与无限的差别，提出了一个较全面的宇宙模式论，从自然科学的角度批判否定了谶纬神学的“灾异”说。原书早佚。清马国翰《玉函山房辑佚书》以及严可均《全后汉文》均辑有片断。

《灵宪算周论》 即“《灵宪》”。

《昕天论》 三国吴姚信著，一卷。以为浑天盖天两家，未曾解决地何以不陷问题：“若使天裹地如鸡子，地何所倚立而自安固？若有四维柱石，则天之运转，将以相害。使无四维，因水势以立，则非立性也。”认为大地不能安固于天内，表明浑天之说无当；四维柱石阻碍天盖运转、水上大地不能稳固而立，显示盖天所见有误。由此提出“天之体南低入地，北则偏高”。又论寒暑变化说：“冬至极低，而天运近南，故日去人远，而斗去人近，北天气至，故水寒也。夏至极起，而天运近北，故斗去人远，日去人近，南天气至，故蒸热也。”其说尽夜变化，则本浑天：“极之高时，日行地中浅，故夜短；天去地高，故昼长也。极之低时，日行地中深，故夜长、天去地下，故昼短也。”其说为浑盖两说合而为一的新型天地结构模型。是书著录于《隋书·经籍志》、《旧唐书·经籍志》、《新唐书·艺文志》，而宋李昉《太平御览》所引，有不见于晋、隋二史之《天文志》者，其失传或在二宋之间。清马国翰有辑佚一卷，收入《玉函山房辑佚书》，有嫏嬛馆、楚南书局、上海古籍出版社等本。

《穹天论》 西晋虞耸撰，一卷。认为：“天形穹隆如鸡子，幕其际，周接四海之半。”半个鸡蛋形的天，在其周边与海相接，而“浮于元气之上”。天之所以不沉没于海，因为“气充其中”，“譬如覆奁以抑水”。主张天有极，强调其重要性：“天之有极，犹盖之有斗也。”又论天地关系，其说为“天北下于地三十度，极之倾在地卯酉之北亦三十度。”人所居地“在卯酉之南十余万里，故斗极之下，不为地中，当对天地卯酉之位”。取盖天说，以为“日绕辰极，没西还东，而不出入地中”。黄道与极的关系，“极北去黄道百一十五度，南去黄道六十七度，二至之所舍，以为长短也。”总之“日行黄道绕极”。其后书佚。《晋书》、《隋书》之《天文志》略有所引，为清马国翰所辑，收入其所编之《玉函山房辑佚书》有嫏嬛馆、楚南书局、上海古籍出版社等本。

《安天论》 晋虞喜撰，六卷。认为天地形态“方则俱方，员则俱员”。古代中国无方天之说，是作者认为天地皆圆。此说同于浑天。论二者之空间说，“天高穷于无穷，地深测于不测”。无穷为无有边际，不测是不能测量，不能测量者不等同于无有边际。天地关系，是“天确乎在上，有常安之形；地魄焉在下，有居静。當相覆冒”，形无不同。其中的常安、居静，也分别论述天地性质。又认为空中日月星辰不附丽于天，“其光耀布列，各自运行，犹江海之有潮汐，万品之有行藏也”。乃是继承宣夜说之论述。是书著录于《隋书·经籍志》、《旧唐书·经籍志》和《新唐书·艺文志》，后失传于两宋之间。清马国翰辑得一卷，收入《玉函山房辑佚书》，有嫏嬛馆、楚南书局、上海古籍出版社本等。

《水经注》 北魏郦道元著，四十卷。传至宋初，佚缺五卷，经人割裂编排仍为四十卷。成书于延昌四年(515)至孝昌三年(527)间。以注疏《水经》为形式，“脉其枝流之吐纳，诊其沿路之所缠”，将上千种地理、地图及群经、诸子、史乘、传记、诗赋、书札、辞书等著述中的地学资料综为一体。主张以野外考察，纠正地记地图之错，且补充认为如仅据文献图籍，于“故川旧渎，难以悉取，虽粗依县地，辑综所缠，亦未必一得其实也”(卷二十九《沔水注》)。该书于地理学有多方面成就，以陆地水文学为最。所记河流1 252条，北皁安州，南至日南，东临于海，西达印度。为各级河流名称下定义，“水有大小，有远近。水出山而流入海者，名曰经水；引它水入于大水及海者，命曰枝水；出于地沟，流于大水及于海者，又命曰川水”(卷一《河水注》)。以此系统记述水系，成一体例严密著作。于所记河流叙其发源，流经地区，所纳支流及所注入的河、湖、海域。对河床宽深、水量大小、水位高低、含沙量多少、冰期长短，以及滩濑、急流、瀑布、伏流，又两岸地形、沿途湖泊，都有描述。文所记巫峡山崩形成“新崩滩”，河水冲蚀河谷等，表明地貌认识也较前人有深入处。于人文地理，突出农业，也记工业，还注意水陆交通。又关注人口及其流通。版本众多，主要有元至顺年间版蔡珪《补正水经》、明万历四十二年(1614)版朱谋玮《水经注笺》、清乾隆三十九年(1774)武英殿聚珍版戴震校《水经注》本。另北京科学出版社1957年出版杨守敬和熊会贞《水经注疏》钞本影印本、江苏古籍出版社1989年出版陈桥驿和段熙仲点校本。

《地镜图》 为南朝梁时佚名所作，六卷。另有《地镜》一卷，为同时代性质相同著作。其自成一书，抑为前者节本，尚难断定。认为地下矿物与地面植物间，有着一定的对应关系，因而地面植物的某些种属能指示地下与之相应的特定矿藏。地植物成为矿藏宝物的指示物，还表现在植物生长时间和形态的变异。前者如“二月，草先生下垂者，有美玉”；“八月后，草木死者，亦有玉。”后者如“草青茎赤秀，下有铅”；“草茎黄秀，下有铜器”。指出一地气候的某些特性与有些矿物相关，据气候可以求索宝藏：“视屋上瓦独无霜，其下有宝藏”；“视山川多雾、无霜，其下有美玉。”又以地气特征推测地下矿藏，以上层之矿推断下层之矿：“山有磁石，上有铜若金。”虽然所说有些是不符合实际的臆说，但其思想对后人有长期影响。该书后佚。元陶宗仪《说郛》录有《地镜图》一卷。清代学者辑集佚文，王谟洪颐煊、马国翰各自辑得一卷，分别收在《重订汉唐地理书钞》（有清嘉庆中金谿王氏刊本、1961 年中华书局影印本）、《问经堂丛书》（嘉庆中承德孙氏刊本）和《玉函山房辑佚书》（有清光绪九年长沙嫏嬛馆本、上海古籍出版社影印本等）。另《地镜》有马国翰和王仁俊辑本，前者收于《玉函山房辑佚书》，后者收于《玉函山房辑佚书续编（有稿本和 1989 年上海古籍出版社影印本）。

《乙巳占》 唐李淳风撰，《新唐书·艺文志》作十二卷，至陈直斋《书录解题》以来皆作十卷。李氏研究天文，以乙已为上元之年，其所著书又成于乙已年（贞观十九年、公元 645 年），遂名。一说成于高宗显庆元年（656）稍后。为一部星占、气象占的小型百科全书。认为宇宙的创造、变化，是一种客观的自然过程，不为人的认识所穷尽：“夫神功造化，大易无以测其源；玄运自然，阴阳不可推其末。”（《自序》）人虽不能穷尽宇宙，但对宇宙的认识活动是无止境的，圣人在“观象于天”之后，“历象日月，敬授人时”。肯定星占作用：“是乃或前事以告祥，或后政而示罚；莫不若影随形，如声召响；凶谪时至，谴过无差；休应若臻，福善非谬；居远察迩，天高听卑。”又论及同一天象、气象，“占人管见，异短别规”，其中有“托神设教，因变褒奖”的一面。汇集前人宇宙方面的八种学说，指出：“论天体象者，凡有八家：一曰浑天，即今所载张衡《灵宪》是也；二曰宣夜，绝无师学；三曰盖天，《周髀》所载；四曰轩天，姚信所说；五曰穹天，虞耸所拟；六曰安天，虞喜所述；七曰方天，王充所论；八曰四天，袄胡寓言。”（卷一《天象第一》）并推崇浑天说。该书在论述星占时，也涉及大量的天文学、气象学知识。又强调以修德来应对天之戒惩：“上天垂象，见吉凶谴告之义。人君见机变，斋戒洗心，修政以道，顺天之道（教）也。”“行不符道，理不合义，则示之灾，而教之从善不息，补过自新，故盛德必昌也。”（卷三《修德》）入元后，流传稀少，清朱彝尊得见七卷残本，著录于《经义考》，其后，陆心源于金匮蔡氏处得全书，复又传播。有商务印书馆《丛书集成初编》本等。

《开元占经》 全称《大唐开元占经》。唐瞿昙悉达汇编。一百二十卷，成于玄宗开元六至十四年（718—726），元代或其后一度佚失，至明代万历四十四年（1616），南直隶徽州府歙县（今属安徽）道士程明善偶得于古寺佛像腹中，复又流传。以天象、物候、生物等罕见自然现象，预测人事吉凶、社会休咎。但在叙述占卜中，也含有天文、地理、地质、植物、动物、人体、物理等学科的知识或论述。其中引唐及其前的天文、历法、纬书及其他著作甚多。如系统记录甘德、石申、巫咸三家星表和二十八宿古今距度的不同数值，反映对恒星观测及前人成果的珍视。系统记载直至《神龙历》的中国所有历法的上元积年、甘法及其他主要天文数据，表达作者具有历法是发展过程的见解。系统记载《麟德历》的全部内容，记载来自印度的《九执历》等。后被收入《四库全书》，另单行本，有中国书店 1989 年影印本、岳麓书院 1994 年校点本等。

《皇极历》 隋刘焯著，一卷。隋文帝开皇三年（583），焯奉敕修造。于开皇十四年至十六年间，因刘孝孙历而成《七曜新术》。二十年，改定前书，易现名。焯“自许精微，秦汉以来，无所与让。”（《隋书·律历志》）焯造是历“寻圣人之迹，悟襄哲之心，测七曜之行，得三光之度，正诸气朔，成一历象，会通今古，符见经传，稽于庶类，信而有徵。”是历传述何承天、祖冲之、张子信、刘孝孙等南北朝历学家之精华，“极富革新”（陈遵妫《中国天文学史》第三册）精神。首先，给出一批十分精确的天文数据：如近点月长度为 $27\frac{1\,255}{2\,263}$ 日，误差仅 0.8 秒；恒星月长度为 27.321 675 日，误差为 1.3 秒；黄道岁差值为 $\frac{609.5}{46\,644}$ 度。其次，提出新的概念和计算原理。如黄道岁差概念，并在计算太阳行度时计入黄道岁差影响。再次，所编制的天文表格，有所改良或创新。复次，发明和应用新的数学方法。如等间距二次差内插法。又首创等差级数的表述和计算方法。于坐标变换法，提出计算黄赤道差新法，又以相同的描述方法计算黄白道差。创立一整套日月交食推算法，对交食亏起方位的描述在我国古代最为详尽。还创立五星位置计算新法。该书对后世历法影响甚大。收入《隋书·律历志》。

《大衍历》 又名《开元大衍历》。唐一行（张遂）撰，五十二卷。开元十五年（727），一行草成。旋身卒，后由张说、陈玄景等编次成书。强调治历应重视理论。认为月行有“舒亟之度，乃数使然”；“迟速有数，其变者势也。”日月五星运行的理数是一种自然的“盈虚之变”，可以为处“在天地中”的人“以阅”所得。学者据以作历时，“立法之体，宜尽其原”。其用以说明的学说，为阴阳消息及本此而提出的易卦模型，“是以大衍为天地之枢，如环之无端，盖律历之大纪也。”注重观测，“历气始于冬至，稽其实，盖取诸晷景”（《中气验》）。由此而得出：“观晷景之进退，知轨道之升降。”其他的天象状况及其规律、数据，也来自观察测量。讲究检验，坚持“求天验”。认为不仅“有验于今”，以现实的日月五星运行检验推算是否与天象相符。且需“有证于古”，“故较历必稽古史，亏蚀深浅、加时朓朒阴阳，其数相叶者，反覆相求，由历数之中，以合辰象之变；观辰象之变，反求历数之中，类其所同，而中可知异；辩其所异，而变可知矣”。

《元和郡县图志》 亦名《元和郡县志》。唐李吉甫（758—814）撰。成书于元和八年（813）。系以图志形式出现的一部全国性地理总志。全书四十二卷，前二卷为目录。认为地理之学，具有“扼天下之吭，制群生之命；收地保势胜之利，示形束壤制之端”（《自序》）的作用。为此，在著述时，力避前人著作的下列问题：“尚古远者或搜古而略今，采谣谚者多传疑而失实，饰州郡而叙人物，因丘墓而征鬼神，流于异端，莫切根要。”（同上）全书分十道四十七镇叙述。图文配合，记叙府、州、县建制沿革，府州境界八到和交通路线，境内山川形势、户口变迁、物产经济、贡品赋税。作者重视水文，五百五十条河流，记其发源、流向、所经、注入，间或说明在县何方、相隔距离。又记载湖泽陂池一百三十余处，其中盐池三十七处。除盐之外，还记载金、银、铜、铁、锡、铅、水银、丹砂、黄银、寒山石、钟乳、玉、紫石英、硝石、石脑、炬火石、滑石、理石、雄黄、雌黄、石膏、白石脂、白石英、碌、云南、空青、曾青、砺石石油、天然气等矿物，及龙骨、石燕、鱼化石等化石的分布及开采。在记载当时开发、利用自然的同时，也注意到要保护自然。书中载有对历代帝王圣贤墓区林木的保护，禁示民人樵苏刍牧，反映作者的环保思想。南宋孝宗淳熙三年（1176），书为襄阳幕府张子颜首次刊刻，因图亡佚，改称《元和郡县志》，其后有四库全书本、武英殿聚珍版书本，另有中华书局1983年贺次君点校本。名为《元和郡县图志》的，有《岱南阁丛书》本、《畿辅丛书》本、《丛书集成初编》本等。

《海涛志》 亦名《海峤志》。唐窦叔蒙撰。约成书于大历（766—779）年间。为中国现存最早，且又保存完整的潮汐专著。全书六章：首“涛因”，论述海潮成因；其次“涛数”，揭示海潮规律；再次“涛时”，提出推算每日潮时的图表法；又次“涛期”，述说海潮两种周期；复次“朔望体象”，以臣与君的关系比喻朔望之子日；最后春秋仲月涛涨解，指出一年之内两次大潮所在时期。认为潮汐具有客观性：“苟非其时，不可强而致也；时至自来，不可抑而已也。”其时而至，具有规律性，为“天之常数”，孕育于宇宙演化的太素阶段。非为造化意志，乃是自然而然，以同类相引、幽通潜运加以理解：“地载乎下，群阴之所藏焉；月悬乎上，群阴之所系焉；太溟，水府也，百川之所会焉。”是以“夜明者，太阴之所主也，故为涨海源：月与海相推，海与月相期”，“潮汐作涛，必符于月”。进而研究潮汐周期，指出共有三种：其一，一天之中，“一晦一明，再潮再汐”的二次循环。其二，一朔望月内，“一朔一望，载盈再虚”，有二次大潮和二次小潮。其三，一回归年间，一春一秋，再涨再缩，也有大小潮各二次。又具体分析何以在阴历二月、八月出现二次大潮的原因，所言虽未必然，但将一年二次大潮以天体关系加以说明的思想，有可取之处。收于清董诰、徐松编《全唐文》（有内府本、中华书局影印内府本）、清俞思谦《海潮辑说》（有《艺海珠尘》本、《丛书集成初编》本），另科学出版社1980年版《中国古代潮汐论著选译》中亦收有该书。

《管氏地理指蒙》 传为曹魏管辂所著，学者或有论证其为晚唐著作，十卷。全书以阴阳五行说为指导，占断葬地所致的人事吉凶，但其中的有些内容含有经验知识与一定程度的科学思想。继承汉代宇宙演化学说，认为在天地人生成之前，宇宙经历太易→太初→太始→太素→太极五个阶段。而后天地分化：“积气为天，其成象者日、月、星、辰也；积块为地，其成形者金、木、水、火、土也。”（《择术》）自然形成的山川，于人的活动有便不便，结果有利害。便利为吉，碍害为凶。山川对人事的吉凶，被视为天道自然：“凡发势住形，皆积气于融结之初。凶不可造，吉不可诬，因其自然，惟天道乎！”（《迷徒寡学》）“风骨既成，源脉已透。以钟形势，以通气候。以清以浊，以奇以耦。精积光芒，星露星宿。以孽衰微，以孕福寿。”宇宙演化、天地生成之说，成为风水地理的基础理论。关及世人的福寿衰微之地，有征可寻，其所论父祖坟地关及子孙福寿祸夭，是不经无稽之说，但其所总结的择地原则，“乘其宗，原其祖，据其荡，审其气”，在寻找宜人居住与活动的自然环境时确可借鉴。提出“有势然后有形，有形然后有穴”（《毫釐取穴》），势是一种远观的背景，形为近观的具体景象，穴是位于其中所选定的点。反映由远而近、由大到小、由粗而细、由全局到部分的思维方式和观察特点。对山的外貌体态作了分类。以为山不能与水相分,“水无山则气散而不附,山无水则气散而不理”(《山水会遇》)。山水结合,“界其分域,止其逾越,聚其气而旋”,形成地区气候特征。又以水流为山丘血脉,草木为毛发,烟云为神采。强调有水流、草木、烟云,山区方为活体、华丽、秀媚。又说:“山无草木曰童,是山无皮毛,风可吹土成尘,雨得穿脉浸渍者。”(《三五释微第》)有《古今图书集成·艺术典》本、1994年重庆出版社《堪舆集成》所收刘毅强、林申清标点本等。

《授时历》 元代历法著作。郭守敬、王恂、杨恭懿、许衡、张文谦、张易等撰,共五种二十六卷。世祖至元十三年(1276),忽必烈命王恂、郭守敬等编制新历。十七年,历成。二十三年前后由郭守敬定稿。包括《推步》七卷、《立成》二卷、《历议拟稿》三卷、《转神选择》二卷和《上中下三历注式》十二卷。广泛汇集汉以来各历之长,参以至元实测成果,极富创新,为中国古代历法之最。在历法思想上,也多有成就,完整而成体系。强调“帝王之事,莫重于历”,认为制历、颁历为治国平天下之首要。主张制历要“本天道自然之数”,时历务必与“天度相符”、“与天道合”,在“顺天求合”中,“不以私意牵就”,并去除前人附会。指明“历之本在于测验”,作为制历依据的冬至、岁余、日躔、月离、入交、二十八宿距度、日出入昼夜时刻等数据,均需“并依实测,不必私意迁就。”测量不能限于一地,要在广大地域内进行。“必多方测验,而后”,“可得而知”。又指出“测验之器莫先于仪表”。深信阴阳消息、日月丽天、五星运行等规律,均可用仪器测验,又提出“立术推求,于理为尽”。以数学公式原理推求天体运行,要尽得其客观规律。又认为仪器与观测对象、仪器内部、结构、仪器之间,都有“理致”,即规律与原理。还要求“参以古制,创以新法”。继承前人优秀成就,在法式、测量、计算、原理上加以吸取。在此基础上,作新的开拓和创造。授时历为明代所继承,使用三百六十四年;又传至朝鲜、日本,泽及域外。书成后,钞本藏于太史院;宋濂修《元史》,将《授时历经》和经李谦整理定稿的《授时历议》收入《历志》。

《授时历议》 元代历法学著作。郭守敬所著《授时历》有《历议拟稿》三卷,经李谦整理改写为《历议》,为上下二卷。《元史》卷五十二《历志》一说:至元“二十年(1283),诏太子谕德李谦为《历议》,而守敬《历议拟稿》成书约在二十三年,反于其后,所记当误。”《历议》“发明新历顺天求合之微,考证前代人为附会之失”(《元史·历志》),分验气、岁余岁差、古今历参校疏密、周天列宿度、日躔、日行盈缩、月行迟疾、白道交周、昼夜刻、交食、定朔、不用积年日法等部分,认为“天体浑圆”,天道的运行是一个自然过程。“日月之隐见,本天道之自然”。指出二十八宿被前人认为不动,是因为“微有动移”,不为前人察觉,日月五星的运行速度彼此不同,同一星体也盈缩疾迟前后不同。空宇中原先无度量标尺,“非日躔无以校其度、非列舍无以纪其度,周天之度,因二者以得之”。天宇分为三百六十五有奇的坐标体系,是学者出于量度日月星辰运行所建立的。根据天道制订历法,“治历者必就阴阳消息之际,以为立法之始。”阴阳消息之机,可用日晷测验日影进退而得。人对天道的理解、掌握是一个长过程。以今观古,“古人立法,简而未密”。因此,“苟能精思密索,心与理会,则前人述作之外,未必无所增益”。历法在不断进步。“以前代诸历校之,《授时》为密,庶几千岁之日至,可坐而致云。”“可以永久而无弊,非止密于今日而已。”又认为同一天象,在不同地点所见不同,如日蚀、如昼夜时刻。对昼夜时刻,提出“一以京师为正”,要有一个标准。又强调天象观测,务必“原始要终,候验周匝”。原有钞本,藏于太史院,后收于《元史·历志》。

《古今律历考》 明邢云路著。七十二卷。此书“详于历而略于律,七十二卷中言律者不过六卷,亦罕所发明。惟辨黄钟三寸九分之非,颇为精当。……历法六十六卷则自六经以下迄于明代大统历,一一考订”(《四库全书提要》)。认为律历是自然界的客观规律,人应当遵而不违,说:“律为大块之窍……天且不违,而况于人。”(《原序》)主浑天说,认为“天体至圆,天包地外,地在天中。”(《历议》)“天本无质,苍苍然也,日月众星自然浮生空虚之中,其行其止皆顺气焉。”(《尚书考》)用对立统一观认识自然界,认为“天地者,阴阳对待之体。一至十者,阴阳流行之序。然独阳不生,独阴不成。故生于天者成于地,生于地者成于天。”(《同易考》)并用辩证法解释自然历史的发展,提出“革”是历法的基本原理即“原之原”(《历原六》),认为“夫不有克何生?……天地乃革之大者也……随时变易乃谓之革。”(同上)批评佛道世界观,认为佛教世界观是“此皆佛之寓言也……其实本来面目,一无所有”,而《道藏》之说“与佛经诸天大半相同,皆荒唐之言”(《藏经考》)。收入《四库全书》。

《晓庵新法》 明清之际王锡阐(1628—1682)撰。六卷。成书于明末。“前一卷述勾骨割圆诸法,后五卷皆推步七政交食凌犯之术”(《四库全书提要》)。作者“兼采中西,去其疵类,参以己意,著历法六篇”。认为“天体浑沦,初无度分可指”,历算应当以客观为依据,“数本顺天,不可损益”(《原序》)。指出："至宋而历分两途，有儒家之历，有历家之历。儒者不知历数而援虚理以立说，术士不知历理而为定法以验天，天经地纬躔离违合之原概未有得也。"(同上)认为郭守敬的历法有误，主张对徐光启所译的西历应当取长补短，说："吾谓西历善矣，然以为测候精详可也，以为深知法意未可也。循其理而求其通可也，安其误而不辨不可也。"收入《四库全书》。

《徐霞客游记》 明徐弘祖著，今本十卷。每卷分上下，或以为二十卷。生前未成定稿，病中以所记付季梦良。先由王忠纫手校，稍作叙次；继由季氏遍搜遗佚，补王氏所未备，因地分卷，录成一编，于崇祯十五年(1642)整理完毕，题为今名。以山丘脉络代替江河水系，论述中国地貌形势，认为可分北、中、南三大支。在水文上有许多发现，以金沙江为长江正源，又提出若干原理，如河床比降大小与水流缓急成正比，河流两岸的峭壁、岬角系受流水浸蚀所至。系统地使用并创造许多专门术语，以分析地貌。在观察、研究石灰岩地貌时，提出石山、峰、岩、洞穴、入水洞、坠穴、槽、坞、天生桥、峡、井等名称，描述各种岩溶地貌特征。全书记溶洞二八八个，经考察的有二五〇个。对洞穴作周详描述，研究其方向、结构、形态、特征与相互关系。在此基础上，又揭示各地区岩溶地形的基本特征。认为水文的特征随山之质地而变化。又认为植物种群的分布，因地形、高度、温度和风速的不同而相异。还记叙火山爆发及其所引起与造成的小地区地形与植物改变。版本众多，有季会明钞本、清徐建极钞本、康熙二十三年(1684)李介立整理本、《万有文库》本、国学基本丛书本等，另有1980年上海古籍出版社褚绍唐、吴应寿整理本。

《肇域志》 亦名《肇域记》。明代地理总志。明清之际顾炎武撰。原稿十五部，今存十一部。顾氏提倡"经世致用"，崇祯十七年(1639)时二十七岁，立志全方位研究当时的近现代社会，加以全面总结。从史乘、方志、奏疏、朝报、文集、杂记中，搜集有关舆地、政治、军事、经济资料，撰写一部巨著，论述国计民生，指明社会弊病根源，提出革除措施，以供为政治民、领兵守御参考。至康熙元年(1662)，将所有资料分成二大部分，以各地沿革、建置、山川、形胜、风俗等内容，编为此书，但未定稿；而以地制、人口、赋役、水利、农业、矿产、盐政、马政、交通等事项，编成一部以政治利病得失兼具史钞性质的《天下郡国利病书》，由于时势变迁，无暇按原定计划，将各类资料融为一体，结成一种新颖著作；又因地理与政治、军事、经济密切相关，再兼区别标准不详明、仓促分拆，致于粗疏，两书内容上交错混杂。如《肇域志》的山川、地形图、沿革、名胜见于《天下郡国利病书》，又将属于后者的城池、市镇、屯垦、水利、风俗、赋役、兵防、马政等收入其内。原稿亡失，长期以抄本流传，主要有云南省、四川省、上海市三图书馆藏本，2004年上海古籍出版社出版由沪滇两地学者合作的整理点校本。

《柳庭舆地隅说》 地学著作。清孙兰著，原书四卷。嘉庆十二年(1807)夏，吴绮薗录为三卷。兰不满于传统地学著作，认为仿效旧体例而"更有作焉，是赘疣也"(《自序》)，当本于"说其所以然，又说其所当然"原则而为之，于康熙三十二年(1693)成书。认为地学研究，应以解决一系列自然规律和以此作基础的社会人文问题为目的。分地学著作为地志、地记、地说。"志也者，志其迹；记也者，记其事；说则不然。说其所以然，又说其所当然，说其未有天地之始，与既有天地之后，则所谓舆地之说也。"(《自序》)指出大地为球形，引入西方地学概念。阐述各地因"天度不同，地形亦异"，寒暑及其变更有别，其规律可由计算而得。以"变盈流谦"、"高下相因"理论，说明地表变化。水性"避高趋下，洋溢怒张，足以损高就卑，变盈而流谦耳。流久则损，损久则变，高者因淘洗而日下，卑者因填塞而日平，故曰变盈流谦"(卷上)。又对流水地形发育过程中的浸蚀与堆积原因作区分："变盈流谦，其变化之说亦有可异者：有因时而变，有因人而变，有因变而变者。"又由此而阐明高下相因之见："高则为山，下则为川。山峙川流，并行不悖。"强调人依赖环境而生，居地要择"山川之足以依，泉流之足以通，器用之足以备，瓜瓢荤素百果草木之足以资，禽兽鱼鳖之足以利"处。人以自己的活动，使周围环境变化朝着有利于自身生存方向发展时，也往往破坏自然，导致环境恶化，给自己造成灾难，"一有所逆，鲜不为患"(卷下)。有光绪十一年(1885)刊本。

《营造法式》 中国古代建筑学、建筑工程管理学著作。北宋李诫撰。诫字明冲，郑州管城(今河南郑州)人。绍圣四年(1097)宋朝廷因《元祐营造法式》所叙营建，"祇是料状，别无变造用材制度"；于管理，"工料太宽，官防无术。"(《营造法式·劄子》)为变风俗、立法度，决定重行编修。时，李诫于建筑技术了然于心，管理制度必究利害。于是，哲宗命诫主司其事。诫"考阅旧章，稽参众议"(《进新修〈营造法式〉序》)；"考究经史群书，并勒人匠逐一讲说"(《营造法式·劄子》)，融会古今，理论与实践相结合，于元符三年(1100)成书。三十六卷三百五十五篇，三千五百五十五条。后并为三十四卷，由五部分组成。首为"总例释例"，解释名词、论说规章。次"各作制度"，各种建筑及其构件标准、绘画题材与格式、雕刻题材与技法等规定。次“功限”，为人工定额。次“料例”，为材料定额。次“图样”，收各种工程图、彩画画稿、门窗图案。书中建立起一个营造学体系。全书以释名起始，次为诸作制度，次为诸作功限，次为诸作料例，终于诸作图样，自成体系。在诠释若干规定、建筑物和构件名称，且加以统一的基础上，论述土石方工程、房屋及其构件的制造与加工技术、劳动定额、所用材料限量，并辅以设计图样和图案。强调工程的规划和管理。指出要重视人员、技术和材物的组织、管理。在工程技术理论上，提出“以材为祖”、“功分三等，第为精粗之差”、“木议刚柔，而理无不顺”等具体类例条章。重视建筑中的数据和图样。书中给出数为众多的数据，具有重要力学价值。图样有建筑图、构架节点大样、构件单体图、门窗栏杆大样图、佛龛、藏经橱图、彩画及雕刻纹样图、测量仪器图，“绘制方法有正投影，也有近似的轴侧图”（郭黛姮《李诫》）。崇宁二年初版后，有南宋高宗绍兴十五年（1145）刊本、清《四库全书》本、《丛书集成初编》本等，梁思成整理作注，写成《营造法式注释》，1983年由中国建筑工业出版社版行于世。

《梓人遗制》 中国古代机械著作。薛景石著。卷数不明。景石字叔矩，金元间河中万泉（今山西万泉）人。博览群书，精于木作，感叹机械之书，“仅记梗概，而其文佶屈”（段成己《梓人遗制序》），不能为工人所通读；工人以技术谋生，“技苟有以过人，惟恐人之我若而分其利。以为二者，皆不利于世”。于是，“砻断余暇”从事著述，于元世祖中统二年（1261）或其前成书，原书论述机械和器具一百十种，今仅存六种，为坐车子、华机子、泛床子、掉篗座、立机子、罗机子，分属车辆和织机二类。每一类别及类别下各具体机械、器用，先列图。结构复杂者除总图外，还给出构件图。文字部分，每类之首为叙事，辑录前人论说且加以评议。今存残本所引有《周礼》、《考工记》、《世本》、《论语》、《淮南子》、《释名》、《舆服杂事》、《拾遗记》、《奴卷》、《车赋》、《小车铭》、《古别离》等十余种，于每一具体机械、器用，先述“用材”，后叙“功限”。用材记每一部件规格尺寸，及其装配方法。今之学者据以复制装配，所成之器可用，确是“每一器必离析其体而缕数之。分则各有其名，合则共成一器”（《梓人遗制序》）。功限所录为制造所需之功，即生产该产品所需的标准时间。详明各机械器用形制、各零部件尺寸及其装配、制造所需功限，对于“今人工巧其不等，各自有法式”的当时现状，有使之规范化、程式化的用意。明初，其书有流入内府者，编《永乐大典》时被部分辑入。当代影印大典，流传于世，有1960年中华书局影印本。

《管窥外编》 元史伯璿著。二卷。阐述《四书》的儒家著作，“于天文、历算、地理、田制言之颇详”（《四库全书总目》卷九三）。史氏著《四书管窥》后，意多未尽，乃以问答体发其余义，成书于至正二十七年（1367）。此书于《大学》、《中庸》、《论语》、《孟子》，“大抵皆辨证为文，不主于诠释文句”，所言“有所援据考证”。综合浑天、宣夜二家之说，提出他的宇宙模型：大地之外为水，水之外是气。气无涯际，急速运转，即为天。日月星辰附丽于天。大地及其上之物是形质之实，气是虚质无形，水介于虚实之际。日月星辰“其体虽不如有形质者之实，其象当亦不但如气之虚”。非虚非实之说，符合一部分天体，但并非全体。指出六合之外可存而不议，因为“圣贤教人，欲其知所当知而已。与我无相干者，不必知可也”。六合之内诸物，则多有说明。如对月蚀成因，先说明“暗虚是大地之影，非有物也”。而后论述“月既受日之光以为光，若行值地影则无日光可受，而月亦无以为光矣，安有不食者乎?”又如海潮成因，否定月作用虽是错误，但所述作用与距离远近相关的思想则有可取之处。又注意人、兽、鱼、鸟运动，提出“虚能载实”的思想。明代以钞本流传。其后有康熙三十四年（1695）温州平阳吕宏诰始刻本、雍正十年（1732）王灵露等续补本、《四库全书》本、《敬乡楼藏书》第三辑本等。

《革象新书》 元赵友钦撰。内容涉及天文历法，兼及物理光学。五卷。明王祎将其节为二卷，名为《重修革象新书》，与五卷本并行。认为以南北极为天之“磨脐”，故此为天所绕而左旋。指出历法推步与日月运行有差，随年岁迁移，历法所示与天象运行之积差渐多，历不合天，不得不改。阐述岁差发现以来之各家数值，并阐述其理。批评邵雍终始之说，指出实不可以为准则。继承日距地在“天顶远而四傍近”之说，又力主太阳距大地无远近之差。又以黑漆球反映日光实验，说明半明之理。以实验喻明日月大小远近之理。次以天球运动为参照，说明五纬及其他日月星辰之运行。指出盖天之误，论述浑天说及其仪器。又叙论小孔成像的系统实验、以勾股法测量物高，以及以勾股定理与圆周率用于天文计算等。所叙在天文学、物理学上都有一定贡献。五卷本收入《永乐大典》、《四库全书》，有手抄本、影印本。二卷本除收入《四库全书》，有手抄本、影印本外，又有单行刻本，如明正德十五年（1520）本、清康熙八年（1651）本等。

《梦溪笔谈》 富有科学技术内容的笔记类著作。北宋沈括著。原本三十卷，今存二十六卷。又有《补笔谈》三卷、《续笔谈》一卷。胡道静辑有逸文一卷。始作于元祐初年(1086)在秀州(今浙江嘉兴)时,大部分成于元祐三年定居润州(今江苏镇江)梦溪园后。自云:“予退处林下,深居绝过从,思平日与客言,时纪一事于笔,则若有所晤言,萧然移日。”以笔砚谈,“及事近宫者,皆不敢私纪,至于系当日士大夫毁誉者,虽善亦不欲书,非止不言人恶而已。所录唯山间本荫,率意谈噱,不系人之利害者,下至闾巷之言,靡所不有。”该书记有活字印刷、指南针装置、喻皓《木经》、卫朴《奉元历》、孙思恭说虹及陆龙卷、团钢灌钢技术、水闸、石油应用、人造喉管、浅水筑堤等北宋科技成就。设计与从事声波共振实验、小孔成像实验,提出高阶等差级数求和与求弧长近似公式、白黄二道交角每月后退度数的更精确数据、小孔成像原理、地磁偏角、流水浸蚀与沉淀原理,制作木质地理模型,对推进古代科学技术发展有重大意义。又以元气阴阳五行学说,阐述天文、历法、气象、声律、医学、化学等领域的现象;也以数形变化、流水运动等具体规律为理,加以探索、深究和验迹。认为发明创造的主体,除圣人外,尚有下级官员与一般民众。所求之理,“固有古人所未知,而俟于后世者。”今知最早刊本为扬州公库本。传世各本都源于南宋乾道二年(1166)扬州州学刻本,其要者有明弘治八年(1495)徐珤本、1916年刘世珩玉海堂覆刻扬州州学本、1934年《四部丛刊》本、1987年上海古籍出版社胡道静校证本。

《天工开物》 中国古代农工业生产技术著作。明宋应星著。三编十八卷。作于崇祯八年(1635),后得友人涂绍煃资助,于十年四月出版。临梓前,删去《观象》、《乐律》二卷,书分上、中、下三部分。论述三十个农工业生产部门,几乎遍及当时全部生产部门,记述传统及新创生产技术,提出一系列理论概念,在科学思想上亦有所成就,除“穷究试验”外,尚多有可论述者。主张“贵五谷而贱金玉”,并依据产品对人生存的使用价值,品评其主次、高下地位。认为作为人所需要的种种产品,是“天工开物”结果。天工指自然力,开物谓经工艺技巧开发自然物而成于人有用之产品。强调人可以能动地改造自然:“天覆地载,物数号万,而事亦因之曲成而不遗,岂人力也哉?”(《天工开物卷序》)认为人理当追求这些知识,尤其是食物。版本众多,除初刻本外,尚有以涂本为底本的清初杨素卿翻刻本、1927年陶湘涉园本、1936年世界书局本、1959年上海中华书局本、上海古籍出版社潘吉星校注今译本等,另有日、英等译本。

《谈天》 明宋应星著。作于崇祯十年(1637)秋。六章。持宇宙可知观,认为“天有显道,成象两仪,唯恐人之不见也”。认为“天形如卵白,上有大圆之郛焉。日月光耀未丽,其郛虚悬半际而行”。用事实反驳“儒而言事应以日食为天变之大者,臣子儆君,无已之爱也。”并批评“以中国为天下中,实未然也。就日之出与没而拆之,中国迤东二万里,而印度当东西之中。此其大略。若夫南北之中……以黄赤二道分日光出没为东西之极,则中国亦稍迤北,犹之东西之稍东也。”1976年上海人民出版社将宋应星的四种佚著合成《野议　论气　谈天思怜诗》出版。

《格致草》 中国古代天文历法气象学著作。明清之际熊明遇著。六卷。熊氏本儒家“格物致知”之教,研究自然。“以平日所涉记而衡以显易之则,大而天地之定位、星辰之彪列、气化之蕃变,以及细而草物虫豸,一一因当然之象,而求其所以然之故,以明其不得不然之理。虽未敢曰于大人格物致知之义,赞万分之一,但令昭代学士不俯首服膺于汉唐宋诸子无稽之谈,俾两间‘物生而有象,象而有滋,滋而有数’圜者,各归于《中庸》‘不弍之道’”(《格致草自叙》),以建立儒家自然科学。明万历四十三年(1615)前后,将其中天文、历法、气象部分,著成《则草》。后重加修订、增补,易名《格致草》。于崇祯八年(1635)或稍后,以“华日楼”之名刻印。其后,又加修订,于清顺治五年(1648),由熊志学将此书与《地纬》合刻于潭阳书院,而名为《涵宇通》。所介绍的西方之学,以天文学、气象学、哲学、地理学和博物学为主。在介绍西方岁差及其理时,指出:“汉唐宋以来言岁差者,只于年分度数课疏密,竟未晓其所以差之故。”(《汉唐宋不知岁差之故辨》)吸收西方多重天说时,“谓元气层层,其人目所不见之星象尚多,重数亦未可定。但就有象者按之,作吾儒‘九重’之解”(《诸天位分恒论》)。又认为“地外为气,气之外为七政之天”(《诸天位分演说》),肯定有一气圈存在。且强调无处不有元气:“天有元位,元气胚结,包裹精密,如葱本皮层叠,刚健中正,运旋不已,且晶明透彻,故清宅不毁,万象为章。”(《诸天位分恒论》)论述地为球体,在天之最中,止于一点而不动时,引述古籍,肯定我国古代岐伯、朱熹等有相同见解。此书,不仅为方以智、游艺、梅文鼎等所推崇,且影响了日本学者。后此书被清廷所禁,顺治五年后未有再版。

《畴人传》 中国古代天文、数学家传记著作。清阮元编撰。于是书,“自起凡例,择友人弟子分任之,而亲加朱墨,改订甚多”(张鉴等《雷塘庵主弟子记》)。元命李锐规划、主笔。锐,江苏元和(今苏州市)人,精通数学、天文。元锐以为古以父子世传之业为畴。畴人者,“所谓专门之裔也。”是编“综算氏之大名,纪步天之正轨”,“以《畴人传》为名,义其诸此"(《凡例》)。于嘉庆四年(1799)成书初刊。四十六卷,前四十二卷,自上古至清二百四十三人,后四卷,来华教士三十七人。加上各传附见人物,所录中土学者共二百七十五,西洋专家凡四十一。以历法沿革为主线,以人为纲目,"掇拾史书,荟萃群籍,甄而录之,以为列传。"其内容为传主字、号、出身、经历等,详于天文、历法、数学之行事议论、争辩著述。仿效正史体例,传后往往有论。有论者百五十篇,占一半以上。无论诸篇,亦有所评,作者师法《史记》,寓论断于叙事。史论评价传主成就,且指出其在前后相承的天数之学发展历程中之地位、作用、意义,在一定程度上使各篇有内在联系,将全书结为一个整体,在通古今之变中成为稍有系统的部门科学史专著。认为天文历法之学,不只是观察天体,加以记载,还需"博览于日月列宿天体运行之故"。究所以然之故,而名之为"博览",乃是以观察实践验证规律、理论。"实测所资,首重仪表","仪象者,测验之先资也",故"于仪器、制度摭录特详"。观测所得资料,运用数学加以推步,编制历法。详述二千年历法沿革,认为七十余家"各有特识,法数俱存,皆足以为将来典要"(《畴人传自序》)。"当其建议之初,或不免俗流訾论。后世相沿遵用,又忘其创造之功。凡此之类,是编捃摭尤备,以见古人变率改宪,其精神实有不可磨灭之处。"(《凡例》)每代学之超越、创新,以继承前人成就为基础。"后世造求密于前代者,益集合古人之长而为之,非后人之知能出于古人之上也。"强调古今学人在智慧上无分高下。反对宗教迷信,将其从天文历算中剔除:"是篇著录,专取步算一家,其以妖星、晕珥、云气、虹蜺占验吉凶,及太一、壬遁、卦气、风角之流,涉于内学者,一概不收。"使天文历算与占星、占候之流相分离。又强调"附合于律于《易》,皆无当也。"援引前人"一行窜入于《易》以眩众",批判易的"大衍之数"以神秘色彩污染历法。声明天文历算,"乃儒流实事求是之学,非方技苟且干禄之具"(《畴人传自序》)。力求建立一门科学的学科。吸收天文历算之学成就,但反对地动日静之说,认为其囿于上下动静之伦理而致误,也批评西说,如否定本轮、均轮、次轮之说,以为彼"误以为苍苍者天,果有如是诸轮者"(《蒋友仁传》)。有《皇清经解》九卷本(道光本、咸丰补刊本、鸿宝斋石印本、点石斋石印本)、与罗士琳续编合刻的五十二卷本(《文选楼丛书》本、《测海山房中西算学丛刻初编》本)、商务印书馆《国学基本丛书》本、1955年商务印书馆排印本等。

《周髀算经》 《算经十书》之一。西汉或更早期的天文历算著作。"周"指"算日月周天行度","髀"意为股(见宋李籍注)。《隋书·经籍志》天文类首列《周髀》一卷,赵婴注,未著时代。后甄鸾重述一卷,共两卷。《唐书·艺文志》载李淳风释《周髀》两卷。最早记载并证明勾股定理(托之周公与商高对话)。把相当繁复的分数算法与开方引用于天文观测。在理论上,持"盖天"说。其观点与东汉王充《论衡·说日》篇的思想很相似。

《九章算术》 中国古代最早的数学经典著作,非一人一时之作,成书于东汉初年。书中收集有246个例题,按应用范围和解题方法分为九大类,每大类为一章,分别是方田38题:关于各种田亩面积的计算;粟米46题:讲比例问题,主要是各种谷物的按比例互相交换;衰分20题:依等级分配物资或按等级摊派税收的比例配分问题;少广24题:关于开平方和开立方的方法,涉及多次方程的运算;商功28题:有关工程问题,包括城、垣、沟、堑、渠、仓等各种体积的计算以及劳动力的分配;均输28题:依据人口、物价、路途诸条件确定摊派税收和派出民工等,其中涉及大量正、反、复、连比例问题;盈不足20题:关于盈亏问题的求解方法(西方数学著作中也叫双设法);方程18题:均为一次联立方程问题,并已引入负数概念;勾股24题:主要利用勾股定理测量计算高、深、广、远等问题。该书注重理论与实际的结合,在十进位制计算特别是筹算方面十分先进。其中关于分数概念及其运算、各种比例问题的计算、负数概念的引入和正负数的加减运算法则、联立一次方程组的解法等都明显早于印度、阿拉伯和欧洲。对后世影响巨大,成为历代数学教科书,且16世纪以前的中国数学著作均沿用本书体例。也先后传入日本、朝鲜、印度、阿拉伯和欧洲,并对文艺复兴前后世界数学的发展产生积极的影响。

《九章算术注》 魏晋刘徽著。中国古代数学著作。九卷。以为"事类相推,各有攸归,故枝条虽分而同本干者,知发其一端而已"(《序》)。确立研究数学的基本原则,同时使用齐同术、今有术等多种新法。主要成就包括:指出以往圆周率近似值的粗疏,提出用"割圆术"的方法计算圆周率,并由此计算得到π的近似值为3.141 6,开中国数学发展史上圆周率研究新纪元;建立十进分数理论,用以表示立方根近似值;采用互乘相消的方程新术,使解题趋于简捷。在数学思想方面提出"割之弥细,所失弥少。割之又割以至于不可割,则与圆合体而无所失矣"(《方田章》)。反映了极限思想;概括出出入相补原理并将之作为普遍原理应用于全部几何理论;创立刘徽体积理论,奠定中国数学多面体求积理论的基础。

《数学九章》 南宋秦九韶著。中国古代数学著作。十八卷。分大衍、天时、田域、测望、赋役、钱谷、营建、军旅、市易九类。其中最突出成就有“大衍求一术”，即整数论中的一次同余式解法。一次同余式理论关系剩余定理，其在成书于西晋时《孙子算经》“物不知数”算题中已经提出，各代历家“上元积年”的推算也普遍涉及，但均缺少系统叙述。秦九韶给出了明确的解法，由此使该问题研究在世界数学史上成为“中国剩余定理”。又所提出的“正负开方术”，即数字高次方程的求正根法，与英国数学家霍纳算法完全相同，却早出五百多年，同样在世界数学史上占有重要地位。

《里堂学算记》 清焦循著。其于天文、算学方面的著作。共五种，十六卷。包括《释弧》三卷、《释椭》一卷、《释轮》二卷、《加减乘除释》八卷、《天元一释》二卷。并以其子廷琥所作《益古演段开方补》附于末。以数理形式论述哲学，认为“名起于立法之后，理存于立法之先”，把数理的符号引申到哲学上，主张“数先形后”说。提出“名主其形，理主其数”，以为“理”是错综变化的抽象形式，是先天存在的。收入《焦氏丛书》、《中西算学丛书初编》中。

《物理论》 魏晋之际杨泉著。《隋书·经籍志》：“梁有杨子《物理论》十六卷。”已佚。现存为后人辑本。唐马总《意林》中抄录了《物理论》。然通行本清武英殿本《意林》又误把《傅子》杂入《物理论》，清叶德辉辑《傅子》，根据宋本《意林》区分了两者。书中提出“所以立天地者，水也。夫水，地之本也。吐元气，发日月，经星辰，皆由水而兴”，具有明显的唯物主义倾向。在形神问题上，则认为“灭火之余，无遗炎矣，人死之后，无遗魂矣”，主张无鬼论。并批评魏晋时的清谈为“虚无之谈，尚其华藻，无异春蛙秋蝉，聒耳而已”。有清孙星衍辑《平津馆丛书》本(但杂入部分《傅子》内容)和清黄奭辑《汉学堂丛书》本等。

《乐律全书》 明朱载堉(1536—约1610)撰。四十五卷，包括《律吕精义》内外篇、《律学新说》、《乐学新说》、《算学新说》、《律吕通融》等十五种。是中国古代音乐论著。其中《律学新说》通过精密计算与科学实验，创造“新法密率”，是音乐史上最早用等比级数平均划分音律，系统阐明十二平均律的声学理论。继承《吕氏春秋》和《淮南子》关于音乐和谐与度量数理密切相连的思想，认为数理是古今音乐中一贯具有的。同意孟子“今之乐犹古之乐”的说法，认为古人乐谱虽已亡失，“然其理则未尝亡也”。提出要探讨古乐之理，“莫若先自今乐所易知者以发明之”。主张“律学当以穷理为先，理明而后数定，数定而后制成，制成而后音和，音和而后气应”。但又认为“夫河图雒书者，律历之本源，数学之鼻祖也”。有明万历三十四年(1606)原刊本、万有文库影印本等。

《氾胜之书》 西汉氾胜之著。中国古代农学著作。原书佚。现存本为《齐民要术》等书所载引文并由后世辑录而成。主要记载和总结陕西关中地区的耕作经验。提出“凡耕之本，在于趣时，和土，务粪泽，早锄早获”的基本原则，将农作物的栽培过程视作一个包含六个环节在内的有机的整体；以前人施肥经验为基础，提出“溲种法”；结合北方实际情况，提出“区田法”；又总结了禾、黍、麦、稻、豆、麻、桑等十多种农作物的栽培法。奠定了中国古代农业生产的基本理论。

《齐民要术》 北魏贾思勰著。中国完整保存至今的最早的一部古农书。全书九十二篇，分为十卷。论述了各种农作物、蔬菜、果树、竹木的栽培，家畜、家禽的饲养，农产品加工和副业等，比较系统地总结了六世纪以前黄河中下游地区劳动人民的丰富的农业生产经验。书中所记载旱农地区的耕作和谷物栽培方法、梨树提早结果的嫁接技术、树苗的繁殖、家畜家禽的去势肥育以及多种农产品加工的经验，都显示出当时我国农业生产水平已达到了相当高度。还提出“顺天时，量地利，则用力少而成功多；任情反道，劳而无获”的思想，总结出“耕锄和保墒”、“矮秆与高秆”、“品种和良种选育”等辩证关系。有《津逮秘书》、《四库全书》、《子书百家》、《渐西村舍汇刊》、《四部丛刊》、《四部备要》等本。

《农书》 宋陈旉著。现存最早论述南方水稻栽培地区农业技术与经营的农书，分三卷。突破《齐民要术》体例，自成一家之言；注重亲身经验，实践成分亦较《齐民要术》为多；关于施肥问题的论述最具特色，获后人很高评价；重视统一筹划和精细管理，具有深刻的农业经营思想；将遵循客观之宜与强调主观之力相结合，达到了两者在古代农事活动中的高度统一。

《农书》 元王祯著。共三十七集，编定《四库全书》时，分作二十二卷，综合北方旱田耕作与江南水田耕作生产实践，主要内容分三部分：“农桑通诀”六卷总论以农为本思想，尤对风土之宜问题给予科学论述；“谷谱”四卷叙述各种作物的栽培技术；“农器图谱”十二卷，收图306幅，记录并展示中国古代农业生产器具所取得的卓越成就，是本书最具特色和最有价值部分。

《农政全书》 明徐光启著。六十卷，五十余万字，分农本、田制、农事、水利、农器、树艺、蚕桑、蚕桑广类、种植、牧养、制造、荒政十二门。主要汇辑前人成就,引书多达二百二十五种。同时附以己见,主要体现于两方面:第一,农政管理。如重水利,以为凡农田废者皆“水利不修也”(《农政全书》卷十六);重救荒,荒政一门竟占全书三分之一,于此可见其良苦用心;第二,农学知识。如反对唯风土之旧习,以为风土对农作物的制约其实十分有限;又如详细记述蝗虫生活习性,有关除蝗问题的研究为后人所推崇。

《补农书》 明清之际张履祥著。凡一卷。成书于清顺治十五年(1658)。包括《补〈农书〉后》、《总论》及《附录》三部分,详述了当地稻麦种植及耕种方法、农业生产管理与经营思想,重视计算生产成本和提高劳动效能,主张农产品商品化。是我国农学史上一部具有重要价值的著作,对研究十七世纪中叶的浙西农艺提供了宝贵的历史资料。收入《杨园先生全集》。

《黄帝内经》 简称《内经》。原作者已不可考,非出于一时一人之手。为我国现存较早的一部重要医学文献。分为《素问》、《灵枢》两部分。盖战国晚期作品,经汉代增益和改编。《汉书·艺文志》著录《黄帝内经》十八卷。魏晋皇甫谧《甲乙经·序》:“今有《鍼经》九卷,《素问》九卷,二九十八卷,即《内经》也。”《素问》魏晋时已有亡佚,唐王冰据其先生所传秘本辑补(一说即补入今本中七篇大论),编为八十一篇,二十四卷,即为今本之《素问》。《灵枢》唐以前不见史志著录,王冰认为《灵枢》为《汉书》所载《黄帝内经》十八卷中之九卷,一说即皇甫谧所言之《鍼经》九卷。自南宋史崧得于家藏旧本,始传于世。旧本九卷八十一篇,今本十二卷。《内经》总结了中国古代劳动人民长期与疾病作斗争的临床经验和理论知识,提出了系统的生理、病理以及辨证施治的学说,奠定了祖国医学的基础。《内经》把人体器官看作既相区别又相联系的统一整体,认为人体某部的病变可以影响全身,全身的状况又可影响局部的病变。同时,它还把人体放在同外界环境的相互联系中进行考察,注意人体和自然环境的平衡关系,要求按照自然界的变化来调节起居生活和精神活动,这种有机整体的观念和认识方法,对中国哲学的发展起过十分积极的作用。《内经》继承和发展了阴阳五行学说,提出:“阴阳者,天地之道也,万物之纲纪,变化之父母,生杀之本始,神明之府也”(《阴阳应象大论》)。以阴阳为天地万物以及人的精神活动的总根源。注意从变化发展、对立统一的观点来考察阴阳以及五行之间的相互关系,并以此为基础,说明人体生理,解释病因,对症治疗。《内经》的这些理论,大大丰富了古代唯物论和辩证法思想。《灵枢》的注本不多,有明赵府居敬堂刊本等。《素问》注本主要有唐王冰《黄帝内经素问》,清张志聪《黄帝内经素问集注》。

《素问》 见“《黄帝内经》”。

《灵枢》 见“《黄帝内经》”。

《四气调神大论》 《内经》中《素问》篇名。叙述春夏秋冬四时的变化规律及人如何顺应自然时序养生的方法。“夫四时阴阳者,万物之根本也。所以圣人春夏养阳,秋冬养阴,以从其根,故与万物浮沉于生长之门。”并以为“天地四时不相保,与道相失,则未央绝灭”。强调养生之道要在顺应自然,反对背离天道的做法。

《生气通天论》 《内经》中《素问》篇名。生气,生命之意。认为生命活动与自然变化密切相关,“夫自古通天者,生之本,本于阴阳。”阐述了天人相应的思想。其中又尤强调人体阴阳的调和,以为“阴平阳秘,精神乃治;阴阳离决,精气乃绝”。“是以圣人陈阴阳……如是则内外调和。”奠定了中国医学阴阳平衡的基本理论。

《金匮真言论》 《内经》中《素问》篇名。金匮,帝王藏书之器;真言,至真之言,喻原则之论。讲述精气之于生命的意义及藏精的重要性,“夫精者,身之本也,故藏于精者,春不病温。”又阐述人体阴阳关系,如“夫言人之阴阳,则外为阳,内为阴”;脏腑表里关系,如“肝,开窍于目”,并申述人体与自然的对应关系。

《阴阳应象大论》 《内经》中《素问》篇名。论述阴阳学说的原理及其之于人体生理、病理、疗理的意义。“阴阳者,天地之道也,万物之纲纪,变化之父母,生杀之本始,神明之府也,治病必求于本。”指出“阴胜则阳病,阳胜则阴病”即由平衡破坏而导致疾病的一般规律,并提出“善诊者,察色按脉,先别阴阳”的基本原则。

《阴阳离合论》 《内经》中《素问》篇名。申明阴阳之于万物的一般意义,强调人体与阴阳的对应关系。“阴阳者,数之可十,推之可百,数之可千,推之可万。万之大,不可胜数,然其要一也。”且“阴阳之变,其在人者,亦数之可数。”提出了三阳(太阳、阳明、少阳)与三阴(太阴、少阴、厥阴)的基本理论。

《宝命全形论》 《内经》中《素问》篇名。申述欲保全性命,须顺应四时的道理,“能经天地阴阳之化者,不失四时,知十二节之理者,圣智不能欺也。”强调治疗活动亦应效法自然的原则,“若夫法天则地,随应而动,和之者若响,随之者若影。”

《至真要大论》 《内经》中《素问》篇名。论述六气(风、热、湿、火、燥、寒)变化及所致疾病的症候、诊断与治法，“天地合气，六节分而万物化生矣。故曰谨候气宜，无失病机。”再次强调医疗活动中的阴阳平衡原则，“谨察阴阳所在而调之，以平为期。”

《调经论》 《内经》中《素问》篇名。论述疾病的产生是由于平衡被打破，或病于有余，或病于不足，“神有余有不足，气有余有不足”；指出人体阴阳之气的平衡是生命健康的基本条件，“阴阳匀平，以充其形，九候若一，命曰平人”。

《终始》 《内经》中《灵枢》篇名。阐述人体脏腑阴阳气血本于天地之所生的观点，“泻者迎之，补者随之，知迎知随，气可令和。和气之方，必通阴阳”。并分析人迎、气口两脉的诊法及相应的补泻原则与方法。

马王堆出土医书 1973年，长沙马王堆三号汉墓出土大批简帛医书，分别被定名为《五十二病方》、《阴阳十一脉灸经》、《足臂十一脉灸经》、《脉法》、《阴阳脉死候》、《却谷食气》、《导引图》、《养生方》、《杂疗方》、《胎产书》。各书编撰年代不一，但当在春秋与战国时期，且较成书于秦汉之际的《黄帝内经》、《神农本草经》更为古朴。对于研究先秦时期的医学思想有极高的价值。

《伤寒论》 东汉张仲景著。现存中医学中最早系统论述外感疾病的重要文献。原书散佚，晋王叔和编次为十卷，金成无己作注。它在《内经》理论的基础上，总结了汉以前的医学成就，着重探讨了伤寒病的病机变化，分析了病象的阴阳、表里、寒热、虚实等症候，制定汗、吐、下、温、清、和等不同的治疗方法，还叙述了外感疾病的发生和发展的变化过程，创立六经辨证和治疗原则、方剂配伍等。开创了祖国医学辨证施治的方法，在思维方法上提出了人与外界关系的一般看法，具有科学方法论的意义，丰富和发展了中国古代朴素辩证法思想。历代医家整理、诠述、注释者，多至数百家。

《伤寒杂病论》 东汉张仲景著。中国古代重要的医学著作。原书十六卷，成书不久即散佚。至西晋经王叔和搜集，将其中伤寒部分编次成书，名《伤寒论》。北宋时期，由校正医书局复对《伤寒论》进行校订，并对翰林院所存残本《金匮玉函要略方》中杂病部分加以整理，即成现今传本《伤寒论》与《金匮要略》一书。作者以《内经》理论为基础，紧密结合临床实践，以六经论伤寒，以脏腑论杂病，形成了包括理、法、方、药在内的完整的辨证论治体系，从而奠定了祖国医学的基本模式。参见“《伤寒论》”。

《神农本草经》 简称《本经》或《本草经》，中国现存最早的药物学专著。成书年代说法不一。至梁阮孝绪《七录》始有记载，陶弘景作《本草经集注》并疑作者为仲景或华佗。原书佚，今本三卷乃从历代本草中辑录而成。收药物三百六十五种，分上、中、下三品。较系统地概述了君臣佐使、阴阳配合等一整套药物配伍的原则，对后世药物学知识及思想产生了深远的影响。

《脉经》 魏晋王叔和著。中国现存最早的脉学专著。集自《内经》以来的脉学资料合为十卷。系统分析整理以往脉学理论并归纳总结出二十四种脉象，详述各脉不同的指下感觉与辨别方法；确立寸口脉法，提出左右手各脉脏腑分配原则。为脉名奠定了种类基础并为脉象指下标准确立了规范，对中医诊断学作出了重要贡献，至今仍有应用价值。

《针灸甲乙经》 简称《甲乙经》。魏晋皇甫谧著。中国现存最早的针灸学专著。全书十二卷。纠正晋以前经穴纷乱的状况，记述单穴四十九个，双穴三百个，共三百四十九个穴位，厘定并统一了穴位部位。同时具体指明了针刺深度、留针时间与艾灸时间。使得针灸知识与理论系统化，成为古代医学重要经典，并对日本、朝鲜医学产生深刻影响。

《肘后备急方》 又名《肘后救卒方》、《肘后救急方》，简称《肘后方》，有携带与使用方便之意。东晋葛洪著。因感以往医药经方“混杂烦重，有求难得”，且“多珍贵之药”，难于合一般民众日常与应急之需，故遍搜民间简、便、验、廉之治法，整理而有此书。后经陶弘景整理并增益补阙，凑成一百首，名为《补阙肘后百一方》。现在存世的是经多次增补的本子。

《神农本草经集注》 梁陶弘景著。全书七卷。有感于长期以来药物性能与分类知识方面的错乱，以《神农本草经》三百六十五种药物为基础，增辑魏晋以下名医副品三百六十五种，合收药物七百三十种。改变《神农本草经》上、中、下三品分类方法，按来源与属性分药物为玉石、草木、虫兽、果、菜、米食、有名未用七大类，成为后世《新修本草》、《本草纲目》等药学著作分类方法的范本。

《诸病源候论》 隋巢元方著。主论诸病起因与临床症候。全书五十卷，分六十七门，一千七百三十九论，涉及内、外、皮肤、妇、儿、五官、神经诸科，尤以论述内科疾病最为详尽。为中国历史上内容最丰富的探讨病因病机的专著。其中对于病因的论述多有创见，对于症候的不少描述也非常准确。宋代被指定为专业医师的必修读本与考试科目，日本、朝鲜也曾将之作为必读的医学典籍。

《千金方》 《千金要方》（全称《备急千金要方》）

与《千金翼方》(《千金要方》的续编)的简称。唐孙思邈著。兼采唐以前各家医学成就,汇集自张仲景以来医方计六千余首(其中《要方》四千余首,《翼方》二千余首),内容涉及中医各科,以妇科与儿科为主,在中国医药史上有着重要的地位。又特重医风,以为“人命至重,有贵千金”,强调“省病诊疾,至意深心,详察形候,纤毫勿失”,树后世医德之楷模。但也包含有鬼神观念与报应思想。

《温疫论》 明吴有性著。上下二卷,补遗一卷。继承宋元以来温病研究的最新成就,创立“戾气学说”。以为与伤寒不同,“夫温疫之为病,非风、非寒、非暑、非湿”,乃由“戾气”所引起。指出戾气侵犯人体主要是“从口鼻而入”,而戾气致病又可大范围流行,“疫气盛行,所患者重,最能传染”。“戾气学说”对于温热病病因学作出了重要贡献,且在细菌学出现之前,对于传染病和流行病的探究具有积极意义。

《本草纲目》 明李时珍著。作者以宋代唐慎微《经史证类备急本草》为蓝本,历30年艰辛,参八百余文献,至六十岁终成。全书五十二卷,分十六部六十类,190余万字,载药物1 892种,附药图1 160幅,验方11 096首。对16世纪以前我国药物学作了全面整理和总结,为古代药学集大成之作。同时在分类方法上成就显著,其以部为纲,以类为目,纲目清晰,分类先进,与进化论相暗合。此书万历年间传至日本,继而传至朝鲜、越南,17—18世纪又传入欧洲,有德、法、英、俄、拉丁等诸种文本。

《元气存亡论》 清徐大椿著。为其《医学源流论》的一篇。认为人的生与死,决定于元气的存亡。把定分与定数视为元气存亡论的基本内容,认为嗜欲、劳苦、思虑等等都不是生死寿夭的决定因素。“绝嗜欲、戒劳动,减思虑”都是无用的。决定因素在人出生之前早已形成,是人无法觉察,“日减、日消”也无法改变。人的生死与疾病的轻重无关,有的人“终身无病”,“待元气之自尽而死”。至于有疾病的人,则有种种复杂情况,但无一不决定于元气:若元气不伤,虽病情严重也不会死,若伤了元气,病情虽轻也一定会死。还提出“丹田决定论”,认为人的元气寄居于五脏,而集中于丹田,把丹田看作生命的关键。

经　　学

三易 《连山》、《归藏》、《周易》的合称。《周礼·春官宗伯·太卜》:“掌三易之法,一曰连山,二曰归藏,三曰周易。”

《连山》 相传为《周易》前的古《易》。连山卦以纯艮(☶)开始,艮象征山,故名。今所传《古三坟书》中有《连山》,系后人伪造;清马国翰《玉函山房辑佚书》辑有《连山》一卷,也不可信。

《归藏》 相传为《周易》前的古《易》。归藏卦以纯坤(☷)为首,坤象征地,“万物莫不归而藏于其中”,故名。今所传《古三坟书》中有《归藏》,系后人伪造;清马国翰《玉函山房辑佚书》辑有《归藏》一卷,虽不可信,但东晋郭璞著书已经引用,说明成书时代较早。

《京氏易传》 西汉京房撰。三卷。有三国吴陆绩注。以乾、坤为根本,坎、离为性命,统摄六十四卦,用世、应、飞、伏、游魂、归魄等解说爻、卦的关系,实是术数之学。京氏另有《易》章句及讲说灾异之书,见《汉书·艺文志》和《隋书·经籍志》,与本书不同。又《搜神记》等书引京房《易传》,虽亦言灾异,文多不见此书,疑是另一书。参见“京房”。

《易林》 相传西汉焦赣撰。十六卷。以每一卦演为六十四卦,共四千零九十六卦。各系繇词,占验吉凶,为后来以术数说《易》者所推崇。

《周易集解》 唐李鼎祚撰。原题十八卷,内附《略例》、《索隐》。《略例》、《索隐》已佚,后人将《集解》析为十七卷。采集子夏、孟喜、京房以及伏曼容、孔颖达等三十余家之说,加以训解。为考辑唐代以前《易》说的重要参考书。

《易童子问》 北宋欧阳修撰。三卷。主要论述《易传》中《系辞》、《文言》以下都非孔子所作。采用与“童子”答问体裁,加以辨证,故名。收入《欧阳文忠公全集》。

《易数钩隐图》 北宋刘牧撰。刘牧注《周易》十一卷,今佚,惟此书三卷及《遗论九事》一卷尚存。其说出于陈抟、种放,取“河图”、“洛书”,参以道教思想,是宋儒易学讲述“象数”较早的一部著作。收入《通志堂经解》。

《易学象数论》 明清之际黄宗羲撰。六卷。他以为易学“至京房、焦延寿而流为方术,至陈抟而歧入道家”;后世学者过分重视宋儒“象数”之学,不明本原,因而撰书加以疏通。前三卷内篇,论“象”;后三卷外篇,论“数”。分别探讨“象数”的始末、真伪,所论较有依据。

《易图明辨》 清胡渭撰。十卷。专为辨斥宋儒易学的“河图”、“洛书”而作。“易图”本于五代末道士陈抟,宋代理学家袭用其说,以讨论理欲心性。此书引据旧文,反复辨证,阐明宋儒和道教的关系,考定“图”、“书”的谬误。收入《皇清经解续编》。

《周易述》 清惠栋撰。二十二卷。专言汉

《易》。以荀爽、虞翻为主，参以郑玄诸家之说，加以诠释。全书未完成，其再传弟子江藩沿其体例，另撰《周易述补》。都收入《皇清经解》。

《易汉学》 清惠栋撰。八卷。搜集自汉至三国时期孟喜、京房、郑玄、荀爽、虞翻等人的《易》说，加以钩稽考证；末卷阐述汉《易》义理，辩证宋儒"河图"、"洛书"、"先天"、"太极"等说的谬误，是研究中国古代易学的重要参考书。收入《皇清经解续编》。

《雕菰楼易学》 亦称《雕菰楼易学三书》。清焦循撰。四十卷，包括《易通释》二十卷、《易图略》八卷、《易章句》十二卷。用数学上的公理和定理以贯《易经》，主张用数之比例求"易"之比例，以成其书。用数理解释《周易》，一反前人先天心法与迷信纳甲之说。强调通过旁通而达到对立事物的统一。并认为"变通即为时行，时行者元亨利贞也"(《易图略·时行图第三》)。把"时行"看作变化的均衡。后收入《焦氏丛书》及《皇清经解》中。

《雕菰楼易学三书》 即"《雕菰楼易学》"。

《今文尚书》 中国上古历史文件和部分追述古代事迹著作的汇编。《尚书》的一种。相传经由孔子编选，事实上有些篇如《尧典》、《皋陶谟》、《禹贡》、《洪范》等都是后来儒家补充进去的。西汉初有二十八篇，由伏生传授，用汉时通行文字隶书抄写，故名。清孙星衍《尚书今古文注疏》是注解中较为完备的一种。

《古文尚书》 亦称《逸书》。《尚书》的一种。据说是汉武帝末年鲁共王(刘馀)从孔子住宅的壁中发现，较《今文尚书》多十六篇，因用秦汉以前的"古文"书写，故名。又《汉书·艺文志》有刘向以藏于秘府中的《古文尚书》"校欧阳、大小夏侯三家经文"等语，东汉杜林也说曾得漆书《古文尚书》一卷。这些书，历代古文经学家以为可信，近代今文经学家如魏源、龚自珍、康有为等疑为伪造。《古文尚书》现只存篇目，佚文见《汉书·律历志》等。又今本《十三经注疏》中的"古文尚书"，系东晋梅赜所献的伪《古文尚书》，与这种汉《古文尚书》不同。参见"《尚书》"。

《逸书》 即"《古文尚书》"。

《伪古文尚书》 东晋时豫章内史梅赜所献。《尚书》的一种。共二十五篇。与伪《孔安国尚书传》(一作《尚书孔氏传》)同时出现。南朝齐姚方兴又上《舜典》孔《传》一篇，经文多出二十八字。现在通行的《十三经注疏》本《尚书》，就是《今文尚书》与伪《古文尚书》的合编。宋吴棫、朱熹开始怀疑，明梅鷟作《尚书考异》，定为伪作。清阎若璩作《古文尚书疏证》、惠栋作《古文尚书考》，一一揭发其伪作的来源，丁晏《尚书余论》且认为系出三国魏王肃伪造。学术界已公认其为伪书。

《尚书孔氏传》 即伪《孔安国尚书传》。旧题西汉孔安国撰，实系后人伪造。十三卷。解释《尚书》之书。东晋时豫章内史梅赜献奏，立于学官。南朝齐姚方兴又上《舜典》孔《传》一篇，另加经文二十八字。唐孔颖达奉命撰《尚书正义》，以伪孔为宗。南宋朱熹、明梅鷟等表示怀疑，清阎若璩、惠栋相继辨证，定为伪书。参见"伪古文尚书"。

《孔安国尚书传》 即"《尚书孔氏传》"。

《书序》 《尚书》卷首的《序》。旧题西汉孔安国撰，实系后人伪造。参见《尚书孔氏传》。

《百两篇》 西汉张霸伪造。将《今文尚书》分为数十篇，又采取《左传》、《书序》作为首尾，编成一百零二篇，故名。此书早佚。

《盘庚》 《尚书》篇名。相传商成汤第九代孙盘庚继位后，由奄(今山东曲阜)迁殷(亦作亳，今河南安阳西北)时所作三篇告谕。申述迁都原因，动员臣民随迁，并戒勉臣民"安定厥邦"。强调"先王有服，恪谨天命"，"故有爽德，自上其罚汝，汝罔能迪!"反映了对祖先神灵崇拜及当时的社会矛盾。写作时代众说不一。伪孔安国传、《史记》等认为成于盘庚死后，范文澜确认为商朝遗文。亦有人认为作于周初。

《尧典》 《尚书》篇名。亦称《帝典》。近人以为由周代史官根据传闻编著，又经春秋、战国时人用儒家思想陆续补订而成。记载尧、舜禅让的事迹，反映了中国原始社会末期的一些历史情况。伪《古文尚书》把下半篇分出，并加二十八字，作为《舜典》。

《帝典》 即《尧典》。《礼记·大学》："《帝典》曰：克明峻德。"

《舜典》 伪《古文尚书》篇名。它将《尧典》下半篇分出，并加二十八字，另名《舜典》。主要叙述虞舜时的史事。

《虞书》 《尚书》组成部分之一。相传是记载唐尧、虞舜、夏禹等事迹之书。今本凡《尧典》、《舜典》、《大禹谟》、《皋陶谟》、《益稷》五篇。其中《舜典》由《尧典》分出，《益稷》由《皋陶谟》分出。《大禹谟》系伪《古文尚书》的一篇。

《夏书》 《尚书》组成部分之一。相传是记载夏代史事之书。今本凡《禹贡》、《甘誓》、《五子之歌》、《胤征》四篇，后二篇为伪《古文尚书》。

《商书》 《尚书》组成部分之一。相传是记载商代史事之书。今本有《汤誓》、《仲虺之诰》、《汤诰》、《伊训》、《太甲》、《咸有一德》、《盘庚》、《说命》、《高宗肜日》、《西伯戡黎》、《微子》等篇。其中除《汤誓》、

《盘庚》、《高宗肜日》、《西伯戡黎》、《微子》五篇外，都是伪《古文尚书》。

《皋陶谟》 《尚书》篇名。相传为皋陶和夏禹在虞舜前对答、皋陶称述施政计谋之书。伪《古文尚书》将“帝曰，来，禹，汝亦昌言”以下，另分为《益稷》篇。

《大禹谟》 伪《古文尚书》篇名。旧传虞舜因夏禹辅政有功而作，今本实系后人伪托。其中“人心惟危，道心惟微，惟精惟一，允执厥中”四句，源于《荀子》和《论语》，为宋代理学家以理欲论究心性的依据。又《古文尚书》原有《大禹谟》篇目，已佚。

《周书》 《尚书》组成部分之一。相传是记载周代史事之书。今本凡《牧誓》、《洪范》、《金縢》、《大诰》、《康诰》、《酒诰》、《梓材》、《召诰》、《洛诰》、《多士》、《无逸》、《君奭》、《多方》、《立政》、《顾命》、《费誓》、《吕刑》、《文侯之命》、《秦誓》、《泰誓》上中下、《武成》、《旅獒》、《微子之命》、《蔡仲之命》、《周官》、《君陈》、《康王之诰》、《毕命》、《君牙》、《冏命》等共三十二篇。《泰誓》以下十三篇是伪《古文尚书》。

《牧誓》 《尚书》篇名。记载周武王在牧野（今河南淇县）同殷王纣作战时的誓辞；也有人以为是后人追记的。

《大诰》 《尚书》篇名。周公东征前对诸侯和王朝官吏发表的一篇讲话，经史官笔录而成。它假借占卜吉兆，振作士气，等于一篇誓师文告。

《吕刑》 《尚书》篇名。周穆王时有关刑罚的文告，由于吕侯的请命而颁，故名。近人有认为是春秋时吕国国君所造的刑书。

《泰誓》 《尚书》篇名。即《大誓》。相传是周武王伐纣、大会诸侯时的誓言。据说西汉中期在民间发现，武帝命博士集说，遂得流传，故不在伏生《今文尚书》二十八篇之内。今本《泰誓》是伪《古文尚书》的一篇。

《大誓》 即“《泰誓》”。

《秦誓》 《尚书》篇名。据《书序》：“秦穆公伐郑，晋襄公帅师败诸崤，还归，作《秦誓》。”是秦文献留传下来较早的一篇。

《尚书大传》 旧题西汉伏生撰，可能是伏生弟子张生、欧阳生或更后的博士们杂录所闻而成。解释《尚书》之书。其中除《洪范五行传》首尾完备外，其余各卷只存佚文。清陈寿祺有辑本，凡四卷，补遗一卷；皮锡瑞也撰有《尚书大传疏证》七卷。

《尚书正义》 唐代颁布的官书《五经正义》之一。孔颖达等编定。二十卷，五十八篇。凑合《今文尚书》和伪《古文尚书》，并用伪《孔安国尚书传》。收入《十三经注疏》。

《书集传》 南宋蔡沈撰。六卷。蔡系朱熹弟子，注《书》分别今文、古文，以体会语气解释，较伪《尚书孔氏传》为清晰。元明清作为科举取士的标准经注之一。

《尚书古文疏证》 清阎若璩撰。八卷。用考据方法，证明东晋梅赜所献的《古文尚书》和《孔安国尚书传》出于伪作。较稍后的惠栋《古文尚书考》为详。毛奇龄曾作《古文尚书冤词》，意在反驳，终不能夺；而梅书出于伪造，亦渐成定论。收入《皇清经解续编》。

《古文尚书疏证》 即“《尚书古文疏证》”。

《尚书集注音疏》 清江声撰。十四卷。在阎若璩《尚书古文疏证》、惠栋《古文尚书考》的研究基础上，搜集汉儒经说，以注《尚书》，不取伪古文及孔传；汉儒不备的，则旁考他书，探究故训。收入《皇清经解》。

《尚书后案》 清王鸣盛撰。三十卷，另《后辨》一卷。以发挥东汉郑玄的解说为主。对于伪《古文尚书》的考辨，见《后辨》。收入《皇清经解》。

《尚书今古文注疏》 清孙星衍撰。三十卷。采辑汉魏隋唐旧注，兼取清代学者王鸣盛、江声、段玉裁等的研究成果；惟不取宋元明诸儒《书》注，以其“无师传”，恐滋臆说。是清代学者《尚书》注解中较为完备的一种。收入《皇清经解》。

《今文尚书经说考》 清陈乔枞撰。系继其父寿祺未完之业而成。三十三卷。在段玉裁作《古文尚书撰异》之后，辑集古书中保存的有关《今文尚书》的解说，使久已失传的西汉欧阳（生）、大小夏侯（胜、建）《尚书》经说，大略可考。收入《皇清经解续编》。

《书古微》 清魏源撰。十二卷。探讨西汉今文经学家解释《尚书》的古义，以为不仅东晋时出现的《古文尚书》和《尚书孔氏传》系伪造，就是东汉马融、郑玄的《古文尚书》也不是孔安国的真本。此书是清代今文经学派的重要著作之一。但它专析西汉、东汉异同，认为同今古文无关者，都不加深究，也不尽守欧阳、大小夏侯家说。收入《皇清经解续编》。

《诗经》 中国最早的诗歌总集。先秦时称《诗》。汉代以后，儒家列为经典之一，故称《诗经》。又称《三百篇》。编成于春秋时代，共三百零五篇。分为“风”、“雅”、“颂”三大类：《风》有十五国风；《雅》有《大雅》、《小雅》；《颂》有《周颂》、《鲁颂》、《商颂》。大抵是周初至春秋中期的作品，产生于今陕西、山西、河南、山东及湖北等地。据《史记》、《毛诗正义·诗谱序》等记载，系孔子删定，近人多疑其说。《风》主要采集于民间。《雅》是“言王政之所由废兴”，多为西周统治阶级用于宴乐，歌颂帝王功绩的作品。《颂》主要用于敬神祀祖，含有赞美帝王业绩的作品。反映了当时民间习俗、社会风貌、政治生活、经济制度及生产等情况。其中有的反映了怀疑天命的思想，提出“天命靡常”（《大雅·大明》），“下民之孽，匪降自天；噂沓背憎，职竞由人”（《小雅·十月之交》）。有的直接揭露统治阶级的罪恶，“不稼不穑，胡取禾三百廛兮？”（《魏风·伐檀》）“硕鼠，硕鼠，无食我黍”（《魏风·硕鼠》），“黄鸟，黄鸟，无集于榖，无啄我粟”（《小雅·黄鸟》）。为研究先秦社会和思想的宝贵材料，亦具有重要的文学价值。其诗运用直接叙述、借物托情、触物起情三种不同的表达方式，为战国学者所肯定，亦以此为据提出“赋”、“比”、“兴”的美学范畴。汉代传《诗》者有鲁、齐、韩、毛四家。前三家为今文诗学，西汉时立有博士，魏晋以后逐渐衰亡。清王先谦《诗三家义集疏》辑注较完备。《毛诗》为古文诗学，盛行于东汉以后。魏晋后通行的《诗》即《毛诗》。影响较大的笺注有东汉郑玄《毛诗笺》、唐孔颖达《毛诗正义》（均收入《十三经注疏》），清陈奂《诗毛氏传疏》较为详备。南宋朱熹《诗集传》杂采《毛传》、《郑笺》，间有三家诗义。

《诗》 即“《诗经》”。

《三百篇》 指《诗经》的篇数，亦用作《诗经》的代称。司马迁《报任少卿书》：“《诗》三百篇，大底圣贤发愤之所作也。”《诗经》本为三百零五篇，举其成数，则言“三百”。《论语·为政》：“《诗》三百，一言以蔽之，曰，思无邪。”

三家诗 “鲁诗”、“齐诗”、“韩诗”的合称。三家对《诗经》的解释，虽或有所不同，但都是今文诗学。西汉时，皆立于学官，置博士。“齐诗”亡于三国魏时；“鲁诗”亡于西晋；南宋以后，“韩诗”亦亡，仅存《外传》。清王先谦辑撰《诗三家义集疏》，搜集三家诗说，兼取后人解释，加以说明，可供参考。

四家诗 “鲁诗”、“齐诗”、“韩诗”三家诗和“毛诗”的合称。三家诗是今文诗学，西汉时皆立于学官；“毛诗”是古文诗学，先在民间传授，盛行于东汉。三家诗除存《韩诗外传》外，余均亡佚。今仅存《毛诗》。四家在诗义的说明、文字的解说方面，都或有不同。清陈乔枞《四家诗异文考》可资参考。

鲁诗 《诗》今文学派之一。汉初鲁人申公（名培，或称申培公）所传。文帝时，立为博士，在三家诗中，最为先出。申公受诗于浮丘伯，以诗故训传授弟子，遇有疑问，即缺而不传。此后，传“鲁诗”的有瑕丘江公、刘向等。西汉时，传授最广，至西晋亡佚。《汉书·艺文志》谓申公曾为《诗》作传，其著录又有《鲁故》、《鲁说》等书，都已亡佚。清陈乔枞撰《鲁诗遗说考》，曾加辑释。

齐诗 《诗》今文学派之一。汉初齐人辕固生所传。景帝时，立为博士。此后，传“齐诗”的有夏侯始昌、后苍、翼奉、萧望之、匡衡等。喜引谶纬，以阴阳灾异推论时政。《汉书·艺文志》谓辕固生曾为《诗》作传，其著录又有《齐后氏故》、《齐孙氏故》、《齐后氏传》、《齐孙氏传》、《齐杂记》等。至三国魏时，均已亡佚。清陈乔枞撰《齐诗遗说考》，曾加辑释。

韩诗 《诗》今文学派之一。汉初燕（郡治今北京市）人韩婴所传。文帝时，立为博士。此后，传“韩诗”的有淮南贲生、蔡义等。《汉书·艺文志》著录《内传》四卷、《外传》六卷，另有《韩故》三十六卷、《韩说》四十一卷。西晋时，“韩诗”虽存，无传者；南宋以后，仅存《外传》。清赵怀玉曾辑《内传》佚文，附于《外传》之后。陈乔枞辑有《韩诗遗说考》。参见“《韩诗外传》”。

《韩诗外传》 西汉韩婴撰。今本作十卷。其书杂述古事古语，虽每条皆征引《诗经》中的句子（今本有二十八条未引，当系缺脱），然实系引《诗》以与古事相印证，非引事以阐释《诗经》本义。据《汉书·艺文志》著录，韩婴曾撰《内传》四卷、《外传》六卷。南宋后仅存《外传》。清赵怀玉辑《内传》佚文，附于该书之后。是研究西汉今文诗学的重要资料之一。有《汉魏丛书》、《学津讨原》本等。

毛诗 《诗》古文学派。相传为西汉初毛亨和毛苌所传。据称其学出于孔子弟子子夏。《汉书·艺文志》著录《毛诗》二十九卷、《毛诗故训传》三十卷。《毛诗》在西汉时未立于学官。东汉时郑众、贾逵、马融、郑玄等都治《毛诗》。郑玄曾为作《笺》。魏晋以后，今文三家诗散亡或无传者，《毛诗》独盛。至唐孔颖达定《五经正义》，《诗》取毛、郑，更为后世所宗尚。宋代始有人怀疑出于子夏之说是伪托。清儒治《毛诗》的颇多，以陈奂《诗毛氏传疏》较为详备。

《毛传》 《毛诗故训传》（一作诂训传）的简称。《汉书·艺文志》著录三十卷。东汉郑玄《诗谱》以为鲁人大毛公所作，三国吴陆玑《毛诗草木鸟兽虫鱼疏》以为毛亨所作，但颇引起后来学者的怀疑。其诂训大抵以先秦学者的意见为依据，保存了很多古义，虽有误解，仍为研究《诗经》的重要文献。通行的《十三经注疏》即采用《毛传》。

《毛诗故训传》 即“《毛传》”。

《郑笺》 东汉郑玄所作《毛诗传笺》的简称。“笺”亦作“牋”。郑玄兼通经今古文学，是当时影响很大的学者。他以《毛传》为主，兼采今文三家诗说，加以疏通识别。书出后,《毛诗》日盛,三家诗渐废。清马瑞辰作《毛诗传笺通释》,以疏通毛、郑为标的;清陈奂作《郑氏笺考征》,考证《郑笺》的来源,都可供参考。

《诗谱》 东汉郑玄撰。三卷,一作二卷。根据《史记》年表和《春秋》中有关史实,分别排比《诗经》十五国风、二雅、三颂的谱系,旨在显示《诗经》各部分与其时代政治、风土的关系。唐孔颖达撰《毛诗正义》,将它分列在书中各部分之首,原单行本逐渐失传。北宋欧阳修、清戴震、丁晏、胡元仪等,都曾从事于《诗谱》的考订和辑补工作。

《毛诗草木鸟兽虫鱼疏》 三国吴陆玑撰。二卷。专释《诗经》中动物、植物的名称,是中国研究生物学较早的著作。卷末附论四家诗源流,于《毛诗》特详,唐陆德明《经典释文》所论与之颇多不同。

《毛诗正义》 唐颁布的官方《五经正义》之一。汉毛公《传》、郑玄《笺》、唐孔颖达等《正义》,共四十卷。《正义》主要阐释《毛传》和《郑笺》,汇集了魏晋南北朝学者研究《诗经》的成果,对理解《传》、《笺》内容,有较大参考价值。但由于《正义》恪守"疏不破注"的原则,因而承袭了《传》、《笺》的某些错误;另外对《毛传》原意,有时也作了误解。后收入《十三经注疏》。

《诗集传》 南宋朱熹撰。二十卷,后人并为八卷。其书杂采《毛传》、《郑笺》,间用三家诗义,而以己意为取舍,意在探求《诗经》本义。所说与《诗序》颇多不同。对破除盲目崇信《诗序》的观念有一定作用。但有些论点流于主观臆断。甚至把涉及爱情的作品二十四篇都说成是"男女淫佚之诗",表现了封建的道学观点。

《诗毛氏传疏》 清陈奂撰。三十卷。阐发《毛传》本义,辨证《郑笺》不同于《毛传》的各种解释和论点。对于恢复《诗》古文学派的本来面目,颇有贡献。关于训诂和名物的疏证,也较精确。收入《皇清经解续编》。

《诗古微》 清魏源撰。十七卷。成书于道光九年(1829)。攻击《毛传》及《毛诗》中的"大序"、"小序",排黜古文经学派,专主齐、鲁、韩三家诗说,是清代今文经学派的重要著作之一,收入《皇清经解续编》。

《诗经原始》 清方玉润撰。十八卷,另卷首分上、下卷。于《诗》三百篇"循文按义","推原诗人始意",故名。对汉唐以至宋儒的《诗》说有所抉择,不为《诗序》、《毛传》所拘,敢于提出己见,突破古训。虽或武断,亦有恰当处。收入《云南丛书》。

《诗三家义集疏》 清王先谦撰。二十八卷。辑集西汉时齐、鲁、韩三家今文《诗》说,兼取后人疏解,加以考核说明,使久已失传的今文诗学比较可以稽考。

三礼 《仪礼》、《周礼》、《礼记》三书的合称。战国末至西汉初儒家关于伦理道德、社会政治思想的著作。其中所阐述的思想,在中国封建社会影响很大。东汉郑玄兼注"三礼",盛行于世,故有"三礼"之称。

《周礼》 亦称《周官》或《周官经》。搜集周王室官制和战国时代各国制度,添附儒家政治思想,增减排比而成。儒家经典之一。《汉书·艺文志》著录《周官》经六篇,分《天官冢宰》、《地官司徒》、《春官宗伯》、《夏官司马》、《秋官司寇》、《冬官司空》。其中《冬官司空》早佚,汉时以《考工记》补。东汉末以来,对《周礼》何人所作,意见不一。一说周公所作;一说西汉刘歆伪造。近人从周秦铜器铭文所载官制,参证该书中的政治、经济制度和学术思想,定为战国时代作品。今本四十二卷。注释有东汉郑玄注,唐贾公彦疏,收入《十三经注疏》。清孙诒让撰《周礼正义》八十六卷,博采众说,资料丰富,对文字音义,多有订正。今有林尹《周礼今注今译》。

《周官》 即"《周礼》"。

《周官新义》 北宋王安石撰。二十二卷。宋神宗时,王安石企图通过变法来挽救政治危机,附会《周官》经义,提出理财、整军等改革主张,撰成此书,用以考试士人。原书已佚,清代从《永乐大典》中辑出,分为十六卷,附《考工记解》二卷,收入《经苑》。

《周礼正义》 清孙诒让撰。八十六卷。辑集汉、唐以来《周礼》注疏,并吸取清代学者考订训释的成果,以《尔雅》、《说文》正其诂训,以《仪礼》、大小《戴记》证其制度。发挥郑玄《周礼注》,并补正唐贾公彦《周礼正义》的缺失,是解释《周礼》较完备的书。

《仪礼》 简称《礼》,亦称《礼经》或《士礼》。春秋战国时一部分礼制的汇编。儒家经典之一。十七篇。《史记·儒林列传》:"《礼》固自孔子时而其经不具,及至秦焚书,书散亡益多,于今独有《士礼》,高堂生能言之。"《汉书·艺文志》:"汉兴,鲁高堂生传《士礼》十七篇,讫孝宣世,后苍最明。戴德、戴圣、庆普皆其弟子,三家立于学官。"一说是周公制作;一说为孔子订定。近人有根据书中的丧葬制度,结合出土器物进行研究,认为成书在战国时代,为战国儒家的著述,经汉儒编定。1959年,在甘肃武威发现《礼》汉简多篇。注释有东汉郑玄《仪礼经》、唐贾公彦《仪礼义疏》、清胡培翚《仪礼正义》等。

《士礼》 即“《仪礼》”。

《逸礼》 《仪礼》十七篇以外的古文《礼经》。相传有三十九篇，已佚。古文经学家认为汉武帝时与《古文尚书》同发现于孔子住宅的壁中，今文经学家否认此说。

《仪礼图》 清张惠言撰。六卷。首例宫室图，次依《仪礼》十七篇次序，分别绘图说明，是研究中国古代礼制的参考书之一。收入《皇清经解续编》。

《仪礼经传通解》 本名《仪礼集传集注》。南宋朱熹、黄榦等撰。凡三十七卷，续二十九集，共六十六卷。北宋时，王安石尊《周官》，废《仪礼》；朱熹乃以《仪礼》为“经”，而将《礼记》及诸经史杂书中所载古代礼制，附在“本经”之下，兼取后儒注疏，加以解释，成家礼、乡礼、学礼、邦国礼各卷；丧、葬二礼，由其门人黄榦续撰；祭礼尚未订定，黄榦去世，杨复重修续成。是研究古代礼制的参考书。

《仪礼正义》 清胡培翚撰。四十卷。以东汉郑玄注为依据，采集过去经学家的研究成果，加以订补申说，是较有系统的《仪礼》注解书。收入《皇清经解续编》。

《礼记》 亦称《小戴记》或《小戴礼记》。战国时至西汉初的儒家各种礼仪著作选集。儒家经典之一。西汉初，刘向编定《礼记》一百三十篇。戴德删其繁重，选定八十五篇，称作《大戴礼记》；戴圣又从《大戴礼记》选定四十九篇，称作《小戴礼记》。内容有《曲礼》、《檀弓》、《王制》、《月令》、《礼运》、《学记》、《中庸》、《大学》等，大率是孔子弟子及其再传、三传弟子等所记，为研究中国古代礼制、儒家哲学与美学思想的重要资料。注释有东汉郑玄《礼记注》、唐孔颖达《礼记正义》、清朱彬《礼记训纂》、孙希旦《礼记集解》等。

《小戴礼记》 即“《礼记》”。

《小戴记》 即“《礼记》”。

《大戴礼记》 即“《大戴记》”。

《大戴记》 亦称《大戴礼》或《大戴礼记》。秦汉以前各种礼仪论著的选集。相传西汉戴德编纂。原有八十五篇，今本残缺，存三十九篇。是研究中国古代社会情况、文物制度和儒家学说的参考书。有北周卢辩注、清孔广森《大戴礼记补注》，《补注》收入《皇清经解》。

《曲礼》 《礼记》篇名。曲，委曲周到之意。杂记春秋前后贵族饮食、起居、丧葬等各种礼制的“细节”，故名。可供研究中国古代社会生活的参考。

《檀弓》 《礼记》篇名。因首章有檀弓名，记檀弓事，故名。约写于战国前期。相传春秋鲁人檀弓善解说贵族礼制。该篇内容杂记各种贵族礼制，以丧礼居多。也记载了孔子同学生的对话。

《王制》 《礼记》篇名。汉文帝命博士诸生杂采六经古制，比较系统地记述有关封国、爵禄、朝觐、丧祭、巡狩、刑政、学校等典章制度。内容同真实的商周礼制不尽相符，与《周礼》亦多不合，今文经学家每据以排诋古文经学。可以考见中国古代的政治制度和儒家的政治思想。

《内则》 《礼记》篇名。杂记古代贵族妇女侍奉父母、舅姑的礼节，也兼及贵族家庭中子弟侍奉长上的礼节。可供研究中国古代社会生活和妇女地位的参考。

《学记》 《礼记》篇名。是先秦儒家教育思想与教育经验的总结。从“玉不琢，不成器；人不学，不知道”出发，提出“君子如欲化民成俗，其必由学”和“古之王者建国君民，教学为先”，认为化“冥顽”之民，以成“王道”之俗，必须把道德教育放在优先地位。充分肯定道德教育在治国平天下中的重要作用，明确规定学校的任务不但要通过“博习”、“论学”等使学生“知类通达”，增长才智；而且要寓德育于智育之中，通过教学过程解决个人与他人、个人与群体的关系，使学生既能“辨志”、“乐群”，又能“亲师”、“取友”。强调“豫”与“时”的教育原则。认为教育应注重“禁于未发”、防患于未然；又贵在及时，“时过然后学，则勤苦而难成”。在中国教育史上具有重要地位。

《经解》 《礼记》篇名。阐释《诗》、《书》、《礼》、《乐》、《易》、《春秋》六经在中国古代教育中的不同目的和效果。

《三礼图》 本名《三礼图集注》。北宋聂崇义撰。二十卷。五代周显德(954—959)中，他奉命参定郊庙、祭玉等礼制，因采取东汉以来郑玄、阮谌、夏侯伏朗、张镒、梁正和隋代开皇(581—600)官撰的六种“三礼”旧图，重加考订，定为《集注》，加以图说。为流传至今解释中国古代礼制附有图像的较早的一书。但郑玄《三礼注》未曾附图，所本应为后人依托；其中宫室、车服等图，亦与郑注违异，并有错误疏漏之处。收入《通志堂经解》。

《三礼图集注》 即“《三礼图》”。

《礼记集说》 宋卫湜撰。一百六十卷。采录东汉郑玄《礼记注》以后的各家注疏，凡一百四十四家，加以集说。所录各书，今多亡佚，赖此书以传，可供考辑古代礼说的参考。

《礼记集说》 一名《云庄礼记集说》。元陈澔撰。澔号云庄，故名。三十卷，今本并为十卷。因其说解源自南宋朱熹，故为明代科举取士的课本之一。

《礼经通论》 清邵懿辰撰。一卷。认为《仪礼》十七篇并无残缺，所谓《古文逸礼》三十九篇，出于西汉刘歆伪造。并认为古代本来没有《乐经》，“乐”即包含在《诗》、《礼》之中。为清代今文经学派的重要著作之一。收入《皇清经解续编》。

《读礼通考》 清徐乾学编。一百二十卷。纂集中国历代丧葬制度加以说明，分丧期、丧服、丧仪节、葬考、丧具、丧制、庙制等类。他本想再修吉、军、宾、嘉四礼，方事排纂而卒；后出秦蕙田《五礼通考》，即因其体例而成。为研究中国古代丧礼较完备之书。

《礼经释例》 清凌廷堪撰。十三卷。分为通例、饮食之例、宾客之例、射例、变例（丧葬奠祭的仪节）、祭礼、器服之例、杂例等八类；至于宫室之例，则以宋李如圭《仪礼释宫》已有阐述，不再重复。寻例析辞，便于稽考，为研究中国古代礼制的参考书。收入《皇清经解》。

《礼书纲目》 清江永撰。八十五卷。分为嘉礼、宾礼、凶礼、吉礼、军礼、通礼、曲礼和乐等八目。搜集散见于经传群书中的中国古代礼乐制度，加以编排解释，可以补正南宋朱熹、黄榦《仪礼经传通解》的不足。

《礼说》 清惠士奇撰。十四卷。掌握较为丰富的古代史料，考证周代、汉代的礼制；对于《周礼》中的古音古字，也分别解释。全书散杂，较少条理。为研究中国古代社会情况和文物制度等的参考书。收入《皇清经解》。

《五礼通考》 清秦蕙田编。二百六十二卷。继清初徐乾学《读礼通考》而作。汇编吉、凶、军、宾、嘉五礼的史料，补充了徐书只讲丧礼（凶礼的一部分）之不足，是研究中国古代礼制的参考书。

《礼记集解》 清孙希旦撰。六十一卷。采取东汉郑玄《礼记注》和唐孔颖达《礼记正义》，兼及宋元以来诸儒之说，欲以推寻“先王制作之意”，而求“天理人心之所安”，对宋儒性理之学有所阐发；对于名物制度的考释，虽称详细，但不精核。

《礼记训纂》 清朱彬撰。四十九卷。选取汉、魏以来有关《礼记》（《大学》、《中庸》二篇除外）的解说，加以阐释，用以纠正陈澔《礼记集说》的疏漏，为清代《礼记》注解中比较系统的一种。朱彬另有《经传考证》八卷，收入《皇清经解》，其中卷六《礼记》部分，与此书互相发明。

《明堂大道录》 清惠栋撰。八卷。明堂是古代天子施行政教的地方，凡朝会、祭祀、庆赏、选士、养老、教学等大典，都在其中举行。该书详述明堂制度的内容及其变迁，可供研究中国古代政治制度者参考。收入《皇清经解续编》。

《乐经》 六经之一。《庄子·天运》：“丘治《诗》、《书》、《礼》、《乐》、《易》、《春秋》六经。”古文经学认为秦焚书而《乐》亡佚；今文经学认为“乐”本无经，“乐”之源在《诗》三百篇中，“乐”之用在《礼》十七篇中。《汉书·艺文志·六艺略》中惟《乐》不言经，著录《乐记》二十三篇；其他五经均注明经若干卷。汉武帝后，儒家以《诗》、《书》、《礼》、《易》、《春秋》为“五经”，各经皆置博士，称“五经博士”。

《乐》 即“《乐经》”。

《春秋》 现存中国古代第一部编年体史书。春秋时期鲁国的史记。儒家经典之一。所记之事起于鲁隐公元年（前722），终于鲁哀公十四年（前481）。西晋杜预认为，因鲁史所记，“必表年以首事。年有四时，故错举以为所记之名”（《春秋左氏传序》）；又据“春生物而秋成”意，故称。《孟子》、《史记》、《汉书》均有“孔子作《春秋》”的记载，“《春秋》辩是非，故长于治人”，认为《春秋》经孔子加“笔削褒贬”，“重空文以断礼义”（见《史记·太史公自序》），为后王立法，其用在“道义”，已不仅为记事之书。故旧说“借事明义，乃一部春秋之旨”。西汉武帝时置五经博士，《春秋》遂为儒家经书。解释《春秋》的主要有“左氏”、“公羊”、“穀梁”三传。古代《春秋》经文和“三传”分列，今分载在各传之前。后收入《十三经注疏》。

春秋三传 简称“三传”。解释《春秋》经文的《左传》、《公羊传》、《穀梁传》的合称。《孟子》、《史记》、《汉书》均言孔子作《春秋》，故旧说孔子所定谓之经，其弟子所释谓之传。汉儒谓传《春秋》者，以“左氏”为古文，“公羊”、“穀梁”为今文，则“春秋三传”之中，《公羊传》、《穀梁传》为今文学，详于解释经文之义例，南宋朱熹认为其于义理上有功，然记事多误。《左传》为古文学，详于叙述经文所记之事。故朱熹称前二传为经学，《左传》为史学，以示“三传”在解释经文上各有侧重。

三传 即“春秋三传”。

《左传》 亦称《春秋左氏传》或《左氏春秋》。解释《春秋》的古文经传。儒家经典之一。所记起于鲁隐公元年（前722），终于鲁悼公四年（前464），比《春秋》多出十七年。其作者、年代与真伪历来争辩甚多。《汉书·艺文志》认为是春秋时期鲁太史左丘明所撰，共三十卷。清代今文经学家认为系西汉刘歆改编。近人则认为是战国初时学者据各国史料编成。其文平易简直，颇近《论语》，原多古字古义，为学者传《春秋》训诂之书。以文史见长，记事详实，多用事实解释《春秋》经文，与《公羊传》、《穀梁传》专释“春秋”之义理有异。关于上古时期文饰图绘发展的一些资料的传说，对研究原始社会和奴隶社会的艺术，有一定参考价值。对礼、乐活动的大量记载，充分反映出春秋之际音乐、舞蹈的发展水平，及其同政治、军事、宗教巫术活动的联系。记载了一批政治家、思想家的美学观点，及铸鼎象物、文物昭德、乐以安德、乐而不淫、中和为美等美学思想。《左传》记载的这些美学思想，对以后儒、道、阴阳五行等各家美学思想的形成，均产生重要的影响。《左传》中还记载了春秋时“依礼征伐”、“师克在和不在众”等军事思想和原则。有西晋杜预《春秋左氏经传集解》、唐孔颖达疏《春秋左传正义》(均收入《十三经注疏》)，清洪亮吉《春秋左传诂》等，另有宋林尧叟注，常与杜预解合刊。

《春秋左氏传》 即“《左传》”。

《左氏春秋》 即“《左传》”。

《春秋左氏传说》 南宋吕祖谦撰。二十卷。随事立义，指陈得失，持论与《东莱左氏博议》略同，而推阐较为详细。为研究宋儒《春秋》经说的参考书籍之一。收入《通志堂经解》。

《春秋左传诂》 清洪亮吉撰。二十卷。力图矫正西晋杜预《春秋左氏经传集解》疏于地理、训诂以及望文生义之弊，从而探究汉儒古训，故名。训诂以东汉贾(逵)、许(慎)、郑(众)、服(虔)为主，地理以东汉班固、应劭等为主，并参考汉唐石经、唐陆德明《经典释文》等，以校正俗字。收入《皇清经解续编》。

《春秋左传正义》 唐孔颖达等编定。六十卷。根据西晋杜预《春秋左氏经传集解》加以疏解，为唐代颁布的官书《五经正义》之一。收入《十三经注疏》。

《春秋左氏传旧注疏证》 清刘文淇及子毓崧、孙寿曾三世陆续纂辑。该书止于鲁襄公五年(前568)，搜集东汉贾逵、服虔、郑玄的《左传》旧注，广采先秦至唐代前的各种书籍，并吸取清学者的研究成果，加以疏证。对典章制度、服饰器物、姓氏地理、古历天算、鸟兽虫鱼等都细加注释。但全书详略不一，惟汉是从；有的罗列材料，未加判断，实为未成稿本。

《公羊传》 亦作《春秋公羊传》、《公羊春秋》。专门解释《春秋》。儒家经典之一。起于鲁隐公元年(前722)，终于鲁哀公十四年(前481)。旧题战国时公羊高撰。初仅口说流传，五世相口授，“至汉景帝时，(公羊)寿乃与齐人胡母子都(生)，著于竹帛”(唐徐彦《公羊传疏》引戴宏《序》)。所记史事较简略，着重阐释《春秋》之“微言”、“大义”。汉武帝时设为五经博士之一，治《公羊传》的学者大增。西汉董仲舒曾作《春秋繁露》，专治《公羊传》，发挥“大一统”、“张三世”、“更化”、“改制”的《春秋》“大义”，又提出“独尊儒术”的主张，为武帝所采纳，是以《公羊传》遂成为汉代今文经学的主要经典。为研究战国秦汉间儒家思想的重要资料。历代今文经学家常用作议论政治、褒贬人物的依据。注释有东汉何休《春秋公羊解诂》、唐徐彦《公羊传疏》(均收入《十三经注疏》)、清陈立《公羊义疏》(有清刻本及排印本)。

《春秋公羊传》 即“《公羊传》”。

《公羊春秋》 即“《公羊传》”。

《春秋公羊传解诂》 东汉何休撰。今文经学派的重要经籍。何休反对当时以贾逵为代表的古文经学和郑玄以古文为主兼综今文的倾向，依公羊家胡母生所列条例所注，历时十七年而成，但释传不释经。为《春秋公羊传》立“三科九旨”与“五始、七等、六辅、二类”的义例(参见“三科九旨”)。公羊学遂成为有条理的儒家经典之一。其阐发《春秋》的“微言大义”，后世的今文经学家多引以为据，议论当时朝政，特别是《解诂》中关于历史进化的“三世”(太平、升平、衰乱)说影响尤大。为现存最早的《公羊传》注本，与唐徐彦疏合为《春秋公羊传注疏》，收入《十三经注疏》。

《春秋公羊传注疏》 东汉何休注(即《春秋公羊解诂》)，唐徐彦疏。二十八卷。何休钻研今文诸经，为《春秋公羊传》制定义例，使成为有条理的今文经学著作。徐彦疏也保存了一些唐以前的旧说。为今文经学派的重要经籍。收入《十三经注疏》。

《公羊义疏》 清陈立撰。七十六卷。搜集唐代以前阐释《春秋公羊传》的旧说，并吸取清孔广森、刘逢禄等的研究成果，加以疏解。是《公羊》注释中较为详细的一种。收入《皇清经解续编》。

《公羊何氏释例》 全称《春秋公羊经何氏释例》。清刘逢禄撰。十卷。以东汉何休《公羊解诂》为主，发挥“微言大义”。是清代今文经学派的重要著作之一。收入《皇清经解》。

《穀梁传》 亦称《春秋穀梁传》、《穀梁春秋》。专门解释《春秋》经文。儒家经典之一。起于鲁隐公元年(前722)，终于鲁哀公十四年(前481)。旧题战国时鲁人穀梁赤(赤或作喜、嘉、俶、寘)撰。相传他受《春秋》经于子夏，以后累世口授相传，至西汉时“著于竹帛”方成为书。为今文经学派著作。体裁与《春秋公羊传》近，以问答形式解经，侧重传《春秋》之“义理”，记事虽不及《左传》详实，但持论较《公羊传》

为平正。西汉宣帝好穀梁，曾立于学官，设博士。注释有东晋范宁《春秋穀梁传集解》、唐杨士勋《春秋穀梁传疏》(收入《十三经注疏》)、清钟文烝《穀梁补注》。

《春秋穀梁传》 即“《穀梁传》”。

《穀梁春秋》 即“《穀梁传》”。

《春秋穀梁传注疏》 东晋范宁注(即《春秋穀梁传集解》)，唐杨士勋疏。二十卷。范注兼载门生故吏子弟之说，各列其名，故称《集解》。杨疏也保存了一些旧说。为《穀梁》注解流传到今最早的一种。收入《十三经注疏》。

《穀梁补注》 清钟文烝撰。二十四卷。兼采汉学、宋学，对范宁《春秋穀梁传集解》加以补充。是清代学者注释《穀梁传》较为完备的一种。收入《皇清经解续编》。

《春秋释例》 西晋杜预撰。十五卷。大旨以为“经之条贯必出于传，传之义例归总诸凡”，参考经义，阐释《左传》的凡例。原书已佚，今本从《永乐大典》中辑出。收入《古经解汇函》。

《春秋集传纂例》 唐陆淳纂。十卷。纂集啖助、赵匡的《春秋》解说，加以发挥，首为全书总义，考究《春秋》三传得失，以为《左传》长于叙事，而发明《春秋》“大义”，则不如《公羊传》和《穀梁传》；其次，掇拾《春秋》“微旨”，阐发义例；末为经传文字脱谬的考核，并列述人名、国名、地名。这种舍传求经的研究方法，导启宋人怀疑经传的风气。收入《古经解汇函》。

《春秋详说》 南宋家铉翁撰。三十卷。谓《春秋》以“垂法”为主，不专重记事。参稽众说，以“探得圣人心法所寓”。为研究宋儒《春秋》经说的参考书籍之一。收入《通志堂经解》。

《春秋正辞》 清庄存与撰。十一卷，另附《举例》、《要旨》各一卷。主要发挥《春秋公羊传》的“微言大义”为主。为清代今文经学派的最早的著作。收入《皇清经解》。

《春秋大事表》 清顾栋高撰。五十卷，附舆图一卷、附录一卷。将春秋时代的天文历法、世系官制、疆域地理、列国史事等，分类列表说明，条理详密，考核亦精，可供研究春秋史的参考。收入《皇清经解续编》。

《论语》 释文见“中国古代哲学·著作·先秦”类。

《鲁论》 汉代今文本《论语》之一。相传系鲁人所传，故名。共二十篇，篇次和今本《论语》同，是现行《论语》的来源之一。参见“《张侯论》”。

《齐论》 汉代今文本《论语》之一。相传系齐人所传，故名。共二十二篇，较《鲁论》多《问王(玉)》、《知道》两篇。是现行《论语》的来源之一。参见“《张侯论》”。

《古论》 即古文本《论语》。《汉书·艺文志》以为出于孔子住宅壁中；《隋书·经籍志》以为与《古文尚书》同出。共二十一篇，较现行《论语》多《从政》一篇(由《尧曰》篇中分出)。东汉末，郑玄注《论语》，混合《古论》及《张侯论》，成为现行的《论语》，是《论语》的第二次改订本。

《张侯论》 《论语》第一次改订本。共二十篇。西汉末安昌侯张禹根据《鲁论》并吸收《齐论》编定，故名。篇次依据《鲁论》。东汉末郑玄注《论语》，又混合《张侯论》和《古论》，成为现行的《论语》。

《论语集解》 三国魏何晏编。二十卷。唐陆德明《经典释文》序录云：“何晏集孔安国、马融、包氏、周氏、郑玄、陈群、王肃、周生烈义，并下己意，故为之集解。”系采汉儒诸家之注，并加何及当时孙邕、郑冲、曹羲、荀凯等人所注而成。此书唐朝定为《论语》的标准注解。除收入《十三经注疏》外，另有商务印书馆影印《四部丛刊》本。

《论语义疏》 全称《论语集解义疏》。南朝梁皇侃(一作皇偘)撰。十卷。以三国魏何晏《论语集解》为主，兼采老庄玄学，阐发经义，是南学的主要经注之一。南宋时曾亡佚，清乾隆年间由日本觅回。收入《古经解汇函》。

《论语集解义疏》 即“《论语义疏》”。

《论语正义》 清刘宝楠撰。二十四卷。以三国魏何晏《论语集解》为主，详采各家之说，并汇编清代对《论语》的考释。全书未完而卒，由其子恭冕续成。有《诸子集成》本等。

《论语发微》 清宋翔凤撰。一卷。翔凤学于刘申受(逢禄)，治经主今文。推崇何休《论语注》“必于微言大义大有发明”。认为其师刘申受所作《论语述何》，未必当何旨。故作《发微》。其书抑左氏以伸公羊。推原孔子受命于天而作《春秋》。又谓《泰伯》一篇，明帝王有天下之法，舜禹禅让，不知周之天下亦出于让。让天下者，自尧舜至泰伯而三，《春秋》托始于隐，隐让国之君，故不书即位，有不与有天下之心焉。《公羊》说春王，王者孰谓，谓文王也。文王之受命本于泰伯之让。而《春秋》之受命，亦本于隐公之让。《春秋》王鲁而托始于隐，故以王加正月，而当文王也。《论语》中有：子畏于匡曰：“文王既没，文不在兹乎?”认为此即孔子称素王之说也。此书为今文家，以《公羊》附会《论语》之权舆。未几而戴望《论语注》、康有为《孔子改制考》继之而起,愈演愈幻。附刊于翔凤所著《四书训释》后。

《洙泗考信录》 清崔述撰。四卷。洙、泗原是鲁国水名,因孔子是鲁国人,本书主要考核孔子生平事迹,故取以为名。以儒家经典为主,凡传、注与经合的予以参证,不合的加以考辨,对其他书籍的记载错误也加以校正。是研究孔子思想的参考资料。收入《崔东壁遗书》。

《乡党图考》 清江永撰。十卷。搜集经传中所载古代制度名物同《论语·乡党》篇有关的,加以诠释。分为图谱、圣迹、朝聘、宫室、衣服、饮食、器用、仪节、杂典九类。收入《皇清经解》。

《孟子》 释文见"中国古代哲学·著作·先秦"类。

《孟子外书》 相传《孟子》七篇之外,另有《外书》四篇。东汉赵岐《孟子题辞》谓:"又有《外书》四篇,《性善辩》、《文说》、《孝经》、《为政》,其文不能弘深,不与内篇相似,似非《孟子》本真,后世依放而托之者也。"书已亡佚。今本系明人伪造。

《孟子音义》 北宋孙奭撰。二卷。补充唐陆德明《经典释文》缺少《孟子》的不足,可以据校今本东汉赵岐注的失误。

《孟子正义》 清焦循撰。三十卷。因见清学者注释《孟子》成果颇大,并嫌《十三经注疏》中《孟子》之疏为杜撰,故以东汉赵岐注为主,博采数十家之说,又收集、援证顾炎武以下百余学者考订训释的成果,广征博引,凡难解之处,均一一罗列各家之说,并酌加己注,汇编而成。属清代《孟子》注释中最详备的一种。收入《焦氏丛书》、《皇清经解》、《四部备要》及《诸子集成》中。

《尔雅》 最早解词义的专著。由汉初学者缀辑周汉诸书旧文,递相增益而成。今本十九篇。首三篇《释诂》、《释言》、《释训》所收为一般词语,将古书中同义词分别归并为各条,每条用一个通用词作解释。《释亲》、《释宫》、《释器》以下各篇是关于各种名物的解释。为考证词义和古代名物的重要资料。后世经学家常用以解说儒家经义,至唐宋时遂为"十三经"之一。注释《尔雅》的,以西晋郭璞注、北宋邢昺疏《十三经注疏》本最通行。清邵晋涵《尔雅正义》、郝懿行《尔雅义疏》较为详密。

《尔雅义疏》 清郝懿行撰。二十卷。取材广博,可补西晋郭璞《尔雅注》所未备。为研究训诂学的重要著作。道光间《学海堂经解》本及沔阳陆建瀛刊本,皆据王念孙删节本;咸丰间仁和胡珽刊本及同治间郝氏家刊本,系全本。

《诗纬》 汉代流传下来的纬书之一。有《推度灾》、《氾历枢》、《含神雾》三种。上承《齐诗》学,以《诗》配五性六情,据天人感应相通之理,认为气运律历同人的思想感情相通,特别是君主的思想性情影响气运律历,因此由灾祥可以观测人事,推知统治者的思想、性情。《齐诗》亡于西晋,言五际六情,赖《诗纬》存其梗概。《隋书·经籍志》著录《诗纬》十八卷,魏博士宋均注。两《唐志》并有《诗纬》三卷郑玄注,又有宋均注《诗纬》十卷。今皆残缺。辑本有明孙瑴《古微书》、清赵在翰辑《七纬》、马国翰《玉函山房辑佚书》、黄奭《汉学堂丛书》、乔松年《纬攟》及日本《纬书集成》等。清陈乔枞有《诗纬集证》四卷,胡薇元有《诗纬训纂》(《玉津阁丛书》本)。

《诗纬推度灾》 以阴阳五行,天人感应之理,据天之行度以推天意,占验灾异,故名。陈乔枞有《诗纬集证》,胡薇元有《诗纬推度灾训纂》。

《诗纬氾历枢》 亦称《汎历枢》。或作《记历枢》、《纪历枢》、《记律枢》。"记""纪"并与"氾"字形近。"律"字乃清人避乾隆讳改。《诗纬》以三百篇配阴阳五行天干地支。《氾历枢》说:"《大明》在亥,水始也。"午亥之际为革命,配《大明》,即武王伐纣之诗。赵在翰云:"泛览五际,其枢在水。"亥为水始,即历数运行至革命的关键时刻,故名。陈乔枞有《诗纬集证》,胡薇元有《诗纬氾历枢训纂》。

《汎历枢》 即"《诗纬氾历枢》"。

《诗纬含神雾》 《诗纬》一种,言天人灾祥感应之征,序列上天五帝座之神名,并以六律五声与国风地域相配。含神灵奥义,幽隐蒙笼如雾,故名。其中引"孔子曰:诗者天地之心,刻之玉版,藏之金匮。"(《后汉书·崔骃传》注引)又引孔子"违山十里"歌。并扶乩之词,托于孔子。有清陈乔枞《诗纬集证》、胡薇元《诗含神雾训纂》。

《书纬》 汉代流传下来纬书之一。有《璇玑钤》、《考灵曜》、《刑德放》、《帝命验》、《运期授》五种及《尚书中候》十八篇。其中有托于孔子,并神化孔子的记载,如云:"丘生仓际,触期稽度,为赤制,故作《春秋》。"(《尚书·考灵曜》)《隋书·经籍志》有《尚书纬》三卷,郑玄注。《尚书·中候》五卷,郑玄注。两《唐志》并著录《书纬》三卷郑玄注,而无《尚书·中候》。《书纬》有《七纬》本,《玉函山房辑佚书》、《汉学堂丛书》本及日本《纬书集成》本。

《尚书璇玑钤》 亦称《书纬璇玑钤》。《尚书·尧典》"在璇玑玉衡以齐七政"。璇玑玉衡,《尚书》今文说以为是星名,即观察北斗七星的运行规律;《尚书》古文说以璇玑玉衡为观测天象的仪器,即古代的浑天仪。“钤”,关键之意。言观测璇玑乃是制历明时的关键,故名。其中述五帝三王以及汉代的符瑞征验。并引“孔子曰:五帝出,受图录”。托为孔子乃扶乩降乩之类。

《书纬璇玑钤》 即“《尚书璇玑钤》”。

《尚书考灵曜》 亦称《书纬考灵曜》。灵曜谓日月星辰。考察天体日月星辰的运行,故名。其中包涵天文学及一些自然科学知识,如云:“地有四游。”“地恒动而不止,人不知,譬如人在大舟中,闭牖而坐,舟行而人不觉也。”(《太平御览》卷三十六引)但又如说:“孔子为赤制,故作《春秋》。”(《后汉书·公孙述传》注引)则系托为孔子的神学预言。

《书纬考灵曜》 即“《尚书考灵曜》”。

《尚书刑德放》 又名《书纬刑德放》。帝王政教以德为本,刑以辅之,阳为德,阴为刑;阳主生,阴主杀,仿天之行,故名。今残存十余条,有郑玄注。

《书纬刑德放》 即“《尚书刑德放》”。

《尚书帝命验》 《尚书纬》的一种,言朝代兴亡,帝王历运的长短,取决于天命,随五行更替,但兴衰存亡,均各有征验,故名。

《尚书运期授》 《尚书纬》的一种。言帝王受命历运长短均有一定期限,为天所授,故名。今仅存佚文十余条。

《尚书·中候》 谶纬书名。《隋书·经籍志》有《尚书·中候》五卷,郑玄注。《尚书·璇玑钤》曰:“孔子求得黄帝玄孙帝魁之书,迄于秦穆公凡三千二百四十篇,断远取近,定可为世法者百二十篇,以百二篇为《尚书》,十八篇为《中候》。”十八篇分别为:(1)《敕省图》,(2)《掘河纪》,(3)《运衡》,(4)《考河命》,(5)《题期》,(6)《立象》,(7)《义明》,(8)《首兴》,(9)《握契》,(10)《洛予命》,(11)《稷起》,(12)《我应》,(13)《洛师谋》,(14)《合符后》,(15)《摘洛戒》,(16)《霸免》,(17)《准谶哲》,(18)《觊期》。《中候》多言历代帝王所见的灾祥符应,“候,占也”(《列子·周穆王篇》张湛注)。亦占验之书。朱彝尊云:“案《中候》专言符命,当是新莽时所出之书。”(《经义考》卷二六五)今虽有残佚,但相比《尚书纬》中其他部分,仍为保存较多的。有郑玄注及宋均注,清末皮锡瑞有《尚书中候疏证》。

《礼纬》 汉代流传下来纬书之一。有《含文嘉》《稽命征》《斗威仪》三种。《礼纬》虽亦言天人感应,但其中保存着一些古代传说及发明创造的故事。《隋书·经籍志》著录《礼纬》三卷郑玄注。两《唐志》并有《礼纬》三卷,题为宋均注。是郑宋二家并有《礼纬注》。《礼纬》遗文有《古微书》《七纬》《玉函山房辑佚书》《汉学堂丛书》《纬捃》及日本《纬书集成》本。

《礼纬含文嘉》 《礼纬》的一种。礼本质而含文,是文明的标志,乃嘉美的集中体现,故名。本篇侈陈符瑞,以明天人感应之说为主,其中叙及三皇,讲到礼的起源说:“礼理起于太一,礼事起于燧皇,礼名起于黄帝。”又说:“君为臣纲,父为子纲,夫为妻纲。”“诸舅有义,族人有叙,昆弟有亲,师长有尊,朋友有旧。”又讲到“九锡”等。这些三纲五常之道,为历代封建统治者所崇奉,亦封建礼教所重。旧有郑玄及宋均二家注。

《礼纬稽命征》 《礼纬》的一种,此书言惟圣帝明王能稽合天命,应征受命为王,故名。其中引“孔子谓子夏曰:礼以修外,乐以修内”(《后汉书·张奋传》引)。又引“孔子谓子夏曰:群鸽至,非中国之禽也”(《玉烛宝典》五引)。皆本古传记之文。

《礼纬斗威仪》 《礼纬》的一种。其中言五行五声与政教相配之理及日月星辰风物相感之道。北斗在天,象征威仪,礼主容仪,取法北斗。宋均注《春秋说题辞》云:“斗居天中,而有威仪,王者法而备之。”(《太平御览》六一〇引)故名。

《易纬》 汉代流传下来纬书之一。有《稽览图》、《乾凿度》、《坤灵图》、《通卦验》、《是类谋》、《辨终备》六种。《隋书经籍志》有《易纬》八卷郑玄注。新旧《唐志》并著录《易纬》九卷宋均注。《易纬》讲卦气征验以明吉凶,认为“卦”是风气之动的先兆,风为气之动,由气可以验物,所以由卦气之朕兆可以占验吉凶。该书托于孔子,其中亦有征引孔子之说,虽未可尽信,但可为研究儒学及汉代思想的参考。宋以后,《易纬》部分散佚,又出现了《乾坤凿度》二卷及《乾元序制记》一卷。《乾坤凿度》亦称《坤凿度》。其书上卷题《乾凿度》与《易纬·乾凿度》名同实异,下卷则题《坤凿度》。《乾元序制记》乃宋人杂钞诸纬凑成。汉以来的《易纬》六种加宋以来的二种合为《易纬》八种,清修《四库全书》从《永乐大典》中辑出。有武英殿聚珍本及《古经解汇函本》、《七纬》本及日本《纬书集成》本。

《易纬辨终备》 宋李淑《邯郸书目》著录一卷,晁公武《郡斋读书志》、《文献通考·经籍考》并同,郑玄注。《辨终备》亡佚已久,今本仅存残简断句,当出宋以后人补辑。其内容均属占候灾异之词。其中有托于孔子之语,如云:“孔子表《河图皇参持》曰:天以斗视,日发明皇,以戏招始,挂八卦谈。”原书久佚,朱彝尊《经义考》,清修《四库提要》及孙星衍《孔子集语》等均误以《辨终备》为《中备》,不知《中备》乃《易三备》之一种,与《辨终备》实为两种不同书籍。

《易纬乾凿度》 亦称《周易乾凿度》。《通志·艺文略》著录二卷，郑玄注。李淑《邯郸书目》、晁公武《郡斋读书志》《文献通考·经籍考》所载卷数及注者并同。《宋史·艺文志》作《乾凿度》三卷，疑三乃二之误。乾为天，《乾凿度》意味开辟通上天上的道路。今本分为上下二卷，上卷及下卷的内容和文字均略有重复。《乾凿度》是《易纬》中的代表作。它构造了一个由太易→大初→太始→太素→浑沦↗天↘地的唯心主义的宇宙生成论。其中如引"孔子曰：易者易也，变易也，不易也"（《易纬·乾凿度》卷上）。说明"易"一名而含三义，郑玄《六艺论》即取其说解"易"的含义。虽不一定为孔子之言，但对"易"义解释则颇为简要中肯。《乾凿度》虽是汉代流传至今纬书中最为完整的一部，但此编在唐以后亦已残缺，故亦有佚文。原书有郑玄、宋均二家注。宋以后相混抄，不复区别，故今本正文既有重复，注文也有牴牾互相错杂之处。另有武英殿聚珍本等。

《周易乾凿度》 即"易纬乾凿度"。

《易纬稽览图》 该书将卦气消息列为图表，览图以稽其义，故曰《稽览图》。因其中有"卦气起中孚"之文，故汉人引此书又称《中孚传》或《中孚经》。《永乐大典》中有《稽览图》一卷，清修《四库全书》从《大典》中辑出分为二卷，郑玄注。专讲卦气，以六十杂卦配一年三百六十五日，每卦主六日七分，以风雨寒温占验政治得失，由灾祥以明天人感应，属孟京《易》学一派。其中亦援据孔子，如依托"孔子曰：终始之义，在外内焉，进退在二年，观其政，以别知其泰延与否也"（卷下）。今本残缺。唐代李淳风续注《易纬》有"推天元甲子术"及"推《易》天地人之元术"。今亦附入《稽览图》正文，故其中有推到宋元嘉元年(424)及唐上元二年(674)，均系续注。

《易纬通卦验》 易纬的一种。系讲卦气征验以明吉凶。基于天人感应之说，通过卦气来占验吉凶，故曰《通卦验》。其中也保存某些古传记遗文，如云："正其本而万物理；失之毫厘，差以千里。"即见于《通卦验》，而《礼记·经解》《史记·自序》均引着《易》曰，当系古《易传》之文。依托孔子，把一此谶语，托为孔子之言。如云："孔子表《洛书摘亡辟》曰：'亡秦者胡也。'丘以推秦，白精也。"又"孔子曰：太皇之先，与耀合元，精五帝期，以序七神"（《通卦验》卷上）。《通卦验》，清修《四库全书》，从《永乐大典》中辑出，分为二卷。但尚有不少佚文，未辑入。

《易纬坤灵图》 易纬的一种。李淑《邯郸书目》著录一卷，晁公武《郡斋读书志》、《文献通考·经籍考》并同。《四库提要》有《坤灵图》一卷，郑玄注，其实仅存乾、无妄、大畜卦词二百余字。缺佚已多。坤指地，坤灵即谓地之灵妙，有图记之，故曰《坤灵图》。以《易》为"天经"，并依托孔子为之序说。如云："丘序曰：《天经》曰：乾元亨利贞。"又云："丘括义，因象助类。"又"孔子曰：需之始发大牡始，君弱臣强从解起。"

《易纬是类谋》 亦作《筮类谋》。易纬的一种。取占筮可行之类，预为筹谋，故名《筮类谋》。其中用韵语连缀成文，多言礼祥推验。宋李淑《邯郸书目》著录一卷，《郡斋读书志》、《文献通考·经籍考》同。《四库提要》著录一卷，但此书宋以后即残缺，尚有不佚文。今本题郑玄注。孙诒让说："旧题郑康成注，今考订非是。"（《札迻》卷一）其中讲到孔子受命为文治。如云："命者孔丘。""命机之运，由孔出，天心表际。"郑玄注："天命孔子，以自上至德在文。""机转者，纪数天之运，皆孔子出天之心意。"

《乐纬》 纬书之一。汉代流传下来的《乐纬》有《动声仪》《稽耀嘉》《叶图征》三种。依托孔子，如云："孔子曰：丘吹律定姓，一言得土曰宫，三言得火曰征，五言得水曰羽，七言得金曰商，九言得木曰角。"（《五行大义》卷一引）吹律定姓本阴阳家及汉代纬候之说，亦假借孔子以取重。《隋书·经籍志》著录《乐纬》三卷宋均注。两《唐志》同。宋以后残佚，明孙瑴《古微书》、赵在翰《七纬》、马国翰《玉函山房辑佚书》、黄奭《汉学堂丛书》、乔松年《纬捃》及日本《纬书集成》并有辑本。

《乐纬动声仪》 《乐纬》的一种，言五声律吕四气风物相感之道，乐音感人至深，歌咏鼓舞，雍容盛德，而威仪彰著，故名。其中引"孔子曰箫韶者舜之遗音也，温润以和，似南风之至。"（《太平御览》八十一引）并据古传记之文。《乐纬·动声仪》有郑玄及宋均注。

《乐纬稽耀嘉》 《乐纬》的一种。本篇明三统三正，五行更王，文质相代之理。稽同天行，光耀永嘉，故名。其中有托为孔子之说，如记"颜回问三教变，虞夏如何？曰：教者所以追补败政，靡弊溷浊，谓之治也。舜之承尧，无为易也。"（《白虎通义·三教》引）又"孔子谓子夏曰：鹳鸽至，非中国之禽也"（《玉烛宝典》卷五引）。《稽耀嘉》有郑玄及宋均注。

《乐纬叶图征》 亦作《协图征》、《汁图征》。《乐纬》的一种。原本有图。乐贵协和，制作灵图，以为征验，故名。《周礼·春官·太史》"读礼书而协事"。郑注："故书协作叶，杜子春云：'叶，书或为汁。'"可见叶、汁、协古字通。叶、汁又或误为"计"、"什"。多言乐与政教相通，天地人物相互感应和谐之道。有郑玄及宋均注。

《春秋纬》 汉代流传下来的纬书之一。包括《演孔图》、《元命苞》、《文耀钩》、《运斗枢》、《感精符》、《合诚图》、《考异邮》、《保乾图》、《汉含孳》、《佐助期》、《握诚图》、《潜潭巴》、《说题辞》、《命历序》等十四种。是谶纬书中除《易纬》外保存佚文最多的。其内容既有解释《春秋》之文,又有古代神话传说及天人感应灾祥符瑞之说。托为孔子遗谶,其中载孔子为"汉帝制法"的谶词(见《春秋·汉含孳》),又有一些解说《春秋》之文。《隋书·经籍志》谓阮孝绪《七录》有《春秋纬》三十卷,宋均注。两《唐志》并著录宋均注《春秋纬》三十八卷。宋以后散佚。明孙瑴《古微书》清赵在翰《七纬》马国翰《玉函山房辑佚书》黄奭《汉学堂丛书》乔松年《纬攟》并有《春秋纬》辑本。

《春秋元命苞》 《春秋纬》的一种。其中保存佚文较多。认为上天制命,统于一元,无所不包,故曰《元命苞》。其中演述《春秋》首书"元年春"之微旨。并引"孔子曰:丘作《春秋》,始于元,终于麟,王道成也"(《文选·答宾戏》注引)。全篇讲明五行更王,帝王迭兴,天人合一,天人相感之道。于符瑞、灾异以及帝王形象、天文、地理均有所叙列。有宋均注。

《春秋演孔图》 《春秋纬》的一种,其中讲到孔子"获麟而作《春秋》,九月书成"。内有许多神化孔子的故事,并讲到孔子的形象。如云孔子形象:"孔子长十尺,大九围,坐如蹲龙,立如牵牛,就之如昂,望之如斗。"(《太平御览》三七七引)又说:"孔子曰:丘作《春秋》,天授《演孔图》。"还有血书鲁端门的神话。又云:"孔提命,作应法,为赤制。"(《太平御览》九一四引)又说:"《公羊》全孔经。"(《初学记》卷二一引)显系《公羊》一派神化孔子及《春秋》之作。有宋均注。

《春秋感精符》 《春秋纬》的一种。其中述三统三正,孔为赤制等《公羊》家所谓《春秋》微言。其命名之意,《感精符》云:"山川之精,上为星,各应其州域分野,分国作精,神符验也。"(《太平御览》六引)意谓山川精气,上为星辰,帝王上应列星,所以君主政教得失,声闻于天,天人相感,如合符契,故名。篇中亦依托孔子,如说:"孔子案录书,合观五常英人,知姬昌为苍帝精。"(《太平御览》卷八十四引)有宋均注。

《春秋汉含孳》 《春秋纬》的一种。此言《春秋》为汉立法,麟为汉朝受命之瑞,故作《春秋》孕育着卯金兴起,汉室孳生,故名。篇中提出孔子"为汉帝制法"的谶语,"孔子曰:丘览史记,援引古图,推集天变,为汉帝制法,陈叙图录"(《公羊传》隐公第一题疏引)。有宋均注。

《春秋合诚图》 《春秋纬》的一种。天人感应,以诚相通,以图示意,故名。此篇言天命"赤龙负图出",尧母庆都读之,生尧,貌如图人,故尧为赤帝。汉为尧后,亦为赤帝。有宋均注。

《春秋考异邮》 《春秋纬》的一种。天垂现象,以见吉凶,考其祯祥灾异,天人通邮,符应不爽,故名。本篇言风雨气候及物象变化与政教人事相应,说明考物应天之理,以示天人相与,其应验并见于物。其中有解说《春秋》的文字。有宋均注。

《春秋说题辞》 《春秋纬》的一种。本篇类似《春秋纬》的概说或序言。泛论《六经》的意义和旨要。云:"孔子受端门之命,制《春秋》之义,使子夏等十四人求周史记得百二十国宝书,九月经立。"(《公羊传》"隐公第一"题疏引)其中特别着重《孝经》和《公羊》,谓"《孝经》者所以明君父之尊,人道之表,天地开辟皆在孝"(《太平御览》六一〇引)。又曰:"传我书者,公羊高也。"其中载有经义训诂之词,并可考见汉代谶纬对《六经》的理解。本篇解说经题,阐明纬义,宣扬儒教,以为题辞,故以《说题辞》命篇。有宋均注。

《春秋握诚图》 《春秋纬》的一种。诚为天道,王者所握,有图相配,故名。此篇佚文只数条。其中载"刘媪梦赤鸟如龙戏己,生执嘉"(《史记·高祖本纪》正义引)。又云执嘉妻含始生刘季(见《太平御览》一三六引)。又说:"孔子作《春秋》,陈天人之际,记异考符。"(《太平御览》六一〇引)

《春秋运斗枢》 《春秋纬》的一种。北斗第一星名"天枢"。斗枢运动为帝王所取则,故名。北斗七星的运行,为帝王所取法,乃制历明时之枢纽。《书·尧典》曰:"在璇玑玉衡,以齐七政。"《运斗枢》认为帝王政教取法于北斗。故曰:"五帝所行,同道异位,皆循斗枢玑衡之分,遵七政之纪,九星之法。"(《太平御览》卷五引)又曰:"《春秋》设七等之文,以贬绝录行,应斗屈伸。"(《公羊传》庄公十年疏引)有宋均注。

《春秋文耀钩》 《春秋纬》的一种,意谓《春秋》成文,光耀四布,钩深致远。其中言州域分野,上配列宿。天垂象,见吉凶,可以验人事,明天人相应之道。有宋均注。

《春秋潜潭巴》 《春秋纬》的一种。本篇记灾祥感应,并谓君臣合德,道度协中,天下和平,则祥瑞叠见。阴阳灾异,其理奥秘,精微难言,深潜幽隐,其曲如巴,故名。有宋均注。

《春秋佐助期》 《春秋纬》的一种。此篇言帝王兴起，承受天命，自有神灵护佑，辅佐诸人，上应列宿，应期而至，故名。其中言汉相萧何为昴星精，是其证验。有宋均注。

《春秋保乾图》 《春秋纬》的一种。乾为天为君，言君承天命，应运受图，于时宝之，故名。其中引“孔子曰：汉三百载，计历改宪。”（《后汉书·郎𫖮传》引）乃扶乩降笔之类。篇中言孙登及魏代汉之事，当为后世附入。有宋均注。

《春秋命历序》 《春秋纬》的一种。认为帝王年世，受命于天，五运相承，历数相序，故名。叙述天地开辟以来经历十纪，自三皇以下，迄于春秋，对古帝王世代及受命历数加以序列。太古传说故事，赖此窥其厓略。说：“孔子为治《春秋》之故，退修殷之故历，使其数可传于后。”（《晋书·律历志下》引）有宋均注。

《孝经纬》 汉代流传下来纬书之一。有《援神契》、《钩命决》等。其内容以天人感应，符瑞灾异为主，也兼载古代传说及解说经义之语。《孝经纬》中引了好些孔子的话，托孔子以为重言，并记有孔子的形貌。《隋书·经籍志》有《孝经钩命决》六卷，宋均注。《孝经援神契》七卷，宋均注。两《唐志》并著录《孝经纬》五卷，宋均注。唐宋以来亡佚已多。因其原书卷帙庞大，故所存佚文较《诗》、《书》、《礼》、《乐》等纬书为多。其辑本有孙瑴《古微书》、赵在翰《七纬》、马国翰《玉函山房辑佚书》、黄奭《汉学堂丛书》、乔松年《纬攟》及日本《纬书集成》本。

《孝经援神契》 《孝经纬》的一种。援引众义，阐发微旨，以孝道通乎神明，故名。提出：“元气混沌，孝在其中。”（《初学记》卷十七引）说明孝与元气并生，因之孝无所不包，具有世界观的意义。孝道贯彻上下，自天子至于庶人都要行“孝”，但对“孝”的要求和含义则各不相同。本篇内容包括天文、地理、历史、时令、五德之运、明堂制度等各方面，而以人神合契，天人感应论为中心。篇中亦有神化孔子的记载，如说“孔子海口，言若含泽”（《艺文类聚》卷十七引），“玄丘制命，帝卯行”（史晨《奏祀孔庙碑》引）。兼及《春秋》三世、三科九旨等。有宋均注。

《孝经钩命决》 《孝经纬》的一种。钩稽天命，以崇人伦，孝通鬼神，以立性情，撮其微旨，故以诀名，所以叫《钩命决》。本篇主旨在说明天人相通，“孝心感天地”，孝道无所不包。言及皇帝王霸之道与礼乐、刑政、性情之意。其中神化孔子如说孔子生有“异表”。“仲尼斗唇，舌里七重，吐教陈机受度”（《太平御览》卷三六七引）。“仲尼虎掌、龟脊、辅喉、骈齿”（《太平御览》卷三六八引）。又说孔子“志在《春秋》，行在《孝经》”（《公羊传》何休《公羊解诂序》疏引）。这些均保存了汉儒经师之说。有宋均注。

《论语谶》 汉代流传下来的谶之一。七经均有“纬”。《论语》记述孔子言行，在汉代属于传记，故《论语》无纬，而称“谶”。包括《比考谶》、《撰考谶》、《摘辅象》、《摘衰圣》、《素王受命谶》、《崇爵谶》、《纠滑谶》、《阴嬉谶》八种。阮孝绪《七录》有《论语谶》八卷，宋均注。在东汉初期即已流行。后《论语》也升为“经”，并且纬与谶实质上并无区别，所以在《唐书·经籍志》、《新唐书·艺文志》中著录并有“《论语纬》十卷”。后散佚。保存佚文较多的有《比考谶》、《撰考谶》、《摘衰圣》、《摘辅象》几种。辑本有《古微书》、《玉函山房辑佚书》、黄氏《逸书考》、《纬捃》及《重修纬书集成》本等。《齐文化丛书》第四册有《论语谶》点校本。

《论语比考谶》 《论语谶》的一种。孙瑴说：“上比之三王，下自考也。”（《古微书》）其中以孔子为素王，为汉制法，认为他设教讲学，虽无爵禄，但上比之三王，以自考校，故名。今存佚文十余条。有三国魏宋均注。

《论语撰考谶》 《论语谶》的一种。本篇言撰述《论语》以自考校，故名。篇中有诠释《论语》的文字。如“子罕言利，利伤行也”（《文选·邹阳〈于狱中上书自明〉》注引）。“下学上达，知我者其天乎！通精曜也。”（《文选·赭白马赋》注引）“孺悲欲见，乡党慕义。”（《文选·喻巴蜀檄》注引）其中又讲到孔门弟子的一些状貌言行。今只存佚文十余条，有三国魏宋均注。

《论语摘辅象》 《论语谶》的一种。本篇多记孔子及其徒属的容貌、性格，根据其容仪性格来选择圣王辅佐，故名。篇中言及“伏羲六佐”，“黄帝七辅”（《圣贤群辅录》引）。又说：“孔子为素王，颜渊为司徒。”（《北堂书钞》卷五十二引）“子路为司空”（同上）。有三国魏宋均注。

《论语摘衰圣》 本名《论语摘衰圣承进谶》。《论语谶》的一种。记西狩获麟，孔子往观，“遂泣曰：予之于人人，犹麟之于兽也，麟出而死，吾道穷矣！”（《古微书》）说明圣人处于衰世，伤麟道穷，故名。今只存佚文数条，有三国魏宋均注。

《孔子闭房记》 汉以后流传的图谶之一。该书将所传帝王易姓受命之说，均附之于孔子。如沙丘之亡（秦亡）、卯金之兴（汉兴），谓孔子前知而预为之谶。北魏太和九年（485）诏曰：“自今图谶秘纬及名为《孔子闭房记》者，一皆焚之，留者以大辟论。”（《魏书·高祖纪》）《旧唐书·王世充列传》记王世充将谋篡位，“有道士桓法嗣者自言解图谶，乃上《孔子闭房记》,画作丈夫持一竿以驱羊,释云:隋,杨姓也;干一者,王字也。王居羊后,明相国代隋为帝也。”此书荒诞,今不传。

《五经异义》 东汉许慎撰。《隋书·经籍志》著录十卷。分别叙述今文经学和古文经学的不同内容。原书已佚,郑玄著《驳五经异义》,引述有《五经异义》原文。清陈寿祺辑有《五经异义疏证》,皮锡瑞辑有《驳五经异义疏证》,可供参考。

《驳五经异义》 东汉郑玄撰。许慎撰《五经异义》,分别叙述今文经学和古文经学的不同内容。郑玄融合今文、古文,加以辩驳。原附《五经异义》原本之内,已佚。清皮锡瑞撰《驳五经异义疏证》,可供参考。

《六艺论》 东汉郑玄撰。《隋书·经籍志》著录一卷。相传郑玄先作此书,再遍注群经。论次《易》、《书》、《诗》、《礼》、《乐》、《春秋》六经(“六艺”),叙述经学传授的源流。原书已佚,清马国翰《玉函山房辑佚书》有辑本。又皮锡瑞曾撰《六艺论疏证》一卷,可参考。

《郑志》 三国魏郑小同编。原书已佚,《古经解汇函》中有辑本。辑存三卷,补遗一卷。小同是郑玄之孙,此书记载郑玄与其门人赵商、张逸等问答之词,以有关经传疑义的阐释较多。它和郑玄弟子所编《郑记》,都可供研究郑玄思想和郑学之用。清皮锡瑞撰《郑志疏证》八卷、《郑记考证》一卷,可参考。

《圣证论》 三国魏王肃著。《隋书·经籍志》著录十二卷,《新唐书·艺文志》著录十一卷。大都援引伪《孔子家语》一书,托称“取证于圣人之言”,借孔子名义驳斥东汉郑玄,企图夺取“郑学”的地位。可以考见郑、王经学思想上的异同。原书已佚,清马国翰《玉函山房辑佚书》辑有一卷,皮锡瑞撰有《圣证论补评》二卷。

《孔丛子》 旧题陈胜博士孔鲋撰。主要记载孔子及其后裔子思、子上、子高、子顺以及孔鲋等言行。全书共六卷二十一篇。至汉武帝时,孔臧又以其所著赋上、下篇为一卷,附缀于后,编为七卷,别名《连丛》。此书《汉书·艺文志》不载,汉代也无人征引,至三国魏王肃的《圣证论》始引用,且其说与王肃伪造的《孔子家语》有许多相同,故后人疑系王肃或其门徒伪作。其中《公孙龙》一篇,详细记述了孔穿与公孙龙关于“白马非马”、“臧三耳”之辩论。认为“白马”这类名称是“先举其色,后名其质,万物之所同,圣贤之所常”;主张“君子之论贵当物理,不贵繁辞”。指出公孙龙指责孔穿“使龙去之(去“白马非马”),则龙无以教矣。今龙无以教而乃学于龙,不亦悖乎”的言辞,与公孙龙随后所举“尹文折齐王之所言”,恰是相反之辞,因为按尹文的逻辑(“法”),“穿之所说(悦)于公孙子,高其智悦其行也。去白马之说,智行固存,是则穿未失其所师者也。”指出孔子议楚王之“楚人”语,“是则异楚王之所谓楚,非异楚王之所谓人”;认为“欲广其人,宜在去楚。欲正名色,不宜去白。诚察此理,则公孙之辩破矣”。对公孙龙的名辩思想作了详细评价。对研究汉代以后经学家的逻辑思想具有一定的参考价值。《小尔雅》一篇,常为研究文字、训诂学者所引用。

《孔子家语》 《汉书·艺文志·六艺略》著录《孔子家语》二十七卷。佚于唐。今本十卷四十四篇,系三国魏王肃撰。杂取《论语》、《左传》、《国语》、《荀子》、《大戴礼》、《礼记》、《说苑》等书所载古代婚姻、丧祭、郊禘、庙祧等制度和孔子的遗文逸事,综合而成。自称得之于孔丘之二十二世孙孔猛。攻击郑(玄)学,并以此作为所撰《圣证论》的论据。对于研究孔子不无参考价值。清孙志祖、陈士珂各有《家语疏证》。

《经典释文》 唐陆德明撰。三十卷。首为《序录》,综述经学传授源流;继释《周易》、《古文尚书》、《毛诗》、《三礼》、《三传》、《孝经》、《论语》、《尔雅》各经。并沿袭魏晋学风,兼取玄学,列《老子》、《庄子》于经典。所采汉魏六朝音切凡二百三十余家,兼载诸儒训诂,考证各本异同,可供研究中国经籍古本的参考,研究文字学和音韵学也可间接取材。

《七经小传》 北宋刘敞撰。三卷。杂论《尚书》、《毛诗》、《周礼》、《仪礼》、《礼记》、《公羊传》、《论语》等七经经义,同汉唐经学家按照古注进行解释不同,是宋儒以义说经较早之作,开宋人自出己意阐释经典之风。

《相台五经》 南宋岳珂在相台书塾所刻。原有《九经三传》,校勘较精。其后散佚。清高宗求得《易》、《书》、《诗》、《礼记》、《左传》五经,照原样摹刻,改称《相台五经》。可供研究中国古代经文、经义参考。

《五经大全》 明代颁布的官书。胡广等奉成祖命编定。一百五十四卷。《周易大全》用宋程颐、朱熹注,宋董楷、元胡一桂、胡炳文、董真卿疏。《书传大全》用宋蔡沈注,元陈栎、陈师凯疏。《诗经大全》用宋朱熹注,元刘瑾疏。《礼记大全》用元陈澔注,杂采诸家为疏。《春秋大全》用宋胡安国注,元汪克宽疏。沿袭程朱,表彰理学,为当时科举取士的标准书。

《古经解钩沈》 清余萧客辑撰。三十卷。从古书中辑集唐以前儒家训释《周易》、《尚书》、《毛诗》、《三礼》、《三传》、《孝经》、《论语》、《孟子》、《尔雅》诸书的旧注，钩稽排比，注明来源，是清代吴派学者的重要著作之一。

《经义考》 初名《经义存亡考》，后改今名。清朱彝尊撰。三百卷。首列御注、敕撰诸书，次以诸经分类，后附毖纬、拟经、承师、刊石、书壁、镂版、著录、通说、家学、自叙各门。搜集历代解释儒家经典的书籍，注明存佚、卷数、撰人姓名，并附原书序跋、诸儒论说，或作考证，是研究中国古代经学派别、经义和版本目录的重要参考书。后翁方纲沿用原书体例，撰有《经义考补正》十二卷。

《通志堂经解》 本名《九经解》。清纳兰成德(性德)刻，实际出于徐乾学、何焯之手。共一百四十六种，一千八百六十卷。搜集唐宋元明关于《易》、《书》、《诗》、《春秋》、《三礼》、《孝经》、《论语》、《孟子》、《四书》等经的注释，加以汇刻。

《九经解》 即“《通志堂经解》”。

《皇清经解》 又名《学海堂经解》。清代训释儒家经籍之书的汇刻。清道光初阮元主编。道光初年，两广总督阮元主学海堂，为当时治经者，苦于不能备观各书之故，乃搜集清初至乾隆、嘉庆年间的经学著作七十四家，共一百八十余种，三百六十册，一千四百十二卷，汇编而成。该书搜罗丰富，其中很多是清代学者考订训释的成果，亦可考见清初至乾嘉年间经学的演变。道光九年(1829)刻竣，藏版于广州学海堂侧文澜阁，咸丰七年(1857)被毁于兵燹，残者十之五六。咸丰九年，两广总督劳崇光集资补刊之，至咸丰十一年始成。另坊间亦有石印本。

《学海堂经解》 即“《皇清经解》”。

《续皇清经解》 原名《皇清经解续编》，亦称《南菁书院经解》。清王先谦编。清光绪十一年(1885)，江苏学政王先谦搜集阮元刻《皇清经解》所遗漏者，及乾嘉以后一百十一家经学著作。沿用原书体例，汇编而成。所收共计二百零九种，一千四百三十卷。其中以乾嘉学派著作为主，亦收入不少其他学者的著作。光绪十四年(1888)刻竣，初版于江阴南菁书院。

《皇清经解续编》 即“《续皇清经解》”。

《南菁书院经解》 即“《续皇清经解》”。

《古经解汇(彙)函》 清钟谦钧辑。十六种，其中《易纬》凡八，实二十三种。搜集唐代以前解释儒家经籍的书，经《四库全书总目提要》著录而未为《通志堂经解》收刻的(除去伪书)，加以汇刻；如南朝梁皇侃《论语义疏》、唐李鼎祚《周易集解》等。所取都是少传之书，又据清代学者校勘本，对文字讹误进行订正，可作研究唐代以前儒家经说的参考。后附《小学汇函》十四种。

《经苑》 清钱仪吉辑。刻于开封大梁书院，故又称《大梁书院经解》。共列书目四十一种，实刻二十五种。所辑各书，除唐陆淳《春秋集传纂例》、《春秋微旨》外，其余都是宋元明学者训解经典之书，可以补充《通志堂经解》的不足。

《大梁书院经解》 即“《经苑》”。

《九经古义》 清惠栋撰。十六卷。解释《周易》、《尚书》、《毛诗》、《周礼》、《仪礼》、《礼记》、《左传》、《公羊传》、《穀梁传》、《论语》十经，其中《左传补注》别本单行，故名“九经”。他以汉儒训诂为宗，搜采旧文，互相参证。以详博见长，但也有拘执古义处。收入《皇清经解》。

《通艺录》 清程瑶田著。共二十四种，四十二卷。包括《禹贡三江考》、《九穀考》、《仪礼丧服文足征记》、《磬折古义》、《数度小记》、《宗法小记》、《释宫小记》、《考工创物小记》、《释草小记》、《释虫小记》等。对经学、制度、舆地、器物等均有论述，考证精详。他旁搜曲证，不为经传注疏所束缚；又往往绘图列表，便于稽寻，全书收入《安徽丛书》，其中大部分收入《皇清经解》。

《汉学师承记》 原名《国朝汉学师承记》。清江藩著。八卷。约成书于嘉庆二十三年(1818)。阐述清初至嘉庆一百五十年左右的学者57人的撰述、学术思想、渊源关系。使清代学术源流，厘然可考，为清代学术史的重要著作。所列人物，基本上是乾嘉学派的著名学者，对常州学派的主要人物，如庄存与、刘逢禄等，则未列专传。并将开创清代学术风气的黄宗羲、顾炎武置放卷后，以为二人近于理学，谓其“多骑墙之见，依违之言，岂真知灼见哉?”门户之见极明显。又取诸家撰述，专精汉学者，仿唐陆德明《经典释文传注姓氏》之例，附《国朝经师经义目录》一卷。详列清代中前期有关经学的著作，但偏重于训诂考证之作。末附《宋学渊源记》。初刻于嘉庆二十三年，阮元作序。后收入《江氏丛书》、《四部备要》、《丛书集成初编》和《万有文库》中。

《国朝汉学师承记》 即“《汉学师承记》”。

《宋学渊源记》 原名《国朝宋学渊源记》。清江藩著。成书于道光二年(1822)。分南学、北学、附记各一卷。记清代自孙奇逢以下诸儒专治宋学者凡三十余人的学术思想，渊源关系。将经学分为汉学、宋学两派，用意在扬汉抑宋。所收“宋学”人物，多不见史乘，保存了一部分清代学术思想资料。惟所列人物不多，记述简略，偏见亦多，故不足与其著《汉学师承记》相比。收入《节甫老人杂著》、《江氏丛书》、《四部备要》及《丛书集成初编》中。

《国朝宋学渊源记》 即“《宋学渊源记》”。

《汉学商兑》 清方东树撰。三卷。为反对江藩《汉学师承记》而作。成书于嘉庆年间。旨在申宋学，诎汉学，否定乾嘉学派的考据学，维护程朱理学的地位。初刻于道光六年(1826)。后收入《西京清麓丛书续编》、《槐庐丛书》、《方植之全集》中。

《清学案小识》 原名《国朝学案小识》。清唐鉴撰。十五卷。仿黄宗羲《宋元学案》、《明儒学案》体例，将清代讲学诸儒分立传道、翼道、守道三学案，第其高下。又别设经学、心学两学案，示排斥之意。该书旨在宣扬程朱理学，谓“今之论学者无他，亦宗朱子而已。宗朱子为正学，不宗朱子即非正学。”(《传道学案》)还提出“道不变而学未尝不变也”的论点，以论证历代诸儒虽有所闻、所见、所授、所师承之不同，但“其道终未尝变也，千古一孔子矣，千古一颜子也”。对研究清代前期学术思想有一定参考价值。收入《四库备要》、《万有文库》。

《国朝学案小识》 即“《清学案小识》”。

《清儒学案》 近人徐世昌主持纂修。二百〇八卷。1938年刊刻行世。上起明清之际，下迄清末民初，分为“正案”、“附案”和“诸儒案”。列入正案者有孙奇逢、黄宗羲、顾炎武、王夫之、颜元、戴震、龚自珍以及曾国藩、张之洞等一百七十九人，列入附案者有傅山、惠栋、刘宝楠等九百二十二人，列入诸儒案者有费密、唐甄等六十八人，入案学者共计一千一百六十九人。一代学林中人，大多网罗其中，是研究清代学术史的重要参考书。但该书出于众手，未见别择，不够精审。

《古微书》 明孙瑴编。三十六卷。采辑旧文，编成《焚微》、《线微》、《阙微》、《删微》四书；今仅存《删微》，即此编。全书辑录纬书佚文，加以编次，凡《尚书纬》十一种、《春秋纬》十六种、《易纬》八种、《礼纬》三种、《乐纬》三种、《诗纬》三种、《论语纬》四种、《孝经纬》九种、《河图》十种、《洛书》五种。原书不注出处，疑多遗误。

纬捃 清乔松年辑。十四卷。共辑谶纬131种。因《易纬》八种已有武英殿聚珍本，此乃“钦定”之书，故不重载，只补辑《易纬》八种外之佚文若干条。凡所辑佚文，均详注出处，以补孙氏《古微书》不载出处的缺点。在《尚书纬》以下，凡所辑每种纬书之后均统计此篇佚文共若干条，并注明孙氏《古微书》遗漏者若干条，以示补孙书之缺失。卷十三《古微书订误》是纠正孙氏所辑的错误。卷十四《古微书存考》是对孙氏所辑之可疑的条文，尚待进一步考证核实者，汇录于此，作为“存疑”。全书意在补孙氏《古微书》之不足及订其讹误，但乔书亦不免有疏失之处。如不知汉儒所引《中孚经》、《中孚传》即《易纬·稽览图》，而以为种书即其一例。有《乔勤恪公遗书》本及《山右丛书初编》排印本。

《逸书考·通纬》 清黄奭辑。黄奭辑《逸书考》，分为“经解”“通纬”“子史钩沈”及“通德堂经解”(即郑玄遗著十七种)四部。其中“通纬”部分为谶纬辑佚，所辑有《七经》纬谶及《河图》、《洛书》等凡七十余种，曾聘请陈逢衡校雠。陈氏得甘泉张宗泰旧藏清河郡本纬书辑本加以校对。清河郡本已佚，唯赖《逸书考·通纬》中保存部分。《逸书考》付刻方竣，在太平天国战乱中散失数十种。后王鉴得钞本目录重加修补，于1925年印行，称《黄氏逸书考》，1934年江都朱氏又加以补印。江苏广陵古籍于1984年又据朱氏本重印。

《纬学源流兴废考》 清蒋清翊编著。凡三卷。其书上卷述谶纬的名义、流别、题目、崇尚谶纬及禁毁谶纬等项。中卷叙述纬学的师承。下卷为历代有关谶纬的评论。搜罗历代有关谶纬的材料按上述分类编排，但缺乏自己的分析和论断。有光绪二十三年(1897)蒋氏双唐碑馆刊本。

《经学五书》 全称《万氏经学五书》。清万斯大所撰《学礼质疑》、《周官辨非》、《礼记偶笺》、《仪礼商》、《学春秋随笔》五部经学著作的合称。

《万氏经学五书》 即“《经学五书》”。

《诸子平议》 清俞樾撰。凡十五种，三十五卷。述诸子之说，并摘条加以考证校释。后收入《春在堂全书》、《国学基本丛书》，中华书局1954年校订重版。后又有《诸子平议补录》，系1922年李天根收集俞樾散见文稿，辑补二十卷而成。有念劬堂本、1956年中华书局本。

《五经通论》 又名《经学通论》，清皮锡瑞撰。为其晚年讲学湖南时的经学课本，亦为其治经学的代表著作之一。五卷，即《易经通论》、《书经通论》、《诗经通论》、《三礼通论》、《春秋通论》各一卷。从今文经学家的立场出发，以为五经虽大部分是古代已有的篇籍，但经孔子整理后，使其包含特有的“微言大义”，始成为经。属清代今文经学家的一种主张。对五经的撰著流传、内容要义、历代考订注疏之得失、学者治学研究的门径等问题，作了扼要的阐述。有光绪三十三年(1907)湖南思贤书局刊本、商务印书馆排印本，并收入《万有文库》及《国学基本丛书》，

1954年中华书局据《国学基本丛书》本，校正重版。

《经学通论》 即“《五经通论》”。

《经义述闻》 清王引之撰。三十二卷。将《周易》、《尚书》、《毛诗》、《周礼》、《仪礼》、《大戴礼记》、《礼记》、《左传》、《国语》、《公羊传》、《穀梁传》、《尔雅》诸书，审定句读、讹字、衍文、脱简，其中训释大都述其父念孙之说，故名。它解决了汉以来不易解决的许多经学问题，是研究文字、训诂、音韵的参考书。

《经传释词》 清王引之撰。十卷。搜集周秦西汉古书中虚字一百六十个，对各字先说用法，后引例证，追溯其原始，再明其演变，可作研究训诂、语法的参考。清孙经世有《经传释词补》与《再补》，吴昌莹有《经词衍释》，都对此书有所补充。

《经籍籑诂》 清阮元主编。一百十六卷。按平水韵分部，每一韵为一卷。将唐以前古籍正文和注解中的训诂搜集在一起，便于检查。所收为单字，但注释中也包括双音词。

《十三经注疏校勘记》 清阮元撰。二百四十三卷。作者因见日本山井鼎《七经孟子考文补遗》与荻生观《补遗》，深感校雠之重要，故著。其书参考多种宋本及唐石经等，并以清卢文弨所校十三经注疏为蓝本。该书传布颇广，有嘉庆二十一年(1816)扬州阮氏文选楼刊本，并收入《皇清经解》，又散附于阮刻《十三经》诸卷之后。

中国近现代哲学

名 词 术 语

西学 亦称"新学"、"外学"。与"中学"、"旧学"相对。泛指西方文化。自17世纪始,随着西方文化传入中国而有其名。明天启三年(1623),传教士艾儒略编写的欧西大学所授课程纲要,起名为《西学凡》。崇祯十六年(1643),方以智在《物理小识·自序》中也以"西学"一词概括西方的天文、地理及数理等自然科学。最初传入的西学,主要是欧洲中世纪的神学和经院哲学,以及一些自然科学和工程技术知识。至近代,其内容发生根本变化,主要指西方近代思想文化。鸦片战争时期的地主阶级改革派主张"师夷长技以制夷",其内容主要指西方的战舰、火器和"养兵、练兵之法"。洋务派主张"中体西用",其"西学",以洋枪、洋炮以及各种有关的工业制造技艺为主,也包括教育、经济、法律等制度。早期改良派"讲求西学",包括自然科学和社会政治学说,反对只限于技艺,认为西学也有体、用,不能"遗其体而求其用"(郑观应《盛世危言·初刊自序》)。至维新派,批判"中体西用",强调学习西方资产阶级的社会政治学说及其政治制度。以严复为代表,宣传进化论、天赋人权论和自由、平等、博爱,对西学作了系统的介绍,为变法维新制造舆论。孙中山等资产阶级民主革命派也从西方近代思想文化中吸取反封建的思想理论。

新学 在中国近代思想史上,指"五四"以前由西方传入中国的思想文化,即西学。与称为"旧学"或"中学"的中国传统思想文化相对。严复指出中国救亡之道,自强之谋,在"以西学为要图"(《救亡决论》)。认为西学之命脉"不外于学术则黜伪而崇真,于刑政则屈私以为公"(《论世变之亟》)。其与"旧学"的根本分歧:"中国最重三纲,而西人首明平等;中国亲亲,而西人尚贤;中国以孝治天下,而西人以公治天下;中国尊主,而西人隆民。"(同上)力图以西方的"新学"改造中国传统"旧学"。

中学 亦称"旧学"、"内学"。中国近代思想史上对以"伦常名教"为核心的中国传统思想文化的特称。与"西学"相对。严复曾概括为以儒家"四书"为经典的"宋学义理",以章句笺注为特征的"汉学考据"和拘泥于形式的"辞章"。毛泽东在《新民主主义论》中说:"在'五四'以前,中国文化战线上的斗争,是资产阶级的新文化和封建阶级的旧文化的斗争。在'五四'以前,学校与科举之争,新学与旧学之争,西学与中学之争,都带着这种性质。"(《毛泽东选集》第2卷第696页)。

旧学 "中学"的别称。详"中学"。

内学 即"中学"。近代张之洞用语。《劝学篇·会通》:"中学为内学,西学为外学;中学治身心,西学应世事。""中学"以纲常名教使"凡有血气者咸和尊亲",收"治身心"之效,"行于中土数千年而无改",故为"内学";"西学"乃"西人之说",但取其"制造之长","以济时需",故为"外学"。

外学 与"内学"相对。见"内学"。

国学 通常指中国固有之学术,其是以儒学为主体,由道、佛、墨等传统中华文化所组成。有广义与狭义两种内涵:广义指中国一切过去的历史文化,即中国百家之学,也可称作"大中国学"。狭义指中国传统的思想文化,主要是指西学传入前的中国文化,即中国的旧学,尤指经、史、子、集中经学的训诂学与考据学。"国学"一词,始见于清光绪三十三年(1907)。刘师培、章炳麟、邓实等人主办的《国粹学报》,其中载邓实《国学精论》一文,以"国学"区分"西学",是"国学"一词的滥觞。其后章太炎著《国故论衡》，又作《国学概论》的演讲，使得“国学”的名称很快流行起来。“国学”的出现，是在“西学”传入中国后中国学人对此反思的结果，在这层意义上，“国学”又可称作“中学”。在此反思过程中先后产生两大学派：一是以刘师培、章炳麟等为代表，以《国粹学报》为阵地的“国粹学派”；另一派是以胡適、傅斯年、毛子水、顾颉刚等为代表，以科学方法为研究手段的“整理国故派”。“国学”的分类大致有这几类：一、以典籍文献的内涵分，基本指经、史、子、集四类中的“经”；二、以义理、词章、考据、经世等分，指其中的义理之学；三、以中西之学分类，指“中学”；四、以西方的学科分类，指人文学科甚至包括神学。

定数 近代龚自珍用语。对自然界必然现象的概括。义与古代所谓天之“数”、地之“数”相当。“近世推日月食精矣，惟彗星之出，古无专书”，然“此事亦有定数，与日食等耳”（《与陈博士笺》）。认为“取钦天监历来彗星旧档案”，行推步家术，可以预示彗星出现的“定数”。以此反对汉代儒生方士“以阴阳五行占验灾异”的谬说。

神悟 近代龚自珍用语。指一种先验的神秘认识。认为：“圣人神悟，不恃文献而知千载以上之事，此之谓圣不可知，此之谓先觉。”（《语录》）龚自珍把圣人的认识分为“知”（“先知”）和“觉”（“先觉”）两种。“知”，“就事而言也”，“有形”；“觉”，“就心而言也”（对“天事”的了解），“无形”。凡民可得“知”，不可得“觉”。这种不可知的“觉”，即“神悟”。

众人自造 近代龚自珍用语。指人类自己创造了自己和天地。《壬癸之际胎观第一》：“天地，人所造，众人自造，非圣人所造。圣人也者，与众人对立，与众人为无尽。”他认为“众人”与“圣人”相对而存在，这是没有穷尽的；而天地是众人自己创造而非圣人创造。人类的开始就是以群体而不是孤独个体的形式出现的，“众人也者，骈化而群生，无独始者”；人类本身的演变也是众人自造的，人类开始是“倮人”，而后有“毛人、羽人、角人、肖翘人”，都是“人自所造，非圣造，非天地造”；然而“众人之宰，非道非极，自名曰我”。主宰众人的是自我的主观精神。

大人之志 近代龚自珍用语。指凭借自己的生命和形体发挥精神力量而有所作为。对于形体与精神（心力）的关系，他认为身体只是人暂时寄居的处所，精神才是人恒常的主宰，“生亦多矣，大人恃者此生；身亦多矣，大人恃者此身。恃焉尔，欲其留也；留焉尔，欲其有为也；有为焉尔，不欲以更多也。是之谓大人之志”（《壬癸之际胎观第九》）。

欲知大道，必先为史 近代龚自珍用语。指探讨历史变易的规律，须以研究具体的历史事实为基础。“探世变也，圣之至也”（《乙丙之际箸议第九》）。道和史，即历史观领域中的道和器的关系。章学诚继承王阳明“六经皆史”的观点，强调理在事中、道不离器，“六经皆史”就是“六经皆器”，要求在“器”中，亦即在“史”中见“道”。龚自珍继承并发展了章学诚的观点，认为道载于器，不能离开具体事物去讲道，必须即器言道，这表现在社会历史领域，即是“出乎史，入乎道，欲知大道，必先为史”（《尊史》）。不仅六经皆史，而且诸子百家皆史，研究它们是为了从具体的历史发展过程中把握“大道”即历史变易的规律性。

民我性不齐 近代龚自珍用语。指民众除个体之性存有差别。龚自珍赞同告子性无善无恶的人性论，认为“民我性不齐”，民众个体之性的这种差别起始于知识水平高低、做事能力强弱、形体容貌美丑，“民我性不齐，是智愚、强弱、美丑之始”（《壬癸之际胎观第二》）。将人们强行束缚于统一的格局，就会窒息社会改革所需要的“人才”，“各因其性情之近，而人才成”（《与人笺五》）。顺应人们各异的性情，才能“不拘一格降人才”（《己亥杂诗》），造就各式各样的人才。

自尊其心 近代龚自珍用语。指自我精神主体性的确立。《尊史》篇认为能否做到“出乎史，入乎道”，关键在于为史者是否确立了自我精神的主体性，“是故欲为史，若为史之别子也者，毋呓毋喘，自尊其心”。为史者的自尊其心，表现在既“善入”又“善出”；善入是对历史上的地理形势，人心风气，土地气候以及礼制、刑法、政令、掌故、文体等了如指掌，“如其言家事，可谓入也”；善出是对如上各方面，不但熟知，而且像看艺人演习歌舞，虽哀乐万千，而“堂上观者肃然踞坐，眄睐而指点焉，可谓出矣”；如此善入又善出便是“心尊”，“心尊”则“人尊”，心尊是人格尊严的表现。

人皆有私 近代龚自珍用语。《论私》篇指出，天地日月、圣帝哲后、忠臣孝子、寡妻贞妇皆有自私之心；私并不等于恶，禽兽不知父子，不分亲疏，是真的无私；“今曰大公无私，则人耶，则禽兽耶？”主张“先公后私”，或者“先私后公”，或者“公私并举”。这是继承了李贽、黄宗羲等人的观点。以人皆有私的观点解释宗法制度乃至国家的起源，其《农宗》篇认为，原始人脱离采集“天谷”阶段，开始占有土地进行农耕，“上古不讳私，百亩之主，必予其子”；在农耕生产基础上形成了宗法制度，“惟农为初有宗”，在宗法关系下产生仁义礼教等制度，“农之始，仁孝悌义之极，礼之备，智之所自出，宗之为也”；这就是“先有下，而渐有上”；然而“儒者失其情，不究其本，乃曰天下之大分，自上而下”，把礼法之大分看作是圣君、天命的自上而下，是对事情的颠倒。

尊情 近代龚自珍用语。指尊重、宽容个人的真情实感。《长短言自序》：“龚子之为《长短言》何为者耶？其殆尊情者耶？”“情之为物也，亦尝有意乎锄之矣，锄之不能，而反宥之，宥之不已，而反尊之。”主张宽容和尊重自己的情感，反对程朱理学视情感为情欲予以排拒，也反对佛教“纯想即飞，纯情即坠”《宥情》的否定情感的说法，认为“情”与生俱来，它在“一切境未起时，一切哀乐未中时，一切语言未造时，当彼之时，亦尝阴气（即‘情’）沈沈而来袭心”（同上），因而情是最真实自然的，是不能人为改变的。强调人之“情”应自然发展，“发于情，止于命而已矣”（《尊命》），“情”只受自己命运的约束，不受礼义的约束，与发乎情，止乎礼的传统观点相背，亦反映了龚自珍强调情感在文学艺术的创作和欣赏中的重要作用。

天然 近代龚自珍用语。指质朴本色之美。“万事之波澜，文章天然好。”（《丁亥诗·十五首·十二》）龚曾作《病梅馆记》，以植梅为例，认为人工加以修整之梅皆是“病梅”，只有解除种种束缚，让其在泥土中自然生长，才能健康有生气。借此表达追求个性解放的人生理想，同时针对清末文坛以雕琢求奇，以做作求异的流弊，认为上古质朴的风尚显示了本色之美，因而要求“复于本”。以梅为喻，反对梅“以曲为美”、“以欹为美”、“以疏为美”的审美观点，认为按这一美学标准“绳天下之梅”，就会失去自然真美。又以“如风吹水”为喻提倡自然为文：“外境迭至，如风吹水，万态皆有，皆成文章，水何容拒之者”（《与江居士笺》），文章就是感受万态外境后的自然表达。

天下物无独必有对 近代魏源用语。意谓任何事物都与其对立物相联系而存在。《默觚·学篇十一》：“天下物无独必有对；而又谓两高不可重，两大不可容，两贵不可双，两势不可同，重、容、双、同必争其功。何耶？有对之中必一主一辅，则对而不失为独。乾尊坤卑，天地定位，万物则而象之，此尊无二上之谊。”认为事物虽都与其对立物相联系，但将互相对立之事物同等对待又是不可行的；因为互相对立之事物必有一事物为主，另一事物为辅，突出为主的事物即是“对而不失为独”；天（乾）尊地（坤）卑正是如此，为万物所效法。

我有乘于物 近代魏源用语。《皇朝经世文编叙》：“物必本乎我。然两物相摩而精者出焉，两心相质而疑难形焉，两疑相难而易简出焉。《诗》曰：‘秩秩大猷，圣人莫之，他人有心，予忖度之。’又曰：‘周爰咨度，周爰咨谋。’古人不敢自恃其心也如是，古之善入夫人人之心，又善出其人人之心以自恢其心也如是。切焉劘焉，委焉输焉。善言我者，必有乘于物矣。”认为在我与物的关系上，“我”对事物的看法、意见，只有通过与不同看法、意见的争论，才能使疑难之所在显明出来；只有通过与他者的彼此切磋，才能使真理展现出来；所以，“我”不能主观地“自恃其心”，要发挥“我”的主观力量，就必须凭借客观事物，借鉴他人的意见和依靠他人的帮助。

众议参同 近代魏源用语。意谓只有集合了众人意见，才能使得个人的设想、计划合乎实际。《默觚·治篇一》：“人有恒言曰‘学问’。未有学而不资于问者。”认为要获得真正的学问，必须善于听取他人的意见；“以一己之意见，质诸人人，其合者十不五六”，然而，“独得之见，必不如众议之参同”，因为“合四十九人之智，智于尧禹”。“自非众议参同，乌能闭户造车出门合辙也”，在认识论的群己关系上，强调众人意见对于形成正确认识的重要性。

忧患生智慧 近代魏源用语。《默觚·治篇二》：“草木不霜雪，则生意不固；人不忧患，则智慧不成。”认为如果没有危难之际的忧患，就不可能生成智慧，犹如不经霜雪，草木就不可能有坚强的生命力。其《海国图志叙》指出，《二雅》是“诗人之所发愤”，而《易》乃“作者之所忧患”；“愤与忧，天道所以倾否而之泰也，人心所以违寐而之觉也，人才所以革虚而之实也。”正是愤与忧，促使人们由蒙昧而觉醒，由空谈虚理而讲求真实的学问。

及之后知 近代魏源用语。意谓认识由践履而获得。唐韩愈《与李翱书》中有“及之而后知，履之而后难”语。魏源发挥了这个论点，借此强调“行”的重要。他说：“‘及之而后知，履之而后艰’，乌有不行而能知者乎？”（《默觚·学篇二》）并举樵夫、估客、庖丁、知山、知海、知味为例，说明只有经过亲身的经验，接触事物的实际，才能获得真切的知识。在知识、才能的来源上，反对理学家如圣人无情、忘情才能认识天理的观点，强调才生于情。

才生于情 近代魏源用语。意谓才能出于情感。《默觚·治篇一》：“人有恒言曰‘才情’，才生于情，未有无情而有才者也。慈母情爱赤子，自有能鞠赤子之才；手足情卫头目，自有能捍头目之才。无情于民物而能才济民物，自古至今未之有也。”强调如果对民众没有情感，对现实无动于衷，就不可能真正有济民救物的才能。这与理学家主张圣人无情、忘情是不同的。

造化自我 近代魏源用语。指人能靠意志选择自己的路，战胜命运的安排。魏源继承泰州学派以及王夫之以来“造命”的思想，在天人关系上强调人的主观能动性，“人定胜天……祈天永命，造化自我，此造命之君子，岂天所拘者乎？”（《默觚·学篇八》）认为人人可以“自造自化”，自己决定自己的命运，以“造命之君子”为人生最高境界。以后戊戌时期有思想家主张民众“自更化”（麦孟华：《民义自叙》），与之有继承发展的关系。

气运 近代魏源用语。指决定国家盛衰和人才多寡的一种必然性力量。他认为“气运”的流变决定了历史的迭替，说：“三皇以后，秦以前，一气运焉；汉以后，元以前，一气运焉。”（《默觚·治篇三》）又说：“三代以上之人材，由乎教化；三代以下之人材，乘乎气运。”（《治篇十一》）强调“乘气运而生者”，“国之将昌”，人材则“乘春阳惯盈”；气运尽，则国衰，人材亦息没。有宿命论倾向。但又认为“惟教化书之无穷”，肯定了教化的作用。以后严复用“运会”指称决定社会历史发展的必然性力量。

变古便民 近代魏源用语。他认为社会历史的不断变化是不可阻挡的，“势则日变而不可复者也”。指出这些变化发展与民众的愿望、利益相一致，例如汉文帝废除肉刑、郡县制取代分封制、世袭制改为贡举制，即令“圣王复作”，也不能加以逆转。“变古愈尽，便民愈甚”，“天下事，人情所不便者，变可复；人情所群便者，变则不可复。”（《默觚·治篇五》）历史变古发展之“势”是群情之所向而造成的。

师夷制夷 近代魏源用语。“师夷长技以制夷”的缩略语。即学习西方先进技术以抵御西方殖民侵略。《海国图志叙》：“是书何以作？曰为以夷攻夷而作，为以夷款夷而作，为师夷长技以制夷而作。”认为师夷制夷以知晓夷情为基础，“欲制夷者，必先悉夷情始”（《海国图志·筹海篇三》）。又说：“同一御敌，而知其形与不知其形，利害相百焉；同一款敌，而知其情与不知其情，利害相百焉。”（《海国图志叙》）驳斥把西方的机器生产技术说成是“奇技淫巧”，学了会“坏我人心”的谬论，指出要富国强兵，必须学习西方的先进技术，西方的技术是“有用之物，即奇技而非淫巧”（《海国图志·筹海篇三》）。魏源主张师夷而不奴于夷，信夷之长技而不失自信。认为只要认真进行政治改革，消除各种腐败现象，启用有用之才，中国就能赶上西方国家，“风气日升，智慧日出，方见东海之民犹西海之民”（同上）。“师夷制夷”与儒家传统不同，是中国近代最早提出的放眼世界、向西方学习的新思想，标志着近代“中西”之争的开始。

格物诚意 近代曾国藩用语。《答刘孟容》：“学者何？复性而已矣。所以学者何？格物诚意而已矣。格物则剖仁义之差等而缕析之；诚意则举好恶之当于仁义者而力卒之。”格物、诚意本于《大学》，宋明理学大力予以阐发。曾国藩将此与复性说相联系，以为人之私欲会蒙蔽其义理之本性，必须以格物诚意的工夫来复性；通过格物，体认事物之万殊等差，从而明白伦理纲常的合理性，诚意就是顺从伦理纲常，竭尽全力实行之，由此便能“复性”。基本上是发挥程朱的思想，但强调力行，“诚意，力行之事也”（《与诸弟书》），对后来的知行学说有影响。

新天新地新人新世界 近代洪仁玕用语。指理想中的社会。认为“物必改而更新，理之自然者也”，一切都在不断地除旧更新是事物之理，主张“去偶像而拜上帝”，“脱俗而尊新化”，人人“悔罪改过，弃恶归善，弃伪归真，力求自新，转以新民”（《英杰归真》）。以“敬天扶主、忠孝廉节”（《士阶条例》）为德行的根本，把忠孝观念糅合在崇拜皇上帝的基督教义之中。提倡兴办“医院、礼拜堂、学馆、四民院、四疾院”，以“厚风俗”。又主张发挥人的“愧悔之心”、“慰心之术”，自觉地从内心深处进行“遏欲存理”的道德修养工夫，“宜先有遏欲之实，而真福自慰乎心”（《军次实录》）。认为“真信基督教救世主者，乃有此慧眼，始能认识新天新地新人新世界”（《英杰归真》）。反映了太平天国包含在宗教神学里的对新的社会理想和人格理想的憧憬。

天演 近代严复用语。对英文 evolution 的意译。即进化。原指由达尔文发现的生存竞争、自然选择的生物进化规律。严复在清光绪二十一年（1895）翻译赫胥黎的《进化论与伦理学》的一部分，题为《天演论》，介绍了这一自然规律，但严复主要不是从生物科学的角度，而是从世界观的高度，介绍阐发天演之学，并依斯宾塞的社会达尔文主义，把这一自然规律引入人类社会。指出“达尔文曰物各竞争，最宜者立，动植如是，政教亦如是也”（《原强》），以此强调“自强保种”，为变法维新寻求理论根据。又根据“天演”规律，肯定社会的进化，反对“守旧不变，以古为宗”；主张“强立不反，出与力争”，反对“委天数”而听“天命”。认为中国“一弱于群强之间”，如能顺应“天演”规律，努力奋起，“淘洗改革”，“鼓民力”、“开民智”、“新民德”，则可由弱变强；不然会亡国灭种而被淘汰。以此激励人们救亡图存。同时主张渐变式进化，赞同斯宾塞所说：“万物天演之道，皆以为变不骤，而其生以亨，而群亦如此”（《群学肄言》）。亦借重古人阐释“天演”，称老子“天地不仁，以万物为刍狗”是“天演开宗语”（《老子评点》）；利用“气”的范畴，说：“一气之转，物自为变，此近世学者所谓天演也”（《庄子评点》）。

物竞天择 近代严复用语。对“生存竞争”、“自然选择”的概括。严复在向中国人介绍达尔文的《物种原始》（今译《物种起源》）一书时，概括其意为物竞、天择，“物竞者，物争自存也；天择者，存其宜种也”(《原强》)。用于表达生物进化的基本规律，同时又把这一规律引入人类社会领域，认为它同样适用于“政教”、“群理”，用以为变法维新、救亡图存的理论根据。此说宣传了斯宾塞的社会达尔文主义。斯宾塞把进化论应用于人类社会，强调“任天为治”，即自然淘汰。严复则竭力提倡赫胥黎的进化论，“以救斯宾塞任天为治之末流”，强调人力可胜天，并认为“其中所论与吾古人甚合者”(《译〈天演论〉自序》)，明确指出“与唐刘、柳诸家天论之言合”(《天演论》论十六按语)。

质力相推 亦称“质力杂糅”。近代严复用语。对物质与运动关系的哲学概括。“质”，即“质点”，指物质和“物体”；“力”，指排斥力、吸引力。他认为质和力相互依存、不可分离。“大宇之内，质力相推，非质无以见力，非力无以呈质”(《译〈天演论〉自序》)。其运动形式为“翕以聚质”，“辟以散力，始简易而终杂糅”(同上)。从太阳系形成到动植之长、国种之成，“虽为物悬殊，皆循此例矣”(《天演论》导言二按语)，宇宙万物的演化，都受这个质力相推法则的支配。甚至人的知觉、思维，“亦皆点力之事”(同上)。视质力相推为物质运动变化的原因，宇宙间的普遍规律，“天演最要之义”(同上)。反映了机械唯物主义倾向。

质力杂糅 即“质力相推”。

意验相符 近代严复用语。意谓观念与经验相符。“非不知必有外因，始生内果，然因同果否，必不可知。所见之影，即与本物相似可见。抑因果互异，犹鼓声之与击鼓人，亦无不可。是以人之知识，止于意验相符。”(《天演论》论九按语)他认为由外物引起人的认识这种因果关系，究竟是如影之随形而相似，还是如鼓声与击鼓人的动作相应而互异，这在理论上无法解答，人的知识只限于观念与经验是否相符，而不知观念与外物是否相符。肯定一切认识的最终来源是经验，承认事物本体的存在，认为本体是现象背后并为现象所附着的东西，它超越经验界限而无法认识，中国传统哲学中的“天地原始”、“造化真宰”、“万物本体”等，都可看作此类不可认识者。

即物实测 近代严复用语。科学认识必须从观察客观事物的实际经验出发并得到验证。以此概括西方近代的实验科学方法。明清之际方以智曾用“质测”指称西方科学。严复指出西方近代科学方法，“一一皆本于即物实测”(《原强》)，“一理之明，一法之立，必验之物物事事而皆然，而后定为不易”(《救亡决论》)。强调“读书得智，是第二手事”(《原强》)。并以此反对中国传统的“旧学”，指出其“所以多无补者”，正在于它立根于臆造，而“非实测之所以会通故也”，“第其所本者，大抵心成之说”(《穆勒名学》部乙按语)。但他过分强调“可知者止于感觉”(《穆勒名学》部甲按语)，以为万物的本体是不可知的，导致不可知论。

元知、推知 近代严复用语。指人类认识的两个阶段。《穆勒名学》：“人之得是知也，有二道焉：有径而知者，有纡而知者。径而知者谓之元知，谓之觉性；纡而知者谓之推知，谓之证悟。故元知为智慧之本始，一切知识，皆由此推。闻一言而断其为诚妄，考一事而分其为虚实，能此者正赖有元知为之首基，有觉性为之根据。设其无此，则事理无从以推，而吾人智识之事废矣”。对此所加按语曰：“穆勒氏举此，其旨在诫人勿以推知为元知，此事最关诚妄。”(《穆勒名学》部首按语)他赞同穆勒的观点，将人类认识分为两个不同的阶段，即元知与推知。所谓元知，是指直接的感觉经验；推知是指根据感觉经验由已知推证未知；强调元知对认识的决定性作用。其所谓“接知”、“谟知”与“元知”、“推知”涵义相同。《群学肄言·物蔽》译注：“接知、谟知出《庄子》，接知者直接之知，谟知者间接之知。”《庄子评点》：“接知＝know by intuition；谟知＝know by inference”。

师心自用 近代严复用语。对陆(九渊)王(守仁)哲学特点的概括。认为“陆氏于孟子，独取良知不学、万物皆备之言，而忘言性求故，既竭目力之事”；因此，“夫陆、王氏之学，质而言之，则直师心自用而已”(《救亡决论》)，即陆王之学不察事实，“向壁虚造”，以主观偏见为是，“强物就我”，然而“后世学者，乐其径易，便于惰窳傲慢之情，遂群然趋之，莫之自返”(同上)。强调这是明代所以亡，“今之所以弱”(同上)的原因。

运会 近代严复用语。指社会历史变迁的必然性。《天演论》：“自递嬗之变迁，而得当境之适遇，其来无始，其去无终，蔓延连衍，层见迭代，此之谓世变，此之谓运会。运者以明其迁流，会者以指所遭值，此其理古人已发之。”认为社会历史变迁无始无终，绵延不尽，由历史源流和当世际遇相会合而造成其必然性，即“运会”。《论世变之亟》：“夫世之变也，莫知其所由然，强而名之曰运会。”彼圣人者，“唯知其所由趋，故后天而奉天时；唯逆睹其流极，故先天而天不违。于是裁成辅相，而置天下于至安。”运会这种必然性是无法认识其所以然的，圣人是这种必然性的产物，因而无法将其改变；圣人只是能较早地预见历史变迁的趋势，并由此采取“裁成辅相”的行动来促进历史的发展，安定天下。

开明自营 近代严复用语。指协调群己关系的公私两利原则。《天演论·群治》按语："民智既开之后，则知非明道则无以计功，非正谊则无以谋利。功利何足病，问所以致之之道何如耳。故西人谓此为开明自营。开明自营，于道义必不背也。"要求实行功利与道义相一致、"利己"与"利他"相结合的道德原则，提倡用合乎道义的手段来谋取功利。认为功利是衡量道义的标准，道义乃达到功利之途径，两者统一不悖。"功利"的社会内容为个人利益，"道义"的社会内容为公众要求，个人利益与公众要求应可并存结合："大利所存，必其两益。损人利己非也，损己利人亦非。"（同上）故既肯定"自营"即利己，称"生学之理，舍自营无以为存"（同上），又认为"自营"过度会危害群体，"各奋其私则其群将涣"（《原强》）。

善恶视苦乐 近代严复用语。指理想社会中的乐与善、苦与恶完全同一。认为"背苦而向乐"是人类社会发展的趋势，也是人道的根本准则："夫背苦而向乐者，人情之大常也；好善而恶恶者，人性之所同具也。"（《政治讲义》自序）苦乐比之善恶更为根本，苦乐是善恶的标准，"善恶则以苦乐之广狭为分"，"苦乐者所视以定善恶者。"苦乐是道德的基础，但苦与乐、善与恶是相对而言、相互依存的，"盖善乐皆对待意境，以有恶忧而后见，使无后二，则前二亦不可见。"不同的人、不同条件下对苦乐的体验不同，会导致善恶失去了共同的标准，"人度量相越远，所谓苦乐至为不齐。"社会尚未达到"极盛之世"，会出现以他人之苦为代价的己乐，或者以己苦为代价的他乐，这两者皆非真正之乐，不能作为善的标准，一旦进入"极盛之世，人量各足，无取挹注，于斯之时，乐即为善，苦即为恶，故曰善恶视苦乐也。"（《天演论》导言十八按语）

合群进化 近代严复用语。吸取荀子关于人以其能群而贵于禽兽的思想，并与进化论相结合。他认为人类之间在生存竞争中导致胜败的关键在于"群"，"能群者存，不群者灭；善群者存，不善群者灭。"（《天演论》导言十三按语）合群与进化是紧密相关的，中国落后在于"其群将涣"，西方先进在于"合群之道胜"。个人是群体的细胞，群体进化取决于群体每个成员的"民力"、"民智"和"民德"的进步，由此提倡"鼓民力"、"开民智"、"新民德"。同时期的康有为、梁启超等有类似思想。

自由为体，民主为用 近代严复用语。严复通过比较中西学术、政治之异同，指出西方近代能在经济、刑政、军事、学术等方面胜过中国的原因是："以自由为体，以民主为用。"（《原强》）西人以自由为人类进化的根本动力和目标（"体"），并表现于民主生活、民主制度之中（"用"）。认为自由就是"不为外物所拘牵"、"自主而无挂碍"，与"奴隶"、"臣服"、"约束"等相对，但并无"放诞、恣睢、无忌惮"诸义，而是包含了自觉的自我约束，"人得自繇而必以他人之自繇为界"（《群己权界论·译凡例》）。从自主与强制、他人和自我等方面来界定自由。

新民德 近代严复、梁启超、章炳麟等用语。严复依据达尔文和斯宾塞的进化论学说，比较中西社会之差异，认定国家的强弱、贫富、治乱，皆以"民力、民智、民德三者之征验也"，进而提出"今日要政，统于三端：一曰鼓民力，二曰开民智，三曰新民德"（《原强》）。主张以救亡图存为目标，使民众之力、智、德"三者诚进"。其"新民德"，实际上是以西方资产阶级的民主、平等、自由观念，批判中国封建的宗法观念和纲常伦理，以增强自己的国家民族观念，达到"德行仁义之强"，进而"同力合志，联一气而御外仇"（同上）。梁启超的"新民说"，疾称要"去社会旧习之污"，须兴"民德民智民力"，而其要则在新民德。说"道德，乃国之存亡所由系也"（《新民说·论私德》）。释"新"之义有二，"一曰淬历其所本有而新之；二曰来补其所本无而新之"（《新民说·释新民之义》）。据此原则，极重"公德"即"人群之所以为群，国家之所以为国"之德，认此为"我国民最缺者"，大力倡言"合群之德"、"国家思想"。又重"私德"即个人独善其身及与他人相处之道，以培养私德为当时铸造国民之"第一义"。宣传自由思想，倡导独立自尊，弘扬进取精神，主张权利平等。章太炎以"革命之道德"理论阐发"新民德"思想。提出"无道德者不能革命"的命题，又揭露"戊戌变法党人"、"庚子保皇党人"之"不道德"；提出以"知耻"、"厚重"、"耿介"和"必信"作为革命者必具的道德品质。主张"用宗教发起信心，增进国民的道德"（《东京留学生欢迎会演说辞》），特别肯定佛教的作用，"欲兴民德，舍佛法其谁归?"（《答梦庵》）认为佛教有助于培养革命者无私无畏精神和复兴民德。

器变道不变 近代哲学的历史观用语。魏源用道器之辩解释历史的变易，认为人类的历史就是"器"（礼乐、兵刑、食货等）的推陈出新，"器"可变，"其不变者道而已"（《默觚·治篇》），其所谓道，主要指以纲常名教为核心的根本制度。早期改良派结合中西之争论述"道器"、"本末"、"体用"范畴。冯桂芬说："以中国之伦常名教为原本，辅以诸国富强之术。"（《校邠庐抗议》）王韬说："形而上者中国也，以道胜；形而下者西人也，以器胜。"主张："器则取诸西国，道则备自当躬。盖万世而不变者，孔子之道也。"（《杞忧生易言跋》）这些说法，后被概括为"中学为体，西学为用"。郑观应也主张："中学其本也，西学其末也。主以中学，辅以西学。”（《盛世危言·西学》）又说：“道为本，器为末；器可变，道不可变。”但强调道与器不能分割，两者“合之则本末兼赅，分之则放卷无具”（《盛世危言·道器》）。反对只讲“器”，而忽视“道”。他认为西方国家的“形器之学”，包括“天学”、“地学”、“人学”，“天学”、“地学”指近代科学技术，“人学”除了语言文字外，还包括“一切政教、刑法、食货、制造、商贾、工技诸艺”（《盛世危言·西学》），故其所讲“器可变”，也包括国家社会的政治、法律、经济制度等可以变，这在某种程度上突破了“道不变”的命题。康有为则更明确地指出：历史的进化发展，表现为“道”的变化，“《春秋》发三世之义，有拨乱之世，有升平之世，有太平之世，道各不同”（《日本书目志序》）。“世”不同则“道不同”，升平之道将取代拨乱之道，大同之道将取代小康之道，反对了“器变道不变”之说，为变法维新提供了理论依据。严复将进化论贯彻到社会历史领域，提出“世道必进，后胜于今”（《天演论》导言十八按语）。

中体西用　“中学为体，西学为用”的缩略语。近代洋务派和早期改良派理论的基本主张。以传统的“器变道不变”为依据，以中国儒家纲常名教为根本，吸收西方科学技术和具体制度措施以为用。这一思想初见于早期改良派冯桂芬的《校邠庐抗议》：“以中国之伦常名教为根本，辅以诸国富强之术。”以后郑观应提出：“中学其本也，西学其末也；主以中学，辅以西学。”（《盛世危言·西学》）光绪二十二年（1896）沈寿康在《万国公报》上发表《匡时策》一文，明确提出：“中西学问本自互有得失，宜以中学为体，西学为用。”同年，孙家鼐在《遵议开办京师大学堂折》中也说：“今中国创立京师大学堂，自应以中学为主，西学为辅；中学为体，西学为用。”光绪二十四年张之洞发表《劝学篇》，具体阐发这一主张：“新旧兼学。四书五经、中国史事、政书、地图为旧学，西政、西艺、西史为新学。旧学为体，新学为用。”（《劝学篇·设学》）又说：“中学为内学，西学为外学；中学治身心，西学应世事。”（《劝学篇·会通》）反对君主立宪制和民主共和制，“但用西人制造之长”，维护纲常礼教的永恒不变。“中体西用”思想对近代中国的政治、经济和文化思想等方面都有重大影响。

以元为体　近代康有为用语。《自编年谱》称：“其道以元为体，以阴阳为用。”受董仲舒影响，认为“元”是万物本体：“元者，为万物之本”（《春秋董氏学》卷六上）。“天地、阴阳、四时、鬼神，皆元之分转变化，万物资始也。”（《礼运注》）创造天地万物的元气是一种精神实体，即“神气”，犹如电力一样传感所有事物。《大同书·甲部》：“夫浩浩元气，造起天地。”“孔子曰：‘地载神气，神气风霆，风霆流形，庶物露生。’神者，有知之电也，光电能无所不传；神气能无所不感，神鬼神帝，生天生地，全神分神，惟元惟人。”

以智为先　近代康有为用语。指智是人贵于物之所在。《春秋董氏学·卷六下》：“通古今、别善恶曰士，然则士以智为先矣。”认为能够通古今、别善恶可以称之为士，然而士则需将智置于优先的地位。智是人贵于物、精神贵于形体之所在，“心有知者也，体无知者也，物无知而人有知”。人“先知而后行”，以智预见祸福利害，行为自然合理。

智体仁用，仁体智用　近代康有为用语。对关于仁智关系的概括。《内外篇·仁智》：“就一人之本然而论之，则智其体，仁其用也；就人人之当然而论之，则仁其体，智其用也。”以为仁与智对于人之所以为人都具有重要意义，然就两者关系而言，从本然的层面来说，智较之仁更为根本；从当然的层面来说，仁较之智更为重要；以为就此能将仁智相统一。《大同书·甲部》将仁与智的这两种关系表达为：“仁智同藏而智为先，仁智同用而仁为贵”。但更强调仁取于智，“惟其智者，故能慈爱以为仁”（《内外篇·仁智》）。与“尊德性而道问学”的传统观念有所不同。

逆而强学者智　近代康有为用语。只有违逆为流俗所尊奉的常规，发挥主体的能动性来学习，才会获得智慧。《长兴学记》：“顺而率性者愚，逆而强学者智。”以为传统儒学讲“率性而谓道”，实际上是“顺人之常”，即顺从常人之习俗，导致愚昧。提出“勉强为学，务在逆乎常纬。”愈是敢于违抗常规、习俗，愈是有智慧。强调叛逆出智慧，突出了认识主体打破传统束缚的能动作用。

天欲而人理　近代康有为用语。《内外篇·理气》指出：所谓“理”是人为确立的，“故理者，人理也”；然而“耳目百体、血气心知，天所先与，婴儿无知已有欲焉，无与人事也，故欲者，天也”，即欲望是人类天生具有的，所以称其为天欲。由此得出结论：“天欲而人理也”。与理学家的“天理人欲”恰是相反。

以魂制魄　近代康有为用语。他提出：“五官百骸，肌肤血液，身之体也，魄者”（《礼运注》），“心思之官者，魂灵也”（《孟子微》）。“魄”常接触外物，“役于声色臭味之中”。“魂”则“清明光洁”，“能抽绎事理，能辨别是非”。又发挥孟子“从其大体为大人，从其小体为小人”的思想，提出“以魂制魄”的命题，认为“使魂能制魄则君子，使魄强挟魂则小人”。强调要以精神、意志、理性之“魂”制约和主宰人的耳目感官之“魄”，以抵制物欲，防止“体魄之气则贪”，实现“魂气之灵则仁”(《孟子微》),培养君子人格。

器足以变道 近代康有为用语。意谓在道与器的关系上,道虽然尊于器,但器具有改变道的巨大作用。《日本书目志·卷七》:“器之为用大矣!”“道尊于器,然器亦足以变道”。近代的显微镜、望远镜都是粗器,但望远镜可以看到土星、火星、金星如同地球一样是“绕日之游星”,显微镜可以看到人体上的毛细管,看到水里的小虫如龙象那样大,于是人们改变了对于“天道”即宇宙世界的看法。意识到近代科学技术的进步,使得人们改变了世界观。

托古改制 近代康有为用语。用以解释六经。其《孔子改制考》指出,春秋战国乃是“诸子创教改制”的时代,诸子皆假托古人言论、事迹来“改制”,即阐发自己的政治主张。孔子亦“改制托古”,孔子之学在六经,而“六经皆孔子改制所作”,即假托尧、舜、文王等来表述自己的政治理想,其核心的“微言大义”就是公羊三世进化的思想,“孔子之圣意改制之大义,《公羊》所传,微言之第一义也”。孔子之所以要“改制托古”,是因为其是普通的“布衣”。康有为以托古改制解释六经,实际上是借孔子之名来宣传自己变法维新的理论,表明自己变法维新是效法孔子的“布衣改制”。

三世进化说 近代康有为观点。将今文经学公羊三世说与进化论思想相结合,认为人类历史由据乱世而升平世,达到小康,再从升平世进而为太平世,达到大同,“三世说为孔子非常大义,托之《春秋》以明之。所传闻世为据乱,所闻世托升平,所见世托太平。”(《春秋董氏学》卷二)如此三世进化是人类社会变易更新的普遍法则。其主要内涵是指三种不同的社会形态(三种不同的政治制度)的由低到高的进化,据乱世、升平世、太平世分别对应君主专制、君主立宪、民主制三种政治制度:“大约据乱世尚君主,升平世尚君民共主,太平世尚民主矣。”(《孟子微》)以为三世依次进化具有不可跳跃的必然性。同时三世进化也指文明程度和经济形态的发展进化,“乱世者,文教未明也。升平者,渐有文教,小康也。太平者,大同之世,远近大小如一,文教全备也。”(《春秋董氏学》卷二)“据乱为大农之世……升平为大工之世,太平为大商之世”(《春秋笔削大义微言考》卷一)。

三世三重说 近代康有为的历史进化思想。戊戌变法失败后在其“三世说”的基础上提出。他在《中庸注》里指出“三重者,三世之统也。有拨乱世,有升平世,有太平世……每世之中又有三世焉。则据乱亦有乱世之升平太平焉。太平世之始亦有据乱升平之别,每小三世中,又有三世焉……可至无量数,以待世运之变,而为进化之法。”这一观点反映了康有为进化论与循环论相掺杂的进化史观。

无量世 近代康有为用语。在其“三世三重说”中提出。以说明人类历史是无限循环的渐进过程。他认为三世中的每一世可分为更小的三世并再分,如此“展转三重可至无量数”(《中庸注》),可至“无量世。太平大同之后,其进化尚多,岂止百世哉?”(《论语注》)进一步阐发了循序缓慢进化的“公羊三世说”。

大同之世 亦称“大同太平之世”。近代康有为用语。指他所主张的理想社会。其《春秋董氏学》以为人类历史从据乱世到升平世再到太平世,“太平者,大同之世”。《大同书》集中阐述了这一最高的理想社会:“大同之道,至平也,至公也,至仁也,治之至也,虽有善道,无以加此矣”。大同之世破除了造成人道之苦的“九界”,即国界、级界、种界、形界、家界、业界、乱界、类界、苦界,消灭了人世间的种种界限、等级、对立。他认为“一切仁政皆从不忍人之心生。……人道之仁爱,人道之文明,人道之进化,至于天下大同,皆从此出”(《孟子微》)。最终把大同理想归宿为神秘的宗教境界:“神仙者,大同之归宿也”,“去乎人境而入乎仙、佛之境”(《大同书》)。

去九界 近代康有为用语。为其“大同”社会理想及达到这一理想的途径。所著《大同书》认为九界(国、级、种、形、家、产、乱、类、苦)为人受苦的根源,“救苦之道”在“去九界”。“去国界合大地”,“削除邦国号域”,立全球为一“公政府”;“去级界平民族”,取消贵贱、主奴、男女等级之族,使“全世界人类,尽为平等”;“去种界同人类”,“无自分其民族之高下”,泯灭人种的优劣差别;“去形界保独立”,保障女子“独立之权”,实现“男女平等”;“去家界为天民”,使人解脱家庭束缚,恢复天予的“独立”之权;“去产界公生业”,废除产业私有,使之“皆为公有”;“去乱界治太平”,举地球经纬分为百度,于每度设一“自治政府”,全球立一“公政府”,使无国土之分、种族之异;“去类界爱众生”,去生物种类间的对立,保护鸟兽众生而皆仁爱之;“去苦界至极乐”,高度发展生产,使人尽享物质、精神之乐,以达社会“大同”境界。

大同四禁 近代康有为用语。其《大同书》主张在大同社会,应立法四章,禁懒惰、禁独尊、禁竞争、禁堕胎。认为“惰之为害”可导致“文明尽失,将至退化”,使“大同之世复还于乱世”;“首领独尊”会渐生专制,渐生争夺,而复归于乱世;竞争来自私心,造成人们“私其身”、“私其家”、“私其国”、“私其种”的局面;堕胎不利保全“全地人种”,“禁堕胎乃第一要义,当以为无上第一大禁”。“大同四禁”体现了康有为重视劳动、反对专制、要求平等、提倡仁爱的道德观。

依人之道 近代康有为用语。他认为"圣人不以天为主,而以人为主"(《康先生口说》);"人为万物之灵","可以参赞天地"(《礼运注》),肯定人在宇宙自然中的主体地位和价值,强调"道不离人,故圣人一切皆因人情以为教"(《礼运注》),离开人就无所谓道。又认为"人道者,依人以为道。依人之道,苦乐而已"(《大同书》),所谓"人道",即以人"求乐免苦"的本性为道。由此出发,批判理学与佛学的禁欲主义修养论,主张"天生人必有情欲,圣人只有顺之而不绝之"(《礼运注》),应合理地满足人对"美饮食"、"美宫室"、"美衣服"等物质欲求,以及对"学问图书"、"公事大政"、"妙画"、"古器"等精神欲求,主张礼义政教、伦理法制之规定"实本乎人情","顺人事之自然",目的不过是"为人增益其乐"、"养人而已",并得出结论:人类"日益思为求乐免苦之计,是为进化"(《大同书》)。

实理、公法 近代康有为用语。实理相当于几何学中的定义、公理;公法指制度。《实理公法全书》模仿欧几里得《几何原本》编写形式,将大同制度与"几何公理"相比拟。其《凡例》指出:"凡一门制度,必取其出自几何公理,及最有益于人道者为公法,其余则皆做比例。"解释"实理"之"实"的主要含义是:"实测之实",即自然科学之实证;"实论之实",即可考其实际功效;"必然之实",即由逻辑推理所证实。当以实理为根据,推导或衡量人类社会的种种"公法","实理明则公法定"。凡从实理出发,经演绎推论而得的公法,是"几何公理所出之法,称为必然之实,亦称永远之实";否则即是"人立之法,称为两可之实"(《实理公法全书·实字解》)。前者必然有益于人道,后者则不一定,无论哪种情况,都要看其是否合乎公众之见,而不能凭个人独断。

公法 见"实理、公法"。

以仁为本 近代康有为思想。用儒家传统的"仁"附会近代自然科学的"电"、"以太",赋电、以太以"仁"、"爱"的道德属性,肯定"仁"为电、世界万物的本原和主宰。认为"不忍人之心"的"仁"是"万化之海,为一切根,为一切源"(《孟子微》),"仁者,在天为生生之理,在人为博爱之德"(《中庸注》)。后梁启超把康氏这一思想概括为"以仁为本","先生(康有为)之论理,以'仁'为唯一之宗旨,以为世界之所以立,众生之所以生,家国之所以存,礼义之所以起,无一不本于仁"(《康南海传》)。

爱质 近代康有为用语。《大同书》指出:"天性也,仁之本也,爱其生也,爱其类也……若物类无此爱质,则人物之生不育而万类灭绝久矣。"认为博爱是人类固有的天性,视有无"爱质"为文明与野蛮、人与兽区别的根本标准,如人之爱质灭绝,则"断其文明而还于野蛮,断其野蛮而还于禽兽之本质也"。认为人类社会形成组织,能够进化并最终进入大同之地,皆为"爱质"发扬光大之故。"人道所以合群,所以能太平者,以其本有爱质而扩充之,因以裁成天道,辅相天宜,以至于止善,极于大同"。

性全是气质 近代康有为用语。意谓人性是人的自然属性。《长兴学记》:"性全是气质,所谓义理自气质出","夫性者,受命之自然"。以为孟子性善说和荀子性恶虽然各有所见,但告子的生之谓性合乎孔子的性相近之说,最为正确;理学家区分气质之性和义理之性,附会孟子的性善论;实际上所谓性就是气质之性,义理来自气质;气质之人性即告子的生之谓性,是人生来就具有的自然属性,好比附子和大黄生来性热、性凉一样。这样的自然属性人皆有之,所以孔子讲性相近。就性全是气质而言,性无善无不善,人人平等,没有小人、大人之分。

以礼节欲 近代康有为用语。以礼义道德制约和调节人的欲望。他肯定人"欲"生来俱有,是自然属性,应予合理满足。又认为"制礼者穷人情之大本","礼为人设,故礼之义在养人而已"(《礼运注》)。"礼"适应人之欲望而设立,作为道德规范服务于"养人"、成人的目的。在礼欲关系问题上,既批评"宋儒好为高义,求加以圣人之上,致使亿万京垓寡妇,穷巷惨凄,幽怨弥天"(同上),又批评破坏道德规范的纵欲主义,称"吾但见纵欲累父母者矣,寡见养父母者也"(同上)。进而强调:"欲无可尽,则当节之"(同上),以礼节欲,"令众人各得其分,各得其乐"(《礼运注》)。

以太 近代哲学用语。亦称"以脱"、"伊脱"、"伊太"。希腊语 ether 的音译。原出自古希腊哲学。"以太"被介绍到中国,初见于清光绪二年(1876)译出的《光学》一书(田大理辑、金楷理口译、赵元益笔述)。以后,在传教士傅兰雅(John Fryer, 1839—1928)翻译出版的《光学图说》(光绪十六年)、《光学须知》(光绪二十一年)等书中有较具体的介绍。其传入给中国近代思想家以重大影响,他们各按自己的理解和需要进行解释和发挥,作为构制哲学体系的依据。谭嗣同认为,以太不仅是光、声、热、电的传播者,而且是"法界由是生,虚空由是立,众生由是出"(《仁学》)的宇宙本源。它"成乎不生不灭,而所以成之微生灭"(同上),具有永恒运动、不断转化的特征和作用。又用中国传统旧说和佛教唯识宗观点附会"以太"概念,断言:"以太亦曰仁而已",或称为"兼爱"、"性海"、"灵魂"、"慈悲"以及"爱力"、"吸力"。肯定仁是"天地万物之源,故唯心,故唯识"(同上)。康有为认为"以太"即不忍人之心——"仁":

"不忍人之心，仁也，电也，以太也"（《孟子微》），将"以太"概念伦理化和意识化。章炳麟则认为，"以太"的实质即"阿屯"（即原子，英文 atom 的音译），形虽极微，然其流动"而分迟速"，"则不得谓之无体"（《菌说》）。并据此批评谭嗣同谓"性海（灵魂）即以太"的唯心主义观点。孙中山更明确肯定"以太"是宇宙万物的物质本原，说："元始之时，太极（此用于译西名以太也）动而生电子，电子凝而成元素，元素合而成物质，物质聚而成地球，此世界进化之第一时期也。"（《孙文学说》）反映了中国近代哲学试图以西方自然科学作为重要基础。

微生灭 近代谭嗣同用语。即微细生灭，变化生死之意，指"以太"的细微生灭。认为以太的微生灭与佛说菩萨地位之微生灭不同。佛教所说的微生灭，认为万物都有生、住（固定）、异（变化）、灭，生之中又有生、住、异、灭，住和异灭中又各有生、住、异、灭，从大的生灭到小的生灭，一直到一刹那中有无数生灭，包括无量佛生灭、无量世界生灭。而"以太"的"微生灭"，则是由于其内部矛盾冲突，它"生与灭相授之际，微之又微，至于无可微；密之又密，至于无可密"，可谓"旋生旋灭，即灭即生"（《仁学》）。试图用以太的微生灭来分析物质世界不生不灭，永恒运动、变化的原因。同时又将"以太"的"微生灭"比附佛教"轮回"说，称"轮回不已，则生死终不得息，以太之微生灭亦不得息"（同上），表现了西学与佛学的杂糅。

心源 近代谭嗣同用语。佛教原指心之本体。天台宗智𫖮主张通过"反照心源"，以知"佛性"。谭嗣同则主张通过"洁治心源"以"度众生"。认为"心源非己之源也，一切众生之源也"，己之"心源一洁，众生皆洁"；故"度己，非度己也，乃度人也"（《仁学》）。试图以"治心"实现其普救众人的意愿。

心力 近代谭嗣同用语。指人的主观精神力量。用于解释"以太"的本质，"以太也，电也，粗浅之具也，借其名以质心力"（《仁学》）。认为"心力最大者，无不可为"（同上）。又附会佛教观念，认为"心力之实体，莫大于慈悲"，视"心力"类似于"藏识"。肯定了"心力"为天地万物的主宰，称"唯一心是实"，"虽天地之大，可以由心成之，毁之，改造之"（《北游访学记》）。此前龚自珍强调"心之力"的重要。与谭嗣同同一时期的梁启超、麦孟华都认为"心力"创造一切。梁启超说："报大仇、雪大耻、革大难、定大计，任大事，智士所不能谋，鬼神所不能通者，莫不成于至人之心力"。（《新民说·尚武》）麦孟华说："心力者固天下莫大之力。至坚遇之无不陷，至刚遇之无不屈，至险遇之无不夷。"（《论中国救亡当自增内力》）这些思想家都强调"心力"，反映了中国近代哲学与唯意志论的关联。

凹凸力 近代谭嗣同用语。形容心力的表现形态。《仁学》对"心力可见否"的回答："人之所以赖以办事者是也。吾无以状之，以力学家凹凸力之状状之。愈能办事者，其凹凸力愈大；无是力，即不能办事，凹凸力一奋动，有挽强持满，不得不发之势，虽千万人，未或能遏之而改其方向者也。"从外延上将其规定为十八种力量，即"永力"、"反力"、"摄力"、"拒力"、"总力"、"折力"、"转力"、"锐力"、"速力"、"韧力"、"拧力"、"超力"、"钩力"、"激力"、"弹力"、"决力"、"偏力"、"平力"。体现其"心力"以西方科学附会之。并认为凹凸力亦有"为害"一面，因而须"并凹凸力而用之于仁"，即以仁规范凹凸力。

爱力 近代谭嗣同用语。即"相爱之能力"。从"以太"为宇宙万物之本原出发，把"爱力"当作自然和社会所具有的普遍的性能，"性一以太之用，以太有相成相爱之能力，故曰性善也"（《仁学》）。认为人性之善是出于以太的性能。吸取牛顿力学的某些概念与墨家"兼爱"学说，称："吸力即爱力之异名也。善用爱者，所以贵兼爱矣。"认为"爱力"有导致人我一体境界实现的功效，"盖兼爱则人我如一"（同上）。又将"爱力"与佛教的"慈悲"相结合，断言中国最需要的是爱一切人的"慈悲"精神，因"慈悲则我视人平等，而我以无畏；人视我平等，而人亦以无畏"（同上）。视由人人"慈悲"而产生的平等原则与无畏精神，为其冲决封建伦理关系"网罗"的主要支柱。

仁为万物之源 近代谭嗣同用语。他受康有为"仁"为"一切根、一切源"说影响，认为"仁"是整个宇宙和社会最普遍的法则。他在《仁学》中提出"学者第一当认明以太之体用，始可与言仁"，"夫仁，以太之用"。但又把仁看得比"以太"更根本。他吸取了宋儒"仁者，以天地万物为一体"的思想，把当时理解的"以太"媒介传导性质完全归结为"仁"，认为仁能"通天地万物人我为一身"，"惟其仁不仁"。得出结论："天地间仁而已"。又受佛教华严宗"三界唯心"、唯识宗"万法唯识"说影响，认为"仁为天地万物之源，故唯心，故唯识"。

仁-通-平等 近代谭嗣同对其"仁学"思想体系的概括。亦是用于改变和替代"纲常名教之网罗"的社会理想和道德原则。糅合儒家传统的"仁"和近代西方的"以太"概念，并融入佛教众生平等的思想，赋予"仁"以"通"的涵义，"仁以通为第一义。以太也、电也、心力也，皆指出所以通之具"（《仁学》）。另以"通"为"仁"的本质特征，"苟仁，自无不通，亦惟通，而仁之量乃可完。"由此确立了"仁即通"、"通则仁"的原则。认为中国社会之所以网罗重重，皆由于等级所限，人际间阻隔不通，而祸根则在违仁、害仁之纲常名教。故提倡“通”以“冲决网罗”，并具体说明“通有四义”：(1)“中外通”，实现同西方国家的通教、通学、通商；(2)“上下通”，打破上尊下卑的等级界限；(3)“男女内外通”，取消男女有别、宗族之隔；(4)“人我通”，实现人与人之间相亲相爱。其中心在实现平等，“通之象为平等”，“平等者，致一之谓也。一则通，通则仁矣。”(同上)主张通过“平等”原则达到“仁则通”的理想社会和最高的道德境界。在传统的思想形式下，阐发了近代的自由、平等、博爱观念。

以太即性 近代谭嗣同用语。人性即以太之性。《仁学》以为世界万物由“原质”即元素化合组成，“然原质犹有六十四之异，至于原质之原，则一以太而已矣。一故不生不灭；不生，故不得言有；不灭，故不得言无。谓以太即性，可也；无性可言也。”组成世界的元素有六十四种，以太是这些元素的唯一本原；因其唯一，所以不生不灭，也无从比较、区别，于是其本性和其自身同一，也就无所谓本性。人是万物中之一类，其本性也以以太为唯一本原，“就其本原言之，固然其无性，明矣。”试图用以太把人性与万物之性相统一。

人性平等 近代康有为、谭嗣同等用语。康有为认为应从声色之自然本性来理解孔子的“性相近”，“夫相近则平等之谓，故有性无学，人人相等，同是食味、别声、被色，无所谓小人，无所谓大人”(《长兴学记》)。以为作为自然之本性，人与人之间并无高下之分。谭嗣同则以“以太即性”为根据，认为“惟性无不同”(《报贝元征》)，赞成康有为“人性平等”的主张。

性善情亦善 近代谭嗣同用语。《仁学》：“情岂有恶哉”，“言性善，斯情亦善。”以自然人性论和天赋人权论为据，重新阐发儒家“仁”与“性”的概念，认为“天地间仁而已矣，无所谓恶也”，“性无不同，即性无不善，故性善之说最为至精而无可疑”(《报贝元征》)。视“善”为天地本性，也是人之本性的表现。“恶者，即其不循善之条理而名之”(《仁学》)，是不合天地自然之条理、违反人的本性。又吸收王夫之“天理即在人欲中”的观念，断言“天理善也，以人欲为恶，不知无人欲，尚安得有天理！吾故悲夫世之妄生分别也”(同上)。直接否定了理学家的“存天理灭人欲”。

以心挽劫 近代谭嗣同用语。指以“心力”挽救世界，拯助众生。他认为“缘劫运既由心造，自可以心解之”(《仁学》)。其“心解”的关键，在去“机心”(“疑忌巧诈”之心)，明人“心源一洁”。自称“欲以心度一切苦恼众生，以心挽劫”(《上欧阳中鹄·十》)。认为“慈悲之念”可泯灭机心，以“慈悲”之心“感一二人而一二(人)化，则以感天下而劫运可挽也”(同上)。所以，“以心挽劫者，不惟发愿救本国，并彼极强盛之西国，与夫含生之类，一切皆度之”(《仁学》)。反映了推崇“心力”的唯意志论倾向。然而，其“有心杀贼，无力回天”的临终语，是对“以心挽劫”的否定。

冲决网罗 近代谭嗣同用语。意即打破束缚。《仁学·自叙》中提出。认为“网罗重重，与虚空而无极”。主张冲决利禄名位、无用俗学、君主专制、伦常名教、敬畏天命、宗教迷信等等的束缚，侧重冲决“君主之网罗”和“伦常之网罗”。但又曰：“然其能冲决亦自无网罗，真无网罗乃可言冲决。故冲决网罗者即是未尝冲决网罗。”以相对主义消解了冲决网罗的实在性。

三世一时 近代谭嗣同用语。源自华严宗的三世(过去、现在、未来)一念，谭嗣同称为“三世一时”，并作了发挥。认为去者已去，来者未来，今日不可能确定，“自以为知有今日，逝者而已”。(《仁学》)故过去和未来亦不可能确定。强调千万年之前或之后的今日与今日之今日并无区别。还以“一切众生，并而为我”，“我遍而为一切众生”(同上)的“一多相容”说加以论证。认为通过神秘的宗教修持工夫，掌握了“三世一时”的道理，即可破除现实的一切“对待”(矛盾)，达到“任逝者之逝而我不逝”(同上)的境界。

两三世说 近代谭嗣同观点。《仁学》吸收康有为“三世说”，并将之同《周易》的乾卦六爻相配合，提出历史进化“两三世”说，即“内卦之逆三世”和“外卦之顺三世”。大意是：初九，太平世，于时为洪荒太古；九二，升平世，于时为三皇五帝；九三，据乱世，于时为三代；以上即“内卦之逆三世”。九四，据乱世，于时为从孔子至于今日；九五，升平世，于时为天下大一统(全球群教、群国统一)；上九，太平世，于时为遍地民主(教主、君主均废)；以上是“外卦之顺三世”。将人类社会历史描绘成由“逆”而“顺”的曲折发展过程，最终的“太平世”不是最初“太平世”的简单复归，而是经“逆”而“顺”的新阶段。

君末民本 近代一种君民观。康有为说：“国之所立，以为民也。”“民为本而君为末。”(《春秋笔削大义微言考》)谭嗣同继承黄宗羲等人批判君主专制的思想传统，又汲取西方近代的“民权”、“民主”观念，认为，“因有民而后有君”，“非君择民，而民择君也”(《仁学》)。“君，末也；民，本也”。又认为君既为民“共举之，则且必可共废之”(同上)。并以此为据，指斥封建君主专制是对君民关系的“本末倒置”，“君为独夫民贼”，认为“二千年来君臣一伦，尤为黑暗否塞，无复人理，沿及今兹，方愈剧矣”（同上）。明确否定君权神授和“忠君”观念，为“兴民权”、“倡民主”、“行变法”提供依据，对后来资产阶级革命民主主义亦有影响。

脑气动法 近代谭嗣同用语。认为“脑为有形质之电”，其动有色、光可见，且具长短、多寡、徐疾之变，“偶萌一念，电象即呈”，“易为他念，动亦大异”，“且有一定之比例”（《仁学》）。认为“脑气之动者”，即法相宗的“意识”，使其动之有法者，为“执识”（即末那识）。由于“执识”的作用，人之脑气动法万有不齐，“意识”亦纷纭不一。由此，人们各执“我相”，造成人我不通。主张破“我相”，断意识，灭异同，以达“人我通”（即“人人平等”）的“仁”的境界。反映了以自然科学知识与佛学相结合来解释人脑的意识活动。

道用器体 近代谭嗣同用语。道依存于器而存在。《报贝元征》：“道，用也；器，体也。体立而用行，器存而道不亡。”吸取和发挥王夫之“无其器则无其道”的思想，强调道依存于器，以往以道为体导致道成为虚悬之空言。否定“器变道不变”，“器既变，道安得独不变？变而仍为器，亦仍不离乎道”。既反对“不力治今之器，徒虚谈古之道”，着眼于把握依存于“今之器”的“道”；同时肯定西学有器亦有道，“彼既有其器矣，道乃得以附之”，对西学既要学其“器”又要学其“道”。这一观点实际上否定了中体（道）西用（器）。

贵知不贵行 近代谭嗣同用语。他说：“吾贵知，不贵行也。知者，灵魂之事也；行者，体魄之事也”。“知亦知，不知亦知。是行有限而知无限，行有穷而知无穷也”（《仁学》），故行不如知。认为“手足之所接，必不及耳目之运；记性之所含，必不及悟性之广；……实事之所丽，必不及空理之精”。以为人要得到“真知”，并不依靠行，而靠“思之思之，鬼神通之”的“悟性”。即靠“教也者求知之方”的宗教修行。提出“僻儒所患能知而不能行者，非真知也”（同上），“真知无不能行”，即真知包含了能行的自觉。因此创立宗教的教主“贵知不贵行”，耶、孔、佛三教皆以“空言（即真知）垂世，而不克及身行之”，终身“以先知觉后知，以先觉觉后觉”（同上），以启迪众生成教主之事业。

名无实体 近代谭嗣同用语。认为概念或名称为人主观创造，没有实在性。《仁学》：“仁之乱也，则于其名。名忽彼而忽此，视权势之所积；名时重而时轻，视习俗之所尚”；“名本无实体，故易乱。名乱焉，而仁从之，是非名罪也，主张名者之罪也。”认为“名”把人我相通、彼此平等的“仁”道扰乱，是因为“名本无实体”，于是造成：一方面名没有随着不断变化的实而变化，人们为旧有之空名而束缚；另一方面名受到权势与习俗的力量左右，没有确定性。认为造成上述“名乱”的罪魁祸首是“主张名者”，即“广立名为箝制之器”者。有唯名论倾向。

辨对待 近代谭嗣同用语。对矛盾进行辨析。“有此则有彼，无独有偶焉，不待问而知之，辨对待之说也。”（《仁学》）认为“对待”产生于事物彼此之分，“彼此生于有我”。一切矛盾都是人的主观感觉，实际并不存在。又说：“辨对待者，西人所谓辨学也。”认为辨对待由辨学而算学，由算学而格致，“格致明而对待破，学者之极诣也”（同上）。

破对待 近代谭嗣同用语。破除矛盾观念，否定彼此、差别的存在。认为“对待生于彼此，彼此生于有我”（《仁学》），彼此、对待等矛盾观念皆是“我见”的产物。故破对待归根结底在于破“我相”，并从运动的绝对性（即生即灭）来论证无我，“以生为我，而我倏灭；以灭为我，而我固生。可云我在生中，亦可云我在灭中”（同上），即用相对主义来破对待。又以为世人“为对待所瞒”，“迷而不知平等”，故“凡对待之词皆当破之”。主张“无彼复无此，此即彼，彼即此焉，不必知亦无可知，破对待之说也”，以达“道通为一”的平等境界。又认为欲破“对待”，最根本的是要不用五官“乃至不以心思，转业识而成智慧”，认识佛教的“一多相容”、“三世一时”之“真理”，“斯对待不破而自破”（同上），自然能融通和取消时、空的一切差别。他还例举自然科学例子，说明“欲破对待，必先明格致”（同上）。

三民主义 民族主义、民权主义、民生主义的总称。近代孙中山提出并阐述的中国资产阶级民主主义的思想学说和理论纲领。有旧三民主义和新三民主义之分。旧三民主义在19世纪末、20世纪初渐次形成。清光绪二十三年（1897），孙中山在旅欧考察时曾说：“予以一劳永逸之计，乃采取民生主义，以与民族、民权问题同时解决。”（《孙文学说》）光绪三十一年在《同盟会宣言》中提出：“驱除鞑虏，恢复中华，建立民国，平均地权。”同年在《〈民报〉发刊词》中正式提出：“凡以三大主义：曰民族、曰民权、曰民生”，“是三民主义皆基本于民”。同时说明：“我们革命的目的，是为中国谋幸福。因不愿少数满洲人专制，故要民族革命；不愿君主一人专制，故要政治革命；不愿少数富人专制，故要社会革命”，认为“达到了这三样目的之后，我们中国当成为至完美的国家”（《三民主义与中国前途》）。肯定了三民主义以“推翻帝制，建立民国，改良社会”为中心内容，列宁认为这是“带有建立共和制度要求的完整的民主主义”，又具有“民粹主义色彩”(《列宁全集》第 21 卷第 427 页)。在中国第一次提出资产阶级革命的理论和政纲,奠定了民主主义的思想基础。旧三民主义虽以“推翻满洲政府”,“颠倒君主政体”为根本,又主张“诚可举政治革命、社会革命毕其功于一役”,但没有明确的反帝反封建的纲领。在五四运动和俄国十月革命的影响下,孙中山从自己的挫折中吸取教训,接受共产国际和中国共产党的帮助,于 1924 年在《中国国民党第一次全国代表大会宣言》中提出联俄、联共、扶助农工三大政策,并据此重新解释三民主义,将旧三民主义发展成为新三民主义。民族主义:以对内实行各民族一律平等,对外“皆不外免除帝国主义之侵略”(《三民主义》)为民族革命的基本任务;民权主义:反对国家政权“成为压迫平民之工具”,建立一种“为一般平民所共有,非少数人所得而私”的制度;民生主义:以“耕者有其田”为中心,平均地权,节制私人资本。毛泽东指出,孙中山的新三民主义“同共产主义在中国民主革命阶段的政纲,基本上是相同的”(《毛泽东选集》第 2 卷第 688 页)。新三民主义成为中国国民党和中国共产党第一次合作的政治基础,但和共产主义在宇宙观上是根本不同的。

民生史观 近代孙中山历史观。初见于清光绪三十一年(1905)的《民报》发刊词,后在 1924 年 8 月《民生主义》讲演中系统加以阐述。赞同美国摩里斯·威廉(Maurice William)的观点,认为“人类求解决生存问题,才是社会进化的定律,才是历史的重心”,民生是人民的生活,社会的生存,国民的生计,群众的生命”,“是社会一切活动中的原动力”(《三民主义·民生主义》)。社会历史就是人类“求生存”的进化发展史。承认经济生活的改变和物质生产的发展是社会历史进化的原因,主张解决求生存的民生问题,必须调和社会各阶级的经济利益,而不是进行阶级斗争,“阶级战争不是社会进化的原因,阶级战争是社会当进化的时候,所发生的一种病症”,强调“师马克思之意则可,用马克思之法则不可”(同上)。孙中山去世后,国民党右派以阐发孙中山思想为名,提出种种民生史观,如戴季陶的“民生哲学”、陈立夫的“唯生论”等等。1933 年有文章指出,民生史观的派别已达 12 种(赵剑华《反唯心的民生史观》,《新中国》一卷一期)。

集产社会主义 近代孙中山用语。指一种达到“天下为公”的社会理想之途径。1912 年《在上海中国社会党的演说》中提出。指出集产社会主义“所谓集产云者,凡生利各事业,若土地、铁路、邮政、电气、矿产、森林皆为国有”。它与人人各尽所能,各取所需,郅治之极,政府遂处于无为之地位的共产主义社会不同。以为“共产主义本为社会主义之上乘”,然而集产社会主义实为今日唯一之要图,既可补救天演之缺憾,而又深合公理之平允,斯则社会主义之精神,而和平解决贫富之激战。

进化三时期说 近代孙中山学说。关于宇宙和人类进化的理论。《孙文学说》中提出。认为宇宙“进化之时期有三:其一为物质进化之时期,其二为物种进化之时期,其三为人类进化之时期。”第一时期之进化,由“以太”即“太极”的运动而产生电子,形成元素,聚为物质,最后形成地球;第二时期之进化,由“生元”即细胞而演化为植物、动物以至人类,物种本着“物竞天择”原则“由微而显,由简而繁”;第三时期之进化,人类摆脱最初“与禽兽无异”的状况而“长成人性”,应以互助为原则。认为人类进化三时期为:第一由草昧而文明,为不知而行之时期;第二由文明再进文明,为行而后知之时期;第三自然科学发明而后,为知而后行之时期。以为欧美文明“得有今日突飞之进步”,是因为“无知难行易之说为其文明之障碍”。

突驾 近代孙中山用语。意谓历史发展、社会进化能够实现“后来居上”的突进。以指出“天然之进化,势所必至,理有固然”,人们顺着这种趋势,“以人事速其进行,是谓之革命”(《中国民主革命之重要》)。改良派所谓“中国今日只可为君主立宪,不能躐等而为共和”的谬论,是“反夫进化之公理”,“不知文明之真价”(同上)。认为在中国行立宪有流血,“同一流血,何不为直截了当之共和”,从而否定“循序而行”的渐进论,强调要以革命促进中国社会的飞跃。认为社会改革不能“择其中而取法之”,应“取法于上”,取法世界上“行之已收大效者”,学习别国最先进之文明,“而为后来居上也”,以为如此,中国则“突驾日本,无可疑也”,“十年二十年之后,不难举西人之文明而尽有之,即或胜之焉,亦非不可能之事也”,从而使中国成为一个“至完美的国家”(《三民主义与中国前途》)。康有为曾说:“天道,后起者胜于先起也;人道,后人逸于前人也。”(《日本书目志·序》)有后来居上的思想。孙中山之“突驾”说对此予以继承发展,进一步回答了后来居上何以可能的问题。

生元说 近代孙中山学说。关于生物起源和发展的理论。生元即细胞,“取生物元始之意”命名。认为“生物之元子”为“造成人类及动植物者”,“由生元之始生而至于成人,则为第二期进化”。肯定细胞体生物元子为构成生物的基本原素。但又认为“生元之为物也,乃有知觉灵明者也,乃有动作思为者也,乃有主意计划者也”,视“人身构造之精妙神奇”,

"人性之聪明知觉",均系生元"为之"、"发之",并把生元之知、生元之能等同于孟子的"良知"、"良能",赋"生元"以意识、精神的属性。另受魏尔肖"细胞国家论"影响,认为"生元之构造人类及万物也,亦犹乎人类之构造屋宇、舟车、城市、桥梁等物"(均见《孙文学说》),把有机体的构成看作是生元(细胞)的简单结聚和机械总和。

人类以互助为原则 近代孙中山用语。通过群与己、群与群的协调来促进社会进步的思想。首见于《孙文学说》。他接受达尔文的进化论思想,将历史分为"物质进化"、"物种进化"、"人类进化"三个时期。提出"物种以竞争为原则,人类则以互助为原则"。又认为:"社会国家者,互助之体也;道德仁义者,互助之用也。"强调"人处于社会之中,相资为用,互助以成者也"(《孙文学说》)。进而断定:"人类进化之主动力,在于互助,不在于竞争"(《实业计划·结论》),"人类进化,非相匡相助,无以自成"(《非学问无以建设》)。视互助原则为人类本质的表现和社会进步的根本动力。认为人类社会之所以仍有尔虞我诈、相互争夺、彼此残杀的现象,其因在人类"未能尽守此原则","一切物种遗传之性尚未能悉行化除"(《孙文学说》)。谴责国际帝国主义的侵略、掠夺行径都是"兽性"的残余,与"人性"、"人道"的互助原则不相容。主张"向于互助之原则,以求达人类进化之目的"(同上),使残存之兽性"早除之为妙"。

知难行易 近代孙中山用语。关于知行关系的理论。与"知易行难"相对。在1918年所作《孙文学说》中作了系统阐述。自称为破除"知之非艰,行之惟艰"(《尚书·说命》)这一革命"心理之大敌"而提出。认为"天下事惟患于不能知耳",强调"倘能由科学之理则,以求得真知,则行之决无难事"。认为人类认识皆经历"行先知后"、"行以致知",故人类知行发展具有"行其所不知以致其知"、"因其已知更进于行"的特点。肯定了"行"的作用和求得真知以指导行动的重要意义。同时又认为可以"分知分行",并将其发展过程划分为"不知而行"、"行而后知"、"知而后行"三阶段。认为"科学愈明"则"知行相去愈远",有割裂知行的倾向。

知行进化三时期 近代孙中山学说。对知行进化历史过程的一种划分。在《孙文学说》中提出。将人类进化史和认识发展史相联系,指出:"世界人类之进化,当分为三时期:第一由草昧进文明,为不知而行之时期;第二由文明再进文明,为行而后知之时期;第三自科学发明而后,为知而后行之时期"。第一时期,人类虽"浑浑噩噩,不识不知",但可以"行其所不知以致其知",故为人类进化"必要之门径"。第二时期,人类"或费千百年之时间以行之","或费千万人之苦心孤诣、经历试验而后知之",在行事和试验中产生认识。第三时期,人类在科学发明之世,"知之则必能行之,知之则更易行之","因其已知而更进于行"。强调求得真知对实际行事和革命行动的指导作用,为"知难行易"说提供理论上的说明。同时认为知行在发展进化过程中可以互相分离,断言:"先行而后知,进化之初级也;先知后行,进化之盛轨也。"强调在科学昌明时代,存在知行的绝对分工,使"知者不必自行,行者不必自知",并据此将人分为"创造发明"的"先知先觉者",仿效推行的"后知后觉者",竭力乐成的"不知不觉者"。

分知分行 亦称"知行分工"。近代孙中山用语。认为"科学愈明,则一人之知行相去愈远,不独知者不必自行,行者不必自知,即同为一知一行,而以经济学分工专职之理施之,亦有分知分行者也。"(《孙文学说》)又按"天赋"智能的高低,将人分为创造发明的先知先觉者、仿效推行的后知后觉者、竭力乐成的不知不觉者三类;认为在科学发达时代,这三类人可以实行绝对的知行分工,并以楼房设计者和建造者"知行分任而造成一屋"为例,说明"知者"专司创造发明,可以"不必自行";"行者"仿效推行,竭力乐成而"不必自知",但互相之间"相需为用",通力协作,乃可促进文明发展和社会进步。批判了明王守仁的"知行合一"说,亦否定了知行之间的辩证统一。

知行分工 即"分知分行"。

兼容并包主义 近现代蔡元培用语。蔡元培的学术主张和办学方针。其早年深受19世纪初柏林大学创办人冯德波的影响,以为各国大学中各种思想理论学派"常樊然并峙于其中,此思想自由之通则,而大学之所以为大也"(《北京大学日刊发刊词》)。任北京大学校长期间,在当时新旧思潮的激战中,申明"循思想自由原则,取兼容并包主义",强调不论何种学派,"苟其言之成理,持之有故,尚不达自然淘汰之命运者,虽彼此相反,而悉听其自由发展"(《致"公言报"函并附答林琴南君函》),以此回答林纾对北京大学推动新文化运动的责难。并据此对北京大学施行整顿改革,坚持革新进步,不赞成因循守旧,支持新思想的传播,先后聘请了陈独秀、李大钊、胡適、钱玄同、刘半农等新文化运动代表人物任教,使"文学革命、思想自由之风气,遂大流行"(《我在教育界的经验》)。有力推动了北京大学的进步和新文化运动的开展。

以美育代宗教 近现代蔡元培用语。在《以美育代宗教说》中提出。认为在人类未开化时代,知识、意志、感情“附丽于宗教”；随着科学发展和社会进步，特别是近代社会，这三者“离宗教而独立”，何况宗教间、宗教内教派间互相争斗，因而宗教丧失了培养德性的作用，由于美有超越性和普遍性，所以应以美育而取代宗教。

阿屯 近现代章炳麟用语。阿屯即英文 atom（原子）的音译。《儒术真论 · 菌说》：“盖凡物之初，只有‘阿屯’，而其中万殊。”以为原子是宇宙万物的始基，原子自身内部变幻无穷；又曰：“或为性海即以太。然以太即传光气，能透过玻璃实质，而其动亦因光之色而分迟速。彼其实质，即曰阿屯，以一分质分为五千万分，即为阿屯大小之数，是阿屯亦有形可量。以太流动，虽更微于此，而既有迟速，则不得谓之无体。”批评把佛教的性海比附为以太，认为以太的实质是原子，而原子皆有形体，可以度量，以太虽比原子更微小，但也有形体，可以度量，因而不能说不是实体性的存在。倾向于把世界本原看作可以量度的实体性的东西。

心境更互缘生 近现代章炳麟用语。“心”指认识或认识活动；“境”指认识的对象。提出“境缘心生，心仗境起，若无境在，心亦不生”（《建立宗教论》）。肯定了所谓“心仗境起”，非指“心”以“境”为源泉，而强调“境”对于“心”起只是一种条件，根本上还是“境缘心生”。一方面“境”是心创造出来供心认识的，另一方面“境”既出现又给心以影响，这便是“心境更互缘生”。“更互缘生”，原因是两者均先天潜存于阿赖耶识的“种子”中，反映了章氏认识论上与佛学的联系。

因果非物 近现代章炳麟用语。《四惑论》：“因果非物，乃原型观念之一端。”认为物质世界及其规律皆为人的“意想”所派生，“宇宙本非实有，要待意想安立为有”（《齐物论释》），科学上发现的事物因果律，“必有原型观念在其事前，必有综合作用在其事后”（《四惑论》），它不是对事物客观存在的反映，而是人们心中先验的因果观念对感觉经验加以组织、整理和综合的结果，否定了事物因果律的客观性。

原型观念 近现代章炳麟用语。即康德的先天范畴。《四惑论》：“今之言感觉者，以为内印神经，言忆念者，以为神经有遗印也，不悟显色形色，虽可以印象为缘，而数量即无印象。如人见三饭颗，若只缘印象者，感觉以后，当唯生‘饭颗、饭颗、饭颗’之想，必不得生‘三饭颗’之想。今有‘三饭颗’之想，非于尔所饭颗，各各取其印象；亦非以尔所饭颗，和合为一以成一种印象。必有原型观念，在其事前；必有综合作用在其事后，安得云只以物质对取物质？”以为人们把感觉、思维看作神经系统的功能，但不知道虽然对于事物之颜色、形状的观念和感觉印象有关，但数量观念并非来感觉印象。比如单凭感觉印象，不能有数量概念，要产生“三饭颗之想”，必须有先天范畴在前、统觉作用在后，由此科学因果律亦是原型观念的表现。《齐物论释》：“藏识中种子，即原型观念。”把原型观念归之于阿赖耶识中的种子。

增益执，损减执 近现代章炳麟用语。指人们认识世界的两种偏见。《建立宗教论》借用佛学唯识宗说明本体与现象的关系，“识者云何？真如即是惟识实性，所谓圆成实也。”认为“圆成实性”即意识是世界唯一真实存在的本体，而现象世界都是其变现出来的幻觉；为要使人们认识到这一点，必须破除两种偏见，即“增益执”和“损减执”。前者以为离开意识之外有独立存在的实体，陷入了“法执”（将认识对象当作实有）和“我执”（将认识主体当作实有），因而就不能认识真正的本体，“于非有中起增益执，其本体不成本体矣”；后者是对认识对象（相分）和认识能力（见分）妄加区别，“损减执者，不知五尘法尘同时相分，此诸相分，同时依识而起。由有此识，而有见分相分依之而起，如依一牛上起两角”，即“五尘”（可感觉的现象）和“法尘”（概念、范畴）都是相分，而相分是由意识变现出来的，因此和见分没有区别，犹如一牛的两个角。

损减执 见“增益执”。

倒见 近现代章炳麟用语。指唯我论、唯物论和有神论者所持观点都是在认识论上颠倒真、幻关系，以“幻者”为本体的“倒见”。章氏以佛教唯识宗为据，视阿赖耶识（藏识）为“真”，认为“遍计所执之我，本是绝无”，断定作为认识主体的形体之“我”乃是“幻者”，进而指出：“此识是真，此我是幻，执此幻者以为本体，是第一倒见也”（《建立宗教论》），批评唯我论者以我为本体，实是以“幻者”为本体。又认为：“离于色、声、香、味、触等感觉所取之外，惟其中心力存”，故强调：“此心是真，此质是幻，执此幻者以为本体，是第二倒见也”（同上），指责唯物论者执著物质。还指出有神论者所谓的“神”，只是“人心之概念耳”，认为：“此心是真，此神是幻，执此幻者以为本体，是第三倒见也。（同上）反映了章炳麟后期哲学上以唯识为宗，主张唯心主义先验论的特点。

能诠 近现代章炳麟用语。指名称或概念。与“所诠”相对。“且又州国殊言，一所诠（事物对象）上，有多能诠（名、概念）。若诚相称，能诠既多，所诠亦非一，然无是事，以此知其必不相称”（《齐物论释》）。认为不同的国家和地区，对同一事物对象有不同的概念名称，并提出“能诠”（名）和“所诠”（实）必不相称（不相符合）的观点。

所诠 近现代章炳麟用语。与"能诠"相对。"诠"即称谓、反映。"所诠"即客观的事物,即能诠(名)所称谓、反映的对象。详"能诠"。

本名 近现代章炳麟用语。相当于现代汉语中的本义词,它非由别的词(字)义派生出来,而是最初产生的、直接用来称谓具体之物的"名"。"水说为水,火说为火,寻其立名,本无所依"(《齐物论释》)。认为"水""火"的名就是对水或火这一事物的称谓和反映,"名"的这种含义即是词的初义。

引伸名 近现代章炳麟用语。由本名(具有本义、初义之名)引申出来的新名,相当于语言学上的引申词。"若夫由水言准,由火言毁,皆由本名孳乳"。

究竟名 近现代章炳麟用语。指"本名"在具体场合的某一实用意义,相近于现代汉语中的假借义。"如言'道',道本是'路',今究竟名中道学,于所诠中偏一切地,云何可说为道?"(《齐物论释》)认为"道"的本名是指路,而在究竟名中"道"却指囊括一切的普遍规律。但章炳麟从究竟名和本名所指之实的不相符,推出了"观念真妄,不待外物证明"和"名实本不相依"的结论。

依自不依他 近现代章炳麟用语。意谓改造世界必须依靠"自我"的精神意志,而不依傍于鬼神及他人的力量。认为"汉族之心理不好依它",故"支那德教,虽各殊途,而根源所在,悉归于一,曰:依自不依它"(《答铁铮》)。强调自孔、孟、荀至程朱、陆王、颜李各家学说,"虽虚实不同,拘通异状,而自贵其心,不以鬼神为奥主一也"。"法相禅宗,本非异趣",其"自贵其心,不依他力,可用于艰难危急之时则一也"(同上)。指出佛教禅宗盛行中国,正是通过"依自不依他"而"与中国心理相合"。宣称"中国依自不依他之说,远胜欧洲神教"。将"依自不依他"视为中国传统哲学的优良传统。在伦理学上,强调道德行为以意志自由为前提,"所以维持道德者,纯在依自,不在依他";并主张以此鼓励国人"厚自尊贵之风",作为持久奋起、光复中华的精神支柱。

竞争出智慧,革命开民智 近现代章炳麟用语。章炳麟将革命的观点引入进化论,同时,在认识论上,强调实践,强调人的智慧随着革命活动而增长,批判了改良派借口民智未开不能革命和知先于行的观点。指出:"人心之智慧,自竞争而后发生,今日之民智,不必恃他事以开之,而但恃革命以开之。"(《驳康有为论革命书》)还举李自成等为例说:"岂李自成生而有是志哉?竞争既久,知此事之不可已也。"于是"革命之念起,而剿兵、救民、赈饥、济困之事兴"。还说:"人心进化,猛进不已。以名号言,以方略言,经一竞争,必有胜于前者。"(同上)每经一次竞争,人的概念、思想、行动策略,都有进步。

以器相竞 近现代章炳麟用语。《訄书·原变》:"人之相竞也,以器。"认为人与动物进化的不同,就在于人类的进化是通过使用工具、武器进行竞争而实现的;因此,考古学家可以根据制造这些器具的不同材料来辨别它们的历史年代,"石也,铜也,铁也,则瞻地者以其刀辨古今之期者也。"以为"器"(包括生产工具)的演变是历史进化的重要标志。认为"竞以器"与"合群"是相互联系的,《訄书·尊史》指出,《世本·作篇》等古籍的记载表明,制弓矢、造车、筑宫室、发明等等,都是群体合作创造的,"故挽近视以为一器一事者,皆数者相待以成……苟史官之无《作篇》,而孰以知合群所自始。"以为人类结成群体是从协作制造器具开始的。

历史民族 近现代章炳麟用语。指民族是在文明的历史发展过程中形成,而非天然生就。《訄书·序种姓上》指出,地球上肤色不同的五大人种,并非本来如此,而是经过20万年到50万年的演化,才变成现在这样的;现在分辨民族,如果要追溯最初的原始由来,是很困难的,"今之种同者,古或异;种异者,古或同。要以有史为限断,则谓之历史民族,非其本始然也";"然则自有书契,以《世本》、《尧典》为断,庶方驳姓,悉为一宗,所谓历史民族然矣。"认为《世本》、《尧典》的记载,明确了各区域众多种姓融合为同一个中华民族。《驳康有为论革命书》:"近世种族之辨,以历史民族为界,不以天然民族为界",认为康有为论证满、汉原出同一种族,是以人类天然状态为民族界限,如果这样的话,就要把原始动植物当作祖宗了,因此必须以历史民族的观点来分辨满、汉为不同民族。

群必以独成 近现代章太炎用语。《訄书·明独》:"夫大独必群,不群非独也。"其"大独"者即真正有独立个性之人,如此之人必定有群体关怀,那些没有是非标准、对他人一毛不拔、隐居不问世事的人,"三者皆似独,惟不能群,故靳与之独也"。又曰:"大独必群,群必以独成","小群,大群之贼也,大独,大群之母也。"真正有独立个性之人充满着群体关怀,而"大群"即真正具有凝聚力的国家和社会,又必须以独立个性之人作为基础,局限于"小群"即小团体利益之人,是国家和社会凝聚力的敌人。承认能否关怀"群"是衡量是否"大独"的标准,但更强调真正有独立个性之人是国家、社会形成具有凝聚力之"大群"的必要条件。

俱分进化 近现代章炳麟用语。关于历史进化的理论。认为在社会的进化过程中，善和恶、苦和乐“双方并进”。以佛教唯识宗观念附会近代科学进化论，认为阿赖耶识是世界万有的本原，它由于熏习性或末那我执的作用，产生善恶苦乐等作为进化的基础。进而断言：“若以道德言，则善亦进化，恶亦进化；若以生计言，则乐亦进化，苦亦进化。双方并进，如影之随形，如罔两之逐景”(《俱分进化论》)，认为只有知识是一直进化的，但随着科学知识的进化，人类为善的能力愈大，为恶的能力也愈大；求幸福的本领增长了，造苦难的本领也增长了，主张“进化之实不可非，而进化之用不可取”(同上)。反映了对西方近代文明造成的种种不和谐现象的思考，包括对科学发展和西方民主制度的反思。在理论上则是对黑格尔的理性主义提出了诘难，“所谓世界之发展即理性之发展者，进化之说已蘖芽其间”，于是以为“进化终极，必能达于尽美醇善之区”(同上)；然而，社会历史的进化并未能按照理性预定的目标发展。认为只有遏止进化，退向“五无”(无政体、无聚落、无人类、无众生、无世界)，方能摆脱“俱分进化”。

我慢心 近现代章炳麟用语。指人性中好胜之心，即恶性。《俱分进化论》认为之所以善恶俱进，在于人性，“今检人性，好真、好善、好美而外，复有一好胜心。……名我慢心。”称“好胜者，由于执我而起名，我慢心则纯是恶性”。认为人之本性阿赖耶识由于受熏习性或末那我执的影响，包含有善恶两种属性。人之性善，表现为好真、好善、好美；人之性恶，表现为好胜，即产生我慢心。我慢心又可分为两种：一为“无目的之好胜”，如鸡、蟋蟀等“天性善斗，乃至人类亦有其情”。一为“有目的之好胜”，如追求“五欲、财产、权位、名誉而起竞争者”。以为人性善恶并存，故社会发展乃善恶同进。提出“无我”的道德修养说乃至“五无”的道德理想论，作为克服“我慢心”的基本手段。

无道德者不能革命 近现代章炳麟用语。《革命之道德》指出：“道德堕废者，革命不成之原。”针对有些革命者以“公德不逾闲，私德出入可也”为自己的不道德作辩护，强调“优于私德者，亦必优于公德，薄于私德者，亦必薄于公德，而无道德者之不能革命，较然明矣”；认为“今之道德，大率从于职业而变”，将社会职业分为十六种：农人、工人、裨贩、坐贾、学究、艺士、通人、行伍、胥徒、幕客、职商、京朝官、方面官、军官、差除官、雇译人，“其职业凡十六等，其道德次第亦十六等”；其中“农人于道德为最高”，“自艺士以下，率在道德之域，而通人以上，则多不道德者”，“知识愈进，权位愈伸，则离于道德也愈远”；强调“通人”阶层坚守道德对于革命的重要性，“今之革命党者，于此十六职业，将何所隶属耶？农、工、裨贩、坐贾、学究、艺士之伦，虽与其列，而提倡者多在通人。使通人而具道德，提倡之责，舍通人则谁与？”革命之道德的具体内容，“一曰知耻，二曰重厚，三曰耿介，四曰必信。若能则而行之，率履不越，则所谓确固坚厉，重然诺、轻死生者，于是乎在”。

无神教 近现代章炳麟用语。其《建立宗教论》将历史上各种宗教分为三类：“一神教”、“多神教”、“无神教”，以为在当今只能建立“无神”宗教，“居今之世，欲建立宗教者，不得于万有之中而横计其一为神，亦不得于万有之上而虚拟其一为神。”据此以为佛教唯识宗“万法唯心”，把一切包括鬼神看作“心”的幻见，并非实有，“此心是真，此神是幻”，因而是“无神教”。以为佛教崇拜释迦，犹如士人拜孔子、匠人拜鲁班，是“尊其为师，非尊其为鬼神。虽非鬼神，而有可以崇拜之道，故于事理无碍。”佛教尊崇释迦，与称其为无神教并无矛盾。试图建立类似唯识宗那样的无神教。

情感的人生观 近现代梁启超用语。在“科学与人生观”论战中提出。与“科学的人生观”相对。认为人生观就是悬一种理想来完成“人类从心界、物界两方面调和结合而成的生活”，而“生活的原动力，就是情感”(《科学与人生观》)。又认为情感中间“爱”与“美”两样东西“带有神秘性”，无论“科学帝国”的版图和威权有多大，仍能避免受其影响，依然保持自身那种“上不臣天子，下不友诸侯”的地位，肯定人生观中的情感领域是绝对独立和自由的。声称“人生关涉理智方面的事项绝对的要用科学方法来解决”，而其中“最重要的部分”，即“关于情感方面的事项，绝对的超科学”(同上)。试图调和科学与人生观的矛盾。

文明之自由 近现代梁启超用语。与“野蛮之自由”相对。视自由为“天下之公理，人生之要具”，但又强调“有文明之自由，有野蛮之自由”(《新民说·论自由》)，必须分辨清楚。认为文明之自由有二义。其一指法律指导下之团体的自由，“自由云者，团体之自由”(同上)；而为保障团体的自由，又须服从团体的法律，从而肯定：“文明自由者，自由于法律之下。”(同上)其二指不侵害他人自由的个人自由，“团体自由者，个人自由之积也”，故提倡“个人自由，而以不侵人之自由为界”(同上)。为保持个人自由，又须“勿为古人之奴隶”、“勿为世俗之奴隶”、“勿为境界之奴隶”、“勿为情欲之奴隶”(同上)，必须保持思想自由，“若夫思想自由，为凡百自由之母者”(《近世文明初祖二大家之学说》)。文明之自由与野蛮之自由的分别，在其是否有“制裁力”即自治力，

"无制裁之自由，群之贼也；有制裁之自由，群之宝也"(《十种德性相反相成义》)。后又认为由于中国国民缺乏自治力，"只可以受专制，不可以享自由"(《新大陆游记》)。

野蛮之自由 近现代梁启超用语。与"文明之自由"相对。《新民说・论自由》："自由之界说曰：人之自由，而以不侵人之自由为界"。以此界说为依据，则自由云者，团体之自由，非个人之自由也。野蛮时代个人之自由胜，而团体之自由亡，文明时代团体之自由强，而个人之自由减。野蛮时代的自由是滥用其自由而侵他人之自由，而侵团体之自由，则其群固已不克自立，而将为他群之奴隶，夫复何自由之能几也？所以"野蛮自由，正文明自由之蟊贼"，反对把个体自由看作是不顾他人和团体自由的随心所欲，但有把团体自由与个人自由对立起来的倾向。

公德与私德 近现代梁启超用语。《新民说》有《论公德》、《论私德》两篇专论，认为："人人独善其身者谓之私德，人人相善其群者谓之公德"。认为"就折义言之"，公德和私德固然有所不同；但"就泛义言之，则德一而已，无所谓公私"。因而"私德与公德，非对待之名词，而相属之名词"，意谓两者有相辅相成的密切联系，"皆人生所不可缺之具"。又比较考察"中国旧伦理"与"泰西新伦理"之差异，指出"中国所以不振，由于国民公德缺乏，智慧不开"，强调"公德者诚人类生存之基本哉"(《论中国国民之品格》)。认为"公德之大目的，既在利群"，"人群所以为群，国家之所以为国"，皆赖公德"以成立者"(《新民说・论公德》)。据此批判"存心养性"，"束身寡过"的传统道德修养论。同时还肯定私德是公德的基础，认为"公德者，私德之推"；"蔑私德而谬托公德，则并所以推之具而不存也"(《新民说・论私德》)。强调无私德则公德不能立。进而提出"合公私而兼善之"的道德建设方案。认为西方注重"一私人对于一团体之事"即公德，所以促进了社会的进步与发展；中国传统社会则"偏于私德，而公德殆阙"，导致"人虽多，曾不能为群之利，而反为群之累"，使国家"日即衰落"(《新民说・论公德》)。故主张以提高公德为急务，倡导"牺牲个人之私利，以保持团体之公益"；同时又应以培养个人之私德为第一义，以为弘扬公德的基础。"以独而扶其群"，由个体人格之独立，进于"合群之德"，树立社会意识和国家观念，成就"新民"之事业。试图培养公德、私德并进的理想人格。后章太炎提倡"革命道德"，针对"公德不逾闲，私德出入可也"的说法，指出"优于私德者，亦必优于公德，薄于私德者，亦必薄于公德。"(《革命之道德》)认为公德、私德在人格上必然是同一的。

合群之德 近现代严复、梁启超等提倡的道德原则。严复持进化论立场，用"物竞天择"的观点解释道德的起源和本质。认为人们为了"安利"才"由散入群"，形成社会，故道德产生于人的合群的社会需要。又吸收墨子的"兼爱"说，批评孟子的"爱有差等"观念，主张"合天下之私以为公"，以"利民"、"合群"之道"进吾民之德"。阐述了"合群之德"的基本原则。梁启超则吸取荀子"人之生不能无群"的思想，强调群体的重要性："群者，天下之公理也。"(《论独立》)但不同意荀子"明分使群"的等级主义群体观，而提出"道德之立，所以利群"、"道德之精神，未有不自一群之利益而生者"(《新民说・论公德》)的命题。据此推原中国的"不群之故"，主张以"合群之德"，"维此群治"(《论中国国民之品格》)。倡导"绌身而就群"、"绌小群而就大群"(《十种德性相反相成义》)，进而主张"以国家为最上之团体……杀其一身一家一乡族之私以爱一国可也。"(《新民说・论国家思想》)又谓"合群云者，合多数之独而成群"(《十种德性相反相成义》)，认为合群的一般本质在于更好地保证个体的利益，"善能利己者，必先利其群，而后己之利亦从而利焉"(同上)。主张以"利己"为基础，以"爱己之心"为"爱他之义"、"合群之德"之前提。

利己之德 近现代梁启超用语。与"合群之德"相对。主要指维护个体自身之独立以利于群体利益与权利的道德原则。既提出"道德之立，所以利群"(《新民说・论公德》)，又强调"天下之道德法律，未有不自利己而立"(《十种德性相反相成义》)。据不同的对应关系具体论述了"利己之德"不同的内容层次：个人相对于他人必具有"利己之德"，即"竞争权利，寸步不肯稍让"，方不至于放弃做人责权而终至于无以自立；本族对于他族应具有"利己之德"，即"爱国保种之义"，方能使国民进步繁荣；人类对于禽兽又须具有"利己之德"，即"自贵知类之义"，从而能够主宰世界。指出"利己之德"在生存竞争中的积极意义："彼芸芸万类，平等竞存于天演界中，其能利己者必优而胜，其不能利己者必劣而败。"(《十种德性相反相成义》)通过中西比较，认为西方社会具备了利己之德，并使之成为政治民主、人群发达之基础。而中国则相反，自古以来以"为我"、"利己"为"恶德"，故今日有必要"发明杨朱之学"，因为"人而无利己之思想者，则必自放弃其权利，弛掷其责任，不终至于无以自立"(同上)。又认为"利己之德"的实现离不开他人与社会，"但使举利己之实，自然成为爱他之行；充爱他之量，自然能收利己之效"(同上)。其实质是以合理利己主义作为协调群己关系的道德原则。

爱他的利己 近现代梁启超用语。指以爱他为手段、以利己为目的的道德原则。接受西方近代伦理学家的观点，称“近世哲学家，谓人类皆有两种爱己心：一本来之爱己心，二变相之爱己心。变相之爱己心者，即爱他心是也”（《十种德性相反相成义》）。肯定人们的利己之心及相应行为，但认为应在利己的基础上将利己与爱他结合起来：“利己心与爱他心，一而非二者也。”（同上）爱他之行由利己之心派生而出，利己目的又由爱他手段得以实现，“善能利己者，必先利其群，而后己之利亦从而进焉。”（同上）据此断定：“凡所以爱他者，亦为我而已。”强调“真能爱己者，不得不推此心以爱家爱国，不得不推此以爱家人爱国人，于是乎爱他之义生焉”（同上）。表现了试图统一利己和利他的群己观。

束身寡过主义 近现代梁启超用语。指“中国旧伦理”中那种漠视群体、明哲保身的道德修养原则。《新民说·论公德》：“吾中国数千年来，束身寡过主义实为德育之中心点。”与“泰西新伦理”相比较，其特点是：“偏于私德，而公德殆阙。”由此导致“任众事之废堕芜秽，群治之驰纵败坏，惟是塞耳瞑目，不与闻公事以为高。”（《论中国国民之品格》）更有甚者，如有人欲为本群、本国之公益有所尽力，“曲士贱儒”则以“不在其位不谋其政”等为理由，“非笑之排挤之”。其危害在于毁坏人们的合群之德，消融人们的爱国精神，导致中国“日即衰落”。故号召对其用“公德以审判之”，且坚决摒弃之。批判束身寡过主义，是其“道德革命”在群己关系上的重要内容。

境者心造 近现代梁启超用语。《自由书·唯心》依佛学“三界唯心”和王守仁“心外无物”的思想，认为“心”为万物的根源，“境者，心造也。一切物境皆虚幻，唯心所造之境为真实”。通过“同一桃花也，而一为清净，一为恋爱，其境绝异”，“同一江也，同一舟也，同一酒也，而一为雄壮，一为冷落，其境绝异”的例子，说明心境不因特定的物境而同一，物境却总随心境而转移，进而得出“一切物境皆虚幻”的结论。揭示了人们对外境感受有差别性，由此以为外界事物的属性不是其固有的，而是由心的主观感受赋予的，即“人间世一切之境界，无非人心所自造”（《新民说·论尚武》）。与龚自珍、谭嗣同推崇“心力”一脉相承。在美学上，认为真实的美学境界，是由心造所成。以审美感受的差异性否定客观的物境；离开客观的物境强调审美主体心力的创造。

趣味 近现代梁启超用语。指审美欣赏的一种情趣。以“趣”作为美学范畴的早见《列子·汤问》：“曲每奏，钟子期则穷其趣”；以“味”作为美学范畴的始于《老子》“道之出口，淡乎其无味”。以后“趣”与“味”常见合用。南宋叶適《水心先生文集·跋刘克逊诗》：“怪伟伏平易之中，趣味在言语之外”。以趣味来表达人的审美感受。梁启超以新的观点阐述其内涵，认为有了美，才有审美“趣味”，而审美趣味是人们“生活的原动力”，人生观的“根柢”，如果“趣味丧掉，生活便成了无意义”（《趣味教育与教育趣味》）。又将其分为上、下等，如“拿别人的苦痛换自己的快乐”便是下等趣味，应引导其“到高等趣味的路上”。“高等趣味即审美趣味。”文艺的“本质和作用，最主要的就是‘趣味’”（《晚清两大家诗钞题词》），认为它是培养人们高尚审美趣味的重要手段。而艺术作品给人以审美趣味，主要是通过“对境之赏会与复现”、“心态之抽出与印契”、“他界之冥构与蓦进”三条途径。主张不必以“严酷的道德论作标准”衡量趣味。

熏浸刺提 近现代梁启超用语。指审美移情力。原系佛教用语。梁启超在《论小说与群治之关系》一文中，借用佛教用语，将熏、浸、刺、提归结为艺术审美移情的四种力量。认为艺术的审美移情在于创造一种艺术境界，以趣味引读者“化身入其中”，再诱发其本身的想像力去“参与”艺术境界的种种活动，从而使读者的思想感情“跟作者俱化”。熏，即“熏陶”。“熏也者，如入云烟中而为其所烘，如近墨朱处而为其所染”。审美主体感知审美对象时，初仅在心中植下“一特别之原质之种子”，即情感的种子，在审美环境的渐渐熏烘和不断强化下，“种子愈盛”，完成移情过程，并可转熏他人。而审美主体并不明显觉察到自己感情的变化。一旦完成这种移情，就深入脑际，并可转熏他人。浸，即“浸入”。沉浸于艺术境界的时间越长，受到感染越深。“浸也者，入而与之俱化者也。人之读一小说也，往往终卷后数日或数旬而终不能释然”，“而其卷帙愈繁事实愈多者，则其浸入也愈甚”。刺，即“激发”。“刺也者，刺激之义也”，“刺之力利用顿”，以“使感受者骤觉”，“能入于一刹那顷，忽起异感而不能自制者也”。艺术给审美主体以突然、强烈的刺激，激发移情。提，即“提启”。“提之力，自内而脱之使出，实佛法之最上乘也”。“凡读小说者，必常若自化其身焉。入于书中，而为其书之主人翁。”“夫既化身以入书中矣，则当读此书时，此身已非我有，截然去此界以入彼界”。提启审美主体自身的想像力，使其想像再创造，将自己融入到艺术境界之中“参与”各种活动，经历艺术境界中的喜怒哀乐，以达到移情的目的。“熏”、“浸”、“刺”、“提”四种力量相互关联，相辅相成。“熏以空间言”，“浸以时间言”，两者均为渐渐感染，“刺”则为“突然激发”，三者均属外力，“是自外而灌之使入”，

“提”是内力，是“自内而脱之使出”。文艺作品的感染力正是内外两种力相互作用的结果。

天下兴亡，匹夫有责 近现代爱国主义思想的一种概括。明清之际顾炎武已提出：“保国者，其君其臣肉食者谋之；保天下者，匹夫之贱与有责焉耳矣。”（《日知录·正始》）认为“亡国”与“亡天下”有别：“有亡国，有亡天下，亡国与亡天下奚辨？曰易姓改号，谓之亡国；仁义充塞而至于率兽食人，人将相食，谓之亡天下。”（同上）所以，“保国”只是保一家一姓的王朝，属于其君其臣肉食者的事情；而“保天下”，就是保卫礼法、道德，维护社会秩序，则不分贵贱，人人都有责任。近代维新派思想家在新的历史条件下，以“变法维新”、“救亡图存”为宗旨，吸收西方近代的社会政治学说，继承并升华了顾炎武的这一思想，将其概括为“天下兴亡，匹夫有责”。最早由维新派思想家、宣传家麦孟华明确提出。清光绪二十六年(1900)在《论今日疆臣之责任》一文中说：“顾炎武之言曰：天下兴亡，匹夫之贱与有责焉。今中国内忧鱼烂，外惧瓜分，此固天下兴亡之时，我四万万人皆当身任其事，固无一人能免其责者也。”（见《清议报》第五十一册）并于《论中国之存亡决定于今日》一文中，将上述思想正式表述为“天下兴亡，匹夫有责”（见《清议报》第三十八册）。后梁启超在《痛定罪言》(1915)中引用此语，又经许多政治家、思想家的宣传而广为传播，遂成一中国家喻户晓之名言。自近代以来，对激发中国人民的爱国主义精神，唤起人们的社会责任感，产生了巨大的积极影响。成为无数志士仁人投身挽救民族危亡，争取社会解放和人民幸福的精神力量。

无我之境 现代王国维用语。指意境交融、物我一体的优美境界。与“有我之境”相对。《人间词话》指出，“境界”有“无我之境”与“有我之境”的区分。“无我之境，以物观物，故不知何者为我，何者为物”。如“采菊东篱下，悠然见南山”。“寒波澹澹起，白鸟悠悠下”。“无我之境，人惟于静中得之”，属于“优美”。是摒弃了利欲而与外物无利害对立关系时的境界。

有我之境 现代王国维用语。与“无我之境”相对。指移情于物，意溢于境的壮美境界。《人间词话》指出，“境界”有“无我之境”与“有我之境”的分别。“有我之境，以我观物，故物皆著我之色彩”，如“泪眼问花花不语，乱红飞过秋千去”、“可堪孤馆闭春寒，杜鹃声里斜阳暮”。“有我之境，于由动之静时得之”，属于“壮美”。是利欲之我与外物有利害对立关系时的境界。

写境 现代王国维用语。指真实描写客观现实之境。与“造境”相对。《人间词话》：“有造境，有写境，以理想与写实二派之所由分。”认为从文艺史上看，写实派的创作原则是反映现实的原貌，取材于现实中的实有之物，在作描写时，遵循生活中物与物、人与物的相互制约关系。它对艺术境界是秉于现实的“写”。然而“写境”也要集中概括，经艺术的处理，现实生活“写之于文字及美术中也，必遗其关系、限制之处”，不机械地复现，因而“所写之境，亦必邻于理想”，总寄寓着美学追求，从这一角度看，“虽写实家亦理想家也”。

造境 现代王国维用语。与“写境”相对。指作家主观虚构之境。《人间词话》：“有造境、有写境。此理想与写实二派之所由分。”王国维认为从文艺史上看，理想派的创作原则是注重表现理想、愿望，取材不拘泥于现实中的实有之物，不严格遵照生活中物与物、人与物之间的相互制约关系，往往“遗其关系限制之处”，“空间、时间之形式对此而失其效，关系之法则至此而穷于用”（《叔本华与尼采》），它对艺术境界是秉于理想的“造”。但一切理想都有现实根源。“虽如何虚构之境，其材料必求之于自然，而其构造，亦必从自然之法则”。在具体的作品中，造境和写境“二者颇难分别”，从这一角度看，“虽理想家亦写实家也”（《人间词话》）。反映其境界说要求理想与现实的统一。

隔与不隔 现代王国维用语。指文学作品“境界”的“隔”与“不隔”的区别。在《人间词话》中提出。“隔”如“雾里看花”，形象不清晰鲜明；“不隔”如“豁人耳目”，“语语都在眼前”，形象鲜明生动。“隔”的作品如“谢家池上，江淹浦畔”，“高树晚蝉，说西风消息”；“不隔”的作品如“天似穹庐，笼盖四野，天苍苍，野茫茫，风吹草低见牛羊”，“生年不满百，常怀千岁忧，昼短苦夜长，何不秉烛游”。认为只有“不隔”的作品才有“境界”，并认为变“隔”为“不隔”，取决于艺术家运用艺术语言的能力。

古雅 现代王国维用语。在《古雅之在美学上之位置》中首先将其作为一个独特的范畴用于美学。认为“一切之美皆形式之美也”。形式之美有两种：一为物象的自然形式，称为“第一形式”；一为反映物象的艺术形式，称为“第二形式”。古雅即第二形式。认为“吾人肉眼观之”并无美感的自然中琐屑之景物，经艺术家（绘画或诗歌）之手而有不可言之趣味，此等趣味得之第二形式，“故古雅之致存于艺术而不存于自然”。第二形式按美的规律创造，“惟经过此第二之形式，斯美者愈增其美”，故古雅亦即“形式之美之形式之美”。认为美的“材质”与美的形式不可分割，“材质”从古雅的艺术形式中表现出来而使人获得美感，故古雅亦从而具有优美或壮美的性质，可谓之低度之优美或壮美。人可“由修养而有古雅之创造力”，即由修养和经验对其作出审美判断。古雅是“可爱玩而不可利用者”，它在审美观照中“使吾人超出乎利害之范围外，而惝恍于缥缈宁静之域”。反映了王国维超利害、超功利的美学观念和强调艺术形式美意义的思想。

国粹 现代学者用语。指中国传统文化遗产。风行于20世纪初，舶之于日本，黄节在《国粹学社发起辞》中说：“国粹，日本之名辞也。吾国言之，其名辞已非国粹也。”（《政艺通报》1904年第1号）学者对此有不同的理解和阐发。梁启超在《中国史叙论》(1901)使用“国粹”一词；第二年致书康有为，认为日本“保存国粹之议起”有矫正片面“欧化”之作用，但中国在此时不宜提倡。同年又致书黄遵宪，则称“谓善成国民，当以保国粹为主义，取旧学磨洗而光大之”。张之洞1907年著《保存国粹疏》，以尊孔读经、纲常名教为国粹。20世纪初在资产阶级民主革命派内形成国粹思潮，代表人物有章太炎、刘师培、邓实、黄节等。黄节1902年发表《国粹保存主义》，1905年初与邓实等人成立国学保存会，以“研究国学，保存国粹”为宗旨，办有机关刊物《国粹学报》，刊印《国粹丛编》、《国粹丛书》。他们所谓“国粹”的主要含义：一是指广义的中国历史，但并非历史上的一切都是可取的，“国粹诚未必皆是”（章太炎：《印度人之论国粹》）；二是适合现时中国需要的中外文化，“本我国之所有而适宜焉者国粹也，取外国之宜于我国而吾足以行焉者，亦国粹也”（黄节：《国粹保存主义》）。三是中国文化的民族精神与特性，“夫一国之立必有其所以自立之精神焉，以为一国之粹，精神不灭，则国亦不灭”（邓实：《鸡鸣风雨楼独立书》）。同时，也有鼓动排满革命之义，章炳麟总结维新运动失败的教训，以为当时最要紧的：“第一是用宗教发起信心，增进国民的道德；第二，是用国粹激动种姓，增进爱国的热肠”。强调“为甚要提倡国粹不是要人尊敬孔教，只是要人爱惜我们汉种的历史”（《东京留学生欢迎会演说辞》）。革命派内部以《新世纪》为代表的一部分人则否认中国传统文化中有值得肯定的“国粹”，《新世纪》第24期的《好古》一文称：“数千年老大帝国之国粹，犹数百年陈尸枯骨之骨髓，虽欲保存，其奈臭味污秽，令人掩鼻作呕何？徒增阻力于青年之吸收新理新学也”。辛亥革命后，复古派为反对共和、复辟帝制，则认为：“夫纲常名教，中国数千年相传之国粹，立国之大本。”（劳乃宣《续共和正解》）康有为以“搜集国粹”、“保存国魂”为标帜，主张用孔子之道来“补教化、存礼俗、守道揆、正人心”（《中国学会报题辞》），又“慨国粹之丧失”、“痛人心之堕落”，创《不忍》杂志，鼓吹“定孔教为国教”，确立尊孔复古为国粹主义。在五四新文化运动中，陈独秀批评国粹论者是“守缺抱残，往往国而不粹，以沙为金”，“以之励进民德而不足，杜塞民智而有余”（《学术与国粹》）。鲁迅曾痛陈国粹之“太多”，导致“中国人要从‘世界人’中挤出去”，“失了世界”（《随感录》三十六）。胡適在批判传统纲常伦理的同时，提倡“整理国故”，主张“用评判的态度，科学的精神”，分清“什么是国粹，什么是国渣”，以便能从传统学术里“寻出一个条理脉络来”（《新思潮的意义》）。

国民性 现代学者用语。指国民群体人格和思想特征。流行于五四时期，但剖析中国国民性是自戊戌维新前后至五四前后的近代思想家一直关注的问题。梁启超作《新民说》，首先发挥严复“鼓民力，开民智，新民德”的主张，以生物进化“优胜劣败”的法则观察民族命运，揭露中国国民品格的四项弱点，强调要国民“翦劣下之根性”，养成“完粹之品格”（《论中国国民之品格》），是为国民性问题讨论之滥觞。后在1911年的《中国前途之希望与国民责任》中提出了“国民性”概念。孙中山则提出“自根本上做功夫，便是在改良人格来救国”（《国民要以人格救国》）。邹容更疾呼：今日欲革命，“必先去奴隶之根性。”（《革命军》）主张从改造国民性入手求民族生存与富强。章炳麟则以为上至孔、孟、荀，经过程朱、陆王，再到颜元、李塨，“虽虚实不同，拘通异状，而自贵其心，不以鬼神为奥主，一也”。禅言盛行亦是因为与这一“中国心理相合”（《答铁铮》），即以“依自不依他”为中国汉族之特有国民性，予以肯定。新文化运动中，国民性问题的讨论进一步突出。陈独秀揭示中国人中存在的“卑劣无耻退葸苟安诡易圆滑之国民性”，并指出造成此种国民性原因有三：“一曰学说之为害也”（老尚雌退，儒崇礼让，佛说空无），“一曰专制君主之流毒”，“一曰统一之为害”（《抵抗力》）。强调“欲图根本之救亡，所需乎国民性质行为之改善”（《我之爱国主义》），进而提倡个人本位主义，形成有独立人格之国民，号召国民“不以根性薄弱之亡国贱奴自处”（《抵抗力》）。王光祈指出，中国人的国民性中“充满了因循、苟且、庸儒、麻木、冷酷、贪吝、无聊的成分”，所以“外力才敢压迫，军阀才敢专横”（《少年中国运动・序言》），主张“中国人自思想、行为、信仰，以至穿衣、吃饭、睡觉之事，几无一不应改善”（《政治活动与社会活动》）。胡適在《易卜生主义》中指出，国民如不造成“自由独立的人格”，则“社会国家决没有改良进步的希望”。梁漱溟认为中国社会以伦理为本位，形成了安定内在精神的“调和持中"的国民性,因此不可能产生西方那样向外追求的科学和民主,"从数千年伦理生活所训练出的人生态度,所陶养的国民性,你怎能想他亦会有这么一天开出这些玩艺来呢?"(《中国民族自救运动之最后觉悟》)。鲁迅集中而深刻地剖析中国国民性问题,并用文学形象写出他眼里"所经过的中国人生",特别通过阿Q这一典型,画出中国"沉默的国民的灵魂","意思是在揭出病苦,引起疗救的注意"。他既满怀"哀其不幸,怒其不争"的心情,揭露国民心理中的奴性,又热情歌颂中国民族的"硬骨头"精神,主张彻底砸烂奴才主义的精神枷锁;强调"最要紧的是改革国民性,否则,无论是专制,是共和,是什么、什么,招牌虽换,货色照旧,全不行的"(《两地书》八)。五四以后,一些马克思主义者,如李大钊、瞿秋白等指出东方文明是停滞于宗法社会及封建制度之间的文化,中国传统观念中的孝悌、礼教、养心绝欲、和平好让等,是宗法社会的表征,从而将国民性改造置于改造整个封建社会的基础之上。

道德革命 亦称"伦理革命"。现代学者用语。指近代用新道德反对旧道德的变革。其称谓始出于梁启超《新民说·论公德》:"苟不及今急急斟酌古今中外,发明一种新道德者而提倡之,吾恐今后智育愈盛,则德育愈衰……呜呼!道德革命之论,吾知必为举国之所诟病,顾吾特恨吾才之不逮耳,若类与一世之流俗人挑战决斗,吾所不惧,吾所不辞。"胡適在《陈独秀与文学革命》中说:"陈先生是一位革命家……在袁世凯要实现帝制时,他就参加伦理革命、宗教革命、道德革命。"戊戌变法失败后,梁启超倡导"新民说",发挥严复"鼓民力,开民智,新民德"的思想,提出"道德救国"论,主张"采合中西道德以为德育之方针",强调以"利群"、"为群"之"公德"代替中国旧的"家族伦理",开道德革命之先河。章炳麟总结戊戌变法失败的教训,得出"知道德衰亡,诚亡国灭种之根极"的结论,强调"无道德者不能革命"(《革命之道德》),以宣传革命道德为图存救亡之要务。孙中山则提出"要正本清源,自根本上做工夫,便是改良人格来救国"(《国民要以人格来救国》)。五四前夕,《新青年》的创办者发挥资产阶级民主派关于"三纲革命"、"更新民德"的观念,认为欧洲自文艺复兴以来,政治、宗教、伦理道德"莫不因革命而新兴而进化",然反观吾国,"政治界虽经二次革命,而黑暗未尝稍减",其因"则为盘踞吾人精神根深蒂固之伦理道德、文学艺术诸端,莫不黑幕层张,垢污深积"(陈独秀《文学革命论》),进而倡导道德上的革故鼎新,并从多方面把伦理革命推向高潮。首先,指明道德更新为社会政治变革的前导。陈独秀认为:"伦理思想,影响于政治,各国皆然,吾华尤甚。"断言:"欲望政治根本解决问题,必有待于吾人最后之觉悟。"(《吾人最后之觉悟》)强调只有进行道德革命,才是"持续的治本的爱国主义"(《我之爱国主义》)。其次,以批孔子偶像和反封建礼教为道德革命之中心。易白沙在《新青年》发表《孔子评议》,指出:孔子思想"易演成独夫专制之弊",为"国家之风俗,人心学问愈见退落"之根因。陈独秀强调:"信仰共和必排孔教"(《复辟与尊孔》)。李大钊批判孔子为"历代帝王专制之护符"(《孔子与宪法》)。鲁迅揭露儒家仁义道德的字缝间都写着"吃人"两字(《狂人日记》)。吴虞更指斥"讲礼教的就是吃人的"(《吃人与礼教》)。又通过对孝道和贞操观念的批判,动摇了封建礼教的核心——三纲制度和五常伦理。再次,依据"道与世更"的进化论思想,批判道德不变论,强调道德"应随社会而变迁,随时代为新旧"(陈独秀《答淮山逸民》)。李大钊认为,道德之进化"必应其自然进化之社会",故"古今之社会不同,古今之道德自异"(《自然的伦理观与孔子》),肯定自"共和思想流入以来",中国"民德尤为大进",宣称旧道德、旧礼教"其势必迟早归于消灭"。最后,揭示东西民族根本思想之差异,强调新旧道德更迭、代替之不可调和性,主张"欲转善因,是在以个人本位主义易家族本位主义"(陈独秀《东西民族根本思想之差异》)。又沿用传统的群己关系论题,引进西方的人权说和社会契约论,主张:"内图个性之发展,外图贡献于群"(陈独秀《新青年》),贯彻"群己相维之理",在个人本位主义道德的基础上,再发扬"互助"性和利他心,作为更新道德、重建社会协调原则的依据。

静的文明 五四时期学者用语。❶亦称"东洋文明"、"南道文明"、"精神文明"。与"动的文明"、"西洋文明"、"北道文明"、物质文明相对。1916年杜亚泉在《东方杂志》发表《静的文明与动的文明》,认为"西洋社会,为动的社会,我国社会,为静的社会;由动的社会,发生动的文明,由静的社会,发生静的文明";"动的文明,是都市的景趣,带繁复的色彩;而静的文明,是田野的景趣,带恬淡的色彩";两种文明之种种不同,"皆为竞争存在与自然存在两种观念差异之结果";两种文明各有利弊,"抱合调和,为势所必至。"1918年李大钊发表《东西文明根本之异点》,认为就人类的自然环境和物质生活而言,世界文明可分为"南道文明"和"北道文明";"南道文明者东洋文明也,北道文明者西洋文明也";两者的根本不同点是:"东洋文明主静,西洋文明主动";"一为自然的、一为人为的,一为安息的、一为战争的,一为消极的、一为积极的,一为依赖的、一为独立的,一为苟安的、一为突进的，一为因袭的、一为创造的，一为保守的、一为进步的，一为直觉的、一为理智的，一为空想的、一为体验的，一为艺术的、一为科学的，一为精神的、一为物质的，一为灵的、一为肉的，一为向天的、一为立地的，一为自然支配人间的、一为人间征服自然的。”❷ 指滞呆的、停止不进的中国封建文明。与“西方民主主义的文明”相对。“中国自秦汉以后大致就在封建文化的局面下支配着，这种封建文化是‘静的’停止不进的。直到15世纪末，西方的‘动的’突飞猛进的欧洲文化来到中国南洋，与中国封建文化正式接触，这种静态的文化才有点支持不住。”（武尚权《一年来之中国文化运动》）

动的文明 见“静的文明”。

东方精神文明 “五四”时期学者用语。指以儒家正统的思想观念及其伦理道德为中心的中国传统文化。与“西方物质文明”相对。20世纪20年代，由张君劢、梁漱溟、梁启超等提倡。认为“自孔孟以至宋元明之理学家，侧重内心生活的修养，其结果为精神文明。三百年来之欧洲，侧重以人力支配自然界，故其结果是物质文明”（张君劢《人生观》）。以“昌明国粹，融化新知”为标帜，承认自西方进入资本主义社会以来，东方显然被压倒而落后了，但认为第一次世界大战在欧洲的爆发，则意味着西方科学的破产和物质文明的危机，进而声称：“外国物质文明虽高，中国精神文明更好”。又强调近代以来中国民族自救运动之所以“屡试无效，愈弄愈糟”，根本原因“总皆一反吾民族王道仁义之风，而趋于西洋霸道功利之途”（梁漱溟《中国民族自救运动之最后觉悟》）。梁启超认为孔孟开创的人生哲学“真是世界唯一无二的法宝”，不仅使我们“终身受用不尽，并可以救他们西洋人物质生活的疲敝”（《治国学的两条大路》）。主张以“孔家的路”作为民族自救以至拯救西方物质文明的根本出路。当时《东方》杂志是宣传东方精神文明的主要阵地。杜亚泉在这一杂志上撰文认为东方文明是“静的文明”，西方文明是“动的文明”，两者是“性质之异”而非“程度之差”（《静的文明与动的文明》）。认为对抗调和之理是宇宙社会的普遍法则，对待东西文明亦当如此。陈独秀的《东西民族根本思想之差异》、《法兰西人与近世文明》、《调和论与旧道德》等，认为东西文明是“近世文明”与“古代文明”的差别，两者“若南北之不相并，水火之不相容”，指斥“物质的科学的是新的好，西洋的好，道德是旧的好，中国固有的好”这种“新旧调和论”是“很流行而不祥的论调”。李大钊《东西文明根本之异点》亦主张“东西文明之调和”，以为东方文明是“静的文明，精神的生活”，西方文明是“动的文明，物质的生活”，中国当“虚怀若谷以迎受彼动的文明，使之变形易质于静的文明之中，而别创一生面”，而俄罗斯文明“足以当媒介东西之任”，以促使“第三种新文明之崛起”，挽救东西文明之危机。

工读互助主义 亦称“工读主义”。五四时期流行的一种思想。倡导最力者为王光祈（1892—1936）。汇合了当时无政府主义的互助论、工学主义、新村主义等多种思潮，反映了一部分既想“根本改造”中国、又要避免“流血革命”的知识分子对社会主义的认识和追求。宣扬“劳工神圣”、“求学神圣”；主张以互助精神为基本生活原则和道德要求，以工读结合为改造社会的手段。尖锐抨击旧教育制度造成的理论与实践、劳心与劳力的脱节和对立，强调要“急急于化除”劳动阶级、知识阶级、寄生阶级，消灭“社会不平等的根源”。在当时产生了一定的影响，曾受到李大钊、陈独秀、蔡元培、胡適等新文化代表人物的支持。毛泽东、恽代英、周恩来、刘少奇等也不同程度地宣传或参加了工读互助活动。但终因其乌托邦式的空想以及其成员各具不同的思想信仰和政治主张，难以形成统一的思想并付诸实践，不久即自行消散。

德赛二先生 “五四”时期学者用语。对民主（英文democracy“德莫克拉西”）和科学（英文science“赛因斯”）的拟人化尊称。“五四”新文化运动的纲领性口号，反对封建礼教和封建思想意识的主要武器。内容上，民主主要指欧洲近代民主主义思想学说和政治制度，科学则指近代西方的实证科学，尤重与神学迷信相对抗的科学态度、科学精神。两者并提，严复已论及，即把西学之“命脉”概括为“于学术则黜伪而崇真，于刑政则屈私以为公”（《论世变之亟》）。陈独秀于1915年在《青年杂志》创刊号上发表《敬告青年》一文，强调“国人而欲脱蒙昧时代，羞为浅化之民”，“当以科学与人权并重”。以此作为衡量一切传统事物和观念的根本标准，明确宣布：“要拥护那德先生，便不得不反对孔教、礼法、贞节、旧伦理、旧政治；要拥护那赛先生，便不得不反对旧艺术、旧宗教。要拥护德先生又要拥护赛先生，便不得不反对国粹和旧文学”。强调只有这两位先生，“可以救治中国政治上、道德上、学术上、思想上一切的黑暗”（《本志罪案之答辩书》）。称民主和科学为“德赛二先生”，反映了五四推崇民主和科学的价值取向。

赛先生 英文science（音译“赛因斯”）的拟人化的尊称，意译为“科学”。详“德赛二先生”。

道与世更 现代陈独秀用语。“道”即精神、思想意识和道德伦理；“世”主要指时代之社会生活。

发挥康有为"道与世更"思想，认为"宇宙间精神物质，无时不在变迁即进化之途。道德彝伦，又焉能外?"故"学说之兴废，恒时时视其社会之生活状态为变迁"，断言"道与世更"之原理为"古今中外，而莫能破者"(《孔子之道与现代生活》)。孔教不适合现代日用生活是必然的。以此批判康有为等人尊孔教为国教，指出孔教"仅能适于当世之时，不能适于后世之时"(《答佩剑青年》)。强调"孔教与帝制有不可离散之因缘"，指出伦理思想上的尊孔复古与政治上的帝制复辟的内在联系。如律以现代民主共和制下的社会生活状态，当知"孔教本失灵之偶像，过去之化石"(《宪法与孔教》)。进而呼吁国人于实际生活及伦理思想上废弃孔教。

个人本位主义 亦称"个人独立主义"。现代陈独秀用语。对近代西方资本主义社会基本结构及相应的道德观念的概括。与"家族本位主义"相对。认为西方的个人独立主义"仍为经济学生产之大则，其影响遂及于伦理学。故现代伦理学上之个人人格独立，与经济学上之个人财产独立，互相证明，其说遂至不可动摇"(《孔子之道与现代生活》)。西洋民族是"个人主义民族"，其要旨"以个人为本位"，社会之向往，国家之祈求，在"拥护个人之自由权利与幸福"；思想言论上"谋个性之发展"；"法律之前，个人平等"。肯定"国家利益，社会利益，名与个人主义相冲突，实以巩固个人利益为本因"(《东西民族根本思想之差异》)。意谓西方的自由、平等、博爱以个人人格独立为前提。而中国传统思想建立在"宗法制度"之上，相对而言，"东洋民族以家族为本位"，因此皆在扼制个人人格之独立、思想之自由、权利之平等。主张"欲转善因，是在以个人本位主义，易家族本位主义"(同上)。号召青年奋起努力，"尊重个人独立自主之人格，勿为他人之奴隶"(《一九一六年》)。认为去除奴性人格的国民，实为社会更新之契机。"五四"运动以后，陈独秀提出要"抛弃私有制度之下"的"利己主义的旧道德，开发那公有，互助，富于同情心、利他心的新道德。"(《调和论和旧道德》)实际上放弃了原先崇尚个人本位主义的立场。

家族本位主义 现代陈独秀用语。对基于宗法家族制的中国封建社会制度及相应的道德观念的概括。与"个人本位主义"相对。他认为东洋民族与西洋民族之根本思想差异，在于西方"实以巩固个人利益为本因"，而中国皆"以家族为本位，而个人无权利"(《东西民族根本之差异》)。指出在中国"一家之人，听命家长"，而国家组织、社会制度"一如家族"，故三纲之说、忠孝节义就成为"宗法社会封建时代之道德，半开化东洋民族一贯之精神"(同上)。又指出此"皆非推己及人之主人道德，而为以己属人之奴隶道德也"(《一九一六年》)，其结果必"损坏个人独立自尊之人格"，"窒碍个人意志之自由"，"剥夺个人法律上平等之权利"，"养成依赖性，戕贼个人之生产力"，由此主张"以个人本位主义，易家族本位主义"(《东西民族根本思想之差异》)。以此阐明封建道德与以宗法血缘关系为基石的家族制度的内在联系，以及宗法家族制度对个性的压制。

群己相维之理 现代陈独秀用语。指协调群(社会)与己(个人)关系的基本伦理准则。1916 年 9 月陈独秀提出："青年之精神界欲求此除旧布新之大革命"，首先在人生归宿上"当内图个性之发展，外图贡献于其群"；又称："幸福之为物，既必准快乐与痛苦以为度，又必兼个人与社会以为量"(《新青年》)，是为"群己相维"说之端倪。又据个人本位主义加以阐发，认为现今欧西道德学说中最流行的是"个人主义自利派"与"社会主义之利他派"两派，"就根据之确实而论，自以自利主义为少胜。"断言"自利主义"为"至坚确不易动摇之主义"，但批评"极端利己主义"："不达群己相维之理，往往只知道有己不知有人，极其至将破坏社会之组织"。鉴于"人者，群居之动物也。文明愈进，则群之相需也愈深"的道理，进而主张言自利主义者，不能局限于一己(个人)，要适应"群己相需"的原则，"扩而充之至于国家自利，社会自利，人类自利"，以此避免"人类思想生活之冲突无有已时"(《道德之概念及其学说之派别》)的局面。

自利利他主义 五四新文化运动中的伦理观点。是对西方近代资产阶级合理利己主义的沿用和发挥。语出高一涵《共和国家与青年之自觉》一文。称："今为社会谋公益者第一须取自利利他主义"，即"以小己主义为之基"，持"推己及人"的原则，"以尊一己之心推而施诸人"，以为"自利即以利他，而利他亦即以自利"。主张在坚持个人主义"自利"的前提下实现利他、利群的目的。以此与损一己以利社会的"牺牲主义"和"慈惠主义"相对立。陈独秀也主张协调近代西方伦理学上个人自利主义与利他主义两大派，认为人生归宿在"内图个性之发展，外图贡献于群"(《新青年》)。主张推行"群己相维之理"，使个人自利扩而充之为"社会自利、国家自利、人类自利"，由此求得"道德问题之解决"(《道德之概念及其学说派别》)。在当时被许多进步思想家用作批判封建纲常伦理的武器。

佛法非宗教非哲学 现代欧阳竟无用语。关于佛法既非宗教又非哲学的理论。1921 年 10 月欧阳竟无在南京高师哲学研究会上作《佛法非宗教非哲学而为今时所必需》的讲演。针对当时对于佛法有两种看法：一是认为佛法也是宗教，只不过是高一等的宗教；二是认为佛法是哲学，并且是最高深的哲学，欧阳竟无把佛法和宗教、哲学作了比较，说：“宗教哲学二字，原系西洋名词，译到中国来，勉强比附在佛学上面，但彼二者（宗教、哲学），意义既各殊，范围又极隘，如何能包含得此广大的佛法？正名定辞，所以宗教、哲学二名都用不着，佛法就是佛法，佛法就称佛法。”认为世界所有宗教，其内容必具四个条件，即信仰一神或多神和教主、固守不可置疑的圣经、遵循不可违背的戒条、不容理性批评而纯粹情感服从的宗教式信仰，佛法与这四个条件相反，因而不是宗教。认为佛法亦与哲学所必具的追寻事物本体之求真理、探讨知识问题之认识论、说明宇宙本原之宇宙论完全相反，因而也不是哲学。要求人们不受“宗教之束缚”，“不随哲学而昏迷”，归正于佛法。

精神科学 ❶ 现代张君劢用语。与“物质科学”相对。张君劢《人生观》：“科学之中，亦分二项：曰精神科学，曰物质科学。物质科学如物理化学等；精神科学，如政治学、生计学、心理学、哲学之类。”认为精神科学研究对象是“人类心理与心理所生之结果”，而心理状态是“绝对无可量度，无因果可求”的，故“精神科学依严格之科学定义，已不能认为科学”（《再论人生观与科学并答丁在君》）。❷ 现代柴照用语。或称“人文科学”。与“自然科学”相对。柴照《认识论》：“精神科学与自然科学相对，或是说‘人文科学’”，“它不但含有狭义之史学……尚包含着一些比较抽象的学问，它们研究人类精神生活的特殊表现，比如语言、法律、经济、社会、美术、宗教等等的意义、分类体系和法则等。”❸ 现代贺麟用语。人类精神历史的科学。贺麟《当代中国哲学》：“所谓精神科学指道德史、艺术史而言，以研究人类精神历史为主。”认为“直观……是一种体认文化价值形成精神科学的方法”（《宋儒的思想方法》），而“文化之物如典章制度、文化产物等，乃是人类精神的表现与创造。……此为精神科学之所研究的对象”（《文化与人生·论人的使命》）。

架构论宇宙观 现代张东荪宇宙观理论。1928年提出。自称其哲学是“修正的康德主义”，吸收新实在论、佛学和现代自然科学的某些理论，建立“泛架构主义”体系。认为宇宙的实质为无形体、无质料、无实质的“架构”，亦称“结构”、“伏构”、“配列”、“关系”等，既非物又非心。人们所认知的宇宙事物，如“物质”、“生命”、“心灵”、“人格”、“时间空间”都是“空无自性”的架构，时间空间则是最根本的架构。“我们的这个宇宙乃是无数架构互相套合互相交织而成的一个总架构，其中无数的架构又时常由缔结的样式不同而突然创生出新种类来，这个新种类架构的创造，我们名之曰进化。”（《一个雏形的哲学》）认为架构如同佛教所谓“因缘”，空无实质。架构又是不能离开人们的意识的概念。“而心的作用就是参与这种架构的构成又为架构的构成时的表现。”（同上）认为现代科学的发展已打破了“物质”观念，否定了时间空间是物质的存在形式及其客观性，断定最近哲学尤其是宇宙论的新潮流已由质料主义走向架构主义。

多元认识论 亦称“认识论的多元论”、“知识的多元说”、“知识作用的多重因子说”等。现代张东荪认识论理论。在康德先验主义认识论的基础上提出。认为外物只是一个“空无自性”的“架构”，“以实质而言，本来就没有外物。以构造方式而言，大部分的方式仍是属于认识作用本身的，换言之，即属主观的。”（《认识论的多元论》）否认客观存在的外部世界是认识的唯一源泉。断言：“我们的认识就此看来，实是一个最复杂的东西，其中有幻影似的感相；有疏落松散的外在根由；有直观上的先验格式；有方法上先假设的设准；自然而然分成主客；有推论上的先验名理基本律；更有由习惯与行为而造成的所谓‘经验的概念’。凡此都是就一个人心为本位而言。”（《多元认识论重述》）又说：“而我此说则当名之曰认识论的多元论，因为我承认感觉、范畴、设准、概念各有来源而不可归并。”（《认识论》）以人的认识构成的复杂性多样性，将康德的二元论改铸为多元论。但仍主张认识从思想和感觉到物的先验论。

认识论的多元论 即“多元认识论”。

创造进化的人生观 现代张东荪人生观理论。其《人生观ABC》认为“宇宙乃是一个创造进化的历程”，其“架构”是以时间、空间为基础，向上逐层增创出物质层、生命层、心灵层和人格层。又认为“人生是随着宇宙的创造进化的大潮流而行”，如放花炮一样“散发开来”，而“开展的结果有所创造”，此即是生活的意义。据此强调“自我”也是宇宙创造进化的结果，人生的价值应由是否有益于宇宙的创造进化而定。断言人生价值的不朽“必须与进化的意义相并行”，既“以我为出发点”，又要“助人群的进化”，由“罔觉”的“无我”经过“利己”的“自我”阶段、再到觉悟的“真我”的提升发展，进入理想的人生境界。

真我的人生观 现代张东荪人生观理论。在《人生观ABC》中提出。他认为人生在世“最大的根据即在自己的存在”，此谓“有我”。从宇宙人生的创造进化过程来看“有我”，它经历了由“无我”经“自我”的环节而到“真我”的发展。作为“有我”之最初阶段的“无我”，是指“茫然罔觉的”我；发展到“自我”

阶段，是对“罔觉”的“无我”的替代，而表现为“自觉的我”。但“自我”的“初步必是很有流弊的”，存着“一串杂念而以我为中心”，“往往即流于利己”，是“我的丛念”，故又称“伪我”，主张对“伪我”应有所“救济”，促其进一步发展而“把真我光大出来”。强调“真我”是指佛教所说的“无我”，即“觉悟后的无我”，它区别于不经过“自我”阶段的那个“罔觉的”“无我”。故不称自己的人生理想为无我的人生观，“而愿名曰真我的人生观”。

自由意志的人生观 现代张君劢人生观理论。与科学派的“自然主义的人生观”相对。倡于1923年的“科学与人生观”论战时，持“东方精神文明论”立场，依据孔孟至宋元明之儒家“侧重内心生活修养”的传统，又吸收柏格森的生命哲学思想，称“人之生于世也，内曰精神，外曰物质。内之精神变动不居，外之物质凝滞而不进”。认为“人生者，变也，活动也，自由也，创造也”（《再论人生观与科学并答丁在君》），视人生是一个自由创造的精神活动过程。又认为，“人生之总动力，为生之冲动。就心理言之，则为不断之绵延”（《人生观之论战·序》）。强调人生“无可量度，无因果可求”，“决非科学所能为力”，而是由神秘的生命冲动即我的“自由意志”所支配。进而断言：“人生观之中心点，是曰我”，是“我”对于外在客观形象之“观察”、“主张”、“希望”和“要求”，其特点是“主观的”、“直觉的”、“综合的”、“自由意志的”、“单一性的”，“甲一说、乙一说，漫无是非真伪之标准”（《人生观》）。是对玄学派人生观的基本思想的概括。

道德进化三时期 现代张东荪道德进化理论。1930年在《道德哲学》一书中提出。用康德的“实践理性”观点，说明道德来源及进化之基础。认为“道德者文化之一方面”，是人的精神活动在行为上的表现和行为的“律则”，由此提出道德进化的三个时期。一是“习俗道德”或“群体道德”时期，以习俗为行为的道德标准；二是“个人道德”或“公民道德”时期，以个人良心为道德的标准；三是“反复思考之道德”或“理性道德时期”，以理性为行为的道德标准。认为这三种道德从产生来看是前后相继，而从趋势讲又是同时并存，但各处于不同的进化层次。道德的创造进化过程是由习俗而个人，由个人而理性。个人道德可以“矫正”习俗道德，理性道德为“最高的道德”。主张以“超越的理性”即康德式的“实践理性”，作为评判道德观念、确定行为规范的根本标准。

化欲 现代张东荪用语。指以伦理或文化力量“利导”和“移升”人的本能欲望，实现“享受最低、贡献较高”的“做人之道”。初见于《人生观ABC》。认为道德就是对不道德的征服、理想对现实的征服，而不道德又和人的“原性”即本能有关。声称“一个人在世界上最大的问题：太过则弛，太抑则抗”。主张对人的本能“一方面不宜太放纵，他方面不宜太抑塞”，“应给予最小程度的满足”，“同时须有宣泄之道，好像江河一样，须另辟一块地方使水得注入，而不致决堤”。并借弗洛伊德精神分析学的术语将之看成是对人本能、欲念的“移升”，即“把本来发泄于此处的本能而设法移到别处”，如通过体育竞赛来“移升争斗本能和游戏本能”（《人生观ABC》）。就内容而言，是“以理智利导情感”，“就是以下等本能升移到高尚方面去”；在方法上，“当然有赖于修养”，故其“既不是纵欲主义，又不是绝欲主义，亦不是节欲主义，乃是化欲主义”（《兽性问题》）。又认为“所谓文化就是移升本能的勾当”，主张发挥文化的“化欲”作用，节制、引导人的本能欲望“得一个总的调和”，强调用“东方的理学修养”“醇化人性”，“务使已压抑已淘汰的野性、兽性不致再抬起头来”（《人生观ABC》）。

漆黑一团的宇宙观 现代吴稚晖宇宙观理论。他在科玄论战中发表论文《一个新信仰的宇宙观及人生观》，说：“‘漆黑一团的宇宙观’，是北京《晨报》替我起的标题。这漆黑一团的名词才叫干脆。因为我要把无始之始、非有、非非有、听不到、看不见、闻不出、摸不着、混沌得着实可笑、不能拿言语形容的怪物，所谓整个儿的‘一个’，简括地、而又活泼地说出，甚不容易。”他以“漆黑一团”作为取代“本体”、“太极”等玄学名词的谑语，认为大千宇宙由无始无终、无内无外、非有非无的“漆黑一团”演化而来，“万物皆活，有质有力”，所谓“心理”、“灵魂”、“感觉”，不过是质力的表现，因而并无什么“上帝”、“神”、“精神元素”；万物皆是“活物”即“有质地”和“能感觉”，宇宙是一个变动绵延、未有穷尽的生命演进，“当漆黑一团之际，自然先有意志，才起变动”。他在批评张君劢等人以尼采、柏格森为玄学张目的同时，又认为他们的权力意志、“宇宙是一大生命”的观点是“千对万对”。即从没有自觉的目标意识而言，宇宙与物质相似而与心灵有别；从按“意志”变化自身来说，宇宙又与心灵相似。

人欲横流的人生观 现代吴稚晖人生观理论。指食、色。他在科玄论战中发表论文《一个新信仰的宇宙观及人生观》，认为人是动物之一，所谓人生，便是用手用脑的一种动物，正在那里出台演唱。请作如是观，便叫做人生观。这样的人生观归结起来是三句话“吃饭，生小孩，招呼朋友”，或曰“清风明月的吃饭人生观，神工鬼斧的生小孩人生观，覆天载地的招呼朋友人生观。”前二者乃“食色”，为“人欲横流的人生观”，而后者体现“仁爱”，是“天理流行的人生观”。三者皆是宇宙大化流行的产物，没有善恶之分，“食的性，色的性，恻隐羞恶辞让是非的性，并没有什么善恶”。这蕴含了把人生世俗化的取向。胡适《科学与人生观·序》以为这是具体说明了什么是“科学的人生观”。

玄学鬼 1923年在科学与玄学论战中对玄学和玄学家的一种谑称。由科学派的丁文江首先提出。“玄学真是个无赖鬼——在欧洲鬼混了二千多年，到近来渐渐没有地方混饭吃……跑到中国来招摇撞骗。……玄学的鬼附在张君劢身上，我们学科学的人不能不去打他；但打的是玄学鬼，不是张君劢。”（《玄学与科学》）由于张君劢是这一论战中玄学派的主要代表，因此玄学鬼的名称又往往成了张君劢的代名词，直称“玄学鬼张君劢”。后邓中夏亦用以指西欧某些唯心主义哲学：“西洋的‘玄学鬼’，如柏格森的直觉，倭伊铿的‘精神生活’，欧立克的‘精神元素’。”（《中国现在的思想界》）1943年陈家康撰文批判冯友兰的《新理学》又提到：“太极、无极、两仪、四象、八卦等概念，姑无论周易经传原文作解释……但自两汉以后，特别在魏晋以后，这些东西都变成了一群玄学鬼。”（《物与理》）

民生哲学 现代戴季陶哲学理论。1925年在《孙文主义之哲学基础》中提出。依据儒家的“道统”说，称民生哲学“就是继承尧舜以至孔孟而中绝的仁义道德的思想”。又以为“孙中山的三民主义原理，全部包含在民生主义之内，其全部哲学可总名之曰民生哲学。”认为“生存是人类原始的目的”，也是“人类终极的目的”；民生就是由人“求生的冲动”而引发出“一种生存的欲望”。断言“民生是历史的中心，推动社会前进的原动力”（《三民主义之哲学基础》）。又认为：“民生为宇宙大德之表现，仁爱即民生哲学之基础”（《民生哲学之系统表说明》），而“中国人的道德观，以‘仁’为极致”，反对马克思主义阶级斗争学说。强调：“使中国固有之伦理哲学和政治哲学的思想得以发扬光大”，由此来复兴儒学“道统”。认为民生哲学“与西方科学社会主义者的唯物史观同一精神”，其内容“就是说的衣、食、住、行、生养、死葬的道德”（《孙文主义之哲学基础》）。为后来蒋介石所倡导的力行哲学、唯生哲学奠定了理论基础。

人类的仁爱性 现代戴季陶人性理论。是其民生哲学的理论基础。认为“阶级的对立，是社会的病态”，只有“仁爱是人类的生性”。以儒学“道统”的继承者自居，称中国古有道德“以仁为极致”，“仁是孝心的本体，孝是仁的实现”，主张“以中国古有的仁爱思想为道德基础，把一切科学的文化，都建筑在这一种仁爱的道德基础上面，然后世界人类才能得到真正的和平”（《三民主义之哲学基础》）。又主张人们知行的目的“都是要以仁爱为主”，以“完美的知识去陶融仁爱的感情”，“要有坚强的意志去实行醇化的仁爱性”，进而“用来做统一全世界的基础”（同上）。对陈立夫、蒋介石的“唯生哲学”、“力行哲学”有重大影响。

能作和所作 现代戴季陶用语。“能作”，指孙中山关于道德的主张，继承了古代中国正统的伦理思想；“所作”，指孙中山关于政治的主张，在现代世界的经济组织、国家组织、国际关系、种种制度上着眼而创造出的新理论。1925年在《孙文主义之哲学的基础》中提出。将孙中山的思想分为“能作”与“所作”两部分。强调“能作”是“所作”的基础，是发扬中国固有道德的文化的真义和价值，是表现民族的光荣历史的自信力，以此论证孙中山“在能作的方面不创作，在所作方面努力创作”。又称：民生哲学是中国的正统思想，是继承尧舜以至孔孟而中绝的仁义道德的思想，由此提出“民生主义与共产主义在哲学基础上完全不同”，断定共产主义非中国正统思想，不适合于中国国情。

所作 见“能作和所作”。

唯情哲学 亦称“真情哲学”。20世纪20年代末出现的一种哲学思想。主张人之“真情”即是宇宙本体。受到柏格森生命哲学较大的影响。袁家骅认为：“宇宙因真我的活动流滚，绵延创化，而后实现。须知真我，就是真情的我，本情的我；而我的动，是流滚不息，绵延创化，考其动的源头和底子，就是我的真情，我的本体。宇宙呢，即当真我——情——本体活动进化时，所发生来的一种现象。”（《唯情哲学》）朱谦之说：“所谓天地人物原来只是一个身体，一个真情”；只有诉诸直觉，“即无时不是本体，无时不与天地同流了”（《一个唯情论者的宇宙观及人生观》）。为“返朴归真”，实现真情生活，“只须一任直觉，不起差别便得”。“只须人们一任真情的时候，就自然而然地化知识的生活复为真情的生活，于是知识的踪影皆无，而真生命就实现在人间了”（《无元哲学》）。试图突出中国传统哲学尤其是正统儒学忽视的情感，以直觉主义和意志主义为主要哲学基础。

层累地造成的中国古史说 现代顾颉刚关于中国古史的观点。1923年在《与钱玄同先生论古史书》中提出。认为这一理论有三个意思：“第一，可以说明‘时代愈后，传说的古史期愈长’”，“第二，可以说明‘时代愈后，传说中的中心人物愈放愈大’”，“第三，我们在这上，即不能知道某一件事的真确的状况，但可以知道某一种事在传说中的最早的状况。”并认为“时代越后，知道的古史越前；文籍越无征，知道的古史越多”。以此说明从盘古经三皇五帝到唐尧虞舜传说的中国古史是各时代后人层累造伪的产物。这一观点得到胡適、钱玄同、傅斯年、周予同、罗根泽等的支持，在史学界形成了被称作疑古派或古史辨派的一批学者。

人心改造论 现代李大钊用语。1919 年在《我的马克思主义观》一文中提出。根据经济思想史上划分的个人主义（即资本主义）经济学、社会主义经济学与人道主义经济学三派，认为马克思派的社会主义经济学者以为“经济组织一经改造，一切精神上的现象都跟着改造”，故主张“根本改造”现在社会的经济组织；而人道主义经济学者则反对“个人利己”的经济活动，以为经济组织改造得再好，人心不改造，“社会仍是没有改造的希望”。故持“人心改造论”，“其目的在道德的革命”，“欲以爱他的动机代那利己的动机”。提出要以注重伦理、人道的“新理想主义”来修正马氏的唯物论而救其偏蔽，强调要以“人道主义改造人类精神，同时以社会主义改造经济组织”，实现“物心两面的改造，灵肉一致的改造”。反映了李大钊试图以人心改造论弥补当时传入中国的马克思唯物史观中的经济决定论的弊端。

国故学 现代胡適用语。指研究中国历史文化的学问。胡適从 1919 年到 1933 年连续发表文章，在学术界提倡“整理国故”。提出“中国的一切过去的文化历史，都是我们的‘国故’；研究这一切过去的历史文化的学问，就是‘国故学’，省称为‘国学’”。认为“‘国故学’的性质不外乎要懂得国故，这是人类求知的天性所要求的”，不应当存是否有用“这个狭义的功利观念”（《论国故学——答毛子水》）。又说“整理国故的目的与功用”，是为了“打鬼”，因为“‘烂纸堆’里有无数的老鬼，能吃人，能迷人，”必须揭出本来的真相，便“可以解放人心，可以保护人们不受鬼怪迷惑”（《整理国故与打鬼》）。强调“应该尽力指导‘国故家’用科学的研究法去做国故的研究”，认为“清朝的‘汉学家’所以能有国故学的大发明者，正因为他们的方法无形之中都暗合科学的方法”，现在“要把‘汉学家’所用的‘不自觉’的方法变为‘自觉的’”（《论国故学—答毛子水》）。胡適把“整理国故”作为“再浩文明”的重要方面，反映了五四后把整理、研究中国传统文化作为建设新文化重要基础的趋向。他倡导“国故学”得到学术界比较热烈的讨论。

整理国故 现代胡適用语。五四新文化运动时期提出的研究中国历史文化的主张。1919 年，北京大学学生张煊等人在刘师培、黄侃等人的支持下，成立“国故社”，创办《国故》月刊，提出研究整理国故的话题。新潮社成员毛子水发表《国故和科学的精神》一文，针对“国故社”的主张，指出研究国故必须有“科学的精神”，由此形成了两派关于研究国故的论争。支持新潮社的胡適发表《论国故学——答毛子水》、《新思潮的意义》等文，强调“新思潮对于旧文化的态度，在消极的一方面是反对盲从，是反对调和；在积极的一方面，是运用科学方法来做整理的工夫”，提出“研究问题，输入学理，整理国故，再造文明”的口号。1923 年胡適在《〈国学季刊〉发刊宣言》中对“国故”、“国学”的内涵和外延作了解释，并提出了今后“整理国故”的三个方向：第一，用历史的眼光来扩大国学研究的范围；第二，用系统的整理来部勒国学研究的资料；第三，用比较的研究来帮助国学的材料的整理与解释。

评判的态度 现代胡適用语。指一种对待传统学术文化的态度。1919 年胡適在《中国哲学史大纲》（卷上）提出以“明变”、“求因”、“评判”为中国哲学史研究的“三项目的”。同年发表《新思潮的意义》，不满意当时一些对于五四新思潮运动的解释，提出“新思潮的根本意义只是一种新态度，这种新态度可叫做‘评判的态度’”，这种态度要求“对于习俗相传下来的制度、风俗”，“对于古代遗留下来的圣贤教训”，“对于社会上糊涂公认的行为与信仰”都重新给予价值评价，“‘重新估定一切价值’八个字便是评判态度的最好解释。”并指出这种评判的态度，在实际上表现为三个方面即“研究问题”、“输入学理”和“整理国故”。然而，他一方面认为“学理的输入往往可以帮助问题的解决”，另一方面又贬低基本理论对于研究问题的作用，认为研究问题最能使读者渐渐地养成一种批评的态度，研究的兴趣，独立思考的习惯。主张以评判的态度整理国故，“整理就是从乱七八糟里面寻出一个条理脉络来；从无头无脑里面寻出一个前因后果来；从胡说谬解里面寻出一个真意义来；从武断迷信里面寻出一个真价值来”。以评判的态度概括五四新文化运动的意义，集中体现了胡適对于“五四”后如何建设中国新文化的基本观点。

祖孙的方法 亦称“历史的方法”、“历史的态度”。现代胡適用语。指一种研究方法和评价态度。在《杜威先生与中国》中指出：历史的方法即祖孙的方法，这方法“从来不把一个制度或学说看作一个孤立的东西，总把他看作一个中段，一头是他所以发生的原因，一头是他自己发生的效果，上头有他的祖父，下面有他的子孙。捉住了这两头，他再也逃不出去了！”提出这种方法不仅在于寻求某一事件的原因和整个历史背景，评判其历史上的地位与价值，更重要的是"拿一个学说或制度所发生的结果来评判他本身的价值"。认为此种方法与进化论相关,"进化观念在哲学上运用的结果,便发生了一种'历史的态度'(The Genetic Method)。怎么叫做'历史的态度'呢?这就是要研究事务如何发生,怎样来的,怎样变到现在的样子,这就是'历史的态度'"(《实验主义》)。

历史的方法 即"祖孙的方法"。

实验的方法 现代胡適用语。指一种研究方法。胡適认为以"实验主义"翻译 Pragmatism,"更能点出这种哲学所最注意的是实验的方法。实验的方法就是科学家在试验室用的方法",因而也称之为"科学试验室的态度",将其作为"实验主义两个根本观念"之一(《实验主义》)。他在《杜威先生与中国》中指出:"实验的方法至少注重三件事:(1)从具体的事实与境地下手;(2)一切学说理想,一切知识,都只是待证的假设,并非天经地义;(3)一切学说与理想都须用实行试验过;实验是真理的唯一试金石"。他把这种方法与清代学者的治学方法相沟通,提出了"大胆的假设,小心的求证"方法论(《清代学者的治学方法》)。

大胆假设,小心求证 现代胡適用语。曾运用于中国哲学史研究及《红楼梦》的考证。在当时有较广泛影响。根据赫胥黎的"存疑主义",以"拿出证据来"为标帜,阐述杜威的"五步"思想方法,认为其中"最重要的就是第三步",即提出假设。前二步只是引起种种假设,后二步则对假设进行考察、验证。进而强调:真正的科学方法就在提出假设解决疑难,然后设法加以证实或否证。又和清代朴学的考据方法互相印证,认为:"他们(指清代朴学家)用的方法,总括起来,只有两点:(1)大胆的假设,(2)小心的求证,"(《清代学者的治学方法》)。认为清代学者的方法与科学方法是"不自觉"的"暗合"。其所著的《实验主义》和《清代学者的治学方法》等文,是将"不自觉"的"暗合",变为自觉的沟通,由此形成"大胆假设"、"小心求证"的方法论。

全盘西化论 近现代关于中国文化建设的一种主张。辛亥革命前后,已有用"西化"、"欧化"的概念指称倾力学习西方的主张。胡適于1929年写成《中国今日的文化冲突》一文,认为中国人对这个问题有三种主张:"抵抗西洋文化";"选择折衷"、"充分西化",针对变相保守的"选择折中",提出应当"Wholesale Westernization"和"Wholehearted modenisation"。潘光旦在英文《中国评论周报》上指出,这两个词,一个可译作"全盘西化",一个可译作"全力的现代化"等。陈序经1931年开始使用"全盘西化"一词,1933年底在中山大学作《中国文化的出路》的演讲,认为中国文化的唯一出路是"彻底全盘西化"。1934年又发表《中国文化的出路》,回顾六、七十年来中国人对西洋文化的态度的变更,指出复古派、折中派"各有其不足",断言"我们的唯一办法,是全盘接受西化",强调要"彻底的打破中国的传统思想的垄断","此为救治中国目前危亡的根本"。1935年1月十教授发表《中国本位的文化建设宣言》,陈序经以"全盘西化"论与之论战,影响波及全国。其"全盘西化"的主要理由是:西洋文化比中国文化进步得多,代表了世界文化的趋势,而文化是不可分拆的整体,因此要学习西方文化,只能是全盘西化。对于全盘西化与民族性、现代化的关系,陈序经认为,全盘西化并不会丢失民族精神,"主张全盘西化的人,并不主张被动的西化,奴隶式模仿,而是主张自觉的吸收、采用、融化、批评,与创造的精神"(《抗战时期的西化问题》);认为不必以"世界化"或"现代化"来取代"西化",因为"所谓趋为世界化的文化,与所谓代表现代的文化,无非就是西洋的文化。所以'西化'这个名词,不但包括了前两者,而且较为具体,较易理解"(《全盘西化的辩护》)。胡適在1935年反对"中国本位的文化建设"主张时指出,1929年的那篇文章认为文化折中论的不可能,"我是主张全盘西化的",认为"文化自有一种'惰性',全盘西化的结果自然会有一种折中的倾向",形成"折中调和的中国本位新文化",在此意义上表明"我是完全赞同陈序经先生的全盘西化论的"(《编辑后记》,《独立评论》第142号)。同时,澄清"'全盘'的意义不过是'充分'而已",因此,"与其说'全盘西化',不如说是'充分世界化'"(《充分世界化与全盘西化》)。

社会不朽论 亦称"大我不朽论"。现代胡適关于个人与社会关系的理论。胡適自称是为批判"神不灭"论,弥补传统的"立德"、"立功"、"立言"三不朽说的"三层缺点"而提出。认为社会的发展从纵、横两方面看都"交互影响","前人影响后人、后人又影响更后人";"个人造成社会、社会造成个人"。故"社会的生活全靠个人分工合作",个人的生活"都脱不了社会的影响"(《不朽》),由此引申出"社会的不朽"论。强调个人之"小我"和其他无数量的"小我"和社会世界的全体及过去、未来都有因果关系;无数量"小我"的代代相传、连绵不断便是"大我"。进而断言"'小我'是会消灭的,'大我'是永远不灭的";"'小我'虽有死",但其一切作为、功德、罪恶、一切语言行事"都永远留在那个'大我'之中";所以,"一切'小我'的事业、人格、一举一动,一言一笑,一个念头,一场功劳，一桩罪过，也都永远不朽。这便是社会的不朽，'大我'的不朽。"又主张以"社会不朽"的观念作新宗教，代替那种"默示的"、神权的、崇拜偶像的宗教，要人"时时想着我应该如何努力利用现在的'小我'"，才能"不辜负了那'大我'的无穷过去"和"无穷未来"（同上）。实际上是根据"个体决定群体"的社会有机论，强调个人对社会和世界的作用和影响，具有个人主义伦理观和偶然论历史观的倾向。

科学的人生观 亦称"自然主义的人生观"。现代胡適的人生观理论。在"科学与人生观"论战中提出。与玄学派的"自由意志人生观"相对。认为"人类今日最大责任与最需要是把科学方法运用到人生问题上去"（《五十年来之世界哲学》）。自称此人生观是"继承"顾炎武、颜元、戴震以来的"反理学传统"，概括吴稚晖"人欲横流的人生观的大意"，"加上一点扩充和补充"而形成的。认为它是"建筑在二、三百年的科学常识上的一个大假设"（《科学与人生观·序》），并列举十个方面说明"新人生观的轮廓"：主张以进化论的观念观察宇宙自然的运动变化及其原因，确定对于人类历史和社会人生的态度；又据生物学、社会学的知识，"叫人知道道德礼教是变迁的"，其原因"可以用科学方法寻求出来"；"叫人知道个人——'小我'——是要死灭的"，"而人类——'大我'——是不死的"，进而提倡一种"为全种万世而生活的"宗教。认为人生虽受因果大法的支配，但"一方面使他可以由因求果，由果求因，解释过去，预测未来；一方面又使他可以运用他的智慧，造新因以求新果"，故"未尝没有道德的责任"和"创造的智慧的机会"。强调科学是人生观的基础，与五四推崇科学的价值观相一致，但认为"人不过是动物的一种，他和别种动物只有程度的差异，并无种类的区别"（同上），表现出自然主义的倾向。

自然主义的人生观 即"科学的人生观"。

健全的个人主义 现代胡適用语。意指作为"最有价值的利人主义"的一种"为我主义"（《易卜生主义》）。认为"社会是由个人组成的"（同上），对社会的创造和改良是以个人的创造、奋斗为基础的。称世界上"最要紧的还是救出自己"，而"救出自己的唯一法子便是把你这块材料铸造成器"，"方才可以希望有益于社会"，以形成"真实纯粹的为我主义"，即"是最有益的为人"（《介绍我自己的思想》）。"这便是最健全的个人主义"（同上）。进而批评那种"跳出社会完全发展自己"的"独善的个人主义"，指出其"去寻一种超出现社会的理想生活"，是把"改造个人"与"改造社会"分作两截，因而是"危险的很有限的"。强调要"霸占住这个社会、改造这个社会"，从"改造社会的种种努力"着手，提倡一种"站在这个社会里奋斗的生活。"（《非个人主义的新生活》）这种观点表达了胡適在群己之辩上的思想。

创造的淑世主义 现代胡適用语。"淑世"一词，原系西方哲学用语。据 W. 詹姆斯、杜威的解释，其意主要在强调个人对环境的"拯拔"和一点一滴的改造。胡適加以发挥，认为宇宙实在是"由我们自己创造的"，而由"这种创造的实在论发生一种创造的人生观"，它既"不是悲观的厌世主义，也不是乐观的乐天主义，乃是一种创造的淑世主义"，"要有冒险的精神，尽各人的努力贡献"，参与"世界的拯拔"（《实验主义》）。这将导致一种"淑世的非个人主义的新生活"。其主要观念有："个人是社会无数势力造成的"；"改造社会须从改造这些造成社会、造成个人的种种势力做起"；"改造社会即是改造个人"（《非个人主义的新生活》）。这反映了合理利己主义人生观和社会改良主义在胡適思想中的联系。

理性至上主义 现代梁漱溟用语。对儒家人生哲学和道德修养理论的概括。在《中国文化要义》一书中提出。认为"儒家假如亦有其主义底话，推想应当就是'理性至上主义'"。在此以前称：孔子讲"仁"、孟子讲"良知"和"良能"，"在今日我们谓之直觉"，是用于寻求人之内在生命和宇宙大生命融为一体的那种精神境界的。认为直觉指"求善的本能"，是"人人都有的"，"人类所有的一切道德，本无不出自此"，其与理智"很有相违的倾向"，"所以孔家很排斥理智"（《东西文化及其哲学》）。"科学与人生观"论战后，转而强调"理性实为人类的特性，同时亦是中国文化特征之所寄。"（《中国文化要义》）将人的文化心理分为本能、理智、理性三层，本能仅限于生物学意义，"理智静以观物，其所得者可云'物理'"，而"理性反之，要以无私的感情为中心"，其所得可云"情理"（《人心与人生》）。其"情理"的内涵是传统伦理和向善的意志，"所谓理性，要无外父慈子孝的伦理情谊，和好善改过的人生向上"（《乡村建设理论》）。强调"理性"为最高价值，因而本能"必当从属于理性而涵于理性之中，本能突出而理性若失者，则近于禽兽矣"；至于理智，"世俗但见人类理智之优越，辄以为人类特征之所在，而不知理性为体，理智为用，体者本也，用者末也。"（同上）儒家有见于"理性"的价值，孔子"专从启发人类的理性作功夫"，"儒家没有什么教条给人；有之，便是教人反省自求一律而已。除了信赖人自己的理性，不再信赖其他"（《中国文化要义》）；而"道德为理性之事"，因此中国文化的特征之一，是"以道德代宗教"。对原先以意欲、直觉阐释儒学有所修正，为其中国是伦理本位社会作论证。

直觉代替理智 现代梁漱溟用语。其《东西文化及其哲学》说:"现在的世界直觉将代理智而兴……理智与直觉的消长,西洋派与中国派之消长也。"把法国哲学家柏格森的"直觉"理论与儒家思想结合,认为中国哲学与文化自古以来相传承的是直觉,孔子教人作一种直觉的生活,而孟子的"良知良能"、程朱的"天理"、王阳明的"良知"都可"归本直觉"。西方哲学与文化"尚理智",以理智为核心。从直觉主义与非理性主义出发,认为直觉有认识宇宙本体"生命"的能力,具有最高的价值;而理智及由理智而来的科学,虽有满足人类生存欲求的实用价值,但无认识世界本质的能力,"要认识本体非感觉理智所能办,必方生活的直觉才行。"从这一价值判断出发,得出了以直觉为主的中国文化要优于以理智为主的西方文化,"世界未来文化就是中国文化的复兴"的结论。这是现代借西方哲学以复兴中国儒家学说所作的最早的理论尝试,对以后的新儒家影响甚大。

伦理本位 现代梁漱溟用语。用以概括中国传统社会特征。初见于20世纪30年代所撰《中国地方之自治问题》:"中国的旧精神是崇尚情义时,社会的组织构造是伦理本位的。"以后在《中国文化要义》中又作发挥,认为人类社会不外乎分家族和团体两种生活方式,而西洋人偏重于集团生活,中国人则偏重于家族生活;西洋人的集团生活产生了"个人本位的社会"与"社会本位的社会",自中古到近代直至现代,其道德伦理"始终就在团体与个人这两端",故"不合于人类普遍要求",至今未找到正确出路。唯中国古圣孔子,最早"看出人类真切美善底感情,发端在家庭,培养在家庭",并依据"家庭伦理关系推广发挥,而以伦理组织社会","消融了个人与团体这两端"。又由于儒家"安排伦理名分以组织社会,设为礼乐揖让的涵养理性",故能"取决于家庭之结构,以制作社会之结构"。中国的伦理本位表现在社会的经济、政治、宗教各个方面,五四时期称中国社会"家族本位"不恰当,应当说中国是一个"伦理本位的社会"。中国之伦理旨在人与人的关系"互以对方为重",可以说"伦理本位者,关系本位也",所以就避免了西洋社会随处可见的"人与人相对之势"和社会秩序的动荡,使人生"各种关系之无缺憾",是至美至好,普遍适用的理想社会。据此断言中国封建制度自秦汉后解体,遂成为伦理社会,使"中国政府与其人民之间,乃无由形式相抗衡的形势"。以此作为其乡村建设运动的理论根据和蓝图。

仁者与物无对 现代梁漱溟用语。借用传统术语所表达的认识和道德境界。《中国民族自救运动之最后觉悟》一书指出:"近年乃恒用'有对''无对'字样以为中西人之分判。无对,即中国古人所谓'仁者与物无对'之无对,有对亦即与物有对之意"。从"仁就是本能、情感、直觉"出发,认为人"在直觉中,'我'与其所处的宇宙自然是混然不分的。"(《东西文化及其哲学》)"无对"又指我与人和谐相处,即人我一体之情。20世纪30年代后,他以"理性"即"伦理情谊"和"人生向上"易"直觉",断言"人生向上里面含藏着自爱爱人的深厚意思"(《乡村建设理论》),"自爱爱人"是伦理本位的中国社会中人人同具的美德,故"人与人是和谐底",充满了人我"一体之情"(《中国文化要义》)。"有对"是指人与自然的分离,也即是天人相抗;又指人我相争,亦即以个人主义与功利主义作为人我关系的道德准则。此为西方人所遵循的自然观与道德观,"其一切活动恒不出乎有所利用与反抗"(同上),其结果"内而形成阶级斗争社会惨剧,外而酿发国际大战世界祸灾"(《中国民族自救运动之最后觉悟》)。由此认为中国人的"无对"要比西方人的"有对"要高出一个阶段,"无对"为人类超越生物性的较高的进化阶段。其晚年代表作《人心与人生》仍继续阐发这一见解。

职业分途 现代梁漱溟用语。用以概括中国传统社会的特征。语出《中国文化要义》。在《乡村建设理论》中称为"职业分立",认为在经济上,西方社会"造成剥削与被剥削的两面……中国社会则没有构成这两面",所有的官吏"与农工商并列为四民","为士为农为工为商,各有前途可求","只有一行一行不同的职业,而没有两面对立的阶级"(同上)。由此断言中国社会"是职业分途底社会"(《中国文化要义》),这是"中国没有革命的决定原因"(《乡村建设理论》)。是其进行乡村建设运动的重要理论依据。

文化发展三路向 现代梁漱溟用语。《东西文化及其哲学》提出,文化肇始于人的意欲:"要去求一家文化的根本或源泉,你只要看文化根源的'意欲'。"由于西方、中国、印度三方人们意欲的分歧,于是人类文化有了各异的类型。西方人是意欲向前的,"着眼研究者在外界物质",由此产生崇尚理智、走科学之路的西方文化;中国人是意欲调和持中的,"着眼研究者在内界生命",由此形成以推崇直觉、走伦理之路的中国文化;印度人是意欲向后要求的,"着眼研究者将在无生本体",由此出现崇尚现量、走宗教之路的印度文化。认为中国文化和印度文化属于人类文化的早熟类型,但随着岁月的流转,古代的中国文化要在"最近未来复兴",而古代的印度文化将在"较远未来复兴"。古代的西方文化已在"近世复兴",但眼下出现了弊病。认为人类文化发展的趋势是科学——道德——宗教，但宗教作为人类文化的归宿，时机尚不成熟，所以，以伦理为核心的中国文化将是人类文化的共同归宿所在。这是梁漱溟文化观的核心内容，也是其提倡儒学复兴的重要理论基础，胡適等人曾对此提出质疑。

真常 现代熊十力用语。指绝对的本体。认为一切事物虽千变万化，但只是本体幻现的动相，动即不动，体用不二，故"要在于变易而见真常"（《新唯识论·初印上中卷序言》）。指出："一切即一，一即一切。诸变化无常法，实皆彻体真常。"（《十力语要》卷一）

真幾 亦称"觉照"、"性觉"。熊十力用语。"真"谓真实，"幾"谓动微。从宇宙论和人生论言："以为宇宙只是一大生生不息真幾（一者，绝对义。大者，无外义。生生不息真幾，谓本体之流行）。吾人禀此生生不息真幾而生，是为吾人之真性。"（《十力语要》卷一）从认识论言："吾人如有存养功夫，使性智恒为主于中，不至役于官体以妄动，则一切发用，无非固有真幾。"（《新唯识论·唯识下》）还强调，人必须保任真幾，破除障蔽，使自性中潜伏的无所不足的德用显发出来。认为此为创新之源，实亦乃返本之道。

觉照 即"真幾"。

性觉 即"真幾"。

真性 现代熊十力用语。即"本心"。《原儒·绪言》："吾人之真性即是遍为天地万物本体，天地万物之本体即是吾人真性。""此中真性谓本心，以其为吾人所以生之理则云真性，以其主乎吾身则曰本心。"（《新唯识论·明宗》）认为人的真性先天固有，若迷执小己，为妄习障蔽，就不能认识宇宙万物的真源。须存养内省，扩充真性，才能达到心物不二，天人合一的境界。

本心 现代熊十力用语。指本体。《新唯识论·明宗》："以其主乎身曰心，以其为吾人所以生之理曰性，以其为万有之大原曰天。"在熊十力著作中又与"真宰"、"真性"、"性智"、"乾元"、"本真"、"本性"等为同类概念。认为宇宙本体不离自心而外在，万物本原与吾人真性本非有二。"一切物的本体，非是离自心外在境界，及非知识所行境界。"（同上）认为本心的根本属性为：虚寂（无形无象、性离扰乱，其化也神，其生也不测）；明觉（离暗无惑，其无知而无不知，具众德而恒如）；主宰（夐然无待，先形气而自存，至无而妙有，常徧现一切物，而依物以显现，却能御物而不受物的役使）。本心自知自识，只要反身内求，即可了解宇宙万物及人生的真源。"致知之极，以反求默识为归"（《十力语要》卷一）。要求与追逐境物的"习心"相区别："唯吾人的本心，才是吾身与天地万物所同具的本体。"（《新唯识论·明宗》）

习心 现代熊十力用语。《新唯识论·明心上》融通传统的道心与人心、佛家法性心与依他心的区分，"分别本心与习心"；习心指人依据日常经验而虚妄地断定、追逐外在事物的习惯之心。亦称为"物化之心"。是依本心的作用而产生，又与本心有根本区别。习心只有量智，而本心的实证、觉悟即性智。本心和习心之别亦是"未来的心"和"妄执的心"之不同（《新唯识论·唯识下》）。

心无自体 现代熊十力用语。借佛教大乘空宗之说，表示心（识）并不具有客观实在性。认为心只似电光虚现其相，而非实有。心（识）的现起，虽有本身内在的自动力，但亦只是众多的"缘"互相依持虚现为心的相状，"可见心是没有自体的，并不是实在的，若是离开诸缘，便没有所谓心这个东西了。""只有把他的本身的自动力推出来，而假说为因缘。除此外，无所谓因缘"（《新唯识论·唯识下》）。

翕辟 现代熊十力用语。翕，指本体在自己运动中的一种收摄、凝聚的趋势，由此而形成有形质的万物，可假说为"物"。辟，指本体独立自在，刚健而不为物化的自性，它内在一切物（或翕）中，又主宰于物，可假说为"心"。熊十力吸收《易传》"一阖一辟之谓变"的思想和柏格森生命哲学，提出"一翕一辟之谓变。原夫恒转之动也，相续不已"（《新唯识论·转变》）。认为"依恒转故，而有所谓翕，才有翕，便有辟。唯其有对，所以成变。"（《新唯识论·转变》）"翕辟毕竟不二"（《十力语要》卷一）。翕辟相反相成而又浑一不可分割，是恒转流行（动势、势用）的殊异。并进一步指出："亦即于此，而识恒转，本来无实物，而诈现物相"（同上），强调辟（心）统翕（物）而变化，显示恒转之本无实物；而"一翕一辟之谓变"体现了《易传》表示变化的"相反相成一大法则"（《新唯识论·转变》）。

恒转 现代熊十力用语。指本体（本心）显现为大用，为万化的真源，变动不居，"非常非断，故名恒转。"（《新唯识论·转变》）"恒转势用大极，无量无边，故又名之以功能。"（《新唯识论·功能》）其至无而善动，显为一翕（物）一辟（心），摄聚物化，形成有形质的万物，但又能保持自身的不变。参见"翕辟"。

大动力 现代熊十力用语。指本体对万物的原动力作用。"自本体而言，则是真实之动力，鼓动万物。"（《原儒·绪言》）认为宇宙本体具有无所不包、神变无穷的特性，其大用流行非普通"力"所能比拟。故认为"宇宙原是大用流行，不妨说为一大动力"（《新唯识论·初印上中卷序言》）。

冲和 现代熊十力用语。指事物的阴阳的对立统一及变化。源于《老子·四十二章》:“万物负阴而抱阳,冲气以为和。”熊十力认为“阴阳冲和之势用(气)既盛,则变化行”(《原儒·原内圣》)。本体流行显现为一翕(物)一辟(心)的势用,辟为主,翕为从。“辟,生生也。生生,仁也。大化究归于冲和,万物以是并育不害”(《十力语要》卷一),强调“冲和,即仁也”(《新唯识论·初印上中卷序言》),并自谓其哲学“要在于变易而见真常,于反动而识冲和,于流行而悟主宰”(同上)。

证会 亦称“证量”、“体认”、“实证”。现代熊十力用语。指一种超知识经验的内心体验真理的功夫。以为哲学所穷究的是本体,为非理智所能及的境界。只有通过证会,才能达到主观(能)和客观(所)相合的境界。“能证即所证,冥冥契会,而实无有能、所可分者,是名证会。”(《新唯识论·转变》)又说:“吾人唯于性智内证时(内自证知曰内证。禅家云,自己认识自己),大明洞彻,外缘不起(神明内敛时,不缘虑外物故),敻然无对(浑然与天地万物同体,故无对。),默然自了,是谓证量。”(《原儒·绪言》)认为这是中国哲学与西方哲学的区别之一。

证量 即“证会”。

实证 即“证会”。

量智 即“理智”。现代熊十力用语。与“性智”相对。认为理智的作用在于从经验出发,对事物进行分析研究而获得知识,它“恒妄计有外在世界,攀援构量”(《新唯识论·明宗》)亦是一种向外求理的工具,亦能用在日常生活的宇宙即物理世界之内,而不能用以解决形而上学问题,所以不能实证本体,把握真理。参见“性智”。

性智 现代熊十力用语。与“量智”相对。指人的“真的自己的觉悟”。认为其圆满无缺,独立无匹;虽不离感官经验而又自在无碍,寂寞无形却又包含万理,为一切知识的根据。具有性智的人才能自明自识以认识宇宙和人生的真源。性智和量智的区别在于:“性智是体,量智是用”(《十力语要》卷一)。但量智虽原本性智,却缘一切日常经验而发展,“迷以逐物,而妄见有外”(《新唯识论·明宗》),于是便障蔽了“真的自己”,违背了性智。“性智”与“量智”之区分及其关系,类似理学“德性之知”和“见闻之知”之区分及其关系。

净化 现代熊十力用语。指为反求本心,保任性智,主宰和克制下劣的本能、欲望的一种修养手段。“吾人必须内部生活净化和发展时,这个智才显发的。到了性智显发的时候,自然内外浑融,冥冥自证。”(《新唯识论·明宗》)

性修不二 现代熊十力用语。依据其宇宙论上的“翕随辟运”理论,探讨中国传统哲学中的“天人(性习)”关系,认为“人物之气质,有通塞不齐”,“通者,足以显发其天性”,故善;“塞者,难以显发其天性,斯成乎不善”(语体文本《新唯识论》附录)。但强调天与人、性与习(本体与修养工夫)的统一,称:“天人合德,性修不二故,学之所以成也。”(《新唯识论·明心下》)人性本来为善,天然具净;但若不尽人力,则天性不能充分显发。故人应发挥能动作用,“有事于习”、“增着净习”,即不断修养,才能达到与天地合德的境界。其说大体上继承了王阳明“本体即工夫”的理论,又吸收王夫之“性日生而日成”的思想而自成一说。同时吸收进化论观念,强调:“成能才能成性,这成的意义就是创”(《十力语要》卷四)。肯定了人性培养是个“从微至显”、“变染成净”的创化过程,视人生为一息不停的创新和不断发挥其能动性、生命力的活动。

式 现代金岳霖用语。指形式。与“能”相对。1940年在《论道》一书中提出:“式是析取地无所不包的可能”。认为“式”与“能”(纯粹的质料)两者的关系,类似南宋朱熹的理与气,亚里士多德的形(式)与质(料)。“理不能无气,气不能无理”,“形不能无质,质不能无形”,“无无能的式,无无式的能”,“它们底综合就是道”。还认为“能有出入”,“式常静,能常动”。“能”之入于可能即一类事物或一具体事物的生,“能”之出于可能即一类事物或一具体事物的死。但“式”是包括所有的可能,所以“能”有出入,但总在“式”中。而“式”就是逻辑的泉源,“逻辑的积极意义就是表示能之不能逃式”。逻辑学就是研究式的学问,或研究必然的学问。参见“可能”、“能”。

能 现代金岳霖用语。原为佛学概念,与“所”相对。金岳霖用指构成事物的纯材料。与“式”相对。1940年《论道》一书中提出。认为任何事物小到电子,大到宇宙,都要以“能”为构成质料。“能”本身无所谓大小,无所谓性质,“无生灭,无新旧,无加减”,不能用任何的概念去形容它。但“能”可以塞进那概念所指的形式(“可能”)而成具体事物。具体事物的生和灭就是“能”入于“可能”和出于“可能”。但“能”与“式”(“式是析取地无所不包的可能”)不能分离,“能”与“式”的综合即“道”。参见“式”、“可能”。

可能 现代金岳霖用语。认为“可能是可以有而不必有‘能’的‘架子’或‘样式’。”(《论道》)又说:“所谓可以是逻辑方面的可以,是没有矛盾的可以。”(同上)意指只要可以思议的、没有形式逻辑矛盾的,就是“可能”。这是形式逻辑的可能范畴,与不可能相对。参见“式”、“能”。

形容和范畴 现代金岳霖用语。指概念对所与的双重作用。《论道・绪论》:“我们底概念有两方面的作用:一方面是形容作用,另一方面是范畴作用。”后在《知识论》中改称为“摹状与规律”。

摹状与规律 亦称“形容和范畴”。现代金岳霖用语。指概念对所与的双重作用。在《知识论》中予以阐发。“所谓摹状,是把所与之所呈现,符号化地安排于意念图案中,使此所呈现的得以保存或传达。”“所谓规律,是以意念上的安排,去等候或接受新的所与。”所与是客观事物在正常感觉中之所呈现,人们从所与抽象得概念(意念),又以抽象概念来收容与应付所与。于是概念对所与就表现出双重作用:一方面摹写了所与,使所与的内容(经过抽象)而得以保存,另一方面规范了所与,发挥了概念作为接受方式的功能。摹状与规律是不可分的,引用概念于所与,总是既摹写又规范。人们用得自所与的概念去摹写和规范所与,即以所与之道还治所与之身,所与就化为事实。“事实是加上关系的原料,而不是改变了性质的原料”(《论道・绪论》)。所与(原料)经过概念的摹写与规范,成为“这是白的”、“那是只狗”等等事实,虽被判断而加上知识关系,并未因此改变了性质。

新理学 现代冯友兰在20世纪30年代初至40年代中期建立的哲学体系。其思想发端于1931年在《大公报》副刊《世界思潮》上发表的几篇《新对话》和1937年《哲学与逻辑》一文,完成于30年代末至40年代中期的《新理学》、《新事论》、《新世训》、《新原人》、《新原道》、《新知言》六书。旨在“融合新旧、贯通中西”,达到“新旧文化相互理解”。它吸取西方哲学的某些内容和方法,分析和改铸传统理学,构建中国哲学中的“新统”。自称“新理学就是受这种传统的启示,利用现代逻辑学对于形上学的批评,以成立一个完全‘不著实际’底形上学”(《新原人・新统》)。又称:“是要经过维也纳学派的经验主义,而重新建立形上学,它也于武断主义及怀疑主义中间得一中道。”(《新知言》)试图超乎唯物和唯心,完成一种“最哲学的哲学”,或“最哲学的形上学”。侧重探讨了共相与殊相、一般与特殊的关系,又提出“真际”与“实际”范畴,用以概括理学讲的形而上之“理”(道)和形而下之“器”。称“理”(真际)是“超时空底”,是实际事物之主宰与创造者,须依靠逻辑分析进行“纯思”才能获得,作为其新理学体系的基础。又以为“哲学就是人生理想”,称中国哲学的主流就是一个“极高明而道中庸”的传统,追求圣人所具有的“天地境界”而又不脱离人伦日用。又从共相、殊相关系的讨论出发,探讨了文化和社会问题,力图从哲学上概括五四以来的东西文化之争。新理学体系在自然、人生、社会三方面都对中国传统精神生活作了哲学反思,将西方现代哲学的逻辑分析方法运用于中国哲学,阐发了传统的理性主义精神,使中国哲学的概念“因欧洲人的逻辑和清晰思想而得到净化”(《当代中国哲学》)。是现代新儒学的重要理论体系之一。

新统 现代冯友兰用语。指其以中国传统哲学糅合新实在论、逻辑实证论而建立起来的新“形上学”体系。所著《新原道・自序》称此书是“先论旧学,后标新统”。“论旧学”是论证中国哲学的传统主要为“极高明而道中庸”,讲求“天地境界”而又不离人伦日用之常。“标新统”是阐明“新理学就是受这种传统的启示,利用现代逻辑学对于形上学的批评,以成立一个完全‘不著实际’底形上学”;因此,它虽是“接着”宋明理学讲的,但它是一个“全新底形上学。至少说,它为讲形上学底人,开了一个全新底路”(《新原道・新统》)。如此的“新统”也是最精纯的“内圣外王”之道:“如果圣人最益于做王,而哲学所讲的又是使人成为圣人之道,所以哲学所讲底,就是所谓‘内圣外王之道’。新理学是最玄虚的哲学,但他所讲底,还是‘内圣外王’之道,而且是‘内圣外王之道’的最精纯底要素”(同上)。

大全 现代冯友兰用语。指宇宙万事万物的总名。《新理学・第一章》:“此说天地或宇宙,是从全之观点以观万物,天地或宇宙是其总名。‘万物’亦可以指此大全之观念,如孟子说:‘万物皆备于我矣’,此万物即是说一切物。有时为清楚起见,我们亦常用‘天地万物’以指此大全之观念。”“天兼本然自然,即是大全,即是宇宙。”以此说明理念世界是包罗一切,物质世界只是它的部分表现。并认为“大全”等观念是用形而上学的分析和总括得来的。“我们对于事物及其存在形式底分析,即得到理及气的观念。我们对于事物及其存在作形式底总括,即得到大全和道体的观念。此种分析及总括,都是对于实际作形式的释义,也就是对经验作形式的释义”(《新知言・第六章》)。陈家康1943年批评冯友兰“新理学”,以“大全”指世间存在的事物。其《物与理》说:“何谓大全?我们所说的大全就是大有。”“物有以同有以异,故物是大共类又是大全。物即是真即是实,故物是大全。此之谓唯物一元论”。

大用流行 现代冯友兰、熊十力用语。“大用”和“流行”的合称。冯友兰用以指“理”表现为实际事物的过程。“道体之本然,即是大用之流行。”又认为:“一切事物,均经成、盛、衰、毁四阶段。旧事物如此灭,新事物如此生。如此生生灭灭,即是大用流行。大用流行,亦称造化。"(《新理学》)反映了客观唯心主义倾向。熊十力用以指世间一切精神和物质现象不断变化的过程。"这种不断的变化,我们说为大用流行。"(《新唯识论·转变》)宇宙为一切大用之总名,万物即大用流行所现翕辟、生灭的迹象,"即体即用,即用即体",故"万物与大用本来不二"(《原儒·原内圣》)。提出:"宇宙万象,惟依大用流行,而假施设。故一切物,但有假名,都非实有。"(《新唯识论·功能下》)反映了主观唯心主义倾向。

理世界 现代冯友兰用语。亦称"真际"。"总所有底理,新理学中,名之曰太极,亦曰理世界。"(《新原道·新统》)详"真际"。

真际 现代冯友兰用语。指在逻辑上先于客观事物而存在的"理世界"。与"实际"相对。《新理学·绪论》:"真际是指凡可称为有者,亦可名为本然";"实际是指有事实底存在者,亦可名为自然。"认为它与"实际"的关系是"有实际必有真际","有真际不必有实际";"属于实际中者亦属于真际中,但属于真际中者不必属于实际中"。"实际"中的事物是变动的,"真际"中的理是永恒不变的。"真际"比"实际"更根本。"真际"是不能用感觉得到的,只能通过逻辑分析即思考来把握。认为"新理学"的对象是"真际"。"哲学上对真际有所肯定"。哲学"由知实际底事物而知实际,由知实际而知真际。宋儒所谓'由著知微',正可说此"(《新理学》)。

实际 现代冯友兰用语。指一种不可脱离"理世界"而存在的"器世界"。与"真际"相对。认为实际与实际的事物不同,实际的事物是指"有事实存在底事事物物,例如这个桌子,那个椅子等"。"实际是指所有底有事实底存在者,亦可名为自然","实际底事物涵蕴着实际,实际涵蕴着真际。"(《新理学·绪论》)参见"真际"。

名言的知识 现代冯友兰用语。指对语句、辞义的了解。"就其所了解底意义,不是经验的意义说,名言的知识,亦可以说是空底。"(《新原人·觉解》)名言的知识不足以了解"理",还必须加以亲身的体验。只有将名言的知识在经验中得到印证,并由此确见其所代表的概念及概念所代表的"理",才能"对于经验及名言,即有一种豁然贯通底了解。""此种忽然豁然贯通底了解,即是所谓悟。此种了解,是最亲切底了解,亦可说是真了解"(同上)。

觉解 现代冯友兰用语。指人对周围环境、人生意义的自觉和了解。"觉是自觉";"解是了解"(《新原人·觉解》)。了解是一种运用概念的活动,自觉是一种心理状态。称觉解"是人生最重要底性质",人与禽兽所异"是在有觉解与否",人因有觉解才"在宇宙间得有特殊底地位",进而断定人是"有较高程度底觉解底东西",人生是"有较高程度底觉解底生活"(同上)。认为了解是"必依概念"的一种活动,自觉则是"明觉底心理状态",故觉解是专就"知觉灵明"说的,是"人的心的特异之处"(《新原人·心性》)。又认为人生意义"生于觉解",人的"觉解有高低之分",人生意义"亦有多寡之别"。故人对宇宙人生的觉解程度不同,宇宙人生对人也具有不同的意义,此"即构成人所有底某种境界"。因人的觉解程度由低到高,顺次构成自然境界、功利境界、道德境界和天地境界。又强调觉解以追求道德境界、天地境界为目标,但又不脱离日用人伦。提出:"觉解之而又能完全遵行之,则为圣人",认为"圣人有最高底觉解,而其所行之事,则即是日常的事。此所谓'极高明而道中庸'"(《新原人·境界》)。认为这样的"圣人"在社会中,无论处什么地位,都以为"无关重轻底",从而进入一种"同于大全"、"体与物冥"的境界(《新原人·天地》)。强调道德行为和人生境界的提升出自于理性自觉。

人生境界说 现代冯友兰人生境界理论。其早年曾称:儒家的"合内外之道"即为"一至善之境界"。后在《新原人》等著作中作了系统论述。认为"人生是有觉解底生活","宇宙人生对于人所有底某种不同底意义,即构成人所有底某种境界"(《新原人·境界》)。"就存在说",各人所见的宇宙万物都是相同的;但就意义说,"则随各个人觉解的程度的不同,宇宙万物对各人的意义则不相同"。强调人的"觉解有高低之分",人生意义顺次构成自然、功利、道德、天地四种"人生境界"。认为"自然境界"中人,只是"顺习而行",完全受本能的支配。"功利境界"中人,"其行为是'为利'底","或是求增加他自己的财产,或是求发展他自己的事业,或是求增进他自己的荣誉"(同上)。"道德境界"中人,"其行为是'为义'底","其所作所为皆能为社会谋利益",以尽伦尽职为目的。而"天地境界"中人,"其精神充塞于天地之间,其事业不仅贡献于社会,更能贡献于宇宙"(《人生意义及人生中的境界》)。又认为自然境界和功利境界只是"自然的礼物",而道德境界、天地境界则是"精神的创造",须经特别的修养功夫,能比一般人觉解的深,意义了解的透,分别达到"贤人"和"圣人"的地位,以实现儒家所要求的"极高明而道中庸"的理想生活(《儒家哲学之精神》)。又强调惟进入"天地境界"的人,是依据新理学讲的"纯思",能从"殊相"认识到寓于其中的"共相",实现对"道德境界"的超越,因而可以"与天地参",达到"事天"、"同天”、“乐天”，获得人生最高的安身立命之地。断言天地境界中的人“自同于大全”，“体与物冥”，无“我”与“非我”的区别，无论处于社会上的什么地位，都以为“无关轻重”，“都可以尽伦尽职”(《新原人》)。此人生境界说接续和发挥了传统儒学的理性精神和自觉原则，提出和讨论了人生境界提高和德性形成的一些基本问题。

互辩律的唯物主义 现代瞿秋白用语。指辩证唯物主义。五四时期，唯物史观在中国得到传播，瞿秋白强调要理解唯物史观，必须同时把握辩证唯物主义。批判考茨基“已经全失马克思主义之辩证法的唯物论”，并于1923年到上海大学系统讲授马克思主义哲学基本原理，整理出版《社会哲学概论》和《现代社会学》两书，还在《新青年》季刊连续撰文，阐述“马克思的互辩律的唯物主义”的基本内容和主要特点。1927年又出版通俗读物《新哲学——唯物论》，强调“马克思的唯物论是唯物论和互辩法(辩证法)的综合”，是“马克思主义最根本的基础”，反映了对马克思主义哲学的理解和把握较之五四时期更为全面。

社会的有定论 亦称“社会决定论”。现代瞿秋白用语。初见其1924年出版的《现代社会学》，认为唯物史观主张“社会有定论”，反对“目的论”和“无定论”。以后有《自由世界与必然世界》一文，针对“科学与玄学论战”中，玄学派将唯物史观看作宿命论，科学派宣传非决定论，指出“社会的有定论”。认为社会生活与自然界一样，“有一定的规律性”。强调“社会现象随时随地规定个人的意志”，人有意识、有目的的活动根本上受社会因果律的支配。“人若能探悉这些因果律，则其意志行为更切于实际，而能得多量的自由。”主张依据社会有定论的因果律，“推测将来之现实”，作出科学预见。用唯物辩证法论述了意识与存在、自由与必然、理想与现实之间的关系。

哲学消灭论 现代叶青哲学理论。是其在20世纪30年代“唯物辩证法论战”中的重要观点之一。自称从1931年写《科学与哲学》开始，即“主张哲学消灭论”(《关于哲学消灭论》)。1936年又写《〈费尔巴哈论纲〉研究》，专列《哲学之消灭》一章加以发挥，认为《论纲》“把哲学与科学统一，就是把哲学导引于科学”，使“辩证法的物质论消解于科学之中”。这是“哲学底自己消灭和科学底消灭哲学”。又认为哲学与科学是对立的，“哲学是一种不确实的知识总汇，凡是确实的知识都成了科学，而一切含混模糊、不明不确的知识，便剩下来，存留在一个垃圾堆里，总称之为哲学”(《哲学到何处去》)。宣称黑格尔是“最后的哲学家”，“费尔巴哈是机械观时代底科学理论家之最后的一个”，马克思综合了他们两人，所以就综合了哲学与科学，因此“由黑格尔而费尔巴哈而马克思，是哲学底消解”(同上)。辩证唯物论“可以称为科学概论或科学总论，不能叫做哲学”，历史唯物论则是“一般的社会科学的原理和概论，特殊地则为理论的历史学和理论底社会学底原理和概论”(同上)，否认马克思主义哲学在哲学史上引起的革命变革，试图以“科学概论”取代马克思主义哲学，表现出科学主义倾向。

物心综合论 亦称“心物综合论”。现代叶青哲学理论。20世纪30年代初，叶青多次著书作文，称马克思、恩格斯用统一两者的方法谋解决“物质论与观念论底争斗”，是站在物质论上吸收观念论(即唯心论)，才促进旧物质观(即机械唯物论)向新物质观(即辩证法的唯物论)的转型。据此认为马克思主义哲学的产生是“吸收了观念论之长而扬弃了物质论之短”的综合结果，“还附带地把康德所不能解决的物心二元论之对立也一同克服了”，“真的结束了唯心唯物之争”(《哲学到何处去》)。进而宣称“黑格尔为哲学底高峰”，“马克思却走向科学、政治、实践去了”，否认马克思主义哲学的存在。其《哲学问题》一书集中阐述“物心综合论”。当时即有人批评叶青“不偏不袒地把观念论和物质论同等对待了，所以他自己也说吸收观念论以后的‘论’就是物心综合论”(见谭辅之《艾思奇哲学与叶青哲学之比较观》)。亦有人批评其“‘心物综合论’才是观念论加物质论这一不伦不类的杂凑论”(见艾生《哲学到何处去并答叶青君》)。物心综合论与哲学消灭论紧密相关。物心一旦综合，哲学内唯物论和唯心论的矛盾自然消解，哲学史就此终结，哲学就不存在了。

物格化的宇宙观 现代方东美用语。认为希腊初期的哲学家“从事研究宇宙之形态，每把它当作一件东西看待，一件东西存在的样法即是宇宙存在的样法，因此他们解释宇宙宛如解释具体的物象一般”(《科学哲学与人生》)。这种“物格化的宇宙观念逐渐进步，归结于一种伟大的科学唯物论”，而近代唯物主义即是它的原则的引申推广。认为“人生之实质是情趣的发展”，而这种“唯物论否认人类视为至宝的冲动”，所以“不能完满人性之要求”，“不能激发热烈的情趣，结果遂使人类意志消沉，伤感失望了”(同上)。认为西方近代哲学的唯物主义有忽视人生的缺陷。

科学齐物论 现代方东美用语。指以近代自然科学的数理方法论为基础的哲学。1937年在《科学哲学与人生》中提出：“把17—18世纪的科学理想、方法与结果统摄于一种庞大的体系，称之曰科学的齐物论。”认为自然科学的“数学定律乃是宇宙的悬衡，其效力之所及遍一切境，赅一切相，任何事变在它们的节制之下，一律平等，不能歧异”，近代自然科学运用数学方法从千差万别的事物中抽象出一般规律，把繁复的差别“都引归整秩的齐物论”。同时认为人生在宇宙中之地位反因科学精进而降低了。故虽合“理”却不合“情”。批评西方近代哲学的科学主义倾向，揭示了西方近代哲学中科学与人生的矛盾。

力行哲学 亦称“行的哲学”。现代蒋介石哲学理论。于20世纪30年代提出。标榜既不承认唯心论又不承认唯物论，而以“笃学”与“力行”为根本的一种人生理论和政治哲学。以阐发孙中山的“知难行易”学说和致知力行思想为名义，认为“古往今来宇宙之间，只有一个‘行’字才能创造一切”，“唯认行的哲学为唯一的人生哲学”(《自述研究革命哲学经过的阶段》)。认为行“只是天地间自然之理，是人生本然的天性”。强调：“行就是人生”，行的目的“在增进人类生活、群众生命、民族生存、国民生计”。崇扬《周易》的“天行健，君子以自强不息”的精神，提倡人生应“要效法天行、自强不息”；并承继王阳明良知为本体，本体即工夫的思想，断言真正的行即是“实行良知”，具有“反之于心而安”的自觉。同时指出：“以力行为天下倡”，“就是要恢复我们民族固有的仁爱德性”；强调要“以诚为原动力”，以“杀身成仁、舍生取义”为极致；“以至诚去力行、就必能笃行实行”(《行的道理》)。又称行的要素是“智、仁、勇”；“行的精神就是真诚专一、贯彻到底”(同上)；“后知后觉，以及不知不觉的人们，只是跟着先知先觉的人们去行，就可以节省时间，完成革命”(《自述研究革命哲学经过的阶段》)。实际是复兴儒家的道德伦理，为推进“国民精神建设”之新生活运动所作的理论准备。

国民精神建设 现代蒋介石用语。以此表示与孙中山关于心理建设的遗教“完全一贯”。其要义有二：一是着重于精神、心理方面，发挥孙中山“知难行易”说，主张“清除中国文明不能进步、政治上各种建设不能进行的病根——‘知之非艰、行之惟艰’的流毒”(《心理建设之要义》)。二是“昌明我国固有的人伦关系”，“恢复民族固有的道德”(《三民主义之体系及其实行程序》)，其内容为“三达德”、“五达道”、“四维八德”。

国民道德建设 亦名“伦理建设”。现代蒋介石用语。在《中国之命运》中提出。列为“五大建设”之一，并视其与“心理建设”一样，是“提高一切建设的基本力量”，“为急要之务”(《三民主义之体系及其实行程序》)。他认为要改进社会、复兴民族，“第一就是要使一般国民具备国民道德”，其基本方针则是“培养国民救国道德”，“恢复我国固有的伦理而使之扩充光大”(《中国之命运》)。在内容上，继承儒家传统的智仁勇“三达德”，君臣、父子、夫妇、兄弟、朋友“五达道”，贯之于礼义廉耻之“四维”和忠孝仁爱信义和平之“八德”，以此作为中国人的行为准则。又强调要人们把“国家政府的命令”，“引为个人自主自动的意志”，当作“现代国家至上、民族至上之新伦理的基础”(同上)。尤其颂扬儒家的五伦之义，称“社会的组织虽有不断的演进，而父子、夫妇、兄弟、朋友之道，上下尊卑、男女长幼之序……实为社会生活不变的常理”(同上)。

四维八德 现代蒋介石用语。“四维”指礼义廉耻；“八德”指忠孝仁爱信义和平。认为“四维”是“中国立国的纲维”，“八德”是“国民道德的教条”。用传统伦理的四维八德为政治统治服务：“四维八德又以忠孝为根本”，忠孝的具体内容是‘为国家尽全忠’，为民族尽大孝”，是把“国家政府的命令，引为个人自主自动的意志”(《中国之命运》)。

增情节欲 现代蒋介石、陈立夫用语。认为“人的本性中，便潜有为社会的要求”，即“我与他人求共生共存之心”，表现在道德上便是“仁”(陈立夫《生之原理》)。要求人们“尽仁爱之性”，实行“牺牲小我，舍己利群，尽忠国家，尽孝民族”(蒋介石《三民主义之体系及其实行程序》)的原则。以此为据，阐述了道德行为上的情、欲之消长。认为“情的本质就是孟子所谓恻隐、羞恶、辞让、是非四端”(陈立夫《新生活与民生史观》)；“欲”则指自身所需的物质精神的补充和刺激，是为私的。而欲与情的比例，“乃决定性的善恶”(同上)，情过于欲则善，欲过于情则恶。宣称情过于欲的人，其生存“能光大人类生命”，使社会有益而成善人。反之，则为恶，其生存对社会害多益少。依据孟子“养心莫善于寡欲”及程朱理学“存天理，灭人欲”说，强调要为善去恶“以恢复人的固有仁心”，就必须增情节欲，实现所谓“欲愈少，则情愈增，诚亦愈进”，进而达到“人欲净尽、天理流行”，即“至诚则尽性参天如神”的道德境界(陈立夫《生之原理》)。

唯生论 亦称“唯生哲学”。现代陈立夫哲学理论。20世纪30—40年代在《唯生论》、《生之原理》等书中提出。自称其旨“既不主张唯心一元论，亦不主张唯物一元论，而主张唯生一元论”。在阐发孙中山“生元说”的名义下，称“宇宙的本体即生元，生元以生为性，生生不已，化为万物”(《生之原理》)。认为“生”是宇宙本体的属性，它无象无体，却是“宇宙间有生无息、大智万能的主宰”、“造物者”，“一切现象都是生命的表征”，而“精神能力与物质能力只是生元之两种作用”，强调“精神能力为主，物质能力为从”(《唯生论》上卷)。又以“人乃宇宙之中心和生元之最高表现”立论，吸收现代西方生命哲学的某些观点，着重阐发了唯生哲学的中心——民生论问题。认为宇宙的实质是“奔进不停”的生命演化过程，其“表露于人”，即“成人之性”，故人的本性就是要求“共生、共存、共进化”，人的价值即在完成其为宇宙中心的使命，参与天地之化育，实现人生与宇宙自然贯通为一贯之生命流行体。进而发挥传统儒家的人性理论和固有道德，极言“人的本质便是仁心”，道德是“人所自发之尽性的要求”，“根本是要趋向于善的”，以此说明唯生论的道德观是由“智、仁、勇、中、察”五个条件“才成功一个整个的做人的大道理”，强调“无论读书作事为人，都要以《大学》、《中庸》上的道理为最高的法则，彻底地作到一个‘诚’字。”(《唯生论·结论》)肯定传统的伦常观念，为复兴“民族固有道德”，推行蒋介石倡导的“国民精神建设”和“新生活运动”提供哲学论证。

中国本位的文化建设 20世纪30年代由陈立夫、陶希圣等提倡的文化主张。1934年，陈首先发起成立“中国文化建设协会”，自任理事长。认为中国民族复兴的前提在“以科学化运动检讨过去，以新生活运动把握现在，以文化建设运动创造将来”。主张以“民族精神”、“科学精神”、“统一精神”、“创造精神”四者，认识民族固有的“德、性、知、能”的特质，解释孙中山的“三民主义”，作为中国本位的文化建设的“纲领”(《文化建设之前夜》)。协会创办《文化建设》月刊和《读书季刊》，撰文批评“吾国自五四运动以来，所有文化工作”，“其结果大部分均系破坏”，“以至吾国固有之文化摧毁无余”，故大谈发扬传统，对外来侵略者施以同化。进而主张“中华民族文化的建设应该从(一)好学、(二)力行、(三)知耻这三项做起”，尤以“好学”为力行的起点、知耻的中心，强调“推广国民读书运动，实为复兴民族之根本要图”(《读书运动之真义》)。1935年1月，陶希圣、萨孟武、何炳松等十位教授联名发表《中国本位的文化建设宣言》。提出“由中国文化之史的发展去检讨西化东渐后中国文化动摇的原因，指陈以往种种运动失败的症结”，认为“一种文化，既有空间性的限制，决不能放诸四海而皆准，同时更有时间性限制，失却时代性的文化，就没有任何价值”，其结论是“不能赞成完全模仿英美”，也反对模仿苏俄。主张今后文化建设应是“不守旧、不盲从；根据中国本位，采取批评态度，应用科学方法来检讨过去、把握现在、创造将来”。同年5月，又发表《我们的总答复》，提出中国本位文化建设的基础在“此时此地的需要”，即“充实人民的生活，发展国民的生计，争取民族的生存”。其思想的主要倾向，是反对“西化”思潮，排斥自由主义和马克思主义。也反映了一些学者力图发掘和弘扬中国哲学、中国文化的传统，以重建民族自立和复兴的基础。胡適《试评所谓“中国本位的文化建设”》认为这一主张“正是‘中学为体，西学为用’的最新式的化装”。张岱年《关于中国本位的文化建设》，提出应以“对理”即辩证法来认识“中国本位的文化”，其“既非旧文化，也非西洋文化之附庸”，而是“文化的创造主义”，不因袭传统，也不抄袭西洋，而要“创造新的中国本位的文化”。

新心学 现代贺麟哲学理论。在《当代中国哲学》、《近代唯心论简释》中提出。主张根据“儒家精神为体，西洋文化为用”的原则，发动“以西洋之哲学发挥儒家之理学”的新儒学运动，提倡“儒家思想的新开展”，作为当代中国哲学建设的基础。其实质是以新黑格尔主义的精神改铸儒家特别是陆王心学的体系，使近代西方的唯心论获得中国哲学的形式。认为哲学在理论上、逻辑上追求的最根本、最重要的东西是“心”、是“理”，而“心”是认识或评价的主体，故“不可离心而言物”。进而以体用范畴讲心物关系，称“灵明能思者为心，延扩有形者为物”。“心为物之体，物为心之用。心为物的本质，物为心的表现”(《近代唯心论简释》)，将陆王的“心即理”命题阐发成唯心主义的本体论。又把西方斯宾诺莎和英国新黑格尔派格林的道德学解释为一种“自然的知识合一论”，认为它与朱熹的“理想的价值的知行合一观”及王阳明的“直觉的价值的知行合一观”，不惟不冲突，而且可为朱、王的知行合一观“奠立学理的基础”。强调自然的知行合一观“实由程朱到阳明讨论知行问题的发展所必有的产物”。力图将理学、心学的认识论、道德学和新黑格尔主义哲学相沟通。在历史观上，新心学通过对黑格尔辩证法的形而上学化，将矛盾的对立统一归结为“调和”或“冲突的克服”。把唯物史观说成是一种“外观法”，只能认识事物的现象，而主张“从思想本身去看思想”的“内观法”。是现代新儒学的重要哲学理论之一。胡绳等对其唯心主义提出批评。

新儒家思想 现代贺麟用语。于1941年8月发表的《儒家思想的新开展》提出，认为儒家思想是“中国的正统思想”，就其传统而言，“乃是尧舜禹汤文武成康周公孔子以来的最古最旧的思想”，就其现代及今后的新发展而言，“可以说是最新的思想”，

"民族文化的复兴,主要的潮流,根本的成分,就是儒家思想的复兴"。因此,"根据对于中国现代的文化动向和思想变迁的观察,我敢断言,广义的新儒家思想的发展或儒家思想的新开展,就是中国现代思潮的主潮";并认为"自觉地正式地发挥新儒家思想,蔚成新儒学运动,只是时间早迟,学力充分不充分的问题"。正式提出了"新儒家思想"、"新儒学运动"的概念。提出发展新儒家思想或新儒学运动的途径,"在于融会吸收西洋文化的精华和长处",即"必须以西洋之哲学发挥儒家之理学","吸收基督教之精华以充实儒家之礼教","领略西洋之艺术以发扬儒家之诗教",使新儒学"循艺术化、宗教化、哲学化之途径迈进";"以儒家精神为体,以西洋文化为用"来实现儒化西洋文化。主张"积极地把握住三纲说的真义,加以新的解释和发挥,建设新的行为规范和准则"(《五伦观念的新检讨》)。强调宋明儒学,"可称为民族哲学,为发扬民族,复兴民族所须发扬光大之学"(《宋儒的新评价》)。"新儒家思想"的基本倾向是谋求传统的孔孟程朱陆王之学在新形势下得以展现生命力。

内观法 现代贺麟用语。与"外观法"相对。在1945年出版的《当代中国哲学》中提出:"所谓内观法便是从思想本身去看思想"。与唯物史观从外在社会经济环境去研究思想的"外观法"相比,"内观法是比较深刻的看法"。然而,无论内观或外观均是从部分看部分,因此,"全体观即从全体来看部分",才能比内观或外观更深刻;"不过,内观注重本质,比较接近'全观'或'观全'罢了"。

外观法 现代贺麟用语。与"内观法"相对。在1945年出版的《当代中国哲学》中提出:"外观法是研究一个问题所以发生的外表现象,如地方背景、时代背景等"。认为"唯物史观就是注重社会背景的一种历史观,它认为一人的思想行为,受整个社会经济环境所支配,所以要研究某个思想之所以发生,不要从思想的本身里去找其原因,要从思想外面去找其原因",因此"唯物史观也可以说是一种外观法"。外观法不如"内观法"深刻。参见"内观法"。

力的宇宙观 抗战期间战国策派的观点。以机械论的宇宙观为基础,加以尼采的唯意志论改造而成。以为力不仅是宇宙的本原,也是当时世界所处的"战国时代"的社会准则、人的本质规定和人生的奋斗意义所在。林同济认为,"无穷的宇宙,充满了无数的力的单位,在力的相对关系下,不断地动,不断地变";"力者非他,乃一切生命的表征,一切生物的本体"(《力!》);中国先民重视"力",而孔孟儒学将"以力服人"与"以德服人"对立,形成"德感宇宙观",这是落后于时代的;力的宇宙观表现于人生,就是"战士式的人生观",即春秋时期的"大夫士的人格型"(《嫉恶如仇——战士式的人生观》)。陈铨将"力"比喻为与正义相对的"指环",说"指环就是力量,力量就是满足生存的意志的根本法宝"(《指环与正义》),认为国家和民族对内讲正义,对外要依靠指环,不能指望谁来主持正义,要准备长久的战争,在战争的世界中,只有力才是最后的决定性的东西,没有正义不正义。

兼和 现代张岱年用语。指最高价值准则。他在《天人五论》中,提出"大化三极",认为在宇宙大化的元极、理极、至极三级中,元极是最根本的物质存在,即最究竟的物质基本粒子。理极是最根本的原理,即最普遍的规律。至极是最高的价值准则,即"兼和"。指出:"最高的价值准则曰兼赅众异而得其平衡。"众多矛盾融合在一起并处于平衡状态之中。这也就是古人所谓的"和"、"中庸"。提出"以兼和易中庸",以"日新"思想补"中庸"之不足。"兼和"以中国的形式、语言表达了客观的辩证法。指出"兼和"不同于"中庸","中庸易致停滞不进之弊","今应以兼易中,以兼和易中庸"(《天人简论》)。这是把中国古代哲学传统与马克思主义哲学相结合而提出的独特概念。

唯物、理想、解析、综合于一 现代张岱年用语。对哲学发展的设想。1936年在《哲学上一个可能的综合》中提出。唯物指马克思主义辩证唯物论与中国传统哲学中的"两(对立)""一(统一)"学说、"气一元论"等学说相结合,并使之中国化。理想指继承和发扬中国重道德和人生哲学的传统并赋以时代新内涵。解析指运用西方哲学中的"逻辑解析法"以厘定中国哲学范畴及命题。综合乃是以唯物论为基础,吸收理想与解析,以建立一种广大深微的唯物论。张岱年受其兄张申府"孔子、列宁、罗素,三流合一"思想影响,提出"今后哲学的一个新路,当是唯物、理想、解析,综合于一",并付诸于实现。1937年他完成《中国哲学大纲》,1942年至1948年,又完成《天人五论》。前者为史,后者为论,两者构成了一个以"唯物、理想、解析,综合于一"为纲,融中西马哲学于一体的新哲学体系。其特点:(一)是一个综合创新的哲学体系。"唯物、理想、解析,综合于一"本身就是一种综合创新的模式,集20世纪30、40年代中国哲学论坛上中西马三大流派之精华,具有明显的时代特征,是中国哲学更新、转型的模式之一。(二)这个哲学体系将中国传统的辩证思维中的"两"(对立)"一"(统一)学说,将传统的"气一元论"与辩证法和唯物论相结合,亦即以中国的形式、语言准确地表达了辩证唯物论。(三)该体系,由"综合""创新"环环相扣而组成,是一个不断"综合"不断"创新",而又不断"创新"不断"综合"的历史长链。

文化综合创新论 现代张岱年的文化观。他在1935年《关于中国本位的文化建设》一文中,提出"主张兼综东西两方之长,发扬中国固有的卓越的文化遗产,同时采纳西洋的有价值的精良的贡献,融合为一,而创成一种新的文化,但不要平庸的调和,而要作一种创造的综合。"这个新的文化观强调中西文化的"综合""创造",被称之为文化的"综合创造"说。此为文化综合创新论的雏形。1987年他写就《综合、创新,建设社会主义新文化》一文,全面阐述文化综合创新论的内容。认为建设社会主义的新文化是一个创新的事业。一方面要总结我国的传统文化,探索近代中国落后的原因,对其优点和缺点有一个明确的认识。另一方面,要深入研究西方文化,对西方文化作具体分析,对其缺点和优点也要有一个明确的认识。根据我国国情,将上述两个方面的优点综合起来,创新出一种更高的文化。创新意味着与中国传统文化和近代西方文化都不相同。因为它是具有中国特色的社会主义的新文化。20世纪90年代,张岱年又发表了一系列论文,进一步完善了"文化综合创新论"。

学派·组织·思潮

国粹学派 形成于20世纪初的史学流派。主张在保存和研究"国粹",即中国传统历史文化的基础上,实现中国民族文化的振兴。清光绪二十八年(1902),邓实、黄节等开始明确提出"国粹主义"的概念。清光绪三十一年,"国学保存会"在上海成立,出版《国粹学》,刊印《国粹丛编》和《国粹丛书》,标志国粹学派正式形成,国粹主义开始成为当时学术文化思想界一股有影响的思潮。次年,章炳麟在日本提出"用国粹激励种性,增进爱国的热肠",并在《民报》上连续发表宣扬"国粹"的文章,国粹思潮由此大盛。学派主要成员有章炳麟、刘师培、邓实、黄节和马叙伦等。研究包括中国传统的经、史、子、集,但最推崇史学。认为儒家经典和诸子百家及古代各种学问皆为史学,史学是群籍之总称,为一代学术的总归。认为民族主义是史学的灵魂,史学的功能就是阐扬民族主义,培养民族爱国心,实现民族兴盛。国粹派的民族主义,既反对满洲种族统治,主张恢复汉族统治,又反对西方帝国主义侵略,主张实现民族独立。其史学理论和方法主要源于传统,主张经世与学术、义理与考据并重,同时也注意吸收西方近代史学理论和方法。学派在搜罗和保存历史文化典籍,深入研究中国学术文化思想史和运用新的义例编纂乡土志方面做出了重要贡献。该派对清末民初的中国哲学史研究有一定的影响。

疑古派 亦称"古史辨派"。五四运动以后史学研究中出现的以疑古辨伪为主旨的学派。主要代表人物有胡適、顾颉刚、钱玄同等。"五四"时期学术界即已有"疑古"的风气,1923年顾颉刚发表《与钱玄同先生论古史书》为发端,1926年《古史辨》刊行,标志该学派正式形成,至抗战时期逐渐消失。提出治古史要敢于"疑古","打破治古史'考信于六艺'"的传统见解,主张"离经畔道非圣无法的《六经》论"(钱玄同:《研究国学应该首先知道的事》)。主张对于东周以下的史料"宁可疑古而失之,不可信古而失之"(胡適:《自述古史观书》)。认为"东周以上只好说无史,现在所谓很灿烂的古史,所谓很有荣誉的四千年的历史,自三皇以至夏商,整整齐齐的统系和年岁,精密的考来,都是伪书的结晶"(顾颉刚:《自述整理中国历史意见书》)。顾颉刚提出层累地造成的中国古史说,作为疑古派的主要理论依据。疑古派致力于推倒四种偶像:"帝系所代表的是种族的偶像"、"王制为政治的偶像"、"道统是伦理的偶像"、"经学是学术的偶像"(顾颉刚:《古史辨》第四册《序言》),因此不仅在史学领域,而且在其他思想学术领域,都有打破传统观念束缚的作用。其具体的学术观点,有不少是存在争议的。后"疑古"发展为"辨伪",并出版《辨伪丛书》。其文章均收入《古史辨》。疑古派的观点对五四前后中国哲学史研究有较大影响。

古史辨派 即"疑古派"。

学衡派 20世纪20年代至30年代初的思想派别。因办《学衡》杂志而得名。该杂志1922年1月由南京东南大学教授梅光迪、胡先骕、吴宓等创办,至1933年终刊,共出七十九期。该刊以"论究学术,阐求真理,昌明国粹,融化新知。以中正之眼光,行批评之职事,无偏无党,不激不随"为宗旨。主要内容是译介西方新人文主义,批评五四新文化运动,提出与之不同的新文化蓝图。为其撰稿者除上述创办者外,主要还有汤用彤、刘伯明、柳诒徵、王国维、缪凤林、林宰平等。人们称以该刊为载体的文化保守主义学者群体为"学衡派"。"学衡派"以白璧德新人文主义为学理依据,强调重视人类多种古典文明,建立融合印度佛教、基督教、孔子和亚里士多德思想的文化体系,以抗拒西方近代颓败的文明。认为对孔子应“崇敬”而不“迷信”，新文化运动对孔子“一概推翻抹杀，是诚可悲”，盲目迷信孔子，也非正道，“宜以批评精神研究孔子之学说”（张鑫海：《孔子学说之精意》）。批评新文化运动引进西方文化偏于一端，“惟选西洋晚近一家之思想，一派之文章，在西洋已视为糟粕、为毒鸩者，举以代表西洋文化之全体”（吴宓：《论新文化运动》），而忽视西方文明的古典源头。认为建设新文化不能像新文化运动那样“一味趋新”而与传统割裂，“今欲造成新文化，则当先遍知旧有文化”（吴宓：《论新文化运动》）；应当求其“能超越东西界限，而含有普遍永久之性质者”（梅光迪：《现今西洋人文主义》）。该派以新旧文化调和论来守护中国传统文化，对新文化运动的批评有纠偏的合理性，但对传统文化过于理想化。

玄学派 “人生观问题论战”中的派别之一。因主张人生观问题只能由玄学来解决，故称。主要代表为张君劢、梁启超等。详见“科学与玄学论战”。

科学派 “人生观问题论战”中的派别之一。因主张科学能够解决人生观问题，故名。主要代表为丁文江、王星拱、胡適、唐钺等。详见“科学与玄学论战”。

新考据派 亦称“新历史考证派”。20世纪上半期史学派别之一。从广义角度，新考据派又可分为两派，一是以顾颉刚为首的古史辨派，二是以傅斯年为首的史料学派，皆是在胡適“以科学方法整理国故”口号下而创生。在五四新文化运动时期，胡適提出“用历史演变的眼光追求传说的演变”，“用严格的考据方法来评判史料”。在胡氏倡导下，20年代前期形成以顾颉刚等为代表的古史辨派，20年代后期形成以傅斯年等为代表的史料学派，从狭义上来说，主要指以中央研究院历史语言研究所为中心，以傅斯年等为主要代表，以整理和考订史料真伪为鹄的，以“为学问而学问”的治学态度相标榜的史料学派。该派内以乾嘉考据史学为依托，外以西方近代实证史学为应援，把20世纪中国的实证主义史学推向顶峰。对当时的中国哲学史研究有一定影响。

新生命派 20世纪20年代后期形成的思想派别。因出版《新生命》杂志，建立新生命书局，故名。主要代表有陶希圣、周佛海、梅思平等。第一次国内革命战争失败后，1928年1月陶希圣与周佛海在上海出版《新生命》创刊号，提出其宗旨：“阐明三民主义的理论，发扬三民主义的精神”，“研究建设计划，介绍和批评各国的学说制度”（《〈新生命〉发刊词》）。所发表的论著，多以研究社会历史为名，论证国民党与共产党的阶级基础和理论根据的不同，认为“共产党自认为无产阶级政党”，而“中国国民党有民众基础，其基础民众是农工商及革命知识分子，决不是只是无产阶级，也决不是官僚士大夫”（陶希圣《从中国社会史上观察中国国民党》）。因此，国民党是“各阶级革命民众联合的革命党”，“应当领导有革命民权的民众行使革命民权”。（陶希圣《中国社会之史的分析》）即只有国民党能够领导中国革命。在20世纪20年代末开始的中国社会史论战中，借反对“公式主义”而否定马克思主义唯物史观，说：“要知道翻印《马氏全集》也代替不了中国史。”（陶希圣《汉儒的僵尸出祟》）断言中国“宗法制度已不存在”，“封建制度已不存在”，“主张阶级斗争是一件事，认识社会阶级的存在又是一回事”（陶希圣《中国社会到底是什么社会?》）。强调“致力于国民革命的中国国民党，不主张在产业落后的中国，制造或促成资本阶级和无产阶级及地主和农民的阶级斗争”（陶希圣《民众组织的理论和方案》）。以此否定中国有反帝反封建的革命任务。“新生命派”的另一重要方面，是以阐发“民生史观”来抗衡唯物史观。梅思平论证民生史观与儒家有密切关系，“民生史观者中心的理论就是‘君子之道，造端乎夫妇’一句话，就是认为家庭为社会的起源。这个地方也就是民生史观与唯物史观两者真正的分水岭。”（《民生史观概论》）其目的在于说明民生史观缘于中国固有文化，而唯物史观则是舶来品。周佛海说：“民生是社会进化的重心，生存技术又为民生的重心”，意在说明人类为生存而发展生存技术，而不“陷于唯物史观以生产力本身为目的，以生产力本身能自动发展的错误”（《社会现象的交互作用及其根本动因》）。抗日战争爆发后，该派趋于解体。

新思潮派 “中国社会性质问题论战”中的思想派别。1929年11月《新思潮》杂志（1930年7月出版第7期后，被封禁）创办。该杂志针对当时陶希圣、陈独秀等关于“中国已经是资本主义社会”、封建主义早已成了“残余的残余”只有待将来再进行“第三次革命”等观点，应用历史唯物主义分析中国资本主义的发展程度和农村土地关系，认定中国仍是半封建半殖民地的社会，探讨了中国民主革命的性质、对象、动力、任务以及革命的前途及转变等重大问题，论证并宣传了中国共产党关于中国民主革命特殊道路的观点和主张。在《新思潮》及其他刊物上撰文表达上述观点和主张的，被称为“新思潮派”。该派代表人物有王学文、李一氓、潘东周、吴黎平、张闻天、何干之等，他们为以后形成中国共产党的完整的新民主主义理论作了一定的理论准备。

动力派 “中国社会性质问题论战”中的思想派别。1930年7月《动力》杂志问世（同年9月出版第

2期后停办）。该杂志的主要撰稿人严灵峰认为“中国毫无疑义的是资本主义关系占领导地位”，帝国主义的入侵推动了资本主义经济成分在中国的发展，因而不能“以为帝国主义维持中国封建势力”；否则，“必然会把农民的革命作用看做高于无产阶级的水平线”（《中国是资本主义经济，还是封建制度的经济?》）。否认中国社会半殖民地半封建的性质。在《动力》及其他刊物上撰文表达类似观点的，被称为“动力派”。主要代表人物还有李季、任曙、陈邦国、叶青及刘仁静等。他们的观点和当时托洛茨基、陈独秀的观点有一致之处。

国家主义派　20世纪20年代形成的政治和哲学派别。因其标榜“国家主义”，故名。又因创办《醒狮》周报，亦称“醒狮派”。形成于1923—1924年间，代表人物有曾琦、李璜、左舜生、余家菊等。国家主义原本是18世纪末、19世纪初出现于西方的一种政治思潮，主张“国家至上”、“民族至上”。1923年11月间，曾琦、李璜等在法国成立“中国青年党”，1924年秋，返国与左舜生、余家菊等结合，改建为“中国国家主义青年团”。理论上推崇德国费希特的国家主义，以为“现在正当内乱和外患交迫的时候，欲救中国自然是要实行国家主义”（余家菊《国家主义释疑》）。政治上，以为中国经济落后，否认中国存在着无产阶级和资产阶级的斗争；否认国家是阶级矛盾不可调和的产物，标榜“国民依赖自力以图谋国家的独立与统一”，反对孙中山为代表的国民党所确立的“联俄、联共、扶助农工”的革命政策。哲学上宣称：“国家主义主张物心并重，共产主义主张唯物史观——国家主义者以为社会构成的要素有两大种：一是物质要素，二是心理要素。这两种要素在社会生活上是同时并在，斤量相称的。”（陈启天《国家主义与共产主义的分歧点》）认为：“一个社会之所以存在，全靠心理和生理的契合关系而生互助、利他种种行为，以为社会的枢纽。”（李璜《释国家主义》）在文化观上，以发扬传统伦理道德为己任，“国家主义乃嫉视一切所有不以国家的旧信仰为根本的学说”，对于“礼义廉耻，国之四维”这样的“传统精神，必须存而勿失”（曾琦：《五四运动与国家主义》）。

醒狮派　即“国家主义派”。

战国策派　20世纪40年代形成的思想派别。1940　1941年间，林同济、陈铨、雷海宗、何永佶等在昆明创办《战国策》杂志，后又在重庆《大公报》上创办《战国》副刊，由此被称作“战国策派”。《战国策》第2期的《本刊启事》阐明办刊主旨：“本社同人，鉴于国势危殆，非提倡及研讨战国时代之‘大政治’（High politics）无以自存自强。而‘大政治’例循‘唯实政治’（Real politics）及‘尚力政治’（Power politics）。‘大政治’而发生作用，端赖实际政治之阐发，与乎‘力’之组织，‘力’之训服，‘力’之运动。本刊如一交响曲（Symphony），以‘大政治’为‘力母题’（Leitmotif），抱定非红非白，非左非右，民族至上、国家至上之宗旨，向吾国在世界大政治角逐中取得胜利之途迈进。此中一切政论及其他文学哲学作品，要不离此旨”。认为当时的世界是以西方为主导的“大战国时期”，而在大一统帝国下的中国文化已是“懒散”没有活力，因此，必须以“战国时代的重演”的立场自审民族性格，重建中国文化（林同济《战国时代的重演》）。强调必须吸取“列国酵素”以“救大一统文化之穷”（林同济《文化形态史观·卷头语》），将大一统型文化重建为活力四射的战国型文化。为此雷海宗认为当务之急要“恢复战国以上文武并重的文化”（《建国——在望的第三周文化》）。林同济把古代士大夫分为“大夫士”和“士大夫”两种类型，认为前者是“刚道的人格型”，后者是“柔道的人格型”，由前者来更改后者，是一种“动力的换质”，是“中国目前文化再造中的一个最基本问题”（《大夫士与士大夫：国史上的两种人格型》）。“战国策派”向往曾促使德国文化复兴的“狂飙运动”，认为五四新文化运动与之相比，犯了“三个错误”，即“把战国时代认为春秋时代”，“把集体主义时代，认为个人主义时代”，“误认非理智时代为理智主义时代”，因而需要“新的觉悟、新的人生观，新的办法”（陈铨：《五四运动与狂飙运动》）。由此借用叔本华、尼采意志哲学，将其权力意志、英雄崇拜视为健全国民性格的药方。认为“最可贵的真理”是：“有物质无意志，根本无力；有意志无物质，还有办法。”“理智可贵，意志可贵又可敬”（林同济《第三期的中国学术思潮》）。“意志是宇宙人生的泉源，是推动一切的力量”（陈铨《叔本华的贡献》），“甚至人类本身的许多器官，也是意志的表现”，“人类意志才是历史演进的中心”（陈铨《论英雄崇拜》）。又把人类的意志说成是“权力意志”，“真正合乎自然的道德，就是权力意志的伸张，强者行动，弱者服从”（陈铨《尼采的道德观念》）。少数英雄才“是人类意志的中心”（陈铨《论英雄崇拜》）。英雄和天才可以为所欲为，不受任何客观规律的制约。“规律不能束缚天才，天才可以随时创造规律”（陈铨《文学批评新动向》）。“战国策派”提倡“民族文学”运动，强调“只有强烈的民族意识，才能产生真正的民族文学”（陈铨《民族运动与文学运动》）。“战国策派”没有揭露希特勒利用尼采哲学的法西斯主义本质，并在《战国策》杂志上刊登过希特勒的语录，激起了思想学术界对其的批判。

现代新儒学 亦称“现代新儒家”。20世纪20年代产生的以接续儒学“道统”为己任、服膺宋明理学为主要特征，力图用传统儒家学说融合、会通西学，从文化上探讨中国现代化进程的学术思想流派。与“先秦原始儒家”和“宋明新儒家”相对。梁漱溟在1921年出版的《东西方文化及其哲学》中，比较了西方、印度、中国三大文化系统的不同路向，认为只有以儒家思想为基本价值取向的生活才能使人们尝到“人生的真味”，断定中国传统文化是人类精神生命和世界文明所当趋归的方向，开启了现代新儒学运动。接着，熊十力撰写了一系列专著，认为对西方文化的采用必须与中国价值的重建相辅相成。并主张以本体论研究为要务，先在思想上建立中国之“体”，再采补西方学术文化之“用”。后被其门生及追随者视为现代新儒学的先驱。30—40年代，开始出现各具特色的思想理论体系。贺麟糅合西方新黑格尔主义和陆王心学，倡导“新心学”。又发表《儒家思想的新开展》一文（刊1941年《思想与时代》），提出“以儒家思想为本体，以西洋文化为用具”的命题，首次阐述了“新儒学”概念。认为“民族复兴，从本质上说，应该是民族文化的复兴，儒家文化的复兴”。主张“以西洋之哲学发挥儒家之理学”，“吸收基督教之精华以充实儒家之礼教”，“领略西洋之艺术以发挥儒家之诗教”。断言“儒家思想的新开展就是中国现代思潮的主潮”。冯友兰在抗日战争期间写了“贞元六书”，自称是“接着”宋明理学讲“新统”。认为从孔孟到宋明之儒集大成的“极高明而道中庸”的传统，是中国哲学的主流，以此为“体”，会通西方哲学，并采用新实在论的逻辑分析，就可以实现程朱理学的“继往开来”，由此阐发了“新理学”体系。现代新儒学的真正发展并达到鼎盛是在50—60年代，主要倡导者为港台地区的唐君毅、牟宗三、徐复观、方东美等第二代人物。他们一般都有较深的传统文化素养，又经西方近现代哲学思维的训练，致力于两者的比较和会通，理论上也有一定创见。他们与其他一些海外学者在1958年元旦发表了由唐君毅执笔的《为中国文化敬告世界人士宣言》，提出了现代新儒学的基本立场。在《中国文化之精神价值》、《生命存在与心灵价值》（唐君毅），《道德的理想主义》、《心体和性体》（牟宗三），《中国艺术精神》（徐复观）等著作中，他们发扬以儒学为核心的中国传统文化的价值观念，吸收西方思维的成果，肯定“科学与民主为中国文化发展之内在要求”，系统阐述了复返儒家心性学之“本”、开民主政治和科学技术之“新”的思想纲领，以“重建儒家的道德主体性哲学”来弘扬中国本位文化。他们常怀传统失落的“忧患”意识和“花果飘零”的心态，主张通过排斥马克思主义来求得全民族对传统文化的价值“认同”。进入80年代，港台地区和海外华裔中的刘述先、杜维明、成中英等，反思西方资本主义高度发达所导致的精神空虚，批评了“现代化即西化”的单线式思维，进一步阐发了返“本”开“新”的思想主旨，提倡“对传统文化进行自觉的、群体的、又是批判的继承和创造”；强调要创见性地回应现代西方文化的挑战，以获得“儒学第三期发展的可能”。又对近代文化冲突的两大思潮——民主启蒙和民族意识的相互协调，作出种种设计，力求在民族特色的轨道上和模式内，推进东方式现代化进程，以此作为他们文化追求的理想目标。在90年代以后，他们的见解以及所提出的问题，受到中国大陆学术思想界的重视。

现代新儒家 即“现代新儒学”。

万木草堂 近代康有为讲学之所。清光绪十七年(1891)创设于广州长兴里。自任总教授、总监督。曾著《长兴学记》作为学规。设图书室和仪器室，注重体育和音乐；选高材生充任学长，日夕讲业，助康编书。以《论语》“志于道、据于德、依于仁、游于艺”四言立教，以所著《新学伪经考》、《孔子改制考》（讲稿）为主要讲学内容。讲授孔学、佛学、宋明理学，以及西方哲学、政治学和中外史学等。说古论今，探讨沿革得失，宣传托古改制，按照改良维新的政治需要来改造儒学和孔子。学生开始不满二十，后众至百余，其中陈千秋、梁启超、麦孟华、徐勤等，后来成为戊戌变法运动的重要人物。光绪二十年余联源弹劾康有为“惑世诬民，非圣无法”，不准其在广东讲学，万木草堂被迫解散。

时务学堂 戊戌维新时期创设的学校。熊希龄、陈宝箴、黄遵宪、梁启超、谭嗣同等于清光绪二十二年(1897)在长沙开办。梁启超任总教习。仿万木草堂例，制定《湖南时务学堂学约》。以立志、养心、治身、读书、穷理、学文、乐群、摄生八条为每日功课所当有事，以经世、传教二条为学成之后所当有事。课程一为普通学，人人皆应通习，包括经学、诸子学、公理学、中外史志等；一为专门学，每人各专一门，包括公法学、掌故学、格算学等。讲学中宣传变法思想，研求治国道理。令学生按日作札记，由教习批改。为维新变法事业培养了一批出色人才。次年遭湖南士绅王先谦、叶德辉等竭力打击，梁启超离开长沙，时务学堂被迫停办。后改为求是书院。

金陵刻经处 近现代编校刻印佛典的佛教文化机构。清同治五年(1866)杨文会居士创办于南京。杨氏曾从日本寻回中国已佚之隋唐佛教著述（如《中论疏》、《百论疏》、《成唯识论述记》等）刻印流通。

1907年设"祇洹精舍"，自编课本，讲习佛典，并聘苏曼殊教梵文、英文。组织编刻《大藏辑要》，选佛典四百六十部，三千三百余卷，最后完成五分之四。宣统二年(1910)组织佛学研究会，定期讲经。后欧阳竟无在刻经处主编校，设研究部，继而又创设支那内学院。新中国成立后，刻经处补刻并新刻经版二百余卷，还出版了《玄奘法师译撰全集》。从1957年开始，成为中国佛教协会事业的一部分。

支那内学院 近现代佛教学院和研究机构。欧阳竟无创办。因古印度称中国为"支那"，佛教自称"内学"，故名。1918年于南京金陵刻经处研究部设筹备处，1922年7月正式成立。以"阐扬佛学，育材利世"为宗旨。初设学、事两科，后改为问学、研究两部和学务、事务、编校流通三处。其发展分四期：第一期(1922—1927)着重办学和编刊唐代著述。1923年起设研究部正班及试学班，习法相、唯识要典。1925年改办法相大学、问学、研究三部。另辟内学院第二院，招收法相大学特科生一班，立院训曰："师、悲、教、戒。"倡在家居士可住持佛法之义。同时编刻唐代法相、唯识要典和章疏，编印年刊《内学》和《杂刊》。第二期(1928—1937)着重整理教典和组织道场。选择要典，校刊文字，编印《藏要》三辑，收佛典五十余种，三百余卷。欧阳竟无讲晚年定论，揭涅槃为佛学究竟义等。1937年因日军入侵，欧阳率众移至四川江津。第三期(1938—1943)在江津建内学院蜀院，恢复"讲学以刻经"旧规。1938年起，每年正月初七会院友讲学。建立毗昙、戒律、瑜伽、般若、涅槃等"佛学五科"讲习体系。1943年欧阳病卒，吕澂继任院长。第四期(1944—1952)，吕澂对"佛学五科"主张从"心性本净"、"转依"、"三法界"三方面论释说明，提出讲习要典五十部，对佛学作系统研究。新中国成立后蜀院继续开展研究活动，拟定"内学基本问题"和"隋唐佛学史纲"两大课题，编纂"藏汉佛学辞汇"。1952年秋，学院自动停办。先后在该院从事研究者达二百余人。该院学风一改过去仅就汉译佛典进行研究的做法，倡导对勘梵本和藏译本进行研究，在佛学研究方法上开辟了新的途径和领域。

武昌佛学院 近现代佛学院。1922年由太虚创办于武昌，自任院长，梁启超为董事会第一任董事长。以打破旧宗派的固执成见，革新中国的佛学思想，吸收新思潮、新方法，发扬中国的佛学为宗旨。第一届学僧八十余人，为专修科性质，二年制。教师除太虚等僧人外，还聘有原北京大学教授数人。学僧除学习以外，还须早晚上殿，并坐香一小时。第一届毕业后，改专修科为大学部，另成立研究部。1926年因北伐战争停办。1929年恢复，并组织新董事会。时太虚在法国发起世界佛学苑，该院成立"世苑筹备处"；同时出版《海潮音》月刊；1932年该院成立世界佛学苑图书馆，供专门研究佛学用，研究工作主要是考校和编译佛学典籍。1933年和1935年又分别招生。抗战时院址毁坏，人员星散。抗战胜利后重建。约在1948年至1949年间停办。数十年中，培养了一批新型佛学研究人才。

三时学会 近现代研究唯识法相的佛教学术团体。1927年成立于北平(今北京)。由韩清净主持会务。因据法相宗判教将释迦一代教法分为有教(阿含时)、空教(中观时)、中道教(瑜伽时)的三时教，而法相一宗为中道教，故名三时学会。宗旨为阐扬印度佛学和佛教真实教义，事业则专在讲习、研究、译述并刻印佛教经藏，均以法相唯识为主。全盛时约有会员60人。出版法相唯识典籍，曾印行《宋藏遗珍》中有关法相宗典籍四十六种。时人将三时学会和南京支那内学院(欧阳竟无创办)并称为研究法相唯识的最高学府，有"南欧北韩"之誉。1949年韩清净去世，饶风璜继任学长。新中国成立后继续开展活动。1952年公推赵朴初为董事长。1956年后停止活动。

延安新哲学会 抗日战争时期在延安建立的研究和普及马克思主义哲学的学术团体。1938年9月在延安由毛泽东倡导，艾思奇、何思敬等发起成立。1938年9月30日延安《解放》杂志发表《新哲学缘起》一文，介绍新哲学会成立的目的、性质和任务，提出"要用自己的研究去配合和帮助抗战建国"，努力组织研究、翻译介绍和学习新哲学——马列主义哲学，以及国内外其他哲学流派。参加活动的有高级干部、理论文化教育工作者和一般干部。当时许多党政军机关、学校，都成立了哲学研究会、组。该会编著、翻译和校正重版了大量哲学著作，其中有《马恩列斯思想方法论》、《哲学讲座》、《唯物史观》、《辩证唯物论与历史唯物论的基本问题》等，并经常举行哲学报告会、座谈会、讨论会。1940年6月21日举行第一届年会，毛泽东、朱德等到会讲话。在年会论文报告会上，艾思奇(《孙中山先生的哲学思想》)、陈唯实(《斯大林对唯物辩证法的新发展》)、周扬(《契尔那夫斯基的美学》)、范文澜(《中国经学史的演变》)、何思敬(《黑格尔的逻辑》)、郭化若(《军事辩证法》)、陈伯达(《中国近代哲学思想》)等作了报告。哲学会对于动员和组织广大干部学习和应用马克思主义哲学、培养理论研究和宣传干部，起了很大作用。

复性书院 20世纪30、40年代传授儒学的教育机构。1939年成立于四川乐山，以乌尤山寺庙为院舍。马一浮为书院主讲。提出现代学校教育受西方的影响,传统思想学术被边缘化,学术成为获利的工具,导致人性堕落。由此以古典书院为办学形式,以儒学为主要教学内容,以"复性"明宗旨,"以讲明六艺为教"(《复性书院缘起叙》)。《复性书院简章》表明:"书院之设,为了明吾国学术本原,使学者得自由研究,养成通儒、不隶属于现行学制系统之内";在教学内容上,"书院以综贯经术讲明文理为教,一切学术赅摄于六艺,凡诸子、史部、文学之研究皆以诸经统之";六艺之教分为"通治"和"别治"两门,前者为明群经大义,后者为专修一经。后又分设四门学科:玄学、义学、禅学、理学。书院学生分为"肆业"和"参学"两种,前者是正式学生,给予生活津贴(膏火)、不交学费;后者类似于旁听生。学生都须遵守三戒:不求仕宦、不营货利、不起争斗。并有学规四条:"主敬为涵养之要;穷理为致知之要;博文为立事之要;笃行为进德之要"(《复性书院讲录·学规》)。每周听讲一个上午,其余时间为学生自学或向主讲自由请益。书院实行主讲负责制,设一监院辅助,由主讲延聘教师。被聘教席者有梁漱溟、谢无量、熊十力、贺昌群、赵熙、沈敬仲等。由于书院未能按马一浮原来的规划进行,马一浮于 1941 年 6 月停止讲学,书院转而以刻书为主,先后刻有《群经统类》、《儒林典要》等丛书二十八种三十八册。1946 年书院迁杭州。1949 年 4 月改组为儒林图书馆,1950 年 6 月又改名为智林图书馆。

中国社会科学院哲学研究所 中国主要的哲学理论研究机构。原名中国科学院哲学研究所。筹建于 1955 年春,1955 年 9 月底正式成立,隶属于中国科学院哲学社会科学部,1977 年后隶属于中国社会科学院。它以马克思主义基本原理为指导,系统地研究哲学理论和哲学分支学科。"文化大革命"期间该所科研业务中断,1976 年 10 月后恢复。设有辩证唯物主义、历史唯物主义、中国哲学史、西方哲学史、自然辩证法、逻辑学、马克思主义哲学史、毛泽东哲学思想、现代外国哲学、伦理学、美学、东方哲学等研究室。出版的刊物有《哲学研究》、《哲学动态》和《哲学译丛》等。1982 年开始编辑《中国哲学年鉴》。

孔教会 辛亥革命后提倡以尊孔复古为中心的团体。1912 年 10 月由陈焕章、沈曾植和姚文栋等人在上海发起成立。陈焕章任总干事。设有总会事务所,各省、市成立支会。主要成员有劳乃宣、张勋等。次年 2 月发行《孔教会杂志》和《经世报》。在曲阜召开第一次全国孔教大会,举行大规模祀孔典礼,并决定迁总会于北京,在曲阜设立孔教总会事务所。同年 11 月推康有为任总会会长,张勋任名誉会长,陈焕章任北京总会主任干事。主张尊孔读经,认为"自共和来,礼乐并废,典章皆易,道揆法守,扫地无余"(康有为《孔教会序二》),先后两次公开提出要"定孔教为国教","共和国以道德为精神,而中国之道德,源本孔子,尤不容有拔本塞源之事,故中国当仍奉孔教为国教"(陈焕章《向两院请定孔教为国教书》)。1920 年《经世报》刊登《孔教会教规》。1923 年陈焕章发表《行教方针》,要求孔教会会员把孔教普及到农村、工厂、商店、兵营,以至每个家庭。孔教会的活动得到袁世凯等北洋军阀的支持。随着北洋军阀的垮台,孔教会衰败。1937 年 9 月曲阜孔教总会遵照国民党中央民众训练部的批示,改名"孔学总会"。

新民学会 "五四"时期的重要团体。由毛泽东倡导,于 1918 年 4 月 14 日在湖南成立。最初的会员有毛泽东、蔡和森、何叔衡、张昆弟、萧子升、萧三、罗章龙、李维汉、周世钊等。以"革新学术、砥砺品行,改良人心风俗"为宗旨。总部设长沙。会章由毛泽东、周彝鼎起草,有严格的入会手续,有规定的纪律:不虚伪、不懒惰、不浪费、不赌博、不狎妓。并定期举行会议,要求会员生活严肃、思想进步,有为国家民族做事业的远大志向。学会经常讨论国家大事和世界局势,研究俄国革命经验,寻求改造中国的道路和方法。初成立时有会员二十一人,后发展到七十余人。1920 年 7 月 6 日在巴黎南郊蒙达尔纪念集会讨论学会方针时,蔡和森等人"主张组织共产党",进一步提出"以改造中国与世界"为学会的方针和共同目的。毛泽东在通信中表示,这一方针"正与我平日的主张相合"。1920 年下半年,毛泽东在长沙组织了共产主义小组和社会主义青年团,新民学会会员的优秀分子被吸收参加这个组织。学会会员还创办文化书社、俄罗斯研究会,参加留俄勤工俭学团体,以及在 1921 年成立的自修大学担负重要工作。学会在"五四"运动影响下,从最初讨论学术,注重个人品行修养转向关注社会改造和民众运动。组织和参加驱逐张敬尧运动,主办出版《湘江评论》,开展妇女解放运动,传播马克思主义,介绍俄国革命情况。毛泽东编印的两号《新民学会会务报告》和三集《新民学会会员通信集》,记录了学会的各种活动和会员们对国内外大事、人生观、宇宙观等等的讨论意见。其中毛泽东和蔡和森的通信,阐述了改造中国必须以唯物史观作哲学根据,建立无产阶级专政,走俄国十月革命的道路等思想。1921 年中国共产党成立以后,学会的活动停止。今人编有《新民学会资料》。

少年中国学会 "五四"时期有较大影响的社

团。1918年6月由王光祈、曾琦以及李大钊等七人发起筹备，宗旨为：振作少年精神，研究真实学术，发展社会事业，转移末世风气。1919年7月1日正式成立时修改为："本科学的精神，为社会的活动，以创造少年中国。"(《会务纪闻》)会务活动有出版刊物、讲演、学术讨论等。初有会员四十二人，多时达百余人。内设评议、执行、编译三部，曾琦为评议部主任，王光祈为执行部主任，李大钊等为编译部译员。总会设北京(1924年迁南京)，南京、成都有分会。此外如湖北、山东、上海等十二个省市都有会员。国外有巴黎分会，在德、英、美、日等国及南洋等地亦有加入者。会员成分极为复杂，有共产主义者(除李大钊外，还有邓中夏、恽代英、毛泽东、张闻天等)，也有国家主义者(如李璜、左舜生、曾琦、余家菊等)，而多数为有志于改造中国的青年知识分子。曾经提倡和推动工读互助运动。学会创造光明的"少年中国"的理想和"奋斗、实践、坚忍、俭朴"的人格要求，在当时青年中有很大感召力，有力推动了五四新文化运动。学会内部存在思想争论。筹备期间即发生"有无决定主义的必要"的争论，结果认为"现在同人研究学问，思想极宜自由，主义亦不必一致"(同上)。随着"问题与主义"论争的深入发展，学会成员逐渐分化。上海以左舜生为首的会员提出"多研究'学理'，少叙述主义"(《少年中国学会周年纪念册》)。1921年7月的南京大会，又展开了要不要"主义"的争论。邓中夏、沈泽民等坚持学会必须接受马克思主义和走革命的道路；曾琦、李璜、左舜生等则在不谈"主义"、不从事政治活动的名义下，反对接受马克思主义，坚持国家主义。由于成员的思想分歧，学会在1925年底停止活动。该会从创办到分裂，历时六载，会员从七位发起人发展到百余人，是五四时期历史最长、会员最多且分布最广的一个社团，它的分化和演变，反映了五四时期青年知识分子急剧变化的情况。出版刊物有《少年中国》、《少年世界》等。

马克思学说研究会 全称"北京大学马克斯(思)学说研究会"。中国"五四"运动后"以研究关于马克思派的著述为目的"的公开团体。李大钊于1918年冬发起组织，原名"马尔格斯学说研究会"，当时是秘密组织。1920年3月，在李大钊倡导下，由邓中夏等十九名北京大学学生公开发起，1921年11月17日正式宣布成立。启事指出："对于马克思派学说研究有兴味的和愿意研究马氏学说的人，都可以做本会底会员。"定期举行演讲会和学习讨论会，当时李大钊亦曾在研究会上讲《唯物史观》和《马克思主义经济学说》，还组织了《共产党宣言》研究组、《资本论》研究组等，就"阶级斗争"、"唯物史观"、"剩余价值"、"无产阶级专政"等专题进行研讨。后发展到唐山、郑州等地，包括工人在内的会员有二、三万人。约到1925年底解散。对我国早期传播马克思主义起了积极作用。

北京大学马克斯(思)学说研究会 即"马克思学说研究会"。

马克思主义研究会 "五四"运动后以研究马克思著作和思想的团体。1920年5月31日在上海成立的，由陈独秀、陈望道等发起组织。同一时期在武汉成立的，由恽代英、林育南等发起组织。

中国社会科学家联盟 简称"社联"。中国共产党领导下的革命文化团体。1930年5月20日在上海成立。最初参加者有朱镜我、杨贤江、杜国庠、邓初民、吴黎平、王学文等人。通过了《中国社会科学家联盟纲领》。认为当时面临革命巨浪高潮，革命理论的研究与发挥是每个进步的社会科学工作者的切身的任务。提出"以马克思主义的观点，分析中国及国际的政治经济，促进中国革命"，"研究并介绍马克思主义理论，使它普及于一般"，"严厉地驳斥一切非马克思主义的思想"、"假马克思主义理论"，"有系统地领导中国的新兴社会科学运动的发展，扩大正确的马克思主义的宣传"。强调"革命的马克思主义者，决不是限于理论的研究，无疑地应该努力参加中国无产阶级解放运动的实际斗争"。第一任党团(即党组)由朱镜我、王学文、潘梓年、杜国庠、彭康五人组成，朱镜我任党团书记，后由王学文继任。为培养年轻的社会科学工作者，还成立"社会科学研究会"(简称"社研")，作为"社联"的外围组织。"社研"不仅在上海的劳动大学、大夏大学、复旦大学、中国公学、法政学院等校设有分会，而且在苏州、无锡等地设有分部。1930—1933年间，北平、太原、广州等地，又先后建立了社联分盟，在日本也设立了东京分盟。创办《社会科学讲座》、《研究》、《社会现象》等刊物，出版社会科学丛书、中国经济研究丛书等，对宣传马克思主义哲学社会科学起了积极作用。1936年宣布停止活动。

中国哲学会 中国第一个全国性的哲学学术团体。在北京、南京、广州先行设立哲学分会的基础上，1934年由贺麟、金岳霖、冯友兰、黄子通等着手筹备；次年召开中国哲学首次年会，推举十二人组成筹委会；1936年4月在北京举行的哲学讨论会上正式宣告成立。学会的领导机构为十五人的理事会，冯友兰、金岳霖、祝百英、宗白华、汤用彤担任常委理事。1937年在南京召开第三次年会，决定编辑哲学大辞典，又向教育部提出三项要求：增设哲学课程；

国立大学办哲学系；中央研究院添设哲学研究所。学会分设“西洋哲学名著”和“中国哲学”编辑委员会，出版了数十部译著和研究专著，并创办会刊《哲学评论》，邀请国外学者来华讲学，开展中外哲学交流活动。对推进当时哲学研究的繁荣有积极作用。1949年夏，学会自行解散，其成员大部转入刚成立不久的中国新哲学会。

东西文化学社 抗日战争时期成立的学术组织。旨在推动东西文化交流、合作。发起人是华西大学文学院院长罗忠恕。罗忠恕1937年留学英国牛津大学。1939年11月，他在英国牛津大学、剑桥大学倡议成立“中英学术合作委员会”，得到国际知名学者李约瑟、爱因斯坦、杜威、罗素等人的支持。1942年11月，“东西文化学社”在成都正式宣告成立，由罗忠恕任社长，钱穆、蒙文通、顾颉刚、冯友兰、朱光潜、张东荪、梁漱溟、萧公权等人皆为学社成员，学社社址设在华西后坝。学社成立东西文化交流所，设东西文化讲座，当时国内外著名学者李约瑟、钱穆、林语堂、潘光旦、冯汉骥等人都在此作过有关东西文化方面的演讲，在该社的组织和推动下，成都成为了抗战时期东西文化交流的中心。

思想与时代社 抗日战争时期的学术组织。发起人有张其昀、张荫麟等，1941年6月在贵州遵义的浙江大学内成立。其宗旨是根据三民主义以讨论有关的学术与思想，基本社员有张荫麟、张其昀、贺麟、钱穆、朱光潜、郭秉龢6人。同年8月，《思想与时代》月刊在遵义创刊，由“思想与时代社”发行。参见“思想与时代”。

国际中国哲学会 中国哲学研究的国际性学术组织。1975年在美国夏威夷创办。宗旨在于联结国际上所有从事中国哲学研究之人士，对中国哲学和文化在逻辑、形而上学、伦理学、美学和知识论各方面进行思维和反省，以在世界上发扬广大中华文化。其主要任务是：在世界各地举办有关中国哲学和中西哲学比较的国际学术会议，主办英文版《中国哲学季刊》和中文版《中国哲学通讯》，编撰《国际中国哲学人名录》等。名誉主席为美国夏威夷大学成中英教授。中央秘书处设在夏威夷大学曼鲁亚分校。该会最重要的一项活动是每两年一次的国际会议。

中国哲学史学会 中国研究中国哲学史的全国性学术团体。1979年10月成立。其宗旨和任务是：在马克思主义、毛泽东思想的指导下，坚持实事求是的科学原则，贯彻“百花齐放、百家争鸣”的方针，组织和推动中国哲学史工作者广泛深入地探索中国哲学思想发展的历史过程，批判地继承中国丰富的哲学遗产，科学地总结中国理论思维的历史经验教训，提高中国哲学史的研究水平。学会的最高权力机关是会员代表大会，执行机构为理事会。主办学术季刊《中国哲学史研究》，后改名《中国哲学史》。

东西方哲学家大会（East-West Philosopher's Conference） 于1939年由穆尔（Charles A. Moore）在美国夏威夷创办。宗旨是促进东西方思维方式的融合，增进世界哲学形成的可能。1949年、1959年、1964年召开了第二、第三、第四届会议，均由穆尔主持。主题分别是：“东西方哲学融合的可能性”、“东西方哲学发展的前景”、“东西方社会与个人”。穆尔逝世后，1969年由凯普拉姆（Abraham Kaplam）主持了第五届会议，主题是“人类的变迁”。1989年由杜维明和道伊奇（Eliot Deutsch）主持召开了第六届会议，会议主题是“传统文化与现代化”。1995年以来，每五年举行一次。2005年召开了第九届会议，主题是“教育及其目的：文化间的哲学对话”。

国际儒学联合会（International Confucian Association） 儒学研究的国际性学术团体。由中国、韩国、日本、美国、德国、新加坡、越南等国家和香港、台湾地区与儒学研究有关的学术团体共同发起，于1994年10月5日在中国北京正式宣告成立；1995年7月在中国民政部注册登记，是具有法人地位的国际性学术团体。联合会永久会址设在中国北京。其宗旨是：研究儒学思想，继承儒学精华，发扬儒学精神，以促进人类之自由平等、和平发展与繁荣。主要工作有：儒学研究；儒学普及；学术交流；业务培训；书刊编辑；国际合作；咨询服务。第一届（1994—1999）领导成员，会长谷牧（中国），名誉理事长李光耀（新加坡），理事长崔根德（韩国）。第二届（1999—2004）领导成员，会长谷牧（中国），名誉理事长李光耀（新加坡），理事长唐裕（新加坡）。第三届（2004—2009）领导成员，会长叶选平（中国），名誉会长谷牧（中国），名誉理事长李光耀（新加坡），李焕（中国台湾），理事长唐裕（新加坡）。第四届（2009— ）领导成员，会长叶选平（中国）、理事会顾问和理事分布在20个国家和地区。执行机构设有学术委员会、普及委员会、编辑出版委员会、对外联络委员会、秘书处。每五年召开一次会员大会。

尊孔复古 辛亥革命后出现的思潮。与政治上的帝制复辟有一定关联。以主张尊孔读经、“定孔教为国教”、“国体虽更而纲常未变”、传统旧道德根于人的天性为主要内容。由康有为、陈焕章等所倡导。1912年10月，孔教会得到袁世凯政府教育部的批准，予以立案。在此前后，各地以尊孔为宗旨的文化团体纷纷成立。北京有徐琪、饶智元创立的“孔社”，济南有王锡蕃、刘宗国等发起的“孔道会”，太原有阎锡山倡办的“洗心社”与赵戴文、郭象开等创办的“宗圣社”。他们在北京、上海、青岛、济南、太原、天津、南昌、长沙、扬州等城市，出版《孔教会杂志》、《孔社杂志》、《宗圣汇志》(后改名《宗圣学报》)等刊物。宣传尊孔读经，提出“定孔教为国教”。并不断向参众两院递送请定孔教为国教书，宣称“全国民意，以为非定国教不可”(陈焕章、张尔田《上参众两院请定国教书》)。认为“宜于宪法列孔教为国教，而后国家人民有统系之中心，政治法律有道德之基础”(柯璜《宗圣会代表与参众两院请定国教书》)。宣扬“国体虽更而纲常未变”(王锡蕃《孔道会上大总统书》)。康有为反对“新学者”“当以新道德易旧道德”的“道德革命”的主张，声言“仁义礼智忠信廉耻，根于天性，协于人为，岂有新旧哉?”(《以孔教为国教配天议》)以为“新旧道德”没有本质区别。在当时，一些军阀亦加入尊孔复古行列，1916年，张勋联合倪嗣冲、张作霖、田文烈等致电北洋政府，认为“舍尊从孔教无以为立国人心风俗之本”，要求“定孔教为国教”，并“编入宪法，永不得再议”(《各省督军省长电大总统总理》)。某些在华的外国人也积极参与尊孔复古的活动，宣扬“孔子集群圣之大成，故孔教根本之深，不惟在已往，且有功效于将来，不惟深入中国人之心，且有功效于世界”(德国费希礼《孔教论序》)。强调“孔教者，中国独一无二之根本也，国家新命之所托”(俄国盖沙令《中国之新命必系于孔教》)。认为“能以孔教治国，则革命可不起，而人民早进于善良”(英国庄士敦《中国宗教之前途》)。鼓吹“今欲改良政治，必须尊崇孔教”(美国李佳白《孔教之窥见一斑》)。尊孔复古的另一股力量是清朝遗老，如劳乃宣、姚文栋、梁鼎芬、沈曾植、王锡蕃、张琴等。一些尊孔复古论者又将尊孔复古与恢复帝制相联系，认为中国国情“与英法情势迥乎不同”，“以君主立国”，“人民习惯既久”，而“拱戴出于天性”(《河南省孔社全体王粲曾等请愿书》)。从维护三纲出发，激烈反对西方传入的“平等”、“自由”、“民权”等，以为这些观念导致“尽弃国粹”，“既有国焉，而无纪纲”。(康有为《中国颠危误在全法欧美而尽弃国粹说》)五四新文化运动对这一思潮进行了猛烈抨击。

五四新文化运动 现代以《新青年》为中心的反对封建传统、宣传民主和科学、主张文学革命和道德革命的文化思想运动。1915年9月《青年杂志》(1916年第二卷第一号改名《新青年》)创刊，标志运动的兴起。针对辛亥革命后一度出现的尊孔复辟及“国体虽变而纲常未变”的现实，一批激进民主主义者认为“法律上之不平等人权，伦理上之独立人格，学术上之破除迷信、思想自由，此三者为欧美文明进化之根本原因”(见陈独秀《袁世凯复活》)。进而提出“民主”(“德先生”Democracy，当时亦称“人权”)和“科学”(“赛先生”Science)两大口号，认为“国人欲脱蒙昧时代，羞为浅化之民也，则急起直追，当以科学与人权并重”(陈独秀《敬告青年》)。其代表人物陈独秀、李大钊、鲁迅、胡適、吴虞分别发表《宪法与孔教》、《自然的伦理观与孔子》、《家族制度为专制主义之根据论》、《狂人日记》等大量文章，分析与驳斥了以三纲五常为中心的儒家学说。陈独秀认为，孔子之道和封建的三纲学说，是“制造专制帝王”的根本原因；如果不把它们“洗刷得干干净净”，“不但共和政治不能进行，就是这块共和招牌，也是挂不住的”(《旧思想与国体问题》)。还说：“三纲之根本义，阶级制度是也。所谓名教，所谓礼教，皆以拥护此别尊卑明贵贱制度者也。”(《吾人之最后觉悟》)李大钊针对当时尊孔复古思潮说：“孔子者，数千年前之残骸枯骨也”(《自然的伦理观与孔子》)，“孔子者，历代帝王专制之护符也。”(《孔子与宪法》)孔子学说，“已不适于今日之时代精神”，并表示为了确立新道德，必须“加以人为之力”，使其迅速崩溃，“虽冒毁圣非法之名，亦所不恤”(同上)。吴虞对儒学的攻击更为猛烈，他指出“儒家以孝弟二字为二千年来专制政治与家族制度联结之根干”，流毒天下，“不减洪水猛兽”(《家族制度为专制主义之根据论》)，严斥儒家“仁义道德”为“吃人”的教条，被胡適赞为“只手打孔家店的老英雄”(《吴虞文录·序》)。提倡白话文和文学革命是新文化运动的另一个基本内容。“要拥护那德先生(Democracy)，便不得不反对孔教、礼法、贞节、旧伦理、旧政治。要拥护那赛先生(Science)，便不得不反对旧艺术、旧宗教。要拥护德先生又要拥护赛先生，便不得不反对国粹和旧文学。”(陈独秀《本志〈新青年〉罪案之答辩书》)陈独秀早在清末就从事于文学活动，“五四”前后他又不断介绍西方文艺思想，介绍欧洲的文艺作品。他认为中国文学必须改革，说：“吾国文艺犹在古典主义、理想主义之时代，今后当趋向现实主义。文章以记事为重，绘画以写生为重，庶足挽今日浮华颓败之风。”(《答张永言》)并主张文学要反映“国民精神”；文学家要“以思想左右”时代。李大钊也于1916年发出掀起新文艺运动的呼声，说：“由来新文明之诞生，必有新文艺之先声”(《“晨钟”之使命》)。1917年1月胡適发表《文学改良刍议》，认为文学改良，须从八事入手：“一曰，须言之有物；二曰，不摹仿古人；三曰，须讲求文法；四曰：不作无病之呻吟；五曰，务去烂语套语；六曰，不用典；七曰，不讲对仗；八曰，不避俗字俗语。”同年2月，陈独秀发表《文学革命论》明确提出要“高张‘文学革命军’大旗”，主张“推倒雕琢的阿谀的贵族文学，建设平易的抒情的国民文学”；“推倒陈腐的铺张的古典文学，建设新鲜的立诚的写实文学”；“推倒迂晦的、艰涩的山林文学，建设明了的、通俗的社会文学”。胡適、陈独秀的主张得到钱玄同、刘半农等人热烈响应。钱玄同指责专门拟古的骈文、散文为“选学妖孽”、“桐城谬种”，并认为旧文学和八股文“不到半页，必有发昏做梦的话”（《中国今后之文字问题》），因此，“对于那些腐朽的旧文学，应该极端驱除，淘汰净尽。才能使新基础巩固”（《尝试集·序》）。1918年5月鲁迅发表《狂人日记》等白话小说，在内容与形式的结合上进行了文学革命的实践，开创了新文学的现实主义道路。他还写了许多杂文，表示了对旧社会旧事物的愤怒，对人民的炽热感情，具有很强的战斗性。1917年1月蔡元培任北京大学校长。提倡“循自由思想原则，取兼容并包主义”，聘请倡导新文化运动的人物前往任教，使当时的北大成为传播新文化的重要阵地。五四新文化运动期间产生了一些影响较大的杂志和报纸副刊，如在北京创刊的《每周评论》、《国民》、《新潮》，《晨报副刊》、《时事新报·学灯》、《民国日报·觉悟》等；还先后形成了众多的社团，如武昌的互助社，湖南的新民学会，北京的国民杂志社、新潮社、少年中国学会，天津的觉悟社，南昌的改造社等。新文化运动的兴起，遭到维护传统、主张复古的文人学士的反对。如林纾指责新文化运动是“覆孔孟、铲伦常”，“尽废古书，行用土语为文字”，并用小说攻击新文化运动中涌现的主要人物。刘师培、黄侃等成立国故社，创办以“昌明中国固有之学术”为宗旨的《国故》杂志，与《新青年》、《新潮》等相对抗，认为新文化运动是“功利倡而廉耻丧，科学尊而礼义亡，以放荡为自由，以攘夺为责任”。辜鸿铭著《春秋大义》，公开提倡尊孔，认为“至醇至圣之孔夫子”指出了世界“达于高洁、深玄、礼让、幸福之唯一可能之道”。杜亚泉作为当时的名刊《东方杂志》的主编，发表众多文章，主张中西新旧文化的调和，认为中西文化分别为“静的文明”和“动的文明”，各有价值，亦各有偏弊，“抱合调和，为势所必至”（《静的文明与动的文明》）；强调“进步过骤，则不免流于危险，当以保守主义维持之；保守过甚，则不免流于退弱，当以进步主义调和之”（《政党论》）。五四新文化运动引发了各种思想流派的自由争鸣，为马克思主义在中国的传播创造了有利条件。1919年4月6日《每周评论》16号登载了《共产党宣言》的第二章；1919年5月5日北京《晨报》副刊增设《马克思研究专栏》；1919年11月《国民》杂志2卷1号刊登了《共产党宣言》第一章；1920年8月上海出版了陈望道翻译的《共产党宣言》全文译本等。随着马克思主义的广泛流传，当时许多先进分子，也开始了从激进民主主义者向共产主义者的转变。五四新文化运动，所用思想武器主要是资产阶级的民主主义，范围仅限于知识分子。“五四”运动后，经过“问题与主义”、“社会主义”、“无政府主义”等论战，马克思主义逐渐成为新文化的主流。

新村主义运动 一种倡导无政府、无剥削、无强权、无体力和脑力劳动对立的理想社会的运动。原为日本武者小路实笃（1885—1976）提出并实行。因其1918年在日本九州组织了“第一新村”，又创办《新村》月刊，故名。五四时期由周作人介绍到中国，又组织“新村北京支部”。他认为：“新村运动，却进一步主张泛劳动，提倡协力的共同生活，一方面尽了对于人类的义务，一方面也尽各人对于个人自己的义务；赞美协力，又赞成个性；发展共同的精神，又发展自由的精神。实在是一种切实可行的理想，中正普遍的人生的福音。”（《日本的新村》）因“新村”形式具体和易于模仿，故影响颇广，吸引了许多不满现存的社会制度而探求新社会的进步青年知识分子，如蔡和森、恽代英、王光祈等。新村主义试图以和平改良的道路实现理想社会，周作人说：“新村与别的社会改造不同的地方，是想和平的得到革命的结果。”（《新村的讨论》）“五四”前后，曾有青年学生进行过“新村”的组织尝试。当时亦有对其提出质疑和批评，认为倡导“新村”的人，“是站在社会外面来提醒现社会的”，是逃避现实的近于“隐遁的生活”（《新村运动之我见》，《批评》第4号，1920年）。“五四”之后不久，新村主义失去了社会影响。

新村主义 见“新村主义运动”。

非宗教运动 反对帝国主义利用基督教对中国进行文化侵略的爱国运动。20世纪20年代掀起。1922年3月中国社会主义青年团在上海组织了“非基督教学生同盟”，发起“非基督运动”，推动青年和广大群众反对帝国主义利用宗教侵略中国。随后，北京等地纷起响应。1924年8月中国共产党在上海重新组织“非基督教大同盟”，并于《民国日报》副刊《觉悟》出版《非基督特刊》，以指导和联络各地的非基督教运动。运动迅速扩展到国内外，前后持续了六、七个月之久。其间，《中国青年》、《先驱》和《觉悟》不断发表陈独秀、恽代英、萧楚女等人的文章，从政治、经济和哲学思想上揭示宗教的本质，指出宗教“倡为各种神灵以作解说，实在障碍人类进化”（恽代英《我们为甚么反对基督教?》)。宗教的实质是“神管辖一切专制一切;把那‘朕即国家’的公式换为‘神即宇宙’的公式而已!”(萧楚女《上帝底世界和人类的世界》)宣传了唯物主义和无神论。

新生活运动 亦称“国民生活革命的运动”。蒋介石1934年在江西南昌发起。自述原因:一方面要剿匪,一方面更要使江西成为一个复兴民族的基础,使一般人都能除旧布新,过一种合乎礼仪廉耻的生活,以求“风动全国各省”。在思想上,新生活运动以提倡儒家传统道德为核心:“新生活运动者,我全体国民之生活革命也。以最简易而最急切之方法,滌除我国民不合时代不适环境之习性,使趋向于适合时代与环境之生活。质言之,即求国民生活之合理化,而以中华民族固有之德性——‘礼义廉耻’为基准也”(蒋介石:《新生活运动纲要》)。这与“五四”新文化运动是正相反的:“五四”新文化运动“徒使国民思想解放”,“而邪说遂乘机侵入,国民之精神生活与物质生活遂陷入于危机”;“新生活运动唯一的目的,就是要把‘五四’的新文化运动底破坏运动,改变成一个建设运动。‘五四’是把中国固有的精华完全不要,今天的新生活运动,是把中国固有的精华加以发扬”。(贺衷寒《新生活运动的意义》)。一旦把作为“国之四维”的礼义廉耻贯彻衣食住行的日常生活,“这种合理的文明生活,如果我们能够恢复,国家便可以转危为安,转弱为强”(蒋介石:《新生活运动的意义和目的》)。礼义廉耻贯彻于日常生活,表现为“生活军事化,生活生产化,生活艺术化”。1934年胡適《为新生活运动进一解》指出:“这里面并没有什么救国良方,也不会有什么复兴民族的奇迹”;“提倡新生活运动的人不可忘记:政府的第一责任是叫人民能生活,第二责任是要提高他们的生活力,最后一步才是教他们过新生活”。在抗战期间,新生活运动在组织民众参与抗战和振奋民族精神方面有一定的正面作用。于右任在《新生活运动与民族复兴》中指出:“今天来检讨新生活运动过去五年的成绩,我们不能否认新生活运动在各方面都发生了相当成效,特别是在民族精神方面。”

新启蒙运动 亦称“新理性主义运动”。20世纪30年代为适应抗日民族斗争而展开的思想文化运动。是五四启蒙运动的继续和发展。1936年9月至10月,陈伯达、艾思奇先后发表《哲学的国防动员》、《中国目前的新文化运动》两文,建议共同发扬“五四”的启蒙精神,希望一切爱国分子发动一个反对异族奴役,反对旧礼教、复古、武断、盲从、迷信以及一切愚民政策的大规模的“新启蒙运动”,唤起广大人民的抗战和民主的觉醒。“我们的新启蒙运动,是当前文化上的救亡运动,也是继续戊戌以来启蒙运动的事业。我们的新启蒙运动是五四以来更广阔,而又更深入的第二次新文化运动”(陈伯达《论新启蒙运动》);建立以认同爱国主义、民主主义、理性主义为基础的“文化上的联合战线”,其基础是下层民众,因此“新启蒙运动”必然是通俗化和大众化的运动(艾思奇《中国目前的文化运动》)。提出在哲学上要与那种外仁义而内残忍的旧传统思想作无情的斗争,同时使哲学上的斗争与现实的政治、一般人民的斗争相结合,“使唯物辩证法在中国问题中具体化起来,更充实起来”;“应用新哲学到中国各方面的具体问题上去”(陈伯达《哲学的国防动员》)。“新启蒙运动”得到广泛响应,至1937年春、夏间讨论最为热烈。胡绳、张申府、何干之等都撰文阐发新启蒙运动。胡绳在《启蒙运动》、《谈理性主义》、《理性主义》等文章中,反驳了指责新启蒙运动以理性主义为旗帜是“搞唯心主义”的说法,指出从欧洲哲学史来看,理性主义不等于唯心主义,反而与唯物论有着不同程度的结合,它与直觉主义、独断论才是对立的。张申府认为新启蒙运动要“发扬五四的影响,补足五四的欠缺”,成为“一个真正新的文化运动”,那么“所要造的文化不应该只是毁弃中国传统文化,而接受外来西洋文化,当然更不应该是固守中国文化,而拒斥西洋文化,乃应该是各种现有文化的一种辩证的或有机的综合”(《五四纪念与新启蒙运动》);对于五四“打倒孔家店”和“德赛二先生”,“应下一转语,就是‘打倒孔家店,救出孔夫子’;‘科学与民主,第一要自主’”(《什么是新启蒙运动》)。何干之对新启蒙运动的性质作了概括:“这运动是文化思想上的爱国主义运动,是文化思想上的自由主义运动,是反武断、反独断、反垄断的三反运动,是建立现代中国新文化的运动”(《新启蒙运动与哲学家》)。北平思想文化界人士在《北平新报》、《华北呼声》、《动向》、《现实月刊》、《新文化月刊》等报刊上,广泛宣传新启蒙运动的性质和意义,并发起组织“新启蒙学会”。至1937年底抗日战争全面爆发和抗日民族统一战线形成,新启蒙运动前后进行了近一年,对推动思想文化界抗日民族统一战线的形成起了积极作用,对把唯物辩证法应用于中国实际生活和系统整理批判中国传统思想起了倡导的作用。

新理性主义运动 即“新启蒙运动”。

中国近代进化论 戊戌前后至“五四”前后以进化论为基础的哲学思潮。进化论是产生于19世纪欧洲的自然科学理论,基本思想是认为事物依据量的积累从简单到复杂、从低级到高级逐渐向前发展。广义的进化论,包括自然无机物、生物以及人类的自然进化过程。狭义的进化论是指达尔文以来的生物进化论。中国近代进化论哲学思潮的基础，既包括广义进化论的内容，又以达尔文生物进化论为主体。中国近代进化论思潮的形成，以中学与西学论争中的“道(体)器(用)”之辩为前奏。甲午战争之前，西方的地质、天体、生物进化的自然科学思想已传入中国，在当时“中道(体)西器(用)”的格局下，进化论作为形下之器，并未引起近代中国人的世界观变革。“道器”之辩的实质是历史观的变易问题。康有为的公羊三世说，经过“道器”之辩，突破了“中道(体)西器(用)”，把进化论引入社会历史领域，认为从据乱世到升平世再到太平世是社会进化的普遍规律。使进化论世界观产生巨大深远影响的是严复。他称进化论为“天演之学”，认为万物无不遵循物竞天择的进化法则，其译作《天演论》称：“以天演为体，而其用有二：曰物竞，曰天择。此万物莫不然，而于有生之类为尤著”；肯定斯宾塞将物竞天择由自然领域推移到社会历史领域的普遍进化观念，强调进化论是贯彻于天道人道的“一理”。经严复的阐释，进化论在戊戌时期成为具有世界观意义的哲学思潮。梁启超和谭嗣同提出“三世六别”、“两三世”思想，对历史进化的阶段作了更多的描绘，他们有把矛盾对立冲突作为进化动力的思想端倪。中国近代进化论思潮的发展，与改良派和革命派之间如何变革中国的分歧相关联。两者都以进化论作为自己的世界观，但对进化论的理解和运用则有着明显的差异。革命派不同意改良派历史进化只能和平渐进的观点，把进化与革命相联系，“革命者，天演之公例也”(邹容:《革命军》)，强调社会进化是通过革命来实现的，“公理之未明，即以革命明之，旧俗之俱在，即以革命去之。革命非天雄、大黄之猛剂，而实补泻兼备之良药”(章太炎:《驳康有为论革命书》)，认为革命才能使中国社会实现后来居上的“突驾”(孙中山:《中国民主革命之重要》)。他们还意识到人类社会进化有其自身的特点，章太炎指出人类的“合群”进化在于“竞以器、竞以礼”，即社会的进化以器械工具和礼仪法度的变迁为特征；孙中山认为人类进化以互助为原则，不同于生物进化以竞争为原则，社会进化的趋势是由“万众之心理所造成”，变革社会必须“合乎人群之需要”。这些都深化和丰富了进化论的内涵。“五四”前后，中国近代进化论思潮走向终结。一方面进化论依然是“五四”新文化运动的思想武器，陈独秀、李大钊、胡適、鲁迅等以进化论世界观批判旧文化，倡导新文化；另一方面“五四”新文化运动又在选择西方新的“主义”作为世界观以取代进化论。这后一方面意味着中国近代哲学将从进化论阶段转变到另一个阶段。中国近代进化论哲学思潮反映了中国近代中西哲学合流的特点。

中国近现代唯意志论 中国近现代重要哲学思潮。唯意志论又称“唯意志主义”。它把意志看成宇宙的本质、基础和真相，认为意志创造世界万物，把意志、情感、本能冲动置于理性(理智)之上。唯意志论作为哲学流派和思潮形成并流行于欧洲19世纪下半期。中国近代唯意志论既以传统哲学的某些思想为资源，又受到西方唯意志论的影响。19世纪中叶，龚自珍为中国近代唯意志论的先驱。他提出“天地”为“众人自造，非圣人所造”，而“众人之宰，非道非极，自名曰我”(《壬癸之际胎观第二》)，以自我的主观精神为创造世界一切的原动力，否定天命、天理、圣人的主宰作用，这种自我的主观精神即是“心之力”(情感、意志的力量)；主张“自尊其心”，认为人格的尊严首先在于自尊其意志、情感。魏源强调“匹夫确然其志”，就能不为皇帝、上帝所左右，也不为命运所拘。在19世纪与20世纪之交，从变法维新到辛亥革命，唯意志论得到发展。谭嗣同、梁启超都继承龚自珍的“心力”思想，要求发挥意志的力量冲决网罗。他们的唯意志论与进化论相联系，谭嗣同把进化的动力归结为“仁”、“慈悲”等善良意志；梁启超提出:“历史为人类心力所造成”(《中国历史研究法》)。他们在道德领域突出主体的意志自由选择，谭嗣同以为五伦中唯有朋友一伦可取，因其“不失自主之权”(《仁学》)，梁启超的“道德革命”强调“道德之责任生于良心之自由”(《近世第一大哲康德之学说》)。章炳麟同样把进化论引入唯意志论，以为进化是意志作用的结果，“物苟有志，强力以与天地竞，此古今万物之所以变”(《訄书·原变》)；其“俱分进化论”指出，以为进化终能达致尽善醇美的目标，是将世界之发展看作理性之发展，而把意志自由降到了从属地位；其提倡的“革命之道德”，以为道德行为在于意志的执着、坚定，是意志的自由活动，不为鬼神、他人以及富贵利己之念所支配，“维持道德者，纯在依自，不在依他”(《答铁铮》)。王国维较系统介绍了德国唯意志论，接受叔本华“意志为吾人之本质”的观点。“五四”新文化运动阶段，唯意志论发生了广泛影响，尼采和柏格森的唯意志论得到较多介绍和关注。李大钊肯定柏格森“本自由意志之理”反对“消极之宿命说”(《厌世心与自觉心》)。陈独秀说柏格森“创造进化论”体现了“进步的而非保守”的人生观(《敬告青年》)，强调万物进化归结于“抵抗力”即“自我生存之意志”的强弱，执行意志、满足欲望(自食色以至道德的名誉，都是欲望)是个人生存的根本理由。鲁迅、郭沫若、茅盾、李石岑、胡適等对尼采、柏格森亦有所借鉴。尼采的"重新估定一切价值"成为思想界的流行语。唯意志论与当时的文化保守主义亦有关联。梁漱溟糅合唯识宗、柏格森、王学，以"意欲"即生命意志为动力因与质料因，论证西方、中国、印度的文化类型分别是意欲向前追求、意欲自为调和持中、意欲反身向后要求，论证未来必定是儒家文化的复兴。1923 年的科学与玄学论战，玄学派张君劢主张复兴宋明理学，推崇柏格森哲学，认为人生观出于意志自由的选择，不受科学因果律支配，"人事之所以进而不已，皆起意志，意志而自由也，则人事之变迁，自为非因果的非科学的"(《人生观之论战·序》)。玄学派的张东荪、瞿菊农亦持相似看法。20 世纪 30 年代至 40 年代，唯意志论的锋头低落。熊十力"新唯识论"蕴含唯意志论倾向，但反对叔本华、柏格森把意志看作是盲目的生存意欲、本能冲动，认为"志愿是从自觉自了的深渊里出发的"(《十力语要》卷一)，即意志应是自愿与自觉的并重。40 年代初，陈铨、林同济等人的"战国策"派宣传叔本华、尼采的唯意志论，倡导英雄崇拜与权力意志，企图以此重振战国文化。中国近现代唯意志论思潮反映了中国近现代中西哲学合流的特点。

中国近现代实证论 中国近现代重要哲学思潮。实证主义作为哲学思潮，产生于 19 世纪 30—40 年代的欧美。其基本特征是强调感觉经验，拒斥经验现象之外的形而上学，注重实验科学以及相关的逻辑与方法论，力图实现科学的统一以及哲学的科学化；涵盖了孔德、穆勒和斯宾塞的实证哲学、马赫主义、实用主义、新实在论、逻辑实证主义等流派。严复第一个较为系统地引入孔德、穆勒和斯宾塞的实证哲学，即西方第一代实证主义。他的"实测内籀"之学推崇实证哲学的科学方法，把来自"内籀"(归纳)的科学公例限于"对待之域"即现象界。但与实证哲学拒斥形上本体不同，严复承认"无对之域"即本体世界的存在，只是人的认识能力对其"不可思议"。王国维认为形而上学虽然"可爱"但不"可信"，真正"可信"的是实证哲学，因此将实证科学方法(包括逻辑方法)与清代朴学方法相沟通，应用于史学研究。他同时认为实证论不能解决人生的意义，可信而不可爱，徘徊在实证论与形而上学之间。五四时期，胡適引入了作为第二代实证主义分支之一的实用主义，赞同杜威对形而上学问题不了了之。但提出自然主义的宇宙观和人生观，对形而上学有所保留。他称实用主义为"实验主义"，将其与清代朴学的治学方法沟通，形成了"大胆假设、小心求证"的科学方法论。其认识论受实证主义影响，认为人的认识只能限于现象和经验领域。丁文江、王星拱把第二代实证主义的另一分支马赫主义介绍到中国，阐发马赫以中立要素一元论反对形而上学的思想，在科学与人生观的论战中介绍和发挥马赫主义，强调人生观受制于科学，主张将科学的原则与规律贯彻到包括道德、人生等一切领域，凸显了实证主义对科学统一性的追求。20 世纪 30—40 年代，实证主义的第三代新实在论、逻辑实证主义以及与它们密切相关的数理逻辑传入中国。冯友兰、金岳霖以新实在论为基本立场，出入逻辑实证主义。冯友兰一方面否定传统的"坏"的形而上学，注重逻辑分析的方法，与新实在论和逻辑实证主义相类似；另一方面，建立了以理、气、道体、大全等范畴为主干的新理学，肯定了实证主义拒斥的世界统一原理和宇宙发展法则在哲学中的地位。他将命题分为本然命题与实际命题，以超验的本然命题为依据；他不赞成新实在论、逻辑实证主义把哲学归结为语言分析，认为哲学应与人生相联系，并根据"觉解"的程度，把人生区分为不同境界。金岳霖受到新实在论的影响，批评传统形而上学在心物问题上的立场，要求超越唯物论与唯心论，但并不由此而否定一般的"玄学"(形而上学)，因为玄学给人以"情感的满足"，是解决其他哲学问题的必要条件。基于这样的认识，借助传统哲学概念，运用逻辑分析方法，建构了以"道，式—能"为主干的理论体系，宇宙作为"无极而太极"的过程，构成了"至真、至善、至美、至如"的境界，不同于实证主义否认形而上学意义的立场。他以感觉为知识之源，与实证主义观点相近，但批评实证主义坚持的休谟"唯主方式"，提出"所与是客观的呈现"，强调感觉能给予客观实在，概念具有摹写与规范的双重作用，表现为感性与理性的统一，在一定程度上突破了实证主义的极端经验论。从严复到金岳霖，中国近代实证主义在对形而上学的态度、认识论、方法论、逻辑学等方面有其自身特点，表现了融合中西哲学的创造性。

中国近现代佛学 佛教在宋明以后渐趋衰落，少有僧人撰写的著作问世，佛学理论不再受到重视。中国近代哲学的重要方面是佛学一定程度的复兴。(1) 清末已散失殆尽的佛学典籍得到重新整理流传，是近代佛学复兴之基础和重要标志。1866 年杨文会在南京创立金陵刻经处，广搜亡佚经典，刻印流通。受其影响，北京、长沙、重庆、广州等地陆续成立刻经处或佛经流通处。此外还有不少专门的佛学出版机构，编辑、刻印、流通佛典和研究佛学的论著，最具规模的是 1929 年成立的上海佛学书局。大藏经的刻印事业也在近代兴起，如 1909 年出版了第一部铅印的大藏经(频伽藏)。(2)佛学院的创办。自湖南僧学堂1903年创办于长沙后,随之而起的各种佛学院分布全国各地,较为著名的有支那内学院、武昌佛学院、汉藏教理院、中华佛学院等。(3)很多近代哲学家都从佛学中吸取思想资源。龚自珍以为"域外之言"即佛教不讲天命,比讲天命的"域中之言"即儒学要高明,用佛教的缘起说来解释人事要胜过儒家的天命论,因而以佛教的"心力"来强调自我的精神力量。康有为以佛教的"四谛"说作为论证避苦求乐的大同世界的重要根据。谭嗣同、梁启超、章炳麟都赞扬佛教"无我"、"无畏"的精神,试图以此增进国民道德,实现社会变革;他们用佛教"慈悲"、"平等"、"唯心"等教义来阐述西方自由、平等、博爱等观念。"五四"以后,近代哲学家更多是从理论思辨的角度,把佛学作为建构自己理论的重要借鉴。梁漱溟的《东西文化及其哲学》用唯识学的"恒转"、"见分"、"相分"等概念来阐释其宇宙为无尽之意欲的流转;用唯识学的"现量"、"比量"、"非量"等概念来论证直觉主义认识论。熊十力的《新唯识论》从批判唯识学入手,发挥了《易》与佛学的辩证法思想,使之与西方生命哲学相沟通,建立了独特的哲学体系。(4)佛学在近代成为学术研究的重要对象。比较突出的有梁启超对佛学的心理学分析、胡適的禅宗史研究、冯友兰将佛学纳入中国哲学史予以考察。同时出现了不少佛教史的专著,著名的有蒋维乔的《中国佛教史》、黄忏华的《中国佛教史》、汤用彤的《汉魏两晋南北朝佛教史》、李翊灼的《西藏佛教史》、陈垣的《中国佛教史籍概论》。由于中国近代哲学关注逻辑学,因此在学术研究上注意挖掘因明学,并将其与墨辨、西方逻辑学比较,除了佛教界吕澂、太虚的因明研究之外,梁启超、章太炎、熊十力、陈望道、虞愚等都有相关的学术成果问世。近代出现了佛学研究的工具书,如丁福保的《佛学大辞典》;还出现了很多研究佛学的刊物。(5)就佛学宗派而言,主要复兴的是唯识宗,其主要代表人物欧阳竟无、吕澂、太虚等在佛学以及唯识学上有重要的理论建树。欧阳竟无提出了"佛法非宗教非哲学"、"法相、唯识非一"等具有较大影响的观点;吕澂追随欧阳竟无,其"佛法不离世间"、"性寂"与"性觉"之区分、唯识古学和唯识今学在学说渊源上的分歧、印度佛教并无法性宗和法相宗之分、"佛性"与"种姓"含义相通、对玄奘传译唯识学的评价、因明为佛教逻辑等观点,以及利用梵、藏、巴利等多种文字对勘汉译经纶的研究方法,是对佛学理论和佛学研究的重大贡献。太虚提出教理革命、教制革命、教产革命,倡导人间佛教,论证法相和唯识为一种学而与欧阳竟无的观点相对,均产生了深远的理论影响。欧阳竟无及弟子和太虚及弟子成为近代唯识学的两大思潮,推动了近代佛学的复兴。

中国近现代文化民族主义 中国近现代重要文化思潮。文化民族主义认为文化是民族和国家的核心和根本精神,世界不同的民族和国家有各自的文化传统和文化特征;民族和国家的发展和强大必须依靠本民族文化的发扬光大才能实现。既可以指与政治民族主义不同的一种民族主义观念和社会实践活动,也可以指民族主义在文化领域和层面的实践和运用。具体到近代中国,主要是指以中国传统文化为本位和主体,吸取西方文化,以实现中国的民族复兴和国家强盛的思潮和文化实践。中国近代在受到西方的强力入侵后,文化民族主义逐步形成和发展。19世纪中后期,洋务运动的纲领性思想"中学为体,西学可用"是中国近代文化民族主义的典型表述。这种中西文化观也成为此后中国文化民族主义者的共同意识和价值追求,虽然不同的派别和人物对"中体"和"西用"内涵的理解和对文化的具体表述各有差异。戊戌变法前后,康有为、梁启超虽然主张政治民主,但主张"保教",认为"礼教"是中国文化的根本。辛亥革命时期,以章炳麟、刘师培和邓实为代表的国粹派以"研究国学、保存国粹"为宗旨,希望以此复兴古学,保持中国文化,倡扬民族爱国主义。"五四"新文化运动时期,文化民族主义成为与以西化为价值趋向的新文化运动相抗衡的一股颇有声势的思潮。杜亚泉、梁启超和梁漱溟等分别从文化和哲学角度提出了"东方化"主张,主张以中国的精神(道德)文明拯救物质文明陷于破产的西方文明,预言全世界都将走中国文化的路向。20年代中后期到30年代,以吴宓、梅光迪和柳诒徵为代表的学衡派主张昌明国粹,进而为中国创造出一种新文化。30—40年代,以熊十力、冯友兰等为代表的现代新儒家主张走"返本开新"的文化和民族复兴道路,成为文化民族主义的主要力量。1935年10月,何炳松、陶希圣等十教授发表了《中国本位的文化建设宣言》,要求以"中国本位,即些时此地的需要作为文化建设的基础"。40—50年代,钱穆对民族、文化和历史关系作了阐述,建立了民族文化生命史观,认为民族与国家都是人类文化的产物,中国的民族文化是世界各民族文化中最优秀的,要对中国的历史文化持"一种温情与敬意",反对文化自谴主义。50年代后,海外新儒家继续从哲学层面倡导文化民族主义。在近现代中国,文化民族主义是一种比较复杂的文化思潮,持这种观念者的政治立场和学术方法往往各不相同,甚至截然对立。

问题与主义论战 “五四”时期马克思主义与资产阶级改良主义在思想理论上的一次重要论争。“五四”前夕，李大钊等提出以社会革命“根本解决”中国社会问题的主张，遭到胡適等资产阶级改良主义者的反对。1919年6—7月间，胡適在其主持的《每周评论》上发表《多研究些问题，少谈些主义》一文，针对马克思主义的传播，提出“主义”只是“抽象的名词”，不研究人力车夫生计之类的问题而高谈社会革命的“根本解决”，“这是自欺欺人的梦话，这是中国思想界破产的铁证！这是中国社会改良的死刑宣告”。论战遂起。当时《国民公报》编辑蓝公武（笔名“知非”）在该报发表《问题与主义》。论证了宣传主义的必要性，对胡文给宣传主义列举的三条“教训”，逐条予以批评。但未能论及胡適否认“根本解决”的关键。同年8月，李大钊在《每周评论》上发表《再论问题与主义》，以唯物史观和理论联系实际的观点来论证宣传主义的重要。指出：“‘问题’与‘主义’，有不能十分分离的关系”。“我们的社会运动，一方面固然要研究实际问题，一方面也要宣传理想的主义。这是交相为用的，这是并行不悖的”。还指出，“大凡一个主义，都有理想与实际两方面”，“把这个理想适用到实际政治上去，那就因时、因所、因事的性质情形，有些不同。社会主义，亦复如是”。反驳了胡適真理没有普遍意义的说法，并初步提出了马克思主义和中国革命实际相结合的思想。他还认为中国这个社会“必须有一个根本解决，才有把一个个具体问题都解决了的希望”。强调“经济问题的解决是根本解决”，“经济问题一旦解决，什么政治问题、法律问题、家族制度问题、女子解放问题、工人解放问题，都可以解决”，而这种必然的经济变动又必须通过“阶级竞争”、依靠“工人联合的实际运动”才能实现。之后，胡適又发表《三论问题与主义》、《四论问题与主义》和《新思潮的意义》等文，继续主张“少谈些抽象的主义”，否认马克思主义对改造中国社会具有指导意义，反对马克思主义的阶级斗争论，还提出“研究问题，输入学理，整理国故，再造文明”（《新思潮的意义》），试图把新文化运动说成是纯学术性的。随后李大钊又写了《由经济上解释中国近代思想变动的原因》，用唯物史观分析了中国新文化运动产生的根源，强调帝国主义侵略对中国社会经济的影响，指出了“世界资本阶级压迫世界无产阶级”的现象，表示要积极进行马克思主义宣传。论战对当时整个文化思想领域有深刻的影响。当时许多社团（如“新民学会”、“新潮社”、“少年中国学会”和“国民社”等）内部也发生了类似的争论，并因此发生了分化。在论战中，唯物史观得到了广泛的传播，“根本解决”中国社会政治问题的主张产生了极大的影响。

社会主义论战 “五四”时期关于社会主义问题的一次重要论战。发生于20世纪20年代初。论战中心是中国是否要建立无产阶级政党，走资本主义道路还是走社会主义道路。由张东荪、梁启超等人开启。1920年11月，张东荪在《时事新报》发表《由内地旅行而得之又一教训》、《罗素先生给我们的忠告》等文，提出发展资本主义、反对社会主义的主张。认为“救中国只有一条路，一言蔽之：就是增加富力……开发实业”，“至于社会主义不妨迟迟”。后上海《民国日报》副刊《觉悟》，连续发表《评张东荪的又一教训》和《再评张东荪的又一教训》等文，予以驳斥，论战遂起。同年12月，陈独秀汇集了有关文章和通讯，以《关于社会主义讨论》为题，刊于《新青年》八卷四号。接着，张东荪、梁启超分别发表《现在和将来》、《复张东荪书论社会主义运动》，予以辩驳，并系统阐述了其观点。他们把中国长期贫困和混乱原因归为所谓“无知病”、“贫乏病”、“兵匪病”、“外力病”，否认进行革命的必要性。认为中国工人人数极少，而且没有阶级意识的“自觉”，至于农民则“太无知识”、“保守”，从而否认中国成立工人阶级政党的必要性。他们还在《改造》上特辟了《社会主义研究》专栏，发表文章，壮其声势。当时的共产主义知识分子在《新青年》、《共产党》等刊物上发表了一系列文章，对张、梁等人的观点进行系统的批判。其中较重要的有李达《讨论社会主义并质梁任公》、陈独秀《社会主义批评》、李大钊《中国的社会主义与世界资本主义》、蔡和森《马克思学说与中国无产阶级》以及何孟雄《发展中国实业究竟应采取什么方法》等。指出中国工业的发达虽不如欧、美、日本，但“社会主义的根本原则却无有不同，而且又不能独异的”（《讨论社会主义并质梁任公》）。“我们中国不但有讲社会主义底可能，而且有急于讲社会主义底必要。”（《社会主义批评》）认为要推翻反动统治，改变中国现状，“除了中国劳动者联合起来，组织革命团体，改变生产制度，是无法挽救的”（《复张东荪》）。当时国内很多刊物都对所论争的问题发表了意见。通过论战，反对了资产阶级的改良主义，划清了真假社会主义的界限，为中国共产党的成立作了思想准备。1921年，中国共产党成立，论战遂告结束。但论战提出的问题，即在一个小农自然经济为主的国家如何进行社会主义革命，则是中国共产党经过长期探索后，才找到正确答案的。

无政府主义论战 “五四”时期马克思主义同反马克思主义思潮之间展开的一次论战，是马克思主义国家学说的深入讨论。无政府主义作为一种社会思潮,20世纪初开始传入中国。辛亥革命时期,不少民主主义革命者受其影响,到"五四"时期,有不少无政府主义团体和宣传无政府主义的书刊。随着十月革命的胜利和马克思主义在中国的传播,无政府主义逐渐将马克思主义作为主要批判对象。黄凌霜在《马克思学说批判》一文中,矛头指向马克思主义三个组成部分,尤其反对无产阶级专政的理论,认为无产阶级专政的国家实行经济上、政治上的集中领导,比资产阶级专政的国家还要"专制";无产阶级建立工农武装,就是"压制个人自由的表征";在这种国家制度下,无产阶级的首领也要变成"拿破仑"、"袁世凯"。他们还认为:"少数人行使的权威和多数人行使的权威,并没有什么差别,都是行使个人以外的意志"(《无强权主义的根据及无强权的社会略说》);宣称:"我们不承认资本家的强权,我们不承认政治家的强权,我们一样的不承认劳动者的强权。"(《我们反对"布尔什维克"》,从1920年起,共产主义知识分子开始与无政府主义论辩。《新青年》先后发表了《谈政治》、《社会主义批评》、《讨论无政府主义》等文和其他通信;《共产党》月刊发表了《社会革命的商榷》、《无政府主义之解剖》等文;《民国日报》的《觉悟》副刊及当时中国社会主义青年团的机关刊物《先驱》等也发表批判无政府主义的文章。他们根据马克思主义的国家学说,指出:"强权所以可恶,是因为有人拿来拥护强者无道者,压迫弱者与正义。若得倒转过来,拿他来救护弱者与正义,排除强者与无道,就不见得可恶了。"(陈独秀《谈政治》)还指出:"推翻有产阶级国家之后,一定要建设无产阶级的国家;否则革命就不能完成,共产主义就不能实现。""我们的最终目的也是没有国家的。……阶级一天一天趋于消灭,国家也就一天一天失其效用。我们的目的并不是要拿国家建树无产阶级的特权,是要拿国家来撤废一切阶级的。"(施存统《我们要怎样干社会主义革命》)李大钊在驳斥无政府主义的"绝对自由"时指出:"离开社会的环境,完全自度一种孤立而岑寂的生活,那个人断没有一点自由可以选择",并强调社会主义是自由与秩序的统一,其自由是"秩序中的自由",其秩序是"自由间的秩序"。(《自由与秩序》)。陈独秀指出:"常常固执个人或小团体的绝对自由,自由退出,自由加入,东挪西变,仍是一堆散沙,这种散沙的现象,至少也不适宜于大规模的生产事业。"(《讨论无政府主义》)陈独秀特别指出,近些年流行的无政府主义,"是固有的老庄主义复活,是中国式的无政府主义";主张施行"严格的干涉主义",造成"名称其实的'开明专制'之局面"(《中国式的无政府主义》)。李达在生产和分配问题上,批评了无政府主义者提出的单纯由各种民办社团进行生产和立即实行"按需分配"以及否定"按劳分配"的主张,指出:"共产主义生产组织是集中的。""共产主义原则主张把一切农业工业的生产机关,都移归中央管理"(《社会革命商榷》),但这并不是中央或少数人要独揽大权,而是为了整个社会的利益。各尽所能、按需分配的理想,"非待世界产业发达到极境的时候,不能办到。"在今日生产力发展水平还不够高的情况下,"听各人消费的自由得其平等,是绝对办不到的。"(同上)李达指出个人主义是无政府主义世界观的基础,"能够成为无政府主义者的,只有个人主义。"(《无政府主义之解剖》)。论战持续了一年多,涉及的范围相当广泛。在留法勤工俭学的学生中,马克思主义者和无政府主义者之间也展开了尖锐的论辩。周恩来、蔡和森、王若飞、向警予等都曾反驳无政府主义的理论。通过论战,深化了中国近代哲学关于群己关系的思考,使大批激进的青年划清了马克思主义和无政府主义的界限,扩大了马克思主义的影响,并为1921年中国共产党的诞生提供了马克思主义国家学说、民主集中制的理论基础和组织原则。不过,如何达到李大钊提出的自由与秩序的辩证统一,依然是中国共产党长期探索的重大课题。

东西文化论战 现代关于如何认识和处理东西文化关系的争论。始于近代,"五四"前后争论得尤为激烈。新文化运动初期,陈独秀发表《东西民族根本思想之差异》,认为中西之不同,非轮船、火车、飞机、声、光、化、电不如西方,实中西思想有根本之差异,中国固有之思想已不适宜于今日之社会。李大钊作《东西文明根本之异点》提出"东洋文明主静,西洋文明主动"的观点,并探讨了东西文明不同的原因;主张"竭力以受西洋文明之特长,以济吾静止文明之穷,而立东西文明调和之基础";作为"第三新文明"崛起的"俄罗斯文明或足以当媒介东西之任"。"五四"以后,以胡適为代表的"全盘西化"派,强调首先必须以接受西方资本主义政治、经济制度和文化为主。他说:"我们必须承认我们自己……不但物质机械上不如人,不但政治制度不如人,并且道德不如人,知识不如人,文学不如人,音乐不如人,艺术不如人,身体不如人。"(胡適《介绍我自己的思想》)胡適认为西洋文明最大特色是"不知足"、"进取"、"征服自然"、"利用厚生"、"承认物质享受";而东方文明的特色是"知足"、"保守"、"乐天安命"、"无知"、"安贫守己"等;因而西洋近代文明是"真正理想主义的文明"(《我们对于西洋近代文明的态度》)。以梁漱溟为代表的"东方文化派"则颂扬中国的儒家文化和印度佛教文化，主张走“中国的路，孔家的路”（《东西文化及其哲学》）。他认为东西文化的不同是由于“人生路向”的不同，“西方文化由意欲向前要求的精神产生了‘赛因斯’与‘德谟克拉西’两大异采的文化”；“中国文化以意欲自我调和、持中为其根本精神”；“印度文化以意欲反身向后要求为其根本精神”（同上）。主张对西洋文化要“根本改造”，中国文化“要重新拿来”，并说：“世界未来文化就是中国文化的复兴。”（同上）在论战中，直接与陈独秀打笔墨官司的杜亚泉，明确主张东西文化的调和论，认为东西文化是“性质之异”而非“程度之差”，并首先以“静”与“动”来揭示其差异，强调两者利弊互见，相辅相成，适可调剂补足（《静的文明与动的文明》）。20世纪30年代，有一些人（如陈序经）继续主张“全盘西化”论，而另一些学者则主张建设“中国本位文化”。自“五四”以后，中国马克思主义者的主要观点是以历史唯物主义的批判精神分析中国传统文化和西方文化，既反对全盘西化，也反对复古尊孔。毛泽东在《新民主主义论》等著作中，用能动的革命的反映论的观点，对东西文化论战中所提出的一系列问题，作了比较系统的回答，并对如何建立中华民族的新文化提出了深刻的见解。他指出：“对于外国文化，排外主义的方针是错误的，应当尽量吸收进步的外国文化，以为发展中国新文化的借镜，盲目搬用的方针也是错误的，应当以中国人民的实际需要为基础，批判地吸收外国文化。”“对于中国古代文化，同样，既不是一概排斥，也不是盲目搬用，而是批判地接收它，以利于推进中国的新文化。”（《论联合政府》）。东西文化论战提出的如何融合中西文化以建设中国新文化的问题，对整个20世纪的文化建设有重大影响。

科学与玄学论战 亦称“科学与人生观论战”、“人生观论战”。“五四”以后不久的一次辩论。发生于20世纪20年代。随着论点的展开形成以张君劢为代表的“玄学派”，以丁文江为代表的“科学派”，以陈独秀为代表的“唯物史观派”。1923年2月，张君劢在清华大学作了《人生观》的讲演，他把法国哲学家柏格森的生命哲学同中国宋明理学糅合在一起，认为人生观的特点是“主观的”、“直觉的”、“自由意志的”、“出于良心之自动”、“漫无是非真伪之标准”，所以“人生观问题之解决，决非科学所能为力，惟赖诸人类之自身而已”。梁启超认为人生关涉理智方面的事项，要用科学方法来解决，但情感是生活的原动力，是绝对超科学的；“爱”和“美”是神圣不受约束的。“玄学派”否认因果联系，认为历史的发展由人生的冲动所决定，是少数政治家“自由意志”的产物，无因果可寻。同年4月，丁文江在《努力周报》上发表《玄学与科学》一文，反对其主张。认为，“凡是心理的内容，真的概念、推论，无一不是科学的材料”。人生观要受论理学的公例、定义、方法的支配。丁文江等人从马赫主义和实用主义出发，否认科学规律的客观必然性；认为物质是由思想构成的，是依靠人的感觉而存在的，离开人的心理而独立的客观实在及其规律是不可知的，只能“存而不论”。胡适、唐钺、王星拱、范寿康、吴稚晖等十数人亦发表文章参加论战。胡適以“自然主义的人生观”作为“科学的人生观”或“新人生观”。陈独秀在《科学与人生观·序》中指出，“科学派”与“玄学派”在看待社会科学这个问题上并无本质的不同，他们都是唯心主义，素来不相信，因此也不肯用唯物史观来解释社会历史的一切问题。其实，“只有客观的物质原因可以变动社会，可以解释历史，可以支配人生观”。同年12月，瞿秋白发表《自由世界与自然世界》，指出双方争论的实质是社会现象是否有因果联系，是否有“意志自由”，是“自由”与“必然”的问题。并批判两派的唯心主义观点，指出自然界与人类社会虽有不同，但都具有客观规律。他用辩证唯物主义和历史唯物主义关于自由和必然关系的思想说明人生观的基本问题。认为：“社会现象确有因果律可寻，唯知此因果律之‘必然’，方能得应用此因果律之‘自由’。”人的一切动机（意志）都不是自由的，是受因果律支配的。但“正因为他们在斗争过程里不断发现历史的‘必然因果’，所以能使人类运用‘自然律’及‘社会律’同登自由之域”。“科学的因果律不但足以解释人生观，而且足以变更人生观”。比较正确地阐明了因果律和自由意志的关系。论战还涉及到人生观的义利之辩、群己之辩等问题。论战提出的科学与人生的问题，在后来的中国哲学发展中得到了更深入的考察。

科学与人生观论战 即“科学与玄学论战”。

人生观论战 即“科学与玄学论战”。

中国社会性质论战 现代围绕着帝国主义、封建主义、民族资本主义这三种社会势力的相互关系及农村经济性质而展开的一场论战。发生于20世纪30年代。争论的中心是：当时中国社会是半殖民地半封建社会，还是资本主义社会。这场争论与共产国际内、中国共产党内关于中国社会和中国革命的性质的争论以及中国革命的对象、任务和道路的争论紧密地联系在一起。主要交锋者有以王学文等为代表的“新思潮派”（因其文章发表在《新思潮》杂志而得名）和以严灵峰、任曙等人为代表的“动力派”（因其文章发表在《动力》杂志而得名）。1930年

5月《新思潮》杂志《中国经济研究专号》发表潘东周《中国经济的性质》、王学文《中国资本主义在中国经济中的地位、其发展及其将来》等文，指出："中国经济实在是帝国主义侵略下的一个半殖民地的封建的经济。"(《中国资本主义在中国经济中的地位、其发展及其将来》)"只有在根本上推翻帝国主义及肃清中国封建势力以后，才能使中国经济发展。"(《中国经济的性质》)潘、王的文章发表后，遭到了严灵峰、任曙为主要代表的一些人的反对，认为"中国毫无疑义的是资本主义关系占领导地位"(严灵峰《中国是资本主义经济还是封建制度的经济》)。"中国的土地问题主要的已不是封建关系而是资本主义关系了"(任曙《中国经济研究绪论》)。断言"中国目前是资本主义社会"(严灵峰《中国经济问题研究·序言》。主张"追随先进的欧洲以驰驱于打倒资产阶级的战线之上"(任曙《中国经济研究绪论》)。试图在"左"的口号下，模糊中国革命的主要对象和基本性质。其后，刘梦云(即张闻天)发表《中国经济之性质问题的研究》、刘苏华发表《唯物辩证法与严灵峰》，批驳严、任的观点。他们在文章中指出：帝国主义入侵中国的目的，"并不是为了要使中国变成一个资本主义国家，而是为了使中国变成它的殖民地、变成它的附庸，为了这一点，他们不但不愿意发展中国的资本主义，而且尽量阻碍中国资本主义的独立发展。"(刘梦云《中国经济之性质问题的研究》)文章还具体分析了在中国乡村中，封建的剥削仍占统治地位，它严重地束缚了中国资本主义的独立发展。他们还指出严、任等用"是—是，否—否"的唯心主义的形而上学思想方法来代替和否定唯物辩证法对中国现实社会的分析。参加论战的还有代表国民党的陶希圣和公孙愈之(即顾孟余)等人。通过论战，中国共产党人关于中国社会是半殖民地半封建性质而不是资本主义社会这一观点，逐渐扩大影响，为更多的人所接受。

中国社会史论战 现代关于中国古代史分期问题的论争。20世纪30年代继中国社会性质问题的论争后发生。于1932—1933年形成高潮，后时断时续。主要代表人物有：持马克思主义观点的郭沫若、吕振羽；代表国民党新生命派陶希圣、梅思平；持托派观点的李季、杜畏之。大体围绕三个问题展开：(1)关于亚细亚生产方式问题。郭沫若首先提出亚细亚生产方式系指原始共产主义社会，后又说等于奴隶制以前的族长制。李季认为是指与希腊、罗马奴隶制并行而又先于封建社会的一种独立的社会经济形态。(2)中国历史上有无奴隶社会的问题。李季认为，原始社会崩溃后，中国则进入以土地国有为特征的亚细亚式的社会。杜畏之说："中国没有划然的奴隶社会"，"在氏族的废墟上产生了封建社会"(《古代社会研究引论》)。郭沫若根据甲骨卜辞和青铜铭文等古代文献，最早肯定中国奴隶制社会存在，并认为西周是中国的奴隶制时代(后又认为殷末是奴隶制)。吕振羽指出殷代是奴隶社会。(3)关于中国封建社会的特点及秦汉以后中国社会的性质问题。李季认为，"中国真正的封建制度仅与周代相始终"，秦以后就是"前资本主义生产方式时代"(《对于中国社会史论战的贡献与批评》)。梅思平认为，秦以后的中国社会"完全是商业资本主义社会"(《中国社会变迁概略》)。陶希圣认为，中国的封建制在战国时代就因为商业资本的发展而崩溃了，鸦片战争以前的"中国社会是含有封建要素的前资本主义社会，现在外国资本统治之下，由资本主义化尤其是金融资本与商人资本结合剥削之中，转化为依国民革命而实现的民生主义社会"(《中国封建社会史》)。郭沫若、吕振羽虽然对中国封建社会开始的时间看法不同(当时郭沫若认为始于春秋，吕认为始于周代)，但都认为从秦汉到鸦片战争，中国一直处于封建社会的阶段。这次论战，情况错综复杂，在马克思主义和非马克思主义之间，论战的实质是人类社会的发展有无共同的客观规律、马克思主义唯物史观关于社会形态的学说是否适用于中国的问题。在马克思主义史学队伍内部，则是学术理论问题上不同意见的分歧和争辩。论战对用唯物史观研究中国历史起了推动作用。

唯物辩证法论战 亦称"哲学论战"、"辩证唯物主义和反辩证唯物主义的论战"。现代哲学界的一次论战。论战主要围绕哲学消灭与否、本体论与认识论的关系、辩证法和形式逻辑的关系、唯物辩证法的实质等问题而展开。发生于1931—1936年间。1930年前后，马克思主义哲学在中国得到进一步的传播，引起秉持非马克思主义哲学的一些学者与马克思主义哲学进行论辩，另一方面认同马克思主义哲学的学者之间也有对于马克思主义哲学不同理解的争论。由此两方面形成了唯物辩证法论战。张东荪1931年起，相继发表《我亦谈谈辩证法的唯物论》、《动的逻辑是可能的么》、《唯物辩证法之总检讨》等文章，编辑了反对马克思主义哲学的《唯物辩证法论战》一书。与此同时，托派叶青在批判张东荪哲学的名义下，提出了一系列歪曲马克思主义哲学的观点，宣称哲学即将"消灭"，把辩证唯物论称之为"物心综合论"，1934年发表《哲学到何处去》等，翌年又编辑了《哲学论战》一书，实际上与张东荪一样，都反对马克思主义哲学。当时艾思奇针对张东荪将马克思主义辩证法与黑格尔辩证法混为一谈的观点指出，新唯物论紧接着黑格尔之后而建立起来，它从黑格尔那里继承了很重要的遗产，但是，它又是经过批判和改造，才成为一个划时代的新哲学，把两者混同起来，无异于“把胚胎当做了动物”。邓云特（即邓拓）还针对张东荪否认辩证法规律的客观性，认为它们都是“假设，不能是法则”的观点，指出：“问题只在于这已认识了的主观律是否符合外界事物的运动变化的规律（客观存在的规律），是否把握事物的真象。如果能够，这就是主观律与客观规律的一致，这就是科学的真理。”艾思奇针对叶青将运动说成是静止的积累，静止是运动等折衷主义观点，指出叶青全然不懂得绝对与相对的意义，把运动和静止折衷地结合，甚至把运动消解到静止里。在内因与外因关系问题上，艾思奇驳斥了叶青“外因重于内因”的观点说，认为辩证法承认内因与外因的交互作用，但是这“两方面都有第一义和第二义的区别”，“外因虽不可忽视，却不能决定事物的必然性，决定必然性的是内因”。陈伯达、邓拓、沈志远、张岱年等也发表了不少文章，批评了张东荪和叶青的哲学思想，深入阐发了辩证唯物论和唯物史观的基本原理，对毛泽东的《实践论》、《矛盾论》提供了一定的思想资源，推进了马克思主义哲学中国化。论战中提出的不少问题，在以后马克思主义哲学中国化的进程中，得到了进一步的研究。张东荪编辑的《唯物辩证法论战》旨在“对于唯物辩证法作破坏的批评”，因而只收录了反对唯物辩证法这一方的论文。叶青编辑的《哲学论战》旨在“保存哲学史料”，收录了论战双方的文章（张东荪《唯物辩证法论战》已收的文章除外）。当时的辩证法与形式逻辑关系的争论，另见“中国二十世纪三十年代辩证法与形式逻辑关系的论战”。

哲学论战 即“唯物辩证法论战”。

辩证法与形式逻辑关系的论战 20世纪30年代唯物辩证法论战过程中关于如何认识和对待形式逻辑与辩证法（辩证逻辑）及其相互关系问题的一场论战。1930年前后，唯物辩证法在中国思想理论界得到进一步传播，一些非马克思主义哲学家对此提出了一些质疑和批评。张东荪从1932年起相继发表了《辩证法的各种问题》、《动的逻辑是可能的么》等文章，1934年又撰写了系统批评辩证唯物论的《唯物辩证法之总检讨》，并编辑了《唯物辩证法论战》一书。在这些论著中，张东荪坚持形式逻辑是唯一正确的科学方法，对唯物辩证法或辩证逻辑作为科学方法的正确性和必要性进行了系统的否定。另一些哲学家，为了维护唯物辩证法的指导地位和权威，在尚未划清形式逻辑与形而上学界限的条件下，又对形式逻辑进行了不适当的批判和否定，由此而引发了一场关于形式逻辑与辩证法（辩证逻辑）的大论战。在论战中，争论的双方都把形式逻辑同辩证法、辩证逻辑绝对对立起来，视为毫不相容的两种方法和两种逻辑。张东荪认为：“静的方法（指形式逻辑方法）……可以对付动的事实”，因而“没有再建立动的逻辑（指辩证法和辩证逻辑）的必要了”（《动的逻辑是可能的么》）。他还认为“辩证法所讲的是正反合，而这个空泛的正反合在科学上完全无用……科学方法，自古代以迄今天为止，依然只是所谓观察法、归纳法、测量法、化验法、统计法等等，从来没有用过辩证法”（《唯物辩证法之总检讨》）。这就把形式逻辑说成是唯一正确的科学方法，而否定了辩证法和辩证逻辑是正确而有效的科学方法。与之相反，艾思奇等人则认为：“我们现在已有了高级的动的逻辑（指辩证法和辩证逻辑），就用不着形式论理学了。形式论理学到现在是被动的逻辑扬弃了，否定了。”因此，“把形式论理学和动的逻辑平等看待是不行的。在现在，真正前进的思想里，决不能让形式论理学占据地盘”（《大众哲学》）。这又把形式逻辑视为同辩证法和辩证逻辑完全对立的东西而予以否定。到30年代末这场论战的后期，潘梓年在其所著《逻辑与逻辑术》一书中，则把逻辑区分为“逻辑学”与“逻辑术”，前者指认识论与辩证法，后者指形式逻辑中某些有用的技术，主张“形式逻辑中所有现在还可用得的那些部分……只是技术而不是方法”，“辩证逻辑才是思维方法”，表现出试图在一定程度上克服把形式逻辑与辩证法、辩证逻辑完全对立起来这种不正确观点的一种理论探索。张岱年的有关观点值得注意。他以为辩证法（对理）与形式逻辑（思想律）不是对立的，“对理亦非否认所谓思想律者，不过认为思想律非充足的而已。对立乃是讲对立统一，非讲对立同一，如讲对立同一，则完全与思想律不相容，对立统一则与思想律并无不两立之冲突”，并强调包括形式逻辑在内的“解析法”对于辩证唯物论的运用和完善是有重要作用的（《哲学上一个可能的综合》）。这场论战反映了当时哲学界在逻辑问题上的片面性和盲目性。从总体上说，参加论战的学者的理论水平不高，对逻辑和方法论的一些基本原理还缺乏深入的研究，一些哲学家又受到当时苏联哲学界否定形式逻辑的影响，既未能阐明形式逻辑与辩证逻辑的关系，也未能划清形式逻辑与形而上学的界限，因而对形式逻辑有否定过多的倾向。这场论战给中国学术界留下了极为深刻的理论思维教训。

人　　物

龚自珍（1792—1841）　近代思想家、文学家。一名巩祚，字璱人，号定盦。浙江仁和（今属杭州）人。道光进士。官礼部主事。为汉学家段玉裁外孙。自幼受汉学训练，但无志于汉学考据，而“究心经世之务”。后从常州今文经学家刘逢禄学《公羊春秋》，探索经书的“微言大义”。主张“展布有次第，取舍有异同，则不必泥乎经史”（《对策》）。自谓好“天地东西南北之学”，以“后史氏”自命。与魏源同为当时提倡“通经致用”的代表人物，世称龚魏。政治上支持林则徐禁烟。主张修饬海防，加强战备；移民西北，巩固边陲。认为当时封建社会已进入“将萎之华，惨于槁木”的“衰世”（《乙丙之际箸议第九》），抨击官场吏治的种种弊端，称“一祖之法无不敝”，强调“更法”，提出按宗授田，要求“不拘一格降人才”。哲学上反对天人感应和五行灾异之说。认为“天地，人所造，众人自造，非圣人所造”。“众人之宰，非道非极，自名曰我”（《壬癸之际胎观第一》）。强调以“自我”代替“道”和“太极”，以人的主观精神作为天地万物的主宰。看到万物皆于相对待中而存在，“将相对之名不成，万事皆不立”（《壬癸之际胎观第七》）。历史观上，认为人类社会处于经常发展变化之中，“自古及今，法无不改，势无不积，事例无不变迁，风气无不移易”（《上大学士书》）。并指出历代王朝的更替，乃由于贫富过于悬殊所致，试图从财富分配的差异上探讨历史上王朝的兴衰和时代递进的原因。在人性论上，主张“性无善无不善”之说，批判孟子的“性善”说和荀子的“性恶”说，认为人人有私心，强调“各因其性情之近”而“自尊其心”，就可以成为有用之才。指责封建纲常名教压抑人的本性，是中国近代个性解放的先声。美学思想上受儒、佛、法等家影响，赞美饱含生机的变、逆之美。认为“生”由变而来，“兴”由变而来，只有“变”才能生生不息（《乙丙之际箸议》），从美学范畴上揭示变和逆所蕴含的生机与活力。强调以“经世匡时”作为文艺作品的社会职责。要求诗文应有“童心”和真情，认为“诗与人为一，人外无诗，诗外无人”（《书汤海秋诗集后》）。注重文艺的“独创”，反对“因袭”。追求“天然”之美，崇尚“剑光”、“风雷”式的壮美。所作散文，奥博纵横，自成一家，诗尤瑰丽奇肆，有“龚派”之称。著作编为《龚自珍全集》。

龚定盦　即“龚自珍”。

魏源（1794—1857）　近代思想家、史学家、文学家。原名远达，字默深。湖南邵阳人。道光进士。官至高邮知州。曾从刘逢禄学《公羊春秋》，好今文经学。与龚自珍友善，同为当时“通经致用”的代表人物，世称龚魏。助江苏布政使贺长龄编《皇朝经世文编》。鸦片战争时，在两江总督裕谦幕府，参与浙东抗英战役。中英签订《南京条约》后，感愤时政，著《圣武记》。曾将林则徐主持翻译的西方史地资料《四洲志》和历代有关史志增补为《海国图志》。咸丰三年（1853）倡办团练，组织地主武装对抗太平军。晚年弃官，潜心佛典，后病死于杭州。政治上主张变法革新，指出：“天下无数百年不弊之法，无穷极不变之法”（《筹鹾篇》），并据此在漕运、盐政、水利等方面采取改革措施，对以后改良主义运动有一定影响。又提出“师夷长技以制夷”（《海国图志叙》），对诬称近代机器生产为“奇技淫巧，坏乱人心”的说法作了批驳。要求学习西方，利用外国长技，制造枪炮、汽机、轮船等“有益民用”者，以期富国强兵，抵御外侮。哲学思想有辩证法因素，说“天下物无独必有对”，“有对之中必一主一辅，则对而不失为独”（《默觚上·学篇十一》）。矛盾的两个方面可以互相转化，“暑极不生暑而生寒，寒极不生寒而生暑。屈之甚者信必烈，伏之久者飞必快”（《默觚上·学篇七》）。而矛盾的相生相克，促成事物的变化和发展。故“气化无一息不变者也”（《默觚下·治篇五》）。由此考察社会历史，强调“势则日变而不可复”，三代以上，天、地、人、物皆不同于今，“后世之事，胜于三代”。肯定了人类历史的进化发展，反对复古倒退。又认为“道”即封建君主制度及三纲五常是根本不变的，“其不变者道而已”。认识论上主张欲求真知必须“亲历诸身”，“‘及之而后知，履之而后艰’，乌有不行而能知者乎?”（《默觚上·学篇二》）强调对实际生活的体验和观察，以为后天的勤奋可以改变先天的愚钝。把人的认识归结为认识人之“心”。说：“人之心即天地之心，诚使物交物引之际，回光反顾，而天命有不赫然方寸者乎?”以为只要“回光反照，则为独知独觉，彻悟心源，万物备我，则为大知大觉”（《默篇上·学篇五》）。伦理思想上，与传统“重义轻利”不同，认为“圣人以名教治天下之君子”（《默觚下·治篇三》），同时“圣人”应“以美利利天下之庶人”（同上），进而提出“以实功程实事”的功利主义道德观。继承和发展了顾炎武“天下兴亡，匹夫有责”的传统，反对理学家的“心性迂谈”。美学上，反对形式主义文学，要求文以致用，针对当时文坛弊病，推崇厚实、真情之美。有《古微堂集》、《元史新编》、《老子本义》、《诗古微》等。著作编有《魏源集》、《魏源全集》。

魏默深 即“魏源”。

汪士铎(1802—1889) 近代学者。原名鳌,字振庵,又字梅村,号悔翁。江苏江宁(今南京)人。道光举人。长于汉学。一生以授徒讲学和充当幕僚为业。曾为湖北巡抚胡林翼幕僚,参与制定进攻太平天国的军事计划。主张摒弃儒家“无用之道德仁义”,并认为专谈心性的宋儒比桀纣更“罪浮百倍”。赞扬法家的严刑峻法,称“周孔贤于尧舜一倍,申(不害)韩(非)贤于十倍,韩(信)白(起)贤于百倍”。主张“不矜妇人之仁,不慕德化虚谈”,以至建议将儒家“性理”之说与“洋烟(鸦片)、邪教”等同时禁止(《乙丙日记》卷三)。信守“三纲”、维护封建等级制,反对下层民众“犯上作乱”,强调要“严等威之辨,僭逾斩也”。人性论问题上,赞同告子“生之谓性”的主张,批判孟子的性善论,又吸收荀子、韩非的“性恶”思想,认为食、色、名、利、爱、恶为人的天性,进而以“禀气”之清浊说明人性品级之差异,将人区分为“上智”(善者)、“下愚”(不善者)和“中人”(“可以善可以不善者”)三类。有《汪悔翁先生集》、《悔翁笔记》、《南北史补志》、《水经注图》、《汪悔翁乙丙日记》等。

冯桂芬(1809—1874) 近代思想家、学者。字林一,号景庭,晚年自号邓尉山人。江苏吴县(今苏州)人。道光进士。授翰林院编修,充广西乡试正考官。清咸丰三年(1853)奉旨在乡办团练,抵抗太平军。同治元年(1862)在上海参与江浙官绅组织的“会防局”,主张借用外国军队“以复宁、苏”,又上书曾国藩乞援。后入李鸿章幕府。同治九年经李鸿章力荐,得三品衔。曾主讲金陵、上海、苏州诸书院。重视经世致用之学,研习过数学、天文学。曾多次建议改革,认为要“裕国”,必须发展农业。主张在东南一带减赋、均赋,改革漕运。提倡向西方学习,称赞西方近代自然科学“皆得格物致理”,“多中人所不及”(《校邠庐抗议·采西学议》)。建议采西学,制洋器,筹国用,改科举。同时强调“用西人而不为西人所用”(《显志堂集·约堂算学杂记序》)。其“以中国之伦常名教为原本,辅以诸国富强之术”(《校邠庐抗议·采西学议》)的主张,曾对洋务派思想产生很大影响,并被视为戊戌维新的思想先导。有《校邠庐抗议》、《显志堂集》等。

陈澧(1810—1882) 近代文学家。字兰甫,号东塾。广东番禺(今广州)人。道光举人。任河源县训导。曾测绘广东省地图。为广州学海堂长数十年,晚年主讲菊坡精舍,以经、史及汉魏六朝唐宋诗文教士,从者甚众。广涉群籍,对天文、地理、乐律、算术、骈文、填词、书法都有研究。研精诸经注疏子史及朱子书,尤好《孟子》。治经不为汉宋门户所限,认为汉儒言义理,无异于宋儒。“宋儒轻蔑汉儒者,非也。近儒尊汉儒而不讲义理,亦非也”(《自述》)。又认为孟子言性善,是指人性皆有善,荀子、杨朱辈未知;东汉郑玄诸经注有宗主,中正无弊;清代考据之学源于朱子。另有《东塾读书记》、《声律通考》、《水经注提纲》、《三统术详说》、《琴律》、《忆江南馆词》等。

曾国藩(1811—1872) 近代政治家、理学家、文学家。原名子城,字伯涵,号涤生。湖南湘乡白杨坪(今属双峰)人。道光进士。自幼熟读孔孟经书,曾任翰林院侍讲学士、吏部侍郎。清咸丰二年(1852)起奉命帮办团练,后又编练湘军,镇压太平天国革命。同治四年(1865)奉命督办直隶(今河北)、山东、河南三省军务,围剿捻军。同治九年在直隶总督任内查办天津教案,被舆论谴责为残民媚外,调任两江总督。力主“购买外洋舰炮”,模仿“试造”,并与李鸿章创办江南制造局,成为洋务派首领。曾从倭仁、唐鉴讲习程朱理学,同时又接受思孟学派和陆王心学的某些观点,为清末理学思想的代表人物之一。维护封建纲常名教,宣扬“礼治”,认为“舍礼无所谓政事”,也“无所谓道德”。学术上尊孔孟而不摒弃诸子;“一宗宋儒,不废汉学”,“兼取二者之长”。认为“诚”是宇宙万物的主宰及其变化的根源,“天地之所以不息,国之所以立,贤人之德业所以可大,可久,皆诚为之也”(《复贺耦耕中丞》)。肯定天命论,认为“理与气相丽,而命实宰乎赋畀之始”,“其所以纲维乎五伦者,命也”(《顺性命之理论》)。而“富贵功名,悉有命定”。认识论上主张“学者何?复性而已矣。所以学者何?格物诚意而已矣”(《答刘孟容书》)。还认为“一二人者之心向义,则众与之赴义,一二人者之心向利,则众与之向利”(《原才》)。提倡“雄奇瑰伟,切实致用”的为文风格,并主张以此改造、充实桐城派“义理、考据、词章”之学。美学上提倡“慎择”以划定审美范围。以文、周、孔、孟为典范,认为只要“师其一人,读其一书,终身受用,不能有尽”(《圣哲画像记》)。其思想对近代有相当影响。有《曾文正公全集》、《曾国藩未刊信稿》等。

刘熙载(1813—1881) 近代学者。字伯简,号融斋,晚号寤崖子。江苏兴化人。道光进士,改庶吉士,授编修。征为国子监司业,迁府左春坊左中允。曾督学广东,未满任即归里。晚年主讲上海龙门书院。经、子、史及仙释家言无所不晓。美学思想上,认为文学艺术创作中各种对立面的矛盾统一,是文艺产生和发展的根本原因:“文之为物,必有对也。”反对只执一端:“文或结实,或空灵,虽各有所长,皆不免著于一偏”(《文概》)。注重追求兼美:“书要兼备阴阳二气”(《书概》),诗之“典雅、精神,兼之斯善”

(《诗概》),“词之为物,色香味宜无所不具”(《词曲概》)。研究创作中的各种对应关系,总结出“善用古者能变古”(《文概》),“语语微妙,便不微妙”(《诗概》),“极炼如不炼,出色而本色”(《词曲概》),“丑到极处,便是美到极处”(《书概》)等艺术辩证规律。从物与我,有我与无我等对应范畴来探讨审美活动中的主、客关系,提出“在外者物色,在我者生意,二者相摩相荡而赋出焉”(《赋概》)。“昔人词咏古、咏物,隐然只是咏怀,盖其中有我在也。”(《词曲概》)主张寓情于景,借景言情。以是与异,真与伪,深与浅等对应范畴评价创作的优劣,认为“不异之是,则庸而已;不是之异,则妄而已”(《文概》),主张“是”(奇)与“异”(稳)合一。强调“玄”、“诞”、“奇”的艺术,亦不能失于“真”与“正”。从虚与实,有尽与无尽,似苍与非苍等对应范畴品定艺术境界的高下;以断与续,开与阖,曲与直等对应范畴来论艺术结构;以正与变,用古与复古,复古与从时等对应范畴论述文艺的继承创新。追求两美相对,免著于一偏的兼美;极炼如不炼、出色而本色的真色美;情景齐到、物意摩荡的意境美。但在艺术的宗旨和本原上,又提出“温柔敦厚”、“发乎情,止乎礼”的观点。有《艺概》、《说文叠韵》、《说文双声》、《昨非集》等。

洪秀全(1814—1864) 近代太平天国农民革命领袖。原名仁坤,小名火秀。广东花县(今花都)人。乡村塾师。清道光八年(1828)起屡试未中,遂绝意科场。后在《劝世良言》的影响下,吸取西方基督教义的平等思想,于道光二十三年创立拜上帝会,利用宗教形式,发动和组织农民。先后写成《原道救世歌》、《原道醒世训》和《原道觉世训》等,认为天父上帝是唯一真神,号召人民信仰皇上帝,击灭“阎罗妖”(指清朝统治者)。主张天下男女尽是兄弟姊妹,应平等相待,为实现“天下一家,共享太平”的理想而奋斗。道光三十年十二月十日(1851 年 1 月 11 日)在广西桂平金田村起义,建号太平天国,旋称天王。咸丰三年(1853)定都南京,称天京。颁布《天朝田亩制度》。分兵北伐和西征。第二次鸦片战争后,在清政府的猛烈进攻下,安庆、苏州、杭州相继失守,天京被围时,拒绝“让城别走”,困守孤城。同治三年四月(1864 年 6 月)病逝天京。哲学上,试图用精气来说明上帝的万能及与现实世界的联系,认为人的灵魂“皆禀皇上帝一元之气,以生以出,所谓一本散为万殊,万殊总归一本”(《原道觉世训》)。故“天人一气理无二”(《原道救世歌》),以“物极必反”来说明自然界和社会都是不断运动和变化的,“乱极则治,暗极则光,天之道也。于今夜退而日升矣”(《原道醒世训》)。坚信陵夺斗杀之世,会转变为太平之世。认为“天地之中人为贵,万物之中人为灵”(《原道觉世训》)。主张事在人为,“古来事业皆由人做”,反对“不自贵而贵于物,不自灵而灵于物”(同上)。主张在地上建立“天国”。认为“天国”就是“公平正直之世”,就是“天下为公”的大同世界。在“天国”里,政治上人人平等,都是兄弟姐妹,经济上的分配实行绝对平均主义。认为由此可实现“有田同耕,有饭同食,有钱同使,有衣同穿,无处不均匀,无处不饱暖”的理想社会。试图在推翻封建土地所有制之后,在小农经济上建立一个没有剥削和压迫的理想社会,表现了一种空想的农业社会主义倾向。伦理思想上,把博爱的道德观念与经济上的平均主义相结合,并以“大道之行也,天下为公”相号召,要求人们“各宜为公,莫为私”。又提出妇女解放问题,主张男女平等,实行婚姻自由,“凡天下婚姻不论财”。批判纲常名教,但在太平天国后期,又系统地恢复了“君道”、“臣道”、“子道”、“夫道”、“妻道”,提出“一人垂拱于上,万民咸归于下”、“生杀由天子”、“妻道在三从”等。著作编为《洪秀全选集》。

洪仁玕(1822—1864) 近代太平天国后期重要领导人之一。字益谦(一作谦益),号吉甫。广东花县(今花都)人。洪秀全族弟。幼读经史,屡试不第。清道光二十三年(1843)为乡村塾师,参加洪秀全创立的拜上帝会。金田起义后,应召赴太平军未果,中途折回。为避开清政府搜捕,流寓香港。曾受瑞典传教士韩山文洗礼。学习天文历数。咸丰八年(1858),离港北上,次年 4 月到达南京。在太平天国危难时期,受洪秀全命任军师,被封干王,总理军政。同治三年(1864),天京被清军袭破后,护卫幼主出奔,在江西石城被捕,就义于南昌。政治上主张改善天王政体,要求“权归于一”,“禁朋党之弊”。经济上要求发展近代资本主义生产和工商福利事业。提出要学习资本主义文化和科学技术。哲学上主张“天道之自然”,又把上帝释为“自有者”,既无所不知,无所不能,无所不在,又“自然而然”,“包涵万象”。主张“变通”,认为“事有常变,理有穷通”,强调“本末之强弱适均,视乎时势之变通为律”(《资政新篇》)。提出“革阴阳八煞之谬”,反对鬼神迷信。提出“遏欲存理”的伦理观,强调“存理”的关键是“力求自新,转以新民”(《英杰归真》),实现“新天新地新人新世界”的理想。文学上,要求“文以纪实”,“朴实明晓”,反对“舞文弄墨”,指出,“浮文者不惟无益于事,而且有害于事也”。反映出弃伪从真,去浮存实,除典尚俗,轻艳重用的美学追求。著作有《资政新篇》、《英杰归真》、《戒浮文巧言谕》等。

陈炽(?—1900) 近代思想家。原名家瑶,字次亮，自号瑶林馆主。江西瑞金人。曾任户部郎中和刑部、军机处章京等职。遍历沿海大埠，至香港、澳门等处，“留心天下利病”，积极钻研西学，主张学习西方以求自强。光绪十九年(1893)发愤撰成《庸书》内外百篇。光绪二十一年与康有为在北京组织“强学会”，任提调。主张变法。批评顽固派“茫昧昏蒙”，批评洋务派“屈己伸人”。认为“泰西之所以长者政，中国之所以长者教，道与器别，体与用殊，互相观摩，互相补救”(《庸书·外篇·审机》)。认为西方资本主义国家的议院制“合君民为一本，通上下为一心”，是“强兵富国，纵横四海之根源”(同上)。主张中国改行君主立宪政体，并提出广泛改革的主张。戊戌变法失败后，忧愤而卒。另著有《续富国策》。

王韬(1828—1897)　近代思想家、学者。原名利宾，字紫铨(诠)，号仲弢，别号弢园老民、天南遁叟。江苏长洲(今苏州)人。秀才出身。清道光二十九年(1849)到上海，在英教会所办墨海书馆任职。咸丰十一年(1862)回乡后，曾化名黄畹，向太平军将领刘肇均上书献策。事为清政府获悉，下令缉拿，遂流亡香港。后曾去英、法、俄等国游历。同治十三年在香港主编《循环日报》，宣传变法自强。认为世界万物都在变化，把变看做时代发展的必然趋势，“变古以通今者，势也”；“导我以不容不变者，天心也；迫我以不得不变者，人事也”。(《弢园文录外编·变法上》)认为变法必须“以欧洲诸大国为富强之纲领，制作之枢纽”(《弢园文录外编·变法中》)。主张“富强即治国之本”。认为学习西方的富强之术，必须“先富而后强”。认为“治民之大者，在上下之交不至于隔阂”(《弢园文录外编·重民》)。要求实行“君民共治”以使“上下相通”(同上)，为中国近代最早提出君主立宪制主张者。主张“变其外不变其内”，强调：“夫形而上者道也，形而下者器也……器则取诸西国，道则备自当躬。盖万世不变者，孔子之道也，儒道也，亦人道也。”(《杞忧生易言跋》)晚年任上海格致书院掌院。有《弢园文录外编》、《弢园尺牍》等数十种。

容闳(1828—1912)　近代学者。字达萌，号纯甫。广东香山南屏镇(今属珠海)人。早年入澳门马礼逊学堂，道光二十七年(1847)得传教士资助赴美。三十年考入耶鲁大学，旋入美国籍，咸丰四年(1854)毕业，为中国最早的留美学生之一。读书时即有志将西学传入中国，希望“以西方之学术，灌输中国，使中国日趋于文明富强之境”(《西学东渐记》)。回国后，曾在广州美国公使馆、香港高等审判厅、上海海关等处任职。咸丰十年曾到太平天国天京(今南京)访问，并向洪仁玕提出实行新政的七项建议，即组织良好的军队、设立武备学校、海军学校、建设善良政府、创立银行制度、颁定各级学校教育制度、设立各种职业学校等，未被采纳。认为“当时即无洪秀全，中国亦必不能免于革命”，以埃及石人比喻太平军，“埃及石人首有二面，太平军中亦含有两种性质”：一是“天假此役以破中国顽固之积习，使全国人民皆由梦中警觉，而有新国家之思想”；一是其后期“所招抚皆无业游民，为社会中最无知识之人”，一旦占据江南城市，便贪恋财物美色，“太平军之道德乃每下而愈况”(《西学东渐记》)。同治二年(1863)，入曾国藩幕，曾为筹建江南制造局而赴美选购机器。后受命选派幼童赴美留学，任留学生监督及清政府驻美副公使。光绪二十四年(1898)曾参加维新变法活动，戊戌政变发生，逃离北京。光绪二十八年再度赴美。宣统二年(1910)，曾邀孙中山赴美商谈，表示支援革命。英文回忆录《My Life in China and America》，1915年节译为中文，以《西学东渐记》之名由商务印书馆出版。

沈善登(1830—1902)　近代经学家、哲学家。字谷成。浙江桐乡人。同治进士。早年受学于钟文烝，中年涉猎“西学”，又学佛学，信仰净土宗。晚年专门研究《周易》，著《需时眇言》，在诠释《周易》中体现了其哲学思想。其学说特点是杂糅经学、佛学和西学。提出光气之说，“乾阳而坤阴，光阳而气阴……而气非光不灵，光亦非气不显，光气交融，乃能变化而生天地万物”(《需时眇言·原象》)，但光为世界最高本原，“天地之始，大本唯一阳光”(同上)，“太易未见气，纯一阳光，为天地万物生生之大本”(《需时眇言·图说下》)。有光然后有气，“气聚而成象成形，光即托以显也”，“光气变化”，乃生万物。人的生死由光决定，“人生以光盛生气”，人死“正是气还为光”(同上)。人亦以太易大灵光为心，“推本天地之初，太易一大灵光，为古今中外人生同具之心体”(《论余适济》)。“此心寂然不动，浑同虚空，则全体太易也。”(《需时眇言·原象》)提出：“凡人之所以能见能闻能思虑者，正是太易本光；所思所虑所见闻者，亦正是本光托物而显。”(同上)将人心、人的认识能力与光合而为一。尊孔崇佛，反对宋明理学。批评程朱理先气后说和言气不言光，认为其“不知阳光阴气之分”，“谓血气心知之性之外，别有义理之性，而圣门学脉断矣”(同上)。有《经正民兴说》、《论余适济》，合编为《沈谷成易学》。

王闿运(1833—1916)　近代经学家、文学家。字壬秋，又字壬父，号湘绮。湖南湘潭人。咸丰举人。授翰林院检讨，复加侍讲衔。曾任肃顺、曾国藩等人幕僚，后专事教学，先后主持四川尊经书院，湖南思贤讲舍、船山书院和江西高等学堂。辛亥革命后曾任清史馆馆长，并兼任参议院参政。治经主张通经致用，所著《经子笺注》对清末今文学派深有影响。子部于《墨子》、《庄子》、《鹖冠子》俱有义解。论文提倡复古模拟，有崇古非今倾向。尝称“今人诗可不观”（《论诗法》），“自唐以来，绝无一似古之文”（《湘绮楼论文》），只有汉魏六朝的“古人之诗，尽美尽善矣”，宣称“余则尽法古人之美”（《论诗法》）。要求作品内容“必应开经义”，认为“情不可放，言不可肆”（《湘绮楼诗文体法》）；但也要切忌“口言忠孝”，不讲“调丝曼声”（《为陈完夫论七言歌行》）。在文词表达形式上，要“湻（淳）雅”。主张模拟，要“取古人陈作，处处临摹”，“家信帐记，皆可摹古”（《湘绮楼论文》）。反映了模拟为文的诗文理论和追求“古雅”的美学趣味。有《湘绮楼诗文集》、《湘绮楼日记》等，门人辑为《湘绮楼全书》。

张之洞（1837—1909） 近代政治家、思想家。字孝达，号香涛，晚号抱冰。直隶南皮（今属河北）人。同治进士。曾官湖北学政、国史馆协修、国子监司业、礼部侍郎、山西巡抚。光绪十年（1884）任两广总督，中法战争时，起用冯子材，在广西边境击败法军。创水陆师学堂，办枪炮厂，设矿务局，立广雅书院。光绪十五年，调任湖广总督，开办汉阳铁厂和湖北枪炮厂，设织布、纺纱、缫丝、制麻四局，筹建两湖书院。光绪二十年任两江总督。中日《马关条约》签订时，曾上疏阻止和议，反对割让台湾。奏请练兵战备，讲习工商。光绪二十一年曾列名北京强学会、上海强学会。次年下令查禁上海强学会及《强学报》。旋回任湖广总督。光绪二十四年创设农务学堂与工艺学堂，设汉口商务公所，开办萍乡煤矿。撰成《劝学篇》。曾力主镇压义和团运动。与刘坤一创东南互保，镇压两湖反洋教斗争和唐才常自立军起事。光绪二十八年充督办商务大臣，再署两江总督。光绪三十二年为协办大学士、擢体仁阁大学士，授军机大臣，兼管学部。一生宗旨在倡“新旧兼学，四书五经、中国史事、政书、地图为旧学；西政、西艺、西史为新学；旧学为体，新学为用”（《劝学篇·设学》）。认为“三纲四维之道不可变”，“夫不可变者，伦纪也，非法制也；圣道也，非器械也；心术也，非工艺也”（《劝学篇·变法》）。强调“先通经以明我中国先圣先师立教之旨”，“然后择西学之可以补吾阙者用之”（《劝学篇·循序》）。对于旧学他标榜“兼师汉宋”，主张“读书宗汉学，制行宗宋学”，认为讲究训诂考证的汉学只是一种读书方法，讲义理的宋学，才是人们行为的指南。继承宋明理学，尊崇孔、孟、程朱，提倡纲常名教，认为纲常名教是“礼政之原本”，并重申董仲舒的“天不变道亦不变”论。由于受西学影响，又主张“经国以自强为本，自强以储才为先”（《延访洋务人才启》），积极兴办各类学校，训育人才，以西学西艺改革教育内容，强调办学首重师范，曾拟初级、优级师范学堂的章程，对清末教育颇具影响。著作编为《张文襄公全集》及多种《张之洞全集》。

杨文会（1837—1911） 近代居士、佛学研究者。字仁山。石埭（今安徽石台东北）人。少时博学能文，兼通老庄之学。二十七岁时在病中读《大乘起信论》而信佛。乃立志搜求佛经，刻印流通。清同治五年（1866）在南京创立金陵刻经处。光绪四年至十二年（1878—1886）随曾纪泽（1839—1890）等两次出使欧洲，考察英法等国“政治制造诸学”，在伦敦结识日本佛教学者南条文雄，回国后得日本弘教书院缩印藏经和南条所赠中国失传经疏，择其一部分刊行，编入《大藏辑要目录》。生前出版大小乘佛典二千余卷，并为日本编印《续藏经》提供佛典数百种。光绪三十三年在刻经处设“祇洹精舍”，培养佛学人才，为赴印传法作准备。宣统二年（1910）任佛学研究会会长，定期讲经。其学以“教在贤首，行在弥陀”为宗旨。对净土、华严、禅宗、唯识及因明等都有研究。并拟建立“马鸣宗”。最后以净土为归宿，宣扬“念佛往生”。其著述于1919年由金陵刻经处编辑成《杨仁山居士遗著》十册。弟子有欧阳竟无、太虚、李证刚、章炳麟、谭嗣同、桂伯华、梁端甫等。

薛福成（1838—1894） 近代思想家。字叔耘，号庸盦。江苏无锡人。早年入曾国藩幕府，后随李鸿章办外交。清光绪五年（1879）作《筹洋刍议》，提出变法主张。光绪十年中法战争期间，任浙江宁绍台道，在镇海参与击退法舰之战。光绪十四年任湖南按察使。次年出使英、法、比、意四国。称赞西方的君主立宪制“无君主、民主偏重之弊，最为斟酌得中”。认为人口迅速增长是造成人民贫困的原因，但“能浚其生财之源”，虽人满亦富。主张用机器“殖财养民”，强调“工商之业不振，则中国终不可以富，不可以强”。历史观中有变易进化观点。认为“天道数百年小变，数千年大变”，“世变无穷，圣人御变之道亦无穷”（《筹洋刍议》）。主张变法改良，反对顽固派提倡的闭关锁国政策，认为当今之世“虽尧舜当之，终不能闭关独治”（同上）。强调要在商政矿务、考工制器、火轮舟车、兵制阵法等方面“变古以就今”，掌握西人的“富强之术”，这样，“百数十年后，中国不更驾其上乎！”能够赶上和超过西方各国。在道器之辩中，提出“其风气所趋，不能不然者，道也，而道之所寓者，器也”，“然道之中未尝无器，器之至者亦通乎道”（《代李伯相答彭孝廉书》）。有《庸盦全集》、《出使日记》。

王先谦(1842—1917) 近代经学家。字益吾，号葵园。晚年改名遯。湖南长沙人。同治进士。选庶吉士，授编修。光绪初擢中允，后晋国子监祭酒，出为江苏学政。历典云南、江西、浙江乡试。历主思贤讲舍，岳麓、城南书院。初学为古文词，师曾国藩。戊戌变法期间，同叶德辉等湖南人士，攻击维新派，谓长沙时务学堂"伤风败俗"，指责梁启超等"专以无父无君之学说教人"，学生"不复知忠孝节义为何事"，"背叛圣教，败灭伦常"。治经循乾嘉遗轨，趋重考证，而于小学则不深究。督江苏学政时，辑刊《续皇清经解》，保存了许多清代汉学经师经说。又编《续古文辞类纂》，严谨有法。又取诸家校本，参稽考订，补证校勘，撰《荀子集解》。另有《尚书孔传参正》、《汉书补注》、《十一朝东华录》、《虚受堂诗文集》等。

郑观应(1842—1921) 近代思想家，企业家。本名官应，字正翔，号陶斋，别号杞忧生、慕雍山人、罗浮俦鹤(亦作"待鹤")山人。广东香山(今中山)人。清咸丰八年(1858)应童子试，未中，后到上海学商，为宝顺洋行、太古轮船公司买办，亦自营商务。光绪六年(1880)后，由李鸿章、盛宣怀委任，先后任上海机器织布局总办，轮船招商局帮办、总办，上海电报局总办，汉阳铁厂总办。晚年任轮船招商局董事。目睹当时中国严重民族危机，关心时政，热心西学。著《救时揭要》、《易言》，并在此基础上写成《盛世危言》，系统阐发其维新改良的思想理论。建议设立议会，振兴工商业，提出"商战为主，兵战为末"的重商主张，强调"通商以为富，练兵以为强"(《盛世危言·技艺》)。认为"千古无不敝之政，亦无不变之法"(《盛世危言·考试下》)。并以道、器范畴表述中学与西学的关系，主张既要学轮船火炮、汽机工艺等西学之"用"，也要学"议政于议院，君民一体"等西学之"体"。认为中学偏重"道"而"堕于虚"，西学偏重"器"而"征诸实"；其实道器是统一的，"虚中有实，实者道也；实中有虚，虚者器也"。"合之则本末兼赅，分之则放卷无具"(《盛世危言·道器》)，认为由"器"可以见识"道"："《易》独以形上形下发明之者，非举小不足以见大，非践迹不足以穷神"。又强调"道为本，器为末；器可变，道不可变；庶知所变者，富强之权术，非孔孟之常经也"(《盛世危言·增订新编凡例》)。这种道器观在当时的中学与西学的争论中具有代表性。今有《郑观应集》。

马建忠(1845—1900) 近代思想家、学者。字眉叔，江苏丹徒(今镇江市丹徒区)人。少年时代一再随家迁徙，后定居上海。少时习经史之学。第二次鸦片战争后，以外患为莫大之耻，于是转而研究西学，以图国强民富。清光绪二年(1876)由李鸿章派赴法国留学，"学其今文字与其古文词，以进求其格物致知之功，与所以驯至于致治之要"(《适可斋记言记行·自记》)。回国后协助李鸿章办理洋务。曾去印度、朝鲜处理外交事务，并任轮船招商局会办、上海机器织布局总办。主张"治国以富强为本，而求强以致富为先"(《适可斋记言记行·富民说》)，强调"国富唯赖行商"(《适可斋记言记行·南行记上》)。提倡"富民"，发展对外贸易，兴办公司。又提出"讲富强以算学格致为本"，注意学习西方的自然科学知识，认为将来采矿、酿酒、制机器、造铁路，"在在皆需算、化、格致诸学"(《适可斋记言记行·上李伯相言出洋工课书》)。有《适可斋记言记行》。另有《马氏文通》一书，为中国第一部系统的语法学著作。

朱一新(1846—1894) 近代学者。字鼎甫，号蓉生。浙江义乌人。光绪进士。任陕西道监察御史。曾上疏言海军用人不当，又劾内侍李莲英，降为主事，旋乞归。后应张之洞聘，主讲肇庆端溪书院，继为广州广雅书院山长。坚持传统旧学，维护纲常名教，反对戊戌变法。以宋明理学为依据，认为"有气质必有义理，有父子必有慈爱，有君臣必有等威"(《答康有为第五书》)，以此论证封建纲常名教的必然性和合理性。又认为当多事之秋，治经不如治史，故对舆地、经济之学亦有研究。有《无邪堂答问》、《奏疏》、《诗古文词杂著》、《京师方巷考》、《汉书管见》、《佩弦斋文存》等。

胡礼垣(1847—1916) 近代思想家、学者。字荣懋，号翼南。广东三水(今佛山市三水区)人。买办商人家庭出身，自幼生活在香港，曾就读于香港皇仁书院，虽未参加科举，但留心古代经史典籍，曾创办《粤报》，译有《英例全书》。清光绪二十年(1894)中日战争时，适留居日本，中国使馆人员撤退后，曾被中国留日商民共推为代理神户领事。战争结束后，返回香港。与何启是挚友，发表文章均由两人讨论合写。后汇编为《新政真诠》。

黄遵宪(1848—1905) 近代思想家、诗人、外交家。字公度，别号人境庐主人。广东嘉应(今梅州)人。光绪举人。历任驻日、英参赞及旧金山、新加坡总领事。加入强学会，号召创办《时务报》，并入湖南推动变法。其《日本国志》、《日本杂事诗》，首先较系统地向中国人介绍了日本明治维新取得的成就，提出了中国取法日本，变法图强的思想。对戊戌时期的康有为、梁启超等有直接影响。戊戌变法失败后，革职归乡。认为"宋人之义理，汉人之考据，均非孔门之学"，孔子参赞天地之说，"兼三才而一之，真乃立人道之极"，远高于佛教、基督教，但不赞同以孔子为宗教教主，“孔子为人极，为师表，而非教主”（光绪二十八年四月《致梁启超书》）。鼓吹“诗界革命”，被推崇为“诗界革命”的典范。在美学上，注重文艺的移情和社会作用，认为“诗以言志为体，以感人为用。孔子所谓‘兴于诗’伯牙所谓移情，即吸力之说也”（光绪三十一年正月十八日《致梁启超书》）。强调文艺的创新，力主扫除“一切陈陈相因之语”，写出“古人未有之物，未辟之境”（黄遵楷《人境庐诗草跋》），认为作品要通过艺术的移情开启民智，首先要重“神采”（必以透明为佳），讲“趣味”（必以曲折为佳）；其次要求通俗，“用今人所见之理，所用之器，所遭之时势，一寓之于诗”（黄遵楷《先兄公度先生事实述略》），“以民间流行最俗最不经之语入诗”（《与梁启超信》）。有时过分强调艺术移情的社会作用，认为它有“左右世界之力”（《与邱菽园书》）。主要著作有《日本国志》、《日本杂事诗》、《人境庐诗草》等。有《黄遵宪全集》。

孙诒让（1848—1908） 近代经学家、文字学家。字仲容，号籀亭（庼）。浙江瑞安人。同治举人。官刑部主事。从父官江宁，与戴望、唐仁义、刘寿曾等交游习学。后即引疾归里，研治古籍古字，总结旧说，专心著述达四十年。晚岁曾主温州师范学校，充浙江教育会会长。撰《周礼正义》，取《尔雅》、《说文》正其诂训，以《礼经》、《大戴礼记》、《小戴礼记》证其制度，博采汉唐宋以来诸儒注疏及乾嘉学者考订训释的成果，发挥郑注，补正唐贾公彦《周礼义疏》之失，是解释《周礼》较完备之书。又撰《墨子间诂》，集合诸本，依经义字例，遂加诠释，订补《经说上》、《经说下》旁行句读，正经法各篇之讹文错简，为当时学者所推崇，对以后研究先秦诸子颇有影响。又有《契文举例》，为考释甲骨文最早的著作；《名原》、《古籀拾遗》、《古籀余论》为研究金文的著作；《尚书骈枝》、《札迻》、《籀庼述林》、《逸周书斠补》等，对古书的校勘解释有所贡献。

皮锡瑞（1850—1908） 近代经学家。字鹿门，一字麓云。湖南善化（今长沙）人。因宗西汉传今文《尚书》的伏生（一作伏胜），题所居曰“师伏堂”，世称“师伏先生”。早年颇有经世之志，留意国家利弊，提出屯田、巩固边防等意见。应试失败后，专心于讲学著述。曾主讲湖南龙潭书院、江西经训书院。1898年因赞成戊戌变法，支持时务学堂，提倡新式学校制度，受到叶德辉等保守势力的攻击，被斥为“悖正教，附异端”的“乱党”，革去举人头衔，交地方官管束。后曾任京师大学堂经学教习。晚年留湖南讲学著书。治经以今文为宗，但持论平稳，尝谓“解经当实事求是，不当党同妒真”（《经学历史》）。认为《易》、《礼》为孔子所作，五经经孔子整理后，包含特有的“微言大义”，始成为“经”，为清代今文经学家的一种见解。有《五经通论》、《经学历史》、《今文尚书考证》、《王制笺》等，收入《师伏堂丛书》和《皮氏八种》。另有《驳五经异义疏证》、《古文尚书冤词平议》等。

皮鹿门 即“皮锡瑞”。

崔適（1852—1924） 近代经学家。字怀瑾，一字觯甫。浙江吴兴（今湖州）人。曾在北京大学任教。初受业于俞樾，治校勘训诂之学。后受康有为《新学伪经考》的影响，专讲今文经学。撰《春秋复始》，谓《春秋穀梁传》也是古文；撰《史记探原》，谓《史记》本是今文学。另有《五经释要》、《论语足徵记》等。

廖平（1852—1932） 近现代经学家。原名登廷，字季平，晚号六译。四川井研人。光绪进士。曾任教尊经书院、四川国学院。早年受学于王闿运，治今文经学，尤重《春秋》。其学经历六变：初持今文为孔子所创，古文为周公所创之说，即所谓“平分今古”；不久改变其说，撰《知圣篇》、《辟刘篇》，主张今文是孔子的真学，古文是西汉刘歆的伪作，即所谓“尊今抑古”；戊戌变法前后，又著书自驳，说今文是小统，古文是大统，即所谓“小统大统”之说；后又撰《孔经哲学发微》，讲“天说人学”，以《春秋》、《周礼》、《尚书》为人学，《乐》、《诗》、《易》为天学，认为人学为人类社会立法，天学为宇宙立法；1918年以后，著《五变记》，提出“天人大小”之说；把天学之神游、形游与人学之小统、大统加以贯通；1921年以后，著《诗经经释》，以《黄帝内经》等五运六气解释《诗经》和《易经》。前两变持之有故，第三变后越变越离奇，牵强附会。在《今古学考》中，提出用礼制判别经学中今古文学的方法，并认为古文经曾由刘歆窜改，其论点为康有为在《新学伪经考》中所继承和发展。有《四益馆丛书》，后又增益为《六译馆丛书》。有《廖平学术论著选集》。

廖季平 即“廖平”。

严复（1854—1921） 近代哲学家、翻译家。初名传初，曾改名宗光，字又陵，又字幾道，晚号瘉壄老人。福建侯官（今福州）人。福州船政学堂第一届毕业。光绪三年（1877）派赴英国留学，学习海军。对英国的社会制度和资产阶级的社会政治学说甚为留意，开始辨析“西学”与“中学”的异同。回国后，任北洋水师学堂总教习、总办等职。光绪二十年中日战争后，发表《论世变之亟》、《原强》、《辟韩》、《救亡决论》等文，主张维新变法，认为“今日中国不变法则必亡是已”（《救亡决论》）。曾翻译赫胥黎的《天演论》，试图以“物竞天择”、“适者生存”的进化论思想唤起国人救亡图存，对当时思想界影响很大。并以此论证进化变易是客观世界发展的必然趋势，驳斥“天不变，道亦不变”是“观化不审似是实非之言”。认为宇宙间天、地、社会“治道”无不在变。变的动因是“大宇之内，质力相推，非质无以见力，非力无以呈质”（《译天演论自序》）。其进化论强调渐变。以“天赋人权”论，批判专制君权论。认为“斯民也，固天下之真主也”。人民“择其公且贤者，立而为君”（《辟韩》）。但认为当时中国“其民不足以自治”，只可从“开民智”着手，不能立即实行资产阶级民主制。还用“体用一元”论驳斥了洋务派“中学为体，西学为用”的口号。指出：“中学有中学之体用，西学有西学之体用，分之则并立，合之则两亡。”（《与外交报主人论教育书》）认识论上反对唯心主义先验论，说“官（感官）与物尘（事物）相接，由涅伏（神经）以达脑成觉，即觉成思”（《天演论》导言二按语），同时认为“因果同否，必不可知”（《天演论》论九按语），“可知者，止于感觉”（《穆勒名学》部甲按语），“人之知识，止于意验相符”，因此，“是实非幻者，惟意而已”（《天演论》论九按语）具有实证主义和不可知论倾向。重视介绍西方的逻辑学说，较早地把西方逻辑中的归纳方法介绍到我国，并认为西方之所以科学昌明、民智开发，原因即在他们重实测和归纳；中国的许多学术之所以不能发展，就在于最初所据的基本原理并非来自实验和归纳，而是出于主观的玄想和臆造。首创“逻辑”这一音译名，又意译为“名学”，认为在中国只有“名”这个词的含义，才与西方的“逻辑”相近。结合中国古典逻辑的实例，阐发对中国名学和西方逻辑的独到见解，为中西比较逻辑研究之先声。伦理学上有功利主义倾向，认为人无私则不能成其公，提出具有合理利己主义性质的“开明自营”说，他强调道德与功利不可分割。积极宣传“以自由为体，以民主为用”的资产阶级政治伦理观，强调“民之自由，天之所畀”。指出：“中国最重三纲，而西人首明平等；中国亲亲，而西人尚贤；中国以孝治天下，而西人以公治天下，中国尊上，而西人隆民”（《论世变之亟》）等中西道德观上的根本差异，强调道德行为的自由原则。曾主办《国闻报》，协办通艺学堂。戊戌变法后，翻译《原富》、《群学肄言》、《法意》、《穆勒名学》等，传播西方资产阶级政治、经济思想和逻辑学，并加按语，抒发己意。首次提出“信、达、雅”的翻译标准。辛亥革命后，思想日趋保守，1915年列名筹安会。有《瘉壄堂诗集》、《严幾道诗文钞》等，著译编为《侯官严氏丛刊》、《严译名著丛刊》、《严复集》。

严幾道 即“严复”。

辜鸿铭（1857—1928） 近代学者。名汤生，以字行，别署汉滨读易者。先祖本姓陈，祖籍福建厦门，避祸迁居南洋后改姓辜。因听人讲《大学》“汤之《盘铭》‘苟日新’”之语，改字“鸿铭”。留学英、法、德等国，精通数国西文。曾为张之洞幕僚，清末官外务部左丞。辛亥革命后任教于北京大学。推崇儒家学说，批评新文化。以为儒家文明是唯一的道德文明，基督教已无约束人心的道德力量；儒家文明是先义后利，欧洲文明是先利后义；为纳妾、裹足、留辫等辩护。“五四”时期著名的文化保守主义者。著有《读易草堂文集》等。以西文介绍儒家典籍，有《论语》、《中庸》的英译本。另有英文撰写的《春秋大义》（《中国人的精神》）。今人编有《辜鸿铭文集》。

康有为（1858—1927） 近现代思想家、政治家。原名祖诒，字广厦，号长素，又号更生。广东南海（今佛山市南海区）人。少时受程朱理学的教育，十九岁从学于著名学者朱次琦，受“经世致用”思想的影响，后修历史和佛学，尤潜心于陆王心学，并接触西方自然科学。相继去香港、上海，目睹资本主义式的社会秩序，遂萌发向西方学习和改革中国社会政治经济制度的思想。清光绪十四年至二十四年（1888—1898）曾七次上书光绪皇帝，要求变法。光绪十六年至十九年在广州万木草堂讲学，致力于变法理论的论述。光绪十七年刊行《新学伪经考》，批判传统儒学。光绪二十一年在京联合会试举人“公车上书”，提出“拒和”、“迁都”、“变法”主张。同年中进士，授工部主事。发起强学会、圣学会、保国会，办《中外纪闻》、《强学报》、《新知报》，宣传变法。光绪二十三年出版《孔子改制考》，主张托古改制。次年依靠光绪皇帝发动“戊戌变法”，失败后逃亡出国。光绪二十五年组织保皇会，发表《辨革命书》、《革命亡国论》，提出“尊崇皇室，扩张民权”，反对民主革命。1912年任孔教会会长。1913年创办《不忍》杂志，反对共和，主张定孔教为国教。1917年参与张勋复辟。哲学上糅合儒、佛两家和西方资产阶级人性论、进化论。早年思想上强调“变”，认为“盖变者，天道也”（《进呈〈俄罗斯大彼得变政记〉序》）。提倡托古改制，把公羊“三世”说与“大同”、“小康”思想相结合，赋予变法改革的新内容，提出三世说的历史进化论，作为维新变法的理论根据。同时认为“进化有渐进……欲骤变而未能者”（《论语注》），主张“盈科乃进循序而行”（《礼运注叙》），“三世不能飞越”（《春秋董氏学》）。用资产阶级的天赋人权论反对封建等级制度，认为“大同”社会是人类至善尽美的境界，破除“九界”并扩充“不忍人之心”，即可进入“大同”。自然观上，继承了中国古代“气”的概念，又吸收了近代西方传入的自然科学知识，认为“积气而成天，摩励之久，热重动生矣，光电生矣，原质变化而成焉，于是生日，日生地，地生物”（《内外篇·理气篇》）。但又以“元（即元气）为万物之本”（《春秋董氏学》），认为“元气”即“神气”，亦“知气也，魂知也，精爽也，灵明也，明德也，数者异名而实同”（《大同书》）。认识论上强调“心贵于体”，理性贵于感性和“以智为先”，但也重视后天的学习和“灌输”，“逆而强学者智”，提倡“勉强为学，务在逆乎常纬”，要人们冲破积习旧俗。伦理思想上，接受西方资产阶级的天赋人权说，倡导仁爱（博爱）哲学，“以‘仁’字为唯一宗旨”（梁启超《康南海传》），模拟西方欧几里得《几何原本》的体系，著《实理公法全书》，断言人类“平等”，是几何公理，“天地生人，本来平等”，批判“三纲五常”违反人类公理，“无益人道”。在美学上，以“变”和“新”为美，认为“书法与治法，势变略同”（《广艺舟双楫》），“夫物新则壮”，“新则鲜”，“新则活”，“新则通”（《应诏统筹全局折》）。强调文艺要有为而作，“上感国变，中伤种族，下哀生民”（《人境庐诗草序》），要以“感移人心为要眇”（《味梨集序》），反对“诗以养性情”，“为己作”，认为要使文艺感移人心，必须发挥其特性，求其“窈窕其思，娟嫮其辞，条柎繁夥，华叶舒铺”（《日本杂事诗序》），才能引起人的美感。认为文艺作品与作家人品、政治倾向有密切关系，“苟有其人欤，其为政风流，与其诗人之跌宕多姿，必卓荦绝俗，而有其可传者也”。有《礼运注》、《诸天讲》、《长兴学记》、《新学伪经考》、《孔子改制考》、《春秋董氏学》、《大同书》、《论语注》、《中庸注》、《孟子微》、《春秋笔削大义微言考》等。有《康有为政论集》、《康有为全集》。

康南海 即“康有为”。

何启（1859—1917） 近代学者、思想家。字迪之，号沃生。广东南海（今佛山市南海区）人。早年毕业于香港中央书院（后改名为皇仁书院），清同治十一年（1872）赴英就读于帕尔玛学校，光绪元年（1875）进阿伯丁大学学医，光绪五年又入林肯法律学院。光绪八年回香港。光绪十六年任香港立法局华人议员。光绪二十一年参与孙中山筹划的广州起义活动，起草对外宣言。光绪二十六年义和团运动起，在港督授意下，曾建议兴中会与两广总督李鸿章“合作”，据两广“独立”。政治上认为洋务派的“自强新政”是“不揣其本，而齐其末”，“非惟无益而有伤”（《新政真诠·曾论书后》）。反对洋务派对近代企业的垄断，要求发展私人资本主义。主张办企业“独任商民，勿加官督二字。……商之必可以办，官之必不可督”（《新政真诠·新政始基》）。要求建立民主议会制度，认为议会“使天下为一家，中国为一人也。长治久安，必基于此”（《新政真诠·新政论议》）。对张之洞等以民智未开为理由反对实行民主作了反驳，“民之智无时无地而不有，无时无地而不同，家给人足，无待于开者也”，所以重要的不是“开民智”，而是“用民智”（《新政真诠·新政变通》）。认为求富求利乃人之本情，“欲富者，人之真情”，“求利乃人之本心”（《新政真诠·新政论议》），求利是人们从事各种活动（包括道德行为）的动因，“虽孝悌忠信、礼义廉耻、博施济众、舍己救人，无非为利”（《新政真诠·新政变通》），但求利时须兼顾他人之利，做到人己两利，既“不以己之私夺人之私”，又“不为人之私屈己之私”（《新政真诠·劝学篇书后》）。批判“三纲”维护君、父、夫的私权，而“自私即非道”（《新政真诠·前总序》）。认为盲从儒家经典是变法改革的障碍，“中国之不能变，盖经义累之也”，主张“废经义”（《新政真诠·康说书后》）。认为流行的汉学、宋学正与开民智相反，“夫所谓民智者，不外直道与自由二者而已。直道者，正也，汉学则以谶纬而入于邪。自由者，真也，宋学则以矫揉而流于伪”（《新政真诠·新政变通》）。主张以基督教改造儒学。著作多用英文写成，由其友胡礼垣译为中文，后汇编为《新政真诠》出版。

宋恕（1862—1910） 近代思想家。原名存礼，改名恕，晚年更名为衡。小字燕生，又字平子。号六斋。浙江平阳人。曾师从名儒孙锵鸣、俞樾。清光绪十六年（1890）谒张之洞，力陈变法，不听。次年谒李鸿章，呈《六斋卑议》，被委为北洋水师学堂总教习。光绪二十九年游日本，次年回国。后应山东巡抚杨士骧聘，任总务处议员兼文案。言论激烈大胆，思想独具特色，被时人誉为“东瓯之怪”，“梨洲以后一天民”。政治上主张“废官制、去阶段”，对中国古代的民主思想甚为向往，“期于大倡梨洲之学”（《复章枚叔书》）。要求向西方学习，主张“更官制”、“设议院”、“改试令”、“易西服”。以为“欲更官制，改议院，改制令，必自易西服始”（《上合肥傅相书》）。激烈批判程朱理学，以为“学问之亡，极于赵宋，其思也有桎，其辨也无烛，思辨愈苦，情理愈晦，周礼之效绝，苍生之祸烈矣！”（《六斋卑议自叙》）主张“排洛闽之伪教以复洙泗之真教”（《致夏穗卿书》），认为孔子的“真教”与西学相一致，《四书》、《五经》“何语不与今之泰西政教、论议若合符节”（《致钱念劬书》）。晚年回顾与康有为、谭嗣同学术异同时说：“弱冠以后，极端主张唯物论，与彼派主张唯心论，益不能合”；“谭氏《仁学》，唯心派之哲学也，故其大处与衡不合，昔曾与面争屡矣”（《又致次饶书》）。以宋为界，断言宋以前女再适或男再娶“均为名正言顺之举，古圣所许，不为失节”。“自洛闽遗党献媚元、明，假君权以行私税，于是士族妇女始禁再适”（《六斋卑议·旌表》），认为妇女守节乃程朱理学所造成。力倡婚姻自主，“无亲无父者，悉听男女自主”，即有亲父母者，“仍须本男女于文据上亲填愿结”（《六斋卑议·伦始》）。为近代最早、最系统地批判“夫为妻纲”和宣传妇女解放的思想家。著作二十多种，大半散佚。已刊行的有《六斋卑议》、《六斋无韵文集》、《六字课斋津谈》、《宋恕日记》等，有《宋恕集》。

苏舆 近代士绅。字嘉瑞，号厚庵。湖南平江人。王先谦的门人。光绪进士，改庶吉士，官邮传部郎中。戊戌变法时反对维新派的民权平等说，认为“人之平等，权之平等，是无尊卑亲疏也。无尊卑是无君也，无亲疏是无父也，无父无君，尚何兄弟、夫妇、朋友之有？是故等不平则已，平则一切倒行逆施”（《驳南学分会章程条议》）。曾收录朱一新、王先谦、叶德辉、张之洞等人的文章、书信，汇成《翼教丛编》。为湖南反对维新变法的主要代表。

叶德辉（1864—1927） 近代学者。字奂彬，一作焕彬，号直山，一号郎园。湖南湘潭人。光绪十八年（1892）进士。授吏部主事。次年返乡，从事著述。戊戌变法期间，分别写《〈长兴学记〉驳议》、《〈读西学书法〉书后》、《正界篇》、《辅轩今语评》等文，反对康有为等人的变法宣传，坚持维护封建纲常名教。认为“孔子之制在三纲五常，而亦尧舜以来相传之治道也。三代虽有损益，百世不可变更”（《〈读西学书法〉书后》）。斥责康氏宣传变法为“居光天之下而无父无君，与周、孔为仇敌”（《〈长兴学记〉驳议》）。认为变法所效仿的西方民主制度不适合中国国情，“中国自尧舜禅让以来，已成家天下之局。亦以地大物博，奸宄丛生，以君主之，犹且治日少、乱日多，以民主之，则政出多门，割据纷起，伤哉斯民，不日在疮痍水火中哉！”（《辅轩今语评》）光绪二十六年撰《觉迷要录》，将唐才常率自力军起义，作为“逆迹”记入。但他并不一概排斥西学，认为“士当师其通农商诸学之长，工当师其制造之长，兵当师其练习测绘之长”（《〈长兴学记〉驳议》）。辛亥革命后，撰《经学通诂》，提倡尊孔读经。1927年在湖南农民运动中被杀。生平藏书甚富，于版本目录学颇有研究。有《藏书十约》、《书林清话》、《观古堂藏书》、《郎园读书志》等。

吴稚晖（1865—1953） 近现代思想家、政治家。原名朓，后改名敬恒，字稚晖，晚年号朏盦老人。江苏武进（今常州）人。早年曾入江阴南菁书院及苏州紫阳书院。甲午战争前后，受康、梁影响，认为中国非学西艺不可。清光绪二十七年（1901）东渡日本，就读于东京高等师范。同年回国筹备广东大学堂。次年再赴日本，与革命党人相交。回国后参与创办爱国学社，撰文抨击清廷。光绪三十一年在英国伦敦与孙中山晤谈，并加入中国同盟会；又在巴黎与张静江、李石曾等组织“世界社”，发行《新世纪》，宣传无政府主义。辛亥革命后回国，曾主张讨袁。1922年率百余人赴法勤工俭学，并任里昂中法大学校长。1923年赞助孙中山改组国民党。1924年起任国民党中央监察委员、中央研究院院士、国防最高会议常委等，1949年到台湾后，任“总统府资政”，国民党中央评议委员。称“马克思的病理学不能试验于中国”；视无政府的“大同世界”为其社会理想，在近代中国首先提出“各尽所能，各取所需”，提倡所谓教育、物质、生育“三大革命”，以“平民政治”为达到无政府社会的“过渡物”。认为万物的进化在于其“自力”的作用，而进化的过程表现为螺旋形。“世界之进化走螺形圈线。公理何在，永无可知之境”；“进化之理，不过较未善而至于较善。有若螺线由外围向中心旋转。弥绕弥近，如是而已”。无政府社会的实现正是合乎螺旋式进化规律的。社会进化以博爱为动力，“无我博爱，乃人类自然之良德，即世界进化之种子”。批评国粹派崇古的思想，呼吁国人“勿再为孔子邪说所误”，甚至主张以“焚书坑儒之精神”来对待中国传统文化，有“全盘西化”论倾向，认为物质文明愈发达，道德水平便愈高，故颂扬西洋民族的道德“较高明”，而中国民族则“依然低浅”，据此批评当时的“精神文明至上”论乃是对“牛羊生活”的美化。积极主张将“德先生”、“赛先生”和“穆勒儿姑娘”（道德）全迎到中国“治内”。哲学和伦理学上，受尼采、柏格森创造进化论和生命意志说的影响，认为宇宙是一个“大生命”，原本是混混沌沌的“漆黑一团”，由于神秘“意志”的作用而具有“不惮烦的进化精神”，发生“破裂”，“变成了大千世界”，故“万物皆活”。进而在“科学与人生观”论战中提出“人欲横流的人生观”，称人生只是“用手用脑的一种动物”在宇宙大舞台上的一种演剧；鼓吹“招呼朋友”、“吃饭”、“生小孩或饮食男女”是人生最重要的三项目标，将自然人性论推到极端。论著曾编为多种文集出版，以《吴稚晖先生全集》较为完整。

吴敬恒 即“吴稚晖”。

谭嗣同（1866—1898） 近代哲学家、思想家。戊戌蒙难“六君子”之一。字复生，号壮飞。湖南浏阳人。早年从欧阳中鹄学，受儒家正统教育，然性任侠，善剑术，涉猎群书，好今文经学。曾游西北、东南各省，体察民情。光绪十八年（1892），在上海广读西方自然科学及史地政教之书。甲午战争后，愤于中国积弱不振，在浏阳首设学会，反对“守文因旧”、“苟且图存”；筹建算学馆，主张“兼西学”，“裨实用”，倡导新政，立志变法。光绪二十二年，入资为江苏候补知府，在南京候缺期间，著《仁学》。次年，倡设金陵测量会。并又在湖南开办时务学堂，编辑出版《湘学新报》、《湘报》，协助湖南巡抚陈宝箴筹办内河轮船、开矿、修铁路等新政。光绪二十四年创南学会，联合南方诸省志士，"相与讲爱国之理，求救亡之法"。力主变科举以育人材，开议院以达下情。同年，以徐致靖荐，被征入京，擢四品卿衔军机章京，与杨锐、林旭、刘光第号为"军机四卿"，参与康有为主持的维新变法。失败后被害。死时情绪慷慨，谓"各国变法无不以流血而成。今中国未闻有因变法而流血者，此国之所以不昌也。有之，请自嗣同始"（梁启超《谭嗣同传》）。哲学思想较庞杂，糅合了儒家与佛家、中学与西学、科学与哲学等。继承和发展王夫之"道不离器"的观点，强调"器既变，道安得不变"（《报贝元征》）。又提出"天地以日新，生物无一瞬不新"（《上欧阳瓣薑师书》），肯定事物运动变化的永恒性，为变法图强制造舆论。尖锐批判纲常名教，认为"三纲五常"既非"天命"，又非"天理"，而是上以制其下之"网罗"，疾呼要"冲决"君主、伦常、群教等"网罗"，具有反传统精神。抨击秦汉以来的专制制度，认为三代以后的历代君主都是窃国大盗、独夫民贼。认为君应由民根据需要而选举，亦可由民更换之，明确主张君主立宪。借用当时物理学名词"以太"表示宇宙本源，认为世界上各种现象的关联、变化和结合都是"以太"的作用。用孔子的"仁"和佛教"唯识"的观念解释"以太"，视"以太"为不生不灭、视听不见、寂然不动的本体，其"用"可称之"仁"，佛谓之"性海"、"慈悲"，断言"仁为天地万物之源，故唯心，故唯识"（《仁学》）。在知行问题上，"贵知不贵行"；"知者，灵魂之事也；行者，体魄之事也"；应当"超出体魄之上而独任灵魂"（《仁学》）。提出"仁—通—平等"的道德观。主张"中外通"、"上下通"、"男女内外通"、"人我通"。以为如此就可最终达到社会平等的目标，进入道德上的理想境界。持自然人性论观点，提出"性善情亦善"说，认为"性无不同，即性无不善"；"天理善也，人欲亦善"；据此批判传统儒学尤其是程朱理学关于"存天理灭人欲"的道德修养论。以为中国"大劫行至矣"，必须"以心挽劫"，高度颂扬"心力"。认为"心之力量虽天地不能比拟，虽天地之大可以由心成之、毁之、改造之，无不如意"（《上欧阳瓣薑师书》）。能诗，所作富于爱国激情，风格雄健。著作编为《谭嗣同全集》。

谭复生 即"谭嗣同"。

黄人（1866—1913） 近代文学家。原名振元，字慕韩，一作慕庵，又字摩西。江苏常熟人。曾为"南社"社员，任东吴大学教授。研究领域广泛。撰《中国文学史》二十九册，为中国最早之文学史著作。在小说美学思想上，认为"小说之实质"，在于它是"文学之倾于美的方面之一种也"（《小说林发刊词》）。"微论小说，文学之有高格可循者，一属于审美之情操"。将小说的审美价值提高到重要的地位。提出要正确认识小说的社会价值，要反对历史上"视小说也太轻"的片面性，正视"小说之风行于社会"的现实，又要纠正"今之视小说又太重"的毛病。指出忽视小说的审美价值，而夸大其社会价值，好像小说"一若国家之法典，宗教之圣经，学校之科本，家庭社会之标准方式"（同上），正是近代"小说革命"失败的原因之一。试图纠正梁启超无限夸大小说政治作用，忽视审美情操价值的偏颇。有《石陶梨烟室遗稿》、《石陶梨烟室劫后遗稿》等。

孙中山（1866—1925） 近代伟大的民主革命家、思想家。名文，字德明，号日新，改号逸仙，在日本化名中山樵，后遂以中山名。广东香山（今中山）人。出身农民家庭。清光绪四年（1878）起，先后到檀香山、香港等地读书，开始接受西方文化科学知识的教育。光绪十八年，毕业于香港西医书院。行医于澳门、广州等地，交结会党，联络有志之士，酝酿建立团体。光绪二十年赴京上书李鸿章，提出"人能尽其才，地能尽其利，物能尽其用，货能畅其流"的变法自强主张，遭拒绝，遂赴檀香山组织兴中会，开展革命活动。光绪三十一年，在日本领导兴中会与华兴会、光复会联合组织中国同盟会，被推为总理，确定"驱除鞑虏，恢复中华，建立民国，平均地权"的纲领和三民主义学说。在中国历史上第一个全面提出了资产阶级民主革命的理论和政纲。创办《民报》，宣传革命，同当时的改良派激烈论战，在理论上进一步阐发了三民主义思想体系，在中国奠定了民主主义的思想基础。此后在国内外发展革命组织，多次发动武装起义。以他为首的同盟会领导的1911年辛亥革命，推翻了清王朝，结束了二千多年的封建帝制，成立了民主共和国。他被推为中华民国临时大总统。因革命党人与袁世凯妥协，不久被迫辞职。后同盟会改组为国民党，当选为理事长。1913年，主张起兵讨袁。1914年，在日本建立中华革命党，重举资产阶级革命旗帜。次年发表讨袁宣言。1917年段祺瑞解散国会，他在广州组织护法军政府，当选为大元帅，誓师北伐。1919年在上海将中华革命党改组为中国国民党。1920年回广东，次年就任非常大总统。1922年因陈炯明叛变，退居上海。在俄国十月革命的影响和中国共产党的帮助下，决心改组国民党。1923年回广州重建大元帅府。1924年1月在广州主持召开中国国民党第一次全国代表大会，通过宣言，实行“联俄、联共、扶助农工”的三大政策，把旧三民主义发展成为新三民主义；改组中国国民党成为工人、农民、小资产阶级和民族资产阶级的革命联盟。同年11月，应邀北上讨论国是，继续同帝国主义和段祺瑞、张作霖等北洋军阀作斗争。1925年3月12日在北京病逝。遗嘱“必须唤起民众，及联合世界上以平等待我之民族，共同奋斗”。哲学上，提倡进化论，认为“世界万物皆由进化而成”(《孙文学说》)。将宇宙分为物质、物种、人类三个进化时期，论述了三者的起源和发展。并提出“突驾”说，认为中国“不仅足以突驾日本”，而且“不难举西人之文明而尽有之，即或胜之焉，亦非不可能之事也”(《在东京中国留学生欢迎大会的演说》)。以“太极”为“以太”的译名，作为世界的物质本原，以“生元”为细胞的译名，作为生命的起源。以体用解释物质与精神，认为“物质与精神二者，精神虽为物质之对，然实相辅为用”(《军人精神教育》)。认识论上，认为“先有事实后有言论”(《三民主义》)。提出“知难行易”说，强调“人类之进步，皆发轫于不知而行者也，此自然之理则”(《孙文学说》)。主张“不知亦能行”，“行其所不知以致其所知”，反对“知之非艰，行之惟艰”及王守仁“知行合一”说。将“知”理解为“科学知识”，强调“舍科学而外所谓知识者，多非真知”(同上)，知识要随事物增加而同时进步。把人类认识分为“不知而行”、“行而后知”、“知而后行”三阶段，主张“分知分行”。社会历史观上，提出“民生史观”，认为“历史的重心是民生，不是物质”。指出“民生就是人民的生活，社会的生存，国民的生计，群众的生命”。强调“民生问题才可说是社会进化的原动力”(《民生主义》)。晚年认为“求中国民族解放，其所恃为后盾者，实为多数之民众”(《中国国民党第一次全国代表大会宣言》)。在伦理学上，强调道德文明之重要，提出在“发生新观念、新思想”的同时，要积极恢复“中国固有的道德”。认为造就新社会、新国家必须“自根本上做工夫，便是在改良人格来救国”(《国民要以人格救国》)。并对“忠孝”、“仁爱”、“信义”、“和平”作了新的民主主义的解释，又受互助论的影响，主张社会互助论，认为“社会国家者，互助之体也”。提出“道德仁义，互助之用也”(《孙文学说》)的伦理思想。认为人类求生存，必须“互助”，道德便是人的“互助”本性的作用和表现。主张由道德之提倡、互助原则之推行“达到人类进化之目的”。而道德之进化，关键又在于克服“竞争”，消除“兽性”，扩大“互助”，发挥人性，据此，反对社会达尔文主义，提倡“讲公理不讲强权，尚道德不尚野蛮”的“文明之学问”。又以自由平等博爱的人道主义“真髓”，发挥三民主义的道德意义，批判“堵塞人民之耳目”、“锢禁人民之聪明”、“养成其盲从之性”的封建纲常伦理，强调革命党人新的道德修养之重要性。遗著编为《孙中山选集》、《孙中山全集》等。

孙文 即“孙中山”。

孙逸仙 即“孙中山”。

唐才常(1867—1900) 近代思想家。字伯平，号黻丞，后改佛尘，自号洴澼子。湖南浏阳人。贡生出身。早年就学于长沙校经书院、岳麓书院及武昌两湖书院。学重经世致用，注意中西历史的研究。曾怒斥李鸿章议定《马关条约》为“降倭”、“卖国”。清光绪二十三年(1897)与谭嗣同等在浏阳兴办算学馆，在长沙主编《湘学报》，并参加创办时务学堂。光绪二十四年，又与谭嗣同创办南学会、群萌学会和《湘报》，提倡新学，宣传民权思想和君主立宪制，酝酿变法。提出“全民生，去民害，保民权”(《辨惑上》)。称颂“英之君民共主，最称公私交便”(《论公私》)。后应谭嗣同约，欲赴北京，参与新政，及至汉口，政变发生，遂出亡日本。一方面与康、梁保持联系，一方面又同以孙中山为首的革命派接触。光绪二十五年，与康、梁筹划在长江两岸各省起兵“勤王”。次年在上海组织正气会，后改称自立会，筹组自立军。又在上海张园召开中国国会，自任总干事，宣布“保全中国自立之权，创造新自立国”，拥护光绪当政。运动沿江各省会党和清政府防军，组成自立军七军，准备起义，事泄遭捕杀害。哲学上主张“质点配成万物说”，但又认为“司大千世界诸微点大脑气者，是为大灵魂”(《质点配成万物说》)。认为宇宙万物是大大小小的“机轮”，即机器；“元质”(即元素的原子)本身则不可分割，永远不变。受谭嗣同影响，强调“心力”的作用，“今夫太空中而有全世界焉，惟心力之所成耳”(《公法学会叙》)。把“心力”分为“热力”和“爱力”两类，热力即人心的热忱、激情；爱力即爱他人、国家群体的爱心。发挥心力的威力即是激活人们的热力和爱力。主张进化论，认为生物、人类社会都是进化发展的，“天地间存在着日新变化之理”(《论热力》)，社会由“蛮野而文明”。断言“西人之创作度数”虽“后于中国”，但必“足以凌驾中国”(《通种说》)。其伦理学说以“破私固群”与“爱力”为中心，强调“如欲图存，则易独而群，易私而公”，而去私合群的关键在于“爱力”。宣称西方所以日益富强，“无他，有爱力以绵绵也”(《论公私》)，由此得出“从出其爱力以保国权，而国不富强者，未之有也”的结论。又提倡墨子“兼爱”说：“欲救今日之士、农、工、商各怀私心之病，则必治之以墨学。”(《治新学先读古学书》)但对纲常名教又持保留态度,“吾中国所以首出万邦者,纲常名教之严耳”(《交涉甄微》)。有《唐才常集》。

蔡元培(1868—1940) 近现代政治家、教育家、思想家。字鹤卿,号孑民。浙江绍兴人。清光绪进士,翰林院编修。清光绪二十四年(1898)弃官南下,从事教育,并投身于旧民主主义革命。光绪二十八年与章炳麟等创立中国教育会,任会长;并创办爱国学社、爱国女学。光绪三十年与陶成章等组织光复会,翌年加入同盟会。光绪三十四年赴德留学,入莱比锡大学研究心理学、美学、哲学等。1912年1月回国,任南京临时政府教育总长。同年7月,因不满袁世凯专制统治,退出内阁。1913年赴德、法等国学习、考察。1917年任北京大学校长,支持正在酝酿中的新文化运动,提倡学术自由,科学民主。主张对中西思想兼收并蓄,对新旧思想“兼容并包”,实行民主管理和教授治校。1927年第一次国内革命战争失败后,任中央研究院院长等职。1931年与宋庆龄、鲁迅等组织中国民权保障同盟,任副主席。1937年抗日战争爆发,主张抗日,努力促成国共合作。后在香港病逝。哲学上深受康德、尼采及儒家传统的影响。主张把世界划分为“现象的”和“实体的”两部分,视实体世界是绝对的,不受因果律制约,人们只能凭直觉来体验,有客观唯心主义倾向。一生致力于教育事业和美学研究。大力提倡美育,主张“以美育代宗教”。受康德美学影响,认为美感可以破人我之见,去利害得失之心,是由“现象世界”进入“实体世界”的桥梁。视美育为世界观的教育,指出:“美育是自由的,而宗教是强制的”,“美育是进步的,而宗教是保守的”,“美育是普及的,而宗教是有界的”。所以“不能以宗教充美育,而只能以美育代宗教”(《以美育代宗教》)。还系统论证德育、智育、美育与体育四者的关系,制定具体的实施办法,对中国近代教育的发展有积极影响。在伦理学上亦有相当造诣,曾翻译出版德国泡尔生的《伦理学原理》,1910年出版《中国伦理学史》,是近代第一部中国伦理学史著作,认为儒家折中功利论和动机论,是中国传统伦理思想的主流;自两汉迄宋明,传统伦理思想并没有很大进展,儒学最终成为“儒教”;然而黄宗羲、戴震、俞正燮三人“已渐脱有宋以来理学之羁绊,是殆为自由思想之先声”。还著有《中学修身教科书》。主张教育要以“公民道德为中坚”,强调“军国民教育及实利主义则必以道德为根本”(《全国临时教育会议开会词》)。提出以“自由、平等、亲爱”为公民“道德之要旨”,认为三者之中,自由、平等“皆由消极一方面言之”,而“亲爱”乃是“积极之道德”,尤为重要。提倡“为群伦不为小己”、“为将来不为现在”(《世界观与人生观》)、“权利轻而义务重”(《义务与权利》)的道德原则和人生目标。著作编为《蔡元培哲学论著》、《蔡元培美学文选》和《蔡元培教育文选》等,另有《蔡元培全集》。

蔡孑民 即“蔡元培”。

陈榥(1868,一说1872—1931) 近代无神论者。字乐书。浙江义乌人。清光绪二十九年(1903)发表《续无鬼论》。认为:“观民族国家兴亡之故,知其与鬼神祸福之说,大有关系。”以物种起源与生物进化来否定鬼神之说,“人之死也,如老树之必归腐朽,如旧机器之必归损坏,乃新陈代谢之公理”。并用动物学和物理学的知识辨析鬼妖之不可信。

章炳麟(1869—1936) 近现代思想家、学者。初名学乘,字枚叔(一作“梅叔”)。因慕明清之际顾炎武之为人,曾改名绛,别号太炎。浙江余杭(今杭州市余杭区)人。早年曾师事俞樾。清光绪二十三年(1897)至上海,任《时务报》撰述,又任职《经世报》、《昌言报》等,宣传维新变法。光绪二十六年作《客帝匡缪》,并割发辫,公开宣布反清革命。光绪二十九年撰《驳康有为论革命书》,倡言:“公理之未明,即以革命明之;旧俗之俱在,即以革命去之。革命非天雄、大黄之猛剂,而实补泻兼备之良药矣。”又为邹容《革命军》作序,触怒清廷,被捕入狱。次年与蔡元培发起成立光复会。光绪三十二年出狱后至日本,参加同盟会,任《民报》主编,与改良派论战,宣传革命。宣统二年(1910)退出同盟会,重组光复会,被推为会长。辛亥革命爆发后回国,1912年任南京临时总统府枢密顾问。1913年因反袁被软禁,袁死后获释。1917年参加护法军政府,任秘书长。五四运动后趋于保守,反对新文化运动,不赞成国共合作和孙中山改组国民党。宣传“尊孔读经”。晚年赞成抗日,谴责蒋介石“攘外必先安内”政策。在苏州设章氏国学讲习会,主编《制言》杂志,以讲学终老。早期哲学有唯物论倾向,认为“以太”是构成万物的基本物质,“各原质之成于以太,万物之成于各原质”(《菌说》)。强调人的精神依赖于人体,“精离则死,死则无知”(《儒术真论》),否定灵魂不灭说和鬼神论。强调人们必须通过感官来认识世界,指出:“物各缘天官所合以为言。”(《訄书·公言》)宣传进化论,认为“人之始皆一尺之鳞也”(《訄书·原人》),并强调“人心之智慧,自竞争而后发生”(《驳康有为论革命书》)。但认为进化是事物“渐思渐变”,“以思自造”的过程,甚至认为原子、空气、金铁等都具有精神意识,并用生物竞争的规律解释历史。后期哲学杂糅佛教、老庄及康德、休谟等人的学说,形成唯心的思想体系。认为阿赖耶识高于一切，永恒不变，“此识含藏万有，一切见相皆属此识枝条”(《人无我论》)，为万物的源泉、归宿和宇宙的本体，并通过意识和感觉创造世界，“见量感觉，一切惟心”(《四惑论》)。把认识主体作为现象的原因，主张外在事物服从自己的内心，“依自不依他”，“自贵其心”(《答铁铮》)。提出“俱分进化论”，认为人类历史善和恶，苦和乐“双方并进”(《俱分进化论》)。伦理学上，将批判儒家道德与宣传民主革命相互联系，提倡“革命之道德”，认为无道德者不能革命，重视道德在革命中的作用。认为人类之不同于自然界，就在于人可以依据“人为规则”即道德的调节来克服弱肉强食的状况，并由此认为戊戌变法失败的原因系“道德堕落”所致，断言“吾于是知道德衰亡，诚亡国灭种之根极”(《革命之道德》)。又肯定“一切道德，皆始自利”，道德观念和人们的利益分不开。主张以人的自利原则和社会利益的统一作为评价善恶的标准。论述了道德变迁的原因，称“今之道德，大率从于职业而变”，其地位和社会职业的不同决定了人们道德水平的高下，指出：“知识愈进，权位愈伸，则离道德也愈远。”初步涉及到当时的道德状况和社会物质生活之间关系的分析。美学上，论述了“雅”、“俗”关系。认为“雅俗者，存乎轨则”(《文学略论》)。分雅为积极之雅和消极之雅两种：“积极之雅，闳而能肆”，“消极之雅，清而无物”。并认为文学有重大的社会影响力，要求“文”要起到开启民智、鼓舞民心、反对清朝政府的作用，以“跳浪博跃”之言，为“义师先声”。逻辑学上，对中国古代逻辑思想有系统研究和独到见解，主张对西方逻辑、印度逻辑和中国古代逻辑三者进行比较研究，力求揭示这三种逻辑的共同点和差别点。一生著述极多，学问广博，在史学、语言学等方面都有贡献。有《章氏丛书》、《章氏丛书续编》、《章氏丛书三编》、《章太炎选集》、《章太炎政论选集》等。1982 年起已陆续出版《章太炎全集》。

章太炎 即“章炳麟”。

欧阳竟无(1871—1943) 近现代佛学思想家。居士。名渐。江西宜黄人。人称“宜黄大师”。早习儒学，后受桂伯华影响而信佛。34 岁到南京随杨文会学佛学。后遵杨嘱游日本数月，回国后任两广优级师范教师，因病辞职。清宣统二年(1910)又至南京从杨文会研习佛学。杨去世后，承其遗志经营金陵刻经处，自任主编、校勘。又附设佛学研究部。1917 年刻成《瑜伽师地论》后五十卷，并为之写序；分唯识法相为二宗，阐明“约观心门建立唯识义，约教相门建立法相义”的宗义纲要。1922 年(一说 1920)创立支那内学院，讲《唯识抉择谈》。抗日战争爆发后，率院众携经板至四川江津建立支那内学院蜀院。一生刻佛典达二千卷。曾设想编印《精刻大藏经》，筹划完毕即逝世。其佛学思想，上继唐代玄奘、窥基诸师遗规，远承印度无著、世亲之学，而直接渊源于杨文会居士，并有所发展。晚年融通般若、华严、涅槃之学，自成一家。生平对法相学特有研究，尝谓“法相、法性是一种学”，“唯识、法相是两种学”(《与章行严书》)。提出“佛教既非宗教亦非哲学”(《佛法非宗教非哲学而为今时所必需》)的观点，认为佛教是包罗人生各门原理的独特体系。重视佛学研究的方法，认为“一切佛法研究，皆是结论后之研究，而非研究后之结论”(《谈内学研究》)。大力提倡居士佛教。其学术思想由儒入佛，而后由佛摄儒。主张以佛法为体，孔学为用。著作有《竟无内外学》二十六种、三十余卷。从其学佛者有梁漱溟、熊十力、吕澂、王恩洋、黄忏华等。

吴虞(1872—1949) 现代学者、诗人。原名永宽，字又陵。四川成都人。早年从四川学者吴伯竭学习，又问学于廖季平、张星平。“澹于希世，不事科举”。戊戌变法后，兼求新学，思想为之一变。清光绪三十一年(1905)留学日本，入日本法政大学速成科。归国后任成都府中学堂教习。一度主编《蜀报》。参加南社，用诗文宣传民主革命思想，反孔、非孝、非礼。1921 年去北京，任教于北京大学，并先后在北京师范大学、中国大学等校兼课。晚年任教于四川大学、成都大学。“五四”运动时期，曾在《新青年》杂志上发表《家族制度为专制主义之根据论》、《说孝》、《吃人与礼教》、《儒家主张阶级制度之害》等文，反对孔孟学说，尤其反对封建家族制度。指出：“儒教与君主，盖相得而益彰者。”(《驳康有为君臣之伦不可废说》)认为：“儒家以孝弟二字为二千年来专制政治与家族制度联结之根干”，“其流毒诚不减于洪水猛兽矣”(《家族制度为专制主义之根据论》)。“儒术之弊与专制之祸，俱达于极点”(《消极革命之老庄》)。儒家教忠教孝，是要“把中国弄成一个制造顺民的大工厂”(《说孝》)。强调“儒教不革命，儒学不转轮，吾国遂无新思想、新学说，何以造新国民？悠悠万事，惟此为大已！”(《儒家主张阶级制度之害》)在鲁迅《狂人日记》的启发下，以中国历史上的实例，揭露“吃人的是讲礼教的，讲礼教的就是吃人的！”(《吃人与礼教》)反对片面地讲孝，并不否认父母与子女之间的感情联系，认为“父子母子不必有尊卑的观念，却当有互相扶助的责任。同为人类，同做人事，没有什么恩，也没有什么德。要承认子女自有人格，大家都向‘人’的路上走”(《说孝》)。亦区分了礼教与生活中的礼仪，认为“我们今日所攻击的，仍是礼教，不是礼仪。礼仪不论文明人野蛮人都是有的”（《墨子的劳农主义》）。以西方民主主义思想学说为原则，引用先秦道、法、墨诸家以及儒学异端如李贽等人的思想，批判“孔孟之道”。将批判孔孟与对儒家经典的质疑相联系，撰《经疑》一文，对儒家经典一一提出质疑，认为它们“真伪杂糅”，而人们“以为皆出圣人之本意，欲据以为裁量万世之标准，不亦误乎”。一时被誉为“只手打孔家店”的激进人物。主要著作有《吴虞文录》、《吴虞文续录》、《吴虞文别录》及《秋水集》等。又汇编成《吴虞集》及《吴虞日记》。

梁启超(1873—1929) 近现代思想家。字卓如，号任公，又号饮冰室主人。广东新会（今江门市新会区）人。光绪举人。与康有为创导变法维新，被合称“康梁”。清光绪二十二年（1896）在上海主编《时务报》，发表《变法通议》等重要论文，阐发维新变法思想，要求“变官制”、“伸民权”，实行君主立宪。光绪二十三年主讲长沙时务学堂。次年入京，以六品衔办京师大学堂、译书局，参加戊戌变法。变法失败后逃亡日本。先后主编《清议报》和《新民丛报》，主张立宪保皇。曾介绍西方近代社会、政治、经济学说，在当时知识界影响颇大。辛亥革命后，以立宪党为基础组成进步党，出任袁世凯政府司法总长。1916年策动蔡锷组织护国军反对袁世凯复辟称帝。后又组织研究系，与段祺瑞合作，任财政总长。1918年底去欧洲旅游，回国后著《欧游心影录》，宣称欧洲文明已经破产，主张发扬中国的“固有文化”。1920年在关于“社会主义”的论战中，支持张东荪的改良主义观点。哲学上认为“境由心造”，“一切物境皆虚幻，惟心所造之境为真实”。世界上没有“物境”，“但有心境”，“故曰三界唯心”（《自由书·唯心》）。强调“心力是宇宙间最伟大的东西”（《非唯》）。认识论上提出“除心中之奴隶”（《新民说·论自由》），认为培根和笛卡尔虽有“格物派”和“穷理派”之分，但两者都是为了“破学界之奴性”，而“思想之自由，真理之所从出也”（《近世文明初祖二大家之学说》）。认为“人心之灵，莫不有知”（《德育鉴》）。推崇明王守仁的“致良知”是“千古学脉，超凡入圣不二法门”，“放之四海而皆准，俟诸百世而不惑”（同上）。戊戌变法前后，宣传“变”思想，认为“变者，古今之公理也”，承认“上下千岁，无时不变”（《变法通议·自序》），强调“导中国进步当以渐也”，主张变法循序渐进，点滴改良。历史观上将进化论应用于历史领域，形成其新史学理论。认为“历史者，叙述人群进化之现象而求得公理公例者也”。批判中国古代的天命史观和“治乱相嬗”的历史循环论。认为英雄对推动历史进化发展起根本性作用，“历史者英雄之舞台也，舍英雄几无历史”（《中国史界革命案》）。对中国学术思想史卓有研究，著有《论中国学术思想变迁之大势》、《先秦政治思想》、《儒家哲学》、《中国文化史》等，其《清代学术概论》、《中国近三百年学术史》，较系统地总结了清代以来近三百年的学术思想发展，对学术界颇有影响。逻辑学上，较早研究了《墨辩》逻辑思想，著《墨子学案》和《墨经校释》，强调要将墨家辩学（名学）、西方逻辑和印度的因明作比较研究。美学上认为“只有真才是美”，“求美先从求真入手”（《美术与科学》）。视“美”为人类生活“各种要素中之最要者”（《美术与生活》），“爱美是人类的天性”（《书法指导》）。认为美学家的任务是引导人们扬善弃恶、揭美去丑。强调情感教育，注重研究审美移情的规律。伦理思想上，以天赋人权说和进化论观念解释道德的起源和本质，认为“天生人而使之有求智之性，有独立之性，有合群之性”（《中国积弱渊源论》），道德也“有进步发达，一循天演之大例”，其作用在能“固其群、善其群、进其群为归”（《新民说·论公德》）。又倡“我之自由”说，称：“自由者，天下之公理，人生之要具。”（《新民说·论自由》）据此提出“道德革命之论”，阐发其理想人格学说。又比较了中西伦理观，从国民品格上“探求我国民腐败堕落之根源”，批评“束身寡过”、“存心养性”的封建道德修养论，并论述了公德、私德的关系，指出：“公德者人类生存之基本”，“我国民之最缺者，公德之一端也”（《新民说·论公德》）。然又强调公德与私德“二者皆人生所不可缺之具”。其说多变，常有前后矛盾的现象。曾创导文体改良的“诗界革命”和“小说界革命”。早年所作政论文“笔端常带感情”，“夹以俚语”，风靡一时。对佛学亦有研究，有《佛学研究十八篇》等。著述宏富，编为《饮冰室合集》。

梁任公 即“梁启超”。

杜亚泉(1873—1933) 现代学者、思想家。原名炜孙，字秋帆，又署伧父。浙江会稽（今上虞市）人。少时刻苦自修，曾中秀才。甲午战争后，改习数学，通日语，长于理化、矿物及动植诸科，曾任绍兴中西学堂教员。后离校赴沪，创办亚泉学馆（后改为普通学书室），并出版《亚泉杂志》（后改为《普通学报》）。清光绪三十年（1904）入商务印书馆任编译所理化部主任；编著自然科学教科书。1911—1919年兼任商务印书馆《东方杂志》主编，刷新内容，扩大篇幅，使其成为民国初期影响最大的学术政论综合刊物。在主持《东方杂志》笔政期间，发表大量政论和思想评论，成为民国初期有影响的思想家。提倡温和渐进改革的“接续主义”，即开进和保守相调和。与《新青年》展开东西文化论战。认为中西文化非“程度之差”而为“性质之异”，即前者是“静的文明”，后者是“动的文明”，两者各有其价值，也各有其偏弊，因而两者适可互为调剂补正，形成当时独树一帜的东西文明调和论。对以儒家为主流的中国传统思想的流弊亦有相当的批评。提出精神救国论，认为晚清以来的进化论以物质势力为万能，以弱肉强食为天则，针对此种物质救国论的弊病，引征欧洲“精神主义之新唯心论”，重阐进化论。认为人类进化以心意遂达为目的，即在智情意上自由发展和伦理上的完善。人类社会的发展，是人类精神的发展，因而唯有唤起国民之精神以自救。在人生哲学上，以生命的发展为人生终极目的，并以终极目的作为评判人之行为的价值标准，人类最高道德理想是知情意及个人与社会的和谐发展，主张综合相对厌世观和积极乐天观的“改善主义”。著译、论著甚多。重要的政论和思想评论，被编为《杜亚泉文选》、《杜亚泉文存》。蔡元培曾撰有《杜亚泉君传》。

蒋维乔(1873—1958)　现代学者。字竹庄，别号因是子。江苏武进(今常州)人。20岁中秀才。21岁接触到西方科学书籍，遂弃八股文，研究“西学”。清光绪二十年(1894)，肄业于南菁书院。次年考入常州致用精舍。光绪二十八年接受资产阶级革命思想的影响，参加蔡元培组织的中国教育会，在武进组织了“以变法与兴学为宗旨”的常州藏书阅报所和“提倡尚武精神”的体育传习所。光绪二十九年起先后任爱国学社、爱国女学义务教员，被选为中国教育会监察。抱着“救国之本还在教育”的宗旨，进商务印书馆编译所，从事小学教科书的编辑工作达十年之久。1912年加入由章炳麟任会长的中华民国联合会，应蔡元培之邀，先后任教育部秘书长、参事。后转为研究佛学，阅读演讲佛经，且“依照佛法，实行修持”。1922—1925年，任江苏省教育厅厅长、东南大学校长。1929年任上海光华大学哲学系教授，执教二十余年。并曾先后兼任上海正风学院院长，上海鸿英图书馆名誉馆长、馆长，上海人文月刊社社长。新中国成立后，以特邀代表身份出席苏南人民代表大会，被选为主席团主席及常任副主席。主要著作有《中国近三百年哲学史》、《中国佛教史》、《佛学概论》、《吕氏春秋汇校》以及与杨大膺合编的《中国哲学史纲要》、《宋明理学纲要》等。其《中国佛教史》是中国近代第一部比较完整系统的中国佛教通史著作，叙述了汉魏至民国的佛教发展过程，其中对南北朝时期的造像和石经的研究，以及对清代至民国的“近世佛教”之研究，颇有创见。《中国哲学史纲要》“以哲学问题为经，以哲学家为纬”，是较早的中国哲学问题发展史著作。

丁福保(1874—1952)　现代佛教居士。字仲祜，别号畴隐居士。原籍常州，生于无锡。先后在江阴南菁书院、苏州东吴大学、上海东文学堂学习。擅长数学、医学、词章考据学。通日文。曾任京师大学堂及译学馆教习。36岁时去日本考察医学。回国后，在沪行医，组织中西医研究会，创办医学书局，除编印医学书籍外，又编有《说文解字诂林》、《历代诗话续编》等。自32岁开始读佛教书籍，收藏佛经。43岁开始信奉佛教。翌年编印佛书，出版有《一切经音义提要》、《佛经精华录笺注》、《六祖坛经笺注》、《佛学指南》等。1921年编辑出版《佛学大辞典》，为中国第一部较为详备的佛教辞典。一生著有医学、文学、道德、佛学等四大类丛书，卷帙浩博，计四百二十二册。还编有《古钱大辞典》。

陈天华(1875—1905)　近代民主革命家、思想家。原名显宿，字星台，又字过庭，别号思黄。湖南新化人。早年曾就读于资江书院、新化求实学堂。清光绪二十九年(1903)留学日本，入东京弘文学院师范科。参与组织拒俄义勇队(后改名军国民教育会)，并与黄兴等从事反清革命活动。次年回国参与创立华兴会，准备在长沙起义，未成，复流寓日本。光绪三十一年参加组建同盟会，被举为会章起草人，拟定《革命方略》。《民报》创刊，任撰述员。后在东京参加抗议日本政府《取缔清韩留日学生规则》的斗争，愤而投海自杀，留下绝命书，鼓励同志誓死救国。所作《猛回头》、《警世钟》等书，揭露当时列强“把我们十八省都划在那各国的势力圈内”，指斥清王朝“已变成洋人的朝廷”(《猛回头》)。呼吁反抗外国帝国主义的侵略，推翻清王朝。宣称：“我们要拒洋人，只有讲革命独立”(《警世钟》)。又认为“欲救中国，惟有兴民权，改民主”，主张“改条约，复政权，完全独立”，以建立“民主的共和国”为目的。认为中国革命若要成功，须由“中等社会主持其事”(《中国革命史论》)；但也须取得广大“下层社会”的响应(《绝命辞》)。以进化论为革命理论的根据，“宇内各国，无不准进化之理，其所以雄飞突步，得有今日者，进化为之也，非自古而然，革命亦其一端也”(《中国革命史论》)。论著编为《陈天华集》。

麦孟华(1875—1915)　近代思想家。字孺博，号驾孟，一号蜕庵。广东顺德(今佛山市顺德区)人。光绪十九年(1893)举人。受业于康有为。光绪二十一年赴京应进士试，参加“公车上书”，加入强学会，任《中外纪闻》编辑。光绪二十四年列名保国会。戊戌政变后，流亡日本，协助梁启超办《清议报》。袁世凯任中华民国总统后，试图恢复帝制，两次召其相见,欲授以教育总长,其离京出走,与同门潘之博共入江苏都督冯国璋幕府,谋划倒袁。1912年与陈焕章等发起成立孔教会。1915年脑溢血卒于上海。康有为称其和潘之博为"粤两生",将两人之作汇编为《粤两生集》。为康、梁变法维新的重要成员和思想家。认为中国欲变法维新以救亡图存,应将人权作为国权的基础,"国权之振,实由人权之张"(《说权》)。张人权则须批判奴隶性,提倡国民意识,"奴隶者,与国民相对待而不齿于人类之贱称也";如此之奴隶,非为力之所屈的"形式之奴隶",而是心悦诚服的"精神之奴隶"。并指出在专制政体下,奴隶性在国人中十分普遍(《说奴隶》);国人必须去奴性而进为国民即国家的主人,"国民者,国家之主也"(《论中国国民创生于今日》)。其论国人奴隶性的言论曾为梁启超、邹容引用。由关注去除国人的奴隶性即"精神之奴隶"而强调"心力"的作用,"自来举大事、成大功、报大仇、雪大耻、夷大难者,无不成于心力。心力者固天下莫大之力";心力存于内心,又称"内力","内力者奈何?则心力固万事之起点者也";挽救中国危亡归结为国人"自增内力"(《论中国救亡当自增内力》)。诗词并擅,词尤为著名,著有诗词别集《蜕庵集》。

王国维(1877—1927) 现代学者。字静安,一字伯隅,号观堂。浙江海宁人。清光绪秀才。光绪二十四年(1898)任上海《时务报》记者,进"东文学社"学习日文。光绪二十七年去日本,入东京物理学校。次年回国主编《教育世界》,并在上海南洋公学、南通师范、苏州师范等校任教。辛亥革命后任北京大学、清华国学院导师,又被逊帝溥仪任为南书房行走。1927年自沉于北京颐和园昆明湖。主张为学术而学术,提出"学无新旧,无中西也"(《国学丛刊序》),应把新旧、中西的学术相贯通。一生"为学三变":早年醉心西学,钻研哲学;后又觉得"哲学上之说大都可爱者不可信,可信者不可爱"(《静安文集续篇·自序二》),于是转而研究文学艺术;晚年又"尽弃前学专攻经史"。在哲学上,推崇康德、叔本华和尼采。欲借叔本华之言"抨击儒家之学"。受康德先验论影响,认为时空、因果律、充足理由律等都是"先天中预定之者也"(《释理》)。又以叔本华的唯意志论为据,认为人性的本质只是"欲望","生活之本质何?'欲'而已矣。欲之为性无厌,而其原生于不足。不足之状态,苦痛是也"(《红楼梦评论》)。其《论性》、《释理》、《原命》等文,对中国哲学史上的"性"、"理"、"命"等范畴作了分析批判,提出了新的见解,如指出"理"有"理由"和"理性"二义,"理"的二义有认识论意义,而无形而上学和伦理学意义,以此厘清传统哲学的概念。为国内介绍西方美学思想的首倡者。认为人只有"惟美之物,不与吾人之利害相关系"(《叔本华之哲学及其教育学说》),才能解脱。认为艺术可以担负"描写人生之苦痛",并指明"其解脱之道"的任务。《红楼梦》之所以是"宇宙间一大著述",就在于它"以生活为炉,苦痛为炭,而铸其解脱之鼎"(《红楼梦评论》)。环绕超利欲这一基本观念,阐发了"古雅"说、"游戏"说、"境界"说、"天才"说。认为"古雅"与"今俗"相对待,"今俗"与现实的利欲密切有关,"古"是对"今"的解脱。"雅"是对"俗"的解脱,两者都是对利欲的解脱。认为"文学者,游戏之事业也"(《文学小言》),人生有利欲的苦痛,唯有在艺术境界中做游戏时,才能"得其暂时之平和"(《红楼梦评论》)。认为艺术"境界"有"有我"与"无我"之分。"古人之词,写有我之境者为多",只有"豪杰之士"能写"无我之境"(《人间词话》),无我之境的可贵就在于摈弃利欲,达到物我的统一。境界表现的高下,决定于"隔"与"不隔"。境界的创造,又有"写境"与"造境"之别。只有依靠"天才"的艺术处理,才能创造出解脱利欲观念的作品,使"中智"以下的人在读作品时超脱生活的利欲以求安宁,由此称"美者实可谓天才之特许物也"(《叔本华之哲学及其教育学说》)。接受西方美学中崇高的理论,又吸取中国古代美学中阴阳刚柔说,提出:"美之物有两种:一曰优美,一曰壮美。"(《红楼梦评论》)强调艺术表现要能够"入乎其内","出乎其外",认为"入乎其内,故能写之,出乎其外,故能观之;入乎其内,故有生气,出乎其外,故有高致"(《人间词话》)。重视逻辑学,翻译耶方斯的《辨学》。1913年起主要从事古史地、古器物的训诂。尤致力于甲骨、金文和古文简牍的考释,建树颇多。陈寅恪称其治学方法为:"取地下之实物与纸上之遗文,互相释证";"取异族之故书与吾国之旧籍,互相补正";"取外来之观念与固有之材料,互相参证"(《王静安先生遗书·序》)。有《叔本华的哲学及其教育学说》、《人间词话》、《红楼梦评论》、《文学小言》、《古雅之在美学上之地位》、《宋元戏曲考》等,分别收入《海宁王静安先生遗书》和《观堂集林》。另有多部哲学译稿。今编有《王国维全集》。

王静安 即"王国维"。

邓实(1877—1951?) 近代史学家,国粹学派代表人物之一。字秋枚。广东顺德(今佛山市顺德区)人。生于上海。早年游学广东,受学于经学名家简朝亮门下。清光绪二十八年(1902)在上海创办《政艺通报》(半月刊),介绍西学新知。光绪三十一年发起成立国学保存会,刊行《国粹学报》,以"研究国学,保存国粹"为己任。是晚清国粹理论的主要构造者之一。注重宣传中国传统文化，重夷夏之防，借以鼓吹反清排满。针对当时不少人"醉心欧化"，认为只有弘扬国学，发扬国粹才是真正的救国良方。强调"国学"不是历代帝王"奉为治国之大经"的"君学"，而是"在野君子"著书讲学之所为。这样的"国学"是有长远价值的(《国学无用辨》)。擅长政论，写有《国学保存论》、《国学真论》、《古学复兴论》、《国学讲习记》等文。

吴樾(1878—1905)　近代革命家。字梦霞，后作孟侠。安徽桐城人。清光绪二十六年(1900)至上海，旋北游直隶(今河北)。次年入保定高等师范学堂。自此广结志士，与陈天华、赵声相善。开始受《清议报》等保皇派书刊的影响，崇拜康、梁。后读《警世钟》、《孙逸仙》、《黄帝魂》、《中国白话报》等革命派书刊，转而崇奉革命。称梁启超"为半睡未醒之满洲走狗"(《暗杀时代自序》)。组织军国民教育保定支部，主编《直隶白话报》，积极宣传反清革命。尤热衷暗杀活动，钦羡俄国19世纪中叶民粹派的暗杀行为。要求实行"铁血强权"的破坏主义。把暗杀作为反清革命的主要手段。提出："暗杀为因，革命为果。暗杀虽个人而可为，革命非群力即不效。今日之时代，非革命之时代，实暗杀之时代也"(同上)。光绪三十一年，他闻清政府宣布预备立宪，并派五大臣出洋考察宪政，乃携炸弹进入北京车站，登专车，谋炸出洋五大臣，因人众拥挤，弹发怀中，不幸牺牲。有《吴樾遗书》。

陈独秀(1879—1942)　现代革命家、思想家。中国共产党创始人和早期领导人。原名乾生，字仲甫，号实庵。安徽怀宁(今安庆)人。早年留学日本。辛亥革命后曾任安徽都督府秘书长。1913年参加反袁斗争，失败后暂居日本。1915年返回上海，创办与主编《青年》杂志(1916年改名《新青年》)。在创刊号上发表《敬告青年》，提出以"人权"和"科学"来批判中国传统文化。1917年被聘任北京大学文科学长。1918年与李大钊创办《每周评论》。以《新青年》、《每周评论》和北京大学为主要阵地，积极提倡民主与科学，提倡文学革命，反对封建道德，成为新文化运动的倡导者。1919年成为五四运动的主要领导人。五四运动后期，接受和宣传马克思主义，参加同资产阶级改良主义和无政府主义思潮的斗争。1920年初与李大钊开始酝酿组建中国共产党，2月到上海，深入工人群众，开展建党活动。5月发起组织马克思主义研究会，6月创建上海早期共产党组织，任书记，并推动各地建立党组织。在共产国际帮助下，发起成立中国共产党，成为党的主要创建人之一。1921年7月在中共一大上当选为中央局书记，9月回上海主持中央工作。1922年7月主持召开中共二大，被推举为中央执行委员会委员长。9月被孙中山指定为"国民党改组方案起草委员会"成员之一。10月作为中共代表团团长赴莫斯科出席共产国际四大，被选为国际执委会委员。1923年6月召开中共三大，通过国共合作决议，再次当选为委员长。后在中共四大、五大上继续当选为中共中央总书记。其间领导了五卅运动，发动群众参加北伐战争，组织领导上海工人第三次武装起义，参与成立上海市民政府等一系列重大革命活动。在"五四"新文化运动期间的社会主义论战、无政府主义论战和科学与人生观论战中，基本坚持了马克思主义的观点。大革命后期，在共产国际影响下，犯了右倾投降主义错误。1927年7月离开中央领导岗位，1929年11月被开除出党。1932年被国民党逮捕，1937年出狱。1942年在四川江津病故。在新文化运动中最早积极提倡科学与民主，反对孔教、礼法和旧道德、旧文学。揭露纲常名教是"奴隶的道德"，与民主、共和"水火不相容"，运用进化论破除封建守旧观念，"自宇宙根本大法言之，森罗万象，无日不在进化之途，万无保守现状之理"(《敬告青年》)。"进化的动因"在于"抵抗力"，"万物之生存进化与否，悉以抵抗力之有无强弱为标准。优胜劣败，理无可逃"(《抵抗力》)。承认物质世界是唯一真实的存在，"觉官有妄，而物体自真，现象无常，而实质常住"(《今日之教育方针》)。提出："人类也是自然界的一种物质，没有甚么灵魂；生存的时候，一切苦乐善恶都为物质自然法则所支配，死后物质分散，另变一种作用"(《人生真义》)，"一切宗教都是骗人的偶像"(《偶像破坏论》)，从而否定"灵魂不灭"的宗教迷信观念。明确主张："唯物的历史观，是我们的根本思想"，"所谓客观的物质原因，在人类社会，自然以经济(即生产方法)为骨干"(《答適之》)，反对胡適的多元历史观。伦理思想上早年曾以近代西方的进化论、天赋人权说和社会契约说为武器，猛烈抨击封建的纲常名教，主张以个人本位主义道德来对抗封建家族主义为核心的旧道德。"五四"时期强调思想革命、道德革命的重要，提出"伦理的觉悟，为吾人最后觉悟之最后觉悟"(《吾人最后之觉悟》)，并据"道与世更"的思想，强调孔教有违宪法，孔子之道不符合现代生活(《孔子之道与现代生活》)。主要著作收入《独秀文存》、《陈独秀著作选编》。

陈仲甫　即"陈独秀"。

弘一(1880—1942)　现代僧人、学者。中国近代音乐、美术和话剧艺术的先驱者。俗姓李，幼名成蹊，学名文涛，字息霜，号叔同，法名演音。原籍浙江平湖，生于天津。青年时留学日本，学习西洋绘画和音乐，并与人组织“春柳剧社”，演出《黑奴吁天录》和《茶花女》等，为中国话剧运动的开拓者之一。曾在东京加入同盟会。回国后在天津、浙江、南京各校任美术、音乐教师等，又与柳亚子等创办“文美会”，主编《文美杂志》。1918 年在杭州虎跑寺出家，翌年在灵隐寺受具足戒。后即往来于浙江、上海、福建等地，研究华严宗学说，修持弘扬南山律学，著有《四分律比丘戒相表记》、《南山律在家备览略篇》等律学著作，被尊为南山律宗第十一代祖师。生平不当住持，不开大座，不广收徒众。苦行持戒。尝创设“南山律学院”。并为养正院青年学僧规定“惜福、习劳、持戒、自尊”四条训词。提出“念佛不忘救国，救国必须念佛”的主张。用音乐、书画等形式弘扬佛教，颇具影响。著作还有《四分律含注戒本讲义》、《在家律要》、《南山道祖略谱》等。

李叔同 即“弘一”。

柳诒徵(1880—1956) 现代史学家。字翼谋，晚号劬堂。江苏镇江人。毕业于南京三江师范学堂，先后在南京两江师范学堂、南京高等师范学校、东南大学、东北大学等校任教。后长期主持江苏省省立国学图书馆，任馆长。又为中央研究院院士。新中国成立后任上海市文物管理委员会委员。1903 年出版《历代史略》一书，是我国近代较早的一部章节体的历史教科书。1921 年在《史地学报》上发表《论近人讲诸子学者之失》一文，对章炳麟、梁启超、胡適研究诸子之失进行了指名道姓的批评。1922 年，与梅光迪、吴宓等人创办《学衡》杂志，以“论究学术，阐求真理，昌明国粹，融化新知。以中正之眼光，行批评之职事。无偏无党，不激不随”为宗旨(《学衡杂志简章》)。在《学衡》上发表文章，批评新青年派的反孔和古史辨派的疑古主张，成为学衡派的重要成员。代表作有《中国文化史》、《国史要义》等。今人编有《柳诒徵史学论文集》。

陈撄宁(1880—1969) 现代道教学者。原名志祥，元善，字子修。道号“圆顿子”。安徽怀宁人。清末秀才，毕业于安徽高等法政学堂。后无意仕进，转而学道。二十九岁起历游九华、天童、茅山、武当、崂山等名山，寻师访贤。后常居上海，在白云观研读《道藏》，亦研究佛学。创办仙学院。又主编《仙学月刊》、《扬善》半月刊等刊物，倡仙道学说，在道教和医学界有广泛影响。新中国成立后，曾任中国道教协会副会长、会长等职。对道教女子内丹术和道教养生术有独到的研究。最为独特的是提倡“仙学”。认为在儒、释、道三教之外，还有“仙教”，在理学、佛学、玄学之外，还有“仙学”；认为在思想主旨上，儒、释、道三教皆在于论心，“儒曰仁心，道曰道心，释曰菩提心”(《答江苏如皋知省庐》)，因而重内而遗外，唯仙学既重心性，又重肉体健康，为内外双修，由此解决人生一切问题。曾撰写部分《道藏》目录、索引并提要。著作主要有《黄庭经讲义》、《孙不二女丹诗注》、《口诀钩玄录》、《论性命》、《仙与三教之异同》、《〈内华〉内外篇分章标旨》、《〈老子〉第五十章研究》等。

陈焕章(1881—1933) 现代学者，“五四”时期尊孔复古思潮的代表人物之一。字重远。广东高要人。师从康有为。光绪进士。清光绪三十三年(1907)留学美国哥伦比亚大学经济科，获博士学位。在纽约创办“昌教会”，并筹款建立孔教义学。1912 年，在上海发起组织孔教会，任主任干事。1913 年刊行《孔教会杂志》，任总编。受袁世凯聘，为总统府顾问。1917 年支持张勋复辟，后又充当“安福国会”议员。1919 年，反对“五四”新文化运动，向国会提出“尊孔法案”。1923 年任北京孔教大学校长。1928 年去香港，后病死。一生以提倡孔教为己任。早在美国留学期间就主张尊孔，曾以英文作《孔门理财学》一书，就“理财以谈孔教”，欲“使天下之人知孔教之切实可行，殆如布帛菽粟之不可离也”。该著作依据西方的经济学原理，阐述中国传统的经济思想、政策，具有一定学术价值。1913 年，联合梁启超等人向参、众两院提出《请定孔教为国教书》，指出：“共和国以道德为精神，而中国之道德，源本孔子，尤不容有拔本塞源之事，故中国当仍奉孔教为国教。”实为定“孔教”为“国教”的社会思潮的肇始。1916 年，又联合张尔田等人第二次提出定孔教为国教的请愿书，并为当时的“国教请愿运动”推波助澜，利用孔教鼓吹复辟帝制。“五四”运动后，于 1922 年又发表《孔教会教规》，以儒家天命论为中心，糅进佛教、道教、基督教的思想，又杂以西方资产阶级经济学说，声称“孔教之道，致广大而精微，范围天地而不过，曲成万物而不遗，语大天下莫载，语小天下莫破”。为使信徒避免“道大而无所从入”，提出“祀天祀圣祀祖以崇三本”、“念圣念经以敛五福”、“致中致和以主一贯”、“出货出力以行大同”、“养名养魂以至极寿”等五条原则(见《孔教十年大事》卷二)。认为以“礼”为核心的孔教是救世的唯一之道，指责“道德革命”与“文学革命”，甚至认为新文化运动的提倡者“欲废除孔教，废除道德，废除人伦，废除文学，以革人类之命”，是“人于禽兽”(同上)。反映了当时尊孔读经思潮抵制新文化运动的态度。著述还有《孔教论》、《存伦篇》、《孔教经世法》、《儒行浅释》等。

鲁迅(1881—1936) 现代文学家、思想家和革命家，中国新文学的奠基人。原名周树人，字豫才。浙江绍兴人。出身于没落士大夫家庭。少时受传统旧学的系统训练。清光绪二十四年(1898)考入江南水师学堂,又转入矿务铁路学堂,先后受洋务思潮和维新变法的影响,尤喜读严复的《天演论》。光绪二十八年赴日留学,先学医,后受国耻刺激,转学文艺,致力于改变国民“精神”。光绪三十二年加入光复会,从事思想启蒙工作。宣统元年(1909)回国,任教于杭州、绍兴。辛亥革命后,任南京临时政府和北京政府教育部部员、佥事,并在北京大学、女子师范大学等校兼课。早期思想信仰自然科学唯物主义和进化论哲学,提倡个性解放和人道主义,主张“意力主义”,偏向唯意志论。自称遵奉“那时革命的前驱者的命令”,献身于文学创作,并发表《狂人日记》、《我之节烈观》、《我们现在怎样做父亲》等小说、杂文,揭露封建专制和礼教迫害的罪恶,尖锐批判传统的仁义道德教条和封建孝道,积极提倡国民性改造。五四运动前后,参加《新青年》杂志社的工作,站在新文化运动的前列。此后经过艰苦探索,特别受1927年大革命的洗礼,终于“从绅士阶级的逆子贰臣进到无产阶级和劳动群众的真正友人,以至于战士”(瞿秋白语),实现了由进化论到阶级论、由民主主义到共产主义的转变。用阶级学说批判超阶级的、抽象的人性论,也反对把阶级性作为人性的全部,“在我自己,是以为若据性格感情等,都受‘支配于经济’(也可以说根据于经济组织或依存于经济组织)之说,则这些就一定都带着阶级性。但是‘都带’,而非‘只有’。”(《文学的阶级性》)运用唯物史观分析“国民性”,将“国民”分为不同的阶级和利益集团,进一步揭露那些“坦然地杀人放火”的“上等人”“讲什么礼乐、尊孔、保存国故、维持公理”等等,并非出自内心,只不过是“做戏”罢了(《马上支日记》)。提出“必与时代之进而俱升”的历史发展观,反对“蔑古”和“复古”(《科学史教篇》)。强调“世界却正由愚人造成,聪明人决不能支持世界”(《写在〈坟〉后面》),主张劳动群众是历史和世界的主人。同时指出,社会改革“最初总是觉悟的智识者的任务”;具体描绘了这些“智识者”应“有研究,能思索,有决断,而且有毅力。他也用权,却不是骗人,他利导,却并非迎合。他不看轻自己,以为是大家的戏子,也不看轻别人,当作自己的喽罗,他只是大众中的一个人,我想,这才可以做大众的事业。”(《门外文谈》)这实际上阐述了革命知识分子的人格理想的道德要求。1930年起,先后参加中国自由运动大同盟、中国左翼作家联盟和中国民权保障同盟等进步组织。积极从事革命活动,为中国文化革命的旗手和无产阶级文艺战士。早期美学思想强调“真美”。五四以后,结合自己的创作实践,探索外国特别是日本的美学理论,又总结中国文学艺术的历史实验,批评超功利艺术观,阐发“为人生”和“改良这人生”的现实主义精神。重视艺术的审美特性,提倡“真善美的理想”,并在历史唯物主义基础上,提出审美的社会功利意义,要求文艺的典型形象具有普遍的反省功能和感染作用,认为“金刚怒目”式的艺术意境更应当予以关注。鲁迅晚年的著作充满辩证法的光辉。他运用唯物史观具体分析国民意识,把中国近代哲学对主体性的考察推向前进;他对典型性格的理论和艺术意境的探讨,为建立中国化的马克思主义美学做了开拓性的工作。他的许多思想体现了马克思主义与中国革命实践(包括中国优秀传统)的结合,在中国近代哲学思想发展史上有重要的地位。著作编为《鲁迅全集》。另编有《鲁迅译文集》、《鲁迅日记》、《鲁迅书信集》。

马君武(1881—1940)　近现代政治家、教育家、学者。原名道凝,字厚山。广西桂林人。清光绪二十七年(1901)赴日本留学。光绪三十一年加入同盟会,任秘书长。次年回国,在上海参与创办中国公学。后留学德国。曾任民国南京临时政府实业部次长和参议院议员,护法军政府交通部长,孙中山非常大总统府秘书长,广西省长,北洋政府司法总长,大夏大学和北京工业大学校长。1927年参与创办广西大学,任校长。抗战爆发后为最高国防会议参议、国民参政会参政员。曾撰有论述西方近代以来哲学主要流派的文章:《新派生物学(即天演论)家小史》、《唯心派巨子黑智儿之学说》、《弥勒·约翰之学说》、《圣西门的生活及学说(佛礼儿学说附)》、《唯物论二巨子(底得娄、拉梅特里)之学说》、《社会主义与进化论比较》。“五四”时期翻译《物种起源》(译名为《达尔文物种原始》)、节译海克尔《宇宙之谜》(译名为《海克尔的一元哲学》),在思想界有较大影响。今人编有《马君武文选》。

章士钊(1881—1973)　现代社会活动家、学者、逻辑学家。字行严,号秋桐。湖南善化(今长沙)人。清光绪三十三年(1907)起,留学英国,学习逻辑学,回国后任上海《苏报》主笔。辛亥革命后,曾任北京大学和东北大学讲授名理学(逻辑学)的教授,广东军政府秘书长,南北议和南方代表,1924年任段祺瑞执政府司法总长兼教育总长。抗日战争期间任国民参政员。1949年为南京国民党政府和平谈判代表团成员,国民党政府拒绝签订国共双方代表拟定的国内和平协定后,遂留北平,同年出席中国人民政治协商会议第一届全体会议。新中国成立后,曾任政务院法制委员会委员,全国人大常委、全国政协常委,中央文史研究馆馆长。对逻辑学卓有研究,反对中国古代无逻辑论，认为“逻辑之名，起于欧洲，而逻辑之理，存乎天壤，其谓欧洲有逻辑，中国无逻辑者譽言也”(《逻辑指要》)，强调“先秦名学与欧洲逻辑，信如车之两轮，相辅而行”(同上)。认为欧洲传统逻辑中论及的思维形式和规律，几乎都可以从中国古代论著中找到类似的思想和实例。运用比较研究的方法，指出名学中的“他辩”和墨家的“三物论式”，与西方逻辑的三段论式、因明的三支论式相类同。1960年以后研究柳宗元，撰成《柳文指要》。对柳宗元诗文的思想性和艺术性作了详尽分析，并对有关论著一一加以介绍和评论。毛泽东在有关书信中，认为“颇有新义”，“可谓解柳全书”，但存在缺乏唯物史观的问题。著作主要还有《逻辑指要》等。

江亢虎(1883—1954) 江西弋阳人。原名绍铨。光绪二十七年(1901)被派往日本留学。回国后任刑部主事和京师大学堂日文教习。辛亥革命前游历日本和欧洲，以“徐徐”和“安诚”的化名，投稿于《新世纪》周刊，宣传“三无主义”(无宗教、无国家、无家庭)。辛亥革命后，组织“社会主义研究会”，不久将其改组为中国社会党，一度颇有发展。1913年赴美国任加利福尼亚大学中国文化课讲师。1921年去苏俄旅行。次年回国，在上海创办南方大学，自任校长。撰《新俄游记》，提出“新社会主义”口号。1924年再次组织中国社会党(次年改名中国新社会民主党)。旋因清室善后委员会公布密谋复辟文证中有江手函，于1927年去美国。1928年回国。曾任汪伪考试院院长。抗战胜利后被捕，病死狱中。辛亥革命前后，撰有数十篇有关社会主义的文章，内容杂乱，其理解的社会主义，“以恋爱自由、教育平等、遗产归公为初步，以个人自治、世界大同为依归，以二各(各尽所能、各取所需)；五非(非私产主义、非家族主义、非宗教主义、非军国主义、非祖国主义)为究竟，而其方法则唯普遍鼓吹、取得大多数之同意，以一致进行”(《洪水集》)。在1914年《社会主义学说》中，最先使用了“历史唯物论”这个术语；“吾人夙信历史唯物论，一切现象皆循因果相生之定律，而所谓当然者，乃皆不得不然，若虚悬一定见而是非可否之，无当也”。著作有《洪水集》、《江亢虎文存初编》。

马一浮(1883—1967) 现代新儒家学者。幼名福田，字耕余。后更名浮，字太渊，后字一浮，号湛翁。以字行。晚年自号蠲戏老人，简称蠲叟。浙江绍兴人。生于四川成都。16岁应绍兴县试，位居榜首。戊戌变法后，接受新学。在上海与人创办《二十世纪翻译世界月刊》。清光绪二十九年(1903)赴美留学，次年回国。不久，又东渡日本留学。光绪三十一年回国后，定居杭州，专心读书治学三十余年。1937年抗日战争爆发，随浙江大学迁移，先后讲学于泰和、宜山。1939年入川，参与筹创复性书院于乐山，并任主讲。1946年返回杭州。新中国成立后，任浙江省文史馆馆长、全国政协委员等。提出“六艺该摄一切学术”，认为儒家六艺(六经)之学不仅是国学的代表，统摄一切传统之学术，而且也是整个人类思想文化之代表，统摄一切西来之学术。儒家六艺之所以能够统摄一切学术，在于它内涵之义理是完美的，是根乎人心的，反映了人心之全体大用。提出分辨义理之本体和名相的“义理名相论”。认为治学之目的在于明义理，而义理非恃闻见可得，更不在言说之中。义理是“所诠”，言说是“能诠”，故只是义理之名相；义理之本体是“性”，它是“人心所同具”，故欲求义理，“非有悟证不能显现”。在理气关系上，主张理气一元，即理气不可分，但两者仍有不易与变易、体与用、总相与别相之分别。在知行、性修关系上，提出“知行合一”、“性修不二”，认为性理为人之本然所有，但如果“单提直指”良知良能，将会否定后人的修行和道德践履，要求以后天知行之努力，来扩充先天之德性。由此提出“涵养致知”与“止观”等修养方法。治学广大精深，会通儒佛，兼容文史。主要哲学著作有《泰和会语》、《宜山会语》、《复性书院讲录》等。今有《马一浮集》。

刘师培(1884—1919) 近现代思想家、学者。字申叔，号左盦。江苏仪征人。早年曾著《攘书》、《中国民族志》，宣传“攘除清廷，光复汉族”，并更名光汉。清光绪三十年(1904)任《警钟日报》主笔，同年秋加入光复会。次年，《警钟日报》被封，至芜湖皖江中学和安徽公学任教。光绪三十一年《国粹学报》创刊后，为该刊的主要撰稿人。提倡“国学”，强调保存“国粹”。以古文经学反对康有为今文经学“托古改制”的思想。光绪三十三年东渡日本，任《民报》编辑，加入同盟会。与章炳麟等创办“社会主义讲习会”。并先后创办《天义》半月刊和《衡报》，宣传无政府主义。为中国最早的无政府主义思想代表人物之一。光绪三十四年回国。次年被清两江总督端方收买，入其幕，充当暗探。1915年，追随杨度参与发起“筹安会”并任理事。作《君政复古论》，拥护袁世凯称帝，任署理参政院参政。1917年受蔡元培聘至北京大学任教授。1919年初，参加组织“国故月刊社”，任《国故月刊》总编辑。其治古文经学，与章炳麟齐名。精于文字训诂，主张以字音推求字义，用古语明今言，用今言通古语。重视对逻辑与语言关系的分析。主张用西方逻辑学的方式来整理中国古代名言学说，强调要通过“析字辨名”以达到“循旧造新、以明圣业”的目的。概括名的定义为“名起于言，发志为言，发言为名，名者命也”(《攘书·正名》)。肯定正名的作用有二：一曰诘其名实，“询事考言，所以标义之有涵，而立名以为界说也”。二曰观其离合，“族类辨物，所以示义之有别，而标名以为征识也”(《正名论》)。反对儒家正名者“名墨异端”的旧说，认为“墨家、法家盛言名理，殆亦名家之支派”。指出中国古代名辩学者不重视“立名为界”，“持论而无驳诘，托诙诞而饰诡辞；通俗之文不修，训故之义歧出”。提出中国名学之所以“历久失传”，在于“名家者流，则有托诙诞以饰词，不明解字析词之用”(《论理学史序》)。著述涉及史学、经学、伦理学、逻辑学、文学、艺术、政治学等领域。辑有《刘申叔先生遗书》、《刘申叔遗书补遗》。

吴承仕(1884—1939)　现代学者。字检斋。安徽歙县人。十八岁中举人，二十三岁应清廷“举贡会考”殿试为一等第一名，点大理院主事。受业于章炳麟门下，潜心研究经学和文学音韵诸学，著作弘富，群经、各史、诸子、佛经、道藏莫不涉及。曾任教于北京大学、北京师范大学、中国大学等处。20 世纪 30 年代初，逐渐接受马克思主义，是中国较早运用马克思主义观点从事经学研究的学者。认为古代经书反映了古代社会的意识形态和上层建筑。支持“左联”；参加“一二·九”学生运动，创办了《文史》、《盍旦》、《时代文化》等刊物；组织“启蒙学会”，主张“反独裁、反盲从、反迷信”。1936 年加入中国共产党。1939 年因遭日军汉奸迫害而逝世。有《经典释文序录疏证》、《经籍旧音辨证》、《三礼名物》、《尚书古文辑录》、《礼服释例》、《淮南旧注校理》等。今人编有《吴检斋遗书》。

吕思勉(1884—1957)　历史学家。字诚之，江苏武进(今常州市)人。自学古史典籍，曾执教于苏州东吴大学，常州府中学堂。五四运动后，曾任沈阳高等师范学校、沪江大学、光华大学教授。新中国成立后，任华东师范大学历史教授。自述一生思想有三变，“成童时，最信康(有为)梁(启超)之说”，“笃信而想望者，为大同之境及张三世之说”。十七岁以后，“服膺法家”，尤其是法家中“术家”之说，“以为凡事皆当藉政治之力改良之”。四十七岁，受老同学马精忠的提示，大量接触马克思主义书籍，服膺唯物史观。一生从事中国历史的教学和研究，1923 年出版《白话本国史》四册，是我国第一部白话体的通史著作。在上海成为“孤岛”时期，又著成《吕著中国通史》上下两册，在史学界影响极大。晚年从事断代史研究。治史特重社会经济，认为通史的编写应以社会经济为主线。曾与童书业合编《古史辨》第七册，但他本人并不疑古，提出“读古书的，于近人所谓‘层累的造成’之外，又须兼‘逐渐的剥落’一义言之，方为完备”(《中国史籍读法》)，主张疑古、考古、释古三者并重。与中国哲学相关的著作有《先秦学术概论》、《理学纲要》。著作还有《先秦史》、《秦汉史》、《魏晋南北朝史》、《隋唐五代史》、《中国民族史》、《中国制度史》、《历史研究法》、《史通评》等。

熊十力(1884—1968)　现代哲学家。原名升恒，字子真。湖北黄冈人。早年参加辛亥革命，曾任黄冈军政府参谋，参与孙中山领导的护法运动。后入南京支那内学院从欧阳竟无学佛。1922 年受蔡元培聘至北京大学讲授佛教唯识学。抗日战争爆发后，入四川复兴书院、勉仁书院讲学。新中国成立后，居沪专事著述。历任中国人民政治协商会议特邀代表及二、三、四届全国政协委员。其哲学思想以儒为宗，糅合佛学。主要发挥《周易》、陆王心学和佛教唯识之学，融贯进柏格森的直觉主义，以“体用不二”、“翕辟成变”、“反求自识”、“境不离心”为基本命题，自建“新唯识论”体系。强调哲学的宗旨在于穷究本体，“本体非是离我的心而外在者”(《新唯识论》)，故“天地万物皆吾一体”(《十力语要》卷一)。又认为本体流行，即有功能显用，有“翕”、“辟”二极；“翕”凝成物，“辟”运为心，相反相成，以此说明虽心物不二，却又辩证发展。肯定本体为道德的起源，“本体是万理之源，万德之端”(《体用论》)。认识论上，强调“返求本心”，自证自识，无待外求；主张通过“证会”功夫，即一种超知识、超经验的内心体验的功夫来达到主观(能)和客观(所)相合的境界。人生论上，以“本心”为真善美的价值尺度所在，进而论证儒家伦理道德的绝对性和至上性；主张“性修不二”，即本体(性)与功夫(修)是统一的，人若没有天然具足的本性，便不能因之而为善；而若不尽人力修习，则天性亦不能充分显发。又用西方资产阶级的“独立、自由、平等”思想充实儒家“礼”和“仁”的内涵，提倡人格独立，摒弃封建的人身依附关系。晚年所著《体用论》和《乾坤衍》，不再讲“境不离识”，而强调“体用不二”、实体不能离开现象而独立，对原先的唯心论思想有所清理。主要著作有《新唯识论》、《十力语要》、《佛家名相通释》、《原儒》、《体用论》、《乾坤衍》等。今有《熊十力论著集》、《熊十力全集》。

邹容(1885—1905)　近代民主革命家、思想家。原名绍陶，谱名桂文，字蔚丹，亦作威丹。四川巴县(今重庆市巴南区)人。家为巨商。少入私塾，曾从学于四川经学书院吕翼文，后因“非尧舜、薄孔子”被逐。清光绪二十七年(1901)入上海广方言馆学英语，接受“新学”，赞同变法图强。次年留学日本，参加中国留日学生的爱国运动，从事反清革命的宣传。

光绪二十九年回国。在上海爱国学社与章炳麟交识，撰成《革命军》，宣传革命，署名“革命军中马前卒”。该书由章炳麟作序，并在《苏报》刊文介绍。该书前后翻印20余版，占清末革命书刊销量第一位，苏报案发生后，自到巡捕房投案，被判刑二年。光绪三十一年卒于狱中。1912年由南京临时政府追赠为大将军。思想上把进化与革命相联系，认为“革命者，天演之公例”、“世界之公理”、“争存争亡过渡时代之要义”、“顺乎天而应乎人者”。同时把革命区分为“野蛮之革命”和“文明之革命”，认为前者“有破坏而无建设”，是不足取的；后者“有破坏有建设”，乃是应当实行的。怒斥帝国主义为“外来之恶魔”，清政府实为“我同胞之公敌”；指出中国“内受满洲之压制，外受列国之驱迫”，故“不可不革命”；主张“欲御外侮，先清内患”。要以革命手段推翻异族统治，扫除专制政体，建立独立自由的“中华共和国”。自称：“但信卢骚，华盛顿，威曼诸大哲”，认为“诸大圣之微言大义，为起死回生之灵药”。以进化论和天赋人权说为据，阐明“有生之初，无人不自由，即无人不平等”，指出“欲全我天赋平等自由之位置，不得不革命，而保我独立之权”，并效法美国政体，论述了“革命独立之大义”，对独立自由之“中华共和国”作了具体设想。有排斥满族的狭隘种族复仇主义倾向。

朱执信(1885—1920)　近代民主革命家、思想家。原名大符。原籍浙江萧山，生于广东番禺(今广州)。清光绪三十年(1904)赴日留学，和孙中山结识。次年参加同盟会，被选为评议部议员兼书记。为《民报》撰文，揭露清政府的立宪骗局，力主以革命求共和，反对改良主义。曾发表《德意志社会革命家列传》，介绍马克思的生平和学说，宣传反清革命。光绪三十二年回国，秘密从事革命活动。宣统二年(1910)与赵声、倪映典等发动广州新军起义，次年参加黄兴领导的广州起义。辛亥革命后曾任广东军政府总参议。1913年参加讨袁运动，后加入中华革命党。1917年“护法”运动中任孙中山大元帅府军事联络等职。1918年协助孙中山撰写《建国方略》，1919年后在上海任《建设》杂志和《民国日报》编辑。1920年赴广东策反虎门炮台守军时被害。长期注力于阐述孙中山的三民主义学说。赞同并阐发孙中山举政治革命与社会革命毕其功于一役的思想。“五四”前后已认识到帝国主义对外“以统治异民族为根本政策”(《朝鲜代表在和会之请愿》)。强调以“民族自决”原则解决国内民族问题，主张“直接民权”、“平均地权”，反对“土地的独占性”(《恢复秩序与创造秩序》)，把“土地国有”视为“实行社会主义的第一步”，指出“凡社会主义运动，其手段诚为阶级战争，而其目的则社会全体之幸福也”(《北美合众国之相续说》)。承认“阶级斗争本来是现存的事实，不是想出来的手段”(《新文化的危机》)，认为“要想改造现在的组织，自然要拿劳工做中心”(《兵的改造与其心理》)。又提出“贵互助不贵争斗”(《睡的人醒了》)。哲学上主张进化论，“在今日欲为真正之研究，必先从进化论入手”(《人生问题》)。认为人的精神是“依托物质的那一种精神”(《复查光佛函》)，反对“把神秘主义的东西来搀在知识里头”(同上)，具有唯物主义倾向，同时又认为唯物主义“可以在知识这一个范围内推行。至于康德所讲不可认识，只可思维的地步，当然不在他所管”(同上)。反对神学迷信，认为：“宇宙中经无数进化而始有人，决非被上帝创造者。”(《人生问题》)反对以一成不变的观点看待社会秩序，认为社会秩序在不断进化之中，“秩序永远是有的，永远的秩序是没有的”(《恢复秩序与改造秩序》)。其《德意志社会革命家小传》是中国介绍马克思、恩格斯生平及其思想的早期重要文献。认为马克思学说为“科学的社会主义”，资本主义的主要弊端是“放任竞争”和“绝对承认私有财产权”，由此造成“资本跋扈”，使得“贫富悬隔”，这是社会革命的根本原因。主要著作编为《朱执信集》。

伍特公(1886—1961)　现代伊斯兰教学者、社会活动家。又名石卿，字正钧。曾用名天真、墨者、道隐。江苏南京人。回族。出身贫寒，幼习私塾。1901—1906年先后肄业于上海南洋公学(交通大学前身)、复旦公学(复旦大学前身)，其间研读章炳麟、蔡元培著作，深受民主革命思潮影响，曾参加爱国学社活动。同时，博览伊斯兰教经籍著作。1906年起任《申报》英文译员、记者。1909年任上海清真董事会董事，筹办清真两等小学堂。1911年与沙善余发起组建上海穆斯林反清团体“上海清真商团”，任副团长。同年10月武昌起义后，同沙善馀率商团参加光复上海、南京诸战役，并任兵站后勤工作。后曾赴日访问，考察日本明治维新运动。1925年与哈德成等发起成立中国回教学会，研究教义，翻译《古兰经》，兴办伊斯兰教育，主编《中国回教学月刊》。1933年任中国回教教育促进会委员。1939年冬，任《申报》代理总编，并在该报发表《回教与抗战》等社论、文章，抨击日伪罪行，遭日伪明令通缉。随之隐居，埋头翻译、注释《古兰经》，1941年10月以“道隐”名出版《汉译古兰经第一章译解》。抗战胜利后，历任上海正言报、法新社的记者、译员等职。新中国成立后，先后任华东行政委员会民委委员、中国回民文化协进会委员、上海市民委副主任。

易白沙(1886—1921)　现代无神论者、思想家。

原名易坤，以居白沙井，又慕白沙陈献章，故更名白沙。湖南长沙人。少通五经和《资治通鉴》。十六岁主永绥(今湖南花垣县)师范学校。十七岁主安徽怀宁中学，继为师范学堂、旅皖湖南中学堂校长。早年读郑思肖《心史》及黄宗羲、王夫之、顾炎武等人遗书，遂萌发反清思想。武昌起义时，曾游说皖中诸将领，应援武昌。1913 年参与孙中山发动的“二次革命”，失败后到日本，在《甲寅》杂志上发表论文，“以学理论文弹袁氏”。1915—1916 年，响应陈独秀提出的“百家平等”口号，接连撰文发表于《青年杂志》(后改为《新青年》)，宣传反封建的进步思想。其中《孔子平议》一文，首先在《新青年》上指名批评孔子，指出封建帝王尊孔的目的是“利用孔子为傀儡，垄断天下之思想，使失其自由”，大声疾呼“真理以辩论为明，学术由竞争而进也！”在当时思想界影响颇大。1917 年起任湖南省立第一师范学校教员、天津南开大学和上海复旦大学教授。1921 年投海死。其哲学思想倾向于唯物主义。在物质与精神的关系上，认为“形而上者谓之道，形而下者谓之器。道为神明(即精神)，器为物质。以学术论，则有上下之别；以竞争论，则道必赖器而后存”(《教育与卫西琴》)。反对鬼神迷信，所撰《诸子无鬼论》一书从理论上分析批判了封建帝王宣传鬼神迷信的目的，并对古代无神论者给予充分肯定和赞扬。历史观上持进化论观点，指出“无平不陂，无往不复，代翕代张，代存代亡，消息盈虚之数，生死存亡之林，焉能以一时耳目心思之力，刊为典型，执其离合哉！”(《铁血之文明》)论著还有《帝王春秋》、《教育与卫西琴》、《广尚思》等。

张东荪(1886—1973)　现代哲学家、社会活动家。字圣心。浙江杭州人。一说江苏吴县(今苏州)人。早年毕业于日本东京帝国大学。回国后曾任中国公学大学部学长兼教授，政治大学、光华大学、北京大学等校教授。辛亥革命后曾任南京临时政府内政部秘书，主编《时事新报》和《解放与改造》杂志。1934 年和张君劢等组织国家社会党(后为民主社会党)，任中央总务委员。1946 年因与张君劢政见分歧而退党。新中国成立后曾任中央人民政府委员，政务院文化教育委员会委员，中国民主同盟中央常委等。五四期间，介绍西方新思想、新文化，认同基尔特社会主义，与当时的马克思主义者进行“社会主义论战”。提出救中国的办法一是兴办教育，二是开发实业，“至于社会主义不妨迟迟”(《大家须切记罗素先生给我们的忠告》)。认为中国不存在资产阶级和无产阶级的斗争，反对建立中国工人阶级的政党：“党是代表那阶级的，若他背后没有阶级，必不成立。中国现在离劳动阶级的完成与自觉尚早。”(《现在与将来》)哲学上对西方哲学的介绍较为深广。提出“架构论”和“多元认识论”。认为“认识的多元论以条理认识真的外界，则势必谓外界只是空的架构而无实质”(《认识论》)。认识是“一个最复杂的东西。其中有幻影似的感相；有疏落松散的外在根由；有直观上的先验格式；有方法上先假设的设准”(《多元认识论重述》)。而这些多元的范畴“都是就一个人心为本位而言的”(同上)。把知识理解为与价值相联系，认为知识、生命、社会、文化、价值“这五个概念只是说明一件事”(《知识与文化》)。1931 年发表《我亦谈谈辩证的唯物论》，否定唯物主义辩证法，引发了“唯物辩证法的论战”。以形式逻辑作为认识世界的根本方法，反对有客观世界的矛盾规律。认为“主张阶级斗争，主张社会革命，都是根据这个‘斗争是变化的动力’一个命题而来”(《唯物辩证法总检讨》)。提出唯心主义的“唯器史观”以代替“唯物史观”。以文化解释道德，阐发“创造进化的人生观”。认为讨论人生问题应从“自我”出发，而“自我”与宇宙创造进化过程相适应，也同样经历了由“无我”到“有我”再到“真我”的进化过程，从而实现“以我为出发点”，又能“助人群的进步”的人生价值。在道德实践上，提出个人享受最低、社会贡献较高的“做人道德”，主张依靠“东方的理学修养”去“利导”和“移升”人的本能欲望，“用文化去征服人类原有的野性”。关于中西思想文化的比较，认为为了克服一味求同的比附，“比较以见其相异更为重要”(《知识与文化》)。因为“从同上着眼，是把一个思想分为若干点，以见其某某点之相同，而从异上着眼，是看一个思想的整个配合与系统”(《从现代观点论朱子形而上学》)。在政治上坚持社会改良主义，抗战后曾主张“英美式的自由主义与民主主义，同时在经济方面比较多采取苏联式的计划经济与社会主义”(《一个中间性的政治路线》)的中间路线，认为“无产阶级专政之实行的结果，必变成少数人的专制，而决不是无产者全体阶级的专政”(《思想与社会》)。主要哲学著作有《新哲学论丛》、《认识论》、《唯物辩证法之总检讨》、《知识与文化》、《思想与社会》、《理性与民主》等。

陈大齐(1886—1983)　现代哲学家。字百年。浙江海盐人。清光绪二十六年(1900)进广方言馆，光绪二十九年(1903)东渡日本，宣统元年(1909)入东京帝国大学文科哲学门，专攻哲学。1912 年回国任教职。1921 年赴德国柏林大学，次年回国，任北京大学哲学系主任，并历任该校教务长、文学院院长、代理校长等职。1949 年任台湾大学教授、台湾政治大学校长。1960 年起任台湾孔孟学会理事长十余年。为我国最早的哲学教授之一，冯友兰、吴康均受业于他。其《哲学概论》(1919)一书，是中国现代哲学史上最早的一部具有完整体系的哲学专著，再版50多次。该书把哲学分为两部分：形而上学与认识论，认为哲学研究宇宙根本实体，并通过知识作用以认识根本实体，即哲学的认识论。在逻辑学方面，有1934年出版的《因明大疏蠡测》，为用现代方法研究因明学的第一本专著，以后又有《印度理则学》阐释因明学。1934年出版《实用理则学八讲》(1952年增订再版改为《实用理则学》)，对普及逻辑学起了积极作用。1978年，以92岁高龄完成《大众理则学》，把希腊的逻辑、印度的因明、中国的名学结合起来，以中国古籍中的推理与证明为例子，分析中国古代的逻辑思维发展形式。在心理学上，其《心理学大纲》(1919)为中国现代心理学开山之作，并有心理学译著。晚年以孔孟思想研究为主，认为孔子不是唯仁主义，孔子的仁包含了义，义也含摄了仁，故孔子主张仁义合一。主要著作还有《荀子学说》、《名理论丛》、《孔子学说》、《论语臆解》、《孔子言行贯通录》等。

丁文江(1887—1936)　现代科学家、思想家。字在君。江苏泰兴人。十五岁去日本留学。一年后转赴英国，就读于剑桥大学、格拉斯哥大学。清宣统三年(1911)返国，清廷赐“格致科进士”。次年任北洋政府工商部矿政司地质科长。1916年创办地质调查所，任所长，为中国近代地质事业开创者。1918年底随梁启超考察欧洲，兼充中国出席巴黎和会代表的会外顾问。1922年参与发起成立中国地质学会，同时与胡適办《努力周报》，主张改良主义的“好人政府”。次年，与张君劢进行“科学与玄学”的论战，为“科学派”的代表人物。后曾任淞沪督办公署总办。“九一八”事变后，与胡適等人创办《独立评论》。1934年任中央研究院总干事。1936年因煤气中毒去世。在哲学上，信奉和宣传马赫主义，认为“我们所晓得的物质，本不过是心理上的觉官感触由知觉而成的概念，由概念而成的推论。”“所以，觉官感触是我们晓得物质的根本。”(《玄学与科学》)又以为事物的“因果律”，只是将事实分类而求其先后秩序，不反映事物的本质联系。只承认“科学以心理上的现象为内容”，至于感觉以外，“有没有物，物体本质是什么东西，都为不知，应该存而不论，所以说存疑”，以为自己的哲学是“存疑的唯心论”；“存疑”作为认识方法，就是“无论遇见什么论断，什么主义，第一句话是‘拿证据来’”。(同上)。在人生观问题上，持“科学万能”的观点，认为科学方法不仅可以认识自然，也可以认识社会和人生，张君劢所谓科学不能解决人生观问题的论断是错误的，科学有助于树立正确的人生观，而张君劢颂扬的宋明理学与科学人生观是对立的。同时，提出“人生观是人的情感以及他对于知识情感的态度”，“情感”完全出于天赋的本能和遗传，故人生观亦是主观的先验的。认为在人生观上，举凡直觉的哲学，神秘的宗教，都不是知识，都不可以作我们的向导；科学有助于具有道德意义的“宗教心”的发扬。哲学论文有《科学与玄学》、《玄学与科学——答张君劢》、《玄学与科学的讨论的余兴》等。

丁在君　即“丁文江”。

王星拱(1887—1950)　现代科学家、思想家。字抚五。安徽怀宁(今安庆)人。早年曾赴英国留学，获伦敦大学帝国科学技术学院硕士。回国后，先在北京大学任化学教授。同时投身于新文化运动，为《新青年》、《少年中国》、《新潮》撰稿，宣传科学知识，反对宗教迷信。1923年“科学与玄学”论战中，立于“科学派”的一方，极言“科学万能”，颇具影响。后相继任中央大学理学院教授、武汉大学副校长兼理学院院长、中山大学校长，以及国民党中央候补委员、政府建设委员会专门委员等职。是马赫主义在中国的主要传播者之一。哲学上持“感触实在论”观点，不承认宇宙间有超自然的主宰力量，以为宗教所制造的“心理崇拜”和“仪式崇拜”乃是“唯心的构造之危险”；但主张外部物质世界与主观的“精神的我”是不能分开的，“物”和“心”都不是实在，只有“感触”才是实在的。认为科学的真实“并不是完全客观的”，“现在的科学把许多向来所承认为客观本体，例如时间、空间，都简约而为器官的感触。即如物质、能力，也都是从我们所观察的性质(即感触)，用逻辑方法构造起来，并不是客观的实在。”(《科学概论》)认为纷纭复杂的宇宙间现象中自有条分缕析的因果关系，科学之构造应以因果律为“脊椎”；而因果关系仅是左右前后的形式关系，不具有“逼迫意志”的作用，凭借直觉获得。在认识论方面，肯定一切事物都是可知的：“知与不知之界限，不是一定而不可移的”(《关于宗教问题的讲演》)。人们的认识是从未知到已知的演进过程。提倡“科学的方法”，以为科学的方法就是“实质的逻辑”，既重试验、事实，又重直觉，创造和发明，是动态的方法(《什么是科学方法》)。在人生观问题上，肯定“科学的人生观”，认为人生观包括“生命之观念”和“生活之态度”，用科学的方法认识生命、看待生活，就是“科学的人生观”(《科学与人生观》)。认为“人生观虽不能统一，但是人生观由于遗传与教育而定，这一个原理，是统一的”(同上)。对于科学与哲学的关系，认为哲学不能没有“科学的精神”，而哲学一旦成为“各种科学之和一”，就可以获取更高一级的真理，两者应是“一与多的谐和”（《科学概论》）。主要著作有《科学方法论》、《科学概论》、《科学与人生观》、《什么是科学方法》、《哲学方法与科学方法》等。

张君劢（1887—1969） 现代新儒家学者。原名嘉森，字士林，号立斋，别署世界室主人。江苏宝山（今上海宝山）人。早年入上海广方言馆，受到改良主义思想影响。清光绪二十八年（1902）中秀才。光绪三十二年入日本早稻田大学政治经济科。参加梁启超组织的“政闻社”。宣统二年（1910）回国后，参加清政府鉴定留学生考试，被授翰林院庶吉士。辛亥革命后，曾任宝山县议会议长，组织“民主党”。1913年入德国柏林大学学习。1915年回国后，先后任上海《时事新报》总编辑，段祺瑞所设的“国际政务会”书记长，冯国璋总统府秘书。1918年赴欧游历，并留居德国三年，从倭铿学哲学，又常往法国求教于柏格森。回国后，1926年与李璜合办《新路》杂志，提倡“民主的社会主义”。1932年与张东荪等召开“国家社会党”筹建会，创办《再生》杂志，宣传“国家社会主义”。1934年任国社党中央总务委员会委员兼总秘书，国民参政会参政员。后任中国民主政团同盟常委、民社党主席等职。长期致力于民主宪政，1946年参与起草《中华民国宪法草案》。曾历任北京大学教授、上海国立自治学院院长、燕京大学教授、中山大学教授、民族文化学院院长。1949年经澳门去印度，1952年定居美国。哲学上早年受倭铿和柏格森思想影响，认为“所谓物质者，凡我以外者皆属之”（《再论人生观与科学并答丁在君》），否认有客观的标准。宣传柏格森的“生命哲学”，认为“人生之总动力，为生之冲动，就心理言之，则为顷刻万变之自觉性，就时间言之，则为不断之绵延”（《人生观之论战》序）。主张人生观是“主观的”、“直觉的”、“自由意志的”，是“漫无是非真伪之标准”，因而“人生观问题之解决，决非科学所能为力”（《人生观》），“历史之新陈代谢，皆人类之自由行为，故无因果可言”（同上）。从而认定人类社会历史为人类自由意志的创造物，否定社会科学的可能。1923年发表《人生观》的讲演，引发“科学与玄学”的论战，为“玄学”一方主将，被称为“玄学鬼”。以后受新康德主义影响较大。认为哲学的任务是提供一种统一的宇宙观，因而唯物唯心、一元二元、理性主义、经验主义的争论都没有任何意义。1952年到美国后，在旧金山孔教总会讲《义理学十讲纲要》，自称是“20世纪新儒家”。1957年与1962年，先后出版《新儒家思想史》，认为儒学为主导的中国传统文化是“一个生命体，而不是一个博物馆”，永远会持续发展，而儒家思想的复兴主要是宋明理学的复兴，宋明理学的主要哲学问题，是“万物之有”和“致知之心”；儒家思想的一些基本原则可以对当代科学与民主提供指导。与牟宗三、唐君毅等人联名发表了当代新儒家之宣言《为中国文化告世界人士书》（1958）。1958年出版《辩证唯物主义驳论》一书，批评马克思主义哲学，认为马克思主义哲学“但知有物，不知有心有精神”；“但知有物之变，而不知有物之常或曰不变”；“但知有斗争与对立，不知有和谐与相容”；“但知有阶级而不知有个人”；“但知有革命而不知秩序维持之可贵”。主要哲学论著还有《人生观》、《再论人生观与科学并答丁在君》、《〈人生观之论战〉序》、《〈唯物辩证法论战〉序》、《〈思想与社会〉序》、《民族复兴之学术基础》、《中西印哲学文集》等。

张颐（1887—1969） 现代哲学家。字真如，又名唯识。生于四川永宁（今叙永）。中学时期受业师熏陶加入同盟会，在四川省立高等学堂与谢持、熊克武等共组乙辛学社，成为同盟会的核心。1911年投入四川保路爱国斗争，在蜀军政府及四川省民政长官公署任秘书。1913年考入美国密歇根大学，1919年获哲学博士学位。同年转入英国牛津大学，1921年再获哲学博士学位。后转学德国及法国。1924年回国任北京大学教授。1926年应陈嘉庚之聘任厦门大学副校长。1929年重返北京大学任哲学系主任。以后就任中华文化教育基金董事会特约教授，1935年赴欧美考察。1936年回国，返故乡任四川大学文学院长与代理校长。1939年改任武汉大学教授，1946年重返北京大学。新中国成立后任四川省政协委员及文史馆研究员，1957年任全国政协委员，又返北京大学任教授。主要研究黑格尔哲学。博士论文《黑格尔的伦理思想》（用英文写成，副标题为《它的发展、重要性和局限性》），是中国研究黑格尔的精神哲学的较早著作。全书分为九章，根据黑格尔的《精神现象学》、《哲学全书》和《法哲学原理》论述其伦理思想，并对黑格尔伦理思想的形而上学背景和与其他哲学派别间的关系，对黑格尔哲学在哲学史中的地位有独到的评述。20世纪30年代所写的论文中，有数篇是他1931年以后对当时纪念黑格尔逝世100周年国内外学者发表的论文的评论，显示出他对黑格尔哲学较深的理解。主要著作还有《黑格尔与宗教》等。

谭戒甫（1887—1974） 现代学者。原名作民，字介夫，曾用名石奇。湖南湘乡人。清宣统元年（1909）考入上海高等实业学堂（南洋公学在当时的校名），后参加辛亥革命，1928年起任武汉大学中文系讲师、教授。抗日战争时期，先后任西北大学、西北师范学院、贵州大学、贵州师范学院、之江大学教授，并曾兼任西北大学、贵州大学中文系主任。1946年任湖南大学教授、文学院院长兼中文系主任。1953年调任武汉大学历史系教授。长期研究先秦诸子、楚辞和西周金文，尤精于名家和墨家研究。不赞成中西逻辑的牵强比附，“用西方逻辑三段论的形式去套中国的思想”，其实“只是摆着西方逻辑的架子，再把我们东方的文句拼凑上去做一个面子”。明确指出“我国本有独立性的辩学，其论式组织即在《小取》《大取》二篇中，而《经》《说》各篇就是辩学论式的例证”；《墨辩》开启“华夏二千年前独到之辩学”（《墨辩发微·序》）。认为“形名学”与“名家”并非一派。《经》、《说》中既有名家学说，也有名家引来驳辩的形名家学说。著作主要有《墨辩发微》、《公孙龙子形名发微》、《墨经分类译注》、《庄子天下篇校释》等。

黄建中（1889—1959） 现代哲学家。字离明，号尧卿，又名士申。湖北随县（今随州）人。1914年入北京大学文科中国哲学门学习，1921年留学英国，入剑桥大学攻读哲学和伦理学。1926年回国，历任暨南大学、中央大学、四川大学教授。1949年去台湾，任台湾师范大学教授。一生从事伦理学、教育学和儒家哲学的研究。在伦理学方面，以其对中国古代伦理学的研究为基础，与西方伦理学思想作比较研究，于1944年出版《比较伦理学》，着重阐明道德的起源与作用、道德评价、道德教育、道德修养等重大问题。认为中西道德之异点有五个方面：政治伦理与宗教伦理；家族本位与个人本位；义务平等与权利平等；私德与公德；尚敬与尚爱。《民族道德与知行问题》着重发挥他注重道德实践与道德修养的思想。在教育学方面，强调教育必须以哲学为基础，应以哲学指导教育的实际活动。在中国哲学史研究上，以为“懦弱畏事”不是儒家的真精神，反对视中庸为“折中调和、左右迎合”的观点，以为儒家的真精神是“刚毅自立”，而中庸的含义首先是“强哉矫”、“中立而不倚”，也就是刚毅自立。这种对儒家精神的看法对台湾的一些学者有较大影响。主要著作还有《中国哲学的起源》、《两汉诸子的哲学思想》、《孔子及早期儒家》、《中国哲学精义》、《阳明哲学阐微》等。

赵紫宸（1888—1979） 现代基督教神学家、教育家、诗人。浙江杭州人。少时入萃英书院，后就读于东吴大学和美国梵德比尔大学。曾任东吴大学教授，燕京大学宗教学院院长、教授，金陵协和神学院教授。1941年受圣公会会长（牧师）职。1947年获美国普林斯顿大学荣誉神学博士学位。1948年当选世界基督教会联合会副主席。中国基督教三自爱国运动发起人之一。擅长以中国传统文化形式表达基督教神学，致力于基督教神学本土化。主张“阐发教之真理，以期脱西人之窠臼，树立汉家独立之旗旌”（《基督教进解·自序》）。以1941年为界，此前的思想具有明显的人本主义倾向，此后的思想具有浓厚的信仰主义色彩。主要著作有《基督教哲学》、《耶稣传》、《神学四讲》、《圣保罗传》、《基督教进解》。

李大钊（1889—1927） 中国无产阶级革命家，中国最早的马克思主义者，中国共产党的创始人和早期领导人。原名耆年，字寿昌，后改名大钊，字守常。直隶乐亭（今属河北）人。1913年毕业于天津北洋法政专门学校。1914年去日本早稻田大学政治本科学习，组织神州学会，参加留日学生反袁斗争，后又发起丙辰学社，接触各种社会思潮，开始研究马克思主义。1916年5月回国，任北京《晨钟报》总编辑、《甲寅》日刊编辑，参加新文化运动。1918年任北京大学经济、历史等系教授，兼北大图书馆主任，并参加《新青年》编辑部工作。俄国十月革命胜利后，迅即成为中国接受和传播马列主义的先驱，陆续发表了《我的马克思主义观》等文，较系统地宣传十月革命和马克思主义理论，特别是唯物史观和科学社会主义的基本原理，并与胡適展开“问题与主义”的论战，指出“‘问题’与‘主义’，有不能十分分离的关系”；因为“一个社会主义者，为使他的主义在世界上发生一些影响，必须要研究怎么可以把他的理想尽量应用于环绕着他的实境”（《再论问题与主义》）。1920年春与陈独秀开始酝酿组建中国共产党。3月组织北京大学马克思学说研究会。10月创建北京中国共产党早期组织。后任中共北京地方委员会书记兼中国劳动组合书记部北方区分部主任，负责领导党在北方地区的全面工作。1922年参加中共中央杭州西湖特别会议，同意国共合作。1924年1月出席中国国民党第一次全国代表大会，当选为中央执行委员，并负责国民党中央北京执行部工作。国共合作期间，在帮助孙中山确定联俄、联共、扶助农工三大政策和改组国民党的工作中起了重要作用。是中共第二至第四届中央委员。1927年4月6日被奉系军阀逮捕，28日在北京英勇就义。哲学上早期以进化论观察和说明自然界、人类社会及道德变迁，“吾人以为宇宙乃无始无终自然的存在。由宇宙自然之真实本体所生之一切现象，乃循此自然法而自然的、因果的、机械的以渐次发生、渐次进化。道德者，宇宙现象之一也。故其发生进化亦必应其自然进化之社会。而自然变迁，断非神秘主宰之惠与物，亦非古昔圣哲之遗留品也”（《自然的伦理观与孔子》）。认定自然界乃如“大实在的瀑流永远由无始的实在向无终的实在奔流"(《今》),宇宙间的各事物都有生死、盛衰、阴阳、青春白首、健壮颓老的矛盾现象,都在对立中流转演进,指出新陈代谢是宇宙间不可抗拒的必然趋势,人们必须循此道而努力奋进。后期从进化论转向唯物史观,认为在从经济上解释思想变动的原因时,应把握经济是社会的基础构造,上层建筑的变革要靠经济基础的变动,生产力是基础构造内部自身变动的最高原因。据此指出"中国的一切风俗、礼教、政法、伦理,都以大家族制度为基础,而以孔子主义为其全结晶体。大家族制度既入了崩颓粉碎的运命,孔子主义也不能不跟着崩颓粉碎了"(《由经济上解释中国近代思想变动的原因》)。同时指出过去的历史观只是伟人、圣贤、王者、英雄、道德、教化的历史观,"均与神权的历史观、天命的历史观,有密切相依的关系"(《史观》)。坚信劳动群众创造社会历史、劳工是"庶民"的主体,"劳工主义的战胜,也是庶民的胜利"。强调"须知今后的世界,变成劳工的世界"(《庶民的胜利》)。由此提出"求乐的人生观"才是真实的人生观,而"人生求乐的方法,最好莫过于尊重劳动。一切乐境,都可由劳动得来,一切苦境,都可由劳动解脱"(《现代青年活动的方向》)。对于社会理想,认为主张互助、博爱的人道主义和主张以阶级斗争改造社会的社会主义是可以统一的,"我们主张以人道主义改造人类精神,同时以社会主义改造经济组织。不改造经济组织,单求改造人类精神,必致没有结果。不改造人类精神,单求改造经济组织,也怕不能成功"(《我的马克思主义观》)。这样的新的社会组织,"一方面是个性解放,一方面是大同团结"(《平民主义》);是社会秩序和个人自由的统一,"真正合理的个人主义,没有不顾社会秩序的;真正合理的社会主义,没有不顾个人自由的"(《自由与秩序》)。在美学上,强调美总是和劳动、工作、创造相联系,指明审美对象与审美主体的互为条件,揭示了审美客体在生活境界和人生境界里的对立统一。著作在1939年曾出版由鲁迅作序的《守常全集》,中华人民共和国成立后,出版有《守常文集》、《李大钊选集》、《李大钊诗文选集》。有《李大钊文集》、《李大钊全集》等。

李守常 即"李大钊"。

杜国庠(1889—1961) 现代哲学史家。曾用杜守素、林伯修等笔名。广东澄海(今汕头市澄海区)人。清光绪三十三年(1907)赴日本留学。1916年和李大钊组织丙辰学社,反对袁世凯复辟帝制。同年入日本京都帝国大学,听日本马克思主义学者河上肇讲经济学,是中国较早接触马克思主义学说的学者之一。1919年回国后,曾在北京大学、北京中国大学和朝阳大学等校任教。1925年参加革命。1927年南昌起义军到达潮汕时,积极参加斗争。1928年在上海加入中国共产党,参加创办中国社会科学家联盟和领导中国左翼作家联盟。翻译《辩证法的唯物论入门》、《史的一元论》、《金融资本论》等专著,编辑《经济学辞典》,宣传马克思主义。1938年在中国共产党领导下参加国民政府军事委员会政治部第三厅工作。抗日战争后期,撰写了《玄虚不是中国哲学的精神》、《玄虚不是人生的道路》和《论理学的终结》等文,批判"新理学"的唯心主义,认为整个中国哲学史,并非只有冯友兰所说的"经虚涉旷"的传统,"同时也有相反的实事求是的思想",如明清之际的黄宗羲、顾炎武、王夫之、颜元等。对于历史上的唯心论流派也要实事求是地对待,还它们以历史的本来面目。同时,还进行墨家逻辑、名家公孙龙思想等研究。抗战胜利后,与侯外庐等人一起编写《中国思想通史》。1946年完成《先秦诸子思想概要》一书。中华人民共和国成立后继续研究中国哲学史、中国逻辑史,提出公孙龙哲学思想为"多元的客观唯心主义",认为荀子《成相篇》有总结其哲学思想的作用。还对《墨经》的认识论和逻辑思想有独创的诠解和评价。认为先秦诸子思想互相制约、互相依存,家与家之间、派与派之际,都有一定联系,构成了一股发展的名辩思潮。因而主张研究诸子思想须从这些联系中去找出它们的来龙去脉,才能正确把握一家、一派、一人的真实思想。指出孔子的正名思想虽带有浓重的政治伦理色彩,但仍然是名辩的先驱。名辩促使人们注意到辩论本身的法则和把握这些法则的愿望,"名家"就是专向这方面发展的学者。惠施属于道家一流,他的"历物"命题"含有一些诡辩因素"。认为"诡辩"对当时的逻辑发展也有某些积极的贡献。"公孙龙致力于概念的分析、研究","建立了纯逻辑的正名实的理论",《坚白论》是其学说基础。认为公孙龙"承认世有是非,且是非是有标准的",因而"不是诡辩派一流人物"。"在中国古代名辩史上,他的地位恰处在惠施与荀墨(《墨经》作者)中间,构成名辩发展史的一环"。曾任中共中央华南分局宣传部副部长、广东省文教委员会主任、广东省文教厅厅长、中国科学院哲学社会科学部委员、中国科学院广东分院院长等职。1954年起被选为历届全国人民代表大会代表。主要著作有《先秦诸子的若干研究》、《先秦诸子思想概要》、《便桥集》等,遗著编为《杜国庠文集》。

杜守素 即"杜国庠"。

何炳松(1890—1946) 现代历史学家、教育家。字柏丞。浙江金华人。早年留学美国威斯康辛大学，攻读历史学和政治学。1916 年回国后，曾任北京大学、光华大学教授，商务印书馆史地部主任、暨南大学校长等。曾作《通史新义》，将西方史学原理和中国传统《史通》、《文史通义》所阐发的史学原理对比、贯通，从而构建自己的通史理论体系。翻译美国学者鲁滨逊的《新史学》，这是中国引入的第一部系统介绍西方史学理论的译著，介绍并接受了鲁滨逊的以下观点：反对把史学局限于政治史的研究，应将经济、文化、教育、艺术、科技发明等包括在内；批评 19 世纪中叶以来把史学变为科学的主张；利用生物学、心理学、地质学、人类学、经济学等多种现代学科知识，将制约历史发展的因素综合考察；史学的功用在于说明人类逐步进化的事实。与中国哲学研究相关的著作有《浙东学派溯源》、《程朱辨异》。著作还有《历史研究法》、《历史教育法》、《西洋史学史》、《中古欧洲史》、《秦始皇帝》、《近世欧洲史》等。

太虚（1890—1947） 现代僧人、佛学学者。俗姓吕，乳名淦森，学名沛林。法名唯心，字太虚，以字行。浙江崇德（今桐乡）人。清光绪三十年（1904）依苏州木渎士达和尚出家，同年于天童寺依寄禅和尚受具足戒。光绪三十四年经华山、栖云介绍读康、梁及章炳麟、邹容等人书，向往革命。同年在南京从杨文会学《楞严经》。宣统三年（1911）为广州白云山双溪寺住持，联络革命党人朱执信等人，从事秘密活动。1912 年在南京创设佛教协进会，提倡僧人教育。1918 年与陈元白、章炳麟等在沪创立觉社，主编《觉社丛书》（翌年改为《海潮音》月刊）。1922 年创办武昌佛学院。1925 年率中国佛教代表团出席在日本东京召开的"东亚佛教大会"。1927 年任厦门南普陀寺住持兼闽南佛学院院长。1928 年在南京创立中国佛学会，是年秋出国访问，历游英、法、德、比、美诸国，传扬佛教。与英、法等国学者共同发起，在巴黎组织世界佛学苑。1931 年在重庆北碚缙云寺创办汉藏教理院。1943 年与于斌、冯玉祥、白崇禧等组织中国宗教徒联谊会。抗战胜利后，任中国佛教整理委员会常委、国民精神总动员会设计委员等职，1946 年元旦受国民政府宗教领袖胜利勋章。1947 年 3 月病逝于上海玉佛寺。曾提出进行教理革命、教制革命、教产革命的口号，撰文宣传"佛教复兴运动"，建立新的僧伽制度。其佛学思想特点是不拘一宗一派，但尤致力于法相唯识学的研究，主张法相、唯识是一种学，而非两种学，与欧阳竟无"法相、唯识为两种学"的观点长期论辩，形成近代法相唯识学研究的两大思潮。提倡人间佛教，认为佛教应多注意现世的问题，着重研究宇宙人生的真相，以指导世界人类发达进步。其《建设人间净土论》、《怎样来建设人间佛教》等文对此有很多阐发。有《整理僧伽制度论》、《法相唯识学》、《新的唯识论》、《真现实论》、《人生佛教》等。门人辑有《太虚大师全书》，1948 年上海大法轮书局出版，2005 年宗教文化出版社在此基础上修订整理出版《太虚大师全书》。

戴季陶（1890—1949） 现代政治家、思想家。浙江吴兴（今湖州）人，名传贤，号天仇。早年留学日本，参加同盟会。辛亥革命后在上海经营交易所。后投奔孙中山。1920 年曾参加筹建上海的中国共产党早期组织，后退出。1924 年任国民党中央宣传部长。1925 年参加西山会议派活动，并发表《三民主义之哲学基础》、《国民革命与中国国民党》等文章，以国民党右派的立场阐释三民主义学说，把儒家的"道统"说和"仁爱"道德作为"孙文主义之哲学基础"。将三民主义概括为"天下之达道三：民族也、民权也、民生也，所以行之者三，智也，仁也，勇也"（《三民主义之哲学基础》），是"完全渊源于中国固有之伦理哲学和政治哲学的思想"，倡导以民生哲学为伦理建设的根本。又以"仁爱"为"民生哲学的基础"，称"民生是历史的中心"，"宇宙大德之表现"，源于民众的求生冲动和生存欲望，因而其应用则在"为人民的生活、社会的生存、国民的生计、群众的生命"，进而断定其"纯正的三民主义"是"中国正统思想的嫡传"，是"唯一的救国真理"。指斥唯物史观"不能说明各阶级为革命而联合的国民革命"，说"阶级的对立，是社会的病态"（同上），否认阶级斗争和社会革命的必要。曾公开反对孙中山以联俄联共扶助农工为主要内容的新三民主义，在《国民革命和中国国民党》一文中，认为中国"毫不具备"进行社会主义革命的"条件"，声称以国民党为"唯一救国的政党"，完成"中国国民之历史使命"，为蒋介石集团推行"一个主义、一个政党"的专制统治，提供了政治纲领和理论根据。1927 年南京国民政府成立后，曾任考试院院长。1948 年任国史馆馆长。后在广州自杀。主要著作编为《戴季陶先生文存》、《戴季陶集》。台湾出版《戴季陶先生文存续编》、《戴季陶先生文存三编》。

伍非百（1890—1965） 现代学者。初名程骧。四川蓬安人。曾学于合川县实业学校。早年参加同盟会。辛亥革命后任四川省第一届议会议员。参加过护国运动和护法运动。1926 年后历任成都大学、南京中央大学等校教授。抗日战争时期，回南充创办西山书院及川北文学院，并任四川大学、华西大学、四川国学院教授。新中国成立后，先后担任川北行署委员兼川北大学校务委员会副主任、四川省政府委员、省立图书馆馆长。1957 年起任四川省文史馆研究员。对先秦名学有精深的研究。作《中国古名家言》,认为名家“就是专门研究与这个‘名’有关的学术问题”,在当时“最流行、最显著的是‘名法’、‘名理’、‘名辩’三派”。名法一派的代表人物是申不害、商鞅;名理一派的代表人物是辩论“天地之终始”、“风雨雷霆之故”、“有穷、无穷”、“坚白、无厚”等问题的辩者,他们是“中国最早的自然科学理论家”;名辩一派的代表人物是惠施、公孙龙。指出名家与形名家乃异名同实之称,并非形名家之外另有一名家。名学“始于邓析,成于别墨,盛于庄周、惠施、公孙龙及荀卿,前后历二百年”,与“印度的‘因明’,希腊的‘逻辑’,鼎立为三。其时代亦略相当”。认为秦以后名家亡绝的最大原因在于政治,“因为名家综核名实,观察太精密,议论太锋锐,虚则虚,实则实,真真伪伪,丝毫不容假借。专制皇帝最怕他们明辨是非,揭露本质,动摇人心。”推崇荀子,认为“他最大的成就,是把从邓析、孔子以来发展的由正名而析辞而立说而明辨的过程,明白清楚地指出为‘名’、‘辞’、‘说’、‘辩’四级”;其《正名》篇是“战国名家发展到最高阶段的结论”。认为名家两百年的发展史经历了一个“正、反、合”的过程,《墨经》是其“正”,《公孙龙子》是其“反”,庄子《齐物论》、荀子《正名》是其“合”,“《齐物论》为破坏性的合,《正名》为建设性的合”。主要著作还有《墨子大义述》、《东维子文集校注》、《铁崖古乐府校注》等。

李达(1890—1966) 现代哲学家,中国传播马克思主义的先驱者。号鹤鸣。湖南零陵(今永州)人。1913年留学日本。在国内出版译著,介绍马克思主义。1920年与陈独秀共同发起成立上海共产主义小组,主编《共产党》月刊。建党前夕,发表文章,批判反马克思主义思潮,较准确地阐明了无产阶级专政等一系列重大问题。1921年出席中国共产党第一次全国代表大会,被选为党中央宣传主任。后任湖南自修大学学长,主编《新时代》杂志。1923年与陈独秀在国共合作的方针上激烈争论,随后离开党组织。北伐战争时任国民革命军总政治部编审委员会主席等职。大革命失败后,在白区长期担任大学教授,坚持宣传马克思主义,写有《社会学大纲》等著作。1949年12月重新加入中国共产党。历任湖南大学校长、武汉大学校长,为中国科学院哲学社会科学部委员,被选为第一任中国哲学学会会长。当选为第三届全国人大常委。其从事马克思主义哲学理论研究,目的是要把马克思主义普遍原理与中国特殊国情结合起来,“建立普遍与特殊之统一的理论”(《经济学大纲·绪论》),对马克思主义哲学中国化有重要贡献。1926年和1929年发表《现代社会学》、《中国产业革命概观》,阐述唯物史观和科学社会主义基本原理,并联系中国历史和现状,从理论上阐明了中国近代社会半殖民地、半封建的性质。还撰写《辩证法唯物论教程》、《社会学大纲》等著作。《社会学大纲》对唯物辩证法有所发挥,强调“人类在意识上反映外物的那种反映,是能动的反映”;指出认识是“实践→直接的具体→抽象的思维→媒介的具体→实践”的“圆形运动”;阐明如何“探寻这个本质的矛盾自始至终的发展的全过程、对象发展的全生涯”。在经济学、货币学、法学、史学理论领域也做了重要开拓性的工作。著作还有《〈实践论〉解说》、《〈矛盾论〉解说》,主编《唯物辩证法大纲》等。其重要论著编为《李达文集》。

陈寅恪(1890—1969) 现代历史学家。江西义宁(今修水)人。幼承家学,博览经、史、哲学典籍。早年赴欧洲留学,先后在德国柏林大学、瑞士苏黎世大学和法国巴黎高等政治学校学习。1918年再度出国游学,先在美国哈佛大学学梵文、巴利文。1921年,又转往德国柏林大学学习东方古文字学、中亚古文字和蒙古语。1926年受聘清华,为清华国学研究院导师。历任清华大学、西南联大、燕京大学、中山大学等校教授,中央研究院院士。新中国成立后,为中国科学院学部委员、中央文史馆副馆长。学识深广,精于魏晋南北朝史、隋唐史、蒙古史、佛教经典和梵文、突厥文、西夏文等古文字。早年治“殊族之文,塞外之史”(东方学),后转向“中古以降民族文化之史”,其治史注重种族与文化的关系,强调文化高于种族,文化决定种族。认为“种族与文化”是“治吾国中古史最要关键”,而判别“种族”的标准是“文化”而不是“血统”。在文化观上,持民族本位文化立场,强调“礼”对维系民族生存的重要意义。在对待外来文化输入的态度上,主张“一方面吸收输入外来文化之学说,一方面不忘本来民族之地位”。提倡宋学精神,称中国文化“历数千载之演进,造极于赵宋之世”,中国将来的学术文化必将是“宋代学术之复兴,或新宋学之建立”(《邓广铭〈宋史职官志考证〉序》)。以考证见长,但同样也重视历史解释,力倡“从史实中求史识”。疾呼“国可灭,而史不可灭”,主张对民族文化作“同情之了解”。著作有《隋唐制度渊源略论稿》、《唐代政治史述论稿》、《元白诗笺证稿》、《寒柳堂集》、《金明馆丛稿》初编、《金明馆丛稿》二编、《柳如是别传》等,并编有《陈寅恪文集》。

胡適(1891—1962) 现代思想家、学者。原名洪骍、嗣穈,字希疆,参加留美考试时改名適,字適之。安徽绩溪人。早年肄业于中国公学,受严复和梁启超等人影响,开始接触西方学术文化。清宣统二年

(1910)赴美,先入康奈尔大学农学院,后转文学院学哲学。曾与同时留美的赵元任、任鸿隽等发起成立中国科学社。1915年又入哥伦比亚大学攻读博士,师事杜威,用英语写成《先秦名学史》的博士论文。1917年回国任北京大学教授,加入《新青年》编辑部,撰文反对孔教和封建贞操观念,宣传个性自由,提倡白话文,主张文学革命,为当时新文化运动的著名人物。提出"多研究些问题,少谈些主义",倡导"大胆假设,小心求证"的研究方法,影响颇大。1922年创办《努力周报》,宣扬"好人政府",主张组织"宪政的政府",实行"有计划的政治"。1925年参加段祺瑞策划的善后会议。1928年后,发起人权运动,反对国民党实行独裁与文化专制主义,倡导自由主义。1938年任驻美大使,代表国民政府签订了《中美互助条约》。1942年任行政院最高政治顾问。1946年任北京大学校长。后任国民大会主席,领衔提出《戡乱条例》。1948年去美国。1958年后去台湾任"中央研究院"院长。自称"思想上受杜威和赫胥黎的影响最大"(《介绍我自己的思想》),实验主义是"自己的哲学基础"、"生活和思想的一个向导"(《胡适留学日记·自序》)。强调实验主义"是一种方法论",认为"哲学是受它的方法制约的,也就是说,哲学的发展是决定于逻辑方法的发展的"(《先秦名学史·导言》)。以经验论为其哲学基础,以为经验就是生活,"就是对付人类周围的环境",并以思想作为应付环境的最重要的工具,主张取消哲学的基本问题,使哲学"变成解决人的问题的方法";又认为"实在"犹如"百依百顺,由人涂抹的女孩";称真理"不过是人造的假设","假设的真不真,全靠它能不能发生它应该发生的效果"(《实验主义》)。以相对主义真理观来反对封建教条,指出:"三纲""五伦"在古时是"天经地义的真理",而"现在变成废话了"。宣传易卜生主义,提倡"健全的个人主义的人生观",主张以"科学的态度"解决人生观问题。对先秦逻辑思想的发展作了系统研究,认为中国的古代逻辑史开始于孔子,但孔子以前有一个"诡辩家"酝酿时期,他们对系统逻辑的研究起了促进作用。认为墨子的逻辑方法是从特殊经验归纳出普遍法则,孔子的逻辑方法是从普遍原则推出特殊的结论。又认为惠施、公孙龙的逻辑方法"本质上是科学分类的方法"(《先秦名学史》)。认为宋代理学中有方法论思想,朱熹的"即物而穷其理"有归纳的精神,但没有对归纳程序作出规定。详细考察了清代汉学家的治学方法,认为顾炎武等人的考证方法与西方伽利略、牛顿的实验科学方法是相通的,不过使用的材料不同:考据家的材料全是文字的,而实验科学的材料全是实物的。他说:"同样的方法用在不同的材料上,成绩也有绝大的不同"(《治学的方法与材料》),以此来说明为什么中国科学落后于西方的原因。并主张虚心采用西方的科学方法,"补救我们没有条理系统的习惯"(《国学季刊发刊宣言》)。提出"大胆假设,小心求证"的治学方法。认为"科学的试验室的态度"就是根据事实材料,提出假设,然后进行验证,证据多而有力遂为定论,有有力反证则被否定。特别强调了假设的重要性,认为假设的基础是"寻得几条少数同类的例",假设的作用是"使归纳法实用时格外经济,格外省力"(《清代学者的治学方法》)。所著《中国哲学史大纲》(上卷)是中国哲学史学科的奠基之作。主要著作还有《先秦名学史》、《戴东原的哲学》、《中国中古思想史长编》、《淮南王书》、《白话文学史》(上卷)、《胡适文存》、《胡适论学近著》等。有《胡适全集》及多种《胡适文集》。

陈望道(1891—1977) 现代思想家、教育家、语言学家。原名参一,又名融,字任重。浙江义乌人。1915年赴日留学,就学于早稻田大学、东洋大学、中央大学,1919年回国,1920年参加《新青年》杂志编辑工作,又与陈独秀、李汉俊等发起组织上海共产主义小组。后任教于复旦大学、上海大学等。新中国成立后,任复旦大学校长、华东行政委员会高教局局长、《辞海》编委会主编等职,并为第一、二、三届全国人大代表,四届全国人大常委。第三、四届全国政协常委。早在留学时已接触马克思主义,回国后,1920年翻译出版《共产党宣言》,为该书的第一个中文全译本。还翻译了《马克思底唯物史观》、《唯物史观底解释》、《劳农俄国底劳动联合》、《劳动运动通论》、《空想的和科学的社会主义》等论著,为传播和宣传马克思主义作出重要贡献。1927年出版的《美学概论》,是中国近代较早的美学专著,认为艺术是美学的主要对象,主要从心理学方面研究美感、美意识,以移情说为主要理论出发点。1931年出版《因明学》,为中国第一部用通俗语言介绍因明的著作,并将因明与西方逻辑学作对比研究。在语言学方面倡导语文改革,对语法学、修辞学尤有贡献,其《修辞学发凡》有很大影响。著作还有《文法简论》等,编有《陈望道文集》。

李石岑(1892—1934) 现代哲学家。原名邦潘字石岑,后以字行。湖南醴陵人。1915年留学日本东京高等师范学校。反对袁世凯复辟称帝,与潘培敏、丘夫之等创设学术研究会,并编发《民铎》杂志。后被日政府查封,旋移国内刊行。1919年返国,在上海主编过《时事新报》副刊《学灯》,又入商务印书馆任编辑。参加"五四"新文化运动,在"尊重各种学术”的口号下，主张调和主义，大量介绍西方各派哲学。其主办的《民铎》杂志编辑出版“尼采专号”、“柏格森专号”等，颇具影响。曾笃信柏格森的生命哲学，认为柏氏哲学“可谓取杜威、罗素两人的长处，去掉他们的短处”（《杜威与罗素之批评介绍》）。亦赞赏实用主义、尼采哲学思想。后陆续受聘为大夏、光华、暨南诸大学教授。1920年10月曾与张东荪陪同罗素到湖南讲学。其时，因倡言“人生哲学”而闻名。主张探求人生的究竟，强调宇宙万物皆有“生机”，而人的生机则表现为“精神的自我”（“真我”、“主我”）可以创造出一切。强调“我的人生观就是表现生命”，“所谓生命的表现，即无异云自我表现。……我的生命在，故万有之生命在”（《人格之真诠》）。1927年赴法、英、德等国考察哲学。1930年归国后，转而推崇“新唯物论”即辩证唯物主义哲学。在1933年撰著《哲学概论》，比较早地正确评介了马克思主义哲学，指出“新唯物论”即辩证唯物论代表着哲学的新趋势，预测“在现在和最近的将来将有一个光华灿烂的发展”；认为它“为最正确的方法，因其能把握宇宙发展的全部”；批判了柏格森、尼采实用主义的唯心论。并且认为认识论、辩证法、逻辑学是统一的，“辩证法本身即是认识论，也即是论理学”（《三十年来世界哲学的进展》），不同意当时“唯物辩证法论战”中把这三者对立或割裂的观点。1935年出版的《中国哲学十讲》，贯穿了中西哲学比较，是较早以辩证唯物论研究中国哲学史的著作。颇为重视西方哲学的发生学和现象学的方法论，还介绍过存在主义的先驱克尔恺郭尔（Søren Kierkegaard，1813—1855）的“体验哲学”。主要著作还有《人生哲学》（上）、《李石岑讲演集》、《李石岑论文集》等。

邓以蛰（1892—1973）　现代美学家。字叔存。安徽怀宁人。清光绪三十三年（1907）到日本东京宏文学院学习日语。1917年赴美国纽约哥伦比亚大学专攻哲学和美学。1920年回国，任安徽图书馆馆长。1923年回国，被聘为北京大学哲学系教授。在美学思想上，强调艺术是“性灵的”、“非自然的”，是“人生所感得的一种绝对境界”，而“非自然中的变动不居的现象”（《艺术家的难关》）。主张艺术必须“与人生发生关系”，要能够“鼓励鞭策人类的感情”。提倡为民众的艺术，认为艺术是“民众创造”的，是“为着民众创造的”，“艺术根本就是民众”（《民众的艺术》）。认为艺术虽以表现理想为目的，但“由理想变为空想，它的表现必近于夸诞驳杂，唤不起观者诚意的领略”（《观林风眠的绘画展览因论中西画的区别》），反映了他反对脱离现实人生、堕入空想和荒诞表现的艺术美学观点。在对中国书画的研究中，强调中国古代美学的重要优点在于“永远是和艺术发展相配合的”。其绘画美学理论，包含着“体—形—意与生动—神—意境（气韵）”这两个历史与逻辑相统一的结构。其美学观点在中国现代美学史上，被誉为“南宗（白华）北邓”。主要著作有《艺术家的难关》、《画理探微》、《美学小史》、《书法之欣赏》、《中国艺术的发展》等。

郭沫若（1892—1978）　现代历史学家、文学家、考古学家、古文字学家、社会活动家。学名开贞，笔名有沫若、郭鼎堂等。四川乐山人。少年时即熟读古代典籍，尤喜读《庄子》。1914年赴日本留学，先后入冈山第六高等学校、九州帝国大学医科学习。“五四”时期，从事新诗创作，推动新思潮传播，开一代诗风。1921年第一部诗集《女神》问世。同年与成仿吾、郁达夫等在东京组织“创造社”。1923年在日获医学士学位。认为文学可“鼓动起热情来改革社会”，遂弃医从文。1924年以后接受马克思主义思想。1926年任广东大学文科学长，曾应毛泽东之邀，去农民运动讲习所讲课。参加北伐，任国民革命军总政治部副主任。1927年蒋介石公开叛变革命前夕，他疾书《请看今日之蒋介石》檄文，产生巨大影响。同年参加南昌起义，由周恩来、李一氓介绍加入中国共产党。1928年旅居日本，从事中国古代史和甲骨文、金文的研究工作，并积极支持留日青年和国内文艺界的革命文化活动。抗战开始时回国，从事抗日救亡运动。写了《屈原》等历史剧和大量诗文，深刻揭露了国民党反动派的卖国投降政策，激励了革命人民的斗志。1949年8月被选为全国文联主席。新中国成立后继续从事著述。历任中央人民政府委员、政务院副总理兼文化教育委员会主任、中国科学院院长兼哲学社会科学部主任、中国人民保卫世界和平委员会主席、中日友好协会名誉会长、全国人民代表大会常务委员会副委员长等职。学识渊博，在其大量著述中表现了哲学观点。早期哲学思想有泛神论、意志论倾向。1930年出版的《中国古代社会研究》，为运用马克思主义观点研究中国古代社会的划时代著作，用唯物史观考察了先秦社会结构和意识形态的关系。在《甲骨文字研究》、《殷周青铜器铭文研究》、《两周金文辞大系考释》、《卜辞通纂》等著作中，贯穿了作者一贯的历史哲学思想，对历史、考古、古文字研究贡献很大。1945年出版了《青铜时代》和《十批判书》两书，前者偏重考证，后者偏重评论，二者相辅相成，对先秦“社会机构和它的转变，以及转变过程在意识形态上的反映”，提供了一个比较完整的轮廓。《青铜时代》强调对于中国传统哲学思想的研究，从中“寻出某种学说所发生的社会基础，学说与学说彼此间的关系和影响，学说对于社会进展的相应之或顺或逆”，其中的《先秦天道观之进展》，初步梳理了先秦哲学发展的主要线索。《十批判书》提出“以人民为本位”来评析先秦诸子的思想，把先秦儒家与“后代儒者”区别开来，同时以为要破除当代“‘新儒家’的迷执”。所著《奴隶制时代》一书，提出中国奴隶制和封建制的分期在春秋战国之际的见解。他的不少著作，是与非马克思主义学术思潮进行斗争的产物。亦为传播马克思主义哲学作出贡献，1938年译了马克思、恩格斯的《德意志意识形态》，1947年译了马克思的《艺术的真实》。在美学思想上，早期主张“生命底文学是必真、必善、必美的文学”，“真善美是生命派文学所必具之二次性”。文学美的特征是“自见光明，谐乐，感激，温暖”（《生命底文学》），积极倡导审美功能是美化生活的理论，认为“要用艺术的精神来美化我们的内在生活”，“养成一个美的灵魂”（《生活的艺术化》）。把“自由”作为“美”的目标。认为美是人类的婴孩时代就有的要求。但从私有制产生以后，艺术则为特权阶级所独占。应该以美的艺术创造，“把固有的创造精神恢复”。在倡导艺术的审美功能论的同时，反对艺术的狭隘功利主义的动机说和目的论，认为“艺术的本身上是无所谓目的”，但它是“社会现象之一，势必发生影响于社会”（《文艺之社会的使命》）。艺术家如果在创作时，“苟兢兢焉为个人的名利之见所囿，其作品必浅薄肤陋而不能深刻动人”（《儿童文学之管见》）。后期美学思想主张“暂时牺牲了自己的个性和自由去为大众人的个性和自由请命”，提出“我们现在所需要的文艺”，“在形式上是现实主义的，在内容上是社会主义”的创作口号（见《文艺家的觉悟》）。此外，在整理《管子》、《盐铁论》等古籍，评价历史人物，考证地下出土文物等方面，也多有建树。生平著述甚丰。曾有《沫若文集》行世。今人编有《郭沫若全集》。

郭鼎堂 即“郭沫若”。

谢扶雅（1892—1991） 现代宗教哲学家。浙江绍兴人。1911年到日本留学，1915年加入孙中山领导的中华革命党。同年，转入东京基督教会办的立教大学学习，并加入基督教。1916年回国，从事中华基督教青年会工作，并任上海青年协会书局编译，从事译著。1925年留学美国芝加哥大学与哈佛大学，师事在美讲学的怀特海。1927年回国后任教于多所大学。1949—1968年主要在美国从事《基督教历代名著集成》的译事。1968年后从事于中西哲学的比较研究。1984年由美回国讲学。1986年返广州定居。在宗教哲学研究上，认为宗教哲学并非神学，主张超越具体宗教，用经验的方法，以宗教史和宗教心理学的大量资料为基础，从事实分析中归纳出根本原理，以阐明宗教的意义与价值。认为佛教、儒教、基督教均为理性宗教，其起源与演进可以概括为：从感情信仰达到理性化，从群众性信仰达到个别化，从部落的民族的宗教达到世界化的宗教。认为宗教信仰不是由于信仰者的天赋，也不是突然的神启，而是社会经验作用于人心而习得。认为宗教信仰可以使人精神向上，生命充实，能力提高，合群友爱，达到人格的真、善、美合一的价值。对宗教与科学的关系，认为两者无论在社会上或个人身上，均可并行不悖，“科学的头脑与宗教的胸襟，常能互相纠正，互相调和。盖宗教经验必赖理性批判而后免于幻错，科学应用亦恃宗教精神而后免于恶害”（《宗教哲学》）。在中西方哲学比较上，认为比较方法应反对本位文化论，也反对全盘西化论，应通过中西文化的创造性综合形成一种更高级的哲学。认为中国文化、希腊文化、希伯来文化、印度文化并列为世界不朽的文化。提出“新唯中论”，认为中国文化强调“中”，即不偏于一边，采集各种文化的优点，认识论上取多元论，本体论上取一元论，以达到哲学上的多中有一，一中有多。主要论著有《宗教哲学》、《道德哲学》、《基督教与现代思想》、《基督教与中国》、《周易论集》、《中庸与道理》等。

汤用彤（1893—1964） 现代学者。字锡予。原籍湖北黄梅，生于甘肃渭源。幼即从学于父，对历史兴趣浓厚。辛亥革命前入北京顺天学校。1917年毕业于清华学校，留校任教，并任《清华周刊》总编辑。翌年赴美留学。1920年入哈佛大学研究院学习哲学及梵文、巴利文。两年后获哲学硕士学位返国。先后在东南大学、南开大学、中央大学、北京大学、西南联合大学任教授。1947年曾去美国加利福尼亚大学讲学。新中国成立后，任北京大学校务委员会主任委员、副校长，中国科学院哲学社会科学部委员等职，并为全国人民代表大会第一、二、三届代表，中国人民政治协商会议第一届全国委员会委员、第三届常务委员。受美国新人文主义影响，1922年发表《评近人之文化研究》，认为当时东西文化争论的双方，“均仅取一偏，失其大体”，即没有把握中西文化的整体；“新学家以国学事事可攻，须扫除一切，抹杀一切；旧学家则以为欧美文运将终，科学破产，实为‘可怜’。皆本诸成见，非能精考事实，平情立言也”。学术上专治佛教史和哲学史，精于考订，治学严谨，把考据之学实事求是传统和西方分析哲学思想的方法结合起来。对玄学和佛学的关系、佛教史的发展规律、魏晋玄学的言意之辩和本末有无之争等问题，均有创见。主要著作有《汉魏两晋南北朝佛教史》、《印度哲学史略》、《魏晋玄学论稿》、《往日杂稿》、《隋唐佛教史稿》等。今人编有《汤用彤全集》。

范文澜(1893—1969)　现代历史学家。字仲沄。浙江绍兴人。毕业于北京大学，先后在南开大学、北京大学、北京师范大学、中国大学、河南大学等处教授经、史、文学等，并任北平大学女子文理学院院长。曾因揭露军阀反动统治而被拘禁。“七七事变”后，创办《风雨》周刊，积极从事抗日救亡活动。1939年加入中国共产党。1940年到延安后，历任中央研究院副院长兼历史研究室主任、北方大学校长、华北大学副校长。新中国成立后，任中国科学院近代史研究所所长。并为第一、二、三届全国人民代表大会代表，第三届人大常务委员，第三届全国政协常务委员，中国共产党八届中央候补委员，九届中央委员。终生从事中国史研究，是中国最早运用马克思主义观点进行史学研究的学者之一。对中国历史的分期问题作了探讨，独成一说。对经学领域作了深入研究，将经学分为三部分，即汉学系(孔子至唐代《九经正义》)；宋学系(唐韩愈至清理学)；新汉学系(清初至“五四”运动)。肯定“六经皆史”；认为“新民主主义的文化革命，必须改变经学为史学，必须反对顽固性的道统观念”(《中国经学史的演变·总结》)。毛泽东称其经学研究为用马克思主义清算经学这是头一次。主要著作有《正史考略》、《群经概论》、《文心雕龙注》、《中国通史简编》、《中国近代史》(上册)、《范文澜历史论文选集》等。

潘梓年(1893—1972)　现代哲学家、逻辑学家。又名宰木、定思、弱水、任庵等。江苏宜兴人。1923年毕业于北京大学哲学系，曾任河北保定育德中学教员，1926年赴广州参加北伐，后到上海。1927年加入中国共产党，曾任上海“左翼文化总同盟”书记，兼任上海“社联”负责人和中共江苏省委机关报《真话报》总编辑。1933年在上海被捕。1937年由党中央营救出狱。在狱中组织黑屋诗社，创办《诗刊》，并写有《矛盾逻辑》初稿，后改写为《逻辑与逻辑学》一书出版。该书除了阐述辩证唯物主义基本理论外，重点阐述了辩证法与形式逻辑的关系。认为数理逻辑的发展，是形式逻辑演绎法的一个新的进步；逻辑发展史的研究，是“逻辑上尤其是在了解辩证逻辑与形式逻辑的关系上的一个必要条件”；强调辩证逻辑即是辩证法，认为形式逻辑中的某些内容可以作为一种方法(逻辑术)加以继承，但不能再作为一门与辩证法并列的科学存在，辩证逻辑是“凌驾于形式逻辑之上”的“发展到更高阶段的高级逻辑”；提出了由逻辑学和逻辑术组成的逻辑学理论。这些观点引起哲学界关注和争论。抗日战争开始，在南京筹办《新华日报》和《群众周刊》，1938年《新华日报》出版，任社长近十年。1947年撤回延安，任党中央城市工作部研究室主任、中原大学党委书记兼校长。1949年调任中南军政委员会文委副主任、教育部长、高教局长。1954年负责筹建中国科学院哲学社会科学部和哲学研究所，筹备出版《哲学研究》。1955年起任中国科学院哲学社会科学部(中国社会科学院前身)副主任、分党组书记兼哲学研究所所长、《哲学研究》编委会召集人。并为哲学社会科学部委员、研究员，被选为第一、第二、第三届全国人民代表大会代表。在1958年撰写的《哲学的中国要求有中国化的哲学》一文中指出：马克思主义一进入中国，就开始了马克思列宁主义哲学中国化和中国马克思列宁主义哲学化的过程；哲学的中国要求有中国化的哲学，要求中国的哲学工作者及时概括这种新变化，研究和解决新变化所提出的新问题。认为辩证法是哲学的核心，马克思主义哲学是改造世界观的武器。主要著作还有《辩证法是哲学的核心》、《大家来学点哲学》等。有《潘梓年文集》。

顾颉刚(1893—1980)　现代历史学家，古史辨派的开创者。原名诵坤，字铭坚。江苏苏州人。1920年毕业于北京大学文科中国哲学门。曾任厦门大学、中山大学、燕京大学、北京大学、云南大学、齐鲁大学、中央大学、复旦大学等校教授，中央研究院院士，中国科学院历史研究所研究员和学术委员。1923年在《读书杂志》上发表《与钱玄同先生论古史书》，提出“层累地造成的中国古史”说，引起了史学界对古代史料真伪的考辨，产生了“古史辨学派”，引发了古史辨运动。在这场论争中他又提出打破民族出于一元、地域向来一统、古史人化、古代为黄金世界四个观念，推翻古史中种族、政治、伦理、学术四个偶像。后来，这些关于中国上古史的争论考辨文章，从1926年到1941年的15年间，被陆续编辑成《古史辨》七册。其中一、二、三、五册为顾颉刚编著。其内容包括对《周易》、《诗经》等经书的考辨，对儒、墨、道、法诸家的研究，对夏以前有关古史传说、“阴阳五行说”的起源、古代政治及古帝王系统的关系的考辨和研究等等。又从事民俗学研究，1927年创办民俗学会和《民俗周刊》。他以民俗学材料印证古史，并对歌谣、故事、风俗等进行开拓性研究。还致力研究历史地理古籍《禹贡》和《山海经》。30年代创办禹贡学会，出版《禹贡》半月刊，制定“禹贡学会研究边疆计划书”。新中国成立后，主持标点《资治通鉴》和“二十四史”的工作，并深入研究《尚书》，发表大量校释译文。生平论著极富，已出版有《秦汉的方士和儒生》、《论巴蜀与中原的关系》、《三皇考》、《史林杂识》、《中国历史地图集》（古代史部分）、《吴歌甲集》等。

张申府（1893—1986） 现代哲学家。原名崧年。直隶献县（今属河北）人。1917 年毕业于北京大学，并留校任讲师。参加中国共产党的建党工作，与李大钊、陈独秀有较多联系。是周恩来、朱德同志的入党介绍人。1925 年退党。1932 年主编《大公报》的“世界思潮”副刊。先后任中国大学、北京大学、清华大学哲学教授，讲授西方哲学史、逻辑及数理逻辑等课程。以介绍罗素哲学而知名，同时亦宣传辩证唯物论哲学。20 世纪 30 年代即指出当时哲学的主潮有二：“一为解析，详说逻辑解析；二为唯物，详说辩证逻辑。”认为二者在一定意义上可谓相反相成，主张“在理想上，将来的世界哲学实应是一种解析的辩证唯物论”（《现代哲学的主潮》）。又认为“仁”与“科学法”是“最可贵重的两种东西”，断定“仁、易、生是中国哲学中三个最根本要紧的字，而实是一体的”，“实深有合乎辩证法，有顺乎大客观”（《所思》序），以为将孔子的仁与列宁的唯物辩证法、罗素的逻辑分析方法结合起来，可以构建中国的新哲学。提出“我的哲学的中心点就是我所谓具体相对论”，目的“就是要达到辩证解析的极致，而斯适于通，而便于用”（《我的哲学的中心点》）。提出以跳出主客对立，以第三者立场观察主客两方的“纯客观法”，以消除主观成见。主要著译有《所思》、《张申府学术论文集》、《罗素哲学译述集》、《思与文》、《张申府文集》。

梁漱溟（1893—1988） 现代新儒学代表人物之一，社会活动家。广西桂林人。早年崇拜康、梁的政治主张。1911 年毕业于顺天高等学堂。1912 年参加同盟会京津支部，担任天津《民国报》记者，宣传民主革命。1916 年著《究元决疑论》，初露头角。1917 年被聘为北京大学哲学系讲师，主讲印度哲学。1922 年发表《东西文化及其哲学》，提出不同于“五四”新文化运动主流的东西文化观。1924 年辞去北大教职，到山东自办教育，从事“乡村建设”。1929 年到河南辉县百泉筹办河南村治学院。后去山东邹平创办乡村建设研究院，并主编《村治月刊》。1929—1931 年作《中国民族自救运动之最后觉悟》和《乡村建设理论》，认为其“乡村建设”道路，是改造中国社会的正确道路，成为 20 世纪 20 年代至 30 年代“乡村建设”运动的主要代表之一。抗战时期赴延安，与毛泽东多次交谈，并以“村治派”领袖参加“中国民主政团同盟”，任中央常务委员。1941 年到香港创办民盟机关报《光明报》，任社长。1945 年任民盟秘书长，参加国共和谈。1946 年以民主人士身份参加调查闻一多被国民党特务暗杀事件。新中国成立后任全国政协委员。1973 年在“批林批孔”运动中，公开发言反对当时盛行的对孔子全盘否定的潮流。1980 年任全国政协常委。哲学上糅合柏格森“生命派哲学”和孔、孟、王守仁的哲学，自称“中国儒家、西洋生命派哲学和医学三者，是我思想所从来之根柢”（《朝话》）。把整个宇宙看成是人的生活、意欲不断得到满足的过程，“宇宙实成于生活之上，托乎生活而存者也”，“生活就是没尽的意欲和那不断的满足与不满足罢了”（《东西文化及其哲学》），只有与“已成的我”（物质）相对立的“现在的我”（心、精神），才是真实的存在。提倡直觉主义，认为“要认识本体非感觉理智所能办，必方生活的直觉才行。直觉时即生活时，浑融为一个，没有主客观的，可以称绝对”，即只有通过直觉的窗户，使“内里的生命”与宇宙的生命相通，才能达到主客观融为一体的境界，即仁的境界，“此敏锐的直觉，就是孔子所谓‘仁’”（同上）。以人的意欲所向作标准，将人类文化分为中、西、印三种类型，认为“中国文化是以意欲自为调和、持中为其根本精神的”（同上），进而称西方文化的繁荣期已过，而中国文化以伦理为本位，着眼于“内界生命”，比西洋物质文明要高妙，是人类文化的理想归宿。提出中国是“职业分途”、“伦理本位”的社会，“中国有职业分途，而缺乏阶级的分野”，故人际关系“情如一体”，“互以对方为重”，由此认为唯物史观关于阶级斗争的理论是“见解之不道，实为可笑”（《中国文化要义》）。据此认定“革命”都是外国输入的，不合中国国情，中国应该坚持走孔子的路，作一些乡村建设之类的改良。梁漱溟关于中国文化的认识，自成一家之言。其中西文化比较研究意在为其复兴儒学提供一个理论基础，是援西学入儒，用改造西学以寻求复兴儒家思想的现代新儒家的先行者，对熊十力、贺麟等人有较大的影响。1919 年出版《印度哲学概论》，认为佛法不是哲学，佛法是无我论、无神论，因明是外学也是佛说，法相宗、法性宗殊途同归等，表现了其独特的佛学思想。主要著作还有《朝话》、《漱溟卅前文录》、《漱溟卅后文录》、《中国文化要义》、《人心与人生》等，编有《梁漱溟全集》。

蒙文通（1894—1968） 现代学者。原名达尔。四川盐亭人。早年就读于四川国学院，师从廖平、刘师培，后在南京支那内学院学佛学。1927 年起，先后执教于成都师范大学、成都国学院、中央大学、河南大学、北京大学、四川大学、东北大学、华西大学，并任四川省图书馆馆长。新中国成立后，历任华西大学、四川大学教授，兼任中国科学院历史研究所研究员。致力于经学、理学、佛学、民族史研究。在经学研究上，以为汉代经学就其源流可分鲁、齐、晋三学，以鲁学为正宗；今文学糅合齐、鲁两学，古文学依晋学而立；主张破弃今、古家法，上追晚周儒学之旨；今文学的思想是反抗现实的意识形态。在理学研究上，认为宋明理学是“探究儒家思想之本根”（《理学札记》），伦理道德以自然法则为基础是儒家的本根，宋明理学通过论理气、心性、道器探究到了这个本根；倾向于调和程朱与陆王，“考亭说理在事，阳明说理在心，本无不同”（同上）；试图糅合儒、佛，以为两者都是“率性尽性之学”。主要著作有《中国禅学考》、《经学抉原》、《儒学五论》。今人编有《蒙文通文集》。

范寿康（1894—1983） 现代哲学家、教育家。浙江上虞人。1913年同郭沫若、郁达夫等一起留学日本，就学于日本东京帝国大学，获硕士学位。1923年毕业回国后，历任商务编译所编辑，中山大学秘书长、春晖中学校长、安徽大学文学院院长、武汉大学哲学系主任。抗战时，受郭沫若之邀出任国民政府军事委员会政治部第三厅副厅长兼七处处长。在重庆又随郭沫若到文化工作委员会任国际研究室主任，后改任政治部设计委员，转任行政院参议。抗战胜利后赴台湾任行政长官公署教育处处长、台湾大学哲学系教授兼台湾大学图书馆馆长。1970年退休。1982年4月由台湾经美国回大陆定居，同年12月被选为第五届全国政协委员、常务委员。毕生从事哲学教学和学术研究工作，1921年发表《马克思的唯物史观》，介绍马克思主义，认同、接受马克思主义哲学，认为“假如我们真想对于自然、历史及思维三者树立普遍的法则，只有采取辩证法的唯物论一途”（《哲学的两个基本问题——观念论与唯物论》）。高度评价康德哲学，称康德之于哲学确与哥白尼之于天文学一样，他的三大《批判》实在可以称为万世不朽的著作。同时，以辩证唯物主义为指导，对近现代西方哲学，尤其是当时流行的实用主义作了分析批评，指出这些学说的缺陷，强调“哲学这一种学问，决不是研究与自我完全脱离的实在或本体，却是研究‘物’、‘我’二者相互的关系的。换句话说，哲学乃是研究主观与客观的关系的学问”（《现代哲学的研究问题》）。在“科学与玄学论战”中，认为“自由意志问题是人生观的根本问题”（《论人生观的根本问题》）。认为人类固然受必然法则的支配，但当然法则的实行不是必然的，是可以随人而异的。因此，人的意志不是全无自由，人生不是纯粹机械地、被动地进行，道德感、责任感既可以影响个体的人生轨迹，也可以影响社会的历史进程。对于孔子及儒家经学，主张采取分析的态度，认为孔子哲学的“人本主义”是应当充分肯定的，但其正名复古的政治论则不足取；认为经传的内容已不能完全适用于现代，不适宜做中小学教材。1936年出版的《中国哲学史通论》，是较早以唯物辩证法阐述中国传统哲学的代表作之一。1922年出版的《教育哲学大纲》，是中国近代教育哲学的发轫之作，论述了教育与哲学的内在关联：“哲学是对人生的目的加以探究与规定，教育却是把怎样实现这个目的的方法指示我们。”在台湾教育处长任内，为肃清日本帝国主义五十年奴化教育的影响，发扬祖国文化，普及国语作过许多贡献。定居北京后，积极致力于祖国统一大业。治学严谨，勤于探索，著述颇多，主要论著还有《朱子及其哲学》、《认识论》、《思维论》、《哲学通论》、《哲学及其根本问题》等。

蔡和森（1895—1931） 中国无产阶级革命家、中国共产党的早期领导人，思想家。字润寰，号泽膺，又名穌仙。湖南湘乡永丰镇（今属双峰）人。1918年同毛泽东组织新民学会。五四运动后，率全家赴法国勤工俭学。1921年冬回国，加入中国共产党。1922年起，任中共中央机关报《向导》周报主编，撰写大量论著，宣传党的路线、方针和政策。1925年参加领导五卅运动。同年去苏联，出席共产国际第五届执委会第六次扩大会议，后任中共驻共产国际代表。1927年回国，任中共中央宣传部长，中央秘书长。八七会议后，去中共北方局指导工作。是中共第二至四届中央执行委员，第五、六届中央政治局常委。1929年任中共驻共产国际代表。1931年任中共中央代表，去香港领导恢复中共广东省委的工作，同年6月被港英当局逮捕，引渡到广州，被军阀陈济棠杀害。认为唯物史观是无产阶级革命的基础和出发点。指出“自柏拉图统御以来的哲学思想（人生哲学、社会哲学），显然为有产阶级的思想”，“马克斯（思）的唯物史观，显然为无产阶级的思想”。强调不论研究什么学问，“宜先把唯理观与唯物观分个清楚，才不致堕入迷阵”。提出用俄国式的方法改造中国与世界。提出要实现中国的改造，必“先要组织党——共产党。因为他是革命运动的发动者、宣传者、先锋队、作战部”。（见1920年8—9月给毛泽东的信）讲授《社会进化史》，指出每个时代的变化，“都直接为生产方法的变迁所引起”，而各种意识形态，均由物质生产决定，一切革命的根源都基于经济上的矛盾，生产的发展趋势必然使资本主义制度破灭，于是“人类的历史”“朝着共产主义的方向前进”。1924年和1925年发表的《义和团与国民革命》、《今年“五一”之广东农民运动》，较早认识到农民革命在中国民主革命中的重要地位和作用。著作编为《蔡和森文集》。

恽代英(1895—1931) 中国无产阶级革命家、中国早期青年运动领导人、思想家。又名蘧轩,字子毅。江苏武进(今常州市武进区)人。1918年武昌中华大学毕业。1920年创办利群书社。1921年底加入中国共产党。1923年起任上海大学教授,中国社会主义青年团中央执行委员、宣传部主任,创办和主编《中国青年》周刊。1925年参与领导五卅运动。1926年当选为国民党第二届中央执行委员。5月起,任黄埔军校政治主任教官、武汉中央军事政治学校政治总教官。1927年7月赴九江任中共前敌委员会委员,参与组织南昌起义,起义后当选为革命委员会主席团成员。12月参与领导广州起义,任广州苏维埃政府秘书长。后任中共中央宣传部秘书长、组织部秘书长。是中共第五、六届中央委员。1930年4月因抵制"左"倾错误,被指责为"机会主义",调任中共沪东区委书记。5月在上海被国民党当局逮捕,次年4月29日在南京遭杀害。他热心研究哲学。20世纪20年代初,开始倾向马克思主义,在拟定《少年中国学会丛书》选题计划时,把"马克思及其学说"列入全部二十六个项目之首,并翻译考茨基《阶级斗争》一书,摘译恩格斯《家庭、私有制和国家的起源》。曾在《新青年》、《东方杂志》等刊物上发表《物质实在论》、《经验与智识》、《论信仰》、《新无神论》等哲学文章,通过对中外哲学家物质观的分析批判,肯定"物质必为实在","吾人之知觉必待感官受外物之刺激而后发生",把智识分为认识和知识两部分,前者是感性认识,后者是理性认识,但"凡可称为智识者,非直接从经验中得来,即间接从经验中得来",感性之认识需提升到理性之智识;并强调正确认识的形成需要反复经验和研究。批判"天启之智识"和"单纯之经验"的观点,强调"信与智相较,即相形见绌",认为人们对神的崇拜是科学不发达所致,主张无神论。1929年底,写《怀疑论》一文,批判不可知论,提倡怀疑的态度和方法。五四运动后,从信奉新村主义的空想社会主义转向科学社会主义。在1924年至1925年参加批判国家主义和戴季陶主义的斗争,发表《评醒狮派》、《读〈孙文主义之哲学基础〉》等文,注重用马克思主义基本理论探索中国革命问题,在众多论著中对中国社会各阶级在革命中的地位和作用、中国革命的性质和前途、武装斗争的重要性等都有正确的分析,为中国共产党的新民主主义革命理论的形成作出了重要贡献。遗著编为《恽代英文集》。

嵇文甫(1895—1963) 现代哲学史家。河南汲县(今卫辉市)人。1918年毕业于北京大学哲学系。1926—1928年在莫斯科中山大学学习。回国后先后在清华大学、北京大学、燕京大学、中国大学、河南大学任教。新中国成立后曾任河南大学副校长、校长,河南师范学院院长,郑州大学校长,河南省副省长,并为全国政协委员,人大代表,中国科学院哲学社会科学部委员等。对于王守仁、王夫之和晚明思想研究成绩卓著,有开创性意义。代表作为《左派王学》(1934)、《船山哲学》(1936)和《晚明思想史论》(1944)。《左派王学》突出王阳明的道学革新精神,认为在其后王学分为左、右两派,以王龙溪、王心斋为代表的左派王学把王学推向高峰,其地位类似欧洲历史上的宗教改革派。《船山哲学》分析了王夫之"性理哲学"的重要观点,以为其在思想史上的地位是"宗师横渠,修正程朱,反对陆王";考察了王夫之的"古今因革论"、"朝代兴亡论"、"华夷文野论",认为其历史观不同于"气数史观"和朱熹的"天理史观",蕴含着类似现代历史哲学的精辟见解。《晚明思想史论》指出,晚明的思想"一方面是从宋明道学转向清代朴学的枢纽;另一方面又是中西两方文化接触的开端",由此勾勒晚明思想史。还著有《17世纪中国思想史概论》、《先秦诸子政治社会思想述要及附录》、《春秋战国思想史话》、《王船山史论选评》、《王船山学术论丛》等。主要著作编为《嵇文甫文集》。

金岳霖(1895—1984) 现代哲学家。字龙荪。湖南长沙人。1914年毕业于清华学校,后赴美留学。1918年和1920年在美国哥伦比亚大学先后获硕士学位和博士学位。1921年后游学英、德、法、意等国。1925年回国,历任清华大学、西南联合大学哲学系教授、系主任、文学院院长。1952年起任北京大学哲学系主任、教授。1955年后任中国科学院哲学社会科学部委员、哲学研究所副所长、研究员。并为中国逻辑学会理事长、名誉理事长、全国政协委员,中国民主同盟中央常务委员。1956年加入中国共产党。一生从事哲学、逻辑学研究。在哲学方面,吸收西方哲学的成果,建立自己独特的哲学体系。把西方哲学中的逻辑分析方法应用于哲学研究,并注意与中国哲学的传统相衔接。在感觉论上,批判了英国新实在论者罗素的主观唯心论("唯主方式"),力图证明客观事物的独立存在以及知识的客观性,提出"正觉底呈现是客观的"、"内容和对象在正觉底所与上合一"的观点。在概念论上,提出摹状与规律的学说,肯定了抽象概念有摹写现实和规范现实的双重作用,具有辩证法的因素。在逻辑学方面有很深的造诣,对中国逻辑学的发展作出了杰出的贡献。1937年撰《逻辑》一书，系统地从西方引进演绎逻辑(包括数理逻辑)，对演绎逻辑的一些基本问题作了深入的探索，至今仍有重要学术价值。把形式逻辑的基本规律称为“思议原则”，认为“同一是意义的条件，必然是逻辑之所取，矛盾是逻辑之所舍”(《逻辑》)，同一律、排中律、矛盾律是思维必须遵守的基本条件，为各种科学提供了取舍标准，任何科学要系统化都要遵守形式逻辑。又指出：“所谓科学方法，即以自然律去接受自然，或以自然律为手段或工具去研究自然。”(《知识论》)认为在观察、试验中运用自然律作为接受方式，即以自然过程之“理”还治自然过程，科学理论便成了工具，亦即转化为方法。其《论道》联系现代科学重新探讨天道观上的理气(式、能)关系问题，构建形而上之“元学”。新中国成立后，接受辩证唯物主义和历史唯物主义，强调形式逻辑必须接受辩证唯物主义的指导，用马克思主义哲学观点探讨了形式逻辑的客观基础，在概括思维材料的基础上提出了一些新的判断形式。指出形式逻辑的抽象公式的正确性以真实性为基础，形式上的对错与实质上的真假有区别，但不能“分家”，因为“推论的正确性一直就是包含它的组成部分的真实性的”。并改变了从前将归纳逻辑排除在形式逻辑之外的观点，主张“要恢复归纳本来的地位”。写作于20世纪50、60年代的《罗素哲学》，表现了其晚年的哲学思想，从辩证唯物主义的观点，分析了罗素哲学的“中心骨架”，对认识论和逻辑学中的一些根本性问题，提出了创造性见解。在60年代，主编了新中国第一部高等学校文科逻辑教科书《形式逻辑》。主要论著还有《知识论》、《客观事物的确定性和形式逻辑的头三条基本思维规律》、《中国哲学》等。编有《金岳霖学术论文选》、《道、自然与人——金岳霖英文论著全译》、《金岳霖文集》等。

冯友兰(1895—1990)　现代哲学家。字芝生。河南唐河人。1912年入上海中国公学大学预科班。1915年入北京大学文科中国哲学门，1919年赴美留学，1923年获哥伦比亚大学博士学位。回国后，历任中州大学、中山大学、燕京大学等校教授和清华大学文学院院长兼哲学系主任等职。抗战期间，任西南联合大学哲学系教授兼文学院院长。1946年曾赴美国任客座教授。1947年至新中国成立初，任清华大学校务会议(校务委员会)主席。1952年后一直为北京大学哲学系教授，中国科学院哲学社会科学部委员。并曾任第二、三、四届全国政协委员。五四时期，受当时中西文化、新旧思潮冲突的刺激和影响，以为文化上的东西、中外的矛盾就是古今、新旧的矛盾，故治学旨在打破中西的界限，侧重于中西比较来研究中国哲学。自称一生哲学活动可分四个时期。第一时期，从1919年到1926年，其代表作是《人生哲学》，批评中西哲学史上或偏于“天然”、或偏于“人定”两大派之弊，而依“所谓中道诸哲学之观点，旁采实用主义及新实在论之见解，杂以己意”，提出“一个新人生论”。第二时期，1926年到1935年，主要撰写了两卷本《中国哲学史》。推崇张载所说：“为天地立心，为生民立命，为往圣继绝学，为万世开太平”，以为此“乃吾一切先哲著书立说之宗旨”(《中国哲学史》自序)，也是当今“哲学家所应自期许者”(《新原人》自序)。借鉴胡適《中国哲学史大纲》的某些长处，采用黑格尔“正”、“反”、“合”之说，认为其“释古”是对“信古”和“疑古”之“正”与“反”的“合”，将中国哲学史分为“子学时代”和“经学时代”两大部分，肯定了传统儒学尤其是宋明理学的精神价值，并施以西方新实在论和逻辑实证论的洗礼，确立其“实质的系统”。第三时期，是从1936年至1948年，由研究哲学史转移到哲学创作，先后出版《新理学》、《新事论》、《新世训》、《新原人》、《新原道》、《新知言》六书。旨在“融合新旧，贯通中西”，试图通过“新旧文化相互理解”，“接着”宋明理学的“道统”阐发中国哲学的“新统”，构制了“新理学”体系。自称：“新理学的工作，是要经过维也纳学派的经验主义，而重新建立形而上学，它也于武断主义及怀疑主义中间得一中道。”(《新知言》)其目的是在哲学上“确立理想人生”，“使人成为圣人”(《新原道》)。提出“极高明而道中庸”的人生境界说。认为人生意义在于“觉解”，人的觉解程度决定着人的思想境界。“人对于宇宙人生的某种程度上所有底觉解，因此宇宙人生对于人所有底某种不同底意义，即构成人所有底某种境界”(《新原人》)。因人的觉解程度不同，而依次处于自然境界、功利境界、道德境界、天地境界。认为在道德方面“继往”，知识技术上“开来”即可复兴中华。第四时期起于1949年。认同和接受马克思主义的观点和方法，对原有哲学观点和新理学体系作了一定的自我批判。完成《中国哲学史新编》(七册)，第七册以《中国现代哲学史》单独出版，提出了一些与旧著《中国哲学史》的不同见解。主要著作还有《中国哲学史史料学初稿》、《中国哲学简史》、《三松堂学术文集》等。论著编为《三松堂全集》。

钱穆(1895—1990)　现代历史学家。原名思岚，字宾四，江苏无锡人。历任燕京大学、北京大学等校教授。抗日战争时期，先后在西南联合大学、华西大学、四川大学任教，并曾主持齐鲁大学国学研究所。1946年任昆明五华学院文史研究所所长，并任教于云南大学。1948年任无锡江南大学文学院院长兼历史系主任。1949 年去香港，创办亚洲文商夜校(后更名新亚书院)。1953 年创办新亚研究所。1967 年移居台北，任教于中国文化书院(今文化大学)，并任台北"中央研究院"院士、台北故宫博物院特聘研究员。以治学术思想史和文化史见长。批评全盘西化与民族虚无主义，认为应努力了解中华民族文化之优良传统，才能从西方文化传统中撷取长处。其历史文化观的核心是认为文化是民族的生命，没有文化就没有民族；历史的演变中有一种内在的民族文化精神或称民族精神；历史学要研究历史精神的演变发展，每个民族的历史精神必然要到具体的民族文化发展中去探求。1931 年出版的《国学概论》认为新文化运动对中国传统文化"惟求一变以为快"，必须纠其偏颇，"恢复中国民族文化的自信"。1940 年出版的《国史大纲》强调对本国历史必须抱有"温情与敬意"，对于中国社会性质和社会史论战中的两派均持反对态度，认为秦以后中国既不是封建社会，也不是工商资本社会，中国历史发展"自成一格"的特点，要从其文化精神即历史精神中去寻找，这种历史精神就是儒家的道德精神。其史学研究的重要方面，是致力于中国学术思想之探索。1930 年发表《刘向歆父子年表》，驳斥康有为的刘歆伪造群经的说法，确立了学术地位。1935 年出版《先秦诸子系年考辨》一书，先列六国世系年表，持史实依据，然后以儒墨两家为主，对诸子生平、师友源渊加以考订、辨伪，经排比联络，使其条贯，明学派思想流变之迹。1937 年出版《中国近三百年学术史》，提出明清之际学术源于宋学的独到见解；与梁启超同名著作相比，有其特点。1948 年出版《中国文化史导论》，不是按照历史进程叙述中国文化，而是围绕中国文化的各个方面(宗教、哲学、文学、艺术、政治、经济、科学)不同于西方文化的特殊性进行阐释；其中的一些观点至今仍受到学术界关注。主要著作还有《朱子新学案》、《中国思想史》、《宋明理学概述》、《两汉经学》、《四书释义》等。台湾编有《钱宾四先生全集》。

杨匏安(1896—1931)　中国早期马克思主义传播先驱。原名锦焘，笔名匏庵。广东香山南屏乡(今属珠海)人。早年留学日本。1921 年加入中国共产党。1923 年起任国民党中央组织部代部长、中央执行委员会常委等职。参与领导省港大罢工。1927 年当选为中共第五届中央监察委员。1929 年在上海中共中央机关工作，参加编辑党刊、党报，并任农民部副部长。1931 年 7 月被国民党逮捕，8 月被害于龙华。1919 年 11 月，在《广东中华新报》副刊连载《马克思主义》一文。这是华南地区最早系统地介绍马克思主义的文章，与李大钊的《我的马克思主义观》，同为马克思主义在中国早期传播的名著之一。该文宣传了马克思的唯物史观，阐述了生产方式是社会发展的决定力量以及上层建筑与经济基础、生产关系与生产力必须相适应的诸原理，介绍了关于马克思的阶级斗争学说，还以相当篇幅介绍了马克思的"余工余值"说(即剩余价值说)。1929 年编译了 20 余万字《西洋史要》(署名王纯一)，这是我国最早用马克思主义的唯物史观写成的一部西洋史著作。它不仅系统地叙述了西欧各国的资产阶级革命，还对巴黎公社、第一国际，第二国际等作了专章的叙述。著作主要有《马克思主义》、《马克思主义浅说》、《西洋史要》、《地租论》等。今人编有《杨匏安文集》。

刘咸炘(1896—1932)　现代学者。字鉴泉，号宥斋，室名推十斋。四川双流人。主尚友书塾讲席十余年，创办国学杂志《尚友书塾季报》，又历任敬业学院哲学系主任，成都大学、四川大学教授。学问广博，举凡哲学、诸子学、史学、校雠学、方志学、文学以及道教研究，均有重要创获。认为国学与科学不同，具有综合的学术性质，经史子集相连，不可划疆而治；并指明"事实考证"与专门学科的关系。认为国学的目的是"以事明理"，用于指导人们的社会实践。长于史学与思辨相结合的方法，故著述以史学本体研究和理论探索为特点。其治学道路是以史学理论为基础，进而探究先秦诸子哲学，而在价值判断方面取儒家与道家相结合的观念。撰《中书》取《中庸》之义，治学守中；《左书》探讨儒家、道家和理学家的理论；《右书》论述伦理道德，包括礼制和政治；《内书》论自我修养，知行关系；《外书》为中学和西学的比较；《浅书》是教育和教学论。试图解决认识论的若干矛盾对立的范畴，以求对立的统一。从而试图构成完整的学术体系。将学理概括为十对范畴："阴阳"、"虚实"、"源流"、"始终"、"古今"、"来往"、"南北"、"东西"、"异同"、"公私"。欲使之合一，"推十合一，用两执中"，故其整个著述名为《推十书》。著作颇丰，有二百余篇。有《刘咸炘学术论集》。

冯文潜(1896—1963)　现代哲学教育家。字柳漪。生于河北涿县(今涿州)。1912—1917 年就读于天津南开中学和大学预备班。1917 年入美国衣阿华州格林奈尔学院学习，1920 年毕业。1920—1922 年在美国芝加哥大学研究院学习。1922—1928 年在德国柏林大学研究哲学和历史。回国后曾任南京中央大学哲学系讲师、副教授，南开大学哲学教授，昆明西南联合大学哲学系教授兼代系主任，南开大学哲学教授兼文学院院长、哲学系和历史系主任，天津历史博物馆馆长等。讲授西方哲学史、美学、柏拉图哲学、逻辑学、德语等课程，培养了一批西方哲学史的研究人才。发表的美学论文有《中西建筑漫谈》等。

何思敬(1896—1968)　现代翻译家、法学家和哲学家。别名何畏。浙江杭县(今杭州市余杭区)人。早年留学日本，攻读法学和哲学。1927 年回国后，任中山大学教授、法科副主任。1932 年加入中国共产党。1938 年到延安，历任抗日军政大学教员、中央党校研究员、延安大学法学院法律系主任、中央法律委员会委员等职。主持 1940 年延安新哲学会第一届年会，并致开幕词。1949 年 7 月，与李达、艾思奇、胡绳、金岳霖等人，组织发起成立中国新哲学研究会。新中国成立后，历任北京大学法律系教授，中国人民大学教授和法律系主任，中央法律委员会委员，外交部条约委员会委员。对马克思主义著作和法学有精深研究，是中国最早一批马克思主义经典著作翻译家之一。主要译著有马克思的《哥达纲领批判》、《哲学的贫困》、《经济学——哲学手稿》和恩格斯的《国民经济学批判大纲》等。

易心莹(1896—1976)　现代道教学者、青城山道士。四川遂宁人。七岁出家，熟读五经。后习《道藏》，备知方术。1957 年任中国道教协会副会长。讲学以"常道"为纲，兼及儒学。曾将道教分为仙宗、调神、科醮等十宗。有《道教三字经》、《读老心解》等；辑有《女子道教丛书》、《老子八十一化图》等。

叶青(1896—1990)　四川南充人。本名任卓宣。曾就学于北京高等法文专修馆。1920 年赴法国勤工俭学，参加法国共产党、中国共产党和中国国民党，后转至苏联东方大学。1925 年"五卅"运动期间，在法国组织示威游行，被捕入狱，继被驱逐出境，入莫斯科中山大学学习，倾向托洛茨基派。1926 年回国后，在成都主编《科学思想》旬刊。1928 年被捕后，背叛中国共产党，投向国民党。1930 年到上海辛垦书局任总编辑。先后主持《二十世纪》、《研究与批判》月刊。抗日战争时期，相继主办《抗日向导》、《时代思潮》、《政治向导》等刊物，反对和歪曲马克思主义。先后任国民党中央宣传部副部长及代部长，1940 年起曾任中正大学、中央干部学校等校教授及政治研究室主任等职。1949 年到台湾，主要从事反共理论宣传。在《哲学到何处去》的书中提出"哲学消灭论"观点。认为黑格尔哲学是哲学史上的高峰，在黑格尔以后，没有出现过作为整体和全部系统的哲学。马克思是"走向科学、实践去了"，马克思主义创始人把哲学与科学统一，就是把哲学消解于科学。这一看法，受到当时中国的马克思主义哲学家和张东荪等人的来自左右两方面的批评。他主编《批判丛书》，撰写《胡適批判》、《张东荪批判》，并编辑《哲学论战》，成为当时"唯物辩证法论战"中的代表人物之一。后又在解释三民主义的名义下，服务于国民党官方哲学。认为唯物史观和民生史观是一致的。在"把握特殊性"的口号下，宣传"欧洲历史是合规律的，中国则不然"；认为如果"唯物辩证法仍旧是唯物辩证法"，那就"丝毫没有中国化"(《学术中国化》)。因此，辩证唯物论或者是"中国化"为乌有，或者是作为欧洲的思想而存在。主要著作还有《〈费尔巴哈论纲〉研究》、《新哲学论战集》、《三民主义底哲学基础》、《道德新论》等。

吕澂(1896—1989)　现代学者。字秋逸(一作秋一、鹫子)。江苏丹阳人。早年就读于常州中学，毕业后又至常州高等实业学校、南京民国大学学习农业和经济。1914 年进入南京金陵刻经处佛学研究部学佛学。翌年留学日本，专攻美术。1916 年在上海美术专科学校任教务长，并在该校开设美学课程。1918 年回南京金陵刻经处协助欧阳竟无筹办支那内学院。1922 年内学院成立后，专志投身于佛学研究。先后在该院任教务长、院长等职，并协助欧阳竟无辑印《藏要》三辑。新中国成立后任第二、三、四、五、六届全国政协委员、中国科学院哲学社会科学部委员、中国佛教百科全书编纂委员会副主任委员等职。毕生从事佛学研究，在继承中国佛学研究传统的基础上，一改过去仅就汉译经典进行研究的方法，利用梵、藏、巴等各种文字资料，对勘汉译经论进行研究，在方法上有所创新。在佛典和教义考订辨伪方面有突出成绩。如对《楞严经》的考证，对《大乘起信论》的辨伪等。因明学的研究，以佛家知识论逻辑为重心，开创了新局面。对唯识学的研究尤有创见，指出印度佛学和中国佛学的重要区别，在于前者用"性寂"而后者用"性觉"来解释"心性本净"；从学说渊源上判明唯识古今学分歧的实质，批评了玄奘门下对唯识古学的非难；进一步论证了其师欧阳竟无关于法性和法相为一种学的观点；有关"佛性"和"种姓"的理论，发展了玄奘五种姓说的思想；以为玄奘译著是不忠于原本之意译，不可盲从。1933 年出版的《西藏佛学原论》是近代较早介绍西藏佛学思想的著作之一。对美学亦有研究。认为美感不是纯粹快感，其主要特点是在物象上体验到自身的感情，即"感情移入"现象。强调美感基于生命的"最自然又最流畅的开展"，其获得同"静观"不可分。艺术作品是美感的实现。在美学研究对象上，认为"美"或"美的价值"只是狭义和广义的区别。提出"美学是一种科学知识"，"是一种精神学"，"是一种价值学"，"是一种规范学”的论点，主张参用哲学、心理学、社会学和人类学的方法(《现代美学思潮》)。在美的本质上，认为凡随从人们最自然的“生”——观照的，表现的，有最广的社会性的，有普遍的要求的人生——的事实和价值，一概都是美的(《晚近美学说和美的原理》)。其美学思想，在“五四”前后有较大影响。主要著作还有《新编汉文大藏经目录》、《印度佛教史略》、《因明纲要》、《佛教研究法》、《印度佛学源流略讲》、《中国佛学源流略讲》、《美学概论》、《美学浅说》、《现代美学思潮》等。

吴康(1897—1976) 现代哲学家。字敬轩。广东平远人。1917年入北京大学，后留学法国巴黎大学，注重研究康德和柏格森的哲学。归国后，长期担任中山大学哲学系教授，并先后任该校文科研究所主任、文学院院长、中国文化学院院长等职。1949年去台湾，任台湾中国哲学会会长。其研究与著述兼及外国哲学与中国哲学。在早期著作中，认为哲学分类应包括知识论(方法论与逻辑学)、宇宙论(形而上学、本体论)、价值论(美学、伦理学)三部分，晚年著作则在分类中加上了社会哲学。在形而上学方面，主张心物一元论与心物合一论，并以进化论结合目的论与机械论。在知识论上，主张主观与客观的联结。在人生哲学上，主张结合利己主义与利他主义，调和感情道德与反省道德。其社会哲学则包含了社会现象、政治现象和经济现象的研究。认为哲学的未来将与科学相结合，最后达到知、情、意三者的结合，从而塑造一个完整的人格。在中国哲学研究上，研究了中国古代到现代的各哲学流派，并与外国哲学相比较，认为中国哲学的特征在于天人合一(天道与人事相应)和理实同体(理论与实践相盈)；天人合一则道德玄同，理实同体则知行并进，前者极于穷神知化，后者极于内圣外王。提出西方哲学已趋向于东方哲学的观点，认为现代思想的趋势是从自然与知识转向人生与社会，孔孟的人文主义与人道思想已成为应该加以发挥的精华。晚年批评西方的存在主义，认为存在主义太陷于个人主义与个人自由，对现实生活太关注于忧苦不安，因而趋于虚无主义。主要著作有《哲学大纲》、《西洋古代哲学史》、《康德哲学》、《柏格森哲学》、《孔孟荀哲学》、《老子哲学》、《庄子哲学》、《宋明理学》等。

朱光潜(1897—1986) 现代美学家。笔名孟实、孟石。安徽桐城人。1916年就学于武昌高等师范学校中文系，次年进香港大学攻读教育学，1922年毕业。1925年赴英国留学，攻读英国文学、心理学、哲学和艺术史。1929年又赴法国留学，学习法语和法国文学。以论文《悲剧心理学》获文学博士学位。1933年回国后先后任教于北京大学、四川大学、武汉大学等，并曾任四川大学文学院院长、武汉大学教务长、北京大学文学院代理院长。新中国成立后，任北京大学教授，并历任中国外国文学学会常务理事、中国科学院哲学社会科学部委员、中国作家协会顾问、中华全国美学学会会长、名誉会长。在美学思想上，早年受尼采影响，以审美的解释代替道德的解释，并将康德、克罗齐美学、英国经验主义美学及黑格尔等人的美学贯通在一起，构造美学理论体系。认为美感经验是直觉的活动，“直觉是突然间心里见到一个形象或意象，其实就是创造，形象便是创造成的艺术”。在美的本质上，认为美在心与物的关系上，美是心借物的形象来表现情趣。凡是美都要经过心灵的创造。美是情趣意象化或意象情趣化时心中所觉到的“恰好”的快感。创作由情趣而意象而符号，欣赏由符号而意象而情趣。认为美是艺术的特点，美即指艺术的美。以表现说研究艺术意境理论，继王国维之后，把西方美学与中国传统美学进一步相沟通。20世纪50至60年代，开始努力运用马克思主义观点探讨美学基本问题。认为美不是孤立物的静止面的一种属性，而是人在生活实践过程中既改变世界又改变自己的一种结果，是人对世界的一种关系，即审美关系。20世纪70年代末至80年代，其美学思想又有重大变化。认为美是一种价值，价值是对人而言的，研究美不能离开人。根据马克思在《资本论》中对劳动的分析，重新研究和评价审美活动中的节奏感、移情作用、内模仿等心理和生理问题。生平著述和译作甚多。有《朱光潜美学文集》和《朱光潜全集》。

宗白华(1897—1986) 现代美学家、诗人。原名宗之櫆，字伯华。江苏常熟人。早年就学于同济医工专门学校。五四时期曾任上海《时事新报》副刊《学灯》主编。1920年赴德留学。1925年回国后，曾任教于南京东南大学(后改名为中央大学)。新中国成立后，任南京大学、北京大学哲学教授，中华全国美学学会理事、顾问。在美学思想上，主张美学的研究“以整个的美的世界为对象，包括着宇宙美、人生美与艺术美”，但以“艺术美”为出发点，从中西绘画的空间表现，指出中国绘画的空间意识“是基于中国的特有艺术书法的空间表现力”(《中西画法所表现的空间意识》)。认为中国书法是通过较抽象的点、线、笔画“使我们从情感和想象里体会到客体形象里的骨、筋、肉、血”，“来启示人类的生活内容和意义”(《中国书法里的美学思想》)。认为“美”是一个流动的范畴，“美是从‘人’流出来的，又是万物形象里节奏旋律的体现”(同上)。认为西洋的美学理论，始终与西洋的艺术相表里，主要问题是“形式”、“和谐”、“自然模仿”、“复杂中的统一”、“生命表现”、“情感流露”等，中国美学有自己独立的审美范畴，主要是“意境”、“气韵生动”、“空灵”、“充实”、“笔墨”、“虚实”、“阴阳明暗”、“错采镂金”、“文质”、“迁想妙得”、“骨力”、“骨法”、“风骨”、“飞动之美”等等。认为中国美学史应研究中国艺术理论和艺术实践，认为中国艺术意境的特征，“可以说是根基于中国民族的基本哲学，即《易经》的宇宙观”(《论中西画法的渊源与基础》)。由此建立富有民族特色的中国美学理论。其美学思想以把握中西哲学为基础，对西方哲学史和中国哲学史均有系统讲授的讲义。主要著作有《美学散步》、《美学与意境》、《艺境》等，有《宗白华全集》。

容肇祖(1897—1994)　现代哲学史家。字元胎。广东东莞人。1921年毕业于广东高等师范学校。1926年毕业于北京大学哲学系。曾任厦门大学、中山大学讲师、副教授，岭南大学、辅仁大学副教授，西南联大、迁港的岭南大学教授。新中国成立后任北京大学教授，中国社会科学院哲学研究所研究员，兼任研究生院教授，国务院古籍整理出版规划小组顾问等职。致力于宋、明、清哲学研究，《明代思想史》被视为具有开拓性作用，长期重视，整理、研究为正统儒学视为异端的思想家的思想，开创、推动了民俗学、民间文学的研究。著作还有《韩非子考证》、《魏晋自然主义》、《李卓吾评传》等。论著编为《容肇祖集》。

常乃德(1898—1947)　现代史学家。字燕生。山西榆次人。1920年毕业于北京高等师范学校。曾留学日本，不久返国，后任教于燕京大学。1925年参加中国青年党，次年任中国青年党宣传部长。1927年主编《醒狮》周报。1934年起任教于山西大学、四川大学、华西大学、齐鲁大学；曾主办《山西周报》，《学园》周刊，《国论》月刊，《青年阵线》。抗战期间任国民参政会参政员。提出以“生物史观”为基础的历史哲学。认为历史是一种活生生的、不断发展的有机构造；历史学就是必须对于历史这一件整个事实加上点理解作用。而所谓的“理解”就是哲学，历史学就是历史哲学或历史观。因此，历史考据学、历史著述、史学批评和历史方法都不是史学。历史哲学或历史观并不是从历史事实中总结出的，而是人类个人与社会集团心理之反映。社会是与生物一样的有机体，受生物学法则的支配。个人是社会的细胞。社会分生理和心理两大部分。社会经历了家族社会、部落社会、民族社会和国族社会四个阶段。国族社会即近代国家社会，而中国仍处于民族社会，所以长期遭受已进入国族社会的西方国家的侵略。民族性(即国民性)是社会历史发展的动力和根本原因，具有规定全体文化形态和性质的能力。因此，必须进行一场改造中国国民性的大规模社会革命，培养和树立“国家主义”的新观念，以“国家至上”为最高道德标准。认为唯物史观、家族主义和个人主义是中国的“三害”，中国的未来要学习德国的集权统制，复兴法家思想。主要著作有《生物史观与社会》、《历史哲学论丛》、《哲学的有机论》、《生物史观研究》、《社会科学通论》、《中国思想小史》。

翦伯赞(1898—1968)　现代史学家。湖南桃源人。早年就读于北京政法专门学校，1924年留学于美国加利福尼亚大学，1926年回国后，参加北伐战争。大革命失败后，为了探讨革命失败的原因，开始运用马克思主义研究中国社会的性质和中国历史。新中国成立后，曾任北京大学教授兼历史学系主任、副校长，以及中央民族学院教授，并为中国科学院哲学社会科学部委员，中国史学会常务理事兼秘书长。在20世纪30年代曾作《历史哲学教程》，总结了中国社会史论战及其后十年的史学发展，较全面深刻论述了历史唯物主义的主要观点。后又撰《中国史纲》，用马克思主义观点，剖析了商、西周、春秋时期的社会性质，以及我国自战国至秦汉社会性质的转变，系统阐述了殷商奴隶社会说、西周封建社会说等古史分期观点。从50年代初开始，首先发起编纂《中国近代史资料丛刊》，并亲自主编其中的《戊戌变法》和《义和团》两个专题。从1961年春开始，兼任全国高等学校历史教材编审组组长，主编通用教材《中国史纲要》和《中国古代史教学参考资料》，其中《中国史纲要》，是论述自原始社会到“五四运动”前的一部通史，比较全面表达了他的史学思想。主要论著还有《对处理若干历史问题的初步意见》、《目前史学研究中存在的几个问题》、《中国史论集》、《历史问题论丛》、《先秦史》、《秦汉史》等。今人编有《翦伯赞全集》。

周予同(1898—1981)　现代史学家。原名毓懋，学名豫桐、蘧。字予同。浙江瑞安人。1916年入北京高等师范学校。1921年毕业后任厦门大学教员、商务印书馆编辑、《教育杂志》主编。1932年后任安徽大学、暨南大学、复旦大学教授，并曾任上海开明书店编辑兼襄理。新中国成立后，任复旦大学历史系主任、副教务长，上海社会科学院历史研究所副所长，华东军政委员会文教委员会委员，上海市文教委员会副主任，上海市人民委员会委员，第三届全国人民代表大会代表，中国民主同盟上海市委员会副主任。早年研究教育学，后专治经学史。突破传统经学的学派偏见，将经学研究纳入史学领域。认为历代经学家的一切分歧与争论的焦点，在于对经典及孔子的见解完全相异，故归纳经学为西汉今文学、东汉古文学及宋学三派。认为今文学“偏重于‘微言大义’，其特色为功利的，而其流弊为狂妄”；古文学“偏重于‘名物训诂’，其特色为考证的，而其流弊为烦琐”；宋学“偏重于‘心性理气’，其特色为玄想的，而其流弊为空疏”(《经学史与经学之派别》)。认为清末今文经学客观上“使孔子的地位与经典的尊严发生动摇”，导致了史学的独立。肯定清末今文经学的价值，以为其“在消极方面，能发扬怀疑的精神；在积极方面，能鼓励创造的勇气。就实际的结果说，在消极方面，使孔子与先秦诸子平列；在积极方面，使中国学术，于考证学、理学之外另辟一新境地”(《经今古文学》)。其论著考订周密，史料翔实。有《经今古文学》、《群经概论》及《经学历史》注释等，多收入《周予同经学史论著选集》(后改名为《周予同经学史论》)。

李曰华(1898—2000)　现代哲学史家。广东兴宁人。1920年留学日本，考入东京帝国大学，攻读西洋哲学、印度哲学，1930年春毕业。1931年回国，任中山大学副教授。1934年转任广东省教育厅督学，曾与罗雄才等人筹建广东省立高级工业职业学校。1941年任中山大学教授。新中国成立后，历任北京大学教授，中山大学教授兼中国哲学史教研室主任。著作主要有《物心相依论》、《印度哲学史》、《印度佛教概论》、《范缜——南北朝反佛斗争中成长的唯物论者》、《范缜破除迷信的理论与实践》、《化书研究》等。

瞿秋白(1899—1935)　中国无产阶级革命家、中国共产党早期领导人，思想家，文学家。又名霜。江苏常州人。1917年入北京俄文专修馆学习。五四运动时参加领导北京学生爱国运动。1920年以《晨报》记者身份采访苏俄，写了大量通讯，向国内介绍俄国十月革命后的真实情况。1922年加入中国共产党。曾出席远东民族代表大会和共产国际第三、第四次代表大会。1923年回国，在上海负责《新青年杂志》、《前锋》、《向导》等刊物的编辑工作，参与创办上海大学。1925年1月在中共四大上当选为中央执行委员会委员、中央局委员。大革命时期，对国民党右派提出的“弹劾共产党案”以及“戴季陶主义”进行斗争。1927年国民党叛变革命后，主持召开八七会议，任中共中央临时政治局常委、主席，在主持中央工作期间犯了“左”倾盲动错误，但很快认识、纠正了错误。1928年去莫斯科参加中共六大和共产国际六大，当选为中共中央政治局委员、中共驻共产国际代表团团长和共产国际执委会委员、主席团委员。1930年回国，主持召开中共六届三中全会，纠正李立三“左”倾错误。1931年1月在中共六届四中全会上遭共产国际代表米夫及其支持的王明等人打击，被解除中央领导职务。后在上海同鲁迅一起领导左翼文化运动。1934年进入中央苏区，任中华苏维埃共和国中央执行委员会人民委员会教育人民委员。中央红军主力长征后，留在苏区，任中共苏区中央分局宣传部长兼中央办事处教育部长。是中共第五届中央政治局常委，第六届中央政治局委员。1935年2月突围转移途中，在福建长汀水口乡遭国民党军队包围被俘，6月18日在长汀英勇就义。早期曾把世界的本质理解为“生命的大流”的运动，把“心灵的动力”看作是发展的源泉，把客观现象的存在和变化看成是主观心灵的表现。1922年后开始成为一个马克思主义者。1923—1924年，编撰《社会哲学概论》、《现代社会学》、《社会科学概论》等著作，翻译《无产阶级之哲学——唯物论》，并撰写哲学论文，系统介绍马克思主义哲学。指出“马克思主义宇宙观的基础是在于互辩法的唯物论”，是“唯物论与互辩法的综合”。它“是一个绝对新的整个的宇宙观，是无产阶级的认识论和方法论”，是“革命斗争的指针”。认为凡“以客观为出发的”，便成为唯物论之一派，而“以主观为出发的”，则是唯心论之一派。认为人的认识来源于外界物质，“各种观念是由于各种感觉所引起的，感觉乃是人对于外界环境直接起的反作用”。“符合实际的认识，便是真理”。对于五四时期的东西文化论战，以社会实践观点阐明“文化是人类一切之‘所作’”；要用世界眼光和历史眼光建设中国新文化，既不能“盲目固执一民族的文化性”，复古守旧，也不能“汩没民族的个性”去附庸“新派”的全盘西化(《东方文化与世界革命》)。参加“科学与玄学”的论战，在《自由世界与必然世界》、《实验主义与革命哲学》等文中，既批判了玄学派的“自由意志论”，又批判了科学派的“非决定论”和多元论历史观，阐明了马克思主义的“社会有定论”。运用马克思主义理论于中国革命实践，以辩证唯物论分析中国国情。在中国社会性质的论战中，正确阐明了中国半殖民地、半封建的性质；指出了陈独秀的错误思想根源在于主观主义地从零碎的经验和书本中构造出死公式，“按公式教导党部下级人员及群众”(《中国革命中之争论问题》)；在与国民党右派“戴季陶主义”的论辩中，指出其思想的“根本点，便是一种唯心主义的道德说”(《中国国民革命与戴季陶主义》)。在伦理学上，指出道德既是反映社会经济关系的“行为的准则”，又是发自人们内心的“当然的及美好的种种观念”，是两者的统一；并对道德与利益、道德的演变、道德的阶级性与继承性等问题，用马克思主义观点作了阐明，对于建立中国的马克思主义伦理学有重要价值。在美学思想上，肯定车尔尼雪夫斯基“美是生活”这一命题的时代意义。在批评普列汉诺夫对艺术的社会作用认识不足时，强调审美的功利性和艺术的阶级性：“一切阶级的文艺都不但反映着生活，并且还在影响着生活”(《文艺的自由和文学家的不自由》)。但在批评普列汉诺夫“过分看轻艺术的积极作用”时，也过分强调了文艺的积极作用，把文艺看作是“政治的留声机”，认为“每一个文学家其实都是政治家。艺术——不论是哪一个时代，不论是哪一个阶级，不论是哪一个派别的——都是意识形态的得力武器”(《非政治主义》等)。在艺术的审美创造上，强调现实主义的真实性审美原则，并以此为审美标准来评论文艺家。瞿秋白的哲学理论受到俄国普列汉诺夫和布哈林的影响，同时对他们又有批评，表现出了把马克思主义哲学中国化的趋向，对马克思主义哲学在中国的深入传播和发展，对毛泽东思想的形成作出了重要贡献。遗著编为《瞿秋白文集》、《瞿秋白选集》。

朱谦之(1899—1972)　现代思想家、哲学史家。字情牵。福建福州人。十七岁入北京大学，在法预科学习两年，后转入哲学系本科。“五四”运动时，曾参与北京大学学生会组织的活动。1924年任教于厦门大学。次年辞职，至杭州闭门研究和著述。1929年赴日本留学，两年后返国，相继在暨南大学、中山大学任教授，曾任中山大学历史系主任、哲学系主任、文学院长、研究院文科研究所主任、历史学部主任等职。1952年至北京大学哲学系任教授。20世纪50年代末开始研究日本哲学。1964年调中国科学院世界宗教研究所任研究员。世界观和人生观变化起伏极大，思想始终处于矛盾斗争之中。早年曾主张“英雄崇拜论”，旋又从探讨宇宙本体、怀疑现实走向信仰虚无主义、无政府主义，反对现代的任何制度，否定一切，“毁弃宇宙，断灭人生”(《太极新说》)以无政府主义的观点理解俄国十月革命，提出“直接行动”的口号，号召“劳动者可直接管理工场，把从前资本家掠夺去的生产机关一切收回社会公有”(《劳动节祝辞》)。曾发表《大同共产主义》一文，主张一种乌托邦式的大同理想。但不久又转而提出具有泛神论色彩的“真情哲学”。认为宇宙本体即是人的生命本身，它“并不超出我有情中的现象世界”，故“真情之流”即是哲学家寻找的真理，即是宇宙，“所谓天地人物原来只是一个身体，一个真情”，凭借直觉“即无时不是本体，无时不与天地同流也”(《一个唯情论者的宇宙观及人生观》)。在认识论上则主张排斥理性，抛弃知识，“只须人们一任真情的时候，就自然而然地化知识的生活变为真情的生活”(《真生命的实现》)。所著《历史哲学》(1926)为近代第一本冠之以“历史哲学”的著作，认为本能是人类历史的原动力，将本能分为宗教的本能、自我的本能，社会的科学的本能，这三种本能依次进化，无穷而美好；由此分析中国宋代以来的哲学发展，以为宋代是中国近世哲学的开始，为宇宙哲学时期，明代为自我哲学时期，清代为社会政治哲学时期；未来历史则为人的本能全部发挥的综合时期，是宗教的革命，自我的革命和社会的科学的革命这三者的综合。所著《文化哲学》(1927)，为近代中国首先名之以“文化哲学”的著作。以为人类生活的表现，都可称作文化；文化以进步程度不同，表现为宗教的文化(以印度为代表)、哲学的文化(以中国为代表)、科学的文化(以西洋为代表)和艺术的文化(文化的理想境界)。《中国哲学对欧洲的影响》是其用力最多，学术界影响最大的著作(初版于1940年，原名《中国思想对于欧洲文化的影响》，1985年出版增补修订本，改为现名)。论述了欧洲文艺复兴和中国文明关系；18世纪以耶稣会传教士为媒介的中欧文化接触；耶稣会士对宋明理学的态度；理学传入欧洲对法国、德国启蒙运动的影响。该著作对中西哲学比较史和中西哲学交流史的研究具有开创性意义。一生勤于教学和著述，主要著作还有《周易哲学》、《一个唯情论者的宇宙观及人生观》、《谦之文存》、《历史哲学大纲》、《无元哲学》、《日本的朱子学》、《日本的古学及阳明学》、《日本哲学》等。论著多编为《朱谦之文集》。

方东美(1899—1977)　现代新儒学代表人物。原名珣。安徽桐城人。1917年至1921年间在南京金陵大学攻读哲学。参加过五四运动，又与王光祈等人发起成立中国少年学会，1920年创办《少年世界》月刊，担任总编辑。1921年赴美留学，先就读于威斯康辛大学，次年至俄亥俄州立大学师从莱森教授治黑格尔哲学，后又回到威斯康辛大学，1924年获哲学博士学位。归国后被聘为武汉大学哲学系教授，又先后在东南大学、中央政治学校、中央大学等校任教。1949年后去台湾，分别任教于台湾大学、辅仁大学。为学力图贯穿古今、统摄诸家。视孔、墨、老为中国先哲的代表，认为“把他们融会贯通起来，实可以代表中国哲学家最完善的思想”(《中国人生哲学》)。又依据生命哲学和周易“生生之德”的观念，提出“机体主义”一词，用以解释中国哲学之主流与特色，称此类文化血脉、生命之源，可谓千圣一脉，久远传承，为一切思想形态之核心(参见《生生之德》)。认为中国哲学有“四大主潮”,即原始儒家哲学、原始道家哲学、宋明新儒学和大乘佛家哲学,它们代表了中国人的生命精神。认为不同民族的生命精神决定了各异的文化形态,比较古希腊、近代欧洲和传统中国三种文化形态,提出“希腊如实慧演为契理文化”,“欧洲方便慧演为尚能文化”,“中国平等慧演为妙性文化”。主张“落实”儒家的人生价值,以不断“提升”生命价值,作为“拯救”现代人类的基本手段。追求哲学理想与诗情涵养的统一,有诗化哲学之意境。主要著作有《科学哲学与人生》、《中国人生哲学》、《方东美先生讲演集》、《哲学三慧》、《原始儒家道家哲学》、《新儒学十八讲》、《中国哲学之精神及其发展》等。另有诗词遗稿上千首,由其弟子选编为《坚白精舍诗集》。台湾编有《方东美全集》。

陈登原(1900—1975) 现代史学家。字伯瀛。浙江余姚人。1926年毕业于东南大学历史系,先后任教于金陵大学、之江大学、中山大学、西北大学。认为历史是不断进步和发展的,其间存在因果关系,反对历史偶然论、或然论;由于历史发展中的环境、经济和个人心理会沿袭古人的行事、言谈和风格等因素,因此,历史发展存在着必然性的常理;同时,文献记载和记载中的溢辞也会造成历史重演(虽然这并非史实的重演)。将中国文化史分为五个发展阶段:自有史至秦初为上古期;自秦初至五代为中古期;从宋初至明末为近古期;从明末至清初为近代期;自清末至今为近世期。认为学习历史可以因往知来,劝善惩恶,立志修身。主要著作有《中国文化史》、《国史旧闻》、《中国土地制度》、《中国田制丛改》、《古今典籍聚散考》和《历史的重演》等。

汪奠基(1900—1979) 现代逻辑学家。原名三辅,号芰芜、山父等。湖北鄂州人。1919年肄业于北京大学哲学系。1920年赴法国留学,攻读哲学和数理逻辑。1925年回国,先后在北京大学、北京师范大学、武昌中华大学、沈阳东北大学、北平大学、广西大学、西北联合大学、四川大学、武汉大学等任教。曾任上海暨南大学教务长、武汉大学筹备处委员、四川大学师范学院院长。1927年和1937年分别出版《逻辑与数学逻辑论》和《现代逻辑》两部著作。是国内最早介绍和研究数理逻辑的学者之一,对中国早期数理逻辑研究作出了贡献。新中国成立后,历任北京师范大学教授兼教育系主任、北京大学哲学系教授。1956年到中国科学院哲学研究所任研究员、学术委员会委员、逻辑研究组副组长、逻辑研究室顾问等。所著《中国逻辑思想史》,是我国第一部中国逻辑史通史著作,对中国逻辑思想史的对象、特点作了比较充分的阐述,认为中国古代无逻辑的观点是不正确的,是过于用西方逻辑思想作标准,而没有从中国古代哲学思维的实际出发。对先秦名家的范围、《墨经》的分章、历代研究“类”概念的重要性等研究有不少值得重视的见解。主要著作还有《科学方法》、《哲学与科学》、《理则学》、《老子朴素辩证的逻辑思想——无名论》、《中国逻辑思想史料分析》(第1辑)等。

吕振羽(1900—1980) 现代史学家。湖南邵阳人。1926年湖南大学毕业,后投身北伐战争。1928年至北平,任教于中国大学和朝阳大学。创办学术刊物,参与中国社会史问题论战。1936年加入中国共产党。后在重庆从事历史研究和统战工作。1942年赴延安。新中国成立后,历任东北人民政府文教委员会副主任、大连大学和东北人民大学校长、中国科学院哲学社会科学部委员,并当选为第一届全国人大代表、第三届全国政协委员、中央民族事务委员会委员。1937年出版《中国政治思想史》,按中国社会的不同阶段、不同发展时期,划分政治思想和哲学的各个流派,并把各思想家的思想作为其体系去论究,直接与此前不久陶希圣所著的《中国政治思想史》针锋相对,是用马克思主义观点系统研究中国思想通史的开山之作。认为唯物主义与唯心主义“在历史上所表现的人类意识形态之两个基本分野”,贯穿于中国思想史,但两者于中国思想史发展过程中,往往相互继承和渗透,中国思想史的脉络,不是简单的唯物主义和唯心主义的阵营划分。特别注意为统治阶级主流意识形态长期遮蔽的非主流思想,从历来农民起义的思想信仰中,分析他们的阶级意识。1941年出版《简明中国通史》(上册),在初版序言里说:这书“与从来的中国通史著作不同”,“主要是把中国历史作为一个发展过程在把握;并注重历史的具体性,力避原理、原则式的叙述和抽象的论断;还要尽可能照顾到中国各民族的历史及其相互作用”。后来,在该书下册的跋语里,作者强调其基本精神是“在把人民历史的面貌复现出来”。1942年出版了《中国社会史诸问题》,是对20世纪20—30年代关于中国社会史问题论战的较系统的总结。作者认为,该书“反映了中国新史学在历史科学战线上的斗争过程和若干情况,也反映了有关各派对中国史问题的基本立场、观点、方法及其一定时期的发展过程,可作为中国马克思主义史学史的有关资料”。主要史学论文编为《吕振羽史论选集》。

高亨(1900—1986) 现代学者。字晋生。吉林双阳人。少时入私塾,后就读于吉林第一师范学校、北京弘达学院、北京师范大学、北京大学。1925年入清华国学研究院为研究生。毕业后任教于东北大学、河南大学、武汉大学、齐鲁大学、西北大学等。新中国成立后，曾任山东大学教授、中国科学院哲学研究所研究员。治学主要集中在诸子学、《周易》、《诗经》、《尚书》诸经以及古文字学、古籍校勘考据。擅长把文字、声韵、训诂与思想分析相结合，阐明古籍义蕴。《周易》研究最为学界瞩目。改变前人大都经传不分之旧习，首次经传分解，认为经传形成年代相去数百年，传的论述不全符合经的原意；以史料、考据释《易经》，重在从中探究其时的社会生活及思想意识；以义理释《易传》，重在阐发其中的哲学思想。治《老子》与《诗经》，在校勘训诂上创发新义。古文字研究，亦功力甚深。主要著作有《周易古经古注》、《周易古经通说》、《周易大传今注》、《老子正诂》、《墨经校诠》、《诸子新笺》、《文字形义学概论》、《古字通假会典》。今人编有《高亨著作集林》。

王遽常(1900—1989)　现代学者、书法家。字瑗仲，号明两，别号端六，晚号欣欣老人。浙江嘉兴人。少时受惠于家学。1920年入无锡国学专修馆。毕业后留校任教。1927年起，先后任教于大夏大学、复旦大学、无锡国学专修学校、之江大学、交通大学、暨南大学、无锡中国文学院。1952年后一直任教于复旦大学。治诸子学，自称"采摭遗事，视经为富，诠释学派，一秉梁启超先生之教"；方法上注重以子证子，注意收辑诸子行事历履为小传，补以往史料之阙。史学研究专注于秦史，撰有首部秦史专著。编撰年谱，颇多成果，其中《严幾道年谱》最为著名。书法上被誉为"章草第一手"。主要著作还有《诸子学派要诠》、《先秦诸子书答问》、《秦史》等。

陈立夫(1900—2001)　现代政治家、思想家。浙江吴兴(今湖州)人。名祖燕，号立夫。北洋大学采矿系毕业，美国匹兹堡大学采矿学硕士。1925年9月返国，任黄埔军校校长办公厅机要秘书，随侍蒋介石。曾长期主持国民党人事及组织工作。与其兄陈果夫组织中央俱乐部(即CC)，以控制国民党中央执行委员会调查统计局(即中统)，是国民党CC系首领之一。1949年去台湾。1951年去美国定居。1969年返回台湾，历任"总统府"资政、"中央评议会"主席团主席、"中华文化复兴运动推行委员会"副会长、"中国医药学院"董事长、孔孟学会理事长等职。20世纪30年代起，相继出版《唯生论》、《生之原理》(又名《唯生论》卷下)，提出唯生论哲学。否认物质与意识的根本区别，借助孙中山的生元说，认为"宇宙的本体即生元，生元以生为性，生生不已，化为万物"；宇宙事物的发展皆为"生命之流"的表现；在历史观上，提出"人类之求共生、共存、共进化，为历史的根本原动力"(《生之原理》)，以此唯生史观反对唯物史观；在人生学说和伦理思想方面，认为人是生元"最得意的作品"，故生元"生生不已之机，表露于人"，则"成人之性"，进而断定"人的本质便是仁心"，道德皆"出于我与他人求共生共存之心"(《生之原理》)，主张复兴传统儒学的仁义道德，宣扬"父子有亲、长幼有序、夫妇有别、朋友有信、君臣为义"的五伦观念，宣扬由"增情节欲"、"为善去恶"达到"人欲净尽，天理流行"，为蒋介石创导的"国民精神建设"和"新生活运动"提供哲学论证。又以此为据，说"阶级斗争的产生，惟在人不知共生共存之道时！是由于人不能行共生、共存之道而产生的一种道德上的堕落"(同上)，反对马克思主义阶级斗争和社会革命理论。先后参与建立"中国文化建设协会"和"中国科学化运动协会"，宣传"中国本位文化"，对十教授署名的《中国本位文化建设宣言》(1934)予以支持。20世纪50年代后，研究儒学的道德理论，提出了"人理学"的道德哲学，认为物理学以阐发物性之体与用为最终目的，与之相对应的人理学则以阐发人性之体与用为最终目的；人性之体为仁，人性之用曰义，人理学就是阐发求仁行义之道理的学说。晚年主持翻译了李约瑟的《中国之科学与文明》。主要著作还有《四书道贯》、《文化运动与民族复兴》、《民族生存的原动力》、《人理学研究》等。

陈荣捷(1901—1994)　现代哲学史家。广东开平人。1924年毕业于岭南大学，同年赴美留学，1929年以《庄子哲学》论文获得哈佛大学哲学博士学位。1936年任夏威夷大学教授。1939年参加创设东西方哲学家会议。1978年被选为台湾"中央研究院"院士。以用英文向西方人介绍和诠释中国哲学而著称。认为西方学者对儒家学说多有误解，强调应多用英文向西方介绍中国哲学原著，并加以诠释，以消除误解。认为孔子是以义理之"天"替代商代人格神的"天"，强调天的精神性与道德性。认为"己所不欲，勿施于人"与"爱人如己"是一致的，没有消极与积极之分，只是"爱"的不同形式。反对西方只研究孔子是否改革家之类的问题，认为这种研究不以义理研究为基础，只是研究儒家思想的"用"而非研究"用"之"体"，是舍本逐末。赞成近来西方人之转入研究儒家之理学，认为这是研究的最高阶段。认为中国哲学的总的特征是人本主义，它专注于德性之生活，从属于尘世的生活。西方哲学是从形而上学发展到社会道德哲学，而中国哲学则是从社会的道德哲学而达到形而上学。他对孔子的"仁"作了诠释，认为它包含七层意义：(1) 仁是全德之仁，它不是诸德之一，而是知、义、勇等德的基础；(2) 仁就是爱；(3) 博爱之谓仁；(4) 仁即性，即理，即理一分殊;(5) 仁者以天地万物为一体;(6) 仁即是生生,是仁的创生意义;(7) 仁为心之德,爱之理。六十岁后专注于朱熹研究,著有《朱子门人》、《朱学论集》、《朱学新探索》等。其研究以重视新材料之发掘为特色。对朱熹的研究多有创见。对宋代理学研究的重要著作还有《近思录详注集评》。另有英文专著十四种,中文专著三种。其中以英文的《中国哲学资料书》,英译《近思录》和《传习录》最有名。

雷海宗(1902—1962) 现代史学家,"战国策派"的主要代表人物。字伯伦。河北永清人。1922 年清华学校高等科毕业,后赴美国芝加哥大学学习历史和哲学,并获哲学博士学位。1927 年回国后,先后在南京中央大学,金陵女子大学、武汉大学、清华大学、西南联合大学任教。1952 年到南开大学任教。抗战时期,倡导文化形态史观。与林同济等创办《战国策》半月刊,在历史理论上,综合克罗齐、斯宾格勒的历史哲学,创立了自己的史学理论。认为历史包括绝对的历史和相对的历史,绝对的历史是一趟过的,永远无法认证的;相对的历史是记录者根据现实附加给历史的,是活的、真正的历史。真历史是人内心的活力,是一种时代精神的表现,既是主观的,又是现实的。历史的主观在于它有哲学。历史是一种文化体系,是多元的。世界历史可分为埃及、巴比伦、印度、中国、古希腊等七个独立的文化体系。不同文化体系的兴衰经历了相同的历史形态,即封建时代、贵族时代(春秋时代)、帝国主义时代(战国时代)、大一统时代、政治破裂和文化灭亡的末世。但是,中国文化因其独特性而历经四千年不灭,"独具二周"。中国文化还能新生,走向第三周复兴。抗日战争是中国文化新生,进入第三周的关键。为此,必须复兴国家意识,重振尚武精神,打破二千年来"无兵的文化"。中国文化的新生,就是"兵文化"的再建。新中国建立后,对世界分期提出自己的看法,主张按生产力,特别是生产工具的进步,将人类分为石器时代、铜器时代、铁器时代和机器时代,就社会性质说,分别相应于原始社会、部民社会、古典社会和封建社会、资本主义社会和社会主义社会。代表作有《中国文化与中国的兵》、《文化形态史观》、《中国通史》和《西洋通史》等。

沈志远(1902—1965) 现代哲学家、经济学家。原名会春。浙江萧山(今杭州市萧山区)人。1925 年加入中国共产党。1927 年赴苏,先后在孙逸仙大学、莫斯科中国问题研究院学习。1931 年回国,曾在上海、北平(今北京)、西安等地任大学教授,并参加中国社会科学家联盟,传播马克思主义。1933 年与党组织失去联系。抗日战争期间,任成都《大学》杂志主编及重庆生活书店副总编辑。1944 年加入中国民主同盟。新中国成立后,任出版总署编译局局长、华东军政委员会参事室副主任。是第一届全国人大代表,中国科学院哲学社会科学部委员。曾任中国民主同盟中央常委、民主同盟上海市委主任委员。1932 年出版的《黑格尔与辩证法》,介绍从黑格尔到马克思到列宁的辩证法发展的三个阶段。指出"现代哲学不是别的,恰恰就是辩证的唯物论和唯物的辩证法。这是整个马克思主义宇宙观"。1933 年,编纂出版《新哲学辞典》,该书成为我国最早的一本马克思主义哲学工具书。1936 年 6 月出版《现代哲学基本问题》,为一本很有影响的马列主义哲学普及读物,是当时马克思主义哲学大众化、通俗化的代表性著作之一,从 1936 年到 1951 年发行了 18 版。主要著译还有《新经济学大纲》、《近代经济学说史》、《辩证唯物论与历史唯物论》等。

萧一山(1902—1978) 现代史学家。原名桂森,号非宇,字一山,以字行。江苏铜山(今徐州)人。1924 年毕业于北京大学。先后任教于清华大学、北京大学、中央大学、河南大学、东北大学、西北大学。1948 年赴台湾大学任教。并为台湾"中央研究院"院士。一生致力清史研究,认为民族即是历史,是历史的唯一动力。中国以民族的是非为历史的是非,历史上的一切不平等都因民族压迫和剥削而起。以民族观念作为中国历史分期的线索,将中国史分为汉族成育时代(太古至秦统一)、汉族全盛时代(秦至唐亡)、蒙古族盛势时代(五代至明)、满族主政时代(清)、五族团结时代(民国以后)共五期。倡导民族革命史观,认为那种以为鸦片战争后中国始受帝国主义压迫的观点不正确,中国受异族之蹂躏和社会文化之没落始于清代,中国近代史的开端应在明清之际。此三百年来,中国社会及其历史皆围绕着民族革命的中心问题,"一部清史,实在可以说:就是一部民族革命史"(《清史大纲·引论》)。将近代史演变分为三个时期,民族革命的第一时期从清初到太平天国运动,第二个时期从自强运动到辛亥革命,第三时期从讨袁运动到抗日战争。从民族革命史观出发,对天地会、太平天国运动、义和团等反清和反帝运动作了充分肯定,认为太平天国"为国民革命的先河"(《太平军广西首义史序》)。提倡经世致用,认为历史研究的目的在于总结出一套"明道救世"的理论。在历史阶段划分上,主张按时代和朝代概念划分历史。代表作有《清代通史》、《清史大纲》、《中国近代史概要》、《曾国藩传》和《洪秀全传》等。

贺麟(1902—1992) 现代哲学家,现代新儒学代表人物之一。字子诏。生于四川金堂。1926 年毕业于清华留美预备学堂。1926—1930 年先后在美国奥柏林大学、芝加哥大学、哈佛大学本科及其研究院研读西方哲学史，获哈佛大学硕士学位。1930—1931 年在德国柏林大学进修德国古典哲学。1931—1955 年在北京大学哲学系先后任讲师、教授。1955 年后在中国科学院哲学研究所(今中国社会科学院哲学研究所)从事研究工作，并曾任西方哲学史研究室主任。在 20 世纪 40 年代提出"儒家思想的新开展"将是"中国现代思潮的主潮"；"五四"新文化运动扫除了儒学的僵化部分，"使得孔孟程朱的真面目更是显露出来"，这对儒家思想的新开展是有贡献的。认为儒家思想新开展的途径是："以西洋之哲学发挥儒家之理学"；"吸收基督教之精华以充实儒家之礼教"；"领略西洋之艺术以发扬儒家之诗教"(《儒家思想的新开展》)。1930 年写成《朱熹与黑格尔太极说之比较观》，试图从对比朱熹的太极与黑格尔的绝对理念的异同来阐发两家的学说，自认为是走中西哲学比较考证、融会贯通的道路。后又对知难行易与知行合一等中国哲学理论作新的解释，认为知行合一观有自然的知行合一观与价值的知行合一观的区别。自然的知与行涉及心理活动与生理活动，两者分中有合、合中有分。价值的知行合一观又可分为朱熹的理想的价值知行合一观与王守仁的直觉的知行合一观，前者是对理想的价值的追求，后者是对直觉的价值的追求。认为自然的知行合一与价值的知行合一并不冲突。这表现了用近代生理学与心理学解释知与行这一对哲学概念。1944 年写成《近代唯心论简释》提出心理意义的心与逻辑意义的心的区别，认为逻辑意义的心即理，它是一种超经验的理想的精神原则，是经验行为知识和评价的主体。心是经验的统摄者、行为的主宰者、知识的组织者、价值的评判者。这种观点在当时被认为是"新心学"。方法论上，认为直觉是哲学思考中必须的，不能简单视之为反理性主义而予以排斥，朱熹和陆九渊是运用直觉方法的典范；辩证法是建立形而上学必不可少的思辨方法，与直觉法异曲同工(《近代唯心论简释》)。在伦理学上，认为"真正的道德行为乃为自由的意志和思想的考虑所决定，而非受物质条件的决定"(《物质与思想》上)；儒家五伦是"维系中华民族的群体的纲纪"，不仅适用于古代社会，也适用于现代工业社会，因为它们契合西方文艺复兴以来的人本主义精神(《五伦观念的新检讨》)；把现代的"儒者气象"归结为"合理性合时代合人情"，力图使儒家人格获得新的生命力(《儒家思想的新开展》)。1945 年出版《当代中国哲学》(1989 年辽宁教育出版社重版，易名为《五十年来的中国哲学》)，以新心学的观点诠释戊戌变法前后至抗日战争胜利的中国哲学发展过程，认为这五十年是"陆、王学派独得盛大发扬"。新中国成立后，专注于西方哲学，特别是黑格尔哲学的教学、翻译、研究，写有大量的论文、讲稿、专著，培养了这方面的教学与研究人才。主要著作还有《知难行易说与知行合一论》、《文化与人生》、《现代西方哲学演讲集》、《黑格尔哲学讲演集》、《哲学与哲学史论文集》；译著有《知性改进论》、《伦理学》、《小逻辑》、《精神现象学》、《哲学史讲演录》等。

陈康(1902—1992)　现代哲学史家。又名陈忠寰。生于江苏江都。1929 年毕业于中央大学哲学系，后去英国伦敦大学留学，次年赴德。1940 年以《亚里士多德论分离问题》论文获柏林大学哲学博士学位。同年回国，先后任西南联大、中央大学、北京大学、同济大学等校教授。1948 年任台湾大学教授。1958 年去美国，历任埃默里大学、蒙大拿州立大学、得克萨斯大学、南佛罗里达大学等校教授。退休后留居美国。哲学思想上受德国现代哲学家尼古拉·哈特曼影响较大。其博士论文探讨亚里士多德哲学与柏拉图哲学的联系与区别，认为：(1) 柏拉图的理念是目的论的，是个别事物追求的目的。世界上形形色色的事物存在于对理念的追求之中，彼此之间的"距离"只是对理念完备程度或性质上的差别，而非空间意义上的距离。个别事物虽及不上理念，但可以无穷地缩小其间的距离。(2) 亚里士多德从未将柏拉图的哲学说成是个别事物同理念相分离，分离之说是当时学园中某些柏拉图主义者的主张，而非柏拉图本人的观点，故亚里士多德同柏拉图在这一问题上的见解是统一的。他精于古文字校刊、词句释义和历史考证，重视方法和义理的研究，注意论证步骤的分析、思想源流的探求和论证内容的评价。在研究前人思想时，以原著为据，不将逻辑的与历史的混为一谈，研究问题以事物实况为准，不唯权威的定论是从，不作空泛断语，不"饰智惊愚"。主要著作还有《柏拉图巴曼尼得斯篇》(译注)、《智慧——亚里士多德所寻求的学问》。论文大多编为《陈康：论希腊哲学》。

陈序经(1903—1967)　现代学者、史学家、教育家。字怀民。广东文昌(现属海南)人。1925 年毕业于上海复旦大学，1928 年获美国伊利诺伊大学博士学位。回国后，任教于岭南大学、南开大学、西南联合大学、中山大学、暨南大学等校。一生致力于学术与教育，尤其重视文化研究，提倡在中国创立"文化学"。主张"全盘西化"论，认为在中国，想从东西文化的研究中寻找一条救国办法的人有三种不同的主张:一是主张全盘接受西方的文化,二是主张复返中国固有的文化;三是主张折中的办法,认为折中派和复古派都没有出路。1936年发表《乡村建设运动的将来》,批评梁漱溟等人的"以农立国"主张。1947年发表《与胡適之先生论教育》,提出教育要彻底的现代化和争取学术的真正独立,引发有关教育问题的论战。曾深入中国农村实际,对闽、粤、桂的船家疍民和东南亚各国华侨进行过较多的调查研究,对东南亚史、华侨史、匈奴史也较有研究。主要著作有《现代主权论》、《中国文化的出路》、《中国文化史略》、《乡村建设运动》、《疍民的研究》、《文化学概观》、《社会学的起源》等。今人编有《陈序经学术论著》、《陈序经文集》。

华岗(1903—1972) 现代哲学家、史学家。原名少峰,字西园,浙江衢州人。1925年加入中国共产党。第一次和第二次国内革命战争时期,历任浙江、江苏、顺直(今河北)等省团委书记、团中央宣传部长、中共中央组织局宣传部长等职。1932年被捕,1937年出狱。曾任《新华日报》总编辑、中共南方局宣传部长。新中国成立后任山东大学教授、校长兼党委书记,并当选为第一届全国人大代表。长期从事理论宣传工作,是中国早期运用马克思主义研究历史和哲学的学者之一。抗战时期翻译出版了《共产党宣言》(华兴书局1930年版),是我国出版的《宣言》第二个全译本,译文质量有较大提高,如把《宣言》的最后一句由"万国劳动者团结起来呵!"改译为"全世界无产者联合起来!"史论集《中国历史的翻案》,通过对中国历史上一些重大问题的研究和对社会历史现象的分析,从中找出规律性的东西,以宣传历史唯物主义。在山东大学工作期间,讲授辩证唯物论的基本原理,讲稿以《辩证唯物论大纲》为名出版,是新中国建立初期马克思主义哲学的主要教科书之一。主要著作还有《列宁表述"辩证法十六要素"试释》、《规律论》、《美学论要》、《社会发展史纲》等。

徐复观(1903—1982) 现代新儒学代表人物。原名秉常,字佛观,后由熊十力更名为复观。湖北浠水人。1918年入湖北省第一师范学校,毕业后入湖北省立国学馆,受业于黄侃。1925年投身国民革命军。1928年留学日本,先后就读于明治大学经济系、陆军士官学校步兵科。"九一八"事变后回国,在国民党军队任职。1942年到延安任联络参谋,与中共领导人多有交往。1943年到重庆,调入侍从室,为蒋介石器重,参与机要。其间曾拜谒熊十力,成其弟子。抗战胜利后,以陆军少将退役。1949年脱离国民党高层政界,移居香港、台湾。同年在香港创办《民主评论》。1952年起先后在台湾的农学院、东海大学以及香港的新亚研究所执教。1958年初,与牟宗三、唐君毅、张君劢共同署名,发表《为中国文化敬告世界人士宣言》。阐发儒学思想的文化哲学,认为人的世界分为科学世界和价值世界两部分,价值世界对于人类生活更重要,是安身立命之所在。提出中西文化各有特质,前者对价值的追求根源于人的生命活动,后者对价值的追求通过追求物质予以表达;中国文化的主流是人间的现世的性格,其人文精神具有消解形而上学的特点;这种现世性和人文精神主要体现在孔孟儒家的道德精神和老庄道家的艺术精神。以为对历史文化进行"现代的疏释",传统才能再生于现代世界;儒家精神得以实现新生、转进的根据正在于此。主要著作有《两汉思想史》、《中国人性论史·先秦篇》、《中国艺术精神》、《儒家政治思想与民主自由人权》、《中国经学史的基础》、《中国思想史论集》、《中国思想史论集续篇》。编有《徐复观文集》。台湾出版有《徐复观文录》、《徐复观文存》。

全增嘏(1903—1984) 现代哲学史家。浙江绍兴人。1923年毕业于清华留美预备学堂,1923—1928年留学美国,1925年获斯坦福大学学士学位,1927年获哈佛大学硕士学位。1928—1937年在上海先后任中国公学、大同大学、大夏大学、光华大学、暨南大学等校教授,并任英文《中国评论周报》编辑、《论语》主编、英文《天下月刊》编辑。1942年后任复旦大学教授。1956年参加创办复旦大学哲学系,兼任外国哲学教研室主任、现代西方哲学研究室主任、逻辑学教研室主任,讲授西方哲学与逻辑学,培养了大批西方哲学的研究教学人才。1932年所著的《西洋哲学小史》对普及西方哲学的知识起了一定作用。认为"哲学是叫我们受智慧的指导而不是被偏见或权威所支配,因此其功用是在解放思想,是在改变武断的怪癖,是在保持人类的好奇心,使他们努力求知"。提出现代西方哲学的问题源于科学发展引起的科学与哲学的关系。1956年出版《不可知论批判》,把不可知论的观点追溯到古希腊的怀疑论,以休谟与康德的不可知论作为论述的重点,对广大读者明确唯物主义与唯心主义、可知论与不可知论的界限有推动作用。1979年后任《西方哲学史》主编,为该书订立了编写方针。认为哲学史教科书不仅应阐明作为上层建筑的哲学反映客观经济存在的关系,还需要着重说明哲学自身发展的逻辑性,并应提供忠实的原始材料,使读者理解哲学家的真实的、而不是由他人概括出来的思想。主要著作还有《罗素和维特根斯坦的"逻辑分析"方法》等;主要译著有《宇宙发展史概论》、《哥白尼和日心说》、《爱因斯坦论著选编》、《牛顿自然哲学著作选》、梅森的《自然科学史》等。

侯外庐(1903—1987) 现代史学家、思想家、教育家。山西平遥人。早年就读于北京政法大学、北京师范大学。1927年赴法留学,1928年在巴黎加入中国共产党。1930年回国,失掉党的组织关系。先后任哈尔滨法政大学、北平大学、北平师范大学教授。1936年翻译出版中国最早的《资本论》第一卷全译本。1938年后任《中苏文化》主编。新中国成立后,于1951年重新入党。历任政务院文教委员会委员、北京师范大学历史系主任、北京大学教授、西北大学校长、中国科学院历史研究所所长。中国科学院哲学社会科学部委员,并被选为第一、二、三、五届全国人大代表,第六届全国政协委员、常委。从20世纪30年代起,应用马克思主义的理论和方法研究中国历史,在社会史、思想史领域做了大量开拓性研究工作。1942年出版《中国古典社会史论》,以经济学和历史学相结合的方法在郭沫若《中国古代社会研究》的基础上,突出地论证了中国奴隶社会有着不同于西方的特殊性。1947年出版的《中国古代社会史》(1955年修订再版时更名为《中国古代社会史论》),对此作了进一步的完善。1942年写成《中国古代思想学说史》,较早地运用马克思主义的观点和方法分析了中国古代大变革时期——春秋战国时期思想史的发展。认为中国思想史研究的科学方法,必须考虑:"社会历史的演进与社会思想的发展,关系何在?人类的新旧范畴与思想的具体变革,结合何存?人类思想自身的过程与一时代学说的个别形成,环链何系?学派同化与学派批判相反相成,其间吸收排斥,脉络何分?学说理想与思想术语,表面恒常掩蔽着内容,其间主观客观,背向何定?方法论犹剪尺,世界观犹灯塔,现实的裁定与远景的仰慕恒常相为矛盾,其间何者从属而何者主导,何以为断?"对于这一系列问题的思考,贯穿于该书具体内容之中,不仅成为该书最重要的特色所在,而且贯彻到他后来的中国思想史研究中。1945年出版《中国近世思想学说史》(1947年更名为《近代中国思想学说史》在上海重版),运用马克思主义观点和方法分析了自明清之际到清末民初这一时期的思想发展,揭示出"清代思想之光辉,亦不逊色于西欧文艺复兴与宗教改革以来的成果"。1946年与罗克汀合著《新哲学教程》,比较系统地阐述了辩证唯物主义的基本问题,其重要特点是运用了大量的自然科学成果。与他人合著的多卷本《中国思想通史》是迄今中国最详备的一部思想史著作。1977年主持编写了《中国近代哲学史》。1984年与邱汉生、张岂之共同主编《宋明理学史》。在中国思想史研究领域,形成了鲜明特色:以社会史研究为基础,综合哲学与其他社会思想;既注意每种思想学说与社会历史时代的联系,又注意它们源流的演变;既注意思潮,又注意代表人物,把握整个社会意识的历史特点及其变化规律。自撰学术传记《韧的追求》。重要史学论文编为《侯外庐史学论文选集》。

温公颐(1904—1996) 现代哲学家、逻辑学家。原名温寿链,笔名梦华。福建龙岩人。1924年入北京大学哲学系。1928年毕业后在浙江、湖北任中学教师。翌年即执教于北京大学,并兼职于北京师范大学等多所高校。1947年后曾任河北省立女子师范学院、北京师范学院教授。1959年10月起任教于南开大学,曾任哲学系主任。担任过北京市和天津市的政协委员。早期哲学、伦理学著作以康德、黑格尔哲学为主导思想,联系传统儒家学说,以传统知行观分析哲学问题,把儒家一些思想作为道德修养的途径和重要德行。1949年后主要研究逻辑学,尤以研究中国逻辑史著名。认为中国古代逻辑发轫于邓析,奠基于墨翟,比古希腊的亚里士多德早一百多年;打破汉儒九流六家之分,将先秦逻辑史分为辩者逻辑思想和正名逻辑思想两个主要的派别;提倡以逻辑范畴为线索来研究中国逻辑史。主要著作有《哲学概论》、《道德学》、《逻辑学》、《先秦逻辑史》、《中国中古逻辑史》、《中国近古逻辑史》。编有《温公颐学术论文集》。

马采(1904—1999) 现代美学家、翻译家。广东海丰人。1921年留学日本。1931年京都帝国大学毕业,考入东京帝国大学大学院,专攻美学和美术学。1933年毕业回国后,在中山大学任教,兼任广东多所艺术学校教授。1952年调至北京大学任教。1960年中山大学复办哲学系,重回中山大学任教。早年致力于黑格尔美学思想研究。后从德国的观念论转向移情说,将移情说的"生命感情"和中国画论的"六法"相联系研究中国美学。对古希腊哲学、近代德国哲学有深入研究。译有德国和日本思想家的论著多种。主要著作有《论美》、《原哲》、《顾恺之研究》、《世界哲学史年表》、《哲学与美学文集》、《艺术学与艺术史文集》、《美的历程——中外美学美术历史编年综表》。

张荫麟(1905—1942) 现代史学家、哲学家。号素痴。广东东莞人。16岁考入清华学堂,18岁在《学衡》杂志发表批评梁启超考证《老子》晚出说的文章,为梁氏欣赏,誉为"天才"。1929年秋赴美国斯坦福大学研习哲学和社会学,四年后回国,任教于清华。1937年后先后任教于西南联大和浙江大学。

抗战中与张其昀等人创办《思想与时代》月刊。治学广博，除史学外，在哲学、伦理学、社会学、政治学等方面都有广泛涉及。不仅有关于通史编撰的组织、理论和方法的论述，又有具体的编撰实践，曾出版久享盛誉的《中国史纲》，在通史编撰方面独树一帜。较为系统阐述通史编撰的重要性、史实的选择、统贯史实的“秩序”以及表述方式。对史实“笔削”标准的界定，对传统历史观的批判和对符合历史事实的历史理论的探求，以及对历史艺术性表述的重视等，均有独到见解。又作《传统历史哲学之总结算》，将历史法则与历史哲学分为五类，认为“循环史观”是“吾所确信不疑者”。著作还有《论历史哲学》等。

陈铨(1903—1969) 现代学者、文学家。原名大论，字涛西。四川富顺人。早年就读于清华学校，后留学美国、德国，获哲学博士学位。1934 年回国，先后在武汉大学、清华大学、西南联合大学任教授。1941 年任中央政治学校教授兼中国青年剧团编导。抗战期间创作话剧《野玫瑰》引起较大争议。抗战胜利后，任同济大学教授。1952 年后执教于南京大学。“战国策派”代表人物之一。1940 年参与创办《战国策》半月刊，后又为《大公报》编《战国副刊》。借重尼采哲学和复兴德国文化的狂飙运动，提出重建中国文化的构想。以尼采意志哲学批判中国传统悲观主义的国民性，肯定尼采权力意志，反对“奴隶道德”而张扬“主人道德”，认为它应当“做为我们民族人格锻炼的目标”(《尼采的道德观念》)。提出“人类意志是历史演化的中心，英雄是人类意志的中心”，英雄崇拜造就“一种健全的向心力”(《再论英雄崇拜》)。借狂飙运动批评“五四”运动没有提倡民族意识、“集体主义”和“非理智主义”(《五四运动与狂飙运动》)。以此提倡“民族文学运动”，并付诸创作实践。主要著作有《中德文化研究》、《从叔本华到尼采》、《文学批评的新动向》。创作有多部小说和剧本。

郑昕(1905—1974) 现代哲学史家。原名秉璧，别名汝珍。安徽庐江人。南开大学哲学系肄业。1927 年去德国，入柏林大学学习。1929 年转入耶拿大学，在新康德主义者鲍赫教授指导下专攻康德哲学。1932 年回国，任教于北京大学、西南联合大学等校。新中国成立后，曾任北京大学哲学系主任、全国政协委员、中国科学院哲学研究所学术委员、国务院科学规划委员会委员及哲学专业组组长。长期讲授康德哲学。1936 年写成《真理与实在》一书，以通俗的语言联系康德以后的哲学观点阐述认识论问题，认为只有在纯客观思维或效准关系里，实在的才能成为实在，具有实在性。1946 年出版《康德学述》，系统地介绍康德哲学。其中有代序两篇。一篇论哲学，认为哲学的用处在于使人明白自己的尊严，因为人对事物的认识从怀疑开始而以达到规律结束，如此人才能创造知识，并自强不息。认为自强即人的尊严。代序二名为“从希腊、文艺复兴说到康德的唯心论”，从哲学发展过程讲到康德的先验哲学的重要意义。新中国成立后的著作，力图用辩证唯物主义与历史唯物主义对康德哲学进行重新分析。主要论著还有《康德哲学批判》、《开放唯心主义》等。

谢幼伟(1905—1976) 现代哲学家。字佐禹。广东梅县人。早年毕业于东吴大学。后赴美国哈佛大学，获哲学硕士学位。回国后，任教于中央军校第四分校、陆军大学、步兵学校，任广州《民国日报》、《华南日报》主笔。后专攻哲学，为浙江大学教授兼哲学系主任。1949 年前往印度尼西亚。1953 年迁居台湾，先后任国民党中央党部设计考核委员，政治大学、台湾师范大学、辅仁大学教授，香港中文大学哲学研究所所长。提出中国传统哲学有四个基本特征：以唯心论为一般趋势、以反躬实践为基本精神、以直觉为方法、所抱态度为宗教式；深入探讨传统孝道，以为孝道是中国传统道德伦理的基础。概括西方现代哲学六方面特征：大都用一元论模式代替了二元论模式、大都不赞成唯物论、倾向心灵或唯心论、以价值论为研究中心、更加注重时间或历史的观念、特别重视分析。主要著作有《伦理学大纲》、《当代伦理学说》、《现代哲学名著述评》、《自由的真义》、《哲学讲话》、《怀特海哲学》等。

赵纪彬(1905—1982) 现代哲学史家。原名济焱，字象离。笔名向林冰、纪玄冰。河南内黄人。1926 年加入中国共产党。自学成家。曾任复旦大学、东北大学、东吴大学、山东大学等校教授。新中国成立后，历任山东大学文学院院长、河南省第二师范学院院长、开封师范学院院长、中国科学院河南分院副院长、河南省历史研究所所长、中共中央党校哲学教研室顾问等。多年从事中国哲学史、思想史、伦理学、逻辑学的研究、教育。抗战期间，曾提出要“站在中国化运动的变革立场上，运用辩证法法则于实际”(《关于辩证法法则的实际运用问题》)。在 1940 年关于“民族形式”问题论辩中，主张民族形式的创造应以民间形式为中心源泉，以“旧瓶装新酒”为具体路径。1939 年出版《中国哲学史纲要》，旨在“发现中国哲学中辩证法、唯物论要素的法则”。断定中国哲学的发展法则是“唯物论与唯心论的斗争”，“表现为唯物论的完成史”。强调“中国哲学的特质，应该由中国社会的特殊结构来说明”。在中国哲学史的实际研究中，能突破当时流行的正统观念，注意发掘封建社会中“异端人物”的思想价值，如唐代的柳宗元、刘禹锡，北宋的王安石等，使中国哲学史的内容更为丰富。《论语新探》是其花费功力最大的著作。此书从20世纪40年代开始写作，至1979年，作者不断修订。意在透过《论语》一书，探讨春秋时期社会性质与古代前期儒家的阶级基础、哲学范畴、哲学问题等，对《论语》提出不少新解，但学术界对此亦有较大争议。有英文和日文译本在国外出版。还曾与侯外庐、杜国庠等合著多卷本《中国思想通史》。主要著作还有《中国知行学说简史》、《哲学要论》、《中国哲学思想》、《困知录》、《困知二录》等。编有《赵纪彬文集》。

孙叔平(1905—1983)　现代哲学家。安徽萧县人。武昌大学(今武汉大学前身)外文系肄业。抗日战争时期任抗大四分校教育长，解放战争时期任华中建设大学教育长、中国人民解放军特种纵队特科学校副校长、校长。1947年加入中国共产党。新中国成立后，任南京大学哲学系主任、副校长，江苏省哲学社会科学研究所所长、江苏省社会科学联合会副主席、哲学学会会长，历史唯物主义研究会顾问、中国哲学史学会顾问。对马克思主义哲学、政治经济学、中国哲学史有较深造诣。20世纪60年代初起尤致力于中国哲学史的研究，著《中国哲学史稿》，该书在谈到中国哲学史的对象问题时指出，凡是比较深邃的思想家，无不努力去“究天人之际，通古今之变”，提出自己贯通天人、古今的见解，从而也就接触到了我们今天所谓的哲学问题，具体说来就是：宇宙观问题，历史观问题，人性论问题，知行论问题，其中有认识问题，也有人生态度和道德修养问题。“凡是著作中论到这些问题的人，我们就把他看作哲学家。”在他们的著作中有关于这些问题的论点，就可以作为哲学史的思想资料。这样就能写出一部不同于一般的政治、经济、伦理、学术思想史的哲学史。还认为在编写哲学史时，对于某些素朴唯物论者和辩证论者，也不应隐讳他们的糊涂观念和反动论点；对于并无好感的唯心论者和形而上学者，也不抹煞他们个别合理的见解和出色的问题。“有正有反，两条哲学路线的对立才显得更为清晰”。在中国哲学史教材编写中，较早打破以唯物、唯心作为标签取代具体分析的教条主义。主要著作还有《历史唯物主义纲要》、《资本主义经济规律》。主编《辩证唯物主义和历史唯物主义》。论著编有《孙叔平文集》。

胡曲园(1905—1993)　现代哲学家。原名胡庭芳。湖北江陵人。1924年考入北京大学德国文学系，后受李大钊讲授唯物史观的影响，转哲学系。1927年参加中国共产党，并参加地下党革命活动。20世纪30年代至40年代，翻译恩格斯《自然辩证法》、列宁《唯物主义与经验批判主义》，发表《哲学讲话》、《新启蒙运动》、《论建立“民族哲学”问题》、《中国传统思想的特征》、《中山先生的知难行易说》、《中国思想的传统缺陷》等文章，努力运用马克思主义哲学原理研究中国问题和中国思想。曾主编《哲学杂志》。先后在上海法政学院、上海法商学院、复旦大学等任教，积极参加“上海大教联”的反内战、争民主斗争。上海解放后，任复旦大学校务委员会委员、秘书长兼法学院院长。1955年组建复旦大学哲学系，任系主任，讲授中国哲学史、外国哲学史、马克思主义哲学原理、逻辑学等课程。1957年发表《对立的统一是辩证法的核心》，1959年起陆续发表《论老子的“道”》等系列论文，将《老子》与古希腊哲学、斯宾诺莎哲学作比较，得出《老子》是物活论性质的唯物主义的独到见解。1987年发表《从〈老子〉说到中国古代社会》，力图用马克思《民族学笔记》的思想，建构中国文化史观，引起当时学术界的关注。主要论著编入《胡曲园哲学论集》。

蔡尚思(1905—2008)　现代史学家。曾号中睿。福建德化人。中学毕业后到北京自由听讲，并向海内诸文史名家问学，学业大进。1929年起，任教于大夏大学、复旦大学、华中大学、沪江大学、东吴大学和无锡国专。新中国成立后，一度为沪江大学代校长。1952年调复旦大学任教授，次年加入中国共产党，历任历史系主任和副校长。曾任国务院古籍整理出版规划小组顾问、中国孔子基金会副会长、中国哲学史学会顾问。主要从事中国思想史的研究，以为孔子思想的中心是“礼”而不是“仁”，中国思想存在儒墨两大系统的对立，从“仁”与“礼”的分合到小康、大同的相左，是儒墨最大的对立。推崇墨家，认为儒家传统负面价值大于正面价值。主要著作有《中国思想史研究法》、《中国古代学术思想史论》、《中国近现代学术思想史论》、《中国礼教思想史》、《中国传统思想总批判》、《中国现代思想史资料简编》(主编)。编有《蔡尚思文集》、《蔡尚思全集》。

蔡仪(1906—1992)　现代美学家。原名蔡南冠。湖南攸县人。1925年入北京大学预科，后休学。1929年留学日本。后任上海大夏大学、杭州艺术专科学校教授。新中国成立后，曾任中央美术学院教授兼研究部副主任、中国社会科学院文学研究所研究员、中华全国美学学会副会长。在美学思想上，提出“美的本质就是事物的典型性，就是个别之中显现着种类的一般”(《新美学》)；“美是客观事物显现其本质真理的典型”(同上)，“美的规律就是美的事物的本质”(《马克思究竟怎样论美?》)。在此基础上，肯定美的客观性，否定美的主观性。在说明审美主体的美感论中，认为美感的根源是现实事物的美，没有现实事物的美就无以发生美感。“美感”就是“美的观念的自我充足欲求的满足时的愉快”（《新美学》）。从现实主义艺术论的美学原则出发，规范艺术的本质，认为“艺术是认识现实并表现现实的”，艺术是“作者对于现实的由现象到本质的一种认识和表现，是作者对于现实从现象到本质作典型的形象的认识”（《新艺术论》）。它要求创作主体具有主观性和客观性统一、个性与阶级性统一、时代性与永久性统一等特点。主要著作有《新艺术论》、《新美学》、《唯心主义美学批判集》、《论现实主义问题》等。

匡亚明（1906—1996） 现代教育家、学者。曾用名匡世、匡梦苏、匡润之。生于江苏丹阳。十七岁考取苏州第一师范，1926 年考入上海大学，同年成为中共党员。长期从事党的宣传工作和理论工作，担任《大众日报》主编。新中国成立后，历任华东革命大学政治研究院党委书记兼院长、中共中央华东局宣传部常务副部长、吉林大学党委书记兼院长、南京大学党委书记兼校长、名誉校长，并为国家古籍整理出版规划小组组长、中国孔子基金会名誉会长。致力于中国思想史研究。著《孔子评传》，认为研究孔子乃至整个中国传统思想文化必须坚持“三分法”，对其封建性糟粕进行批判和清除，对其人民性精华进行继承和发扬，对其封建性和人民性相混杂的部分进行批判分析，去其糟粕，取其精华，即扬弃，同时反对肯定一切和否定一切两种错误倾向。认为孔子所处的时代是封建领主制向地主制过渡的时代，孔子的思想核心是“仁”，仁以“爱人”为出发点，贯穿于伦理、政治、经济乃至教育、文化各领域、各层次。孔子作为中国文化的伟大奠基者，不仅以思想家和教育家的身份提出一系列以“仁学”为中心的诸多命题，其本人所具有的学而不厌、诲人不倦、严以律己、坚持道义以及知难而进等人类最为优秀的品质，值得后人永远学习。其对孔子所作的“重新”研究和评价，开 20 世纪 80 年代以来重新正确评价中国传统文化之新风。主要著作还有《社会之解剖》、《马克思列宁主义哲学教科书》（合著）、《求索集》等。主编《中国思想家评传丛书》。

杨荣国（1907—1978） 现代哲学史家。湖南长沙人。1929 年毕业于上海群治大学。1938 年加入中国共产党。历任重庆东北大学、南宁桂林师范学院教授。1949 年任湖南大学文学院院长兼历史系主任。1953 年到广州中山大学，先后任中国古代史教研室主任、历史系主任、哲学系主任等职，并兼任中国科学院历史研究所研究员。第四届全国人大常委。对中国思想史、哲学史，特别是中国古代思想史、哲学史有较深造诣。注意从生产关系和生产力、阶级斗争和科学技术的发展水平来考察社会思想的发展，并力图通过唯物论和唯心论的对立斗争来揭示每一历史阶段哲学理论思维形式的根本性质，由此来探索中国思想史发展的客观规律。1940 年出版《中国古代唯物论研究》，认为春秋战国之学术繁荣，归根结底是由于当时“社会生产力特别发达”。为学注重理论联系实际。抗战期间，为反对国民党提倡的“尊孔读经”，曾撰《孔墨的思想》（1946）一书，指出孔子“好像一般要拖着时代往后退的人一样，总是顽固到底”。以后一直对孔子思想持批判态度，认为其基本倾向是保守的，但肯定孔子开创了私人讲学之风，其教育思想对后人有积极影响。为文注重通俗化。其主要代表作为《中国古代思想史》（1954），该书行文力求易懂，引证古文多译为白话，并对先秦诸子思想的分析有独到见解。曾参加侯外庐主编的《中国思想通史》第四卷的编写工作。晚年主编《简明中国哲学史》，强调“儒法斗争”，偏离了学术研究的实事求是精神。主要著作还有《中国十七世纪思想史》、《谭嗣同思想研究》、《初学集》等。

严群（1907—1985） 现代哲学史家。福建闽侯人。曾入福建协和大学就读，1929 年转入北京燕京大学哲学系，1931 年毕业后，在燕京大学研究院哲学部、燕京大学哈佛燕京社进修。1935 年赴美国哥伦比亚大学研究院哲学部深造，1938 年转耶鲁大学古典语文系专攻希腊文和拉丁文。1939 年回国后历任燕京大学、北平中国大学等校哲学系讲师、副教授、教授，1947—1950 年任浙江大学哲学系、之江大学政治系教授。1950 年后去浙江大学、浙江师范学院、杭州大学从事英语、希腊语、拉丁语、形式逻辑和希腊哲学史的教学工作。晚年兼任中国社会科学院哲学研究所特约研究员。早年发表的著作有《柏拉图》、《亚里士多德之伦理思想》，译著有亚里士多德《形而上学》、《政治学》等。新中国成立以来，译有柏拉图对话若干种，并发表《分析的批评的希腊哲学史》一书中的前苏格拉底部分，论述希腊哲学的创始派别及其意义。由于他精通希腊文，对古希腊哲学研究有素，在译文（包括译名）与分析中均有新的见解，对中国的古希腊哲学研究多有贡献。

严北溟（1907—1990） 现代哲学史家。湖南湘潭人。少年时生活贫困，凭借刻苦自学成才。早年从事民主进步运动，1927 年加入中国共产党，一周后因长沙“马日事变”，失去组织联系。后曾任《浙江潮》主编，《浙江日报》社社长，上海大夏大学、光华大学、上海法学院和中国新闻专科学校等校教授。新中国成立后任复旦大学教授，并任中国宗教学会理事，中国孔子基金会理事、副会长，中国哲学史学会、中国无神论学会顾问，国务院古籍整理规划小组成员，农工民主党上海市委员会委员，并为《辞海》编委和分科主编。致力于中国哲学史（尤其是孔子和庄子）、佛教史及佛教哲学、因明学等的研究。主要著作有《孔子的哲学思想》、《辩证唯物主义和经济规律》、《儒道佛思想散论》、《中国佛教哲学简史》、《列子译注》等，主编《哲学大辞典·中国哲学史卷》。

张如心（1908—1976） 马克思主义理论家。原名张恕安。广东兴宁人。1926 年赴苏联莫斯科中山大学求学。1929 年回国，在上海从事新文化运动，任社会科学研究会的领导。1931 年加入中国共产党。任江西中央苏区红军总政治部宣传部长、《红军报》主编。1934 年参加长征。抗战初期，先后在抗日军政大学、延安军政学院、中央党校等处工作。后任延安大学副校长。解放战争时期和新中国成立后，先后任华北联合大学教务长、《北方文化》杂志副主编、东北大学和东北师范大学校长、中国科学院哲学社会科学部委员等职。毕生致力于马列主义和毛泽东思想的研究和宣传。1930 年出版《无产阶级底哲学》，阐述辩证唯物论的产生和主要内容。同年出版《苏俄哲学潮流概论》，介绍苏俄自十月革命后至 1920 年代末的哲学思潮和哲学界斗争的状况。这在当时是极为罕见的。同年出版的《辩证法学说概论》，系统介绍了从古希腊的朴素辩证法，到德国古典哲学的唯心辩证法，到马克思的唯物辩证法的发展历史，揭示各个时代辩证法产生的条件。1931 年出版《马克思主义底哲学基础》，1932 年出版《哲学概论》，介绍了从古希腊哲学到马克思、恩格斯经过普列汉诺夫到列宁的哲学发展史，以包括马克思主义哲学在内的西方哲学史来阐释哲学理论，并最先对列宁《哲学笔记》中的辩证法内容作了介绍。1941 年在延安《共产党人》杂志上发表《论布尔什维克的教育家》一文，第一次使用"毛泽东同志的思想"这一提法，并指出毛泽东的言论和著作"是马列主义理论与中国革命实践结合的典型的结晶体"。后又发表了多篇论述毛泽东思想尤其是毛泽东哲学思想的论文，阐述毛泽东的思想路线、政治路线、军事路线以及方法论、人生观等，作出"毛泽东同志的理论是中国的马克思列宁主义"的论断。主要著作还有《毛泽东同志对马克思主义辩证法的贡献》、《批判胡適的实用主义哲学》等。

吴亮平（1908—1986） 马克思主义理论家、翻译家。又名吴黎平。浙江奉化人。早年就读于厦门大学和上海大夏大学。1925 年赴莫斯科中山大学学习，1927 年加入中国共产党。1929 年回国后，在党中央宣传部工作。1932 年后，任红军学校政治部宣传部长、瑞金工农民主政府国民经济部部长。长征到延安后，任中央宣传部长等职。新中国成立后，任化工部副部长、国家经委委员、中央党校顾问，第五届全国政协常委、中共中央顾问委员会委员。是我国最早的马列著作翻译家之一。早在留苏期间，即翻译了《社会主义从空想到科学的发展》、《共产主义运动中的"左"派幼稚病》等，并与张闻天等合译了《法兰西内战》、《国家与革命》，编写《社会主义史》、《辩证唯物主义和唯物史观》等书。1930 年在我国首次翻译出版《反杜林论》。为翻译和传播马克思主义哲学作出重要贡献。抗战期间，与艾思奇合著《唯物史观》（又名《科学历史观教程》），结合抗日民族解放战争的实际，阐述马克思主义唯物史观的基本原理。主要著作还有《论民族民主革命》、《论民主革命》、《资本主义以前的社会》、《社会主义革命》、《从资产阶级性民主革命到社会主义革命》、《论民主和专政》、《论我国人民内部矛盾》等。

沈有鼎（1908—1989） 现代逻辑学家。字公武。上海市人。1929 年毕业于清华大学哲学系。1929—1931 年在美国哈佛大学留学。1931—1934 年在德国海德尔堡大学和弗赖堡大学留学。1934 年回国后，历任清华大学、西南联合大学教授。1945—1948 年到英国讲学。回国后任清华大学、北京大学教授。1955 年起任中国科学院哲学研究所研究员。为中国逻辑学会顾问。长期从事数理逻辑和逻辑史的研究。对经典的命题逻辑、直觉主义命题逻辑、相干命题逻辑、模态命题逻辑都有十分深入的研究；构造了一个称为"纯逻辑演算中不依赖量词的部分"的系统。在对《墨经》的研究中，他纠正了古代文献中的一些重要错漏，系统、深刻地阐发了《墨经》的逻辑体系，把《墨经》逻辑研究提高到一个新的水平。考证了公孙龙其人其书，认为历史上有两个公孙龙，汉代流传的和现今流行的《公孙龙子》是完全不同的。主要著作有《所有有根的类的类的悖论》、《两个语义学悖论》、《唯物主义者培根如何推进了逻辑科学》、《公孙龙考》、《〈墨经〉的逻辑学》等。编有《沈有鼎文集》。

唐君毅（1909—1978） 现代新儒学代表人物。四川宜宾人。少时即受传统文化的教育训练。曾就读于中俄大学和北京大学，后毕业于中央大学哲学系。历任华西大学、中央大学、金陵大学等校教授，江南大学教务长。1949 年赴香港，与钱穆、张丕介等创办新亚书院，并兼任教务长和哲学系系主任。1963 年香港中文大学成立，受聘为该校第一任文学院院长和哲学讲座教授。1967年任新亚研究所所长直至去世。曾受业于熊十力,深受其影响。为学注重对中西哲学、文学、道德伦理作比较研究,并以此为契机,提出由"道德自我"的中心观念立论,通过人生体验、文化意识与道德理性的探索加以展开,深入考察和反思中国传统哲学的价值和人文精神,将之概括为"中国之伦理的人文主义"(《现代世界文化交流之意义与根据》),力求解决中华人文如何存在于当今世界,且有所发展、有所贡献于世界的问题。1958年与张君劢、牟宗三、徐复观联名发表《为中国文化敬告世界人士宣言》,认为"科学与民主为中国文化发展之内在要求",主张发扬以儒学为核心的中国传统文化的价值系统,阐述了复返儒家心性学之"本"、开民主政治和科学技术之"新"的思想纲领。以此为指导,撰著《中国哲学原论》,提出"即哲学史以为哲学之态度,要在兼本吾人之仁义礼智之心,以论述昔贤之学"。此为其中国哲学史研究的代表作,是以考证和阐发中国古代哲学重要观念为核心的中国哲学通史。主张将哲学体系之基石由"道德自我"而扩大为人的生命主体及整个心灵活动,用以涵盖一切知识和学术文化,进而建立以儒家形上学概念为核心的、更为广大融通的哲学体系。这个哲学体系的内容,在其去世前一年出版的《生命存在与心灵境界》一书中被概括为"心通三向九境"说,"三向"即心灵生命先朝向客观境界,次朝向主观境界,最后朝向超主观境界;"九境",即客观境界中所见或所表现的个体界、类界、因果界;主观境界中所见或所表现的时空界、意义界、德行界;超主观境界中所见或所表现的神界、真法界和性命界。由"心通三向九境"来规定中国文化未来发展的方向和路径,以图实现现代新儒家关于中国文化精神"重建"的宏愿。治学勤奋,著述甚丰。主要著作还有《人生之体验》、《道德自我之建立》、《中国文化之精神价值》、《心物与人生》、《人文精神之重建》、《中国人文精神之发展》、《哲学概论》、《中华人文与当今世界》等。台湾出版有《唐君毅全集》。

虞愚(1909—1989) 现代逻辑学家、书法家。原名德元,字竹园,号北山。浙江绍兴人。1928年赴南京支那内学院,从欧阳竟无研究印度因明唯识学。1934年毕业于厦门大学,留校任教。1941年后任贵州大学讲师、副教授。1943年后任厦门大学副教授、教授。1956年后历任中国佛学院教授、中国社会科学院文学研究所兼职研究员、哲学研究所研究员。并为中国佛教协会理事、中国书法协会理事、中国逻辑史研究会顾问、国务院古籍整理出版小组成员等。一生从事印度因明学、中国名学研究。对《因明入正理论》作深入研究,提出了一些重要见解;首倡用英文的逻辑概念译释因明术语,并将因明与逻辑作比较研究。由研究因明而涉及中国名学,认为中国名学可分为无名、正名、立名和形名四派。认为印度因明、西方逻辑和中国名学在其各自历史发展中所作的思维形式及规律基本一致,但趋向各有侧重,进展也不尽相同,对三者进行比较研究,有助于促进其全面发展。对佛教哲学尤其唯识学有深刻研究,20世纪40年代发表的《唯识学的知识论》,50年代发表的《慈恩宗》等论文,在学术界均有重要影响。兼治文学、书法。主要著作有《因明学》、《印度逻辑》、《中国名学》、《书法心理》、《北山楼诗集》、《虞愚自写诗卷》等。

牟宗三(1909—1995) 现代新儒学代表人物。字离中,山东栖霞人。1929年入北京大学哲学系,曾听熊十力讲新唯识论。毕业后曾编辑出版《再生》杂志,任教于大理民族文化书院、华西大学、中央大学、金陵大学、浙江大学。1949年后去台湾,先后在台湾师范学院、台中东海大学、香港中文大学新亚书院等校讲授逻辑学、哲学概论、中国哲学。1974年退休后专任新亚研究所教授。年轻时起即倾心儒学,又精研西方哲学,力图汇通东西哲学。以在现代社会更新、弘扬孔孟传统为己任,1958年与唐君毅、徐复观、张君劢联名发表《为中国文化敬告世界人士宣言》,发起复兴儒家文化的运动。思想的理论基础是其"道德形上学",以为实在是一个道德实体,说"良知明觉是吾实践德行之根据,就物言,良知明觉即天地万物之存有论的根据"(《从陆象山到刘蕺山》)。强调良心本体不能由概念的解析造成,而只能由"智的直觉"加以把握,道德实践即是本心仁体的活动或呈现,是仁心自证其自己。对东西文化进行比较研究,认为西方文化首先把握自然,发展出"分解的尽理精神",民主与科学是理性的架构表现;中国文化首先把握生命,发展出"综合的尽理精神"。中国文化的精神生命是儒家的心性之学,它构成了中国的道统,"护住由孔孟所开辟之人生宇宙之本源"(《道德的理想主义》)。中国现代文化的发展道路是由此道统开出学统,"融纳希腊传统,开出学术之独立性"(同上),并进而发展出新的政统,实行民主政治。主要著作有《政道与治道》、《才性与玄理》、《心体与性体》、《从陆象山到刘蕺山》、《智的直觉与中国哲学》、《现象与物自身》等。台湾出版有《牟宗三先生全集》。

张岱年(1909—2004) 现代哲学家。字季同,别署宇同,河北献县人。1933年毕业于北平师范大学。历任清华大学、北京大学教授,兼任中国社会科学院研究员、清华大学思想文化研究所所长,中国哲学史学会会长、名誉会长,孔子基金会副会长等。长期致力于中国哲学和中国文化的研究。注重阐发中国先秦以来的唯物论和辩证法思想。1936 年写成《中国哲学大纲》,为中国近代第一本系统论述中国哲学问题和范畴的专著,确立了以问题和范畴为中心的中国哲学史研究的类型,对于 20 世纪 80 年代以来的中国哲学史研究有重大影响。20 世纪 30 年代,提出中国"今后哲学之一个新路,当是将唯物、理想、解析,综合于一"(《哲学上一个可能的综合》)。所谓唯物,主要指辩证唯物论和中国传统的唯物论、辩证法思想;所谓理想,主要指中国传统的道德和人生哲学;所谓解析,主要指西方新实在论的"逻辑解析法"。时人将这一主张称为"解析法的新唯物论"(孙道昇:《现代中国哲学界的解剖》)。按此设想,到 1948 年形成以《哲学思维论》、《知实论》、《事理论》、《品德论》、《天人简论》构建的"天人新论"哲学体系的基本框架,体现了中国哲学、西方哲学、马克思主义哲学的综合创新,对探索中国哲学的重建有重要意义。亦研究中国传统伦理思想,著有《中国伦理思想研究》,将中国传统伦理学说归结为八个问题:(1) 人性问题即道德起源问题;(2) 道德的最高原则与规范问题;(3) 礼义与衣食的关系,即道德与社会经济关系的问题;(4) 义利、理欲关系,即公利与私利、道德理想与物质利益的关系问题;(5) 力命、义命关系,即客观必然性与主观意志自由的问题;(6) 志功关系,即动机与效果的问题;(7) 道德在天地间的意义;(8) 修养方法问题;并将中国伦理思想区分为道义论与功利论两大派别。由此在伦理学和中国伦理思想史研究方面提出了不少新见解。20 世纪 80 年代以来又从事文化哲学的研究。在考察分析中国 16 世纪以来文化论争的基础上,提出社会主义新文化的建设,既"反对东方文化优越论,也反对全盘西化论,主张兼取中西文化之长而创造新的中国文化。我这种主张可以称为'综合创新论'"(《文化与哲学·自序》);并从文化系统的可解析性和可重构性、文化要素之间的可离性和可相容性等方面,对综合创新之所以可能作了论证。这是对其在 20 世纪 30 年代参加文化问题讨论时提出的"综合创造"文化观的继承和发展,在 20 世纪 80 年代以后有很大影响。在《中国文化传统简论》一书中提出"中华精神"的论点,认为,中华民族有一种占主导地位的思想意识,可以称为"中华精神"。其表现于《周易大传》中的两个命题上,即"天行健,君子以自强不息";"地势坤,君子以厚德载物"。主要著作还有《张载——十一世纪中国唯物主义哲学家》、《中国唯物主义思想简史》、《中国古典哲学中若干基本概念的起源与演变》、《中国古典哲学的几个特点》、《中国哲学发微》、《中国哲学史史料学》、《中国哲学史方法论发凡》、《求真集》、《真与善的探索》、《文化与哲学》、《中国文化与文化论争》、《玄儒评林》等,编有《张岱年文集》和《张岱年全集》。

王朝闻(1909—2004) 现代美学家、文艺理论家。原名王昭文。四川合江人。曾就学于成都艺术专科学校、成都私立岷江大学艺术系、四川省立第一师范、杭州国立艺专等。1940 年到延安,从事美术活动。后任教于华北联合大学文艺学院、中央美术学院,并任中国艺术研究院副院长,中华全国美学学会第二、三届会长。在美学思想上,认为美学在某种意义上,是一种"关系学",它研究"美与美感的关系","创作与欣赏的关系","这种关系反映了主体和对象的矛盾"(《再再探索》)。强调艺术的创造性,重视生活在艺术创造活动中的作用,认为"生活,是一切艺术的基础,是作品成功的重要条件"(《王朝闻文艺论集》)。同时指出,只有丰富的生活而没有艺术的技巧,生活就不能在艺术上得到"富于美感的反映形式"。认为艺术的美感的形式即形式美具有两层涵义:(1) 指艺术媒介本身所具有的表情或表情性;(2) 指艺术作品在形式的构成上所具有的审美价值。在形式美的诸多原理中,"多样统一"的原理为最基本的原理,它包含着对比、照应、均衡、对称等等,包含着明与暗、虚与实、拙与巧、生与熟等艺术的范畴。强调艺术欣赏中的审美愉悦的根源,在于欣赏者自身的再创造,"借有限的但也是有力的诱导物,让欣赏者利用他们的那些和特定的艺术形象有联系的生活经验,发挥想象,接受以致丰富或提炼着既成的艺术形象"(《王朝闻文艺论集》)。其美学思想在马克思主义哲学基础上,继承中国传统美学的特色,总结艺术创造与艺术欣赏的审美经验而形成,对当代中国艺术界和美学界有较大影响。主要著作有《新艺术创作论》、《再再探索》、《了然于心》、《审美谈》、《王朝闻文艺论集》、《美学概论》(主编)。编有《王朝闻集》。

艾思奇(1910—1966) 现代哲学家。原名李生萱。云南腾冲人。早年留学日本,九一八事变后回国。1933 年写成第一篇哲学论文《抽象作用和辩证法》,以艾思奇的笔名发表在《正路》杂志创刊号上。1934 年 11 月至 1935 年 10 月在《读书生活》连载《哲学讲话》(即《大众哲学》),是新中国成立前,影响最广泛的马克思主义哲学著作。1935 年加入中国共产党。1935—1937 年任上海《读书生活》杂志编辑。出版《新哲学论集》、《思想方法论》、《哲学与生活》等著作。1937 年到延安，历任抗日军政大学主任教员、中央研究院文化思想研究室主任、中共中央宣传部文委秘书长、延安《解放日报》副总编辑。和何思敬一起主持延安新哲学会。新中国成立后，历任中共中央高级党校副校长、中国哲学学会副会长，为中国科学院哲学社会科学部委员。并当选为中共七大、八大代表，第一、二、三届全国人大代表。对马克思主义哲学中国化作出重要贡献。把马克思主义哲学的通俗化看作是“中国化现实化的初步”，主张以此为基础，扩展为“哲学研究的中国化现实化的运动”，其中心是对辩证唯物论的研究(《哲学的现状和任务》)。《大众哲学》在努力把马克思主义哲学通俗化的同时，对唯物辩证法有所发挥，提出了一些新见解，如关于认识过程是“螺旋式的循环，而不是圆圈式的循环，它永远在发展、进步”的观点；关于自由并非只是认识和顺应必然性，“意志的自由也就是改变对象和克服对象的自由”的观点。在研究马克思主义哲学的同时，注意研究中国哲学史，尤其是辛亥革命以后的哲学史，撰有《二十二年来之中国哲学思潮》、《论黑格尔哲学的颠倒》、《抗战以来几种重要哲学思想的评述》等文，运用唯物史观对辛亥革命以后的哲学发展既作“横的解剖”，即剖析同一时期的各种哲学思想，又作“纵的展望”，即考察各种哲学思想如何先后相继，并将“中国哲学与欧洲哲学史随时作一个对比的说明”(《二十二年来之中国哲学思潮》)，对中国近代输入的西方哲学以及各种哲学思想作了颇有见地的深刻分析，对“科学与玄学论战”、“唯物辩证法论战”中涉及的理论问题作了马克思主义的阐发。1961 年主编出版《辩证唯物主义历史唯物主义》，强调“学习马克思主义哲学的目的，是为了和资产阶级的世界观以及一切错误思想进行斗争”，“以它为指导来观察和处理一切问题，更好地推进社会主义和共产主义事业”。该教材对 20 世纪 60 年代以后的中国马克思主义哲学的教学有重大影响。编有《艾思奇文集》、《艾思奇全书》。

王宪钧(1910—1993)　现代逻辑学家。山东福山人。1933 年毕业于清华大学哲学系。1933—1938 年在清华大学、奥地利维也纳大学、德国明斯特大学从事研究工作。1938—1945 年任西南联合大学讲师、教授，1945—1952 年任清华大学教授，1952 年起任北京大学哲学系教授。为中国逻辑学会名誉理事长。长期从事数理逻辑教学和研究。在《数理逻辑引论》第三部分中，发表了他在数理逻辑史研究方面的成果，系统地研究了数理逻辑的起源、发展过程和发展趋势，用辩证唯物主义观点对一些学者、学派的学术思想作了评价，提出直觉主义与构造主义必须加以区别，与构造性逻辑和构造性数学更不可混为一谈。主要著作还有《论蕴涵》、《批判逻辑实证主义的意义理论》、《数理逻辑与形式逻辑》、《数理逻辑史节录》等。

王明(1911—1992)　现代哲学史家。字则诚，别号九思。浙江乐清人。1932 年入北京大学学习。1939 年入西南联大的北京大学文科研究所读研究生，1941 年毕业后任中央研究院历史语言研究所助理研究员。1949 年后，任中国科学院考古研究所副研究员、中国社会科学院哲学研究所研究员、中国社会科学院研究生院教授等。曾任中国哲学史学会副会长。主要研究道家和道教。由道家而考察先秦诸子，以为其有两条主线：一是齐文化，为道家的起源，一是鲁文化，为儒家的起源；由此可理清其他诸子之头绪。对道家和道教的一些重要人物的研究以及道教典籍的考证，独到之处甚多。主要校释的典籍有《太平经合校》、《抱朴子内篇校释》、《无能子校注》。著作有《道家和道教思想研究》。

熊伟(1911—1994)　现代哲学家、翻译家。祖籍贵州贵阳，生于昆明。1933 年毕业于北京大学哲学系。毕业后赴德国弗莱堡大学学习，师从海德格尔。1939 年获哲学博士学位。曾任教于波恩大学东方学系、柏林大学外国学院。1941 年回国，任中央大学哲学系教授。1948 年兼任上海同济大学文学院长、哲学系主任。1949 年后，历任南京大学、北京大学教授。曾任中国现代外国哲学学会副理事长、德国莱布尼茨国际大会委员会委员。毕生致力于存在主义的介绍、翻译、研究和阐发。最早向中国介绍海德格尔思想，对其著作的翻译传神达意。从中西哲学比较的角度阐发海德格尔的“语言”与“存在”的关系，认为海德格尔思想和道家的思想有共鸣。通过对海德格尔、马克思主义和中国哲学的研究，以为自由在于“恬然于不居所成”。翻译、校订、主编海德格尔及存在主义论著多种。论文今人编为《自由的真谛——熊伟文选》。

罗光(1911—2004)　现代哲学史家、天主教哲学家。湖南衡阳人。1930 年赴罗马留学。获传信大学哲学博士与神学博士学位，拉德郎大学法学博士学位。1936 年起任教于传信大学，1961 年调台南主教，1966 年调台北主教。1978 年任台湾辅仁大学校长。退休后任台湾辅仁大学荣誉校长及终身讲座教授。把中国哲学的生生之谓易与托马斯主义的动力因的上帝存在证明相结合，提出一种天主从“无”创造世界的哲学。认为儒家是一种人生哲学，这种人生哲学具有以《易经》为基础的形而上学性质。《易经》讲宇宙变易之道，天地人合成一体的宇宙是一个变易的实体，变易的过程为太极、阴阳、四象、八卦，变以“一”为根基，“一”须有“二”才能起变化。这种宇宙的化生万物即为一种生命的洪流。从这种哲学观点出发，认为儒家思想的总纲是天、礼、性、仁、孝。中国哲学中的天有三种意义，一是苍苍的形天，二是人格主宰的天，三是自然性理。因为形天极大极高，象征造物主的至上神明，故可看成是主宰的天，从而使儒家思想成为一种与天主教可以融和的天主教儒家思想。主要著作有《中国哲学思想史》、《士林哲学》、《中西历史哲学比较研究》、《中西宗教哲学比较研究》、《儒家哲学的体系》、《生命哲学》、《人生哲学》、《儒家生命哲学》等。

邱汉生（1912—1992） 现代史学家。又名竹师。江苏海门人。1932年毕业于上海大夏大学国文系。先后在十几所中学任教。1946年在上海复旦大学、大夏大学任教。1949年后，历任上海市教育局中等教育处副处长、人民教育出版社历史编辑室副主任，中国社会科学院历史研究所中国思想史研究室主任和研究员、中国社会科学院研究生院历史系教授等。治学涉及史学、经学、文学、哲学。中国思想史、中国哲学史为用力最深的领域。侯外庐主持的多卷本《中国思想通史》主要作者之一。其中对汉魏思想以及王安石、李贽等人的思想有精到的研究。主持《宋明理学史》的撰写，对宋明理学的哲学中心问题以及周敦颐、朱熹、明初朱学等均有创见。主要著作有《四书集注简论》、《诗文钩沉》、《中国思想通史》第二、三、四卷（合著）、《宋明理学史》上、下卷（主编之一）。

吕荧（1915—1969） 现代美学家。安徽天长人。早年就学于北京大学，毕业后曾任教于贵州大学、台湾师范学院。新中国成立后，历任山东大学中文系主任、教授，人民文学出版社特约翻译，《人民日报》文艺部顾问。在美学思想上，是主观论的代表。认为“美是人的社会意识。它是社会存在的反映”（《美是什么》）。美不是物的属性，而是审美观，是第一性的反映，是由客观所决定的主观，其客观性和主观性是统一的。在美感问题上，认为就欣赏美的事物而言，“它是人的感觉和判断”；就人的生命过程而言，“它是人的认识”，“即人以一定的概念映证于外物，映证于生活”。从真、善、美的同一性出发，论证美、美的观念、美的概念、审美能力、审美感的一致性，但缺乏对于审美感受的特殊研究并由此否定审美客体特征。提出艺术的意义，非美非古，而是真实。认为创作过程“是思维与情感的运动过程”，“是有机的、复合的、意识的，包含着斗争的”（《艺术散记》）过程。强调文学创作的现实主义审美原则，提出“现实的主题就是‘永恒’的主题”（《“永恒的主题”》）的命题。反对只强调真实而堕入自然主义的旧公式，也反对强调主观战斗精神而落入抽象空洞的政治倾向。主要著作有《美学书怀》、《吕荧文艺与美学论集》等。

冯契（1915—1995） 现代哲学家、哲学史家。原名宝麟。浙江诸暨人。1941年毕业于西南联大哲学系，1941—1944年为清华大学哲学系研究生。从1944年起先后在云南大学、同济大学、复旦大学、华东师范大学等校任教。1959—1984年曾任华东师范大学政治教育系主任、上海社会科学院哲学研究所副所长、副院长。担任中国哲学史学会副会长、上海哲学学会会长，《辞海》编委兼分科主编。曾任国务院学位委员会第一届学科评议组成员。在哲学史方面，提出哲学史可以定义为：“根源于人类社会实践主要围绕着思维和存在关系问题而展开的认识的辩证运动。”把中国传统哲学概括为四个方面的争辩，即天人之辩、名实之辩、心物（知行）之辩、理气（道器）之辩。通过考察这四个争辩，揭示中国传统哲学发展的内在逻辑；同时指出不同于西方哲学的特点：在逻辑思维方面长于辩证思维而忽视形式逻辑，与此相关，在自然观上较早发展元气论而冷落原子论；在培养理想的自由人格方面，较多地考察了自觉原则而忽视自愿原则，与此相联系，在美学上较早发展了言志说和意境理论而模仿说和典型性格理论则是晚出的。关于中国近代哲学，认为在“古今中西”之争的制约下，传统哲学四个方面的争辩得到了新的展开。传统的理气（道器）之辩和心物（知行）之辩在近代演变为历史观和认识论，这两方面在心物之辩上合而为一，最后达到了能动的革命的反映论。传统的名实之辩和天人之辩在近代主要展开于方法论和价值论领域，这两方面的成果和缺憾未能得到很好的总结，因而应当推进和发展近代的哲学革命。在哲学研究方面，建立了探索知识和智慧关系的理论体系，称之“智慧说”。其宗旨是试图“提供一种新的视角，来解决科学主义和人文主义对立的问题”。以为沿着实践唯物主义辩证法的道路前进，吸取各种哲学派别包括非马克思主义学派的一些合理因素，能够阐明由无知到知、由知识到智慧的认识过程，从而会通中西，达到新的哲理境界。对认识论作了广义的理解，不仅把认识论看作是关于知识，而且也是关于智慧的理论。由广义认识论来阐发知识和智慧的关系，富有创造性。主要著作有《怎样认识世界》、《中国古代哲学的逻辑发展》、《中国近代哲学的革命进程》、《认识世界和认识自己》、《人的自由和真善美》、《逻辑思维的辩证法》等。编有《冯契文集》，还主编《哲学大辞典》、《中国近代哲学史》等。

周原冰(1915—1995) 现代伦理学家。原名周元斌。安徽天长人。1939年加入中国共产党。1947—1948年撰著《群众观点与群众路线》、《青年修养漫谈》等书,开始马克思主义理论研究工作。新中国成立后,曾任中共上海市委党校教育处处长兼秘书长、上海市行政干部学校副校长兼党委书记、《学术月刊》总编、中共上海市委副秘书长、中共中央华东局和上海市委合办的《未定文稿》副总编,1979年起一直任华东师范大学副校长、教授。1980年发起成立中国伦理学会,任副会长,并任上海市伦理学会首任会长。长期研究马克思主义伦理学,卓有成就。1986年完成并出版《共产主义道德通论》,深入、系统、详尽地阐述了他研究马克思主义伦理学的理论成果:提出道德形成和发展的"合力论";论证了共产主义道德的基本结构和三个发展阶段;强调共产主义道德规范必须同各个时期各国的具体国情相结合,但在共产主义的任何阶段,都必须坚持共产主义的基本原则的道德导向;重新按照马克思主义观点对集体主义作了解释,认为关心、爱护和帮助发展人民群众的个人利益,是集体主义的起码要求,集体主义尊重人民的民主、自由的权利,包含了革命的人道主义;把劳动和实事求是纳入共产主义道德的基本原则,由此形成了他的共产主义道德四条基本原则的学说。主要论著还有《谦虚与骄傲》、《培养青年的共产主义道德》、《道德问题论集》、《道德问题论丛》、《当前道德理论上的困惑与探索》以及《道德建设工程学论纲》等。

任继愈(1916—2009) 现代哲学史家、宗教学家。字又之。山东平原人。1938年毕业于北京大学,1941年获西南联合大学北京大学文科研究所硕士学位。1942—1964年,在北京大学哲学系任讲师、副教授、教授。1964年起任中国科学院世界宗教研究所研究员、所长。1987年任国家图书馆馆长,兼任北京大学教授,中国社会科学院研究生院教授。曾任国务院学位委员会委员兼哲学学科评议组召集人,中国宗教学会会长,中国无神论学会会长,中国西藏佛教研究会会长,中国哲学史学会会长。并为第四、五、六届全国人民代表大会代表。长期从事中国哲学史、中国佛教史、中国道教史方面的教学和研究工作,是用马克思主义立场、观点、方法研究中国哲学的优秀代表,是中国马克思主义宗教学的开创者和奠基人。所写佛学方面的论文在学术界获得高度评价。提出儒学演变为儒教的观点,认为孔子学说共经历了两次大的改造:第一次改造在汉代,产生了董仲舒的神学目的论,儒家已具有宗教的雏形;第二次改造在宋代,产生了三教合一的宋明理学,这是儒教的完成。宋、明以后,中国封建社会停滞以至僵化,儒教起了积极维护的作用。1982年以后,有多篇论著分析了儒教的性质和教义、发生和发展的历史过程、与其他宗教的共性及其个性、神灵的系统和组织机构等。主要著作有《汉唐佛教思想论集》、《中国哲学史论》、《任继愈学术论著自选集》等。主编《中国哲学史》、《中国佛教史》、《中国道教史》、《中国哲学发展史》、《宗教大辞典》、《国家图书馆藏敦煌遗书》、《佛教大辞典》、《道藏提要》等。主持编纂《中华大藏经》及续编、《中华大典》。

胡绳(1918—2000) 现代史学家、哲学家。江苏苏州人。1934年考入北京大学哲学系。1938年加入中国共产党。后在武汉、重庆、香港、上海等地从事党的文化工作。曾任重庆《读书月报》主编、《新华日报》编辑,香港生活书店总编辑,新中国成立后,历任政务院出版总署党组书记,中共中央宣传部秘书长,中共中央政治研究室副主任,《红旗》杂志副总编辑,中共中央文献研究室副主任,中国历史学会会长,全国中共党史研究会第二届会长,孙中山研究会会长,中共中央党史研究室主任,中国社会科学院院长兼中华人民共和国香港特别行政区基本法起草委员会副主任委员、澳门特别行政区基本法起草委员会副主任委员,国务院学位委员会副主任委员,第七届全国政协副主席。中共第十二届中央委员,第四、五届全国人大常委。长期从事马克思主义理论宣传工作,在历史、哲学、文化思想等方面有深入的研究。1937年发表13封哲学通信,以哲学漫谈形式宣传马克思主义哲学。抗战前夕发起"新启蒙运动",在《启蒙运动》、《谈理性主义》、《理性主义》诸文中,提出欧洲启蒙运动有三个主要特征:个人主义与功利主义;自由思想;自然科学的实证主义;中国从戊戌政变到"五四"运动是"并未完全成功"的启蒙运动,因而需要新启蒙,从而"拿清醒的理智代替盲目的信仰,拿自由的思想代替独断的权威"。1946年出版《理性与自由》,收集了抗战后期批评新理学、新心学及钱穆等唯心史观的论文,探讨道德与理智、直觉与理智、道德变迁与社会变革等问题,强调"充分发挥清醒的、科学的、现实的理性主义","在理性的论坛上发扬自由的批评"。1947年发表《帝国主义与中国政治》,在海内外产生广泛影响。主要著作还有《从鸦片战争到五四运动》,编著有《什么是社会主义,如何建设社会主义》等。主要著作汇集为《胡绳全书》。1997年捐献稿酬设立"胡绳青年学术奖基金"。

殷海光(1919—1969) 现代哲学家。原名福生。

湖北黄冈人。毕业于西南联大哲学系,先后任金陵大学副教授和《中央日报》主笔。1949年去台湾,任台湾大学哲学系教授,兼《自由中国》杂志编委。深受罗素思想影响,自称为学之主导有三:"现代逻辑的工作者所说的逻辑"、"休谟以降的经验论者所说的经验及美国实用主义者所说的实用之结合"、"价值观念尤其是道德价值观念"(《中国文化的展望》序)。以此立论,抨击中国传统文化,提倡科学、自由、民主。20世纪60年代初,曾支持台湾的"文星派"发动对文化保守主义的批评,掀起自由主义的思想浪潮。所著《中国文化的展望》一书,曾列专章批评近代以来的文化保守倾向,探讨了社会文化对西方文化冲击的"反应"及"中国知识分子今后所可能而且必须努力的道路及指向的归趋"。后态度有所变化,和现代新儒家代表徐复观等化"敌"为友,承认"即使知道了一切科学知识,对人的自身依然是一无了解、一无帮助"(转引自徐复观《痛悼吾敌、痛悼吾友》),对中国传统文化开始持审慎的敬意。逻辑学方面颇有研究,力主现代逻辑。曾作有《逻辑讲话》、《逻辑新引》、《逻辑究竟是什么》。主要著作还有《思想与方法》、《自由的伦理基础》、《海耶克和他的思想》等。台湾出版有《殷海光先生文集》、《殷海光全集》。

蒋孔阳(1923—1999) 现代美学家、文艺理论家。万县(今属重庆)人。1941年考入中央政治学校政治经济系,毕业后在镇江中国农民银行任职,其间受宗白华、朱光潜的影响,开始发表美学和文艺理论文章。1948年进上海海光图书馆从事翻译工作。1952年起任复旦大学讲师、副教授、教授,曾任上海美学学会会长,上海作家协会、上海社联副主席,中华全国美学学会副会长等职。主要从事美学理论、中国古代美学、西方美学研究和中西美学、艺术比较研究,出版有《美学新论》、《先秦音乐美学思想论稿》、《德国古典美学》等著作。美学理论上,认为美学研究应当以人类在漫长的劳动生产实践中逐步形成、发展的具有形象性、直觉性、情感性、自由性、全面展现人的本质力量的审美关系为出发点;应当以艺术为主要研究对象,并通过艺术来研究人类审美意识、美感经验和各种形态、范畴的美。认为美是一种社会现象,是主体在对现实的审美关系中同客体相互作用、相互契合的产物,是人的本质力量的对象化,对象的人化,是全面展现人的本质力量的自由的形象。同时美又是一个开放性的系统,是人在实践中按照美的规律和对象性质、特征的恒新恒异的创造,是由自然物质层、知觉表象层、社会历史层、心理意识层等多因素多层次的积累而又突然创造的过程和结果。认为审美是形成人对现实审美关系的社会实践活动和创造活动,美感是人在审美创造中使自己的本质力量得到对象化或自由显现之后所形成的感受、体验、观照、欣赏、评价以及由此而在内心生活中所引起的满足感、愉悦感、幸福感,外物形式符合内心结构所产生的和谐感,暂时摆脱物质束缚后精神上所得到的自由感,是生理与心理、个性与社会性、具象性与抽象性、自觉性与非自觉性、功利性与非功利性的矛盾统一。形成了他的以实践论为基础,以审美关系论为出发点,以创造论为核心的系统的美学理论。论著编为《蒋孔阳全集》。

朱伯崑(1923—2007) 现代哲学史家。河北宁河(今天津市)人。1947年入清华大学哲学系,1951年毕业后,任教于清华大学和北京大学。曾任国际易学联合会会长、冯友兰研究会会长。长期致力于易学哲学研究,把易学史纳入中国哲学史的领域,从易学史的角度论述中国哲学问题和中国哲学特色。力图阐明《周易》哲学与中国古代哲学的关系。主要著作有《先秦伦理学概论》、《易学哲学史》。

萧萐父(1924—2008) 现代哲学史家。四川成都人。1947年毕业于武汉大学哲学系。后任教于成都华阳中学、尊经国学专科学校、华西大学、四川医学院等。1957年至武汉大学哲学系任教。曾任中国哲学史学会副会长、名誉会长。与李锦全主编的《中国哲学史》教材(人民出版社1982—1983年出版),曾产生较大影响。长期致力于明清之际哲学的研究,探讨明清之际启蒙哲学与传统哲学、近代哲学的关系,有关论著引起学术界注目。主要著作有《中国辩证法史稿》、《船山哲学引论》、《明清启蒙学术流变》、《吹沙集》、《吹沙二集》、《吹沙三集》。

著作 刊物

《定盦全集》 近代龚自珍(号定盦)著。十三卷。凡文集三卷,续集四卷,补文一卷,诗二卷,杂诗一卷,词选二卷。文集、续集,皆自珍手定,同治年间为吴煦所刻。补文为后来所增。又有《定盦文集补编》四卷,光绪中朱之榛所刻。此外,还有《未刻诗》等印本。1935年世界书局汇编《龚定盦全集》。1959年中华书局又据各种版本,以及诸书引载与海内公私诸家旧藏佚文等整理编辑成《龚自珍全集》,分为十一辑,后附清吴昌绥《定盦先生年谱》及诸家序跋,较为完备。梁启超《清代学术概论》评论道:"晚清思想之解放,自珍确与有功焉;光绪间所谓新学家者，大率人人皆经过崇拜龚氏之一时期。初读《定盦文集》，若受电然”。

《乙丙之际箸议》 又称《乙丙之际塾议》。近代龚自珍著。现存十一篇（有的篇目另有简名，如《乙丙之际箸议三》，又题《治学》；《乙丙之际箸议第七》，又题《劝豫》）。作于嘉庆二十年乙亥（1815）至嘉庆二十一年丙子（1816），各取其干支纪年第一字以名篇。其文多“讥切时政”，表达了作者对当时政治腐败的不满和要求改革之意。由此把探讨历史发展变化置于首位，“探世变也，圣之至也。”认为历史发展分为三个时期，“治世为一等，乱世为一等，衰世别为一等”，而这取决于人才，“书契以降，世有三等，三等之世，皆观其才”。要求主动变法改革，“一祖之法无不敝，千夫之议无不靡。与其赠来者以劲改革，孰若自改革?”提出“一代之治，即一代之学”，思想学术都是一定历史条件下的产物。主张限制货币使用范围，使人弃商从农，以而天下不再“扰扰贫与富之名”，即解决贫富矛盾。收入《定盦文集》、《龚自珍全集》。

《壬癸之际胎观》 又名《壬癸之际心书》。近代龚自珍著。九篇。作于道光二年至道光三年（1822—1823），各取其干支纪年第一字以名篇。较集中地反映了作者的哲学思想。认为“天地，人所造，众人自造，非圣人所造”，而“众人之宰，非道非极，自名曰我”。肯定自我为天地万物的主宰，强调发挥心力作用，“无心力者，谓之庸人”。要求确立“大人之志”。又认为“万物一而立，再而反，三而如初”，有发展变易观念，但未脱循环论，认为动与静是“体常静，用常动”。对儒学（域中之言）和佛学（域外之言）进行比较，认为在对待天命的问题上，佛学更高明些。收入《定盦文集》、《龚自珍全集》。

《壬癸之际心书》 即“《壬癸之际胎观》”。

《明良论》 近代龚自珍著。四篇。取君明臣良之意。作于嘉庆十九年（1814）。评论时政，揭露当时官吏腐败无能和寡廉鲜耻。“窃窥今政要之官，知车马、服饰、言词捷给而已，外此非所知也”。指斥其不辨贤、智、愚、不肖，论资格用人，以“不可破之例”束缚人，压抑后进有为之士等陋习，进而提出“奈之何不思更法”。强调“士”的道德整顿，“士皆知有耻，则国家永无耻矣；士不知耻，为国之大耻”，要求以礼节规范道德，“非礼非节无以全耻”。文笔犀利，开晚清士大夫议政之风。收入《定盦全集》、《龚自珍全集》。

《平均篇》 近代龚自珍著。作于嘉庆二十一年（1816）前后。试图从财富分配上探讨历代王朝兴衰的原因，认为“千万载治乱兴亡”的原因，就在于贫富悬殊太甚，“浮不足之数相去愈远，则亡愈速，去稍近，治亦稍速”。指出当时社会出现“贫者日愈倾，富者日愈壅”的现象，认为社会动乱“其始，不过贫富不相齐之为之尔”，发展下去，“小不相齐，渐至大不相齐，大不相齐，即至丧天下。”提出“有天下者，莫高于平之之尚”，以平均为最理想的社会状态，要求财富分配“与随其时而调济之”。调剂的办法是按等级、礼法来限定贫富之差，使差距恰如其分，如饮酒、饮水，“君取盂焉，臣取勺焉，民取卮焉”。认为商品经济是造成贫富不齐的重要原因，商人中的“魁”、“枭”、“桀”者，“其心皆欲并十家、五家之财而有之”，对他们应抑制之。收入《定盦文集》、《龚自珍全集》。

《阐告子》 近代龚自珍著。始作于嘉庆二十三年（1818），道光十三年（1833）改定。阐述了对人性的看法。肯定告子的“性无善无不善”说，认为善、恶都是后起的，并非人性所固有。进而批判了孟子的“性善”论和荀子的“性恶”论，强调尧和桀在本性上都无所谓善恶，“知桀之本不异尧”，“知尧之本不异桀”，“尧与桀互为主客，互相伏也，而莫相偏绝”，人为尧时，恶的可能性仍然潜伏，人为桀时，善的可能性也依然潜伏。又指出“告子知性，发端未竟”，进一步提出统治者用礼和刑来驱使人民为善去恶，是“有功于教，无功于性”，并不能改变无善无不善的本性。收入《定盦文集补编》、《龚自珍全集》。

《尊隐》 近代龚自珍著。带有寓言色彩的政论文。以“京师”喻清廷统治集团，以“山中之民”隐喻要求变革的政治力量。认为当时已处“日之将夕，悲风骤至”的“昏时”，两股力量正发生变化。“京师如鼠壤”，而“山中之壁垒坚矣”，“豪杰轻量京师；轻量京师，则山中之势重矣”，“朝士寡助失亲，则山中之民，一啸百吟，一吟百问疾矣”。将“豪杰”与“朝士”、“山中”与“京师”尖锐地对立起来，一方尸居余气，一方生气勃勃。并预言“山中之民，有大音声起，天地为之钟鼓，神人为之波涛矣”。表达了对当时社会即将发生大动荡的预感，表示尊重关怀现实的“横天地之隐”者，而鄙视躲避现实的“纵之隐”者。收入《定盦续集》、《龚自珍全集》。

《尊史》 近代龚自珍著。将史学置于人类社会发展中的政治文化方面来加以考察，提出“尊史”就是“尊心”观点，说：“史之尊，非其职语言、司谤誉之谓，尊其心也。”尊重史官主要是尊重史官的思想与精神。认为史官是掌管国家的文献典籍，执行褒贬人事职权，分析了一个好的史官所应具备的条件，即既能“善入”，也能“善出”。“善入”就是要“皆知之”，要“皆如其言家事”，即要求史官做到知识面广，对于所要描写的对象要深入揣摩，了解并熟悉它。所谓

"善出"，就是要"皆有联事"，如欣赏者观看艺人演出，要能"肃然踞坐"并加以指点。反映出龚自珍反对脱离现实，空谈性理，要求史学家要有独立见解，能做到经与史、古与今、史与时的内在统一。后收入《定盦文集》、《龚自珍全集》。

《古史钩沉论》 近代龚自珍著。共四节。第一节主要是借探讨历代王朝由兴到衰的历史教训，揭露和抨击清王朝的专制统治。通过对古代帝王或褒或贬来表达自己的政见，并讽喻当时的封建皇帝。第二节提出了经子皆史的观点，"周之世官，大者史。史之外无有语言焉；史之外无有文字焉；史之外无人伦品目焉。史存而周存，史亡而周亡"。还一一说明道家、农家、法家、名家、杂家、阴阳家、纵横家、墨家、小说家九流的来源，结论是："诸子也者，周史之小宗也。"在此部分中还阐述了史学和国家兴亡的关系，提出"灭人之国，必先去其史；隳人之枋，败人之纲纪，必先去其史；绝人之材，湮塞人之教，必先去其史；夷人之祖宗，必先去其史"。第三节主要论述了他对《易》、《书》、《诗》、《春秋》等经书的看法，最后一部分阐述了尊重史官，重视人才的见解。后收入《定盦文集》、《龚自珍全集》。

《古微堂集》 近代魏源著。分内外两集。《内集》收《默觚上下》三十篇，为论学、论治之作；《外集》收专著和诗集以外的各种体裁的文章百余篇（因刊本不同，续有增补）。最早有光绪四年(1878)淮南书局刻本，分《内集》三卷，《外集》七卷；后有光绪二十二年丰城余氏宝墨斋《宝墨斋丛书》本，分《内集》二卷，《外集》七卷；宣统元年(1909)国学扶轮社印行本，分《内集》二卷，《外集》八卷。收入《魏源集》、《魏源全集》。

《默觚》 近代魏源著。分上下两卷。上卷十四篇，为论学之作；下卷十六篇，为论治之作。集中反映了作者的哲学、历史和社会批判思想。认为："及之而后知，履之而后艰，乌有不行而能知者乎？"强调"亲历诸身"，重视民众的智慧："合四十九人之智，智于尧禹"。指出"后世之事，胜于三代"，历史发展取决于"势"，并且"势则日变而不可复也"，这种变化之势与"人情所群便"相一致；所"不变者道而已"。提出"造化自我"，做"造命之君子"，以意志的力量选择自我的道路。认为"人之心即天地之心"，而人心的本质是仁，"仁者天地之心也，天生一人，即赋以此种了之仁"，人心之仁是化生一切的种子。收入《古微堂集》、《魏源集》、《魏源全集》。

《皇朝经世文编叙》 近代魏源著。清道光五年(1825)为江苏布政使贺长龄辑《皇朝经世文编》时所作。除说明辑文对象和卷数纲目分类外，就如何借鉴前人事功，论及了事与心、法与人、今与古、物与我的关系。提出"事必本夫心"、"法必本于人"、"今必本夫古"和"物必本夫我"等命题。同时又说明："善言心者，必有验于事"，"善言人者，必有资于法"，"善言古者，必有验于今"，"善言我者，必有乘于物"。论述涉及了心物之辩和群己之辩，表现了将两者相结合的趋势。收入《魏源集》、《魏源全集》。

《老子本义》 近代魏源撰。约成书于嘉庆二十五年(1820)。合《老子》通行本八十一章为六十八章。主旨是"著其是，舍其非，原其本，析其歧"。除夹句校字外，分章引述前人注释，最后诠以己意。在诠释老子关于道与气、道与器、道与物、道与名等问题时，提出了自己的哲学见解。认为黄老之学的无为而治，乃五千言本义。指出韩非以刑名为道德，王雱、吕惠卿诸家以庄解老，焦竑、李贽诸家以释解老，无一人得其真。对于儒、道、释的关系，认为孔子之道是"乾道纯阳"，老子之道是"体用皆出于阴"，而"天地之道，一阳一阴"，即孔、老互补；不同意一般将释老混同的看法，指出"老明生而释明死也，老用世而佛出世也，老中国上古之道而佛六合以外之教也。"最早有光绪年间桐庐袁氏刻《浙西精舍汇刊》本。后有商务印书馆《丛书集成初编》本、世界书局《诸子集成》本。收入《魏源全集》。

《艺舟双楫》 近代包世臣著。共六卷。成书于道光(1821—1850)年间。分为论文四卷，论书二卷。包括论说、序跋、墓碑志、传记等多种体式，首有叙一篇。论文部分阐述了道与法，窠臼与新异，形质互配等关系，提出"道附于事"的命题。认为脱窠臼之道，在于显个性，"尊己见"。认为物的美丑是从形质互配的总体上来显现的，正如"具五官，备四体，而后成为人"，审美要从整体着眼。论书部分阐述学书经验，评论汉代以来书法用笔源流，推崇魏碑。反映了作者追求古朴、雄厚、自然、多变之美。对纠正清代离开实际"虚言其道"，"强推大义"的文风和纤巧、刻板的书风，有积极贡献，后辑入《安吴四种》。

《劝世良言》 基督教新教最初的中文布道书。清道光十二年(1832)在马六甲印刷出版。由英国伦敦会的中国籍助手梁发执笔，第一个来华的基督教新教英国传教士马礼逊修改定稿，署名"学善居士"。梁发(1789—1855)，又名梁阿发、梁亚发，广东高明县(今高鹤县)人，为中国最早的基督教新教教徒之一。《劝世良言》共有9卷，约10万字。全书有六十多篇短文，其中直接抄录马礼逊所译《圣经》原文的二十六篇，抄一段经文然后加进中国风俗人情予以阐发的三十五篇，其余则为梁发自撰的学道经历。主要内容是：宣传"原罪说"，抨击儒、释、道的偶像崇拜；突出“神天上帝”的绝对权威；提出“上帝面前人人平等”；解释“天国”为死后灵魂享福之“天堂”和地上礼拜上帝之“公会”；如果人人接受“福音”，遵信而行，“贫者守分而心常安；富者慕善义，心亦常乐”，就会出现“夜不闭户，道不拾遗的清平好世界”。洪秀全于1836年得到该书，1843年潜心细读后，开始信拜上帝。

《原道救世歌》 太平天国文献之一。清道光二十五年(1845)洪秀全著。咸丰二年(1852)编入《太平诏书》刊行。用诗歌体裁，宣传宇宙间唯有皇上帝是独一真神，主宰世间万物。在皇上帝面前，人人平等。指出：“天辟真神惟上帝，无分贵贱拜宜虔。天父上帝人人共，天下一家自古传。盘古以下至三代，君民一体敬皇天。”“天人一气理无二，何得君王私自专”。“普天之下皆兄弟，灵魂同是自天来，上帝视之皆赤子”。抨击君主专制，表达了朴素的平等观和反对封建等级制度的要求。并主张戒“淫”、“忤父母”、“行杀害”、“为盗贼”、“为巫觋”、“赌博”以及“食洋烟”(吸鸦片)等，要求建立新的人伦关系和道德风尚。后改称《原道救世诏》。收入《中国近代史资料丛刊·太平天国》第一册、《太平天国文选》、《洪秀全选集》和《洪秀全集》。

《原道醒世训》 太平天国文献之一。清道光二十五年(1845)洪秀全著。咸丰二年(1852)以《太平诏书》刊行。揭露当时社会“相陵相夺相斗相杀而沦胥以亡”，皆因“世道乖漓，人心浅薄，所爱所憎，一出于私”，矛头指向君王专制和封建等级制度。根据“皇上帝天下凡间大共之父”，认为“天下凡间，分言之则有万国，统言之则实一家”。提出“天下多男人，尽是兄弟之辈，天下多女子，尽是姊妹之群”的人人平等观念。进而号召天下兄弟姊妹，“相与作中流之底(砥)柱，相与挽已倒之狂澜”，努力奋斗，变“乖漓浅薄之世”为“公平正直之世”，变“陵夺斗杀之世”为“强不犯弱，众不暴寡，智不诈愚，勇不苦怯之世”。并阐述了“乱极则治，暗极则光，天之道也”的物极必反思想，号召努力奋斗，实现“天下一家，共享太平”的理想。后改称《原道醒世诏》。收入《中国近代史资料丛刊·太平天国》第一册、《太平天国文选》、《洪秀全选集》和《洪秀全集》。

《原道觉世训》 太平天国文献之一。清道光二十六年(1846)(一说道光二十七年)洪秀全著。咸丰二年(1852)编入《太平诏书》刊行。以人“皆禀上帝一元之气以生以还”为据，论证“天下总一家，凡间皆兄弟”。严厉谴责秦以后的历代君主“妄自尊大”，不知“皇帝”是“皇上帝”专用的称号，更以“蛇魔阎罗妖”影射清王朝统治者，指斥其“最作怪多变，迷惑缠捉凡间人灵魂”。强调宇宙间一切都是上帝创造的，“皇上帝天下凡间大共父也”；只有“皇上帝乃是真神也。尔凡人跪拜各偶像正是惹鬼”，那些神仙菩萨都是“无知无识之木石泥团纸画”。号召天下兄弟姊妹明皇上帝恩典，以皇上帝为唯一真神，扫除人间一切木石泥团纸画的偶像，共同奋起，击灭“阎罗妖”。后改称《原道觉世诏》。收入《中国近代史资料丛刊·太平天国》第一册、《太平天国文选》、《洪秀全选集》和《洪秀全集》。

《太平诏书》 太平天国文献之一。收洪秀全所撰《百正歌》、《原道救世歌》、《原道醒世训》与《原道觉世训》。清咸丰二年(1852)以太平天国诏书形式颁行。次年重刻时将文名中的“歌”、“训”改作“诏”，其中所引孔孟言论与《诗》、《书》或全删或改称古语，常为儒家称道而不合基督教义的故事均删去，文字亦有改动。收入《中国近代史资料丛刊·太平天国》第一册、《洪秀全选集》和《洪秀全集》。

《天朝田亩制度》 太平天国纲领性文件。清咸丰三年(1853)太平天国建都天京(今南京)后颁布，咸丰十年重刻刊行。以废除封建土地制度，实行农民平分土地为核心，提出了一整套未来社会结构的设计。宣布一切土地和财富都属于皇上帝所有，“天下皆是天父上主皇上帝一大家，天下人人不受私，物物归上主”。确定“凡天下田天下人同耕”的原则，制定“凡分田，照人口，不论男妇”，“杂以九等”，“好丑各一半”的平均分田办法。在分配方式上，规定农产品除留足一年食用外，其余归“国库”，按定制发给，以求实现“天下共享天父上主皇上帝大福，有田同耕，有饭同食，有衣同穿，有钱同使，无处不均匀，无人不饱暖”的理想社会。规定县以下设立各级乡官。凡居民二十五家为一“两”，设两司马负责管理生产、分配、教育、宗教、司法以及地方武装等工作。此外，还规定“凡天下婚姻不论财”，禁缠足、禁娼妓。文件集中表达了当时贫苦农民的土地要求，也反映了平均主义的农业社会主义空想。由于历史条件的限制，当时太平天国的基层组织没有实施平分土地和国库制度，而是执行“照旧交粮纳税”政策。同时，文件设计了等级严格的官阶，功勋等臣有“世食天禄”的特权，并实行军政合一、寓兵于农的制度，建立以天王个人独裁为中心的集权制。表现农民革命依然不能摆脱封建主义思想的束缚。现收入《中国近代史资料丛刊·太平天国》第一册、《太平天国文选》、《洪秀全选集》和《洪秀全集》。

《资政新篇》 太平天国官书之一。洪仁玕著。清咸丰九年(1859)刊印。系作者向天王洪秀全提出的建议书。经洪秀全批示后颁布，但因条件所限，未能实施。是太平天国后期的重要文献。分"用人察失类"、"风风类"、"法法类"和"刑刑类"四部分。认为"治国必先立政","立政"其要在"设法、用人"。强调加强中央的权力,"自大至小,由上而下,权归于一",反对政治上的"结盟联党",闹分裂,称道美国民主制,"以多人举者为贤能也,以多议者为公也";主张设"暗柜"听取民众意见,做到"上下情通";"兴新闻馆"发行报纸,"报时事常变,物价低昂,只须实写,勿着一字浮文"。称道英国为当时"最强之邦,由法善也",认为英美法等国富强也是由于"技艺精巧"。指出向这些国家学习,社会都有进步,如俄国、日本等;相反土耳其"不知变通,故邦势不振",要求效法西方资本主义的社会和经济政策。主张修铁路,通火车,行轮船,兴银行,办工业,开矿藏,兴修水利,奖励技术发明等。要求实行对外开放政策,反对"拘拘不与人交接"的闭关自守,在言语文书上,"万方来朝、四夷宾服,及夷狄戎蛮鬼子,一切轻污之字皆不必说也"。并提出兴办"学馆"、医院、"跛盲聋哑院"、"鳏寡孤独院"等社会福利事业。为中国近代第一个比较完整的带有发展资本主义倾向的建设方案。提出"事有常变,理有穷通"的论点,主张"视乎时势之变","因时制宜,审势而行",为其"复见新天新地新世界"提供哲学依据。同时排斥儒、道、释,要求坚定对上帝的信仰,强调上帝"包涵无所不知,无所不能,无所不在,自然而然,至公义、至慈悲之意也"。收入《中国近代史资料丛刊·太平天国》第一册、《太平天国文选》和《洪仁玕选集》。

《英杰归真》 即《钦定英杰归真》。近代洪仁玕著。刘闳忠等录。清咸丰十一年(1861)刊行。用答假设投降者张某问太平天国礼法的形式撰述。阐述了"革故鼎新"思想,强调"天王降凡作主,扫荡妖氛,凡一切制度考文,无不革故鼎新,所有邪说异端,自宜革除净尽"。反对命定论,指出人的凶吉祸福与"禄命"无关。认为世界是一个运行不息、新陈代谢的过程,"衣必洗而垢去,物必改而更新,理之自然者也"。强调"力求自新,转以新民","相与淑身淑世",通过共同努力来改善自身,改造世界。认为通过人的主动能动性,人类就能够实现"新天、新地、新人、新世界"的理想,达到"天下一家,共享太平"的美好境界。这些是以"改邪术而行真理,去偶像而拜上帝","受天父上帝圣神感化,而真信基督救世主"为前提的。并概述了洪秀全早期思想、太平天国官制及考试制度。收入《中国近代史资料丛刊·太平天国》第二册、《太平天国文选》和《洪仁玕选集》。

《讨粤匪檄文》 近代曾国藩著。咸丰四年(1854)率湘军出省镇压太平军时发表。主要以儒家伦理纲常对太平天国予以严厉谴责:"自唐虞之代以来,历世圣人,扶持名教,敦叙人伦,君臣父子,上下尊卑,秩然如冠履之不可倒置。粤匪窃外夷之绪,崇天主之教,自其伪君伪相,下逮兵卒贱役,皆兄弟称之,谓惟天可称父,此外凡民之父,皆兄弟也;凡民之母,皆姊妹也。农不能自耕以纳赋,而谓田皆天王之田;商不能自贾以取息,而谓货皆天王之货,士不能诵孔子之经,而别有所谓耶稣之说,《新约》之书;举中国数千年礼仪人伦,诗书典则一旦扫地荡尽。此岂独我大清之变,乃开辟以来名教之奇变。"以"卫吾道"(孔孟之道)来凝聚反对太平天国的力量。反映了封建士大夫的立场和儒家纲常名教与太平天国信拜上帝的思想冲突。收入《曾文正公全集》、《曾国藩全集》。

《曾文正公全集》 近代曾国藩著。李瀚章编辑。一百六十七卷。光绪二年(1876)刊行。后几经刻印,卷数不一。该书包括奏稿、诗集、文集、书札、批牍、杂著、求阙斋日记、读书录、孟子要略、年谱、经史百家杂钞、十八家诗钞、经史百家简编、鸣原堂论文、家书等。其中《答刘孟容书》、《顺性命之理论》、《书学案小识后》等文可代表他的哲学思想。《讨粤匪檄》等文反映了其反对太平天国革命的立场观点。后集外遗漏稿续有发现。1959 年刊印了《曾国藩未刊信稿》。后有《曾文正公全集》注释本、《曾国藩全集》(30 册)。

《校邠庐抗议》 近代冯桂芬著。二卷,凡四十篇。作者自称此书"参以杂家,佐以私臆,甚且羼以夷说,而要以不畔于三代圣人之法为宗旨"。"校邠庐"是作者居住处,而"抗议"之名,是"用《后汉书·赵壹传》语",为"位卑言高意"。近代较早的一部带有改良主义色彩的政论集。深感当时的中国"人无弃才不如夷,地无遗利不如夷,君民不隔不如夷,名实不符不如夷",认为只有"采西学"、"制洋器",即向西方资本主义学习才是富强之道:"始则师而法之,继则比而齐之,终则驾而上之,自强之道,实在乎是。"否则,"不独俄、英、法、美之为患也,我中国且将为天下万国所鱼肉,何以堪之?"书中具体地论述了内政、外交、军事、文化进行改革之必要,主张"以中国之伦常名教为原本,辅以诸国富强之术",学习西方科学技术,使中国得以自强。此观点后为张之洞所采纳,发展成"中学为体,西学为用",并被戊戌时期维新派称为"三十年变法之萌芽"(见《湘学新报》第一册)。并以此书呈光绪皇帝阅,对戊戌变法产生一定影响。冯在世时,已有抄本流传。光绪九年(1883)正式刊行时,另加文章和附录,共计五十四篇。现有排印单行本。

《弢园文录外编》 近代王韬著。因作者自号弢园老人，故名。十二卷。清光绪九年(1883)在香港初版。集其旅居香港时所作论文编成。作者曾将其文分为内外两编，内编已佚，外编大部分内容为宣传变法自强。主张"器则取诸西国，道则备自当躬"，即在不变更中国伦常名教的基础上，学习和输入西方技术器具，以求中国的富强。同时指出"器变则道无不变"，"道不能通则先假器以通之，火轮舟车皆所以载道而行者"。认为随着西方之"器"的引入，原有的传统之"道"必将有所改变。批评当时洋务派官僚的做法只是"徒袭皮毛"，指出学习西国舟坚炮利、器巧算精，为"富强之末"；仿效英国"君民共主"(即君主立宪)的政治制度，使"上下之情通，君民之分亲"，为"富强之本"。认为日本明治维新"轻改祖宗之宪章"，并非"善变"者。强调孔子之道、"三纲五伦"为万世不变。从"恃商为国本"的立场出发，在义利观上，反对"闭言利之门"的"迂拘之士"，肯定"兴利"的正当性。预言世界文化发展的趋势是"六合将混而为一"，全球"道必大同"。今有中华书局校刊本。

《庸庵全集》 亦名《庸庵全集十种》。近代薛福成著。因作者号庸庵，故名。包括《庸庵文编》四卷、《续编》二卷、《外编》四卷、《筹洋刍议》一卷、《浙东筹海防录》四卷、《出使日记》六卷、《海外文编》四卷、《出使奏疏》二卷、《出使公牍》十卷、《日记续刻》十卷等，共四十七卷。全书自清光绪十年至光绪二十四年(1884—1898)陆续刊成。作者阅历广博，思想敏锐，倡导变法自强。以《筹洋刍议》、《庸庵海外文编》卷一、卷二较为重要。认为中国自秦以来数千年，现在已从"华夷隔绝之天下，变为中外联属之天下"。政治上不赞成君主专制，认为君主立宪制"无君主民主偏重之弊，最为斟酌得中"。经济上强调"工商之业不振，则中国终不可以富，不可以强"。主张让私人集股成立公司，不赞成洋务派对新工商业的垄断政策。在当时"道器"之辩中，主张"取西人器数之学，以卫吾尧舜禹汤文武周孔之道"。但强调道器相依，"道之所寓者，器也"，无器则无以显道；"器之至者，亦通乎道"，引进西方先进之器，中国才能"道器兼备"。其中一些文章收入《薛福成选集》。

《盛世危言》 近代郑观应著。辑录清光绪六年(1880)《易言》一书刊行后至光绪十九年间文章。名取《论语》"邦有道，危言危行"之意。以道器观为统领，认为"道为本，器为末；器可变，道不可变。庶知所变者富强之权术，非孔孟之常经也"。因而全书以《道器》为首篇。认为"道自虚无，始生一气，凝为太极"，强调"气由道出"，"道本气末"。但为富国强兵，主张学习西方"形器之学"。又强调"非小不足以见大，非践迹不足以穷神"。道通过器才能发现和穷尽，道器互相依存，两者必须相结合，"虚中有实，实者道也；实中有虚，虚者器也。合之则本末兼赅，分之则放卷无具"。《道器》篇下，又列《学校》、《西学》、《考试》、《议院》、《吏治》等篇，提出"地尽其利，人尽其才，物畅其流"，以发展资本主义；设立议院，实行"君民共主"。蔡元培评价该书说："以西制为质，而集古籍及近世利病发挥之。时之言变法者，条目略具矣。"(《蔡元培年谱》)刊行后，在思想界影响颇大。版本较多，经作者手订的有三种：光绪二十年的五卷本、光绪二十一年的十四卷本、光绪二十六年的八卷本，篇数及篇名亦有变动。辛亥革命后，作者又另编《盛世危言后编》。此外，坊间自行翻刻者，版本繁多，卷数和编排均有差异。该书正文之后，有附录若干篇，保存了一些可供参考的资料。收入《郑观应集》。

《适可斋记言记行》 近代马建忠著。十卷。分《记言》、《记行》两部分。其中《记言》四卷，辑录作者在清同治十年至光绪二十年(1871—1894)间的书禀和论说；《记行》六卷，为作者勘旅顺防务、出使印度和朝鲜的记事。其内容多为对当时洋务运动所提建议，如主张"富民"、"护商"、"建学校"、"立议院"等，尤以介绍西方国家的"三权分立"和评议国际公法较具特色。指出："讲富者以护商为本，求强者以得民心为要"，"他如学校建而智士日多，议院立而下情可达"。该书在维新变法期间颇受重视。有光绪年间刊本。现有中华书局点校本。

《礼运注》 近代康有为撰。自叙称成书于清光绪十年(1884)，近人或谓约撰于光绪二十三年(1897)。间采西方进化观念，融合今文《春秋》的公羊三世说，对《礼记·礼运》篇分条评注，阐发"孔氏之微言真传"，并断之己意，以作维新改良的理论依据。对"元"的界说是："太一者，太极也，即元也"，以此说明"元"是"无形以起，有形以分，造起天地，天地之始"。称"灵魂"为"性"："知气者，灵魂也，略同电气，物皆有之，而团聚尤灵而有知，亦曰性"。因而人一旦失去"知气"(灵魂)，就失去人之为人之"性"，即"不得为人"。指出"读至《礼运》，乃浩然而叹曰：孔子三世之变、大道之真在是矣，大同小康之道，发之明而别之精，古今进化之故，神圣悯世之深在是矣。"推崇《礼运》所称"大道之行也，天下为公"的理想境界，指出"今者中国已小康矣，而不求进化，泥守旧方，是失孔子之意，而大悖其道"。批判守旧者"永因旧历而不更新"，"其害且足以死人"。同时强调三世进化只能"循序而行"，不能"躐等"。认为"礼"是为了适应和调节人情人欲而设立，"制礼者，穷人情之大本";"盖人道全在仁乐顺,而礼义乃其桥梁舟车也"。反对"孔子为无神教"的观点。现有将此书与《孟子微》、《中庸注》合集出版单行本。收入《康有为全集》。

《诸天讲》 近代康有为著。十五卷。另附《月球图》。自称写于清光绪十二年(1886)。晚年有所补充。运用西方近代自然科学知识探讨了宇宙(诸天)的形成,介绍了星云说、日心说和牛顿的天体力学等。根据当时他掌握的自然科学知识,论述了太阳系的起源、地球与诸行星绕太阳的旋转及原因,并据以批判"天不变,道亦不变"的形而上学宇宙观,打破了中国传统的"天地"旧说。指出传统的"以占验言天"、"以恒星为州郡分野",都是不符合近代科学的"可笑"之说;古人"开口即曰'天地'",是"不知地之至小,天之大而无穷也,故谬谬然以地配天";古人还说"地在天中",其实地球是一颗星,星皆运行于天,因此"吾人既生于星中,即生于天上,然则吾地上人,皆天上人也"。肯定自然界是客观存在的东西,认为必须依据自然科学进行"实测",才能认识。认为人们的知识是有限的,即使像牛顿、达尔文、拉普拉斯也是如此,因而无法否定上帝的存在,由此断言"上帝之必有","天有上帝者,各国各教所公有也。中国凡称天,即有主宰之意。主宰者,上帝也"。现有排印单行本。收入《康有为全集》。

《长兴学记》 近代康有为著。为清光绪十七年(1891)在广州长兴里正式开办的学堂所制定的学规。由论性出发,说明为学的重要。认为性者,人与禽兽皆有,"性相近则平等之谓。有性无学,则人与禽兽相等"。指出人之"异于万物",在人"能学则贵"。强调"顺而率性者愚,逆而强学者智"。"人之所以异于人者,在勉强学问而已。夫勉强为学,务在逆乎常纬",要求人们大胆违逆常俗、积习,勉力从学,以成"博学","胜于循常蹈故拘拘文牵义者"。又提出在"义理"、"考据"、"词章"之外增加"经世之学"。言"周公、孔子垂学立教,以迪来士,皆以为仁也",强调为学当以仁为本。又以"无志"、"徇俗"、"图吝"、"懦弱"为学子"四耻"。对程朱的人性论提出批评:"程子、张子、朱子分性为二,有气质、有义理";"实则性全是义质,所谓义理,自气质出,不得强分也"。有光绪十七年万木草堂刊本。中华书局将此书与《桂学答问》、《万木草堂口说》合集出版单行本。收入《康有为全集》。

《新学伪经考》 近代康有为撰。清光绪十七年(1891)成书刊行。系作者主张托古改制的重要著作之一。继承并发展廖平《今古学考》的论点,佐以历史考证,对史载传说进行纠谬、辨伪。断定东汉以来的古文经学多出自刘歆伪造。认为"始作伪,乱圣制者,自刘歆;布行伪经,篡孔统者,成于郑玄"。因其"乱圣制"、"篡孔统"故为"伪经"。指出刘歆"饰经佐篡",制造伪经助王莽篡夺西汉政权,故其学只是新莽一朝之学,为"新学"。后人不辨其伪,"咸奉伪经为圣法,诵读尊信,奉持施行,违者以非圣无法论,亦无一人敢违者"(《新学伪经考》序录)。自称"不量绵薄,摧廓伪说",欲以"起亡经"、"翼圣制"为己任。该书承袭"龚魏"今文经学之传统,考辨真经,断以己意,阐发六经之"微言大义",为变法维新制造舆论。戊戌变法时期有重大影响。梁启超的《清代学术概论》评论此书的影响:第一,清学正统派之观点根本摇动;第二,一切古书,皆须重新检查估价,"此实思想界之一大飓风也"。书中考辨古经,虽有创见,但亦多武断。初刊后,各地翻刻颇多。清朝廷曾两度下令禁行。1917年重刻出版,更名《伪经考》。1931年北平文化学社出版标点本,复改今名。还有其他排印本。收入《康有为全集》。

《孔子改制考》 近代康有为撰。清光绪十八年(1892)着手编纂,光绪二十四年由上海大同译书局刊行。采用历史考证的方法,分类编次,酌加按语,进行说明解释,为《新学伪经考》后主张托古改制的又一重要著作。自称"布衣改制,事大骇人,故不如与之先王,既不惊人,自可避祸"。力证上古的历史"茫昧无稽",无从查考,诸子皆托古人而"创教改制",同样儒家"六经"皆孔子为托古改制而作,充满了"改制"之"微言","拨乱之治为文王,太平之治为尧舜,孔子之圣意,改制之大义,《公羊》所传微言之第一义"。认为孔子"据乱而立三世之法",又"立《春秋》新王行仁之制","不过其夏葛冬裘,随时救民之言"。论述由据乱,至升平、太平之世的公羊三世说和大同理想,将孔子塑造为立志变法的"改制教主",借此宣传三世进化观点和变革君主专制为君主立宪,为维新变法制造舆论。梁启超说:"有为政治上'变法维新'之主张,实本于此";并将其比喻为"火山大喷火也";因为以六经为托古之作,"则数千年来共认为神圣不可侵犯之经典,根本发生疑问";孔子与诸子一样是托古改制,"已夷孔子于诸子之列。所谓'别黑白定一尊'之观念,全然解放"。(《清代学术概论》)。曾被顽固派攻击为"明似推崇孔教,实则自申其改制之义"的"无父无君"的叛逆之作。是书集前人辨伪、疑古之大成,对"五四"以后的疑古思潮亦有影响。但所用方法为先立论、后求证,不无武断、附会之处。戊戌变法失败后,被清朝廷禁毁。1920年重刻。1958年中华书局据《万木草堂丛书》本校点重版。收入《康有为全集》。

《春秋董氏学》 近代康有为撰。八卷。作于清光绪二十三年(1897)。将《春秋繁露》重新编排，推衍"三世为孔子非常大义"。糅合《公羊》"三世"说和《礼运》"大同"、"小康"思想，提出"升平者，渐有文教，小康也。太平者，大同之世"，"文教全备也"，"此为春秋第一大义"。主张"变化日新"，认为"就一物而言，一必有两"，"孔子原本天道，知物必有两，故以阴阳括天下之物理"，但又提出"变法欲逊顺而说(悦)，勿强骤之"。在心(精神)与体(形体)、知与行的关系上，认为心有知而体无知，"心贵于体"；"先知而后行"是"天然之理"。认为经过孔子笔削之《春秋》的文字，都是改制的微言大义，好像是代数符号，"《春秋》以寓改制，其文犹代数，故皆称托，不过借以记号耳。"因而可以用"推算之法"来"推悟"出孔子寄寓的大义。反映了康氏当时的哲学思想和政治立场。光绪二十四年初刊于上海大同译书局。清政府曾两次下令毁版。辛亥革命后有《万木草堂丛书》本及其他排印本。收入《康有为全集》。

《春秋笔削大义微言考》 近代康有为著。写于戊戌变法前，原稿存《清议报》报馆，因失火遂烬，后又于清光绪二十七年(1901)补作。十一卷，附发凡一卷。以稽考形式，阐发孔子笔削《春秋》之微言大义，表达自己的政治观点和哲学思想。认为孔子提出了以"元"为万物之本的思想，"本所从来，穷极混茫"，而"孔子发此大理，托之《春秋》第一字，故改'一'为'元'焉，此第一义也，老子所谓'道'，婆罗门所谓'大梵天王'，耶教所谓'耶和华'近之，而不如言'元统天'之精也"、"《春秋》以元之气正天之端，以天之端正王之政"，即"元"通过"气"来表达其意志，端正政治。指出"孔子之道，其本在仁，其理在公，其法在平，其制在文，其体在各明名分，其用在与时进化"。认为"二千年瞀焉，惟笃守据乱世之法以治天下"，"君得隐操其术以愚制吾民"，已成"弊政"。"当今进至升平"，应"君与臣不隔绝而渐平，贵与贱不隔绝而渐平，男与女不压抑而渐平"。主张民权平等，排斥君主专权。又以西方政治制度的演变附会公羊三世说，称"《春秋》始于据乱立君主；终于升平为立宪，君民共主，终于太平为民主"。"三世"进化，以实现"仁"为目标："每变一世，则愈进于仁。仁必去其抑压之力，令人人自立而平等，故曰升平。至太平则人人平等，人人自立，远近大小若一，仁之至也。"序曾刊1913年《不忍》杂志第三册。有1917年上海大同译书局本、《万木草堂丛书》本等。收入《康有为全集》。

《戊戌奏稿》 近代康有为著。麦仲华辑入作者戊戌年间散佚奏稿二十篇。反映了作者变法维新的思想。其中"百日维新"前三篇，"百日维新"中十七篇，按时间先后排列，并将进呈编书序目五篇附后。另附佚文目录十三篇。有清宣统三年(1911)上海广智书局刊本。另有上海大同译书局《万木草堂丛书》本。1981年中华书局版《康有为政论集》，将散佚、代作奏稿作了补录。收入《康有为全集》。

《大同书》 近代康有为著。十卷。初稿名《人类公理》。清光绪十年(1884)康有为悬想"大同之世"，次年始作。全书成于光绪二十七至二十八年避居印度时。后又屡加增补。1913年在《不忍》杂志上发表甲、乙两部。1919年上海长兴书局出版单行本。此后一直未续刊全篇，直到1935年经钱定安整理后由中华书局出版十卷本，仍留有错误衍脱字句。《大同书》将今文经学的公羊三世说与《礼记·礼运》中"小康"、"大同"思想联系起来，说"据乱"之后易以"升平"、"太平"，"小康"之后进以"大同"。又吸取了欧洲空想社会主义、资产阶级民主主义和达尔文进化论，指出目前中国处于"据乱世"，必须向已进入"升平世"的欧美资本主义国家看齐，然后才能最终进入"太平世"即大同世界。"大同之世"，是一个"至平、至公、至仁，治之至"的社会。继承明清之际王夫之、清戴震等人"天理即在人欲之中"的观念，辅以西方的人道主义，强调"人生而有欲，天之性"，人道只有宜不宜，不宜者苦也，宜之又宜者乐也，因而"依人之道"便是"去苦求乐"，但如不因时势而变法，"始为相扶植保护之善法者，终为至抑压至不平之苦趣，于是乎则与求乐贫苦之本意相反矣"。所以必须变法。又具体描写了"大同之世，天下为公，无有阶级，一切平等"的人类社会的远景。强调"大同"的理论根据在于天赋人权，"惟天予人权、平等独立哉！"以此来揭露过去和现在社会中人们所遭受的种种苦难，就在于违反了人类平等、独立的天赋权利，进而提出"去九界"以达人类"大同"。认为这个过程是扩充"爱质"的过程："以其本有爱质而扩充之，因以裁成天道，辅相天宜，而止于至善，极于大同。"书中描绘的"大同"社会，带有空想社会主义的色彩，如毛泽东所评论：康有为写了《大同书》，他没有也不可能找到一条到达大同的路。1956年北京古籍出版社从康氏家族中借到抄本，并参照各本，校订出版新版。有英、俄、德、日等译本，收入《康有为全集》。

《孔教会序》 近代康有为著。分"序一"、"序二"两篇，均发表于1913年3月的《孔教会杂志》第一卷第二号。两篇序文，主旨相同，论述详略稍异。"序二"亦刊于1913年《不忍》杂志第一册，两篇"序二"文字略有不同，据陈焕章的文后附志云：《不忍》杂志所刊，是其初稿。提倡定孔教为国教，主张"以演孔为宗,以翼教为事",认为:"欲存中国,先救人心,善风俗,拒诐行,放淫辞,存道揆法守者,舍孔教未由已。"对反对成立孔教会的观点,如"教不待传,优者自存,劣者自汰,天演之自然也"、"孔子既不语神,则非教主"等进行了反驳。为孔教会作辩护。收入《康南海文集汇编》、《康有为政论集》和《康有为全集》。

《以孔教为国教配天议》 近代康有为著。阐述中国当"以孔教为国教"。认为"今欲救人心,美风俗,惟有亟定国教而已;欲定国教,惟有尊孔而已"。主张在宪法上效法当时丹麦、西班牙之制,"以一条为'信教自由',以一条为'立孔教为国教'",使"人心有归,风俗有向,道德有定,教化有准,然后政治乃可次第而措施"。又提出要"复祟天坛"、"以孔子配上帝",对反对尊孔的言论,如"以新道德易旧道德"等提出反驳。为当时提倡尊孔复古思潮的代表作。原载1913年《不忍》杂志第三册。收入《康南海文集汇编》、《康有为政论集》和《康有为全集》。

《孟子微》 近代康有为著。撰于清光绪二十七年(1901)。反映了作者戊戌变法后的思想观点。认为自颜渊死后,惟孟子独传孔子《春秋》三世、大同之学。而以往注《孟子》者,均未发明此义。乃将《孟子》七篇改编为以类相从的《性命》、《心身》等十八篇,各章后均加按语和评述。以"元气、和气、精气皆理之至",阐发"元"即"仁"的思想。由元为本,论证以仁为本。认为"不忍人之心,仁也,电也,以太也,人人皆有,故谓人性皆善",是"万化之海,为一切根,为一切源"。以博爱为仁,"仁者,博爱"。认为孔子之仁道有天赋平等的观念,"孔子以群出同出于天,一切平等","人人皆天所生,无分贵贱,生命平等,人身平等"。认为孔孟之仁是顺从人的情欲,而朱子之学则不然。"孔子之道本诸身,人身本有好货、好色、好乐之欲,圣人不禁,但欲其推以同人。盖孔孟之学在仁,故推之而弥广,朱子之学在义,故敛之而愈啬,而民情实不能绝"。认为"人道之仁爱,人道之文明,人道之进化,至于太平大同皆从此出"。视"不忍人之心"为人道之进化的动力,将"仁爱"作为实现"大同"、"太平"理想的关键。强调三世进化是缓慢细微的渐进,而"未至其时,不可强为"。评注多臆断之处。原载1913年《不忍》杂志第一册。中华书局将此书与《礼运注》、《中庸注》合集出版单行本。收入《康有为全集》。

《中庸注》 近代康有为著。清光绪二十七年(1901)成书于槟榔屿。发挥今文《春秋》的"公羊三世"说,认为三世而三重为九世,九世而三重为八十一世,展转三重,可至无量数,皆"待世运之变而为进化之法"。强调三世进化,当合孔子中庸之道,不能超越。倡导"以仁为本",主张"物我一体","物即己而己即物",断言只要对内心之"诚"充分加以发挥,就可达到"安而行之,顺受之乐"的理想境界。以"爱力"阐释孔子之仁:"仁从二人,人道相调有吸引之意,即爱力也。"并将"三世"说与孔子的"爱有差等"相联系,"孔子之道分三等,亲亲、仁民、爱物",这三等爱分别纳入据乱、升平、太平三世中,因而在每一世中,爱是没有等差的。视孔子为天神代表,"天子,孔子也。孔子为苍帝之精,作新王受命"。原载1913年《不忍》杂志第四册。有《万木草堂丛书》本。中华书局将此书与《礼运注》、《孟子微》合集出版单行本。收入《康有为全集》。

《论语注》 近代康有为著。成书于清光绪二十八年(1902),刊刻于1917年。反映了作者戊戌变法后的思想观点。定《论语》二十篇为曾子后学所纂辑。认为《论语》"上蔽于守约之曾(参)学,下蔽于杂伪之刘(歆)说,于大同神明仁命之微义,皆未有发焉"。遂逐篇作章句评注。其经文以鲁论为正,其引证以今学为主。其旨重在阐发孔子"仁"的观念。认为"圣人言论虽多,通达考之,命与仁二者为最"。"仁者,人道交偶之极则"。赋"仁"以近代西方"博爱"的含义,强调"仁也以博爱为本,故为善之长"。以子贡的"不欲人之加诸我也,吾亦欲无加诸人"阐释自由:"不欲人之加诸我,自主自由也;无加诸人,不侵犯人之自主自由也"。又发挥古代"相反相成"的命题,认为"大同与小康相反,太平与乱世相反。能思相反,乃为合道"。觉察到关于自然和社会现象的矛盾和发展的基本内容,指出"盖太极两仪之理,物不可不定于一,有统一而后能成;物不可不对为二,有对争而后能进"。同时认为"对争"发展到极点,将杀戮不止,因此,"争既不可无,而又不可极,故文之揖让以为节"。并以孔子"精义"、"微义"为据,阐扬他的"公羊三世说"。认为渐进发展是人类社会发展的普遍规律:"盖自据乱至为升平,升平进为太平,进化有渐,因革有由,验之万国,莫不同风";反对"未至其时而妄行,未至其地而躐等"。肯定神道设教之必要,"高谈不迷信鬼神者,即摒弃一切,则愚民无所惮而纵恶,孔子又不欲为之,仍存神道之教以畏民心,但敬而远之"。现有排印单行本。收入《康有为全集》。

《思纬壹壹台短书——报贝元征》 近代谭嗣同著。著于清光绪二十年(1894)。引喻语"思纬"、"壹壹"(曰"氤氲")为篇名,以表忧国而抑郁的心情。贝元征,名允昕,湖南浏阳人。是谭嗣同老师刘人熙的女婿,对经学有研究。"叙"称"愤末世之诬妄”，不甘于国人“坐为异邦隶役”，故“分条讼辩，以与世俗砥砺”。吸取王夫之“无其器则无其道”的思想，并加以发挥，反对“器变道不变”观念，以器为体，以道为用，强调“器既变，道安得独不变”。认为守护古道是不足取的。对待西学，则当知“彼既有其器，道乃得以附之”，要从西方之“器”而深入其“道”。介绍西方社会风俗和政治、伦理观念，批评传统的封建陋习，主张“法之当变”，“与时为变”。认为枪炮、水雷及织布、炼铁诸机器，“皆洋务之枝叶”，“惟变学校变科举，因之以变官制”，“由此进变养民卫民教民一切根本之法”，才为洋务之根本，故提倡“兴学校”，“开议院”，“改官制”，“办乡兵”，练陆海军，开矿、修铁路、造船，隆商务、通贸易，改刑律等新政措施，以“并取”各国之长，“立去”各国之弊。但认为蒙古、新疆、西藏、青海“大而寒瘠，毫无利于中国”，提出不如卖与英、俄两国，“犹可结其欢心，而坐获厚利”，又以所卖收入“偿赔款外”，“所余供变法之用”。反映了对外国侵略者的模糊认识。收入《谭嗣同全集》。

《仁学》 近代谭嗣同著。成书于光绪二十二年至二十三年(1896—1897)间。书写出后，谭嗣同曾抄录副本分别寄给梁启超和唐才常。光绪二十五年梁、唐分别在日本出版的《清议报》和上海出版的《亚东时报》上连载发表。该书集中反映了谭的政治观点和哲学思想。吸收西方近代自然科学和资产阶级经济、政治、社会学说，结合中国传统的儒、道诸家思想及佛教华严宗、法相宗思想，熔铸成庞杂的思想体系。提出《界说》二十七条，为全书纲领。哲学上既承认物质性的“以太”为宇宙万物的基础，把自然界看作“日新”演化之流，而其演化的本源是以太本身“异同攻取”之“动机”；又将“以太”说成是与“仁”相通的东西，从而认为“仁为天地万物之源，故唯心，故唯识”。试图建立一个唯心主义的“仁学”体系。提出“仁以通为第一义”，认为“通之象为平等”，而“平等者，致一之谓也，一则通，通则仁”；主张以“仁-通-平等”的公式作为自然和人类社会的普遍准则。以“两三世”说阐述社会历史进化过程，即从“内卦之逆三世”到“外卦之顺三世”的由“逆”而“顺”的曲折演化过程。批判封建专制和传统礼教的束缚，号召冲决社会的“网罗”。提倡变化日新，尽破一切“不仁”、“不通”的黑暗局面，以达“中外通”、“上下通”、“男女内外通”、“人我通”，宣传资产阶级平等、民主、自由思想。同时阐述了君民关系的新观念，强调君为民所共举，君要“为民办事”，抨击君主专制，为变法维新、实现君主立宪制造舆论。试图依靠“心力”(圣人的“仁”心，宗教的“慈悲”心)去普度众生，以通向大同社会。自称以“循环无端，道通为一”两语为领会《仁学》一书的要诀，提出行“仁”须破一切对待之词，以泯灭客观世界中的一切矛盾和差别，反映了哲学上的唯心主义、相对主义倾向。此书各刊本内容与章节略有差异。编入《谭嗣同全集》时，经校勘辨证，较为完备。

《墨子间诂》 近代孙诒让著。十五卷。光绪二十一年(1895)商务印书馆初版。另附《目录》、《附录》各一卷，《后语》二卷。该书对现存《墨子》逐篇进行注释、校勘。认为经、说上下“似原出墨子，而诸巨子以其说缀益之”(《序》)。“备城门以下十余篇则又禽滑厘所受兵家之遗法，于墨学为别传，惟修身、亲士诸篇，谊正而文靡，较之他篇殊不类，当染篇又涉晚周之事，非墨子所得闻，疑皆后人以儒言缘饰之，非其本书也”(同上)。为研究《墨子》一书的重要参考资料。收入《诸子集成》。

《天演论》 近代严复译述。系19世纪英国科学家赫胥黎《进化论与伦理学》的一部分。严复愤于甲午战争后民族危亡的情势，为适应变法图强的需要，在清光绪二十一年(1895)前后翻译此书，光绪二十四年出版。严复取原名的前半部分给自己的译本命名，表明他强调的是进化论，即“世道必进，后胜于今”。分上、下两卷，共三十三篇。自称“译文取明深义”，“不斤斤于字比句次”，“题曰达旨”，“取便发挥”。又摒弃原作者将自然法则和社会准则加以对立的观点，称颂斯宾塞“以天演自然言化”、“贯天地人而一理”的主张，并间以按语，申述己意，表明了译者自己的哲学和政治见解。指出赫胥黎的“保群之论”“有倒果为因之病”。认为人类“由散入群”，组成社会，原是适应生存斗争的需要，为了自身的“安利”，并不是靠同情心或良心的“善相感通”。提出善恶“以苦乐为究竟”，以道义谋功利的“开明自营”。以“内籀”和“外籀”即近代科学的归纳法和演绎法为“即物穷理之最要涂术”，以为《春秋》和《易》已包含了这两种方法。认为“人之知识，止于意验相符”，即知识只限于观念与经验相符，并不知观念与外物是否吻合，并将“万物本体”等归之于“不可思议者”，反映了实证论和不可知论的观点。指出：“大宇之内，质力相推。非质无以见力，非力无以呈质”，表达了机械唯物主义的宇宙观。又继承中国古代自荀子到唐柳宗元、刘禹锡的唯物主义天人关系论，用赫胥黎“与天争胜”的观点补救斯宾塞“任天为治”的消极主张，特别“于自强保种之事，反复三致意”，为变法图强作舆论准备。强调进化论给西方带来了如同哥白尼日心说那样的世界观变革，试图在中国确立“天演论”为世界观。在当时传播极广，影响甚大，致使“物竞天择之理，厘然当于人心，中国民气为之一变”(胡汉民:《述侯官严氏最近政见》)。有1931年商务印书馆《严译名著丛刊》本。今收入《严复集》。

《原强》 近代严复著。原发表于清光绪二十一年(1895)天津《直报》。系甲午战争后,作者主张自强变法一系列论文中之最重要者。较集中地反映了作者进化论观点和积极提倡西学思想。介绍达尔文的《物种探原》说:"其一篇曰物竞,又其一曰天择。物竞者,物争自存也;天择者,存其宜种也";"达尔文曰:'物各竞存,最宜者立,动、植如是,政教亦如是也。'"并把进化论思想与中国传统气一元论相联系,称斯宾塞的《第一义谛》是"通天地人禽兽昆虫草木以为言,以求其会通之理,始于一气,演成万物"。阐明国家强弱存亡之大要在民力的强弱、民智的高下和民德的好坏,并据此考察当时中国所处的时势,尖锐指出:中国"民力已苶、民智已卑、民德已薄"。认为救此危亡,"要政"在效法西方国家"以自由为体,以民主为用",改革旧制,更革人心风俗,而其根本则在于"鼓民力"、"开民智"、"新民德"。"鼓民力",即增强人民的体力,禁止吸食鸦片,革除女子缠足的陋俗;开民智,即设学堂,讲西学,废除八股取士制度,以"读书得智,是第二手事,唯能以宇宙为我简编,民物为我文字者,斯真学也",而不能以"读书穷理"来讲"格物致知";新民德,即是"平等文明,故其民知自重而有所劝于为善",改变秦代以降"以奴虏待吾民"的状况,要像西方那样"以公治众而贵自由,自由,故贵信果",改变中国"以孝治天下而首贵亲,贵亲,故薄信果"。即独立人格、自由意志是新民德的前提。因此"新民德"是"三者之最难"。强调变法乃"最亟而不可稍或迂缓者"。自强保种又"必朝廷除旧布新"。同时提出自上而下实行改良的一系列具体措施。作者在该文收入《侯官严氏丛刻》时作了较大的修改,增添了将近一半文字,主要是对"鼓民力"、"开民智"、"新民德"作了具体的阐述。收入《严复集》。

《论世变之亟》 近代严复著。发表于清光绪二十一年(1895)天津《直报》。称当时之世变,皆"运会"之所由趋,为秦以来未有之亟。认为其原因非一朝一夕之故,乃中西差异日积所造成。故比较中西事理,指出中西两者"最不同而断乎不可合者,莫大于中之人好古而忽今,西之人力今以胜古","中之人以一治一乱、一盛一衰为天行人事之自然,西之人以日进无疆,既盛不可复衰,既治不可复乱,为学术政化之极则","中国委天数,而西人恃人力","中国最重三纲,而西人首明平等","中国亲亲而西人尚贤;中国以孝治天下,而西人以公治天下;中国尊主而西人隆民"。提倡"睹西方富强之效","用西洋之术"。认为西学中"汽机兵械之伦,皆其形下之粗迹",天算格致"亦其能事之见端",强调西学之"命脉"不外"于学术则黜伪而崇真,于刑政则屈私以为公也",揭示中西方道德之根本差异"则自由不自由耳"。主张针对中学之弊,学习西方的科学精神和政体法制。反映了作者对中学和西学比较的深度。收入《严复集》。

《救亡决论》 近代严复著。发表于清光绪二十一年(1895)天津《直报》。提倡西学,极言变法,尖锐指出:"今日中国不变法,则必亡是已。"列举八股科举制度"锢智慧"、"坏心术"、"滋游手"三大害,疾呼"有一于此,则其国鲜不弱而亡"。要求"痛除八股而大讲西学"。还指斥烦琐的考据之学和摹仿秦汉唐宋的辞章之学,"一言以蔽之曰,无用";宋明儒家"侈陈礼乐,广说性理","一言以蔽之曰,无实"。"无用"、"无实","均之无救亡而已矣。"因此"论救亡而以西学格致为不可易"。强调救亡之道在于"通知外国事","以西学为要图"。特别对陆王心学予以批评,"夫陆王心学,质而言之,则直师心自用而已",是"闭门造车","强物就我","率天下而祸实学";对照西学格致,则其道与之相反。一理之明,一法之立,必验之物物事事而皆然,而后定之为不易。批驳"西学皆中土所已有"的牵强附会,指出中国"教化、学术"之非,是政治上、思想上的专制造成的。对于西方文化,他指出:"西学之与西教,二者判然绝不相合",西教"事天神",只要民众信奉,西学要开发民智。表明其用西学救亡,是不包括西教的。后作者删去原文最后的三千字。收入《严复集》。

《辟韩》 近代严复著。首先发表于清光绪二十一年(1895)天津《直报》。用进化论与契约论的观点解释了国家君主的起源,认为由于进化未至民未尽善,"有其相欺,有其相夺,有其强梗,有其患害",故百姓"有待于卫"。而民既为相生相养之事,再使之操其刑兵,其势不能。"于是通功易事,择其公且贤者,立而为之君"。强调民众才、德、力的进化,必须"悉听其自由。民之自由,天之所畀也",是不可剥夺的天赋权利。据此得出结论:"国者,斯民之公产也,王侯将相者,通国之公仆隶也";"民为重,社稷次之,君为轻,此古今之通义也"。并揭露"秦以来之君,正所谓大盗窃国者";批驳唐韩愈《原道》中"君权神授"、"君令臣行民事"诸说,是"知有一人而不知有亿兆",是把民众视作"臣妾"即"奴虏"的"尊王者"之说。但又认为当今之世,"其民不足以自治",故君臣之伦,不可即废。收入《严复集》。

《质点配成万物说》 近代唐才常著。发表于清光绪二十三年(1897)《湘学报》第五一七号。"质"指当时已知的六十四种元素(文中称"原质"),"点"指几何学意义上的点。据西方近代自然科学,认为万物都由质点配合而成。“天有六十四原质配成世界万物”。并认为由于“质”的种类及质点配合的顺序、比例不同，所配成事物均不相同。但又认为灵魂是比质点更细微的东西，“物之身配于质，质之生起于点，点之微起于魂。”视灵魂为质点配成万物的动力，“司大千界诸微点大脑气者，是为大灵魂”。人之魂与物之魂不同，“人能天其灵魂，以用质点，故魂而灵；物能有其质点，而待配于天，待配于天之人，故魂而弗灵”。人魂具备物之魂不具备的灵性，因而有能动的创造力，能够主宰物以至主宰天，“人之心力，可析淡养轻炭，可周地球，可察无尽界地球，是为地天、人天、天天。”将人的能动性归之于“心力”。收入《唐才常集》。

《翼教丛编》 近代苏舆辑。六卷。戊戌变法时，汇编张之洞、王先谦、叶德辉、朱一新等人反对变法的论说、奏折、书牍而成。翼，含有辅翼、卫护之意，翼教，即护翼传统纲常名教。其旨“专以明教正学为义”。指责康有为等维新派“伪六籍，灭圣经也；托改制，乱成宪也；倡平等，堕纲常也；伸民权，无君上也；孔子纪年，欲人不知有本朝也”。宣扬宋明理学，提倡尊孔读经，主张扶纲常、复名教、正人心，反对民权、平等等学说，认为这是维新派最为可怕之处。认为不必一概反对西学，“西法非不足尚”，“士当师其通农商诸学之长，工当师其制造之长，兵当师其练习测绘之长”；学习西方的关键在于“明体”而“致用”，确立“孔孟程朱，四书五经”为“体”，西学、西法方可“致用”。为反对戊戌变法维新的代表作。光绪二十四年(1898)湖南初版本有附录一卷，录梁启超等人书信。同年上海黄协埙再版，首列惩治康有为等人谕旨，删原本附录，另附黄氏论说数篇。现有排印点校本。

《劝学篇》 近代张之洞著。二十四篇。清光绪二十四年(1898)刊行。为阐述“中体西用”观点的代表作。内篇九，外篇十五。称“内篇务本，以正人心”，其要在明“保国、保教、保种为第一义”，以“三纲为中国神圣相传之至教”，强调以中学纲常名教之本，维系世道人心。称“外篇务通，以开风气”，主张先明“我中国先圣先师立教之旨”，“然后择西学之可以补吾阙者用之”。全书以“旧学为体，新学为用”为宗旨，主张在维护原有统治和纲常名教的基础上，接受西方近代的生产技艺、科学技术以及具体的政治制度、管理方法。提倡明时势，扩见闻，增才智，立学堂，改课程，广译书，尽地利，修铁路，采用西技西艺，以图富强，认为改革是必要的，“救时必自变革始”，变革以学习西方为方向，而且要“政艺兼学”。但“中国之祸不在四海之外，而在九州之内”，因“旧者不知通，新者不知本。不知通则无应敌制变之术，不知本则有非薄名教之心”。由此提出“中学为内学，西学为外学，中学治身心，西学应世事”。主张明确应当变革的和不应当变革的，“夫不可变者，伦纪也，非法制也；圣道也，非器械也，心术也，非工艺也”。竭力反对维新派“开议院，兴民权”的主张，力图以办洋务来抵制和排斥维新变法思潮。断言“民权之说，无一益而有百害”。光绪帝曾下旨颁行于各省，“挟朝廷之力以行之，不胫而遍于海内”(梁启超：《自由书》)，十日之间，凡三易版本。但亦遭维新派批驳，认为此书“不特无益于时，然而大累于世”(何启、胡礼垣：《劝学篇书后》)。先后译成英、法文，易名《中国唯一的希望》出版。有湖北两湖书院、桐庐袁氏等刻本，收入《张文襄公全集》、《张之洞全集》。

《劝学篇书后》 近代何启、胡礼垣合著。写于清光绪二十四年(1898)。为对张之洞《劝学篇》的全面反驳。批判与否定“三纲”，认为“三纲”不合“义”、“亲”、“爱”的原则，极不合情理，“君臣不言义而言纲”，“父子不言亲而言纲”，“夫妇不言爱而言纲”，其后果是君、父、夫可以无罪杀其臣、子、妻。社会上的不合理现状，如“勇威怯，众暴寡，富陵贱，富欺贫，莫不从三纲之说而推”。提出“君不得为臣纲”，“父不得为子纲”，“夫亦不得为妻纲”的主张。宣传天赋人权论，强调人人有保护身家性命的权利，“权者乃天之所为，非人之所立也。天既赋人以性命，则必畀以顾此性命之权；天既备人以百物，则必与以保其身家之权”，断言天赋的人权是圣愚同一，封建统治者无法干预，以此否定封建的人身依附与专制主义。针对张之洞“民权之说无一益而有百害”之论，颂扬民权，详析民权原理。提出一切权力归民众，认为“天下之权，唯民是主，然民亦不自为也，选立君上，以行其权……选于国者不善，则天下废之”。由此提出以“民众”为核心的自由、平等、民主的思想，“民，人也；君，亦人也。……民权者，以众得权之谓也。”强调“止问可之者否之者人数众寡，不问其身分之贵贱尊卑也，此民权之大意也。”收入《新政真诠》。

《菌说》 近现代章炳麟著。初系《儒术真论》的附录，光绪二十五年(1899)陆续发表于《清议报》第二十八至三十册。以“不知原始，不能反终”作题解。另有修订手稿，现收藏于国家图书馆。以宣传进化论思想，批判宗教有神论为主旨。“菌”，原出《庄子·齐物论》“乐成虚，蒸成菌”，引用西方近代的生物学和医学知识，将其解释成细菌和微生物，以考察生命、物种、人类的自然进化过程。指出宇宙万物均由原子构成，“盖万物之初，只有阿屯(Atom)，而其中万殊”，辨明“以太”并非“心力”、“性海”，而是构成阿屯(即原子)的实体,肯定"以太""有至微之形",故"不得谓之无体",批判了谭嗣同"仁学"中的"以太"观念。肯定生命是一种物质现象,把细胞作为生命原始物质,认为"今夫庶物莫不起于细胞","细胞诸种,皆自原形质成立","是即生物之所以灵运,然非有神宰畀之矣。"概述了生命现象的物质基础,反对有神论和宗教迷信。认为万物"非有上帝造之,而物自造之",把生物进化过程归结为精神意志的作用,"夫自诸异物而渐化为人者,此亦以思自造者也"。认为"知识之全体,亦不能出乎官骸之外",肯定了精神意识依附于物质形体,但又受"细胞意识"观点的影响,认为"动植皆有知,而人之胚珠血轮又有知",对物质和精神的界限有所混淆。认为人性本无善恶,只有在人与人之间的社会交往中,才有善恶,即无善无恶,就内容言;有善有恶,就外交言。并将道德观念的起源归结为自利,"一切道德,皆始自利"。从进化论出发,强调"合群明分"对于自强救亡的重要意义,"彼人之自保则奈何?曰合群明分而已矣"。否则,将导致民族退化,国家灭亡。收入《章太炎选集》、《章太炎政论选集》。

《訄书》 近现代章炳麟著。为戊戌变法前后所写论文的结集。訄,以言相迫之意。表示作者对甲午战争后民族危亡情势的激愤心情。初刊(木刻本)于清光绪二十六年(1900)。共五十篇,后又另补佚二篇。光绪二十八年(1902),章氏认为初刊本"意多不称"(章炳麟:《自编年谱》),故作修订、调整,删去含有改良维新思想的篇幅,增加宣传反清革命的文章,编为六十三篇,另"前录"二篇,于光绪三十年(1904)在日本东京铅印出版。较集中、较系统地反映了作者早期的宇宙观、社会观、历史观、认识论以及政治、经济、文化、学术等方面的观点。如"前录"《客帝匡缪》,修正了初刊本《客帝》篇的内容,批判改良论调,宣传反清革命;《刑官》、《定律》等篇,阐述了资产阶级的民主观念;《明农》、《定版籍》等篇,提出了民主革命的基本问题,即土地问题;《天论》、《原教》、《无神论》、《订孔》、《学变》等篇,首次正面批评孔子,将其和诸子平等对待;反对宗教神学,指出所谓苍苍之天并非是有形质的实体,阐述进化论思想,提出"强力以与天地竞"和"竞以器"的观点;《公言》、《颜学》、《王学》等篇,以近代自然科学知识为据,重新解释传统的认识论命题,在肯定感觉对物质世界的依赖关系的基础上,强调"抽象概念之用"。在当时发生颇大影响。光绪三十二年至宣统二年(1906—1910)间又作修订,在目录中增列《订孔》第二下,注有《原儒》、《原经》、《八卦释名》等,删去《族制》、《封禅》等篇,篇目亦有改动和调整。1914年再作修订,更名《检论》出版。现有排印单行本。收入《章太炎全集》。

《驳康有为论革命书》 近现代章炳麟著。清光绪二十九年(1903)在上海《苏报》发表摘录,题为《康有为与觉罗君之关系》,同年出版全文的单行本。以公开信形式回答康有为的《答南北美洲诸华商论中国只可行立宪不可行革命书》,系统地批驳康有为的主张,广引中外历史,以论证反清革命完全合乎进化公理。指斥康有为"力主立宪,以摧革命之萌芽者",实际上是甘受清廷豢养,供其驱使,"宁使汉族无自立之日,而必为满洲谋其帝王万世祈天永命之计"。贬光绪皇帝为"载湉小丑,未辨菽麦"。又针对康有为所谓"中国今日之人心,公理未明,旧俗俱在",革命得不偿失的论调,强调"今日之民智,不必恃他事以开之,而但恃革命以开之"。宣称:"公理之未明,即以革命明之,旧俗之俱在,则以革命去之。革命非天雄、大黄之猛剂,而实补泻兼备之良药矣。"肯定革命是既能破旧又能立新的"良药"。摘录了此前两年发表的《正仇满论》的文字,有过分强调满汉矛盾的倾向。收入《太炎文录初编》、《章太炎选集》、《章太炎全集》。

《俱分进化论》 近现代章炳麟著。发表于清光绪三十二年(1906)《民报》第七期。提出"进化之所以为进化者,非由一方直进,而必由双方并进","以道德言,则善恶并进;以生计言,则苦乐并进"。此即"俱分进化"。全文对此作了论证。收入《太炎文录初编》、《章太炎全集》。

《革命之道德》 又名《革命道德说》。近现代章炳麟著。发表于清光绪三十二年(1906)《民报》第八号。总结戊戌变法失败以来的历史教训,得出"知道德衰亡,诚亡国灭种之根据"的结论。认为道德之兴衰,决定此革命的成败,故"道德废堕者,革命不成之原"。强调"革命道德"的极端重要性。提出"革命道德"的原则是"非为一己而为中国",为此,须摒弃"富贵利禄之心",甚至牺牲个人生命;须履行"知耻"、"重厚"、"耿介"、"必信"等行为规范。以为道德与人们的职业相关,从人们的职业地位分析道德水准的高下,称:"自艺士以下率在道德之域,而通人以上则多不道德"。"权位愈申,则离于道德愈远。"又指出"优于私德者亦必优于公德,薄于私德者亦必薄于公德",进而提出"无道德者不能革命"的论断。既批评当时革命党人"道德腐败"、"没于利禄"对事业的危害,又强调革命党人加强道德修养的必要性,表明作者倡言"革命之道德"是直接为救亡图存的革命事业服务的。对五四前的"道德革命"有一定的影响。收入《章太炎全集》。

《革命道德说》 即"《革命之道德》"。

《无神论》 近现代章炳麟著。发表于清光绪三十二年(1906)《民报》第八号。认为"欲使众生平等,不得不先破神教",因为"唯神之说,崇奉一尊,与平等绝远"。着重剖析并驳斥了基督教和婆罗门教的有神论,宣传无神论。运用形式逻辑的推理,证明基督教的上帝完全是虚构的。指出婆罗门教以"神"为真实的存在,立论矛盾重重。赞赏斯宾诺莎的泛神论,认为其最接近于无神论。批评康德的不可知论是"千虑一失",指出:"神者,非由见量,亦非自征,直由非量而知"。从认识论上揭露神的存在,主客观方面都没有经验的证明,纯是推论而来。主张对神"不可执之为有,而不妨拨之为无"。将哲学与宗教分为三派:唯神、唯物、唯我。认为"唯我之说,与佛家唯识相近","而唯物之说,有时亦为佛家所采",列举佛教在各个发展阶段产生的不同的派别,论证佛教不反对唯物,也不主张有神,"真如可以亲证,而神则不能亲证"。可见其"无神论",是试图在佛教唯识学的基础上建立无神教。收入《太炎文录初编》、《章太炎选集》、《章太炎全集》。

《建立宗教论》 近现代章炳麟著。发表于清光绪三十二年(1906)《民报》第九号。光绪三十二年章氏东渡日本后,提出用"宗教发起信心,以增进国民的道德"(《东京留学生欢迎会演说辞》),故发表此文。认为"与其归敬于外界,不若归敬于自身"。论述了诸教的特点,提出"宗教之高下胜劣,不容先论。要以上不失真,下有益民之道德,为其准的"。主张建立以"自识"为基础的宗教,"今之立教,惟以'自识'为宗",以使人达到"无生","无我",去畏死心,去拜金心,"一切以利益众生为念"的境界。认为哲学家和宗教家都有其本体论,"言哲学,创宗教者,无不建立一物以为本体",它是一切事物所本具的真如。"或称真如,或称法界,或称涅槃,而柏拉图所谓伊跌耶者,亦往往近其区域"。强调真如作为本体,不能用概念范畴去规定它的性质,"离遍计所执之名言外,实有自性"。从法相唯识学中借助思想资料,论述了本体论、认识论等问题。收入《太炎文录初编》、《章太炎全集》。

《诸子学略说》 亦名《论诸子学》。近现代章炳麟著。系清光绪三十二年(1906)在东京为国学讲习会所编讲义,同年发表于《国粹学报》第二十、二十一期,是年底与《论语言文字之学》、《论文学》合为单行本出版。为作者研究先秦诸子思想的重要论文。逐一考察先秦诸子的起源、发展和分化过程。提出"诸子出于王官"说,论证各种学问初起均和不同统治集团内部的职业分工有关。指出中国之学于"汉武之后,定一尊于孔子",又"必以无碍孔子为宗",故"其失不在支离,而在汗漫"。揭露"儒家之病,在以富贵利禄为心","儒术之害,在淆乱人之思想"。认为老子是"儒学之先导",并将其思想附会于生物进化论,"由其博览史事,而知生存竞争,故一切以放任为主"。分析老子和庄子的异同,赞赏庄子之学为讲"内圣"的心灵哲学,"不欲以老子之权术自污"。肯定墨家"非命"思想,但指出墨家同时又尊信鬼神,是自相矛盾;肯定墨家的道德躬行,以为"其道德则非孔子所敢窥视"。推崇荀子,肯定其反对儒家复古,主张法治;赞同其"名以稽实"的观点。所论对以后学者的先秦诸子研究有一定影响,但亦多主观片面之处。收入《太炎文录续编》、《章太炎选集》、《章太炎全集》。

《论诸子学》 即"诸子学略说"。

《五无论》 近现代章炳麟著。发表于清光绪三十三年(1907)《民报》第十六号。旨在探讨去恶除乱、实现理想社会进化的途径和方法。认为"进化唯在智识,而道德乃日见其反",期望智识与道德同时进化,"其迷与求神仙无异"。这种迷信,是以黑格尔的宇宙目的论为基础的,"或窃海(黑)格尔说,有无成义,以为宇宙目的在成,故唯合目的者为是"。认为无论是从宇宙或是人类来看,黑格尔的宇宙目的论都是不成立的。认为荀子从"性恶"论出发,"以礼法治恶",孟子言"性善",以恻隐之心制恶,都是无用的,因为"好胜心"是恶的根源,而"进化愈甚,好胜之心愈甚,而杀亦愈甚"。只有"无政府"、"无聚落"、"无人类"、"无众生"、"无世界",才能彻底去除"我见",断绝恶念,以进入"最后圆满之期";设想"期以百年,然后递见五无之制"。表现了对现化文明社会和理性目的论的批判,也表现了虚无主义的倾向。收入《太炎文录初编》、《章太炎全集》。

《社会通诠商兑》 近现代章炳麟著。清光绪三十三年(1907)3月发表于《民报》,针对严复译作《社会通诠》而作。清光绪二十九年严复翻译英人甄克思(E Jenks)的著作《社会通诠》,为君主立宪建立理论和历史依据。译著将人类历史的发展分为三个阶段:蛮夷社会到宗法社会再到军国社会,从秦至今中国处于"宗法居其七,而军国居其三"的社会,指出宗法社会是一种落后的社会发展阶段,并批评当时以"反满"为目的的民族主义不脱宗法思想。章炳麟则立足于中国文化本位,批评《社会通诠》构筑的历史分期和所总结的宗法社会的特征不合中国历史实际,并指出古今不同的民族,其民族主义更有差别,不能盲目以西人"条例"为真理。收入《太炎文录初编》、《章太炎全集》。

《四惑论》 近现代章炳麟著。发表于清光绪三十四年(1908)《民报》第二十二期。称"今人以为神圣不可干者"有四:"公理"、"进化"、"唯物"、"自然","要之皆眩惑失情,不由诚谛",是谓"四惑",故作《四惑论》以正之。认为"公理者,犹云众所认同之界域",实际上"其所谓公,非以众所同认为公,而以己之学说所趋为公",因此,"所持公理,皆以己意律人"。就此而言,公理对于个人"自主"、"自由"之束缚甚于程朱的"天理","天理之束缚人甚于法律,而公理之束缚人又几甚于天理矣"。否认进化的必然性,"严密言之,明日有无,必非今日所能逆计",不能肯定明日必有,"离于明日,何进化之可言?"因而没有进化唯有"循环周转,则方见方进,即见其为退矣"。如以善恶言,"则进化之恶,又甚于未进化"。认为唯物论不能用于科学研究,"唯物论成,则科学不得不破",因为"言科学者,不能舍因果律。因果非物,乃原型观念之一端";至于追求物质文明者,"妄托其名于唯物"。主张自然是"由意识取象而命为然",视自然为观念的产物,故不能执着自然。强调区分"自然规则"与"人为规则",认为前者不能搬用于人类社会,如果"循乎自然规则,则人道将穷";而"今夫进化者,亦自然规则也"。该书还对哲学领域必然与自由、理性与意志、个人与社会、自然规律与社会发展规律诸多问题作了有深度的思考。收入《太炎文录初编》及《章太炎全集》。

《检论》 近现代章炳麟著。《訄书》的修订本。九卷,正文六十篇,附录七篇。《释名·释书契》:"检,禁也。禁闭诸物使不得开露也。"时为袁世凯所监禁,取名《检论》,意为这是一部身在幽囚之中的著作。宣统二年(1910)作者曾手改《訄书》,1914年将其修订为《检论》。删去了一些宣传反清革命的篇章,如《客帝匡缪》、《分镇匡缪》等;许多篇文的内容亦有改动。增加了《大过》、《非所宣言》、《正义》、《近思》等篇章,抨击袁世凯的黑暗专制;反思辛亥革命成果被篡夺的教训。另增补一些与儒家经籍有关的论著,如《易论》、《关雎故言》、《诗终始说》、《尚书故言》等。与《訄书》重订本多对儒家之道德予以负面评价相比,《检论》多为从正面阐释儒家之道德。显示出由推崇佛庄转向正视儒家切于人事的"回真向俗"(《菿汉微言》)的趋势。1915年浙江图书馆初刻刊行,收入《章氏丛书》和《章太炎全集》。

《国故论衡》 近现代章炳麟著。三卷。学术论文集。宣统二年(1910)在日本初版。上卷小学,中卷文学,下卷诸子学。其中不少论文曾在《国粹学报》上发表过。全书"叙书契之源流,启声音之秘奥,阐周、秦诸子之微言,述魏、晋以来文体之蕃变,凡七万余言"(见《国故论衡出版广告》),以发扬国学传统,打破经学束缚为宗旨。上卷、中卷的一些篇章对经的称谓原义、六经的价值、六经是否为孔子所作等问题作了探讨,旨在反对对"经"的神化,还原其本来面目;亦对汉语的形、音、义等方面作研究,展现汉语发展规律。下卷诸篇,如《原学》、《原儒》、《原道》、《原名》、《明见》、《辩性》等,或阐学术思想之源流,或辨诸子学说之优劣,或比较中、印、西之逻辑,或谈人性之根本。该书反映了作者对于民族文化近代化的深入思考,为其研究中国传统思想学术的代表作之一。收入《章氏丛书》,篇目和文字均有变动。上海古籍出版社2003年重新整理出版。

《齐物论释》 近现代章炳麟著。清宣统二年(1910)曾发表于《国粹学报》,同年出版单行本。辛亥革命后又加修订补充,以《齐物论释定本》刊行。该书借助庄子哲学,纳入康德与华严、法相哲学,将它们互相沟通,以说明自己的哲学观点,自诩此书"一字千金"。认为"齐物者,一往平等之谈",庄子作《齐物论》旨在发明平等义。强调"其惟《逍遥》、《齐物》二篇,则非世俗所云自在平等也",而是将千差万别之事物视为"心识"的变现,由此论证万物平等无差别,指出:"详其实义,非独等视有情,无所优劣,盖离言说相,离名字相,离心缘相,毕章平等,乃合齐物之义。"阐述庄子"万物与我为一"的论点,以"齐是非"、"齐物我"的观点解释人与万物的"平等"关系,主张"必须破此我法二执,泯灭一切是非区别。"分析古今中外各派哲学的本体论,认为"唯真如名,最为精审",以"真如"为本体;天地原来没有什么实体,"一切形相,皆无实体",只有"真如"是唯一永恒的存在,"圆成实性,实无增减"。指出佛家"出世之法多而详于内圣",只可用于道德修养;老、孔"世间之法多而详于外王",只可用于理政;而庄子兼释、老、孔之长,其《齐物论》为"内外之鸿宝"。同时认为各派学说中都含有真理的成分,主张善于从"边见"、"倒见"中发现"中见"与"正见"。收入《章氏丛书》、《章太炎全集》。

《菿汉微言》 近现代章炳麟著。《尔雅·释诂上》:"菿,大也。""菿汉"有振大中华文化之意。为作者第一部哲学短论集。1915年至1916年初,由其学生吴承仕笔录,经章审定而成。共收录短论一百六十七则,大多为论述发挥先秦儒学、宋明理学、清代儒学、诸子学以及佛学的思想。认为"文、孔、老、庄是为域中四圣,冥会华梵,皆大乘菩萨也"。认为"惟文王为知忧患","惟孔子为知文王",因此阐发《易》和《论语》,能对其所忧之天下有所明察,"《论语》所说,理关盛衰,赵普称半部治天下,非尽唐大无諭之谈”。赞赏庄子，认为东西学人之所说皆“会归齐物”。但与《齐物论释》相比，显出抬升儒学地位，用以思考和解决世俗的实际问题。其最后自述“思想迁变之迹”，对以往的思想发展作了总结；“自揣平生学术，始则转俗成真，终乃回真向俗”。此书即是“回真向俗”的体现。为研究章炳麟民国初期的思想的重要材料。收入《章氏丛书》。今有此书与《菿汉昌言》、《菿汉雅言》辑为一书的《菿汉三言》点校本。

《菿汉昌言》 近现代章炳麟著。《菿汉微言》后的哲学短论集。六卷，分《经言》三卷，《连语》一卷，《区言》一卷。内容大多以佛教唯识宗理论与《周易》、孔孟、老庄，以及宋明理学各家思想相参证，以阐述其唯心世界观。但认为佛法玄虚，“纯佛法不足以维风教”，提倡读经。高度评价《论语》，认为“得一言可以为善人君子”。认为“逮今世衰道微，邪说暴行所在蜂起”，儒学正可担起如此拯救之职，“文王、孔子之教，使人与禽兽殊绝，是泛行之术”。尤提倡读《孝经》、《大学》等，试图通过通经来存国性，尚气节，敦薄俗，立懦夫，激励人们的爱国之心，但与当时的新文化潮流形成了尖锐的对立。为研究章炳麟晚年思想的重要材料。1933年收入《章氏丛书续编》，又有章氏国学讲习会单行本。今有此书与《菿汉微言》、《菿汉雅言》辑为一书的《菿汉三言》点校本。

《国学概论》 近现代章炳麟著。1922年4至6月，章太炎在上海讲授国学，由弟子曹聚仁加以笔录整理，于当年11月由上海泰东图书馆出版。该书共分“概论”、“经学的派别”、“哲学的派别”、“文学之派别”、“国学之进步”五部分。“概论”叙国学的内涵及其研治国学的方法，提出治国学的方法有五：一为辨书籍的真伪，二为通小学，三是明地理，四是知古今人情之变迁，五是辨文学应用。随后三章系统介绍了传统经学、哲学、文学的流变，其中对各时期学术发展的特点以及代表人物、著作皆有评价。最后一章论“国学之进步”提出了三点要求：一、经学以比较知原求进步；二、哲学以直观自德求进步；三、文学以发情止义求进步。出版后在学术界影响甚大。今有多种排印单行本。

《清儒》 近现代章炳麟著。是近代学者较早总结清代学术的代表作。该文称清初学术“草创未精博，时糅杂元明谰言。其成学著系统者，自乾隆朝始。一自吴，一自皖南”。乾嘉学派分吴、皖两派自此始。总结吴、皖两派的学术特色，“吴始惠栋，其学好博而尊闻。皖南始江永、戴震，综形名，任裁断。此其所异也”。以乾嘉汉学为清代学术的主流，最早提出吴、皖分帜之说，对后来的清代学术研究影响甚大。但章氏拘守古文家法，文中的一些立论未必公允。收入《訄书》、《检论》。

《变法通议》 近现代梁启超著。为清光绪二十二年至二十五年(1896—1899)在《时务报》、《清议报》发表的一组论文的总题。由《变法通议自序》、《论不变法之害》、《论变法不知本原之害》等文组成。凡十四篇。以中国传统的变易观念和近代西方的进化思想为据，阐述自然界中的一切事物都在不断变化。极言“法者，天下之公器也。变者，天下之公理也。”认为治国必要变法，指出“自然之变”和“人道”之变不同，前者是“天之道也，或变则善，或变则敝”；后者是“委心任运，听其流变，则日趋于敝；振刷整顿，斟酌通变，则日趋于善”。关键在于“自审其敝而自变之”。又反复申述“不变之害”，指出“变亦变，不变亦变，变而变者变之权操诸已，可以保国，可以保种，可以保教；不变而变者，变之权让诸人”，将不堪设想。对洋务派的“中体西用”论有所批评。强调“变法之本，在育人才，人才之兴，在开学校，学校之立，在变科举，而一切要其大成，在变官制”。主张建立君主立宪的政体。由于宣传维新思想，文字生动流畅，在知识界曾传诵一时，是戊戌时期维新运动的代表作之一。收入《饮冰室合集》。

《自由书》 近现代梁启超著。作于清光绪二十五年(1899)。自称寓居日本以来，“每有所触，应时援笔”，所成“或发论、或讲学、或记事、或钞书”之作，取“西儒约翰·弥勒曰：人群之进化，莫要于思想自由、言论自由、出版自由”之意以命名。共六十一篇。以介绍西人思想和政事居多，间融孔孟儒家观念加以评述。宣传君主立宪政体。认为在西方众多思想学说中，“吾视其方最适于今日之中国者，其惟卢梭先生之《民约论》乎！”认为“善治国者必先进化其民。非有孟德斯鸠、卢梭，则法国不能成革命之功”，故称“英雄之能事在造时势”；“世界者何？豪杰而已矣，舍豪杰则无世界”。又极言“一切物境皆虚幻。惟心所造之境为真实”。认为“豪杰之士”所以能如此者，“明三界唯心之真理而已，除心中之奴隶而已。苟知此义，则人人皆可以为豪杰”。收入《饮冰室合集》。

《中国史叙论》 近现代梁启超撰。清光绪二十七年(1901)发表于《清议报》。因作者立志创著中国通史，因先写定此叙论。有《史之界说》、《中国史之范围》、《中国史之命名》、《地势》、《人种》、《纪年》、《有史以前之时代》、《时代之区分》八节。批判传统史书只是帝王家谱，指出中国还没有国人自作之史。认为新史要探讨因果联系，要包括学术(智利)、经济(产业)、美术、宗教、政治五个方面，分为上世史(黄帝迄秦)、中世史(秦迄乾隆末年)、近世史(乾隆末年迄当时)三个时期。认为中国亦存在石器、铜器、铁器诸时代。为中国近代史学理论的最早代表作之一。收入《饮冰室合集》。

《中国专制政治进化史论》 近现代梁启超著。四章。清光绪二十八年(1902)至光绪三十年载《新民丛报》第8—49号。考察了中国历代政治的演化。将中国专制政治制度的演变、发展史,分为封建未定期(黄帝至周初)、封建全盛期(周至汉初)、封建变相期(汉景武以后至清初)、封建全灭期(康熙平三藩以后)四个时期及十三个小阶段来论述,并探讨其发展变化的原因。用西方资产阶级民主、自由学说批判了中国专制政治。为中国较早的政治制度通史。后收入《饮冰室合集》。

《佛教与群治之关系》 近现代梁启超著。清光绪二十八年(1902)流寓日本时作。认为中国未达教育普及,故"信仰问题终不可以不讲",而信仰必根于宗教。但视孔教为"教育之教"而"非宗教之教",指斥保孔教之说束缚国民思想。赞颂"佛学广矣、大矣、深矣、微矣","乃智信而非迷信","乃兼善而非独善","乃入世而非厌世","乃无量而非有限","乃平等而非差别","乃自力而非他力"。由此断言"佛教有益于群治",主张以佛教为中国"最高尚"之信仰。为作者阐释佛教的代表作之一。收入《饮冰室合集》。

《论中国学术思想变迁之大势》 近现代梁启超著。始作于光绪二十八年(1902)流寓日本时。旨在综论中国古今学术思想演变之迹。肯定世界上古史、中世史时代之学术思想均"我中华第一",惟近世史才相形"汗颜"。自称生此中华之国,"享此学术思想之恩泽,则歌之舞之,发挥之光大之,继长而增高之",为吾辈之责。将数千年学术思想分为七个时代:以春秋前为胚胎时代,春秋末及战国为全盛时代,西汉为儒学统一时代,魏晋为老学时代,南北朝、隋唐为佛学时代,宋元明为儒佛混合时代,近二百五十年则为衰落时代。一一分列论述,勾画其思想沿革、学派流变的过程,并指出"时代与时代之相嬗",分析一时代中"含有过去时代之余波,与未来时代之萌蘖"。所论颇多卓见,对以后学者如胡適等人的思想史、哲学史研究有一定影响。原书分十六章,当时只写了前六章,光绪三十年又写成八、九两章(余稿均未续补),改题为《近世之学术》。后一并收入《饮冰室合集》。

《非唯》 近现代梁启超著。反对排除"心力"作用的"纯机械唯物主义",也反对否认"物的条件重要"的"纯唯心主义",宣称:"以上是我对于赫赫有名的唯心唯物两派主义下的哀的美敦书,因为真理是不能用唯字表现的。凡讲'唯什么'的都不是真理。所以,问我为什么要'非唯',为的就是这缘故。"强调"心力是宇宙间最伟大的东西,而且含有不可思议的神秘性,人类所以在生物界占特别位置者就在此。"文末推崇孟子"所恶执一者,为其贼道也,举一而废百也"之说。收入《饮冰室合集》。

《新民说》 近现代梁启超著。汇编自清光绪二十八年至三十二年(1902—1906)作者发表于《新民丛报》的二十篇论文而成。因以"新民为今日中国第一急务",故名。其含义主要有二:一是新其民,即"以为欲救今日之中国,莫急于以新学说变其思想";二是新之民,即造就"新国民"。倡言"道德革命",以新道德为"新民"之基础,宣传西方近代的国家思想、进取冒险精神、权利义务之说,以及自由、自治、进步、合群等"公德"。提出"破心奴"说,以独立自由为"新民"之前提,认为精神上的奴隶比身体上受奴役更可耻。因此,"若有欲求自由者乎,其必自除心中之奴隶始"。"自由者,天下之公理,人生之要具,无往而不适用者也"。礼赞"破坏主义",主张用"破坏主义"来摧毁两千年来的专制主义和孔教独尊,认为破坏乃"古今万国求进步者独一无二不可逃避之公例",称当时已成"破坏既不可免"之势,因而以"破坏"而求社会之进步是"新民"的职责。指出破坏既有"以铁以血而行之破坏",也有"以脑以舌而行之破坏",强调"新民"主要以进行"无血之破坏"为己任,反对"'瞎闹派'之革命"。指出"新民"并非完全否定中国传统思想道德,也不是完全采纳西方思想道德,"新民云者,非欲吾民尽弃其旧以从人也。新之义有二:一曰淬厉其所本有而新之,二曰采补其所本无而新之。"收入《饮冰室合集》。

《欧游心影录》 近现代梁启超著。1920年发表于上海《时事新报》。收入《饮冰室合集》时,作了删削,改名《欧游心影录节录》。全文分八个部分。记述沿途自然风光、风土人情,描述第一次世界大战给欧洲各国人民造成的灾难及世界影响,详述了游历经过和感想。尤对欧洲近代文明和中国传统文化作反思和价值重估。认为第一次世界大战的发生,"最大的原因,就是迷信'科学万能'";科学的发展,在造就了物质文明的同时,把一切内部生活,外部生活,都归到物质运动的必然法则之下,于是否认了意志自由,形成了"独一无二的目的就是抢面包吃"的人生观。最终演成世界战争。认为原先西洋文明将"理想实际分为两橛",即各种哲学和宗教或离现实人生问题很远,或丢掉高尚的理想,或重来生,而"最近提倡的实用哲学、创化哲学,都是要把理想纳到实际里头,图个心物调和",尤其是"人格的唯心论、直觉的创化论种种新学派,把从前机械的唯物的人生观,拨开几重层雾"。认为西洋文明的这种演变,与中国固有的传统相契合，先秦“孔、墨、老三位大圣，虽然学派各殊，‘求理想与实用一致’却是他们共同的归着点”。主张要重视儒家的价值，因为其“纯以人生为出发点”。这些观点，与三年后的“科学与人生观论战”有着直接的思想联系。另有1936年中华书局单行本。《欧游心影录节录》收入《饮冰室合集》。

《新史学》 近现代梁启超著。清光绪二十八年(1902)连载于《新民丛报》。将进化论观点运用于史学领域，提出史学的界说为：“历史者，叙述人群进化现象，而求得其公理公例也。”并以此批评中国之旧史学，以为二十四史，“非史也，二十四姓之家谱而已”，其根本弊端有四：“知有朝廷而不知有国家”；“知有个人而不知有群体”；“知有陈迹而不知有今务”；“知有事实而不知有理想”。缘此四弊复生二病：“能铺叙而不能别裁”；“能因袭而不能创作”。合此六弊，其所贻读者之恶果，厥有三端：一曰难读。浩如烟海，穷年莫殚；二曰难别择。苟非有极敏之眼光、极高之学识，不能别择其某条有用、某条无用，徒枉费时日脑力；三曰无感触。虽尽读全史，而曾无有足以激励其爱国之心，团结其合群之力，以应今日之时势而立于万国者。所列旧史学的九大弊端，勾画出传统史学的特征，同时也为他的新史学奠定了基础。还提出史学革命的口号，“史界革命不起，则吾国遂不可救。悠悠万事，惟此为大”。在历史观上，批评孟子的循环论，以为这是历史发展的“螺旋之状所迷，而误以为圆状”。强调历史进化是“食群之福，享群之利，借群力之相接相较、相争相师；相摩相荡、相维相系、相传相嬗”的“人格之群”的进化，“非寻常之个人”的进化。认为可明瞭了历史进化规律，可以在实际上加以应用，“以过去之进化，导未来之进化”。收入《饮冰室合集》。

《清代学术概论》 近现代梁启超著。原系为蒋方震《欧洲文艺复兴时代史》一书所作的序，因篇幅过大，遂独立成书。初以《前清一代思想界之蜕变》连载1920年11月—1921年1月《改造》第三卷第三—第五期，1921年由上海商务印书馆出版。较系统地概括、总结了从明末到20世纪初200多年间学术思想的发展，自称“纯以超然客观之精神论列之”。认为“有清一代学术，可记者不少，其卓然成一潮流，带有时代运动色彩者，在前半期为‘考证学’，在后半期为‘今文学’，故其叙述“以此两潮流为主，其他则附庸耳”。指出清代学术思潮是“对于宋明理学之一大反动”，“以复古为职志”。借鉴佛学的生、住、异、灭的分类方法，将清代思潮之流转分为启蒙期、全盛期、蜕分期和衰落期四段；又以时代为经、人物为纬，对各时期重要学派和代表人物作重点论述。也旁及其他，举凡清代诸学者于经、史、哲、文、舆地历算、小学音韵、校勘辑佚、典章制度等方面的研究成果均有介绍、评述。同时综述清代学术思想的发展进程及其特点，并和欧洲文艺复兴思潮作比较，探讨清代科学不发达之原因。论及乃师康有为和自己之学术时，评论较为客观。该书运用其新史学的研究方法，以进化发展观点，从思潮与人物相结合方面对清代学术思想进行了总的历史考察。在中国近代史上是一部开创性的具有历史意义的著作，不少观点对后来清代学术史研究有影响，其中有关记载具有第一手资料的价值。其著作贯注了作者的感情，行文流畅，颇具感染力，但不免有主观牵强之处。收入《饮冰室合集》。1985年复旦大学出版社将其与梁启超的另一著作《中国近三百年学术史》合编为一帙，题为《梁启超论清学史二种》，对旧版诸本讹误及书中某些有误史实均有订正。

《墨子学案》 近现代梁启超著。1921年商务印书馆出版。为中国近代较早探讨《墨辩》逻辑思想的著作之一。系作者据在清华学校的讲稿删订而成。分为8章。概要叙述了墨子生平、时代、学说渊源、《墨子》一书结构、墨家组织和实践，探讨了墨子的逻辑、经济、宗教思想，并列有专章《墨家之论理学及其他科学》，具体论述了墨家论理学(即逻辑学)和其他科学思想。考证《墨子》一书中《亲士》、《修身》、《所染》三篇“非墨家言，纯出伪托，可不读”，认为《法仪》至《三辩》四篇是“墨学概要，很能提纲挈领，当先读”。《尚贤》至《非命》的十题二十三篇是“墨学的大纲目，《墨子》书的中坚，是墨家弟子所记，非墨子自著”。《非儒》篇“无‘子墨子曰’字样，不是记墨子之言”。《经》《说》上下四篇和《大取》《小取》“是谓《墨辩》，大半讲论理学，《经》上下为墨子自著，《经说》上下为墨口说，但有后学增补，《大取》《小取》是后学所著”。认为全部《墨经》多半为宗、因、喻三支推论式，而《墨子》全书大半为相当于西方三段推论的形式，“以名举实”即是“概念”，“以辞抒意”即是“判断”，“以说出故”即是“推论”。“《墨经》之推论方式，自不如西洋和印度之精密，但在运用中相同之处甚多”。并附有《墨者及墨学派别》、《墨子年代考》。收入《饮冰室合集》。

《墨经校释》 近现代梁启超著。1922年商务印书馆初版。是中国近代较早的《墨经》四篇(《经》上下、《经说》上下)注校本之一。与《墨子学案》为作者研究墨辩逻辑的姐妹篇。认为“《经上》必墨子自著无疑，《经下》或墨子自著，或禽滑厘、孟胜诸贤续补”。此两篇，南北墨者俱诵之，或述所闻，或参己意以为《经说》。《经说》大半传述墨子口说，故其言并非皆墨子之意，现存《经说》非尽原本，正文中尚有后人案识之语。《大取》《小取》，既不名《经》，自是后世墨者所记。惠施、公孙龙等亦为"别墨"，其学说确从《墨经》衍出，但不同意《墨经》是惠施、公孙龙等所作。认为惠施、公孙龙所祖述者，仅《墨经》一小部分。《余论》中又将《墨经》名学与因明三支、亚里士多德三段论作了比较分析，为研究《墨辩》逻辑的重要参考书。收入《饮冰室合集》。

《先秦政治思想史》 亦名《中国圣哲之人生观及其政治哲学》。近现代梁启超著。原载《晨报副刊》1922年六月号和《改造》1922年第四卷第八期。1923年商务印书馆刊行。以进化论历史观为指导，探讨先秦思想的发展。对唐、虞、周三代至春秋中叶前的天道观念、民本思想及政治、伦理学说等，均作论述。着重探讨春秋战国时期儒、道、墨、法四大政治思想潮流及其演变。提出先秦政治思想有世界主义、平民主义或民本主义、社会主义三大特色。认为"此三种主义，为我国人夙所信仰，无论何时代何派别之学者，其论皆建设于此基础之上。"又认为儒家是礼治和人治主义，墨家是人治和法治主义，道家是无治主义，法家是法治主义。称自己研究先秦政治思想，是为了"药现代时蔽"，对外来思想的传播补偏救蔽：一是使"精神生活与物质生活调和"，应用儒家"均安主义"，以避免"根柢极浅薄"的"功利主义"、"唯物史观"的蔓延；二是使社会性与个性相调和。实行儒家"欲立立人，欲达达人"，"能尽其性则能尽人之性"的宗旨，达到以个性为中心的"仁的社会"。认为中国思辨哲学不发达，没有着力探索世界的本原，而是"以研究人类现世生活之法理为中心。在学术上有不少独到见解，对研究先秦政治思想史有一定参考价值。收入《饮冰室合集》。

《中国圣哲之人生观及其政治哲学》 即"《先秦政治思想史》"。

《五十年中国进化概论》 近现代梁启超著。为纪念《申报》创办五十周年而作，载《最近之五十年》中(1923)。该文以中国人学习西方为线索，把五十年来中国思想界的发展分为学习西方坚船利炮、政治制度和文化三个时期。指出第一期从鸦片战争后渐渐发动，"先从器物上感觉不足"，于是有福建船政学堂、上海制造局的兴办等。第二期从甲午起到民国六七年间止，是从制度上感觉不足，但政治运动完全失败，只剩下废科举算是成功。第三期，是从文化根本上感觉不足，"革命成功将近十年，所希望的件件都落空，渐渐有点废然思返，觉得社会文化是整套的，要拿旧心理运用新制度，决计不可能，渐渐要求全人格的觉悟"。并认为经过一番改造之后，"政治上的新时代，自然会产生出来"。收入《饮冰室合集》。

《中国近三百年学术史》 近现代梁启超著。原为作者在清华、南开等大学任教的讲义。共十六讲。第一讲至第十二讲，连载于《史地学报》第3卷第1—8期(1924年5月—1925年6月)；末四讲连载于《东方杂志》21卷12至18号(1924年6月—9月)。1929年上海民智书局出版单行本。研究对象与四年前出版的《清代学术概论》相一致。两者的治学理论和方法亦大体一样，但两书侧重点有所不同：前著言简意赅，是此期学术的鸟瞰图，重点在"论"；本书内容充实，是此期学术的展览馆，重点在"史"。对明清之际"经世致用"之学、清代"汉学"、晚清今文经学的流变及原因，作了专门论述。又以乾嘉学派为主，介绍了清代学者在经、史、哲、文、小学音韵、训诂辑佚、舆地方志、传记等方面的研究成果，并分别作出评价。为明末至民国初年较详尽的学术思想发展史。作者在书中提出，著学术史有四个必要条件：第一，叙一个时代的学术，"须把那个时代重要各学派全数网罗，不可以爱憎为去取"；第二，叙某家学说，"须将其特点提絜出来，令读者有很明晰的观念"；第三，要忠实传写各家真相，"勿以主观上下其手"；第四，要把各人的时代和他一生的经历大概叙述，"看出那人的全人格"。该书极力贯彻这四条意见，对中国近代思想文化史的研究起到了开拓者的作用。收入《饮冰室合集》。1985年复旦大学出版社将其与梁启超的另一著作《清代学术概论》合编为一帙，题为《梁启超论清学史二种》，对旧版诸本讹误及某些有误史实均有订正。

《革命军》 近代邹容著。以"革命军中马前卒"署名。清光绪二十九年(1903)上海大同书局刊行。共七章。宣传资产阶级民权思想，鼓吹资产阶级民主革命。将进化与革命相联系，认为"革命者，天演之公例也。革命者，世界之公理也。革命者，争存亡过渡时代之要义也。革命者，顺乎天而应乎人者也。革命者，去腐败而存良善者也。革命者，由野蛮而进文明者也。革命者，除奴隶而为主人者也"。中国"内受满洲之压制，外受列国之驱迫"，中国民众沦落"为数重之奴隶"，革命势在必行，"我中国今日欲脱满洲人之羁缚，不可不革命。我中国欲独立，不可不革命。我中国欲以世界列强并雄，不可不革命。我中国欲长存于二十世纪新世界上，不可不革命。我中国欲为地球上名国、地球上主人翁，不可不革命。"将革命分为两种：一是"野蛮之革命，有破坏无建设"，如义和团；一是"文明之革命，有破坏有建设，为建设而破坏"，而"吾侪今日所行之革命，为建设而破坏之革命也”。号召人们奋起革命，“扫除数千年种种之专制政体，脱去数千年种种之奴隶性质”，推翻清政府，走向独立富强，“以收回我天赋之权利，挽回我有生以来之自由，以购取人人平等之幸福”。主张建立独立自主的“中华共和国”。刊行后，辗转翻印，流传甚广。对推动资产阶级民主主义革命走向高潮起了巨大的促进作用。收入《邹容文集》。

《警世钟》 近代陈天华著。发表于清光绪二十九年(1903)，次年再版时有增补。为当时宣传民族民主革命的通俗读物。揭露了帝国主义瓜分中国的阴谋和事实，指出清王朝为帝国主义走狗。认为“种族二字最要认得分明”，强调“这瓜分之祸不但是亡国罢了，一定还要灭种”；提倡民族主义，增强国家观念。斥责“只要我的身家可保，管什么国家好不好”为“可耻”。呼吁各阶层、各不同职业的人们警醒，反对帝国主义。认为要有效抵御西方列强的侵略，必须学习西方的长处，“越恨他，越要学他”。要“用文明排外，不可用野蛮排外”。一旦“我全国皆兵”，侵略者必将“四面受敌”。指出挽救民族危亡的道路就在反清革命，要想拒洋人，只有讲革命独立。在当时起过革命警钟的作用，影响很大。反映出强烈的民族主义、民主主义思想。初刊于日本东京，其后一再重刊。收入《陈天华集》。

《静庵文集》 近现代王国维诗文集。清光绪三十一年(1905)自辑其光绪三十至三十一年所著哲学、教育等论文十二篇及光绪二十四至三十一年诗五十首而成。内容较多介绍康德、叔本华及尼采的哲学思想。《论性》、《释理》、《原命》等篇，通过中西哲学比较，对中国哲学史上“性”、“理”、“命”等范畴作了系统考察和分析，尤其是《释理》篇对程朱之所谓“理”作了分析批判。《叔本华之哲学及其教育学说》论述科学与艺术的区别，持超功利主义艺术观。认为艺术的价值在于使人求得暂时的解脱。此论集反映了作者的哲学思想和艺术观点。清末曾列为禁书。收入《海宁王静安先生遗书》(上海书店1983年影印出版，易名《王国维遗书》)。本文集所收诗文均收入《王国维全集》。

《静庵文集续集》 近现代王国维论文集。赵万里辑编于1934年。主要收集了作者清光绪三十二至三十三年(1906—1907)所著的有关哲学和美学的论文二十三篇。所收论文较多反映作者的美学思想和艺术见解。认为“一切之美皆形式之美也”。“美术者，上流社会之宗教也”。提出“古雅美”概念。认为“文学者，游戏之事业也”。“不过成人之精神的游戏”，主张艺术家脱离政治和社会的要求，为艺术而艺术。但亦承认社会环境对艺术的影响。评价艺术作品要求知人论世。教育上强调吸取西方近代教育思想，倡导美育。《屈子文学之精神》、《文学小言》等对后人在文艺和美学理论上有一定影响。收入《海宁王静安先生遗书》、《王国维全集》。

《红楼梦评论》 近现代王国维著。原载清光绪三十年(1904)《教育丛刊》。五章。通过对《红楼梦》的评论，较集中地阐发了作者的人生哲学和美学观。认为人生即欲即痛苦。受叔本华悲观厌世哲学的影响，提出文艺的任务是“示此生活此苦痛”，“又示其解脱之道”。认为现实生活(人与自然、与社会)无不与欲相联系，而文艺则是“非实物”，与人无利害关系，“故美术之为物，欲者不观，观者不欲；而艺术之美所以优于自然之美者，全存于使人易忘物我之关系也”。《红楼梦》即一部“以生活为炉，苦痛为炭，而铸其解脱之鼎”的小说，是“宇宙之大著述”，是“彻头彻尾之悲剧”。它以“通常之道德，通常之人情，通常之境遇为之”的，故又可称为“悲剧中之悲剧”。从典型论的角度指出，“夫美术之所写者，非个人之性质”，“是举人类全体之性质，置诸个人之名字之下”的，用考据办法“必规规焉求个人以实之”者是不懂艺术。此文用西方的美学观点来研究中国古典小说，为小说研究拓宽了途径。收入《静庵文集》、《王国维全集》。

《释理》 近现代王国维著。该文通过中西哲学的比较，系统考察和分析了中国古代哲学中“理”的范畴。认为“理”有广狭二义：广义的理即“理由”，指事物所以存在之故，命题必有之根据；狭义的“理”即“理性”，即“吾人构造概念及定概念间之关系之作用，而知力之一种也”。根据康德、叔本华的观点，以为“理由”“理性”皆是“主观之物”，并无客观意义。指出程朱理学在“理”概念上的错误，“朱子之所谓理与希腊斯多亚学派之所谓理，皆预想一客观的理存于生天生地生人之前，而吾心之理不过其一部分而已”。分析了这种形而上学意义上的“理”产生的认识根源，指出人类所以异于动物，因为有抽象思维能力。能从具体事物中抽象出反映共同本质的概念。认为“理”“在中国语中，初不过自物之可分析而有系统者，抽象而得此概念，辗转相借，而遂成朱子之‘理即太极说’”，以致以为它可以离开具体事物而别有一种实在性。收入《静庵文集》、《王国维全集》。

《人间词话》 近现代王国维著。1908年刊载于《国粹学报》，共六十四则；1926年有“朴社”的单行本。后人又将未刊稿辑为《人间词话删稿》四十九则，《人间词话附录》二十九则，订为下卷，以前六十四则为上卷。以培根、洛克、霍布士的经验论美学观为基础，以“境界”说为中心探究文艺美的特质和审美规律。认为"境界"是衡量文艺美的基准。由此就创造境界所运用质材的不同,提出"造境"和"写境"的问题;就衡量境界的鲜明程度,提出"隔"与"不隔"的问题;就"我"与"物"的关系,提出"有我之境"与"无我之境"的问题;就"有我"与"无我"两种境界产生的美感不同,提出"优美"与"壮美"的问题。其境界说融合了西方美学的典型说和中国传统艺术的意境说,构成了一套新的文艺美学理论体系,是运用西方美学理论来探讨中国古代创作实践的第一本专著,在中国美学史上有独特的地位。今有多种校注、校订本。收入《王国维全集》。

《民报发刊词》 近现代孙中山著。清光绪三十一年(1905)作者为中国同盟会机关报《民报》创刊而作。首以"民族"、"民权"、"民生"三大主义概括欧美社会之进化,称"三大主义皆基本于民"。认为"今者中国,以千年专制之毒而不解,异种残之,外邦逼之,"民族主义、民权主义殆不可以须臾缓";声言"二十世纪不得不为民生主义之擅场时代"。认为欧美因贫富悬殊,"社会革命其将不远",而中国贫富差距尚不显著,由此强调"吾国治民主主义者",如能"睹其祸害于未萌,"诚可举政治革命、社会革命毕其功于一役",从而超越欧美,"还视欧美,彼且瞠乎后也"。表达了中国资产阶级民主派的政治纲领和主张。收入《孙中山选集》、《孙中山全集》。

《同盟会宣言》 亦称《军政府宣言》。近现代孙中山著。《中国同盟会革命方略》首篇。同盟会纲领性文件。清光绪三十一年(1905)"以军政府之宗旨及条理,布告国民"。次年秋冬修订。阐明国民革命之大义:"一国之人皆有自由、平等、博爱之精神,即皆负革命之责任。"因而与以往历代的革命不同,"前代为英雄革命,今日为国民革命"。明确提出驱除鞑虏、恢复中华、建立民国、平均地权的同盟会纲领。主张"由平民革命以建国民政府,凡为国民皆平等以有参政权","敢有帝制自为者,天下共击之!"规定革命进行分"军法之治"、"约法之治"、"宪法之治"三个时期,依次实施上述纲领和具体措施。将平均地权看作避免贫富悬殊的根本途径。收入1956年人民出版社出版的《孙中山选集》;1981年再版时更名《军政府宣言》。收入《孙中山全集》。

《三民主义与中国前途》 近现代孙中山著。原系作者于清光绪三十二年(1906)在东京《民报》创刊周年庆祝大会上的演说。因而亦称《在东京〈民报〉创刊周年庆祝大会的演说》,曾发表于《民报》第十号。指出:"我们革命的目的,是为众生谋幸福";申明"因不愿少数满洲人专制,故要民族革命;不愿君主一人专制,故要政治革命;不愿少数富人专制,故要社会革命",以此实现民族主义、民权主义和民生主义。指出欧美"社会党所以倡民生主义,就是因为贫富不均想要设法挽救",中国文明程度不高,贫富不均的问题不是很大,但在"实行民族革命政治革命的同时,须同时想法子改良社会经济组织,防止后来的社会革命"。认识到了"文明进步是自然所致,不能逃避,文明有善果,也有恶果,须要取那善果,避那恶果",民生主义的实行就是取文明的善果,避文明的恶果。认为英美"三权分立"的宪法有不完善之处,主张中华民国实行行政、立法、司法、考选和监察"五权分立"的民主共和政体。收入《孙中山选集》和《孙中山全集》。

《民生主义与社会革命》 近现代孙中山著。原系作者1912年4月1日辞去大总统职的当天,在南京同盟会员饯别会上的演说。因而亦称《在南京同盟会会员饯别会的演说》。认为"满清退位,中华民国成立,民族、民权两主义俱达到,惟有民生主义尚未着手",表示今后当致力此事。宣称:"中国文明未进步,工商未发达,故社会革命易","中国社会革命则不必用武力",主张要"思患预防",不使将来"再流血杀人去争";进而以"推行平均地权之法",作为社会革命的主要内容。反映了孙中山民主主义思想的基本特征。当时曾引起广泛注意,不久即被译成法、英、俄等国文字,在国外发表。收入《孙中山选集》和《孙中山全集》。

《孙文学说》 即《心理建设》。近现代孙中山著。《建国方略》的第一部分。作于1918年,次年6月正式出版。除《自序》外,分《知行总论》、《能知必能行》、《不知亦能行》、《有志竟成》等八章。为从理论上总结革命失败的经验教训,破除革命党人对革命宗旨、方略"信仰不笃、奉行不力"之心理而作。阐述作者的宇宙进化论和知行观。认为宇宙经历了物质、物种、人类三个进化时期:由太极到地球,由生元(细胞)到生命,由生物到人类。主张"知难行易",强调"以行而求知,因知以进行",批判"知易行难"的传统古说和明王守仁的"知行合一"论。与人类进化相适合,提出知行进化的"不知而行"、"行而后知"、"知而后行"三个时期,并据此将人划分为"先知先觉者"、"后知后觉者"、"不知不觉者"三类,强调先知先觉者的领导作用,"夫事有顺乎天理,应乎人情,适乎世界之潮流,合乎人群之需要,而为先知先觉者所决志行之,则断无不成者也。"把革命的成功和民国的建设,寄托于"万众之心理",以此为"原动者","夫心也者,万事之来源也"。收入《孙中山选集》和《孙中山全集》。

《心理建设》 即"《孙文学说》"。

《军人精神教育》 近现代孙中山著。辑录作者1922年1月在桂林对滇粤赣军的讲演而成。因而亦称《在桂林对滇赣粤军的演说》。论述军人精神教育的必要及其内容和方法，涉及其哲学思想。认为"总括宇宙现象，要不外物质与精神二者"，以"体用"来诠释两者的关系；"在中国学者亦恒言有体有用。何谓体？即物质。何谓用，即精神。譬如人之一身，五官百骸皆为体，属于物质；其能言语动作者，即为用，由人之精神为之。二者相辅，不可分离"。即使科学发达了，"有制造之人"，但其不会有真人的精神，因而"不得谓之人"，以为"世界上仅有物体之体，而无精神之用者，必非人类"；所以人"若猝然丧失精神，官骸虽具，不能言语、不能动作，用既失而体亦即成为死物矣"。以武器与精神为例分析物质和精神在革命事业中的作用："两相比较，精神能力实居其九，物质能力仅得其一"；由此得出结论："物质之力量小，精神之力量大"，"革命精神者，革命事业之所由产出也"。以为"知"分别源于"天生者"、"力学者"、"经验者"；在强调知识源于"力学"与"经验"的同时，又承认"天生之智"的存在。认为知识是古今众人智慧而成，"若由学问上致力，则能集合多数人之聪明以为聪明，不特取法现代，抑且尚友古人"。指出知识的范围无限广泛，"宇宙之范围皆为智之范围"，因此"吾人之在世界，其智识要随事物之增加而同时进步"，即认识要随着世界的进化而不断拓展、深化。收入《孙中山全集》。

《三民主义》 近现代孙中山著。1924年1月至8月，鉴于国民党改组时"亟需三民主义之奥义，五权宪法之要旨，为宣传之资"，故作者在广州作每周一次的演讲，以重新解释三民主义。本书即此演讲词的汇编。由黄昌穀笔记，邹鲁读校。其中民生主义部分，因准备北伐，仅有四讲，未终。涉及到知行、自然界及社会进化、民生主义与大同理想、人生目的与道德目的等中国近代哲学讨论的重大问题，为研究孙中山政治思想和哲学思想的重要资料。有《万有文库》、《新中学文库》等本。收入《孙中山选集》和《孙中山全集》。

《德意志社会革命家列传》 亦作《德意志社会革命家小传》。近现代朱执信著。中国最早介绍德国工人运动领导人的文章之一。初题《小传》，发表于清光绪三十一年(1905)《民报》第二号，第三号续登时改"列传"。署名蛰伸。认为"社会的运动，以德意志为最，其成败之迹足为鉴者多。而其功，实马尔克(马克思)、拉萨尔、必卑尔(倍倍尔)等尸之"。故欲使"数子之学说行略，溥遍于吾国人士脑中，则庶几于社会革命犹有所资"。认为马克思以前的社会主义"空言无所裨"，而马克思的社会主义能言资本"毒害之所由来，与谋所以去之之道何自者"。简略介绍马克思的活动事迹，并按自己的理解译述《共产主义宣言》(即《共产党宣言》)和《资本论》、《资本史》(即《剩余价值学说史》)的部分内容，将其要点概述为"素欲以阶级争斗为手段，而球此蚩蚩将为饿殍之齐氓"。同时介绍拉萨尔从事工人运动的事略和主张，称其"以一身唱新说，抵死以谋其进步"，但言社会革命，"不如马尔克(马克思)言之之完也"，批评他"排他国劳动者以自强"。收入《朱执信集》。

《德意志社会革命家小传》 即"《德意志社会革命家列传》"。

《无政府主义之平等观》 近现代刘师培著。清光绪三十三年(1907)发表于《天义报》第四、五、七期。宣称无政府主义"则无中心，无畛域已耳"，"当以平等为归"，并以此立论，"以证特权制度之非"。主张"实行人类天然的平等，消灭人为的不平等，颠覆一切统治之机关，破除一切阶级社会及分业社会，合全世界之民为一大群，以谋人类完全之幸福"。又以"废除国家，不设政府"，"破除国界、种界"，"实行男女上绝对之平等"，"实行人类均力之说，以齐人类之苦乐"等为具体实行措施。为中国早期宣传无政府主义的代表作之一。收入《辛亥革命前十年间时论选集》。

《近代汉学变迁论》 近现代刘师培著。清光绪三十三年(1907)发表于《国粹学报》第31期。该文把清代学术分为四期，汉学初兴，"其征实之功悉由怀疑而入"，以阎若璩、胡渭、毛奇龄为代表的"怀疑派"的崛起，标志着清代汉学的形成，是为第一期。乾嘉中，以惠栋、戴震为代表的"征实派"继之而起，汉学达到极盛，是为第二期。征实之学既昌，疏证群经，阐发无余，继之者虽取精用弘，然精华已竭，只好转相仿效，摭拾旧闻，不得不出于丛缀之一途，是为第三期。嘉道之际，有常州今文学派的崛起，以空言相演，虚而不能证之以实，汉学由此不振，是为第四期。这与后来梁启超在《清代学术概论》中借用佛教用语把清代学术分为启蒙(生)、全盛(住)、蜕分(异)、衰落(灭)四期相类似。收入《刘申叔先生遗书》。

《论种族革命与无政府革命之得失》 近现代何震、刘师培著。清光绪三十三年(1907)发表于《天义报》第六、七期。专论无政府主义革命优于种族革命。认为中国政府历来"以消极为治，以不干涉为贤"，"自三代以后，名曰专制政体，实则与无政府略同"。断言"实行无政府主义，以中国为最易，故世界各国无政府，当以中国为最先"。批判持"种族革命论”者，有“学术之谬”、“心术之恶”、“政策之偏”之三弊，强调“无政府革命，凡种族革命之利无不具，且尽去种族革命之害”。宣传无政府主义之实行，即种族革命之完成。反映了当时无政府主义者的政治倾向和基本主张。收入《辛亥革命前十年间时论选集》。

《今古学考》 近现代廖平著。二卷。是其经学思想六变之第一变即“平分古今“的代表作。提出用礼制判别经学中今古文学的方法，以为《周礼》是古文经学家的礼制纲领，《礼记·王制》是今文经学家的礼制纲领。古学从周，是旧制；今学改制，是理想。根据这一判别，将今古文经师传注详加厘分。又认为古文经传曾经过西汉末年刘歆的窜改，对康有为撰写《新学伪经考》有影响。收入《六译馆丛书》。

《西学东渐记》 近现代容闳著。原以英文书写，名《My Life in China and America》。清宣统元年(1909)出版于美国纽约。后为徐凤石、恽铁樵节译成中文，1915 年由商务印书馆出版。以回忆录形式，记叙了作者从赴美留学，至学成归国向太平天国提政治建议，助曾国藩、李鸿章办江南制造局，实施教育救国计划，组织中国留学生出洋，参加维新变法运动，为清政府通缉而避难美国的经历。间以评述、议论，抒发己意，旨在说明中国如欲富强，“则非行一完全之新政策，决不能恢复其原有之荣誉”。“咸谓东西文化判若天渊，而于中国根本上的变革，认为不容稍缓之事。此种观念，深入脑筋，无论身经若何变迁，皆不能或忘也。”主张：“借西方文明之学术以改良东方之文化”，使“老大帝国，一变而为少年新中国”。“以西方之学术灌输于中国，使中国日趋于文明富强之境。”将太平天国比之埃及石人，“埃及石人首有二面，太平军中亦有两种性质”：一是革命之“正当”；二是大量“无业游民”加入，到进入江南“财产富而多美色”的城市后，太平军之道德乃每况愈下。后经张叔方补译，1981 年由湖南人民出版社列为《走向世界丛书》再版。

《中国伦理学史》 近现代蔡元培著。清宣统二年(1910)上海商务印书馆出版。初版署名蔡振。为中国学者运用近代学术研究方法论述中国伦理学史的第一部著作。鉴于中国夙重伦理学，而至今尚无伦理学史；更因处于“怀疑时代”，各方学说分道而输入，“苟不得吾族固有之思想系统以相为衡准，则益将旁皇于歧路”(《序例》)，故为此书。《绪论》中论述了一般伦理学与伦理学史的性质与特点。将中国伦理学史分为三个时代：先秦创始时代、汉唐继承时代、宋明理学时代。每个时代分列总说、人物及结论各章。论述了从孔子到王阳明二十八个代表人物的伦理思想，兼及政治思想、哲学、宗教、美学等方面。人物各章又分小传、主要观点及结论各节。认为“儒家为伦理学之大宗”，儒家之外，自成一家之言者有八家，而韩非是儒、道、法三家伦理思想集大成者。《附录》加述了戴东原、黄梨洲、俞理初三人的伦理学说，认为他们之人“已渐脱有宋以来理学之羁绊，是殆为自由思想之先声”。《余论》中简约地比较了中西伦理学说，概括地说明了中国伦理思想的特点：无自然科学以为之基础；无论理学以为思想言论之规则；政治宗教学问之结合；无异国之学说以相比较。预言中国伦理思想必然向着追求人类自由的方向发展。收入《蔡元培全集》。

《哲学大纲》 近现代蔡元培编著。1915 年商务印书馆初版，至 1921 年共印行七版。曾作为当时教育部审定的师范学校教科书。共分四编：《通论》、《认识论》、《本体论》、《价值论》。《通论》阐明哲学之定义、部类、次第及其与科学、宗教的关系。认为认识论、本体论和价值论三者，“以本体论为中坚，惟欲本体论之不陷于谬误，不可不有正当之方法，故必以认识论先之。既有本体论之结论，乃得本是以应用于实际，故以价值论殿之”。《认识论》论述认识之概念、程度以及主观之认识、现实世界之认识和本体世界之认识。指出判断哲学家的认识(论理之知识)正确与否有四个因素：感情之相应、经验与思索之调和、意识之明瞭、人情之契合。《本体论》列举各哲学派别探讨世界之缘起及实在之性质。认为“吾人既于认识论中略述能知之事，由是进而论所知之事，是谓本体论”。《价值论》分析价值概念以及价值与道德、宗教、美学的内在联系。认为“举世间一切价值而评其最后之总关系者也，其归宿之点在道德，而宗教思想与美学观念亦隶之”。在“凡例”中自称：“本书既为引人研究哲学之作，非哲学之著述，故历举各派之说，不多下十成断语，留读者自由思考之余地。”收入《蔡元培全集》。

《五十年来中国之哲学》 近现代蔡元培著。1923 年 12 月刊载于申报馆编印出版的《最近之五十年》。认为中国“最近五十年，虽然渐渐输入欧洲的哲学，但是还没有独创的哲学”。据此把从 19 世纪 80 年代到 20 世纪 20 年代的中国哲学分为西洋哲学的介绍与古代哲学的整理两个方面。称“介绍西洋哲学的，要推侯官严复为第一”。认为严译《天演论》对当时影响最大。分别叙述了严复、李煜瀛所译英、法两国的哲学，王国维等所介绍的德国哲学，胡適等所介绍的杜威、罗素等人的哲学。又分析、评价了杨文会、康有为、谭嗣同、宋恕、夏曾佑、章炳麟、胡適等人“整理国学的事业”。认为康有为是“在孔子学派上想做出一个‘文艺复兴’运动”，“把进化论的理论应用在公羊春秋的据乱、升平、太平三世，同小戴记礼运篇的小康大同上。"对章炳麟的著作亦作了较多的介绍。最后简要评价了梁漱溟《东西文化及其哲学》的观点。收入《蔡元培全集》。

《孔教会序》 现代陈焕章著。1913 年 2 月发表于《孔教会杂志》第一卷第一号。阐述孔教会成立之宗旨，主张"以讲习学问为体，以救济社会为用，仿白鹿之学规，守蓝田之乡约，宗祀孔子以配上帝，诵读经传以学圣人"。宣称要"大昌孔子之教，聿昭中国之光"。提倡尊孔读经，以孔教为国教。

《唯物唯心得失论》 现代刘文典著。1915 年发表于《甲寅》第一卷第九号。从唯意志论出发，评论唯物主义和唯心主义的得失。认为唯物主义"但可以说物，不可以说心"，"可以为方术法，而不可以为世界观"；而唯心主义"谓世界之本体为精神，则是心有常住之实体"，亦不正确。强调"意志者，心物二者之所以出，实世界之本原，非仅人类智灵之本根也。"认为唯意志论可以兼(唯物唯心)"二派之长而补所短"，试图以此消除唯物主义与唯心主义两派的分歧和争论。

《敬告青年》 现代陈独秀著。1915 年 9 月发表于《青年杂志》杂志第一卷第一号，为该刊创刊宣言。宣称："新陈代谢，陈腐朽败者无时不在天然淘汰之途"，据此历数当时中国社会的黑暗腐败，鼓舞青年起来战斗。并陈其六义，要求青年"自觉其新鲜活泼之价值与责任"：自主的而非奴隶的；进步的而非保守的；进取的而非退隐的；世界的而非锁国的；实利的而非虚文的；科学的而非想象的。宣传进化论思想，谓"自宇宙根本大法言之，森罗万象，无日不在演进之途，万无保守现状之理"。反对蒙昧和迷信，提倡科学与人权。提出："国人而欲脱蒙昧时代，羞为浅化之民，则急起直追，当以科学与人权并重。"实际上已把五四时期的"德赛二先生"即"民主"与"科学"的口号揭示出来，对新文化启蒙运动有重要影响。收入《独秀文存》、《陈独秀著作选编》。

《抵抗力》 现代陈独秀著。1915 年 11 月发表于《青年杂志》杂志第一卷第三号。提出："抵抗力者，万物各执着其避害御侮自我生存之意志，以与天道自然相战之谓也。"阐述了宇宙万物相毁相成的规律，得出"人力胜天，事例最显"的进化论思想。并把进化的动因归于"抵抗力"。"万物之生存与否，悉以抵抗力之有无强弱为标准"。批判了"老尚雌退，儒宗礼让，佛说空无"的传统思想，以及"惟一人之意志是从"的封建专制制度。认为"今日卑劣无耻退葸苟安诡易圆滑之国民性"是亡国灭种的病根。强调"奋斗乃人生之职，苟安为召乱之媒"，改变"国民性"，造就"豪杰之士"。收入《独秀文存》、《陈独秀著作选编》。

《东西民族根本思想之差异》 现代陈独秀著。1915 年 12 月发表于《青年杂志》第一卷第四号。指出"西洋民族以战争为本位，东洋民族以安息为本位"，因而"西洋民族性，恶侮辱，宁斗死；东洋民族性，恶斗死，宁忍辱"。以"西洋民族以个人为本位，东洋民族以家族为本位"为依据，指出西方社会与国家"实以巩固个人利益为本因"，"谋个性之发展"。与此相反，中国是一个"以家族为本位，而无个人权利"的"宗法社会"，实行的是以"忠孝"为核心的"封建时代之道德"，其"恶果"为"损坏个人独立自尊之人格"、"窒碍个人意志之自由"、"剥夺个人法律上平等之权利"。据此强调要"以个人本位主义，易家族本位主义"。又断定西方人"重视个人自身之利益，而绝无血统家族之观念"，而中国人"重家族、轻个人"；西方人强调"独立生活"，而中国人则推崇"累代同居"的大家庭。认为中西家族观念的不同与家庭生活模式的差别，实有经济因素在内。认为"西洋民族以法治为本位，以实利为本位；东洋民族以感情为本位，以虚文为本位"；前者虽有"刻薄寡恩之嫌"，但造就了"独立之人格"，"社会经济，亦因以厘然有叙"；后者多外饰厚情，内恒情忌。以君子始，以小人终。强调东西民族"根本思想亦各成一系，若南北之不相并，水火之不相容"。是五四时期中西文化观的一种有代表性的看法。收入《独秀文存》、《陈独秀著作选编》。

《吾人最后之觉悟》 现代陈独秀著。1916 年 2 月发表于《青年杂志》第一卷第六号。为新文化运动中倡导思想启蒙，批判孔教伦理，倡导"道德革命"的论文。略述欧西文化自明中叶输入以来的过程，认为它与吾华固有文化"根本性质极端相反"，故两种文化相接触相冲突势必酿至"吾国扰攘不安之象，但凡经一次冲突，国民即受一次觉悟"。又指出西洋文明之输入"促吾人之觉悟者最初为'学术'"，"其次为政治"，"继今以往，国人所怀疑莫决者，当为伦理问题"。认为辛亥革命以后，"吾人于共和国体之下，备受专制政治之痛苦"，是由于"吾人"缺乏"最后之觉悟"，宣称"伦理觉悟为吾人最后觉悟之最后觉悟"，号召国民自强奋起。主张从道德更新、伦理觉悟入手，作为解决中国政治社会问题的根本。断言政治上的"共和立宪制"，必须以西洋道德上的"独立、平等、自由"为原则。收入《独秀文存》、《陈独秀著作选编》。

《人生真义》 现代陈独秀著。1918 年 2 月发表于《新青年》第四卷第二号。为解决"人生在世，究竟为的甚么"而作。提倡以个人主义为基础的合理利己主义幸福观。认为个人是社会的基石，强调“除去个人，便没有社会”，断定“社会的文明幸福，是个人造成的，也是个人应该享受的”。从“人生幸福，是人生自身出力造成的”角度出发，指出基督教的人生观是“凭空捏造”的，认为老庄“听其自然”的人生见解，导致“中国人”的“退化”。提出“执行意志，满足欲望，是个人生存的根本理由”，认为这是“人生真义”的基础，指责墨子“主张牺牲自己，利益他人为人生义务”的思想“未免太偏”。但又不囿于自利，要求个人也要有利于社会，使个人“努力造成”的“福”留在社会上，让“后来的个人也能够享受”。从“社会是个人的总寿命”出发，以为像杨朱不“对他人讲甚么道德”的见解实属“极端”，难以在社会上“行得过去”。此外对佛教、儒家、尼采等各家幸福观皆有所指责。体现了“五四”时期个性解放思潮对人生观的影响。收入《独秀文存》、《陈独秀著作选编》。

《有鬼论质疑》 现代陈独秀著。1918 年 5 月发表于《新青年》第四卷第五号。认为“吾国鬼神之说素盛，支配全国人心者，当以此种无意识之定数观念最为有力”，而西方当时盛行的“灵魂说”和“性觉(Inivition)哲学”或多或少地帮助了“有鬼论”。用近代自然科学知识与逻辑推理论证，向“灵学会”、有鬼论者提出八个问题，对披着科学外衣的唯心主义灵物二元论，进行诘难和揭露。反映了其唯物主义和无神论观点。收入《独秀文存》、《陈独秀著作选编》。

《独秀文存》 现代陈独秀著作集。三卷。收入作者 1915 年至 1922 年的文章书简等约二百七十多篇。第一卷为论文，第二卷为随感录，第三卷为通信。经本人选辑后，1922 年由上海亚东图书馆初版。自称：旨在“直述我的种种直觉罢了”。其书“大抵取推翻旧习惯创造新生活的态度”(蔡元培《独秀文存》序)，如《驳康有为致总统总理书》、《孔子之道与现代生活》、《再论孔教问题》等，批判了儒家三纲五常的虚伪性和反动性，表达了对民主共和强烈的向往。《法兰西人与近世文明》、《抵抗力》、《偶像破坏论》、《有鬼论质疑》等，宣传了进化论、无神论、机械唯物论思想，还介绍了一些西方民主主义思想，将它们归结为现实主义精神，“现实世界之内有事功，现实世界之外无希望。唯其尊现实也，则人治兴焉，迷信斩焉，此近世欧洲之时代精神也”。不少文章先行刊载于《新青年》杂志，对当时的新文化运动有广泛影响。另有文章宣传了马克思主义的一些观点、原理。如《答蔡和森(马克思学说与中国无产阶级)》指出：“马克思主义的精髓，在综合革命说与进化说(Revolution and Evolution)，专持革命说则必流为感情的革命主义，专持进化说则必流为经济的或地域的投机派主义”。该书文笔清新、生动活泼，在白话文中独创一格。1987 年，安徽人民出版社经校点后改为 3 卷合订本重刊。

《家族制度为专制主义之根据论》 现代吴虞著。1917 年 2 月发表于《新青年》第二卷第六期。指出“详考孔子之学说，既认为孝为百行之本，故其立教，莫不以孝为起点”，“然孝敬忠顺之事，皆利于尊贵长上而不利于卑贱”。家族制度与儒家伦理说教相联系。“儒家以孝弟二字为二千年来专制政治与家族制度联结之根干，而不可动摇。”强调“孝之义不立，则忠之说无所附，家庭之专制既解，君主之压力亦散”。指出，今“共和之政立，儒家尊卑贵贱不平等之义当然劣败而归于淘汰”。收入《吴虞文录》，并附其与陈独秀信及陈独秀回信。

《吃人与礼教》 现代吴虞著。载 1919 年《新青年》第六卷第六号。赞扬鲁迅的《狂人日记》，“把吃人的内容和仁义道德的表面看得清清楚楚”。指出在专制制度下“一面会吃人，一面又能够讲礼教”，以列举历史事实来说明：“孔二先生的礼教讲到极点就非杀人、吃人不成功，真是惨酷极了！”“我们如今应该明白了，吃人的就是讲礼教的，讲礼教的就是吃人的！”又尖锐揭露了“那些戴着礼教假面具吃人的滑头伎俩”，猛烈抨击封建专制的种种罪恶，以唤醒人们去反对“吃人的礼教”，为反封建、反礼教的激进呐喊。收入《吴虞文录》。

《说孝》 现代吴虞著。载于 1920 年 1 月 4 日《星期日》社会问题号。指出孝是“专为君亲长上而设的”，“利于尊贵长上而不利于卑贱”，其根本目的是维护封建的三纲伦理，为“家族制度和专制政治”服务。揭露孝道是君主专制主义两手策略的重要部分，认为在封建社会中，“因为以礼教孝，有时而穷，又拿刑来辅助礼的不足，孝与礼相表里，礼又与刑相表里”。痛斥“麻木不仁的礼教，数千年来不知冤枉害死了多少无辜的人”。又揭露“孝悌是顺德”，“就是教一般人恭恭顺顺的听他们一干在上的人愚弄，不要犯上作乱，把中国弄成一个‘制造顺民的大工厂’。”指出孝道还有很多危害，如早婚、纳妾、重男轻女、包办婚姻、祖先崇拜等都与倡导孝道有关。收入《吴虞文录》。

《吴虞文录》 现代吴虞著作集。上、下两卷。1921 年上海亚东图书馆初版。指出：“孔子自是当时之伟人，然欲坚执其学以笼罩天下后世，阻碍文化之发展，以扬专制之余焰，则不得不攻之者，势也。”(《家族制度为专制主义之根据论》附《与陈独秀》)认为儒家最基本的思想是“孝”，“详考孔子之学说，既认孝为百行之本，故其立教，莫不以孝为起点”(《家族制度为专制主义之根据论》)。认为儒家的伦理学说、社会组织上的家庭制度和政治上的君主专制三者是合为一体的,"家庭之专制既解,君主之压力亦散"(同上),指出"谓政治改革而儒教、家族制度不改革,则尚余二大部专制,安能而得真共和也"(《读荀子书后》)。为研究吴虞早期思想和"五四"时期批儒反孔的重要资料。另有木刻本,刊于1936年。《文录》所有文章收入《吴虞集》。

《青春》 现代李大钊著。1916年9月发表于《新青年》第二卷第一号。系统阐述了他对宇宙、人生、国家和民族的看法,提出"青春"的宇宙观和人生观。认为宇宙"于空间为无限","于时间为无极","有无尽之青春"。而"生死、盛衰、阴阳、否泰、剥复、屈信、消长、盈虚、吉凶、祸福、青春白首、健壮颓废之轮回反复,连续流转,无非青春之进程"。因此,青春必然战胜陈腐是"天演公例,莫或能逃者也"。强调"现在者,吾人青春中之青春也"。号召青年"以宇宙之青春为自我之青春","冲决过去历史之网罗,破坏陈腐学说之囹圄",以"青春中华之创造"为己任,"进前而勿顾后,背黑暗而向光明",以实现"新造民族之生命,挽回民族之青春"。在当时对新文化运动有一定影响。收入《李大钊选集》、《李大钊文集》和《李大钊全集》。

《今》 现代李大钊著。1918年4月发表于《新青年》第四卷第四号。阐明今与古的关系,强调"今"的重要。认为宇宙的变化发展是绝对的,永不停滞的,"无限的'过去'都以'现在'为归宿,无限的'未来'都以'现在'为渊源。'过去'、'未来'的中间全仗有'现在'以成其连续,以成其永远,以成其无始无终的大实在",因此"世间最可宝贵的就是'今'"。反对"厌今"和"乐今",认为厌"今"的人,或"心力全施于复古运动",或"耽溺于虚无缥缈的空玄境界",严重阻碍进化。乐"今"的人,满足于"现在",不思"进取"、"创造",同样是阻碍进化。故主张"宜善用'今',以努力为'将来'之创造"。具有较丰富的唯物论和辩证法因素。收入《李大钊选集》、《李大钊文集》和《李大钊全集》。

《东西文明之根本异点》 现代李大钊著。1918年7月1日刊于《言治》杂志。曾参考陈独秀《东西民族根本思想之差异》一文,从地理环境、自然条件、生活方式等方面,考察了东西方文明的差异,断定其"根本不同之点,即东洋文明主静,西洋文明主动"。概括两者各自特征"一为自然的,一为人为的;一为安息的,一为战争的;一为消极的,一为积极的";"一为因袭的,一为创造的;一为保守的,一为进步的";"一为艺术的,一为科学的;一为精神的,一为物质的";"一为自然支配人间的,一为人间征服自然的"。又通过东西方社会的经济结构、政治组织和家庭形式的比较考察,指出东方文明"以农业为主","家族繁衍,故行家族主义";西方文明"家族简单,故行个人主义"。由此"观于思想",则"西人持乐天主义","东人持厌世主义";"西方之道德在个性解放之运动","其结果为民主政治","东方之道德在个性灭却之维持","其结果为专制政治。"进而抨击东方文明,作为批判封建专制文化的立论根据。但同时认为"东西文明之互争雄长","实为世界进步之二大机轴",如"鸟之双翼,缺一不可",主张两大文明必须"时时调和,时时融会,以创造新生命,而演进于无疆",以为新崛起之俄罗斯文明"足以当媒介东西之任"。其比较东西文明之异同,旨在互相取长补短,促成东西文明调和,以创造更新文明。收入《李大钊文集》和《李大钊全集》。

《我的马克思主义观》 现代李大钊著。1919年连载于《新青年》第六卷第五号、六号。为中国首先较系统地介绍马克思主义的长篇论文。指出马克思主义是"世界改造原动的学说",自俄国十月革命以来,"几有风靡世界的势子"。阐明马克思主义的三个组成部分:"一为关于过去的理论,就是他的历史论,也称社会组织进化论;二为关于现在的理论,就是他的经济论,也称资本主义的经济论;三为关于将来的理论,就是他的政策论,也称社会主义运动论,就是社会民主主义","他这三部理论,都有不可分的关系,而阶级竞争说恰如一条金线,把这三大原理从根本上联络起来"。指出:"我们主张以人道主义改造人类精神,同时以社会主义改造经济组织。不改造经济组织,单就改造人类精神,必致没有结果。不改造人类精神,单就改造经济组织,也怕不能成功。我们主张物心两面的改造,灵肉一致的改造。"文中较多地引述《共产党宣言》、《〈政治经济学批判〉序言》、《哲学的贫困》的基本观点,分析经济构造与精神构造、生产力与社会组织的密切关系。还以一定的篇幅介绍马克思的"余工余值说"(即"剩余价值论")和"资本集中说"等。公开申明自己对马克思主义的信仰,同时强调马克思学说是"一个时代的产物",因而"不可拿这一时代一种环境造成的学说,去解释一切历史,或者就那样整个拿来,应用于我们生存的社会"。收入《李大钊选集》、《李大钊文集》和《李大钊全集》。

《阶级竞争与互助》 现代李大钊著。1919年7月发表于《每周评论》第二十九号,署名守常。介绍了马克思的阶级斗争(李译为"阶级竞争")学说,强调阶级斗争是改造阶级社会、实现"互助世界"的手段。指出马克思的阶级斗争学说同其唯物史观是密切联系的。"社会组织的改造,必须假手于其社会内的多数人。而为改造运动的基础势力,又必须源于在现在的社会组织下立于不利地位的阶级。"认为"这最后的阶级竞争,是改造社会组织的手段,这互助的原理是改造人类精神的信条。我们主张物心两面的改造,灵肉一致的改造"。收入《李大钊选集》、《李大钊文集》和《李大钊全集》。

《再论问题与主义》 现代李大钊著。1919 年 8 月发表于《每周评论》第三十五号。1919 年 7 月胡適发表《多研究些问题,少谈些主义》,主张一点一滴进化的社会改良,反对马克思主义唯物史观和社会革命论。李大钊即发表此文,指出问题与主义有不可分离的关系。要想解决一个社会问题,就应该使它成为社会上多数人共同的问题,就必须"先有一个共同趋向的理想、主义",作为行动的准则和衡量是非的标准。从事社会运动,"一方面固然要研究实际的问题,一方面也要宣传理想的主义。这是交相为用的,这是并行不悖的"。"一个社会主义者,为使他的主义在世界上发生一些影响,必须要研究怎么可以把他的理想尽量应用于环绕着他的实境。"强调唯物主义的理论联系实际,主张"主义"的宣传和实际"问题"的解决是密不可分的。依马克思的唯物史观,提出一切社会问题的解决都有赖于社会制度的"根本解决",经济制度的变革是一切社会变动的基础,"经济问题的解决,是根本的解决。"为使经济组织发生变动,必须开展阶级斗争,进行革命。指出只信经济的变动是必然的,而不注意阶级斗争说,不用它搞工人联合,那经济的革命,恐怕永远不能实现,即使实现,也不知迟了多少时期。此外,对有人"假冒牌号"讲"社会主义"以及"过激主义"等问题,亦作了深刻的辩明。在当时对扩大马克思主义在中国的影响,具有重要意义。收入《李大钊选集》、《李大钊文集》和《李大钊全集》。

《物质变动与道德变动》 现代李大钊著。1919 年 12 月发表于《新潮》第二卷第二号。试图以马克思主义的唯物史观阐述道德的起源、本质及其历史变迁,反映了作者在道德观上由进化论向马克思主义的唯物论和阶级论的转化。以为道德断不是"超自然的"、"神明的赏赐物",其基础"就是物质,就是生活的要求"。又依据马克思关于物质与精神、经济基础与上层建筑辩证关系的原理,肯定"物质既常变动,精神的构造也就随着变动",指出道德"是适应物质上社会的要求而成的",故有"新旧的问题发生"和"必然的变革";强调古来的"圣道"、"王法"、"纲常"、"名教",随着生活和社会的变动而失去价值,成了旧道德,"不但应该废弃,并且必然废弃";进而提倡"适应人类一体的生活,世界一家的社会之道德"。为深入批判封建纲常,推进道德革命,实现"人的道德"、"美化的道德"、"大同的道德"和"创造的道德",提供了理论依据。收入《李大钊选集》、《李大钊文集》和《李大钊全集》。

《由经济上解释中国近代思想变动的原因》 现代李大钊著。1920 年 1 月发表于《新青年》第七卷第二号。以马克思主义的唯物史观为指导,依据社会历史发展中经济基础与上层建筑的矛盾运动,着重从经济的变动考察近代中国社会思潮的变迁。认为孔子的学说所以能支配中国人心两千余年,"不是他的学说本身具有绝大的权威,永久不变的真理,配作中国人的'万世师表'",就"因他是中国大家族制度上的表层结构,因为经济上有他的基础"。指出:现在"时代变了","首先崩颓粉碎的就是大家族制度",所以孔子主义"不能不跟着崩颓粉碎"。并申明:尊孔的信徒复古尊经,"断断不能抵住经济变动的势力来维持他那'万世师表'、'至圣先师'的威灵"。由此提出:"现代的经济组织,促起劳工阶级的自觉,应合社会的新要求,就发生了'劳工神圣'的新伦理,这也是新经济组织上必然发生的构造。"强调中国近代"新思想是应新经济的新状态、社会的新要求发生的,不是几个青年凭空造出来的"。为批判封建传统伦理,打破尊孔崇儒的迷信,新文化运动的发生提供了马克思主义的理论说明。收入《李大钊选集》、《李大钊文集》和《李大钊全集》。

《唯物史观在现代史学上的价值》 现代李大钊著。1920 年 12 月发表于《新青年》第八卷第四号。阐述了唯物史观及其在史学中的重要作用。指出人类的历史就是"人类的社会生活史",而"经济的生活,是一切生活的根本条件","在社会构造内限制社会阶级和社会生活各种表现的变化,最后的原因,实是经济的"。因此,唯物史观解释历史的方法"不求其原因于心的势力,而求之于物的势力"。批判唯心史观把"伟人"、"天才"、宗教、伦理政治等作为历史进化的关键,是把"结果的东西当作普遍的原因"。认为把历史变动归结为"天命"和帝王将相的活动,"简直是权势阶级愚民的器具,用此可使一般人民老老实实的听他们的掠夺"。特别指出传统天命史观和唯物史观给人以不同的人生观:"一则给人以怯懦无能的人生观,一则给人以奋发有为的人生观。这全因为一则看社会上的一切活动与变迁全为天意所存,一则看社会上的一切活动和变迁全为人力所造。这种人类本身具有的动力可以在人类的需要中和那赖以满足需要的方法中认识出来。"从唯物史观赋予的人生观出发，“我们应该自觉我们的势力，赶快联合起来，应我们生活上的需要，创造一种世界的平民主义”。收入《李大钊选集》、《李大钊文集》和《李大钊全集》。

《马克思的历史哲学》 现代李大钊著。原为1920年编著的《史学思想史》讲义（该讲义于1923年12月至1924年7月由北京大学出版部陆续印发）中《马克思的历史哲学与理恺尔的历史哲学》一节中的前半部分。简要介绍了马克思的唯物史观。认为经济构造（即经济关系）是社会的基础，法制、政治、宗教、艺术、哲学等是社会的上层。上层的变革，全靠经济基础的变动，“故历史非从经济关系上说明不可”。“单从上层上说明社会的变革即历史，而不顾基础”，就“不能真正理解历史”。指出马克思的唯物史观使历史学成为真正的科学，为“史学界开一新纪元”。收入《李大钊选集》（《马克思的历史哲学与理恺尔的历史哲学》收入《李大钊文集》、《李大钊全集》）。

《时》 现代李大钊著，1923年12月发表于《晨报》五周年纪念增刊，署名李守常。认为就宇宙而言，时间是“无始无终的大自然”，“无疆无垠的大实在”。是“有进无退”，“一往不返”，“不可延留”的，而“循环云者，落退云者，绝非时的本相”。批判了怀古派和循环倒退的历史观，并指出历史进程的所谓循环，是“螺旋的进步，不是反复的停滞”；由于历史事件和人物都是“一趟过的”，“只演一回”，因而有其个性化特点。把唯物史观和崇今的理论相结合，提出了“今是生活，今是动力，今是行动，今是创作”的思想。主张不能有刹那的旁观、徘徊，而只能行动、作为，奔向无限未来。宣传了唯物论的时间观和革命人生观，反对封建复古思潮。收入《李大钊选集》、《李大钊文集》和《李大钊全集》。

《史学要论》 现代李大钊著。1924年上海商务印书馆出版，是我国第一部用马克思主义观点写成的史学理论著作。共六节。认为历史学就是研究社会变革的学问，提出了全部中国历史应在马克思主义唯物史观的指导下改作、重作的主张。他把历史研究的对象分为论述的历史和历史理论两大部分，其中又特别重视强调建立历史理论的重要性，主张从个人经历论、氏族经历论、社会集团经历论、国民经历论、民族经历论、人类经历论这六个方面去建构历史理论体系。该书还详细考察了历史理论与历史研究法，历史理论与历史哲学的关系，并从对人生的积极态度上去考察了历史学的社会功能。该书为中国马克思主义史学的创立奠定了基础。收入《李大钊文集》、《李大钊全集》。

《诸子无鬼论》 现代易白沙著。1918年发表于《新青年》第五卷第一号。揭露封建统治者提倡鬼神迷信以神化自己，借助神权奴役人民。指出“垂拱而治者谓之圣王，亲操耒耨以修畎亩者，天下笑之，实以帝王之地位，同于偶像”。认为“若就君主论国人之知能，谥以野蛮，实非过当”，“自古诸族但有以笃信鬼神亡国者，未闻可以救亡者也”。分析中国历史上无神论思想的发展，高度评价古代无神论者：“中国宗教不能成立，诸子无鬼论之功也。”尤推崇荀子和王充，以为“荀子为儒家正宗，不仅排斥鬼神，凡古代相传之上帝及祯祥妖孽诸说，均以为无关人事”，王充则“从物理上辩明无鬼，谓世俗鬼神，皆不足信”。反映了作者的无神论倾向。附录于《独秀文存》中《有鬼论质疑》。

《究元决疑论》 现代梁漱溟著。1916年发表于《东方杂志》。认为“世间者多忧多恼多病多苦，而我所给唯法得解”。全文分究元、决疑两部分，论述佛学如实论和方法论，以“究宣元真”，“决行止之疑”。其“究元”之论是以为万有本来是如幻如化，虚妄不实的，阐发“不可思议义”、“自然轨则不可得义”、“德行轨则不可得义”；其“决疑”之论是以为超绝苦难，解决人生疑难的方法为“出世间义”和“随顺世间义”，这两种方法可任人自择，均能示人依归，所知依止。以佛法阐发西方达尔文、斯宾塞的进化论，叔本华的唯意志论和柏格森的生命哲学，断言：“卓绝光明，唯在佛法。瞰彼西方，曾不足数，云何摩尼在怀，而行乞于远。”因此文作者被北京大学校长蔡元培聘为北京大学教员。收入《漱溟卅前文录》和《梁漱溟全集》。

《东西文化及其哲学》 现代梁漱溟著。为作者1921年8月在山东济南省教育会讲演的结集。1922年商务印书馆出版，后曾多次重印和再版。批评陈独秀、胡適等人视中西文化差异为“一条路上走的快慢”的说法，从哲学上探讨了中国文化与西方文化根本上是路向不同、人生态度的不同。是“五四”后形成的现代新儒家第一本代表作。吸收叔本华的唯意志论、柏格森的生命哲学，并与唯识宗、王学（泰州学派）糅合起来，以直觉主义为儒学辩护。认为文化“不过是那一民族生活的样法”，是人类“意欲”的产物，又因“意欲”指向的不同，导致人生态度和文化路向亦有相应的差别，进而将人类文化划分为三种基本类型，即“意欲向前要求”的西洋文化、“意欲反身向后要求的”印度文化、“意欲自为调和、持中”的中国文化。这三个“路向”的次第重现就构成了人类文化发展的基本模式。以唯识宗的术语，将感觉、理智、直觉，分别称之为“现量”、“比量”、“非量”，认为只有直觉才能体悟内在的生命冲动,"要晓得感觉与我们内里的生命是无干的,相干的是附于感觉的直觉;理智与我们内里的生命是无干的,相干的是附于理智的直觉。我们内里的生命与外面通气的,只是这直觉的窗户"。通过直觉,使内里的生命与外在的宇宙相通,达到主客观融为一体的境界,即仁的境界,"此敏锐的直觉,就是孔子所谓'仁'"。"仁就是本能、情感、直觉"。提出中西文化精神价值之不同,在"西洋人是有我的",中国人则"处处尚情而无我";西洋思想"以功利主义将他代表了",而"中国究鲜功利之习"。进而称西洋文化的繁荣期已过,"西方思想界已彰明的要求改变他们从来的人生态度";而中国文化以伦理为本位,崇尚直觉,着眼于"内界生命","全出于古初几个非常天才之创造",比西洋物质文明要高妙,是人类文化的理想归宿。断言:"世界未来文化就是中国文化的复兴",主张"打破他往西走的迷梦","寻他们于至好至美的孔子路上来"。此书不仅是作者对于中西文化及其哲学基本观点的表达,亦为其以后倡导由乡村建设运动来实现中国民族自救的政治理想奠定了理论基础。收入《梁漱溟全集》。

《乡村建设理论》 又名《中国民族之前途》。现代梁漱溟著。是作者1932—1936年有关"中国问题之解决方法"、"中国社会建设之途径"的一系列讲演的结集。1937年山东邹平乡村书店出版。分自序、引言及甲、乙两部。论述乡村建设运动之缘起和对中国旧时社会结构的认识;论述解决问题的方法和途径。认为中国是一个"乡村国家",其"社会以乡村为基础,并以乡村为主体";是不同于西方中古及近代以个人本位、阶级对立的社会,只用"伦理本位,职业分立"八个字,便"说尽了中国旧时的社会结构,——这是一很特殊的结构"。中国"所有文化多半是从乡村而来,又为乡村而设—法制、礼俗、工商业等莫不如是",因中国在今日的崩坏,是由于"极严重的文化失调",故中国政治无办法,"国家权力建立不起来"。断言中国既不能走"欧洲近代民主政治的路",也不能走"俄国共产党发明的路",只能走"村治"的路,即推进乡村建设运动,以形成"图谋中国社会之积极建设的运动","中国民族自救运动"。提出乡村建设的两个基本原则:"以理性求组织"、"以理性求程序"。"所谓理性,要无外父慈子孝的伦理情谊,和好善改过的人心向上。"要以儒家传统伦理道德来重建组织和秩序,也吸纳"西洋人的长处",从而形成"新礼俗",具体办法是建立新的"乡约"和"乡农学校"。收入《梁漱溟全集》。

《中国民族之前途》 即《乡村建设理论》。

《中国文化要义》 现代梁漱溟著。写于1941—1949年。1949年路明书店出版。系作者在《乡村建设理论》的基础上,对其几十年来形成的文化观和政治主张的总结。十三章。提出广义的"文化"概念:"我今说文化就是吾人生活所依靠之一切,意在指示人们,文化是极其实在的东西。文化之本义,应在经济、政治,乃至一切无所不包。"认为文化为"意欲"所创造,同时又说:"文化这东西,点点俱是天才的创作,偶然的奇想;只有前后左右的缘,而没有因"。认为"宗教问题实为中西文化的分水岭",西洋文化以"基督教者作中心;中国却以非宗教底周孔化作中心"。认定中国文化的支柱是"孔子精神"、"儒家思想"。进而提出中国社会特殊的组织结构,即"伦理本位"和"职业分途"。认为中国的传统是偏重于家庭关系,以家庭为本位,而家庭关系又是一种伦理关系,因此中国是"伦理本位的社会",表现在经济上财产共有,在政治上无有阶级统治,在文化上,没有宗教,以伦理代之;认为中国传统社会没有阶级,不像国家,与"西洋可以称为阶级对立的社会"相对应,"中国便是职业分途的社会",即分野为士、农、工、商四种职业,但又"彼此相需,彼此配合"。与这样特殊的中国社会文化相联系的,是哲学上的"长于理性短于理智"。认为"理性、理智为心思作用之两面;知的一面曰理智,情的一面曰理性","理性底取舍不一,而要以无私底感情为中心"。这种感情,即是儒家的仁,因而"儒家假如亦有其主义底话,推想应该就是理性至上主义"。这里的"理性"即其原先的"直觉",但剔除了"本能"的含义,减少了唯意志论和非理性主义的色彩。认为必须根据"中国问题之文化背景特殊"来改造中国社会,不能走西方国家的道路,也不能走阶级斗争的道路。收入《梁漱溟全集》。

《人心与人生》 现代梁漱溟著。成书于1975年,1984年学林出版社出版。自称该书思想发端于弥补《东西文化及其哲学》"之过失与不足,阐述人类心理活动之规律。"(《梁漱溟问答录》)是作者晚年哲学思想的代表作。通过辨识人类生命(人类心理)与动物生命(动物心理)之异同,"旨在有助于人类之认识自己",同时"介绍古代东方学术于今日之学术界"。主张从人生论人心,又从人心以论乎人生。前者属心理学之研究,后者则为人生哲学或伦理学,但侧重为儒家的伦理思想与人生哲学提供一个坚实的心理学基础。自言以往"对于人类心理认识不足,而儒家却有其心理学,所有孔孟说的许多话,都是或隐或显地指那个而说"(《漱溟最近语录》)。以为人心之要"归于争取主动",有主动性、灵活性、计划性三义,分章加以阐述。另从自然与人的关系、人对人的关系、人对自然生命的关系等角度探讨了人心、人生之形成及其演变的过程和原因。收入《梁漱溟全集》。

《易卜生主义》 现代胡適著。1918年6月发表于《新青年》第四卷第六号。自称为专门介绍“十九世纪欧洲的个人主义精华——易卜生主义”而论。认为“社会是个人组成的,多救出一个人便是多备下一个再造新社会的分子”,所以“个人需要充分发挥自己的天才性”。主张“个人有自由意志”,又须“担干系,负责任”即对行为后果负道德责任,以此作为发展个性的两个条件。提倡向易卜生戏剧中的娜拉和斯铎曼学习,“努力把自己铸造成个人”,强调“要想有益于社会,最妙的法莫如把你自己这块材料铸造成器”,在实现人格独立的个人奋斗中,争取社会“一点一滴”的改良,进而实现“自治的社会”、“共和的国家”。声称:“这种‘为我主义’,其实是最有价值的利人主义。是作者的人生观、价值观的代表作之一。收入《胡適文存》。

《实验主义》 现代胡適著。全文七个部分:先后发表于1919年《新青年》(第六卷第四期)、《新教育》(第一卷第三期)和《新中国》(第一卷第二号)。为中国最早系统介绍美国实用主义哲学的著作,亦反映了作者自己的哲学主张。“实验主义”是胡適对实用主义的译名。介绍了实用主义的主要代表皮尔斯、W.詹姆斯和杜威,阐述了实用主义的方法论、真理论和实在论。认为实用主义的“宗旨不过要寻一个方法来把我们所有的观念的意义弄得明白清楚”,这个方法就是求出观念“能发生何种实际的效果”。主张“有用即真理”。把实在比作任人打扮的姑娘,因为“实在是我们自己改造过的实在。这在实在里面含有无数人造的分子”。特别推崇杜威,称其在“哲学史上是一个大革命家”,因为他用“经验”把哲学根本问题一齐抹煞,超越了唯心论和唯物论、理性派和经验派的争论。详细论述了杜威“经验就是生活”的哲学根本观念、“思想五步说”的方法论和“教育即是生活”的教育哲学。认为中国之所以需要实用主义,是因为当时的中国人缺乏实用主义的“两个根本观念”,即“科学试验室的态度”和“历史的态度”。为研究胡適哲学思想的重要文献。收入《胡適文存》。

《中国哲学史大纲(上卷)》 现代胡適著。1919年商务印书馆出版,1926年又以《北京大学丛书》印行。十二篇。为中国第一部用现代学术观点和方法整理中国哲学史的著作,在五四新文化运动中有重要影响,对以后治中国哲学史者有历史影响。认为历史上的各家哲学,只是关于人生切要问题的“种种研究法和解决方法”,主张按进化观念,用“历史的态度”加以考察。视哲学史犹如“一步一步、循序渐进的思想发达史”,它“最重学说的真相,先后的次序和沿革的线索”。进而提出要作一番“述学”的根本功夫,实现哲学史上“明变”、“求因”、“评判”三个目的,“使学者知道古今思想沿革变化的线索”,寻出其前因和后果,使人“知道各家学说的价值”。肯定“中国哲学在世界哲学史上的位置”,指出“世界上的哲学大概可分为东西两支”,本来都是“独立发生的”,然而“到了今日,这两大支的哲学互相接触、互相影响。五十年后,一百年后,或竟能发生一种世界的哲学,也未可知”。一反传统的儒家古史观,直接把老子、孔子的时代定为中国哲学诞生的时代,并着重探讨了中国先秦思想家的进化观念,注重实功事效的思想和逻辑方法。原计划出3卷。正式出版的只有上卷。1931年收入“万有文库”,书名改为《中国古代哲学史》。1958年台湾商务印书馆亦以此书名改版发行,有作者“自记”和附于卷尾的“正误表”,“自记”坦陈该书的缺点,强调其“特别立场”、“特别方法”;特别立场是“抓住每一位哲人或每一个学派的‘名学方法’(逻辑方法,即知识思考的方法)”,特别方法是“推翻‘六家’、‘九流’的旧说,而直接回到可靠的史料”。“正误表”则反映了作者有关学术见解的改变。

《先秦名学史》 现代胡適著。原系作者1915—1917年留学美国哥伦比亚大学时用英文写成的博士论文。1922年上海亚东图书馆出版英文本。1982年上海学林出版社出版中译本。共四编,即《历史背景》、《孔子的逻辑》、《墨翟及其学派的逻辑》、《进化和逻辑》。对先秦逻辑思想的产生和发展作了简明的阐述,对先秦逻辑学家的逻辑理论和方法作了系统的分析。是中国第一本系统研究先秦逻辑思想发展史的著作。把孔子的“正名”思想作为先秦逻辑史的起点。对墨子、《墨经》、惠施、公孙龙评价较高。认为墨翟的逻辑方法是以特殊经验为出发点,归纳出普遍法则,孔子的逻辑方法是从普遍原则出发,推出特殊的结论。强调“哲学的发展是决定于逻辑方法的发展的”,“近代中国哲学与科学的发展曾极大地受害于没有适当的逻辑方法”。认为“中国哲学的将来,有赖于从儒学的道德伦理和理性的枷锁中得到解放”,而“非儒学派的恢复是绝对需要的,因为在这些学派中可望找到移植西方哲学和科学最佳成果的合适土壤。关于方法论问题尤其是如此”。“因此,新中国的责任是借鉴和借助于现代西方哲学去研究这些久已被忽略了的本国的学说”。

《说儒》 现代胡適著。完稿于1934年5月,最初发表于《历史语言研究所集刊》第4集第3分册上。该文对儒的起源及其社会地位、孔子的历史作用、老孔关系皆有详细解说。认为最初的儒者都是殷遗民，他们穿殷服，习殷礼，以治丧相礼为职业，奉行“亡国遗民的柔逊的人生观”，老子正是这种“正宗的儒”的代表；殷人亡国后有一个“五百年必有王者兴”的预言，孔子被时人认为是“应运而生的圣者”，孔子的贡献是把殷商民族部落性的儒扩大到“仁以为己任”的儒，把亡国遗民柔顺以取的儒改造成弘毅进取的新儒。与其“五四”时期对儒学的评价有较大不同。该文发表后，冯友兰、江绍原、郭沫若、钱穆等人均撰文与之辩论，由此引发学术界关于儒的起源问题的讨论。收入《胡适论学近著》。

《诸子不出于王官论》 现代胡適著。研究先秦诸子学缘起的重要论文。认为诸子之学并非如《汉书·艺文志》所言，是由王官演变而来，认为“诸子之学皆春秋战国之时势世变所产生，其一家之兴，无非应时而起”，“诸子自老聃、孔丘至于韩非，皆忧世之乱而思有以拯济之，故其学皆应时而生，与王官无涉”，打破了自刘歆以后诸子出于王官之说。并从学术整理上重评诸子的价值，不分“经学”、“子学”，对各家思想一视同仁。文章不仅在对诸子学说产生的根源和评述上别开生面，而且从方法论上开启了对先秦诸子讨论的新局面，引起了诸子研究的热潮。收入《胡適文存》。

《戴东原的哲学》 现代胡適著。原载北京大学《国学季刊》第二卷第一期（1925）。1927年商务印书馆出版。为中国近代系统研究戴震哲学的第一本著作。分为《引论》、《戴东原的哲学》和《戴学的反响》三部分。认为戴震哲学是颜李学派的“彻底的实用主义”和以顾炎武为代表的清儒治经“做学问的方法”“这两方面结婚的产儿”。强调戴震并非只是汉学家，“戴氏在哲学上的最大贡献，是他的‘理论’”。指出“戴震的天道论，是一种自然主义”，并“颇带一点科学色彩”。认为“戴氏的人生观，总括一句话，只是要人用科学家求知求理的态度与方法来应付人生问题。”认为戴震在理论上扫除了程朱主静、主敬、主无欲之类“半宗教、半玄学”的观念，彻底走上致知穷理的“理智主义”这条路，因此，“戴震的哲学，从历史上看来，可说是宋明理学的根本革命，也可以说是新理学的建设”。认为戴震之后，虽有“号称戴学的传人”，但其哲学“不曾有继续发达的机会”。特别提出研究戴震哲学的现实意义在于“戴学能不能供给我们一个建立中国未来的哲学的基础呢?”认为近年以来，“国中学者大有倾向陆王的趋势了”，并引西方倭铿、柏格森作“援兵”，提倡“内心生活”，但这不是中国哲学应走的道路。强调应“选择那纯粹理智态度的崎岖山路，继续九百年来致知穷理的遗风，用科学的方法来修正考证学派的方法，用科学的知识来修正颜元、戴震的结论，而努力改造一种科学的致知穷理的中国哲学”。这反映了此书和科学与人生观论战有关，并隐含了作者认为自己的大胆假设、小心求证的实用主义哲学正是继承了戴震哲学之意。

《胡適文存》 现代胡適著作集。三集十七卷，由作者自己编选，上海亚东图书馆出版。第一集四卷，包括1911年至1921年期间的著作。第一卷论文学，第二、第三卷“都可以说是方法论的文章”，第四卷杂文。出版于1921年。第二集四卷，包括第一集以后至1924年这三年内的文章。自称：第一、第二卷“为讲学之文”，第三卷“为论政治之文”，第四卷“为杂文”。出版于1924年。第三集九卷，收入第二集以后至1930年期间的文章。自认为：“第一卷是几篇可以代表我对中国几个重要问题的态度”；“第二卷至第四卷都是整理国故的文字；卷三的三篇只是治学方法的三个例子；卷四是整理佛教史料的文字”；“第五、第六两卷都是考证旧小说的文字”；“第七卷是我读书杂记”；“第八卷是我关于中国文学的几篇序和跋”；“第九卷是一些杂文”。除第一和第九卷外，“其余七卷文字都可算是说明治学方法的文字”。1930年出版。该书涉及文学、史学、哲学、伦理学、教育学，考辨和政治等方面，宣传了实用主义思想，提倡“大胆假设、小心求证”的方法论。为研究胡適哲学思想的重要文献。

《女子解放论》 现代李达著。1919年10月发表于《解放与改造》第一卷第三号。运用马克思主义观点，集中抨击封建的婚姻和家庭道德，尤其抨击了“男阀跋扈”、“男性中心”、“女子之商品化”及节孝、贞操观念对女权的蹂躏；揭露西方资本主义的“天赋人权”实质上导致了“天赋男权”，阐发无产阶级的婚姻观念和家庭伦理。认为社会是“男女两性结合的大系统”，故其真价值“必以男女两性为中心”，否则社会必是“半身不遂的”。强调女子地位的独立和男女人格的平等是社会进化的标志，呼吁女子“由精神物质两方面预备做自己解放的事”，主张以“男女共同教育”、恋爱自由、婚姻自主、普选权、经济精神上的独立、禁绝娼妓等作为女子解放的条件。文章将女子解放和无产阶级革命事业相联系，为当时妇女解放运动提供了新的思想武器。收入《李达文集》。

《现代社会学》 现代李达著。1926年长沙现代丛书社出版。十七章。继李大钊、瞿秋白之后系统阐述唯物史观和科学社会主义理论。肯定马克思之唯物史观学说“不仅发现社会组织之核心，且能明示社会进化之方向，提供社会改造之方针”，其在社会学上的价值“实可谓空前绝后”。据此批判“契约的社会说”、“生物的社会说”、“心理的社会说”等思想学说，进而剖析社会之构造、进化之原因，探讨了社会变革问题，指出了生产关系、上层建筑对生产力、生产关系的反作用，以及这种反作用的前提性和有限性。根据列宁关于帝国主义和无产阶级革命的理论，指出中国社会乃“国际的半殖民地”，革命的任务是“颠覆帝国主义”及“封建阶级或帝国主义之代表”，强调无产阶级掌握革命的领导权，才能在民族革命成功后过渡到社会主义。认为知识分子“恃赤手以营业，绝无恒产”，是“准无产阶级”。对推进马克思主义和中国革命实践的结合有积极作用。在当时有广泛影响。收入《李达文集》。

《社会学大纲》 现代李达著。1937 年上海笔耕堂书店出版。中国第一部马克思主义哲学教科书。分辩证唯物主义和历史唯物主义两部分。前一部分包括四章：《当作人类认识史的综合看的唯物辩证法》；《当作哲学的科学看的唯物辩证法》；《唯物辩证法的诸法则》；《当作认识论和论理学看的唯物辩证法》。后一部分四篇：《当作科学看的历史唯物论》；《社会的经济构造》；《社会的政治建筑》；《社会的意识形态》。论述了唯物辩证法的历史、一般特征、基本规律和范畴、认识和思维的辩证过程，及历史唯物主义基本原理。历史唯物主义部分，曾以《新社会学大纲》的书名单独出版。该书在系统叙述马克思主义哲学体系的同时，对马克思主义哲学理论有所发挥。认为“人类之实践的物质的能动性”表现于意识的能动性，因而人类对于外物的反映，“是能动的反映”，“实践的唯物论”是能动的反映论。认为人类认识过程是“采取圆形运动而发展的”，即“实践→直接的具体→抽象的思维→媒介的具体→实践”。阐述了运用对立统一法则去认识事物的方法，即从联系、发展的观点去把握对象，发现“本质的矛盾”，进而从矛盾的展开中考察“对象的全生涯”。这些“新的收获”是马克思主义哲学中国化的重要环节。当时在解放区和国民党统治区都有广泛的影响。收入《李达文集》。

《科学方法论》 现代王星拱著。1920 年北京大学出版部出版。中国近现代关于科学方法论的早期著作之一。认为科学方法是“自孔德提倡实证主义，穆勒实行逻辑革命以来”产生的，它取代了中世纪遗留下来的形式逻辑。但因其“重试验”、“重事实”、“重直觉”、“重创造”、“重发明”，是“动”的，“把未知伸在已知之外”，故科学方法“换一个名字，就可以叫做实质的逻辑”。将对象之物视为感觉经验的集合，包括主体之“我”亦是如此，所以说“我”是物的分子；同时承认知识由感觉经验而来，而由主体之“我”将这些经验选择一些用以构造知识，如定律、理论、假定等等，因此“我之自己，乃是外物之认识所靠作定准的”。以实证主义经验论来统一对象之物与主体之我。强调“假定”即假设作为方法在科学研究中的重要性，认为要将零散的知识变成有系统的理论，“必须有预期的假定来做探海灯”，然后通过试验来证明，“这样‘试试看’的态度，就是科学家在试验室的态度”，这样以假设为指导的试验，“可以减少虚妄的危险，而又能收创造知识之功”。同时指出假设的提出有着非理性的因素，因为“无论什么理论假定之构造，都有我们的志愿”，不是纯粹的理性所能奏效的。该书体现了“五四”时期对科学方法的追求，也反映了以后“科学派”在人生观论战中的基本理论依据。

《科学概论》 现代王星拱著。八章。1930 年商务印书馆出版。中国近现代科学哲学的代表作之一。介绍和推崇西方马赫、彭加勒等人的科学方法和哲学思想。认为事物的现象是唯一存在的东西，而事物的本质可有可无，物质只存在于直接感触的范围中。“今有一物，只要它所发生的现象是同一的，纵然它里边的物质变换了，也无妨碍，我们仍然可以看作同一的物，我们仍然可以构造科学，不过我们不必超过直接感触的范围，去断定不变物质之存在而已。”认为时间和空间有相对性，由此否认时间和空间的客观实在性，说：“物理学中之尘、瞬、点本是从感触张本来，用逻辑构造起来的。”对于主体之“我”亦认为是感觉的复合，“经验是感官的感触，‘我’就是这些感触之集合，并不是另外有一个形而上的‘我’，可以脱离经验而存在”，由此而言，“我”与一般之物没有本质区别，因而其现实承担着的人生过程是可以为科学说明和指导的。讨论了科学与哲学、科学与美术、科学与伦理等问题，认为在科学日益扩展的情形下，哲学唯一的出路是向科学靠拢，“科学要用科学的方法，哲学也要采取科学的方法，换言之，即具有科学精神，方能成为哲学”。认为美学归属于科学，美学就是用科学的方法研究美。认为科学对于伦理学中利己利他的问题也有“一种特殊的贡献”，因为科学已证明“物和我是分不开的”，“物与我既不能分，则利己与利他也不能有相反的区别”。总体上试图在将哲学科学化的基础上，统一科学与人生。

《竟无内外学》 现代欧阳竟无论著的总称。他以佛学为内学，以一切非佛学归于外学。认为内学重个人内心的修炼和解脱，外学以世俗事实作论据。据其手订目录，《竟无内外学》有《内院院训释》、

《大般若经叙》等共二十六种，约三十卷，由支那内学院蜀院刊行。

《佛法非宗教非哲学而为今时所必需》 现代欧阳竟无著。原为作者1921年在南京高师哲学研究会的讲演稿，弟子王恩洋笔记。初刊于南京高师哲学研究会出版之《文哲月报》，后1922年《民铎》杂志第三卷第三号作了转载。主要论述佛法既非宗教亦非哲学，但又为“今时所必需”。认为宗教所必具的四个条件和哲学所包含的三个内容，佛法都与之相反，故佛法非宗教非哲学。强调心即识，色亦识，“三界唯心，万法唯识，山河大地与自我一体，自识变现非有主宰”，“宇宙离识，非是实有”等观点。批评其他宗教“以上帝为万能”、“以宇宙由上帝所造”等的神学本质及其不容理性批评的信仰主义；批评有些哲学家在“破除有人格的上帝过后，便迷信一个无人格的上帝”，“破除独神论过后，便迷执一种泛神论”。认为“时危势急于今为极，迫不及待不可稍缓”，需用佛法“除宗教上一切迷信而与人以正信”，“除哲学上一切邪见而与人以正见”。为研究欧阳竟无佛学思想的重要文献之一。收入《竟无内外学》。

《孔佛概论之概论》 现代欧阳竟无著。因以极其简要的义理阐明孔学、佛学的大概，故名。主要论述孔、佛二学的关系，主张佛学须学，孔学亦须学。提出学孔、学佛有四不可：不可以凡夫思量为基；不可主观；不可宥于世间见；不可以结论处置怀疑。认为孔学、佛学共同的基本要义见于两家经典的有四：寂灭寂静义；用依于体义；相应不二义；舍染取净义。最后结论是“孔佛无二”。为作者糅合孔、佛思想的代表作之一。收入《竟无内外学》。

《孔学杂著》 现代欧阳竟无著。一卷。大部分写于抗战期间，属晚年定论。共有论述孔学的论文十篇：《孔佛》、《孔佛概论之概论》、《中庸读叙》、《大学王注读叙》、《论语课叙》、《论语十一篇读叙》、《孟子课叙》、《孟子十篇读叙》、《毛诗课叙》、《夏声说》。后附“论学书”数十封。主要内容是以佛学解释孔学，用孔学论证佛学，提出“孔佛原来无异”等理论。认为秦汉以后乃至“唐宋诸儒”所阐释的是“伪孔”之学，只有在佛法之中“转读”的孔学，才是复活了“孔子真精神”的“真孔”之学。这样的“转读”之所以可能，源于东圣（孔子）和西圣（释迦）心同理同。批评宋儒以佛法为异端是“封锢”，主张孔佛会通。指出孔佛有共同的基本要义。认为“中国推至全球，唯有孔佛理义同一，余则支离曼衍不可为道”。但孔学在形式结构上虽如佛法一样“当理适义”，但在生命实践的指向上“不至不满”，所以孔学必须佛化。“论学书”中有“今日抗战到底是一条鞭，不可收容主和败类”等语，反映了作者的抗战救国思想和民族气节。是研究欧阳竟无思想的重要文献之一。收入《竟无内外学》。

《法相唯识学》 现代太虚（吕沛林）著。商务印书馆1938年出版。为有关唯识学的演讲、疏释、文章等的汇编。全书分概论、唯识教释、唯识理论、唯识答辩、唯识旁通疏、应用理论六类。主张“法相必宗唯识，唯识即摄法相”。反对欧阳竟无别“法相”与“唯识”为两宗。收入《太虚大师全书》。

《真现实论》 现代太虚（吕沛林）著。原拟分三编：《宗依论》、《宗体论》、《宗用论》。现仅存上编《宗依论》。1940年出版。共5章。据该书《序论》说：“现实即宇宙”，“现实即法界”。因“以简别世俗现实主义，故名《真现实论》”。主要内容为运用佛学观点论述算学、声明、因明等方法，以及有情众生，情间世间、超情佛刹（彼岸世界）、蕴处界、五位百法、缘起说等义理，认为这一切都是“真正”的“现实”。具有佛教哲学的特点。收入《太虚大师全书》。

《中国宗教思想史大纲》 现代王治心著。1933年中华书局出版。系作者据其在沪闽两地大学多年授课的讲义修订扩充而成。认为“宗教是文化的一部分，从宗教的进化途径上，可以看出民族文化进展的痕迹”；“一民族的宗教，正是其民族精神的表现”。强调哲学虽然从宗教中分离出来了，但“还是有着互相连贯的血统关系。在宗教思想中有属于哲学的问题，在哲学中也有宗教的质素”；而伦理思想与宗教思想，“是一而二，二而一的；前者为人与人的正当关系，后者为人与大宇宙的正当关系”，“在伦理道德上有伟大价值的，莫不以宗教思想为其最大的原动力”。论述了从夏商周三代到明清及近代的宗教思想，既有对周秦以前的史料考证，也有对佛教、基督教、中国本土宗教的比较研究，还有对宗教与社会变迁的关联分析。对中国各种宗教思想的特点，都有比较清楚的描述；同时在总体上论述了“中华民族独有的伦理化宗教”。1940年中华书局和1996年东方出版社两次重版。

《中国佛教史》 现代蒋维乔撰。系依据日本境野哲著《支那佛教史纲》加以补充而成。4卷18章。1929年商务印书馆出版。第1卷叙述汉魏两晋南北朝佛教；第2卷详论隋唐建立的天台、三论、净土、法相、华严、律、禅诸宗；第3卷论述宋明佛教；第4卷补叙清代至民国的佛教。对各个时期的佛教派别、代表人物及其重要著作，都作了介绍。尤以增补的造像与石经、近代佛教等章节，弥补了其他中国佛教史著作之不足。为现代较早的一部有系统的中国佛教通史。

《中国佛教史》 现代黄忏华著。1940 年商务印书馆出版。全书将中国佛教的发展分为肇始时代(汉魏西晋)、进展时代(东晋南北朝)、光大时代(隋唐)、保守时代(五代宋元明清)四个时期。对魏晋南北朝佛教和隋唐佛教宗派论述较详。内容侧重于佛教思想史,注重佛教代表人物和佛教宗派的分析,对佛教于中国政治、经济、哲学、文学、艺术方面的影响,涉及不多。该书史料丰富,兼附考证,对研究中国佛教史有参考价值。

《无元哲学》 现代朱谦之著。系作者 1920 年前后论述无元哲学的论文集。1922 年上海泰东图书局出版。分上下篇。上篇主要说一个"无"字,即第一义是第一义,第二义是第二义,有和无截然分为二事。下篇是说元所有不可得,第二义即第一义,从无元思想走到尽处和大乘佛法(华严宗般若宗)很接近。表现了从虚无主义向泛神思想的过渡。认为既然以"无"为本体,唯有"无知"才能知"无",所以首先从"无知"立根,即排斥理智,否定科学,崇信直觉,游神于内。主张"无名",认为"名"是虚伪不真、有别不偏,"所以无元学者极力提倡'无名'的'无',以为'无名'的'无',虽是至小无内,近于无有,而实在舒展起来是遍一切处,故无得而称,可见是至大无外了"。进而主张无组织的"绝对独立"、无教育的"绝学主义"、自然道德的直觉主义等。同时呼唤"真生命的实现"。指出"解脱不可能,也可能的。如能于解脱不解脱,亦无所解脱,这就是解脱了,也就是真生命的实现了!由此可见真生命是可以实现,而且即在人间世上即可实现"。对于实现真情生活的方法,从重打破转向重实现,"我们要实现这真情的生活,就不可不把虚伪的知识打破",但这"只须人们一份真情的时候,就自然而然地化知识的生活复为真情的生活,于是知识的踪影皆无,而真生命就实现在人间了"。显露出以后提出"唯情哲学"的端倪。收入《朱谦之文集》。

《一个唯情论者的宇宙观及人生观》 现代朱谦之著。原为 1924 年 3 月在济南第一师范的讲演稿,同年由上海泰东图书局出版。分十讲,包括导言、宇宙观、人生观、恋爱观、政治理想、经济理想等。另附《孔门的泛神思想史略》。自认梁漱溟对其思想有很大影响:"《东西文化及其哲学》出版,我实受极大影响,这时我的本体论,完全折入生命一路。认'情'是本有,不是'无'。"以人之"真情"为核心阐发其对宇宙人生的基本见解。糅合柏格森的生命哲学和孔子"仁"的思想,称:"这'情'字就是宇宙的根本原理","真情"就是"现前原有的宇宙之生命",也是宇宙的"本体"。自然界不是物质世界,而是生命本身充塞的"真情之流"。进而强调人生也只是人人不学而能、不虑而知的一点"真情","可见天人本无二,所谓天地人物原来只是一个身体,一个真情。同了便是一个,异了便是万类。"将"情"规定为"善",提出"情即性"、"情统本性"等命题,反对佛老、宋儒尊性摒情的观点。认为存在于"我"的"情"有公私之分;以"我"为中心,以占有为特征的情是"私情";以"无我"、"忘我"及创造冲动为特征的是"公共的情"或"真情"。断言"真情"即"吾心"、"真我"、"真生命",又是一种人我不分的"直觉"。主张"真情政治",否认现实的"强权政治",追求人人因才定分、循分服职的"万人安乐"的"无为而治的社会"理想。是作者"唯情哲学"的代表作之一。收入《朱谦之文集》。

《文化哲学》 现代朱谦之著。1935 年上海商务印书馆出版,全书十章,并有附录《南方文化运动》。通过对文化的定义、文化类型、发展阶段及其相互间的关系的系统阐述,架构出其独具特色的文化哲学体系。认为文化是人类生活的各个方面的表现。文化绝不是过去的机械累积,而是在不间断的累积中永远创新。就文化的类型及其关系而言,认为人类文化现象分为物质文化和知识文化,在此基础上又各有分支。"在知识生活上说,文化本质应分为宗教、哲学、科学、再加上艺术。这样在社会生活上说,文化本质亦应分为政治(军事),法律,经济(产业),再加上教育。"知识文化的四个类型反映人类文化进化的四个阶段,即人类知识文化的进化也已历经宗教、哲学、科学三个前后相继的阶段,现在正在向更高的文化模式——艺术阶段迈进。同样,物质文化的进化也经历了政治、法律、经济阶段,正在向教育阶段迈进。两种文化的进化同时发生,互相呼应,并最终统一为"大同世界"。各种文化类型虽然本质不同,但彼此间不是孤立的,而是相互影响,也不是单一的,每一文化类型又包含其他一切类型。只是说其主体物质是宗教的、哲学的或科学的。欧洲的宗教文化受印度影响,哲学文化受中国影响,中国的宗教文化受印度影响,科学文化则受欧洲影响。艺术和教育的文化代表美和爱,是前述文化综合发展的结果,为人类大同社会所独有。由于中国古代哲学文化最具大同特质,故中国文化代表世界文化的未来。收入《朱谦之文集》。

《中国哲学对欧洲的影响》 原名《中国思想对于欧洲文化之影响》。现代朱谦之著。商务印书馆 1940 年出版。1985 年福建人民出版社出版增补修订本,改名为《中国哲学对于欧洲的影响》。1999 年河北人民出版社重印,再改名为《中国哲学对欧洲的影响》。2002 年以此书名收入《朱谦之文集》。全书分为《前论》和《本论》两部分。《前论》有两章，即《欧洲文艺复兴与中国文明》和《18 世纪中、欧之文化接触》两章。《本论》有四章，即《耶稣会士对于宋儒理学之反响》、《中国哲学与启明运动》、《中国哲学与法国革命》、《中国哲学与德国革命》。认为中国四大发明的西传，“实予欧洲文艺复兴以物质基础，而16 世纪以来耶稣会士来华传教，其所传播之中国文化，则实予 18 世纪欧洲启明运动以精神的基础。”论证了宋明理学传入欧洲对法国、德国的哲学以及两国的革命所产生的影响，以为如果肯定这一历史事实的话，“一定会使今后中欧文化史和思想史的研究都要为之改观了”。此书系统汇集 19 世纪以前中国文化西传的资料和当时中外学者对此研究的成果，对于中国哲学与欧洲启蒙思想的关系作了开创性的研究。

《中国思想对于欧洲文化之影响》 即“《中国哲学对欧洲的影响》”。

《中国文化的出路》 现代陈序经著。商务印书馆出版于 1934 年。共七章，是作者阐发他“全盘西化”主张的代表作。该书运用西方人类学、社会学和文化学的理论，提出关于文化的根本观念，并以此为基点，对当时中西文化问题上的三个派别的文化主张进行评析，从而探讨中国文化的出路问题。认为中国文化正在经历一场大的选择，在找寻出路。出路有三条，由此中国文化也分成三派：一是主张保持中国固有的文化，二是提倡调和的办法，三是主张全盘接受西洋文化的西洋派。主张中国文化的彻底西化，认为中国的实际情况不允许中国走第一与第二条道路，唯一可行的是第三条道路：全盘西化。认为从发展上看，在艺术、宗教、军事文化、教育、哲学、文学等各方面西方文化都比中国好。从理论上说，西洋文化是世界的趋势，是现代的趋势。在西方文化中可以找到中国文化的好处，在中国文化中却找不到西洋文化的好处。民主和科学，中国都没有，都需要从西方引进。

《中国文化与中国的兵》 现代雷海宗著，商务印书馆 1940 年出版。以文化形态史观系统阐述中国历史文化发展历程和前途的著作。认为人类文化可分为七个独立的文化系，每个文化系只有一个生命周期，而中国文化系历经四千年，独具二周。以公元 383 年淝水之战为界，此前为第一周文化，是纯粹的华夏民族创造文化的时期；此后为第二周文化，其特点是沿袭秦汉的制度，但外来文化占有重要地位。兵、家族和元首（皇帝）是民族文化最基本的问题，“兵可说是民族文化基本精神的问题，家族可说是社会的基本问题，元首可说是政治的基本问题。”然而，中国自秦汉以下的第二周文化不尚“武德”，是“无兵的文化”，因此，导致了中国文化的衰落。抗日战争是中国从文化第二周转入建设第三周崭新文化伟业的时机，而“新生”的最重要的含义就是“尚武”和“尚兵”。只要重新恢复战国时代文武并重的文化，抗战建国和第三周文化就必可实现。现有重印本。

《论近人讲诸子之学者之失》 现代柳诒徵著。1921 年发表于《史地学报》第 1 卷第 1 期。在文中指名道姓批评章炳麟、梁启超、胡適三人研究诸子之失，指出三人研究诸子，虽标榜客观，实多主观，逞其臆见，故对章炳麟《诸子学略说》、胡適《诸子不出于王官论》、梁启超《中国古代思潮》诸篇所论，“历加驳难”。该文对近人研究诸子之失有矫正之功，但评价也有片面化的倾向。

《中国文化史》 现代柳诒徵著。是作者根据在南京高等师范学校、东南大学讲授中国文化史时的讲义编写而成，全书分上、中、下三编，上编为上古文化，共 33 章，起于上古，止于两汉；中编为中古文化史，共 26 章，自三国、两晋迄于元、明；下编为近世文化史，共 19 章，起于清初，止于民国初期。全书曾在《学衡》杂志第（46—72 期）连载，1932 年南京中山书局出版排印本。该书以六经诸史为经而纬以百家，凡典章、政治、教育、文艺、社会、风俗，以至经济生活、物产建筑、图画雕刻之类，皆就民族全体之精神表现，广搜列举，“以求人类演进之通则，以明吾民独造之真际”。该书对宋代学术评价甚高，认为乾嘉诸儒名义上以汉儒的家法治经学，“实非经学，而为考史之学”。现有多种排印本。

《国史要义》 柳诒徵著。该书是由著者在抗战后期为重庆中央大学研究生讲授史学原理的讲义汇编而成，1948 年由中华书局出版。全书分为史原、史权、史统、史联、史德、史识、史义、史例、史术、史化 10 篇。认为史义是史学的根本，“史之三要素，曰事曰文曰义。史学所重者在义。”史义有惩恶劝善的功能，“不知此义，不能知中国史学之根本，亦即不知中国一切学术之根本”。评史论事，注重道德评判，“衡统一时，必以道德为断。……而无道者，虽霸有九州，不得列正统”。该书写于抗战时期，以“表彰国光”、反对侵略为己任，“史之所至，在持正义”，“吾族由大一统而后有所谓正史……而疆域之正，民族之正，道义之正，则治史者必识前贤之论断，而后可以得治乱之总因。疆域不正则耻，民族不正则耻，推此二耻之所由来，则自柄政者以至中流士大夫全体民众，无不与有责焉”。

《人生观》 现代张君劢著。原为作者 1923 年 2

月在清华大学的讲演，发表于《清华周刊》第272期。从玄学派立场回答科学能否解决人生观的问题，曾遭丁文江的驳难，由此引起"科学与人生观"的论战。认为"自孔孟以至宋明之理学家，侧重内心修养之生活，其结果为精神文明。三百年来之欧洲，侧重以人力支配自然界，故其结果为物质文明"；科学造就了西方物质文明，但"科学无论如何发达，而人生观问题之解决，决非科学所能为力"。强调"人生观之中心点，是曰我"。是我对于"我以外之物"、"以外之人"有所要求和主张，"因彼此观察点不同，而意见各异"。与科学作一比较，断定"人生观之特点所在，曰主观的、曰直觉的、曰综合的、曰自由意志的、曰单一性的"；而科学则是"客观的"、"为论理的方法所支配"、"以分析方法下手"、"为因果律所支配"、"起于对象之相同现象"；两者之截然不同决定了人生观不受科学的支配，而是出于自由意志的选择，明确提出了形上学的、唯意志论的人生观和道德论。认为人生观问题与五四新文化运动关系密切，"方今国中竞言新文化，而文化转移之枢纽不外乎人生观"。试图以其将传统儒学与西方唯意志论相结合之人生观来规划新文化的发展。1963年在人生观论战四十周年之际，张君劢发表《人生观论战之回顾》，坚持人生观"非科学公例所能规定"的观点。收入上海亚东图书馆1923年出版的《科学与人生观》。

《玄学与科学——评张君劢的〈人生观〉》 现代丁文江著。1923年4月发表于《努力周报》第48、49期。为批评张君劢1923年2月《人生观》的讲演而写。由此"科学与人生观"的论战遂起。指出张君劢把"西洋的玄学鬼"柏格森和"提倡内功的理学家"联合起来，使"宋元明言心言性的余烬又有死灰复燃的样子"。而"自孔孟以至宋元明之理学家侧重内心生活之修养"，乃是"无信仰的宗教、无方法的哲学"，没有什么价值。推崇马赫、詹姆士、赫胥黎、皮尔生等的感觉论和存疑唯心论，认为"我们所晓得的物质，本不过是心理上的觉官感触"，"科学的材料是所有人类的心理内容"，包括作为"心理现象的人生观"。因此，科学对于人生观决非无能为力。科学不仅能说明人生观，而且是"教育同修养最好的工具"，对于人格有重要的影响。认为"抬出我们的精神文明来补救物质文明"是无稽之谈，因为不可能"有单靠内心修养造成的'精神文明'"。表现了"科学派"在论战中的基本观点。收入上海亚东图书馆1923年出版的《科学与人生观》。

《玄学与科学——答张君劢》 现代丁文江著。1923年5月发表于《努力周报》第54、55期。系继《玄学与科学——评张君劢的〈人生观〉》后，进一步与张君劢作"人生观论战"的重要论文。指出张君劢之所以说科学方法不适用于人生观，是因为对科学有误解，即认为"公例是'一成'不变的，'科学的'就是'有定论'"。其实，"科学上所谓公例，是说明我们观察事实的方法，若是不适用于新发见的事实，随时可以变更。马哈同皮耳生都不承认科学的公例有必然性，就是这个意思。这是科学同玄学根本不同的地方"。他给人生观下定义："一人的人生观是他的知识情感，同他对于知识情感的态度。"认为知识是可以用科学方法求得的，"情感的冲动都要想用知识来指导他，使他的发展程度提高，发展的方向得当"。因此人生观当然是不出科学方法的。即便是劝人为善之宗教，同样如此，"因为科学教育能使宗教性的冲动，从盲目的变成自觉的"。强调就科学方法适用于任何领域而言，科学是万能的。反映了以实证主义、科学主义观点看待人生观问题。收入上海亚东图书馆1923年出版的《科学与人生观》。

《一个新信仰的宇宙观及人生观》 现代吴稚晖著。原载上海《太平洋杂志》第4卷第3、5号(1923年8月—1924年3月)。"科学与人生观"论战中科学派的代表作之一。力主以科学解决人生观问题，自称要阐述一个"柴积上日黄中乡下老头儿信仰中的宇宙观人生观"。认为"举现象世界、精神世界、万有世界"，统统只是"一个"；这"一个"既是宇宙的本体，又是宇宙的根源，世间万物均由它"分化"而来，否定了灵魂和上帝的存在。受柏格森生命哲学的影响，认为由"一个"分化成大千世界，"可叫做适如其意志，所谓求仁而得仁"。视宇宙为一个"大生命"，具有"不惮烦"的进化精神，欲向着真、善、美的目标"永远的流动"，"要造出一个毫无缺点的好宇宙"。认为人也是宇宙进化的产物，称人"便是用手用脑的一种动物"，轮到"宇宙大舞台的第亿垓八京六兆五万七千幕，正在那里出台演唱，请作如是观，便叫做人生观"。强调人生最要紧的节目有三个：吃饭、生小孩和招呼朋友。人生的理想在使人生三个节目演得"圆满"，提出所谓"清风明月的吃饭人生观"、"神工鬼斧的生小孩的人生观"、"覆天翻地的招呼朋友人生观"。通过对自然人性论的极端化，论证其"人欲横流的人生观"。反映作者对宇宙和人生的基本观点。收入上海亚东图书馆1923年出版的《科学与人生观》。

《自由世界与必然世界》 现代瞿秋白著。1923年12月发表于《新青年》季刊第2期。为马克思主义者对科学与人生观论战的评论。认为在"科学与人生观"论战中，双方"对于自然科学与社会科学之争辩实在打不着痛处"。指出这场论战"所论问题，在于承认社会现象有因果律否，承认意志自由与否"，实即自由和必然的关系问题。作者由此从自然现象与社会现象的规律性、历史的必然与有意识的行动、理想与社会有定论、社会与个性等方面，阐释和论证了辩证唯物主义和历史唯物主义关于自由与必然的基本观点。认为"社会现象是人造的，然而人的意志行为都受因果律的支配；人若能探悉这些因果律，则其意志行为更切于实际而能得多量的自由，然后能开始实行自己合理的理想"。因此，"'必然论'是社会的有定论，而不是'宿命论'。社会的有定论说明'因果的必然'，只有不知道'因果的必然'的人，方趋于任运的宿命主义，或者行险的侥幸主义"。强调"社会发展之最后动力在于'社会的实质'——经济，由此而有时代的群众人生观，以至于个性的社会理想"。指出意志自由即为"确知事实而能处置自如之自由"，认识必然规律，并使之成为群众的自觉活动，这就从"必然世界进于自由世界"。进而肯定人生观归根到底是"因经济顺其客观公律而流变的"，社会理想虽然是由杰出人物、思想代表提出的，但"无不根据于当时的社会心理（时代的人生观）"，因而必合乎历史的客观规律，"由个性而阶级而人类"地扩展，使得革命的群众运动由自发而成为自觉。收入《瞿秋白选集》和《瞿秋白文集》。

《实验主义与革命哲学》 现代瞿秋白著。1924年8月发表于《新青年》季刊第3期。以"互辩律的唯物主义"对当时颇有影响的"实验主义"（即实用主义），作了比较深入的分析。认为实用主义在欧美和中国所起的历史作用是不同的。实用主义是"欧洲资本主义社会的实用哲学"，"是维持现状的市侩哲学"，但它决不是革命的哲学。具体论述了实用主义在中国的两面性，"实验主义不愿意做锁闭的系统。他要求一种新的研究方法，有这方法可以研究现实生活，并且改革现实生活。他的根本精神是使一切'思想'都成某种行动的'动机'；他时时刻刻注重现实生活的实用方面及积极性质。这都是实验主义的优点。然而实验主义的弱点，却亦在他轻视理论，因为实验主义的宇宙观根本上是唯心论的"；它的改革现实生活只是"琐琐屑屑，逐段应付"，因此，"实验主义是多元论，是改良派"。批判了实验主义以为真理是人们凭自己的利益来选择感觉的内容而形成的，是为行动的方便而设的观点，强调"马克思主义所注重的是科学的真理"，指出"某种意见是真理，并不因为他对于我们有益，这种意见对于我们有益，却因为他是真理，换句话说，就是因为他切合客观的现实世界"。"我们得了科学的真理，客观世界的定律之后，才能彻底的改造社会，不能安于琐屑的应付。"收入《瞿秋白选集》和《瞿秋白文集》。

《现代社会学》 现代瞿秋白著。1924年上海书店刊行。依据马克思、恩格斯的有关著作，系统论述了辩证唯物主义、历史唯物主义的基本原理，并运用于社会问题的研究。提出了"社会是一种'系统'"的思想，考察了社会总系统内诸元素的相互联系、相互作用以及与总系统的关系。用唯物辩证法观点分析了社会存在与社会意识，有定与无定、偶然与必然、理想与现实、进化与革命的关系，论述了唯物史观的"社会有定论"，进而揭示了资本主义社会的特征及其必然灭亡的规律。着重考察半封建半殖民地中国的社会矛盾运动，探讨了中国革命的特殊道路问题。对引导中国共产党人将马克思主义和中国革命实践相结合有重大意义。收入《瞿秋白文集》。

《社会哲学概论》 现代瞿秋白著。1924年上海书店刊行。依据恩格斯《反杜林论》的思想，肯定了我与非我、意识与实质（客观存在）的关系是哲学的基本问题，并以此区分了哲学上的唯物论与唯心论。通过考察17、18世纪以来英、法、德等国哲学的发展，强调马克思的唯物论哲学"不是意识规定实质（存在），而是实质（存在）规定意识"，并和辩证法紧密结合，揭示了事物发展都由其内在矛盾所推动，有着"对立统一"、质与量的互变、"否定之否定"三大规律。又提出：社会哲学的任务是"现代的社会之综观及将来社会之推究"，应当"先从哲学上之宇宙根本问题研究起"，"继之社会现象的秘密的分析"，"再进于社会主义之解说"。着重分析资本主义社会的矛盾运动，断定："资产阶级的经济便不能不改造，不是完全破灭，便是彻底变革社会的结构。"收入《瞿秋白文集》。

《社会进化史》 现代蔡和森著。1924年上海民智书局出版。原系在上海大学社会学系的授课讲义。全书共分四部分。绪论中概述了有史以来人类演进之程序——野蛮、半开化、文明三时期的各自特征；其余三部分就有关家族、财产和国家三者的起源和进化，在大量引证历史资料的基础上，分析、揭示了人类社会的发展规律，着重指出："资本主义的大生产，不仅为将来共产主义社会准备了各种必要的条件，而且为她自己养成了最大多数的掘墓人——近世无产阶级。"进而断言：资本主义社会"必然崩溃"，"世界革命的成功，只是时间迟早的问题"。生动而通俗地宣传了科学社会主义的理论。收入《蔡和森文集》。

《三民主义之哲学的基础》 现代戴季陶著。1925年7、8月间发表于《民国日报》副刊《觉悟》上，同年以《孙文主义之哲学的基础》为书名，由民智书局刊印单行本。1945年改题为《三民主义之哲学的基础》，由中国文化服务社北平分社重版。谓孙中山三民主义的思想基础是"民生哲学"。认为"民生为宇宙大德之表现，仁爱即民生哲学之基础"。宣称孔子就已"组织了一个民生的哲学"，《中庸》是其"原理论"，《大学》是其"方法论"，由此列出了以诚、智、仁、勇为主干的"民生哲学系统表"。认为孙中山是把孔子的"民生哲学""完全继承起来发扬光大"，"完全是中国的正统思想"，而且是"对欧洲文化的基本思想来宣战"。认为："马克思的唯物史观能够说明阶级斗争的社会革命，不能说明各阶级为革命而联合的国民革命。中山先生的民生哲学，不但是可以说明各阶级为革命而联合的国民革命，并且把一切的革命历史，都在这一原则下面解释出来。"以此指责共产主义不合中国国情，强调"纯正的三民主义"才是唯一的救国真理。该书和他接着发表的另一本著作《国民革命与中国国民党》，成为当时"戴季陶主义"的代表作。收入《戴季陶集》。

《孙文主义之哲学的基础》 即"《三民主义之哲学的基础》"。

《力行哲学》 现代蒋介石著。系汇集1932年5、6月间他在南京纪念孙中山的周会上所作的讲演而成。于1939年出版。其中《自述研究革命哲学经过的阶段》和《革命哲学的重要》两篇集中表述了他提倡以"行"或"力行"为立国精神的人生哲学和政治哲学。以后又写成《行的道理——行的哲学》，编入《力行哲学》新版中。提出"古往今来宇宙之间，只有一个行字才能创造一切"，这样以"行"为一切之本源的"力行哲学"是王守仁"知行合一"和孙中山"知难行易"相组合而成，认为这两个学说来源于《大学》的"八条目"，即格物、致知、诚意、正心、修身、齐家、治国、平天下，"中国几千年来的伦理哲学、政治哲学都是从这里出来的"。由此以"诚"作为力行哲学的核心，"只要以至诚去行，就必能笃行实行，唯有笃行实行，才能算是行"。力行哲学的目标是"行仁"，而"行仁"的原动力是"诚"，"有了诚，就只是一心不乱的去行仁；不知道有什么艰难和危险"，"古人所谓有杀身以成仁，无求生以害仁，这是我们力行的本义"。归结起来，"力行哲学"是要"后知后觉，以及不知不觉的人们，只是跟着先知先觉的人们去行"，而且是至诚笃行，不惜杀身成仁。

《古史辨》 现代顾颉刚、罗根泽等编著。1926年至1941年间编辑出版的研究、考辨中国古代史的论文集，全书共七册。是"古史辨派"研究成果的汇集。1923年5月顾颉刚在《读书杂志》上发表了《与钱玄同先生论古史书》，提出"层累地造成的中国古史"说，引起史学界众多学者就相关问题持久的考辨议论。以此为标志，引发了古史辨运动。后来这些关于中国上古史的争论考辨文章，从1926年到1941年的15年间，被陆续编辑成《古史辨》七册。其中一、二、三、五册为顾颉刚编著，四、六册由罗根泽编著，七册上中下三编由吕思勉、童书业编著。共收入20世纪二三十年代史学界研究中国古代史、考辨古代史料的文章350篇，计325万字。内容包括对《周易》、《诗经》等经书的考辨，对儒、墨、道、法诸家的研究，对夏以前有关古史传说、"阴阳五行说"的起源、古代政治及古帝王系统的关系的考辨和研究，等等。该书展现了"古史辨派"在古史研究中的成绩和贡献。1982年上海古籍出版社重印了全书七册。

《五德终始说下的政治与历史》 现代顾颉刚著。1930年6月发表于《清华学报》，后收入《古史辨》第五册中。该文在方法论上明显受到晚清今文学派的研究方法，尤其是康有为今文经学的影响，认为刘歆所作的《世经》，是媚莽助篡，《世经》里排列的古帝王的五德系统，是出自刘歆的伪造。从刘歆助莽篡汉而伪造群经诸史出发，进而判定战国及秦汉都曾出现"造伪思潮"。该文的基本观点受到了钱穆等人的批评。钱穆写有《评顾颉刚〈五德终始说下的政治与历史〉》，认为无论是政治还是学术，从汉武帝到王莽，从董仲舒到刘歆，只是一线的演进和生长，绝非像晚清今文学家和疑古派所说的其间必有一番盛大的伪造和突异的解释。指出顾颉刚及其古史辨派学者"应用历史演进的原则和传说的流变来加以说明，而不必用今文学说把大规模的作伪及急剧的改换来归罪刘歆一人"。

《秦汉的方士与儒生》 现代顾颉刚著。20世纪40年代出版，初名《汉代学术史略》。共分二十二章。讲述了经学中的今古文问题，通经致用，阴阳五行、封禅、神仙方士，谶纬的造作和内容。经书的编定及古史系统的整理等各方面的问题。涉及汉代学术的各个方面。对研究历史、哲学、思想史、经学及谶纬等均有一定的参考价值。1957年上海人民出版社以今名印行。

《纬史论微》 现代姜忠奎著。为十二卷。第一卷讲述谶纬的名义、起源和评价。二至四卷述上古到西周的巫祝卜史及战国秦汉间的阴阳家和方士以及秦皇汉武迷信神仙之说。第五、六卷论述经学与纬学关系及东汉谶纬之兴盛。第七至九卷论述东汉末到南北朝时期的谶纬学及谶纬与佛道的关系。第十卷述隋唐查禁谶纬。第十一卷述谶纬为道教所吸取及影响、明清以来对谶纬的辑佚和研究。第十二卷论述谶纬的价值。此书内容丰富，资料翔实。对资料搜集颇有功力，而少分析论断。可以说是一部系统地论述谶纬学的资料汇编，对研究中国哲学史、宗教史均有参考价值。1935年印为石印本六册，流传不多。今有影印本和排印标点本。

《人生哲学》 现代李石岑著。原定上、下两卷，只写出上卷。1926年商务印书馆出版。认为哲学并非全是人生哲学，但人生哲学在哲学全体中居中心地位；人生哲学亦与伦理学有所区别。规定人生哲学必须讨论人生的现实、理想以及意义和价值诸问题，提出要注重研究民族的人生哲学，认为这是理解他民族(如东西方民族)的根本。在研究方法上，主张应循"个人生活—家族生活—社会生活—宇宙生活"的次序，对人生哲学作多方面的考察。又对西方从苏格拉底到托尔斯泰，中国从孔、老、墨到戴震及梁漱溟的人生哲学观点作了介绍和评析。是20世纪20年代有关人生哲学研究的代表性著作之一。

《哲学概论》 现代李石岑著。1933年世界书局出版。原为暨南大学哲学课讲义，经整理并附加评论而成书。全书分《绪论》、《形上学》、《认识论》、《新唯物论》四编，对西方哲学史上自古希腊至近现代尼采、柏格森、实用主义、新实在论、新康德主义等各哲学流派的主要观点、命题作了论述和评析，"主重说明西洋哲学的各种问题，并及于各种术语的解释"。认为"哲学不是突然发生的，也不是无中生有，它的发生和发展都有必然的路径"。介绍了辩证唯物主义的某些原理和观点，"以见哲学的新趋势"。指出"新唯物论""受黑格尔辩证法的影响很大"，又"有费尔巴哈的唯物论的因子，却是本质上完全不同"，承认新唯物论是"方法论的科学"，并预测"在现在和最近的将来将有一个光华灿烂的发展"。"唯物论的辩证法为最正确的方法，因其能把握宇宙发展的全部"。总体上是阐发哲学领域的主要问题和原理，而每编每章每节都贯穿着对这些问题和原理的历史叙述，较好地把哲学与哲学史结合在一起。此书还反映了20世纪30年代后作者哲学思想的转变。

《中国哲学十讲》 现代李石岑著。据1932年福建教育厅暑期讲学会讲演稿整理。1935年世界书局出版。共十讲：《绪论——中国哲学和西洋哲学的比较研究》、《儒家的伦理观》、《墨家的尚同说及其实践精神》、《道家的宇宙观》、《名家之观念论的辩证法与形式论理》、《中庸的哲学》、《禅家的哲理》、《什么是理学》、《体用一源论》、《生的哲学》。全书表现了以辩证唯物论为指导思想研究中国哲学的探索。认为应以对于"什么是物质"的回答来决定哲学的性质，把中西哲学发展分为成长期、嬗变期、发展期，从辩证法、唯物论、辩证唯物论三方面把握中西哲学的内容，指出中国哲学"有辩证法，也有仅少的唯物论"，但由于社会条件的关系，所以没有辩证法的唯物论，只是"中国的哲学现在将要开始走辩证法的唯物论的步式"。运用中、西哲学比较的方法对中国哲学进行了叙述和评析。注意分析中国哲学产生的社会背景、阶级基础，指出"儒家既以拥护封建组织为职责，当然不能不提出它的十足的唯心论，用它的唯心论以掩盖其对小人羁縻和剥削的痕迹，正如希腊时代的三哲人用他们的观念论来掩盖其对奴隶羁縻和剥削的痕迹一样"。在批判儒家和"新儒家"即宋明理学唯心论和形而上学的同时，亦对其中的某些方面予以肯定，指出程朱的格物穷理，"对于中国尊重知识、尊重考证的学派也是影响很大的"。较早论证了王夫之在中国哲学史上的地位，指出船山"思想体系之伟大，实非孔、孟与宋儒之思想所能范围"，而"此后颜习斋的实践精神，似与船山重'行'的思想相一致；而戴东原的生的哲学，则直接由船山的重'动'的思想推演而成"，强调"像船山这样伟大的思想体系，在中国哲学史上，是值得我们替他大书特书的"。指出王夫之、颜元、戴震讲知行仍有时代局限性，即"仍只是个人的实践，谈不上社会的实践"。对道家哲学也提出自己的见解，认为道家将宇宙观、认识论和辩证法看作一件东西是其强过其他各派哲学之处。为"五四"以后较早以辩证唯物论系统研究中国哲学发展史的著作。

《人生观ABC》 现代张东荪著。1928年世界书局出版。自称要为人生问题提供"阶梯和纲领"。认为人生观就是对人的生活"作知的静观"和"行的决定"而"成一种综合的看法"。主张以进化的观点看待宇宙和人生，视"人生是随着宇宙的创造进化的大潮流而行"，其意义只在"创造"。强调"一切人生问题都是以我为出发点"，由"无我"而"自我"达到"真我"的境界。又提出以"最小限度的满足"为原则处置人的本能欲望，以文化、伦理作手段"引导"和"移升"人的本能，"陶冶自己、醇化人性"，实现贡献较高的"做人之道"。强调要保存中国的礼教，用"东方的理学修养"征服"人类原有的野性"，"修正文化的弊病"，以救治社会。反映了作者"五四"后试图以中国传统文化作为构建新人生观重要根基的倾向。

《新哲学论丛》 现代张东荪著。1929年商务印书馆出版。融合西方各家哲学、现代自然科学中的哲学问题以及佛学思想，自成一种宇宙论、认识论、人生观的哲学体系。介绍了西方各派哲学的认识论观点，不赞成西方的意志主义，而赞成西方的理智主义，强调理智的开发是人类文明的动力。从认识论和本体论一致的基点上讨论了"物"、"生"、"心"等概念,提出了"架构论"的宇宙观,据此考察宇宙进化问题,阐述了"层创的进化论",并进一步分析人类社会进化的历程,强调"进化即是'自由'的逐渐增高",如老牛拉车,慢慢改善,社会会一天天好起来的。最后转入人生观问题的讨论,认为既不是礼教吃人,也不是物质文明使人沉沦,而是私欲吃人;为此提倡"化欲"或"移欲",即把人们低下的原始本能升华,转移到高尚方面去,这种化欲或移欲就是文化的作用,也是文化的本身。另有部分篇幅评述了当时流行的唯用论、新实在论、批判的实在论等哲学思潮和流派。在20世纪30年代有较大影响。

《道德哲学》 现代张东荪著。1930年中华书局出版。自称注重"思想之基础","根据原著提取需要","藉问题之迭变以明思想之进化"。共六章,第一章为序论,后五章分别论述"快乐论与功利论"、"克己论与直觉论"、"厌世论与自主论"、"同情论与进化论"、"完全论与自我实现论"等道德哲学的重要问题。吸收19世纪德国心理学家冯特的思想,提出"综合论的伦理学"。主张以文化解释道德,视"道德者文化之一方面",相对于经济、政治、学术而言,道德是"对于行为方面有所'律则者'"。又应用康德的"实践理性"观念说明道德的来源及其进化,进而划分"习俗道德"(群体道德)、"个人道德"(公民道德)、"理性道德"(反复思考之道德)为道德进化之三时期,以理性道德为"最高的道德",并充实于儒家传统的"诚"、"仁"等概念作为基本内容。针对当时有人片面理解道德的作用,主张"道德在一方面为绝对不可缺","他方面又不能仅恃道德一端"。认为"道德有创造与抑禁之两方面","两方面之作用同样不可忽视",又强调"欲使文化常进而其中之个人无有堕落,则惟有以道德与法律教育等相辅而行"。反映了作者在道德与文化、道德的进化、道德的社会作用方面的独特见解。

《价值哲学》 现代张东荪著。世界书局1934年出版。着重探讨西方哲学演变过程中的价值观问题,论述价值的本质、意义及其和真、善、美的关系。以为哲学史主要在追寻人类"连接不断"的"思想线索",并用本体论—认识论—价值论来贯穿人类哲学史,指出"现代哲学研究的趋向,大体是集中于价值论的研究,尤其是以价值论来吸收伦理学"。是中国现代哲学界较早的价值论专著。

《认识论》 现代张东荪著。世界书局1934年出版。共五章。作者称前四章"是门人王光祥根据Gamertsfelder 和 Evans 的《哲学基础》(Fundamentals of Philosophy)的一章所写下来的"。第五章《认识的多元论》"是我个人的主张,我这主张寓之于心中好多年,现在愈想愈觉得有些自信"。这种多元认识论,既不同于把能知吸收于所知或所知归并于能知的一元论,亦不同于只承认主观和客观对立的二元论,而是认为认识是由外界的条理、内界的先验直观方式与先验思维方式以及经验的概念、感觉等多种并列因素合并的产物。自认为"我的认识多元论大体上仍是循康德的这条轨道",但重点却不同,这重要之点就是把多元认识论的研究对象确定为研究知者与所知的中间那一段,"以明其共有若干层,以及各层如何相互作用"。提出"知识乃是感相与格式以及设准等'合并的产物'",即只是一种主观想象。认为认识并不是能知与所知之间简单的直接关系,而在其间还有复杂的现象和关系,要经历格式—设准—概念及其证实—条理—真外物。宇宙只是空的架构而无实质,有物理而无物质,有生理而无生命,有心理而无心灵,而架构的构成不是完全自然的,必须有认识的作用参加其中,即主张哲学的宇宙论包含在认识论之中。本书出版后,引起广泛注意,又有英译本刊行,在国外产生一定影响。

《知识与文化》 现代张东荪著。原为作者在燕京大学的讲义,1941年编定成书,1946年上海商务印书馆出版。除《绪论》和书末《结论》两部分外,共分三编,并有《附录》五篇。《绪论》指出:"本书的目的在想建立一种独立的知识论",意在"不想以知识论作为形而上学之序论或是奏曲"。要建立一个与"知识论不在居首的地位"的中国传统哲学相契合的文化哲学。第一编,"从知识而说到文化",论述关于知识的性质问题,认为不明知识的性质绝不能了解文化是什么,所以文化社会学必须从知识论讲起。认为知识本身即是文化,因而文化与其说是偏于行为,毋宁说是偏于知识。第二编,"从文化而说到知识",论述关于知识的制限问题,即研究个体之知识如何受社会文化的影响,认为个人的心理、可能的态度等都在无形中受历史性与环境的支配。从言语、逻辑、哲学、社会思想、衡量知识是否是真理等方面分析了社会文化对知识的制限作用。第三编,"中国思想之特征",从中西思想的根本差异、中国思想的社会背景、中国哲学的范畴等方面论述中国思想的特征,尤其突出强调中国思想最重要的特征是没有本体论而有整体论。"本体"和"整体"是有区别的,"本体是指万物的'底子'(Substratum),而整体是把宇宙当作'一个'。"这三编的关系是:第一、第二编相互关联,"是本书的心核",第三编"是为前两部分之补充的说明之用",为前两部分作例证;所以全书"确有一个系统"。《附录》五篇文章,均与本书主题相对，并提出了一些独到见解。

《思想与社会》 现代张东荪著。为《知识与文化》之"续编"。1946年商务印书馆出版。除《序论》、《结论》外，共九章：《泛论概念》、《三种知识系统》、《形而上学之性质》、《思想与社会组织》、《中国的道统儒家思想》、《中国的道统理学思想》、《西洋的道统耶教思想与社会主义》、《西洋的道统民主主义》、《后顾与前瞻》。《序论》称："本书的原计划是想只限于说理，即纯粹讨论学理，而不想涉及'时论'性质的议论。换言之，即不想对于中国问题拟一个解决方案"，但是，实际上"于纯理之中便包括有替中国今后开出一条路的意思在内"。认为此书找到了将哲学与政治即学术与现实打通的路径，其路径是：论证思想与社会之间的关系；由此分析中西文化与各自所处的社会的关系；再进一步指出中国文化发展的方向。前四章认为"以哲学为代表的理论知识与有社会性的实际生活之关系"需要从两个方面去认识，即一方面要认识"人们的理论知识在哪些地方是由社会所左右的"，另一方面要认识"社会受思想左右的地方"；前一方面是就"思想被决定而言"，"属于被动方面"，后一方面是就思想对于社会实况与人事行为的"指导力与影响力"而言，表现了"主动方面"。但这种被动与主动的说法只是为了"分析上的便利"，"实际上思想与社会结构是永远交织在一起的"，而非"片面的依靠"。第五至八章分析中西"道统"为各自的社会所决定又对各自社会产生影响，从而形成了差异。第九章则由两者之差异提出了中国文化今后的方向。认为中西道统虽有民族性差异，但主要是"文化发展之阶段上"的高低之别，接受西方道统犹如"高地的水向低地流一样"。提出以采纳西方民主主义道统为中国文化发展的正路。强调中国所要走的民主主义是把真正的民主主义与真正的社会主义合而为一，并非世间流行的"所谓社会民主主义"。认为采纳西方道统，并不是完全抛弃中国道统，而是"将儒家精神只限于为内心的修养而重新提倡起来"，这是民主主义所需要的，因为"民主主义是由道德力而推动的"。强调中国文化走向"社会主义的民主主义"关键在于发挥"士阶级"的职能，即把士阶级当作全社会之造新血的机关。在分析中国道统时，对"仁"、"义"、"理"、"性"、"礼"、"天"、"道"、"德"、"气"等概念的剖析，有独到见解。有张君劢所作长《序》。

《理性与民主》 现代张东荪著。于抗日战争期间继《知识与文化》、《思想与社会》后所作。1946年商务印书馆出版。共六章。《序论》声明："本书的主题和前二书的主题"不同之处在于，"本书之目的在建立一个民主主义的人生观与社会观"。认为民主主义是个复杂的东西，仅从政治或法律或社会来讲必都是不够的，它包含政治、经济、社会、道德、宗教、法律等各个方面。由此分析了进步、理性、人格本位、公平、平等、自由等基本概念，认为这些是西方民主主义文化的基石。其中最为重要的是理性，民主主义同时必是理性主义，即在民主主义之下只有讲理，亦唯有在讲理的人群生活中乃能建立民主制度，二者相倚为命的。认为中国要变为民主却不是一件容易的事，因为这样的文明在中国历史上没有十分可靠的根基，尤其是中国文化中没有与民主主义紧密联系的"理性"概念，中国文化所谓"理"只是"条理"(order)而不是理性(reason)；前者由表示伦常程序的"礼仪"脱胎而出，并含有"天命"之意，后者主要从"智"的观念而出，是由智慧而得，与知识相关。主张学习西方的理性主义，为走向民主主义奠定思想文化根基。同时认为儒家思想"关于个人内心修养"的部分，对于民主主义文化仍有价值，因为民主主义是"纯粹出于道德的动机"，儒家注重个人内心修养，对于培养道德的"理想中人格"是十分重要的，"所以在中国如果真能对于民主有了解的人必定是儒家学说与民主主义相合"。由此认为在中国社会各阶级中，唯有"士阶级"足以成为中国走上民主主义道路的领导者、承担者，因为这个阶级"一是代表理性主义，二是代表道德主义"，但是由于士阶级在近三百年间早已腐烂，所以要对其加以"特别训练"。强调中国"必须彻底实行民主主义"，这种"彻底"表现为社会主义与民主主义合一的"社会主义的民主主义"。主张实行"社会主义的民主主义"须采取"渐进"方式，因为文化本身具有潜在的"涩力或惰性"，"由文化的惰性遂使一切改革都有反动力，凡前进愈猛，则其后退亦因而愈速"，所以必须"把革命的理论矫正过来"。

《人生哲学》 原名《人生理想之比较研究》。现代冯友兰著。此书前半部分是他以英文写成的博士论文《天人损益论》(又名《人生理想之比较研究》)的中译本，后半部分内容大体与《一种人生观》相同。1926年9月商务印书馆出版。认为批评人生"为哲学之所由起及其价值之所在"；强调"真正的哲学总是对于宇宙人生的道理有一点了解"，并据此确立人生批评之标准。认为东西方哲学及其哲学上的争辩全在"天然或人为"，在比较东西方各派哲学的基础上，统一划分为"损道"(以世界上的好归之于天，不好归之于人)、"益道"(以世界上的不好归之于天，好归之于人)和"中道"(以为天然人为本不冲突，应以人为辅助天然)三派，并以天、人、损、益的排列次序，概括评析了三大派衍化出的世界哲学史上十个重要派别，自称“依所谓中道诸哲学之观点，旁采实用主义及新实在论之见解”，提出“一个新人生观”，即中道人生观。反映了作者从事中西哲学比较研究的思想指导和初步成果，为后来构建新理学体系作了准备。收入《三松堂全集》。

《中国哲学史》 现代冯友兰著。1931 年上海神州国光社出版上册，1934 年商务印书馆出版上、下册。为中国一部较早、较完整而有影响的中国哲学通史著作。将中国哲学史分为“子学时代”和“经学时代”，自成一说。认为中国哲学的特点是：“中国哲学家多未有以知识之自身为自有其好”，“多讲内圣外王之道”，“逻辑在中国亦不发达”，“中国哲学家之哲学在其论证及说明方面，比西洋及印度哲学家之哲学，大有逊色”。主张治中国哲学史的方法，“即是要在形式上无系统之哲学中找出其实质的系统”。并注意寻找哲学家思想的中心观念及其条理次序，对每一学派之兴替及各家变迁演化概况亦作说明，大致勾画出中国哲学发展的轮廓，对中国哲学史成为一门独立的学科起到奠基性作用。提出的一些见解对以后中国哲学史研究有很大影响。如把先秦名家分为惠施“合同异”和公孙龙“离坚白”两派；将先秦法家分为重势、重术和重法三派，由韩非集大成；老学与庄学有异，前者重分别，后者主张无异无别；佛教分为客观唯心论和主观唯心论，前者为华严宗，后者为唯识宗；将北宋二程哲学以客观唯心主义和主观唯心主义相区分，大程为心学先驱，小程为理学先驱；清代汉学之义理学仍是宋明道学之继续。注重中国传统哲学概念的分析梳理，如指出“天”有五种含义；公孙龙的“指”即“共相”；理学的“理”、“气”如古希腊之“形式”、“质料”；理学家之理是超越的，王夫之、戴震之理是内在的。该书出版后，亦有评论提出批评意见。作者以后认为此书有两大弱点：一是讲佛学失之肤浅；二是讲明清时代失之简略。有英译本在美国出版。收入《三松堂全集》。

贞元六书 又名“贞元之际所著书”。现代冯友兰于抗战时期所著《新理学》、《新事论》、《新世训》、《新原人》、《新原道》、《新知言》六书的合称。自谓取“贞下起元”之意，强调抗战时期即为中华民族复兴之际，认为值此民族生死存亡之时，中国过去的正统思想既能团结全民族，也能帮助中华民族渡过大难，“出现中兴”。故旨在通过对中华民族传统精神的反思，“接着讲”自己的哲学见解以建立“新统”。名为“六书”，实际是一部书，“义则一贯，所谓天人之际、内至外王之道也。”其中，《新理学》一书为总纲，《新原人》、《新原道》、《新知言》三书为其骨干，构制成一个“纯哲学的系统”。《新事论》谈文化社会问题，《新世训》论生活方法。新理学体系力求会通中西，对传统思想“继往开来”。肯定中国哲学的主流，就是由孔孟经董仲舒、玄学、禅宗到程朱理学的那个“极高明而道中庸”的“道统”，即达到崇高的“天地境界”又不离人伦日用之常，强调要“接着”这个“道统”，再施以西方新实在论和逻辑分析的洗礼，建立“新统”，获得现代形态。又以共相与殊相、一般与特殊的关系为主要讨论问题，围绕“理”、“气”、“道体”和“大全”等基本概念，联系社会的政治、文化的现实，阐发了“新理学”完整的理论体系。拟有贯通“内圣外王”之意。“六书”分别收入《三松堂全集》。

《新理学》 现代冯友兰著。1937 年成书于南岳、蒙自。初有石印本。1939 年上海商务印书馆出版。“贞元六书”之一。自谓该书“是‘接着’宋明以来底理学讲底”，故名。共十章。称“新理学”是“最哲学的形上学”。其基本概念是：理、气、道体和大全。认为实际事物所依照的是理（形式），所依据的是气（质料），理和气的结合，形成实际事物。理在逻辑上是先于实际事物的，是超时空的，理的总和为“真际”，亦称“太极”；作为构成实际事物之质料，可以被抽象为没有任何形式的“真元之气”，也就是“无极”。实际世界包括由气至理的一切程序，即“无极而太极”。“无极而太极”从动的方面名之曰“道”，从静的方面名之曰“宇宙”或“大全”。这四个观念都是通过逻辑抽象而得来，不对实际作任何肯定，因而不会被实际经验所否定。由此而构成的“新理学”是不会随时代的变化而变化的形上学体系。将逻辑分析方法运用于中国哲学，力求说明历史上各派哲学在使用这些范畴时的未来意义，并为这些范畴在“新理学”中的涵义作了明确的界定。把现代西方新实在论与程朱理学糅合起来，标志着现代新儒学重要的一个理论体系即“新理学”的建立。收入《三松堂全集》。

《新事论》 亦名《中国到自由之路》。现代冯友兰著。系发表于昆明《新动向》杂志的十二篇文章的结集。1939 年上海商务印书馆出版。“贞元六书”之一。自谓：“事者对理而言”，侧重讨论当时的许多实际问题，为“新理学”实际应用的一个例证。以《新理学》关于共相殊相的理论为指导，探讨文化社会问题，力图寻求民族自救的出路。称“五四”以来文化上的中西之争实际是古今之争。认为西洋文化之所以优越“并不是因为它是西洋底，而是因为它是近代底或现代底”。又认为中西之争，也“是城里与乡下之分”。提出西方是“以社会为本位的社会”，中国则是“以家为本位的社会”，故产生家族、忠孝、节烈观念，在“当时社会都是不得不然”。强调中国和西方不是两种特殊的文化，中国和西方是两种类型的文化，前者是“生产家庭化”类型的文化，后者是“生产社会化”类型的文化，中国文化的出路，是从前一种类型转换为后一种类型。认为清末人以为只要有机器、实业，其余可以“依然故我”，是“体用两橛”；民初人不知只要有了机器、实业，其余方面自然会跟着变，是“体用倒置”。由此对“中体西用”作了新的解释：“如所谓中学为体，西学为用者，是说组织社会的道德是中国人所本有的，现在所须添加者是西洋的知识、技术、工业。“我们的《新事论》的意思，亦正如此。”收入《三松堂全集》。

《新世训》 亦名《生活方法新论》。现代冯友兰著。原连载于昆明《中学生杂志》，1940年开明书店汇编出版。“贞元六书”之一。自称是“接着”《中庸》所说的“道”和宋儒的“为学之方”，论述不与道德规律相冲突的精神的或社会的生活方法。类似旧时的“家训”，只是在“以社会为本位的社会”中才称“世训”。认为理性、忠恕、中庸、敬诚等抽象概念是“放诸四海而皆准，行诸百世而不悖”的永恒准则，“中和的道理是通用于任何底社会”。主张以传统的道德训示为依据，再加上逻辑学的思想方法，去发现人生活中“本然底规律”，使人“有意地依照着生活”，试图为功利境界中人提供一种新的不同于宋儒和佛家的生活方法的理论，即“虽不违反道德底规律，而可以是非道德底”。收入《三松堂全集》。

《新原人》 现代冯友兰著。十章。原在《思想与时代》杂志上连载，1943年重庆商务印书馆汇编出版。“贞元六书”之一。是“新理学”在人生问题上的具体运用。认为哲学的责任在“寻求人生的意义”，而人生的意义与其存在和性质无关，只是就人对宇宙人生的觉解而言。认为各人觉解宇宙人生及各种事物的意义不尽相同，故构成各人不同的精神“境界”。人依觉解程度的高低依次分为自然、功利、道德、天地四种境界。称自然境界中人因无自觉，是原始社会或儿童时代人所具有的境界；在功利境界、道德境界中，“人是自觉的”，两者的区别“在于为私还是为公”，即为利还是为义；而“天地境界”则“是从一个比社会更高的观点看人生”，依靠一种“纯思”——“就是以纯粹的共相为对象的思”，构成新的精神境界。处于“天地境界”的人不离日用人伦，但有更深一层的“觉解”，故能超越成败、顺逆，视贵贱生死为“无关轻重”，成为发挥“极高明而道中庸”传统的“圣人”，达到“乐天”、“同天”的境界。实际是依据“新理学”的“新统”观念，发挥正统儒家的人生理想，强调道德行为的自觉原则，同时认为“命是人所只能顺受，不能斗底”，有宿命论倾向。收入《三松堂全集》。

《新原道》 现代冯友兰著。十章。1945年重庆商务印书馆出版。“贞元六书”之一。《自序》称：“此书之作，盖欲述中国哲学主流之进展，批评其得失，以见新理学在中国哲学中之地位。”即以中国哲学主流传统的演进之陈迹，证明新理学是继之而起的“新统”，“世人可知新理学之称为新，非徒然也”。又称此书“非惟为《新理学》之羽翼，亦旧作《中国哲学史》之补编也”。即集中论证了中国传统哲学一以贯之的精神。认为中国哲学的传统或思想主流是追求“极高明而道中庸”的境界。“极高明”指这种境界超越人伦日用，是出世间的；“道中庸”指这种境界即在人伦日用中，是即世间的。该书以此作为中国哲学发展的主线以及评判各重要哲学派别价值的标准。认为道学即宋明理学达到了中国传统哲学“高明”与“中庸”相统一的最高峰，但其命题不是完全经过逻辑抽象，而是对实际有所肯定，所以还不是“极高明”。认为“极高明而道中庸”作为中国哲学的精神，其进展在汉朝发生逆转，至玄学始入正路，在清代又发生逆转，至新理学始入正路。它在应用方面，同于儒家的“道中庸”，在“极高明”方面，但它超过先秦儒家和宋明道学，是“经过现代的新逻辑学”洗礼的“全新底形上学”。有牛津大学休斯所译英文本，名为《中国哲学之精神》，于1947年在伦敦出版。收入《三松堂全集》。

《新知言》 现代冯友兰著。十章。1946年商务印书馆出版。“贞元六书”之一。侧重讲所谓“最哲学底形上学的方法”，即新理学的方法。《自序》称：其旨在“承百代之流，而合乎当今之变，‘新理学’继开之迹，于兹显矣”，试图从方法论上完善“新理学”体系。辨析中外哲学理论的方法，认为一种真正的形上学，必然是依据真正的形上学方法建立的。真正的形上学方法只有正、负两种方法。“正底方法”是“对于经验作逻辑的释义”，是一种“媒介”，使“那些不可思议、不可言说的，也就更加显著”。“负底方法”即“不说不可言说的东西是什么，而只说它不是什么”。如中国画中的“烘云托月”，用“反衬”、“烘托”的方法使人领会其中意义。围绕“气”与“大全”两个基本概念，论证了新理学的方法受到维也纳学派非难形上学的启示，但不同于维也纳学派对形上学的取消，而是用于构建形上学的真正的形上学方法。收入《三松堂全集》。

《中国哲学史新编》 现代冯友兰著。人民出版社出版。七册。相对于1949年前写的《中国哲学史》而言，故名。自称：20世纪50年代开始“在忏悔中重新研究中国哲学史”（《三松堂自序》），到60年代初出版了《中国哲学史新编》前两册。别称“试稿”。1980年起第二次重写“新编”，1982年开始出版修订本，至1990年出齐前六册，第七册先由香港中华书局名之为《中国现代哲学史》，于1992年出版，后由广东人民出版社于1999年出版校勘本。全书七册论述了先秦至20世纪50年代以前的中国哲学发展的历史。以古人所说“修辞立其诚”为准则，强调“直接写我自己在现有的马克思主义水平上对于中国哲学和文化的理解和体会，不依傍别人”。根据列宁所说：哲学史“是全部知识领域的历史”，以为“哲学史中的大哲学体系都是一套人类精神的反思”，包括自然、社会、个人的人事及相互间关系的问题，故定“新编”的研究对象较一般哲学史为宽泛，是一部“以哲学史为中心而又对于中国文化有所阐述的历史”。该书论述重点有三：(1)“具体地说清楚一个哲学家的哲学体系”；(2)探讨一个哲学家如何“经过一段理论思维”而得出“对于某一问题”的结论；(3)分析“哲学家们所提供的世界观”，使读者得到一些“受用”或教训。与早年两卷本《中国哲学史》相比，“新编”的显著特色主要是：不以人物为纲，而以时代思潮为纲；以共相与殊相、一般与特殊问题为贯穿整部中国哲学史的基本线索；着重阐述中国哲学史中关于人的精神境界的学说。作者预计到某些观点可能不太被学术界广泛认同，因而自称之为“非常可怪之论”。收入《三松堂全集》。

《中国古代社会研究》 现代郭沫若著。1930年联合书店初版。为应用马克思主义的唯物史观研究中国古代社会的开拓性著作，由《中国社会之历史的发展阶段》、《周易的时代背景与精神生产》、《诗书时代的社会变革与其思想上之反映》、《卜辞中的古代社会》和《周代彝铭中的社会史观》五篇论文组成。该书《自序》指出写作的动机是：“对于未来社会的待望逼迫我们不能不生出清算过往社会的要求”。“中国的史料，中国的文字，中国人的传统生活，只有中国人自身才能更贴切的接近”，因此，“这时中国人是应该自己起来，写满这半部世界文化史上的空白”。该书以恩格斯《家庭、私有制和国家的起源》的研究方法为指导，参考美国学者摩尔根对美洲土著民族的分析，征引甲骨、金文和古籍文献，结合考古文物和地下发掘的材料，确定殷(商)代为中国历史之开幕时期。首次提出“西周社会奴隶制”说，并详实论证中国古代经历了西周以前的原始公社制、西周时代的奴隶制和春秋以后的封建制，分析了这几个社会形态之间的转变推移，肯定其发展程序和马克思主义揭示的社会发展一般规律相符合，以驳斥用“中国国情特殊”来反对马克思主义普遍性的论调。以唯物史观揭示《周易》、《诗》、《书》卜辞、彝铭等文献中表现的中国古代社会结构与思想意识，强调由此来“把中国实际的社会清算出来，把中国的文化，中国的思想，加以严密的批判”，以区别于胡適等提倡的“整理国故”：“‘整理’的究极目标是在‘实事求是’，我们的‘批判’精神是要在‘实事之中求其所以是’”；“‘整理’的方法所能做到的是‘知其然’，我们的‘批判’精神是要‘知其所以然’”；“‘整理’自是‘批判’过程所必经的一步，然而它不能成为我们所应该局限的一步”。该书对中国社会史论战、中国社会性质论战有重大影响，对后来的中国历史研究、中国哲学史研究有重大影响。作者以后在不断发现新材料和深入研究的基础上，对中国社会分期的某些论点作了必要的修正和补充。收入《沫若文集》和《郭沫若全集》。

《十批判书》 现代郭沫若著。因收十篇题为“批判”的论文而定名。1945年重庆群益出版社印行。为作者侧重研究先秦诸子思想的论文专集。《古代研究的自我批判》一文总结了作者初期的古史研究，对《中国古代社会研究》书中有关观点和文献、卜辞、古器物资料等作了修正。另收先秦孔墨、儒家八派、稷下黄老学派、庄子、荀子、名辩思潮、前期法家、韩非子、吕不韦与秦王政等“批判”九篇，提出了许多独到见解。如认为孔子的基本立场“是顺应着当时的社会变革的潮流的”，“企图建立一个新的体系以为新来的封建社会的韧带”；墨子在公家腐败、私家前进的时代，是袒护公家、反对乱党的，和孔子思想处于相反的地位；对前期法家持肯定态度，批判韩非的“法术”、“君主本位”和秦始皇的“极权主义”。强调对先秦诸子思想是非曲直的评判应以“人民为本位”，即以当时大多数人民的利益为标准去“批评古人”。指出“我之所以比较推崇孔子和孟轲，是因为他们的思想在各家中比较富于人的本位的色彩”。并由此认为要把先秦儒家和“下流无耻”的“后代儒者”区分开来，破除当代“‘新儒家’的迷执”。较系统地分析、评价了惠施、公孙龙、后期墨家等的名辩思想，肯定了先秦“辩者”逻辑理论的价值。收入《沫若文集》和《郭沫若全集》。

《青铜时代》 现代郭沫若著。系作者1934—1945年间研究先秦社会及学术思想的论文集。重庆文治出版社1945年初版。与《十批判书》为姊妹篇。共收《先秦天道观之进展》、《周易之制作时代》、《由周代农事诗论到周代社会》、《驳〈说儒〉》、《墨子的思想》、《公孙尼子与其音乐理论》、《秦楚之际的儒者》、《老聃、关尹、环渊》、《宋钘尹文遗著考》、《韩非子〈初见秦〉篇发微》和《青铜器时代》等十篇论文。

首篇《先秦天道观之进展》为作者运用马克思主义观点，对从殷人到战国末荀子的天道思想的演变所作的探讨，在中国思想史研究上有重要地位。在末篇《青铜器时代》中，作者已有殷周为奴隶制社会的见解。提出《管子》一书中的《心术》、《内业》、《白心》等篇为宋钘、尹文之著作，以及《老子》乃环渊所录老聃遗训等创见，在学术界颇有影响。该书《后记》强调唯物史观研究中国传统思想，要着重探讨社会史和思想史的关系，要还传统思想以历史的本来面目，既要批判传统思想本身，又要批判前人在研究传统思想中"一切凸面镜、凹面镜、乱反射镜的投影"这类的"歪曲"。收入《沫若文集》和《郭沫若全集》。

《哲学及其根本问题》 现代范寿康著。1930年7月初版。共分为三大部分。(一)为《自序》和《绪论》，表明作者基本的哲学主张在于"以宏深的康德哲学来指导达到求真的目的"，而对当时流行的实用主义、直觉主义及黑格尔哲学等都有所批评。认为哲学的真生命不在哲学家的种种学说之中，不在真理的结论，而在于彻底求真的整个思索，主张哲学研究的对象不是客观世界，不是研究与自我完全脱离的实在或本体，明确指出哲学是研究主观与客观关系的学问。(二)为《真》、《善》、《美》三篇，系全书的中心，是作者"据于自己价值哲学之观点而对于知识、道德、艺术等根本问题所作的一贯的说明"。(三)则是对康德的知识哲学、道德哲学、审美哲学的概要介绍，是作者在阅读康德的著作的过程中抄译"内容有当于吾心者"而成的文字。

《中国哲学史通论》 现代范寿康著。原为作者在武汉大学的讲义，1936年上海开明书店出版。分为六编。自谓"观点却与当时各家不同，主以唯物辩证法阐述我历代各家之思想"。认为中国历史经历了殷以前的原始共产时代、殷代奴隶制时代、周代封建制时代、自秦到鸦片战争的单纯商品经济制时代和鸦片战争后的资本主义制时代；与此相应，中国哲学也经历了种种兴衰与流变。认为《周易》从乾坤为宇宙万有基础到以阴阳取代乾坤，并用道加以综合，是从二元论而至于一元论；指出孔子是"以仁为一贯之道"的人本主义哲学；论证王充的根本思想大体为黄老的自然主义等。

《先秦辩学史》 现代郭湛波著。1932年中华书局出版。认为胡適的《先秦名学史》"有两个根本缺点，一是没有把'辩学'的系统弄清，二是所叙述的出了'辩学'的范围以外"，故撰写是书。强调哲学思想有印度、西洋和中国三支，哲学方法(逻辑学)也有印度"因明"、西洋"逻辑"、中国"辩学"三支。中国的哲学方法只有先秦时期才有，先秦荀子以后"辩学"亡绝。汉至明末则为"因明"，明末以后则是"逻辑"，而因明、逻辑均系舶来品。认为中国"辩学"起于邓析。邓析的"两可"之说是后来名家(辩者)如惠施、公孙龙等学说的出发点；其"无厚"之说"是讨论'有无'形名的问题"。认为惠施的"大同异"是辩证逻辑的思维，"小同异"是形式逻辑的思维。肯定公孙龙的"白马非马"说，认为"《墨经》从推理来讲，所以说'白马，马也。'公孙龙从概念来讲，所以说'白马非马'"。认为"辩学到了墨辩时代，已经到了一个最高的阶段"。"'以名举实，以辞抒意，以说出故'演绎方法和'以类取，以类予'归纳法……是墨辩的两个根本法则。"认为荀子虽主"正名"，但与孔子的"正名"不同；孔子"正名"只有伦理的政治的意味，荀子"正名"则是"以一持万"，"以类度类"的演绎的名学。该书对先秦哲学研究有重要参考价值。

《近五十年中国思想史》 原名《近三十年中国思想史》。现代郭湛波著。1935年北平人文书局出版。1936年作部分修改和增补后，改名再版。共八篇。自称用"新的科学方法——即唯物辩证法和辩证唯物论"说明近代中国五十年的思想变迁，并强调在今日只有这种方法能解决问题。前三篇从纵向上分三个阶段叙述甲午之役至当时近五十年间各主要思想家的政治观点、哲学思想及其在思想史上的地位和贡献。后五篇从横向上分为思想方法、旧思想之整理与批评、思想论战、对西方思想包括马克思主义介绍等五个方面叙述中国近五十年思想的发展。较为客观地再现了甲午之后五十年中国思想的轮廓。由于此书最初想写成《近三十年中国哲学史》，所以对于哲学方面的宇宙论、人生论、方法论较为侧重。是"五四"以后较早系统研究中国近代思想史著作，对中国近代思想史、哲学史的研究有参考价值。现有重版排印本。

《经学抉原》 蒙文通著。1933年商务印书馆出版。该书以写作先后为序，收录了作者各个时期的经学论述，如《经学导言》、《经学抉原》等。全书讨论几个经学流派的异同，分旧史、焚书、传记、今学、古学、南学北学、内学、鲁学、齐学、晋学、楚学、文字等，另附议蜀学。因他曾师从廖平、刘师培，故最推崇廖平。认为廖氏以礼制判分今、古，从而使汉儒在礼制上的分歧，大部分可从今、古文学派的不同得到解决，这是近世经学上一大贡献。但又认为经学何以有今、古之异，廖氏虽屡变其说也未能使这一问题获得解决。由此著该书，对廖氏《今古学考》中已萌蘖之鲁学、齐学、燕赵学，加以发展，大倡鲁学、齐学、晋学、楚学，认为学派之异与各地之传统文化密切相关，以今文学源于汉初之鲁学、齐学，而古文则源出三晋；以鲁学为孔氏嫡传，齐学虽与鲁近，但已出入诸子，杂而不存；至于三晋古文，则多非孔氏所传。收入《蒙文通文集》。

《群经概论》 现代周予同著。1933年商务印书馆出版。分为导论和本论两部分。导论阐述了“经的定义”和“经学的派别”。认为经学可分四派：西汉今文学派、东汉古文学派、宋学派和新史学派。其中西汉今文学派与东汉古文学派关于经的定义问题争论激烈，各有主张。今文学派认为经是孔子著作的专名。孔子以前不得有经，孔子以后的著作，也不得冒称为经。他们以为只有《诗》、《书》、《礼》、《易》、《乐》、《春秋》是孔子手作，可以称经。而《乐》在《诗》与《礼》中，本没有经文，所以实际只有“五经”之说可以成立。古文学派认为，经是一切书籍的通称，不是孔子的六经所能专有，经、传、论的差异不在于著作者身份的差别，而是由于书籍版本长短的差异。本论部分分别阐述了易经、尚书、诗经、三礼——周礼、仪礼和礼记、春秋——春秋经与左传、公羊传、穀梁传、论语、孝经、尔雅、孟子等经书。该书通过对十三部经书逐一解剖，从名称、作者、篇第、种类、内容到学派的源流演变作了简明扼要、深入浅出的论述，至今仍为了解“十三经”的一部较好入门书。收入《周予同经学史论著选集》(后改名《周予同经学史论》)。

《左派王学》 现代嵇文甫著。1934年开明书店出版。系作者在北京大学任教时所编《明清思想史》讲义的一部分。认为“王阳明是中国近古思想史上一位极有光辉的大人物。由他所领导起来的一种学术运动，是一种道学革新运动，也是一种反朱学运动”，“这次革新运动，发端于白沙，而大成于阳明”。王阳明“处处是打破道学的陈旧格套，处处表现出一种自由活动的精神，对于当时思想界实尽了很大的解放作用”。王阳明门人王畿、王艮一派将这思想解放作用发扬光大，即所谓的左派王学，与聂双江、罗念庵一派对王学之右的修正相区别。左派王学发展到极端就是“狂禅”派。认为左派王学的历史地位，“颇有些像欧洲宗教改革时代的许多‘异端’。他们都受下层社会的影响，都富于自由精神，富于反抗精神，却也不免有些怪诞，而又都只是替后来新统治者作驱除，旋被镇压下去。历史的发展是辩证的。当下层社会还没有达到他大放光明的时代，他这点幼稚的产品只好仍在这漫漫长夜中埋没一时！”此书对王阳明的研究有较大启发性。收入《嵇文甫文集》。

《船山哲学》 现代嵇文甫著。1936年开明书店出版。分上下两篇，分论王夫之的性理哲学和历史哲学。认为王夫之性理哲学可用“天人合一，生生不息”来概括；是“宗师横渠，修正程朱，反对陆王”；如果说程朱是“正”，陆王是“反”，清初诸大师是“合”，王夫之在这个“合”的潮流里，极力反对陆王，以扶持道学的正统，但正统派的道学在他那里，却又变成另一副新面貌，带上新时代的色彩。认为王夫之历史哲学既不同于驺衍的五德论、董仲舒德三统论和邵雍德元会运世论等“气数史观”，也不同于程朱的“天理史观”，而是依据天人合一论和理势合一论，把天理和人情事势打成一片；但也有极端民族主义等缺陷。此书是第一本以马克思主义观点研究王夫之哲学的著作，对王夫之哲学研究有较大影响。收入《嵇文甫文集》。

《五十年来中国之新史学》 现代周予同著。1941年2月发表于《学林》第四期。该书以政治、文化、学术等为背景探讨中国的史学变迁。作者把中国史学的演变分为四期：萌芽期、产生期、发展期、转变期，前三期称为旧史学，第四期称为新史学，认为新史学可分为史观派和史料派。作者认为新史学产生的学术背景是，当时士大夫们把明亡清兴的原因归罪于王学(王阳明一派)的空疏，所以清初的学术思想界共同的一点就是对“王学的反动”，即“消极的修正‘王学’，积极的提倡民族思想”。主要分为三派：以颜元为代表的主张实践，反对冥想与诵读的“由行而知派”；以顾炎武为代表的主张以文字训诂治经学，以经学矫正理学，上达于孔子之道，以挽救民族衰亡的吴中派；以黄宗羲为代表的主张以史学充实理学，补救王学的空疏，而同时借史学以提倡民族主义，保存晚明文献，以寄其反清复汉热望的浙东派。就对王学的修正而言，“颜元是左翼，顾炎武是中军，而黄宗羲是右翼”。作者认为追溯现代新史学的渊源，“第一须追念黄宗羲”。就新史学产生的政治背景而论，作者认为，康、雍、乾三朝统治政策的成功及对士大夫们威逼利诱政策的成功，一般的考证学者与其说是“治经”，不如说是“考史”。而到清朝末年，士大夫们重新鼓起“经世”的热情，代表人物是章炳麟与康有为。关于新史学的文化渊源，作者认为主要是起于乾、嘉而发展于清末的今文学派。尤其是康有为，他的《孔子改制考》一书是经今文学给予史学以转变动力的重要著作。直接受经今文学的启示，而使中国史学开始转变的是梁启超、夏曾佑和崔适，而使中国史学完全脱离经学的羁绊并独立的是胡適。该书还对疑古派、考古派、释古派的代表人物及观点进行了评析。收入《周予同经学史论著选集》(后改名《周予同经学史论》)。

《传统历史哲学之总结算》 现代张荫麟著(一说为译著)。原载《国风》杂志2卷1期(1993年

1月1日），后以《论传统历史哲学》为题载于《思想与时代》月刊第19期（1943年2月）。认为以往各种不同历史哲学派别的相同性质，在于"认定过去人事世界之实在而探求其中所表现之法则"。由于对不同法则的认可不同，因而形成各种不同的历史哲学流派。据此，将历史法则与历史哲学区分为五类与五派：历史之计划与目的——目的史观；历史循环律——循环史观；历史辩证法——辩证史观；历史演化律——演化史观；文化变迁之因果律——变化、变迁之因果律（理想史观、唯物史观、气候史观、人物史观）。认为目的史观的历史哲学，就是"认定全部人类历史乃一计划、一目的之实现而担任阐明此计划与目的之性质"的历史哲学，其代表人物是黑格尔。对东西方流行的其他四种史观（目的史观、循环史观、辩证法史观、演化史观），逐次论析其本义，并加以叙述。否定历史必然性与规律性，不承认历史进化律的普遍性，并表现出对循环史观的深厚偏爱，说"吾人若以循环之观念为导引以考察人类史，则每可得惊人之发现。此则吾所确信不疑者"。

《论传统历史哲学》 即"《传统历史哲学之总结算》"。

《历史哲学教程》 现代翦伯赞著。新知书店1938年出版。1939年修订再版，增加"再版代序"《群众、领袖与历史》一篇。1990年由北京大学出版社出版"校勘本"。共六章。基本内容是从辩证唯物史观的角度，从理论上总结了中国社会史论战及其后十年的史学发展，批判了各种非马克思主义的历史理论以及马克思主义史学中的各种非科学的尤其是机械论的错误倾向，着重考察了历史发展的合法则性、历史的关联性、历史的实践性、历史的适应性以及群众、领袖在历史创造中的作用问题等。较全面深刻论述了历史唯物主义的主要命题，如"历史发展的规律性"，"一般性与特殊性、偶然性的关系"，"生产力与生产关系"，"基础与上层建筑"，"阶级与阶级斗争"，"客观条件与主观能动性"，"地理环境与人口、宗教诸问题对历史发展的影响"，"国家与革命"等，以及在"社会史论战"中提出的重大问题，如"亚细亚生产方法"，"奴隶所有者社会问题"，"所谓'商业资本主义社会'"，"从'道德论'到'暴力论'"等。书中所评介的人物，有胡適、顾颉刚、陶希圣、李季、郭沫若、吕振羽等。该书迄今仍是中国马克思主义史学家阐述马克思主义历史哲学的重要著作。

《历史哲学论丛》 现代常乃德著。1944年商务印书馆出版。是阐述作者的历史文化哲学和生物史观的代表作。主张历史与哲学不可分，两者合作才能构成活灵活现的人生，"创造宇宙和人间的只有哲学家和历史学家"。认为史学就是必须对于历史这一件整个的事实加上理解的作用。历史是一种有机生命，其生长经历了传奇化的历史（艺术化的历史）、教训化的历史（伦理化的历史）、考证化的历史三个阶段。史观是人类对于过去自己作成的历史的一种系统理解，今日所知的历史是属于现代的。文化是自然演化的结果，是帮助种族适应生活的工具，是整个有机社会的共同产物，对社会即种族集团有保护、凝固、延续和发展的作用。认为文化是不断演进的，落后的不好的文化应该抛弃。国家是有机生命体，因此，主张国家主义，强调必须以团体或国家集团来约束个体我，反对以个人主义为基础的西方民主政治。

《新唯识论》 现代熊十力著。1923年先在北京大学口头讲授，1932年以文言文本自印行世，流传极少。1938年起，由本人及其学生译成语体文，1942年印行上、中卷，1944年上、中、下卷全部成书，由商务印书馆发行。共九章。以发挥《周易》为本旨，综合宋明陆王心学和佛教大乘空宗法相唯识学，自成体系。为别于佛家唯识旧义，故以《新唯识论》名书。内容首立《明宗》章，为全书纲要。明确认定"今造此论，为欲悟诸究玄学者，令知一切物的本体，非是离自心外在境界，及非知识所行境界，唯是反求实证相应故"。即究万殊而归一本，要在返之此心，排除理智，强调内心证会。以为实体即本心，论证"万法唯识"，在此前提下，提出"翕辟成变"的宇宙论，贯彻了传统哲学中体用不二的观点和《周易》"相反相成"的变化法则。在人性论上提出"性修不二"的学说，认为天（性）与人（修）、本体（性）与工夫（修）是统一的，"成性"即是"复性"，强调"成性"不是"纯依天事"，亦有赖于"人之自创"，因而"首贵立志"，以意志的力量使隐微的本性得以引发而显著起来。末有"附录"，解答有关问题。收入《熊十力全集》。

《十力语要》 现代熊十力著。1935年作者于北京大学讲授《新唯识论》时，由学生笔录而成。四卷。内容多为哲学讲习语录和答学生友人书札。主要阐述宇宙万物即本体（本心）流行之迹相，提出"即用显体"、"体用不二"的主张。强调哲学与科学之区别，尤重中国哲学"默识"、"体认"功夫。对唯物论和佛教唯心论及西方柏格森哲学、怀德海哲学等均有所评论。该书与《新唯识论》相互发明。第三卷《黎涤玄记语》有作者生平自叙，是研究其思想经历的重要资料。收入《熊十力全集》。

《原儒》 现代熊十力著。二卷。始作于1954年，1956年上海龙门联合书局出版。为作者在20世纪50年代所写的系统的哲学专著。上卷有《绪言》、《原学统》、《原外王》；下卷有《原内圣》，并附《六经是孔子晚年定论》。《绪言》介绍作者学术思想的变迁和晚年的写作计划。《原学统》论定儒家为诸子之源。认为儒家经典内圣外王的积极意义被汉宋诸儒阉割，试图从中找到与科学、民主政治及社会主义相接植的根芽。《原外王》认为孔子儒学正宗是大道学派而不是小康学派。孔子之外王不是纲常名教，须把握其二端：一是"注重格物之精神"，一是以"仁义之蕴、礼乐之原"为"人极"之立。重点为《原内圣》，阐明"乾元性海"之意义，以总论孔子之人生观与宇宙论为契机，极言本体现象、道器、天人、心物、动静、知行、理欲、德慧知识、成己成物等对立事物为"不二"的论点。融合儒释道，强调中国哲学的特点，在本体论是"天人不二"，在宇宙论是"心物不二"。较先期哲学的某些观点略有不同，反映了进一步完善其新儒学理论体系的努力。收入《熊十力全集》。

《大众哲学》 现代艾思奇著。中国第一部通俗化的马克思主义哲学著作。原为1934年11月至1935年10月在上海《读书生活》杂志第一、二卷连载的《哲学讲话》。1936年1月由读书生活出版社出单行本。该书由绪论、本体论、认识论和方法论四部分组成。吸收了马克思主义理论与中国革命具体实践相结合过程中所取得的成果，结合人们所熟悉的生活中的实例，用日常谈话的体裁，通俗阐述马克思列宁主义哲学原理。同时也提出了一些新见解。指出认识过程是"从感性到理性，从理性到实践，又由实践得到新的感性，走向新的理性"，"是螺旋式的循环"过程。该书深受读者尤其是青年学生的欢迎。同年2月曾被查禁。4月改名为《大众哲学》出第四版，并作了一些修改，加上序言。抗日战争和解放战争时期，又多次修订。1950年作新的修订，成为一部较完善的马克思主义哲学著作。分为五章：绪论；唯心论、二元论和唯物论；辩证唯物论的认识论；唯物辩证法的基本规律；唯物辩证法的几个范畴。1978年10月三联书店据此印行新版。收入《艾思奇文集》的为第一版，以使读者了解原貌。

《二十二年来之中国哲学思潮》 现代艾思奇著。发表于1933年12月《中华月报》第二卷第二期。认为"研究中国哲学，必须明了中国文化，欲明了中国文化，又必须了解中国的社会构造及经济关系"。以此为基础，提出对哲学思潮作"横的解剖"和"纵的展望"相结合的研究方法。所谓"横的解剖"，是考察同一时代的各种哲学思潮：处于半殖民地半封建时代的中国，有"种种输入底资本主义型之哲学"，从严复等译介西方自由思想，到"五四"时期实用主义，再到尼采、叔本华、柏格森等人生哲学；有"封建底哲学传统之不断的复归"，辛亥革命之后，儒家思想"仍是稳固的一尊"，在人生问题上"儒佛道诸家的学说竟成为哲学研究者的主要对象"；到1927年，"辩证法唯物论的洪流席卷了全国"。所谓"纵的展望"，是考察各种哲学思潮如何先后相继，并拿"中国哲学欲欧洲哲学史随时作一个对比的说明"："五四"以前和辛亥以后的中国哲学与欧洲中古的经院哲学时代，"根本的情势则是一致的"；"五四"新文化运动与欧洲文艺复兴以至启蒙运动相比较，在哲学上，"两者同是以新的科学方法之建立为基础"，与封建的经院哲学相对抗；"五四"之后，哲学上形成两条平行而有互相斗争的主流，一是堕落的世纪末哲学，一是唯物史观的思潮，这类似于西方黑格尔之后的情景。收入《艾思奇文集》和《艾思奇全书》。

《先秦学术概论》 现代吕思勉著。1933年由上海世界书局出版。全面分析先秦学派的源流，除道、儒、法、名、墨、阴阳等六家之外，兼及纵横家、兵家、农家、数术、方技、小说家、杂家。对诸子学各学派重要著作的内容做了重点剖析，并论辩其真伪。作者不赞同胡適的《诸子不出于王官论》，认为道家之说出于史官。近人都认为现存的《尉缭子》、《六韬》是伪书，作者却认为两书"皆多存古制，必非后人所能伪"。今有新版重印本。

《国学概论》 现代钱穆著。讲述中国两千多年学术思想发展演变的著作，1931年商务印书馆出版。前八章专言经子，内容包括孔子与六经、先秦诸子、秦之焚书坑儒、两汉经学今古文之争、晚汉之新思潮、南北朝隋唐之经学注疏及佛典翻译、宋明理学等，扼要叙述上自春秋孔子，下至晚明心学各个时期的学术思想及其变迁轨迹。第九章专论清代考证学。将清代学术分成清初诸儒之学、乾嘉考据之学和晚清今文经学三个阶段，反对把有清一代的学术思想笼统地概括为考证学。在论吴学、皖学的治学风格时，称"吴学务反宋，而转陷尊古。皖学初本阐宋，后乃为诤宋。吴以革命始得承统，皖以承统始而达革命"。最后一章为最近期之学术思想，叙述了五四新文化运动、东方文化派、学衡派、科玄之争、戴季陶论孙中山三民主义等。收入台湾出版的《钱宾四先生全集》。

《先秦诸子系年考辨》 现代钱穆著。四卷。1935年商务印书馆初版。为先秦诸子世年及事迹考辨之书。《序言》指出：昔人考证诸子有三个缺点：一、"各治一家，未能贯通"；二、"详其著显，略其晦沉"；三、所据多本《史记·六国年表》，"不加细勘"。试图克服这些缺点，上溯孔子生年，下及李斯卒岁，对前后两百年间先秦学者均有详考。自称所用方法，先定“六国表”，明列国世系，使考核有史实依据；次于先秦间诸贤、学士，均为之缉逸、征坠、辨伪，并加以排比联络，使其生平出处、师友渊源，一一条贯；再次，考儒、墨两学为先秦诸家发端，由此分源别派，使诸家之学交互融洽，旁通曲达，以明学术流变之迹。第一卷专考孔门儒家，为先秦学术初萌期；第二卷当儒墨已分，起墨子，终吴起，为先秦学术酝酿期；第三卷考晋、楚、魏列国诸子，为先秦学术之磅礴期；第四卷始春申、平原两君，迄吕不韦、韩、李，为先秦学术之归宿期。对研究先秦诸子事迹和思想学说有重要价值。收入台湾出版的《钱宾四先生全集》。

《中国近三百年学术史》 现代钱穆著。写于“九一八”事变之后，完成于1936年，1937年商务印书馆出版。全书共分14章。第1章“引论”专论述清代学术的源起及其与宋明学术的关系，提出清代汉学渊源于宋学，“不知宋学，则亦不能知汉学，更无以评汉宋之是非”的主张。其余13章皆以各个时期学术发展史上的代表人物为题，上起黄宗羲、顾炎武、王夫之、颜元等，下至晚清龚自珍、曾国藩、康有为，共叙述了51位学术人物的思想。在论清初学术时批评梁启超把清代汉学开山归于顾炎武一人之力，为“失真之论”。在论乾嘉学术时，不仅指出吴派与皖派的学术区别，还指出两派之间的学术联系及其相互影响。在论晚清今文经学时，批评康有为、廖平为现实的政治需要随意解经，称“康、廖之治经，皆先立一见，然后搅扰群书以就我，不啻‘六经皆我注脚’矣，此可谓之考证学中之陆、王”。收入台湾出版的《钱宾四先生全集》。

《中国思想史》 现代钱穆著。完稿于1951年8月，1952年台北“中华文化出版事业委员会”初版。1977年台湾学生书局出版时又有增添改定。是钱穆应张其昀编纂《现代国民基本知识》丛书之约而写。共44篇，上起春秋战国，下迄现代，就每个时期的主要思想家，从子产到孙中山，对其思想作简明扼要的叙述，以揭示中国思想对人类探究真理的独特价值与贡献。此书以儒学为中国思想的主流，认为先秦以来是儒道对抗，宋以后为儒佛对抗，宋明儒的主要贡献即在于援佛于儒，使儒学另开一番新生命与新气象。对于现代思想，特别推崇孙中山，认为孙中山既接受西学，又不忘旧传统，将两者融会合一，故称孙中山为此后中国思想新生之第一人。收入台湾出版的《钱宾四先生全集》。

《宋明理学概述》 现代钱穆著。成书于1953年。台北“中华文化事业委员会”1953年初版，台湾学生书局1977年4月修订出版。该书在材料上多取自《宋元学案》、《明儒学案》，内容包括宋学之兴起、宋初诸儒、中期宋学、南渡宋学、金元诸儒、初期明儒、中期明学、晚期明学、明末诸遗老等，扼要地叙述了宋元明七百年间理学的发展演变及其特点。收入台湾出版的《钱宾四先生全集》。

《两汉经学今古文平议》 现代钱穆著。1958年由香港新亚研究所出版。内收《刘向歆父子年谱》、《两汉博士家法考》、《孔子与春秋》、《周官制作时代考》四篇文章，是钱穆研究两汉经学今古文问题的重要著作。《刘向歆父子年谱》主要是针对康有为《新学伪经考》而作，力证古文经并非刘歆伪造；《两汉博士家法考》，阐发两汉博士治经分今古文之真相；《孔子与春秋》对古今经学流变之大体，以及经学与儒家言之离合异合做提纲挈领的阐述，有助于理解孔子与汉代经学的关系以及两汉以来学术政治的演变；《周官制作时代考》考证《周官》成书于战国晚期，并非刘歆、王莽伪造。收入台湾出版的《钱宾四先生全集》。

《朱子新学案》 现代钱穆著。钱穆晚年“综六艺以尊朱”，该书便是他晚年撰写的一部以“尊朱”为其一生学术归宿的著作。1971年台北三民书局出版。分五卷两大部。卷一、卷二为思想之部，下分理气和心性两部分。卷四、卷五为学术之部，分经、史、文学三部分。经学部分再细分为《易》、《诗》、《书》、《春秋》、《礼》及《四书》诸题。又于三部外添附校勘、考据、辨伪诸篇，并游艺格物之学一篇。介于思想、学术两部分之间的为卷三，分朱子评述濂溪、横渠、二程诸篇，下逮评程门、评九峰、评浙学，又别著朱陆异同三篇，辟禅学两篇等，专论朱子思想之发展及其在当时理学界中之地位。该书不仅叙述了朱子的哲学思想，而且从经史文学各个方面对朱子的学术成就作了全方位的展现。收入台湾出版的《钱宾四先生全集》。

《近代中国启蒙运动史》 现代何干之著。1937年上海生活书店出版。该书以鸦片战争为新旧中国的转折点，探讨了自此开始的近代中国启蒙运动的历程，指出其“本质上一定是反帝反封建的”。认为“洋务运动、戊戌变法只限于少数开明官僚的自我觉醒”，辛亥革命“与大多数国民不相干”，五四运动“只解放了一部分市民和中间层知识分子”；而国民革命及以后的社会科学运动“只唤醒了南方各省和长江一带民众，城市产业分子，一部分文化人”；只有当时的抗日救亡运动，才“抓住了全国上下利益不同的社会层”，它不仅“要求民族的解放，同时也要求社会的解放”。并重点论述了与抗日救亡运动相适应的思想运动，即新启蒙运动。指出新启蒙运动是过去各启蒙运动的“最高的综合”，是文化思想上的爱国主义、自由主义、理性主义的运动。收入《何干之文集》。

《论道》 现代金岳霖著。1940年商务印书馆出版。除《绪论》外，八章，分别为《道，式-能》、《可能底现实》、《现实底个体化》、《共相底关联》、《时-空与特殊》、《个体底变动》、《几与数》、《无极而太极》。认为“道是哲学中最上的概念或最高的境界”，“万事万物之所不得不由、不得不依、不得不归的道才是中国思想中最崇高的概念，最基本的原动力”。又说：“道是式-能。”“式”即形式，包括所有的“可能”。“能”是纯粹的质料。具体事物是形式(可能)与质料的结合，而“居式由能，莫不为道”。“式”和“能”大体相当于传统哲学的“理”和“气”。认为现实世界的演化是“理有固然，势无必至”，即既遵循固有的客观规律，也有“不定”的偶然性。视“道”为“无极而太极”的历程，达到太极便是“至真至善至美至如”的理想境界。认为对概念作“精深的分析”也就是哲学，用逻辑分析方法分析“道”、“式”、“能”等范畴，建立了一个形而上学的本体论体系，承接中国传统哲学天道观上的“理气”之辩。现有多种重印本。

《知识论》 现代金岳霖著。写于20世纪30—40年代，曾陆续以单篇发表。1983年商务印书馆出版。自称“本知识论既不唯心，也不唯物”，“既不主张经验主义，也不主张理性主义”，试图超越唯物和唯心、经验主义和理性主义的对立，建立“实在主义的知识论”。其“主旨是以经验之所得还治经验”，即知识的形成是得自经验还治经验的过程。这一主旨建立在肯定感觉能给予客观实在的基础上，提出“所与是客观的呈现”，否定以主观的感觉作为认识论的出发点，论证了“所与”是客观事物在人们正常感觉活动中的呈现，“内容和对象在正觉底所与上合一”，感觉可以作为沟通主客观的桥梁。在概念论上，提出“摹状与规律”的学说，指出抽象概念对所与具有摹状(摹写)和规律(规范)双重作用，强调“摹状与规律不可分离”。用得自所与的概念摹写和规范所与，就对象而言，是所与化为事实；就主体而言，是知觉到了事实。事实的秩序是事与理、共相与殊相的统一，知识的进步就在于随着经验的展开不断地在“事中求理”、“理中求事”，即从大量事实中概括出条理或规律性的知识，又以理论作为工具去发现事实。以概念的摹写和规范双重作用论证了知识得自经验还治经验的内在机制。在逻辑理论上，提出逻辑与归纳原则是知识经验“理论上的担保”的观点。阐述了形式逻辑基本规律的性质和“归纳原则是接受总则”，以此作为知识经验之所以可能的必要条件。同时，又把抽象概念与共相的对应关系固定化，把事物的共相的关联(理)看作是静止的结构，并提出逻辑的先天形式和归纳原则是先验原则。此书为中国近代以来知识论研究最具代表性的著作，综合反映了20世纪50年代以前的知识论成果。现有多种重印本。

《五伦观念的新检讨》 现代贺麟著。1940年5月刊于《战国策》第三期，后收入1947年商务印书馆出版的《文化与人生》一书。该文以“重新检讨”五伦观念和三纲说为契机，倡导儒家新思想。认为五伦观念“是几千年来支配了我们中国人的道德生活的最有力量的传统观念之一”；“是维系中华民族的群体的纲纪。”其本质上包含四层要义：(1)道德上讲是指“五种人与人间的关系”。(2)“五常”，即仁义礼智信。(3)“须以等差之爱为准”。(4)“最基本意义为三纲说”，称三纲说中可发现“与西洋正宗的高深的伦理思想和与西洋向前发展向外扩充的近代精神相符合的地方”。进而提出要用“披沙拣金的方法”，“从补充发挥此四要素着手”，从“根本上发挥补充五伦观念”；强调“要积极的把握住三纲说的真义，加以新的解释和发挥，以建设新的行为规范和准则”。力求通过对传统三纲、五伦观念的“重新检讨”、“重新评价”，推进儒家思想的新开展。

《儒家思想的新开展》 现代贺麟著。1941年8月刊于《思想与时代》月刊。后收入1947年商务印书馆出版的《文化与人生》一书。为倡导新儒家思想、推行新儒学运动的代表作。书中提出“以儒家思想为本体，以西洋文化为用具”的命题，称儒家思想为“中国的正统思想”，就其传统而言，“乃是尧舜禹汤文武成康周公孔子以来的最古最旧的思想”；就其现代及今后的新发展而言，“可以说是最新的新思想”。又称：“儒家思想的新开展，就是中国现代思潮的主潮。”要求人们“自觉地正式地发挥新儒家思想，蔚为新儒学运动”，“争取完成一个新儒者的人格”。认为“民族复兴本质上应该是民族文化的复兴。民族文化的复兴，主要的潮流，根本的成分，就是儒家思想的复兴，儒家文化的复兴”。又主张对儒家思想加以善意同情的理解，要“得其真精神与真意义所在”。在文化学术上主张借助“五四”时代的新文化运动，作为“促进儒家思想新发展的一个大转机”；以西洋文化之输入，作为“儒家思想新发展的一大动力”。提倡以艺术、宗教、哲学三者的谐和体，推动儒家思想之新开展，“循着艺术化、宗教化、哲学化之途径迈进”。其主张和论题，对现代新儒学思潮的发展有直接影响。

《近代唯心论简释》 现代贺麟著。汇集15篇论文而成。并有附录《最近五十年的西洋哲学》。

1942年独立出版社出版。主旨是构建“新心学”。指出心有二义：一为心理意义之心，为心理学研究的对象，实际是物而非心；一为逻辑意义之心，“乃一理想的、超经验的精神原则，但为经验行为、知识以及评价之主体”，“自然与人生之可以理解，之所以有意义、条理与价值者，皆出于此心即理也之心”。认为从知识的起源与限度而言，称之为唯心论；而从知识之对象与自我发展的本质而言，则称之为唯性论；就行为之指针与归宿而言，又可名之为理想论或理想主义。由此以心、性、理三者的统一来论证其唯心论之内涵。在时空观上，突出其在哲学上的重要性，认为这是关于人的重要问题，是为道德自由、“知识之自动”、“行为之自主”奠定理论基础的；超时空与形上学有着同义性。在知行观上，提出“知行合一新论”，对王守仁的“知行合一”说作出新的发挥。把知行合一分为自然的或普遍的知行合一和价值的或理想的知行合一。前者指本来如此的自然事实，即作为心理生理活动的两面，任何行为皆含有意识作用，任何知识皆含有生理作用，两者永远合一，永远平行，永远同时发动。后者指应当如此的价值或理想，知为理想的知，行为理想的行，两者的合一是须人为的努力方可达到的职责，是只有少数人才能实现的。在方法论上，强调哲学方法不外是直觉法、逻辑法以及作为两者统一的辩证法。把宋儒（朱熹、陆九渊）的方法均视作直觉法，这种直觉法是“后理智的、认识全体的方法”。认为逻辑方法、辩证法与直觉法是紧密相关的；辩证法包含直觉，集辩证法大成的黑格尔是“理性的神秘主义者”。在伦理学上，强调“自由意志”是道德哲学的中心问题。在文化观上，提出文化之体用的两个层面：一是绝对性文化的体用观，以精神为文化之体，文化为精神之用，作为文化主体的精神，就是“聚众理而应万事”的自主之“心”；一是相对性文化的体用观，即文化各部门之间（如哲学与科学、宗教与道德）的体用关系。此书大致勾勒了“新心学”的轮廓。

《中国哲学》 现代金岳霖著。用英文撰写于1943年。首次公开发表于 Social Sciences in China 1980年第1期，即《中国社会科学》英文版创刊号，中译文发表于《哲学研究》1985年第9期。比较中西哲学传统，认为西方自古希腊以来，便有了比较发达的逻辑和认识论意识，这种意识在中国则不发达，中国哲学无意于把观念安排成严密的系统。这是中国哲学的弱点，是造成近代科学在中国不发达的一部分原因；但这同时也是中国哲学的一个优点，即非常简洁，观念富有暗示性，“结果是千百年来人们不断地加以注解，加以诠释”，由此来表达“很多独创的思想”。指出“天人合一”作为中国哲学最突出的特点，其最高、最广的意义，“就是主体融入客体，或者客体融入主体，坚持根本同一，泯除一切显著差别，从而达到个人与宇宙不二的状态”，而“西方自然与人分离的看法带来了西方哲学中彰明昭著的人类中心论”。认为中国哲学和伦理是密不可分的，哲学家和他的哲学合一，“中国哲学家都是程度不同的苏格拉底式人物”，即身体力行，热心传道，而在现代西方，苏格拉底式的人物早已一去不复返，因此造成的“哲学与哲学家的分离已经改变了哲学的价值，使世界失去了绚丽的色彩”。收入《金岳霖文集》和《道、自然与人——金岳霖英文论著全译》。

《五十年来的哲学》 现代贺麟著。1945年5月发表在《五十年来的中国》一书中，同年11月作者出版《当代中国哲学》一书，以首篇收入，改名为《中国哲学的调整与发扬》。该文对康有为、谭嗣同、梁启超、章炳麟、欧阳竟无、梁漱溟、胡適、冯友兰、汤用彤等人著作及其哲学思想进行了评述，认为康有为、谭嗣同皆以陆王之学为其中心思想，但近于粗疏狂放，比较缺乏陆王之反本心性的精微穷理工夫。章炳麟对哲学的贡献主要在于提倡诸子之学的研究，表彰老庄以抗衡儒家，发挥道家的自然主义，用佛学解释老庄。欧阳竟无的贡献在于融会儒、佛。指出近五十年来中国哲学有了进步主要缘于西学的刺激，清末革新运动的勃兴，从佛学的新研究里得到方法的训练和思想识度与加深，认为有四点值得总结：一是陆王之学得到了盛大发展，二是儒、佛的对立得到了新的调整，三是理学中程朱与陆王两派的对立得到了新的调解，四是对于中国哲学史有了新的研究和整理。参见“《当代中国哲学》”。

《当代中国哲学》 现代贺麟著。1945年11月胜利出版社出版。共四章。第一章《中国哲学的调整与发扬》、第二章《西洋哲学的绍述与融会》、第三章《时代思潮的演变与剖析》、第四章《知行问题的讨论与发挥》。第一章曾以《五十年来的哲学》为题单独发表，“实为刊行此册的导端”。自称在西方思想输入的情况下，“用新方法新观点”反省和解释“我们自己的旧的文化”。叙述和评价了康、梁以来几十位思想家或学者的哲学观点。认为研究这五十年以来的中国哲学要特别注意三条线索：一是推翻传统权威和重新解释传统哲学之处；二是接受并融会西洋哲学之处；三是应用哲学思想以改革社会政治之处。指出“由于西学的刺激，清末革新运动的勃兴和从佛学的新研究里得到方法的训练”，中国哲学在近五十年里是有了进步，其突出标志是陆王心学“由粗疏狂放”进而为“精密系统”，“程朱陆王得一贯通调解”，

“儒学、佛学也得一新的调解”，促成了陆王心学“独得盛大的发扬”。认为陆王心学之盛行，“提出自我意识、内心直觉”，有助于过去五十年“反对权威，解脱束缚”的需要，以至于“我们的新人生观，新宇宙观，甚至于新的建国事业，皆建筑在心性的基础或精神的基础上面”。称孙中山为“本陆王心学”，使“发为事功的伟大代表”，在某些地方为力行哲学提供传统哲学的证明。附录收有谢幼伟《抗战七年来之哲学》一文。1989年辽宁教育出版社再版。书名改为《五十年来的中国哲学》。作者在《新版序》中称：“全书在不影响原书的体系以及主要论点的前提下，作了适当的修改和补充。”新版的变动有：将全书分为上下两篇各有三章；上篇含原书前三章，第三章因涉及政治问题作了较大修改；上篇末增加附录《康德黑格尔哲学在中国的传播——兼论我对介绍康德黑格尔哲学的回顾》；下篇第一章《知行合一新论》，曾收入《近代唯心论简释》一书；下篇第二章《〈孙文学说〉的哲学意义——引言》大体上即原版第四章，略有删削；下篇第三章《知行合一问题——由朱熹、王阳明、王船山、孙中山到〈实践论〉》为新增的。

《五十年来的中国哲学》 见“《当代中国哲学》”。

《文化与人生》 现代贺麟著。系作者抗战期间写的有关文化与人生问题的论文汇集。商务印书馆1947年出版。自称尽量同情、理解并发扬传统的儒家思想，并以西方康德、费希特、黑格尔的“理想主义”，从各方面“去发挥出我所体察到的新人生观和新文化应取的途径”。认为“民族复兴本质上应该是民族文化的复兴，儒家文化的复兴”。主张继承以尧舜周孔为代表的“最古最旧的传统思想”，因“就其在变迁中发展中改造中以适应新的精神需要文化环境的有机体而言，也可以说是最新的新思想”。强调要以儒家思想“把握、吸收、融合、转化西洋文化，以充实自身、发展自身”，实现“以儒家精神为体，以西洋文化为用”的儒学复兴。并据此对“五伦”观念、“五四”新文化运动、功利主义、宋儒理学、经济与道德、物质与思想等问题，都作了分析评价。反映了作者的现代新儒家立场。1988年商务印书馆又出新版，增收了《论哲学纷无定论》等数篇文章，并撰写了新版序言。

《先秦诸子的若干研究》 现代杜国庠著。三联书店1955年出版。系作者1943—1944年有关先秦诸子哲学的论文汇编。对《墨经》、公孙龙子、荀子的哲学均提出一些独到的见解。谓“公孙龙的哲学是一种多元的客观唯心主义”，他的“离坚白”和《墨经》的“盈坚白”的对立，是战国时代唯心主义与唯物主义斗争的重要方面。对《墨经》在认识论和逻辑学上的贡献予以高度评价，“非儒、道、名、法诸家所能望者。”断定《成相》为荀子所作，是荀学的纲领。指出荀子虽继承了儒家的礼学，却对“礼”作了新的解释，“把礼的观念发展到几乎和法的概念一致的地步”。是20世纪40年代用马克思主义观点研究先秦哲学的代表作之一。该书全部论文收入《杜国庠文集》。

《中国哲学大纲》 副题为“中国哲学问题史”。现代张岱年著。以问题为纲，叙述中国哲学各方面重要问题的源流演变之专著。始撰于1935年，1937年完成初稿。商务印书馆已排版，因抗日战争爆发未能印出。1943年曾在北平中国大学印为讲义。1958年商务印书馆按原书纸型出版。全书除序论外，分宇宙论、人生论、致知论三大部分，宇宙论复分为本根论、大分论，人生论复分为天人关系论、人性论、人生理想论、人生问题论，致知论复分为知论、方法论。以“解析法”和辩证法为方法，贯穿中西哲学之比较，着重于分析中国哲学固有概念、范畴的涵义和演变，考察哲学问题之发生、发展、起伏及消长，突出阐述了中国古代的唯物主义传统与辩证法思想。指出中国哲学不同于西方哲学之特色是：“合知行”、“一天人”、“同真善”、“重人生而不重知论”、“重了悟而不重论证”，“既非依附科学亦不依附宗教”，强调“想了解中国哲学，必先对于中国哲学之根本性征有所了解”。提出研究中国哲学，应当区分其中“活的与死的”，以作为构建“将来的中国新哲学”之取舍的基础。所谓“活”的东西有两个方面。一是相对于西方哲学而言的特殊之点：(1)中国哲学中的宇宙论没有现象与实在的二分；(2)中国哲学承认变易与条理，并将两者相联系；(3)中国哲学始终认为“反复”、“两一”的辩证法是“客观世界的规律；(4)中国哲学的人生理想论讲“人我和谐之道”；(5)中国哲学最注重学说与行为的一致，将思想与生活打成一片；(6)中国哲学的致知论，“直截了当地承认物之外在与物之可知”。另一是王夫之、颜元、戴震为代表的唯物论，“可说是中国旧哲学中之活的潮流”。同时指出了中国哲学的缺陷。1982年经过修订、增补，由中国社会科学出版社再版，有新版序。收入《张岱年文集》和《张岱年全集》。

《天人五论》 现代张岱年著。写于1942—1948年。由《哲学思维论》、《知实论》、《事理论》、《品德论》、《天人简论》五部分组成，故称。其中最后一论《天人简论》是前四论的总结。所论命题可分为五类：(一)人生论。提出“天人本至”。认为“天(自然)为人之所本，人为天之所至(最高成就)”阐发了天人关系和人在宇宙中的地位。（二）唯物论。提出“物统事理”。认为“凡物为多事相续具有一定理之历程。凡物皆历程，指其历程中之变化而言谓之事，指其变化之规律而言谓之理。物统事理”，“理在事中”。指出宇宙演化之大历程是由物质（一般物质）而生物（有生命的物质），而有心物（有心知的有生物质）。在此三者中“物为基本，生命心知为物质演化而有之较高级形态”。因此“物为本源，心乃物质演化而有，为支流”。（三）辩证法。提出“永恒两一”，“两”即“对立”，“一”即“统一”。两一的关系是“凡物皆有其两一，即凡物皆有其对立统一”；“两与一亦两而一，对立与统一亦对立而统一”。两一始终同在，两者相互依存，相反相成。提出“最高价值准则曰兼赅众异而得其平衡。简云兼和。古代谓之曰和，亦曰富有日新一以贯之”。认为在“大化三极”中，“至极”即“兼和”。（四）知识论。提出“知通内外”。认为“心可谓内（主体）物可谓外（客体）而知（知识）乃所以通内外”。指出人类知识有三本：一为外物，二为感觉，三为实践。外物为感觉之来源，为知识之开端。提出辨别知识真伪标准有三：“言之成理”、“持之有故”（证据）、“行（实践）之有成”。称为“真知三表”。（五）道德和人生哲学。认为“人生乃是群生，人类生活乃是群体生活”。“群己之关系为全与分之关系”，“群之祸福即己之祸福”。因此，“道德之根本准则唯一，曰公而已”以公为准则的“六达德”是：公忠、任恤、信诚、谦让、廉立、勇敢。“六基德”：孝亲、慈幼、勤劳、节俭、爱护公物、知耻。收入《张岱年文集》和《张岱年全集》。

《真与善的探索》 现代张岱年著。1988年齐鲁书社出版。是汇编了作者20世纪30—40年代的部分思想札记和哲学论稿的文集。“藉以存留我四十岁前学术思想的历史足迹”（《自序》）。作者将辩证唯物论、中国传统哲学、西方新实在论哲学的逻辑分析方法相综合，即构建“唯物、理想、解析”综合于一的“新唯物论”的大体理论。收入本文集的《宇宙观与人生观》是作者1931年至1935年的研思札记，对其“新唯物论”哲学作了稍详的阐述。1944年完成的《哲学思维论》、《知实论》、《事理论》、《品德论》四部论稿分别是其“新唯物论”著作《天人新论》的方法论、知识论（上）、宇宙论（上）及价值论部分。1948年作者将《天人新论》主要思想归纳概括，写成《天人简论》。以上“五论”均收入本文集，原各有序，收入文集时被删。以后收入《张岱年文集》时恢复原序，并合称为“天人五论”。原拟写的知识论下篇《真知论》和宇宙论下篇《心物论》部分思想作为“研思札记之二”，亦收入本文集。该文集的全部文章收入《张岱年文集》和《张岱年全集》。

《中国政治思想史》 现代吕振羽著。1937年上海黎明书局出版。该书以唯物和唯心划分思想家阵营，以对人民群众的态度和历史作用评判思想家的功过，突破了传统的研究藩篱，开辟了用马克思主义研究中国哲学、思想史的新局面。此作的写作背景是，当时的新生命派和托派，尤其是陶希圣《中国政治思想史》，也打着“历史唯物主义”招牌，但他们抹煞各派思想的阶级实质，否认中国思想发展的客观规律性，由此吕振羽参照马克思《剩余价值学术史》的编著方法，从整个中国社会历史发展的角度和全过程着眼，根据中国思想历史发展的实际资料，来剖析和探索从殷商直至明清的中国政治思想的发生和发展过程。指出：“我的编著的体裁，首先把中国史全过程划分为各个不同的社会阶段，把每个阶段又划分为其发展过程的各个时期；从各个社会阶段和时期之各种阶级及阶层的构成上去论究政治思想的各流派，更把每个流派中各个思想家的思想作为其自己的一个体系去论究。”将整个中国政治思想的发展清理成三条主要线索，即统治阶级的政治思想，没落阶级或阶层的政治思想，被统治阶级的政治思想。还指出依于阶级而分野的各种政治思想体系，又各有其作为认识出发点的哲学基础，由于统治阶级脱离劳动实践而剥削他人，故总是倾向唯心主义的观念论；而被统治阶级由于与生产实践相结合，他们的思想便不能不在作为认识论的唯物论下面统一起来。

《明代思想史》 现代容肇祖著。1942年开明书局初版，1992年齐鲁书社再版。本书原为作者在辅仁大学、北京大学任教时讲稿，始撰于1935年，历经五六年撰成。全书共十章，分别论述了明代理学的思想社会背景，明代初中晚期的朱学，陈献章学派，王守仁心学及传其学各派人物之思想，考证学及反玄学的陈第，东林学派顾宪成、高攀龙，明末黄道周和刘宗周，末附述复社。本书突出特色是按学派论述其源流和思想实质，脉络分明，该书还发掘了一些久被湮没而又有自己独特贡献的思想家，诸如李贽、林光、黄绾、陈建、陈第、何心隐等，拓宽了研究明代学术思想领域。

《中国古代思想史》 现代杨荣国著。1954年人民出版社出版。始著于1946年，成书于1948年。先秦思想史断代专著。十一章。上迄殷周，下至战国。认为这一时期社会由种族奴隶制向封建制急剧变革，反映在思想上，从殷人的“上帝”迷信思想的产生，到荀况的“制天命而用之”，表现了这一时期哲学变革的全过程。认为孔子虽首开私人讲学之风，然其思想体系是保守的。墨家和法家则是进步的。荀子的思想是"礼表法里"，为两千年来中国封建思想的开山者。全书行文通俗流畅，所引古文多译为白话，并附有原文、注释或旁注，甚易读者。在20世纪50年代初期有一定影响。并曾被译成俄、德、越等文。

《近代中国思想学说史》 现代侯外庐著。二册。1947年生活书店出版。原名《中国近世思想学说史》，1944—1945年重庆三友书店初版。全书共分三编。第一编论述17世纪中国学术的变化，以(王)船山、(黄)梨洲、(顾)亭林、颜(元)、李(塨)、朱之瑜、唐甄为代表，表明在封建末世具有资本主义萌芽的历史条件下，学术思想已有新的气氛；第二编专述18世纪汉学及其批判，特别对戴震哲学、章学诚史观和汪中、焦循、阮元等的治学精神和方法有精到分析；第三编论述19世纪思想活动之巨变、经今古文学的争斗，详析龚、魏思想和康有为、章炳麟哲学，涉及宇宙论、认识论、无神论和宗教观等内容，以王国维为终结，显示中国历史进入近代后学术思想的划时代剧变。认为"中国先秦诸子思想之花果，固然可以媲美于希腊文化，而清代思想之光辉，亦并不逊色于欧西文艺复兴与宗教改革以来的成果"，此书是为"认识与继承这两个时代惊心动魄的文化遗产"所作的重要努力。所用研究方法为"实事求是"与"自得独立"二者并重，既"存古人之真面目"，又要"抒发古人立言之所以然"，是"五四"以来用马克思主义的观点方法研究近三百年思想史的代表性著作。新中国成立后，该书鸦片战争前的部分，曾增删修改为《中国早期启蒙思想史》一书于1956年出版，后作为《中国思想通史》第五卷。该书康有为章以下部分，定名《中国近代启蒙思想史》由人民出版社1993年出版，有关洪秀全与洪仁玕、严复、孙中山、鲁迅的论文作为该书的附录。

《中国近世思想学说史》 即"《近代中国思想学说史》"。

《中国近代启蒙思想史》 见"《近代中国思想学说史》"。

《中国思想通史》 现代侯外庐主编。赵纪彬、杜国庠、邱汉生等参与编写。五卷。编写始于抗日战争时期，1947年出版第一卷，至1949年出版前三卷。新中国成立后又分别再版、重印过。第五卷出版于1956年，第四卷上、下册分别于1959年、1960年出版。第一卷，殷代至战国。第二卷，两汉。第三卷，魏晋南北朝。第四卷上册，隋唐至北宋；下册，南宋至明末。第五卷原系《中国近代思想学说史》的一部分(即《中国早期启蒙思想史》)，清初17世纪至清中叶19世纪40年代。为五四以后运用马克思主义对中国思想进行全面、系统论述的著作。全书以哲学思想为核心，综合哲学、逻辑、政治、伦理等各种思想；对历代的思想发展变迁、主要思想家、重要学术流派，大都作了论述，并适当说明了前后的承传关系或相因相革的历史联系；尤其着力发掘历史上著名的唯物主义者和"异端"思想家的思想成就，以证明中国哲学史有一个反对正统思想的异端的传统，其间贯穿着富于"实事求是"的唯物主义精神 。注意社会史与思想史的辩证关系；特别致力于解决历史的疑难问题，多有创见；史料引证具体翔实，理论分析力求实事求是。至今仍对研究中国思想史、中国哲学史有重要的价值。

《宋明理学史》 现代侯外庐、邱汉生、张岂之主编。二卷。1984年、1987年人民出版社出版。自述编撰原则是"根据马克思主义观点，对历史事实和思想资料进行辨析、研讨"，力求"以理学发展的角度对宋明时期的哲学和思想史进行总结"。认为宋明理学是"以儒学的内容为主，同时也吸收了佛学和道教思想。它是在唐朝三教融合、渗透的基础上，孕育、发展起来的一种新的学术思想"。从分析社会经济、政治、阶级关系的演变入手，把握唐宋之际中国封建社会向后期转化的特点，又通过考察北宋时期"经学笺注的没落"、"佛学与道教思想的互相渗透"、"科学技术的发展"等，揭示了理学产生的历史条件。以理学与反理学的斗争为线索，详细考察了理学的主要代表、思想流派及其相互关系。又认为理学家一般都据《易》探讨"性与天道"问题，由此构成了理学的中心。肯定理学"达到了理论思维的很高水平"，但就政治作用来说，"有为封建社会服务的一面"。史料考证严谨细致，一些历史悬案得以突破。对以往研究较为薄弱的元代理学、湖湘学派的作用等都详加论析，系统地阐述了宋至明时期理学的产生、发展和走向衰落的历史过程。

《中国传统思想总批判》 现代蔡尚思著。1950年棠棣出版社出版。主要由解放战争时期发表于报刊上的论文集合而成。分为卷前，上、中、下卷及卷末几部分。分析了中国传统思想的创立、演变和挣扎三个阶段，对孔学进行猛烈的批判。指出孔子是"工农的敌人，富贵的恩人"，"女性的敌人，男性的恩人"，"社会国家的敌人，家庭宗族的恩人"，"民主自由的敌人，君主独裁的恩人"，"文明人道的敌人，野蛮礼教的恩人"，"创作革新者的敌人，传述袭故者的恩人"。总之，孔子"为少数恶人师表"，孔学"集片面谬说大成"，强调它同"新时代的不两立"。又批判宋明理学，指出它致力于"骗人的谈玄"和"吃人的讲理”，维护地主的立场和无上的君权，说“理学家最偏袒专制君主，专制君主最爱护理学家。理学家是专制君主的脑，专制君主是理学家的足”。也认为孔子的枝节方面，如教育态度和方法，应加以肯定，说孔子不失为伟大的教育家。书中附有专论《大同主义不出于儒家考》。1981年湖南人民出版社出版新版本，取该书1952年第8版《正编》上、中两卷，删去下卷，补入《道家与佛学的批判》一篇。有《中国传统思想总批判补编》，上海棠棣出版社1950年出版。

《中国哲学史问题讨论专辑》 《哲学研究》编辑部编辑。1957年科学出版社出版。1957年1月22—26日北京大学哲学系主持召开了全国性的“中国哲学史座谈会”。参加座谈会有众多著名学者。本专辑搜集了座谈会的发言以及相关的文章，共收录论文55篇。1947年苏共中央书记日丹诺夫提出了哲学史的定义：“科学的哲学史是科学的唯物主义世界观及其规律底胚胎、发生、发展的历史。唯物主义既然是从与唯心主义派别斗争中生长和发展起来的，那么，哲学史也就是唯物主义与唯心主义斗争的历史”。新中国建立后，这一哲学史定义成为中国哲学史研究的指导原则。座谈会的核心问题是这一哲学史定义是否适对于中国哲学史的教学、研究？由此主要讨论了三方面问题：中国哲学史研究的对象和范围；如何评价哲学史上的唯心主义；如何继承中国哲学的遗产。任继愈、贺麟、冯友兰等对日丹诺夫的哲学史定义提出质疑。任继愈明确指出，就中国哲学史研究而言，这一定义存在三个缺陷：一是中国哲学史上唯物主义哲学家不多，因而中国哲学史中值得研究的对象寥寥无几；二是没有注意到哲学史上的辩证法，而中国哲学辩证法特别丰富；三是没有给哲学史上的唯心主义应有的地位。贺麟认为哲学史的唯物主义和唯心主义不是两个固定的阵营，它们互相斗争，也互相吸收，好的唯心主义曾在政治上起过进步作用。冯友兰提出中国哲学史上的很多命题，既有“具体意义”又有“抽象意义”，前者往往是与封建统治阶级相联系的，不能继承；而后者包含着具有普遍价值的思想，可以继承。这被概括为“抽象继承法”。座谈会的总结性发言维护了日丹诺夫的定义，否定了上述的质疑。专辑的编辑遵循“集思广益”、“求同存异”的原则，较为全面地反映了新中国建立初期哲学界对中国哲学史研究中一些重要问题的认识和探索。

《中国哲学史》 现代任继愈主编。共四册。1963年人民出版社出版前三册，1979年出版第四册。新中国成立后首部用马克思主义观点编写的高校哲学专业中国哲学通史教材。全书采战国封建说，分“奴隶制社会的哲学”一篇，封建社会时期分战国、秦汉、魏晋南北朝、隋唐、宋元明、清到鸦片战争六篇，另有“近代半殖民地半封建社会哲学”一篇，共八篇。以唯物史观为指导，注重揭示社会经济、政治状况对哲学发展的支配、制约作用，分析阶级斗争和自然科学发展对哲学的推动。又依据马克思主义哲学揭示的哲学的基本问题，强调“哲学史是唯物主义和唯心主义、辩证法和形而上学斗争的历史，是整个人类的认识发展史”。系统论述了中国哲学史上唯物主义与唯心主义思想的斗争过程及其主要代表，分析和评价了中国古代唯物论和辩证法思想的价值，对中国哲学发展的过程，试图予以总结性的概括，如认为汉代以后中国哲学从宇宙生成论发展到宇宙本体论；唯物主义哲学从元素论到元气自然论，又从元气自然论到元气本体论。体现了20世纪60年代至70年代中国哲学史研究的水平。以后多次再版，对中国哲学史的教材建设有重要意义。

《中国哲学发展史》 现代任继愈主编。分先秦、秦汉、魏晋南北朝、隋唐、宋元、明清、近代七卷。1983年起由人民出版社出版，至1994年已出版四卷。《导言》称：因“不能满意”60年代出版的《中国哲学史》，并力求反映以后某些“观点有了改变，认识有所前进”而编写。根据新中国成立后三十多年来的经验、教训，提出要全面理解列宁的哲学史定义，认为：哲学史的研究对象就是整个人类认识的历史；主张不能离开唯物主义与唯心主义的斗争来讲认识的发展；将哲学与科学的关系纳入哲学发展过程中予以考察。认为中国哲学发展过程，可分为四个阶段：先秦探讨天道观问题；秦汉探讨宇宙构成论；魏晋为玄学本体论；隋唐宋明为心性论问题。指出中国哲学史的三个特点：(1)“封建社会的哲学历史最长”，但与西方哲学相比，“中国哲学史中自然哲学的成分很少”。(2)“神学化了的儒学占有极大的优势”。指出儒学发展为儒教，经历了千余年的过程，其间“孔子的学说共经历了两次大的改造”。第一次在汉代，“董仲舒、《白虎通》借孔子的口，宣传适合汉代统治者要求的宗教思想”。“第二次改造在宋代”，“理学的建立标志着中国儒教的完成”。(3)“有光辉的唯物论和无神论传统”，“唯物论和辩证法思想是中国哲学史的精华”。对于佛、道二教作为中国哲学发展的组成部分，给予较多的阐述。全书体例结构比较严密，涉及的内容广泛，也注意了详略选择得当。所引材料翔实、丰富。对论述的哲学问题，大都在总结概括学术界研究成果的基础上，着意阐发作者自己的见解，另外也介绍了各种代表性的争论意见和不同看法，有助于读者的进一步阅读和思考。

《中国道教史》 现代任继愈主编，马西沙、牟钟鉴、王卡、金正耀、羊化荣、陈兵、吴受琚、马晓宏、韩秉方等人执笔。1990年上海人民出版社出版。凡五编，前四编分别叙述汉魏晋南北朝道教、隋唐道教、宋元道教和明清道教，第五编述明清民间宗教与道教。该书叙述自汉至清代中国的道教历史，勾勒了道教发展的基本线索，对一些道教史上的重大问题作了若干考证或专题讨论。对在中国哲学史、科学史上有过一定影响的人物和学说，如东汉魏伯阳、晋葛洪、唐代的重玄学以及宋元时的内丹学等有较详细的讨论，对一些道教中特有的宗教手段、传承方式如符箓等也有专门介绍。

《中国古代哲学的逻辑发展》 现代冯契著。上、中、下三册。1983年至1985年上海人民出版社出版。以唯物史观为依据，辅以辩证逻辑的分析，视哲学史为"人类认识史的精华"，认为哲学史是"根源于人类社会实践，主要围绕着思维和存在关系问题而展开的认识的辩证运动"。从把握哲学历史发展的客观根据入手，应用历史与逻辑相结合、科学的比较等方法，通过考察哲学论争中心的转移、认识发展的必经环节和基本逻辑范畴的递进推移，来揭示"中国古代哲学思想合乎逻辑地发展的轨迹"。又围绕自然观、认识论、逻辑学和人的自由问题，着重考察中国传统哲学的特点，立论独具新意，所说持之有据、颇多创见。注意政治思想斗争和科学反对迷信的斗争对哲学的推动，着重在朴素唯物论和朴素辩证法思想的结合上，揭示了中国古代哲学由原始阴阳说到荀子、又从荀子到王夫之的两大发展阶段，认为其逻辑过程"能比较典型地体现人类在一定历史阶段上的基于实践的辩证认识运动"。表明作者站在历史发展的高级阶段，批判总结中国传统哲学，吸取民族思维的经验教训，以发展我们民族的现代哲学思维，集中体现了"哲学是哲学史的总结，哲学史是哲学的展开"的思想主旨。收入《冯契文集》。

《中国近代哲学的革命进程》 现代冯契著。1989年上海人民出版社出版。《中国古代哲学的逻辑发展》一书的续编，侧重考察了鸦片战争至中华人民共和国成立这一历史时期思想领域内的古今中西之争和"一次伟大的哲学革命"。认为中国近代是个革命的时代，政治思想上的古今中西之争尤为明显地制约着哲学的发展，并具体展开为四个方面的问题，表现出哲学变革的阶段性和规律性：(1) 宋明以来的理气(道器)之辩演变到近代，首先是历史观然后才是天道观或一般发展观，经进化论思想的阐发最后达到唯物史观的总结。(2) 认识论上的心物(知行)之辩逐渐和历史观上社会存在与社会意识的关系问题结合在一起。(3) 在逻辑思想和方法论上的革命最本质的要求是"要用近代的科学方法取代古代的经学方法"。(4) 突出了对人的自由问题的探讨。又指出历史观和认识论领域的争论是中国近代哲学演变的主要线索，"后来在心物之辩上结合为一，由马克思主义者用能动的革命的反映论作了科学的回答"。据此肯定唯物辩证法也是"中国传统哲学合乎逻辑地发展的产物"，为"中国近代社会变革在哲学理论上的集中表现"。同时精辟分析了中国近代哲学革命的缺点和重要理论思维教训，提出"进一步发展哲学革命"的任务。收入《冯契文集》。

《"智慧说"三篇》 现代冯契著。冯契将其论述知识和智慧关系的三本著作，即《认识世界和认识自己》、《逻辑思维的辩证法》、《人的自由和真善美》合称为《"智慧说"三篇》；指出"三篇著作各具相对独立性，又互相联系成一整体，《认识世界和认识自己》是其主干，而《逻辑思维的辩证法》与《人的自由和真善美》是其两翼"。《"智慧说"三篇》构成具有原创性的融合中国哲学、马克思主义哲学和西方哲学的理论体系。参见《认识世界和认识自己》、《逻辑思维的辩证法》、《人的自由和真善美》。收入《冯契文集》。

《认识世界和认识自己》 现代冯契著。《"智慧说"三篇》之首篇。华东师范大学出版社1996年出版，为《冯契文集》第一卷。共九章。所附《"智慧说"三篇导论》简要说明了探索知识和智慧关系问题的历程，以及三篇著作的基本思想。本篇的主旨是论述基于实践的认识过程的辩证法，特别是如何通过"转识成智"的飞跃，获得关于性与天道的认识。提出广义的认识论将认识论的主要问题概括为四个：感觉能否给予客观实在？理论思维何以把握普遍有效的规律性知识？逻辑思维能否把握具体真理(首先是世界统一原理和发展原理)？理想人格或自由人格如何培养？在回答这四个问题中阐述认识辩证法的基本点。关于性与天道的真理性认识和人的自由发展是内在联系着的，这就是智慧。智慧使人获得自由，体现在化理论为方法，化理论为德性。在智慧学说中，认识世界和认识自己不是割裂开来的，而是在实践基础上交互作用的，经过凝道而成德，显形以弘道，终于达到自由的德性，体验到相对中的绝对，有限中的无限。认为这是继承和发展了中国传统哲学在认识世界(天道)和认识自己(自反以求尽心知性)的交互作用中"转识成智"和培养自由人格的精神。

《逻辑思维的辩证法》 现代冯契著。《"智慧说”三篇》之二。华东师范大学出版社 1996 年出版，为《冯契文集》第二卷。共九章。该篇主旨在于讨论化理论为方法。第一章至第五章为第一部分，阐述思维过程的辩证法，着重讨论了作者提出的广义认识论的四个问题：感觉能否给予客观实在？理论思维何以把握普遍有效的规律性知识？逻辑思维能否把握具体真理(首先是世界统一原理和发展原理)？理想人格或自由人格如何培养？第六章至第九章为第二部分，阐述思维形式的辩证法，着重讨论了认识的辩证法如何通过逻辑思维的形式(概念、范畴、规律)等转化为方法论的一般原理，探讨了辩证逻辑中的许多重大理论问题，诸如辩证逻辑与形式逻辑的关系、具体概念的形成和特征问题、辩证逻辑的根本规律问题、逻辑范畴体系的构建和方法论的基本原理问题，等等。全书提出了已具雏形的辩证逻辑学科体系，并充分注意到中国传统哲学的资源，如对中国传统哲学“类、故、理”的逻辑范畴的借鉴。

《人的自由和真善美》 现代冯契著。《“智慧说”三篇》之三。华东师范大学出版社 1996 年出版，为《冯契文集》第三卷。共十章。该篇主旨在于讨论化理论为德性，所涉及的主要是价值论问题。人类的自由在于达到真、善、美的统一。认识的辩证法贯彻于价值论领域，表现为在创造真、善、美等价值的活动中，培养自由人格的德性。从社会实践的观点出发，阐明人要求自由的本质，以及这一本质通过评价和创作而展现于价值领域。在考察文化各个领域(神话、哲学、科学、道德、艺术等)的价值理想的基础上，综合讨论真、善、美统一的自由境界和走向这一境界的道路。真、善、美以及功利等价值构成了统一的价值体系，认识的辩证法贯穿于其中，最主要的是理想与现实的统一和天与人、性与天道的统一；而劳动则是这两个统一的桥梁。合理的价值体系的原则包括：自然原则与人道原则在自由劳动基础上达到辩证统一；人的本质力量，亦即理性与非理性(情、意)的全面发展；自由个性和集体精神的相互促进，以达到个性解放和大同团结相统一的理想目标。全书充分注意借鉴中国传统哲学的有关资源，如传统哲学天人之辩、理欲之辩、群己之辩所体现的价值原则。

《中国古名家言》 现代伍非百著。始作于 1914 年，脱稿于 1932 年，其中《墨辩解诂》于 1922 年由北京中国大学晨光社初版。1949 年四川南充益新书局石印出版。分为七个部分。即《墨辩解故》、《大小取章句》、《尹文子略注》、《公孙龙子发微》、《齐物论新义》、《荀子正名解》、《形名杂篇》(附《邓析子辨伪》)。作者考辨现存名家和“兼业名家”的篇籍有《墨子》经上、下，说上下；《墨子》大小取，《尹文子》、《公孙龙子》、《庄子·齐物论》、《荀子·正名》，散见于诸子书中的若干短章单句及《邓析子》。加以编次、校勘、诠释。用西方逻辑和印度因明疏解中国名学，精思入微，见解独到，不囿俗见，是一本研究先秦各家名辩思想的重要论著。新中国成立后作者又屡作修改。1983 年中国社会科学出版社据作者修改稿重新出版。

《形名发微》 全名《公孙龙子形名发微》。现代谭戒甫著。成书于 1928 年。科学出版社 1957 年初版。分十章。以战国时公孙龙所著五篇文字为中心，并搜辑同派的学说和作品，相互参证发微。认为形名家并非名家，名家和墨家相通，墨家即为名家。“凡物必有形，再由形给它一个名，就叫‘形名’，由是得知，形名家只认有物的‘形’，不认有物的‘实’。他以为‘形’即是物的标志，‘名’即是形的表达。物有此形，即有此名。……然则‘实’这个东西，终于不可捉摸，只好归到形和名罢了。”以此思想注释《公孙龙子》，具体阐述形名学派的发展过程以及它和名家(墨家)相反的辩驳，并把“名实”和“形名”的不同点作了明确的论断。该书与 1958 年出版的《墨辩发微》属姐妹篇，可供互证，为研究《公孙龙子》和墨学的重要参考书。

《公孙龙子形名发微》 即“《形名发微》”。

《墨辩发微》 现代谭戒甫著。成书于 1928 年。科学出版社 1958 年初版，中华书局 1964 年修订重版。与《形名发微》为姐妹篇。是研究《墨子》一书中《经上》《经下》《经说上》《经说下》《大取》《小取》(统称《墨辩》)六篇的专著。全书分三编，第一编论证墨辩正名及名墨参同；第二编校释《墨辩》(或称《墨经》)6 篇；第三编阐明墨辩轨范和论式源流。考证、校释《墨经》6 篇，并探讨了《墨经》的辩学和自然科学思想。将墨家辩学和因明三支、西方逻辑作比较研究，提出了对中国辩学的独立见解，还认为《墨经》6 篇中的言论都是名、墨两家的话，里面夹杂着由名学引来加以驳辩的刑名家的学说，反映了名墨和形名家之间针锋相对的争鸣。

《墨学源流》 现代方授楚著。两卷。中华书局 1937 年出版。上卷《墨子之生平及其学派》，共十章。系统研究了墨子生平、《墨子》一书、墨学产生背景和渊源、体系及其政治、经济、宗教等学术思想，论述了墨家的组织、传授及发展、衰微、复活的过程。将《墨经》看作是墨子学派的发展和进步，并专列《知识论与辩学》一节，认为《墨经》最重知识，在辩学方面更有所发明，具体论述了《墨经》中名、辞、说及七种具体论式之要义。下卷《墨子之姓氏国籍学说辩》，共四章。分别辩驳墨子非姓墨、墨子为印度佛教徒、婆罗门教徒或亚剌伯回教徒诸说。后附有《墨学余论》，对近代学者有关墨子学说的见解提出了不同的看法。为考证墨家学派及其源流较为详细和系统的专著。

《墨经的逻辑学》 现代沈有鼎著。最初于20世纪50年代中期在《光明日报》的"哲学"专刊连载，1980年始由中国社会科学出版社出版。全书包括序、导言、《墨经》的认识论、"辩"的目标和功用、"指"和"名"、"辞"和同异、"说"和"辩"的原则及个别方式、思想战线上的《墨经》、结论以及附录等部分。该书在校勘方面遵循"没有必要的时候不轻易改动原文"的原则，在注释方面坚持"要反复比较各种可能的解释，经过了精详的考虑，然后采取一个比较最自然最合理的说法"，纠正了前人研究中的一些错讹，对《墨经》的认识论和逻辑学作了深入的阐发。对后来的《墨经》研究有较大影响。

《汉魏两晋南北朝佛教史》 现代汤用彤著。1938年商务印书馆初版。全书共两分二十章。第一分为汉代之佛教，五章。详述佛教在我国的初传及与黄老方技相通等事。第二分为魏晋南北朝佛教，十五章。对道安、鸠摩罗什、慧远、道生等人的思想，南朝义学，北朝禅法，净土与戒律等作了论述。将南北朝佛教著述分为注疏、论著、译著撰集、史地编著、目录、伪书等六类，每一类再按内容分为若干小类。本书对佛教在中国的发展和变化，作了详尽的分析，为研究中国佛教史提供了可信的资料。指出汉代佛教的特点是"佛道"，即佛道合流；魏晋南北朝佛教的特点是"佛玄"，即佛学与玄学合流；北朝佛教的特点是"专精义理"，南朝佛教的特点是"偏重行业"。并探讨了佛教何以能够中国化的问题。对研究汉魏两晋南北朝佛教史有开创性作用。解放后由中华书局重印。1981年中华书局重新排印。收入《汤用彤全集》。

《魏晋玄学论稿》 现代汤用彤著。1957年人民出版社初版。由1938年至1947年发表的有关魏晋玄学的八篇论文和一篇讲演记录稿汇集而成。这些论文和讲演稿分别是《读人物志》、《言意之辨》、《魏晋玄学流别略论》、《王弼大衍义略释》、《王弼圣人有情义释》、《王弼之周易论语新义》、《向郭义之庄周与孔子》、《谢灵运辨宗论书后》、《魏晋思想的发展》。论述了魏晋玄学的产生、流派主旨、特点和王弼、郭象等代表人物的思想，暨及魏晋思想和玄学对佛学的影响。所及论题，多具创见。最为突出的是以"自然名教"之争、"言意"之辩、"有无、本末"之辩来概括魏晋时期的哲学论争，由此考察各派思想，揭示出发展的线索；以"有无、本末"之辩说明从王弼"贵无"到向秀、郭象"崇有"，再到僧肇"非有非无"，是玄学发展之主线，而在佛学般若学中，由道安(本无)、支遁(即色)到僧肇，也经历了类似发展过程。为"五四"以后研究魏晋玄学的经典之作。对论文的不足之处，"小引"里亦有说明。收入《汤用彤全集》。

《中国佛学渊流略讲》 现代吕澂著。1979年中华书局出版。为新中国成立后系统论述中国佛学史的重要著作。原系1961年起在南京佛学研究班讲课的讲稿，后经作者修改。除正文外，还有《附录》十四篇，一部分为新中国成立后发表于《现代佛学》上的佛学论文，一部分是《佛教百科全书》稿。全书把中国佛学分为"佛学的初传"、"西域传本佛典的广译"、"般若理论的研究"、"禅数学的重兴"、"关河所传大乘龙树学"、"南北各家师说"、"宗派的兴起及其发展"、"南北宗禅学的流行"等八个阶段。认为，中国佛学的发生和发展，有它内外的主客观条件，与中国的传统思想和印度思想都有区别。它是佛教传入中国后和中国原有的思想相接触，不断发展、变化，最后形成的一种特殊的新学说。根据这一特点，作者遵循"实事求是、分析批判"的原则，既运用哲学史一般的研究方法，又注意到佛学本身的特殊范畴和特殊规律。对中国佛学的传译、典籍、师说、宗派、传播区域及思想渊源等，做了较全面的介绍，指出中国佛学思想发展的来龙去脉。同时又对中国佛学史史料和学术源流上的一些疑难问题，如某些典籍和史实的真伪、佛学初传的时间、佛学与中国思想的关系、研究各宗应采用哪些资料等，均提出了独到的见解。

《印度佛学源流略讲》 现代吕澂著。1979年上海人民出版社出版。为新中国成立后第一部论述印度佛学史的重要著作。原系1961年起在南京佛学研究班讲课的讲稿，后经作者修改。除正文外，还有《附录》八篇，大部分是发表于《现代佛学》上的佛学论文。该书把印度佛学分为"原始佛学"、"部派佛学"、"初期大乘佛学"、"小乘佛学"、"中期大乘佛学"、"晚期大乘佛学"六个阶段。根据汉文、藏文的大量文献，对勘巴利文三藏及现存的有关梵文原典，批判地吸取古今中外佛学研究的成果，按照各阶段出现的典籍先后顺序，论述了各时期印度佛学学说的特点和变化，对一千五百年的印度佛学发展概况，勾画出了一个比较清晰的轮廓。认为印度"佛学对象的中心范畴是'真实'"，这一范畴的发展，就是印度佛学的发展对各宗派的根本典据、师承以及前后学说的发展变化做了详尽的考证。对佛经版本、原典或异译本作了大量的校勘，所有校勘，竟委穷原，务求落实。对一些长期来被弄错了的或者模糊不清的史实，提出了较合理的答案。诸如关于佛灭年代"点记说"的提出，"分别论者"是上座部的刊定，说一切有部《相应阿含》的发现，唯识古今学的辨析等等，均属作者孤明先发之见，已为一些佛教学者和佛学研究者所采用。

《中国逻辑思想史》 现代汪奠基著。系统论述从先秦到"五四"之前的第一部中国逻辑思想的通史著作。上海人民出版社1979年出版。完成于20世纪60年代初，后又多次修改。除《绪论》外，分为三编：第一编先秦；第二编秦汉至魏晋六朝；第三编唐宋至明清。认为中国逻辑思想史的研究对象，是中国哲学和一切科学思想内有关形式逻辑及辩证法方面的思维形式法则和理论认识的发生、发展的历史。概括中国逻辑思想史有四个特点：与伦理学相联系，并为其服务；从未与政治相脱离，始终服务于政治；古代逻辑思想具有演绎的、玄学的特征；正名主义的"正统"思想与名家的名辩思想相矛盾。在很多方面提出了独到见解，如关于先秦名家的范围、《墨经》逻辑体系的构成、老子"无名论"的逻辑思想以及庄子的发展、鲁胜《墨辩注叙》的重要意义、魏晋"连珠式"的逻辑推论形式、王夫之辩证思维的逻辑方法、严复和章炳麟结合外国逻辑形式来发展中国传统逻辑思想，等等。

《孔子评传》 现代匡亚明著。1985年齐鲁书社出版。为20世纪80年代以来第一部孔子研究专著。书中主张根据"批判继承历史遗产"和"古为今用"的原则，联系社会主义精神文明建设的需要对孔子思想作再研究、再评价。提出对孔子思想实行"三分法"，即批判和抛弃其为封建统治阶级服务的东西；批判、清理其"一定程度上带有远见的智慧"或智慧的萌芽；继承和发展"仍保有生命力而具有现实意义的东西"。联系社会思潮的变化，着重考察了孔子的"仁"在哲学、伦理、政治方面的含义，认为"仁"的学说是中国古代人本主义思想"较系统、较完整的反映"，视"人本哲学"为孔子思想体系的总纲。又分析评价了孔子对教育和文献整理的贡献及其对后世的影响。书末附有"孔子年谱"和"《论语》箴言六十条"。在当时起到了重新评价孔子思想的开创作用。收入《中国思想家评传丛书》。

《中国思想家评传丛书》 当代中国规模宏大的中国传统思想文化研究工程。由匡亚明提议，并经原国家教育委员会批准，于1986年在南京大学成立中国思想家研究中心，专事丛书的组织撰著、审稿工作。丛书主编匡亚明。匡亚明逝世后，由多位专家组成终审组执行主编职责。约请二百余位著名专家学者，撰写自己研究有素传主的评传。由南京大学出版社出版。丛书在从春秋时期到民国初期的二千五百年的历史跨度内，在政治、军事、教育，以及文、史、哲、经、理、工、医、农各领域、各学科中，遴选二百七十位有杰出贡献的人物作传主，或一人一卷，或多人合卷，总计二百卷，约六千万字。"从各个侧面展现那些在不同时期、不同领域中有代表性人物的思想活动和业绩，从而以微见著、由具体到一般地勾勒出这段历史中中国传统思想文化的总体面貌，揭示其积极因素和消极因素的主要内涵，以利于开门见山、引人入胜地批判继承、古为今用，也为进一步全面系统地总结中国传统思想文化打下基础"（匡亚明语）。而之所以用"中国思想家评传丛书"命名，不是要把所选入的政治家、军事家、教育家以及哲学家、思想家之外的其他各学科的杰出人物作为哲学家、思想家来看待，而是基于中国古代学术尚无严格的学科分类，以及这些杰出人物在创造历史、创造各种具体成就的活动中，对其后的各领域均产生不同程度的影响，故而突破20世纪20、30年代以来"分科研究"的局限，从传主与中国传统思想文化的总体关系着眼，对其生平、功业、著作进行评述，洞察其思想的底蕴。至2006年底前全部出齐（含修订本）。该丛书以实事求是、批判继承和不同观点平等争论的精神，对历代研究传统思想文化的成果进行了全面总结，并以开放的目光，探讨了传统文化与现代社会的关系。该套丛书已成为中国学术界研究传统思想文化的一项代表性成果。

《易学哲学史》 现代朱伯崑著。1986年、1988年北京大学出版社出版上、中两册；1991年台湾兰灯文化有限公司出版四卷修订本；1994年华夏出版社刊行简体字四卷本。该书研究《周易》系统的典籍，具体途径是：(1) 区别周易文化中的两种传统，即易学和术数的传统。认为易学乃儒家经学的一个分支，其特征是依《易传》对《周易》的解释，进一步探讨和阐发其中所蕴含的哲理。所谓"术数"，乃占卜吉凶的方术，既不诠释《周易》经传文句，又不研究其中所蕴含的学理，只是把《周易》看作算命的工具。两者有天壤之别，不可同日而语。(2) 将《周易》系统的典籍区分为经、传、学三大历史时期，认为它们分别形成于不同的历史阶段，后者对前者的解释，基于不同的历史背景和时代需要，它们既有联系，又有区别，各具特色，不能以传代经，或者以学代传。(3) 重点剖析《周易》经传和历代易学中的概念、范畴和思想体系，揭示其理论思维的逻辑进程。(4) 探讨易学思维对中国传统哲学，特别是宇宙论、本体论形成和发展的影响。(5) 探索易学思维与当代科学（包括自然科学和社会科学）相结合的途径，提倡具体分析，推陈出新，反对笼统比附。该书内容宏富，颇具特色：(1) 系统论述了从先秦到清代易学发展的历史，注意区分易学中解经的两套语言，即筮法语言和哲学语言，并探讨其内在联系，从而揭示易学每个发展时期的历史特点，阐明中国传统哲学的特色。(2) 提出并论证了儒家传统哲学中的形上学和本体论，来源于易学体系而不是基于道德生活的要求。认为程颐的“体用一源，显微无间”说，基于对卦爻象、卦爻辞及其义理的解释；其论理气关系，也是基于对《易传》中“一阴一阳之谓道”和“形而上者谓之道，形而下者谓之器”的解释。(3) 将易学思维区分为四个层次，即直观思维、形象思维、逻辑思维和辩证思维，以辩证思维最为丰富。《周易》系统的辩证思维称为“阴阳变易”学说，其中包括：整体性原则，变易性原则，阴阳互补原则，和谐与均衡原则。此种思维将阴阳关系归结为“对待”即“相反而相成”的关系，追求对立面的互动与互补，不同于西方哲学以对立面的斗争为核心的对立统一学说。

《中国哲学启蒙的坎坷道路》 现代萧萐父著。发表于 1983 年《中国社会科学》第 1 期。论文主旨是重新探讨这个问题：中国是否有过自己的哲学启蒙？如果有，它的历史起点在哪里？经历了什么样的特殊道路？认为十七、十八世纪中国哲学的启蒙，是明末清初特殊历史条件下的产物，是中国近代哲学准备的一个特殊阶段。但是这一哲学启蒙在清初的“历史洄流”中，遭到摧折，步入了坎坷的道路；鸦片战争之后，中国近代哲学革命长期处于“难产”。应当把明代中叶以后到“五四”前的中国哲学矛盾运动，当作一个历史过程、一串思想的圆圈来加以研究；需要充分认识中国启蒙哲学的坎坷和近代哲学革命的难产，对于马克思主义哲学在中国的发展带来的局限性和困难。此论文进一步发挥和引申了侯外庐关于中国早期启蒙思想的研究，对当时的明清之际中国哲学的研究有较大影响。收入《吹沙集》。

《梦的迷信与梦的探索》 现代刘文英著。1989 年中国社会科学出版社初版。全书分上、下、外三编。上编为《中国古代的占梦迷信》，在整理古代文献资料的基础上，阐述占梦的起源和发展、占梦家的历史踪迹、占梦书的流传，以及占梦术的秘密和占梦迷信的社会影响。下编为《中国古代对梦的探索》，阐述中国古代学者对梦进行长期的理性思考，着重在梦的本质、特征和梦的原因、机制两个方面进行探索，得出与近代西方很不相同的梦说梦论。外编为《现代世界梦说的进展》。在这一部分里，作者不仅概述了现代世界梦说两大潮流（精神分析和实验观察）的重要成就，而且在“一个中国人的新梦说”一节中，提出了自己的见解，分别探讨：(1) 人的潜意识从何而来？(2) 梦的基本要素与原始思维的特点；(3) 梦的材料来源与大脑的意象库；(4) 梦中的眼球运动与内视机制；(5) 梦的心理状态与矛盾倾向；(6) 梦的触发机制与根本原因；(7) 梦的生理心理功能。该书是现代中国学者释梦的第一部专著，出版后即受到海内外学者的关注。已有韩、英、日等文译本。

《中国无神论史》 现代牙含章、王友三主编。第一部系统论述中国无神论史的著作。1992 年中国社会科学出版社出版。共两册。上册包括导言、先秦编、两汉编、魏晋南北朝编、隋唐编；下册包括宋元明编、清代编、近代编、少数民族编。比较全面、系统地论述了中国各民族的无神论思想。认为中国无神论史的内容有两大方面：一是天人关系上的“天命”与反“天命”之争；二是形神关系上的“有鬼”与“无鬼”之争。全书主要按照这两个方面来梳理中国无神论史的脉络。认为在形神关系的“有鬼”与“无鬼”的问题上，中国古代无神论已达到系统化；在天人关系的“天命”与反“天命”的问题上，有儒家和老子两条线索，中国古代无神论没有形成统一的、完整的思想体系。

《清代扬州学记》 现代张舜徽著。1962 年上海人民出版社出版。作者治清代学术非常重视扬州学派学人的贡献。说：“余尝考论清代学术，以为吴学最专，徽学最精，扬州之学最通。无吴、皖之专精，清学不能盛；无扬州之通学，则清学不能大。”故撰该书，对扬州学派的学术渊源、特点，以及该派代表性学者刘台拱、王念孙、王引之、任大椿、江中、焦循、阮元、刘文淇、刘师培等人的生平、思想和学术成就做了细致的梳理。是了解清代扬州学派的必备书籍。

《清儒学案新编》 现代杨向奎等编著。有关有清一代学者的学案体著作。八卷。1—3 卷主要写清初百家争鸣时期的学者，第 4 卷写清代乾嘉以来的今文经学，第 5 卷写清代乾嘉以来的朴学考据，第 6 卷写清代乾嘉以来的古文经学，第 7 卷写清代乾嘉以来经学上不今不古之学，第 8 卷写清代乾嘉以来的史学。该书具有清代学术思想史和清代学术思想史料选辑的双重作用，由此可窥见清代学术思想发展的渊源及流派。

《中国少数民族哲学史》 现代肖万源、伍雄武、阿不都秀库尔主编。安徽人民出版社 1992 年出版。共十七章，另有《绪论》和《结束语》。主要论述了蒙古、回、藏、维吾尔、苗、彝、壮、满、白、纳西等二十四个民族的哲学思想或哲学思想的萌芽。在《绪论》和《结束语》中，主要分析了少数民族哲学与原始意识、少数民族哲学的形式、发展、内容、特点、历史地位，以及概述少数民族哲学思想发展中的不平衡性、宗教在少数民族哲学中的地位、各民族思想文化交流的意义等。以丰富的资料探索少数民族的原始意识、原始思维，分析产生于原始社会的少数民族的哲学萌芽。把众多少数民族哲学思想的分别考察和整体上把握少数民族哲学思想的基本发展线索结合起来，勾画了少数民族哲学思想的特点，充分说明了少数民族哲学是中国哲学史的重要组成部分。该书为20世纪中国研究少数民族哲学思想的重要著作。

《中国大百科全书·哲学》 中国大百科全书的一个分卷。由国务院批准编写。中国大百科全书出版社1987年出版。共有条目2590个，分为2卷。主编胡绳，另设分支学科主编12人。该书按照总论、中国哲学史、外国哲学史、马克思主义哲学、自然辩证法、辩证逻辑、伦理学、美学、逻辑学等哲学分支学科体系编排，对总论和每个分支的范畴和基本概念，作了详尽和科学的阐述。该书在重视整理古人的研究成果的同时，也重视当代中外学者的研究成果。条目分类目录中列有“中国研究或介绍西方哲学的知名学者”、“近现代中国对马克思主义哲学的研究”、“中国马克思主义哲学研究知名学者”和“现代外国马克思主义哲学研究知名学者”等。全书基本上反映了20世纪90年代前中国学者研究哲学的水平和成果。2009年《中国大百科全书》第二版，对哲学条目有所修订、增补。

《为中国文化敬告世界人士宣言》 现代新儒学重要文献。亦名《中国文化与世界》。唐君毅起草，与张君劢、牟宗三、徐复观联名发表于1958年香港《民主评论》第九卷第一期。旨在概括对中国学术研究及中国文化与世界文化前途之共同认识，系统阐述对中国文化的过去、现在与未来，以及中西文化关系等问题的基本立场和观点。通过总结中外学人研究中国文化的动机、道路、经验及缺点，明确肯定“中国文化之活的生命之存在”。认为：“心性之学乃中国文化之神髓之所在”，“不了解心性之学，即不了解中国文化”。又认为：现时中、西文化应以平等眼光看待对方，期望西方文化学习东方之智慧。同时强调：“中国文化须接受西方或世界之文化”，中国人不仅应据心性之学“自觉其自我之为一‘道德实践’的主体”，而且也应力求“在政治上能自觉为一‘政治的主体’，在自然知识界成为‘认识的主体’及‘实用技术的活动之主体’”，“使中国人之人格有更高的完成，中国民族之客观的精神生命有更高的发展”。提出了复返儒家心性学之“本”、开民主政治和科学技术之“新”、以发展当代儒学的思想纲领，以及当代新儒学“重建”中国文化精神的任务和基本构想。对五四新文化运动批判儒学持基本否定的评价。

《中国哲学原论》 现代唐君毅著。分《导论》、《原性》、《原道》、《原教》四篇六卷。1966年至1975年间陆续由香港新亚研究所出版。1978年台湾学生书局汇总再版。《自序》称：为从学术观点上考论中国传统的哲学问题，特提出“即哲学史以言哲学，本哲学以言哲学史”，强调“要在兼本吾人之仁义礼智之心，以论述昔贤之学”。其《导论》篇曾以《中国哲学原论》为名由人生出版社1966年出版，后因《原性》独立成篇而改称《中国哲学原论——导论篇》。该篇先论中国传统哲学中的“理”，次论“心”，又论“名”与“辩”，皆根据史料原文的考订训释，再就义理上加以引申。《原性》篇则按“历史发展的顺序，就整个中国思想而言”，专论人性问题。申明已改变前期思想中仅以道德自我(道德理性)为哲学体系之基石的观点，主张“即心灵与生命之一整体”，“就人之面对天地万物而有其人生理想处以言性”，作为“中国言性思想之大方向”。《原道》篇在全书中分量最重，于考释各家诸说及流变后指出：“道”虽及于天道、物道、出世超世道，但根本上“则在人之生命心灵之活动所共行之道”，由此断定：道“实为人生、人性或人的心灵活动的诸方式”。《原教》篇则是《原道》的续篇，专就宋明儒学而言。详细论述了宋明儒各派各家的主要观念、义理差异及其流变，认为其学术方向及共同价值均在“申述心性天人的含义，重视人生、人道、人文教化与天人合一的意义”，强调这一思想影响的存在，是今日讨论中国传统文化的精神所在，并为传统文化与现代文化相衔接所必须注意的遗产。收入台湾出版的《唐君毅全集》。

《生命存在与心灵境界》 现代唐君毅著。二卷。1977年台湾学生书局出版。为其一生中最后的巨著，亦是系统阐述作者哲学、伦理思想的代表作。自称该书是“一生之思想学问之本原所在，志业所存”。主张以心灵为生命存在的主体，以感通为心灵的活动，以呈现于心灵中而为心灵所感通者为境界，去统摄知识、道德和宗教，力图改变前期仅以“道德自我”为哲学体系之基石的想法，强调由人的生命主体及整个心灵活动的展开，涵盖一切知识与学术文化，以建立儒家形上学的概念为核心的更为广大、融通的哲学系统。又将其内容概括为三向九境说。三向即生命先朝向客观境界，次朝向全观境界，最后朝向超主客观境界。九境即客观境界中所见或所表现的个体界、类界、因果界;主观境界中所见或表现的时空界、意义界、德行界;超主客观境界中所见或所表现的神界、真法界、性命界。认为这是"本理性以建立理想,而重接上西方近代之理性主义、理想主义之流"。收入台湾出版的《唐君毅全集》。

《中国人性论史·先秦篇》 现代徐复观著。台湾中央书局1963年出版,后改由台湾商务印书馆出版。共十四章。其《中国艺术精神·自叙》曾说明写作此书的宗旨,认为:"在人的具体生命的心、性中,发掘出道德的根源、人生价值的根源;不假藉神话、迷信的力量,使每一个人,能在自己一念自觉之间,即可于现实世界中生稳根、站稳脚;并凭人类自觉之力,可以解决人类自身的矛盾,及由此矛盾所产生的危机;中国文化在这方面的成就,不仅有历史地意义,同时也有现代地、将来地意义。我写《中国人性论史》,是要把中国文化在这一方面的意义,特别显发出来。"认为中国人性论以"命"、"性"、"道"、"德"、"心"、"情"、"才"等概念所代表的观念、思想为内容,不仅在中国哲学思想史中居于主干地位,而且是中华民族精神形成的原理和动力。深入论述了先秦儒、墨、道诸家人性论,特别肯定孔孟儒学对中国人性论的贡献。创造性地提出了"忧患意识"的命题,认为"忧患意识"的出现,标志着中国人文精神的最初跃动,奠定了中国人性论的特点和中国精神文化的基本性格。收入《徐复观文集》。

《中国艺术精神》 现代徐复观著。台湾中央书局1966年出版。共十章。该书《自叙》说:"道德、艺术、科学,是人类文化中的三大支柱",而"我现时所刊出的这一部书,与我已经刊出的《中国人性论史·先秦篇》,正是人性王国中的兄弟之邦,使世人知道中国文化,在三大支柱中,实有道德、艺术的两大擎天支柱"。通过考察儒、道两家艺术精神及其历代绘画和画论,认为中国文化的艺术精神,只有孔子和庄子所显示出的两个典型,前者的性格是道德与艺术的合一,后者的性格是彻底的纯艺术的。对庄子"道"、"美"、"乐"、"巧"、"游"、"无用"、"和"、"心斋"等作了深入的阐释,由此揭示其艺术精神。认为庄子的艺术精神,更能代表中国艺术精神,主导着中国艺术的创造。收入《徐复观文集》。

《两汉思想史》 现代徐复观著。共三卷。第一卷原题《周秦汉政治社会结构之研究》,香港新亚研究所1972年出版,后改由台湾学生书局出版,改为现名。该卷由六篇正文、四篇附录组成。第二卷1976年台湾学生书局出版,由七篇论文组成。第三卷1979年台湾学生书局出版,由七篇论文、二篇附录组成。第一卷着重探讨两汉思想的社会历史背景,由于"中国思想,虽有时带有形上学的意味,但归根到底,它是安住于现实世界,对现实世界负责",因此必须考察两汉政治社会结构作为研究两汉思想史的基础。第二卷提出,离开了《吕氏春秋》,便不能了解汉代学术的性格,董仲舒的贡献是发挥了《吕氏春秋》的思想;而王充没有触及时代的大问题,因而在两汉思想史上代表性不大。第三卷提出,最能代表汉代精神的是司马迁,认为《史记》也是具有思想史意义的巨制。是20世纪研究两汉思想史的代表性著作。

《中国哲学的特质》 现代牟宗三著。1963年台湾学生书局初版。原为香港大学校外课程部的讲演稿。分十二讲。以中国文化土生的主流——儒家思想为考察对象,作综括之简述,以揭示"中国学问之内在的本质"。反映了作者对中国哲学、中国文化精神的基本分析和价值评价。不赞成以西方观念看待中国学术思想,认为:"凡是对人性的活动所及,以理智及观念加以反省说明的,便是哲学。"据此断定中国哲学的形态和特质在"特重'主体性'与'内在道德性'"。它和"以知识为中心的西方哲学不同",而是"以生命为中心,由此展开他们的教训、智慧、学问与修行"。又通过对中国哲学兴衰、沿革过程的考察,进而揭示中国哲学未来的方向有二:(1)"根据传统儒释道三教的文化生命与西方的耶教相摩荡,重新复活'生命的学问'";(2)"吸收西方的科学、哲学与民主政治,展开智性的领域"。表达了现代新儒家力图由儒学的第三期发展以"重建"中国文化精神的基本构想。收入台湾出版的《牟宗三先生全集》。

《才性与玄理》 现代牟宗三著。1963年香港人生出版社印行。后由台北学生书局出版。共十章。系统论述了魏晋时期学术思想的基本内容及其演变轨迹。认为秦以法家之术统一六国,西汉是继承先秦儒家思想而进一步发展,"至乎魏晋,则是道家之复兴。道家玄理至此而得其充分之发扬。王弼、嵇康、向秀、郭象,其选也"。"道家玄理之弘扬正是契接佛教之最佳桥梁"。又认为魏晋玄理之前一阶段是才性。"'才性'者自然生命之事也。此一系之来源是由先秦人性问题而开出。但不属于正宗儒家如孟子与中庸之系统,而是顺'生之谓性'之'气性'一路而开出。故该书以'王充之性命论'为中心,上接告子、荀子、董仲舒,下开《人物志》之才性,而观此一系之原委。"指出魏晋玄理,集中起来,主要依"为道日损"之路,提炼出"'无'底智慧",建立起"境界形态"的形上学,即"无执的存有论"。这种玄理玄智不仅道家有之,佛、儒亦有之,这可以说是中国文化之"共法"。收入台湾出版的《牟宗三先生全集》。

《心体与性体》 现代牟宗三著。三册。1968年台北正中书局出版。分综论和分论两部。认为六百余年宋明儒学之发展实以北宋周敦颐、张载、程颢、程颐,南宋胡宏、朱熹、陆九渊,明代王阳明、刘宗周九人为骨干。这九人在宋明儒学发展中先后继起,在义理上互为衔接。又指出宋明儒学之流变当分三系:"(一)五峰、蕺山系:此承由濂溪、横渠而至明道之圆教模型(一本义)而开出。此系客观地讲性体,以《中庸》、《易传》为主;主观地讲心体,以《论》、《孟》为主。"于工夫则特重"逆觉体证"。"(二)象山、阳明系:此系不顺'由《中庸》、《易传》回归于《论》、《孟》'之路走,而是以《论》、《孟》摄《易》、《庸》而以《论》、《孟》为主者。此系只是一心之朗现,一心之申展,一心之遍润;于工夫,亦是以'逆觉体证'。""(三)伊川、朱子系:此系是以《中庸》、《易传》与《大学》合,而以《大学》为主。"它"是'心静理明',工夫落实处全在格物致知,此大体是'顺取之路'"。认为五峰系和陆王系皆以《论语》、《易》、《中庸》、《孟子》为标准,可会通而为一大系,此一大系可称为"纵贯系统",亦合先秦儒家之古义,故为宋明儒之大宗。而以程伊川、朱晦庵所开出者,当为"横摄系统",是儒学之旁枝,故为宋明儒之小宗。此书的观点在海内外颇有影响。收入台湾出版的《牟宗三先生全集》。

《历史哲学》 现代牟宗三著。初版于1955年,是牟宗三"新外王三书"之一。作于20世纪50年代。从历史入手,围绕先秦两汉的大事件,通观时代精神之发展,进而探明精神本身的表现途径,解决中国"内圣"之学的"外王"问题。全书分五部。第一部论夏商周。第二部为春秋战国秦,讲五霸与孔子,战国与孟荀,以及秦与法家,认为孔子之人格表现出自觉的仁义之道,并由孟荀得以发展,而法家的集权统治则毫无人文价值。第三部讲楚汉争霸,并道出刘邦、张良为天才时代之人物,虽不能尽理却能尽气,造就西汉二百年盛世。第四、第五部分为西汉理性超越和东汉内在理性之各二百年。西汉经过刘邦天才式的纯朴发展,思想开化,直至汉武接受董仲舒而兴儒,达到了理性超越之境界。东汉因光武"凝敛的理性人格"而造就了一内在理性,表现于政治者,诸如尚书、宰相、功臣、外戚、宦官、皇帝等权力对列之局。本书对历史的评价延续了王船山思想,又通过钱穆的《国史大纲》来解释各时代之制度,并加入了自己对西方康德一派的哲学见解以及与黑格尔观点的对立。该书的中心观念在于,一方面说明西方文化为分解的尽理精神,一方面说明中国文化为综合的尽理精神与综合的尽气精神。收入台湾出版的《牟宗三先生全集》。

《哲学三慧》 现代方东美著。既是作者一篇论文的标题,也是作者一部论文集的书名。作为论文1937年宣读于中国哲学会第三届年会,发表于1938年6月《时事新报》副刊《学灯》。1971年台湾三民书局出版同名论文集,收入该文与其他三篇论文。论文解释"智慧"一词,"知审乎情,合乎理,谓之智","欲称乎情切乎理,谓之慧"。哲学家个人由闻、思、修所成之智慧,名曰"自证慧",寄于一个民族文化精神中的民族智慧,名曰"共命慧"。依据"共命慧",比较中国、古希腊、近代欧洲三种哲学智慧。认为古希腊长于"实智照理",所成之"共命慧"曰"如实慧",创造了"要在援理证真"的"契理文化";近代欧洲擅于"方便应机",所成之"共命慧"曰"方便慧",创造了"要在驰情入幻"的"尚能文化";中国的传统是"妙性知化",所成之"共命慧"名曰"平等慧",创造了"要在挈幻归真"的"妙性文化"。如此哲学三慧"均不能无蔽",因而必须互补以自救。以后作者继续在论著中论证上述观点。收入台湾出版的《方东美全集》。

《中国人生哲学》 现代方东美著。1979年台湾黎明文化事业公司初版。包括两大部分。第一部分《中国人生哲学概要》,原系作者1937年在电台的广播讲演,曾由商务印书馆印行,去台后又增订再版。提出:"如何生活才能取得意义、如何生活才能实现价值"是"哲学上重大问题"。视老、孔、墨为中国先哲的代表,"把他们融会贯通起来,实可以代表中国哲学家最完善的思想"。第二部分为作者英文原著《中国人的人生观》(The Chinese View of Life)的中译本(冯沪祥翻译),系根据《中国人生哲学概要》一书的架构扩充而成,自称旨在"激浊扬清,阐扬中国的慧心",使人体会到不论是人或宇宙,都是生生不息,创进不已,以此作为人生意义的根本。收入台湾出版的《方东美全集》。

《中国文化的展望》 现代殷海光著。1966年台北文星书店出版。《序》称:针对"近年来"中国文化研究中存在的"传统跟随"(即以承继"道统"和弘扬"历史精神文化"自任)等"心理迷雾",旨在"论列中国近百余年来的社会文化对西方文化冲击的反应",并"试行寻出中国社会文化今后可走的途径"。以"天朝模型的世界观"来概括视自身文化为一"自足的系统"的传统观念。不赞成将中国文化染上"道统"和"理学"的色彩。又以"变"与"不变"之争为中国近代文化的轴心,着重考察和评价了严复、谭嗣同、梁启超、吴虞、胡適、吴稚晖为代表的"自由主义倾向",强调:"道德、自由、民主、科学"为中国应走的道路,提出中国知识分子今后的责任在"创建适合大家生存、发展的新文化",从目的社会走向开放社会。

收入台湾出版的《殷海光全集》。

《新民丛报》 戊戌变法后维新派的刊物。半月刊。清光绪二十八年(1902)创刊于日本横滨。报名取《大学》"新民"之意。由梁启超创办和主编,重要文章大多出自他之手。撰稿人另有康有为、蒋观云、麦孟华、徐勤、韩文举、徐佛苏、杨度等。以开民智、宣传维新变法为宗旨。创刊号《本报告白》称:"本报以教育为主脑,以政论为附从"。"务采合中西道德以为德育之方针,广罗政学理论以为智育之本原","不为危险激烈之言,以导中国进步当以渐也"。大力介绍"西学",要求自由平等,兴民权,推行资产阶级的政治制度,批判封建专制主义,抨击帝国主义,进行思想启蒙,在当时颇具影响。但反对建立共和政体,反对以革命手段推翻清王朝。光绪三十一年以后,以与革命派的论战为主要内容,遭到革命派的严厉批判,其影响逐步削弱。光绪三十三年底停刊,共出九十六号。有汇编本。

《东方杂志》 中国近现代史上历时最长的一份大型综合性学术期刊。清光绪三十年(1904)3月创刊于上海,停刊于1948年12月,共出版44卷811期。商务印书馆编辑出版。抗战时先后于长沙、香港、重庆等地出版。主编先后有徐珂、杜亚泉、钱智修、郑允恭、胡愈之、陶惺存、李圣五等。初创时,以"启导国民,联络东亚为宗旨"(《新出东方杂志简要章程》,创刊号);后又提出:"本刊以阐明学术为主旨,所刊各文,见解力求客观,议论务期平允,注重新知介绍,然力避武断,期无悖研究之精神。"(王云五《复刊词》,39卷1号)采取"兼容并包"办刊方针,"对各学派一律看待"(《读者作者与编者》,30卷7号)。先后开辟近40种栏目,以社评和言论为主,同时,广辑各种报刊要件,故又被称为"杂志的杂志"。注重学术性和时政性,介绍和传播新知识和新文化,将研究国际问题,寻求民族出路作为办刊重点,举凡政治、经济、军事、教育、文化诸问题均加论载,并就重大事件或运动出版专号。积极参与中国现代化转型中各重大问题的探讨,提出一系列原则和主张。新文化运动时期,就中西文化和新旧文化与《新青年》展开大论战,主张通过对中西文化的批判来建立新文化。该刊记录和反映了20世纪前半期中国社会各领域的变迁和思想风貌,在现代中国期刊出版界和文化思想界占有极其重要的地位。

《国粹学报》 国学保存会的机关刊物。月刊。清光绪三十一年(1905)创刊。邓实、黄节等创办和主编。主要撰稿人有刘师培、章炳麟、马叙伦、田北湖、陈去病等。"以发明国学,保存国粹为宗旨。"(《国粹学报略例》)注重宣传中国传统文化,内容涉及经学、史学、语言文字学、音韵训诂、诗歌词赋、金石书画等。强调"夷夏之防",表彰宋末明末的忠义节烈,批判保皇派,呼唤民族自强,鼓动排满革命。反对"醉心欧化",但"泰西学术,其有新理精识足以证明中学者,皆从阐发"(同上),因而不少文章提倡以西学证明中学。在学术上主古文经学,批评今文经学。对待孔子及其儒学,既有持批评态度的,也有主张尊孔子为"教主",立儒学为"国教"的。1911年9月停刊。共出八十二期。为20世纪初期倡导"国粹"最力并影响最大的刊物。1912年改名《古学汇刊》。

《民报》 中国同盟会机关报。月刊,后为不定期刊。清光绪三十一年(1905年11月26日)创刊于日本东京。主编为张继、胡汉民、章炳麟、陶成章、汪精卫等,其他撰稿人有陈天华、朱执信、廖仲恺、宋教仁等。以宣传孙中山提出的"三民主义"为宗旨,要求颠覆现今之恶劣政府;建设共和政体;土地国有;维持世界真正之平和;主张中国日本两国之国民的联合;要求世界列国赞成中国之革新事业(见《民报之六大主义》)。与保皇派展开激烈的论战。孙中山在该刊第一号的发刊词中,首次将同盟会的政治纲领概括为:"民族、民权、民生"三大主义;又特别强调实行民生主义的重要,主张政治革命、社会革命毕其功于一役,号召推翻清朝专制统治,建立共和国。并努力介绍国外的各种政治学说,以他们的见解,介绍马克思主义、社会主义、无政府主义、俄国的民粹派等。对当时的资产阶级民主革命起了积极的指导和推动作用,为辛亥革命的爆发作了思想理论的准备。也宣传西方近代以来的唯心论和佛学、老庄哲学等,要求建立新宗教,鼓吹"五无"(无政府、无聚落、无人类、无众生、无世界),表现了对现代文明的某种批判倾向。共出二十六期,另有"天讨"等增刊。光绪三十四年被日本政府封禁。宣统二年(1910)汪精卫等又秘密复刊,出版第二十五、二十六期后停刊。

《甲寅》 现代刊物。1914年(夏历甲寅年)5月创刊于日本东京。原为月刊。发起人胡汉民,由秋桐(章士钊)任主编,陈独秀曾协助编辑工作。主要撰稿人还有高一涵、周鲠生、杨端六等。刊物编排有时评、评论、通讯、文艺等栏目。自称"以条陈时弊朴实说理为宗旨"。所刊政论文章,反对袁世凯"好同恶异"的独裁专制,批评为袁世凯复辟帝制而制造的理论依据,如开明专制论、尊孔论等等,但不赞成以革命手段消除专制,赞成立宪,提出"调和立国"论,政治上主张孙中山的革命党与袁世凯政府调和;在文化上调和中西文化的冲突。陈独秀、李大钊曾在该刊月刊上发表多篇论文,表达了激进的革命民主主义主张。该刊虽名为月刊，但经常脱期，1915年5月出至第五期后，移至国内出版，1916年出至第十期停刊。1917年1月在北京复刊，为日刊，1925年7月复出周刊，时章士钊任段祺瑞政府教育总长，该刊遂成半官方刊物。时有为当时北洋政府反动统治辩护之政论。主张“农业立国”，认为西方发展工业导致世界大战，并以为以农立国，孔孟儒家文化才有寄托之处。反对新文化运动提倡白话文和新道德，力主复古读经，以为这犹如西方文艺复兴，“复古乃是新机”。1927年2月停刊，共出四十五期。

《新青年》 现代刊物。1915年9月在上海创刊。由群益书社发行。第一卷名《青年杂志》，第二卷起更名《新青年》月刊，陈独秀主编。发行至四卷1号(1918年1月)时，参加编辑部的有陈独秀、钱玄同、高一涵、胡适、李大钊、刘半农、沈尹默等，轮流编辑。1919年编辑部迁往北京，并成立编辑委员会。自1920年9月八卷起成立新青年社，独立发行，成为上海共产主义小组的机关刊物，仍由陈独秀主编。1920年11月，陈独秀去广州，由陈望道接任主编，李汉俊参加编辑工作。中国共产党成立后，一度成为党的机关报。1921年9月陈独秀重任主编。1922年7月出至九卷6号后休刊。1923年6月在广州复刊，改出季刊，成为中国共产党的理论性刊物，由瞿秋白任主编。1925年4月起为不定期刊，1926年停刊。其作用可分为三个阶段：1915年至1918年成为反对封建主义的新文化运动的中心，是激进民主主义的旗手；1919年至1921年中国共产党成立，在传播马克思主义方面起了重大作用；1921年中国共产党成立后，在宣传马克思主义学说上，在建立统一战线，准备大革命的斗争策略、路线等方面都作出了努力。其最初宗旨和希望有六项：“自主的而非奴隶的”，“进步的而非保守的”，“进取的而非退隐的”，“世界的而非锁国的”，“实利的而非虚文的”，“科学的而非想象的”。其基本内容：一是反对封建主义的旧文化，批判尊孔读经，陈独秀曾撰写一系列文章，批驳康有为的“尊孔”复辟，鲁迅写的《狂人日记》矛头直接指向吃人的封建旧礼教；二是宣传民主主义的新文化，陈独秀撰写《新文化运动是什么》、《文学革命论》等把革新文学和革新政治联系起来，钱玄同、刘半农、胡适等人也撰文参加新文化运动；三是传播马克思主义思想，陈独秀撰写《马克思学说与中国无产阶级》、《马克思学说》、《列宁主义与中国农民运动》等文，李大钊撰写《庶民的胜利》、《布尔什维克主义的胜利》、《我的马克思主义观》等文，并从1923年起，大量发表列宁的著作(《俄罗斯革命之五年》、《民族与殖民地问题》、《中国革命》等)，译载斯大林的著作(《论列宁主义基础》、《托洛茨基主义或列宁主义》)等，广泛介绍国际无产阶级革命的经验，成为“中国无产阶级革命的罗针”；四是参与“科学与人生观”和“社会主义与无政府主义”的论战，批评张君劢等人的玄学、张东荪等人的基尔特社会主义、胡适等人的实用主义；五是重视对中国革命问题的研究，刊登瞿秋白等人论述革命性质、统一战线、无产阶级领导权、农民运动和武装斗争等问题的文章。该刊对宣传新文化、传播马克思主义、教育培养一代青年作出了影响深远的贡献。

《民铎》 现代刊物。1916年6月由留日学生发起的“学术研究会”创办。1929年停刊。共出版十卷五十二期。自称其旨在“共和盛制，宇内从同；人权表征，自由精神”，“公权裁制”，“除旧布新”。初出几期内容较广，曾对袁世凯复辟、军阀专政及“列强谋我情况”均有揭露和抨击。1918年5月后改在上海出版，申明“今后之责任，纯以阐扬平民精神，介绍现代最新思潮为主”(见第五期《特别启事》)。曾出版“现代思潮”、“尼采”、“柏格森”等专号。主要撰稿人有李石岑、易家钺、朱谦之等，分别介绍西方哲学的实用主义、唯意志论、生命哲学等流派，影响较大。同时宣传和介绍过基尔特社会主义、“英国的劳动运动”和“德国社会主义运动”，主张中国的社会主义运动应效法英国。最后几期亦有专文介绍了黑格尔、费尔巴哈、狄慈根哲学及马克思的辩证唯物论。

《每周评论》 现代刊物。周刊。1918年12月22日创刊于北京。由陈独秀、李大钊等创办和主编。主要撰稿人有胡适、周作人、高一涵、王光祈、张申府等。其宗旨为“主张公理，反对强权”(《每周评论发刊词》)。注重宣传资产阶级民主主义，反对军阀统治和日本帝国主义，积极宣传新文化运动，批判封建文化，也刊登了一些宣传无政府主义的文章，同时对社会主义和俄国十月革命亦有所介绍。“五四”运动期间，对群众斗争过程进行了详细的报道和评论，并作了一定的理论分析，力图领导群众进行斗争。第26期以后，胡适任主编，开始偏向社会改良，不赞同马克思主义，要求“多研究些问题，少谈些主义”，引发“问题与主义”之争。共出三十七期，1919年8月被北洋政府封闭。

《新潮》 现代刊物。月刊。为新潮社主办。1919年1月1日创刊于北京。由罗家伦、傅斯年等人创办，主要编辑先后有傅斯年、罗家伦、周作人、毛子水、顾颉刚、陈达材、孙伏园等。李大钊和鲁迅也曾为它写稿，给予支持。它以在中国实行“文艺复兴”为宗旨，主张“去遗传的科举思想，进于现世的科学思想；去主观的武断思想，进于客观的怀疑思想；

为未来社会之人，不为现在社会之人；造成战胜社会之人格，不为社会所战胜之人格”(《新潮发刊旨趣书》)。提倡个性解放，反对封建礼教和士大夫文学，要求进行“文学革命”，“伦理革命”。指出纲常名教是君主为了“愚民”和维持自己的统治而制定出来的，而“名分”是“愚民”的重要手段，其实质是要人们无条件地服从君主专制制度。认为道德应随时代而改变，主张用新的道德标准替代昔日之“忠义孝弟”等，批判扼杀个性发展的封建伦理观。提倡婚姻自由和男女平等。在新文化运动中有广泛的影响。共出十二期，1922 年停刊。

《国故月刊》 新文化运动时期北京大学的刊物。1919 年 1 月，由北京大学学生薛祥绥、张煊和罗常培创办，以“昌明中国固有之学术为宗旨”(《国故月刊社记事录》)。总编辑为刘师培和黄侃。共出 5 期，1919 年 10 月停刊。设有通论、专著、遗著、艺文、理事、通讯、杂俎等栏目。主要著录有关儒家、道家经典的考释、古汉语研究、古诗词解释、古代史著补证等方面的文章，极少论及时事。文化思想保守，曾在新文化运动中与《新潮社》展开论争。

《觉悟》 上海《民国日报》副刊。1919 年 6 月 16 日创刊，随《民国日报》逐日出版，但其他副刊出版时便不出。其主导思想倾向于较彻底的民主主义和初步的社会主义。多数文章向往“自由、平等、博爱”的民主主义前途，强调个人的自觉与奋斗，同时也登载了不少讨论社会主义和社会改造问题的译文。1920 年起，在上海共产主义小组的影响下，逐步注重于宣传马克思主义，发表了许多共产党人的文章，报道和支持工人罢工斗争，积极参加关于无政府主义的论战、社会主义的论战等思想斗争。驳斥无政府主义，批判张东荪等人的反社会主义的言论，宣传唯物史观，有较大的影响。1925 年以后，随着国民党内右派势力的抬头，《觉悟》也逐步颓变为反动派的工具。1931 年 1 月改名《闲话》，随《民国日报》暂时停刊而中止。1945 年 10 月随《民国日报》复刊而复刊，并恢复《觉悟》的刊名，直至 1947 年 1 月，随《民国日报》停刊而停刊。

《湘江评论》 “五四”时期刊物。周刊。湖南学生联合会出版，毛泽东主编。1919 年 7 月 14 日在湖南长沙创刊，“以宣传最新思潮为主旨”。《创刊宣言》指出：“世界革命”呼声大倡，“人类解放”运动猛进，说明世界革命潮流任何力量也挡不住。世界上最强大的是全体人民联合的力量，人民应当起来为自己彻底解放向强权统治作斗争。提出其职责就在于：不受一切传统和迷信的束缚，“研究、传播和推动当前世界革命的思想”。揭露帝国主义国家使“几个人享福”，“千万人痛苦”，帝国主义宣传的“平等正义”、“民族自决”，实际上是“鬼话”。指出封建观念和军阀强权统治是中国人民的桎梏。周刊鼓励人民群众起来打破迷信、打倒强权，做到“天不要怕，鬼不要怕，死人不要怕，官僚不要怕，军阀不要怕，资本家不要怕”。《湘江评论》最有影响的文章是毛泽东写的《民众的大联合》，连载于第二、第三、第四期。周刊还以很大篇幅介绍当时各国革命情况，尤其是俄国十月革命的情况，热情歌颂“唯有步俄国的后尘，实行社会的大革命”才是出路。《评论》共出五期和一期临时增刊，第五期未发行就被湖南军阀张敬尧查封。刊物栏目有西方和东方的“大事述评”、“世界杂评”、“湘江大事述评”，尤其“杂文”与“放言”，对社会各种守旧现象、奇谈怪论，予以揭发和讽刺。

《少年中国》 少年中国学会的机关刊物。月刊。1919 年 7 月创刊于北京。创办人和主要编辑有王光祈、陈淯、李大钊、康白情、田汉等。其宗旨为：“本科学的精神，为文化运动，以创造‘少年中国’。”(《少年中国月刊的宣言》)所发文章的思想倾向比较复杂，有的要求知识阶级、劳动阶级、资产阶级互相合作，通过建立“新村式”的小组织，来改造社会；有的宣传国家主义；有的则认为政治活动和流血手段对于改造社会是必要的，社会主义才是中国的前途。但多数则主张不涉及政治，专门从事学术的研究，因而刊物的学术性较强。其中有关哲学、社会学、宗教、自然科学等方面的论文，为研究“五四”时期哲学和思想文化的重要资料。共出五十五期，1924 年停刊。

《解放与改造》 “五四”时期刊物。半月刊，后改为月刊。1919 年 9 月 1 日创刊，第三卷(1920 年 9 月)起，更名为《改造》。由张东荪、俞颂华、梁启超等主编，主要撰稿人有张君劢、周佛海等。其宗旨为：求社会的“不断革新”，“把人类全体做一个目标去求全人类均衡的幸福”(《解放与改造杂志宣言》)。注重宣传和介绍各种各样的社会主义流派及西方的哲学、政治和社会学说。创刊号发表《第二种文明》的社论，认为第一种文明是习惯与迷信的文明，相当于马克思所谓的原始、奴隶、封建社会；第二种文明是自由与竞争的文明，相当于马克思所谓的资本主义社会；第三种文明是互助与协同的文明，“是社会主义与世界主义的文明”。主张致力于社会的解放和改造，以培养“第三种文明”为目标，将基尔特社会主义精神贯彻于“实际的方面”。从这一立场出发，积极参加“社会主义论战”，认为此时的中国要实行社会主义“似乎大越阶了”，主张大力发展资本主义的实业。介绍和评析尼采、罗素等人哲学，同时“确信中国文明实全人类极可宝贵之一部分遗产，故我国人对于先民有整顿发挥之责任，对于世界有参加贡献之责任”。共出四十六期，1922年停刊。

《新社会》 “五四”时期刊物。旬刊。1919年11月1日创刊于北京，由瞿秋白、郑振铎等创办和主编。在《发刊词》中阐明其宗旨为“考察旧社会的坏处，以和平的、实践的方法，从事于改造的运动，以期实现德莫克拉西的新社会”。表现出强烈的资产阶级民主主义精神，触及改变生产方式和实行社会革命的问题，如认为：“从现代社会到新社会之间最大的关键就在于生产和分配底方法。”（《伯伯尔泛劳动主义观》）主张“要得到较好生活的实现，就非改造社会不可，简单言之，即非革命不可”（《动的社会观》）。在当时曾产生较大影响。共出十八期，1920年被北洋政府封闭。

《觉悟》 天津觉悟社机关刊物。1920年1月20日创刊。由周恩来、郭隆真等创办。以“做学生方面的‘思想改造’事业”为宗旨。主张“凡是不合于现代进化的军国主义、资产阶级、军阀、官僚、男女不平等界限、顽固思想、旧道德、旧伦常……全认为他为应该铲除应该改革的”（《觉悟的宣言》）。只出了一期，因觉悟社的领导骨干被捕入狱而停刊。

《哲学》 亦称《哲学杂志》。哲学期刊。不定期刊。1921年5月创刊，由北京哲学社编辑出版。共出版九期，第九期出版于1926年5月。主要撰稿人有傅铜、梁启超、吴康、徐炳昶等。内容包括中国哲学、欧洲哲学、印度哲学、佛教哲学、回教哲学、逻辑学以及宗教神学等各个方面。中国哲学方面主要有梁启超的《老子哲学》（第一至二期）、《评胡適之〈中国哲学史大纲〉》（第七期），吴康的《东周以前之哲学思想》（第五期）、《阳明学说述要》（第八期），傅铜的《列子书中之宇宙观》（第二期），吴敬轩的《周敦颐哲学》（第九期）。

《哲学月刊》 现代刊物。1926年3月创刊，由北平中国大学哲学教育系读书会主编。共出版三卷计十六期，1930年11月终刊。主要撰稿人有黄建中、黄侃、张崧年、僧映佛、毕无方、林损、林鸿翥等，由陈映璜主持编辑工作。《第二卷发刊弁言》表明其宗旨：“在灌输新知，阐发东西哲理。以不偏不倚之态度批评讨论，以期新思日浚，真理日张。”重要文章有黄侃《汉唐学论》、黄建中《王阳明之直觉主义》等。

《哲学评论》 现代刊物。1927年4月创刊于北京，1947年12月终刊于上海，出至第十一卷第2期。原为双月刊，1928年第二卷起改为季刊。该刊自创刊至第六卷均由北京尚志学会编辑发行，自第七卷起改由中国哲学会编辑并在上海出版，1943年上海沦陷，自第八卷起迁重庆出版，抗战胜利后自第十卷起又迁回上海出版。该刊以介绍西洋现代思想为主旨，还包括中国哲学、逻辑学、教育哲学、法律哲学、宗教哲学、伦理、美学诸方面的研究。当时学者曾认为“创刊哲学评论后，中国才开始有专门性质的哲学刊物”（贺麟：《当代中国哲学》）。是20世纪20年代至40年代最具学术影响的哲学刊物。

《中国文化》 现代综合性学术刊物。1940年2月15日在延安创刊。艾思奇任主编。创刊号发表了毛泽东的《新民主主义的政治与新民主主义的文化》（即《新民主主义论》），还发表了艾思奇的《论中国的特殊性》一文。该刊重视马克思主义哲学的宣传和中国化，曾连载艾思奇的“哲学讲座”以及和培元、杨松等人论述马克思主义中国化问题的文章，并发表范文澜的《中国经学史的演变》、艾思奇的《抗战以来几种重要哲学思想的评述》等以马克思主义哲学为指导，研究中国历史和现状的文章。1941年8月20日出版第三卷第二、三期合刊后停刊。

《哲学》 亦称《哲学月刊》。现代刊物。月刊。1940年11月1日创刊，由上海哲学月刊社编辑出版，共出版二卷计九期，1941年7月后，因国民党当局取缔而被迫停刊。在创刊献词中表明，其宗旨在使哲学的研究、学习和运用为反帝、反封建、反法西斯、反侵略的斗争服务。主要撰稿人有刘涟、黄特、哲夫、吴弘远等。以研究和宣传马克思主义哲学为主。中国哲学论文方面主要有陈垦的《墨子概说》（第一卷第三期）、《理学的锻炼者——周濂溪的哲学》（第一卷第六期）以及《邵康节的世界观》（第二卷第二期）等。有关社会现实问题方面的主要有吴弘远的《论现阶段民主运动之历史意义与任务》（第一卷第四期），胡自的《思想上的新专制主义》（第一卷第五期），翼云的《论中国启蒙运动》（第二卷第一期）。该刊另设理论批判栏，主要批判了冯友兰的《新理学》、《新世训》及叶青的反辩证唯物论的观点。此外尚有黄特的《哲学·一八四〇——一九四〇》以及《现代哲学史（一八四〇——一九四一）大事年表》等资料。

《思想与时代》 现代综合性学术刊物。1941年8月1日创刊于贵州遵义。月刊。由张其昀等在迁到贵州遵义的浙江大学所组织的思想与时代社发行。1941年8月至1945年2月，共刊行了40期。自第41期（1947）起迁至杭州出版，其中第46期是梅光迪先生纪念专号。1948年11月第53期终刊。该刊以“发扬传统文化之精神，吸收西方科学之新欲”为宗旨，刊载关于哲学、文学、教育、政治、科学、史地等各门学科的文章，涉及民族固有文化、西方学术思想源流变迁、中外近期名著的评价等。撰稿人除“思想与时代社”的基本社员张荫麟、张其昀、贺麟、钱穆、朱光潜、郭秉龢6人外，还有竺可桢、谢幼伟、任美锷、冯友兰、王焕镳、缪钺、熊十力、唐君毅、洪谦、缪凤林等。冯友兰的《新原人》、钱穆的《中国文化史导论》等都最早发表于该刊。

《哲学研究》 现代刊物。月刊。1955年3月创刊，“文化大革命”期间停刊，1978年复刊。它以马克思列宁主义、毛泽东思想为指导，坚持理论联系实际的原则，贯彻“百花齐放、百家争鸣”的学术方针。主要刊载哲学各学科的研究成果，反映国内外哲学研究动态，开展重要的哲学问题讨论，还发表有关的书评、札记等多种形式的哲学文章。基本任务是宣传和研究马克思主义哲学原理，丰富和发展马克思主义哲学；研究哲学各分支学科的重大理论问题；发表原创性的哲学理论研究成果。

《中国哲学》 中国哲学史、中国思想史的不定期的连续出版物。创刊于1979年。由中国社会科学院有关历史所、哲学所主持编辑。先后由三联书店、人民出版社、岳麓书社、辽宁教育出版社出版。主要刊发有关中国哲学史、中国思想史的专题研究，历代哲学家、思想家的生平、著述考订，中国哲学史、中国思想史研究方法论，以及中外哲学史、思想史比较研究等方面的成果，少量发表近现代重要学术团体、代表人物的专题资料或学术回忆录。该刊文章质量较高，并能切合当时重大研究课题。如《郭店楚简》发表后，该刊在第二十、二十一辑连续发表大量有关文章，深入研讨有关问题，产生了一定影响。

《道家文化研究》 研究道家和道教文化的综合性学术研究辑刊。陈鼓应主编。1992年6月创刊。前十辑由上海古籍出版社出版，第十一辑以后改由生活·读书·新知三联书店出版。该刊发表海内外学者研究道家和道教文化的学术论文。探讨道家思想在中国传统文化中的地位。重新考订《列子》、《尹文子》、《文子》、《鹖冠子》等道家著作。关注对新近考古出土的古代文献的研究。对于一些重大的新课题，辟有专号，以引起学术界的重视。例如已出版的专号有“马王堆帛书专号”(第三辑)、“敦煌道教文献专号”(第十三辑)、“郭店楚简专号”(第十七辑)等。

《东西方哲学》 美国哲学杂志。1951年在檀香山创刊。季刊。着重于东方哲学(中国哲学、印度哲学、日本哲学、朝鲜哲学等)的研究，并提倡东西方比较哲学的研究。1964—1966年曾中断。

《中国哲学研究》 美国哲学杂志。1967年在夏威夷创刊。刊登中国哲学论文，并译载中国哲学研究的译文与资料。除论文外，不设其他栏目。

中国少数民族哲学

天父地母说 蒙古族哲学中关于人类起源的理论。认为天地产生万物和人类。天惠赐人的生命，故曰："天父"，地养育人的生命，故曰："地母"。只有"承继天意，治理一切，使其聚集成为一个东西，并把握其各自的规矩，称天为父，称地为母，能抚育人者，可称其为天子"(《二十一卷本辞典》)。认为成吉思汗及其祖先都是"奉天命而生的"(《蒙古秘史》)"天子"。天地不仅决定人的生命，而且也决定人的权势。宣扬汗权天授，同时亦承认人由天地养育。

皇天后土说 蒙古族哲学中关于汗权天授的思想。《蒙古秘史》："蒙皇天之题名，得后土之相济。""皇天"蒙文意为有权势的天。"后土"蒙文意为母、地，发生万物的大地。把上天与皇帝，大地与皇后联系起来，使汗权披上"天授"的外衣，以论证汗权统治的天然合理性。

天力论 蒙古族哲学中关于天有左右人事能力的理论。《黑鞑事略》："其常谈必曰：托着长生天底气力，皇帝的福荫。彼所欲为之事，则曰天教凭的；人所已为之事，则同天识着，无一事不归之天。自鞑主至其民，无不然。"认为天是长生而有气力的，安排祸福、胜败和寿夭，能说明是非，区别善恶，认可或否定人的言行。并认为成吉思汗的言行都是得到天的点化和暗示的，其取胜并成为可汗是"赖长生天之力，得天地之赞助"(《蒙古秘史》)。

天运流转 蒙古族哲学用语。《新元史·世祖四》："天运流转不息，而认一定之法拘之，未有久而差之理；差而必改，其势不得不然者。"认为自然界的变化是客观的、有规律的，不能用人的"一定之法拘之"，"拘之"则会产生差错。只有使人的"一定之法"，符合变化着的客观事物，才能"庶几吻合天运，而永终无弊"(同上)。

腾格里 蒙语音译。意译为天、天空、太空、神。(1) 指自然界的天空。戉拉桑《蒙文诠释》："世界是由混浊的气团构成，其清轻气上升飘浮形成腾格里，其浓重气下降沉淀形成戉扎尔(地)。"(2) 指主宰万物的最高神。古时蒙古族敬拜天地，"皆承认有一主宰，与天合名之曰腾格里"(多桑《蒙古史》)。"不论是天还是神，都叫腾格里，认为这是最高的神。"(见小林高四郎著，阿奇尔译《成吉思汗》)

豁黑脱儿贵 又称"豁黑脱儿忽"。蒙古族哲学用语。"豁黑"意为"根"，"脱儿"意为"头"，"贵"意为"无"，意译为空。现代蒙古语一般指空间、虚空、玄空、天空。"所谓天者，本来是无根无头的，故曰：豁黑脱儿贵是也。"(《蒙文诠释》)空间是无始无终的。

迭列该伊热天出 蒙古族哲学用语。指世界、天下。"迭列该"为蒙文，意为天下。"伊热天出"为藏语，意为世界、尘世、世间。相当于蒙语的"兀也"，有时代、世纪的意思，分为过去、现在和将来。两者结合，使世界一词具有空间和时间的含义。相当于汉族的"宇宙"。

豁儿赤朗 蒙古族哲学用语。意为宇宙、世界。《青史演义》："豁儿赤朗者，天地日月乃至万事万物，皆由阳阴二气肇造之，并与五行之情理结联而成为丰盈世界之兴盛之物，故天下之万事万物无不有其规矩，惟穷思极虑而悟其理是也。"

阿儿合必里克说 蒙古族哲学中关于世界形成的理论。"阿儿合"有阳、方法、计策、手段之意，"必里克"有阴、贤智、禀赋之意。"阿儿合必里克"意译阳阴。认为世界由阿儿合必里克与塔本玛哈卜迪(五行)构成。"天地四方均由阿儿合必里克塔本玛哈卜迪构成，故世界万物无不有阿儿合必里克塔本玛哈卜迪的性质。"(戉拉桑《蒙文诠释》)并用来表示事物的对立统一关系。日、火、夏、昼、热、风、男、阳面、上面等归为阿儿合；月、水、冬、夜、冷、雨、女、阴面、下面等归为必里克。阿儿合中也有阿儿合和必里克两个方面。事物的发展过程就是阿儿合必里克的相互联系相互作用的过程。"宇宙之无数事业的好坏如同世界的阿儿合必里克二气一样头尾相继是也。"(伊湛纳希《青史演义》)对蒙医理论的发展起过很大的作用。

塔本玛哈卜迪说 蒙古族哲学中关于世界本体论的理论。"塔本"意为"五"；"玛哈卜迪"，系梵语，意译为大、人种，粗大元素，蒙语意为元素、分子、行(《蒙古语大辞典》)，有机体、物质、身体之意。"塔本玛哈卜迪"意译为五行说。"五行"指空间、气、火、水、土；一解为火、土、水、金、木。认为世界由物质构成，这五种物质之间相互联系，相互对立。蒙医以此说为理论基础，说明人体结构、机能、病理、药理以及人与自然环境的关系。

三因素论 蒙古族哲学中关于世界及其生命构成的理论。三因素指“赫依”(气和空间)、“希日”(火)、“巴达干”(水和土)。三因素论是“塔本玛哈卡迪说”(五行说)的归纳和总结。“希日”有热、急、轻、腻、臭、泻、湿七个属性,其中前三个为其本身所固有的本质属性,后四个为病理作用产生的非本质属性。“巴达干”有寒、重、固、缓、软、脂、粘七个属性,其中前三个为其本身所固有的本质属性,后四个为病理作用产生的非本质属性。“赫依”有轻、浮、动、细、凉、涩六个属性,其中前四个为其本身所固有的属性,后两个为派生属性。“希日”和“巴达干”有对立统一的关系。没有“赫依”的参与,则不成其为生命世界。生命机体就是由三个因素化育构成的。蒙医并以三因素的平衡来分析和解释人的病理根源。

三曼荼罗说 蒙古族哲学中关于宇宙形成的理论。“曼荼罗”为梵文 Maṇḍala 的音译,意译为“坛”、“坛场”、“轨道”、“球体”。“三曼荼罗”即风坛、水坛、土坛。《蒙古源流》:“自定一切所依之外相世界,生成凡依存之内部生灵,此二者中,首言其定外相世界之事,则用三坛而定焉。其所谓三坛者,乃肇造之风坛,涌波之水坛,所依存之土坛是也。”认为“三曼荼罗”是物质的三种形态,即气体、液体、固体。世界即由此组成。太古之世,狂风相冲形成一种不被冲动的大气层,即风曼荼罗;风生热,生成大云,聚为雨水,形成大海,即水曼荼罗;水上生微尘,凝成如乳上之脂的物质,形成地壳,即土曼荼罗。由此逐渐形成众山峻岭、“四大部洲”、“七大海”、天地万物、人杰生灵。

速诺速 蒙古族哲学用语。意为灵魂、精神。“所谓速诺速就在人们的身体里面存在并统治着整个身体,然而又是看不见的东西。”(普兰·卡尔宾、维廉·鲁布克著,葛尔乐朝克图蒙译《蒙古游记》)认为人的灵魂可以支配全身,灵魂不死,可以转世。对由于外界的刺激或惊吓使灵魂离开躯体而导致的疾病,主张召魂治病,举行“由巫婆从惊吓的地方,点名召呼速诺速返回家中归附躯体的仪式”(《二十一卷本辞典》)。

约速 蒙古族哲学名词。意为理、道理、规律、理由。初见于《蒙古秘史》,作为表述某一事情的经过情况后的结束语,意为“原委”,后遂有规律之意。《蒙古源流》:“国家之先后兴衰,如昼夜交替一样是约速。”亦有礼仪之意。

乌云 蒙古族哲学用语。意为智慧、理智、理性、精神。《青史演义》:“宇宙者均由阿儿合必里克构成的。阿儿合必里克存在的地方就会生育人类。具有人类躯体后必然有乌云莫德勒是也。”先有物质世界,进而产生人类,然后才产生乌云。

成吉思汗(1162—1227) 即“元太祖”。蒙古汗国大汗、军事家。名铁木真。生于蒙古尼伦部孛儿只斤氏族。1189 年被推举为汗(部落汗)。1204 年用武力统一蒙古诸部。1206 年在斡难河畔举行忽里勒台,被推为大汗,号成吉思汗,成为全蒙古的统治者。制定军事、政治、法律等制度,并用畏兀儿字母记录蒙古语,开始使用文字。改变了诸部间长期战争的局面,加强了经济联系,对蒙古社会的发展起了进步作用。即位后,展开了大规模的军事活动。太祖六年(南宋嘉定四年,1211)和太祖十年两次大举向金进攻,占领中都(今北京)。太祖十四年发动蒙古军第一次西征,攻灭了花剌子模,在喀勒喀河打败了斡罗斯和钦察联军,版图扩展到中亚地区和南俄。太祖二十一年率兵南下攻西夏,次年病逝于清水(今属甘肃)。信仰萨满教,崇尚天力论,认为天有气力,可以左右人事,说“朕受长生天之命,统治一切国家”(见小林高四郎著,阿奇尔译《成吉思汗》)。但重视“尽人力”,用人不论贵贱,认为能击溃蔑儿乞惕部是“得父罕,扎木合安答二人为伴,赖天地之赞力”(见《蒙古秘史》),把王罕、扎木合的出兵帮助作为这一仗取胜的首要因素。看到具体事物之间相互联系、相互作用,“夫两辕之车,折其一辕,则牛不能曳焉”(同上)。相信一切众生,有生有灭,赞同也遂哈屯“然凡有生之物皆无常也”的进言。看到敬与不敬的转化,“君者虽有大权,但无仁爱之心,则得不到众人之尊敬。臣者虽有九德,但无善良之心,像恶狼般的被嫌厌”(《智慧的钥匙》)。他的建军、治军、用兵的实践,也包含有朴素辩证法思想。后人编有《成吉思汗箴言》、《智慧的钥匙》等,反映了他的思想和言行。

元太祖 即“成吉思汗”。

忽必烈(1215—1294) 元朝皇帝,思想家、政治家、军事家。又称忽必烈彻辰汗。字薛禅,谥号元世祖。蒙古族。蒙哥汗(宪宗)弟。蒙哥汗元年(南宋淳祐十一年,1251)开府滦河上游之地,继以怀孟、京兆为分地,任用儒生,注意农桑,兴办屯田。蒙哥汗三年,率军攻云南,次年灭大理而归。蒙哥汗九年,攻宋鄂州(今湖北武昌)。次年继蒙哥汗即大汗位,建年号中统。至元元年(南宋景定五年,1264)迁都燕京,后称大都(即今北京)。至元八年定国号为元。至元十六年灭宋,统一全国。建立包括行省制度在内的各项制度,巩固和发展了我国统一的多民族国家。任用许衡、姚枢等人,提倡程朱理学。哲学上提出“应天者惟以至诚,拯民者莫如实惠”(《元史·世祖一》)的论点。认为天有“天道”和“天运”之分。“天道”指自然界及其发展规律,人们应当去认识它,即“明天道”;“天运”指自然天体的运转,要通过“作灵台、制仪象、日测月验”等科学方法,达到“以与天合”的认识目的和“庶几吻合天运,而永无终弊”(《新元史·世祖一》)的境界。认为“夫天运流行不息,而以一定之法拘之,未有久而不差之理;差而必改,其势有不得不然者”(同上)。提出“盖时有先后,事有缓急,天下大业,非一圣一朝所能兼备也”(《元史·世祖一》)。看到了事物的两重性,并意识到对立面的转化,“或得于此而失于彼,或轻于昔而重于今”(《新元史·世祖一》)。还认为事物的发生、发展均有因有果,提出不能“因仍沿习”,“必因时而建号”,

"事从因革"等思想。

元世祖 即"忽必烈"。

萨囊·彻辰(1604—?) 清蒙古族思想家。号萨囊·彻辰·洪台吉。清伊克昭盟乌审旗(今内蒙古伊克昭盟乌审旗)人。17岁时俾入大臣之列,任以政事。明天启七年(1627),跟随林丹汗反后金,崇祯七年(1634)返回鄂尔多斯(今伊克昭盟),被授"额尔克·彻辰·洪台吉"之号。曾著《蒙古源流》,认为外相世界由三个曼荼罗即风、水、土组成。太古之世,虚空中十方狂风大作,往来相冲,形成了碧色的大气层,即风曼荼罗;又由风生热,其热生成大云,经常注雨,形成了大海,即水曼荼罗;水上生微尘,凝如乳上之脂,形成了地壳,即土曼荼罗。第一禅天之一神降生人间并日益蕃衍,于是色界十七天,无色界四天,欲界二十天,总三界六类的生灵同时形成。众生灵因争稻而互相残杀。一智虑明睿的生灵均分耕田,遂被推为皇帝。还认为事物会向反面转化,皇帝一旦失去政权就可以变为奴隶,幸福和苦难可以转化,光明和黑暗相互交替,盐虽调味单吃则苦,国家之先后兴衰,如日夜交替一样是"约速"(意与"道"或"规律"近)。

明安图(1692—1765) 清蒙古族数学家、天文学家。字静庵。蒙古正白旗人。青年时被选入钦天监,负责编制、翻译《时宪历》。曾两次往新疆测绘,并主持绘制了中国历史上图幅最大的《乾隆内府皇舆全图》。编修《历象考成》、《律历渊源》、《仪象考成》等,晚年任钦天监监正。用"割圆连比例法"研究无穷级数问题,对当时传入中国的西欧数学中的"圆径求周"等三个无穷级数作了理论上的论证,还发现了"弧背求通弦"等六个无穷级数,其中有的发现时间不晚于西欧。受到后人和国外当代著名科学家的高度评价。以数学上弧与弦的关系来阐明事物质量之间的辩证法关系。首先肯定弧与弦的质的差别,"弧,圆线也;弦,直线也。二者不同类也"。认为两者不可混淆,"不同类,虽析之至于无穷,不可一之也"。但指出在趋向无穷的变化中,圆线和直线可以发生质的变化。"弧与弦虽不可以一之,苟析之至于无穷,则所认不可一之故见矣。得其不可一之故,即可因理以立法,是又未尝不可以一之也。何为不可相求乎?"其子明新和弟子陈际新据其遗稿整理编辑的《割圆密率捷法》,是中国18世纪讲解微积分学的重要著作。

尹湛纳希(1837—1892) 清蒙古族文学家、史学家、思想家。乳名哈斯朝鲁,汉名宝衡山,字润亭。卓索图盟土默特右翼旗(今属辽宁北栗)人。贵族世家。一生未仕。不满清朝封建社会,揭露清末贫富悬殊、阶级矛盾加剧的现实,痛斥蒙古封建贵族昏庸无能,控诉封建礼教摧残青年男女爱情。但不主张彻底推翻封建制度,幻想由好皇帝"惩贪官,铲污吏,节俭用度,爱抚黎民"(《泣红亭》)。哲学上认为世界由气构成,"此宇宙者,从天地日月乃至万物,皆起源于阴阳二气,固缘于五行法则,故充满世界,繁衍万物"(《青史演义》)。指出事物不依人的意志而转移地产生、发展和变化,"万物皆遵其时令而生长","凡物都不长久"(《一层楼》)。认为事物有其规律,规律是可以认识的,"万物无不具有规律,惟穷思竭虑才领悟也"(《青史演义》)。提出事物有矛盾对立的两个方面,"'有'与'空'说起来虽是两个不同的词,其实是一个,有'有'才会生出'空',同样,有'空'才会生出'有',此有与空二词,犹如首尾相联的一环"。看到事物向反面的转化,"坏极转好,愚极转明,钝极则利,拗极则允"。否定宗教学说,认为"佛教以'空'为事物终极","无根无据","变幻莫测",使人们"想成佛反而成了废物"(同上)。博览群书,精通蒙、汉、满、藏文。对蒙汉民族古典文学和中国历史造诣很深。著作有历史小说《青史演义》、长篇小说《一层楼》和《泣红亭》以及若干诗词、杂文、论文。翻译《红楼梦》、《中庸》等,现存遗稿约一百五十万言。

罗布桑却丹(1873—?) 清蒙古族学者。蒙名巴彦陶格涛,汉名白云峰,字罗子珍。卓索图盟喀喇沁左翼旗(今辽宁建昌以北)人。出身贫苦农民,自学蒙、汉、满文。清光绪十七年(1891),擢官喀喇沁左翼旗的苏木章京。光绪二十三年,弃官赴藏求学,途中滞留北京攻读,亲历了"义和团"运动。光绪二十八年,应理藩院试,以精通蒙、汉、满、藏文,获"四种语言固师"称。后相继在北京满蒙高等学堂、日本东京外国语学堂、京都本愿寺佛教学堂任教。1914年在南满铁路株式会社从事蒙文工作。发愤著书,曾作《蒙古风俗鉴》。认为世界是物质的,"世界形成之时,(世上万物)分成水、土、木三类。后来又分成昆虫、飞禽、走兽、人类四类生物"。以水、土、木三种具体物质作为万物的初始,并把人类排在最后。重视自然环境对人和社会的影响,提出"山水不佳则不出特出之人","人的寿命之长短在于土地养分的效能"。否定喇嘛教的三大劫或十二小劫的说教。主张物质世界是不断变化发展的,"天命所定的世界的演化之道,则日落星出,昼夜更替为成规,日积月累,四时循环为一岁","这是人类所遵从的时令凭据"。人类社会也是如此,"旋转的太阳,交替的政权","贫与富,非永恒"。指出事物都有矛盾对立,"世上任何事物若不成对则不成",但具体事物的矛盾各不相同,主张"对什么事物也不能一样看待"。看到事物向反面的转化,"治达到极点则必生乱,乱达到极点则反治"。指出"福祸无定门,全在于个人",主张创造条件。还看到事物发展有其因果和过程,"冰冻三尺非一日之寒,人遇灾祸,皆有起讫,持久酿成"。具有朴素的唯物主义和辩证法思想及无神论倾向。

《十善富白史册》 又译《十善富经白史》,简称《白史》。元朝初年蒙文典籍。相传忽必烈著,实系忽必烈时制定和颁布的规章制度。在妥欢帖睦尔汗至顺元年(1330)整理成册。从宗教唯心主义"二世说"(尘世、灵魂世界)出发,说明僧侣制度(佛法、佛经)和世俗制度(太平、幸福)之存在的合理合法性,认为佛法、佛经为佛训,太平、幸福为皇权政纲,人们只有听命佛训,顺从皇权才能脱离苦海。主张施行十善富禅政，政教并行，并为维护僧侣封建主的种种特权地位详细制定了祭祀、庆典、奖罚、晋级、放逐等法律和政治措施。在社会历史观上，主张"钦应上天之命"的君权神授论，把社会的太平、幸福归结在准确无误地施行僧侣、世俗制度上，认为"反僧侣、世俗制度而行，则将无法分辨善孽、黑白、轻重、真假、好坏、福难之区别"，还强调僧侣制度先于世俗制度。《白史》是研究元朝社会制度及政治、经济、文化等制度不可缺少的重要典籍，对于探讨元朝宗教思想及哲学、政治、法律、伦理思想有史料价值。原书已佚，今存为手抄本。内蒙古人民出版社 1982 年出版整理注释本。

《白史》 即"《十善富白史册》"。

《黄金史》 莫日根格根著。约成书于清乾隆三十年(1765)。共三十三部，每部后附有四行诗。蒙古族著作。其记述与《蒙古源流》相近，有相互继承关系。书中叙述了世界、人类、皇帝、刑法的产生。在极光净天中大气动，天渐由气定，气生风，气风刮，最终形成了气曼荼罗(参见"三曼荼罗")。因冷气凝结长久，形成了酷热的火曼荼罗。冷气和热气两行相遇，成水曼荼罗。气吹火旺，火中水变温，冷、热、湿三行相遇，形成土曼荼罗。认为世上人与非人及男女之间的差别，均系天命所定。由于知识的差别，人类出现了贵贱之分，又因欲望、作孽而伤和睦，失礼义。此时出现一为大家调整关系的忠实者，被众人尊为皇帝。皇帝在文治无效时，便制定第一个刑法而实行强治。1925 年由特不格特蒙文书刊社首次出版前半部分(蒙文)，1940 年由特日棍诺彦宫出版蒙文全书。

《蒙古秘史》 又称《元朝秘史》。蒙古族著作。撰者不详。成书于窝阔台汗十二年(1240)。蒙古族中最早用蒙文书写的典籍。用编年史的体裁，传记文学的手法，韵散结合的形式，记述了蒙古族的起源和成吉思汗、窝阔台时期的历史事迹，反映了蒙古族早期社会的经济、政治、宗教、家庭、民族、思想等方面的情况。主张汗权天授，宣扬成吉思汗是受天命而降生的"天子"。认为自然界是由小到大的不断发展过程，"自大地如土坷时，自江海如小溪时，我已相从之也矣"。自然界的运动变化是有规律的，"如云霁而见日光，如冰消而得江水"。社会也是不断发展的，蒙古族的形成，经历了从同一祖源分化演变出二十几个部族，最后又统一的过程。所记叙的成吉思汗的用兵情况，也反映了重视客观条件，充分发挥人的主观能动性等军事辩证法思想。原书为畏兀儿蒙古文，今已佚失。现只有汉文音译的各种版本流行。明洪武年间火原洁、马懿赤黑整理出汉文音译本。现有载于《永乐大典》的十五卷本，清顾广圻校勘的十二卷本，1979 年内蒙古人民出版社新译简注本及 1981 年内蒙古人民出版社蒙文还原本。并有俄、日、德、法、英、土耳其、匈牙利、捷克等文译本。

《元朝秘史》 即"《蒙古秘史》"。

《蒙古源流》 清萨囊·彻辰著。八卷。成书于清康熙元年(1662)。自述其宇宙形成、人类起源及蒙古汗统史。蒙文书末附有三百一十六行诗。叙述了世界、人类、皇帝的产生，提出外相世界由风、水、土等三个曼荼罗定成；由于第一禅天之一神降生人间而蕃衍为众生灵，为解决众生灵争稻食互相残杀事而出现了皇帝。清乾隆四十二年(1778)译为满文，乾隆五十四年由满文译成汉文。今有内蒙古人民出版社 1980 年校译本和 1981 年蒙文校勘本。另有德、日、俄、英文译本。

《大元盛世青史演义》 简称《青史演义》。清尹湛纳希著。成书约在清道光十年至光绪十七年(1830—1891)间。前八回由其父旺钦巴勒撰，续撰费时二十余年。全书一百二十四回，现存六十九回。前五十九回描写成吉思汗及其祖先的历史，后十回写窝阔台即位后的历史，共七十四年的历史。把编年体和纪传体相结合，每一回以一年的史实为主干，叙述两个中心故事。哲学上提出宇宙万物"皆起源于阴阳二气"，"万物无不具有规律"，"坏极转好"等观点，并否定了佛教学说。还提出"人世间从天子到乞丐都是一样的人"的思想。政治上提出"治国需好政，好政需好官"的主张，幻想通过好官恢复封建秩序。为研究蒙古族历史、哲学及社会思想史的重要资料。有 1938 年特莫格图的北京蒙文书社蒙文油印本(三十四回五卷本)，1939 年布和贺希格的开鲁蒙文学会蒙文石印本(六十一回十三卷本)及 1957 年内蒙古人民出版社蒙文本(六十九回三卷本)。

《青史演义》 即"《大元盛世青史演义》"。

《一层楼》 清尹湛纳希著。一卷，三十二回。约成书于清同治九年至光绪十八年(1870—1892)间。以一出悲欢离合的爱情悲剧为中心，联系广阔的社会背景，通过一个封建贵族家庭的兴衰变迁，揭露和批判了封建统治阶级的奢靡和丑恶，展示了封建社会必然要走向崩溃的历史命运。书中含有朴素的唯物主义和辩证法思想，以及进步的社会历史观点。认为世界万物的生存变化都有自身的定数，"万物皆遵其时令而生长"，人不能左右，神仙亦无可奈何。指出事物都是变化的，"世界何物最长远?""我看凡物都不长久。"认为高楼和方寸之木的高低、礼与食的重轻等关系都是有条件的。在性和情的关系上，认为"凡天地之间，物各有其性，既有其性，莫不形于情，情者性之所自发也，然情之所发则不一"。在君臣、父子、夫妻、男女等方面对封建道德作了大量的揭露和抨击，要求婚姻自主。为研究蒙古族哲学史和思想史的重要资料。有布和贺希格的开鲁"蒙文学会"1939 年石印本、内蒙古人民出版社 1957 年出版的蒙文本和 1963 年出版的汉文本。

《蒙古风俗鉴》 清罗布桑却丹著。蒙文。十册，六十章。成书于 1918 年。为蒙古史上第一部用蒙文撰写的"百科全书"式的风俗学著作。以归纳分类的方法，较详尽地记述了蒙古族的风俗习惯及其沿革，反映了政治、经济、军事、文化、宗教、哲学、地理、医药、动植物、刑法、婚姻等方面的情况。为研究近代蒙古社会的宝贵资料。具有朴素的唯物主义和辩证法思想。认为世界由具体物质构成,"世界形成之时,(世上的万物)分成水、土、木三类,后来又分成昆虫、飞禽、走兽、人类等四类生物"。提出"世上任何事物若不成对则不成"等思想。较深刻地揭露了喇嘛教的欺骗性、危害性及其存在、盛行的社会根源。社会历史观是唯心主义的。该书原为毛笔手抄本。内蒙古人民出版社1981年出版蒙文本。

藏传佛教 中国佛教的一支。主要在藏族地区形成和发展。分为前弘期和后弘期两个阶段。7世纪吐蕃赞普松赞干布信奉佛教,后经赤松德赞、赤热巴巾等继续弘扬并得到发展。其间有天竺僧人寂护、莲花生等到西藏传播显、密佛教,建立寺院,组织僧团,翻译佛典。在与西藏原有本教长期相互影响、相互斗争过程中,佛教势力占了统治地位。9世纪中,赞普朗达玛兴本灭佛,禁止佛教流传。在此以前,为"西藏佛教前弘期"。10世纪后期,佛教又在西藏复兴。此为"藏传佛教后弘期"开始。再兴的佛教带有明显的西藏地方特点,由此获得更多的信徒。由于修行方式和传承系统的不同,相继出现许多教派,早期有宁玛派、噶当派、萨迦派、噶举派等。13世纪后期,在元朝扶植下,上层喇嘛开始掌握西藏地方政权。15世纪初,宗喀巴进行"改革",创立格鲁派。后在清朝支持下,该派掌握了西藏政教大权,正式建立起政教合一的政权,并形成"达赖"和"班禅"两大活佛转世制度。佛教在西藏流传过程中,吸收原有本教一些神祇和仪式。教义为大小乘兼容而以大乘为主;大乘中显密俱备而尤重密宗,并以无上瑜伽密为最高修行次第,形成"藏密"。有严密的寺院组织和学经制度,有译为藏文的完整经典,即《藏文大藏经》。寺院众多。后传播到西康(今分别属四川、西藏)、甘肃、青海、内蒙古等地的藏、蒙古、土、裕固、纳西等族地区。不丹、尼泊尔、蒙古和俄罗斯西伯利亚部分地区亦有流传。

宁玛派 藏传佛教派别之一。"宁玛"意为"古旧",因遵循前弘期之旧密咒,故名。又因该派僧人戴红帽,别称"红教"。初无固定的寺院和严密的僧伽组织。11、12世纪时,西藏僧人中有"三索尔"(索尔波且·释迦生、索尔迥·喜饶扎巴、索尔迥·卓浦巴,因俱出于索尔家族,故名)及绒·却吉桑布等奉莲花生为祖师,依其入藏所传密咒和所遗伏藏修习传承,形成宗派。其根本密典为"十八部怛特罗",但通常奉行的只有八部,即文殊身、莲花语、真实意、甘露功德、橛事业(以上称"五部出世法")、差遣非人、猛咒咒诅、世间共赞(以上称"世间法")。其教法以大圆满法为正传。传承一般有三种:(1)经典传承,分为三系,即幻变经传承、集经传承、大圆满教授传承。(2)埋藏传承。(3)甚深净境传承。该派又把全部佛法判为九乘。以分散发展为主,与地方势力关系不甚密切。至16、17世纪时,才出现较具规模的寺院,后在五世达赖支持下得到较大发展。

红教 即"宁玛派"。

噶当派 藏传佛教派别之一。"噶",藏语意为"佛语";"当"意为"教授"或"教诫";"噶当"意为一切佛语(经律论三藏)都是对僧人修行全过程的指导。源于印度僧人阿底峡,创于仲敦巴(仲·杰维迥乃,1005—1064,拉萨东北邦堆人,一说马堆龙人)。西藏佛教后弘期,正值朗达玛(841—846年在位)灭法百余年之后,学法僧人修行次第混乱,显密互相毁訾,有的重密乘毁因果,有的重戒律攻密法,有的重师承轻经论。北宋宝元元年(1038),阿里王耶喜卧迎请阿底峡入藏弘法。阿底峡作《菩提道灯论》,阐明显密教义不相违背之理,强调修行应遵循由下而上(下士道、中士道、上士道)的次第,提倡显密并重,先显后密,严守戒律。仲敦巴拜其为师,学到显密各种教法,并迎阿底峡至卫、藏各地传法。阿底峡去世后,门徒多依止仲敦巴修行。嘉祐元年(1056)仲敦巴在热振地方建热振寺为根本道场,后形成噶当派。仲敦巴逝世后,其三大弟子分别传法,形成支派。博多哇(本名仁钦赛,1031—1105)以阿底峡一切经论都是成佛的方便,一切教典都是修行的依据的思想为主旨,注重经典的习学,形成教典派。粗赤拔(称京俄巴,1038—1103)以阿底峡"三士道次第"见行双运为主旨,注重师长的指导和实修,形成教授派。普穷哇(1031—1106)以"恒住五念"教授为主旨,注重戒律的修持,形成教诫派。噶当派主要经典为阿底峡七部论著:《菩提道灯论》、《菩萨地论》(或称《菩萨行》)、《大乘庄严经论》(或称《大乘经庄严论》)、《集菩萨学论》、《入菩提行论》(或称《入行论》)、《本生论》(或称《本生鬘论》)、《集法句论》(或称《集句经论》)。后为教典派宣讲的主要经典。15世纪初,宗喀巴据其教义创格鲁派,亦称"新噶当派",噶当派遂并入格鲁派。

萨迦派 藏传佛教派别之一。"萨迦"意谓"白土",在白色土地上建立寺院,名萨迦寺;因以萨迦寺为主寺弘法,形成宗派,故名。又因此派寺院围墙上涂有红、白、蓝三色条纹,俗称"花教"。创始人为昆氏家族的贡却杰波。他于宋熙宁六年(1073)在后藏奔波山建寺弘法,形成宗派。此后教主由其家属世代相承。主要弘扬道果教授等显密教法。元代势力最盛。五祖八思巴被元世祖忽必烈封为帝师,领西藏十三万户,掌握政教大权。元末其地位被噶举派取代,仅保留萨迦地方的政教权力。至近现代,仅能管理本寺庙的领地。

花教 即"萨迦派"。

噶举派 藏传佛教派别之一。"噶举"意为"口授传承",即口耳相传师长的重要教授。因该派僧人穿白色僧衣,俗称"白教"。有二大系统:一是玛尔巴创立,叫"达波噶举";二是琼波所传,叫"香巴噶举"。香巴噶举传几代即无闻,只有达波噶举继续流传。创始人玛尔巴一生并未出家,除教授学生外,还经商务农。一传弥拉惹巴,再传达波拉结而大盛。主要学说为月称派的中观见地。教法为大印传承,不重文字,重在证理,即通达大印的智慧。注重苦修,提倡人们在逆境中忍受和顺从，从中得到磨炼。支系甚多，有噶玛噶举、帕竹噶举、蔡巴噶举、拔戎噶举等。其中帕竹噶举和噶玛噶举的上层曾受元、明两朝册封，相继执掌西藏地方政权。格鲁派得势后，噶举派渐衰，仅止贡、噶玛、达珑、主巴四支系保有一定势力。

白教 即"噶举派"。

格鲁派 藏传佛教派别之一。"格鲁"意为"善规"或"善律"，因严守戒律，故名。又该派僧人戴黄色僧帽，俗称"黄教"。创始人为宗喀巴。因师承原出于噶当派，亦称""新噶当派"。又因以宗喀巴首建甘丹寺作为主寺，也称甘丹派。主张僧侣不分显密，都要严守戒律，不许娶妻生子和参加农事，有严格的寺院组织和管理制度。认为释迦一代正法，不外教、证两种，而一切"教"的正法，全摄在经、律、论三藏之中；一切"证"的正法，尽摄在戒、定、慧三学之中。提出三藏未可偏废，三学亦须全修之说。同时强调显密兼修和先显后密的修行次第。该派还具备五明学处（声明、因明、医方明、工巧明、内明）及文法、算术等世间艺术。宗喀巴死后，势力逐渐扩大。从明嘉靖二十一年（1542）起，采用活佛转世制度。万历元年（1578），蒙古土默特部俺答汗赐索南嘉错以"圣识一切瓦齐尔达赖喇嘛"称号，成为达赖三世。万历十五年索南嘉错又受明朝册封。清顺治十年（1653）达赖五世阿旺罗桑嘉错被册封为"西天大善自在佛所领天下释教普通瓦赤喇怛喇达赖喇嘛"。康熙五十二年（1713）又册封班禅五世罗桑益西为"班禅额尔德尼"。从此成为西藏地区统驭政教大权的教派。在达赖五世时大规模扩建拉萨布达拉宫，作为达赖喇嘛的驻地。

黄教 即"格鲁派"。

本教 即"笨波教"，也作"笨教"，俗称"黑教"。中国西藏地区固有的一种原始宗教。最初流行于象雄地区（今阿里一带），后自西向东传布到整个西藏地区。崇奉天地、日月、星辰、雷电、冰雹、山川、土石、草木、禽兽等神鬼精灵和自然物，注重祭祀、跳神、占卜、禳解等。其活动主要通过巫师进行。在吐蕃王朝前期（约公元7世纪以前）占统治地位。早期本教分两大支，即果本五派和因本四派。7世纪佛教传入西藏后，本教曾与佛教进行长期斗争。8世纪后，吐蕃王室兴佛抑本，势力渐衰。后本教吸收佛教教义部分内容，改佛经为本经，制造出一套经典和教义。一般把受佛教影响较大而起变化的称为"白本教"，把处于偏僻地区保持原来特点较多的称为"黑本教"。也有一些本教徒在统治者压力下，不敢公开活动，到处埋藏本教经典，即后来所谓"伏藏"本经。9世纪中叶，吐蕃赞普朗达玛禁佛兴本，一度受压制的本教又得到复兴。本教徒取出埋藏在岩洞里的经典，创建寺院，训练僧人，并向云南、新疆等地区流传。10世纪后期，佛教在西藏重兴，本教又渐趋衰落。但本教的若干仪式和内容，已被藏传佛教（喇嘛教）各派所吸收。

顿悟派 藏传佛教前弘期派别之一。藏语称为"吉加尔哇"。赞普赤松德赞（742—797年在位）邀内地僧人摩诃衍那（或称摩诃衍或大乘和尚）到吐蕃传法。他力倡禅宗顿悟主张，认为断灭生死而达涅槃，不能依靠长期修习、行善弃恶以及思念佛教教理，而须摒弃各种虑念，无思无想，达到一种毫不作意的绝对宁静状态，才能顿然醒悟臻于佛境。认为恶念恶事或善念善事都障阻成佛，强调为善行恶皆应灭除。其说客观上符合了当时吐蕃奴隶主贵族的需要，故曾盛极一时，从者众多，形成宗派。赤松德赞的妃子没卢氏及三十多名贵族妇女皆从之出家为尼。后与渐悟派争斗，在赤松德赞主持的辩论会上辩论失败后遭禁止。摩诃衍那返回内地。但其观点，对藏传佛教仍有一定影响。

渐悟派 藏传佛教前弘期派别之一。藏语称为"日木吉巴"。所谓"渐悟"，乃针对摩诃衍那所倡"顿悟"而言。赞普赤松德赞（742—797年在位）时期，以藏僧耶喜旺保和白央等为首，遵循印度僧人静命（一译寂护）所传印度龙树中观派教义，认为要超脱轮回，达到成佛目的，只能遵照佛的教导，严守戒律，行善戒恶，学十法行及六度行，循序渐进，长期修习，逐渐领悟"性空"道理，才能最后成佛。指斥顿悟派的毫不作意、不作思维的修行，使人与痴愚、昏迷之人无异，不能获得正解。该派得到赤松德赞的扶持，但在顿悟派盛行时，信者渐少，势力衰微。后赤松德赞从尼泊尔迎请静命的弟子莲花戒（噶玛拉西拉）入藏与顿悟派代表、唐代入藏汉僧摩诃衍那辩论顿渐优劣，最后取胜。经赞普赤松德赞明令禁行顿悟后，才逐渐发展起来。

顿渐之争 ❶ 指禅宗中顿悟派与渐悟派的争论。顿悟派以慧能为代表，渐悟派以神秀为代表。参见"顿悟"、"渐悟"。❷ 指藏传佛教前弘期中顿悟派与渐悟派的争论。赞普赤松德赞（742—797年在位）后期，唐代入藏汉僧摩诃衍那（亦称摩诃衍、大乘和尚）力倡禅宗顿悟思想，一时从者甚众，连王妃没卢氏、赞普姨母那囊等三十多名贵族妇女也从其出家。形成顿悟派（或称顿门巴）。另有印度入藏僧人静命持龙树中观见地，主张学十法行及六度行，经过循序渐进的修习而达成佛境界，形成渐悟派（或称渐门巴）。静命死后，藏僧白央继承其法席，与耶喜旺保等护持其观点，势力渐衰。两派渐起诤事，以至刀兵相见。赤松德赞因倾向于渐悟派，略有表露，反更引起斗争的激化。赤松德赞派人去尼泊尔迎请静命的弟子莲花戒（噶玛拉西拉）入藏，并亲自主持两派进行辩论。摩诃衍那先立宗，阐述不作意、不行善恶、顿然开悟的主张。莲花戒及弟子破其见地，宣说遵循佛祖教诫，按步修习，渐获正解的观点。摩诃衍那辩论失败，返回内地。渐悟派被定为藏传佛教正宗。此后藏地遂禁禅宗顿悟派，但顿悟法理并未绝迹，以至影响到后弘期宁玛派和噶举派的教义和修习方法。这场争论确立了龙树中观见地的正统地位，一直传承至后世而不替。藏文《巴协》、《布顿佛教史》等历史和宗教书中都有详细的记述。汉文《顿悟大乘正理决》中曾记述此事。

洽巴·曲吉森格(1109—1169) 西藏噶丹派桑浦寺第六任堪布(主持),帕竹迦举派创始人帕摩竹巴的羯摩师。以阐扬传授因明学见长。有《定量论广注》、《量论摄义颂》和自释、《摄类辩论》等。其中《摄类辩论》为藏人所著大量同名书之初本,在此书的影响和作者的倡导下,渐使藏人以辩论方式学习因明成为传统学风。

萨班·贡噶坚赞(1182—1251) 藏传佛教"萨迦五祖"中第四代祖师。名前"萨班",义为萨迦班智达(班智达即"通达五明学者"之义),是对他的尊称。原名贝丹敦珠(Dpalldan Don-grub),后藏拉堆降(Lastod-byng,即昂仁地区)人。幼时从三伯父扎巴坚赞学习佛法和梵文,并从受近事戒,改名贡噶坚赞。南宋嘉泰四年(1204),依止释迦师利及其弟子僧伽师利,学习多种经论释典。开禧二年(1206),从释迦师利受比丘戒,并进一步从学显密教法。经二十余年的精进深造之后,以畅晓"大五明"(声明、工巧明、医方明、因明和内明)、"小五明"(诗词、韵律、修辞、歌舞和星算)隆名于世。嘉定九年(1216),接任萨迦寺寺主,萨迦派也因其渊博学识而盛行于西藏。淳祐六年(1246),应召到凉州(今甘肃武威),次年会见阔端皇太子,议定西藏地区归顺元朝的条件,并致书西藏各地僧俗首领,使西藏地区从此结束四百年的分裂割据局面,统一归入中国版图。萨迦派也因此取得了对西藏地区政教的领导地位。此后,他一直留在凉州传法,间或行医。在大小五明方面都有著述,共计十九种,其中影响最大的有三种:《正理藏论》、《三律仪论》、《萨迦格言》。

八思巴(1235—1280) 亦译"帕思巴"、"帕克思巴"、"癹(pō 泼)思八"等。藏传佛教萨迦派第五代祖师。原名"罗卓坚赞",意为"慧幢"。西藏萨迦人。南宋宝祐元年(1253),忽必烈从受佛戒。蒙古中统元年(1260),忽必烈即位后尊为国师,赐玉印,命掌理全国佛教。至元六年(1269)奉敕制成蒙古新字,并颁行全国,即后世所传"八思巴文"。次年升为"帝师",进号"大宝法王",统领西藏十三万户。为西藏实行贵族僧侣统治之始。有著述三十余种,以《萨迦五祖集》传世。其中被译成汉文收入《汉文大藏经》的有《彰所知论》、《根本说一切有部出家授近圆羯磨仪范》、《根本说一切有部苾刍习学略法》三种。曾将内地印刷术、戏剧艺术传至西藏,又将藏族建筑技巧、雕塑艺术引至内地,促进了汉藏文化交流。著名弟子有胆巴、沙罗巴等。

宗喀巴(1357—1419) 西藏佛教格鲁派(黄教)创始人。原名"罗桑扎巴",青海湟中人。藏语称湟中一带为"宗喀",故被称为宗喀巴。幼时从噶当派名僧达玛仁钦出家,学显密教法。16 岁赴西藏深造,多方遍求名师,习五论、五明之学,遂通显密各派教义。后在各地讲《现观庄严论》、《因明》、《中论》、《俱舍论》等大小乘经论。因鉴于当时西藏各派佛教戒行废弛,僧侣生活放荡,追逐世俗名利,遂倡导"改革",以中观为正宗,以噶当派教义为立说之本,结合自己见解,建立体系。著有《菩提道次第广论》和《密宗道次第广论》等书,阐明显密两宗修行次第,主张显密都须恪守戒律,形成一代宗风。其"改革"得到西藏帕竹地方政权支持。明永乐七年(1409),在被明朝册封为阐化王的扎巴坚赞等资助下,于拉萨大昭寺发起大型祈愿法会,他被公认为西藏佛教界的领袖人物。同时又在拉萨东建立甘丹寺,形成格鲁派。后其弟子在各地广为建寺弘法,以其逝世日十月二十五日为宗教节日。藏语系的佛教徒多尊奉宗喀巴为教主。著作极多,全集藏文拉萨版共十八帙,一百六十多种。著名弟子有贾曹杰、克主杰、绛央却杰、绛钦却杰、根敦主巴等。

贾曹杰(1364—1432) 全名贾曹杰·达玛仁钦。藏传因明学者,宗喀巴大弟子。宗喀巴弟子中最善因明者。著《释量论颂能无颠倒显示解脱道论》,该论分为为自比量品、成量品、现量品、为他比量品,与法称《释量论》的体系对应。作者在后记中特别声明该著的宗旨是依据宗喀巴的教导,把量论作为如实修行的解脱道。著作还有《集量论详释》、《定量论大疏》、《正理滴论善说心要》、《观相属论解》、《量论导论》等。

克珠杰·格雷贝桑(1385—1438) 藏传佛教格鲁派创始人宗喀巴的八大弟子之一。"克珠杰"是他成名后的尊称,意为"显密贤通尊者"。生于柴达突森哲钦亚噶达官之家。据《蒙藏佛教史》等记载,他自幼聪慧,先后拜许多名僧为师,盛修佛法,贯彻真谛,因而名声大扬。后为哈勒拉混地方之达勒奇通寺寺主,并以寺名尊称之,皈依者甚众。从寺中耶喜巴拉喇嘛修法,听金刚经;从耶喜巴拉、坤格哲拉森等喇嘛学习显密各经。克珠杰曾为仁达哇薰奴洛追(1349—1413,萨迦派著名学者)的弟子,并从学《中观论》、《入中论》和《中观名句论》等。明永乐五年(1407),仁达哇把他介绍给宗喀巴,从学各种经论。后继宗喀巴的大弟子贾曹杰(1364—1432)任甘丹寺墀巴,直至逝世。曾为一世达赖的法师。后在格鲁派上层僧侣建立班禅活佛系统时,被追认为一世班禅额尔德尼。克珠杰学富五明,博通群经,善于雄辩。据说他破斥异论,所向无敌,宏扬自宗,无不应心。被与宗喀巴、贾曹杰并称为"师徒三尊"。所著因明论著中影响较大的有《因明七论除暗庄严注》、《现量品述记》、《量理海论》、《宗喀巴传》等。其著作甚多,后编成《克珠杰全集》。后又被分门别类地编入《师徒三尊全集》,有拉萨版、日喀则版。

嘉木祥协巴多吉(1648—1721) 藏传因明学者。其名在藏语中意为"妙语笑金刚"。出生于甘肃夏河甘加滩,就学于哲蚌寺的郭莽扎仓,曾任郭莽扎仓的堪布,康熙敕封为"护法禅师额尔德尼诺门汗"。后在家乡甘加建立拉卜楞寺,为黄教的第六大寺,成为黄教在安多地区最大的活佛转世系统。藏传因明由其传入蒙古,其徒赛·阿旺扎西著有《量论要义根本释智者颈饰》,全书共有26项摄类项目,成为拉卜楞寺的专用因明读本。

《摄类辩论》 亦译《摄义辩论》、《量论摄义》。西藏噶丹派寺院桑浦寺第六任堪布洽巴·曲吉森格著。为格鲁派因明初学教科书。在该书的影响下,藏传因明的学习采取辩论方式并延续至今。该书重视概念的认识和划分。根据人们思维的逻辑特点,把概念摄为初、中、大三类,每一类都以"破他、立自和除疑"的格式进行辨析。三类所摄名目:初类中除辩"红白"之外,还有"成事"、"识体"、"遮是"、"遮非"、"小因果"、"总"、"别"、"实法"、"常法"等等,为启蒙学者所学诸概念;中类包括"相违"、"相属"、"了有"、"了无"、"所表"、"能表"、"大因果"、"随因正遍"、"随因反遍"等等,为中等智者所学诸概念;大类包括"小应成论式"、"大应成论式"、"破"、"立"、"遮事"、"立者"、"破者"、"证者"、"排除"、"境"、"有境"、"量"、"现量"、"比量"、"心"、"心所"等,还有因明论式方面的大量概念,为上等根智者所学诸概念。有拉萨、德格等多种木刻单行本。后有不少仿造同名书,其中以洋增普居巴·罗藏次成木仙巴嘉错所作为最善。

《正理藏论》 简称《理藏》。中国西藏僧人萨班·贡噶坚赞著。在深入研讨陈那《集量论》和法称以《释量论》为首的七部量论著作的基础上写成,对印度和西藏有关因明的各种要义作了重新逻辑归纳。有颂本和作者自释本刊行于世。颂本按意义关系分节,全书共3 685句(约合921颂)。内容分为十一品,由所知方面的"境论"和能知方面的"量论"两部分构成。第一部分七品:(1)境品,对境的考察,解说所知境本身;(2)心品,对于能了境之心的考察;(3)总别品,对于一般和个别的考察;(4)成立与遮遣品,对于正面立量和反面法的考察;(5)能说与所说品,对于能表名句和所表意义的考察;(6)相属品,对于关系的考察;(7)相违品,对于矛盾的考察。以上是考察境和以心对境的一般方式。认为凡境归根到底不过一种自相而已,只是随着了境之心的不同才分为自相、共相、所取、所转、所现和所执的,同时批判了法上一派所取和所现、所转和所执两两同义之说。第二部分四品:(8)相性品,对于相的考察,分别解说量之总相;(9)现量品,对于诸现量的考察;(10)自利比量品,对于结构语言的思维的考察;(11)他利比量品,对于表达思维的语言的考察。此著为萨迦派习因明者必读书之一,其影响所及,遍于当时西藏各派,使西藏从弘扬《定量论》改扬《释量论》。有拉萨、日喀则、那塘、德格等木刻版本,后收入明代永乐初年编刻的西藏佛教典籍"六论"中,成为藏传因明的基本要籍。现为中国一些高等院校和佛教寺院教授藏传因明学的课本。

《因明七论入门》 全称《七部〈量论〉入门治学去蔽论》。元明之际西藏格鲁派(黄教)创始人宗喀巴著。论述关于因明学的概论性问题,是宗喀巴在独立寻研印藏因明群论的基础上突破传统体系的量论著作。该书很简短,以"境"、"有境"(即心)和"了境方法"三门作通论,包括了因明的所有基本问题,并以此建立了格鲁派量论著作的纲要。在境品中,首先把境分为实有与无、有为与无为、无常与常;然后从所执境之不同相状上把境分为显境、著境和转境;最后从所量之相上把境分为自共二相或现、隐(晦)、极隐三事。在有境品中,初从能诠上把心分为若干方分;次从识体上把心分为量与非量、有分别与无分别、欺与不欺、自证与他证、心与心所等十种。在了境品中,把了别境的方法分为相违与相属、破与立、总与别、一与异、反证与正证(以心对境离分别)、相性与所表、实法与常法、现量与比量等十六种;比量又分为自他二利。在他利比量中,还介绍了一些反驳似能立论式的简语。如有谓声应是常,所作性故者,则答以"违遍";有谓声应是无常,所闻性故者,则答以"不定遍";有谓声无常,为目所执故者,则答以"因不成";有谓鬼域有法无常,所作性故者,则答以"因可疑";等等。行文流畅,对因明所摄各类名目均以破他立自之格进行析说,深入浅出,言简义明,后世列为习学因明的启蒙必读书。收入藏文《宗喀巴全集》卷十八。

《因明七论除暗庄严注》 西藏一世班禅克珠杰著。为解释量理的概论性著作。内容分为四品:(1)论量经之所需;(2)论量经本身决定量经之所需;(3)论量经之可珍;(4)论量经所诠之身,分为总论和广论。第四品是全书之主体,自第9页至书末,从三个方面对因明七论加以阐发:(1)论所知境。解说立量之相(现、隐、极隐三事或说为自共二相)、二谛(胜义谛和世俗谛)、有境(心)之能执相状等。(2)论能知心。解说量与非量,把非量分为分别心和无分别错乱识二种,内又分层次若干;把量分为现、比二量,比量又分为自他二利。对量之真似、立破,皆取破他立自之形式,经过层层追逼析除"邪见"而后自立门户之见,以达到去蔽趋明的目的。(3)论心识入境之情状。所论述的内容是:破与立,相违与相属,所诠与能诠,总与别,立量与反证,实法与常法,一与异,相性、所表、事依,现、未、过三时等。克珠杰还宗其师说,竭力把因明学说成是内明(佛家对佛家学说的自我奉称)的一部分。此论在体系上循仿其师宗喀巴《因明七论入门》,在内容上则更加广泛充实。他们的量论体系至今为藏传因明学者所宗。本书并被列为藏人习学因明之必读。收入藏文《克珠杰全集》卷十。

《释量论释》 藏传因明著作。根敦朱巴撰。是对法称《释量论》义理的系统介绍,在成量品中阐述了"新生无欺智为量",从流转门和还灭门论证了佛何以成为"定量"。在"自义比量品"和"他义比量品"中系统介绍了法称因明的逻辑思想,如对因三相概括表述为"宗法,彼分遍"。正因三种差别性的分类,宗、因"无则不生"的逻辑联系等。

《量理庄严》 汉译名为《正理庄严论》。藏传因明著作。根敦朱巴撰。概括叙述法称因明七论和陈那《集量论》的思想,涉及现量、比量、能立、因三相等内容。在"甲一造论目的"中明确:"此因明诸论,那以正理抉择唯教证所摄之佛法无过","求解脱者,当爱重此因明诸论,勤求闻思修慧"。认为法称因明七论和陈那《集量论》"实是因明与内明论",体现了藏传佛教中合因明与内明的旨取。现代法尊法师曾译该书开头和现量部分,译名为《正理庄严论》,刊于《海潮音》1938—1939 年的十九卷第十二号和二十卷第一、二号。

《量学》 藏传因明著作。清工珠·元丹嘉措著。本文是其《论十明学》中的一篇。本文简要叙述了因明的基本义理和规则,全文分为三部分:一、归纳广论。即:(1)论境。(2)论具境。(3)广论分析。(4)附论他宗之主张。二、归纳为辨析八句义及三类事。八句义即是指商羯罗主《入论》中的"八门二益"。三类事是指现量所显的"现实事",物力比量所量的"隐秘事"及依教义所证悟的"极隐秘事"。三、要义摄为五项。即:(1)有法。(2)分其事依。(3)法之分类,如总和别,相违与相属等。(4)所定事。(5)能定:应成论式。今由杨化群译为汉文,收于其《藏传因明学》中,西藏人民出版社 1990 年出版。

玉素甫·哈斯·哈吉甫(约 1010—1092) 哈喇汗朝诗人。出生于虎思斡尔朵(即八拉沙衮)城,后迁居喀什噶尔(今喀什)。所著《福乐智慧》为研究维吾尔族哲学思想的重要资料。

马赫穆德·喀什噶尔 11 世纪中国语文学家。维吾尔族。曾在新疆南部及中亚细亚作过长期旅行调查,收集了丰富的突厥语材料,于 11 世纪后半期编成《突厥语大辞典》。

《福乐智慧》 原名《库达德库·比利克》,意为"给与幸福的知识"。哈喇汗朝玉素甫·哈斯·哈吉甫著。成书于 1069—1070 年。共七十二章,一万三千二百九十行。韵文体,采用阿鲁孜格律中的木塔卡尔甫韵律,以较纯粹的突厥语写成。包括社会、政治、经济、文学等方面的内容,含有丰富的哲学思想。以善恶观为中心,阐述人的善恶秉性可变的思想。认为道德观念是先天造就的,但更多的部分取决于人的意志,好的环境和教育可将性恶改造为性善。以善有善报劝人行善,主张以德报怨。有回鹘文字母和阿拉伯字母的三种抄本(维也纳抄本、费尔干抄本、开罗抄本)。1979 年新疆人民出版社根据阿拉特的拉丁字母校勘本翻译出版汉文节译本,1984 年出版现代维吾尔语诗歌体诠释本。

《突厥语大辞典》 维吾尔族马赫穆德·喀什噶尔编写。成书于 11 世纪后半期。用阿拉伯字母标音,用阿拉伯文注释,引用了丰富的例句、成语、谚语、民歌等。不仅对突厥语言学的研究有重要价值,对当时的民族历史、地理、文学、民俗、社会情况等,也提供了宝贵的资料。含有丰富的哲学思想。

《真理入门》 亦作《真理的献礼》。维吾尔族阿合买提·尤那克(1110—1180)著。共十四章,五百一十二行(包括按语中的三篇诗)。采用阿鲁孜韵律中的木塔卡里甫格律,以喀什话写成。主要阐述维吾尔等突厥民族的伊斯兰教伦理学,含有丰富的哲学思想。现存有回鹘文的撒马尔罕甲本、回鹘文和阿拉伯字母的维吾尔文合璧的伊斯坦布尔乙本、阿拉伯字母的维吾尔伊斯坦布尔丙本。有新疆人民出版社 1981 年汉译本。

胡登洲(1522—1597) 明学者、伊斯兰教经师。回族。字明普。陕西咸阳渭城里人。相传朝觐麦加归国后,立志兴学,率先改革口头传授经文教义的方法,提倡经堂教育制度。初在家办学,招学员数名半工半读。后于清真寺内办学,半靠施舍,半靠供给。由此清真寺设学之风渐开,很快普及陕西、河南、山东等地。注意研究宗教哲学,侧重讲授阿拉伯文经籍著作。其学说逐步发展成为经堂教育的"陕西学派",当时陕西地区被誉为"念经人的教场"。中国穆斯林尊他为"胡太师"。马德新、常志美等均出自其传授系统。传有胡氏诗作,系后人伪托。

王岱舆(约 1570—1660) 明清之际伊斯兰教学者和经师。名涯,以字行,别署"真回老人"。回族。金陵(今江苏南京)人。其先人由明太祖赐居南京,世代在钦天监任职,因承家学,熟悉伊斯兰经籍。成年后,攻读性理、史鉴之书,旁及百家诸子,被誉为"学通四教"(指佛、儒、道及伊斯兰教)。后专攻伊斯兰教义,立志用汉文介绍伊斯兰教。长期从事译著,用伊斯兰教的教理与人辩论。晚年北上京师,于正阳门外讲经。译有《正教真诠》、《清真大学》、《希真正答》等。

张中(约 1584—1670) 明清之际学者。回族。又名时中,字君时,自称寒山叟。江苏苏州人。自幼学习宗教经典,后受教于临潼伊斯兰教经师张少山。曾在江苏扬州、苏州等地执教讲学。明崇祯十一年(1638)赴南京随印度经师阿世格学习,对"认主学"颇有研究。有《归真总义》、《四篇要道》等。

马明龙(1597—1679) 明清之际学者。回族。名铨,以字行,因在兄辈中排行第四,故有"马四爸爸"之尊称。江夏(今武汉)人。幼从父学汉文和经文;后赴宁夏同心投冯伯庵门下,又拜冯少泉为师三年。返归故里后,闭门不出,苦心钻研。时值西域"缠头极料理者,云游至楚,侨宿于寺",遂师之,请教理学入道之秘。因好学钻研,博采各家之长,遂成为伊斯兰经学大师。曾得到武昌抚台衙门所赠匾额和掌教谱谍并冠带。著有《醒己省悟》(一说《认己醒悟》)。

伍遵契(约 1598—约 1698) 明清之际学者。回族。字子先。江宁(今江苏南京)人。幼学儒家经籍及伊斯兰教经典,后研究伊斯兰教义。清康熙七年(1668)译著《修真蒙引》,四年完稿。继而与兄弟、子侄合译《归真要道》(波斯文"米尔萨德")。

马注(1640—1711) 明清之际学者。回族。字文炳,号仲修。云南金齿(今保山)人。自称穆罕默德后裔。幼年孤苦,十八岁曾任南明永历帝的中书、金帛衣侍御等职。清顺治十八年(1661)永历帝为吴三桂所杀后,避隐教读,笔耕自膳,专攻佛书。康熙四年(1665)结识滇中名士观五何,从此"文益修,学益进,弟子益盛"。康熙七年秋离滇赴京,受清宗室召见。后回滇向弟子授讲"心性之学"。曾辑《清真指南》,欲献上览,不果,复离京出游,受各地伊斯兰教徒尊敬,被誉为"仲翁马老师"。尚有文集《经权》、《樗樵》。

刘智(约 1660—约 1730) 清初学者。回族。字介廉,号一斋。江苏上元(今南京)人。经师刘汉英之子。幼习伊斯兰教《古兰经》。十五岁读儒家经史子集和佛、道、杂家等书,会通诸家。后学阿拉伯文、波斯文,钻研伊斯兰教义。曾游学各地,广求伊斯兰教经籍。晚年归金陵,十余年中埋头著译。自称毕生著译数百卷,但行世的不过五十卷。有《天方性理》、《天方典礼》、《天方至圣实录》、《五功释义》、《天方字母解义》等。

马明心(约 1730—1781) 清学者。回族。伊斯兰教门宦哲合林耶创始人。又名明新,经名"伊布拉欣",道号"维戛耶屯拉"(意为"维护主道的人")。其教众尊他为"官川·阿即孜"(即官川老人家)。祖籍甘肃阶州(今甘肃武都)人。早期宗教活动缺乏记载,传说纷纭。多数称其家境贫苦,随叔父前往麦加朝觐,后流落也门,为也门道堂首领收留为徒;有的史籍和学者说他求学于喀什噶尔、叶尔羌或布哈拉。于乾隆初期倡哲合林耶,旨在革除以前的门宦制度。先后在青海、甘肃、宁夏等地撒拉族、回族中宣传其主张,信徒日众。后因教争,发展为反清斗争,为清政府逮捕,于兰州被害。

马复初(1794—1874) 清学者。回族。名德新,以字行。云南大理下关人。少承家学,博览经籍,通晓阿拉伯文和波斯文。道光十六年(1836)赴甘肃、新疆学经。两次朝觐麦加,并到埃及、叙利亚、土耳其、新加坡等地游学侨居,前后近十年。归国后,回滇讲经,四方从学者甚众,呼其为"老爸爸"。咸丰六年(1856)曾参加滇东南回民起义,后随马如龙降清,钦赐二品伯克,诰授荣禄大夫,署理云贵总督、滇南回回总掌教。终被云贵巡抚岑毓英杀害。有《四典要会》、《大化总归》、《醒世箴言》、《朝觐途记》等书三十余种。

马德新 即"马复初"。

马联元(1841—1895) 清末学者。回族。伊斯兰教经师。字致本。云南新兴人。出身于云南经学世家,通晓阿拉伯文和波斯文。二十二岁任经师。曾朝觐麦加,遍游叙利亚、埃及、印度各国。首创汉文、阿拉伯文并授的教育制度,先后教授学生一千余人,其中多人在云南三迤各地主持经堂教育。光绪二十年(1894)赴印度。在孟买出版了用阿拉伯文写成的《四篇要道》、《性理本经》、《教典经注》、《阿拉伯文法》、《波斯文法》,以及用汉文写成的《辨理明证》等。曾印刻《古兰经》三十卷。其《孩听译解》与马复初的《宝命真经直解》均为《古兰经》的最早汉文选译本之一。

王宽(1848—1918) 近代学者。回族。字浩然,又名哈志阿布杜拉合曼。新疆穆斯林称之为"白十阿衡"。北京人。出身经学世家。清光绪三十二年(1906)朝觐麦加,赴欧、亚、非各伊斯兰国家考察。次年偕两位土耳其学者回国,与达浦生等人在北京牛街礼拜寺创办回教师范学堂。宣统元年(1909)创京师公立清真第一两等小学堂。1911 年在北京倡导成立中国回教俱进会,任理事长。

王静斋(约 1871—1949) 现代学者。回族。伊斯兰教阿訇。原名文清。天津人。1921 年朝觐麦加,在埃及爱资哈尔大学就读,并在土耳其、印度等地进修。回国后,在天津创办中阿大学。1927 年主办《伊光》月报。后到北京教子胡同清真寺任阿訇。1937 年在河南与时子周发起成立中国回民抗日救国协会。抗日战争期间,先后在重庆、宁夏等地从事《古兰经》译解。自认为是"遵经派"。学问渊博,汉文、阿拉伯文、英文兼通,译著较多,主要有《古兰经译解》、《阿汉字典》、《伟嘎业》等。其中《古兰经译解》是国内通用的汉译《古兰经》之一。

达浦生(1874—1965) 现代学者。回族。伊斯兰教阿訇。字风轩,江苏六合人。光绪三十三年(1907)与王宽等在北京牛街礼拜寺创办回教师范学堂。1928 年与哈德成等在上海创办伊斯兰师范学校。曾任上海老北门内回教堂教长。1952 年参与发起筹备中国伊斯兰教协会,次年协会成立后,当选为副主任;并任国家民族事务委员会委员和中国伊斯兰教经学院院长。1954 年起连续当选为历届全国人民代表大会代表。1954 年担任全国人民政治协商会议第二届全国委员会委员,1955 年为常务委员。

马坚(1906—1978) 现代学者。回族。字子实。云南个旧人。1928 年在上海伊斯兰师范学校学习。1931 年由中国回教学会选送至埃及开罗爱资哈尔等校学习。1939 年学成回国,在上海、重庆、云南等地从事《古兰经》及阿拉伯文著作的翻译。1946 年起任北京大学东方语言文学系教授。精通阿拉伯语。1949 年任中国人民政治协商会议第一届全国委员会委员。1954 年起连续当选为历届全国人民代表大会代表,并任中国伊斯兰教协会常务委员等。主要译著有《古兰经》、《伊斯兰哲学史》、《回教教育史》、《回教哲学》、《回历纲要》、《阿拉伯通史》等。

《正教真诠》 明清之际王岱舆撰。分上下二卷。为汉文阐述伊斯兰教教义的最早著作之一。认为伊斯兰教是"其理真久不偏"的正教,诠理精确,故名。计四十篇,大致为前二十篇论归真明心之学,后二十篇是修道之学。介绍伊斯兰教基本教义和基本功课,如真主止一,真主创造和主宰人及万物,穆罕默德阐扬至道,善恶贫富前定,念施拜戒(持)聚"五常"等。对儒、释、道各家学说也有概括的论述。版本较多。明天启二年(1622)版收有明太祖、成祖、武宗、世宗等对伊斯兰教褒崇之词,以及其他书籍对回教、天方国等有关伊斯兰教知识的摘录。清光绪三十年(1904)版还收有清代有关伊斯兰教的部分奏稿、上谕、题折、札饬等。

《清真大学》 明清之际王岱舆撰。计分统说、本题、总论三部分。主要内容为论述伊斯兰教关于宇宙起源、真主实有及主(真主)仆(穆罕默德)关系。集中论证伊斯兰教真一、数一、体一三个概念,阐明"真主止一,惟真主能言止一"。针对佛教的"寂灭空无"说,提出"浑无一物之前,必有一至尊原有之真主化生"。该书后与刘智的《五功释义》被汇编为《启蒙要略》。

《归真总义》 明清之际张中著。根据印度经师阿世格的讲经,参照其他经典译注补充、整理而成。内容阐述伊斯兰教基本信仰伊玛尼的含义。认为伊玛尼就是"归真总义",即"我如穆罕默德归顺真主",亦即"圣人总万法而归一真之妙谛"。行文经常以佛教禅宗的偈语进行论证。对认识真主的方式、人性等的阐述又反映了苏非派的哲学观点。有人认为此书脱稿于明崇祯十三年(1640),也有人认为与作者的另一著作《四篇要道》同年成书,两者同为伊斯兰教经籍中最早的汉文本。

《清真指南》 清初马注著。十卷。康熙二十二年(1683)成书。著者自称鉴于"儒习罔闻,正教久湮,异端左道,眩惑人心,著为是集,经号指南"。主要内容为"晰诸教异同之理,阐幽明死生之说,上穷造化,中尽修身,末言后世"。书前有《指南叙》和《遗珠序》两文,为该书的重要组成部分。未刊行前已为各地穆斯林所传抄,后常被经堂教育所选用。有成都宝真堂刻本。

《天方性理》 清刘智著。清康熙四十三年(1704)前后成书。包括本经(五章)和图传(五卷)两部分。结合伊斯兰教一神论与中国儒家性理学说,集中论证伊斯兰教关于宇宙起源及大世界与小世界(天与人)、性与理之间的关系。作者为经立图,用图解经,因图立说,以图达义,自成一个复杂的体系。书前附有"采辑经书目",列有当时在中国流传的阿拉伯文、波斯文经籍八十种。

《天方典礼》 亦称《天方典礼择要解》。清刘智著。二十卷(二十八篇)。内容主要分两部分:前四卷以"原教篇"开宗,介绍伊斯兰教的历史和道统,主张一切理气皆出自"唯一真宰之本然","以认主为宗旨","以敬事为功夫","以归根复命为究竟"。此篇被视为全书的总纲,中国伊斯兰教经堂教育常作为语文教材选读。后十六卷分述五功(附开斋会礼)、会典、民常(居、用、服、食)及聚礼、婚丧等穆斯林必遵的伊斯兰教礼法。作者自序称此书系从卷目浩繁的"天方礼法书"中"择其最关于民生日用者"汇集而成。书前列有"采辑经书目",对了解当时传入中国的伊斯兰教经籍有一定价值。该书曾在《四库全书》中存目。

《天方典礼择要解》 即"《天方典礼》"。

《五功释义》 亦称《一斋五功义》。清刘智著。六十三章。用中国儒家性理学说解释并论证伊斯兰教"五功"及其意义。从仪、法、义、理、证五个方面进行诠释。

《一斋五功义》 即"《五功释义》"。

《四典要会》 清马复初著。四卷。咸丰八年(1858)成书。为信源六箴、礼功精义、幽明释义、正异考述四部分(各占一卷)的合编。分别阐述伊斯兰教信仰、五功之一礼功的至要及意义,先天后天、今世后世之蕴奥(指认主宰、认本身、认今生和认复生)和误入"异端"的原因及"异端"之罪等。为伊斯兰教的主要汉文著述之一。

《四教要括》 清末杨仲明著。内容为"揭孔、释、耶、回四大教旨",围绕世间、出世间"两法",说明伊斯兰教是"以世间为本、以出世为量"的"圆满无缺"的宗教。主张四教"通融"、"调和","义以穆(即伊斯兰教)为主,文以孔为用"。

呃 彝族哲学用语。即浊气,指构成地的原初物质。《宇宙人文论》:"浊气凝成美丽的大地,赤地沉沉的。"

啥 彝族哲学用语。即清气。指构成天的原始物质。《宇宙人文论》:"清气变成蔚蓝色的高天,青天高高的。"此外,八角中的"啥",又相当于汉族"八卦"中的坎,但坎象征水,啥却象征金。

嗳哺 彝族哲学用语。相当于汉族哲学中的"乾坤"。"嗳"象征男性,"哺"象征女性。天地结合,"产生了扎发髻的嗳和戴金勒的哺,一切白生生的、黄澄澄的事物都产生了"(《宇宙人文论》)。

尼能哺 彝族哲学名词。"尼",家畜;"能",野兽;"哺",大地。"尼能哺"相当于汉族的十二地支。"清青之气与红浊之气,像海水波浪那样到处充溢浪漫,不断变化形成尼能哺,即鼠、牛、虎、兔、龙、蛇、马、羊、猴、鸡、狗、猪。"(《宇宙人文论》)

反正 彝族哲学用语。指原始物质内部包含的既对立又联系的矛盾。正反两方面的变化,推动了天地万物的变化发展。《勒俄特依》:"天地还未分明时,一日反面变,变化极反常,一日正面变,变化似正常。混沌演出水是一,浑水满盈盈是二,水色变金黄是三","此为天地变化史"。

六形 彝族哲学用语。即啥(清气)、呃(浊气)、局(日)、宏(月)、闹(烟)、努(雾)。自然界由混沌状态中形成的最初六种事物。"六形未显时,谁也不先显。六形出现了,清气化彩髻,浊气似华冠,天空显美景,日月多光明,会动会变化。"(《西南彝志·创世志》)

八角 彝族哲学用语。相当于汉族哲学中的"八卦"。"八角"为"嗳、哺、且、啥、亨、哈、鲁、朵"。嗳为父,哺为母,且、亨、鲁为子,啥、哈、朵为女。鲁为长男,朵为长女;且为中男,啥为中女;亨为少男,哈为少女。它们分管宇宙四面八方。《宇宙人文论》:"嗳哺先产生,为万象的根本。宇宙陆续起变化,形成了八方。"

吉罗 彝族自然崇拜观念。指祖先留下的附上精灵的物品。每一家支各有自己不同的“吉罗”。“吉罗”又含有福气之意，因它专司平安，可起到保护生产丰收、保佑战争胜利等作用。它是图腾崇拜的一种残迹。

《宇宙人文论》 彝族著作。成书年代及著者均不详。估计成书时间上限不超过唐朝初期，下限不超过北宋末年。以布慕笃仁和布慕鲁则兄弟对话形式写成。全书共分二十八篇，举凡天地的形成、万物的产生、日月的运行、天文历法、人体构造等，都作了说明，并附有图解多幅。认为“气”是构成天地万物的本原。“清浊二气如海水浸溢，清气熏熏，浊气沉沉，清气变成青色，浊气变成赤色。清青之气上升，青天产生了；赤浊之气下降，赤地形成了。”“清浊二气，两者又结合，成对飘飘，互相接触，‘嗳’和‘哺’同时产生，一切白生生的、黄澄澄的事物都产生了。”

《查姆》 “查姆”系彝语音译，意为天地万物的起源。彝族长篇神话哲理诗。成书年代不详。长期在云南楚雄彝族自治州、红河哈尼族彝族自治州等地流传。流传时间最迟不晚于明朝初年。体裁为押韵诗体。共分六章十一节。内容论述了天地、日月、人类、种子和万物的起源，也谈到了人类制造纸、书、笔、药的过程。认为宇宙初始时没有天地、日月、星辰、水草树木、飞鸟走兽和人类。雾露形成天地，“使天翻成地，地翻成天”，“雾露是天地”。日、月是梭罗树上开出的两朵花。认为月亮、太阳、星宿和天是不动的，但“地绕着太阳转，地绕着星宿转”。空气也是雾露形成的。天地日月空气形成后，产生了水、动物和植物。叙述了人类社会的三个阶段。“拉爹”时代(独眼睛时代)，“猴子变成人，话也不会说”。“爹妈杀儿子吃，儿子杀爹妈吃。”“拉拖”时代(长眼睛时代)，人没有首领，不分尊卑，没有礼仪。“爹死拴着脖子丢上山，妈死拴着脖子丢上山。”“列文”时代(横眼睛时代)出现了皇帝，认识了河水、树木、粮食、金银的作用，逐渐产生了图画文字，懂得了历法天文，还创造了纸笔、麻棉、绸缎等。这三个时代更替的根源在于人心的善恶。心恶的一代被神用干旱或洪水消灭，心善的一代则生存、繁衍。有朴素唯物主义自然观和朴素的历史进化论因素。

《阿细的先基》 彝族长篇神话史诗。作者及成书年代均不详。流传于云南红河哈尼族彝族自治州阿细人中。起源久远。全书共分两大部分：《最古的时候》和《男女说合成一家》。叙述了天地的起源、万物的成因以及对各种社会现象的理解，具有朴素唯物主义因素。“最古的时候，没有天和地，那个时候啊，可有生天的，可有生地的?”“怎么没有呢！云彩有两层，云彩有两张，轻云飞上去，就变成了天”，“重云落下来，就变成了地”。各民族都是洪水泛滥后兄妹成婚传下的。1943年到1944年由诗人张光年(光未然)收集整理，昆明北门出版社出版，流传不广。1958年昆明师范学院中文系再次收集整理，由云南人民出版社及人民文学出版社出版。

《库西特依》 亦译《年算经》。彝族天文历法著作。成书年代及作者均不详。具有朴素自然观思想。记载了彝族关于天文、历法等自然科学知识。有关于天体运行、星座位置以及彝族历法的记录。但该书也宣扬了天命论观点，以天体运行定人事吉凶。彝族奴隶主，举凡行军作战，祭祀大典，婚丧嫁娶，皆以此书为根据，决定吉凶行止。

《年算经》 即“《库西特依》”。

《勒俄特依》 彝族史诗。作者及成书年代均不详。长期流传于川、滇交界的大小凉山彝族地区。起源久远。全书共分十三篇。内容具有朴素唯物主义及自发辩证法思想。其宇宙发生论认为：天地没有形成之前，是一个无色、无光、无声的混沌宇宙，“上面没有天”，“下面没有地”，“四周未形成，四方黑沉沉，四角阴森森”。提出“水是一”，水为万事万物的本源。并有生物进化观点，把生物分成十二种，“无血的六种”，即各种植物；“有血的六种”，即各种动物，其中“人为第六种”。指出有一种介于人猿之间的中间动物，“形状虽像人，叫声似猴音，树叶当衣穿，野果当饭吃，如猴爬树顶，不能成人类”，有“人猿同祖论”倾向。认为人类始祖中有些支系因“不做工”、“不设灵”、“不送鬼”等不道德行为而绝灭。还论述了“娶妻配成偶，生子即可见父亲”的观点，反映了由母权制向父权制过渡的历史进化情况。

《玛木特依》 亦译《训世诗》。彝族伦理学著作。成书年代及作者均不详。流传于川、滇交界的凉山彝族中。该书有七章，另有前言和后跋。宣扬奴隶主阶级唯心主义伦理道德观念，其观点有强烈的等级意识。其幸福观是：“土司幸福分官印，黑彝(奴隶主)幸福分奴隶，白彝(百姓)幸福分耕牛。”其劳动观是：“土司的运气，是一枚金印；工匠的运气，是铁锤和铁墩；百姓的运气，是耕种和放牧。”其道德观是：“自己的钱莫让人吃；自己的话莫让人知；自己藏的莫让人看；自己的谎言莫告别人。”书中也有一些“不要崇拜土司”，“不要轻视奴隶，奴隶也是人”等言论。

《训世诗》 即“《玛木特依》”。

《梅葛》 彝族长篇神话史诗。作者及成书年代均不详。流传于云南楚雄彝族自治州，起源久远。全书共分四大部分：《创世》、《造物》、《婚事和恋歌》、《丧葬》。记述了自古以来彝族人民生活面貌的变化发展。其《创世》、《造物》两部分具有原始朴素唯物主义因素。“远古的时候没有天，远古的时候没有地，要造天，要造地。”“虎头做天头，虎尾做地尾”，“左眼做太阳，右眼做月亮，虎牙做星星，虎油做云彩，虎气成雾气”。系图腾崇拜残余。认为现在的各民族，是洪水后兄妹婚配而传下的人种，相互是兄弟。另外还叙述了古代社会的风俗习惯等。

《尔比尔吉》 彝族谚语诗。有箴言、警言的含义，既有格言的哲理、讽喻，又有诗的抒情和描绘，故称谚语诗。它广泛流传于人民群众中，被运用于社会生活的各个方面，甚至起到习惯法的作用。有的谚语诗包含着自发辩证法因素。“打虎，人虎相伤；阴晴，相互交替。”“天气时晴又时雨，人类时友时又仇。”“做小事变成大事，做粗活变为细活。”

《古候》 亦译《公史篇》。彝族哲学著作。作者及成书年代均不详。全书共十五章，内容包括宇宙起源、生物起源、人类起源等。具有朴素的自然观点：“天地未澄时，洪水未消时，要渐渐分化，要渐渐裂开，天从四面合，地从四面合”，“造天安上星，星星亮晶晶，造地栽上草，长草绿茵茵”。

《公史篇》 即“《古候》”。

《作祭经》 彝族祭祀死人所诵经典。作者及成书年代均不详。人死后，为超度死者必须进行祭祀，称为“作祭”，“作祭”时念诵《作祭经》。它宣扬灵魂不死的唯心主义观点。但其中《作祭献药供牲经》一章，叙述妇女怀孕后，胎儿在母体中的发育成长过程，人的生老病死的变化，人的病因及治病服药情况，都具有朴素唯物主义因素。

《爨文丛刻》 彝族文献汇编。由丁文江编辑，罗文笔译为汉文，商务印书馆1936年出版。共收彝族文献十一部，即《说文》、《帝王世纪》、《献酒经》、《解冤经》上下卷、《天路指明》、《权神经》、《夷人做道场用经》、《玄通大书》、《占凶吉书》、《千岁衢碑记》。其中《说文》（一译《宇宙源流》）一部，具有气一元论朴素唯物主义思想。认为气形成了天地万物，气决定事物的变化发展。“清气向空浮，天复它来张；浊气下凝结，地载它来组”，“早晚是它分，岁月是它定，寒暑是它移”。

《西南彝志》 原名《哎哺啥额》，意为“影形和清浊二气”。彝族文献汇集。编纂年代约为清康熙年间吴三桂平水西地方政权之后，雍正改土归流之前，约1664—1729年间。编纂者为明末清初水西地方政权热卧土目（封建领主）家的一位“热卧布慕”（布慕亦称慕史，即歌师）。全书共二十六卷，内容包括哲学、史学、科学、宗教诸学科。涉及哲学者约有七八卷之多。在“生命气息本源”一章中，提出“万事万物都靠气生存”的元气一元论观点。还具有自发辩证法思想，认为“流动的气，它是万样知识产生的起源，又是生命的起源”。

云雾 苗族哲学用语。相当于汉族古代哲学中的“元气”。构成宇宙万物的最初本原。“云雾生最早，云雾算最老”，“云来诳呀诳，雾来抱呀抱，科啼和乐啼，同时生下了”，“科啼诳呀诳，乐啼抱呀抱，天上和地下，又生出来了”（《苗族古歌》）。“云雾”形成天地，天地产生万物：即江河、风雨、鸟树和人类。

雾罩 苗族哲学用语。相当于汉族古代哲学中的“元气”。构成宇宙万物的最初本原。“雾罩生得最早，雾罩生白泥，白泥变成天，雾罩生黑泥，黑泥变成地，有了天和地，才有钻山涉水的东西，才有府方的父母”。

妹榜妹留 亦称“妹榜妹略”，简称“妹榜留”、“妹略”、“妹榜”、“妹留”、“榜略”、“榜”、“留”、“略”等。苗族哲学名词。“妹”即母亲，“榜留”即蝴蝶，“妹榜妹留”即蝴蝶妈妈的意思。苗族神话中把她作为人、兽、神的共同母亲。“枫树砍倒了，变作千百样”，“树根变泥鳅”，“树桩变铜鼓”，“树叶变燕子”，“树梢变鹡宇”，“树干生妹榜，树心生妹留，这个妹榜留，古时老妈妈”。“有了老妈妈，才有你和我，应该歌唱她。”（《苗族古歌》）

姜央 简称“央”或“腊”，通称“央腊”。苗族哲学名词。泛指人类。苗族及人类的祖先。“姜央生最早，他来造天造地，他来造山造水，他来创造昆虫，他来创造鬼神，他来创造草木，他来创造撵山的狗，他来创造犁田的牛，他来创造司晨的鸡，他来创造我们和你们。”（见《民间文学资料》第四集）

央腊 即“姜央”。

《苗族古歌》 亦名《苗族史诗》。苗族历史诗集。该诗源于远古，经民间口头相传，流传至今。全诗共8 000余行。内容大体可分为三个方面：开天辟地，万物和人类的起源，民族迁徙和发展的历史。在传唱中则分为《开天辟地歌》（《金银歌》）、《枫木歌》（《古枫歌》）、《蝴蝶歌》、《洪水滔天》、《溯河西迁》（《跋山涉水》）等部，每部又分为若干篇。诗中贯穿着祖先崇拜的观念。歌颂一些被作为祖先的神人；认为他们创造了世界和万物，开创了人类（苗族）现今的生活。由此，崇敬祖先、发扬祖先的传统成为苗族重要的道德观念。在《洪水滔天》中，记载洪水之后仅剩兄妹二人，为繁衍后代兄妹成婚。认为这是不可避免的事，苗族、侗族、汉族都是这一始祖（兄妹）的后代。在《溯河西迁》中，认为苗族的祖先原来住在东方，但那里土地贫瘠，生活困难，才向西迁移，去寻找美好的地方。把不断迁徙作为合理的观念肯定下来。在《制造天地》、《铸日造月》中，热情歌颂劳动，以劳动为美德。认为天地、日月都是劳动创造的。在《枫木歌》中认为枫树的种子是经过艰辛劳动才找到的，有了种子才种出枫树，而由枫树才变化出万物。苗族群众在年节和重大祭祀活动中都要吟唱古歌，因此古歌对苗族的社会生活和道德观念有相当影响。汉译本有贵州人民出版社1979年出版的《苗族古歌》和中国民间文艺出版社1983年出版的《苗族史诗》。

苗族理歌理词 黔东南地区苗族的“理老”在调解纠纷或阐释本民族法规、传统时的歌词和演说词。采用吟唱诗歌的形式，称为“理歌”，如采用演说的形式，则称为“理词”。理歌理词的总集，苗语称为“佳”，意为“道”、“道理”。各地的“佳”，篇幅不一，较完整的有16 000余行。其内容有的是引述古代神话、史诗来说明“道理”的来历，有的则用寓言、故事或事例来阐述本民族公约、乡规所依据的道理。后者又称为《汉榔词》。这些“道理”包含苗族的法律和道德观念。如以“天上恨老鹰，地上恨强盗”反对偷盗，以“冬天诬家族，七月告亲友，过年劈粑糖，炼银打风籍”反对损害他人利益。又强调本民族或村寨的团结一致，如“走一条路，过一座桥，头扭一边，脚立一处”。

精威五样 亦译“精威瓦徐”、“精威五形”、“绩韦五样”或“精威五行”等。纳西族东巴教经书中的哲学概念。“精威”是纳西语音译。“五样”指木、火、铁、水、土五样事物。相当于汉族的五行。据纳西族东巴教经书载，其起源有两说。一说认为，由混沌的物质世界演化出的“气”和“声”的结合、变化而产生。“在天和地还没有形成，日、月、星、山川、树木还没有出现的时候，首先在上方（指高空）出了喃喃的声音，在下方出了嘘嘘的气息。由声音和气息结合变化，出现了白色的露珠；露珠变化，出现了白色的蛋卵；蛋卵变化，产生了精威五样。”（《懂述战争》）一说认为，有一只“金黄色的大青蛙，在临死的时候，叫了五声，就产生了木火铁水土五样精威”（《碧庖卦松》）。精威五样之间有互相克制关系，“所有称能的木魔可以用铁来降住”，“厉害的火，可以用水来克制”，“铁鬼虽然厉害，可以用火来克制”，“水鬼虽然厉害，可以用土来克制”，“土鬼虽然厉害，可以用水来克制”（《懂述战争》）。

精威五行 即“精威五样”。

真假虚实 纳西族东巴经《崇搬图》中的哲学概念。指天地产生以前混沌世界中存在的一种真实而又似虚假的东西。世界最初是一片混沌，混沌中由于“佳音”和“佳气”的结合变化，最后“出现了一切真与不真、实与不实的东西”（《崇搬图》）。它们似可闻可见，又不可闻不可见，是真实的，又似虚假的，最初的世界就是由这种真实存在而又很难被人闻见的东西形成。“最初真体和实质两种来化育，然后才出现了纯洁的、光明的白天白地来”（《崇搬图》）。参见“佳音”、“佳气”。

佳音 亦译“佳声”或“喃喃的声音”。纳西族东巴教经书《崇搬图》、《懂述战争》中形容宇宙演化发展到某一阶段的物质概念。认为世界最初是一片混沌，混沌中首先产生出“佳音”和“佳气”。“佳音”和“佳气”结合变化，产生出世界万物。“很古很古的时候，世界一片混沌，天和地还没有奠定的时候，日、月、星、山川、树木、石头、水和沟渠还没有出现的时候，先在上方（指高空）出了佳音，在下方出了佳气，佳音佳气结合变化，出现了一滴白露，白露变化，出现了白蛋，白蛋变化，有了木、火、铁、水、土，五行变化，产生红风、黄风、绿风、白风、黑风，五股风变化，产生红、黄、绿、白、黑五种云”（《懂述战争》）。继而产生山水树木及万物。

佳气 亦译“嘘嘘的气息”。与“佳音”相对。是纳西族东巴教经书《崇搬图》、《懂述战争》中形容宇宙最初的混沌世界演化发展到某一阶段的一种物质性的东西。详“佳音”。

《挽歌》 纳西族东巴教经书。用象形文字写成，未注明作者和写作年代。该书通过追悼死者亡灵，向亡灵和活着的家属叙述关于人类治丧礼节的来源，反映了纳西族对生死的看法。认为人类和万物有生必有死。人类“死的出处和来历，从前就有了”。“人类住的大地上，生长的大树也会倒呀！开的花朵也会谢呀！人有生就会有死呀！”“人生有老有死，自古已经有的，何必为死者痛惜呢！”但认为人死后其灵魂可以到“神人”居住的地方享受安乐。有云南省丽江县1964年汉译石印本。

《祝婚歌》 纳西族东巴教经书。用象形文字写成，未注明作者和写作年代。该书通过祝婚形式，叙述天、地、日、月、人类的产生。认为天、地、日、月都要像人类一样结为成对夫妻，才能繁衍万物。又认为，人类“孵化于蛋卵”。天生下蛋卵由大地来孵，最初孵出像脑汁一样的汁团，汁团变气团，气团变成露珠，露珠有六滴，其中一滴落到海里，由此海里生出了第一代人类。含有朴素唯物主义和辩证法思想的萌芽。有云南省丽江县东巴文化室1983年印本。

《崇搬图》 “崇搬图”为纳西语音译，意译为《么些族的洪水故事》、《人类迁徙记》、《丽江么些族象形文“古事记”研究》等。纳西族东巴教经书。用象形文字写成，未注明作者和写作年代。起始于远古，长期在纳西族中口头流传，约在公元11世纪后才载入东巴经。书中主要叙述了天地和万物的起源，洪水翻天，人类的起源和演化，人类先祖世系及其创业繁衍，并通过丛忍利恩（传说中的人类始祖）、衬红褒白命（丛忍利恩之妻）和知劳阿普（衬红褒白命之父）的活动，反映了古代纳西族人民游牧、渔猎、刀耕火种等社会生产活动。在对天地万物起源的叙述中，反映了古代纳西族人民的朴素唯物主义和自发辩证法思想。认为世界起源于混沌，“天地最初阴阳混杂未分。天地还在混沌的时代，天没开地没辟的时候，先有隐隐约约的似天非天、似地非地的象征；太阳和月亮还未出现的时候，先有隐隐约约的似日非日、似月非月的象征”。经过各种具体物质（阳光、宝石、气、声音、蛋卵等）的发展演化阶段而形成天地、万物和人类。还认为许多对立的事物（如东神与色神，善神与恶神，真与不真，实与不实等）。是成对产生的。有云南省丽江县文化馆1963年石印本。

《沙都加罗》 古代傣族的历史、哲学著作。作者和著作年代不详。明嘉靖二十一年（1542）写成的《谈寨神勐神的由来》一书中有引述。认为，人类初期为“篾桓蚌”（象竹虫聚居）的时期，住在北方寒冷的森林中，“不会用刀，不会挽弓射箭，以石头木棒为武器”，主要觅食野菜野果，也开始“用粗野藤来绊麂子脚”，抓麂子吃。第二是“盘巴”（打猎首领）的时期。人类向南迁徙。有一个聪明人沙罗，他教人学野狗集体围捕野兽，并向人们宣布：“鱼儿有头，蜂子有王。从今天起，我就是你们的头，你们就叫我为‘盘’。活着我是你们的盘，死后我是你们的‘神’”，不管什么人，打得野兽都要同大家平均分配，并祭鬼神，否则“麂子马鹿会跑掉，大火会烧天”，沙罗死后的灵魂会来惩罚他。这一时期，不同的人群有各自的盘巴，众多的盘巴和人群常为争夺猎物、果子而斗殴。第三是叭桑木底的时期。这时聪明人桑木底教人“立寨盖房子”，“挖地种野瓜”。从此人类定居不分散游猎，并且推举桑木底为“帕雅”（智慧王），结束了多头领的时代。桑木底又创立寨神勐神，使人们崇拜这些神。

《巴塔麻戛捧尚罗》 傣文音译，意译为《关于神开创天地的书》。傣族神话史诗。作者和创作年代不详。源于远古，逐步形成，长期在傣族中口头相传，后有傣文手抄本。各手抄本篇幅、分章不一。论述了天地万物及人类的起源。认为最初没有天地、万物，只有气体、烟雾和狂风，后来，这三种气体凝聚成地球，又凝聚成最早的天神——英叭。英叭用自己身上的污垢创造了其他神，那些神又用泥土造成了人类。又认为，万物的产生有一定的规矩，时间观念(年月日、早午晚)的形成有一定的缘故。含有朴素唯物主义和辩证法思想的萌芽。有西双版纳傣族自治州民族事务委员会1987年出版的汉译本(岩温扁译)。

《心性图说》 明李元阳著。计收入文稿四篇："性说"、"心识说"、"意识说"、"情识说"。认为性是人先天具有的精神。性感于外物而为心识，心识再感于外物而为意识，意识为外物蒙蔽则流为情识。心识、意识都会浸蚀和蒙蔽人的本性，使人离开本性的中正圆明。而情识则更使人陷于"忘已循物，背觉合尘"的地步，使人"违禽兽不远矣"。只有通过内心修养，始能恢复本性。如能复性，则为圣人。其修养方法，在心识阶段是"正心"，"正之使中"，在意识阶段是"诚意"，"诚之使一"。堕入情识者，"虽圣人与居不能化入，故《大学》之教舍而不列"。其思想实为陆王心学和禅宗思想的折中。其生前未及刊印，后收入《中溪家传汇稿》(又称《中溪文集》)。

《白族创世纪》 亦名《白族人的来历》、《白族开天辟地》等。白族民间创世史诗。主要流传于云南洱源西山等地。内容分洪荒时代及天地、人类起源三部分。以丰富的想像描述其先民战胜龙王，再创天地万物、兄妹成婚及繁衍人类。一般在当地跳歌时演唱。有汉文本。

《奥色密色》 哈尼语音译，意为开天辟地或创世纪。哈尼族史诗。源于远古，长期在民间口头相传。全诗共六章。认为，天地万物是神牛的身躯变成的。"牛腿做撑地的柱子"，"牛皮拿来绷天"，"牛骨拿来做地梁地椽"，"左眼做太阳"，"右眼做月亮"，"牛牙做星星"，"肋骨造梯田"，"牛肉做土地"，"牛血做河川"。又认为时间和历法的观念起源于生活。"不会分年看树节"，"不会分月看树杈"，"不会分日看叶子"。"数起日子三百六十天，说起来只有十二日"。这十二日分别用虎、兔、龙、蛇、马、羊、猴、鸡、狗、猪、鼠、牛十二种动物来代表。从此有了历法、历书。"有了历书好耕地播种"。认为各民族都是同一祖先的后代，是远古洪水泛滥后，兄妹成婚传下的人种。汉译整理本载《山茶》1980年第3期。

《窝果策尼果》 哈尼语音译，意为"古歌十二调"。哈尼族民间创世古歌。流传于云南哀牢山南段哈尼族地区。共分上下篇，上篇《烟本霍本》，意为"神的古今"，下篇《窝本霍本》，意为"人的古今"，各12章。内容以神话传说着重阐述哈尼族各种风俗礼仪、典章制度的源起，涉及生产劳动、宗教祭典、人文规范、伦理道德、婚嫁丧葬、吃穿用住、文学艺术等。规模宏大，结构严谨，有28 000多行。一般在重大仪典时由歌手演唱，平日也有老人以讲故事形式讲述。有汉译本。

《牡帕密帕》 拉祜族史诗。源于远古，长期在拉祜族中口头流传。全诗分三章。主要叙述天地、万物、人类以及社会生活的起源。认为"在很久很久以前，没有地也没有天，没有风和雨，日月星辰都不见"。后来厄莎天神"搓下脚手汗，做了四根柱子"，"又做了四条大鱼"，把柱子支在鱼背上，在柱子上放上天梁、地梁等，"从此天地分开了"。厄莎又用自己的骨头做成天地的骨头，用左眼做成太阳，右眼做成月亮。厄莎种出孕育人类的葫芦，最初的一男一女(扎笛和娜笛)产生于葫芦之中。又叙述了婚姻、取火、打猎、种谷、种棉等社会生活的起源和来历。有云南人民出版社1979年版汉译本。

《遮帕麻和遮米麻》 遮帕麻和遮米麻为阿昌语音译。遮帕麻为天公，遮米麻为地母。阿昌族史诗。为原始宗教念词，由巫师在祭祀祖先、葬礼等重大典礼上念诵。有诗体和散文体。诗体分为四个部分十二折，约1324行。起源久远，长期在阿昌族中口头流传。诗中叙述了天地、人类和万物的起源。认为"在远古的时候既没有天，也没有地，只有'混沌'"，"混沌中忽然闪出一道白光。有了白光也就有了黑暗；有了明暗也就有了阴阳。阴阳相生诞生了天公遮帕麻和地母遮米麻。明暗相间产生了三十名神将，三十名神兵。"天公遮帕麻和地母遮米麻用泥、沙、水以及自己的身躯造成了天地，他俩成婚而生殖了人类。遮帕麻和遮米麻是最大的善神，腊訇是要毁灭万物和人类的恶魔，善神战胜恶魔，人类才得以生存。含有朴素唯物主义和朴素辩证法思想的萌芽。散文体汉译本载《山茶》1981年第2期，诗体有云南人民出版社1983年版汉译本。

《达古达楞格莱标》 意译为"先祖的传说"。崩龙族史诗。全诗分为六个部分，约556行。起源久远，长期在崩龙族中口头相传。该诗叙述了万物和人类的起源。认为，"很古很古的时候，大地一片混浊"，"大地一片荒凉"。"茶叶是万物的阿祖。天上的日月星辰，都是茶叶的精灵化出。""一百零两片茶叶在狂风中变化，单数叶变成五十一个精悍小伙子，双数叶化为二十五对半美丽的姑娘。茶叶是崩龙命脉，……崩龙人的身上还飘着茶叶的芳香。"世上的万物是由这些兄妹们的身躯变化而成。这是对万物本源的一种独特、朴素的猜测。汉译本载《山茶》1981年第2期。

《高皇歌》 亦称《盘王歌》、《龙皇歌》、《盘瓠王歌》等，畲族民间的历史叙事歌。长400余行，七言体。内容主要叙述畲族祖先盘瓠王一生不平凡的经历和率子孙们到山上耕种，以及迁徙的历程。多在年节祭祖时吟唱。

李元阳(1497—1580)　白族思想家、史学家。字仁甫,号中溪。云南大理人。曾任监察御史等职。中年辞官归家乡大理,隐居四十余年。主张施政以儒家教化为主,指责当时官吏腐败成风,如"鱼烂河决,不可救药"。指出百姓是国家的"元气",应当关心和爱护。强调"万里边氓,亦国家之赤子",要求减轻对边境人民的剥削和压迫。提出"志于明道者,不主儒,不主释,但主理",主张折中儒道释三家。认为"天地世界,可谓广大,而吾人之性,又包乎天地世界之外"。认为人的性、心、意、情四者不同。性为人先天具有的精神和道德本体,唯一唯中,无偏邪和错误,即"本觉"、"良知",性感于物而为心识;心识是人对外物的感应,它倚于外物而背离了性,即"不正",成为意识;意识是人为外物所惑而生,陷于迷乱,流而为情识;情识是人为外物所蔽而生,已是"忘己循物,背觉合尘"。心识、意识、情识皆是本性之蔽。惟有摒除外物的感惑,做好内心修养,始能"复性",否则将背弃本性,自救不暇。修养方法是:心识"正心","正之使中",意识"诚意","诚之使一",情识"窒欲"。认为性是"天体象可拟,非思议可及"的绝对本体,故圣凡贤不肖智愚同具,人的本性是平等同一的,由此主张对人一视同仁。有《大理府志》、《云南通志》、《心性图说》等。辑有《李中溪全集》,收入《云南丛书》。

《葫芦的传说》　原名《西岗里》,意译为"人是从山洞(或葫芦)里出来的"。佤族诗歌,全诗分为十三个部分,约1084行。源于远古,长期在佤族中口头流传。主要叙述天地和人类的起源、万物的成因以及人们对各种自然和社会现象的理解。认为,天地原来合在一起,人们舂新谷时,"杵棒敲打它的筋骨,天空高高地升起,从此同大地分途","大雨是它的眼泪,雷鸣是它的愤怒"。"人来自西岗"。有云南人民出版社1979年版汉译本。

《西岗里》　即"《葫芦的传说》"。

《论傣族诗歌》　古代傣族的哲学和文艺理论著作。作者不详,现以傣族佛教中的职称"祜巴勐"署名。著于傣历976年(明万历四十三年,1615)。正文共九章。据古书《巴塔麻戛捧尚罗》而认为,天地由英叭神开创,英叭神是"从气体、烟雾和狂风的混合体产生出来的蒸汽人"。地球则是气体、烟雾和大风三者凝结、变化而成的圆球体。人类是神用泥土造成的。又论述了语言、思想、诗歌的产生及相互关系。"思想是语言的基础",不表达思想和心理的本能的声音,不能算作语言。而"思想来自眼见和感觉。从这个意义上讲,眼见和感觉是思想的基础了"。感觉和思想的前提是人类的活动和外物的存在,因此,"人类的语言来自人在天地间的活动,它的形成和发展依附于人类地球上的一切存在物。因为地球上先有树,我们古人见到树,后来才会叫出'树'来"。语言又是诗歌的基础,由此,"人类在世上的活动,无疑地也是歌的父母了"。认为,诗歌中幻想、神话的根源在于,面对"可憎可悲的现实",眼泪和悲哀"成了人们无声的力量。可是,这种'无声的力量',又被现实生活的残忍和无情所憎恶,于是,只好用它来变成幻想、理想和希望的力量",并寄托于神佛鬼怪的形象之中。有中国民间文学出版社1981年汉译本(岩温扁译)。

《谈寨神勐神的由来》　傣族著作。作者不详。著于傣历903年(明嘉靖二十一年,1542)。分八章及一个前言。内容主要为评价和研究宗教(原始宗教和佛教)。认为原始宗教的猎神、寨神、勐神是由英雄人物沙罗、桑木底创造出来教化群众、克服生活困难的,其作用就在于"把众人的意志和愿望统一在一起,杜绝了人类愚蠢的分散……同心协力去争取人类的生存权"。又认为,在狩猎时代只会产生猎神和对猎神的崇拜,待到定居农耕的时代才会出现寨神勐神和对他们的崇拜,初步猜测到社会物质生活对宗教观念的制约作用。反对佛教,认为佛教要人们"盘腿闭目吧,风就是粮食,云会填饱你的肚子;盘腿合掌吧,虎豹豺狼不会来伤害你",这是一条"喝风吃云的道路"。而寨神勐神却要人们"要杀生害命。要打猎,要用快刀剥兽皮。要杀猪、杀鸡、杀牛,人类也有厮杀。用'杀生'来保护人类的生存";"不吃谷子人要死",要崇拜"雅奂毫"(谷魂奶奶)。"'蛇曼蛇勐'(寨神勐神)是我们傣族永恒的、神圣的和高于一切的东西"。汉译本附录于中国民间文学出版社1981年版《论傣族诗歌》。

《南诏德化碑》　唐代南诏(云南地区割据政权)为其统治者所立之碑。立于南诏赞普钟10年(776)。碑文作者为郑回。主要内容是为南诏叛唐归附吐蕃辩解,申明对唐作战实为奸佞所迫。文中涉及一些道德原则和观念。如认为"至忠不可以无主,至孝不可以无家",但"人无常主,惟贤是亲"。因此自认为在唐朝奸佞的逼迫下弃唐归附吐蕃是正当的、合理的。战败唐军后又认为:"生虽祸之始,死乃怨之终,岂顾前非而亡大礼",于是收唐军尸骨上万祭而葬之。南诏统治集团的成员既有彝族也有白族,故此碑代表当时彝族和白族的思想。

《大理国造幢记》　全名《大理国佛弟子议事布燮袁豆光敬造佛顶尊胜宝幢记》。简称《造幢记》。"佛顶尊胜宝幢"为大理国布燮(宰相)袁豆光所建的佛教石幢。约于北宋末年建于大理国东京(今云南省昆明市)。石幢上刻有《造幢记》,作者为白族"儒释"(尊崇儒学的和尚)段进全。记文中认为,世界由一气开始,然后分出万物;人有"挺秀愚智"之别,由此而"辩立君臣",包含朴素唯物主义倾向。在赞颂袁豆光时,大力宣扬儒家的政治、伦理思想,如"至忠不可以无主,至孝不可以无亲","复利于重利轻身,尽济于亡身报主。大义事事以怀此,敬节日日以维新。"文中又将孔子与释迦牟尼并提:"寻思大义孔圣,宣于追远慎终;敬向玄文释尊,劝于酬恩拜德。"体现了作者作为"儒释"的思想特点。

郑回　亦名"王蛮利"。《南诏德化碑》碑文作者。生卒年不详。唐朝天宝年间任嶲州西泸令。后为南诏所俘,因其学识超群,深受南诏国王爱重,并为之更名"蛮利",授予南诏最高官职清平官。他连续担任三代国老的老师,国王对他"事皆咨之,秉政用事"。南诏当时为云南地区的割据政权,其统治集团成员为彝族和白族人,辖区内人民主要为彝、白、汉族和其他民族。郑回将中原儒家的政治、伦理思想传入南诏,并在彝族、白族统治阶层中广泛进行宣传,对民族间的文化交流和彝族、白族伦理思想的发展产生很大影响。

艾自新(1565—1593) 明白族学者。云南邓川(今云南省大理白族自治州洱源县境内)人。与其弟艾自修(生卒年不详)史称"二艾"。他俩在大理白族中宣传宋明道学所阐释的儒家伦理思想,且身体力行,被称为"大道学"、"小道学"。主张"以羲皇尧舜为祖,禹汤文武为宗,孔子为师,颜曾思孟为友"(《希圣录》)。又将宋明道学中的忠、孝、礼、义、贞节等伦理范畴,以格言、训条等形式广为宣扬,并结合白族地区特点制定一系列伦理原则,如"毋以一言不合而忘人雅宜,毋以一行之疵而弃人生平"(同上);"居家宜俭,待客宜丰,但不可如小人斗胜"(《教家录》)。二艾著有《希圣录》、《教家录》、《治心四说》等,有清代刻本,民国初年收入《云南丛书》,题为《二艾遗书》。

高奣映(1647—1707) 明末清初思想家。字雪君。白族(一说彝族、汉族)人。曾袭任云南姚安府(今云南省楚雄彝族自治州姚安县)土同知世职。哲学上认为万物皆有理和气,但以理为根本。最高的理是太极:"道体莫全于太极","太极包得先后天理、气之全体"(《太极明辩》)。太极分化而为万物具体的理:"太极至清,而一落阴阳、五行则有清浊;太极至善,而一落阴阳、五行则有善恶"(同上)。人未生之前为一"混茫之象",由太极而使混茫形成为胎儿,降生时"此点主宰之理,凭乎天命之性,即密密退藏于心官之灵府,是一人有一人的太极也。""人发之即以中正仁义为其理"(同上)。在政治、伦理上,认为都有其根本的理和"大体"必须遵循。首先是"岁者民之天,民者国之本","君者国之主,父者家之尊"。其次,则以中、和、礼之统一为治国治家的道和理。再则以为《老子》、《周易》所说的对立面转化即是理,因此为人处世必须注意屈伸、损益、得失的转化。在道德修养上赞同佛学和宋明理学的内省和"遏欲存理"方法,认为"应事接物不外刚柔,而心为刚柔之本,无欲而清,则知柔知刚,动罔不臧。"(《周注要说》)又认为具体的理和道德原则,因时因地而有不同,不应拘泥和僵执传统的道德原则。有《太极明辩》、《迪孙》、《增订来氏易注》、《金刚慧解》等,大都失传。

王崧(1752—1837) 清白族学者。原名藩,字伯高,号乐山,浪穹(今云南洱源)人。嘉庆进士,后任山西武乡知县。去官以后,主讲晋阳书院。后回云南,受云贵总督阮元之聘总纂《云南通志》。后因与继任者意见分歧,辞返故里。闭门著书立说。在哲学上,提出"万物自然而生"、"先气化后形生"的观点,认为世界万物的产生都是阴阳气化的结果。指出:巍巍之天作为含"气"之"物"是真实的存在,而宗教所谓"皇天上帝"无形无气只有空名,非真实存在。赞赏程朱以"天地之性"继承和发展孟子的性善说,认为"天地之性"是人性中善、恶两种成分的本体,把人量化分为五等,主张人有高低贵贱之分,上中下之别,认为:"圣人者,天之转关也;亚乎圣者,其贤乎,其于圣,亦若圣之于天也已;介乎贤不肖之间者,其中人乎;中人而下则不肖,不肖而纵情性恣睢,则凶顽相去不甚远","凶顽之人,人兽之转关也。"(《辨物下》)把不符合封建礼义的"不肖"、"下愚"和"凶顽"之人,贬低到了非人的禽兽草木之列,而突出"圣"、"贤"的地位,认为他们是"天之骄子"。一方面认为:"理欲不并域,善恶每分途"(《苟志于仁》),把"理"与"欲"视为对立;但另一方面,又反对禁欲主义,说:"岂能使人人忍受饥寒,而不相争"(《后治乱论下》),"去人欲"便可能造成社会的不安定。著作除修纂过《云南通志》,汇集前人有关云南史实之书编为《云南备征志》以外,已刊行于世的还有《乐山集》、《说纬》、《乐山制义》等。

《太极明辩》 清高奣映著。凡二卷。提出"万原而化之者气"的命题,把物质性的气看作世界的本原,认为天地万物是由元气构成的。否定在"太极"之上有脱离元气的"无极",认为"太极以前只可名混沌,不可举以名无极",因为"天地未判,清浊而不上下","未判未分,总一个混沌",当时"天地之机息而混沌时,一味纯黑,阴蒙蒙而气浑浑"。坚持"理在气中",提出天地"含此理于混沌之中"。还提出"阴阳相根"的观点,"则阴极生阳,阳极生阴,阴中有阳,阳中有阴"。"阳不能独成","阴不能独生"。有清刻本。

《护法明公德运碑》 宋云南白族大理国摩崖碑。南宋绍兴三十八年(1158)刻于威楚府(今云南省楚雄市)城西。碑文作者姓名残佚,仅知其为"大宋建武军进士",自称"画虎无成",流落云南十六年,受高氏"清照如族辈人"。碑文主要赞颂大理国相高量成的功绩、德行。称赞高氏"以忠信为甲胄,以智勇为心肝,远之来者割地而封之,不归化者兴兵而讨之,自是天下大化。"认为高氏"累与诸蛮会而不曾誓",这是重信义的"周道"而非重鬼神的"殷道"。又说高氏在互相攻战的民族间宣传仁义,致使"善归方寸,恶竟冰释,袖刃怀刀,一时捐弃"。碑文反映了儒家思想在白族的传播和大理国白族统治集团的政治、伦理思想。

附　录

中国哲学大事年表

刘康德　张锋宾

说　明

一、《年表》涉及的时间，上起原始人群，下迄2012年。

二、《年表》内容以记录哲学家为主，并记录伴随哲学家出现的哲学观点、哲学著作和哲学学术活动。对马克思主义在中国的传播，经学、宗教、少数民族（蒙、藏、维吾尔、回、彝、傣、白等）哲学的重要事件及对中国哲学有重大影响的政治、文化、军事事件及科学成果等，也适当记录。力图大致反映出中国哲学思想发展的背景、线索、阶段和特点。

三、年份几说不一时，择取一说。

四、对一些重要的哲学家，除记录其哲学学术活动外，还适当记录一些社会政治活动，尽可能在《年表》中反映出哲学家的生平简历。哲学家一般在记录其生年时论及哲学观点和哲学著作。生年不详者，则在记录其卒年时记录其哲学观点和哲学著作。

五、马克思主义在中国的传播及中共主要领导人的有关内容，按分工，在哲学大辞典系列之一的《马克思主义哲学大辞典》的大事年表中反映。

六、历史纪年用公元纪年，夹注旧纪年。

七、引文除春秋以前部分加注出处外，其他部分不再注出处。

原始人群

◇“昔太古常无君矣，其民聚生群处”，“无亲戚兄弟夫妇男女之别，无上下长幼之道”（《吕氏春秋》）。“民知其母不知其父，与麋鹿共处”（《庄子》）。其间“燧人氏”教民“钻燧取火，以化腥臊”；有巢氏，构木为巢。

传说中的伏羲氏时代

◇结绳为网罟，以田以渔；仰观俯察，始作八卦，以类万物之情（《易·系辞下》）。以及“伏羲氏刳木为舟，剡木为楫”。

约前50世纪（神农炎帝时代）

◇以石为兵（《越绝书外传》）。制耒耜，教民农作（《白虎通·号篇》）。“神农尝百草水土甘苦”（《越绝书》），“神农耕而作陶”（《周书》）。石制工具在选料和制作中带有一定的审美意识，出现石坠、石镯等佩物。陶器制作繁荣，彩绘纹饰多变。原始歌舞产生。“昔葛天氏之乐，三人操牛尾，投足以歌八阙”（《吕氏春秋·古乐》）。

约前40世纪（轩辕黄帝时代）

◇以玉为兵（《越绝书外传》）。内行刀锯，外用甲兵（《商君书·画策》）。振兵修德，以征不享（《史记·五帝本纪》）。考订星历，建立五行（《史记·历书》）。理日月之行，治阴阳之气，节四时之变，正律历之数，别男女，明上下（《淮南子·览冥训》）。黄帝时还有不少发明创造，如仓颉造字，嫘祖（黄帝妻）养蚕，共鼓、货狄作船，隶首作算数，伶伦、荣将作音律等。器物造型趋向复杂，玉制饰品、玛瑙饰品出现。有彩绘纹盆出现。原始图腾崇拜盛行，龙凤崇拜蔚成风气。

约前23世纪(颛顼时代)

◇作玄宫(《庄子·大宗师》)。"绝地天通"(《国语·楚语下》),进行宗教改革。重黎初创历数(《汉书·律历志》)。"履时以象天,依鬼神以制义,治气以教民,洁诚以祭祀。"(《大戴礼记·五帝德》)

约前22世纪(尧舜时代)

◇尧时代,征三苗,再一次"绝地天通"(《尚书·吕刑》)。羲和创制历法。鲧治水,失败。四岳(四方部落领袖)推舜为尧的继承人,世称"禅让"。舜又命禹、益、稷等组织治水,成功。进行一系列社会改革,稷管农业,伯益管山林川泽,垂管百工,契管教化,皋陶制刑律,伯夷管祭祀,夔管乐舞(《尚书·尧典》、《尚书·舜典》)。古乐《云门大卷》(颂黄帝)、《大成》(颂尧)、《大韶》(颂舜)等成于此时。

◇舜死后,禹因治水有功为部落联盟首领。传说禹治水三过家门而不入。其间社会分工促进阶级分化和部落联盟向国家过渡。

前21世纪至前16世纪(夏代)

◇以铜为兵(《越绝书外传》)。奴隶制国家形成,建都阳城(今开封),后迁阳翟(今禹县)。已有"帝"、"天"和"五行"等观念。"鲧湮洪水,汩陈其五行,帝乃震怒"(《尚书·洪范》)。"有扈氏威侮五行,怠弃三正,天用剿绝其命"(《尚书·甘誓》)。已有较完备的历法和"旬"的概念,并以天干纪日及有一定的天象、物候知识(《大戴礼·夏小正》)。首次记录了纪元前1831年泰山地震(《竹书纪年》)。已有规矩、准绳等测量工具(《史记·夏本纪》)。作《禹刑》(《左传·昭公六年》)。九牧贡金,铸九鼎(《左传·宣公三年》)。已有"后"和"众"的社会矛盾观念:"众非元后何戴,后非众无以守邦。"(《国语·周语》)古乐《大夏》(颂禹)成于此时。

前16世纪至前11世纪(商代)

◇以"帝"为至上的天神,已有"天命"观念。"殷人尊神,率民以事神,先鬼而后礼"(《礼记·表记》)。"有夏多罪,天命殛之"(《尚书·汤誓》)。天象、物候、医学、数学均有发展,已有位值制记数法及以二十八宿划分天区,实行阴阳合历。约纪元前1300年,盘庚迁殷,建都安阳。甲骨文、金文中已有"美"字出现。

前11世纪至前10世纪(殷周之际)

◇《易经》及八卦说产生。"文王拘而演《周易》"(司马迁《报任少卿书》)。以--和—组成易象,以事物形象比喻、象征所卜之事的吉凶休咎。有"枯杨生华"、"鸣鹤在阴"等取象之辞,有"鸿渐于陆"、"鸿渐于陵"等比兴诗歌出现。

◇殷末箕子、微子、比干等分析殷必将亡的社会原因(《尚书·微子》)。"《易》之兴也,其当殷之末世,周之盛德邪?当文王与纣之事邪?"(《易·系辞下》)

前1122年(周武王伐纣)

◇箕子回答周武王关于"彝伦攸叙"问题时,总结历史经验,首论"洪范九畴"。

前11世纪(西周初年)

◇周公(姬旦)吸取商王"自绝于天,结怨于天"(《尚书·泰誓下》)的灭亡教训,宣扬"以德配天"和"敬德保民"的思想,提出"天命靡常"的观念。

前1095年(西周初年)

◇周公约卒于此时。

前8世纪(西周末年)

◇出现怨天、骂天、怀疑天命的思潮(见《诗经》)。

◇已有简单的四则运算和算筹记数。《雅》、《颂》成于此时。

前827年(周宣王元年)

◇约于此前后虢文公论阴阳之气:"阳气俱蒸,土膏其动。""阴阳分布,震雷出滞。"(《国语·周语》)

前827年至前782年(周宣王元年至四十六年)

◇周王官尹吉甫提出"天生烝民,有物有则"(《诗经·烝民》)。

前780年(周幽王二年)

◇"周三川皆震……三川竭,岐山崩"(《史记·周本纪》)。

◇周大夫伯阳父论阴阳之序:"夫天地之气,不失其序;若过其序,民乱之也。阳伏而不能出,阴迫而不能烝,于是有地震。"(《国语·周语上》)

前780年至前771年(周幽王时期)

◇周太史史伯论"以他平他谓之和","和实生物,同则不继","先王以土与金木水火杂以成百物"(《国语·郑语》),提出五行说。

◇单襄公提出天道观念:"吾非瞽史,焉知天道?"(《国语·周语下》)

◇有中国最早一次日食的记载(周幽王六年十月初一日)。

◇历法有很大的进步,已能定出朔日。天象观测有不少新发现。

前725年(周平王四十六年)

◇管仲约生于此时。

前687年(周庄王十年)

◇"夏四月辛卯夜,恒星不见,夜中星陨如雨"(《春秋·庄公七年》),为世界上关于天琴座流星雨的最早记录。

前685年(周庄王十二年)

◇管仲相齐桓公(至前645年,即周襄王七年)。主张"持满者与天(法天),安危者与人"(《管子·形势》),开始实行改革。提出"仓廪实则知礼节,衣食足则知荣辱"(《管子·牧民》)的观点。

前680年(周釐王二年)

◇季梁论民神关系:"夫民,神之主也,是以圣王先成民而后致力于神。"(《左传·桓公六年》)

前672年(周惠王五年)

◇史书首次记载以《周易》占吉凶:"周史有以

《周易》见陈侯者,陈侯使筮之,遇《观》之《否》。”(《左传·庄公二十二年》)

前 662 年(周惠王十五年)

◇史嚚论民神关系:“国将兴,听于民;将亡,听于神。神聪明正直而壹者也,依人而行。”(《左传·庄公三十二年》)

前 645 年(周襄王七年)

◇管仲卒。托名为他所作的有《管子》。

前 644 年(周襄王八年)

◇叔兴论“吉凶由人”(《左传·僖公十六年》)。

前 620 年(周襄王三十二年)

◇郤缺论“六府(水火金木土谷)、三事(正德、利用、厚生)”(《左传·文公七年》),并论“九功之德皆可歌也”。

前 613 年(周顷王六年)

◇“秋七月,有星孛入于北斗”(《春秋·文公十四年》),是为世界上最早的哈雷彗星记载,比西方早六百七十多年。

前 594 年(周定王十三年)

◇鲁国“初税亩”,肯定土地私有制(《左传·宣公十五年》)。

前 580 年(周简王六年)

◇子产约生于此时。

◇老子约生于此时。

前 575 年(周简王十一年)

◇单襄公论天地常数:“天六地五,数之常也。经之以天,纬之以地。”(《国语·周语下》)

前 551 年(周灵王二十一年)

◇孔子生。

前 545 年(周灵王二十七年)

◇邓析约生于此时。

前 543 年(周景王二年)

◇子产相郑简公。“作封洫”。次年,孔子适周,问礼于老子。

◇季札于鲁曰:“周礼尽在鲁矣。”(《左传·襄公三十一年》)

◇子路生。孔子弟子。孔子谓其“片言可以折狱”(《论语·颜渊》)。卒于前 480 年(周敬王四十年)。

前 541 年(周景王四年)

◇医和论六气:“天有六气,降生五味,淫生六疾。”(《左传·昭公元年》)

前 537 年(周景王八年)

◇孔子确立求学目标为“道和仁”。

前 536 年(周景王九年)

◇子产铸刑书,叔向反对(《左传·昭公六年》)。

前 525 年(周景王二十年)

◇子产提出“天道远,人道迩,非所及也,何以知之”(《左传·昭公十八年》)的命题。

前 522 年(周景王二十三年)

◇子产卒。

◇郑国“尽杀”萑苻之“盗”,孔子曰:“善哉!……猛以济宽,政是以和。”(《左传·昭公二十年》)

◇晏婴论“和”与“同”异(《左传·昭公二十年》)。

前 521 年(周景王二十四年)

◇孔子开始私人讲学,拥有了第一批弟子,逐渐形成对社会影响极大的儒家学派。

◇颜渊生。孔子弟子。卒于前 490 年(周敬王三十年)。

◇次年,子贡生。孔子弟子。游说诸国,故有“子贡一出,存鲁,乱齐,破吴,强晋而霸越”(《史记·仲尼弟子列传》)的传说。卒于前 456 年(周定王十三年)。

前 517 年(周敬王三年)

◇孔子居齐国,向景公讲君臣父子之礼不可废。

◇鲁国季氏八佾舞于庭,孔子曰:“是可忍,孰不可忍。”(《左传·昭公二十五年》)

前 513 年(周敬王七年)

◇晋国有铸铁刑鼎,并铸范宣子刑书于鼎上。其间已普遍掌握生铁冶铸技术。

前 511 年(周敬王九年)

◇孔子反对晋国铸刑鼎:“贵贱无序,何以为国”(《左传·昭公三十二年》)。

◇次年,史墨论“物生有两、有三、有五、有陪贰”,物“皆有贰”,提出“社稷无常奉,君臣无常位”(《左传·昭公三十二年》)。

前 507 年(周敬王十三年)

◇子夏生。孔子学生。有“死生有命,富贵在天”(《论语·颜渊》),“仕而优则学,学而优则仕”和“大德不逾闲,小德出入可也”(《论语·子张》)等观点。传说《诗》、《春秋》等由他传授下来。卒年不详。

前 505 年(周敬王十五年)

◇曾参生。

前 503 年(周敬王十七年)

◇子张生。孔子弟子。从孔子游诸国。《论语》有子张篇。提出“士见危致命,见得思义”的伦理观点,并主张“君子尊贤而容从,嘉善而矜不能”(《论语·子张》)。卒年不详。

前 501 年(周敬王十九年)

◇邓析被杀。郑国大夫。法家和名家之先驱。教民兴讼,对子产所铸刑书不满,另作《竹刑》。“好刑名,操两可之说,设无穷之辞”(刘向《别录》)。在天地关系问题上,提出“天地比”的命题。有《邓析子》。

前 500 年(周敬王二十年)

◇老子约卒于此时。提出“道生一,一生二,二生三,三生万物”,“天下万物生于有,有生于无”;“祸兮福之所倚,福兮祸之所伏”;“反者道之动”等思想。并主张“道常无名”、“言有宗”、“正言若反”、“大辩若讷”。还提出“大音希声”、“大象无形”、“涤除玄鉴”及“道”、“气”、“象”、“妙”、“虚”等范畴。有《老子》。

◇晏婴卒。有《晏子春秋》。主张用礼来维护统治,君臣应为"社稷"办事。

◇孔子居鲁摄行相事。

前 496 年(周敬王二十四年)

◇吴王阖闾在位时(前 514 至前 496),孙武活动于吴国。有《兵法》一书。

前 494 年(周敬王二十六年)

◇范蠡论赢缩转化(《国语・越语》)。

前 486 年(周敬王三十四年)

◇史墨论五行相胜:"水胜火,伐姜则可"(《左传・哀公九年》)。

◇吴王夫差在邗(今江苏扬州)筑城,开长江淮河间运河,是为邗沟。后为隋代开大运河时利用。

前 484 年(周敬王三十六年)

◇孔子周游诸国十四年,遇避世之士长沮、桀溺、荷蓧丈人、楚狂接舆,均为道家之流。回鲁后开始整理文化典籍。以"周公之典"反对冉求助季氏"用田赋"(《左传・哀公十一年》)。

◇次年,子思(孔伋)生。

前 481 年(周敬王三十九年)

◇春,西狩获麟,孔子叹曰:"吾道穷矣!"所编《春秋》,至此年绝笔。以下至孔子去世时的《春秋》经文,皆出弟子手。

◇《春秋》记录日蚀三十七次,其中三十二次经推算证实,为世界上最完整的古代日蚀记录。

前 479 年(周敬王四十一年)

◇孔子卒。创儒家学派。传授诗、书、礼、乐,弟子三千人,著名的有七十余人。提出"仁"的思想,主张"正名",反对苛政;宣扬"忠恕"之道;提倡"有教无类"、"诲人不倦"。注重"学与思"结合,提出举一以反三、告往而知来、由己而推人等"类推"方法。有《论语》,并修订《春秋》及整理《诗》、《书》。

前 475 年(周元王元年)

◇进入战国时期,学术思想出现百家争鸣。

◇记述百工之事的科技著作《考工记》约成于此时。其中提出五方定五色,虚实相生等思想。

◇天文、历法有较广泛的发展和进步。各诸侯国皆重视天文观测和研究,"鲁有梓慎,晋有卜偃,郑有裨灶,宋有子韦,齐有甘德,楚有唐昧,赵有尹皋,魏有石申夫,皆掌著天文,各论图验"(《晋书・天文志》)。

前 468 年(周定王元年)

◇墨子约生于此时。

前 455 年(周定王十四年)

◇李悝生。法家人物。主张变法,推行"尽地力"。集诸国法典,撰成《法经》。卒于前 395 年(周安王七年)。

前 453 年(周定王十六年)

◇韩、赵、魏三家分晋。

前 440 年(周孝王元年)

◇关尹和杨朱约生于此时。

◇墨子在此前后著《兼爱》、《非攻》、《非命》、《尚同》等,与孔子弟子"列道而议,分徒而讼"(《淮南子・俶真训》)。在和儒家的议讼中注重辩术的研究,对弟子的教授中有"谈辩"一科。

前 436 年(周孝王五年)

◇曾参约卒于此时。曾从学于孔子。以"忠恕"为孔子"一以贯之"的思想,提出"吾日三省吾身"的修养方法。对天圆地方的观念提出怀疑。相传著有《大学》。

前 432 年(周孝王九年)

◇墨子约在此时游楚,献书楚惠王。传公输般为楚造云梯攻具,欲攻宋。墨子造守具,在楚王前与公输般试攻守之法,攻者技穷而守者有余,因而阻止攻宋之事。

前 420 年(周威烈王六年)

◇《老子》一书约在此前后编定。书中有丰富的辩证法思想。

前 402 年(周威烈王二十四年)

◇子思约卒于此时。从学于曾参。以"诚"为世界本源,以"中庸"为其学说的核心。相传《礼记》中的《中庸》、《坊记》等由他所著。

前 395 年(周安王七年)

◇慎到约生于此时。

◇西门豹约在此年前后破"河伯娶妇"的迷信骗局,开凿大渠。

前 390 年(周安王十二年)

◇商鞅约生于此时。

前 385 年(周安王十七年)

◇申不害约生于此时。

前 382 年(周安王二十年)

◇詹何、宋钘约生于此时。

◇次年,吴起为楚国令尹,实行变法。遭"楚之贵戚"杀害。

前 380 年(周安王二十二年)

◇杨朱约卒于此时。曾提出"为我"思想,主张"拔一毛而利天下不为也"。

前 376 年(周安王二十六年)

◇墨子卒。曾重"众之耳目之实",提出"取实予名"、"察类明故"、"言必立仪"、"尚力"、"非命"、"天志"、"明鬼"、"尚贤"、"尚同"、"兼爱"、"非攻"、"非乐"、"节用"等观点。有《墨子》。后期墨家有《墨经》。对认识论,逻辑学,及数学,力学,光学等自然科学作了进一步发展。

前 372 年(周烈王四年)

◇孟子约生于此时。

前 370 年(周烈王六年)

◇惠施、彭蒙约生于此时。

前 369 年(周烈王七年)

◇庄子约生于此时。

前 365 年(周显王四年)

◇商鞅至秦。

前 360 年（周显王九年）

◇尹文约生于此时。

前 358 年（周显王十一年）

◇邹忌为齐威王相，厉行变法。

◇威王父齐桓公曾“立稷下之宫，设大夫之号，招致贤人而尊宠之。自孟轲之徒皆游于齐”（徐幹：《中论》）。

前 356 年（周显王十三年）

◇商鞅在秦实行第一次变法。

前 351 年（周显王十八年）

◇申不害为韩昭侯相，开始变法。

前 350 年（周显王十九年）

◇田骈约生于此时。

◇商鞅进行第二次变法。实行“开阡陌封疆”，“集小都乡邑聚为县”，废除井田制，确认土地私有等。

前 340 年（周显王二十九年）

◇屈原约生于此时。

前 338 年（周显王三十一年）

◇商鞅卒。有《商君书》。遗有“商鞅方升”。

◇次年，申不害卒。曾主张法治，重谈“术”。有《申子》，现仅存《大体》篇辑录。

前 336 年（周显王三十三年）

◇孟子至魏，后游齐。

◇惠施任魏相。

前 330 年（周显王三十九年）

◇公孙龙约生于此时。

前 322 年（周显王四十七年）

◇惠施在宋与庄子相晤论学。

前 318 年（周慎靓王三年）

◇惠施约在此年使楚，与黄缭论天地风雨雷霆之原故，“遍为万物说”。

◇孟子归齐为卿。

前 315 年（周慎靓王六年）

◇慎到约卒于此时。生前曾在齐国稷下讲学，强调势治。有《慎子》。

前 314 年（周赧王元年）

◇齐宣王卒。其在位时期，喜文学游说之士，是以齐稷下学宫复盛。驺衍、田骈、接子、慎到、环渊、彭蒙、宋钘、尹文等七十六人均为稷下先生。

前 313 年（周赧王二年）

◇荀子约生于此时。

前 310 年（周赧王五年）

◇惠施约卒于此时。曾创“合同异”名家学派。提出“历物十事”，与“辩者”讨论过“二十一事”。强调“譬”的思维形式特点为“以其所知谕其所不知而使人知之”。

◇张仪卒于此时。主张连横以强秦。游说诸国。《汉书·艺文志》著录纵横家有《张子》十篇，今佚。生年不详。

◇彭蒙约卒于此时。其学近庄子“齐是非”说。主张对事物取“莫之是，莫之非”的态度。

前 309 年（周赧王六年）

◇孟子至滕国，实行“仁政”。提出“劳心者治人，劳力者治于人”的观点，反对许行“贤者与民并耕而食”的主张。

◇许行，楚国人。农家代表人物。曾到滕国游说，主张“贤者与民并耕而食”，反映古代社会中农民要求贵贱无分，君民并耕的理想。生卒年不详。

前 305 年（周赧王十年）

◇驺衍约生于此时。

◇次年，屈原著《离骚》。

前 300 年（周赧王十五年）

◇宋钘约卒于此时。主张精气说和静观，提倡礼法治兼。曾与尹文同游稷下，为形名学派代表。其形名思想以“别囿”为重。著《宋子》，已佚。

前 299 年（周赧王十六年）

◇屈原约在此时著《天问》。

前 295 年（周赧王二十年）

◇孟子游说不遇，退而与万章之徒述孔子之志，作《孟子》。

前 290 年（周赧王二十五年）

◇詹何约卒于此时。继承杨朱的“为我”思想，思想接近道家。

前 289 年（周赧王二十六年）

◇孟子卒。曾受业于子思之门人。主张“法先王”，“行仁政”。提出“民贵君轻”；“劳心者治人，劳力者治于人”；“尽心”，“知性”，“知天”，“万物皆备于我矣”等观点。有《孟子》。

前 286 年（周赧王二十九年）

◇庄子卒。继承发展老子“道法自然”的思想。提出“通天下一气耳”；“物物者非物”；“齐万物”，“齐是非”；“无动而不变，无时而不移”；“知其不可奈何而安之若命”等观点。有《庄子》。

前 285 年（周赧王三十年）

◇荀子去楚国。

前 283 年至前 265 年（周赧王三十二年至五十年）

◇荀子二入齐游学，三次担任稷下学宫的祭酒，并先后受到驺衍、慎到、田骈、宋钘、尹文诸子百家的熏陶。

前 280 年（周赧王三十五年）

◇韩非约生于此时。

◇尹文卒。其学与宋钘齐名。其思想本于黄老，又由道而归于名、法。提出名有三科（命物之名、毁誉之名、况谓之名），主张“定此名、分，则万事不乱”，“名正而法顺”。显出“刑”、“名”合一的趋势。有《尹文子》，已佚。

前 275 年（周赧王四十一年）

◇田骈卒。生前从学于彭蒙，主张“贵齐”。有《田子》，已佚。

前 270 年(周赧王四十五年)

◇后期墨家约在此前后完成《墨辩》。

前 267 年(周赧王四十八年)

◇荀子曾于此年后与秦相范雎论治国之方。

前 265 年(周赧王五十年)

◇荀子此年前后,总结百家争鸣的思想成果,著《天论》、《解蔽》、《非十二子》、《正名》、《王制》等。在此后几年,公孙龙与孔穿争论"白马非马"。

前 255 年(秦昭王五十二年)

◇荀子仕楚为兰陵令。数年后,李斯、韩非曾来求学。

◇约在此时,蜀守李冰建都江堰。

前 247 年(秦庄襄王三年)

◇秦庄襄王死。子政立,年十三岁。吕不韦专权,号"仲父"。

◇次年,韩水工郑国筑郑国渠,与都江堰均为秦国农业发展作出贡献。

◇《五星占》记载了此年到汉文帝三年(公元前 177 年)的七十年间,木星、土星和金星的位置表和它们在一个会合周期内的动态表。

前 242 年(秦王政五年)

◇公孙龙约卒于此时。曾为平原君门客。三为赵惠文王及孝成王相。与惠施同属名家。提出"唯乎其彼此"的正名学说及"物莫非指","而指非指","离坚白","白马非马"等命题。有《公孙龙子》。

前 240 年(秦王政七年)

◇驺衍卒。曾为阴阳家代表人物。"深观阴阳消息之变",创"五德终始"说,后为秦始皇采用。有《邹子》、《邹子终始》,已佚。

◇陆贾约生于此时。

前 239 年(秦王政八年)

◇吕不韦集宾客著成《吕氏春秋》,汇合先秦各派学说,并保存不少古史旧闻、古人遗语、古籍佚文,以及天文、医农等知识。磁石指南特性最早记载见于此书。其中《音初》、《大乐》、《侈乐》等篇论及音乐的起源及艺术特征。

前 238 年(秦王政九年)

◇荀子卒。提出"明于天人之分","制天命而用之";"虚壹而静","制名以指实";"化性起伪","明使群分"等观点。并提出"正名"三原则和辩说具体原则。有《荀子》。

◇秦王政亲政,罢吕不韦相。

前 235 年(秦王政十二年)

◇吕不韦卒。

前 234 年(秦王政十三年)

◇韩非使秦。在此之前著《解老》、《孤愤》等数十篇。次年卒。曾提出以"法"为中心的"法、术、势"三者统一的君主治政术。提出"世异则事异,事异则备变";"万物各异理,而道尽稽万物之理","缘道理以从事,无不能成";"循名实而定是非,因参验而审言辞"等观点。并提出"矛盾之说"。有《韩非子》。

前 222 年(秦王政二十五年)

◇诸儒生完成《易大传》十篇。提出"一阴一阳之谓道"、"刚柔相推而生变化"、"穷则变"、"变则通"、"通则久"等观点及"立象尽意"、"观物取象"等思想。

◇《尚书》于此前成书。提出"诗言志"、"歌咏言"。

◇《乐记》编定。提出"心物感应"说,及"乐和民声"、"乐以治心"、"乐通伦理"、"礼乐刑政其极一也"等观点。

前 221 年(秦始皇二十六年)

◇秦统一中国。秦王自为始皇帝,命为"制",令为"诏",自称"朕"。用阴阳家"终始五德说",秦得水德。用李斯议,废分封诸侯之制,分天下为三十六郡;定民称"黔首";收兵器,销为钟镓,铸金人十二。还统一全国文字、法律、货币、度量衡等。

前 219 年(秦始皇二十八年)

◇秦始皇东巡郡县,立石颂德,行封禅礼。又命方士徐福与童男女入海求仙药。

前 215 年(秦始皇三十二年)

◇秦始皇使卢生访求古仙人羡门、高誓,使韩终等求仙人不死之药。

前 213 年(秦始皇三十四年)

◇淳于越与李斯辩论应否师古问题。

◇秦始皇用李斯议,禁私学;下令焚书,烧秦记以外的列国史籍,《诗》、《书》、百家语限博士官保有,私藏者限三十天烧毁,医药卜筮之书不烧。

◇次年,坑儒四百六十余人于咸阳。造阿房宫和骊山陵。

前 209 年(秦二世元年)

◇陈胜、吴广起义,提出"王侯无种"观点。鲁诸儒归附陈胜,胜以孔鲋(孔子八世孙)为博士。

前 206 年(汉王元年)

◇刘邦灭秦。

前 202 年(汉高祖五年)

◇齐人田阿、服生等传《易》。秦博士伏胜以《尚书》教于齐鲁之间。

◇次年,胶西盖公传河上丈人、安期生等黄老学。

◇曹参相齐,请盖公为言治道。

前 200 年(汉高祖七年)

◇贾谊生。

◇儒生叔孙通为汉定朝仪。

◇公孙弘生。曾建议设五经博士,置弟子员。卒于前 121 年(汉武帝元狩二年)。

◇晁错约生于此时。

前 196 年(汉高祖十一年)

◇陆贾常为高祖称说《诗》、《书》,谓不能于马上治天下,并著成《新语》,论存亡之故。

前 191 年(汉惠帝四年)

◇除秦挟书律。

◇次年，颜真公开家传《孝经》。

前 179 年（汉文帝前元元年）

◇董仲舒约生于此时。

◇刘安生。

◇次年，贾谊著《过秦论》，上《陈政事疏》。

前 170 年（汉文帝前元十年）

◇陆贾约卒于此时。曾提倡儒学，辅以黄老“无为而治”思想。有《新语》。

◇约在此年，文帝闻齐有原秦博士伏生治《尚书》，诏太常派人往学，太常遣晁错往学。

前 168 年（汉文帝前元十二年）

◇贾谊卒。曾主张阴阳二气变化万物。后刘向编成《贾谊新书》。

前 165 年（汉文帝前元十五年）

◇以鲁人公孙臣为博士，与诸生申明“土德”，起草改历、服色等事。

◇天文学上已有二十八宿圆盘，区划二十八星宿的名称与距度。

前 164 年（汉文帝前元十六年）

◇淮南王刘安招致宾客方术之士数千人，撰成《淮南子》。其书以道家思想为主，杂糅阴阳、儒、法诸家。书中还保存不少自然科学史材料。

前 156 年（汉景帝元年）

◇胡母生、董仲舒为博士，治《公羊春秋》。

前 154 年（汉景帝三年）

◇晁错卒。曾从张恢学申不害、商鞅的法家学说。建议曾为景帝采纳。著有《论贵粟疏》、《论募民徙塞下书》等。

前 152 年（汉景帝五年）

◇桑弘羊生。

前 147 年（汉景帝中元三年）

◇黄生与辕固生争论汤武是否受命问题。

◇窦太后与辕固生争论《老子》一书评价。

前 145 年（汉景帝中元五年）

◇司马迁生。

前 141 年（汉景帝后元三年）

◇鲁恭王坏孔子宅，得古文经传。

前 140 年（汉武帝建元元年）

◇武帝即位，以举贤良，董仲舒参加策问，提出“罢黜百家，独尊儒术”的建议。

前 138 年（汉武帝建元三年）

◇张骞第一次出使西域。

前 136 年（汉武帝建元五年）

◇置五经博士。

前 135 年（汉武帝建元六年）

◇董仲舒借长陵高园殿大火之事，宣传“天人感应”说。

◇司马谈为太史令，著《论六家要指》。

◇次年，“元光元年六月，客星见于房”。为中外历史都记载的第一颗新星，但西方记录不如中国记录准确、简明。

前 133 年（汉武帝元光二年）

◇杨王孙学黄老之术，倡裸葬。

◇李少君以祠灶却老方见汉武帝，武帝用李少君炼丹药。武帝亲祠灶，遣方士入海求蓬莱安期生之属。

前 130 年（汉武帝元光五年）

◇河间献王刘德卒。生前好学，以金帛求书籍，所得先秦古文旧书有《尚书》、《礼记》、《孟子》、《老子》、《周官》等。生年不详。

前 124 年（汉武帝元朔五年）

◇武帝为博士置弟子员，诏天下郡国立学宫。

◇孔安国为博士，传授孔氏所藏《尚书》，开创古文尚书学派。

前 122 年（汉武帝元狩元年）

◇淮南狱起，刘安自杀。

◇张骞派使者分道寻访身毒（印度古名）。

前 119 年（汉武帝元狩四年）

◇齐人少翁以鬼神方见武帝，拜为文成将军，赏赐甚多。

◇武帝于此年采取由国家经营统一冶铁业的政策。

◇张骞第二次出使西域。

前 113 年（汉武帝元鼎四年）

◇与少翁同师的栾大见武帝，被封乐通侯，后因方多不验，被诛。

前 110 年（汉武帝元封元年）

◇太史公司马谈卒。著有《论六家之要指》，推崇汉初黄老之学。生年不详。

◇武帝行封禅大典。

◇齐人公孙卿以宝鼎事上书武帝，称武帝为汉之圣者，能成仙登天。武帝使公孙卿持节设具候神人。

前 108 年（汉武帝元封三年）

◇司马迁为太史令。

前 104 年（汉武帝太初元年）

◇董仲舒卒。曾提出“三纲五常”、“天道不变”、“天人感应”、“物必有合”等观点。提出“深察名号”，把名分为“号”和“散名”两类概念，而“名号之正，取之天地”。把“类”引申为“任其比，偶其类”，提出“同类相动”，为其“天人感应”的神学体系服务。有《春秋繁露》。

◇司马迁改成《太初历》，始著《史记》。

◇武帝东巡至海滨，所派入海求仙方士，均无所获。

前 102 年（汉武帝太初三年）

◇武帝东巡海上，求神仙，无验。

前 98 年（汉武帝天汉三年）

◇司马迁受腐刑，续写《史记》。

前 86 年（汉昭帝始元元年）

◇司马迁卒。有《史记》。

前 81 年（汉昭帝始元六年）

◇诏有司问郡国所举贤良文学民间疾苦。言者皆请罢铁、盐、酒酤，均输官。桑弘羊与之辩难。后桓宽集论辩之辞为《盐铁论》。

◇次年，桑弘羊卒。

前77年（汉昭帝元凤四年）

◇刘向生。

◇京房生。曾学《易》于孟喜门人焦延寿，以“通变”说“易”，好讲灾异。有《京氏易传》。卒于前37年（汉元帝建昭二年）。

前73年（汉宣帝本始元年）

◇河内女子发老屋，得《易》、《礼》、《尚书》各一篇。

◇严君平约生于此时。常以占卜为业，兼授《庄子》、《老子》，精《易》。提出“气化分离”、“道德虚无”、“审实定名”、“守静致虚”等观点。有《老子指归》。卒于17年（王莽天凤四年）。

◇宣帝在位复兴神仙方术之事。

◇刘向献淮南《枕中鸿宝苑秘书》。

前53年（汉宣帝甘露元年）

◇扬雄生。

前51年（汉宣帝甘露三年）

◇召诸儒生讲五经异同于石渠阁。宣帝亲自临决。乃立梁丘《易》、大小夏侯《尚书》、《穀梁春秋》博士。

◇博士戴圣参加石渠阁议。圣与叔父德（延君）同从后苍学《礼》。圣号小戴，编有《小戴礼记》，即今本《礼记》；德号大戴，所集《大戴礼记》，今残。

前28年（汉成帝河平元年）

◇三月己未，“日出黄，有黑气，大如钱，居日中央”（《汉书・五行志》）。是为世界公认的最早的日斑（太阳黑子）记事。

前26年（汉成帝河平三年）

◇陈农奉诏征天下遗书。命刘向校经传、诸子、诗赋，任宏校兵书，尹咸校数术，李柱国校方技。

前23年（汉成帝阳朔二年）

◇大戴（德）删定《礼记》八十五篇，小戴（圣）复删为四十六篇。

前20年（汉帝鸿嘉元年）

◇桓谭约生于此时。

前16年（汉成帝永始元年）

◇刘向上《新序》、《说苑》等书。

◇成帝年间，齐人甘忠可造《天官历包元太平经》，说汉家逢天地之大终，当更受命于天，天帝使真人赤精子下教我此道。忠可以教夏贺良、丁广世、郭昌等。刘向奏忠可假鬼神罔上惑众，忠可下狱病死，夏贺良等以不敬论。

前6年（汉哀帝建平元年）

◇刘向卒。有《别录》，已佚。曾提出“九流十家说”。在校阅图书时曾发现佛经。

◇刘歆继续主持校书，汇群书而奏《七略》，并请立《左氏春秋》、《毛诗》、《逸礼》、《古文尚书》于学官，被今文学派诸儒拒绝。经学界今古文之争始。

前5年（汉哀帝建平二年）

◇张禹卒。曾奉诏授太子《论语》。精治《论语》，兼治《易》，改编今文本《论语》，将《齐论》、《鲁论》合为一书，定名《张侯论》。生年不详。

◇夏贺良等“挟忠可书”私下相教，主张改元易号，哀帝从其议。改元太初元年，号“陈圣刘太平皇帝”，复前世所曾兴神祠凡700余所，一年行3.7万祠。后贺良等欲妄变政事，触怒朝中权贵，被诛。

前2年（汉哀帝元寿元年）

◇扬雄著《太玄》、《法言》。

◇博士弟子景庐（一作秦景宪）受大月氏使者伊存口授浮屠经，中国知佛经始于此。

3年（汉平帝元始三年）

◇班彪生。曾著《王命论》。以《史记》止于武帝太初年间，续作《后传》六十五篇。其子班固继其业，修成《汉书》。卒于54年（汉光武建武三十年）。

◇次年，王莽奏起明堂、辟雍、灵台；为学者筑舍万区，立《乐经》；增加博士员额，每经五人；征天下通一艺，教授十一人以上，及有逸礼、古书、天文、图谶、钟律、《月令》、兵法、《史篇》文字而通知其意者，皆诣公车。网罗天下异能之士，达千数。

8年（王莽居摄三年）

◇王莽宣布即天子位，国号新，以十二月朔为始建国元年正月朔。

10年（王莽新始建国二年）

◇王莽兴神仙事，搞谷仙之术。道士西门君惠以谶记惑王涉谋反。

17年（王莽天凤四年）

◇琅邪吕母聚众数千人起义。

◇荆州饥荒，王匡、王凤率饥民起义，马武、王常、成丹等从之，聚于绿林山。

18年（王莽天凤五年）

◇扬雄卒。曾以“玄”为宇宙万物根源，提出“有生者必有死，有始者必有终”的观点，反对神仙方士之迷信。提出“大辩”、“小辩”说，认为辩言必法乎五经，以儒家经典为正名标准。有《法言》、《太玄》。《太玄》仿易卦推类为变的方法，提出又一象数推衍体系，始演连珠。

23年（汉更始元年）

◇刘歆自杀。曾典校中秘二十余年，力倡古文，使古文经立于学官。生年不详。

25年（汉光武帝建武元年）

◇刘秀以《赤伏符》的预言为依据，在鄗（今河北高邑）南即帝位。东汉始此。

27年（汉光武帝建武三年）

◇王充生。

30年（汉光武帝建武六年）

◇贾逵生。

32年（汉光武帝建武八年）

◇班固生。撰成《汉书》百篇。曾奉章帝命，撰集建初四年（79）诸儒会白虎观对《五经》同异的讨论，为《白虎通义》。卒于92年（汉和帝永元四年）。

34年（汉光武帝建武十年）

◇张陵生。东汉五斗米道的创立者。曾入太学，通达五经。后假托太上老君，作道书二十四篇。创道教，被尊为"张天师"。卒于156年（汉桓帝永寿二年）。

44年（汉光武帝建武二十年）

◇王充师事班彪。

56年（汉光武帝建武中元元年）

◇光武帝宣布图谶于天下，将图谶国教化。桓谭上疏反对，几被杀。

◇桓谭约卒于此时。曾断言精神不能离开人体而独立存在，"以烛火喻形神"。反对谶纬神学。有《新论》。

58年（汉明帝永平元年）

◇许慎约生于此时。有《五经异义》。专主古文经学。著有《说文解字》。约卒于147年（汉桓帝建和元年）。

65年（汉明帝永平八年）

◇明帝表彰楚王刘英"诵黄老之微言，尚浮屠之仁祠"。刘英系中国早期的佛教信徒。于71年（汉明帝永平十四年）自杀。

67年（汉明帝永平十年）

◇初，明帝闻傅毅言，知西域有佛，遣蔡愔赴西域求佛法，写浮屠遗范（佛像）。

◇蔡愔与月氏沙门迦叶摩腾、竺法兰以白马驮经回洛阳。次年在洛阳筑白马寺，供二僧居住，并开始译佛经。二僧编译《四十二章经》，为中国传播佛教之始。

78年（汉章帝建初三年）

◇张衡生。

◇次年，马融生。

◇诸儒生会于白虎观，论五经异同，班固奉诏撰《白虎通义》。

◇《毛诗序》于此前后撰成，提出"情动于中而形于言"；"发于情，止乎礼义"；诗有"风"、"雅"、"颂"、"赋"、"比"、"兴"、"六义"。

85年（汉章帝元和二年）

◇王符约生于此时。

◇贾逵、李梵等修订《四分历》。

◇章帝至鲁，祀孔子及七十二弟子，会孔氏二十岁以上男子。

97年（汉和帝永元九年）

◇王充约卒于此时。曾提出"天地合气，万物自生"；"死而精气灭"；"同气相成，殊气相革"；"命不可勉，时不可力"；"汉盛于周"，"百代同道"等观点。有《论衡》。

100年（汉和帝永元十二年）

◇许慎始作《说文解字》，成于公元121年（汉安帝建光元年）。

◇《九章算术》传本约在此年左右形成。

◇次年，贾逵卒。曾从刘歆学《左传》，又习《古文尚书》、《毛诗》。精通天文学。著《春秋左氏传解诂》、《国语解诂》等。

102年（汉和帝永元十四年）

◇曹褒卒。经学家。曾奉诏改定礼制，依准旧典，杂以《五经》谶记之文，撰次天子至庶人冠婚吉凶终始制度，成百五十篇。传《礼记》，作《通义》。生年不详。

◇次年，制成"太史黄道铜仪"。

105年（汉和帝永元十七年）

◇蔡伦将树皮、麻头和破布等制成纸，献给和帝，"天下咸称'蔡伦纸'"。

108年（汉安帝永初二年）

◇赵岐约生于此时。经学家。曾受党锢之祸。撰《孟子章句》（收入《十三经注疏》）。卒于201年（汉献帝建安六年）。

127年（汉顺帝永建二年）

◇郑玄生。

◇次年，荀爽生。曾遭党锢，时称"硕儒"。专治古文费氏（直）《易》。有《易传》、《诗传》、《尚书正经》、《春秋条例》、《公羊问》、《辨谶》等百余篇。卒于190年（汉献帝初平元年）。

129年（汉顺帝永建四年）

◇何休生。

132年（汉顺帝永建七年）

◇蔡邕生。曾奉诏写定"六经"文字，并书丹于石，立于太学门外。著作编为《蔡中郎集》。卒于192年（汉献帝初平三年）。

134年（汉顺帝阳嘉三年）

◇张衡制成浑天仪、候风地动仪，并请禁图谶。

139年（汉顺帝永和四年）

◇张衡卒。曾提出"宇之表无极，宙之端无穷"的观点。有《灵宪》、《浑天仪图注》等。

142年（汉顺帝汉安元年）

◇张陵约在此时写《道书》四部。

◇次年，张陵立二十四治、三十六靖庐。

◇顺帝年间，于吉在东海曲阳作《太平清领书》。其弟子琅邪人宫崇到洛阳向顺帝献《太平清领书》，"其言以阴阳五行为家，而多巫觋杂语"，朝廷以其"妖妄不经"，将此书封藏。

147年（汉桓帝建和元年）

◇大月氏僧支谶到洛阳译经，到灵帝中平年间（184—189）译出《道行品经》、《首楞严经》等佛经。

◇安息僧安世高到洛阳，开始译介小乘佛教经典《四阿含经》等佛经。

◇魏伯阳授《参同契》予淳于义。

◇次年，荀悦生。

155年（汉桓帝永寿元年）

◇曹操生。"揽申商之法术"，推行"唯才是举"，不信"天命之事"，主张"禁妖祥之言"，反对迷信鬼神。著有《曹操集》。卒于220年（汉献帝延康元年)。

162 年(汉桓帝延熹五年)

◇王符卒。曾提出"莫不气之所为也"的观点。结合品评人物,提出"审名实",主张一切言辞应对,均要各缘其文以校其实。有《潜夫论》。

164 年(汉桓帝延熹七年)

◇葛玄生。曾从左慈学道,受《太清》、《金液》等丹经。道教尊其为"葛仙公"。卒于 244 年(魏齐王正始五年)。

◇次年,桓帝遣中常侍左悺到苦县老子庙致祭。还遣使者到蒙县祭"古仙人"王子乔墓。

166 年(汉桓帝延熹九年)

◇马融卒。曾注《周易》、《尚书》、《论语》、《孝经》等,使古文经学成熟,为玄学奠定了基础。

◇桓帝亲祠老子于濯龙宫。

◇开辟了中国和大秦(罗马帝国)之间的海上通道。

167 年(汉桓帝永康元年)

◇支娄迦谶至洛阳,开始译介大乘佛教经典《般若道行品》等。

◇次年,何休著《公羊解诂》等。

170 年(汉灵帝建宁三年)

◇崔寔卒。主张以儒家"德教"与"刑罚"并用,挽救政治危机。著《政论》、《四民月令》。生年不详。

171 年(汉灵帝建宁四年)

◇刘劭生。

◇徐幹生。

◇次年,印度僧竺佛朔在洛阳译出《般若经》抄本《道行经》一卷。

175 年(汉灵帝熹平四年)

◇诏诸儒正《五经》文字,命蔡邕用古文、篆、隶三种文体书写,刻石立于太学门外,是为"熹平石经"。初立时,观看和摹写者每日有车千余辆。

178 年(汉灵帝光和元年)

◇张角得于吉《太平清领书》,创太平道。并遣弟子八人使于四方,以"善道"教化天下,十余年间徒众达数十万。

180 年(汉灵帝光和三年)

◇仲长统生。

◇次年,安息居士安玄与汉僧严佛调译《法镜经》。

◇东方有张角为太平道。汉中有张修为五斗米道(张修为人疗病,病者谢以五斗米,故称"五斗米师")。

182 年(汉灵帝光和五年)

◇何休卒。曾撰《春秋公羊解诂》,并系统发挥《春秋》中的"微言大义",成为今文经学议政的主要依据。

184 年(汉灵帝中平元年)

◇张角领导黄巾大起义,提出"苍天已死,黄天当立"的口号。张角后病死。起义被镇压,朝廷严禁道教,太平道传授不明。

◇次年,"十月癸亥,客星出南门中,大如半筵,五色喜怒,稍小,至后年六月消"(《后汉书·天文志》)。是为世界上最早的超新星记录。

187 年(汉灵帝中平四年)

◇曹丕生。有《典论·论文》等。卒于 226 年(魏文帝黄初七年)。

190 年(汉献帝初平元年)

◇何晏生。

191 年(汉献帝初平二年)

◇张鲁因汉中民信行修业,遂增饰之,以米道教民,自号师君,不置长吏,皆以祭酒为治,又设义舍,"民夷便乐之,雄踞巴汉垂三十年"。张鲁还述作《老子想尔注》,向道徒宣讲。

◇次年,曹植生。主张"事君贵于兴国","仁君不能畜无用之臣"。反对神仙不死说,认为道教是"虚诞之言",有无神论思想倾向。有《曹子建集》。卒于 232 年(魏明帝太和六年)。

◇曹操集方士左慈、甘始等于魏城,"聚而禁之",以防"挟奸宄以欺众,行妖隐以惑民"。

193 年(汉献帝初平四年)

◇牟子作《理惑论》。倡儒、道、佛三教一致说。

195 年(汉献帝兴平二年)

◇王肃生。通经籍,善贾逵、马融之学,与郑玄学派对立,称"王学"。曾注群经,对古文、今文各家经义加以综合。注《尚书》、《诗经》、《论语》、《三礼》、《左传》等,均在晋代列于学官。另伪造《孔子家语》。卒于 256 年(魏高贵乡公正元三年)。

◇笮融建佛寺,铜铸佛,金涂身,课人读经。并以信佛者免徭役来招徕民众。还浴佛设斋。

197 年(汉献帝建安二年)

◇康孟祥、竺大力译《修行本起经》,后又译出《中本起经》。

200 年(汉献帝建安五年)

◇郑玄卒。曾融合古文经学注疏。为汉代经学的集大成者。

204 年(汉献帝建安九年)

◇荀𫖮约生于此时。曾奉诏与羊祜等定礼仪,撰《晋礼》。卒于 274 年(晋武帝泰始十年)。

205 年(汉献帝建安十年)

◇荀悦著《申鉴》、《汉纪》。反对谶纬符瑞。卒于 209 年(汉献帝建安十四年)。

◇山涛生。"竹林七贤"之一。好老庄。每选用人物,亲作评论,世称"山公启事"。《全晋文》辑有"启事"五十余则。卒于 283 年(晋武帝太康四年)。

◇经学家高诱任司空掾。著有《孟子章句》、《孝经注》、《战国策注》,均佚。存有《淮南子注》、《吕氏春秋注》。生卒年不详。

◇次年,李丰约生于此时。主才性各异说。善于识别人物。卒于 253 年(魏齐王嘉平五年)。

208 年(汉献帝建安十三年)

◇管辂生。善卜筮、射复、仰观、风角、占相之道，被誉为“一代之奇”。卒于255年(魏高贵乡公正元二年)。

209年(汉献帝建安十四年)

◇傅嘏生。善言名理，好论才性，主才性同说。有《难刘劭考课法论》、《征吴对》等。卒于255年(魏高贵乡公正元二年)。

◇夏侯玄生。与王弼、何晏开玄学风气。认为“无”、“道”是万物的本源。主张“自然”高于“名教”。有《乐毅论》、《时事议》等。卒于254年(魏高贵乡公正元元年)。

◇荀粲约生于此时。善于论难，尚谈玄远。认为(儒家)“六籍虽存，固圣人之秕糠”。主张“言不尽意论”。卒于238年(魏明帝景初二年)。

210年(汉献帝建安十五年)

◇阮籍生。

◇曹操下“唯才是举”令。

215年(汉献帝建安二十年)

◇皇甫谧生。有《帝王世纪》、《高士传》、《列女传》等。卒于282年(晋武帝太康三年)。

◇琅邪道士于吉寓居东方，往来吴会，立精舍烧香读道书，制作符水以治病，吴会人多事之。孙策以其“妖妄”，杀之。

◇《老子河上公注》产生。该书将神仙方术和黄老思想结合，是《老子》由道家学说向道教理论过渡的标志。

217年(汉献帝建安二十二年)

◇傅玄生。

◇中原疾疫，“建安七子”除孔融、阮瑀早已去世外，均以疾疫卒。

218年(汉献帝建安二十三年)

◇徐幹卒。有《中论》。曹植作《辩道论》。

220年(汉献帝延康元年)

◇仲长统卒。反对神学，曾提出“人事为本，天道为末”，“无天道之学”等观点。提倡“正名实”。有《昌言》。

◇曹丕代汉，是为魏文帝。东汉亡。

◇次年，刘伶约生于此时。“竹林七贤”之一。强调“无为而治”，轻视礼法。著《酒德颂》。卒于300年(晋惠帝永康元年)。

◇诏曰，孔子是“命世之大圣，亿载之师表”，封孔子后裔为侯，令修孔子庙。

222年(魏文帝黄初三年)

◇支谦从洛阳到武昌，后到建业，到建兴年间(252—253)，译出《大明度无极经》、《维摩诘经》、《大阿弥陀经》等。

◇诏曰，老聃贤人。未宜先孔子。武皇帝以老子贤人，不毁其屋，恐小人谓此为神，妄往祷祝，违反常禁，宜宣告吏民咸使闻知。

◇杜预生。与贾充等定《晋律》。奉诏作《黜陟之课》。著《二元乾度历》。撰《春秋左氏经传集解》、《春秋释例》、《春秋长历》等。卒于284年(晋武帝太康五年)。

224年(魏文帝黄初五年)

◇裴秀生。曾著《易》及《乐》论，已佚。有《禹贡九州地域图论》。卒于271年(晋武帝泰始七年)。

◇下诏禁止祭祠“不在祀典”的鬼神，并说：“自今其敢设非祀之祭、巫祝之言，皆以执左道论，著于令典。”

◇印度僧维祇难和竺律炎在武昌译《法句经》二卷，此经后由支谦重新校译。

225年(魏文帝黄初六年)

◇嵇康生。

◇钟会生。对《老》、《易》均有研究。尝论《易》无互体。并注有《老子》。撰有《四本论》。主“才性合”说。另有《道论》等。卒于264年(魏元帝景元五年)。

226年(魏文帝黄初七年)

◇王弼生。

◇次年，向秀约生于此时。

229年(魏明帝太和三年)

◇大月氏(贵霜)王遣使奉献，被封为“亲魏大月氏王”。中国内地与西域、印度的交往日益频繁。

231年(魏明帝太和五年)

◇成公绥生。有《天地赋》、《钱神论》。卒于273年(晋武帝泰始九年)。

◇次年，张华生。著《鷦鹩赋》自寄。有《博物志》。卒于300年(晋惠帝永康元年)。

233年(魏明帝青龙元年)

◇陈寿生。著《三国志》，撰《蜀相诸葛亮集》。卒于297年(晋惠帝元康七年)。

◇下诏各郡国，“山川不在祠典者，勿祠”。

◇以帛和为首的帛家道活动于北方民间。到东晋时流传到江浙一带，并向社会上层发展。

234年(魏明帝青龙二年)

◇王戎生。“竹林七贤”之一。善清谈，性好利。卒于305年(晋惠帝永兴二年)。

◇次年，魏博士马钧作司南车(即指南车)，又制翻车(水车)，并改进诸葛亮所造连弩。

237年(魏明帝青龙五年)

◇改太和历为景初历。

240年(魏齐王正始元年)

◇裴楷生。善品评人物。通群籍，精《易》、《老》。卒于299年(晋惠帝元康九年)。

243年(魏齐王正始四年)

◇王弼注《老子》、《周易》。

◇阮籍的《乐论》约成于此时。

◇次年，何晏著《道德论》、《无名论》等，与王弼、夏侯玄等人掀起玄学思潮。

245年(魏齐王正始六年)

◇刘劭约卒于此时。曾谈论才性，开魏晋士大夫品鉴人物的清谈风气。有《人物志》、《律略论》等。

◇阮籍《通易论》、《通志论》约成于此时。

247年(魏齐王正始八年)

◇康僧会到建业，建立茅屋，设置佛像，从事传教。并译出《六度集经》、《道品》等佛经，注《法镜经》、《安般守意经》。孙权为其建塔，号建初寺。江南有佛寺始此。

249 年（魏齐王嘉平元年）

◇何晏卒。曾“援老入儒”，提出“天地万物以无为本”。主张无为而治。有《道德论》、《无名论》、《论语集解》等。

◇王弼卒。提出“以无为本”，“寂然至无，是其本矣”，“凡有皆始于无”；“静为躁君”；“得意忘象”等观点。他们开主客反复诘难的谈玄风气。

◇嵇康拒绝做司马氏的官，与阮籍、向秀、刘伶等人结为“竹林七贤”。

250 年（魏齐王嘉平二年）

◇印度僧昙柯迦罗到洛阳，译《僧祇戒本》。从此，汉地开始按佛教戒律出家。

252 年（魏齐王嘉平四年）

◇郭象生。

◇阮籍、山涛任司马氏的官，“竹林七贤”的活动告结束。

◇天竺僧康僧铠在洛阳译《郁伽长者经》和《无量寿经》。

254 年（魏高贵乡公正元元年）

◇安息僧昙谛在洛阳译《昙无德羯磨》一卷。

256 年（魏甘露元年）

◇嵇康活动于太学。《管蔡论》和《难自然好学论》约成于此时。

◇约在此年，阮籍完成《大人先生传》和《达庄论》。

◇王衍生。崇尚贵无，为玄学贵无论的倡导者之一。屡次与裴頠“崇有”论辩论。卒于 311 年（晋怀帝永嘉五年）。

260 年（魏元帝景元元年）

◇汉人朱士行出家为僧，后从西域取回《放光般若经》梵本，由无罗叉、竺叔兰译出。

◇次年，嵇康作《与山巨源绝交书》。

262 年（魏元帝景元三年）

◇向秀入洛。

◇庾敳生。玄学家。有《意赋》、《幽人箴》等。卒于 311 年（晋怀帝永嘉五年）。

263 年（魏元帝景元四年）

◇阮籍卒。曾提出“天地生于自然，万物生于天地”；“道者，法自然而为化”；“礼乐正而天下平”等观点。有《阮籍集》。

◇刘徽注《九章算术》，并创立割圆术。注本在中国最早运用大量具有演绎性质的等式推论，建立一个比较完整的概念体系。

◇次年，嵇康卒。曾提出“元气陶铄，众生禀焉”，“求之自然之理”，“越名教而任自然”等观点。善辩论，提出“推类辨物”，“求自然之理”，反对“未得之于心而多恃前言以为谈证”。有《嵇康集》。

265 年（晋武帝泰始元年）

◇司马炎逼魏王禅位。魏亡。

◇次年，竺法护开始译经，到建兴元年（313）为止，在长安、洛阳、敦煌等地译出大小乘佛经 154 部。

267 年（晋武帝泰始三年）

◇裴頠生。

◇晋禁星气、谶纬之学。

269 年（晋武帝泰始五年）

◇欧阳建约生于此时。

◇胡母辅之约生于此时。玄学家。世称“达伯”，与王澄、王敦、庾敳等号为“四友”。卒于 318 年（晋元帝大兴元年）。

◇次年，阮修生。玄学家。善清言，不信鬼神。有《大鹏赋》等。卒于 311 年（晋怀帝永嘉五年）。

272 年（晋武帝泰始八年）

◇向秀卒。曾注《庄子》。主张自然和名教、儒和道合一。

◇次年，庾峻卒。生前潜心研习儒籍，反对浮华趋竞之风。有《祖德颂》等。生年不详。

274 年（晋武帝泰始十年）

◇山涛为吏部尚书。涛典选举十余年，选拔人物，各为题目，然后上奏，时称“山公启事”。

276 年（晋武帝咸宁二年）

◇郭璞生。善诗，精训诂。有《尔雅注》。卒于 324 年（晋明帝太宁二年）。

◇王导生。主张明五教，以息浮华之俗。并善清言，倡三理。卒于 339 年（晋成帝咸康五年）。

278 年（晋武帝咸宁四年）

◇傅玄卒。有《傅子》。其书反对有神论，认为自然界按照“气”的自然之理而运动。

280 年（晋武帝太康元年）

◇康僧会卒。曾从安世高弟子陈慧问学。精通佛典，博览儒籍。调和儒佛思想。主张“安般”。编译《小品般若》、《六度集经》等。生年不详。

281 年（晋武帝太康二年）

◇杨泉《物理论》约成于此时。提出“所以立天地者，水也；成天地者，气也”的观点。杨泉生卒年不详。

◇虞喜生。天文学家。提出“宣夜说”。有《安天论》、《志林》、《广林》、《后林》。卒于 356 年（晋穆帝永和十二年）。

◇阮瞻生。无神论者。有《无鬼论》。卒于 310 年（晋怀帝永嘉四年）。

◇葛洪约生于此时。

286 年（晋武帝太康七年）

◇竺法护译《正法华经》、《光赞般若经》。

288 年（晋武帝太康九年）

◇约在此时，魏华存获《黄庭》草本（或有道士口授，华存记录），加以注述，撰为定本，是为《黄庭内景经》。

◇次年，刘智约卒于此时。比附天象人事。主张浑天说。有《论天》、《丧服释疑论》。生年不详。

◇庾亮生。善清言，好老庄。尤重礼义。有集，已佚。卒于340年(晋成帝咸康六年)。

291年(晋惠帝元康元年)

◇"八王之乱"开始。

◇欧阳建著成《言尽意论》。

◇竺叔兰、无罗叉译出《放光般若经》。

◇次年,鲁胜迁建康令,不久去官隐逸。将《墨子》的《经》上、下,《经说》上、下四篇辑为《墨经》,并作注释。生卒年不详。

299年(晋惠帝元康九年)

◇裴頠作《崇有论》。

◇鲁褒著《钱神论》,讽讥贾、郭二族贿赂公行,认为"有钱可使鬼,而况于人乎?"反对儒家"生死有命"。生卒年不详。

300年(晋惠帝永康元年)

◇欧阳建卒。提出"言尽意"论,认为"理得于心,非言不畅,物定于彼,非名不辨。言不畅志,则无以相接,名不辨物,则鉴识不显"。

◇裴頠卒。提出"无不能生有",有是万物存在和变化的基础。善谈名理,被尊为"言谈之林薮"。所著《崇有论》在当时被称为"名论"。

◇次年,赵王伦作乱,孙秀用道教神鬼之术助战。伦、秀并惑巫鬼,听妖邪之说。

◇道士王浮作《化胡经》。

302年(晋惠帝永宁二年)

◇郑隐卒。为葛洪之师。少为儒生,后好道,从葛玄学《九鼎》、《太清》等丹书。生年不详。

304年(晋惠帝永兴元年)

◇乐广卒。玄学家。善清言。认为"名教"和"自然"并不对立。生年不详。

305年(晋惠帝永兴二年)

◇庾翼生。认为高谈老庄之道,空说终日,于世无济。卒于345年(晋穆帝永和元年)。

◇法立译《大楼炭经》。法炬译《阿含经》等佛典。

◇次年,孙盛约生于此时。反对崇尚老庄和灵魂不死等迷信宗教,批驳"神不灭"思想。有《魏氏春秋》、《晋阳秋》、《老子疑问反讯》等。卒于378年(晋孝武帝太元三年)。

308年(晋怀帝永嘉二年)

◇竺法护译《无量清净平等觉经》。

◇竺道潜避乱过江,盛讲般若空义。后与东晋元、明二帝及丞相王导、太尉庾亮交往很深,时人称"方外之士"。

310年(晋怀帝永嘉四年)

◇郭象吸取向秀《庄子注》,进一步注解《庄子》。

◇西域僧佛图澄来到洛阳,后投奔石勒,被尊为"大和尚",除传教外,还参与军政机要。

312年(晋怀帝永嘉六年)

◇郭象卒。曾提出"万物独化"、"冥而忘迹"、"大小俱足"等观点。有《庄子注》。

◇道教创始人张道陵四世孙张盛在永嘉年间移居龙虎山(在今江西贵溪)。从此张氏子孙世居此山,号为"张天师"。

314年(晋愍帝建兴二年)

◇支遁约生于此时。

◇道安生。

317年(晋元帝建武元年)

◇葛洪的《抱朴子外篇自叙》约成于此时。

◇帛尸梨蜜多罗译《大孔雀王神咒》等佛经。

◇次年,张湛注成《列子》,提出"群有以至虚为宗,万品以终灭为验";《列子》之旨"往往与佛经相参"。

320年(晋元帝太兴三年)

◇孙绰生。崇尚玄虚,常与沙门往来,并屡称誉佛家诸僧。有《道贤论》。以天竺七僧匹竹林七贤。卒于377年(晋孝武帝太元二年)。

◇谢安生。善清言,与当时名士许询、支遁等优游山水。有《遗王坦之书》、《与支遁书》。卒于385年(晋孝武帝太元十年)。

323年(晋明帝太宁元年)

◇明帝善书画,在乐贤堂画佛像。

330年(晋成帝咸和五年)

◇鲍敬言《无君论》约在此时问世。

◇戴逵约生于此时。反对佛教因果报应说,著《释疑论》。深恶虚无放荡之风,著《放达为非道论》。卒于395年(晋孝武帝太元二十一年)。

◇王坦之生。反对时俗放荡,尤好刑名之学。有《废庄论》。卒于375年(晋孝武帝宁康三年)。

◇虞喜约此时提出岁差概念。

332年(晋成帝咸和七年)

◇韩伯生。调和玄学"贵无"和"崇有"思想。有《周易系辞注》。卒于380年(晋孝武帝太元五年)。

334年(晋成帝咸和九年)

◇慧远生。

◇次年道安入邺(今河北临漳),师事佛图澄,通般若学。

339年(晋成帝咸康五年)

◇范宁生。反对清谈,谓王弼、何晏之罪大于桀纣。卒于401年(晋安帝隆安五年)。

◇次年,庾冰辅政,主张沙门应礼拜王者,遭何充等反对,认为沙门有助"王化",不必强制他们礼拜王者,事遂不行。

341年(晋成帝咸康七年)

◇葛洪卒。曾以神仙养生为内,儒术应世为外,将道家术语附会到金丹、神仙的教理中,坚持儒家名教纲常,不满玄学清谈。有《抱朴子》、《金匮药方》、《肘后备急方》等。

344年(晋康帝建元二年)

◇鸠摩罗什生。

348年(晋穆帝永和四年)

◇佛图澄卒。年117岁。生前受石氏父子信任。与弟子在各州郡建寺893所。

351年(晋穆帝永和七年)

◇佛图澄弟子竺僧朗与僧湛、僧意东入泰山,在金舆谷建立寺院传教，与隐士张忠为林下之交。此后前秦王苻坚、东晋孝武帝、后燕王慕容垂以及北魏道武帝等都遣使致书并赠礼物。

354 年（晋穆帝永和十年）

◇道安在太行恒山立寺传教，慧远与弟慧持出家师事之。

◇次年，道生生。

356 年（晋穆帝永和十二年）

◇殷浩卒。善玄言，精于才性四本。有《易象论》。生年不详。

◇次年，僧建在洛阳译出《僧祇尼羯磨》及戒本，请外国沙门昙摩羯多建立戒法，净检等人登坛受具足戒。此为中国汉地有比丘尼之始。

362 年（晋哀帝隆和元年）

◇哀帝“好重佛法”，又“雅好黄老、断谷、饵长生药”。即位特请竺道潜进宫讲《大品般若经》，又遣使迎请支遁入京住东安寺，讲《道行般若经》。

364 年（晋哀帝兴宁二年）

◇道安到东晋传教，由禅转向性空。

◇魏华存降笔授杨羲等人上清经，再传许翙等。在杨、许的基础上形成上清派。该派以《上清大洞真经》为首，主“存思法”，历代传授不绝。

365 年（晋哀帝兴宁三年）

◇道士寇谦之生。

◇道安到达襄阳，住白马寺，后建檀溪寺，从事说法、传教和著述。与当地名士习凿齿有深交。郗超闻其名，遣人送米千斛。后孝武帝遣使问候，诏“俸给一同王公，物出所在”。

◇竺法汰到荆州、建康传教。

◇次年，支遁卒。曾好玄理，宣传般若学的性空思想。有《即色游玄论》等。

370 年（晋废帝太和五年）

◇何承天生。

372 年（晋简文帝咸安二年）

◇苻坚遣使及僧顺道到高句丽。送佛像经文。是为佛教传入朝鲜之始。

◇帝问道士许迈广嗣之术。许迈出身士族，师事鲍靓。与王羲之等名士并修黄老之术。死后被道教奉为地仙。生卒年不详。

374 年（晋孝武帝宁康二年）

◇许逊卒。博通经史，尤好道术。自称曾遇上圣传以《太上灵宝净明法》。崇奉太阳真君孝道明王。后世称许真君或许旌阳，道教净明派奉为始祖。

375 年（晋孝武帝宁康三年）

◇宗炳生。信佛学，曾参加慧远等人组织的“白莲社”。作文驳斥慧琳的《白黑论》，并与何承天辩论，维护神不灭论。有《明佛论》。卒于 443 年（宋文帝元嘉二十年）。

◇次年，慧常、进行、慧辩等在凉州发现失传的《光赞般若经》，抄出转送襄阳道安处。道安将此与《放光般若经》作比较研究。

379 年（晋孝武帝太元四年）

◇苻丕攻下襄阳，将道安、习凿齿送长安，受到苻坚的优遇。道安住五重寺，从事传教和组织译经，并参与政事。昙摩持、竺佛念在道安主持下译出《十诵比丘戒本》、《比丘尼大戒》、《教授比丘尼二岁坛文》等。

381 年（晋孝武帝太元六年）

◇慧远到庐山立龙泉精舍，开始讲经、撰文，使庐山成为南方佛学中心。孝武帝初奉佛法，在殿内设精舍，供沙门住。

◇西域僧竺昙无兰到建康译经，到太元二十年（395）为止，译出《阿含经》等 61 部。

◇罽宾僧僧伽跋澄在长安道安主持下译出《僧伽罗刹所集经》3 部。

◇次年，西域僧鸠摩罗佛提在长安译出《四阿含暮抄解》。

◇印度僧昙摩蜱与竺佛念在长安译出《摩诃般若波罗蜜钞经》。

384 年（晋孝武帝太元九年）

◇僧肇生。

◇前秦吕光破龟兹，获鸠摩罗什。后称三河王、大凉天王，常请鸠摩罗什预言军政吉凶。

385 年（晋孝武帝太元十年）

◇道安卒。佛图澄弟子。开创“本无宗”，确立戒规，主张僧侣以“释”为姓。

◇慧远居庐山，结“白莲社”。

◇竺佛念从前秦到后秦在长安等地译出《十位断结经》、《菩萨璎珞经》等。

391 年（晋孝武帝太元十六年）

◇僧伽提婆南到庐山，慧远请他译出《阿毗昙心论》、《三法度论》小乘教经典。后到建康，译出《中阿含经》等。

397 年（晋安帝隆安元年）

◇道生去庐山向慧远问学，并见僧迦提婆。

◇次年，范晔生。有《后汉书》。卒于 445 年（宋文帝元嘉二十二年）。

400 年（晋安帝隆安四年）

◇北魏武帝好《老子》，置“仙人博士”，煮百药，求长生。

◇法显等西渡流沙，十四年后回国。

◇桓玄任荆州刺史，以“震主之威”致书慧远，劝他还俗致仕，慧远写《答桓南郡书》表示拒绝。

◇次年，鸠摩罗什到长安，开始系统、准确地评介龙树、提婆论著与大乘经籍，首次把印度大乘中观学派的《中论》、《十二门论》、《百论》等传到中国内地。

◇葛洪族孙葛巢甫创道教灵宝派，并书《灵宝经》。

402 年（晋安帝元兴元年）

◇桓玄进建康，下令沙汰僧尼，以“名籍”登记僧尼，加强管理。慧远写《与桓太尉论料简沙门书》，对此表示同意，并建议对“禅思入微”、“讽味遗典”、“兴建福业”三种僧人给以保护。

◇桓玄发出《与八座论沙门敬事书》，欲令沙门礼敬王者。慧远写《答桓太尉书》，认为出家为“方外之宾”，又“袈裟非朝宗之服，钵盂非廊庙之器”，沙门不应礼敬王者。

◇慧远与东林寺僧、居士刘遗民等在庐山东林寺内佛像前发愿往生西方净土，后人称此为念佛结社（白莲社）。

403 年（晋安帝元兴二年）

◇桓玄篡位，下诏许沙门不敬王者。

◇慧远著《沙门不敬王者论》，凡有五章：在家、出家、求宗不顺化、体极不兼应、形尽神不灭。

◇刘义庆生。有《世说新语》。卒于 444 年（宋文帝元嘉二十一年）。

◇次年，鸠摩罗什译出《摩诃般若经》、《百论》，又与罽宾僧弗若多罗译出《十诵律》。

◇道生游长安，从罗什习大乘般若中观理论，参加《般若经》翻译。

405 年（晋安帝义熙元年）

◇鸠摩罗什译出《大品般若经》。晋安帝从江陵被迎归建康，何无忌劝慧远于途候觐，远称疾不行。帝遣使劳问，远修书答谢，帝又诏答致意。

406 年（晋安帝义熙二年）

◇僧肇对《维摩经》作注释。

◇鸠摩罗什译出《妙法莲华经》等。

◇陆修静生。

408 年（晋安帝义熙四年）

◇鸠摩罗什译出《小品般若经》。

◇罽宾僧佛陀耶舍被迎请到后秦长安译出《四分律》。

◇僧肇著《不真空论》、《物不迁论》，阐发“般若学”。

◇次年，鸠摩罗什译出《中论》。

410 年（晋安帝义熙六年）

◇天竺僧佛陀跋陀罗到长安，不久被摈逐。

◇次年，佛陀跋陀罗应慧远之请到庐山译出《达摩多罗禅经》。

◇北魏明元帝继道武之后，既奉黄老，又崇佛法。后因服寒食散而死于丹毒。

◇《度人经》成书，成为道教史上一部重要经典。

412 年（晋安帝义熙八年）

◇法显从青州长广郡牢山（崂山）回国，前后十四年，游历二十九国。他将见闻撰为《佛国记》。

413 年（晋安帝义熙九年）

◇鸠摩罗什卒。曾主持翻译《大智度论》、《摩诃般若》、《法华》、《维摩》等。

◇僧肇著《涅槃无名论》。

◇佛陀跋陀罗从江陵到建康，住道场寺从事译经。

◇法显到建康，住道场寺，与佛陀跋陀罗合作译经。

◇佛陀耶舍与竺佛念译出《长阿含经》。

414 年（晋安帝义熙十年）

◇僧肇卒。擅长般若。曾提出“即万物之自虚”、“即动而求静”、“无知，故无所不知”、“象非真象”、“虽象而非象”等观点。并提出“正观”、“妙语”等概念。有《肇论》、《维摩诘经注》等。

◇次年，寇谦之称太上老君降临嵩岳，授予天师之位，并赐《云中音诵新科之诫》，令其“清整道教，除去三张伪法”。创立了以礼拜炼丹为主的新天师道。

416 年（晋安帝义熙十二年）

◇慧远卒。释道安弟子。曾倡导弥陀净土法门。提出“法性不变”观点。有《法性论》等。

417 年（晋安帝义熙十三年）

◇法显译出《泥洹经》。

◇佛陀跋陀罗与法显译出《摩诃僧祇律》。

◇道生在南京宣扬“涅槃”学。

◇次年，佛陀跋陀罗开始译《华严经》。

420 年（宋武帝永初元年）

◇刘裕代晋，命“其犯乡论清议，一皆荡涤，与之更始”。

◇改《泰始历》为《永初历》。

◇伏曼容生。治《老》、《易》。倡儒术，重玄理，多伎术，善音律等。有《周易集解》、《论语义》、《丧服集解》等。卒于 502 年（梁武帝天监元年）。

◇次年，昙无谶译出《大般涅槃经》。

423 年（宋少帝景平元年）

◇崔浩向太武帝推荐寇谦之，遂于平城起天师道场，道教大盛。

◇寇谦之称太上老君玄孙牧土上师李谱文命其奉持《箓图真经》，“辅佐北方泰平真君”。

◇次年，寇谦之献书太武帝，帝令谦之止于张曜之所，供其食物。朝野未全信谦之道，唯独崔浩师事之。

◇道士尹通事马俭于楼观，后道术精进。太武闻其名，常遣使致香烛，俾之建斋行道，自是四方请谒不绝。楼观道逐渐形成一个对社会有影响的教团。

427 年（宋文帝元嘉四年）

◇道生因提出“一阐提（迦）人皆可成佛”而被逐出佛门。

429 年（宋文帝元嘉六年）

◇祖冲之生。科学家。著有《缀术》、《九章术义注》，均佚。编制《大明历》。作千里船、水碓磨等。卒于 500 年（齐东昏侯永元二年）。

◇崔浩撰《国书》。

432 年（宋文帝元嘉九年）

◇何承天约在此时发表《报应问》，批评佛教因果报应说，儒道与佛的理论斗争开展。

◇次年，发生儒者（白学先生）和佛教徒（黑学道士）争辩之事。

434 年（宋文帝元嘉十一年）

◇道生卒。曾提出“顿悟成佛”说，主张人人有佛性。有《维摩经注》、《妙法莲华经疏》、《顿悟成佛义》等。

◇次年,何承天著《达生论》。

◇释慧琳著《黑白论》。

438 年(宋文帝元嘉十五年)

◇宋征处士雷次宗到建康,在鸡笼山开馆授徒。时何尚之立玄学,何承天立史学,谢元立文学,与雷次宗的儒学共四学。

◇次年,魏统一北方。

441 年(宋文帝元嘉十八年)

◇沈约生。提出"声韵八病"说。著《宋书》。有《沈隐侯集》。卒于 513 年(梁武帝天监十二年)。

◇次年,太武帝从寇谦之奏,亲临道坛受符箓,备法驾,旗帜尽青,以从道家之色。从此北魏诸帝每即位皆如此。

443 年(宋文帝元嘉二十年)

◇何承天上《元嘉新历》。

445 年(宋文帝元嘉二十二年)

◇僧祐生。曾受业于佛教律师法颖,精通律部。有《出三藏记集》、《弘明集》等。卒于 518 年(梁武帝天监十七年)。

◇次年,太武帝"废佛"。

447 年(宋文帝元嘉二十四年)

◇何承天卒。曾提出"生必有死,形毙神散"的观点。反对"神不灭"。在天文学上进一步探索岁差规律。有《答宗居士书》、《达生论》、《报应问》等。

448 年(宋文帝元嘉二十五年)

◇寇谦之卒。葬以道士之礼。有《云中音诵新科之诫》。

450 年(宋文帝元嘉二十七年)

◇范缜约生于此时。

◇崔浩卒。长于天文历算,制定五寅元历。支持寇谦之"清整道教",助道抑佛。生年不详。

452 年(宋文帝元嘉二十九年)

◇陆修静应召入宫讲道。

◇次年,刘芳生。通经传,长音训,时称"刘石经"。有《周官仪礼音》、《礼记义证》。卒于 513 年(梁武帝天监十二年)。

456 年(宋孝武帝孝建三年)

◇陶弘景生。

460 年(宋孝武帝大明四年)

◇萧子良生。笃信佛学,招名僧讲论佛法。非难范缜《神灭论》。卒于 494 年(齐明帝建武元年)。

461 年(宋孝武帝大明五年)

◇陆修静于庐山建道馆修道。此馆后名为"简寂观"。

◇次年,刘峻生。

◇祖冲之上《大明历》,并写《驳议》。

465 年(宋前废帝永光元年)

◇刘勰约生于此时。撰《文心雕龙》。约卒于 532 年(梁武帝中大通四年)。

◇次年,郦道元生。有《水经注》。卒于 527 年(梁武帝普通八年)。

467 年(宋明帝泰始三年)

◇陆修静奉召赴建康,明帝躬亲问道。修静于北郊天印山筑崇虚馆以居之。

◇明帝信奉道教,诏隐居道士王道翼赴都,供其衣食,以终其身。

468 年(宋明帝泰始四年)

◇范缜拜儒者刘瓛为师。

◇慧光生。曾译《十地经论》。卒于 537 年(梁武帝大同三年)。

471 年(宋明帝泰始七年)

◇陆修静撰《三洞经书目录》上呈明帝。《目录》为中国道教史上第一部道书目录。

477 年(宋后废帝元徽五年)

◇陆修静卒。一生改革道教。著《陆先生道门科略》、《三洞经书目录》、《太上洞玄灵宝众简文》等。

◇次年,萧琛生。参与围攻范缜的《神灭论》。有《齐梁拾遗》等。卒于 529 年(梁武帝大通三年)。

484 年(齐武帝永明二年)

◇陆修静弟子孙游奉召到京,任兴世馆主,在门徒数百人中惟重陶弘景。孙游被上清派尊为第八代宗师。

◇次年,周颙卒。精佛理、《老》、《易》。主张崇佛抑道,以般若为宗。有《三宗论》、《四声切韵》等。生年不详。

488 年(齐武帝永明六年)

◇皇侃生。治"三礼"、《论语》、《孝经》等。以老庄玄学解经,撰《论语义疏》。有《礼记义疏》、《孝经义疏》等。卒于 545 年(梁武帝大同十一年)。

◇陶弘景始往茅山,得许杨手书真迹。

489 年(齐武帝永明七年)

◇范缜与萧子良辩佛教因果论。

◇次年,陶弘景东行浙越诸山,寻访隐居之士,得真人遗迹数卷。

492 年(齐武帝永明十年)

◇陶弘景仕官不遂意,隐居茅山修道。

◇孟法师著第二部道教经书目录《玉纬七部经书目》。

◇萧衍兵到新林,陶弘景遣弟子戴猛之假道奉表。萧衍平建康,议禅代,陶弘景援引图谶,数处皆成梁字,令弟子进之。

496 年(齐明帝建武三年)

◇邢劭生。曾反对神不灭论,提出"神之在人,犹光之在烛,烛尽则光穷,人死则神灭"。卒年不详。

◇孔子祛生。梁武帝著《五经讲疏》时请其寻找义证。有《尚书义》、《集注尚书》等。卒于 546 年(梁武帝大同十二年)。

◇次年,慧皎生。有《高僧传》十四卷。为中国佛教史籍中第一部僧传。卒于 554 年(梁元帝承圣三年)。

498 年(齐明帝建武五年)

◇曹思义为国子助教。生卒年不详。有《难范缜神灭论》等。

500 年(齐东昏侯永元二年)

◇沈重生。经学家。精《诗》、《礼》、《左氏春秋》。对道经、释典、阴阳图纬无不通涉。有《周礼义》、《仪礼义》等。卒于 583 年(隋文帝开皇三年)。

504 年(梁武帝天监三年)

◇梁武帝弃道奉佛,下诏定佛教为国教。

◇次年,范缜被谪徙广州,旋还。

507 年(梁武帝天监六年)

◇范缜著成《神灭论》。

◇帝对陶弘景书问不绝,赐药物供服饵,并赐丹砂、黄金等"合飞丹",常以政务询问弘景,时人称弘景为"山中宰相"。

510 年(梁武帝天监九年)

◇范缜约卒于此时。提出"形神相即"、"形质神用"观点。有《神灭论》、《答曹舍人》等。

◇《大明历》正式颁行。

515 年(梁武帝天监十四年)

◇慧思生。

517 年(梁武帝天监十六年)

◇梁武帝废国内道观,道士皆还俗。

519 年(梁武帝天监十八年)

◇释慧皎撰《高僧传》。

◇次年,道士姜斌与释昙无最于朝廷上辩论佛道二教先后,斌辩败,配徙马邑。

521 年(梁武帝普通二年)

◇刘峻卒。有《辩命论》和《自序》,并注《世说新语》。

◇郦道元撰《水经注》。

527 年(梁武帝普通八年)

◇菩提达摩来华。

531 年(梁武帝中大通三年)

◇颜之推生。有《颜氏家训》。约卒于 590 年(隋文帝开皇十年)。

536 年(梁武帝大同二年)

◇陶弘景卒。曾继承老庄哲学和葛洪道教,并杂以儒学和佛教思想。有《本草经集注》、《真诰》、《真灵位业图》、《效验方》等。

◇菩提达摩约卒于此时。以"教外别传,不立文字"为禅法特点。曾授慧可《楞伽经》,使禅宗得以流传。有《心经颂》、《破相论》、《悟心论》等。生年不详。

538 年(梁武帝大同四年)

◇智𫖮生。

544 年(梁武帝大同十年)

◇刘焯生。曾奉诏考定石经。精通天文,作《皇极历》。有《五经述议》等。卒于 610 年(隋炀帝大业六年)。

◇贾思勰约在此时著成《齐民要术》,提出一套经验科学的方法。

547 年(梁武帝太清元年)

◇杨(阳)衒之重览洛阳,见宫室寺宇多成废墟,因撰《洛阳伽蓝记》。

◇此年前后,北朝《黄帝阴符经》成书。

549 年(梁武帝太清三年)

◇吉藏生。

◇萧衍卒。曾主神不灭论。有《大品注解》、《净名经义论》、《制旨大集经讲疏》等。

◇次年,陆德明约生于此。撰《经典释文》,为研究中国文字、音韵及经籍的重要参考书。卒于 630 年(唐太宗贞观四年)。

555 年(梁敬帝绍泰元年)

◇傅奕生。

◇北齐皇帝敕召诸沙门与道士辩论,以决二教优劣。道教辩败,敕道士皆削发为僧,遂使"齐境国无两信"。

557 年(梁敬帝太平二年)

◇法顺(俗姓杜)生。后为华严宗初祖。有《法界观》,已佚。卒于 640 年(唐太宗贞观十四年)。

◇南朝陈武帝开始信奉道教。

◇欧阳询生。

561 年(陈文帝天嘉二年)

◇灌顶生。为天台宗五祖。拜智𫖮为师。有《天台八教大意》、《智者别传》、《涅槃经疏》等。卒于 632 年(唐太宗贞观六年)。

◇次年,道绰生。净土宗创始人之一。有《安乐集》。卒于 645 年(唐太宗贞观十九年)。

567 年(陈废帝光大元年)

◇智𫖮在金陵创天台宗。

569 年(陈宣帝太建元年)

◇智𫖮进瓦宫寺讲《大智度论》、《次第禅门》、《法华玄义》等佛经。

◇北周学者甄鸾在御前详度佛道二教深浅、真伪。

◇次年,甄鸾上《笑道论》。其生卒年不详。北周武帝召集群臣评甄鸾之论,以为伤蠹道法,即予殿庭焚毁。

573 年(北周武帝建德二年)

◇北周武帝集群臣及沙门道士等辩三教先后,以儒教为先,道教为次,佛教为后。

◇次年,诏僧道大集京师,敕:断佛道二教,经像悉毁,罢沙门道士,并令还民,禁诸淫祀,礼典所不载者尽除。

◇孔颖达生。曾主编《五经正义》。卒于 648 年(唐太宗贞观二十二年)。

577 年(陈宣帝太建九年)

◇慧思卒。天台宗第二祖。吸收道教长生思想,在《誓愿文》中发誓学五通仙,得神丹,藉外丹力修内丹。此体现佛道二教互相吸取的方面。有《次第禅要》、《出四十二字门》等。

◇南岳道士与沙门争田土,帝敕铁券沙门,土地归沙门所有。此佛道经济纠纷。

◇北周武帝入邺,召僧人赴殿,宣布废佛令,齐境四万多座寺庙赐给王公作宅第,一切经像皆焚毁之，释放寺院奴婢，僧尼近300万还俗为民。

580年（陈宣帝太建十二年）

◇北周承魏，崇奉道法，每帝即位皆先登坛受道箓。

◇北周复行佛道二教，旧沙门道士精诚自守者，简令入道。

◇魏徵生。

581年（隋文帝开皇元年）

◇杨坚受周禅，建立隋朝，改元开皇。

◇吉藏在浙江嘉祥寺讲龙树、提婆之学，创三论宗。

◇孙思邈生。有《千金要方》、《千金翼方》等。在《孙真人丹经》中记载火药的成分。被尊为“药王”。卒于682年（唐高宗开耀二年）。

583年（隋文帝开皇三年）

◇南朝陈后主敕令：凡僧尼道士挟邪左道，不按经律行事，均在禁绝之列。

584年（隋文帝开皇四年）

◇王通生。主张儒、佛、道三教合一。提倡文学复古。有《中说》。卒于618年（隋炀帝大业十四年）。

590年（隋文帝开皇十年）

◇智顗应邀见晋王杨广。

593年（隋文帝开皇十三年）

◇法融生。其学主张顿悟说。卒于657年（唐高宗显庆二年）。

597年（隋文帝开皇十七年）

◇智顗卒。其学融合南北佛教之特点，提倡止观并重。提出“一念三千”、“三谛圆融”等观点。有《法华玄义》、《法华文句》、《摩诃止观》等。

◇是年前后，赵州桥建成。

598年（隋文帝开皇十八年）

◇开始实行科举制。

600年（隋文帝开皇二十年）

◇玄奘约生于此时。

◇吕才生。

◇出现禁毁佛道神像之事。

◇刘焯创立等间距二次内插法并在《皇极历》中采用定朔法。

602年（隋文帝仁寿二年）

◇弘忍、智俨生。

◇次年，王通游长安见隋文帝，上《太平策》。

606年（隋炀帝大业二年）

◇神秀约生于此时。后在北方倡渐悟说，创禅宗北宗。卒于706年（唐中宗神龙二年）。

◇由杨素、宇文恺等营建的东都洛阳城完工。发起开凿大运河工程。

610年（隋炀帝大业六年）

◇巢元方的《诸病源候总论》约成于此时。

◇隋运河全部完工。

613年（隋炀帝大业九年）

◇善导生。以道绰为师。立净土一宗教法。有《观无量寿经疏》、《净土法事赞》、《往生赞》等。卒于681年（唐高宗永隆二年）。

◇次年，玄奘出家。

618年（唐高祖武德元年）

◇李渊迫隋恭帝禅位。立唐朝，改元武德。

621年（唐高祖武德四年）

◇傅奕上废佛事疏十一条。

◇李世民开馆罗致文学之士杜如晦、房玄龄、陆德明、孔颖达、虞世南等，称十八学士。

623年（唐高祖武德六年）

◇吉藏卒。曾主张“诸法性空”，建立真俗二谛说。有《中论疏》、《百论疏》、《十二门论疏》等。

625年（唐高祖武德八年）

◇高祖下诏，宣先老，次孔，末释。

626年（唐高祖武德九年）

◇王玄览生。后认为消灭一切知识，就能“得道”。有《玄珠录》。卒于697年（武周神功元年）。

629年（唐太宗贞观三年）

◇玄奘赴印求佛。

◇吕才参与王通等关于乐章的辩论，并作“三局象经”图解。

632年（唐太宗贞观六年）

◇窥基生。后主张宇宙万有，唯识所变，宣传唯识宗教义。有《成唯识论述记》等。卒于682年（唐高宗永淳元年）。

635年（唐太宗贞观九年）

◇大秦阿罗本来华，传入景教（基督教）。

◇义净生。曾去印度学大小乘佛教。后到洛阳自组译场，主持译经。译《成唯识宝生论》、《金光明最胜王经》等。撰《南海寄归内法传》和《大唐西域求法高僧传》。卒于713年（唐玄宗先天二年）。

637年（唐太宗贞观十一年）

◇善无畏生。密宗创始人之一。译出《大毗卢遮那成佛神变加持经》、《苏悉地羯罗经》等密宗经典。讲述《大日经》。卒于735年（唐玄宗开元二十三年）。

◇次年，惠能生。

639年（唐太宗贞观十三年）

◇傅奕卒。曾提出“生死寿夭，本诸自然”，揭露佛寺的欺诈行为。有《老子注》、《老子音义》、《高识传》。

640年（唐太宗贞观十四年）

◇太宗命孔颖达讲授《孝经》，撰定《五经疏》。

◇次年，玄奘于天竺那烂陀寺著《会宗论》三千颂，合性、相二宗。

◇次年，文成公主入西藏，汉藏文化大交流。

◇欧阳询卒。辑《艺文类聚》。

643年（唐太宗贞观十七年）

◇法藏生。

◇魏徵卒。主持修撰梁、陈、齐、周、隋诸史，及《群书治要》。

645年(唐太宗贞观十九年)

◇玄奘携带大小乘经律多部归长安,创唯识宗,开始译经。完成《大唐西域记》。

647年(唐太宗贞观二十一年)

◇司马承桢生。后主张去欲主静。有《天隐子》、《坐忘论》。卒于735年(唐玄宗开元二十三年)。

◇玄奘译出商羯罗主的《因明入正理论》,将印度因明输入中国。他介绍的因明以"悟他"为主,作为立破的工具,用来论证法相唯识学说。

◇窥基从玄奘学。后有《因明入正理论疏》。

649年(唐太宗贞观二十三年)

◇玄奘译出陈那的《因明正理门论》。玄奘及弟子窥基对印度的因明学有所发展。

◇次年,玄奘译出《本事经》。

655年(唐高宗永徽六年)

◇吕才研读玄奘的因明译稿和玄奘弟子神泰等的义疏后发现颇有矛盾之处,著《因明注解立破义图》三卷,提出四十余条新义。与沙门慧立等辩论,并与诸僧学士共往慈恩寺与玄奘对定。

◇次年,卢藏用生。有《析滞论》。卒于713年(唐玄宗开元元年)。

◇在国子监设置算学馆,为中国历史上首创。

659年(唐高宗显庆四年)

◇法藏"辞亲求法",拜智俨为师。

◇玄奘译出《成唯识论》,窥基笔受,成为法相宗的主要典籍。

◇次年,玄奘译出《大般若经》。

661年(唐高宗龙朔元年)

◇刘知幾生。有《史通》。对史书写作提出"文而不丽,质而非野"的要求。卒于721年(唐玄宗开元九年)。

664年(唐高宗麟德元年)

◇玄奘卒。一生翻译大量佛教各宗经典。编译《成唯识论》,论证"我"、"法"为"识"的变现,只有破除"我执"、"法执",才能"成佛"。他所介绍的因明,因被唯识宗作为"法相唯识学"的破立工具,故几十年后随着唯识宗的衰落而被人遗忘。

665年(唐高宗麟德二年)

◇吕才卒。生前反对宗教迷信,认为以"极微"之"气"为世界本源,并以"刚柔"等对立关系为事物变化的原因。有《方域图》、《三局象经图解》、《因明注释立破义图》等。

◇颁行李淳风制订的《麟德历》。李淳风(602—670)曾主持撰注《算经十书》。

666年(唐高宗乾封元年)

◇唐高宗封泰山,尊老子为"太上玄元皇帝"。

◇成玄英约在此时著《老子注》、《庄子疏》。

668年(唐高宗总章元年)

◇智俨卒。曾为华严宗二祖。有《华严一乘十玄门》、《华宗孔目章》等。

669年(唐高宗总宗二年)

◇金刚智生。

673年(唐高宗咸亨四年)

◇一行生。从金刚智、善无畏学密法。参与译经工作。精通天文历法,著《大衍历》、《开元大衍历》、《易论》、《心机算术》等。有《大日经疏》。卒于727年(唐玄宗开元十五年)。

◇次年,诏令习《老子》,明经科加试《老子》。

675年(唐高宗上元二年)

◇弘忍卒。曾为禅宗五祖。发挥《金刚般若》义旨,开东山法门。

◇次年,惠能落发为僧。

677年(唐高宗仪凤二年)

◇怀让生。世称"南岳禅师"。尝用磨砖比喻坐禅以启发学人,认为磨砖既不能成镜,坐禅岂得成佛?其后世法系形成沩仰宗和临济宗。卒于744年(唐玄宗天宝三载)。

679年(唐高宗调露元年)

◇法藏始校勘《华严经》。

686年(唐则天后垂拱二年)

◇神会生。曾从神秀学习,后从慧能,学"顿悟"教。世称"菏泽大师"。有《显宗记》等。卒于760年(唐肃宗乾元三年)。

690年(唐则天后载初元年)

◇僧法明造《大云经》,言太后系弥勒佛降生,应代唐为阎浮提主。太后命将该书颂行天下。

693年(唐武周长寿二年)

◇罢举人习《老子》,改习太后所撰《臣轨》。

◇次年,摩尼教传入中国。

699年(唐武周圣历二年)

◇译成《华严经》。创立华严宗。

700年(唐武则天久视元年)

◇李华约生于此时。曾作《卜论》,认为龟卜不可信。卒于766年(唐代宗永泰二年)。

◇希迁生。世称"石头和尚"。有《参同契》、《草庵歌》等。卒于790年(唐德宗贞元六年)。

◇法藏译出《入楞伽经》。后又译出《文殊师利授记经》。

704年(唐武周长安四年)

◇法藏至长生殿为武后讲经。随贡《金师子章》一篇。

◇次年,法藏奉诏译出《无垢净光陀罗尼经》。

◇不空生。密宗创始人之一。中国佛经四大译师之一。师事金刚智。译有《金刚顶一切如来真实摄大乘现证大教王经》等。卒于774年(唐代宗大历九年)。

709年(唐中宗景龙三年)

◇马祖生。曾创洪州宗。卒于788年(唐德宗贞元四年)。

◇次年,刘知幾著《史通》。

711年(唐睿宗景云二年)

◇湛然生。后提出"无情有性"说。有《止观辅行弘决》、《法华玄义释签》、《始终心要》等。卒于782年(唐德宗建中三年)。

712年(唐睿宗太极元年)

◇法藏卒。曾提出“四法界”、“六相”、“十玄门”等理论,将以“一真法界”为世界本源。华严宗三祖。有《华严探玄记》、《华严经传记》、《华严策林》等。

713年(唐玄宗开元元年)

◇惠能卒。曾以“菩提本无树”一偈被立为禅宗法嗣。大倡顿悟法门,与神秀倡行的“渐悟”相对。宣传“直指人心,见性成佛”。提出“知(智)惠(慧)观照”的内省体验方法。有《六祖坛经》。

◇是年至755年(唐玄宗天宝十四载),李筌注《孙子兵法》。李筌生卒年不详,另有《太白阴经》、《阴符经疏》、《阴符经注》等。

720年(唐玄宗开元八年)

◇怀海生。后创设禅院,制定“百丈清规”。卒于814年(唐宪宗元和九年)。

727年(唐玄宗开元十五年)

◇僧一行编成《大衍历》,并创立不等间距的二次内插法。

733年(唐玄宗开元二十一年)

◇李淳风制成浑天黄道铜仪。

734年(唐玄宗开元二十二年)

◇神会立禅宗南宗宗旨,攻击北宗。

737年(唐玄宗开元二十五年)

◇置玄学博士,习《老子》、《庄子》、《文子》、《列子》。

◇次年,澄观生。华严宗四祖。曾入殿讲经,礼为“教授和尚”。参与般若三藏译《四十华严经》,并作《贞元新译华严经疏》。另有《华严经疏演义钞》、《华严心要》等。卒于839年(唐文宗开成四年)。

741年(唐玄宗开元二十九年)

◇金刚智卒。曾传密教金刚界曼荼罗,译密教经典。

◇玄宗亲注《老子》,又尊《老子》为《道德真经》,《庄子》为《南华真经》,《亢桑子》为《洞灵真经》,《列子》为《冲虚真经》。设置玄学博士。

752年(唐玄宗天宝十一载)

◇医学家王焘于本年编成《外台秘要》。

◇次年,僧鉴真东渡日本传佛法。754年1月23日到达日本,次春至奈良。卒于763年(唐代宗广德元年)。

768年(唐代宗大历三年)

◇韩愈生。

771年(唐代宗大历六年)

◇灵祐生。师事怀海。世称“沩山灵祐”。提倡“单刀直入”的顿悟法门。其言行辑为《潭州沩山灵祐禅师语录》。卒于853年(唐宣宗大中七年)。

◇颜真卿在江西南城发现螺蚌壳化石,撰《抚州南城县麻姑山仙坛记》一文,记述沧海桑田的变化。

772年(唐代宗大历七年)

◇刘禹锡生。

◇李翱生。

◇次年,柳宗元生。

◇李筌《阴符经注》、《太白阴经》约成于此时。

780年(唐德宗建中元年)

◇宗密生。后为华严宗五祖。提出依佛修行即返本还源。有《原人论》、《华严经疏》、《四分律疏》、《禅源诸诠集都序》等。卒于841年(唐武宗会昌元年)。

◇次年,大秦景教流行中国碑建。景教(基督教)于635年(唐贞观九年)传到长安,传教者为阿罗本。

783年(唐德宗建中四年)

◇张镒卒。经学家。有《三礼图》、《五经微旨》、《孟子音义》等。生年不详。

785年(唐德宗贞元元年)

◇杜佑始编《通典》,于801年(唐德宗贞元十七年)成书。

796年(唐德宗贞元十二年)

◇韩愈、刘禹锡、柳宗元三人结为好友。

801年(唐德宗贞元十七年)

◇贾耽完成《海内华夷图》,以一寸折合百里,分色注古今地名,尤详于边疆和域外情形。

805年(唐顺宗永贞元年)

◇韩愈作成《原道》、《原性》、《原毁》、《原人》、《原鬼》。

◇柳宗元、刘禹锡参与“永贞改革”,失败被贬。

◇刘禹锡《天论》写成。

◇次年,陆淳卒。经学家。撰《春秋集传纂例》、《春秋微旨》、《春秋集传辨疑》等。开宋儒怀疑经传的风气。生年不详。

807年(唐宪宗元和二年)

◇宗密削发习禅宗。

◇良价生。后倡五位君臣说。创曹洞宗。有《语录》、《玄中铭》。卒于869年(唐懿宗咸通十年)。

◇慧寂生。沩仰宗创始人之一。师事灵祐,并得其心印。主张“识性达本”,以手势启悟学人。世称“仰山慧寂”。卒于883年(唐僖宗中和三年)。

810年(唐宪宗元和五年)

◇宗密皈依华严宗。

815年(唐宪宗元和十年)

◇柳宗元被贬柳州,开始著书,并形成无神论思想。

◇刘禹锡被贬连州。

◇次年,宗密著成《圆觉经科文》、《圆觉经纂要》。

819年(唐宪宗元和十四年)

◇柳宗元卒。曾主张“气”为世界本原,提出“元气自动”,天地、元气、阴阳不能“赏功而罚祸”。提出“文以明道”,“以神气为主”,倡“奇味”说。有《河东先生集》。

822年(唐穆宗长庆二年)

◇义存生。曾用"饭箩边坐饿死人,临河有渴死汉"的警句启示学人,反对用求知方法去发现佛教道理。卒于908年(后梁太祖开平二年)。

◇宗密完成《圆觉经大疏》、《圆觉经大疏钞》、《圆觉经略疏》、《圆觉经略疏钞》、《圆觉经道场修证信》。

824年(唐穆宗长庆四年)

◇韩愈卒。曾提出儒家"道统说"、"性情三品说"。反对佛教。有《昌黎先生集》。

828年(唐文宗太和二年)

◇文宗令人作水车,以溉水田,并令农学著作《兆人本业》"散配乡村"。

829年(唐文宗太和三年)

◇宗密入京为文宗讲佛。撰成《中华传心地禅门师资承袭图》。

833年(唐文宗太和七年)

◇罗隐生。生前诗多讽时政利弊。有《甲乙集》。卒于909年(后梁太祖开平三年)。

◇次年,皮日休生。曾认为"气"是万物的本原;否定鬼神迷信。有《皮子文薮》。卒于883年(唐僖宗中和三年)。

837年(唐文宗开成二年)

◇司空图生。提出"意象论"、"韵味说",追求诗歌的"韵外之旨",倡"不著一字,尽得风流"。有《二十四诗品》。卒于908年(后梁太祖开平元年)。

840年(唐文宗开成五年)

◇本寂生。参洞山良价,密受心印。发挥良价"五位君臣"旨意,提出"即相即真"、"幻本元真"、"即幻即显"等学说。有《解释洞山五位显诀》,注《寒山子诗》。卒于901年(唐昭宗光化四年)。

841年(唐武宗会昌元年)

◇李翱卒。曾提出"性善情恶"说。有《复性书》,以佛理证心性,对宋明理学产生重大影响。

842年(唐武宗会昌二年)

◇刘禹锡卒。曾提出"天与人交相胜"、"还相用"等观点。批驳佛教的"因果报应"、"天人感应"说。有《刘梦得文集》。

845年(唐武宗会昌五年)

◇唐武宗下令毁佛,僧尼还俗者26万。

850年(唐宣宗大中四年)

◇杜光庭生。由儒入道。对道教仪则、应验多所论述。有《道德经广圣义》、《广成集》等。卒于933年(后唐庄宗长兴四年)。

866年(唐懿宗咸通七年)

◇皮日休编定《皮子文薮》。

◇次年,罗隐著《两地书》、《谗书》。

◇义玄卒。临济宗创始人。主张学道者应随缘任运,停歇一切向外驰求的念头,就能与祖、佛无别。禅风单刀直入、机锋峻峭。提出"四料简"、"四宾主"等认识原则和教学方法。有《镇州临济慧照禅师语录》。生年不详。

868年(唐懿宗咸通九年)

◇王玠出资刻印中国最早木版印刷物《金刚经》。

874年(唐僖宗乾符元年)

◇黄巢农民起义,提出"均平"口号,建"大齐"政权。

885年(唐僖宗中和五年)

◇文益生。倡"三界唯心,万法唯识"教旨。有《宗门十规论》。卒于958年(后周太祖显德五年)。

887年(唐僖宗光启三年)

◇无名氏《无能子》约成于此时。

904年(唐昭宗天复四年)

◇延寿生。其学说"举一心为宗",倡导禅、教一致,性、相融合。调和佛教各宗派的宗旨分歧。提倡禅净双修,注意净土宗的实践。有《宗镜录》、《唯心诀》、《神栖安养赋》等。卒于975年(宋太祖开宝八年)。

907年(后梁太祖开平元年)

◇朱温即帝位,废唐。开五代十国之历史。

916年(后梁末帝贞明二年)

◇布袋和尚卒。其形骸放浪,状似疯癫。弥勒佛即其造像。生年不详。

931年(后唐庄宗长兴二年)

◇冯道倡议刻印儒家经典。

936年(后唐潞王清泰三年)

◇谭峭的《化书》约成于此时。

◇陈抟活动于此时。

960年(宋太祖建隆元年)

◇宋太祖推翻后周,建立宋朝,结束五代十国历时几十年的割据局面。

971年(宋太祖开宝四年)

◇开始板印全部《大藏经》。历时12年完成。

977年(宋太宗太平兴国二年)

◇宋太宗增加进士及诸科举录取人数,共取五百名。命李昉等编撰《太平御览》、《太平广记》。《太平御览》于983年(宋太宗太平兴国八年)成书。诏国子监给庐山白鹿洞《九经》。白鹿洞本南唐国学,宋为书院。

◇次年,建成崇文院,藏书八万卷。

984年(宋太宗雍熙元年)

◇张伯端生。宣传道、佛、儒三教一理。其道学思想保存在《悟真篇》中。卒于1082年(宋神宗元丰五年)。

989年(宋太宗端拱二年)

◇陈抟卒。曾作《先天图》。后数传到邵雍。生年不详。

◇范仲淹生。

992年(宋太宗淳化三年)

◇孙复生。后以儒家自居。有反佛、反道的《儒辱》等，保存于《孙明复小集》中。卒于1057年（宋仁宗嘉祐二年）。

993年（宋太宗淳化四年）

◇王小波起义。提出"均贫富"口号。

◇是年，用绢一百匹制成《淳化天下图》。

◇胡瑗生。

1000年（宋真宗咸平三年）

◇余靖生。无神论者。有《武溪集》。卒于1064年（宋英宗治平元年）。

1002年（宋真宗咸平五年）

◇慧南生。临济宗黄龙派创始人。其说教方式有"黄龙三关"之称。有《黄龙慧南禅师语录》等。卒于1069年（宋神宗熙宁二年）。

◇梅尧臣生。提出诗歌应因事、因物而作。提出"声调则意婉"，"意圆则髓满"的审美标准。有《梅氏诗评》等。卒于1060年（宋仁宗嘉祐五年）。

1005年（宋真宗景德二年）

◇石介生。隐居徂徕，世称"徂徕先生"。和孙复、胡瑗提倡"以仁义礼乐为学"，并称"宋初三先生"。崇尚儒家道统，斥佛、老为怪。强调"民为天下国家之根本"。有《石守道先生集》、《徂徕集》。卒于1045年（宋仁宗庆历五年）。

1008年（宋真宗大中祥符元年）

◇真宗封禅泰山，至曲阜，祀孔子，加谥"玄圣文宣王"。

1009年（宋真宗大中祥符二年）

◇李觏生。后反对道学家，提出"人非利不生"，"井地立则田均，田均则耕者得食"等观点。有《直讲李先生文集》。卒于1059年（宋仁宗嘉祐四年）。张君房、王钦若始集道书。

1011年（宋真宗大中祥符四年）

◇邵雍生。

1013年（宋真宗大中祥符六年）

◇加老子为"太上老君混元上德皇帝"。

1017年（宋真宗天禧元年）

◇周敦颐生。

1019年（宋真宗天禧三年）

◇司马光生。

1020年（宋真宗天禧四年）

◇张载生。

1021年（宋真宗天禧五年）

◇王安石生。

1025年（宋仁宗天圣三年）

◇陈景元生。有《道德真经藏室纂微篇》、《大洞真经玉诀音义》等。卒于1094年（宋哲宗元祐九年）。

1030年（宋仁宗天圣八年）

◇李觏著成《潜书》。

◇次年，沈括生。

1032年（宋仁宗明道元年）

◇程颢生。

◇李觏写成《礼记》。

1033年（宋仁宗明道二年）

◇程颐生。

1036年（宋仁宗景祐三年）

◇吕希哲生。学于胡瑗，后师事程颐。为学主静。主张先天气禀说。视封建伦理为永恒真理。后人编有《吕氏杂志》、《荥阳公说》。约卒于1114年（宋徽宗政和四年）。

◇苏轼生。后曾倡导蜀学，主儒、释、道三教会一。有《毗陵易传》。卒于1101年（宋徽宗靖国元年）。

1038年（宋仁宗宝元元年）

◇李觏完成《广潜书》。次年又撰《富国》、《强兵》、《安民》。

1039年（宋仁宗宝元二年）

◇苏辙生。曾以道为最高范畴。有《老子解》。卒于1112年（宋徽宗政和二年）。

1041年（宋仁宗庆历元年）

◇司马光写成《贾生论》、《四豪记》等。

◇次年，张载作《庆州大顺城记》。

◇王安石开始仕宦生涯。至1060年（嘉祐五年），为王安石的变法思想和哲学思想形成时期，有《淮南杂记》、《洪范传》、《礼记》、《礼乐记》、《非礼之礼》、《原性》、《太古》诸篇。

1043年（宋仁宗庆历三年）

◇李觏创办盱江书院。撰写完成《周礼致太平记》、《庆历民言》。以后几年又写成《疑仙赋》、《删定易图序记》。

◇次年，王雱生。后曾协助王安石变法。参加修撰《三经新义》，为实行新法提供理论依据。注有《老子》（《道德经》）。卒于1076年（宋神宗熙宁九年）。

1046年（宋仁宗庆历六年）

◇二程受学于周敦颐。其后得周手授《太极图》。

◇毕昇约在此前后发明活字印刷术。

1050年（宋仁宗皇祐二年）

◇谢良佐生。后有《论语说》、《上蔡语录》。卒于1103年（宋徽宗崇宁二年）。

1052年（宋仁宗皇祐四年）

◇范仲淹卒。曾提出改革主张。学通六经，尤精《易》。宣传儒家孝悌思想。曾奖掖胡瑗、孙复，并授《中庸》于张载。被认为是理学的先驱之一。有《范文正公集》。

1053年（宋仁宗皇祐五年）

◇杨时生。提出"致知必先于格物"的观点。有《龟山集》。卒于1135年（宋高宗绍兴五年）。

◇游酢生。与杨时、谢良佐、吕大临并称程门四大弟子。推崇禅学。注重《周易》。有《易说》、《论语杂解》、《孟子杂解》等。卒于1123年（宋徽宗宣和五年）。

◇陈祥道生。经学家。贯通经传，解说《礼》之名物，间以绘图，为时所重。有《礼书》、《论语全解》。卒于1093年(宋哲宗元祐八年)。

1057年(宋仁宗嘉祐二年)

◇张载于开封讲《周易》，并著《易说》。

◇邵伯温生。

1059年(宋仁宗嘉祐四年)

◇胡瑗卒。与孙复、石介提倡"以仁义礼乐为学"，并称"宋初三先生"。有《论语说》、《洪范口义》、《周易口义》。

1060年(宋仁宗嘉祐五年)

◇王安石作《上仁宗皇帝言事书》，提出变法纲领。

◇次年，周敦颐在庐山山麓建"濂溪书堂"。

1063年(宋仁宗嘉祐八年)

◇王安石讲学于江宁，形成学派。

1065年(宋英宗治平二年)

◇司马光奉诏始撰《资治通鉴》。

1069年(宋神宗熙宁二年)

◇王安石任丞相，开始变法。司马光与王安石为此发生争论。司马光上《论风俗札子》和《体要疏》，王安石则作《答司马谏议书》。

◇维吾尔族玉素甫·哈斯·哈吉甫约在此时写成叙事长诗《福乐智慧》。

1070年(宋神宗熙宁三年)

◇张载辞官回乡讲学著述，开始从事著《正蒙》一书。

◇程颢上奏，反对新法，并著《谏新法疏》。

◇尹焞生。

◇次年，司马光定居洛阳，组织"洛阳耆英会"，继续反对变法。

◇神宗罢诗赋及明经诸科，以经义、论策试进士。

1072年(宋神宗熙宁五年)

◇朱震生。

◇罗从彦生。提倡无欲和静坐作为"养心之要"。为二程到朱熹思想承传上的中介人物。有《豫章文集》。卒于1135年(宋高宗绍兴五年)。

1073年(宋神宗熙宁六年)

◇周敦颐卒。曾著《太极图说》，提出其宇宙构成说。有"无极而太极"、"物则不通，神妙万物"、"主静立人极"等观点。主张"文以载道"。著《周子全书》。

◇次年，胡安国生。

◇沈括修成奉元历及根据雁荡山诸峰的地貌景观提出流水侵蚀自然成因说。

1075年(宋神宗熙宁八年)

◇颁王安石《诗》、《书》、《周礼》三经新义于学官。

◇沈括制立体地图。

◇次年，张载《正蒙》成书。

◇王安石罢相。

1077年(宋神宗熙宁十年)

◇邵雍卒。提出先天象数学，作《先天图》。提出"以物观物"、"以我观物"等观点。有《皇极经世》和《伊川击壤集》。

◇张载卒。曾倡导"关学"学派。提出"太虚即气"、"一物两体"、"动必有机"、"合内外于耳目之外"、"德性所知不萌于见闻"、"爱必兼爱"、"民胞物与"、"天地之性"、"气质之性"等观点。并提出有关观察、实验和推类论证等方法。有《张子全书》。

◇王安石约在此时退居江宁，开始修改《三经新义》，撰写《字说》，注《老子》，解《楞严经疏》。

◇叶梦得生。曾提出"意与言和，言随意遣，浑然天成"等观点。卒于1148年(宋高宗绍兴十八年)。

1084年(宋神宗元丰七年)

◇司马光成《资治通鉴》。

◇吕本中生。曾与杨时、尹焞、游酢交游。为学主张融合不偏；平时学问，以穷理尽性为本。有《春秋解》、《西垣童蒙训》、《公舍人官箴》等。卒于1145年(宋高宗绍兴十五年)。

1085年(宋神宗元丰八年)

◇程颢卒。与其弟程颐合称二程，为理学奠基者。提出"天者理也"，"只心便是天，尽之便知性"等思想，强调为学以"识仁"为主。有《定性书》、《识仁篇》等，收入《二程全书》。

1086年(宋哲宗元祐元年)

◇王安石卒。曾提出太极与道即气；"道立于两"，五行"皆各有耦"；"天道尚变"，"新故相成"等观点。还提出文"以适用为本，以刻镂绘画为客"。有《王临川集》、《周官新义》等。

◇司马光卒。有《迂书》、《司马文正公集》和《资治通鉴》。

1087年(宋哲宗元祐二年)

◇哲宗不用老、庄、列子书命题试举人。

◇沈括《天下州县图》完稿。

◇次年，苏颂、韩公廉制成水运仪象台。

1089年(宋哲宗元祐四年)

◇宗杲生。倡导克勤(1063—1135)禅法。提出看话禅，使临济宗复盛。留有《正法眼藏》、《法语》、《普说》、《大慧普觉禅师语录》等。卒于1163年(宋孝宗隆兴元年)。

1092年(宋哲宗元祐七年)

◇张九成生。

◇吕大临《考古图》成书，为最早较有系统之古器物图录。

◇次年，李侗生。程颐三传弟子。认为"理一"是生化天地万物的本源。主张通过静坐功夫来体认精神本体。其语录由朱熹编为《延平答问》。卒于1163年(宋孝宗隆兴元年)。

1095年(宋哲宗绍兴二年)

◇沈括卒。注重实践，富于思辨，精研科学。在数学、物理、地质学方面均有创见。主张“理依于气”。认为变化是“阴阳相错，而生变化”。提出“物盈则变”的观点。有《梦溪笔谈》。

1097 年(宋哲宗绍兴四年)

◇程颐被贬到四川，开始著《周易传》。

1099 年(宋哲宗元符二年)

◇胡寅生。杨时门人。有《斐然集》、《胡致堂崇正辩》。卒于 1157 年(宋高宗绍兴二十七年)。

1100 年(宋哲宗元符三年)

◇李诫(？—1110)著建筑专著《营造法式》。

1102 年(宋徽宗崇宁元年)

◇胡宏约生于此时。

◇郑樵生。有《通志》。卒于 1162 年(宋高宗绍兴三十二年)。

1107 年(宋徽宗大观元年)

◇程颐卒。其学以“穷理”为主。提出“存天理，去人欲”及“气禀说”。并认为“天下无一物无礼乐”。有《易传》、《颜子所好何学论》等，收入《二程全书》。

1109 年(宋徽宗大观三年)

◇洽巴・曲吉森格(藏族)生。后以传授因明见长。有《摄类辩论》、《定量论广注》、《量论摄义颂》等。卒于 1169 年(宋孝宗乾道五年)。

1110 年(宋徽宗大观四年)

◇阿合买拉・尤那克(维吾尔族)生。有《真理入门》。卒于 1180 年(宋孝宗淳熙七年)。

◇刘完素生。医学家。有《素问玄机原病式》、《宣明论方》等。卒于 1200 年(宋宁宗庆元元年)。

1112 年(宋徽宗政和二年)

◇王重阳生。后创全真道。主儒、道、释三教合流。宣传忍辱、“柔弱谦下”的思想。有《重阳全真集》、《重阳教化集》等。卒于 1170 年(宋孝宗乾道六年)。

1115 年(宋徽宗政和五年)

◇李焘生。经学家。有《续资治通鉴长编》、《春秋学》、《六朝通鉴博议》等。卒于 1184 年(宋孝宗淳熙十一年)。

1122 年(宋徽宗宣和四年)

◇刘德仁生。大道教创始人。行教达三十八年。卒于 1180 年(宋孝宗淳熙七年)。

◇次年，马丹阳生。全真道“北七真”之一。为全真道遇仙派创立者。有《渐悟集》、《洞玄金玉集》、《神光璨》等。卒于 1183 年(宋孝宗淳熙十年)。

◇程大昌生。经学家。精地理之学。有《禹贡论》、《易志通言》、《考古篇》等。卒于 1196 年(宋宁宗庆元二年)。

◇谭处端生。全真道“北七真”之一。为全真道南无派创立者。有《云水集》。卒于 1185 年(宋孝宗淳熙十二年)。

1124 年(宋徽宗宣和六年)

◇杨万里生。

1130 年(宋高宗建炎四年)

◇朱熹生。

◇钟相、杨么起义，提出“等贵贱，均贫富”口号。

1132 年(宋高宗绍兴二年)

◇陆九龄生。其学与兄九韶、弟九渊并称“三陆子之学”。主张“治人必先治己，自治莫大于治气”，“尽废讲学而专务践履”等观点。有《复斋文集》。卒于 1180 年(宋孝宗淳熙七年)。

1133 年(宋高宗绍兴三年)

◇张栻生。后与朱熹、吕祖谦并称“东南三贤”。提出“礼者天之理”，主张“明理居敬”等观点。有《南轩集》。卒于 1180 年(宋孝宗淳熙七年)。

1134 年(宋高宗绍兴四年)

◇薛季宣生。其学提倡“言之必使可行，足以开物成务”。反对空谈性命之学。创永嘉学派。有《书古文训义》、《浪语集》等。卒于 1173 年(宋孝宗乾道九年)。

◇邵伯温卒。继承其父邵雍象数学，并加以阐释。提出“天地万物，莫不以一为本”，“圣人之心即天地之心”等观点。有《易辩惑》、《河南集》、《闻见录》、《观物内外篇解》等。

1135 年(宋高宗绍兴五年)

◇蔡元定生。师事朱熹。为学精于天文、地理、乐律、历数、兵阵之说。与道教思想有密切联系。有《律吕新书》、《皇极经世太玄潜虚指要》、《洪范解》、《大衍详说》、《燕乐原辨》等。卒于 1198 年(宋宁宗庆元四年)。

1136 年(宋高宗绍兴六年)

◇朱震完成《周易集传》、《周易图》、《周易丛说》，并呈高宗。同时写《进周易表》。

1137 年(宋高宗绍兴七年)

◇吕祖谦生。后为学立“明理躬行”，治经史以致用，反对空谈性命之学，开浙东学派先声。有《东莱集》、《吕氏家塾读书记》、《东莱左传博议》等。卒于 1181 年(宋孝宗淳熙八年)。

◇陈傅良生。师事薛季宣。主张“经世致用”，总结陈亮的思想为“功到成处便是有德，事到济处便是有理”。为永嘉学派重要代表。有《春秋后传》、《止斋文集》。卒于 1203 年(宋宁宗嘉泰三年)。

1138 年(宋高宗绍兴八年)

◇朱震卒。曾重《易》，发挥象数学；主张“虚空即气”。有《汉上易传》。

◇胡安国卒。有《资治通鉴举要补遗》、《春秋传》。

1139 年(宋高宗绍兴九年)

◇陆九渊生。

◇次年，郝大通生。全真道“北七真”之一。创全真道华山派。有《太古集》、《太易图》等。卒于 1212 年(宋宁宗嘉定五年)。

1141 年(宋高宗绍兴十一年)

◇杨简生。后学于陆九渊。提出“天地我之天地，变化我之变化”；“人心自明，人心自灵”的观点。有《慈湖遗书》。卒于1225年(宋理宗宝庆元年)。

◇次年，王处一生。全真道“北七真”之一。为全真道嵛山派创立者。有《六光集》等。卒于1217年(宋宁宗嘉定十年)。

◇尹焞卒。主涵养、敬诚。

1143年(宋高宗绍兴十三年)

◇陈亮生。

◇朱熹学习儒家经典，问津佛、道。

1148年(宋高宗绍兴十八年)

◇朱熹以禅学应考，中进士，开始思量“义理”。

◇西夏建内学，选名儒主教。

◇丘处机生。全真道“北七真”之一。为全真道龙门派创始人。曾为成吉思汗召见于西域，封国师，命总领道教。有《磻溪集》等。卒于1227年(宋理宗宝庆三年)。

◇道济约生于此时。其传说被撰成《济公传》。卒于约1209年(宋宁宗嘉定二年)。

1149年(宋高宗绍兴十九年)

◇颁诸农书于郡邑。

1150年(宋高宗绍兴二十年)

◇叶適生。

1152年(宋高宗绍兴二十二年)

◇黄榦生。宣传圣贤道统传授说。提出“万物统体一太极”、“理具于心”等观点。有《经解文解》、《中康总论》、《圣贤道统传授总叙说》等。卒于1221年(宋宁宗嘉定十四年)。

1153年(宋高宗绍兴二十三年)

◇陈淳生。朱熹弟子。提出“太极只是总天地万物之理”；“道理初无玄妙，只在日用人事间”，“知行不是两截事，譬如行路，目视足履，岂能废一”等观点。有《北溪字义》。卒于1217年(宋宁宗嘉定十年)。

◇次年，杨万里开始政治生涯。

1156年(宋高宗绍兴二十六年)

◇张子和约生于此时。医学家。主张治病以祛邪为主，药攻食养。继承刘完素的学说而有新的创见。有《儒门事亲》。卒于1228年(宋理宗绍定元年)。

◇次年，修订出版本草学范本《证类本草》(唐慎微编)。为《本草纲目》之蓝本。

1159年(宋高宗绍兴二十九年)

◇张九成卒。曾从学杨时，好佛学。提出“道非虚无也，日用而已矣”。宣传善恶报应说。其学风对陆王心学有影响。有《横浦心传》等。

◇次年，朱熹正式学于李侗，专心于儒学。

1161年(宋高宗绍兴三十一年)

◇胡宏约卒于此时。曾学二程理学。反对以“善恶言性”，提出“天理人欲，同体异用”，圣人也有情欲等观点。有《知言》、《五峰集》等。

◇张洽生。师事朱熹。为学主“敬”。有《春秋集注》、《春秋集传》、《续通鉴长编事略》等。卒于1237年(宋理宗嘉熙元年)。

◇次年，陆九渊以《周礼》应试，中举。

1167年(宋孝宗乾道三年)

◇蔡沈生。提出“天地之所以肇者数也，人物之所以生者数也”。以“先天象数学”讲《尚书·洪范》。有《洪范皇极》、《书集传》等。卒于1230年(宋理宗绍定三年)。

◇王重阳于山东牟平创全真道。

◇朱熹讲学于岳麓书院。

◇次年，朱熹提出“存天理，灭人欲”。选编《二程遗书》。

1169年(宋孝宗乾道五年)

◇陈亮作《中兴五论》。

◇次年，杨万里写成《千虑策》，并上呈朝廷。

1172年(宋孝宗乾道八年)

◇朱熹编成《论孟要义》、《论孟集义》。

◇叶適开始仕途生涯。翌年，上书西府。

1174年(宋孝宗淳熙元年)

◇王若虚生。金文学家。强调诗文真、善、美统一，力主“唯求真是而已”。有《滹南诗话》等。卒于1243年(宋理宗淳祐三年)。

1175年(宋孝宗淳熙二年)

◇朱熹和吕祖谦在福建“寒泉精舍”，共研周敦颐、二程、张载的学说，并商讨编撰理学入门书《近思录》。

◇举行“鹅湖之会”，朱熹与陆九渊、陆九龄辩论“为学之方”和“格物致知”等问题。

1177年(宋孝宗淳熙四年)

◇朱熹集撰成《论孟集注或问》、《周易本义》、《诗集传》。

◇次年，陈亮上书言事，著《上孝宗皇帝书》。

1178年(宋孝宗淳熙五年)

◇真德秀生。学承朱熹。提出“天下未尝有无理之器、无器之理”等观点。有《西山文集》、《文章正宗》、《大学衍书》等。卒于1235年(宋理宗端平二年)。

◇魏了翁生。后与真德秀齐名。提出“心者人之太极，而人心又为天地之太极”等观点，反对佛、老。有《鹤山全集》。卒于1237年(宋理宗嘉熙元年)。

◇次年，朱熹在庐山建“白鹿洞书院”，并订《学规》。逐渐形成程朱学派。

◇朱杲约生于此时。医学家。金、元四大家之一。有《伤寒会要》、《脾胃论》等。卒于1251年(宋理宗淳祐十一年)。

1181年(宋孝宗淳熙八年)

◇陆九渊率弟子到“白鹿洞书院”讲《论语》。

◇次年，赴国学讲《春秋》。

1182年(宋孝宗淳熙九年)

◇萨班·贡噶坚赞(藏族)生。后为西藏佛教“萨迦五祖”中第四祖。以精通“大五明”(声明、工巧明、医方明、因明、内明)、“小五明”(诗词、韵律、修辞、歌舞、星算)隆名。有《正理藏论》、《三律仪论》、《萨迦格言》等。卒于1251年(宋理宗淳祐十一年)。

1184年(宋孝宗淳熙十一年)

◇陈亮著《答朱元晦书》,与朱熹辩论“理欲”、“王霸”、“义利”。逐渐形成永康学派。

1186年(宋孝宗淳熙十三年)

◇朱熹撰成《易学启蒙》。

1187年(宋孝宗淳熙十四年)

◇陆九渊建“精舍”讲习所,改天山为象山,开始讲学。

◇与朱熹就《太极图说》展开“无极”、“太极”之争。

1188年(宋孝宗淳熙十五年)

◇杨万里始作《诚斋易传》。

◇何基生。得朱熹之学,并恪宋师说,唯教人“立志居敬”。有《大学发挥》、《中庸发挥》等。卒于1268年(宋度宗咸淳四年)。

◇次年,严羽约生于此时。文学家。提出“别材”、“别趣”之说,认为“言有尽而意无穷”,主张“以禅喻诗”,倡“妙悟”说。有《沧浪诗话》。约卒于1264年(宋理宗景定五年)。

1190年(宋光宗绍熙元年)

◇朱熹在漳州首次刊刻《书》、《易》、《诗》、《春秋》及《论语》、《孟子》、《大学》、《中庸》。此事对后世发生重大影响。后撰成《诸子要略》。

1193年(宋光宗绍熙四年)

◇陆九渊卒。曾提出“宇宙便是吾心,吾心即是宇宙”,“心即理”;“切己自反”,“发明本心”,“剥落”“物欲”等观点。其学与兄九龄、九韶并称“三陆子之学”。有《象山先生全集》。

1194年(宋光宗绍熙五年)

◇陈亮卒。提倡“事功之学”。提出“盈宇宙者无非物”,“明于事物之故”,“勉强行道大有功”等观点。重视“辩”,主张“明辩名实是非之所在”。有《陈亮集》。

◇朱熹修复岳麓书院,完成《程氏遗书》、《外书》、《八朝名臣言行录》、《太极图说解》、《通书解》、《伊洛渊源录》、《近思录》、《大学章句》、《周易本义》、《易学启蒙》等。次年,在福建“竹林精舍”从事著述。

◇白玉蟾生。

1197年(宋宁宗庆元三年)

◇王柏生。师事何基,笃信朱熹理学。有《书疑》、《诗疑》、《诗目》等。卒于1274年(宋度宗咸淳十年)。

1198年(宋宁宗庆元四年)

◇“理学”遭禁。

◇朱熹著《韩文考异》、《书集传》等。

◇次年,颁《统天历》。天文学家杨忠辅在《统天历》中首先使用365.242 5日的精密岁实数值,较欧洲格里历约早400年。

1200年(宋宁宗庆元六年)

◇朱熹卒。曾提出“理本气末”,“理一分殊”;“理主动静”,“理生万物”,“一生两”,“定位不易”;“革欲复理”,“尊王贱霸”等观点。主张“格物穷理”,强调“推通”、“贯通”、“推致”的主观推论。教学生类似于归纳和演绎的“为学”方法:“一者是自下面做上去,一者是自上面做下来”。有《朱子语类》、《晦庵先生朱文公文集》等。

◇郑克著法医著作《折狱龟鉴》。

◇吕祖俭卒。有《大愚集》。生年不详。

1203年(宋宁宗嘉泰三年)

◇姚枢生。曾与杨惟中访求儒道释医卜者,广集程朱之书,并建书院和请名儒传授二程、朱熹之学。卒于1280年(元世祖至元十七年)。

1204年(宋宁宗嘉泰四年)

◇杨万里《诚斋易传》成书。

1206年(宋宁宗开禧二年)

◇杨万里卒。有《诚斋易传》、《天问天对解》等。

◇次年,叶適回永嘉原籍,著述《习学记言》。创永嘉学派。

1209年(宋宁宗嘉定二年)

◇宋宁宗诏赐朱熹遗表恩泽。一年后追赠朱熹为中大夫、宝谟阁学士。此后朱熹思想越益受到统治者的重视,成为封建社会后期的官方哲学。

◇许衡生。学承朱熹,主“反求诸心”和“反躬践履”。有《鲁斋遗书》。卒于1281年(元世祖至元十八年)。

1212年(宋宁宗嘉定五年)

◇黄震生。学宗程朱,但批评宋儒的“传心”说。有《黄氏日钞》。卒于1280年(元世祖至元十七年)。

1223年(宋宁宗嘉定十六年)

◇叶適卒。曾讲究“功利之学”,提出“既无功利,则道义者乃无用之虚语耳”,“物之所在,道则在焉”,“弓矢从的”等观点。有《习学记言》、《水心先生文集》等。

◇王应麟生。治学继承吕祖谦。偏重陆九渊“心学”。有《困学纪闻》、《玉海》、《深宁集》、《诗考》、《玉堂类稿》、《汉艺文志考证》等。卒于1296年(元成宗元贞二年)。

1227年(宋理宗宝庆三年)

◇尊朱熹为太师,追封信国公,赞扬其《四书集注》。

1229年(宋理宗绍定二年)

◇白玉蟾卒。有《海琼问道集》、《海琼白真人语录》。

1231年(宋理宗绍定四年)

◇郭守敬生。科学家。卒于1316年(元仁宗延祐三年)。

◇次年,金履祥生。有《仁山文集》。卒于1303年(元成宗大德七年)。

1235年(宋理宗端平二年)

◇八思巴生。西藏佛教萨迦派第五代祖师。有

《萨迦五祖集》等。卒于1280年(元世祖至元十七年)。

◇诏议邵雍、周敦颐、司马光、张载、二程等从祀孔庙。

1247年(宋理宗淳祐七年)

◇邓牧生。提出建立"听天下自为治乱安危"的社会。有《伯牙琴》。卒于1306年(元成宗大德十年)。

◇数学家秦九韶著《数学九章》,主要贡献为大衍求一术(一次同余式解法)和正负开方术(高次方程数值解法)。前者约早于西方六百年。

◇忽必烈以僧子聪(刘侃)为谋士,礼遇理学家姚枢、窦默,召用儒者张文谦、张德辉等。诸人劝以尊孔子,用儒生,重农桑。

◇宋慈撰成中国第一部系统的法医学著作《洗冤录》。

◇次年,数学家李冶著《测海圆镜》。另有《益古演段》完成于1259年。其主要贡献为天元术(代数)。

1249年(宋理宗淳祐九年)

◇吴澄生。

◇刘因生。初学训诂疏释之说,后习传程朱理学。主张"君臣父子,常理不易"的封建伦理。有《静修文集》。卒于1293年(元世祖至元三十年)。

1252年(宋理宗淳祐十二年)

◇陈栎生。经学家。有《四书发明》、《尚书集传纂疏》、《礼记集义》等。卒于1334年(元顺帝元统二年)。

1255年(宋理宗宝祐三年)

◇忽必烈在京兆兴学,用理学家许衡为提举。

1258年(宋理宗宝祐六年)

◇俞琰生。道教学者。擅《周易》,重视丹道。有《周易集说》、《周易纂要》、《周易参同契发挥》、《阴符经注》等。约卒于1324年(元泰定帝泰定元年)。

1260年(宋理宗景定元年)

◇黄泽生。一生以明经学道为志。有《易春秋二经解》、《三礼祭祀述略》。卒于1346年(元顺帝至正六年)。

1268年(宋度宗咸淳四年)

◇吴澄约在此时为邵雍的《皇极经世》作续篇。另作《道统图》一篇。

1270年(宋度宗咸淳六年)

◇诏《太极图说》、《西铭》、《易传序》、《春秋传序》,天下士子宜肄其文。

◇许谦生。为何基三传弟子。有《读书丛说》、《诗集传名物钞》、《白云文集》等。卒于1337年(元顺帝至元三年)。

1271年(宋度宗咸淳七年)

◇忽必烈即位前"尽收亡金诸儒学士,及一时豪杰知经术者,而顾问焉"。由此,得"儒教大宗师"称号。即位后,于京师设国子监,任许衡为国子祭酒,以朱熹《小学》教蒙古贵族。

1275年(宋恭帝德祐元年)

◇意大利人马可·波罗到元上都,后仕元十年,遍游,归国撰成《马可·波罗游记》。

◇数学家杨辉著《杨辉算法》。

1278年(宋帝昰景炎三年)

◇赡思生。经学家。精天文地理、钟律算数,并旁及国外著作和学说。有《老庄精旨》、《四书阙疑》、《五经思问》、《奇偶阴阳消息图》等。卒于1351年(元顺帝至正十一年)。

◇次年,宋亡。

1280年(元世祖至元十七年)

◇吴澄完成《孝经章句》。二年后完成《孝注》。

◇颁行郭守敬等所订《授时历》,证实宋杨忠辅计算的岁实数值。

1281年(元世祖至元十八年)

◇黄震《东发日钞》约成于此时。

1286年(元世祖至元二十三年)

◇吴澄应诏出仕,但仍穷心于理学。

1291年(元世祖至元二十八年)

◇方逢辰卒。主张"四书为根本,六经为律令。格物致知,以穷此理",并尊奉程朱的道德论。有《孝经解》、《蛟峰集》等。生年不详。

1295年(元成宗元贞元年)

◇王祯的《农书》撰成。

1299年(元成宗大德三年)

◇数学家朱世杰著《算学启蒙》。另一部数学著作《四元玉鉴》成于1303年(元成宗大德七年)。

1304年(元成宗大德八年)

◇汪克宽生。经学家。有《春秋胡传附录纂疏》、《程朱传义音考》、《礼经补逸》等。卒于1372年(明太祖洪武五年)。

1307年(元成宗大德十一年)

◇封孔子为"大成至圣文宣王","大成"之名始此。

1309年(元武宗至大二年)

◇以周敦颐及许衡从祀孔庙。宣布实行科举取士。

1311年(元武宗至大四年)

◇刘基生。

1313年(元仁宗皇庆二年)

◇以宋儒二程、朱熹、司马光、张栻、吕祖谦、许衡从祀孔庙。诏"举人以德行为首,试艺则以经术为先"。

1319年(元仁宗延祐六年)

◇赵汸生。崇尚程朱理学,提倡"史主实录而已",对春秋之三传皆有异议。有《春秋集传》、《师说》等。卒于1369年(明太祖洪武二年)。

1333年(元顺帝元统元年)

◇吴澄卒。为学曾"和会朱陆",又趋于陆九渊心学,主张以"理"宰气,推崇"格物"、"诚意"之说。晚年悉心象数学。有《仪礼传》、《仪礼逸经》,及校定的《老庄》和诸经《纂言》。

◇刘基走上仕途，并著成《春秋明经》。

1341 年（元顺帝至正元年）

◇医学家滑寿著针灸学著作《十四经发挥》。

1351 年（元顺帝至正十一年）

◇韩山童、刘福通红巾军起义。

◇赵谦生。提出“居处恭，执事敬”；“寡欲以养其心，观止以明其理，调息以养其气，读书以验其诚”；“人有情有性，而心则统性情者也”等观点。有《六书本意》等。卒于 1396 年（明太祖洪武二十九年）。

1357 年（元顺帝至正十七年）

◇方孝孺生。曾提出“古之治具五：政也、教也、礼也、乐也、刑罚也。”认为“养身莫先于饮食，养心莫要于礼乐”。后以拒绝起草登极诏书而被杀于 1402 年（明惠帝建文四年）。

◇郑玉卒。为学继吴澄后，调和朱、陆之学。有《郑师山文集》。生年不详。

◇宗喀巴生。佛教格鲁派创始人。有《菩提道次第广论》、《密宗道次第广论》等。卒于 1419 年（明成祖永乐十七年）。

1360 年（元顺帝至正二十年）

◇刘基见朱元璋，陈时务十八策。

1368 年（明太祖洪武元年）

◇朱元璋即帝位。顺帝在塞外仍称元朝，史称北元。

◇医学家王履著《医经溯洄集》，开拓对传染病的研究道路。

1370 年（明太祖洪武三年）

◇定科举考试制度，考《四书》、《五经》，用八股文体。

1375 年（明太祖洪武八年）

◇刘基卒。曾提出“天有所不能而人能之”等观点。有《诚意伯文集》。

1376 年（明太祖洪武九年）

◇曹端生。后崇宗朱熹。提出“理驭气”说，主张“事事都于心上做功夫”。反对佛老。有《四书详说》、《儒宗统谱》等。卒于 1434 年（明宣宗宣德九年）。

1385 年（明太祖洪武十八年）

◇克珠杰·格雷贝桑（藏族）生。有《现量品述记》、《量理海论》等。卒于 1438 年（明英宗正统三年）。

1389 年（明太祖洪武二十二年）

◇薛瑄生。后修正程朱“理在气先”说，认为“理只在气中，决不可分先后”。有《读书录》、《薛文清集》。卒于 1464 年（明英宗天顺八年）。

1391 年（明太祖洪武二十四年）

◇吴与弼生。曾提出“静时涵养，动时省察”，“贫而乐”等观点。有《康斋文集》、《日录》。卒于 1469 年（明宪宗成化五年）。

1407 年（明成祖永乐五年）

◇《永乐大典》编成。

1411 年（明成祖永乐九年）

◇陈真晟生。曾笃志践履之学。为学重“敬”。有《程朱正学纂要》、《正教正考会通》。

◇卒于 1473 年（明宪宗成化九年）。

1414 年（明成祖永乐十二年）

◇命胡广、杨荣、金幼孜等纂修《五经》、《四书》、《性理大全》。

1416 年（明成祖永乐十四年）

◇王恕生。曾提出“天理人欲，相为消长”；“中为天下处事之大体”，“和为天下行事之达道”；“鬼神以物为体，而无物不有”等观点。有《历代名臣谏议录》、《石渠意见》等。卒于 1508 年（明武宗正德三年）。

◇次年，颁《五经》、《四书》、《性理大全》。

1428 年（明宣宗宣德三年）

◇陈献章生。

1434 年（明宣宗宣德九年）

◇胡居仁生。曾师事吴与弼。提出“气之有形体者为实，无形体者为虚”；“思虑得之最深，行事得之最实”等观点。反对佛老。有《居业录》。卒于 1484 年（明宪宗成化二十年）。

◇次年，薛敬之生。曾在太学与陈献章并有盛名。提出“一身皆是气，惟心无气”；“心乘气以管摄万物而自为气之主”；“未有无气之质，未有无质之气，亦未有无气质之性”等观点。有《道学基统》、《洙泗言学录》等。卒于 1508 年（明武宗正德三年）。

1450 年（明景帝景泰元年）

◇吴敬《九章算法比类大全》问世。

1454 年（明景帝景泰五年）

◇陈献章从吴与弼学，由理学转向心学，并形成江门学派。

◇次年，张诩生。陈献章弟子。提出“以自然为宗，以忘己为大，以无欲为至”；“理与心会，不必境之在目”；“所谓至乐与至妙者，皆不假外求而得矣”等观点。卒于 1514 年（明武宗正德九年）。

1457 年（明英宗天顺元年）

◇董沄生。曾在六十八岁时听王守仁讲“良知”之说后执意从王。有《求心录》等。卒于 1533 年（明世宗嘉靖十二年）。

1459 年（明英宗天顺三年）

◇开始撰《大明一统志》。

◇次年，祝允明生。与文徵明、唐寅、徐祯卿号“吴中四子”。提出“身与事接而境生，境与身接而情生”；“宣豁风抱”，必得大境，“内观心语”，必得小境等观点。有《怀星堂集》。卒于 1526 年（明世宗嘉靖五年）。

1465 年（明宪宗成化元年）

◇罗钦顺生。

◇余祐生。师事胡居仁。有《性书》。卒于

1528年(明世宗嘉靖七年)。

◇次年,湛若水生。曾提出"随处体认天理","心也者包乎天地万物之外"等观点。有《湛甘泉集》。卒于1560年(明世宗嘉靖三十九年)。

1472年(明宪宗成化八年)

◇王守仁生。

1474年(明宪宗成化十年)

◇王廷相生。后提出"同道相贤,殊轨异趋";"理载于气","气有偏盛";见、思、行并重;性不离气等观点。主张"名实校","言无不实"。有《雅述》、《慎言》等。卒于1544年(明世宗嘉靖二十三年)。

◇何瑭生。其学认为以"一阳(精神)一阴(物质)"为世界根源。有《柏斋集》、《阴阳管见》等。卒于1543年(明世宗嘉靖二十二年)。

1476年(明宪宗成化十二年)

◇王道约生于此时。初学于王守仁,后师事湛若水。怀疑"致良知"说。提出"天地间本一气而已矣",性情"皆生于(气)运之不齐也"等观点。有《顺渠先生文录》、《次阳明咏良知》。约卒于1532年(明世宗嘉靖十一年)。

◇次年,黄绾生。初学宗程朱,继师王守仁,后对王学有所批评。晚年以宋儒为禅。提出"情"、"欲"皆不能去,"利"、"义"并重,"非身履深历不能知"等观点。有《石龙集》、《明道编》。卒于1551年(明世宗嘉靖三十年)。

1478年(明宪宗成化十四年)

◇李中生。提出"圣学之功,只是一个存养为本,省察是存养内一件";"为学要以心为本";"心外无物,物外无心,心无内外"等观点。有《谷平文集》等。卒于1542年(明世宗嘉靖二十一年)。

◇次年,吕柟生。为学主张"以格物为穷理,及先知而后行"。有《泾野集》、《泾野子内篇》等。卒于1542年(明世宗嘉靖二十一年)。

1483年(明宪宗成化十九年)

◇王艮生。

◇蒋信生。初学于王守仁,未得良知之教,后从湛若水学。提出"理气、心性、人我,贯通无二";"只就自心体认,便见心是气"等观点。有《新泉问辨录》。卒于1559年(明世宗嘉靖三十八年)。

◇次年,舒芬生。以倡明绝学为己任。推崇周敦颐《太极图说》。主张"性有万品"说。有《太极绎义》、《易问笺》、《周礼定本》、《东观录》等。卒于1527年(明世宗嘉靖六年)。

1487年(明宪宗成化二十三年)

◇聂豹生。后推崇"致良知",倾向"主静"说,主张"动静无心,内外两忘"的涵养工夫。有《困辨录》。卒于1563年(明世宗嘉靖四十二年)。

1488年(明孝宗弘治元年)

◇杨慎生。

◇徐爱生。王守仁弟子。记录王守仁有关学说,编《传习录》初卷。有《徐横山文集》。卒于1518年(明武宗正德十三年)。

1490年(明孝宗弘治三年)

◇黄佐生。曾与王守仁辨难知行合一。提出"身主于心,心发于意,意萌于知,知起于物";"理即气也";"道非无形也,无形则与器离而不合"等观点。有《论学书》、《论说》、《东廓语录》等。卒于1566年(明世宗嘉靖四十五年)。

1491年(明孝宗弘治四年)

◇吴廷翰约生于此时。曾致书王守仁,并与其弟子往复辩论。提出"天地之初,一气而已矣";"理即是气之条理";"物理在心,物犹在外";"性者,人物之所以生,无生即无性"及先知后行等观点。其思想对日本学术界有较大影响,成为日本堀河学派的理论渊源。有《吉斋漫录》、《从言》、《苏原全集》等。卒于1559年(明世宗嘉靖三十八年)。

◇邹守益生。先宗程朱,后师事王守仁。强调"慎独"、"戒惧"为"致良知"的主要修养方法。有《东廓集》。卒于1562年(明世宗嘉靖四十一年)。

1492年(明孝宗弘治五年)

◇王守仁治朱熹"格物"之学,"格竹"致疾。

◇魏良弼生。师事王守仁。崇"良知"之说。认为良知存在于心,只要神凝内省便可悟得。有《水洲先生集》。卒于1575年(明神宗万历三年)。

◇次年,罗钦顺始任翰林院编修(达七年),钻研佛教。

1496年(明孝宗弘治九年)

◇钱德洪生。曾传播王守仁之学。提出"充塞天地间,只有此良知"。有《绪山会语》。卒于1574年(明神宗万历二年)。

◇欧阳德生。师事王守仁,学良知之说。有《南野论学书》。卒于1554年(明世宗嘉靖三十三年)。

◇次年,陈建生。曾为朱熹理学辩护,指摘王学"乱道误人"。有《学蔀通辨》。卒于1567年(明穆宗隆庆元年)。

1497年(明孝宗弘治十年)

◇李元阳(白族)生。有《心性图说》等。卒于1580年(明神宗万历八年)。

1498年(明孝宗弘治十一年)

◇王畿生。曾传播王学四十余年,认为"心、意、知、物只是一事",将"良知"说引向禅学。有《龙溪集》。卒于1583年(明神宗万历十一年)。

1500年(明孝宗弘治十三年)

◇陈献章卒。曾主张"心即理也"观点,提出"天地万物,一诚所为"等观点。有《白沙集》。

1502年(明孝宗弘治十五年)

◇罗钦顺为南京国子监司业,开始研究理学和儒家经典,批判佛教。

1504年(明孝宗弘治十七年)

◇罗洪先生。后宗"致良知"说,但认为"良知"需经过"主静"工夫。有《念庵集》。卒于1564年(明世宗嘉靖四十三年)。

◇王守仁开始讲"身心之学",写《赠阳伯》诗。

◇次年,王守仁结识湛若水,并受其影响。

1507年(明武宗正德二年)

◇王守仁主持贵阳书院,始论"知行合一"说。

1510年(明武宗正德五年)

◇王艮开始自学生涯。

◇次年,王襞生。王艮之子。师事钱德洪。毕生宣传先天人性论,继承"良知说"。认为人的认识出于自然。有《王东崖遗集》。卒于1587年(明神宗万历十五年)。

1512年(明武宗正德七年)

◇王守仁《礼记·大学》的讲授由其弟子徐爱记录、整理,后成为《传习录》的一部分。

◇高拱生。为学主张"救时"、"致用",反对"空寂寡实之学"。提出"理也者,事之理也","理随事物而在,各有不同,谓性即理,未敢为然也";"义者利之和"等观点。有《春秋正旨》、《问辨录》、《本语》等批驳宋儒的著作。存《高文襄公集》。卒于1578年(明神宗万历六年)。

1514年(明武宗正德九年)

◇王守仁作《朱子晚年定论》,提出"存天理、灭人欲"的观点。

◇次年,罗汝芳生。为王艮再传弟子。提出"赤子之心,浑然天理,细看其知不必虑,能不必学";"吾之此身无异于天地万物"等观点。有《近溪子文集》。卒于1588年(明神宗万历十六年)。

1517年(明武宗正德十二年)

◇何心隐生。

◇胡直生。后认为儒、佛在"天地万物不外乎心"这点上相同,接受佛学"三界唯心"的观点,反对程朱"穷理致知"。有《胡子衡齐》。卒于1585年(明神宗万历十三年)。

◇王守仁提出"破山中贼易,破心中贼难"的观点,并办社学实施封建道德教化。

◇次年,李时珍生。历时二十七年,撰《本草纲目》。还有《奇经八脉考》、《濒湖脉学》、《五脏图论》(已佚)等。卒于1593年(明神宗万历二十一年)。

1520年(明武宗正德十五年)

◇王艮抵南昌见王守仁。后著成《复初说》、《乐学歌》、《天理良知说》、《明哲保身论》等。

◇次年,王守仁始倡"致良知"。

◇徐渭生。曾提出好作品应"句句是本色语"等观点。有《徐文长集》、《南词叙录》等。卒于1593年(明神宗万历二十一年)。

1522年(明世宗嘉靖元年)

◇王艮北行讲学。

◇王时槐生。为学主居敬穷理。提出:"充塞宇宙皆心也,皆事也,皆物也,吾心之大,包罗天地,贯彻古今"等观点。有《论学书》、《三益轩会语》。卒于1605年(明神宗万历三十三年)。

1524年(明世宗嘉靖三年)

◇王守仁在稽山书院、龙泉寺中天阁讲学著述。《大学问》成书。

◇约在此时,罗钦顺辞仕归乡,潜心学问。

◇杨慎被贬云南,途中完成地理学专著《淡程记》。

◇耿定向生。学本王守仁。提出"良知""现现成成,无人不具","格物即求仁之别名也"等观点。其学与李贽相对,曾受李贽著书批驳。有《耿子庸言》、《硕辅宝鉴》、《耿天台文集》等。卒于1596年(明神宗万历二十四年)。

◇次年,张居正生。力主改革弊政。有《张文忠公全集》。卒于1582年(明神宗万历十年)。

1527年(明世宗嘉靖六年)

◇李贽生。

◇章潢生。经学家。提出为学以明善诚身,与人为善为宗。与吴与弼、邓元锡、邓元卿并称"江右四君子"。有《周易象义》、《诗经原体》、《书经原始》、《春秋窍义》等。卒于1608年(明神宗万历三十六年)。

1528年(明世宗嘉靖七年)

◇王守仁卒。曾提出"心外无物","意之所在便是物","心外无理","理也者,心之条理也";"致良知","良知之外别无知","良知是自家的准则";"知行合一","知是行之始,行是知之成","一念发动处便即是行"等观点。有《大学问》、《传习录》。

◇王艮开始"自立门户"的讲学。创泰州学派。

◇罗钦顺编成《困知记》。

1530年(明世宗嘉靖九年)

◇王艮与石简、邹守益等聚讲南京鸡鸣寺。

◇次年,王艮在家乡讲"百姓日用之学"。

◇罗钦顺写成《困知记》续卷。

1535年(明世宗嘉靖十四年)

◇许孚远生。曾提出"己私一克,天理具存";"学不贵谈说而贵躬行";存人欲顺天理等观点。有《原学》、《论学书》、《与胡庐山先生论性书》等。卒于1604年(明神宗万历三十二年)。

◇莲池生。与紫柏、憨山、蕅益并称明代"四大高僧"。提倡佛教各宗并进,主张儒、释、道三教一致。有《戒疏发隐》、《弥陀疏钞》、《具戒便蒙》、《禅关策进》、《西方发愿文》等。卒于1615年(明神宗万历四十三年)。

1536年(明世宗嘉靖十五年)

◇吕坤生。后提出"天地万物只是一气聚散,更无别个","举世都是我心"等观点。有《呻吟语》、《去伪斋文集》等。卒于1618年(明神宗万历四十六年)。

◇朱载堉生。曾从舅父何瑭学天文、算术。以著述终身。有《乐律全书》、《律吕正论》、《嘉量算经》等。约卒于1610年(明神宗万历三十八年)。

1538年(明世宗嘉靖十七年)

◇李贽少时作《老农老圃记》。

◇唐鹤征生。初尚意气及园林丝竹,继归道术,后重庄子逍遥齐物。对九流百氏、天文地理等均有研究。提出"盈天地间,一气而已";"自其分阴分阳,千变万化,条理精详,卒不可乱,故谓之理,非气外别有理也”等观点。有《桃溪札记》。卒于1619年(明神宗万历四十七年)。

◇次年,王艮作《大成歌》。

◇钱一本生。曾与顾宪成分讲东林书院。倡“慎独”、“诚明”。反对宋儒空谈,强调学在践履处求。有《像象管见》、《象钞续钞》等。卒于1610年(明神宗万历三十八年)。

1540年(明世宗嘉靖十九年)

◇唐伯元生。反对王守仁心学,曾上疏反对王守仁从祀文庙。深疾程朱陆王理欲论。提出“心学者,皆后儒之误”;“格物者,知修身为本而已”;“气存而理犹有存者”等观点。有《论学书》、《醉经堂集解》等。卒于1598年(明神宗万历二十六年)。

1541年(明世宗嘉靖二十年)

◇焦竑生。其学援佛入儒。有《焦氏类林》、《老子翼》、《庄子翼》等。卒于1620年(明光宗泰昌元年)。

◇王艮卒。讲学一生。提出“百姓日用即道”,“尊身立本”等观点。有《王心斋先生遗集》。

1543年(明世宗嘉靖二十二年)

◇紫柏生。与莲池、憨山、蕅益并称“四大高僧”。曾创刻方册大藏经。主张释、道、儒三教一致。有《紫柏老人集》、《紫柏老人别集》等。卒于1603年(明神宗万历三十一年)。

1547年(明世宗嘉靖二十六年)

◇罗钦顺卒。其学以“气”为万物本源,以“理”为“气”运动变化的条理秩序。仍受“理一分殊”说影响,认为“得一可通其余”。揭示“一以之万”和“万而归一”的思想方法。有《困知记》、《整庵存稿》、《整庵续稿》等。

◇次年,杨东明生。学宗王守仁,但不复谈“致良知”说。提出“理气一也”,“性为气质所成,而气质外无性”等观点。有《晋庵论性臆言》。卒于1624年(明熹宗天启四年)。

1550年(明世宗嘉靖二十九年)

◇顾宪成生。称东林先生。推崇程朱,主性善。认为“致良知”说“其意最为精密”。有《顾端文公遗书》等。卒于1612年(明神宗万历四十年)。

1551年(明世宗嘉靖三十年)

◇邹元标生。为“东林”首领之一。主张“天理”与“人欲”一致。有《愿学集》。卒于1624年(明熹宗天启四年)。

◇次年,徐樾卒。曾师事王守仁,继为王艮弟子。认为心是万物之本,封建道德为人之天性。有《波石语录》。生年不详。

1553年(明世宗嘉靖三十二年)

◇何心隐始办“聚和堂”。

1559年(明世宗嘉靖三十四年)

◇杨慎卒。生前反对理学和心学。有《杨升庵全集》、《杨升庵外集》、《杨升庵遗集》等。

1562年(明世宗嘉靖四十一年)

◇徐光启生。

◇高攀龙生。曾主讲东林书院。为学继承程朱,以格物为要。有《高子遗书》等。卒于1626年(明熹宗天启六年)。

1563年(明世宗嘉靖四十二年)

◇李贽开始接触王守仁的“心学”,逐步形成“童心说”。

◇何心隐周游各地讲学。

1564年(明世宗嘉靖四十三年)

◇李之藻生。科学家。曾从利玛窦学西方科学,并入天主教。译有《名理探》(西方逻辑学最早译本)、《浑盖通宪图说》、《乾坤体义》等。并编纂《天学初函》。卒于1630年(明思宗崇祯三年)。

1570年(明穆宗隆庆四年)

◇李贽遇王守仁弟子李见罗,作《答李见罗先生书》。与焦竑结为好友。

◇王岱舆(回族)约生于此时。有《正教真诠》、《清真大学》等。卒于1660年(清世祖顺治十七年)。

1574年(明神宗万历二年)

◇李贽拜王艮儿子王襞为师。撰《苏子由(辙)解老序》。

1576年(明神宗万历四年)

◇李贽开始接触佛经。

1578年(明神宗万历六年)

◇刘宗周生。

◇李时珍《本草纲目》完稿。

1579年(明神宗万历七年)

◇张居正反对聚众讲学,毁天下书院。

◇何心隐卒。其学反对灭人欲,以“心”为万物本源。有《爨桐集》。

1580年(明神宗万历八年)

◇欧洲耶稣会传教士到澳门。

1581年(明神宗万历九年)

◇推行一条鞭法。

◇李贽在湖北著述学说,第二年撰成《解老》。

◇次年,意大利人利玛窦来华,传入西方天文、数学、地学等知识。

1584年(明神宗万历十二年)

◇孙奇逢生。

◇明神宗下诏,以王守仁从祀孔庙。

◇张中(回族)约生于此时。有《归真总义》、《四篇要道》等。卒于1670年(清圣祖康熙九年)。

◇朱载堉著《律学新说》,提出十二平均律,使现代的乐器制造都按十二平均律来定音。

1585年(明神宗万历十三年)

◇李贽移居芝佛院“读经说法”。三年后落发为僧。不久完成《初潭集》。

◇黄道周生。主“万物一体”和“克己”说;反对宋儒“气质之性”。有《榕坛问业》、《易象正义》、《孝经集传》等。卒于1646年(清世祖顺治三年)。

1586年(明神宗万历十四年)

◇徐霞客约生于此时。

◇次年,宋应星生。科学家,著《天工开物》。认为物质的气构成天地万物,批判“天人感应”说。有《画音归正》、《杂色文原耗》等。约卒于顺治或康熙初年。

1590 年(明神宗万历十八年)

◇李贽《焚书》问世。

1592 年(明神宗万历二十年)

◇隐元生。禅宗僧人。有《弘戒法仪》、《松堂集》、《普照国师语录》等。卒于 1673 年(清圣祖康熙十二年)。

◇程大位著《算法统宗》。为流传最广的珠算书。

1596 年(明神宗万历二十四年)

◇李贽作《读书乐》、《豫约》。

1599 年(明神宗万历二十七年)

◇李贽《老人行》、《藏书》问世。

1600 年(明神宗万历二十八年)

◇绵延数十年的市民反封建斗争开始。

◇朱之瑜生。

◇利玛窦至北京。

◇次年,刁包生。经学家。曾与孙奇逢辨质“良知”说。学重高攀龙书。有《易酌》、《四书翼注》、《辨道录》等。卒于 1667 年(清圣祖康熙六年)。

1602 年(明神宗万历三十年)

◇李贽自杀于狱中。其学被视为“异端”。曾提出“颠倒千万世之是非”,“是非无定”;“穿衣吃饭即是人伦物理”;“童心即真心”,“无私则无心”;“天下万物皆生于两”等观点。主张艺术表现“绝假纯真”之人性,强调“发愤”而作,“诉心中之不平,感数奇于千载”。有《焚书》、《续焚书》、《藏书》等。

1604 年(明神宗万历三十二年)

◇陈确生。

◇约在此时,刘宗周拜湛若水再传弟子许孚远为师。

◇顾宪成、高攀龙讲学东林书院,评议朝政。

◇萨囊·彻辰(蒙古族)生。有《蒙古源流》等。卒年不详。

◇徐光启约在此时参加天主教,认为天主教是一种格物穷理之学。

1606 年(明神宗万历三十四年)

◇徐光启与利玛窦译出《几何原本》。

1607 年(明神宗万历三十五年)

◇傅山生。学通经史诸学和佛、道。提出“经子不分”,开清代子学研究之风。还注解一些重要的名辩著作。有《荀子评注》、《霜红龛集》等。卒于 1684 年(清圣祖康熙二十三年)。

◇徐霞客约在此时历游山川,考察地理。

◇胡承诺生。为学博稽诸经诸史,旁罗百家,并折中周、程、张、朱之说。有《绎志》、《读书录》、《菊佳轩诗集》。卒于 1681 年(清圣祖康熙二十年)。

1610 年(明神宗万历三十八年)

◇黄宗羲生。

◇李之藻等根据利玛窦、熊三拔等所传西法修历。

◇潘平格生。为学由程朱而老庄再禅学。后以为其皆不合孔孟之道,遂以“求仁”为学主旨。有《求仁录》等。卒于 1677 年(清圣祖康熙十六年)。

◇王骥德始作《曲律》。

1611 年(明神宗万历三十九年)

◇方以智生。

◇陆世仪生。后学宗程朱,“居敬穷理”为学主旨,注重内心修养。有《思辨录》、《复社纪略》。卒于 1672 年(清圣祖康熙十一年)。

◇张履祥生。师事刘宗周。学宗程朱,力排陆王。有《杨园先生全集》等。卒于 1674 年(清圣祖康熙十三年)。

◇次年,张尔岐生。学宗程朱。有《仪礼郑注句读》、《周易说略》、《春秋传议》等。卒于 1677 年(清圣祖康熙十六年)。

1613 年(明神宗万历四十一年)

◇顾炎武生。

◇刘宗周著《心论》。

1614 年(明神宗万历四十二年)

◇傣族祜巴勐《论傣族诗歌》成。叙述天地、人类的产生及语言、思想、诗歌的相互关系。

◇次年,应撝谦生。以程朱为宗,后有歧异。认为“理”、“气”如形影不离于天地之间。对经学、历法、水利、田赋等均有著述。有《教养全书》、《朱子集要》、《周易集解》、《应潜斋先生集》等。卒于 1683 年(清圣祖康熙二十二年)。

◇谢文洊生。曾读佛书,学禅。与友讲王守仁心学,后倾心程朱。有《日录》、《左传济变录》等。卒于 1681 年(清圣祖康熙二十年)。

1616 年(明神宗万历四十四年)

◇魏裔介生。学宗程朱正统。有《圣学知统录》、《知统翼录》、《希贤录》等。卒于 1686 年(清圣祖康熙二十五年)。

1617 年(明神宗万历四十五年)

◇熊伯龙生。

◇魏象枢生。有《儒宗录》、《寒松堂集》等。卒于 1687 年(清圣祖康熙二十六年)。

◇朱用纯生。宗程朱。居家教授。有《朱子家训》、《愧讷集》。卒于 1688 年(清圣祖康熙二十七年)。

◇陈实功著《外科正宗》,论及外科疾病百余种。为后世外科医生的必读书。

1619 年(明神宗万历四十七年)

◇王夫之生。

1621 年(明熹宗天启元年)

◇瑞士人邓玉函来华,传入有关西方力学知识。

◇次年,德国人汤若望来华,传入西方天文、光学等知识。

1623 年(明熹宗天启三年)

◇毛奇龄生。经学家。治经不信宋儒。有《太极图说遗议》、《春秋毛氏传》、《春秋属辞比事记》、《论语稽求编》、《古文尚书冤词》等。卒于1716年(明圣祖康熙五十五年)。

◇费密生。反对空谈道德性命的理学，主张"道"能致用。并反对宋儒的"禁欲"。有《中传正记》、《弘道书》等。卒于1699年(清圣祖康熙三十八年)。

1625年(明熹宗天启五年)

◇魏忠贤捕杀东林党人，毁天下书院。

◇刘宗周提出"慎独"学说。

1627年(明熹宗天启七年)

◇李颙生。

◇汤斌生。学源于孙奇逢。提出"圣贤之学，其要存心而已"；"从日用伦常躬行实践，体验天命流行"等观点。有《洛学编》、《汤子遗书》等。卒于1687年(清圣祖康熙二十六年)。

1628年(明思宗崇祯元年)

◇徐光启《农政全书》编成。

◇张献忠起义。

1629年(明思宗崇祯二年)

◇吕留良生。后推崇朱熹的种族思想，认为"华夷之辨"大于"君臣之伦"。晚年为僧。有《吕晚村文集》、《东庄吟稿》等。卒于1683年(清圣祖康熙二十三年)。

◇朱彝尊生。与姜宸英、严绳孙并称"海内三布衣"。有《经义考》、《日下旧闻》、《五代史补注》、《曝书亭集》等。卒于1709年(清圣祖康熙四十八年)。

◇刘宗周讲学蕺山，建证人书院。

◇开始编译《崇祯历书》。

◇张溥等建立复社，继续东林党斗争。

◇李自成起义。

1630年(明思宗崇祯三年)

◇唐甄生。后提出"自秦以来，凡为帝王者皆贼也"的观点。有《潜书》。卒于1704年(清圣祖康熙四十三年)。

◇陆陇其生。后与陆世仪并称"二陆"。学宗程朱，认为王学"以禅之实而托于儒，其流害固不可胜言"。有《困勉录》、《三鱼堂文集》等。卒于1692年(清圣祖康熙三十一年)。

1631年(明思宗崇祯四年)

◇徐乾学生。乾嘉朴学的先导。有《通志堂经解》、《读礼通考》、《宋元通鉴》等。卒于1694年(清圣祖康熙三十三年)。

◇顾祖禹生。地理学家。有《读史方舆纪要》。卒于1692年(清圣祖康熙三十一年)。

1633年(明思宗崇祯六年)

◇"复社"在苏州虎丘举行大会，以后黄宗羲、方以智、顾炎武等参加活动。

◇万斯大生。万斯同兄。师事黄宗羲。提出"非通诸经不能通一经；非悟传、注之失则不能通一经；非以经释经，则亦无由悟传、注之失"。有《学礼质疑》、《学春秋随笔》。卒于1683年(清圣祖康熙二十二年)。

◇李因笃生。学宗朱熹。有《春秋说》、《汉诗评》、《受祺堂文集》等。卒年不详。

◇胡渭生。有《易图别辨》、《大清一统志》、《洪范正论》等。另撰《禹贡锥指》，为研究中国历史地理沿革的重要参考书。卒于1714年(清圣祖康熙五十三年)。

◇梅文鼎生。数学家。有《梅氏历算全书》。卒于1721年(清圣祖康熙六十年)。

◇徐光启卒。科学家。有《农政全书》，主持修订《崇祯历书》，译《几何原本》。

1635年(明思宗崇祯八年)

◇颜元生。

◇次年，阎若璩生。乾嘉学派的先导者。为学承顾炎武遗风。有《古文尚书疏证》、《四书释地》、《潜邱札记》等。卒于1704年(清圣祖康熙四十三年)。

1637年(明思宗崇祯十年)

◇宋应星《天工开物》刊行。

1638年(明思宗崇祯十一年)

◇黄宗羲与顾杲、吴应箕等发表《留都防乱公揭》，声讨阉党。

◇万斯同生。黄宗羲弟子。习刘宗周之学。有《续礼通考》、《儒林宗派》、《群书疑辨》等。卒于1702年(清圣祖康熙四十一年)。

1640年(明思宗崇祯十三年)

◇马注(回族)生。有《清真指南》等。卒于1711年(清圣祖康熙五十年)

◇次年，徐霞客卒。有《徐霞客游记》。

1642年(明思宗崇祯十五年)

◇李光地生。治程朱理学，奉命主编《性理精义》、《朱子大全》等书，宣扬理学。有《榕村全集》。卒于1718年(清圣祖康熙五十七年)。

1643年(明思宗崇祯十六年)

◇方以智《通雅》成书。

◇王夫之拒绝张献忠的邀请。

◇陈确从学于刘宗周。

◇次年，清王朝建立。

1645年(清世祖顺治二年)

◇刘宗周卒。生前创蕺山学派。提出"理即是气之理，断然不在气先，不在气之外"等观点，提倡"诚敬"、"慎独"。有《刘子全书》、《刘子全书遗编》。

◇王夫之居"续梦庵"，开始注解《易经》。次年作成《莲峰志》，并始编《春秋家说》。

1646年(清世祖顺治三年)

◇清朝开始科举考试。

◇波兰人穆尼阁来华，传入近代对数知识。

1647年(清世祖顺治四年)

◇黄宗羲研究历算，作《春秋日食历》、《授时历》、《推法授时历》、《勾股图说》等。

◇陈确作《呈学请削籍词》"求削儒籍"。

◇孙奇逢编《理学宗传》。

◇姚际恒生。有《古今伪书考》、《诗经通论》、

《好古堂书目》等。约卒于1715年(清圣祖康熙五十四年)。

1648年(清世祖顺治五年)

◇王夫之避居莲花峰继续研究《周易》,并著述《周易内传》。

◇陈厚耀生。经学家。并精历算。有《春秋长历》、《春秋世族谱》、《通表》等。卒于1723年(清世宗雍正元年)。

◇刘献廷生。经学家,并精音韵学。有《广阳杂记》。卒于1695年(清圣祖康熙三十四年)。

◇王源生。属颜李学派。主张重商。谓“有田者必自耕”,并痛心于两千年来士子奄奄无生气。有《平书》、《居业堂文集》。卒于1710年(清圣祖康熙四十九年)。

◇次年,熊伯龙以《廷试策》中进士榜眼。

1650年(清世祖顺治七年)

◇陈确著《葬论》,开始批判宋儒学说。

◇次年,张伯行生。崇程朱之学,斥李贽、颜元及佛道之学。有《困学录》、《正谊堂文集》等。卒于1725年(清世宗雍正三年)。

◇熊伯龙著成《论衡精选》。

◇李颙自学释、道。

1652年(清世祖顺治九年)

◇方以智成《东西均》、《物理小识》、《切韵声源》、《删补本章》、《医学会通》等。

◇次年,在金陵高座寺潜心著述,糅合《周易》、《中庸》、象数以及佛教、老庄思想,形成其“十五说”和“公因反因说”。

◇陈确写成《大学辨》,提出“大学首章非圣经也,其传十章非贤传也”的思想,遭时儒围攻。

1654年(清世祖顺治十一年)

◇隐元应日本长崎兴福寺僧人逸然邀请,赴日传法。

1655年(清世祖顺治十二年)

◇李颙转向经济的研究,提倡“学须开物成务”。

◇王夫之流亡湘南,著《老子衍》、《周易外传》。

◇次年,王夫之成《黄书》。

◇方以智编定《周易时论》,著《周易图象口表》,开始著《药地炮庄》。

1657年(清世祖顺治十四年)

◇李颙转向静坐澄心之说。

◇陈确著《性解》、《禅障》,指责程朱人性说。

1658年(清世祖顺治十五年)

◇顾炎武约在此时完成《山东考古录》、《昌平山水记》等。

◇颜元著《存治编》,提出“井田、封建、学校皆斟酌复之”,并开始接触陆王心学。

1659年(清世祖顺治十六年)

◇李塨生。

◇朱之瑜开始长期客居日本,从事讲学活动。

1660年(清世祖顺治十七年)

◇熊伯龙将《论衡精选》一书定名为《无何集》。

◇刘智(回族)约生于此时。有《天方性理》、《五功释义》等。约卒于1730年(清世宗雍正八年)。

1661年(清世祖顺治十八年)

◇苏州诸生聚哭文庙。

◇黄宗羲完成《明夷待访录》初稿。以后著成《汰存编》、《思旧录》、《隆武纪年》、《永历纪年》、《沙定洲纪乱》等书。

◇朱之瑜著《阳九述略》。

◇孙奇逢著《经学录》。

◇次年,顾炎武著《天下郡国利病书》。

1663年(清圣祖康熙二年)

◇王夫之著《尚书引义》。

◇顾炎武访李颙。

1664年(清圣祖康熙三年)

◇方以智主持青原山净居寺,开始著《禅乐府》、《愚者智语录》,编成《青原志略》。其《物理小识》刊行。

◇次年,王夫之写成《读四书大全说》。

1666年(清圣祖康熙五年)

◇陈确病中会黄宗羲。

1667年(清圣祖康熙六年)

◇黄宗羲恢复刘宗周创办的“证人书院”,开始讲学。

◇顾炎武刻印《音学五书》。

◇次年,王懋竑生。以考据的治学方法,整理朱子之学。有《白田杂著》、《读书记疑》等。卒于1741年(清高宗乾隆六年)。

1669年(清圣祖康熙八年)

◇熊伯龙卒。曾对宗教迷信进行了批判。有《无何集》。

◇颜元改居处“思古斋”为“习斋”,写下了《存学编》、《存性编》。

◇王夫之著《续春秋左氏传博议》。

1670年(清圣祖康熙九年)

◇顾炎武初刻《日知录》。

◇李颙南行讲学,留下《南行述》。

◇陈确作《葬经》,继续向宋儒发难。

1671年(清圣祖康熙十年)

◇方以智自杀。曾提出“一切物皆气所为也”;“盈天地间皆物”,“物物之生机皆火”;“两间无不交,无不二而一”,“常统常变”,“相反相因”;“一多相即”,“不妨矛盾”;“寓通幾(哲学)于质测”,“宙(时间)轮于宇(空间)”的观点。主张“函雅故,通古今”的科学哲学统一的思想方法。批判宋明理学空谈性理。有《通雅》、《物理小识》、《东西均》、《药地炮庄》等。

◇惠士奇生。经学家。力主治经一切依汉儒。有《易说》、《春秋说》、《交食举隅》等。卒于1741年(清高宗乾隆六年)。

1673年(清圣祖康熙十二年)

◇李颙讲学于关中书院,立《关中书院会约》。

◇孙奇逢命学生辑《北学编》、《洛学编》。

1675 年(清圣祖康熙十四年)

◇孙奇逢卒。与李颙、黄宗羲并称三大儒。初宗陆王,后学朱熹理学,为两家调和者。有《理学宗传》、《四书近旨》、《读易大指》、《理学传心纂要》、《夏峰先生集》。

◇黄宗羲编定《明文集》。

◇次年,成《明儒学案》。

◇王夫之迁石船山下。后著《周易大象解》、《礼记章句》。

1677 年(清圣祖康熙十六年)

◇陈确卒。曾抨击宋明理学和佛学,反对"知止于至善",以为人的善恶取决于后天积习,主张"气"、"才"、"性"三者不可分。有《葬书》、《大学辨》、《瞽言》等。

◇次年,清开"博学鸿词科",立明史馆征名儒,李颙以死拒,吕留良不赴,顾炎武绝迹于京师。

1679 年(清圣祖康熙十八年)

◇王夫之著《庄子通》。

◇唐甄《潜书》刊行。

◇顾栋高生。有《毛诗类释》、《大儒粹语》、《春秋大事表》。卒于 1759 年(清高宗乾隆二十四年)。

1680 年(清圣祖康熙十九年)

◇王夫之辑古今诗为《六十自定稿》。

◇李塨约在此时受教于颜元。

◇李颙写成《垩室录感》。

◇次年,江永生。长于比勘,开皖派经学之风气。有《礼经纲目》、《近思录集解》、《乡党图考》等。卒于 1762 年(清高宗乾隆二十七年)。

1682 年(清圣祖康熙二十一年)

◇顾炎武卒。曾治经考证。提出一套归纳、发现、证实的科学方法,运用于经学、音韵学、地理学等领域,成就显著。开清代朴学风气。提出"盈天下者气也","非器则道无所寓"的观点。提倡"经世致用",认为"舍经学无理学"。主张文须"有益于天下",反对文章模仿之病。有《日知录》、《亭林诗文集》、《肇域志》等。

◇颜元著《存人编》。

◇王夫之著《噩梦》。

◇朱之瑜卒于日本。曾提出"道在彝伦日用","学贵实行","为学当有实功,有实用"等观点。反对官僚制度。有《朱舜水先生全集》。

◇次年,清政府收复台湾,并开放海禁。

1684 年(清圣祖康熙二十三年)

◇王夫之撰成《俟解》。

1686 年(清圣祖康熙二十五年)

◇黄宗羲完成《明义海》、《明文授谈》、《葬制或问》、《读葬书问对》,开始著《宋元学案》。

◇李颙的《四书反身录》刊行。

◇次年,王夫之作《读通鉴论》,后又作《南窗漫记》。

1688 年(清圣祖康熙二十七年)

◇沈彤生。经学家。有《周官禄田考》、《仪礼小疏》、《果堂集》等。卒于 1752 年(清高宗乾隆十七年)。

1692 年(清圣祖康熙三十一年)

◇王夫之卒。曾总结宋明理学。提出"太虚一实","尽天地之间,无不是气","理依于气","天下惟器";"太虚本动","气化日新","动静皆动","变不失其常";"能必副所","行可兼知";"理势合一","即民见天"等观点。有《船山遗书》。

◇颜元开始著述《四书正误》、《朱子语录评》。

◇明安图(蒙古族)生。后精数学、天文。主持绘制《乾隆内府皇舆全图》,编修《历象考成》、《律历渊源》、《仪象考成》。以数学上弧与弦的关系阐明事物质量之间的辩证关系。卒于 1765 年(清高宗乾隆三十年)。

1695 年(清圣祖康熙三十四年)

◇黄宗羲卒。所著《明儒学案》,开浙东史学研究之风气。曾提出"气外无理","心即是气","盈天地皆心";"一本而万殊"等观点。反对君主私立天下。认为文章"天地之元气",诗"以道性情"。有《宋元学案》、《明儒学案》、《明夷待访录》等。

◇次年,杭世骏生。曾校勘《十三经》、《二十四史》,纂修《三礼义疏》等。另有《道古堂文集》、《诗集》、《石经考异》、《续礼记集》等。卒于 1773 年(清高宗乾隆三十八年)。

1697 年(清圣祖康熙三十六年)

◇惠栋生。惠士奇之子。吴派经学的奠基者。主张遵古训,守家法。有《周易述》、《九经古义》、《明堂大道录》等。卒于 1758 年(清高宗乾隆二十三年)。

1702 年(清圣祖康熙四十一年)

◇秦蕙田生。有《五礼通考》、《周易象义日笺》等。卒于 1764 年(清高宗乾隆二十九年)。

◇次年,齐召南生。有《礼记注疏考证》、《前汉书考证》等。另有地理学著作《水道提纲》。卒于 1768 年(清高宗乾隆三十三年)。

1704 年(清圣祖康熙四十三年)

◇颜元卒。曾重"习行",倡"实学",反对儒家的"读书静坐"和"心性命理"学说。释"格"为"手格猛兽"。主张"立言但论是非,不论异同","夫推者,用力扩拓去,自此及彼,自内而外,自近而远之辞也"。有《四书正误》、《四存编》等,编入《颜李遗书》。

◇李塨为颜元《存治》、《存性》二编书写《书后》。

◇伊斯兰教著作《天方性理》约在此年前后成书。

1705 年(清圣祖康熙四十四年)

◇李颙卒。与孙奇逢、黄宗羲并称三大儒。为学兼采朱陆两派。崇实学,反对空谈。提出"明道存心以为体,经世宰物以为用";"立人达人,全在讲学,移风易俗,全在讲学,拨乱反正,全在讲学,旋乾转坤,全在讲学"等观点。有《四书反身录》、《二曲全集》等。

◇全祖望生。曾续修《宋元学案》,并校《水经注》。有《鲒埼亭文集》。卒于1755年(清高宗乾隆二十年)。

1712年(清圣祖康熙五十一年)

◇康熙特升朱熹配享孔庙。

1713年(清圣祖康熙五十二年)

◇御纂《朱子全书》成。

1715年(清圣祖康熙五十四年)

◇李光地奉旨编《性理精义》。

◇次年,德国人戴进贤来华,传入刻卜勒、牛顿提出的学说。

◇袁枚生。

1717年(清圣祖康熙五十六年)

◇卢文弨生。曾与段玉裁、戴震友善,潜心汉学。校《孟子音义》、《荀子》、《吕氏春秋》、《春秋繁露》、《白虎通》、《经典释文》等。著有《抱经堂集》、《广雅释天》等。卒于1795年(清高宗乾隆六十年)。

◇次年,程晋芳生。曾与朱筠、戴震游,治经穷心训诂。为学好刘宗周守身事亲之说。有《周易知旨编》、《尚书今文释义》、《春秋左传翼疏》等。卒于1784年(清高宗乾隆四十九年)。

◇全国地图《皇舆全图》问世。

1719年(清圣祖康熙五十八年)

◇庄存与生。常州学派的开创者。为学不拘于汉、宋之别,但求融会。有《春秋正辞》、《象传论》、《系辞传论》、《尚书既见》、《书说》、《周官记》等。卒于1788年(清高宗乾隆五十三年)。

1721年(清圣祖康熙六十年)

◇在康熙支持下编译完成《数理精蕴》,介绍17世纪以来传入的西方几何学、三角学、代数等数学知识。

◇江声生。师事惠栋,宗汉儒经说。有《尚书集注音疏》、《论语质》、《六书说》等。卒于1779年(清高宗乾隆四十四年)。

◇次年,王鸣盛生。

1723年(清世宗雍正元年)

◇戴震生。雍正皇帝下令驱逐西方传教士。西方科学技术知识传入呈停顿状况。

◇次年,纪昀生。曾主持纂修《四库全书》。有《纪文达公遗集》、《阅微草堂笔记》等。卒于1805年(清仁宗嘉庆十年)。

1727年(清世宗雍正五年)

◇赵翼生。有《廿二史札记》、《陔余丛考》、《瓯北诗钞》等。卒于1814年(清仁宗嘉庆十九年)。

◇次年,钱大昕生。有《潜研堂文集》、《廿二史考异》、《经典文字考异》、《恒言录》、《疑年录》等。卒于1804年(清仁宗嘉庆九年)。

1729年(清世宗雍正七年)

◇清廷刊行《大义觉迷录》。

◇朱筠生。有《笥河集》。卒于1781年(清高宗乾隆四十六年)。

◇次年,毕沅生。治经宗汉儒,文字崇许慎。有《经典文字书》、《音同义异辨》、《传经表》、《续资治通鉴》等。卒于1797年(清仁宗嘉庆二年)。

1732年(清世宗雍正十年)

◇姚鼐生。曾参加《四库全书》纂修。历主江南各书院讲席。为桐城派代表人物。提出"文章之原,本乎天地";"文者,天地之精英,而阴阳刚柔之发也"等观点。有《惜抱轩全集》。卒于1815年(清仁宗嘉庆二十年)。

1733年(清世宗雍正十一年)

◇李塨卒。曾提出"理在事中",以为理学空谈是宋明亡国的原因。有《恕谷文集》等,编入《颜李遗书》。

◇次年,李惇生。与汪中、王念孙等相讲习,力倡古学。有《群经识小》、《左传通释》、《说文引书字义考》等。卒于1784年(清高宗乾隆四十九年)。

1735年(清世宗雍正十三年)

◇段玉裁生。曾师事戴震。有《说文解字注》、《古文尚书撰异》、《毛诗小学》等。卒于1815年(清仁宗嘉庆二十年)。

◇钱塘生。有《律吕古义》、《史记三书释疑》、《春秋左氏传古义》、《述古篇》等。卒于1790年(清高宗乾隆五十五年)。

◇次年,颁行《十三经》、《二十一史》至各省府州县。

◇桂馥生。认为士不通经不足致用,训诂不明则不足以通经。有《说文义证》、《札朴》、《晚学集》等。卒于1805年(清仁宗嘉庆十年)。

1737年(清高宗乾隆二年)

◇孙志祖生。认为魏王肃伪撰《孔子家语》,诬圣背经,乃撰《家语疏证》。另有《读书脞录》、《文选考异》等。卒于1801年(清仁宗嘉庆六年)。

1738年(清高宗乾隆三年)

◇章学诚生。后提出"道寓于器","六经皆史"等观点。主张治经以考证史料和发挥义理相结合。有《文史通义》,编定《史籍考》。卒于1801年(清仁宗嘉庆六年)。

◇丁杰生。曾入四库全书馆,与朱筠、戴震、卢文弨等相互讲习。有《大戴礼记绎》、《周易郑注后定》、《毛诗陆疏》、《复古编》等。卒于1807年(清仁宗嘉庆十二年)。

1740年(清高宗乾隆五年)

◇崔述生。曾认为汉以后诸儒对群经的传、记、注、疏皆不可信,著《考信录》。另有《考古异录》、《东壁遗书》等。其疑古求实精神对中国近代史学界(如顾颉刚等)影响颇大。卒于1816年(清仁宗嘉庆二十一年)。

1743年(清高宗乾隆八年)

◇邵晋涵生。曾有经学首推戴震、史学首推邵晋涵之称。有《旧五代史》、《尔雅正义》、《孟子述义》、《南江诗文集》等。卒于1796年(清仁宗嘉庆元年)。

1744年(清高宗乾隆九年)

◇王念孙生。曾从戴震学声音文字训诂。有

《广雅疏证》、《读书杂志》等。与其子王引之，遂开高邮一派。卒于1832年(清宣宗道光十二年)。

◇钱大昭生。认为注经以明理为宗，注史以达事为主。有《汉书辨疑》、《后汉书辨疑》、《三国志辨疑》、《经说》、《说文统释》等。卒于1813年(清仁宗嘉庆十八年)。

◇钱坫生。有《史纪补注》、《十经文字通正书》、《汉书地理志集释》、《镜铭集录》等。卒于1806年(清仁宗嘉庆十一年)。

◇法国人蒋友仁来华，传入哥白尼的日心说，并主编《内府舆图》。

1745年(清高宗乾隆十年)

◇汪中生。其学尊墨子和荀子，反对传统孔孟并提。有《墨子序》，于是墨学研究复兴。另有《荀卿子通论》、《广陵通典》、《述学》等。卒于1794年(清高宗乾隆五十九年)。

1746年(清高宗乾隆十一年)

◇洪亮吉生。后主张无鬼神。认为人口增长超过财富增长会造成贫困。有《左传诂》、《意言》等。卒于1809年(清仁宗嘉庆十四年)。

◇《宋元学案》由全祖望等编成。

◇修《明通鉴纲目》成。高宗作序，盛称朱熹《通鉴纲目》祖述孔子《春秋》之义，非司马光所能及。

1750年(清高宗乾隆十五年)

◇庄述祖生。有《尚书今古文考证》、《夏小正经传考释》、《毛诗考证》、《五经小学述》等。卒于1816年(清仁宗嘉庆二十一年)。

1752年(清高宗乾隆十七年)

◇孔广森生。有《春秋公羊通义》、《诗声类》。对古韵学有所创见。并钻研秦九韶和李冶的数学著作，有《少广正负术内外篇》。另有《礼学卮言》、《经学卮言》、《大戴礼记补注》等。卒于1786年(清高宗乾隆五十一年)。

◇高宗谕注意保守旧制，“学习骑射，娴熟国语(满语)”。

◇次年，孙星衍生。曾应阮元之聘主讲于诂经精舍。有《尚书今古文注疏》、《金石萃编》、《周易集解》、《夏小正传校正》等。卒于1818年(清仁宗嘉庆二十三年)。

1755年(清高宗乾隆二十年)

◇郝懿行生。有《尔雅义疏》、《竹书纪年校正》、《郑氏礼记笺》、《山海经笺疏》等。其妻王照圆亦通经史，有“高邮王(念孙)父子，栖霞郝夫妇”之称。卒于1823年(清宣宗道光三年)。

1761年(清高宗乾隆二十六年)

◇江藩生。师事江声。惠栋再传弟子。有《国朝汉学师承记》、《国朝宋学渊源记》、《周易述补》、《尔雅小笺》、《炳烛室杂文》等。卒于1830年(清宣宗道光十年)。

◇《西域图志》完成。

◇张惠言生。有《周易虞氏义》、《虞氏消息》、《虞氏易候》等。另有《易义别录》、《易纬略义》、《易图条辨》、《墨子经说解》等。卒于1802年(清仁宗嘉庆七年)。

◇次年，严可均生。

1763年(清高宗乾隆二十八年)

◇焦循生。

◇次年，戴震《原善》成。

◇阮元生。曾创浙江诂经精舍、广东学海堂。罗致人才编书刊印，编《经籍籑诂》，刻《十三经注疏》，编刻《皇清经解》。另有《畴人传》、《积古斋钟鼎彝器款识》、《性命古训》、《论语论仁论》、《考工记车制图解》等，皆收入《揅经室集》。卒于1849年(清宣宗道光二十九年)。

1766年(清高宗乾隆三十一年)

◇王引之生。有《经传释词》、《经文述闻》、《字典考证》等。卒于1834年(清宣宗道光十四年)。

◇《大清会典》成书。

◇次年，江沅生。与段玉裁相互研讨，成《说文解字音均表》。另有《说文释例》、《染香盦文集》。卒于1837年(清宣宗道光十七年)。

◇臧庸生。师事卢文弨。曾参与《经籍籑诂》、《十三经注疏》工作。有《拜经日记》、《月令杂说》、《说诗考异》等。卒于1811年(清仁宗嘉庆十六年)。

◇《续文献通考》成书。命续修《续通典》、《续通志》。

1768年(清高宗乾隆三十三年)

◇许宗彦生。有《止水斋诗文集》。精于天文，自制浑金球，自立解说。卒于1818年(清仁宗嘉庆二十三年)。

◇李锐生。师事钱大昕学经。曾受阮元聘校《礼记正义》及辑《畴人传》。有《周易虞氏略例》、《开方说》等。通科技著作，尤深研古历，悉能洞澈。卒于1817年(清仁宗嘉庆二十二年)。

1770年(清高宗乾隆三十五年)

◇顾广圻生。师事江声，受惠栋之学。有《思适斋集》、《遯翁苦口》。尤精于目录校雠之学，与卢文弨同名。卒于1839年(清宣宗道光十九年)。

◇次年，陈寿祺生。与张惠言、王引之齐名。曾为《十三经注疏》、《经籍籑诂》制定义例。有《尚书大传定本》、《洪范五行传辑本》、《五经疑义疏证》等。卒于1834年(清宣宗道光十四年)。

◇金鹗生。曾在诂经精舍讲学。治经推崇汉、宋先儒诸说，辅翼群经，无墨守门户之见。有《求古录礼说》、《乡党正义》、《四书正义》等。卒于1819年(清仁宗嘉庆二十四年)。

1773年(清高宗乾隆三十八年)

◇开《四库全书》馆，以纪昀为总裁，征戴震、邵晋涵等入馆编校。

1775年(清高宗乾隆四十年)

◇凌曙生。初学主郑玄之说，后好何休公羊春秋。有《春秋繁露注》、《春秋公羊礼疏》、《公羊礼说》、《公羊问答》等。卒于1829年(清宣宗道光九年)。

◇次年，刘逢禄生。常州学派奠基者。主董仲舒、何休之说。著《春秋公羊经何氏释例》，发挥"张三世"改制思想。又撰《左氏春秋考证》，对康有为《新学伪经考》有启发。另有《论语述何》、《申何难郑》、《公羊春秋何氏解诂笺》等。卒于1829年（清宣宗道光九年）。

◇钱绎约生于此时。曾筑书室，名"信芳馆"。有《十三经汉学句读》、《孟子义疏》、《十三经断句考》等。卒年不详。

1777年（清高宗乾隆四十二年）

◇戴震卒。曾提出"气化流行，生生不息"，"气化即道"；"理在事先"；"理存于欲"，"后儒以理杀人"；"神明照物"等观点。强调把握事物的"条理"，讲究"求诸物"的方法。有《原善》、《孟子字义疏证》、《声类表》等，皆收入《戴震集》。

◇次年，唐鉴生。曾主讲江南金陵书院，曾国藩等皆尝从问业。有《朱子学案》、《朱子年谱考异》、《读易小识》等。卒于1861年（清文宗咸丰十一年）。

◇许桂林生。有《易确》、《春秋穀梁传时日月书法释例》、《毛诗后笺》、《春秋三传地名考证》等。卒于1821年（清仁宗嘉庆二十六年）。

◇钱侗生。有《九经补韵考》、《孟子正义》、《乐斯堂文集》等。卒于1815年（清仁宗嘉庆十九年）。

1779年（清高宗乾隆四十四年）

◇宋翔凤生。治经发挥天人感应说，把孔学解释成神学，撰《论语说义》。另有《周易考异》、《尚书略说》等。卒于1860年（清文宗咸丰十年）。

◇次年，郑复光生。通晓数学、物理和机械制造，曾自制测天望远镜。有《弗隐与知录》、《镜镜诊痴》。卒年不详。

1782年（清高宗乾隆四十七年）

◇《四库全书》编成。

◇胡培翚生。曾主讲钟山、惜阴两书院。有《仪礼正义》、《燕寝考》、《研六室文钞》等。卒于1849年（清宣宗道光二十九年）。

◇次年，钱仪吉生。为学不持汉宋门户，折中书文大义。曾主讲开封大梁书院。有《经典证文》、《说文雅厌》、《三国晋南北朝会要》、《辑古算经音义序》等。卒于1850年（清宣宗道光三十年）。

◇李贻德生。与孙星衍为友，分纂《十三经佚注》。有《十七史考异》、《周礼剩义》、《春秋左氏传贾服注辑述》等。卒于1832年（清宣宗道光十二年）。

1785年（清高宗乾隆五十年）

◇林则徐生。曾奉命禁烟，整顿海防等。主编《四洲志》，主张师敌之长技以制敌。有《云左山房文钞》、《云左山房诗钞》、《林则徐集》等。卒于1850年（清宣宗道光三十年）。

◇次年，陈奂生。有《毛诗传疏》、《郑氏笺考证》、《毛诗传义类》等。卒于1863年（清穆宗同治二年）。

◇周树槐生。无神论者。提出"鬼不能荫，吉凶由人"；"人之生，块然者形也"等观点。有《壮学斋文集》。卒于1849年（清宣宗道光二十九年）。

1789年（清高宗乾隆五十四年）

◇刘文淇生。有《左传旧注疏证》、《左传旧疏考证》、《楚汉诸侯疆域志》、《读书随笔》等。又作《扬州水道记》，谓唐宋以前扬州地势南高北下，东西两岸未设堤防，与今运河形势不同。卒于1854年（清文宗咸丰四年）。

1791年（清高宗乾隆五十六年）

◇焦循著《群群宫室图》。

◇刘宝楠生。与刘文淇并称"扬州二刘"。专治《论语》，有《论语正义》。另有《念楼集》、《释穀》等。卒于1855年（清文宗咸丰五年）。

1792年（清高宗乾隆五十七年）

◇龚自珍生。后提出"性无善无不善"；"更法"，"自古及今，法无不改"；"相倚相譬"等观点。晚年受天台宗影响。有《龚自珍全集》。卒于1841年（清宣宗道光二十一年）。

◇姚配中生。有《周易参象》、《周易姚氏学》、《书学拾遗》、《智果心成颂注》等。卒于1844年（清宣宗道光二十四年）。

◇次年，洪亮吉著《意言》。

1794年（清高宗乾隆五十九年）

◇魏源生。后提出"变古"，"师夷之长技以制夷"；"有对之中必一主一辅"，"祸与福同根"；"天地，人所造，众人自造，非圣人所造"；"及之而后知"，"以实事程实功，以实功程实事"等观点。有《圣武记》、《海国图志》、《老子本义》、《古微堂集》、《元史新编》等。卒于1857年（清文宗咸丰七年）。

◇丁晏生。治经不持汉宋门户，认为汉儒、宋儒二者不可偏废。有《毛郑诗释》、《诗考补注》、《尚书余论》、《周易解故》等。卒于1875年（清德宗光绪元年）。

◇熊伯龙《无何集》刊行。焦循《加减乘除释》成。

◇马复初生。有《四典会要》、《大化总归》等。卒于1874年（清穆宗同治十三年）。

◇次年，焦循著《释弧》。

◇柳兴恩生。学于阮元。纂《穀梁春秋大义述》。倡明鲁学，成一家之言。有《周易卦气补》、《虞氏易象考》等。卒于1880年（清德宗光绪六年）。

1796年（清仁宗嘉庆元年）

◇章学诚初刻《文史通义》。

◇焦循著《释轮》、《释椭》。

◇梁廷枏生。曾助林则徐禁烟。并参与广州反英斗争。有《东坡事略》、《越华纪略》等。卒于1861年（清文宗咸丰十一年）。

◇次年，王鸣盛卒。学宗汉儒，深研《尚书》，著《尚书后案》。另有《十七史商榷》、《蛾术篇》、《耕养斋诗文集》等。

1798年（清仁宗嘉庆三年）

◇侯康生。有《穀梁礼证》、《春秋古经说》、《后汉书补注续》等。卒于1837年（清宣宗道光十七年)。

1801年(清仁宗嘉庆六年)

◇阮元创建诂经精舍。题曰:"精舍者,汉学生徒所居之名;诂经者,不忘旧业,且勖新知也。"

1809年(清仁宗嘉庆十四年)

◇刘逢禄著《公羊何氏解诂笺》。

◇冯桂芬生。主张"以中国之伦常名教为原本,辅以诸国富强之术"。有《校邠庐抗汉》、《显志堂集》等。卒于1874年。

◇陈乔枞生。有《今文尚书经说考》、《齐鲁韩三家诗遗说考》、《诗经四家异文考》、《齐诗翼氏学疏证》、《诗纬集证》、《礼记郑读考》、《礼堂经说》等。卒于1869年(清穆宗同治八年)。

◇陈立生。有《公羊义疏》、《白虎通疏证》、《尔雅旧注》等。卒于1869年(清穆宗同治八年)。

◇次年,邵懿辰生。有《礼经通论》、《尚书通义》、《孝经通论》、《尚书传授同异考》等。卒于1861年(清文宗咸丰十一年)。

◇陈澧生。治经不为汉宋门户所限。有《声律通表》、《水经注提纲》、《三统术详说》、《东塾读书记》等。卒于1882年(清德宗光绪八年)。

1811年(清仁宗嘉庆十六年)

◇曾国藩生。后镇压太平军。据程朱"理一分殊"提出"各得其分"思想,维护封建宗法和等级。主张以"经济"充实、代替"义理",倡"雄奇之气"。有《曾文正公全集》。卒于1872年(清穆宗同治十一年)。命各省查禁西洋人,并禁民人习天主教。

◇李善兰生。科学家。曾参加西书翻译工作。译有《几何原本》、《代数学》、《代微积拾级》、《曲线说》等。撰《则古昔斋算学》。指出:"今欧罗巴各国日益强盛为中国边患,推其原故,制器精也;推原制器之精,算数明也。"卒于1882年(清德宗光绪八年)。

1813年(清仁宗嘉庆十八年)

◇刘熙载生。曾主讲上海龙门书院。治经无汉宋门户之见。有《四音定切》、《艺概》等。卒于1881年(清德宗光绪七年)。

1814年(清仁宗嘉庆十九年)

◇洪秀全生。

◇龚自珍著《明良论》,开晚清士大夫议政之风。

1818年(清仁宗嘉庆二十三年)

◇徐寿生。科学家。曾在上海江南机器制造局任职,参加翻译西方科技书数百种。译著有《化学鉴原》、《化学考质》、《西艺知新》、《测绘地图》等。卒于1884年(清德宗光绪十年)。

◇江藩约在此时著成《国朝汉学师承记》。

◇刘毓崧生。有《春秋左氏传大义》、《诸子通义》、《经传通义》、《周礼尚书毛诗礼记旧疏考证》等。卒于1867年(清穆宗同治六年)。

◇次年,邹伯奇生。科学家。在西方发明银版照相法的同时创造出摄影器。有《邹徵君遗书》。卒于1869年(清穆宗同治八年)。

1820年(清仁宗嘉庆二十五年)

◇焦循卒。曾用数理方法通释易理,以取类"旁通"、阴阳"相错"、"时行"三种形式建立其演绎体系。有《易学三书》。另有《孟子正义》、《剧说》、《雕菰楼集》等。

◇次年,俞樾生。曾主讲诂经精舍。有《春在堂全集》。卒于1907年(清德宗光绪三十三年)。

1822年(清宣宗道光二年)

◇洪仁玕生。著《资政新篇》,提出"事有常变,理有穷通"的观点,主张学习西方科技,整顿纲纪。认为文艺虽微,实关品学,反对"舞文弄墨","抑扬其词"。卒于1864年(清穆宗同治三年)。

◇龚自珍著《壬癸之际胎观》。

◇江藩著成《国朝宋学渊源记》。

1824年(清宣宗道光四年)

◇钱东垣卒。平生治学尤重《孟子》。有《孟子解谊》、《补经义考》等。生年不详。

◇次年,魏源编《皇朝经世文编》。

1828年(清宣宗道光八年)

◇容闳生。为中国最早留美学生。有志将西学传入中国。并向洪仁玕提出实行新政的建议。有《西学东渐记》。卒于1921年(民国十年)。

◇王韬生。曾主张变法,提出"变古以通今者势也"等观点。有《弢园文录外编》、《弢园尺牍》等。卒于1897年(清德宗光绪二十三年)。

◇黄以周生。学宗吕祖谦、朱熹。治经不守汉宋门户。于《易》、《诗》、《春秋》皆有著述。另有《子思辑解》、《黄帝内经集注》、《儆季杂著》等。卒于1899年(清德宗光绪二十五年)。

1830年(清宣宗道光十年)

◇沈善登生。为学杂糅经学、佛学和西学。反对程朱理学。提出"光气之说"。有《需时眇言》、《经正民兴说》、《论余适济》。卒于1902年(清德宗光绪二十八年)。

1833年(清宣宗道光十三年)

◇华蘅芳生。科学家。精研数学、地质、矿物等学。参与创设江南机器制造局,并在翻译馆译书。译著有《微积溯源》、《三角数理》、《代数术》、《地学浅释》、《行素轩算稿》等。卒于1902年(清德宗光绪二十八年)。

1837年(清宣宗道光十七年)

◇张之洞生。

◇尹湛纳希(蒙古族)生。提出世界万物"皆起源于阴阳二气";"万物无不具有规律";"坏极转好,愚极转明"等观点。有《青史演义》、《一层楼》、《泣红亭》等。卒于1892年(清德宗光绪十八年)。

◇杨文会生。曾为欧阳竟无、章炳麟等师。通老氏之学,并信佛。对净土、华严、禅宗、唯识及因明等均有研究,还拟建立"马鸣宗"。有《杨仁山居士遗著》。卒于1911年(清宣统三年)。

◇次年,薛福成生。曾主张改良变法。有《庸庵全集》。卒于1894年(清德宗光绪二十年)。

1839 年(清宣宗道光十九年)

◇邓湘皋始刻《船山遗书》。

1840 年(清宣宗道光二十年)

◇鸦片战争爆发。

1841 年(清宣宗道光二十一年)

◇魏源撰《圣武记》。

◇马联元(回族)生。有《性理本经》(阿拉伯文)、《辨理明证》等。卒于 1895 年(清德宗光绪二十一年)。

◇次年,郑观应生。曾有维新改良思想,建议设立议会,振兴工商业,主张学西学之"用"。有《盛世危言》等。卒于 1922 年(民国十一年)。

◇王先谦生。有《续皇清经解》、《荀子集解》、《尚书孔传参正》、《十朝东华录》等。卒于 1917 年(民国六年)。

◇魏源编写《海国图志》。

◇郑复光著成《弗隐与知录》,解释人们当时认为怪异不可解的自然现象。

1843 年(清宣宗道光二十三年)

◇洪秀全创"拜上帝会",利用宗教形式组织群众。

◇严可均卒。有《全上古三代秦汉三国六朝文》、《四录堂类集》等。

1845 年(清宣宗道光二十五年)

◇洪秀全完成《原道救世歌》、《原道醒世训》、《原道觉世训》。

◇次年,朱一新生。曾主讲肇庆端溪书院。坚持封建旧学,反对戊戌变法。有《无邪堂答问》、《奏疏》、《佩弦斋文存》等。卒于 1894 年(清德宗光绪二十年)。

1848 年(清宣宗道光二十八年)

◇孙诒让生。有《墨子间诂》、《周礼正义》、《尚书骈枝》、《古籀拾遗》、《名原》等。卒于 1908 年(清德宗光绪三十四年)。

◇黄遵宪生。曾助行新政,主讲政教,戊戌政变时被黜。所作新派诗,引西方声、光、化、电入诗,并反映近代重大历史事件。有"诗史"之称。有《人境庐诗集》等。卒于 1905 年(清德宗光绪三十一年)。

◇吴其濬《植物名实图考》问世,开现代植物志之先声。

1850 年(清宣宗道光三十年)

◇皮锡瑞生。

1851 年(清文宗咸丰元年)

◇太平天国起义。

◇次年,李善兰到上海参加西书翻译工作,接触到近代自然科学知识。

◇崔适生。

1853 年(清文宗咸丰三年)

◇严复生。

◇太平天国颁布《天朝田亩制度》。

1858 年(清文宗咸丰八年)

◇康有为生。伊斯兰教著作《四典要会》(马复初著)成书。

1859 年(清文宗咸丰九年)

◇洪仁玕发表《资政新篇》。

1861 年(清文宗咸丰十一年)

◇詹天佑生。曾留美学工程。主持修建北京-张家口铁路。有《京张工程纪略》等。卒于 1919 年(民国八年)。

1862 年(清穆宗同治元年)

◇郑观应撰成《救世揭要》(后改名《盛世危言》)。

1864 年(清穆宗同治三年)

◇洪秀全卒。

◇叶德辉生。曾反对康有为等人的变法宣传,坚持封建纲常名教。有《觉迷要录》、《〈读西学书法〉书后》、《正界篇》、《书林清话》、《观古堂藏书》等。1927 年(民国十六年)被湖南农民运动镇压。

1865 年(清穆宗同治四年)

◇吴稚晖生。早期受康、梁影响颇多,认为中国非学西艺不可。曾助孙中山改组国民党,以后发表《举发共产党谋叛呈文》,主张清党。提出"马克思病理学不能试验于中国",以"三民主义"过渡到"大同世界"等观点。哲学上受尼采、柏格森影响。有《吴稚晖先生全集》。卒于 1953 年。

1866 年(清穆宗同治五年)

◇谭嗣同生。后提出"革去故,鼎取新","上权太重,民权尽失";"器存而道不亡","器变道亦变";"以太"为世界本源,"仁为天地万物之源";"贵知不贵行";"贵中和"等观点。有《仁学》,后辑为《谭嗣同全集》。卒于 1898 年(清德宗光绪二十四年)。

◇孙中山生。

◇杨文会在南京创立金陵刻经处。

◇次年,唐才常生。曾组织自力军提出"质点配成万物说"。有《唐才常集》。卒于 1900 年(清德宗光绪二十六年)。

1868 年(清穆宗同治七年)

◇蔡元培生。思想家、教育家、民主主义者。有《蔡元培全集》。卒于 1940 年(民国二十九年)。

1869 年(清穆宗同治八年)

◇章炳麟生。

1871 年(清穆宗同治十年)

◇王静斋(回族)约生于此时。有《古兰经译解》等。卒于 1949 年。

◇欧阳竟无生。随杨文会学佛学。一生刻佛典达二千卷。对法相学特有研究,提出"佛教既非宗教亦非哲学"等观点。有《竟无内外学》。卒于 1944 年(民国三十三年)。

1872 年(清穆宗同治十一年)

◇洋务派开始派学生去英美等国留学。

◇吴虞生。曾以诗文宣传资产阶级民主革命思想,反孔、非孝、非礼。提出"儒家以孝悌二字为两千年来专制政治与家族制度联结之根干",儒家教忠教孝，是把“中国弄成一个制造顺民的大工厂”等观点。被誉为“只手打倒孔家店”人物。有《吴虞文录》、《吴虞文续录别录》等。卒于1949年(民国三十八年)。

1873年(清穆宗同治十二年)

◇梁启超生。

◇罗布桑却丹(蒙古族)生。精通蒙、汉、满、藏文。有《蒙古风俗鉴》。卒年不详。

◇蒋维乔生。有《中国近三百年哲学史》、《中国佛教史》、《佛学概论》、《吕氏春秋汇校》、《宋明理学纲要》等。卒于1958年。

◇沈仲复在上海设诂经精舍。不以诗文课士，专讲经史。

◇次年，丁福保生。居士。通数学、医学、词章考据学。曾创办医学书局，编印医学书籍。另有《说文解字诂林》、《历代诗话续编》等。后信奉佛教，编印有《一切经音义提要》、《佛经精华录笺注》、《六祖坛经笺注》、《佛学指南》、《佛学大辞典》等。卒于1952年。

1875年(清德宗光绪元年)

◇陈天华生。

◇约在此年，徐寿与英国人傅兰雅创办格致书院，开始化学实验的演示，对中国近代化学的发展起过先驱作用。

◇次年，《曾文正公全集》刊行。

1877年(清德宗光绪三年)

◇魏源《古微堂集》刊行。

◇王国维生。为学三变，先学西学，后习哲学，最后研究文学艺术。推崇哲学家康德、叔本华、尼采。介绍西方近代美学理论。开创以地下材料和书面材料互相参证的“二重证据”古文研究法。有《论性》、《释理》、《叔本华之哲学及其教育学说》、《原命》、《人间词话》等。卒于1927年(民国十六年)。

1879年(清德宗光绪五年)

◇薛福成发表《筹洋刍议》，提出变法主张。

◇陈独秀生。

1880年(清德宗光绪六年)

◇弘一生。俗名李叔同。早年留学日本，后出家为僧，研究戒律，弘扬南山宗义。提出“念佛不忘救国，救国必须念佛”的主张。有《在家律要》、《四分律比丘戒相表记》、《南山道祖略谱》等。卒于1942年(民国三十一年)。

1881年(清德宗光绪七年)

◇鲁迅生。

◇陈焕章生。曾组织孔教会，利用孔教鼓吹复辟帝制，反对“五四”新文化运动。卒于1933年(民国二十二年)。

1882年(清德宗光绪八年)

◇李鸿章奏请修孔庙，重儒学。

◇次年，王韬发表《弢园文录外篇》。

1884年(清德宗光绪十年)

◇熊十力生。后融合儒释思想，发挥《周易》、宋明理学和佛教法相唯识学，提出新“唯识学”。有《新唯识论》、《十力理学语要》、《体用论》、《明心篇》等。卒于1968年。

◇刘师培生。治古文经学，与章炳麟齐名。精于文字训诂，主张以字音推求字义，用古语明今言，用今言通古语。有《刘申叔先生遗书》。卒于1919年(民国八年)。

◇吴承仕生。师事章炳麟。对经史、诸子、佛道均有研究，并能用马克思主义观点从事经学研究。有《经典释文序录疏证》、《经籍旧音辨证》、《三礼名物》、《尚书古文辑录》等。卒于1939年(民国二十八年)。

◇康有为著《大同书》。

◇次年，朱执信生。曾注力于阐述孙中山的三民主义学说。有《朱执信集》。卒于1920年(民国九年)。

◇邹容生。曾接受“西学”，赞同变法，并从事反清革命的宣传。卒于1905年(清德宗光绪三十一年)。

◇严复《论世变之亟》发表。

1886年(清德宗光绪十二年)

◇张东荪生。后提出“架构论宇宙观”、“多元认识论”。有《道德哲学》、《科学和哲学》、《唯物辩证法之总检讨》、《阶级问题》、《我们为什么讲社会主义》等。卒于1973年。

◇易白沙生。曾从事反清运动。哲学思想倾向于唯物主义。所撰《诸子无鬼论》反对鬼神迷信。有《广尚思》、《教育与卫西琴》等。卒于1921年(民国十年)。

1887年(清德宗光绪十三年)

◇英美传教士李提摩太、林乐知等在上海组织广学会，传播西学。

◇张君劢生。以柏格森的生命哲学为基础，宣传“自由意识”的人生观，否定客观规律。倡宋明理学和孔孟思想。有《〈人生观之论战〉序》、《〈唯物辩证法论战〉序》、《〈思想与社会〉序》等。卒于1969年。

◇王星拱生。曾从事新文化运动，宣传科学。力主“科学万能”。哲学上持马赫主义的“感觉复合论”。有《科学概论》、《科学与人生观》、《哲学方法与科学方法》等。卒于1950年。

◇丁文江生。

◇张颐生。研究黑格尔哲学。其《黑格尔的伦理思想》是中国研究黑格尔精神哲学的较早著作。卒于1969年。

1888年(清德宗光绪十四年)

◇康有为上万言书，请求变法，未成。

1889年(清德宗光绪十五年)

◇李大钊生。

◇杜国庠生。后从事无产阶级文化运动和学术活动。有《先秦诸子的若干研究》、《先秦诸子思想概要》、《便桥集》等，收入《杜国庠文集》。卒于1961年。

1890 年(清德宗光绪十六年)

◇马建忠写《富民说》。

◇李达生。后对宣传马列主义、毛泽东思想作出重大贡献。有《社会学大纲》、《〈实践论〉解说》、《〈矛盾论〉解说》、《唯物辩证法大纲》等。卒于1966年。

◇戴季陶生。

1891 年(清德宗光绪十七年)

◇胡適生。首创"文学革命"口号。宣扬"实用主义",提出"大胆假设、小心求证"的研究方法。提倡社会改良主义,反对马列主义在中国的传播。有《中国哲学史大纲》(上卷)。另有《实验主义》、《演化论和存疑主义》、《介绍我的思想》、《〈科学和人生观〉序》、《不朽》等,收入《胡適文存》。卒于1962年。

◇康有为设万木草堂学馆于广州长兴里,开始讲学著书。发表《新学伪经考》。

1892 年(清德宗光绪十八年)

◇郑观应《盛世危言》正式发表。

◇陈炽写《庸书》。

◇曾琦生。创中国青年党,宣扬国家主义,提倡二元论和"唯实史观"。在政治上主张建立大地主大买办阶级的政府。形成国家主义派,该派的哲学著作有曾琦《"内除国贼,外抗强权"释义》、李璜《释国家主义》、《国家主义之哲学基础》、陈启天《国家主义与共产主义的分歧点》、余家菊《国家主义释疑》、左舜生《答共产党并质恽代英君》等。卒于1951年。

◇李石岑生。曾大量介绍西方各派哲学。倡"人生哲学"。信奉柏格森的生命哲学,后推崇辩证唯物主义哲学。有《人生哲学》、《中国哲学十讲》、《李石岑讲演集》、《哲学概论》等。卒于1934年(民国二十三年)。

◇顾颉刚生。"古史辨"派的主要代表人物。有《汉代学术史略》、《秦汉的方士与儒生》等。卒于1980年。

1893 年(清德宗光绪十九年)

◇汤用彤生。生前专治哲学史,精于考订。有《汉魏两晋南北朝佛教史》、《隋唐佛教史》、《印度哲学史略》、《魏晋玄学论稿》、《往日杂稿》等。卒于1964年。

◇范文澜生。为中国最早运用马克思主义观点进行史学研究的学者之一。有《正史考略》、《群经概论》、《中国通史简编》、《范文澜史学论文集》等。卒于1969年。

◇梁漱溟生。后有封建复古思想,提倡"生命派哲学",反对马克思主义哲学。有《东西文化及其哲学》、《中国民族自救运动之最后觉悟》、《乡村建设理论》等。卒于1988年。

1894 年(清德宗光绪二十年)

◇范寿康生。有《中国哲学史通论》、《朱子及其哲学》、《教育哲学大纲》等。卒于1983年。

◇孙中山赴天津上书李鸿章。在檀香山建立兴中会。

1895 年(清德宗光绪二十一年)

◇冯友兰生。

◇严复发表《救亡决论》、《原强》、《辟韩》等论文,并翻译《天演论》。

◇康有为创办《中外纪闻》,发动"公车上书",发起组织"强学会"。

◇金岳霖生。一生从事哲学与逻辑研究,初为实在论者,后崇信辩证唯物主义。有《知识论》、《论道》、《逻辑》、《罗素哲学》、《论中国哲学》、《客观事物的确定性和形式逻辑的头三条基本思维规律》等。卒于1984年。

◇钱穆生。

1896 年(清德宗光绪二十二年)

◇何思敬生。为中国最早翻译马克思、恩格斯著作的学者之一。卒于1968年。

◇叶青生。提出所谓"哲学消灭论"。有《哲学到何处去》、《胡適批判》、《张东荪哲学批判》等。卒于1981年。

◇严复译《天演论》刊行。

◇康有为在上海创办《强学报》。

◇梁启超在上海创办《时务报》,写《变法通议》。

◇《苏报》创刊于上海。

◇吕澂生。毕生从事佛学研究。有《佛典泛论》、《印度佛教史略》、《因明纲要》、《佛教研究法》、《印度佛学源流略讲》、《中国佛学源流略讲》等。卒于1989年。

1897 年(清德宗光绪二十三年)

◇严复在天津创办《国闻报》。

◇康有为上清帝第五书。所著《孔子改制考》刊行。

◇谭嗣同完成《仁学》。

◇章炳麟任《时务报》撰述,宣传维新变法。

◇唐才常发表《质点配成万物说》。

1898 年(清德宗光绪二十四年)

◇严复译斯宾塞《群学肄言》。

◇康有为上清帝第六书《应诏统筹全局折》和《日本政变记》。

◇谭嗣同在长沙办《湘报》,刊载维新变法的论文。

◇张之洞发表《劝学篇》,强调"务本以正人心",提出"中学为体,西学为用"的思想。

◇百日维新和戊戌变法发生于此时。失败后谭嗣同等"六君子"遇难。

◇周予同生。专治经学史,将经学研究纳入史学领域。有《周予同经学史论著选集》。卒于1981年。

1899 年(清德宗光绪二十五年)

◇瞿秋白生。

◇章炳麟《訄书》刊行。

◇康有为在加拿大组织"保皇会"。

◇梁启超在日本创办《清议报》,并著《自由书》。

◇唐才常与康、梁筹划起兵"勤王"。

◇朱谦之生。有《周易哲学》、《谦之文存》、《历史哲学大纲》、《日本的朱子学》等。卒于1972年。

◇陈炽卒。主张变法，留心西学。有《庸书》、《续富国策》。生年不详。

◇方东美生。

1900年（清德宗光绪二十六年）

◇英、法、德、俄、美、奥、意、日八国联军攻占北京，中国文物、古迹遭殖民主义严重劫、毁。

◇敦煌莫高窟发现"藏经洞"。所藏大批唐代珍贵文物史料，以后一再遭到帝国主义分子盗劫。

◇严复开始翻译《穆勒名学》，并在讲演名学时使用"逻辑"一词。

◇章炳麟作《客帝匡缪》，并割发辫，公开宣布反清革命。

◇叶德辉撰《觉迷要录》，将唐才常率自力军起义作为"逆迹"记入。

◇陈立夫生。曾提出"唯生论"思想。有《唯生论》、《生之原理》、《四书道贯》、《民族生存的原动力》、《文化运动与民族复兴》等。

◇吕振羽生。早期接受唯物史观。首创"西周封建说"。有《中国政治思想史》、《史前期中国社会研究》、《殷周时代的中国社会》、《中国社会史诸问题》等。卒于1980年。

◇高亨生。有《周易古经今注》、《老子正诂》等。

1901年（清德宗光绪二十七年）

◇康有为撰《中庸注》、《孟子微》，宣传渐进，反对革命。

◇陈荣捷生。研究中国哲学，在将儒学传播到西方世界方面作了一定的工作。卒于1994年。

1902年（清德宗光绪二十八年）

◇张恒寿生。

◇严复译成亚当·斯密《原富》。

◇蔡元培、章炳麟等组织"光复会"。

◇康有为发表《论语注》、《大学注》。《大同书》完成于此时。

◇梁启超在日本创刊《新民丛报》，始著《论中国学术思想变迁之大势》，并发表《进化论革命者颉德之学说》，提到马克思和社会主义。

1903年（清德宗光绪二十九年）

◇章炳麟发表《驳康有为论革命书》并为邹容《革命军》作序。

◇邹容发表《革命军》。

◇陈天华著《猛回头》、《警世钟》。

◇王国维著《汉德像赞》，介绍康德哲学。

◇陈铨生。后创战国策派。卒于1969年。该派主张唯意志论和天才史观，著作有陈铨《论英雄崇拜》、《叔本华的贡献》、《尼采的道德观》、《尼采的思想》，林同济《二十年来中国思想的转变》、《战国时代的重演》、《第三期中国学术思潮》等。

◇侯外庐生。有《中国古典社会史论》、《中国古代思想学说史》、《中国思想通史》等。卒于1987年。

◇徐复观生。

◇次年，梁启超著《墨子的论理学》。

1905年（清德宗光绪三十一年）

◇孙中山发表《民报发刊词》。《民报》与《新民丛报》开始为期三年的关于革命与保皇问题的大论战。

◇陈天华卒。有《陈天华集》。

◇《国粹学报》创刊。

◇孙叔平生。有《中国哲学史稿》、《历史唯物主义纲要》等。卒于1983年。

◇胡曲园生。

◇严复译《穆勒名学》一书出版。

1906年（清德宗光绪三十二年）

◇孙中山、章炳麟在日本制定同盟会的《革命方略》。

◇孙中山发表《三民主义与中国前途》。

◇章炳麟发表《无神论》、《俱分进化论》、《建立宗教论》、《论诸子学》。

◇严复写《述黑格尔唯心论》。

◇梁启超作《开明专制论》。

◇马坚（回族）生。有《回教哲学》、《伊斯兰哲学史》、《回历纲要》。卒于1978年。

1907年（清德宗光绪三十三年）

◇杨荣国生。有《中国古代思想史》等。卒于1978年。

◇中国无政府主义者的刊物《新世纪》、《天义报》创刊于法国、日本。

◇康有为、梁启超改保皇会为国民宪政会。

◇陈焕章在美国成立"孔教会"，宣扬孔教，反对革命。

◇杨文会在刻经处（南京）设"祇洹精舍"，培养佛学人才，为赴印传法作准备。

◇刘师培在《天义报》上发表《无政府主义之平等观》和《论种族革命与无政府革命之得失》（与何震合著）。

◇鲁迅发表《摩罗诗力说》、《科学史教篇》、《文化偏至论》。

◇全增嘏生。研究西方哲学。有《西洋哲学小史》。卒于1984年。

1908年（清德宗光绪三十四年）

◇皮锡瑞卒。曾支持戊戌变法，后专心于讲学著书。有《五经通论》、《经学历史》、《王制笺》等。

◇王国维《人间词话》载于《国粹学报》。

1909年（清宣统元年）

◇张之洞卒。曾创水陆师学堂，办枪炮厂，设矿物局，立广雅书院等。提出"三纲四维之道不可变"；"中学为体，西学为用"；"先通经以明我中国先圣先师立教之旨"，"然后择西学之可以补吾阙者用之"等观点。有《张文襄公全集》。

◇容闳《西学东渐记》在纽约出版。

◇张岱年生。研究中国文化与中国哲学史。有《中国哲学大纲》、《中国哲学史史料学》、《中国哲学史方法论发凡》等。

◇唐君毅生。

◇牟宗三生。有《才性与玄理》、《佛性与般若》、《心体与性体》、《智的直觉与中国哲学》、《现象与物自身》、《逻辑典范》等二十余种。学涉逻辑、中哲史、西方哲学。

1910 年(清宣统二年)

◇艾思奇生。宣传马克思主义哲学。有《大众哲学》、《哲学与生活》、《实践与理论》、《历史唯物论·社会发展史》、《辩证唯物主义纲要》等。卒于 1966 年。

◇胡適赴美求学,后成为实用主义者杜威的学生。

◇张君劢由日本学成回国。

◇章炳麟发表《秦政记》、《秦献记》、《齐物论释》及著《国故论衡》。

◇蔡元培著《中国伦理学史》,为中国学者运用西方学术研究方法研究中国伦理学史的第一部著作。

◇次年,钱学森生。有《工程控制论》、《论系统工程》等。

◇王明生。

◇张东荪在上海编辑《新时报》。

1912 年

◇上海成立"孔教会",攻击辛亥革命。

◇袁世凯发布《崇孔伦常文》,宣称中国以孝、悌、忠、信、礼、义、廉、耻为人道之"大经"。

◇孙中山发表《民生主义与社会革命》之演说。

◇蔡元培发表《对于教育方针之意见》,并积极筹建资产阶级教育制度。

1913 年

◇康有为办《不忍》杂志,提倡尊孔读经,发表《以孔教为国教配天地之义》一文,主张以孔子配天配上帝,将定孔教为国教的宣传推向极端。

◇袁世凯发布《通令尊崇孔圣文》,称孔子为"万世师表"。

◇陈焕章发表《孔教会序》,提倡尊孔读经,以孔教为国教。

◇严复、梁启超等上书参政两院,提出《请定孔教为国教》的请愿书。

1914 年

◇"中国科学社"成立。

1915 年

◇陈独秀创办《新青年》,并发表《抵抗力》,标志新文化运动开始。

◇严复、杨度、刘师培等成立筹安会。

◇刘师培作《君政复古论》,拥护袁世凯称帝。

◇孙中山发表《讨袁檄文》。

◇易白沙接连撰文发表于《新青年》,宣传反封建思想,批判"利用孔子为傀儡,垄断天下之思想"(《孔子平议》)。

◇冯契生。

1916 年

◇李大钊在《新青年》发表《青春》。

◇蔡元培发表《以美育代宗教说》。

1917 年

◇陈独秀在《新青年》发表《文学革命论》。

◇胡適回国,任北大教授,参加"新文化运动",提倡文字改革,并发表《文学改良刍议》。

◇梁漱溟在北大讲印度哲学。

◇欧阳竟无刻成《瑜伽师地论》。

◇孙中山写《建国方略》。

1918 年

◇孙中山完成《孙文学说》,并作自序。

◇李大钊发表《庶民的胜利》、《布尔什维主义的胜利》和《法俄革命之比较观》等文,指出中国应走十月革命的道路。

◇李大钊和陈独秀创办《每周评论》,提倡新文化和宣传马克思主义。

◇毛泽东、蔡和森等创"新民学会"。

◇鲁迅发表《狂人日记》。

◇《东方杂志》发表《中西文明之评判》(平佚译),介绍辜鸿铭于第一次世界大战前后在欧洲发表的《中国对于欧洲思想之精神与战争之血路》等文。

1919 年

◇"五四"运动爆发。《新青年》六卷五号《马克思主义研究专号》出版。刊有《我的马克思主义观》(李大钊著)。

◇胡適主编《每周评论》,发表《多研究些问题,少谈些主义》,以改良主义对抗马克思主义。

◇李大钊发表《再论问题与主义》批驳胡適,开展关于"问题与主义"的论战。

◇李大钊著《物质和精神》、《物质变动和道德变动》、《由经济上解释中国近代思想变动的原因》等文宣传马克思主义,并作《过激派的引起》、《新旧思潮之激战》、《阶级竞争与互助》等文。

◇张东荪宣传罗素等人的基尔特社会主义思想,与梁启超等人和当时的马克思主义者展开"社会主义论战"。

◇胡適著《实验主义》、《中国哲学史大纲》(上卷)。

◇吴虞发表《吃人与礼教》。

◇刘师培组织"国故月刊社",任《国故月刊》总编辑,与"五四"新文化运动相对抗。

◇章炳麟《国故论衡·原名》出版,以印度因明为标准,将中国名学、西方逻辑、印度因明作比较研究。

◇美国实用主义者杜威来华讲学。

1920 年

◇李达作《社会革命底商榷》。

◇李大钊著《唯物史观在现代史学上的价值》。

◇陈独秀发表《谈政治》、《关于社会主义的讨论》。

◇《共产党宣言》(陈望道译)在上海出版。

◇梁启超发表《欧游心影录》。

1921 年

◇李达《讨论社会主义并质梁任公》、《马克思还原》在《新青年》上刊出，批判梁启超和张东荪的唯心史观。

◇中国共产党成立。

◇《新青年》第九卷第四号刊载蔡和森和陈独秀讨论唯物史观的通信。

◇严复卒。曾强调变法，提出“物竞天择，适者生存”；“大宇之内，质力相推”；“是实非幻者，惟意而已”；“以自由为体，以民生为用”等观点。翻译《穆勒名学》和《名学浅说》。有《瘉壄堂诗集》、《严几道诗文钞》等，著译编为《侯官严氏丛刊》、《严译名著丛刊》。

◇梁启超的《墨子学案》出版。对墨辩、因明、西方逻辑进行比较研究。

◇梁漱溟完成《东西文化及其哲学》。

1922 年

◇陈独秀作《马克思学说》一文。

◇《今日》第二卷第一期发表《马克思著作史》，列举马克思 1842—1875 年的著作十八种。

◇胡適、丁文江合办《努力周报》，宣传“好人政府”的改良主义。

◇梁启超发表《先秦政治思想史》和《墨经校释》。

◇欧阳竟无创立支那内学院，讲《唯识抉择谈》。

1923 年

◇张君劢作《人生观》。

◇丁文江发表《玄学与科学》一文。

◇丁文江、胡適为代表的“科学派”和张君劢、梁启超为主的“玄学派”展开“科学与人生观”的论战。

◇曾琦等召开中国青年党成立大会。瞿秋白作《自由世界和必然世界》、《东方文化与世界文化》。

◇陈独秀作《答適之》一文，批判胡適“心”、“物”二元论，并作《科学与人生观序》，批判丁文江、张君劢的唯心主义。

◇蔡元培著《五十年来中国之哲学》。

◇吴稚晖著《一个新信仰的宇宙观及人生观》，提出“清风明月的吃饭人生观”、“神工鬼斧的生小孩人生观”、“覆天翻地的招呼朋友人生观”。

◇顾颉刚提出“层累地造成的中国古史说”。

1924 年

◇瞿秋白作《实验主义与革命哲学》，批判胡適实用主义观点，并作《社会科学讲义》。

◇曾琦等在上海创办“醒狮周报”。

◇陈独秀作《答张君劢及梁任公》，批判张君劢和梁启超的主观唯心主义。

◇朱谦之著《一个唯情论者的宇宙观及人生观》。

◇崔适卒。曾受康有为《新学伪经考》的影响，专治今文经学。有《春秋复始》、《五经释要》、《论语足徵记》等。

1925 年

◇瞿秋白作《中国国民革命与戴季陶主义》，批判戴季陶的哲学。

◇孙中山逝世。一生从事革命活动。以“以太”为世界根源，提出“生元说”；“知难行易”，“不知亦能行”；“历史的重心是民主，不是物质”等思想。遗书编为《中山全集》、《总理全集》多种。

◇戴季陶发表《三民主义之哲学的基础》，强调“纯正的三民主义”才是唯一的救国真理，认为共产主义不合中国国情。

◇冯友兰《人生哲学》出版。

1926 年

◇李达著《现代社会学》。

◇李石岑著《人生哲学》。

1927 年

◇李大钊就义。一生宣传马列主义。遗书编为《李大钊选集》。

◇康有为卒。曾提出“托古改制”，将公羊“三世”说和《礼运》“大同”思想结合起来，赋予新内容，为变法提供理论根据。哲学上糅合儒、佛及西方人性论。早期思想强调变，但又认为“变”只是“渐变”。有《新学伪经考》、《孔子改制考》、《戊戌奏稿》、《大同书》等。

◇张君劢和青年党人物李璜合办《新路》杂志。

◇“三时学会”在北京成立。

1929 年

◇梁启超卒。曾提出“境者心造也”；“凡在天地之间者莫不变”，“导中国进步当以渐”；“慧观出真理”等观点。著作编为《饮冰室合集》。

◇《中国佛教史》（蒋维乔著）由商务印书馆出版。

◇《西藏佛教史》（李翌灼著）出版。

1930 年

◇《新思潮》杂志发表潘东周《中国经济的性质》、王学文《中国资本主义在中国经济中的地位、发展及其将来》。

◇严灵峰、任曙等在《动力》杂志上撰文反对，形成中国社会性质论战。

◇中国社会科学家联盟在上海成立。

1931 年

◇梁漱溟作《中国民族自救运动之最后觉悟》、《乡村建设理论》。

◇胡適创办《独立评论》，发表“全盘西化”主张。

◇张东荪等以《大公报》和《再生》杂志为据点，叶青以《二十世纪》等杂志为阵地，开展“唯物辩证法论战”。艾思奇、邓天特（即邓拓）等在此期间对双方进行了批评。

1932 年

◇蒋介石发表《力行哲学》讲演，后于 1939 年出版。

◇张君劢和张东荪宣传“国家社会主义”并筹建国家社会党。

1933 年

◇冯友兰《中国哲学史》（上、下）出版。

1934 年

◇张东荪作《辩证法之总检讨》，并收集反马克思主义哲学的文章为《唯物辩证法论战》一书。

◇叶青在《研究与批判》等刊物上发表反驳张东荪的文章，并编撰《哲学论战》集，《张东荪哲学批判》等书，撰写《哲学向何处去》。

◇张东荪和张君劢组织国家社会党（后为民主社会党）。

1935 年

◇瞿秋白就义。曾为宣传马列主义作出重大贡献。遗著编为《瞿秋白文集》。

◇艾思奇完成《生产力与生产关系的交互作用》、《各科问题八则》、《关于〈形式逻辑与辩证逻辑〉》、《几个哲学问题》、《论黑格尔哲学的颠倒》等文，次年又完成《关于内因论与外因论》。

◇李达《社会学大纲》出版法商学院铅印本。

◇李石岑《中国哲学十讲》出版。

◇钱穆《先秦诸子系年考辨》出版。

1936 年

◇艾思奇《哲学讲话》（后改为《大众哲学》）和《新哲学论集》在上海出版。

◇丁文江卒。曾把外界物体称为“思构”，主张对物体采取“存而不论”的“存疑”态度。提出多元历史观等。有《玄学和科学》、《玄学与科学——答张君劢》等。

◇叶青编辑《新哲学论战》集，宣扬反马克思主义哲学观点。

◇章炳麟卒。早期哲学思想具有唯物主义倾向，认为“精气为物”，并宣称“若夫天与上帝，则未尝有矣”，否定天命论。但其思想又受佛教唯识宗和西方主观唯心主义的影响。著作有《章氏丛书》、《章氏丛书续编》、《章氏丛书三编》。

1937 年

◇彝族文献汇编《爨文丛刻》出版（丁文江辑，罗文译）。

1938 年

◇《历史哲学教程》（翦伯赞著）在上海出版发行。

◇汤用彤《汉魏两晋南北朝佛教史》出版

1939 年

◇毛泽东致陈伯达一信，讨论陈著《墨子哲学思想》。还致信张闻天，讨论陈伯达《孔子哲学》一书。

◇陈铨创办《战国策》刊物。

◇范文澜在延安讲述《中国经学史的演变》，并将提纲发表于《中国文化》杂志。

◇冯友兰《新理学》、《新事论》出版。

1940 年

◇冯友兰《新世训》出版。

◇金岳霖《论道》出版。

1941 年

◇艾思奇的《抗战以来几种重要哲学思想的评述》刊于《中国文化》杂志，对“唯生论”和“力行哲学”作了批判。

1942 年

◇陈独秀卒。有《独秀文存》等。

◇侯外庐著《中国古代思想学说史》。

◇贺麟著《近代唯心论简释》。

1943 年

◇艾思奇作《中国之命运——极端唯心主义的愚民哲学》，批驳蒋介石的“力行哲学”思想。

◇冯友兰《新原人》出版。

1944 年

◇彝族长篇神话史诗《阿细的先基》出版（张光年收集整理）。

◇熊十力《新唯识论》语体文本全部成书出版。

1945 年

◇冯友兰《新原道》出版。

◇郭沫若发表《十批判书》。

1946 年

◇冯友兰《新知言》出版。

◇胡绳著《理性与自由》，对蒋介石的哲学思想进行批驳，反对冯友兰的新理学和贺麟的新心学。

◇侯外庐、罗克汀著《新哲学教程》。

1947 年

◇贺麟著《五十年来的中国哲学》。

1948 年

◇金岳霖《知识论》完成，后至 1983 年出版。

1949 年

◇侯外庐等完成三卷《中国思想通史》。

◇杜国庠的《先秦诸子思想概要》出版。

◇梁漱溟完成《中国文化要义》。

◇中国哲学会在北京成立，李达为主席，艾思奇、郑昕为副主席。

1951 年

◇哲学界开展对唯心史观的批判。

1954 年

◇中国科学院院务会议决定成立哲学研究所。

◇中国科学院院务会议和中国作协主席团联席会议决定召开批判胡适思想的讨论会。

◇哲学界研究中国过渡时期的经济基础与上层建筑问题。

1955 年

◇《哲学研究》创刊。1966 年停刊，1978 年复刊。

◇学术界开展关于经济基础与上层建筑问题的讨论。这一讨论延续至 1957 年结束。

◇哲学界开展对梁漱溟思想的批评。

◇哲学界发表批评胡风唯心主义世界观的文章。

1956 年

◇到 1956 年底，中国绝大部分地区基本上完成对生产资料私有制的社会主义改造，实现了由新民主主义到社会主义的历史性转变。

◇学术界开展过渡时期民族资产阶级与工人阶级矛盾性质的讨论。这一讨论延续到 1957 年结束。

◇学术界开展生产力发展动力的讨论。

◇哲学界对真理阶级性等问题展开讨论。

◇艾思奇《批判梁漱溟的哲学思想》出版。

◇侯外庐《中国早期启蒙思想史》出版。

◇郭沫若《十批判书》出版。

◇梁启雄《荀子简释》出版。

◇马叙伦《老子校诂》出版。

◇高亨《老子正诂》出版。

◇郭沫若《管子集校》出版。

◇汤用彤、任继愈《魏晋玄学中的社会政治思想略论》出版。

1957 年

◇北京大学哲学系举行中国哲学史问题座谈会，讨论如何评价唯心主义，研究中国哲学史的目的和中国哲学史的特点、哲学遗产的继承方法等问题。

◇中国科学院哲学研究所所长潘梓年、副所长金岳霖和冯友兰教授出席华沙国际哲学会议，并作“思维与行动的关系”方面的发言。

◇张岱年《中国唯物主义思想简史》出版。

◇高亨《周易古经今注》出版。

◇汤用彤的《魏晋玄学论稿》出版。

1958 年

◇哲学界开展关于主观能动性和客观规律性问题的争论。

◇张岱年《中国哲学大纲》出版。

◇侯外庐《中国哲学史略》出版。

◇陈垣《南宋初河北新道教考》出版。

◇高亨《周易古经通说》出版。

◇谭戒甫《墨辩发微》出版。

◇朱谦之《老子校释》出版。

◇高亨《墨经校诠》出版。

◇马叙伦《庄子〈天下篇〉述义》出版。

◇唐君毅、牟宗三、张君劢、徐复观合著《为中国文化敬告世界人士宣言》在香港《民主评论》、台湾《再生》杂志同时发表。该《宣言》被认为是海外当代儒学的思想大纲。

1959 年

◇哲学界开展“关于思维与存在的同一性”问题的讨论。

◇北京大学举行中国哲学史讨论会，讨论哲学遗产的继承问题和老子哲学思想的问题。

◇侯外庐主编的《中国历代大同理想》出版。

◇次年，侯外庐等著的《中国思想通史》(共五卷)全部出齐。

◇梁启雄《韩子浅解》出版。

◇王明《太平经合校》出版。

1961 年

◇山东历史学会主办孔子学术讨论会。

◇湖北、湖南举办王船山逝世 270 周年学术讨论会。

◇高亨《诸子新笺》出版。

1962 年

◇学术界开展道德的阶级性和继承性问题的讨论。这一讨论延续到 1963 年结束。

◇冯友兰《中国哲学史新编》(二册)出版。

◇陈垣《中国佛教史籍概论》出版。

◇陈垣《清初僧诤记》出版。

◇《杜国庠文集》出版。

1963 年

◇哲学界进行思维与存在同一性问题的讨论。

◇谭戒甫《公孙龙子形名发微》出版。

1964 年

◇哲学界开展“一分为二”和“合二而一”的讨论。

1965 年

◇张君劢、唐君毅参加南朝鲜汉城“亚洲近代化问题”国际学术会议。

1966 年

◇5 月，“文化大革命”开始。至 1976 年 10 月结束。

1973 年

◇进行批孔及评法批儒斗争。

◇高亨《商君书注译》出版。

◇马王堆汉墓帛书《老子甲本及卷前古佚书》、《老子甲本及卷后古佚书》出版。

1975 年

◇海外学者在美国夏威夷成立“中国哲学学会”，出版《中国哲学》杂志，定期召开学术讨论年会。1978 年改名为“国际中国哲学会”。

1976 年

◇哲学界开始批判林彪、江青反革命集团对马克思主义哲学的歪曲和篡改。

◇马王堆汉墓帛书《经法》由文物出版社出版。

1977 年

◇为纪念毛泽东《矛盾论》、《实践论》发表四十周年，中国社会科学院举行座谈会。

◇方东美卒。有《人生哲学》、《科学哲学与人生》、《中国人生哲学》、《原始儒家道家哲学》、《中国大乘佛学》、《新儒家哲学十八讲》等。

1978 年

◇《光明日报》发表特约评论员文章《实践是检验真理的唯一标准》。此后全国开展关于真理标准问题的讨论。

◇李镜池《周易探源》出版。

◇中国社会科学院世界宗教所和南京大学哲学系举办中国无神论学术讨论会，并成立中国无神论学会。

◇唐君毅卒。有《中国文化的精神价值》、《说中华民族之花果飘零》、《道德自我之建立》、《孔子与人格世界》、《心物与人生》、《哲学概论》等。

1979 年

◇学术界展开对哲学战线上“三次大论战”的重新评价。

◇在太原召开中国哲学史讨论会并成立中国哲

学史学会。

◇中国社会科学院哲学所研究员王明和陈国符教授应邀赴瑞士苏黎士参加第三次国际道教研究会议。

◇任继愈主编的《中国哲学史》(共四册)出齐。

◇范文澜《唐代佛教》出版。

◇李泽厚《中国近代思想史论》出版。

◇高亨《周易大传今注》出版。

◇吕澂《中国佛教源流略讲》、《印度佛学源流略讲》出版。

1980 年

◇钱穆《中国思想史》出版。

◇中国佛教协会编《中国佛教》出版。

◇高亨《老子注译》出版。

◇王明《抱朴子内篇校释》出版。

1981 年

◇全国宋明理学讨论会在杭州举行。

◇郭朋《宋元佛教》出版。

1982 年

◇稷下学讨论会在山东淄博市举行。

◇王船山学术思想讨论会在湖南衡南市举行。

◇蒙古族哲学及社会思想史研究会成立。

◇冯友兰、任继愈、邱汉生等应邀赴夏威夷"朱熹思想国际讨论会"。

◇汤用彤《隋唐佛教史稿》出版。

◇《中国哲学年鉴》由中国大百科全书出版社出版,以后逐年出版一部。

◇徐复观卒。有《学术与政治之间》、《两汉思想史》等。

1983 年

◇全国柳宗元哲学思想讨论会在广西柳州市举行。

◇杨升庵学术思想讨论会在四川新都举行。

◇南方少数民族及社会思想史学会成立大会在成都市举行。

◇哲学界开展关于人道主义与异化、实践唯物主义、主体性、传统文化、经济改革与道德关系、"西方马克思主义"的名实等问题的讨论。

◇任继愈主编《中国哲学发展史·先秦卷》出版。

◇冯契《中国古代哲学的逻辑发展》(上册)出版。

1984 年

◇中国孔子基金会在山东曲阜成立。出版《孔子研究》杂志,召开全国性孔子学术讨论会。

◇中国《周易》学术讨论会在武汉召开。

◇傅山学术讨论会在太原市召开。

◇孟子学术讨论会在山东邹县举行。

◇任继愈等人应邀赴印度出席第一届佛教和民族文化国际会议。

◇张立文应邀出席汉堡大学召开的第七届新儒学的李退溪哲学思想国际讨论会。

◇学术界进一步开展关于人性、人道主义和异化等问题的讨论。

◇侯外庐主编的《宋明理学史》(上卷)出版。

◇王明《道家和道教思想研究》出版。

1985 年

◇世界哲学协会联合会接纳中国社会科学院哲学所为正式会员。

◇第二届全国哲学学术思想交流会在贵阳举行。

◇中国近现代哲学史学术讨论会在广州举行。

◇魏晋南北朝佛教史及佛教艺术讨论会在洛阳召开。

◇明清实学思潮史学术讨论会在北京召开。

◇纪念熊十力先生诞辰 100 周年学术讨论会在湖北黄州举行。

◇汤一介、萧萐父等人参加在美国纽约州立大学举行的第四届国际中国哲学讨论会。

◇以任继愈教授为首的五名中国佛教学者应邀赴日本参加在京都召开的中国佛教学术讨论会。

◇冯契主编《哲学大辞典》中的《中国哲学史卷》(严北溟主编)出版。后《逻辑学卷》(傅季重主编)、《马克思主义哲学卷》(胡曲园主编)、《美学卷》(蒋孔阳主编)分别于 1988 年、1990 年、1991 年出版。

◇任继愈主编《中国哲学发展史·秦汉卷》出版。

◇冯契《中国古代哲学的逻辑发展》出版。

◇李泽厚《中国古代思想史论》出版。

1986 年

◇国际黄宗羲学术讨论会在浙江宁波召开。

◇全国隋唐佛教学术讨论会在西安召开。

◇全国首届董仲舒哲学思想讨论会在石家庄召开。

◇唐甄思想讨论会在四川达县召开。

◇《管子》学术讨论会在山东淄博市举办。

◇孙中山哲学思想讨论会在广州召开。

◇戴震学术讨论会在安徽屯溪召开。

◇颜元、李塨学术思想讨论会在保定召开。

◇钱穆《诸子新学案》出版。

1987 年

◇北京召开第四届毛泽东哲学思想讨论会。

◇儒学国际学术讨论会在山东曲阜举行。

◇国际《周易》学术讨论会在山东济南召开。

◇朱子学国际学术会议在厦门举行。

◇第四次全国医学哲学学术讨论会在苏州召开。

◇中国走向近代的文化历程学术讨论会在武汉召开。

◇《墨经》研讨会在安徽合肥召开。

◇薛瑄学术思想讨论会在山西运城召开。

◇首次全国现代新儒学思潮学术讨论会在安徽宣州召开。

◇道教与中国传统文化研讨会在成都市召开。

◇首届中日实践伦理学讨论会在北京举行。

◇中国自然辩证法研究会加入国际科学史和科学哲学联合会逻辑学、方法论和科学哲学分会。

◇第五届全国科学哲学学术讨论会在成都举行。

◇中国自然辩证法研究会和上海市自然辩证法研究会创办《方法》杂志。

◇中国大百科全书《哲学卷》出版。

◇李泽厚《中国现代思想史论》出版。

◇宗白华《美学与意境》出版。

◇李泽厚、刘纲纪主编的《中国美学史》(第二卷)出版。

◇敏泽《中国美学思想史》第一卷出版。第二卷、第三卷1989年出版。

◇《当代中国美学思想研究丛书》出版。

1988 年

◇《毛泽东哲学批注集》出版。

◇十年哲学反思和马克思主义哲学的发展学术讨论会在上海举行。

◇全国第一届中西科学思想研讨会在厦门大学举办。

◇全国马克思主义哲学史学术讨论会在贵阳举行。

◇中国哲学和现代中国讨论会在北京中国人民大学召开。

◇武夷山朱熹研究中心成立暨学术讨论会在崇安举行。

◇刘宗周学术讨论会在绍兴举行。

◇全国印度宗教与中国佛教学术讨论会在常熟召开。

◇洛学传统文化学术讨论会在洛阳召开。

◇中国传统哲学思维方式学术讨论会在北京召开。

◇中国哲学史上的人生问题讨论会在北京举行。

◇"功利主义反思"全国学术研讨会在上海举行。

◇首届中国现代哲学史全国学术讨论会在北京召开。

◇实用主义讨论会举行。提出重新评价实用主义。

◇欧洲大陆语言哲学讨论会举行。

◇方克立、庞朴、汤一介等应邀赴新加坡参加"儒学发展的问题和前景"国际讨论会。

◇中国学者蒋孔阳应邀赴英国诺丁汉参加第十一届国际美学会议。

◇任继愈主编的《中国哲学发展史·魏晋南北朝》出版。

◇沈善洪、王凤贤《中国伦理学说史》(下)出版。

◇金岳霖《罗素哲学》出版。

◇汪子嵩等编著的多卷本《希腊哲学史》出版。

◇袁澍涓主编的《现代西方著名哲学家评传》出版。

◇"科学与文化"论坛在北京成立。

◇全国安乐死社会、伦理和法律问题学术讨论在上海举行。

1989 年

◇纪念"五四"70周年研讨会在北京召开。

◇海峡两岸纪念"五四"运动70周年学术讨论会在北京召开。

◇孔子诞辰2540周年国际学术讨论会在北京、曲阜两地举行。

◇纪念《唯物主义和经验批判主义》发表80周年学术讨论会在包头召开。

◇全国首届庄子讨论会在安徽蒙城举行。

◇"儒家与未来社会"国际学术讨论会在上海举行。

◇第一届朝鲜学国际学术研讨会在延边召开。

◇"从康德到费希特"讨论会在北京召开。

◇首届《管子》与齐文化国际学术讨论会在山东淄博召开。

◇汤一介等至美国夏威夷参加第六届中西哲学家会议。

◇罗国杰等至西德参加"费尔巴哈和哲学的未来"国际学术讨论会。

◇贺麟《德国三大哲人的爱国主义》出版,《五十年来的中国哲学》重版。

◇冯契主编《中国近代哲学史》(上、下)出版。

◇冯契《中国近代哲学的革命进程》出版。

◇李匡武主编的《中国逻辑史》(共五卷)出版。

◇多卷本《王朝闻集》出版。

◇温公颐《中国中古逻辑史》出版。

◇罗国杰《伦理学》出版。

◇《中国伦理大辞典》(陈瑛等主编)、《伦理学大辞典》(宋希仁等主编)出版。

1990 年

◇全国科学技术与社会学术讨论会在西安举行。

◇冯友兰卒。1949年前著有《中国哲学史》、《新理学》、《新事论》、《新世训》、《新原人》、《新原道》、《新知言》等,建立"新理学"体系。1949年后有《中国哲学史新编》(共七卷)等。

◇钱穆卒。一生致力于中国古代学术思想研究。有《先秦诸子系年考辨》、《今古文评议》、《秦汉史》、《两汉经学》等。

◇严北溟卒。著有《儒佛道思想散论》等。

◇儒学国际研讨会在澳门召开。

◇第五次全国伦理学学术讨论会在长沙举行。回顾、总结了十年来伦理学理论研究和道德建设方面的经验、教训。

◇冯友兰哲学思想国际研讨会在北京举行。

◇陈康《论希腊哲学》出版。

◇万俊人《现代西方伦理学史》出版。

1991 年

◇海峡两岸首次儒学学术讨论会在曲阜举行。

◇秦汉思想文化和华夏民族传统国际学术讨论会在上海召开。

◇江苏东台召开王艮逝世450周年学术研讨会。

◇周易学术讨论会在北京举行。

◇山东烟台举办中国哲学和中华民族精神学术讨论会。

◇全国墨经研讨会在合肥召开。

◇张恒寿卒。著有《庄子新探》、《中国社会与思想文化》。

1992年

◇儒学与当代社会国际学术研讨会在西安举行。

◇山东滕州举办首届墨学国际研讨会。

◇中国墨学学会成立。

◇牟宗三与当代新儒学学术思想研讨会在济南召开。

◇湖南衡阳举办纪念王船山逝世三百周年国际学术讨论会。

◇中国实学研究会成立。

◇老子思想研讨会在西安举行。

◇陈鼓应创办《道家文化研究》。

◇冯契主编的《哲学大辞典》出版。

◇钱穆《惠施公孙龙》由上海书店出版。

◇王明卒。著有《道家和道教思想研究》、《抱朴子内篇校释》、《太平经合校》等。

1993年

◇学术界就邓小平哲学思想、哲学与市场经济、价值观、马克思的东方社会理论等问题展开讨论。

◇全国"哲学与文化"研讨会在澳门举行。

◇杭州举办马一浮国际学术讨论会。

◇宋代哲学与中华文化国际学术研讨会在河南开封举行。

◇中、韩、日、越1993年孔孟荀学术思想国际研讨会在山东威海举行。

◇首届海峡两岸《周易》学术讨论会在山东济南召开。

◇《国学研究》出版第一卷。

◇《传统文化与现代化》创刊。

◇胡曲园卒。著有《公孙龙子论疏》,存《胡曲园哲学论文集》。

1994年

◇学术界就市场经济与社会伦理道德、发展哲学、建设有中国特色社会主义理论的哲学意蕴等问题展开了讨论。

◇海峡两岸玄学讨论会在无锡举行。

◇道家、道教与中国文化学术讨论会在四川大学召开。

◇山东邹城举办孟子学术思想国际研讨会。

◇董仲舒学术思想国际研讨会在河北景县举行。

◇由中国孔子基金会主办的孔子诞辰2545周年与国际学术讨论会在北京召开。

◇云南西双版纳景洪市举办中国少数民族文化与哲学全国学术讨论会。

◇陈鼓应著《易传与道家思想》。

◇容肇祖卒。著作有《容肇祖集》。

1995年

◇马克思主义与儒学学术讨论会在北京召开。

◇北京中国社会科学院举办纪念中国社会科学院哲学所暨《哲学研究》创刊40周年活动。

◇学术界就主体与主体性、马克思主义哲学体系建构、科学技术与生产力、生态哲学等问题作了深入的研究。

◇南京举办首届中韩儒家伦理与当代社会学术研讨会。

◇中国传统文化研究现状学术讨论会在北京召开。

◇湖南吉首市召开儒学与中国少数民族文化学术讨论会。

◇老子:影响与解释国际学术研讨会在西安举行。

◇中国舜水学学术研讨会在上海松江和浙江余姚两地举行。

◇冯契卒。有《冯契文集》十卷本。

◇牟宗三卒。著有《才性与玄理》、《心体与性体》等。

1996年

◇学术界兴起"和合哲学"的研究,并关注真理和价值、主体论与反映论、超前认识论、生态伦理学与人类中心、社会转型中的哲学问题等。

◇海峡两岸弘扬中华传统文化研讨会召开。

◇海峡两岸面向21世纪的中国哲学与伦理学研讨会在湖北武汉举行。

◇贵州贵阳市召开中国贵州王阳明国际学术讨论会。

◇中国宋学与东方文明国际学术研讨会在河南濮阳召开。

◇北京举办道家文化国际学术研讨会。

◇澳门中国哲学会在澳门召开道家与西方学术研讨会。

◇刘蔚华、赵宗正主编的《中国儒家学术思想史》出版。

1997年

◇现代化与21世纪中国哲学精神讨论会召开。

◇东方传统伦理学与21世纪第四届中韩日伦理学国际学术研讨会在徐州召开。

◇澳门中国哲学会主办中国名辩学与方法论研讨会。

◇冯友兰与中国传统文化国际学术讨论会在郑州、开封两地举行。

◇海峡两岸谭嗣同思想学术研讨会在北京举行。

◇香港中文大学举办孔子思想与21世纪国际

学术研讨会。

1998 年

◇开封大学举办东亚实学国际学术研讨会。

◇澳门中国哲学会举办张东荪与中西哲学比较研讨会。

◇文物出版社出版《郭店楚墓竹简》。

1999 年

◇分析哲学与中国哲学在昆明举行。

◇武汉大学举办郭店楚简国际学术研讨会。

◇儒家面向当代和 21 世纪国际学术研讨会在上海召开。

◇纪念孔子诞辰 2550 周年暨儒商与 21 世纪国际学术研讨会在山东济宁召开。

2000 年

◇是年学术研究围绕着“21 世纪马克思主义哲学前景与命运”展开。

◇纪念朱子诞辰 870 周年和朱子学与 21 世纪国际学术讨论会分别在江西铅山和福建武夷山两地举行。

◇纪念叶適诞辰 850 周年暨永嘉学派国际学术研讨会在温州市举行。

◇《中国 1999 年哲学发展报告》出版。

◇《夏商周断代工程》出版。

2001 年

△学术界就“以德治国”与中国古代哲学思想的关系展开讨论。

△学术界在简帛文献研究、经典解释学与百年中国哲学回顾等领域取得引人注目的进展。

△郭沂《郭店竹简与先秦学术思想》出版。

△“文化传统与当代教育的变化”国际学术讨论会在上海举行。

△国际二程学术研讨会在北京召开。

△“全球对话中的中国文化”国际学术研讨会在上海召开。

△第 12 届国际中国哲学大会在北京召开。

△清代乾嘉学者的治经贡献第一次学术研讨会在台北举行。

△“传统文化与以德治国”国际学术研讨会在济南召开。

△“中国近现代思想的演变”学术研讨会在香港举行。

△熊十力与中国传统文化国际学术研讨会暨《熊十力全集》首发式在武汉举行。

△泰州学派国际学术研讨会在江苏泰州举行。

△《上海博物馆藏战国楚竹书(一)》出版。

△葛兆光《中国思想史》(3 册)出版。

2002 年

△学术界在儒学、易学、道家哲学、中国传统哲学的现代命运等研究领域取得新的进展。

△新出楚简与儒学思想国际学术研讨会在北京召开。

△中国哲学史研究回顾与展望学术研讨会在江西井冈山召开。

△“第三届古代希腊与中国的智慧和哲学”国际学术研讨会在希腊宗教圣地德尔斐(Delphi)举行。

△“新出土文献与古代文明”国际学术研讨会在上海举行。

△海峡两岸易学与中国哲学研讨会在山东青岛召开。

△二程洛学与实学国际学术研讨会在河南洛阳举行。

△“儒学与全球化”国际学术研讨会在山东青岛举行。

△海峡两岸邱处机与中国传统文化学术研讨会在山东栖霞举行。

△“中国哲学的创造性转化”高级学术交流会在武汉举行。

△任继愈主编《墨子大全·第 1 编》(20 册)出版。

△“儒家德治思想与现代社会”国际学术研讨会在四川都江堰市举行。

△王船山国际学术研讨会在湖南衡阳举行。

△全国首届李觏学术思想研讨会在江西南城举行。

△劳思光思想与中国哲学世界化学术研讨会在台北举行。

△《上海博物馆藏战国楚竹书(二)》出版。

△贺麟先生百年诞辰纪念会在北京举行。

2003 年

△当代儒学与西方文化国际研讨会在台北举行。

△上海博物馆藏战国楚竹书学术研讨会在武汉召开。

△厦门大学道学与传统文化研究中心成立,《道学研究》创刊。

△张载与曹南冥学术思想国际研讨会在西安召开。

△第 13 届国际中国哲学大会在瑞典维斯特拉斯市召开。

△第一届青年儒学国际学术研讨会在台湾桃园举行。

△第一届“中国文哲的当代诠释”国际学术研讨会在台北举行。

△出土文献与易学研讨会在济南召开。

△第一届齐鲁文化国际学术研讨会在济南召开。

△郭店楚简国际学术研讨会在湖北荆门召开。

△《上海博物馆藏战国楚竹书(三)》出版。

△傅永聚、韩钟文主编《20 世纪儒学研究大系》(21 卷)出版。

△明清浙东学术文化国际研讨会在浙江宁波举行。

△“徐复观与 20 世纪儒学发展”海峡两岸学术研讨会在武汉举行。

△日本汉学的中国哲学研究与郭店、上海竹简

资料国际学术会议在台北举行。

2004 年

△学术界就"和谐社会"与中国古代哲学思想的关系展开讨论。

△学术界关于"中国哲学"学科范式的反思进入新的阶段,重写哲学史与中国哲学学科范式创新学术研讨会在北京举行。

△"儒教与东亚的近代"国际学术研讨会在北京召开。

△张岱年卒。曾任中国哲学史学会会长、名誉会长,兼任中华孔子学会会长、名誉会长等多项职务。有《张岱年先生全集》。

△国际易学联合会成立大会暨第四届国际易学与当代文明学术研讨会在北京召开。

△中国哲学史学会 2004 年会暨中国传统哲学当代价值学术研讨会在杭州、上海两地举行。

△《上海博物馆藏战国楚竹书(四)》出版。

△孙以楷主编六卷本《道家与中国哲学》出版。

△冯达文、郭齐勇主编《新编中国哲学史》出版。

△第一届中国近代思想史国际学术研讨会在湖南吉首召开。

△纪念孔子诞辰 2555 周年国际学术研讨会暨国际儒学联合会第三届会员大会在北京举行。

△陈亮国际学术研讨会在浙江杭州、永康两地举行。

△中国首届许衡学术研讨会在河南焦作举行。

△儒学的气论与工夫论国际研讨会在台北举行。

△张立文《和合哲学论》出版。

△儒家思想在世界的传播与发展国际学术研讨会在北京召开。

△"香港中文大学的当代儒者——钱穆、唐君毅、牟宗三、徐复观"国际学术会议在香港举行。

2005 年

△国学、祭孔、儒教等与儒学或儒家文化相关的文化事件接踵继起,学术界就儒家伦理的历史解释和现代评价展开讨论。

△四川大学、北京大学分别主持编纂的《儒藏》首批成果相继出版。

△新出土文献与先秦思想重构国际学术研讨会在台北举行。

△"和合学与和谐社会的构建"学术研讨会暨祝贺张立文教授从教四十五周年、七十华诞座谈会在北京召开。

△刘文英卒。著有《中国哲学史史料学》、《儒家文明:传统与传统的超越》等。

△第一届国际道家学术大会在台北举行。

△"西方的诠释,中国的回应:中国哲学方法论之反思与探索"国际学术会议在香港举行。

△中国哲学的现代化与世界化学术研讨会暨中国哲学史学会 2005 年年会在西安召开。

△金岳霖诞辰 110 周年纪念大会暨学术研讨会在北京举行。

△由联合国教科文组织等主办的"2005 全球联合祭孔"活动在世界各地孔庙同时展开。

△国际程朱理学研讨会暨世界朱氏联合会第六次世界代表大会在河南洛阳举行。

△纪念全祖望诞辰 300 周年暨浙东学派与中国实学文化研讨会在浙江宁波召开。

△"吕祖谦暨浙东学术文化"国际学术研讨会在浙江金华举行。

△"冯契与二十一世纪中国哲学"国际学术研讨会在上海举行。

△纪念冯友兰先生诞辰 110 周年暨冯友兰国际学术研讨会在北京召开。

△"国际儒学论坛·2005——儒学与亚洲人文价值"国际学术研讨会在北京召开。

△《上海博物馆藏战国楚竹书(五)》出版。

△"王弼与郭象:经典诠释与哲学体系之建构"国际学术会议在香港举行。

2006 年

△"理解、诠释与儒家传统"国际研讨会在台北举行。

△东亚朱子学的同调与异趣国际学术研讨会在台北举行。

△人本·和谐·发展——弘扬庄子文化国际高层论坛在河南商丘召开。

△孟子思想的当代价值国际学术研讨会在山东邹城召开。

△黄宗羲民本思想国际学术研讨会在浙江余姚召开。

△刘笑敢《老子古今:五种对勘与析评引论》出版。

△新出楚简国际学术研讨会在武汉举行。

△中国哲学史学会中医哲学专业委员会成立。

△复旦大学中国哲学教研室《中国古代哲学史》出版。

△老子文化国际论坛在兰州召开。

△纪念中华孔子学会成立二十周年国际学术研讨会在北京举行。

△"东方文化与现代社会:儒释道之哲学对话"学术会议在香港举行。

△"唐君毅思想与当今世界"研讨会暨《唐君毅著作选》出版纪念会在北京举行。

△"中国哲学"建构的当代反思与未来前瞻国际学术研讨会在深圳召开。

△"东方哲学与文化"国际学术研讨会在北京举行。

2007 年

△学术界继续就中国哲学的研究方法、儒学复兴、"国学热"等问题展开讨论。

△纪念中国哲学史座谈会召开 50 周年大会在北京举行。

△章学诚的思想与学术国际学术研讨会在上海召开。

△"创化与历程:中西对话"国际学术研讨会在

台北举行。

△朱伯崑卒。著有《易学哲学史》、《先秦伦理学概论》等。

△两岸三地“诠释学与经典解释”研讨会在台北举行。

△第15届国际中国哲学大会在武汉召开。

△第一次儒学普及工作座谈会在北京举行。

△《上海博物馆藏战国楚竹书(六)》出版。

△儒家思孟学派国际学术研讨会在济南召开。

△“儒学全球论坛——荀子思想的当代价值”国际学术研讨会在山东临沂举行。

△中日韩面向世界的东方思想学术研讨会在济南召开。

△孙以楷卒。有《道家与中国哲学》(主编)、《老子通论》、《庄子通论》等。

△儒学与犹太-基督文化比较与对话国际研讨会在济南召开。

△传统中国哲学论辩之当代诠释国际学术研讨会在台北举行。

△东西方政治价值观深层沟通的可能性国际学术研讨会在北京举行。

△对话、融通与当代中国哲学的新开展——中哲、西哲、马哲专家论坛在深圳举行。

2008 年

△学术界在中国哲学史的研究方法、领域等方面日趋多样化,研究成果层出不穷。

△老子道学文化研究会在北京成立。

△“西学东渐与文化自觉”国际学术研讨会在广东东莞举行。

△王元化卒。有《王元化集》(十卷)。

△纪念熊十力先生逝世40周年学术讨论会在上海召开,“十力丛书”陆续整理出版。

△清华大学校友从海外抢救回一批战国竹简,并捐赠给母校,竹简维护、整理和研究工作随即展开。

△方勇《庄子学史》出版。

△萧萐父卒。有《中国哲学史》、《明清启蒙学术流变》等。

△2008海峡两岸易学文化研讨会在甘肃天水举行。

△“宋代新儒学的精神世界——以朱子学为中心”国际学术研讨会在上海举行。

△中韩“儒家经籍与诠释学”国际学术研讨会在北京举行。

△纪念改革开放30周年暨当代中国哲学发展的回顾及展望学术研讨会在江苏常州召开。

△中国哲学史学会2008年会暨汉唐盛世与汉唐哲学精神国际学术研讨会在广州召开。

△庄子国际学术研讨会在上海举行。

△“墨学与和谐世界”国际学术研讨会在河南鲁山举行。

△纪念马一浮先生诞辰125周年暨国际学术研讨会在浙江杭州、上虞两地举行。

△《上海博物馆藏战国楚竹书(七)》出版。

2009 年

△首届孟学(国学)高层论坛暨“中华母亲节”促进大会在江苏徐州举行。

△周辅成卒。著有《论董仲舒思想》、《戴震》、《论人和人的解放》等。

△“现代视域中的儒学”国际学术研讨会在上海召开。

△中国简帛学国际论坛(2009)在武汉举行。

△中国人民大学书报资料中心《国学学刊》创刊。

△任继愈卒。曾先后主编《中国哲学史》、《中国哲学发展史》等,专著有《中国哲学史论》、《汉唐佛教思想论集》等。

△2009年两岸四地“《春秋》三传与经学文化”学术研讨会在北京举行。

△纪念孔子诞辰2560周年国际学术研讨会暨国际儒学联合会第四届会员大会在北京举行,中共中央政治局常委、全国政协主席贾庆林出席。

△“中国哲学研究之新方向”国际学术研讨会在香港举行。

△清华大学恢复成立国学研究院。

△首届中国(山东)儒释道传统文化高峰论坛在山东青州举行。

△首届国际老子道学文化高层论坛在北京举行。

△纪念董仲舒诞辰2200年暨董仲舒思想国际研讨会在河北衡水举行。

△国际明清学术思想暨纪念萧萐父先生诞辰八十五周年研讨会在武汉召开。

△首届海峡国学高端研讨会暨厦门筼筜书院开院典礼在厦门举行。

△“传统与当代世界:走向多元文化、思想与价值的对话”国际学术研讨会在北京举行。

2010 年

△中国典籍与文化国际学术研讨会在北京举行。

△大型学术文化工程《子藏》编纂项目在上海启动。

△儒学:学术、信仰和修养国际学术研讨会在香港举行。

△北京大学儒学研究院成立大会暨中国经学史研讨会在北京举行。

△海峡两岸郑玄学术研讨会在山东高密举行。

△中华文化与现代法治高端论坛在北京举行。

△传统中国哲学的知识论问题之当代省思国际学术研讨会在台北举行。

△朱子学国际学术研讨会暨朱子诞辰880周年纪念会在北京举行。

△首届传统文化与生态文明国际研讨会暨第22届国际易学大会在北京举行。

△大梦初醒:梦与中国思想传统学术座谈会在台北举行。

△赖永海主编《中国佛教通史》(全十五卷)出版。

△“国际儒学论坛·2010——儒家思想与社会治理”国际学术研讨会在北京举行。

△《清华大学藏战国竹简(壹)》出版。

2011年

△王道思想的当代意义研讨会在南京举行。

△东亚儒学的当代诠释国际学术研讨会在台湾桃园举行。

△《上海博物馆藏战国楚竹书(八)》出版。

△世界哲学与中国哲学:现代与后现代国际研讨会在上海举行。

△道学与女性国际学术研讨会在南岳衡山举行。

△中国思想中的人和身体国际研讨会在立陶宛威尔纽斯大学举行。

△第17届国际中国哲学大会在法国巴黎举行。

△汤一介、李中华主编九卷本《中国儒学史》出版。

△墨子思想的普世性和当代性国际会议在北京举行。

△中国价值与普遍规范国际学术研讨会在加拿大温哥华举行。

△早期易学的形成与嬗变国际学术研讨会在济南举行。

△辛亥革命时期哲学开展与百年来中国现代哲学历程学术研讨会在武汉举行。

△《子藏》工程首批成果《庄子卷》(全162册)出版。

△《清华大学藏战国竹简(贰)》出版。

2012年

△先秦诸子暨《子藏》学术研讨会在上海举行,中国诸子学会、中国庄子学会在会议期间成立。

△儒家思想与全球化世界中的新人文主义——尼山论坛在巴黎联合国教科文组织总部举行。

△儒学的经世致用:海峡两岸儒学交流研讨会在成都举行。

△2012全国孟子思想研讨会在合肥举行。

△海峡两岸周易学术论坛暨第23届周易与现代化国际讨论会在河南汤阴羑里城举行。

△劳思光卒。著有《新编中国哲学史》,提出“基源问题研究法”,较早深入地检讨了中国哲学史的方法问题,另有《中国文化要义新编》、《中国文化路向问题的新检讨》等。

△儒学与中华文化复兴协同创新中心运行机制研讨会暨揭牌仪式在北京举行。

△全国政治儒学与现代世界研讨会在北京举行。

△庄子的当代诠释国际研讨会在北京举行。

△荀子思想的地位和价值国际学术研讨会在河北邯郸举行。

△全国首届杨简学术研讨会在浙江宁波举行。

△首届宋学(国际)暨程颢程颐学术研讨会在河南洛阳举行。

△《上海博物馆藏战国楚竹书(九)》出版。

△《清华大学藏战国竹简(叁)》出版。

△《北京大学藏西汉竹书(贰)》(《老子》卷)出版。

词目汉语拼音索引

chèn

chéng

chī

chí

chǐ

chì

chōng

chóng

chóu

chū

chǔ

chù

chuān

K

kāi

kǎn

kāng

kàng

kǎo

kē

kě

kè

kōng

kǒng

kǒu

kòu

kù

kuān

kuāng

kuáng

kuàng

kuī

kuí

kūn

kùn

L

lái

lán

láo

lǎo

wàng

wēi

wéi

wěi

wèi

wēn

wén

wù

X

xī

xí

xǐ

xì

xiá

xià

xiān

xìn

xīng

xíng

xǐng

xìng

yuǎn

yuàn

yuē

yuè

yún

yǔn

yùn

Z

zá

zāi

zǎi

zài

zāng

zàng

záo

zào

zé

zēng

zhā

zhān

zhàn

zhāng

zhòng

zhōu

词目笔画索引

一画

二画

〔一〕

〔丨〕

〔丿〕

〔→〕

三画

〔一〕

〔丨〕

〔丿〕

〔丶〕

〔乛〕

四画

〔一〕

五画

〔一〕

〔丨〕

〔丿〕

〔丶〕

六画

〔一〕

〔丨〕

〔丶〕

七画

〔一〕

八画

〔一〕

〔丨〕

〔丶〕

九画

〔一〕

〔丨〕

〔一〕

十画

〔一〕

〔丨〕

〔丿〕

十一画

〔一〕

十二画

〔一〕

十三画

〔一〕

〔丨〕

〔丿〕

〔丶〕

〔乛〕

十四画

〔一〕

〔丨〕

〔丿〕

〔丶〕

〔乛〕

十五画

〔一〕

〔丨〕

十六画

图书在版编目(CIP)数据

中国哲学大辞典(修订本)/张岱年主编. —修订本. —上海:上海辞书出版社,2014.5(2024.6重印)
ISBN 978-7-5326-4104-8

Ⅰ.①中… Ⅱ.①张… Ⅲ.①哲学-中国-词典
Ⅳ.①B2-61

中国版本图书馆CIP数据核字(2014)第042023号

ZHONGGUO ZHEXUE DACIDIAN (XIUDINGBEN)

中国哲学大辞典(修订本)

张岱年 主编

责任编辑 张良一 于鹏彬 廖健华
封面设计 姜 明

出版发行 上海世纪出版集团
上海辞书出版社(www.cishu.com.cn)
地　　址 上海市闵行区号景路159弄B座(邮政编码:201101)
印　　刷 浙江新华数码印务有限公司
开　　本 890毫米×1240毫米 1/32
印　　张 34.5 插页4
字　　数 2 575 000
版　　次 2014年5月第1版 2024年6月第14次印刷
书　　号 ISBN 978-7-5326-4104-8/B·257
定　　价 198.00元